VOX

Laurence Magnan-Tremblay

DICCIONARIO
ESENCIAL
FRANCÉS

FRANÇAIS - ESPAGNOL
ESPAÑOL - FRANCÉS

D.E.C.E.L.A.
LIBROS DE ESP & LAT-AME.
C.P. 1532 SUCC. (DESJARDINS)
MONTRÉAL, QUE. CANADA H5B 1H3
FAX: (514) 844-5290
www.lasamericas.ca

DICCIONARIO ESENCIAL FRANCÉS

FRANÇAIS - ESPAGNOL
ESPAÑOL - FRANCÉS

Diseño cubierta: A. Medina (Tres-Sdd)

© Hachette Livre (modelos verbos franceses
    y actualización francés-español)
© SPES EDITORIAL, S.L.
Aribau, 197-199, 3ª planta
08021 Barcelona
e-mail: vox@vox.es
www.vox.es

Tercera edición
Reimpresión: diciembre de 2001

Impreso en España - Printed in Spain

ISBN: 84-8332-102-5
Depósito Legal: B. 47.331-2001

Impreso por A&M GRAFIC, S.L.
Crta. N-152, Km. 14,9
08130 Santa Perpetua Mogoda (Barcelona)

Índice / Index

Prólogo

La edición del diccionario bilingüe Vox francés-español/español-francés está dirigida sobre todo a los alumnos que estudian y traducen francés, pero también a turistas y gente de negocios que, de viaje o en el trabajo, quieren expresarse en francés.

Hachette y Vox han colaborado conjuntamente en la actualización de las entradas y de las expresiones, y han incluido el vocabulario actual de las nuevas tecnologías, las abreviaturas y las siglas más habituales.

El formato de este diccionario y la clara estructura de sus artículos hacen de él una obra práctica y fácilmente manejable. Siguiendo las exigencias cada vez más usuales de los profesores, la transcripción fonética según el sistema de la AFI (Asociación Fonética Internacional) acompaña las entradas francesas y españolas.

En los artículos, los significados de las palabras aparecen ordenados del más frecuente al menos usual y la traducción se ha escogido siguiendo el criterio de uso más habitual. Diversas indicaciones gramaticales o léxicas (entre paréntesis) completan las traducciones. El género de los sustantivos, si cambia de una lengua a otra, está sistemáticamente indicado junto a la traducción. Los ejemplos ilustran el empleo de las preposiciones, de las locuciones y de las frases hechas.

Por otra parte, los verbos y su conjugación han sido objeto de un trato privilegiado: un número, asociado a cada entrada verbal, remite a los modelos de conjugación francesa y española que se hallan en los apéndices.

El diccionario bilingüe Vox francés-español/español-francés es el compañero indispensable en sus estudios y viajes.

Los editores

Préface

Cette nouvelle édition du dictionnaire Vox, français-espagnol/espagnol-français s'adresse bien sûr aux élèves des collèges qui étudient et traduisent le français mais aussi aux touristes et aux femmes et hommes d'affaires qui, en voyage ou au travail, veulent s'exprimer ou traduire en français.

Hachette et Vox ont veillé ensemble à l'actualité de la nomenclature et des expressions, et ont inclus le vocabulaire courant des nouvelles technologies, les abréviations et sigles usuels.

Le format de ce dictionnaire et la structure claire de ses articles en font un ouvrage maniable et pratique. Comme l'exigent de plus en plus les enseignants, la transcription phonétique de l'API (Association Phonétique Internationale) accompagne les entrées espagnoles et françaises.

Dans les articles, les sens des mots sont classés du plus fréquent au moins fréquent et la traduction privilégiée est celle consacrée par l'usage courant. Des indications grammaticales ou lexicales (entre parenthèses) complètent les traductions. Le genre des substantifs est systématiquement indiqué en langue cible quand il n'est pas le même qu'en langue source. Des exemples mettent en évidence l'emploi des prépositions ou l'emploi des expressions.

Les verbes ont fait l'objet d'un traitement privilégié : un numéro, associé à chaque entrée verbale, renvoie aux tableaux de conjugaison espagnole et française situés en annexes.

Le dictionnaire bilingue Vox, français-espagnol/espagnol-français est le compagnon indispensable de vos études et de vos voyages.

Les éditeurs

FRANÇAIS-ESPAGNOL

Abreviaturas usadas en este diccionario

abrév.	abréviation	*déf.*	défectif
abs.	absolument	*dém.*	démonstratif
abus.	abusivement	*dial.*	dialectal
adj.	adjectif	dim.	diminutif
adj. f.	adjectif féminin	DR.	droit
adj.-f.	adjectif employé aussi	ECCLÉS.	ecclésiastique
	comme substantif féminin	ÉCON.	économie
adj. m.	adjectif masculin	ÉLECTR.	électricité
adj.-m.	adjectif employé aussi	emp.	employé
	comme substantif	ÉQUIT.	équitation
	masculin	ESCR.	escrime
adj.-s.	adjectif employé aussi	*f.*	substantif féminin
	comme substantif	fam.	familier
adv.	adverbe	FAUCON.	fauconnerie
AÉR.	aéronautique	fig.	figuré
AGR.	agriculture	FORT.	fortifications
ANAT.	anatomie	gallic.	gallicisme
ancienn.	anciennement	GÉOG.	géographie
angl.	anglicisme	GÉOL.	géologie
ARCHIT.	architecture	GÉOM.	géométrie
art.	article	GRAM.	grammaire
ARTILL.	artillerie	*impers.*	impersonnel
ASTRON.	astronomie	IMPR.	imprimerie
augm.	augmentatif	*indéf.*	indéfini
AUTO.	automobile	INFORM.	informatique
auxil.	verbe auxiliaire	inter.	interrogatif, interrogative
BIOL.	biologie	interj.	interjection
BX. ARTS	beaux arts	intr.	intransitif
BLAS.	blason	invar.	invariable
BOT.	botanique	iron.	ironique
CHASS.	chasse	LITT.	littérature
CHIM.	chimie	LITURG.	liturgie
CHIR.	chirurgie	Loc.	locution
conj.	conjonction	*loc. adj.*	locution adjective
COMM.	commerce	*loc. adv.*	locution adverbiale
CONSTR.	construction	*loc. conj.*	locution conjonctive
contr.	forme contractée	*loc. interj.*	locution interjective
CUIS.	cuisine	*loc. prép.*	locution prépositive

LOG.	logique	poét.	poétique
m.	substantif masculin	pop.	populaire
m.-f.	genre ambigu	poss.	possessif
MAR.	marine	pr.	verbe pronominal
MATH.	mathématiques	prép.	préposition
MÉC.	mécanique	pron.	pronom
MÉD.	médecine	prov.	proverbe
MENUIS.	menuiserie	récipr.	réciproque
MÉTAL.	métallurgie	rel.	relatif
MÉTR.	métrique	RELIG.	religion
MIL.	militaire	RHÉT.	rhétorique
MIN.	mines	s.	substantif
MINÉR.	minéralogie	SCULPT.	sculpture
MUS.	musique	sing.	singulier
MYTH.	mythologie	spécial.	spécialement
n. pr.	nom propre	SPORTS	sports
NUMIS.	numismatique	TAUROM.	tauromachie
onom.	onomatopée	TECHN.	mot technique
OPT.	optique	THÉÂT.	théâtre
p. p.	participe passé	TISS.	tissage
PEINT.	peinture	tr.	verbe transitif
péj.	péjoratif	tr. ind.	verbe transitif indirect
pers.	personnel	tr.-intr.	verbe transitif employé
PHARM.	pharmacie		aussi comme intransitif
PHILOS.	philosophie	V.	voir
PHOT.	photographie	VÉN.	vénerie
PHYS.	physique	VÉTÉR.	vétérinaire
PHYSIOL.	physiologie	vieil.	vieilli
pl.	pluriel	ZOOL.	zoologie

AUTRES SIGNES

■ indique un changement de catégorie grammaticale à l'intérieur du mot considéré.

▲ précède certaines observations grammaticales.

~ remplace le mot ou l'infinitif du verbe traité dans les exemples ou les locutions.

Signos de la AFI empleados en la transcripción fonética

VOCALES

[i]	como en español en *vida, tigre*.
[e]	como en español en *queso, cabeza*, pero aún más cerrada.
[ɛ]	como en español en *guerra, dejar*, pero aún más abierta.
[a]	como en español en *calle, rebaño*.
[ɑ]	como en español en *laurel, ahora*, pero enfatizada y alargada.
[ɔ]	como en español en *roca, manojo*, pero aún más abierta.
[o]	como en español en *moda, coche*, pero aún más cerrada.
[u]	como en español en *aguja, disgusto*.
[y]	sin equivalencia en español. Vocal cerrada, labializada y con articulación palatal. Como en alemán *Tür, über*.
[ø]	sin equivalencia en español. Vocal semicerrada, labializada y con articulación palatal. Como en alemán *hören, König*.
[œ]	sin equivalencia en español. Vocal semiabierta, labializada y con articulación palatal. Como en alemán *können, Wörter*.
[ə]	sin equivalencia en español. Vocal semiabierta, no labializada y con articulación central. Parecida a la [ə] inglesa en *doctor, famous*.
[ɛ̃]	sin equivalencia en español. Es la [ɛ] nasalizada.
[ɑ̃]	sin equivalencia en español. Es la [ɑ] nasalizada.
[ɔ̃]	sin equivalencia en español. Es la [ɔ] nasalizada.
[œ̃]	sin equivalencia en español. Es la [œ] nasalizada.

SEMICONSONANTES

[j]	como en español en *labio, radio*.
[w]	como en español en *luego, huevo*.
[ɥ]	sin equivalencia en español. Semiconsonante anterior labializada. Respecto a la pronunciación de [y], se atrasa ligeramente el punto de articulación y disminuye la abertura labial. Es la pronunciación característica del francés en palabras como *puits, huile*.

CONSONANTES

[p]   como en español en **p**uerta, ca**p**a.

[t]   como en español en **t**odo, **t**ienda.

[k]   como en español en **c**opa, **qu**eso.

[b]   como en español en **b**arco, **v**ela.

[d]   como en español en **d**ar, **d**omingo.

[g]   como en español en **g**uerra, **g**ato.

[f]   como en español en **f**uerza, **f**uego.

[s]   como en español en **s**aber, **s**ilencio, pero como la [s] andaluza con la punta de la lengua detrás de los incisivos inferiores.

[ʃ]   sin equivalencia en español. Fricativa palato-alveolar sorda. Parecida a la pronunciación de **ch**ico si se alarga la consonante y se redondean los labios.

[v]   sin equivalencia en español. Fricativa labiodental. Al pronunciarla los incisivos superiores tocan el labio inferior y hay vibración de las cuerdas vocales. Es la pronunciación del inglés en **v**estige o del italiano en **v**ida.

[z]   como en español en mi**s**mo, a**s**no.

[ʒ]   sin equivalencia en español. Fricativa palato-alveolar sonora. Parecida a la pronunciación argentina de la *ll* pero con proyección de los labios.

[l]   como en español en **l**abio, co**l**a.

[ʀ]   diferente de la española. Es la llamada *r* parisina, con articulación dorso velar.

[m]   como en español en **m**adre, lí**m**a.

[n]   como en español en **n**oche, **n**uez.

[ɲ]   como en español en peque**ñ**o, a**ñ**o.

[h]   como en la pronunciación sudamericana o relajada de ca**j**a, te**j**a.

[ˈ]   indica que no hay que hacer enlace.

[ŋ]   en palabras inglesas. Como en español en cue**n**ca, á**n**gulo.

[x]   en palabras árabes y españolas. Como en a**j**o, o**j**o.

LA CONJUGACIÓN FRANCESA

1. AIMER

INDICATIF

	présent				*passé composé*	
j'	aim	e		j'	ai	aimé
tu	aim	es		tu	as	aimé
il (elle)	aim	e		il (elle)	a	aimé
nous	aim	ons		nous	avons	aimé
vous	aim	ez		vous	avez	aimé
ils (elles)	aim	ent		ils (elles)	ont	aimé

	imparfait				*plus-que-parfait*	
j'	aim	ais		j'	avais	aimé
tu	aim	ais		tu	avais	aimé
il (elle)	aim	ait		il (elle)	avait	aimé
nous	aim	ions		nous	avions	aimé
vous	aim	iez		vous	aviez	aimé
ils (elles)	aim	aient		ils (elles)	avaient	aimé

	passé simple				*passé antérieur*	
j'	aim	ai		j'	eus	aimé
tu	aim	as		tu	eus	aimé
il (elle)	aim	a		il (elle)	eut	aimé
nous	aim	âmes		nous	eûmes	aimé
vous	aim	âtes		vous	eûtes	aimé
ils (elles)	aim	èrent		ils (elles)	eurent	aimé

	futur				*futur antérieur*	
j'	aim	erai		j'	aurai	aimé
tu	aim	eras		tu	auras	aimé
il (elle)	aim	era		il (elle)	aura	aimé
nous	aim	erons		nous	aurons	aimé
vous	aim	erez		vous	aurez	aimé
ils (elles)	aim	eront		ils (elles)	auront	aimé

IMPÉRATIF

	présent			*passé*	
aim	e		aie	aimé
aim	ons		ayons	aimé
aim	ez		ayez	aimé

SUBJONCTIF

	présent				*passé*	
(que) j'	aim	e		(que) j'	aie	aimé
(que) tu	aim	es		(que) tu	aies	aimé
(qu') il (elle)	aim	e		(qu') il (elle)	ait	aimé
(que) nous	aim	ions		(que) nous	ayons	aimé
(que) vous	aim	iez		(que) vous	ayez	aimé
(qu') ils (elles)	aim	ent		(qu') ils (elles)	aient	aimé

	imparfait			*plus-que-parfait*	
(que) j'	aim	asse	(que) j'	eusse	aimé
(que) tu	aim	asses	(que) tu	eusses	aimé
(qu') il (elle)	aim	ât	(qu') il (elle)	eût	aimé
(que) nous	aim	assions	(que) nous	eussions	aimé
(que) vous	aim	assiez	(que) vous	eussiez	aimé
(qu') ils (elles)	aim	assent	(qu') ils (elles)	eussent	aimé

CONDITIONNEL

	présent			*passé 1ère forme*	
j'	aim	erais	j'	aurais	aimé
tu	aim	erais	tu	aurais	aimé
il (elle)	aim	erait	il (elle)	aurait	aimé
nous	aim	erions	nous	aurions	aimé
vous	aim	eriez	vous	auriez	aimé
ils (elles)	aim	eraient	ils (elles)	auraient	aimé

	passé 2ème forme				
j'	eusse	aimé	nous	eussions	aimé
tu	eusses	aimé	vous	eussiez	aimé
il (elle)	eût	aimé	ils (elles)	eussent	aimé

INFINITIF	PARTICIPE
présent : aimer	*présent* : aimant
passé : avoir aimé	*passé* : aimé, e, ayant aimé

2. PLIER

INDICATIF

	présent			*passé composé*	
je	pli	e	j'	ai	plié
tu	pli	es	tu	as	plié
il (elle)	pli	e	il (elle)	a	plié
nous	pli	ons	nous	avons	plié
vous	pli	ez	vous	avez	plié
ils (elles)	pli	ent	ils (elles)	ont	plié

	imparfait			*plus-que-parfait*	
je	pli	ais	j'	avais	plié
tu	pli	ais	tu	avais	plié
il (elle)	pli	ait	il (elle)	avait	plié
nous	pli	ions	nous	avions	plié
vous	pli	iez	vous	aviez	plié
ils (elles)	pli	aient	ils (elles)	avaient	plié

	passé simple			*passé antérieur*	
je	pli	ai	j'	eus	plié
tu	pli	as	tu	eus	plié
il (elle)	pli	a	il (elle)	eut	plié
nous	pli	âmes	nous	eûmes	plié
vous	pli	âtes	vous	eûtes	plié
ils (elles)	pli	èrent	ils (elles)	eurent	plié

	futur			*futur antérieur*	
je	pli	erai	j'	aurai	plié
tu	pli	eras	tu	auras	plié
il (elle)	pli	era	il (elle)	aura	plié
nous	pli	erons	nous	aurons	plié
vous	pli	erez	vous	aurez	plié
ils (elles)	pli	eront	ils (elles)	auront	plié

IMPÉRATIF

	présent			*passé*
pli	e		aie	plié
pli	ons		ayons	plié
pli	ez		ayez	plié

SUBJONCTIF

	présent			*passé*	
(que) je	pli	e	(que) j'	aie	plié
(que) tu	pli	es	(que) tu	aies	plié
(qu') il (elle)	pli	e	(qu') il (elle)	ait	plié
(que) nous	pli	ions	(que) nous	ayons	plié
(que) vous	pli	iez	(que) vous	ayez	plié
(qu') ils (elles)	pli	ent	(qu') ils (elles)	aient	plié

	imparfait			*plus-que-parfait*	
(que) je	pli	asse	(que) j'	eusse	plié
(que) tu	pli	asses	(que) tu	eusses	plié
(qu') il (elle)	pli	ât	(qu') il (elle)	eût	plié
(que) nous	pli	assions	(que) nous	eussions	plié
(que) vous	pli	assiez	(que) vous	eussiez	plié
(qu') ils (elles)	pli	assent	(qu') ils (elles)	eussent	plié

CONDITIONNEL

	présent			*passé 1ère forme*	
je	pli	erais	j'	aurais	plié
tu	pli	erais	tu	aurais	plié
il (elle)	pli	erait	il (elle)	aurait	plié
nous	pli	erions	nous	aurions	plié
vous	pli	eriez	vous	auriez	plié
ils (elles)	pli	eraient	ils (elles)	auraient	plié

	passé 2ème forme				
j'	eusse	plié	nous	eussions	plié
tu	eusses	plié	vous	eussiez	plié
il (elle)	eût	plié	ils (elles)	eussent	plié

INFINITIF	PARTICIPE
présent : plier	*présent* : pliant
passé : avoir plié	*passé* : plié, e, ayant plié

3. FINIR

INDICATIF

	présent				*passé composé*	
je	fin	is		j'	ai	fini
tu	fin	is		tu	as	fini
il (elle)	fin	it		il (elle)	a	fini
nous	fin	issons		nous	avons	fini
vous	fin	issez		vous	avez	fini
ils (elles)	fin	issent		ils (elles)	ont	fini

	imparfait				*plus-que-parfait*	
je	fin	issais		j'	avais	fini
tu	fin	issais		tu	avais	fini
il (elle)	fin	issait		il (elle)	avait	fini
nous	fin	issions		nous	avions	fini
vous	fin	issiez		vous	aviez	fini
ils (elles)	fin	issaient		ils (elles)	avaient	fini

	passé simple				*passé antérieur*	
je	fin	is		j'	eus	fini
tu	fin	is		tu	eus	fini
il (elle)	fin	it		il (elle)	eut	fini
nous	fin	îmes		nous	eûmes	fini
vous	fin	îtes		vous	eûtes	fini
ils (elles)	fin	irent		ils (elles)	eurent	fini

	futur				*futur antérieur*	
je	fin	irai		j'	aurai	fini
tu	fin	iras		tu	auras	fini
il (elle)	fin	ira		il (elle)	aura	fini
nous	fin	irons		nous	aurons	fini
vous	fin	irez		vous	aurez	fini
ils (elles)	fin	iront		ils (elles)	auront	fini

IMPÉRATIF

	présent			*passé*	
fin	is		aie	fini
fin	issons		ayons	fini
fin	issez		ayez	fini

SUBJONCTIF

	présent				*passé*	
(que) je	fin	isse		(que) j'	aie	fini
(que) tu	fin	isses		(que) tu	aies	fini
(qu') il (elle)	fin	isse		(qu') il (elle)	ait	fini
(que) nous	fin	issions		(que) nous	ayons	fini
(que) vous	fin	issiez		(que) vous	ayez	fini
(qu') ils (elles)	fin	issent		(qu') ils (elles)	aient	fini

	imparfait			*plus-que-parfait*	
(que) je	fin	isse	(que) j'	eusse	fini
(que) tu	fin	isses	(que) tu	eusses	fini
(qu') il (elle)	fin	ît	(qu') il (elle)	eût	fini
(que) nous	fin	issions	(que) nous	eussions	fini
(que) vous	fin	issiez	(que) vous	eussiez	fini
(qu') ils (elles)	fin	issent	(qu') ils (elles)	eussent	fini

CONDITIONNEL

	présent			*passé 1ère forme*	
je	fin	irais	j'	aurais	fini
tu	fin	irais	tu	aurais	fini
il (elle)	fin	irait	il (elle)	aurait	fini
nous	fin	irions	nous	aurions	fini
vous	fin	iriez	vous	auriez	fini
ils (elles)	fin	iraient	ils (elles)	auraient	fini

passé 2ème forme

j'	eusse	fini	nous	eussions	fini
tu	eusses	fini	vous	eussiez	fini
il (elle)	eût	fini	ils (elles)	eussent	fini

INFINITIF

PARTICIPE

présent : finir
passé : avoir fini

présent : finissant
passé : fini, e, ayant fini

4. OFFRIR

INDICATIF

	présent			*passé composé*	
j'	offr	e	j'	ai	offert
tu	offr	es	tu	as	offert
il (elle)	offr	e	il (elle)	a	offert
nous	offr	ons	nous	avons	offert
vous	offr	ez	vous	avez	offert
ils (elles)	offr	ent	ils (elles)	ont	offert

	imparfait			*plus-que-parfait*	
j'	offr	ais	j'	avais	offert
tu	offr	ais	tu	avais	offert
il (elle)	offr	ait	il (elle)	avait	offert
nous	offr	ions	nous	avions	offert
vous	offr	iez	vous	aviez	offert
ils (elles)	offr	aient	ils (elles)	avaient	offert

	passé simple			*passé antérieur*	
j'	offr	is	j'	eus	offert
tu	offr	is	tu	eus	offert
il (elle)	offr	it	il (elle)	eut	offert
nous	offr	îmes	nous	eûmes	offert
vous	offr	îtes	vous	eûtes	offert
ils (elles)	offr	irent	ils (elles)	eurent	offert

	futur				*futur antérieur*	
j'	offr	irai		j'	aurai	offert
tu	offr	iras		tu	auras	offert
il (elle)	offr	ira		il (elle)	aura	offert
nous	offr	irons		nous	aurons	offert
vous	offr	irez		vous	aurez	offert
ils (elles)	offr	iront		ils (elles)	auront	offert

IMPÉRATIF

	présent				*passé*	
offr	e			aie	offert	
offr	ons			ayons	offert	
offr	ez			ayez	offert	

SUBJONCTIF

	présent				*passé*	
(que) j'	offr	e		(que) j'	aie	offert
(que) tu	offr	es		(que) tu	aies	offert
(qu') il (elle)	offr	e		(qu') il (elle)	ait	offert
(que) nous	offr	ions		(que) nous	ayons	offert
(que) vous	offr	iez		(que) vous	ayez	offert
(qu') ils (elles) offr	ent		(qu') ils (elles) aient		offert

	imparfait				*plus-que-parfait*	
(que) j'	offr	isse		(que) j'	eusse	offert
(que) tu	offr	isses		(que) tu	eusses	offert
(qu') il (elle)	offr	ît		(qu') il (elle)	eût	offert
(que) nous	offr	issions		(que) nous	eussions	offert
(que) vous	offr	issiez		(que) vous	eussiez	offert
(qu') ils (elles) offr	issent		(qu') ils (elles) eussent		offert

CONDITIONNEL

	présent				*passé 1ère forme*	
j'	offr	irais		j'	aurais	offert
tu	offr	irais		tu	aurais	offert
il (elle)	offr	irait		il (elle)	aurait	offert
nous	offr	irions		nous	aurions	offert
vous	offr	iriez		vous	auriez	offert
ils (elles)	offr	iraient		ils (elles)	auraient	offert

	passé 2ème forme					
j'	eusse	offert		nous	eussions	offert
tu	eusses	offert		vous	eussiez	offert
il (elle)	eût	offert		ils (elles)	eussent	offert

INFINITIF	PARTICIPE
présent : offrir	*présent :* offrant
passé : avoir offert	*passé :* offert, e, ayant offert

5. RECEVOIR

INDICATIF

	présent				*passé composé*	
je	re	çois		j'	ai	reçu
tu	re	çois		tu	as	reçu
il (elle)	re	çoit		il (elle)	a	reçu
nous	re	cevons		nous	avons	reçu
vous	re	cevez		vous	avez	reçu
ils (elles)	re	çoivent		ils (elles)	ont	reçu

	imparfait				*plus-que-parfait*	
je	re	cevais		j'	avais	reçu
tu	re	cevais		tu	avais	reçu
il (elle)	re	cevait		il (elle)	avait	reçu
nous	re	cevions		nous	avions	reçu
vous	re	ceviez		vous	aviez	reçu
ils (elles)	re	cevaient		ils (elles)	avaient	reçu

	passé simple				*passé antérieur*	
je	re	çus		j'	eus	reçu
tu	re	çus		tu	eus	reçu
il (elle)	re	çut		il (elle)	eut	reçu
nous	re	çûmes		nous	eûmes	reçu
vous	re	çûtes		vous	eûtes	reçu
ils (elles)	re	çurent		ils (elles)	eurent	reçu

	futur				*futur antérieur*	
je	re	cevrai		j'	aurai	reçu
tu	re	cevras		tu	auras	reçu
il (elle)	re	cevra		il (elle)	aura	reçu
nous	re	cevrons		nous	aurons	reçu
vous	re	cevrez		vous	aurez	reçu
ils (elles)	re	cevront		ils (elles)	auront	reçu

IMPÉRATIF

	présent			*passé*	
re	çois		aie	reçu
re	cevons		ayons	reçu
re	cevez		ayez	reçu

SUBJONCTIF

	présent				*passé*	
(que) je	re	çoive		(que) j'	aie	reçu
(que) tu	re	çoives		(que) tu	aies	reçu
(qu') il (elle)	re	çoive		(qu') il (elle)	ait	reçu
(que) nous	re	cevions		(que) nous	ayons	reçu
(que) vous	re	ceviez		(que) vous	ayez	reçu
(qu') ils (elles) re		çoivent		(qu') ils (elles)	aient	reçu

	imparfait				*plus-que-parfait*	
(que) je	re	çusse		(que) j'	eusse	reçu
(que) tu	re	çusses		(que) tu	eusses	reçu
(qu') il (elle)	re	çût		(qu') il (elle)	eût	reçu
(que) nous	re	çussions		(que) nous	eussions	reçu
(que) vous	re	çussiez		(que) vous	eussiez	reçu
(qu') ils (elles) re		çussent		(qu') ils (elles)	eussent	reçu

CONDITIONNEL

	présent				*passé 1ère forme*	
je	re	cevrais		j'	aurais	reçu
tu	re	cevrais		tu	aurais	reçu
il (elle)	re	cevrait		il (elle)	aurait	reçu
nous	re	cevrions		nous	aurions	reçu
vous	re	cevriez		vous	auriez	reçu
ils (elles)	re	cevraient		ils (elles)	auraient	reçu

	passé 2ème forme					
j'	eusse	reçu		nous	eussions	reçu
tu	eusses	reçu		vous	eussiez	reçu
il (elle)	eût	reçu		ils (elles)	eussent	reçu

INFINITIF	PARTICIPE
présent : recevoir	*présent* : recevant
passé : avoir reçu	*passé* : reçu, e, ayant reçu

6. RENDRE

INDICATIF

	présent				*passé composé*	
je	rend	s		j'	ai	rendu
tu	rend	s		tu	as	rendu
il (elle)	rend			il (elle)	a	rendu
nous	rend	ons		nous	avons	rendu
vous	rend	ez		vous	avez	rendu
ils (elles)	rend	ent		ils (elles)	ont	rendu

	imparfait				*plus-que-parfait*	
je	rend	ais		j'	avais	rendu
tu	rend	ais		tu	avais	rendu
il (elle)	rend	ait		il (elle)	avait	rendu
nous	rend	ions		nous	avions	rendu
vous	rend	iez		vous	aviez	rendu
ils (elles)	rend	aient		ils (elles)	avaient	rendu

	passé simple				*passé antérieur*	
je	rend	is		j'	eus	rendu
tu	rend	is		tu	eus	rendu
il (elle)	rend	it		il (elle)	eut	rendu
nous	rend	îmes		nous	eûmes	rendu
vous	rend	îtes		vous	eûtes	rendu
ils (elles)	rend	irent		ils (elles)	eurent	rendu

	futur				*futur antérieur*	
je	rend	rai		j'	aurai	rendu
tu	rend	ras		tu	auras	rendu
il (elle)	rend	ra		il (elle)	aura	rendu
nous	rend	rons		nous	aurons	rendu
vous	rend	rez		vous	aurez	rendu
ils (elles)	rend	ront		ils (elles)	auront	rendu

IMPÉRATIF

	présent			*passé*	
rend	s		aie	rendu	
rend	ons		ayons	rendu	
rend	ez		ayez	rendu	

SUBJONCTIF

	présent			*passé*	
(que) je	rend	e	(que) j'	aie	rendu
(que) tu	rend	es	(que) tu	aies	rendu
(qu') il (elle)	rend	e	(qu') il (elle)	ait	rendu
(que) nous	rend	ions	(que) nous	ayons	rendu
(que) vous	rend	iez	(que) vous	ayez	rendu
(qu') ils (elles)	rend	ent	(qu') ils (elles)	aient	rendu

	imparfait			*plus-que-parfait*	
(que) je	rend	isse	(que) j'	eusse	rendu
(que) tu	rend	isses	(que) tu	eusses	rendu
(qu') il (elle)	rend	ît	(qu') il (elle)	eût	rendu
(que) nous	rend	issions	(que) nous	eussions	rendu
(que) vous	rend	issiez	(que) vous	eussiez	rendu
(qu') ils (elles)	rend	issent	(qu') ils (elles)	eussent	rendu

CONDITIONNEL

	présent			*passé 1ère forme*	
je	rend	rais	j'	aurais	rendu
tu	rend	rais	tu	aurais	rendu
il (elle)	rend	rait	il (elle)	aurait	rendu
nous	rend	rions	nous	aurions	rendu
vous	rend	riez	vous	auriez	rendu
ils (elles)	rend	raient	ils (elles)	auraient	rendu

	passé 2ème forme				
j'	eusse	rendu	nous	eussions	rendu
tu	eusses	rendu	vous	eussiez	rendu
il (elle)	eût	rendu	ils (elles)	eussent	rendu

INFINITIF	PARTICIPE
présent : rendre	*présent* : rendant
passé : avoir rendu	*passé* : rendu, e, ayant rendu

7. ÊTRE

INDICATIF

présent

je	suis
tu	es
il (elle)	est
nous	sommes
vous	êtes
ils (elles)	sont

passé composé

j'	ai	été
tu	as	été
il (elle)	a	été
nous	avons	été
vous	avez	été
ils (elles)	ont	été

imparfait

j'	étais
tu	étais
il (elle)	était
nous	étions
vous	étiez
ils (elles)	étaient

plus-que-parfait

j'	avais	été
tu	avais	été
il (elle)	avait	été
nous	avions	été
vous	aviez	été
ils (elles)	avaient	été

passé simple

je	fus
tu	fus
il (elle)	fut
nous	fûmes
vous	fûtes
ils (elles)	furent

passé antérieur

j'	eus	été
tu	eus	été
il (elle)	eut	été
nous	eûmes	été
vous	eûtes	été
ils (elles)	eurent	été

futur

je	serai
tu	seras
il (elle)	sera
nous	serons
vous	serez
ils (elles)	seront

futur antérieur

j'	aurai	été
tu	auras	été
il (elle)	aura	été
nous	aurons	été
vous	aurez	été
ils (elles)	auront	été

IMPÉRATIF

présent

sois
soyons
soyez

passé

aie	été
ayons	été
ayez	été

SUBJONCTIF

présent

(que) je	sois
(que) tu	sois
(qu') il (elle)	soit
(que) nous	soyons
(que) vous	soyez
(qu') ils (elles)	soient

passé

(que) j'	aie	été
(que) tu	aies	été
(qu') il (elle)	ait	été
(que) nous	ayons	été
(que) vous	ayez	été
(qu') ils (elles)	aient	été

	imparfait			*plus-que-parfait*	
(que) je	fusse		(que) j'	eusse	été
(que) tu	fusses		(que) tu	eusses	été
(qu') il (elle)	fût		(qu') il (elle)	eût	été
(que) nous	fussions		(que) nous	eussions	été
(que) vous	fussiez		(que) vous	eussiez	été
(qu') ils (elles)	fussent		(qu') ils (elles)	eussent	été

CONDITIONNEL

	présent			*passé 1ère forme*	
je	serais		j'	aurais	été
tu	serais		tu	aurais	été
il (elle)	serait		il (elle)	aurait	été
nous	serions		nous	aurions	été
vous	seriez		vous	auriez	été
ils (elles)	seraient		ils (elles)	auraient	été

passé 2ème forme

j'	eusse	été	nous	eussions	été
tu	eusses	été	vous	eussiez	été
il (elle)	eût	été	ils (elles)	eussent	été

INFINITIF	PARTICIPE
présent : être	*présent* : étant
passé : avoir été	*passé* : été (invariable), ayant été

8. AVOIR

INDICATIF

	présent			*passé composé*	
j'	ai		j'	ai	eu
tu	as		tu	as	eu
il (elle)	a		il (elle)	a	eu
nous	avons		nous	avons	eu
vous	avez		vous	avez	eu
ils (elles)	ont		ils (elles)	ont	eu

	imparfait			*plus-que-parfait*	
j'	avais		j'	avais	eu
tu	avais		tu	avais	eu
il (elle)	avait		il (elle)	avait	eu
nous	avions		nous	avions	eu
vous	aviez		vous	aviez	eu
ils (elles)	avaient		ils (elles)	avaient	eu

	passé simple			*passé antérieur*	
j'	eus		j'	eus	eu
tu	eus		tu	eus	eu
il (elle)	eut		il (elle)	eut	eu
nous	eûmes		nous	eûmes	eu
vous	eûtes		vous	eûtes	eu
ils (elles)	eurent		ils (elles)	eurent	eu

	futur			*futur antérieur*	
j'	aurai		j'	aurai	eu
tu	auras		tu	auras	eu
il (elle)	aura		il (elle)	aura	eu
nous	aurons		nous	aurons	eu
vous	aurez		vous	aurez	eu
ils (elles)	auront		ils (elles)	auront	eu

IMPÉRATIF

	présent		*passé*	
aie		aie	eu
ayons		ayons	eu
ayez		ayez	eu

SUBJONCTIF

	présent			*passé*	
(que) j'	aie		(que) j'	aie	eu
(que) tu	aies		(que) tu	aies	eu
(qu') il (elle)	ait		(qu') il (elle)	ait	eu
(que) nous	ayons		(que) nous	ayons	eu
(que) vous	ayez		(que) vous	ayez	eu
(qu') ils (elles)	aient		(qu') ils (elles)	aient	eu

	imparfait			*plus-que-parfait*	
(que) j'	eusse		(que) j'	eusse	eu
(que) tu	eusses		(que) tu	eusses	eu
(qu') il (elle)	eût		(qu') il (elle)	eût	eu
(que) nous	eussions		(que) nous	eussions	eu
(que) vous	eussiez		(que) vous	eussiez	eu
(qu') ils (elles)	eussent		(qu') ils (elles)	eussent	eu

CONDITIONNEL

	présent			*passé 1ère forme*	
j'	aurais		j'	aurais	eu
tu	aurais		tu	aurais	eu
il (elle)	aurait		il (elle)	aurait	eu
nous	aurions		nous	aurions	eu
vous	auriez		vous	auriez	eu
ils (elles)	auraient		ils (elles)	auraient	eu

	passé 2ème forme				
j'	eusse	eu	nous	eussions	eu
tu	eusses	eu	vous	eussiez	eu
il (elle)	eût	eu	ils (elles)	eussent	eu

INFINITIF	PARTICIPE
présent : avoir	*présent* : ayant
passé : avoir eu	*passé* : eu, eue, ayant eu

9. ALLER

INDICATIF

	présent			*passé composé*	
je	vais		je	suis	allé
tu	va		tu	es	allé
il (elle)	va		il (elle)	est	allé(e)
nous	allons		nous	sommes	allés
vous	allez		vous	êtes	allés
ils (elles)	vont		ils (elles)	sont	allé(e)s

	imparfait			*plus-que-parfait*	
j'	allais		j'	étais	allé
tu	allais		tu	étais	allé
il (elle)	allait		il (elle)	était	allé(e)
nous	allions		nous	étions	allés
vous	alliez		vous	étiez	allés
ils (elles)	allaient		ils (elles)	étaient	allé(e)s

	passé simple			*passé antérieur*	
j'	allai		je	fus	allé
tu	allas		tu	fus	allé
il (elle)	alla		il (elle)	fut	allé(e)
nous	allâmes		nous	fûmes	allés
vous	allâtes		vous	fûtes	allés
ils (elles)	allèrent		ils (elles)	furent	allé(e)s

	futur			*futur antérieur*	
j'	irai		je	serai	allé
tu	iras		tu	seras	allé
il (elle)	ira		il (elle)	sera	allé(e)
nous	irons		nous	serons	allés
vous	irez		vous	serez	allés
ils (elles)	iront		ils (elles)	seront	allé(e)s

IMPÉRATIF

présent	*passé*	
va	sois	allé(e)
allons	soyons	allé(e)s
allez	soyez	allé(e)s

SUBJONCTIF

	présent			*passé*	
(que) j'	aille		(que) je	sois	allé
(que) tu	ailles		(que) tu	sois	allé
(qu') il (elle)	aille		(qu') il (elle)	soit	allé(e)
(que) nous	allions		(que) nous	soyons	allés
(que) vous	alliez		(que) vous	soyez	allés
(qu') ils (elles)	aillent		(qu') ils (elles)	soient	allé(e)s

	imparfait				*plus-que-parfait*	
(que) j'	allass	e		(que) je	fusse	allé
(que) tu	allass	es		(que) tu	fusses	allé
(qu') il (elle)	all	ât		(qu') il (elle)	fût	allé(e)
(que) nous	allass	ions		(que) nous	fussions	allés
(que) vous	allass	iez		(que) vous	fussiez	allés
(qu') ils (elles)	allass	ent		(qu') ils (elles)	fussent	allé(e)s

CONDITIONNEL

	présent			*passé 1ère forme*	
j'	irais		je	serais	allé
tu	irais		tu	serais	allé
il (elle)	irait		il (elle)	serait	allé(e)
nous	irions		nous	serions	allés
vous	iriez		vous	seriez	allés
ils (elles)	iraient		ils (elles)	seraient	allé(e)s

passé 2ème forme

je	fusse	allé		nous	fussions	allés
tu	fusses	allé		vous	fussiez	allés
il (elle)	fût	allé(e)		ils (elles)	fussent	allé(e)s

INFINITIF	PARTICIPE
présent : aller	*présent* : allant
passé : être allé	*passé* : allé, e, étant allé

10. FAIRE

INDICATIF

	présent			*passé composé*	
je	fais		j'	ai	fait
tu	fais		tu	as	fait
il (elle)	fait		il (elle)	a	fait
nous	faisons		nous	avons	fait
vous	faites		vous	avez	fait
ils (elles)	font		ils (elles)	ont	fait

	imparfait			*plus-que-parfait*	
je	faisais		j'	avais	fait
tu	faisais		tu	avais	fait
il (elle)	faisait		il (elle)	avait	fait
nous	faisions		nous	avions	fait
vous	faisiez		vous	aviez	fait
ils (elles)	faisaient		ils (elles)	avaient	fait

	passé simple			*passé antérifaitr*	
je	fis		j'	eus	fait
tu	fis		tu	eus	fait
il (elle)	fit		il (elle)	eut	fait
nous	fîmes		nous	eûmes	fait
vous	fîtes		vous	eûtes	fait
ils (elles)	firent		ils (elles)	eurent	fait

	futur			*futur antérieur*	
je	ferai		j'	aurai	fait
tu	feras		tu	auras	fait
il (elle)	fera		il (elle)	aura	fait
nous	ferons		nous	aurons	fait
vous	ferez		vous	aurez	fait
ils (elles)	feront		ils (elles)	auront	fait

IMPÉRATIF

	présent		*passé*	
fais		aie	fait
faisons		ayons	fait
faisez		ayez	fait

SUBJONCTIF

	présent			*passé*	
(que) je	fasse		(que) j'	aie	fait
(que) tu	fasses		(que) tu	aies	fait
(qu') il (elle)	fasse		(qu') il (elle)	ait	fait
(que) nous	fassions		(que) nous	ayons	fait
(que) vous	fassiez		(que) vous	ayez	fait
(qu') ils (elles)	fassent		(qu') ils (elles)	aient	fait

	imparfait			*plus-que-parfait*	
(que) je	fisse		(que) j'	eusse	fait
(que) tu	fisses		(que) tu	eusses	fait
(qu') il (elle)	fît		(qu') il (elle)	eût	fait
(que) nous	fissions		(que) nous	eussions	fait
(que) vous	fissiez		(que) vous	eussiez	fait
(qu') ils (elles)	fissent		(qu') ils (elles)	eussent	fait

CONDITIONNEL

	présent			*passé 1ère forme*	
je	ferais		j'	aurais	fait
tu	ferais		tu	aurais	fait
il (elle)	ferait		il (elle)	aurait	fait
nous	ferions		nous	aurions	fait
vous	feriez		vous	auriez	fait
ils (elles)	feraient		ils (elles)	auraient	fait

		passé 2ème forme			
j'	eusse	fait	nous	eussions	fait
tu	eusses	fait	vous	eussiez	fait
il (elle)	eût	fait	ils (elles)	eussent	fait

INFINITIF	PARTICIPE
présent : faire	*présent* : faisant
passé : avoir fait	*passé* : fait, e, ayant fait

FORME PASSIVE : **ÊTRE AIMÉ**

INDICATIF

présent

je	suis	aimé
tu	es	aimé
il (elle)	est	aimé(e)
nous	sommes	aimés
vous	êtes	aimés
ils (elles)	sont	aimé(e)s

passé composé

j'	ai	été aimé
tu	as	été aimé
il (elle)	a	été aimé(e)
nous	avons	été aimés
vous	avez	été aimés
ils (elles)	ont	été aimé(e)s

imparfait

j'	étais	aimé
tu	étais	aimé
il (elle)	était	aimé(e)
nous	étions	aimés
vous	étiez	aimés
ils (elles)	étaient	aimé(e)s

plus-que-parfait

j'	avais	été aimé
tu	avais	été aimé
il (elle)	avait	été aimé(e)
nous	avions	été aimés
vous	aviez	été aimés
ils (elles)	avaient	été aimé(e)s

passé simple

je	fus	aimé
tu	fus	aimé
il (elle)	fut	aimé(e)
nous	fûmes	aimés
vous	fûtes	aimés
ils (elles)	furent	aimé(e)s

passé antérieur

j'	eus	été aimé
tu	eus	été aimé
il (elle)	eut	été aimé(e)
nous	eûmes	été aimés
vous	eûtes	été aimés
ils (elles)	eurent	été aimé(e)s

futur

je	serai	aimé
tu	seras	aimé
il (elle)	sera	aimé(e)
nous	serons	aimés
vous	serez	aimés
ils (elles)	seront	aimé(e)s

futur antérieur

j'	aurai	été aimé
tu	auras	été aimé
il (elle)	aura	été aimé(e)
nous	aurons	été aimés
vous	aurez	été aimés
ils (elles)	auront	été aimé(e)s

IMPÉRATIF

présent

sois	aimé(e)
soyons	aimé(e)s
soyez	aimé(e)s

passé

(inusité)

SUBJONCTIF

présent

(que) je	sois	aimé
(que) tu	sois	aimé
(qu') il (elle)	soit	aimé(e)
(que) nous	soyons	aimés
(que) vous	soyez	aimés
(qu') ils (elles)	soient	aimé(e)s

passé

(que) j'	aie	été aimé
(que) tu	aies	été aimé
(qu') il (elle)	ait	été aimé(e)
(que) nous	ayons	été aimés
(que) vous	ayez	été aimés
(qu') ils (elles)	aient	été aimé(e)s

imparfait			*plus-que-parfait*		
(que) je	fusse	aimé	(que) j'	eusse	été aimé
(que) tu	fusses	aimé	(que) tu	eusses	été aimé
(qu') il (elle)	fût	aimé(e)	(qu') il (elle)	eût	été aimé(e)
(que) nous	fussions	aimés	(que) nous	eussions	été aimés
(que) vous	fussiez	aimés	(que) vous	eussiez	été aimés
(qu') ils (elles)	fussent	aimé(e)s	(qu') ils (elles)	eussent	été aimé(e)s

CONDITIONNEL

présent			*passé 1ère forme*		
je	serais	aimé	j'	aurais	été aimé
tu	serais	aimé	tu	aurais	été aimé
il (elle)	serait	aimé(e)	il (elle)	aurait	été aimé(e)
nous	serions	aimés	nous	aurions	été aimés
vous	seriez	aimés	vous	auriez	été aimés
ils (elles)	seraient	aimé(e)s	ils (elles)	auraient	été aimé(e)s

passé 2ème forme

j'	eusse	été aimé	nous	eussions	été aimés
tu	eusses	été aimé	vous	eussiez	été aimés
il (elle)	eût	été aimé(e)	ils (elles)	eussent	été aimé(e)s

INFINITIF	PARTICIPE
présent : être aimé(e)	*présent* : étant aimé(e)
passé : avoir été aimé(e)	*passé* : été aimé, ayant été aimé(e)

FORME PRONOMINALE : **S'ADONNER**

INDICATIF

présent			*passé composé*		
je m'	adonne		je me	suis	adonné
tu t'	adonnes		tu t'	es	adonné
il (elle) s'	adonne		il (elle) s'	est	adonné(e)
nous nous	adonnons		nous nous	sommes	adonnés
vous vous	adonnez		vous vous	êtes	adonnés
ils (elles) s'	adonnent		ils (elles) se	sont	adonné(e)s

imparfait			*plus-que-parfait*		
je m'	adonnais		je m'	étais	adonné
tu t'	adonnais		tu t'	étais	adonné
il (elle) s'	adonnait		il (elle) s'	était	adonné(e)
nous nous	adonnions		nous nous	étions	adonnés
vous vous	adonniez		vous vous	étiez	adonnés
ils (elles) s'	adonnaient		ils (elles) s'	étaient	adonné(e)s

passé simple			*passé antérifaitr*		
je m'	adonnai		je me	fus	adonné
tu t'	adonnas		tu te	fus	adonné
il (elle) s'	adonna		il (elle) se	fut	adonné(e)
nous nous	adonnâmes		nous nous	fûmes	adonnés
vous vous	adonnâtes		vous vous	fûtes	adonnés
ils (elles) s'	adonnèrent		ils (elles) se	furent	adonné(e)s

	futur			*futur antérieur*	
je m'	adonnerai		je me	serai	adonné
tu t'	adonneras		tu te	seras	adonné
il (elle) s'	adonnera		il (elle) se	sera	adonné(e)
nous nous	adonnerons		nous nous	serons	adonnés
vous vous	adonnerez		vous vous	serez	adonnés
ils (elles) s'	adonneront		ils (elles) se	seront	adonné(e)s

IMPÉRATIF

présent	*passé*
adonne-toi	(inusité)
adonnons-nous	
adonnez-vous	

SUBJONCTIF

	présent			*passé*	
(que) je m'	adonne		(que) je me	sois	adonné
(que) tu t'	adonnes		(que) tu te	sois	adonné
(qu') il (elle) s'	adonne		(qu') il (elle) se	soit	adonné(e)
(que) nous nous	adonnions		(que) nous nous	soyons	adonnés
(que) vous vous	adonniez		(que) vous vous	soyez	adonnés
(qu') ils (elles) s'	adonnent		(qu') ils (elles) se	soient	adonné(e)s

	imparfait			*plus-que-parfait*	
(que) je m'	adonnasse		(que) je me	fusse	adonné
(que) tu t'	adonnasses		(que) tu te	fusses	adonné
(qu') il (elle) s'	adonnât		(qu') il (elle) se	fût	adonné(e)
(que) nous nous	adonnassions		(que) nous nous	fussions	adonnés
(que) vous vous	adonnassiez		(que) vous vous	fussiez	adonnés
(qu') ils (elles) s'	adonnassent		(qu') ils (elles) se	fussent	adonné(e)s

CONDITIONNEL

	présent			*passé 1ère forme*	
je m'	adonnerais		je me	serais	adonné
tu t'	adonnerais		tu te	serais	adonné
il (elle) s'	adonnerait		il (elle) se	serait	adonné(e)
nous nous	adonnerions		nous nous	serions	adonnés
vous vous	adonneriez		vous vous	seriez	adonnés
ils (elles) s'	adonneraient		ils (elles) se	seraient	adonné(e)s

passé 2ème forme

je me	fusse	adonné	nous nous	fussions	adonnés
tu te	fusses	adonné	vous vous	fussiez	adonnés
il (elle) se	fût	adonné(e)	ils (elles) se	fussent	adonné(e)s

INFINITIF	PARTICIPE
présent : s'adonner	*présent* : s'adonnant
passé : s'être adonné(e)	*passé* : s'étant adonné(e)

FORMES SURCOMPOSÉES

INDICATIF

	passé composé			*passé antérieur*	
j'	ai	eu aimé	j'	eus	eu aimé
tu	as	eu aimé	tu	eus	eu aimé
il (elle)	a	eu aimé	il (elle)	eut	eu aimé
nous	avons	eu aimé	nous	eûmes	eu aimé
vous	avez	eu aimé	vous	eûtes	eu aimé
ils (elles)	ont	eu aimé	ils (elles)	eurent	eu aimé

	plus-que-parfait			*futur antérieur*	
j'	avais	eu aimé	j'	aurai	eu aimé
tu	avais	eu aimé	tu	auras	eu aimé
il (elle)	avait	eu aimé	il (elle)	aura	eu aimé
nous	avions	eu aimé	nous	aurons	eu aimé
vous	aviez	eu aimé	vous	aurez	eu aimé
ils (elles)	avaient	eu aimé	ils (elles)	auront	eu aimé

SUBJONCTIF

	passé			*plus-que-parfait*	
(que) j'	aie	eu aimé	(que) j'	eusse	eu aimé
(que) tu	aies	eu aimé	(que) tu	eusses	eu aimé
(qu') il (elle)	ait	eu aimé	(qu') il (elle)	eût	eu aimé
(que) nous	ayons	eu aimé	(que) nous	eussions	eu aimé
(que) vous	ayez	eu aimé	(que) vous	eussiez	eu aimé
(qu') ils (elles)	aient	eu aimé	(qu') ils (elles)	eussent	eu aimé

CONDITIONNEL

	passé 1ère forme			*passé 2ème forme*	
j'	aurais	eu aimé	j'	eusse	eu aimé
tu	aurais	eu aimé	tu	esses	eu aimé
il (elle)	aurait	eu aimé	il (elle)	eût	eu aimé
nous	aurions	eu aimé	nous	eussions	eu aimé
vous	auriez	eu aimé	vous	eussiez	eu aimé
ils (elles)	auraient	eu aimé	ils (elles)	eussent	eu aimé

INFINITIF

passé : avoir eu aimé

PARTICIPE

passé : ayant eu aimé

11. CRÉER

INDICATIF
Présent : je crée, tu crées, il crée, nous créons, vous créez, ils créent
Imparfait : je créais, tu créais, il créait, nous créions, vous créiez, ils créaient
Passé simple : je créai, tu créas, il créa, nous créâmes, vous créâtes, ils créèrent
Futur simple : je créerai, tu créeras, il créera, nous créerons, vous créerez, ils créeront
SUBJONCTIF
Présent : que je crée, que tu crées, qu'il crée, que nous créions, que vous créiez, qu'ils créent
Imparfait : que je créasse, que tu créasses, qu'il créât, que nous créassions, que vous créassiez, qu'ils créassent
IMPERATIF
Présent : crée, créons, créez
CONDITIONNEL
Présent : je créerais, tu créerais, il créerait, nous créerions, vous créeriez, ils créeraient
PARTICIPE
Présent : créant
Passé : créé, créée

12. PLACER

INDICATIF
Présent : je place, tu places, il place, nous plaçons, vous placez, ils placent
Imparfait : je plaçais, tu plaçais, il plaçait, nous placions, vous placiez, ils plaçaient
Passé simple : je plaçai, tu plaças, il plaça, nous plaçâmes, vous plaçâtes, ils placèrent
Futur simple : je placerai, tu placeras, il placera, nous placerons, vous placerez, ils placeront
SUBJONCTIF
Présent : que je place, que tu places, qu'il place, que nous placions, que vous placiez, qu'ils placent
Imparfait : que je plaçasse, que tu plaçasses, qu'il plaçât, que nous plaçassions, que vous plaçassiez, qu'ils plaçassent
IMPERATIF
Présent : place, plaçons, placez
CONDITIONNEL
Présent : je placerais, tu placerais, il placerait, nous placerions, vous placeriez, ils placeraient
PARTICIPE
Présent : plaçant
Passé : placé, placée

13. MANGER

INDICATIF
Présent : je mange, tu manges, il mange, nous mangeons, vous mangez, ils mangent
Imparfait : je mangeais, tu mangeais, il mangeait, nous mangions, vous mangiez, ils mangeaient
Passé simple : je mangeai, tu mangeas, il mangea, nous mangeâmes, vous mangeâtes, ils mangèrent
Futur simple : je mangerai, tu mangeras, il mangera, nous mangerons, vous mangerez, ils mangeront
SUBJONCTIF
Présent : que je mange, que tu manges, qu'il mange, que nous mangions, que vous mangiez, qu'ils mangent
Imparfait : que je mangeasse, que tu mangeasses, qu'il mangeât, que nous mangeassions, que vous mangeassiez, qu'ils mangeassent
IMPERATIF
Présent : mange, mangeons, mangez

CONDITIONNEL
Présent : je mangerais, tu mangerais, il mangerait, nous mangerions, vous mangeriez, ils mangeraient
PARTICIPE
Présent : mangeant
Passé : mangé, mangée

14. CÉDER

INDICATIF
Présent : je cède, tu cèdes, il cède, nous cédons, vous cédez, ils cèdent
Imparfait : je cédais, tu cédais, il cédait, nous cédions, vous cédiez, ils cédaient
Passé simple : je cédai, tu cédas, il céda, nous cédâmes, vous cédâtes, ils cédèrent
Futur simple : je céderai, tu céderas, il cédera, nous céderons, vous céderez, ils céderont
SUBJONCTIF
Présent : que je cède, que tu cèdes, qu'il cède, que nous cédions, que vous cédiez, qu'ils cèdent
Imparfait : que je cédasse, que tu cédasses, qu'il cédât, que nous cédassions, que vous cédassiez, qu'ils cédassent
IMPERATIF
Présent : cède, cédons, cédez
CONDITIONNEL
Présent : je céderais, tu céderais, il céderait, nous céderions, vous céderiez, ils céderaient
PARTICIPE
Présent : cédant
Passé : cédé, cédée

15. ASSIÉGER

INDICATIF
Présent : j'assiège, tu assièges, il assiège, nous assiégeons, vous assiégez, ils assiègent
Imparfait : j'assiégeais, tu assiégeais, il assiégeait, nous assiégions, vous assiégiez, ils assiégeaient
Passé simple : j'assiégeai, tu assiégeas, il assiégea, nous assiégeâmes, vous assiégeâtes, ils assiégèrent
Futur simple : j'assiégerai, tu assiégeras, il assiégera, nous assiégerons, vous assiégerez, ils assiégeront
SUBJONCTIF
Présent : que j'assiège, que tu assièges, qu'il assiège, que nous assiégions, que vous assiégiez, qu'ils assiègent
Imparfait : que j'assiégeasse, que tu assiégeasses, qu'il assiégeât, que nous assiégeassions, que vous assiégeassiez, qu'ils assiégeassent
IMPERATIF
Présent : assiège, assiégeons, assiégez
CONDITIONNEL
Présent : j'assiégerais, tu assiégerais, il assiégerait, nous assiégerions, vous assiégeriez, ils assiégeraient
PARTICIPE
Présent : assiégeant
Passé : assiégé, assiégée

16. LEVER

INDICATIF
Présent : je lève, tu lèves, il lève, nous levons, vous levez, ils lèvent
Imparfait : je levais, tu levais, il levait, nous levions, vous leviez, ils levaient
Passé simple : je levai, tu levas, il leva, nous levâmes, vous levâtes, ils levèrent
Futur simple : je lèverai, tu lèveras, il lèvera, nous lèverons, vous lèverez, ils lèveront

SUBJONCTIF
Présent : que je lève, que tu lèves, qu'il lève, que nous levions, que vous leviez, qu'ils lèvent
Imparfait : que je levasse, que tu levasses, qu'il levât, que nous levassions, que vous levassiez, qu'ils levassent
IMPERATIF
Présent : lève, levons, levez
CONDITIONNEL
Présent : je lèverais, tu lèverais, il lèverait, nous lèverions, vous lèveriez, ils lèveraient
PARTICIPE
Présent : levant
Passé : levé, levée

17. GELER

INDICATIF
Présent : je gèle, tu gèles, il gèle, nous gelons, vous gelez, ils gèlent
Imparfait : je gelais, tu gelais, il gelait, nous gelions, vous geliez, ils gelaient
Passé simple : je gelai, tu gelas, il gela, nous gelâmes, vous gelâtes, ils gelèrent
Futur simple : je gèlerai, tu gèleras, il gèlera, nous gèlerons, vous gèlerez, ils gèleront
SUBJONCTIF
Présent : que je gèle, que tu gèles, qu'il gèle, que nous gelions, que vous geliez, qu'ils gèlent
Imparfait : que je gelasse, que tu gelasses, qu'il gelât, que nous gelassions, que vous gelassiez, qu'ils gelassent
IMPERATIF
Présent : gèle, gelons, gelez
CONDITIONNEL
Présent : je gèlerais, tu gèlerais, il gèlerait, nous gèlerions, vous gèleriez, ils gèleraient
PARTICIPE
Présent : gelant
Passé : gelé, gelée

18. ACHETER

INDICATIF
Présent : j'achète, tu achètes, il achète, nous achetons, vous achetez, ils achètent
Imparfait : j'achetais, tu achetais, il achetait, nous achetions, vous achetiez, ils achetaient
Passé simple : j'achetai, tu achetas, il acheta, nous achetâmes, vous achetâtes, ils achetèrent
Futur simple : j'achèterai, tu achèteras, il achètera, nous achèterons, vous achèterez, ils achèteront
SUBJONCTIF
Présent : que j'achète, que tu achètes, qu'il achète, que nous achetions, que vous achetiez, qu'ils achètent
Imparfait : que j'achetasse, que tu achetasses, qu'il achetât, que nous achetassions, que vous achetassiez, qu'ils achetassent
IMPERATIF
Présent : achète, achetons, achetez
CONDITIONNEL
Présent : j'achèterais, tu achèterais, il achèterait, nous achèterions, vous achèteriez, ils achèteraient
PARTICIPE
Présent : achetant
Passé : acheté, achetée

19. APPELER

INDICATIF
Présent : j'appelle, tu appelles, il appelle, nous appelons, vous appelez, ils appellent

Imparfait : j'appelais, tu appelais, il appelait, nous appelions, vous appeliez, ils appelaient
Passé simple : j'appelai, tu appelas, il appela, nous appelâmes, vous appelâtes, ils appelèrent
Futur simple : j'appellerai, tu appelleras, il appellera, nous appellerons, vous appellerez, ils appelleront
SUBJONCTIF
Présent : que j'appelle, que tu appelles, qu'il appelle, que nous appelions, que vous appeliez, qu'ils appellent
Imparfait : que j'appelasse, que tu appelasses, qu'il appelât, que nous appelassions, que vous appelassiez, qu'ils appelassent
IMPERATIF
Présent : appelle, appelons, appelez
CONDITIONNEL
Présent : j'appellerais, tu appellerais, il appellerait, nous appellerions, vous appelleriez, ils appelleraient
PARTICIPE
Présent : appelant
Passé : appelé, appelée

20. JETER

INDICATIF
Présent : je jette, tu jettes, il jette, nous jetons, vous jetez, ils jettent
Imparfait : je jetais, tu jetais, il jetait, nous jetions, vous jetiez, ils jetaient
Passé simple : je jetai, tu jetas, il jeta, nous jetâmes, vous jetâtes, ils jetèrent
Futur simple : je jetterai, tu jetteras, il jettera, nous jetterons, vous jetterez, ils jetteront
SUBJONCTIF
Présent : que je jette, que tu jettes, qu'il jette, que nous jetions, que vous jetiez, qu'ils jettent
Imparfait : que je jetasse, que tu jetasses, qu'il jetât, que nous jetassions, que vous jetassiez, qu'ils jetassent
IMPERATIF
Présent : jette, jetons, jetez
CONDITIONNEL
Présent : je jetterais, tu jetterais, il jetterait, nous jetterions, vous jetteriez, ils jetteraient
PARTICIPE
Présent : jetant
Passé : jeté, jetée

21. PAYER

INDICATIF
Présent : je paye, tu payes, il paye, nous payons, vous payez, ils payent ou, je paie, tu paies, il paie, nous payons, vous payez, ils paient
Imparfait : je payais, tu payais, il payait, nous payions, vous payiez, ils payaient
Passé simple : je payai, tu payas, il paya, nous payâmes, vous payâtes, ils payèrent
Futur simple : je payerai, tu payeras, il payera, nous payerons, vous payerez, ils payeront, ou, je paierai, tu paieras, il paiera, nous paierons, vous paierez, ils paieront
SUBJONCTIF
Présent : que je paye, que tu payes, qu'il paye, que nous payions, que vous payiez, qu'ils payent, ou, que je paie, que tu paies, qu'il paie, que nous payions, que vous payiez, qu'ils paient
Imparfait : que je payasse, que tu payasses, qu'il payât, que nous payassions, que vous payassiez, qu'ils payassent
IMPERATIF
Présent : paye ou paie, payons, payez

CONDITIONNEL
Présent : je payerais, tu payerais, il payerait, nous payerions, vous payeriez, ils payeraient, ou, je paierais, tu paierais, il paierait, nous paierions, vous paieriez, ils paieraient
PARTICIPE
Présent : payant
Passé : payé, payée

22. ESSUYER

INDICATIF
Présent : j'essuie, tu essuies, il essuie, nous essuyons, vous essuyez, ils essuient
Imparfait : j'essuyais, tu essuyais, il essuyait, nous essuyions, vous essuyiez, ils essuyaient
Passé simple : j'essuyai, tu essuyas, il essuya, nous essuyâmes, vous essuyâtes, ils essuyèrent
Futur simple : j'essuierai, tu essuieras, il essuiera, nous essuierons, vous essuierez, ils essuieront
SUBJONCTIF
Présent : que j'essuie, que tu essuies, qu'il essuie, que nous essuyions, que vous essuyiez, qu'ils essuient
Imparfait : que j'essuyasse, que tu essuyasses, qu'il essuyât, que nous essuyassions, que vous essuyassiez, qu'ils essuyassent
IMPERATIF
Présent : essuie, essuyons, essuyez
CONDITIONNEL
Présent : j'essuierais, tu essuierais, il essuierait, nous essuierions, vous essuieriez, ils essuieraient
PARTICIPE
Présent : essuyant
Passé : essuyé, essuyée

23. EMPLOYER

INDICATIF
Présent : j'emploie, tu emploies, il emploie, nous employons, vous employez, ils emploient
Imparfait : j'employais, tu employais, il employait, nous employions, vous employiez, ils employaient
Passé simple : j'employai, tu employas, il employa, nous employâmes, vous employâtes, ils employèrent
Futur simple : j'emploierai, tu emploieras, il emploiera, nous emploierons, vous emploierez, ils emploieront
SUBJONCTIF
Présent : que j'emploie, que tu emploies, qu'il emploie, que nous employions, que vous employiez, qu'ils emploient
Imparfait : que j'employasse, que tu employasses, qu'il employât, que nous employassions, que vous employassiez, qu'ils employassent
IMPERATIF
Présent : emploie, employons, employez
CONDITIONNEL
Présent : j'emploierais, tu emploierais, il emploierait, nous emploierions, vous emploieriez, ils emploieraient
PARTICIPE
Présent : employant
Passé : employé, employée

24. ENVOYER

INDICATIF
Présent : j'envoie, tu envoies, il envoie, nous envoyons, vous envoyez, ils envoient

Imparfait : j'envoyais, tu envoyais, il envoyait, nous envoyions, vous envoyiez, ils envoyaient
Passé simple : j'envoyai, tu envoyas, il envoya, nous envoyâmes, vous envoyâtes, ils envoyèrent
Futur simple : j'enverrai, tu enverras, il enverra, nous enverrons, vous enverrez, ils enverront
SUBJONCTIF
Présent : que j'envoie, que tu envoies, qu'il envoie, que nous envoyions, que vous envoyiez, qu'ils envoient
Imparfait : que j'envoyasse, que tu envoyasses, qu'il envoyât, que nous envoyassions, que vous envoyassiez, qu'ils envoyassent
IMPERATIF
Présent : envoie, envoyons, envoyez
CONDITIONNEL
Présent : j'enverrais, tu enverrais, il enverrait, nous enverrions, vous enverriez, ils enverraient
PARTICIPE
Présent : envoyant
Passé : envoyé, envoyée

25. HAÏR

INDICATIF
Présent : je hais, tu hais, il hait, nous haïssons, vous haïssez, ils haïssent
Imparfait : je haïssais, tu haïssais, il haïssait, nous haïssions, vous haïssiez, ils haïssaient
Passé simple : je haïs, tu haïs, il haït, nous haïmes, vous haïtes, ils haïrent
Futur simple : je haïrai, tu haïras, il haïra, nous haïrons, vous haïrez, ils haïront
SUBJONCTIF
Présent : que je haïsse, que tu haïsses, qu'il haïsse, que nous haïssions, que vous haïssiez, qu'ils haïssent
Imparfait : que je haïsse, que tu haïsses, qu'il haït, que nous haïssions, que vous haïssiez, qu'ils haïssent
IMPERATIF
Présent : hais, haïssons, haïssez
CONDITIONNEL
Présent : je haïrais, tu haïrais, il haïrait, nous haïrions, vous haïriez, ils haïraient
PARTICIPE
Présent : haïssant
Passé : haï, haïe

26. COURIR

INDICATIF
Présent : je cours, tu cours, il court, nous courons, vous courez, ils courent
Imparfait : je courais, tu courais, il courait, nous courions, vous couriez, ils couraient
Passé simple : je courus, tu courus, il courut, nous courûmes, vous courûtes, ils coururent
Futur simple : je courrai, tu courras, il courra, nous courrons, vous courrez, ils courront
SUBJONCTIF
Présent : que je coure, que tu coures, qu'il coure, que nous courions, que vous couriez, qu'ils courent
Imparfait : que je courusse, que tu courusses, qu'il courût, que nous courussions, que vous courussiez, qu'ils courussent
IMPERATIF
Présent : cours, courons, courez

CONDITIONNEL
Présent : je courrais, tu courrais, il courrait, nous courrions, vous courriez, ils courraient
PARTICIPE
Présent : courant
Passé : couru, courue

27. CUEILLIR

INDICATIF
Présent : je cueille, tu cueilles, il cueille, nous cueillons, vous cueillez, ils cueillent
Imparfait : je cueillais, tu cueillais, il cueillait, nous cueillions, vous cueilliez, ils cueillaient
Passé simple : je cueillis, tu cueillis, il cueillit, nous cueillîmes, vous cueillîtes, ils cueillirent
Futur simple : je cueillerai, tu cueilleras, il cueillera, nous cueillerons, vous cueillerez, ils cueilleront
SUBJONCTIF
Présent : que je cueille, que tu cueilles, qu'il cueille, que nous cueillions, que vous cueilliez, qu'ils cueillent
Imparfait : que je cueillisse, que tu cueillisses, qu'il cueillît, que nous cueillissions, que vous cueillissiez, qu'ils cueillissent
IMPERATIF
Présent : cueille, cueillons, cueillez
CONDITIONNEL
Présent : je cueillerais, tu cueillerais, il cueillerait, nous cueillerions, vous cueilleriez, ils cueilleraient
PARTICIPE
Présent : cueillant
Passé : cueilli, cueillie

28. ASSAILLIR

INDICATIF
Présent : j'assaille, tu assailles, il assaille, nous assaillons, vous assaillez, ils assaillent
Imparfait : j'assaillais, tu assaillais, il assaillait, nous assaillions, vous assailliez, ils assaillaient
Passé simple : j'assaillis, tu assaillis, il assaillit, nous assaillîmes, vous assaillîtes, ils assaillirent
Futur simple : j'assaillirai, tu assailliras, il assaillira, nous assaillirons, vous assaillirez, ils assailliront
SUBJONCTIF
Présent : que j'assaille, que tu assailles, qu'il assaille, que nous assaillions, que vous assailliez, qu'ils assaillent
Imparfait : que j'assaillisse, que tu assaillisses, qu'il assaillît, que nous assaillissions, que vous assaillissiez, qu'ils assaillissent
IMPERATIF
Présent : assaille, assaillons, assaillez
CONDITIONNEL
Présent : j'assaillirais, tu assaillirais, il assaillirait, nous assaillirions, vous assailliriez, ils assailliraient
PARTICIPE
Présent : assaillant
Passé : assailli, assaillie

29. FUIR

INDICATIF
Présent : je fuis, tu fuis, il fuit, nous fuyons, vous fuyez, ils fuient
Imparfait : je fuyais, tu fuyais, il fuyait, nous fuyions, vous fuyiez, ils fuyaient
Passé simple : je fuis, tu fuis, il fuit, nous fuîmes, vous fuîtes, ils fuirent
Futur simple : je fuirai, tu fuiras, il fuira, nous fuirons, vous fuirez, ils fuiront

SUBJONCTIF
Présent : que je fuie, que tu fuies, qu'il fuie, que nous fuyions, que vous fuyiez, qu'ils fuient
Imparfait : que je fuisse, que tu fuisses, qu'il fuît, que nous fuissions, que vous fuissiez, qu'ils fuissent
IMPERATIF
Présent : fuis, fuyons, fuyez
CONDITIONNEL
Présent : je fuirais, tu fuirais, il fuirait, nous fuirions, vous fuiriez, ils fuiraient
PARTICIPE
Présent : fuyant
Passé : fui, fuie

30. PARTIR

INDICATIF
Présent : je pars, tu pars, il part, nous partons, vous partez, ils partent
Imparfait : je partais, tu partais, il partait, nous partions, vous partiez, ils partaient
Passé simple : je partis, tu partis, il partit, nous partîmes, vous partîtes, ils partirent
Futur simple : je partirai, tu partiras, il partira, nous partirons, vous partirez, ils partiront
SUBJONCTIF
Présent : que je parte, que tu partes, qu'il parte, que nous partions, que vous partiez, qu'ils partent
Imparfait : que je partisse, que tu partisses, qu'il partît, que nous partissions, que vous partissiez, qu'ils partissent
IMPERATIF
Présent : pars, partons, partez
CONDITIONNEL
Présent : je partirais, tu partirais, il partirait, nous partirions, vous partiriez, ils partiraient
PARTICIPE
Présent : partant
Passé : parti, partie

31. BOUILLIR

INDICATIF
Présent : je bous, tu bous, il bout, nous bouillons, vous bouillez, ils bouillent
Imparfait : je bouillais, tu bouillais, il bouillait, nous bouillions, vous bouilliez, ils bouillaient
Passé simple : je bouillis, tu bouillis, il bouillit, nous bouillîmes, vous bouillîtes, ils bouillirent
Futur simple : je bouillirai, tu bouilliras, il bouillira, nous bouillirons, vous bouillirez, ils bouilliront
SUBJONCTIF
Présent : que je bouille, que tu bouilles, qu'il bouille, que nous bouillions, que vous bouilliez, qu'ils bouillent
Imparfait : que je bouillisse, que tu bouillisses, qu'il bouillît, que nous bouillissions, que vous bouillissiez, qu'ils bouillissent
IMPERATIF
Présent : bous, bouillons, bouillez
CONDITIONNEL
Présent : je bouillirais, tu bouillirais, il bouillirait, nous bouillirions, vous bouilliriez, ils bouilliraient
PARTICIPE
Présent : bouillant
Passé : bouilli, bouillie

32. COUVRIR

INDICATIF
Présent : je couvre, tu couvres, il couvre, nous couvrons, vous couvrez, ils couvrent
Imparfait : je couvrais, tu couvrais, il couvrait, nous couvrions, vous couvriez, ils couvraient
Passé simple : je couvris, tu couvris, il couvrit, nous couvrîmes, vous couvrîtes, ils couvrirent
Futur simple : je couvrirai, tu couvriras, il couvrira, nous couvrirons, vous couvrirez, ils couvriront
SUBJONCTIF
Présent : que je couvre, que tu couvres, qu'il couvre, que nous couvrions, que vous couvriez, qu'ils couvrent
Imparfait : que je couvrisse, que tu couvrisses, qu'il couvrît, que nous couvrissions, que vous couvrissiez, qu'ils couvrissent
IMPERATIF
Présent : couvre, couvrons, couvrez
CONDITIONNEL
Présent : je couvrirais, tu couvrirais, il couvrirait, nous couvririons, vous couvririez, ils couvriraient
PARTICIPE
Présent : couvrant
Passé : couvert, couverte

33. VÊTIR

INDICATIF
Présent : je vêts, tu vêts, il vêt, nous vêtons, vous vêtez, ils vêtent
Imparfait : je vêtais, tu vêtais, il vêtait, nous vêtions, vous vêtiez, ils vêtaient
Passé simple : je vêtis, tu vêtis, il vêtit, nous vêtîmes, vous vêtîtes, ils vêtirent
Futur simple : je vêtirai, tu vêtiras, il vêtira, nous vêtirons, vous vêtirez, ils vêtiront
SUBJONCTIF
Présent : que je vête, que tu vêtes, qu'il vête, que nous vêtions, que vous vêtiez, qu'ils vêtent
Imparfait : que je vêtisse, que tu vêtisses, qu'il vêtît, que nous vêtissions, que vous vêtissiez, qu'ils vêtissent
IMPERATIF
Présent : vêts, vêtons, vêtez
CONDITIONNEL
Présent : je vêtirais, tu vêtirais, il vêtirait, nous vêtirions, vous vêtiriez, ils vêtiraient
PARTICIPE
Présent : vêtant
Passé : vêtu, vêtue

34. MOURIR

INDICATIF
Présent : je meurs, tu meurs, il meurt, nous mourons, vous mourez, ils meurent
Imparfait : je mourais, tu mourais, il mourait, nous mourions, vous mouriez, ils mouraient
Passé simple : je mourus, tu mourus, il mourut, nous mourûmes, vous mourûtes, ils moururent
Futur simple : je mourrai, tu mourras, il mourra, nous mourrons, vous mourrez, ils mourront
SUBJONCTIF
Présent : que je meure, que tu meures, qu'il meure, que nous mourions, que vous mouriez, qu'ils meurent
Imparfait : que je mourusse, que tu mourusses, qu'il mourût, que nous mourussions, que vous mourussiez, qu'ils mourussent
IMPERATIF
Présent : meurs, mourons, mourez

CONDITIONNEL
Présent : je mourrais, tu mourrais, il mourrait, nous mourrions, vous mourriez, ils
mourraient
PARTICIPE
Présent : mourant
Passé : mort, morte

35. ACQUÉRIR

INDICATIF
Présent : j'acquiers, tu acquiers, il acquiert, nous acquérons, vous acquérez, ils
acquièrent
Imparfait : j'acquérais, tu acquérais, il acquérait, nous acquérions, vous acquériez, ils
acquéraient
Passé simple : j'acquis, tu acquis, il acquit, nous acquîmes, vous acquîtes, ils acquirent
Futur simple : j'acquerrai, tu acquerras, il acquerra, nous acquerrons, vous acquerrez, ils
acquerront
SUBJONCTIF
Présent : que j'acquière, que tu acquières, qu'il acquière, que nous acquérions, que
vous acquériez, qu'ils acquièrent
Imparfait : que j'acquisse, que tu acquisses, qu'il acquît, que nous acquissions,
que vous acquissiez, qu'ils acquissent
IMPERATIF
Présent : acquiers, acquérons, acquérez
CONDITIONNEL
Présent : j'acquerrais, tu acquerrais, il acquerrait, nous acquerrions, vous acquerriez, ils
acquerraient
PARTICIPE
Présent : acquérant
Passé : acquis, acquise

36. VENIR

INDICATIF
Présent : je viens, tu viens, il vient, nous venons, vous venez, ils viennent
Imparfait : je venais, tu venais, il venait, nous venions, vous veniez, ils venaient
Passé simple : je vins, tu vins, il vint, nous vînmes, vous vîntes, ils vinrent
Futur simple : je viendrai, tu viendras, il viendra, nous viendrons, vous viendrez, ils
viendront
SUBJONCTIF
Présent : que je vienne, que tu viennes, qu'il vienne, que nous venions, que vous
veniez, qu'ils viennent
Imparfait : que je vinsse, que tu vinsses, qu'il vînt, que nous vinssions, que vous
vinssiez, qu'ils vinssent
IMPERATIF
Présent : viens, venons, venez
CONDITIONNEL
Présent : je viendrais, tu viendrais, il viendrait, nous viendrions, vous viendriez, ils
viendraient
PARTICIPE
Présent : venant
Passé : venu, venue

37. GÉSIR

INDICATIF
Présent : je gis, tu gis, il gît, nous gisons, vous gisez, ils gisent
Imparfait : je gisais, tu gisais, il gisait, nous gisions, vous gisiez, ils gisaient
PARTICIPE
Présent : gisant

38. OUÏR

INDICATIF
Présent : j'ois, tu ois, il oit, nous oyons, vous oyez, ils oient
Imparfait : j'oyais, tu oyais, il oyait, nous oyions, vous oyiez, ils oyaient
Passé simple : j'ouïs, tu ouïs, il ouït, nous ouïmes, vous ouïtes, ils ouïrent
Futur simple : j'ouïrai, tu ouïras, il ouïra, nous ouïrons, vous ouïrez, ils ouïront
SUBJONCTIF
Présent : que j'oie, que tu oies, qu'il oie, que nous oyions, que vous oyiez, qu'ils oient
Imparfait : que j'ouïsse, que tu ouïsses, qu'il ouït, que nous ouïssions, que vous
    ouïssiez, qu'ils ouïssent
IMPERATIF
Présent : ois, oyons, oyez
CONDITIONNEL
Présent : j'ouïrais, tu ouïrais, il ouïrait, nous ouïrions, vous ouïriez, ils ouïraient
PARTICIPE
Présent : oyant
Passé : ouï, ouïe

39. PLEUVOIR

INDICATIF
Présent : il pleut, ils pleuvent
Imparfait : il pleuvait, ils pleuvaient
Passé simple : il plut, ils plurent
Futur simple : il pleuvra, ils pleuvront
SUBJONCTIF
Présent : qu'il pleuve, qu'ils pleuvent
Imparfait : qu'il plût, qu'ils plussent
IMPERATIF
Présent : inusité
CONDITIONNEL
Présent : il pleuvrait, ils pleuvraient
PARTICIPE
Présent : pleuvant
Passé : plu

40. POURVOIR

INDICATIF
Présent : je pourvois, tu pourvois, il pourvoit, nous pourvoyons, vous pourvoyez, ils
    pourvoient
Imparfait : je pourvoyais, tu pourvoyais, il pourvoyait, nous pourvoyions, vous
    pourvoyiez, ils pourvoyaient
Passé simple : je pourvus, tu pourvus, il pourvut, nous pourvûmes, vous pourvûtes, ils
    pourvurent
Futur simple : je pourvoirai, tu pourvoiras, il pourvoira, nous pourvoirons, vous
    pourvoirez, ils pourvoiront
SUBJONCTIF
Présent : que je pourvoie, que tus pourvoies, qu'il pourvoie, que nous pourvoyions,
    que vous pourvoyiez, qu'ils pourvoient
Imparfait : que je pourvusse, que tu pourvusses, qu'il pourvût, que nous pourvussions,
    que vous pourvussiez, qu'ils pourvussent
IMPERATIF
Présent : pourvois, pourvoyons, pourvoyez
CONDITIONNEL
Présent : je pourvoirais, tu pourvoirais, il pourvoirait, nous pourvoirions, vous
    pourvoiriez, ils pourvoiraient
PARTICIPE
Présent : pourvoyant
Passé : pourvu, pourvue

41. ASSEOIR

INDICATIF
Présent : j'assieds, tu assieds, il assied, nous asseyons, vous asseyez, ils asseyent, ou,
j'assois, tu assois, il assoit, nous assoyons, vous assoyez, ils assoient
Imparfait : j'asseyais, tu asseyais, il asseyait, nous asseyions, vous asseyiez, ils
asseyaient, ou, j'assoyais, tu assoyais, il assoyait, nous assoyions, vous assoyiez, ils
assoyaient
Passé simple : j'assis, tu assis, il assit, nous assîmes, vous assîtes, ils assirent
Futur simple : j'assiérai, tu assiéras, il assiéra, nous assiérons, vous assiérez, ils
assiéront, ou, j'assoirai, tu assoiras, il assoira, nous assoirons, vous assoirez, ils
assoiront
SUBJONCTIF
Présent : que j'asseye, que tu asseyes, qu'il asseye, que nous asseyions, que vous
asseyiez, qu'ils asseyent, ou, que j'assoie, que tu assoies, qu'il assoie, que nous
assoyions, que vous assoyiez, qu'ils assoient
Imparfait : que j'assisse, que tu assisses, qu'il assît, que nous assissions, que vous
assissiez, qu'ils assissent
IMPERATIF
Présent : assieds ou assois, asseyons ou assoyons, asseyez ou assoyez
CONDITIONNEL
Présent : j'assiérais, tu assiérais, il assiérait, nous assiérions, vous assiériez, ils
assiéraient, ou, j'assoirais, tu assoirais, il assoirait, nous assoirions, vous assoiriez, ils
assoiraient
PARTICIPE
Présent : asseyant ou assoyant
Passé : assis, assise

42. PRÉVOIR

INDICATIF
Présent : je prévois, tu prévois, il prévoit, nous prévoyons, vous prévoyez, ils
prévoient
Imparfait : je prévoyais, tu prévoyais, il prévoyait, nous prévoyions, vous prévoyiez,
ils prévoyaient
Passé simple : je prévis, tu prévis, il prévit, nous prévîmes, vous prévîtes, ils prévirent
Futur simple : je prévoirai, tu prévoiras, il prévoira, nous prévoirons, vous prévoirez, ils
prévoiront
SUBJONCTIF
Présent : que je prévoie, que tu prévoies, qu'il prévoie, que nous prévoyions, que vous
prévoyiez, qu'ils prévoient
Imparfait : que je prévisse, que tu prévisses, qu'il prévît, que nous prévissions, que
vous prévissiez, qu'ils prévissent
IMPERATIF
Présent : prévois, prévoyons, prévoyez
CONDITIONNEL
Présent : je prévoirais, tu prévoirais, il prévoirait, nous prévoirions, vous prévoiriez, ils
prévoiraient
PARTICIPE
Présent : prévoyant
Passé : prévu, prévue

43. MOUVOIR

INDICATIF
Présent : je meus, tu meus, il meut, nous mouvons, vous mouvez, ils meuvent
Imparfait : je mouvais, tu mouvais, il mouvait, nous mouvions, vous mouviez, ils
mouvaient
Passé simple : je mus, tu mus, il mut, nous mûmes, vous mûtes, ils murent
Futur simple : je mouvrai, tu mouvras, il mouvra, nous mouvrons, vous mouvrez, ils
mouvront

SUBJONCTIF
Présent : que je meuve, que tu meuves, qu'il meuve, que nous mouvions, que vous mouviez, qu'ils meuvent
Imparfait : que je musse, que tu musses, qu'il mût, que nous mussions, que vous mussiez, qu'ils mussent
IMPERATIF
Présent : meus, mouvons, mouvez
CONDITIONNEL
Présent : je mouvrais, tu mouvrais, il mouvrait, nous mouvrions, vous mouvriez, ils mouvraient
PARTICIPE
Présent : mouvant
Passé : mû, mue

44. DEVOIR

INDICATIF
Présent : je dois, tu dois, il doit, nous devons, vous devez, ils doivent
Imparfait : je devais, tu devais, il devait, nous devions, vous deviez, ils devaient
Passé simple : je dus, tu dus, il dut, nous dûmes, vous dûtes, ils durent
Futur simple : je devrai, tu devras, il devra, nous devrons, vous devrez, ils devront
SUBJONCTIF
Présent : que je doive, que tu doives, qu'il doive, que nous devions, que vous deviez, qu'ils doivent
Imparfait : que je dusse, que tu dusses, qu'il dût, que nous dussions, que vous dussiez, qu'ils dussent
IMPERATIF
Présent : dois, devons, devez
CONDITIONNEL
Présent : je devrais, tu devrais, il devrait, nous devrions, vous devriez, ils devraient
PARTICIPE
Présent : devant
Passé : dû, due

45. VALOIR

INDICATIF
Présent : je vaux, tu vaux, il vaut, nous valons, vous valez, ils valent
Imparfait : je valais, tu valais, il valait, nous valions, vous valiez, ils valaient
Passé simple : je valus, tu valus, il valut, nous valûmes, vous valûtes, ils valurent
Futur simple : je vaudrai, tu vaudras, il vaudra, nous vaudrons, vous vaudrez, ils vaudront
SUBJONCTIF
Présent : que je vaille, que tu vailles, qu'il vaille, que nous valions, que vous valiez, qu'ils vaillent
Imparfait : que je valusse, que tu valusses, qu'il valût, que nous valussions, que vous valussiez, qu'ils valussent
IMPERATIF
Présent : vaux, valons, valez
CONDITIONNEL
Présent : je vaudrais, tu vaudrais, il vaudrait, nous vaudrions, vous vaudriez, ils vaudraient
PARTICIPE
Présent : valant
Passé : valu, value

46. VOIR

INDICATIF
Présent : je vois, tu vois, il voit, nous voyons, vous voyez, ils voient

Imparfait : je voyais, tu voyais, il voyait, nous voyions, vous voyiez, ils voyaient
Passé simple : je vis, tu vis, il vit, nous vîmes, vous vîtes, ils virent
Futur simple : je verrai, tu verras, il verra, nous verrons, vous verrez, ils verront
SUBJONCTIF
Présent : que je voie, que tu voies, qu'il voie, que nous voyions, que vous voyiez,
   qu'ils voient
Imparfait : que je visse, que tu visses, qu'il vît, que nous vissions, que vous vissiez,
   qu'ils vissent
IMPERATIF
Présent : vois, voyons, voyez
CONDITIONNEL
Présent : je verrais, tu verrais, il verrait, nous verrions, vous verriez, ils verraient
PARTICIPE
Présent : voyant
Passé : vu, vue

47. SAVOIR

INDICATIF
Présent : je sais, tu sais, il sait, nous savons, vous savez, ils savent
Imparfait : je savais, tu savais, il savait, nous savions, vous saviez, ils savaient
Passé simple : je sus, tu sus, il sut, nous sûmes, vous sûtes, ils surent
Futur simple : je saurai, tu sauras, il saura, nous saurons, vous saurez, ils sauront
SUBJONCTIF
Présent : que je sache, que tu saches, qu'il sache, que nous sachions, que vous sachiez,
   qu'ils sachent
Imparfait : que je susse, que tu susses, qu'il sût, que nous sussions, que vous sussiez,
   qu'ils sussent
IMPERATIF
Présent : sache, sachons, sachez
CONDITIONNEL
Présent : je saurais, tu saurais, il saurait, nous saurions, vous sauriez, ils sauraient
PARTICIPE
Présent : sachant
Passé : su, sue

48. VOULOIR

INDICATIF
Présent : je veux, tu veux, il veut, nous voulons, vous voulez, ils veulent
Imparfait : je voulais, tu voulais, il voulait, nous voulions, vous vouliez, ils voulaient
Passé simple : je voulus, tu voulus, il voulut, nous voulûmes, vous voulûtes, ils
   voulurent
Futur simple : je voudrai, tu voudras, il voudra, nous voudrons, vous voudrez, ils
   voudront
SUBJONCTIF
Présent : que je veuille, que tu veuilles, qu'il veuille, que nous voulions, que vous
   vouliez, qu'ils veuillent
Imparfait : que je voulusse, que tu voulusses, qu'il voulût, que nous voulussions, que
   vous voulussiez, qu'ils voulussent
IMPERATIF
Présent : veux (veuille), voulons, voulez (veuillez)
CONDITIONNEL
Présent : je voudrais, tu voudrais, il voudrait, nous voudrions, vous voudriez, ils
   voudraient
PARTICIPE
Présent : voulant
Passé : voulu, voulue

49. POUVOIR

INDICATIF
Présent : je peux (puis), tu peux, il peut, nous pouvons, vous pouvez, ils peuvent
Imparfait : je pouvais, tu pouvais, il pouvait, nous pouvions, vous pouviez, ils pouvaient
Passé simple : je pus, tu pus, il put, nous pûmes, vous pûtes, ils purent
Futur simple : je pourrai, tu pourras, il pourra, nous pourrons, vous pourrez, ils pourront
SUBJONCTIF
Présent : que je puisse, que tu puisses, qu'il puisse, que nous puissions, que vous puissiez, qu'ils puissent
Imparfait : que je pusse, que tu pusses, qu'il pût, que nous pussions, que vous pussiez, qu'ils pussent
IMPERATIF (pas d'impératif)
CONDITIONNEL
Présent : je pourrais, tu pourrais, il pourrait, nous pourrions, vous pourriez, ils pourraient
PARTICIPE
Présent : pouvant
Passé : pu

50. FALLOIR

INDICATIF
Présent : il faut
Imparfait : il fallait
Passé simple : il fallut
Futur simple : il faudra
SUBJONCTIF
Présent : qu'il faille
Imparfait : qu'il fallût
IMPERATIF (pas d'impératif)
CONDITIONNEL
Présent : il faudrait

51. DÉCHOIR

INDICATIF
Présent : je déchois, tu déchois, il déchoit ou il déchet, nous déchoyons, vous déchoyez, ils déchoient
Imparfait : inusité
Passé simple : je déchus, tu déchus, il déchut, nous déchûmes, vous déchûtes, ils déchurent
Futur simple : je déchoirai, tu déchoiras, il déchoira, nous déchoirons, vous déchoirez, ils déchoiront, ou, je décherrai, tu décherras, il décherra, nous décherrons, vous décherrez, ils décherront
SUBJONCTIF
Présent : que je déchoie, que tu déchoies, qu'il déchoie, que nous déchoyions, que vous déchoyiez, qu'ils déchoient
Imparfait : que je déchusse, que tu déchusses, qu'il déchût, que nous déchussions, que vous déchussiez, qu'ils déchussent
IMPERATIF
Présent : inusité
CONDITIONNEL
Présent : je déchoirais, tu déchoirais, il déchoirait, nous déchoirions, vous déchoiriez, ils déchoiraient, ou, je décherrais, tu décherrais, il décherrait, nous décherrions, vous décherriez, ils décherraient
PARTICIPE
Passé : déchu

52. PRENDRE

INDICATIF
Présent : je prends, tu prends, il prend, nous prenons, vous prenez, ils prennent
Imparfait : je prenais, tu prenais, il prenait, nous prenions, vous preniez, ils prenaient
Passé simple : je pris, tu pris, il prit, nous prîmes, vous prîtes, ils prirent
Futur simple : je prendrai, tu prendras, il prendra, nous prendrons, vous prendrez, ils
prendront
SUBJONCTIF
Présent : que je prenne, que tu prennes, qu'il prenne, que nous prenions, que vous
preniez, qu'ils prennent
Imparfait : que je prisse, que tu prisses, qu'il prît, que nous prissions, que vous prissiez,
qu'ils prissent
IMPERATIF
Présent : prends, prenons, prenez
CONDITIONNEL
Présent : je prendrais, tu prendrais, il prendrait, nous prendrions, vous prendriez, ils
prendraient
PARTICIPE
Présent : prenant
Passé : pris, prise

53. ROMPRE

INDICATIF
Présent : je romps, tu romps, il rompt, nous rompons, vous rompez, ils rompent
Imparfait : je rompais, tu rompais, il rompait, nous rompions, vous rompiez, ils
rompaient
Passé simple : je rompis, tu rompis, il rompit, nous rompîmes, vous rompîtes, ils
rompirent
Futur simple : je romprai, tu rompras, il rompra, nous romprons, vous romprez, ils
rompront
SUBJONCTIF
Présent : que je rompe, que tu rompes, qu'il rompe, que nous rompions, que vous
rompiez, qu'ils rompent
Imparfait : que je rompisse, que tu rompisses, qu'il rompît, que nous rompissions, que
vous rompissiez, qu'ils rompissent
IMPERATIF
Présent : romps, rompons, rompez
CONDITIONNEL
Présent : je romprais, tu romprais, il romprait, nous romprions, vous rompriez, ils
rompraient
PARTICIPE
Présent : rompant
Passé : rompu, rompue

54. CRAINDRE

INDICATIF
Présent : je crains, tu crains, il craint, nous craignons, vous craignez, ils craignent
Imparfait : je craignais, tu craignais, il craignait, nous craignions, vous craigniez, ils
craignaient
Passé simple : je craignis, tu craignis, il craignit, nous craignîmes, vous craignîtes, ils
craignirent
Futur simple : je craindrai, tu craindras, il craindra, nous craindrons, vous craindrez, ils
craindront
SUBJONCTIF
Présent : que je craigne, que tu craignes, qu'il craigne, que nous craignions, que vous
craigniez, qu'ils craignent
Imparfait : que je craignisse, que tu craignisses, qu'il craignît, que nous craignissions,
que vous craignissiez, qu'ils craignissent

IMPERATIF
Présent : crains, craignons, craignez
CONDITIONNEL
Présent : je craindrais, tu craindrais, il craindrait, nous craindrions, vous craindriez, ils craindraient
PARTICIPE
Présent : craignant
Passé : craint, crainte

55. PEINDRE

INDICATIF
Présent : je peins, tu peins, il peint, nous peignons, vous peignez, ils peignent
Imparfait : je peignais, tu peignais, il peignait, nous peignions, vous peigniez, ils peignaient
Passé simple : je peignis, tu peignis, il peignit, nous peignîmes, vous peignîtes, ils peignirent
Futur simple : je peindrai, tu peindras, il peindra, nous peindrons, vous peindrez, ils peindront
SUBJONCTIF
Présent : que je peigne, que tu peignes, qu'il peigne, que nous peignions, que vous peigniez, qu'ils peignent
Imparfait : que je peignisse, que tu peignisses, qu'il peignît, que nous peignissions, que vous peignissiez, qu'ils peignissent
IMPERATIF
Présent : peins, peignons, peignez
CONDITIONNEL
Présent : je peindrais, tu peindrais, il peindrait, nous peindrions, vous peindriez, ils peindraient
PARTICIPE
Présent : peignant
Passé : peint, peinte

56. JOINDRE

INDICATIF
Présent : je joins, tu joins, il joint, nous joignons, vous joignez, ils joignent
Imparfait : je joignais, tu joignais, il joignait, nous joignions, vous joigniez, ils joignaient
Passé simple : je joignis, tu joignis, il joignit, nous joignîmes, vous joignîtes, ils joignirent
Futur simple : je joindrai, tu joindras, il joindra, nous joindrons, vous joindrez, ils joindront
SUBJONCTIF
Présent : que je joigne, que tu joignes, qu'il joigne, que nous joignions, que vous joigniez, qu'ils joignent
Imparfait : que je joignisse, que tu joignisses, qu'il joignît, que nous joignissions, que vous joignissiez, qu'ils joignissent
IMPERATIF
Présent : joins, joignons, joignez
CONDITIONNEL
Présent : je joindrais, tu joindrais, il joindrait, nous joindrions, vous joindriez, ils joindraient
PARTICIPE
Présent : joignant
Passé : joint, jointe

57. VAINCRE

INDICATIF
Présent : je vaincs, tu vaincs, il vainc, nous vainquons, vous vainquez, ils vainquent

Imparfait : je vainquais, tu vainquais, il vainquait, nous vainquions, vous vainquiez, ils vainquaient
Passé simple : je vainquis, tu vainquis, il vainquit, nous vainquîmes, vous vainquîtes, ils vainquirent
Futur simple : je vaincrai, tu vaincras, il vaincra, nous vaincrons, vous vaincrez, ils vaincront
SUBJONCTIF
Présent : que je vainque, que tu vainques, qu'il vainque, que nous vainquions, que vous vainquiez, qu'ils vainquent
Imparfait : que je vainquisse, que tu vainquisses, qu'il vainquît, que nous vainquissions, que vous vainquissiez, qu'ils vainquissent
IMPERATIF
Présent : vaincs, vainquons, vainquez
CONDITIONNEL
Présent : je vaincrais, tu vaincrais, il vaincrait, nous vaincrions, vous vaincriez, ils vaincraient
PARTICIPE
Présent : vainquant
Passé : vaincu, vaincue

58. TRAIRE

INDICATIF
Présent : je trais, tu trais, il trait, nous trayons, vous trayez, ils trayent
Imparfait : je trayais, tu trayais, il trayait, nous trayions, vous trayiez, ils trayaient
Futur simple : je trairai, tu trairas, il traira, nous trairons, vous trairez, ils trairont
SUBJONCTIF
Présent : que je traie, que tu traies, qu'il traie, que nous trayions, que vous trayiez, qu'ils trayent
IMPERATIF
Présent : trais, trayons, trayez
CONDITIONNEL
Présent : je trairais, tu trairais, il trairait, nous trairions, vous trairiez, ils trairaient
PARTICIPE
Présent : trayant
Passé : trait, traite

59. PLAIRE

INDICATIF
Présent : je plais, tu plais, il plait, nous plaisons, vous plaisez, ils plaisent
Imparfait : je plaisais, tu plaisais, il plaisait, nous plaisions, vous plaisiez, ils plaisaient
Passé simple : je plus, tu plus, il plut, nous plûmes, vous plûtes, ils plurent
Futur simple : je plairai, tu plairas, il plaira, nous plairons, vous plairez, ils plairont
SUBJONCTIF
Présent : que je plaise, que tu plaises, qu'il plaise, que nous plaisions, que vous plaisiez, qu'ils plaisent
Imparfait : que je plusse, que tu plusses, qu'il plût, que nous plussions, que vous plussiez, qu'ils plussent
IMPERATIF
Présent : plais, plaisons, plaisez
CONDITIONNEL
Présent : je plairais, tu plairais, il plairait, nous plairions, vous plairiez, ils plairaient
PARTICIPE
Présent : plaisant
Passé : plu

60. METTRE

INDICATIF
Présent : je mets, tu mets, il met, nous mettons, vous mettez, ils mettent

Imparfait : je mettais, tu mettais, il mettait, nous mettions, vous mettiez, ils mettaient
Passé simple : je mis, tu mis, il mit, nous mîmes, vous mîtes, ils mirent
Futur simple : je mettrai, tu mettras, il mettra, nous mettrons, vous mettrez, ils
   mettront
SUBJONCTIF
Présent : que je mette, que tu mettes, qu'il mette, que nous mettions, que vous
   mettiez, qu'ils mettent
Imparfait : que je misse, que tu misses, qu'il mît, que nous missions, que vous
   missiez, qu'ils missent
IMPERATIF
Présent : mets, mettons, mettez
CONDITIONNEL
Présent : je mettrais, tu mettrais, il mettrait, nous mettrions, vous mettriez, ils
   mettraient
PARTICIPE
Présent : mettant
Passé : mis, mise

61. BATTRE

INDICATIF
Présent : je bats, tu bats, il bat, nous battons, vous battez, ils battent
Imparfait : je battais, tu battais, il battait, nous battions, vous battiez, ils battaient
Passé simple : je battis, tu battis, il battit, nous battîmes, vous battîtes, ils battirent
Futur simple : je battrai, tu battras, il battra, nous battrons, vous battrez, ils battront
SUBJONCTIF
Présent : que je batte, que tu battes, qu'il batte, que nous battions, que vous battiez,
   qu'ils battent
Imparfait : que je battisse, que tu battisses, qu'il battît, que nous battissions, que vous
   battissiez, qu'ils battissent
IMPERATIF
Présent : bats, battons, battez
CONDITIONNEL
Présent : je battrais, tu battrais, il battrait, nous battrions, vous battriez, ils battraient
PARTICIPE
Présent : battant
Passé : battu, battue

62. SUIVRE

INDICATIF
Présent : je suis, tu suis, il suit, nous suivons, vous suivez, ils suivent
Imparfait : je suivais, tu suivais, il suivait, nous suivions, vous suiviez, ils suivaient
Passé simple : je suivis, tu suivis, il suivit, nous suivîmes, vous suivîtes, ils suivirent
Futur simple : je suivrai, tu suivras, il suivra, nous suivrons, vous suivrez, ils suivront
SUBJONCTIF
Présent : que je suive, que tu suives, qu'il suive, que nous suivions, que vous suiviez,
   qu'ils suivent
Imparfait : que je suivisse, que tu suivisses, qu'il suivît, que nous suivissions, que vous
   suivissiez, qu'ils suivissent
IMPERATIF
Présent : suis, suivons, suivez
CONDITIONNEL
Présent : je suivrais, tu suivrais, il suivrait, nous suivrions, vous suivriez, ils suivraient
PARTICIPE
Présent : suivant
Passé : suivi, suivie

63. VIVRE

INDICATIF
Présent : je vis, tu vis, il vit, nous vivons, vous vivez, ils vivent
Imparfait : je vivais, tu vivais, il vivait, nous vivions, vous viviez, ils vivaient
Passé simple : je vécus, tu vécus, il vécut, nous vécûmes, vous vécûtes, ils vécurent
Futur simple : je vivrai, tu vivras, il vivra, nous vivrons, vous vivrez, ils vivront
SUBJONCTIF
Présent : que je vive, que tu vives, qu'il vive, que nous vivions, que vous viviez, qu'ils
vivent
Imparfait : que je vécusse, que tu vécusses, qu'il vécût, que nous vécussions, que vous
vécussiez, qu'ils vécussent
IMPERATIF
Présent : vis, vivons, vivez
CONDITIONNEL
Présent : je vivrais, tu vivrais, il vivrait, nous vivrions, vous vivriez, ils vivraient
PARTICIPE
Présent : vivant
Passé : vécu

64. SUFFIRE

INDICATIF
Présent : je suffis, tu suffis, il suffit, nous suffisons, vous suffisez, ils suffisent
Imparfait : je suffisais, tu suffisais, il suffisait, nous suffisions, vous suffisiez, ils
suffisaient
Passé simple : je suffis, tu suffis, il suffit, nous suffîmes, vous suffites, ils suffirent
Futur simple : je suffirai, tu suffiras, il suffira, nous suffirons, vous suffirez, ils
suffiront
SUBJONCTIF
Présent : que je suffise, que tu suffises, qu'il suffise, que nous suffisions, que vous
suffisiez, qu'ils suffisent
Imparfait : que je suffisse, que tu suffisses, qu'il suffit, que nous suffissions, que vous
suffissiez, qu'ils suffissent
IMPERATIF
Présent : suffis, suffisons, suffisez
CONDITIONNEL
Présent : je suffirais, tu suffirais, il suffirait, nous suffirions, vous suffiriez, ils
suffiraient
PARTICIPE
Présent : suffisant
Passé : suffi

65. MÉDIRE

INDICATIF
Présent : je médis, tu médis, il médit, nous médisons, vous médisez, ils médisent
Imparfait : je médisais, tu médisais, il médisait, nous médisions, vous médisiez, ils
médisaient
Passé simple : je médis, tu médis, il médit, nous médîmes, vous médîtes, ils médirent
Futur simple : je médirai, tu médiras, il médira, nous médirons, vous médirez, ils
médiront
SUBJONCTIF
Présent : que je médise, que tu médises, qu'il médise, que nous médisions, que vous
médisiez, qu'ils médisent
Imparfait : que je médisse, que tu médisses, qu'il médît, que nous médissions, que
vous médissiez, qu'ils médissent
IMPERATIF
Présent : médis, médisons, médisez

CONDITIONNEL
Présent : je médirais, tu médirais, il médirait, nous médirions, vous médiriez, ils
médiraient
PARTICIPE
Présent : médisant
Passé : médit, médite

66. LIRE

INDICATIF
Présent : je lis, tu lis, il lit, nous lisons, vous lisez, ils lisent
Imparfait : je lisais, tu lisais, il lisait, nous lisions, vous lisiez, ils lisaient
Passé simple : je lus, tu lus, il lut, nous lûmes, vous lûtes, ils lurent
Futur simple : je lirai, tu liras, il lira, nous lirons, vous lirez, ils liront
SUBJONCTIF
Présent : que je lise, que tu lises, qu'il lise, que nous lisions, que vous lisiez, qu'ils
lisent
Imparfait : que je lusse, que tu lusses, qu'il lût, que nous lussions, que vous lussiez,
qu'ils lussent
IMPERATIF
Présent : lis, lisons, lisez
CONDITIONNEL
Présent : je lirais, tu lirais, il lirait, nous lirions, vous liriez, ils liraient
PARTICIPE
Présent : lisant
Passé : lu, lue

67. ÉCRIRE

INDICATIF
Présent : j'écris, tu écris, il écrit, nous écrivons, vous écrivez, ils écrivent
Imparfait : j'écrivais, tu écrivais, il écrivait, nous écrivions, vous écriviez, ils écrivaient
Passé simple : j'écrivis, tu écrivis, il écrivit, nous écrivîmes, vous écrivîtes, ils écrivirent
Futur simple : j'écrirai, tu écriras, il écrira, nous écrirons, vous écrirez, ils écriront
SUBJONCTIF
Présent : que j'écrive, que tu écrives, qu'il écrive, que nous écrivions, que vous écriviez,
qu'ils écrivent
Imparfait : que j'écrivisse, que tu écrivisses, qu'il écrivît, que nous écrivissions, que
vous écrivissiez, qu'ils écrivissent
IMPERATIF
Présent : écris, écrivons, écrivez
Passé : aie écrit, ayons écrit, ayez écrit
CONDITIONNEL
Présent : j'écrirais, tu écrirais, il écrirait, nous écririons, vous écririez, ils écriraient
PARTICIPE
Présent : écrivant
Passé : écrit, écrite

68. RIRE

INDICATIF
Présent : je ris, tu ris, il rit, nous rions, vous riez, ils rient
Imparfait : je riais, tu riais, il riait, nous riions, vous riiez, ils riaient
Passé simple : je ris, tu ris, il rit, nous rîmes, vous rîtes, ils rirent
Futur simple : je rirai, tu riras, il rira, nous rirons, vous rirez, ils riront
SUBJONCTIF
Présent : que je rie, que tu ries, qu'il rie, que nous riions, que vous riiez, qu'ils rient
Imparfait : que je risse, que tu risses, qu'il rît, que nous rissions, que vous rissiez, qu'ils
rissent
IMPERATIF
Présent : ris, rions, riez

CONDITIONNEL
Présent : je rirais, tu rirais, il rirait, nous ririons, vous ririez, ils riraient
PARTICIPE
Présent : riant
Passé : ri

69. CONDUIRE

INDICATIF
Présent : je conduis, tu conduis, il conduit, nous conduisons, vous conduisez, ils conduisent
Imparfait : je conduisais, tu conduisais, il conduisait, nous conduisions, vous conduisiez, ils conduisaient
Passé simple : je conduisis, tu conduisis, il conduisit, nous conduisîmes, vous conduisîtes, ils conduisirent
Futur simple : je conduirai, tu conduiras, il conduira, nous conduirons, vous conduirez, ils conduiront
SUBJONCTIF
Présent : que je conduise, que tu conduises, qu'il conduise, que nous conduisions, que vous conduisiez, qu'ils conduisent
Imparfait : que je conduisisse, que tu conduisisses, qu'il conduisît, que nous conduisissions, que vous conduisissiez, qu'ils conduisissent
IMPERATIF
Présent : conduis, conduisons, conduisez
CONDITIONNEL
Présent : je conduirais, tu conduirais, il conduirait, nous conduirions, vous conduiriez, ils conduiraient
PARTICIPE
Présent : conduisant
Passé : conduit, conduite

70. BOIRE

INDICATIF
Présent : je bois, tu bois, il boit, nous buvons, vous buvez, ils boivent
Imparfait : je buvais, tu buvais, il buvait, nous buvions, vous buviez, ils buvaient
Passé simple : je bus, tu bus, il but, nous bûmes, vous bûtes, ils burent
Futur simple : je boirai, tu boiras, il boira, nous boirons, vous boirez, ils boiront
SUBJONCTIF
Présent : que je boive, que tu boives, qu'il boive, que nous buvions, que vous buviez, qu'ils buvent
Imparfait : que je busse, que tu busses, qu'il bût, que nous bussions, que vous bussiez, qu'ils bussent
IMPERATIF
Présent : bois, buvons, buvez
CONDITIONNEL
Présent : je boirais, tu boirais, il boirait, nous boirions, vous boiriez, ils boiraient
PARTICIPE
Présent : buvant
Passé : bu, bue

71. CROIRE

INDICATIF
Présent : je crois, tu crois, il croit, nous croyons, vous croyez, ils croient
Imparfait : je croyais, tu croyais, il croyait, nous croyions, vous croyiez, ils croyaient
Passé simple : je crus, tu crus, il crut, nous crûmes, vous crûtes, ils crurent
Futur simple : je croirai, tu croiras, il croira, nous croirons, vous croirez, ils croiront
SUBJONCTIF
Présent : que je croie, que tu croies, qu'il croie, que nous croyions, que vous croyiez, qu'ils croient

Imparfait : que je crusse, que tu crusses, qu'il crût, que nous crussions, que vous crussiez, qu'ils crussent
IMPERATIF
Présent : crois, croyons, croyez
CONDITIONNEL
Présent : je croirais, tu croirais, il croirait, nous croirions, vous croiriez, ils croiraient
PARTICIPE
Présent : croyant
Passé : cru, crue

72. CROÎTRE

INDICATIF
Présent : je croîs, tu croîs, il croît, nous croissons, vous croissez, ils croissent
Imparfait : je croissais, tu croissais, il croissait, nous croissions, vous croissiez, ils croissaient
Passé simple : je crûs, tu crûs, il crût, nous crûmes, vous crûtes, ils crûrent
Futur simple : je croîtrai, tu croîtras, il croîtra, nous croîtrons, vous croîtrez, ils croîtront
SUBJONCTIF
Présent : que je croisse, que tu croisses, qu'il croisse, que nous croissions, que vous croissiez, qu'ils croissent
Imparfait : que je crûsse, que tu crûsses, qu'il crût, que nous crûssions, que vous crûssiez, qu'ils crûssent
IMPERATIF
Présent : croîs, croissons, croissez
CONDITIONNEL
Présent : je croîtrais, tu croîtrais, il croîtrait, nous croîtrions, vous croîtriez, ils croîtraient
PARTICIPE
Présent : croissant
Passé : crû

73. CONNAÎTRE

INDICATIF
Présent : je connais, tu connais, il connait, nous connaissons, vous connaissez, ils connaissent
Imparfait : je connaissais, tu connaissais, il connaissait, nous connaissions, vous connaissiez, ils connaissaient
Passé simple : je connus, tu connus, il connut, nous connûmes, vous connûtes, ils connurent
Futur simple : je connaîtrai, tu connaîtras, il connaîtra, nous connaîtrons, vous connaîtrez, ils connaîtront
SUBJONCTIF
Présent : que je connaisse, que tu connaisses, qu'il connaisse, que nous connaissions, que vous connaissiez, qu'ils connaissent
Imparfait : que je connusse, que tu connusses, qu'il connût, que nous connussions, que vous connussiez, qu'ils connussent
IMPERATIF
Présent : connais, connaissons, connaissez
CONDITIONNEL
Présent : je connaîtrais, tu connaîtrais, il connaîtrait, nous connaîtrions, vous connaîtriez, ils connaîtraient
PARTICIPE
Présent : connaissant
Passé : connu, connue

74. NAÎTRE

INDICATIF
Présent : je nais, tu nais, il nait, nous naissons, vous naissez, ils naissent
Imparfait : je naissais, tu naissais, il naissait, nous naissions, vous naissiez, ils naissaient
Passé simple : je naquis, tu naquis, il naquit, nous naquîmes, vous naquîtes, ils naquirent
Futur simple : je naîtrai, tu naîtras, il naîtra, nous naîtrons, vous naîtrez, ils naîtront
SUBJONCTIF
Présent : que je naisse, que tu naisses, qu'il naisse, que nous naissions, que vous naissiez, qu'ils naissent
Imparfait : que je naquisse, que tu naquisses, qu'il naquît, que nous naquissions, que vous naquissiez, qu'ils naquissent
IMPERATIF
Présent : nais, naissons, naissez
CONDITIONNEL
Présent : je naîtrais, tu naîtrais, il naîtrait, nous naîtrions, vous naîtriez, ils naîtraient
PARTICIPE
Présent : naissant
Passé : né, née

75. RÉSOUDRE

INDICATIF
Présent : je résous, tu résous, il résout, nous résolvons, vous résolvez, ils résolvent
Imparfait : je résolvais, tu résolvais, il résolvait, nous résolvions, vous résolviez, ils résolvaient
Passé simple : je résolus, tu résolus, il résolut, nous résolûmes, vous résolûtes, ils résolurent
Futur simple : je résoudrai, tu résoudras, il résoudra, nous résoudrons, vous résoudrez, ils résoudront
SUBJONCTIF
Présent : que je résolve, que tu résolves, qu'il résolve, que nous résolvions, que vous résolviez, qu'ils résolvent
Imparfait : que je résolusse, que tu résolusses, qu'il résolût, que nous résolussions, que vous résolussiez, qu'ils résolussent
IMPERATIF
Présent : résous, résolvons, résolvez
CONDITIONNEL
Présent : je résoudrais, tu résoudrais, il résoudrait, nous résoudrions, vous résoudriez, ils résoudraient
PARTICIPE
Présent : résolvant
Passé : résolu, résolue

76. COUDRE

INDICATIF
Présent : je couds, tu couds, il coud, nous cousons, vous cousez, ils cousent
Imparfait : je cousais, tu cousais, il cousait, nous cousions, vous cousiez, ils cousaient
Passé simple : je cousis, tu cousis, il cousit, nous cousîmes, vous cousîtes, ils cousirent
Futur simple : je coudrai, tu coudras, il coudra, nous coudrons, vous coudrez, ils coudront
SUBJONCTIF
Présent : que je couse, que tu couses, qu'il couse, que nous cousions, que vous cousiez, qu'ils cousent
Imparfait : que je cousisse, que tu cousisses, qu'il cousît, que nous cousissions, que vous cousissiez, qu'ils cousissent

IMPERATIF
Présent : couds, cousons, cousez
CONDITIONNEL
Présent : je coudrais, tu coudrais, il coudrait, nous coudrions, vous coudriez, ils
coudraient
PARTICIPE
Présent : cousant
Passé : cousu, cousue

77. MOUDRE

INDICATIF
Présent : je mouds, tu mouds, il moud, nous moulons, vous moulez, ils moulent
Imparfait : je moulais, tu moulais, il moulait, nous moulions, vous mouliez, ils
moulaient
Passé simple : je moulus, tu moulus, il moulut, nous moulûmes, vous moulûtes, ils
moulurent
Futur simple : je moudrai, tu moudras, il moudra, nous moudrons, vous moudrez, ils
moudront
SUBJONCTIF
Présent : que je moule, que tu moules, qu'il moule, que nous moulions, que vous
mouliez, qu'ils moulent
Imparfait : que je moulusse, que tu moulusses, qu'il moulût, que nous moulussions,
que vous moulussiez, qu'ils moulussent
IMPERATIF
Présent : mouds, moulons, moulez
CONDITIONNEL
Présent : je moudrais, tu moudrais, il moudrait, nous moudrions, vous moudriez, ils
moudraient
PARTICIPE
Présent : moulant
Passé : moulu, moulue

78. CONCLURE

INDICATIF
Présent : je conclus, tu conclus, il conclut, nous concluons, vous concluez, ils concluent
Imparfait : je concluais, tu concluais, il concluait, nous concluions, vous concluiez, ils
concluaient
Passé simple : je conclus, tu conclus, il conclut, nous conclûmes, vous conclûtes, ils
conclurent
Futur simple : je conclurai, tu concluras, il conclura, nous conclurons, vous conclurez,
ils concluront
SUBJONCTIF
Présent : que je conclue, que tu conclues, qu'il conclue, que nous concluions, que vous
concluiez, qu'ils concluent
Imparfait : que je conclusse, que tu conclusses, qu'il conclût, que nous conclussions,
que vous conclussiez, qu'ils conclussent
IMPERATIF
Présent : conclus, concluons, concluez
CONDITIONNEL
Présent : je conclurais, tu conclurais, il conclurait, nous conclurions, vous concluriez,
ils concluraient
PARTICIPE
Présent : concluant
Passé : conclu, conclue

79. CLORE

INDICATIF
Présent : je clos, tu clos, il clôt, ils closent

Futur simple : je clorai, tu cloras, il clora, nous clorons, vous clorez, ils cloront
SUBJONCTIF
Présent : que je close, que tu closes, qu'il close, que nous closions, que vous closiez,
  qu'ils closent
IMPERATIF
Présent : clos
CONDITIONNEL
Présent : je clorais, tu clorais, il clorait, nous clorions, vous cloriez, ils cloraient
PARTICIPE
Présent : closant
Passé : clos, close

80. MAUDIRE

INDICATIF
Présent : je maudis, tu maudis, il maudit, nous maudissons, vous maudissez, ils
  maudissent
Imparfait : je maudissais, tu maudissais, il maudissait, nous maudissions, vous
  maudissiez, ils maudissaient
Passé simple : je maudis, tu maudis, il maudit, nous maudîmes, vous maudîtes, ils
  maudirent
Futur simple : je maudirai, tu maudiras, il maudira, nous maudirons, vous maudirez, ils
  maudiront
SUBJONCTIF
Présent : que je maudisse, que tu maudisses, qu'il maudisse, que nous maudissions,
  que vous maudissiez, qu'ils maudissent
Imparfait : que je maudisse, que tu maudisses, qu'il maudît, que nous maudissions,
  que vous maudissiez, qu'ils maudissent
IMPERATIF
Présent : maudis, maudissons, maudissez
CONDITIONNEL
Présent : je maudirais, tu maudirais, il maudirait, nous maudirions, vous maudiriez,
  ils maudiraient
PARTICIPE
Présent : maudissant
Passé : maudit, ite

A

a [a] *m.* A *f.* Loc. *De* ~ *à Z, depuis* ~ *jusqu'à Z*, de cabo a rabo; *prouver par* ~ *plus B*, demostrar por A más B.

à [a] *prep.* À se contrae con los artículos *le* y *les* en *au (à le):* al, y en *aux (à les):* a los, a las.
1 A. a) complément indirect: *j'écris* ~ *mon père*, escribo a mi padre; b) direction, lieu: *aller* ~ *Paris*, ir a París; c) temps: *recevoir de 3* ~ *4 heures*, recibir de las tres a las cuatro; d) destination: *donner de l'argent aux pauvres*, dar dinero a los pobres; e) moyen, instrument: *taper* ~ *la machine*, escribir a máquina; f) manière: ~ *la nage*, a nado; *acheter* ~ *crédit*, comprar a crédito; g) complément d'un verbe: *manquer* ~ *sa parole*, faltar a su palabra. 2 Con. a) moyen: *pêcher* ~ *la ligne*, pescar con caña; b) combinaison, mélange: *café au lait*, café con leche; *lapin aux pommes de terre*, conejo con patatas. 3 De. a) appartenance: *ce livre est* ~ *Jean*, este libro es de Juan; b) destination: *tasse* ~ *thé*, taza de té; c) prix: *un timbre* ~ *un franc*, un sello de un franco. 4 En (situation): *être* ~ *Barcelone*, estar en Barcelona. 5 Hasta (aboutissement): *il court* ~ *perdre haleine*, corre hasta perder el aliento. 6 Para (destination): *bon* ~ *manger*, bueno para comer. 7 Por. a) époque approximative: ~ *la Saint Jean*, por San Juan; b) distribution: *vendre* ~ *la douzaine*, vender por docenas; *cent km* ~ *l'heure*, cien km por hora; c) destination: *tout est* ~ *faire*, todo está por hacer. 8 Parfois *à* ne se traduit pas; *un ami* ~ *moi*, un amigo mío; *continuer* ~ *lire*, seguir leyendo.

abaissement [abɛsmã] 1 *m.* Bajada *f.*, baja *f.*, descenso: ~ *de la température*, descenso de la temperatura. 2 Vieil. Envilecimiento, humillación *f.*

abaisser [abese] [1] *tr.* 1 Bajar. 2 Rebajar (rabaisser, humilier). 3 Bajar, reducir (les prix). 4 MATH. Trazar (une perpendiculaire). 5 MATH. Bajar (un chiffre dans une division). ■ 6 *pr.* Descender, inclinarse (terrain). 7 Rebajarse, humillarse (perdre sa dignité).

abandon [abādɔ̃] *m.* 1 Abandono. 2 *loc. adj.* A *l'*~, abandonado, da, descuidado, da.

abandonner [abãdɔne] [1] *tr.* 1 Abandonar. 2 Renunciar a. ■ 3 *pr.* Abandonarse. 4 Entregarse (se livrer). 5 Desahogarse (s'épancher).

abasourdir [abazuʀdiʀ] [3] *tr.* 1 Ensordecer. 2 fig. Aturdir, asombrar, dejar estupefacto, ta.

abâtardir [abataʀdiʀ] [3] *tr.* Degenerar.

abat-jour [abaʒuʀ] *m. invar.* Pantalla *f.*

abattage [abataʒ] *m.* 1 Corta *f.*, tala *f.* (d'arbres). 2 Matanza *f.* (d'animaux).

abattant [abatã] *m.* 1 Tablero movible. 2 Trampa *f.* (de comptoir).

abattement [abatmã] *m.* 1 Abatimiento. 2 Deducción *f.* (sur une somme).

abattis [abati] *m. pl.* 1 Menudillos (de volaille). 2 fam. Brazos y piernas.

abattoir [abatwaʀ] *m.* Matadero.

abattre [abatʀ(ə)] [61] *tr.* 1 Derribar: ~ *une statue*, derribar una estatua. 2 Matar (tuer). 3 Derribar, abatir (un avión). 4 ~ *son jeu*, tenderse (au jeu de cartes); fig. poner las cartas boca arriba. 5 Debilitar (fatiguer). 6 Desmoralizar, deprimir. ■ 7 *pr.* Desplomarse (tomber). 8 Abatirse.

abbaye [abei] *f.* Abadía.

abbé [abe] *m.* 1 Abad. 2 Padre: *l'*~ *Louis*, el padre Luis. 3 Cura.

abcès [apsɛ] *m.* Absceso.

abdiquer [abdike] [1] *tr.-intr.* 1 Abdicar. ■ 2 *tr.* Renunciar a.

abdomen [abdɔmɛn] *m.* Abdomen.

abeille [abɛj] *f.* Abeja.

aberration [abeʀasjɔ̃] *f.* Aberración.

abêtir [abetiʀ] [3] *tr.* Atontar, embrutecer.

abhorrer [abɔʀe] [1] *tr.* Detestar, aborrecer.

abîme [abim] *m.* Abismo.

abîmer [abime] [1] *tr.* **1** Deteriorar, estropear. **2** pop. Lisiar, descalabrar (quelqu'un).

abject, ecte [abzɛkt] *adj.* Abyecto, ta.

abjurer [abʒyʀe] [1] *tr.* Abjurar.

ablatif [ablatif] *m.* GRAM. Ablativo.

abnégation [abnegasjɔ̃] *f.* Abnegación.

aboiement [abwamɑ̃] *m.* Ladrido.

abois [abwa] *pl.* **1** Ladrido *f. sing.* **2** *Aux* ~, acorralado (animal).

abominer [abɔmine] [1] *tr.* Abominar, detestar.

abondance [abɔ̃dɑ̃s] *f.* **1** Abundancia: *corne d'*~, cuerno de la abundancia. **2** Opulencia, buena situación económica.

abonder [abɔ̃de] [1] *intr.* Abundar.

abonné, -ée [abɔne] *adj.* -s **1** Abonado, da (gaz, eau, etc.). **2** Suscriptor, ora (journal).

abonner [abɔne] [1] *tr.* **1** Abonar (aux spectacles). **2** Suscribir (à un journal).

abord [abɔʀ] *m.* **1** Acceso: *plage d'un* ~ *facile,* playa de acceso fácil. **2** *Au premier* ~, *de prime* ~, a primera vista, desde el primer momento. **3** *loc. adv.* *D'*~, *tout d'*~, primero, en primer lugar. ▪ **4** *m. pl.* Alrededores, inmediaciones *f.*

aborder [abɔʀde] [1] *tr.* **1** MAR. Abordar. **2** Abordar, tratar, tocar (un sujet). **3** fig. Abordar (une personne). ▪ **4** *intr.* Abordar, atacar.

aborigène [abɔʀiʒɛn] *adj.-m.* Aborigen.

aboucher [abuʃe] [1] *tr.* **1** Poner en contacto a (deux personnes). ▪ **2** *pr.* Abocarse, entrevistarse.

aboulique [abulik] *adj.-s.* Abúlico, ca.

aboutir [abutiʀ] [3] *intr.* **1** Ir a parar, acabar en, llevar. **2** fig. Conducir a. **3** Dar resultado, tener éxito.

aboyer [abwaje] [23] *intr.* **1** Ladrar. **2** fig. ~ *après, contre quelqu'un,* increpar a alguien.

abrasif, -ive [abʀazif, -iv] *adj.* **1** Abrasivo, va. ▪ **2** *m.* Abrasivo.

abréger [abʀeʒe] [15] *tr.* **1** Abreviar, acortar. **2** Resumir, compendiar (un texte).

abreuver [abʀœve] [1] *tr.* **1** Abrevar. **2** fig. Llenar, abrumar (d'injures). ▪ **3** *pr.* Beber.

abreuvoir [abʀœvwaʀ] *m.* Abrevadero (bestiaux), bebedero (oiseaux).

abréviation [abʀevjɑsjɔ̃] *f.* **1** Abreviación. **2** Abreviatura (mot abrégé).

abri [abʀi] *m.* **1** Abrigo (lieu abrité). **2** Refugio. **3** Cobertizo (contre la pluie, le vent). **4** *loc. adv.* *À l'*~, al abrigo, a cubierto. **5** *loc. prép.* *À l'*~ *de,* al amparo de, a cubierto de.

abricot [abʀiko] *m.* Albaricoque.

abricotier [abʀikɔtje] *m.* Albaricoquero.

abriter [abʀite] [1] *tr.* **1** Abrigar (tenir à l'abri). **2** Albergar (héberger). ▪ **3** *pr.* Resguardarse, protegerse.

abroger [abʀɔʒe] [13] *tr.* Abrogar.

abrupt, -te [abʀypt, -pt(ə)] *adj.* Abrupto, ta.

abrutir [abʀytiʀ] [3] *tr.* Embrutecer, atontar.

absence [apsɑ̃s] *f.* **1** Ausencia: *en l'*~ *de,* en ausencia de. **2** Carencia, falta (manque). **3** Fallo *m.* de memoria (de mémoire).

absenter (s') [apsɑ̃te] [1] *pr.* Ausentarse.

absinthe [apsɛ̃t] *f.* Ajenjo *m.*

absolu, -ue [apsɔly] *adj.* **1** Absoluto, ta, total. ▪ **2** *m.* Lo absoluto.

absolution [apsɔlysjɔ̃] *f.* Absolución.

absolutisme [apsɔlytism(ə)] *m.* Absolutismo.

absorbant, -ante [apsɔʀbɑ̃, -ɑ̃t] *adj.-m.* Absorbente.

absorber [apsɔʀbe] [1] *tr.* **1** Absorber. **2** Tomar (boire, manger). ▪ **3** *pr.* Ensimismarse, absorberse.

absoudre [apsudʀ(ə)] [75] *tr.* Absolver.

abstention [apstɑ̃sjɔ̃] *f.* Abstención.

abstinence [apstinɑ̃s] *f.* Abstinencia.

abstrait, -aite [apstʀɛ, -ɛt] *adj.* **1** Abstracto, ta: *peinture abstraite,* pintura abstracta. ▪ **2** *m.* *L'*~, lo abstracto.

absurde [apsyʀd(ə)] *adj.* **1** Absurdo, da. ▪ **2** *m.* *L'*~, lo absurdo.

abuser [abyze] [1] *tr.* **1** Abusar. **2** Engañar (tromper). ▪ **3** *pr.* Equivocarse.

abyssinien, enne [abisinjɛ̃, -ɛn], **abyssin, -ine** [abisɛ̃, -in] *adj.-s.* Abisinio, nia.

acabit [akabi] *m.* **1** Índole *f.,* naturaleza *f.* **2** péj. Calaña *f.,* ralea *f.* (personnes).

académicien, -ienne [akademisjɛ̃, -jɛn] *s.* Académico, ca.

académique [akademik] *adj.* Académico, ca.

acajou [akaʒu] *m.* Caoba *f.*

acanthe [akɑ̃t] *f.* ARCHIT., BOT. Acanto *m.*

acariâtre [akaʀjatʀ(ə)] *adj.* Adusto, ta, brusco, ca, malhumorado, da, desabrido, da.

accabler [akable] [1] *tr.* **1** Abrumar, agobiar. **2** fig. Colmar, llenar.

accaparer [akapaʀe] [1] *tr.* Acaparar.

accéder [aksede] [14] *intr.* **1** ~ *à,* entrar en, tener acceso a: ~ *au grenier,* entrar en el desván. **2** Advenir (au trône). **3** Acceder.

accélérateur, -trice [akseleRatœR, -tris] *adj.* **1** Acelerador, ra. ▪ **2** *m.* Acelerador.

accélérer [akseleRe] [14] *tr.* **1** Acelerar. **2** fig. Activar. ▪ **3** *intr.* Acelerar (un moteur).

accent [aksã] *m.* **1** Acento: ~ *espagnol,* acento español; ~ *grave,* acento grave. **2** *Mettre l'*~ *sur,* hacer hincapié en, subrayar.

accentuer [aksãtɥe] [1] *tr.* Acentuar.

accepter [aksεpte] [1] *tr.* Aceptar.

acception [aksεpsjɔ̃] *f.* Acepción.

accès [aksε] *m.* **1** Acceso: *d'un* ~ *facile,* de fácil acceso. **2** Acceso, entrada *f.* **3** Acceso, ataque (de fièvre, de toux). **4** Arrebato (de colère, etc.).

accessible [aksesibl(ə)] *adj.* **1** Accesible. **2** Asequible (prix).

accessit [aksesit] *m.* Accésit.

accessoire [akseswaR] *adj.* **1** Accesorio, ria, secundario, ria. ▪ **2** *m.* Accesorio.

accident [aksidã] *m.* **1** Accidente. **2** *Par* ~, por casualidad, casualmente.

accidenté, -ée [aksidãte] *adj.* **1** Accidentado, da, abrupto, ta, desigual (terrain). **2** Estropeado, da (véhicule). ▪ **3** *adj.-s.* Accidentado, da (personne victime d'un accident).

acclamation [aklamasjɔ̃] *f.* Aclamación.

acclamer [aklame] [1] *tr.* Aclamar.

acclimater [aklimate] [1] *tr.* **1** Aclimatar. **2** Introducir (une idée, un usage). ▪ **3** *pr.* Aclimatarse.

accoler [akɔle] [1] *tr.* Enlazar, unir, juntar.

accommoder [akɔmɔde] [1] *tr.* **1** Acomodar, adaptar. **2** CUIS. Condimentar, preparar. ▪ **3** *pr.* Acomodarse, adaptarse.

accompagner [akɔ̃paɲe] [1] *tr.* **1** Acompañar. **2** MUS. Acompañar: ~ *un chanteur au piano,* acompañar a un cantante con el piano. ▪ **3** *pr.* *S'*~ *de,* acompañarse de.

accomplir [akɔ̃pliR] [3] *tr.* **1** Realizar: ~ *une mauvaise action,* realizar una mala acción. **2** Cumplir: ~ *un ordre,* cumplir una orden; ~ *son devoir,* cumplir con su deber. ▪ **3** *pr.* Cumplirse, realizarse.

accord [akɔR] *m.* **1** Acuerdo: *un* ~ *général,* un acuerdo general; *se mettre d'*~, ponerse de acuerdo; *d'*~, de acuerdo. **2** Acuerdo, convenio: ~ *commercial,* acuerdo comercial. **3** Aprobación *f.,* conformidad *f.*: *demander l'*~ *de son supérieur,* pedir la aprobación de su su-

perior. **4** GRAM., MUS. Concordancia *f.* **5** MUS. Acorde.

accordéon [akɔRdeɔ̃] *m.* Acordeón.

accorder [akɔRde] [1] *tr.* **1** Conceder, otorgar: ~ *une grâce,* conceder una gracia. **2** Reconocer, conceder (reconnaître). **3** Poner de acuerdo (mettre d'accord). **2** GRAM. Concordar, hacer concordar. **5** MUS. Afinar. ▪ **6** *pr.* Ponerse de acuerdo.

accordeur [akɔRdœR] *m.* MUS. Afinador.

accoster [akɔste] [1] *tr.* **1** Abordar: ~ *quelqu'un,* abordar a alguien. **2** MAR. Acercar, atracar.

accoter [akɔte] [1] *tr.* **1** Recostar, apoyar.

accouchement [akuʃmã] *m.* Parto.

accoucher [akuʃe] [1] *tr.-intr.* **1** Parir, dar a luz: ~ *d'une fille,* dar a luz una niña. **2** pop. Desembuchar, cantar, soltar: *accouche!,* idesembucha! ▪ **3** *tr.* Asistir al parto de (aider à accoucher).

accouder (s') [akude] [1] *pr.* Acodarse.

accoudoir [akudwaR] *m.* **1** Recodadero, reclinatorio. **2** Antepecho (d'une fenêtre), barandal (d'un balcon). **3** Brazo (d'un fauteuil).

accoupler [akuple] [1] *tr.* **1** Aparear, emparejar (mettre deux à deux). **2** Acoplar, aparear (les animaux).

accourir [akuRiR] [26] *intr.* Acudir.

accoutrer [akutRe] [1] *tr.* Ataviar, vestir ridículamente.

accoutumer [akutyme] [1] *tr.* **1** Acostumbrar. ▪ **2** *pr.* Acostumbrarse.

accréditer [akRedite] [1] *tr.* **1** Acreditar: ~ *un ambassadeur,* acreditar a un embajador. **2** Abonar: ~ *un bruit,* abonar un rumor.

accro [akRo] *adj.-s.* fam. **1** Colgado, da (musique, sports): *être* ~ *au jazz,* estar colgado por el jazz. **2** Enganchado, da (drogue).

accrochage [akRɔʃaʒ] *m.* **1** Colgamiento (action de suspendre à un crochet). **2** Enganche (de wagons). **3** Choque, colisión *f.* (entre deux voitures). **4** fam. Agarrada *f.,* disputa *f.*

accrocher [akRɔʃe] [1] *tr.* **1** Enganchar. **2** Chocar, colisionar (deux voitures). **3** Colgar (suspendre): ~ *son manteau à un clou,* colgar el abrigo de un clavo. **4** Llamar la atención: *un titre qui accroche,* un título que llama la atención. ▪ **5** *pr.* Agarrarse.

accroître [akRwatR(ə)] *tr.* Acrecentar, aumentar.

accroupir (s') [akRupiR] [3] *pr.* Acurrucarse, agacharse, ponerse en cuclillas.

accueil [akœj] *m.* 1 Acogida *f.,* recibimiento. 2 *Centre d'~,* centro de acogida, de recepción (pour les étudiants, les voyageurs).

accueillir [akœjiʀ] [27] *tr.* 1 Acoger (quelqu'un, une nouvelle, etc.). 2 Recibir.

acculer [akyle] [1] *tr.* Acorralar.

accumuler [akymyle] [1] *tr.* Acumular.

accusatif [akyzatif] *m.* Acusativo.

accusé, ée [akyze] *s.* 1 Acusado, da, reo, ea. ■ 2 *m.* ~ *de réception,* acuse de recibo.

accuser [akyze] [1] *tr.* 1 Acusar. 2 Hacer resaltar (faire ressortir). 3 ~ *réception de,* acusar recibo de. ■ 4 *pr.* Acusarse.

acerbe [asɛʀb(ə)] *adj.* Acerbo, ba.

acéré, -ée [asere] *adj.* Acerado, da, afilado, da.

acétate [asetat] *m.* Acetato.

acétone [asetɔn] *f.* Acetona.

acétylène [asetilɛn] *m.* Acetileno.

acharné, -ée [aʃaʀne] *adj.* Encarnizado, da.

acharner (s') [aʃaʀne] [1] *pr.* Encarnizarse (*sur,* en).

achat [aʃa] *m.* Compra *f.*

acheminer [aʃmine] [1] *tr.* 1 Encaminar. 2 Despachar (la correspondance).

acheter [aʃte] [18] *tr.* 1 Comprar: ~ *une maison,* comprar una casa. 2 fig. Comprar, sobornar.

achever [aʃve] [16] *tr.* 1 Acabar, terminar: ~ *de,* acabar de. 2 Matar, rematar (un blessé). 3 Aniquilar, acabar.

achoppement [aʃɔpmã] *m.* 1 Tropiezo, obstáculo. 2 *Pierre d'~,* obstáculo *m.* imprevisto, escollo *m.,* ocasión de faltar.

acide [asid] *adj.* 1 Ácido, da: *le vinaigre est* ~, el vinagre es ácido. ■ 2 *m.* Ácido.

acidifier [asidifje] [2] *tr.* Acidificar.

acidité [asidite] *f.* 1 Acidez. 2 fig. Acritud.

acidulé, -ée [asidyle] *adj.* Acídulo, la.

acier [asje] *m.* 1 Acero: ~ *inoxydable,* acero inoxidable. 2 fig. Acero: *des muscles d'~,* músculos de acero.

acné [akne] *f.* Acné.

acolyte [akɔlit] *m.* 1 Acólito. 2 fig. Compinche.

acompte [akɔ̃t] *m.* Cantidad *f.* a cuenta.

acoquiner (s') [akɔkine] [1] *pr.* Conchabarse.

à-coup [aku] *m.* Movimiento brusco, parada *f.* brusca.

acquérir [akeʀiʀ] [35] *tr.* 1 Adquirir: ~ *une voiture,* adquirir un coche. Prov. *Bien mal acquis ne profite jamais,* bienes mal adquiridos, a nadie han enriquecido. 2 Lograr, obtener: ~ *la victoire,* obtener la victoria. 3 Ganar: ~ *l'affection de quelqu'un,* ganar el afecto de alguien.

acquiescer [12] **(à)** [akjese] *tr. ind.* Consentir en, asentir a.

acquis, -ise [aki, -iz] *adj.* 1 Adquirido, da. 2 ~ *à,* Adicto, ta. ■ 3 *m.* Experiencia *f.,* saber.

acquisition [akizisjɔ̃] *f.* Adquisición.

acquit [aki] *m.* Recibo (reçu). Loc. *Pour* ~, recibí; *par* ~ *de conscience,* en descargo de conciencia.

acquitter [akite] [1] *tr.* 1 Pagar (ce qu'on doit). 2 Absolver: ~ *un accusé,* absolver a un reo. ■ 3 *pr.* *S'~ de,* pagar (une dette), cumplir (une obligation juridique ou morale).

âcre [ɑkʀ(ə)] *adj.* Acre (saveur, odeur).

âcreté [ɑkʀəte] *f.* Acritud.

acrimonie [akʀimɔni] *f.* Acrimonia.

acrobate [akʀɔbat] *s.* Acróbata.

acropole [akʀɔpɔl] *f.* ARCHÉOL. Acrópolis.

acrylique [akʀilik] *adj.* 1 Acrílico, ca. 2 *m.* Acrílico.

acte [akt(ə)] *m.* 1 Acta *f.,* escritura *f.* 2 Partida *f.:* ~ *de naissance, de mariage, de décès,* partida de nacimiento, de matrimonio, de defunción. 3 Acto: ~ *de terrorisme,* acto de terrorismo. 4 Acción *f.,* hecho, acto. 5 *Faire* ~ *de,* dar pruebas de. 6 THÉÂT. Acto. ■ 7 *pl.* Actos, hechos: *actes des Apôtres,* hechos de los Apóstoles. 8 Actas *f.* (d'un concile, etc.).

acteur, -trice [aktœʀ, -tʀis] *s.* 1 Actor, ra (d'une affaire). 2 Actor, actriz (d'un film, de théâtre).

actif, -ive [aktif, -iv] *adj.* 1 Activo, va. ■ 2 *m.* COMM. Activo (avoir). Loc. *Avoir à son* ~, tener en su haber, en su favor.

action [aksjã] *f.* 1 Acción: *une mauvaise* ~, una mala acción. 2 Acción: *un homme d'~,* un hombre de acción. 3 Acción (intrigue): *l'~ d'un film,* la acción de una película. 4 COMM. Acción (titre de propriété).

actionnaire [aksjɔnɛʀ] *s.* Accionista.

actionner [aksjɔne] [1] *tr.* Mover, accionar (une machine).

activer [aktive] [1] *tr.* 1 Activar, acelerar: ~ *un travail,* activar un trabajo. 2 Avivar: ~ *le feu,* avivar el fuego. ■ 3 *pr.* Apresurarse.

activité [aktivite] *f.* Actividad.

actualiser [aktɥalize] *tr.* 1 Actualizar. 2 *pr.* Actualizarse.

actualité [aktɥalite] *f.* 1 Actualidad. ▪ 2 *pl.* Noticiario *m. sing.* (film).

acuité [akɥite] *f.* Agudeza, acuidad.

adage [adaʒ] *m.* Adagio.

adaptateur [adaptatœʀ] *m.* Adaptador.

adaptation [adaptasjɔ̃] *f.* Adaptación.

adapter [adapte] [1] *tr.* Adaptar.

addition [adisjɔ̃] *f.* 1 MATH. Adición, suma. 2 Adición, adimento *m.* (texte ajouté). 3 Cuenta (au restaurant).

additionnel, -elle [adisjɔnɛl] *adj.* Adicional.

adepte [adɛpt(ə)] *s.* Adepto, ta.

adéquat, -ate [adekwa, -at] *adj.* Adecuado, da, apropiado, da.

adhérence [adeʀɑ̃s] *f.* 1 Adherencia. 2 Agarre *m.* (d'un pneu).

adhérent, -ente [adeʀɑ̃, -ɑ̃t] *adj.* 1 Adherente. ▪ 2 *s.* Adherente, afiliado, da (membre).

adhésif, -ive [adezif, -iv] *adj.-m.* Adhesivo, va.

adhésion [adezjɔ̃] *f.* Adhesión.

adieu [adjø] *interj.* 1 ¡Adiós! ▪ 2 *m.* Adiós, despedida *f.*

adipeux, -euse [adipø, -øz] *adj.* Adiposo, sa.

adjacent, -ente [adʒasɑ̃, -ɑ̃t] *adj.* Adyacente.

adjectif, -ive [adʒɛktif, -iv] *adj.* 1 GRAM. Adjetivo, va: *locution adjective*, locución adjetiva. ▪ 2 *m.* GRAM. Adjetivo: ~ *possessif*, adjetivo posesivo.

adjoindre [adʒwɛ̃dʀ(ə)] [56] *tr.* 1 Agregar, añadir. 2 Asociar como auxiliar. ▪ 3 *pr.* Tomar, buscarse: *il s'est adjoint un spécialiste*, se ha buscado un especialista.

adjoint, -ointe [adʒwɛ̃, -wɛ̃t] *adj.-s.* Adjunto, ta, agregado, da, auxiliar.

adjudication [adʒydikasjɔ̃] *f.* 1 Adjudicación. 2 Subasta (vente aux enchères).

adjurer [adʒyʀe] [1] *tr.* 1 Conjurar. 2 Suplicar, rogar encarecidamente (supplier).

adjuvant [adʒyvɑ̃] *m.* Adyuvante.

admettre [admɛtʀ(ə)] [60] *tr.* 1 Admitir. 2 Aceptar (considérer comme aceptable).

administrateur, -trice [administʀatœʀ, -tʀis] *s.* Administrador, ra.

administrer [administʀe] [1] *tr.* 1 Administrar: ~ *justice*, administrar justicia. 2 fam. Propinar, dar (des coups).

admirable [admiʀabl(ə)] *adj.* Admirable.

admiration [admiʀasjɔ̃] *f.* Admiración.

admirer [admiʀe] [1] *tr.* Admirar.

admission [admisjɔ̃] *f.* Admisión.

admonestation [admɔnɛstasjɔ̃] *f.* Amonestación.

ADN [adeɛn] *m.* (*abrév.* acide désoxyribonucléique) ADN.

adolescence [adɔlesɑ̃s] *f.* Adolescencia.

adonner (s') [adɔne] [1] *pr.* 1 Entregarse, darse. 2 Dedicarse, consagrarse.

adopter [adɔpte] [1] *tr.* 1 Adoptar. 2 Aprobar (approuver par un vote).

adoption [adɔpsjɔ̃] *f.* 1 Adopción. 2 *D'~*, adoptivo, va.

adorable [adɔʀabl(ə)] *adj.* Adorable, encantador, ora.

adoration [adɔʀasjɔ̃] *f.* 1 Adoración. 2 fam. *Être en ~ devant quelqu'un*, estar en perpetua adoración ante alguien.

adorer [adɔʀe] [1] *tr.* 1 Adorar (religión). 2 Adorar (aimer avec passion). 3 fam. Adorar, encantar.

adosser [adose] [1] *tr.* 1 Adosar. ▪ 2 *pr.* Respaldarse.

adoucir [adusiʀ] [3] *tr.* 1 Suavizar, dulcificar (le visage, la voix, les manières). 2 Calmar, ablandar (rendre moins rude, moins violent). ▪ 3 *pr.* Suavizarse.

adoucissant [adusisɑ̃] *m.* Suavizante: ~ *pour le linge*, suavizante para la ropa.

adressage [adʀesaʒ] *m.* Buzoneo, angl. mailing.

adresse [adʀɛs] *f.* 1 Dirección, señas *pl.* (lettres). 2 *À l'~ de*, para. 3 Memorial *m.*, ruego *m.* (au souverain). 4 Destreza, habilidad. 5 Diplomacia.

adresser [adʀese] [1] *tr.* 1 Dirigir: ~ *la parole*, dirigir la palabra. 2 Enviar: ~ *un livre*, enviar un libro. ▪ 3 *pr.* Dirigirse.

adroit, -oite [adʀwa, -wat] *adj.* Diestro, tra, hábil.

aduler [adyle] [1] *tr.* Adular.

adultère [adyltɛʀ] *adj.-s.* 1 Adúltero, ra. ▪ 2 *m.* Adulterio.

advenir [advəniʀ] [36] *intr.* Advenir, acaecer.

adverbe [advɛʀb(ə)] *m.* GRAM. Adverbio.

adversaire [advɛʀsɛʀ] *s.* Adversario, ria.

adversité [advɛʀsite] *f.* Adversidad.

aérer [aeʀe] [14] *tr.* 1 Airear, ventilar. ▪ 2 *pr.* Airearse, tomar el aire.

aérien, -ienne [aeʀjɛ̃, -jɛn] *adj.* Aéreo, rea.

aérodrome [aeʀɔdʀom] *m.* Aeródromo.

aéronaute [aeʀɔnot] *m.* Aeronauta.

aéroplane [aeʀɔplan] *m.* Aeroplano.

aéroport [aeʀɔpɔʀ] *m.* Aeropuerto.

aérosol [aeʀɔsɔl] *m.* Aerosol.

aérostat [aeʀɔsta] *m.* Aeróstato.

affabilité [afabilite] *f.* Afabilidad.

affable [afabl(ə)] *adj.* Afable.

affadir [afadiʀ] [3] *tr.* **1** Desazonar, hacer insípido, da (un mets).

affaiblir [afebliʀ] [3] *tr.* Debilitar.

affaire [afɛʀ] *f.* **1** Ocupación, quehacer *m.* (chose à faire): *aller à ses affaires,* ir a sus ocupaciones. Loc. *C'est mon ~,* es mi problema; *cela fait mon ~,* esto me conviene. **2** fam. *Faire son ~ à quelqu'un,* ajustarle las cuentas a alguien (le tuer). **3** Asunto *m.,* cuestión. Loc. *Une ~ d'honneur,* un lance de honor, un duelo; *se tirer d'~,* salir de un mal paso. **4** DR. Proceso *m.* **5** Caso *m.: l'~ Dreyfus,* el caso Dreyfus. **6** Negocio *m.* Loc. *Achète-le, c'est une ~,* cómpralo, es una ganga; *faire ~ avec quelqu'un,* tratar, negociar con alguien. **7** *Avoir ~ à,* habérselas con. ■ **8** *pl.* Asuntos *m.: les affaires d'État,* los asuntos de Estado. **9** Negocios *m.: un homme d'affaires,* un hombre de negocios. **10** Cosas, trastos *m.*

affaisser (s') [afese] *pr.* **1** Hundirse (terrain). **2** Desplomarse.

affaler (s') [afale] *pr.* Desplomarse, dejarse caer.

affamer [afame] [1] *tr.* Hambrear, matar de hambre, hacer padecer hambre.

affectation [afɛktasjɔ̃] *f.* **1** Aplicación, destinación, asignación. **2** Destino *m.* (à un poste, à une fonction). **3** Afectación, amaneramiento *m.* (manque de naturel).

affecter [afɛkte] [1] *tr.* **1** Afectar, fingir, aparentar. ■ **2** Destinar, asignar. ■ **3** Afectar, afligir. ■ **4** *pr.* Sufrir.

affectif, -ive [afɛktif, -iv] *adj.* Afectivo, va.

affection [afɛksjɔ̃] *f.* **1** Afección. **2** Afecto *m.,* cariño *m.* **3** MÉD. Afección.

affectueux, -euse [afɛktɥø, -øz] *adj.* Afectuoso, sa, cariñoso, sa.

affermir [afɛʀmiʀ] [3] *tr.* **1** Afirmar, fortalecer. ■ **2** *pr.* Afirmarse, consolidarse.

affiche [afiʃ] *f.* Cartel *m.,* anuncio *m.*

afficher [afiʃe] [1] *tr.* **1** Fijar carteles. **2** fig. Ostentar, exhibir. ■ **3** *pr.* Hacerse notar, exhibirse.

affilée (d') [dafile] *loc. adv.* De un tirón.

affiler [afile] [1] *tr.* Afilar.

affilier (s') [afilje] *pr.* Afiliarse.

affiner [afine] [1] *tr.* **1** Afinar, refinar. ■ **2** *pr.* Refinarse.

affinité [afinite] *f.* Afinidad.

affirmatif, -ive [afiʀmatif, -iv] *adj.* Afirmativo, va.

affirmer [afiʀme] [1] *tr.* **1** Afirmar. ■ **2** *pr.* Confirmar, asentar.

affleurer [aflœʀe] [1] *intr.* Aflorar.

affliction [afliksjɔ̃] *f.* Aflicción.

affliger [afliʒe] [13] *tr.* **1** Afligir. ■ **2** *pr.* Afligirse.

affluence [aflyɑ̃s] *f.* Afluencia.

afflux [afly] *m.* **1** Aflujo. **2** Afluencia *f.* (de personnes).

affoler [afɔle] [1] *tr.* **1** Enloquecer. ■ **2** *pr.* Enloquecerse, volverse loco, ca.

affranchir [afʀɑ̃ʃiʀ] [3] *tr.* **1** Manumitir (les esclaves). **2** Franquear (une lettre). ■ **3** *pr.* Libertarse, emanciparse.

affres [afʀ(ə)] *f. pl.* Ansias, congojas.

affréter [afʀete] [14] *tr.* Fletar.

affreux, -euse [afʀø, -øz] *adj.* **1** Horroroso, sa. **2** fam. Horrible, horroroso, sa.

affriolant, -ante [afʀijɔlɑ̃, -ɑ̃t] *adj.* Tentador, ra, atractivo, va.

affronter [afʀɔ̃te] [1] *tr.* **1** Afrontar, hacer frente a, arrostrar. ■ **2** *pr.* Enfrentarse, afrontarse.

affubler [afyble] [1] *tr.* Vestir ridículamente.

affût [afy] *m.* **1** ARTILL. Cureña *f.* **2** Acecho: *être à l'~,* estar al acecho.

afghan, -ane [afgɑ̃, -an] *adj.-s.* Afgano, na.

afin de [afɛ̃d(ə)] *loc. prép.* A fin de.

afin que [afɛ̃k(ə)] *loc. conj.* A fin de que, con el fin de que.

africain, -aine [afʀikɛ̃, -ɛn] *adj.-s.* Africano, na.

agaçant, -ante [agasɑ̃, -ɑ̃t] *adj.* Molesto, ta, irritante.

agacer [agase] [12] *tr.* Molestar, irritar.

agapes [agap] *f. pl.* Ágape *m. sing.,* festín *m. sing.*

agate [agat] *f.* Agata.

âge [aʒ] *m.* **1** Edad *f.: il est mort à l'~ de 58 ans,* murió a la edad de 58 años. Loc. *Le jeune ~,* la infancia; *le bel ~,* la juventud. **2** Edad *f.: le Moyen ~,* la Edad Media.

agence [aʒɑ̃s] *f.* Agencia.

agencer [aʒɑ̃se] [12] *tr.* Arreglar, disponer.

agenda [aʒɛ̃da] *m.* Agenda *f.*

agenouiller (s') [aʒnuje] [1] *pr.* Arrodillarse.

agent [aʒɑ̃] *m.* **1** Agente: *~ atmosphérique,* agente atmosférico; *~ d'assurances,* agente de seguros. **2** *~ de police,* policía, guardia. **3** GRAM. *Complément d'~,* complemento agente.

agglomération [aglɔmeʀasjɔ̃] *f.* **1** Aglomeración. **2** Pueblo *m.,* poblado *m.* (ville, village).

agglutiner [aglytine] [1] *tr.* Aglutinar.

aggraver [agrave] [1] *tr.* **1** Agravar. ■ **2** *pr.* Agravarse.

agilité [aʒilite] *f.* Agilidad.

agir [aʒiʀ] [3] *intr.* **1** Obrar, actuar. ■ **2** *pr. impers.* Tratarse: *il s'agit de son père,* se trata de su padre.

agissant, -ante [aʒisã, -ãt] *adj.* Activo, va, eficaz.

agitateur, -trice [aʒitatœʀ, -tʀis] *s.* Agitador, ra.

agiter [aʒite] [1] *tr.* **1** Agitar. **2** Excitar: ~ *les esprits,* excitar los espíritus. **3** Discutir, debatir. ■ **4** *pr.* Agitarse. **5** Moverse, menearse.

agneau [aɲo] *m.* Cordero.

agonie [agɔni] *f.* Agonía.

agonisant, -ante [agɔnizã, -ãt] *adj.-s.* Agonizante, agónico, ca.

agrafer [agʀafe] [1] *tr.* **1** Abrochar. **2** Unir con grapas (des papiers). **3** pop. Echar el guante a (un voleur).

agrafeuse [agʀaføz] *f.* Grapadora.

agraire [agʀɛʀ] *adj.* Agrario, ia.

agrandir [agʀãdiʀ] [3] *tr.* **1** Agrandar, ampliar: ~ *un local,* ampliar un local. **2** Ensanchar (élargir). **3** Engrandecer. **4** PHOT. Ampliar. ■ **5** *pr.* Agrandarse. **6** Crecer, extenderse (une ville).

agréable [agʀeabl(ə)] *adj.* Agradable.

agréer [agʀee] [11] *tr.* Aceptar, recibir con agrado.

agrégat [agʀega] *m.* Agregado, conglomerado.

agrégé, -ée [agʀeʒe] *s.* Catedrático, ca.

agréger [agʀeʒe] [15] *tr.* **1** Admitir (dans un corps). **2** Agregar. ■ **3** *pr.* Agregarse.

agrément [agʀemã] *m.* **1** Beneplácito, consentimiento. **2** Encanto, atractivo. **3** Placer, recreos.

agrémenter [agʀemãte] [1] *tr.* Adornar (orner).

agresseur [agʀɛsœʀ] *m.* Agresor.

agressif, -ive [agʀesif, -iv] *adj.* Agresivo, va.

agression [agʀesjɔ̃] *f.* Agresión.

agricole [agʀikɔl] *adj.* Agrícola.

agriculture [agʀikyltyʀ] *f.* Agricultura.

agripper [agʀipe] [1] *tr.* Agarrar, asir con avidez.

agronomie [agʀɔnɔmi] *f.* Agronomía.

aguerrir [ageʀiʀ] [3] *tr.* **1** Aguerrir (exercer à la guerre). **2** Avezar (habituer). ■ **3** *pr.* Aguerrirse. **4** Avezarse (s'habituer).

aguets (aux) [ozage] *loc. adv.* Al acecho.

aguichant, ante [agiʃã, -ãt] *adj.* Provocativo, va, incitante.

ah! [a] *interj.* ¡Ah!

ahuri, -ie [ayʀi] *adj.-s.* Aturdido, da, atontado, da, atónito, ta.

aide [ɛd] *f.* **1** Ayuda: *demander de l'~,* pedir ayuda. Loc. *À l'~!,* ¡socorro!; *venir en ~ à,* ayudar a. **2** *loc. prép. À l'~ de,* con ayuda de, por medio de.

aide [ɛd] *s.* Ayudante, ayuda: ~ *de laboratoire,* ayudante de laboratorio.

aider [ede] [1] *tr.* **1** Ayudar, auxiliar, socorrer. ■ **2** *pr.* Ayudarse. **3** Servirse, valerse de: *s'~ d'un dictionnaire,* valerse de un diccionario.

aïe! [aj] *interj.* ¡Ay!

aïeul, -le [ajœl] *s.* **1** Abuelo, la. ■ **2** *pl. Aïeuls,* abuelos (grands-parents). **3** *Aïeux,* antepasados (ancêtres).

aigle [ɛgl(ə)] *m.* **1** Águila *f.* **2** fig. Águila (intelligente). ■ **3** *f.* Águila (femelle de l'aigle). **4** Águila (étendard).

aiglon [ɛglɔ̃] *m.* Aguilucho.

aigre [ɛgʀ(ə)] *adj.* Agrio.

aigreur [ɛgʀœʀ] *f.* **1** Agrura, acritud. ■ **2** *pl.* MÉD. Acedia sing. (d'estomac).

aigrir [egʀiʀ] [3] *tr.* Agriar.

aigu, -uë [egy] *adj.* **1** Agudo, da. **2** Vivo, va, agudo, da: *douleur aiguë,* dolor agudo.

aigue-marine [ɛgmaʀin] *f.* Aguamarina.

aiguille [egɥij] *f.* **1** Aguja: ~ *à tricoter,* aguja de hacer media; ~ *aimantée,* aguja magnética. **2** Aguja (chemin de fer). **3** Picacho *m.* (montagne).

aiguilleur [egɥijœʀ] *m.* Guardaagujas.

aiguillon [egɥijɔ̃] *m.* **1** Aguijón (d'insecte). **2** Aguijada *f.*

aiguiser [eg(ɥ)ize] [1] *tr.* **1** Aguzar (rendre pointu). **2** Amolar, afilar.

ail [aj] *m.* Ajo.

aile [ɛl] *f.* **1** Ala (d'un oiseau). **2** Ala (d'avion). **3** Aspa (d'un moulin). **4** Aleta (du nez). **5** SPORTS. Ala (d'une équipe).

aileron [ɛlʀɔ̃] *m.* **1** ZOOL. Alón. **2** Alerón (d'avion).

ailleurs [ajœʀ] *adv.* En otra parte. *loc. adv. D'~,* por otra parte.

aimable [ɛmabl(ə)] *adj.* Amable.

aimanter [ɛmãte] [1] *tr.* Imantar.

aimer [eme] [1] *tr.* **1** Amar (style soutenu), querer (éprouver de l'amour, de l'affection). **2** Gustar (trouver agréable, être friand de): *j'aime la musique, lire,* me gusta la música, leer. **3** ~ *mieux,* preferir. ■ **4** *pr.* Quererse: *ils s'aiment beaucoup,* se quieren mucho. **5** Hacer el amor.

aine [ɛn] *f.* Ingle.

aîné, -ée [ene] *adj.-s.* **1** Primogénito, ta. **2** Mayor (plus âgé): *il est mon ~ de trois ans,* es tres años mayor que yo.

ainsi [ɛ̃si] *adv.* Así: ~ *que,* así como; ~ *de suite,* así sucesivamente; ~ *soit-il,* así sea; *pour ~ dire,* por decirlo así.

air [ɛʀ] *m.* **1** Aire: *courant d'~,* corriente de aire; *au grand ~, en plein ~,* al aire libre; ~ *conditionné,* aire acondicionado. **2** Aire (aspect): *un ~ de famille,* un aire de familia. **3** Semblante, cara *f.* (visage). **4** *Avoir l'~,* parecer; (avec de et l'inf.) *il a l'~ de s'ennuyer,* tiene aspecto de aburrirse. **5** *N'avoir l'~ de rien,* ser una mosca muerta (personne). **6** MUS. Aire: ~ *de danse,* aire bailable.

aire [ɛʀ] *f.* **1** GÉOM. Área. **2** Nido *m.* (d'un rapace). **3** Zona, área.

aisance [ɛzɑ̃s] *f.* **1** Soltura (facilité, naturel). **2** Bienestar *m.,* desahogo *m.,* holgura. ■ **3** *pl.* *Cabinets, lieux d'aisances,* excusado *sing.,* retrete *sing.*

aise [ɛz] *adj.* **1** Contento, ta: *je suis bien ~ de...,* estoy muy contento de... ■ **2** *f.* Contento *m.,* gusto *m.* Loc. *Être à l'~,* estar cómodo, a, a gusto.

aisé, -ée [eze] *adj.* **1** Fácil, cómodo, da. **2** Acomodado, da.

aisselle [ɛsɛl] *f.* Sobaco *m.,* axila.

ajouré, -ée [aʒuʀe] *adj.* Calado, da.

ajourner [aʒuʀne] [1] *tr.* Aplazar.

ajouter [aʒute] [1] *tr.* **1** Añadir, agregar, aumentar. **2** ~ *foi à,* creer, dar crédito a. ■ **3** *tr. ind.* ~ *à,* aumentar.

ajustement [aʒystəmɑ̃] *m.* Ajuste, adaptación *f.*

ajuster [aʒyste] [1] *tr.* **1** Ajustar (adapter). **2** Apuntar (viser). **3** MÉC. Ajustar: ~ *une pièce,* ajustar una pieza.

alambic [alɑ̃bik] *m.* Alambique.

alarmant, -ante [alaʀmɑ̃, -ɑ̃t] *adj.* Alarmante.

alarme [alaʀm(ə)] *f.* **1** Alarma. **2** fig. Alarma, zozobra, inquietud.

albâtre [albɑtʀ(ə)] *m.* Alabastro.

albatros [albatʀos] *m.* Albatros.

albinos [albinos] *adj.-s.* Albino, na.

album [albɔm] *m.* Álbum.

alcalin, -ine [alkalɛ̃, -in] *adj.* Alcalino, na.

alcool [alkɔl] *m.* **1** Alcohol. **2** Licor: *prendre un ~,* tomar un licor.

alcoolémie [alkɔlemi] *f.* Alcoholemia.

alcoolique [alkɔ(ɔ)lik] *adj.-s.* Alcohólico, ca.

alcootest, alcotest [alkɔtɛst] *m.* Prueba de alcoholemia *f.*

alcôve [alkov] *f.* **1** Fondo *m.* de una habitación en que está una cama y cerrado por una cortina o una puerta de dos hojas. **2** fig. Alcoba.

aléatoire [aleatwaʀ] *adj.* Aleatorio, ria, problemático, ca.

alentour [alɑ̃tuʀ] *adv.* En torno, alrededor.

alentours [alɑ̃tuʀ] *m. pl.* Alrededores.

alerte [alɛʀt(ə)] *adj.* **1** Vivo, va, despierto, ta. ■ **2** *f.* Alerta, alarma: *donner l'~,* dar la alarma. **3** *interj.* ¡Alerta!

alezan, -ane [alzɑ̃, -an] *adj.-s.* Alazán, ana.

alfa [alfa] *m.* Esparto.

algarade [algaʀad] *f.* **1** Andanada, salida brusca. **2** Agarrada (dispute).

algèbre [alʒɛbʀ(ə)] *f.* Álgebra.

algérien, -ienne [alʒeʀjɛ̃, jɛn] *adj.-s.* Argelino, -na.

algorithme [algɔʀitm] *f.* Algoritmo *m.*

algue [alg(ə)] *f.* Alga.

alibi [alibi] *m.* Coartada *f.*

aliéné, -ée [aljene] *s.* Alienado, da, loco, ca.

aliéner [aljene] [14] *tr.* **1** Alienar, enajenar. **2** Enajenar (l'esprit). ■ **3** *pr.* Enajenarse.

aligner [aliɲe] [1] *tr.* **1** Alinear, poner en fila. ■ **2** *pr.* Alinearse.

alimentation [alimɑ̃tasjɔ̃] *f.* Alimentación.

alimenter [alimɑ̃te] [1] *tr.* **1** Alimentar (nourrir). ■ **2** *pr.* Alimentarse, nutrirse.

aliter [alite] [1] *tr.* **1** Acostar, hacer guardar cama. ■ **2** *pr.* Encamarse, guardar cama.

alizé [alize] *m.* Alisio (vent).

allaiter [alete] [1] *tr.* Amamantar, criar.

allant [alɑ̃] *m.* Empuje, actividad *f.,* animación *f.,* brío.

alléchant, -ante [a(l)eʃɑ̃, -ɑ̃t] *adj.* **1** Apetitoso, sa. **2** fig. Atractivo, va, seductor, ra.

allée [ale] *f.* **1** Alameda (chemin bordé d'arbres). **2** Calle (passage dans un jardin). **3** ~ *et venue,* ida y venida.

alléger [a(l)leʒe] [15] *tr.* Aliviar, aligerar (rendre moins lourd, moins pénible).

allégorie [a(l)legɔʀi] *f.* Alegoría.

allègre [a(l)legʀ(ə)] *adj.* **1** Alegre. **2** Ágil, vivo, va, dispuesto, ta.

alléguer [a(l)lege] [14] *tr.* Alegar.

allemand, -ande [almɑ̃, -ɑ̃d] *adj.-s.* Alemán, ana.

aller [ale] [9] *intr.* **1** Ir: ~ *à pied, en voiture,* ir a pie, en coche; *nous irons en*

Italie, iremos a Italia; *je vais sortir,* voy a salir (toujours *a* devant l'inf.). Loc. ~ *sur ses cinquante ans,* ir para los cincuenta años; *cela va de soi,* esto cae de su peso. 2 Estar: *le malade va mieux,* el enfermo está mejor. 3 Sentar: *ce costume lui va bien,* este traje le sienta bien. 4 Convenir, interesar: *ça me va,* esto me conviene. ▪ 5 *impers. Y* ~, ir, tratarse de: *il y va de notre vie,* se trata de nuestra vida. Loc. fig. *Ne pas y* ~ *par quatre chemins,* no andarse por las ramas. 6 *Y* ~ *fort,* exagerar. ▪ 7 *pr. S'en* ~, irse, marcharse. 8 *interj. Allons!, allez!,* ¡vamos!, ¡vaya! Loc. *Ça va!, ça va comme ça!,* ¡basta!

aller [ale] [9] *m.* 1 Ida *f.* 2 *Au pis* ~, *en el peor de los casos.*

allergie [alɛrʒi] *f.* Alergia.

alliage [aljaʒ] *m.* Aleación *f.,* liga *f.* (de métaux).

alliance [aljɑ̃s] *f.* 1 Alianza (coalition, pacte). 2 Parentesco *m.* (parenté). 3 Anillo *m.* de boda (bague).

allié, -ée [alje] *adj.-s.* Aliado, da.

allocation [a(l)ɔkasɔ̃] *f.* Gratificación, asignación, subsidio *m.*

allocution [a(l)lɔkysjɔ̃] *f.* Alocución.

allonger [alɔ̃ʒe] [13] *tr.* 1 Alargar (rendre plus long). 2 Aclarar (une sauce). 3 fam. Largar: ~ *une gifle,* largar una bofetada. 4 pop. ~ *du fric,* aflojar la mosca. 5 Alargar, extender (le bras, le pas). ▪ 6 *intr.* Alargarse: *les jours allongent,* los días se alargan. ▪ 7 *pr.* Alargarse. 8 Echarse (sur le lit).

allouer [alwe] [1] *tr.* Conceder, asignar (une somme d'argent, une indémnité).

allumer [alyme] [1] *tr.* Encender.

allumette [alymɛt] *f.* Fósforo *m.,* cerilla.

allure [alyʀ] *f.* 1 Velocidad (vitesse de déplacement). Loc. *À toute* ~, a toda marcha, muy deprisa. 2 Andar *m.* (démarche). 3 Facha, garbo *m.*

alluré, -ee [alyʀe] *adj.* De buen porte, garboso, sa.

allusion [a(l)lyzjɔ̃] *f.* Alusión.

alluvion [a(l)lyvjɔ̃] *f.* Aluvión *m.*

almanach [almana] *m.* Almanaque.

aloi [alwa] *m.* 1 Ley *f.* (métaux précieux). 2 Valor (d'une personne ou d'une chose).

alors [alɔr] *adv.* 1 Entonces. 2 En tal caso (dans ce cas). 3 *loc. conj.* ~ *que,* mientras que, cuando.

alourdir [aluʀdiʀ] [3] *tr.* 1 Hacer pesado. 2 fig. Sobrecargar, recargar.

alpaga [alpaga] *m.* Alpaca *f.* (tissu).

alpestre [alpɛstʀ(ə)] *adj.* Alpestre, alpino, na.

alphabétique [alfabetik] *adj.* Alfabético, ca.

alphanumérique [alfanymeʀik] *adj.* Alfanumérico, ca.

alpiniste [alpinist(ə)] *s.* Alpinista.

alsacien, -ienne [alzasjɛ̃, -ɛn] *adj.-s.* Alsaciano, na.

altération [alteʀasjɔ̃] *f.* Alteración.

alternatif, -ive [altɛrnatif, -iv] *adj.* 1 Alternativo, va: *mouvement* ~, movimiento alternativo.

alterner [altɛrne] [1] *intr.* Alternar.

altier, -ière [altje, -jɛr] *adj.* Altanero, ra, altivo, va.

altitude [altityd] *f.* Altitud.

altruiste [altʀɥist(ə)] *adj.-s.* Altruista.

aluminium [alyminjɔm] *m.* Aluminio.

amabilité [amabilite] *f.* Amabilidad.

amaigrir [amegʀiʀ] [3] *tr.* Enflaquecer, adelgazar.

amalgamer [amalgame] [1] *tr.* Amalgamar.

amande [amɑ̃d] *f.* Almendra.

amandier [amɑ̃dje] *m.* Almendro.

amant [amɑ̃] *m.* Amante, querido.

amarrer [amaʀe] [1] *tr.* MAR. Amarrar.

amas [ama] *m.* Montón, pila *f.*

amasser [amase] [1] *tr.* 1 Amontonar. 2 Atesorar (argent). ▪ 3 *pr.* Amontonarse.

amateur [amatœʀ] *m.* 1 Aficionado: ~ *de musique,* aficionado a la música. 2 fam. Persona *f.* dispuesta a comprar. ▪ 3 *adj.* Aficionado, da: *photographe* ~, fotógrafo aficionado.

ambages [ɑ̃baʒ] *f. pl.* Ambages *m.*

ambassadeur, -drice [ɑ̃basadœʀ, -dʀis] *s.* Embajador, ra.

ambiance [ɑ̃bjɑ̃s] *f.* Ambiente *m.*

ambiant, -ante [ɑ̃bjɑ̃, -ɑ̃t] *adj.* Ambiente.

ambigu, -uë [ɑ̃bigy] *adj.* Ambiguo, gua (ambivalent, équivoque).

ambitieux, -euse [ɑ̃bisjø, -øz] *adj.* Ambicioso, -sa.

ambitionner [ɑ̃bisjɔner] [1] *tr.* Ambicionar.

ambre [ɑ̃bʀ(ə)] *m.* Ámbar.

ambulance [ɑ̃bylɑ̃s] *f.* Ambulancia.

ambulant, -ante [ɑ̃bylɑ̃, -ɑ̃t] *adj.* Ambulante.

âme [am] *f.* 1 Alma (esprit). 2 Alma (habitant): *une ville de 10.000 âmes,* una ciudad de 10.000 almas.

améliorer [ameljɔʀe] [1] *tr.* 1 Mejorar (perfectionner). ▪ 2 *pr.* Mejorarse.

amen [amɛn] *adv.* Amén.

aménager [amenaʒe] [13] *tr.* **1** Arreglar, disponer (agencer). **2** Instalar.

amende [amɑ̃d] *f.* **1** Multa. **2** Loc. *Faire* ~ *honorable,* excusarse, pedir perdón.

amender [amɑ̃de] [1] *tr.* **1** Enmendar, mejorar. **2** AGR. Abonar. ▪ **3** *pr.* Enmendarse.

amène [amɛn] *adj.* Ameno, na.

amener [amne] [16] *tr.* **1** Traer. **2** Ocasionar, acarrear (occasionner). **3** Inducir (déterminer). **4** MAR. ~ *une voile,* amainar una vela.

aménité [amenite] *f.* Amabilidad, afabilidad.

amenuiser [amənɥize] [1] *tr.* **1** Adelgazar (amincir). ▪ **2** *pr.* Disminuir (devenir plus petit).

amer, -ère [amɛr] *adj.* **1** Amargo, ga.

américain, -aine [amerikɛ̃, -ɛn] *adj.-s.* Americano, na.

amerrir [amerir] [3] *intr.* Amarar.

amertume [amɛrtym] *f.* Amargura, amargor *m.*

améthyste [ametist(ə)] *f.* Amatista.

ameublement [amœbləmɑ̃] *m.* Moblaje, mobiliario.

ameuter [amøte] [1] *tr.* **1** Amotinar, sublevar. ▪ **2** *pr.* Amotinarse.

ami, -ie [ami] *adj.-s.* **1** Amigo, ga. ▪ **2** *s.* Amante *m.,* querida.

amiante [amjɑ̃t] *m.* Amianto.

amical, -ale [amikal] *adj.* Amistoso, sa.

amidonner [amidɔne] [1] *tr.* Almidonar.

amincir [amɛ̃sir] [3] *tr.* **1** Adelgazar. ▪ **2** *pr.* Adelgazarse.

amiral [amiral] *m.* Almirante.

amitié [amitje] *f.* **1** Amistad. **2** Favor *m.* **3** Atención, amabilidad. ▪ **4** *pl.* Recuerdos *m.: mes amitiés à,* recuerdos a.

ammoniaque [amɔnjak] *f.* Amoniaco *m.*

amnésie [amnezi] *f.* Amnesia.

amnistie [amnisti] *f.* Amnistía.

amoindrir [amwɛ̃drir] [3] *tr.* Aminorar.

amollissant, -ante [amɔlisɑ̃, -ɑ̃t] *adj.* Debilitante, enervante.

amonceler [amɔ̃sle] [19] *tr.* **1** Amontonar. ▪ **2** *pr.* Amontonarse, acumularse.

amoral, -ale [amɔral] *adj.* Amoral.

amorcer [amɔrse] [12] *tr.* **1** Cebar (appâter). **2** Cebar, cargar (une arme). **3** Iniciar, comenzar (un travail, une affaire).

amorphe [amɔrf(ə)] *adj.* Amorfo, fa.

amortir [amɔrtir] [3] *tr.* **1** Amortiguar. **2** Amortizar.

amortissable [amɔrtisabl(ə)] *adj.* Amortizable.

amortisseur [amɔrtisœr] *m.* Amortiguador.

amour [amur] *m.* **1** Amor: *chagrin d'*~, pena de amor; *l'*~ *du prochain,* el amor al prójimo. **2** Cariño, afecto (affection). **3** Pasión *f.,* amor: *l'*~ *des voyages,* la pasión por los viajes. **4** *Faire l'*~, hacer el amor (avoir des relations sexuelles). **5** fam. *Un* ~ *de,* un encanto de. **6** MYTH., PEINT. Amorcillo. ▪ **7** *pl.* Aventura *f. sing.* amorosa.

amoureux, -euse [amurø, -øz] *adj.* **1** Amoroso, sa. ▪ **2** *adj.-s.* Enamorado, da, amante.

amour-propre [amurprɔpr(ə)] *m.* Amor propio.

ampère [ɑ̃pɛr] *m.* Amperio.

amphi [ɑ̃fi] *m.* (abrév. amphithéatre) fam. Aula.

amphibie [ɑ̃fibi] *adj.* Anfibio, bia.

amphithéâtre [ɑ̃fiteatr(ə)] *m.* **1** Anfiteatro. **2** Aula *f.* (université).

amphitryon [ɑ̃fitrijɔ̃] *m.* Anfitrión.

ample [ɑ̃pl(ə)] *adj.* **1** Amplio, plia. **2** Holgado, da (vêtement).

amplification [ɑ̃plifikasjɔ̃] *f.* **1** Amplificación. **2** fig. Exageración.

amplitude [ɑ̃plityd] *f.* PHYS. Amplitud.

ampoule [ɑ̃pul] *f.* **1** Ampolla. **2** Bombilla (électrique). **3** MÉD. Ampolla.

amputer [ɑ̃pyte] [1] *tr.* Amputar (couper).

amulette [amylɛt] *f.* Amuleto *m.*

amusant, -ante [amyzɑ̃, -ɑ̃t] *adj.* Divertido, da.

amuser [amyze] [1] *tr.* **1** Divertir, entretener. ▪ **2** Entretenerse: *s'*~ *à,* entretenerse en. **3** Divertirse: *enfants qui s'amusent,* niños que se divierten.

amygdale [ami(g)dal] *f.* Amígdala.

an [ɑ̃] *m.* Año: *il a dix ans,* tiene diez años; *il y a deux ans,* hace dos años. Loc. *Le jour de l'*~, el día de Año Nuevo.

anachronisme [anakrɔnism(ə)] *m.* Anacronismo.

anagramme [anagram] *f.* Anagrama *m.*

anal, -ale [anal] *adj.* Anal.

analgésique [analʒezik] *adj.-s.* Analgésico, ca.

analogique [analɔʒik] *adj.* Analógico, ca.

analogue [analɔg] *adj.* Análogo, ga.

analphabète [analfabɛt] *adj.-s.* Analfabeto, ta.

analphabétisme [analfabetism] *m.* Analfabetismo.

analyser [analize] [1] *tr.* **1** Analizar. ▪ **2** *pr.* Analizarse.

analyste [analist(ə)] *s.* Analista.

ananas [anana(s)] *m.* Ananás, piña *f.*

anar [anaʀ] *adj.-m.(abrév.* anarchiste) pop. Anarco.

anarchie [anaʀʃi] *f.* Anarquía.

anarchiste [anaʀʃist(ə)] *s.* Anarquista.

anatomie [anatɔmi] *f.* Anatomía.

ancestral [ãsɛstʀal] *adj.* Ancestral.

ancêtre [ãsɛtʀ(ə)] *m.* **1** Antepasado, ascendiente. **2** Precursor.

anchois [ãʃwa] *m.* Anchoa *f.*

ancien, -ienne [ãsjɛ̃, -jɛn] *adj.* **1** Antiguo, gua: *un meuble* ~, un mueble antiguo. **2** Viejo, ja. **3** Ex, antiguo, gua: ~ *président,* ex presidente; ~ *élève,* antiguo alumno. ▪ **4** *s.* Antiguo, gua (de l'Antiquité, d'une école).

ancienneté [ãsjɛnte] *f.* Antigüedad.

ancrage [ãkʀaʒ] *m.* MAR. Ancladero.

ancrer [ãkʀe] [1] *tr.* **1** Anclar. ▪ **2** *pr.* Meterse, aferrarse (enraciner).

andalou, ouse [ãdalu, -uz] *adj.-s.* Andaluz, za.

andouille [ãduj] *f.* **1** Especie de embutido francés. **2** fam. Bobo *m.,* imbécil *m.*

âne [an] *m.* **1** Asno, burro, borrico. Loc. *Têtu comme un* ~, terco como una mula. **2** *loc. adv. En dos d'*~, formando lomo. **3** fig. Burro, bestia (bête, ignorant).

anéantir [aneãtiʀ] [3] *tr.* **1** Aniquilar (exterminer). **2** fig. Anonadar (une nouvelle).

anecdote [anɛkdɔt] *f.* Anécdota.

anémique [anemik] *adj.* Anémico, ca.

anémone [anemɔn] *f.* Anémona.

ânerie [anʀi] *f.* Burrada, animalada, borricada.

ânesse [anɛs] *f.* Asna, burra.

anesthésier [anɛstezje] [2] *tr.* Anestesiar.

anfractuosité [ãfʀaktyozite] *f.* **1** Anfractuosidad. **2** Cavidad, agujero *m.* (creux).

ange [ãʒ] *m.* **1** Ángel: ~ *gardien,* ángel de la guarda; ~ *déchu,* ángel caído. **2** Ángel (personne parfaite). **3** *Être aux anges,* estar en la gloria.

angélique [ãʒelik] *adj.* **1** Angélico, ca. **2** Angelical: *sourire* ~, sonrisa angelical.

angelus [ãʒelys] *m.* Ángelus (prière).

angine [ãʒin] *f.* Angina.

anglais, -aise [ãglɛ, -ɛz] *adj.-s.* **1** Inglés, esa. **2** *Filer à l'anglaise,* despedirse a la francesa. ▪ **3** *m.* Inglés (langue). ▪ **4** *f. pl.* Tirabuzones *m.* (coiffure).

angle [ãgl(ə)] *m.* Ángulo.

anglican, -ane [ãglikã, -an] *adj.-s.* Anglicano, na.

anglicisme [ãglisism(ə)] *m.* Anglicismo.

angoisser [ãgwase] [1] *tr.* Angustiar, acongojar.

angora [ãgɔʀa] *adj.* Angora: *chat* ~, gato de angora.

anguille [ãgij] *f.* Anguila.

angulaire [ãgylɛʀ] *adj.* Angular.

anguleux, -euse [ãgylø, -øz] *adj.* Anguloso, sa.

animal, -ale [animal] *adj.* **1** Animal: *règne* ~, reino animal. **2** Animal (bestial). ▪ **3** *m.* Animal (bête): *animaux sauvages,* animales salvajes.

animateur, -trice [animatœʀ, -tʀis] *s.* Animador, ora.

animation [animasjɔ̃] *f.* Animación.

animé, -ée [anime] *adj.* **1** Animado, da. **2** *Dessins animés,* dibujos animados.

animer [anime] [1] *tr.* **1** Animar. **2** fig. Animar (aviver). ▪ **3** *pr.* Animarse.

animosité [animozite] *f.* Animosidad.

anis [ani(s)] *m.* Anís (plante et boisson).

ankyloser [ãkiloze] [1] *tr.* Anquilosar.

annales [anal] *f. pl.* Anales *m.*

Anne [a(a)n] *n. pr. f.* Ana.

anneau [ano] *m.* **1** Anilla *f.* (de rideaux). **2** Anillo, sortija *f.* (bague). **3** Anillo (d'un ver, de Saturne). ▪ **4** *pl.* Anillas *f.* (gymnastique).

année [ane] *f.* **1** Año *m.: l'*~ *1992,* el año 1992. **2** ~ *scolaire,* año *m.* escolar, curso *m.* **3** *Souhaiter la bonne* ~, felicitar por Año Nuevo.

annexe [anɛks(ə)] *adj.* **1** Anexo, xa, secundario, ria (accessoire, secondaire). ▪ **2** *f.* Anejo *m.*

anniversaire [anivɛʀsɛʀ] *m.* **1** Aniversario (d'un événement). **2** Cumpleaños.

annoncer [anɔ̃se] [12] *tr.* **1** Anunciar. **2** Pronosticar, predecir. ▪ **3** *pr.* Anunciarse.

annonceur [anɔ̃sœʀ] *m.* Anunciante.

annonciation [anɔ̃sjasjɔ̃] *f.* Anunciación.

annoter [anɔte] [1] *tr.* Anotar.

annuel, -elle [anɥɛl] *adj.* Anual, anuo, nua.

annuité [anɥite] *f.* Anualidad.

annulaire [anɥlɛʀ] *m.* Anular (doigt).

annuler [anɥle] [1] *tr.* **1** Anular. ▪ **2** *pr.* Anularse (se neutraliser).

anoblir [anɔbliʀ] [3] *tr.* Ennoblecer.

anodin, -ine [anɔdɛ̃, -in] *adj.* Anodino, na.

anomal, -ale [anɔmal] *adj.* Anómalo, la.

ânon [anɔ̃] *m.* Borriquillo (petit âne).

ânonner [anɔne] [1] *intr.* Leer, hablar con torpeza (bredouiller).

anonyme [anɔnim] *adj.* Anónimo, ma: *société* ~, sociedad anónima.

anormal, -ale [anɔʀmal] *adj.-s.* Anormal.

anse [ɑ̃s] *f.* **1** Asa (partie recourbée): *l'~ d'un panier,* el asa de una cesta. **2** *Faire danser l'~, du panier,* sisar. **3** Ensenada, cala (baile).

antagoniste [ɑ̃tagɔnist(ə)] *adj.-s.* Antagonista.

antarctique [ɑ̃taʀktik] *adj.* **1** Antártico, ca. ■ **2** *n. pr. m.* Antártico.

antécédent [ɑ̃tesedɑ̃] *m.* Antecedente.

antenne [ɑ̃tɛn] *f.* **1** Antena. **2** ZOOL. Antena. **3** Delegación.

antérieur, -eure [ɑ̃teʀjœʀ] *adj.* Anterior.

antériorité [ɑ̃teʀjɔʀite] *f.* Anterioridad.

anthologie [ɑ̃tɔlɔʒi] *f.* Antología.

anthracite [ɑ̃tʀasit] *m.* Antracita *f.*

anthropologiste [ɑ̃tʀɔpɔlɔʒist(ə)], **anthropologue** [ɑ̃tʀɔpɔlɔg] *s.* Antropólogo, ga.

anthropophage [ɑ̃tʀɔpɔfaʒ] *adj.* **1** Antropófago, ga. ■ **2** *m.* Antropófago.

antibiotique [ɑ̃tibjɔtik] *m.* Antibiótico.

antibrouillard [ɑ̃tibʀujaʀ] *m.* Antiniebla.

antichambre [ɑ̃tiʃɑ̃bʀ(ə)] *f.* Antecámara.

antichar [ɑ̃tiʃaʀ] *adj.* Antitanque.

anticipation [ɑ̃tisipasjɔ̃] *f.* **1** Anticipación (prévision). **2** *Par ~,* por adelantado (d'avance). **3** *Roman d'~,* novela de ciencia ficción.

anticiper [ɑ̃tisipe] [1] *tr.* **1** Anticipar. ■ **2** *intr.* ~ *sur,* contar con lo que aún no se tiene ni existe, hacer por anticipado, anticiparse: ~ *sur les événements,* anticiparse a los acontecimientos.

anticléricalisme [ɑ̃tikleʀikalism] *m.* Anticlericalismo.

anticommunisme [ɑ̃tikkɔmynism] *m.* Anticomunismo.

anticonstitutionnel, -elle [ɑ̃tikɔ̃stitysjɔnɛl] *adj.* Anticonstitucional.

anticorps [ɑ̃tikɔʀ] *m.* Anticuerpo.

antidépresseur [ɑ̃tidepʀesœʀ] *m.* Antidepresor.

antidérapant, -te [ɑ̃tideʀapɑ̃, -t] *adj.* Antideslizante: *semelles antidérapantes,* suelas antideslizantes.

antidote [ɑ̃tidɔt] *m.* Antídoto.

anti-inflammatoire [ɑ̃tiɛ̃flamatwaʀ] *adj.-s.* Antiinflamatorio, a.

antilope [ɑ̃tilɔp] *f.* Antílope *m.*

antipathie [ɑ̃tipati] *f.* Antipatía.

antipathique [ɑ̃tipatik] *adj.* Antipático, ca.

antipelliculaire [ɑ̃tipelikylɛʀ] *adj.* Anticaspa.

antipode [ɑ̃tipɔd] *m.* Antípoda: *aux antipodes de,* en los antípodas de.

antiquaire [ɑ̃tikɛʀ] *s.* Anticuario *m.*

antique [ɑ̃tik] *adj.* **1** Antiguo, gua (ancien). **2** Anticuado, da (démodé). ■ **3** *m.* Lo antiguo (art, œuvres d'art antiques).

antiquité [ɑ̃tikite] *f.* **1** Antigüedad. ■ **2** *pl.* Antigüedades (objets).

antirouille [ɑ̃tiʀuj] *adj.-s.* Antioxidante.

antisémitisme [ɑ̃tisemitism] *m.* Antisemitismo.

antiseptique [ɑ̃tisɛptik] *adj.-m.* Antiséptico, ca.

antithèse [ɑ̃titɛz] *f.* Antítesis.

antivol [ɑ̃tivɔl] *m.* Antirrobo.

antre [ɑ̃tʀ(ə)] *m.* Antro.

anus [anys] *m.* Ano.

anxieux, -euse [ɑ̃ksø, -øz] *adj.* Ansioso, sa, inquieto, ta.

aorte [aɔʀt(ə)] *f.* ANAT. Aorta.

août [u] *m.* Agosto.

apaiser [apeze] [1] *tr.* Apaciguar, sosegar.

apanage [apanaʒ] *m.* Patrimonio.

apathique [apatik] *adj.* Apático, ca.

apercevoir [apeʀsəvwaʀ] [5] *tr.* **1** Percibir, distinguir (discerner, distinguer). ■ **2** *pr.* Darse cuenta de, advertir, reparar (remarquer): *s'~ que,* darse cuenta de que.

aperçu [apeʀsy] *m.* **1** Ojeada *f.* (coup d'œil). **2** Idea *f.,* idea *f.* general.

apéritif, -ive [apeʀitif, -iv] *adj.* **1** Aperitivo, va. ■ **2** *m.* Aperitivo.

à peu près, à-peu-près [apøpʀɛ] *m.* Aproximación *f.*

apeuré, -ée [apœʀe] *adj.* Asustado, da, acobardado, da, amedrentado, da.

aphone [afɔn] *adj.* Afónico, ca.

aphorisme [afɔʀism(ə)] *m.* Aforismo.

apiculture [apikyltyʀ] *f.* Apicultura.

apitoyer [apitwaje] [23] *tr.* **1** Apiadar, dar lástima (attendrir). ■ **2** *pr. S'~ sur,* apiadarse de, compadecerse de.

aplanir [aplaniʀ] [3] *tr.* **1** Aplanar, allanar (rendre plat). **2** fig. Allanar.

aplatir [aplatiʀ] [3] *tr.* **1** Aplastar, achatar. ■ **2** *pr.* fam. Extenderse, echarse (s'étaler).

aplomb [aplɔ̃] *m.* **1** Verticalidad *f.,* aplomo, equilibrio. **2** Desfachatez *f.,* descaro (toupet). **3** *loc. adv. D'~,* a plomo, verticalmente.

apocope [apɔkɔp] *f.* Apócope.

apogée [apɔʒe] *m.* Apogeo.

apologie [apɔlɔʒi] *f.* Apología.

apostolique [apɔstɔlik] *adj.* Apostólico, ca.

apostrophe [apɔstʀɔf] *f.* **1** Apóstrofe *m.* (en réthorique, interpellation). **2** GRAM. Apóstrofo *m.*

apothéose [apɔteoz] *f.* Apoteosis.

apothicaire [apɔtikɛʀ] *m.* Boticario.

apparaître [apaʀɛtʀ(ə)] [73] *intr.* **1** Aparecer (se montrer, paraître). **2** Aparecer, manifestarse (se dévoiler).

apparat [apaʀa] *m.* Aparato, pompa *f.* (pompe, éclat).

appareil [apaʀɛj] *m.* Aparato.

appareillage [apaʀɛjaʒ] *m.* **1** Equipo (ensemble d'appareils et accessoires). **2** MAR. Salida *f.* de un barco.

apparence [apaʀɑ̃s] *f.* Apariencia, aspecto *m.*

apparent, -ente [apaʀɑ̃, -ɑ̃t] *adj.* Aparente.

apparenter (s') [apaʀɑ̃te] *pr.* **1** Agruparse, unirse (élection). **2** *S'~ à*, parecerse a (ressembler).

apparition [apaʀisjɔ̃] *f.* **1** Aparición. **2** Aparición, fantasma *m.* (fantôme).

appartement [apaʀtəmɑ̃] *m.* Piso, apartamento.

appartenance [apaʀtənɑ̃s] *f.* Pertenencia, dependencia.

appartenir [apaʀtəniʀ] [36] *intr.* **1** Pertenecer. ■ **2** *pr.* Ser dueño de sí mismo. ■ **3** *impers.* Incumbir, corresponder, tocar.

appas [apa] *m. pl.* Atractivos, encantos.

appâter [apate] [1] *tr.* **1** Cebar (attirer avec un appât). **2** *fig.* Seducir, atraer (attirer).

appauvrir [apovʀiʀ] [3] *tr.* Empobrecer.

appeau [apo] *m.* Reclamo (pour les animaux).

appel [apɛl] *m.* **1** Llamada *f.*: *~ téléphonique*, llamada telefónica. **2** Llamamiento (exhortation). **3** *Faire un ~ de fonds*, solicitar fondos. **4** *Faire ~ à*, recurrir à, acudir a. **5** MILIT. Llamamiento. **6** DR. Apelación *f.*

appeler [aple] [19] *tr.* **1** Llamar (interpeller). **2** Llamar, avisar. **3** Pedir (demander). **4** Llamar (nommer). **5** Requerir, exigir (réclamer). **6** *En ~ à*, recurrir a. ■ **7** *pr.* Llamarse.

appellation [ape(ɛl)lasjɔ̃] *f.* Denominación.

appendice [apɛ̃dis] *m.* Apéndice.

appendicite [apɛ̃disit] *f.* MED. Apendicitis.

appentis [apɑ̃ti] *m.* Cobertizo, tejadillo.

appesantir (s') [apzɑ̃tiʀ] *pr.* **1** Hacerse más pesado, da. **2** *S'~ sur*, insistir en.

appétissant, -ante [apetisɑ̃, -ɑ̃t] *adj.* **1** Apetitoso, sa. **2** *fam.* Seductor, ra.

appétit [apeti] *m.* **1** Apetito. Loc. *Bon ~!*, ¡buen provecho!

applaudir [aplodiʀ] [3] *intr.* **1** Aplaudir. ■ **2** *pr.* Felicitarse, congratularse.

applicable [aplikabl(ə)] *adj.* Aplicable.

applique [aplik] *f.* Aplique *m.*

appliquer [aplike] [1] *tr.* **1** Aplicar. **2** Dar, asestar (un coup). ■ **3** *pr.* Aplicarse. **4** Adaptarse (s'adapter).

appoint [apwɛ̃] *m.* Saldo, pico (d'une somme). **2** Ayuda *f.,* complemento.

appointements [apwɛ̃tmɑ̃] *m. pl.* Sueldo *sing.,* haber *sing.* (salaire).

apport [apɔʀ] *m.* Aportación *f.*

apporter [apɔʀte] [1] *tr.* **1** Traer. **2** Aportar (des biens, des preuves). **3** Ocasionar, producir (entraîner, produire). **4** *~ du soin à*, poner cuidado en, dedicar atención en.

apposer [apose] [1] *tr.* **1** Fijar, colocar, poner. **2** *~ sa signature*, firmar.

apposition [apozisjɔ̃] *f.* GRAM. Aposición.

appréciable [apʀesjabl(ə)] *adj.* Apreciable (sensible, important).

appréciation [apʀesjasjɔ̃] *f.* Apreciación.

apprécier [apʀesje] [2] *tr.* Apreciar.

appréhender [apʀeɑ̃de] [1] *tr.* **1** Aprehender, prender. **2** Temer (craindre).

appréhension [apʀeɑ̃sjɔ̃] *f.* **1** PHILOS. Aprehensión. **2** Aprensión, temor *m.* (crainte).

apprendre [apʀɑ̃dʀ(ə)] [52] *tr.* **1** Aprender. **2** Enterarse de, saber (être informé de quelque chose). **3** Enseñar (enseigner, expliquer). **4** Informar, hacer saber, enterar (faire savoir).

apprenti, -ie [apʀɑ̃ti] *s.* Aprendiz, za.

apprentissage [apʀɑ̃tisaʒ] *m.* Aprendizaje.

apprêt [apʀɛ] *m.* **1** Apresto, aderezo (étoffes). **2** Afectación *f.*

apprêté, -ée [apʀete] *adj.* Afectado, -da.

apprêter [apʀete] [1] *tr.* **1** Preparar, condimentar (la nourriture). **2** Aderezar, aprestar (étoffes).

apprivoiser [apʀivwaze] [1] *tr.* **1** Domesticar, amansar.

approbation [apʀɔbasjɔ̃] *f.* **1** Aprobación. **2** Visto *m.* bueno, conforme *m.*

approchable [apʀɔʃabl(ə)] *adj.* Accesible, tratable.

approchant, -ante [apʀɔʃɑ̃, -ɑ̃t] *adj.* Semejante, casi igual, aproximado, da.

approche [apʀɔʃ] *f.* **1** Proximidad, cercanía. **2** Aproximación (action).

approcher [apʀɔʃe] [1] *tr.* **1** Acercar, aproximar. **2** Ponerse en contacto con (côtoyer, fréquenter). ■ **3** *intr.* Aproximarse. ■ **4** *pr.* *S'~ de*, acercarse a.

approfondir [aprɔfɔdiR] [3] *tr.* Ahondar, profundizar.

approprier [aprɔpRije] [2] *tr.* **1** Apropiar, acomodar. ▪ **2** *pr.* Apropiarse (faire sien).

approuver [apRuve] [1] *tr.* Aprobar.

approvisionner [apRɔvizjɔne] [1] *tr.* Proveer, abastecer.

approximatif, -ive [apRɔksimatif, -iv] *adj.* Aproximativo, va, aproximado, da.

approximation [apRɔksimɑsjɔ̃] *f.* Aproximación.

appui [apɥi] *m.* **1** Apoyo, sostén: *point d'~,* punto de apoyo. **2** Antepecho (de fenêtre).

appuyer [apɥije] [22] *tr.* **1** Apoyar. ▪ **2** *intr.* Apoyarse (reposer). **3** Apretar: ~ *sur la détente,* apretar el gatillo. **4** Pisar (sur une pédale). **5** *fig.* Recalcar, acentuar. **6** Insistir, hacer hincapié en (insister). **7** Ceñirse. ▪ **8** *pr. S'~ sur,* apoyarse en. **9** *fig.* Contar con (compter sur quelqu'un). **10** Apechugar.

âpre [apR(ə)] *adj.* **1** Áspero, ra. **2** Ávido, da: ~ *au gain,* ávido de ganancias.

après [apRe] *prép.* **1** Después de. **2** Tras, detrás de (derrière). **3** *loc. conj.* ~ *que,* después que, luego que. **4** *loc. adv.* ~ *coup,* después; ~ *tout,* después de todo, en el fondo. **5** *loc. prép. D'~,* según. ▪ **6** *adv.* Después, más tarde, luego.

après-demain [apRɛdmɛ̃] *adv.* Pasado mañana.

après-guerre [apRegɛR] *m.* Postguerra *f.*

après-midi [apRe(ɛ)midi] *m.-f. invar.* Tarde *f.: il est venu dans l'~, cet ~,* vino por la tarde.

après-soleil [apResɔlej] *m.* Bálsamo, angl. aftersun.

âpreté [apRəte] *f.* **1** Aspereza. **2** *fig.* Rigor *m.,* severidad. **3** ~ *au gain,* codicia.

à-propos [apRɔpo] *m.* Ocurrencia *f.*

apte [apt(ə)] *adj.* Apto, ta.

aptitude [aptityd] *f.* **1** Aptitud. **2** Capacidad.

aquarelle [akwaRɛl] *f.* Acuarela.

aquarium [akwaRjɔm] *m.* Acuario.

aquatique [akwatik] *adj.* Acuático, ca.

aqueduc [akdyk] *m.* Acueducto.

aqueux, -euse [akø, -øz] *adj.* Acuoso, sa, ácueo, ea.

arabe [aRab] *adj.-s.* Árabe.

arabesque [aRabɛsk(ə)] *f.* Arabesco *m.*

arable [aRabl(ə)] *adj.* Arable.

arachide [aRaʃid] *f.* Cacahuete *m.*

arachnides [aRaknid] *m. pl.* ZOOL. Arácnidos.

araignée [aRɛɲe] *f.* Araña.

arbalète [aRbalɛt] *f.* Ballesta.

arbitrage [aRbitRaʒ] *m.* Arbitraje.

arbitraire [aRbitRɛR] *adj.* **1** Arbitrario, ria. ▪ **2** *m.* Arbitrariedad *f.,* despotismo.

arbitral, -ale [aRbitRal] *adj.* Arbitral.

arbitre [aRbitR(ə)] *m.* **1** Árbitro (juge). **2** Arbitrio, albedrío: *libre ~,* libre albedrío.

arboriculture [aRbɔRikyltyR] *f.* Arboricultura.

arbre [aRbR(ə)] *m.* Árbol.

arbuste [aRbyst(ə)] *m.* Arbusto.

arc [aRk] *m.* Arco (arme). Loc. *Avoir plusieurs cordes à son ~,* ser persona de muchos recursos.

arcade [aRkad] *f.* **1** ARCHIT. Soportal *m.,* arcada. **2** ~ *sourcilière,* ceja.

arc-boutant [aRkbutɑ̃] *m.* ARCHIT. Arbotante.

arceau [aRso] *m.* Arco pequeño, aro.

arc-en-ciel [aRkɑ̃sjɛl] *m.* Arco iris.

archaïque [aRkaik] *adj.* Arcaico, ca.

archaïsme [aRkaism(ə)] *m.* Arcaísmo.

archange [aRkɑ̃ʒ] *m.* Arcángel.

arche [aRʃ(ə)] *f.* **1** Arca *m.* (d'un pont).

archéologie [aRkeɔlɔʒi] *f.* Arqueología.

archéologue [aRkeɔlɔg] *s.* Arqueólogo, ga.

archer [aRʃe] *m.* Arquero.

archevêque [aRʃvɛk] *m.* Arzobispo.

archiduc [aRʃidyk] *m.* Archiduque.

archipel [aRʃipɛl] *m.* Archipiélago.

architecte [aRʃitɛkt(ə)] *s.* Arquitecto, ta.

architecture [aRʃitɛktyR] *f.* Arquitectura.

archivage [aRʃivaʒ] *m.* Archivo.

archives [aRʃiv] *f. pl.* Archivo *m. sing.*

archiviste [aRʃivist(ə)] *s.* Archivero, ra, archivista.

arçon [aRsɔ̃] *m.* **1** Arzón, fuste (selle). **2** *Vider les arçons,* caerse del caballo. **3** *fig. Être ferme sur ses arçons,* estar seguro, ra de sus opiniones.

arctique [aRktik] *adj.* Ártico, ca.

ardent, -ente [aRdɑ̃, -ɑ̃t] *adj.* **1** Ardiente. **2** Abrasador, ra (brûlant). **3** *fig.* Ardiente, apasionado, da (fougueux, passionné).

ardeur [aRdœR] *f.* **1** Ardor *m.* **2** *fig.* Ardor *m.,* entusiasmo *m.* (énergie).

ardoise [aRdwaz] *f.* **1** Pizarra (pierre). **2** *fam.* Deuda.

ardu, -ue [aRdy] *adj.* Arduo, dua.

are [aR] *m.* Área *f.* (mesure).

arène [aRɛn] *f.* **1** Arena, lugar *m.* del combate. **2** Redondel *m.,* ruedo *m.* (piste où ont lieu des courses de taureaux). ■ **3** *pl.* Anfiteatro *m. sing.* romano. **4** Plaza *sing.* de toros (pour les courses de taureaux).

arête [aʀɛt] *f.* **1** Espina, raspa (de poisson). **2** Arista (d'un cube). **3** Caballete *m.* (d'un toit). **4** Cresta (d'une chaîne de montagnes).

argent [aʀʒɑ̃t] *m.* **1** Plata *f.* (metal). **2** Dinero (monnaie, richesse). **3** *Vif* ~, mercurio.

argenterie [aʀʒɑ̃tʀi] *f.* Vajilla, objetos *m. pl.* de plata.

argentin, -ine [aʀʒɑ̃tɛ̃, -in] *adj.1* Argentino, na (son). ■ **2** *adj.-s.* Argentino, na (de l'Argentine).

argile [aʀʒil] *f.* Arcilla.

argot [aʀgo] *m.* Argot, jerga *f.*

arguer [aʀgɥe] [1] *tr.* **1** Inferir, deducir, sacar una consecuencia (déduire). **2** ~ *de*, alegar, pretextar.

argument [aʀgymɑ̃] *m.* Argumento.

argumenter [aʀgymɑ̃te] *intr.* Argumentar.

argutie [aʀgysi] *f.* Argucia.

aride [aʀid] *adj.* Árido, da.

aristocrate [aʀistɔkʀat] *s.* Aristócrata.

aristocratie [aʀistɔkʀasi] *f.* Aristocracia.

arithmétique [aʀitmetik] *adj.* **1** Aritmético, ca. ■ **2** *f.* Aritmética.

arlequin [aʀləkɛ̃] *m.* Arlequín.

armateur [aʀmatœʀ] *m.* MAR. Armador.

armature [aʀmatyʀ] *f.* **1** Armazón *m.* (carcasse). **2** MUS. Armadura.

arme [aʀm(ə)] *f.* **1** Arma: ~ *blanche*, arma blanca. **2** ESCR. *Maître d'armes*, maestro de esgrima. **3** fig. Arma, argumento *m.* (argument, moyen d'action). ■ **4** *pl.* Armas (métier militaire).

armée [aʀme] *f.* **1** Ejército *m.:* ~ *de l'air*, Ejército del aire. **2** ~ *de mer*, Armada.

armement [aʀməmɑ̃] *m.* **1** Armamento. **2** MAR. Equipo, tripulación *f.* de un barco.

armer [aʀme] [1] *tr.* Armar (pourvoir d'armes).

armistice [aʀmistis] *m.* Armisticio.

armoire [aʀmwaʀ] *f.* Armario *m.*

armoiries [aʀmwaʀi] *f. pl.* BLAS. Armas, escudo *m. sing.* de armas.

armure [aʀmyʀ] *f.* **1** MIL. Armadura. **2** TISS. Ligamento *m.*, textura.

armurerie [aʀmyʀʀi] *f.* **1** Armería. **2** Fábrica de armas.

aromatique [aʀɔmatik] *adj.* Aromático, ca.

aromatiser [aʀɔmatize] [1] *tr.* Aromatizar.

arôme [aʀom] *m.* Aroma.

arpège [aʀpɛʒ] *m.* MUS. Arpegio.

arpentage [aʀpɑ̃taʒ] *m.* Agrimensura *f.*

arpenter [aʀpɑ̃te] [1] *tr.* Recorrer a trancos.

arquebusier [aʀkəbyzje] *m.* Arcabucero.

arquer [aʀke] [1] *tr.* Arquear.

arracher [aʀaʃe] [1] *tr.* **1** Arrancar: ~ *un arbre, une dent*, arrancar un árbol, una muela. **2** AGR. Cosechar. **3** Arrancar (prendre). **4** fig. Arrancar, sacar (extorquer). **5** ~ *quelqu'un à un état*, sacar a alguien de un estado. ■ **6** *pr.* Arrancarse.

arrangeant, -ante [aʀɑ̃ʒɑ̃, -ɑ̃t] *adj.* Tratable, que se aviene fácilmente.

arranger [aʀɑ̃ʒe] [13] *tr.* **1** Arreglar. **2** *Cela m'arrange*, esto me conviene, me viene bien. **3** fam. ~ *quelqu'un*, maltratar a alguien. **4** *pr.* Arreglarse (s'habiller, se parer). **5** Arreglarse, avenirse (se mettre d'accord). **6** fam. Arreglárselas, apañárselas (se débrouiller).

arrestation [aʀɛstɑsjɔ̃] *f.* Detención.

arrêt [aʀɛ] *m.* **1** Parada *f.* (d'un mouvement). Loc. *Temps d'*~, pausa *f.* **2** Interrupción *f.,* suspensión *f.* (d'une activité). **3** *Sans* ~, sin cesar, sin reposo. **4** Parada *f.* (endroit où s'arrête un véhicule). **5** *Tomber en* ~, quedarse pasmado, da. **6** *Mandat d'*~, orden de detención; *maison d'*~, cárcel. **7** DR. Fallo del tribunal. ■ **8** *pl.* MIL. Arresto *sing.*

arrêté [aʀete] *m.* **1** Decreto, decisión *f.* **2** Liquidación *f.* Loc. ~ *de compte*, estado de cuentas.

arrêté, -ée [aʀete] *adj.* Firme, decidido, da.

arrêter [aʀete] [1] *tr.* **1** Detener, parar (un mouvement). **2** Detener (faire prisonnier). **3** Fijar: ~ *le jour d'un rendezvous*, fijar un día para una cita.

arrhes [aʀ] *f. pl.* Arras (dans un contrat).

arrière [aʀjɛʀ] *m.* **1** Detrás (derrière). **2** SPORTS. Defensa. ■ **3** *pl.* MIL. Retaguardia *f.* sing. **4** SPORTS. Defensa *f. sing.* ■ **5** *adj. invar.* Trasero, ra: *les roues* ~, las ruedas traseras.

arrière, -ée [aʀjɛʀe] *adj.* **1** Retrasado, da, atrasado, da. **2** Atrasado, da, retrógrado, da (démodé). ■ **3** *s.* Atrasado, da, retrasado, da mental.

arrière (en) [aʀjɛʀ] *loc. adv.* **1** Para atrás, hacia atrás. **2** *Rester en* ~, quedar atrás, a la zaga. **3** *loc. prép. En* ~ *de*, detrás de.

arrière-boutique [aʀjɛʀbutik] *f.* **1** Trastienda. **2** Rebotica (de pharmacie).

arrière-garde [aʀjɛʀgaʀd(ə)] *f.* Retaguardia.

arrière-goût [aʀjɛʀgu] *m.* Resabio, sabor de boca, gustillo.

arrière-grand-mère [aʀjɛʀgʀɑ̃mɛʀ] *f.* Bisabuela.

arrière-grand-père [aʀjɛʀgʀɑ̃pɛʀ] *m.* Bisabuelo.

arrière-pensée [aʀjɛʀpɑ̃se] *f.* Segunda intención.

arrière-petite-fille [aʀjɛʀpətitfij] *f.* Biznieta.

arrière-petit-fils [aʀjɛʀpətifis] *m.* Biznieto.

arrière-plan [aʀjɛʀplɑ̃] *m.* Segundo plano, segundo término.

arrière-saison [aʀjɛʀsɛzɔ̃] *f.* Fin *m.* del otoño.

arrimer [aʀime] [1] *tr.* Amarrar.

arrivage [aʀivaʒ] *m.* Arribada *f.,* arribo, llegada *f.* (de marchandises).

arrivée [aʀive] *f.* Llegada.

arriver [aʀive] [1] *intr.* **1** Llegar. **2** ~ *à* (avec l'inf.), conseguir, lograr. **3** ~ *à ses fins,* salirse con la suya. **4** Suceder, pasar, ocurrir (avoir lieu, se produire): *cela arrive parfois,* eso sucede a veces. ■ **5** *impers. Il est arrivé un paquet pour vous,* ha llegado un paquete para usted. **6** *Il est arrivé un accident,* ha habido un accidente. ▲ Se conjuga con el auxiliar *être.*

arriviste [aʀivist(ə)] *s.* Arribista.

arrogance [aʀɔgɑ̃s] *f.* Arrogancia.

arrogant, -ante [aʀɔgɑ̃, -ɑ̃t] *adj.* Arrogante, altanero, ra.

arroger (s') [aʀɔʒe] [13] *pr.* Arrogarse (s'attribuer).

arrondir [aʀɔ̃diʀ] [3] *tr.* Redondear.

arrondissement [aʀɔ̃dismɑ̃] *m.* Distrito municipal.

arrosage [aʀozaʒ] *m.* Riego.

arroser [aʀoze] [1] *tr.* Regar.

arrosoir [aʀozwaʀ] *m.* Regadera *f.*

arsenic [aʀsənik] *m.* Arsénico.

art [aʀ] *m.* **1** Arte, habilidad *f.,* maña *f.* (habileté, adresse). **2** Arte (technique). **3** *Les beaux-arts,* las bellas artes.

artériel, -elle [aʀteʀjɛl] *adj.* Arterial.

artichaut [aʀtiʃo] *m.* Alcachofa *f.*

article [aʀtikl(ə)] *m.* **1** Artículo. **2** *Faire l'*~, ponderar una mercancía, hacer el artículo.

articulation [aʀtikylasjɔ̃] *f.* Articulación.

articuler [aʀtikyle] [1] *tr.* **1** Articular, pronunciar. ■ **2** *pr.* Articularse.

artifice [aʀtifis] *m.* **1** Artificio. **2** *Feux*

d'~, fuegos artificiales. **3** Artimaña *f.,* astucia *f.* (ruse).

artificiel, -elle [aʀtifisjɛl] *adj.* Artificial.

artillerie [aʀtijʀi] *f.* Artillería.

artilleur [aʀtijœʀ] *m.* Artillero.

artisan, -ane [aʀtizɑ̃, -an] *s.* **1** Artesano, na. **2** *fig.* Artífice, autor, ra, causa *f.*

artiste [aʀtist(ə)] *s.* Artista.

artistique [aʀtistik] *adj.* Artístico, ca.

aryen, -ienne [aʀjɛ̃, -jɛn] *adj.* Ario, ia.

as [as] *m.* **1** As (cartes, dés). **2** *fig.* As, hacha, el número uno (champion).

ascendance [asɑ̃dɑ̃s] *f.* Ascendencia.

ascendant, -ante [asɑ̃dɑ̃, -ɑ̃t] *adj.* **1** Ascendente, ascendiente. ■ **2** *m.* Ascendiente, influencia. ■ **3** *m. pl.* Ascendientes, antepasados.

ascenseur [asɑ̃sœʀ] *m.* Ascensor.

ascension [asɑ̃sjɔ̃] *f.* Ascensión.

ascète [asɛt] *s.* Asceta.

ascétique [asetik] *adj.* Ascético, ca.

asepsie [asɛpsi] *f.* Asepsia.

aseptisé, -ée [asɛptize] *adj. fig.* Aséptico, ca.

asiatique [azjatik] *adj.-s.* Asiático, ca.

asile [azl] *m.* Asilo.

aspect [aspɛ] *m.* Aspecto.

asperge [aspɛʀʒ(ə)] *f.* **1** Espárrago *m.*

asperger [aspɛʀʒe] [13] *tr.* Asperjar, rociar.

aspérité [aspeʀite] *f.* Aspereza.

asphalte [asfalt(ə)] *m.* Asfalto.

asphyxiant, ante [asfiksjɑ̃, -ɑ̃t] *adj.* Asfixiante.

asphyxie [asfiksi] *f.* Asfixia.

asphyxier [asfiksje] [2] *tr.* **1** Asfixiar. ■ **2** *pr.* Asfixiarse.

aspic [aspik] *m.* Áspid (vipère).

aspirateur [aspiʀatœʀ] *m.* Aspirador.

aspiration [aspiʀasjɔ̃] *f.* Aspiración.

aspirer [aspiʀe] [1] *tr.* Aspirar.

aspirine [aspiʀin] *f.* Aspirina.

assagir [asaʒiʀ] [3] *tr.* **1** Ajuiciar, hacer juicioso, sa. ■ **2** *pr.* Sentar la cabeza, formalizarse.

assaillir [asajiʀ] [28] *tr.* Asaltar, acometer.

assainir [aseniʀ] [3] *tr.* Sanear.

assaisonner [asɛzɔne] *tr.* **1** Sazonar, condimentar (cuisine). **2** *fig.* reñir.

assassin, -ine [asasɛ̃, -in] *adj.-m.* Asesino, na.

assassinat [asasina] *m.* Asesinato.

assassiner [asasine] [1] *tr.* Asesinar.

assaut [aso] *m.* **1** Asalto, ataque. **2** *Faire* ~ *de,* rivalizar en.

assécher [aseʃe] [14] *tr.* **1** Desecar, dejar en seco. **2** Desaguar (un réservoir).

assemblée [asɑ̄ble] *f.* Asamblea.

assembler [asɑ̄ble] [1] *tr.* **1** Reunir, juntar (choses, personnes). **2** Congregar (personnes). **3** MENUIS. Ensamblar.

assentiment [asɑ̄timɑ̄] *m.* Asentimiento, asenso.

asseoir [aswaʀ] [41] *tr.* **1** Sentar, asentar. ■ **2** *pr.* Sentarse: *s'∼ sur une chaise,* sentarse en una silla. **3** fig. Asentarse.

assermenté, -ée [asɛʀmɑ̃te] *adj.* Juramentado, da, jurado, da.

assesseur [asesœʀ] *m.* Magistrado adjunto.

assez [ase] *adv.* **1** Bastante. **2** *En avoir ∼ d'une chose,* estar harto de algo. **3** *interj.* ¡Basta!; *en voilà ∼!,* ¡basta ya!

assiduité [asidɥite] *f.* Asiduidad.

assiégé, -ée [asjeʒe] *adj.-s.* Sitiado, da.

assiéger [asjeʒe] [15] *tr.* **1** Sitiar, asediar. **2** fig. Asediar, importunar.

assiette [asjɛt] *f.* **1** Plato *m.* **2** Base: ∼ *d'un impôt,* base imponible.

assigner [asiɲe] [1] *tr.* **1** Asignar. **2** Fijar, señalar (fixer). **3** DR. Citar, emplazar.

assimilation [asimilɑsjɔ̃] *f.* Asimilación.

assimiler [asimile] [1] *tr.* **1** Asimilar. ■ **2** *pr.* Asimilarse.

assistance [asistɑ̃s] *f.* **1** Asistencia, auxilio *m.,* socorro *m.* (secours). **2** Asistencia, concurrencia (public, auditoire).

assistant, -ante [asistɑ̃, -ɑ̃t] *s.* **1** Asistente, ta (auditeur). **2** Ayudante, auxiliar adjunto (professeur).

assister [asiste] *tr. ind.* **1** ∼ *à,* asistir a, presenciar. ■ **2** *tr.* Asistir, socorrer.

association [asɔsjɑsjɔ̃] *f.* Asociación.

associé, -ée [asɔsje] *s.* Asociado, da, socio, cia.

associer [asɔsje] [2] *tr.* Asociar.

assoiffé, ée [aswafe] *adj.-s.* **1** Sediento, ta. **2** fig. Ávido, da, sediento, ta (avide).

assombrir [asɔ̃bʀiʀ] [3] *tr.* Oscurecer, ensombrecer.

assommant, -ante [asɔmɑ̃, -ɑ̃t] *adj.* fam. Pesado, da, fastidioso, sa.

assommer [asɔme] [1] *tr.* **1** Matar (d'un coup violent sur la tête). **2** Aporrear. **3** fam. Reventar, fastidiar (ennuyer).

assommoir [asɔmwaʀ] *m.* fam. Tabernucho, taberna *f.*

assomption [asɔ̃psjɔ̃] *f.* Asunción.

assortiment [asɔʀtimɑ̃] *m.* **1** Juego, combinación. **2** Surtido.

assortir [asɔʀtiʀ] [3] *tr.* **1** Combinar, armonizar. **2** COMM. Surtir. ■ **3** *pr.* Combinar, combinarse (s'harmoniser).

assoupir [asupiʀ] [3] *tr.* **1** Adormecer,

amodorrar. ■ **2** *pr.* Adormecerse, adormilarse.

assouplir [asupliʀ] [3] *tr.* **1** Dar flexibilidad, elasticidad, soltura a. **2** fig. Domar, suavizar (rendre plus malléable).

assouplissant [asuplisɑ̃] *m.* Suavizante.

assourdir [asuʀdiʀ] [3] *tr.* **1** Asordar, ensordecer. **2** Amortiguar (rendre moins sonore).

assouvir [asuviʀ] [3] *tr.* Saciar.

assujettir [asyʒetiʀ] [3] *tr.* **1** Sujetar, someter.

assumer [asyme] [1] *tr.* Asumir.

assurance [asyʀɑ̃s] *f.* **1** Seguridad, confianza, certidumbre. **2** Seguridad, garantía, promesa (promesse). **3** COMM. Seguro *m.:* ∼ *contre les accidents, sur la vie,* seguro contra accidentes, de vida.

assuré, -ée [asyʀe] *adj.* **1** Seguro, ra, asegurado, da (sûr). **2** Firme, decidido, da (sûr de soi). ■ **3** *s.* Asegurado, da.

assurément [asyʀemɑ̃] *adv.* Ciertamente.

assurer [asyʀe] [1] *tr.* **1** Asegurar (garantir). **2** Asegurar (rendre sûr). **3** Asegurar, fijar (assujettir, fixer). **4** COMM. Garantizar, asegurar.

assureur [asyʀœʀ] *m.* COMM. Asegurador.

astérisque [asteʀisk(ə)] *m.* Asterisco.

astéroïde [asteʀɔid] *m.* Asteroide.

asthme [asm(ə)] *m.* MÉD. Asma *f.*

asticoter [astikɔte] [1] *tr.* fam. Molestar, fastidiar, chinchar.

astiquer [astike] [1] *tr.* Frotar, dar brillo a.

astre [astʀ(ə)] *m.* Astro.

astreindre [astʀɛ̃dʀ(ə)] *tr.* **1** Obligar, constreñir: *être astreint à des obligations,* estar sujeto a obligaciones. ■ **2** *pr.* Obligarse a, imponerse

astreinte [astʀɛ̃t] *f.* guardia localizable (personnel hospitalier, gendarmes).

astringent, -ente [astʀɛ̃ʒɑ̃, -ɑ̃t] *adj.-m.* Astringente.

astrologie [astʀɔlɔʒi] *f.* Astrología.

astrologue [astʀɔlɔg] *m.* Astrólogo.

astronaute [astʀɔnot] *s.* Astronauta.

astronome [astʀɔnɔm] *m.* Astrónomo.

astronomie [astʀɔnɔmi] *f.* Astronomía.

astuce [astys] *f.* Astucia.

astucieux, -euse [astysjø, -øz] *adj.* Astuto, ta.

asymétrique [asimetʀik] *adj.* Asimétrico, ca.

atavisme [atavism(ə)] *m.* Atavismo.

atelier [atəlje] *m.* **1** Taller, obrador. **2** Estudio (d'artiste).

atermoyer [atɛʀmwaje] [23] *intr.* Andar con dilaciones, aplazar.

athée [ate] *adj.-s.* Ateo, ea.

athlète [atlɛt] *s.* Atleta.

athlétisme [atletism(ə)] *m.* Atletismo.

atlantique [atlɑ̃tik] *adj.* Atlántico, -ca.

atlas [atlɑs] *m.* Atlas.

atmosphère [atmɔsfɛʀ] *f.* Atmósfera.

atmosphérique [atmɔsfeʀik] *adj.* Atmosférico, ca.

atoll [atɔl] *m.* Atolón.

atome [atom] *m.* Átomo.

atomique [atɔmik] *adj.* Atómico, ca.

atone [atɔn] *adj.* **1** Átono, na. **2** Sin vigor, amorfo, fa (amorphe).

atours [atuʀ] *m. pl.* Adornos, atavíos.

atout [atu] *m.* **1** Triunfo, baza *f.* **2** *Jouer ~,* arrastrar (au jeu de cartes).

âtre [ɑtʀ(ə)] *m.* Hogar (cheminée).

atroce [atʀɔs] *adj.* **1** Atroz. **2** fam. Atroz, espantoso, sa.

atrophier (s') [atʀɔfje] *pr.* Atrofiarse.

attabler (s') [atable] [1] *pr.* Sentarse a la mesa.

attachant, -ante [ataʃɑ̃, -ɑ̃t] *adj.* Interesante, cautivador, ra.

attache [ataʃ] *f.* **1** Atadura, ligadura. **2** *À l'~,* encadenado, da, atado, da. **3** Grapa, clip *m.* (pour papiers). **4** ANAT. Punto *m.* de inserción (d'un muscle).

attaché, -ée [ataʃe] *adj.* **1** Atado, da, sujetado, da (fixé, lié). **2** ~ *à,* adicto, ta (dévoué). ■ **4** *s.* Agregado: ~ *d'ambassade,* agregado diplomático.

attachement [ataʃmɑ̃] *m.* Afecto, cariño, apego.

attacher [ataʃe] [1] *tr.* **1** Atar, sujetar (fixer, lier). **2** Sujetar, prender (avec des épingles), abrochar (une ceinture). **3** Destinar, afectar (à un service). **4** Ligar, vincular (par des liens affectifs). **5** Atribuir, dar (accorder). **6** Apegarse, encariñarse, tomar cariño a. **7** Dedicarse, consagrarse (se consacrer), esforzarse (s'efforcer).

attaquant, -ante [atakɑ̃, -ɑ̃t] *s.* Atacante, agresor, ra.

attaque [atak] *f.* **1** Ataque *m.,* acometida. **2** MÉD. Ataque *m.,* acceso *m.*

attaquer [atake] [1] *tr.* **1** Atacar, acometer. **2** Atacar, acusar (accuser, critiquer). **3** Atacar, abordar (aborder sans hésitation). **4** Atacar (entamer, commencer). **5** CHIM., SPORTS. Atacar. ■ **6** *pr.* Atacar (combattre, critiquer). **7** Acometer: *s'~ à une tâche,* acometer una labor.

attarder (s') [ataʀde] [1] *pr.* **1** Retrasarse,

retardarse. **2** *S'~ sur une question,* dar muchas vueltas a una cuestión.

atteindre [atɛ̃dʀ(ə)] [55] *tr.* **1** Alcanzar (rejoindre, parvenir à toucher, à prendre). **2** Llegar a (arriver à). **3** fig. Alcanzar, lograr, conseguir. **4** Alcanzar, herir.

atteint, -einte [atɛ̃, -ɛ̃t] *adj.* Atacado, da, aquejado, da.

atteinte [atɛ̃t] *f.* **1** Perjuicio *m.,* daño *m.* **2** Ataque *m.* (d'une maladie). **3** *Hors d'~,* fuera de alcance; *porter ~ à,* perjudicar a (nuire), atentar: *porter ~ à la dignité de,* atentar a, contra la dignidad de.

attelage [atlaʒ] *m.* **1** Tiro, atelaje. **2** Yunta *f.* (de bœufs).

atteler [atle] [19] *tr.* *1* Enganchar, atalajar. ■ **2** Uncir (bœufs). ■ **3** *pr.* Consagrarse, aplicarse (à un travail).

attendre [atɑ̃dʀ(ə)] [6] *tr.* **1** Esperar, aguardar. **2** *S'~ à ce que* (et subj.), contar con. **3** *Au moment où l'on s'y attend le moins,* cuando menos se lo espera uno. **4** loc. adv. *En attendant,* entretanto, mientras tanto. **5** loc. conj. *En attendant que,* hasta que, mientras que.

attendrir [atɑ̃dʀiʀ] [3] *tr.* **1** Ablandar (rendre plus tendre). **2** Enternecer (émouvoir).

attendrissant, -ante [atɑ̃dʀisɑ̃, -ɑ̃t] *adj.* Enternecedor, ora, conmovedor, ora.

attendu, -ue [atɑ̃dy] *adj.* **1** Esperado, da (qu'on attend). **2** *prép.* En vista de, teniendo en cuenta. **3** loc. conj. ~ *que,* visto que, considerando que. ■ **4** *m.* DR. Considerando.

attentat [atɑ̃ta] *m.* Atentado.

attente [atɑ̃t] *f.* **1** Espera: *salle d'~,* sala de espera.

attenter [atɑ̃te] [1] *intr.* Atentar.

attentif, -ive [atɑ̃tif, -iv] *adj.* Atento, ta.

attention [atɑ̃sjɔ̃] *f.* **1** Atención. **2** Cuidado *m.:* *faire ~ à,* tener cuidado con.

atténuer [atenɥe] [1] *tr.* Atenuar.

atterrissage [ateʀisaʒ] *m.* Aterrizaje.

attestation [atɛstɑsjɔ̃] *f.* **1** Atestación. **2** Certificado *m.,* atestado *m.* (certificat).

attester [atɛste] [1] *tr.* Atestar, certificar.

attiédir [atjediʀ] [3] *tr.* Entibiar.

attifer [atife] [1] *tr.* Emperifollar, acicalar.

attique [a(t)tik] *adj.* Ático, ca.

attirail [atiʀaj] *m.* **1** Pertrechos *pl.* **2** fam. Trastos *pl.,* chismes *pl.*

attirant, -ante [atiʀɑ̃, -ɑ̃t] *adj.* **1** Atractivo, va (séduisant). **2** Atrayente (qui attire).

attirer [atiʀe] [1] *tr.* **1** Atraer (faire venir à

soi). 2 Llamar, captar: ~ *l'attention,* llamar la atención. 3 Atraer: ~ *les regards, la sympathie,* atraer las miradas, la simpatía. 4 Atraer, acarrear, ocasionar (causer): ~ *des ennuis,* acarrear disgustos. ■ 5 *pr.* Ganarse: *s'*~ *une réprimande,* ganarse una reprimenda. 6 Granjearse, atraerse (la sympathie, etc.).

attiser [atize] [1] *tr.* Atizar.

attitré, -ée [atitʀe] *adj.* 1 Titular, titulado, da. 2 Habitual: *fournisseur* ~, proveedor habitual.

attitude [atityd] *f.* Actitud.

attraction [atʀaksjɔ̃] *f.* Atracción.

attrait [atʀɛ] *m.* 1 Atractivo, aliciente. 2 Inclinación *f.,* propensión *f.* (goût). ■ 3 *pl.* Encantos.

attrape [atʀap] *f.* 1 Broma. 2 Engañifa, engaño *m.*

attraper [atʀape] [1] *tr.* 1 Coger (prendre). 2 Atrapar, sorprender (surprendre). 3 Engañar, embaucar (tromper par une ruse). Loc. *Être bien attrapé,* ir arreglado, quedarse a la luna de Valencia. 4 Regañar (gronder). 5 Pillar, pescar; coger:~ *un rhume,* pillar un resfriado; ~ *l'autobus,* coger el autobús. ■ 6 *pr.* Contagiarse.

attrayant, -ante [atʀɛjɑ̃, -ɑ̃t] *adj.* Atractivo, va, atrayente.

attribuer [atʀibɥe] [1] *tr.* 1 Atribuir. 2 Achacar.

attribut [atʀiby] *m.* Atributo.

attribution [atʀibysjɔ̃] *f.* Atribución.

attrister [atʀiste] [1] *tr.* Entristecer.

attrouper [atʀupe] [1] *tr.* 1 Agrupar. ■ 2 *pr.* Agruparse, aglomerarse.

aubade [obad] *f.* Alborada.

aubaine [obɛn] *f.* Ganga, suerte inesperada.

aube [ob] *f.* 1 Alba. 2 fig. Comienzo *m.* 3 LITURG. Alba. 4 TECHN. Álabe *m.,* paleta.

aubépine [obepin] *f.* Espino *m.* albar.

auberge [obɛʀʒ(ə)] *f.* Posada, mesón *m.*

aubergine [obɛʀʒin] *f.* Berenjena.

aubergiste [obɛʀʒist(ə)] *s.* Posadero, ra.

aucun, -une [okœ̃, yn] *adj.-pron. indef.* 1 Ninguno, na. ■ 2 *adj.* Ningún (devant un *s. m. sing.*): ~ *enfant,* ningún niño. 3 Ninguno, na, ningún, alguno, na (négatif): *n'avoir* ~ *intérêt,* no tener ningún interés, interés alguno; *sans* ~ *doute,* sin duda alguna. ■ 4 *pron.* Nadie (personne). 5 *D'aucuns,* algunos.

aucunement [okynmɑ̃] *adv.* De ningún modo.

audace [odas] *f.* 1 Audacia. 2 Atrevimiento *m.,* osadía, audacia (insolence).

audacieux, -euse [odasjø, -øz] *adj.* Audaz.

audience [odjɑ̃s] *f.* 1 Audiencia (entretien). 2 Interés *m.* 3 DR. Audiencia, vista.

audiocassette [odjokasɛt] *f.* Casete *m.,* cassette.

audiovisuel, -elle [odjɔvisɥel] *adj.* Audiovisual.

auditeur, -trice [oditœʀ, tʀis] *s.* 1 Oyente. 2 Radioyente, radioescucha.

audition [odisjɔ̃] *f.* Audición.

auditoire [oditwaʀ] *m.* Auditorio.

augmentation [ɔ(o)gmɑ̃tasjɔ̃] *f.* 1 Aumento *m.,* incremento *m.* 2 Subida, aumento *m.* (des prix, du salaire).

augmenter [ɔ(o)gmɑ̃te] [1] *tr.* Aumentar.

augure [ɔ(o)gyʀ] *m.* Augurio, agüero.

augurer [ɔ(o)gyʀe] [1] *tr.* Augurar.

aujourd'hui [oʒuʀdɥi] *adv.* 1 Hoy. 2 Hoy día (à l'époque actuelle).

aumône [ɔ(o)mon] *f.* Limosna.

aumônier [ɔ(o)monje] *m.* Capellán.

auparavant [opaʀavɑ̃] *adv.* Antes, primero.

auprès de [opʀɛd(ə)] *loc. prép.* 1 Cerca de (à côté de). 2 Al lado de, comparado con (en comparaison de). 3 Para: *il passe pour un impoli auprès d'elle,* para ella es un maleducado. 4 Cerca de (en parlant d'un ambassadeur).

auréole [ɔ(o)ʀeɔl] *f.* Aureola.

auriculaire [ɔ(o)ʀikylɛʀ] *adj.* 1 Auricular. ■ 2 *m.* Auricular, meñique (doigt).

aurore [ɔ(o)ʀɔʀ] *f.* Aurora.

auspice [ɔ(o)spis] *m.* Auspicio.

aussi [osi] *adv.* 1 También. 2 ~... *que,* tan... como. 3 Tan (si). 4 También, además (encore, en outre). ■ 5 *conj.* Por esto, por eso, por lo que: *il était fatigué,* ~ *s'est-il couché,* estaba cansado, por eso se fue a acostar. 6 *loc. adv.* ~ *bien,* además. 7 *loc. conj.* ~ *bien que,* tanto como, tan bien como.

aussitôt [osito] *adv.* 1 En seguida, al punto. 2 ~ *après,* inmediatamente después. 3 Loc. ~ *dit,* ~ *fait,* dicho y hecho. 4 *loc. conj.* ~ *que,* tan pronto como, al mismo tiempo que.

austérité [ɔ(o)steʀite] *f.* Austeridad.

autant [otɑ̃] *adv.* 1 Tanto. 2 Lo mismo, otro tanto (avec *en*): 3 Es preferible, más vale (avec l'inf.). 4 ~ ... ~, tanto como... tanto. 5 ~ *de,* tanto, ta, tantos, tas: ~ *de chaises que de personnes,* tantas sillas como personas. **6** ~ *que,* tanto como. **7** *loc. adv.* **D'~,** otro tanto; *d'~ plus!,* ¡precisamente por eso! **9** *loc. conj.* **D'~ que,** visto que; *d'~ moins que,* menos aún cuando.

autarcie [otaRsi] *f.* Autarquía.

autel [ɔ(o)tɛl] *m.* Altar.

auteur [otœR] *m.* Autor.

authenticité [ɔ(o)tãtisite] *f.* Autenticidad.

authentique [ɔ(o)tãtik] *adj.* Auténtico, ca.

auto [ɔ(o)to] *f.* Auto *m.,* coche *m.*

autobus [ɔ(o)tɔbys] *m.* Autobús.

autochtone [ɔ(o)tɔktɔn] *adj.-s.* Autóctono, na.

autocrate [ɔ(o)tɔkRat] *m.* Autócrata.

autodafé [ɔ(o)tɔdafe] *m.* Auto de fe.

autodéfense [otodefãs] *f.* Autodefensa.

autodétermination [otodetɛRminasjɔ̃] *f.* Autodeterminación.

autodrome [ɔ(o)tɔdRom] *m.* Autódromo.

auto-école [otoekɔl] *f.* Autoescuela.

autographe [ɔ(o)tɔgRaf] *adj.-m.* Autógrafo, fa.

automate [ɔ(o)tɔmat] *m.* Autómata.

automatique [ɔ(o)tɔmatik] *adj.* Automático, ca.

automatisation [otomatizasjɔ̃] *f.* Automatización.

automnal, -ale [ɔ(o)tɔ(m)nal] *adj.* Otoñal.

automne [ɔ(o)tɔn] *m.* Otoño.

automobile [ɔ(o)tɔmɔbil] *adj.* **1** Automóvil. ■ **2** *f.* Automóvil *m.*

automobiliste [ɔ(o)tɔmɔbilist(ə)] *s.* Automovilista.

autonome [ɔ(o)tɔnɔm] *adj.* Autónomo, ma.

autonomie [ɔ(o)tɔnɔmi] *f.* Autonomía.

autopsie [ɔ(o)tɔpsi] *f.* Autopsia.

autorail [ɔ(o)tɔRɑj] *m.* Autovía *f.*

autoréversible [otoRevɛRsibl] *m.* angl. Autoreverse.

autorisation [ɔ(o)tɔRizasjɔ̃] *f.* Autorización.

autoriser [ɔ(o)tɔRize] [1] *tr.* Autorizar.

autoritaire [ɔ(o)tɔRitɛR] *adj.* Autoritario, ria.

autorité [ɔ(o)tɔRite] *f.* **1** Autoridad. **2** *Faire* ~, imponerse.

autoroute [ɔ(o)tɔRut] *f.* Autopista.

auto-stop [otostɔp] *m.* Autoestop, autostop: *faire de l'~,* hacer autostop; fam. viajar a dedo.

autour [otuR] *adv.* **1** Alrededor. **2** *Tout* ~, por todos lados.

autre [otR(ə)] *adj.* **1** Otro, tra: *il a une* ~ *maison,* tiene otra casa (pas d'art. indéf. en espagnol). **2** ~ *chose,* otra cosa. **3** Otro, tra: *il est devenu* ~, se ha convertido en otro. ■ **4** *pron.* Otro, tra: *l'un mange, l'~ parle,* uno come, el otro habla. **5** *Les autres,* los demás; los otros. **6** *L'un... l'~,* uno... el otro. **7** *Rien d'~,* nada más. **8** *loc. adv.* **D'~ part,** por otra parte, por otro lado.

autrefois [otRəfwa] *adv.* En otro tiempo.

autrement [otRəmɑ̃] *adv.* **1** De otro modo (d'une manière différente). **2** Si no, de lo contrario (sinon). **3** *Pas* ~, no mucho (guère). **4** Muchos más (beaucoup).

autrichien, -enne [otRiʃjɛ̃, -ɛn] *adj.-s.* Austríaco, ca.

autruche [otRyʃ] *f.* Avestruz.

autrui [otRɥi] *pron.* **1** El prójimo. **2** *D'~,* ajeno, na.

auvent [ovã] *m.* Colgadizo, tejadillo.

auxiliaire [ɔ(o)ksiljɛR] *adj.-s.* Auxiliar.

avachi, -ie [avaʃi] *adj.* Deformado, da.

aval [aval] *m.* **1** Río abajo. **2** COMM. Aval (garantie). **3** *loc. prép. En* ~ *de,* más abajo de, río abajo de.

avalanche [avalãʃ] *f.* Alud *m.,* avalancha.

avaler [avale] [1] *tr.* **1** Tragar, engullir. **2** fam. Tragarse, creer.

avaliser [avalize] [1] *tr.* COMM. Avalar.

avance [avãs] *f.* **1** Adelanto *m.* **2** Adelanto *m.* ventaja (d'un coureur). **3** Anticipo *m.* (acompte). **4** *loc. adv. À l'~,* de antemano. **5** *D'~,* por adelantado, con anticipación. **6** *En* ~, con anticipación (arriver); *être en* ~, estar adelantado, da. **7** *Par* ~, de antemano. ■ **8** *pl. Faire des avances,* dar los primeros pasos.

avancement [avãsmã] *m.* **1** Adelanto, avance. **2** Ascenso (promotion).

avancer [avãse] [12] *tr.* **1** Avanzar. **2** Acercar (approcher). **3** Adelantar. **4** Exponer, afirmar (affirmer). ■ **5** *intr.* Avanzar: ~ *rapidement,* avanzar rápidamente. **6** Adelantar: *ta montre avance,* tu reloj adelanta. **7** Adelantar, progresar. **8** *pr.* Adelantarse, adelantar. **9** Acercarse, aproximarse (approcher).

avant [avã] *prep.* **1** Antes de. **2** Antes que. **3** ~ *de* (avec l'inf.), antes de. **4** ~ *que* (avec le subj.), antes de que, antes que: ~ *qu'il n'arrive,* antes de que llegue. **5** ~ *tout,* ante todo, antes que nada. ■ **6** *adv.* Antes (plus tôt, auparavant). **7** Antes, delante (en tête): ~ *centre,* delantero centro. **8** Dentro, adentro, profundamente (profondément):

plus ~, más adentro. **9** *En* ~*!* ¡Adelante!

avant[avã] *m.* **1** Delantera *f.*, parte *f.* delantera (partie antérireure). **2** SPORTS. Delantero (football). ▪ **3** *adj. invar.* Delantero, ra: *roues* ~, ruedas delanteras.

avantage[avãtaʒ] *m.* **1** Ventaja *f.* **2** *A l'*~ *de,* en provecho de. **3** *Être à son* ~, estar con ventaja. **4** *Tirer* ~ *de,* sacar provecho, partido de.

avantager[avãtaʒe] [13] *tr.* **1** Aventajar. **2** Agraciar, favorecer (embellir).

avantageux, -euse[avãtaʒø, -øz] *adj.* **1** Ventajoso, sa. **2** fam. Presuntuoso, sa, presumido, da (fat).

avant-bras[avãbɾa] *m. invar.* Antebrazo.

avant-dernier, -ère[avãdɛɾnje, -ɛɾ] *adj.-s.* Penúltimo, ma.

avant-garde[avãgaɾd(ə)] *f.* Vanguardia.

avant-goût[avãgu] *m.* Gusto anticipado.

avant-hier[avãtjɛɾ] *adv.* Anteayer.

avant-propos[avãpɾopo] *m. invar.* Prefacio, introducción *f.*

avant-scène[avãsɛn] *f.* **1** Proscenio *m.* **2** Palco *m.* de proscenio (loge).

avare[avaɾ] *adj.-s.* **1** Avaro, ra. **2** Parco, ca: ~ *de,* parco en.

avarice[avaɾis] *f.* Avaricia.

avaricieux, -euse [avaɾisjø, -øz] *adj.* Avariento, ta, avaricioso, sa.

avarie[avaɾi] *f.* Avería.

avatar[avataɾ] *m.* **1** Avatar, transformación *f.* **2** Malandanza *f.*, contratiempo.

ave[ave] *m.* Avemaría (prière).

avec[avɛk] *prép.* **1** Con. **2** A pesar de, sin embargo (malgré).

avenant, -ante [avnã, -ãt] *adj.* Agradable, afable.

avenir[avniɾ] *m.* **1** Porvenir, futuro. **2** loc. adv. *À l'*~, en el porvenir.

aventure[avãtyɾ] *f.* **1** Aventura. **2** *loc. adv. À l'*~, a la ventura, a la buena de Dios. **3** *D'*~, *par* ~, por ventura, por casualidad, casualmente.

aventurer[avãtyɾe] [1] *tr.* Aventurar.

aventureux, -euse [avãtyɾø, -øz]*adj.* **1** Aventurado, da, arriesgado, da. **2** Aventurero, ra, azaroso, sa.

aventurier, -ière [avãtyɾje, -jɛɾ]*s.* Aventurero, ra.

avenue[avny] *f.* Avenida.

averse [avɛɾs(ə)] *f.* Aguacero *m.*, chaparrón *m.*

aversion [avɛɾsjõ] *f.* Aversión.

avertir [avɛɾtismã] [3] *m.* Aviso, advertencia *f.*

avertisseur, -euse[avɛɾtisœɾ, -øz] *adj.* **1** Avisador, -ra. ▪ **2** *m.* Bocina *f.*

aveu[avø] *m.* **1** Confesión *f.* (confession). **2** Declaración *f.* **3** *De l'*~ *de,* según opinión de, según testimonio de.

aveuglant, -ante[avœglã, -ãt] *adj.* Cegador, ra.

aveugle [avœgl(ə)] *adj.-s.* **1** Ciego, ga. **2** *loc. adv. En* ~, a ciegas, a tontas y a locas.

aveuglément [avœglemã] *adv.* Ciegamente.

aveugler [avœgle] [1] *tr.* **1** Cegar. **2** fig. Deslumbrar (éblouir). **3** Ofuscar.

aveuglette (à l') [alavœglɛt] *loc. adv.* A ciegas, a tientas.

aviateur, -trice[avjatœɾ, tɾis] *s.* Aviador, ra.

aviculture[avikyltyɾ] *f.* Avicultura.

avide[avid] *adj.* Ávido, da, ansioso, sa.

avidité [avidite] *f.* **1** Avidez, ansia. **2** fig. Codicia.

avilir [aviliɾ] [3] *tr.* Envilecer, degradar.

avion[avjõ] *m.* Avión.

aviron[aviɾõ] *m.* MAR. Remo.

avis[avi] *m.* **1** Parecer, opinión *f.* **2** Aviso, advertencia *f.*

avisé, -ée [avize] *adj.* Avisado, da, prudente.

aviser [avize] [1] *tr.* **1** Avisar (informer). **2** Divisar, ver (apercevoir). ▪ **3** *intr.* ~ *à,* reflexionar en, pensar en. ▪ **4** *pr.* Ocurrirse: *il s'avisa de,* se le ocurrió. **5** Atreverse.

aviver[avive] [1] *tr.* Avivar.

avocat, -ate[avɔka, -at] *s.* Abogado, da.

avocat[avɔka] *m.* Aguacate (fruit).

avoine[avwan] *f.* Avena.

avoir[avwaɾ] [8] *tr.* **1** Tener (posséder): *j'ai une maison,* tengo una casa; *nous avons le temps,* tenemos tiempo; *il a de beaux yeux,* tiene unos ojos preciosos. Loc. *En* ~ *pour,* haber pagado, haber costado: *il en a eu pour dix francs,* le ha costado diez francos; tardar: *j'en ai pour une heure,* tardaré una hora; *en* ~ *pour son argent,* comprar por buen precio. **2** Obtener, tener, conseguir (obtenir). **3** fam. Vencer (vaincre), engañar (tromper). **4** Tener: ~ *soif,* tener sed. **5** Pasar, suceder, ocurrir: *qu'as-tu?,* ¿qué te pasa? **6** fam. *En* ~ *contre quelqu'un,* estar resentido contra alguien. ▪ **7** *auxil.* Haber: *j'ai bu,* he bebido. ▪ **8** *impers. Il y a,* hay (quantité): *il y a beaucoup de travail,* hay mucho trabajo; *il n'y a pas de quoi,* no hay de qué. **9** Hacer (temps): *il y a une semaine,* hace una semana.

avoir [avwaʀ] *m.* **1** Haber. **2** Hacienda *f.*, caudal (fortune).

avoisinant, -ante [avwazinā, -āt] *adj.* Vecino, na, cercano, na.

avoisiner [avwazine] [1] *tr.* Estar próximo, ma a, lindar con.

avortement [avɔʀtəmā] *m.* Aborto.

avorter [avɔʀte] [1] *intr.* Abortar.

avorton [avɔʀtɔ̄] *m.* **1** Abortón (animal). **2** Aborto, feto, engendro (homme mal fait).

avoué [avwe] *m.* Procurador judicial.

avouer [avwe] [1] *tr.* Confesar, reconocer.

avril [avʀil] *m.* Abril.

avènement [avɛnmā] *m.* Advenimiento.

axe [aks(ə)] *m.* Eje.

axiome [aksjom] *m.* Axioma.

azalée [azale] *f.* Azalea.

azimut [azimyt] *m.* Acimut, azimut.

azote [azɔt] *m.* Ázoe, nitrógeno.

aztèque [aztɛk] *adj.-s.* Azteca.

azur [azyʀ] *m.* **1** Azul. **2** fig. *L'~*, el cielo.

azuré, -ée [azyʀe] *adj.* Azul, azulado, da.

azyme [azim] *adj.* Ácimo, ma.

B

b [be] *m.* B *f.*

b.a., ba [beaba] *f. (abrév.* bonne action) B.O., buena obra (scout).

baba [baba] *m.* **1** Bizcocho borracho. ■ **2** *adj. inv.* fam. Patidifuso, -sa: *rester ~,* quedarse de piedra.

babillage [babijaʒ] *m.* Cháchara *f.,* charla *f.*

babiller [babije] [1] *intr.* Charlar, parlotear.

babines [babin] *f. pl.* Belfos *m. pl.*

babiole [babjɔl] *f.* Baratija, fruslería.

bâbord [babɔʀ] *m.* Babor.

babouche [babuʃ] *f.* Babucha.

bac [bak] *m.* **1** Pontón. **2** Balde, tina *f.* **3** Cubeta *f.* **4** fam. Bachillerato (baccalauréat).

baccalauréat [bakalɔʀea] *m.* Bachillerato.

baccara [bakaʀa] *m.* Bacará (jeu).

bâche [baʃ] *f.* **1** Baca (de diligence, etc.). **2** Toldo *m.*

bachelier, -ière [basəlje, -jɛʀ] *s.* Bachiller.

bachot [baʃo] *m.* fam. Bachillerato.

bacille [basil] *m.* Bacilo.

bâcler [bɑkle] [1] *tr.* Frangollar, chapucear.

bactérie [bakteʀi] *f.* Bacteria.

bactériologie [bakteʀiɔlɔʒi] *f.* Bacteriología.

badaud, -aude [bado, -od] *adj.-s.* Mirón, ona, papanatas *invar.*

baderne [badɛʀn] *f.* fam. *Vieille ~,* viejo estúpido *m.,* vejestorio *m.*

badge [badʒ] *m.* Chapa.

badigeonner [badiʒɔne] [1] *tr.* Plastecer.

badinage [badinaʒ] *m.* **1** Jugueteo, discreteo, broma *f.* **2** Gracejo.

badiner [badine] [1] *intr.* Juguetear, bromear.

bafouer [bafwe] [1] *tr.* Ridiculizar, escarnecer.

bafouiller [bafuje] [1] *intr.* **1** Farfullar. **2** Fallar (moteur).

bâfrer [bɑfʀe] [1] *tr.* **1** pop. Engullir, zamparse. ■ **2** *intr.* Atracarse, atiborrarse.

bagage [bagaʒ] *m.* **1** Equipaje (voyage). Loc. *Plier ~,* liar los bártulos, largarse. **2** fig. Bagaje: *~ scientifique,* bagaje científico. ▲ Us. generalmente en pl. en la 1.ª acepción.

bagagiste [bagaʒist] *s.* Mozo.

bagarre [bagaʀ] *f.* **1** Riña, pelea. **2** Alboroto *m.*

bagatelle [bagatɛl] *f.* Bagatela, fruslería.

bagnard [baɲaʀ] *m.* Presidiario.

bagnole [baɲɔl] *f.* pop. Coche *m.,* pote *m.*

bagou, bagout [bagu] *m.* Facundia *f.,* labia *f.: avoir du ~,* tener labia.

bague [bag] *f.* Sortija, anillo *m.*

baguette [baget] *f.* **1** Bastoncillo *m.,* junquillo *m.* **2** Baqueta (de fusil). **3** Varita. **4** Batuta. **5** Barra (pain). **6** ARCHIT. Junquillo *m.,* baqueta. **7** ELÉCTR. Cajetín *m.* **8** MENUIS. Listón *m.,* filete *m.* ■ **9** *pl.* Palillos *m.* (de tambour).

bahut [bay] *m.* **1** Arcón, cofre. **2** Hucha *f.* (de paysan). **3** Armario rústico bajo. **4** pop. Colegio.

baie [bɛ] *f.* **1** Bahía. **2** ARCHIT. Hueco *m.,* abertura. **3** BOT. Baya.

baigner [beɲe] [1] *tr.* **1** Bañar. ■ **2** *intr.* Estar cubierto, ta, sumergido, da: *~ dans son sang,* estar cubierto de sangre. ■ **3** *pr.* Bañarse.

baigneur, -euse [bɛɲœʀ, -øz] *s.* **1** Bañista. ■ **2** *m.* Muñeca *f.* de celuloide (poupée).

baignoire [beɲwaʀ] *f.* **1** Bañera, baño. **2** Palco *m.* de platea.

bail [baj] *m.* Arrendamiento, alquiler (contrat).

bâillement [bajmɑ̃] *m.* Bostezo.

bâiller [baje] [1] *intr.* **1** Bostezar. **2** Estar entreabierto, ta (volet, porte, etc.).

bailleur, -euse [bajœʀ, -ʀɛs] *s.* **1** Arrendador, -ra. **2** *~ de fonds,* socio capitalista.

bâillonner [bajɔne] [1] *tr.* Amordazar.

bain [bɛ̃] *m.* Baño.

baionnette [bajɔnɛt] *f.* Bayoneta.

baiser [beze] [1] *tr.* Besar.

baiser [beze] [1] *m.* Beso.

baisse [bɛs] *f.* **1** Baja (prix, cote). **2** Descenso *m.* (température).

baisser [bese] [1] *tr.* **1** Bajar. **2** Bajar, inclinar: ~ *les yeux,* bajar los ojos; ~ *la tête,* inclinar la cabeza. **3** Bajar, rebajar (hauteur, prix, intensité). ■ **4** *intr.* Bajar (niveau, intensité). **5** Menguar, disminuir. **6** Decaer, desfallecer (les personnes). **7** Bajar, disminuir (les prix). ■ **8** *pr.* Bajarse, agacharse.

bajoue [baʒu] *f.* **1** Carrillada. **2** Carrillo *m.* colgante, moflete *m.* (de personne).

bal [bal] *m.* Baile (fête, lieu).

balader [balade] [1] *tr.* fam. Pasear, llevar de paseo, sacar a paseo.

baladeuse [baladøz] *f.* **1** Remolque de tranvía. **2** Lámpara eléctrica móvil. **3** Carrito *m.* de vendedor ambulante.

balafre [bala(ɑ)fʀ(ə)] *tr.* Señalar, herir, hacer un chirlo.

balai [balɛ] *m.* **1** Escoba *f.* Loc. *Donner un coup de ~,* dar un barrido; fig. *coup de ~,* despido del personal. **2** Barredora *f.:* ~ *mécanique,* barredora mecánica. **3** ELÉCTR. Escobilla *f.* **4** fam. taco, año.

balance [balɑ̃s] *f.* **1** Balanza. **2** Retel *m.,* red para pescar cangrejos (à écrevisses). **3** COMM. Balance *m.* (bilan). **4** COMM. Balanza: ~ *des paiements,* balanza de pagos. ■ **5** *n. pl.* ASTROL. Libra.

balancement [balɑ̃smɑ̃] *m.* **1** Balanceo. **2** fig. Vacilación *f.*

balancer [balɑ̃se] [12] *tr.* **1** Balancear, mecer. **2** fig. fam. Tirar, echar: ~ *quelque chose par la fenêtre,* tirar algo por la ventana; ~ *sa secrétaire,* echar a la secretaria. **3** Balancear, contrapesar, equilibrar (équilibrer). **4** Medir, pesar, examinar: ~ *le pour et le contre,* medir el pro y el contra. ■ **6** *pr.* Balancearse, columpiarse. **7** pop. *Je m'en balance,* me importa un bledo.

balancier [balɑ̃sje] *m.* **1** Péndulo: *le ~ de la pendule,* el péndulo del reloj. **2** Balancín (d'un danseur de corde). **3** MÉC. Balancín.

balançoire [balɑ̃swaʀ] *f.* Columpio *m.*

balayer [baleje] [21] *tr.* Barrer.

balayeur, -euse [balɛjœʀ, -øz] *s.* **1** Barrendero, ra. ■ **2** *f.* Barredora (machine).

balbutier [balbysje] [2] *intr.* **1** Balbucear, balbucir. ■ **2** *tr.* Mascullar.

balcon [balkɔ̃] *m.* **1** Balcón. **2** Barandilla *f.,* baranda *f.* (balustrade). **3** THÉAT. Anfiteatro.

baleine [balɛn] *f.* **1** Ballena. **2** Varilla.

baleineau [balɛno] *m.* Ballenato.

baleinier, -ière [balenje, -jɛʀ] *adj.-m.* **1** Ballenero, -ra. ■ **2** *f.* Lancha ballenera (embarcation).

balise [baliz] *f.* Baliza, boya.

baliser [balize] [1] *tr.* Abalizar.

balistique [balistik] *adj.* **1** Balístico, ca. ■ **2** *f.* Balística.

baliverne [balivɛʀn(ə)] *f.* Pamplina, tontería, sandez.

ballade [balad] *f.* Balada.

ballant, -ante [balɑ̃, -ɑ̃t] *adj.* **1** Colgante. ■ **2** *m.* Balanceo, oscilación *f.*

balle [bal] *f.* **1** Pelota (jeu). **2** Bala: ~ *revolver,* bala de revólver. **3** pop. Franco *m.* (ancien franc). **4** COMM. Bala (de marchandises).

ballerine [balʀin] *f.* Bailarina.

ballet [balɛ] *m.* Ballet.

ballon [balɔ̃] *m.* **1** Balón, pelota *f.* (de football, etc.). **2** Globo (jouet en baudruche, caoutchouc). **3** Globo (aérostat). **4** Matraz (récipient). **5** ~ *d'oxygène,* balón de oxígeno.

ballonner [balɔne] [1] *tr.* **1** Hinchar. ■ **2** *pr.* Hincharse.

ballot [balo] *m.* **1** Fardo, bulto. **2** fam. Bobo (idiot).

ballottage [balɔtaʒ] *m.* Necesidad *f.* de efectuar una segunda elección al no haber obtenido mayoría suficiente ningún candidato.

ballotter [balɔte] [1] *tr.* **1** Sacudir, bambolear, zarandear.

balnéaire [balneɛʀ] *adj.* Balneario, ria.

balourd, -ourde [baluʀ, -uʀd] *adj.-s.* Palurdo, da, torpe, tosco, ca.

balustrade [balystʀad] *f.* **1** Barandilla, balaustrada. **2** Pretil *m.* (d'un pont).

bambou [bɑ̃bu] *m.* Bambú.

ban [bɑ̃] *m.* **1** Bando (édit). **2** Redoble de tambor (de tambour). **3** Ovación *f.,* aplauso. **4** ancienn. Los vasallos convocados por el rey. Loc. fig. *Le ~ et l'arrière-ban,* todo el mundo. ■ **5** *pl.* Amonestaciones *f.* (de mariage).

banal, -ale [banal] *adj.* Banal, común, vulgar.

banalité [banalite] *f.* Banalidad, vulgaridad, trivialidad.

banane [banan] *f.* Plátano *m.*

bananier [bananje] *m.* Plátano, banano (arbre).

banc [bɑ̃] *m.* Banco.

bancal, -ale [bɑ̃kal] *adj.* **1** Patituerto, ta. **2** Cojo, ja (meubles).

bandage [bãdaʒ] *m*. 1 Venda *f.*, vendaje. 2 ~ *herniaire*, braguero para hernia. 3 Calce, llanta *f.* (de roue).

bande [bãd] *f*. 1 Cinta: ~ *magnétique*, cinta magnetofónica. 2 tira (de papier, tissu). 3 Faja (pour entourer, de journal). 4 Venda. 5 Película, cinta (film). 6 ~ *dessinée*, tira dibujada. 7 Lista, raya (rayure). 8 Carril *m*. (partie d'une route). 9 Banda (billard). 10 Banda, grupo *m.* (de personnes). 11 péj. Partida (de malfaiteurs). 12 Bandada, manada (d'animaux): *une ~ de loups*. 13 MAR. Escora.

bandeau [bãdo] *m*. 1 Cinta *f.* 2 Venda *f.* (pour les yeux). ▪ 3 *pl.* Mechones de cabello que cubren las sienes en un peinado femenino.

bander [bãde] [1] *tr.* 1 Vendar, fajar (entourer d'une bande). 2 Poner tirante (tendre). 3 Armar (arc).

banderole [bãdʀɔl] *f.* Banderola.

bandit [bãdi] *m*. 1 Bandido. 2 Timador, pirata, bandido (filou).

bandoulière [bãduljɛʀ] *f.* Bandolera. *loc. adv. En ~*, en bandolera.

banlieue [bãljø] *f.* 1 Alrededores *m. pl.*, afueras *pl.*, cercanías *pl.* 2 *proche ~*, extrarradio *m.*

banne [ban] *f*. 1 Volquete *m.* de transporte (tombereau). 2 Banasta (manne d'osier). 3 Toldo *m.* (toile).

bannir [baniʀ] *tr.* 1 Desterrar, exiliar (exiler). 2 Expulsar, apartar, alejar.

banque [bãk] *f*. 1 Banca *m.* 2 Banca (commerce de l'argent). 3 Banca (jeu). 4 MÉD. Banco: ~ *des yeux, du sang*, banco de ojos, de sangre.

banqueroute [bãkʀut] *f.* Bancarrota, quiebra. Loc. *Faire ~*, quebrar.

banquet [bãkɛ] *m.* Banquete (repas).

banquette [bãkɛt] *f.* 1 Asiento *m.*, banco *m.* 2 FORT. Banqueta.

banquier, -ière [bãkje, -jɛʀ] *s.* Banquero, ra.

banquise [bãkiz] *f.* Banco *m.* de hielo.

baobab [baɔbab] *m.* Baobab.

baptême [batɛm] *m*. 1 Bautismo. 2 Bautizo (cérémonie).

baptiser [batize] [1] *tr.* Bautizar.

baptismal, -ale [batismal] *adj.* Bautismal.

baptistère [batistɛʀ] *m.* Baptisterio, bautisterio.

baquet [bakɛ] *m.* Tina *f.*, cubeta *f.*

bar [baʀ] *m*. 1 Bar (établissement). 2 Lubina *f.*, róbalo (poisson). 3 PHYS. Bar.

baragouiner [baʀagwine] [1] *tr.* 1 Chapurrear (une langue). ▪ 2 *intr.* Farfullar.

baraque [baʀak] *f*. 1 Barraca, caseta. 2 Chabola, casucha (taudis). 3 péj. Casucha.

baratte [baʀat] *f.* Mantequera.

barbare [baʀbaʀ] *adj.-s.* Bárbaro, ra.

barbarie [baʀbaʀi] *f.* Barbarie, crueldad, fiereza (sauvagerie).

barbarisme [baʀbaʀism(ə)] *m.* Barbarismo.

barbe [baʀb(ə)] *f*. 1 Barba, barbas *pl.* 2 ~ *à papa*, algodón *m.* 3 Barba (plume, papier). 4 Raspa (d'un épi). 5 MÉTAL. Rebaba.

barbeau [baʀbo] *m*. 1 Barbo. 2 pop. Chulo.

barbelé, -ée [baʀbəle] *adj.* 1 Arpado, da, provisto de dientes, de púas. 2 *Fil de fer ~*, alambre espinoso, de espino.

barbet [baʀbɛ] *m.* Perro de aguas.

barbiche [baʀbiʃ] *f.* Perilla (barbe).

barbier [baʀbje] *m.* Barbero.

barbillon [baʀbijɔ̃] *m*. 1 Barbo pequeño (poisson). 2 Barbilla *f.* (des poissons). 3 Gancho, lengüeta *f.* (d'un hameçon).

barbiturique [baʀbityʀik] *adj.-s.* Barbitúrico, -ca.

barbon [baʀbɔ̃] *m.* Vejete, vejestorio, vejancón.

barboter [baʀbɔte] [1] *intr*. 1 Chapotear. 2 Burbujear, borbollar (un gaz). ▪ 3 *tr.* fam. Birlar, pispar (voler).

barbouillage [baʀbujaʒ] *m*. 1 Embadurnamiento (couleurs). 2 Pintarrajo, mamarracho (peinture). 3 Garabatos *pl.* (écriture).

barbouiller [baʀbuje] [1] *tr*. 1 Embadurnar, ensuciar (salir). 2 Pintarrajear (peindre grossièrement). 3 Emborronar: ~ *du papier*, emborronar papel.

barbu, -ue [baʀby] *adj.-m.* Barbudo, da.

barde [baʀd(ə)] *f.* Albardilla (tranche de lard).

barder [baʀde] [1] *tr*. 1 Revestir con coraza, acorazar. 2 ~ *de décorations*, revestir de condecoraciones. 3 CUIS. Emborrazar, enalbardar. ▪ 4 *impers.* pop. *Ça barde*, la cosa está que arde.

barème [baʀɛm] *m.* Baremo.

baril [baʀi(l)] *m.* Barril.

barillet [baʀije, baʀilɛ] *m.* Barrilete.

barioler [baʀjɔle] [1] *tr.* Abigarrar.

baromètre [baʀɔmɛtʀ(ə)] *m.* Barómetro.

baron, -onne [baʀɔ̃, -ɔn] *s.* Barón, onesa.

baroque [baʀɔk] *adj*. 1 Barroco, ca. 2 fig. Estrambótico, ca, extravagante.

barque [baʀk(ə)] *f.* Barca.

barrage [ba(ɑ)ʀaʒ] *m.* **1** Barrera *f.* (barrière, obstacle). **2** Dique, presa *f.*

barre [ba(ɑ)ʀ] *f.* **1** Barra. Loc. fam. *Avoir le coup de ~,* estar agotado, da, reventado, da. **2** Barra, lingote *m.* **3** Barra (gymnastique). **4** BLAS. Barra. **5** DR. Baranda que separa el tribunal en una sala de audiencia. **6** GÉOG. Barra. **7** MAR. Caña (du governail). ■ **8** *pl.* Asientos *m.* (du cheval). **9** Marro *m. sing.: jeu de barres,* juego del marro.

barreau [ba(ɑ)ʀo] *m.* **1** Barrote *m.* **2** DR. Tribuna *f.* para los abogados (aux assises). **3** Foro, abogacía *f.* (profesión des avocats). **4** Colegio de abogados: *inscrit au ~,* inscrito en el colegio de abogados.

barrer [ba(ɑ)ʀe] [1] *tr.* **1** Cerrar el paso, obstruir, atrancar. **2** Tachar, borrar: *~ un mot mal écrit,* tachar una palabra mal escrita. **3** Cruzar, barrar: *~ un chèque,* barrar un cheque. **4** MAR. Gobernar (une embarcation). ■ **5** *pr.* pop. Largarse, pirárselas.

barrette [baʀɛt] *f.* **1** Bonete *m.,* birreta (coiffure d'ecclésiastique). **2** Broche *m.* alargado (bijou). **3** Pasador *m.* (pour les cheveux).

barricade [baʀikad] *f.* Barricada.

barrière [ba(ɑ)ʀjɛʀ] *f.* **1** Barrera: *la ~ d'un passage à niveau,* la barrera de un paso a nivel. **2** Puerta, entrada (d'une ville).

barrique [baʀik] *f.* Barrica.

barrir [baʀiʀ] [3] *intr.* Barritar, bramar.

baryton [baʀitɔ̃] *m.* Barítono.

bas, basse [bɑ, bɑs] *adj.* **1** Bajo, ja. **2** Corto, ta. **3** Gacho, cha, inclinado, da hacia abajo. **4** *Faire main basse sur,* pillar, saquear. **5** Nublado, da, encapotado, da. **6** Bajo, ja, de poco nivel. **7** Bajo, ja. **8** Bajo, ja (son). **9** Bajo, ja (évaluation). **10** Inferior. **11** Vil, infame. ■ **12** *adv.* Bajo. **13** *En ~,* abajo; *plus ~,* más abajo. **14** *Mettre ~,* parir. **15** *Parler bas tout ~,* hablar en voz baja. **16** *interj. À ~!,* ¡abajo!

bas [bɑ] *m.* **1** Bajo, parte *f.* baja: *le ~ du visage,* la parte baja de la cara. **2** Bajos *pl.* (d'un vêtement). **3** Pie (d'une page).

basaner [bazane] [1] *tr.* Atezar, broncear, curtir.

bas-bleu [bablø] *m.* Marisabidilla *f.*

bascule [baskyl] *f.* **1** Báscula. **2** Columpio *m.* (balançoire).

basculer [baskyle] [1] *intr.* **1** Oscilar, bascular. **2** Voltear (culbuter).

base [bɑz] *f.* **1** Base: *~ de données,* base de datos. **2** ARCHIT. Basa.

baser [baze] *tr.* **1** Destacar: *être basé,* estar destacado. **2** *pr.* Basarse.

bas-fond [bafɔ̃] *m.* **1** Hondonada *f.* **2** Sitio de aguas poco profundas, bajo (mer, fleuve). ■ **3** *pl.* Bajos fondos (de la société).

basilic [bazilik] *m.* **1** Basilisco (lézard). **2** Albahaca *f.* (plante).

basilique [bazilik] *f.* Basílica.

basique [bazik] *adj.* CHIM. Básico, ca.

basket-ball [basketbol] *m.* Baloncesto.

basque [bask(ə)] *adj.-s.* **1** Vasco, ca, vascongado, da. ■ **2** *m.* Vascuence (langue). ■ **3** *f.* Faldón *m.* (de redingote).

bas-relief [baʀəljɛf] *m.* Bajorrelieve.

basse [bɑs] *f.* **1** MAR. Bajo *m.,* bajío *m.* **2** MUS. Bajo *m.: ~ continue,* bajo continuo; *voix de ~,* voz de bajo. **3** Contrabajo *m.*

basse-cour [baskuʀ] *f.* Corral *m.*

basse-fosse [basfos] *f.* Mazmorra, calabozo *m.*

bassesse [basɛs] *f.* **1** Bajeza, vileza, indignidad. **2** fig. Humildad, servilismo *m.*

bassin [basɛ̃] *m.* **1** Palangana *f.,* jofaina *f.* (cuvette). **2** Orinal de cama, chata *f.* (urinal). **3** Bacineta *f.* (pour mendier). **4** Pilón (d'une fontaine). **5** Pileta *f.* (d'une piscine). **6** Estanque, alberca *f.* (étang). **7** Dársena *f.* (port). **8** *~ de radoub,* dique. **9** ANAT. Pelvis *f.,* bacinete. **10** GÉOG. Cuenca *f.: le ~ de l'Ebre,* la cuenca del Ebro.

bassine [basin] *f.* Lebrillo *m.*

bassiner [basine] [1] *tr.* **1** Calentar (le lit). **2** Humedecer, rociar (plantes). **3** pop. Fastidiar, dar la lata (ennuyer).

bastonnade [bastɔnad] *f.* Paliza, tunda, apaleamiento *m.*

bât [bɑ] *m.* Albarda *f.,* enjalma *f.*

bataclan [bataklɑ̃] *m.* pop. Bártulos *pl.,* cachivaches *pl.*

bataille [batɑj] *f.* **1** Batalla. **2** Pelea, riña (bagarre).

batailler [bataje] [1] *intr.* Batallar, luchar.

bataillon [batajɔ̃] *m.* Batallón.

bâtard, -arde [bɑtaʀ, -aʀd(ə)] *adj.-s.* **1** Bastardo, da. **2** fig. Ambiguo, gua. **3** *Pain ~,* barra de pan. ■ **4** *f.* Bastardilla (écriture).

bateau [bato] *m.* **1** Barco. **2** fig. fam. *Monter un ~ à quelqu'un,* engañar a alguien con cuentos. ■ **3** *adj. inv.* fam. Trillado.

bateleur, -euse [batlœʀ, -øz] *s.* Saltimbanqui, titiritero, ra.

batelier, -ière [batəlje, -jɛʀ] *s.* Barquero, ra, batelero, ra.

bâter [bɑte] [1] *tr.* **1** Albardar. **2** *fig. Âne bâté,* estúpido, ignorante.

bâti [bɑti] *m.* **1** Armazón, armadura *f.* **2** Bastidor (d'une machine). **3** Hilván (couture).

batifoler [batifole] [1] *intr.* vieil. Juguetear, retozar.

bâtiment [batimɑ̃] *m.* **1** Construcción *f.* **2** Edificio. **3** MAR. Buque, bastimento.

bâtir [bɑtiʀ] [3] *tr.* **1** Edificar, construir. Loc. *fig.* ~ *des châteaux en Espagne,* construir castillos en el aire. **3** *fig.* Construir: ~ *une théorie,* construir una teoría. **4** Hilvanar, montar (couture).

bâtisseur, -euse [bɑtisœʀ, -øz] *s.* Constructor, ra, edificador, ra.

bâton [batɔ̃] *m.* **1** Palo, garrote. **2** *Coup de* ~, palo. **3** Vara *f.,* bastón: ~ *de maréchal,* vara de mariscal. **4** Báculo. **5** Porra *f.* (d'agent de police). **6** Barrita *f.,* barra *f.:* ~ *de cire à cacheter,* barrita de lacre. **7** Palote (écriture). **8** *loc. adv. A bâtons rompus,* sin continuidad, sin orden.

bâtonner [bɑtɔne] [1] *tr.* Apalear.

battage [bataʒ] *m.* **1** Trilla *f.* (blé). **2** *fig. fam.* Propaganda *f.* a bombo y platillo. **3** MÉTAL. Batido.

battant [batɑ̃] *m.* **1** Hoja *f.* de puerta, de ventana. **2** Badajo (de cloche).

battant, -ante [batɑ̃, -ɑ̃t] *adj.* **1** Batiente, que bate, que late. **2** *fig. Mener tambour* ~, tratar sin miramientos, llevar a la baqueta.

batte [bat] *f.* **1** Maza (à broyer), pisón *m.* (à tasser la terre). **2** Tabla de lavar (blanchissage). **3** Paleta para mazar la mantequilla (à beurre). **4** SPORTS. Pala.

battement [batmɑ̃] *m.* **1** Golpeo. Loc. ~ *d'ailes,* aleteo, golpeo de alas; ~ *de mains,* palmada *f.,* palmoteo; ~ *de paupières,* parpadeo. **2** Latido, palpitación *f.* (du cœur).

batterie [batʀi] *f.* **1** ARTILL. Batería: ~ *de canons,* batería de cañones. **2** Batería: ~ *de cuisine,* batería de cocina. **3** ELÉCTR. Batería. **4** MÚS. Batería: *tenir la* ~, llevar la batería.

batteur [batœʀ] *m.* **1** Batidor: ~ *à œufs,* batidor de huevos. **2** MUS. Batería: *le* ~ *d'une formation,* el batería de un conjunto. **3** SPORTS Bateador.

battoir [batwaʀ] *m.* **1** Moza *f.,* pala de lavandera *f.* (de lavandière).

battre [batʀ(ə)] [61] *tr.* **1** Pegar, golpear, batir. **2** Sacudir: ~ *un tapis,* sacudir una

alfombra. **3** Revolver, batir (les œufs). **4** Mazar (le lait). **5** Barajar (les cartes). **6** Batir, derrotar, vencer (vaincre). **7** Recorrer, batir: ~ *la forêt,* recorrer el bosque. **8** Golpear: ~ *la semelle,* golpear el suelo con los pies para calentarlos. **9** Tocar: ~ *le tambour,* tocar el tambor. **10** Azotar, golpear: *le vent bat les branches,* el viento azota las ramas. **11** AGR. Trillar (le blé). **12** Varear (les arbres). **13** MAR. ~ *pavillon,* navegar bajo un pabellón. **14** MÉTAL. Batir: ~ *le fer,* batir el hierro. **15** MUS. ~ *la mesure,* llevar el compás. **16** SPORTS ~ *un record,* batir un récord. ■ **17** *intr.* Chocar, golpear: *une porte qui bat,* una puerta que golpea. Loc. ~ *des ailes,* aletear (les oiseaux); ~ *des mains,* palmotear, tocar palmas, aplaudir. **18** Sonar, redoblar (le tambour). **19** Latir (le cœur); tener pulsaciones (le pouls). **20** MIL. ~ *en retraite,* batirse en retirada. ■ **21** *pr.* Batirse, pelear, pegarse.

battu, -ue [baty] *adj.* **1** v. *battre.* **2** Pisado, da, trillado, da (sol, chemin). **3** *fig.* Trillado: *sentiers battus,* caminos trillados. **4** *Yeux battus,* ojos cansados, con ojeras. ■ **5** *m.* Vencido. ■ **6** *f.* Batida (chasse).

baudet [bodɛ] *m.* Borrico, burro.

baudroie [bodʀwa] *f.* Rape *m.,* pejesapo *m.*

bauge [boʒ] *f.* **1** Porquera (du sanglier). **2** *fig.* Pocilga.

baume [bom] *m.* Bálsamo.

bavard, -arde [bavaʀ, -aʀd(ə)] *adj.-s.* Charlatán, ana, hablador, ra, parlanchín, ina.

bavardage [bavaʀdaʒ] *m.* **1** Charla *f.* **2** Habladuría *f.,* comadreo (cancan).

bave [bav] *f.* Baba.

baver [bave] [1] *intr.* **1** Babear, babosear. **2** *fig.* ~ *sur quelqu'un,* injuriar a alguien.

bavette [bavɛt] *f.* **1** Babero *m.* **2** Cadera (viande).

baveux, -euse [bavø, -øz] *adj.* Baboso, sa.

bavure [bavyʀ] *f.* **1** Rebaba.

bazar [bazaʀ] *m.* **1** Bazar. **2** Desorden, desarreglo. **3** *fam.* Bártulos *pl.*

bcbg [besebeʒe] *adj.* (*abrév.* bon chic bon genre): *être* ~, ser de una elegancia clásica, de buen tono.

béant, -ante [beɑ̃, -ɑ̃t] *adj.* Abierto, ta: *bouche béante,* con la boca abierta; *fig.* boquiabierto.

béat, -ate [bea, -at] *adj.* **1** Plácido, da:

une vie béate, una vida plácida. ■ **2** *s.* Beato, ta.

béatification [beatifikɑsjɔ̃] *f.* Beatificación.

béatitude [beatityd] *f.* **1** Beatitud. **2** Felicidad, placidez. ■ **3** *pl.* Bienaventuranzas.

beau (antes de vocal o *h* muda, **bel**), **belle** [bo, bɛl] *adj.* **1** Hermoso, sa, bello, lla, guapo, pa. **2** Bueno, na (qualité ou état). **3** Bonito, ta, lindo, da. **4** *Le* ~ *monde,* la buena sociedad. **5** iron. Bueno, na, lindo, da: *la belle affaire!,* ¡bonito negocio! **6** Bueno, na, generoso, sa: *une belle action,* una buena acción, una acción generosa. **7** Bueno, na, ventajoso, sa: *une belle occasion,* una buena ocasión, una ocasión ventajosa. **8** Conveniente, decoroso, sa, bien: *cela n'est pas* ~, eso no está bien. **9** Superior: *un* ~ *talent,* un talento superior. **10** Agradable: *on a passé une belle journée,* hemos pasado un día agradable. **11** Bueno (temps). **12** Grande, considerable: *un* ~ *chahut,* un gran alboroto. **13** Loc. *Avoir* ~, por más que: *il a* ~ *faire,* por más que haga. **14** *loc. adv. Bel et bien,* completamente; *de plus belle,* a más y mejor; *tout* ~, despacito. ■ **15** *m.* Lo bello, lo hermoso. ■ **16** *f.* Amada (amie). **17** Partido *m.* de desempate (au jeu). **18** Loc. *En faire, en dire de belles,* hacer, decir tonterías; *j'en apprends de belles,* me entero de unas cosas...

beaucoup [boku] *adv.* **1** Mucho: *il a* ~ *travaillé,* ha trabajado mucho. **2** *adj.* Mucho, cha, chos, chas ~ *de bruit,* mucho ruido. ■ **3** *pron.* Muchos, chas: *Combien en avez-vous?* ~, ¿cuántos tiene usted? muchos.

beau-fils [bofis] *m.* Yerno, hijo político. **2** Hijastro (fils de l'autre conjoint).

beau-frère [bofʀɛʀ] *m.* **1** Cuñado, hermano político. **2** Hermanastro (demi-frère).

beau-père [bopɛʀ] *m.* **1** Suegro, padre político. **2** Padrastro.

beauté [bote] *f.* Belleza, hermosura.

beaux-arts [bozaʀ] *m. pl.* Bellas artes *f.*

bébé [bebe] *m.* **1** Nene, na, bebé. **2** Muñeco (poupon). **3** fam. y pop. *se repasser le* ~, pasar el marrón.

bec [bɛk] *m.* **1** Pico (d'oiseau). **2** fam. Labia *f.,* facundia *f.,* pico, boca *f.: ferme ton* ~, calla, cierra el pico. Loc. *Une prise de* ~ una disputa; *clouer le* ~ *à quelqu'un,* hacer callar a uno; *un* ~ *fin,*

un gastrónomo refinado. **3** ~ *de gaz,* luz de gas, farol. Loc. fig. *Tomber sur un* ~, llevarse un chasco. **4** Punta *f.* (d'une plume). **5** Pitorro (d'une cruche). **6** MUS. Boquilla *f.*

bécasse [bekas] *f.* **1** Chocha, becada. **2** fam. Tonta (femme).

bécassine [bekasin] *f.* **1** Becasina, agachadiza. **2** fam. Tontita (jeune fille).

bec-de-cane [bekdəkan] *m.* Picaporte.

bec-de-lièvre [bekdəljɛvʀ(ə)] *m.* Labio leporino.

bécot [beko] *m.* fam. Besito.

becqueter, béqueter [bɛkte] [20] *tr.* **1** Picotear. ■ **2** *intr.* pop. Comer, picar.

bedaine [bədɛn] *f.* fam. Panza, barriga, vientre *m.*

bedon [bədɔ̃] *m.* fam. Panza *f.*

bédouin, -ine [bedwɛ̃, -in] *adj.-s.* Beduino, na.

bée [be] *adj. Bouche* ~, con la boca abierta.

beffroi [befʀwa] *m.* Campanario, atalaya *f.*

bégaiement, bégayement [begɛmɑ̃] *m.* **1** Tartamudeo. **2** Balbuceo (des enfants).

bégayer [begeje] [21] *intr.* **1** Tartamudear. ■ **2** *tr.-intr.* Balbucear, balbucir (balbutier).

bègue [bɛg] *adj.-s.* Tartamudo, da.

bégueule [begœl] *f.* **1** Gazmoña, mojigata. ■ **2** *adj.* Mojigato, ta.

béguin [begɛ̃] *m.* **1** Gorro de bebé. **2** Toca (de religieuse). **3** fam. Capricho amoroso.

béguine [begin] *f.* Beguina.

beignet [bɛɲɛ] *m.* Buñuelo.

bêlement [bɛlmɑ̃] *m.* Balido.

bêler [bele] [1] *intr.* Balar.

belette [bəlɛt] *f.* Comadreja.

belge [bɛlʒ(ə)] *adj.-s.* Belga.

bélier [belje] *m.* **1** Morueco. **2** Ariete (machine de guerre). **3** TECHN. Ariete. ■ **4** *n. pr. m.* ASTROL. Aries.

bellâtre [bɛlatʀ(ə)] *m.* Hombre guapo y presumido.

belle-de-jour [bɛldɔʒuʀ] *f.* Dondiego *m.* de día. fig. Prostituta de día.

belle-de-nuit [bɛldənɥi] *f.* Dondiego *m.* de noche. fig. Prostituta de noche.

belle-fille [bɛlfij] *f.* **1** Nuera, hija política. **2** Hijastra.

belle-mère [bɛlmɛʀ] *f.* **1** Suegra, madre política. **2** Madrastra.

belle-sœur [bɛlsœʀ] *f.* **1** Cuñada, hermana política. **2** Hermanastra.

belligérant, -ante [be(ɛl)iʒeʀɑ̃, -ɑ̃t] *adj.-s.* Beligerante.

belliqueux, -euse [be(ɛ)likø, -øz] *adj.* 1 Belicoso, sa, guerrero, ra. 2 Agresivo, va.

belote [bəlɔt] *f.* Juego *m.* de naipes.

bémol [bemɔl] *m.* 1 MUS. Bemol. 2 Loc. fam.: *mettre un ~,* atenuar, suavizar (pensée, paroles).

bénédictin, -ine [benediktɛ̃, -in] *adj.-s.* Benedictino, na.

bénédiction [benediksjɔ̃] *f.* Bendición.

bénéfice [benefis] *m.* Beneficio.

bénéficiaire [benefisjɛʀ] *adj.-s.* 1 Beneficiario, ria. ■ 2 *s.* Beneficiado, da.

bénéficier [benefisje] [2] *intr.* Beneficiarse, aprovecharse.

benêt [bənɛ] *adj.-m.* 1 Bobo, ba. 2 *fam.* Bendito, ta, inocente.

bénévole [benevɔl] *adj.* 1 Voluntario, ria, desinteresado, da, gratuito, ta.

béni, -ie [beni] 1 *p. p.* de **bénir.** 2 *adj.* Bendecido, da.

bénignité [beninite] *f.* Benignidad.

bénin, -igne [benɛ̃, -iɲ] *adj.* Benigno, na.

bénir [beniʀ] *tr.* 1 Bendecir.

bénit, -ite [beni, -it] *adj.* Bendito, ta.

bénitier [benitje] *m.* 1 Pila *f.* de agua bendita *f.* 2 Acetre (portatif).

benne [bɛn] *f.* 1 Vagoneta. 2 Cajón *m.* de volquete (camion). 3 Cuchara de grúa (de grue). 4 MIN. Jaula.

béquille [bekij] *f.* 1 Muleta (de boiteux). 2 Soporte (de moto).

berbère [bɛʀbɛʀ] *adj.-s.* Bereber.

bercail [bɛʀkaj] *m.* 1 Redil.

berceau [bɛʀso] *m.* 1 Cuna *f.* 2 Glorieta *f.* (jardin).

bercer [bɛʀse] [12] *tr.* 1 Acunar, mecer. 2 Arrullar (par un chant, une musique). ■ 3 *pr.* Mecerse, balancearse.

berceuse [bɛʀsøz] *f.* Canción de cuna.

béret [beʀe] *m.* Boina *f.*

bergamote [bɛʀgamɔt] *f.* Bergamota.

berge [bɛʀʒ(ə)] *f.* Ribera, ribazo *m.*

berger, -ère [bɛʀʒe, -ɛʀ] *s.* 1 Pastor, ra. Loc. *Étoile du ~,* lucero del alba; *heure du ~,* hora propicia para los enamorados. ■ 2 *f.* Poltrona (fauteuil).

bergerie [bɛʀʒəʀi] *f.* Redil *m.,* aprisco *m.*

berk! [bɛʀk] *interj.* ¡Puaj!

berline [bɛʀlin] *f.* Berlina.

berlinois, -oise [bɛʀlinwa, -waz] *adj.-s.* Berlinés, -esa.

berne [bɛʀn(ə)] *f.* 1 Burla, engaño *m.* 2 MAR. *Pavillon en ~,* pabellón amorronado. 3 *En ~,* a media asta (drapeau).

berner [bɛʀne] [1] *tr.* Burlarse de, poner en ridículo a.

besace [bəzas] *f.* Alforja.

besogne [bəzɔɲ] *f.* Tarea, trabajo *m.*

besoin [bəzwɛ̃] *m.* 1 Necesidad *f.,* menester: ~ *pressant,* una necesidad urgente; *éprouver le ~ de,* sentir la necesidad de. 2 Necesidad *f.,* indigencia *f.* Loc. *Être dans le ~,* estar necesitado. 3 *Avoir ~ de,* necesitar; necesitar de. 4 *loc. adv. Au ~,* en caso de necesidad. ■ 5 *pl.* Necesidades (du corps): *faire ses petits besoins,* hacer sus necesidades.

bestiaux [bɛstjo] *m. pl.* Ganado *sing.,* reses *f.*

bestiole [bɛstjɔl] *f.* Bicho *m.,* bichito *m.,* bestezuela.

bêta, bêtasse [bɛta, bɛtɑs] *adj.-s.* Bobo, ba, tontorrón, ona.

bétail [betaj] *m.* Ganado.

bête [bɛt] *f.* 1 Animal *m.,* bestia: ~ *de somme,* bestia de carga; ~ *de trait,* animal de tiro; ~ *féroce,* animal feroz; *la ~ humaine,* la bestia humana. 2 Bicho *m.: une méchante ~,* un mal bicho. Loc. *Regarder quelqu'un comme une ~ curieuse,* mirar a alguien como un bicho raro. 3 fig. *Bonne ~,* infeliz, persona sin malicia; *être la ~ noire de,* ser la persona odiada por, la pesadilla de. 4 *Faire la ~,* hacer el tonto, hacerse el tonto. ■ 5 *adj.* Tonto, ta, estúpido, da. 7 *Que c'est ~!,* ¡qué lástima!

bêtise [betiz] *f.* Tontería, necedad.

béton [betɔ̃] *m.* 1 Hormigón. ■ 2 *adj. inv.* fam. Sólido, -da: *une argumentation ~,* un argumento sólido.

bétonner [betɔne] *intr.* fam. Obstruir, dificultar.

betterave [bɛtʀav] *f.* Remolacha.

beuglement [bøgləmɑ̃] *m.* 1 Mugido (bovins). 2 fam. Berrido.

beur, -rette [bœʀ, ʀɛt] *s.* Joven de origen magrebí nacido, -da en Francia.

beurre [bœʀ] *m.* 1 Mantequilla *f.* Loc. fig. fam. *Œil au ~ noir,* ojo a la funerala; *faire son ~,* hacer su agosto.

beurrée [bœʀe] *f.* Tostada de pan con mantequilla.

beurrier, -ière [bœʀje, -jɛʀ] *adj.-s.* 1 Mantequero, ra (personne). ■ 2 *m.* Mantequera *f.* (récipient).

bévue [bevy] *f.* Plancha, coladura, pifia.

biais [bjɛ] *m.* 1 Sesgo, biés (gallic): *tailler un tissus dans le ~,* cortar una tela al biés. 2 fig. Lado, aspecto: *abordons le sujet par ce ~,* abordemos el asunto por ese aspecto. **3** fig. Rodeo, giro indirecto (détour). **4** ARCHIT. Esviaje.

bibelot [biblo] *m.* Bibelot, chuchería *f.,* figurilla *f.*

biberon [bibrɔ̃] *m.* Biberón.

bibliographie [biblijɔgrafi] *f.* Bibliografía.

bibliophile [biblijɔfil] *s.* Bibliófilo, la.

bibliothécaire [biblijɔtekɛr] *s.* Bibliotecario, ria.

bibliothèque [biblijɔtɛk] *f.* Biblioteca.

biblique [biblik] *adj.* Bíblico, ca.

biche [biʃ] *f.* Cierva.

bicoque [bikɔk] *f.* fam. Casita, casucha (maison).

bicyclette [bisiklɛt] *f.* Bicicleta.

bidet [bidɛ] *m.* **1** Bidé. **2** Jaca *f.* (petit cheval).

bidon [bidɔ̃] *m.* Bidón.

bidouillage [bidujaʒ] *m.* fam. **1** Bricolaje. **2** Chapuza.

bidouiller [biduje] *tr.* fam. Hacer bricolage, hacer chapuzas.

bief [bjɛf] *m.* **1** Tramo (de canal). **2** Saetín, caz (de moulin).

bielle [bjɛl] *f.* Biela.

bien [bjɛ̃] *adv.* **1** Bien: *se porter* ~, estar bien de salud. Loc. *Vouloir* ~, servirse, dignarse, querer, aceptar. **2** Muy (très): ~ *content,* muy contento. **3** Mucho (beaucoup): ~ *mieux,* mucho mejor; ~ *plus,* mucho más. **4** Ya: *nous verrons* ~, ya veremos. **5** *loc. conj.* ~ *que,* aunque; *si* ~ *que,* de suerte que. **6** *loc. interj. Eh* ~!, ibueno! ■ **7** *adj.* A gusto (à l'aise). **8** ~*du,* ~*de l',* ~*de la,* ~*des,* mucho, cha, chos, chas: ~ *des fois,* muchas veces. ■ **9** *m.* Bien: *biens meubles et immeubles,* bienes muebles e inmuebles.

bien-aimé, -ée [bjɛ̃neme] *adj.-s.* Amado, da.

bien-être [bjɛ̃nɛtr(ə)] *m.* Bienestar.

bienfaisance [bjɛ̃fəzãs] *f.* Beneficencia.

bienfaisant, -ante [bjɛ̃fəzã, ãt] *adj.* **1** Benéfico, ca (personnes). **2** Beneficioso, sa (choses).

bienfaiteur, -trice [bjɛ̃fɛtœr, -tris] *s.* Bienhechor, ra, benefactor, ra.

bienheureux, -euse [bjɛ̃nœrø, -øz] *adj.-s.* **1** Bienaventurado, da. ■ **2** **adj.** Dichoso, sa, feliz.

biennal, ale [bjenal] *adj.* **1** Bienal, bisanual. ■ **2** *f.* Bienal.

bienséance [bjɛ̃seãs] *f.* **1** Decencia, decoro *m.* **2** Urbanidad, convivencia.

bientôt [bjɛ̃to] *adv.* **1** Pronto, dentro de poco: *à* ~, hasta pronto. **2** Pronto, de

prisa, rápidamente: *cela est* ~ *dit,* eso está dicho pronto.

bienveillance [bjɛ̃vɛjãs] *f.* Benevolencia.

bienveillant, -ante [bjɛ̃vɛjã, -ãt] *adj.* Benévolo, la, indulgente.

bienvenu, -ue [bjɛ̃vny] *adj.-s.* **1** Bien venido, da. ■ **2** *f.* Bienvenida.

bière [bjɛr] *f.* **1** Cerveza. **2** Ataúd *m.* (cercueil).

biffer [bife] [1] *tr.* Borrar, tachar.

bifurcation [bifyrkasjɔ̃] *f.* Bifurcación.

bigame [bigam] *adj.-s.* Bígamo, ma.

bigarré, -ée [bigare] *adj.* Abigarrado, da.

bigarreau [bigaro] *m.* Cereza *f.* gordal.

bigarrer [bigare] [1] *tr.* Abigarrar.

bigle [bigl(ə)] *adj.-s.* Bizco, ca.

bigot, -ote [bigo, -ɔt] *adj.-s.* Santurrón, ona.

bigoterie [bigɔtri] *f.* Santurronería, beatería.

bijou [biʒu] *m.* Alhaja *f.,* joya *f.*

bijouterie [biʒutri] *f.* **1** Joyería. **2** ~ *de fantaisie,* bisutería.

bilan [bilã] *m.* Balance. Loc. *Déposer son* ~, declararse en quiebra.

bilboquet [bilbɔkɛ] *m.* Boliche.

bile [bil] *f.* **1** Bilis. **2** fig. *Se faire de la* ~, apurarse, inquietarse.

billard [bijar] *m.* Billar.

bille [bij] *f.* **1** Bola (de billard). **2** Canica (des jeux d'enfants). **3** pop. Cara, rostro *m.* (visage). **4** MÉC. Bola.

billet [bijɛ] *m.* **1** Billete. **2** Esquela *f.,* cartija *f.* **3** COMM. ~ *au porteur,* efecto al portador; ~ *à ordre,* pagaré.

billevesée [bij(e)vəze] *f.* Simpleza, pamplina.

billion [biljɔ̃] *m.* Billón.

billot [bijo] *m.* **1** Tajo (de cuisine, d'échafaud). **2** Banquillo (de cordonnier). **3** Cepo (de l'enclume).

binaire [binɛr] *adj.* Binario, ria.

biner [bine] [1] *tr.* AGR. Binar.

binette [binɛt] *f.* **1** pop. Cara ridícula. **2** AGR. Binadera, azadilla.

biniou [binju] *m.* Gaita *f.* bretona.

binocle [binɔkl(ə)] *m.* vieil. Binóculo, impertinentes *pl.*

binôme [binom] *m.* Binomio.

biodégradable [bjodegradabl] *adj.* Biodegradable.

biographie [bjɔgrafi] *f.* Biografía.

biologie [bjɔlɔʒi] *f.* Biología.

biologique [bjɔlɔʒik] *adj.* Biológico, -ca: *produit* ~, producto biológico, producto ecológico.

bipède [bipɛd] *adj.-s.* Bípedo, da.

biplan [biplɑ̃] *m.* Biplano.

bique [bik] *f.* fam. Cabra.

biquet, -ette [bike, -ɛt] *s.* fam. Cabrito, ta.

bis, bise [bi, biz] *adj.* Bazo, za, moreno, na: *pain ~,* pan moreno.

bisaïeul, -eule [bizajœl] *s.* Bisabuelo, la.

bisannuel, -elle [bizanɥɛl] *adj.* Bisanual, bienal.

bisbille [bisbij] *f.* fam. Pelotera, pique *m.*

biscaïen, -enne [biskajɛ̃, -ɛn] *adj.-s.* Vizcaíno, na.

biscornu, -ue [biskɔrny] *adj.* 1 Irregular. 2 fam. Estrambótico, ca, extravagante.

biscotte [biskɔt] *f.* Tostada.

biscuit [biskɥi] *m.* 1 Galleta *f.,* pasta *f.* 2 Bizcocho: *~ à la cuiller,* bizcocho ligero. 3 Bizcocho, biscuit, porcelana *f.* mate: *~ de Saxe,* biscuit de Sajonia.

bise [biz] *f.* Cierzo *m.,* viento *m.* frío.

biseau [bizo] *m.* Bisel.

biseauter [bizote] [1] *tr.* 1 Biselar. 2 Marcar (les cartes à jouer).

bison [bizɔ̃] *m.* Bisonte.

bisquer [biske] [1] *intr.* pop. Fastidiarse, rabiar.

bissac [bisak] *m.* Alforjas *f. pl.*

bisser [bise] [1] *tr.* THÉAT. Hacer repetir, repetir.

bissextile [bisɛkstil] *adj.-f.* Bisiesto.

bistouri [bisturi] *m.* Bisturí.

bistre [bistr(ə)] *m.* Bistre.

bistro, bistrot [bistro] *m.* 1 fam. Tasca *f.,* taberna *f.* 2 Tabernero (cabaretier).

bitume [bitym] *m.* Asfalto.

bivouac [bivwak] *m.* MIL., SPORTS. Vivac, vivaque.

bivouaquer [bivwake] [1] *intr.* Vivaquear.

bizarre [bizar] *adj.* Raro, ra, extraño, ña.

bizarrerie [bizarri] *f.* Rareza, singularidad.

blafard, -arde [blafar, -ard(ə)] *adj.* Descolorido, da, pálido, da.

blague [blag] *f.* 1 Petaca (à tabac). 2 Broma, chanza. 3 Bola, mentira, embuste *m.* 4 *interj.* Sans *~!,* ¡en serio!

blaguer [blage] [1] *intr.* fam. Bromear. ■ *tr.* Burlarse de, pinchar.

blaireau [blɛro] *m.* 1 Tejón. 2 Brocha *f.* de afeitar (pour la barbe).

blâmable [blɑmabl(ə)] *adj.* Reprobable, censurable.

blanc, blanche [blɑ̃, -ɑ̃ʃ] *adj.* 1 Blanco, ca: *arme, race blanche,* arma, raza blanca. 2 Cano, na, blanco, ca (cheveux). 3 *examen ~,* ensayo de examen.

■ 4 *m.* Blanco (couleur, matière colorante). 5 *~ d'Espagne,* blanco de España, yeso mate. 6 *~ de poulet,* pechuga *f.; ~ d'œuf,* clara *f.* de huevo. 7 Blanco: *remplissez votre formulaire et n'y laissez aucun ~,* llene usted el formulario y no deje ningún blanco. 8 Lencería *f.* (linge). 9 fig. Momento de silencio: *il y eut un ~ dans la conversation,* la conversación se interrumpió durante un momento.

blanc-bec [blɑ̃bɛk] *m.* Joven inexperto.

blanchâtre [blɑ̃ʃɑtr(ə)] *adj.* Blanquecino, na.

blancheur [blɑ̃ʃœr] *f.* Blancura.

blanchir [blɑ̃ʃir] [3] *tr.* 1 Blanquear. 2 Lavar. 3 CUIS. Sancochar. 4 MÉTAL. Blanquecer. ■ 5 *intr.* Encanecer (les cheveux). 6 fig. Envejecer. ■ 7 *pr.* Exculparse.

blanchissage [blɑ̃ʃisaʒ] *m.* Lavado de ropa.

blanchisserie [blɑ̃ʃisri] *f.* Lavadero *m.,* lavandería.

blanc-seing [blɑ̃sɛ̃] *m.* Firma *f.* en blanco.

blanquette [blɑ̃kɛt] *f.* 1 Guisado *m.* de carne blanca, con salsa de yema. 2 Vino *m.* blanco.

blasé, -ée [blaze] *adj.* Hastiado, da de todo.

blaser [blaze] *tr.* Hastiar.

blasphème [blasfɛm] *m.* Blasfemia *f.*

blasphémer [blasfeme] [14] *tr.-intr.* Blasfemar.

blatte [blat] *f.* Cucaracha.

blé [ble] *m.* 1 Trigo. 2 *~ noir,* alforjón.

blême [blɛm] *adj.* Muy pálido, da.

blêmir [blemir] [3] *intr.* Palidecer.

blessant, -ante [blesɑ̃, -ɑ̃t] *adj.* Ofensivo, va, mortificante.

blesser [blese] [1] *tr.* 1 Herir. 2 Hacer daño. 3 fig. Ofender, agraviar. 4 fig. Infringir, quebrantar (enfreindre).

blessure [blesyr] *f.* 1 Herida. 2 fig. Ofensa, agravio *m.*

blet, blette [blɛ, blɛt] *adj.* Pasado, da: *une poire blette,* una pera pasada.

bleu, eue [blø] *adj.* 1 Azul: *zone bleue,* zona azul. 2 *Bifteck ~,* bistec a la plancha casi crudo. ■ 3 *m.* Azul: *~ ciel, marine,* azul celeste, marino. 4 Añil, azulete. 5 Cardenal, hematoma. 6 Quinto (soldat). 7 Novato (nouvel élève). 8 Mono: *un ~ de mécanicien,* un mono de mecánico. 9 Telegrama. 10 Ciertas variedades de queso parecidas al roquefort.

bleuâtre [bløatʀ(ə)] *adj.* Azulado, da.

bleuet [bløɛ] BOT. Aciano.

bleuir [bløiʀ] [3] *tr.* Azular.

blinder [blɛ̃de] [1] *tr.* Blindar.

bloc [blɔk] *m.* 1 Bloque. 2 Taco, bloc (de feuilles). 3 Agrupación *f.* de partidos, coalición *f.* política. 5 ~ *moteur,* conjunto del motor. 6 Loc. fam. *Mettre au* ~, meter en chirona.

blockhaus [blɔokos] *m.* Blocao.

blocus [blɔkys] *m.* Bloqueo.

blond, -onde [blɔ̃, -ɔ̃d] *adj.-s.* 1 Rubio, bia. 2 *Bière blonde,* cerveza dorada. ■ 3 *f.* Blonda (dentelle).

blondir [blɔ̃diʀ] [3] *intr.* 1 Enrubiarse, volverse rubio, bia. 2 Dorarse (les moissons).

bloquer [blɔke] [1] *tr.* 1 Bloquear. 2 Frenar a fondo. 3 Inmovilizar, trabar. 4 SPORTS. Parar, bloquear (football).

blottir (se) [blɔtiʀ] [3] *pr.* Acurrucarse, agazaparse.

blouse [bluz] *f.* 1 Bata. 2 Blusa, blusón *m.*

blouser [bluze] [1] *tr.* fam. Engañar.

bluff [blœf] *m.* angl. Bluff, infundio.

bluter [blyte] [1] *tr.* Cerner.

bobard [bobaʀ] *m.* Bulo.

bobèche [bɔbɛʃ] *f.* Arandela.

bobine [bɔbin] *f.* 1 Bobina, carrete *m.,* canilla (pour machine à coudre ou à tisser). 2 PHOT. Carrete *m.*

bobiner [bɔbine] [1] *tr.* 1 Bobinar. 2 Encanillar.

bobinette [bɔbinɛt] *f.* Aldabilla.

bobo [bobo] *m.* fam. Pupa *f.*

bocage [bɔkaʒ] *m.* Boscaje, soto.

bocal [bɔkal] *m.* Tarro.

boche [bɔʃ] *adj.-s.* péj. Alemán, ana.

bœuf [bœf] *m.* 1 Buey. 2 Vaca *f.* (boucherie).

bogue [bɔg] *m.* INFORM. Error.

bohémien, -enne [bɔemjɛ̃, -ɛn] *adj.-s.* 1 Bohemio, ia, cíngaro, ra, gitano, na. 2 Bohemio, ia, natural de Bohemia.

boire [bwaʀ] [70] *tr.-intr.* 1 Beber. 2 Embeber, absorber (papier, etc.).

bois [bwa] *m.* 1 Bosque. 2 Madera *f.* 3 Leña *f.* 4 Asta *f.,* cuerna *f.,* cornamenta *f.* (du cerf, etc.).

boisée, -ée [bwaze] *adj.* Poblado, da de árboles.

boiser [bwaze] [1] *tr.* Poblar de árboles.

boiserie [bwazʀi] *f.* 1 Revestimiento *m.* de madera. ■ 2 *pl.* Carpintería *sing.* de una casa.

boisson [bwasɔ̃] *f.* Bebida.

boîte [bwat] *f.* 1 Caja (récipient). 2 Lata (conserves). 3 Bote *m.* (généralement cylindrique). 4 ~ *de nuit,* sala de baile, de fiestas. 5 ANAT. ~ *crânienne,* cavidad craneana. 6 AUTO. ~ *de vitesses,* caja de cambio de marchas.

boiter [bwate] [1] *intr.* Cojear.

boiteux, -euse [bwatø, -øz] *adj.-s.* Cojo, ja.

boîtier [bwatje] *m.* Caja *f.:* ~ *de montre, de lampe de poche,* caja de reloj, de linterna de bolsillo.

bol [bɔl] *m.* 1 Bol, tazón. 2 Loc. fig. fam. *En avoir ras le* ~, estar hasta la coronilla. 3 PHYSIOL. Bolo.

bolcheviste [bɔlʃəvist(ə)] *adj.-s.* Bolchevique.

bolet [bɔlɛ] *m.* Seta *f.,* boleta *f.*

bolide [bɔlid] *m.* Bólido.

bombance [bɔ̃bɑ̃s] *f.* Comilona, franchela.

bombardement [bɔ̃baʀd(ə)mɑ̃] *m.* Bombardeo.

bombarder [bɔ̃baʀde] [1] *tr.* 1 Bombardear. 2 fam. Nombrar bruscamente, ascender inesperadamente.

bombe [bɔ̃b] *m.* Bomba.

bomber [bɔ̃be] [1] *tr.* Combar, abombar.

bon, -onne [bɔ̃, bɔn] *adj.* 1 Bueno, buen (devant un *m.*) buena. Loc. ~ *pour le service,* apto para el servicio; *à quoi* ~?, ¿para qué?; ~ *à rien,* inútil, que no sirve para nada; *elle est bien bonne!,* ¡buena es ésa! ■ 2 *m.* Bono. 3 Vale.

bon [bɔ̃] *adv.* 1 Bien: *trouver* ~, encontrar bien, aprobar; *sentir* ~, oler bien. 2 *loc. adv. Pour de* ~, de veras, en serio. 3 *interj.* ¡Bueno!, ¡bien!

bonace [bɔnas] *m.* Bonanza *f.*

bonasse [bɔnas] *adj.* Bonachón, ona.

bonbon [bɔ̃bɔ̃] *m.* Caramelo.

bonbonnière [bɔ̃bɔnjɛʀ] *f.* 1 Bombonera. 2 fig. Casita elegante.

bond [bɔ̃] *m.* Bote, salto.

bonde [bɔ̃d] *f.* 1 Compuerta (d'un étang). 2 Tapón *m.* (bouchon). 3 Desagüe *m.* (ouverture pour l'écoulement). 4 Agujero *m.* (trou).

bonder [bɔ̃de] *tr.* Atestar, abarrotar.

bondir [bɔ̃diʀ] [3] *intr.* Botar, saltar, brincar.

bonheur [bɔnœʀ] *m.* 1 Felicidad *f.,* dicha *f.* 2 Suerte *f.,* fortuna *f.* 3 *loc. adv. Par* ~, por suerte, por fortuna.

bonhomie [bɔnɔmi] *f.* Bondad, hombría de bien.

bonhomme [bɔnɔm] *m.* 1 Hombre, tío: *quel drôle de* ~!, ¡qué tío más raro! 2

Petit ~, pequeñuelo. **3** Monigote, muñeco.

bonifier [bɔnifje] [2] *tr.* **1** Mejorar, beneficiar. ▪ **2** *tr.* Mejorarse, beneficiarse.

boniment [bɔnimɑ̃] *m.* Charla *f.* engañosa *f.,* soflama *f.,* perorata *f.*

bonjour [bɔ̃ʒuʀ] *m.* Buenos días *pl.*

bonne [bɔn] *f.* Criada, empleada de hogar.

bonne-maman [bɔnmamɑ̃] *f.* Abuelita.

bonnet [bɔnɛ] *m.* **1** Gorro: ~ *de bain, de nuit,* gorro de baño, de dormir. **2** Gorra *f.:* ~ *de police,* gorra de cuartel. **3** Birreta *f.,* birrete (universitaires, magistrats, etc.). Loc. *Prendre le* ~, doctorarse. **4** fam. *Gros* ~, personaje. **5** Bonete (ecclésiastiques).

bon-papa [bɔ̃papa] *m.* Abuelito.

bonsoir [bɔ̃swaʀ] *m.* **1** Buenas noches *f. pl.* **2** Buenas tardes *f. pl.*

bonté [bɔ̃te] *f.* **1** Bondad. **2** Atención, merced, favor *m.*

bonus [bɔnys] *m.* **1** Exceso de lo previsto sobre lo gastado, superávit. **2** Prima *f.,* beneficio.

bord [bɔʀ] *m.* **1** Borde: *plein jusqu'au* ~, lleno hasta el borde. **2** Orilla *f.* **3** Confín. **4** Orla *f.,* ribete (vêtements). **5** Ala *f.* (chapeaux). **6** fig. *Être du* ~ *de,* ser el partido de, tener la misma opinión que. **7** MAR. Bordo. **8** MAR. Borda *f.*

bordée [bɔʀde] *f.* **1** ARTILL. Descarga, andanada. **2** fig. *Une* ~ *d'injures,* una sarta de insultos. **3** MAR. Bordada. Loc. fig. *Courir une* ~, ir de juerga, ir de taberna en taberna.

bordelais, -aise [bɔʀdəlɛ, -ɛz] *adj.-s.* Bordelés, esa.

border [bɔʀde] [1] *tr.* **1** Bordear, circundar. **2** Ribetear, orlar (un vêtement). **3** ~ *le lit,* remeter la ropa de la cama. **4** MAR. Costear.

bordure [bɔʀdyʀ] *f.* **1** Orla, orilla. **2** Ribete *m.* (d'un vêtement). **3** Cenefa (d'un rideau, etc.). **4** Marco *m.,* orla (d'un tableau). **5** Lindero *m.* (d'un bois). **6** Bordillo *m.,* encintado *m.* (d'un trottoir).

borgne [bɔʀɲ(ə)] *adj.-s.* **1** Tuerto, ta. **2** fig. Sórdido, da, de mala fama.

borique [bɔʀik] *adj.* Bórico.

borne [bɔʀn(ə)] *f.* **1** Hito, mojón *m.* **2** ELÉCTR. Borne *m.*

borné, -ée [bɔʀne] *adj.* **1** Limitado, da. **2** De pocos alcances (esprit).

borner [bɔʀne] [1] *tr.* **1** Limitar. **2** Amojonar.

bosse [bɔs] *f.* **1** Giba, joroba. **2** Chichón

m. (enflure). **3** Abolladura. **4** Relieve *m.,* adorno en relieve *m.* (relief). **5** Protuberancia (du crâne). **6** fig. Don *m.,* disposición natural.

bosseler [bɔsle] [19] *tr.* **1** Abollar. **2** Repujar (orfèvrerie).

bossu, -ue [bɔsy] *adj.-s.* Jorobado, da.

botanique [bɔtanik] *adj.* **1** Botánico, ca. ▪ **2** *f.* Botánica.

botte [bɔt] *f.* **1** Bota (chaussure). **2** Haz *m.,* gavilla, manojo *m.* **3** ESCR. Estocada, botonazo *m.*

botter [bɔte] [1] *tr.* **1** Calzar con botas (chaussure). **2** Dar un puntapié, una patada. **3** SPORTS. Tirar (le ballon). ▪ **4** *intr.* fam. Convenir: *ça me botte,* me conviene, me va. **5** SPORTS. Chutar. ▪ **6** *pr.* Calzarse.

bottier [bɔtje] *m.* Zapatero de lujo, zapatero de artesanía.

bottine [bɔtin] *f.* Bota, botina.

bouc [buk] *m.* Macho cabrío. **2** fig. ~ *émissaire,* cabeza de turco.

boucan [bukɑ̃] *m.* pop. Alboroto, jaleo.

boucaner [bukane] [1] *intr.* Ahumar, acecinar.

bouche [buʃ] *f.* **1** Boca. Loc. ~ *cousue!,* ¡punto en boca!; *faire la fine* ~, hacer remilgos; *une fine* ~, un gastrónomo. **2** Boca, desembocadura (d'un fleuve).

bouchée [buʃe] *f.* **1** Bocado *m.* Loc. fig. *Pour une* ~ *de pain,* por una bicoca. **2** Pastelillo *m.* **3** Bombón *m.*

boucher [buʃe] [1] *tr.* Tapar, obstruir (une ouverture). **2** Tapar, taponar (une bouteille).

boucher, -ère [buʃe, -ɛʀ] [1] *s.* Carnicero, ra.

boucherie [buʃʀi] *f.* **1** Carnicería. **2** fig. Matanza, carnicería (carnage).

bouchon [buʃɔ̃] *m.* **1** Tapón. **2** Corcho (en liège). **3** ~ *de paille,* estropajo. **4** Chito, tángano (jeu). **5** Flotador, corcho (de ligne de pêche). **6** Embotellamiento, tapón, atasco (circulation): *les bouchons du week-end,* los atascos de los fines de semana.

boucle [bukl(ə)] *f.* **1** Hebilla. **2** ~ *d'oreille,* pendiente *m.,* zarcillo *m.* **3** Lazada, lazo *m.* **4** Rizo *m.,* bucle *m.* (de cheveux). **5** Curva (d'un fleuve).

boucler [bukle] [1] *tr.* **1** Abrochar, cerrar. Loc. fam. *boucle-la!* cierra la boca, cállate. **2** Encerrar (emprisonner). **3** Completar (un circuit). **4** Acordonar (entourer par des forces de police). **5** AÉR. ~ *la boucle,* rizar el rizo. ▪ **6** *intr.* Rizarse (les cheveux).

bouclier [buklje] *m.* Escudo, broquel.
bouddhisme [budism(ə)] *m.* Budismo.
bouder [bude] [1] *intr.-tr.* 1 Estar enfurruñado, da, poner mala cara. 2 Rechazar, apartarse de (quelque chose).
bouderie [budʀi] *f.* Enojo *m.,* mohína, enfado *m.*
boudin [budɛ̃] *m.* 1 Morcilla *f.* 2 *Ressort à* ~, muelle en espiral.
boudoir [budwaʀ] *m.* Camarín, gabinete de señora.
boue [bu] *f.* Barro *m.,* lodo *m.*
bouée [bwe] *f.* MAR. Boya.
boueur [bwœʀ], **boueux** [bwø] *m.* Basurero.
bouffant, -ante [bufɑ̃, -ɑ̃t] *adj.* 1 Hueco, ca, ahuecado, da: *cheveux bouffants,* cabello hueco.
bouffe [buf] *adj.* Bufo, fa: *ópera* ~, ópera bufa. ■ 2 *f.* pop. Comida, manduca.
bouffée [bufe] *f.* 1 Bocanada. 2 Chupada. 3 Arranque *m.:* acceso *m.,* ataque *m.* 4 MÉD. ~ *de chaleur,* bochorno *m.*
bouffer [bufe] [1] *intr.* 1 Ahuecarse, estar ahuecado, da. ■ 2 *tr.-intr.* pop. Comer, tragar (manger).
bouffi, -ie [bufi] *adj.* 1 Hinchado, da: 2 fig. péj. Engreído, da, hinchado, da.
bouffissure [bufisyʀ] *f.* Hinchazón.
bouffon, -onne [bufɔ̃, -ɔn] *adj.* 1 Bufón, ona. ■ 2 *m.* Bufón. 3 THÉAT. Gracioso.
bouffonnerie [bufɔnʀi] *f.* Bufonada.
bouge [buʒ] *m.* Tabuco, tugurio.
bougeoir [buʒwaʀ] *m.* Palmatoria *f.*
bouger [buʒe] [13] *intr.* 1 Menearse, moverse. 2 fig. Rebelarse, agitarse. 3 fam. Variar, cambiar (changer). ■ 4 *tr.* fam. Mover. 5 Menear (remuer).
bougie [buʒi] *f.* 1 Bujía, vela. 2 ÉLECTR., MÉC. Bujía. 3 CHIR. Candelilla, sonda.
bougonner [bugɔne] [1] *intr.* fam. Gruñir, refunfuñar.
bougre, -esse [bugʀ(ə), -ɛs] *s.* 1 pop. Sujeto, individuo, persona *f.* tío. 2 péj. So: ~ *d'imbécile!,* iso imbécil! 3 *interj.* ¡Caramba!
bougrement [bugʀəmɑ̃] *adv.* Extremadamente.
bouillabaise [bujabɛs] *f.* Sopa de pescado.
bouillant, -ante [bujɑ̃, -ɑ̃t] *adj.* 1 Hirviente, que hierve. 2 fig. Fogoso, sa, ardiente.
bouilleur [bujœʀ] *m.* 1 Destilador. 2 Caldera *f.* (de machine).
bouillie [buji] *f.* 1 Papilla (pour les bébés). 2 Gachas *pl.,* papilla.

bouillir [bujiʀ] [31] *intr.* 1 Hervir. 2 fig. Arder: ~ *d'impatience,* arder de impaciencia.
bouilloire [bujwaʀ] *f.* Hervidor *m.*
bouillon [bujɔ̃] *m.* 1 Caldo. 2 Borbotón, burbuja *f.*
bouillonner [bujɔne] [1] *intr.* 1 Borbotear. 2 fig. Hervir, agitarse.
bouillotte [bujɔt] *m.* Calentador *m.*
boulanger, -ère [bulɑ̃ʒe, -ɛʀ] *s.* Panadero, ra.
boulangerie [bulɑ̃ʒʀi] *f.* Panadería, tahona.
boule [bul] *f.* 1 Bola. 2 Bocha (pour jouer). 3 pop. Cabeza: *perdre la* ~, perder la cabeza.
bouleau [bulo] *m.* Abedul.
boulet [bulɛ] *m.* 1 Bala *f.* (de canon). 2 Bola *f.* (de bagnard).
boulette [bulɛt] *f.* 1 Bolita. 2 fam. Plancha, coladura (bévue). 3 CUIS. Albóndiga.
bouleversement [bulvɛʀs(ə)mɑ̃] *m.* Trastorno.
bouleverser [bulvɛʀse] [1] *tr.* Trastornar.
boulon [bulɔ̃] *m.* Perno.
boulot, -otte [bulo, -ɔt] *adj.-s.* 1 Gordinflón, ona, regordete, ta, cachigordo, da. ■ 2 *m.* fam. Trabajo: *au* ~!, ia trabajar! 3 fam.: *petit* ~, trabajillo.
boulotter [bulɔte] [1] *tr. intr.* pop. Comer, manducar.
bouquet [bukɛ] *m.* 1 Ramo, ramillete. 2 Manojo. 3 ~ *d'arbres,* bosquecillo. 4 Aroma, buqué (vin, liqueurs).
bouquin [bukɛ̃] *m.* fam. Libro.
bouquiniste [bukinist(ə)] *s.* Librero, ra de viejo.
bourbe [buʀb(ə)] *f.* Fango *m.,* cieno *m.*
bourbeux, -euse [buʀbø, -øz] *adj.* Cenagoso, sa.
bourde [buʀd(ə)] *f.* Sandez *m.*
bourdon [buʀdɔ̃] *m.* 1 Abejorro. 2 *Faux* ~, zángano, abejón. 3 Campana *f.* mayor (cloche). 4 MUS. Bordón.
bourdonnement [buʀdɔnmɑ̃] *m.* 1 Zumbido. 2 Rumor, murmullo (de voix).
bourdonner [buʀdɔne] [1] *intr.* Zumbar.
bourg [buʀ] *m.* Burgo, villa *f.*
bourgeois, -oise [buʀʒwa, -waz] *adj.-s.* 1 Burgués, esa. Loc. adv. *En* ~, de paisano. ■ 2 *m.* Amo, patrón.
bourgeoisie [buʀʒwazi] *f.* Burguesía.
bourgeonner [buʀʒɔne] [1] *intr.* 1 BOT. Brotar. 2 MÉD. Llenarse de granos.
bourguignon, -onne [buʀɡiɲɔ̃, -ɔn] *adj.-s.* Borgoñón, ona.

bourrade [buʀad] f. Golpe m., empujón m.

bourrage [buʀaʒ] m. 1 Relleno (coussin). 2 INFORM.: ~ *papier,* atasco de papel (imprimante).

bourrasque [buʀask(ə)] f. Borrasca.

bourre [buʀ] f. 1 Borra. 2 Taco m. (d'une arme). 3 BOT. Pelusa.

bourré, -ée [buʀe] adj. 1 Atiborrado, da. ▪ 2 f. Danza de Auvernia.

bourreau [buʀo] m. Verdugo.

bourrelet [buʀlɛ] m. 1 Burlete. 2 ~ *de graisse,* rosco, rollo, michelín.

bourrelier [buʀəlje] m. Guarnicionero.

bourrer [buʀe] [1] tr. 1 Emborrar. 2 Henchir, atestar (remplir). 3 Cargar (une pipe). ▪ 4 pr. fam. Atracarse.

bourrique [buʀik] f. 1 Borrica. 2 fig. Borrico m. (ignorant).

bourru, -ue [buʀy] adj. Brusco, ca, adusto, ta, áspero, ra.

bourse [buʀs(ə)] f. 1 Bolsa. 2 Beca (d'études). 3 COMM., ÉCON. Bolsa.

boursier, -ière [buʀsje, -jɛʀ] adj.-s. 1 Becario, ria (étudiant). ▪ 2 adj. COMM., ÉCON. Bursátil. ▪ 3 m. Bolsista.

boursouflé, -ée [buʀsufle] adj. 1 Hinchado, da. 2 fig. Ampuloso, sa.

boursouflure [buʀsuflyʀ] f. 1 Hinchazón. 2 fig. Ampulosidad.

bousculade [buskylad] f. 1 Empujón m., atropello m. 2 Remolino m. (d'une foule).

bousculer [buskyle] [1] tr. 1 Empujar, atropellar. 2 Apresurar, meter prisa.

bousiller [buzije] [1] tr. 1 fam. Chapucear, frangollar. 2 Echar a perder, estropear (détériorer). 3 pop. Matar (tuer).

boussole [busɔl] f. Brújula.

bout [bu] m. 1 Cabo, punta f., extremo, fin: Loc. *Être à* ~, estar rendido; *à* ~ *de souffle,* sin aliento; *manger du* ~ *des dents,* comer sin apetito; *rire du* ~ *des lèvres,* reír sin ganas; *pousser à* ~, exasperar; *savoir sur le* ~ *du doigt,* saber al dedillo; *tenir le haut* ~, predominar. 2 *loc. adv. À* ~ *portant,* a quemarropa; *au* ~ *du compte,* después de todo; *d'un* ~ *à l'autre,* de cabo a rabo. 3 Trozo, pedacito, cabo. 4 Contera f., regatón (de canne, de parapluie).

boutade [butad] f. Ocurrencia mordaz, salida de tono, exabrupto m.

bouteille [butɛj] f. Botella.

bouton [butɔ̃] m. 1 Botón: ~ *nacré,* botón nacarado. 2 *Bouton-pression,* automático. 3 ~ *de manchette,* gemelo

de puños. 4 Tirador (d'une porte). 5 BOT. Yema. 6 MÉD. Grano.

boutonner [butɔne] [1] tr. 1 Abotonar, abrochar (vêtements). ▪ 2 intr. BOT. Abotonar. ▪ 3 pr. Abotonarse, abrocharse.

boutonnière [butɔnjɛʀ] f. Ojal m.

bouvier, -ière [buvje, -jɛʀ] s. Boyero, ra, vaquero, ra.

bouvreuil [buvʀœj] m. Pardillo.

bovin, -ine [bɔvɛ̃, -in] adj. 1 Bovino, na. ▪ 2 m. pl. Bovinos.

boxe [bɔks(ə)] f. Boxeo m.

boxer [bɔkse] [1] intr. Boxear.

boyau [bwajo] f. 1 Tripa f.: *corde de* ~, cuerda de tripa. 2 fig. Pasaje largo y angosto. 3 Tubular (bicyclette).

boycottage [bɔjkɔtaʒ] m. Boicoteo.

bracelet [bʀaslɛ] m. 1 Pulsera f., brazalete. 2 ~ *montre,* reloj de pulsera.

braconnier, -ière [bʀakɔnje, -jɛʀ] s. Cazador, ra furtivo, va (chasse), pescador, ra furtivo, va (pêche).

brahmane [bʀaman] m. Bracmán, brahmán.

brai [bʀɛ] m. Brea f.

braillard, -arde [bʀajaʀ, -aʀd(ə)] adj.-s. Vocinglero, ra, gritón, ona.

brailler [bʀaje] [1] intr. Gritar, vociferar.

braire [bʀɛʀ] [58] intr. Rebuznar.

braise [bʀɛz] f. Brasa, ascua.

braiser [bʀeze] [1] tr. Asar a fuego lento.

bramer [bʀame] [1] intr. Bramar.

brancard [bʀɑ̃kaʀ] m. 1 Camilla f., parihuelas f. pl., andas f. pl. (civière). 2 Vara f. (de charrette).

brancardier [bʀɑ̃kaʀdje] m. Camillero.

branchage [bʀɑ̃ʃaʒ] m. Ramaje.

branche [bʀɑ̃ʃ] f. 1 Rama. 2 Brazo m. (d'un chandelier). 3 Pierna (d'un compas). 4 Rama, ramo m.: *la statistique est une* ~ *des mathématiques,* la estadística es una rama de las matemáticas.

branchement [bʀɑ̃ʃmɑ̃] m. 1 Empalme, acometida f. 2 Ramificación f.

branchie [bʀɑ̃ʃi] f. Branquia.

brandade [bʀadad] f. Bacalao m. a la provenzal.

brandir [bʀadiʀ] [3] tr. Blandir, enarbolar.

brandon [bʀadɔ̃] m. 1 Hachón, tea f. 2 Pavesa f. (d'un incendie).

branle [bʀal] m. 1 Oscilación f., vaivén. 2 *Mettre en* ~, poner en movimiento.

branle-bas [bʀalba] m. invar. 1 Zafarrancho. 2 fig. Tumulto, agitación f.

branler [bʀale] [1] tr. 1 Menear, hacer bambolear. ▪ 2 intr. Tambalearse.

braque [bʀak] *m.* **1** Braco, perro perdiguero. ■ **2** *adj.* fam. Atolondrado, da.

braquer [bʀake] [1] *tr.* **1** Apuntar (une arme), enfocar (une longue-vue, etc.). **2** Dirigir (le regard).

bras [bʀa] *m.* **1** Brazo. **2** *loc. adv. À ~ ouverts,* con los brazos abiertos; *à ~ tendus,* a pulso; *à tour de ~,* con todas sus fuerzas; ~ *dessus,* ~ *dessous,* del brazo, cogidos del brazo; *en ~ de chemise,* en mangas de camisa. **3** Brazo (d'un fauteuil, d'un levier, etc.). **4** MAR. Braza. **5** ~ *de fer,* pulso.

brasier [bʀazje] *m.* **1** Montón de brasas, hoguera *f.* **2** fig. Fuego, ardor.

brassée [bʀase] *f.* Brazado *m.,* brazada.

brasser [bʀase] [1] *tr.* **1** Mezclar removiendo. **2** ~ *la bière,* fabricar la cerveza. **3** fig. Apalear (de l'argent), manejar (des affaires). **4** MAR. Bracear.

brasserie [bʀasʀi] *f.* Cervecería.

bravache [bʀavaʃ] *adj.-s.* Bravucón, ona, baladrón, ona.

bravade [bʀavad] *f.* Bravata.

brave [bʀav] *adj.* **1** Valiente, bravo, va. **2** Bueno, na: *un ~ garçon,* un buen chico.

braver [bʀave] [1] *intr.* Desafiar, retar.

bravo [bʀavo] *interj.* ¡Bravo!

bravoure [bʀavuʀ] *f.* Bravura, valentía.

brebis [bʀəbi] *f.* Oveja.

brèche [bʀɛʃ] *f.* **1** Brecha. **2** Mella (à un couteau). **3** Desportilladura (à une assiette).

brèche-dent [bʀɛʃdã] *adj.-s.* Mellado, da.

bredouille [bʀəduj] *adj.* Fracasado en la caza o la pesca, o en un intento.

bredouiller [bʀəduje] [1] *intr.* Farfullar.

bref, brève [bʀɛf, ɛv] *adj.* **1** Breve. **2** Brusco, ca, imperativo, va ■ **3** *m.* Breve (du pape). ■ **4** *f.* Breve (note, syllabe).

breloque [bʀəlɔk] *f.* Dije *m.* Loc. fig. *Battre la ~,* estar chiflado, da.

brésilien, -enne [bʀeziljɛ̃, -ɛn] *adj.-s.* Brasileño, ña.

bretelle [bʀətɛl] *f.* **1** Correa (courroie). **2** Aguijas *pl.* (chemin de fer). **3** Carretera de enlace. ■ **4** *pl.* Tirantes *m.*

breton, -onne [bʀətɔ̃, -ɔn] *adj.-s.* Bretón, ona.

breuvage [bʀœvaʒ] *m.* Brebaje.

brevet [bʀəvɛ] *m.* **1** Patente *f.* **2** Diploma (d'études). **3** Título (professionnel).

breveter [bʀəvte] [20] *tr.* Patentar.

bréviaire [bʀevjɛʀ] *m.* Breviario.

bribe [bʀib] *f.* **1** Migaja, cantidad pequeña. ■ **2** *pl.* Restos *m.,* sobras, migajas.

bric-à-brac [bʀikabʀak] *m. invar.* **1** Baratillo. **2** *Marchand de ~,* baratillero.

bricolage [bʀikɔlaʒ] *m.* Bricolaje.

bricoler [bʀikɔle] *intr.* **1** Hacer chapuzas. ■ **2** *tr.* Arreglar, reparar provisionalmente. **3** Hacer bricolaje.

bride [bʀid] *f.* **1** Brida. Loc. *À ~ abattue, à toute ~,* a rienda suelta. **2** fig. *Laisser la ~ sur le cou à quelqu'un,* dar rienda suelta a alguien; *tenir en ~,* sujetar; *tourner ~,* volver grupa. **3** Cinta (d'un chapeau). **4** TECHN. Abrazadera.

brider [bʀide] [1] *tr.* **1** Embridar (un cheval). **2** Atar (une volaille). **3** fig. Reprimir.

brièveté [bʀijɛvte] *f.* **1** Brevedad. **2** Concisión (style).

brigade [bʀigad] *f.* **1** Brigada. **2** Destacamento *m.,* escuadra.

brigand [bʀigã] *m.* Bandido.

brigandage [bʀigãdaz] *m.* Bandidaje.

brigantin [bʀigãtɛ̃] *m.* Bergantín.

brigue [bʀig] *f.* Intriga, maniobra.

briguer [bʀige] [1] *tr.* Solicitar, pretender, ambicionar.

brillant, -ante [bʀijã, -ãt] *adj.* **1** Brillante. ■ **2** *m.* Brillo, lustre. **3** Brillante (diamant).

briller [bʀije] [1] *intr.* Brillar.

brimade [bʀimad] *f.* Novatada.

brimbaler [bʀɛ̃bale] [1] *intr.* Bambolearse.

brin [bʀɛ̃] *m.* **1** Tallito. **2** Brizna *f.* **3** Hebra *f.* (d'une corde). **4** Pizca *f.,* poquito.

brioche [bʀijɔʃ] *f.* **1** Bollo *m.* **2** fam. Panza (ventre).

brique [bʀik] *f.* Ladrillo *m.*

briquet [bʀikɛ] *m.* Mechero, encendedor.

briquette [bʀikɛt] *f.* Aglomerado *m.* de carbón.

bris [bʀi] *m.* Fractura *f.,* rotura *f.*

brisant [bʀizã] *m.* Rompiente, escollo.

brise [bʀiz] *f.* Brisa, airecillo *m.*

brise-glace [bʀizglas] *m. invar.* Rompehielos.

brise-lames [bʀizlam] *m. invar.* Rompeolas.

briser [bʀize] [1] *tr.* **1** Romper, quebrar. **2** Quebrantar. **3** Destrozar. **4** fig. Moler, rendir, extenuar (de fatigue). ■ **5** *intr.* Romper: ~ *avec quelqu'un,* romper con alguien. **6** *Brisons là,* acabemos, no hablemos más. **7** Romper (les vagues).

brisure [bʀizyʀ] *f.* Rotura, fractura.

brocanteur, -euse [bʀɔkãtœʀ, -øz] *s.* Chamarilero, ra, antiquario, ria.

brochage [bʀɔʃaʒ] *m.* Encuadernación *f.* en rústica.

broche [bʀɔʃ] *f.* **1** Asador *m.*, espetón *m.* (pour faire rôtir). **2** Alfiler *m.*, broche *m.* (bijou). **3** TISS. Huso *m.*

brochet [bʀɔʃe] *m.* Lucio.

brochette [bʀɔʃɛt] *f.* Broqueta.

brochure [bʀɔʃyʀ] *f.* **1** Encuadernación en rústica. **2** Folleto *m.* (petit livre). **3** Recamado *m.* (sur tissus).

brodequin [bʀɔdkɛ̃] *m.* Borceguí.

broder [bʀɔde] [1] *tr.* **1** Bordar. ■ **2** *intr.* Exagerar, inventar.

broderie [bʀɔdʀi] *f.* Bordado *m.*

broncher [bʀɔ̃ʃe] [1] *intr.* **1** Tropezar. **2** Moverse (bouger). **3** Fallar (rater). **4** Chistar: *sans ~*, sin chistar.

bronchite [bʀɔ̃ʃit] *f.* Bronquitis *f. invar.*

bronzant, -te [bʀɔ̃zã, t] *adj.* Bronceador, ra.

bronze [bʀɔ̃z] *m.* Bronce.

bronzer [bʀɔ̃ze] [1] *tr.* **1** Broncear. **2** Curtir, broncear, atezar (le teint). ■ **3** *intr.-pr.* Broncearse.

bronzette [bʀɔ̃zɛt] *f.* fam. Tostado *m.*

bronzeur [bʀɔ̃zœʀ], **bronzier** [bʀɔ̃zje] *m.* MÉTAL. Broncista.

brosse [bʀɔs] *f.* **1** Cepillo *m.* **2** Brocha (pinceau).

brosser [bʀɔse] [1] *tr.* **1** Cepillar. **2** Pintar con brocha (peindre). **3** fig. Describir, pintar.

brou [bʀu] *m.* **1** Ruezno, cáscara *f.* verde. **2** ~ *de noix*, nogalina *f.*

brouette [bʀuɛt] *f.* Carretilla.

brouhaha [bʀuaa] *m.* Batahola *f.*, ruido confuso y tumultuoso.

brouillard [bʀujaʀ] *m.* **1** Niebla *f.* **2** COMM. Libro borrador.

brouille [bʀuj] *f.* Desunión *m. desavenencia.*

brouiller [bʀuje] [1] *tr.* **1** Revolver, mezclar (mêler). **2** Perturbar (une émission de radio). **3** Enturbiar (rendre trouble). **4** Confundir. **5** Malquistar, enemistar (désunir). ■ **6** *pr.* Nublarse (le ciel). **8** Enturbiarse (un liquide). **9** Turbarse (devenir trouble). **10** Enemistarse, desavenirse, reñir.

brouillon, -onne [bʀujɔ̃, -ɔn] *adj.* **1** Embrollón, ona, chismoso, sa. ■ **2** *m.* Borrador.

broussaille [bʀusaj] *f.* **1** Maleza, broza. **2** *En ~*, enmarañado, da.

brousse [bʀus] *f.* Matorral *m.* extenso.

brouter [bʀute] [1] **1** *tr.* Ramonear, pacer. ■ **2** *intr.* Vibrar (mécanisme).

broutille [bʀutij] *f.* Fruslería.

broyer [bʀwaje] [23] *tr.* **1** Moler, triturar.

Loc. fig. ~ *du noir*, entregarse a la melancolía. **2** Agramar (chanvre, lin).

bru [bʀy] *f.* Nuera.

bruiner [bʀɥine] [1] *impers.* Lloviznar, cerner.

bruire [bʀɥiʀ] [3 défectif] *intr.* Susurrar, murmurar.

bruissant, -ante [bʀɥisã, -ãt] *adj.* Susurrante.

bruit [bʀɥi] *m.* **1** Ruido. **2** Rumor, voz *f.*

brûlage [bʀylaʒ] *m.* Quema *f.*

brûlant, -ante [bʀylã, -ãt] *adj.* Ardiente, abrasador, ra.

brûle-pourpoint (à) [abʀylpuʀpwɛ̃] *loc. adv.* A quema ropa, a quemarropa.

brûler [bʀyle] [1] *tr.* **1** Quemar. Loc. fig. ~ *ses vaisseaux*, quemar las naves. **2** Tostar (café). **3** Pasar de largo, quemar: ~ *les étapes*, quemar etapas. Loc. fig. ~ *le pavé*, ir a escape; ~ *la politesse à quelqu'un*, dejar plantado a alguien. ■ **4** *intr.* Arder, quemarse: *le bois brûle*, la leña arde. **5** Quemar, estar muy caliente. **6** Arder en deseos, desear vivamente. **7** *Tu brûles!*, ique te quemas! (jeux).

brûlerie [bʀylʀi] *f.* **1** Destilería (eau-de-vie). **2** Tostadero *m.* (café).

brûleur [bʀylœʀ] *m.* Mechero, quemador (à gaz, mazout).

brûloir [bʀylwaʀ] *m.* Tostador de café.

brûlure [bʀylyʀ] *f.* Quemadura.

brume [bʀym] *f.* Bruma.

brumeux, -euse [bʀymø, -øz] *adj.* Brumoso, sa.

brun, -une [bʀœ̃, -yn] *adj.-m.* **1** Pardo, da (couleur). **2** ■ *adj.-s.* Moreno, na (teint, cheveux, personne).

brune [bʀyn] *f.* **1** Atardecer *m.* **2** *À la ~*, al atardecer.

brunir [bʀyniʀ] [3] *tr.* **1** Tostar, atezar, broncear (le teint). **2** MÉTAL. Bruñir.

brusque [bʀysk(ə)] *adj.* Brusco, ca.

brusquer [bʀyske] [1] *tr.* **1** Tratar con dureza. **2** Precipitar, apresurar.

brusquerie [bʀysk(ə)ʀi] *f.* Brusquedad.

brut, -ute [bʀyt] *adj.* **1** En bruto. **2** Bruto, ta. **3** Tosco, ca.

brutal, -ale [bʀytal] *adj.* Brutal.

brutalité [bʀytalite] *f.* Brutalidad.

brute [bʀyt] *f.* **1** Bruto *m.* **2** Bruto, bestia *f.* (animal).

bruyant, ante [bʀɥjã, -ãt] *adj.* Ruidoso, sa.

bruyère [bʀy(ɥi)jɛʀ] *f.* **1** Brezo *m.* (plante). **2** Brezal *m.* (lieu).

buanderie [bɥ(y)ãdʀi] *f.* Lavadero *m.*

buccal, -ale [bykal] *adj.* Bucal.

bûche [byʃ] f. **1** Leño m. **2** ~ *de Noël,* pastel m. de Navidad en forma de tronco. **3** fig. Zoquete, estúpido, da. **4** pop. Caída (chute).

bûcher [byʃe] [1] m. **1** Leñera f. **2** Hoguera f., pira f.

bûcher [byʃe] [1] tr. **1** Desbastar (dégrossir). **2** fam. Machacar, estudiar (étudier). ■ **3** intr. fam. Trabajar con ardor, afanosamente, empollar.

bûcheron [byʃʀɔ̃] m. Leñador.

bucolique [bykɔlik] adj. Bucólico, ca.

budget [bydʒɛ] m. Presupuesto.

buée [bɥe] f. Vaho m., vapor m.

buffet [byfe] m. **1** Aparador (meuble). **2** Armario (de cuisine). **3** Ambigú (table garnie de rafraîchissements, etc.). **4** Fonda f. **5** pop. Estómago, tripa f. (estomac). **6** MUS. Caja f.

buffle, bufflone [byfl(ə), byflɔn] s. Búfalo, la.

buffleterie [byflə(ɛ)tri] f. Correaje m.

bugle [bygl(ə)] m. MUS. Bugle, cornetín de llaves.

buisson [bɥisɔ̃] m. Matorral, zarzal.

buissonnier, -ière [bɥisɔnje, -jɛʀ] adj. **1** Montaraz. **2** Loc. *Faire l'école buissonnière,* hacer novillos.

bulbe [bylb(ə)] m. ANAT., BOT. Bulbo.

bulgare [bylgaʀ] adj.-s. Búlgaro, ra.

bulldozer [byldozœʀ] m. Excavadora f.

bulle [byl] f. **1** Burbuja (d'air). **2** Pompa: ~ *de savon,* pompa de jabón. **3** RELIG. Bula. ■ **4** adj. *Papier* ~, papel de estraza.

bulletin [byltɛ̃] m. **1** Boletín. **2** Parte: ~ *météorologique, de santé,* parte meteorológico, facultativo. **3** Talón: ~ *de bagages,* talón de equipajes. **4** Papeleta f.: ~ *de vote,* papeleta de voto.

bure [byʀ] f. **1** Paño m. buriel. **2** Sayal m. (de religieux).

bureau [byʀo] m. **1** Escritorio, mesa f. de despacho (table). **2** Despacho, oficina f.: ~ *ministériel,* despacho ministerial.

3 Agencia f. **4** ~ *de poste,* oficina f. de correos; ~ *de tabac,* estanco. **5** Mesa f. (d'une assemblée).

bureaucratie [byʀokʀasi] f. Burocracia.

bureautique [byʀotik] f. Ofimática.

burette [byʀɛt] f. **1** Alcuza, vinagrera. **2** LITURG. Vinajera.

burin [byʀɛ̃] m. Buril.

buriner [byʀine] [1] tr. Burilar, grabar.

burlesque [byʀlɛsk(ə)] adj. Burlesco, ca.

burnous [byʀnu(s)] m. Albornoz.

buse [byz] f. **1** Saetín m. (de moulin). **2** MIN. Tubo m. de ventilación. **3** Cernícalo m. (oiseau). **4** fig. Estúpido, da.

busqué, -ée [byske] adj. Arqueado, da, corvo, va: *nez* ~, nariz corva.

buste [byst(ə)] m. Busto.

but [byt] m. **1** Blanco, hito: *frapper au* ~, dar en el blanco. **2** Objeto, fin, mira f. **3** SPORTS Meta f., portería f. (football). **4** Tanto conseguido: *gagner par quatre buts à zéro,* ganar por cuatro a cero. **5** loc. adv. *De* ~ *en blanc,* de golpe y porrazo.

butane [bytan] m. Butano: *bouteille de* ~, bombona de butano.

buté, -ée [byte] adj. Obstinado, da, emperrado, da.

buter [byte] [1] intr. **1** Tropezar. ■ **2** tr. Apuntalar (étayer). **3** pop. Matar. ■ **4** pr. Topar, chocar con: *se* ~ *à des difficultés,* topar con dificultades. **5** Obstinarse, emperrarse (s'entêter).

butin [bytɛ̃] m. Botín.

butiner [bytine] [1] tr.-intr. Libar.

butoir [bytwaʀ] m. Tope.

butte [byt] f. Loma, cerro m.

buvable [byvabl(ə)] adj. Bebible.

buvard [byvaʀ] adj. **1** *Papier* ~, papel secante. **2** Carpeta f. (sous-main).

buvette [byvɛt] f. Cantina, quiosco m. de bebidas, aguaducho m.

buveur, -euse [byvœʀ, -øz] s. Bebedor, ra.

byzantin, -ine [bizɑ̃tɛ̃, -in] adj.-s. Bizantino, na.

C

c [se] *m.* C *f.*

ça [sa] *pron. dém. (contr. fam. de cela).* Esto, eso, aquello: *c'est ~*, eso es. Loc. *Comme ci, comme ~*, así así; *~ y est*, ya está; *rien que ~*, nada más; *il ne manquait plus que ~*, sólo faltaba eso.

çà [sa] *adv.* 1 Aquí, acá. 2 *Çà et là*, aquí y allá.

cabale [kabal] *f.* 1 Cábala. 2 Camarilla.

cabalistique [kabalistik] *adj.* Cabalístico, ca.

cabane [kaban] *f.* Cabaña, choza.

cabanon [kabanɔ̃] *m.* 1 Chozuela *f.* 2 Loquera *f.* (pour aliénes).

cabaret [kabaʀɛ] *m.* 1 Cabaret, cabaré. 2 Taberna *f.*

cabaretier, -ière [kabaʀtje, -jɛʀ] *s.* Tabernero, ra.

cabas [kabɑ] *m.* Capacho, capazo.

cabestan [kabɛstɑ̃] *m.* Cabrestante.

cabine [kabin] *f.* 1 Camarote *m.* (d'un navire). 2 Cabina (de téléphone, d'ascenseur, d'interprète). 3 Caseta de baño.

cabinet [kabinɛ] *m.* 1 Cuarto: *~ de toilette* cuarto de aseo. 2 Gestoría *f.* (d'affaires). 3 Consulta *f.*, consultorio: *~ du médecin* consultorio del médico. 4 Bufete: *~ d'avocats* bufete de abogados. 5 Notaría *f.*: *~ de notaire*, notaría. 6 Bargueño (meuble). 7 Secretaría *f.* (d'un ministre). 8 *pl.* Retrete *sing.*: *aller aux cabinets* ir al retrete. 9 Bargueño (meuble).

cablé, -ée [kable] *adj.* Equipado con televisión por cable.

câble [kabl(ə)] *m.* Cable.

câbler [kɑble] *tr.* 1 Cablegrafiar. 2 Cablear.

câblogramme [kɑblɔgʀam] *m.* Cablegrama.

cabochard, -arde [kabɔʃaʀ, -aʀd(ə)] *adj.-s.* fam. Testarudo, da, cabezón, ona.

cabotin, -ine [kabɔtɛ̃, -in] *s.* 1 Comicastro. 2 fig. Comediante, farolón.

cabrer (se) [kabʀe] *pr.* 1 Encabritarse. 2 fig. Irritarse, indignarse.

cabri [kabʀi] *m.* Cabrito.

cabriole [kabʀijɔl] *f.* Voltereta, cabriola.

cabriolet [kabʀijɔlɛ] *m.* Cabriolé (voiture).

cacaber [kakabe] [1] *intr.* Cuchichiar.

cacaoyer [kakaɔje], **cacaotier** [kakaɔtje] *m.* Cacao (arbre).

cacatoès [kakatɔɛs] *m.* Cacatúa *f.*

cachalot [kaʃalo] *m.* Cachalote.

cache [kaʃ] *f.* 1 Escondrijo *m.* ■ 2 *m.* PHOT. Ocultador.

cache-cache [kaʃkaʃ] *m. invar.* Escondite (jeu).

cache-nez [kaʃne] *m. invar.* Bufanda *f.*

cacher [kaʃe] [1] *tr.* 1 Esconder, ocultar, cubrir. 2 Disimular (un sentiment).

cachet [kaʃɛ] *m.* 1 Sello, timbre. 2 Matasellos (marque de la poste). 3 fig. Sello, originalidad *f.* 4 PHARM. Sello, comprimido. 5 Retribución *f.* de un artista.

cacheter [kaʃte] [20] *tr.* 1 Sellar. 2 Lacrar (à la cire).

cachette [kaʃɛt] *f.* Escondrijo *m.*, escondite *m. loc. adv. En ~*, a escondidas.

cachot [kaʃo] *m.* Calabozo.

cachotterie [kaʃɔtʀi] *f.* Tapujo *m.*, secreto *m.*

cacophonie [kakɔfɔni] *f.* Cacofonía.

cactus [kaktys] *m.* Cacto.

cadastre [kadastʀ(ə)] *m.* Catastro.

cadavre [kadavʀ(ə)] *m.* Cadáver.

cadeau [kado] *m.* Regalo, obsequio.

cadenas [kadna] *m.* Candado.

cadenasser [kadnase] [1] *tr.* Cerrar con candado.

cadence [kadɑ̃s] *f.* 1 Cadencia. 2 Compás *m.*, ritmo *m.: en ~*, a compás.

cadencer [kadɑ̃se] [12] *tr.* Dar ritmo, cadencia a.

cadet, -ette [kadɛ, -ɛt] *adj.* 1 Menor: *fils ~*, hijo menor. ■ 2 *s.* Benjamín, hijo, hija menor, hermano, hermana menor.

3 *Il est mon ~ d'un an,* es un año menor que yo.

cadran [kadʀɑ̃] *m.* 1 Esfera *f.* (d'une montre). 2 *~ solaire,* cuadrante, reloj de sol.

cadre [kadʀ(ə)] *m.* 1 Marco (d'un tableau, d'une porte). 2 Cuadro (d'une bicyclette). 3 Chasis, bastidor (châssis). 4 fig. Marco, ambiente. 5 Cuadro: *les cadres d'une armée,* los cuadros de un ejército. 6 *Les cadres d'une entreprise,* los dirigentes de una empresa, los ejecutivos.

cadrer [kadʀe] [1] *intr.* 1 Cuadrar, ajustarse, encajar. ■ 2 *tr.* Encuadrar.

caduc, -uque [kadyk] *adj.* Caduco, ca.

caducité [kadysite] *f.* Caducidad.

cafard, -arde [kafaʀ, -aʀd(ə)] *adj.-s.* 1 Gazmoño, ña (bigot). 2 Hipócrita. ■ 3 *m.* Soplón. 4 Morriña *f.* 5 Cucaracha *f.* (insecte).

cafarder [kafaʀde] [1] *intr.* Chivarse, soplonear.

café-concert [kafekɔ̃sɛʀ] *m.* Café cantante.

cafetier [kaftje] *m.* Cafetero.

cafetière [kaftjɛʀ] *f.* Cafetera (appareil).

cage [kaʒ] *f.* 1 Jaula. 2 Caja (d'un escalier, d'un ascenseur). 3 ANAT. *~ thoracique,* caja torácica.

cagneux, -euse [kaɲø, -øz] *adj.* Patizambo, ba.

cagnotte [kaɲɔt] *f.* Banca, monte *m.* (aux cartes).

cagoule [kagul] *f.* 1 Cogulla. 2 Capirote *m.* (de pénitent). 3 Pasamontañas *m.* (d'enfant).

cahier [kaje] *m.* Cuaderno: *~ des charges,* pliego de condiciones; *~ des doléances,* libro de reclamaciones.

cahin-caha [kaɛ̃kaa] *m. adv.* Así así, tal cual.

cahot [kao] *m.* Tumbo, traqueteo (d'un véhicule).

cahoter [kaɔte] [1] *tr.* 1 Traquetear, agitar. ■ 2 *intr.* Traquetear, dar tumbos.

cahute [kayt] *f.* Choza, chabola.

caille [kɑj] *f.* Codorniz.

caillé [kɑje] *m.* Cuajada *f.,* requesón.

cailler [kɑje] [1] *tr.* 1 Cuajar, coagular. ■ 2 *intr.* pop. Helarse (avoir froid).

caillot [kɑjo] *m.* Coágulo, cuajarón.

caillou [kaju] *m.* 1 Guijarro, guija *f.,* china *f.,* piedra *f.* 2 fam. Chola *f.* (tête).

caisse [kɛs] *f.* 1 Caja (emballage, son contenu). 2 COMM. Caja. Loc. *Faire sa ~,* hacer arqueo. 3 Caja (institution): *~*

d'épargne, caja de ahorros. 4 Caja (d'une voiture, d'une montre, du tympan). 5 Caja, tambor *m.* 6 *Grosse ~,* bombo *m.,* tambora.

caissier, -ière [kesje, -jɛʀ] *s.* Cajero, ra.

cajolerie [kaʒɔlʀi] *f.* Mimo *m.,* zalamería.

cal [kal] *m.* Callosidad *f.,* callo.

calamine [kalamin] *f.* 1 MINÉR. Calamina. 2 Carbonilla (résidu).

calamité [kalamite] *f.* Calamidad.

calamiteux, -euse [kalamitø, -øz] *adj.* Calamitoso, sa.

calandre [kalɑ̃dʀ(ə)] *f.* 1 TECHN. Calandria (pour lisser et glacer). 2 AUTO. Rejilla del radiador. 3 Calandria (oiseau).

calcaire [kalkɛʀ] *adj.* 1 Calcáreo, rea. ■ 2 *m.* Caliza *f.*

calciner [kalsine] [1] *tr.* Calcinar.

calcium [kalsjɔm] *m.* Calcio.

calcul [kalkyl] *m.* Cálculo.

calculateur, -trice [kalkylatœʀ, -tʀis] *adj.-s.* Calculador, ra.

calculer [kalkyle] [1] *tr.* Calcular.

cale [kal] *f.* 1 Calce *m.,* cuña. 2 MAR. Bodega, cala (d'un navire). 3 MAR. *~ sèche,* dique *m.* seco.

calé, -ée [kale] *adj.* fig. fam. Empollado, da, instruido, da.

calebasse [kalbɑs] *f.* 1 Calabaza (fruit). 2 Calbacino *m.* (récipient).

calèche [kalɛʃ] *f.* Calesa, carretela.

caleçon [kalsɔ̃] *m.* Calzoncillos *pl.*

calembour [kalɑ̃buʀ] *m.* Juego de palabras, retruécano.

calendes [kalɑ̃d] *f. pl.* Calendas.

calendrier [kalɑ̃dʀije] *m.* Calendario.

calepin [kalpɛ̃] *m.* Carné, agenda *f.*

caler [kale] [1] *tr.* 1 Calzar, acuñar (une roue, un meuble), apear (un véhicule). 2 ÉLECTR. Calar. 3 MAR. Calar (une voie). ■ 4 *intr.* Pararse, calarse: *le moteur a calé,* el motor se ha calado.

calfater [kalfate] [1] *tr.* MAR. Calafatear.

calfeutrer [kalføtʀe] [1] *tr.* 1 Tapar las rendijas de. ■ 2 *pr.* Encerrarse.

calice [kalis] *m.* Cáliz.

califat [kalifa] *m.* Califato.

califourchon (à) [akalifuʀʃɔ̃] *loc. adv.* A horcajadas.

câlin, -ine [kɑlɛ̃, -in] *adj.-s.* Mimoso, sa.

câlinerie [kalinʀi] *f.* Mimo *m.*

calleux, -euse [kalø, -øz] *adj.* Calloso, sa.

calligraphie [ka(l)igʀafi] *f.* Caligrafía.

callosité [kalozite] *f.* Callosidad.

calmant, -ante [kalmɑ̃, -ɑ̃t] *adj. -m.* Calmante, sedante.

calmar [kalmaʀ] *m.* Calamar.
calme [kalm(ə)] *adj.* **1** Tranquilo, la. ▪ **2** *m.* Calma *f.,* sosiego.
calomnie [kalɔmni] *f.* Calumnia.
calomnier [kalɔmnie] [2] *tr.* Calumniar.
calorie [kalɔʀi] *f.* Caloría.
calorifique [kalɔʀifik] *adj.* Calorífico, ca.
calotter [kalɔte] [1] *tr.* fam. Pegar un tortazo a.
calquer [kalke] [1] *tr.* Calcar.
calumet [kalyme] *m.* Pipa *f.* de los indios norteamericanos.
calvaire [kalveʀ] *m.* Calvario.
calvinisme [kalvinism(ə)] *m.* Calvinismo.
calvitie [kalvisi] *f.* Calvicie.
camaïeu [kamajø] *m.* Camafeo.
camail [kamaj] *m.* **1** Muceta *f.* (d'ecclésiastique). **2** Almofar (armure).
camarade [kamaʀad] *s.* Camarada, compañero, ra.
camard, -arde [kamaʀ, -aʀd(ə)] *adj.-s.* **1** Chato, ta. ▪ **2** *f.* *La Camarde,* la muerte.
cambouis [kãbwi] *m.* Grasa *f.* sucia.
cambrer [kãbʀe] [1] *tr.* **1** Arquear, encorvar. ▪ **2** *pr.* Echar el busto hacia atrás.
cambrioler [kãbʀijɔle] [1] *tr.* Robar, desvalijar.
cambrioleur, -euse [kãbʀijɔlœʀ, -øz] *s.* Ladrón, ona, desvalijador, ra, caco.
cambuse [kãbyz] *f.* **1** MAR. Pañol *m.,* despensa. **2** fam. Buhardilla.
camée [kame] *m.* Camafeo.
caméléon [kameleɔ̃] *m.* Camaleón.
camelot [kamlo] *m.* Vendedor callejero.
camelote [kamlɔt] *f.* **1** Baratijas *pl.,* géneros *m. pl.* de pacotilla. **2** Chapucería.
caméra [kameʀa] *f.* Cámara.
caméscope [kamesɔp] *f.* Videocámara.
camion [kamjɔ̃] *m.* Camión.
camionnette [kamjɔnɛt] *f.* Furgoneta.
camionneur [kamjɔnœʀ] *m.* Camionero.
camisole [kamizɔl] *f.* ~ *de force,* camisa de fuerza.
camomille [kamɔmij] *f.* Manzanilla.
camouflage [kamuflaʒ] *m.* **1** Enmascaramiento. **2** MIL. Camuflaje.
camp [kã] *m.* Campamento, campo. Loc. *Lever le* ~, levantar el campo; fam. *ficher le* ~, largarse.
campagnard, -arde [kãpaɲaʀ, -aʀd(ə)] *adj.-s.* Campesino, na.
campagne [kãpaɲ] *f.* **1** Campo *m.,* campiña. **2** Campaña (militaire, électorale, etc.).
campé, -ée [kãpe] *adj.* fig. Plantado, da: *gaillard bien* ~ mozo bien plantado.

campement [kãpmã] *m.* Campamento.
camper [kãpe] [1] *intr.* **1** Acampar, hacer camping. ▪ **2** *tr.* Plantar, poner, colocar. **3** Componer, construir, instalar. ▪ **4** *pr. Se* ~ *devant quelqu'un,* plantarse ante uno.
camphre [kãfʀ(ə)] *m.* Alcanfor.
camping [kãpiŋ] *m.* Camping.
camus, -use [kamy, -yz] *adj.* Chato, ta, romo, ma.
canadien, -ienne [kanadjɛ̃, -jɛn] *adj.-s.* Canadiense.
canaille [kanɑj] *f.* **1** Canalla *m.* ▪ **2** *adj.* Canallesco, ca.
canal [kanal] *m.* **1** GÉOGR., AGR., ANAT. Canal. **2** ARCHIT. Canal, estría *f.* **3** fig. Conducto.
canaliser [kanalize] [1] *tr.* Canalizar.
canard [kanaʀ] *m.* **1** Pato, ánade. **2** fam. Bulo, pajarota *f.* (fausse nouvelle). **3** péj. Periódico (journal). **4** Terrón de azúcar mojado en café o aguardiente.
canarder [kanaʀde] [1] *tr.* **1** Disparar. ▪ **2** *intr.* MUS. Pifiar.
canari [kanaʀi] *m.* Canario.
cancan [kãkã] *m.* **1** Chisme, enredo. **2** Cancán (danse).
cancanier, -ière [kãkanje, -jɛʀ] *adj.-s.* Chismoso, sa.
cancer [kãseʀ] *m.* **1** Cáncer: *être du Cancer,* ser cáncer;. **2** Cáncer: ~ *du sein,* cáncer de mama.
cancéreux, -euse [kãseʀø, -øz] *adj.-s.* Canceroso, sa.
cancre [kãkʀ(ə)] *m.* fig. fam. Mal estudiante.
cancrelat [kãkʀəla] *m.* Cucaracha *f.*
candélabre [kãdelabʀ(ə)] *m.* Candelabro.
candeur [kãdœʀ] *f.* Candor *m.*
candi [kãdi] *adj.-s.* **1** Cande, candi: *sucre* ~, azúcar candi. **2** Escarchado, da: *des fruits candis,* fruta escarchada.
candidat, -ate [kãdida, -at] *s.* Candidato, ta.
candidature [kãdidatyʀ] *f.* Candidatura.
candide [kãdid] *adj.* Cándido, da.
cane [kan] *f.* Pata.
caneton [kantɔ̃] *m.* Anadón.
canette [kanɛt] *f.* **1** Anadina. **2** Canilla (bobine). **3** Botellín de cerveza.
canevas [kanva] *m.* **1** Cañamazo (toile). **2** Bosquejo, plan (d'un ouvrage).
canicule [kanikyl] *f.* Canícula.
canif [kanif] *m.* Cortaplumas, navaja *f.*
canin, -ine [kanɛ̃, -in] *adj.* **1** Canino, na. ▪ **2** *f.* Canino *m.,* colmillo *m.* (dent).
caniveau [kanivo] *m.* Arroyo, canalillo (d'une rue).

canne [kan] *f.* **1** Bastón *m.* (pour s'appuyer). **2** BOT. Caña: ~ *à sucre,* caña de azúcar. **3** ~ *à pêche,* caña de pescar.

cannelure [kanlyʀ] *f.* Acanaladura, estría.

cannibalisme [kanibalism(ə)] *m.* Canibalismo.

canoë [kanɔe] *m.* Canoa *f.*

canon [kanɔ̃] *m.* **1** ARTILL. Cañón. **2** Cañón (d'une arme à feu). **3** Caña *f.* (du cheval). **4** DR., LITURG., MUS., BX. ARTS. Canon. **5** pop. Chato (verre de vin).

canonique [kanɔnik] *adj.* Canónico, ca.

canoniser [kanɔnize] [1] *tr.* Canonizar.

canonnier [kanɔnje] *m.* Artillero.

canonnière [kanɔnjɛʀ] *f.* **1** Cañonera, tronera (meurtrière). **2** MAR. Cañonero *m.,* lancha cañonera. **3** Tirabala, taco *m.* (jouet).

canot [kano] *m.* Bote, lancha *f.,* canoa *f.*

canotage [kanɔtaʒ] *m.* Remo (sport).

canoter [kanɔte] [1] *intr.* Remar, pasearse en bote.

cantate [kɑ̃tat] *f.* Cantata.

cantine [kɑ̃tin] *f.* **1** Cantina, refectorio *m.* **2** Cofre *m.* de viaje, baúl *m.* (malle).

cantinier, -ière [kɑ̃tinje, jɛʀ] *s.* Cantinero, ra.

cantique [kɑ̃tik] *m.* Cántico.

canton [kɑ̃tɔ̃] *m.* Cantón.

cantonnement [kɑ̃tɔnmɑ̃] *m.* Acantonamiento.

cantonner [kɑ̃tɔne] [1] *tr.* **1** Acantonar. ■ **2** *intr.* Acantonarse (troupes). ■ **3** *pr.* fig. Aislarse, encerrarse. **4** Limitarse.

cantonnier [kɑ̃tɔnje] *m.* Peón caminero.

caoutchouc [kautʃu] *m.* Caucho.

cap [kap] *m.* **1** GÉOG. Cabo. Loc. fig. *Dépasser le* ~ *de la cinquantaine,* pasar de los cincuenta. **2** Rumbo (direction): *mettre le* ~ *sur,* hacer rumbo a. **3** Loc. *De pieds en* ~, de pies a cabeza.

capable [kapabl(ə)] *adj.* Capaz.

capacité [kapasite] *f.* Capacidad.

caparaçon [kaparasɔ̃] *m.* Caparazón (d'un cheval).

cape [kap] *f.* **1** Capa. **2** MAR. Capa: *être à la* ~, estar a la capa.

capeline [kaplin] *f.* Capellina.

capillaire [kapi(l)ɛʀ] *adj.* fig. **1** Capillar. ■ **2** *m.* Culantrillo (fougère).

capitaine [kapitɛn] *m.* Capitán.

capital, -ale [kapital] *adj.* **1** Capital. ■ **2** *m.* Capital (argent). ■ **3** *f.* Capital (ville). **4** IMPR. Versal, mayúscula: *en capitales,* en mayúsculas.

capitaliser [kapitalize] [1] *tr.* Capitalizar.

capitaliste [kapitalist(ə)] *adj.-s.* Capitalista.

capitonner [kapitɔne] [1] *tr.* Acolchar.

capitulation [kapitylasjɔ̃] *f.* Capitulación.

capituler [kapityle] [1] *intr.* Capitular.

caporal [kapɔral] *m.* **1** MIL. Cabo. **2** Tabaco común.

capote [kapɔt] *f.* **1** Capote *m.* (manteau). **2** Capota (de voiture). **3** ~ *anglaise,* condón *m.*

capoter [kapɔte] [1] *intr.* Volcar, dar vuelta sobre sí mismo (une voiture, un avión).

câpre [kɑpr(ə)] *f.* Alcaparra, tápara.

capricieux, -euse [kaprisjø, -øz] *adj.-s.* Caprichoso, sa.

caprin, -ine [kaprɛ̃, -in] *adj.* Cabruno, na, cabrío, ía.

capsule [kapsyl] *f.* Cápsula.

capter [kapte] [1] *tr.* Captar.

captif, -ive [kaptif, -iv] *adj.-s.* Cautivo, va.

captivant, -ante [kaptivɑ̃, -ɑ̃t] *adj.* Cautivador, ra.

captivité [kaptivite] *f.* Cautividad.

capturer [kaptyʀe] [1] *tr.* Capturar.

capuce [kapys] *m.* Capilla *f.* (de moine).

capuchon [kapyʃɔ̃] *m.* **1** Capilla *f.,* capucho. **2** Capa *f.* con capucho. **3** Sombrerete (de cheminée). **4** Capuchón (d'un stylographe).

capucin, -ine [kapysɛ̃, -in] *s.* Capuchino, na.

capucine [kapysin] *f.* Capuchina (plante, fleur).

caque [kak] *f.* Casco *m.,* barril *m.*

caquet [kakɛ] *m.* **1** Cacareo (de la poule). **2** Charla *f.,* habladuría *f.*

caquetage [kaktaʒ] *m.* **1** Cacareo. **2** Parloteo (bavardage).

caqueter [kakte] [20] *intr.* **1** Cacarear (la poule). **2** Crotorar (la cigogne).

car [kaʀ] *conj.* Porque, pues (causal).

carabine [kaʀabin] *f.* Carabina.

caracoler [kaʀakɔle] [1] *intr.* Caracolear.

caractère [kaʀaktɛʀ] *m.* **1** Carácter. **2** Carácter, genio. **3** IMPR. *Caractères d'imprimerie,* letras *f.* de molde. **4** Originalidad *f.*

caractériser [kaʀakteʀize] [1] *tr.* Caracterizar.

caractéristique [kaʀakteʀistik] *adj.* **1** Característico, ca. ■ **2** *f.* Característica.

carafe [kaʀaf] *f.* Garrafa.

caraïbe [kaʀaib] *adj.-s.* Caribe.

carambolage [kaʀɑ̃bɔlaʒ] *m.* **1** Carambola *f.* (billard). **2** Serie *f.* de colisiones (de véhicles).

caramel [kaʀamɛl] *m.* Caramelo.

carapace [kaʀapas] *f.* Caparazón *m.*, carapacho *m.*

carat [kaʀa] *m.* Quilate.

caravane [kaʀavan] *f.* Caravana.

caravelle [kaʀavɛl] *f.* Carabela.

carbonate [kaʀbɔnat] *m.* CHIM. Carbonato.

carbone [kaʀbɔn] *m.* **1** CHIM. Carbono. **2** *Papier* ~, papel carbón.

carbonique [kaʀbɔnik] *adj.* CHIM. Carbónico, ca: *gaz* ~, gas carbónico.

carboniser [kaʀbɔnize] [1] *tr.* Carbonizar.

carburant [kaʀbyʀɑ̃] *m.* Carburante.

carburateur [kaʀbyʀatœʀ] *m.* Carburador.

carcan [kaʀkɑ̃] *m.* **1** Argolla *f.* de la picota. **2** fig. Sujeción *f.*

carcasse [kaʀkas] *f.* **1** Osamenta, esqueleto *m.* **2** fam. Cuerpo *m.* humano: *sauver sa* ~, salvar el pellejo. **3** Caparazón *m.* (d'un oiseau). **4** TECHN. Armazón *m.*

cardage [kaʀdaʒ] *m.* Carda *f.*, cardadura *f.*

carde [kaʀd(ə)] *f.* Penca del cardo.

carder [kaʀde] [1] *tr.* Cardar.

cardiaque [kaʀdjak] *adj.-s.* Cardíaco, ca.

cardinal, -ale [kaʀdinal] *adj.* **1** Cardinal. ■ **2** *m.* Cardenal (prélat).

cardinalice [kaʀdinalis] *adj.* Cardenalicio, cia.

cardiologue [kaʀdjɔlɔɡ] *s.* Cardiólogo, ga.

cardon [kaʀdɔ̃] *m.* Cardo comestible.

carême [kaʀɛm] *m.* Cuaresma *f.*

carence [kaʀɑ̃s] *f.* **1** DR. Carencia de recursos. **2** MÉD. Carencia.

caréner [kaʀene] [14] *tr.* Carenar.

caresse [kaʀɛs] *f.* Caricia.

caresser [kaʀese] [1] *tr.* Acariciar.

cargaison [kaʀɡezɔ̃] *f.* **1** Cargamento *m.*, cargazón *m.* **2** MAR. Carga.

carguer [kaʀɡe] [1] *tr.* MAR. Cargar.

cariatide [kaʀjatid] *f.* Cariátide.

caricature [kaʀikatyʀ] *f.* Caricatura.

carier [kaʀje] [2] *tr.* **1** Cariar. ■ **2** *pr.* Cariarse.

carillon [kaʀijɔ̃] *m.* **1** Carillón. **2** Campanilleo (sonnerie).

carlingue [kaʀlɛ̃ɡ] *f.* AÉR. Carlinga.

carmagnole [kaʀmaɲɔl] *f.* Carmañola.

carme [kaʀm(ə)] *m.* Carmelita (religieux).

carmélite [kaʀmelit] *f.* Carmelita.

carmin [kaʀmɛ̃] *m.* Carmín.

carnage [kaʀnaʒ] *m.* Carnicería *f.*, matanza.

carnassier, -ière [kaʀnasje, -jɛʀ] *adj.-m.* **1** ZOOL. Carnicero, ra. ■ **2** *f.* Morral *m.* (de chasseur).

carne [kaʀn(ə)] *f.* pop. Carne mala.

carné, -ée [kaʀne] *adj.* **1** Encarnado, da, de color carne (couleur). **2** A base de carne (nourriture).

carnivore [kaʀnivɔʀ] *adj.-m.* Carnívoro, ra.

carotide [kaʀɔtid] *adj.-f.* ANAT. Carótida.

carotte [kaʀɔt] *f.* Zanahoria.

carotteur, -euse [kaʀɔtœʀ, -øz] *s.* fam. Timador, ra, sablista.

caroube [kaʀub] *f.* Algarroba.

caroubier [kaʀubje] *m.* Algarrobo.

carpe [kaʀp(ə)] *f.* **1** Carpa (poisson). ■ **2** *m.* ANAT. Carpo.

carquois [kaʀkwa] *m.* Carcaj, aljaba *f.*

carre [ka(ɑ)ʀ] *f.* Canto *m.* (de ski).

carré, -ée [ka(ɑ)ʀe] *adj.* **1** Cuadrado, da. **2** fig. Franco, ca, categórico, ca: *réponse carrée,* respuesta categórica. **3** GÉOM., MATH. Cuadrado, da: *racine carrée,* raíz cuadrada; *un mètre* ~, un metro cuadrado. ■ **4** *m.* GÉOM. Cuadrado (quadrilatère). **5** Rellano, descansillo (d'un escalier). **6** MIL. Cuadro: *un* ~ *d'infanterie,* una formación en cuadro de infantería. **7** AGR. Bancal.

carreau [ka(ɑ)ʀo] *m.* **1** Baldosa *f.*, ladrillo. **2** ~ *de faïence,* azulejo. **3** Cristal de una ventana (d'une fenêtre). **4** Cuadro: *jupe à carreaux,* falda de cuadros. **5** Diamante, carreau (jeu de cartes).

carrefour [kaʀfuʀ] *m.* Encrucijada *f.*

carrelage [ka(ɑ)ʀlaʒ] *m.* Embaldosado.

carrelet [ka(ɑ)ʀlɛ] *m.* **1** Platija *f.*, acedia *f.* (poisson). **2** Red *f.* cuadrada (filet).

carreleur [ka(ɑ)ʀlœʀ] *m.* Enladrillador.

carrément [ka(ɑ)ʀmɑ̃] *adv.* Rotundamente, francamente.

carrer [ka(ɑ)ʀe] [1] *tr.* **1** Cuadrar. ■ **2** *pr.* Arrellanarse.

carrier [ka(ɑ)ʀje] *m.* Cantero, pedrero.

carrière [ka(ɑ)ʀjɛʀ] *f.* **1** Cantera (de pierre). **2** Carrera (profession). Loc. fig. *Donner* ~ *à,* dar rienda suelta a.

carriole [ka(ɑ)ʀjɔl] *f.* **1** Carruco *m.* **2** péj. Carricoche *m.*

carrossable [ka(ɑ)ʀɔsabl(ə)] *adj.* Transitable, carretero.

carrosserie [ka(ɑ)ʀɔsʀi] *f.* Carrocería.

carrousel [kaʀuzɛl] *m.* Torneo de ejercicios a caballo.

carrure [ka(ɑ)ʀyʀ] *f.* Anchura de espaldas.

cartable [kaʀtabl(ə)] *m.* Cartapacio, cartera *f.*

carte [kaʀt(ə)] f. **1** Tarjeta: ~ *de Noël,* crismas m. **2** INFORM.: ~ *à puce,* tarjeta inteligente. **3** Cédula, carné m. **4** Minuta, lista, menú m. **5** Mapa m. **6** Carta (marine). **7** Naipe m., carta (à jouer).

cartel [kaʀtɛl] m. **1** Cartel (défi). **2** Cartel (association). **3** Reloj de pared (pendule).

carter [kaʀtɛʀ] m. **1** Cubrecadena (de bicyclette). **2** MÉC. Carter.

cartilage [kaʀtilaʒ] m. ANAT. Cartílago.

cartographie [kaʀtɔgʀafi] f. Cartografía.

cartomancie [kaʀtɔmɑ̃si] f. Cartomancia.

carton [kaʀtɔ̃] m. **1** Cartón. **2** Cartera f., carpeta f. (d'écolier). **3** ~ *à dessin,* cartapacio de dibujo. **4** Caja f. de cartón (boîte). **5** ~ *à chapeau,* sombrerera f. **6** fam. *Faire un* ~, tirar al blanco; fig. sacar buen resultado.

cartonner [kaʀtɔne] *intr.* fam. **1** Sacar buena nota. **2** pop. Criticar, machacar: *il s'est fait* ~ *en réunion plénière,* en la reunión plenaria le machacaron.

cartouche [kaʀtuʃ] f. **1** Cartucho m. (d'une arme). **2** Cartón m. (de cigarettes). **3** Recambio m., carga (stylo, briquets). ■ **4** m. ARCHIT. Tarjeta f.

cartouchière [kaʀtuʃjɛʀ] f. **1** MIL. Cartuchera. **2** Canana (chasse).

cas [ka] m. Caso: ~ *de conscience,* caso de conciencia. *loc. adv.* **Le** ~ *échéant,* llegado el caso.

casanier, -ière [kazanje, -jɛʀ] *adj.-s.* Casero, ra.

casaque [kazak] f. Casaca.

cascadeur, -euse [kaskadœʀ, -øz] s. **1** Acróbata. **2** Doble (au cinéma).

case [kaz] f. **1** Choza, cabaña. **2** Casilla.

casemate [kazmat] f. Casamata.

caser [kaze] [1] *tr.* **1** Colocar. ■ **2** *pr.* Acomodarse.

caserne [kazɛʀn(ə)] f. Cuartel m.

caserner [kazɛʀne] [1] *tr.* Acuartelar.

casier [kazje] m. Casillero.

casque [kask(ə)] m. Casco: ~ *audio,* auriculares, fam. cascos; ~ *intégral,* casco integral.

casquette [kaskɛt] f. Gorra.

cassant, -ante [kasɑ̃, -ɑ̃t] *adj.* **1** Quebradizo, za. **2** fig. Terminante, imperativo, va, tajante, duro, ra.

cassation [kasasjɔ̃] f. **1** Casación. **2** MIL. Degradación.

casse [kas] f. **1** Rotura (action et effet). **2** Objetos m. pl. rotos, lo roto m.: *payer la* ~, pagar lo roto. **3** Desguace m. (de voitures). **4** IMPR. Caja: *haut de* ~, caja alta; *bas de* ~, caja baja.

cassé, -ée [kase] *adj.* **1** Roto, ta. **2** Cascado, da (fêlé).

casse-cou [kasku] m. *invar.* **1** Resbaladero, tropezadero (lieu). **2** Atolondrado, temerario (personne).

casse-croûte [kaskʀut] m. *invar.* Refrigerio, bocadillo.

casser [kase] [1] *tr.* **1** Romper (briser, endommager). **2** Cascar, partir, quebrantar (en fendant): **3** DR. Casar. **4** MIL. Degradar. **5** Loc. fam. *À tout* ~, a lo más (au maximum); *ça ne casse rien,* no es ninguna cosa del otro jueves.

casserole [kasʀɔl] f. Cazo m., cacerola.

casse-tête [kastɛt] m. *invar.* **1** Porra f. emplomada. **2** fig. Rompecabezas, quebradero de cabeza. **3** *Casse-tête chinois,* rompecabezas (jeu).

cassette [kasɛt] f. **1** Cassette m. (magnétophone): ~ *vidéo,* vídeocasete. **2** Cofrecillo (coffret).

casseur, -euse [kasœʀ, -øz] s. **1** Rompedor, ora. **2** ~ *d'assiettes,* camorrista.

cassis [kasis] m. **1** Casis. **2** Licor de casis.

cassolette [kasɔlɛt] f. **1** Pebetero m. **2** Perfumador m.

cassoulet [kasulɛ] m. Guiso de alubias con carne, especie de fabada f.

cassure [kasyʀ] f. **1** Rotura. **2** Fractura.

castagnettes [kastaɲɛt] f. pl. Castañuelas.

caste [kast(ə)] f. Casta.

castillan, -ane [kastijɑ̃, -an] *adj.-s.* Castellano, na.

castration [kastʀasjɔ̃] f. Castración, capadura.

castrer [kastʀe] [1] *tr.* Castrar, capar.

casuel, -elle [kazɥɛl] *adj.* **1** Casual, eventual. ■ **2** m. Emolumentos pl. variables.

cataclysme [kataklism(ə)] m. Cataclismo, desastre.

catacombes [katakɔ̃b] f. pl. Catacumbas.

catalan, -ane [katalɑ̃, -an] *adj.-s.* Catalán, ana.

catalepsie [katalɛpsi] f. MÉD. Catalepsia.

catalogue [katalɔg] m. Catálogo.

cataplasme [kataplasm(ə)] m. Cataplasma f.

cataracte [kataʀakt(ə)] f. Catarata.

catarrhe [kataʀ] m. Catarro.

catastrophe [katastʀɔf] f. Catástrofe. *loc. adv. En* ~, a la desesperada.

catéchisme [kateʃism(ə)] m. Catecismo.

catéchiste [kateʃist(ə)] s. Catequista.

catégorie [kategɔʀi] f. Categoría.

catégorique [kategɔʀik] *adj.* Categórico, ca.

cathédrale [katedʀal] *f.* Catedral.

catholicisme [katɔlisism(ə)] *m.* Catolicismo.

catholique [katɔlik] *adj.-s.* Católico, ca.

cauchemar [koʃmaʀ] *m.* Pesadilla *f.*

causal, -ale [kozal] *adj.* Causal.

cause [koz] *f.* **1** Causa, motivo *m.,* razón. Loc. *À ~ de,* a causa de, con motivo de; *et pour ~,* y con razón. **2** DR. Causa. **3** Causa: *épouser une ~,* abrazar una causa.

causer [koze] [1] *tr.* **1** Causar. ▪ **2** *intr.* Conversar, hablar.

causerie [kozʀi] *f.* Charla.

causeur, -euse [kozœʀ, -øz] *adj.-s.* **1** Conversador, ra. ▪ **2** *f.* Confidente *m.* (meuble).

caustique [kostik] *adj.* **1** Cáustico, ca. **2** fig. Cáustico, ca, mordaz.

cautérisation [kɔ(o)teʀizasjɔ̃] *f.* Cauterización.

cautériser [kɔ(o)teʀize] [1] *tr.* Cauterizar.

caution [kosjɔ̃] *f.* **1** Caución, fianza. **2** Garantía, aval *m.* **3** Loc. *Être sujet à ~,* ser sospechoso, no inspirar confianza.

cautionner [kosjɔne] [1] *tr.* Garantizar, salir fiador de.

cavalcade [kavalkad] *f.* Cabalgata.

cavalerie [kavalʀi] *f.* MIL. Caballería.

cavalier, -ière [kavalje, -jɛʀ] *adj.* **1** Desenvuelto, ta (désinvolte), altanero, ra (hautain), impertinente, insolente. ▪ **2** *f.* Amazona (femme qui monte à cheval). **3** Pareja (danse).

cave [kav] *adj.* **1** Cóncavo, va, hundido, da: *joues caves,* mejillas hundidas. **2** ANAT. *Veine ~,* vena cava. ▪ **3** *f.* Bodega (à vin). **4** Cueva, sótano *m.* (sous-sol).

caveau [kavo] *m.* **1** Pequeña bodega *f.* **2** Tumba *f.,* panteón (sépulture).

caverne [kavɛʀn(ə)] *f.* Caverna.

caverneux, -euse [kavɛʀnø, -øz] *adj.* Cavernoso, sa.

cavité [kavite] *f.* Cavidad.

CD [sede] *m.* (abrév. compact disc) CD.

CD-I [sedei] *m.* (abrév. compact disc interactive) CD-I.

CD-ROM [sedeʀɔm] *m.* (abrév. compact disc read-only memory) CD-ROM.

ce, c' [s(ə)] *pron. dém.* Lo (devant un relatif): *~ que je veux,* lo que quiero; *~ dont je vous parle,* de lo que le estoy hablando; fam. *~ qu'il est drôle!,* ¡lo gracioso que es! **2** (avec le verbe être): *c'est moi,* soy yo; *ce sont mes livres,*

son mis libros. **3** Loc. *Qui est-ce qui...?,* ¿quién es el que...?; *qu'est ce qui...?,* ¿qué es lo que...? *c'est à moi de,* a mí me toca; *c'est pourquoi,* por esto; *c'en est fait,* se acabó; *pour ~ qui est de:* por lo que se refiere a; *~ disant,* diciendo esto; *sur ~,* en esto.

ce [s(ə)] (delante de vocal **cet** [sɛt]), **cette** [sɛt], **ces** [se] *adj. dém.* Este, ese, aquel; esta, esa, aquella; estos, esos, aquellos; estas, esas, aquellas. (*Este,* etc. désigne ce qui est près, *ese,* etc. ce qui est plus loin, *aquel,* etc. ce qui est très éloigné dans l'espace ou dans le temps). **2** Con la partícula *ci* o la partícula *là* agregada al substantivo determinado, equivale en el primer caso, a este, esta, estos y, en el segundo, a ese, esa, esos, esas o aquel, aquella, aquellos, aquellas: *~ crayon-ci,* este lápiz; *cet arbre-là,* ese, aquel árbol.

céans [seɑ̃] *adv.* Aquí, en esta casa.

ceci [səsi] *pron. dém.* Esto.

cécité [sesite] *f.* Ceguedad, ceguera.

céder [sede] [14] *tr.* **1** Ceder. **2** Traspasar.

cédille [sedij] *f.* Cedilla.

cédrat [sedʀa] *m.* **1** Cidro. **2** Cidra *f.*

cèdre [sɛdʀ(ə)] *m.* Cedro.

cédule [sedyl] *f.* Cédula, pagaré *m.*

CEE [seəə] *f.* (abrév. Communauté économique Européenne) CEE.

ceindre [sɛ̃dʀ(ə)] [55] *tr.* Ceñir.

ceinture [sɛ̃tyʀ] *f.* **1** Cinturón *m.* **2** Faja. **3** Cintura (du corps, de murailles). **4** Circunvalación, cinturón *m.*

ceinturer [sɛ̃tyʀe] [1] *tr.* **1** Ceñir. **2** Rodear.

ceinturon [sɛ̃tyʀɔ̃] *m.* MIL. Cinturón.

cela [s(ə)la] *pron. dém.* **1** Eso, esto, aquello (*aquello* désigne ce qui est le plus éloigné); *prends ~,* toma eso.

célébration [selebʀasjɔ̃] *f.* Celebración.

célèbre [selɛbʀ(ə)] *adj.* Célebre.

célébrité [selebʀite] *f.* Celebridad.

celer [s(ə)le] [17] *tr.* Celar, encubrir, ocultar, callar.

céleri [sɛlʀi] *m.* Apio.

célérité [seleʀite] *f.* Celeridad.

célibataire [selibatɛʀ] *adj.-s.* Soltero, ra, célibe.

cellier [selje] *m.* Bodega *f.*

cellulaire [selylɛʀ] *adj.* Celular.

cellule [selyl] *f.* **1** Celda. **2** Célula. **3** Celdilla (des abeilles).

cellulite [selylit] *f.* Celulitis.

cellulose [selyloz] *f.* Celulosa.

celte [sɛlt(ə)] *s.* Celta.

celui, celle [səlɥi, sɛl], **ceux, celles** [sø, sɛl] *pron. dém.* **1** El, la, los, las (suivi de *de, que, qui*). **2** Aquel, aquella, aquellos, aquellas (suivi de *dont, avec, pour,* etc.).

celui-ci, celle-ci [səlɥisi, sɛlsi], **ceux-ci, celles-ci** [søsi, sɛlsi] *pron. dém.* Éste, ésta, éstos, éstas.

celui-là, celle-là [səlɥila, sɛla], **ceux-là, celles-là** [søla, sɛ(l)a] *pron. dém.* Aquél, aquélla, aquéllos, aquéllas.

cément [semã] *m.* **1** Cemento, argamasa. **2** ANAT. Cemento.

cendre [sãdʀ(ə)] *f.* Ceniza.

cendrier [sãdʀije] *m.* Cenicero.

cens [sãs] *m.* Censo.

censé, -ée [sãse] *adj.* Considerado, da como, supuesto, ta.

censeur [sãsœʀ] *m.* Censor.

censure [sãsyʀ] *f.* Censura.

censurer [sãsyʀe] [1] *tr.* Censurar.

cent [sã] *adj.* **1** Ciento, cien. ■ **2** *m.* Ciento. **3** Centenar (centaine).

centaine [sãtɛn] *f.* **1** Centena. **2** Centenar *m.*

centenaire [sãtnɛʀ] *adj.-s.* **1** Centenario, ria. ■ **2** *m.* Centenario (anniversaire).

centésimal, -ale [sãtezimal] *adj.* Centesimal.

centième [sãtjɛm] *adj.-s.* Centésimo, ma.

centigrade [sãtigʀad] *adj.-m.* Centígrado.

centigramme [sãtigʀam] *m.* Centigramo.

centilitre [sãtilitʀ(ə)] *m.* Centilitro.

centime [sãtim] *m.* Céntimo.

centimètre [sãtimɛtʀ(ə)] *m.* Centímetro.

central, -ale [sãtʀal] *adj.* **1** Central. **2** Céntrico, ca (dans une ville). ■ **3** *m.* Central *f.: un ~ téléphonique,* una central telefónica. ■ **4** *f.* Central (usine).

centraliser [sãtʀalize] [1] *tr.* Centralizar.

centre [sãtʀ(ə)] *m.* Centro.

centrifuge [sãtʀifyʒ] *adj.* Centrífugo, ga.

centuple [sãtypl(ə)] *adj.-m.* Céntuplo, pla.

cep [sɛp] *m.* Cepa *f.* (de vigne).

cèpe [sɛp] *m.* Seta *f.* de otoño, boleto comestible.

cependant [s(ə)pãdã] *conj.* **1** Sin embargo (toutefois). ■ **2** *adv.* Entretanto, mientras tanto.

céramique [seʀamik] *f.* Cerámica.

céramiste [seʀamist(ə)] *adj.-s.* Ceramista.

cerbère [sɛʀbɛʀ] *m.* Cancerbero.

cerceau [sɛʀso] *m.* **1** Cerco, aro (de tonneau). **2** Aro (jouet).

cercle [sɛʀkl(ə)] *m.* **1** Círculo. **2** Cerco, aro (de tonneau). **3** Círculo (d'amis, etc.).

cercueil [sɛʀkœj] *m.* Ataúd, féretro.

céréale [seʀeal] *f.* Cereal *m.*

cérémonie [seʀemɔni] *f.* **1** Ceremonia, acto *m.* ■ **2** *pl.* Cumplidos *m.*

cérémonieux, -euse [seʀemɔnjø, -øz] *adj.* Ceremonioso, sa.

cerf [sɛʀ] *m.* Ciervo, venado.

cerf-volant [sɛʀvɔlã] *m.* **1** Ciervo volante. **2** Cometa *f.* (jouet).

cerise [s(ə)ʀiz] *f.* Cereza.

cerisier [s(ə)ʀizje] *m.* Cerezo.

cerne [sɛʀn(ə)] *m.* **1** Cerco (d'une tache). **2** Ojeras *f. pl.* (des yeux).

cerné, -ée [sɛʀne] *adj.* **1** Rodeado, da, cercado, da. **2** *Yeux cernés,* ojos con ojeras.

cerner [sɛʀne] [1] *tr.* **1** Cercar, rodear. **2** *pr.* Hacer ojeras (yeux).

certain, -aine [sɛʀtɛ̃, -ɛn] *adj.* **1** Cierto, ta, seguro, ra. **2** *Un ~, une certaine,* cierto, ta (l'article, devant *certain,* ne se traduit pas). ■ **3** *pron.* (en *pl.*). Algunos, nas.

certes [sɛʀt(ə)] *adv.* Ciertamente.

certificat [sɛʀtifika] *m.* Certificado.

certification [sɛʀtifikasjɔ̃] *f.* Certificación.

certifier [sɛʀtifje] [2] *tr.* Garantizar, responder.

certitude [sɛʀtityd] *f.* Certeza, certidumbre.

cerveau [sɛʀvo] *m.* **1** Cerebro. **2** *Un ~ brûlé,* un exaltado, una cabeza loca.

cervelet [sɛʀvəlɛ] *m.* Cerebelo.

cervelle [sɛʀvɛl] *f.* Sesos *m. pl.*

cessant, -ante [sesã, -ãt] *adj.* Cesante. Loc. *Toute affaire cessante,* dejando a un lado todo lo demás.

cessation [sesasjɔ̃] *f.* Cesación, suspensión.

cesse [ses] *f.* Tregua, interrupción. Loc. *Sans ~,* sin tregua, sin cesar.

cesser [sese] [1] *intr.* **1** Cesar. ■ **2** *tr.* Interrumpir, suspender.

cession [sesjɔ̃] *f.* **1** Cesión. **2** Traspaso *m.*

c'est-à-dire [sɛ(e)tadiʀ] *loc. conj.* Es decir.

césure [sezyʀ] *f.* Cesura.

chacun, -une [ʃakœ̃, -yn] *pron. indéf.* **1** Cada uno, cada una. **2** Cada cual, todos.

chafouin, -ine [ʃafwɛ̃, -in] *adj.-s.* Taimado, da, socarrón, ona.

chagrin, -ine [ʃagʀɛ̃, -in] *adj.* **1** Triste, malhumorado, da. ■ **2** *m.* Pena *f.,* pesar, disgusto. **3** *Peau de ~,* piel de zapa.

chahut [ʃay] *m.* fam. Alboroto, escándalo, jaleo: *faire du ~,* armar jaleo.

chai [ʃɛ] *m.* Bodega *f.*

chaîne [ʃɛn] *f.* **1** Cadena: *~ d'arpenteur,*

cadena de agrimensor. **2** ~ *de montagnes,* cordillera. **3** Urdimbre (tissu). **4** Cadena, canal *m.* (télévision).

chaînon [[ɛnɔ̃] *m.* **1** Eslabón (d'une chaîne). **2** Ramal (montagne).

chair [[ɛʀ] *f.* Carne.

chaise [[ɛz] *f.* **1** Silla. **2** ~ *longue,* meridiana, tumbona.

chaland, -ande [[alã, -ãd] *s.* **1** Comprador, ra, parroquiano, na. ■ **2** *m.* Chalana *f.*

châle [[ɑl] *m.* Mantón, chal.

chaleur [[alœʀ] *f.* **1** Calor *m.* **2** fig. Calor *m.,* ardor *m.*

chaleureux, -euse [[alœʀø, -øz] *adj.* Caluroso, sa, ardiente, efusivo, va.

chaloupe [[alup] *f.* Chalupa, lancha.

chalumeau [[alymo] *m.* **1** Caña *f.* (paille). **2** TECHN. Soplete. **3** MUS. Caramillo.

chalut [[aly] *m.* Traína *f.,* red *f.* barredera.

chamade [[amad] *f.* Loc. **Son cœur battait la** ~, el corazón se le salía del pecho.

chamailler (se) [[amɑje] [1] *pr.* Reñir, disputar.

chamarrer [[amaʀe] [1] *tr.* **1** Galonear. **2** Recargar de adornos.

chambarder [[ãbaʀde] [1] *tr.* fam. Alborotar, trastornar.

chambellan [[ãbe(ɛl)lã] *m.* Chambelán.

chambre [[ãbʀ(ə)] *f.* **1** Cuarto *m.,* aposento *m.,* habitación. **2** Cámara: ~ *des députés,* cámara, congreso *m.* de diputados. **3** Sala (d'un tribunal). **4** Cámara: ~ *à air,* cámara de aire; ~ *à gaz,* cámara de gas.

chameau [[amo] *m.* Camello.

chamois [[amwa] *m.* Gamuza *f.*

champ [[ã] *m.* **1** Campo. **2** *Battre aux champs,* batir llamada; *prendre du* ~, tomar carrera. **3** *loc. adv. À travers champs,* a campo traviesa.

champagne [[ãpaɲ] *m.* Champán, champaña.

champêtre [[ãpɛtʀ(ə)] *adj.* Campesino, na, campestre, rural.

champignon [[ãpiɲɔ̃] *m.* **1** Hongo, seta *f.,* champiñón. **2** fam. Acelerador.

championnat [[ãpjɔna] *m.* Campeonato.

chance [[ãs] *f.* **1** Suerte, fortuna. **2** Posibilidad, oportunidad.

chancelant, -ante [[ãslã, -ãt] *adj.* Vacilante, tambaleante.

chancelier [[ãsəlje] *m.* Canciller.

chancellerie [[ãsɛlʀi] *f.* Cancillería.

chanceux, -euse [[ãsø, -øz] *adj.* Afortunado, da.

chancre [[ãkʀ(ə)] *m.* **1** BOT. Cancro. **2** MÉD. Chancro.

chandail [[ãdaj] *m.* Jersey.

chandeleur [[ãdlœʀ] *f.* Candelaria.

chandelier [[ãdəlje] *m.* Candelero, candelabro.

chandelle [[ãdɛl] *f.* Vela, candela.

chanfrein [[ãfʀɛ̃] *m.* **1** Testera *f.,* testuz *f.* (d'un cheval). **2** TECHN. Chaflán.

change [[ãʒ] *m.* Cambio: *bureau, lettre de* ~, casa, letra de cambio. Loc. fig. *Donner le* ~, engañar.

changeant, -ante [[ãʒã, -ãt] *adj.* **1** Cambiante. **2** Tornadizo, za, mudable.

changement [[ãʒmã] *m.* **1** Cambio. **2** TECHN. ~ *de vitesse,* cambio de velocidades.

changer [[ãʒe] [13] *tr.* **1** Cambiar. **2** Convertir. **3** Mudar. ■ **4** *intr.* Cambiar: ~ *de place,* cambiar de sitio. ■ **5** *pr.* Cambiarse, mudarse de ropa.

chanoine [[anwan] *m.* Canónigo.

chanson [[ãsɔ̃] *f.* **1** Canción, copla. **2** Cantar *m.* ■ **3** *pl.* Tonterías, cuentos *m.*

chansonnier [[ãsɔnje] *s.* **1** Cancionista. ■ **2** *m.* Cancionero (recueil).

chant [[ã] *m.* **1** MUS., LITT. Canto: *plain-*~, canto llano. **2** Cante: ~ *flamenco,* cante flamenco.

chanter [[ãte] [1] *tr.-intr.* **1** Cantar. **2** fam. Contar. ■ **3** fig. *Faire* ~ *quelqu'un,* hacerle a uno objeto de un chantaje, hacer cantar a uno.

chanterelle [[ãtʀɛl] *f.* **1** Reclamo *m.* (oiseau). **2** MUS. Prima, cantarela.

chanteur, -euse [[ãtœʀ, -øz] *s.* **1** Cantor, ra, cantante. ■ **2** *adj.* Cantor, ra.

chantier [[ãtje] *m.* **1** Obra *f.* de construcción. **2** Taller al aire libre. **3** MAR. Astillero. **4** Depósito de madera o carbón. **5** fam. Revoltijo.

chantre [[ãtʀ(ə)] *m.* **1** Chantre. **2** fig. Cantor.

chanvre [[ãvʀ(ə)] *m.* Cáñamo.

chaos [[kao] *m.* Caos.

chaotique [[kaɔtik] *adj.* Caótico, ca.

chape [[ap] *f.* **1** Capa, capa pluvial. **2** ECCLÉS. Manto *m.* de cardenal.

chapeau [[apo] *m.* **1** Sombrero: ~ *haut de forme,* sombrero de copa; ~ *melon,* sombrero hongo. **2** Sombrero, sombrerete (de champignon). **3** MUS. ~ *chinois,* chinesco. **5** *interj.* ¡Muy bien!, ¡bravo!

chapelain [[aplɛ̃] *m.* Capellán.

chapelet [[aplɛ] *m.* **1** Rosario. **2** Ristra *f.* (d'oignons, etc.). **3** fig. Sarta *f.,* ristra *f.,* serie *f.*

chapelier, -ière [ʃapəlje, -jɛʀ] s. **1** Sombrerero. ■ **2** f. Sombrerera (boîte).

chapelle [ʃapɛl] f. Capilla.

chapelure [ʃaplyʀ] f. Pan m. rallado.

chaperon [ʃapʀɔ̃] m. **1** Capirote, caperuza f. Loc. *Le Petit ~ rouge,* Caperucita roja. **2** ARCHIT. Albardilla f. (d'un mur). **3** fam. Carabina f. (personne qui accompagne).

chapiteau [ʃapito] m. **1** ARCHIT. Capitel. **2** Toldo, carpa f. (de cirque).

chapitre [ʃapitʀ(ə)] m. **1** Capítulo. **2** ECCLÉS. Capítulo, cabildo. **3** Materia f., tema.

chapon [ʃapɔ̃] m. Capón.

chaque [ʃak] adj. *indéf.* Cada.

char [ʃaʀ] m. **1** Carro: *~ de combat,* carro blindado. **2** Carroza f. (de carnaval). **3** *~ funebre,* coche fúnebre.

charabia [ʃaʀabja] m. Algarabía f., jerigonza f.

charade [ʃaʀad] f. Charada.

charançon [ʃaʀɑ̃sɔ̃] m. Gorgojo.

charbon [ʃaʀbɔ̃] m. **1** Carbón. **2** MÉD. Carbuco. **3** AGR. Carbón, tizón.

charbonnier, -ière [ʃaʀbɔnje, -jɛʀ] adj.-s. Carbonero, ra.

charcuterie [ʃaʀkytʀi] f. **1** Salchichería, tocinería (industrie, boutique). **2** Carne, embutidos m. pl., etc. de cerdo (produits).

charcutier, -ière [ʃaʀkytje, -jɛʀ] s. Salchichero, ra.

chardon [ʃaʀdɔ̃] m. **1** Cardo. **2** *~ à foulon,* cardencha f.

chardonneret [ʃaʀdɔnʀɛ] m. Jilguero.

charge [ʃaʀ(ə)] f. **1** Carga. **2** Cargo m. (emploi, responsabilité). **3** Caricatura, burla (caricature). **4** DR. Cargo m.: *témoin à ~,* testigo de cargo.

chargé, -ée [ʃaʀʒe] adj. **1** Cargado, da. **2** *Lettre chargée,* certificado m. de valores declarados. ■ **2** m. Encargado: *~ d'affaires,* encargado de negocios.

chargement [ʃaʀʒəmɑ̃] m. **1** Cargamento. **2** Carga f. (d'une arme, etc.).

charger [ʃaʀʒe] [13] tr. **1** Cargar. **2** Exagerar, recargar. **3** Caricaturizar, ridiculizar, poner en ridículo. **4** DR. Declarar contra, acusar. **5** Encargar. ■ **6** pr. Cargarse. **7** Encargarse (s'occuper de).

chargeur [ʃaʀʒœʀ] m. Cargador.

chariot [ʃaʀjo] m. **1** Carro, carreta f. **2** MÉC. Carro (de machine à écrire, etc.). **3** Castillejo, pollera f. (pour enfant).

charitable [ʃaʀitabl(ə)] adj. Caritativo, va.

charité [ʃaʀite] f. Caridad.

charivari [ʃaʀivaʀi] m. **1** Cencerrada f. **2** Alboroto, ruido (grand bruit).

charmant, -ante [ʃaʀmɑ̃, -ɑ̃t] adj. Encantador, ra.

charme [ʃaʀm(ə)] m. **1** Encanto, hechizo. **2** Carpe, ojaranzo (arbre). ■ **3** pl. Encantos (d'une femme).

charmer [ʃaʀme] [1] tr. Encantar.

charnel, -elle [ʃaʀnɛl] adj. Carnal.

charnier [ʃaʀnje] m. Osario.

charnière [ʃaʀnjɛʀ] f. **1** Charnela, bisagra. **2** fig. Eje m., unión, nexo m.

charnu, -ue [ʃaʀny] adj. Carnudo, da, carnoso, sa.

charogne [ʃaʀɔɲ] f. Carroña.

charpente [ʃaʀpɑ̃t] f. **1** Armazón. **2** fig. Armazón.

charpenterie [ʃaʀpɑ̃tʀi] f. Carpintería.

charpentier [ʃaʀpɑ̃tje] m. Carpintero.

charrette [ʃaʀɛt] f. Carro m., carreta.

charrier [ʃaʀje] [2] tr. **1** Carretear, acarrear.

charrue [ʃaʀy] f. Arado m.

charte [ʃaʀt(ə)] f. Carta: *Grande Charte,* Carta Magna.

charter [ʃaʀtɛʀ] m. Chárter: *vols charters,* vuelos chárters.

chartreuse [ʃaʀtʀøz] f. Cartuja.

chartreux [ʃaʀtʀø] m. Cartujo.

chas [ʃa] m. Ojo.

chasse [ʃas] f. **1** Caza, cacería. Loc. *~ à courre,* caza a caballo, montería; *~ réservée,* vedado m. **2** Coto m. de caza, cazadero m. (lieu). **3** MIL. *Avion de ~,* avión de caza.

châsse [ʃas] f. Arqueta para reliquias, relicario m.

chassé-croisé [ʃasekʀwaze] m. **1** Paso de danza. **2** fig. Cambios pl. de sitio, de empleo, etc., idas y venidas f. pl.

chasse-mouches [ʃasmuʃ] m. invar. **1** Espantamoscas. **2** Mosqueador (éventail).

chasse-neige [ʃasnɛʒ] m. invar. **1** Barrenieves, quitanieves.

chasser [ʃase] [1] tr. **1** Cazar. **2** Arrojar, echar, expulsar. **3** Desechar, alejar, ahuyentar. **4** DR. Cargo m. ■ **5** intr. Cazar. **6** MAR. No agarrar (l'ancre).

chasseur, -euse [ʃasœʀ, -øz] adj.-s. **1** Cazador, ra. ■ **2** m. Botones (domestique). **3** MIL. Caza, avión de caza.

chassieux, -euse [ʃasjø, -øz] adj. Legañoso, sa.

châssis [ʃasi] m. **1** Bastidor (de tableau, de fenêtre). **2** AUTO., PHOT. Chasis. **3** TECHN. Armazón f.

chaste [ʃast(ə)] *adj.* Casto, ta.
chasuble [ʃazybl(ə)] *f.* Casulla.
chat, chatte [ʃa, ʃat] *s.* Gato, ta. Loc. *À bon ~ bon rat,* donde las dan, las toman.
châtaigne [ʃatɛɲ] *f.* Castaña.
châtaignier [ʃateɲe] *m.* Castaño.
châtain, -aine [ʃatɛ̃, -ɛn] *adj.-m.* Castaño, ña (couleur).
château [ʃato] *m.* 1 FORT. Castillo. 2 Palacio. 3 Mansión señorial en el campo. 4 ~ *d'eau,* arca *f.* de agua.
chateaubriand [ʃatobRijã] *m.* Solomillo de buey a la parrilla.
châtelain, -aine [ʃatlɛ̃, -ɛn] *s.* 1 Castellano, na (d'un château-fort). 2 Dueño, ña de una mansión señorial en el campo. ■ 3 *f.* Cadena con dijes.
châtier [ʃatje] [2] *tr.* 1 Castigar. 2 fig. Pulir, limar: ~ *son style,* pulir el estilo.
châtiment [ʃatimã] *m.* Castigo.
chatouiller [ʃatuje] [1] *tr.* 1 Hacer cosquillas. 2 fig. Halagar, lisonjear.
chatoyant, -ante [ʃatwajã, -ãt] *adj.* Cambiante, tornasolado, da.
châtrer [ʃatRe] [1] *tr.* Castrar, capar.
chatterie [ʃatRi] *f.* 1 Gatería, zalamería (câlinerie). 2 Golosina (friandise).
chaud, chaude [ʃo, ʃod] *adj.* 1 Caliente. 2 Cálido, da, caluroso, sa. 3 Vivo, va, animado, da, acalorado, da (discussion, etc.). 4 Fresco, ca, reciente. 5 Caliente, cálido, da (coloris). ■ 6 *m.* Calor. ■ 7 *adv.* Caliente: *boire ~,* beber caliente.
chaudière [ʃodjɛR] *f.* Caldera.
chaudron [ʃodRɔ̃] *m.* Caldero.
chauffage [ʃofaʒ] *m.* Calefacción *f.*
chauffe [ʃof] *f.* Calentamiento *m.,* caldeo *m.,* calefacción.
chauffer [ʃofe] [1] *tr.* 1 Calentar, caldear. 2 fig. Activar, animar. ■ 3 *intr.* Calentarse: *le café chauffe,* se calienta el café; *faire ~ de l'eau,* calentar agua. ■ 4 *pr.* Calentarse: *se ~ au soleil,* calentarse al sol.
chaufferette [ʃofRɛt] *f.* Estufilla, calientapiés *m.*
chauffeur [ʃofœR] *m.* 1 Fogonero. 2 Chófer.
chaumière [ʃomjɛR] *f.* Choza, casita.
chaussée [ʃose] *f.* 1 Calzada. 2 Carretera (route). 3 Terraplén *m.* que sirve de camino (talus). 4 Dique *m.* (digue).
chausse-pied [ʃospje] *m.* Calzador.
chausser [ʃose] [1] *tr.* Calzar.
chausse-trape [ʃostRap] *f.* 1 Trampa para alimañas. 2 fig. Trampa, ardid *m.* 3 MIL. Abrojo *m.*

chaussette [ʃosɛt] *f.* Calcetín *m.*
chausson [ʃosɔ̃] *m.* 1 Zapatilla *f.* 2 Empanadilla *f.* (pâtisserie).
chaussure [ʃosyR] *f.* 1 Calzado *m.* 2 Zapato *m.*
chauve [ʃov] *adj.-s.* Calvo, va.
chauvinisme [ʃovinism(ə)] *m.* 1 Patriotería *f.* 2 Chauvinismo, chovinismo.
chaux [ʃo] *f.* Cal.
chavirer [ʃaviRe] [1] *intr.* 1 Zozobrar (un bateau), volcar (un véhicule). ■ 2 *tr.* Volcar.
chef [ʃɛf] *m.* 1 Jefe. 2 ~ *d'orchestre,* director de orquesta. 3 Caudillo (militaire). 4 ~ *d'accusation,* cargo de acusación. 5 BLAS. Jefe.
chef-d'œuvre [ʃɛdœvR(ə)] *m.* Obra *f.* maestra.
chef-lieu [ʃɛfljø] *m.* 1 Capital *f.* (d'un département, d'une province). 2 Cabeza *f.:* ~ *de canton,* cabeza de partido.
cheik [ʃɛk] *m.* Jeque.
chemin [ʃ(ə)mɛ̃] *m.* 1 Camino. 2 ~ *de fer,* ferrocarril. 3 ~ *de croix,* Vía crucis. 4 *loc. adv.* **Chemin faisant,** por el camino, de paso.
cheminée [ʃ(ə)mine] *f.* Chimenea.
cheminer [ʃ(ə)mine] [1] *intr.* Caminar.
cheminot [ʃ(ə)mino] *m.* Ferroviario.
chemise [ʃ(ə)miz] *f.* 1 Camisa. 2 Carpeta.
chemiserie [ʃ(ə)mizRi] *f.* Camisería.
chemisier [ʃ(ə)mizje] *s.* 1 Camisero, ra. ■ 2 *m.* Blusa *f.*
chenal [ʃənal] *m.* 1 Canal. 2 Caz (d'un moulin).
chenapan [ʃ(ə)napã] *m.* Pillo, bribón.
chêne [ʃɛn] *m.* 1 Roble: ~ *rouvre,* roble. 2 ~ *vert,* encina *f.,* carrasca *f.*
chéneau [ʃeno] *m.* ARCHIT. Canalón.
chenil [ʃ(ə)ni(l)] *m.* Perrera *f.*
chenille [ʃ(ə)nij] *f.* 1 Oruga (larve, de véhicule). 2 Felpilla (passementerie).
chenu, -ue [ʃəny] *adj.* 1 Cano, na. 2 fig. Blanco, ca.
cheptel [ʃɛptɛl] *m.* 1 Aparcería *f.* en ganado. 2 Ganado dado en aparcería (bétail).
chèque [ʃɛk] *m.* COMM. Cheque.
cher, chère [ʃɛR] *adj.* 1 Caro, ra, costoso, sa (coûteux). 2 Caro, ra, querido, da: ~ *ami,* querido amigo. ■ 3 *adv.* Caro: *coûter ~,* costar caro.
chercher [ʃɛRʃe] [1] *tr.* 1 Buscar. 2 *Envoyer ~,* enviar por, mandar por. 3 ~ *à,* procurar, intentar.
chercheur, -euse [ʃɛRʃœR, -øz] *adj.-s.* 1 Buscador, ra. 2 Investigador, ra.

chère [ʃɛʀ] *f.* Comida.
chèrement [ʃɛʀmɑ̃] *adv.* **1** Costosamente, caro. **2** Cariñosamente, tiernamente.
chéri, -ie [ʃeʀi] *adj.* **1** Querido, da. **2** fam. Pichoncito, ta.
chérir [ʃeʀiʀ] [3] *tr.* **1** Amar tiernamente. **2** Venerar.
cherté [ʃɛʀte] *f.* Carestía *f.*
chétif, -ive [ʃetif, -iv] *adj.* **1** Enclenque, débil, enfermizo, za, raquítico, ca. **2** fig. Pobre, mezquino, na.
cheval [ʃ(ə)val] *m.* **1** Caballo. Loc. fig. ~ *de retour,* delincuente habitual: *chevaux de bois,* tiovivo. **2** *Fer à* ~, herradura *f.* **3** *loc. adv. À* ~, a caballo, a horcajadas.
chevalerie [ʃ(ə)valʀi] *f.* Caballería.
chevalet [ʃ(ə)valɛ] *m.* **1** Caballete, asnilla *f.* (de scieur). **2** Caballete (de peintre). **3** MUS. Puente.
chevalier [ʃ(ə)valje] *m.* **1** Caballero: ~ *errant,* caballero andante.
chevalière [ʃ(ə)valjɛʀ] *f.* Anillo *m.* (con escudo grabado).
chevauchée [ʃ(ə)voʃe] *f.* **1** Paseo *m.* a caballo. **2** Cabalgada.
chevaucher [ʃ(ə)voʃe] [1] *intr.* **1** Cabalgar. **2** TECHN. Encabalgar, encaballar.
chevelure [ʃəvlyʀ] *f.* Cabellera.
chevet [ʃ(ə)vɛ] *m.* **1** Cabecera *f.* (du lit). **2** ARCHIT. Ábside.
cheveu [ʃ(ə)vø] *m.* Cabello, pelo.
cheville [ʃ(ə)vij] *f.* **1** Clavija. **2** ANAT. Tobillo *m.* **3** Ripio *m.* (en versification).
cheviller [ʃ(ə)vije] [1] *tr.* Enclavijar, empernar.
chèvre [ʃɛvʀ(ə)] *f.* **1** Cabra. **2** MÉC. Cabria.
chevreau [ʃəvʀo] *m.* **1** Cabrito. **2** Cabritilla *f.* (peau).
chèvrefeuille [ʃɛvʀəfœj] *m.* Madreselva *f.*
chevrier, -ière [ʃəvʀije, -ijɛʀ] *s.* Cabrero, ra.
chevrotement [ʃəvʀɔtmɑ̃] *m.* Temblor de voz.
chewing-gum [ʃwiŋɡɔm] *m.* Chicle.
chez [ʃe] *prép.* **1** En casa de (sans mouvement): ~ *mon frère,* en casa de mi hermano; ~ *moi,* en mi casa; a casa de (avec mouvement): *j'irai* ~ *toi,* iré a tu casa. **2** A, al: *aller* ~ *le médecin,* ir al médico. **3** Entre: ~ *les Romains,* entre los romanos. **4** En: *c'est* ~*lui une manie,* es una manía en él.
chic [ʃik] *m.* **1** Habilidad *f.* **2** Elegancia *f.,* buen gusto. ■ **3** *adj.* Elegante, de buen gusto. **4** Simpático, ca, estupendo, da.

5 Generoso, sa. **6** *interj.* fam. ¡Estupendo!, ¡qué bien!
chicaner [ʃikane] [1] *intr.* **1** Usar de argucias. **2** Buscar disputas, pleitos. ■ **3** *tr.* Buscar camorra a.
chicaneur, -euse [ʃikanœʀ, -øz] *s.* **1** Quisquilloso, sa, lioso, sa. **2** Pleitista (dans un procès).
chiche [ʃiʃ] *adj.* **1** Parco, ca, mezquino, na. **2** Tacaño, ña (avare). **3** *Pois* ~, garbanzo.
chicorée [ʃikɔʀe] *f.* Achicoria.
chicotin [ʃikɔtɛ̃] *m.* Acíbar.
chien, -ienne [ʃjɛ̃, -ʃjɛn] *s.* **1** Perro, perra. **2** Loc. *Entre* ~ *et loup,* al anochecer; *avoir un mal de* ~, tener muchas dificultades. ■ **3** *m.* Gatillo (de fusil). Loc. fig. *Couché en* ~ *de fusil,* acurrucado en la cama. **4** fig. Atractivo, gancho: *avoir du* ~, tener gancho. ■ **5** *n. pr. m.* ASTRON. *Grand Chien,* Can mayor; *Petit Chien,* Can menor.
chier [ʃje] [2] *intr.* pop. Cagar.
chiffon [ʃifɔ̃] *m.* **1** Trapo, andrajo. **2** ~ *de papier,* papel mojado.
chiffonnier, -ière [ʃifɔnje, -jɛʀ] *s.* Trapero, ra.
chiffre [ʃifʀ(ə)] *m.* **1** Cifra *f.* **2** Importe total, suma *f.* (montant).
chiffrer [ʃifʀe] [1] *intr.* **1** Calcular. ■ **2** *tr.* Numerar. **3** Cifrar: *message chiffré,* mensaje en cifra, cifrado.
chignon [ʃiɲɔ̃] *m.* Moño.
chimérique [ʃimeʀik] *adj.* Quimérico, ca.
chimie [ʃimi] *f.* Química.
chimique [ʃimik] *adj.* Químico, ca.
chimiste [ʃimist(ə)] *s.* Químico, ca.
chiner [ʃine] [1] *tr.* fam. Burlarse de, tomar el pelo a.
chinois, -oise [ʃinwa, -waz] *adj.-s.* Chino, na.
chiper [ʃipe] [1] *tr.* fam. Quitar, hurtar, birlar.
chipolata [ʃipɔlata] *f.* Salchicha pequeña y delgada.
chiquenaude [ʃiknod] *f.* Capirotazo *m.*
chiquer [ʃike] [1] *tr.* **1** Mascar ■ **2** *intr.* Mascar tabaco.
chiromancie [kiʀɔmɑ̃si] *f.* Quiromancia.
chirurgie [ʃiʀyʀʒi] *f.* Cirugía.
chistera [(t)ʃistera] *f.* Cesta de peloteros.
chlore [klɔʀ] *m.* Cloro.
chloroforme [klɔʀɔfɔʀm(ə)] *m.* Cloroformo.
chlorophylle [klɔʀɔfil] *f.* Clorofila.
chlorure [klɔʀyʀ] *m.* Cloruro.
choc [ʃɔk] *m.* **1** Choque. **2** MIL. Encuentro.

3 fig. Conflicto, contienda f. **4** Golpe (émotion). **5** MÉD. ~ *opératoire,* choque.

chocolat [ʃɔkɔla] *m.* Chocolate.

chocolatier [ʃɔkɔlatje, -jɛʀ] *adj. -s.* **1** Chocolatero, ra. ▪ **2** f. Chocolatera (récipient).

chœur [kœʀ] *m.* **1** Coro. **2** ARCHIT. Coro.

choir [ʃwaʀ] [51] *intr.* **1** Caer. **2** fam. *Laisser* ~, abandonar.

choisir [ʃwaziʀ] [3] *tr.* Escoger, elegir.

choix [ʃwa] *m.* **1** Elección f. **2** Opción f., alternativa. **3** Surtido. **4** Selección f. **5** *loc. adv. Au* ~, a elegir.

cholestérol [kɔlɛstɛʀɔl] *m.* Colesterol.

chômage [ʃomaʒ] *m.* Paro forzoso, desempleo.

chômeur, -euse [ʃomœʀ, -øz] *s.* Parado, da.

chope [ʃɔp] f. Pichel *m.* (d'étain), jarra (de verre).

choquant, -ante [ʃɔkɑ̃, -ɑ̃t] *adj.* Chocante.

choquer [ʃɔke] [1] *tr.* **1** Chocar con. **2** fig. Ofender, chocar, disgustar.

choral, -ale [kɔʀal] *adj.* MÚS. Coral.

chorégraphie [kɔʀegʀafi] f. Coreografía.

choriste [kɔʀist(ə)] *s.* Corista.

chose [ʃoz] f. **1** Cosa. Loc. *Quelque* ~, algo; *pas grand* ~, poca cosa, poco. **2** fam. *Être tout* ~, estar indispuesto, sentirse raro.

chou [ʃu] *m.* **1** Col f., berza f. **2** ~ *de Bruxelles,* col de Bruselas; ~ *pommé,* repollo. **3** Loc. fam. *Aller planter ses choux,* retirarse al campo; *mon* ~, *mon petit* ~, queridito mío. **4** ~ *à la crème,* pastelillo.

chouette [ʃwɛt] f. **1** Lechuza. ▪ **2** *adj.* pop. Mágico, ca, superior, de primera. **3** *interj.* fam. ¡Estupendo!

chou-fleur [ʃuflœʀ] *m.* Coliflor f.

choyer [ʃwaje] [23] *tr.* Mimar, cuidar con ternura.

chrétien, -ienne [kʀetjɛ̃, -jɛn] *adj.-s.* Cristiano, na.

christianisme [kʀistjanism(ə)] *m.* Cristianismo.

chromatique [kʀɔmatik] *adj.* Cromático, ca.

chrome [kʀom] *m.* CHIM. Cromo.

chronique [kʀɔnik] *adj.* **1** Crónico, ca. ▪ **2** f. Crónica.

chroniqueur [kʀɔnikœʀ] *m.* Cronista.

chronologie [kʀɔnɔlɔʒi] f. Cronología.

chronomètre [kʀɔnɔmɛtʀ(ə)] *m.* Cronómetro.

chronométrer [kʀɔnɔmetʀe] *tr.* Cronometrar.

chrysanthème [kʀizɑ̃tɛm] *m.* Crisantemo.

chuchotement [ʃyʃɔtmɑ̃] *m.* Cuchicheo, murmullo.

chuchoter [ʃyʃɔte] [1] *intr.* Cuchichear, murmurar.

chute [ʃyt] f. **1** Caída. **2** ~ *d'eau,* salto *m.* de agua.

chuter [ʃyte] [1] *intr.* **1** fam. Caer. **2** THÉÁT. Fracasar.

ci [si] *adv.* **1** Aquí: *ci-gît,* aquí yace. *loc. adv.* et *adj. Ci-après,* a continuación; *ci-contre,* al lado, en la página de enfrente; *ci-dessous,* más abajo, a continuación; *ci-dessus,* más arriba, susodicho; *ci-inclus,* incluso; *ci-joint,* adjunto; *de-ci de-là, par-ci par-là,* de aquí y allá; aquí y allí; *ci-devant,* anteriormente, antes. **2** *Un ci-devant,* un ex noble, una persona adicta al antiguo régimen, en el lenguaje de la Revolución francesa.

cible [sibl(ə)] f. **1** Blanco *m.* **2** fig. Fin *m.,* objeto *m.*

ciboire [sibwaʀ] *m.* Copón.

ciboulette [sibulɛt] f. Cebollino *m.,* cebollana.

cicatrice [sikatʀis] f. Cicatriz.

cicatriser [sikatʀize] [1] *tr.* **1** Cicatrizar. ▪ **2** *pr.* Cicatrizarse.

cidre [sidʀ(ə)] *m.* Sidra f.

ciel [sjɛl] *m.* Cielo.

cierge [sjɛʀʒ] *m.* Cirio.

cigale [sigal] f. Cigarra.

cigare [sigaʀ] *m.* Cigarro puro.

cigarette [sigaʀɛt] f. Cigarrillo *m.*

cigogne [sigɔɲ] f. Cigüeña.

ciguë [sigy] f. Cicuta.

cil [sil] *m.* Pestaña f.

cime [sim] f. Cima, cumbre, cúspide.

ciment [simɑ̃] *m.* Cemento.

cimenter [simɑ̃te] [1] *tr.* **1** Unir con cemento. **2** fig. Consolidar, afirmar.

cimeterre [simtɛʀ] *m.* Cimitarra f.

cimetière [simtjɛʀ] *m.* Cementerio.

cimier [simje] *m.* Cimera f.

cinéma [sinema] *m.* Cine.

cinématographe [sinematɔgʀaf] *m.* Cinematógrafo.

cinéraire [sineʀɛʀ] *adj.* **1** Cinerario, ria. ▪ **2** f. Cineraria (plante).

cinglant, -ante [sɛ̃glɑ̃, -ɑ̃t] *adj.* fig. Hiriente, duro, ra, agresivo, va, acerbo, ba.

cingler [sɛ̃gle] [1] *intr.* **1** MAR. Singlar. ▪ **2** *tr.* Fustigar, azotar. **3** Cimbrar.

cinq [sɛ̃k] *adj.-m.* **1** Cinco. **2** ~ *cents,* quinientos, tas. ■ **3** *m.: loc. adv.* fam. *recevoir quelqu'un ~ sur ~,* agasajar, recibir a alguien perfectamente.

cinquantaine [sɛ̃kɑ̃tɛn] *f.* Cincuentena.

cinquante [sɛ̃kɑ̃t] *adj.-m.* Cincuenta.

cinquantième [sɛ̃kɑ̃tjɛm] *adj.-s.* Quincuagésimo, ma.

cinquième [sɛ̃kjɛm] *adj.-s.* Quinto, ta.

cintre [sɛ̃tʀ(ə)] *m.* **1** ARCHIT. Cimbra *f.,* cintra *f.* Loc. *Plein ~,* medio punto. **2** Cimbra *f.* (échafaudage). **3** THÉÂT. Telar.

cirage [siʀaʒ] *m.* **1** Acción *f.* de lustrar (souliers), de dar cera (parquets, etc.). **2** Betún, lustre (produit).

circoncision [siʀkɔ̃sizjɔ̃] *f.* Circuncisión.

circonférence [siʀkɔ̃feʀɑ̃s] *f.* Circunferencia.

circonflexe [siʀkɔ̃flɛks(ə)] *adj. Accent ~,* acento circunflejo.

circonscription [siʀkɔ̃skʀipsjɔ̃] *f.* Circunscripción.

circonspection [siʀkɔ̃spɛksjɔ̃] *f.* Circunspección.

circonstance [siʀkɔ̃stɑ̃s] *f.* Circunstancia.

circonstanciel, -elle [siʀkɔ̃stɑ̃sjɛl] *adj.* Circunstancial.

circonvolution [siʀkɔ̃vɔlysjɔ̃] *f.* Circunvolución.

circuit [siʀkɥi] *m.* Circuito.

circulaire [siʀkylɛʀ] *adj.* **1** Circular. ■ **2** *f.* Carta circular.

circulation [siʀkylasjɔ̃] *f.* **1** Circulación. **2** Circulación, tráfico *m.* (des véhicules).

circulatoire [siʀkylatwaʀ] *adj.* Circulatorio, ria.

circuler [siʀkyle] [1] *intr.* Circular.

cire [siʀe] *f.* **1** Cera: ~ *molle,* cera blanda. **2** ~ *à cacheter,* lacre *m.*

cirer [siʀe] *tr.* **1** Encerar (le parquet). **2** Lustrar, dar brillo a (les souliers).

cirque [siʀk(ə)] *m.* Circo.

cisalpin, -ine [sizalpɛ̃, -in] *adj.* Cisalpino, na.

ciseau [sizo] *m.* **1** Cincel. **2** MENUIS. Formón. ■ **3** *pl.* Tijeras *f.*

ciseler [sizle] [17] *tr.* Cincelar.

citadelle [sitadɛl] *f.* Ciudadela.

citadin, -ine [sitadɛ̃, -in] *s.* Ciudadano, na.

citation [sitasjɔ̃] *f.* **1** Cita (d'un auteur). **2** DR. Citación.

cité [site] *f.* **1** Ciudad (ville). **2** Parte antigua de una ciudad.

citer [site] [1] *tr.* **1** Citar. **2** Nombrar, mencionar. **3** DR. Citar.

citerne [sitɛʀn(ə)] *f.* Cisterna.

cithare [sitaʀ] *f.* Cítara.

citoyen, -enne [sitwajɛ̃, -jɛn] *s.* Ciudadano, na.

citrique [sitʀik] *adj.* Cítrico, ca.

citron [sitʀɔ̃] *m.* Limón, citrón.

citronnier [sitʀɔnje] *m.* Limonero.

citrouille [sitʀuj] *f.* Calabaza, calabacera.

civet [sivɛ] *m.* Guisado de liebre (lièvre), de conejo (lapin).

civette [sivɛt] *f.* **1** Civeta, gato *m.* de algallia. **2** Cebollino *m.* (plante).

civil, -ile [sivil] *adj.* **1** Civil. ■ **2** *m.* Paisano: *en ~,* de paisano.

civilisation [sivilizasjɔ̃] *f.* Civilización.

civiliser [sivilize] [1] *tr.* Civilizar.

civique [sivik] *adj.* Cívico, ca.

civisme [sivism(ə)] *m.* Civismo.

clabauder [klabode] [1] *intr.* **1** Ladrar a destiempo. **2** fig. Regañar sin motivo.

clair, -aire [klɛʀ] *adj.* **1** Claro, ra. **2** Huero (œuf). ■ **3** *m.* Claro: ~ *de lune,* claro de luna.

claire [klɛʀ] *f.* Criadero *m.* de ostras.

clairet [klɛʀɛ] *adj.* Clarete.

claire-voie [klɛʀvwa] *f.* Enrejado *m.,* rejilla (treillage).

clairière [klɛʀjɛʀ] *f.* Claro *m.* (dans un bois).

clairon [klɛʀɔ̃] *m.* **1** Clarín. **2** MIL. Corneta *f.*

clairsemé, -ée [klɛʀsəme] *adj.* Claro, ra, ralo, la: *cheveux clairsemés,* cabello ralo.

clairvoyance [klɛʀvwajɑ̃s] *f.* Clarividencia, perspicacia.

clamer [kla(ɑ)me] [1] *tr.* Clamar.

clameur [kla(ɑ)mœʀ] *f.* Clamor *m.,* clamoreo *m.*

clandestin, -ine [klɑ̃dɛstɛ̃, -in] *adj.* Clandestino, na.

clapet [klapɛ] *m.* MÉC. Válvula *f.*

clapier [klapje] *m.* Conejera *f.,* conejar.

clapoter [klapɔte] [1] *intr.* Chapotear, agitarse ligeramente el mar.

clapper [klape] [1] *intr.* Hacer chascar la lengua.

claque [klak] *f.* **1** Palmada, manotada, torta (gifle). **2** THÉÂT. *La ~,* la claque, los alabarderos.

claquer [klake] [1] *intr.* **1** Castañetear (doigts). **2** ~ *des dents,* castañetear. **3** Chasquear (langue). **4** Chasquear, restallar (fouet). **5** Golpear (volet, etc.). ■ **6** *tr.* Abofetear (gifler). **7** fam. Fatigar, reventar (fatiguer). **8** pop. Despilfarrar (son argent). **9** ~ *la porte,* dar un portazo.

claquette [klakɛt] *f.* **1** Claquetas *pl.* **2** Matraca, carraca (crécelle).

clarifier [klaʀifje] [2] *tr.* **1** Clarificar. **2** fig. Aclarar.

clarinette [klaʀinɛt] *f.* Clarinete *m.*

clarté [klaʀte] *f.* Claridad.

classe [klɑs] *f.* **1** Clase: *la ~ ouvrière,* la clase obrera. **2** Clase, curso *m.* (scolaire). **3** MIL. Quinta, reemplazo *m.*

classer [klɑse] [1] *tr.* Clasificar.

classeur [klɑsœʀ] *m.* **1** Carpeta *f.* (chemise). **2** Papelera *f.,* clasificador.

classifier [kla(a)sifje] [2] *tr.* Clasificar.

classique [klasik] *adj.-m.* Clásico, ca.

claudication [klodikasjɔ̃] *f.* Claudicación.

clause [kloz] *f.* Cláusula.

claustrophobie [klostʀɔfɔbi] *f.* Claustrofobia.

clavecin [klavsɛ̃] *m.* Clavicordio.

clavicule [klavikyl] *f.* Clavícula.

clavier [klavje] *m.* Teclado.

clef, clé [kle] *f.* **1** Llave. **2** ARCHIT., MUS. Clave. **3** fig. Clave (explication).

clématite [klematit] *f.* Clemátide.

clément, -ente [klemɑ̃, -ɑ̃t] *adj.* Clemente.

cleptomanie [klɛptɔmani] *f.* Cleptomanía.

clerc [klɛʀ] *m.* **1** Clérigo. **2** Sabio, intelectual. **3** Pasante, escribiente.

clergé [klɛʀʒe] *m.* Clero.

client, -ente [klijɑ̃, -ɑ̃t] *s.* Cliente.

cligner [kliɲe] [1] *tr.* **1** Entornar bruscamente. ■ **2** *intr. ~ de l'œil,* guiñar el ojo.

clignotant [kliɲɔtɑ̃] *m.* Intermitente.

clignoter [kliɲɔte] [1] **1** *intr.* Parpadear, pestañear. **2** Vacilar (une lumière).

climat [klima] *m.* Clima.

climatiser [klimatize] *tr.* Climatizar.

clin d'œil [klɛ̃dœj] *m.* Guiño, pestañeo.

clinique [klinik] *adj.* **1** Clínico, ca. ■ **2** *f.* Clínica.

clinquant, -ante [klɛ̃kɑ̃, -ɑ̃t] *adj.* **1** Brillante. ■ **2** *m.* Oropel. **3** fig. Oropel, relumbrón.

clique [klik] *f.* **1** Pandilla. **2** MIL. Banda de tambores y trompetas.

cliquer [klike] *intr.* Hacer un clic, pulsar.

cliqueter [klikte] [20] *intr.* Sonar entrechocándose.

cliquetis [klikti] *m.* **1** Ruido de armas o cosas que se entrechocan. **2** Tintineo.

clitoris [klitɔʀis] *m.* Clítoris.

cloaque [klɔak] *m.* **1** Cloaca *f.* **2** Charca *f.*

clochard [klɔʃaʀ] *m.* Vagabundo.

cloche [klɔʃ] *f.* **1** Campana. Loc. *~ à fro-*

mage, quesera. **2** Sombrero *m.* de alas caídas (chapeau).

cloche-pied (à) [aklɔʃpje] *loc. adv.* A la pata coja.

clocher [klɔʃe] *m.* Campanario.

clocher [klɔʃe] [1] *intr.* Cojear.

clochette [klɔʃɛt] *f.* Campanilla.

cloisonner [klwazɔne] [1] *tr.* Tabicar, dividir con tabiques.

cloître [klwatʀ(ə)] *m.* Claustro.

clone [klon] *m.* Clon.

clopin-clopant [klɔpɛ̃klɔpɑ̃] *loc. adv.* Cojeando, renqueando.

clopiner [klɔpine] [1] *intr.* Cojear, renquear.

cloporte [klɔpɔʀt(ə)] *m.* Cochinilla *f.*

clore [klɔʀ] [79] *tr.* **1** Cerrar, tapar. **2** Cercar, rodear. **3** fig. Cerrar, terminar, clausurar.

clos, close [klo, kloz] *adj.* **1** Cerrado, da: *bouche close,* boca cerrada. **2** Cercado, da (entouré). ■ **3** *m.* Cercado, finca *f.*

clôturer [klotyʀe] [1] *tr.* **1** Cercar, amurallar. **2** Cerrar (bourse). **3** Clausurar, terminar (séance, etc.).

clou [klu] *m.* **1** Clavo. **2** MÉD. Divieso. **3** *~ de girofle,* clavo.

clouer [klue] [1] *tr.* Clavar.

clouter [klute] [1] *tr.* Clavetear.

clovisse [klɔvis] *f.* Almeja.

coaguler [kɔagyle] [1] *tr.* Coagular.

coalition [kɔalisjɔ̃] *f.* Coalición.

coasser [kɔase] [1] *intr.* Croar.

cobalt [kɔbalt] *m.* Cobalto.

cobaye [kɔbaj] *m.* Cobayo, conejillo de Indias.

cocagne [kɔkaɲ] *f.* **1** *Pays de ~,* Jauja. **2** *Mât de ~,* cucaña *f.*

cocaïne [kɔkain] *f.* Cocaína.

cocarde [kɔkaʀd(ə)] *f.* Escarapela.

cocasse [kɔkas] *adj.* Chusco, ca, cómico, ca.

coccinelle [kɔksinɛl] *f.* Mariquita, vaca de san Antón.

coche [kɔʃ] *m.* **1** Diligencia *f.* ■ **2** *f.* Cerda, marrana (truie). **3** Muesca (marque).

cochenille [kɔʃnij] *f.* Cochinilla.

cocher [kɔʃe] *m.* Cochero.

cochère [kɔʃɛʀ] *adj. f. Porte ~,* puerta cochera.

cochon [kɔʃɔ̃] *m.* **1** Cerdo, cochino, puerco. **2** *~ d'Inde,* conejillo de Indias. **3** *~ de mer,* marsopla *f.*

cochon, -onne [kɔʃɔ̃, -ɔn] *adj.-s.* Puerco, ca, cochino, na, marrano, na.

cochonnerie [kɔʃɔnʀi] *f.* fam. Porquería, cochinada.

cochonnet [kɔʃɔnɛ] *m.* 1 Lechoncillo. 2 Boliche (de jeu de boules).

coco [kɔ(o)ko] *m.* 1 Coco (fruit). 2 Bebida *f.* preparada con regaliz. 3 péj. Individuo: *un fameux ~,* un pájaro de cuenta. 4 *Mon ~,* queridito. ▪ 5 *f.* pop. Cocaína.

cocon [kɔkɔ̃] *m.* Capullo.

cocotier [kɔkɔtje] *m.* Cocotero.

cocotte [kɔkɔt] *f.* 1 Cazuela, cacerola, olla (marmite). 2 Pajarita (en papier). 3 Gallina (dans le langage enfantin). 4 *Ma ~,* queridita. 5 Mujer galante.

cocu [kɔky] *adj.* fam. Cornudo.

code [kɔd] *m.* Código.

codifier [kɔdifje] [2] *tr.* Codificar.

coefficient [kɔefisjɑ̃] *m.* Coeficiente.

coercitif, -ive [kɔɛrsitif, -iv] *adj.* Coercitivo, -va.

cœur [kœr] *m.* 1 Corazón. Loc. *Aller au ~,* conmover; *avoir le ~ gros,* estar apesadumbrado, da; *si le ~ vous en dit,* si le gusta, si le apetece; *soulever le ~,* revolver el estómago. 2 Pecho: *serrer quelqu'un contre son ~,* estrechar a alguien contra el pecho. 3 Ánimo, valor (courage). 4 Cogollo (de laitue). 5 *loc. adv. À ~ ouvert,* francamente; *à contre ~,* de mala gana, por fuerza; *par ~,* de memoria.

coexister [kɔɛgziste] [1] *intr.* Coexistir.

coffre [kɔfr(ə)] *m.* 1 Cofre, baúl, arca *f.* 2 Caja *f.* de caudales (coffre-fort).

coffrer [kɔfre] [1] *tr.* 1 Encofrar. 2 fam. Encarcelar (emprisonner).

cognassier [kɔnasje] *m.* Membrillo.

cognée [kɔɲe] *f.* Hacha, segur *m.*

cogner [kɔɲe] [1] *tr.* 1 Golpear, pegar. ▪ 2 *intr.* ~ *à la porte,* llamar a la puerta. 3 MÉC. Picar (un moteur). ▪ 4 *pr.* Darse un golpe, chocar. 5 pop. Pelearse.

cohérence [kɔɛrɑ̃s] *f.* Coherencia.

cohésion [kɔezjɔ̃] *f.* Cohesión.

cohue [kɔy] *f.* 1 Muchedumbre, gentío *m.* (foule). 2 Barullo *m.,* barahúnda.

coi, coite [kwa, kwat] *adj.* Quieto, ta, callado, da.

coiffe [kwaf] *f.* 1 Cofia, toca. 2 Forro *m.*

coiffer [kwafe] [1] *tr.* 1 Tocar, peinar (peigner). 2 Cubrir la cabeza de. 3 Sentar, ir. ▪ 4 *pr.* Peinarse. 5 Ponerse: *se ~ d'un béret,* ponerse una boina.

coiffeur, -euse [kwafœr, -øz] *s.* 1 Peluquero, ra. ▪ 2 *f.* Peinadora (femme). 3 Tocador *m.* (meuble).

coiffure [kwafyr] *f.* 1 Peinado *m.,* tocado *m.* 2 Lo que cubre la cabeza, sombrero *m.*

coin [kwɛ̃] *m.* 1 Esquina *f.* Loc. *Au ~ du feu,* al amor de la lumbre. 2 Rincón (rentrant). 3 Pico (d'un meuble). 4 ~ *de la bouche,* comisura *f.* de los labios; ~ *de l'œil,* rabillo del ojo. 5 Rincón, lugar. 6 Cuña *f.* (pour fendre le bois). 7 Cuño, troquel (poinçon). 8 Cantonera *f.* (reliure).

coincer [kwɛ̃se] [12] *tr.* 1 Acuñar (avec un coin). 2 MÉC. Atascar. 3 fam. Sujetar, coger.

coïncidence [kɔɛ̃sidɑ̃s] *f.* Coincidencia.

coing [kwɛ̃] *m.* Membrillo (fruit).

col [kɔl] *m.* 1 Cuello. 2 GÉOG. Puerto, paso.

colère [kɔlɛr] *f.* Cólera, ira. Loc. *Être en ~,* estar furioso, sa.

colifichet [kɔlifiʃɛ] *m.* 1 Chuchería *f.* 2 Perifollo (de parure).

colimaçon [kɔlimasɔ̃] *m.* Caracol.

colin [kɔlɛ̃] *m.* Merluza *f.*

colin-maillard [kɔlɛ̃majar] *m.* Gallina *f.* ciega.

colique [kɔlik] *f.* MÉD. Cólico *m.*

colis [kɔli] *m.* Paquete, bulto.

collaborateur, -trice [kɔ(l)labɔratœr, -tris] *s.* Colaborador, ra.

collaboration [kɔ(l)labɔrɑsjɔ̃] *f.* Colaboración.

collage [kɔlaʒ] *m.* 1 Pega *f.,* pegadura *f.* 2 Encolamiento (papier).

collant, -ante [kɔlɑ̃, -ɑ̃t] *adj.* 1 Pegajoso, sa. 2 Ceñido, da (ajusté). 3 fam. Pesado, da (ennuyeux). ▪ 4 *m.* Panty.

collation [kɔ(l)lasjɔ̃] *f.* Colación.

colle [kɔl] *f.* 1 Cola, pegamento *m.* 2 ~ *pâte,* engrudo *m.;* ~ *forte,* cola de carpintero. 3 fig. fam. Pega (question difficile).

collecte [kɔ(l)lɛkt(ə)] *f.* Colecta.

collectif, -ive [kɔ(l)lɛktif, -iv] *adj.* Colectivo, va.

collection [kɔ(l)lɛksjɔ̃] *f.* Colección.

collectionneur, -euse [kɔ(l)lɛksjɔnœr, -øz] *s.* Coleccionista, coleccionador, ra.

collectivité [kɔ(l)lɛktivite] *f.* Colectividad.

collège [kɔlɛʒ] *m.* Colegio.

collégial, -ale [kɔleʒjal] *adj.* 1 Colegial. ▪ 2 *f.* Colegiata.

collégien, -ienne [kɔleʒjɛ̃, -jɛn] *s.* Colegial (élève).

collègue [kɔ(l)lɛg] *s.* Colega.

coller [kɔle] [1] *tr.* 1 Encolar, pegar. 2 Suspender (dans un examen). 3 Largar: *il lui a collé une gifle,* le largó una bofetada. ▪ 4 *intr.* Pegarse, adherir, adherirse. 5 Ceñirse, ajustarse (un vêtement).

collet [kɔlɛ] *m.* **1** Cuello (d'un habit). Loc. *Prendre au ~,* coger por el cuello, detener; *~ monté,* pedante. **2** Esclavina *f.* (pèlerine). **3** Lazo (pour chasser).

colleter [kɔlte] [20] *tr.* **1** Coger en el cuello. ■ *récipr.* Agarrarse, pelearse.

colleur, -euse [kɔlœʀ, -øz] *s.* **1** Empapelador, ra. **2** *~ d'affiches,* fijador de carteles.

collier [kɔlje] *m.* **1** Collar. **2** Collera *f.*

colline [kɔlin] *f.* Colina.

collision [kɔ(l)lizjɔ̃] *f.* Colisión, choque *m.*

colloque [kɔ(l)lɔk] *m.* Coloquio.

collusion [kɔ(l)lyzjɔ̃] *f.* Colusión.

colombe [kɔlɔ̃b] *f.* poét. Paloma.

colombier [kɔlɔ̃bje] *m.* Palomar.

colon [kɔlɔ̃] *m.* Colono.

côlon [kolɔ̃] *m.* ANAT. Colon.

colonel [kɔlɔnɛl] *m.* MIL. Coronel.

colonie [kɔlɔni] *f.* Colonia.

coloniser [kɔlɔnize] [1] *tr.* Colonizar.

colonne [kɔlɔn] *f.* Columna.

colorant, -ante [kɔlɔʀɑ̃, -ɑ̃t] *adj.-m.* Colorante.

coloration [kɔlɔʀɑsjɔ̃] *f.* Coloración.

colorer [kɔlɔʀe] [1] *tr.* **1** Colorar, colorear. ■ **2** *pr.* Colorarse.

colorier [kɔlɔʀje] [2] *tr.* Iluminar.

coloris [kɔlɔʀi] *m.* Colorido, brillo.

colporteur, -euse [kɔlpɔʀtœʀ, -øz] *s.* **1** Buhonero, ra. **2** fig. Propagador, ra (de nouvelles).

coltiner [kɔltine] [1] *tr.* Acarrear a cuestas.

combat [kɔ̃ba] *m.* Combate.

combatif, -ive [kɔ̃batif, -iv] *adj.* Agresivo, va, luchador, ra.

combattant, -ante [kɔ̃batɑ̃, -ɑ̃t] *adj.-m.* Combatiente.

combe [kɔ̃b] *f.* GÉOG. Depresión, valle *m.*

combien [kɔ̃bjɛ̃] *adv.* **1** Cuánto. **2** Cuán, lo que. **3** *~ de, en* cuánto, cuánta, cuántos, cuántas. ■ **4** *m. Le ~ sommes nous?,* ¿a cuántos estamos?

combinaison [kɔ̃binɛzɔ̃] *f.* **1** Combinación. **2** Mono *m.* (de travail).

combiner [kɔ̃bine] [1] *tr.* Combinar.

comble [kɔ̃bl(ə)] *m.* **1** Colmo: *c'est un ~,* es el colmo. **2** ARCHIT. Cubierta *f.,* armazón *f.* del tejado. **3** Sobrado, desván. ■ **4** *adj.* Colmado, da, atestado, da (plein).

combler [kɔ̃ble] [1] *tr.* **1** Colmar. **2** Rellenar (un puits). **3** fig. Colmar.

comédie [kɔmedi] *f.* Comedia.

comédien, -ienne [kɔmedjɛ̃, -jɛn] *s.* Cómico, ca, comediante, ta.

comète [kɔmɛt] *f.* ASTRON. Cometa *m.*

comices [kɔmis] *f. pl.* Comicios.

comique [kɔmik] *adj.* **1** Cómico, ca. ■ **2** *m.* Lo cómico. **3** Actor cómico (acteur).

commandant, -ante [kɔmɑ̃dɑ̃, -ɑ̃t] *s.* Comandante.

commande [kɔmɑ̃d] *f.* **1** Pedido *m.,* encargo *m.* **2** MÉC. Órgano *m.* de dirección, transmisión.

commandement [kɔmɑ̃dmɑ̃] *m.* **1** Mando (ordre). **2** Mando, dominio, poder (pouvoir). **3** ECCLÉS. Mandamiento.

commander [kɔmɑ̃de] [1] *tr.* **1** Mandar, ordenar. **2** Pedir, encargar. **3** fig. Imponer (le respect, etc.). **4** MÉC. Accionar, hacer funcionar. ■ **5** *tr. ind.* Dominar: *~ à ses passions,* dominar sus pasiones. ■ **6** *intr.* Mandar. ■ **7** *pr.* Dominarse.

commanditaire [kɔmɑ̃ditɛʀ] *s.* Patrocinador, -ra.

commandite [kɔmɑ̃dit] *f.* Comandita.

comme [kɔm] *adv.* **1** Como. *loc. adv. ~ il faut,* correcto, como se debe. **2** Cuán, qué (admiratif): ■ **3** *conj.* Como (cause): *~ il me l'avait demandé, je l'ai attendu,* como me lo había pedido, lo he esperado. **4** Cuando: *j'allais sortir ~ il arriva,* iba a salir cuando llegó.

commémorer [kɔm(m)emɔʀe] [1] *tr.* Conmemorar.

commencement [kɔmɑ̃smɑ̃] *m.* Comienzo, principio.

commencer [kɔmɑ̃se] [12] *tr.-intr.* Empezar, comenzar.

comment [kɔmɑ̃] *adv.* **1** Cómo. **2** *interj.* ¡Cómo! **3** fam. *Et ~!,* ¡ya lo creo!

commentaire [kɔm(m)ɑ̃tɛʀ] *m.* Comentario.

commenter [kɔm(m)ɑ̃te] [1] *tr.* Comentar.

commerçant, -ante [kɔmɛʀsɑ̃, -ɑ̃t] *adj.-s.* Comerciante.

commerce [kɔmɛʀs(ə)] *m.* **1** Comercio. **2** Trato (fréquentation).

commercialisation [kɔmɛʀsjalizasjɔ̃] *f.* Comercialización.

commère [kɔmɛʀ] *f.* **1** Comadre. **2** Chismosa, parlanchina (bavarde).

commettre [kɔmɛtʀ(ə)] [60] *tr.* **1** Cometer. **2** Comisionar, designar (désigner). **3** Comprometer.

comminatoire [kɔm(m)inatwaʀ] *adj.* Conminatorio, ria.

commis [kɔmi] *m.* **1** Dependiente (de magasin). **2** *~ voyageur,* viajante. **3** Empleado (de bureau).

commisération [kɔm(m)izeʀasjɔ̃] *f.* Conmiseración.

commissaire [kɔmisɛʀ] *m.* Comisario.

commission [kɔmisjɔ̃] *f.* 1 Encargo *m.,* mandado *m.* (commande). 2 Recado *m.* (message). 3 Comisión.

commissionnaire [kɔmisjɔnɛʀ] *m.* 1 COMM. Comisionista. 2 Recadero.

commissionner [kɔmisjɔne] [1] *tr.* Comisionar.

commissure [kɔm(m)isyʀ] *f.* Comisura.

commode [kɔmɔd] *adj.* 1 Cómodo, da. 2 *f.* Cómoda (meuble).

commodité [kɔmɔdite] *f.* Comodidad.

commotion [kɔm(m)osjɔ̃] *f.* Conmoción.

commuer [kɔm(m)ɥe] [1] *tr.* Conmutar.

commun, -une [kɔmœ̃, -yn] *adj.* 1 Común: *des intérêts communs,* intereses comunes. ▪ 2 *m.* Común: *le ~ des mortels,* el común de los mortales. 3 *Le ~,* el vulgo.

communal, -ale [kɔmynal] *adj.* 1 Municipal, comunal, concejil.

communauté [kɔmynote] *f.* 1 Comunidad. 2 fig. Identidad (de goûts, etc.).

commune [kɔmyn] *f.* 1 Municipio *m.,* ayuntamiento *m.*

communicatif, -ive [kɔmynikatif, -iv] *adj.* Comunicativo, va.

communication [kɔmynikasjɔ̃] *f.* Comunicación.

communion [kɔmynjɔ̃] *f.* Comunión.

communiqué [kɔmynike] *m.* Parte oficial, comunicado.

communiquer [kɔmynike] [1] *tr.* 1 Comunicar. ▪ 2 *intr.* Comunicar, comunicarse.

communisme [kɔmynism(ə)] *m.* Comunismo.

commutateur [kɔmytatœʀ] *m.* Conmutador.

commuter [kɔmyte] *tr.* Conmutar.

compact, -acte [kɔ̃pakt, akt(ə)] *adj.-m.* Compacto, ta: *compact-disque,* compact.

compactage [kɔ̃paktaʒ] *m.* Compactado.

compagne [kɔ̃paɲ] *f.* Compañera.

compagnie [kɔ̃paɲi] *f.* 1 Compañía. 2 Bandada (d'oiseaux).

compagnon [kɔ̃paɲɔ̃] *m.* Compañero.

comparaison [kɔ̃paʀɛzɔ̃] *f.* Comparación.

comparaître [kɔ̃paʀɛtʀ(ə)] [73] *intr.* Comparecer.

comparatif, -ive [kɔ̃paʀatif, -iv] *adj.-m.* Comparativo, va.

comparer [kɔ̃paʀe] [1] *tr.* Comparar.

comparse [kɔ̃paʀs(ə)] *s.* Comparsa, figurante.

compartiment [kɔ̃paʀtimã] *m.* 1 Compartimiento (d'un tiroir, etc.). 2 Departamento, compartimiento (d'un wagon). 3 Casilla *f.* (jeu d'échecs, etc.).

compassé, -ée [kɔ̃pɑ(a)se] *adj.* Tieso, sa, afectado, da.

compassion [kɔ̃pɑ(a)sjɔ̃] *f.* Compasión.

compatible [kɔ̃patibl(ə)] *adj.* Compatible.

compatir [kɔ̃patiʀ] [3] *tr. ind.* Compadecerse: ~ *à,* compadecerse de.

compatriote [kɔ̃patʀjɔt] *s.* Compatriota.

compensation [kɔ̃pɑ̃sasjɔ̃] *f.* Compensación.

compenser [kɔ̃pɑ̃se] [1] *tr.* 1 Compensar. ▪ 2 *pr.* Compensarse.

compère [kɔ̃pɛʀ] *m.* 1 Compadre, compinche, amigote. 2 Cómplice.

compétence [kɔ̃petɑ̃s] *f.* 1 Pericia, competencia. 2 DR. Competencia.

compétent, -ente [kɔ̃petɑ̃, -ɑ̃t] *adj.* Competente.

compétition [kɔ̃petisjɔ̃] *f.* Competición.

compiler [kɔ̃pile] [1] *tr.* Compilar.

complainte [kɔ̃plɛ̃t] *f.* Endecha (chanson triste).

complaisance [kɔ̃plɛzɑ̃s] *f.* 1 Complacencia. 2 Amabilidad.

complaisant, -ante [kɔ̃plɛzɑ̃, -ɑ̃t] *adj.* Complaciente.

complément [kɔ̃plemɑ̃] *m.* Complemento.

complet, -ète [kɔ̃plɛ, -ɛt] *adj.* 1 Completo, ta. ▪ 2 *m.* Terno (costume).

compléter [kɔ̃plete] [14] *tr.* 1 Completar. 2 Complementar.

complexe [kɔ̃plɛks(ə)] *adj.* 1 Complejo, ja. ▪ 2 *m.* Complejo (industriel).

complexion [kɔ̃plɛksjɔ̃] *f.* 1 Complexión. 2 Temperamento *m.,* carácter *m.*

complexité [kɔ̃plɛksite] *f.* Complejidad.

complication [kɔ̃plikasjɔ̃] *f.* Complicación.

complice [kɔ̃plis] *adj.-s.* Cómplice.

compliment [kɔ̃plimɑ̃] *m.* 1 Cumplimiento, cumplido. ▪ 2 *pl.* Enhorabuena *f. sing.,* felicitaciones *f.* 3 Elogios. 4 Recuerdos, saludos.

complimenter [kɔ̃plimɑ̃te] [1] *tr.* 1 Cumplimentar. 2 Felicitar.

compliquer [kɔ̃plike] [1] *tr.* Complicar, embrollar.

comploter [kɔ̃plɔte] [1] *tr.* 1 Tramar, maquinar. ▪ 2 *intr.* Conspirar.

comportement [kɔ̃pɔʀtəmɑ̃] *m.* Comportamiento.

comporter [kɔ̃pɔʀte] [1] *tr.* **1** Incluir, comportar (inclure). **2** Constar de (comprendre). **3** Sufrir, admitir (admettre). ▪ **4** *pr.* Portarse, comportarse.

composé, -ée [kɔ̃poze] *adj.-m.* **1** Compuesto, ta. ▪ **2** *f. pl.* BOT. Compuestas.

composer [kɔ̃poze] [1] *tr.* **1** Componer. ▪ **2** *intr.* Transigir (transiger).

compositeur, -trice [kɔ̃pozitœʀ, -tʀis] *s.* **1** Compositor, ra. **2** IMPR. Tipógrafo. **3** DR. *Amiable ~,* amigable componedor.

composition [kɔ̃pozisjɔ̃] *f.* Composición.

composter [kɔ̃pɔste] [1] *tr.* **1** Picar (titres de transport). **2** AGR. Compostar.

composteur [kɔ̃pɔstœʀ] *m.* (machine) Canceladora *f.*

compote [kɔ̃pɔt] *f.* Compota.

compotier [kɔ̃pɔtje] *m.* Compotera *f.*

compréhensible [kɔ̃pʀeɑ̃sibl(ə)] *adj.* Comprensible.

compréhension [kɔ̃pʀeɑ̃sjɔ̃] *f.* Comprensión.

comprendre [kɔ̃pʀɑ̃dʀ(ə)] [52] *tr.* **1** Comprender. **2** Incluir (inclure). **3** Comprender, entender.

compresse [kɔ̃pʀɛs] *f.* MÉD. Compresa.

compression [kɔ̃pʀɛsjɔ̃] *f.* Compresión.

comprimer [kɔ̃pʀime] [1] *tr.* Comprimir.

compris, -ise [kɔ̃pʀi, -iz] **1** *p. p.* de *comprendre.* ▪ **2** *adj.* Comprendido, da. **3** *loc. prép. invar.* **Y compris,** incluso, sa, comprendido, da, incluido, da.

compromettant, -ante [kɔ̃pʀɔmɛtɑ̃, -ɑ̃t] *adj.* Comprometedor, ra.

compromettre [kɔ̃pʀɔmɛtʀ(ə)] [60] *tr.* Comprometer.

compromis [kɔ̃pʀɔmi] *m.* **1** DR. Compromiso. **2** Convenio, avenencia *f.*

comptabilité [kɔ̃tabilite] *f.* Contabilidad.

comptable [kɔ̃tabl(ə)] *adj.* **1** COMM. Que puede anotarse en cuenta. **2** *~ de,* responsable de. ▪ **3** *m.* COMM. Tenedor de libros, contable, contador.

comptant [kɔ̃tɑ̃] *adj.* **1** Contante, efectivo, va. **2** *loc. adv. Vendre au ~,* vender al contado.

compte [kɔ̃t] *m.* **1** Cuenta *f.:* ~ *courant,* cuenta corriente; *comptes d'apothicaire,* cuentas del Gran Capitán. Loc. *Laisser pour ~,* dejar de cuenta; *rendre ses comptes,* rendir cuentas. *loc. adv.* À *bon ~,* barato; *à ce ~,* según eso. **2** Interés, ventaja *f.,* cuenta *f.: Pour le ~ de,* por cuenta de. **3** *Tenir ~ de,* tener en cuenta; *rendre ~,* dar cuenta. **4** ~ *rendu,* acta (d'une séance, etc.), in-

forme (rapport); reseña *f.* (critique). **5** *Se rendre ~,* darse cuenta.

compte-gouttes [kɔ̃tgut] *m. invar.* Cuentagotas.

compter [kɔ̃te] [1] *tr.* **1** Contar. **2** Pagar, dar (payer). ▪ **3** *intr.* Contar: *savoir ~,* saber contar. **4** ~ *avec,* tener en cuenta. **5** ~ *sur,* contar con. **6** Tener valor. **7** Pensar, proponer. **8** *loc. prép.* À ~ *de,* a partir de.

compteur, -euse [kɔ̃tœʀ, -øz] *s.* **1** Contador, ra. ▪ **2** *m.* Contador.

comptoir [kɔ̃twaʀ] *m.* **1** Mostrador (d'un magasin). **2** Barra *f.* (d'un débit de boisson). **3** Factoría *f.,* agencia *f.* comercial.

comte [kɔ̃t] *m.* Conde.

comté [kɔ̃te] *m.* Condado.

comtesse [kɔ̃tɛs] *f.* Condesa.

con, conne [kɔ̃, kɔn] *adj.-s.* pop. Gilipollas *invar.*

concave [kɔ̃kav] *adj.* Cóncavo, va.

concéder [kɔ̃sede] [14] *tr.* Conceder.

concentrer [kɔ̃sɑ̃tʀe] [1] *tr.* **1** Concentrar. ▪ **2** *pr.* Concentrarse, reflexionar.

concentrique [kɔ̃sɑ̃tʀik] *adj.* Concéntrico, ca.

concept [kɔ̃sɛpt] *m.* PHILOS. Concepto.

conception [kɔ̃sɛpsjɔ̃] *f.* Concepción.

concerner [kɔ̃sɛʀne] [1] *tr.* Concernir.

concert [kɔ̃sɛʀ] *m.* Concierto.

concerter [kɔ̃sɛʀte] [1] *tr.* **1** Concertar, ajustar, adecuar. ▪ **2** *pr.* Concertarse.

concession [kɔ̃sesjɔ̃] *f.* Concesión.

concessionnaire [kɔ̃sesjɔnɛʀ] *adj.-s.* Concesionario, ria.

concevable [kɔ̃svabl(ə)] *adj.* Concebible.

concierge [kɔ̃sjɛʀʒ(ə)] *s.* **1** Portero, ra. **2** Conserje (d'un édifice public).

concile [kɔ̃sil] *m.* Concilio.

conciliabule [kɔ̃siljabyl] *m.* Conciliábulo.

conciliation [kɔ̃siljɑsjɔ̃] *f.* Conciliación.

concis, -ise [kɔ̃si, -iz] *adj.* Conciso, sa.

conclave [kɔ̃klav] *m.* Cónclave.

concluant, ante [kɔ̃klyɑ̃, -ɑ̃t] *adj.* Concluyente.

conclure [kɔ̃klyʀ] [78] *tr.* **1** Concluir, terminar, resolver. **2** Concertar (un accord, une affaire). **3** Cerrar (un marché). **4** Concluir, deducir, inferir. ▪ **5** *intr.* Concluir, terminar, acabar. **6** ~ *à,* pronunciarse por.

concombre [kɔ̃kɔ̃bʀ(ə)] *m.* Pepino, cohombro.

concomitant, -ante [kɔ̃kɔmitɑ̃, -ɑ̃t] *adj.* Concomitante.

concordant, -ante [kɔ̃kɔʀdɑ̃, -ɑ̃t] *adj.* Concordante.

concordat [kɔ̃kɔʀda] *m.* **1** ECCLÉS. Concordato. **2** COMM. Convenio.

concorde [kɔ̃kɔʀd(ə)] *f.* Concordia.

concourir [kɔ̃kuʀiʀ] [26] *tr. ind. 1* ~ *à,* concurrir a. ■ **2** *intr.* Competir. **3** Hacer oposiciones (passer un concours).

concours [kɔ̃kuʀ] *m.* **1** Concurso (épreuve). **2** Oposición *f.,* oposiciones *f. pl.* (pour un emploi, etc.). **3** Concurso, ayuda *f.* **4** Concurrencia *f.* (de personnes).

concret, -ète [kɔ̃kʀɛ, -ɛt] *adj.* Concreto, ta.

concrétion [kɔ̃kʀesjɔ̃] *f.* Concreción.

concubine [kɔ̃kybin] *f.* Concubina.

concupiscence [kɔ̃kypisɑ̃s] *f.* Concupiscencia.

concurremment [kɔ̃kyʀamɑ̃] *adv.* **1** Conjuntamente (conjointement). **2** En competencia.

concurrence [kɔ̃kyʀɑ̃s] *f.* **1** Competencia. **2** *loc. prép. Jusqu'à* ~ *de,* hasta la suma, la cantidad de.

concurrent, -ente [kɔ̃kyʀɑ̃, -ɑ̃t] *adj.-s.* Competidor, ra.

concussion [kɔ̃kysjɔ̃] *f.* Concusión.

condamnation [kɔ̃da(a)nasjɔ̃] *f.* **1** Condena (peine). **2** Condenación, reprobación (blâme).

condamner [kɔ̃da(a)ne] [1] *tr.* **1** Condenar (un coupable, une porte). **2** Desahuciar (un malade).

condensateur [kɔ̃dɑ̃satœʀ] *m.* PHYS., ÉLECTR. Condensador.

condenser [kɔ̃dɑ̃se] [1] *tr.* Condensar.

condescendance [kɔ̃desɑ̃dɑ̃s] *f.* Condescendencia.

condescendre [kɔ̃desɑ̃dʀ(ə)] [6] *intr.* Condescender.

condiment [kɔ̃dimɑ̃] *m.* Condimento.

condisciple [kɔ̃disipl(ə)] *m.* Condiscípulo.

condition [ɔ̃kisjɔ̃] *f.* **1** Condición. **2** *loc. prép. À* ~ *de,* con la condición de. **3** *loc. conj. À* ~ *que,* con tal que.

conditionnel, -elle [kɔ̃disjɔnɛl] *adj.* **1** Condicional. ■ **2** *m.* GRAM. Potencial, condicional.

conditionner [kɔ̃disjɔne] [1] *tr.* **1** Condicionar. **2** Acondicionar (l'air, des produits).

condoléances [kɔ̃dɔleɑ̃s] *f. pl.* Pésame *m. sing.*

conducteur, -trice [kɔ̃dyktœʀ, -tʀis] *adj.-s.* **1** Conductor, ra. ■ **2** *m.* Capataz, sobrestante (de travaux).

conduire [kɔ̃dɥiʀ] [69] *tr.* **1** Conducir, acompañar, llevar, guiar (accompagner). **2** Conducir: ~ *une voiture,* conducir un coche. **3** Llevar: *rue qui conduit à la place,* calle que lleva a la plaza. **4** Dirigir, conducir (commander). ■ **5** *pr.* Conducirse.

conduit [kɔ̃dɥi] *m.* Conducto.

conduite [kɔ̃dɥit] *f.* **1** Conducta, comportamiento *m.* **2** Conducción (d'une voiture, etc.). **3** Dirección, mando *m.* (direction).

cône [kon] *m.* GÉOM., BOT. Cono.

confection [kɔ̃fɛksjɔ̃] *f.* **1** Confección. **2** Ropa hecha (vêtement).

confectionner [kɔ̃fɛksjɔne] [1] *tr.* Confeccionar, fabricar.

confédération [kɔ̃federasjɔ̃] *f.* Confederación.

conférence [kɔ̃feʀɑ̃s] *f.* **1** Conferencia.

conférencier, ière [kɔ̃feʀɑ̃sje, -jɛʀ] *s.* Conferenciante.

conférer [kɔ̃feʀe] [14] *tr.* **1** Conferir, otorgar. **2** Cotejar (comparer). ■ **3** *intr.* Conferenciar.

confesser [kɔ̃fese] [1] *tr.* **1** Confesar. ■ **2** *pr.* Confesarse.

confesseur [kɔ̃fesœʀ] *m.* Confesor.

confessionnel, -elle [kɔ̃fesjɔnɛl] *adj.* Confesional.

confiance [kɔ̃fjɑ̃s] *f.* Confianza: *de* ~, de confianza.

confidence [kɔ̃fidɑ̃s] *f.* Confidencia.

confident, -ente [kɔ̃fidɑ̃, -ɑ̃t] *s.* Confidente.

confidentiel, -elle [kɔ̃fidɑ̃sjɛl] *adj.* Confidencial.

confier [kɔ̃fje] [2] *tr.* **1** Confiar. ■ **2** *pr.* Confiarse.

confinement [kɔ̃finmɑ̃] *m.* Confinamiento, reclusión *f.*

confins [kɔ̃fɛ̃] *m. pl.* Confines: *aux* ~ *de,* en los confines de.

confirmation [kɔ̃fiʀmasjɔ̃] *f.* Confirmación.

confirmer [kɔ̃fiʀme] [1] *tr.* Confirmar.

confiserie [kɔ̃fizʀi] *f.* **1** Confitería. **2** Dulce *f.* (friandise).

confisquer [kɔ̃fiske] [1] *tr.* Confiscar.

confit, -ite [kɔ̃fi, -it] *adj.* **1** Confitado, da (dans du sucre). **2** Encurtido, da (dans du vinaigre). **3** Conservado, da en manteca (dans de la graisse). ■ **4** *m.* Carne *f.* conservada en manteca.

confiture [kɔ̃fityʀ] *f.* Confitura, mermelada.

conflagration [kɔ̃flagʀasjɔ̃] *f.* Conflagración.

conflit[kɔ̃fli] *m.* Conflicto.
confluent[kɔ̃flyɑ̃] *m.* Confluencia *f.*
confondre [kɔ̃fɔ̃dR(ə)] [53] *tr.* **1** Confundir. ■ **2** *pr.* Confundirse.
conformation [kɔ̃fɔRmasjɔ̃] *f.* Conformación.
conforme [kɔ̃fɔRm(ə)] *adj.* Conforme.
conformer[kɔ̃fɔRme] [1] *tr.* **1** Conformar, ajustar (adapter). ■ **2** *pr.* Conformarse, acomodarse.
conformité[kɔ̃fɔRmite] *f.* Conformidad.
confrère [kɔ̃fRER] *m.* **1** Cofrade (d'une confrérie). **2** Colega (collègue).
confronter [kɔ̃fRɔ̃te] [1] *tr.* **1** Confrontar, cotejar. **2** DR. Confrontar, carear.
confus, -use[kɔ̃fy, -yz] *adj.* Confuso, sa.
congé[kɔ̃ʒe] *m.* **1** Permiso de ausentarse, licencia *f.* **2** Asueto (très court). **3** Vacaciones *f. pl.* 4 MIL. Licencia *f.* **5** Despido (renvoi). **6** *Je prends ~ de vous*, me despido de usted.
congédier [kɔ̃ʒedje] [2] *tr.* **1** Despedir, despachar. **2** MIL. Licenciar.
congélateur [kɔ̃ʒelatœR] *m.* Congelador.
congélation[kɔ̃ʒelasjɔ̃] *f.* Congelación.
congeler [kɔ̃ʒle] [17] *tr.* Congelar.
congénital, -ale [kɔ̃ʒenital] *adj.* Congénito, ta.
congestionner [kɔ̃ʒestjɔne] [1] *tr.* Congestionar.
conglomérat [kɔ̃glɔmeRa] *m.* Conglomerado.
congratulation [kɔ̃gRatylasjɔ̃] *f.* Congratulación.
congrégation [kɔ̃gRegasjɔ̃] *f.* Congregación.
congrès [kɔ̃gRE] *m.* Congreso.
congressiste [kɔ̃gRy] *s.* Congresista.
congru, -ue [kɔ̃gRy] *adj.* Congruente, congruo, ua.
conique[kɔnik] *adj.* Cónico, ca.
conjecturer [kɔ̃ʒεktyRe] [1] *tr.* Conjeturar.
conjoint, -ointe[kɔ̃ʒwε̃, -wε̃t] *adj.* **1** Conjunto, -ta, unido, da. ■ **2** *s.* Cónyuge.
conjonctif, -ive [kɔ̃ʒɔ̃ktif, -iv] *adv.* Conjuntivo, va.
conjonction[kɔ̃ʒɔ̃ksjɔ̃] *f.* Conjunción.
conjoncture [kɔ̃ʒɔ̃ktyR] *f.* Coyuntura, ocasión, oportunidad.
conjugaison[kɔ̃ʒygεsɔ̃] *f.* Conjugación.
conjugal, -ale[kɔ̃ʒygal] *adj.* Conyugal.
conjuguer[kɔ̃ʒyge] [1] *tr.* Conjugar.
conjuration [kɔ̃ʒyRasjɔ̃] *f.* Conjuración, conjura.
conjurer[kɔ̃ʒyRe] [1] *tr.* **1** Conjurar. **2** Suplicar (implorer).

connaissance [kɔnεsɑ̃s] *f.* **1** Conocimiento *m.* **2** Conocido *m.,* persona conocida.
connaisseur, -euse[kɔnεsœR, -øz] *adj.-s.* Conocedor, ra, entendido, da.
connaître [kɔnεtR(ə)] [73] *tr.* **1** Conocer: *se faire ~,* darse a conocer. ■ **2** *intr.* DR. Conocer, entender. ■ **3** *pr.* Conocerse. **4** *S'y ~, se ~ en,* conocer, entender.
connecter[kɔn(n)εkte] [1] *tr.* Conectar.
connexe[kɔn(n)εks(ə)] *adj.* Conexo, xa.
connexion[kɔn(n)εksjɔ̃] *f.* Conexión.
connivence[kɔn(n)ivɑ̃s] *f.* Connivencia.
connu, -ue [kɔny] **1** *p. p.* de *connaître.* ■ **2** *adj.* Conocido, da. **3** Sabido, da.
conquérant, -ante [kɔ̃keRɑ̃, -ɑ̃t] *adj.-s.* Conquistador, ra.
conquête[kɔ̃kεt] *f.* Conquista.
conquis, -ise [kɔ̃ki, -iz] *adj.* Conquistado, da.
consacrer [kɔ̃sakRe] [1] *tr.* Consagrar.
consanguin, -ine[kɔ̃sɑ̃gε̃, -in] *adj.* Consanguíneo, nea.
conscience[kɔ̃sjɑ̃s] *f.* Conciencia.
consciencieux, -euse[kɔ̃sjɑ̃sjø, -øz] *adj.* Concienzudo, da.
conscient, -ente [kɔ̃sjɑ̃, -ɑ̃t] *adj.* Consciente.
conscription [kɔ̃skRipsjɔ̃] *f.* MIL. Reclutamiento *m.*
consécration [kɔ̃sekRasjɔ̃] *f.* Consagración.
consécutif, -ive[kɔ̃sekytif, -iv] *adj.* Consecutivo, va.
conseil[kɔ̃sεl] *m.* **1** Consejo. **2** *~ municipal,* concejo, ayuntamiento.
conseiller[kɔ̃seje] [1] *tr.* Aconsejar.
conseiller, -ière [kɔ̃seje, -jεR] [1] *s.* **1** Consejero, ra. **2** *~ municipal,* concejal.
consentir[kɔ̃sɑ̃tiR] [30] *intr.* **1** Consentir. **2** Otorgar, conceder (accorder).
conséquence[kɔ̃sekɑ̃s] *f.* Consecuencia. *loc. adv. En ~,* en consecuencia.
conséquent, -ente [kɔ̃sekɑ̃, -ɑ̃t] *adj.* Consecuente *loc. adv. Par ~,* por consiguiente.
conservateur, -trice [kɔ̃sεRvatœR, -tRis] *adj.-s.* Conservador, ra.
conservation [kɔ̃sεRvasjɔ̃] *f.* Conservación.
conservatoire [kɔ̃sεRvatwaR] *m.* Conservatorio.
conserve[kɔ̃sεRv(ə)] *f.* Conserva.
conserver[kɔ̃sεRve] [1] *tr.* Conservar.
considération[kɔ̃sideRasjɔ̃] *f.* Consideración.
considérer[kɔ̃sideRe] [14] *tr.* Considerar.

consignation [kɔ̃siɲasjɔ̃] *f.* Consignación.

consigner [kɔ̃siɲe] [1] *tr.* **1** Consignar (noter). **2** Dejar en un depósito de equipajes. **3** Castigar (un élève). **4** Facturar (un emballage). **5** MIL. Arrestar, no dejar salir (un militaire); acuartelar (des troupes).

consistance [kɔ̃sistɑ̃s] *f.* Consistencia.

consistant, -ante [kɔ̃sistɑ̃, -ɑ̃t] *adj.* Consistente.

consolateur, -trice [kɔ̃sɔlatœR, -tRis] *adj.-s.* Consolador, ra.

consolation [kɔ̃sɔlasjɔ̃] *f.* **1** Consuelo *m.* **2** Consolación.

console [kɔ̃sɔl] *f.* **1** Cónsola. **2** ARCHIT. Ménsula, repisa.

consoler [kɔ̃sɔle] [1] *tr.* Consolar.

consolider [kɔ̃sɔlide] [1] *tr.* Consolidar.

consommation [kɔ̃sɔmasjɔ̃] *f.* **1** Consumo *m.* (d'aliments, de combustible, etc.). **2** Consumición (dans un café, etc.). **3** Consumación.

consommé, -ée [kɔ̃sɔme] *adj.* **1** Consumido, da. **2** Consumado, da, perfecto, ta (accompli). ■ **3** *m.* Caldo, consomé.

consommer [kɔ̃sɔme] [1] *tr.* **1** Consumir. **2** Consumar, acabar, llevar a cabo.

consonance [kɔ̃sɔnɑ̃s] *f.* Consonancia.

consonne [kɔ̃sɔn] *f.* GRAM. Consonante.

consort [kɔ̃sɔR] *adj.* **1** *Prince* ~, príncipe consorte. ■ **2** *m. pl.* Consorcios, compinches.

conspiration [kɔ̃spiRasjɔ̃] *f.* Conspiración.

conspuer [kɔ̃pɥe] [1] *tr.* Abuchear, escarnecer públicamente.

constance [kɔ̃stɑ̃s] *f.* Constancia.

constant, -ante [kɔ̃stɑ̃, -ɑ̃t] *adj. -f.* Constante.

constatation [kɔ̃statasjɔ̃] *f.* **1** Comprobación. **2** Acción de hacer constar.

constater [kɔ̃state] [1] *tr.* **1** Comprobar (vérifier). **2** Reconocer, advertir (observer). **3** Hacer constar (par écrit).

consternation [kɔ̃stɛRnasjɔ̃] *f.* Consternación.

consterner [kɔ̃stɛRne] [1] *tr.* Consternar.

constiper [kɔ̃stipe] [1] *tr.* Estreñir.

constituant, -ante [kɔ̃stitɥɑ̃, -ɑ̃t] *adj.* Constituyente.

constituer [kɔ̃stitɥe] [1] *tr.* **1** Constituir. **2** DR. Designar (un avoué). ■ **3** *pr.* Constituirse.

constitution [kɔ̃stitysjɔ̃] *f.* Constitución.

constitutionnel, -elle [kɔ̃stitysjɔnɛl] *adj.* Constitucional.

constriction [kɔ̃stRiksjɔ̃] *f.* Constricción.

constructeur, -trice [kɔ̃stRyktœR, -tRis] *adj.-s.* Constructor, ra.

construction [kɔ̃stRyksjɔ̃] *f.* Construcción.

construire [kɔ̃stRɥiR] [69] *tr.* Construir.

consulaire [kɔ̃sylɛR] *adj.* Consular.

consulat [kɔ̃syla] *m.* Consulado.

consultant, -ante [kɔ̃syltɑ̃, -ɑ̃t] *adj.-s.* **1** Consultante. **2** Consultor, ra.

consultatif, -ive [kɔ̃syltatif, -iv] *adj.* Consultativo, va.

consulter [kɔ̃sylte] [1] *tr.* **1** Consultar: ~ *un avocat,* consultar a un abogado. ■ **2** *intr.* Consultar.

consumer [kɔ̃syme] [1] *tr.* Consumir.

contact [kɔ̃takt] *m.* Contacto.

contagieux, -euse [kɔ̃tazjø, -øz] *adj.* Contagioso, sa.

container [kɔ̃tenɛR] *m.* Contenedor.

contamination [kɔ̃taminasjɔ̃] *f.* Contaminación.

contaminer [kɔ̃tamine] [1] *tr.* Contaminar.

conte [kɔ̃t] *m.* Cuento.

contemplatif, -ive [kɔ̃tɑ̃platif, -iv] *adj.-s.* Contemplativo, va.

contempler [kɔ̃tɑ̃ple] [1] *tr.* Contemplar.

contemporain, -aine [kɔ̃tɑ̃pɔRɛ̃, -ɛn] *adj.-s.* Contemporáneo, ea.

contenance [kɔ̃tnɑ̃s] *f.* **1** Cabida, capacidad, contenido *m.* (capacité). **2** Actitud, continente *m.* (attitude).

contenant [kɔ̃tnɑ̃] *m.* Continente.

conteneur [kɔ̃tanœR] *m.* Contenedor.

contenir [kɔ̃tniR] [36] *tr.* **1** Contener. ■ **2** *pr.* Contenerse.

content, -ente [kɔ̃tɑ̃, -ɑ̃t] *adj.* Contento, ta: ~ *de,* contento con.

contentement [kɔ̃tɑ̃tmɑ̃] *m.* Contento, satisfacción *f.*

contenter [kɔ̃tɑ̃te] [1] *tr.* Contentar. ■ **2** *pr.* Contentarse.

contenu [kɔ̃tny] *m.* Contenido.

conter [kɔ̃te] [1] *tr.* Contar.

contestation [kɔ̃tɛstasjɔ̃] *f.* **1** Disputa, controversia, contestación. **2** DR. Discusión, impugnación, contestación.

contester [kɔ̃tɛste] [1] *tr.* **1** Negar, impugnar, discutir. ■ **2** *intr.* Disputar.

conteur, -euse [kɔ̃tœR, -øz] *s.* **1** Contador, ra, narrador, ra. **2** Cuentista.

contexte [kɔ̃tɛkst(ə)] *m.* Contexto.

contiguïté [kɔ̃tigɥite] *f.* Contigüidad.

continence [kɔ̃tinɑ̃s] *f.* Continencia.

continent, -ente [kɔ̃tinɑ̃, -ɑ̃t] *adj.* **1** Continente. ■ **2** *m.* GÉOG. Continente.

contingence [kɔ̃tɛ̃ʒɑ̃s] f. Contingencia.

continuation [kɔ̃tinɥasjɔ̃] f. Continuación.

continuel, -elle [kɔ̃tinɥɛl] adj. Continuo, ua.

continuer [kɔ̃tinɥe] [1] tr.-intr. 1 Continuar, seguir. 2 Proseguir.

continuité [kɔ̃tinɥite] f. Continuidad.

contondant, -ante [kɔ̃tɔ̃dɑ̃, -ɑ̃t] adj. Contundente.

contour [kɔ̃tuʀ] m. Contorno, perímetro.

contourner [kɔ̃tuʀne] [1] tr. 1 Contornear. 2 Torcer, deformar (déformer).

contraceptif [kɔtʀasɛptif] m. Anticonceptivo.

contraception [kɔtʀasɛpsjɔ̃] f. Contracepción, anticoncepción.

contracté, -ée [kɔ̃tʀakte] adj. 1 Contraído, da. 2 GRAM. Contracto, ta.

contracter [kɔ̃tʀakte] [1] tr. 1 Contraer. ■ 2 pr. Contraerse.

contraction [kɔ̃tʀaksjɔ̃] f. Contracción.

contradiction [kɔ̃tʀadiksjɔ̃] f. Contradicción.

contradictoire [kɔ̃tʀadiktwaʀ] adj. Contradictorio, ria.

contraindre [kɔ̃tʀɛ̃dʀ(ə)] [54] tr. 1 Constreñir, forzar, violentar. 2 DR. Apremiar.

contraint, -ainte [kɔ̃tʀɛ̃, -ɛ̃t] adj. 1 Molesto, ta, violento, ta, forzado, da. ■ 2 f. Constreñimiento m., coacción. 3 DR. Apremio m. 4 Embarazo m., violencia.

contraire [kɔ̃tʀɛʀ] adj. 1 Contrario, ria. 2 Perjudicial (nuisible). ■ 3 m. Lo contrario loc. adv. Au ~, al contrario.

contrarier [kɔ̃tʀaʀje] [2] tr. 1 Contrariar. 2 Contraponer (couleurs).

contrariété [kɔ̃tʀaʀjete] f. Contrariedad.

contraster [kɔ̃tʀaste] [1] intr. 1 Contrastar. ■ 2 tr. Hacer contrastar.

contrat [kɔ̃tʀa] m. Contrato.

contre [kɔ̃tʀ(ə)] prép. 1 Contra. 2 Junto a. 3 Por. ■ 4 adv. En contra. loc. adv. Par ~, en cambio. ■ 5 m. Contra: le pour et le ~, el pro y el contra.

contre-amiral [kɔ̃tʀamiʀal] m. Contralmirante.

contre-attaque [kɔ̃tʀatak] f. Contraataque m.

contre-balancer [kɔ̃tʀəbalɑ̃se] tr. Contrabalancear, contrapesar.

contrebandier, -ière [kɔ̃tʀəbɑ̃dje, -jɛʀ] adj.-s. Contrabandista.

contrebasse [kɔ̃tʀəbɑs] f. MUS. Contrabajo m., bombardón m.

contrecarrer [kɔ̃tʀəka(ɑ)ʀe] [1] tr. Contrarrestar.

contrecœur [kɔ̃tʀakœʀ] m. 1 Trashoguero, testero (de cheminée). 2 loc. adv. À ~, de mala gana.

contrecoup [kɔ̃tʀaku] m. 1 Rechazo, rebote. 2 fig. Repercusión f. 3 Contragolpe.

contredire [kɔ̃tʀədiʀ] [65] tr. Contradecir.

contredit (sans) [sɔ̃kɔ̃tʀədi] loc. adv. Sin disputa.

contrée [kɔ̃tʀe] f. Comarca, región.

contrefacteur [kɔ̃tʀəfaktœʀ] m. Falsificador, contrahacedor.

contrefaire [kɔ̃tʀəfɛʀ] [10] tr. 1 Contrahacer, remedar (imiter). 2 Fingir (feindre). 3 Falsificar (une monnaie, une signature).

contrefait, -aite [kɔ̃tʀəfɛ, -ɛt] adj. Contrahecho, cha.

contrefort [kɔ̃tʀəfɔʀ] m. 1 ARCHIT. Contrafuerte. 2 GÉOGR. Estribación f.

contre-jour [kɔ̃tʀəʒuʀ] m. Contraluz.

contremaître, -esse [kɔ̃tʀəmɛtʀ(ə), -ɛs] s. Capataz, encargado, da.

contremarque [kɔ̃tʀəmaʀk(ə)] f. 1 Contramarca. 2 THÉÂTR. Contraseña de salida.

contrepartie [kɔ̃tʀəpaʀti] f. 1 Opinión contraria. 2 COMM. Registro m. doble, contrapartida.

contre-pied [kɔ̃tʀəpje] m. Lo contrario.

contre-plaqué [kɔ̃tʀəplake] m. Contrachapado, contrachapeado.

contrepoids [kɔ̃tʀəpwa(ɑ)] m. Contrapeso. Loc. Faire ~, compensar.

contre-poil (à) [akɔ̃tʀəpwal] loc. adv. 1 A contrapelo. 2 fig. Al revés.

contrepoint [kɔ̃tʀəpwɛ̃] m. MUS. Contrapunto.

contresens [kɔ̃tʀəsɑ̃s] m. 1 Contrasentido. 2 loc. adv. À ~, al revés.

contretemps [kɔ̃tʀətɑ̃] m. 1 Contratiempo. 2 loc. adv. À ~, a destiempo.

contrevenant, -ante [kɔ̃tʀəvnɑ̃, -ɑ̃t] s. Contraventor, ra.

contrevent [kɔ̃tʀəvɑ̃] m. Contraventana f., postigo.

contribuer [kɔ̃tʀibɥe] [1] intr. Contribuir.

contribution [kɔ̃tʀibysjɔ̃] f. Contribución.

contrit, -ite [kɔ̃tʀi, -it] adj. Contrito, ta.

contrition [kɔ̃tʀisjɔ̃] f. Contrición.

contrôle [kɔ̃tʀol] m. Control: ~ antidopage, control antidopaje; ~ des naissances, control de natalidad; tour de ~, torre de control, torre de mandos.

contrôler [kɔ̃tʀole] [1] tr. 1 Controlar, comprobar, verificar (vérifier). 2 Inspeccionar, controlar. **3** Revisar (les billets). **4** Controlar, vigilar (surveiller). **5** Dominar, controlar: ~ *ses nerfs,* dominar sus nervios. **6** Sellar, marcar (métaux précieux).

contrôleur, -euse [kɔ̃tʀolœʀ, -øz] *s.* **1** Inspector, ra, verificador, ra, interventor, ra. **2** Revisor, ra, inspector, ra (chemin de fer, autobus).

contrordre [kɔ̃tʀɔʀdʀ(ə)] *m.* Contraorden *f.*

controverse [kɔ̃tʀɔvɛʀs(ə)] *f.* Controversia.

contumace [kɔ̃tymas] *f.* **1** DR. Rebeldía, contumacia. ■ **2** *adj.-s.* DR. Rebelde, contumaz.

contusion [kɔ̃tyzjɔ̃] *f.* Contusión.

convaincre [kɔ̃vɛ̃kʀ(ə)] [57] *tr.* Convencer.

convaincu, -ue [kɔ̃vɛ̃ky] *adj.* Convencido, da.

convalescence [kɔ̃valesɑ̃s] *f.* Convalecencia.

convenable [kɔ̃vnabl(ə)] *adj.* **1** Conveniente. **2** Decente, correcto, ta.

convenant, -ante [kɔ̃vnɑ̃, -ɑ̃t] *adj.* **1** Conveniente, adecuado, da. **2** Decente, decoroso, sa.

convenir [kɔ̃vniʀ] [36] *intr.* **1** Convenir. **2** Acordar. **3** Confesar, reconocer. ■ **4** *impers. Il convient de,* es conveniente de, conviene.

convention [kɔ̃vɑ̃sjɔ̃] *f.* **1** Convención, convenio *m.* ■ **2** *pl.* Formalidades.

conventionnel, -elle [kɔ̃vɑ̃sjɔnɛl] *adj.-m.* Convencional.

convergent, -ente [kɔ̃vɛʀʒɑ̃, -ɑ̃t] *adj.* Convergente.

conversation [kɔ̃vɛʀsasjɔ̃] *f.* Conversación.

conversion [kɔ̃vɛʀsjɔ̃] *f.* Conversión.

convexe [kɔ̃vɛks(ə)] *adj.* Convexo, xa.

conviction [kɔ̃viksjɔ̃] *f.* Convicción.

convier [kɔ̃vje] [2] *tr.* Convidar.

convocation [kɔ̃vɔkasjɔ̃] *f.* **1** Convocación. **2** Convocatoria (avis, lettre). **3** MIL. Llamamiento *m.*

convoi [kɔ̃wa] *m.* **1** Cortejo, séquito. **2** Tren (train). **3** MIL., MAR. Convoy. **4** ~ *funèbre,* entierro, séquito fúnebre.

convoiter [kɔ̃vwate] *tr.* Codiciar.

convoitise [kɔ̃vwatiz] *f.* Codicia.

convoquer [kɔ̃vɔke] [1] *tr.* Convocar.

convoyer [kɔ̃vwaje] [23] *tr.* Convoyar.

coopératif, -ive [kɔɔpeʀatif, -iv] *adj.* **1** Cooperativo, va. ■ **2** *f.* Cooperativa.

coopérer [kɔɔpeʀe] [14] *intr.* Cooperar.

coordination [kɔɔʀdinasjɔ̃] *f.* Coordinación.

coordonné, -ée [kɔɔʀdɔne] *adj.* **1** Coordinado, da. ■ **2** *f.* GÉOM. Coordenada.

coordonner [kɔɔʀdɔne] [1] *tr.* Coordinar.

copain [kɔpɛ̃] *m.* fam. Camarada, compinche.

copeau [kɔpo] *m.* Viruta *f.*

copie [kɔpi] *f.* **1** Copia. **2** IMPR. Original *m.* **3** Hoja, cuartilla (d'écolier).

copier [kɔpje] [2] *tr.* Copiar.

copieux, -euse [kɔpjø, -øz] *adj.* Copioso, sa.

copiste [kɔpist(ə)] *s.* Copista.

coprocesseur [kopʀɔsesœʀ] *m.* Coprocesador.

copropriété [kopʀɔpʀijete] *f.* **1** Copropiedad. **2** Comunidad: *appartements en* ~, pisos en régimen de comunidad.

copule [kɔpyl] *f.* LOG. Cópula.

coq [kɔk] *m.* **1** Gallo. **2** ~ *de bruyère,* urogallo; ~ *d'Inde,* pavo. **3** Cocinero (cuisinier dans un navire).

coq-à-l'âne [kɔkalan] *m. invar.* Despropósito.

coque [kɔk] *f.* **1** Cascarón *m.* (de l'œuf). **2** Cáscara (de noix, noisette, etc.). **3** Nudo *m.,* lacito *m.* (de ruban). **4** Coca (de cheveux). **5** MAR. Casco *m.* **6** Berberecho *m.* (coquillage comestible).

coquelicot [kɔkliko] *m.* Amapola *f.*

coqueluche [kɔklyʃ] *f.* Tos ferina.

coquet, -ette [kɔkɛ, -ɛt] *adj.-s.* **1** Coquetón, na, lindo, da. ■ **2** *adj.-f.* Coqueta.

coquetier [kɔktje] *m.* Huevera *f.*

coquetterie [kɔkɛtʀi] *f.* Coquetería.

coquillage [kɔkijaʒ] *m.* **1** Marisco. **2** Concha *f.* (coquille).

coquille [kɔkij] *f.* **1** Concha (de mollusque). **2** ~ *Saint-Jacques,* venera, concha de peregrino. **3** Cáscara, cascarón *m.*

coquin, -ine [kɔkɛ̃, -in] *s.* **1** Bellaco, ca, pillo, lla. **2** fam. Picaruelo, la.

cor [kɔʀ] *m.* **1** MUS. Trompa *f.:* ~ *de chasse,* trompa de caza. **2** ~ *anglais,* corno inglés. **3** MÉD. Callo.

corail [kɔʀaj] *m.* Coral.

corbeau [kɔʀbo] *m.* Cuervo.

corbeille [kɔʀbɛj] *f.* Cesto *m.,* canastillo *m.,* canastilla.

corbillard [kɔʀbijaʀ] *m.* Coche fúnebre.

cordage [kɔʀdaʒ] *m.* MAR. Cabo, cuerda *f.*

corde [kɔʀdespefyvɔɔ,bjnɛʀpə] *f.* **1** Cuerda, soga (de chanvre). **2** Dogal *m.* (de potence). **3** Comba (pour sauter). **4** Trama, hilaza (d'un tissu). **5** GÉOM., MUS. Cuerda. **6** Medida para madera (mesure).

cordeau [kɔʀdo] *m.* **1** Cordel. **2** Tendel.

cordelier [kɔʀdəlje] *m.* Franciscano.

cordelière [kɔʀdəljɛʀ] *f.* **1** Franciscana (religieuse). **2** Cordón *m.* (ceinture).

corder [kɔʀde] [1] *tr.* **1** TECH. Torcer en forma de cuerda. **2** Encordar, atar con cuerda (lier). **3** Poner cuerdas a (une raquette).

cordialité [kɔʀdjalite] *f.* Cordialidad.

cordon [kɔʀdɔ̃] *m.* **1** Cordón (petite corde). **2** Cinta *f.,* banda *f.* (décoration). Loc. fig. ~ *bleu,* buen cocinero.

cordonnerie [kɔʀdɔnʀi] *f.* Zapatería.

cordonnier, -ière [kɔʀdɔnje, -jɛʀ] *s.* Zapatero, ra.

coriace [kɔʀjas] *adj.* **1** Coriáceo, ea, correoso, sa. **2** fig. Terco, ca, tacaño, ña.

coricide [kɔʀisid] *m.* Callicida.

corne [kɔʀn(ə)] *f.* **1** Cuerno *m.* **2** Pico *m.* (d'un chapeau, d'une page de livre, etc.). **3** Asta, cuerno *m.* (matière). **4** ~ *à chaussures,* calzador *m.* **5** MUS. Cuerno *m.*

corné, -ée [kɔʀne] *adj.* **1** Córneo, ea. ▪ **2** *f.* ANAT. Córnea.

cornéen, -enne [kɔʀneɛ̃, -ɛn] *adj.* De la córnea.

corneille [kɔʀnɛj] *f.* Corneja.

corner [kɔʀne] [1] *intr.* **1** Tocar la bocina (une auto). **2** Zumbar (les oreilles). ▪ **3** *tr.* Doblar el pico (d'une carte de visite, etc.). **4** Cacarear (une nouvelle).

cornet [kɔʀnɛ] *m.* **1** MUS. Corneta *f.* **2** ~ *à pistons,* cornetín. **3** ~ *acoustique,* trompetilla *f.* **4** Cucurucho (de papier, de glace). **5** ANAT. Cornete.

cornette [kɔʀnɛt] *f.* **1** Papalina, cofia (coiffe). **2** Toca (de religieuse). **3** MAR. Corneta.

corniche [kɔʀniʃ] *f.* Cornisa.

cornichon [kɔʀniʃɔ̃] *m.* **1** Pepinillo. **2** fig. Tonto.

cornu, -ue [kɔʀny] *adj.* **1** Cornudo, da. ▪ **2** *f.* Retorta.

corollaire [kɔʀɔ(l)ɛʀ] *m.* Corolario.

corolle [kɔʀɔl] *f.* BOT. Corola.

corporation [kɔʀpɔʀɑsjɔ̃] *f.* Corporación.

corporel, -elle [kɔʀpɔʀɛl] *adj.* Corporal, corpóreo, ea.

corps [kɔʀ] *m.* **1** Cuerpo. **2** *loc. adv. À son* ~ *défendant,* a pesar suyo.

corpulent, -ente [kɔʀpylɑ̃, -ɑ̃t] *adj.* Corpulento, ta.

corpuscule [kɔʀpyskyl] *m.* Corpúsculo.

correct, -ecte [kɔʀɛkt, -ɛkt(ə)] *adj.* Correcto, ta.

correcteur, -trice [kɔʀɛktœʀ, tʀis] *adj.-s.*

Corrector, -ra: ~ *ortographique* corrector ortográfico.

correction [kɔʀɛksjɔ̃] *f.* Corrección.

corrélatif, -ive [kɔʀelatif, -iv] *adj.* Correlativo, va.

correspondance [kɔʀɛspɔ̃dɑ̃s] *f.* **1** Correspondencia. **2** Empalme *m.,* enlace *m.*

correspondant, -ante [kɔʀɛspɔ̃dɑ̃, -ɑ̃t] *adj.* **1** Correspondiente. ▪ **2** *s.* Corresponsal (d'un journal). **3** Comunicante (par lettres). **4** Correspondiente (d'une académie, etc.).

corridor [kɔʀidɔʀ] *m.* Corredor, pasillo.

corriger [kɔʀiʒe] [13] *tr.* Corregir.

corrosif, -ive [kɔʀ(ʀ)ozif, -iv] *adj.* **1** Corrosivo, va. ▪ **2** *m.* Corrosivo.

corrosion [kɔʀ(ʀ)ozjɔ̃] *f.* Corrosión.

corrupteur, -trice [kɔʀyptœʀ, -tʀis] *adj.-s.* Corruptor, ra.

corruption [kɔʀypsjɔ̃] *f.* Corrupción.

corsage [kɔʀsaʒ] *m.* Blusa *f.,* corpiño *m.*

corsé, -ée [kɔʀse] *adj.* Fuerte, recio, cia.

corser [kɔʀse] [1] *tr.* **1** Dar fuerza, cuerpo, realce, viveza. ▪ **2** *pr.* Complicarse.

cortège [kɔʀtɛʒ] *m.* Cortejo, séquito, comitiva *f.*

corvée [kɔʀve] *f.* **1** Prestación personal. **2** MIL. Faena, servicio *m.* de cuartel. **3** Trabajo *m.* fatigoso.

cosaque [kɔzak] *m.* Cosaco.

cosmétique [kɔsmetik] *m.* **1** Cosmético. ▪ **2** *adj.* Cosmético, ca. **3** fig. Superficial, anodino, na: *des réformes cosmétiques,* reformas superficiales.

cosmétique [kɔsmetik] *f.* Cosmética.

cosmique [kɔsmik] *adj.* Cósmico, ca.

cosmographie [kɔsmɔgʀafi] *f.* Cosmografía.

cosmopolite [kɔsmɔpɔlit] *adj.-s.* Cosmopolita.

cosse [kɔs] *f.* **1** BOT. Vaina (de légumes). **2** pop. Pereza, galbana.

cossu, -ue [kɔsy] *adj.* Rico, ca, acaudalado, da, acomodado, da (personne).

costume [kɔstym] *m.* Traje, vestido.

cote [kɔt] *f.* **1** Cuota (quote-part). **2** Cota (niveau). **3** Signatura (dans une bibliothèque). **4** Cotización (en Bourse). **5** ~ *mal taillé,* corte de cuentas.

côte [kot] *f.* **1** ANAT., BOT. Costilla. **2** Chuleta (boucherie). **3** Cuesta, pendiente (pente). **4** GÉOG. Costa (rivage).

côté [kote] *m.* **1** Costado. **2** Lado. Loc. *Laisser de* ~, dejar a un lado, abandonar; *mettre de* ~, apartar, guardar. **3** *loc. adv. À* ~, al lado, cerca; *de mon* ~, por mi parte.

coteau [kɔto] *m.* **1** Loma *f.,* otero. **2** Ribazo, ladera *f.* (versant).

côtelette [ko(ɔ)tlɛt] *f.* Chuleta.

coter [kɔte] [1] *tr.* **1** COMM. Cotizar. **2** fig. Apreciar, estimar, cotizar. **3** Numerar (numéroter). **4** Acotar (topographie).

coterie [kɔtRi] *f.* Corrillo *m.,* camarilla.

côtier, -ière [kotje, -jɛR] *adj.* Costero, ra, costanero, ra.

cotisation [kɔtizasjɔ̃] *f.* Cuota, escote *m.*

coton [kɔtɔ̃] *m.* Algodón.

cotonnier, -ière [kɔtɔnje, -jɛR] *adj.* **1** Algodonero, ra. ■ **2** *m.* Algodonero (arbrisseau).

côtoyer [kotwaje] [23] *tr.* **1** Bordear, costear. **2** fig. Bordear, frisar.

cotre [kɔtR(ə)] *m.* Cúter, balandro.

cotte [kɔt] *f.* **1** Saya, zagalejo *m.* **2** ~ *de mailles,* cota de mallas.

cou [ku] *m.* Cuello. Loc. fig. *Se casser le ~,* romperse la crisma.

couard, -arde [kwaR, -aRd(ə)] *adj.* Cobarde.

couchant, -ante [kuʃɑ̃, -ɑ̃t] *adj.* **1** Que se acuesta. **2** *Chien ~,* perro de muestra. **3** *Soleil ~,* sol poniente. ■ **4** *m. Le ~,* el poniente, el ocaso.

couche [kuʃ] *f.* **1** Cama, lecho *m.* **2** Metedor *m.* pañal *m.* (pour les bébés). **3** Capa (de peinture, etc.). **4** Capa, lecho *m.,* estrato *m.* (géologique). **5** Capa (atmosphérique, sociale). ■ **6** *pl.* Parto *m. sing.*

coucher [kuʃe] *m.* **1** Acción *f.* de acostarse. **2** Cama *f.* (lit.). **3** Ocaso, puesta *f.: le ~ du soleil,* la puesta del sol.

coucher [kuʃe] [1] *tr.* **1** Acostar (dans un lit). **2** Tender, tumbar (sur le sol). **3** Inclinar (pencher). **4** Asentar, inscribir. ■ **5** *intr.* Dormir, pernoctar. ■ **6** *pr.* Acostarse, echarse.

couchette [kuʃɛt] *f.* Litera.

couci-couça [kusikusa] *loc. adv.* fam. Así, así; tal cual.

coude [kud] *m.* **1** Codo. **2** Recodo.

coudée [kude] *f.* Codo *m.* (mesure).

cou-de-pied [kudpje] *m.* Garganta *f.* del pie.

coudoyer [kudwaje] [23] *tr.* Codearse con. ■

coudre [kudR(ə)] [76] *tr.* Coser.

coudrier [kudRije] *m.* Avellano.

couette [kwet] *f.* **1** Colchón *m* de pluma. **2** Coleta (de cheveux). **3** Edredón nórdico.

couille [kuj] *f.* fam. Cojón.

coulage [kulaʒ] *m.* **1** Derrame (d'un liquide). **2** Colada *f.* (lessive). **3** TECHN. Vaciado (métaux). **4** fig. Despilfarro.

coulant, -ante [kulɑ̃, -ɑ̃t] *adj.* **1** Que fluye, fluyente. **2** *Nœud ~,* nudo corredizo. **3** fig. *Style ~,* estilo fluido, natural. ■ **4** *m.* Anillo, pasador.

coulée [kule] *f.* **1** TECHN. Vaciado *m.* (métaux). **2** Corriente: ~ *de lave,* corriente de lava.

couler [kule] [1] *intr.* **1** Fluir, correr (liquides). **2** Salirse (un récipient). **3** Volar, huir, transcurrir. **4** MAR. Hundirse, irse a pique. ■ **5** *tr.* TECHN. Vaciar. **6** Colar (lessive).

couleur [kulœR] *f.* **1** Color *m.* **2** Palo *m.* (cartes).

couleuvre [kulœvR(ə)] *f.* Culebra.

coulis [kuli] *m.* Jugo de una sustancia cocida y pasada por un colador.

coulisse [kulis] *f.* **1** Corredera, ranura. **2** THÉÂT. Bastidor *m.* **3** Jareta (en couture). **4** Bolsín *m.* (de la Bourse).

couloir [kulwaR] *m.* Corredor, pasillo.

coup [ku] *m.* **1** Golpe. Loc. ~ *de balai,* escobazo; *d'épée,* estocada *f.;* ~ *de fouet,* latigazo; ~ *de griffe,* arañazo, zarpazo; ~ *d'œil,* ojeada *f.,* vistazo; ~ *de pied,* puntapié, patada *f.;* ~ *de poing,* puñetazo; ~ *de vent,* ráfaga *f.;* ~ *de folie,* arranque de locura; ~ *de foudre,* flechazo, enamoramiento súbito; ~ *de tête,* calaverada *f.,* acción *f.* desesperada; ~ *de chance,* chiripa *f.,* suerte *f.;* ~ *d'État,* golpe de Estado; *donner un ~ de main,* echar una mano; *faire d'une pierre deux coups,* matar dos pájaros de un tiro; *manquer son ~,* errar el golpe. **2** Herida *f.* (blessure). **3** Disparo, tiro. **4** Trago, sorbo. **5** Jugada *f.* (jeu). **6** Vez *f.* (fois). **7** MÉC. ~ *de piston,* embolada *f.* **8** *loc. adv. À ~ sûr,* sobre seguro; *sur le ~,* en el acto; *tout d'un ~, tout à,* de repente.

coupable [kupabl(ə)] *adj.-s.* Culpable.

coupage [kupaz] *m.* Mezcla *f.* de vinos

coupant, -ante [kupɑ̃, -ɑ̃t] *adj.* **1** Cortante. **2** fig. Tajante, autoritario, ria. ■ **3** *m.* Filo, corte.

coupe [kup] *f.* **1** Copa (verre à boire, trophée). **2** Taza; pila, pilón *m.* (vasque). **3** LITURG. Cáliz *m.* **4** Corte *m.* (action, manière de couper). **5** Corte *m.,* sección (dessin). **6** Tala (d'arbres). **7** Siega (de céréales). **8** Corte *m.,* alza (aux cartes).

coupé [kupe] *m.* Cupé (voiture).

coupe-circuit [kupsiRkɥi] *m. invar.* Fusible.

coupe-file [kupfil] *m. invar.* Pase, permiso de circulación.

coupe-gorge [kupgɔRʒ(ə)] *m. invar.* 1 Lugar poco seguro. 2 fig. Ladronera *f.*

coupe-ongles [kupɔ̃gl] *m. invar.* cortaúñas.

coupe-papier [kuppapje] *m. invar.* Plegadera *f.*

couper [kupe] [1] *tr.* 1 Cortar. 2 Talar (arbres). 3 Segar (céréales). 4 Fallar (cartes). 5 Aguar (un liquide). ■ 6 *intr.* Cortar. 7 Cortar, alzar (cartes). 8 Atajar (par le plus court chemin). ■ 9 *pr.* Cortarse.

couperet [kupRɛ] *m.* Cuchilla *f.*

couple [kupl(ə)] 1 *m.* Pareja *f.* (de personnes, d'animaux). ■ *f.* 2 Traílla (de chiens). 3 MAR. Cuaderna *f.* 4 PHYS., MÉC. Par.

couplet [kuplɛ] *m.* 1 Copla *f.*, tonadilla *f.* 2 Estrofa *f.* (d'une chanson).

coupole [kupɔl] *f.* Cúpula *f.*

coupon [kupɔ̃] *m.* 1 Retal (de tissu). 2 COMM. Cupón: *coupon-réponse,* cupón de respuesta.

coupure [kupyR] *f.* 1 Corte *m.*, cortadura. 2 Billete *m.* de banco fraccionario. 3 Corte *f.* (dans un texte, un film; d'électricité, etc.).

cour [kuR] *f.* 1 Patio *m.* (d'une maison). 2 Corral *m.* (d'une ferme). 3 Corte (d'un souverain). 4 Corte, galanteo *m.* 5 Tribunal *m.* 6 THÉÂT. *Côté* ~, lado del escenario de la derecha del espectador.

courage [kuRaʒ] *m.* Valor, ánimo.

courageux, -euse [kuRaʒø, -øz] *adj.* Valeroso, sa, animoso, sa.

couramment [kuRamã] *adv.* 1 De corrido (parler). 2 Corrientemente.

courant, -ante [kuRã, -ãt] *adj.* 1 Corriente (mois, année). 3 Corredor: *chien* ~, perro corredor. ■ 4 *m.* Transcurso. 5 Corriente *f.* (eau, etc.). 6 *Être au* ~, estar al corriente. ■ 7 *f.* Letra inglesa, cursiva. 8 pop. Diarrea *f.*

courbature [kuRbatyR] *f.* Agujetas *pl.*

courber [kuRbe] [1] *tr.* 1 Encorvar. 2 Doblar, bajar, inclinar (les genoux, la tête, etc.). ■ 3 *intr.* Doblarse. ■ 4 *pr.* Encorvarse. 5 fig. Doblegarse, humillarse.

courbure [kuRbyR] *f.* Curvatura.

coureur, -euse [kuRœR, -øz] *adj.-s.* 1 Corredor, ra. 2 ~ *de cafés,* frecuentador de cafés; ~ *de dots,* cazador de dotes. ■ 3 *f.* Buscona.

courge [kuRʒ(ə)] *f.* Calabaza.

courir [kuRiR] [26] *intr.* 1 Correr. 2 Vagabundear. ■ 3 *tr.* Correr: ~ *le cerf,* correr el ciervo. 4 Perseguir. 5 Recorrer. 6 Frecuentar (fréquenter).

couronne [kuRɔn] *f.* Corona.

couronner [kuRɔne] [1] *tr.* Coronar.

courrier [kuRje] *m.* Correo.

courroie [kuRwa(a)] *f.* Correa.

courroux [kuRu] *m.* Cólera *f.*, furor.

cours [kuR] *m.* 1 Curso. Loc. ~ *d'eau,* río; fig. *donner libre* ~ *à,* dar curso a, dar rienda suelta a. 2 Transcurso. *L'année en* ~, en el año en curso. 3 Precio, cotización *f.* (prix). 4 Curso: ~ *de physique,* curso de física. 5 Clase *f.*: *cours particuliers,* clases particulares. 6 Academia *f.* (établissement). 7 Paseo, alameda *f.* (promenade).

course [kuRs(ə)] *f.* 1 Carrera (action de courir, compétition). 2 ~ *de taureaux,* corrida. 3 Trayecto *m.*, recorrido *m.* (trajet); curso *m.* (des astres).

court, courte [kuR, kuRt(ə)] *adj.* 1 Corto, ta. 2 Cortado, da, turbado, da. ■ 3 *adv.* Corto. 4 Secamente, bruscamente, súbitamente. Loc. *adv.* *Tout* ~, simplemente, a secas.

courtage [kuRtaʒ] *m.* Corretaje.

courtaud, -aude [kuRto, -od] *adj.-s.* Rechoncho, cha.

court-circuit [kuRsiRkɥi] *m.* Corto circuito.

courtier, -ière [kuRtje, -jɛR] *s.* Corredor, ra, comisionista.

courtisan [kuRtizã] *m.* Cortesano.

courtiser [kuRtize] [1] *tr.* Cortejar.

courtois, -oise [kuRtwa, -waz] *adj.* Cortés.

cousin, -ine [kuzɛ̃, -in] *s.* 1 Primo, ma. ■ 2 *m.* Mosquito (moustique).

coussin [kusɛ̃] *m.* 1 Cojín. 2 MÉC. Almohadilla *f.*

coussinet [kusinɛ] *m.* 1 Cojincillo. 2 MÉC. Cojinete.

cousu, -ue [kuzy] *adj.* 1 Cosido, da. 2 fig. ~ *d'or,* muy rico.

coût [ku] *m.* Coste, costo.

couteau [kuto] *m.* 1 Cuchillo (de table, etc.), navaja *f.* (pliant). 2 Navaja *f.* (coquillage).

coutelas [kutlɑ] *m.* Machete, cuchilla *f.*

coutellerie [kutɛlRi] *f.* Cuchillería.

coûter [kute] [1] *intr.* Costar.

coûteux, -euse [kutø, -øz] *adj.* Costoso, sa.

coutume [kutym] *f.* 1 Costumbre, uso *m.* 2 *Avoir* ~ *de,* tener la costumbre de.

coutumier, -ière [kutymje, -jɛR] *adj.* 1 Que tiene costumbre de. 2 DR. Consuetudinario, ria.

couture [kutyR] *f.* 1 Costura. 2 Costurón *m.*, cicatriz.

couturier [kutyʀje] *m.* Modista, sastre de señoras.

couturière [kutyʀjɛʀ] *f.* Modista, costurera.

couvée [kuve] *f.* 1 Pollazón, nidada, pollada. 2 fig. Prole.

couvent [kuvã] *m.* Convento.

couver [kuve] [1] *tr.* 1 Empollar, incubar. 2 fig. Tramar, urdir, abrigar. 3 fam. ~ *quelqu'un,* mimar a alguien. ■ 4 *intr.* fig. Estar latente.

couvercle [kuvɛʀkl(ə)] *m.* Tapa *f.*, tapadera *f.*

couvert, -erte [kuvɛʀ, -ɛʀt(ə)] *adj.* 1 Cubierto, ta. 2 Vestido, da, abrigado, da. 3 Tapado, da, encubierto, ta: *mots couverts,* palabras encubiertas. 4 Cubierto, ta, nublado, da (ciel). ■ 5 *m.* Cubierto (utensiles de table). 6 Comida *f.* (nourriture). 7 Albergue, hospitalidad. *loc. adv. À* ~, bajo techado, al abrigo, a cubierto.

couverture [kuvɛʀtyʀ] *f.* 1 Cubierta (pour couvrir). 2 Cobertor *m.*, manta (de lit). 3 Forro *m.*, tapas *pl.* (d'un livre). 4 COMM. Cobertura, garantía.

couveuse [kuvøz] *f.* 1 Clueca (poule). 2 Incubadora (appareil).

couvre-feu [kuvʀəfø] *m.* Queda *f.*

couvre-lit [kuvʀəli] *m.* Cubrecama.

couvrir [kuvʀiʀ] [32] *tr.* 1 Cubrir. 2 Tapar (avec un couvercle). 3 Arropar, abrigar (avec un vêtement). 4 Forrar (un livre). 5 Cubrir, recorrer (parcourir). ■ 6 *pr.* Cubrirse. 7 Nublarse, encapotarse.

crabe [kʀa(ɑ)b] *m.* Cangrejo de mar.

cracher [kʀaʃe] [1] *tr.-intr.* Escupir.

crachoir [kʀaʃwaʀ] *m.* Escupidera *f.*

craie [kʀɛ] *f.* 1 Creta, yeso *m.* 2 Tiza.

craindre [kʀɛ̃dʀ(ə)] [54] *tr.* 1 Temer. 2 Sufrir con, ser perjudicado, da por.

crainte [kʀɛ̃t] *f.* Temor *m.*

craintif, -ive [kʀɛ̃tif, -iv] *adj.* Temeroso, sa, medroso, sa.

cramoisi, -ie [kʀamwazi] *adj.* Carmesí.

crampe [kʀɑ̃p] *f.* MÉD. Calambre *m.*

cramponner [kʀɑ̃pɔne] [1] *tr.* 1 Lañar, engrapar. 2 fig. fam. Fastidiar. ■ 3 *pr.* Agarrarse (à une personne ou à une chose).

cran [kʀɑ̃] *m.* 1 Muesca *f.* 2 MÉC. ~ *d'arrêt,* seguro (arme), muelle (couteau). 3 Punto (d'une ceinture). 4 fig. Grado. 5 fam. *Avoir du* ~, tener arrojo.

crâne [kʀɑn] *m.* 1 ANAT. Cráneo. ■ 2 *adj.* Arrogante, valentón, ona.

crapaud [kʀapo] *m.* 1 Sapo. 2 Sillón muy bajo (fauteuil). 3 VÉTÉR. Galápago.

crapule [kʀapyl] *f.* 1 Crápula. 2 Gente crapulosa. 3 Pillo *m.*, bribón *m.*

craque [kʀak] *f.* pop. Bola, embuste *m.*

craqueler [kʀakle] [19] *tr.* Agrietar, resquebrajar.

craquer [kʀake] [1] *intr.* 1 Chasquear, crujir. 2 fig. Tambalearse, desmoronarse.

craqueter [kʀakte] [20] *intr.* Chisporrotear, castañetear.

crasse [kʀas] *f.* 1 Mugre. 2 fam. Charranada, mala jugada (vilain tour). ■ 3 *adj.* Craso, sa.

crasseux, -euse [kʀasø, -øz] *adj.* Mugriento, ta.

cratère [kʀatɛʀ] *m.* 1 Cráter (de volcan). 2 Crátera *f.* (coupe).

cravache [kʀavaʃ] *f.* Fusta.

cravate [kʀavat] *f.* Corbata.

crayon [kʀɛjɔ̃] *m.* 1 Lápiz. 2 Dibujo al lápiz (dessin).

crayonner [kʀɛjɔne] [1] *tr.* 1 Dibujar al lápiz. 2 Bosquejar.

créancier, -ière [kʀeɑ̃sje, -jɛʀ] *s.* Acreedor, ra.

créateur, -trice [kʀeatœʀ, -tʀis] *adj.-s.* Creador, ra.

créature [kʀeatyʀ] *f.* Criatura.

crèche [kʀɛʃ] *f.* 1 Pesebre *m.* (mangeoire). 2 Casa cuna (pour enfants). 3 Nacimiento *m.*, belén *m.* (de Noël).

crédit [kʀedi] *m.* 1 Crédito. 2 Haber (d'un compte).

créditer [kʀedite] [1] *tr.* Acreditar, abonar.

créditeur, -trice [kʀeditœʀ, -tʀis] *adj.-s.* COMM. Acreedor, ra.

crédulité [kʀedylite] *f.* Credulidad.

créer [kʀee] [11] *tr.* Crear.

crémaillère [kʀemajɛʀ] *f.* 1 Llares *pl.* Loc. *Pendre la* ~, estrenar la casa. 2 MÉC. Cremallera.

crématoire [kʀematwaʀ] *adj.* Crematorio, ria.

crématorium [kʀematɔʀjɔm] *m.* crematorio.

crème [kʀɛm] *f.* 1 Nata. 2 Crema, natillas *pl.* 3 Licor *m.* 4 fig. *La* ~, la flor y nata. 5 Crema: ~ *à raser,* crema de afeitar. ■ 6 *adj.* Crema.

crémerie [kʀemʀi] *f.* Lechería, mantequería.

crémeux, -euse [kʀemø, -øz] *adj.* Mantecoso, sa, con mucha nata.

créneau [kʀeno] *m.* Almena: Loc. fam. *faire un* ~, aparcar; *monter au* ~, tomar cartas en el asunto.

créneler [kʀe(e)nle] [19] *tr.* **1** Almenar. **2** Dentar (denteler). **3** Acordonar (monnaies).

créole [kʀeɔl] *adj.-s.* Criollo, lla.

crêpe [kʀɛp] *m.* **1** Crespón, crep. **2** Gasa *f.* (de deuil). **3** Crepé (caoutchouc). ■ **4** *f.* Hojuela (galette).

crêper [kʀepe] [1] *tr.* **1** Encrespar. **2** Cardar (les cheveux).

crépi [kʀepi] *m.* Enlucido.

crépitation [kʀepitɑsjɔ̃] *f.,* **crépitement** [kʀepitmɑ̃] *m.* **1** Chisporroteo m., crepitación *f.* **2** MÉD. Crepitación *f.*

crépon [kʀepɔ̃] *m.* Crespón.

crépu, -ue [kʀepy] *adj.* Crespo, pa.

crépuscule [kʀepyskyl] *m.* Crepúsculo.

cresson [kʀesɔ̃] *m.* Berro.

crétacé, -ée [kʀetase] *adj.-m.* GÉOL. Cretáceo, cea.

crête [kʀɛt] *f.* Cresta.

crête-de-coq [kʀɛtdəkɔk] *f.* Moco *m.* de pavo.

crétin, -ine [kʀetɛ̃, -in] *adj.-s.* Cretino, na.

cretonne [kʀətɔn] *f.* Cretona.

creuser [kʀøze] [1] *tr.* **1** Cavar, excavar. **2** Abrir (un sillon). ■ **3** *pr.* fig. *Se ~ la cervelle,* devanarse los sesos.

creuset [kʀøzɛ] *m.* Crisol.

creux, -euse [kʀø, -øz] *adj.* **1** Hueco, ca, vacío, ía. **2** Hondo, da. **3** Hundido, da. **4** Hueco, ca. ■ **5** *m.* Hueco.

crevaison [kʀəvɛzɔ̃] *f.* Pinchazo *m.*

crevasse [kʀəvas] *f.* Grieta.

crevé, -ée [kʀəve] *adj.* pop. Reventado, da (fatigué).

crève-cœur [kʀɛvkœʀ] *m. invar.* Disgusto, pesar, despecho.

crever [kʀəve] [16] *tr.* **1** Reventar: *~ les yeux,* reventar los ojos. ■ **2** *intr.* Reventar, reventarse: *~ d'orgueil,* reventar de orgullo. **3** fam. Morirse: *~ de faim, de soif,* morirse de hambre, de sed. **4** Pinchar (un pneu). ■ **5** *pr.* fam. Reventarse, matarse.

crevette [kʀəvɛt] *f.* Camarón *m.,* quisquilla (grise), gamba (rose et grosse).

cri [kʀi] *m.* **1** Grito. **2** Chillido (aigu, perçant). **3** Clamor (de protestation). **4** Voz *f.* (des animaux). **5** Pregón (d'un marchand). **6** Chirrido (grincement).

criaillerie [kʀi(j)ɑjʀi] *f.* Gritos *m. pl.,* quejas *pl.* importunas.

criant, -ante [kʀijɑ̃, -ɑ̃t] *adj.* fig. Irritante, indignante, escandaloso, sa (choquant).

criard, -arde [kʀijaʀ, -aʀd(ə)] *adj.-s.* **1** Gritón, ona, regañón, ona. ■ **2** *adj.* Chillón, ona.

crible [kʀibl(ə)] *m.* Criba *f.*

cribler [kʀible] [1] *tr.* **1** Cribar, ahechar. **2** fig. Acribillar: *~ de balles,* acribillar a balazos.

cricri [kʀikʀi] *m.* Grillo.

criée [kʀije] *f.* Almoneda.

crier [kʀije] [2] *intr.* **1** Gritar, vocear, chillar. **2** Clamar. **3** Chirriar, rechinar (grincer). ■ **4** *tr.* Gritar. **5** Proclamar, clamar. **6** Pregonar (rendre public).

crime [kʀim] *m.* Crimen.

criminel, -elle [kʀiminɛl] *adj.-s.* Criminal.

crin [kʀɛ̃] *m.* Crin *f.,* cerda *f.*

crinière [kʀinjɛʀ] *f.* **1** Crines *pl.* (du cheval). **2** Melena.

crique [kʀik] *f.* Cala.

criquet [kʀikɛ] *m.* Langosta *f.,* saltamontes.

crise [kʀiz] *f.* Crisis.

crisper [kʀispe] [1] *tr.* **1** Crispar. **2** Irritar.

crisser [kʀise] [1] *intr.* **1** Crujir (soie, sable). **2** Rechinar (dents).

cristallerie [kʀistalʀi] *f.* Cristalería.

cristalliser [kʀistalize] [1] *tr.-intr.* Cristalizar.

critère [kʀitɛʀ], **critérium** [kʀiteʀjɔm] *m.* Criterio.

critique [kʀitik] *adj.* **1** Crítico, ca. ■ **2** *m.* Crítico. ■ **3** *f.* Crítica.

critiquer [kʀitike] [1] *tr.* Criticar.

croassement [kʀɔasmɑ̃] *m.* Graznido.

croc [kʀo] *m.* **1** Garfio (crochet). **2** MAR. Bichero. **3** Colmillo puntiagudo (dent).

croche [kʀɔʃ] *f.* MÚS. Corchea.

crochet [kʀɔʃɛ] *m.* **1** Gancho, garfio. **2** Ganzúa *f.* (pour serrures). **3** Ganchillo (aiguille), crochet, labor de punto (travail au crochet). **4** Rodeo (détour). **5** IMPR. Corchete. **6** SPORTS Gancho (boxe).

crochu, -ue [kʀɔʃy] *adj.* Ganchudo, da.

crocodile [kʀɔkɔdil] *m.* Cocodrilo.

croire [kʀwa(ɑ)ʀ] [71] *tr.-intr.* **1** Creer. **2** Parecerle a uno. ■ **3** *pr.* Creerse.

croisade [kʀwazad] *f.* Cruzada.

croisée [kʀwaze] *f.* **1** Ventana. **2** Encrucijada (des chemins).

croisement [kʀwazmɑ̃] *m.* **1** Cruce. **2** Cruzamiento (de races).

croiser [kʀwaze] *tr.* **1** Cruzar: *~ les doigts,* cruzar los dedos. **2** Cruzarse. ■ **3** *intr.* MAR. Cruzar. ■ **4** *pr.* Cruzarse: *se ~ les bras,* cruzarse de brazos.

croiseur [kʀwazœʀ] *m.* MAR. Crucero.

croisière [kʀwazjɛʀ] *f.* Crucero *m.*

croissance [kʀwasɑ̃s] *f.* Crecimiento *m.*

croissant, -ante [krwasã, -ãt] *adj.* 1 Creciente. ▪ 2 *m.* Media luna *f.* (lune). 3 Croissant, panecillo de hojaldre.

croissanterie [krwasãtri] *m.* Croissantería.

croître [krwatr(ə)] [72] *intr.* Crecer.

croix [krwa] *f.* Cruz: *le signe de la ~,* la señal de la cruz.

croquant, -ante [krɔkã, -ãt] *adj.* 1 Crujiente (qui croque sous la dent). ▪ 2 *s.* péj. Paleto, ta (paysan).

croque-mitaine [krɔkmitɛn] *m.* Coco, bu.

croque-mort [krɔkmɔr] *m.* fam. Empleado de funeraria.

croquer [krɔke] [1] *intr.* 1 Crujir. ▪ 2 *tr.* Chascar, ronzar, comer (manger). 3 PEINT. Bosquejar.

croquette [krɔkɛt] *f.* Croqueta.

crosse [krɔs] *f.* 1 ECCLÉS. Báculo *m.* pastoral, cayado *m.* 2 Cayado *m.* (bâton). 3 MIL. Culata.

crotale [krɔtal] *m.* Crótalo.

crotte [krɔt] *f.* 1 Cagajón *m.,* cagarruta. 2 Barro *m.,* cazcarria (boue). 3 Bombón *m.* de chocolate.

crottin [krɔtɛ̃] *m.* 1 Estiércol de caballo. 2: ~ de chèvre, queso de cabra.

crouler [krule] [1] *intr.* Hundirse, desplomarse.

croupe [krup] *f.* Grupa, ancas *pl.*

croupetons (à) [akruptɔ̃] *loc. adv.* En cuclillas.

croupion [krupjɔ̃] *m.* Rabadilla *f.*

croupir [krupir] [3] *intr.* 1 Estancarse, corromperse (les eaux). 2 fig. Estar sumido, da en.

croupissant, -ante [krupisã, -ãt] *adj.* Estancado, da, corrompido, da.

croustillant, -ante [krustijã, -ãt] *adj.* 1 Que cruje al ser mascado. 2 fig. Picante, libre, picaresco, ca (amusant).

croûte [krut] *f.* 1 Corteza (du pain, du fromage). 2 Empanada. 3 ~ terrestre, corteza terrestre. 4 MÉD. Costra, postilla.

croûton [krutɔ̃] *m.* 1 Cuscurro (de pain). 2 Pedacito de pan frito.

croyable [krwajabl(ə)] *adj.* Creíble.

croyance [krwajãs] *f.* Creencia, fe.

cru [kry] *m.* AGR. Viñedo (vignoble), terruño, tierra *f.,* país (terroir): *vin du ~,* vino del país; *les gens du ~,* las gentes del lugar.

cru, crue [kry] *adj.* Crudo, da.

cruauté [kryote] *f.* Crueldad.

cruche [kryʃ] *f.* 1 Botijo *m.* (à bec). 2 Cántaro *m.* 3 fam. Mentecato, ta, cernícalo, la.

crucifier [krysifje] [2] *tr.* Crucificar.

crudité [krydite] *f.* 1 Crudeza. ▪ 2 *pl.* Alimentos *m.* crudos.

crue [kry] *f.* Crecida (d'un cours d'eau).

cruel, -elle [kryɛl] *adj.* Cruel.

crustacé [krystase] *m.* Crustáceo.

crypte [kript(ə)] *f.* Cripta.

cube [kyb] *m.* 1 GÉOM., MATH. Cubo. ▪ 2 *adj.* Cúbico, ca.

cubique [kybik] *adj.* GÉOM. Cúbico, ca: *racine ~,* raíz cúbica.

cubisme [kybism(ə)] *m.* BX. ARTS. Cubismo.

cueillir [kœjir] [27] *tr.* 1 Coger (fruits, fleurs, plantes). 2 fam. Coger, atrapar, pillar (un voleur).

cuiller, cuillère [kɥijɛr] *f.* Cuchara.

cuillerée [kɥij(e)re] *f.* Cucharada.

cuir [kɥir] *m.* 1 Cuero. 2 Piel *f.* (peau tannée). 3 fig. fam. Error de pronunciación.

cuirassé, -ée [kɥirase] *adj.* 1 Acorazado, da. ▪ 2 *m.* Acorazado (navire).

cuirassier [kɥirasje] *m.* MIL. Coracero.

cuire [kɥir] [69] *tr.* 1 Cocer (dans un liquide). 2 Asar (au four). 3 Freír (frire). 4 Cocer (porcelaine, briques, etc.). ▪ 5 *intr.* Cocerse. 6 Escocer (douleur).

cuisant, -ante [kɥizã, -ãt] *adj.* 1 Agudo, da, punzante (douleur, etc.). 2 Acerbo, ba, hiriente (blessant).

cuisine [kɥizin] *f.* Cocina.

cuisiner [kɥizine] *intr.-tr.* [1] Cocinar, guisar.

cuisinier, -ière [kɥisinje, -jɛr] *s.* 1 Cocinero, ra. ▪ 2 *f.* Cocina (appareil).

cuisse [kɥis] *f.* 1 Muslo *m.* 2 Pierna (boucherie), muslo *m.* (volaille).

cuisson [kɥisɔ̃] *f.* 1 Cocción, cochura. 2 Escozor *m.* (douleur).

cuistre [kɥistr(ə)] *m.* fam. Pedante.

cuit, cuite [kɥi, kɥit] *adj.* 1 Cocido, da. ▪ 2 *f.* TECHN. Cocción. 3 fam. Borrachera, curda (ivresse).

cuivre [kɥivr(ə)] *m.* Cobre.

cul [kyl] *m.* pop. Culo.

culasse [kylas] *f.* Culata.

culbute [kylbyt] *f.* 1 Voltereta (cabriole). 2 Caída (chute).

culbuter [kylbyte] [1] *tr.* 1 Tumbar, derribar. 2 MIL. Derrotar. ▪ 3 *intr.* Rodar por el suelo, caer. 4 Volcar.

culinaire [kylinɛr] *adj.* Culinario, ria.

culminant, -ante [kylminã, -ãt] *adj.* Culminante.

culot [kylo] *m.* 1 Casquillo (d'ampoule, de cartouche). 2 Residuo de metal en un criso, de tabaco en una pipa. **3** pop. Frescura *f.*, aplomo, tupé, caradura *f.*

culotte [kylɔt] *f.* **1** Calzón *m.*, pantalón *m.* **2** Bragas *pl.* (de femme).

culotter [kylɔte] [1] *tr.* **1** Poner los calzones. **2** Ennegrecer una pipa fumando, curar: *pipe culottée*, pipa curada.

culpabilité [kylpabilite] *f.* Culpabilidad.

culte [kylt(ə)] *m.* Culto.

cultivateur, trice [kyltivatœr, -tris] *adj.-s.* Labrador, ra, cultivador, ra.

cultivé, -ée [kyltive] *adj.* **1** Cultivado, da. **2** Culto, ta (une personne).

culture [kyltur] *f.* **1** AGR. Cultivo *m.* **2** Cultura, instrucción (de l'esprit).

culturel, -elle [kyltyrɛl] *adj.* Cultural.

cumin [kymɛ̃] *m.* Comino.

cumul [kymyl] *m.* **1** Acumulación *f.*, cúmulo. **2** ~ *d'emplois*, pluriempleo.

cumuler [kymyle] [1] *tr.* Acumular.

cupide [kypid] *adj.* Codicioso, sa, ávido, da.

curatif, -ive [kyratif, -iv] *adj.* Curativo, va.

cure [kyr] *f.* **1** MÉD. Cura, curación. **2** Curato *m.* (fonction de curé). **3** Casa del cura (presbytère).

curé [kyre] *m.* Cura párroco.

cure-dent [kyrdɑ̃] *m.* Mondadientes.

curée [kyre] *f.* Encarne *m.*

cure-ongle [kyrɔ̃gl(ə)] *m.* Limpiauñas.

curer [kyre] [1] *tr.* Limpiar.

curieux, -euse [kyrjø, -øz] *adj.-s.* **1** Curioso, sa. ■ **2** *adj.* Extraño, ña, raro, ra.

curiosité [kyrjozite] *f.* Curiosidad.

cursif, -ive [kyrsif, -iv] *adj.* Cursivo, va.

cutané, -ée [kytane] *adj.* Cutáneo, ea.

cuve [kyv] *f.* **1** Tina, tinaja. **2** Cuba.

cuver [kyve] [1] *intr.* **1** Cocer (moût). **2** Fermentar (vin).

cuvette [kyvɛt] *f.* **1** Jofaina, palangana (de toilette). **2** Cubeta (de baromètre). **3** GÉOGR. Hondonada.

cyclamen [siklamɛn] *m.* Ciclamino, ciclamen.

cycle [sikl(ə)] *m.* Ciclo.

cyclisme [siklism(ə)] *m.* Ciclismo.

cycliste [siklist] *adj.-s.* Ciclista.

cyclone [siklon] *m.* Ciclón.

cygne [siɲ] *m.* Cisne.

cylindre [silɛ̃dr(ə)] *m.* Cilindro.

cymbale [sɛ̃bal] *f.* Címbalo *m.*

cynique [sinik] *adj.-s.* Cínico, ca.

cynisme [sinism(ə)] *m.* Cinismo.

cyprès [siprɛ] *m.* Ciprés.

D

d [de] *m.* **1** D *f.* **2** pop. *Système D,* despachaderas *f. pl.*

dactylographie [daktilɔɡʀafj] *f.* Dactilografía, mecanografía.

dada [dada] *m.* **1** Caballo (lenguaje infantil). **2** fam. Manía *f.,* tema.

dadais [dadɛ] *m.* Bobo, necio.

dague [dag] *f.* **1** Daga (arme). **2** Mogote *m.* (de cerf).

daigner [deɲe] [1] *tr.* Dignarse, servirse, tener a bien.

daim [dɛ̃] *m.* **1** Gamo. **2** Ante.

dais [dɛ] *m.* **1** Dosel, palio. **2** ARCHIT. Doselete.

dalle [dal] *f.* Losa.

daller [dale] [1] *tr.* Enlosar.

daltonisme [daltɔnism(ə)] *m.* Daltonismo.

dam [dɑ̃] *m.* Daño, perjuicio.

damas [dama] *m.* **1** Damasco (toile). **2** Sable damasquino (arme).

damasser [damase] [1] *tr.* Adamascar, damasquinar.

dame [dam] *f.* **1** Señora, dama. Loc. *Faire la ~,* dárselas de señora. **2** Reina, dama (jeu d'échecs, de dames, de cartes). Loc. *Jeu de dames,* juego de damas, damas. **3** *Notre-Dame,* Nuestra Señora. **4** *interj.* fam. ~!, ¡toma!, ¡vaya!

dame-jeanne [damʒɑn] *f.* Damajuana.

damer [dame] [1] *tr.* **1** ~ *le pion à quelqu'un,* ganarle a uno por la mano. **2** TECHN. Apisonar.

damier [damje] *m.* Tablero (du jeu de dames).

damnable [dɑnabl(ə)] *adj.* Condenable.

damné, -ée [dɑne] *adj.-s.* Condenado, da, réprobo, ba.

damner [dɑne] [1] *tr.* Condenar.

dandiner (se) [dɑ̃dine] *pr.* Contonearse, balancearse.

danger [dɑ̃ʒe] *m.* Peligro, riesgo.

dangereux, -euse [dɑ̃ʒʀø, -øz] *adj.* Peligroso, sa.

danois, -oise [danwa, -waz] *adj.-s.* Danés, esa, dinamarqués, esa.

dans [dɑ̃] *prép.* **1** En (lieu sans mouvement): *il y a une boucherie ~ la rue voisine,* hay una carnicería en la próxima calle. **2** A (avec mouvement): *il va d'une pièce ~ une autre,* va de una habitación a otra. **3** Por (avec mouvement): *se promener ~ un parc,* pasearse por un parque. **4** Dentro de (délai): *~ une semaine,* dentro de una semana. **5** En (moment, époque): *je pourrai réaliser ce projet ~ l'année,* podré realizar este proyecto en el año. Loc. ~ *le temps,* en otra época. **6** Por: *arriver ~ l'après-midi,* llegar por la tarde. **7** Entre: *la maison s'écroula ~ les flammes,* la casa se derrumbó entre llamas. **8** De acuerdo con: *il agit ~ les règles,* actúa de acuerdo con las reglas. **9** En (situation): *il vit ~ l'oisiveté,* vive en el ocio. **10** En: *avoir confiance ~ la nation,* tener confianza en la nación. **11** Alrededor, unos, unas (évaluation approximative): *ce livre coûte ~ les vingt francs,* este libro cuesta alrededor de los veinte francos.

dansant, -ante [dɑ̃sɑ̃, -ɑ̃t] *adj.* **1** Bailador, ra (qui danse). **2** Bailable (musique). **3** *Thé, souper ~,* té, cena con baile.

danse [dɑ̃s] *f.* **1** Danza, baile *m.* **2** MÉD. *Danse de Saint-Guy,* baile de San Vito.

danser [dɑ̃se] [1] *intr.-tr.* Bailar, danzar.

danseur, -euse [dɑ̃sœʀ, -øz] *s.* **1** Bailador, ra. **2** Bailarín, ina (professionnel). **3** ~ *de corde,* volatinero. **4** Pareja *f.* (cavalier, cavalière).

dard [daʀ] *m.* Aguijón (d'insectes), résped (du serpent).

darder [daʀde] [1] *tr.* **1** Lanzar, arrojar (lancer). **2** fig. Irradiar (soleil). **3** Clavar, lanzar (un regard).

darse [daʀs(ə)] *f.* MAR. Dársena (bassin).

date [dat] *f.* Fecha. Loc. *De longue ~,* de muy antiguo; *faire ~,* hacer época.

dater [date] [1] *tr.* **1** Fechar. ■ **2** *intr.* Datar: *palais qui date de la Renaissance,* palacio que data del Renacimiento. **3** Hacer época (faire date).

datif, -ive [datif, -iv] *adj.* **1** DR. Dativo, va. ■ **2** *m.* GRAM. Dativo.

datte [dat] *f.* Dátil *m.*

dattier [datje] *m.* Datilera *f.*

daube [dob] *f.* **1** CUIS. Adobo *m.* (préparation). **2** Adobado *m.,* estofado *m.*

dauphin [dofɛ̃] *m.* Delfín.

daurade [dɔʀad] *f.* Dorada.

davantage [davɑ̃taʒ] *adv.* **1** Más. **2** Más tiempo.

de [d(ə)] *prép.* **1** De (lieu d'où l'on vient, origine) *il vient ~ la campagne,* viene del campo. **2** De (temps): *il est arrivé ~ nuit,* llegó de noche en; *il n'a rien de fait ~ la semaine,* no ha hecho nada en toda la semana. **3** Por (rapport distributif, approximation, évaluation): *gagner tant ~ l'heure,* ganar tanto por hora. **4** De (appartenance): *le livre ~ Paul,* el libro de Pablo. **5** De (attribution ou provenance): *je n'ai rien reçu ~ lui,* no recibí nada de él. **6** De: *il jouit du repos,* goza del descanso; a: *l'amour ~ la patrie,* el amor a la patria; con: *il rêve ~ ses vacances,* sueña con las vacaciones. **7** (moyen) Con: *frapper ~ la main,* pegar con la mano; *il vit ~ fruits,* vive de frutas. **8** (cause, agent) De: *pleurer ~ joie,* llorar de alegría; por: *être aimé ~ ses parents,* ser querido por sus padres. **9** (manière) Con: *manger ~ bon appétit,* comer con buen apetito; de: *il est photographié ~ profil,* está retratado de perfil. **10** De (caractérisation, matière, contenu, qualité): *une barre ~ fer,* una barra de hierro. **11** De (nom en apposition): *la ville ~ Paris,* la ciudad de París. **12** De (destination): *à quelle heure passe le train ~ Paris?,* ¿a qué hora pasa el tren de París? **13** De (nom attribut): *traiter quelqu'un ~ lâche,* tratar a uno de cobarde. **14** Devant un infinitif sujet ou complément direct, ne se traduit pas: *il est facile ~ le dire,* es fácil decirlo. **15** *De ... à,* desde... hasta; *de... en,* de... en.

dé [de] *m.* **1** Dedal (à coudre). **2** Dado.

déambuler [deɑ̃byle] [1] *intr.* Deambular.

débâcle [debɑkl(ə)] *f.* **1** Deshielo *m.* (dégel). **2** fig. Desastre *m.,* derrota (défaite).

déballer [debale] [1] *tr.* **1** Desembalar, desempacar. **2** fig. fam. Soltar (avouer).

débandade [debɑ̃dad] *f.* Desbandada.

débander [debɑ̃de] [1] *tr.* **1** Desvendar (les yeux). ■ **2** Aflojar.

débarbouiller [debaʀbuje] [1] *tr.* **1** Lavar la cara. ■ **2** *pr.* Lavarse la cara.

débarcadère [debaʀkadɛʀ] *m.* **1** Desembarcadero. **2** Muelle, descargadero (chemin de fer).

débarquer [debaʀke] [1] *tr.* **1** Desembarcar (un bateau). ■ **2** *intr.* Desembarcar. **3** fam. Plantarse, llegar de improviso.

débarras [debaʀa] *m.* **1** Alivio, liberación *f.* **2** Trasera *f.* (cabinet).

débarrasser [debaʀase] [1] *tr.* **1** Vaciar (une pièce). ■ **2** *pr.* Deshacerse, desembarazarse.

débat [deba] *m.* Debate.

débattre [debatʀ(ə)] [61] *tr.* **1** Debatir, discutir. ■ *pr.* **2** Forcejear, bregar, resistir.

débauché, -ée [deboʃe] *adj.* **1** Libertino, na, vicioso, sa. ■ **2** *s.* Perdido, da, juerguista. ■ **3** *f.* Mujer de la vida.

débaucher [deboʃe] [1] *tr.* **1** Despedir (renvoyer). **2** Hacer abandonar el trabajo (détourner d'un travail). **3** Corromper, pervertir. ■ **4** *pr.* Entregarse al libertinaje.

débile [debil] *adj.* **1** Débil, endeble, delicado, da. ■ **2** *s. Un ~ mental,* un atrasado mental.

débiliter [debilite] [1] *tr.* Debilitar.

débiner [debine] [1] *tr.* pop. **1** Denigrar, criticar. ■ **2** *pr.* pop. Largarse, pirárselas.

débit [debi] *m.* **1** Despacho, venta *f.* (vente). **2** Tienda *f.* (établissement). **3** Elocución *f.,* palabra *f.,* habla *f.* (d'un orateur). **4** Corte (du bois). **5** Caudal (d'un fleuve, d'une source, etc.). **6** COMM. Debe, débito (compte), salida *f.* de caja.

débiter [debite] [1] *tr.* **1** Vender, despachar. **2** fig. Soltar, decir: *~ des mensonges,* soltar mentiras. **3** Recitar, declamar. **4** Destazar, cortar en trozos (le bois). **5** Suministrar (une quantité de fluide). **6** COMM. Adeudar, cargar en cuenta.

débiteur, -trice [debitœʀ, -tʀis] *adj.-s.* Deudor, ra.

déblai [deblɛ] *m.* **1** Desmonte, escombra *f.* ■ **2** *pl.* Tierra *f. sing.,* escombros *m.*

déblatérer [deblateʀe] [14] *intr.* fam. Despotricar.

déblayer [debleje] [21] *tr.* Escombrar, despejar.

déblocage [deblɔkaʒ] *m.* COMM. Desbloqueo, liberación *f.*

déboguer [debɔge] *tr.* INFORM. Suprimir los errores de un programa.

déboire [debwaʀ] *m.* Desengaño.

déboisement [debwazmɑ̃] *m.* Despoblación forestal *f.*, deforestación *f.*, desmonte.

déboiser [debwaze] [1] *tr.* Desmontar, talar.

déboîter [debwate] [1] *tr.* 1 Dislocar, desencajar (épaule). ■ 2 *intr.* Salirse de la fila (une voiture). ■ 3 *pr.* Desencajarse, dislocarse.

débonnaire [debɔnɛʀ] *adj.* 1 Bonachón, ona, buenazo, za. 2 fam. *Père ~,* padrazo.

débordant, -ante [debɔʀdɑ̃, -ɑ̃t] *adj.* Desbordante, rebosante.

déborder [debɔʀde] [1] *intr.* 1 Desbordar, desbordarse. 2 Rebosar (un récipient). 3 fig. Rebosar: *~ de joie,* rebosar de alegría. ■ 4 *tr.* Exceder, sobrepasar (un bord ou limite). 5 Destapar (le lit). ■ 6 *pr.* Desarroparse (en dormant).

débotter [debɔte] [1] *tr.* Descalzar.

débouchage [debuʃaʒ] *m.* 1 Destapadura *f.*, descorche (des bouteilles). 2 Desobstrucción *f.*

déboucher [debuʃe] [1] *tr.* 1 Destapar, destaponar, descorchar (une bouteille), desobstruir (un conduit). ■ 2 *intr.* Salir, surgir. 3 Desembocar (*sur,* en).

débouler [debule] [1] *intr.* 1 Caer, rodar cuesta abajo (dans un escalier). ■ 2 *tr.* Rodar abajo.

déboursement [debuʀsmɑ̃] *m.* Desembolso.

débourser [debuʀse] [1] *tr.* Desembolsar.

debout [dəbu] *adv.* 1 En pie, de pie. 2 Levantado, da. 3 MAR. *Vent ~,* viento contrario. 4 *interj.* ¡Arriba!

déboutonner [debutɔne] [1] *tr.* 1 Desabotonar, desabrochar. ■ 2 *pr.* Desabrocharse.

débrailler (se) [debʀaje] [1] *pr.* Despechugarse.

débrayer [debʀeje] [21] *tr.* TECHN. Desembragar.

débrider [debʀide] [1] *tr.* 1 Desembridar. 2 MÉD. Desbridar (une hernie).

débris [debʀi] *m.* 1 Pedazos *pl.* (d'une chose brisée). 2 Sobras *f. pl.*, despojos *pl.* (de la table). 3 Restos *pl.*, ruinas *f.*

débrouillard, -arde [debʀujaʀ,-aʀd(ə)] *adj.-s.* Listo, ta, despabilado, da.

débrouiller [debʀuje] [1] *tr.* 1 Desenredar, desembrollar, desenmarañar. 2 fig. Esclarecer, aclarar (une affaire, etc.). ■ 3

pr. fig. fam. Arreglárselas, defenderse. 4 Despabilarse.

débroussailler [debʀusaje] [1] *tr.* Desbrozar.

début [deby] 1 *m.* Principio, comienzo: *au ~,* al principio. 2 Salida *f.* (jeux). ■ 3 *pl.* THÉÂT. Presentación *f. sing.* (d'un artiste), debut *sing.* (gallic, très employé).

débutant, -ante [debytɑ̃, -ɑ̃t] *adj.-s.* 1 Principiante. 2 THÉÂT. Debutante (gallic).

deçà [dəsa] *adv.* 1 De este lado, del lado de acá. *loc. adv.: ~ et delà,* de uno y de otro lado. 2 *loc. prép. En ~ de,* de este lado de (de ce côté-ci).

déca [deka] *m.* (*abrév.* décaféiné) fam. Descafeinado.

décacheter [dekaʃte] [20] *tr.* Desellar, abrir.

décade [dekad] *f.* Década.

décadent, -ente [dekadɑ̃, -ɑ̃t] *adj.* Decadente.

décaféiné [dekafeine] *adj.-m.* Descafeinado.

décalage [dekalaʒ] *m.* 1 Descalce (des cales). 2 Diferencia *f.: le ~ d'horaire,* la diferencia horaria. 3 fig. Desfase.

décalcomanie [dekalkɔmani] *f.* Calcomanía.

décaler [dekale] [1] *tr.* 1 Descalzar (ôter une cale). 2 Correr de sitio (déplacer). 3 Adelantar (avancer), retrasar (retarder).

décalquer [dekalke] [1] *tr.* Calcar.

décamper [dekɑ̃pe] [1] *intr.* 1 MIL. Decampar (lever le camp). 2 fam. Largarse.

décanter [dekɑ̃te] [1] *tr.* Decantar.

décapiter [dekapite] [1] *tr.* 1 Decapitar. 2 Desmochar (la tête d'un arbre).

décasyllabe [dekasi(l)lab] *adj.-m.* Decasílabo, ba.

décavé, -ée [dekave] *adj.-s.* 1 Desbancado, da (au jeu). 2 fam. Arruinado, da.

décéder [desede] [14] *intr.* Fallecer.

déceler [de(ɛ)sle] [17] *tr.* 1 Descubrir. 2 Revelar.

décembre [desɑ̃bʀ(ə)] *m.* Diciembre.

décemment [desamɑ̃] *adv.* Decentemente.

décence [desɑ̃s] *f.* Decencia, decoro *m.*

décent, -ente [desɑ̃, -ɑ̃t] *adj.* Decente, decoroso, sa.

décentralisation [desɑ̃tʀalizasjɔ̃] *f.* Descentralización.

décentraliser [desɑ̃tʀalize] [1] *tr.* Descentralizar.

décentrer [desɑ̃tʀe] [1] *tr.* Descentrar.

déception [desɛpsjɔ̃] *f.* **1** Decepción. **2** Desengaño *m.* (désenchantement).

décerner [desɛʀne] [1] *tr.* Otorgar, conceder: ~ *un prix,* otorgar un premio.

décès [desɛ] *m.* Fallecimiento.

décevoir [dɛswaʀ] [5] *tr.* **1** Decepcionar. **2** Burlar, defraudar (la confiance, l'attente, les espérances de quelqu'un). **3** Engañar (tromper).

déchaîner [deʃene] [1] *tr.* **1** Desencadenar. ■ **2** *pr.* Desencadenarse, desenfrenarse.

déchanter [deʃɑ̃te] [1] *intr.* fam. Bajar el tono, reducir sus pretensiones.

décharge [deʃaʀʒ(ə)] *f.* **1** Descargue *m.,* descarga. **2** Descarga (d'une arme, électrique). **3** Desagüadero *m.* (canal d'écoulement). **4** Liberación (d'une dette, d'une obligation). **5** ~ *publique,* vertedero *m.,* escombrera. **6** DR. Descargo *m.: témoin à* ~*,* testigo de descargo.

déchargement [deʃaʀʒəmɑ̃] *m.* Descarga *f.* (de marchandises).

décharger [deʃaʀʒe] [13] *tr.* **1** Descargar. ■ **2** *pr.* Descargarse.

décharné, -ée [deʃaʀne] *adj.* Descarnado, da, demacrado, da.

déchausser [deʃose] [1] *tr.* **1** Descalzar (quelqu'un, un arbre). ■ **2** *pr.* Descalzarse. **3** Descarnarse (une dent).

dèche [dɛʃ] *f.* pop. Miseria, indigencia.

déchéance [deʃeɑ̃s] *f.* **1** Decadencia (morale), caída, decaimiento *m.* (physique). **2** Deposición, destronamiento *m.* (d'un roi). **3** Pérdida, caducidad (d'un droit).

déchet [deʃɛ] *m.* **1** Desperdicio. **2** fig. Desecho (personne).

déchiffrer [deʃifʀe] [1] *tr.* **1** Descifrar. **2** MUS. Repentizar.

déchiqueter [deʃikte] [20] *tr.* **1** Desmenuzar. **2** Desgarrar.

déchirant, -ante [deʃiʀɑ̃, -ɑ̃t] *adj.* Desgarrador, ra.

déchirer [deʃiʀe] [1] *tr.-intr.* Desgarrar, rasgar, romper (étoffe, papier, etc.), destrozar (mettre en morceaux). **2** Desollar, despedazar (quelqu'un).

déchoir [deʃwaʀ] [51] Decaer, caer, descaecer, venir a menos.

déchu, -ue [deʃy] *adj.* **1** Decaído, da, caído, da. **2** Desposeído, da.

décidé, -ée [deside] *adj.* Decidido, da, resuelto, ta (résolu).

décimal, -ale [desimal] *adj.* Decimal.

décimer [desime] [1] *tr.* Diezmar.

décisif, -ive [desizif, -iv] *adj.* Decisivo, va.

décision [desizjɔ̃] *f.* Decisión.

déclamation [deklamasjɔ̃] *f.* Declamación.

déclamer [dekla(a)me] [1] *tr.-intr.* Declamar.

déclaration [deklaʀasjɔ̃] *f.* Declaración, manifestación.

déclarer [deklaʀe] [1] *tr.* **1** Declarar. ■ **2** *pr.* Declararse.

déclassé, -ée [deklase] *adj.-s.* Sacado, da de su esfera, de su clase social.

déclasser [deklase] [1] *tr.* **1** Desarreglar, desordenar, desclasificar. **2** fig. Sacar de su clase social. **3** Rebajar (rabaisser).

déclencher [deklɑ̃ʃe] [1] *tr.* **1** MÉC. Soltar (un ressort). **2** fig. Poner en marcha, desencadenar (provoquer).

déclic [deklik] *m.* Disparador (d'une arme, d'un mécanisme).

déclin [deklɛ̃] *m.* Caída *f.,* ocaso, decadencia.

déclinaison [deklinɛzɔ̃] *f.* **1** ASTR., GRAM. Declinación. **2** COMM. Variedad de oferta de un mismo producto.

décliner [dekline] *intr.* **1** Debilitarse, decaer. **2** ASTR. Declinar. ■ **3** *tr.* GRAM. Declinar. **4** Rechazar, rehusar. **5** Presentar un mismo producto en diferentes versiones: *la Twingo se décline en plusieurs couleurs,* el Twingo se presenta en diversos colores.

déclouer [deklue] [1] *tr.* Desclavar.

décocher [dekɔʃe] [1] *tr.* **1** Disparar (une flèche). **2** Soltar (un coup de poing). **3** fig. Espetar (une remarque). **4** Lanzar (un regard).

décodeur [dekɔdœʀ] *m.* Descodificador.

décoiffer [dekwafe] [1] *tr.* Despeinar.

décollage [dekɔlaʒ] *m.* Despegue.

décoller [dekɔle] [1] *tr.* **1** Despegar, desencolar. ■ **2** *intr.* Despegar (un avión).

décolleté, -ée [dekɔlte] *adj.* **1** Escotado, da. ■ **2** *m.* Escote (d'une robe).

décolorer [dekɔlɔʀe] [1] *tr.* **1** Descolorir (diminuer l'intensité de la couleur), descolorar (ôter la couleur). **2** Decolorar (les cheveux).

décombres [dekɔ̃bʀ(ə)] *m. pl.* **1** Escombros. **2** fig. Ruinas *f.*

décommander [dekɔmɑ̃de] [1] *tr.* **1** Desencargar. **2** Anular, cancelar (une commande, une invitation).

décomposé, -ée [dekɔpoze] *adj.* Descompuesto, ta.

décomposer [dekɔpoze] [1] *tr.* **1** Descomponer. ■ **2** *pr.* Descomponerse.

decomposition [dekɔpozisjɔ̃] *f.* Descomposición.

décompter [dekɔ̃te] [1] *tr.* **1** Descontar. **2** Detallar (un compte).

déconcerter [dekɔ̃sɛʀte] [1] **1** *tr.* Desconcertar. ■ **2** *pr.* Turbarse.

déconfiture [dekɔ̃fityʀ] *f.* **1** Derrota, fracaso *m.* **2** fig. fam. Derrota, hundimiento *m.* (d'une equipe, d'un parti).

décongeler [dekɔ̃ʒle] *tr.* Descongelar, deshelar.

déconseiller [dekɔ̃seje] [1] *tr.* Desaconsejar.

déconsidérer [dekɔ̃sideʀe] [14] *tr.* Desacreditar, desprestigiar.

décontenancer [dekɔ̃tnɑ̃se] [12] *tr.* Turbar, desconcertar.

déconvenue [dekɔ̃vyn] *f.* Chasco *m.*, fracaso *m.*, contrariedad.

décor [dekɔʀ] *m.* **1** Decoración *f.*, adorno. **2** Ambiente, marco (cadre). **3** THÉÂT. Decorado.

décorateur, -trice [dekɔʀatœʀ, -tʀis] *s.* Decorador, ra.

décoration [dekɔʀasjɔ̃] *f.* **1** Decoración, adorno *m.* **2** Condecoración (insigne).

décorer [dekɔʀe] [1] *tr.* **1** Decorar, adornar (orner). **2** Condecorar.

décorner [dekɔʀne] [1] *tr.* **1** Descornar. **2** Deshacer el doblez de (carte de visite, etc.).

décortiquer [dekɔʀtike] [1] *tr.* Descortezar (les arbres), descascarillar (une noix, une amande).

découcher [dekuʃe] [1] *intr.* Dormir fuera de casa.

découdre [dekudʀ(ə)] [76] *tr.* Descoser.

découler [dekule] [1] *intr.* **1** Chorrear, manar, fluir (couler peu à peu). **2** fig. Resultar, derivarse, desprenderse.

découpage [dekupaʒ] *m.* **1** Recorte, recortado (action de découper). **2** Trinchado (viande).

découper [dekupe] [1] *tr.* **1** Trinchar (viande). **2** Recortar (des images, dans un journal, etc.).

découplé, -ée [dekuple] *adj.* **Bien** ~, airoso, bien plantado.

décourageant, -ante [dekuʀaʒɑ̃, -ɑ̃t] *adj.* Desalentador, ra.

décourager [dekuʀaʒe] [13] *tr.* **1** Desalentar. ■ **2** *pr.* Desanimarse.

décousu, -ue [dekuzy] *adj.* **1** Descosido, da. **2** Deshilvanado, da (sans liaison).

découvert, -erte [dekuvɛʀ, -ɛʀt(ə)] *adj.* **1** Descubierto, ta. ■ **2** *m.* COMM. Descubierto. **3** *loc. adv.* **À** ~, al descubierto.

découverte [dekuvɛʀt(ə)] *f.* **1** Descubrimiento *m.* **2** Hallazgo *m.*

découvrir [dekuvʀiʀ] [32] *tr.* **1** Descubrir. **2** Averiguar (après des recherches). **3** Destapar (ôter un couvercle). **4** Revelar, descubrir (faire connaître). ■ **5** *pr.* Descubrirse (pour saluer). **6** Despejarse (le ciel).

décrasser [dekʀase] [1] *tr.* **1** Limpiar, lavar a fondo, quitar la mugre de. **2** fig. Desbastar, desasnar, afinar (une personne).

décrépir [dekʀepiʀ] [3] *tr.* **1** Quitar el enlucido de (un mur).

décrépitude [dekʀepityd] *f.* Decrepitud.

décréter [dekʀete] [14] *tr.* **1** Decretar, ordenar. **2** Decidir, declarar.

décrier [dekʀije] [2] *tr.* **1** Desacreditar, calumniar, criticar. **2** Depreciar.

décriminaliser [dekʀiminalize] *tr.* Descriminalizar.

décrire [dekʀiʀ] [67] *tr.* Describir.

décrocher [dekʀɔʃe] [1] *tr.* **1** Descolgar. **2** Desenganchar.

décroiser [dekʀwaze] [1] *tr.* Descruzar.

décroître [dekʀwa(a)tʀ(ə)] [72] *intr.* **1** Decrecer, disminuir. **2** Menguar (la lune).

décrotteur [dekʀɔtœʀ] *m.* Limpiabotas *invar.,* betunero.

décrue [dekʀy] *f.* Descenso *m.* (des eaux).

déçu, -ue [desy] *adj.* **1** Decepcionado, da. **2** Frustrado, da, defraudado, da.

décupler [dekyple] [1] *tr.* **1** Decuplicar (augmenter dix fois). **2** fig. Centuplicar.

dédaigner [dedeɲe] [1] *tr.* Desdeñar.

dédaigneux, -euse [dedɛɲø, -øz] *adj.* Desdeñoso, sa.

dedans [d(ə)dɑ̃] *adv.* **1** Dentro. *loc. adv.* **En** ~, adentro, dentro; *là* ~, allí dentro. **2** fam. *Mettre* ~, embaucar, engañar. ■ **3** *m.* Interior (d'une chose). *loc. adv.* **Au dedans,** dentro, en el interior.

dédier [dedje] [2] *tr.* **1** LITURG. Dedicar, consagrar. **2** Dedicar (une œuvre).

dédire [dediʀ] [65] *tr.* **1** Desautorizar, desmentir. ■ **2** *pr.* Despedirse, retractarse.

dédit [dedi] *m.* **1** Revocación *f.* de la palabra dada, retractación *f.* **2** Suma *f.* que pierde el que no cumple un pacto.

dédommager [dedɔmaʒe] [13] *tr.* **1** Indemnizar. **2** Resarcir (une perte). ■ **3** *pr.* Resarcirse.

dédoubler [deduble] [1] *tr.* **1** Desdoblar. **2** Desaforrar (un vêtement).

déduction [dedyksjɔ̃] *f.* Deducción.

déduire [dedɥiʀ] [69] *tr.* **1** Deducir. **2** Deducir, rebajar, descontar (d'une somme).

déesse [deɛs] *f.* Diosa.

défaillance [defajɑ̃s] *f.* **1** Desfalleci- miento *m.*, desmayo *m.* **2** Falta, extin- ción (d'une chose). **3** DR. Incumpli- miento *m.* **4** Debilidad, flaqueza (faiblesse).

défaillir [defajiʀ] [28] *intr.* **1** Desfallecer, desmayarse. **2** Faltar (manquer). **3** Fa- llar (forces, etc.). **4** fig. Desanimarse (se décourager).

défaire [defɛʀ] [10] *tr.* **1** Deshacer. ▪ **2 pr.** Deshacerse. **3** Deshacerse de (se débar- raser de).

défaite [defɛt] *f.* **1** MIL. Derrota. **2** De- rrota, fracaso *m.* (échec).

défalquer [defalke] [1] *tr.* Deducir, reba- jar, descontar.

défaut [defo] *m.* **1** Falta *f.* (manque). **2** Defecto, tacha *f.*, falta *f.* (imperfection physique, morale). **3** *loc. prep. À ~ de,* a falta de.

défaveur [defavœʀ] *f.* **1** Desfavor *m.* **2** *Être en ~,* estar en desgracia.

défavorable [defavɔʀabl(ə)] *adj.* Desfavo- rable.

défectif, -ive [defɛktif, -iv] *adj.* GRAM. De- fectivo, va.

défection [defɛksjɔ̃] *f.* Defección.

défendre [defɑ̃dʀ(ə)] [6] *tr.* **1** Defender. **2** Prohibir. **3** Proteger, preservar (du froid). ▪ **4** *pr.* Defenderse. **5** Negar (d'a- voir fait quelque chose). **6** Contenerse, reprimirse.

défense [defɑ̃s] *f.* **1** Defensa. **2** Prohibi- ción (interdiction). ▪ **3** *pl.* Defensas (fortifications).

défenseur [defɑ̃sœʀ] *m.* Defensor, ra.

défensif, -ive [defɑ̃sif, -iv] *adj.* **1** Defen- sivo, va. ▪ **2** *f.* Defensiva.

déféquer [defeke] [14] *intr.* Defecar.

déférence [deferɑ̃s] *f.* Deferencia, consi- deración.

déférent, -ente [deferɑ̃, -ɑ̃t] *adj.* Defe- rente.

défi [defi] *m.* Reto, desafío.

défiance [defjɑ̃s] *f.* Desconfianza.

défiant, -ante [defjɑ̃, -ɑ̃t] *adj.* Descon- fiado, da, receloso, sa.

déficeler [defisle] [19] *tr.* Desatar.

déficient, -ente [defisjɑ̃, -ɑ̃t] *adj.* Defi- ciente.

défier [defje] [2] *tr.* **1** Desafiar, retar. ▪ **2** *pr.* Desconfiar.

défigurer [defigyʀe] [1] *tr.* Desfigurar.

défilé [defile] *m.* **1** Desfiladero. **2** Desfile.

défiler [defile] [1] *tr.* **1** Desensartar (des perles). ▪ **2** *intr.* Desfilar (des troupes, etc.). **3** Sucederse.

défini, -ie [defini] *adj.* **1** Definido, da. **2** *Article ~,* artículo determinado, defi- nido. **3** *Passé ~,* pretérito indefinido.

définir [definiʀ] [3] *tr.* Definir, precisar.

définitif, -ive [definitif, -iv] *adj.* Defini- tivo, va.

déflagration [deflagʀasjɔ̃] *m.* Deflagra- ción.

déflation [deflasjɔ̃] *f.* Deflación.

déflorer [deflɔʀe] [1] *tr.* Desflorar.

défoncer [defɔ̃se] [12] *tr.* **1** Desfondar (ôter le fond de). **2** Hundir (un toit, etc.). **3** Romper, llenar de baches. **4** MIL. Aplastar, arrollar (l'ennemi).

déformer [defɔʀme] [1] *tr.* Deformar, des- formar.

défraîchir [defʀeʃiʀ] [3] *tr.* Ajar, deslucir.

défrayer [defʀeje] [21] *tr.* Pagar el gasto, costear.

défricher [defʀiʃe] [1] *tr.* Roturar.

défriper [defʀipe] *tr.* Desarrugar, alisar.

défriser [defʀize] [1] *tr.* Desrizar, estirar.

défroncer [defʀɔ̃se] [12] *tr.* Desfruncir.

défroqué, -ée [defʀɔke] *adj.* **1** Que ha colgado los hábitos. ▪ **2** *m.* Religioso, monje que ha colgado los hábitos.

défunt, -unte [defœ̃, œ̃t] *adj.-s.* Difunto, ta.

dégagé, -ée [degaʒe] *adj.* **1** Libre. **2** fig. Despejado, da, desenvuelto, ta (air, allure). **3** Despejado, da (ciel, front). **4** Suelto, ta (style).

dégager [degaʒe] [13] *tr.* **1** Desempeñar (un gage). **2** Soltar, sacar (main, doigt). **3** Dejar libre, despejar (un passage, une voie). **4** Desprender (odeur, gaz). **5** Re- tirar (sa parole). **6** Poner de relieve, de manifiesto. ▪ **7** *pr.* Librarse (de ce qui gêne, d'un engagement). **8** Despren- derse (émaner). **9** fig. Ponerse en evi- dencia, desprenderse (se manifester). **10** Despejarse, desencapotarse (le ciel).

dégarnir [degaʀniʀ] [3] *tr.* **1** Desguarne- cer. **2** Desamueblar. **3** AGR. Podar (un arbre). ▪ **4** *pr.* Despoblarse (les che- veux).

dégât [dega] *m.* Estrago, daño, desper- fecto.

dégauchir [degoʃiʀ] [3] *tr.* **1** Desbastar, alisar (bois, pierre). **2** Desalabear.

dégeler [de(ε)ʒle] [17] *tr.* **1** Deshelar. **2** fig. Desbloquear, descongelar (des cré- dits). **3** Alegrar, animar (quelqu'un). ▪ **4** *intr.* Deshelarse.

dégénérer [deʒeneʀe] [14] *intr.* Degene- rar.

dégivrer [deʒivʀe] *tr.* Descongelar.

déglacer [deglase] [12] *tr.* **1** Deshelar. **2** Deslustrar (du papier).

déglutition [deglytisjɔ̃] *f.* Deglución.

dégonfler [degɔ̃fle] [1] *tr.* **1** Deshinchar. ■ **2** *pr.* Desinflarse.

dégorger [degɔʀʒe] [13] *tr.* **1** Vomitar, devolver. **2** Desatascar (un tuyau). **3** Lavar (la laine). ■ **4** *intr.* Desbordarse, desaguar.

dégourdir [deguʀdiʀ] [3] *tr.* **1** Desentumecerse, desentorpearse. **2** fig. Despabilar, avispar. **3** Templar, entibiar (l'eau). ■ **4** *pr.* Desentumecerse. **5** fig. Despabilarse.

dégoût [degu] *m.* **1** Desgana *f.* **2** Asco, repugnancia *f.*

dégoûter [degute] [1] *tr.* **1** Desganar (ôter l'appétit). **2** Repugnar, dar asco, asquear. ■ **3** *pr.* Hastiarse. **4** Desaficionarse.

dégradant, -ante [degʀadɑ̃, -ɑ̃t] *adj.* Degradante.

dégrader [degʀade] [1] *tr.* **1** Degradar. **2** Deteriorar. ■ **3** *pr.* Degradarse, envilecerse. **4** Empeorarse (la situation).

dégrafer [degʀafe] [1] *tr.* Desabrochar.

dégraisser [degʀese] *tr.* **1** Desengrasar. **2** Desgrasar (la laine). **3** Limpiar, quitar manchas (à un vêtement).

degré [degʀe] *m.* **1** Grado. **2** Peldaño.

dégrever [degʀəve] [16] *tr.* Desgravar.

dégringoler [degʀɛ̃gɔle] [1] *intr.* **1** fam. Caer rodando. **2** fig. Venirse abajo.

dégrossir [degʀosiʀ] [3] *tr.* Desbastar.

déguenillé, -ée [degnije] *adj.-s.* Andrajoso, sa, harapiento, ta.

déguerpir [degɛʀpiʀ] [3] *intr.* Irse precipitadamente, largarse, salir pitando, huir.

déguiser [degize] [1] *tr.* **1** Disfrazar. **2** fig. Desfigurar, cambiar (sa voix). **3** Encubrir.

dégustation [degystasjɔ̃] *f.* Degustación.

déguster [degyste] [1] *tr.* **1** Catar, gustar, probar. **2** Saborear, paladear (savourer).

déhanchement [deɑ̃ʃmɑ̃] *m.* **1** Dislocación *f.* de caderas. **2** fig. Contoneo.

dehors [dəɔʀ] *adv.* **1** Fuera, afuera: *loc. adv. De, du ~,* de fuera, desde fuera. *loc. prép. En ~ de ceci,* fuera de esto, esto aparte. ■ **2** *m.* Exterior. *loc. adv. Au ~,* afuera, en el exterior. ■ **3** *m. pl.* Apariencias *f.*

déifier [deifje] [2] *tr.* **1** Deificar. **2** fig. Divinizar, endiosar.

déité [deite] *f.* Deidad, divinidad.

déjà [deza] *adv.* Ya.

déjection [deʒɛksjɔ̃] *f.* Deyección.

déjeuner [deʒœne] *m.* **1** Almuerzo, comida *f.* (de midi). **2** Desayuno (du matin). **3** *Petit ~,* desayuno.

déjeuner [deʒœne] [1] *intr.* **1** Desayunar (prendre le petit déjeuner). **2** Almorzar, comer (à midi).

déjouer [deʒwe] [1] *tr.* Desbaratar, frustrar, hacer fracasar (une intrigue).

déjuger (se) [deʒyʒe] [13] *pr.* Rectificar un juicio, una decisión, volver atrás.

delà [dəla] *prép.* **1** Allende, más allá de (generalmente precedido de la prep. *au, en, par*). *loc. adv.* et *prép. Au ~,* allende, más allá; *en ~, par ~ de,* más allá, al otro lado de, más lejos que. **2** *L'au-delà,* el más allá, la otra vida.

délabrement [delɑ(a)bʀəmɑ̃] *m.* **1** Deterioro, ruina *f.*

délacer [delɑ(a)se] [12] *tr.* Desatar (les chaussures, etc.).

délai [dele] *m.* **1** Plazo, término. **2** Demora *f.,* dilación *f.*

délaissement [delesmɑ̃] *m.* Abandono.

délaisser [delese] [1] *tr.* Abandonar.

délasser [delase] [1] *tr.* **1** Descansar, solazar. ■ **2** *pr.* Descansar, solazarse.

délateur, -trice [delatœʀ, -tʀis] *adj.-s.* Delator, ra.

délayer [deleje] [21] *tr.* Desleír, diluir.

délectable [delɛktabl(ə)] *adj.* Deleitoso, sa, deleitable.

délecter (se) [delɛkte] *pr.* Deleitarse.

délégué, -ée [delege] *adj.-s.* Delegado, da, comisionado, da.

déléguer [delege] [14] *tr.* Delegar.

délester [delɛste] [1] *tr.* Delastrar.

délétère [deletɛʀ] *adj.* Deletéreo, rea.

délibération [deliberasjɔ̃] *f.* Deliberación.

délibéré, -ée [delibeʀe] *adj.* **1** Deliberado. **2** Resuelto, ta, decidido, da (air).

délibérer [delibeʀe] [14] *intr.* Deliberar.

délicat, -ate [delika, -at] *adj.* **1** Delicado, da, frágil, sensible.

délicatesse [delikatɛs] *f.* **1** Delicadeza.

délicieux, -euse [delisjø, -øz] *adj.* Delicioso, sa.

délictueux, -euse [deliktyø, -øz] *adj.* Delictuoso, sa, delictivo, va.

délié, -ée [delje] *adj.* **1** Fino, na, delgado, da, esbelto, ta. **2** fig. Sutil, penetrante. **3** Suelto, ta (style).

délier [delje] [2] *tr.* **1** Desatar. **2** fig. Desligar (d'un serment).

délimitation [delimitasjɔ̃] *f.* Delimitación.

délimiter [delimite] [1] *tr.* Delimitar.

délinquant, -ante [delɛ̃kã, -ãt] *adj.-s.* Delincuente.

déliquescent, -ente [delikesã, -ãt] *adj.* Delicuescente. **2** fig. Decadente.

délirant, -ante [deliʀã, -ãt] *adj.* Delirante.

délire [deliʀ] *m.* Delirio.

délirer [deliʀe] [1] *intr.* Delirar, desvariar.

délit [deli] *m.* Delito.

délivrance [delivʀãs] *f.* **1** Liberación (d'un prisonnier, d'un pays). **2** fig. Alivio *m.* **3** Expedición (d'un document). **4** Entrega, concesión (d'un permis). **5** Alumbramiento *m.* (accouchement).

délivrer [delivʀe] [1] *tr.* **1** Liberar, libertar (un prisonnier, un pays). **2** Librar (du danger, du mal). **3** Expedir (un passeport, un certificat, etc.). **4** Entregar (une commande). ▪ **5** *pr.* Librarse, liberarse.

déloger [delɔʒe] [13] *tr.* Desalojar.

déloyal, -ale [delwajal] *adj.* Desleal.

déluge [delyʒ] *m.* Diluvio.

déluré, -ée [delyʀe] *adj.* Vivo, va, despierto, despabilado, da.

démagogue [demagɔg] *m.* Demagogo.

démailloter [demajɔte] [1] *tr.* Quitar los pañales a.

demain [d(ə)mɛ̃] *adv.-m.* Mañana: ~ *matin*, mañana por la mañana. Loc. ~ *il fera jour*, mañana será otro día.

demande [d(ə)mãd] *f.* **1** Petición, ruego *m.* **2** Pregunta (question). **3** COMM. Pedido *m.*, encargo *m.* (commande); demanda. **4** DR. Demanda.

demander [d(ə)mãde] [1] *tr.* **1** Preguntar (questionner). **2** Pedir. **3** Desear, querer (désirer). **4** Requerir, necesitar. **5** Llamar, preguntar por. **6** DR. Demandar. ▪ **7** *pr.* Preguntarse.

démangeaison [demãʒɛzɔ̃] *f.* **1** Comezón, picazón. **2** fig. Gana, prurito *m.*

démanteler [demãtle] [17] *tr.* Desmantelar.

démantibuler [demãtibyle] [1] *tr.* fam. Romper, dislocar, descomponer.

démarcation [demaʀkasjɔ̃] *f.* **1** Demarcación. **2** fig. Límite *m.*, separación.

démarche [demaʀʃ(ə)] *f.* **1** Paso *m.*, andares *m. pl.*, modo *m.* de andar (allure). **2** fig. Diligencia, gestión, trámite *m.*

démarrer [demaʀe] [1] *tr.* **1** MAR. Desamarrar. ▪ **2** *intr.* Arrancar (un véhicule).

démasquer [demaske] [1] *tr.* **1** Desenmascarar. **2** MIL. Descubrir (une batterie).

démêlé [demele] *m.* Altercado, debate.

démêler [demele] [1] *tr.* **1** Desenredar, desenmarañar (les cheveux). **2** Carmenar (la laine). **3** fig. Aclarar, desembrollar. **4** Discernir (distinguer). ▪ **5** *pr.* Peinarse.

démembrer [demãbʀe] [1] *tr.* Desmembrar.

déménager [demenaʒe] [13] *tr.* **1** Trasladar (les meubles). ▪ **2** *intr.* Mudarse (de domicile).

démence [demãs] *f.* Demencia.

démener [dɛmne] *pr.* **1** Agitarse, forcejear. **2** fig. Menearse, ajetrearse.

dément, -ente [demã, -ãt] *adj.-s.* Demente.

démenti [demãti] *m.* Mentís.

démentir [demãtiʀ] [30] *tr.* Desmentir, contradecir.

démériter [demeʀite] [1] *intr.* Desmerecer.

démesuré, -ée [demzyʀe] *adj.* Desmesurado, da, desmedido, da.

démettre [demɛtʀ(ə)] [60] *tr.* **1** Dislocar (un os). **2** Destituir (de ses fonctions). **3** DR. Desestimar. ▪ **4** *pr.* Dislocarse (un os). **5** Dimitir.

demeure [dəmœʀ] *f.* **1** Morada, residencia (domicile), mansión, vivienda, alojamiento *m.* (logement). *loc. adv. À ~*, para siempre, de una manera estable. **2** DR. Demora. Loc. *Mise en ~*, intimación, requerimiento *m.*

demeurer [dəmœʀe] [1] *intr.* **1** Residir, morar, vivir (habiter). **2** Quedar, permanecer (dans un endroit, dans un état). **3** Quedar (continuer à être).

demi, -ie [d(ə)mi] *adj.* **1** Medio, dia. ▲ Es invariable delante del sustantivo; varía después de él. *loc. adv. À ~*, a medias, medio. ▪ **2** *m.* Medio (une moitié). **3** Caña *f.* (verre de bière). ▪ **4** *f.* Media unidad. **5** Media (heure).

demi-cercle [d(ə)misɛʀkl(ə)] *m.* Semicírculo.

demi-jour [d(ə)miʒuʀ] *m. invar.* Luz crepuscular *f.*, media luz *f.*

démilitariser [demilitaʀize] [1] *tr.* Desmilitarizar.

demi-mesure [d(ə)mimzyʀ] *f.* **1** Media medida. **2** fig. Término *m.* medio.

demi-mondaine [d(ə)mimɔ̃dɛn] *f.* Mujer galante.

demi-mot (à) [admimo] *m. loc. adv.* A medias palabras.

démis, -ise [demi, -iz] *adj.* **1** Dislocado, da (os). **2** Destituido, da (d'un emploi).

demi-saison [d(ə)misɛzɔ̃] *f.* Entretiempo *m.*

démissionnaire [demisjɔnɛʀ] *adj.-s.* Dimisionario, ria.

demi-teinte [d(ə)mitɛ̃t] *f.* Media tinta, medio tono *m.*

demi-ton [d(ə)mitɔ̃] *m.* MUS. Semitono.

demi-tour [d(ə)mituʀ] *m.* Media *f.* vuelta: *faire ~,* dar media vuelta.

démobiliser [demɔbilize] [1] *tr.* Desmovilizar.

démocratie [demɔkʀasi] *f.* Democracia.

démodé, -ée [demɔde] *adj.* Pasado, da, de moda, anticuado, da.

démographique [demɔgʀafik] *adj.* Demográfico, ca.

demoiselle [d(ə)mwazɛl] *f.* 1 Señorita. 2 Soltera (célibataire).

démolir [demɔliʀ] [3] *tr.* 1 Derribar, echar abajo (abattre). 2 Hacer pedazos, destrozar (mettre en pièces). 3 pop. Moler a palos (battre). 4 fig. Echar por tierra, arruinar (une réputation, une théorie). 5 Destrozar (la santé).

démon [demɔ̃] *m.* Demonio.

démoniaque [demɔnjak] *adj.-s.* Demoníaco, ca, endemoniado, da.

démonstratif, -ive [demɔstʀatif, -iv] *adj.* Demostrativo, va.

démonstration [demɔ̃stʀasjɔ̃] *f.* Demostración.

démonter [demɔ̃te] [1] *tr.* 1 Desmontar (une machine, une couture, etc.). 2 Desengastar (un bijou). 3 fig. Desconcertar, turbar, desorientar (déconcerter). 4 *Mer démontée,* mar muy agitado. ■ 5 *pr.* fig. Turbarse, desconcertarse.

démontrer [demɔ̃tʀe] [1] *tr.* Demostrar, probar.

démoraliser [demɔʀalize] [1] *tr.* Desmoralizar (décourager).

démordre [demɔʀdʀ(ə)] [6] *intr.* fig. Desistir, cejar.

démunir [demyniʀ] [3] *tr.* 1 Desproveer. ■ 2 *pr.* Desprenderse. 3 Despojarse.

dénaturé, -ée [denatyʀe] *adj.* Desnaturalizado, da.

dénaturer [denatyʀe] [1] *tr.* Desnaturalizar.

dénégation [denegasjɔ̃] *f.* Denegación, negación.

déni [deni] *m.* Negativa *f.*

déniaiser [denjeze] [1] *tr.* Avispar, despabilar.

dénicher [deniʃe] [1] *tr.* 1 Sacar del nido. 2 fig. fam. Hacer salir, desalojar (quelqu'un d'un endroit). 3 Hallar, encontrar, dar con (trouver).

dénier [denje] [2] *tr.* Negar, denegar.

dénigrer [denigʀe] [1] *tr.* Denigrar.

déniveler [denivle] [19] *tr.* Desnivelar.

dénombrer [denɔ̃bʀe] [1] *tr.* 1 Enumerar, contar. 2 Hacer el censo, el padrón de (recenser).

dénominateur [denɔminatœʀ] *m.* MATH. Denominador.

dénomination [denɔminasjɔ̃] *f.* Denominación.

dénoncer [denɔ̃se] [12] *tr.* 1 Denunciar. 2 Revelar, indicar, denotar.

dénoter [denɔte] [1] *tr.* Denotar.

dénouement [denumã] *m.* Desenlace.

dénouer [denwe] [1] *tr.* Desanudar, desatar.

denrée [dɑ̃ʀe] *f.* COMM. Género *m.,* artículo *m.,* producto *m.*

densité [dɑ̃site] *f.* Densidad.

dent [dɑ̃] *f.* 1 ANAT. Diente *m.* 2 Muela (molaire). 3 Colmillo *m.* (d'animal). 4 Diente *m.* (d'une roue, d'une scie, d'une montagne, d'une feuille, etc.).

dental, -ale [dɑ̃tal] *adj.-f.* Dental.

denté, -ée [dɑ̃te] *adj.* Dentado, da.

dentelé, -ée [dɑ̃tle] *adj.* Dentado, da, dentellado, da.

dentelle [dɑ̃tɛl] *f.* Encaje *m.,* blonda, puntilla.

dentelure [dɑ̃tlyʀ] *f.* Festón *m.,* borde *m.* dentado.

dentier [dɑ̃tje] *m.* Dentadura *f.* postiza.

dentifrice [dɑ̃tifʀis] *m.* 1 Dentífrico. ■ 2 *adj.* Dentífrico, ca.

dentiste [dɑ̃tist(ə)] *s.* Dentista.

denture [dɑ̃tyʀ] *f.* 1 Dentadura (d'une personne). 2 Dientes *m. pl.* (d'une roue).

dénuder [denyde] [1] *tr.* 1 Desnudar. ■ 2 *pr.* Desnudarse.

dénué, -ée [denɥe] *adj.* Desprovisto, ta, falto, ta.

dénuement, dénûment [denymã] *m.* Miseria *f.,* indigencia *f.*

dénutrition [denytʀisjɔ̃] *f.* Desnutrición.

dépanner [depane] [1] *tr.* Reparar, arreglar (réparer).

dépareiller [depaʀeje] [1] *tr.* Descalabar, desparejar.

départ [depaʀ] *m.* Salida *f.,* partida *f.,* marcha *f.*

départager [depaʀtaʒe] [13] *tr.* Desempatar (vote).

départamental, -ale [depaʀtəmãtal] *adj.* Departamental, de provincia.

département [depaʀtəmã] *m.* 1 Departamento. 2 Jurisdicción *f.*

départir [depaʀtiʀ] [30] *tr.* 1 Conceder, deparar. ■ 2 *pr.* Desistir, abandonar.

dépasser [depase] [1] *tr.* 1 Adelantar,

dejar atrás. **2** Rebasar, exceder, ir más allá de (une limite, une quantité). **3** Ser más alto que (en hauteur). **4** Aventajar, sobrepujar (surpasser quelqu'un). **5** Superar.

dépaver [depave] [1] *tr.* Desempedrar.

dépayser [depeize] [1] *tr.* Desorientar, desconcertar, despistar.

dépecer [depɔse] [16] *tr.* Despedazar, trinchar.

dépêche [depeʃe] *f.* **1** Despacho *m.*, parte *m.* (diplomatique). **2** Telegrama *m.*

dépêcher [depeʃe] [1] *tr.* **1** Enviar, despachar (envoyer). ■ **2** *pr.* Apresurarse.

dépeigner [depeɲe] [1] *tr.* Despeinar.

dépeindre [depɛ̃dʀ(ǝ)] [55] *tr.* Pintar, describir.

dépendance [depɑ̃dɑ̃s] *f.* **1** Dependencia. ■ **2** *pl.* Accesorias, dependencias.

dépendant, -ante [depɑ̃dɑ̃, -ɑ̃t] *adj.* Dependiente.

dépendre [depɑ̃dʀ(ǝ)] [6] *intr.* **1** Depender. ■ **2** *impers. Il dépend de vous que,* de usted depende que. ■ **3** *tr.* Descolgar (ce qui est pendu).

dépens [depɑ̃] *m. pl.* **1** DR. Costas *f.* **2** Expensas *f.*

dépense [depɑ̃s] *f.* **1** Gasto *m.* **2** Despensa (pour les provisions).

dépenser [depɑ̃se] [1] *tr.* **1** Gastar. ■ **2** *pr.* Desvivirse, deshacerse.

dépensier, -ière [depɑ̃sje, -jɛʀ] *adj.-s.* Gastador, ra, derrochador, ra.

dépérir [depeʀiʀ] [3] *intr.* **1** Debilitarse, desmedrar, marchitarse. **2** Arruinarse, deteriorarse (péricliter).

dépersonnaliser [depɛʀsɔnalize] [1] *tr.* Despersonalizar.

dépêtrer [depetʀe] [1] *tr.* **1** Destrabar (les pieds). **2** fig. Librar, desembarazar. ■ **3** *pr.* Librarse. **4** fig. Salir del atolladero.

dépeupler [depœple] [1] *tr.* Despoblar.

déphasé, -ée [defaze] *adj.* Desfasado, da.

dépilatoire [depilatwaʀ] *adj.-m.* Depilatorio, ria.

dépister [depiste] [1] *tr.* **1** Rastrear (le gibier). **2** Descubrir la pista de.

dépit [depi] *m.* Despecho. *loc. prép. En ~ de,* a despecho de, a pesar de, pese a.

dépité, -ée [depite] *adj.* Disgustado, da.

dépiter [depite] [1] *tr.* Despechar.

déplacement [deplasmɑ̃] *m.* **1** Desplazamiento, cambio de sitio. **2** Traslado (d'un fonctionnaire). **3** Viaje corto.

déplacer [deplase] [12] *tr.* **1** Desplazar, trasladar (une chose, un fonctionnaire). **2** fig. Desviar (un problème, la conver-

sation). **3** MAR. Desplazar. ■ **4** *pr.* Desplazarse, trasladarse.

déplaire [deplɛʀ] [59] *intr.* **1** Desagradar, disgustar. ■ **2** *pr.* No estar a gusto.

déplaisant, -ante [deplɛzɑ̃, -ɑ̃t] *adj.* Desagradable, molesto, ta.

déplier [deplije] [2] *tr.* Desplegar, desdoblar.

déplisser [deplise] [1] *tr.* Desfruncir.

déplorer [deplɔʀe] [1] *tr.* Deplorar.

déployer [deplwaje] [23] *tr.* Desplegar.

déplumer [deplyme] [1] *tr.* Desplumar.

dépoitraillé, -ée [depwatʀaje] *adj.* fam. Despechugado, da, descamisado, da.

dépopulation [depɔpylasjɔ̃] *f.* Despoblación.

déporter [depɔʀte] [1] *tr.* Deportar.

déposer [depoze] [1] *tr.* **1** Depositar (mettre en dépôt). **2** Dejar (mettre, laisser dans un endroit). **3** Presentar: ~ *une plainte,* presentar una denuncia. **4** Deponer (les armes). **5** Depositar (des sédiments). ■ **6** *intr.* Formar poso (un liquide). **7** DR. Deponer, declarar. ■ **8** *pr.* Depositarse (poussière, etc.).

dépositaire [depozitɛʀ] *s.* Depositario, ria.

déposition [depozisjɔ̃] *f.* **1** DR. Deposición, declaración. **2** Deposición (destitution).

déposséder [deposede] [14] *tr.* Desposeer.

dépôt [depo] *m.* **1** Consignación *f.*, depósito (d'une somme, etc.). **2** Almacén (magasin). **3** Depósito (d'autobus). **4** Prisión *f.* preventiva. **5** Poso, sedimento.

dépouille [depuj] *f.* **1** Despojos *m. pl.*, restos *m. pl.* mortales (cadavre). **2** Despojos *m. pl.*, botín *m.* (de l'ennemi).

dépouiller [depuje] [1] *tr.* **1** Despojar. **2** Desollar (animaux). **3** Examinar (un compte), vaciar (un livre). **4** ~ *le scrutin,* hacer el escrutinio, escrutar los votos.

dépourvu, -ue [depuʀvy] *adj.* **1** Desprovisto, ta, privado, da, carente. **2** *Au ~,* improvisto, desprevenido, da.

dépravation [depʀavasjɔ̃] *f.* Depravación.

dépravé, -ée [depʀave] *adj.-s.* Depravado, da.

déprécier [depʀesje] [2] *tr.* Depreciar, desvalorizar.

déprédation [depʀedɑsjɔ̃] *f.* Depredación.

dépressif, -ive [depʀesif, -iv] *adj.-s* Depresivo, -va.

dépression [depʀesjɔ̃] *f.* Depresión.

déprimer [depʀime] [1] *tr.* Deprimir.

depuis [depчi] *prép.* **1** Desde. **2** Desde hace (temps). ▪ **3** *adv.* Después.

dépurer [depyʀe] [1] *tr.* Depurar, purificar.

députation [depytasjɔ̃] *f.* Diputación.

député [depyte] *m.* Diputado.

déraciner [deʀasine] [1] *tr.* **1** Desarraigar. **2** fig. Extirpar, eliminar (une erreur).

déraillement [deʀajmɑ̃] *m.* Descarrilamiento.

déraisonnable [deʀɛzɔnabl(ə)] *adj.* Poco razonable.

dérangement [deʀɑ̃ʒmɑ̃] *m.* **1** Desarreglo, desorden (dérèglement). **2** Molestia *f.,* trastorno (gêne).

déranger [deʀɑ̃ʒe] [13] *tr.* **1** Desarreglar, desordenar, descomponer. **2** Alterar (la santé, l'estomac). **3** Molestar, estorbar (gêner). ▪ **4** *pr.* Molestarse.

déraper [deʀape] [1] *intr.* AUTO. Patinar, derrapar.

dérégler [deʀegle] [14] *tr.* **1** Desarreglar, descomponer (mécanisme). **2** Desarreglar, desordenar (vie, etc.). **3** Alterar (le pouls). ▪ **4** *pr.* Desarreglarse, descomponerse.

dérider [deʀide] [1] *tr.* **1** Desarrugar. **2** fig. Alegrar, hacer menos severo, ra. ▪ **3** *pr.* Alegrarse, sonreír.

dérisoire [deʀizwaʀ] *adj.* Irrisorio, ia.

dérivation [deʀivasjɔ̃] *f.* Derivación.

dérive [deʀiv] *f.* **1** Deriva: *une ~ des coûts de production,* un aumento incontrolado de los costes de producción.

dériver [deʀive] [1] *intr.* **1** Derivar, desviarse del rumbo (bateau, avión). **2** fig. *~ de,* derivarse de, provenir de. ▪ **3** *tr.* Desviar (un cours d'eau).

dermatologie [dɛʀmatɔlɔʒi] *f.* Dermatología.

dermatologue [dɛʀmatɔlɔg] *s.* Dermatólogo, ga.

dernier, -ière [dɛʀnje, -jɛʀ] *adj.* **1** Último, ma. **2** Pasado, da (année, semaine, etc.). **3** Extremo, ma (extrême).

dérobé, -ée [deʀɔbe] *adj.* **1** Secreto, ta, excusado, da, falso, sa: *porte dérobée,* puerta falsa. ▪ **2** *loc. adv. À la dérobée,* a escondidas.

dérober [deʀɔbe] [1] *tr.* **1** Hurtar, robar. ▪ **2** *pr.* Ocultarse, sustraerse a. **3** Flaquecer (les genoux). **4** Hundirse (la terre). **5** Dar una espantada, hacer un extraño (un cheval). **6** Esquivar, eludir.

dérogation [deʀɔgasjɔ̃] *f.* Derogación.

dérouiller [deʀuje] [1] *tr.* Desherrumbrar.

dérouler [deʀule] [1] *tr.* **1** Desenrollar (une bobine, etc.). **2** Mostrar, desplegar (étaler).

déroute [deʀut] *f.* **1** Derrota, desbandada, fuga desordenada. **2** fig. Ruina, desorden *m.*

derrière [dɛʀjɛʀ] *prép.* **1** Tras, detrás de. ▪ **2** *adv.* Detrás. ▪ **3** *m.* Trasera *f.,* parte *f.* posterior (l'arrière). **4** *De ~,* trasero, ra. **7** fam. Trasero, asentaderas *f. pl.* (d'une personne).

des [de] (contracción de *de y les*). ▪ **1** De los, de las. ▪ **2** *art. partitif* (no se traduce): *manger des pommes,* comer manzanas. ▪ **3** *art. indéf. pl.* Unos, as, algunos, as.

dès [dɛ] *prép.* **1** Desde. **2** *loc. adv. ~ lors,* desde entonces. **3** *loc. conj. ~ que,* tan pronto como, en cuanto.

désabuser [dezabyze] [1] *tr.* Desengañar.

désaccord [dezakɔʀ] *m.* Desacuerdo.

désaccorder [dezakɔʀde] [1] *tr.* **1** MUS. Desacordar, desafinar. **2** fig. Desunir, desavenir.

désaccoutumer [dezakutyme] [1] *tr.* Desacostumbrar.

désaffection [dezafɛksjɔ̃] *f.* Desafecto *m.,* desafección.

désagréable [dezagʀeabl(ə)] *adj.* Desagradable.

désagréger [dezagʀeze] [15] *tr.* Disgregar.

désagrément [dezagʀemɑ̃] *m.* Disgusto.

désaltérer [dezaltere] [14] *tr.* **1** Apagar la sed a. ▪ **2** *pr.* Beber.

désappointement [dezapwɛ̃tmɑ̃] *m.* Decepción *f.,* contrariedad *f.*

désapprobation [dezapʀɔbasjɔ̃] *f.* Desaprobación.

désapprouver [dezapʀuve] [1] *tr.* Desaprobar.

désarmement [dezaʀmamɑ̃] *m.* Desarme.

désarmer [dezaʀme] [1] *tr.* Desarmar.

désarroi [dezaʀwa(a)] *m.* Desasosiego, desconcierto.

désarticuler [dezaʀtikyle] [1] *tr.* Desarticular.

désassortir [dezasɔʀtiʀ] [3] *tr.* **1** Desemparejar, desparejar, deshermanar. **2** COMM. Desproveer, dejar sin surtido.

désastreux, -euse [dezastʀø, -øz] *adj.* Desastroso, sa.

désavantage [dezavɑ̃taʒ] *m.* Desventaja *f.*

désavantager [dezavɑ̃taʒe] *tr.* Perjudicar, desfavorecer.

désavouer [dezavwe] [1] *tr.* **1** Negar, desconocer. **2** Desautorizar, condenar, desaprobar (condamner). **3** Retractar.

desceller [desele] [1] *tr.* **1** Desellar. **2** Desempotrar (ce qui est fixé dans la pierre).

descendance [desɑ̃dɑ̃s] *f.* Descendencia.

descendre [desɑ̃dʀ(ə)] [6] *intr.* **1** Bajar, descender. **2** Parar: ∼ *à l'hôtel,* parar en el hotel. **3** Personarse (un juge, la police, sur les lieux). **4** Descender (d'une lignée). ▪ **5** *tr.* Bajar, descender: ∼ *l'escalier,* bajar la escalera.

descente [desɑ̃t] *f.* **1** Descenso *m.,* bajada (action). **2** ∼ *de croix,* descendimiento *m.* **3** MIL. Desembarco *m.* **4** Irrupción (de la police). **5** ∼ *de justice,* visita del juzgado. **6** Bajada, pendiente (pente).

descriptif, -ive [dɛskʀiptif, -iv] *adj.* Descriptivo, va.

description [dɛskʀipsjɔ̃] *f.* Descripción.

désemparer [dezɑ̃paʀe] [1] *intr.* fig. *Sans* ∼, sin parar, sin interrupción.

désenchanter [dezɑ̃ʃɑ̃te] [1] *tr.* **1** Desencantar. ▪ **2** fig. Desilusionar, desengañar.

désenfiler [dezɑ̃file] *tr.* Desenhebrar.

désenfler [dezɑ̃fle] [1] *intr.* Deshinchar, desinflar.

désenvelopper [dezɑ̃vlɔpe] *tr.* Desenvolver, desempaquetar.

déséquilibrer [dezekilibʀe] [1] *tr.* Desequilibrar.

désert, -erte [dezɛʀ, -ɛʀt(ə)] *adj.* **1** Desierto, ta. ▪ **2** *m.* Desierto.

déserter [dezɛʀte] [1] *tr.* **1** Dejar, abandonar. ▪ **2** fig. Abandonar, traicionar (une cause). ▪ **3** *intr.* MIL. Desertar.

déserteur [dezɛʀtœʀ] *m.* MIL. Desertor.

désertique [dezɛʀtik] *adj.* Desértico, -ca.

désespérer [dezɛspeʀe] [14] *tr.-intr.* **1** Desesperar. ▪ **2** *pr.* Desesperarse.

désespoir [dezɛspwaʀ] *m.* Desesperanza *f.,* desesperación *f.*

déshabituer [dezabitɥe] [1] *tr.* Desacostumbrar, deshabituar.

déshériter [dezeʀite] [1] *tr.* Desheredar.

déshonnête [dezɔnɛt] *adj.* Deshonesto, ta.

déshonneur [dezɔnœʀ] *m.* Deshonor, deshonra *f.*

désignation [deziɲasjɔ̃] *f.* Designación, nombramiento *m.*

désigner [deziɲe] [1] *tr.* Designar.

désillusionner [dezil(l)yzjɔne] [1] *tr.* Desilusionar.

désinence [dezinɑ̃s] *f.* Desinencia.

désinfectant, -ante [dezɛ̃fɛktɑ̃, -ɑ̃t] *adj.-m.* Desinfectante.

désinfection [dezɛ̃fɛksjɔ̃] *f.* Desinfección.

désinformation [dezɛ̃fɔʀmasjɔ̃] *f.* Desinformación.

désintégrer [dezɛ̃tegʀe] [14] *tr.* **1** Desintegrar. ▪ **2** *pr.* Desintegrarse.

désintéresser [dezɛ̃teʀese] [1] *tr.* **1** Indemnizar, resarcir. ▪ **2** *pr.* Desinteresarse, no ocuparse de.

désinvolture [dezɛ̃vɔltyʀ] *f.* Desenvoltura.

désir [deziʀ] *m.* **1** Deseo. **2** Anhelo.

désirable [deziʀabl(ə)] *adj.* Deseable.

désirer [deziʀe] [1] *tr.* Desear.

désister (se) [deziste] [1] *pr.* Desistir.

désobéir [dezɔbeiʀ] [3] *intr.* Desobedecer.

désobéissant, -ante [dezɔbeisɑ̃, -ɑ̃t] *adj.* Desobediente.

désobligeant, -ante [dezɔbliʒɑ̃,-ɑ̃t] *adj.* Descortés, desatento, ta.

désobliger [dezɔbliʒe] [13] *tr.* Disgustar, ofender.

désœuvré, -ée [dezœvʀe] *adj.-s.* Desocupado, da, ocioso, sa.

désolant, -ante [dezɔlɑ̃, -ɑ̃t] *adj.* **1** Desolador, ra, triste. **2** Enojoso, sa (fâcheux).

désoler [dezɔle] [1] *tr.* **1** Afligir, desconsolar. ▪ **2** *pr.* Afligirse, desconsolarse.

désordonné, -ée [dezɔʀdɔne] *adj.* Desordenado, da.

désordre [dezɔʀdʀ(ə)] *m.* Desorden.

désorganiser [dezɔʀganize] [1] *tr.* Desorganizar.

désorienter [dezɔʀjɑ̃te] [1] *tr.* Desorientar.

désormais [dezɔʀmɛ] *adv.* En adelante, en lo sucesivo.

désosser [dezɔse] [1] *tr.* Desosar, deshuesar.

despote [dɛspɔt] *m.* Déspota.

despotisme [dɛspɔtism(ə)] *m.* Despotismo.

dessaisir [deseziʀ] [3] *tr.* **1** DR. Inhibir. ▪ **2** *pr.* Desprenderse, desposeerse.

dessaler [desale] [1] *tr.* **1** Desalar, quitar la sal. **2** fig. fam. Avispar (une personne).

dessécher [deseʃe] [14] *tr.* **1** Desecar, secar. ▪ **2** *pr.* Secarse, resecarse.

dessein [desɛ̃] *m.* Designio, propósito. *loc. adv. À* ∼, a propósito.

desserrer [deseʀe] [1] *tr.* Desapretar, aflojar.

dessert [desɛʀ] *m.* Postre, postres *pl.*

desserte [desɛʀt(ə)] *f.* **1** Trinchero *m.* (meuble). **2** Servicio *m.* de comunicación (transports, marchandises, etc.).

dessertir [desɛʀtiʀ] [3] *tr.* Desengastar.

desservir [desɛʀviʀ] [30] *tr.* **1** Quitar: ~ *la table,* quitar la mesa. **2** Hacer el servicio de comunicación (train, autocar, etc.). **3** Servir (un prêtre). **4** fig. Perjudicar.

dessinateur, -trice [desinatœʀ, -tʀis] *s.* Dibujante, diseñador.

dessiner [desine] [1] *tr.* **1** Dibujar, diseñar. **2** Destacar, resaltar (faire ressortir). ■ **3** *pr.* Dibujarse.

dessoûler [desule] [1] *tr.* **1** Desemborrachar. ■ **2** *intr.* Desemborracharse.

dessous [d(ə)su] *adv.* **1** Debajo, abajo. **2** *loc. adv.* *Par-dessous,* por debajo; *en dessous,* debajo, por debajo. **3** *Ci-dessous,* a continuación. **4** *Là-dessous,* allá debajo. ■ **5** *m.* El fondo, la parte *f.* inferior. **6** Revés (d'un tissu). **7** fig. Secreto, intríngulis (ce qui est secret). **8** THÉÂT. Foso. ■ **9** *pl.* Ropa *f. sing.* interior (lingerie).

dessus [d(ə)sy] *adv.* **1** Encima, arriba. **2** *loc. adv.* *En* ~, sobre, encima. *loc. prép.* *Au* ~ *de,* por encima de; *par* ~ *tout,* por encima de todo. ■ **3** *m.* La parte de arriba. **4** Loc. *Avoir le* ~, llevar la ventaja. **5** MUS. Alto, tiple. **6** THÉÂT. Telar.

destin [dɛstɛ̃] *m.* Destino, hado, sino.

destinataire [dɛstinatɛʀ] *s.* Destinatario, ria.

destination [dɛstinasjɔ̃] *f.* Destino *m.,* destinación.

destinée [dɛstine] *f.* Destino *m.,* hado *m.,* suerte.

destiner [dɛstine] [1] *tr.* **1** Destinar. ■ **2** *pr.* Destinarse, pensar dedicarse.

destituer [dɛstitɥe] [1] *tr.* Destituir.

destructeur, -trice [dɛstʀyktœʀ, -tʀis] *adj.-s.* Destructor, -ra.

destruction [dɛstʀyksjɔ̃] *f.* Destrucción.

désuétude [desɥetyd] *f.* Desuso *m.*

détacher [detaʃe] [1] *tr.* **1** Limpiar (ôter les taches). **2** Soltar, desatar (un chien, un lion, etc.). **3** Despegar (décoller). **4** Separar, alejar (éloigner). **5** MIL., PEINT. Destacar. ■ **6** *pr.* fig. Desprenderse, desinteresarse (se désintéresser). **7** Desapegarse, perder el apego a (perdre l'affection). **8** Destacarse (ressortir).

détail [detaj] *m.* **1** Detalle, pormenor. *loc. adv. En* ~, detalladamente. **2** COMM. Detalle, menudeo, venta *f.* al por menor.

détailler [detaje] [1] *tr.* **1** COMM. Vender al por menor, detallar. ■ **2** fig. Pormenorizar, detallar (raconter en détail).

détaler [detale] [1] *intr.* fig. fam. Tomar el portante, huir.

détecteur, -trice [detɛktœʀ, -tʀis] *adj.-m.* Detector, ra.

déteindre [detɛ̃dʀ(ə)] [55] *tr.* **1** Desteñir. ■ **2** *intr.* Desteñirse (perdre sa couleur). **3** fig. Influir, contagiar: ~ *sur quelqu'un,* contagiar a uno, influir en uno.

dételer [dɛ(e)tle] [19] *tr.* **1** Desenganchar (des chevaux), desuncir (des bœufs). ■ **2** *intr.* Parar, descansar.

détendre [detɑ̃dʀ(ə)] [6] *tr.* **1** Aflojar (ce qui est tendu). **2** Descomprimir, reducir la presión de (un gaz, etc.). **3** fig. Distraer, cambiar los ánimos (distraire). **4** Descansar, calmar, sosegar (calmer). ■ **5** *pr.* Aflojarse. **6** Relajarse. **7** Divertirse, distraerse (se distraire).

détente [detɑ̃t] *f.* **1** Disparador *m.,* gatillo *m.* (d'une arme). **2** Resorte *m.* (sports). **3** Expansión (d'un gaz). **4** fig. Descanso *m.,* tregua, alivio *m.* (délassement). **5** Distensión (en politique).

détention [detɑ̃sjɔ̃] *f.* **1** Detención, prisión (emprisonnement). **2** ~ *d'armes,* tenencia de armas. **3** DR. Detentación.

détenu, -ue [detny] *adj.-s.* Detenido, da, preso, sa.

détériorer [deteʀjɔʀe] [1] *tr.* **1** Deteriorar, estropear. ■ **2** *pr.* Deteriorarse, estropearse. **3** Empeorar (une situation).

détermination [detɛʀminɛsjɔ̃] *f.* Determinación.

déterrer [deteʀe] [1] *tr.* Desenterrar.

détester [detɛste] [1] *tr.* Detestar, odiar, aborrecer.

détonant, -ante [detɔnɑ̃, -ɑ̃t] *adj.* Detonante.

détonation [detɔnasjɔ̃] *f.* Detonación.

détoner [detɔne] *intr.* Detonar.

détonner [detɔne] [1] *intr.* MUS. Desentonar.

détour [detuʀ] *m.* **1** Rodeo. **2** Recodo, recoveco, vuelta *f.* (d'un chemin, etc.).

détourner [detuʀne] [1] *tr.* **1** Desviar (un cours d'eau, la conversation). **2** Alejar, apartar de sí (des soupçons). **3** Apartar. **4** Volver: ~ *la tête,* volver la cabeza. **5** Desfalcar (des fonds). **6** Secuestrar (un avión). **7** Corromper, pervertir (un mineur). **8** fig. Disuadir, quitar de la cabeza. ■ **9** *pr.* Apartar la vista. **10** *Se* ~ *de,* abandonar (une idée, un projet, etc.).

détracteur, -trice [detʀaktœʀ, -tʀis] *adj.-s.* Detractor, ra.

détraqué, -ée [detʀake] *adj.-s.* **1** Desequilibrado, da, chiflado, da (personne).

■ **2** *adj.* Trastornado, da (estomac, nerfs).

détresse [detʀɛs] *f.* **1** Angustia, desamparo *m.* (angoisse). **2** Apuro *m.*, miseria. **3** Peligro *m.*

détriment [detʀimã] *m.* Detrimento: *au ~ de,* en detrimento de.

détroit [detʀwa] *m.* GÉOG. Estrecho.

détromper [detʀɔ̃pe] [1] *tr.* Desengañar.

détrousseur, -euse [detʀusœʀ, -øz] *adj.-m.* Salteador, ra.

détruire [detʀɥiʀ] [69] *tr.* Destruir.

dette [dɛt] *f.* Deuda.

deuil [dœj] *m.* **1** Duelo. **2** Luto.

deux [dø] *adj.-m.* **1** Dos: *tous les ~, tous ~,* los dos, ambos. *loc. adv. À ~,* entre dos; *~ à ~,* de dos en dos. **2** Segundo.

deuxième [døzjɛm] *adj.-s.* **1** Segundo, da. ■ **2** *m.* El segundo piso (étage).

dévaler [devale] [1] *tr.* **1** Bajar (une pente). ■ **2** *intr.* Bajar rápidamente, ir cuesta abajo.

dévaliser [devalize] [1] *tr.* Desvalijar.

dévaloriser [devalɔʀize] [1] *tr.* Desvalorizar.

dévaluer [devalɥe] [1] *tr.* Devaluar.

devancer [dəvɑ̃se] [12] *tr.* **1** Preceder. **2** Adelantarse. **3** Aventajar (surpasser).

devant [d(ə)vɑ̃] *prép.* **1** Delante de; ante (en présence de). ■ **2** *adv.* Delante. ■ **3** *m.* Delantera *f.* (partie antérieure).

devanture [d(ə)vɑ̃tyʀ] *f.* Escaparate *m.*

dévastation [devastasjɔ̃] *f.* Devastación.

développer [devlɔpe] [1] *tr.* **1** Desarrollar. **2** Desenvolver (ce qui est enveloppé). **3** PHOT. Revelar.

devenir [dvniʀ] [36] *intr.* **1** Llegar a ser, hacerse, volverse, ponerse. **2** Ser de. **3** Parar. ■ **4** *m.* Futuro, destino.

dévergondé, -ée [devɛʀgɔ̃de] *adj.-s.* Desvergonzado, da.

déverser [devɛʀse] [1] *tr.* **1** Verter, derramar (répandre). ■ **2** *pr.* Verterse, derramarse.

dévêtir [devetiʀ] [33] *tr.* **1** Desvestir, desnudar. ■ **2** *pr.* Desnudarse.

déviation [devjasjɔ̃] *f.* Desviación.

dévier [devje] [2] *intr.* **1** Desviarse. ■ **2** *tr.* Desviar.

deviner [d(ə)vine] [1] *tr.* Adivinar.

devinette [d(ə)vinɛt] *f.* Adivinanza.

devis [d(ə)vi] *m.* Presupuesto (des travaux).

dévisager [devizaʒe] [13] *tr.* Mirar de hito en hito.

devise [d(ə)viz] *f.* **1** Divisa, lema *m.* **2** Divisa (monnaie).

deviser [dəvize] [1] *intr.* Platicar.

dévisser [devise] [1] *tr.* Desatornillar, destornillar.

dévoiler [devwale] [1] *tr.* **1** Quitar el velo de, descubrir. **2** fig. Descubrir, revelar (un secret). **3** Enderezar (une roue).

devoir [d(ə)vwaʀ] [44] *tr.* **1** Deber (de l'argent, le respect). **2** Deber, tener que, haber de (obligation). **3** Deber de (supposition). **4** *Dussé-je,* aunque debiera; *on doit,* hay que. ■ **5** *pr.* Deberse a (la patrie).

devoir [d(ə)vwaʀ] [44] *m.* **1** Deber. **2** Tarea *f.* (d'un écolier). **3** *~ conjugal,* obligación *f.* matrimonial. ■ **4** *pl.* Respetos, atenciones *f. pl.*

dévorer [devɔʀe] [1] *tr.* **1** Devorar. **2** Consumir, devorar (feu, etc.). **3** Devorar, leer con avidez (un livre). **4** ~ *des yeux,* devorar, comerse con los ojos.

dévotion [devosjɔ̃] *f.* Devoción.

dévouement [devumã] *m.* **1** Abnegación *f.*, sacrificio. **2** Afecto, adhesión *f.* **3** Consagración *f.*, dedicación *f.*

dévouer (se) [devwe] *pr.* **1** Dedicarse, consagrarse. **2** Sacrificarse.

dévoyer [devwaje] [23] *tr.* **1** Descarriar, extraviar. **2** TECHN. Desviar.

dextérité [dɛksteʀite] *f.* Destreza.

diabète [djabɛt] *m.* MÉD. Diabetes *f.*

diable [djabl(ə)] *m.* **1** Diablo, demonio. **2** Carretilla *f.* (petit chariot).

diablerie [djɑ(a)bləʀi] *f.* **1** Diablura. **2** Maleficio *m.*, brujería.

diabolique [djɑ(a)bɔlik] *adj.* Diabólico, ca.

diacre [djakʀ(ə)] *m.* Diácono.

diadème [djadɛm] *m.* Diadema *f.*

diagnostiquer [djagnɔstike] [1] *tr.* Diagnosticar.

diagonal, -ale [djagɔnal] *adj.-f.* Diagonal.

diagramme [djagʀam] *m.* Diagrama.

dialecte [djalɛkt(ə)] *m.* Dialecto.

dialectique [djalɛktik] *adj.* **1** Dialéctico, ca. ■ **2** *f.* Dialéctica.

dialogue [djalɔg] *m.* Diálogo.

dialoguer [djalɔge] [1] *intr.-tr.* Dialogar.

diamant [djamã] *m.* Diamante.

diamantin, -ine [djamɑ̃tɛ̃, -in] *adj.* Diamantino, na.

diamétral, -ale [djametʀal] *adj.* Diametral.

diamètre [djamɛtʀ(ə)] *m.* Diámetro.

diaphane [djafan] *adj.* Diáfano, na.

diaphragme [djafʀagm(ə)] *m.* **1** ANAT. Diafragma. **2** PHOT. Diafragma.

diapositive [djapozitiv] *f.* Diapositiva.

diarrhée [djaʀe] *f.* MÉD. Diarrea.
diatribe [djatʀib] *f.* Diatriba.
dictaphone [diktafɔn] *m.* Dictáfono.
dictateur [diktatœʀ] *m.* Dictador.
dictature [diktatyʀ] *f.* Dictadura.
dictée [dikte] *f.* **1** Dictado *m.* **2** *Écrire sous la* ~, escribir al dictado.
dicter [dikte] [1] *tr.* Dictar.
diction [diksjɔ̃] *f.* Dicción.
dictionnaire [diksjɔnɛʀ] *m.* Diccionario.
dicton [diktɔ̃] *m.* Refrán, dicho.
didacticiel [didaktisjɛl] *m.* INFORM. Programa de funciones pedagógicas.
didactique [didaktik] *adj.* Didáctico, ca.
diérèse [djeʀɛz] *f.* GRAM. Diéresis.
diesel [djezɛl] *m.* Diesel.
diète [djɛt] *f.* **1** MÉD. Dieta: *à la* ~, a dieta. **2** Dieta (assemblée).
diététique [djetetik]. **1** *adj.* Dietético, ca. ▪ **2** *f.* Dietética.
diffamateur, -trice [difa(ɑ)matœʀ, -tʀis] *adj.-s.* Difamador, ra.
diffamation [difa(ɑ)masjɔ̃] *f.* Difamación.
différence [difeʀɑ̃s] *f.* **1** Diferencia. **2** *À la* ~ *de*, a diferencia de.
différencier [difeʀɑ̃sje] [2] *tr.* Diferenciar.
différend [difeʀɑ̃] *m.* Diferencia *f.* (litige, désaccord).
différent, -ente [difeʀɑ̃, -ɑ̃t] *adj.* Diferente.
différer [difeʀe] [14] *intr.-tr.* Diferir.
difficile [difisil] *adj.* Difícil.
difficulté [difikylte] *f.* Dificultad.
difformité [difɔʀmite] *f.* Deformidad.
diffus, -use [dify, -yz] *adj.* Difuso, sa.
diffuser [difyze] [1] *tr.* **1** Difundir. **2** Radiar, difundir (par radio).
diffusion [difyzjɔ̃] *f.* Difusión.
digérer [diʒeʀe] [14] *tr.* Digerir.
digestif, -ive [diʒɛstif, -iv] *adj.* **1** Digestivo, va. ▪ **2** *m.* Licor.
digestion [diʒɛstjɔ̃] *f.* Digestión.
digital, -ale [diʒital] *adj.* **1** Digital. ▪ **2** *f.* Digital, dedalera (plante).
digne [diɲ] *adj.* Digno, na.
dignitaire [diɲitɛʀ] *m.* Dignatario.
dignité [diɲite] *f.* Dignidad.
digression [digʀesjɔ̃] *f.* Digresión.
digue [dig] *f.* Dique *m.*
dilapider [dilapide] [1] *tr.* Dilapidar.
dilatation [dilatɑsjɔ̃] *f.* Dilatación.
dilater [dilate] [1] *tr.* **1** Dilatar. ▪ **2** *pr.* Dilatarse.
dilemme [dilɛm] *m.* Dilema.
diligence [diliʒɑ̃s] *f.* **1** Diligencia (zèle, promptitude). **2** Diligencia (voiture).

diligent, -ente [diliʒɑ̃, -ɑ̃t] *adj.* Diligente.
diluer [dilɥe] [1] *tr.* Diluir.
diluvien, -ienne [dilyvjɛ̃, -jɛn] *adj.* Diluviano, na.
dimanche [dimɑ̃ʃ] *m.* Domingo.
dimension [dimɑ̃sjɔ̃] *f.* Dimensión.
diminuer [diminɥe] [1] *tr.* **1** Disminuir. ▪ **2** *intr.* Disminuir, menguar.
diminutif, -ive [diminytif, -iv] *adj.-m.* Diminutivo, va.
diminution [diminysjɔ̃] *f.* **1** Disminución. **2** Rebaja (sur un prix).
dinde [dɛ̃d] *f.* Pava.
dindon [dɛ̃dɔ̃] *m.* **1** Pavo. **2** fig. Hazmerreír, víctima *f.*
dîner [dine] [1] *intr.* Cenar.
diocèse [djɔsɛz] *m.* Diócesis *f.*
dioptrie [djɔptʀi] *f.* PHYS. Dioptría.
diphtérie [difteʀi] *f.* MÉD. Difteria.
diphtongue [diftɔ̃g] *f.* Diptongo *m.*
diplomatie [diplɔmasi] *f.* Diplomacia.
diplomatique [diplɔmatik] *adj.* **1** Diplomático, ca. ▪ **2** *f.* Diplomática.
diplôme [diplom] *m.* Diploma, título.
diplômé, -ée [diplome] *adj.-s.* Titulado, da.
diptère [diptɛʀ] *adj.-m.* ARCHIT., ZOOL. Díptero, ra.
dire [diʀ] [65] *tr.* **1** Decir. Loc. *Cela va sans* ~, ni que decir tiene; *c'est tout* ~, con lo dicho basta. **2** Gustar, apetecer (plaire). ▪ **3** *pr.* Decirse, hacerse pasar por.
dire [diʀ] [65] *m.* Decir, parecer.
direct, -ecte [diʀɛkt, -ɛkt(ə)] *adj.-m.* Directo, ta.
directeur, -trice [diʀɛktœʀ, -tʀis] *adj.-s.* **1** Director, ra. ▪ **2** *f.* GÉOM. Directriz.
direction [diʀɛksjɔ̃] *f.* **1** Dirección. **2** Dirección, rumbo *m.* (orientation).
directoire [diʀɛktwaʀ] *m.* Directorio.
dirigeable [diʀiʒabl(ə)] *adj.-m.* Dirigible.
dirigeant, -ante [diʀiʒɑ̃, -ɑ̃t] *adj.-s.* Dirigente.
diriger [diʀiʒe] [13] *tr.* Dirigir.
discernement [disɛʀnəmɑ̃] *m.* Discernimiento.
disciple [disipl(ə)] *m.* Discípulo.
discipline [disiplin] *f.* Disciplina.
discontinu, -ue [diskɔ̃tiny] *adj.* Discontinuo, nua.
disconvenir [diskɔ̃vniʀ] [36] *intr.* Disentir, negar.
discordant, -ante [diskɔʀdɑ̃, -ɑ̃t] *adj.* Discordante.
discorde [diskɔʀd(ə)] *f.* Discordia.

discothèque [diskɔtɛk] *f.* Discoteca.

discourir [diskuRiR] *intr.* Discurrir, hablar, charlar.

discours [diskuR] *m.* Discurso.

discourtois, -oise [diskuRtwa, -waz] *adj.* Descortés.

discrédit [diskRedi] *m.* Descrédito.

discret, -ète [diskRɛ, -ɛt] *adj.* Discreto, ta.

discrétion [diskResjɔ̃] *f.* Discreción (retenue).

discriminer [diskRimine] [1] *tr.* Discriminar, distinguir.

disculper [diskylpe] [1] *tr.* Disculpar.

discussion [diskysjɔ̃] *f.* Discusión.

discuter [diskyte] [1] *tr.-intr.* Discutir.

disette [dizɛt] *f.* 1 Carestía, penuria. 2 Hambre (famine).

diseur, -euse [dizœR, -øz] *s.* Narrador, ra, recitador, ra.

disgrâce [disgRɑs] *f.* Desgracia.

disgracier [disgRasje] [2] *tr.* Privar del favor.

disjoindre [disʒwɛ̃dR(ə)] [56] *tr.* Desjuntar, desunir.

disjonctif, -ive [disʒɔ̃ktif, -iv] *adj.* Disyuntivo, va.

dislocation [dislɔkasjɔ̃] *f.* 1 Dislocación. 2 fig. Desmembramiento *m.* (d'un empire, etc.).

disloquer [dislɔke] [1] *tr.* 1 Dislocar. 2 fig. Desmembrar. ■ 3 *pr.* Dislocarse.

disparaître [dispaRɛtR(ə)] [73] *intr.* Desaparecer.

disparité [dispaRite] *f.* Disparidad.

disparition [dispaRisjɔ̃] *f.* Desaparición.

dispendieux, -euse [dispãdjø, -øz] *adj.* Dispendioso, sa.

dispensaire [dispãsɛR] *m.* Dispensario.

dispenser [dispãse] [1] *tr.* Dispensar.

disperser [dispɛRse] [1] *tr.* 1 Dispersar. 2 Dispersar, disolver (une foule). ■ 3 *pr.* Dispersarse.

disponibilité [dispɔnibilite] *f.* 1 Disponibilidad. 2 *En* ~, disponible, excedente (un fonctionnaire), de reemplazo, disponible (un militaire).

dispos, -ose [dispo, -oz] *adj.* Dispuesto, ta, despierto, ta, ágil.

disposer [dispoze] [1] *tr.-intr.* 1 Disponer. ■ 2 *pr.* Disponerse.

dispositif [dispozitif] *m.* Dispositivo.

disposition [dispozisjɔ̃] *f.* Disposición.

dispute [dispyt] *f.* Disputa.

disputer [dispyte] [1] *tr.* 1 Disputar (quelque chose à quelqu'un). ■ 2 *intr.* Disputar, discutir. 3 ~ *de,* rivalizar en. ■ 4 *pr.* Reñir.

disqualifier [diskalifje] [2] *tr.* Descalificar.

disque [disk(ə)] *m.* Disco.

disquette [diskɛt] *f.* Disquete *m.*

dissemblable [disãblabl(ə)] *adj.* Desemejante, diferente.

disséminer [disemine] [1] *tr.* 1 Diseminar. ■ 2 *pr.* Diseminarse.

disséquer [diseke] [14] *tr.* Disecar.

disserter [disɛRte] [1] *intr.* Disertar.

dissident, -ente [disidã, -ãt] *adj.-s.* Disidente.

dissimilation [disimilasjɔ̃] *f.* Disimilación.

dissimuler [disimyle] [1] *tr.* Disimular.

dissipation [disipasjɔ̃] *f.* Disipación.

dissocier [disɔsje] [2] *tr.* Disociar.

dissolu, -ue [disɔly] *adj.* 1 Disoluto, ta. 2 fig. Licencioso, sa.

dissolution [disɔlysjɔ̃] *f.* 1 Disolución. 2 fig. Corrupción, relajación.

dissolvant, -ante [disɔlvã, -ãt] *adj.-m.* Disolvente.

dissoudre [disudR(ə)] [75] *tr.* Disolver.

dissuasion [disɥazjɔ̃] *f.* Disuasión.

distance [distãs] *f.* Distancia.

distancer [distãse] [12] *tr.* Adelantar, dejar atrás.

distant, -ante [distã, -ãt] *adj.* Distante.

distendre [distãdR(ə)] [6] *tr.* 1 Distender. ■ 2 *pr.* Aflojarse, relajarse.

distillerie [distilRi] *f.* Destilería.

distinct, -incte [distɛ̃(kt), -ɛ̃kt(ə)]*adj.* Distinto, ta.

distinction [distɛ̃ksjɔ̃] *f.* Distinción.

distinguer [distɛ̃ge] [1] *tr.* 1 Distinguir. ■ 2 *pr.* Distinguirse.

distraction [distRaksjɔ̃] *f.* Distracción.

distraire [distRɛR] [58] *tr.* 1 Distraer. 2 *pr.* Distraerse.

distrait, -aite [distRɛ, -ɛt] *adj.* Distraído, da.

distribuer [distRibɥe] [1] *tr.* Distribuir, repartir.

distributeur, -trice [distRibytœR, -tRis] *adj.-s.* Distribuidor, ra.

distribution [distRibysjɔ̃] *f.* Distribución, reparto *m.*

dit, dite [di, dit] *adj.* 1 Dicho, cha: *autrement* ~, dicho de otro modo. 2 Llamado, da, apellidado, da, apodado, da. 3 Fijado, da, señalado, da.

diurne [djyRn(ə)] *adj.* Diurno, na.

divagation [divagasjɔ̃] *f.* Divagación.

divaguer [divage] [1] *intr.* 1 Divagar, desatinar (déraisonner). 2 Vagar, errar (errer).

divergence [divɛrʒãs] *f.* **1** Divergencia. **2** fig. Discrepancia (d'idées).

divers, -erse [divɛr, -ɛrs(ə)] *adj.* Diverso, sa.

diversité [divɛrsite] *f.* Diversidad.

divertir [divɛrtir] [3] *tr.* **1** Divertir, distraer. ■ **2** *pr.* Divertirse, distraerse.

divertissement [divɛrtismã] *m.* **1** Diversión *f.*, recreo. **2** DR. Distracción *f.* (de fonds).

dividende [dividãd] *m.* Dividendo.

divin, -ine [divɛ̃, -in] *adj.* Divino, na.

divinateur, -trice [divinatœr, -tris] *adj.-s.* Adivinador, ra.

diviniser [divinize] [1] *tr.* Divinizar.

divinité [divinite] *f.* Divinidad.

diviser [divize] [1] *tr.* Dividir.

divisionnaire [divizjɔnɛr] *adj.* Divisionario, -ria.

divorce [divɔrs(ə)] *m.* Divorcio.

divulguer [divylge] [1] *tr.* Divulgar.

dix [dis] *adj.-m.* **1** Diez. ■ **2** *adj.* Décimo.

dix-huit [dizɥit] *adj.-m.* Dieciocho.

dix-huitième [dizɥitjɛm] *adj.-s.* Decimoctavo, va. ■ **2** *adj.-m.* Dieciochavo, va.

dixième [dizjɛm] *adj.-m.* Décimo, ma.

dix-neuf [diznœf] *adj.-m.* Diecinueve.

dix-neuvième [disnœvjɛm] *adj.-s.* **1** Decimonono, na. ■ **2** *adj.-m.* Diecinueveavo, va.

dix-sept [disɛt, dissɛt] *adj.-m.* Diecisiete.

dix-septième [dis(s)ɛtjɛm] *adj.-s.* **1** Decimoséptimo, ma. ■ **2** *adj.-m.* Diecisieteavo, va.

dizaine [dizɛ̃] *f.* **1** Decena. **2** Decena (chapelet).

docilité [dɔsilite] *f.* Docilidad.

docte [dɔkt(ə)] *adj.* Docto, ta.

docteur [dɔktœr] *m.* Doctor.

doctrinaire [dɔktrinɛr] *adj.-m.* Doctrinario, ria.

document [dɔkymã] *m.* Documento.

documenter [dɔkymãte] [1] *tr.* Documentar.

dodeliner [dɔdline] [1] *tr.* Mecer, balancear.

dodo [dɔdo] *m.* fam. Cama *f.* (lenguaje infantil): *aller au* ~, irse a la cama. Loc. *faire* ~, dormir.

dodu, -ue [dɔdy] *adj.* Gordo, da, rollizo, za, regordete, ta.

doge [dɔʒ] *m.* Dux.

dogmatique [dɔgmatik] *adj.-s.* *1* Dogmático, ca. ■ **2** *f.* Dogmática.

dogme [dɔgm(ə)] *m.* Dogma.

doigt [dwa] *m.* Dedo. Loc. fig. *Montrer du* ~, señalar con el dedo; *mettre le* ~ *dessus,* dar en el clavo; *se mettre le* ~ *dans l'œil,* equivocarse; fig. *se mordre les doigts,* arrepentirse.

doit [dwa] *m.* COMM. Debe.

doléances [dɔleãs] *f. pl.* Quejas, reclamaciones.

dolent, -ente [dɔlã, -ãt] *adj.* Doliente, quejumbroso, sa.

dollar [dɔlar] *m.* Dólar.

domaine [dɔmɛn] *m.* **1** Hacienda *f.*, propiedad *f.* (agricole). **2** Dominio, campo (d'un art, d'une science, etc.). **3** Competencia *f.*

dôme [dom] *m.* **1** Cúpula *f.*, domo. **2** fig. Bóveda. *f.*

domestication [dɔmɛstikasjɔ̃] *f.* Domesticación.

domestique [dɔmɛstik] *adj.* **1** Doméstico, ca. ■ **2** *s.* Criado, da, doméstico, ca.

domestiquer [dɔmɛstike] [1] *tr.* Domesticar.

domicilier [dɔmislje] [2] *tr.* **1** Domiciliar. **2** *Domicilié à Dijon,* residente en Dijon

dominant, -ante [dɔminã, -ãt] *adj.* **1** Dominante. ■ **2** *f.* MUS. Dominante.

domination [dɔminasjɔ̃] *f.* **1** Dominación. **2** fig. Dominio *m.*

dominer [dɔmine] [1] *intr.-tr.* **1** Dominar. ■ **2** *pr.* Dominarse.

dommage [dɔmaʒ] *m.* **1** Daño, perjuicio, desperfecto. **2** fig. Lástima *f.: quel* ~!, ¡qué lástima! *c'est* ~, es una lástima.

dompter [dõte] [1] *tr.* **1** Domar. **2** fig. Domeñar (ses instincts).

dompteur, -euse [dõtœr, -øz] *s.* Domador, ra.

don [dõ] *m.* **1** Don. **2** Dádiva *f.*, donativo. **3** DR. Donación *f.*

donateur, -trice [dɔnatœr, -tris] *s.* Donante.

donation [dɔnasjɔ̃] *f.* Donación.

donc [dõk, -dõ] *conj.* **1** Luego, pues. **2** Expresa sorpresa, incredulidad: *allons* ~, ¡bah! **3** Refuerza una pregunta, orden o ruego: *qu'as-tu donc?,* ¿qué te pasa?

donjon [dõʒõ] *m.* **1** Torreón, torre *f.* del homenaje. **2** MAR. Torreta *f.* (d'un cuirassé).

donne [dɔn] *f.* Reparto *m.*, distribución: *une nouvelle* ~ *politique,* una situación política nueva, un nuevo reparto de fuerzas.

donnée [dɔne] *f.* Dato *m.*, antecedente *m.*

donner [dɔne] [1] *tr.* **1** Dar. **2** Echar, dar. ■

3 *intr.* Dar, darse (se cogner). 4 Dar (avoir vue sur): 5 MIL. Cargar, entrar en acción. 6 Otros sentidos: ~ *du cor,* tocar la trompa; ~ *dans un piège, dans l'erreur,* caer en un lazo, en el error. 7 *loc. prép. Étant donné,* dado, dada, etc. 8 *loc. conj. Étant donné que,* dado que. ■ 9 *pr.* Darse.

donneur, -euse [dɔnœʀ, -øz] *adj.-s.* Donante: ~ *de sang,* donante de sangre.

don-quichottisme [dɔ̃kiʃɔtism(ə)] *m.* Quijotismo.

dont [dɔ̃, dɔ̃t] *pron. relat.* 1 Cuyo, cuya, cuyos, cuyas. 2 Del cual, de la cual, de los cuales, de las cuales, del que, etc., de que (choses); de aquien, de quienes (personnes). 3 De donde. 4 *Ce* ~, de lo que.

dopage [dɔpaʒ] *m.* Dopaje.

doping [dɔpiŋ] *m.* Doping, dopaje.

dorade [dɔʀad] *f.* Dorada.

doré, -ée [dɔʀe] *adj.* Dorado, da.

dorénavant [dɔʀenavɑ̃] *adv.* Desde ahora, en adelante, en lo sucesivo.

dorer [dɔʀe] [1] *tr.* Dorar.

dorloter [dɔʀlɔte] [1] *tr.* Mimar.

dormant, -ante [dɔʀmɑ̃, -ɑ̃t] *adj.* 1 Durmiente. 2 Estancado, da (eau). 3 Fijo, ja.

dormeur, -euse [dɔʀmœʀ, -øz] *adj.-s.* 1 Durmiente (qui dort). 2 Dormilón, ona (qui aime dormir). ■ 3 *f.* Dormilona *f.* (boucle d'oreille, chaise longue).

dormir [dɔʀmiʀ] [30] *intr.* Dormir.

dortoir [dɔʀtwaʀ] *m.* Dormitorio común.

dos [do] *m.* 1 Espalda *f.,* espaldas *f. pl.* (de l'homme). Loc. *Avoir bon* ~, tener aguante, tener buenas espaldas. *loc. adv. Sur le* ~, boca arriba. 2 Lomo (d'un animal, d'un livre, etc.). Loc. *À* ~ *de,* montado en. 3 Dorso (de la main, d'une page, etc.). 4 Canto, lomo (d'un couteau). 5 Respaldo (d'une chaise).

dose [doz] *f.* Dosis.

doser [doze] [1] *tr.* Dosificar.

dossier [dosje] *m.* 1 Respaldo (d'un siège). 2 Expediente (documents), legajo (ensemble de papiers). 3 DR. Autos *pl.*

dot [dɔt] *f.* Dote *m.* et *f.*

dotation [dɔtasjɔ̃] *f.* Dotación.

doter [dɔte] [1] *tr.* Dotar.

douane [dwan] *f.* Aduana.

doublage [dublaʒ] *m.* 1 Forro (d'un navire). 2 Doblaje (d'un film).

double [dubl(ə)] *adj.* 1 Doble. 2 *m.* Doble, duplo. 3 Duplicado, copia *f.*

(duplicata). *loc. adv. En* ~, por duplicado. ■ 4 *adv.* Doble: *voir* ~, ver doble.

doubler [duble] [1] *tr.* 1 Duplicar, doblar (porter au double). 2 ~ *le pas,* acelerar el paso. 3 Doblar (plier). 4 Forrar (un vêtement). 5 Doblar, franquear (un cap). 6 Pasar, adelantar. 7 Sustituir, reemplazar (un acteur). 8 Doblar (un film). ■ 9 *intr.* Doblar, duplicarse (devenir double).

douceâtre [dusatʀ(ə)] *adj.* Dulzón, ona.

doucement [dusmã] *adv.* 1 Dulcemente, suavemente. 2 Lentamente. 3 Bajo, bajito: *parlez* ~, hablad bajito.

douceur [dusœʀ] *f.* 1 Dulzura, dulzor *m.* 2 Suavidad. *loc. adv. En* ~, despacio, con calma. ■ 3 *pl.* Golosinas (friandises).

douche [duʃ] *f.* 1 Ducha. 2 fam. Chasco *m.* (déception).

douer [dwe] [1] *tr.* Dotar.

douleur [dulœʀ] *f.* Dolor *m.*

douloureux, -euse [duluʀø, -øz] *adj.* Doloroso, sa.

doute [dut] *m.* Duda.

douter [dute] [1] *intr.* 1 Dudar. Loc. *Ne* ~ *de rien,* no temer nada. 2 No fiarse de (se méfier de). ■ 3 *pr.* Sospechar, figurarse.

douteux, -euse [dutø, -øz] *adj.* 1 Dudoso, sa. 2 Equívoco, ca. 3 Ambiguo, gua, incierto, ta.

doux, douce [du, dus] *adj.* 1 Dulce. 2 Suave (peau, vent, caresse, etc.). 3 fig. Afable, dócil, manso, sa, dulce. 4 Tierno, na, amoroso, sa. 5 Templado, da, benigno, na (climat, temps). 6 *loc. adv. En douce,* a la chita callando.

douzaine [duzɛn] *f.* Docena.

douze [duz] *adj.-m.* Doce.

douzième [duzjɛm] *adj.-s.* Duodécimo, ma. ■ 2 *adj.-m.* Dozavo, va.

doyen, -enne [dwajɛ̃, -ɛn] *s.* 1 Decano, na. ■ 2 *m.* ECCLÉS. Deán (d'un chapitre).

Dr. *(abrév.* docteur) Dr., Dra. *f.*

dragage [dʀagaʒ] *m.* Dragado.

dragée [dʀaʒe] *f.* 1 Peladilla (bonbon). 2 Grajea (pilule). 3 Mostacilla (de chasse).

draguer [dʀage] [1] *tr.* 1 Dragar. 2 fam. Ligar.

drainage [dʀɛnaʒ] *m.* 1 Avenamiento. 2 CHIR. Drenaje.

drainer [dʀene] [1] *tr.* 1 Avenar (un terrain). 2 fig. Chupar, atraer. 3 CHIR. Drenar.

dramatique [dʀamatik] *adj.* Dramático, ca.

dramaturge [dʀamatyʀʒ(ə)] *m.* Dramaturgo.

drame [dʀam] *m.* Drama.

drap [dʀa] *m.* 1 Paño (tissu). 2 Sábana *f.*

drapeau [dʀapo] *m.* Bandera *f.*

draper [dʀape] [1] *tr.* 1 Colgar (des draperies). 2 Revestir, cubrir con un paño (un objet). 3 PEINT., SCULPT. Disponer el ropaje de.

draperie [dʀapʀi] *f.* 1 Pañería (boutique). 2 Colgadura (tenture). 3 PEINT., SCULPT. Ropaje *m.*, plegueria.

dressage [dʀɛsaʒ] *m.* 1 Amaestramiento, doma *f.* (d'un animal, d'un cheval). 2 Enderezamiento (fil métallique).

dresser [dʀese] [1] *tr.* 1 Enderezar, levantar, poner derecho, cha. 2 Erigir, levantar (statue). 3 Disponer, poner: ~ *la table,* poner la mesa. 4 Armar (lit, tente, etc.). 5 Establecer, formar (une liste, un rapport); trazar, formular, redactar (plans, projets, documents). 6 Aplanar (des surfaces). 7 Adiestrar, amaestrar (animaux). 8 Corregir (un enfant). ■ 9 *pr.* fig. Levantarse, sublevarse (contre quelqu'un ou quelque chose). 10 Erizarse.

dressoir [dʀɛswaʀ] *m.* Aparador, trinchero.

drille [dʀij] *m. Joyeux ~,* gracioso.

drogue [dʀɔg] *f.* Droga.

drogué, -ée [dʀɔge]. 1 *adj.* Drogado, da. 2 *s.* Drogadicto, ta, fam. drogata *m.-f.*

droguer [dʀɔge] [1] *tr.* 1 Drogar. ■ 2 *pr.* Drogarse.

droit, droite [dʀwa, dʀwat] *adj.* 1 Derecho, cha, recto, ta. 2 Derecho, cha (vertical). 3 ASTRON., GÉOM. Recto, ta. 4 Derecho, cha, diestro, tra. ■ 5 *m.* Derecho; ~ *canon, commercial,* derecho canónico, mercantil. ■ 6 *f.* Derecha, diestra. *loc. adv. À droite,* a la derecha, a mano derecha. ■ 7 *adv. Droit, tout droit,* derecho, todo seguido.

droitier, -ière [dʀwatje, -jɛʀ] *adj.-s.* 1 Diestro, tra. ■ 2 *m.* Derechista (en politique).

droiture [dʀwatyʀ] *f.* Rectitud, equidad.

drôle [dʀol] *adj.* 1 Chusco, ca, gracioso, sa. 2 Raro, ra, extraño, ña (bizarre). Loc. *Un ~ de,* raro, ra. ■ 3 *m.* Bribón.

drôlerie [dʀolʀi] *f.* Chuscada, bufonada.

drôlesse [dʀolɛs] *f.* Bribona, mujerzuela.

dru, -ue [dʀy] *adj.* 1 Espeso, sa, tupido, da (épais). 2 Fuerte, recio, cia: *pluie drue,* lluvia fuerte. ■ 3 *adv.* Copiosamente.

du [dy] *art. contr.* 1 Del. 2 *art. part.* (no se traduce).

dû, due [dy] *adj.* 1 Debido, da. ■ 2 *m.* Lo que se debe a uno. 3 fig. Merecido: *il a eu son ~,* ha llevado su merecido.

dubitatif, -ive [dybitatif, -iv] *adj.* Dubitativo, va.

duc [dyk] *m.* 1 Duque. 2 Búho (oiseau).

ducat [dyka] *m.* Ducado.

duché [dyʃe] *m.* Ducado.

duchesse [dyʃɛs] *f.* 1 Duquesa. 2 Pera de agua (poire).

duel [dyɛl] *m.* 1 Duelo, desafío. 2 GRAM. Dual.

dûment [dymã] *adv.* Debidamente.

dune [dyn] *f.* Duna.

duper [dype] [1] *tr.* Engañar, embaucar.

duperie [dypʀi] *f.* Engaño *m.*

duplex [dyplɛks] *m.* Dúplex.

duplicité [dyplisite] *f.* Duplicidad, doblez.

duquel [dykɛl] *pron. relat.* Del cual.

dur, dure [dyʀ] *adj.* 1 Duro, ra. Loc. *Être ~ d'oreille,* ser duro de oído. 2 fig. Difícil. ■ 3 *adv.* Duro, esforzadamente, de firme. ■ 4 *f. Coucher sur la ~,* dormir en el suelo.

durant [dyʀã] *prép.* Durante.

durcir [dyʀsiʀ] [3] *tr.* 1 Endurecer. ■ 2 *pr.* Endurecerse.

durcissement [dyʀsismã] *m.* Endurecimiento.

durée [dyʀe] *f.* Duración.

durer [dyʀe] [1] *intr.* 1 Durar. 2 *Le temps me dure,* el tiempo se me hace largo; *il lui dure de,* está impaciente por.

dureté [dyʀte] *f.* Dureza.

durillon [dyʀijõ] *m.* Callo.

duvet, [dyvɛ] *m.* 1 Plumón, flojel (des oiseaux). 2 Bozo, vello (poils). 3 Pelusilla *f.* (des fruits). 4 Saco de dormir.

dynamique [dinamik] *adj.* 1 Dinámico, ca. ■ 2 *f.* Dinámica.

dynamite [dinamit] *f.* Dinamita.

dynastie [dinasti] *f.* Dinastía.

dysenterie [disãtʀi] *f.* MÉD. Disentería.

dyspepsie [dispɛpsi] *f.* MÉD. Dispepsia.

E

e [ə] *m.* E. *f.*

eau [o] *f.* **1** Agua. Loc. ~ *de javel*, lejía. **2** Aguas *pl.*: *l'~ d'une perle*, las aguas de una perla. Loc. fig. *De la plus belle ~*, de lo mejorcito.

eau-de-vie [odvi] *f.* Aguardiente *m.*

eau-forte [ofɔʀt(ə)] *f.* Aguafuerte.

ébahir [ebaiʀ] [3] *tr.* **1** Plasmar, asombrar. ■ **2** *pr.* Pasmarse, asombrarse.

ébahissement [ebaismɑ̃] *m.* Pasmo, asombro.

ébattre (s') [ebatʀ(ə)] [61] *pr.* Retozar, juguetear.

ébaubi, -ie [ebobi] *adj.* Pasmado, da, embobado, da.

ébaucher [eboʃe] [1] *tr.* **1** Bosquejar, esbozar. **2** TECHN. Desbastar.

ébénier [ebenje] *m.* Ébano (arbre).

ébénisterie [ebenist(ə)ʀi] *f.* Ebanistería.

éblouir [ebluiʀ] [3] *tr.* Deslumbrar, cegar.

éblouissant, -ante [ebluisɑ̃, -ɑ̃t] *adj.* Deslumbrador, ra, cegador, ra.

éblouissement [ebluismɑ̃] *m.* **1** Deslumbramiento. **2** Pasmo, asombro (émerveillement).

ébouillanter [ebujɑ̃te] [1] *tr.* **1** Escaldar. ■ **2** *pr.* Escaldarse.

ébouler (s') [ebule] *pr.* Desplomarse, derrumbarse, desprenderse.

ébouriffer [ebuʀife] [1] *tr.* **1** Desgreñar. **2** fig. fam. Pasmar, sorprender.

ébrancher [ebʀɑ̃ʃe] [1] *tr.* Desramar.

ébranlement [ebʀɑ̃lmɑ̃] *m.* **1** Tambaleo, sacudida *f.*, estremecimiento. **2** fig. Trastorno, sacudida *f.*, emoción *f.*

ébranler [ebʀɑ̃le] [1] *tr.* **1** Sacudir, estremecer. **2** Quebrantar, socavar, debilitar (le moral, les convictions de quelqu'un, etc.). ■ **3** *pr.* Ponerse en movimiento.

ébrécher [ebʀeʃe] [14] *tr.* **1** Mellar, desportillar. **2** fig. Menoscabar, mermar (diminuer).

ébriété [eʀijete] *f.* Embriaguez.

ébrouer (s') [ebʀue] [1] *pr.* **1** Resoplar (le cheval). **2** Sacudirse (s'agiter).

ébullition [ebylisjɔ̃] *f.* Ebullición.

écaille [ekaj] *f.* **1** ZOOL., BOT. Escama. **2** Concha, carey *m.*

écailler [ekaje] [1] *tr.* **1** Escamar (un poisson). **2** Abrir, desbullar (des huîtres). ■ **3** *pr.* Desconcharse, descascarillarse.

écailleux, -euse [ekajø, -øz] *adj.* Escamoso, sa.

écaler [ekale] [1] *tr.* Descascarar (des noix, des amandes).

écart [ekaʀ] *m.* **1** Distancia *f.*, intervalo, separación *f.* **2** Diferencia *f.* **3** Desviación *f.* **4** Esguince, quiebro (du corps). **5** ~ *de langage*, incorrección *f.*; ~ *de conduite*, descarrío, extravío. **6** Descarte (jeu). **7** *loc. adv.* À *l'~*, aparte, a un lado. **8** *loc. prép.* À *l'~ de*, apartado, da, de.

écarté, -ée [ekaʀte] *adj.* **1** Apartado, da. ■ **2** *m.* Écarté (jeu).

écarteler [ekaʀtəle] [17] *tr.* Descuartizar.

écarter [ekaʀte] [1] *tr.* **1** Separar, apartar, desviar, alejar. **2** Abrir, separar (les jambes). ■ **3** *pr.* Apartarse, desviarse.

ecclésiastique [eklezjastik] *adj.* **1** Eclesiástico, ca. ■ **2** *m.* Eclesiástico.

ecervelé, -ée [esɛʀvale] *adj.-s.* Ligero, ra de cascos, atolondrado, da.

échafaud [eʃafo] *m.* **1** Cadalso, patíbulo. **2** Pena *f.* de muerte.

échafaudage [eʃafodaʒ] *m.* **1** Andamiaje. **2** Andamio. **3** Pila *f.*, montón (amoncellement).

échalote [eʃalɔt] *f.* Escalonia, chalote *m.*

échancrure [eʃɑ̃kʀyʀ] *f.* **1** Escote *m.*, escotadura, sisa (d'un corsage, d'une robe). **2** Seno *m.* (d'une côte).

échange [eʃɑ̃ʒ] *m.* **1** Cambio, canje, trueque (de biens, de personnes). **2** Intercambio, cambio. **3** *loc. adv.* En ~, en cambio. **4** *loc. prép.* En ~ *de*, a cambio de.

échanger [eʃɑ̃ʒe] [13] *tr.* **1** Cambiar, trocar: ~ *des timbres, des impressions,* cambiar sellos, impresiones; ~ *contre,* cambiar por. **2** Canjear (prisonniers, documents, etc.). **3** Intercambiar, cambiar.

échantillon [eʃãtijõ] *m.* Muestra *f.*

échappatoire [eʃapatwaʀ] *f.* Escapatoria, efugio *m.*

échappée [eʃape] *f.* **1** SPORTS. Escapada. **2** Espacio *m.* libre, vista.

échapper [eʃape] *intr.* **1** Escapar, escaparse. **2** Olvidarse: *votre nom m'échappe,* se me ha olvidado su apellido. ■ **3** *tr.* Evitar. Loc. *L'~ belle,* escapar, salvarse de milagro, librarse de una buena. ■ **4** *pr.* Escaparse, evadirse. **5** Escaparse, salirse (un liquide, un gaz).

écharde [eʃaʀd(ə)] *f.* Rancajo *m.,* astilla.

écharpe [eʃaʀp(ə)] *f.* **1** Faja, banda. **2** Cabestrillo *m.* (bandage). **3** Echarpe *m.,* chal *m.* (foulard).

écharper [eʃaʀpe] [1] *tr.* Acuchillar, destrozar.

échasse [eʃɑ(a)ʃ] *f.* **1** Zanco *m.* **2** Zancudo *m.* (oiseau).

échauder [eʃode] [1] *tr.* Escaldar.

échauffer [eʃofe] [1] *tr.* **1** Calentar, caldear. **2** fig. Acalorar, irritar. ■ **3** *pr.* Acalorarse, enardecerse (en parlant).

échauffourée [eʃofuʀe] *f.* Escaramuza, refriega.

échéancier [eʃeãsje] *m.* Conjunto de plazos obligatorios.

échéant, -ante [eʃeã, -ãt] *adj.* **1** Que vence. **2** loc. adv. *Le cas ~,* si se presenta el caso.

échec [eʃɛk] *m.* **1** Fracaso, revés. **2** Jaque.

échelle [eʃɛl] *f.* **1** Escala, escalera de mano. Loc. *Faire la courte ~,* aupar; fig. *monter à l'~,* picarse, tomarse en serio una broma. **2** Escala (graduation). **3** *À l'~,* a escala.

échelon [eʃlõ] *m.* Escalón, peldaño.

échelonner [eʃlɔne] [1] *tr.* Escalonar.

écheveau [eʃvo] *m.* Madeja *f.*

écheveler [eʃəvle] [19] *tr.* Desgreñar.

échine [eʃin] *f.* Espinazo *m.*

échiner (s') [eʃine] *pr.* Deslomarse.

échiquier [eʃikje] *m.* Tablero, damero.

écho [eko] *m.* Eco.

échographie [ekogʀafi] *m.* Ecografía.

échoir [eʃwaʀ] [51] *intr.* **1** Tocar, caer, corresponder. **2** Vencer (un délai).

échoppe [eʃɔp] *f.* Tenderete *m.,* puesto *m.* (petite boutique).

échouer [eʃwe] [1] *intr.* **1** MAR. Encallar, varar. **2** fig. Fracasar.

éclabousser [eklabuse] [1] *tr.* **1** Salpicar. **2** fig. Manchar, mancillar.

éclair [eklɛʀ] *m.* **1** Relámpago. **2** fig. Destello, chispa *f.* (de génie, etc.). **3** Pastelillo de crema (gâteau). ■ **4** *adj.* Relámpago: *guerre ~,* guerra relámpago.

éclairage [eklɛʀaʒ] *m.* **1** Alumbrado. **2** fig. Enfoque, punto de vista.

éclaircir [eklɛʀsiʀ] [3] *tr.* **1** Aclarar. ■ **2** *pr.* Despejarse, aclararse (le temps).

éclairer [eklɛʀe] [1] *tr.* **1** Alumbrar, iluminar. **2** fig. Ilustrar, instruir. **3** Aclarar (expliquer). ■ **4** *intr.* Alumbrar. **5** Centellear, brillar. ■ **6** *pr.* Alumbrarse.

éclat [ekla] *m.* **1** Casco, pedazo. **2** Estampido, estallido (bruit violent). Loc. *~ de rire,* carcajada *f.; ~ de voix,* grito; *rire aux éclats,* reir a carcajadas. **3** Destello, resplandor, brillo (vive lumière). **4** Esplendor, magnificencia *f.* **5** fig. Escándalo.

éclatant, -ante [eklatã, -ãt] *adj.* **1** Brillante, esplendoroso, sa. **2** Estrepitoso, sa (son, etc.). **3** Clamoroso, sa (succès).

éclater [eklate] [1] *intr.* **1** Estallar, reventar (obus, pneu, etc.). **2** Prorrumpir, estallar.

éclectique [eklɛktik] *adj.* Ecléctico, ca.

éclipser [eklipse] [1] *tr.* **1** Eclipsar. ■ **2** *pr.* fam. Eclipsarse, escabullirse.

éclosion [eklozjõ] *f.* **1** Nacimiento *m.,* salida del huevo. **2** Abertura (d'une fleur). **3** fig. Aparición, manifestación.

écluse [eklyz] *f.* Esclusa.

écœurant, -ante [ekœʀã, -ãt] *adj.* Repugnante, asqueroso, sa.

école [ekɔl] *f.* **1** Escuela. Loc. *Faire l'~ buissonnière,* hacer novillos. **2** Academia (privée).

écolier, -ière [ekɔlje, -jɛʀ] *s.* Escolar, alumno, na.

écologie [ekɔlɔʒi] *f.* Ecología.

écologiste [ekɔlɔʒist] *s.* Ecologista.

éconduire [ekõdɥiʀ] [69] *tr.* **1** Despedir, echar. **2** Rechazar (un solliciteur).

économat [ekɔnɔmat] *m.* Economato.

économie [ekɔnɔmi] *f.* **1** Economía. ■ **2** *pl.* Ahorros *m.*

économique [ekɔnɔmik] *adj.* Económico, ca.

économiste [ekɔnɔmist(ə)] *m.* Economista.

écoproduit [ekɔpʀɔdɥi] *m.* Ecoproducto, producto ecológico.

écorce [ekɔʀs(ə)] *f.* **1** Corteza (d'un arbre). **2** Corteza, piel, cáscara (fruits). **3** *~ terrestre,* corteza terrestre.

écorcer [ekɔʀse] [12] *tr.* Descortezar, descorchar (des arbres).

écorcher [ekɔʀʃe] [1] *tr.* **1** Desollar, despellejar.

écorner [ekɔʀne] [1] *tr.* **1** Descornar. **2** Descantillar, descantonar (un objet).

écot [eko] *m.* Escote, cuota *f.,* parte *f.:* *payer son* ~, pagar su parte.

écouler [ekule] [1] *tr.* **1** Despachar, vender (des marchandises). ■ **2** *pr.* Derramarse, correr, fluir (liquides). **3** Irse, retirarse (personnes). **4** Transcurrir (le temps).

écourter [ekuʀte] [1] *tr.* Acortar.

écoute [ekut] *f.* **1** MAR. Escota. **2** Escucha.

écouter [ekute] [1] *tr.* **1** Escuchar. ■ **2** *pr.* Escucharse.

écouteur, -euse [ekutœʀ, -øz] *s.* **1** Escuchador, ra. ■ **2** *m.* Auricular (téléphone).

écoutille [ekutij] *f.* MAR. Escotilla.

écrabouiller [ekʀabuje] [1] *tr.* pop. Aplastar.

écrasant, -ante [ekʀɑzɑ̃, -ɑ̃t] *adj.* **1** Aplastante. **2** fig. Abrumador, ra.

écraser [ekʀɑze] [1] *tr.* **1** Aplastar (quelque chose, une armée, etc.). **2** Atropellar (un véhicule). **3** pop. *En* ~, dormir como un tronco. ■ **5** *pr.* Estrellarse. **6** Estrujarse, apiñarse (s'entasser).

écrémer [ekʀeme] *tr.* Desnatar, descremar: *lait écrémé,* leche desnatada, leche descremada.

écrevisse [ekʀəvis] *f.* Cangrejo *m.* de río.

écrier (s') [ekʀije] [2] *pr.* Exclamar.

écrire [ekʀiʀ] [67] *tr.* Escribir.

écrit [ekʀi] *m.* Escrito.

écriteau [ekʀito] *m.* Letrero.

écritoire [ekʀitwaʀ] *f.* Escribanía.

écriture [ekʀityʀ] *f.* **1** Escritura, grafía. **2** Letra (façon d'écrire). **3** *pl.* COMM. Loc. *Tenir les écritures,* llevar los libros, la contabilidad.

écrivain [ekʀivɛ̃] *m.* **1** Escritor, ra. **2** ~ *public,* memorialista.

écrouelles [ekʀuɛl] *f. pl.* Escrófulas, lamparones *m.*

écrouer [ekʀue] [1] *tr.* **1** Inscribir en el registro de la cárcel. **2** Encarcelar.

écrouler (s') [ekʀule] [1] *pr.* Hundirse, derrumbarse, desplomarse.

écru, -ue [ekʀy] *adj.* Crudo, da (fil, soie).

écu [eky] *m.* Escudo, broquel.

ECU [eky] *m.* (*abrév.* European currency unit) ECU, ecu.

écueil [ekœj] *m.* Escollo.

écuelle [ekɥɛl] *f.* Escudilla.

écume [ekym] *f.* **1** Espuma. **2** Escoria (des métaux). **3** ~ *de mer,* espuma de mar, magnesita.

écumeux, -euse [ekymø, -øz] *adj.* Espumoso, sa.

écumoire [ekymwaʀ] *f.* Espumadera.

écurie [ekyʀi] *f.* **1** Cuadra, caballeriza. **2** Escudería (chevaux, voitures).

écusson [ekysɔ̃] *m.* **1** Escudo pequeño. **2** MIL. Rombo, emblema. **3** AGR. Escudete.

écuyer [ekɥije] *m.* **1** Escudero (servant). **2** Jinete (cavalier). **3** Caballista (de cirque).

écuyère [ekɥijɛʀ] *f.* Amazona.

édenté, -ée [edɑ̃te] *adj.-s.* **1** Desdentado, da. ■ **2** *m. pl.* ZOOL. Desdentados.

édifice [edifis] *m.* Edificio.

édifier [edifje] [2] *tr.* **1** Edificar. **2** fig. Edificar, dar buen ejemplo.

édile [edil] *m.* Edil.

édit [edi] *m.* Edicto.

éditeur, -trice [editœʀ, -tʀis] *s.* Editor, ra.

édition [edisjɔ̃] *f.* Edición.

édito [edito] *m.* (*abrév.* éditorial) fam. Editorial (dans un journal).

éditorial [editɔʀjal] *m.* Editorial (dans un journal).

éducateur, -trice [edykatœʀ, -tʀis] *s.* Educador, ra.

éducatif, -ive [edykatif, -iv] *adj.* Educativo, va.

éducation [edykɑsjɔ̃] *f.* Educación.

effacer [efase] [12] *tr.* **1** Borrar (faire disparaître, faire oublier). **2** fig. Eclipsar, obscurecer. ■ **3** *pr.* Borrarse. **4** Ladearse, echarse a un lado (pour laisser passer). **5** Mantenerse apartado, da, eclipsarse.

effarer [efaʀe] [1] *tr.* Azorar, asustar.

effaroucher [efaʀuʃe] [1] *tr.* **1** Espantar, ahuyentar (mettre en fuite). **2** Asustar. ■ **3** *pr.* Asustarse.

effectif, -ive [efɛktif, -iv] *adj.* **1** Efectivo, va. ■ **2** *m. pl.* MIL. Efectivos.

effectuer [efɛktɥe] [1] *tr.* **1** Efectuar. ■ **2** *pr.* Efectuarse.

efféminé, -ée [efemine] *adj.-s.* Afeminado, da.

effervescent, -ente [efɛʀvesɑ̃, -ɑ̃t] *adj.* Efervescente.

effet [efɛ] *m.* Efecto.

effeuiller [efœje] [1] *tr.* Deshojar.

efficace [efikas] *adj.* Eficaz.

efficient, -ente [efisjɑ̃, -ɑ̃t] *adj.* Eficiente.

effilé, -ée [efile] *adj.* **1** Afilado, da, fino, na (doigt, etc.). ■ **2** *m.* Fleco (d'une étoffe).

effiler [efile] [1] *tr.* **1** Deshilar, deshilachar. ■ **2** *pr.* Deshilarse, deshilacharse.

effilocher [efilɔʃe] [1] *tr.* Deshilachar.

efflanqué, -ée [eflãke] *adj.* Trasijado, da, flaco, ca, enjuto, ta.

effleurer [eflœʀe] [1] *tr.* Rozar, tocar ligeramente.

efflorescence [eflɔʀesãs] *f.* CHIM. Eflorescencia.

effluve [eflyv] *m.* Efluvio.

effondrer [efɔ̃dʀe] [1] *tr.* 1 Hundir, derrumbar. ■ 2 *pr.* Hundirse, derrumbarse.

efforcer (s') [efɔʀse] [12] *pr.* Esforzarse.

effort [efɔʀ] *m.* Esfuerzo.

effraction [efʀaksjɔ̃] *f.* DR. Fractura.

effrayant, -ante [efʀɛjã, -ãt] *adj.* Espantoso, sa.

effrayer [efʀeje] [21] *tr.* 1 Espantar, asustar. ■ 2 *pr.* Espantarse, asustarse.

effréné, -ée [efʀene] *adj.* Desenfrenado, da, desmesurado, da.

effriter [efʀite] [1] *tr.* 1 Volver friable, pulverizar. ■ 2 *pr.* Desmenuzarse, pulverizarse.

effroi [efʀwa(a)] *m.* Terror, espanto.

effronté, -ée [efʀɔ̃te] *adj.-s.* Descarado, da, desvergonzado, da.

effroyable [efʀwajabl(ə)] *adj.* Espantoso, sa, horrible.

égal, -ale [egal] *adj.* 1 Igual, idéntico, ca, equivalente. 2 Igual, constante, uniforme. ■ 3 *adj.-s.* Igual. Loc.: *Traiter d'~ à ~,* tratar de igual a igual. 4 *Ça m'est (bien) ~,* me da igual, me da lo mismo.

égaler [egale] [1] *tr.* 1 Igualar. 2 Equiparar.

égaliser [egalize] [1] *tr.* 1 Igualar, unificar. 2 Igualar, allanar (aplanir). ■ 3 *intr.* Empatar.

égalité [egalite] *f.* 1 Igualdad. 2 SPORTS. *Être à ~,* estar empatados, as.

égard [egaʀ] *m.* 1 Consideración *f.,* respeto. Loc. *Avoir ~ à,* tener en consideración; *en ~ à,* teniendo en cuenta, teniendo en consideración; *à l'~ de,* con respecto a, respecto de; *à tous égards,* por todos conceptos.

égarer [egaʀe] [1] *tr.* 1 Extraviar, perder (quelque chose). 2 Extraviar, descarriar (une personne). 3 fig. Desorientar, perturbar. ■ 4 *pr.* Perderse, extraviarse, desorientarse.

égayer [egeje] [21] *tr.* 1 Alegrar, regocijar. 2 Alegrar, hermosear.

égide [eʒid] *f.* Egida, égida.

églantier [eglãtje] *m.* Agavanzo, escaramujo.

églantine [eglãtin] *f.* Gavanza.

église [egliz] *f.* Iglesia.

égoïste [egɔist(ə)] *adj.-s.* Egoísta.

égorger [egɔʀʒe] [13] *tr.* Degollar.

égosiller (s') [egozije] [1] *pr.* Desgañitarse.

égout [egu] *m.* 1 Alcantarilla *f.,* cloaca *f.,* albañal. 2 *Bouche d'~,* sumidero *m.*

égoutter [egute] [1] *tr.* 1 Escurrir. 2 Secar (sécher). ■ 3 *pr.* Escurrirse, gotear.

égratigner [egʀatiɲe] [1] *tr.* 1 Arañar, rasguñar. 2 fig. Zaherir.

égrener [egʀəne] [16] *tr.* 1 Desgranar. 2 ~ *un chapelet,* pasar las cuentas de un rosario.

égyptien, -ienne [eʒipsjɛ̃, -jɛn] *adj.-s.* Egipcio, cia.

éhonté, -ée [eɔ̃te] *adj.* Desvergonzado, da.

éjaculer [eʒakyle] [1] *tr.* Eyacular.

élaboration [elabɔʀasjɔ̃] *f.* Elaboración.

élaborer [elabɔʀe] [1] *tr.* Elaborar.

élan [elã] *m.* Impulso, arranque.

élancé, -ée [elãse] *adj.* Esbelto, ta.

élancement [elãsmã] *m.* Punzada *f.* (douleur).

élancer [elãse] [12] *intr.* 1 Punzar (la douleur). ■ 2 *pr.* Lanzarse, arrojarse.

élargir [elaʀʒiʀ] [2] *tr.* 1 Ensanchar, hacer más ancho, cha. 2 fig. Ampliar, extender, generalizar. ■ 3 *pr.* Ensancharse.

élasticité [elastisite] *f.* Elasticidad.

élastique [elastik] *adj.* 1 Elástico, ca. ■ 2 *m.* Elástico (tissu). 3 Goma *f.* (ruban, bracelet en caoutchouc).

élection [elɛksjɔ̃] *f.* Elección.

électorat [elɛktɔʀa] *m.* Electorado.

électricité [elɛktʀisite] *f.* Electricidad.

électrifier [elɛktʀifje] [2] *tr.* Electrificar.

électrique [elɛktʀik] *adj.* Eléctrico, ca.

électriser [elɛktʀize] [1] *tr.* Electrizar.

électrocuter [elɛktʀɔkyte] [1] *tr.* Electrocutar.

électrode [elɛktʀɔd] *f.* Electrodo *m.*

électrogène [elɛktʀɔʒɛn] *adj.* Electrógeno, na.

électromoteur, -trice [elɛktʀɔmɔtœʀ, -tʀis] *adj.* 1 Electromotor, triz. ■ 2 *m.* Electromotor.

élégance [elegãs] *f.* Elegancia.

élégant, -ante [elegã, -ãt] *adj.-s.* Elegante.

élégie [eleʒi] *f.* Elegía.

élement [elemã] *m.* 1 Elemento. 2 Elemento (milieu).

élémentaire [elemãteʀ] *adj.* Elemental.

éléphant [elefã] *m.* Elefante.

élevage [ɛlvaʒ] *m.* 1 Cría *f.: l'~ du bétail,* la cría de ganado. 2 Ganadería *f.: un ~ de taureaux,* una ganadería de toros.

élévateur, -trice [elevatœʀ, -tʀis] *adj.* **1** Elevador, ra: *muscles élévateurs,* músculos elevadores. ■ **2** *adj.-m.* Elevador (apareil).

élévation [elevasjɔ̃] *f.* **1** Elevación. **2** ASTRON. Altura. **3** ARCHIT. Alzado *m.*

élève [elɛv] *s.* **1** Discípulo, la, alumno, na. **2** Alumno, na (écolier, collégien).

élevé, -ée [elve] *adj.* **1** Elevado, da. **2** Criado, da, educado, da.

élever [elve] [16] *tr.* **1** Elevar. **2** Levantar, erigir (un monument, etc.). **3** Alzar (la voix, le ton). **4** Oponer, suscitar (des objections, etc.). **5** Criar, educar (un enfant). **6** Criar (des animaux). ■ **7** *pr.* Elevarse. **8** Subir (la température). **9** Ascender: *la facture s'élève à mille francs,* la factura asciende a mil francos. **10** *S'~ contre,* alzarse contra.

éleveur, -euse [elvœʀ, -øz] *s.* Criador, ra, ganadero, ra.

élider [elide] [1] *tr.* Elidir.

éligible [eliʒibl(ə)] *adj.* Elegible.

éliminer [elimine] [1] *tr.* Eliminar.

élire [eliʀ] [66] *tr.* **1** Elegir. **2** *~ domicile,* fijar domicilio.

élision [elizjɔ̃] *f.* Elisión.

élixir [eliksiʀ] *m.* Elixir.

elle [ɛl] *pron.* Ella.

ellipse [elips(ə)] *f.* **1** GÉOM. Elipse. **2** GRAM. Elipsis.

elliptique [eliptik] *adj.* Elíptico, ca.

élocution [elɔkysjɔ̃] *f.* Elocución.

élogieux, -euse [elɔʒjø, -øz] *adj.* Laudatorio, ria, elogioso, sa.

éloigné, -ée [elwaɲe] *adj.* **1** Alejado, da, lejano, na, distante. **2** Remoto, ta, lejano, na (dans le temps).

éloigner [elwaɲe] [1] *tr.* **1** Alejar, apartar. **2** Diferir, retardar. ■ **3** *pr.* Alejarse, apartarse.

éloquence [elɔkɑ̃s] *f.* Elocuencia.

éloquent, -ente [elɔkɑ̃, -ɑ̃t] *adj.* Elocuente.

élu, -ue [ely] *adj.-s.* **1** Elegido, da. **2** Electo, ta (mais qui n'a pas encore exercé sa charge).

élucider [elyside] [1] *tr.* Elucidar.

éluder [elyde] [1] *tr.* Eludir.

émacié, -ée [emasje] *adj.* Demacrado, da, emaciado, da.

émail [emaj] *m.* Esmalte.

émanation [emanɑsjɔ̃] *f.* Emanación.

émancipation [emɑ̃sipɑsjɔ̃] *f.* Emancipación.

émanciper [emɑ̃sipe] [1] *tr.* **1** Emancipar. ■ **2** *pr.* Emanciparse.

émaner [emane] [1] *intr.* Emanar.

émarger [emaʀʒe] [13] *tr.* **1** Reducir, recortar el margen de (couper). **2** Marginar, firmar en el margen de (signer). ■ **3** *intr.* Cobrar (percevoir le traitement d'un emploi).

emballage [ɑ̃balaʒ] *m.* **1** Embalaje. **2** Envase (surtout pour liquides).

emballer [ɑ̃bale] [1] *tr.* **1** Embalar, empacar. **2** *~ un moteur,* embalar un motor. **3** fam. Encantar, seducir, entusiasmar. ■ **4** *pr.* fam. Entusiasmarse, arrebatarse. **5** Embalarse (un moteur).

emballeur, -euse [ɑ̃balœʀ, -øz] *s.* Embalador, ra, empacador, ra.

embarcadère [ɑ̃baʀkadɛʀ] *m.* Embarcadero.

embardée [ɑ̃baʀde] *f.* **1** Guiñada (d'un navire). **2** Bandazo *m.* (d'une voiture).

embargo [ɑ̃baʀgo] *m.* DR., MAR. Embargo.

embarquer [ɑ̃baʀke] [1] *tr.* **1** Embarcar. **2** fig. Embarcar, liar (dans une affaire). **3** fam. Detener (arrêter). ■ **4** *pr.* Embarcarse.

embarras [ɑ̃baʀa] *m.* **1** Obstáculo, dificultad *f.,* embarazo. **2** Apuro, penuria *f.,* estrechez: *être dans l'~,* estar en un apuro; *tirer d'~,* sacar de apuro. **3** Incertidumbre *f.,* duda *f.* Loc. *Avoir l'~ du choix,* tener de sobra dónde escoger. **4** Confusión *f.,* embarazo (gêne). **5** Atasco (embouteillage).

embarrassant, -ante [ɑ̃baʀasɑ̃, -ɑ̃t] *adj.* Embarazoso, sa, enojoso, sa, molesto, ta.

embarrasser [ɑ̃baʀase] [1] *tr.* **1** Embarazar, estorbar, molestar (gêner). **2** Obstruir (obstruer), atestar (encombrer). **3** Turbar, confundir, poner en un apuro (troubler). ■ **4** *pr.* Embarazarse. **5** Apurarse: *ne s'~ de rien,* no apurarse por nada.

embaucher [ɑ̃boʃe] [1] *tr.* Contratar, ajustar (des ouvriers).

embauchoir [ɑ̃boʃwaʀ] *m.* Horma *f.*

embaumer [ɑ̃bome] [1] *tr.* Embalsamar.

embellir [ɑ̃beliʀ] [3] *tr.* **1** Embellecer. ■ **2** *intr.* Volverse más hermoso, sa.

embêtant, -ante [ɑ̃bɛtɑ̃, -ɑ̃t] *adj.* fam. Fastidioso, sa, cargante.

embêter [ɑ̃bɛte] *tr.* **1** fam. Fastidiar. ■ **2** *pr.* Aburrirse (s'ennuyer).

emblée (d') [dɑ̃ble] *loc. adv.* De golpe, de rondón, de entrada.

emblème [ɑ̃blɛm] *m.* Emblema.

embobeliner [ɑ̃bɔbline] [1], **embobiner** [ɑ̃bɔbine] *tr.* fam. Embaucar.

emboîter [ɑ̃bwate] [1] *tr.* **1** Encajar, ajustar. **2** *~ le pas à quelqu'un,* ir pisando los talones de alguien; fig. seguir las pisadas de alguien.

embolie [ɑ̃bɔli] *f.* Embolia.

embonpoint [ɑ̃bɔ̃pwɛ̃] *m.* Gordura *f.*

embouché, -ée (mal) [ɑ̃buʃe] *adj.* Malhablado, a.

embouchure [ɑ̃buʃyʀ] *f.* **1** Desembocadura (d'un fleuve). **2** MUS. Embocadura, boquilla.

embourber [ɑ̃buʀbe] [1] *tr.* **1** Meter en un cenagal, un atolladero. ▪ **2** *pr.* Atollarse, atascarse, encenagarse.

embouteillage [ɑ̃butɛjaʒ] *m.* **1** Embotellado (action). **2** Embotellamiento, atasco (de véhicules).

emboutir [ɑ̃butiʀ] [3] *tr.* **1** Repujar, estampar (des métaux). **2** Abollar, hundir (une voiture).

embranchement [ɑ̃bʀɑ̃ʃmɑ̃] *m.* **1** Ramificación *f.* (des voies, des canalisations). **2** Cruce, encrucijada *f.* (croisement). **3** Rama *f.,* división *f.* (du monde animal ou végétal).

embrasement [ɑ̃bʀɑzmɑ̃] *m.* **1** Incendio. **2** Iluminación *f.*

embraser [ɑ̃bʀaze] [1] *tr.* **1** Abrasar, incendiar. **2** Iluminar. **3** fig. Inflamar, abrasar (d'une passion).

embrassade [ɑ̃bʀasad] *f.* Beso *m.,* abrazo *m.*

embrasser [ɑ̃bʀase] [1] *tr.* **1** Besar (donner un baiser). **2** Abrazar (serrer dans ses bras). **3** Abarcar. ▪ **4** *pr.* Besarse: s'~ *sur la bouche,* besarse en la boca. **5** Abrazarse.

embrasure [ɑ̃bʀazyʀ] *f.* **1** Hueco *m.,* alféizar *m.* (portes, fenêtres). **2** FORT. Tronera, cañonera.

embrayer [ɑ̃bʀeje] [21] *tr.-intr.* MÉC. Embragar.

embrocher [ɑ̃bʀɔʃe] [1] *tr.* Espetar, ensartar.

embrouiller [ɑ̃bʀuje] [1] *tr.* **1** Embrollar, enmarañar (des fils, etc.). **2** fig. Confundir, trastornar. ▪ **3** *pr.* Embrollarse.

embrumer [ɑ̃bʀyme] [1] *tr.* **1** Aneblar. **2** fig. Ensombrecer, entristecer.

embruns [ɑ̃bʀœ̃] *m. pl.* Roción *sing.* de las olas.

embryonnaire [ɑ̃bʀijɔnɛʀ] *adj.* Embrionario, ria.

embûche [ɑ̃byʃ] *f.* **1** Trampa, lazo *m.,* asechanza. **2** Emboscada.

embuscade [ɑ̃byskad] *f.* Emboscada.

éméché, -ée [emeʃe] *adj.* fam. Achispado, da.

émeraude [ɛmʀod] *f.* Esmeralda.

émerger [emɛʀʒe] *intr.* **1** Emerger. **2** fam. Despertar.

émeri [ɛmʀi] *m.* Esmeril.

émérite [emeʀit] *adj.* **1** Emérito, ta. **2** fig. Consumado, da.

émerveiller [emɛʀveje] [1] *tr.* **1** Maravillar. ▪ **2** *pr.* Maravillarse.

émettre [emɛtʀ(ə)] [60] *tr.* Emitir.

émeute [emøt] *f.* Revuelta, motín *m.*

émigrant, -ante [emigʀɑ̃, -ɑ̃t] *s.* Emigrante.

émigré, -ée [emigʀe] *adj.-s.* Emigrado, da.

émigrer [emigʀe] [1] *intr.* Emigrar.

émincer [emɛ̃se] [12] *tr.* Rebanar.

éminence [eminɑ̃s] *f.* Eminencia.

éminent, -ente [eminɑ̃, -ɑ̃t] *adj.* Eminente.

émissaire [emisɛʀ] *m.* **1** Emisario. ▪ **2** *adj. Bouc* ~, cabeza de turco, testaferro.

émission [emisjɔ̃] *f.* Emisión.

emmagasiner [ɑ̃magazine] [1] *tr.* Almacenar.

emmailloter [ɑ̃mjɔte] [1] *tr.* Fajar, envolver en pañales.

emmancher [ɑ̃mɑ̃ʃe] [1] *tr.* **1** Enmangar, enastar. **2** fam. Poner en marcha.

emmêler [ɑ̃mele] [1] *tr.* Enmarañar.

emménager [ɑ̃menaʒe] [13] *intr.* Instalarse en un nuevo piso, mudarse.

emmener [ɑ̃mne] [16] *tr.* Llevar, conducir, llevarse.

emmitoufler [ɑ̃mitufle] [1] *tr.* **1** Abrigar, arropar. ▪ **2** *pr.* Abrigarse de pies a cabeza.

emmurer [ɑ̃myʀe] [1] *tr.* Emparedar.

émoi [emwa] *m.* **1** Emoción *f.* **2** *En* ~, con sobresalto, sobresaltado, da.

émoluments [emɔlymɑ̃] *m. pl.* Emolumentos.

émonder [emɔ̃de] [1] *tr.* Escamondar, mondar.

émotif, -ive [emɔtif, -iv] *adj.-s.* Emotivo, va.

émotion [emosjɔ̃] *f.* Emoción.

émoulu, -ue [emuly] *adj.* Amolado, da.

émousser [emuse] [1] *tr.* Embotar, desafilar, despuntar.

émoustiller [emustije] [1] *tr.* fam. Animar, alegrar.

émouvant, -ante [emuvɑ̃, -ɑ̃t] *adj.* Emocionante, conmovedor, ra.

émouvoir [emuvwaʀ] [43] *tr.* **1** Emocionar, conmover. ▪ **2** *pr.* Emocionarse.

empailler [ɑ̃paje] [1] *tr.* **1** Disecar. **2** fam. *Avoir l'air empaillé,* ser torpe de aspecto.

empaler [ɑ̃pale] [1] *tr.* Empalar.

empan [ɑ̃pɑ̃] *m.* Palmo.

empanacher [ɑ̃panaʃe] [1] *tr.* Empenachar.

empaqueter [ɑ̃pakte] *tr.* Empaquetar.

emparer (s') [ɑ̃paRe] [1] *pr.* Apoderarse, adueñarse.

empâter [ɑ̃pɑte] [1] *tr.* 1 Empastar. ■ 2 *pr.* Engrosarse, engordar, hincharse.

empêcher [ɑ̃peʃe] [1] *tr.* 1 Impedir. ■ 2 *m. pers.* *N'empêche que, il n'empêche que,* esto no impide que. ■ 3 *pr.* Contenerse, evitar: *nous ne pouvions nous ~ de crier,* no podíamos contenernos de gritar.

empeigne [ɑ̃pɛɲ] *f.* Empeine *m.*

empeser [ɑ̃pəze] [16] *tr.* Almidonar.

empester [ɑ̃peste] [1] *tr.-intr.* Apestar.

empêtrer [ɑ̃petRe] [1] *tr.* 1 Trabar, enredar. 2 fig. Enredar, atar: *je suis empêtré dans un tas de problèmes,* estoy atado por una serie de problemas. ■ 3 *pr.* Atarse, liarse, enredarse.

emphatique [ɑ̃fatik] *adj.* Enfático, ca.

empiéter [ɑ̃pjete] [14] *intr.* 1 Usurpar. 2 ~ *sur,* entrar injustificadamente en, ocupar injustificadamente (un terrain, etc.). 3 Invadir.

empiffrer (s') [ɑ̃pifRe] [1] *pr.* fam. Atracarse.

empiler [ɑ̃pile] [1] *tr.* 1 Apilar. 2 fam. Estafar (duper). ■ 3 *pr.* Amontonarse.

empire [ɑ̃piR] *m.* Imperio.

empirer [ɑ̃piRe] [1] *tr.-intr.* Empeorar.

empirisme [ɑ̃pirism(ə)] *m.* Empirismo.

emplacement [ɑ̃plasmɑ̃] *m.* Sitio, emplazamiento.

emplâtre [ɑ̃plɑtR(ə)] *m.* Emplasto.

emplir [ɑ̃pliR] [3] *tr.* Llenar.

emploi [ɑ̃plwa] *m.* 1 Empleo, uso, utilización *f.* 2 Empleo, plaza *f.,* destino (situation). 3 THÉÂT. Papel.

employer [ɑ̃plwaje] [23] *tr.* Emplear, usar, utilizar.

employeur, -euse [ɑ̃plwajœR, -øz] *s.* Patrono, na, empresario, ria.

empocher [ɑ̃pɔʃe] [1] *tr.* Embolsar.

empoigner [ɑ̃pwaɲe] [1] *tr.* 1 Empuñar, agarrar. 2 Conmover (émouvoir).

empois [ɑ̃pwa] *m.* 1 Engrudo. 2 Almidón desleído (pour le linge).

empoisonner [ɑ̃pwazɔne] [1] *tr.* 1 Envenenar. 2 Apestar (odeur). 3 Amargar: *un remords qui empoisonne la vie,* un remordimiento que amarga la vida. 4 fam. Fastidiar (ennuyer).

emportement [ɑ̃pɔRtəmɑ̃] *m.* 1 Arrebato, vehemencia. *f.* 2 Cólera *f.,* ira *f.* (colère).

emporte-pièce [ɑ̃pɔRtəpjɛs] *m. invar.* 1 Sacabocado. 2 *À l'~,* mordaz, incisivo, va, punzante.

emporter [ɑ̃pɔRte] [1] *tr.* 1 Llevarse: ~ *son argent,* llevarse el dinero. 2 Conseguir, obtener, llevarse. 3 Llevar, arrancar: *un boulet lui emporta le bras,* una bala le llevó el brazo. 4 Arrastrar (la passion, etc.). 5 *L'~ sur,* triunfar, superar, aventajar. 6 MIL. Tomar. ■ 7 *pr.* Arrebatarse, encolerizarse. 8 Desbocarse (un cheval).

empoté, -ée [ɑ̃pɔte] *adj.-s.* fam. Torpe, atontado, da.

empoter [ɑ̃pɔte] [1] *tr.* Poner en tiestos.

empourprer [ɑ̃puRpRe] [1] *tr.* 1 Teñir de púrpura, enrojecer. ■ 2 *pr.* Enrojecer, ruborizarse.

empreinte [ɑ̃pRɛ̃t] *f.* 1 Huella: *empreintes digitales,* huellas digitales, dactilares. 2 fig. Impronta, sello *m.* distintivo.

empressé, -ée [ɑ̃pRese] *adj.-s.* 1 Afanoso, sa. 2 Solícito, ta, oficioso, sa, atento, ta.

empressement [ɑ̃pRɛsmɑ̃] *m.* Diligencia *f.,* solicitud *f.,* ardor.

empresser (s') [ɑ̃pRese] [1] *pr.* 1 Desvivirse, mostrarse solícito, ta, obsequioso, sa. 2 Apresurarse (se hâter).

emprise [ɑ̃pRiz] *f.* Influencia, dominio *m.*

emprisonnement [ɑ̃pRizɔnmɑ̃] *m.* Encarcelamiento.

emprunt [ɑ̃prɶ] *m.* 1 Préstamo (privé), empréstito (public). 2 Copia *f.* 3 *D'~,* falso, sa, fingido, da.

emprunter [ɑ̃prɶte] [1] *tr.* 1 Pedir, tomar prestado. 2 fig. Sacar, tomar: *beaucoup de mots français sont empruntés à l'anglais,* muchas palabras francesas están tomadas, sacadas del inglés. 3 Tomar: *nous allons ~ la route nationale,* vamos a tomar la carretera nacional.

empuantir [ɑ̃pɥɑ̃tiR] [3] *tr.* Apestar.

ému, -ue [emy] *adj.* Emocionado, da, conmovido, da.

émulation [emylasjɔ̃] *f.* Emulación.

émulsionner [emylsjɔne] [1] *tr.* Emulsionar.

en [ɑ̃] *prép.* 1 En (lieu, temps, manière, moyen, spécialité, état, situation). 2 A (lieu, en indiquant déplacement). 3 De (matière, tenue). 4 Como (avant un terme ayant fonction d'attribut). 5 Con (avant un nom à sens abstrait). 6 Al (précédant un participe présent). 7 Sans traduction dans le sens de gérondif: ~ *travaillant,* trabajando.

en [ɑ̃] *pron.* 1 De él, de ella, de ellos, de ellas, de ello (souvent sans traduction):

que pensez-vous de cet accident?, ne m'~ parlez pas, ¿qué piensa usted de ese accidente?, no me hable de ello. **2** Comme partitif, ne se traduit pas ou se traduit par *lo, la, los, las* ou bien par une expression de nombre ou de quantité: *as-tu des crayons?, j'~ ai,* ¿tienes lápices?, tengo *or* tengo algunos. **3** Sobre ello, por ello: *consultez ~ vos amis,* consulte usted a sus amigos sobre ello. **4** Loc. *C'~ est assez,* ya es bastante; *c'~ est fait,* se acabó; *s'~ aller,* marcharse; *s'~ prendre à quelqu'un,* tomarla con alguien. ■ **5** *adv.* De allí, de ahí (souvent sans traduction): *j'~ viens,* de allí vengo.

encadrement [ākɑdʀɑmɑ̃] *m.* **1** Acción *f.* de encuadrar. **2** Marco (d'un tableau). **3** Cerco (d'une fenêtre, etc.). **4** Encuadramiento (des troupes).

encadrer [ākɑdʀe] [1] *tr.* **1** Encuadrar. **2** Enmarcar. **3** Escoltar, custodiar. **4** Proveer de mandos (troupes, un personnel).

encaisse [ākɛs] *f.* COMM. Existencia, fondos *m. pl.* valores *m. pl.* en caja, encaje *m.: ~ métallique,* encaje metálico, fondos en metálico.

encaisser [ākese] [1] *tr.* **1** Encajonar. **2** COMM. Cobrar, ingresar en caja. **3** fam. Recibir, encajar (un coup, etc.), tragar, aguantar (remontrance, etc.).

encaisseur [ākɛsœʀ] *m.* Cobrador.

encan [ākā] *m.* **1** Encante, almoneda *f.* **2** *À l'~,* en pública subasta, al mejor postor (au plus offrant).

en-cas, encas [āka] *m. invar.* Tentempié, piscolabis.

encastrer [ākɑstʀe] [1] *tr.* Encajar, empotrar.

enceinte [āsɛ̃t] *f.* **1** Cerco *m.,* recinto *m.* ■ **2** *adj. f.* Embarazada, encinta (femme).

encenser [āsɑ̃se] [1] *tr.* Incensar.

encercler [āsɛʀkle] [1] *tr.* Cercar, circundar.

enchaînement [āʃɛnmɑ̃] *m.* Encadenamiento.

enchaîner [āʃene] [1] *tr.* Encadenar.

enchanté, -ée [āʃāte] *adj.* **1** Encantado, da, mágico, ca, hechizado, da. **2** fig. *~ de faire votre connaissance,* encantado de conocerle.

enchantement [āʃātmɑ̃] *m.* **1** Encantamiento, encanto, ensalmo. Loc. *Comme par ~,* como por encanto. **2** fig. Contento, placer.

enchâsser [āʃase] [1] *tr.* **1** Engastar (sertir). **2** Incrustar (incruster), insertar (insérer).

enchère [āʃɛʀ] *f.* **1** Puja. **2** Subasta. Loc. *Mettre aux enchères,* sacar a subasta.

enchérir [āʃeʀiʀ] [3] *intr.* **1** Pujar (aux enchères). **2** Encarecer (devenir plus cher). **3** *~ sur,* sobrepujar (aux enchères); fig. ir más allá.

enchevêtrer [āʃ(ə)vetʀe] [1] *tr.* **1** Enredar, embrollar. ■ **2** *pr.* Embrollarse, enredarse.

enclave [āklav] *f.* Enclave *m.*

enclaver [āklave] [1] *tr.* **1** Encerrar, contener (terrain). **2** Encajar, empotrar, enclavar (pièces).

enclin, -ine [āklɛ̃, -in] *adj.* Inclinado, da, propenso, sa.

enclos [āklo] *m.* Cercado.

enclume [āklym] *f.* Yunque *m.*

encoche [ākɔʃ] *f.* Muesca.

encodeur [ākɔdœʀ] *m.* Codificador.

encoignure [ākɔɲyʀ] *f.* **1** Rincón *m.,* esconce *m.* **2** Rinconera (meuble).

encoller [ākɔle] [1] *tr.* Encolar, engomar (un tissu).

encolure [ākɔlyʀ] *f.* **1** Cuello *m.* (du cheval). **2** Medida del cuello (mesure). **3** Abertura, escote *m.* (d'un vêtement).

encombrant, -ante [ākɔ̃bʀā, -āt] *adj.* Embarazoso, sa, que estorba.

encombrer [ākɔ̃bʀe] [1] *tr.* **1** Estorbar, obstruir, embarazar. ■ **2** *pr.* Embarazarse.

encontre (à l') [ākɔ̃tʀ(ə)] *loc. adv.* En contra: *il va toujours à l'~,* él siempre va en contra.

encore [ākɔʀ] *adv.* **1** Aún, todavía: *pas ~,* todavía no. **2** Más: *~ un peu de potage?,* ¿un poco más de sopa? **3** *loc. conj. ~ que,* aunque, aun cuando. **4** *Si ~,* si al menos. **5** *interj.* ¡Otra vez!

encorner [ākɔʀne] [1] *tr.* Cornear, empitonar.

encourager [ākuʀaʒe] [13] *tr.* **1** Alentar, animar. **2** Fomentar, estimular (arts, commerce, production, etc.).

encourir [ākuʀiʀ] [26] *tr.* Incurrir en.

encrasser [ākʀase] [1] *tr.* **1** Enmugrecer, ensuciar de grasa (de graisse), de hollín (de suie), de pringue (de saleté). ■ **2** *pr.* Enmugrecerse, ensuciarse.

encre [ākʀ(ə)] *f.* Tinta.

encrier [ākʀje] *m.* Tintero.

encroûter [ākʀute] [1] *tr.* **1** Encostrar. ■ **2** *pr.* Cubrirse de una costra. **3** fig. Volverse rutinario, ria.

encyclopédie [āsiklɔpedi] *f.* Enciclopedia.

endetter [ādete] [1] *tr.* **1** Cargar de deudas. ■ **2** *pr.* Entramparse, contraer deudas, cargarse de deudas.

endeuiller [ãdœje] [1] *tr.* Enlutar.

endiablé, -ée [ãdjable] *adj.* Endemoniado, da, endiablado, da.

endiguer [ãdige] [1] *tr.* Poner un dique a, contener con diques, encauzar.

endimancher [ãdimãʃe] *tr.* **1** Endomingar. ■ **2** *pr.* Endomingarse, emperejilarse.

endive [ãdiv] *f.* Endibia.

endoctriner [ãdɔktRine] [1] *tr.* Aleccionar.

endolorir [ãdɔlɔRiR] [3] *tr.* Lastimar, causar dolor.

endommager [ãdɔmaʒe] [13] *tr.* Estropear, deteriorar, dañar (abîmer).

endormir [ãdɔRmiR] [30] *tr.* **1** Dormir, adormecer. **2** Aburrir, dar sueño (ennuyer). **3** fig. Adormecer, acallar (une douleur, etc.). **4** Distraer, entretener (la vigilance). **5** Apagar (étouffer). ■ **6** *pr.* Dormirse, adormecerse.

endosser [ãdɔse] [1] *tr.* COMM. Endosar.

endroit [ãdRwa] *m.* **1** Sitio, lugar: *un ~ perdu,* un lugar perdido. **2** Punto, lado (côté). **3** Haz *f.,* derecho (d'un tissu). **4** Cara *f.* (d'une monnaie). **5** *loc. adv. Par endroits,* en algunas partes, acá y allá. **6** *loc. prép. À l'~ de,* para con.

enduire [ãdɥiR] [69] *tr.* Untar, embadurnar.

endurance [ãdyRãs] *f.* Resistencia.

endurant, -ante [ãdyRã, -ãt] *adj.* Sufrido, da, paciente, resistente.

endurcir [ãdyRsiR] [3] *tr.* **1** Endurecer. **2** fig. Empedernir. ■ **3** *pr.* Endurecerse, empedernirse.

endurer [ãdyRe] [1] *tr.* Soportar, sufrir, aguantar.

énergie [ãnɛRʒi] *f.* Energía.

énergique [enɛRʒik] *adj.* Enérgico, ca.

énergivore [enɛRʒivɔR] *adj.* fam. Gran consumidor de energía.

énervant, -ante [enɛRvã, -ãt] *adj.* Irritante, que pone nervioso, sa.

énerver [enɛRve] [1] *tr.* **1** Poner nervioso, sa, irritar. ■ **3** *pr.* Ponerse nervioso, sa.

enfance [ãfãs] *f.* Infancia. Loc. *Tomber en ~,* chochear.

enfant [ãfã] *s.* **1** Niño, ña: *~ gâté,* niño mimado; *~ terrible,* niño indisciplinado. **2** Hijo, ja: *les enfants d'Adam,* los hijos de Adán. ■ **3** *pl. Petits-enfants,* nietos. ■ **4** *adj. Bon ~,* bonachón, ona.

enfanter [ãfãte] [1] *tr.* **1** Alumbrar, dar a luz, parir. **2** fig. Crear, dar a luz, producir.

enfantin, -ine [ãfãtɛ̃, -in] *adj.* **1** Infantil, pueril. **2** Aniñado, da.

enfariné, -ée [ãfaRine] *adj.* Enharinado, da, empolvado, da.

enfer [ãfɛR] *m.* Infierno.

enfermer [ãfɛRme] [1] *tr.* Encerrar.

enferrer [ãfeRe] [1] *tr.* **1** Atravesar. ■ **2** *pr.* Arrojarse sobre la espada. **3** fig. Embrollarse (s'embrouiller).

enfiévrer [ãfjevRe] [14] *tr.* **1** Dar fiebre. **2** fig. Apasionar, excitar.

enfiler [ãfile] [1] *tr.* **1** Enhebrar, ensartar (une aiguille, des perles, des grains). **2** Ensartar (une épée). **3** Tomar (une rue, un chemin, etc.). **4** Ponerse: *~ son pantalon,* ponerse el pantalón.

enfin [ãfɛ̃] *adv.* **1** En fin. **2** Al fin, por último. **3** Bueno: *ce sera ennuyeux, ~, pas tellement intéressant,* será aburrido, bueno, no muy interesante.

enflammer [ãflame] [1] *tr.* **1** Inflamar. ■ **2** *pr.* Exaltarse.

enfler [ãfle] [1] *tr.* **1** Hinchar, inflar (un ballon). **2** Ahuecar (la voix).

enfoncement [ãfɔ̃smã] *m.* **1** Hundimiento. **2** Fractura *f.,* rompimiento, derribo (d'une porte, etc.). **3** Hueco (creux), concavidad *f.* (concavité). **4** Hondonada *f.* (terrain bas).

enfoncer [ãfɔ̃se] [12] *tr.* **1** Hundir. **2** Clavar (faire pénétrer). **3** Encasquetar (chapeau, idée). **4** Derribar, romper (porte, mur, etc.). **5** MIL. Derrotar. ■ **6** *intr.* Hundirse. ■ **7** *pr.* Hundirse. **8** Internarse, penetrar. **9** Engolfarse.

enfouir [ãfwiR] [3] *tr.* **1** Enterrar. **2** Esconder, ocultar (cacher). ■ **3** *pr.* Meterse (se mettre), enterrarse (se tapir); hundirse (s'enfoncer).

enfourcher [ãfuRʃe] [1] *tr.* **1** Montar: *il enfourcha sa bicyclette,* montó en su bicicleta. **2** fam. *~ son dada,* volver a su tema. **3** Ensartar con una horca.

enfourner [fuRne] [1] *tr.* **1** Enhornar, meter en el horno. **2** fam. Meter. ■ **3** *pr.* Meterse: *s'~ dans un cinéma,* meterse en un cine.

enfreindre [ãfRɛ̃dR(ə)] [55] *tr.* Infringir.

enfuir (s') [ãfɥiR] [9] *pr.* Huir.

enfumer [ãfyme] [1] *tr.* Ahumar.

engageant, -ante [ãgaʒã, -ãt] *adj.* **1** Atractivo, va (attrayant). **2** Halagüeño, ña (séduisant). **3** Prometedor, ra.

engager [ãgaʒe] [13] *tr.* **1** Empeñar (un objet, la parole). **2** Meter (quelqu'un dans une affaire). **3** Exhortar, impulsar (à faire quelque chose). **4** Contratar (des ouvriers, etc.). **5** Alistar (des soldats). **6** Encajar, meter, introducir (une chose dans une autre). **7** Entablar (un combat, un débat, etc.). **8** Comprometer (créer une obligation). ▪ **9** *pr.* Comprometerse (par une promesse, etc.). **10** Entrar, penetrar, internarse. **11** Meterse, participar (dans un combat, une discussion, une affaire). **12** Tomar partido (en matière politique, sociale ou littéraire). **13** Alistarse (dans l'armée).

engelure [ãʒlyʀ] *s.* Sabañón *m.*

engendrer [ãʒãdʀe] [1] *tr.* Engendrar.

engin [ãʒɛ̃] *m.* **1** Artefacto, instrumento, máquina *f.* ▪ **2** *pl.* Avíos, utensilios (chasse et pêche). **3** MIL. Material *sing.* de guerra. **4** Proyectiles, cohetes (missiles).

englober [ãglɔbe] [1] *tr.* Englobar.

engloutir [ãglutiʀ] [3] *tr.* **1** Engullir (avaler). **2** Tragar, tragarse (absorber, faire disparaître).

engoncer [ãgɔ̃se] [12] *tr.* Envarar.

engorgement [ãgɔʀʒəmã] *m.* **1** Atasco, obstrucción *f.* **2** MÉD. Infarto.

engouement [ãgumã] *m.* fig. Apasionamiento, admiración *f.* exagerada.

engouer (s') [ãgwe] [1] *pr.* fig. Encapricharse, apasionarse.

engouffrer [ãgufʀe] [1] *tr.* **1** Tragar, tragarse. ▪ **2** *pr.* Abismarse (s'enfoncer). **3** Precipitarse (eaux, vent, personnes).

engourdissement [ãguʀdismã] *m.* **1** Entumecimiento (des membres, du corps). **2** fig. Entorpecimiento, embotamiento (des facultés).

engrais [ãgʀɛ] *m.* **1** Abono, fertilizante. **2** Pasto (pâture), cebo (pâtée).

engraisser [ãgʀɛse] [1] *tr.* **1** Engordar, cebar. **2** AGR. Abonar, fertilizar. ▪ **3** *intr.* Engordar.

engrener [ãgʀəne] [16] *tr.* **1** Engranar, engargantar. ▪ **2** *pr.* Engranarse.

engueuler [ãgœle] [1] *tr.* pop. Echar una bronca.

enhardir [ãaʀdiʀ] [3] *tr.* **1** Animar, envalentonar. ▪ **2** *pr.* Atreverse, enardecerse, envalentonarse.

énigmatique [enigmatik] *adj.* Enigmático, ca.

énigme [enigm(ə)] *f.* Enigma *m.*

enivrant, -ante [ãnivʀã, -ãt] *adj.* Embriagador, ra.

enivrer [ãnivʀe] [1] *tr.* **1** Embriagar. ▪ **2** *pr.* Embriagarse.

enjambée [ãʒãbe] *f.* Zancada, tranco *m.*, trancada.

enjamber [ãʒãbe] [1] *tr.1* Saltar, atravesar, salvar. **2** Atravesar, pasar por encima. ▪ **3** *intr.* CONSTR. Encaballar (une poutre).

enjeu [ãʒø] *m.* **1** Puesta *f.*, cantidad *f.* que pone el jugador. **2** Lo que se juega, lo que está en juego (dans une entreprise, etc.).

enjoindre [ãʒwɛ̃dʀ(ə)] [56] *tr.* Ordenar, mandar.

enjôler [ãʒole] [1] *tr.* Engatusar, embaucar.

enjoliver [ãʒɔlive] [1] *tr.* Adornar, embellecer.

enjouement [ãʒumã] *m.* Jovialidad *f.*, buen humor.

enlacer [ãlɑse] [12] *tr.* **1** Enlazar. **2** Abrazar (étreindre). ▪ **3** *pr.* Enlazarse, abrazarse.

enlaidir [ãlediʀ] [3] *tr.* **1** Afear, hacer feo, fea. ▪ **2** *intr.* Afearse, volverse feo, fea.

enlèvement [ãlɛvmã] *m.* **1** Acción *f.* de quitar, retirada *f.* **2** Recogida *f.* (ramassage). **3** Limpia *f.* (débarras). **4** Levantamiento (levée). **5** Rapto (rapt), secuestro (kidnappage). **6** MIL. Toma *f.*

enlever [ãlve] [16] *tr.* **1** Quitar (ôter). **2** Quitarse (un vêtement). **3** Arrebatar (ravir), llevarse (emporter). **4** Levantar (soulever). **5** Raptar, secuestrar (kidnapper). **6** MIL. Tomar.

enliser [ãlize] [1] *tr.* **1** Hundir en la arena. ▪ **2** *pr.* Atascarse.

enluminer [ãlymine] [1] *tr.* **1** Iluminar, dar color. **2** fig. Enrojecer, colorear (le teint).

enluminure [ãlyminyʀ] *f.* **1** Iluminación (art.). **2** Estampa iluminada, miniatura.

ennemi, -ie [ɛnmi] *adj.-s.* Enemigo, ga.

ennoblir [ãnɔbliʀ] [3] *tr.* Ennoblecer.

ennui [ãnɥi] *m.* **1** Aburrimiento, fastidio, tedio. **2** Disgusto: *avoir des ennuis*, tener disgustos. **3** Preocupación *f.* (souci).

ennuyant, -ante [ãnɥijã, -ãt] *adj.* Fastidioso, sa.

ennuyer [ãnɥije] [22] *tr.* **1** Fastidiar (importuner). **2** Disgustar, preocupar, contrariar (contrarier). ▪ **3** *pr.* Aburrirse.

ennuyeux, -euse [ãnɥijø, -øz] *adj.* **1** Fastidioso, sa, molesto, ta, pesado, da (agaçant). **2** Aburrido, da, pesado, da.

énoncer [enɔ̃se] [12] *tr.* Enunciar.

enorgueillir [ãnɔʀgœjiʀ] [3] *tr.* **1** Enorgullecer. ▪ **2** *pr.* Engreírse, enorgullecerse.

énorme [enɔʀm(ə)] *adj.* Enorme.

énormité [enɔʀmite] *f.* Enormidad *f.*

enquérir (s') [ãkeʀiʀ] [37] *pr.* Informarse, inquirir, averiguar, preguntar.

enquête [ãkɛt] *f.* **1** Encuesta (sondage). **2** Información, investigación (de police). **3** DR. Sumario *m.*

enraciner [ɑ̃Rasine] [1] *tr.* **1** Arraigar. ■ **2** *pr.* Arraigarse, echar raíces.

enragé, -ée [ɑ̃Raʒe] *adj.* **1** Rabioso, sa. ■ **2** *adj.-s.* Fanático, ca, entusiasta.

enrayer [ɑ̃Reje] [21] *tr.* **1** fig. Detener, contener. ■ **2** *pr.* Pararse, calarse, bloquearse. **3** Encasquillarse (arme à feu).

enrégimenter [ɑ̃Reʒimɑ̃te] [1] *tr.* Enrolar, alistar, incorporar.

enregistrer [ɑ̃Rʒistre] [1] *tr.* **1** Registrar, inscribir (documents, etc.). **2** Facturar (bagages). **3** Grabar (disques, etc.). **4** Retener (la mémoire).

enrhumer [ɑ̃Ryme] [1] *tr.* **1** Resfriar, constipar, *être enrhumé*, estar resfriado. ■ **2** *pr.* Resfriarse, constiparse.

enrichir [ɑ̃Riʃir] [3] *tr.* Enriquecer.

enrober [ɑ̃Rɔbe] [1] *tr.* **1** Envolver, recubrir. **2** CUIS. Rebozar.

enrôler [ɑ̃Role] [1] *tr.* **1** Alistar, reclutar. ■ **2** *pr.* Alistarse.

enrouer [ɑ̃Rwe] [1] *tr.* Enronquecer.

enrouler [ɑ̃Rule] [1] *tr.* **1** Enrollar, arollar. ■ **2** *pr.* Enroscarse. **3** Envolverse (s'envelopper).

ensanglanter [ɑ̃sɑ̃glɑ̃te] [1] *tr.* Ensangrentar.

enseigne [ɑ̃sɛɲ] *f.* **1** Rótulo *m.*, letrero. **2** MIL. Enseña, estandarte *m.* ■ **3** *m.* MAR. Alférez.

enseignement [ɑ̃sɛɲmɑ̃] *m.* Enseñanza *f.*

enseigner [ɑ̃seɲe] [1] *tr.* Enseñar.

ensemble [ɑ̃sɑ̃bl(ə)] *adv.* **1** Conjuntamente, juntos, as. **2** A la vez (en même temps). Loc. *Tout* ~, a un tiempo. ■ **3** *m.* Conjunto.

ensemencer [ɑ̃smɑ̃se] [12] *tr.* Sembrar.

enserrer [ɑ̃seRe] [1] *tr.* **1** Encerrar, contener. **2** Apretar fuertemente (serrer de près).

ensevelir [ɑ̃səvlir] [3] *tr.* **1** Amortajar (dans un linceul). **2** Enterrar, sepultar. ■ **3** *pr.* Enterrarse.

ensoleiller [ɑ̃sɔleje] [1] *tr.* **1** Solear. **2** fig. Iluminar, alegrar.

ensorceler [ɑ̃sɔRsəle] [19] *tr.* **1** Hechizar. **2** fig. Fascinar, seducir.

ensorcellement [ɑ̃sɔRsɛlmɑ̃] *m.* Hechizo.

ensuite [ɑ̃sɥit] *adv.* **1** Después, luego, a continuación. **2** Además, en segundo lugar (d'ailleurs).

ensuivre (s') [ɑ̃sɥivR(ə)] [62] *pr.* Resultar.

entacher [ɑ̃taʃe] [1] *tr.* Mancillar.

entailler [ɑ̃taje] [1] *tr.* Cortar, entallar.

entamer [ɑ̃tame] [1] *tr.* **1** Empezar. **2** Cortar (couper). **3** Atacar, penetrar. **4** fig. Entablar, iniciar, principiar. **5** Empañar (l'honneur).

entasser [ɑ̃tase] [1] *tr.* Amontonar.

entendement [ɑ̃tɑ̃dmɑ̃] *m.* Entendimiento, juicio.

entendre [ɑ̃tɑ̃dR(ə)] [6] *tr.* **1** Oír. **2** Escuchar, atender. Loc. *À l'*~, si se le diera crédito. **3** Entender, comprender. ■ **4** Desear, querer. ■ **5** *intr.* Oír. ■ **6** *pr.* Entenderse. **7** *S'y* ~, entender de.

entendu, -ue [ɑ̃tɑ̃dy] *adj.* **1** Oído, da. **2** Entendido, da (compris). **3** *loc. adv.* *Bien* ~, ciertamente, por supuesto.

entente [ɑ̃tɑ̃t] *f.* **1** Acuerdo *m.*, inteligencia. **2** Alianza, convenio *m.* (entre États). **3** Interpretación, sentido *m.*

enterrement [ɑ̃teRmɑ̃] *m.* Entierro.

enterrer [ɑ̃teRe] [1] *tr.* Enterrar.

en-tête [ɑ̃tɛt] *m.* Membrete. **2** Encabezamiento (d'un écrit).

entêté, -ée [ɑ̃tete] *adj.-s.* Testarudo, da, terco, ca, obstinado, da.

entêter [ɑ̃tete] [1] *tr.* **1** Marear, atacar a la cabeza. ■ **2** *pr.* Obstinarse, empeñarse, obcecarse (*à*, en).

enthousiasme [ɑ̃tuzjasm(ə)] *m.* Entusiasmo.

enticher (s') [ɑ̃tiʃe] *pr.* Chiflarse, apasionarse (*de*, por).

entier, -ière [ɑ̃tje, -jɛR] *adj.-m.* Entero, ra.

entité [ɑ̃tite] *f.* Entidad.

entoiler [ɑ̃twale] [1] *tr.* Montar sobre tela.

entonner [ɑ̃tɔne] [1] *tr.* MUS. Entonar.

entonnoir [ɑ̃tɔnwaR] *m.* Embudo.

entorse [ɑ̃tɔRs(ə)] *f.* **1** Esguince *m.* **2** fig. Infracción: *faire une* ~ *à*, infringir.

entortiller [ɑ̃tɔRtije] [1] *tr.* **1** Arrollar, enroscar, envolver torciendo. **2** Enredar, embrollar (le style). **3** fam. Embaucar (tromper).

entourage [ɑ̃tuRaʒ] *m.* **1** Contorno, cerco, lo que rodea. **2** Allegados *m. pl.*, familiares *m. pl.*

entourer [ɑ̃tuRe] [1] *tr.* **1** Rodear, cercar. ■ **2** *pr. S'* ~ *de*, rodearse de.

entournure [ɑ̃tuRnyR] *f.* Sisa, sesgadura de manga.

entracte [ɑ̃tRakt(ə)] *m.* Entreacto.

entraider (s') [ɑ̃tRede] [1] *pr.* Ayudarse mutuamente.

entrailles [ɑ̃tRaj] *f. pl.* Entrañas.

entrain [ɑ̃tRɛ̃] *m.* **1** Viveza *f.*, brío. **2** Animación *f.*

entraînant, -ante [ɑ̃tRɛnɑ̃, -ɑ̃t] *adj.* **1** fig. Arrebatador, ra, que arrastra. **2** Animador, ra (personne).

entraîner [ātʀene] tr. **1** SPORTS Entrenar. **2** Ejercitar. **3** Originar, acarrear: *ce qui entraîne des conséquences,* lo que acarrea consecuencias. **4** Arrastrar: *se laisser ~,* dejarse llevar. **5** Adiestrar (habituer). **6** MÉC. Poner en movimiento.

entraîneur [ātʀɛnœʀ] m. **1** Entrenador. **2** ÉQUIT. Picador.

entraver [ātʀave] [1] tr. **1** Trabar, atar, sujetar. **2** fig. Poner trabas a, dificultar. **3** pop. Entender (comprendre).

entre [ātʀ(ə)] prép. Entre.

entrebâiller [ātʀəbaje] [1] tr. Entornar, entreabrir.

entrechat [ātʀəʃa] m. Salto, brinco.

entrecôte [ātʀəkɔt] f. Solomillo m. de vaca.

entrecouper [ātʀəkupe] [1] tr. Entrecortar.

entre-deux [ātʀədø] m. invar. **1** Hueco, espacio. **2** Entredós (de dentelle, meuble).

entrée [ātʀe] f. **1** Entrada. **2** Recibidor m., vestíbulo m. (d'un appartement). **3** Ingreso m. **4** Primer plato (d'un menu). **5** THÉÂT. Salida a escena.

entrefaites (sur ces) [syʀsezātʀəfɛt] loc. adv. En esto.

entrefilet [ātʀ(ə)filɛ] m. Suelto.

entregent [ātʀəʒā] m. Don de gentes.

entrelacer [ātʀəlase] [12] tr. Entrelazar.

entrelarder [ātʀəlaʀde] [1] tr. **1** Mechar. **2** fig. Entreverar (de citations, etc.).

entremets [ātʀəmɛ] m. Postre de cocina.

entremettre (s') [ātʀ(ə)mɛtʀ(ʀ)] pr. **1** Entremeterse, meterse, mezclarse. **2** Terciar, mediar (faire l'intermédiaire).

entremise [ātʀəmiz] f. Mediación.

entreouvrir [ātʀuvʀiʀ] tr. Entreabrir.

entreposer [ātʀəpoze] [1] tr. Almacenar, depositar.

entrepôt [ātʀəpo] m. Depósito, almacén.

entreprendre [ātʀəpʀādʀ(ə)] [52] tr. **1** Emprender. **2** Encargarse.

entrepreneur, -euse [ātʀəpʀənœʀ, -øz] s. **1** Encargado, da. **2** Empresario, ria. ■ **3** m. CONSTR. Contratista.

entreprise [ātʀəpʀiz] f. Empresa.

entrer [ātʀe] [1] intr. **1** Entrar. **2** THÉÂT. Salir a escena. **3** interj. *Entrez!,* ¡adelante! ■ **4** tr. Entrar, introducir.

entresol [ātʀəsɔl] m. Entresuelo.

entre-temps [ātʀətā] m. **1** Intervalo, intermedio. ■ **2** adv. Entretanto, mientras tanto.

entretenir [ātʀətniʀ] [36] tr. **1** Mantener, sostener. **2** Mantener, cuidar, conservar. **3** Hablar a alguien: *nous allons l'~*

de cette affaire, le vamos a hablar de este asunto. ■ **4** pr. Conversar, tener una conversación.

entretien [ātʀətjɛ̃] m. **1** Mantenimiento, manutención f. **2** Conservación f., entretenimiento. **3** Limpieza f. **4** Conservación f. **5** Audiencia f.

entrevoir [ātʀəvwaʀ] [46] tr. Entrever.

entrevue [ātʀəvy] f. Entrevista.

énumérer [enymeʀe] [14] tr. Enumerar.

envahir [āvaiʀ] [3] tr. Invadir.

envahisseur [āvaisœʀ] m. Invasor.

enveloppe [āvlɔp] f. **1** Envoltura, cubierta. **2** Sobre m. (d'une lettre).

envelopper [āvlɔpe] [1] tr. **1** Envolver. **2** Rodear (entourer). ■ **3** pr. Envolverse, cubrirse, embozarse.

envenimer [āvnime] [1] tr. **1** Envenenar. **2** Enconar (une blessure).

envergure [āvɛʀgyʀ] f. Envergadura.

envers [āvɛʀ] m. **1** Revés, envés, vuelta f., reverso. **2** loc. adv. *À l'~,* al revés. ■ **3** prép. Para con, hacia, respecto a (à l'égard de).

envi (à l') [alāvi] loc. adv. A porfía, a cual mejor.

enviable [āvjabl(ə)] adj. Envidiable.

envie [āvi] f. **1** Envidia. **2** Gana, ganas pl., deseo m. **3** Antojo m. (de femme enceinte, tache sur la peau). **4** Respigón m., padrastro m. (au doigt).

envier [āvje] [2] tr. **1** Envidiar. **2** Ambicionar (convoiter).

environ [āviʀõ] adv. Aproximadamente, alrededor de, unos, unas.

environner [āviʀɔne] [1] tr. Circundar, rodear.

envisager [āvizaʒe] [13] tr. **1** Considerar, examinar. **2** Tomar en consideración, tener presente (prendre en considération). **3** Enfocar. **4** Pensar.

envoi [āvwa] m. **1** Envío, remesa f. **2** RHÉT. Estrofa f. final de una balada. **3** SPORTS *Coup d'~,* saque.

envoler (s') [āvɔle] [1] pr. **1** Alzar el vuelo, volarse. **2** Despegar (un avión). **3** fam. Desaparecer. **4** Volar, huir, correr (le temps, etc.).

envoûter [āvute] [1] tr. Maleficiar, hechizar, embrujar.

envoyer [āvwaje] [24] tr. **1** Enviar, mandar. **2** Arrojar, tirar, lanzar. **3** Dar, arrimar, arrear (un coup). ■ **4** pr. fam. Echarse al coleto (avaler), cargarse (un travail, etc.).

épagneul, -eule [epaɲœl] s. Podenco, ca.

épais, -aisse [epɛ, -ɛs] adj. **1** Grueso, sa.

2 Tupido. **3** Espeso, sa, ancho, cha. **4** Espeso, sa (liquide). **5** Espeso, sa, denso, sa. **6** fig. Rudo, da, basto, ta. **7** *Langue épaisse,* lengua pastosa. ▪ **8** *adv.* Apretadamente.

épaisseur [epesœʀ] *f.* **1** Espesor *m.* (d'un mur, etc.). **2** Espesura (d'un feuillage, etc.).

épanchement [epɑ̃ʃmɑ̃] *m.* **1** Derramamiento. **2** MÉD. Derrame. **3** fig. Expansión *f.,* efusión *f.*

épancher [epɑ̃ʃe] [1] *tr.* **1** Derramar. **2** fig. Desahogar, expansionar. ▪ **3** *pr.* MÉD. Derramarse. **4** fig. Desahogarse, explayarse.

épandre [epɑ̃dʀ(ə)] [6] *tr.* Esparcir, desparramar.

épanouir [epanwiʀ] [3] *tr.* **1** Abrir (les fleurs). **2** Dilatar (l'esprit, etc.). **3** Alegrar (la mine): *visage épanoui,* cara alegre.

épargner [epaʀɲe] [1] *tr.* **1** Ahorrar, economizar. **2** Escatimar. **3** Ahorrarse (temps, peine). **4** Perdonar, exceptuar.

éparpiller [epaʀpije] [1] *tr.* Esparcir, dispersar.

épars, -arse [epaʀ, -aʀs(ə)] *adj.* Esparcido, da, disperso, sa.

épatant, -ante [epatɑ̃, -ɑ̃t] *adj.* fam. Estupendo, da.

épaté, -ée [epate] *adj.* **1** Aplastado, da. **2** fam. Estupefacto, ta, patidifuso, sa.

épater [epate] [1] *tr.* fam. Pasmar, dejar patidifuso, sa.

épaule [epol] *f.* **1** Hombro *m.* **2** Codillo *m.* (d'un quadrupède).

épaulement [epolmɑ̃] *m.* Espaldón, parapeto.

épauler [epole] [1] *tr.* **1** Apoyar en el hombro (un fusil). **2** fig. Apoyar, ayudar, favorecer (quelqu'un). **3** CONSTR. Apuntalar, sostener.

épaulette [epolɛt] *f.* **1** Tirante *m.* (lingerie féminine). **2** Hombrera (rembourrage). **3** MIL. Charretera.

épave [epav] *f.* **1** Pecio *m.* **2** Restos *m. pl.* (d'un naufrage, après une ruine, etc.). **3** fig. Persona abatida, miserable.

épée [epe] *f.* Espada.

épeler [eple] [19] *tr.* Deletrear.

éperdu, -ue [epeʀdy] *adj.* **1** Loco, ca, desatinado, da: ~ *de joie,* loco de alegría. **2** Violento, ta, loco, ca (violent).

éperon [epʀɔ̃] *m.* **1** Espuela *f.* **2** Espolón (du coq, du chien). **3** FORT. Esperonte. **4** MAR. Espolón, esperón, tajamar.

éperonner [epʀɔne] [1] *tr.* **1** Espolear. **2** fig. Estimular.

épervier [epeʀvje] *m.* **1** Esparavel (filet). **2** Gavilán (oiseau).

éphémère [efemeʀ] *adj.* **1** Efímero, ra. ▪ **2** *m.* Efímera *f.,* cachipolla *f.* (insecte).

éphéméride [efemeʀid] *f.* Efemérides *pl.*

épi [epi] *m.* **1** Espiga *f.* (du blé, etc.), mazorca *f.,* panoja *f.* (du maïs). **2** Remolino (de cheveux). **3** Espigón (d'une jetée).

épice [epis] *f.* Especia.

épicerie [episʀi] *f.* Tienda de comestibles, de ultramarinos, abacería.

épicier, -ière [episje, -jeʀ] *s.* Tendero, ra de comestibles, de ultramarinos, abacero, ra.

épidémie [epidemi] *f.* Epidemia.

épier [epje] [2] *tr.* Espiar, acechar.

épieu [epjø] *m.* Venablo, chuzo.

épigramme [epigʀam] *f.* Epigrama *m.*

épigraphe [epigʀaf] *f.* Epígrafe *m.*

épilation [epilɑsjɔ̃] *f.* Depilación.

épilepsie [epilɛpsi] *f.* Epilepsia.

épilogue [epilɔg] *m.* **1** Epílogo. **2** fig. Desenlace, conclusión *f.*

épinard [epinaʀ] *m.* Espinaca *f.*

épine [epin] *f.* **1** Espina. **2** ANAT. ~ *dorsale,* espina dorsal, espinazo *m.* **3** ~ *du nez,* caballete *m.* de la nariz.

épineux, -euse [epinø, -øz] *adj.* **1** Espinoso, sa. **2** fig. Peliagudo, da.

épingle [epɛ̃gl(ə)] *f.* **1** Alfiler *m.* **2** ~ *de sûreté, de nourrice,* imperdible *m.; ~ à cheveux,* horquilla.

épinière [epinjeʀ] *adj.* **Moelle ~,** médula espinal.

épiphanie [epifani] *f.* Epifanía, día *m.* de Reyes.

épiscopal, -ale [episkɔpal] *adj.* Episcopal.

épisode [epizɔd] *m.* Episodio.

épisodique [epizɔdik] *adj.* Episódico, ca.

épistolaire [epistɔleʀ] *adj.* Epistolar.

épitaphe [epitaf] *f.* Epitafio *m.*

épithète [epitɛt] *f.* Epíteto *m.*

épître [epitʀ(ə)] *f.* Epístola.

éploré, -ée [eplɔʀe] *adj.* Hecho, cha un mar de lágrimas, desconsolado, da.

éplucher [eplyʃe] [1] *tr.* **1** Mondar, limpiar (légumes). **2** fig. Espulgar, examinar minuciosamente.

épluchure [eplyʃyʀ] *f.* Mondadura, despojo *m.*

epointer [epwɛ̃te] *tr.* Despuntar.

éponge [epɔ̃ʒ] *f.* Esponja.

éponger [epɔ̃ʒe] [13] *tr.* **1** Secar con esponja. **2** Enjugar, enjugarse. **3** fig. Enjugar, absorber. ▪ **4** *pr.* Enjugarse (visage, front).

épopée [epɔpe] *f.* Epopeya.

époque [epɔk] *f.* Época.

épouiller [epuje] [1] *tr.* Despiojar.

épouse [epuz] *f.* Esposa.

épouser [epuze] [1] *tr.* **1** Casarse con. **2** fig. Abrazar, adoptar (idées, doctrines, etc.). **3** Adaptarse a, ajustarse a, amoldarse a (une forme).

épousseter [epuste] [20] *tr.* Desempolvar, limpiar el polvo, sacudir el polvo de.

épouvantable [epuvãtabl(ə)] *adj.* Espantoso, sa.

épouvantail [epuvãtaj] *m.* **1** Espantapájaros, espantajo. **2** fam. Esperpento (personne laide). **3** Fantasma.

époux [epu] *m.* Esposo.

éprendre (s') [eprãdr(ə)] [52] *pr.* Prendarse, enamorarse.

épreuve [eprœv] *f.* **1** Prueba, ensayo *m.* (essai, expérience). **2** Aflicción, pena, desgracia. **3** Examen *m.* **4** IMPR., MATH., PHOT., SPORTS. Prueba.

épris, -ise [epri, -iz] *adj.* Enamorado, da, prendado, da.

éprouver [epruve] [1] *tr.* **1** Probar, ensayar, poner a prueba. **2** Sufrir (subir). **3** Experimentar, sentir (ressentir). **4** Castigar (frapper).

éprouvette [epruvɛt] *f.* Tubo *m.* de ensayo, probeta.

épuisant, -ante [epɥizã, -ãt] *adj.* Agotador, ra.

épuiser [epɥize] [1] *tr.* **1** Agotar. ■ **2** *pr.* Agotarse. **3** fig. Extenuarse.

épurer [epyre] [1] *tr.* **1** Depurar, purificar. **2** Mejorar, refinar (goût, langage, etc.).

équateur [ekwatœr] *m.* Ecuador.

équation [ekwasjɔ̃] *f.* Ecuación.

équatorial, -ale [ekwatɔrjal] *adj.* **1** Ecuatorial. ■ **2** *m.* ASTRON. Ecuatorial.

équerre [ekɛr] *f.* Escuadra, cartabón *m.*

équestre [ekɛstr(ə)] *adj.* Ecuestre.

équidistant, -ante [ekidistã, -ãt] *adj.* Equidistante.

équilatéral, -ale [ekilateral] *adj.* Equilátero, ra.

équilibre [ekilibr(ə)] *m.* Equilibrio.

équilibriste [ekilibrist(ə)] *s.* Equilibrista.

équinoxe [ekinɔks(ə)] *m.* Equinoccio.

équipage [ekipaʒ] *m.* **1** Tripulación *f.* (d'un bateau, d'un avion). **2** MIL. Impedimenta *f.,* bagaje: *train des équipages,* tren de campaña.

équipe [ekip] *f.* **1** Equipo *m.* **2** Cuadrilla, brigada (d'ouvriers).

équipée [ekipe] *f.* Escapada (escapade), calaverada (fredaine).

équipement [ekipmã] *m.* **1** Equipo, suministro (action d'équiper). **2** Equipo (matériel, vêtements).

équiper [ekipe] [1] *tr.* **1** Equipar. **2** MAR. Armar.

équitation [ekitasjɔ̃] *f.* Equitación.

équité [ekite] *f.* Equidad.

équivalence [ekivalãs] *f.* Equivalencia.

équivalent, -ente [ekivalã, -ãt] *adj.* Equivalente.

équivoque [ekivɔk] *adj.* **1** Equívoco, ca. ■ **2** *f.* Equívoco *m.*

érable [erabl(ə)] *m.* Arce.

éradication [eradikasjɔ̃] *f.* Erradicación.

érafler [erafle] [1] *tr.* Rasguñar, rozar, arañar.

érailler [eraje] [1] *tr.* **1** Rasgar, abrir (un tissu). ■ **2** *pr.* Enronquecerse (la voix).

ère [ɛr] *f.* Era: ~ *chrétienne,* era cristiana.

érection [erɛksjɔ̃] *f.* Erección.

éreintant, -ante [erɛ̃tã, -ãt] *adj.* Extenuante.

éreinter [erɛ̃te] [1] *tr.* **1** Derrengar, deslomar. **2** fig. Reventar de cansancio (fatiguer). **3** Desacreditar, echar por tierra, despellejar (critiquer). ■ **4** *pr.* Derrengarse, deslomarse.

ergonomique [ɛrgɔnɔmik] *adj.* Ergonómico.

ergot [ɛrgo] *m.* **1** Espolón. **2** Cornezuelo (des céréales).

ergoter [ɛrgɔte] [1] *intr.* Tergiversar, discutir naderías.

ériger [eriʒe] [13] *tr.* **1** Erigir. ■ **2** *pr.* Erigirse.

ermitage [ɛrmitaʒ] *m.* **1** Ermita *f.* **2** fig. Casita *f.* de campo apartada y solitaria.

ermite [ɛrmit] *m.* Ermitaño, eremita.

érosion [erozjɔ̃] *f.* Erosión.

érotique [erɔtik] *adj.* Erótico, ca.

érotisme [erɔtism] *m.* Erotismo.

errant, -ante [erã, -ãt] *adj.* Errante.

erratique [eratik] *adj.* Errático, ca.

errements [ermã] *m. pl.* Procedimientos habituales, hábitos.

errer [ere] [1] *intr.* Andar errante, vagabundear.

erreur [erœr] *f.* **1** Error *m.* **2** Yerro *m.* (dans la conduite).

erroné, -ée [erɔne] *adj.* Erróneo, ea.

éructer [erykte] [1] *intr.* Eructar, erutar.

érudition [erydisjɔ̃] *f.* Erudición.

éruption [erypsjɔ̃] *f.* Erupción.

esbroufeur, -euse [ɛsbrufœr, -øz] *s.* Escuderón, fachendoso, sa.

escabeau [ɛskabo] *m.* Escabel.

escadre [ɛskadʀ(ə)] *f.* MAR. Escuadra.

escadrille [ɛskadʀij] *f.* Escuadrilla.

escadron [ɛskadʀɔ̃] *m.* Escuadrón.

escalade [ɛskalad] *f.* Escalada, escalo *m.*

escalader [ɛskalade] [1] *tr.* Escalar.

escale [ɛskal] *f.* Escala.

escalier [ɛskalje] *m.* Escalera *f.*

escalope [ɛskalɔp] *f.* Lonja, tajada fina.

escamoter [ɛskamɔte] [1] *tr.* Escamotear.

escapade [ɛskapad] *f.* **1** Escapatoria, escapada (fuite, évasion). **2** Calaverada (équipée).

escarbille [ɛskaʀbij] *f.* Carbonilla.

escarcelle [ɛskaʀsɛl] *f.* Escarcela.

escargot [ɛskaʀgo] *m.* Caracol.

escarmouche [ɛskaʀmuʃ] *f.* Escaramuza.

escarpé, -ée [ɛskaʀpe] *adj.* Escarpado, da.

escarpin [ɛskaʀpɛ̃] *m.* Escarpín.

escarpolette [ɛskaʀpɔlɛt] *f.* Columpio *m.*

escient [ɛsjɑ̃] *loc. adv. À bon* ~, a sabiendas, con entero conocimiento.

esclaffer (s') [ɛsklafe] *pr.* Soltar la carcajada.

esclandre [ɛsklɑ̃dʀ(ə)] *m.* Escándalo.

esclavage [ɛsklavaʒ] *m.* Esclavitud *f.*

esclave [ɛskla(ɑ)v] *adj.-s.* Esclavo, va.

escompte [ɛskɔ̃t] *m.* COMM. Descuento.

escorter [ɛskɔʀte] [1] *tr.* Escoltar.

escouade [ɛskwad] *f.* **1** Cuadrilla. **2** MIL. Escuadra.

escrime [ɛskʀim] *f.* Esgrima.

escrimer (s') [ɛskʀime] [1] *pr.* **1** Esforzarse, desalmarse, afanarse (*à,* en).**2** Pelearse, bregar, batirse.

escrimeur, -euse [ɛskʀimœʀ, -øz] *s.* Esgrimidor, ra.

escroc [ɛskʀo] *m.* Estafador, timador.

escroquerie [ɛskʀɔkʀi] *f.* Estafa, timo *m.*

espace [ɛspas] *m.* Espacio.

espacer [ɛspase] [12] *tr.* Espaciar.

espadon [ɛspadɔ̃] *m.* Pez espada.

espadrille [ɛspadʀij] *f.* Alpargata.

espagnol, -ole [ɛspaɲɔl] *adj.-s.* Español, la.

espagnolette [ɛspaɲɔlɛt] *f.* Falleba.

espèce [ɛspɛs] *f.* **1** Especie, clase. **2** *loc. adj.* fam. ~ *de,* pedazo de, so. ■ **3** *pl.* Metálico *m. sing.,* dinero *m. sing.*

espérance [ɛspeʀɑ̃s] *f.* Esperanza.

espérer [ɛspeʀe] [14] *tr.* Esperar: *j'espère vous revoir bientôt,* espero volver a veros pronto.

espièglerie [ɛspjɛglǝʀi] *f.* Travesura.

espionnage [ɛspjɔnaʒ] *m.* Espionaje.

esplanade [ɛsplanad] *f.* Explanada.

espoir [ɛspwaʀ] *m.* Esperanza *f.*

esprit [ɛspʀi] *m.* **1** Espíritu. **2** Mente *f.,* pensamiento. **3** Juicio, razón *f.* **4** Ánimo, intención *f.* **5** Agudeza *f.,* ingenio (vivacité). **6** Carácter. **7** *Bel* ~, hombre culto, o que pretende serlo. **8** Aparecido, fantasma: *croire aux esprits,* creer en fantasmas.

esquif [ɛskif] *m.* Esquife.

esquille [ɛskij] *f.* Esquirla.

esquimau [ɛskimo] *adj.-s.* **1** Esquimal. ■ **2** *m.* Polo (glace).

esquintant, -ante [ɛskɛ̃tɑ̃, ɑ̃t] *adj.* Fatigoso, sa, pesado, da.

esquinter [ɛskɛ̃te] *tr.* fam. **1** Escacharrar (appareil). **2** Poner de vuelta y media. **3** Dejar molido, da. ■ **4** *pr.* fam. Matarse: *s'esquinter à faire quelque chose,* matarse haciendo algo.

esquisser [ɛskise] [1] *tr.* **1** Esbozar, bosquejar. **2** Esbozar (un geste, etc.).

essai [ɛsɛ] *m.* **1** Ensayo, prueba *f.* **2** Ensayo (ouvrage littéraire; au rugby).

essaim [ɛsɛ̃] *m.* Enjambre.

essayage [ɛsejaʒ] *m.* Prueba *f.: un bon tailleur fait plusieurs essayages,* un buen sastre hace varias pruebas.

essayer [ɛseje] [21] *tr.* **1** Probar, ensayar: ~ *une robe,* probar un vestido; ~ *un nouveau procédé,* ensayar un nuevo procedimiento. ■ **2** *intr.* Intentar, tratar de (tâcher).

essayiste [ɛsejist(ə)] *m.* Ensayista, autor de ensayos.

essence [ɛsɑ̃s] *f.* **1** Gasolina. **2** Esencia: ~ *de lavande,* esencia de espliego. **3** Extracto (extrait). **4** PHILOS. Esencia. **5** BOT. Especie (d'un arbre).

essentiel, -elle [ɛsɑ̃sjɛl] *adj.* **1** Esencial. ■ **2** *m: l'*~, lo esencial, la mayor parte *f.*

esseulé, -ée [ɛsœle] *adj.* Solo, la, solitario, ria.

essieu [ɛsjø] *m.* Eje.

essor [ɛsɔʀ] *m.* **1** Impulso. **2** fig. Elevación *f.,* vuelo (de l'esprit, etc.). **3** Desarrollo (développement).

essorer [ɛsɔʀe] [1] *tr.* Escurrir.

essouffler [ɛsufle] [1] *tr.* **1** Ahogar, sofocar, quitar la respiración. ■ **2** *pr.* Ahogarse. **3** fig. Perder facultades, perder la inspiración.

essuie-main, essuie-mains [ɛsɥimɛ̃] *m. invar.* Toalla.

essuyer [ɛsɥije] [22] *tr.* **1** Enjugar, secar. **2** Limpiar. **3** fig. Sufrir, soportar, aguantar. ■ **4** *pr.* Secarse, limpiarse.

est [ɛst] *m.* Este.

estacade [ɛstakad] *f.* Estacada.

estafette [ɛstafɛt] *f.* Estafeta.

estafilade [ɛstafilad] *f.* Cuchillada.

estaminet [ɛstaminɛ] *m.* Cafetín.

estampe [ɛstɑ̃p] *f.* Estampa.

estamper [ɛstɑ̃pe] [1] *tr.* **1** Estampar. **2** fam. Estafar.

estampiller [ɛstɑ̃pije] [1] *tr.* Sellar, estampillar.

esthète [ɛstɛt] *s.* Esteta.

esthéticien, -enne [ɛstetisjɛ̃, ɛn] *s.* Esteticista.

esthétique [ɛstetik] *adj.* **1** Estético, ca. ■ **2** *f.* Estética.

estimation [ɛstimɑsjɔ̃] *f.* Estimación, evaluación.

estime [ɛstim] *f.* Estima.

estival, -ale [ɛstival] *adj.* Estival.

estoc [ɛstɔk] *m.* Estoque.

estocade [ɛstɔkad] *f.* Estocada.

estomac [ɛstɔma] *m.* **1** Estómago. **2** fam. *Avoir de l'~,* tener agallas.

estomaquer [ɛstɔmake] [11] *tr.* fam. Sorprender desagradablemente, dejar estupefacto, ta.

estomper [ɛstɔpe] [1] *tr.* Esfuminar.

estrade [ɛstrad] *f.* **1** Estrado *m.,* tarima. **2** SPORTS Cuadrilátero *m.* (boxe).

estragon [ɛstragɔ̃] *m.* Estragón.

estropié, -ée [ɛstrɔpje] *adj.-s.* Lisiado, da.

estuaire [ɛstyɛʀ] *m.* Estuario.

esturgeon [ɛstyʀʒɔ̃] *m.* Esturión.

et [e] *conj.* **1** Y. **2** E (devant les mots commençant par *i* ou *hi*).

étable [etabl(ə)] *f.* Establo *m.*

établi [etabli] *m.* Banco: ~ *de menuisier,* banco de carpintero.

établir [etabliʀ] [3] *tr.* **1** Establecer (installer, instaurer). **2** Instituir: ~ *un tribunal,* instituir un tribunal. **3** Colocar (dans un emploi), casar (marier). **4** Probar, demostrar (démontrer). ■ **5** *pr.* Establecerse.

établissement [etablismɑ̃] *m.* Establecimiento.

étage [etaʒ] *m.* **1** Piso. **2** Plano, capa *f.* (d'un terrain). **3** Cuerpo (d'une fusée).

étager [etaʒe] [13] *tr.* Escalonar.

étagère [etaʒɛʀ] *f.* Estante *m.,* anaquel *m.* (tablette), estante *m.* (meuble).

étai [etɛ] *m.* **1** Puntal. **2** fig. Apoyo, sostén. **3** MAR. Estay.

étain [etɛ̃] *m.* Estaño.

étalage [etalaʒ] *m.* **1** Escaparate (vitrine). **2** Exposición *f.*

étaler [etale] [1] *tr.* **1** Exponer (exposer). **2** Desplegar, extender (déplier). **3** Escalonar (échelonner). **4** fig. Ostentar, hacer alarde de (luxe, etc.). ■ **5** *pr.* fam. Caerse.

étalon [etalɔ̃] *m.* **1** Marco, patrón de pesas y medidas. **2** Talón, patrón monetario (monnaie): ~ *or,* patrón oro. **3** Semental (cheval). **4** Garañón (âne).

étamer [etame] [1] *tr.* **1** Estañar. **2** Azogar (les miroirs).

étamine [etamin] *f.* **1** Estameña (tissu). **2** BOT. Estambre *m.*

étanche [etɑ̃ʃ] *adj.* **1** Hermético, ca, impermeable. **2** MAR. Estanco, ca.

étancher [etɑ̃ʃe] [1] *tr.* **1** Restañar, contener (le sang). **2** ~ *la soif,* apagar la sed. **3** Enjugar (les larmes). **4** Estancar (les eaux).

étançon [etɑ̃sɔ̃] *m.* Puntal.

étang [etɑ̃] *m.* **1** Estanque (artificiel). **2** Laguna *f.* (naturel). **3** ~ *salé,* albufera *f.*

étape [etap] *f.* Etapa.

état [eta] *m.* **1** Estado: ~ *d'âme,* estado de ánimo; ~ *de santé,* estado de salud. **2** Oficio, profesión *f.* **3** ~ *civil,* registro civil. **4** Estado, escrito, relación *f.* (écrit). **5** Estado: *coup d'~,* golpe de Estado. **6** *loc. adv. En* ~, en buen orden, en buen estado. **7** *loc. prép. Hors d'~ de,* imposibilitado, da para.

état-major [etamaʒɔʀ] *m.* **1** Estado mayor. **2** Plana *f.* mayor (comité de direction).

étau [eto] *m.* Tornillo de banco.

étayer [eteje] [21] *tr.* **1** Apuntalar. **2** fig. Apoyar, sostener.

etc. [ɛtsetɛʀa] *(abrév.* et cætera) etc.

été [ete] *m.* **1** Verano, estío. ■ **2** *p. p.* de *être.*

éteignoir [etɛɲwaʀ] *m.* Apagador, apagavelas.

éteindre [etɛ̃dʀ(ə)] [55] *tr.* **1** Apagar, extinguir. **2** fig. Apagar: *couleur éteinte,* color apagado. **3** *pr.* Apagarse. **4** Morir, apagarse (mourir).

étendard [etɑ̃daʀ] *m.* Estandarte.

étendre [etɑ̃dʀ(ə)] [6] *tr.* **1** Extender. **2** Esparcir: ~ *les cartes sur la table,* esparcir los naipes en la mesa. **3** Tender: ~ *du linge,* tender ropa. **4** Extender, alargar, estirar: ~ *les jambes,* alargar las piernas. **5** Tender, acostar, tumbar. **6** Ampliar. ■ **7** *pr.* Tenderse, tumbarse.

étendue [etɑ̃dy] *f.* **1** Extensión, superficie. **2** Alcance *m.* (de la vue, de la voix).

éternel, -elle [etɛʀnɛl] *adj.* **1** Eterno, na. **2** Perpetuo, tua.

éternité [etɛʀnite] *f.* Eternidad.

éternuement [etɛʀnymɑ̃] *m.* Estornudo.

éthéré, -ée [etere] *adj.* Etéreo, rea.

éthique [etik] *adj.* **1** Ético, ca. ▪ **2** *f.* Ética.

ethnique [etnik] *adj.* Étnico, ca.

ethnographie [etnɔgʀafi] *f.* Etnografía.

étiage [etjaʒ] *m.* Estiaje.

étincelant, -ante [etɛ̃slɑ̃, -ɑ̃t] *adj.* Centelleante, relumbrante.

étincelle [etɛ̃sɛl] *f.* **1** Chispa, centella. **2** *fig.* Destello *m.,* chispa.

étioler [etjɔle] [1] *tr.* **1** Delimitar, empobrecer: *la maladie l'a étiolé,* la enfermedad lo ha debilitado. **2** AGR. Ahilar. ▪ **3** *pr.* AGR. Ahilarse.

étique [etik] *adj.* Descarnado, da, seco, ca, esquelético, ca.

étiqueter [etikte] [20] *tr.* Etiquetar, rotular.

étiquette [etikɛt] *f.* Etiqueta.

étirer [etiʀe] [1] *tr.* **1** Estirar, alargar. **2** MÉTAL. Estirar. ▪ **3** *pr.* Estirarse, desperezarse.

étoffe [etɔf] *f.* **1** Tela, tejido *m.* **2** *fig.* Dotes *f. pl.,* valer *m.,* calidad. **3** *fig. Avoir l'~ d'un chef,* tener madera de jefe.

étoffer [etɔfe] [1] *tr.* **1** Nutrir, llenar, enriquecer (un récit, etc.). ▪ **2** *pr.* Tomar cuerpo.

étoile [etwal] *f.* **1** Estrella: *~ filante,* estrella fugaz. Loc. fam. *Coucher à la belle ~,* dormir al raso. **2** *~ de mer,* estrella de mar.

étole [etɔl] *f.* Estola.

étonnant, -ante [etɔnɑ̃, -ɑ̃t] *adj.* Asombroso, sa.

étonner [etɔne] [1] *tr.* **1** Asombrar, sorprender, extrañar. ▪ **2** *pr.* Asombrarse: *ne s'~ de rien,* no asombrarse por nada.

étouffée (à l') [aletufe] *loc. adv.* CUIS. Al vapor, en vasija tapada, estofado, da.

étouffer [etufe] [1] *tr.* **1** Ahogar, sofocar. **2** Amortiguar (un son). **3** Echar tierra a (une affaire, un scandale). **4** Ahogar (un soupir, etc.). ▪ **5** *intr.* Ahogarse, respirar con dificultad. **6** *~ de rire,* reventar de risa.

étoupe [etup] *f.* Estofa.

étourdi, -ie [etuʀdi] *adj.-s.* Atolondrado, da.

étourdir [etuʀdiʀ] [3] *tr.* Atolondrar, aturdir.

étourdissant, -ante [etuʀdisɑ̃, -ɑ̃t] *adj.* **1**

Atolondrador, ra, que aturde. **2** *fig.* Sorprendente, extraordinario, ria.

étourneau [etuʀno] *m.* Estornino.

étrange [etʀɑ̃ʒ] *adj.* Extraño, ña, raro, ra.

étranger, -ère [etʀɑ̃ʒe, -ɛʀ] *adj.-s.* **1** Extranjero, ra. **2** Forastero, ra (d'une autre ville). **3** Extraño, ña (qui n'est pas de la même famille, etc.). ▪ **4** *adj.* Ajeno, na (à quelque chose). ▪ **5** *m.* Extranjero: *voyager à l'~,* viajar al extranjero.

étrangeté [etʀɑ̃ʒte] *f.* Extrañeza, rareza.

étrangler [etʀɑ̃gle] [1] *tr.* **1** Estrangular. **2** *fig.* Ahogar: *~ la liberté,* ahogar la libertad. ▪ **3** *intr.-pr.* Ahogarse (de colère, etc.). ▪ **4** *pr.* Atragantarse.

être [etʀ(ə)] *intr.* **1** Ser: *tu es bon,* tú eres bueno; *cela est en bois,* esto es de madera. Loc. *Cela étant,* siendo así; *comme si de rien n'était,* como quien no quiere la cosa. **2** *C'est, ce sera, ce sont,* etc., es, será, son: *ce sont mes amis,* son mis amigos. **3** Estar: *~ malade,* estar enfermo, *~ à Madrid,* estar en Madrid. Loc. *~ à même de,* estar en condiciones de; *si j'étais toi,* yo de ti, si yo estuviera en tu lugar. **4** *~ à* (et infinitif), estar por: *tout est à refaire,* todo está por rehacer. **5** Existir. **6** *Y ~,* acertar, caer (comprendre): *vous n'y êtes pas,* no acierta usted. Loc. *N'y ~ pour rien,* no tener nada que ver en esto. **7** *En ~,* andar, estar: *où en es-tu de ton roman*?, ¿por dónde andas de tu novela? ▪ **8** *impers.* Ser: *il est une heure,* es la una. Loc. *Il est à,* es de: *il est à desirer,* es de desear. *Il est,* Haber: *il n'est pire sourd que celui qui ne veut pas entendre,* no hay peor sordo que el que no quiere oír. **10** Ocurrir, suceder: *il en est de,* ocurre, sucede. ▪ **11** *auxil.* Ser (voix passive), haber (dans les temps composés): *nous sommes allés,* hemos ido. ▲ En general, on traduit *être* par *ser:* a) dans la voix passive; b) lorsque l'attribut du sujet est un substantif ou qu'il désigne une qualité permanente, un nombre, la matière ou la possession. On le traduit par *estar* quand il s'agit d'un lieu, d'un état ou d'une qualité transitoire.

être [etʀ(ə)] *m.* **1** Ser, ente: *l'Être suprême,* el Ser supremo. **2** *Ser: êtres vivants,* seres vivos. **3** Alma *f.*

étreindre [etʀɛ̃dʀ(ə)] [55] *tr.* **1** Abrazar, estrechar (serrer). **2** Oprimir (oppresser).

étrenne [etʀɛn] *f.* **1** Aguinaldo *m.* **2** *Avoir l'~ de,* estrenar.

étrenner [etʀene] [1] *tr.* **1** Estrenar. ▪ **2** *intr.* Ser el primero en recibir.

étrier [etʀje] *m.* **1** Estribo (de la selle). **2** ANAT. Estribo.

étriller [etʀije] [1] *tr.* **1** Almohazar. **2** fig. Zurrar (battre). **3** Desollar, desplumar (faire payer trop cher).

étriper [etʀipe] [1] *tr.* Destripar.

étriqué, -ée [etʀike] *adj.* **1** Estrecho, cha, exiguo, gua. **2** fig. Estrecho, cha, mezquino, na.

étroit, -oite [etʀwa, -wat] *adj.* **1** Estrecho, cha. **2** *loc. adv.* **À l'~,** con estrechez (vivre, etc.).

étude [etyd] *f.* **1** Estudio *m.* **2** Bufete *m.* (de notaire, d'avocat, etc.). ▪ **3** *pl.* Carrera *sing.*: **faire ses études d'ingénieur,** estudiar la carrera de ingeniero.

étudiant, -ante [etydjã, -ãt] *adj.-s.* Estudiante.

étudier [etydje] [2] *tr.* Estudiar.

étui [etɥi] *m.* **1** Estuche. **2** Funda *f.* (à violon, etc.).

étuve [etyv] *f.* Estufa.

étuvée (à l') [aletyve] *loc. adv.* CUIS. Al vapor, en vasija tapada, estofado, da.

étuver [etyve] [1] *tr.* **1** Desinfectar en estufa, esterilizar. **2** CUIS. Estofar.

étymologie [etimɔlɔzi] *f.* Etimología.

eucalyptus [økaliptys] *m.* Eucalipto.

eunuque [ønyk] *m.* Eunuco.

euphémisme [øfemism(ə)] *m.* Eufemismo.

euphonie [øfɔni] *f.* Eufonía.

euphorie [øfɔʀi] *f.* Euforia.

eurochèque [øʀoʃek] *m.* Eurocheque.

eurocrate [øʀokʀat] *s.* Eurócrata.

européen, -enne [øʀɔpeẽ, -ɛn] *adj.-s.* Europeo, pea.

eux [ø] *pron. pers.* Ellos.

évacuation [evakɥasjɔ̃] *f.* Evacuación.

évacuer [evakɥe] [1] *tr.* Evacuar.

évader (s') [evade] [1] *pr.* Evadirse.

évaluer [evalɥe] [1] *tr.* Evaluar, valorar (à, en).

évanescent, -ente [evanesã, -ãt] *adj.* Evanescente.

évangélique [evãʒelik] *adj.* Evangélico, ca.

évangile [evãʒil] *m.* Evangelio.

évanouir (s') [evanwiʀ] [3] *pr.* **1** Desvanecerse. **2** Desmayarse (une personne).

évanouissement [evanwismã] *m.* Desvanecimiento, desmayo.

évaporation [evapɔʀasjɔ̃] *f.* Evaporación.

évaporer [evapɔʀe] [1] *tr.* **1** Evaporar. ▪ **2** *pr.* fig. fam. Eclipsarse.

évasif, -ive [evazif, -iv] *adj.* Evasivo, va.

évasion [eva(α)zjɔ̃] *f.* Evasión.

évêché [eveʃe] *m.* Obispado.

éveil [evej] *m.* **1** Despertar. **2** fig. Alerta *f.* (alerte): **donner l'~,** dar la alerta.

éveillé, -ée [eveje] *adj.* **1** Despierto, ta. **2** fig. Listo, ta, vivo, va, despierto, ta (vif).

éveiller [eveje] [1] *tr.* Despertar.

événement [evɛnmã] *m.* Acontecimiento.

éventail [evãtaj] *m.* Abanico.

éventer [evãte] [1] *tr.* **1** Aventar, airear, orear. **2** Abanicar (avec un éventail). **3** fig. Descubrir, divulgar. Loc. fig. **~ la mèche,** descubrir el pastel. ▪ **4** *pr.* Abanicarse. **5** Echarse a perder (vin, etc.).

éventrer [evãtʀe] [1] *tr.* Destripar, despanzurrar.

éventuel, -elle [evãtɥel] *adj.* Eventual.

évêque [evɛk] *m.* Obispo.

évertuer (s') [evɛʀtɥe] [1] *pr.* Esforzarse, afanarse (à, en).

évidement [evidmã] *m.* **1** Vaciado. **2** Hueco (creux), escotadura *f.* (échancrure).

évidemment [evidamã] *adv.* Evidentemente, desde luego.

évider [evide] [1] *tr.* Vaciar.

évier [evje] *m.* Fregadero.

évincer [evɛ̃se] [12] *tr.* **1** Desposeer. **2** Apartar, eliminar.

éviter [evite] [1] *tr.* **1** Evitar. **2** Esquivar.

évocation [evɔkasjɔ̃] *f.* Evocación.

évoluer [evɔlɥe] [1] *intr.* Evolucionar.

évolution [evɔlysjɔ̃] *f.* Evolución.

évoquer [evɔke] [1] *tr.* **1** Evocar. **2** DR. Avocar.

exacerber [ɛgzasɛʀbe] [1] *tr.* Exacerbar.

exact, -acte [ɛgza(kt), akt(ə)] *adj.* Exacto, ta.

exactitude [ɛgzaktityd] *f.* Exactitud.

exagération [ɛgzaʒeʀasjɔ̃] *f.* Exageración.

exagérer [ɛgzaʒeʀe] [14] *tr.* **1** Exagerar. ▪ **2** *intr.* fam. Tomarse demasiadas confianzas.

exalté, -ée [ɛgzalte] *adj.-s.* Exaltado, da.

exalter [ɛgzalte] [1] *tr.* **1** Exaltar, ensalzar. ▪ **2** *pr.* Entusiasmarse, exaltarse.

examen [ɛgzamẽ] *m.* **1** Examen. **2** Reconocimiento: **~ médical,** reconocimiento médico.

examiner [ɛgzamine] [1] *tr.* **1** Examinar. **2** Reconocer (un médecin).

exaspération [ɛgzaspeʀasjɔ̃] *f.* Exasperación.

exaspérer [ɛgzaspeʀe] [14] *tr.* Exasperar.

excavation [ɛkskavasjɔ̃] *f.* Excavación.

excédant, -ante [ɛksedã, -ãt] *adj.* **1** Excedente, sobrante, excesivo, va. **2** *fig.* Molesto, ta, cargante (irritant).

excédent [ɛksedã] *m.* Superávit (d'un budget), exceso, sobrante (de poids, etc.).

excéder [ɛksede] [14] *tr.* **1** Exceder, sobrepasar. **2** Ir más allá, pasar, excederse: ~ *son pouvoir,* excederse en el poder. **3** Exasperar, crispar (exaspérer).

excellence [ɛksɛlãs] *f.* Excelencia: *par ~,* por excelencia; *Votre ~,* Vuestra Excelencia.

excellent, -ente [ɛksɛlã, -ãt] *adj.* Excelente.

exceller [ɛksele] [1] *intr.* Sobresalir, descollar, distinguirse.

excentricité [ɛksãtʀisite] *f.* Excentricidad.

excepter [ɛksɛpte] [1] *tr.* Exceptuar.

exception [ɛksɛpjɔ̃] *f.* Excepción. *loc. prép. À l'~ de,* con, a excepción de.

excès [ɛksɛ] *m.* **1** Exceso. **2** *loc. adv. À l'~,* con exceso.

excitant, -ante [ɛksitã, -ãt] *adj.* **1** Excitante. ■ **2** *m.* Excitante, estimulante.

exciter [ɛksite] [1] *tr.* **1** Excitar, provocar, estimular. ■ **2** *pr.* Excitarse.

exclamation [ɛksklamasjɔ̃] *f.* **1** Exclamación. **2** *Point d'~,* signo de admiración.

exclamer (s') [ɛksklame] [1] *pr.* Exclamar, prorrumpir en exclamaciones.

exclure [ɛksklyʀ] [78] *tr.* Excluir.

exclusif, -ive [ɛksklyzif, -iv] *adj.* **1** Exclusivo, va. ■ **2** *f.* Exclusiva.

excommunier [ɛkskɔmynje] [2] *tr.* Excomulgar.

excrément [ɛkskʀemã] *m.* Excremento.

excrétion [ɛkskʀesjɔ̃] *f.* Excreción.

excroissance [ɛkskʀwasãs] *f.* Excrecencia.

excursion [ɛkskyʀsjɔ̃] *f.* Excursión.

excuse [ɛkskyz] *f.* Excusa, disculpa. Loc. *Faire des excuses,* disculparse.

excuser [ɛkskyze] [1] *tr.* **1** Disculpar, excusar, perdonar, dispensar: *excusez-moi,* perdóneme usted, dispénseme. ■ **2** *pr.* Disculparse, excusarse.

exécrable [ɛgzekʀabl(ə)] *adj.* Execrable.

exécrer [ɛgzekʀe, -ɛks-] [14] *tr.* Execrar.

exécuter [ɛgzekyte] [1] *tr.* **1** Ejecutar. ■ **2** *pr.* Decidirse, resolverse.

exécutif, -ive [ɛgzekytif, -iv] *adj.-m.* Ejecutivo, va.

exécution [ɛgzekysjɔ̃] *f.* Ejecución.

exemplaire [ɛgzãplɛʀ] *adj.-m.* Ejemplar.

exemple [ɛgzãpl(ə)] *m.* **1** Ejemplo. **2** *loc.*

adv. Par ~, por ejemplo. **3** *loc. interj. Par ~!,* ¡vaya!, ¡anda!

exempt, empte [ɛgzã, -ãt] *adj.* Exento, ta.

exempté, -ée [ɛgzãte] *adj.-s* Exento, -ta.

exemption [ɛgzãpsjɔ̃] *f.* Exención.

exercer [ɛgzɛʀse] [12] *tr.* **1** Adiestrar, instruir. **2** Cultivar: ~ *sa mémoire,* cultivar la memoria. **3** Practicar, ejercer. **4** Poner a prueba. **5** Poner en acción: ~ *son influence,* poner en acción la influencia. ■ **6** *pr.* Ejercitarse, entrenarse. **7** Manifestarse (contre quelqu'un).

exercice [ɛgzɛʀsis] *m.* Ejercicio.

exhaler [ɛgzale] [1] *tr.* **1** Exhalar (odeur, soupir, etc.). **2** fig. Desahogar (douleur, colère, etc.). ■ **3** *pr.* Desprenderse (odeur).

exhibition [ɛgzibisjɔ̃] *f.* Exhibición.

exhortation [ɛgzɔʀtasjɔ̃] *f.* Exhortación.

exhorter [ɛgzɔʀte] [1] *tr.* Exhortar.

exhumer [ɛgzyme] [1] *tr.* Exhumar.

exigence [ɛgziʒãs] *f.* Exigencia.

exiger [ɛgziʒe] [13] *tr.* Exigir.

exigu, -uë [ɛgzigy] *adj.* Exiguo, gua.

exil [ɛgzil] *m.* Exilio, destierro.

exiler [ɛgzile] [1] *tr.* **1** Desterrar, exilar. ■ **2** *pr.* Expatriarse.

existant, -ante [ɛgzistã, -ãt] *adj.* Existente.

existence [ɛgzistãs] *f.* Existencia.

exister [ɛgziste] [1] *intr.* Existir.

exode [ɛgzɔd] *m.* Éxodo.

exonérer [ɛgzɔneʀe] [14] *tr.* Exonerar.

exorbitant, -ante [ɛgzɔʀbitã, -ãt] *adj.* Exorbitante.

exorcisme [ɛgzɔʀsism(ə)] *m.* Exorcismo.

exorde [ɛgzɔʀd(ə)] *m.* RHET. Exordio.

exotique [ɛgzɔtik] *adj.* Exótico, ca.

expansif, -ive [ɛkspãsif, -iv] *adj.* Expansivo, va.

expansion [ɛkspãsjɔ̃] *f.* Expansión.

expatrier [ɛkspatʀije] [2] *tr.* Expatriar.

expectation [ɛkspɛktãsjɔ̃] *f.* Expectación.

expectorer [ɛkspɛktɔʀe] [1] *tr.-intr.* Expectorar.

expédient, -ente [ɛkspedjã, -ãt] *adj.* **1** Conveniente, oportuno, na. ■ **2** *m.* Recurso, remedio, solución *f.*

expédier [ɛkspedje] [2] *tr.* **1** Expedir, remitir (envoyer). **2** *fig. fam.* Despachar (faire rapidement, tuer). **3** Despachar, quitarse de encima (se débarrasser de quelqu'un).

expéditif, -ive [ɛkspeditif, -iv] *adj.* Expeditivo, va.

expédition [ɛkspedisjɔ̃] *f.* Expedición.

expérience [ɛkspeʀjãs] *f.* 1 Experiencia. 2 Experimento *m.* (de physique, etc.).

expérimental, -ale [ɛkspeʀimãtal] *adj.* Experimental.

expérimenter [ɛkspeʀimãte] [1] *tr.* Experimentar.

expert, -erte [ɛkspɛʀ, -ɛʀt(ə)] *adj.* 1 Experto, ta. ■ 2 *m.* Perito.

expertiser [ɛkspɛʀtize] [1] *tr.* Hacer la peritación de, examinar pericialmente.

expier [ɛkspje] [2] *tr.* Expiar.

expiration [ɛkspiʀasjɔ̃] *f.* 1 Expiración. 2 Vencimiento *m.* (d'un délai, etc.).

expirer [ɛkspiʀe] [1] *tr.* 1 Espirar (de l'air). ■ 2 *intr.* Expirar (mourir). 3 Vencer (un délai, un contrat, etc.).

explétif, -ive [ɛkspletif, -iv] *adj.* Expletivo, va.

explication [ɛksplikasjɔ̃] *f.* Explicación.

explicite [ɛksplisit] *adj.* Explícito, ta.

expliquer [ɛksplike] [1] *tr.* Explicar.

exploit [ɛksplwa] *m.* 1 Hazaña *f.,* proeza *f.* 2 DR. Notificación *f.*

exploiter [ɛksplwate] [1] *tr.* 1 Explotar. 2 Sacar provecho de (tirer profit).

explorateur, -trice [ɛksplɔʀatœʀ, -tʀis] *s.* Explorador, ra.

explorer [ɛksplɔʀe] [1] *tr.* Explorar.

explosif, -ive [ɛksplozif, -iv] *adj.* 1 Explosivo, va. ■ 2 *m.* Explosivo.

explosion [ɛksplozjɔ̃] *f.* Explosión.

exportation [ɛkspɔʀtasjɔ̃] *f.* Exportación.

exporter [ɛkspɔʀte] [1] *tr.* Exportar.

exposant, -ante [ɛkspozã, -ãt] *s.* 1 Expositor, ra. ■ 2 *m.* MATH. Exponente.

exposé [ɛkspoze] *m.* 1 Informe (rapport). 2 Relato circunstanciado (récit). 3 Memoria *f.* (dissertation). 4 Exposición *f.* (description).

exposer [ɛkspoze] [1] *tr.* 1 Exponer (un tableau, una raison, sa vie). 2 Orientar (dans une direction). 3 PHOT. Exponer. ■ 4 *pr.* Exponerse.

exposition [ɛkspozisjɔ̃] *f.* 1 Exposición. 2 Orientación.

exprès, -esse [ɛkspʀɛs] *adj.* 1 Expreso, sa, terminante (ordre, etc.). 2 Urgente: *lettre* ~, carta urgente. ■ 3 *m.* Propio, mensajero. ■ 4 [ɛkspʀɛ] *adv.* Adrede, aposta, expresamente: *fait* ~, hecho adrede.

express [ɛkspʀɛs] *adj.-s.* Tren expreso, exprés.

expressif, -ive [ɛkspʀɛsif, -iv] *adj.* Expresivo, va.

expression [ɛkspʀɛsjɔ̃] *f.* Expresión.

exprimer [ɛkspʀime] [1] *tr.* 1 Expresar. 2 Exprimir, extraer (le jus). ■ 3 *pr.* Expresarse.

exproprier [ɛkspʀɔpʀije] [2] *tr.* Expropiar.

expulsion [ɛkspylsjɔ̃] *f.* Expulsión.

expurger [ɛkspyʀʒe] [13] *tr.* Expurgar.

exquis, -ise [ɛkski, -iz] *adj.* Exquisito, ta.

extase [ɛkstaz] *f.* Éxtasis *m.*

extasier (s') [ɛkstazje] [2] *pr.* Extasiarse.

extatique [ɛkstatik] *adj.* Extático, ca.

extensif, -ive [ɛkstãsif, -iv] *adj.* Extensivo, va.

extension [ɛkstãsjɔ̃] *f.* Extensión.

exténuer [ɛkstenɥe] [1] *tr.* Extenuar.

extérieur, -eure [ɛksteʀjœʀ] *adj.-m.* Exterior.

extérioriser [ɛksteʀjɔʀize] [1] *tr.* Exteriorizar.

exterminer [ɛkstɛʀmine] [1] *tr.* Exterminar.

externe [ɛkstɛʀn(ə)] *adj.-s.* Externo, na.

extincteur [ɛkstɛ̃ktœʀ] *m.* Extintor.

extinction [ɛkstɛ̃ksjɔ̃] *f.* 1 Extinción. 2 ~ *de voix,* afonía.

extirper [ɛkstiʀpe] [1] *tr.* Extirpar.

extorsion [ɛkstɔʀsjɔ̃] *f.* Extorsión.

extra [ɛkstʀa] *adj.* 1 fam. Extra, superior. ■ 2 *m.* Suplemento, extraordinario (dans un restaurant, etc.). 3 Persona *f.* contratada para servicio accidental.

extraction [ɛkstʀaksjɔ̃] *f.* Extracción.

extradition [ɛkstʀadisjɔ̃] *f.* Extradición.

extraire [ɛkstʀɛʀ] [58] *tr.* Extraer.

extrait [ɛkstʀɛ] *m.* 1 Extracto, esencia *f.* (d'une substance). 2 Resumen, compendio, extracto (d'un livre, etc.). 3 Partida *f.,* fe *f.:* ~ *de naissance,* partida de nacimiento; ~ *de baptême,* fe de bautismo.

extraordinaire [ɛkstʀaɔʀdinɛʀ] *adj.* Extraordinario, ria.

extravagance [ɛkstʀavagãs] *f.* Extravagancia.

extravagant, -ante [ɛkstʀavagã, -ãt] *adj.-s.* Extravagante.

extrême [ɛkstʀɛm] *adj.* 1 Extremo, ma, extremado, da. ■ 2 *m.* Extremo.

extrême-onction [ɛkstʀɛmɔ̃ksjɔ̃] *f.* Extremaunción.

extrémité [ɛkstʀemite] *f.* 1 Extremidad, extremo *m.* 2 *Être à la dernière* ~, estar en la agonía, en las últimas. ■ 3 *pl.* Extremidades (pieds, mains). 4 Actos *m.* de violencia.

exubérance [ɛgzybeʀãs] *f.* Exuberancia.

exubérant, -ante [ɛgzybeʀã, -ãt] *adj.* Exuberante.

exulter [ɛgzylte] [1] *intr.* Exultar, regocijarse.

F

f [ɛf] *m.* F *f.*
fa [fɑ(a)] *m.* MUS. Fa.
fable [fɑbl(ə)] *f.* Fábula.
fabricant [fabʀikɑ̃] *m.* Fabricante.
fabrique [fabʀik] *f.* Fábrica.
fabriquer [fabʀike] [1] *tr.* Fabricar.
fabuleux, -euse [fabylø, -øz] *adj.* Fabuloso, sa.
façade [fasad] *f.* Fachada.
face [fas] *f.* **1** Cara, rostro *m.,* faz. Loc. *À la ~ de,* a los ojos de, en presencia de; *de ~,* de frente; *en ~ de,* enfrente de, frente a; *~ à ~,* cara a cara; *faire ~ à,* estar enfrente de; fig. hacer frente a. **2** Anverso *m.* (d'une monnaie). **3** Cara, lado *m.* (côté). **4** GÉOM. Cara. **5** fig. Faceta, aspecto *m.,* cariz *m.*
facétieux, -euse [fasesjø, -øz] *adj.* Bromista, chancero, ra.
facette [fasɛt] *f.* Faceta.
fâcher [faʃe] [1] *tr.* **1** Disgustar, enojar, enfadar (mécontenter). ■ **2** *pr.* Enfadarse.
fâcheux, -euse [faʃø, -øz] *adj.* **1** Enojoso, sa, enfadoso, sa. **2** Inoportuno, na. ■ **3** *m.* Importuno.
facial, -ale [fasjal] *adj.* Facial.
facile [fasil] *adj.* Fácil. *~ à, de,* fácil de.
facilité [fasilite] *f.* Facilidad.
façon [fasɔ̃] *f.* **1** Manera, modo *m.* **2** Hechura (exécution, forme). **3** AGR. Labor. **4** Estilo *m.* ■ **5** *pl.* Maneras, modales *m.* (manières). **6** Remilgos *m.* **7** loc. adv. *De toute ~,* de todos modos.
faconde [fakɔ̃d] *f.* Facundia.
façonner [fasɔne] [1] *tr.* **1** Dar forma a. **2** TECHN. Tornear, trabajar. **3** AGR. Labrar.
fac-similé [faksimile] *m.* Facsímil.
facteur [faktœʀ] *m.* **1** Cartero. **2** MUS. Fabricante de instrumentos. **3** fig. Factor: *le ~ temps,* el factor tiempo. **4** MATH. Factor.
facture [faktyʀ] *f.* Factura.
facturer [faktyʀe] [1] *tr.* Facturar.

facultatif, -ive [fakyltatif, -iv] *adj.* Facultativo, va.
faculté [fakylte] *f.* Facultad.
fadaise [fadɛz] *f.* Tontería, simpleza, sandez.
fade [fad] *adj.* Soso, sa, insípido, da.
fagot [fago] *m.* Haz de leña.
faible [fɛbl(ə)] *adj.* **1** Débil. **2** Escaso, sa (peu important). **3** Flojo, ja: *vin ~,* vino flojo; *étudiant ~,* estudiante flojo. ■ **4** *m.* Débil. Loc. *~ d'esprit,* débil mental. **5** Flaco, punto flaco (point faible). **6** Debilidad *f.,* flaco (penchant).
faiblesse [fɛblɛs] *f.* **1** Debilidad. **2** Desmayo *m.* (évanouissement). **3** Flaqueza (défaut).
faiblir [feblir] [3] *intr.* **1** Decaer, debilitarse. **2** Flaquear (le courage, etc.). **3** Amainar (le vent).
faïence [fajɑ̃s] *f.* Loza. **2** *Carreau de ~,* azulejo.
faillir [fajiʀ] [28] *intr.* **1** Estar a punto de, faltar poco para: *il a failli manquer le train,* ha estado a punto de perder el tren. **2** Fallar (la mémoire). **3** Faltar: *~ à sa promesse,* faltar a su promesa.
faillite [fajit] *f.* **1** COMM. Quiebra. **2** fig. Quiebra.
faim [fɛ] *f.* Hambre.
fainéant, -ante [fɛneɑ̃, -ɑ̃t] *adj.-s.* Holgazán, ana.
faire [fɛʀ] [10] *tr.* **1** Hacer. Loc. *~ la paix,* hacer las paces; *~ fortune,* hacer fortuna; *~ savoir,* hacer saber, participar; *~ ses dents,* echar los dientes; *~ du tennis,* jugar al tenis; *~ du piano,* tocar el piano; *se laisser ~,* no oponer resistencia; *il ne fait que crier,* no hace más que gritar; *bonne à tout ~,* criada para todo. **2** Hacerse, echarlas de: *~ le généreux,* echarlas de generoso. **3** Proveerse de (s'approvisionner): *~ de l'essence,* proveerse de gasolina. **4** Estudiar: *~ sa médecine,* estudiar para médico. **5** Cometer (une erreur, etc.). **6** Decir, res-

ponder: «*et alors?*» fis-je, «*à y qué?*», dije yo. **7** Dar: ~ *un pas, une promenade, pitié,* dar un paso, un paseo, lástima. **8** tener, contraer (une maladie). **9** THÉAT. Interpretar el papel de. ▪ **10** *intr.* Hacer: ~ *pour le mieux,* hacer lo posible. **11** Obrar: *en* ~ *à sa tête,* obrar a su capricho. **12** ~ *bien,* quedar bien; ~ *bien avec,* ir bien, armonizar con. ▪ **13** *impers.* Hacer: *il fait froid,* hace frío. ▪ **14** *pr.* Hacerse: *se* ~ *avocat,* hacerse abogado. **15** Suceder: *il pourrait se* ~, podría suceder. **16** *Se* ~ *à,* hacerse a, acostumbrarse a. **17** *S'en* ~, preocuparse, inquietarse por.

faire-part [fɛʀpaʀ] *m.* **1** Participación *f.* de boda (de mariage). **2** Esquela *f.* de defunción (de décès).

faisan [fəzã] *m.* Faisán.

faisander [fəzãde] [1] *tr.* Manir (viandes).

faisceau [fɛso] *m.* **1** Haz, manojo. **2** MIL. Pabellón.

faiseur, -euse [fəzœʀ, -øz] *s.* **1** Hacedor, ra. **2** Artífice. ▪ **3** *m.* Embaucador.

fait [fɛ] *m.* **1** Hecho. Loc. *Le* ~ *accompli,* el hecho consumado. **2** *loc. adv. Au* ~, a propósito; *par le* ~, *de* ~, *en* ~, realmente, en realidad; *tout à* ~, por completo. *loc. prép. En* ~ *de,* en materia de. *loc. conj. Du* ~ *que,* por el hecho de que.

fait, faite [fɛ, fɛt] *adj.* **1** Hecho, cha: *bien* ~, bien hecho; ~ *pour,* hecho para. **2** Loc. *Tout* ~, confeccionado, da (vêtements).

falaise [falɛz] *f.* Acantilado *m.*

fallacieux, -euse [fa(l)lasjø, -øz] *adj.* Falaz.

falloir [falwaʀ] [50] *impers.* **1** Ser necesario, preciso, menester, haber que (suivi d'un verbe), hacer falta, necesitar (suivi d'un nom): *il faut le faire,* es necesario hacerlo; *il le faut,* es necesario; *il lui faut du repos,* necesita descanso. **2** Tener que (obligation personnelle): *il faut que tu viennes,* tienes que venir. **3** *Une personne comme il faut,* una persona como es debido.

falot, -ote [falo, ɔt] *adj.* Insulso, sa, insignificante.

falsification [falsifikasjɔ̃] *f.* Falsificación.

famé, -ée [fame] *adj. Mal* ~, de mala fama.

famélique [famelik] *adj.* Famélico, ca.

fameux, -euse [famø, -øz] *adj.* Famoso, sa.

familier, -ière [familje, -jɛʀ] *adj.-m.* **1** Familiar. ▪ **2** *m.* Íntimo, ma. **3** Asiduo, ua (habitué).

famille [famij] *f.* Familia.

famine [famin] *f.* Hambre.

fanal [fanal] *m.* **1** MAR. Fanal. **2** Farola *f.* (d'un port).

fanatique [fanatik] *adj.-s.* Fanático, ca.

fanatisme [fanatism] *m.* Fanatismo.

fane [fan] *f.* **1** Hoja (de plantes potagères). **2** Hoja seca (sèche).

faner [fane] [1] *tr.* **1** Marchitar (flétrir). ▪ **2** *pr.* Marchitarse.

fanfare [fɑ̃faʀ] *f.* **1** MUS. Marcha militar. **2** Charanga (musiciens).

fanfaron, -onne [fɑ̃faʀɔ̃, -ɔn] *adj.-s.* Fanfarrón, ona, jactancioso, sa.

fange [fɑ̃ʒ] *f.* Fango *m.*

fanon [fanɔ̃] *m.* **1** Papada *f.* (de bœuf). **2** Cerneja *f.* (des chevaux). **3** Barba *f.* (de baleine).

fantaisie [fɑ̃tezi] *f.* **1** Fantasía. **2** Capricho *m.,* antojo *m.* (caprice).

fantasque [fɑ̃task(ə)] *adj.* Antojadizo, za, caprichoso, sa.

fantastique [fɑ̃tastik] *adj.* Fantástico, ca.

fantoche [fɑ̃tɔʃ] *m.* Fantoche, títere.

fantôme [fɑ̃tom] *m.* Fantasma.

faon [fɑ̃] *m.* **1** Cervato (petit cerf). **2** Gamezno (petit damin). **3** Corcino (petit chevreuil).

farandole [faʀɑ̃dɔl] *f.* Farándula.

farce [faʀs(ə)] *f.* **1** CUIS. Relleno *m.* **2** THÉAT. Farsa. **3** Bufonada, broma (plaisanterie).

farceur, -euse [faʀsœʀ, -øz] *s.* Bromista.

farcir [faʀsiʀ] [3] *tr.* **1** CUIS. Rellenar. **2** PÉJ. Atiborrar.

fard [faʀ] *m.* Pintura *f.,* afeite.

fardeau [faʀdo] *m.* Carga *f.,* peso.

farder [faʀde] [1] *tr.* **1** Maquillar. **2** fig. Disfrazar, encubrir. ▪ **3** *pr.* Maquillarse.

farfadet [faʀfadɛ] *m.* Duendecillo.

farfouiller [faʀfuje] [1] *intr.* fam. Revolver.

faribole [faʀibɔl] *f.* Paparrucha.

farine [faʀin] *f.* Harina.

farouche [faʀuʃ] *adj.* **1** Salvaje (animal). **2** Arisco, ca, huraño, ña (personne). **3** Feroz (acharné).

fascinant, -ante [fasinã, -ãt] *adj.* Fascinante.

fasciner [fasine] [1] *tr.* Fascinar.

fascisme [faʃism(ə)] *m.* Fascismo.

faste [fast(ə)] *m.* **1** Fausto, magnificencia. *f.* ▪ **2** *adj.* Fasto, ta: *jour* ~, día fasto.

fastidieux, -euse [fastidjø, -øz] *adj.* Fastidioso, sa, aburrido, da.

fastueux, -euse [fastɥø, -øz] *adj.* Fastuoso, sa.

fat, fate [fa(t)] *adj.-s.* Fatuo, ua.

fatal, -ale [fatal] *adj.* Fatal.

fatalité [fatalite] *f.* Fatalidad.

fatidique [fatidik] *adj.* Fatídico, ca.

fatigant, -ante [fatigã, -ãt] *adj.* Fatigoso, sa, cansado, da.

fatiguer [fatige] [1] *tr.* **1** Fatigar, cansar: *je suis fatigué,* estoy cansado. ■ **2** *pr.* Fatigarse, cansarse (*de,* de).

fatras [fatʀa] *m.* Fárrago.

fatuité [fatɥite] *f.* Fatuidad.

faubourg [fobuʀ] *m.* Arrabal, suburbio.

faucher [foʃe] [1] *tr.* **1** AGR. Guadañar. **2** fig. Segar. **3** fam. Birlar (volver).

faucille [fosij] *f.* Hoz.

faucon [fokɔ̃] *m.* Halcón.

faufiler [fofile] [1] *tr.* **1** Hilvanar. ■ **2** *pr.* Colarse, deslizarse.

fausser [fose] [1] *tr.* **1** Falsear (altérer, dénaturer). **2** Doblar, torcer (forcer, tordre).

fausset [fosɛ] *m.* Falsete.

fausseté [foste] *f.* Falsedad.

faute [fot] *f.* **1** Falta. *loc. prép.* ~ *de,* a falta de; ~ *de mieux,* a falta de otra cosa; por no (seguido de un infinitivo). *loc. adv. Sans ~,* sin falta. **2** Culpa: *c'est de ma ~, c'est ma ~,* es culpa mía.

fautif, -ive [fotif, -iv] *adj.* **1** Culpable. **2** Erróneo, ea, equivocado, da (erroné).

fauve [fov] *adj.* **1** Feroz, salvaje (animaux). **2** Leonado, da (couleur). ■ **3** *m.* Fiera *f.*

fauvette [fovɛt] *f.* Curruca.

faux [fo] *f.* Guadaña.

faux, fausse [fo, fos] *adj.* **1** Falso, sa. Loc. ~ *jeton,* hipócrita; ~ *titre,* anteportada *f.* **2** *Porter à ~,* estar en falso (construction), no estar bien fundado (un argument). **3** Postizo, za; ~ *col,* cuello postizo; ~ *cheveux,* cabellos postizos. ■ **4** *m.* Lo falso. **5** Falsificación *f.* ■ **6** *adv.* MUS. *Chanter, jouer ~,* desafinar.

faux-fuyant [fofɥijã] *m.* Escapatoria *f.,* evasiva *f.*

faveur [favœʀ] *f.* Favor *m. loc. prép. À la ~ de,* a favor de; *en ~ de,* en favor de.

favoriser [favɔʀize] [1] *tr.* Favorecer.

favoritisme [favɔʀitism(ə)] *m.* Favoritismo.

fébrile [febʀil] *adj.* Febril.

fécal, -ale [fekal] *adj.* Fecal.

fèces [fɛs] *f. pl.* Heces.

fécond, -onde [fekɔ̃, -ɔ̃d] *adj.* Fecundo, da.

fécondité [fekɔ̃dite] *f.* Fecundidad.

fécule [fekyl] *f.* Fécula.

fédéral, -ale [fedeʀal] *adj.* Federal.

fédération [fedeʀasjɔ̃] *f.* Federación.

fée [fe] *f.* Hada.

féerique [fe(e)ʀik] *adj.* **1** Mágico, ca. **2** Maravilloso, sa.

feindre [fɛ̃dʀ(ə)] [55] *tr.* **1** Fingir, simular. **2** ~ *de,* hacer como que: *il feint de ne pas entendre,* hace como que no oye.

feint, feinte [fɛ̃, fɛ̃t] *adj.* **1** Fingido, da. ■ **2** *f.* Fingimiento *m.* **3** SPORTS. Finta. **4** fam. Trampa.

fêler [fele] [1] *tr.* **1** Cascar, rajar. ■ **2** *pr.* Rajarse.

félicitation [felisitasjɔ̃] *f.* Felicitación.

félicité [felisite] *f.* Felicidad.

féliciter [felisite] [1] *tr.* **1** Felicitar. ■ **2** *pr.* Felicitarse.

félin, -ine [felɛ̃, -in] *adj.-s.* Felino, na.

félonie [felɔni] *f.* Felonía.

fêlure [felyʀ] *f.* Cascadura, raja.

femelle [famɛl] *adj.-f.* Hembra.

féminin, -ine [feminɛ̃, -in] *adj.-m.* Femenino, na.

féminisme [feminism(ə)] *m.* Feminismo.

femme [fam] *f.* **1** Mujer. **2** ~ *de chambre,* doncella. **3** ~ *de ménage,* asistenta. **4** Esposa, mujer.

fenaison [fenɛzɔ̃] *f.* AGR. Siega del heno.

fendiller [fãdije] [1] *tr.* Resquebrajar.

fendre [fãdʀ(ə)] [6] *tr.* **1** Rajar, hender. **2** Partir. Loc. fig. ~ *le cœur,* partir el corazón. **3** Abrirse paso en (la foule). **4** Hender, surcar (l'air, l'eau). ■ **5** *pr.* Henderse, rajarse. **6** fam. *Se ~ de,* desprenderse de, soltar.

fenêtre [f(ə)nɛtʀ(ə)] *f.* **1** Ventana. **2** INFORM. Ventana.

fenil [fəni(l)] *m.* Henil.

fenouil [fnuj] *m.* Hinojo.

fente [fãt] *f.* Hendedura, rendidura, raja, grieta.

féodalisme [feɔdalism(ə)] *m.* Feudalismo.

fer [fɛʀ] *m.* **1** Hierro. **2** ~ *à repasser,* plancha *f.* **3** ~ *à friser,* tenacillas *f. pl.* para el pelo. **4** fig. Arma *f.* blanca, acero. ■ **5** *pl.* Grilletes, cadenas *f.* **6** MÉD. Fórceps *sing.*

ferblantier [fɛʀblãtje] *m.* Hojalatero.

férié, -ée [feʀje] *adj.* Feriado, da.

férir [feʀiʀ] *tr. Sans coup ~,* sin llegar a las manos; sin dificultad, sin problemas.

ferme [fɛʀm(ə)] *f.* **1** Granja, alquería. **2** Arrendamiento *m.,* arriendo *m.* (louage).

ferme [fɛʀm(ə)] *adj.* **1** Firme. Loc. *De pied*

~, a pie firme. **2** Seguro, ra (assuré). **3** Enérgico, ca. ■ **4** *adv.* Con fuerza. **5** Mucho: *travailler* ~, trabajar mucho. **6** COMM. En firme.

fermentation [fɛrmɑ̃tɑsjɔ̃] *f.* Fermentación.

fermer [fɛrme] [1] *tr.* **1** Cerrar: *ferme la fenêtre!*, ¡cierra la ventana! **2** Correr: ~ *les rideaux*, correr las cortinas. ■ **3** *intr.* Cerrarse, cerrar: *magasin qui ferme le lundi*, almacén que está cerrado el lunes. ■ **4** *pr.* Cerrarse.

fermeté [fɛrməte] *f.* Firmeza.

fermeture [fɛrmətyr] *f.* **1** Cierre *m.* **2** ~ *à glissière*, cremallera. **3** Veda (chasse, pêche).

fermier, -ière [fɛrmje, -jɛr] *s.* **1** Granjero, ra, colono. **2** Arrendatario, ria (locataire).

fermoir [fɛrmwar] *m.* Cierre.

féroce [feɾɔs] *adj.* Feroz.

ferraille [fɛrɑj] *f.* Chatarra.

ferré, -ée [fɛre] *adj.* **1** Herrado, da (cheval). **2** *Voie ferrée*, vía férrea. **3** fam. *Être* ~ *en mathématiques*, estar muy empollado en matemáticas.

ferrer [fɛre] [1] *tr.* Herrar (un animal).

ferronnerie [fɛrɔnri] *f.* Ferretería (objets en fer).

ferroviaire [fɛrɔvjɛr] *adj.* Ferroviario, ria.

ferrure [fɛryr] *f.* Herraje *m.* (d'une porte).

ferry-boat [fɛribot] *m.* Transbordador, ferry.

fertilisant, -te [fɛrtilizɑ̃, t] *adj.* Fertilizante.

fertiliser [fɛrtilize] [1] *tr.* Fertilizar.

féru, -ue [feɾy] *adj.* Apasionado, da.

ferveur [fɛrvœr] *f.* Fervor *m.*

fesse [fɛs] *f.* Nalga.

fesser [fese] [1] *tr.* Azotar, zurrar.

festin [fɛstɛ̃] *m.* Festín.

festival [fɛstival] *m.* Festival.

feston [fɛstɔ̃] *m.* Festón.

festoyer [fɛstwaje] [23] *intr.* Festejarse, banquetear.

fête [fɛt] *f.* **1** Fiesta. Loc. *Faire* ~ *à*, festejar a; *troubler la* ~, aguar la fiesta. **2** ~ *des mères, des morts*, día de la madre, de los difuntos. **3** Santo *m.*, onomástica.

fêter [fete] [1] *tr.* **1** Festejar, agasajar (quelqu'un). **2** Celebrar (quelque chose).

fétiche [fetiʃ] *m.* Fetiche.

fétichisme [fetiʃism] *m.* Fetichismo.

fétide [fetid] *adj.* Fétido, da.

feu, -eue [fø] *adj.* Difunto, ta.

feu [fø] *m.* **1** Fuego. Loc. ~ *de joie*, fogata *f.*, hoguera *f.*; ~ *d'artifice*, fuegos artificiales; fig. ~ *de paille*, fuego de paja; *faire* ~ *de tout bois*, emplear todos los medios. *loc. adv.* À *petit* ~, a fuego lento; *entre deux feux*, entre dos fuegos. **2** Lumbre *f.*: *demander du* ~, pedir lumbre. **3** Luz *f.* (signal): ~ *vert*, luz verde. **4** *Feux de signalisation*, semáforo. **5** AUTO. ~ *arrière, rouge*, piloto; ~ *de position*, piloto de situación; ~ *clignotant*, intermitente. **6** THÉÂT. *Feux de la rampe*, candilejas *f.* **7** fig. Ardor, exaltación *f.*

feuillage [fœjaʒ] *m.* Follaje.

feuille [fœj] *f.* Hoja (de papier, d'arbre, de métal). Loc. ~ *de route*, hoja de ruta; fam. ~ *de chou*, periodiquillo *m.*

feuillet [fœjɛ] *m.* **1** Hoja *f.* (page). **2** ZOOL. Libro (de l'estomac des ruminants).

feuilleter [fœjte] [20] *tr.* **1** Hojear. **2** Hojaldrar (pâtisserie).

feuilleton [fœjtɔ̃] *m.* Folletín.

feuillu, -ue [fœjy] *adj.* Frondoso, sa.

feutre [føtr(ə)] *m.* **1** Fieltro **2** Rotulador (stylo).

fève [fɛv] *f.* Haba.

février [fevrije] *m.* Febrero.

fi [fi] *interj.* **1** ¡Quita!, ¡quita allá! **2** *Faire* ~ *de*, despreciar, desdeñar.

fiacre [fjakr(ə)] *m.* Simón.

fiançailles [fjɑ̃sɑj] *f. pl.* **1** Petición *sing.* de mano, esponsales *m.* (promesse). **2** Noviazgo *m. sing.* (temps).

fiancé, -ée [fjɑ̃se] *s.* Novio, via.

fiancer [fjɑ̃se] [12] *tr.* **1** Prometer en matrimonio. ■ **2** *pr.* Prometerse.

fibreux, -euse [fibrø, -øz] *adj.* Fibroso, sa.

ficeler [fisle] [19] *tr.* Encordelar, atar.

ficelle [fisɛl] *f.* **1** Bramante *m.*, cuerda fina. **2** fig. Triquiñuela (d'un métier).

fiche [fiʃ] *f.* **1** Ficha. **2** Piquete *m.* (d'arpenteur). **3** Fija (maçonnerie).

ficher [fiʃe] [1] *tr.* **1** Hincar, clavar. **2** fam. Reemplaza a los verbos hacer, dar, poner, etc. en ciertas expresiones familiares. En este caso, el infinitivo puede tomar la forma *fiche* y el p. p. la forma *fichu*: *ne rien fiche*, no hacer nada; *je n'ai rien fichu*, no hice nada; ~ *une gifle*, largar una bofetada; ~ *à la porte*, echar a la calle; ~ *le camp*, largarse; *fiche moi la paix!*, ¡déjame en paz! **3** *tr.* Fichar (mettre sur fiche). ■ **4** *pr.* fam. *Se* ~ *de*, burlarse, reírse de (se moquer). Loc. *Je m'en fiche*, me importa un comino; *se* ~ *par terre*, caerse.

fichier [fiʃje] *m.* Fichero.

fichtre [fiʃtʀ(ə)] *interj.* fam. ¡Caramba!

fichu, -ue [fiʃy] *f.* **1** *p. p.* de **ficher**. ■ **2** *adj.* fam. Maldito, ta, endemoniado, da: *il a un ~ caractère,* tiene un carácter endemoniado. **3** fam. Perdido, da (perdu). **4** fam. *Mal ~,* malucho, cha (un peu malade); mal hecho, cha (mal fait). **5** *~ de,* capaz de. ■ **6** *m.* Toquilla *f.,* pañoleta *f.*

fiction [fiksjɔ̃] *f.* Ficción.

fidèle [fidɛl] *adj.-s.* Fiel.

fidélité *f.* Fidelidad: *haute ~,* alta fidelidad.

fielleux, -euse [fjɛlø, -øz] *adj.* Amargo, ga, de hiel.

fiente [fjɑ̃t] *f.* Excremento *m.*

fier, fière [fjɛʀ] *adj.* **1** Altivo, va, arrogante. **2** Orgulloso, sa. **3** *~ de,* orgulloso de. **4** fam. Tremendo, da, enorme.

fier (se) [fje] [2] *pr.* Fiarse: *se ~ à,* fiarse de, contar con.

fierté [fjɛʀte] *f.* Orgullo *m.,* altivez, arrogancia.

fièvre [fjɛvʀ(ə)] *f.* Fiebre.

fifre [fifʀ(ə)] *m.* Pífano.

figer [fiʒe] [13] *tr.* **1** Coagular, cuajar. **2** fig. Paralizar. ■ **3** *pr.* Cuajarse, coagularse.

figue [fig] *f.* Higo *m.: ~ de Barbarie,* higo chumbo.

figuier [fiɡje] *m.* Higuera *f.*

figure [fiɡyʀ] *f.* **1** Figura. **2** Cara, rostro *m.* (visage).

figuré, -ée [fiɡyʀe] *adj.* Figurado, da.

figurer [fiɡyʀe] [1] *tr.-intr.* **1** Figurar. ■ **2** *pr.* Figurarse, imaginarse.

fil [fil] *m.* **1** Hilo, hebra *f.* Loc. *Donner un coup de ~,* telefonear; *donner du ~ à retordre,* dar que hacer. **2** Alambre (de métal): *~ de fer,* alambre. **3** *~ à plomb,* plomada *f.* **4** Filo (tranchant). **5** fig. Curso, hilo (d'un discours, etc.). **6** Curso, corriente (d'une rivière).

filament [filamɑ̃] *m.* Filamento.

filant, -ante [filɑ̃, -ɑ̃t] *adj.* **1** *Étoile filante,* estrella fugaz. **2** Fluente.

filasse [filas] *f.* Estopa, hilaza.

filature [filatyʀ] *f.* **1** Fábrica de hilados, hilandería. **2** Hilado *m.* (action de filer) **3** Acción de seguir la pista de alguien.

file [fil] *f.* Fila: *à la ~,* en fila.

filer [file] [1] *tr.* **1** Hilar. **2** Tejer (une araignée). **3** MAR. Largar, soltar. **4** Seguir los pasos, la pista de (suivre). **5** pop. Pasar (donner). **6** *~ doux,* mostrarse más blando que una breva. ■ **7** *intr.* Fluir (lentement). **8** Formar hilos, hebras

(une matière visqueuse). **9** Correrse un punto (bas). **10** Ir, marchar deprisa (aller vite). **11** fam. Largarse (déguerpir). **12** fam. Irse de las manos (argent).

filet [filɛ] *m.* **1** Red *f.* (pêche ou chasse). **2** Red *f.,* redecilla *f.* (à cheveux). **3** Red *f.,* rejilla *f.* (dans le train). **4** Hilillo (de voix). **5** Chorrillo (d'un liquide). **6** ARCHIT. Filete, moldura *f.* **7** IMPR. Filete. **8** Filete, solomillo (de bœuf, veau), lomo (de porc). **9** Filete (de poisson).

fileur, -euse [filœʀ, -øz] *adj.-s.* Hilador, ra.

filial, -ale [filjal] *adj.-f.* Filial.

filialiser [filjalize] *tr.* Dividir una empresa en filiales.

filiation [filjasjɔ̃] *f.* Filiación.

filière [filjɛʀ] *f.* Trámite *m.*

fille [fij] *f.* **1** Hija: *~ adoptive,* hija adoptiva. **2** Muchacha, chica. **3** *Petite ~,* niña; *jeune ~,* joven, muchacha; *vieille ~,* solterona. Loc. *Rester ~,* quedarse soltera. **4** *~ d'auberge,* moza de mesón, criada.

fillette [fijɛt] *f.* Niña, chiquilla.

filleul, -eule [fijœl] *s.* Ahijado, da.

film [film] *m.* Film, filme, película *f.*

filon [filɔ̃] *m.* Filón.

filouter [filute] [1] *tr.* Hurtar con habilidad.

fils [fis] *m.* Hijo.

filtre [filtʀ(ə)] *m.* Filtro.

filtrer [filtʀe] [1] *tr.* **1** Filtrar. ■ **2** *intr.* Filtrarse.

fin [fɛ̃] *f.* **1** Fin *m.,* final *m.,* término *m.* loc. *adv. À la ~,* al fin. **2** Fin *m.* (but): *à cette ~,* con este fin.

fin, fine [fɛ̃, -in] *adj.* **1** Fino, na. Loc. *Avoir le nez fin,* tener olfato.

final, -ale [final] *adj.-f.* Final.

finance [finɑ̃s] *f.* **1** Mundo *m.* financiero. **2** Hacienda: *ministère des Finances,* ministerio de Hacienda.

financement [finɑ̃smɑ̃] *m.* Financiación *f.*

financier, -ière [finɑ̃sje, -jɛʀ] *adj.* **1** Financiero, ra. ■ **2** *m.* Financiero, hacendista.

finasser [finase] *intr.* Usar subterfugios.

finaud, -aude [fino, -od] *adj.* Taimado, da, astuto, ta.

fine [fin] *f.* Aguardiente *m.* de calidad.

finesse [fines] *f.* **1** Finura, delgadez. **2** fig. Sutileza, agudeza (d'esprit). **3** Sutileza: *les finesses d'une langue,* las sutilezas de un idioma.

finir [finiʀ] [3] *tr.* **1** Terminar, acabar. ■ **2** *intr.* Acabar. **3** Morir. **4** *En ~,* acabar de una vez.

finissage [finisaʒ] *m.* Última mano *f.,* acabado.

finlandais, -aise [fɛ̃lɑ̃dɛ, -ɛz] *adj.-s.* Finlandés, esa.

fiole [fjɔl] *f.* Frasquito *m.*

fiord [fjɔʀ(d)] *m.* Fiordo.

firmament [fiʀmamɑ̃] *m.* Firmamento.

firme [fiʀm(ə)] *f.* Firma (entreprise).

fiscal, -ale [fiskal] *adj.* Fiscal.

fissure [fisyʀ] *f.* Fisura.

fixation [fiksɑsjɔ̃] *f.* Fijación.

fixe [fiks(ə)] *adj.* 1 Fijo, ja. 2 *interj.* MIL. ¡Firmes!

fixer [fikse] [1] *tr.* 1 Fijar. 2 ~ *quelqu'un,* mirar fijamente a alguien. 3 Fijar, establecer: ~ *un prix,* establecer un precio. ■ 4 *pr.* Establecerse, fijarse (s'installer).

flacon [flakɔ̃] *m.* Frasco.

flageller [flaʒe(ɛl)le] [1] *tr.* Flagelar.

flageolet [flaʒɔlɛ] *m.* 1 MUS. Chirimía *f.,* flautín. 2 Frijol (haricot).

flagorneur, -euse [flagɔʀnœʀ, -øz] *s.* Adulón, ona.

flagrant, -ante [flagʀɑ̃, -ɑ̃t] *adj.* Flagrante.

flairer [fleʀe] [1] *tr.* 1 Olfatear, husmear. 2 fig. Oler, presentir (pressentir).

flamant [flamɑ̃] *m.* Flamenco.

flambant, -ante [flɑ̃bɑ̃, -ɑ̃t] *adj.* 1 Flamante. 2 ~ *neuf,* flamante.

flambard, flambart [flɑ̃baʀ] *m.* fam. Fanfarrón, ona.

flambeau [flɑ̃bo] *m.* 1 Antorcha *f.* 2 Candelero, candelabro.

flambée [flɑ̃be] *f.* 1 Fogata. 2 fig. Llamarada.

flamber [flɑ̃be] *tr.* 1 Chamuscar. 2 MÉD. Flamear (pour stériliser). ■ 3 *intr.* Arder, llamear. 4 fam. Aumentar en gran medida: *le chômage a flambé en juin,* el paro subió mucho en junio.

flamboyant, -ante [flɑ̃bwajɑ̃, -ɑ̃t] *adj.* 1 Llameante. 2 Resplandeciente. 3 ARCHIT. Flamígero, ra, florido, da.

flamme [fla(ɑ)m] *f.* 1 Llama. 2 fig. Ardor *m.,* pasión. 3 Banderín *m.,* gallardete *m.* (drapeau).

flan [flɑ̃] *m.* Flan (gâteau).

flanc [flɑ̃] *m.* 1 Costado (du corps). 2 Flanco, costado (d'une chose). 3 Ladera *f.,* falda *f.* (d'une montagne). 4 MIL. Flanco.

flanelle [flanɛl] *f.* Franela.

flâner [flɑne] [1] *intr.* Callejear, barzonear.

flanquer [flɑ̃ke] [1] *tr.* 1 Flanquear. 2 fam.

Asestar, dar, soltar. 3 fam. Poner, echar: ~ *à la porte,* echar a la calle.

flaque [flak] *f.* Charco *m.*

flasque [flask(ə)] *adj.* 1 Fofo, fa, flojo, ja, lacio, cia. ■ 2 *m.* AUTO. Tapacubos.

flatter [flate] [1] *tr.* 1 Halagar, adular (louer). 2 Acariciar (caresser). 3 Agradar, deleitar, causar satisfacción a. 4 Favorecer, embellecer (avantager). ■ 5 *pr.* Jactarse, preciarse.

flatteur, -euse [flatœʀ, -øz] *adj.* 1 Adulador, ra, lisonjero, ra, halagüeño, ña. ■ 2 *s.* Adulador, ra.

flatulence [flatylɑ̃s] *f.* MÉD. Flatulencia.

fléau [fleo] *m.* 1 AGR. Mayal. 2 Astil (d'une balance). 3 fig. Azote, calamidad *f.,* plaga *f.*

flèche [flɛʃ] *f.* 1 Flecha, saeta. 2 Flecha (signe représentant une flèche). 3 Aguja (d'un clocher).

fléchir [fleʃiʀ] [3] *tr.* 1 Doblar, doblegar: ~ *le genou,* doblar la rodilla. 2 fig. Ablandar (faire céder). ■ 3 *intr.* Doblarse, doblegarse. 4 Ceder, flaquear. 5 Bajar, descender, disminuir (diminuer).

flegmatique [flɛgmatik] *adj.* Flemático, ca.

flemme [flɛm] *f.* Pereza, galbana.

flétrir [fletʀiʀ] [3] *tr.* 1 Marchitar, ajar (une plante). 2 Ajar (le teint). 3 fig. Mancillar, manchar (la réputation). ■ 4 *pr.* Marchitarse.

fleur [flœʀ] *f.* 1 Flor. 2 fig. *La fine* ~, la elite, la flor y nata. 3 Loc. fam. *Comme une* ~, muy fácilmente; *faire une* ~ *à quelqu'un,* hacer un favor a alguien. 4 *loc. prép. À* ~ *de,* a flor de.

fleurer [flœʀe] [1] *intr.* Oler, despedir olor a.

fleuret [flœʀe] *m.* Florete.

fleurir [flœʀiʀ] [3] *intr.* 1 Florecer. ■ 2 *tr.* Adornar con flores.

fleuriste [flœʀist(ə)] *s.* 1 Florista. 2 Floricultor, ra.

fleuve [flœv] *m.* Río.

flexible [flɛksibl(ə)] *adj.* Flexible.

flexion [flɛksjɔ̃] *f.* Flexión.

flibustier [flibystje] *m.* 1 Filibustero (pirate). 2 fig. Ladrón, estafador.

flic [flik] *m.* pop. Policía; *les flics,* la poli.

flirt [flœʀt] *m.* Coqueteo, galanteo, flirt.

flirter [flœʀte] *intr.* Flirtear.

flocon [flɔkɔ̃] *m.* Copo: ~ *de neige, de coton, d'avoine,* copo de nieve, de algodón, de avena.

floraison [flɔʀɛzɔ̃] *f.* BOT. Floración, florescencia.

florissant, -ante [flɔʀisɑ̃, -ɑ̃t] *adj.* Floreciente, próspero, ra.

flot [flo] *m.* **1** Ola *f.,* oleada *f.: les flots,* las olas del mar, el mar. **2** Marea *f.* ascendente. **3** fig. Cantidad *f.* grande, chorro, torrente. **4** *loc. adv. À flots, à grands flots,* a mares, a torrentes. **5** *loc. adj. À* ~, a flote: *remmettre à* ~, sacar a flote.

flotte [flɔt] *f.* **1** Flota. **2** MAR. Flota, armada. **3** fam. Agua (eau), lluvia (pluie).

flotter [flɔte] [1] *intr.* **1** Flotar. **2** Ondear (ondoyer). **3** fig. Fluctuar, vacilar. ■ **4** *tr.* ~ *du bois,* transportar madera flotante. ■ **5** *impers.* fam. Llover.

flotteur [flɔtœʀ] *m.* Flotador (en liège, d'hydravion, etc.).

flottille [flɔtij] *f.* Flotilla.

flou, -e [flu] *adj.* **1** Borroso, sa, vago, ga (peinture). **2** Desenfocado, da, movido, da (photographie). **3** Vaporoso, sa (couture). **4** Confuso, sa, impreciso, sa, vago, ga (idée).

flouer [flue] [1] *tr.* fam. Estafar, engañar.

fluctuation [flyktɥɑsjɔ̃] *f.* Fluctuación.

fluet, -ette [flɥɛ, -ɛt] *adj.* Delgado, da, fino, na, endeble.

fluide [flɥid] *adj.* **1** Fluido, da. ■ **2** *m.* Fluido.

flûte [flyt] *f.* **1** Flauta. Loc. *Petite* ~, flautín *m.* **2** Barra larga de pan (de pain). **3** Copa (verre). ■ **4** *pl.* Piernas. Loc. fam. *Jouer des flûtes,* correr. **5** *interj.* ¡Caramba!, ¡caracoles!, ¡mecachis!

fluvial, -ale [flyvjal] *adj.* Fluvial.

flux [fly] *m.* Flujo.

FM [ɛfm] *f.* (*abrév.* frequency modulation) FM (frecuencia modulada).

focal, -ale [fɔkal] *adj.* Focal.

fœtus [fetys] *m.* Feto.

foi [fwa] *f.* **1** Fe. Loc. *Ajouter* ~ *à,* dar crédito a. **2** RELIG. Fe. Loc. *N'avoir ni* ~ *ni loi,* no tener ni religión ni moral. **3** *Ma* ~, a fe mía.

foie [fwa] *m.* Hígado.

foin [fwɛ̃] *m.* Heno. Loc. *Rhume des foins,* coriza *f.,* rinitis *f.*

foire [fwaʀ] *f.* **1** Feria. **2** fam. Tumulto *m.,* confusión.

fois [fwa] *f.* **1** Vez. **2** *Il était une* ~, ...érase una vez..., había una vez... **3** *loc. adv. À la* ~, a la vez, al mismo tiempo. **4** *loc. conj. Une* ~ *que,* en cuanto, desde el momento en que.

foison (à) [fwazɔ̃] *loc. adv.* En abundancia, a porrillo.

folâtre [fɔlɑtʀ(ə)] *adj.* Juguetón, ona, retozón, ona.

folichon, -onne [fɔliʃɔ̃, -ɔn] *adj.* **1** fam. Retozón, ona, alegre. **2** *Pas* ~, nada divertido.

folie [fɔli] *f.* **1** Locura. Loc. ~ *des grandeurs,* manía de grandezas. **2** *loc. adv. À la* ~, con locura.

folklore [fɔlklɔʀ] *m.* Folklore.

follet, -ette [fɔlɛ, -ɛt] *adj.* **1** *Feu* ~, fuego fatuo. **2** *Poil* ~, bozo, vello.

fomenter [fɔmɑ̃te] [1] *tr.* Fomentar.

foncé, -ée [fɔ̃se] *adj.* Oscuro, ra.

foncer [fɔ̃se] [12] *tr.* **1** Oscurecer (une couleur). ■ **2** *intr.* Oscurecer, sombrear (devenir foncé). **3** ~ *sur,* arremeter contra, abalanzarse sobre. **4** Correr, marchar (aller très vite).

foncier, -ière [fɔ̃sje, -jɛʀ] *adj.* **1** Relativo, va a los bienes raíces. Loc. *Propriétaire* ~, hacendado; *crédit* ~, crédito hipotecario. **2** fig. Innato, ta, básico, ca, fundamental.

fonction [fɔ̃ksjɔ̃] *f.* **1** Función, empleo *m.,* cargo *m.* **2** MATH., CHIM. Función. **3** *Être* ~ *de,* depender de. **4** *loc. prép. En* ~ *de,* con arreglo a.

fonctionnalités [fɔ̃ksjɔnalite] *f. pl.* INFORM. Funcionalidades, funciones, potencial *m.*

fonctionnel, -elle [fɔ̃ksjɔnɛl] *adj.* Funcional.

fonctionner [fɔ̃ksjɔne] [1] *intr.* Funcionar.

fond [fɔ̃] *m.* **1** Fondo: *au fin* ~ *de,* en lo más recóndito. **2** Fondo, culo (d'une bouteille). **3** Profundidad *f.* (hauteur d'eau). **4** Fondillos *pl.* (d'un pantalon). **5** *loc. adj. De* ~, fundamental, esencial. **6** *loc. adv. Au* ~, *dans le* ~, en el fondo.

fondamental, ale [fɔ̃damɑ̃tal] *adj.* Fundamental.

fondant, -ante [fɔ̃dɑ̃, -ɑ̃t] *adj.* **1** Que se funde, que se deshace. **2** Que se derrite en la boca.

fondation [fɔ̃dɑsjɔ̃] *f.* **1** Fundación. ■ **2** *pl.* ARCHIT. Cimientos *m.*

fondé de pouvoir [fɔ̃dedpuvwaʀ]*m.* Apoderado.

fondement [fɔ̃dmɑ̃] *m.* **1** Fundamento. **2** fam. Ano. ■ **3** *pl.* Cimientos (bases).

fonder [fɔ̃de] [1] *tr.* **1** Fundar. **2** *Être fondé à dire,* estar autorizado para decir. ■ **3** *pr. Se* ~ *sur,* fundarse, basarse en.

fondre [fɔ̃dʀ(ə)] [6] *tr.* **1** Fundir (un métal, etc.). **2** Derretir (la neige, etc.). **3** Fundir, vaciar (dans un moule). **4** Fundir, mezclar (amalgamer). **5** *intr.* Derretirse, deshacerse. Loc. ~ *en pleurs, en larmes,* prorrumpir en llanto, en lágrimas. ■ **6** *pr.* Fundirse, mezclarse (fusionner).

fonds [fɔ̃] *m.* **1** DR. Heredad *f., fundo.* **2** COMM. Comercio, establecimiento. Loc. ~ *de commerce,* negocio, comercio. **3** Fondos *pl.,* capital. ■ **4** *pl.* Fondos: ~ *publics,* fondos públicos.

fontaine [fɔ̃tɛn] *f.* **1** Fuente.

fontanelle [fɔ̃tanɛl] *f.* Fontanela.

fonte [fɔ̃t] *f.* **1** Fundición (fusion). **2** Derretimiento *m.* (d'un métal, etc.). **3** Deshielo *m.* (des glaces). **4** Vaciado *m.,* fundición (d'une cloche, d'une statue). **5** Fundición, hierro *m.* colado (alliage fer et carbone). **6** Pistolera (de l'arçon d'une selle).

fonts [fɔ̃] *m. pl.* ~ *baptismaux,* fuente *f. sing.* bautismal, pila *f. sing.* bautismal.

football [fut] *m.* Fútbol: *baby* ~, futbolín.

for [fɔʀ] *m.* Fuero: *dans mon* ~ *intérieur,* en mi fuero interno.

forage [fɔʀaʒ] *m.* Perforación *f.,* horadamiento.

forain, -aine [fɔʀɛ̃, -ɛn] *adj.* **1** De la feria. **2** *Fête foraine,* feria, verbena; *marchand* ~, feriante. ■ **3** *m.* Feriante.

forçat [fɔʀsa] *m.* Forzado, presidiario.

forcé, -ée [fɔʀse] *adj.* **1** Forzado, da: *un rire* ~, una risa forzada. **2** Forzoso, sa (inévitable, obligatoire).

force [fɔʀs(ə)] *f.* **1** Fuerza. Loc. ~ *majeure,* fuerza mayor. **2** Fuerza, valor *m.,* energía: ~ *morale,* fuerza moral. **3** Fuerza, resistencia, solidez. **4** ELÉCTR. Fuerza. **5** *loc. prép. À* ~ *de,* a fuerza de. **6** *loc. adv. De* ~, a la fuerza; *de vive* ~, a viva fuerza; *de gré ou de* ~, por las buenas o por las malas. ■ **7** *adv.* Mucho, cha: ~ *moqueries,* muchas burlas.

forcené, -ée [fɔʀsəne] *adj.-s.* **1** Furioso, sa. **2** Loco, ca (fou).

forcer [fɔʀse] [12] *tr.* **1** Forzar (faire céder). **2** Forzar, obligar: *forcé à, de,* obligado a. **3** Fatigar (un animal). **4** Forzar (la voix). **5** Aumentar, exagerar. **6** Falsear (une serrure). ■ **7** *intr.* Hacer un gran esfuerzo. ■ **8** *pr.* Esforzarse.

forer [fɔʀe] [1] *tr.* Horadar, taladrar.

forestier, -ière [fɔʀɛstje, -jɛʀ] *adj.* **1** Forestal. ■ **2** *m.* Guardabosque.

foret [fɔʀɛ] *m.* Barrena *f.,* taladro.

forêt [fɔʀɛ] *f.* **1** Bosque *m.* **2** Selva.

forfait [fɔʀfɛ] *m.* **1** Crimen, fechoría *f.* **2** Destajo, tanto alzado: *travailler à* ~, trabajar a destajo.

forfanterie [fɔʀfɑ̃tʀi] *f.* Fanfarronada, baladronada.

forge [fɔʀʒ(ə)] *f.* **1** Herrería, forja. **2** Fragua (fourneau).

forger [fɔʀʒe] [13] *tr.* **1** Forjar, fraguar: *fer forgé,* hierro forjado. **2** fig. Forjar, inventar.

forgeron [fɔʀʒəʀɔ̃] *m.* Herrero.

formalisme [fɔʀmalism(ə)] *m.* Formalismo.

formalité [fɔʀmalite] *f.* Formalidad, requisito *m.,* trámite *m.*

format [fɔʀma] *m.* Formato, tamaño.

formatage [fɔʀmataʒ] *m.* Formateado.

formation [fɔʀmasjɔ̃] *f.* **1** Formación. **2** SPORTS. Alineación.

forme [fɔʀm(ə)] *f.* **1** Forma. **2** Horma (pour les chaussures, chapeaux). **3** Encella (pour le fromage). **4** *loc. adv. En bonne* ~, *en bonne et due* ~, en debida forma; *pour la* ~, por fórmula.

formel, -elle [fɔʀmɛl] *adj.* Formal.

former [fɔʀme] [1] *tr.* **1** Formar. **2** Instruir, formar, cultivar. **3** Formar, constituir, componer (composer). **4** ~ *des vœux pour,* hacer, formular votos por. ■ **5** *pr.* Formarse. **6** MIL. Formarse. **7** Formarse, instruirse, cultivarse.

formidable [fɔʀmidabl(ə)] *adj.* Formidable.

formulaire [fɔʀmylɛʀ] *m.* Formulario.

formuler [fɔʀmyle] [1] *tr.* Formular.

forniquer [fɔʀnike] [1] *intr.* Fornicar.

fort [fɔʀ] *m.* **1** Fuerte. **2** MIL. Fuerte (forteresse).

fort, forte [fɔʀ, fɔʀt(ə)] *adj.* **1** Fuerte, robusto. **2** Grueso, sa, corpulento, ta. **3** Versado, entendido, da. Loc. *Être* ~ *en,* saber mucho de, estar empollado en. **4** Fuerte: ~ *en mathématiques,* fuerte en matemáticas. **5** Fuerte, fortificado, da: *une place forte,* una plaza fuerte. **6** Fuerte: *lumière forte,* luz fuerte. **7** Excesivo, va, exagerado, da. **8** Poderoso, sa, influyente.

fort [fɔʀ] *adv.* **1** Muy, mucho: ~ *joli,* muy bonito; ~ *à faire,* mucho que hacer. **2** Fuerte, fuertemente; *parler* ~, hablar fuerte. **3** fam. *Y aller* ~, exagerar.

forteresse [fɔʀtəʀɛs] *f.* MIL. Fortaleza.

fortifier [fɔʀtifje] [2] *tr.* **1** Fortificar. **2** Fortalecer.

fortuit, -ite [fɔʀtɥi, -ɥit] *adj.* Fortuito, ta.

fortune [fɔʀtyn] *f.* **1** Fortuna, caudal *m.,* capital *m.* **2** Fortuna, suerte: *tenter* ~, probar fortuna.

fosse [fos] *f.* **1** Hoyo *m.,* fosa. Loc. ~ *d'aisances,* letrina. **2** Fosa, hoyo *m.* (sépulture): ~ *commune,* fosa común.

fossé [fose] *m.* **1** FORT. Foso, zanja *f.* **2** Cuneta *f.* (au bord d'une route).

fossile [fo(ɔ)sil] *adj.-m.* Fósil.

fossoyeur [fo(ɔ)swajœʀ] *m.* Sepulturero.

fou l(ou **fol), folle** [fu, fɔl] *adj.* **1** Loco, ca. **2** *Être ~ de,* estar loco por. **3** TECHN. Loco, ca (machine, poulie, etc.). **4** Enorme, extraordinario, ria. Loc. *Dépenser un argent ~,* gastar una locura; *un monde ~,* un montón de gente. ■ **5** *s.* Loco, ca. Loc. *La folle du logis,* la imaginación; *faire le ~,* hacer locuras. ■ **6** *m.* Bufón. **7** Alfil (jeu d'échecs). **8** Planga *f.* (oiseau). ▲ *Fol* se emplea cuando precede un sustantivo singular que comienza por vocal o *h* muda: *fol espoir.*

foudre [fudʀ(ə)] *f.* **1** Rayo *m.* **2** *Coup de ~,* flechazo *m.* (amour soudain). ■ **3** *m.* Tonel grande, cuba *f.* (tonneau).

foudroyant, -ante [fudʀwajɑ̃, -ɑ̃t] *adj.* Fulminante.

fouet [fwɛ] *m.* **1** Látigo. Loc. *Donner le ~,* azotar. **2** *Coup de ~,* latigazo. **3** CUIS. Batidor.

fouetter [fwete] [1] *tr.* **1** Azotar. **2** CUIS. Batir (la crème, les œufs). **3** fig. Excitar, fustigar.

fougère [fuʒɛʀ] *f.* Helecho *m.*

fougueux, -euse [fugø, -øz] *adj.* Fogoso, sa.

fouiller [fuje] [1] *tr.* **1** Excavar, hacer excavaciones en (un terrain). **2** Registrar, cachear (une personne). **3** Detallar. ■ **4** *intr.* Registrar, rebuscar (chercher). **5** Escudriñar, indagar.

fouillis [fuji] *m.* Desbarajuste, confusión *f.,* revoltijo.

fouinard, -arde [fwinaʀ, -aʀd(ə)] *adj.-s.* fam. Fisgón, ona.

fouir [fwiʀ] [3] *tr.* Escarbar, cavar.

foulard [fulaʀ] *m.* **1** Pañuelo para el cuello. **2** Fular (étoffe).

foule [ful] *f.* **1** Muchedumbre, gentío *m.,* multitud. **2** Vulgo *m.,* masa, plebe (la masse). **3** *Une ~ de,* una gran cantidad de, una infinidad de, la mar de. **4** *En ~,* en masa, en tropel. **5** *f.: bain de ~,* baño de masas.

foulée [fule] *f.* Pisada. Loc. *faire quelque chose dans la ~,* hacer algo de camino, de paso.

fouler [fule] [1] *tr.* **1** Pisar, hollar. Loc. *~ aux pieds,* hollar, pisotear. **2** TECHN. Enfurtir (le drap). **3** Pisar (le raisin). ■ **4** *pr. Se ~ la cheville,* torcerse el tobillo, hacerse un esguince.

foulure [fulyʀ] *f.* Torcedura, esguince *m.*

four [fuʀ] *m.* **1** Horno: *~ de boulanger,* horno de panadero; *~ à micro-ondes,* microondas. **2** Fracaso, fiasco (échec). **3** *Petits fours,* pastas *f.*

fourberie [fuʀbəʀi] *f.* Bribonada, picardía.

fourbi [fuʀbi] *m.* **1** fam. Trastos *pl.* **2** Chisme (objet).

fourbir [fuʀbiʀ] [3] *tr.* Acicalar, bruñir.

fourbu, -ue [fuʀby] *adj.* Rendido, da, extenuado, da (personnes).

fourche [fuʀʃ(ə)] *f.* **1** Horca. **2** Horquilla (bicyclette).

fourcher [fuʀʃe] [1] *intr. La langue lui a fourché,* se le ha trabado la lengua.

fourchette [fuʀʃɛt] *f.* **1** Tenedor *m.* **2** MÉCH. Horquilla. **3** Espoleta (d'oiseau).

fourchu, -ue [fuʀʃy] *adj.* Hendido, da.

fourgon [fuʀgɔ̃] *m.* Furgón.

fourgonnette [fuʀgɔnɛt] *f.* Furgoneta.

fourmi [fuʀmi] *f.* **1** Hormiga. **2** *Avoir des fourmis,* tener hormigueo.

fourmiller [fuʀmije] [1] *intr.* **1** Hormiguear. **2** Abundar. **3** *~ de,* abundar en, estar lleno, na de.

fourneau [fuʀno] *m.* **1** Horno: *haut ~,* alto horno. **2** Hornillo, fogón (de cuisine). **3** Cazoleta *f.* (de la pipe).

fourni, ie [fuʀni] *adj.* **1** Provisto, ta. **2** Espeso, sa, tupido, da.

fournil [fuʀni] *m.* Amasadero, horno.

fournir [fuʀniʀ] [3] *tr.* **1** Abastecer, proveer, suministrar (approvisionner). **2** Proporcionar (procurer), facilitar, dar. **3** *~ un effort,* hacer un esfuerzo. ■ **4** *intr.* Abastecer. ■ **5** *pr.* Proveerse.

fourniture [fuʀnityʀ] *f.* **1** Provisión, suministro *m.* **2** Accesorio *m.*

fourrage [fuʀaʒ] *m.* Forraje.

fourrager [fuʀaʒe] [13] *intr.* Hurgar.

fourragère [fuʀaʒɛʀ] *f.* **1** Campo *m.* de forraje. **2** Carro *m.* de forraje (charrette). **3** MIL. Forrajera.

fourré, -ée [fuʀe] *adj.* **1** Relleno, na (gâteau, bonbon). ■ **2** *m.* Maleza *f.,* espesura *f.*

fourreau [fuʀo] *m.* **1** Vaina *f.* (d'une épée). **2** Funda *f.* (d'un parapluie).

fourrer [fuʀe] [1] *tr.* **1** Forrar (de fourrure). **2** fam. Meter, introducir (introduire), meter (mettre). ■ **3** *pr.* Meterse.

fourreur [fuʀœʀ] *m.* Peletero.

fourrière [fuʀjɛʀ] *f.* **1** Depósito *m.* (pour les animaux, véhicules). **2** Perrera.

fourrure [fuʀyʀ] *f.* **1** Piel: *manteau de ~,* abrigo de pieles. **2** Forro *m.* de piel (doublure). **3** Pelaje *m.* (pelage).

foyer [fwaje] *m.* **1** Hogar. **2** GÉOM., OPT. Foco. **3** Hogar (maison, centre). **4** THÉÂT. Sala *f.* de descanso.

fracas [fʀaka] *m.* Estrépito.

fracasser [fʀakase] [1] *tr.* Romper con estrépito.

fractionner [fʀaksjɔne] [1] *tr.* Fraccionar.

fracturer [fʀaktyʀe] [1] *tr.* Fracturar.

fragile [fʀaʒil] *adj.* Frágil.

fragment [fʀagmã] *m.* Fragmento.

fragmenter [fʀagmãte] [1] *tr.* Fragmentar.

frai [fʀɛ] *m.* Freza *f.,* desove.

fraîcheur [fʀeʃœʀ] *f.* **1** Frescura, frescor *m.* **2** Frescura, lozanía (de ce qui respire la santé).

fraîchir [fʀeʃiʀ] [3] *intr.* Refrescar.

frais [fʀɛ] *m. pl.* **1** Gastos. **2** Loc. *À grands* ~, costosamente, con grandes gastos; *au* ~ *de quelqu'un,* a expensas de, a costa de alguien, *en être pour ses* ~, haber perdido el tiempo; *faux* ~, gastos imprevistos.

frais, fraîche [fʀɛ, fʀɛʃ] *adj.* **1** Fresco, ca. **2** Frío, a (accueil). **3** Reciente, fresco, ca (récent). **4** Fresco, ca (poisson, œufs). **5** Tierno, na, reciente (pain). **6** Fresco, ca, lozano, na (teint, etc.). **7** fam. *Nous voilà* ~!, estamos frescos! ■ **8** *m.* Fresco: *prendre le* ~, tomar el fresco. ■ **9** *adv.* Recién: *fleur fraîche cueillie,* flor recién cogida. **10** *Il fait* ~, hace fresco.

fraise [fʀɛz] *f.* **1** Fresa. **2** Fresón *m.* (de grosse taille). **3** Gorguera (collerette). **4** TECHN. Fresa, avellanador *m.* **5** Fresa (de dentista). ■ **6** *adj.* Fresa (couleur).

fraiseuse [fʀɛzøz] *f.* Fresadora.

fraisier [fʀɛzje] *m.* Fresa *f.,* fresera *f.*

framboise [fʀãbwaz] *f.* Frambuesa.

franc [fʀã] *m.* Cranco (monnaie).

franc, franque [fʀã, fʀãk] *adj.-s.* Franco, ca.

franc, franche [fʀã, fʀãʃ] *adj.* **1** Franco, ca. **2** Franco, ca: ~ *de port,* franco de porte. **3** Sincero, ra, leal. **4** Verdadero, ra, completo, ta. ■ **5** *adv.* Francamente.

français, -aise [fʀãsɛ, -ɛz] *adj.-s.* Francés, esa: *les Français,* los franceses.

franchir [fʀãʃiʀ] [3] *tr.* **1** Atravesar, pasar, cruzar. **2** Salvar (un obstacle). **3** fig. Salvar, vencer, superar (une difficulté).

franchise [fʀãʃiz] *f.* **1** Franqueza. **2** COMM Franquicia: ~ *postale,* franquicia postal.

franciscain, -aine [fʀãsiskɛ̃, -ɛn] *s.* Franciscano, na.

franc-maçonnerie [fʀãmasɔnʀi] *f.* Francmasonería, masonería.

franc-tireur [fʀãtiʀœʀ] *m.* Guerrillero, francotirador.

frange [fʀãʒ] *f.* **1** Franja, fleco *m.* **2** Flequillo *m.* (coiffure).

franquette [fʀãkɛt] *f. À la bonne* ~, a la pata la llana, sencillamente.

frappant, -ante [fʀapã, -ãt] *adj.* **1** Sorprendente. **2** Evidente.

frappe [fʀap] *f.* **1** Acuñación (d'une monnaie). **2** Tecleo *m.* (dactylographie). **3** *Force de* ~, poder *m.* disuasivo.

frapper [fʀape] [1] *tr.* **1** Golpear. **2** Golpear, pegar (battre). **3** Acuñar (monnaie). **4** Enfriar, helar (le champagne). **5** Alcanzar, llegar (atteindre). **6** Impresionar, sorprender. **7** Llamar la atención. ■ **8** *intr.* Llamar (à une porte). ■ **9** *pr.* fig. Inquietarse, preocuparse.

frasque [fʀask(ə)] *f.* Travesura, calaverada.

fraternel, -elle [fʀatɛʀnɛl] *adj.* Fraternal.

fraternité [fʀatɛʀnite] *f.* Fraternidad.

fratricide [fʀatʀisid] *adj.-s.* **1** Fratricida. ■ **2** *m.* Fratricidio.

frauder [fʀode] [1] *tr.* **1** Defraudar. ■ **2** *intr.* Cometer fraudes.

frauduleux, -euse [fʀodylø, -øz] *adj.* Fraudulento, ta.

frayer [fʀeje] [21] *tr.* **1** Abrir (un chemin). ■ **2** *intr.* Mantener buenas relaciones, tratar. ■ **3** *pr. Se* ~ *un chemin,* abrirse paso, camino.

frayeur [fʀejœʀ] *f.* Pavor *m.,* espanto *m.,* terror *m.*

fredonner [fʀədɔne] [1] *tr.* Canturrear, tararear.

frégate [fʀegat] *f.* **1** Fragata. **2** Rabihorcado *m.,* fragata (oiseau).

frein [fʀɛ̃] *m.* **1** Freno. **2** ANAT. Frenillo.

freiner [fʀene] [1] *intr.-tr.* Frenar.

frelater [fʀəlate] [1] *tr.* Adulterar, alterar.

frêle [fʀɛl] *adj.* Frágil, endeble.

frelon [fʀəlɔ̃] *m.* Avispón.

frémir [fʀemiʀ] [3] *intr.* Estremecerse, temblar.

frémissant, -ante [fʀemisã, -ãt] *adj.* Trémulo, la, tembloroso, sa.

frêne [fʀɛn] *m.* Fresno.

frénésie [fʀenezi] *f.* Frenesí *m.*

frénétique [fʀenetik] *adj.* Frenético, ca.

fréquent, -ente [fʀekã, -ãt] *adj.* Frecuente.

fréquenter [fʀekãte] [1] *tr.* **1** Frecuentar. **2** Tratar, relacionarse con (quelqu'un).

frère [fʀɛʀ] *m.* **1** Hermano. **2** Hermano religioso, fraile.

fresque [fʀɛsk(ə)] *f.* PEINT. Fresco *m.*

fressure [fʀesyʀ] *f.* Asadura.

fréter [fʀete] [14] *tr.* **1** Fletar. **2** Alquilar (un véhicule).

frétillant, -ante [fʀetijã, -ãt] *adj.* Bullicioso, sa, vivaracho, cha.

fretin [fʀətɛ̃] *m.* Morralla *f.*

freux [fʀø] *m.* Grajo.

friable [fʀijabl(ə)] *adj.* Friable.

friand, -ande [fʀijã, -ãd] *adj. Être ~ de,* ser muy aficionado, da a.

friandise [fʀijãdiz] *f.* Golosina.

fricassée [fʀikase] *f.* Fricasé *m., pepitoria* (volaille).

friche [fʀiʃ] *f.* **1** Erial *m.* **2** *loc. adv. En ~,* sin cultivo, yermo, ma.

fricot [fʀiko] *m.* fam. Guisado, guiso.

fricoter [fʀikɔte] [1] *tr.* **1** fam. Tramar. ■ **2** *intr.* fam. Trapichear, andar en trapicheos, en tejemanejes.

frictionner [fʀiksjɔne] [1] *tr.* Friccionar.

frigide [fʀiʒid] *adj.* Frígido, da.

frigorifique [fʀigɔʀifik] *adj.* Frigorífico, ca.

frileux, -euse [fʀilø, -øz] *adj.* Friolero, ra.

frimas [fʀima] *m.* Escarcha *f.*

frime [fʀim] *f.* fam. Apariencia, pamema.

frimousse [fʀimus] *f.* fam. Carita, cara.

fringant, -ante [fʀɛ̃gã, -ãt] *adj.* **1** Vivaracho, cha. **2** Fogoso, sa, vivo, va (cheval).

friper [fʀipe] [1] *tr.* **1** Arrugar, ajar (un vêtement). **2** Arrugar (rider).

friperie [fʀipʀi] *f.* **1** Prendería, trapería, ropavejería. **2** Trapos *m. pl.* viejos (vieux habits).

fripon, -onne [fʀipɔ̃, -ɔn] *adj.-s.* Bribón, *ona, pillo, lla.*

fripouille [fʀipuj] *f.* pop. Canalla *m.,* granuja *m.*

frire [fʀiʀ] [64] *tr.* **1** Freír. ■ **2** *intr. pr.* Freírse.

frise [fʀiz] *f.* **1** ARCHIT. Friso *m.* **2** Frisa (tissu). ■ **3** *m. Cheval de ~,* caballo de frisa.

friser [fʀize] [1] *tr.* **1** Rizar (boucler). **2** Rozar, rasar (effleurer). **3** Frisar en, rayar en, acercarse a: *il frise la quarantaine,* se acerca a los cuarenta años. ■ **4** *intr.* Rizarse.

frisson [fʀisɔ̃] *m.* Escalofrío, estremecimiento.

frissonnement [fʀisɔnmã] *m.* Estremecimiento, temblor.

frit, -ite [fʀi, fʀit] *adj.* Frito, ta.

frivolité [fʀivɔlite] *f.* Frivolidad.

froc [fʀɔk] *m.* **1** pop. Pantalón. **2** *Jeter le ~ aux orties,* colgar los hábitos.

froid, froide [fʀwa, fʀwad] *adj.* **1** Frío, a. **2** *loc. adv. À ~,* en frío. ■ **3** *m.* Frío: *il fait très ~,* hace mucho frío. **4** Frialdad *f.,* indiferencia.

froideur [fʀwadœʀ] *f.* Frialdad.

froisser [fʀwase] [1] *tr.* **1** Arrugar, chafar. **2** Magullar, lastimar (meurtrir). **3** fig. Herir, ofender. ■ **4** *pr.* Arrugarse, chafarse. **5** fig. Ofenderse.

frôler [fʀole] [1] *tr.* Rozar ligeramente.

fromage [fʀɔmaʒ] *m.* Queso.

fromagerie [fʀɔmaʒʀi] *f.* Quesería.

froment [fʀɔmã] *m.* Trigo candeal.

froncer [fʀɔ̃se] [12] *tr.* Fruncir.

frondaisons [fʀɔ̃dezɔ̃] *f. pl.* Frondosidad *sing.,* fronda sing.

fronde [fʀɔ̃d] *f.* Honda (arme).

fronder [fʀɔ̃de] [1] *tr.* Criticar, censurar.

front [fʀɔ̃] *m.* **1** Frente *f.* (partie du visage). **2** *Avoir le ~ de,* tener el descaro de. **3** Frente, fachada *f.* Loc. *Faire ~,* hacer frente, arrostrar. **4** *loc. adv. De ~,* de frente, a la vez, al mismo tiempo.

frontière [fʀɔ̃tjɛʀ] *f.* **1** Frontera. ■ **2** *adj.* Fronterizo, za.

frontispice [fʀɔ̃tispis] *m.* Frontispicio.

fronton [fʀɔ̃tɔ̃] *m.* Frontón.

frottement [fʀɔtmã] *m.* **1** Frotamiento, frote. **2** Roce. **3** MÉC. Rozamiento. **4** fig. Fricción *f.*

frotter [fʀɔte] [1] *tr.* **1** Frotar, restregar. **2** Encerar, lustrar (le parquet). **3** ~ *ses yeux,* restregarse los ojos. ■ **4** *intr.* Rozar. ■ **5** *pr.* Frotarse.

frousse [fʀus] *f.* pop. Canguelo *m.,* mieditis.

fructifier [fʀyktifje] [2] *intr.* Fructificar.

frugal, -ale [fʀygal] *adj.* Frugal.

fruit [fʀɥi] *m.* **1** Fruto: *les fruits de la terre,* los frutos de la tierra. Loc. *Fruits de mer,* mariscos. **2** Fruta *f.: la prune est un ~,* la ciruela es una fruta. **3** *Le ~ défendu,* el fruto prohibido. **4** fig. Fruto: *le ~ d'une union,* el fruto de una unión; *travailler avec ~,* trabajar con fruto. ■ **5** *pl.* Frutos, rentas *f.*

fruiterie [fʀɥitʀi] *f.* Frutería.

fruitier, -ière [fʀɥitje, -jɛʀ] *adj.* **1** Frutal: *arbres fruitiers,* árboles frutales. ■ **2** *s.* Frutero, ra (marchand). ■ **3** *m.* Frutero.

frusques [fʀysk(ə)] *f. pl.* pop. Ropa sing. vieja, pingos *m.*

fruste [fʀyst(ə)] *adj.* **1** Gastado, da, usado, da (médaille, sculpture). **2** Zafio, ia (grossier).

frustration [fʀystʀasjɔ̃] *f.* Frustración, defraudación.

frustré, -ée [fʀystʀe] *adj.-s* Frustrado, da.

fuchsia [fyʃja] *m.* Fucsia *f.*

fugace [fygas] *adj.* Fugaz.

fugitif, -ive [fyʒitif, -iv] *adj.-s.* Fugitivo, va.

fugue [fyg] *f.* 1 Fuga, escapada. 2 MUS. Fuga.

fuir [fɥiʀ] [29] *intr.* 1 Huir. 2 Salirse (un récipient). ■ 3 *tr.* Huir, evitar, esquivar, rehuir: *il fuit les importuns,* rehúye a los importunos.

fuite [fɥit] *f.* 1 Huida, fuga. 2 Escape *m.* (d'un gaz, d'un liquide). 3 Agujero *m.* (trou), hendedura (fissure).

fulgurant, -ante [fylgyʀɑ̃, -ɑ̃t] *adj.* Fulgurante.

fulgurer [fylgyʀe] [1] *intr.* Fulgurar.

fulminant, -ante [fylminɑ̃, -ɑ̃t] *adj.* Fulminante.

fulminer [fylmine] [1] *intr.* 1 CHIM. Estallar. 2 Prorrumpir en amenazas. ■ 3 *tr.* Fulminar.

fumant, -ante [fymɑ̃, -ɑ̃t] *dj.* 1 Humeante. 2 fam. Sensacional.

fume-cigare [fymsigaʀ], **fume-cigarette** [fymsigaʀɛt] *m. invar.* Boquilla *f.*

fumée [fyme] *f.* 1 Humo *m.* ■ 2 *pl.* Vapores *m.* (du vin).

fumer [fyme] [1] *intr.* 1 Humear, echar humo. 2 Fumar: *défense de ~,* prohibido fumar. ■ 3 *tr.* Fumar: *~ une cigarette,* fumar un cigarrillo. 4 Ahumar (les aliments). 5 AGR. Abonar, estercolar.

fumerolle [fymʀɔl] *f.* Fumarola.

fumet [fymɛ] *m.* 1 Olorcillo (des viandes). 2 Aroma (du vin). 3 Olor (du gibier).

fumeux, -euse [fymø, -øz] *adj.* 1 Humoso, sa. 2 fig. Nebuloso, sa, confuso, sa.

fumier [fymje] *m.* 1 Estiércol. 2 pop. Canalla, sinvergüenza.

funèbre [fynɛbʀ(ə)] *adj.* Fúnebre.

funérailles [fyneʀɑj] *f. pl.* Funeral *m. sing.,* funerales *m.*

funéraire [fyneʀɛʀ] *adj.* Funerario, ria, mortuorio, ria.

funeste [fynɛst(ə)] *adj.* Funesto, ta.

funiculaire [fynikylɛʀ] *m.* Funicular.

fur [fyʀ] *m. Au ~ et à mesure,* sucesivamente, inmediatamente después; *au ~*

et à mesure que, a medida que, conforme.

furet [fyʀɛ] *m.* 1 Hurón. 2 Anillo, sortija *f.* (jeu).

fureter [fyʀte] [18] *intr.* 1 Huronear. 2 fig. Huronear, fisgonear, husmear.

fureur [fyʀœʀ] *f.* 1 Furor *m.* 2 Afición desmedida, pasión.

furibond, -onde [fyʀibɔ̃, -ɔ̃d] *adj.* Furibundo, da.

furieux, -euse [fyʀjø, -øz] *adj.* Furioso, sa.

furoncle [fyʀɔ̃kl(ə)] *m.* Furúnculo.

furtif, -ive [fyʀtif, -iv] *adj.* Furtivo, va.

fusain [fyzɛ̃] *m.* 1 Bonetero (abrisseau). 2 Carboncillo (pour dessiner). 3 Dibujo al carbón (dessin).

fuseau [fyzo] *m.* 1 Huso. 2 Bolillo (pour dentelle).

fusée [fyze] *f.* 1 Cohete *m.: ~ spatiale,* cohete espacial. 2 MIL. Espoleta (d'obus).

fuselage [fyzlaʒ] *m.* Fuselaje.

fuselé, -ée [fyzle] *adj.* Ahusado, da.

fuser [fyze] [1] *intr.* 1 Derretirse (une bougie). 2 Brotar, surgir (jaillir).

fusible [fyzibl(ə)] *adj.-m.* Fusible.

fusil [fyzi] *m.* 1 Fusil. 2 Escopeta *f.* (pour la chasse). 3 Chaira *f.,* afilón (pour aiguiser).

fusillade [fyzijad] *f.* 1 Tiroteo *m.* 2 Fusilamiento *m.* (pour exécuter).

fusiller [fyzije] [1] *tr.* Fusilar.

fusionner [fyzjɔne] [1] *tr.* Fusionar.

fustiger [fystiʒe] [13] *tr.* Fustigar.

fût [fy] *m.* 1 Tronco (d'arbre). 2 ARCHIT. Fuste, caña *f.* 3 Caja *f.* (d'une arme à feu). 4 Tonel (tonneau).

futaie [fytɛ] *f.* Oquedal *m.,* monte *m.* alto.

futaille [fytɑj] *f.* Tonel *m.,* barrica.

futé, -ée [fyte] *adj.* fam. Listo, ta, astuto, ta.

futon [fytɔ̃] *m.* Futón.

futur, -ure [fytyʀ] *adj.* 1 Futuro, ra. ■ 2 *m.* Futuro. 3 GRAM. Futuro.

fuyant, -ante [fɥijɑ̃, -ɑ̃t] *adj.* 1 Que huye, huidizo, za. 2 *Front ~,* frente deprimida.

fuyard, -arde [fɥijaʀ, -aʀd(ə)] *s.* Fugitivo, va, soldado que huye ante el enemigo.

G

g [ʒe] *m.* G *f.*

gabardine [gabaʀdin] *f.* Gabardina.

gâcher [gɑʃe] [1] *tr.* **1** CONSTR. Argamasar. **2** fig. Malgastar, echar a perder, estropear. **3** fig. Malograr.

gâchette [gɑ(a)ʃɛt] *f.* **1** Gacheta (de la serrure). **2** Gatillo *m.* (arme à feu).

gâcheur, -euse [gɑʃœʀ, -øz] *s.* **1** Chapucero, ra, chafallón, ona. ■ **2** *m.* CONSTR. Amasador.

gaffe [gaf] *f.* **1** fam. Plancha, coladura, metedura de pata. ■ **2** MAR. Bichero *m.*

gaffer [gafe] [1] *intr.* fam. Meter la pata, tirarse una plancha.

gaga [gaga] *adj.* fam. Chocho, cha.

gage [gaʒ] *m.* **1** Prenda *f.* Loc. *Laisser en* ~, dejar en prenda; *mettre en* ~, empeñar; *prêter sur gages*, prestar con fianza. **2** Prueba *f.* (preuve). ■ **3** *pl.* Salario *sing.*, sueldo *sing.: être aux gages de*, estar a sueldo de.

gager [gaʒe] [13] *tr.* Apostar: *je gage que*, apuesto que.

gagnant, -ante [gaɲɑ̃, -ɑ̃t] *adj.-s.* **1** Ganador, ra, ganancioso, sa (au jeu). **2** Agraciado, da, premiado, da (à la loterie).

gagne-pain [gaɲpɛ̃] *m. invar.* Sostén, medio de subsistencia.

gagner [gaɲe] [1] *tr.* **1** Ganar: ~ *au jeu*, ganar en el juego. **2** Ganarse: ~ *son pain*, ganarse el pan. **3** Alcanzar: ~ *la côte en nageant*, alcanzar la costa nadando. **4** Dirigirse: *bateau qui gagne le port*, barco que se dirige hacia el puerto. **5** Merecerse, granjearse (la sympathie, etc.). ■ *intr.* **6** Extenderse, propagarse (se propager).

gai, gaie [ge] *adj.* Alegre.

gaieté [gete] *f.* Alegría. *loc. adv. De* ~ *de cœur*, de propósito, a sabiendas.

gaillardise [gajaʀdiz] *f.* **1** Gallardía, desenfado *m.* **2** Desvergüenza, chocarrería (propos).

gain [gɛ̃] *m.* **1** Ganancia *f.* **2** *Avoir* ~ *de cause*, tener el pleito ganado (procès), salirse con la suya (dans une discussion).

gaine [gɛn] *f.* **1** Vaina, funda. **2** Faja (sous-vêtement). **3** BOT. Vaina.

gala [gala] *m.* **1** Gala *f.: habit de* ~, traje de gala. **2** *Soirée de* ~, fiesta de etiqueta.

galant, -ante [galɑ̃, ɑ̃t] *adj.* **1** Galante. **2** Correcto, ta, caballeroso, sa. ■ **3** *m.* Galán. **4** *Un vert* ~, un viejo verde.

galanterie [galɑ̃tʀi] *f.* **1** Galantería. **2** Galanteo *m.* **3** Finura, cortesía (courtoisie). **4** Requiebro *m.* (propos galant).

galaxie [galaksi] *f.* ASTRON. Galaxia.

galbe [galb(ə)] *m.* Silueta *f.*, contorno.

gale [gal] *f.* Sarna, roña.

galéjade [galeʒad] *f.* Broma.

galère [galɛʀ] *f.* MAR. Galera.

galerie [galʀi] *f.* **1** Galería. **2** fam. Galería, público *m.: parler pour la* ~, hablar para la galería. **3** Baca, portaequipajes *m.* (d'une auto).

galet [galɛ] *m.* **1** Guijarro, guija *f.* **2** MÉC. Rodillo.

galetas [galtɑ] *m.* **1** Buhardilla *f.* (mansarde). **2** Tugurio, cuchitril (taudis).

galette [galɛt] *f.* **1** Torta. **2** ~ *des Rois*, roscón *m.* de Reyes. **3** MAR. Galleta. **4** fam. Guita, parné *m.* (argent).

galeux, -euse [galø, -øz] *adj.-s.* Sarnoso, sa.

galimatias [galimatja] *m.* Galimatías.

galion [galjɔ̃] *m.* Galeón.

galle [gal] *f.* BOT. Agalla.

gallicisme [gal(l)isism(ə)] *m.* Galicismo.

galoche [galɔʃ] *f.* Galocha, zueco *m.*

galon [galɔ̃] *m.* Galón.

galonner [galɔne] [1] *tr.* Galonear, ribetear.

galop [galo] *m.* **1** Galope: *au* ~, a galope. **2** Galop (danse). **3** Loc. ~ *d'essai*, prueba de entrenamiento *f.*

galoper [galɔpe] [1] *intr.* Galopar.

galopin [galɔpɛ̃] *m.* Galopín, pilluelo.

galvaniser [galvanize] [1] *tr.* Galvanizar.

galvauder [galvode] [1] *tr.* **1** Mancillar, deshonrar (déshonorer). **2** Estropear, echar a perder (gâcher).

gambade [gɑ̃bad] *f.* Brinco *m.,* cabriola.

gambader [gɑ̃bade] [1] *intr.* Brincar.

gamelle [gamɛl] *f.* Fiambrera, tartera.

gamin, -ine [gamɛ, in] *s.* **1** Golfillo, lla. **2** Chiquillo, lla (enfant). ■ **3** *adj.* Travieso, sa.

gamme [gam] *f.* Gama, escala.

gammée [game] *adj. f. Croix ~,* cruz gamada.

ganache [ganaʃ] *f.* **1** Barbada (du cheval). **2** fam. Zoquete *m.,* estúpido *m.*

gandin [gɑ̃dɛ̃] *m.* Pisaverde, gomoso.

ganglion [gɑ̃glijɔ̃] *m.* Ganglio.

gangrène [gɑ̃grɛn] *f.* Gangrena.

ganse [gɑ̃s] *f.* Cordón *m.,* trencilla, presilla.

gant [gɑ̃] *m.* **1** Guante. **2** ~ *de toilette,* manopla *f.*

gantelet [gɑtlɛ] *m.* Guantelete, manopla *f.*

ganter [gɑ̃te] [1] *tr.* Enguantar. ■ **2** *pr.* Ponerse los guantes.

garage [garaʒ] *m.* **1** Garaje. **2** *Voie de ~,* apartadero *m.,* vía muerta (chemin de fer).

garance [garɑ̃s] *f.* **1** Granza, rubia (plante). ■ **2** *adj.* Grancé.

garant, -ante [garɑ̃, -ɑ̃t] *adj.-s.* **1** Fiador, ra: *se porter ~,* salir fiador. ■ **2** *m.* Garantía *f.*

garantir [garɑ̃tir] [3] *tr.* **1** Garantizar. **2** Preservar, resguardar. ■ **3** *pr.* Protegerse.

garce [gars(ə)] *f.* **1** pop. Mujerzuela. **2** fam. Perra, maldita: ~ *de fièvre!,* imaldita fiebre!

garçon [garsɔ̃] *m.* **1** Muchacho, chico, niño. Loc. *Beau ~,* buen mozo; ~ *d'honneur,* joven que acompaña al novio en una boda; *petit ~,* niño. **2** Hijo varón (fils). **3** Soltero (célibataire). Loc. fam. *Vieux ~,* solterón. **4** Mozo: ~ *d'hôtel,* mozo de hotel. Loc. ~ *de café,* camarero; ~ *épicier,* dependiente de una tienda de comestibles; ~ *de courses,* recadero, mandadero; ~ *de recette,* cobrador.

garçonnière [garsɔnjɛr] *f.* Piso *m.* de soltero.

garde [gard(ə)] *f.* **1** Guardia, vigilancia, custodia, cuidado *m.,* protección. Loc. *Prendre ~,* tener cuidado; *être de ~,*

estar de guardia; *être sur ses gardes,* recelar, desconfiar; *n'avoir ~ de,* guardarse bien de, abstenerse. **2** ESCR., MIL. Guardia: ~ *montante,* guardia entrante; ~ *descendante,* guardia saliente. **3** MIL. *Être au ~ à vous,* estar cuadrado; *se mettre au ~ à vous,* cuadrarse. **4** Guarda (d'un livre, d'une serrure). **5** Guarda, guarnición (d'une épée). ■ **6** *m.* Guarda, guardia. Loc. ~ *champêtre,* guarda rural.

garder [garde] [1] *tr.* **1** Guardar: ~ *un secret,* guardar un secreto; ~ *le lit, le silence,* guardar cama, silencio. **2** Cuidar (un malade, un enfant). ■ **3** *pr. Se ~ de,* guardarse de, abstenerse de. **4** Conservarse.

garderie [gardəri] *f.* Guardería.

garde-robe [gardərɔb] *f.* **1** Guardarropa *m.* (armoire). **2** Vestuario *m.* (vêtements).

gardien, -ienne [gardjɛ, -jɛn] *s.* **1** Guardián, ana. **2** Guarda (de jardin public, etc.). **3** Portero, ra (concierge). **4** ~ *de la paix,* agente de policía. **5** SPORTS ~ *de but,* guardameta, portero.

gare [ga(ɑ)r] *f.* **1** Estación (chemin de fer). **2** Atracadero *m.* (fluviale). **3** *interj.* ¡Atención!, ¡Cuidado!

garer [gare] [1] *tr.* **1** Llevar a una vía muerta (un train). **2** Aparcar (dans la rue). **3** Dejar en un garaje. **4** Poner a cubierto (mettre à l'abri). ■ **5** *pr.* Apartarse, guarecerse, ponerse a cubierto (se protéger). **6** *Je me suis garé près de l'hôtel,* he aparcado cerca del hotel.

gargarisme [gargarism(ə)] *m.* **1** Gargarismo (médicament). **2** Gárgaras *f. pl.* (action).

gargote [gargɔt] *f.* Figón *m.,* tasca.

gargouille [garguj] *f.* **1** Gárgola (sculptée). **2** Canalón *m.*

gargouiller [garguje] [1] *intr.* Hacer gorgoteos.

garnement [garnəmɑ̃] *m.* Pillo, granuja.

garni [garni] *m.* Habitación *f.* amueblada.

garnir [garnir] [3] *tr.* **1** Guarnecer. **2** Adornar (orner). **3** Proveer (munir). **4** Alhajar, amueblar (meubler). **5** CUIS. Guarnecer: *plat garni de légumes,* plato con guarnición de verduras. **6** Rellenar (un fauteuil). **7** Llenar, ocupar (un espace).

garnison [garnizɔ̃] *f.* MIL. Guarnición.

garniture [garnityr] *f.* **1** Adorno *m.,* aderezo *m.* guarnición. **2** Juego *m.:* ~ *de boutons,* juego de botones. **3** CUIS.

Guarnición (légumes). 4 IMPR. Imposición.

garrot [gaʀo] *m.* 1 Garrote (supplice). 2 MÉD. Torniquete. 3 Cruz *f.* (partie du corps des quadrupèdes).

garroter [gaʀɔte] *tr.* Agarrotar.

gars [gɑ] *m.* Mozo, muchacho.

gas-oil [gazɔl] *m.* Gasóleo.

gaspiller [gaspije] [1] *tr.* Despilfarrar, desperdiciar.

gastrique [gastʀik] *adj.* Gástrico, ca.

gastronomie [gastʀɔnɔmi] *f.* Gastronomía.

gâteau [gɑto] *m.* 1 Pastel. 2 *Petit ~*, pastelillo; *~ sec*, galleta *f.* 3 Panal (ruche).

gâter [gɑte] [1] *tr.* 1 Dañar, estropear, echar a perder. 2 Picar (fruit, dent). 3 fig. Estropear. 4 Mimar, consentir (un enfant).

gâterie [gɑtʀi] *f.* 1 Mimo *m.* 2 Golosina (friandise).

gâte-sauce [gɑtsos] *m.* Pinche.

gâteux, -euse [gɑtø, -øz] *adj.-s.* Chocho, cha, lelo, la, bobo, ba.

gauche [goʃ] *adj.* 1 Izquierdo, da. 2 Torcido, da (de travers). 3 Torpe, desmañado, da (maladroit). 4 *loc. adv. À ~*, a la izquierda. ■ 5 *f.* Izquierda.

gaucher, -ère [goʃe, -ɛʀ] *adj.-s.* Zurdo, da.

gaucherie [goʃʀi] *f.* Torpeza, desmaña.

gaudriole [godʀijɔl] *f.* Chiste *m.*, picante.

gaufre [gofʀ(ə)] *f.* Barquillo *m.* (pâtisserie).

gaufrer [gofʀe] [1] *tr.* Estampar, gofrar.

gaufrette [gofʀɛt] *f.* Especie de barquillo plano (pâtisserie).

gauloiserie [golwazʀi] *f.* Dicho *m.*, picaresco, dicho *m.* verde.

gausser (se) [gose] [1] *pr.* Burlarse, reírse.

gave [gav] *m.* Torrente.

gaver [gave] [1] *tr.* 1 Embuchar la comida a, cebar (les animaux). ■ 2 *pr.* Atiborrarse.

gaz [gɑz] *m.* Gas: *bec de ~*, farol de gas.

gaze [gɑz] *f.* Gasa.

gazéifier [gazeifje] [2] *tr.* Gasificar.

gazelle [gazɛl] *f.* Gacela.

gazer [gaze] [1] *tr.* 1 Someter a la acción de los gases asfixiantes. ■ 2 *intr.* fam. Ir de prisa. 3 fam. Ir bien: *ça gaze!*, iva bien!

gazette [gazɛt] *f.* Gaceta (journal).

gazon [gazɔ̃] *m.* Césped.

gazouillement [gazujmɑ̃] *m.* 1 Gorjeo (d'oiseau). 2 Murmureo, susurro.

geai [ʒɛ] *m.* Arrendajo.

géant, -ante [ʒeɑ̃, -ɑ̃t] *adj.-m.* 1 Gigante. ■ 2 *f.* Giganta.

geindre [ʒɛ̃dʀ(ə)] [55] *intr.* Gimotear, quejarse.

gel [ʒɛl] *m.* 1 Helada *f.* 2 Época *f.* de los hielos. 3 CHIM. Gel.

gélatine [ʒelatin] *f.* Gelatina.

gelé, -ée [ʒ(ə)le] *adj.* 1 Helado, da, congelado, da. ■ 2 *f.* Helada. 3 *Gelée blanche,* escarcha. 4 Jalea (de fruits). 5 CUIS. Gelatina (de viande).

geler [ʒ(ə)le] [17] *tr.* 1 Helar, congelar. ■ 2 *impers.* Helar: *il gèle,* hiela. 3 *~ blanc,* escarchar. ■ 4 *intr.-pr.* Helarse.

gélinotte [ʒelinɔt] *f.* 1 Ganga. 2 *~ des bois,* ortega.

gémir [ʒemiʀ] [3] *intr.* Gemir.

gémissement [ʒemismɑ̃] *m.* Gemido.

gemme [ʒɛm] *f.* 1 Gema. 2 Resina de pino. ■ 3 *adj. Sel ~,* sal gema.

gênant, -ante [ʒɛnɑ̃, -ɑ̃t] *adj.* Molesto, ta, embarazoso, sa.

gencive [ʒɑ̃siv] *f.* Encía.

gendarme [ʒɑ̃daʀm(ə)] *m.* 1 Guardia, gendarme. 2 Roca *f.* (dans la montagne).

gendarmerie [ʒɑ̃daʀməʀi] *f.* Gendarmería (en France), guardia civil (en Espagne).

gendre [ʒɑ̃dʀ(ə)] *m.* Yerno.

gêne [ʒɛn] *f.* 1 Molestia, incomodidad. 2 Encogimiento *m.*, embarazo *m.* 3 Estrechez, apuro *m.*

gène [ʒɛn] *m.* Gen, gene.

généalogie [ʒenealɔʒi] *f.* Genealogía.

gêner [ʒene] [1] *tr.* 1 Molestar: *si cela ne vous gêne pas,* si no le es molestia. 2 Dificultar, estorbar. 3 Embarazar, turbar (troubler). 4 Poner en un apuro (pécuniairement). ■ 5 *pr.* Molestarse, violentarse. 6 *Ne vous gênez pas,* no tenga usted reparo. 7 iron. *Ne pas se ~,* tener frescura.

général, -ale [ʒeneʀal] *adj.-m.* 1 General: *officiers généraux,* oficiales generales. ■ 2 *f.* Generala.

généraliser [ʒeneʀalize] [1] *tr.* Generalizar.

généralité [ʒeneʀalite] *f.* Generalidad.

générateur, -trice [ʒeneʀatœʀ, -tʀis] *adj.* 1 Generador, ra. ■ 2 *m.* Generador. ■ 3 *f.* GÉOM. Generatriz.

génération [ʒeneʀasjɔ̃] *f.* Generación.

généreux, -euse [ʒeneʀø, -øz] *adj.* Generoso, sa.

générique [ʒeneʀik] *adj.* 1 Genérico, ca. ■ 2 *m.* Ficha *f.* técnica (cinéma).

générosité [ʒenerozite] *f.* Generosidad.

genèse [ʒɔnɛz] *f.* **1** Génesis. ■ **2** *n. pr. f.* Génesis *m.*

genêt [ʒ(ə)nɛ] *m.* **1** Retama *f.* **2** ~ *d'Espagne,* gayomba *f.*

genette [ʒ(ə)nɛt] *f.* Gineta.

genévrier [ʒɔnevrije] *m.* Enebro.

génial, -ale [ʒenjal] *adj.* Genial.

génie [ʒeni] *m.* **1** Carácter, índole *f.,* idiosincrasia *f.* **2** Disposición *f.,* aptitud *f.,* don. **3** Genio. **4** MIL. ~ *militaire,* cuerpo de ingenieros. **5** MYTH. Genio.

genièvre [ʒɔnjɛvr(ə)] *m.* **1** Enebro. **2** Enebrina *f.* (baie). **3** Ginebra *f.* (alcool).

génisse [ʒenis] *f.* Becerra.

génitif [ʒenitif] *m.* Genitivo.

genou [ʒ(ə)nu] *m.* **1** ANAT. Rodilla *f.* **2** MÉC. Articulación *f.* **3** MAR. Genol.

genouillère [ʒ(ə)nujɛr] *f.* Rodillera.

genre [ʒɑ̃r] *m.* **1** Género: ~ *humain,* género humano. **2** Especie *f.,* clase *f.,* tipo (sorte). **3** *Tableau de* ~, cuadro de costumbres.

gens [ʒɑ̃] *s. pl.* Gente *f. sing.,* personas *f.* Loc. *Les jeunes* ~, la gente joven, los jóvenes. ~ *de lettres,* gente de letras; ~ *de robe,* togados; *droit des* ~, derecho de gentes. ▲ *Gens* se considera en gral. como masculino. No obstante, si un adjetivo le precede inmediatamente, tanto este adjetivo como los que pueden precederle se ponen en femenino; a no ser que el primero tenga su forma masculina terminada en *e* muda, en cuyo caso se sigue la regla general: *de bonnes gens, des vieilles gens; tous les jeunes gens.*

gentiane [ʒɑ̃sjan] *f.* Genciana.

gentil, -ille [ʒɑ̃ti, -ij] *adj.* **1** Gentil, gracioso, sa (gracieux). **2** Mono, na (mignon). **3** Amable, bueno, na, delicado, da. **4** Importante: *il m'a donné une gentille somme,* me dio una importante suma. ■ **5** *m.* Gentil (paien).

gentilhomme [ʒɑ̃tijɔm] *m.* **1** Hidalgo. **2** Gentilhombre.

gentillesse [ʒɑ̃tijɛs] *f.* **1** Amabilidad, gentileza. **2** Atención, amabilidad.

gentiment [ʒɑ̃timɑ̃] *adv.* Gentilmente, lindamente.

génuflexion [ʒenyflɛksjɔ̃] *f.* Genuflexión.

géographie [ʒeɔgrafi] *f.* Geografía.

geôle [ʒol] *f.* Cárcel, prisión.

géologie [ʒeɔlɔʒi] *f.* Geología.

géométrie [ʒeɔmetri] *f.* Geometría.

gérance [ʒerɑ̃s] *f.* Gerencia.

géranium [ʒeranjɔm] *m.* Geranio.

gérant, -ante [ʒerɑ̃, -ɑ̃t] *s.* Gerente.

gerbe [ʒɛrb(ə)] *f.* **1** Gavilla, haz *m.* **2** Ramo *m.* (de fleurs).

gercer [ʒɛrse] [12] *tr.* **1** Agrietar. ■ **2** *pr.* Agrietarse.

gérer [ʒere] [14] *tr.* Administrar, regir.

germe [ʒɛrm(ə)] *m.* **1** Germen. **2** Galladura *f.* (de l'œuf). **3** BOT. Germen, grillo.

germination [ʒɛrminasjɔ̃] *f.* Germinación.

gérondif [ʒerɔ̃dif] *m.* Gerundio.

gésier [ʒezje] *m.* Molleja *f.*

gésir [ʒezir] [37] *intr.* Yacer: *ci-gît,* aquí yace.

gestation [ʒɛstasjɔ̃] *f.* Gestación.

gesticuler [ʒɛstikyle] [1] *intr.* Gesticular, hacer ademanes.

gestion [ʒɛstjɔ̃] *f.* Gestión.

gestionnaire [ʒɛstjɔnɛr] *adj.-m.* **1** Gestor, ra, gerente. **2** *m.* INFORM. Gestor de ficheros.

geyser [ʒɛzɛr] *m.* Geiser.

gibecière [ʒibsjɛr] *f.* **1** Morral *m.,* zurrón *m.* **2** Cartapacio *m.,* cartera (d'écolier).

gibet [ʒibɛ] *m.* **1** Horca *f.* **2** Patíbulo (échafaud).

gibier [ʒibje] *m.* Caza *f.: gros* ~, caza mayor; *menu* ~, caza menor.

giboulée [ʒibule] *f.* Aguacero *m.,* chubasco *m.*

gicler [ʒikle] [1] *intr.* Salpicar, rociar.

gifle [ʒifl(ə)] *f.* Bofetada.

gifler [ʒifle] [1] *tr.* Abofetear.

gigantesque [ʒigɑ̃tɛsk(ə)] *adj.* Gigantesco, ca.

gigogne [ʒigɔɲ] *adj. Lits* ~, camas nido; *table* ~, mesas nido.

gigot [ʒigo] *m.* Pierna *f.* de cordero.

gigue [ʒig] *f.* **1** fam. Pierna zanca. **2** Giga (danse).

gilet [ʒilɛ] *m.* **1** Chaleco. **2** Camiseta *f.* (sous-vêtement).

gingembre [ʒɛ̃ʒɑ̃br(ə)] *m.* Jengibre.

girafe [ʒiraf] *f.* Jirafa.

giratoire [ʒiratwar] *adj.* Giratorio, ria.

girofle [ʒirɔfl(ə)] *m.* Clavo de olor.

giroflée [ʒirɔfle] *f.* Alhelí *m.*

giron [ʒirɔ̃] *m.* **1** Regazo. **2** fig. Seno, regazo.

girouette [ʒirwɛt] *f.* Veleta, giralda.

gisant, -ante [ʒizɑ̃, -ɑ̃t] *adj.* Yacente.

gisement [ʒizmɑ̃] *m.* Yacimiento.

gîte [ʒit] *m.* **1** Morada *f.,* albergue, alojamiento. **2** Madriguera *f.* (du gibier). **3** MIN. Yacimiento. **4** CUIS. ~ *à la noix,* codillo de vaca.

givre [ʒivʀ(ə)] *m.* Escarcha *f.*

glabre [glabʀ(ə)] *adj.* Glabro, bra, lampiño, ña.

glace [glas] *f.* 1 Hielo *m.* 2 Helado *m.* (crème glacée). 3 Luna: *armoire à ~,* armario de luna. 4 Espejo *m.* (miroir). 5 Cristal *m.* (de fenêtre).

glacer [glase] [12] *tr.* 1 Helar, congelar. 2 fig. Dejar helado, da: *cette phrase me glace,* esta frase me deja helado. 3 TECHN. Glasear. 4 Alcorzar (une pâtisserie).

glacier [glasje] *m.* 1 Helero, ventisquero. 2 Heladero (qui vend des glaces). 3 Heladería *f.* (boutique).

glacière [glasjɛʀ] *f.* Nevera.

glaçon [glasɔ̃] *m.* 1 Témpano, carámbano. 2 Cubito de hielo (pour les boissons).

glaïeul [glajœl] *m.* Estoque.

glaire [glɛʀ] *f.* 1 Clara de huevo. 2 MÉD. Flema.

glaise [glɛz] *f.* Arcilla, greda.

glaive [glɛv] *m.* Espada *f.*

gland [glɑ̃] *m.* 1 Borla *f.* (pompon). 2 BOT. Bellota *f.* 3 ANAT. Bálano.

glande [glɑ̃d] *f.* Glándula.

glaner [glane] [1] *tr.* 1 Espigar. 2 fig. Rebuscar.

glapir [glapiʀ] [3] *intr.* 1 Gañir (chiens), chillar (renards). 2 fig. Chillar, gritar (personnes).

glas [glɑ] *m.* Toque de ánimas, de agonía, de muerto. Loc. *Sonner le ~,* doblar las campanas, tocar a muerto.

glauque [glok] *adj.* Glauco, ca.

glèbe [flɛb] *f.* 1 Gleba. 2 Tierra de labor.

glissant, -ante [glisɑ̃, -ɑ̃t] *adj.* Resbaladizo, za.

glisser [glise] [1] *intr.* 1 Resbalar, deslizarse. 2 Escurrirse (des mains). 3 fig. Pasar de largo (ne pas approfondir). ▪ 4 *tr.* Introducir, hacer deslizarse. 5 fig. Insinuar. ▪ 6 *pr.* Colarse, introducirse, deslizarse en. 7 Insinuarse.

glissière [glisjɛʀ] *f.* 1 TECHN. Correadera. 2 *Fermeture à ~,* cremallera.

glissoire [gliswaʀ] *f.* Patinadero *m.* (patinoire).

globe [glɔb] *m.* 1 Globo: *~ terrestre,* globo terráqueo; *~ de l'œil,* globo del ojo. 2 Globo, bomba *f.* (de lampe). 3 Fanal *mettre sous ~,* meter bajo fanal.

globule [glɔbyl] *m.* Glóbulo.

gloire [glwaʀ] *f.* 1 Gloria. 2 *Se faire ~ de,* vanagloriarse de.

gloriette [glɔʀjɛt] *f.* Glorieta, cenador *m.*

glorieux, -euse [glɔʀjø, -øz] *adj.* 1 Glorioso, sa. 2 Ufano, na, orgulloso, sa (vaniteux).

glorifier [glɔʀifje] [2] *tr.* 1 Glorificar. ▪ 2 *pr.* Gloriarse, ufanarse.

gloser [gloze] [1] *intr.* 1 Glosar. 2 Criticar.

glossaire [glɔsɛʀ] *m.* Glosario.

glotte [glɔt] *f.* Glotis.

glousser [gluse] [1] *intr.* Cloquear.

glu [gly] *f.* Liga.

gluant, -ante [glyɑ̃, -ɑ̃t] *adj.* Viscoso, sa, pegajoso, sa.

glucose [glykoz] *m.* Glucosa *f.*

gluten [glytɛn] *m.* Gluten.

glutonnerie [glutɔnʀi] *f.* Glotonería.

glycérine [gliseʀin] *f.* Glicerina.

glycine [glisin] *f.* Glicina.

gnome [gnom] *m.* Gnomo.

go (tout de) [tudgo] *loc. adv.* fam. De sopetón, de buenas a primeras.

gobelet [gɔblɛt] *m.* Cubilete.

gober [gɔbe] [1] *tr.* 1 Engullir, sorber: *~ un œuf,* sorber un huevo. 2 fig. Tragarse (croire): *il gobe tout ce que je lui dis,* se traga todo lo que le digo. 3 fig. Tragar: *ne pas ~ quelqu'un,* no tragar a alguien.

goberger (se) [gɔbɛʀʒe] [13] *pr.* Regodearse, repantigarse.

goder [gɔdɛ] [1] *intr.* Abolsarse, arrugarse, hacer pliegues.

godet [gɔdɛ] *m.* 1 Cubilete, cortadillo (à boire). 2 Cangilón (de noria, drague). 3 Salserilla *f.* (de peintre). 4 Pliegue (pli).

godiche [gɔdiʃ] *adj.-s.* fam. Necio, cia, torpe, desmañado, da.

goéland [gɔelɑ̃] *m.* Gaviota *f.* grande.

goélette [gɔelɛt] *f.* MAR. Goleta.

gogo [gɔgo] *m.* 1 fam. Primo, inocente. 2 *loc. adv. À ~,* a pedir de boca, con abundancia.

goguenard, -arde [gɔgnaʀ, -aʀd(ə)] *adj.* Guasón, ona, burlón, ona.

goguette [gɔgɛt] *f.* fam. *En ~,* achispado, da (un peu ivre), de buen humor.

goinfre [gwɛ̃fʀ(ə)] *m.* Glotón, tragón.

goitre [gwatʀ(ə)] *m.* Bocio, papera *f.*

golfe [gɔlf(ə)] *m.* GÉOG. Golfo.

gomme [gɔm] *f.* 1 BOT. Goma. 2 Goma *(pour effacer).*

gond [gɔ̃d] *m.* Gozne.

gondoler [gɔ̃dɔle] [1] *intr.* 1 Alabearse, abarquillarse. ▪ 2 *pr.* fam. Desternillarse de risa.

gondolier, -ière [gɔ̃dɔlje, -jɛʀ] *s.* Gondolero, ra.

gonfler [gɔ̃fle] [1] *tr.* 1 Inflar, hinchar. 2

fam. *Être gonflé,* ser atrevido, tener cara.

goret [gɔʀɛ] *m.* Gorrino, lechón.

gorge [gɔʀʒ(ə)] *f.* 1 Garganta. 2 Cuello *m.* (cou). 3 Pecho *m.,* escote (poitrine). 4 Loc. fig. *Faire des gorges chaudes,* burlarse de; *rendre* ~, restituir lo robado. 5 TECHN. Garganta. 6 GÉOG. Garganta, desfiladero *m.* 7 FORT. Gola. 8 ARCHIT. Mediacaña.

gorgée [gɔʀʒe] *f.* Trago *m.,* sorbo *m.*

gorger [gɔʀʒe] [13] *tr.* 1 Cebar. ▪ 2 *pr.* Hartarse, atracarse.

gorille [gɔʀij] *m.* 1 Gorila. 2 fam. Guardaespaldas.

gosier [gozje] *m.* Garganta *f.,* tragadero, garguero, gaznate.

gosse [gɔs] *s.* pop. Chiquillo, lla, chaval, la.

gothique [gɔtik] *adj.-m.* Gótico, ca.

gouache [gwaʃ] *f.* PEINT. Aguada.

gouaillerie [gwajʀi] *f.* fam. Burla, guasa.

goudron [gudʀɔ̃] *m.* Alquitrán, brea *f.*

gouffre [gufʀ(ə)] *m.* 1 Abismo, sima *f.* 2 Vorágine *f.,* remolino (tourbillon en mer). 3 fig. Abismo. 4 fig. Pozo sin fondo.

gouge [guʒ] *f.* Gubia.

goujon [guʒɔ̃] *m.* 1 Gobio. 2 TECHN. Clavija *f.,* pasador.

goulet [gulɛ] *m.* 1 Boca *f.* estrecha, bocana *f.* (d'un port). 2 Paseo estrecho (passage).

goulu, -ue [guly] *adj.-s.* Tragón, ona, glotón, ona.

goupille [gupij] *f.* Clavijita, pasador *m.*

gourance, gourante [guʀɑ̃s, guʀɑ̃t] *f.* pop. Error, cagada.

gourd, gourde [guʀ, guʀd(ə)] *adj.* 1 Entumecido, da (mains, doigts). ▪ 2 *f.* BOT. Calabaza (courge). 3 Cantimplora (bouteille). ▪ 4 *adj.-f.* Necio, cia.

gourdin [guʀdɛ̃] *m.* Garrote corto.

gourer [guʀe] *pr.* pop. Equivocarse, cagarla.

gourmand, -ande [guʀmɑ, -ɑ̃d] *adj.-s.* 1 Goloso, sa. ▪ 2 *m.* AGR. Chupón.

gourmander [guʀmɑ̃de] [1] *tr.* Reprender, reñir, tratar con dureza.

gourmandise [guʀmɑ̃diz] *f.* 1 Gula (défaut). 2 Golosina (friandise).

gourmet [guʀmɛ] *m.* Gastrónomo.

gousse [gus] *f.* 1 BOT. Vaina. 2 ~ *d'ail,* diente *m.* de ajo.

goût [gu] *m.* 1 Gusto. 2 Gusto, sabor. 3 Afición *f.* 4 *Reprendre* ~ *à la vie,* recuperar las ganas de vivir. 5 *Dans le* ~, al estilo de.

goûter [gute] *m.* Merienda *f.*

goûter [gute] [1] *tr.* 1 Probar, catar (un mets, une boisson). 2 Saborear (savourer). 3 Apreciar, gustar de. ▪ 4 *intr.* Merendar.

goutte [gut] *f.* 1 Gota. 2 fam. Copita de aguardiente: *boire la* ~, tomar una copita. 3 MÉD. Gota. ▪ 4 *adv.* Nada, ni gota: *n'entendre* ~, no oír nada.

goutter [gute] [1] *intr.* Dejar caer gotas.

gouttière [gutjɛʀ] *f.* 1 Canal *m.* (de toit). 2 MÉD. Entablillado *m.* 3 Gotera (écoulement au plafond).

gouvernail [guvɛʀnaj] *m.* Timón.

gouvernant, -ante [guvɛʀnɑ̃, -ɑ̃t] *adj.* 1 Gobernante. ▪ 2 *f.* Gobernadora. 3 Ama de llaves. 4 Aya (d'un enfant). ▪ 5 *m. pl.* Gobernantes.

gouverne [guvɛʀn(ə)] *f.* 1 Gobierno *m.: je vous le dis pour votre* ~, se lo digo para su gobierno.

gouvernement [guvɛʀnəmɑ̃] *m.* Gobierno.

gouverner [guvɛʀne] [1] *tr.* 1 Gobernar. 2 GRAM. Regir. ▪ 3 *intr.* MAR. Gobernar.

gouverneur [guvɛʀnœʀ] *m.* Gobernador.

goyave [gɔjav] *f.* Guayaba.

grabat [gʀaba] *m.* Camastro.

grabuge [gʀabyʒ] *m.* pop. Gresca *f.,* riña *f.,* follón.

grâce [gʀɑs] *f.* 1 Gracia, encanto *m.* 2 Favor *m.* 3 Gana: *de bonne* ~, de buena gana. 4 Indulto *m.* (pardon d'un condamné, etc.). 5 interj. ¡Piedad!; *de* ~*!,* ¡por favor!, ¡se lo ruego! 6 *loc. prép.* ~ *à,* gracias a.

gracier [gʀasje] [2] *tr.* Indultar.

gracieux, -euse [gʀasjø, -øz] *adj.* 1 Gracioso, sa. 2 Afable, amable. 3 Gracioso, sa, gratuito, ta.

gracile [gʀasil] *adj.* Grácil.

gradation [gʀadasjɔ̃] *f.* Gradación.

grade [gʀad] *m.* Grado.

gradin [gʀadɛ̃] *m.* 1 Grada *f.* ▪ 2 *pl.* Graderías *f.*

graduation [gʀadɥasjɔ̃] *f.* Graduación.

graduel, -elle [gʀadɥɛl] *adj.-m.* Gradual.

graduer [gʀadɥe] [1] *tr.* Graduar.

graffiti [gʀafiti] *m.* Pintada *f.*

graillon [gʀajɔ̃] *m.* 1 Sobras *f. pl.* de grasa quemada. 2 Olor a grasa quemada.

grain [gʀɛ̃] *m.* 1 Grano: ~ *de blé,* grano de trigo. 2 fig. Pizca *f.,* un poco: *pas un* ~ *de dignité,* ni pizca de dignidad. 3 Cuenta *f.* (de chapelet). 4 ~ *de beauté,* lunar. 5 Aguacero, turbión (averse).

graine [gʀɛn] *f.* BOT. Semilla, simiente. Loc. *Monter en ~,* espigarse.

graineterie [gʀɛnt(ə)ʀi, gʀɛnɛtʀi] *f.* Comercio *m.* de granos.

graissage [gʀɛsaʒ] *m.* Engrase, engrasado.

graisse [gʀɛs] *f.* Grasa.

graisser [gʀese] [1] *tr.* 1 Engrasar. 2 Manchar de grasa (salir).

graisseux, -euse [gʀesø, -øz] *adj.* Grasiento, ta.

grammaire [gʀa(m)mɛʀ] *f.* Gramática.

grammatical, -ale [gʀam(m)atikal] *adj.* Gramatical.

gramme [gʀam] *m.* Gramo.

grand, -ande [gʀɑ̃, -ɑ̃d] *adj.* 1 Grande: *grande chambre,* habitación grande; gran (devant un substantif sing.): *~ peintre,* gran pintor. 2 Alto, ta (taille). 3 Mayor (dignité). 4 *Plus ~,* mayor, más alto; *moins ~,* menor. 5 Loc. *Au ~ air,* al aire libre; *au ~ jour,* a la luz del día; *de ~ cœur,* con mucho gusto; *~ âge,* edad avanzada; *~ livre,* libro mayor. 6 Mayor, adulto, ta. ■ 7 *m.* Grande, magnate. ■ 8 *adv. Voir ~,* ver en grande; *~ ouvert,* abierto de par en par.

grandesse [gʀɑ̃dɛs] *f.* Grandeza.

grandeur [gʀɑ̃dœʀ] *f.* 1 Magnitud (importance). 2 Tamaño *m.,* grandor *m.* (taille)*: ~ nature,* tamaño natural. 3 fig. Grandeza (morale). 4 *Sa ~,* Su Ilustrísima (évêques, archevêques). 5 ASTRON. Magnitud. ■ 6 *pl.* Dignidades, honores.

grandiose [gʀɑ̃djoz] *adj.* 1 Grandioso, sa. ■ 2 *m.* Grandiosidad *f.*

grandir [gʀɑ̃diʀ] [3] *intr.* 1 Crecer. ■ 2 *tr.* Ampliar, exagerar. 3 fig. Engrandecer.

grand-maman [gʀɑ̃mamɑ̃] *f.* fam. Abuelita.

grand-mère [gʀɑ̃mɛʀ] *f.* Abuela.

grand-messe [gʀɑ̃mɛs] *f.* Misa mayor.

grand-papa [gʀɑ̃papa] *m.* fam. Abuelito.

grand-père [gʀɑ̃pɛʀ] *m.* Abuelo.

grands-parents [gʀɑ̃paʀɑ̃] *m. pl.* Abuelos.

grange [gʀɑ̃ʒ] *f.* Granero *m.,* hórreo *m.,* troje *m.*

granit, granite [gʀanit] *m.* Granito.

granulé, -ée [gʀanyle] *adj.* Granulado, da. ■ **m.** Gránulo.

graphique [gʀafik] *adj.* 1 Gráfico, ca. ■ 2 *m.* Gráfico, gráfica *f.*

graphologie [gʀafɔlɔʒi] *f.* Grafología.

grappe [gʀap] *f.* Racimo *m.*

grappiller [gʀapije] [1] *intr.* 1 Racimar,rebuscar. ■ 2 *tr.* Rebuscar.

gras, grasse [gʀɑ, gʀɑs] *adj.* 1 Graso, sa, pingüe. 2 Grasiento, ta, pringoso, sa (graisseux). 3 Gordo, da (gros). 4 Grueso, sa (trait d'écriture). 5 IMPR. *Caractère ~,* negrita *f.,* negrilla *f.* 6 BOT. *Plante grasse,* planta carnosa. 7 Feraz (fertile). 8 Loc. *Bouillon ~,* caldo de carne; *jour ~,* día de carne; *terre grasse,* tierra arcillosa; *vaches grasses,* vacas gordas.

gras-double [gʀadubl(ə)] *m.* CUIS. Callos *pl.*

grasseyer [gʀaseje] [1] *intr.* Pronunciar guturalmente la *r.*

grassouillet, -ette [gʀasuje, -ɛt] *adj.* Regordete, ta.

gratifier [gʀatifje] [2] *tr.* Gratificar, recompensar.

gratin [gʀatɛ̃] *m.* 1 Resto de un manjar que se pega a la sartén. 2 CUIS. Gratén.

gratiner [gʀatine] [1] *tr.* CUIS. Tostar por encima.

gratis [gʀatis] *adv.* Gratis, de balde.

gratitude [gʀatityd] *f.* Gratitud.

gratte [gʀat] *f.* fam. Sisa: *faire de la ~,* sisar.

gratte-ciel [gʀatsjɛl] *m. invar.* Rascacielos.

gratter [gʀate] [1] *tr.* 1 Rascar. 2 Raspar (racler, effacer). 3 Escarbar (le sol). 4 fam. Picar (démanger). 5 fam. Adelantar (dépasser).

grattoir [gʀatwaʀ] *m.* 1 Raspador (de bureau). 2 Rascador (outil).

gratuit, -ite [gʀatɥi, -ɥit] *adj.* Gratuito, ta.

gravats [gʀava] *m. pl.* Cascotes, escombros.

grave [gʀav] *adj.-m.* Grave.

graveleux, -euse [gʀavlø, -øz] *adj.* fig. Picante, escabroso, sa.

gravelle [gʀavɛl] *f.* Mal *m.* de piedra.

graver [gʀave] [1] *tr.* Grabar (*sur,* en).

graveur [gʀavœʀ] *m.* Grabador.

gravier [gʀavje] *m.* Grava *f.,* guijo.

gravir [gʀaviʀ] [3] *tr.* 1 Trepar, escalar (montagne). 2 Subir (côte).

gravitation [gʀavitasjɔ̃] *f.* Gravitación.

gravité [gʀavite] *f.* Gravedad.

graviter [gʀavite] [1] *intr.* Gravitar.

gravure [gʀavyʀ] *f.* Grabado *m.*

gré [gʀe] *m.1* Grado, voluntad *f.,* gusto, capricho: *agir à son ~,* obrar a su capricho. 2 *Savoir ~ de,* estar agradecido, da por. 3 *loc. prép. Au ~ de,* a merced de, al capricho de. 4 *loc. adv. Contre mon ~,* mal de mi grado.

grec, grecque [gʀɛk] *adj.-s.* Griego, ga.

gredin, -ine [gʀədɛ̃, -in] *s.* Miserable, canalla, bribón, ona.

gréer [gʁee] [11] *tr.* MAR. Aparejar.

greffé, -ée [gʁefe] *s.* Transplantado, da.

greffe [gʁɛf] *m.* 1 DR. Escribanía *f.*, archivo de un tribunal. ■ 2 *f.* Injerto *m.*

greffer [gʁefe] [1] *tr.* Injertar.

greffon [gʁeʃɔ̃] *m.* Injerto.

grégaire [gʁegɛʁ] *adj.* Gregario, ria.

grêle [gʁɛl] *adj.* 1 Delgado, da, endeble. 2 *Voix* ~, voz tenue y aguda, ahilada. ■ 3 *f.* Granizo *m.*, pedrisco *m.* 4 fig. Granizada, chaparrón *m.* (de choses).

grêler [gʁele] [1] *impers.* Granizar.

grêlon [gʁɛlɔ̃] *m.* Piedra *f.* de granizo, granizo.

grelot [gʁəlo] *m.* Cascabel.

grelotter [gʁəlɔte] [1] *intr.* Tiritar.

grenache [gʁənaʃ] *m.* Garnacha *f.*

grenade [gʁənad] *f.* 1 Granada (fruit). 2 MIL. Granada.

grenadier [gʁənadje] *m.* 1 Granado (arbuste). 2 MIL. Granadero.

grenat [gʁəna] *m.* Granate.

grener [gʁəne] *intr.* 1 Granar. ■ 2 *tr.* TECHN. Granear.

grenier [gʁənje] *m.* 1 Granero (à grains). 2 Desván (sous les combles).

grenouille [gʁənuj] *f.* Rana.

grès [gʁɛ] *m.* 1 Asperón, arenisca *f.* 2 Gres (poterie).

grésiller [gʁezije] [1] *impers.* 1 Granizar. ■ 2 *intr.* Chisporrotear.

grève [gʁɛv] *f.* 1 Playa, arenal *m.* 2 Huelga.

grever [gʁəve] [16] *tr.* Gravar.

gréviste [gʁevist(ə)] *adj.-s.* Huelguista.

gribouillage [gʁibujaʒ] *m.* 1 fam. Garabateo, garabato, garrapato (écriture). 2 Mamarracho (peinture).

gribouiller [gʁibuje] [1] *intr.* 1 fam. Garrapatear, escarabajear. ■ 2 *tr.* Pintorrear (peindre), garabatear, garrapatear (écrire).

grief [gʁijɛf] *m.* Queja *f.*: *exposer ses griefs,* exponer sus quejas.

griffe [gʁif] *f.* 1 Garfa, garra, zarpa, uña (d'un animal). 2 *Coup de* ~, zarpazo. 3 Firma, rúbrica (signature), estampilla (cachet).

griffé, -ée [gʁife] *adj.* De marca.

griffer [gʁife] [1] *tr.* Arañar.

griffonner [gʁifɔne] [1] *tr.* Garrapatear, borronear.

grignoter [gʁiɲɔte] [1] *tr.* Roer.

grigou [gʁigu] *m.* fam. Tacaño.

gril [gʁi(l)] *m.* 1 Parrilla *f.* 2 fig. *Être sur le* ~, estar en ascuas.

grillade [gʁijad] *f.* Carne asada a la parrilla.

grillage [gʁijaʒ] *m.* Alambrera *f.*, reja *f.*

grille [gʁij] *f.* 1 Verja, rejado *m.* (clôture). 2 Cancela (porte). 3 Reja (fenêtre). 4 Rejilla (d'un fourneau, etc.).

griller [gʁije] [1] *tr.* 1 Asar, emparrillar (viande, poisson), tostar (café, etc.). 2 Quemar: ~ *une résistance électrique,* quemar una resistencia eléctrica. 3 Abrasar: *le soleil grillait les récoltes,* el sol abrasaba la cosecha. ■ 4 *intr.* Asarse, tostarse, achicharrarse. 5 fig. Arder: *je grille d'envie de te voir,* ardo en deseos de verte.

grillon [gʁijɔ̃] *m.* Grillo.

grimace [gʁimas] *f.* 1 Mueca, gesto *m.*, visaje *m.*: *faire des grimaces,* hacer visajes. 2 Pliegue *m.*, arruga (faux pli).

grimer [gʁime] [1] *tr.* 1 Maquillar. ■ 2 *pr.* Maquillarse.

grimoire [gʁimwaʁ] *m.* Libro enrevesado, escrito ilegible.

grimper [gʁɛ̃pe] [1] *intr.-tr.* 1 Trepar, subir: ~ *à un arbre,* trepar a un árbol. 2 Subirse: ~ *sur une chaise,* subirse a una silla. ■ 3 *tr.* Subir (un escalier, etc.). 4 Escalar (montagne).

grincement [gʁɛ̃smɑ̃] *m.* Rechinamiento, chirrido.

grincer [gʁɛ̃se] [12] *intr.* 1 Rechinar, chirriar. 2 ~ *des dents,* rechinar los dientes.

grincheux, -euse [gʁɛ̃ʃø, -øz] *adj.-s.* Gruñón, ona, refunfuñador, ra, quejoso, sa.

gringalet [gʁɛ̃galɛ] *m.* Alfeñique, hombrecillo.

grippe [gʁip] *f.* 1 Gripe. 2 fig. Tirria: *prendre en* ~, tomar tirria a.

gripper [gʁipe] [1] *intr.* 1 Adherirse, agarrotar (se coincer). 2 Arrugarse, encogerse (un tissu). ■ 3 *pr.* Agarrotarse (un moteur).

grippe-sou [gʁipsu] *m.* Avaro, roñoso.

gris, -ise [gʁi, -iz] *adj.* 1 Gris, pardo, da: *des tons* ~, tonos grises. Loc. *Papier* ~, papel de embalaje; *cheval* ~ *pommelé,* caballo tordo con manchas; *faire grise mine,* poner mala cara. 2 Cubierto, ta (temps). 3 fig. Chispo, pa, achispado, da (ivre). ■ 4 *m.* Color gris, gris: *peint en* ~, pintado de gris.

grisaille [gʁizaj] *f.* Grisalla.

grisâtre [gʁizɑtʁ(ə)] *adj.* Grisáceo, cea.

griser [gʁize] [1] *tr.* 1 Achispar. 2 fig. Exaltar, embriagar. ■ 3 *pr.* Achisparse.

griserie [gʁizʁi] *f.* Embriaguez.

grisonner [gʁizɔne] [1] *intr.* Encanecer.

grisou [gʁizu] *m.* Grisú.

grive [gʀiv] *f.* Tordo *m.*

grivois, -oise [gʀivwa, -waz] *adj.-s.* Picaresco, ca, licencioso, sa, verde.

grog [gʀɔg] *m.* Ponche, grog.

grogner [gʀɔɲe] [1] *intr.* Gruñir.

grognon, -onne [gʀɔɲɔ̃, -ɔn] *adj.-s.* Gruñón, ona, regañón, ona.

groin [gʀwɛ̃] *m.* Hocico.

grommeler [gʀɔmle] [19] *intr.* **1** Refunfuñar, rezongar. ▪ **2** *tr.* Mascullar.

gronder [gʀɔ̃de] [1] *intr.* **1** Gruñir. **2** fig. Retumbar, tronar. ▪ **3** *tr.* Regañar, reñir, reprender (réprimander).

gros, grosse [gʀo, gʀos] *adj.* **1** Grueso, sa, gordo, da. Loc. ~ *lot,* premio gordo; *femme grosse,* mujer encinta; fig. *avoir le cœur* ~, tener el corazón encogido. **2** Grande, gran. **3** Abultado, da (volumineux). **4** Importante. **5** Fuerte: *grosse voix, fièvre,* voz, calentura fuerte. **6** *Grosse mer,* mar agitado; ~ *temps,* temporal. **7** Grosero, ra, tosco, ca (grossier). **8** ~ *mot,* palabrota *f.* ▪ **9** *m.* Grueso: *le* ~ *de l'armée,* el grueso del ejército. **10** COMM. Comercio al por mayor. ▪ **11** *adv.* Mucho: *gagner* ~, ganar mucho. **12** Fuerte: *jouer* ~, jugar fuerte. **13** *loc. adv. En* ~, al por mayor (commerce), en líneas generales, a grandes rasgos (sans entrer dans les détails).

groseille [gʀozɛj] *f.* Grosella.

grosse [gʀos] *f.* **1** v. **gros.** **2** COMM. Gruesa (douze douzaines). **3** Copia, traslado *m.* ejecutorio (copie).

grossesse [gʀosɛs] *f.* Preñez, embarazo *m.*

grosseur [gʀosœʀ] *f.* **1** Grosor *m.,* gordura, corpulencia. **2** Tumor *m.* (tumeur), bulto *m.* (bosse).

grossier, -ière [gʀosje, -jɛʀ] *adj.-s.* **1** Grosero, ra. **2** Tosco, ca (rudimentaire, rustique).

grossir [gʀosiʀ] [3] *tr.* **1** Engrosar, abultar, engordar. **2** Aumentar, amplificar (avec une loupe, etc.). **3** fig. Abultar, exagerar. ▪ **4** *intr.* Engordar, engrosar. **5** fig. Crecer, aumentar.

grossissant, -ante [gʀosisɑ̃, -ɑ̃t] *adj.* **1** Creciente. **2** *Verres grossissants,* lentes de aumento.

grotesque [gʀɔtɛsk(ə)] *adj.* Grotesco, ca.

grotte [gʀɔt] *f.* Gruta, caverna.

grouiller [gʀuje] [1] *intr.* Hormiguear, bullir.

groupe [gʀup] *m.* Grupo.

groupement [gʀupmɑ̃] *m.* Agrupación *f.*

grouper [gʀupe] *tr.* Agrupar.

gruau [gʀyo] *m.* **1** Farro. **2** Harina *f.* de cebada o avena secada al horno. **3** Flor de harina: *pain de* ~, pan de flor.

grue [gʀy] *f.* **1** Grulla (oiseau). **2** pop. Buscona (femme vénale). **3** MÉC. Grúa.

gruger [gʀyʒe] [13] *tr.* fig. Timar, embaucar.

grumeau [gʀymo] *m.* Grumo.

grumeler (se) [gʀymele] [19] *pr.* Agrumarse.

gué [ge] *m.* Vado.

guelte [gɛlt(ə)] *f.* Comisión sobre la venta.

guenille [gənij] *f.* **1** Harapo *m.,* andrajo *m.* **2** *En guenilles,* harapiento, ta.

guenon [gənɔ̃] *f.* Mona.

guépard [gepaʀ] *m.* Onza *f.,* guepardo

guêpe [gɛp] *f.* Avispa.

guère [gɛʀ] *adv.* Poco, no mucho, apenas: *il n'y a* ~ *longtemps,* no hace mucho.

guéridon [geʀidɔ̃] *m.* Velador.

guérir [geʀiʀ] [3] *tr.* **1** Curar. ▪ **2** *intr.* Sanar, curarse.

guérison [geʀizɔ̃] *f.* Curación, cura.

guérisseur, -euse [geʀisœʀ, -øz] *s.* Curandero, ra.

guérite [geʀit] *f.* Garita.

guerre [gɛʀ] *f.* **1** Guerra. **2** *De* ~ *lasse,* cansado, da de resistir, de luchar.

guérrillero *m.* Guerrillero.

guerroyer [gɛʀwaje] [23] *intr.* Guerrear.

guet [gɛ] *m.* Acecho, vigilancia *f.: faire le* ~, estar al acecho.

guet-apens [gɛtapɑ̃] *m.* **1** Emboscada *f.* **2** Asechanza *f.*

guetter [gete] [1] *tr.* **1** Acechar. **2** Aguardar, esperar (attendre).

gueulard, -arde [gœlaʀ, -aʀd(ə)] *adj.-s.* **1** pop. Vocinglero, ra. **2** pop. Goloso, sa (gourmand). ▪ **3** *m.* Boca *f.* (du foyer d'une chaudière).

gueule [gœl] *f.* **1** Hocico *m.,* boca (animaux). **2** MIL. Boca (du canon). **3** fam. Cara, jeta (visage), pinta (aspect). **4** pop. Boca (bouche). Loc. ~ *de bois,* resaca; *une fine* ~, un gastrónomo; pop. *ta* ~*!,* ¡cállate!

gueuler [gœle] [1] *intr.* fam. Gritar, vociferar.

gueux, -euse [gø, -øz] *adj.-s.* **1** Pordiosero, ra (mendiant). **2** Pícaro, ra, bribón, ona.

gui [gi] *m.* **1** Muérdago, visco. **2** MAR. Botavara *f.*

guichet [giʃɛ] *m.* Ventanilla *f.,* taquilla *f.*

guide [gid] *m.* **1** MIL., MÉC. Guía. **2** Lazarillo (d'aveugle). **3** Guía *f.* (livre). ▪ **4** *f. pl.* Riendas.

guider [gide] [1] *tr.* **1** Guiar, dirigir. ▪ **2** *pr.* Guiarse.

guidon [gidɔ̃] *m.* **1** Manillar (bicyclette). **2** MIL. Punto de mira. **3** MAR. Gallardete.

guigne [giɲ] *f.* **1** Guinda (cerise). **2** fam. Mala suerte. Loc. *Porter la* ~, ser gafe.

guigner [giɲe] [1] *intr.-tr.* **1** Mirar de soslayo, con disimulo, de reojo. ▪ **2** *tr.* fig. fam. Codiciar.

guignol [giɲɔl] *m.* **1** Polichinela. **2** Teatro de polichinelas, guiñol (théâtre).

guilis [gili] *f.pl.* fam. Carantoñas.

guillemet [gijmɛ] *m.* Comilla *f.*

guillocher [gijɔʃe] [1] *tr.* Grabar con rayas que se entrecruzan.

guillotine [gijɔtin] *f.* Guillotina.

guimauve [gimov] *f.* **1** Malvavisco *m.* **2** Melcocha (pâte).

guimpe [gɛ̃p] *f.* **1** Toca (de religieuse). **2** Camisolín *m.* (plastron de femme).

guindé, -ée [gɛ̃de] *adj.* **1** Afectado, da, tieso, sa, estirado, da. **2** Ampuloso, sa.

guinguette [gɛ̃gɛt] *f.* Ventorrillo *m.*, merendero *m.*

guipure [gipyʀ] *f.* Guipur *m.*

guirlande [giʀlɑ̃d] *f.* Guirnalda.

guise [giz] *f.* Guisa, manera, antojo *m.: à sa* ~, a su antojo.

guitare [gitaʀ] *f.* Guitarra.

gymkhana [ʒimkana] *m.* Gymkhana, gincana.

gymnase [ʒimnɑz] *m.* Gimnasio.

gymnaste [ʒimnast] *s.* Gimnasta.

gymnastique [ʒimnastik] *adj.* **1** Gimnástico, ca. ▪ **2** *f.* Gimnasia.

gynécologue [ʒinekɔlɔg] *s.* Ginecólogo, ga.

gypse [ʒips(ə)] *m.* Yeso.

gyrostat [ʒiʀɔsta] *m.* Girostato.

H

h [aʃ] *m.-f.* H *f.*

ha! [ɑ, ha] *interj.* 1 ¡Ah! 2 *Ha, ha!,* ¡ja, ja!

habile [abil] *adj.* Hábil.

habileté [abilte] *f.* Habilidad.

habiller [abije] [1] *intr.* 1 Vestir. 2 Disfrazar. 3 Sentar, ir: *cette robe t'habille bien,* este vestido te sienta bien. 4 Cubrir (couvrir). 5 CUIS. Preparar. ■ 6 *pr.* Vestirse.

habit [abi] *m.* 1 Vestido, traje: ~ *de ville,* traje de calle. 2 Frac. 3 Hábito (de religieux). ■ 4 *pl.* Ropa *f. sing.: ôter ses habits,* quitarse la ropa.

habitable [abitabl(ə)] *adj.* Habitable.

habitacle [abitakl(ə)] *m.* 1 Cabina *f.* (d'un avion). 2 MAR. Bitácora *f.*

habitant, -ante [abitɑ̃, -ɑ̃t] *s.* Habitante.

habitation [abitɑsjɔ̃] *f.* Vivienda.

habiter [abite] [1] *tr.-intr.* Vivir, habitar.

habitude [abityd] *f.* Hábito *m.,* costumbre.

habitué, -ée [abitɥe] *adj.* 1 Habituado, da, acostumbrado, da. ■ 2 *s.* Concurrente, asiduo, dua.

habituer [abitɥe] [1] *tr.* 1 Habituar. ■ 2 *pr.* Habituarse, acostumbrarse.

hache [aʃ] *f.* Hacha, segur.

hacher [aʃe] *tr.* 1 Picar (en petits morceaux). 2 *fig. Se faire* ~, dejarse matar. 3 Destrozar (récoltes). 4 Plumear (un dessin).

hachette [aʃɛt] *f.* Destral *m.,* hacha pequeña, hacheta.

hachis [aʃi] *m.* CUIS. Picadillo de carne, de pescado.

hachisch, hachich [aʃiʃ] *m.* Hachís.

hachoir [aʃwaʀ] *m.* 1 CUIS. Picador, tajo (planche). 2 CUIS. Tajadera *f.* (couteau).

hachure [aʃyʀ] *f.* Plumeado *m.,* raya.

hagard, -arde [agaʀ, -aʀd(ə)] *adj.* 1 Despavorido, da, azorado, da. 2 Extraviado, da (yeux).

haie [ɛ] *f.* 1 Seto *m.:* ~ *vive,* seto vivo. 2 Fila, cordón *m.* (de personnes, soldats).

haillon [ɑjɔ̃] *m.* Harapo, andrajo.

haine [ɛn] *f.* Odio *m.*

haineux, -euse [ɛnø, -øz] *adj.* Rencoroso, sa.

haïr [aiʀ] [25] *tr.* Odiar, aborrecer.

haïssable [aisabl(ə)] *adj.* Odioso, sa, detestable, aborrecible.

hâlé, -ée [ɑle] *adj.* Bronceado, da, tostado, da, curtido, da (peau).

haleine [alɛn] *f.* 1 Aliento *m.: mauvaise* ~, mal aliento. Loc. *Hors d'*~, jadeando. 2 *loc. adv. Tout d'une* ~, *d'une seule* ~, sin tomar aliento, de un tirón. 3 *f.: :* Loc. *de longue* ~, preparado, da cuidadosamente con mucha anterioridad.

haler [a(ɑ)le] *tr.* 1 MAR. Halar. 2 Sirgar (une péniche).

hâler [ɑle] *tr.* 1 Broncear, curtir (la peau). 2 Secar (les plantes).

haletant, -ante [altɑ̃, -ɑ̃t] *adj.* 1 Jadeante. 2 *fig.* Anhelante.

haleter [alte] *intr.* Jadear.

halle [al] *f.* Mercado *m.*

hallebarde [albaʀd(ə)] *f.* Alabarda.

hallucination [al(l)ysinɑsjɔ̃] *f.* Alucinación.

halo [alo] *m.* Halo.

halogène [alɔʒɛn] *adj.* Halógeno, na.

halte [alt(ə)] *f.* 1 Alto *m.,* parada. 2 Apeadero *m.* (chemin de fer). 3 *interj.* ¡Alto! 4 *Halte-là!,* ¡alto ahí!

haltérophilie [alteʀofili] *f.* Halterofilia.

hamac [amak] *m.* 1 Hamaca *f.* 2 MAR. Coy.

hamburger [ɑburgœʀ] *m.* Hamburguesa *f.*

hameau [amo] *m.* Caserío, aldea *f.*

hameçon [amsɔ̃] *m.* Anzuelo.

hampe [ɑ̃p] *f.* 1 Asta (de drapeau). 2 Mango *m.* (de pinceau). 3 BOT. Bohordo *m.*

hanche [ɑ̃ʃ] *f.* Cadera.

handball [ɑ̃dbal, ɑ̃dbol] *m.* Balonmano.

hangar [ˈɑ̃gaʀ] *m.* **1** Hangar (avions). **2** Cobertizo (agricole).

hanneton [ˈantɔ̃] *m.* Abejorro.

hanter [ˈɑ̃te] *tr.* **1** Frecuentar. **2** Tratar, andar con. **3** fig. Obsesionar, perseguir. **4** *Maison hantée,* casa encantada.

hantise [ˈɑ̃tiz] *f.* Obsesión.

happer [ˈape] *tr.* **1** Atrapar. **2** Atrapar de un bocado (animaux).

harangue [ˈaʀɑ̃g] *f.* Arenga.

haras [ˈaʀɑ] *m.* **1** MIL. Remonta *f.* **2** Acaballadero.

harasser [ˈaʀase] *tr.* Cansar, agobiar, agotar.

harceler [ˈaʀsəle] *tr.* Hostigar, acosar.

harde [ˈaʀd(ə)] *f.* **1** Manada (d'animaux sauvages). **2** Traílla (de chiens). ■ **3** *pl.* péj. Vestidos *m.,* ropas.

hardi, -ie [ˈaʀdi] *adj.* **1** Atrevido, da, osado, da. **2** Descarado, da (effronté). **3** *interj.* ¡Ánimo!

hardiesse [ˈaʀdjɛs] *f.* **1** Atrevimiento *m.,* osadía. **2** Descaro *m.* (effronterie).

harem [ˈaʀɛm] *m.* Harén, harem.

hareng [ˈaʀɑ̃] *m.* Arenque.

hargneux, -euse [ˈaʀɲø, -øz] *adj.* Huraño, ña, arisco, ca, rabioso, sa, malhumorado, da.

haricot [ˈaʀiko] *m.* **1** Judía *f.,* alubia *f.:* ~ *vert,* judía tierna. **2** CUIS. ~ *de mouton,* guiso de carnero con patatas y nabos.

harmonica [aʀmɔnika] *m.* Armónica *f.,* harmónica *f.*

harmonieux, -euse [aʀmɔnjø, -øz] *adj.* Armonioso, sa.

harmonique [aʀmɔnik] *adj.* Armónico, ca.

harnacher [ˈaʀnaʃe] *tr.* **1** Enjaezar. **2** fig. Ataviar ridículamente.

harnais [ˈaʀnɛ] *m.* Arneses *pl.,* arreos *pl.*

haro [ˈaʀo] *m.* Loc. fig. *Crier* ~ *sur quelqu'un,* alzarse con indignación contra uno.

harpe [ˈaʀp(ə)] *f.* **1** MUS. Arpa, harpa. **2** CONSTR. Adaraja.

harpie [ˈaʀpi] *f.* Arpía, harpía.

harpiste [ˈaʀpist(ə)] *s.* Arpista.

harpon [ˈaʀpɔ̃] *m.* Arpón.

hasard [ˈazaʀ] *m.* **1** Azar, acaso, casualidad *f.,* suerte *f.* **2** Riesgo.

hasardeux, -euse [ˈazaʀdø, -øz] *adj.* Arriesgado, da, temerario, ria, aventurado, da.

haschisch [ˈaʃiʃ] *m.* Hachís.

hâte [ˈɑt] *f.* **1** Prisa: *avoir* ~ *de,* tener prisa por. **2** *loc. adv. À la* ~*, en* ~*,* de prisa, precipitadamente.

hâter [ˈɑte] *tr.* **1** Acelerar, apresurar: ~ *le pas,* apretar el paso. **2** Adelantar, estimular (activer). ■ **3** *pr.* Apresurarse, darse prisa: *hâtez-vous,* dése prisa.

hâtif, -ive [ˈɑtif, -iv] *adj.* **1** Apresurado, da, hecho, cha de prisa. **2** Precoz.

hausse [ˈos] *f.* **1** Alza (des prix). **2** IMPR. Alza. **3** TECHN. Pieza para alzar. **4** Subida (des eaux).

hausser [ˈose] *tr.* **1** Alzar, levantar. **2** Subir, elevar (les prix). **3** Aumentar. ■ **4** *intr.* Crecer, aumentar. **5** Encarecer (prix). ■ **6** *pr.* Alzarse.

haut [ˈo] *adv.* **1** Alto: *voler* ~*,* volar alto. **2** Fuerte: *parler* ~*,* hablar fuerte. **3** *loc. adv. De* ~ *en bas,* de arriba abajo. **4** *interj.* ~ *les mains!,* ¡manos arriba!

haut, haute [ˈo, ˈot] *adj.* **1** Alto, ta. Loc. *Marcher le front* ~*,* ir con la frente alta; *le Très-Haut,* el Altísimo; ~ *en couleur,* subido de color; *la haute antiquité,* la remota antigüedad. ■ **2** *m.* Alto, altura *f.* **3** Lo alto, la parte alta: *du* ~ *de,* desde lo alto de. Loc. fig. *Tomber de son* ~*,* quedarse estupefacto, ta. **4** Clima *f.* (d'un arbre).

hautain, -aine [ˈotɛ̃, -ɛn] *adj.* Altivo, va.

hautbois [ˈobwa] *m.* Oboe.

hauteur [ˈotœʀ] *f.* **1** Altura. **2** fig. Altura, alteza (noblesse). **3** Altanería, altivez (arrogance). **4** Grado *m.* de agudeza (d'un son). **5** Altura, colina, eminencia (lieu élevé).

haut-fond [ˈofɔ̃] *m.* MAR. Bajo, bajo fondo.

haut-le-cœur [ˈolkœʀ] *m. invar.* Náusea *f.*

haut-parleur [ˈopaʀlœʀ] *m.* Altavoz.

haut-relief [ˈoʀəljɛf] *m.* Alto relieve.

havane [ˈavan] *m.* **1** Habano (cigare). ■ **2** *adj.* Habano, na (couleur).

hâve [ˈɑv] *adj.* Pálido, da, macilento, ta.

hebdomadaire [ɛbdɔmadɛʀ] *adj.* **1** Semanal, hebdomadario, ria. ■ **2** *m.* Semanario (journal, revue).

héberger [ebɛʀʒe] [13] *tr.* Albergar.

hébéter [ebete] [14] *tr.* Embrutecer, atontar.

hécatombe [ekatɔ̃b] *f.* Hecatombe.

hectare [ɛktaʀ] *m.* Hectárea *f.*

hectogramme [ɛktɔgʀam] *m.* Hectogramo.

hectolitre [ɛktɔlitʀ(ə)] *m.* Hectolitro.

hectomètre [ɛktɔmɛtʀ(ə)] *m.* Hectómetro.

hégémonie [eʒemɔni] *f.* Hegemonía.

hein! [ˈɛ̃, ˈhɛ̃] *interj.* ¡Eh!, ¿eh?

hélas! [ˈelas] *interj.* ¡Ay!

héler [ele] *tr.* Llamar.

hélice [elis] *f.* GÉOM., MÉC. Hélice.

hélicoptère [elikɔptɛR] *m.* Helicóptero.

hem! ['ɛm, hɛm] *interj.* ¡Eh!, ¡ejem, ejem!

hématome [ematom] *m.* Hematoma.

hémicycle [emisikl(ə)] *m.* Hemiciclo.

hémiplégie [empleʒi] *f.* Hemiplejía.

hémisphère [emisfɛʀ] *m.* Hemisferio.

hémorragie [emɔʀaʒi] *f.* Hemorragia.

hémorroïdes [emɔʀɔid] *f. pl.* Hemorroides.

henné ['ene] *m.* Henna.

hennir ['eniʀ] *intr.* Relinchar.

hépatique [epatik] *adj.* **1** Hepático, ca. ■ **2** *f. pl.* BOT. Hepáticas.

hépatite [epatit] *f.* Hepatitis.

héraldique [eʀaldik] *adj.* Heráldico, ca.

herbage [ɛʀbaʒ] *m.* **1** Herbaje (herbe). **2** Pasto, herbazal, pasturaje (prairie).

herbe [ɛʀb(ə)] *f.* **1** Hierba, yerba. **2** Césped *m.* (gazon). **3** *loc. adv.* **En ~,** no maduro, ra (todavía).

herbeux, -euse [ɛʀbø, -øz] *adj.* Herboso, sa.

herbier [ɛʀbje] *m.* Herbario (collection).

herbivore [ɛʀbivɔʀ] *adj.-m.* Herbívoro, ra.

herboristerie [ɛʀbɔʀist(ə)ʀi] *f.* Tienda de herbolario.

hère ['ɛʀ] *m.* **1** Cervato. **2** *fam. Un pauvre ~,* un pobre diablo.

hérédité [eʀedite] *f.* Herencia.

hérésie [eʀezi] *f.* Herejía.

hérétique [eʀetik] *adj.* **1** Herético, ca. ■ **2** *s.* Hereje.

hérisser ['eʀise] *tr.* **1** Erizar. ■ **2** *pr.* Erizarse. **3** *fam.* Enfadarse, irritarse.

hérisson ['eʀisɔ̃] *m.* **1** Erizo. **2** *fig.* Erizo.

héritage [eʀitaʒ] *m.* **1** Herencia *f.* **2** *vieil.* Heredad *f.* (domaine).

hériter [eʀite] [1] *ind.* Heredar.

héritier, -ière [eʀitje, -jɛʀ] *s.* Heredero, ra.

hermétique [ɛʀmetik] *adj.* Hermético, ca.

hermine [ɛʀmin] *f.* Armiño *m.*

hernie ['ɛʀni] *f.* Hernia.

héroïque [eʀɔik] *adj.* Heroico, ca.

héroïsme [eʀɔism(ə)] *m.* Heroísmo.

héron ['eʀɔ̃] *m.* Garza *f.*

herse ['ɛʀs(ə)] *f.* **1** AGR. Grada, rastra. **2** FORT. Rastrillo *m.* **3** THÉÂT. Luces *pl.* en el telar.

hésitant, -ante [ezitɑ̃, -ɑ̃t] *adj.* Vacilante, indeciso, sa.

hésiter [ezite] [1] *intr.* Vacilar, titubear: ~ *à, sur,* vacilar en.

hétérogène [eteʀɔʒɛn] *adj.* Heterogéneo, ea.

hêtre ['ɛtʀ(ə)] *m.* Haya *f.*

heu! ['ø] *interj.* ¡Oh!, ¡eh!

heur [œʀ] *m.* Suerte *f.,* fortuna *f.* dicha *f.*

heure [œʀ] *f.* **1** Hora. Loc. **À six heures,** a las seis; **quelle ~ est-il?,** ¿qué hora es?, **l'~ du berger,** la hora de los enamorados; *loc. adv.* **À la bonne ~,** sea, en hora buena, gracias a Dios; *de bonne ~,* temprano; *tout à l'~,* pronto, dentro de poco (bientôt), hace poco (il n'y a pas longtemps). ■ **2** *pl.* LITURG. Horas: *livre d'heures,* libro de horas. **3** *f.:* Loc.fig. *remettre à l'~,* adaptar a una situación nueva.

heureux, -euse [œʀø, -øz] *adj.* **1** Dichoso, sa, afortunado, da, feliz. Loc. *Avoir la main heureuse,* tener acierto en las empresas. **2** Acertado, da: *une idée heureuse,* una idea acertada.

heurter ['œʀte] *tr.* [1] **1** Chocar, topar con, tropezar con. **2** *fig.* Contrariar, herir, chocar (sentiments). ■ **3** *intr.* Chocar, tropezar, dar. ■ **4** *pr.* Chocarse, toparse: *se ~ à un poteau,* chocar contra un poste. **5** Enfrentarse (s'affronter).

heurtoir ['œʀtwaʀ] *m.* **1** Llamador, aldabón. **2** Tope (butoir).

hexagone [ɛgzagɔn] *m.* Hexágono.

hiatus ['jatys, jatys] *m.* Hiato.

hiberner [ibɛʀne] [1] *intr.* Pasar el invierno en letargo.

hibou ['ibu] *m.* Búho.

hic ['ik] *m. fam.* Quid, busilis: *voilà le ~,* ahí está el quid.

hideux, -euse ['idø, -øz] *adj.* **1** Horroroso, sa. **2** Horrible, repulsivo, va (répugnant).

hie ['i] *f.* Pisón *m.*

hier [jɛʀ] *adv.* **1** Ayer: ~ *matin,* ayer por la mañana. **2** ~ *soir,* anoche.

hiérarchie ['jeʀaʀʃi] *f.* Jerarquía.

hiéroglyphe [jeʀɔglif] *m.* Jeroglífico.

hilarant, -ante [ilaʀɑ̃, -ɑ̃t] *adj.* Hilarante.

hilarité [ilaʀite] *f.* Hilaridad.

hindou, -oue [ɛ̃du] *adj.-s.* Hindú.

hippique [ipik] *adj.* Hípico, ca.

hippodrome [ipɔdʀɔm] *m.* Hipódromo.

hippopotame [ipɔpɔtam] *m.* Hipopótamo.

hirondelle [iʀɔ̃dɛl] *f.* Golondrina.

hirsute [iʀsyt] *adj.* Hirsuto, ta.

hispanique [ispanik] *adj.* Hispánico, ca.

hisser ['ise] *tr.* **1** Izar. ■ **2** *pr.* Subirse, alzarse, auparse.

histoire [istwaʀ] *f.* **1** Historia. **2** *fig. Cuento m.,* mentira (mensonge). **3** Cuento *m.: c'est toute une ~,* es un cuento largo. **4** Enredo *m.,* lío *m.,* cuestión (ennuis, querelle). Loc. *Faire des histoires,* poner dificultades. **5** fam. ~ *de,* con objeto de; ~ *de rire,* en plan de broma.

historien, -ienne [istɔʀjɛ̃, -jɛn] *s.* Historiador, ra.

historier [istɔʀje] [2] *tr.* Historiar.

historiette [istɔʀjɛt] *f.* Historieta.

historique [istɔʀik] *adj.* **1** Histórico, ca. ■ **2** *m.* Historial, exposición *f.*

histrion [istʀijɔ̃] *m.* Histrión.

hiver [ivɛʀ] *m.* Invierno.

hiverner [ivɛʀne] [1] *intr.* Invernar.

hobereau [bʀo] *m.* Hidalgo campesino.

hochequeue [kø] *m.* Aguzanieves *f.*

hocher [ʃe] *tr.* Sacudir, menear: ~ *la tête,* menear la cabeza.

hochet [ʃɛ] *m.* Sonajero.

hockey [kɛ] *m.* Hockey: ~ *sur gazon,* hockey sobre hierba.

holà [ɔla, hɔla] *interj.* ¡Hola!, ¡eh!

hollandais, -aise [lɑ̃(l)ɑ̃dɛ, -ɛz] *adj.-s.* Holandés, esa.

holocauste [ɔlɔkost(ə)] *m.* Holocausto.

homard [maʀ] *m.* Bogavante.

homéopathie [ɔmeɔpati] *f.* Homeopatía.

homéopathique [ɔmeɔpatik] *adj.* **1** Homeopático, ca. **2** fig. fam. De poca importancia, insignificante.

homicide [ɔmisid] *adj.-s.* **1** Homicida. ■ **2** *m.* Homicidio.

hommage [ɔmaʒ] *m.* **1** Homenaje. **2** Ofrenda *f.,* obsequio (don). Loc. *Faire ~ d'un livre,* regalar, dedicar un libro. ■ **3** *pl.* Respetos: *présenter ses hommages,* ofrecer sus respetos.

hommasse [ɔmas] *adj.* péj. Hombruno, na.

homme [ɔm] *m.* **1** Hombre. Loc. *Jeune ~,* joven; *brave ~,* buen hombre; *un ~ brave,* un hombre valiente; ~ *de lettres,* literato; ~ *de paille,* testaferro; ~ *d'état,* estadista; *galant ~,* caballero; *être ~ à,* ser capaz de. **2** *Homme des bois,* orangután.

homogène [ɔmɔʒɛn] *adj.* Homogéneo, ea.

homologuer [ɔmɔloge] [1] *tr.* Homologar.

homonyme [ɔmɔnim] *adj.-s.* Homónimo, ma.

homosexualité [ɔmɔsɛksɥalite] *f.* Homosexualidad.

homosexuel, -elle [ɔmɔsɛksɥɛl] *adj. -s.* Homosexual.

hongrois, -oise [ɔ̃gʀwa, -waz] *adj.-s.* Húngaro, ra.

honnête [ɔnɛt] *adj.* **1** Honrado, da, probo, ba. **2** Honesto, ta, decente: *une femme ~,* una mujer decente. **3** Razonable: *un prix ~,* un precio razonable.

honnêteté [ɔnɛtte] *f.* **1** Honradez (probité). **2** Honestidad, decencia.

honneur [ɔnœʀ] *m.* **1** Honor, honra *f.* Loc. *Affaire d'~,* lance de honor; *point d'~,* pundonor, punto de honra; *faire ~ à,* hacer honor a. ■ **2** *pl.* Honores, dignidades *f.* **3** Honores: *rendre les honneurs,* rendir los honores. **4** *Honneurs funèbres,* honras fúnebres. **5** Triunfos (jeux de cartes).

honnir [ʀi] *tr.* Deshonrar, deshonorar, avergonzar.

honorable [ɔnɔʀabl(ə)] *adj.* Honorable.

honoraire [ɔnɔʀɛʀ] *adj.* **1** Honorario, ria. ■ **2** *pl.* Honorarios.

honorer [ɔnɔʀe] [1] *tr.* **1** Honrar, honorar. **2** *Votre honorée du 15 juillet,* su atenta del 15 de julio (lettre). **3** Pagar, satisfacer una deuda. ■ **4** *pr.* Honrarse, enorgullecerse.

honorifique [ɔnɔʀifik] *adj.* Honorífico, ca.

honte [ɔ̃t] *f.* Vergüenza. Loc. *Avoir ~,* avergonzarse, darse vergüenza; *faire ~,* avergonzar, abochornar.

honteux, -euse [ɔ̃tø, -øz] *adj.* **1** Avergonzado, da (confus). **2** Vergonzoso, sa (déshonorant, timide). Loc. *C'est ~!,* ¡es una vergüenza!

hôpital [ɔ(o)pital] *m.* Hospital.

hoqueter [kte] *intr.* Hipar, tener hipo.

horaire [ɔʀɛʀ] *adj.-m.* Horario, ia.

horde [ɔʀd(ə)] *f.* Horda.

horion [ɔʀjɔ̃] *m.* Golpe, porrazo.

horizon [ɔʀizɔ̃] *m.* Horizonte.

horloge [ɔʀlɔʒ] *f.* Reloj *m.*

horlogerie [ɔʀlɔʒʀi] *f.* Relojería.

hormis [ɔʀmi] *prép.* Excepto, salvo.

hormone [ɔʀmɔn] *f.* Hormona.

horoscope [ɔʀɔskɔp] *m.* Horóscopo.

horreur [ɔʀœʀ] *f.* Horror *m.* Loc. *Avoir en ~,* tener horror a.

horrible [ɔʀibl(ə)] *adj.* Horrible.

horrifier [ɔʀifje] [2] *tr.* Horrorizar, horripilar.

horripilant, -ante [ɔʀipilɑ̃, -ɑ̃t] *adj.* Horripilante.

hors [ʀ] *prép.* **1** Excepto, menos: *tous ~ moi,* todos menos yo. **2** Fuera, fuera de: ~ *d'affaire,* fuera de cuidado; ~ *de doute,* fuera de duda; ~ *de combat,* fuera de combate; ~ *de soi,* fuera de sí. **3** ~ *de prix,* muy caro, ra; ~ *ligne,* excepcional. **4** *interj.* ***Hors d'ici!***, ¡fuera de aquí!

hors-bord [ɔʀbɔʀ] *m.* Fueraborda.

hors-d'œuvre [ɔʀdœvʀ(ə)] *m. invar.* CUIS. Entremeses *pl.*

hortensia [ɔʀtɑ̃sja] *m.* Hortensia *f.*

horticulteur [ɔʀtikyltœʀ] *m.* Horticultor.

horticulture [ɔʀtikyltyʀ] *f.* Horticultura.

hospice [ɔspis] *m.* Hospicio.

hospitalier, -ière [ɔspitalje, -jɛʀ] *adj.* Hospitalario, ria.

hospitalité [ɔspitalite] *f.* Hospitalidad.

hostie [ɔsti] *f.* LITURG. Hostia.

hostilité [ɔstilite] *f.* Hostilidad.

hôte, hôtesse [ot, otɛs] *s.* **1** Huésped, huéspeda. **2** *f.* Azafata.

hôtel [o(ɔ)tɛl] *m.* Hotel. Loc. ~ ***de ville,*** ayuntamiento; ~ ***particulier,*** palacete; ***maître d'~,*** jefe de comedor.

hôtelier, ière [o(ɔ)talje, -jɛʀ] *adj.-s.* Hotelero, ra.

hotte [ɔt] *f.* **1** Cuévano *m.* **2** Campana (d'une cheminée).

hou! [u, hu] *interj.* **1** ¡Hale! **2** ¡Gua!

houblon [ublɔ̃] *m.* Lúpulo.

houe [u] *f.* Azada, azadón *m.*

houille [uj] *f.* Hulla.

houle [ul] *f.* MAR. Marejada.

houlette [ulɛt] *f.* Cayado *m.* de pastor.

houleux, -euse [ulø, øz] *adj.* Agitado, da, movido, da.

houppe [up] *f.* **1** Borla. **2** Penacho *m.,* moño *m.* (d'un oiseau). **3** Hopo *m.* (de cheveux).

hourra! [uʀa] *interj.* ¡Hurra!

houspiller [uspije] *tr.* **1** Sacudir, zamarrear (malmener). **2** Reprender (morigéner).

housse [us] *f.* **1** Funda. **2** Gualdrapa (de cheval).

houx [u] *m.* Acebo.

hublot [yblo] *m.* **1** MAR. Portilla. **2** Ventanilla *f.* (d'avion).

huche [yʃ] *f.* **1** Amasadera (pétrin). **2** Arcón *m.* (pour garder le pain).

hue! [y, hy] *interj.* **1** ¡Arre! **2** *loc. adv.* ***À ~ et à dia,*** a un lado y a otro.

huer [ɥe] *tr.* **1** Abuchear: ~ ***un orateur,*** abuchear a un orador. ■ **2** *intr.* Silbar (hibou).

huile [ɥil] *f.* **1** Aceite *m.* Loc. fig. ***Jeter, verser de l'~ sur le feu,*** echar leña al fuego. **2** Óleo *m.* **3** fam. Pez *m.* gordo, personaje *m.* importante: ***les huiles,*** los peces gordos. ■ **4** *pl.* ***Les saintes huiles,*** los santos óleos.

huiler [ɥile] [1] *tr.* Aceitar.

huilier [ɥilje] *m.* Angarillas *f. pl.,* vinagreras *f. pl.* (ustensile).

huis [ɥi] *m.* **1** ancienn. Puerta *f.* **2** ***À ~ clos,*** a puerta cerrada.

huissier [ɥisje] *m.* **1** Ujier (palais, tribunàux). **2** Ordenanza (ministères). **3** Funcionario público auxiliar de la justicia.

huit [ɥi(t)] *adj.-s.* Ocho.

huitaine [ɥitɛn] *f.* Unos ocho, unas ocho: ***une ~ d'hommes,*** unos ocho hombres.

huitième [ɥitjɛm] *adj.-s.* Octavo, va.

huître [ɥitʀ(ə)] *f.* Ostra.

hulotte [ɥlɔt] *f.* Autillo *m.*

humain, -aine [ymɛ̃, -ɛn] *adj.* Humano, na.

humanisme [ymanism(ə)] *m.* Humanismo.

humanitaire [ymanitɛʀ] *adj.* Humanitario, ria.

humanité [ymanite] *f.* Humanidad.

humble [œbl(ə)] *adj.* Humilde.

humecter [ymɛkte] [1] *tr.* Humedecer, humectar.

humer [yme] *tr.* **1** Aspirar (l'air, etc.). **2** Oler (sentir). **3** Sorber (un œuf).

humeur [ymœʀ] *f.* **1** Humor *m.*: ***de bonne, de mauvaise ~,*** de buen, de mal humor. Loc. ***N'être pas d'~ à,*** no estar para. **2** Acrimonia. **3** ANAT. Humor *m.*

humide [ymid] *adj.* Húmedo, da.

humidité [ymidite] *f.* Humedad.

humilier [ymilje] [2] *tr.* **1** Humillar. ■ **2** *pr.* Humillarse.

humilité [ymilite] *f.* Humildad.

humoristique [ymɔʀistik] *adj.* Humorístico, ca.

humour [ymuʀ] *m.* Humor, humorismo: ***sens de l'~,*** sentido del humor.

huppé, -ée [ype] *adj.* **1** Moñudo, da (oiseau). **2** fig. Encopetado, da.

hurler [yʀle] *intr.* **1** Aullar (animal). **2** Dar alaridos, gritar (personne). **3** Bramar, rugir (vent, etc.). ■ **4** *tr.* Gritar: ***il hurlait des injures,*** gritaba insultos.

hurluberlu [yʀlybɛʀly] *m.* Atolondrado.

hybride [ibʀid] *adj.-m.* Híbrido, da.

hydratant, -te [idʀatɑ̃, t] *adj.* Hidratante.

hydrater [idʀate] [1] *tr.* Hidratar.

hydraulique [idʀolik] *adj.* **1** Hidráulico, ca. ■ **2** *f.* Hidráulica.

hydravion [idʀavjɔ̃] *m.* Hidroavión.

hydrogène [idʀɔʒɛn] *m.* Hidrógeno.

hydrographie [idʀɔgʀafi] *f.* Hidrografía.

hydrolyse [idrɔliz] *f.* Hidrólisis.
hydromel [idrɔmɛl] *m.* Hidromel, aguamiel *f.*
hydrophile [idrɔfil] *adj.* Hidrófilo, la.
hyène [jɛn, ˈjɛn] *f.* Hiena.
hygiène [iʒjɛn] *f.* Higiene.
hygiénique [iʒjenik] *adj.* Higiénico, ca.
hymen [imɛn] *m.* **1** Himeneo. **2** ANAT. Himen.
hymne [imn(ə)] *m.* **1** Himno. ■ **2** *f.* LITURG. Himno *m.*
hypermarché [ipɛrmarʃe] *m.* Hipermercado.
hypertension [ipɛrtɑ̃sjɔ̃] *f.* Hipertensión.

hypertexte [ipɛrtɛkst] *m.* INFORM. Hipertexto.
hypertrophie [ipɛrtrɔfi] *f.* Hipertrofia.
hypnotique [ipnɔtik] *adj.-m.* Hipnótico, ca.
hypnotiser [ipnɔtize] [1] *tr.* Hipnotizar.
hypocondrie [ipɔkɔ̃dri] *f.* Hipocondría.
hypocrise [ipɔkrizi] *f.* Hipocresía.
hypocrite [ipɔkrit] *adj.-s.* Hipócrita.
hypodermique [ipɔdɛrmik] *adj.* Hipodérmico, ca.
hypoténuse [ipɔtenyz] *f.* Hipotenusa.
hypothèque [ipɔtɛk] *f.* Hipoteca.
hypothèse [ipɔtɛz] *f.* Hipótesis.
hystérique [isterik] *adj.-s.* Histérico, ca.

I

i [i] *m.* I f. Loc. ***Droit comme un i,*** derecho como un huso.
ici [isi] *adv.* **1** Aquí, acá. Loc. ***Par ~,*** por aquí; ***~ bas,*** en este bajo mundo; ***~ et là,*** aquí y allá. **2** Aquí (temps): ***d'~ demain,*** de aquí a mañana.
icône [ikon] *f.* Icono *m.*
iconoclaste [ikɔnɔklast(ə)] *adj.-s.* Iconoclasta.
idéal, -ale [ideal] *adj.-m.* Ideal.
idéalisme [idealism(ə)] *m.* Idealismo.
idée [ide] *f.* **1** Idea. **2** Opinión. **3** *loc. adv.* ***À son ~,*** a su antojo (à sa guise).
identifier [idãtifje] [2] *tr.* **1** Identificar. ■ **2** *pr.* Identificarse.
identique [idãtik] *adj.* Idéntico, ca.
identité [idãtite] *f.* Identidad.
idéologique [ideɔlɔʒik] *adj.* Ideológico, ca.
ides [id] *f. pl.* Idus *m.*
idiome [idjom] *m.* Idioma.
idiot, -ote [idjo, -ɔt] *adj.-s.* **1** Idiota. **2** Tonto, ta: ***faire l'~,*** hacer el tonto.
idolâtrer [idɔlatʀe] [1] *tr.* Idolatrar.
idole [idɔl] *f.* Ídolo *m.*
idylle [idil] *f.* Idilio *m.*
igname [iɲ(gn)am] *f.* Ñame *m.*
ignition [ignisjɔ̃] *f.* Ignición.
ignoble [iɲɔbl(ə)] *adj.* Innoble.
ignominie [iɲɔmini] *f.* Ignominia.
ignorance [iɲɔʀɑ̃s] *f.* Ignorancia.
ignorant, -ante [iɲɔʀɑ̃, -ɑ̃t] *adj.-s.* Ignorante.
ignorer [iɲɔʀe] [1] *tr.* Ignorar.
iguane [igwan] *m.* Iguana *f.*
il, ils [il] *pron. pers. m.* **1** Él, ellos (généralment omis, servent à insister): ***~ est malade,*** está enfermo. ■ **2** *pron. impers.:* ***il pleut,*** llueve (ne se traduit pas).
île [il] *f.* Isla.
illégal, -ale [i(l)legal] *adj.* Ilegal.
illégitime [i(l)leʒitim] *adj.* Ilegítimo, ma.
illettré, -ée [i(l)letʀe] *adj.-s.* Iletrado, da, analfabeto, ta.

illicite [i(l)lisit] *adj.* Ilícito, ta.
illico [i(l)liko] *adv. fam.* En el acto, al punto, inmediatamente.
illimité, -ée [i(l)limite] *adj.* Ilimitado, da.
illisible [i(l)lizibl(ə)] *adj.* Ilegible.
illogique [i(l)lɔʒik] *adj.* Ilógico, ca.
illumination [i(l)lyminasjɔ̃] *f.* Iluminación.
illuminer [i(l)lymine] [1] *tr.* Iluminar.
illusion [i(l)lyzjɔ̃] *f.* Ilusión.
illusionner [i(l)lyzjɔne] [1] *tr.* **1** Ilusionar, engañar. ■ **3** *pr.* Hacerse, forjarse ilusiones, ilusionarse.
illusionniste [i(l)lyzjɔnist(ə)] *m.* Ilusionista, prestidigitador.
illusoire [i(l)lyzwaʀ] *adj.* Ilusorio, ria.
illustration [i(l)lystʀasjɔ̃] *f.* Ilustración.
illustre [i(l)lystʀ(ə)] *adj.* Ilustre.
illustrer [i(l)lystʀe] [1] **1** *tr.* Ilustrar. ■ **2** *pr.* Ilustrarse.
îlot [ilo] *m.* **1** Islote. **2** Manzana *f.* (de maisons).
ilustrissime [i(l)lystʀisim] *adj.* Ilustrísimo, ma.
image [imaʒ] *f.* **1** Imagen. **2** Estampa, estampita (petite estampe).
imager [imaʒe] [13] *tr.* Enriquecer de imágenes.
imagerie [imaʒʀi] *f.* Estampería.
imaginaire [imaʒinɛʀ] *adj.* Imaginario, ria.
imagination [imaʒinasjɔ̃] *f.* Imaginación.
imaginer [imaʒine] [1] *tr.* **1** Imaginar. ■ **2** *pr.* Imaginarse, figurarse.
imbattable [ɛ̃batabl(ə)] *adj.* Invencible.
imbécile [ɛ̃besil] *adj.-s.* Imbécil.
imberbe [ɛ̃bɛʀb(ə)] *adj.* Imberbe.
imbiber [ɛ̃bibe] [1] *tr.* **1** Embeber, empapar. ■ **2** *pr.* Embeberse, empaparse.
imbrication [ɛ̃bʀikasjɔ̃] *f.* Imbricación.
imbroglio [ɛ̃bʀɔljo] *m.* Embrollo, enredo, lío.
imbu, -ue [ɛ̃by] *adj.* Imbuido, da.
imitation [imitasjɔ̃] *f.* **1** Imitación. **2** *loc. prép.* ***À l'~ de,*** a imitación de.

imiter [imite] [1] *tr.* Imitar.

immaculé, -ée [i(m)makyle] *adj.* Inmaculado, da.

immanent, -ente [im(m)anã, -ãt] *adj.* Inmanente.

immangeable [ɛ̃mãʒabl(ə)] *adj.* Incomible.

immanquable [ɛ̃mãkabl(ə)] *adj.* Infalible, indefectible.

immatériel, -elle [im(m)ateʀjɛl] *adj.* Inmaterial.

immatriculer [im(m)atʀikyle] [1] *tr.* Matricular.

immédiat, -ate [im(m)edja, -at] *adj.* Inmediato, ta.

immense [im(m)ãs] *adj.* Inmenso, sa.

immensité [im(m)ãsite] *f.* Inmensidad.

immérité, -ée [im(m)eʀite] *adj.* Inmerecido, da.

immersion [im(m)ɛʀsjɔ̃] *f.* Inmersión.

immeuble [im(m)œbl(ə)] *adj.-m.* **1** DR. Inmueble. ■ **2** *m.* Casa *f.* (maison).

immigrant, -ante [im(m)igʀã, -ãt] *adj.-s.* Inmigrante.

immigrer [im(m)igʀe] [1] *intr.* Inmigrar.

imminent, -ente [im(m)inã, -ãt] *adj.* Inminente.

immobile [im(m)ɔbil] *adj.* Inmóvil.

immobilier, -ière [im(m)ɔbilje, -jɛʀ] *adj.* Inmobiliario, ria.

immobiliser [im(m)ɔbilize] [1] *tr.* Inmovilizar.

immodéré, -ée [im(m)ɔdeʀe] *adj.* Inmoderado, da.

immodeste [im(m)ɔdɛst(ə)] *adj.* Inmodesto, ta.

immoler [im(m)ɔle] [1] *tr.* **1** Inmolar. ■ **2** *pr.* Inmolarse.

immondice [im(m)ɔ̃dis] *f.* Inmundicia.

immoralité [im(m)ɔʀalite] *f.* Inmoralidad.

immortalité [im(m)ɔʀtalite] *f.* Inmortalidad.

immortel, -elle [im(m)ɔʀtɛl] *adj.* **1** Inmortal. ■ **2** *m.* fam. Miembro de la Academia francesa. ■ **3** *f.* Siempreviva (plante).

immuable [im(m)ɥabl(ə)] *adj.* Inmutable.

immuniser [im(m)ynize] [1] *tr.* Inmunizar.

immunité [im(m)ynite] *f.* Inmunidad.

impact [ɛ̃pakt] *m.* Impacto.

impair, -aire [ɛ̃pɛʀ] *adj.* **1** Impar. ■ **2** *m.* fig. Plancha *f.*, desacierto: *commettre un* ~, hacer una plancha, meter la pata.

impalpable [ɛ̃palpabl(ə)] *adj.* Impalpable.

impardonnable [ɛ̃paʀdɔnabl(ə)] *adj.* Imperdonable.

imparfait, -aite [ɛ̃paʀfɛ, -ɛt] *adj.* **1** Imperfecto, ta. ■ **2** *m.* GRAM. Pretérito imperfecto.

impartial, -ale [ɛ̃paʀsjal] *adj.* Imparcial.

impasse [ɛ̃pas] *f.* **1** Callejón *m.* sin salida. **2** fig. Atolladero *m.*, punto *m.* muerto.

impassible [ɛ̃pasibl(ə)] *adj.* Impasible.

impatience [ɛ̃pasjãs] *f.* Impaciencia.

impatient, -ente [ɛ̃pasjã, -ãt] *adj.* **1** Impaciente. ■ **2** *f.* BOT. Balsamina, hierba de Santa Catalina.

impayable [ɛ̃pɛjabl(ə)] *adj.* **1** Impagable. **2** Inapreciable. **3** fig. Muy divertido, da, gracioso, sa, la monda.

impayé, -ée [ɛ̃peje] *adj.* No pagado, da.

impeccable [ɛ̃pekabl(ə)] *adj.* Impecable.

impénétrable [ɛ̃penetʀabl(ə)] *adj.* Impenetrable.

impératif, -ive [ɛ̃peʀatif, -iv] *adj.-m.* Imperativo, va.

impératrice [ɛ̃peʀatʀis] *f.* Emperatriz.

imperceptible [ɛ̃pɛʀsɛptibl(ə)] *adj.* Imperceptible.

imperfection [ɛ̃pɛʀfɛksjɔ̃] *f.* Imperfección.

impérial, -ale [ɛ̃peʀjal] *adj.* **1** Imperial. ■ **2** *f.* Imperial (d'un véhicule). **3** Perilla (barbe).

impérialisme [ɛ̃peʀjalism(ə)] *m.* Imperialismo.

impérieux, -euse [ɛ̃peʀjø, -øz] *adj.* Imperioso, sa.

impérissable [ɛ̃peʀisabl(ə)] *adj.* Imperecedero, ra.

imperméable [ɛ̃pɛʀmeabl(ə)] *adj.-m.* Impermeable.

impersonnel, -elle [ɛ̃pɛʀsɔnɛl] *adj.* Impersonal.

impertinent, -ente [ɛ̃pɛʀtinã, -ãt] *adj.-s.* Impertinente.

imperturbable [ɛ̃pɛʀtyʀbabl(ə)] *adj.* Imperturbable.

impétueux, -euse [ɛ̃petɥø, -øz] *adj.* Impetuoso, sa.

impiété [ɛ̃pjete] *f.* Impiedad.

impitoyable [ɛ̃pitwajabl(ə)] *adj.* Despiadado, da.

implacable [ɛ̃plakabl(ə)] *adj.* Implacable.

implanter [ɛ̃plãte] [1] *tr.* **1** Implantar. ■ **2** *pr.* Implantarse.

implicite [ɛ̃plisit] *adj.* Implícito, ta.

impliquer [ɛ̃plike] [1] *tr.* Implicar.

implorer [ɛ̃plɔʀe] [1] *tr.* Implorar.

impolitesse [ɛ̃pɔlitɛs] *f.* Descortesía, falta de educación.

impondérable [ɛ̃pɔ̃deʀabl(ə)] *adj.* **1** Imponderable. ■ **2** *m. pl.* Imponderables.

impopulaire [ɛ̃pɔpylɛʀ] *adj.* Impopular.

importance [ɛ̃pɔʀtɑ̃s] *f.* Importancia.

important, -ante [ɛ̃pɔʀtɑ̃, -ɑ̃t] *adj.* Importante.

importateur, -trice [ɛ̃pɔʀtatœʀ,-tʀis] *adj.- s.* Importador, ra.

importer [ɛ̃pɔʀte] [1] *tr.* **1** Importar: ~ *des matières premières,* importar materias primas. ■ **2** *intr.* Importar, tener importancia: *la seule chose qui importe,* la única cosa que importa. Loc. *N'importe qui,* cualquiera; *n'importe quoi,* cualquier cosa.

importun, -une [ɛ̃pɔʀtœ̃, yn] *adj.-s.* Importuno, na.

importuner [ɛ̃pɔʀtyne] [1] *tr.* Importunar.

imposable [ɛ̃pozabl(ə)] *adj.* Imponible.

imposant, -ante [ɛ̃pozɑ̃, -ɑ̃t] *adj.* Imponente.

imposé, -ée [ɛ̃poze] *adj.* **1** Impuesto, ta. ■ **2** *s.* Contribuyente.

imposer [ɛ̃poze] [1] *tr.* **1** Gravar con un impuesto (taxer). **2** Imponer: ~ *un travail à quelqu'un,* imponer un trabajo a alguien. **3** *En* ~, impresionar. ■ **4** *pr.* Imponerse.

imposition [ɛ̃pozisjɔ̃] *f.* Imposición.

impossibilité [ɛ̃pɔsibilite] *f.* Imposibilidad.

imposteur [ɛ̃pɔstœʀ] *m.* Impostor, ra.

impôt [ɛ̃po] *m.* **1** Impuesto. **2** Contribución *f.*

impotent, -ente [ɛ̃pɔtɑ̃, -ɑ̃t] *adj.-s.* Tullido, da, baldado, da.

impraticable [ɛ̃pʀatikabl(ə)] *adj.* Impracticable.

imprécation [ɛ̃pʀekasjɔ̃] *f.* Imprecación.

imprécis, -ise [ɛ̃pʀesi, -iz] *adj.* Impreciso, sa.

imprégner [ɛ̃pʀeɲe] [14] *tr.* **1** Impregnar. **2** fig. Imbuir.

imprenable [ɛ̃pʀənabl(ə)] *adj.* Inexpugnable, inconquistable.

imprésario [ɛ̃pʀes(z)aʀjo] *m.* Empresario.

impression [ɛ̃pʀesjɔ̃] *f.* **1** Impresión. **2** PEINT. Imprimación.

impressionner [ɛ̃pʀesjɔne] [1] *tr.* **1** Impresionar. ■ **2** *pr.* Impresionarse.

imprévoyant, -ante [ɛ̃pʀevwajɑ̃, -ɑ̃t] *adj.-s.* Imprevisor, ra.

imprévu, -ue [ɛ̃pʀevy] *adj.* Imprevisto, ta.

imprimante [ɛ̃pʀimɑ̃t] *f.* Impresora.

imprimé [ɛ̃pʀime] *m.* **1** Impreso (journal, etc.). **2** Estampado (tissu).

imprimer [ɛ̃pʀime] [1] *tr.* **1** Imprimir. **2** *Se faire* ~, hacerse editar. **3** Estampar (tissu). **4** PEINT. Imprimar. **5** fig. Infundir: ~ *la crainte,* infundir el temor.

imprimerie [ɛ̃pʀimʀi] *f.* Imprenta.

improbable [ɛ̃pʀɔbabl(ə)] *adj.* Improbable.

improductif, -ive [ɛ̃pʀɔdyktif, -iv] *adj.* Improductivo, va.

impromptu, -ue [ɛ̃pʀɔ̃pty] *adj.* **1** Improvisado, da. ■ **2** *adv.* Improvisadamente, sin preparación. ■ **3** *m.* LITT., MUS. Improvisación *f.*

impropre [ɛ̃pʀɔpʀ(ə)] *adj.* Impropio, ia.

impropriété [ɛ̃pʀɔpʀijete] *f.* Impropiedad.

improviser [ɛ̃pʀɔvize] [1] *tr.-intr.* Improvisar.

improviste (à l') [alɛ̃pʀɔvist(ə)] *loc. adv.* De improviso, al improviso.

imprudence [ɛ̃pʀydɑ̃s] *f.* Imprudencia.

imprudent, -ente [ɛ̃pʀydɑ̃, -ɑ̃t] *adj.-s.* Imprudente.

impudent, -ente [ɛ̃pydɑ̃, -ɑ̃t] *adj.-s.* Impudente.

impudique [ɛ̃pydik] *adj.-s.* Impúdico, ca.

impuissant, -ante [ɛ̃pɥisɑ̃, -ɑ̃t] *adj.* **1** Impotente (à, para). ■ **2** *adj.-s.* Impotente.

impulsif, -ive [ɛ̃pylsif, -iv] *adj.-s.* Impulsivo, va.

impunité [ɛ̃pynite] *f.* Impunidad.

impur, -ure [ɛ̃pyʀ] *adj.* Impuro, ra.

impureté [ɛ̃pyʀte] *f.* Impureza.

imputation [ɛ̃pytɑsjɔ̃] *f.* Imputación.

inacceptable [inaksɛptabl(ə)] *adj.* Inaceptable.

inaccessible [inaksesibl(ə)] *adj.* **1** Inaccesible. **2** Inasequible.

inaccoutumé, -ée [inakutyme] *adj.* Desacostumbrado, da, insólito, ta, inacostumbrado, da.

inachevé, -ée [inaʃve] *adj.* No acabado, da, incompleto, ta, sin acabar, inconcluso, sa.

inactif, -ive [inaktif, -iv] *adj.* Inactivo, va.

inaction [inaksjɔ̃] *f.* Inacción.

inadmissible [inadmisibl(ə)] *adj.* Inadmisible.

inadvertance [inadvɛʀtɑ̃s] *f.* Inadvertencia: *par* ~, por inadvertencia.

inaliénable [inaljenabl(ə)] *adj.* Inalienable.

inaltérable [inaltɛʀabl(ə)] *adj.* Inalterable.

inamical, -ale [inamikal] *adj.* Hostil, poco amistoso, sa.

inamovible [inamɔvibl(ə)] *adj.* Inamovible.

inanimé, -ée [inanime] *adj.* Inanimado, da.

inanition [inanisjɔ̃] *f.* Inanición.

inaperçu, -ue [inapɛʀsy] *adj.* Inadvertido, da, desapercibido, da: *passer ~,* pasar inadvertido.

inappliqué, -ée [inaplike] *adj.* **1** Desaplicado, da (élève). **2** Inaplicado, da (pas mis en pratique).

inappréciable [inapresjabl(ə)] *adj.* Inapreciable.

inapte [inapt(ə)] *adj.* No apto, ta, incapaz, inepto, ta (*à,* para).

inarticulé, -ée [inartikyle] *adj.* Inarticulado, da.

inassouvi, -ie [inasuvi] *adj.* No saciado, da, insatisfecho, cha.

inattendu, -ue [inatãdy] *adj.* Inesperado, da.

inattentif, -ive [inatãtif, -iv] *adj.* Desatento, ta, distraído, da.

inauguration [inɔ(o)gyRasjɔ̃] *f.* Inauguración.

inaugurer [inɔ(o)gyRe] [1] *tr.* Inaugurar.

inavouable [inavwabl(ə)] *adj.* Inconfesable.

incandescence [ɛ̃kãdesãs] *f.* Incandescencia.

incantation [ɛ̃kãtasjɔ̃] *f.* Encantación, encantamiento *m.,* encantamiento *m.*

incapable [ɛ̃kapabl(ə)] *adj.-s.* Incapaz.

incapacité [ɛ̃kapasite] *f.* Incapacidad.

incarcérer [ɛ̃karsere] [14] *tr.* Encarcelar.

incarner [ɛ̃karne] [1] *tr.* **1** Encarnar: *il est le diable incarné,* es el demonio encarnado. ■ **2** *pr.* Encarnarse.

incassable [ɛ̃kasabl(ə)] *adj.* Irrompible.

incendier [ɛ̃sãdje] [2] *tr.* Incendiar.

incertain, -aine [ɛ̃sertɛ̃, ɛn] *adj.* **1** Incierto, ta, dudoso, sa, inseguro, ra. **2** Indeciso, sa. **3** Variable (temps).

incertitude [ɛ̃sertityd] *f.* **1** Incertidumbre. **2** Inseguridad. **3** Indecisión.

incessant, -ante [ɛ̃sɛsã, -ãt] *adj.* Incesante.

incestueux, -euse [ɛ̃sɛstɥø, -øz] *adj.-s.* Incestuoso, sa.

incidence [ɛ̃sidãs] *f.* **1** GÉOM. Incidencia. **2** fig. Repercusión.

incident, -ente [ɛ̃sidã, -ãt] *adj.* **1** Incidente (rayon). **2** Incidental (remarque, proposition). ■ **3** *m.* Incidente.

incinérer [ɛ̃sinere] [14] *tr.* Incinerar.

incise [ɛ̃siz] *f.* Inciso *m.*

incisif, -ive [ɛ̃sizif, -iv] *adj.* **1** Incisivo, va. ■ **2** *f.* Incisivo *m.*

incision [ɛ̃sizjɔ̃] *f.* Incisión.

inciter [ɛ̃site] [1] *tr.* Incitar.

inclinaison [ɛ̃klinɛzɔ̃] *f.* **1** Inclinación. **2** ASTROL., PHYS., GÉOM. Inclinación.

inclination [ɛ̃klinasjɔ̃] *f.* Inclinación.

incliner [ɛ̃kline] [1] *tr.* **1** Inclinar. ■ **2** *intr.* ~ *à,* inclinarse a, por. ■ **3** *pr.* Inclinarse.

inclure [ɛ̃klyR] [78] *tr.* Incluir.

inclus, -use [ɛ̃kly, -yz] *adj.* Incluso, sa. Loc. *Ci-inclus, use,* adjunto, ta.

incoercible [ɛ̃kɔersibl(ə)] *adj.* Incoercible.

incohérence [ɛ̃kɔeRãs] *f.* Incoherencia.

incohérent, -ente [ɛ̃kɔeRã, -ãt] *adj.* Incoherente.

incolore [ɛ̃kɔlɔR] *adj.* Incoloro, ra.

incombustible [ɛ̃kɔ̃bystibl(ə)] *adj.* Incombustible.

incommensurable [ɛ̃kɔmãsyRabl(ə)] *adj.* Inconmensurable.

incommoder [ɛ̃kɔmɔde] [1] *tr.* **1** Incomodar, molestar. **2** Indisponer: *être incommodé,* estar indispuesto.

incommodité [ɛ̃kɔmɔdite] *f.* Incomodidad, molestia.

incomparable [ɛ̃kɔ̃paRabl(ə)] *adj.* Incomparable.

incompatible [ɛ̃kɔ̃patibl(ə)] *adj.* Incompatible.

incompétence [ɛ̃kɔ̃petãs] *f.* Incompetencia.

incomplet, -ète [ɛ̃kɔ̃plɛ, -ɛt] *adj.* Incompleto, ta.

incompréhensible [ɛ̃kɔ̃pReãsibl(ə)] *adj.* Incomprensible.

incompréhensif, -ive [ɛ̃kɔ̃pReãsif,-iv] *adj.* No comprensivo, va.

incompris, -ise [ɛ̃kɔ̃pRi, -iz] *adj.-s.* Incomprendido, da.

inconcevable [ɛ̃kɔ̃svabl(ə)] *adj.* Inconcebible.

incongru, -ue [ɛ̃kɔ̃gRy] *adj.* Incongruente.

inconnu, -ue [ɛ̃kɔny] *adj.-s.* **1** Desconocido, da. ■ **2** *f.* MAT. Incógnita.

inconscient, -ente [ɛ̃kɔ̃sjã, -ãt] *adj.-s.* Inconsciente.

inconséquent, -ente [ɛ̃kɔ̃sekã, -ãt] *adj.* Inconsecuente.

inconsistant, -ante [ɛ̃kɔ̃sistã, -ãt] *adj.* Inconsistente.

inconsolable [ɛ̃kɔ̃sɔlabl(ə)] *adj.* Inconsolable.

inconstance [ɛ̃kɔ̃stãs] *f.* Inconstancia.

incontestable [ɛ̃kɔ̃tɛstabl(ə)] *adj.* Incontestable.

incontinence [ɛ̃kɔ̃tinãs] *f.* Incontinencia.

inconvenant, -ante [ɛ̃kɔ̃vnã, -ãt] *adj.* Inconveniente.

inconvénient [ɛ̃kɔ̃venjã] *m.* Inconveniente.

incorporer [ɛ̃kɔRpɔRe] [1] *tr.* **1** Incorporar. ■ **2** *pr.* Incorporarse.

incorrect, -ecte [ɛ̃kɔʀɛkt, -ɛkt(ə)] *adj.* Incorrecto, ta.

incorrigible [ɛ̃kɔʀiʒibl(ə)] *adj.* Incorregible.

incorruptible [ɛ̃kɔʀyptibl(ə)] *adj.* Incorruptible.

incrédulité [ɛ̃kʀedylite] *f.* Incredulidad.

incriminer [ɛ̃kʀimine] [1] *tr.* Incriminar.

incroyable [ɛ̃kʀwajabl(ə)] *adj.* Increíble.

incroyant, -ante [ɛ̃kʀwajɑ̃, -ɑ̃t] *adj.-s.* Incrédulo, la, descreído, da.

incrustation [ɛ̃kʀystasjɔ̃] *f.* Incrustación.

incruster [ɛ̃kʀyste] [1] *tr.* 1 Incrustar. ■ 2 *pr.* Incrustarse.

inculper [ɛ̃kylpe] [1] *tr.* Inculpar.

inculquer [ɛ̃kylke] [1] *tr.* Inculcar.

inculte [ɛ̃kylt(ə)] *adj.* Inculto, ta.

incurable [ɛ̃kyʀabl(ə)] *adj.-s.* Incurable.

incursion [ɛ̃kyʀsjɔ̃] *f.* Incursión, raid *m.*, correría.

indécent, -ente [ɛ̃desɑ̃, -ɑ̃t] *adj.* Indecente.

indéchiffrable [ɛ̃deʃifʀabl(ə)] *adj.* Indescifrable.

indéchirable [ɛ̃deʃiʀabl(ə)] *adj.* Que no se puede rasgar.

indécision [ɛ̃desizjɔ̃] *f.* Indecisión.

indéclinable [ɛ̃deklinabl(ə)] *adj.* Indeclinable.

indéfectible [ɛ̃defɛktibl(ə)] *adj.* Indefectible.

indéfini, -ie [ɛ̃defini] *adj.* 1 Indefinido, da, indeciso, sa. 2 GRAM. *Passé* ∼, pretérito perfecto; *adjectif* ∼, adjetivo indefinido.

indéfinissable [ɛ̃definisabl(ə)] *adj.* Indefinible.

indéfrisable [ɛ̃defʀizabl(ə)] *f.* Permanente.

indélébile [ɛ̃delebil] *adj.* Indeleble.

indélicatesse [ɛ̃delikatɛs] *f.* Falta de corrección, de delicadeza.

indemne [ɛ̃dɛmn(ə)] *adj.* Indemne.

indemniser [ɛ̃dɛmnize] [1] *tr.* Indemnizar.

indemnité [ɛ̃dɛmnite] *f.* 1 Indemnidad, indemnización. 2 Dieta, subsidio *m.*, dietas *pl.*

indéniable [ɛ̃denjabl(ə)] *adj.* Innegable.

indépendance [ɛ̃depɑ̃dɑ̃s] *f.* Independencia.

indépendant, -ante [ɛ̃depɑ̃dɑ̃, -ɑ̃t] *adj.* Independiente.

indescriptible [ɛ̃deskʀiptibl(ə)] *adj.* Indescriptible.

indésirable [ɛ̃deziʀabl(ə)] *adj.-s.* Indeseable.

indestructible [ɛ̃dɛstʀyktibl(ə)] *adj.* Indestructible.

indéterminé, -ée [ɛ̃detɛʀmine] *adj.* Indeterminado, da.

index [ɛ̃dɛks] *m.* 1 Índice (doigt). 2 Índice (liste, catalogue). *f.* 3 RELIG. Índice. 4 Aguja *f.* indicadora (aiguille).

indicateur, -trice [ɛ̃dikatœʀ, -tʀis] *adj.* 1 Indicador, ra. ■ 2 *m.* Guía *f.* (de chemin de fer). 4 Confidente, soplón (de la police).

indicatif, -ive [ɛ̃dikatif, -iv] *adj.-m.* Indicativo, va.

indication [ɛ̃dikasjɔ̃] *f.* 1 Indicación. 2 Indicio *m.*

indice [ɛ̃dis] *m.* 1 Indicio. 2 MATH., PHYS. Índice.

indicible [ɛ̃disibl(ə)] *adj.* Indecible.

indifférence [ɛ̃difeʀɑ̃s] *f.* Indiferencia.

indifférent, -ente [ɛ̃difeʀɑ̃, -ɑ̃t] *adj.-s.* Indiferente.

indigence [ɛ̃diʒɑ̃s] *f.* Indigencia.

indigène [ɛ̃diʒɛn] *adj.-s.* Indígena.

indigent, -ente [ɛ̃diʒɑ̃, -ɑ̃t] *adj.-s.* Indigente.

indigestion [ɛ̃diʒɛstjɔ̃] *f.* Indigestión.

indignation [ɛ̃diɲasjɔ̃] *f.* Indignación.

indigne [ɛ̃diɲ] *adj.* Indigno, na.

indigner [ɛ̃diɲe] [1] *tr.* 1 Indignar. ■ 2 *pr.* Indignarse.

indiquer [ɛ̃dike] [1] *tr.* Indicar.

indirect, -ecte [ɛ̃diʀɛkt, -ɛkt(ə)] *adj.* Indirecto, ta.

indiscipliné, -ée [ɛ̃disipline] *adj.* Indisciplinado, da.

indiscret, -ète [ɛ̃diskʀɛ, -ɛt] *adj.-s.* Indiscreto, ta.

indiscrétion [ɛ̃diskʀesjɔ̃] *f.* Indiscreción.

indiscutable [ɛ̃diskytabl(ə)] *adj.* Indiscutible.

indispensable [ɛ̃dispɑ̃sabl(ə)] *adj.* Indispensable.

indisposer [ɛ̃dispoze] [1] *tr.* 1 Indisponer: *la chaleur l'a indisposé*, el calor le ha indispuesto. 2 Enojar, enemistarse con, indisponer (mécontenter).

indistinct, -incte [ɛ̃distɛ̃(kt), -ɛ̃kt(ə)] *adj.* Indistinto, ta.

individu [ɛ̃dividy] *m.* Individuo.

individuel, -elle [ɛ̃dividɥɛl] *adj.* Individual.

indivis, -ise [ɛ̃divi, -iz] *adj.* Indiviso, sa.

indivisible [ɛ̃divizibl(ə)] *adj.* Indivisible.

indocile [ɛ̃dɔsil] *adj.* Indócil.

indolence [ɛ̃dɔlɑ̃s] *f.* Indolencia.

indolore [ɛ̃dɔlɔʀ] *adj.* Indoloro, ra.

indomptable [ɛ̃dɔ̃tabl(ə)] *adj.* Indomable.

indu, -ue [ɛ̃dy] *adj.* Indebido, da.

indubitable [ɛ̃dybɪtabl(ə)] *adj.* Indudable.

inducteur, -trice [ɛ̃dyktœʀ, -tʀis] *adj.-m.* Inductor, ra.

induction [ɛ̃dyksjɔ̃] *f.* Inducción.

induire [ɛ̃dɥiʀ] *tr.* **1** Inducir. Loc. ~ *en erreur*, inducir en error. **2** Inducir, deducir, inferir (déduire). **3** Comportar.

indulgence [ɛ̃dylzɑ̃s] *f.* Indulgencia.

indulgent, -ente [ɛ̃dylʒɑ̃, -ɑ̃t] *adj.* Indulgente.

industrialiser [ɛ̃dystʀijalize] [1] *tr.* Industrializar.

industriel, -elle [ɛ̃dystʀijɛl] *adj.-m.* Industrial.

inébranlable [inebʀɑ̃labl(ə)] *adj.* Inconmovible, inquebrantable.

inédit, -ite [inedi, -it] *adj.* Inédito, ta.

ineffable [inefabl(ə)] *adj.* Inefable.

ineffaçable [inefasabl(ə)] *adj.* Imborrable, indeleble.

inefficace [inefikas] *adj.* Ineficaz.

inégalité [inegalite] *f.* Desigualdad.

inéluctable [inelyktabl(ə)] *adj.* Ineluctable.

inénarrable [inenaʀabl(ə)] *adj.* Inenarrable.

inepte [inɛpt(ə)] *adj.* Inepto, ta, necio, cia.

inépuisable [inepɥizabl(ə)] *adj.* Inagotable, inexhausto, ta.

inerte [inɛʀt(ə)] *adj.* Inerte.

inertie [inɛʀsi] *f.* Inercia.

inespéré, -ée [inɛspeʀe] *adj.* Inesperado, da.

inestimable [inɛstimabl(ə)] *adj.* Inestimable.

inévitable [inevitabl(ə)] *adj.* Inevitable.

inexactitude [inɛgzaktityd] *f.* Inexactitud.

inexcusable [inɛkskyzabl(ə)] *adj.* Inexcusable.

inexistant, -ante [inɛgzistɑ̃, -ɑ̃t] *adj.* Inexistente.

inexorable [inɛgzɔʀabl(ə)] *adj.* Inexorable.

inexpérimenté, -ée [inɛkspeʀimɑ̃te] *adj.* **1** Inexperto, ta (personne). **2** No experimentado, da (chose).

inexpiable [inɛkspjabl(ə)] *adj.* Inexpiable.

inexplicable [inɛksplikabl(ə)] *adj.* Inexplicable.

inexploré, -ée [inɛksplɔʀe] *adj.* Inexplorado, da.

inexpressif, -ive [inɛkspresif, -iv] *adj.* Inexpresivo, va.

inexprimable [inɛkspʀimabl(ə)] *adj.* Indecible, indescriptible.

inexpugnable [inɛkspygnabl(ə)] *adj.* Inexpugnable.

inextricable [inɛkstʀikabl(ə)] *adj.* Inextricable.

infaillible [ɛ̃fajibl(ə)] *adj.* Infalible.

infamant, -ante [ɛ̃famɑ̃, -ɑ̃t] *adj.* Infamante.

infâme [ɛ̃fɑm] *adj.-s.* Infame.

infamie [ɛ̃fami] *f.* Infamia.

infanterie [ɛ̃fɑ̃tʀi] *f.* Infantería.

infanticide [ɛ̃fɑ̃tisid] *m.* **1** Infanticidio. ■ **2** *adj.-s.* Infanticida (meurtrier).

infantile [ɛ̃fɑ̃til] *adj.* Infantil.

infatigable [ɛ̃fatigabl(ə)] *adj.* Infatigable.

infatuer [ɛ̃fatɥe] *tr.* **1** Infatuar. ■ **2** *pr.* Infatuarse, engreírse.

infécond, -onde [ɛ̃fekɔ̃, -ɔ̃d] *adj.* Infecundo, da.

infecter [ɛ̃fɛkte] [1] *tr.* **1** Infectar, inficionar. ■ **2** *pr.* Infectarse, inficionarse.

infection [ɛ̃fɛksjɔ̃] *f.* **1** Infección. **2** Hedor *m.* grande (puanteur).

inférer [ɛ̃feʀe] [14] *tr.* Inferir, inducir.

inférieur, -eure [ɛ̃feʀjœʀ] *adj.-s.* Inferior.

infériorité [ɛ̃feʀjɔʀite] *f.* Inferioridad.

infernal, -ale [ɛ̃fɛʀnal] *adj.* Infernal.

infester [ɛ̃fɛste] [1] *tr.* Infestar.

infidélité [ɛ̃fidelite] *f.* Infidelidad.

infiltrer (s') [ɛ̃filtʀe] *pr.* Infiltrarse.

infime [ɛ̃fim] *adj.* Ínfimo, ma.

infini, -ie [ɛ̃fini] *adj.-m.* **1** Infinito, ta. **2** *loc. adv. À l'*~, indefinidamente (indéfiniment), hasta lo infinito (dans l'espace).

infinité [ɛ̃finite] *f.* Infinidad.

infinitif, -ive [ɛ̃finitif, -iv] *adj.-m.* Infinitivo, va.

infirme [ɛ̃fiʀm(ə)] *adj.-s.* **1** Impedido, da, baldado, da, lisiado, da. ■ **2** *adj.* Achacoso, sa, imposibilitado, da.

infirmerie [ɛ̃fiʀmǝʀi] *f.* Enfermería.

infirmier, -ière [ɛ̃fiʀmje, -jɛʀ] *s.* Enfermero, ra.

infirmité [ɛ̃fiʀmite] *f.* Dolencia habitual, achaque *m.*, defecto *m.* físico.

inflammation [ɛ̃flamɑsjɔ̃] *f.* Inflamación.

inflation [ɛ̃flɑsjɔ̃] *f.* Inflación.

infléchir [ɛ̃fleʃiʀ] [3] *tr.* **1** Doblar, encorvar. ■ **2** *pr.* Doblarse, encorvarse.

inflexible [ɛ̃flɛksibl(ə)] *adj.* Inflexible.

infliger [ɛ̃fliʒe] [13] *tr.* Infligir.

inflorescence [ɛ̃flɔʀesɑ̃s] *f.* Inflorescencia.

influencer [ɛ̃flyɑ̃se] [12] *tr.* Influir (*sur*, en).

influent, -ente [ɛ̃flyɑ̃, -ɑ̃t] *adj.* Influyente.

influer [ɛ̃flye] [1] *intr.* Influir (*sur,* en).

informaticien, -enne [ɛ̃fɔʀmatisjɛ̃, -ɛn] *s.* Informático, ca.

information [ɛ̃fɔʀmɑsjɔ̃] *f.* **1** Información. ▪ **2** *pl.* Informes *m.*

informatique [ɛ̃fɔʀmatik] *adj.-f.* Informático, ca.

informatiser [ɛ̃fɔʀmatize] *tr.* Informatizar.

informe [ɛ̃fɔʀm(ə)] *adj.* Informe.

informer [ɛ̃fɔʀme] [1] *tr.* **1** Informar. ▪ **2** *pr.* Informarse.

infortuné, -ée [ɛ̃fɔʀtyne] *adj.-s.* Infortunado, da.

infraction [ɛ̃fʀaksjɔ̃] *f.* Infracción.

infranchissable [ɛ̃fʀɑ̃ʃisabl(ə)] *adj.* Infranqueable.

infructueux, -euse [ɛ̃fʀyktɥø, -øz] *adj.* Infructuoso, sa.

infusion [ɛ̃fyzjɔ̃] *f.* Infusión.

ingénier (s') [ɛ̃ʒenje] [2] *pr.* Ingeniarse (*à,* para, a).

ingénierie [ɛ̃ʒeniʀi] *f.* Ingeniería.

ingénieur [ɛ̃ʒenjœʀ] *m.* Ingeniero.

ingénieux, -euse [ɛ̃ʒenjø, -øz] *adj.* Ingenioso, sa.

ingénuité [ɛ̃ʒenɥite] *f.* Ingenuidad.

ingérence [ɛ̃ʒeʀɑ̃s] *f.* Ingerencia.

ingérer [ɛ̃ʒeʀe] [14] *tr.* **1** Ingerir. ▪ **2** *pr.* Ingerirse.

ingestion [ɛ̃ʒɛstjɔ̃] *f.* Ingestión.

ingrat, -ate [ɛ̃gʀa, -at] *adj.-s.* Ingrato, ta.

ingratitude [ɛ̃gʀatityd] *f.* Ingratitud.

ingrédient [ɛ̃gʀedjɑ̃] *m.* Ingrediente.

inhabile [inabil] *adj.* **1** Inhábil. **2** DR. Incapaz.

inhabité, -ée [inabite] *adj.* Deshabitado, da, inhabitado, da.

inhalation [inalɑsjɔ̃] *f.* Inhalación.

inhaler [inale] [1] *tr.* Inhalar.

inhérent, -ente [ineʀɑ̃, -ɑ̃t] *adj.* Inherente.

inhibition [inibisjɔ̃] *f.* Inhibición.

inhospitalier, -ière [inɔspitalje, -jɛʀ] *adj.* Inhospitalario, ia.

inhumain, -aine [inymɛ̃, -ɛn] *adj.* Inhumano, na.

inhumation [inymɑsjɔ̃] *f.* Inhumación.

inhumer [inyme] [1] *tr.* Inhumar.

inimitable [inimitabl(ə)] *adj.* Inimitable.

inimitié [inimitje] *f.* Enemistad.

inintelligible [inɛ̃te(ɛl)liʒibl(ə)] *adj.* Ininteligible.

ininterrompu, -ue [inɛ̃teʀɔ̃py] *adj.* Ininterrumpido, da.

iniquité [inikite] *f.* Iniquidad.

initial, -ale [inisjal] *adj.-f.* Inicial.

initialisation [inisjalizɑsjɔ̃] *f.* Inicialización.

initialiser [inisjalize] *tr.* Inicializar.

initiative [inisjativ] *f.* Iniciativa.

initier [inisje] [2] *tr.* Iniciar.

injecter [ɛ̃ʒɛkte] [2] *tr.* **1** Inyectar. ▪ **2** *pr.* Inyectarse.

injonction [ɛ̃ʒɔ̃ksjɔ̃] *f.* Orden, mandato *m.*

injurier [ɛ̃ʒyʀje] [1] *tr.* Injuriar.

injustice [ɛ̃ʒystis] *f.* Injusticia.

injustifié, -ée [ɛ̃ʒystifje] *adj.* Injustificado, da.

inlassable [ɛ̃lɑsabl(ə)] *adj.* Incansable.

inné, -ée [in(n)e] *adj.* Innato, ta.

innocence [inɔsɑ̃s] *f.* Inocencia.

innocent, -ente [inɔsɑ̃, -ɑ̃t] *adj.-s.* Inocente.

innocuité [in(n)ɔkɥite] *f.* Inocuidad.

innombrable [in(n)ɔ̃bʀabl(ə)] *adj.* Innumerable.

innovation [in(n)ɔvɑsjɔ̃] *f.* Innovación.

inoccupé, -ée [inɔkype] *adj.* Desocupado, da.

inoculation [inɔkylɑsjɔ̃] *f.* Inoculación.

inoculer [inɔkyle] [1] *tr.* Inocular.

inodore [inɔdɔʀ] *adj.* Inodoro, ra.

inoffensif, -ive [inɔfɑ̃sif, -iv] *adj.* Inofensivo, va.

inondation [inɔ̃dɑsjɔ̃] *f.* Inundación.

inopérant, -ante [inɔpeʀɑ̃, -ɑ̃t] *adj.* Inoperante.

inopiné, -ée [inɔpine] *adj.* Inopinado, da.

inopportun, -une [inɔpɔʀtœ̃, -yn] *adj.* Inoportuno, na.

inoubliable [inublijabl(ə)] *adj.* Inolvidable.

inouï, -ïe [inwi] *adj.* Inaudito, ta.

inqualifiable [ɛ̃kalifjabl(ə)] *adj.* Incalificable.

inquiet, -ète [ɛ̃kjɛ, -ɛt] *adj.* Inquieto, ta.

inquiéter [ɛ̃kjete] [14] *tr.* **1** Inquietar, desasosegar, intranquilizar. ▪ **2** *pr.* Inquietarse. **3** Preocuparse: *ne vous inquiétez pas,* no se preocupe.

inquisiteur, -trice [ɛ̃kɪzitœʀ, -tʀis] *adj.-s.* **1** Inquiridor, ra, inquisidor, ra. ▪ **2** *m.* Inquisidor (juge).

insaisissable [ɛ̃sezisabl(ə)] *adj.* **1** Que no se puede coger. **2** Imperceptible. **3** DR. Inembargable.

insalubre [ɛ̃salybʀ(ə)] *adj.* Insalubre.

insanité [ɛ̃sanite] *f.* **1** Insania, locura. **2** Insensatez, necedad (ineptie).

insatiable [ɛ̃sasjabl(ə)] *adj.* Insaciable.

inscription [ɛ̃skʀipsjɔ̃] *f.* **1** Inscripción. **2** Matrícula (à l'université, maritime). **3** DR. Registro *m.* (d'une hypothèque).

inscrire [ɛ̃skʀiʀ] [67] *tr.* **1** Inscribir. ■ **2** *pr.* Inscribirse. **3** Matricularse (à l'université). **4** DR. *S'inscrire en faux,* negar, impugnar como falso.

insecte [ɛ̃sɛkt(ə)] *m.* Insecto.

insecticide [ɛ̃sɛktisid] *adj.-m.* Insecticida.

insécurité [ɛ̃sekyʀite] *f.* Inseguridad.

insensé, -ée [ɛ̃sɑ̃se] *adj.-s.* Insensato, ta.

insensible [ɛ̃sɑ̃sibl(ə)] *adj.* Insensible.

inséparable [ɛ̃sepaʀabl(ə)] *adj.* Inseparable.

insertion [ɛ̃sɛʀsjɔ̃] *f.* Inserción.

insidieux, -euse [ɛ̃sidjø, -øz] *adj.* Insidioso, sa.

insigne [ɛ̃siɲ] *adj.* **1** Insigne. ■ **2** *m.* Insignia *f.*

insignifiant, -ante [ɛ̃siɲifjɑ̃, -ɑ̃t] *adj.* Insignificante.

insinuer [ɛ̃sinɥe] [1] *tr.* **1** Insinuar. ■ **2** *pr.* Insinuarse.

insipide [ɛ̃sipid] *adj.* Insípido, da.

insistance [ɛ̃sistɑ̃s] *f.* Insistencia.

insister [ɛ̃siste] [1] *intr.* Insistir (*sur,* en).

insociable [ɛ̃sɔsjabl(ə)] *adj.* Insociable.

insolation [ɛ̃sɔlɑsjɔ̃] *f.* Insolación.

insolent, -ente [ɛ̃sɔlɑ̃, -ɑ̃t] *adj.-s.* Insolente.

insolite [ɛ̃sɔlit] *adj.* Insólito, ta.

insoluble [ɛ̃sɔlybl(ə)] *adj.* Insoluble.

insolvable [ɛ̃sɔlvabl(ə)] *adj.* Insolvente.

insomnie [ɛ̃sɔmni] *f.* Insomnio *m.*

insouciance [ɛ̃susjɑ̃s] *f.* Despreocupación, descuido *m.*

insoumis, -ise [ɛ̃sumi, -iz] *adj.* **1** Insumiso, sa. ■ **2** *adj.-m.* MIL. Prófugo, insumiso.

inspecteur, -trice [ɛ̃spɛtœʀ, -tʀis] *s.* Inspector, ra.

inspection [ɛ̃spɛksjɔ̃] *f.* Inspección.

inspiration [ɛ̃spiʀɑsjɔ̃] *f.* Inspiración.

inspirer [ɛ̃spiʀe] [1] *tr.* **1** Inspirar. **2** Inspirar, infundir: ~ *le respect,* infundir respeto. ■ **3** *pr.* Inspirarse: *s'~ d'un poème,* inspirarse en un poema.

instable [ɛ̃stabl(ə)] *adj.* Inestable.

installation [ɛ̃stalɑsjɔ̃] *f.* Instalación.

installer [ɛ̃stale] [1] *tr.* **1** Instalar. ■ **2** *pr.* Instalarse.

instance [ɛ̃stɑ̃s] *f.* **1** Instancia. **2** Ahínco *m.,* insistencia (insistance). **3** DR. Instancia. Loc. *En ~,* pendiente. **4** Autoridad.

instant, -ante [ɛ̃stɑ̃, -ɑ̃t] *adj.* **1** Urgente, insistente. ■ **2** *m.* Instante.

instantané, -ée [ɛ̃stɑ̃tane] *adj.* **1** Instantáneo, ea. ■ **2** *m.* Instantánea *f.* (photo).

instaurer [ɛ̃stɔʀe] [1] *tr.* Instaurar.

instigateur, -trice [ɛ̃stigatœʀ, -tʀis] *s.* Instigador, ra.

instiller [ɛ̃stile] *tr.* Instilar.

instinct [ɛ̃stɛ̃] *m.* Instinto.

instinctif, -ive [ɛ̃stɛ̃ktif, -iv] *adj.* Instintivo, va.

instituer [ɛ̃stitɥe] [1] *tr.* Instituir.

instituteur, -trice [ɛ̃stitytœʀ, -tʀis] *s.* **1** Maestro, tra. ■ **2** *f.* Institutriz *f.* (à domicile).

institution [ɛ̃stitysjɔ̃] *f.* Institución.

instructeur [ɛ̃stʀyktœʀ] *adj.-m.* Instructor.

instruire [ɛ̃stʀɥiʀ] [69] *tr.* **1** Instruir. ■ **2** *pr.* Instruirse.

instrument [ɛ̃stʀymɑ̃] *m.* Instrumento.

instrumentiste [ɛ̃stʀymɑ̃tist(ə)] *s.* Instrumentista.

insubordination [ɛ̃sybɔʀdinɑsjɔ̃] *f.* Insubordinación.

insu de (à l') [ɛsy] *loc. prép.* Sin que se sepa, sin saberlo: *à l'~ de la famille,* sin que lo sepa la familia.

insuffisant, -ante [ɛ̃syfizɑ̃, -ɑ̃t] *adj.* Insuficiente.

insuffler [ɛ̃syfle] [1] *tr.* Insuflar.

insulaire [ɛ̃sylɛʀ] *adj.-s.* Insular, isleño, ña.

insulter [ɛ̃sylte] [1] *tr.* Insultar.

insupportable [ɛ̃sypɔʀtabl(ə)] *adj.* Insoportable.

insurger (s') [ɛ̃syʀʒe] [13] *pr.* Insurreccionarse, sublevarse.

insurmontable [ɛ̃syʀmɔ̃tabl(ə)] *adj.* Insuperable, invencible.

insurrection [ɛ̃syʀɛksjɔ̃] *f.* Insurrección.

intact, -acte [ɛ̃takt, -akt(ə)] *adj.* Intacto, ta.

intarissable [ɛ̃taʀisabl(ə)] *adj.* Inagotable.

intégral, -ale [ɛ̃tegʀal] *adj.* **1** Integral. **2** Íntegro, gra (entier). ■ **3** *f.* MATH. Integral.

intègre [ɛ̃tɛgʀ(ə)] *adj.* Íntegro, gra.

intégrer [ɛ̃tegʀe] [14] *tr.* **1** MATH. Integrar. **2** Incluir.

intégrité [ɛ̃tegʀite] *f.* Integridad.

intellectuel, -elle [ɛ̃te(ɛ)lɛktɥɛl] *adj.-s.* Intelectual.

intelligence [ɛ̃teliʒɑ̃s] *f.* Inteligencia.

intelligent, -ente [ɛ̃teliʒɑ̃, -ɑ̃t] *adj.* Inteligente.

intelligible [ɛ̃te(ɛ)liʒibl(ə)] *adj.* Inteligible.

intempérance [ɛ̃tɑ̃peʀɑ̃s] *f.* Intemperancia.

intempérie [ɛ̃tɑ̃peʀi] *f.* Intemperie.
intempestif, -ive [ɛ̃tɑ̃pɛstif, -iv] *adj.* Intempestivo, va.
intenable [ɛ̃tnabl(ə)] *adj.* Insostenible.
intendance [ɛ̃tɑ̃dɑ̃s] *f.* Intendencia.
intense [ɛ̃tɑ̃s] *adj.* Intenso, sa.
intensifier [ɛ̃tɑ̃sifje] [2] *tr.* Intensificar.
intention [ɛ̃tɑ̃sjɔ̃] *f.* Intención.
intercaler [ɛ̃tɛʀkale] [1] *tr.* Intercalar.
intercéder [ɛ̃tɛʀsede] [14] *intr.* Interceder.
intercepter [ɛ̃tɛʀsɛpte] [1] *tr.* Interceptar.
interception [ɛ̃tɛʀsɛsjɔ̃] *f.* Intercesión.
interchangeable [ɛ̃tɛʀʃɑ̃ʒabl(ə)] *adj.* Intercambiable.
interdiction [ɛ̃tɛʀdiksjɔ̃] *f.* **1** Interdicción, prohibición. **2** DR. Incapacitación. **3** Suspensión (ecclésiastique ou fonctionnaire).
interdire [ɛ̃tɛʀdiʀ] [65] *tr.* **1** Prohibir. **2** Impedir (empêcher). **3** Suspender (ecclésiastique ou fonctionnaire). **4** DR. Incapacitar. **5** Desconcertar, turbar (troubler).
interdit, -ite [ɛ̃tɛʀdi, -it] *adj.* **1** Prohibido, da. **2** DR. Incapacitado, da. **3** *fig.* Desconcertado, da, cortado, da. ■ **4** *m.* REL. Entredicho.
intéressant, -ante [ɛ̃tɛʀesɑ̃, -ɑ̃t] *adj.* Interesante.
intéresser [ɛ̃tɛʀese] *tr.* **1** Interesar. ■ **2** *pr.* *S'~ à,* interesarse por.
intérêt [ɛ̃tɛʀɛ] *m.* Interés.
interface [ɛ̃tɛʀfas] *f.* Interfaz.
interférence [ɛ̃tɛʀfeʀɑ̃s] *f.* PHYS. Interferencia.
intérieur, -eure [ɛ̃teʀjœʀ] *adj.-m* Interior.
intérim [ɛ̃teʀim] *m.* **1** Interinidad *f.,* interín. **2** *loc. adv.* *Par ~,* interinamente; *président par ~,* presidente interino, accidental.
interjection [ɛ̃tɛʀʒɛksjɔ̃] *f.* Interjección.
interligne [ɛ̃tɛʀliɲ] *m.* **1** Interlínea *f.,* entrerrenglonadura *f.* **2** MUS. Espacio. ■ **3** *f.* IMPR. Regleta.
interlocuteur, -trice [ɛ̃tɛʀlɔkytœʀ, -tʀis] *s.* Interlocutor, ra.
intermède [ɛ̃tɛʀmɛd] *m.* **1** Intermedio. **2** THÉÂT. Entreacto, entremés.
intermédiaire [ɛ̃tɛʀmedjɛʀ] *adj.* **1** Intermediario, ria, intermedio, dia. ■ **2** *s.* Intermediario, ria. **3** *Par l'~ de,* por medio, por conducto de.
interminable [ɛ̃tɛʀminabl(ə)] *adj.* Interminable.
intermittent, -ente [ɛ̃tɛʀmitɑ̃, -ɑ̃t] *adj.* Intermitente.
internat [ɛ̃tɛʀna] *m.* Internado.
international, -ale [ɛ̃tɛʀnasjɔnal] *adj.* Internacional.

interne [ɛ̃tɛʀn(ə)] *adj.-s.* Interno, na.
interner [ɛ̃tɛʀne] [1] *tr.* Internar, recluir.
interpellation [ɛ̃tɛʀpelasjɔ̃] *f.* Interpelación.
interpolation [ɛ̃tɛʀpɔlasjɔ̃] *f.* Interpolación.
interposer [ɛ̃tɛʀpoze] [1] *tr.* **1** Interponer. ■ **2** *pr.* Interponerse.
interposition [ɛ̃tɛʀpozisjɔ̃] *f.* Interposición.
interprétation [ɛ̃tɛʀpʀetasjɔ̃] *f.* Interpretación.
interprète [ɛ̃tɛʀpʀɛt] *s.* Intérprete.
interrègne [ɛ̃tɛʀʀɛɲ] *m.* Interregno.
interrogation [ɛ̃te(ɛ)ʀɔgasjɔ̃] *f.* **1** Interrogación. **2** *Point d'~,* signo de interrogación, punto interrogante.
interrogatoire [ɛ̃te(ɛ)ʀɔgatwaʀ] *m.* Interrogatorio.
interroger [ɛ̃te(ɛ)ʀɔʒe] [13] *tr.* Interrogar, preguntar: *~ quelqu'un sur,* interrogar a alguien sobre.
interrompre [ɛ̃te(ɛ)ʀɔ̃pʀ(ə)] [53] *tr.* **1** Interrumpir. ■ **2** *pr.* Interrumpirse.
interrupteur [ɛ̃te(ɛ)ʀyptœʀ] *m.* Interruptor.
intersection [ɛ̃tɛʀsɛksjɔ̃] *f.* Intersección.
interstice [ɛ̃tɛʀstis] *m.* Intersticio.
intervalle [ɛ̃tɛʀval] *m.* **1** Intervalo. **2** *loc. adv.* *Par intervalles,* de vez en cuando.
intervenir [ɛ̃tɛʀvəniʀ] [36] *intr.* Intervenir.
intervention [ɛ̃tɛʀvɑ̃sjɔ̃] *f.* Intervención.
intervertir [ɛ̃tɛʀvɛʀtiʀ] [3] *tr.* Invertir.
interview [ɛ̃tɛʀvju] *f.* Interviú *m.-f.,* entrevista.
interviewer [ɛ̃tɛʀvjuve] [1] *tr.* Entrevistarse con, entrevievar a.
intestin, -ine [ɛ̃tɛstɛ̃, -in] *adj.* **1** Intestino, na. ■ **2** *m.* ANAT. Intestino.
intestinal [ɛ̃tɛstinal] *adj.* Intestinal.
intimation [ɛ̃timasjɔ̃] *f.* **1** Intimación. **2** DR. Notificación, citación en justicia.
intimer [ɛ̃time] [1] *tr.* **1** Intimar. **2** DR. Notificar, citar en apelación.
intimider [ɛ̃timide] [1] *tr.* Intimidar.
intimité [ɛ̃timite] *f.* Intimidad.
intituler [ɛ̃tityle] [1] *tr.* **1** Intitular. ■ **2** *pr.* Intitularse, titularse.
intolérable [ɛ̃tɔleʀabl(ə)] *adj.* Intolerable.
intolérance [ɛ̃tɔleʀɑ̃s] *f.* Intolerancia.
intonation [ɛ̃tɔnasjɔ̃] *f.* Entonación.
intoxiquer [ɛ̃tɔksike] [1] *tr.* **1** Intoxicar. ■ **2** *pr.* Intoxicarse.
intraitable [ɛ̃tʀɛtabl(ə)] *adj.* Intratable.
intransigeance [ɛ̃tʀɑ̃ziʒɑ̃s] *f.* Intransigencia.

intransitif, -ive [ɛ̃tʀɑ̃zitif, -iv] *adj.-m.* Intransitivo, va.

intrépide [ɛ̃tʀepid] *adj.* Intrépido, da.

intrigant, -ante [ɛ̃tʀigɑ̃, -ɑ̃t] *adj.-s.* Intrigante.

intrigue [ɛ̃tʀig] *f.* **1** Intriga. **2** Aventura galante (amoureuse).

introduction [ɛ̃tʀɔdyksjɔ̃] *f.* Introducción.

introduire [ɛ̃tʀɔdɥiʀ] [69] *tr.* **1** Introducir. ■ **2** *pr.* Introducirse.

introniser [ɛ̃tʀɔnize] [1] *tr.* Entronizar.

intrus, -use [ɛ̃tʀy, -yz] *adj.-s.* Intruso, sa.

intrusión [ɛ̃tʀyzjɔ̃] *f.* Intrusión.

intuitif, -ive [ɛ̃tɥitif, -iv] *adj.* Intuitivo, va.

intuition [ɛ̃tɥisjɔ̃] *f.* Intuición.

inusité, -ée [inyzite] *adj.* Inusitado.

inutile [inytil] *adj.-s.* Inútil.

inutilité [inytilite] *f.* Inutilidad.

invaincu, -ue [ɛ̃vɛ̃ky] *adj.* Invicto, ta.

invalide [ɛ̃valid] *adj.-s.* Inválido, da.

invalider [ɛ̃valide] [1] *tr.* Invalidar.

invariable [ɛ̃vaʀjabl(ə)] *adj.* Invariable.

invasion [ɛ̃vazjɔ̃] *f.* Invasión.

invective [ɛ̃vɛktiv] *f.* Invectiva.

invendu, -ue [ɛ̃vɑ̃dy] *adj.* **1** Sin vender. ■ **2** *m.* Artículo sin vender.

inventaire [ɛ̃vɑ̃tɛʀ] *m.* Inventario.

inventeur, -trice [ɛ̃vɑ̃tœʀ, -tʀis] *s.* **1** Inventor, ra. **2** Descubridor, ra.

invention [ɛ̃vɑ̃sjɔ̃] *f.* **1** Invención. **2** Invento *m.* (chose inventée).

inventorier [ɛ̃vɑ̃tɔʀje] [2] *tr.* Hacer el inventario de.

inverse [ɛ̃vɛʀs(ə)] *adj.* **1** Inverso, sa. ■ **2** *m. L'~*, lo contrario.

inversion [ɛ̃vɛʀsjɔ̃] *f.* Inversión.

invertébré, -ée [ɛ̃vɛʀtebʀe] *adj.-s.* Invertebrado, da.

invertir [ɛ̃vɛʀtiʀ] [3] *tr.* Invertir.

investigation [ɛ̃vɛstigasjɔ̃] *f.* Investigación.

investir [ɛ̃vɛstiʀ] [3] *tr.* **1** Investir. **2** MIL. Cercar, asediar. **3** Invertir, colocar (de l'argent).

invétéré, -ée [ɛ̃veteʀe] *adj.* Inveterado, da.

invincible [ɛ̃vɛ̃sibl(ə)] *adj.* Invencible.

inviolable [ɛ̃vjɔlabl(ə)] *adj.* Inviolable.

invisible [ɛ̃vizibl(ə)] *adj.* Invisible.

invitation [ɛ̃vitasjɔ̃] *f.* Invitación.

inviter [ɛ̃vite] [1] *tr.* **1** Invitar. ■ **2** *pr.* Invitarse.

invocation [ɛ̃vɔkasjɔ̃] *f.* Invocación.

involontaire [ɛ̃vɔlɔ̃tɛʀ] *adj.* Involuntario, ria.

invoquer [ɛ̃vɔke] [1] *tr.* Invocar.

invraisemblable [ɛ̃vʀɛsɑ̃blabl(ə)] *adj.* Inverosímil.

invulnérable [ɛ̃vylneʀabl(ə)] *adj.* Invulnerable.

iota [jɔta] *m.* Iota *f.* (lettre grecque). Loc. fig. *Il n'y manque pas un ~,* no falta un ápice.

iranien, -ienne [iʀanjɛ̃, -jɛn] *adj.-s.* Iraní.

irascible [iʀasibl(ə)] *adj.* Irascible.

ire [iʀ] *f.* poét. Ira.

iris [iʀis] *m.* **1** ANAT. Iris. **2** Lirio (plante).

iriser [iʀize] [1] *tr.* **1** Producir irisación, irisar. ■ **2** *pr.* Irisar.

irlandais, -aise [iʀlɑ̃dɛ, -ɛz] *adj.-s.* Irlandés, esa.

ironie [iʀɔni] *f.* Ironía.

ironique [iʀɔnik] *adj.* Irónico, ca.

irradier [iʀ(ʀ)adje] [2] *intr.-tr.* Irradiar.

irraisonné, -ée [iʀ(ʀ)ɛzɔne] *adj.* **1** No razonado, da. **2** Inmotivado, da, infundado, da.

irrationnel, -elle [iʀ(ʀ)asjɔnɛl] *adj.* **1** Irracional. **2** MATH. Irracional.

irréalité [iʀ(ʀ)ealite] *f.* Irrealidad.

irréconciliable [iʀ(ʀ)ekɔ̃siljabl(ə)] *adj.* Irreconciliable.

irrécouvrable [iʀ(ʀ)ekuvʀabl(ə)] *adj.* Incobrable.

irrécusable [iʀ(ʀ)ekyzabl(ə)] *adj.* Irrecusable.

irréductible [iʀ(ʀ)edyktibl(ə)] *adj.* Irreductible, irreducible.

irréfléchi, -ie [iʀ(ʀ)efleʃi] *adj.* Irreflexivo, va.

irréfutable [iʀ(ʀ)efytabl(ə)] *adj.* Irrefutable.

irrégularité [iʀ(ʀ)egylaʀite] *f.* Irregularidad.

irrégulier, -ière [iʀ(ʀ)egylje, -jɛʀ] *adj.* Irregular.

irrémédiable [iʀ(ʀ)emedjabl(ə)] *adj.* Irremediable.

irréparable [iʀ(ʀ)epaʀabl(ə)] *adj.* Irreparable.

irréprochable [iʀ(ʀ)epʀɔʃabl(ə)] *adj.* Irreprochable.

irrésistible [iʀ(ʀ)ezistibl(ə)] *adj.* Irresistible.

irrésolu, -ue [iʀ(ʀ)ezɔly] *adj.* Irresoluto, ta.

irrespectueux, -euse [iʀ(ʀ)ɛspɛktɥø, -øz] *adj.* Irrespetuoso, sa.

irrespirable [iʀ(ʀ)ɛspiʀabl(ə)] *adj.* Irrespirable.

irresponsable [iʀ(ʀ)ɛspɔ̃sabl(e)] *adj.-s.* Irresponsable.

irrévérence [iʀ(ʀ)eveʀɑ̃s] *f.* Irreverencia.

irrévocable [iʀ(ʀ)evɔkabl(ə)] *adj.* Irrevocable.

irrigation [iʀ(ʀ)igɑsjɔ̃] *f.* Irrigación.

irritant, -ante [iʀitɑ̃, -ɑ̃t] *adj.-m.* Irritante.

irriter [iʀ(ʀ)ite] [1] *tr.* **1** Irritar. ■ **2** *pr.* Irritarse.

irruption [iʀ(ʀ)ypsjɔ̃] *f.* Irrupción.

islamisme [islamism(ə)] *m.* Islamismo.

isocèle, isoscèle [izɔsɛl] *adj.* GÉOM. *Triangle* ~, triángulo isósceles.

isolant, -ante [izɔlɑ̃, -ɑ̃t] *adj.-m.* Aislante.

isoler [izɔle] [1] *tr.* **1** Aislar. ■ **2** *pr.* Aislarse.

israélite [isʀaelit] *adj.-s.* Israelita.

issu, -ue [isy] *adj.* **1** Descendiente, salido, da, nacido, da de. ■ **2** *f.* Salida (sortie). Loc. fig. *Se ménager une issue,* buscar una salida, una solución. **3** Re-sultado *m.,* desenlace *m.,* fin *m.* **4** *loc. prép. À l'*~ *de,* al final de. ■ **5** *pl.* Afrecho *m. sing.,* salvado *m. sing.* (son). **6** Despojos *m.* (boucherie).

isthme [ism(ə)] *m.* Istmo.

italien, -enne [italjɛ̃, -ɛn] *adj.-s.* Italiano, na.

italique [italik] *adj.-s.* **1** Itálico, ca. ■ **2** *adj.-f.* Cursiva, itálica, bastardilla (lettre).

itinéraire [itineʀɛʀ] *adj.-m.* Itinerario, ia.

ivoire [ivwaʀ] *m.* **1** Marfil. **2** Objeto de marfil.

ivraie [ivʀɛ] *f.* Cizaña.

ivre [ivʀ(ə)] *adj.* Ebrio, ia, borracho, cha: ~ *mort,* borracho perdido.

ivresse [ivʀɛs] *f.* Embriaguez, borrachera.

ivrogne [ivʀɔɲ] *adj.-m.* Borracho, cha, borrachín, ina.

ivrognerie [ivʀɔɲʀi] *f.* Hábito *m.* de beber.

J

j [ʒi] *m.* J *f.*

jabot [ʒabo] *m.* **1** Buche, papo (des oiseaux). **2** Chorrera *f.* (de chemise).

jaboter [ʒabɔte] [1] *intr.* fam. Charlar, charlatanear.

jacasser [ʒakase] [1] *intr.* **1** Chirriar (la pie). **2** Charlar, cotorrear.

jachère [ʒaʃɛʀ] *f.* Barbecho *m.*

jacinthe [ʒasɛ̃t] *f.* Jacinto *m.*

jacquet [ʒakɛ] *m.* Chaquete (jeu).

jactance [ʒaktɑ̃s] *f.* Jactancia.

jade [ʒad] *m.* MINÉR. Jade.

jadis [ʒa(ɑ)dis] *adv.* **1** Antiguamente, antaño. ■ **2** *adj.* **Au temps** ~, en otro tiempo, en tiempos lejanos.

jaillir [ʒajiʀ] [3] *intr.* **1** Brotar, surgir, salir (fluide). **2** Surgir (apparaître brusquement).

jais [ʒɛ] *m.* MINÉR. Azabache.

jalon [ʒalɔ̃] *m.* **1** Jalón (topographique). **2** Señal *f.,* marca *f.*

jalonner [ʒalɔne] [1] *intr.-tr.* Jalonar.

jalousie [ʒaluzi] *f.* **1** Envidia. **2** Celos *m. pl.* (en amour). **3** Celosía, persiana (persienne).

jaloux, -ouse [ʒalu, -uz] *adj.-s.* **1** Envidioso, sa (envieux). **2** Celoso, sa (en amour).

jamais [ʒamɛ] *adv.* **1** Nunca, jamás: *je ne l'ai ~ vu,* nunca lo he visto. **2** *Si* ~, si alguna vez, si por casualidad. **3** *loc. adv. À ~,* para siempre, eternamente.

jambe [ʒɑ̃b] *f.* **1** Pierna. **2** Pata (d'un animal). **3** *fig. fam.* **Tenir la ~ à quelqu'un,** dar la lata a alguien; *traiter quelqu'un par dessous la ~,* mirar a alguien por encima del hombro. **4** *loc. adv. À toutes jambes,* a todo correr. **5** Pernil *m.* (de pantalon).

jambon [ʒɑ̃bɔ̃] *m.* Jamón.

jambonneau [ʒɑ̃bɔno] *m.* Lacón, codillo de jamón.

jante [ʒɑ̃t] *f.* Llanta.

janvier [ʒɑ̃vje] *m.* Enero: *le 1.er janvier,* el día primero de enero.

japonais, -aise [ʒapɔnɛ, -ɛz] *adj.-s.* Japonés, esa.

japper [ʒape] [1] *intr.* Ladrar.

jaquette [ʒakɛt] *f.* **1** Chaqué *m.* (d'homme). **2** Chaqueta (de femme). **3** Sobrecubierta (de livre).

jardin [ʒaʀdɛ̃] *m.* **1** Jardín (à fleurs). Loc. ~ *d'agrément,* jardín; ~ *des plantes,* jardín botánico. **2** Huerto (potager). **3** ~ *d'hiver,* invernadero.

jardinier, -ière [ʒaʀdinje, -jɛʀ] *s.* **1** Jardinero, ra (fleuriste). **2** Hortelano, na (maraîcher).

jargon [ʒaʀgɔ̃] *m.* **1** Jerga *f.,* jerigonza *f.* **2** Argot.

jarre [ʒaʀ] *f.* Jarra, tinaja.

jarret [ʒaʀɛ] *m.* **1** Corva *f.,* jarrete (de l'homme). **2** Corvejón, jarrete (de l'animal).

jarretelle [ʒaʀtɛl] *f.* Liga.

jarretière [ʒaʀtjɛʀ] *f.* Jarretera, liga.

jars [ʒaʀ] *m.* Ganso macho.

jaser [ʒaze] [1] *intr.* **1** Charlar, parlotear. **2** Cotillear (médire).

jasmin [ʒasmɛ̃] *m.* Jazmín.

jaspe [ʒasp(ə)] *m.* Jaspe.

jatte [ʒat] *f.* Cuenco *m.*

jauge [ʒoʒ] *f.* **1** Cabida (capacité). **2** MAR. Arqueo *m.* **3** Medida (mesure). **4** Varilla graduada (baguette graduée). **5** Indicador *m.* de nivel.

jauger [ʒoʒe] [13] *tr.* **1** Aforar. **2** MAR. Arquear. **3** *fig.* Calibrar, juzgar.

jaunâtre [ʒonɑtʀ(ə)] *adj.* Amarillento, ta.

jaune [ʒon] *adj.* **1** Amarillo, lla. ■ **2** *m.* Amarillo (couleur). **3** ~ *d'œuf,* yema *f.* (de huevo). **4** *fig.* Obrero que no quiere participar en una huelga, esquirol (ouvrier). ■ **5** *adv. Rire* ~, reír de dientes para afuera.

jaunir [ʒoniʀ] [3] *tr.* **1** Teñir de amarillo, poner amarillo, lla. ■ **2** *intr.* Amarillear, ponerse amarillo, lla.

javel (eau de) [(od)ʒavɛl] *f.* Lejía.

javelot [ʒavlo] *m.* **1** Venablo (arme). **2** SPORTS. Jabalina *f.*

je [ʒ(ə)] *pron. pers.* Yo (souvent omis, sert à insister): ~ **suis malade,** estoy enfermo.

jeanerie [ʒinRi] *f.* Tienda de ropa vaquera, de tejanos.

jersey [ʒɛRzɛ] *m.* **1** Tejido de punto (tissu). **2** Jersey (vêtement).

jet [ʒɛ] *m.* **1** Tiro, lanzamiento (action). **2** Chorro (d'un fluide). **3** *Armes de* ~, armas arrojadizas. **4** *Premier* ~, bosquejo. **5** ~ *d'eau,* surtidor.

jetée [ʒ(ə)te] *f.* Escollera, malecón *m.*

jeter [ʒ(ə)te] [20] *tr.* **1** Echar: ~ *l'ancre,* echar el ancla; ~ *les fondements,* echar los cimientos. **2** Tirar, lanzar: ~ *une pierre,* tirar una piedra. **3** Echar, poner: ~ *une lettre à la boîte,* poner una carta en el buzón. **4** Construir, tender (un pont). **5** ~ *un cri,* dar un grito. **6** Emitir, lanzar (une lumière, un son). **7** ~ *un regard,* echar una mirada. **8** Tirar (se débarrasser). **9** Meter: ~ *en prison,* meter en la cárcel. ■ **10** *pr.* Tirarse, arrojarse, echarse, abalanzarse. **11** Desembocar (un fleuve).

jeton [ʒ(ə)tɔ̃] *m.* **1** Ficha *f.* (jeux). **2** Ficha *f.* (du téléphone). **3** ~ *de présence,* ficha *f.* de asistencia. **4** pop. *Avoir les jetons,* tener canguelo.

jeu [ʒø] *m.* **1** Juego (divertissement). **2** Juego: *le* ~ *d'échecs,* el juego de ajedrez; ~ *vidéo,* videojuego. **3** *Un* ~ *de cartes,* una baraja *f.,* un juego de naipes. **4** Apuesta *f.: faites vos jeux,* hagan sus apuestas. **5** Juego, surtido completo: *un* ~ *de clefs,* un juego de llaves. **6** MUS. Manera *f.* de tocar, ejecución *f.* **7** THÉÁT. Interpretación *f.,* actuación *f.,* modo de representar. **8** Juego (de lumière). **9** Loc. ~ *de mots,* juego de palabras; *c'est un* ~ *d'enfant,* es un juego de niños, es muy fácil; *ce n'est pas de* ~, esto no está permitido. **10** Funcionamiento (fonctionnement). **11** MÉC. Juego, huelgo, holgura *f.* **12** *loc. adv. Par* ~, por juego, para divertirse; *d'entrée de* ~, desde el principio. **13** Loc. *calmer le* ~, intentar atenuar las tensiones.

jeudi [ʒødi] *m.* Jueves.

jeun (à) [(a)ʒœ̃] *loc. adv.* En ayunas.

jeune [ʒœn] *adj.* **1** Joven: *être* ~, ser joven. **2** Pequeño, ña: *son* ~ *frère,* su hermano pequeño. **3** Juvenil (qui convient à la jeunesse). **4** ~ *fille,* chica, muchacha. **5** ~ *homme,* chico, mucha-

cho. **6** *Jeunes mariés,* recién casados. **7** fam. *C'est un peu* ~!, ies poco!, ies insuficiente! ■ **8** *s.* Joven (personne jeune): *les jeunes,* los jóvenes.

jeûner [ʒøne] [1] *intr.* Ayunar.

jeunesse [ʒœnɛs] *f.* Juventud.

joaillerie [ʒɔajRi] *f.* Joyería.

jobard, -arde [ʒɔbaR, -aRd(ə)] *adj.-s.* Bobo, ba, pánfilo, la.

joie [ʒwa] *f.* **1** Gozo *m.,* alegría: *être fou de* ~, estar loco de alegría. **2** Júbilo *m.* (très vive). **3** *Se faire une* ~ *de,* alegrarse de. ■ **4** *pl.* Placeres *m.,* deleites *m.,* alegrías.

joindre [ʒwɛ̃dR(ə)] [56] *tr.* **1** Juntar, unir: *il joignit les mains,* juntó las manos. **2** Unir, poner en comunicación. **3** ~ *à,* añadir. **4** Dar con, entrar en contacto con: *je n'arrive pas à le* ~, no consigo dar con él. **5** *intr.* Ajustar, encajar. ■ **6** *pr.* Unirse, reunirse: *se* ~ *à un groupe,* unirse a un grupo. **7** Añadirse.

joint, jointe [ʒwɛ̃, ʒwɛ̃t] *adj.* **1** Junto, ta. **2** *Ci-joint,* adjunto.

jointure [ʒwɛ̃tyR] *f.* **1** Juntura. **2** ANAT. Coyuntura (des os).

joli, -ie [ʒɔli] *adj.* Bonito, ta, lindo, da.

jonc [ʒɔ̃] *m.* **1** Junco. **2** Anillo (bague).

jonchée [ʒɔ̃ʃe] *f.* Capa, alfombra de ramos o flores.

joncher [ʒɔ̃ʃe] [1] *tr.* Sembrar, cubrir, tapizar.

jonction [ʒɔ̃ksjɔ̃] *f.* Unión, reunión.

jongler [ʒɔ̃gle] [1] *intr.* Hacer juegos malabares, de manos.

jongleur, -euse [ʒɔ̃glœR, -øz] *s.* **1** ancien. Juglar (ménestrel). **2** Malabarista (au cirque, etc.).

jonque [ʒɔ̃k] *f.* Junco *m.*

jonquille [ʒɔ̃kij] *f.* Junquillo *m.*

jouable [ʒwabl(ə)] *adj.* **1** Representable. **2** THÉÁT. Ejecutable.

joue [ʒu] *f.* **1** Mejilla, carrillo *m.* **2** *Mettre en* ~, apuntar con el fusil. **3** *En* ~!, ¡apunten!, ¡armas!

jouer [ʒwe] [1] *intr.* **1** Jugar. **2** Intervenir, entrar en juego (intervenir). **3** THÉÁT. Actuar, trabajar. **4** MUS. Tocar: ~ *du piano,* tocar el piano. **5** MÉC. Funcionar. **6** Tener huelgo (avoir du jeu). **7** Loc. ~ *des coudes,* abrirse paso con los codos; ~ *de malchance,* tener mala suerte. ■ **8** *tr.* Jugar (mettre au jeu). **9** Jugarse (risquer au jeu). **10** Burlar, engañar (duper). **11** MUS. Tocar, interpretar. **12** THÉÁT. Representar, interpretar. **13** Loc. ~ *un rôle,* desempeñar un papel. ■ **14** *pr.* Jugarse. **15** Burlarse, reírse (se moquer): *se ~ des difficultés,* reírse de las dificultades.

jouet [ʒwɛ] *m.* Juguete.

joueur, -euse [ʒwœʀ, -øz] *s.* 1 Jugador, ra (jeux). 2 Tocador, ora (d'un instrument). ▪ 3 *adj.* Juguetón, ona.

jouffu, -ue [ʒufly] *adj.* Mofletudo, da.

joug [ʒu] *m.* Yugo.

jouir [ʒwiʀ] [3] *intr.* Gozar.

jouissance [ʒwisãs] *f.* Goce *m.,* disfrute *m.*

joujou [ʒuʒu] *m.* 1 fam. Juguete. 2 *Faire ~,* jugar.

jour [ʒuʀ] *m.* 1 Día: *~ férié,* día festivo. Loc. *Se mettre à ~,* ponerse al día. 2 *loc. adv. Au petit ~,* al amanecer; *un beau ~,* un buen día, cierto día; *de nos jours,* en nuestros días; *de ~ en ~,* de día en día. 3 Luz *f.* Loc. *Faux ~,* mala iluminación *f.; faire ~,* ser de día; *le ~ se lève,* sale el sol; fig. *donner le ~,* dar a luz. 4 *loc. adv. Au grand ~,* en plena luz. 5 Aspecto: *présenter sous un ~ favorable,* presentar bajo un aspecto favorable. 6 Hueco (ouverture). 7 Calado (broderie). ▪ 8 *pl.* Días (vie).

journal [ʒuʀnal] *m.* 1 Diario. 2 Periódico.

journalier, -ière [ʒuʀnalje, -jɛʀ] *adj.* 1 Diario, ria. ▪ 2 *m.* Jornalero (ouvrier).

journaliste [ʒuʀnalist(ə)] *s.* Periodista.

journée [ʒuʀne] *f.* 1 Día *m.: toute la ~,* todo el día. 2 *~ de travail,* jornada de trabajo.

joute [ʒut] *f.* Justa.

jovial, -ale [ʒɔvjal] *adj.* Jovial.

jovialité [ʒɔvjalite] *f.* Jovialidad.

joyau [ʒwajo] *m.* Joya *f.,* alhaja *f.*

joyeux, -euse [ʒwajø, -øz] *adj.* 1 Alegre. 2 Feliz (heureux): *~ Noël!,* ¡felices Pascuas!, ¡feliz Navidad!

jubé [ʒybe] *m.* ARCHIT. Galería *f.* elevada entre la nave y el presbiterio de una iglesia.

jubilation [ʒybilɑsjɔ̃] *f.* fam. Júbilo *m.,* alborozo *m.*

jubiler [ʒybile] [1] *intr.* fam. Regocijarse.

jucher [ʒyʃe] [1] *tr.* 1 Encaramar. ▪ 2 *pr.* Encaramarse.

judaïsme [ʒydaism(ə)] *m.* Judaísmo.

judas [ʒyda] *m.* 1 Judas, traidor (traître). 2 Mirilla *f.* (de porte).

judiciaire [ʒydisjɛʀ] *adj.* Judicial.

juge [ʒyʒ] *m.* Juez.

jugement [ʒyʒmã] *m.* 1 DR. Juicio. Loc. *Le ~ dernier,* el juicio final. 2 Sentencia *f.,* decisión *f.* (sentence). 3 Juicio, opinión *f.* 4 Juicio, cordura *f.* (raison, bon sens).

jugeote [ʒyʒɔt] *f.* fam. Juicio *m.,* caletre *m.,* sentido *m.* común.

juger [ʒyʒe] [13] *tr.* 1 Juzgar: *~ un accusé,* juzgar a un reo. 2 Juzgar, enjuiciar. Loc. *À en ~ d'après,* a juzgar por; *au ~,* a bulto. 3 Decidir (prendre position sur). 4 Considerar, encontrar (considérer comme). 5 Imaginarse, figurarse (imaginer): *jugez de ma déception,* imagínese mi desengaño. ▪ 6 *pr.* Considerarse, verse. ▪ **como engager.**

jugulaire [ʒygylɛʀ] *adj.* 1 *Veines jugulaires,* venas yugulares. ▪ 2 *f.* Carrillera (du casque), barboquejo *m.* (d'une casquette, etc.).

juif, -ive [ʒɥif, -iv] *adj.-s.* Judío, ía.

juillet [ʒɥijɛ] *m.* Julio.

juin [ʒɥɛ̃] *m.* Junio.

jumeau, -melle [ʒymo, -mɛl] *adj.-s.* Gemelo, la, mellizo, za.

jumelles [ʒymɛl] *f. pl.* Gemelos *m.*

jument [ʒymã] *f.* Yegua.

jungle [ʒɛ̃gl(ə)] *f.* Selva virgen de la India, jungla.

jupe [ʒyp] *f.* Falda.

jupon [ʒypɔ̃] *m.* Enaguas *f. pl.,* refajo *m.*

juré, -ée [ʒyʀe] *m.* Jurado (membre d'un jury).

jurer [ʒyʀe] [1] *tr.* 1 Jurar: *~ fidélité,* jurar fidelidad. 2 Jurar, asegurar (assurer). ▪ 3 *intr.* Jurar (faire un serment). 4 Jurar, blasfemar (dire des jurons). 5 No ir, chocar (aller mal ensemble).

juridiction [ʒyʀidiksjɔ̃] *f.* Jurisdicción.

juridique [ʒyʀidik] *adj.* Jurídico, ca.

jurisprudence [ʒyʀispʀydãs] *f.* Jurisprudencia.

juriste [ʒyʀist(ə)] *s.* Jurista.

juron [ʒyʀɔ̃] *m.* Juramento, taco.

jury [ʒyʀi] *m.* 1 (justice). 2 Tribunal (examens).

jus [ʒy] *m.* 1 Jugo. 2 Zumo.

jusque [ʒysk(ə)] *prép.* Hasta: *jusqu'à présent,* hasta ahora.

juste [ʒyst(ə)] *adj.* 1 Justo, ta (équitable, légitime). 2 Certero, ra, acertado, da (exact). 3 Justo, estrecho, cha (étroit, petit). 4 Justo, ta (qui suffit à peine). 5 MUS. Afinado, da. ▪ 6 *m.* Justo. ▪ 7 *adv.* Justamente, justo. 8 Exactamente, precisamente. Loc. *Frapper ~,* dar en el blanco. 9 *loc. adv. Au ~,* exactamente.

justesse [ʒystɛs] *f.* Exactitud, precisión.

justice [ʒystis] *f.* Justicia.

justicier, -ière [ʒystisje, -jɛʀ] *adj.-s.* Justiciero, ra.

justification [ʒystifikɑsjɔ̃] *f.* Justificación.
justifier [ʒystifje] [2] *tr.* **1** Justiciar. ▪ **2** *pr.* Justificarse.
jute [ʒyt] *m.* Yute (plante et fibre).

juteux, -euse [ʒytø, -øz] *adj.* Jugoso, sa.
juvénile [ʒyvenil] *adj.* Juvenil.
juxtaposition [ʒykstapozisjɔ̃] *f.* Yuxtaposición.

K

k [kɑ] *m.* K *f.*
kabyle [kabil] *adj.-s.* Cabila.
kaki [kaki] *adj. invar.* *1* Caqui (couleur). ▪ **2** *m.* Caqui (fruit).
kaléidoscope [kaleidɔskɔp] *m.* Calidoscopio.
kangourou [kɑ̃guʀu] *m.* Canguro.
kapok [kapɔk] *m.* Miraguano.
képi [kepi] *m.* Quepis.
kermesse [kɛʀmɛs] *f.* Kermese.
khan [kɑ̃] *m.* Kan (prince).
khôl [kol], **kohol** [kɔɔl] *m.* Alcohol.

kilogramme [kilɔgʀam] *m.* Kilogramo, quilogramo.
kilomètre [kilɔmɛtʀ(ə)] *m.* Kilómetro, quilómetro.
kilowatt [kilɔwat] *m.* Kilovatio.
kimono [kimɔno] *m.* Kimono, quimono.
kiosque [kjɔsk(ə)] *m.* Quiosco.
kola [kɔla] *m.* Cola.
krach [kʀak] *m.* Quiebra *f.,* crac.
kyrielle [kiʀjɛl] *f.* Letanía, sarta, retahíla.
kyste [kist(ə)] *f.* MÉD. Quiste.

L

l [εl] *m.-f.* L *f.*

la [la] *art.-pron. pers.* La.

la [la] *m.* MUS. La.

là [la] *adv.* **1** Allà (loin, indéterminé), allí (loin), ahí (près): *restez* ~, quédese ahí; *c'est* ~ *qu'il s'est marié,* allí se casó. **2** Esto, ello: *en venir* ~, venir a parar a esto; *restons-en* ~, quedemos en esto, no hablemos más; *il faut en passer par* ~, hay que pasar por ello. **3** Se une al demostrativo por medio de guión para darle el sentido de aquél, lla: *celui-là,* aquél; *cet homme-là,* aquel hombre; *celle-la,* aquélla. **4** *loc. adv. là-bas,* allá, allá lejos; *là-haut,* allá arriba; *là-dedans,* allí dentro; *là-dessus,* encima de aquello, de esto; sobre esto, dicho esto (sur ce); *de* ~, de allí; *par* ~, por allí, por este medio. **5** *interj. Hé* ~*!,* ivamos! **6** *Oh* ~, ~*!,* ioh!

label [labεl] *m.* Etiqueta *f.,* marca *f.*

labeur [labœʀ] *m.* Trabajo.

labial, -ale [labjal] *adj.* Labial.

laboratoire [labɔʀatwaʀ] *m.* Laboratorio.

laborieux, -euse [labɔʀjø, -øz] *adj.* Laborioso, sa, trabajador, ra.

labour [labuʀ] *m.* Labranza *f.*

labourage [labuʀaʒ] *m.* Laboreo, labranza *f.*

labourer [labuʀe] [1] *tr.* **1** Labrar, arar. **2** fig. Surcar.

labyrinthe [labiʀɛ̃t] *m.* Laberinto.

lac [lak] *m.* Lago.

lacer [lase] [12] *tr.* Atar, lazar.

lacérer [laseʀe] [14] *tr.* Lacerar, desgarrar, lastimar.

lacet [lasε] *m.* **1** Cordón (de chaussures). **2** Zigzag: *route en lacets,* carretera en zigzag. **3** CHASS. Lazo, percha *f.*

lâche [laʃ] *adj.* **1** Flojo, ja, suelto, ta (pas serré). **2** Vil (action). ■ **3** *adj.-s.* Cobarde.

lâcher [laʃe] [1] *tr.* **1** Aflojar: ~ *la bride,* aflojar las riendas. **2** Soltar: ~ *prise,* soltar la presa; ~ *un juron,* soltar un

taco. Loc. fig. ~ *pied,* ceder terreno, retroceder. **3** fam. Plantar (un ami). ■ **4** *intr.* Soltarse: *une poutre qui a lâché,* una viga que se ha soltado.

lâcher [laʃe] [1] *m.* Suelta *f.*

lâcheté [laʃte] *f.* **1** Cobardía. **2** Villanía, bajeza (action).

lacis [lasi] *m.* Entrelazamiento, red *f.*

laconique [lakɔnik] *adj.* Lacónico, ca.

lacrymal, -ale [lakʀimal] *adj.* Lagrimal.

lacs [la] *m.* **1** Lazada *f.,* lazo. **2** CHASS. Lazo.

lacté, -ée [lakte] *adj.* **1** Lácteo, ea. **2** Lacteado, da: *farine lactée,* harina lacteada.

lactique [laktik] *adj.* Láctico, ca.

lacune [lakyn] *f.* Laguna, omisión.

lacustre [lakystʀ(ə)] *adj.* Lacustre.

ladre [ladʀ(ə)] *adj.-s.* Avaro, ra, roñoso, sa, tacaño, ña.

ladrerie [ladʀəʀi] *f.* Avaricia sórdida.

lagune [lagyn] *f.* Albufera, laguna.

lai, laie [lε] *adj.-s.* **1** Lego, ga. ■ **2** *m.* RHÉT. Lay.

laïcisme [laisism(ə)] *m.* Laicismo.

laid, laide [lε, lεd] *adj.* Feo, a.

laideron [lεdʀɔ̃] *m.* Mujer *f.* fea.

laideur [lεdœʀ] *f.* Fealdad.

laie [lε] *f.* **1** Jabalina (femelle du sanglier). **2** Sendero *m.,* senda (sentier).

lainage [lεnaʒ] *m.* **1** Tejido de lana. **2** Prenda *f.* de lana (vêtement).

laine [lεn] *f.* Lana.

lainier, -ière [lεnje, -jεʀ] *adj.-s.* Lanero, ra.

laisse [lεs] *f.* Traílla, correa: *chien en* ~, perro atado. Loc. fig. *Mener quelqu'un en* ~, dominar a uno, manejar a alguien.

laisser [lese] [1] *tr.* **1** Dejar: ~ *faire,* dejar hacer; *laissez-moi tranquille,* déjeme en paz. **2** Dar: ~ *à penser,* dar que pensar. ■ **3** *pr.* Dejarse: *se* ~ *voler,* dejarse robar. **4** *Se* ~ *faire,* no oponer resistencia, dejarse llevar; *se* ~ *aller,* abandonarse.

laissez-passer [lesepase] *m. invar.* Pase, permiso de circulación.

lait [lɛ] *m.* 1 Leche *f.: ~ caillé,* leche cuajada. 2 *~ de chaux,* lechada *f.* de cal.

laiterie [lɛtʀi] *f.* Lechería.

laiteux, -euse [lɛtø, -øz] *adj.* Lechoso, sa.

laitier, -ière [lɛtje, -jɛʀ] *adj.-s.* 1 Lechero, ra. ▪ 2 *m.* MÉTAL. Escoria *f.*

laiton [lɛtɔ̃] *m.* Latón.

laitue [lety] *f.* Lechuga.

lama [lama] *m.* 1 RELIG. Lama. 2 Llama *f.* (animal).

lambeau [lãbo] *m.* 1 Jirón: *en lambeaux,* hecho jirones. 2 Fragmento: *des lambeaux de conversation,* fragmentos de conversación.

lambiner [lãbine] [1] *intr.* Remolonear, entretenerse.

lambris [lãbʀi] *m.* 1 Revestimiento decorativo (d'un mur). 2 Artesonado (de plafond).

lame [lam] *f.* 1 Lámina (métal). 2 Hoja (d'instrument coupant): *~ de rasoir,* hoja de afeitar. 3 Loc. fig. *Fine ~,* buen espadachín *m.* 4 Tabla (de parquet). 5 Ola (vague).

lamé, -ée [lame] *adj.* 1 Laminado, da. ▪ 2 *m.* Lamé: *robe de ~,* vestido de lamé.

lamentable [lamãtabl(ə)] *adj.* Lamentable.

lamenter (se) [lamãte] [1] *pr.* Lamentarse.

laminage [laminaʒ] *m.* Laminado.

laminer [lamine] [1] *tr.* MÉTAL. Laminar.

lampadaire [lãpadɛʀ] *m.* 1 Farol, farola *f.* (de rue). 2 Lámpara *f.* de pie (d'intérieur).

lampe [lãp(ə)] *f.* Lámpara.

lampée [lãpe] *f.* fam. Buen trago *m.*

lamper [lãpe] [1] *tr.* Beber a grandes tragos, beber ávidamente.

lampion [lãpjɔ̃] *m.* 1 Candelilla *f.,* mariposa *f.* 2 Farolillo veneciano (en papier).

lampiste [lãpist(ə)] *m.* 1 Lamparero, lamparista. 2 fam. Pagano.

lamproie [lãpʀwa(ɑ)] *f.* Lamprea.

lance [lãs] *f.* Lanza, pica.

lancement [lãsmã] *m.* 1 Lanzamiento. 2 MAR. Botadura *f.*

lancer [lãse] [12] *tr.* 1 Lanzar, arrojar. 2 Emitir, publicar, poner en circulación. 3 Lanzar, dar a conocer, poner de moda. 4 Soltar (un coup, etc.): *~ des injures,* soltar injurias. 5 Lanzar, echar (regard). 6 MAR. Botar (un navire). ▪ 7 *pr.* Lanzarse.

lance-torpilles [lãstɔʀpij] *m. invar.* Lanzatorpedos.

lancette [lãsɛt] *f.* Lanceta.

lancier [lãsje] *m.* 1 MIL. Lancero. ▪ 2 *pl.* Lanceros (danse).

landau [lãdo] *m.* Landó.

lande [lãd] *f.* Landa, páramo *m.,* erial *m.*

langage [lãgaʒ] *m.* Lenguaje.

lange [lãʒ] *m.* Pañal, mantilla *f.*

langoureux, -euse [lãguʀø, -øz] *adj.* Lánguido, da.

langouste [lãgust(ə)] *f.* Langosta.

langoustine [lãgustin] *f.* Cigala.

langue [lãg] *f.* 1 Lengua: Loc. fig. *Avaler sa ~,* tragarse la lengua, callarse; *avoir la ~ bien pendue,* hablar por los codos. 2 Lengua, idioma *m.,* lenguaje *m.: ~ vivante, morte,* lengua viva, muerta. 3 Lengua: *~ de feu,* lengua de fuego.

languette [lãgɛt] *f.* Lengüeta.

langueur [lãgœʀ] *f.* Languidez.

languir [lãgiʀ] [3] *intr.* 1 Languidecer. 2 Consumirse (une personne). 3 Alargarse, durar (une affaire).

lanterne [lãtɛʀn(ə)] *f.* Linterna, farol *m.*

lanterner [lãtɛʀne] [1] *intr.* 1 Bobear, perder el tiempo en tonterías. ▪ 2 *tr.* *Faire ~,* entretener, dar largas.

lapalissade [lapalisad] *f.* Perogrullada.

laper [lape] [1] *tr.-intr.* Beber a lengüetadas.

lapereau [lapʀo] *m.* Gazapo, conejito.

lapidaire [lapidɛʀ] *adj.-s.* Lapidario, ria.

lapider [lapide] [1] *tr.* Lapidar.

lapin, -ine [lapɛ̃, -in] *s.* 1 Conejo, ja. 2 Loc. fig. fam. *Un chaud ~,* un tío cachondo. 3 fam. *Poser un ~,* dar un plantón.

laps [laps] *m.* *~ de temps,* lapso de tiempo.

lapsus [lapsys] *m.* Lapsus, lapso.

laquais [lakɛ] *m.* Lacayo.

laquer [lake] [1] *tr.* Barnizar con laca.

larcin [laʀsɛ̃] *m.* Hurto.

lard [laʀ] *m.* 1 Tocino, lardo. 2 fam. Grasa *f.* (d'une personne).

larder [laʀde] [1] *tr.* 1 CUIS. Mechar. 2 fig. Acribillar: *~ de coups de poignard,* acribillar a puñaladas. 3 fig. Recargar, rellenar (un texte de citations, etc.).

lardon [laʀdɔ̃] *m.* CUIS. Mecha *f.*

lare [laʀ] *m.* MYTH. Lar. ▪ 2 *pl.* fig. Lares.

large [laʀʒ(ə)] *adj.* 1 Ancho, cha, amplio, ia: *un ~ trottoir,* una acera ancha. 2 Holgado, da (vêtements): *un manteau de voyage très ~,* un abrigo de viaje muy holgado. 3 Extenso, sa, dilatado, da, vasto, ta. **4** Amplio, ia: *une ~ diffu-sion,* una amplia difusión. **5** Considera-ble, importante, grande. **6** Liberal, ge-neroso, sa (généreux). **7** *Vie ~,* vida desahogada, fácil. **8** Tolerante: *~ d'es-prit,* de manga ancha. ■ **9** *m.* Anchura *f.,* ancho: *un mètre de ~,* un metro de ancho. **10** Alta mar *f.: prendre le ~,* ha-cerse a la mar; fig. fam. largarse. ■ **11** *adv.* Con holgura. **12** *loc. adv.* **En long et en ~,** en todos sentidos; *de long en ~,* de un lado para otro; *au ~,* a sus an-chas, con comodidad (à l'aise).

largesse [laʀʒɛs] *f.* Largueza, liberalidad.

largeur [laʀzœʀ] *f.* **1** Anchura. **2** fig. Am-plitud (d'esprit, etc.).

larme [laʀm(ə)] *f.* **1** Lágrima. Loc. *Pleurer à chaudes larmes,* llorar a lágrima viva.

larmoyant, -ante [laʀmwajã, -ãt] *adj.* **1** Lacrimoso, sa, lloroso, sa. **2** fig. Sensi-blero, ra (personnes).

larmoyer [laʀmwaje] [23] *intr.* Lagrimear.

larron [laʀɔ̃] *m.* vieil. Ladrón, prov. *L'oc-casion fait le ~,* la ocasión hace al la-drón.

larve [laʀv(ə)] *f.* **1** Larva. **2** péj. Baldrazas *m.*

larynx [laʀɛ̃ks] *m.* Laringe *f.*

las, lasse [lɑ, lɑs] *adj.* **1** Cansado, da. **2** fig. *~ de,* cansado, harto de.

lascif, -ive [lasif, -iv] *adj.* Lascivo, va.

lascivité [lasivite] *f.* Lascivia.

laser [lazɛʀ] *m.* Láser.

lassitude [lasityd] *f.* **1** Cansancio *m.* **2** Aburrimiento *m.* (ennui).

lasso [laso] *m.* Lazo.

latent, -ente [latã, -ãt] *adj.* Latente.

latéral, -ale [lateʀal] *adj.* Lateral.

latin, -ine [latɛ̃, -in] *adj.-s.* **1** Latino, na. ■ **2** *m.* Latín: *bas ~,* latín vulgar.

latitude [latityd] *f.* Latitud.

latrines [latʀin] *f. pl.* Letrina *sing.*

latter [late] [1] *tr.* Enlistonar.

laudanum [lodanɔm] *m.* Láudano.

laudatif, -ive [lodatif, -iv] *adj.* Laudato-rio, ria.

lauréat, -ate [lɔʀea, -at] *adj.-s.* Laureado, da, galardonado, da.

laurier [lɔʀje] *m.* **1** Laurel: *~ sauce,* laurel común; *~ cerise,* laurel real. **2** *~ rose,* adelfa *f.; ~ tulipier,* magnolia *f.*

lavable [lavabl(ə)] *adj.* Lavable.

lavabo [lavabo] *m.* **1** Lavabo. **2** LITURG. Lavatorio.

lavage [lavaʒ] *m.* Lavado, lavadura *f.*

lavallière [lavaljɛʀ] *f.* Chalina.

lavande [lavãd] *f.* Espliego *m.*

lavandière [lavãdjɛʀ] *f.* **1** Lavandera. **2** Aguzanieves (oiseau).

lave [lav] *f.* Lava.

lave-linge [lavlɛ̃ʒ] *m.* Lavadora *f.*

lavement [lavmã] *m.* MÉD. Lavativa *f.,* ayuda *f.*

laver [lave] [1] *tr.* **1** Lavar. **2** Fregar: *~ la vaisselle,* fregar los platos. ■ **3** *pr.* La-varse: *se ~ les mains,* lavarse las manos.

laverie [lavʀi] *f.* Lavadero *m.: ~ automa-tique* lavandería.

lavette [lavɛt] *f.* **1** Estropajo *m.* **2** fam. Bragazas *m.,* calzonazos *m.*

lave-vaisselle [lavvɛsɛl] *m.* Lavavajillas.

lavis [lavi] *m.* PEINT. Aguada *f.*

lavoir [lavwaʀ] *m.* Lavadero.

laxatif, -ive [laksatif, -iv] *adj.-m.* Laxante.

layette [lɛjɛt] *f.* Canastilla de recién na-cido.

lazaret [lazaʀɛ] *m.* Lazareto.

le, la [l(ə), la] *art.* **1** El, la: *l'oiseau,* el pá-jaro (l' delante de vocal o h muda). ■ **2** *pron. pers.* Lo, le, la: *je le sais,* ya lo sé; *je l'ai vu,* lo, le he visto; *je l'ai vue,* la he visto. ■ **3** *pl.* Los, las.

lèchefrite [lɛʃfʀit] *f.* Grasera.

lécher [leʃe] *tr.* **1** Lamer. **2** Loc. fig. fam. *~ les bottes de,* hacer la pelotilla a. ■ **3** *pr.* Chuparse, relamerse.

lécheur, -euse [leʃœʀ, -øz] *s.* **1** fam. Pelo-tillero, ra, cobista (flatteur). **2** fam. Be-sucón, ona (qui embrasse). **3** fam. La-merón, ona, laminero, ra, goloso, sa (gourmand).

leçon [l(ə)sɔ̃] *f.* **1** Lección. **2** fig. Lección, advertencia: *faire la ~ à quelqu'un,* aleccionar a alguien.

lecteur, -trice [lɛktœʀ, -tʀis] *s.* Lector, ra.

lecture [lɛktyʀ] *f.* Lectura.

légal, -ale [legal] *adj.* Legal.

légaliser [legalize] [1] *tr.* Legalizar.

légalité [legalite] *f.* Legalidad.

légat [lega] *m.* Legado.

légation [legɑsjɔ̃] *f.* **1** Legacía (charge, territoire). **2** Legación (bureaux, rési-dence).

légendaire [leʒɑ̃dɛʀ] *adj.* Legendario, ia.

légende [leʒɑ̃d] *f.* **1** Leyenda. **2** Pie *m.* (d'une illustration, photo). **3** Inscrip-ción (monnaie, médaille).

léger, -ère [leʒe, -ɛʀ] *adj.* **1** Ligero, ra. **2** Ligero, ra, leve (grave, peu impor-tant). **3** *loc. adv.* **A la légère,** a la ligera, brevemente.

légèreté [leʒɛʀte] *f.* Ligereza.

légiférer [leʒifeʀe] [14] *intr.* Legislar.

légion [leʒjɔ̃] *f.* Legión: ~ *d'Honneur,* Legión de Honor.

légionnaire [leʒjɔnɛʀ] *m.* 1 Legionario. 2 Miembro de la Legión de Honor.

législateur, -trice [leʒislatœʀ, -tʀis] *adj.- s.* Legislador, ra.

législation [leʒislasjɔ̃] *f.* Legislación.

légiste [leʒist(ə)] *m.* 1 Legista. ■ 2 *adj. Médecin ~,* médico forense.

légitime [leʒitim] *adj.* Legítimo, ma.

légitimer [leʒitime] [1] *tr.* 1 Legitimar. 2 Justificar (justifier).

legs [lɛ, lɛg] *m.* Legado, manda *f.*

léguer [lege] [14] *tr.* Legar.

légume [legym] *m.* 1 Verdura *f.: bouillon de légumes,* caldo de verduras. 2 *Légumes secs,* legumbres *f.*

légumineux, -euse [legyminø, -øz] *adj.* 1 Leguminoso, sa. ■ 2 *f. pl.* BOT. Leguminosas.

lendemain [lɑ̃dmɛ̃] *m.* El día siguiente: *il arriva le ~,* llegó al día siguiente. *loc. adv. Du jour au ~,* de la noche a la mañana.

lénitif, -ive [lenitif, -iv] *adj.-s.* Lenitivo, va.

lent, lente [lɑ̃, lɑ̃t] *adj.* Lento, ta.

lenteur [lɑ̃tœʀ] *f.* Lentitud.

lentille [lɑ̃tij] *f.* 1 Lenteja: ~ *d'eau,* lenteja de agua. 2 OPT. Lente. 3 *f.:* ~ *de contact,* lentilla de contacto.

léonin, -ine [leɔnɛ̃, -in] *adj.* Leonino, na.

léopard [leɔpaʀ] *m.* Leopardo.

lépreux, -euse [lepʀø, -øz] *adj.-s.* Leproso, sa.

lequel, laquelle [ləkɛl, lakɛl] *pron. rel.* 1 El cual, la cual *pl. lesquels, lesquelles,* los cuales, las cuales. ■ 2 *pron. inter.* Cuál: ~ *prenez-vous?,* ¿cuál toma usted?; *lesquels voulez-vous?,* ¿cuáles quiere usted? 3 Con las prep. *à* y *de* forma los compuestos: *auquel, auxquels, auxquelles, duquel, desquels, desquelles.*

les [le] *art.-pron. pers. pl.* Los *m.,* las *f.*

lesbienne [lɛzbjɛn] *adj.-f.* Lesbiana.

léser [leze] [14] *tr.* Perjudicar, dañar, damnificar.

lésinerie [lezinʀi] *f.* Tacañería, cicatería, roñería.

lésion [lezjɔ̃] *f.* Lesión.

lessive [lesiv] *f.* 1 Lejía. 2 Detergente *m.* en polvo (poudre). 3 Colada, lavado *m.* 4 Ropa (linge): *rincer la ~,* aclarar la ropa.

lessiveuse [lesivøz] *f.* Cubo *m.* para la colada.

lest [lɛst] *m.* Lastre.

leste [lɛst(ə)] *adj.1* Ligero, ra, vivo, va, pronto, ta. 2 fig. Libre, atrevido, da, licencioso, sa.

lester [lɛste] [1] *tr.* 1 Lastrar. ■ 2 *pr.* fam. Alimentarse.

léthargique [letaʀʒik] *adj.* Letárgico, ca.

lettré, -ée [letʀe] *adj.* 1 Culto, ta. ■ 2 *s.* Erudito, ta.

lettre [letʀ(ə)] *f.* 1 Letra: ~ *moulée,* letra de molde; *lettres majuscules, minuscules,* letras mayúsculas, minúsculas. 2 Carta: ~ *de condoléances,* carta de pésame; ~ *chargée,* carta con valores declarados. 3 COMM. Letra, carta: ~ *de change,* letra de cambio. ■ 4 *pl.* Letras: *les belles-lettres,* las bellas letras.

leucémie [løsemi] *f.* Leucemia.

leur [lœʀ] *adj. poss.* 1 Su: *ils viendront dans ~ voiture,* ellos vendrán en su coche *pl. leurs,* sus. ■ 2 *pron. poss.* Suyo, ya: *nous prenons nos billets et ils prennent les leurs,* nosotros tomamos nuestros billetes y ellos toman los suyos. ■ 3 *pron. pers.* Les: *je ~ raconte cette histoire,* les cuento esta historia; se (quand il y a un autre pron. à la 3.ᵉ personne): *je la ~ raconte,* se la cuento; *raconte-la~,* cuéntasela.

leurrer [lœʀe] [1] *tr.* 1 Embaucar (abuser). ■ 2 *pr.* Hacerse ilusiones.

levain [ləvɛ̃] *m.* Levadura *f.*

levant [ləvɑ̃] *adj.* 1 *Soleil ~,* sol naciente. ■ 2 *m.* Levante.

levantin, -ine [ləvɑ̃tɛ̃, -in] *adj.-s.* Levantino, na.

levé, -ée [l(ə)ve] *adj.* 1 Levantado, da, alzado, da, erguido, da, alto, ta. Loc. *Au pied ~,* sin preparación. ■ 2 *m.* Levantamiento (d'un plan).

levée [ləve] *f.* 1 Levantamiento *m.* 2 Recogida (du courrier). 3 Recaudación, percepción (des impôts). 4 Baza (au jeu de cartes). 5 Terraplén *m.,* dique *m.,* malecón *m.* (digue). 6 AGR. Recolección. 7 MIL. Leva (de troupes). 8 ~ *de boucliers,* protesta general.

lever [l(ə)ve] [16] *tr.* 1 Levantar: ~ *le bras,* levantar el brazo. 2 Levantar, alzar: ~ *les yeux au ciel,* alzar los ojos al cielo. Loc. ~ *les épaules,* encogerse de hombros. 3 Levantar, quitar (enlever). 4 Levantar: ~ *la séance, le siège, une excommunication,* levantar la sesión, el sitio, una excomunión. 5 Levantar, trazar: ~ *un plan,* levantar un plano. 6 Levar, reclutar (des soldats). 7 Recoger (le courrier). 8 Percibir (des impôts). **9** CHASS. Levantar (le gibier). ▪ **10** *intr.* Nacer (les plantes). **11** Leudarse (la pâte). ▪ **12** *pr.* Levantarse. **13** Salir, nacer (le jour). **14** Despejarse (le temps).

lever [l(ə)ve] [16] *m.* **1** Momento de levantarse de la cama: *à son ~,* al levantarse de la cama. **2** Orto, salida *f.* (d'un astre). **3** Nacimiento (du jour). **4** THÉÂT. *Le ~ du rideau,* la subida del telón.

levier [ləvje] *m.* Palanca *f.*

levis [l(ə)vi] *adj. Pont ~,* puente levadizo.

levraut [ləvʀo] *m.* Lebrato.

lèvre [levʀ(ə)] *f.* Labio *m.*

lévrier [levʀije] *m.* Galgo, lebrel.

levure [l(ə)vyʀ] *f.* Levadura.

lexique [lɛksik] *m.* Léxico.

lézard [lezaʀ] *m.* Lagarto.

lézarde [lezaʀd(ə)] *f.* Grieta.

lézarder [lezaʀde] [1] *tr.* **1** Agrietar. ▪ **2** *intr.* fam. Gandulear, holgazanear. ▪ **3** *pr.* Agrietarse, rajarse.

liaison [ljɛzɔ̃] *f.* **1** Enlace *m.,* unión: *agent de ~,* agente de enlace. **2** Enlace *m.* (dans la prononciation). **3** Unión, relación: *~ d'affaires,* relación de negocios. **4** Conexión (téléphonique). **5** Unión ilícita, aventura: *avoir une ~,* tener relaciones ilícitas. **6** MUS. Ligado *m.*

liane [ljan] *f.* Bejuco *m.*

liant, -ante [ljɑ̃, -ɑ̃t] *adj.* **1** Flexible, maleable. **2** fig. Afable, sociable: *caractère ~,* carácter sociable. ▪ **3** *m.* Flexibilidad *f.* **4** fig. Afabilidad *f.*

liard [ljaʀ] *m.* Cuarto, ochavo.

liasse [ljas] *f.* **1** Legajo *m.* (papiers). **2** Fajo *m.* (billets).

libellule [libe(ɛl)lyl] *f.* Libélula.

libéral, -ale [libeʀal] *adj.-s.* Liberal.

libéralisme [libeʀalism(ə)] *m.* Liberalismo.

libération [libeʀasjɔ̃] *f.* **1** Liberación. **2** DR. Libertad: *~ conditionnelle,* libertad condicional. **3** MIL. Licenciamiento *m.*

libérer [libeʀe] [14] *tr.* **1** Libertar, poner en libertad (un prisonnier). **2** Eximir, liberar, exonerar (d'une charge, d'un service). **3** Descargar (la conscience). **4** MIL. Licenciar (un soldat). **5** PHYS. Liberar (de l'énergie, etc.).

liberté [libɛʀte] *f.* Libertad.

libertinage [libɛʀtinaʒ] *m.* Libertinaje.

libidineux, -euse [libidinø, -øz] *adj.* Libidinoso, sa.

librairie [libʀeʀi] *f.* Librería.

libre [libʀ(ə)] *adj.* **1** Libre: *un homme ~,*

un hombre libre; *~ arbitre,* libre albedrío. Loc. *~ penseur,* librepensador. **2** Libre, licencioso, sa, atrevido, da. **3** Suelto, ta: *une longue chevelure ~,* una larga cabellera suelta. **4** Libre, desocupado, da: *êtes-vous ~ ce soir?,* ¿está usted libre esta noche? **5** Libre, dueño, ña: *il est ~ d'agir à son gré,* él es dueño de elegir a su gusto.

libre-échange [libʀeʃɑ̃ʒ] *m.* Librecambio.

librettiste [libʀe(ɛt)ist(ə)] *m.* Libretista.

lice [lis] *f.* Liza, palestra.

licence [lisɑ̃s] *f.* **1** Licencia. **2** Licenciatura (grade universitaire).

licencié, -ée [lisɑ̃sje] *s.* Licenciado, da.

licencier [lisɑ̃sje] [2] *tr.* Licenciar, despedir.

licencieux, -euse [lisɑ̃sjø, -øz] *adj.* Licencioso, sa.

lichen [likɛn] *m.* Liquen.

licite [lisit] *adj.* Lícito, ta.

licol [likɔl],**licou** [liku] *m.* Cabestro, ronzal.

licorne [likɔʀn(ə)] *f.* MYTH. Unicornio *m.*

lie [li] *f.* **1** Hez: *boire le calice jusqu'à la ~,* apurar el cáliz hasta las heces; *la ~ du peuple,* la hez del pueblo.

liège [ljɛʒ] *m.* Corcho.

lien [ljɛ̃] *m.* **1** Ligadura *f.,* atadura (attache). *f.* **2** fig. Lazo, vínculo.

lier [lje] [1] *tr.* **1** Atar, ligar: *~ des gerbes,* atar gavillas. **2** Unir, enlazar: *~ les mots, les idées,* enlazar las palabras, las ideas. **3** Trabar, espesar: *~ une sauce,* espesar una salsa. **4** Trabar, entablar (amitié, conversation). ▪ **5** *pr.* Ligarse, obligarse.

lierre [ljɛʀ] *m.* Hiedra *f.,* yedra *f.*

liesse [ljɛs] *f.* Alborozo *m.,* regocijo *m.*

lieu [ljø] *m.* **1** Lugar: *un ~ sûr,* un lugar seguro. Loc. *~ commun,* lugar común, tópico; *sans feu ni ~,* sin causa ni hogar; *il y a ~ de,* conviene; *tenir ~ de,* servir de, hacer las veces de; *vider les lieux,* desocupar el local. **2** *loc. adv. En haut ~,* en las altas esferas. **3** *loc. prép. Au ~ de,* en lugar de. **4** *loc. adv. Au ~ que,* mientras que. ▪ **5** *pl.* Lugares: *les Lieux saints,* los Santos Lugares; *lieux d'aisances,* retrete *sing.*

lieue [ljø] *f.* Legua.

lièvre [ljɛvʀ(ə)] *m.* Liebre *f.*

ligament [ligamɑ̃] *m.* ANAT. Ligamento.

ligature [ligatyʀ] *f.* **1** Ligadura, atadura. **2** CHIR. Ligadura.

lige [liʒ] *adj. Homme ~,* afecto, adicto.

lignage [liɲaʒ] *m.* Linaje.

ligne [liɲ] *f.* 1 Línea: ~ *droite,* línea recta; ~ *de partage des eaux,* línea divisoria. Loc. *Passage de la* ~, paso del Ecuador. 2 Línea, renglón *m.* (d'écriture): *point à la* ~, punto y aparte. 3 Raya (de la main). 4 Línea (silhouette): *garder la* ~, guardar la línea. 5 Sedal *m.* (pour la pêche). 6 Cordel *m.,* tendel *m.* (de maçon). 7 Línea (aérienne, téléphonique, etc.). 8 Fila: *en* ~ *pour le départ!,* ¡en fila para la salida! 9 *Hors* ~ fuera de serie. 10 *Entrer en* ~ *de compte,* entrar en cuenta. 11 *loc. adv.: sur toute la* ~, por completo, completamente.

lignée [liɲe] *f.* Descendencia, prole, familia.

ligoter [ligɔte] [1] *tr.* Atar de pies y manos.

ligue [lig] *f.* Liga.

lilas [lila] *m.* 1 Lila *f.* ■ 2 *adj. invar.* Lila (couleur).

limace [limas] *f.* Babosa, limaza.

limaçon [limasɔ̃] *m.* ANAT., ZOOL. Caracol.

limaille [limɑj] *f.* Limaduras *pl.*

limande [limɑ̃d] *f.* Platija.

limbes [lɛ̃b] *m. pl.* Limbo *sing.*

lime [lim] *f.* Lima.

limer [lime] [1] *tr.* Limar, pulir.

limier [limje] *m.* Sabueso.

limitation [limitɑsjɔ̃] *f.* Limitación.

limite [limit] *f.* 1 Límite *m.* ■ 2 *adj.* Extremo, ma.

limité, -ée [limite] *adj.* Limitado, da, poco inteligente.

limiter [limite] [1] *tr.* Limitar.

limitrophe [limitʀɔf] *adj.* Limítrofe.

limoger [limɔʒe] [13] *tr.* fam. Destituir, separar de un cargo.

limon [limɔ̃] *m.* 1 Limo, légamo, lodo, cieno (alluvion). 2 Limonera *f.* (de charrette). 3 ARCHIT. Zanca *f.* 4 Limón (citron).

limonade [limɔnad] *f.* Gaseosa.

limpidité [lɛ̃pidite] *f.* Limpidez.

lin [lɛ̃] *m.* 1 Lino. 2 *Huile de* ~, aceite de linaza.

linceul [lɛ̃sœl] *m.* 1 Sudario. 2 fig. Capa *f.,* manto (de neige, etc.).

linéaire [lineɛʀ] *adj.* Lineal: *dessin* ~, dibujo lineal.

linge [lɛ̃ʒ] *m.* 1 Ropa *f.,* ropa *f.* blanca. 2 Trapo, paño.

lingerie [lɛ̃ʒʀi] *f.* Lencería.

lingot [lɛ̃go] *m.* Lingote.

linguiste [lɛ̃gɥist(ə)] *s.* Lingüista.

liniment [linimɑ̃] *m.* Linimento.

linoleum, linoléum [linɔleɔm] *m.* Linóleo.

linon [linɔ̃] *m.* Linón.

linotte [linɔt] *f.* Pardillo *m.,* pardilla. Loc. fig. *Tête de* ~, cabeza de chorlito.

linotype [linɔtip] *f.* Linotipia (machine).

linteau [lɛ̃to] *m.* Dintel.

lion, lionne [ljɔ̃, ljɔn] *s.* 1 León, leona. 2 fig. León, hombre valiente. 3 Leo (zodiaque).

lippe [lip] *f.* Bezo *m.*

lippu, -ue [lipy] *adj.* Bezudo, da, hocicudo, da, morrudo, da.

liquéfier [likefje] [2] *tr.* Licuar, liquidar, licuefacer.

liqueur [likœʀ] *f.* Licor *m.*

liquidation [likidɑsjɔ̃] *f.* Liquidación.

liquide [likid] *adj.* 1 Líquido, da: *une sauce trop* ~, una salsa demasiado líquida. 2 Contante, en metálico, en efectivo: *argent* ~, dinero contante, en efectivo. ■ 3 *adj. f. Consonne* ~, consonante líquida. ■ 4 *m.* Líquido.

liquider [likide] [1] *tr.* 1 COMM. Liquidar.

lire [liʀ] [66] *tr.* Leer: ~ *à haute voix,* leer en voz alta.

lire [liʀ] [66] *f.* Lira (monnaie).

lis, lys [lis] *m.* 1 Lis, azucena *f.* 2 BLAS. *Fleur de* ~, flor de lis.

lisérer [lizeʀe] [14] *tr.* Ribetear.

liseron [lizʀɔ̃] *m.* Enredadera *f.*

liseur, -euse [lizœʀ, -øz] *s.* Aficionado, da a la lectura, lector, ra.

lisible [lizibl(ə)] *adj.* Legible.

lisière [lizjɛʀ] *f.* 1 Orilla (d'un tissu). 2 Orillo *m.* (du drap). 3 Lindero *m.,* linde (d'un bois). ■ 4 *pl.* Andadores. 5 *fig.* Límite.

lissage [lisaʒ] *m.* Alisadura *f.*

lisser [lise] [1] *tr.* 1 Alisar: ~ *sa moustache,* alisarse el bigote. 2 Lustrar, bruñir.

liste [list(ə)] *f.* Lista: ~ *alphabétique,* lista por orden alfabético. 2 ~ *civile,* lista civil.

lit [li] *m.* 1 Cama *f.,* lecho: ~ *à deux places,* cama de matrimonio. 2 fig. Matrimonio: *enfants du premier* ~, hijos del primer matrimonio. 3 Lecho, madre *f.* (d'un fleuve). 4 Estrato, capa *f.* lecho (couche).

litanie [litani] *f.* 1 Letanía, retahíla. ■ 2 *pl.* Letanía *sing.* (prière).

lithographie [litɔgʀafi] *f.* Litografía.

litière [litjɛʀ] *f.* 1 Cama de establo, de cuadra. 2 Litera (véhicule).

litige [litiʒ] *m.* Litigio.

litre [litʀ(ə)] *m.* Litro.

littéraire [literɛʀ] *adj.* **1** Literario, ria. ■ **2** *s.* Literato, ta.

littéral, -ale [literal] *adj.* Literal.

littérature [literatyʀ] *f.* Literatura.

littoral, -ale [litɔʀal] *adj.-m.* Litoral.

liturgique [lityʀʒik] *adj.* Litúrgico, ca.

livide [livid] *adj.* Lívido, da.

livraison [livʀɛzɔ̃] *f.* Entrega, remesa.

livre [livʀ(ə)] *m.* **1** Libro: *grand* ~, libro mayor. **2** *loc. adv. À* ~ *ouvert,* a libro abierto, sin preparación. ■ **3** *f.* Libra (monnaie, poids).

livrée [livʀe] *f.* Librea.

livrer [livʀe] [1] *tr.* **1** Entregar: ~ *une marchandise,* entregar una mercancía; ~ *à la police,* entregar a la policía. **2** Dar, librar, entablar (une bataille). Loc. ~ *bataille,* batallar. **3** Abandonar (abandonner). **4** Revelar (un secret). ■ **5** *pr.* Entregarse, abandonarse. **6** Entregarse, consagrarse, dedicarse (s'adonner).

livret [livʀɛ] *m.* **1** Libro (petit livre). **2** Cartilla *f.:* ~ *militaire, de caisse d'épargne,* cartilla militar, de caja de ahorros. **3** Libro: ~ *de famille,* libro de familia. **4** Libreto (opéra, etc.).

livreur, -euse [livʀœʀ, -øz] *adj.-s.* Repartidor, ra, mozo.

lobe [lɔb] *m.* Lóbulo.

local, -ale [lɔkal] *adj.* **1** Local: *la couleur locale,* el color local. ■ **2** *m.* Local.

localiser [lɔkalize] [1] *tr.* Localizar.

localité [lɔkalite] *f.* Localidad.

locataire [lɔkatɛʀ] *s.* Inquilino, na, arrendatario, ria.

location [lɔkɑsjɔ̃] *f.* **1** Alquiler *m.* (maison, automobile, etc.). **2** Arrendamiento (terres). **3** THÉAT. *Bureau de* ~, contaduría *f.:* ~ *d'une place,* reserva de una localidad.

locomotion [lɔkɔmosjɔ̃] *f.* Locomoción.

locomotive [lɔkɔmɔtiv] *f.* Locomotora.

locution [lɔkysjɔ̃] *f.* Locución.

logarithme [lɔgaʀitm(ə)] *m.* Logaritmo.

loge [lɔʒ] *f.* **1** Portería (de concierge). **2** Celda (pour les fous, les candidats dans un concours). **3** THÉAT. Palco *m.* (pour les spectateurs). **4** Camarín *m.,* cuarto *m.* (pour les acteurs). **5** Compartimiento *m.* (compartiment). **6** Logia (francs-maçons).

logement [lɔʒmã] *m.* **1** Alojamiento: *donner le* ~ *à,* dar alojamiento a. **2** Vivienda *f.,* piso.

loger [lɔʒe] [13] *intr.* **1** Vivir, habitar: ~ *en garni,* vivir en un piso amueblado. **2** Hospedarse, aposentarse: *il va* ~ *au*

meilleur hôtel, va a hospedarse en el mejor hotel. ■ **3** *tr.* Albergar, alojar, hospedar. **4** Alojar, meter, colocar: ~ *une balle dans le cœur de l'ennemi,* meter una bala en el corazón del enemigo. ■ **5** *pr.* Alojarse.

logeur, -euse [lɔʒœʀ, -øz] *s.* Alquilador, ra de habitaciones amuebladas.

logiciel [lɔʒisjɛl] *m.* INFORM. Programa.

logicien, -ienne [lɔʒisjɛ̃, -jɛn] *s.* Lógico, ca.

logique [lɔʒik] *adj.* **1** Lógico, ca. ■ **2** *f.* Lógica (science).

logis [lɔʒi] *m.* Morada *f.,* vivienda *f.,* alojamiento, casa *f.*

logistique [lɔʒistik] *f.* Logística.

loi [lwa] *f.* Ley: *faire la* ~, dictar, imponer la ley.

loin [lwɛ̃] *adv.* **1** Lejos. Loc. fig. *Aller* ~, prosperar, progresar, llegar lejos. **2** *loc. adv. Au* ~, a lo lejos; *de* ~, desde lejos; *de* ~ *en* ~, de cuando en cuando, a intervalos.

lointain, -aine [lwɛ̃tɛ̃, -ɛn] *adj.* **1** Lejano, na. ■ **2** *m.* Lontananza *f.*

loir [lwaʀ] *m.* Lirón.

loisible [lwazibl(ə)] *adj.* Lícito, ta, permitido, da.

loisir [lwaziʀ] *m.* **1** Tiempo libre, disponible, ocio. **2** *loc. adv. À* ~, sin prisas, holgadamente, a su comodidad.

lombaire [lɔ̃bɛʀ] *adj.* ANAT. Lumbar.

lombric [lɔ̃bʀik] *m.* Lombriz *f.*

long, longue [lɔ̃, lɔ̃g] *adj.* **1** Largo, ga: *un* ~ *voyage,* un largo viaje. **2** Lejano, na (temps): *de longue date,* de fecha lejana. **3** Lento, ta, tardo, da: ~ *à venir,* tardo en llegar. ■ **4** *m.* Largo, longitud *f.: d'un kilomètre de* ~, ~ *d'un kilomètre,* de un kilómetro de largo. Loc. *Tomber de tout son* ~, caer de plano, cuan largo se es. **5** *loc. adv. À la longue,* a la larga; *de* ~ *en large,* de un lado a otro. **6** *loc. prép. Le* ~ *de, au* ~ *de,* a lo largo de.

longe [lɔ̃ʒ] *f.* **1** Ronzal *m.* (courroie). **2** Mitad de un lomo de ternera (boucherie).

longer [lɔ̃ʒe] [13] *tr.* **1** Bordear. **2** MAR. Costear.

longévité [lɔ̃ʒevite] *f.* Longevidad.

longitude [lɔ̃ʒityd] *f.* Longitud.

longtemps [lɔ̃tã] *adv.* Mucho tiempo: *depuis* ~, desde hace mucho tiempo.

longueur [lɔ̃gœʀ] *f.* **1** Longitud, largo *m.:* ~ *d'onde,* longitud de onda; *la largeur et la longueur d'un terrain,* el ancho y el largo de un terreno. **2** Duración, lentitud (durée). Loc. *Tirer en* ~, hacer durar, dar largas a; *traîner en* ~, durar mucho. **3** *loc. prép. À* ~ *de,* durante; *à* ~ *d'année,* a lo largo del año.

longue-vue [lɔ̃gvy] *f.* Anteojo *m.* de larga vista, catalejo *m.*

lopin [lɔpɛ̃] *m.* Parcela *f.*

loquace [lɔkasɛ lɔkwas] *adj.* Locuaz.

loque [lɔk] *f.* **1** Pingajo *m.,* andrajo *m.,* jirón *m.*

loquet [lɔkɛ] *m.* Pestillo, picaporte.

loqueteau [lɔkto] *m.* Pestillo de golpe.

loqueteux, -euse [lɔktø, -øz] *adj.-s.* Harapiento, ta, andrajoso, sa.

lorgner [lɔʀɲe] [1] *tr.* **1** Mirar de soslayo. **2** Desear, codiciar, echar el ojo a (convoiter).

lorgnette [lɔʀɲɛt] *f.* **1** Anteojo *m.* **2** Gemelos *m. pl.* (jumelle).

lorgnon [lɔʀɲɔ̃] *m.* Lentes *f.pl.,* anteojos *m. pl.,* quevedos *m. pl.*

lors [lɔʀ] *adv.* **1** vieil. Entonces. *loc. adv. Dès* ~, *depuis* ~, desde entonces. **2** *loc. prép.* ~ *de,* cuando: ~ *de son dernier voyage,* cuando su último viaje. **3** *loc. conj.* ~ *même que,* aun cuando.

lorsque [lɔʀsk(ə)] *conj.* Cuando.

losange [lɔzɑ̃ʒ] *m.* **1** Rombo. **2** BLAS. Losanje.

lot [lo] *m.* **1** Lote. **2** Premio: *le gros* ~, el premio gordo.

loterie [lɔtʀi] *f.* Lotería.

loti, -ie [lɔti] *adj. Bien* ~, favorecido en un reparto, favorecido por la suerte.

lotion [lɔsjɔ̃] *f.* Loción.

lotir [lɔtiʀ] [3] *tr.* **1** Dividir en lotes. **2** Adjudicar por lotes (adjuger).

lotissement [lɔtismã] *m.* Urbanización *f.*

loto [lɔto] *m.* Juego de la lotería.

lotus [lɔtys] *m.* Loto.

louable [lwabl(ə)] *adj.* **1** Loable, laudable. **2** Susceptible de alquilarse (qu'on peut prendre en location).

louage [lwaʒ] *m.* Alquiler.

louange [lwɑ̃ʒ] *f.* Alabanza.

louche [luʃ] *adj.* **1** Bizco, ca (qui louche). **2** fig. Turbio, bia, sospechoso, sa: *affaire* ~, asunto turbio. ▪ **3** *f.* Cucharón *m.,* cazo *m.*

louer [lwe] [1] *tr.* **1** Alquilar (maison, automobile, etc.): *à* ~, se alquila. **2** Reservar (place de train, etc.). **3** Alabar (complimenter, glorifier): *Dieu soit loué!,* ¡alabado sea Dios! ▪ **4** *pr. Se* ~ *de,* mostrarse satisfecho, cha de.

loup [lu] *m.* **1** Lobo. Loc. *Froid de* ~, frío que pela. Prov. *Quand on parle du* ~,

on en voit la queue, en nombrando al ruin de Roma, por la puerta asoma. **2** Antifaz (masque). **3** Falta *f.,* error. **4** ~ *de mer,* róbalo (poisson), lobo marino (phoque), lobo de mar (vieux marin). **5** *loc. adv. Entre chien et* ~, a boca de noche, a la caída de la tarde.

loupe [lup] *f.* **1** OPT. Lupa, lente. **2** MÉD. Lupía, lobanillo *m.* **3** BOT. Nudo *m.* (des arbres).

loup-garou [lugaʀu] *m.* Duende, coco.

lourd, lourde [luʀ, luʀd(ə)] *adj.* **1** Pesado, da: *une valise lourde,* una maleta pesada. **2** Pesado, da, bochornoso, sa (temps). **3** Pleno, na, falta, na, repleto, ta, cuajado da: *un regard* ~ *de rancune,* una mirada llena de rencor. **4** Tardo, da, torpe, lento, ta (de compréhension). **5** Macizo, za, amazacotado, da (à la vue). **6** Garrafal: *une lourde faute,* una falta garrafal. ▪ **7** *adv.* Mucho: *peser* ~, pesar mucho. **8** fam. *Il n'en sait pas* ~, no sabe mucho.

lourdaud, -aude [luʀdo, -od] *adj.-s.* Torpe, zopenco, ca.

lourdeur [luʀdœʀ] *f.* **1** Pesadez. **2** Torpeza (gaucherie). **3** Lentitud (lenteur).

loustic [lustik] *m.* fam. Bromista, chocarrero.

loutre [lutʀ(ə)] *f.* Nutria.

loyal, -ale [lwajal] *adj.* Leal.

loyauté [lwajote] *f.* Lealtad.

loyer [lwaje] *m.* **1** Alquiler. **2** Interés: *le* ~ *de l'argent,* el tanto por ciento de interés.

lubie [lybi] *f.* Capricho *m.,* antojo *m.*

lubrifier [lybʀifje] [2] *tr.* Lubricar.

lubrique [lybʀik] *adj.* Lúbrico, ca.

lucarne [lykaʀn(ə)] *f.* **1** Tragaluz *m.* **2** Buharda, buhardilla (dans le toit).

lucidité [lysidite] *f.* Lucidez.

lucratif, -ive [lykʀatif, -iv] *adj.* Lucrativo, va.

lucre [lykʀ(ə)] *m.* Lucro.

lueur [lɥœʀ] *f.* **1** Luz tenue. **2** Fulgor *m.,* resplandor *m.: la* ~ *d'un éclair,* el fulgor de un relámpago. **3** Brillo *m.,* destello (du regard). **4** fig. Vislumbre (d'espoir, etc.).

lugubre [lygybʀ(ə)] *adj.* Lúgubre.

lui [lɥi] *pron. pers.* **1** Él: *c'est* ~ *qui le dit,* es él quien lo dice. **2** Sí (réfléchi): *il parle toujours de* ~, siempre habla de sí mismo. Loc. *À* ~, suyo, ya, de él; *à* ~ *seul, à* ~ *tout seul,* por sí solo. **3** Le: *elle* ~ *parle,* ella le habla. **4** Se (avec un autre pron.): *je le* ~ *dirai,* yo se lo diré.

luire [lɥiʀ] [69] *intr.* Lucir, brillar, resplandecer.

luisant, -ante [lɥizã, -ãt] *adj.* **1** Brillante. **2** *Ver* ~, gusano de luz. ▪ **3** *m.* Lustre, brillo (d'une étoffe).

lumbago [lɔ̃bago] *m.* Lumbago.

lumière [lymjɛʀ] *f.* **1** Luz. Loc. fig.: *Faire la* ~ *sur,* aclarar; *mettre en* ~, sacar a la luz, poner de relieve, en evidencia. **2** Lumbrera, luminar *m.* (personne de grande intelligence). **3** fam. *Ce n'est pas une* ~, tiene pocas luces.

lumignon [lyminɲɔ̃] *m.* **1** Cabo de vela encendida (bout d'une bougie). **2** Pábilo (mèche). **3** Lamparilla *f.* (lampe).

luminaire [lyminɛʀ] *m.* **1** Luminaria *f.* (cierges). **2** Alumbrado (éclairage).

lumineux, -euse [lyminø, -øz] *adj.* Luminoso, sa.

lunaire [lynɛʀ] *adj.* Lunar.

lunatique [lynatik] *adj.-s.* Lunático, ca.

lundi [lœ̃di] *m.* Lunes.

lune [lyn] *f.* Luna: *pleine* ~, luna llena. Loc. *Être dans la* ~, estar en la luna; *vouloir prendre la* ~ *avec ses dents,* intentar lo imposible.

lunette [lynɛt] *f.* **1** Anteojo *m.:* ~ *d'approche,* anteojo de larga vista. **2** Agujero *m.,* abertura circular: ~ *des cabinets,* apertura de water closet. **3** ~ *arrière,* ventanilla posterior (d'une voiture). ▪ **4** *pl.* Gafas, lentes.

lupin [lypɛ̃] *m.* Altramuz.

lurette [lyʀɛt] *f.* Loc. *Il y a belle* ~, hace mucho tiempo, mucho tiempo ha.

luron, -onne [lyʀɔ̃, -ɔn] *s. C'est un joyeux* ~, es un viva la virgen.

lustre [lystʀ(ə)] *m.* **1** Lustre, brillo. **2** Araña *f.* (lampe). **3** Lustro (cinq ans).

lustrer [lystʀe] [1] *tr.* Lustrar, enlustrecer.

luth [lyt] *m.* Laúd.

luthier [lytje] *m.* Fabricante de instrumentos de cuerda.

lutin [lytɛ̃] *m.* **1** Duendecillo. **2** Diablillo (enfant).

lutte [lyt] *f.* Lucha.

lutter [lyte] [1] *intr.* Luchar.

luxation [lyksasjɔ̃] *f.* Luxación.

luxe [lyks(ə)] *m.* Lujo.

luxueux, -euse [lyksɥø, -øz] *adj.* Lujoso, sa.

luxuriant, -ante [lyksyʀjã, -ãt] *adj.* Lujuriante.

luzerne [lyzɛʀn(ə)] *f.* Alfalfa.

lycée [lise] *m.* Instituto de enseñanza media.

lycéen, -enne [liseɛ̃, -ɛn] *s.* Alumno, na, de Instituto.

lymphatique [lɛ̃fatik] *adj.* Linfático, ca.

lyncher [lɛ̃ʃe] [1] *tr.* Linchar.

lynx [lɛ̃ks] *m.* Lince.

lyre [liʀ] *f.* MUS. Lira.

lyrique [liʀik] *adj.* **1** Lírico, ca. ▪ **2** *m.* Lírico, poeta. ▪ **3** *f.* Lírica.

lyrisme [liʀism(ə)] *m.* Lirismo.

M

m [ɛm] *m.* **1** M *f.* **2** *M.,* Sr.: *M. Dupuis,* Sr. Dupuis.

ma [ma] *adj.* Mi.

maboul, -oule [mabul] *adj.-s.* pop. Chiflado, da.

macabre [makabʀ(ə)] *adj.* Macabro, bra.

macaque [makak] *m.* Macaco.

macaron [makaʀɔ̃] *m.* Macarrón, mostachón (gâteau).

macération [maseʀasjɔ̃] *f.* **1** Maceración. **2** Mortificación física.

macérer [maseʀe] [14] *tr.* **1** Macerar. ▪ **2** *pr.* Macerarse.

mâche [maʃ] *f.* Hierba de los canónigos.

mâchefer [maʃfɛʀ] *m.* Cagafierro.

mâcher [maʃe] [1] *tr.* Masticar. Loc. *Ne pas ~ ses mots,* no morderse la lengua, no tener pelos en la lengua.

machiavélisme [makjavelism(ə)] *m.* Maquiavelismo.

machin [maʃɛ̃] *m.* **1** fam. Fulano (personne). **2** Chisme (objet).

machination [maʃinasjɔ̃] *f.* Maquinación.

machine [maʃin] *f.* **1** Máquina: *~ à vapeur, à coudre,* máquina de vapor, de coser. **2** *~ à laver,* lavadora. **3** Locomotora (locomotive). **4** THÉÁT. Tramoya.

machiner [maʃine] [1] *tr.* Maquinar.

machinerie [maʃinʀi] *f.* Maquinaria.

machiniste [maʃinist(ə)] *m.* **1** Maquinista. **2** THÉÁT. Tramoyista.

mâchoire [maʃwaʀ] *f.* **1** Mandíbula, quijada. **2** TECHN. Mordaza.

mâchonner [maʃɔne] [1] *tr.* **1** Mascujar. **2** fig. Mascullar (armonner).

maçon [masɔ̃] *m.* **1** Albañil. **2** Masón (franc-maçon).

maçonnerie [masɔnʀi] *f.* Albañilería.

maçonnique [masɔnik] *adj.* Masónico, ca.

macreuse [makʀøz] *f.* **1** Espaldilla (viande). **2** Negreta (oiseau).

madame [madam] *f.* **1** Señora, la señora: *bonjour ~,* buenos días, señora; *~ Ré-*

camier, la señora Récamier; *~ n'est pas là,* la señora no está. **2** Señora doña (devant un prénom). **3** *~ chère ~,* muy señora mía (en tête d'une lettre).

mademoiselle [madmwazɛl] *f.* Señorita.

madrague [madʀag] *f.* Almadraba.

madré, -ée [ma(ɑ)dʀe] *adj.-s.* Astuto, ta, ladino, na, taimado, da.

madrier [madʀije] *m.* Madero.

madrilène [madʀilɛn] *adj.-s.* Madrileño, ña.

magasin [magazɛ̃] *m.* **1** Almacén, depósito (entrepôt). **2** Almacén, tienda *f.* **3** Recámara *f.* (d'une arme à feu).

magazine [magazin] *m.* Revista *f.* ilustrada.

mage [maʒ] *m.* Mago.

magicien, -ienne [maʒisjɛ̃, -jɛn] *s.* Mago, ga.

magie [maʒi] *f.* Magia.

magique [maʒik] *adj.* Mágico, ca.

magistère [maʒistɛʀ] *m.* **1** Magisterio. **2** Maestrazgo (d'un ordre militaire).

magistral, -ale [maʒistʀal] *adj.* Magistral.

magistrature [maʒistʀatyʀ] *f.* **1** Magistratura. **2** *~ assie,* los jueces. **3** *~ debout,* los fiscales.

magnanimité [maɲanimite] *f.* Magnanimidad.

magnat [magna] *m.* Magnate.

magnétique [maɲetik] *adj.* Magnético, ca.

magnétiser [maɲetize] [1] *tr.* Magnetizar.

magnétisme [maɲetism(ə)] *m.* Magnetismo.

magnéto [maɲeto] *f.* Magneto.

magnétophone [maɲetɔfɔn] *m.* Magnetófono.

magnetoscope [maɲetoskɔp] *m.* Videocasete *s.*

magnifier [magnifje] *tr.* Magnificar.

magnifique [maɲifik] *adj.* Magnífico, ca.

magnolia [maɲ(gn)ɔlja] *m.* Magnolia *f.*

magnolier [maɲɔlje] *m.* Magnolio, magnolia *f.*

magot [mago] *m.* **1** Hucha *f.*, ahorros *p.*, gato (argent caché). **2** Monigote, figura *f.* grotesca. **3** fig. fam. Hombre feo, mamarracho, macaco (homme laid). **4** Mona *f.* de Gibraltar, magote, mona *f.* de Berbería (singe).

mai [mε] *m.* Mayo: *le 2* ~, el 2 de Mayo.

maigre [mεgr(ə)] *adj.* **1** Delgado, da, flaco, ca. Loc. *Être* ~ *comme un clou*, estar hecho un fideo, un espárrago. **2** Magro (sans graisse): *viande* ~, carne magra. Loc. *Jours maigres*, días de abstinencia. **3** fig. Escaso, sa, insuficiente, pobre: ~ *salaire*, escaso sueldo. **4** AGR. Árido, da, seco, ca (terrain). ▪ **5** *m.* Carne *f.* magra, lo magro.

maigreur [mεgrœr] *f.* **1** Delgadez, flacura. **2** fig. Pobreza, escasez. **3** AGR. Aridez, sequedad.

maigrir [mεgrir] [3] *intr.* **1** Adelgazar, enflaquecer. ▪ **2** *tr.* Adelgazar.

mail [maj] *m.* **1** Mallo (jeu). **2** Mazo (maillet). **3** Paseo público (promenade).

maille [maj] *f.* **1** Malla (d'un gilet). **2** Punto *m.* (tricot, crochet). **3** NUMIS. Blanca, cuarto *m.* Loc. *N'avoir ni sou ni* ~, no tener ni un real, ni una blanca; *avoir* ~ *à partir avec quelqu'un*, disputarse con alguien.

maillet [majε] *m.* Mazo.

mailloche [majɔʃ] *f.* **1** Mazo *m.*, machote *m.* **2** MUS. Maza de bombo.

maillot [majo] *m.* **1** Pañales *m. pl.*, mantillas *f. pl.* (d'enfant). **2** Traje de malla (de danseuse). **3** ~, ~ *de bain*, traje de baño. **4** ~ *de corps*, camiseta *f.* **5** SPORTS. Camiseta *f.*

main [mε̃] *f.* **1** Mano: ~ *droite, gauche*, mano derecha, izquierda. Loc. *Homme de* ~, pistolero; *sac à* ~, bolso; *avoir la* ~ *leste*, tener la mano larga; *avoir des mains de beurre*, ser un manazas; *donner un coup de* ~, echar una mano; *faire* ~ *basse sur*, apoderarse de; *forcer la* ~ *à*, obligar a, forzar a; *mettre la dernière* ~, dar el último toque; *ne pas y aller de* ~ *morte*, no andarse con chiquitas; *passer la* ~ *dans le dos*, dar coba, halagar; *prendre la* ~ *dans le sac*, coger con las manos en la masa; *prendre en* ~, encargarse de; *savoir de bonne* ~, saber de buena tinta. **2** Mano (au jet de cartes): *avoir la* ~, ser mano. **3** ~ *courante*, pasamano *m.* (escalier). **4** *Petite* ~, aprendiza de costura; *première* ~, primera oficiala de costura. **5**

loc. adv. À la ~, a mano; *à deux mains*, con ambas manos; *à pleines mains*, a manos llenas; *de* ~ *en* ~, de mano en mano; *de longue* ~, desde hace mucho; *de* ~ *de maître*, con mano maestra; *en sous* ~, bajo mano, encubiertamente; *en un tour de* ~, en un periquete, en un santiamén. **6** *interj. Haut les mains!*, ¡manos arriba!

mainmise [mε̃miz] *f.* **1** Embargo *m.*, confiscación. **2** Dominio *m.* (domination).

maint, mainte [mε̃, mε̃t] *adj.* Más de uno, una.

maintenance [mε̃tnɑ̃s] *f.* Mantenimiento *m.*

maintenant [mε̃tnɑ̃] *adv.* Ahora.

maintenir [mε̃tnir] [36] *tr.* **1** Mantener, aguantar (soutenir). **2** Mantener, afirmar (assurer). **3** Mantener, conservar (garder). ▪ **4** *pr.* Mantenerse.

maire [mεr] *m.* Alcalde.

mairie [meri] *f.* Alcaldía, ayuntamiento *m.*

mais [mε] *conj.* **1** Pero, mas. Loc. ~ *non*, claro que no; ~ *oui*, claro que sí; *non* ~, pero bueno; ~ *bien sûr*, pero seguro. **2** Sino (après une négation): *ce n'est pas de la neige* ~ *de la grêle*, no es nieve sino granizo. Loc. *Non seulement...* ~ *encore*, no sólo... sino que. ▪ **3** *m.* Pero, objeción *f.* ▪ **4** *adv. N'en pouvoir* ~, no poder más.

maïs [mais] *m.* Maíz.

maison [mεzɔ̃] *f.* **1** Casa. Loc. ~ *de retraite*, asilo m. de ancianos; ~ *de santé*, clínica; ~ *de rapport*, casa de vecindad. **2** Casa, hogar *m.* (foyer): *être à la* ~, estar en casa. **3** Casa, firma (entreprise): ~ *mère*, casa madre. **4** Casa, familia: *un ami de la* ~, un amigo de la familia. **5** Casa: *la* ~ *d'Autriche*, la casa de Austria. ▪ **6** *adj. invar.* fam. Casero, ra: *un gâteau* ~, un pastel casero.

maître, maîtresse [mεtr(ə), mεtrεs] *s.* **1** Amo, ma, señor, ra, patrón, ona. prov. *Tel* ~ *tel valet*, cual el dueño, tal el perro. Dueño, ña, propietario, ria. Loc. *Être* ~ *de*, ser dueño de. **2** Maestro, tra (instituteur): ~ *d'école*, maestro de escuela. **3** Profesor, ra (musique, danse, etc.). ▪ **4** *m.* Título que se da en Francia a los abogados, procuradores y notarios. **5** Maestre, maestro (titre d'un ordre militaire). **6** ~ *d'hôtel*, jefe de comedor; ~ *d'œuvres*, responsable, coordinador, ra. **7** MAR. ~ *d'équipage*, contra-maestre. ▪ **8** *adj.* Cabal, capaz. Loc. *Une maîtresse femme*, una mujer enérgica. **9** Principal, mayor. Loc. *Maîtresse poutre,* viga maestra. **10** Grande, consumado, da, redomado, da: *un ~ fripon,* un pillo redomado. ▪ **11** *f.* Querida, amante (concubine).

maître-autel [mɛtʀotɛl] *m.* Altar mayor.

maîtrise [mɛtʀiz] *f.* **1** Dominio *m.* (contrôle). **2** Maestría (habileté). **3** Magisterio *m.* (dignité de maître). **4** *Agents de ~,* encargados *m. pl.,* capataces *m. pl.,* contramaestres *m. pl.* (dans une entreprise). **5** Escolanía (dans une église).

majestueux, -euse [maʒɛstɥø, -øz] *adj.* Majestuoso, sa.

majeur, -eure [maʒœʀ] *adj.* **1** Mayor: *la majeure partie,* la mayor parte. **2** Primordial, capital. **3** Mayor de edad: *une fille majeure,* una chica mayor de edad. ▪ **4** *m.* Dedo medio, del corazón (doigt).

majolique [maʒɔlik] *f.* Mayólica.

major [maʒɔʀ] *adj.* **1** MIL. Mayor. ▪ **2** *m.* Sargento mayor.

majordome [maʒɔʀdɔm] *m.* Mayordomo.

majorité [maʒɔʀite] *f.* **1** Mayoría: ~ *absolue,* mayoría absoluta; *élu à la ~,* elegido por mayoría de votos. **2** Mayoría de edad (âge).

majuscule [maʒyskyl] *adj.-f.* Mayúsculo, la.

mal [mal] *adj. invar.* **1** Malo. Loc. *Bon an, ~ an,* un año con otro; *bon gré, ~ gré,* de grado o por fuerza. **2** *Pas ~,* bastante bien.

mal [mal] *m.* **1** Daño. Loc. *Se faire ~,* hacerse daño. **2** Dolor: *avoir ~ à la tête,* tener dolor de cabeza. **3** Enfermedad *f.* (maladie). Loc. *~ de mer,* mareo; *~ du pays,* morriña *f.; ~ blanc,* panadizo; *haut ~,* epilepsia *f.* fam. *avoir ~ aux cheveux,* tener resaca. **4** Mal: *dire du ~ de,* hablar mal de. Loc. *Penser à ~,* tener mala intención. **5** Dificultad *f.,* trabajo. Loc. *J'ai eu du ~ à obtenir ceci,* me ha costado trabajo obtener esto. **6** RELIG. Mal. ▪ **7** *adv.* Mal, malamente. Loc. *Ça tombe ~,* la cosa se pone fea; *de ~ en pis,* de mal en peor; *tant bien que ~,* mal que bien; *pas ~ de,* mucho, cha; *pas ~ de choses,* muchas cosas; fam. un rato de, un montón de; *pas ~ de monde,* un montón de gente.

malade [malad] *adj.-s.* Enfermo, ma. Loc. *Tomber ~,* ponerse enfermo, ma, enfermar.

maladie [maladi] *f.* Enfermedad.

maladresse [maladʀɛs] *f.* Torpeza, desmaña.

maladroit, -oite [maladʀwa, -wat] *adj.-s.* Torpe, desmañado, da, inhábil.

malaise [malɛz] *m.* Malestar.

malaisé, -ée [maleze] *adj.* Dificultoso, sa, penoso, sa.

malappris, -ise [malapʀi, -iz] *adj.-s.* Grosero, ra, malcriado, da.

malaria [malaʀja] *f.* Malaria.

malavisé, -ée [malavize] *adj.-s.* Imprudente, indiscreto, ta.

malchance [malʃɑ̃s] *f.* Desgracia, mala suerte.

mâle [mal] *m.* **1** Macho (animaux). **2** Varón (hommes). ▪ **3** *adj.* Varonil, viril, masculino, na: ~ *courage,* valor viril.

malédiction [malediksjɔ̃] *f.* Maldición.

maléfice [malefis] *m.* Maleficio.

malentendu [malɑ̃tɑ̃dy] *m.* Equívoco, malentendido.

malfaçon [malfasɔ̃] *f.* Defecto *m.* de fabricación.

malfaiteur, -trice [malfɛtœʀ, -tʀis] *s.* Malhechor, ra.

malfamé, -ée [malfame] *adj.* De mala fama.

malgré [malgʀe] *prép.* A pesar de, pese a: ~ *lui,* a pesar suyo.

malhabile [malabil] *adj.* Inhábil, torpe.

malheur [malœʀ] *m.* **1** Desgracia *f.,* desdicha *f.* **2** *interj.* ~!, imaldición!; ~ *à, sur!,* iay de!

malheureux, -euse [malœʀø, -øz] *adj.-s.* Desgraciado, da, infeliz, desdichado, da. ▪ **2** *adj.* Aciago, ga, infausto, ta (funeste). **3** Pobre, triste, miserable (insignifiant).

malhonnête [malɔnɛt] *adj.* **1** Ímprobo, ba, falto, ta de honradez. **2** Incivil, descortés. **3** Deshonesto, ta (indécent).

malice [malis] *f.* **1** Malicia. **2** Travesura, picardía (espièglerie).

malicieux, -euse [malisjø, -øz] *adj.-s.* Malicioso, sa, travieso, sa.

malin, -igne [malɛ̃, iɲ] *adj.* **1** Maligno, na. **2** Astuto, ta, ladino, na (rusé). **3** Listo, ta, avispado, da. Loc. *Être comme un singe,* ser más listo que Cardona. **4** Difícil: *ce n'est pas ~,* no es muy difícil.

malingre [malɛ̃gʀ(ə)] *adj.* Enclenque.

malintentionné, -ée [malɛ̃tɑ̃sjɔne] *adj.-s.* Malintencionado, da.

malle [mal] *f.* **1** Baúl *m.* mundo. **2** Mala (poste).

malléable [maleabl(ə)] *adj.* Maleable.

malmener [malməne] [16] *tr.* Maltratar, dejar maltrecho, cha.

malotru, -ue [malɔtʀy] *adj.-s.* Grosero, ra, patán.

malpropre [malpʀɔpʀ(ə)] *adj.-s.* **1** Sucio, cia, desaseado, da. **2** fig. Indecente.

malsain, -aine [malsɛ̃, -ɛn] *adj.* Malsano, na.

malséant, -ante [malseã, -ãt] *adj.* Inconveniente, impropio, pia, indecoroso, sa.

malsonnant, -ante [malsɔnã, -ãt] *adj.* Malsonante.

malt [malt] *m.* Malta *f.*

maltraiter [maltʀete] [1] *tr.* Maltratar.

malveillance [malvejãs] *f.* Malevolencia.

malveillant, -ante [malvejã, -ãt] *adj.-s.* Malévolo, la.

malversation [malvɛʀsasjɔ̃] *f.* Malversación.

maman [mamã] *f.* Mamá.

mamelle [mamɛl] *f.* **1** Mama, teta. **2** Ubre (de la vache). **3** Seno *m.* (sein).

mamelon [mamlɔ̃] *m.* **1** Pezón (bout de sein). **2** GÉOG. Mamelón.

mammifère [mam(m)ifɛʀ] *adj.-m.* Mamífero.

mammouth [mamut] *m.* Mamut.

m'amours, mamours [mamuʀ] *m. pl.* Arrumacos, carantoñas *f.: faires des ~ à,* hacer carantoñas a.

manche [mãʃ] *f.* **1** Manga: *robe sans manches,* vestido sin mangas. **2** Mano, partida (au jeu). **3** GÉOG. Canal *m.,* brazo *m.* de mar. **4** TECHN. Manga, manguera: ~ *à air,* manga de aire. ▪ **5** *m.* Mango (d'un couteau, etc.). **6** fam. Zopenco (maladroit). **7** MUS. Mango, mástil.

manchette [mãʃɛt] *f.* **1** Puño *m.* (d'une chemise). **2** Manguito *m.* (fausse manche). **3** Titular *m.* (d'un journal).

manchon [mãʃɔ̃] *m.* Manguito.

manchot, -ote [mãʃo, -ɔt] *adj.-s.* **1** Manco, ca. ▪ **2** *m.* Pájaro bobo (oiseau).

mandarin [mãdaʀɛ̃] *m.* Mandarín.

mandarine [mãdaʀin] *f.* Mandarina.

mandat [mãda] *m.* **1** Mandato, procuración *f.* (pouvoir). **2** Giro: ~ *postal, télégraphique,* giro postal, telegráfico. **3** DR. Auto, orden *f.:* ~ *de comparution,* auto de comparecencia.

mandataire [mãdatɛʀ] *s.* Mandatario, ria.

mander [mãde] [1] *tr.* **1** Ordenar, mandar. **2** Llamar (appeler). **3** Hacer saber (par lettre).

mandibule [mãdibyl] *f.* Mandíbula.

mandoline [mãdɔlin] *f.* Mandolina.

mandrill [mãdʀil] *m.* Mandril.

mandrin [mãdʀɛ̃] *m.* **1** fam. Malandrín. **2** TECHN. Mandril. **3** TECHN. Broca *f.,* taladro (foret).

manège [manɛʒ] *m.* **1** Picadero (lieu où l'on monte les chevaux). **2** Ejercicios *pl.* de equitación. **3** ~ *de chevaux de bois,* caballitos *pl.,* tiovivo. **4** fig. Manejo, tejemaneje (intrigue).

mangeable [mãʒabl(ə)] *adj.* Comible, comestible.

mangeaille [mãʒaj] *f.* fam. Manduca, pitanza.

mangeoire [mãʒwaʀ] *f.* Pesebre *m.,* comedero *m.*

manger [mãʒe] *m.* Comida.

manger [mãʒe] [13] *tr.* **1** Comer. Loc. ~ *à sa faim,* comer hasta hartarse; ~ *du bout des dents,* comer con desgana. **2** Carcomer, roer (ronger). **3** Consumir, gastar (dépenser).

mange-tout [mãʒtu] *s. invar.* **1** Derrochador, ra. ▪ **m. invar.** Tirabeque, guisante mollar (pois).

mangouste [mãgust(ə)] *f.* Mangosta.

mangue [mãg] *f.* Mango *m.* (fruit).

manguier [mãgje] *m.* Mango (arbre).

maniable [manjabl(ə)] *adj.* **1** Manejable, manuable. **2** fig. Flexible, dúctil.

maniaque [manjak] *adj.-s.* Maníaco, ca, maniático, ca.

maniaque [manjak] *adj.* **1** Manejable, manuable. **2** fig. Flexible, dúctil.

manichéen, -enne [manikeɛ̃, -ɛn] *adj.-s.* Maniqueo, quea.

manie [mani] *f.* Manía.

manier [manje] [2] *tr.* **1** Manejar. **2** Palpar, manosear. ▪ **3** *pr.* pop. *Se* ~, apurarse, aligerar, menearse.

manière [manjɛʀ] *f.* **1** Manera, modo *m.,* forma. *loc. adv. De cette* ~, así, de este modo; *loc. prép. À la* ~ *de,* como, igual que, al estilo de. *loc. conj. De* ~ *que, de* ~ *à ce que,* de manera que. **2** Especie de: *son respect est une* ~ *d'admiration,* su respeto es una especie de admiración. ▪ **3** *pl.* Modales *m.,* maneras, modos *m.* **4** fam. Melindres *m.,* remilgos *m.,* cumplidos *m.*

maniéré, -ée [manjeʀe] *adj.* Amanerado, da.

manifestation [manifɛstasjɔ̃] *f.* Manifestación.

manifester [manifɛste] [1] *tr.* **1** Manifestar, declarar. ▪ **2** *intr.* Tomar parte en una manifestación. ▪ **3** *pr.* Manifestarse, mostrarse.

manipulation [manipylasjɔ̃] *f.* Manipulación.

manipuler [manipyle] [1] *tr.* Manipular.
manivelle [manivɛl] *f.* TECHN. Manivela, manubrio *m.*
mannequin [mankɛ̃] *m.* 1 Maniquí: *des mannequins d'osier,* maniquíes de mimbre. 2 Modelo, maniquí (jeune femme).
manœuvrer [manœvʀe] *tr.-intr.* 1 Maniobrar. ■ 2 *tr.* Manejar, manipular (manier). 3 fig. Manejar, dominar.
manoir [manwaʀ] *m.* Casa *f.* solariega.
manomètre [manɔmɛtʀ(ə)] *m.* TECHN. Manómetro.
manqué, -ée [mãke] *adj.* Fracasado, da, malogrado, da.
manque [mãk] *m.* 1 Falta *f.,* carencia *f.* Loc. ~ *de,* por falta de; ~ *de chance,* mala suerte *f.;* fam. ~ *de pot,* mala pata *f.* 2 ~ *à gagner,* beneficio no obtenido. 3 *loc. adj. fam. À la* ~, de tres al cuarto.
manquer [mãke] [1] *intr.* 1 Faltar (faire défaut). 2 Faltar, estar ausente (être absent). 3 Fallar, fracasar (rater). ■ 4 *impers.* Faltar: *il manque deux pages,* faltan dos páginas. ■ 5 *tr. ind.* Faltar: ~ *à son devoir,* faltar a su deber. 6 Fallar: *le pied lui a manqué,* le ha fallado, se le ha ido el pie. 7 *Vous me manquez beaucoup,* lo echo mucho de menos. 8 Carecer: ~ *d'argent,* carecer de dinero. Loc. *Ne pas* ~ *de,* no dejar de. 9 Faltar poco, estar a punto de: *il a manqué de se tuer,* estuvo a punto de matarse. ■ 10 *tr. dir.* Errar, marrar: ~ *la cible, son coup,* errar el blanco, el golpe. 11 Fallar (ne pas réussir). 12 No ver, no encontrar (ne pas rencontrer). 13 Perder, dejar escapar (une occasion). 14 ~ *le train,* perder el tren. 15 No acudir, faltar a: ~ *un rendez-vous,* faltar a una cita.
mansarde [mãsaʀd(ə)] *f.* Buhardilla.
mansuétude [mãsɥetyd] *f.* Mansedumbre.
mante [mãt] *f.* 1 Manto *m.,* capa (de femme). 2 ~ *religieuse,* santateresa.
manteau [mãto] *m.* 1 Abrigo (pour femmes, pour hommes), gabán (pour hommes). Loc. fig. *Sous le* ~, solapadamente, clandestinamente. 2 ~ *de cheminée,* campana *f.* de chimenea.
mantille [mãtij] *f.* Mantilla.
manucure [manykyʀ] *s.* Manicuro, ra.
manuel, -elle [manɥɛl] *adj.-m.* Manual.
manufacture [manyfaktyʀ] *f.* 1 Manufactura. 2 Fábrica, manufactura (usine).
manuscrit, -ite [manyskʀi, -it] *adj.* 1 Manuscrito, ta. ■ 2 *m.* Manuscrito.

manutention [manytãsjɔ̃] *adj.* Manipulado *m.,* manipulación, manutención.
mappemonde [mapmɔ̃d] *f.* Mapamundi *m.*
maquereau [makʀo] *m.* 1 Caballa *f.,* sarda *f.* 2 pop. Chulo.
maquette [makɛt] *f.* Maqueta.
maquignon [makiɲɔ̃] *m.* Chalán.
maquillage [makijaʒ] *m.* Maquillaje.
maquiller [makije] [1] *tr.* 1 Maquillar. 2 fig. Maquillar, falsificar (truquer). ■ 3 *pr.* Maquillarse.
maquis [maki] *m.* 1 GÉOG. Maquis. 2 Resistencia *f.* francesa contra los alemanes, guerrilla *f.* Loc. *Prendre le* ~, irse al monte. 3 fig. Embrollo, enredo.
marabout [maʀabu] *m.* 1 Morabito (ermite). 2 Marabú (oiseau).
marais [maʀɛ] *m.* 1 Marisma *f.* (en bordure de mer). 2 Zona *f.* pantanosa. 3 ~ *salant,* salina *f.* 4 Huerta *f.* (jardín). 5 *Gaz des* ~, metano, gas de los pantanos. ■ 6 *n. pr. m. Le Marais,* El Marais (quartier ancien de Paris).
marasme [maʀasm(ə)] *m.* Marasmo.
marâtre [maʀɑtʀ(ə)] *f.* Madrastra.
maraudage [maʀodaʒ], **maraude** [maʀod] *f.* Merodeo *m.*
marauder [maʀode] [1] *intr.* Merodear.
marbre [maʀbʀ(ə)] *m.* Mármol.
marbrer [maʀbʀe] [1] *tr.* 1 Jaspear. 2 Poner amoratado, da (la peau).
marbrure [maʀbʀyʀ] *f.* 1 Jaspeado. 2 Mancha de la piel amoratada (sur la peau).
marc [maʀ] *m.* 1 Orujo, bagazo: ~ *de raisin,* brisa *f.;* orujo; ~ *d'olive,* borujo; ~ *de café,* poso, zurrapa *f.* 2 Aguardiente (eau-de-vie). 3 Loc. *Au* ~ *le franc,* a prorrata. 4 NUMIS. Marco.
marchand, -ande [maʀʃã, -ãd] *s.* 1 Vendedor, ra, comerciante. Loc. ~ *ambulant,* vendedor ambulante, buhonero; *marchande des quatre-saisons,* verdulera. ■ 2 *adj.* Comercial: *valeur marchande,* valor comercial. 3 Mercantil, mercante.
marchander [maʀʃãde] [1] *tr.* Regatear.
marchandise [maʀʃãdiz] *f.* Mercancía, mercadería.
marche [maʀʃ(ə)] *f.* 1 Marcha, andar *m.* Loc. *Hâter la* ~, apretar el paso; ~ *à suivre,* manera de actuar. 2 Paso *m.,* transcurso *m.: la* ~ *du temps,* el transcurso del tiempo. 3 Funcionamiento *m. loc. adv. En* ~, en marcha, en funcionamiento. 4 Movimiento *m.* 5 Escalón *m.,* peldaño *m.* (d'un esca-

lier). **6** MIL., MUS. Marcha. **7** Marca (région d'un État).

marché [marʃe] *m.* **1** Mercado, plaza *f.* Loc. ~ *noir,* mercado negro, estraperlo; *bon* ~, barato, ta. **2** Trato, ajuste, operación *f.:* ~ *à terme,* operación a plazos. Loc. *Par-dessus le* ~, además, por añadidura. **3** ~ *aux puces,* Rastro (à Madrid), Encantes (à Barcelone).

marchepied [marʃəpje] *m.* **1** Estribo (d'une voiture). **2** Grada *f.,* peldaño. **3** Escabel, taburete (escabeau).

marcher [marʃe] [1] *intr.* **1** Andar, marchar, caminar, ir. Loc. ~ *à quatre pattes,* andar a gatas; ~ *sans but,* callejear, deambular. **2** ~ *sur,* pisar: Loc. fig. *Ne pas se laisser* ~ *sur les pieds,* no dejarse pisar. **3** Funcionar, marchar, andar (fonctionner). **4** Aceptar (accepter). **5** fig. Marchar, desarrollarse: *affaire qui marche bien,* asunto que marcha bien. Loc. *Ça marche?,* ¿todo va bien?, ¿cómo va eso?

mardi [mardi] *m.* Martes: ~ *gras,* martes de Carnaval.

mare [mar] *f.* **1** Charca (d'eau). **2** Charco *m.* (de sang).

marécage [mareka3] *m.* Ciénaga *f.,* marjal.

maréchal [mareʃal] *m.* **1** MIL. Mariscal. **2** ~ *des logis,* sargento de caballería. **3** Herrador, herrero (maréchal-ferrant).

marée [mare] *f.* **1** Marea. Loc. ~ *montante,* flujo *m.;* ~ *descendante,* reflujo *m.;* ~ *haute,* pleamar; ~ *basse,* bajamar. **2** Pescado *m.* fresco (poisson). **3** fig. Oleada.

marelle [marɛl] *f.* Rayuela (jeu).

mareyeur, -euse [marɛjœr, -øz] *s.* Pescadero, ra, al por mayor.

margarine [margarin] *f.* Margarina.

marge [marʒ(ə)] *f.* **1** Margen *m.: la* ~ *d'une lettre,* el margen de una carta. **2** Margen (rive). **3** Tiempo *m.* **4** *loc. prép. En* ~ *de,* al margen de.

margelle [marʒɛl] *f.* Brocal *m.* (d'un puits).

marginal, -ale [marʒinal] *adj.* **1** Marginal. **2** *adj.* Marginal *s.* Marginado, da.

marginer [marʒine] *tr.* Marginar, apostillar.

mari [mari] *m.* Marido.

mariage [marjaʒ] *m.* **1** Matrimonio (sacrement). Loc. *Demande en* ~, petición de mano; *bans de* ~, amonestaciones *f.* **2** Casamiento, boda *f.* (noce). **3** Tute (jeu de cartes). **4** fig. Unión *f.,* maridaje.

marié, -ée [marje] *s.* **1** Casado, da. **2** Novio, via: *la mariée,* la novia.

marier [marje] [2] *tr.* **1** Casar. ■ **2** *pr.* Casarse.

marin, -ine [marɛ̃, -in] *adj.* **1** Marino, na. ■ **2** *m.* Marino, marinero. ■ **3** *f.* Marina: ~ *marchande,* marina mercante.

marinade [marinad] *f.* **1** CUIS. Escabeche *m.:* ~ *de thon,* atún en escabeche. **2** CUIS. Adobo (viande).

marinier [marinje] *m.* Barquero, lanchero.

marinière [marinjɛr] *f.* **1** Marinera (corsage). **2** CUIS. *À la* ~, a la marinera.

marionnette [marjɔnɛt] *f.* Marioneta, títere *m.*

maritime [maritim] *adj.* Marítimo, ma.

marivauder [marivode] [1] *intr.* Discretear, galantear.

marjolaine [marʒɔlɛn] *f.* Mejorana.

marmaille [marmɑj] *f.* Chiquillería.

marmelade [marməlad] *f.* Mermelada.

marmite [marmit] *f.* Olla, marmita.

marmiton [marmitɔ̃] *m.* Marmitón, pinche, galopillo.

marmot [marmo] *m.* fam. Crío, chaval.

marmotte [marmɔt] *f.* Marmota.

marmotter [marmɔte] [1] *tr.* Barbotar, bisbisar, mascullar, refunfuñar.

marne [marn(ə)] *f.* Marga.

marocain, -aine [marɔkɛ̃, -ɛn] *adj.-s.* Marroquí.

maroquinerie [marɔkinri] *f.* Tafiletería, marroquinería.

marotte [marɔt] *f.* **1** Cetro *m.* de bufón. **2** fig. Manía, monomanía, tema *m.*

maroufle [marufl(ə)] *f.* Cola para pegar (colle).

marquant, -ante [markɑ̃, -ɑ̃t] *adj.* Notable, destacado, da.

marque [mark(ə)] *f.* **1** Marca: ~ *de fabrique, déposée,* marca de fábrica, registrada. Loc. *De* ~, notable, relevante. **2** Señal (signe). **3** Sello *m.,* timbre *m.* (timbre). **4** Señal, huella (trace). **5** fig. Prueba, demostración, testimonio *m.* (preuve).

marquer [marke] [1] *tr.* **1** Marcar, señalar (distinguer au moyen d'une marque). Loc. ~ *le coup,* acusar el golpe. **2** Indicar, señalar: *la pendule marque midi,* el reloj señala las doce. **3** Acentuar, subrayar. **4** fig. Indicar, revelar (dénoter). **5** Mostrar (manifester). **6** SPORTS. Marcar: ~ *un point,* marcar un tanto. ■ **7** *intr.* Señalarse, distinguirse. **8** Dejar huella (laisser une trace). **9** fam. ~ *mal,* dar una mala impresión, tener malapinta.

marqueterie [maʀkə(ɛ)tʀi] *f.* Marquetería, taracea.

marqueur [maʀkœʀ] *m.* PHYS. Marcador.

marquis [maʀki] *m.* Marqués.

marquise [maʀkiz] *f.* 1 Marquesa. 2 ARCHIT. Marquesina.

marraine [maʀɛn] *f.* Madrina.

marron [maʀɔ̃] *m.* 1 Castaña *f.:* ~ *glacé,* castaña confitada. ■ 2 *adj. invar.-m.* Marrón (couleur).

marronnier [maʀɔnje] *m.* Castaño: ~ *d'Inde,* castaño de Indias.

marsouin [maʀswɛ̃] *m.* Marsopa *f.,* marsopla *f.*

marsupial, -ale [maʀsypjal] *adj.-s.* ZOOL. Marsupial.

marteau [maʀto] *m.* 1 Martillo. 2 Aldaba *f.* (heurtoir). 3 ANAT., SPORTS. Martillo.

marteler [maʀtəle] *tr.* 1 Martillar, martillear. 2 Articular, recalcar (syllabes, etc.).

martial, -ale [maʀsjal] *adj.* Marcial.

martien, -ienne [maʀsjɛ̃, -jɛn] *adj.-s.* Marciano, na.

martinet [maʀtinɛ] *m.* 1 TECHN. Martinete. 2 Vencejo (oiseau). 3 Disciplinas *f. pl.* (pour fouetter).

martingale [maʀtɛ̃gal] *f.* 1 Gamarra (courroie du cheval). 2 Martingala (au jeu). 3 Martingala, trabilla (d'étoffe).

martre [maʀtʀ(ə)] *f.* Marta: ~ *zibeline,* marta cebellina.

martyr, -tyre [maʀtiʀ] *s.* Mártir.

martyriser [maʀtiʀize] *tr.* Martirizar.

mascarade [maskaʀad] *f.* Mascarada.

mascotte [maskɔt] *f.* Mascota.

masculin, -ine [maskylɛ̃, -in] *adj.-m.* Masculino, na.

masochisme [mazɔʃism] *m.* Masoquismo.

masque [mask(ə)] *m.* 1 Máscara *f.,* careta *f.:* ~ *à gaz,* máscara antigás. 2 Antifaz (loup). 3 Máscara *f.* (personne masquée). 4 Mascarilla *f.:* ~ *mortuaire,* mascarilla funeraria. 5 Fisonomía *f.,* rostro. 6 Máscara *f.,* capa *f.* (apparence).

massacre [masakʀ(ə)] *m.* 1 Matanza *f.,* carnicería *f.* (tuerie). 2 Chapucería *f.,* mala ejecución *f.* (gâchis).

massacrer [masakʀe] [1] *tr.* 1 Hacer una matanza de, matar. 2 Degollar (égorger). 3 fig. Destrozar.

massage [masaʒ] *m.* Masaje.

masse [mas] *f.* 1 Masa, montón *m.* (amas). 2 Masa, bulto *m.,* mole (volume). 3 Masa, multitud (foule). Loc.

En ~, en masa. 4 PHYS. Masa. 5 Maza (d'armes, de cérémonie). 6 Almádena, almádana (de casseur de pierres).

massepain [maspɛ̃] *m.* Mazapán.

masser [mase] [1] *tr.* 1 Dar masaje. 2 Agrupar, concentrar (réunir). 3 Amontonar (assembler). ■ 4 *pr.* Congregarse.

masseur, -euse [masœʀ, -øz] *s.* Masajista.

massif, -ive [masif, -iv] *adj.* 1 Macizo, za (plein): *or* ~, oro macizo. 2 Masivo, va: *dose massive,* dosis masiva. 3 Macizo, za, sólido, da (lourd). ■ 4 *m.* Macizo.

massue [masy] *f.* Porra, cachiporra, maza. Loc. *Coup de* ~, mazazo.

mastic [mastik] *m.* 1 Almáciga *f.* (résine). 2 Masilla *f.* (pour boucher les trous, etc.). 3 IMPR. Empastelamiento.

mastiquer [mastike] [1] *tr.* 1 Masticar. 2 Enmasillar (avec du mastic).

mastoc [mastɔk] *adj. invar.* pop. Pesado, da, tosco, ca.

mastodonte [mastɔdɔ̃t] *m.* Mastodonte.

masure [mazyʀ] *f.* 1 Casucha, chabola (cabane). 2 Casa en ruinas.

mât [mɑ] *m.* Mástil, palo. Loc. *Grand* ~, palo mayor; ~ *d'artimon,* mesana *f.;* ~ *de misaine,* trinquete.

mat, -e [mat] *adj.* 1 Mate (sans éclat). 2 Sordo, da, apagado, da (son, bruit).

mat [mat] *m.* Mate: *faire échec et* ~, dar jaque mate.

maté [mate] *m.* Mate.

matelas [matla] *m.* Colchón.

matelasser [matlase] [1] *tr.* Acolchar.

matelot [matlo] *m.* Marinero.

matelote [matlɔt] *f.* CUIS. Caldereta.

mater [mate] [1] *tr.* 1 Dar mate (au jeu d'échecs). 2 fig. Domar, domeñar.

matérialisme [mateʀjalism(ə)] *m.* Materialismo.

matériau [mateʀjo] *m.* 1 Material (de construction). ■ 2 *pl.* Materiales.

matériel, -ielle [mateʀjɛl] *adj.* 1 Material. Loc. *Le temps* ~, el tiempo material, necesario. ■ 2 *m.* Material.

maternel, -elle [mateʀnɛl] *adj.* 1 Maternal, materno, na. ■ 2 *f.* Escuela de párvulos.

maternité [mateʀnite] *f.* Maternidad.

mathématique [matematik] *adj.* 1 Matemático, ca. ■ 2 *f. pl.* Matemáticas.

matière [matjɛʀ] *f.* 1 Materia: ~ *première,* materia prima. 2 Tema *m.,* asunto *m.* (sujet). 3 Asignatura (d'enseignement). 4 Causa, motivo *m.: il n'y a pas* ~ *à rire,* no hay motivo para reírse.

matin [matɛ̃] *m.* **1** Mañana *f.* Loc. *De bon, de grand* ~, muy de mañana, de madrugada. **2** *adv.* Temprano: *se lever* ~, levantarse temprano. **3** Por la mañana: *demain* ~, mañana por la mañana.

mâtin, -ine [matɛ̃, -in] *adj.-s.* **1** fam. Tunante, ta, bribón, ona. ■ **2** *m.* Mastín (chien).

mâtiné, -ée [matine] *adj.* Cruzado, da (chien).

matinée [matine] *f.* **1** Mañana. **2** Función de tarde (spectacle).

matines [matin] *f. pl.* Maitines.

matraque [matʀak] *f.* Porra, cachiporra.

matrice [matʀis] *f.* **1** Matriz, molde *m.* (moule). **2** Matriz, registro *m.* **3** ANAT. Matriz, útero *m.* **4** MATH., IMPR. Matriz.

matricule [matʀikyl] *f.* **1** Matrícula, registro *m.* **2** Matrícula, inscripción. ■ **3** *m.* Número de registro.

matrimonial, -ale [matʀimɔnjal] *adj.* Matrimonial.

maturation [matyʀasjɔ̃] *f.* Maduración.

maturité [matyʀite] *f.* Madurez.

maudire [modiʀ] *tr.* Maldecir.

maudit, -ite [modi, -it] *adj.-s.* Maldito, ta, condenado, da.

maure, more [mɔʀ] *adj.-m.* Moro, ra.

mauresque, moresque [mɔʀɛsk(ə)] *adj.-s.* Morisco, ca, moruno, na.

mausolée [mozɔle] *m.* Mausoleo.

maussade [mosad] *adj.* **1** Huraño, ña, hosco, ca (revêche). **2** Desapacible, desabrido, da, desagradable.

mauvais, -aise [mɔ(o)vɛ, -ɛz] *adj.* **1** Malo, la, mal (devant *m.*): *mauvaise mémoire*, mala memoria; ~ *caractère*, mal carácter. Loc. ~ *esprit*, mal pensado; ~ *sujet*, individuo de cuidado. ■ **2** *adv.* Mal. Loc. *Sentir* ~, oler mal.

mauve [mov] *f.* **1** Malva (plante). ■ **2** *adj.-m.* Malva (couleur).

mauviette [movjɛt] *f.* **1** Alondra. **2** fig. Persona enclenque, alfeñique *m.*

maxillaire [maksi(l)ɛʀ] *adj.-m.* ANAT. Maxilar.

maximum [maksimɔm] *m.* **1** Máximo, máxima. **2** *loc. adv. Au* ~, como máximo. ■ **3** *adj.* Máximo, ma.

mayonnaise [majɔnɛz] *f.* Mayonesa.

mazout [mazut] *m.* Fuel-oil, mazut.

me [m(ə)] *pron. pers.* **1** Me. **2** ~ *voici*, heme aquí, aquí estoy yo.

mécanicien, -ienne [mekanisjɛ̃, -jɛn] *s.* **1** Mecánico, ca. ■ **2** *m.* Maquinista (d'une locomotive).

mécanique [mekanik] *adj.* **1** Mecánico, ca. ■ **2** *f.* Mecánica.

mécanographie [mekanɔgʀafi] *f.* Mecanografía.

mécène [mesɛn] *m.* Mecenas.

méchanceté [meʃɑ̃ste] *f.* **1** Maldad. **2** Mala intención.

méchant, -ante [meʃɑ̃, -ɑ̃t] *adj.* **1** Malo, la, malvado, da; *être* ~, ser malo. **2** Peligroso, sa (dangereux). **3** Revoltoso, sa, travieso, sa (enfant). **4** Malintencionado, da (malveillant). **5** Avieso, sa (intention, etc.). **6** *Être de méchante humeur*, estar de mal humor. ■ **7** *s.* Malo, la, malvado, da.

mèche [mɛʃ] *f.* **1** Mecha. Loc. fam. *Éventer, découvrir la* ~, descubrir el pastel; *vendre la* ~, irse de la lengua; pop. *il n'y a pas* ~, no hay tu tía. **2** ~ *de bougie*, pabilo *m.*, torcida. **3** Mechón *m.* (cheveux). **4** TECHN. Taladro *m.*, broca (de vilebrequin). **5** Tralla (de fouet).

mécompte [mekɔ̃t] *m.* **1** Trabacuenta *f.*, error de cálculo. **2** fig. Chasco, desengaño.

méconnaître [mekɔnɛtʀ(ə)] [73] *tr.* **1** Desconocer. **2** No apreciar en su justo valor (mésestimer).

mécontent, -ente [mekɔ̃tɑ̃, -ɑ̃t] *adj.-s.* Descontento, ta, malcontento, ta.

mécontenter [mekɔ̃tɑ̃te] [1] *tr.* Descontentar, disgustar.

mécréant, -ante [mekʀeɑ̃, -ɑ̃t] *adj.-s.* **1** Incrédulo, la, descreído, da. **2** Infiel.

médaille [medaj] *f.* Medalla.

médaillon [medajɔ̃] *m.* Medallón.

médecin [medsɛ̃] *m.* Médico.

médecine [medsin] *f.* Medicina.

médian, -ane [medjɑ̃, -an] *adj.* **1** Que está en el medio. ■ **2** *f.* GÉOM. Mediana.

médiateur, -trice [medjatœʀ, -tʀis] *adj.-s.* Mediador, ra.

médiatique [medjatik] *adj.* Popular.

médicament [medikamɑ̃] *m.* Medicamento.

médicinal, -ale [medisinal] *adj.* Medicinal.

médiéval, -ale [medjeval] *adj.* Medieval.

médiocre [medjɔkʀ(ə)] *adj.* Mediocre.

médire [mediʀ] [65] *intr.* Maldecir, murmurar, hablar mal (*de,* de).

médisance [medizɑ̃s] *f.* Maledicencia, murmuración.

méditation [meditasjɔ̃] *f.* Meditación.

méditer [medite] [1] *tr.-intr.* Meditar.

méditerrané, -ée [mediteʀane] *adj.* **1**

Mediterráneo, ea. ▪ **2** *n. pr. f. La Médi-terranée,* el Mediterráneo *m.*

méditerranéen, -éenne [meditɛʀanẽẽ, -ɛɛn] *adj.* Mediterráneo, ea.

médium [medjɔm] *m.* **1** Médium. **2** MUS. Registro intermedio de la voz.

médius [medijys] *m.* Dedo medio.

méduser [medyze] [1] *tr. fam.* Dejar patidifuso, sa, petrificado, da.

meeting [mitiŋ] *m.* Mitin.

méfait [mefɛ] *m.* Fechoría *f.,* mala acción *f.*

méfier (se) [mefje] [2] *pr.* Desconfiar, no fiarse. Loc. *Méfiez-vous des voleurs!,* ¡cuidado con los ladrones!

mégaoctet [megaɔktɛ] *m.* INFORM. Megabyte.

mégarde [megaʀd(ə)] *f.* Inadvertencia, descuido *m.* Loc. *Par ~,* por descuido.

mégère [meʒɛʀ] *f. fam.* Arpía, furia.

mégot [mego] *m.* Colilla *f.*

méhari [meaʀi] *m.* Mehari.

meilleur, -eure [mɛjœʀ] *adj.* **1** Mejor: *les meilleures poésies,* las mejores poesías. Loc. *Bien ~,* mucho mejor; *de meilleure heure,* más temprano; *devenir ~,* mejorar. ▪ **2** *adv. Il fait ~,* hace mejor tiempo. ▪ **3** *s.* Mejor. Loc. *Pour le ~ et pour le pire,* en el bien y en el mal.

mélancolie [melãkɔli] *f.* Melancolía.

mélanger [melãʒe] [13] *tr.* Mezclar.

mêlée [mele] *f.* **1** Refriega. **2** Pelea, disputa. **3** SPORTS. Melée (rugby).

mêler [mele] [1] *tr.* **1** Mezclar. **2** Barajar (les cartes). **3** Implicar, meter (faire participer quelqu'un à). ▪ **4** *pr.* Mezclarse: *se ~ à une discussion,* mezclarse en una discusión. Loc. fig. *Se ~ de,* meterse en.

méli-mélo [melimelo] *m. fam.* Baturrillo, batiburrillo, mezcolanza *f.*

mélisse [melis] *f.* Melisa.

Melle. (*abrév.*) mademoiselle) Srta.

mélodie [melɔdi] *f.* Melodía.

mélodieux, -euse [melɔdjø, -øz] *adj.* Melodioso, sa.

mélodrame [melɔdʀam] *m.* Melodrama.

melon [m(ə)lɔ̃] *m.* **1** Melón. **2** *~ d'eau,* sandía *f.* **3** *Chapeau ~,* sombrero hongo.

membrane [mãbʀan] *f.* Membrana.

membre [mãbʀ(ə)] *m.* **1** Miembro. **2** Socio (d'une société, d'un club). **3** Vocal, componente (d'une commission, etc.).

même [mɛm] *adj.* **1** Mismo, ma. Loc. *De lui-même, de soi-même,* por sí mismo, por sí solo; *en ~ temps,* al mismo

tiempo; *la ~ chose,* lo mismo. ▪ **2** *pron. indéf.* Mismo. Loc. *C'est du pareil au ~,* es exactamente igual. ▪ **3** *adv.* Incluso, hasta, aún: *~ les enfants,* hasta los niños. Loc. *À ~,* directamente: *boire à ~ la bouteille,* beber directamente de la botella; *tout de ~ quand ~,* sin embargo. **5** *loc. prép. À ~ de,* en condiciones de. **6** *loc. conj. De ~ que,* como, así como; *~ que,* y además.

mémento [memẽto] *m.* **1** Agenda *f.* **2** Compendio (résumé). **3** LITURG. Memento.

mémoire [memwaʀ] *f.* **1** Memoria. Loc. *De ~,* de memoria. **2** Recuerdo *m.* (souvenir). ▪ **3** *m.* Memoria *f.,* informe (rapport). **4** COMM. Estado de deudas *f. pl.*

mémorable [memɔʀabl(ə)] *adj.* Memorable.

menacer [mənase] [12] *tr.* Amenazar.

ménage [menaʒ] *m.* **1** Menaje, ajuar (ustensiles). **2** Gobierno y quehaceres de la casa. Loc. *Faire le ~,* hacer la limpieza; *femme de ~,* asistenta. **3** Casa *f.,* familia *f.* (famille). **4** Matrimonio (couple). Loc. *Faire bon ~,* llevarse bien. **5** Loc. fig.: *faire le ~,* reorganizar.

ménagement [menaʒmã] *m.* Miramiento, consideración *f.*

ménager [menaʒe] [13] *tr.* **1** Preparar, arreglar, facilitar (arranger): *~ une surprise,* preparar una sorpresa. **2** Instalar, disponer. **3** Reservar. **4** Ahorrar, economizar (épargner). **5** Cuidar, velar por: *~ sa santé,* cuidar de su salud. **6** No abusar de (ses forces). **7** Mesurar, medir (ses paroles, etc.). **8** Tratar con consideración (quelqu'un). ▪ **9** *pr.* Cuidarse.

mendiant, -ante [mãdjã, -ãt] *adj.-s.* **1** Mendigo, ga, pordiosero, ra. **2** fig. *Les quatre mendiants,* higos secos, pasas, almendras y nueces.

mendicité [mãdisite] *f.* Mendicidad.

mener [məne] [16] *tr.* **1** Llevar, conducir: *~ sa fille à l'école,* llevar a su hija a la escuela. Loc. fig. *~ loin,* llevar lejos. **2** Presidir (le deuil). **3** Llevar, dirigir (gérer). Loc. *~ à bien,* llevar a cabo. **4** Transportar. **5** fig. Llevar: *~ une vie austère,* llevar una vida austera. Loc. *~ grand train,* vivir a todo tren. **6** GÉOM. Trazar. **7** SPORTS *~ par 4 à 3,* ganar por 4 a 3.

ménestrel [menɛstʀɛl] *m.* Trovador.

meneur, -euse [mənœʀ, -øz] *s.* Cabecilla, jefe (chef).

méninge [menẽʒ] *f.* ANAT. Meninge.

ménisque [menisk(ə)] *m.* ANAT., opt.[nm Menisco.

menotte [mənɔt] *f.* **1** fam. Manecita (petite main). ■ **2** *pl.* Esposas.

mensonge [māsɔ̃ʒ] *m.* Mentira *f.*

mensualité [māsɥalite] *f.* Mensualidad.

mensuel, -elle [māsɥel] *adj.* Mensual.

mental, -ale [mātal] *adj.* Mental.

mentalité [mātalite] *f.* Mentalidad.

menteur, -euse [mātœʀ, -øz] *adj.-s.* Mentiroso, sa, embustero, ra.

menthe [māt] *f.* Menta.

mention [māsjɔ̃] *f.* **1** Mención. **2** ~ *honorable*, mención honorífica; ~ *passable*, aprobado *m.*

mentionner [māsjɔne] [1] *tr.* Mencionar.

mentir [mātiʀ] [30] *intr.* Mentir.

menton [mātɔ̃] *m.* Barbilla *f.*, mentón.

menu, -ue [məny] *adj.* **1** Menudo, da. Loc. *Menue monnaie*, calderilla *f.*; *le* ~ *peuple*, la plebe. ■ **2** *m.* Minuta *f.*, menú. **3** Cubierto (menu dont le prix est déterminé). **4** *loc. adv. Par le* ~, detalladamente. ■ **5** *adv. Hacher* ~, picar.

menuet [mənɥe] *m.* Minué.

menuisier [mənɥizje] *m.* Carpintero.

méprendre (se) [mepʀādʀ(ə)] [52] *pr.* Equivocarse, confundirse. *loc. adv. À s'y* ~, hasta el punto de confundirse.

mépris [mepʀi] *m.* Desprecio, menosprecio.

méprisable [mepʀizabl(ə)] *adj.* Despreciable.

méprise [mepʀiz] *f.* Error *m.*, confusión.

mépriser [mepʀize] [1] *tr.* Despreciar, menospreciar.

mer [meʀ] *f.* Mar *m.* et *f.*: *la* ~ *Noire*, el Mar Negro. ▲ Le plus souvent au masculin. Loc. *Basse* ~, bajamar *f.*; *haute*, *pleine* ~, pleamar *f.*

mercantile [meʀkātil] *adj.* Mercantil.

mercenaire [meʀsəneʀ] *adj.-m.* Mercenario, ria.

mercerie [meʀsəʀi] *f.* Mercería.

merci [meʀsi] *m.* **1** Gracias *f. pl.* Loc. *Dire* ~, dar las gracias; ~ *bien, beaucoup*, muchas gracias; *grand* ~, mil gracias. ■ **2** *f.* Merced, gracia, favor *m. loc. prép. À la* ~ *de*, a la merced de. *loc. adv. Dieu* ~, a Dios gracias.

mercier, -ière [meʀsje, -jeʀ] *s.* Mercero, ra.

mercredi [meʀkʀədi] *m.* Miércoles.

mère [meʀ] *f.* **1** Madre. Loc. ~ *patrie*, madre patria. **2** Madre, causa, origen *m.* **3** fam. Tía, seña (pour une femme d'un certain âge): *la* ~ *Jeanne*, la tía Juana.

méridien, -ienne [meʀidjẽ, -en] *adj.* **1** Meridiano, na. ■ **2** *m.* ASTRON. Meridiano. ■ **3** *f.* ASTRON., GÉOM. Meridiana. **4** Siesta. **5** Tumbona (canapé).

méridional, -ale [meʀidjɔnal] *adj.* Meridional.

meringue [məʀɛ̃g] *f.* Merengue *m.*

mérinos [meʀinos] *m.* Merino.

merise [məʀiz] *f.* Cereza silvestre.

mérite [meʀit] *m.* Mérito.

mériter [meʀite] [1] *tr.* Merecer.

merlan [meʀlā] *m.* Pescadilla *f.*

merle [meʀl(ə)] *m.* Mirlo.

merluche [meʀlyʃ] *f.* Merluza.

merveille [meʀvej] *f.* Maravilla.

merveilleux, -euse [meʀvejø, -øz] *adj.* Maravilloso, sa.

mésalliance [mezaljās] *f.* Casamiento *m.* desigual.

mésange [mezāʒ] *f.* Paro *m.*: ~ *charbonnière*, paro carbonero.

mésaventure [mezavātyʀ] *f.* Contratiempo *m.*

mésestimer [mezestime] [1] *tr.* Desestimar, menospreciar.

mesquin, -ine [meskɛ̃, -in] *adj.* Mezquino, na.

message [mesaʒ] *m.* Mensaje.

messager, -ère [mesaʒe, -eʀ] *s.* **1** Mensajero, ra. ■ **2** *m.* Ordinario, cosario (commissionnaire).

messagerie [mesaʒʀi] *f.* Mensajería.

messe [mes] *f.* Misa.

messieurs [mesjø] *m. pl.* **1** Pl. de *monsieur*. Señores, caballeros. **2** Muy señores míos, señores (en tête d'une lettre).

mesurable [məzyʀabl(ə)] *adj.* Mensurable.

mesure [m(ə)zyʀ] *f.* **1** Medida. Loc. *Sur* ~, a la medida; *dans la* ~ *de*, en la medida de; *outre* ~, excesivamente; *à* ~ *que, au fur et à* ~ *que*, a medida que. **2** fig. *Donner sa* ~, mostrar de lo que uno es capaz; *dépasser la* ~, pasarse de la raya. **3** Dosis, ración. **4** Moderación, mesura (retenue). **5** *Être en* ~ *de*, estar en condiciones de. **6** MUS. Compás *m.*: *battre la* ~, llevar el compás; ~ *à quatre temps*, compás menor, compasillo *m.*

mesurer [məzyʀe] [1] *tr.* **1** Medir. ■ **2** *pr. Se* ~ *avec quelqu'un*, medirse, luchar, rivalizar con uno.

métal [metal] *m.* Metal: *métaux précieux*, metales preciosos.

métallique [metal(l)ik] *adj.* Metálico, ca.

métalliser [metal(l)ize] [1] *tr.* Metalizar.

métallurgie [metal(l)yrʒi] f. Metalurgia.

métamorphose [metamɔrfoz] f. Metamorfosis.

métaphore [metafɔr] f. Metáfora.

métaphysique [metafizik] adj. 1 Metafísico, ca. ■ 2 f. Metafísica.

métayage [metɛjaʒ] m. Aparcería f.

métayer, -yère [metaje, -jɛr] s. Aparcero, ra, colono, na.

météore [meteɔr] m. Meteoro.

météorologie [meteɔrɔlɔʒi] f. Meteorología.

métèque [metɛk] m. 1 Meteco. 2 péj. Extranjero.

méthode [metɔd] f. Método m.

méticuleux, -euse [metikylø, -øz] adj. Meticuloso, sa.

métier [metje] m. 1 Oficio, profesión f.: ~ *manuel,* oficio manual. Loc. *Chacun son ~,* zapatero a tus zapatos. 2 Bastidor (pour broder). 3 ~ *à tisser,* telar.

métis, -isse [metis] adj.-s. Mestizo, za.

mètre [mɛtr(ə)] m. 1 Metro: ~ *carré,* metro cuadrado; ~ *cube,* metro cúbico.

métro [metro] m. fam. Metro.

métropolitain, -aine [metrɔpɔlitɛ̃, -ɛn] adj.-s. Metropolitano, na.

mets [mɛ] m. Plato, manjar.

metteur [metœr] m. 1 ~ *en œuvre,* engastador de piedras preciosas. 2 ~ *en ondes,* director de emisión. 3 ~ *en scène,* escenógrafo (théâtre), realizador (cinéma). 4 IMPR. ~ *en pages,* compaginador.

mettre [mɛtr(ə)] [60] tr. 1 Poner, colocar (placer). Loc. ~ *au point,* poner a punto; ~ *bas,* parir. 2 Meter (introduire). 3 Echar: ~ *une lettre à la poste,* echar una carta al correo. 4 Poner, instalar (installer). 5 Poner, ponerse (vêtement). 6 Poner, tardar: ~ *une heure à,* tardar una hora en. 7 Gastar (dépenser). 8 Poner, suponer: *mettons que cela soit vrai,* pongamos que esto sea verdad. ■ 9 pr. Ponerse: se ~ *au travail,* ponerse a trabajar. Loc. *Se* ~ *à la fenêtre,* asomarse a la ventana; *se* ~ *en colère,* encolerizarse. 10 Vestirse, ponerse: *être bien mis,* ir bien vestido. ■ 11 recipr. Vapulearse (se donner des coups).

meuble [mœbl(ə)] adj. 1 DR. *Biens meubles,* bienes muebles. 2 AGR. *Terre* ~, tierra blanda. ■ 3 m. Mueble.

meubler [mœble] [1] tr. 1 Amueblar. 2 fig. Llenar (remplir). ■ 3 pr. Comprarse muebles.

meugler [møgle] [1] intr. Mugir.

meule [møl] f. 1 Muela, rueda (de moulin). 2 Muela (pour aiguiser). 3 Almiar m. (de foin, paille).

meunier, -ière [mønje, -jɛr] s. Molinero, ra.

meurtre [mœrtr(ə)] m. Homicidio, asesinato.

meurtrier, -ière [mœrtrije, -ijɛr] s. 1 Asesino, na, homicida. ■ 2 adj. Mortal. 3 fig. Sangriento, ta.

meurtrir [mœrtrir] [3] tr. 1 Magullar. 2 Machucar (les fruits).

meute [møt] f. Jauría.

mexicain, -aine [mɛksikɛ̃, ɛn] adj.-s. Mejicano, na, mexicano, na (au Mexique, s'écrit toujours avec *x*).

mi [mi] m. MUS. Mi.

mi [mi] adj. invar.-adv. Medio, mitad: *la mi-août,* la mitad de agosto. loc. adv. *À* ~ (suivi d'un nom) a media: *à* ~ *hauteur,* a media altura.

miasme [mjasm(ə)] m. Miasma.

miaulement [mjolmã] m. Maullido.

mi-carême [mikarɛm] f. Jueves m. de la tercera semana de cuaresma.

miche [miʃ] f. Pan m. grande y redondo.

micmac [mikmak] m. fam. Tejemaneje, chanchullo.

microbe [mikrɔb] m. Microbio.

microcassette [mikrokaset] f. Microcasete m.

micro-cravate [mikrokravat] m. Micrófono (pour s'accrocher aux vêtements).

microfilm [mikrofilm] m. Microfilm.

microphone [mikrɔfɔn] m. Micrófono.

microprocesseur [mikroprɔsɛsœr] m. INFORM. Microprocesador.

microscope [mikrɔskop] m. Microscopio.

midi [midi] m. 1 Mediodía. Loc. *Chercher* ~ *à quatorze heures,* buscar tres pies al gato. 2 Las doce: *il est* ~, son las doce; ~ *et demi,* las doce y media. 3 *Le* ~ *de la France,* el Mediodía, el Sur de Francia.

midinette [midinɛt] f. Modistilla.

mie [mi] f. Miga (du pain).

miel [mjɛl] m. Miel f.

mielleux, -euse [mjɛlø, -øz] adj. Meloso, sa.

mien, mienne [mjɛ̃, -mjɛn] adj.-pron. poss. Mío, mía. ■ m. pl. Los míos, mi familia f.

miette [mjɛt] f. Migaja.

mieux [mjø] adv. 1 Mejor: *un peu* ~, un poco mejor; *beaucoup, bien* ~, mucho mejor. Loc. *Aimer* ~, preferir; *aller* ~, encontrarse, ir mejor; *je ne demande pas* ~, no pido otra cosa. **2** *loc. adv.* À *qui* ~, a cual mejor; *d'autant* ~, con mayor razón; *tant* ~, tanto mejor. ■ **3** *m.* Lo mejor. Loc. *De* ~ *en* ~, cada vez mejor; *faire* ~ *de*, hacer todo lo que se pueda. ■ **4** *adj.* Mejor. Loc. *Être* ~, estar mejor; *rien de* ~, nada mejor.

mièvre [mjɛvʀ(ə)] *adj.* **1** Almibarado, da, empalagoso, sa. **2** Endeble, enclenque (chétif).

mignardise [miɲaʀdiz] *f.* Melindres *m. pl.*, remilgos *m. pl.*

mignon, -onne [miɲɔ̃, -ɔn] *adj.* **1** Mono, na, lindo, da. **2** Amable (gentil). **3** fig. *Péché* ~, punto *m.* flaco. ■ **4** *s.* *Mon* ~, ma mignonne, rico, rica.

migraine [migʀɛn] *f.* Jaqueca, dolor *m.* de cabeza, migraña.

mijoter [miʒɔte] [1] *tr.-intr.* **1** CUIS. Cocer a fuego lento. ■ **2** *tr.* fam. Tramar, maquinar.

mil [mil] *adj. num.* **1** Mil. ■ **2** *m.* Mijo (millet).

milicien [milisjɛ̃] *m.* Miliciano.

milieu [miljø] *m.* **1** Medio, centro. Loc. *Au* ~ *de*, en medio de; *au beau* ~ *de*, *en plein* ~ *de*, justo en medio de, en pleno centro de. **2** Mitad *f.* (moitié). **3** Término medio. **4** Medio: *adaptation au* ~, adaptación al medio. **5** *Le* ~, el hampa (la pègre). **6** SPORTS. ~ *de terrain*, medio.

militaire [militɛʀ] *adj.-m.* Militar.

militant, -ante [militɑ̃, -ɑ̃t] *adj.-s.* Militante.

militarisme [militaʀism(ə)] *m.* Militarismo.

militer [milite] [1] *intr.* Militar.

mille [mil] *adj. num. invar.* *1* Mil. ■ **2** *m.* Millar. **3** Milla *f.* (mesure de longueur).

millénaire [mi(l)lenɛʀ] *adj.* **1** Milenario, ria. ■ **2** *m.* Milenario, milenio.

mille-pattes [milpat] *m. invar.* Ciempiés.

millet [mijɛ] *m.* Mijo.

milliard [miljaʀ] *m.* Mil millones.

milliardaire [miljaʀdɛʀ] *adj.-s.* Multimillonario, ria.

millième [miljɛm] *adj.-s.* Milésimo, ma.

millier [milje] *m.* Millar.

million [miljɔ̃] *m.* Millón.

millionnaire [miljɔnɛʀ] *adj.-s.* Millonario, ria.

mime [mim] *m.* Mimo (acteur et pièce).

mimosa [mimoza] *m.* Mimosa *f.*

minable [minabl(ə)] *adj.* Lamentable, calamitoso, sa.

minauderie [minodʀi] *f.* Monería, melindre *m.*

mince [mɛ̃s] *adj.* **1** Delgado, da, fino, na. **2** fig. Pobre, escaso, sa, insignificante.

mine [min] *m.* **1** Aspecto *m.*, apariencia (aspect extérieur). Loc. *Ne pas avoir de* ~, tener mal aspecto; *faire* ~ *de*, hacer como si, aparentar. **2** Cara, rostro *m.* (aspect du visage). **3** Mina (de crayon). **4** Mina (gisement, engin explosif).

minerai [minʀɛ] *m.* Mineral.

minéral, -ale [mineral] *adj.-m.* Mineral.

minéralogie [mineralɔʒi] *f.* Mineralogía.

minet, -ette [minɛ, -ɛt] *s.* fam. Minino, na (petit chat).

mineur [minœʀ] *adj.-m.* **1** Minero (ouvrier). **2** MIL. Zapador.

miniature [minjatyʀ] *f.* Miniatura.

minime [minim] *adj.* **1** Mínimo, ma. ■ **2** *adj.-s.* SPORTS Infantil. ■ **3** *m.* Mínimo (religieux).

ministère [ministɛʀ] *m.* Ministerio: ~ *de l'intérieur, des Finances*, ministerio de la Gobernación, de Hacienda.

ministre [ministʀ(ə)] *m.* Ministro.

Minitel [minitɛl] *m.* INFORM. Terminal videotex para la consulta de bases de datos.

minorité [minɔʀite] *f.* **1** Minoría. **2** Minoría de edad (âge).

minoterie [minɔtʀi] *f.* Fábrica, comercio *m.* de harinas.

minuit [minɥi] *m.* Medianoche *f.*

minuscule [minyskyl] *adj.* **1** Minúsculo, la. ■ **2** *f.* Minúscula (lettre).

minute [minyt] *f.* **1** Minuto *m.* (temps, angle). **2** *interj.* ¡Espere!, ¡un momento!

minutie [minysi] *f.* **1** Minucia (bagatelle). **2** Minuciosidad (soin).

mirabelle [miʀabɛl] *f.* Ciruela mirabel.

miracle [miʀakl(ə)] *m.* Milagro.

mirage [miʀaʒ] *m.* Espejismo.

mire [miʀ] *f.* Mira: *ligne de* ~, línea de mira; *point de* ~, punto de mira, blanco.

mirer [miʀe] [1] *tr.* **1** Mirar al trasluz (un œuf). **2** Reflejar. ■ **3** *pr.* Mirarse, contemplarse.

miroir [miʀwaʀ] *m.* Espejo.

miroiter [miʀwate] [1] *intr.* Espejear, reverberar.

mis, mise [mi, miz] **1** *p.p.* de *mettre*. ■ **2** *adj.* Puesto, ta.

misanthrope [mizɑ̃tʀɔp] *adj.-s.* Misántropo *m.*

mise [miz] *f.* **1** Puesta, colocación. Loc. ~

en place, colocación; enfoque *m.* (en photographie); ~ *à la retraite,* jubilación; ~ *en liberté,* liberación. **2** Apuesta, puesta (action de miser). **3** Vestimenta, arreglo *m.* personal (habillement, tenue). **4** ~ *en scène,* escenificación, escenografía. **5** COMM. ~ *de fonds,* inversión de fondos.

miser [mize] [1] *tr.* **1** Hacer una puesta, apostar. **2** ~ *sur,* contar con.

misérable [mizeRabl(ə)] *adj.-s.* Miserable.

misère [mizɛR] *f.* **1** Miseria. **2** Desgracia, calamidad (malheur). Loc. fam. *Faire des misères à quelqu'un,* hacer rabiar, fastidiar a alguien.

miséricorde [mizeRikɔRd(ə)] *f.* Misericordia.

missel [misɛl] *m.* Misal.

mission [misjɔ̃] *f.* Misión.

missive [misiv] *f.* Misiva.

mistral [mistRal] *m.* Mistral (vent).

mitaine [mitɛn] *f.* Mitón *m.*

mite [mit] *f.* Polilla.

mitiger [mitiʒe] [13] *tr.* Mitigar.

mitonner [mitɔne] [1] *tr.-intr.* **1** CUIS. Cocer a fuego lento. ▪ **2** *tr.* Preparar.

mitoyen, -enne [mitwajɛ̃, -ɛn] *adj.* Medianero, ra: *mur* ~, pared medianera.

mitrailler [mitRaje] [1] *tr.* Ametrallar.

mitrailleuse [mitRajøz] *f.* Ametralladora.

mixte [mikst(ə)] *adj.* Mixto, ta.

mixture [mikstyR] *f.* Mixtura.

MM. *(abrév.* messieurs) Sres.

Mme. *(abrév.* madame) Sra.

mobile [mɔbil] *adj.* **1** Móvil, movible. ▪ **2** *m.* Móvil.

mobilier, -ière [mɔbilje, -jɛR] *adj.* **1** Mobiliario, ria. ▪ **2** *m.* Mobiliario.

mobiliser [mɔbilize] [1] *tr.* Movilizar.

moche [mɔʃ] *adj.* **1** fam. Feo, fea, feúcho, cha (laid). **2** fam. Desagradable.

modalité [mɔdalite] *f.* Modalidad.

mode [mɔd] *m.* **1** GRAM., MUS. Modo. **2** Modo (manière). ▪ **3** *f.* Moda. Loc. *À la* ~, de moda, a la moda.

modèle [mɔdɛl] *adj.-s.* Modelo.

modeler [mɔdle] [17] *tr.* **1** Modelar. ▪ **2** *pr.* Amoldarse, ajustarse.

modérateur, -trice [mɔdeRatœR,-tRis] *adj.-s.* **1** Moderador, ra. ▪ **2** *m.* TECHN. Regulador.

modération [mɔdeRasjɔ̃] *f.* Moderación.

modérer [mɔdeRe] [14] *tr.* **1** Moderar. ▪ **2** *pr.* Moderarse.

moderniser [mɔdɛRnize] [1] *tr.* **1** Modernizar. ▪ **2** *pr.* Modernizarse.

modestie [mɔdɛsti] *f.* Modestia.

modifier [mɔdifje] [2] *tr.* **1** Modificar. ▪ **2** *pr.* Modificarse.

modique [mɔdik] *adj.* Módico, ca.

modiste [mɔdist(ə)] *f.* Sombrerera.

modulation [mɔdylɑsjɔ̃] *f.* **1** Modulación. **2** ~ *de fréquence,* frecuencia modulada.

moelle [mwal] *f.* **1** ANAT., BOT. Médula: ~ *épinière,* médula espinal. **2** Tuétano *m.* (substance comestible). **3** fig. Meollo *m.*

mœurs [mœR(s)] *f. pl.* Costumbres, hábitos *m.*

moi [mwa] *pron. pers.* **1** Yo. Loc. *Moimême,* yo mismo; ~ *seul,* yo solo; ~ *non plus,* yo tampoco. **2** Mí (complément); *pour* ~, para mí; *avec* ~, conmigo. **3** Me (avec l'impératif): *dis* ~, dime; *dites-le-*~, dígamelo. ▪ **4** *m. invar. Le* ~, el yo.

moignon [mwaɲɔ̃] *m.* **1** Muñón. **2** Garrón (d'un arbre).

moindre [mwɛ̃dR(ə)] *adj.* **1** Menor: *le* ~ *doute,* la menor duda. **2** *Le* ~ *effort,* el mínimo esfuerzo.

moine [mwan] *m.* Monje, fraile.

moineau [mwano] *m.* Gorrión.

moins [mwɛ̃] **1** *adv.* Menos: *dix francs de* ~, diez francos menos. Loc. *À* ~, por menos; *au* ~, *pour le* ~, al menos (au minimum); *de* ~ *en* ~, cada vez menos; *plus ou* ~, más o menos. **2** *loc. prép. À* ~ *de,* a menos de; *en* ~ *de rien, en* ~ *de deux,* en un santiamén, en menos que canta un gallo. **3** *loc. conj. À* ~ *que,* a menos que, a no ser que. ▪ **4** *prép.* Menos: *dix heures* ~ *cinq,* las diez menos cinco. ▪ **5** *m. invar.* Lo menos. **6** MATH. Menos, signo menos.

moire [mwaR] *f.* **1** Muaré *m.* (tissu). **2** Aguas *pl.,* visos *m. pl.* (reflets).

moiré [mwaRe] *adj.* Tornasolado, da.

mois [mwa] *m.* Mes: **2** ~, 2 meses.

moisir [mwaziR] [3] *intr.* **1** Enmohecerse. **2** fam. Criar moho (languir). ▪ **3** *tr.* Enmohecer.

moisissure [mwazisyR] *f.* Moho *m.*

moisson [mwasɔ̃] *f.* **1** Siega. Loc. *Faire la* ~, cosechar (récolter). **2** fig. Cosecha.

moissonner [mwasɔne] [1] *tr.* **1** Segar (faucher), cosechar (récolter). **2** fig. Cosechar.

moite [mwat] *adj.* Húmedo, da.

moitié [mwatje] *f.* **1** Mitad. Loc. *À* ~, a la mitad; medio (avec un adj.): ~ *mort,* medio muerto; *à* ~ *prix,* a mitad de precio; *à* ~ *chemin,* a la mitad de camino; *être, se mettre de* ~ *avec quelqu'un,* ir a medias con alguien; *moitié-moitié,* a medias, regular. **2** fam. Costilla, cara, mitad, media naranja (épouse).

molaire [mɔlɛʀ] *f.* Molar *m., muela (dent).

môle [mol] *m.* **1** MAR. Rompeolas. **2** MAR. Malecón (digue).

molécule [mɔlekyl] *f.* Molécula.

molester [mɔlɛste] [1] *tr.* Atropellar, maltratar.

mollasse [mɔlas] *adj.* **1** Blanducho, cha, fofo, fa. **2** Flojo, ja, apático, ca (apathique).

mollesse [mɔlɛs] *f.* **1** Blandura. **2** Flojera, apatía (indolence).

mollet, -ette [mɔlɛ, -ɛt] *adj.* **1** Blando, da. **2** *Œuf ~,* huevo pasado por agua. ■ **3** *m.* Pantorrilla *f.*

molleton [mɔltɔ̃] *m.* Muletón.

mollusque [mɔlysk(ə)] *m.* Molusco.

moment [mɔmɑ̃] *m.* **1** Momento, rato. **2** *loc. prép. Au ~ de,* en el momento de. **3** *loc. conj. Du ~ que,* puesto que.

momifier [mɔmifje] [2] *tr.* Momificar.

mon [mɔ̃], **ma** [ma], *pl.* **mes** [me] *adj. poss.* Mi, mis: *mon père, ma mère, mes enfants,* mi padre, mi madre, mis hijos. Loc. *~ Dieu!,* ¡Dios mío!

monacal, -ale [mɔnakal] *adj.* Monacal.

monarchie [mɔnaʀʃi] *f.* Monarquía.

monastère [mɔnastɛʀ] *m.* Monasterio.

monceau [mɔ̃so] *m.* Montón.

mondain, -aine [mɔ̃dɛ̃, -ɛn] *adj.-s.* Mundano, na.

monde [mɔ̃d] *m.* **1** Mundo. **2** Mundo, sociedad *f.* Loc. *Le beau ~,* la buena sociedad. **3** Gente *f.,* gentío (foule): *il y a beaucoup de ~,* hay mucha gente.

mondial, -ale [mɔ̃djal] *adj.* Mundial.

monétaire [mɔnetɛʀ] *adj.* Monetario, ria.

mongol, -ole [mɔ̃gɔl] *adj.-s.* Mongol, mongólico, ca.

moniteur, -trice [mɔnitœʀ, -tʀis] *s.* Monitor, ra.

monnaie [mɔnɛ] *f.* **1** Moneda. **2** Dinero *m.* suelto, suelto *m.* (pièces): *avez-vous de la ~?,* ¿tiene usted suelto? **3** Cambio *m.,* vuelta: *la ~ de cent francs,* el cambio de cien francos.

monocle [mɔnɔkl(ə)] *m.* Monóculo.

monogamie [mɔnɔgami] *f.* Monogamia.

monographie [mɔnɔgʀafi] *f.* Monografía.

monologue [mɔnɔlɔg] *m.* Monólogo.

monopoliser [mɔnɔpɔlize] [1] *tr.* Monopolizar.

monosyllabe [mɔnɔsil(l)ab] *adj.-m.* Monosílabo, ba.

monotonie [mɔnɔtɔni] *f.* Monotonía.

monseigneur [mɔ̃sɛɲœʀ] *m.* Monseñor.

monsieur [məsjø] *m.* **1** Señor, el señor: *bonjour ~,* buenos días, señor; *~ est sorti,* el señor ha salido. **2** Señor don (devant un prénom). **3** *Mon cher ~,* muy señor mío (en tête d'une lettre). **4** Monseñor (titre donné aux princes de la famille royale).

monstre [mɔ̃stʀ(ə)] *m.* Monstruo.

mont [mɔ̃] *m.* Monte. Loc. *Promettre monts et merveilles,* prometer el oro y el moro.

montage [mɔ̃taʒ] *m.* Montaje.

montagnard, -arde [mɔ̃taɲaʀ, -aʀd(ə)] *adj.-s.* Montañés, esa.

montagne [mɔ̃taɲ] *f.* Montaña.

montant, -ante [mɔ̃tɑ̃, -ɑ̃t] *adj.* **1** Ascendente. **2** MIL. *Garde montante,* guardia entrante. ■ **3** *m.* Total, importe (somme): *le ~ des dépenses,* el importe de los gastos. **4** CONSTR., TECHN. Larguero, montante.

mont-de-piété [mɔ̃dpjete] *m.* Monte de piedad.

monte [mɔ̃t] *f.* Monta.

monte-charge [mɔ̃tʃaʀz(ə)] *m. invar.* Montacargas.

monter [mɔ̃te] [1] *intr.* **1** Subir: *~ au grenier, en voiture,* subir al desván, al coche. **2** Montar: *~ à cheval, à bicyclette,* montar a caballo, en bicicleta. **3** Ascender, subir (s'élever). Loc. *~ en grande,* ascender; *~ à la tête,* emborrachar. **4** Crecer (un fleuve, la mer). **6** Subir, aumentar (augmenter). **5** Elevarse, ascender: *la facture monte à mille pesetas,* la factura asciende a mil pesetas. ■ **7** *tr.* Subir (gravir): *~ une côte,* subir una cuesta. **8** Montar: *~ un cheval,* montar un caballo. **9** Montar, instalar (aménager). **10** Engastar (pierre précieuse). **11** Urdir, tramar (combiner). **12** THÉÂT. Montar. ■ **13** *pr.* Abastecerse, proveerse: *se ~ en draps,* proveerse de sábanas. **14** fam. Encolerizarse, irritarse.

monticule [mɔ̃tikyl] *m.* Montículo.

montre [mɔ̃tʀ(ə)] *f.* **1** Reloj *m.: montre-bracelet,* reloj de pulsera. **2** Muestra (action de montrer). Loc. *Faire ~ de,* hacer alarde de. **3** Escaparate *m.* (étalage). **4** *f.:* Loc. *~ en main,* reloj en mano.

montrer [mɔ̃tʀe] [1] *tr.* **1** Mostrar, enseñar (faire voir). **2** Indicar, señalar (désigner): *~ du doigt,* señalar con el dedo. ■ **3** *pr.* Mostrarse: *se ~ prudent,* mostrarse prudente. **4** Exhibirse.

monture [mɔ̃tyʀ] *f.* **1** Montura, cabalgadura (cheval, etc.). **2** TECHN. Montura.

monument [mɔnymɑ̃] *m.* Monumento.

moquer (se) [mɔke] *pr.* Burlarse, reírse.

moquette [mɔkɛt] *f.* Moqueta.

moqueur, -euse [mɔkœʀ, -øz] *adj.-s.* **1** Burlón, ona. ■ **2** *m.* Sinsonte (oiseau).

moral, -ale [mɔʀal] *adj.* **1** Moral. ■ **2** *m.* Moral *f.*, ánimo: *relever le ~*, levantar el ánimo.

moraliser [mɔʀalize] [1] *tr.-intr.* Moralizar.

moralité [mɔʀalite] *f.* **1** Moralidad. **2** Moraleja (d'une fable).

morbide [mɔʀbid] *adj.* Mórbido, da.

morbidité [mɔʀbidite] *f.* Morbosidad.

morceau [mɔʀso] *m.* **1** Pedazo, trozo. **2** Tajada *f.* (tranche). **3** Trozo, fragmento (littéraire, musical).

morceler [mɔʀsəle] [19] *tr.* **1** Dividir. **2** Parcelar (terrain).

mordant, -ante [mɔʀdɑ̃, -ɑ̃t] *adj.* **1** Mordiente, que muerde. **2** Mordaz (incisif). ■ **3** *m.* TECHN. Mordiente. **4** MUS. Mordente. **5** fig. Mordacidad *f.* (agressivité).

mordre [mɔʀdʀ(ə)] [6] *tr.* **1** Morder. **2** Picar (poisson, insecte): *ça mord?*, ¿pican? ■ **3** *intr.* Morder: *chien qui mord*, perro que muerde. **4** Morder (eau-forte). **5** fam. Picar (se laisser prendre). ■ **6** *pr.* Morderse.

morfondre (se) [mɔʀfɔ̃dʀ(ə)] [6] *pr.* Consumirse esperando.

moribond, -onde [mɔʀibɔ̃, -ɔ̃d] *adj.-s.* Moribundo, da.

moricaud, -aude [mɔʀiko, -od] *adj.-s.* Morenillo, lla.

morne [mɔʀn(ə)] *adj.* **1** Taciturno, na, sombrío, ía. **2** Apagado, da (couleur). **3** Tétrico, ca (lúgubre). ■ **4** *m.* Morro (petite montagne).

mors [mɔʀ] *m.* Bocado, freno (du cheval).

morse [mɔʀs(ə)] *m.* **1** Morsa *f.* (animal). **2** Morse (alphabet).

mort [mɔʀ] *f.* Muerte.

mortaise [mɔʀtɛz] *f.* TECHN. Mortaja, muesca.

mortalité [mɔʀtalite] *f.* Mortalidad.

mortel, -elle [mɔʀtɛl] *adj.-s.* Mortal.

mortier [mɔʀtje] *m.* **1** Mortero, almirez (récipient à broyer). **2** MIL. Mortero. **2** CONSTR. Mortero, argamasa *f.*

mortifier [mɔʀtifje] [2] *tr.* **1** Mortificar. ■ **2** *pr.* Mortificarse.

mortuaire [mɔʀtɥɛʀ] *adj.* Mortuorio, ria.

morue [mɔʀy] *f.* Bacalao *m.*

mosaïque [mɔzaik] *adj.* **1** Mosaico, ca. ■ **2** *f.* Mosaico *m.*

mosquée [mɔske] *f.* Mezquita.

mot [mo] *m.* **1** Palabra *f.*, vocablo. Loc. *Bon ~*, *~ d'esprit*, chiste, agudeza *f.*: *gros ~*, palabrota *f.*, taco; *~ d'ordre*, *de passe*, consigna *f.*, santo y seña; *~ savant*, cultismo. **2** *pl. loc. adv. À demi ~*, *à mots couverts*, con palabras encubiertas, con medias palabras. **3** Frase *f.*, sentencia *f.*, máxima *f.* (phrase). **4** Líneas *f. pl.*, letras *f. pl.*: *écrire un ~ à quelqu'un*, escribir unas líneas a alguien. **5**: INFORM. *~ de passe*, password, código de acceso.

moteur, -trice [mɔtœʀ, -tʀis] *adj.* **1** Motor, triz. ■ **2** *m.* Motor.

motif [mɔtif] *m.* Motivo.

motion [mosjɔ̃] *f.* Moción.

motocyclette [mɔtɔsiklɛt] *f.* Motocicleta.

motoriser [mɔtɔʀize] [1] *tr.* Motorizar.

motte [mɔt] *f.* **1** Terrón *m.* (de terre). **2** Pella (de beurre).

motus! [mɔtys] *interj.* fam. ¡Chitón!, ¡Silencio!

mou [mu], **mol, molle** [mɔl] *adj.* **1** Blando, da (tendre). **2** Suave (doux). **3** Fofo, fa (flasque). **4** Bochornoso, sa. **5** Fojo, ja (sans vigueur). **6** Muelle (vie). ■ **7** *adv.* pop. Suavemente. ■ **8** *m.* fam. Blandengue (faible). ▲ Delante de sustantivos que empiecen por vocal o *h* muda se usa *mol* en lugar de *mou*.

moucharder [muʃaʀde] [1] *tr.* fam. Chivar, dar el chivatazo.

mouche [muʃ] *f.* **1** Mosca. Loc. *~ à miel*, abeja; fig. *fine ~*, persona astuta, lince *m.*; *pattes de ~*, escritura *sing.* ilegible, garabatos *m.*; *prendre la ~*, picarse, amoscarse; *faire la ~ du coche*, meterse en camisa de once varas. **2** Mosca, perilla (barbe). **3** Lunar *m.* postizo (sur la peau). **4** Zapatilla (à la pointe d'un fleuret). **5** Diana (d'une cible).

moucher [muʃe] [1] *tr.* **1** Limpiar las narices de. **2** fig. Dar una lección, corregir (réprimander). ■ **3** *pr.* Sonarse, limpiarse las narices.

moucheture [muʃtyʀ] *f.* Pinta, mota.

mouchoir [muʃwaʀ] *m.* Pañuelo.

moudre [mudʀ(ə)] [77] *tr.* Moler.

moue [mu] *f.* Mohín *m.*

mouette [mwɛt] *f.* Gaviota.

mouflon [muflɔ̃] *m.* Carnero salvaje.

mouillage [muja3] *m.* **1** Remojo (action de tremper). **2** MAR. Fondeo (action). **3** MAR. Fondeadero, ancladero (lieu). **4** Acción *f.* de aguar (vin, etc.).

mouiller [muje] [1] *tr.* **1** Mojar. **2** Aguar (le vin, etc.). **3** MAR. Fondear. **4** Palatalizar (une consonne). ■ **5** *pr.* Mojarse. **6** fam. Comprometerse, complicarse.

moule [mul] *m.* **1** Molde. **2** Hormilla *f.* (pour les boutons). ■ **3** *f.* Mejillón *m.* (mollusque). **4** fig. fam. Zoquete *m.*

moulin [mulɛ̃] *m.* **1** Molino. **2** Molinillo: ~ *à café,* molinillo de café. **3** ~ *à prières,* molino de plegarias. **4** AUTO. fam. Motor.

moulinet [mulinɛ] *m.* **1** Molinete. **2** Carrete (de pêche). **3** TECHN. Torniquete.

moulu, -ue [muly] **1** *p. p. de moudre.* ■ **2** *adj.* Molido, da.

moulure [mulyʀ] *f.* ARCHIT. Moldura.

mourant, -ante [muʀɑ̃, -ɑ̃t] *adj.s.* **1** Moribundo, da. ■ **2** *adj.* Lánguido, da.

mourir [muʀiʀ] [34] *intr.* **1** Morir, morirse. ■ **2** *pr.* Morirse.

mousse [mus] *adj.* **1** Romo, ma, embotado, da (émoussé). ■ **2** *f.* Espuma (écume). **3** Musgo *m.* (plante). **4** CUIS. Crema batida: ~ *au chocolat,* crema de chocolate. **5** ~ *à raser,* espuma de afeitar. ■ **6** *m.* MAR. Grumete.

mousseline [muslin] *f.* Muselina.

mousson [musɔ̃] *f.* Monzón *m.*

moussu, -ue [musy] *adj.* Musgoso, sa.

moustache [mustaʃ] *f.* Bigote *m.*

moustique [mustik] *m.* Mosquito.

moût [mu] *m.* Mosto.

moutard [mutaʀ] *m.* pop. Chaval, chavea.

moutarde [mutaʀd(ə)] *f.* Mostaza.

mouton [mutɔ̃] *m.* **1** Carnero, borrego. Loc. *Revenons à nos moutons,* volvamos a nuestro asunto. **2** Cordero. **3** TECHN. Martinete. ■ **4** *pl.* MAR. Cabrillas *f.,* borregos (petites vagues).

moutonner [mutɔne] [1] *intr.* **1** MAR. Cabrillear (les vagues). **2** Aborregarse (le ciel).

mouvant, -ante [muvɑ̃, -ɑ̃t] *adj.* **1** Motor, ra. **2** Movedizo, za.

mouvement [muvmɑ̃] *m.* Movimiento.

mouvoir [muvwaʀ] [43] *tr.* **1** Mover. ■ **2** *pr.* Moverse.

moyen, -enne [mwajɛ̃, -ɛn] *adj.* **1** Medio, dia: ~ *terme,* término medio. **2** Mediano, na, mediocre. **3** Común, ordinario, ria. ■ **4** *m.* Medio. Loc. *Il n'y a pas* ~ *de,* no hay forma de, manera de. *loc. prép. Au* ~ *de,* por medio de, con la ayuda de; *par le* ~ *de,* mediante.

moyenâgeux, -euse [mwajɛnaʒø, -øz] *adj.* Medieval.

moyennant [mwajɛnɑ̃] *prép.* **1** Mediante. **2** ~ *quoi,* gracias a lo cual.

moyeu [mwajø] *m.* Cubo (de roue).

mucosité [mykozite] *f.* Mucosidad.

mue [my] *f.* **1** Muda (des animaux, de la voix). **2** AGR. Caponera (cage). **3** fig. Transformación.

muer [mɥe] [1] *intr.* **1** Mudar, cambiar. ■ **2** *pr.* Cambiarse, transformarse.

muet, -ette [mɥɛ, -ɛt] *adj.-s.* Mudo, da.

mufle [myfl(ə)] *m.* **1** Morro, hocico (des animaux). **2** fam. Patán (malotru).

mugir [myʒiʀ] [3] *intr.* Mugir.

muguet [mygɛ] *m.* **1** Muguete. **2** fam. Joven lechuguino.

mulâtre, -tresse [mylɑtʀ(ə), -tʀɛs] *adj.-s.* Mulato, ta.

mule [myl] *f.* **1** Mula. **2** Chinela (pantoufle). **3** Mula (du pape).

mulet [mylɛ] *m.* **1** Mulo. **2** Mújol (poisson).

mulot [mylo] *m.* Ratón campesino.

multicolore [myltikɔlɔʀ] *adj.* Multicolor.

multiple [myltipl(ə)] *adj.* **1** Múltiple. ■ **2** *adj.-m.* MATH. Múltiplo, pla.

multiplication [myltiplikasjɔ̃] *f.* Multiplicación.

multiplier [myltiplje] [2] *tr.* **1** Multiplicar. ■ **2** *pr.* Multiplicarse.

multitude [myltityd] *f.* Multitud.

municipal, -ale [mynisipal] *adj.* Municipal.

munir [myniʀ] [3] *tr.* **1** Proveer, abastecer (de vivres). **2** Proveer, dotar: *voiture munie de phares antibrouillards,* coche provisto de faros antiniebla. ■ **3** *pr.* Proveerse.

munition [mynisjɔ̃] *f.* Munición.

mur [myʀ] *m.* **1** Muro, pared *f.* (d'une maison, etc.). Loc. *Gros* ~, pared maestra; ~ *mitoyen,* medianería *f.,* pared medianera. **2** Muro, muralla *f.* (d'une ville, etc.). **3** Tapia *f.* (de clôture). **4** fig. Barrera *f.,* obstáculo.

mûr, mûre [myʀ] *adj.* Maduro, ra.

muraille [myʀɑj] *f.* Muralla.

mural, -ale [myʀal] *adj.* Mural.

mûre [myʀ] *f.* **1** Mora (fruit). **2** ~ *sauvage,* zarzamora.

murer [myʀe] [1] *tr.* **1** Murar, amurallar. **2** Tapiar (une porte, etc.). **3** Emparedar (une personne). ■ **4** *pr.* Aislarse.

mûrier [myʀje] *m.* Morera *f.*

mûrir [myʀiʀ] [3] *tr.-intr.* Madurar.

murmure [myʀmyʀ] *m.* Murmullo, susurro.

murmurer [myʀmyʀe] [1] *intr.-tr.* Murmurar, murmullar.

musc [mysk] *m.* **1** Almizcle (substance). **2** Almizclero (animal).

muscade [myskad] *adj.-f.* Moscada: *noix* ~, nuez moscada.

muscat [myska] *adj.-m.* Moscatel.

muscle [myskl(ə)] *m.* Músculo.

musclé, -ée [muskle] *adj.* **1** Musculoso, sa. **2** Brutal, enérgico, ca (intervención).

muscler [muskle] *tr.* fig. Reforzar: *il faut* ~ *la gestion de cet organisme,* hay que reforzar la gestión de este organismo.

musculaire [myskylɛʀ] *adj.* Muscular.

muse [myz] *f.* Musa.

museau [myzo] *m.* Hocico.

musée [myze] *m.* Museo.

muselière [myzəljɛʀ] *f.* Bozal *m.*

muser [myze] [1] *intr.* Vagar, barzonear.

musette [myzɛt] *f.* **1** Morral *m.* (sac). **2** MUS. Gaita.

musicien, -ienne [myzisjẽ, -jɛn] *adj.-s.* Músico, ca.

musique [myzik] *f.* **1** Música. Loc. fig. *Connaître la* ~, conocer el paño. **2** Banda (fanfare).

musulman, -ane [myzylkmã, -an] *adj.-s.* Musulmán, ana.

mutation [mytɑsjɔ̃] *f.* Mutación.

mutiler [mytile] [1] *tr.* Mutilar.

mutiner (se) [mytine] [1] *pr.* Amotinarse, rebelarse.

mutinerie [mytinʀi] *f.* Motín *m.,* sublevación.

mutisme [mytism(ə)] *m.* Mutismo.

mutuel, -elle [mytɥɛl] *adj.* **1** Mutuo, ua. ■ **2** *f.* Mutualidad.

myopie [mjɔpi] *f.* Miopía.

myosotis [mjozɔtis] *m.* Miosota *f.,* raspilla *f.*

myriade [miʀjad] *f.* Miríada.

myrrhe [miʀ] *f.* Mirra.

myrte [miʀt(ə)] *m.* Mirto, arrayán.

mystère [mistɛʀ] *m.* Misterio.

mystérieux, -euse [misteʀjø, -øz] *adj.* Misterioso, sa.

mysticisme [mistisism(ə)] *m.* Misticismo.

mystifier [mistifje] [2] *tr.* **1** Mistificar. **2** Embaucar, engañar (leurrer).

mystique [mistik] *adj.-s.* **1** Místico, ca. ■ **2** *f.* Mística.

mythe [mit] *m.* Mito.

mythologie [mitɔlɔʒi] *f.* Mitología.

N

n [ɛn] *m.* N. *f.*

nabot, -ote [nabo, -ɔt] *s.* Enano, na, retaco *m.,* tapón *m.*

nacre [nakʀ(ə)] *f.* Nácar *m.*

nage [naʒ] *f.* 1 Natación. *loc. adv. À la* ~, a nado. 2 *loc. fig. Être tout en* ~, estar bañado en sudor. 3 MAR. Boga (action).

nageoire [naʒwaʀ] *f.* Aleta.

nager [naʒe] [13] *intr.* 1 Nadar. 2 *fig. fam.* No comprender, no saber qué hacer. 3 MAR. Remar, bogar. ■ 4 *tr.* Nadar.

nageur, -euse [naʒœʀ, -øz] *s.* Nadador, ra.

naguère [nagɛʀ] *adv.* No hace mucho, hace poco.

naïf, -ive [naif, -iv] *adj.-s.* Inocente, ingenuo, a, cándido, da.

nain, naine [nɛ̃, nɛn] *adj.-s.* Enano, na.

naissance [nɛsɑ̃s] *f.* 1 Nacimiento *m.* 2 Linaje *m.,* cuna, origen *m.* (extraction). 3 Origen *m.: donner* ~ *à,* dar origen a.

naître [nɛtʀ(ə)] [74] *intr.* Nacer: *il est né,* ha nacido.

naïveté [naivte] *f.* Ingenuidad, inocencia, candidez.

naja [naʒa] *m.* Cobra *f.*

nantir [nɑ̃tiʀ] [3] *tr.* 1 Proveer (pourvoir). ■ 2 *pr.* Proveerse.

nantissement [nɑ̃tismɑ̃] *m.* Fianza *f.,* prenda *f.*

naphtaline [naftalin] *f.* Naftalina.

nappe [nap] *f.* 1 Mantel *m.* 2 ~ *d'autel,* mantel *m.,* sabanilla de altar. 3 Capa: ~ *d'eau,* capa de agua.

narcotique [naʀkɔtik] *adj.-m.* Narcótico, ca.

nard [naʀ] *m.* Nardo.

narine [naʀin] *f.* Ventana de la nariz.

narquois, -oise [naʀkwa, -waz] *adj.* Socarrón, ona, burlón, ona.

narration [naʀasjɔ̃] *f.* Narración.

narrer [naʀe] [1] *tr.* Narrar.

nasal, -ale [nazal] *adj.* 1 Nasal. ■ 2 *f.* Nasal (consonne).

naseau [nazo] *m.* Ollar.

nasillard, -arde [naziʀaʀ, -aʀd(ə)] *adj.* Gangoso, sa.

nasse [nas] *f.* 1 Nasa. 2 *fig.* Trampa.

natal, -ale [natal] *adj.* Natal.

natalité [natalite] *f.* Natalidad.

natif, -ive [natif, -iv] *adj.-s.* Nativo, va.

nation [nɑsjɔ̃] *f.* Nación.

nationaliser [nasjɔnalize] [1] *tr.* Nacionalizar.

nationalisme [nasjɔnalism(ə)] *m.* Nacionalismo.

nationalité [nasjɔnalite] *f.* Nacionalidad.

nativité [nativite] *f.* 1 Natividad. 2 Navidad (Noël).

natte [nat] *f.* 1 Trenza (de cheveux). 2 Estera (tapis). 3 Pleita (tresse de sparte).

naturaliser [natyʀalize] [1] *tr.* 1 Naturalizar: *se faire* ~, naturalizarse. 2 Aclimatar. 3 Disecar (empailler).

naturalisme [natyʀalism(ə)] *m.* Naturalismo.

naturaliste [natyʀalist(ə)] *adj.-s.* Naturalista.

nature [natyʀ] *f.* 1 Naturaleza. 2 Natural *m.,* índole, carácter *m.* 3 *loc. adv. D'après* ~, del natural. ■ 4 *adj. invar.* Natural: *un homme très* ~,un hombre muy natural.

naturel, -elle [natyʀɛl] *adj.* 1 Natural. ■ 2 *m.* Natural, índole *f.,* carácter. 3 Naturalidad *f.* (simplicité). 4 *loc. adv. Au* ~, al natural.

naufrage [nofʀaʒ] *m.* Naufragio.

naufrager [nofʀaʒe] [13] *intr.* Naufragar.

nauséabond, -onde [nozeabɔ̃, -ɔ̃d] *adj.* Nauseabundo, da.

nausée [noze] *f.* Náusea.

nautique [notik] *adj.* Náutico, ca.

naval, -ale [naval] *adj.* Naval: *combats navals,* combates navales.

navet [navɛ] *m.* 1 Nabo. 2 *fam.* Mamarracho, churro.

navette [navɛt] *f.* 1 Lanzadera (de métier

à tisser). Loc. *Faire la* ~, ir y venir. **2** Canilla (de machine à coudre). **3** LITURG. Naveta. **4** Tren *m.,* autocar *m.* que va y viene de un punto a otro.

navigation [navigɑsjɔ̃] *f.* Navegación: ~ *au long cours,* navegación de altura.

naviguer [navige] [1] *intr.* Navegar.

navire [naviʀ] *m.* Navío, buque, nave *f.*

navrant, -ante [navʀɑ̃, -ɑ̃t] *adj.* **1** Aflictivo, va; desconsolador, ra, doloroso, sa. **2** Lamentable.

navrer [navʀe] [1] *tr.* Afligir, desconsolar. Loc. *J'en suis navré,* lo siento en el alma.

ne [n(ə)] *adv.* **1** No: *je* ~ *sais pas,* yo no sé; *il* ~ *rit jamais,* no se ríe nunca. **2** ~ *que,* no... sino: *elle* ~ *boit que de l'eau,* no bebe sino agua; no... más que: *il* ~ *dit que des bêtises,* no dice más que tonterías.

né, née [ne] **1** v. *naître.* ▪ **2** *adj.* Nacido, da. **3** Precede al apellido de soltera de la mujer casada: *madame Leblanc, née Laroche,* señora Laroche de Leblanc. **4** Nato, ta, de nacimiento: *criminel* ~, criminal nato.

néanmoins [neɑ̃mwɛ̃] *adv.* Sin embargo, no obstante.

néant [neɑ̃] *m.* Nada *f.*

nébuleux, -euse [nebylø, -øz] *adj.* Nebuloso, sa.

nécessaire [neseseʀ] *adj.* **1** Necesario, ia. ▪ **2** *m. Le* ~, lo necesario: *faire le* ~, hacer lo necesario. **3** Neceser: ~ *de voyage,* neceser.

nécessité [nesesite] *f.* Necesidad.

nécessiter [nesesite] [1] *tr.* **1** Necesitar. **2** Requerir.

nécrologie [nekʀɔlɔʒi] *f.* Necrología.

nécromancie [nekʀɔmɑ̃si] *f.* Nigromancia.

nectar [nɛktaʀ] *m.* Néctar.

nef [nɛf] *f.* **1** ARCHIT. Nave. **2** vieil. Nave, nao (navire).

néfaste [nefast(ə)] *adj.* Nefasto, ta, funesto, ta.

nèfle [nɛfl(ə)] *f.* Níspero *m.* (fruit).

néflier [neflije] *m.* Níspero.

négatif, -ive [negatif, -iv] *adj.* **1** Negativo, va. ▪ **2** *m.* PHOT. Negativo. ▪ **3** *f.* Negativa.

négation [negɑsjɔ̃] *f.* Negación.

négligé, -ée [negliʒe] *adj.* **1** Descuidado, da. ▪ **2** *m.* Descuido. **3** Vestido casero, bata *f.: être en* ~, estar de trapillo.

négligence [negliʒɑ̃s] *f.* Negligencia, descuido *m.*

négligent, -ente [negliʒɑ̃, -ɑ̃t] *adj.-s.* Negligente, descuidado, da.

négoce [negɔs] *m.* Negocio, comercio.

négociant, -ante [negɔsjɑ̃, -ɑ̃t] *s.* Negociante.

négociation [negɔsjɑsjɔ̃] *f.* Negociación.

négocier [negɔsje] [2] *intr.'-tr.* Negociar.

nègre, négresse [nɛgʀ(ə), negʀɛs] *adj.-s.* péj. Negro, gra.

négrier [negʀije] *adj.-m.* Negrero.

neige [nɛʒ] *f.* **1** Nieve. **2** ~ *fondue,* aguanieve.

neiger [neʒe] [13] *impers.* Nevar.

nénuphar [nenyfaʀ] *m.* Nenúfar

neologisme [neɔlɔʒism(ə)] *m.* Neologismo.

néon [neɔ̃] *m.* Neón.

néophyte [neɔfit] *s.* Neófito, ta.

népotisme [nepɔtism(ə)] *m.* Nepotismo.

nerf [nɛʀ] *m.* **1** ANAT. Nervio Loc. ~ *de bœuf,* vergajo; fig. *avoir les nerfs en pelote,* estar nervioso, sa; *porter, taper sur les nerfs,* poner nervioso, sa. **2** fig. Nervio, fuerza *f.,* energía *f.* **3** TECHN. Nervio.

nerveux, -euse [nɛʀvø, -øz] *adj.-s.* Nervioso, sa: *rendre* ~, poner nervioso.

nervosité [nɛʀvozite] *f.* Nerviosidad, nervosidad.

nervure [nɛʀvyʀ] *f.* **1** BOT. Nervio *m.* **2** ARCHIT. Nervadura. **3** Nervura (reliure).

net, nette [nɛt] *adj.* **1** Nítido, da, limpio, ia, puro, ra: *voix nette,* voz pura. Loc. *Mettre au* ~, poner en limpio; fig. *en avoir le cœur* ~, asegurarse de la verdad de una cosa. **2** Neto, ta: *poids* ~, peso neto. **3** Claro, ra, categórico, ca: *idées nettes,* ideas claras. ▪ **4** *adv.* De repente, en seco: *s'arrêter* ~, pararse en seco. **5** Categóricamente, rotundamente: *refuser* ~, *tout* ~, negarse rotundamente. **6** En limpio: *mille francs* ~, mil francos en limpio.

netteté [nɛtte] *f.* Limpieza, nitidez, claridad.

nettoyer [nɛtwaje] [23] *tr.* Limpiar.

neuf [nœf] *adj.-m.* **1** Nueve: *il est* ~ *heures,* son las nueve. **2** *Charles IX,* Carlos noveno.

neuf, neuve [nœf, -nœv] *adj.* **1** Nuevo, va. ▪ **2** *m. invar.* Nuevo. Loc. *Remettre à* ~, arreglar, poner como nuevo.

neurasthénie [nøʀasteni] *f.* MÉD. Neurastenia.

neutralité [nøtʀalite] *f.* Neutralidad.

neutre [nøtʀ(ə)] *adj.* **1** Neutro, tra. **2** Neutral (pays).

neuvaine [nœvɛn] *f.* Novena, novenario *m.*

neuvième [nœvjɛm] *adj.-s.* Noveno, na.

neveu [n(ə)vø] *m.* Sobrino.

névralgie [nevralʒi] *f.* MÉD. Neuralgia.

névrose [nevroz] *f.* Neurosis.

nez [ne] *m.* **1** Nariz *f.* **2** Olfato: *avoir du* ~, *le* ~ *fin,* tener buen olfato. **3** Loc. *Faire un pied de* ~ *à,* burlarse de; *parler du* ~, ganguear; *rire au* ~ *de,* reírse en las barbas de. **4** MAR. Proa *f.* **5** Morro (d'un avion).

ni [ni] *conj.* Ni.

niais, -aise [njɛ, njɛz] *adj.-s.* Necio, ia, bobo, ba, tonto, ta, simple.

niche [niʃ] *f.* **1** Nicho *m.* **2** Casilla (à chien). **3** Broma, travesura (farce).

nicher [niʃe] [1] *intr.* **1** Anidar. **2** fam. Vivir. ■ **3** *pr.* Anidar (les oiseaux). **4** Meterse, esconderse (se cacher).

nickel [nikɛl] *m.* Níquel.

nicotine [nikɔtin] *f.* Nicotina.

nid [ni] *m.* Nido. Loc. *Nids d'abeilles,* frunce (broderie).

nidifier [nidifje] [2] *intr.* Nidificar.

nièce [njɛs] *f.* Sobrina.

nier [nje] [2] *tr.* Negar: *il nie la vérité,* niega la verdad.

nigaud, -aude [nigo, -od] *adj.-s.* Bobo, ba.

nihilisme [niilism(ə)] *m.* Nihilismo.

nimbe [nɛ̃b] *m.* Nimbo, aureola *f.*

nipper [nipe] [1] *tr.* **1** fam. Vestir, ataviar. ■ **2** *pr.* fam. Vestirse, ataviarse.

nippon, -one [nipɔ̃, -ɔn] *adj.* Nipón, ona.

nique [nik] *f.* Loc. *Faire la* ~ *à,* burlarse de.

nitouche (sainte) [sɛ̃tnituʃ] *f.* Mosquita muerta.

nitrate [nitrat] *m.* Nitrato.

niveau [nivo] *m.* Nivel.

niveler [nivle] [19] *tr.* Nivelar.

noble [nɔbl(ə)] *adj.-s.* Noble.

noblesse [nɔblɛs] *f.* Nobleza.

noce [nɔs] *f.* **1** Boda. Loc. fig. *Faire la* ~, ir de juerga, ir de picos pardos. ■ **2** *pl.* Bodas, nupcias.

noceur, -euse [nɔsœr, -øz] *adj.-s.* Juerguista.

nocif, -ive [nɔsif, -iv] *adj.* Nocivo, va.

noctambule [nɔktãbyl] *adj.-s.* Noctámbulo, la, trasnochador, ra.

nocturne [nɔktyrn(ə)] *adj.* **1** Nocturno, na. ■ **2** *m.* MUS. Nocturno. ■ **3** *f.* Partido *m.* nocturno.

nodule [nɔdyl] *m.* Nódulo.

nœud [nø] *m.* **1** Nudo: ~ *coulant,* nudo corredizo; ~ *gordien,* nudo gordiano. **2** MAR. Nudo (unité de vitesse). **3** ASTRON. Nodo.

noir, noire [nwar] *adj.* **1** Negro, gra. **2** Oscuro, ra: *il fait* ~, está oscuro. **3** pop. Borracho, cha, trompa (ivre). **4** fig. Triste, negro, gra: *des idées noires,* ideas tristes; *humeur noire,* humor negro. ■ **5** *m.* Negro (couleur). ■ **6** *adj.-s.* Negro, gra (de race noire).

noirâtre [nwaratr(ə)] *adj.* Negruzco, ca.

noiraud, -aude [nwaro, -od] *adj.-s.* fam. Moreno, na.

noircir [nwarsir] [3] *tr.* **1** Ennegrecer, ensombrecer. **2** fig. Calumniar, infamar, manchar. ■ **3** *intr.-pr.* Ennegrecerse, ensombrecerse.

noise [nwaz] *f.* Loc. *Chercher* ~ *à quelqu'un,* buscar camorra a alguien.

noisetier [nwaztje] *m.* Avellano.

noisette [nwazɛt] *f.* Avellana.

noix [nwa(ɑ)] *f.* **1** Nuez: *des* ~, nueces. **2** ~ *de coco,* coco, nuez de coco; ~ *muscade,* nuez moscada; ~ *de galle,* agalla. **3** Loc. fam. *À la* ~, de tres al cuarto.

nom [nɔ̃] *m.* **1** Nombre: ~ *de baptême, petit* ~, nombre de pila. Loc. ~ *de famille,* apellido; *avoir* ~, llamarse; *au* ~ *de,* en nombre de. **2** Apellido (de famille). **3** GRAM. Sustantivo, nombre: ~ *commun,* nombre común.

nomade [nɔmad] *adj.-s.* Nómada.

nombre [nɔ̃br(ə)] *m.* **1** Número: ~ *abstrait, entier,* número abstracto, entero. **2** *loc. prép. Au* ~ *de,* entre, en el número de.

nombreux, -euse [nɔ̃brø, -øz] *adj.* Numeroso, sa: *de* ~ *cas,* numerosos casos.

nombril [nɔ̃bri] *m.* Ombligo.

nominal, -ale [nɔminal] *adj.* Nominal.

nominatif, -ive [nɔminatif, -iv] *adj.* **1** Nominal: *état* ~, relación nominal. ■ **2** *adj.-m.* GRAM. Nominativo.

nomination [nɔminasjɔ̃] *f.* Nombramiento *m.*

nominer [nɔmine] *tr.* Nominar.

nommé, -ée [nɔme] *adj.* **1** Nombrado, da, llamado, da, apodado, da. **2** *loc. adv. À point* ~, a punto, en el momento preciso.

nommer [nɔme] [1] *tr.* **1** Llamar, poner de nombre: *ses parents l'ont nommé Jean,* sus padres le pusieron de nombre Juan. **2** Mencionar, nombrar (citer). **3** Nombrar: *on l'a nommé directeur,* lo nombraron director. ■ **4** *pr.* Nombrarse, llamarse.

non [nɔ̃] *adv.* **1** No: *oui ou ~, ¿*sí o no?; *~ certes,* no es cierto. **2** *loc. adv. ~ plus,* tampoco. **3** *loc. conj. ~ que, ~ pas que,* no es que; *~ plus que,* no más que. ▪ **4** *m.* No: *un ~ catégorique,* un no rotundo.

nonagénaire [nɔnaʒɛnɛʀ] *adj.-s.* Nonagenario, ria.

nonchalance [nɔ̃ʃalɑ̃s] *f.* Indolencia, flojedad, abandono *m.*

nonciature [nɔ̃sjatyʀ] *f.* Nunciatura.

nonne [nɔn] *f.* Monja.

nonobstant [nɔnɔpstɑ̃] *prép.* **1** A pesar de. ▪ **2** *adv.* No obstante.

non-sens [nɔ̃sɑ̃s] *m. invar.* **1** Falta de sentido. **2** Absurdo, disparate (absurdité).

nord [nɔʀ] *m.* **1** Norte. Loc. fam. *Perdre le ~,* perder la chaveta. ▪ **2** *adj. invar. Pôle ~,* polo norte.

nord-est [nɔʀɛst] *adj.-m.* Nordeste.

nord-ouest [nɔʀwɛst] *adj.-m.* Noroeste.

normal, -ale [nɔʀmal] *adj.* **1** Normal: *École normale,* Escuela Normal. ▪ **2** *f. La ~,* lo normal, la normalidad.

norme [nɔʀm] *f.* Norma, pauta.

norvégien, -ienne [nɔʀveʒjɛ̃, -jɛn] *adj.-s.* Noruego, ga.

nos [no] *adj. poss.* Nuestros, nuestras.

nostalgie [nɔstalʒi] *f.* Nostalgia.

nota [nɔta] *m. invar.* **1** Nota *f.* **2** *Nota bene, nota,* nota bene *f.,* nota *f.*

notable [nɔtabl(ə)] *adj.-m.* Notable.

notaire [nɔtɛʀ] *m.* **1** Notario. **2** *Étude de ~,* notaría.

notarial, -ale [nɔtaʀjal] *adj.* Notarial.

notarié, -ée [nɔtaʀje] *adj.* **1** Notarial (fait devant notaire). **2** Notariado, da.

notation [nɔtasjɔ̃] *f.* Notación.

note [nɔt] *f.* **1** Nota: *prendre ~ de,* tomar nota de. **2** Cuenta, factura (addition). **3** Apunte *m.: prendre des notes,* tomar apuntes.

noter [nɔte] [1] *tr.* **1** Notar (remarquer). **2** Anotar, apuntar (inscrire).

notice [nɔtis] *f.* **1** Nota, reseña, folleto *m.*

notifier [nɔtifje] [2] *tr.* Notificar.

notion [nɔsjɔ̃] *f.* Noción.

notoriété [nɔtɔʀjete] *f.* Notoriedad.

notre [nɔtʀ(ə)] *adj. poss.* Nuestro, tra.

nôtre [notʀ(ə)] *pron. poss.* Nuestro, tra. ▪ **2** *m. Les nôtres,* los nuestros.

noué, -ée [nwe] *adj.* Anudado, da.

nouer [nwe] [1] *tr.* **1** Anudar, atar. **2** fig. Trabar: *~ une amitié,* trabar una amistad. **3** Urdir: *~ une intrigue,* urdir una intriga. ▪ **4** *pr.* Anudarse, atarse.

nougat [nuga] *m.* Almendrado, turrón.

nouille [nuj] *f.* **1** Tallarín *m.: nouilles au gratin,* tallarines al gratén. **2** fam. Ganso, sa, bobalicón, ona.

nourri, -ie [nuʀi] *adj.* **1** Nutrido, da. **2** Alimentado, da, cebado, da.

nourrice [nuʀis] *f.* Nodriza.

nourrir [nuʀiʀ] [3] *tr.* **1** Nutrir. **2** Alimentar, mantener. **3** Criar, amamantar (allaiter). **4** fig. Abrigar (espoir, etc.). ▪ **5** *pr.* Alimentarse, nutrirse.

nourrisson [nuʀisɔ̃] *m.* Niño de pecho.

nourriture [nuʀityʀ] *f.* Alimento *m.,* sustento *m.,* comida *f.*

nous [nu] *pron. pers. pl.* **1** Nosotros (sujet): *~ sommes,* somos (se traduit rarement, sauf pour insister); *~ autres Français,* nosotros los franceses; *c'est ~ qui,* somos nosotros, nosotras quienes. **2** Nos (complément): *il ~ parle,* él nos habla. **3** *À ~,* nuestro, tra: *cette maison est à ~,* esta casa es nuestra. **4** Nos (pluriel de majesté).

nouveau [nuvo] (delante de vocal o *h* muda *nouvel),* nouvelle [nuvɛl] *adj.* **1** Nuevo, va: *~ riche,* nuevo rico. **2** *loc. adv. À ~,* de nuevo; *de ~,* de nuevo, una vez más. ▪ **3** *s.* Nuevo, va, novato, ta (élève, recrue). ▪ **4** *m. Du nouveau,* algo nuevo. ▪ **5** *adv.* Recién: *nouveaux mariés,* recién casados.

nouveau-né, ée [nuvone] *adj.-s.* Recién nacido, da.

nouveauté [nuvote] *f.* **1** Novedad. ▪ **2** *pl.* COMM. Novedades.

nouvelle [nuvɛl] *f.* **1** Noticia, nueva: *dernières nouvelles,* últimas noticias. Loc. *Aller aux nouvelles,* ir en busca de noticias. **2** Novela corta (récit): *romans et nouvelles,* novelas y novelas cortas.

nouvelliste [nuvelist(ə)] *m.* **1** Periodista (journaliste). **2** Autor de novelas cortas.

novembre [nɔvɑ̃bʀ(ə)] *m.* Noviembre.

novice [nɔvis] *adj.-s.* **1** Novicio, cia (religieux). **2** Novato, ta (débutant).

noyau [nwajo] *m.* **1** BOT. Hueso, cuesco. **2** BIOL., PHYS. Núcleo. **3** fig. Núcleo. **4:** *~ dur,* "los duros".

noyer [nwaje] [23] *tr.* **1** Ahogar. **2** Anegar (un terrain). **3** fig. *~ son chagrin,* ahogar sus penas. **4** Anegar, inundar. **5** Diluir, desvanecer (couleurs, etc.). ▪ **6** *pr.* Ahogarse.

noyer [nwaje] [23] *m.* Nogal.

nu, -nue [ny] *adj.* **1** Desnudo, da. ▲ Delante del nombre, es invariable y se une a él con un guión; después del nombre, concuerda con él y no lleva guión: *nu-pieds, pieds nus,* descalzo, za. **2** DR.

Nudo, da: *nu-propriétaire,* nudo propietario. ■ **3** *m.* PEINT., SCULPT. Desnudo.

nuage [nɥaʒ] *m.* **1** Nube *f.* **2** *Gros* ~, nubarrón.

nuageux, -euse [nɥaʒø, -øz] *adj.* **1** Nublado, da. **2** fig. Nebuloso, sa.

nuance [nɥɑ̃s] *f.* Matiz *m.,* gradación.

nubile [nybil] *adj.* Núbil.

nucléaire [nykleɛʀ] *adj.* Nuclear.

nudité [nydite] *f.* Desnudez.

nue [ny] *f.* Nube.

nuée [nɥe] *f.* **1** Nubarrón *m.,* nublado *m.* **2** fig. Nube, multitud.

nuire [nɥiʀ] [69] *intr.* **1** Dañar, perjudicar: ~ *à la réputation,* dañar la reputación. ■ **2** *pr.* Dañarse, perjudicarse.

nuisible [nɥizibl(ə)] *adj.* Dañoso, sa, perjudicial.

nuit [nɥi] *f.* **1** Noche: *il fait* ~, es de noche. **2** *loc. adv. La* ~, por la noche, de noche; *à la* ~ *tombante,* al anochecer.

nul [nyl] *pron. indéf.* Nadie.

nul, nulle [nyl] *adj.* **1** Nulo, la. ■ **2** *adj. indéf.* Ningún, ninguno, na.

nullité [nyl(l)ite] *f.* Nulidad.

numéraire [nymeʀɛʀ] *adj.-m.* Numerario, ia.

numéral, -ale [nymeʀal] *adj.* Numeral: *adjectifs numéraux,* adjetivos numerales.

numération [nymeʀasjɔ̃] *f.* Numeración.

numérique [nymeʀik] *adj.* **1** Numérico, ca. **2** INFORM. Digital.

numérisation [nymeʀizasjɔ̃] *f.* INFORM. Digitalización.

numériser [numeʀize] *tr.* INFORM. Digitalizar.

numéro [nymeʀo] *m.* **1** Número (chiffre de loterie, spectacle). **2** Matrícula *f.* (de voiture). **3** fam. *Un drôle de* ~, un tipo raro.

numéroter [nymeʀɔte] [1] *tr.* Numerar.

numismatique [nymismatik] *adj.* **1** Numismático, ca. ■ **2** *f.* Numismática.

nuptial, -ale [nypsijal] *adj.* Nupcial.

nuque [nyk] *f.* Nuca.

nutritif, -ive [nytʀitif, -iv] *adj.* Nutritivo, va.

nutrition [nytʀisjɔ̃] *f.* Nutrición.

nymphe [nɛ̃f] *f.* Ninfa.

O

o [o] *m.* O *f.*

ô! [o] *interj.* ¡Oh!

oasis [ɔazis] *f.* Oasis *m.*

obéir [ɔbeiʀ] [3] *tr.-intr.* Obedecer.

obéissance [ɔbeisɑ̃s] *f.* Obediencia.

obéissant, -ante [ɔbeisɑ̃, -ɑ̃t] *adj.* Obediente.

obélisque [ɔbelisk(ə)] *m.* Obelisco.

obésité [ɔbezite] *f.* Obesidad.

objecter [ɔbʒɛkte] [1] *tr.* Objetar.

objection [ɔbʒɛksjɔ̃] *f.* Objeción.

objectivité [ɔbʒɛktivite] *f.* Objetividad.

objet [ɔbʒɛ] *m.* Objeto.

obligation [ɔbligasjɔ̃] *f.* Obligación.

obligatoire [ɔbligatwaʀ] *adj.* Obligatorio, ria.

obligé, -ée [ɔbliʒe] *adj.* **1** Obligado, da. ■ **2** *adj.-s.* Agradecido, da.

obligeant, -ante [ɔbliʒɑ̃, -ɑ̃t] *adj.* Complaciente, amable, servicial, cortés.

obliger [ɔbliʒe] [13] *tr.* **1** Obligar. **2** Servir, complacer: *vous m'obligeriez si...,* le estaría muy agradecido si... ■ **3** *pr.* Obligarse, comprometerse.

oblique [ɔblik] *adj.* Oblicuo, cua.

oblitérer [ɔblitere] [14] *tr.* **1** Borrar (effacer). **2** Inutilizar, matar (con matasellos): ~ *un timbre,* matar un sello. **3** MÉD. Obliterar.

oblong, -ongue [ɔblɔ̃, -ɔ̃g] *adj.* Oblongo, ga.

obnubiler [ɔbnybile] [1] *tr.* Obnubilar, obsesionar.

obole [ɔbɔl] *f.* Óbolo *m.*

obscénité [ɔpsenite] *f.* Obscenidad.

obscur, -ure [ɔpskyʀ] *adj.* Obscuro, ra, oscuro, ra.

obscurcir [ɔpskyʀsiʀ] [3] *tr.* **1** Obscurecer. ■ **2** *pr.* Obscurecerse.

obscurité [ɔpskyʀite] *f.* Obscuridad.

obséder [ɔpsede] [14] *tr.* Obsesionar, atormentar.

obsèques [ɔpsɛk] *f. pl.* Exequias, funerales *m.*

obséquieux, -euse [ɔpsekjø, -øz] *adj.* Obsequioso, sa.

observance [ɔpsɛʀvɑ̃s] *f.* Observancia.

observateur, -trice [ɔpsɛʀvatœʀ, -tʀis] *adj.-s.* Observador, ra.

observation [ɔpsɛʀvasjɔ̃] *f.* Observación.

observer [ɔpsɛʀve] [1] *tr.* Observar.

obsession [ɔpsesjɔ̃] *f.* Obsesión.

obstacle [ɔpstakl(ə)] *m.* Obstáculo: *faire* ~ *à,* poner obstáculos a.

obstination [ɔpstinasjɔ̃] *f.* Obstinación.

obstiner (s') [ɔpstine] [1] *pr.* Obstinarse (*à,* en).

obstruction [ɔpstʀyksjɔ̃] *f.* Obstrucción.

obstruer [ɔpstʀye] [1] *tr.* Obstruir.

obtenir [ɔptəniʀ] [36] *tr.* Obtener: *il a obtenu le prix Nobel,* obtuvo el premio Nobel.

obtention [ɔptɑ̃sjɔ̃] *f.* Obtención.

obturer [ɔptyʀe] [1] *tr.* Obturar.

obtus, -use [ɔpty, -yz] *adj.* Obtuso, sa.

obus [ɔby] *m.* Obús.

occase [ɔkaz] *f.* fam. Ocasión: *une bonne* ~, una buena oportunidad.

occasion [ɔka(a)zjɔ̃] *f.* **1** Ocasión, oportunidad: *profiter d'une* ~, aprovechar una oportunidad. **2** Ocasión. Loc. *D'*~, de ocasión; *livres d'*~, libros de ocasión, de segunda mano. **3** Motivo *m.,* causa.

occasionner [ɔkazjɔne] [1] *tr.* Ocasionar.

occident [ɔksidɑ̃] *m.* Occidente.

occidental, -ale [ɔksidɑtal] *adj.-s.* Occidental.

occulte [ɔkylt(ə)] *adj.* Oculto, ta.

occultisme [ɔkyltism(ə)] *m.* Ocultismo.

occupation [ɔkypasjɔ̃] *f.* Ocupación.

occuper [ɔkype] [1] *tr.* **1** Ocupar. ■ **2** *pr.* Ocuparse.

occurrence [ɔkyʀɑ̃s] *f.* Ocurrencia.

océan [ɔseɑ̃] *m.* Océano.

ocelot [ɔslo] *m.* Ocelote.

ocre [ɔkʀ(ə)] *adj.-f.* Ocre *m.*

octet [ɔktɛ] *m.* INFORM. Octeto, byte.

octobre [ɔktɔbʀ(ə)] *m.* Octubre.

octogénaire [ɔktɔʒenɛʀ] *adj.-s.* Octogenario, ria.

octroi [ɔktʀwa] *m.* **1** Otorgamiento, concesión *f.* (d'un privilège, etc.). **2** Consumos *pl.* (droits, impôts). **3** Fielato (bureau).

oculaire [ɔkylɛʀ] *adj.-m.* Ocular.

oculiste [ɔkylist(ə)] *adj.-s.* Oculista.

odalisque [ɔdalisk(ə)] *f.* Odalisca.

ode [ɔd] *f.* Oda.

odéon [ɔdeɔ̃] *m.* Odeón.

odeur [ɔdœʀ] *f.* Olor *m.*

odieux, -euse [ɔdjø, -øz] *adj.* Odioso, sa.

odorant, -ante [ɔdɔʀɑ̃, -ɑ̃t] *adj.* Oloroso, sa, fragante.

odorat [ɔdɔʀa] *m.* Olfato.

odyssée [ɔdise] *f.* Odisea.

œcuménique [ekymenik] *adj.* Ecuménico, ca.

œil [œj], *pl.* **yeux** [jø] *m.* **1** Ojo. Loc. *Avoir l'~ à, sur,* tener ojo a, vigilar; *avoir l'~ à tout,* estar en todo; *être tout yeux,* ser todo ojos; *faire de l'~ à quelqu'un,* guiñar el ojo a alguien; *il n'est pour voir que l'~ du maître,* el ojo del amo engorda el caballo. *loc. adv. À l'~,* de balde (gratis); *à l'~ nu,* a simple vista; *à vue d'~,* a ojo de buen cubero, a ojos vistas. **2** *interj.* fam. *Mon ~!,* ni hablar! **3** Ojo (d'une aiguille, du pain, du fromage, du bouillon). **4** BOT. Yema *f.,* botón.

œil-de-bœuf [œjdəbœf] *m.* Ojo de buey.

œil-de-perdrix [œjdəpɛʀdʀi] *m.* Ojo de gallo.

œillade [œjad] *f.* Guiño *m.,* guiñada.

œillère [œjɛʀ] *f.* Anteojera (de cheval).

œillet [œjɛ] *m.* **1** Clavel. **2** ~ *d'Inde,* clavelón. **3** Ojete (de chaussure).

œsophage [ezɔfaʒ] *m.* Esófago.

œuf [œf], *pl.* **œufs** [ø] *m.* Huevo.

œuvre [œuvʀ(ə)] *f.* **1** Obra, labor, trabajo. Loc. *Mettre en ~,* utilizar, poner en acción, en práctica. **2** Obra: *bonnes œuvres,* buenas obras. **3** Obra: ~ *d'art,* obra de arte. ▪ **4** *m.* Obra *f.* (d'un artiste). **5** CONSTR. *Le gros ~,* los cimientos y las paredes.

offense [ɔfɑ̃s] *f.* Ofensa.

offenser [ɔfɑ̃se] [1] *tr.* **1** Ofender. ▪ **2** *pr.* Ofenderse.

offensif, -ive [ɔfɑ̃sif, -iv] *adj.* **1** Ofensivo, va. ▪ **2** *f.* Ofensiva.

office [ɔfis] *m.* **1** Oficio, cargo, función *f.* Loc. *Faire ~ de,* hacer las veces de. *loc. adv. D'~,* de oficio. **2** Oficio (faveur):

bons offices, buenos oficios. **3** LITURG. Oficio: *petit ~,* oficio parvo. **4** Despacho, agencia *f.* (bureau). ▪ **5** *m.* ou *f.* Antecocina *f.*

officiel, -elle [ɔfisjɛl] *adj.* Oficial.

officier [ɔfisje] [2] *intr.* LITURG. Celebrar.

officier [ɔfisje] *m.* Oficial.

officieux, -euse [ɔfisjø, -øz] *adj.* Oficioso, sa.

officine [ɔfisin] *f.* Oficina, laboratorio *m.*

offrande [ɔfʀɑ̃d] *f.* Ofrenda.

offre [ɔfʀ(ə)] *f.* Oferta.

offrir [ɔfʀiʀ] [4] *tr.* **1** Ofrecer. **2** Regalar, ofrecer (un cadeau).

offusquer [ɔfyske] [1] *tr.* **1** Chocar, ofender. **2** Ofuscar (éblouir). ▪ **3** *pr.* Ofenderse.

ogival, -ale [ɔʒival] *adj.* ARCHIT. Ojival.

ogre, ogresse [ɔgʀ(ə), ɔgʀɛs] *s.* Ogro.

oh! [o] *interj.* ¡Oh!

ohé! [ɔe] *interj.* ¡Eh!, ¡Hola!

oie [wa] *f.* **1** Oca, ganso *m.,* ánsar *m.* **2** fig. Tonto, ta.

oignon [ɔɲɔ̃] *m.* **1** Cebolla *f.* **2** Bulbo (de tulipe, etc.). **3** Juanete (aux pieds).

oindre [wɛ̃dʀ(ə)] [56] *tr.* **1** Untar. **2** RELIG. Ungir.

oiseau [wazo] *m.* **1** Ave *f.* (grand), pájaro (petit). Loc. ~ *de passage,* ave de paso; fig. *vilain ~,* pajarraco. **2** *loc. adv. À vol d'~,* en línea recta.

oiseux, -euse [wazø, -øz] *adj.* Vano, na, inútil.

oisif, -ive [wazif, -iv] *adj.-s.* Ocioso, sa.

oisiveté [wazivte] *f.* Ociosidad.

OIT [oite] *f.* (*abrév.* Organisation Internationale du Travail) OIT.

oléagineux, -euse [ɔleaʒinø, -øz]*adj.-m.* Oleaginoso, sa.

olivaie [ɔlivɛ] *f.* Olivar *m.*

olivâtre [ɔlivatʀ(ə)] *adj.* Aceitunado, da.

olive [ɔliv] *f.* **1** Aceituna, oliva. ▪ **2** *adj.* De color verde oliva.

olympiade [ɔlɛ̃pjad] *f.* Olimpiada.

olympique [ɔlɛ̃pik] *adj.* Olímpico, ca.

ombelle [ɔbɛl] *f.* BOT. Umbela.

ombrage [ɔbʀaʒ] *m.* **1** Enramada *f.,* follaje que da sombra. **2** Sombra *f.* (ombre). **3** fig. Sospecha *f.,* recelo. Loc. *Prendre ~ de quelque chose,* disgustarse de algo.

ombrager [ɔbʀaʒe] [13] *tr.* Sombrear.

ombrageux, -euse [ɔbʀaʒø, -øz] *adj.* **1** Desconfiado, da, receloso, sa. **2** Asombradizo, za, espantadizo, za (cheval).

ombre [ɔbʀ(ə)] *f.* **1** Sombra: *faire de l'~,* hacer, dar sombra. Loc. ~ *portée,* esbatimento *m.; sans l'~ d'un doute,* sin sombra de duda; *vivre dans l'~,* vivir apartado, da; fam. *mettre à l'~,* poner a la sombra, meter en chirona. **2** *Terre d'~,* tierra de Siena.

ombrelle [ɔ̃bʀɛl] *f.* Sombrilla.

omelette [ɔmlɛt] *f.* Tortilla: ~ *au jambon, nature,* tortilla de jamón, a la francesa.

omettre [ɔmɛtʀ(ə)] [60] *tr.* Omitir.

omission [ɔmisjɔ̃] *f.* Omisión.

omnibus [ɔmnibys] *m.* Ómnibus.

omnipotent, -ente [ɔmnipɔtɑ̃, -ɑ̃t] *adj.* Omnipotente.

omniscience [ɔmnisjɑ̃s] *f.* Omnisciencia.

omnivore [ɔmnivɔʀ] *adj.* Omnívoro, ra.

omoplate [ɔmɔplat] *f.* ANAT. Omóplato *m.*

OMS [ɔɛmɛs] *f.* (*abrév.* Organisation Mondiale de la Santé) OMS.

on [ɔ̃] *pron. indéf.* **1** Se, 3.ª pers. del pl.: ~ *dit qu'il est mort,* se dice, dicen que ha muerto. **2** Uno, una: ~ *croirait,* uno, una creería. **3** fam. Sens de *nous:* ~ *a bien mangé,* hemos comido bien. **4** fam. Sens de *je:* ~ *vient!,* ¡ya voy! **5** *Le qu'en dira-t-~,* el qué dirán; *les ~ -dit,* v. *on-dit.* ▲ Por eufonía se usa *l'on* después de *et, ou, où, que, si.* Esta forma no se usa delante de una voz que empiece con *l.*

once [ɔ̃s] *f.* **1** Onza (poids). **2** Onza (panthère).

oncle [ɔ̃kl(ə)] *m.* Tío.

onction [ɔ̃ksjɔ̃] *f.* Unción.

onctueux, -euse [ɔ̃ktɥø, -øz] *adj.* **1** Untuoso, sa. **2** fig. Que tiene unción.

onde [ɔ̃d] *f.* Onda.

ondée [ɔ̃de] *f.* Aguacero *m.*

on-dit [ɔ̃di] *m. invar.* Rumores *pl.,* habillas *f. pl.*

ondoyer [ɔ̃dwaje] [23] *intr.* Ondear, ondular.

ondulation [ɔ̃dylɑsjɔ̃] *f.* Ondulación.

onduler [ɔ̃dyle] [1] *intr.* Ondular, ondular. **2** *tr.* Ondular (les cheveux).

onduleux, -euse [ɔ̃dylø, -øz] *adj.* Undoso, sa, sinuoso, sa.

onéreux, -euse [ɔneʀø, -øz] *adj.* Oneroso, sa.

ongle [ɔ̃gl(ə)] *m.* **1** ANAT. Uña *f.: se ronger les ongles,* morderse las uñas. **2** Uña *f.,* garra *f.* (des animaux). **3** *Coup d'~,* zarpazo, arañazo.

onglet [ɔ̃glɛ] *m.* **1** Uña *f.* (d'un canif). **2** Cartivana *f.* (reliure). **3** Inglete (angle).

onguent [ɔ̃gɑ̃] *m.* Ungüento.

onomatopée [ɔnɔmatɔpe] *f.* Onomatopeya.

ONU, onu [ony] *f.* (*abrév.* Organisation des Nations Unies) ONU.

onyx [ɔniks] *m.* Ónice.

onze [ɔ̃z] *adj. numér.-m.* Once.

onzième [ɔ̃zjɛm] *adj.* Onceno, na, undécimo, ma.

opacité [ɔpasite] *f.* Opacidad.

opalin, -ine [ɔpalɛ̃, -in] *adj.-f.* Opalino, na.

opaque [ɔpak] *adj.* Opaco, ca.

opéra [ɔpeʀa] *m.* Ópera *f.*

opérateur, -trice [ɔpeʀatœʀ,-tʀis] *m.* Operador.

opération [ɔpeʀasjɔ̃] *f.* **1** Operación. **2** MIL. *Opérations militaires,* operaciones militares. **3** *Salle d'~,* quirófano *m.*

opercule [ɔpeʀkyl] *m.* Opérculo.

opérer [ɔpeʀe] [14] *tr.* Operar: *se faire ~ de l'appendicite,* operarse de apendicitis. ■ **2** *intr.* Obrar. ■ **3** *pr.* Operarse, producirse.

operette [ɔpeʀɛt] *f.* Opereta.

ophtalmie [ɔftalmi] *f.* Oftalmía.

ophtalmologiste [ɔftalmɔlɔʒist] *s.* Oftalmólogo, ga.

opiner [ɔpine] [1] *intr.* Opinar. Loc. ~ *du bonnet,* estar de acuerdo.

opiniâtre [ɔpinjɑtʀ(ə)] *adj.* Terco, ca, porfiado, da, pertinaz.

opinion [ɔpinjɔ̃] *f.* Opinión.

opium [ɔpjɔm] *m.* Opio.

opossum [ɔpɔsɔm] *m.* Zarigüeya *f.,* opossum.

opportunisme [ɔpɔʀtynism(ə)] *m.* Oportunismo.

opportunité [ɔpɔʀtynite] *f.* Oportunidad.

opposant, -ante [ɔpozɑ̃, -ɑ̃t] *adj.-s.* **1** Opositor, ra. **2** Oposicionista (membre de l'opposition).

opposé, -ée [ɔpoze] *adj.* **1** Opuesto, ta. ■ **2** *m.* Lo contrario, lo opuesto. **3** *loc. adv.* *À l'~,* en el lado opuesto. **4** *loc. prép.* *À l'~ de,* en oposición a, al contrario de.

opposer [ɔpoze] [1] *tr.* **1** Oponer. ■ **2** *pr.* Oponerse.

opposition [ɔpozisjɔ̃] *f.* Oposición.

oppresseur [ɔpʀesœʀ] *adj.-m.* Opresor, ra.

oppression [ɔpʀesjɔ̃] *f.* Opresión.

opprimer [ɔpʀime] [1] *tr.* Oprimir.

opprobre [ɔpʀɔbʀ(ə)] *m.* Oprobio.

opter [ɔpte] [1] *intr.* Optar.

optimisme [ɔptimism(ə)] *m.* Optimismo.

option [ɔpsjɔ̃] *f.* Opción.

optique [ɔptik] *adj.* 1 Óptico, ca. ▪ 2 *f.* Óptica.

opulence [ɔpylãs] *f.* Opulencia.

opulent, -ente [ɔpylã, -ãt] *adj.* Opulento, ta.

or [ɔʀ] *m.* Oro.

or [ɔʀ] *conj.* Ahora bien, pues, por lo tanto.

oracle [ɔʀakl(ə)] *m.* Oráculo.

orage [ɔʀaʒ] *m.* Tempestad *f.,* tormenta *f.,* borrasca *f.*

orageux, -euse [ɔʀaʒø, -øz] *adj.* Tempestuoso, sa, borrascoso, sa.

oraison [ɔʀɛzɔ̃] *f.* Oración.

oral, -ale [ɔʀal] *adj.* 1 Oral. ▪ 2 *m.* Examen oral.

orangé, -ée [ɔʀãʒe] *adj.-m.* Anaranjado, da.

orange [ɔʀãʒ] *f.* 1 Naranja. ▪ 2 *adj.-m.* Color naranja, anaranjado, da.

orangeade [ɔʀãʒad] *f.* Naranjada.

oranger [ɔʀãʒe] *m.* 1 Naranjo. 2 *Fleur d'~,* azahar *m.*

orateur, -trice [ɔʀatœʀ, -tʀis] *m.* Orador, ra.

oratoire [ɔʀatwaʀ] *adj.* 1 Oratorio, ia. 2 *Art ~,* oratoria *f.* ▪ 3 *m.* Oratorio.

orchestre [ɔʀkɛstʀ(ə)] *m.* Orquesta *f.*

orchidée [ɔʀkide] *f.* Orquídea.

ordinaire [ɔʀdinɛʀ] *adj.* 1 Ordinario, ia, corriente. 2 Ordinario, ia (médiocre). ▪ 3 *m.* Lo usual, lo ordinario, lo común.

ordinal, -ale [ɔʀdinal] *adj.* Ordinal.

ordonnance [ɔʀdɔnãs] *f.* 1 Ordenación, orden *m.,* disposición (arrangement). 2 Ordenanzas *pl.* (réglement). 3 DR. Decreto, mandamiento. 4 MÉD. Receta, prescripción (du médecin). 5 MIL. Ordenanza *m.,* asistente *m.*

ordonner [ɔʀdɔne] [1] *tr.* 1 Ordenar (mettre en ordre). 2 Ordenar, mandar: *je vous ordonne de vous taire,* le mando que se calle. 3 MÉD. Recetar, prescribir. 4 ECCLÉS. Ordenar: *~ prêtre,* ordenar de sacerdote.

ordre [ɔʀdʀ(ə)] *m.* 1 Orden: *~ chronologique,* orden cronológico. 2 Orden *f.* Loc. *Donner ~,* dar orden; *~ du jour,* orden del día; *jusqu'à nouvel ~,* hasta nuevo aviso. 3 ARCHIT., ZOOL. Orden: *~ dorique,* orden dórico. 4 COMM. Orden *f.,* pedido. Loc. *Payer à l'~ de,* páguese a la orden de. 5 Colegio (d'avocats, médecins).

ordure [ɔʀdyʀ] *f.* 1 Suciedad. 2 Basura. 3 fig. Porquería, indecencia.

orée [ɔʀe] *f.* Orilla, linde, lindero *m.: à l'~ du bois,* en el lindero del bosque.

oreille [ɔʀɛj] *f.* 1 Oreja (pavillon), oído *m.* (ouïe, organe). Loc. *Avoir de l'~,* tener oído; *avoir l'~ dure,* ser duro de oído; *faire la sourde ~,* hacer oídos de mercader. *loc. adv. À l'~,* al oído. 2 Orejera (de fauteuil). 3 Oreja (anse).

oreiller [ɔʀeje] *m.* Almohada *f.*

oreillons [ɔʀejɔ̃] *m. pl.* MÉD. Paperas *f.*

ores [ɔʀ] *loc. adv. D'ores et déjà,* desde ahora.

fèvre [ɔʀfɛvʀ(ə)] *m.* Orfebre.

orfèvrerie [ɔʀfɛvʀəʀi] *f.* Orfebrería.

organe [ɔʀgan] *m.* 1 Órgano. 2 Voz *f.* (voix).

organigramme [ɔʀganigʀam] *m.* Organigrama.

organique [ɔʀganik] *adj.* Orgánico, ca.

organisation [ɔʀganizasjɔ̃] *f.* Organización.

organiser [ɔʀganize] [1] *tr.* 1 Organizar. ▪ 2 *pr.* Organizarse.

organisme [ɔʀganism(ə)] *m.* Organismo.

organiste [ɔʀganist(ə)] *s.* Organista.

orge [ɔʀʒ(ə)] *f.* Cebada. Ús. como masculino en las expresiones *~ mondé, ~ perlé,* cebada mondada, perlada.

orgeat [ɔʀʒa] *m.* Horchata *f.*

orgelet [ɔʀʒəlɛ] *m.* Orzuelo.

orgie [ɔʀʒi] *f.* Orgía.

orgue [ɔʀg(ə)] *m.* en sing., *f.* en plural. MÚS. Órgano. Loc. *~ de Barbarie,* organillo; *point d'~,* calderón.

orgueil [ɔʀgœj] *m.* Orgullo.

orgueilleux, -euse [ɔʀgœjø, -øz] *adj.-s.* Orgulloso, sa.

oriental, -ale [ɔʀjãtal] *adj.-s.* Oriental.

orientation [ɔʀjãtasjɔ̃] *f.* Orientación.

orienter [ɔʀjãte] [1] *tr.* 1 Orientar. ▪ 2 *pr.* Orientarse.

orifice [ɔʀifis] *m.* Orificio.

origan [ɔʀigã] *m.* Orégano.

originaire [ɔʀiʒinɛʀ] *adj.* Originario, ria, oriundo, da.

originalité [ɔʀiʒinalite] *f.* Originalidad.

origine [ɔʀiʒin] *f.* Origen *m.*

originel, -elle [ɔʀiʒinɛl] *adj.* Original.

oripeau [ɔʀipo] *m.* Oropel.

orme [ɔʀm(ə)] *m.* Olmo.

ornement [ɔʀnəmã] *m.* Ornamento.

ornemental, -ale [ɔʀnəmãtal] *adj.* Ornamental.

ornementer [ɔʀnəmãte] [1] *tr.* Ornamentar.

orner [ɔʀne] [1] *tr.* Ornar, adornar.

ornière [ɔʀnjɛʀ] *f.* 1 Carril *m.,* rodada, rodera. 2 fig. Vieja costumbre, rutina.

ornithologie [ɔrnitɔlɔʒi] *f.* Ornitología.

oronge [ɔrɔ̃ʒ] *f.* Oronja.

orphelin, -ine [ɔrfəlɛ̃, -in] *adj.-s.* Huérfano, na.

orteil [ɔrtɛj] *m.* Dedo del pie.

orthodoxe [ɔrtɔdɔks(ə)] *adj.-s.* Ortodoxo, xa.

orthographe [ɔrtɔgraf] *f.* GRAM.Ortografía.

orthographique [ɔrtɔgrafik] *adj.* Ortográfico, ca.

orthopédique [ɔrtɔpedik] *adj.* Ortopédico, ca.

ortie [ɔrti] *f.* Ortiga.

ortolan [ɔrtɔlã] *m.* Hortelano.

os [ɔs, pl. o] *m.* Hueso.

oscillation [ɔsilasjɔ̃] *f.* Oscilación.

osciller [ɔsile] [1] *intr.* Oscilar.

osé, -ée [oze] *adj.* Osado, da, atrevido, da.

oseille [ozɛj] *f.* Acedera.

oser [oze] [1] *intr.* Osar, atreverse a.

osier [ozje] *m.* Mimbre, mimbrera *f.*

ossature [ɔsatyr] *f.* **1** Osamenta, esqueleto *m.* **2** TECHN. Armazón *m.*

ossements [ɔsmã] *m. pl.* Osamenta *f. sing.*

osseux, -euse [ɔsø, -øz] *adj.* **1** Óseo, ea (tissu, cellule). **2** Huesudo, da.

ossifier [ɔsifje] [2] *tr.* Osificar.

ostensible [ɔstãsibl(ə)] *adj.* Ostensible.

ostensoir [ɔstãswar] *m.* Custodia *f.*

ostentation [ɔstãtasjɔ̃] *f.* Ostentación.

ostracisme [ɔstrasism(ə)] *m.* Ostracismo.

otage [ɔtaʒ] *m.* Rehén.

otarie [ɔtari] *f.* Otaria, león *m.* marino.

ôter [ote] [1] *tr.* **1** Quitar, sacar (enlever). **2** Quitarse (vêtement): ~ *son chapeau,* quitarse el sombrero. **3** Quitar, restar, (soustraire): *5 ôté de 10 égale 5,* 5 restado de 10 quedan 5. **4** Suprimir. ■ **5** *pr.* Quitarse, retirarse.

ou [u] *conj.* O, u (*u* devant un mot qui commence par *o* ou *ho: deux* ~ *huit,* dos u ocho).

où [u] *adv.* **1** Donde, en donde: *la ville* ~ *je suis né,* la ciudad donde nací; *d'*~, de donde; *par* ~, por donde. **2** Adonde (avec mouvement): *il ne sait pas* ~ *aller,* no sabe adonde ir. **3** Dónde, adónde (interrogatif): ~ *vas-tu?,* ¿adónde vas? **4** En que (temps): *l'année* ~ *il s'est marié,* el año en que se casó. **5** A que, en que: *le danger* ~ *tu nous exposes,* el peligro a que nos expones. **6** ~ *que,* dondequiera que.

ouais [wɛ] *interj.* fam. Sí.

ouate [wat] *f.* Guata, algodón *m.* en rama.

oubli [ubli] *m.* Olvido.

oublie [ubli] *f.* Barquillo *m.*

oublier [ublije] [2] *tr.* **1** Olvidar, olvidarse. ■ **2** *pr.* Olvidarse de uno mismo.

oubliette [ublijɛt] *f.* Mazmorra.

ouest [wɛst] *m.* Oeste.

ouf! [uf] *interj.* ¡Uf!

oui [wi] *adj.* **1** Sí: ~ *ou non?,* ¿sí o no? *loc. adv. Mais* ~, claro que sí, si tal; *oui-da,* sí por cierto. ■ **2** *m.* Sí. Loc. *Dire le grand* ~, casarse.

oui-dire [widir] *loc. adv. Par* ~, de oídas.

ouïe [wi] **1** Oído *m.* ■ **2** *pl.* Agallas (de poisson). **3** Eses *m.* (de violón).

ouïr [wir] [38] *tr.* Oír. Ús. esp. en su acepción forense: ~ *les témoins,* oír a los testigos.

ouragan [uragã] *m.* Huracán.

ourdir [urdir] [3] *tr.* Urdir.

ourler [urle] [1] *tr.* Dobladillar, repulgar.

ours [urs] *m.* Oso.

ourse [urs(ə)] *f.* Osa.

oursin [ursɛ̃] *m.* Erizo de mar.

ourson [ursɔ̃] *m.* Osezno.

outil [uti] *m.* Herramienta *f.,* útil.

outillage [utijaʒ] *m.* **1** Herramientas *f. pl.* **2** Maquinaria *f.*

outrage [utraʒ] *m.* **1** Ultraje, injuria *f.* **2** Ofensa *f.*

outrager [utraʒe] [13] *tr.* Ultrajar.

outrageux, -euse [utraʒø, -øz] *adj.* Ultrajoso, sa, injurioso, sa.

outrance [utrãs] *f.* **1** Exageración, exceso *m.* **2** *loc. adv. À* ~, a ultranza.

outre [utr(ə)] *prép.* **1** Además de. *loc. adv. En* ~, además. *loc. prép.* ~ *que,* además de que. ■ **2** *adv.* Allende, más allá de (au delà de): ~ *Rhin,* allende el Rin. **3** *Passer* ~, ir más allá; *passer* ~ *à,* pasar por encima de, no hacer caso de. *loc. adv.* ~ *mesure,* desmesuradamente.

outré, -ée [utre] *adj.* **1** Extremado, da, exagerado, da. **2** Irritado, da, indignado, da (indigné).

outre [utr(ə)] *f.* Odre *m.,* pellejo *m.*

outrecuidant, -ante [utrəkɥidã,-ãt] *adj.* Presuntuoso, sa, petulante.

outre-mer [utrəmɛr] *adv.* Ultramar, en ultramar.

outremer [utrəmɛr] *m.* **1** Lapislázuli. **2** Azul de ultramar (couleur). ■ **3** *adj. Bleu* ~, azul de ultramar.

outrer [utre] [1] *tr.* **1** Extremar, exagerar. **2** Indignar, escandalizar (scandaliser).

outre-tombe [utrətɔ̃b] *adv.* Ultratumba.

ouvert, -erte [uvɛʀ, -ɛʀt(ə)] **1** v. *ouvrir.* ■ **2** *adj.* Abierto, ta; *ville ouverte,* ciudad abierta; *grand, large* ~, abierto de par en par.

ouverture [uvɛʀtyʀ] *f.* **1** Abertura. **2** Apertura (d'une exposition, etc.). Loc. ~ *de la chasse, de la pêche,* levantamiento *m.* de la veda. **3** ~ *d'esprit,* anchura de miras. **4** MUS. Obertura. ■ **5** *pl.* Proposiciones (en vue de pourparlers).

ouvrable [uvʀabl(ə)] *adj.* Laborable, hábil: *jour* ~, día laborable.

ouvrage [uvʀaʒ] *m.* Obra *f.,* labor *f.,* trabajo.

ouvrier, -ière [uvʀije, -ijɛʀ] *adj.-s.* Obrero, ra.

ouvrir [uvʀiʀ] [32] *tr.* **1** Abrir: *j'ai ouvert la porte,* he abierto la puerta. Loc. ~ *la marche, le feu,* romper la marcha, el fuego. ■ **2** *intr.* Abrir, abrirse. ■ **3** *intr.-pr.* Dar a: *la porte ouvre, s'ouvre sur un jardin,* la puerta da a un jardín. ■ **4** *pr.* fig. Abrirse: *s'*~ *à un ami,* abrirse con un amigo; *s'*~ *un passage,* abrirse paso.

ovaire [ɔvɛʀ] *m.* Ovario.

ovale [ɔval] *adj.* **1** Oval, ovalado, da. ■ **2** *m.* Óvalo.

ovation [ɔvasjɔ̃] *f.* Ovación.

ove [ɔv] *m.* ARCHIT. Óvolo.

ovin, -ine [ɔvɛ̃, -in] *adj.* Ovino, na.

ovipare [ɔvipaʀ] *adj.-s.* Ovíparo, ra.

ovule [ɔvyl] *m.* Óvulo.

oxydation [ɔksidasjɔ̃] *f.* Oxidación.

oxyde [ɔksid] *m.* Óxido.

oxygène [ɔksiʒɛn] *m.* Oxígeno.

P

p [pe] *m.* P *f.*

pacage [pakaʒ] *m.* Pasto: *droit de ~,* derecho de pasto.

pachyderme [paʃ(k)idɛrm(ə)] *m.* Paquidermo.

pacificateur, -trice [pasifikatœr, -tris] *adj.-s.* Pacificador, ra.

pacifier [pasifje] [2] *tr.* Pacificar.

pacifique [pasifik] *adj.* Pacífico, ca.

pacotille [pakɔtij] *f.* Pacotilla.

pacte [pakt(ə)] *m.* Pacto.

pactiser [paktize] *intr.* **1** Pactar. **2** *fig.* Transigir.

pagaie [pagɛ] *f.* Pagaya, zagual *m.*

pagaïe, pagaille, pagaye [pagaj] *f.* Desorden *m.:* *tout est en ~,* todo está en desorden; *quelle ~!,* ¡qué jaleo!

paganisme [paganism(ə)] *m.* Paganismo.

page [paʒ] *f.* **1** Página, plana. **2** IMPR. *Mettre en pages,* compaginar. ■ **3** *m.* Paje, doncel.

pagel [paʒɛl] *m.* Pagel.

paginer [paʒine] [1] *tr.* Paginar, numerar las páginas de.

pagne [paɲ] *m.* Taparrabo.

pagode [pagɔd] *f.* Pagoda.

païen, -ienne [pajɛ̃, -jɛn] *adj.-s.* Pagano, na.

paillasse [pajas] *f.* **1** Jergón *m.* ■ **2** *m.* Payaso.

paillasson [pɑ(a)jasɔ̃] *m.* **1** Felpudo, ruedo, esterilla *f.* **2** AGR. Pajote.

paille [pɑj] *f.* **1** Paja. Loc. *Tirer à la courte ~,* echar pajas. **2** *~ de fer,* estropajo *m.* de metal. **3** Pelo *m.,* hoja (dans un métal). **4** Pelo *m.* (dans une pierre précieuse, dans le verre). **5** *fam.* Nimiedad, miseria: *ça m'a coûté une ~,* me ha costado una miseria. **6** Loc. fig. *Être sur la ~,* estar en la miseria. **7** *Homme de ~,* testaferro. ■ **8** *adj. invar.* Pajizo, za (couleur).

pailleter [pajte] [20] *tr.* Adornar con lentejuelas.

pain [pɛ̃] *m.* **1** Pan: *~ bis,* pan moreno; *~ de mie,* pan inglés; *~ grillé,* pan tostado; *~ d'épice,* pan dulce hecho con harina de centeno, miel, etc.; *petit ~,* panecillo, bollo. **2** Pastilla *f.:* *~ de savon,* pastilla de jabón. **3** *~ de sucre,* pilón de azúcar.

pair, paire [pɛr] *adj.* **1** Par: *nombre ~,* número par. ■ **2** *m.* Igual: *être jugé par ses pairs,* ser juzgado por sus iguales. **3** Par (titre). **4** COMM. Par *f.:* *~ change au ~,* cambio a la par. **5** *loc. adv. Au ~,* con la sola retribución de comida y alojamiento.

paisible [pezibl(ə)] *adj.* **1** Apacible. **2** Tranquilo, la, agradable.

paître [pɛtr(ə)] [74] *tr.-intr.* Pastar. Loc. fig. fam. *Envoyer ~,* mandar a paseo.

paix [pɛ] *f.* **1** Paz: *faire la ~,* hacer las paces. Loc. fam. *Fichez-moi la ~,* déjeme en paz. **2** *interj.* ¡Chitón!, ¡silencio!

pal [pal] *m.* **1** Estaca *f.* **2** Palo (pour empaler). **3** BLAS. Palo.

palabre [palabr(ə)] *f.* Discusión inútil: *assez de palabres!,* ¡basta de discusiones!

palais [palɛ] *m.* **1** Palacio. **2** *~ de justice,* palacio de justicia, audiencia *f.* **3** Curia *f.* (avocats, juges): *gens du ~,* gente de curia. **4** ANAT. Paladar.

palan [palɑ̃] *m.* Polipasto, polispasto.

pale [pal] *f.* **1** Pala (de rame). **2** Paleta (de roue, d'hélice). **3** LITURG. Palia, hijuela.

pâle [pɑl] *adj.* Pálido, da.

paléolithique [paleɔlitik] *m.* Paleolítico.

paléontologie [paleɔ̃tɔlɔʒi] *f.* Paleontología.

paleron [palrɔ̃] *m.* Espaldilla *f.* (en boucherie).

palet [palɛ] *m.* Tejo.

paletot [palto] *m.* Paletó, gabán.

palette [palɛt] *f.* **1** Paleta. **2** PEINT. Paleta. **3** SPORTS Pala, raqueta.

palétuvier [paletyvje] *m.* Mangle.

pâleur [palœr] *f.* Palidez.

palier [palje] *m.* **1** Rellano, descansillo (d'escalier). **2** Trecho llano de un camino. **3** MÉC. Soporte de un árbol de transmisión, palier.

pâlir [pɑliʀ] [3] *intr.* **1** Palidecer. ▪ **2** *tr.* Poner pálido, da, descolorar.

palissade [palisad] *m.* Empalizada, vallado *m.*

palissandre [palisɑ̃dʀ(ə)] *m.* Palisandro, palosanto.

palliatif [paljatif] *m.* Paliativo.

pallier [palje] *tr.* **1** Paliar. **2** MÉD. Mitigar.

palmarès [palmaʀɛs] *m.* Lista *f.* de alumnos, deportistas, etc. premiados.

palme [palm(ə)] *f.* **1** Palma (feuille). Loc. fig. *Remporter la* ~, llevarse la palma. **2** SPORTS Aleta (de nageur).

palmier [palmje] *m.* Palmera *f.*

palombe [palɔ̃b] *f.* Paloma torcaz.

pâlot, -otte [pɑlo, -ɔt] *adj.* Paliducho, cha.

palpable [palpabl(ə)] *adj.* Palpable.

palper [palpe] [1] *tr.* **1** Palpar. **2** fig. fam. Cobrar, recibir dinero.

palpiter [palpite] [1] *intr.* Palpitar.

paludisme [palydism(ə)] *m.* Paludismo.

pâmer (se) [pame] [1] *pr.* **1** Desfallecer, desvanecerse, desmayarse (s'évanouir). **2** Quedar encandilado, da, encantado, da.

pâmoison [pɑmwazɔ̃] *f.* Pasmo *m.*

pamphlet [pɑ̃flɛ] *m.* Libelo.

pamplemousse [pɑ̃pləmus] *m.* Pomelo (fruit).

pampre [pɑ̃pʀ(ə)] *m.* Pámpano.

pan [pɑ̃] *m.* **1** Lienzo: ~ *de mur,* lienzo de pared. **2** Faldón: *les pans d'un habit,* los faldones de un frac. **3** ~ *coupé,* ángulo cortado, chaflán. **4** *interj.* ¡Pum!

panacée [panase] *f.* Panacea.

panache [panaʃ] *m.* **1** Penacho. Loc. fig. *Faire* ~, apearse del caballo por las orejas, volcar. **2** fig. Pompa *f.,* brillo, ostentación *f.*

panacher [panaʃe] [1] *tr.* **1** Empenachar. **2** Matizar, entremezclar elementos diversos en una lista electoral.

panade [panad] *f.* Sopa de pan y mantequilla.

pancarte [pɑ̃kaʀt(ə)] *f.* Cartelón *m.,* pancarta.

pancréas [pɑ̃kʀeas] *m.* ANAT. Páncreas.

pané, -ée [pane] *adj.* Empanado, da, rebozado, da.

panégyrique [paneʒiʀik] *m.* Panegírico.

panier [panje] *m.* **1** Cesto, cesta *f.,* canasta *f.,* canastilla *f.* **2** fig. *Le dessus du*

~, la flor y nata; *le fond du* ~, el desecho, lo peor. **3** Tontillo, faldellín (vêtement). **4** SPORTS. Cesto (basketball).

panifier [panifje] [2] *tr.* Panificar.

panique [panik] *f.* **1** Pánico *m.* ▪ **2** *adj.* Cerval: *peur* ~, miedo cerval.

panne [pan] *f.* **1** Avería. **2** Pana (sorte de velours). **3** Cola: *la* ~ *du marteau,* la cola del martillo. **4** Grasa de cerdo (graisse). **5** MAR. *En* ~, al pairo.

panneau [pano] *m.* **1** Panel. **2** Cuarterón (de porte). **3** Tablero (pour annonces ou inscriptions). **4** Pieza *f.* (d'une jupe). **5** CHASS. Lazo, trampa *f.* **6** MAR. Puerta *f.* de escotilla. **7** PEINT. Lienzo.

panoplie [panɔpli] *f.* Panoplia.

panorama [panɔʀama] *m.* Panorama.

panse [pɑ̃s] *f.* Panza.

pansement [pɑ̃smɑ̃] *m.* **1** Cura *f.* **2** Apósito.

panser [pɑ̃se] [1] *tr.* **1** Curar: ~ *un blessé,* curar a un herido. **2** Almohazar (un cheval).

pansu, -ue [pɑ̃sy] *adj.* Panzudo, da.

pantalon [pɑ̃talɔ̃] *m.* Pantalón.

pantalonnade [pɑ̃talɔnad] *f.* **1** Payasada, bufonada. **2** Farsa, engaño *m.*

pantelant, -ante [pɑ̃tlɑ̃, -ɑ̃t] *adj.* **1** Jadeante (haletant). **2** Palpitante.

panthéon [pɑ̃teɔ̃] *m.* Panteón.

panthère [pɑ̃tɛʀ] *f.* Pantera.

pantin [pɑ̃tɛ̃] *m.* **1** Títere, muñeco. **2** fig. Veleta *f.* (girouette).

pantois, -oise [pɑ̃twa, -waz] *adj.* Atónito, ta, estupefacto, ta.

pantomime [pɑ̃tɔmim] *f.* Pantomima.

pantoufle [pɑ̃tufl(ə)] *f.* Zapatilla.

paon [pɑ̃] *m.* **1** Pavo real. **2** fig. Hombre vano.

papa [papa] *m.* **1** Papá. **2** *Bon* ~, abuelo. **3** fig. fam. *De* ~, anticuado, da. **4** *loc. adv. À la* ~, tranquilamente, sin problemas.

papauté [papote] *f.* Papado *m.*

pape [pap] *m.* Papa.

papelard, -arde [paplaʀ, -aʀd(ə)] *adj.-s.* **1** Camandulero, ra, hipócrita, mojigato, ta. **2** Gazmoño, ña, santurrón, ona (bigot). ▪ **3** *m.* fam. Papel, papelucho.

paperassier, -ière [papʀasje, -jɛʀ] *adj.-s.* Aficionado, da al papeleo.

papeterie [papetʀik paptʀi] *f.* Papelería.

papetier, -ière [paptje, -jɛʀ] *adj.-s.* Papelero, ra.

papier [papje] *m.* **1** Papel: ~ *à cigarettes,* papel de fumar; ~ *à lettres,* papel de cartas; ~ *buvard,* papel secante; ~

carbone, papel carbón; ~ *de verre,* papel de lija; ~ *gris,* papel de estraza; ~ *libre,* papel común, sin sellar; ~ *peint,* papel pintado; ~ *timbré,* papel sellado. **2** *Papier mâché,* cartón piedra. **3** Escrito: *metre sur le* ~, poner por escrito.

papillon [papijɔ̃] *m.* Mariposa *f.*

papillote [papijɔt] *f.* **1** Torcida, papelillo *m.* para rizar el pelo, papillote *m.* **2** Papel *m.* engrasado para asar ciertas carnes: *côtelette en* ~, chuleta envuelta y asada.

papyrus [papiʀys] *m.* Papiro.

pâque [pɑk] *f.* Pascua judaica.

paquebot [pakbo] *m.* Paquebote, buque.

pâquerette [pakʀɛt] *f.* Margarita silvestre.

paquet [pakɛ] *m.* Paquete.

par [paʀ] *prép.* **1** Por (exprimant cause, agent, auteur, moyen, lieu, distribution): *hâlé* ~ *le soleil,* tostado por el sol; ~ *écrit,* por escrito. Loc. *De* ~, por orden de; ~ *devant,* ante; ~ *suite de,* a consecuencia de. **2** A (distribution dans le temps): ~ *an,* al año. **3** Con (temps atmosphérique): ~ *un temps de pluie,* con un tiempo de lluvia. **4** En (pendant): ~ *un beau jour de printemps,* en un hermoso día de primavera. **5** En: *terminé* ~ *«ir»,* terminado en «ir». *loc. adv.* ~ *là,* por allí (direction), por esto, por este medio (ainsi); ~ *trop,* demasiado; ~ *contre,* en cambio.

parabole [paʀabɔl] *f.* Parábola.

parachever [paʀaʃve] [16] *tr.* Rematar, concluir, perfeccionar.

parachute [paʀaʃyt] *m. pl.* Parajes (endroit).

parade [paʀad] *f.* **1** Alarde *m.,* ostentación, boato *m.* Loc. *Faire* ~ *de,* hacer alarde de; *habit de* ~, traje de gala. **2** ÉQUIT. Parada. **3** ESCR. Parada, quite *m.* **4** MIL. Parada, desfile *m.,* revista.

paradis [paʀadi] *m.* Paraíso.

paradisiaque [paʀadizjak] *adj.* Paradisíaco, ca.

paradisier [paʀadizje] *m.* Ave del Paraíso.

paradoxal, -ale [paʀadɔksal] *adj.* Paradójico, ca.

paraffine [paʀafin] *f.* Parafina.

parages [paʀaʒ] *m. pl.* Parajes (endroit).

paragraphe [paʀagʀaf] *m.* Párrafo, parágrafo.

paraître [paʀɛtʀ(ə)] [73] *intr.* **1** Aparecer, mostrarse (apparaître). **2** Publicarse (être mis en vente). **3** Aparecer, presentarse (comparaître). **4** Parecer, aparentar (sembler). **5** Lucir, hacerse ver (bril-

ler). ■ **6** *impers.* Parecer: *il paraît que,* parece que, parece ser que.

parallèle [paʀa(l)lɛl] *adj.* **1** Paralelo, la. ■ **2** *m.* Paralelo. ■ **2** *f.* Paralela (ligne).

paralléllisme [paʀa(l)elism(ə)] *m.* Paralelismo.

paralyser [paʀalize] [1] *tr.* Paralizar.

paralytique [paʀalitik] *adj.-s.* Paralítico, ca.

parapet [paʀapɛ] *m.* Parapeto.

paraphe [paʀaf] *m.* Rúbrica *f.*

paraphraser [paʀafʀɑze] [1] *tr.* Parafrasear.

parapluie [paʀaplɥi] *m.* Paraguas.

parasite [paʀazit] *adj.-s.* Parásito, ta.

parasol [paʀasɔl] *m.* Quitasol.

paratonnerre [paʀatɔnɛʀ] *m.* Pararrayos.

paravent [paʀavɑ̃] *m.* Biombo.

parbleu! [paʀblø] *interj.* vieil. ¡Pardiez!

parc [paʀk] *m.* **1** Parque. **2** Aprisco, apero, majada *f.* (à moutons, etc.). **3** Aparcamiento, estacionamiento (parking). **4** Vivero, criadero: ~ *à huîtres,* criadero de ostras.

parcelle [paʀsɛl] *f.* Parcela.

parce que [paʀskə)] *loc. conj.* Porque.

parchemin [paʀʃəmɛ̃] *m.* Pergamino.

parcimonieux, -euse [paʀsimɔnjø, -øz] *adj.* Parsimonioso, sa.

parcmètre [paʀkmɛtʀ] *m.* Parquímetro.

parcourir [paʀkuʀiʀ] [26] *tr.* Recorrer.

parcours [paʀkuʀ] *m.* **1** Recorrido, trayecto; *incident, accident de* ~, dificultad imprevista; ~ *du combattant,* empresa llena de dificultades.

pardessus [paʀdəsy] *m.* Abrigo, gabán, sobretodo.

pardi! [paʀdi], **pardieu!** [paʀdjø] *interj.* ¡Pues claro!, ¡claro!, ¡naturalmente!

pardon [paʀdɔ̃] *m.* **1** Perdón. **2** *interj.* ~*!, je vous demande* ~, ¡dispense usted!, ¡disculpe!, ¡perdón!

pardonner [paʀdɔne] [1] *tr.-intr.* **1** Perdonar. **2** Perdonar, dispensar: *pardonnez-moi,* dispénseme.

pare-brise [paʀbʀiz] *m. invar.* Parabrisas.

pare-chocs [paʀʃɔk] *m. invar.* Parachoques.

pareil, -eille [paʀɛj] *adj.* **1** Igual, semejante. Loc. *C'est toujours* ~, siempre igual; *ce n'est pas* ~, no es lo mismo. ■ **2** *s.* Igual, semejante. Loc. *Sans* ~, *sans pareille,* sin igual; *rendre la pareille,* pagar con la misma moneda.

parement [paʀmɑ̃] *m.* **1** Vuelta *f.,* vista *f.* (revers sur le col, les manches). **2** ARCHIT. Paramento.

parent, -ente [paʀɑ̃, -ɑ̃t] *s.* **1** Pariente, ta (famille). ■ **2** *pl.* Padres (le père et la mère): *nos premiers parents,* nuestros primeros padres.

parenté [paʀɑ̃te] *f.* **1** Parentesco *m.* **2** Parentela, parientes *m. pl.* (ensemble des parents).

parenthèse [paʀɑ̃tɛz] *f.* Paréntesis *m.*

parer [paʀe] [1] *tr.* **1** Engalanar, adornar (orner). **2** Evitar, esquivar (détourner). **3** CUIS. Preparar (la viande). ■ **4** *tr. ind.* ~ *à,* precaverse, prevenirse contra. ■ **5** *pr.* Engalanarse.

paresse [paʀɛs] *f.* Pereza.

paresseux, -euse [paʀɛsø, -øz] *adj.-s.* Perezoso, sa.

parfaire [paʀfɛʀ] [10] *tr.* Acabar, completar.

parfait, -aite [paʀfɛ, -ɛt] *adj.-m.* Perfecto, ta.

parfois [paʀfwa] *adv.* A veces.

parfum [paʀfœ̃] *m.* Perfume.

parfumer [paʀfyme] [1] *tr.* Perfumar.

pari [paʀi] *m.* Apuesta *f.*

paria [paʀja] *m.* Paria.

parier [paʀje] [2] *tr.* Apostar: *je parie que...,* apuesto a que...

parité [paʀite] *f.* Paridad.

parjure [paʀʒyʀ] *m.* **1** Perjurio. ■ **2** *adj.-s.* Perjuro, ra.

parking [paʀkiŋ] *m.* Aparcamiento (de véhicules).

parlant, -ante [paʀlɑ̃, -ɑ̃t] *adj.* **1** Parlante. **2** *Cinéma* ~, cine sonoro. **3** Expresivo, va (vivant).

parlement [paʀləmɑ̃] *m.* Parlamento.

parlementaire [paʀləmɑ̃tɛʀ] *adj.-s.* Parlamentario, ria.

parler [paʀle] [1] *intr.* **1** Hablar. Loc. ~ *à mots couverts,* hablar a medias palabras; ~ *à bâtons rompus,* hablar sin orden ni concierto; fam. *tu parles!,* ique te crees tú eso!, iqué va! ■ **2** *tr. dir.* Hablar: ~ *l'espagnol,* hablar el español. **3** Hablar de, tratar de: ~ *d'affaires,* hablar de negocios. **4** *tr. ind.* Hablar de. Loc. ~ *de la pluie et du beau temps,* hablar de nimiedades. ■ **5** *pr.* Hablarse.

parleur, -euse [paʀlœʀ, -øz] *adj.-s.* Parlanchín, -ina.

parloir [paʀlwaʀ] *m.* Locutorio.

parmi [paʀmi] *prép.* Entre, en medio de.

parodier [paʀɔdje] [2] *tr.* Parodiar.

paroi [paʀwa] *f.* **1** Pared. **2** Tabique *m.* (cloison).

paroisse [paʀwas] *f.* Parroquia.

paroissien, -ienne [paʀwasjɛ̃, -jɛn] *s.* **1** Feligrés, esa. ■ **2** *m.* Devocionario (livre).

parole [paʀɔl] *f.* **1** Palabra. Loc. ~ *d'honneur,* palabra de honor; *peser ses paroles,* sopesar las palabras; *tenir sa* ~, cumplir su palabra. **2** Frase, dicho *m.* (sentence). **3** Palabra, habla (langage). Loc. *Avoir la* ~ *facile,* tener la lengua suelta. **4** *interj.* ~!, *ma* ~!, ipalabra! ■ **5** *pl.* Letra *sing.* (d'une chanson).

paroxysme [paʀɔksism(ə)] *m.* Paroxismo: *au* ~ *de,* en el paroxismo de.

parquer [paʀke] [1] *tr.* **1** Aparcar (une voiture). **2** Acorralar, encerrar (les animaux).

parquet [paʀkɛ] *m.* **1** Entarimado, parqué. **2** DR. Fiscalía *f.*

parrain [pɑ(ɑ)ʀɛ̃] *m.* Padrino.

parricide [paʀisid] *m.* **1** Parricidio. ■ **2** *adj.-s.* Parricida.

parsemer [paʀsəme] [16] *tr.* Sembrar, esparcir.

part [paʀ] *f.* **1** Parte, porción. Loc. *Prendre* ~ *à,* tomar parte en; *faire* ~ *de quelque chose à quelqu'un,* notificar algo a alguien. **2** Parte (lieu). *loc. adv. D'une* ~... *d'autre* ~, por una parte... por otra; *de* ~ *en* ~, de parte a parte; *nulle* ~, en ninguna parte; *quelque* ~, en alguna parte. *loc. prép. À* ~, aparte, excepto (excepte).

partage [paʀtaʒ] *m.* **1** Partición *f.,* reparto. Loc. *Sans* ~, exclusivamente; *avoir en* ~, tocar en suerte en un reparto. **2** *Ligne de* ~ *des eaux,* línea divisoria *f.* de las aguas.

partager [paʀtaʒe] [13] *tr.* **1** Partir, repartir, dividir (diviser). **2** Compartir: ~ *l'opinion de quelqu'un,* compartir la opinión de alguien. **3** Dividir (couper). ■ **4** *pr.* Partirse, repartirse.

partance [paʀtɑ̃s] *f.* MAR. **1** Partida, leva. **2** *loc. adv. En* ~, a punto de partir.

partant [paʀtɑ̃] *conj.* Por lo tanto, por consiguiente.

partant [paʀtɑ̃] *m.* **1** El que parte. **2** Participante (dans une course).

partenaire [paʀtənɛʀ] *s.* **1** Compañero, ra, pareja *f.* (jeu). **2** Pareja *f.* (danse).

parti [paʀti] *m.* **1** Partido, decisión *f.* Loc. *Prendre le* ~ *de,* decidirse por; *prendre son* ~ *de,* resignarse a; *tirer* ~ *de,* sacar partido de. **2** ~ *pris,* prejuicio; *être de* ~ *pris,* no ser objetivo. **3** Partido: ~ *politique,* partido político. **4** MIL. Destacamento de soldados.

partial, -ale [paʀsjal] *adj.* Parcial.

participant, -ante [paʀtisipɑ̃, -ɑ̃t] *adj.-s.* Partícipe, participante.

participation [paʀtisipasjɔ̃] *f.* Participación.

participe [paʀtisip] *m.* GRAM. ~ *présent*, participio de presente, activo; ~ *passé*, participio de pretérito, pasivo.

participer [paʀtisipe] [1] *intr.* Participar: ~ *à*, participar en; ~ *de*, participar de.

particularité [paʀtikylaʀite] *f.* Particularidad.

particulier, -ière [paʀtikylje, -jɛʀ] *adj.* 1 Particular. ■ 2 *m.* Particular. 3 fam. Individuo.

partie [paʀti] *f.* 1 Parte. Loc. *En* ~, en parte; *faire* ~ *de*, formar parte de. 2 Partida (jeux, chasse). Loc. ~ *de campagne*, excursión. 3 Rama, ramo *m.* (domaine). 4 DR. Parte: *la* ~ *adverse*, la parte contraria. Loc. *Avoir affaire à forte* ~, habérselas con un enemigo temible; *prendre quelqu'un à* ~, tomarla con uno. 5 COMM. Partida: ~ *simple*, *double*, partida simple, doble. 6 MUS. Parte.

partiel, -elle [paʀsjɛl] *adj.* Parcial.

partir [paʀtiʀ] [30] *intr.* 1 Marcharse, partir (s'en aller). 2 Salir (prendre le départ). Loc. ~ *comme une flèche*, salir disparado, da. 3 Arrancar, ponerse en marcha (démarrer). 4 Empezar (commencer). 5 Dispararse (projectile). 6 Ponerse, empezar (se mettre). 7 Desaparecer (s'effacer, s'enlever). 8 *loc. prép. À* ~ *de*, a partir de.

partisan [paʀtizɑ̃] *adj.-s.* 1 Partidario, ria (adepte). ■ 2 *m.* Guerrillero.

partitif, -ive [paʀtitif, -iv] *adj.-m.* GRAM. Partitivo, va.

partout [paʀtu] *adv.* En todas partes, por todas partes.

parure [paʀyʀ] *f.* 1 Adorno *m.* 2 Aderezo *m.* (bijoux).

parvenir [paʀvəniʀ] [36] *intr.* 1 Llegar (arriver). 2 Alcanzar, conseguir, lograr (réussir à).

parvenu, -ue [paʀvəny] *s.* Advenedizo, za.

parvis [paʀvi] *m.* Plaza *f.* delante de una iglesia.

pas [pa] *adv.* No. Ne se traduit généralement pas: *je ne crois* ~, no creo; *je n'aime pas ça*, no me gusta esto. Loc. ~ *beaucoup*, no mucho; *presque* ~, casi nada; ~ *du tout*, en absoluto; ~ *mal*, regular; ~ *vrai*, no es cierto; ~ *un*, ~ *une*, ni uno, ni una; *même* ~, ni siquiera.

pas [pa] *m.* 1 Paso: *faire un* ~ *en avant*, dar un paso adelante. Loc. *À* ~ *de loup*, sigilosamente; *d'un bon* ~, a buen paso; fig. *mettre quelqu'un au* ~, meter a uno por vereda. 2 GÉOG. Paso. 3 MUS. Marcha *f.* 4 *Le* ~ *de la porte*, el umbral. 5 ~ *de vis*, paso de rosca. 6 COM. ~ *de porte*, traspaso.

pascal, -ale [paskal] *adj.* Pascual.

passable [pasabl(ə)] *adj.* Pasadero, ra, pasable, mediano, na.

passade [pasad] *f.* Capricho *m.* pasajero, antojo *m.*

passage [pasaʒ] *m.* 1 Paso: *le* ~ *de la procession*, el paso de la procesión. Loc. *Prendre au* ~, coger al paso; *de* ~, de paso; ~ *à niveau*, paso a nivel; ~ *clouté*, paso de peatones; ~ *interdit*, prohibido el paso. 2 Pasaje (voie, rue). 3 MAR. Travesía *f.* 4 Pasaje (d'un livre, d'un discours).

passager, -ère [pa(a)saʒe, -ɛʀ] *adj.-s.* 1 Pasajero, ra. 2 ~ *clandestin*, polizón.

passant, -ante [pasɑ̃, -ɑ̃t] *adj.* 1 Concurrido, da (fréquenté). ■ 2 *s.* Transeúnte.

passe [pas] *f.* 1 Paso *m.*, pasa (des oiseaux). 2 Pase *m.* (de magnétiseur, de basket-ball, etc.). 3 *Mot de* ~, contraseña *f.; maison de* ~, casa de citas. 4 GÉOG. Paso *m.*

passé, -ée [pase] *adj.* 1 Pasado, da, pretérito, ta. 2 Descolorido, da (décoloré). ■ 3 *m.* GRAM. Pasado, pretérito. ■ 4 *prép.* Después de (après).

passe-lacet [paslasɛ] *m.* Pasador, pasacintas (aiguille).

passementerie [pasmɑ̃tʀi] *f.* Pasamanería.

passe-partout [paspaʀtu] *m. invar.* 1 Llave *f.* maestra (clef). ■ 2 *adj. invar.* Que sirve para todo, socorrido, da.

passe-passe [paspas] *m. invar. Tour de* ~, juego de manos, pasapasa.

passeport [paspɔʀ] *m.* Pasaporte.

passer [pase] [1] *intr.* 1 Pasar: *l'autobus est passé*, el autobús ha pasado. Loc. ~ *outre*, hacer caso omiso de; ~ *pour*, pasar por; ~ *sur*, pasar por alto; *en passant*, de paso. 2 Representarse (une pièce). 3 Proyectarse, echarse (un film). 4 Pasar, transcurrir (s'écouler). 5 Aprobarse, adoptarse (être accepté). 6 Ascender a, pasar. 7 Marchitarse (se faner). 8 Pasar, desaparecer (disparaître). 9 Comerse, irse (pâlir une couleur). ■ 10 *tr.* Pasar: ~ *une rivière*, pasar un río; ~ *son temps à lire*, pasar, pasarse el tiempo leyendo. 11 Pasar, extender (étendre). **12** Pasar, colar (filtrer). **13** Proyectar, echar (un film). **14** Representar (une pièce). **15** Ponerse (un vêtement). **16** ~ *un examen,* examinarse, sufrir un examen. ■ **17** *pr.* Pasar, transcurrir (s'écouler). **18** Pasar, acontecer, ocurrir (se produire): *que se passe-t-il?,* ¿qué pasa? **19** *Se* ~ *de,* prescindir de.

passereau [pɑsʀo] *m.* Pájaro.

passerelle [pɑsʀɛl] *f.* Pasarela.

passe-temps [pɑstɑ̃] *m. invar.* Pasatiempo.

passible [pasibl(ə)] *adj.* ~ *de,* merecedor, ra de, que incurre en.

passif, -ive [pasif, -iv] *adj.-m.* Pasivo, va.

passionné, -ée [pɑ(a)sjɔne] *adj.-s.* Apasionado, da.

passionnel, -elle [pɑ(a)sjɔnɛl] *adj.* Pasional.

passionner [pɑ(a)sjɔne] [1] *tr.* **1** Apasionar. ■ **2** *pr.* Apasionarse.

passivité [pasivite] *f.* Pasividad.

passoire [pɑswaʀ] *f.* Pasador *m.,* colador *m.*

pastel [pastɛl] *m.* Pastel: *portrait au~,* retrato al pastel.

pastèque [pastɛk] *f.* Sandía.

pasteur [pastœʀ] *m.* Pastor.

pastiche [pastiʃ] *m.* Imitación *f.,* remedo *m.*

pastille [pastij] *f.* Pastilla.

pastoral, -ale [pastɔʀal] *adj.-f.* Pastoral.

patate [patat] *f.* **1** ~ *douce,* batata, boniato *m.* **2** fam. Patata (pomme de terre). **3** pop. Mentecato, ta, cernícalo, la (personne stupide).

pataud, -aude [pato, -od] *adj.-s.* Torpe.

patchouli [patʃuli] *m.* Pachulí (parfum, plante).

pâte [pɑt] *f.* **1** Masa, pasta. Loc. ~ *à pain,* masa, fig. *mettre la main à la* ~, ponerse a trabajar; *une bonne* ~, una buena persona. **2** Pasta: ~ *dentifrice,* pasta dentífrica. **3** *Pâtes, pâtes alimentaires,* pastas alimenticias.

pâté [pate] *m.* **1** Pasta *f.* de hígado, foie gras. **2** CUIS. Pastel (de viande ou de poisson). **3** ~ *de maisons,* manzana *f.*

pâtée [pate] *f.* **1** Cebo *m.* (pour engraisser la volaille, les porcs). **2** Comida para los animales.

patent, -ente [patɑ̃, -ɑ̃t] *adj.* **1** Patente, evidente. ■ **2** *f.* Patente.

patenté, -ée [patɑ̃te] *adj.* Patentado, da.

patère [patɛʀ] *f.* Percha, colgador *m.*

paternel, -elle [patɛʀnɛl] *adj.* Paternal, paterno, na. ■ **2** *m.* pop. Padre.

paternité [patɛʀnite] *f.* Paternidad.

pâteux, -euse [patø, -øz] *adj.* Pastoso, sa.

pathétique [patetik] *adj.* Patético, ca.

pathologie [patɔlɔʒi] *f.* Patología.

patibulaire [patibylɛʀ] *adj.* Patibulario, ria.

patience [pasjɑ̃s] *f.* **1** Paciencia. **2** Solitario *m.* (jeu de cartes).

patinage [patinaʒ] *m.* Patinaje.

patine [patin] *f.* Pátina.

patiner [patine] [1] *intr.* **1** Patinar. ■ **2** *tr.* TECHN. Dar pátina a.

patineur, -euse [patinœʀ, -øz] *s.* Patinador, ra.

pâtir [patiʀ] [3] *intr.* Padecer, sufrir.

pâtisserie [pɑ(a)tisʀi] *f.* **1** Pastelería. **2** Pastel *m.* (gâteau).

patois [patwa] *m.* Habla *f.* regional y popular.

patraque [patʀak] *adj.* fam. Pachucho, cha.

pâtre [pɑtʀ(ə)] *m.* Pastor.

patriarcal, -ale [patʀjaʀkal] *adj.* Patriarcal.

patrie [patʀi] *f.* Patria.

patrimoine [patʀimwan] *m.* Patrimonio.

patriote [patʀijɔt] *adj.-s.* Patriota.

patron, -onne [patʀɔ̃, -ɔn] *s.* **1** Patrono, na (saint). **2** Patrón, ona, amo, ama, dueño, ña (maître). **3** Patrono, na (employeur). ■ **4** *m.* Patrón (modèle).

patronage [patʀonaʒ] *m.* **1** Patrocinio, protección *f.* **2** Patronato (société).

patronal, -ale [patʀɔnal] *adj.* Patronal.

patronat [patʀɔna] *m.* Empresariado.

patrouille [patʀuj] *f.* Patrulla.

patte [pat] *f.* **1** Pata (animaux). **2** fam. Remo *m.,* pata, pierna (jambe). Loc. *Avoir une* ~ *folle,* tener una pata jalana. **3** fam. Mano. Loc. fig. *Graisser la* ~ *à quelqu'un,* untar la mano a alguien; *faire* ~ *de velours,* esconder las uñas. **4** Cartera, pata (de poche). **5** Lengüeta (de portefeuille). **6** Patilla (favori).

patte-d'oie [patdwa] *f.* **1** Pata de gallo (ride). **2** Encrucijada (carrefour).

pâturage [patyʀaʒ] *m.* Pasto.

paume [pom] *f.* **1** Palma (de la main). **2** Pelota (jeu). **3** *Jeu de* ~, cancha *f.* (terrain).

paupière [popjɛʀ] *f.* Párpado *m.*

pause [poz] *f.* **1** Pausa. **2** MUS. Pausa, silencio *m.*

pauvre [povʀ(ə)] *adj.* **1** Pobre. Loc. fam. ~ *d'esprit,* pobre de espíritu, simple. **2**

Escaso, sa: *végétation* ~, vegetation escasa. ■ **3** s. Pobre, mendigo, ga.

pauvreté [povʀəte] f. Pobreza.

pavane [pavan] f. Pavana (danse).

pavaner (se) [pavane] [1] *pr.* Pavonearse.

pavé [pave] m. **1** Pavimento, adoquinado (pavage). **2** Calle f. (rue). Loc. fig. *Brûler le* ~, ir a escape; *tenir le haut du* ~, estar en primera línea; *être sur le* ~, estar sin trabajo. **3** Adoquín (bloc de pierre). **4** ~ *de bois*, tarugo.

paver [pave] [1] *tr.* **1** Adoquinar, pavimentar con adoquines (de pavés). **2** Entarugar (en bois). **3** Empedrar (empierrer).

pavillon [pavijɔ̃] m. **1** ARCHIT. Pabellón. **2** Hotelito, chalet (villa). **3** Pabellón (tube évasé). **4** ANAT. Pabellón (de l'oreille). **5** MAR. Pabellón (drapeau). Loc. *Amener, baisser le* ~, arriar bandera.

pavois [pavwa] m. **1** Pavés (bouclier). **2** MAR. Empavesada f.

pavoiser [pavwaze] [1] *tr.* Engalanar, poner colgaduras en.

pavot [pavo] m. Adormidera f.

payant, -ante [pejɑ̃, -ɑ̃t] *adj.* **1** Que paga. **2** De pago (spectacle). **3** Provechoso, sa, rentable (rentable).

paye [pɛj] f. Paga.

payement [pɛjmɑ̃] m. Pago.

payer [peje] [21] *tr.* **1** Pagar. Loc. ~ *rubis sur l'ongle*, pagar a toca teja; ~ *quelqu'un de retour*, pagar con la misma moneda. **2** fam. Ofrecer (offrir). ■ **3** *pr.* Pagarse. **4** Ofrecerse, obsequiarse (s'offrir).

pays [pei] m. **1** País: *des* ~ *lointains*, países lejanos. Loc. *Le mal du* ~, la morriña, la nostalgia. **2** Región f., comarca f. Loc. *Voir du* ~, correr mundo; ~ *de cocagne*, jauja f.

paysagiste [peizazist(ə)] *adj.-m.* Paisajista.

paysan, -anne [peizɑ̃, -ɑ̃n] s. Campesino, na.

PC [pese] m. INFORM. (*abrév.* personal computer) PC.

peau [po] f. **1** Piel (de personne, de fruit). **2** Cutis m. (du visage). **3** fam. Pellejo. Loc. fam. *Jouer, risquer sa* ~, jugarse el pellejo. **4** ~ *de chagrin*, piel de zapa. **5** Nata (du lait).

péché [peʃe] m. Pecado.

pêche [pɛʃ] f. **1** Melocotón m. (fruit). **2** Pesca: ~ *à la ligne*, pesca con caña.

pécher [peʃe] [14] *intr.* Pecar.

pêcher [peʃe] [1] *tr.* Pescar.

pêcher [peʃe] m. Melocotonero (arbre).

pêcheur, -euse [peʃœʀ, -øz] s. **1** Pescador, ra. ■ **2** *adj.* Pesquero, ra: *bateau* ~, barco pesquero.

pécheur, -eresse [peʃœʀ, -eʀes] s. Pecador, ra.

pêcheur, -euse [peʃœʀ, -øz] s. Pecador, ra.

pécore [pekɔʀ] f. Estúpida, mema.

pécuniaire [pekynjɛʀ] *adj.* Pecuniario, ria.

pédagogie [pedagɔʒi] f. Pedagogía.

pédale [pedal] f. Pedal m.

pédaler [pedale] [1] *intr.* Pedalear.

pédalier [pedalje] m. **1** Pedal (de l'orgue). **2** Plato (bicyclette).

pédant, -ante [pedɑ̃, -ɑ̃t] *adj.-s.* Pedante.

pédestre [pedɛstʀ(ə)] *adj.* Pedestre.

pédiatrie [pedjatʀi] f. Pediatría.

pédicure [pedikyʀ] s. Pedicuro, ra.

pègre [pɛgʀ(ə)] f. Hampa.

peigne [pɛɲ] m. **1** Peine: *se donner un coup de* ~, pasarse el peine. **2** TISS. Carda f. (pour la laine). **3** Peine, venera f. (mollusque).

peigner [peɲe] [1] *tr.* **1** Peinar. **2** TISS. Cardar, peinar. ■ **3** *pr.* Peinarse.

peignoir [peɲwaʀ] m. **1** Albornoz (sortie de bain). **2** Bata f. (robe de chambre).

peindre [pɛ̃dʀ(ə)] [55] *tr.* **1** Pintar. **2** Pintar, describir (décrire).

peine [pɛn] f. **1** Pena, castigo m. **2** Pena, pesar m., pesadumbre. Loc. *Faire de la* ~ *à quelqu'un*, afligir a alguien. **3** Esfuerzo m., trabajo m. Loc. *Homme de* ~, mozo de cuerda; *valoir la* ~, valer la pena. **4** Dificultad. *loc. adv. Sans* ~, fácilmente.

peiner [pene] [1] *intr.* **1** Penar, padecer. ■ **2** *tr.* Afligir, apenar.

peintre [pɛ̃tʀ(ə)] m. **1** Pintor. **2** ~ *en bâtiment*, pintor de brocha gorda.

peinture [pɛ̃tyʀ] f. Pintura.

peinturlurer [pɛ̃tyʀlyʀe] [1] *tr.* fam. Pintarrajear.

péjoratif, -ive [peʒɔʀatif, -iv] *adj.* Peyorativo, va, despectivo, va.

pelage [pəlaʒ] m. Pelaje.

pêle-mêle [pɛlmɛl] *adv.* En desorden, en un revoltijo.

peler [pəle] [17] *tr.* **1** Pelar (ôter le poil). **2** Pelar, mondar (éplucher). ■ **3** *intr.* Caerse la piel, descamarse.

pèlerinage [pɛlʀinaʒ] m. Peregrinación.

pélican [pelikɑ̃] m. Pelícano.

pelle [pɛl] f. Pala. Loc. fam. *À la* ~, a patadas, a porrillo.

pelletée [pɛlte] *f.* Palada.

pelleterie [pɛl(ɛ)tʀi] *f.* Peletería.

pellicule [pe(ɛl)likyl] *f.* **1** Película (film). **2** Caspa (du cuir chevelu). **3** Hollejo *m.* (du raisin).

pelote [p(ə)lɔt] *f.* **1** Ovillo *m.* (de fil, de laine). **2** Pelota, bola (boule). Loc. ~ *basque,* pelota vasca. **3** fig. fam. *Faire sa* ~, hacer su agosto. **4** Acerico *m.,* almohadilla (pour piquer les épingles).

peloter [p(ə)lɔte] [1] *tr.* **1** Ovillar (laine). **2** fam. Sobar, manosear (caresser). **3** fam. Dar coba, hacer la pelotilla a (aduler).

peloton [p(ə)lɔtɔ̃] *m.* Pelotón.

pelotonner [p(ə)lɔtɔne] [1] *tr.* **1** Devanar, ovillar. ■ **2** *pr.* Acurrucarse, arrebujarse (se blottir).

pelouse [p(ə)luz] *f.* Césped *m.*

peluche [p(ə)lyʃ] *f.* Felpa (étoffe).

pelure [p(ə)lyʀ] *f.* **1** Monda, mondadura. **2** *Papier* ~, papel cebolla.

pénal, -ale [penal] *adj.* Penal.

pénalité [penalite] *f.* Penalidad, pena.

penaud, -aude [pəno, -od] *adj.* Corrido, da, avergonzado, da.

penchant [pɑ̃ʃɑ̃] *m.* fig. Inclinación *f.,* propensión *f.*

pencher [pɑ̃ʃe] [1] *tr.* **1** Inclinar. ■ **2** *intr.* Inclinarse, ladearse. ■ **3** *pr.* Inclinarse. **4** *Se* ~ *sur,* estudiar, examinar.

pendable [pɑ̃dabl(ə)] *adj.* Condenable.

pendaison [pɑ̃dɛzɔ̃] *f.* **1** Horca. **2** ~ *de crémaillère,* inauguración de una casa.

pendant [pɑ̃dɑ̃] *prép.* **1** Durante. **2** ~ *ce temps,* mientras tanto, entretanto. **3** Loc. *conj.* ~ *que,* mientras, mientras que.

pendard, -arde [pɑ̃daʀ, -aʀd(ə)] *s.* fam. Bribón, ona, pillo, lla.

pendeloque [pɑ̃dlɔk] *f.* **1** Colgante *m.* (de boucle d'oreilles). **2** Almendra (d'un lustre).

pendentif [pɑ̃dɑ̃tif] *m.* **1** ARCHIT. Pechina *f.* **2** Dije, colgante (bijou).

pendiller [pɑ̃dije] [1] *intr.* Balancearse.

pendre [pɑ̃dʀ(ə)] [6] *intr.* **1** Colgar, pender: *une lampe pend au plafond,* una lámpara cuelga del techo. ■ **2** *tr.* Colgar, suspender (suspendre). **3** Ahorcar, colgar (un condamné). ■ **4** *pr.* Colgarse (se suspendre). **5** Ahorcarse (se suicider).

pendu, -ue [pɑ̃dy] *s.* Ahorcado, da.

pendule [pɑ̃dyl] *m.* **1** Péndulo, péndola *f.* ■ **2** *f.* Reloj *m.* de pared, de chimenea.

pêne [pɛn] *m.* Pestillo.

pénétrant, -ante [penetʀɑ̃, -ɑ̃t] *adj.* Penetrante.

pénétrer [penetʀe] [14] *intr.-tr.* Penetrar. ■ **2** *tr.* fig. Calar, entrar (percevoir). ■ **3** *pr.* *Se* ~ *de,* convencerse de.

pénible [penibl(ə)] *adj.* **1** Penoso, sa. **2** fam. Pesado, da (ennuyeux).

péniche [peniʃ] *f.* Chalana.

péninsule [penɛ̃syl] *f.* Península.

pénitence [penitɑ̃s] *f.* Penitencia.

pénitencier [penitɑ̃sje] *m.* **1** Penitenciario. **2** Penitenciaría *f.,* penal (prison).

pénombre [penɔ̃bʀ(ə)] *f.* Penumbra.

pensée [pɑ̃se] *f.* **1** Pensamiento *m.* **2** Trinitaria, pensamiento *m.* (plante).

penser [pɑ̃se] [1] *intr.-tr.* **1** Pensar. **2** loc. *adv. Sans* ~ *à mal,* sin mala intención.

penseur, -euse [pɑ̃sœʀ, -øz] *s.* Pensador, ra.

pension [pɑ̃sɔ̃] *f.* **1** Pensión (allocation). **2** Pensión, pensionado *m.,* colegio *m.* de internos (pensionnat). **3** Pensión. Loc. ~ *de famille,* casa de huéspedes; *prendre* ~, hospedarse.

pensionnaire [pɑ̃sjɔnɛʀ] *s.* **1** Pensionista (interne). **2** Huésped, da (chez un particulier, dans un hôtel).

pensum [pɛ̃sɔm] *m.* **1** Trabajo escolar impuesto como castigo. **2** Trabajo pesado (travail ennuyeux).

pentagone [pɛ̃tagɔn] *adj.-m.* GÉOM. Pentágono.

pente [pɑ̃t] *f.* **1** Pendiente, cuesta.

Pentecôte [pɑ̃tkot] *f.* Pentecostés *m.*

pénultième [penyltjɛm] *adj.-f.* Penúltimo, ma.

pénurie [penyʀi] *f.* Penuria, escasez.

pépier [pepje] [2] *intr.* Piar, pipiar.

pépin [pepɛ̃] *m.* **1** Pipa *f.,* pepita *f.* (des fruits). **2** fam. Paraguas (parapluie).

pépinière [pepinjɛʀ] *f.* **1** AGR. Vivero *m.,* semillero *m.* **2** fig. Cantera, vivero *m.*

pépiniériste [pepinjeʀist(ə)] *adj.-s.* Arbolista.

pépite [pepit] *f.* MINÉR. Pepita.

percale [pɛʀkal] *f.* Percal *m.*

perçant, -ante [pɛʀsɑ̃, -ɑ̃t] *adj.* **1** Que horada (outil). **2** fig. Agudo, da (voix, douleur, vue). **3** fig. Perspicaz (esprit).

percée [pɛʀse] *f.* **1** Abertura, boquete *m.* (ouverture). **2** Paso *m.* (chemin). **3** MIL. Brecha, ruptura de un frente.

perce-neige [pɛʀsənɛʒ] *m. invar.* Narciso de las nieves.

perce-oreille [pɛʀsɔʀɛj] *m.* Cortapicos, tijereta *f.* (insecte).

percepteur, -trice [pɛʀsɛptœʀ, -tʀis] *adj.* **1** Perceptor, ra. ■ **2** *m.* Recaudador de contribuciones (d'impôts).

perceptible [pɛʀsɛptibl(ə)] *adj.* Perceptible.

perception [pɛʀsɛpsjɔ̃] *f.* Percepción.

percer [pɛʀse] [12] *tr.* **1** Agujerear, perforar (trouer). **2** Calar, atravesar (un liquide). **3** Atravesar, traspasar (traverser). **4** Abrir: ~ *une rue,* abrir una calle. **5** fig. Calar, descifrar. ■ **6** *intr.* Abrirse paso (se frayer un passage). **7** Reventarse (un abcès). **8** Manifestarse (se déceler). **9** fig. Destacarse, abrirse camino: *auteur qui commence à ~,* autor que empieza a destacarse.

percevoir [pɛʀsəvwaʀ] [5] *tr.* **1** Percibir (discerner). **2** Cobrar, recaudar (de l'argent).

perche [pɛʀʃ(ə)] *f.* **1** Perca (poisson). **2** Pértiga. Loc. fig. *Tendre la ~ à quelqu'un,* echar un cable a alguien. **3** fig. Varal *m.,* espingarda (personne grande et maigre).

percher [pɛʀʃe] [1] *intr.* **1** Posarse. **2** fam. Alojarse, vivir (loger). ■ **3** *pr.* Encaramarse.

perclus, -cluse [pɛʀkly, -klyz] *adj.* Baldado, da.

percussion [pɛʀkysjɔ̃] *f.* Percusión.

perdant, -ante [pɛʀdɑ̃, -ɑ̃t] *adj.-s.* Perdedor, ra.

perdition [pɛʀdisjɔ̃] *f.* Perdición.

perdre [pɛʀdʀ(ə)] [6] *tr.* **1** Perder. Loc. fig. ~ *la tête, la boule,* perder la chaveta; ~ *courage,* desanimarse. **2** Salirse (fuir). ■ **3** *pr.* Perderse: *nous nous sommes perdus,* nos hemos perdido. **4** *Je m'y perds,* no comprendo nada.

perdreau [pɛʀdʀo] *m.* Perdigón.

perdrix [pɛʀdʀi] *f.* Perdiz.

perdu, -ue [pɛʀdy] *adj.* **1** Perdido, da. **2** *loc. adv. À corps ~,* impetuosamente.

père [pɛʀ] *m.* **1** Padre. Loc. *Tel ~, tel fils,* de tal palo tal astilla. **2** fam. Tío: *le ~ Jacques,* el tío Jaime. **3** fig. Padre, autor. **4** THÉÂT. ~ *noble,* barba, característico. ■ **5** *pl.* Padres, antepasados.

pérégrination [peʀegʀinasjɔ̃] *f.* Peregrinación.

péremptoire [peʀɑ̃ptwaʀ] *adj.* Perentorio, ria.

perfection [pɛʀfɛksjɔ̃] *f.* Perfección.

perfectionner [pɛʀfɛksjɔne] [1] *tr.* Perfeccionar.

perfide [pɛʀfid] *adj.* Pérfido, da.

perforation [pɛʀfɔʀasjɔ̃] *f.* Perforación.

perforer [pɛʀfɔʀe] [1] *tr.* Perforar.

péricliter [peʀiklite] [1] *intr.* Periclitar, decaer.

péril [peʀil] *m.* Peligro, riesgo. Loc. *Au ~ de sa vie,* con riesgo de su vida.

périmer [peʀime] *pr.* **1** Caducar. **2** DR. Prescribir.

périmètre [peʀimɛtʀ(ə)] *m.* Perímetro.

période [peʀjɔd] *f.* Período m.

périodicité [peʀjɔdisite] *f.* Periodicidad.

périodique [peʀjɔdik] *adj.* **1** Periódico, ca. ■ **2** *m.* Publicación *f.* periódica.

péripétie [peʀipesi] *f.* Peripecia.

périphérique [peʀifeʀik] *adj.* **1** Periférico, ca. ■ **2** *m.* Ronda *f,* cinturón (dans une ville).

périphrase [peʀifʀɑz] *f.* Perífrasis.

périple [peʀipl(ə)] *m.* Periplo.

périr [peʀiʀ] [3] *intr.* **1** Perecer (mourir). **2** Perecer, desaparecer (finir). **3** MAR. Naufragar.

périscope [peʀiskɔp] *m.* Periscopio.

perle [pɛʀl(ə)] *f.* **1** Perla. **2** Cuenta: *perles d'un chapelet,* cuentas de un rosario. **3** fig. Perla, alhaja (personne, chose de grande valeur). **4** Gazapo *m.* (erreur).

perlé, -ée [pɛʀle] *adj. Grève perlée,* huelga intermitente.

perler [pɛʀle] [1] *tr.* **1** Ejecutar con primor, bordar. ■ **2** *intr.* Caer en forma de gotas.

permanence [pɛʀmanɑ̃s] *f.* **1** Permanencia. Loc. *En ~,* permanentemente. **2** Estudio *m.* (salle d'un lycée).

permanent, -ente [pɛʀmanɑ̃, -ɑ̃t] *adj.* **1** Permanente. **2** Continuo, nua (spectacle): ~ *à partir de 10 h.,* continua desde las 10. ■ **3** *f.* Permanente (cheveux).

perméable [pɛʀmeabl(ə)] *adj.* Permeable.

permettre [pɛʀmɛtʀ(ə)] [60] *tr.* **1** Permitir. ■ **2** *pr.* Permitirse: *je me suis permis de,* me he permitido de.

permis [pɛʀmi] *m.* Permiso, licencia *f.:* ~ *de conduire,* permiso de conducir.

permission [pɛʀmisjɔ̃] *f.* **1** Permiso *m.,* autorización: *demander la ~ de,* pedir permiso para. **2** MIL. Permiso *m.: en ~,* con permiso.

permuter [pɛʀmyte] [1] *tr.-intr.* Permutar.

pernicieux, -euse [pɛʀnisjø, -øz] *adj.* Pernicioso, sa.

pérorer [peʀɔʀe] [1] *intr.* Perorar.

perpendiculaire [pɛʀpɑ̃dikylɛʀ] *adj.-f.* Perpendicular.

perpétrer [pɛʀpetʀe] [14] *tr.* Perpetrar.

perpétuel, -elle [pɛʀpetɥɛl] *adj.* Perpetuo, tua.

perpétuité [pɛʀpetɥite] *f.* **1** Perpetuidad. **2** *loc. adv. À ~,* para siempre.

perplexité [pɛʀplɛksite] *f.* Perplejidad.

perquisitionner [pɛʀkizisjɔne] [1] *tr.* Registrar, hacer pesquisas en.

perron [peʀɔ̃] *m.* Escalinata *f.*

perroquet [peʀɔkɛ] *m.* **1** Loro, papagayo. **2** MAR. Juanete.

perruche [pe(ɛ)ʀyʃ] *f.* **1** Cotorra. **2** MAR. Perico *m.*

perruque [pe(ɛ)ʀyk] *f.* Peluca.

persan, -ane [pɛʀsɑ̃, -an] *adj.-s.* Persa.

persécuter [pɛʀsekyte] [1] *tr.* Perseguir.

persécution [pɛʀsekysjɔ̃] *f.* Persecución.

persévérance [pɛʀseveʀɑ̃s] *f.* Perseverancia.

persévérer [pɛʀseveʀe] [14] *intr.* Perseverar.

persienne [pɛʀsjɛn] *f.* Persiana.

persifler [pɛʀsifle] [1] *tr.* Guasearse de.

persil [pɛʀsil] *m.* Perejil.

persistance [pɛʀsistɑ̃s] *f.* Persistencia.

persister [pɛʀsiste] [1] *intr.* Persistir.

personnage [pɛʀsɔnaʒ] *m.* Personaje.

personnalité [pɛʀsɔnalite] *f.* Personalidad.

personne [pɛʀsɔn] *f.* **1** Persona. **2** *Grande ~,* persona mayor.

personne [pɛʀsɔn] *pron. indéf.* Nadie: ~ *ne le sait,* nadie lo sabe.

personnel, -elle [pɛʀsɔnɛl] *adj.* **1** Personal. **2** Egoísta. ■ **3** *m.* Personal (ensemble d'employés).

personnifier [pɛʀsɔnifje] [2] *tr.* Personificar.

perspective [pɛʀspɛktiv] *f.* Perspectiva.

perspicacité [pɛʀspikasite] *f.* Perspicacia.

persuader [pɛʀsɥade] [1] *tr.* Persuadir.

persuasion [pɛʀsɥazjɔ̃] *f.* Persuasión.

perte [pɛʀt(ə)] *f.* **1** Pérdida. Loc. *À ~ de vue,* hasta perderse de vista; *en pure ~,* para nada. **2** fig. Perdición, ruina. **3** *Profits et pertes,* pérdidas y ganancias. ■ **4** *pl.* MIL. Bajas.

pertinent, -ente [pɛʀtinɑ̃, -ɑ̃t] *adj.* Pertinente.

perturbation [pɛʀtyʀbasjɔ̃] *f.* Perturbación.

perturber [pɛʀtyʀbe] [1] *tr.* Perturbar.

péruvien, -ienne [peʀyvjɛ̃, -jɛn] *adj.-s.* Peruano, na.

perversion [pɛʀvɛʀsjɔ̃] *f.* Perversión.

perversité [pɛʀvɛʀsite] *f.* Perversidad.

pervertir [pɛʀvɛʀtiʀ] [3] *tr.* **1** Pervertir. ■ **2** *pr.* Pervertirse.

pesage [pəzaʒ] *m.* Peso, pesaje (gallic.).

pesant, -ante [pəzɑ̃, -ɑ̃t] *adj.* **1** Pesado, da. ■ **2** *m.* Loc. *Valoir son ~ d'or,* valer su peso en oro.

pesanteur [pəzɑ̃tœʀ] *f.* **1** Pesadez, peso *m.* **2** fig. Torpeza (d'esprit). **3** PHYS. Gravedad.

pesée [pəze] *f.* **1** Pesada. **2** Empuje *m.* (poussée).

peser [pəze] [16] *tr.-intr.* **1** Pesar. Loc. ~ *le pour et le contre,* pesar el pro y el contra. **2** ~ *sur, contre,* apoyar, hacer fuerza sobre, contra.

pessimisme [pesimism(ə)] *m.* Pesimismo.

peste [pɛst(ə)] *f.* **1** Peste. Loc. *Fuir, craindre quelqu'un comme la ~,* huir de, temer a alguien como si fuera la peste. **2** fig. Peste, demonio *m.* **3** *interj.* ¡Cuerno!, ¡caray!

pestiféré, -ée [pɛstifeʀe] *adj.-s.* Apestado, da.

pestilence [pɛstilɑ̃s] *f.* Pestilencia.

pétale [petal] *m.* BOT. Pétalo.

pétarade [petaʀad] *f.* Detonaciones *pl.*

pétard [petaʀ] *m.* **1** Petardo (explosif). **2** fam. Tremolina *f.* (tapage). **3** fam. Revólver, pistolón. **4** pop. Trasero, asentaderas *f. pl.* (derrière)

pétaudière [petodjɛʀ] *f.* Olla de grillos, casa de tócame Roque.

péter [pete] [14] *intr.* **1** pop. Peer, ventosear. Loc. fam. ~ *du feu, des flammes,* estar desbordante de vitalidad, de energías. **3** fam. Estallar (exploser). **4** fam. Reventar (crever).

pétiller [petije] [1] *intr.* **1** Burbujear (le vin). **2** Crepitar, chisporrotear (crépiter). **3** fig. Brillar, chispear.

petit, -ite [p(ə)ti, -it] *adj.* **1** Pequeño, ña. Se traduit fréquemment par un diminutif: ~ *chat,* gatito; *petite table,* mesita; *un ~ peu,* un poquito. **2** Bajo, ja (de taille). **3** Insignificante, mezquino, na (faible). **4** Humilde. ■ **5** *s.* Pequeño, ña, crío, cría. ■ **6** *m.* Cría *f.* (d'animal). **7** Cachorro, cría *f.* (de chien, tigre, lion). **8** *loc. adv.* ~ *à ~,* poco a poco.

petit-beurre [p(ə)tibœʀ] *m.* Galleta *f.*

petite-fille [p(ə)titfij] *f.* Nieta.

petit-fils [p(ə)titfis] *m.* Nieto.

petit-gris [p(ə)tigʀi] *m.* Gris, petigris.

pétition [petisjɔ̃] *f.* **1** Petición, solicitud. **2** ~ *de principe,* petición de principio.

petitionnaire [petisjɔnɛʀ] *s.* Peticionario, ria, solicitante.

petit-lait [p(ə)tilɛ] *m.* Suero.

petits-enfants [p(ə)tizɑ̃fɑ̃] *m. pl.* Nietos.

peton [pətɔ̃] *m.* fam. Piececito.

pétrifier [petʀifje] [2] *tr.* Petrificar.

pétrin [petʀɛ̃] *m.* **1** Artesa *f.,* amasadera *f.* **2** fam. Atolladero, apuro, aprieto.

pétrir [petʀiʀ] [3] *tr.* **1** Amasar (une pâte). **2** fig. Formar, modelar (façonner). **3** *Être pétri de,* estar lleno de.

pétrole [petʀɔl] *m.* Petróleo.

pétroleur, -euse [petʀɔlœʀ, øz] *s.* Petrolero, ra.

pétrolier, -ière [petʀɔlje, -jɛʀ] *adj.* **1** Petrolero, ra. ▪ **2** *m.* Petrolero (bateau).

pétulance [petylɑ̃s] *f.* Impetuosidad.

peu [pø] *adv.* **1** Poco: *un ~ de,* un poco de. **2** ~ *de,* poco, poca, pocos, pocas: ~ *de travail,* poco trabajo; ~ *de livres,* pocos libros. **3** *loc. adv. À ~ près,* poco más o menos; ~ *à ~,* poco a poco; *dans ~, sous ~,* dentro de poco. **4** *loc. conj. Pour ~ que,* a poco que; *si ~ que ce soit,* por muy poco que sea.

peuplade [pœplad] *f.* Tribu, pueblo *m.* primitivo.

peuple [pœpl(ə)] *m.* **1** Pueblo. Loc. *Le bas* ~, el vulgo, la plebe. **2** Muchedumbre *f.* (foule). Loc. fam. *Il y a du* ~, hay mucha gente. ▪ **3** *adj. invar.* Populachero, ra.

peuplier [pøplije] *m.* Álamo.

peur [pœʀ] *f.* **1** Miedo *m.* Loc. ~ *bleue,* miedo cerval; *j'ai ~ que,* me temo que; *faire ~,* asustar, dar miedo. **2** *loc. prép. De ~ de,* por miedo a. **3** *loc. conj. De ~ que,* por miedo de que.

peut-être [pøtɛtʀ(ə)] *adv.* Acaso, quizá, quizás, tal vez, puede ser: ~ *viendra-t-il,* puede ser que venga.

phalange [falɑ̃ʒ] *f.* Falange.

pharaon [faʀaɔ̃] *m.* Faraón.

phare [faʀ] *m.* Faro.

pharmacie [faʀmasi] *f.* **1** Farmacia. **2** Botiquín *m.* (armoire).

pharmacien, -ienne [faʀmasjɛ̃, -ɛn] *s.* Farmacéutico, ca.

pharmacopée [faʀmakɔpe] *f.* Farmacopea.

pharyngite [faʀɛ̃ʒit] *f.* MÉD. Faringitis.

phase [faz] *f.* Fase.

phénomène [fenɔmɛn] *m.* Fenómeno.

philanthropie [filɑ̃tʀɔpi] *f.* Filantropía.

philatélie [filateli] *f.* Filatelia.

philosophe [filɔzɔf] *s.* Filósofo, fa.

philosophie [filɔzɔfi] *f.* Filosofía.

philtre [filtʀ(ə)] *m.* Filtro, bebedizo.

phlegmon [flɛgmɔ̃] *m.* MÉD. Flemón.

phobie [fɔbi] *f.* MÉD. Fobia.

phonétique [fɔnetik] *adj.* **1** Fonético, ca. ▪ **2** *f.* Fonética.

phonographe [fɔnɔgʀaf] *m.* Fonógrafo.

phoque [fɔk] *m.* Foca *f.*

phosphate [fɔsfat] *m.* CHIM. Fosfato.

phosphore [fɔsfɔʀ] *m.* CHIM. Fósforo.

phosphorescence [fɔsfɔʀesɑ̃s] *f.* Fosforescencia.

photocomposer [fɔtokɔ̃poze] *tr.* Fotocomponer.

photocopie [fɔtɔkɔpi] *f.* Fotocopia.

photocopieuse [fɔtokɔ̃pjøz] *f.* Fotocopiadora.

photographe [fɔtɔgʀaf] *s.* Fotógrafo, fa.

photographie [fɔtɔgʀafi] *f.* Fotografía.

photographier [fɔtɔgʀafje] [2] *tr.* Fotografiar.

photoreportage [fɔtoʀ(ə)pɔʀtaʒ] *m.* Reportaje fotográfico.

phrase [fʀɑz] *f.* Frase.

physicien, -ienne [fizisjɛ̃, -jɛn] *s.* Físico, ca.

physiologie [fizjɔlɔzi] *f.* Fisiología.

physionomie [fizjɔnɔmi] *f.* Fisonomía.

physique [fizik] *adj.* **1** Físico, ca. ▪ **2** *f.* Física. ▪ **3** *m.* Físico.

piaffer [pjafe] [1] *intr.* Piafar (cheval).

piailler [pjaje] [1] *intr.* **1** fam. Pipiar, piar (oiseaux). **2** fam. Chillar (crier).

pianiste [pjanist(ə)] *s.* Pianista.

piano [pjano] *m.* Piano.

pianoter [pjanɔte] *intr.* **1** Aporrear el piano. **2** fam. Teclear (ordinateur).

piastre [pjastʀ(ə)] *f.* Piastra.

piaulement [pjolmɑ̃] *m.* **1** Piada *f.* (oiseaux). **2** Griterío (enfants).

PIB [peibe] *m.* (*abrév.* produit intérieur brut) PIB.

pic [pik] *m.* **1** Pico, pájaro carpintero (oiseau). **2** Pico (outil). **3** Pico, picacho (montagne). **4** *loc. adv. À ~,* vertical.

picaresque [pikaʀɛsk(ə)] *adj.* LITT. Picaresco, ca.

pichet [piʃɛ] *m.* Jarrito.

picorer [pikɔʀe] [1] *intr.* **1** Buscar comida con el pico. ▪ **2** *tr.* Picotear, picar.

picoter [pikɔte] [1] *tr.* **1** Picar, causar picazón (démanger). **2** Picotear (becqueter).

pictural, -ale [piktyʀal] *adj.* Pictórico, ca.

pie [pi] *f.* Urraca. Loc. fam. *Jaser comme une ~,* hablar como una cotorra.

pièce [pjɛs] *f.* **1** Pieza: *pièces de rechange,* piezas de recambio. Loc. *Travailler à la ~,* trabajar a destajo. **2** Trozo *m.,* pedazo *m.* (morceau). Loc. *Mettre en pièces,* hacer añicos, destrozar. **3** Pieza (chasse, pêche). **4** Documento *m.:* ~ *justificative,* documento justificativo. **5** Pieza, habitación: *un appartement de cinq pièces,* un piso de cinco habitaciones. **6** Pieza, remiendo *m.* (raccommodage). Loc. fig. *Être tout d'une ~,* ser cantaclaro, francote. **7** ~ *d'eau,* estanque *m.* **8** CUIS. ~ *de résistance,* plato *m.* fuerte. **9** MUS. Pieza, composición. **10** Pieza, moneda (monnaie).

pied [pje] *m.* **1** Pie. Loc. *À* ~, a pie, andando; *à pieds joints,* a pie juntillas; *à* ~ *sec,* a pie enjunto; *coup de* ~, puntapié; *de* ~ *en cap,* de pies a cabeza; *en* ~, de cuerpo entero; *lâcher* ~, ceder terreno, cejar; fig. *lever le* ~, poner los pies en polvorosa, largarse. **2** Pie, mano *f.* (des animaux). Loc. fig. *Faire le* ~ *de grue,* estar de plantón. **3** Pie, pata *f.: les pieds d'un lit,* las patas de una cama. **4** Pie (mesure, en poésie). **5** BOT. Pie, tallo. **6** ~ *de vigne,* cepo. **7** *loc. adv. À* ~ *d'œuvre,* al pie del cañón; *au* ~ *levé,* sin preparación, sin demora.

pied-à-terre [pjetatɛʀ] *m. invar.* Apeadero, vivienda *f.* (de paso).

pied-de-biche [pjedbiʃ] *m.* **1** Arrancaclavos (outil). **2** Pinzas *f. pl.* de dentista. **3** Pie prensatelas (dans une machine à coudre).

piédestal [pjedɛstal] *m.* Pedestal.

piège [pjɛʒ] *m.* Trampa *f.,* cepo.

pierraille [pjɛʀɑj] *f.* Cascajo *m.,* guijo *m.*

pierre [pjɛʀ] *f.* **1** Piedra. Loc. *Faire d'une* ~ *deux coups,* matar dos pájaros de un tiro. **2** ~ *à aiguiser,* piedra de amolar; ~ *à fusil,* piedra de chispa; ~ *d'attente,* adaraja; ~ *d'autel,* ara; ~ *de touche,* piedra de toque; ~ *tombale,* lápida sepulcral.

pierreries [pjɛʀʀi] *f. pl.* Piedras preciosas.

piété [pjete] *f.* Piedad.

piétiner [pjetine] [1] *tr.* **1** Pisotear. ▪ **2** *intr.* Patalear. **3** fig. Estancarse (ne faire aucun progrès).

piéton [pjetɔ̃] *m.* Peatón, transeúnte.

piétonnier, -ière [pjetɔnje, -jɛʀ] *adj.* Peatonal.

piètre [pjɛtʀ(ə)] *adj.* Mezquino, na, pobre, ruin.

pieu [pjø] *m.* **1** Estaca *f.* **2** pop. Piltra *f.,* catre (lit).

pieuvre [pjœvʀ(ə)] *f.* **1** Pulpo *m.* **2** fig. Persona insaciable.

pieux, -euse [pjø, -øz] *adj.* Piadoso, sa.

pigeon [piʒɔ̃] *m.* **1** Palomo, paloma *f.:* ~ *ranier,* paloma torcaz; ~ *voyageur,* paloma mensajera. **2** fig. Primo (dupe).

pigeonneau [piʒɔno] *m.* Pichón.

pigeonnier [piʒɔnje] *m.* Palomar.

pigment [pigmɑ̃] *m.* Pigmento.

pignon [piɲɔ̃] *m.* **1** ARCHIT. Aguilón. Loc. fig. *Avoir* ~ *sur rue,* tener casa propia.

2 TECHN. Piñón. **3** BOT. Piñón. **4** *Pin* ~, pino piñonero.

pilastre [pilastʀ(ə)] *m.* Pilastra *f.*

pile [pil] **1** ARCHIT. Pila, macho *m.* **2** Pila, rimero *m.* (tas). **3** ÉLECTR., PHYS. Pila. **4** Cruz (d'une monnaie): ~ *ou face,* cara o cruz. **5** fam. Paliza, tunda (volée de coups).

piler [pile] [1] *tr.* **1** Majar, machacar. **2** fam. Moler a palos (battre).

pilier [pilje] *m.* **1** ARCHIT. Pilar. **2** fig. Sostén, soporte (soutien). **3** péj. Asiduo, a. **4** SPORTS. Pilar (rugby).

pillage [pijaʒ] *m.* **1** Pillaje, saqueo. **2** *Livrer au* ~, saquear.

pillard, -arde [pijaʀ, -aʀd(ə)] *adj.s.* **1** Saqueador, ra. **2** Ladrón, ona (voleur).

pilon [pilɔ̃] *m.* **1** Mano *f.* de mortero. **2** Pata *f.* de palo (jambe de bois). **3** Muslo, pata *f.* (de volaille).

pilori [piloʀi] *m.* Picota *f.*

pilotage [pilotaʒ] *m.* Pilotaje.

pilote [pilot] *m.* **1** Piloto. ▪ **2** *adj. invar.* Modelo: *usine* ~, fábrica modelo.

piloter [pilote] [1] *tr.* **1** Pilotar. **2** fig. Guiar (quelqu'un).

pilotis [piloti] *m.* CONSTR. Pilote.

pilule [pilyl] *f.* Píldora.

pimbêche [pɛ̃bɛʃ] *f.* fam. Marisabidilla.

piment [pimɑ̃] *m.* Pimiento, guindilla *f.*

pimenter [pimɑ̃te] [1] *tr.* **1** Sazonar con pimiento. **2** fig. Salpimentar.

pin [pɛ̃] *m.* Pino.

pince [pɛ̃s] *f.* **1** Pinzas *pl.* (instrument). **2** ~ *à sucre,* tenacillas *pl.* **3** Pinza (couture). **4** pop. *La* ~, la mano. **5** ZOOL. Pinza, tenaza. **6** TECHN. Alicates *m. pl.:* ~ *coupante,* alicates de corte. **7** TECHN. Palanca (levier).

pincé, -ée [pɛ̃se] *adj.* **1** Estirado, da, altivo, va (prétentieux). **2** Apretado, da: *bouche pincée,* boca apretada.

pinceau [pɛ̃so] *m.* Pincel. **2** ~ *lumineux,* pequeño haz luminoso.

pincée [pɛ̃se] *f.* Pulgada, pizca.

pince-nez [pɛ̃sne] *m. invar.* Lentes *pl.,* quevedos *pl.*

pincer [pɛ̃se] [12] *tr.* **1** Pellizcar. **2** Apretar, oprimir (les lèvres). **3** Ajustar, ceñir (couture). **4** fam. Picar (le froid). **5** fam. Pillar (prendre, arrêter). **6** fam. Pescar, sorprender (surprendre). **7** AGR. Podar. ▪ **8** *pr.* Pellizcarse.

pinçon [pɛ̃sɔ̃] *m.* Cardenal.

pingouin [pɛ̃gwɛ̃] *m.* Pingüino.

pingre [pɛ̃gʀ(ə)] *adj.-s.* fam. Agarrado, da.

pinson [pɛ̃sɔ̃] *m.* Pinzón.

pintade [pɛ̃tad] *f.* Pintada, gallina de Guinea.

pinte [pɛ̃t] *f.* Pinta (mesure).

pinter [pɛ̃te] [1] *intr.* pop. Empinar el codo, trincar.

pioche [pjɔʃ] *f.* Zapapico *m.*, pico *m.*

piocher [pjɔʃe] [1] *tr.* **1** Cavar. **2** fig. fam. Empollar (étudier).

piolet [pjɔlɛ] *m.* Bastón de alpinista.

pion [pjɔ̃] *m.* **1** Peón (aux échecs). **2** Ficha *f.* (jeu de dames).

pionnier [pjɔnje] *m.* **1** MIL. Gastador. **2** Colonizador. **3** fig. Pionero.

pipe [pip] *f.* **1** Pipa. Loc. fam. *Par tête de ~,* por barba; *casser sa ~,* hincar el pico (mourir); *se fendre la ~,* soltar el trapo. **2** pop. Cigarrillo *m.*

piper [pipe] [1] *tr.* **1** *~ des dés, des cartes,* hacer fullerías con los dados, con las cartas. **2** fam. *Ne pas ~,* no decir ni pío.

pipette [pipɛt] *f.* Pipeta.

pipi [pipi] *m.* Pipi: *Faire ~,* hacer pipí, hacer pis.

piquant, -ante [pikɑ̃, -ɑ̃t] *adj.* **1** Punzante (qui pique). **2** Picante (sauce). **3** Agudo, da, vivo, va: *froid ~,* frío agudo. **4** fig. Picante, mordaz (caustique). ■ **5** *m.* Pincho, púa *f.*

pique [pik] *f.* **1** Pica (arme). **2** Indirecta: *envoyer, lancer des piques à quelqu'un,* tirar indirectas a alguien. ■ **3** *m.* Piques *pl.* (cartes).

piqué, -ée [pike] *adj.* **1** Cosido, da a máquina (cousu). **2** Picado, da (marqué de petites taches). **3** Picado, da, echado, da a perder (boisson). **4** Apolillado, da, carcomido, da (vermoulu). **5** fam. Chiflado, da (fou). ■ **5** *m.* Piqué (tissu). **7** AÉR. Picado.

piquer [pike] [1] *tr.* **1** Picar, pinchar. **2** MÉD. Poner, dar, una inyección (faire une piqûre). **3** Picar (insecte). **4** Clavar (fixer avec une pointe). **5** Coser a máquina (coudre). **6** Apolillar (le bois). **7** Llenar de manchas (parsemer de taches). **8** Picar, producir picazón (démanger). **9** fig. Picar: *~ l'amour propre,* picar el amor propio. **10** *~ une tête,* echarse al agua de cabeza; *~ une crise,* coger una rabieta. **11** MUS. *~ une note,* picar una nota. **12** CUIS. Mechar. **13** pop. Afanar, apañar (voler). **14** Echar el guante a, pillar (arrêter). ■ **15** *intr.* Pinchar. **16** AÉR. Descender en picado. ■ **17** *pr.* Pincharse. **18** Darse una inyección. **19** Picarse (vin, tissu, papier). **20** fig. Picarse, resentirse (se vexer). **21** *Se ~ de,* jactarse de, presumir.

piquet [pikɛ] *m.* **1** Piquete. Loc. *Mettre un élève au ~,* castigar a un alumno a permanecer en pie. **2** Piquete (de soldats, de grève). **3** Juego de los cientos (jeu de cartes).

piquette [pikɛt] *f.* **1** Aguapié. **2** Vino *m.* peleón, vinucho *m.* (vin). **3** pop. Paliza, derrota (défaite).

piqûre [pikyʀ] *f.* **1** Pinchazo *m.* **2** Picada, picadura (d'insecte). **3** Pespunte *m.* (couture). **4** MÉD. Inyección: *faire une ~ à,* poner, dar una inyección a.

pirate [piʀat] *m.* Pirata.

pirater [piʀate] *tr.* Piratear.

pire [piʀ] *adj.* **1** Peor: *rien de ~ que,* nada peor que. ■ **2** *m. Le ~,* lo peor.

pirogue [piʀɔg] *f.* Piragua.

pirouette [piʀwɛt] *f.* Pirueta.

pis [pi] *m.* Ubre *f.*, teta *f.* (mamelle).

pis [pi] *adv.-adj.* **1** Peor. *loc. adv. Tant ~,* tanto peor; *aller de mal en ~, de ~ en ~,* ir de mal en peor; *qui ~ est,* lo que es peor. ■ **2** *m.* Peor. *loc. adv. Au ~ aller,* en el peor de los casos.

pisciculture [pisikyltyʀ] *f.* Piscicultura.

piscine [pisin] *f.* Piscina.

pissenlit [pisɑ̃li] *m.* Diente de león.

pisser [pise] [1] *intr.-tr.* pop. Mear.

pistache [pistaʃ] *f.* Alfóncigo *m.*, pistacho *m.*

piste [pist(ə)] *f.* Pista.

pistolet [pistɔlɛ] *m.* **1** Pistola *f.* (arme). ■ **2** TECHN. Pistola *f.*, aerógrafo (pour peindre). **3** Plantilla *f.* (de dessinateur).

piston [pistɔ̃] *m.* **1** TECHN. Pistón, émbolo. **2** MUS. Pistón. **3** fam. Enchufe: *avoir du ~,* tener enchufe.

pistonner [pistɔne] [1] *tr.* **1** fam. Enchufar. **2** fam. *Se faire ~,* tener un enchufe.

pitance [pitɑ̃s] *f.* péj. Pitanza.

pitié [pitje] *f.* Piedad, lástima, compasión: *faire ~,* dar lástima.

pitoyable [pitwajabl(ə)] *adj.* **1** Lastimoso, sa, lamentable (digne de pitié). **2** Piadoso, sa, compasivo, va (humain).

pitre [pitʀ(ə)] *m.* Payaso.

pittoresque [pitɔʀɛsk(ə)] *adj.* Pintoresco, ca.

pivert [pivɛʀ] *m.* Picamaderos.

pivoine [pivwan] *f.* Peonía.

pivot [pivo] *m.* **1** MÉC. Gorrón, pivote. **2** fig. Eje, base *f.* **3** BOT. Nabo, raíz *f.* vertical.

pivoter [pivɔte] [1] *intr.* Girar sobre su eje.

placage [plakaʒ] *m.* Chapeado, enchapado.

placard [plakaʀ] *m.* **1** Armario empotrado. **2** Cartel (affiche).

place [plas] *f.* **1** Plaza: *la ~ Vendôme,* la plaza Vendôme. **2** Plaza, lugar *m., sitio m.* (endroit). Loc. *À la ~ de,* en lugar de; *sur ~,* en el mismo lugar; *~ d'honneur,* lugar, sitio de preferencia. **3** Plaza, asiento *m.: voiture à deux places,* coche de dos plazas. **4** Localidad, entrada (dans un théâtre, un cinéma). **5** Plaza, empleo *m.* (emploi). Loc. *Être en ~,* tener un empleo importante. **6** Espacio *m., sitio m.: prendre beaucoup de ~,* ocupar mucho sitio. **7** MIL. *~ forte,* plaza fuerte. **8** *interj.* ¡Paso!

placement [plasmã] *m.* **1** Colocación *f.: bureau de ~,* agencia de colocaciones. **2** Inversión *f.* (investissement).

placer [plase] [12] *tr.* **1** Colocar, instalar (installer). **2** Acomodar (dans une salle de spectacle). **3** Colocar, poner (mettre). **4** Colocar, proporcionar un empleo a. **5** Colocar, invertir (investir). ■ **6** *pr.* Colocarse, instalarse, acomodarse (s'installer). **7** Colocarse (prendre une place, un emploi).

placer [plaseʀ] *m.* MINÉR. Placer (gisement d'or).

placidité [plasidite] *f.* Placidez.

placier, -ière [plasje, -jeʀ] *s.* Corredor, ra.

plafond [plafɔ̃] *m.* **1** Techo. Loc. fam. *Avoir une araignée au ~,* faltarle a alguien un tornillo. **2** fig. Tope, límite: *prix ~,* precio tope. **3** AÉR. Altura *f.* máxima. **4** AUTO. Velocidad *f.* máxima.

plafonnier [plafɔnje] *m.* Lámpara *f.* de aplique colocada en el techo.

plage [plaʒ] *f.* Playa.

plagier [plaʒje] *tr.* Plagiar.

plaid [plɛd] *m.* Manta *f.* de viaje.

plaider [plede] [1] *intr.* **1** Litigar, pleitear. **2** Abogar: *~ pour, en faveur de,* abogar por, en favor de. ■ **3** *tr.* Defender.

plaideur, -euse [plɛdœʀ, -øz] *s.* Litigante.

plaidoirie [plɛdwaʀi] *f.* **1** DR. Alegato *m.,* defensa. **2** Abogacía (art de plaider).

plaie [plɛ] *f.* **1** Llaga, herida. **2** Plaga (fléau). **3** fam. *Quelle ~!,* ¡vaya lata!

plaignant, -ante [plɛɲã, -ãt] *s.* Querellante, demandante.

plain [plɛ̃] *adj.* **1** Llano, plano. **2** *De plain-pied,* al mismo nivel.

plaindre [plɛ̃dʀ(ə)] [54] *tr.* **1** Compadecer, sentir lástima por. ■ **2** *pr.* Quejarse, lamentarse (se lamenter). **3** Protestar (protester). **4** DR. Querellarse.

plaine [plɛn] *f.* Llanura, llano *m.*

plainte [plɛ̃t] *f.* **1** Queja. **2** Gemido *m.,* lamento *m.* **3** DR. Demanda, denuncia.

plaintif, -ive [plɛ̃tif, -iv] *adj.* Lastimero, ra.

plaire [plɛʀ] [59] *tr. ind.* **1** Gustar, agradar: *~ à quelqu'un,* gustar a alguien; *cela me plaît,* esto me gusta. ■ **2** *impers.* Gustar, placer: *comme il vous plaira,* como le plazca. Loc. *Plaise à Dieu,* quiera Dios, ojalá; *s'il vous plaît,* por favor; *plaît-il?,* ¿cómo?, ¿decía usted? ■ **3** *pr.* Hallarse bien, estar a gusto. **4** *Se ~ à,* complacerse en.

plaisance (de) [plɛzãs] *loc. adj.* De recreo; *maison ~,* casa de recreo.

plaisant, -ante [plɛzã, -ãt] *adj.* **1** Agradable (agréable). **2** Divertido, da (drôle). ■ **3** *m. Le ~,* lo gracioso, lo chistoso. **4** *Mauvais ~,* bromista pesado.

plaisanter [plɛzãte] [1] *intr.* **1** Bromear, chancearse. Loc. *Je ne plaisante pas,* hablo en serio. ■ **2** *tr.* Burlarse de, tomar el pelo a (railler légèrement).

plaisanterie [plɛzãtʀi] *f.* Broma, chanza.

plaisir [plezir] *m.* **1** Placer, deleite. **2** Placer, gusto, agrado. Loc. *Avec ~,* con gusto; *par ~,* por gusto; *faire ~,* dar gusto, complacer; *faites-moi le ~ de,* hágame el favor de. **3** Placer, goce sexual. **4** Diversión *f.* **5** *loc. adv. À ~,* a capricho, sin motivo, porque sí.

plan, plane [plã, plan] *adj.* **1** Plano, na. ■ **2** *m.* Plano (surface plane). **3** Plano (photographie): *gros ~,* primer plano. **4** PEINT. Plano, término. Loc. *Premier ~,* en primer término. **5** ARCHIT. Plano. **6** fig. Plan (projet).

planche [plãʃ] *f.* **1** Tabla, tablón *m.* (de bois). Loc. *~ à dessin,* tablero *m.* de dibujo; fig. *~ de salut,* tabla de salvación; *faire la ~,* hacer la plancha. **2** Lámina (gravure). **3** fam. Esquí *m.* **4** AGR. Tabla. ■ **5** *pl.* THÉÂT. Tablas.

plancher [plãʃe] *m.* Piso, suelo.

planer [plane] [1] *intr.* **1** Cernerse (les oiseaux). **2** Planear (un avión). **3** Dominar (du regard, par la pensée). **4** fig. Cernerse, pesar: *une menace plane sur nous,* una amenaza se cierne sobre nosotros.

planétaire [planetɛʀ] *adj.* Planetario, ria.

planète [planɛt] *f.* Planeta *m.*

planisphère [planisfɛʀ] *m.* Planisferio.

plant [plã] *m.* **1** AGR. Plantón. **2** AGR. Plantel, plantío (terrain).

plantation [plãtasjɔ̃] *f.* Plantación.

plante [plãt] *f.* Planta.

planter [plãte] [1] *tr.* **1** AGR. Plantar. **2**

Clavar, hincar (enfoncer). **3** Montar, instalar. **4** fam. ~ *là quelqu'un,* dejar plantado a alguien. ■ **pr.** Plantarse.

planton [plɑ̃tɔ̃] *m.* MIL. Ordenanza.

plantureux, -euse [plɑ̃tyʀø, -øz] *adj.* **1** Copioso, sa, abundante (copieux). **2** Fértil, feraz (sol). **3** Corpulento, ta, rollizo, za *(une personne).*

plaque [plak] *f.* **1** Placa: ~ *d'immatriculation,* placa de matrícula. Loc. ~ *tournante,* placa giratoria; fig. centro *m.,* eje *m.* **2** Plancha: ~ *de blindage,* plancha de blindaje. **3** PHOT. Placa.

plaqué [plake] *m.* Plaqué.

plaquer [plake] [1] *tr.* **1** Pegar, adherir (coller). **2** SPORTS. Hacer un placaje (rugby). **3** TECIN. Chapar, enchapar. **4** pop. Plantar, dejar plantado, da (abandonner).

plaquette [plaket] *f.* **1** Librito *m.,* folleto (petit livre). **2** Plaquita. **3** Plaqueta (sanguine).

plastique [plastik] *adj.* **1** Plástico, ca. ■ **2** *f.* Plástica. ■ **3** *m.* Materia *f.* plástica, plástico: *sac en* ~, bolso de plástico.

plastron [plastʀɔ̃] *m.* **1** Peto (d'une cuirasse). **2** Pechera *f.* (de chemise).

plat, plate [pla, plat] *adj.* **1** Llano, na, plano, na: *pays* ~, país llano. Loc. *À* ~, horizontalmente; *pneu à* ~, neumático desinflado; fig. *être à* ~, estar deprimido, da (une personne). **2** Aplastado, da (aplati). **3** Delgado, da (mince). **4** fig. Mediocre. **5** Soso, sa, insulso, sa (fade). **6** *Eau plate,* agua sin gas. **7** *loc. adv. À* ~ *ventre,* de bruces. ■ **8** *m.* Lo plano. Loc. fam. *Faire du* ~ *à quelqu'un,* dar coba a alguien. **9** Fuente *f.* (pièce de vaisselle). **10** ~ *à barbe,* bacía *f.* **11** Plato (repas): ~ *garni,* plato con guarnición. Loc. ~ *cuisiné,* guiso.

platane [platan] *m.* Plátano (arbre).

plateau [plato] *m.* **1** Bandeja *f.* (pour le service). **2** Platillo (d'une balance). **3** Plato (d'un tourne-disques). **4** GÉOG. Meseta *f.* **5** Escena *f.,* escenario, plató (cinéma, théâtre).

plate-bande [platbɑ̃d] *f.* **1** AGR. Arriate *m.* **2** ARCHIT. Platabanda (moulure).

plate-forme [platfɔʀm(ə)] *f.* Plataforma.

platine [platin] *m.* **1** Platino (métal). ■ **2** *f.* TECHN. Platina. **3** Plato *m.* (d'un tourne-disque).

platitude [platityd] *f.* **1** Banalidad, trivialidad (banalité). **2** Bajeza (bassesse).

plâtrage [plɑtʀaʒ] *m.* **1** Enyesado. **2** CHIR. Escayolado.

plâtrer [plɑtʀe] [1] *tr.* **1** Enyesar. **2** CHIR. Escayolar (un membre fracturé).

plausible [plozibl(ə)] *adj.* Plausible.

plèbe [plɛb] *f.* Plebe.

pléiade [plejad] *f.* Pléyade.

plein, pleine [plɛ̃, plɛn] *adj.* **1** Lleno, na. Loc. *À pleines mains,* a manos llenas: ~ *de soi,* engreído; fam. *être* ~ *aux as,* tener bien cubierto el riñón. *loc. adv. En* ~, en pleno. **2** Macizo, za (massif). **3** Preñada (femelle d'animal). **4** Completo, ta, entero, ra (entier): *un mois* ~, un mes entero. **5** Pleno, na (total): *pleins pouvoirs,* plenos poderes. **6** Redondo, da, relleno, na (dodu). ■ **7** *m.* Lo lleno. Loc. *Battre son* ~, estar en pleno apogeo. **8** Máximo (le maximum). **9** Trazo grueso (écriture). ■ **10** *prép. Avoir de l'argent* ~ *les poches,* tener mucho dinero. Loc. fam. *En avoir* ~ *le dos,* estar hasta la coronilla; *en avoir* ~ *les bottes,* estar molido de tanto andar. *loc. prép.* ~ *de,* mucho, cha, chos, chas; *il y avait* ~ *de monde,* había mucha gente.

plénier, -ière [plenje, -jɛʀ] *adj.* Plenario, ia.

plénipotentiaire [plenipɔtɑ̃sjɛʀ] *adj.-m.* Plenipotenciario, ia.

plénitude [plenityd] *f.* Plenitud.

pléonasme [pleɔnasm(ə)] *m.* Pleonasmo.

pléthore [pletɔʀ] *f.* Plétora.

pleur [plœʀ] *m.* **1** Llanto, lloro. ■ **2** *pl.* Lágrimas *f.*

pleurer [plœʀe] [1] *intr.-tr.* Llorar.

pleurésie [plœʀezi] *f.* MÉD. Pleuresía.

pleureur, -euse [plœʀœʀ, -øz] *adj.* **1** Llorón, ona. ■ **2** *f.* Plañidera.

pleurnicher [plœʀniʃe] [1] *intr.* fam. Lloriquear.

pleuvoir [pløvwaʀ] [39] *impers.-intr.* Llover.

plèvre [plɛvʀ(ə)] *f.* ANAT. Pleura.

plexus [plɛksys] *m.* ANAT. Plexo.

pli [pli] *m.* **1** Pliegue, doblez. **2** Tabla *f.: jupe à plis,* falda de tablas. **3** Raya *f.: le* ~ *du pantalon,* la raya del pantalón. **4** Arruga *f.* (d'un tissu chiffonné, du visage). Loc. *Faux* ~, arruga *f.* **5** fig. Hábito, costumbre *f.* (habitude). Loc. *Prendre un mauvais* ~, coger una mala costumbre. **6** Sobre (enveloppe). **7** Sinuosidad *f.* (de terrain). **8** *Mise en plis,* marcado *m.*

pliage [plijaʒ] *m.* Doblado, plegado.

pliant, -ante [plijɑ̃, -ɑ̃t] *adj.* **1** Plegable (qui peut être plié). ■ **2** *m.* Silla *f.* de tijera.

plie [pli] *f.* Platija.

plier [plije] [2] *tr.* **1** Plegar, doblar. Loc. fig. ~ *bagage,* liar el petate. **2** Doblar (courber). **3** fig. Doblegar, someter (soumettre). ■ **4** *intr.* Doblarse, plegarse (fléchir). **5** fig. Ceder, debilitarse. ■ **6** *pr.* Doblarse, doblegarse (se soumettre).

plissement [plismã] *m.* **1** GÉOL. Pliegue. **2** Fruncimiento (froncement).

plisser [plise] [1] *tr.* **1** Plegar. **2** Fruncir, arrugar (froncer).

plomb [plɔ̃] *m.* **1** Plomo (métal). **2** Plomada *f.* (pêche). **3** Perdigón (de chasse). **4** Marchamo (sceau de plomb). **5** ELÉCTR. Plomos, fusible.

plombier [plɔ̃bje] *m.* Fontanero.

plongeant, -ante [plɔ̃ʒã, -ãt] *adj.* **1** Que se sumerge. **2** *Vue plongeante sur,* vista que se extiende por.

plongée [plɔ̃ʒe] *f.* Inmersión, sumersión.

plongeon [plɔ̃ʒɔ̃] *m.* **1** Zambullida *f.* **2** fam. Saludo, reverencia *f.* **3** SPORTS Estirada *f.,* lanzamiento del portero (football).

plonger [plɔ̃ʒe] [13] *tr.* **1** Sumergir, hundir (submerger). **2** Clavar, hundir (un poignard). **3** Hundir, introducir (enfoncer). **4** fig. Abismar, sumir (dans la tristesse, etc.). ■ **5** *intr.* Zambullirse (dans l'eau). **6** Dominar (regarder de haut en bas). **7** Bucear (travailler sous l'eau). ■ **8** *pr.* Sumirse, hundirse.

ploutocrate [plutɔkʀat] *m.* Plutócrata.

ployer [plwaje] [23] *tr.* **1** Plegar, doblar (courber). ■ **2** *intr.* Doblegarse, ceder bajo el peso.

pluie [plɥi] *f.* Lluvia.

plumage [plymaʒ] *m.* Plumaje.

plume [plym] *f.* **1** Pluma. **2** Pluma, plumilla (pour écrire, dessiner): *dessin à la* ~, dibujo a la pluma.

plumeau [plymo] *m.* Plumero.

plumer [plyme] [1] *tr.* **1** Desplumar (un oiseau). **2** fig. fam. Desplumar, plumar (voler).

plumier [plymje] *m.* Plumero, plumier (gallic.).

plupart (la) [laplypaʀ] *f.* La mayor parte, la mayoría.

pluriel, -elle [plyʀjɛl] *adj.-m.* GRAM. Plural: *mettre au* ~, poner en plural.

plus [ply, plys, plyz] *adv.* **1** Más: *il est* ~ *jeune que moi,* es más joven que yo; *rien de* ~, nada más; *une plaisanterie des* ~ *drôles,* una broma de lo más divertida. Loc. *Au* ~, *tout au* ~, a lo más, a lo sumo, cuando más; *de* ~ *en* ~, cada vez más; *de* ~, *en* ~, además (en outre); *encore* ~, todavía más; *non* ~, tampoco. **2** *Ne...* ~, ya no, no... más: *il n'existe* ~, ya no existe; *je n'ai* ~ *soif,*

ya no tengo sed. ■ **3** *m. Le* ~, lo más. **3** MATH. Más (signo). ▲ *Plus* se pronuncia ply en las comparaciones o cuando refuerza una negación. En los demás casos se pronuncia plys (o plyz delante de una vocal).

plusieurs [plyzjœʀ] *adj.-pron.* **1** Varios, ias. **2** Algunos, nas (quelques).

plus-que-parfait [plyskəpaʀfɛ] *m.* GRAM. Pluscuamperfecto.

plutôt [plyto] *adv.* **1** Antes, primero: ~ *mourir que de se soumettre,* antes morir que someterse. **2** Más bien: ~ *jolie,* más bien bonita. **3** *Ou* ~, o mejor dicho; *mais* ~, sino más bien. **4** fam. Muy (très).

pluvieux, -euse [plyvjø, -øz] *adj.* Lluvioso, sa.

pneumatique [pnømatik] *adj.* **1** Neumático, ca. ■ **2** *m.* Neumático (de roue).

pneumonie [pnømɔni] *f.* MÉD. Neumonía, pulmonía.

pochade [pɔʃad] *f.* Boceto *m.,* bosquejo *m.*

pochard, -arde [pɔʃaʀ, -aʀd(ə)] *s.* fam. Empinador, ra, borrachín, ina.

poche [pɔʃ] *f.* **1** Bolsillo *m.: de* ~, de bolsillo. Loc. fam. *Connaître comme sa* ~, conocer al dedillo. **2** Bolsa (faux pli). **3** Bolsa: *avoir des poches sous les yeux,* tener bolsas bajo los ojos. **4** GÉOL., MÉD. Bolsa. **5** Costal *m.,* talego *m.* (sac). **6** Bolsa (sac en papier ou en matière plastique).

pocher [pɔʃe] [1] *tr.* **1** CUIS. Escalfar (œufs). **2** ~ *un œil à quelqu'un,* poner a alguien un ojo a la funerala.

pochette [pɔʃɛt] *f.* **1** Bolsillito *m.* (petite poche). **2** Pañuelo *m.* para el bolsillo superior de la chaqueta (mouchoir). **3** Carterilla, librillo *m.* (petite enveloppe). **4** Bolso *m.* (en cuir).

podium [pɔdjɔm] *m.* Podio.

poêle [pwal] *m.* **1** Estufa *f.* (de chauffage). **2** Paño mortuorio (du cercueil). ■ **3** *f.* Sartén.

poêlon [pwalɔ̃] *m.* Cazo.

poème [pɔɛm] *m.* Poema.

poésie [pɔezi] *f.* Poesía.

poète [pɔɛt] *adj.-m.* Poeta.

poétesse [pɔetɛs] *f.* Poetisa.

poids [pwa(ɑ)] *m.* **1** Peso. Loc. fig. *Ne pas faire le* ~, no tener talla. **2** *Prendre, perdre du* ~, engordar, adelgazar. **3** Pesa *f.* (pour peser, d'horloge). **4** ~ *lourd,* camión.

poignant, -ante [pwaɲã, -ãt] *adj.* Desgarrador, ra, punzante.

poignard [pwaɲaʀ] *m.* **1** Puñal. **2** *Coup de* ~, puñalada *f.*

poignarder [pwaɲaʀde] [1] *tr.* Apuñalar.

poigne [pwaɲ] *f.* Fuerza en las manos, en los puños.

poignée [pwaɲe] *f.* **1** Puñado *m.* **2** ~ *de main,* apretón de manos. **3** Puño *m.,* empuñadura (d'une arme, d'une canne). **4** Mango *m.* (manche). **5** Tirador *m.* (de porte).

poignet [pwaɲɛ] *m.* **1** ANAT. Muñeca *f.* **2** Puño (d'une chemise).

poil [pwal] *m.* Pelo. Loc. fam. *À* ~, en cueros; *avoir un* ~ *dans la main,* ser un manta, un vago; *au* ~*!,* ¡macanudo!

poilu, -ue [pwaly] *adj.* Peludo, da, velludo, da.

poinçonner [pwɛ̃sɔne] [1] *tr.* **1** Contrastar (l'or, l'argent). **2** Taladrar, perforar. **3** Picar (un billet de métro, de chemin de fer).

poindre [pwɛ̃dʀ(ə)] [56] *intr.* **1** Apuntar, despuntar, asomar, rayar. **2** Brotar (les plantes).

poing [pwɛ̃] *m.* Puño. Loc. *Coup de* ~, puñetazo.

point [pwɛ̃] *m.* **1** Punto: ~ *à la ligne,* punto y aparte; *points de suspension,* puntos suspensivos. Loc. ~ *d'honneur,* pundonor; *bon* ~, vale; *faire le* ~, hacer el balance; *mettre au* ~, dar el último toque a; enfocar (appareil de photo). **2** ~ *du jour,* amanecer. **3** ~ *de côté,* punzada *f.* en el costado. **4** MUS. Puntillo, punto. Loc. ~ *d'orgue,* calderón. **5** Punto, puntada *f.* (couture). **6** *loc. prép. Sur le* ~ *de,* a punto de.

point [pwɛ̃] *adv.* **1** No: *je ne sais* ~, no sé. Loc. ~ *du tout,* en absoluto. ■ **2** *m.* ~ *mort,* nivel mínimo de producción (entreprise).

pointe [pwɛ̃t] *f.* **1** Punta (extrémité). Loc. *À la* ~ *de l'épée,* a viva fuerza. *loc. adv. En* ~, en punta; *sur la* ~ *des pieds,* de puntillas. **2** Punta, clavo *m.* (clou). **3** Punzón *m.* (poinçon). **4** *Une* ~ *de,* una pizca de. Loc. *Pousser une* ~ *jusqu'à,* llegar hasta.

pointer [pwɛ̃te] [1] *tr.* **1** Puntear, apuntar (sur une liste). **2** Dirigir (diriger). **3** Apuntar (avec une arme). **4** Enderezar, erguir (dresser). **5** ~ *les oreilles,* aguzar las orejas. **6** Fichar (dans une usine, une entreprise). ■ **7** *intr.* Despuntar, rayar (le jour). **8** Apuntar, empezar a salir (commencer à pousser). **9** Alzarse, elevarse (s'élever). ■ **10** *pr.* fam. Presentarse, llegar (arriver).

pointilleux, -euse [pwɛ̃tijø, -øz] *adj.* Quisquilloso, sa, puntilloso, sa.

pointu, -ue [pwɛ̃ty] *adj.* Puntiagudo, da.

pointure [pwɛ̃tyʀ] *f.* **1** IMPR. Puntura. **2** Número *m.,* medida (des chaussures, des gants, etc.).

poire [pwaʀ] *f.* **1** Pera: ~ *fondante,* pera de agua. **2** ~ *électrique,* pera, perilla. **3** pop. Jeta, rostro *m.* (figure). **4** fam. Primo *m.* (naïf): *quelle* ~*!,* ¡vaya primo!

poireau [pwaʀo] *m.* Puerro.

poirier [pwaʀje] *m.* Peral.

pois [pwa(ɑ)] *m.* **1** Guisante: *petit* ~, guisante común; ~ *de senteur,* guisante de olor. **2** *Pois chiche,* garbanzo.

poison [pwazɔ̃] *m.* Veneno, ponzoña *f.*

poissard, -arde [pwasaʀ, -aʀd(ə)] *adj.* **1** Ordinario, ria, populachero, ra. ■ **2** *f.* Pescadera, verdulera.

poisseux, -euse [pwasø, -øz] *adj.* **1** Pegajoso, sa (collant). **2** Pringoso, sa (graisseux).

poisson [pwasɔ̃] *m.* **1** Pez (vivant): *poissons rouges,* peces de colores. Loc. *Poisson d'avril,* inocentada *f.; engueuler quelqu'un comme du* ~ *pourri,* poner a alguien como un trapo. **2** Pescado (comestible, une fois pêché). **3** *Les Poissons,* Piscis.

poissonnerie [pwasɔnʀi] *f.* Pescadería.

poitrail [pwatʀaj] *m.* **1** Pecho (du cheval). **2** Antepecho (harnais).

poitrinaire [pwatʀinɛʀ] *adj.-s.* Tísico, ca.

poitrine [pwatʀin] *f.* Pecho *m.*

poivre [pwavʀ(ə)] *m.* Pimienta *f.*

poivrier [pwavʀije] *m.* Pimentero.

poivrière [pwavʀijɛʀ] *f.* **1** Pimental *m.* (plantation). **2** Pimentero *m.* (boîte à poivre).

poivron [pwavʀɔ̃] *m.* Pimiento.

poix [pwa(ɑ)] *f.* Pez.

polaire [pɔlɛʀ] *adj.* Polar.

polar [pɔlaʀ] *m.* fam. Novela negra, policíaca *f.*

polariser [pɔlaʀize] [1] *tr.* **1** Polarizar. ■ **2** *pr.* Polarizarse.

pôle [pol] *m.* Polo.

polémique [pɔlemik] *adj.* **1** Polémico, ca. ■ **2** *f.* Polémica.

polémiste [pɔlemist(ə)] *s.* Polemista.

poli, -ie [pɔli] *adj.* **1** Pulido, da, liso, sa. **2** Educado, da, cortés (courtois). ■ **3** *m.* Pulimento, curtido.

police [pɔlis] *f.* **1** Policía. **2** Póliza: ~ *d'assurance,* póliza de seguro.

polichinelle [pɔliʃinɛl] *m.* Polichinela.

policier

policier, -ière [pɔlisje, -jɛʀ] *adj.* **1** Policíaco, ca. ∎ **2** *m.* Policía.

polir [pɔliʀ] [3] *tr.* **1** Pulir, bruñir, pulimentar. **2** fig. Pulir (parfaire).

polisson, -onne [pɔlisɔ̃, -ɔn] *s.* **1** Bribonzuelo, la, buena pieza. ∎ **2** *adj.* Verde, licencioso, sa (égrillard). **3** Pícaro, ra, malicioso, sa (fripon).

politesse [pɔlitɛs] *f.* **1** Cortesía, urbanidad (courtoisie). **2** Fineza, delicadeza, cumplido *m.*

politique [pɔlitik] *adj.-m.* **1** Político, ca. ∎ **2** *f.* Política.

pollen [pɔl(l)ɛn] *m.* BOT. Polen.

pollution [pɔl(l)lysjɔ̃] *f.* Polución, contaminación.

polonais, -aise [pɔlɔnɛ, -ɛz] *adj.-s.* **1** Polaco, ca, polonés, esa. ∎ **f.** MUS. Polonesa.

poltronnerie [pɔltʀɔnʀi] *f.* Cobardía.

polychrome [pɔlikʀɔm] *adj.* Policromo, ma.

polygamie [pɔligami] *f.* Poligamia.

polyglotte [pɔliglɔt] *adj.-s.* Poligloto, ta, políglota, ta.

polygone [pɔligɔn] *m.* GÉOM. Polígono.

polynôme [pɔlinom] *m.* MATH. Polinomio.

polyphonie [pɔlifɔni] *f.* MUS. Polifonía.

polytechnique [pɔlitɛknik] *adj.* Politécnico, ca.

pommade [pɔmad] *f.* Pomada.

pomme [pɔm] *f.* **1** Manzana (fruit). Loc. fam. *Elle est tombée dans les pommes,* le ha dado un soponcio. **2** ~ *de terre,* patata. **3** ~ *de pin,* piña. **4** ~ *d'Adam,* nuez. **5** Repollo *m.* (de chou ou salade). **6** Pera, perilla (ornement). **7** ~ *d'arrosoir,* alcachofa de regadera.

pommé, -ée [pɔme] *adj.* BOT. Repolludo, da.

pommeau [pɔmo] *m.* **1** Pomo, empuñadura *f.* (d'une épée, d'un sabre). **2** Perilla *f.* (de la selle).

pommelé, -ée [pɔmle] *adj.* **1** Aborregado, da (ciel). **2** Tordo, da (cheval).

pommette [pɔmɛt] *f.* Pómulo *m.*

pommier [pɔmje] *m.* Manzano.

pompe [pɔ̃p] *f.* **1** Pompa, fausto *m.* (apparat). **2** Bomba (machine): ~ *foulante,* bomba impelente. **3** ~ *à essence,* surtidor *m.* de gasolina.

pomper [pɔ̃pe] [1] *tr.* **1** Aspirar mediante una bomba (puiser). **2** pop. Dejar molido, da (fatiguer): *être pompé,* estar molido. **3** pop. Pimplar, trasegar (boire).

pompeux, -euse [pɔ̃pø, -øz] *adj.* Pomposo, sa.

pompier [pɔ̃pje] *m.* **1** Bombero. ∎ **2** *adj.* fam. Académico, ca.

pompon [pɔ̃pɔ̃] *m.* Borla *f.*

ponce [pɔs] *adj.-f. Pierre* ~, piedra pómez.

ponceau [pɔ̃so] *adj. invar.* Punzó.

ponceuse [pɔ̃søz] *f.* Lijadora.

poncif [pɔ̃sif] *m.* Tópico, vulgaridad *f.*

ponction [pɔ̃ksjɔ̃] *f.* MÉD. Punción.

ponctualité [pɔ̃ktɥalite] *f.* Puntualidad.

ponctuation [pɔ̃ktɥasjɔ̃] *f.* Puntuación.

pondération [pɔ̃deʀasjɔ̃] *f.* Ponderación, equilibrio *m.*

pondérer [pɔ̃deʀe] [14] *tr.* Ponderar, equilibrar.

pondre [pɔ̃dʀ(ə)] [6] *tr.* **1** Poner (oiseaux). **2** fam. péj. Parir, producir.

pont [pɔ̃] *m.* **1** Puente: ~ *suspendu, tournant,* puente colgante, giratorio. **2** *Ponts et chaussées,* puentes y caminos. **3** MAR. Puente, cubierta *f.*

ponte [pɔ̃t] *f.* **1** Postura, puesta (action de pondre). ∎ **2** *m.* Punto (jeu). **3** fam. Mandamás (personnage important).

ponter [pɔ̃te] [1] *intr.* Hacer una puesta (jeux).

pontife [pɔ̃tif] *m.* Pontífice.

pontifical, -ale [pɔ̃tifikal] *adj.-m.* Pontifical.

ponton [pɔ̃tɔ̃] *m.* MAR. Pontón.

popote [pɔpɔt] *f.* **1** fam. Pitanza, comida. ∎ **2** *adj.* fam. Casera, ra (casanier).

populaire [pɔpylɛʀ] *adj.* Popular.

population [pɔpylasjɔ̃] *f.* Población.

porc [pɔʀ] *m.* **1** Puerco, cerdo (cochon). **2** Cerdo (viande).

porcelaine [pɔʀsəlɛn] *f.* Porcelana.

porcelet [pɔʀsəle] *m.* Cochinillo, lechón.

porc-épic [pɔʀkepik] *m.* Puerco espín.

porcher, -ère [pɔʀʃe, -ɛʀ] *s.* Porquero, ra, porquerizo, za.

porcin, -ine [pɔʀsɛ̃, -in] *adj.* Porcino, na.

pore [pɔʀ] *m.* Poro.

poreux, -euse [pɔʀø, -øz] *adj.* Poroso, sa.

port [pɔʀ] *m.* **1** Puerto. **2** fig. Puerto, refugio. **3** Porte (action de porter). Loc. ~ *d'armes prohibé,* tenencia *f.* ilícita de armas. **3** Porte (prix du transport). **4** Porte, aire, aspecto (allure).

portage [pɔʀtaʒ] *m.* Porte, transporte.

portail [pɔʀtaj] *m.* Pórtico.

portant, -ante [pɔʀtɑ̃, -ɑ̃t] *adj.* **1** ARCHIT. Sustentador, ra. **2** *Être bien, mal* ~, encontrarse bien, mal de salud. ∎ **3** *m.* THÉÂT. Montante de bastidor.

portatif, -ive [pɔrtatif, -iv] *adj.* Portátil.

porte [pɔrt(ə)] *f.* **1** Puerta: ~ *dérobée,* puerta excusada. Loc. fig. *Fermer la ~ au nez,* dar con la puerta en las narices; *mettre, flanquer quelqu'un à la ~,* poner a alguien de patitas en la calle. **2** ~ *d'agrafe,* corcheta.

porté, -ée [pɔrte] *adj.* ~ *à,* inclinado, da, propenso, sa a.

porte-avions [pɔrtavjɔ̃] *m. invar.* Portaaviones.

porte-bagages [pɔrtbagaz] *m. invar.* Portaequipajes.

porte-bonheur [pɔrtbɔnœr] *m. invar.* Amuleto.

porte-cigarettes [pɔrtsigarɛt] *m. invar.* Pitillera *f.*

porte-clefs [pɔrtəkle] *m. invar.* Llavero.

porte-drapeau [pɔrtdrapo] *m.* Abanderado.

portée [pɔrte] *f.* **1** Camada, cama (d'animaux). **2** Alcance *m.* Loc. *À la ~ de,* al alcance de. **3** MUS. Pentagrama *m.* **4** CONSTR. Luz, distancia libre entre apoyos.

portefeuille [pɔrtəfœj] *m.* **1** Cartera *f.* (de poche). **2** fig. Cartera *f.* (ministère).

portemanteau [pɔrmãto] *m.* Percha *f.,* perchero.

porter [pɔrte] [1] *tr.* **1** Llevar. **2** Llevar, gastar (sur soi): *elle porte une robe noire, des lunettes,* lleva un vestido negro, gafas; ~ *la moustache,* gastar bigote. **3** Dirigir (ses regards, ses pas). **4** Dar, producir: *argent qui porte intérêt,* dinero que produce interés. **5** Inscribir (inscrire). Loc. *Se faire ~ malade,* declararse enfermo. **6** Dar, traer: ~ *chance,* dar, traer suerte. **7** Tener, sentir (éprouver). **8** Dar, asestar (un coup). **9** *Être porté sur quelque chose,* ser aficionado a, gustar de algo. ■ **10** *intr.* Alcanzar (armes). **11** Dar en el blanco (toucher le but). **12** ~ *sur,* descansar en, estribar en (une charge), referirse a, tratar de (avoir trait à). ■ **13** *pr.* Encontrarse, estar: *comment vous portez-vous*?, ¿cómo se encuentra usted? **14** Llevarse (un vêtement, une parure). Loc. fig. *Il n'est pas bien porté de,* no es de buen tono. **15** *Se ~ candidat,* presentarse como candidato.

porte-serviettes [pɔrtsɛrvjɛt] *m. invar.* Toallero.

porteur, -euse [pɔrtœr, -øz] *s.* **1** Portador, ra. ■ **2** *m.* Mozo de equipajes.

portier, -ière [pɔrtje, -jɛr] *s.* Portero, ra.

portière [pɔrtjɛr] *f.* **1** Portezuela, puerta

(de voiture). **2** Antepuerta, portier *m.* (rideau).

portillon [pɔrtijɔ̃] *m.* **1** Portillo. **2** ~ *automatique,* puerta *f.* automática.

portion [pɔrsjɔ̃] *f.* **1** Porción (partie). **2** Ración (au restaurant).

portique [pɔrtik] *m.* **1** Pórtico. **2**: ~ *de sécurité,* detector de metales (aéroports); sistema antirrobo (magasins).

portrait [pɔrtre] *m.* Retrato.

portuaire [pɔrtɥɛr] *adj.* Portuario, ria.

portugais, -aise [pɔrtygɛ, -ɛz] *adj.-s.* Portugués, esa.

pose [poz] *f.* **1** Colocación. **2** Postura, posición (attitude). **3** fig. Afectación. **4** PHOT. Exposición: *temps de ~,* tiempo de exposición.

posé, -ée [poze] *adj.* **1** Sosegado, da, reposado, da. **2** *Voix posée,* voz segura.

poser [poze] [1] *tr.* **1** Poner, colocar (mettre). **2** Poner, instalar (installer). **3** Poner, escribir: *je pose 5 et je retiens 2,* pongo 5 y llevo 2. **4** Formular, enunciar. Loc. ~ *une question à quelqu'un,* hacer una pregunta a alguien; ~ *un problème,* plantear un problema. **5** ~ *les armes,* deponer las armas. **6** ~ *sa candidature,* presentar su candidatura. **7** fig. Dar categoría, notoriedad, importancia. ■ **8** *intr.* ~ *sur,* descansar en, apoyarse en. **9** PEINT., SCULPT. Posar, servir de modelo. **10** PHOT. Posar. **11** fig. Presumir, darse postín (se donner des airs). ■ **12** *pr.* Ponerse, posarse (oiseau). **13** Posarse (avion).

poseur, -euse [pozœr, -øz] *adj.* Presumido, da, vanidoso, sa.

positif, -ive [pozitif, -iv] *adj.* **1** Positivo, va. ■ **2** *m.* PHOT. Positiva *f.*

positivisme [pozitivism(ə)] *m.* Positivismo.

possédé, -ée [pɔsede] *adj.-s.* Poseído, da, poseso, sa, endemoniado, da.

posséder [pɔsede] [14] *tr.* **1** Poseer. ■ **2** *pr.* Dominarse, ser dueño de sí mismo.

possessif [pɔsesif] *adj.-m.* GRAM. Posesivo.

possession [pɔsesjɔ̃] *f.* Posesión.

possibilité [pɔsibilite] *f.* Posibilidad.

possible [pɔsibl(ə)] *adj.* **1** Posible. Loc. *Autant que ~,* dentro de lo posible, a ser posible; *pas ~!,* ino es posible! ■ **2** *m.* Lo posible.

postal, -ale [pɔstal] *adj.* Postal.

poste [pɔst(ə)] *f.* **1** Correo *m.,* correos *m. pl.,* oficina de correos. ■ **2** *m.* Puesto (lieu, emploi). **3** Aparato: ~ *de radio, de télévision,* aparato de radio, de televisión. 4 ~ *d'essence,* surtidor de gasolina. 5 ~ *de police,* puesto de policía, prevención f. 6 MIL. Puesto. 7 ~ *de pilotage,* cabina f. de mando.

poster [pɔste] [1] *tr.* 1 Apostar, poner (placer). 2 Echar al correo (une lettre). ■ 3 *pr.* Apostarse (se placer).

postérieur, -eure [pɔsteʀjœʀ] *adj.* 1 Posterior. ■ 2 *m.* fam. Trasero.

postérité [pɔsteʀite] f. Posteridad.

postiche [pɔstiʃ] *adj.* 1 Postizo, za, artificial. ■ 2 *m.* Postizo.

postillon [pɔstijɔ̃] *m.* 1 Postillón (conducteur). 2 Cura, gota f. de saliva que se despide al hablar (salive).

post-scriptum [pɔstkʀiptɔm] *m. invar.* Postdata f.

postuler [pɔstyle] [1] *tr.* Postular.

posture [pɔstyʀ] f. Postura.

pot [po] *m.* 1 Vasija f. 2 Bote, tarro, envase: ~ *à moutarde,* bote para la mostaza. 3 Jarro, jarra f. 4 ~ *à, de fleurs,* tiesto, maceta f. 5 ~ *de chambre,* orinal. 6 Olla f. (marmite). 7 loc. fig. *Découvrir le* ~ *aux roses,* descubrir el pastel; fam. *payer les pots cassés,* pagar los vidrios rotos. 8 fam. *Prendre un* ~, tomar una copa. 9 fam. Chamba f., chiripa f. (chance): *avoir du* ~, tener potra. 10 TECHN. ~ *d'échappement,* silencioso.

potable [pɔtabl(ə)] *adj.* Potable.

potage [pɔtaʒ] *m.* Sopa f.

potager, -ère [pɔtaʒe, -ɛʀ] *adj.* 1 Hortelano, na. 2 *Jardin* ~, huerto. 3 *Plantes potagères,* hortalizas. ■ 4 *m.* Huerto, huerta f.

potassium [pɔtasjɔm] *m.* Potasio.

pot-au-feu [pɔtofø] *m. invar.* Cocido, puchero.

poteau [pɔto] *m.* Poste. Loc. *Au* ~, al paredón.

potence [pɔtɑ̃s] f. 1 Horca (supplice). 2 CONSTR. Pescante *m.*

potentat [pɔtɑ̃ta] *m.* Potentado.

potentiel, -ielle [pɔtɑ̃sjɛl] *adj.-m.* Potencial.

poterie [pɔtʀi] f. 1 Alfarería (fabrication, art). 2 Vasija de barro (objet).

potin [pɔtɛ̃] *m.* 1 fam. Jaleo: *faire du* ~, armar jaleo. ■ 2 *pl.* Chismes, habladurías f.

potion [posjɔ̃] f. Poción.

potiron [pɔtiʀɔ̃] *m.* Calabaza f.

pot-pourri [popuʀi] *m.* MUS. Popurrí.

pou [pu] *m.* Piojo. Loc. *Être laid comme un* ~, ser más feo que Picio; *chercher*

des poux à quelqu'un, buscarle a alguien las cosquillas.

pouah! [pwa] *interj.* fam. ¡Puf!

poubelle [pubɛl] f. Cubo *m.* de la basura.

pouce [pus] *m.* 1 Pulgar (de la main), dedo gordo (du pied). 2 Pulgada f., pulgarada f. (mesure). 3 *interj.* ¡Me retiro!

poudre [pudʀ(ə)] f. 1 Polvo *m.* Loc. *En* ~, en polvo; *réduire en* ~, reducir a polvo, pulverizar. 2 Polvos *m. pl.* de tocador (fard). 3 Pólvora (explosif).

poudrier [pudʀije] *m.* Polvera f.

poudrière [pudʀijɛʀ] f. Polvorín *m.*

pouffer [pufe] [1] *intr.* Reventar de risa.

pouilleux, -euse [pujø, -øz] *adj.-s.* Piojoso, sa.

poulailler [pulaje] *m.* 1 Gallinero. 2 THÉÂT. fam. Gallinero, paraíso.

poulain [pulɛ̃] *m.* 1 Potro (cheval). 2 fig. Pupilo.

poularde [pulard(ə)] f. Gallina cebada.

poule [pul] f. 1 Gallina. 2 ~ *d'eau,* polla de agua. 3 fam. Zorra (prostituée).

poulet [pulɛ] *m.* 1 Pollo. 2 fam. Billete amoroso. 3 fam. Poli, gris (policier).

poulpe [pulp(ə)] *m.* Pulpo.

pouls [pu] *m.* PHYSIOL. Pulso.

poumon [pumɔ̃] *m.* Pulmón: ~ *d'acier,* pulmón de acero.

poupe [pup] f. MAR. Popa. Loc. fig. *Avoir le vent en* ~, ir viento en popa.

poupée [pupe] f. 1 Muñeca. 2 pop. Gachí.

poupon, -onne [pupɔ̃, -ɔn] *m.* Rorro.

pouponnière [pupɔnjɛʀ] f. Guardería infantil.

pour [puʀ] *prép.* 1 Para (but, destination, temps, durée, imminence de l'action, comparaison): *lire* ~ *s'instruire,* leer para instruirse; *partir* ~ *Madrid,* salir para Madrid; *laissons cela* ~ *demain,* dejemos eso para mañana; *j'en ai* ~ *un an,* tengo para un año; *il était* ~ *partir,* estaba para salir; *cet enfant est grand* ~ *son âge,* este niño es alto para la edad que tiene. 2 Para con: *bon* ~ *ses inférieurs,* bueno para con sus inferiores. 3 Para, contra: *remède* ~ *le rhume,* remedio contra el resfriado. 4 Por (à cause de, en faveur de, équivalence, prix, proportion): *puni* ~ *sa paresse,* castigado por su pereza; *lutter* ~ *la patrie,* luchar por la patria; *il est tenu* ~ *honnête,* se le tiene por honrado; *laisser* ~ *mort,* dejar por muerto; *prendre* ~ *épouse,* tomar por esposa. 5 En cuanto a, por lo que se refiere a (quant à). 6 *loc. adv. Pour lors,* para entonces; ~ *de bon,* de veras. 7 *loc. conj.* ***Pour que,*** para que, a fin de que. ∎ **8** *m.* Pro: *le ~ et le contre,* el pro y el contra.

pourboire [puʀbwaʀ] *m.* Propina *f.*

pourceau [puʀso] *m.* Cerdo.

pourcentage [puʀsɑ̃taʒ] *m.* Porcentaje.

pourchasser [puʀʃase] [1] *tr.* Perseguir.

pourlécher [puʀleʃe] [14] *tr.* **1** Relamer. ∎ **2** *pr.* Relamerse.

pourparler [puʀpaʀle] *m.* Negociación *f.,* trato, conferencia *f.*

pourpre [puʀpʀ(ə)] *f.* Púrpura.

pourquoi [puʀkwa] *conj.-adv.* **1** Porque. Loc. *C'est ~,* es por eso; ~ *faire?,* ¿para qué? ∎ **2** *m. invar.* Porqué (cause, motif, raison).

pourrir [puʀiʀ] [3] *tr.* **1** Pudrir, podrir. ∎ **2** *intr.* Pudrirse, podrirse.

pourriture [puʀityʀ] *f.* Podredura, podredumbre.

poursuite [puʀsɥit] *f.* **1** Persecución, perseguimiento *m.* **2** DR. Demanda.

poursuivre [puʀsɥivʀ(ə)] [62] *tr.* **1** Perseguir. **2** DR. Demandar. **3** Proseguir (continuer). **4** *Poursuivez!,* ¡Siga!

pourtant [puʀtɑ̃] *adv.* No obstante, sin embargo, con todo.

pourtour [puʀtuʀ] *m.* Perímetro, contorno.

pourvoi [puʀvwa] *m.* DR. Apelación *f.,* recurso.

pourvoir [puʀvwaʀ] [40] *tr. ind.* **1** ~ *à,* proveer a, subvenir a (subvenir). **2** ~ *à un emploi,* colocar a alguien en una plaza vacante. ∎ **3** *tr.* Proveer, abastecer. **4** fig. Dotar (de dons naturels). ∎ **5** *pr.* Proveerse. **6** DR. Apelar, recurrir.

pourvu que [puʀvyk(ə)] *loc. conj.* **1** Con tal que, siempre que. **2** Ojalá (souhait): ~ *nous arrivons à temps!,* ¡ojalá lleguemos a tiempo!

pousse [pus] *f.* **1** BOT. Brote *m.,* retoño *m.* **2** Salida, crecimiento *m.* (des dents, etc.).

pousser [puse] [1] *tr.* **1** Empujar. **2** Hacer avanzar (faire avancer). **3** fig. Favorecer, ayudar, apoyar (un protégé, etc.). **4** fig. Llevar ~ *jusqu'à certaines limites,* llevar hasta ciertos límites. **5** Dar (cri, soupir). **6** BOT. Echar, producir. ∎ **7** *intr.* Empujar, impulsar. **8** Crecer (cheveux, dents). **9** fig. Desarrollarse (s'accroître). **10** BOT. Brotar, crecer. ∎ **11** *pr.* Empujarse (les uns les autres). **12** Apartarse, echarse a un lado (s'écarter).

poussière [pusjɛʀ] *f.* Polvo *m.*

poussif, -ive [pusif, -iv] *adj.* **1** Asmático, ca. **2** Jadeante (haletant).

poussin [pusɛ̃] *m.* Polluelo.

poutre [putʀ(ə)] *f.* Viga.

pouvoir [puvwaʀ] [49] *tr.* **1** Poder: *je n'aurais pas pu,* no hubiera podido. Loc. *N'en ~ plus,* no poder más. ∎ **2** *impers. Il peut se faire que,* puede ser que. ∎ **3** *pr.-impers. Il se peut qu'il pleuve,* puede ser, es posible que llueva. Loc. fam. *Ça se peut,* puede, quizás.

pouvoir [puvwaʀ] *m.* **1** Poder. ∎ **2** *pl.* Poderes: *pleins pouvoirs,* plenos poderes; ~ *d'achat,* poder adquisitivo.

prairie [pʀeʀi] *f.* Prado *m.,* pradera.

praline [pʀalin] *f.* Almendra garrapiñada.

praticable [pʀatikabl(ə)] *adj.* **1** Practicable (réalisable). **2** Transitable (chemin).

pratiquant, -ante [pʀatikɑ̃, -ɑ̃t] *s.* Practicante (d'une religion).

pratique [pʀatik] *f.* **1** Práctica. **2** Costumbre, uso *m.* (usage). ∎ **3** *pl.* Prácticas (religieuses).

pratiquer [pʀatike] [1] *tr.* **1** Practicar (observer). **2** Tratar, frecuentar (fréquenter). **3** Practicar, ejecutar (opérer).

pré [pʀe] *m.* Prado.

préalable [pʀelabl(ə)] *adj.* **1** Previo, ia. **2** *loc. adv. Au ~,* previamente. ∎ **3** *m.* Condición *f.* previa.

préambule [pʀeɑ̃byl] *m.* Preámbulo.

précaire [pʀekɛʀ] *adj.* Precario, ria.

précaution [pʀekosjɔ̃] *f.* Precaución.

précédent, -ente [pʀesedɑ̃, -ɑ̃t] *adj.-m.* Precedente.

précéder [pʀesede] [14] *tr.* Preceder.

précepte [pʀesɛpt(ə)] *m.* Precepto.

précepteur, -trice [pʀesɛptœʀ, -tʀis] *s.* Preceptor, ra.

prêcher [pʀeʃe] [1] *tr.* Predicar.

précieux, -euse [pʀesjø, -øz] *adj.* **1** Precioso, sa. **2** Afectado, da, amanerado, da (style, etc.).

préciosité [pʀesjozite] *f.* **1** Afectación, amaneramiento *m.* **2** LITT. Preciosismo *m.,* culteranismo *m.*

précipice [pʀesipis] *m.* Precipicio.

précipitation [pʀesipitasjɔ̃] *f.* Precipitación.

précipiter [pʀesipite] [1] *tr.* **1** Precipitar. ∎ **2** *pr.* Precipitarse.

précis, -ise [pʀesi, -iz] *adj.* **1** Preciso, sa. **2** En punto (heure): *à six heures précises,* a las seis en punto. ∎ **3** *m.* Compendio (livre).

préciser [pʀesize] [1] *tr.* Precisar, fijar.

précision [pʀesizjɔ̃] *f.* Precisión.

précoce [pʀekɔs] *adj.* Precoz: *fruits précoces,* frutos precoces.

préconçu, -ue [pʀekɔ̃sy] *adj.* Preconcebido, da.

préconiser [pʀekɔnize] [1] *tr.* Preconizar.

prédécesseur [pʀedesesœʀ] *m.* Predecesor.

prédestiner [pʀedɛstine] [1] *tr.* Predestinar.

prédilection [pʀedilɛksjɔ̃] *f.* Predilección.

prédire [pʀediʀ] [65] *tr.* Predecir.

prédisposer [pʀedispoze] [1] *tr.* Predisponer.

prédominance [pʀedɔminɑ̃s] *f.* Predominio *m.*

prédominer [pʀedɔmine] [1] *intr.* Predominar.

préexistant, -ante [pʀeɛgzistɑ̃, -ɑ̃t] *adj.* Preexistente.

préface [pʀefas] *f.* Prefacio *m.*

préfecture [pʀefɛktyʀ] *f.* **1** Prefectura. **2** ~ *de police,* jefatura de policía.

préférence [pʀefeʀɑ̃s] *f.* Preferencia.

préférer [pʀefeʀe] [14] *tr.* Preferir: *je préfère rester,* prefiero quedarme.

préfet [pʀefɛ] *m.* Prefecto, gobernador civil.

préfixe [pʀfiks(ə)] *m.* Prefijo.

préhensile [pʀeɑ̃sil] *adj.* Prensil.

préhistoire [pʀeistwaʀ] *f.* Prehistoria.

préjudice [pʀeʒydis] *m.* Prejuicio.

préjudiciable [pʀeʒydisjabl(ə)] *adj.* Perjudicial.

préjuger [pʀeʒyʒe] [13] *tr.* Prejuzgar.

prélasser (se) [pʀelɑ(a)se] [1] *pr.* Descansar cómodamente, repantigarse.

prélat [pʀela] *m.* Prelado.

prélever [pʀɛlve] [16] *tr.* **1** Deducir, descontar (déduire). **2** Tomar, sacar (enlever).

préliminaire [pʀeliminɛʀ] *adj.-m.* Preliminar.

prélude [pʀelyd] *m.* Preludio.

prématuré, -ée [pʀematyʀe] *adj.* **1** Prematuro, ra. ■ **2** *s.* Prematuro.

préméditation [pʀemeditɑ̃sjɔ̃] *f.* Premeditación.

prémices [pʀemis] *f. pl.* Primicias.

premier, -ière [pʀəmje, -jɛʀ] *adj.* **1** Primero, ra (primer devant un subst. m.). **2** MATH. *Nombre* ~, número primo. ■ **3** *m.* Primero: *le* ~ *de l'an,* el día primero del año. **4** Primer piso (étage). **5** THÉÂT. *Jeune* ~, galán joven. ■ **6** *f.* THÉÂT. Estreno *m.* **7** IMPR. Galerada. **8** Primera (chemin de fer).

premier-né [pʀəmjene], **première-née** [pʀəmjɛʀne] *adj.-s.* Primogénito, ta.

prémisse [pʀemis] *f.* Premisa.

prémunir [pʀemyniʀ] [3] *tr.* **1** Prevenir, precaver. ■ **2** *pr.* Prevenirse, precaverse.

prenant, -ante [pʀənɑ̃, -ɑ̃t] *adj.* **1** Apasionante (qui captive). **2** Prensil (queue). **3** DR. Que recibe.

prendre [pʀɑ̃dʀ(ə)] [52] *tr.* **1** Tomar, coger (saisir). **2** Tomar (aliment, médicament, une ville, un bain, un moyen de transport, etc.). **3** Llevar (emporter). **4** Sacar, tomar (photo, notes, billet). **5** ~ *quelque chose à quelqu'un,* quitar, robar algo a alguien. **6** Prender, coger, detener (un voleur). **7** Coger. Loc. ~ *quelqu'un au mot,* coger la palabra a uno; ~ *froid,* coger frío, **8** Sorprender (surprendre). **9** *J'irai vous* ~ *à la sortie du bureau,* iré a buscarle a la salida de la oficina. **10** Cobrar (faire payer): *combien vous a-t-il pris?,* ¿cuánto le ha cobrado? **11** Requerir, tomar: *cela prend du temps,* esto requiere tiempo. **12** Comer (dames, échecs). **13** fam. Recibir (gifle, etc.). **14** fam. *Qu'est-ce qui te prend?,* ¿qué te pasa? **15** *loc. adv. À tout* ~, bien mirado, mirándolo bien. ■ **16** *intr.* Prender, arraigar (plante). **17** Tomar consistencia, espesarse (épaissir). **18** Cuajarse (un liquide). **19** Helarse (glace, fleuve). **20** Pegarse (coller). **21** Prender (le feu). **22** fig. Cuajar (réussir). **23** Coger, tomar: ~ *à droite,* coger a la derecha. **24** fam. *Son excuse n'a pas pris,* su excusa no pasó; *ça ne prend pas,* esto no pasa. ■ **25** *pr.* Tomarse (médicament). **26** Engancharse (s'accrocher). **27** *Se* ~ *pour,* tomarse por. **28** *S'en* ~ *à quelqu'un,* echar la culpa a alguien. **29** *S'y* ~, proceder.

preneur, -euse [pʀənœʀ, -øz] *adj.-s.* **1** Tomador, ra. **2** Arrendador, ra (à bail). **3** Comprador, ra (acheteur).

prénom [pʀenɔ̃] *m.* Nombre de pila.

préoccupation [pʀeɔkypɑ̃sjɔ̃] *f.* Preocupación.

préoccuper [pʀeɔkype] *tr.* **1** Preocupar. ■ **2** *pr.* Preocuparse.

préparatifs [pʀepaʀatif] *m. pl.* Preparativos.

préparation [pʀepaʀɑsjɔ̃] *f.* Preparación.

préparer [pʀepaʀe] [1] *tr.* **1** Preparar. ■ **2** *pr.* Prepararse.

prépondérant, -ante [pʀepɔ̃deʀɑ̃, -ɑ̃t] *adj.* Preponderante.

préposer [pʀepoze] [1] *tr.* Encargar: ~ *quelqu'un à,* encargar a alguien de.

préposition [pʀepozisjɔ̃] *f.* GRAM. Preposición.

prérogative [pʀeʀɔgativ] *f.* Prerrogativa.

près [pʀɛ] *adv.* **1** Cerca: *tout* ~, muy cerca. *loc. adv. De* ~, de cerca; *à peu de chose* ~, poco más o menos, aproximadamente; *à cela* ~, excepto eso. *loc. prép.* ~ *de*, cerca de. Loc. fam. *Être ~ de son argent, de ses sous*, ser agarrado, da. **2** *Ne pas y regarder de si* ~, *de trop* ~, no ser exigente. ■ **3** *prép.* Cerca de.

présage [pʀezaʒ] *m.* Presagio.

presbytère [pʀɛsbitɛʀ] *m.* Rectoral *f.,* casa *f.* del cura.

prescrire [pʀɛskʀiʀ] [67] *tr.* **1** Prescribir. **2** MÉD. Recetar.

présénce [pʀezɑ̃s] *f.* **1** Presencia. **2** *loc. adv. En* ~, en presencia.

présent, -ente [pʀezɑ̃, -ɑ̃t] *adj.* **1** Presente. ■ **2** *m.* Presente. **3** *loc. adv. À* ~, ahora. **4** *loc. conj. À* ~ *que*, ahora que. **5** *D'à* ~, actual.

présentation [pʀezɑ̃tasjɔ̃] *f.* Presentación.

présenter [pʀezɑ̃te] [1] *tr.* **1** Presentar. ■ **2** *pr.* Presentarse.

préservatif [pʀezɛʀvatif] *m.* Preservativo.

préserver [pʀezɛʀve] [1] *tr.* Preservar.

président [pʀezidɑ̃] *m.* Presidente.

présidentiel, -elle [pʀezidɑ̃sjɛl] *adj.* Presidencial.

présider [pʀezide] [1] *tr.* **1** Presidir. ■ **2** *intr.* Dirigir.

présomption [pʀezɔ̃psjɔ̃] *f.* Presunción.

présomptueux, -euse [pʀezɔ̃ptɥø, -øz] *adj.* Presuntuoso, sa.

presque [pʀɛsk(ə)] *adv.* **1** Casi. **2** ~ *pas*, apenas.

presqu'île [pʀɛskil] *f.* GÉOG. Península.

pressant, -ante [pʀɛsɑ̃, -ɑ̃t] *adj.* **1** Urgente, acuciante. **2** Perentorio, ria.

presse [pʀɛs] *f.* **1** Prensa. **2** Tropel *m.,* gentío *m.* (foule). **3** Prisa, urgencia.

pressé, -ée [pʀese] *adj.* **1** Presuroso, sa (qui montre de la hâte). Loc. *Je suis* ~, tengo prisa. **2** Urgente (urgent). ■ **3** *m. Aller au plus* ~, acudir a lo más urgente.

pressentir [pʀesɑ̃tiʀ] [30] *tr.* **1** Presentir. **2** Tantear, sondear (sonder quelqu'un).

presse-papiers [pʀɛspapje] *m. invar.* Pisapapeles.

presser [pʀese] [1] *tr.* **1** Exprimir, estrujar (un fruit). **2** Estrechar (serrer). **3** Apretar, pulsar (un bouton). **4** Acuciar, apurar (harceler). **5** Acelerar (accélérer). Loc. ~ *le pas*, apretar el paso. ■ **6** *intr.* Urgir, correr prisa. ■ **7** *pr.* Darse prisa: *presse-toi*, date prisa. **8** Apretujarse (s'entasser).

pression [pʀɛsjɔ̃] *f.* Presión.

pressoir [pʀɛswaʀ] *m.* **1** Prensa *f.* (machine). **2** Lagar (endroit).

prestance [pʀɛstɑ̃s] *f.* Buena presencia.

prestataire [pʀɛstatɛʀ] *s.* Suministrador, ra.

preste [pʀɛst(ə)] *adj.* Pronto, ta, ágil.

prestidigitateur [pʀɛstidiʒitatœʀ] *m.* Prestidigitador.

prestige [pʀɛstiʒ] *m.* Prestigio.

présumer [pʀezyme] [1] *tr.-intr.* Presumir.

présure [pʀezyʀ] *f.* Cuajo *m.*

prêt [pʀɛ] *m.* **1** Préstamo. **2** MIL. Pre, prest.

prêt, prête [pʀɛ, pʀɛt] *adj.* Presto, ta, listo, ta, dispuesto, ta: *tout est* ~, todo está listo; ~ *à partir*, dispuesto a, para salir.

prétendant, -ante [pʀetɑ̃dɑ̃,-ɑ̃t] *s.* Pretendiente.

prétendre [pʀetɑ̃dʀ(ə)] [6] *tr.* **1** Pretender. **2** Afirmar, suponer. ■ **3** *intr.* Aspirar a, pretender.

prétendu, -ue [pʀetɑ̃dy] *adj.* Presunto, ta, supuesto, ta.

prête-nom [pʀɛtnɔ̃] *m.* Testaferro.

prétention [pʀetɑ̃sjɔ̃] *f.* Pretensión.

prêter [pʀete] [1] *tr.* **1** Prestar. Loc. ~ *la main*, echar una mano; ~ *l'oreille*, prestar oídos; ~ *serment*, prestar juramento. ■ **2** *intr.* Prestar, dar de sí (tissu, etc.). ■ **3** *tr. ind.* ~ *à*, dar motivo a, prestarse: *cela prête à confusion*, esto se presta a confusiones. ■ **4** *pr.* Prestarse, consentir.

prêteur, -euse [pʀɛtœʀ, -øz] *s.* **1** Prestador, ra. **2** Prestamista (professionnel).

prétexter [pʀetɛkste] [1] *tr.* Pretextar.

prêtre [pʀɛtʀ(ə)] *m.* Sacerdote.

prêtresse [pʀɛtʀɛs] *f.* Sacerdotisa.

preuve [pʀœv] *f.* Prueba. Loc. *Preuves à l'appui*, pruebas al canto; *faire* ~ *de*, dar pruebas de.

preux [pʀø] *adj.-m.* Valiente, esforzado.

prévaloir [pʀevalwaʀ] *intr.* **1** Prevalecer. ■ **2** *pr.* Prevalerse.

prévenance [pʀevnɑ̃s] *f.* Atención, obsequio *m.*

prévenir [pʀevniʀ] [36] *tr.* **1** Avisar (avertir). **2** Anticiparse a (un désir, un besoin). **3** Prevenir, precaver. Loc. *Mieux vaut* ~ *que guérir*, más vale prevenir que curar.

prévenu, -ue [pʀevny] *adj.-s.* DR. **1** Acusado, da. ■ **2** *adj.* Prevenido, da, (en favor de, contre). **3** Avisado, da, informado, da.

prévision [pʀevizjɔ̃] *f.* Previsión.

prévoir [pʀevwaʀ] [42] *tr.* Prever.

prévôt [pʀevo] *m.* 1 Preboste. 2 ~ *d'armes,* ayudante de un maestro de esgrima.

prévoyant, -ante [pʀevwajɑ̃, -ɑ̃t] *adj.* Previsor, ra.

prier [pʀije] [2] *tr.-intr.* 1 Rezar, orar. ■ 2 *tr.* Rogar, suplicar (supplier). Loc. *Se faire* ~, hacerse rogar; *je vous prie de bien vouloir,* le ruego tenga la amabilidad de.

prière [pʀijɛʀ] *f.* 1 RELIG. Oración. 2 Ruego *m.,* súplica.

prieuré [pʀijœʀe] *m.* Priorato.

primaire [pʀimɛʀ] *adj.-m.* Primario, ria.

primat [pʀima] *m.* Primado.

primauté [pʀimote] *f.* Primacía, preeminencia.

prime [pʀim] *f.* 1 Prima. Loc. *En* ~, además. Loc. fig. *Faire* ~, tener gran aceptación. ■ 2 *adj.* Primo, ma, primero, ra. Loc. *De* ~ *abord,* en el primer momento. 3 MATH. Prima: *A* ~, a prima.

primer [pʀime] [1] *intr.* 1 Dominar (l'emporter). 2 Tener prelación. ■ 3 *tr.* Superar a (l'emporter sur). 4 Premiar (récompenser).

primeur [pʀimœʀ] *f.* 1 Primicia. ■ 2 *f. pl.* AGR. Frutas, hortalizas tempranas.

primevère [pʀimvɛʀ] *f.* Primavera.

primitif, -ive [pʀimitif, -iv] *adj.-s.* Primitivo, va.

primo [pʀimo] *adv.* Primeramente, en primer lugar.

primordial, -ale [pʀimɔʀdjal] *adj.* Primordial.

prince [pʀɛ̃s] *m.* Príncipe.

princesse [pʀɛ̃sɛs] *f.* Princesa.

principal, -ale [pʀɛ̃sipal] *m.* 1 Lo principal. 2 Director de un colegio. 3 DR. Importe básico de un impuesto.

principal, -ale [pʀɛ̃sipal] *adj.* Principal.

principe [pʀɛ̃sip] *m.* Principio.

printanier, -ière [pʀɛ̃tanje, -jɛʀ] *adj.* Primaveral.

printemps [pʀɛ̃tɑ̃] *m.* Primavera *f.*

priorité [pʀijɔʀite] *f.* 1 Prioridad. 2 Preferencia de paso, prioridad (sur la route).

pris, -ise [pʀi, -iz] [1] *p. p.* de *prendre.* ■ 2 *adj.* Ocupado, da. 3 Bien proporcionado. 4 Cuajado, da (durci, coagulé). 5 Atacado, da (d'une maladie).

prise [pʀiz] *f.* 1 Agarradero *m.,* asidero *m.* (pour saisir). Loc. *Donner* ~ *à,* dar pábulo a. 2 Toma, conquista. 3 Presa (chose prise). 4 Toma (de tabac). 5 MÉD.

~ *de sang,* toma de sangre. 6 ÉLECTR. ~ *de courant,* enchufe *m.* 7 ~ *d'eau,* toma de agua. 8 TECHN. ~ *de son,* registro *m.* de sonido. 9 Presa, llave (dans la lutte). 10 Solidificación.

priser [pʀize] [1] *tr.* 1 Apreciar, estimar. 2 Tomar (tabac à priser). 3 abs. Tomar rapé.

prisme [pʀism(ə)] *m.* Prisma.

prison [pʀizɔ̃] *f.* Prisión, cárcel.

prisonnier, -ière [pʀizɔnje, -jɛʀ] *adj.-s.* Preso, sa, prisionero, ra.

privation [pʀivasjɔ̃] *f.* Privación.

privé, -ée [pʀive] *adj.* 1 Privado, da, íntimo, ma. 2 Particular: *propriété privée,* propiedad particular.

privilège [pʀivilɛʒ] *m.* Privilegio.

prix [pʀi] *m.* 1 Precio. Loc. *Hors de* ~, carísimo, ma; *à tout* ~, cueste lo que cueste; ~ *T.T.C. (toutes taxes comprises),* precio de venta al público, PVP. 2 Premio (récompense).

probabilité [pʀɔbabilite] *f.* Probabilidad.

probable [pʀɔbabl(ə)] *adj.* Probable.

probité [pʀɔbite] *f.* Probidad.

problématique [pʀɔblematik] *adj.* Problemático, ca.

problème [pʀɔblɛm] *m.* Problema.

procédé [pʀɔsede] *m.* 1 Procedimiento (méthode employée). 2 Proceder (comportement).

procéder [pʀɔsede] [14] *tr.-intr.* Proceder.

procès [pʀɔsɛ] *m.* 1 DR. Proceso, pleito. 2 ANAT. Proceso: ~ *ciliaire,* proceso ciliar.

processeur [pʀɔsesœʀ] *m.* Procesador.

procession [pʀɔsesjɔ̃] *f.* Procesión.

processus [pʀɔsesys] *m.* Proceso.

prochain, -aine [pʀɔʃɛ̃, -ɛn] *adj.* 1 Próximo, ma. 2 Próximo, ma, que viene (date): *l'année prochaine,* el año que viene. ■ 3 *m.* Prójimo.

proche [pʀɔʃ] *adj.* 1 Cercano, na, próximo, ma. 2 Cerca (près): *tout* ~, muy cerca. ■ 3 *m. pl.* Parientes, allegados.

proclamer [pʀɔklame] [1] *tr.* Proclamar.

procréer [pʀɔkʀee] [11] *tr.* Procrear.

procuration [pʀɔkyʀasjɔ̃] *f.* Procuración, poder *m.*

procurer [pʀɔkyʀe] [1] *tr.* 1 Proporcionar, procurar. 2 Causar (occasionner).

procureur [pʀɔkyʀœʀ] *m.* Procurador.

prodigalité [pʀɔdigalite] *f.* Prodigalidad.

prodige [pʀɔdiʒ] *m.* Prodigio.

prodigieux, -euse [pʀɔdiʒjø,-øz] *adj.* Prodigioso, sa.

prodiguer [pʀɔdige] [1] *tr.* 1 Prodigar. ■ 2 *pr.* Prodigarse.

producteur, -trice [pʀɔdyktœʀ, -tʀis] *adj.-s.* Productor, ra.

production [pʀɔdyksjɔ̃] *f.* Producción.

produire [pʀɔdɥiʀ] [69] *tr.* **1** Producir. **2** Exhibir, enseñar, presentar (montrer). ■ **3** *pr.* Producirse (survenir). **4** Presentarse al público.

produit [pʀɔdɥi] *m.* Producto.

profane [pʀɔfan] *adj.-s.* Profano, na.

profaner [pʀɔfane] [1] *tr.* Profanar.

proférer [pʀɔfeʀe] [14] *tr.* Proferir.

professer [pʀɔfese] [1] *tr.* **1** Profesar. ■ **2** *intr.* Ser profesor, ra.

professeur [pʀɔfesœʀ] *m.* Profesor, ra: *Mme la professeur X*, la profesora X.

profession [pʀɔfɛsjɔ̃] *f.* Profesión.

professionnel, -elle [pʀɔfɛsjɔnɛl] *adj.* Profesional.

profil [pʀɔfil] *m.* Perfil.

profiler [pʀɔfile] [1] *tr.* **1** Perfilar. ■ **2** *pr.* Perfilarse.

profit [pʀɔfi] *m.* **1** Provecho. **2** Beneficio, ganancia *f.* Loc. *Tirer ~ de quelque chose,* sacar provecho de algo. **3** *loc. prép. Au ~ de,* en beneficio de.

profiter [pʀɔfite] [1] *tr. ind.* **1** ~ *de,* aprovechar, sacar provecho de. **2** ~ *à quelqu'un,* ser provechoso, útil a alguien. **3** ~ *à quelqu'un* (aliments), hacer provecho a alguien. ■ **4** *intr.* fam. Crecer (grandir), engordar (grossir). **5** fam. Dar resultado, ser ventajoso, sa.

profond, -onde [pʀɔfɔ̃, ɔ̃d] adj. Profundo, da.

profusion [pʀɔfyzjɔ̃] *f.* Profusión.

progéniture [pʀɔʒenityʀ] *f.* Prole, descendencia.

programmation [pʀɔgʀamasjɔ̃] *f.* Programación.

programme [pʀɔgʀam] *m.* Programa.

progrès [pʀɔgʀɛ] *m.* Progreso.

progresser [pʀɔgʀese] [1] *intr.* Progresar.

progressif, -ive [pʀɔgʀesif, -iv] *adj.* Progresivo, va.

prohiber [pʀɔibe] [1] *tr.* Prohibir.

prohibition [pʀɔibisjɔ̃] *f.* Prohibición.

proie [pʀwa(ɑ)] *f.* **1** Presa. Loc. *Oiseau de ~,* ave de rapiña. **2** *Être la ~ de,* ser presa, ser víctima de. **3** fig. Botín *m.*

projectile [pʀɔʒɛktil] *m.* Proyectil.

projection [pʀɔʒɛksjɔ̃] *f.* Proyección.

projet [pʀɔʒɛ] *m.* Proyecto.

projeter [pʀɔʒte] [20] *tr.* Proyectar.

prolétariat [pʀɔletaʀja] *m.* Proletariado.

prolifique [pʀɔlifik] *adj.* Prolífico, ca.

prolixe [pʀɔliks(ə)] *adj.* Prolijo, ja.

prologue [pʀɔlɔg] *m.* Prólogo.

prolongation [pʀɔlɔ̃gasjɔ̃] *f.* **1** Prolongación. **2** Prórroga (match).

prolonger [pʀɔlɔ̃ʒe] [13] *tr.* **1** Prolongar. **2** Prorrogar.

promenade [pʀɔmnad] *f.* **1** Paseo *m.: faire une ~,* dar un paseo. **2** Paseo *m.* (lieu).

promener [pʀɔmne] [16] *tr.* **1** Pasear. Loc. fam. *Envoyer ~ quelqu'un,* mandar a alguien a paseo. ■ **2** *pr.* Pasearse.

promenoir [pʀɔm(ə)nwaʀ] *m.* **1** Paseo cubierto. **2** THÉÂT. Pasillo.

promesse [pʀɔmɛs] *f.* Promesa.

promettre [pʀɔmɛtʀ(ə)] [60] *tr.-intr.* **1** Prometer. ■ **2** *pr.* Prometerse.

promis, -ise [pʀɔmi, -iz] *adj.-s.* Prometido, da.

promontoire [pʀɔmɔ̃twaʀ] *m.* Promontorio.

promotion [pʀɔmosjɔ̃] *f.* Promoción.

promouvoir [pʀɔmuvwaʀ] [43] *tr.* **1** Promover. **2** Elevar (à une dignité, un grade).

prompt, prompte [pʀɔ̃, pʀɔ̃t] *adj.* **1** Pronto, ta: ~ *à se fâcher,* pronto a enfadarse. **2** Rápido, da.

promulguer [pʀɔmylge] [1] *tr.* Promulgar.

prôner [pʀone] [1] *tr.* **1** Predicar (prêcher). **2** Preconizar (préconiser).

pronom [pʀɔnɔ̃] *m.* GRAM. Pronombre.

prononcer [pʀɔnɔ̃se] [12] *tr.* **1** Pronunciar. ■ **2** *pr.* Pronunciarse (*pour,* por).

prononciation [pʀɔnɔ̃sjasjɔ̃] *f.* Pronunciación.

pronostiquer [pʀnɔstike] [1] *tr.* Pronosticar.

propagande [pʀɔpagɑ̃d] *f.* Propaganda.

propagation [pʀɔpagasjɔ̃] *f.* Propagación.

propager [pʀɔpaʒe] [13] *tr.* **1** Propagar (communiquer). **2** Propalar (divulguer). ■ **3** *pr.* Propagarse.

propension [pʀɔpɑ̃sjɔ̃] *f.* Propensión.

prophète [pʀɔfɛt] *m.* Profeta.

prophylaxie [pʀɔfilaksi] *f.* MÉD. Profilaxis.

propice [pʀɔpis] *adj.* Propicio, cia.

proportionnel, -elle [pʀɔpɔʀsjɔnɛl] *adj.* Proporcional.

proportionner [pʀɔpɔʀsjɔne] [1] *tr.* Proporcionar.

propos [pʀɔpo] *m.* **1** Propósito, intención *f.* Loc. *Ferme ~,* firme propósito. **2** Loc. *À ~,* a propósito; *à tout ~,* a cada momento; *mal à ~,* inoportunamente. **3** Tema, asunto (sujet). ■ **4** *pl.* Palabras *f.*

proposer [pʀɔpoze] [1] *tr.* **1** Proponer.

■ **2** *pr.* Proponerse (se fixer un but). **3** Ofrecerse, brindarse (offrir ses services).

proposition [pʀɔpozisjɔ̃] *f.* Proposición, propuesta *f.*

propre [pʀɔpʀ(ə)] *adj.* **1** Propio, ia: *nom* ~, nombre propio. **2** Propio, ia, mismo, ma (même). **3** Propio, ia, adecuado, da (approprié). **4** Limpio, ia (net). **5** Honrado, da.

propreté [pʀɔpʀəte] *f.* Limpieza.

propriétaire [pʀɔpʀijetɛʀ] *s.* **1** Propietario, ria. **2** Casero, ra, propietario, ria (d'une maison).

propriété [pʀɔpʀijete] *f.* **1** Propiedad. **2** Casa de campo (maison).

propulsion [pʀɔpylsjɔ̃] *f.* Propulsión.

proroger [pʀɔʀɔʒe] [13] *tr.* Prorrogar.

proscrire [pʀɔskʀiʀ] [67] *tr.* Proscribir.

prose [pʀoz] *f.* Prosa.

prosélytisme [pʀɔzelitism(ə)] *m.* Proselitismo.

prospecter [pʀɔspɛkte] [1] *tr.* **1** MINÉR. Hacer una prospección en. **2** Buscar clientes en.

prospérer [pʀɔspeʀe] [14] *intr.* Prosperar.

prosperité [pʀɔspeʀite] *f.* Prosperidad.

prosterner (se) [pʀɔstɛʀne] *pr.* **1** Prosternarse. **2** fig. *Se* ~ *devant quelqu'un,* rebajarse ante alguien.

prostituer [pʀɔstitɥe] [1] *tr.* **1** Prostituir. ■ **2** *pr.* Prostituirse.

prostration [pʀɔstʀasjɔ̃] *f.* Postración.

protagoniste [pʀɔtagɔnist(ə)] *m.* Protagonista.

protecteur, -trice [pʀɔtɛktœʀ, -tʀis] *adj.-s.* Protector, ra.

protectorat [pʀɔtɛktɔʀa] *m.* Protectorado.

protéger [pʀɔteʒe] [15] *tr.* Proteger.

protestantisme [pʀɔtɛstɑ̃tism(ə)] *m.* Protestantismo.

protestataire [pʀɔtɛstatɛʀ] *adj.-s.* Protestón, ona, contestatario, ia.

protester [pʀɔtɛste] [1] *tr.-intr.* Protestar.

protocole [pʀɔtɔkɔl] *m.* Protocolo.

protubérance [pʀɔtybeʀɑ̃s] *f.* Protuberancia.

prou [pʀu] *adv.* Mucho *loc. adv.* *Ni peu ni* ~, ni poco ni mucho.

proue [pʀu] *f.* MAR. Proa.

prouesse [pʀuɛs] *f.* Proeza.

prouver [pʀuve] [1] *tr.* Probar.

provenance [pʀɔvnɑ̃s] *f.* Procedencia, origen *m.*

provenir [pʀɔvniʀ] [36] *intr.* Provenir, proceder.

proverbe [pʀɔvɛʀb(ə)] *m.* Proverbio, refrán.

providence [pʀɔvidɑ̃s] *f.* Providencia.

providentiel, -elle [pʀɔvidɑ̃sjɛl] *adj.* Providencial.

province [pʀɔvɛ̃s] *f.* Provincia, región.

provincial, -ale [pʀɔvɛ̃sjal] *adj.* **1** Provincial. ■ **2** *s.* Provinciano, na.

provision [pʀɔvizjɔ̃] *f.* **1** Provisión, abastecimiento *m.* **2** COMM. Provisión de fondos. Loc. *Chèque sans* ~, cheque sin fondos. ■ **3** *pl.* Compra *sing.: aller faire ses provisions,* ir a la compra.

provisionnel, -elle [pʀɔvizjɔnɛl] *adj.* Provisional.

provisoire [pʀɔvizwaʀ] *adj.* Provisional.

provocation [pʀɔvɔkasjɔ̃] *f.* Provocación.

provoquer [pʀɔvɔke] [1] *tr.* Provocar.

prudence [pʀydɑ̃s] *f.* Prudencia.

prudent, -ente [pʀydɑ̃, -ɑ̃t] *adj.* Prudente.

pruderie [pʀydʀi] *f.* Gazmoñería.

prune [pʀyn] *f.* Ciruela.

pruneau [pʀyno] *m.* **1** Ciruela *f.* pasa. **2** pop. Bala *f.* (de fusil).

prunelle [pʀynɛl] *f.* **1** Endrina (fruit). **2** ANAT. Pupila, niña (de l'œil).

prunier [pʀynje] *m.* Ciruelo.

psaume [psom] *m.* Salmo.

pseudonyme [psødɔnim] *m.* Seudónimo.

psychanalyse [psikanaliz] *f.* Psicoanálisis *m.*

psychiatrie [psikjatʀi] *f.* Psiquiatría.

psychique [psiʃik] *adj.* Psíquico, ca.

psychologie [psikɔlɔzi] *f.* Psicología.

psychose [psikoz] *f.* Psicosis.

puanteur [pɥɑ̃tœʀ] *f.* Hediondez, hedor, peste *m.*

puberté [pybɛʀte] *f.* Pubertad.

pubis [pybis] *m.* Pubis.

public, -ique [pyblik] *adj.-m.* **1** Público, ca. **2** *m.: Loc. être bon* ~, ser buen público.

publication [pyblikasjɔ̃] *f.* Publicación.

publicité [pyblisite] *f.* Publicidad.

publier [pyblije] [2] *tr.* Publicar.

publiphone [pyblifɔn] *m.* Teléfono público, cabitel.

publipostage [pyblipɔstaʒ] *m.* Buzoneo, angl. mailing.

puce [pys] *f.* **1** Pulga. ■ **2** *adj.* De color pardo. ■ **3** *f.* INFORM. Chip.

puceron [pysʀɔ̃] *m.* Pulgón.

pudeur [pydœʀ] *f.* Pudor *m.*

pudibond, -onde [pydibɔ̃, -ɔ̃d] *adj.* Pudibundo, da.

pudique [pydik] *adj.* Púdico, ca.

puer [pɥe] [1] *intr.-tr.* Heder, apestar.

puéril, -ile [pɥeʀil] *adj.* Pueril.

pugilat [pyzila] *m.* Pugilato.

puis [pɥi] *adv.* 1 Después, luego. 2 *Et ~,* además, y además (en plus). 3 *Et ~ alors?,* ¿y qué?

puisard [pɥizaʀ] *m.* Pozo negro.

puiser [pɥize] [1] *tr.* Sacar, extraer.

puisque [pɥisk(ə)] *conj.* Puesto que, ya que.

puissance [pɥisɑ̃s] *f.* 1 Potestad: ~ *paternelle,* patria potestad. 2 Poder *m.,* poderío *m.* (pouvoir). 3 Fuerza (force). 4 MATH., PHYS. Potencia. 5 Potencia: *les grandes puissances,* las grandes potencias. ■ 6 *pl.* RELIG. Potestades.

puissant, -ante [pɥisɑ̃, -ɑ̃t] *adj.* 1 Potente (machine, moteur). 2 Poderoso, sa.

puits [pɥi] *m.* Pozo.

pulluler [pylyle] [1] *intr.* Pulular.

pulmonaire [pylmɔnɛʀ] *adj.* Pulmonar.

pulpe [pylp(ə)] *f.* Pulpa.

pulsation [pylsasjɔ̃] *f.* Pulsación.

pulvériser [pylveʀize] [1] *tr.* Pulverizar.

punaise [pynɛz] *f.* 1 Chinche *m.* (insecte). 2 Chincheta (petit clou).

punch [pɔ̃ʃ] *m.* Ponche.

punir [pyniʀ] [3] *tr.* Castigar, penar.

punition [pynisjɔ̃] *f.* Punición, castigo *m.*

pupille [pypil] *s.* 1 DR. Pupilo, la. ■ 2 *f.* Pupila, niña (de l'œil).

pupitre [pypitʀ(ə)] *m.* 1 Pupitre. ■ 2 MUS. Atril.

pupitreur, -euse [pypitʀœʀ, -øz] *s.* fam. Operador, ra de ordenador.

pur, pure [pyʀ] *adj.* Puro, ra. Loc. *En pure perte,* en balde.

purée [pyʀe] *f.* 1 Puré *m.* 2 fig. pop. Miseria, estrechez. Loc. *Être dans la ~,* no tener donde caerse muerto.

pureté [pyʀte] *f.* Pureza.

purgatif, -ive [pyʀgatif, -iv] *adj.* 1 Purgativo, va. ■ 2 *m.* Purga *f.,* purgante.

purgatoire [pyʀgatwaʀ] *m.* Purgatorio.

purge [pyʀʒ(ə)] *f.* Purga.

purification [pyʀifikasjɔ̃] *f.* Purificación.

purifier [pyʀifje] [2] *tr.* Purificar.

puriste [pyʀist(ə)] *adj.-s.* Purista.

puritanisme [pyʀitanism(ə)] *m.* Puritanismo.

purulent, -ente [pyʀylɑ̃, -ɑ̃t] *adj.* Purulento, ta.

pus [py] *m.* Pus.

pusillanime [pyzi(l)lanim] *adj.* Pusilánime.

pustule [pystyl] *f.* Pústula.

putois [pytwa] *m.* Turón.

putréfaction [pytʀefaksjɔ̃] *f.* Putrefacción.

putréfier [pytʀefje] [2] *tr.* Pudrir.

putride [pytʀid] *adj.* Pútrido, da.

puy [pɥi] *m.* Monte, montaña *f.*

pygmée [pigme] *m.* Pigmeo.

pyjama [piʒama] *m.* Pijama.

pyramide [piʀamid] *f.* Pirámide.

pyromane [piʀɔman] *s.* Pirómano, na.

pyrotechnie [piʀɔtɛkni] *f.* Pirotecnia.

pytaghorique [pitagɔrik] *adj.* Pitagórico, ca.

python [pitɔ̃] *m.* Pitón.

Q

q [ky] *m.* **1** Q *f.* **2** Abreviatura de *quintal.*
quadragénaire [kwadʀazenɛʀ] *adj.-s.* Cuadragenario, cuarentón, ona.
quadrant [k(w)adʀɑ̃] *m.* Cuadrante.
quadrature [kwadʀatyʀ] *f.* Cuadratura.
quadrilatère [k(w)adʀilatɛʀ] *adj.-s.* Cuadrilátero, ra.
quadrillage [kadʀijaʒ] *m.* Cuadrícula *f.*
quadrille [kadʀij] *m.* Cuadrilla *f.,* lanceros *pl.*
quadriller [kadʀije] *tr.* Cuadricular.
quadrupède [k(w)adʀypɛd] *adj.-s.* Cuadrúpedo, a.
quadrupler [k(w)adʀyple] *tr.* Cuadruplicar.
quai [ke] *m.* **1** Muelle: ~ *d'embarquement,* muelle de embarque. **2** Andén (de gare): *billet de* ~, billete de andén. **3** Vía *f.* pública, avenida *f.* a lo largo de un río o de un canal.
qualificatif, -ive [kalifikativ, -iv] *adj.* **1** Calificativo, va. ▪ **2** *m.* Calificativo.
qualifier [kalifje] *tr.* **1** Calificar. ▪ **2** *pr.* SPORTS Clasificarse.
qualitatif, -ive [kalitatif, -iv] *adj.-m.* Cualitativo, va.
qualité [kalite] *f.* **1** Calidad. **2** Cualidad. **3** *loc. prép.* En ~ *de,* en calidad de, a título de.
quand [kɑ̃] *adv.* **1** Cuándo: ~ *partez-vous?,* ¿cuándo se marcha usted? **2** *loc. adv.* ~ *même,* sin embargo, a pesar de todo: *il y sera* ~ *même,* él estará allí, a pesar de todo. ▪ **3** *conj.* Cuando (au moment où): *faites-moi signe* ~ *vous serez arrivé,* avíseme usted cuando haya llegado. **4** Aunque, aun cuando: ~ *cela serait,* aunque así fuese. **5** *loc. conj.* ~ *même,* ~ *bien même,* aun cuando.
quant à [kɑ̃ta] *loc. prép.* En cuanto a, por lo que se refiere a, con respecto a.
quantitatif, -ive [kɑ̃titatif, -iv] *adj.* Cuantitativo, va.
quantité [kɑ̃tite] *f.* **1** Cantidad. ▪ **2** *adj. invar.* Mucho, cha: ~ *de gens,* mucha gente.

quantum [kwɑ̃tɔm] *m.* **1** Tanto, cuantía (somme stipulée). **2** PHYS. Cuanto.
quarantaine [kaʀɑ̃tɛn] *f.* Cuarentena. Loc. *Mettre en* ~, poner en cuarentena.
quarante [kaʀɑ̃t] *adj.-s.* Cuarenta.
quarantième [kaʀɑ̃tjɛm] *adj.* **1** Cuadragésimo, ma. ▪ **2** *adj.-s.* Cuarentavo, va.
quart [kaʀ] *m.* **1** Cuarto: ~ *d'heure,* cuarto de hora; *midi et* ~, las doce y cuarto. **2** Cuarto de litro. **3** Cuarto de libra. **4** Cuarta parte *f.* **5** MAR. Guardia *f.*
quarte [kaʀt(ə)] *f.* ESCR., MUS. Cuarta.
quartier [kaʀtje] *m.* **1** Barrio (d'une ville). **2** Gajo: *un* ~ *d'orange,* un gajo de naranja. **3** Trozo: *un* ~ *de bœuf,* un trozo de buey. **4** ASTRON. Cuarto. **5** BLAS. Cuartel. **6** MIL. Cuartel.
quasi [kazi] *adv.* Casi.
quatorze [katɔʀz(ə)] *adj.-m. invar.* Catorce.
quatrain [katʀɛ̃] *m.* LITT. Redondilla *f.,* cuarteta *f.,* cuarteto.
quatre [katʀ(ə)] *adj.-m. invar.* **1** Cuatro: ~ *fois* ~ *font seize,* cuatro por cuatro son dieciséis. Loc. fig. *Se mettre en* ~, desvivirse. **2** Cuarto: *Henri quatre,* Enrique cuarto. ▪ **3** *m. invar.* Cuatro.
quatre-vingts, quatre-vingt [katʀəvɛ̃] *adj.-s.* Ochenta.
quatrième [katʀijɛm] *adj.* Cuarto, ta. ▪ *f.* Cuarta (jeu de cartes).
que [k(ə)] *conj.* **1** Que: *j'espère* ~ *vous serez heureux,* espero que seréis felices. **2** De que: *soyez sûr* ~, esté usted seguro de que. **3** Para que: *approche-toi,* ~ *je te voie,* acércate, para que yo te vea. **4** Cuando: *on allait partir* ~ *l'orage a éclaté,* íbamos a marcharnos, cuando estalló la tormenta. **5** En remplacement de comme, quand, si, etc. dans une coordonnée, ne se traduit pas: *comme ils étaient jeunes et* ~ *rien ne les contraignait,* como eran jóvenes y nada les ataba. **6** Porque: *je vous crois, non* ~ *vous ayez toujours rai-*

son... le creo, no porque siempre tenga razón. 7 Ne se traduit pas: *c'est idiot ~ d'agir ainsi,* es tonto obrar así. 8 *Aussi, autant...~,* tan, tanto... como. 9 *Ne ...~,* no... más que, sólo. ▪ 10 *adv.* Por qué: ~ *ne vient-il pas?,* ¿por qué no viene él? 11 Qué: ~ *vous êtes bon!,* ¡qué bueno es usted! 12 ~ *de,* cuánto, ta: ~ *de monde!,* ¡cuánta gente! ▪ 13 *pron. rel.* Que: *fais ce* ~ *tu voudras,* haz lo que quieras. 14 A quien, a quienes (pour les personnes). ▪ 15 *pron. inter.* ¿Qué?: ~ *se passe-t-il?,* ¿qué pasa? 16 *Qu'est-ce que?,* ¿qué?: *qu'est-ce que tu dis?,* ¿qué dices?

quel, quelle [kɛl] *adj.* 1 Qué (devant nom), cuál (devant verbe): *quelle heure est-il?,* ¿qué hora es?; ~ *homme!,* ¡qué hombre!; ~ *sera mon sort?,* ¿cuál será mi destino?; *quelle ne fut pas ma surprise!,* ¡cuál fue mi sorpresa! 2 Quién: ~ *est-ce garçon?,* ¿quién es este chico? 3 Cualquiera: ~ *que, quelle, que,* cualquiera que. ▪ 4 *pron.* Cuál: *de ces livres, ~ sera le plus intéressant?,* de estos libros, ¿cuál será el más interesante?

quelconque [kɛlkɔ̃k] *adj.* 1 Cualquiera, cualquier: *un homme* ~, un hombre cualquiera, cualquier hombre. 2 Corriente, mediocre: *un spectacle très ~,* un espectáculo muy corriente.

quelque [kɛlk(ə)] *adj. indéf.* 1 Algún, una: ~ *enfant,* algún niño. ▪ 2 *pl.* Pocos, cas, unos cuantos, unas cuantas: *les quelques amis que j'avais sont morts,* los pocos amigos que tenía murieron. 3 Loc. fam. *Et quelques,* y pico. 4 Por muchos, chas: *quelques remarques que vous fassiez,* por muchas observaciones que presentéis. ▪ 5 *adv.* Por muy: ~ *riche qu'il soit,* por muy rico que sea. 6 Aproximadamente, alrededor de, cerca de, unos, unas: *cela vous coûtera ~ cent francs,* esto os costará cien francos aproximadamente. 7 *loc. adv.* ~ *peu,* un poco, algo, algún tanto.

quelquefois [kɛlkəfwa] *adv.* Algunas veces, a veces.

quelqu'un, -une [kɛlkœ̃, -yn] *pron. indéf.* 1 Alguien. Loc. *Se croire ~,* creerse alguien. 2 Alguno, na.

quémandeur, -euse [kemɑ̃dœr, -øz] *s.* Pedigüeño, -ña.

quenelle [kənɛl] *f.* Albondiguilla.

quenotte [kənɔt] *f.* Dientecillo *m.*

quereller [kərele] *tr.* 1 Reñir. ▪ 2 *pr.* Pelearse, reñir, disputar.

quérir [kerir] *tr.* Buscar: *aller ~ le médecin,* ir a buscar al médico.

question [kɛstjɔ̃] *f.* 1 Pregunta. 2 Cuestión. 3 Tortura: *soumettre quelqu'un à la ~,* someter a alguien a tortura.

questionner [kɛstjɔne] *tr.* Interrogar.

quêter [kete] *tr.* 1 Buscar, solicitar. ▪ 2 *intr.* Pedir, hacer cuestación: ~ *pour les œuvres de bienfaisance,* hacer cuestación para las obras de beneficencia. 3 CHASS. Ventear.

queue [kø] *f.* 1 Cola, rabo *m.* 2 Cola, coleta (cheveux). 3 Cola (de comète, de vêtements, etc.). 4 Mango *m.* (manche). 5 Cola, fila: *faire la ~,* hacer cola. 7 Taco *m.* (billard). 8 BOT. Rabillo *m.,* pezón *m.* 9 *loc. adv.* À *la ~ leu, leu,* en fila, uno detrás de otro.

qui [ki] *pron. rel.* 1 Que, quien, quienes: *les choses ~ m'intéressent,* las cosas que me interesan; *ce ~,* lo que; *celui à ~je parle,* aquel a quien hablo; *ceux à ~ je parle,* aquéllos a quienes hablo. Loc. ~ *que ce soit,* quienquiera que sea. ▪ 2 *pron. inter.* Quién, quiénes: ~ *est-ce?,* ¿quién es?; ~ *sont ces personnes?,* ¿quiénes son estas personas? 3 A quién (complément): ~ *as-tu vu?,* ¿a quién has visto?

quiconque [kikɔ̃k] *pron. indéf.* Cualquiera que, quienquiera que.

quiétude [k(ɥi)jetyd] *f* 1 Quietud. 2 RELIG. Sosiego *m.* del alma.

quille [kij] *f.* 1 Bolo *m.* (jeu). 2 MAR. Quilla.

quinine [kinin] *f.* Quinina.

quinquagénaire [k(ɥ)kɛk(w)azenɛr] *adj.-s.* Quincuagenario, ia, cincuentón, ona (fam.).

quinquina [kɛ̃kina] *m.* 1 Vino quinado. 2 Quino (arbre). 3 Quina *f.* (écorce).

quint [kɛ̃] *adj.* Quinto: *Charles-Quint,* Carlos quinto; *Sixte-Quint,* Sixto quinto.

quintal [kɛ̃tal] *m.* Quintal.

quintessence [kɛ̃tesɑ̃s] *f.* Quintaesencia.

quintette [k(ɥ)tɛt] *m.* MUS. Quinteto.

quintuple [kɛ̃typl(ə)] *adj.-s.* Quíntuplo, pla.

quinzaine [kɛ̃zɛn] *f.* Quincena.

quinze [kɛ̃z] *adj.-m. invar.* Quince.

quinzième [kɛ̃zjɛm] *adj.-s.* 1 Quinceno, na, decimoquinto, ta. 2 Quinzavo, va (fraction).

quittance [kitɑ̃s] *f.* Recibo *m.*

quitte [kit] *adj.* 1 Libre de deuda, en paz: *je vous ai tout payé, nous sommes quittes,* os lo he pagado todo, estamos en paz. 2 Quito, ta, exento, ta, libre. 3 *loc. adv.* ~ à, a riesgo de.

quitter [kite] *tr.* **1** Dejar, abandonar, ausentarse de: ~ *la ville,* dejar la ciudad. **2** Separarse: ~ *ses amis,* separarse de los amigos. Loc. *Ne quittez pas!,* ino se retire! (téléphone). **3** Quitarse: *il ne quitte jamais sa casquette,* no se quita nunca la gorra. ■ **4** *pr.* Despedirse, separarse: *ils se sont quittés à regret,* se han separado con pena.

qui-vive? [kiviv] *interj.* **1** ¿Quién vive? **2** Loc. *Être sur le* ~, estar alerta.

quoi [kwa] *pron. rel.* **1** Lo que, lo cual. **2** Qué. ■ **2** *pron. inter.* Qué: *à* ~ *pensez-vous?,* ¿en qué piensa usted? ■ **4** *pron. indef.* ~ *que,* cualquier cosa que; ~ *qu'il en soit,* como quiera que sea. **5** *interj.* ¡Qué!, ¡cómo!

quoique [kwak(ə)] *conj.* Aunque, aun cuando.

quote-part [kɔtpaʀ] *f.* Parte alícuota, cuota.

quotidien, -ienne [kɔtidjɛ̃, -jɛn] *adj.* **1** Diario, ia, cotidiano, na. ■ **2** *m.* Diario, periódico (journal).

quotient [kɔsjɑ̃] *m.* Cociente.

R

r [ɛʀ] *m.* R *f.*

rabâcher [ʀabɑ̃ʃe] [1] *tr.* **1** Machacar. ∎ **2** *intr.* Repetirse.

rabaisser [ʀabese] [1] *tr.* **1** Rebajar. ∎ **2** *pr.* Rebajarse.

rabat [ʀaba] *m.* **1** Alzacuello, collarín (des religieux). **2** Golilla *f.* (des magistrats). **3** Carterilla *f.* (d'une poche).

rabat-joie [ʀabazwa] *adj.-m. invar.* Aguafiestas.

rabatteur [ʀabatœʀ] *m.* Ojeador (chasse).

rabattre [ʀabatʀ(ə)] [61] *tr.* **1** Descontar, rebajar (déduire). **2** Abatir (faire tomber). **3** Bajar (mettre à plat). **4** Doblar, plegar (replier). **5** Ojear (chasse). ∎ **6** *pr. Se ~ sur, vers,* volverse bruscamente hacia.

rabbi [ʀabi], **rabbin** [ʀabɛ̃] *m.* Rabino.

râble [ʀɑbl(ə)] *m.* Lomo.

rabot [ʀabo] *m.* TECHN. Cepillo.

raboteux, -euse [ʀabɔtø, -øz] *adj.* Desigual.

rabougri, -ie [ʀabugʀi] *adj.* Esmirriado, da, canijo, ja.

racaille [ʀakɑj] *f.* Chusma, canalla.

raccommodage [ʀakɔmɔdaʒ] *m.* **1** Remiendo (pièce). **2** Compostura *f.* (action).

raccomoder [ʀakɔmɔde] *tr.* **1** Componer, arreglar. **2** Remendar (rapiécer). **3** Reconciliar. ∎ **4** *pr.* Reconciliarse.

raccorder [ʀakɔʀde] [1] *tr.* **1** Empalmar, enlazar. **2** ÉLECTR. Conectar.

raccourci, -ie [ʀakuʀsi] *adj.* **1** Acortado, da. **2** Abreviado, da. ∎ **3** *m.* Atajo (chemin). **3** Escorzo (peinture).

raccroc [ʀakʀo] *m.* **1** Chiripa *f.*, chamba *f.* **2** *loc. adv. Par ~,* por chiripa.

raccrocher [ʀakʀɔʃe] [1] *tr.* **1** Volver a colgar (tableau, etc.). **2** Volver a enganchar (wagon, etc.). **3** Colgar (le téléphone). **4** Echar el gancho a, pescar (racoler). ∎ **5** *pr.* Aferrarse.

race [ʀas] *f.* Raza.

racheter [ʀaʃte] [18] *tr.* **1** Rescatar, redimir. **2** Volver a comprar.

rachitisme [ʀaʃitism(ə)] *m.* Raquitismo.

racine [ʀasin] *f.* Raíz.

raclée [ʀɑkle] *f.* pop. Paliza, tunda.

racler [ʀɑkle] [1] *tr.* **1** Raspar, rascar. **2** fam. Rascar (un instrument à cordes). ∎ **3** *pr. Se ~ la gorge,* carraspear.

racolage [ʀakɔlaʒ] *m.* MIL. Enganche, reclutamiento.

raconter [ʀakɔ̃te] [1] *tr.* Contar, narrar.

racornir [ʀakɔʀniʀ] [3] *tr.* **1** Endurecer. ∎ **2** *pr.* Endurecerse, resecarse.

radar [ʀadaʀ] *m.* Radar.

rade [ʀad] *f.* MAR. Rada.

radeau [ʀado] *m.* **1** Balsa *f.* **2** Almadía *f.* (train de bois).

radiateur [ʀadjatœʀ] *m.* Radiador.

radical, -ale [ʀadikal] *adj.-m.* Radical.

radier [ʀadje] *tr.* **1** Tachar, borrar (d'une liste). **2** Excluir.

radieux, -euse [ʀadjø, -øz] *adj.* Radiante.

radioactif, -ive [ʀadjɔaktif, -iv] *adj.* Radiactivo, va.

radiodiffusion [ʀadjɔdifyzjɔ̃] *f.* Radiodifusión.

radiographie [ʀadjɔgʀafi] *f.* Radiografía.

radiologue [ʀadjɔlɔg] *s.* Radiólogo, ga.

radiomessagerie [ʀadjɔmesaʒʀi] *f.* Radiomensajería.

radiophonique [ʀadjɔfɔnik] *adj.* Radiofónico, ca.

radiothérapie [ʀadjɔteʀapi] *f.* Radioterapia.

radis [ʀadi] *m.* Rábano.

radoter [ʀadɔte] *intr.* **1** Chochear, desatinar (divaguer). **2** Repetirse (rabâcher).

radoteur, -euse [ʀadɔtœʀ, -øz] *adj.-s.* Chocho, cha.

radoucir [ʀadusiʀ] *tr.* **1** Suavizar, templar (le temps). **2** Aplacar, moderar. ∎ **3** *pr.* Templarse (le temps). **4** Aplacarse.

rafale [ʀafal] *f.* Ráfaga, racha.

raffermir [ʀafɛʀmiʀ] *tr.* **1** Fortalecer (durcir). **2** Consolidar, afianzar (fortifier).

raffinement [Rafinmã] *m.* Refinamiento.

raffiner [Rafine] *tr.* Refinar.

raffinerie [RafinRi] *f.* Refinería.

raffoler [Rafɔle] *tr. ind.* ~ *de,* estar loco, ca por, pirrarse por.

rafistoler [Rafistɔle] *tr.* fam. Componer, remendar.

rafle [Rɑfl(ə)] *f.* Batida, redada (de la police).

rafler [Rafle] *tr.* fam. Saquear, llevárselo.

rafraîchir [RafReʃiR] *tr.* **1** Refrescar. **2** Poner como nuevo, retocar. ■ **3** *intr.* Refrescar, enfriarse. ■ **4** *pr.* fam. Tomar un refresco (boire un rafraîchissement).

rafraîchissement [RafReʃismã] *m.* **1** Enfriamiento. **2** Refresco (boisson).

ragaillardir [Ragajardir] *tr.* fam. Remozar, vigorizar.

rage [Raʒ] *f.* **1** Rabia. Loc. *Faire* ~, causar estragos. **2** Pasión, deseo *m.* violento. **3** ~ *de dents,* dolor *m.* de muelas.

rager [Raʒe] *intr.* fam. Rabiar.

rageur, -euse [Raʒœr, -øz] *adj.-s.* Rabioso, sa, iracundo, da.

ragoût [Ragu] *m.* CUIS. Guisado, guiso.

ragoûtant, -ante [Ragutã, -ãt] *adj.* **1** Apetitoso, sa. **2** Grato, ta.

rai [Rɛ] *m.* Rayo.

raid [Rɛd] *m.* **1** Correría *f.,* incursión. **2** SPORTS. Prueba *f.* de resistencia. **3** Expedición *f.* aérea.

raideur [RɛdœR] *f.* **1** Rigidez, tiesura, tirantez. **2** fig. Inflexibilidad.

raidillon [Redijɔ̃] *m.* Repecho, costanilla *f.*

raidir [RediR] [3] *tr.* **1** Atiesar, poner rígido, da. ■ **2** *pr.* Resistir, mantenerse firme.

raie [Rɛ] *f.* **1** Raya. **2** Raya (poisson).

rail [Rɑj] *m.* Riel.

railler [Raje] [1] *tr.* **1** Burlarse de. ■ **2** *intr.* Bromear.

railleur, -euse [Rɑjœr, -øz] *adj.-s.* Burlón, ona.

rainette [Rɛnɛt] *f.* Rana de San Antonio.

rainure [RenyR] *f.* Ranura.

raisin [Rezɛ̃] *m.* **1** Uva *f.:* le ~, la uva. **2** ~ *sec,* pasa *f.*

raison [Rezɔ̃] *f.* **1** Razón. Loc. *Perdre la* ~, perder el juicio; *avoir* ~, tener razón. **2** Razón, motivo *m.* **3** *loc. adv. À plus forte* ~, con mayor razón, con mayor motivo. **4** *loc. prép. À* ~ *de,* a razón de; *en* ~ *de,* a causa de.

raisonnable [Rɛzɔnabl(ə)] *adj.* **1** Razonable. **2** Racional (doué de raison).

raisonnement [Rɛzɔnmã] *m.* **1** Raciocinio. **2** Razonamiento.

raisonner [Rɛzɔne] [1] *intr.-tr.* Razonar, raciocinar.

rajeunir [RaʒœniR] [3] *tr.* **1** Rejuvenecer. ■ **2** *pr.* Rejuvenecerse.

rajuster [Raʒyste] [1] *tr.* **1** Reajustar. **2** Componer, arreglar (arranger).

râle [Rɑl], **râlement** [Rɑlmã] *m.* Estertor.

ralenti, -ie [Ralãti] *adj.* **1** Retardado, da. ■ **2** *m.* Ralentí, marcha *f.* lenta: *au* ~, en marcha lenta; a ritmo lento (travail).

ralentir [Ralãtir] [3] *tr.* **1** Aminorar, disminuir. ■ **2** *intr.* Ir más despacio, aminorar la marcha.

râler [Rale] [1] *intr.* **1** Tener estertor. **2** fam. Gruñir, refunfuñar (rouspéter).

rallier [Ralje] [2] *tr.* **1** Reunir (rassembler). **2** Sumar, ganar, captar (pour une cause). **3** Volver a (rejoindre): ~ *son poste,* volver a su puesto. ■ **4** *pr.* Reunirse, agruparse. **5** Adherirse (à une opinion).

rallumer [Ralyme] [1] *tr.* **1** Encender de nuevo. **2** fig. Reanimar, avivar (ranimer).

RAM [Ram] *f.* (*abrév.* random access memory) RAM.

ramadan [Ramadã] *m.* Ramadán.

ramage [Ramaʒ] *m.* **1** Ramaje. **2** Gorjeo (des oiseaux).

ramasser [Ramɑse] [1] *tr.* **1** Recoger. **2** Reunir, amontonar. **3** pop. Ganarse, atrapar: ~ *une gifle,* ganarse una bofetada. ■ **4** *pr.* Encogerse, acurrucarse.

ramassis [Ramɑsi] *m.* **1** péj. Revoltillo, revoltijo (de choses). **2** Hato (de personnes).

rame [Ram] *f.* **1** Remo *m.* (aviron). **2** Resma (de papier). **3** AGR. Rodrigón *m.* **4** Tren *m.* (de chemin de fer, métro).

rameau [Ramo] *m.* **1** Ramo (petite branche). ■ **2** *pl. Les Rameaux,* el domingo de Ramos.

ramée [Rame] *f.* Ramaje *m.*

ramener [Ramne] *tr.* **1** Traer de nuevo, hacer volver. **2** Hacer volver (faire revenir). **3** Traer consigo. **4** Restablecer (la paix, etc.). **5** ~ *à la vie,* reanimar. ■ **6** *pr. Se* ~ *à,* reducirse a. ■ **7** *tr.:* fam. *la* ~, chupar cámara, ponerse en primer plano.

ramer [Rame] [1] *intr.* Remar.

ramier [Ramje] *m.* **1** Paloma *f.* torcaz. ■ **2** *adj. Pigeon* ~, paloma torcaz.

ramification [Ramifikasjɔ̃] *f.* Ramificación.

ramifier [Ramifje] *tr.* **1** Ramificar. ■ **2** *pr.* Ramificarse.

ramollir [ʀamɔliʀ] [3] *tr.* **1** Reblandecer, ablandar. ■ **2** *pr.* Reblandecerse, ablandarse.

ramoneur [ʀamɔnœʀ] *m.* Deshollinador.

rampant, -ante [ʀɑ̃pɑ̃, -ɑ̃t] *adj.* **1** Rastrero, ra (plantes, animaux). **2** fig. Rastrero, ra, servil.

rampe [ʀɑ̃p] *f.* **1** Rampa, pendiente (plan incliné). **2** Barandilla, baranda (d'escalier).

ramper [ʀɑ̃pe] [1] *intr.* **1** Reptar. **2** fig. Arrastrarse. **3** Trepar (plantes).

ramure [ʀamyʀ] *f.* **1** Ramaje *m.* (branchage). **2** Cornamenta (des cervidés).

rancart [ʀɑ̃kaʀ] *m.* Loc. fam. *Mettre au* ~, arrinconar, arrumbar.

ranch [ʀɑ̃tʃ] *m.* Rancho.

rancir [ʀɑ̃siʀ] [3] *intr.* Enranciarse.

rancœur [ʀɑ̃kœʀ] *f.* Rencor *m.*

rançon [ʀɑ̃sɔ̃] *f.* **1** Rescate *m.* **2** fig. Precio *m.*, pago *m.* (contrepartie).

rancune [ʀɑ̃kyn] *f.* Rencor *m.*

randonnée [ʀɑ̃dɔne] *f.* Caminata.

rang [ʀɑ̃] *m.* **1** Fila *f.* Loc. *En* ~, en fila; *être, se mettre sur les rangs,* ponerse entre los candidatos. **2** Categoría *f.,* clase *f.* (social). **3** Puesto, lugar (place).

ranger [ʀɑ̃ʒe] [13] *tr.* **1** Ordenar, arreglar (avec ordre). **2** Colocar (mettre). **3** Alinear. **4** Aparcar (une voiture). ■ **5** *pr.* Colocarse. Loc. *Se* ~ *du côté de quelqu'un,* tomar el partido de alguien. **6** Ponerse en fila. **7** fam. Sentar la cabeza (adopter un genre de vie régulier).

ranimer [ʀanime] [1] *tr.* Reanimar.

rapace [ʀapas] *adj.-m.* Rapaz.

rapatrier [ʀapatʀije] [2] *tr.* Repatriar.

râpe [ʀɑp] *f.* **1** CUIS. Rallador *m.,* rallo *m.* **2** MENUIS. Escofina, lima.

râper [ʀɑpe] [1] *tr.* **1** CUIS. Rallar. **2** Raspar. **3** Raer, gastar (user).

rapetasser [ʀaptase] [1] *tr.* fam. Remendar (raccommoder).

rapetisser [ʀaptise] [1] *tr.* **1** Achicar, empequeñecer. ■ **2** *intr.* Achicarse, acortarse.

raphia [ʀafja] *m.* Rafia *f.*

rapide [ʀapid] *adj.* **1** Rápido, da. **2** Escarpado, da. ■ **3** *m.* Rápido (train, fleuve).

rapidité [ʀapidite] *f.* Rapidez.

rapiécer [ʀapjese] [14] *tr.* Remendar.

rapine [ʀapin] *f.* Rapiña.

rappel [ʀapɛl] *m.* **1** Llamada *f.* **2** TECHN. Retroceso. **3** Pago de atrasos (paiement). **4** Recuerdo, evocación *f.*

rappeler [ʀaple] [19] *tr.* **1** Llamar de nuevo. **2** Llamar: ~ *à l'ordre,* llamar al

orden. **3** ~ *à la vie,* reanimar (évanouissement). **4** Recordar: *cette maison me rappelle ma jeunesse,* esta casa me recuerda mi juventud. **5** Parecer, recordar (ressembler): *il me rappelle son oncle,* se parece a su tío. ■ **6** *pr.* Acordarse de: *je ne me rappelle plus de rien,* no me acuerdo de nada.

rapport [ʀapɔʀ] *m.* **1** Renta *f.,* rendimiento (revenu). **2** Informe (compte rendu). **3** Relación *f.* **4** Similitud *f.* **5** Contacto sexual. **6** MATH. Razón *f.* **7** *loc. prép. En* ~ *avec,* en relación con; *par* ~ *à,* con relación a, respecto a.

rapporter [ʀapɔʀte] [1] *tr.* **1** Traer de nuevo. **2** Traer (d'un voyage). **3** Añadir (ajouter). **4** Producir, rendir. **5** Referir, relatar (une histoire, des faits). **6** fam. Soplar, chivarse (moucharder). **7** Anular, revocar (loi, décret). ■ **8** *pr.* Corresponder, referirse. Loc. *S'en* ~ *à,* remitirse de.

rapporteur, -euse [ʀapɔʀtœʀ, -øz] *s.* **1** Soplón, ona, chivato, ta. ■ **2** *m.* DR. Relator, ponente.

rapprocher [ʀapʀɔʃe] [1] *tr.* **1** Acercar más. **2** Acortar, disminuir (les distances). **3** fig. Reconciliar. **4** Comparar. ■ **5** *pr.* Acercarse (de, a). **6** Parecerse.

rapt [ʀapt] *m.* Rapto.

raquette [ʀakɛt] *f.* Raqueta.

rare [ʀa(ɑ)ʀ] *adj.* **1** Raro, ra. **2** Ralo, la (cheveux, barbe).

raréfier [ʀa(ɑ)ʀefje] [2] *tr.* Rarefacer, rarificar.

rareté [ʀa(ɑ)ʀte] *f.* **1** Rareza. **2** Escasez (pénurie).

ras, rase [ʀɑ, -ʀɑz] *adj.* **1** Corto, ta. **2** Raso, sa.

rasade [ʀazad] *f.* Vaso *m.* lleno, copa llena.

raser [ʀaze] [1] *tr.* **1** Afeitar, rapar. **2** TECHN. Tundir. **3** Arrasar (démolir). **4** Rozar (frôler). **5** fam. Dar la lata (ennuyer). ■ **6** *pr.* Afeitarse. **7** fam. Aburrirse.

rasoir [ʀazwaʀ] *m.* **1** Navaja *f.* de afeitar. **2** Maquinilla *f.* de afeitar (mécanique, électrique). ■ **3** *adj. invar.* fam. Latoso, sa.

rassasier [ʀasazje] [2] *tr.* **1** Saciar, hartar. ■ **2** *pr.* Saciarse, hartarse.

rassembler [ʀasɑ̃ble] [1] *tr.* **1** Reunir, juntar, congregar. ■ **2** *pr.* Reunirse.

rasseoir [ʀaswaʀ] [41] *tr.* **1** Sentar de nuevo. ■ **2** *pr.* Sentarse de nuevo.

rasséréner [ʀaseʀene] [14] *tr.* Serenar.

rassurer [ʀasyʀe] [1] *tr.* **1** Tranquilizar. ■ **2** Tranquilizarse.

rat [ʀa] *m.* **1** Rata *f.* ▪ **2** *adj.* Tacaño, ña.

ratatiner [ʀatatine] [1] *tr.* **1** fam. Hacer añicos. ▪ **2** *pr.* Arrugarse, apergaminarse.

ratatouille [ʀatatuj] *f.* **1** fam. Guisote *m.*, rancho *m.* **2** ~ *niçoise,* pisto *m.*

rate [ʀat] *f.* **1** ANAT. Bazo *m.* **2** Rata (rat femelle).

raté, -ée [ʀate] *s.* **1** Fracasado, da. ▪ **2** *m.* Fallo (de moteur).

râteau [ʀαto] *m.* AGR. Rastro, rastrillo.

râtelier [ʀαtəlje] *m.* **1** Pesebre. **2** fam. Dentadura *f.* postiza (dentier).

rater [ʀate] [1] *intr.* **1** Fallar, errar (une arme). **2** Fracasar (échouer). ▪ **3** *tr.* Fallar, errar, marrar. **4** Perder: ~ *son train,* perder el tren. **5** Malograr (ne pas réussir).

ratifier [ʀatifje] [2] *tr.* Ratificar.

ration [ʀa(a)sjɔ̃] *f.* Ración.

rationalisme [ʀasjɔnalism(ə)] *m.* Racionalismo.

rationnel, -elle [ʀa(a)sjɔnɛl] *adj.* Racional.

ratisser [ʀatise] [1] *tr.* **1** Rastrillar (avec un râteau). **2** fam. Pelar, limpiar (rafler). **3** Registrar, rastrear (police, armée).

raton [ʀatɔ̃] *m.* **1** Ratoncillo. **2** ~ *laveur,* mapache.

rattacher [ʀataʃe] [1] *tr.* **1** Reatar. **2** Incorporar, unir: ~ *une province à un état,* incorporar una provincia a un estado. **3** Relacionar. ▪ **4** *pr. Se* ~ *à,* depender de, relacionarse con.

rattraper [ʀatʀape] [1] *tr.* **1** Volver a atrapar. **2** Recuperar. **3** Alcanzar: *je hâtai le pas pour le* ~, apresuré el paso para alcanzarle. ▪ **4** *pr.* Agarrarse (se raccrocher). **5** Recuperarse, recobrarse.

rature [ʀatyʀ] *f.* Tachadura.

rauque [ʀok] *adj.* Ronco, ca.

ravager [ʀavaʒe] [13] *tr.* Asolar, devastar.

ravaler [ʀavale] [1] *tr.* **1** Volver a tragar. **2** Revocar (une façade). **3** Rebajar (le mérite, etc.). ▪ **4** *pr.* Rebajarse.

ravaudage [ʀavodaʒ] *m.* **1** Remiendo (raccommodage). **2** Zurcido (reprise).

rave [ʀav] *f.* Naba.

ravi, -ie [ʀavi] *adj.* Encantado, da (très content).

ravin [ʀavɛ̃] *m.* Barranco.

ravine [ʀavin] *f.* **1** Torrente *m.* (cours d'eau). **2** Torrentera.

ravir [ʀaviʀ] [3] *tr.* **1** Encantar, embelesar (charmer). **2** Raptar (enlever de force). **3** *loc. adv. À* ~, maravillosamente.

raviser (se) [ʀavize] [1] *pr.* Cambiar de parecer.

ravissant, -ante [ʀavisɑ̃, -ɑ̃t] *adj.* Encantador, ra.

ravitailler [ʀavitaje] [1] *tr.* Abastecer.

raviver [ʀavive] [1] *tr.* Reanimar, avivar.

rayé, -ée [ʀeje] *adj.* Rayado, da.

rayer [ʀeje] [21] *tr.* **1** Rayar. **2** Tachar, borrar (éffacer).

rayon [ʀejɔ̃] *m.* **1** Rayo (de lumière, du soleil). **2** Rayo, radio (de roue). **3** GÉOM. Radio. **4** AGR. Surco. **5** Estante, anaquel (étagère). **6** Sección *f.*, departamento (d'un magasin). **7** Panal (de miel).

rayonne [ʀejɔn] *f.* Rayón *m.*, seda artificial.

rayonnement [ʀejɔnmɑ̃] *m.* **1** Irradiación *f.* **2** fig. Resplandor.

rayonner [ʀejɔne] [1] *intr.* **1** Radiar, irradiar. **2** fig. Resplandecer, estar radiante.

rayure [ʀejyʀ] *f.* **1** Lista, raya: *étoffe à rayures,* tela a rayas. **2** Rayado *m.*

réaction [ʀeaksjɔ̃] *f.* Reacción.

réactionnaire [ʀeajsɔnɛʀ] *adj.-s.* Reaccionario, ia.

réagir [ʀeaʒiʀ] [3] *intr.* Reaccionar.

réaliser [ʀealize] [1] *tr.* Realizar.

réalisme [ʀealism(ə)] *m.* Realismo.

réalité [ʀealite] *f.* Realidad.

réapparaître [ʀeapaʀɛtʀ(ə)] [73] *intr.* Reaparecer.

rébarbatif, -ive [ʀebaʀbatif, -iv] *adj.* Repelente, ingrato, ta (ingrat).

rebâtir [ʀ(ə)bɑtiʀ] [3] *tr.* Reedificar.

rebattre [ʀ(ə)batʀ(ə)] [61] *tr.* Repetir, machacar: ~ *les oreilles à quelqu'un de quelque chose,* remachar, machacar algo a alguien.

rebattu, -ue [ʀ(ə)baty] *adj.* Trillado, da, sobado, da.

rebeller (se) [ʀ(ə)be(ɛl)le] [1] *pr.* Rebelarse.

rébellion [ʀebeljɔ̃] *f.* Rebelión.

rebiffer (se) [ʀ(ə)bife] [1] *pr.* fam. Rebelarse.

reboiser [ʀ(ə)bwaze] [1] *tr.* Repoblar con árboles.

rebondi, -ie [ʀ(ə)bɔ̃di] *adj.* Rollizo, za.

rebondir [ʀ(ə)bɔ̃diʀ] [3] *intr.* **1** Rebotar. **2** Volver a cobrar actualidad (une affaire). **3** Reanudarse.

rebord [ʀ(ə)bɔʀ] *m.* Reborde.

rebours (à) [aʀ(ə)buʀ] *loc. adv.* Al revés. Loc. *Compte à* ~, cuenta atrás.

rebrousser [ʀ(ə)bʀuse] [1] *tr.* **1** Levantar a contrapelo (les cheveux, le poil). **2** ~ *chemin,* volver sobre sus pasos, hacer marcha atrás.

rebuffade [ʀ(ə)byfad] *f.* Desaire *m.*, feo *m.*

rebut[Rəby] *m.* Desecho, desperdicio.

rebuter [R(ə)byte] [1] *tr.* **1** Repugnar, repeler (dégoûter). **2** Desanimar (décourager).

récalcitrant, -ante [Rekalsitrã, -ãt] *adj.-s.* Recalcitrante.

récapituler [Rekapityle] [1] *tr.* Recapitular.

receler [Rəs(ə)le; Rsəle] [17] **1** DR. Receptar, encubrir. **2** Encerrar, contener.

recenser [R(ə)sãse] [1] *tr.* **1** Empadronar, hacer el censo de. **2** Recontar, enumerar.

récent, -ente [Resã, -ãt] *adj.* Reciente.

réceptacle [Reseptakl(ə)] *m.* Receptáculo.

réception [Resepsjɔ̃] *f.* Recepción.

recette [R(ə)set] *f.* **1** Ingreso *m.*, entrada (rentrée d'argent). **2** Recaudación (impôts, spectacle, etc.). **3** Oficina de recaudación (bureau). **4** CUIS. Receta. **5** Fórmula, receta (procédé).

receveur, -euse [Rəsvœr, -øz; Rsəvœr, -øz] *s.* **1** Recaudador, ra. **2** Cobrador, ra (dans un transport public).

recevoir [Rəswar, Rsəvwar] [5] *tr.* **1** Recibir. **2** Aprobar (à un examen). ■ **3** *intr.* Recibir, tener visitas.

rechange [R(ə)ʃãz] *m.* Recambio.

recharger [R(ə)ʃarze] [13] *tr.* **1** Recargar. **2** Cargar (appareil, photo, briquet).

réchaud [Reʃo] *m.* **1** Infiernillo (à alcool). **2** Hornillo (à gaz, électrique).

réchauffer [Reʃofe] [1] *tr.* **1** Recalentar. **2** fig. Reanimar, reavivar. ■ **3** *pr.* Calentarse.

rêche [Reʃ] *adj.* Áspero, ra.

recherche [R(ə)ʃerʃ] *f.* **1** Búsqueda, busca. Loc. *À la ~ de*, en busca de. **2** Investigación. **3** Refinamiento *m.* (raffinement). **4** Rebuscamiento *m.*, afectación.

rechercher [R(ə)ʃerʃe] [1] *tr.* **1** Buscar, rebuscar. **2** Investigar (une cause, etc.). **3** Buscar (la compagnie, l'amitié de, etc.).

rechigner [R(ə)ʃiɲe] [1] *intr.* Refunfuñar, rezongar.

rechute [R(ə)ʃyt] *f.* Recaída.

récidiver [Residive] [1] *intr.* **1** Reincidir. **2** MÉD. Recaer.

récif [Resif] *m.* Arrecife.

récipient [Resipjã] *m.* Recipiente.

réciprocité [Resiprɔsite] *f.* Reciprocidad.

réciproque [Resiprɔk] *adj.-f.* Recíproco, ca.

récit [Resi] *m.* Relato, narración *f.*

récital [Resital] *m.* Recital.

réciter [Resite] [1] *tr.* Recitar.

réclamation [Rekla(ɑ)masjɔ̃] *f.* Reclamación.

réclame [Rekla(ɑ)m] *f.* **1** Reclamo *m.*, propaganda. **2** *Produits en ~,* gangas *f.*, oportunidades *f.*

réclamer [Rekla(ɑ)me] [1] *tr.* **1** Reclamar. **2** Exigir (exiger). ■ **3** *pr. Se ~ de,* apelar a.

reclusion [Reklyzjɔ̃] *f.* Reclusión.

recoin [Rekwɛ̃] *m.* **1** Rincón (coin caché). **2** fig. Lo más íntimo.

recoller [R(ə)kɔle] [1] *tr.* Pegar de nuevo.

récolter [Rekɔlte] [1] *tr.* Cosechar, recolectar.

recommander [R(ə)kɔmãde] [1] *tr.* **1** Recomendar: *je vous recommande d'être prudent,* le recomiendo que sea prudente. **2** Certificar (une lettre). ■ **3** *pr. Se ~ de,* encomendarse a. **4** *Se ~ de,* valerse de.

recommencer [R(ə)kɔmãse] [12] *tr.* **1** Recomenzar, reanudar. ■ **2** *tr. ind. ~ à,* volver a: *il recommença à pleurer,* volvió a llorar. ■ **3** *intr.* Volver a empezar.

récompenser [Rekɔ̃pãse] [1] *tr.* Recompensar.

réconciliation [Rekɔ̃siljasjɔ̃] *f.* Reconciliación.

réconcilier [Rekɔ̃silje] [2] *tr.* **1** Reconciliar. ■ **2** *pr.* Reconciliarse.

reconduire [R(ə)kɔ̃dɥir] [69] *tr.* **1** Acompañar. **2** Despedir, acompañar a la salida (un visiteur).

réconforter [Rekɔ̃fɔrte] [1] *tr.* Reconfortar, confortar.

reconnaissance [R(ə)kɔnɛsãs] *f.* **1** Reconocimiento *m.* **2** Agradecimiento *m.* (gratitude). **3** Resguardo *m.,* recibo *m.* (reçu).

reconnaître [R(ə)kɔnɛtr(ə)] [73] *tr.* **1** Reconocer: *je ne reconnais pas sa voix,* no reconozco su voz. ■ **2** *pr.* Reconocerse. **3** Orientarse.

reconquérir [R(ə)kɔ̃kerir] [35] *tr.* Reconquistar.

reconstituant, -ante [R(ə)kɔ̃stitɥã, -ãt] *adj.-m.* Reconstituyente.

reconstruire [R(ə)kɔ̃strɥir] [69] *tr.* Reconstruir.

record [R(ə)kɔr] *m.* Récord, marca *f.*

recoupement [R(ə)kupmã] *m.* Comprobación *f.* de un hecho.

recourber [R(ə)kurbe] [1] *tr.* Encorvar, doblar.

recourir [R(ə)kurir] [26] *tr. ind. ~ à,* recurrir, apelar a.

recours [R(ə)kur] *m.* **1** Recurso. Loc. *Avoir ~ à,* recurrir a. **2** DR. Recurso.

recouvrer [R(ə)kuvRe] [1] *tr.* **1** Recobrar. **2** Cobrar, recaudar (une somme).

recouvrir [R(ə)kuvRiR] [32] *tr.* **1** Recubrir. **2** fig. Ocultar, encubrir.

récréatif, -ive [RekReatif, -iv] *adj.* Recreativo, va.

récréation [RekReasjɔ̃] *f.* Recreo *m.*

récrier (se) [RekRrije] [2] *pr.* Exclamar.

récriminer [RekRimine] [1] *intr.* Recriminar.

recru, -ue [R(ə)kRy] *adj.* Molido, da, reventado, da (éreinté).

recruter [R(ə)kRyte] [1] *tr.* Reclutar.

rectangle [Rektãgl(ə)] *adj.-m.* Rectángulo.

recteur, -trice [RektœR, -tRis] *adj.-m.* Rector, ra.

rectifier [Rektifje] [2] *tr.* Rectificar.

rectiligne [Rektiliɲ] *adj.* Rectilíneo, nea.

rectitude [Rektityd] *f.* Rectitud.

recto [Rekto] *m.* Anverso.

reçu, -ue [R(ə)sy] *adj.* **1** v. *recevoir.* ■ **2** *m.* Recibo (quittance).

recueil [R(ə)kœj] *m.* Compilación *f.,* colección *f.*

recueillir [R(ə)kœjiR] [27] *tr.* **1** Recoger. ■ **2** *pr.* Recogerse, concentrarse.

recul [R(ə)kyl] *m.* **1** Retroceso (d'un canon, etc.). **2** Alejamiento (pour mieux voir). **3** Perspectiva *f.* (dans le temps).

reculé, -ée [R(ə)kyle] *adj.* **1** Apartado, da. **2** Remoto, ta (temps).

reculer [R(ə)kyle] [1] *tr.* **1** Apartar, retirar hacia atrás (repousser). **2** Aplazar (ajourner). ■ **3** *intr.* Retroceder. **4** Vacilar (hésiter). **5** Echarse atrás (renoncer).

reculons (à) [aRkylɔ̃] *loc. adv.* Andando hacia atrás.

récupérer [RekypeRe] [14] *tr.* **1** Recuperar. ■ **2** *pr.* Resarcirse.

récurer [RekyRe] [1] *tr.* Fregar.

récuser [Rekyze] [1] *tr.* **1** Recusar. ■ **2** *pr.* Declararse incompetente.

recycler [R(ə)sikle] *tr.* Reciclar.

rédacteur, -trice [RedaktœR, -tRis] *s.* Redactor, ra.

rédaction [Redaksjɔ̃] *f.* Redacción.

reddition [Red(d)isjɔ̃] *f.* Rendición.

rédemption [Redãpsjɔ̃] *f.* Redención.

redevable [Rədvabl(ə); Rdəvabl(ə)] *adj.* Deudor, ra.

redevance [Rədvãs; Rdəvãs] *f.* Canon *m.,* censo *m.*

redevenir [RədvəniR; RdəvniR] [36] *intr.* Volver a ser.

rédiger [Rediʒe] [13] *tr.* Redactar.

redingote [R(ə)dɛ̃gɔt] *f.* Levita.

redire [R(ə)diR] *tr.* Repetir.

redondance [R(ə)dɔ̃dãs] *f.* Redundancia.

redoubler [R(ə)duble] [1] *tr.* **1** Redoblar. **2** ~ *une classe,* repetir curso. ■ **3** *tr. ind.* ~ *de,* redoblar: ~ *d'efforts,* redoblar sus esfuerzos. ■ **4** *intr.* Arreciar (pluie, vent). **5** Redoblar.

redoutable [R(ə)dutabl(ə)] *adj.* Temible.

redresser [R(ə)dRese] [1] *tr.* **1** Enderezar. **2** fig. Enderezar, restablecer. ■ **3** *pr.* Enderezarse.

réduction [Redyksjɔ̃] *f.* Reducción.

réduire [RedɥiR] [68] *tr.* **1** Reducir. ■ **2** *pr.* Reducirse.

réduit, -ite [Redɥi, -it] *adj.* **1** Reducido, da. ■ **2** *m.* Cuchitril, cuartucho, tabuco. **3** MIL. Reducto.

réel, -elle [Reel] *adj.* Real.

réélection [Reeleksjɔ̃] *f.* Reelección.

réexpédier [Reekspedje] *tr.* Reexpedir.

refaire [R(ə)feR] [10] *tr.* **1** Rehacer. **2** fam. Pegársela a (duper). ■ **3** *pr.* Rehacerse, reponerse.

réfectoire [RefektwaR] *m.* Refectorio.

référence [Referãs] *f.* **1** Referencia. ■ **2** *pl.* Referencias, informes *m.*

référer [RefeRe] [14] *tr.* **1** Referir. ■ **2** *intr.* Informar. ■ **3** *pr.* Referirse.

refermer [R(ə)feRme] [1] *tr.* Volver a cerrar.

réfléchir [RefleʃiR] [3] *tr.* **1** Reflejar. ■ **2** *intr.* Reflexionar, pensar. ■ **3** *pr.* Reflejarse.

réflecteur [ReflektœR] *m.* Reflector.

refléter [R(ə)flete] [14] *tr.* Reflejar.

réflexion [Refleksjɔ̃] *f.* **1** Reflexión. **2** ~ *faite, à la ~,* considerándolo bien.

refluer [R(ə)flye] [1] *intr.* Refluir.

reflux [Rəfly] *m.* Reflujo.

réforme [RefɔRm(ə)] *f.* **1** Reforma. **2** MIL. Licencia *f.* total.

réformer [R(ə)fɔRme] [1] *tr.* **1** Reformar. **2** MIL. Licenciar, dar de baja por inútil. ■ **3** *pr.* Reformarse, corregirse.

refouler [R(ə)fule] *tr.* **1** Rechazar, hacer retroceder. **2** Reprimir, contener (passion, instinct, etc.).

réfractaire [RefRaktER] *adj.* Refractario, ia.

réfracter [RefRakte] [1] *tr.* Refractar.

refrain [R(ə)fRɛ̃] *m.* Estribillo.

refréner [R(ə)fRene] [14] *tr.* Refrenar.

réfrigérateur [RefRiʒeRatœR] *m.* Frigorífico.

réfrigérer [RefRiʒeRe] [14] *tr.* Refrigerar.

refroidir [R(ə)fRwadiR] [3] *tr.* **1** Enfriar. ■ **2** *intr.* Enfriarse.

refuge [ʀ(ə)fyʒ] *m.* Refugio.
réfugier (se) [ʀefyʒje] [2] *pr.* Refugiarse.
refuser [ʀ(ə)fyze] [1] *tr.* **1** Rehusar. **2** Denegar, negar. **3** Suspender (à un examen). ■ **4** *pr.* Negarse. **5** Privarse.
réfuter [ʀefyte] [1] *tr.* Refutar.
regagner [ʀ(ə)ɡaɲe] [1] *tr.* **1** Recuperar, recobrar. **2** Volver, regresar a.
régal [ʀeɡal] *m.* **1** Regalo, placer, delicia *f.* **2** Manjar delicioso (mets).
régalade [ʀeɡalad] *f.* *Boire à la* ~, beber a chorro.
régaler [ʀeɡale] [1] *tr.* **1** Invitar a comer o a beber. ■ **2** *pr.* Disfrutar, gozar.
regard [ʀ(ə)ɡaʀ] *m.* **1** Mirada *f.* **2** *loc. prép.* *Au* ~ *de*, respecto a; *en* ~ *de*, en comparación de, a. **3** *loc. adv.* *En* ~, en frente.
regarder [ʀ(ə)ɡaʀde] [1] *tr.* **1** Mirar. **2** Concernir, atañer (concerner). Loc. *Ça te regarde?*, ¿y a ti qué te importa? ■ **3** *tr.* ind. ~ *à quelque chose*, reparar en: ~ *à la dépense*, reparar en gastos. ■ **4** *pr.* Mirarse.
régate [ʀeɡat] *f.* MAR. Regata.
régence [ʀeʒɑ̃s] *f.* Regencia.
régénérer [ʀeʒeneʀe] [14] *tr.* Regenerar.
régenter [ʀeʒɑ̃te] [1] *tr.* Regentar.
régicide [ʀeʒisid] *f.* **1** Regicidio. ■ **2** *s.* Regicida.
régie [ʀeʒi] *f.* **1** Administración de rentas estancadas. **2** Administración por el Estado, empresa nacional. **3** Administración.
régime [ʀeʒim] *m.* MED. **1** Régimen, dieta *f.* **2** Régimen: *régimes politiques*, regímenes políticos. **3** Racimo (de bananes, de dattes).
régiment [ʀeʒimɑ̃] *m.* MIL. Regimiento.
région [ʀeʒjɔ̃] *f.* Región.
régional, -ale [ʀeʒjɔnal] *adj.* Regional.
régir [ʀeʒiʀ] [3] *tr.* Regir.
régisseur [ʀeʒisœʀ] *m.* **1** Administrador, regidor. **2** THÉAT. Traspunte.
registre [ʀ(ə)ʒistʀ(ə)] *m.* Registro.
réglage [ʀeɡlaʒ] *m.* Regulación *f.*, ajuste.
règle [ʀɛɡl(ə)] *f.* Regla.
règlement [ʀɛɡləmɑ̃] *m.* **1** Reglamento. **2** Arreglo, solución *f.* **3** Pago (paiement).
réglementer [ʀɛɡləmɑ̃te] [1] *tr.* Reglamentar.
régler [ʀeɡle] [14] *tr.* **1** Rayar, pautar (papier). **2** Arreglar, ordenar. **3** Pagar (payer). **4** Liquidar, abonar (un compte). **5** Ajustar, graduar (un dispositif, un mécanisme, etc.).
réglisse [ʀeɡlis] *f.* Regaliz *m.*

règne [ʀɛɲ] *m.* **1** Reinado. **2** Reino (animal, végétal, etc.).
régner [ʀeɲe] [14] *intr.* Reinar.
regorger [ʀ(ə)ɡɔʀʒe] [13] *intr.* Rebosar.
régression [ʀeɡʀesjɔ̃] *f.* Regresión.
regret [ʀ(ə)ɡʀɛ] *m.* **1** Pesar, sentimiento. **2** *loc. adv.* *À* ~, con pesar, de mala gana.
regretter [ʀ(ə)ɡʀete] [1] *tr.* **1** Lamentar, sentir, deplorar. **2** Echar de menos (personne ou chose qu'on n'a plus).
régulariser [ʀeɡylaʀize] [1] *tr.* Regularizar.
régularité [ʀeɡylaʀite] *f.* Regularidad.
régulier, -ière [ʀeɡylje, -jɛʀ] *adj.* Regular.
réhabiliter [ʀeabilite] [1] *tr.* **1** Rehabilitar. ■ **2** *pr.* Rehabilitarse.
rehausser [ʀəose] [1] *tr.* Realzar.
réimpression [ʀeɛ̃pʀesjɔ̃] *f.* Reimpresión.
rein [ʀɛ̃] *m.* Riñón.
reine [ʀɛn] *f.* Reina.
reinette [ʀɛnɛt] *f.* Reineta (pomme).
réintégrer [ʀeɛ̃teɡʀe] [14] *tr.* **1** Reintegrar. **2** Volver a (revenir). **3** Rehabilitar (un fonctionnaire).
réitérer [ʀeiteʀe] [14] *tr.* Reiterar.
rejaillir [ʀ(ə)ʒajiʀ] [3] *intr.* **1** Brotar, salir con ímpetu (un liquide). **2** ~ *sur*, recaer sobre.
rejeter [ʀəʒte; ʀʒəte] [20] *tr.* **1** Volver a echar. **2** Arrojar (rendre). **3** Rechazar, desechar (repousser).
rejeton [ʀəʒtɔ̃; ʀʒətɔ̃] *m.* BOT. Retoño. **2** fam. Retoño, vástago.
rejoindre [ʀ(ə)ʒwɛ̃dʀ(ə)] [17] *tr.* **1** Reunir, juntar. **2** Reunirse con, juntarse con. **3** Alcanzar, coger (rattraper). **4** Parecerse. ■ **5** *pr.* Reunirse.
réjouir [ʀeʒwiʀ] [3] *tr.* **1** Regocijar, alegrar. ■ **2** *pr.* Regocijarse.
réjouissant, -ante [ʀeʒwisɑ̃, -ɑ̃t] *adj.* Divertido, da, alegre.
relâche [ʀ(ə)lɑʃ] *m.-f.* **1** Descanso *m.* (répit). **2** THÉAT. Día *m.* de descanso.
relâchement [ʀ(ə)lɑʃmɑ̃] *m.* Relajamiento, relajación *f.*
relâcher [ʀ(ə)lɑʃe] [1] *tr.* **1** Relajar. **2** Soltar, libertar (libérer). ■ **3** *intr.* MAR. Hacer escala. ■ **4** *pr.* Relajarse, aflojar.
relais [ʀ(ə)lɛ] *m.* **1** Parada *f.*, posta *f.* **2** Albergue (auberge). **3** Relevo (dans une course). **4** ELÉCTR. Relé.
relancer [ʀ(ə)lɑ̃se] [12] *tr.* **1** Volver a lanzar. **2** Reenvidar (au poker). **3** Acosar, perseguir (pour obtenir quelque chose). **4** Reactivar, dar nuevo impulso a.
relater [ʀ(ə)late] [1] *tr.* Relatar.
relatif, -ive [ʀ(ə)latif, -iv] *adj.* Relativo, va.

relation [ʀ(ə)lɑsjɔ̃] *f.* **1** Relación. ▪ **2** *pl.* Relaciones: *relations amicales,* relaciones amistosas.

relaxer [ʀ(ə)lakse] [1] *tr.* **1** Poner en libertad. ▪ **2** *pr.* Relajarse.

relayer [ʀ(ə)leje] [21] *tr.* **1** Relevar, sustituir. ▪ **2** *pr.* Turnarse, relevarse.

reléguer [ʀ(ə)lege] [14] *tr.* Relegar.

relent [ʀ(ə)lɑ̃] *m.* **1** Mal olor, tufo (odeur). **2** Resabio (goût).

relève [ʀ(ə)lɛv] *f.* Relevo *m.*

relevé, -ée [ʀəlve; ʀləve] *adj.* **1** v. *relever* **2** fig. Noble, elevado, da (style, etc.). **3** CUIS. Picante, fuerte. ▪ **4** *m.* Extracto, estado (d'un compte).

relever [ʀəlve; ʀləve] [16] *tr.* **1** Levantar, alzar. **2** Recoger (du sol). **3** Poner a flote. **4** Reedificar. **5** Remangarse, arremangarse (manches, etc.). **6** Realzar (rehausser). **7** CUIS. Dar un gusto picante a (épicer). **8** Señalar, hacer notar (faire remarquer). **9** Apuntar, anotar (noter). **10** MAR. Marcar. **11** Relevar (une sentinelle, quelqu'un de ses fonctions, etc.). ▪ **12** *intr.* ~ *de,* depender (dépendre de). ▪ **13** *pr.* Levantarse. **14** Restablecerse, recuperarse.

relief [ʀəljɛf] *m.* **1** Relieve. ▪ **2** *pl.* Sobras *f.* de comida (d'un repas).

relier [ʀəlje] [2] *tr.* **1** Unir, enlazar (joindre, raccorder). **2** Encuadernar (un livre).

religion [ʀ(ə)liʒjɔ̃] *f.* Religión.

relique [ʀ(ə)lik] *f.* Reliquia.

relire [ʀ(ə)liʀ] [66] *tr.* Releer.

reliure [ʀəljyʀ] *f.* Encuadernación.

reluire [ʀəlɥiʀ] [69] *intr.* Relucir.

remâcher [ʀ(ə)mɑʃe] [1] *tr.* Rumiar.

remanier [ʀ(ə)manje] [2] *tr.* **1** Arreglar, modificar. **2** Retocar, rehacer.

remarquable [ʀ(ə)maʀkabl(ə)] *adj.* Notable.

remarquer [ʀ(ə)maʀke] [1] *tr.* **1** Observar, notar. **2** Señalar. ▪ **3** *pr.* Notarse.

rembarrer [ʀɑ̃ba(ɑ)ʀe] [1] *tr.* fam. Echar una bronca a.

remblai [ʀɑ̃blɛ] *m.* Terraplén.

rembourrer [ʀɑ̃buʀe] [1] *tr.* Rellenar.

remboursement [ʀɑ̃buʀsəmɑ̃] *m.* Reembolso.

rembrunir [ʀɑ̃bʀyniʀ] *tr.* **1** Oscurecer. ▪ **2** *pr.* Entristecerse.

remède [ʀ(ə)mɛd] *m.* Remedio.

remédier [ʀ(ə)medje] [2] *intr.* Remediar.

remémorer [ʀ(ə)memɔʀe] [1] *tr.* **1** Rememorar. ▪ **2** *pr.* Acordarse de.

remercier [ʀ(ə)mɛʀsje] [2] *tr.* **1** Dar las gracias, agradecer. **2** Rehusar cortesmente (refuser). **3** Despedir, destituir (renvoyer).

remettre [ʀ(ə)mɛtʀ(ə)] [60] *tr.* **1** Volver a poner, volver a meter. **2** Volver a poner (un vêtement). **3** Restablecer (rétablir). **4** Dar, entregar (donner). **5** Remitir, aplazar (ajourner). **6** fam. ~ *quelqu'un,* reconocer a alguien. **7** ~ *les péchés,* remitir los pecados. ▪ **8** *pr.* Volver a empezar. **9** Restablecerse, recuperarse (d'une maladie). **10** Tranquilizarse, sosegarse. **11** *S'en* ~ *à,* remitirse a.

réminiscence [ʀeminisɑ̃s] *f.* Reminiscencia.

remise [ʀ(ə)miz] *f.* **1** Reposición. **2** Entrega (livraison). **3** Rebaja (rabais). **4** Remesa, envío *m.* (envoi). **5** Cancelación (d'une dette). **6** Cochera (de voitures).

rémission [ʀɑ̃misjɔ̃] *f.* Remisión.

remonter [ʀ(ə)mɔ̃te] [1] *intr.* **1** Volver a subir. **2** Subir (s'élever). **3** Navegar contra la corriente. **4** Remontarse (dater): ~ *au XVᵉ siècle,* remontarse al siglo XV. ▪ **5** *tr.* Volver a subir. **6** Subirse (relever). **7** Volver a armar, a montar (un mécanisme). **8** ~ *une montre,* dar cuerda a un reloj. **9** Animar, estimular (réconforter). **10** Reponer, renovar (pourvoir à nouveau).

remontrer [ʀ(ə)mɔ̃tʀe] [1] *tr.* **1** Mostrar de nuevo. ▪ **2** *intr. En* ~ *à quelqu'un,* dar una lección a alguien.

remords [ʀ(ə)mɔʀ] *m.* Remordimiento.

remorquer [ʀ(ə)mɔʀke] [1] *tr.* Remolcar.

rémouleur [ʀemulœʀ] *m.* Amollador, afilador.

remous [ʀ(ə)mu] *m.* Remolino.

rempart [ʀɑ̃paʀ] *m.* FORT. Muralla *f.*

remplaçant, -ante [ʀɑ̃plasɑ̃, -ɑ̃t] *s.* Sustituto, ta, reemplazante.

remplacer [ʀɑ̃plase] [12] *tr.* Reemplazar, sustituir.

remplir [ʀɑ̃pliʀ] [3] *tr.* **1** Llenar (emplir). **2** Rellenar: ~ *un formulaire,* rellenar un formulario. **3** Ocupar (occuper). **4** Desempeñar, ejercer (une fonction).

remporter [ʀɑ̃pɔʀte] [1] *tr.* **1** Llevarse (emporter). **2** Llevarse, obtener, conseguir (un prix).

remuant, -ante [ʀəmɥɑ̃, -ɑ̃t] *adj.* **1** Travieso, sa, bullicioso, sa. **2** Activo, va.

remuer [ʀ(ə)mɥe] [1] *tr.* **1** Mover, trasladar (bouger, déplacer). **2** Remover (retourner). **3** Conmover (émouvoir). ▪ **4** *intr.* Moverse (bouger). ▪ **5** *pr.* Moverse (se mouvoir). **6** Moverse, menearse (se démener). 7 fam. *Remue-toi!,* ¡aligera!

rémunération [Remyneʀɑsjɔ̃] *f.* Remuneración.

rémunérer [Remyneʀe] [14] *tr.* Remunerar.

renâcler [ʀ(ə)nɑkle] [1] *intr.* Refunfuñar, rezongar.

renaissance [ʀ(ə)nɛsɑ̃s] *f.* Renacimiento *m.*

renaître [ʀ(ə)nɛtʀ(ə)] [74] *intr.* Renacer.

renard [ʀ(ə)naʀ] *m.* Zorro.

rencontre [ʀɑ̃kɔ̃tʀ(ə)] *f.* 1 Encuentro *m.* Loc. *Aller à la ~ de quelqu'un,* ir al encuentro de alguien. 2 Entrevista (entrevue). 3 Encuentro *m.,* partido *m.* (match).

rencontrer [ʀɑ̃kɔ̃tʀe] [1] *tr.* 1 Encontrar, hallar. ■ 2 *pr.* Encontrarse.

rendement [ʀɑ̃dmɑ̃] *m.* Rendimiento.

rendez-vous [ʀɑ̃devu] *m.* 1 Cita *f.* Loc. *Se donner ~,* citarse. 2 *Sur ~,* a horas convenidas.

rendormir [ʀɑ̃dɔʀmiʀ] [30] *tr.* 1 Hacer dormir. ■ 2 *pr.* Dormirse de nuevo.

rendre [ʀɑ̃dʀ(ə)] [6] *tr.* 1 Devolver, restituir. 2 Vomitar, arrojar (vomir). 3 Rendir, entregar (céder, livrer). 4 Volver (faire devenir). 5 Hacer: *~ heureux,* hacer feliz. 6 Prestar, hacer (un service, une faveur). 7 Producir, emitir (un son). 8 Traducir. 9 Reproducir. ■ 10 *intr.* Rendir, producir. ■ 11 *pr.* Rendirse, someterse (se soumettre). 12 Ir, trasladarse (aller). 13 Ponerse, volverse (devenir). 14 Hacerse: *se ~ agréable,* hacerse agradable.

rendu, -ue [ʀɑ̃dy] *adj.* 1 v. **rendre.** 2 Llegado, da: *nous voilà rendus,* hemos llegado. 3 Rendido, da, fatigado, da (très fatigué). ■ 4 *m.* Objeto devuelto.

rêne [ʀɛn] *f.* Rienda.

renégat, -ate [ʀənega, -at] *adj.-s.* Renegado, da.

renfermer [ʀɑ̃fɛʀme] [1] *tr.* 1 Volver a encerrar. 2 Encerrar. 3 Ocultar (cacher). ■ 4 *pr.* Encerrarse.

renfler [ʀɑ̃fle] [1] *tr.* Abultar, hinchar.

renforcer [ʀɑ̃fɔʀse] [12] *tr.* Reforzar (fortifier).

renfort [ʀɑ̃fɔʀ] *m.* Refuerzo.

renfrogner (se) [ʀɑ̃fʀɔɲe] [1] *pr.* Ponerse ceñudo, da.

rengager [ʀɑ̃gaze] *tr.* 1 MIL. Reenganchar. ■ 2 *pr.* MIL. Reengancharse.

rengorger (se) [ʀɑ̃gɔʀze] [13] *pr.* Pavonearse, darse importancia.

renier [ʀənje] [2] *tr.* 1 Negar (nier). 2 Renegar de, abjurar.

renifler [ʀ(ə)nifle] [1] *intr.-tr.* 1 Aspirar por la nariz. ■ 2 *tr.* Oler, husmear (flairer).

renne [ʀɛn] *m.* Reno.

renommé, -ée [ʀ(ə)nɔme] *adj.* 1 Renombrado, da, célebre. ■ 2 *f.* Fama. 3 Voz pública.

renoncer [ʀ(ə)nɔ̃se] [12] *intr.* Renunciar.

renouer [ʀənwe] [1] *tr.* 1 Volver a anudar, volver a atar (nouer de nouveau). 2 Reanudar (reprendre).

renouveau [ʀ(ə)nuvo] *m.* 1 Primavera *f.* (printemps). 2 Resurgimiento, retorno (renaissance).

renouveler [ʀ(ə)nuvle] [19] *tr.* 1 Renovar. ■ 2 *pr.* Renovarse. 3 Repetirse.

rénovateur, -trice [ʀenɔvatœʀ, -tʀis] *adj.-s.* Renovador, ra.

rénover [ʀenɔve] [1] *tr.* Renovar.

renseignement [ʀɑ̃sɛɲmɑ̃] *m.* 1 Información *f.: à titre de ~,* a título de información. 2 Informe: *donner un ~,* dar un informe.

renseigner [ʀɑ̃sɛɲe] [1] *tr.* 1 Informar, instruir (informer, instruire). ■ 2 *pr.* Informarse.

rente [ʀɑ̃t] *f.* Renta.

rentrée [ʀɑ̃tʀe] *f.* 1 Reapertura, apertura (des tribunaux, etc.). 2 Vuelta, regreso *m.* (retour). 3 THÉÂT. Reaparición (d'un acteur). 4 *~ d'argent,* recaudación (recette).

rentrer [ʀɑ̃tʀe] [1] *intr.* 1 Volver a entrar (entrer de nouveau). 2 Volver, regresar (revenir). 3 Reanudar las clases (élèves). 4 Reanudar las sesiones (un tribunal). 5 Encajar, entrar (s'emboîter). 6 Entrar (être compris dans). 7 Recobrar, recuperarse: *~ dans ses droits,* recuperar los derechos. ■ 8 *tr.* Meter hacia dentro. 9 Guardar, poner al abrigo. 10 Reprimir (refouler).

renversant, -ante [ʀɑ̃vɛʀsɑ̃, -ɑ̃t] *adj.* Asombroso, sa.

renverser [ʀɑ̃vɛʀse] [1] *tr.* 1 Invertir (inverser). 2 Volcar (faire tomber). 3 Derramar (un liquide). 4 Derribar, echar abajo (abattre). 5 Echar para atrás (incliner en arrière). 6 Atropellar, arrollar. 7 Dejar estupefacto, ta (étonner). ■ 8 *pr.* Caerse. 9 Derramarse (liquide). 10 Tumbarse.

renvoyer [ʀɑ̃vwaje] [24] *tr.* 1 Devolver (rendre). 2 Despedir (congédier). 3 Destituir. 4 Reflejar (la lumière, le son). 5 DR. Remitir (à un tribunal, etc.). 6 Remitir (à un autre chapitre, etc.). 7 Aplazar (ajourner).

réorganiser [ʀeɔʀganize] [1] *tr.* Reorganizar.

réouverture [ʀeuvɛʀtyʀ] *f.* Reapertura.

repaire [ʀ(ə)pɛʀ] *m.* Guarida *f.*

repaître [ʀəpɛtʀ(ə)] [74] **1** *tr.* Alimentar. ■ **2** *pr.* Saciarse.

répandre [ʀepãdʀ(ə)] [6] *tr.* **1** Verter, derramar (renverser). **2** Difundir (diffuser). **3** Exhalar (exhaler). **4** Difundir, propagar (propager). **5** Dar, proporcionar (semer). ■ **6** *pr.* Esparcirse (s'étaler). **7** Propagarse (se propager). **8** *Se ~ en,* prorrumpir en: *se ~ en menaces,* prorrumpir en amenazas. **9** Llevar una vida muy mundana.

reparaître [ʀ(ə)paʀɛtʀ(ə)] [73] *intr.* Reaparecer.

réparation [ʀepaʀasjɔ̃] *f.* Reparación.

réparer [ʀepaʀe] [1] *tr.* **1** Reparar, arreglar. **2** fig Reparar, expiar.

repartir [ʀ(ə)paʀtiʀ] [30] *tr.* **1** Replicar. ■ **2** *intr.* Partir, marchar de nuevo.

répartir [ʀepaʀtiʀ] [3] *tr.* Repartir, distribuir.

répartition [ʀepaʀtisjɔ̃] *f.* Reparto *m.,* repartición.

repas [ʀ(ə)pɑ] *m.* Comida *f.*

repasser [ʀ(ə)pɑse] [1] *intr.-tr.* **1** Repasar (passer de nouveau). ■ **2** *tr.* Afilar, amolar (aiguiser). **3** Repasar (relire). **4** Planchar (le linge). **5** Dejar, dar (laisser).

repentir [ʀ(ə)pɑ̃tiʀ] *m.* Arrepentimiento.

repentir (se) [ʀ(ə)pɑ̃tiʀ] [30] *pr.* Arrepentirse.

répercussion [ʀepɛʀkysjɔ̃] *f.* Repercusión.

répercuter [ʀepɛʀkyte] [1] *tr.* **1** Repercutir. ■ **2** *pr.* Reflejarse.

repère [ʀ(ə)pɛʀ] *m.* Señal *f.,* marca *f.*

repérer [ʀ(ə)peʀe] [14] *tr.* **1** Descubrir, localizar. ■ **2** *pr.* Orientarse (reconnaître où l'on est).

répertoire [ʀepɛʀtwaʀ] *m.* Repertorio.

répéter [ʀepete] [14] *tr.* **1** Repetir. **2** THÉÁT., MUS. Ensayar. ■ **3** *pr.* Repetirse: *le bruit se répète,* el ruido se repite.

répétition [ʀepetisjɔ̃] *f.* **1** Repetición. **2** THÉÁT., MUS. Ensayo *m.* **3** Clase particular.

repiquer [ʀ(ə)pike] [1] *tr.* **1** Picar de nuevo. **2** AGR. Trasplantar.

répit [ʀepi] *m.* Descanso, tregua *f.*

replacer [ʀ(ə)plase] [12] *tr.* Reponer, colocar de nuevo.

replâtrer [ʀ(ə)plɑtʀe] *tr.* Revocar con yeso.

replet, -ète [ʀəplɛ, -ɛt] *adj.* Rechoncho, cha.

repli [ʀ(ə)pli] *m.* **1** Doblez *f.,* pliegue. **2** MIL. Repliegue.

replier [ʀ(ə)plije] [2] *tr.* **1** Doblar. **2** Replegar. ■ **3** *pr.* MIL. Replegarse.

répliquer [ʀeplike] [1] *tr.* Replicar.

répondant [ʀepɔ̃dã] *m.* Fiador, garante.

répondeur [ʀepɔ̃dœʀ] *m.* Contestador automático (téléphone).

répondre [ʀepɔ̃dʀ(ə)] [6] *tr.-intr.* **1** Contestar, responder. ■ **2** *intr.* Corresponder, responder de, por salir fiador de. **3** Garantizar (garantir).

réponse [ʀepɔ̃s] *f.* Respuesta, contestación.

report [ʀ(ə)pɔʀ] *m.* **1** COMM. Suma *f.* anterior, saldo. **2** Aplazamiento (ajournement). **3** Reporte (lithographie).

reportage [ʀ(ə)pɔʀtaʒ] *m.* Reportaje.

reporter [ʀ(ə)pɔʀte] [1] *tr.* **1** Volver a llevar. **2** Aplazar (remettre). **3** COMM. Llevar a otra columna. **4** Trasladar (transcrire). **5** Reportar (lithographie). ■ **6** *pr.* Referirse, remitirse.

repos [ʀ(ə)po] *m.* **1** Reposo, descanso: *maison de ~,* casa de reposo. **2** Tranquilidad *f.,* sosiego. Loc. *De tout ~,* seguro, ra. **3** Pausa *f.* (dans une mélodie, un texte).

reposer [ʀ(ə)poze] [1] *tr.* **1** Volver a poner. **2** Descansar (appuyer). **3** Sosegar, calmar (l'esprit, etc.). ■ **4** *intr.* Reposar, descansar. **5** Reposarse (un liquide). **6** fig. *~ sur,* fundarse en, basarse en. ■ **7** *pr.* Descansar, reposar. **8** *Se ~ sur quelqu'un,* fiarse de alguien.

repoussant, -ante [ʀ(ə)pusã, -ãt] *adj.* Repelente, repugnante.

repousser [ʀ(ə)puse] [1] *tr.* **1** Rechazar (écarter). **2** Repeler, repugnar (répugner). **3** Empujar (pousser en arrière). **4** Rechazar, rehusar (refuser). **5** Aplazar (différer). ■ **6** *intr.* Volver a creer.

répréhensible [ʀepʀeãsibl(ə)] *adj.* Reprensible.

reprendre [ʀ(ə)pʀãdʀ(ə)] [52] *tr.* **1** Volver a tomar, coger de nuevo. **2** Comprar de nuevo (racheter). **3** Reanudar (une activité). **4** THÉÁT. Reponer (une pièce). **5** Corregir (corriger). **6** Reparar, rehacer (refaire). **7** Recobrar: *~ des forces,* recobrar las fuerzas. ■ **8** *intr.* Reactivarse, recuperarse. **9** Reanudarse (recommencer). **10** Proseguir: *oui, reprit-il,* sí, prosiguió él. ■ **11** *pr.* Volver a empezar (recommencer).

représailles [ʀ(ə)pʀezaj] *f. pl.* Represalias.

représentant [ʀ(ə)pʀezãtã] *m.* Representante.

représentation [ʀ(ə)pʀezãtasjɔ̃]*f.* Representación.

représenter [ʀ(ə)pʀezɑ̃te] [1] *tr.-intr.* **1** Representar. ▪ **2** *pr.* Representarse, figurarse: *représentez-vous mon étonnement,* figúrese usted mi asombro. **3** Volver a presentarse (un candidat).

répression [ʀepʀesjɔ̃] *f.* Represión.

réprimande [ʀepʀimɑ̃d] *f.* Reprimenda.

réprimer [ʀepʀime] [1] *tr.* Reprimir.

reprise [ʀ(ə)pʀiz] *f.* **1** Reanudación. **2** Asalto *m.* (match de boxe, assaut d'escrime, etc.). **3** Reestreno *m.,* reposición (cinéma, théâtre). **4** AUTO. Aumento *m.* de velocidad. **5** Traspaso *m.* (d'un appartement). **6** Zurcido *m.* (d'un tissu).

réprobation [ʀepʀɔbasjɔ̃] *f.* Reprobación, repulsa.

reprocher [ʀ(ə)pʀɔʃe] [1] *tr.* **1** Reprochar. ▪ **2** *pr.* Reprocharse.

reproduction [ʀ(ə)pʀɔdyksjɔ̃] *f.* Reproducción.

reproduire [ʀ(ə)pʀɔdɥiʀ] [69] *tr.* **1** Reproducir. ▪ **2** *pr.* Reproducirse.

réprouver [ʀepʀuve] [1] *tr.* Reprobar.

reptile [ʀɛptil] *m.* Reptil.

république [ʀepyblik] *f.* República.

répudier [ʀepydje] *tr.* Repudiar.

répugnance [ʀepyɲɑ̃s] *f.* Repugnancia.

répugner [ʀepyɲe] [1] *intr.* Repugnar.

répulsion [ʀepylsjɔ̃] *f.* Repulsión.

réputation [ʀepytasjɔ̃] *f.* Reputación.

requérir [ʀəkeʀiʀ] [35] *tr.* Requerir.

requête [ʀəkɛt] *f.* DR. Requerimiento *m.,* demanda.

réquiem [ʀekɥiɛm] *m.* Réquiem.

requin [ʀ(ə)kɛ̃] *m.* Tiburón.

réquisition [ʀekizisjɔ̃] *f.* DR. Requerimiento *m.* demanda.

réquisitionner [ʀekizisjɔne] [1] *tr.* Requisar.

réquisitoire [ʀekizitwaʀ] *m.* DR. Informe del fiscal.

rescapé, -ée [ʀɛskape] *s.* Superviviente.

rescousse [ʀɛskus] *f.* **1** Socorro *m.,* auxilio *m.* **2** *loc. adv. À la* ~, en auxilio.

réseau [ʀezo] *m.* **1** Red *f.* (de mailles, etc.). **2** Red *f.:* ~ *téléphonique, d'espionnage, etc.,* red telefónica, de espionaje, etc. **3** Redecilla *f.* (des ruminants).

réserve [ʀezɛʀv(ə)] *f.* **1** Reserva (chose réservée). Loc. *En* ~, de reserva; *sous toute* ~, sin garantía; *sans* ~, sin reserva. **2** Reserva, discreción. Loc. *Se tenir sur la* ~, estar sobre aviso. **3** Coto *m.,* vedado *m.* (de chasse, pêche).

réserver [ʀezɛʀve] [1] *tr.* **1** Reservar. ▪ **2** *pr.* Reservarse.

réserviste [ʀezɛʀvist(ə)] *m.* Reservista.

réservoir [ʀezɛʀvwaʀ] *m.* **1** Depósito (d'essence, d'eau, etc.). **2** Vivero (pour les poissons). **3** Alberca *f.* (d'eau). **4** Cantera *f.* (d'hommes, etc.).

résidence [ʀezidɑ̃s] *f.* Residencia.

résider [ʀezide] [1] *intr.* Residir.

résidu [ʀezidy] *m.* Residuo.

résignation [ʀeziɲasjɔ̃] *f.* Resignación.

résigner [ʀeziɲe] [1] *tr.* **1** Resignar. ▪ **2** *pr.* Resignarse.

résilier [ʀezilje] [2] *tr.* Rescindir, anular.

résille [ʀezij] *f.* Redecilla (pour les cheveux).

résine [ʀezin] *f.* Resina.

résistant, -ante [ʀezistɑ̃, -ɑ̃t] *adj.-s.* Resistente.

résister [ʀeziste] [1] *intr.* Resistir.

résolu, -ue [ʀezɔly] **1** *p. p.* de *résoudre.* ▪ **2** *adj.* Resuelto, ta, decidido, da.

résolution [ʀezɔlysjɔ̃] *f.* Resolución.

résonance [ʀezɔnɑ̃s] *f.* Resonancia.

résonner [ʀezɔne] [1] *intr.* Resonar.

résoudre [ʀezudʀ(ə)] [75] *tr.* **1** Resolver (découvrir la solution). **2** Decidir (décider). ▪ **3** *pr. Se* ~ *à,* decidirse a.

respect [ʀɛspɛ] *m.* Respeto.

respectable [ʀɛspɛktabl(ə)] *adj.* Respetable.

respectif, -ive [ʀɛspɛktif, -iv] *adj.* Respectivo, va.

respectueux, -euse [ʀɛspɛktɥø, -øz] *adj.* Respetuoso, sa.

respiration [ʀɛspiʀasjɔ̃] *f.* Respiración.

respirer [ʀɛspiʀe] [1] *intr.-tr.* **1** Respirar. ▪ **2** *tr.* Respirar, rebosar: *il respire la santé,* rebosa salud.

resplendissant, -ante [ʀɛsplɑ̃disɑ̃, -ɑ̃t] *adj.* Resplandeciente.

responsabilité [ʀɛspɔ̃sabilite] *f.* Responsabilidad.

responsable [ʀɛspɔ̃sabl(ə)] *adj.* Responsable.

ressac [ʀəsak] *m.* Resaca *f.* (des vagues).

ressaisir [ʀ(ə)seziʀ] [3] *tr.* **1** Coger de nuevo. **2** Recobrar. ▪ **3** *pr.* fig. Serenarse, rehacerse.

ressembler [ʀ(ə)sɑ̃ble] [1] *tr. ind.* **1** ~ *à,* semejarse, parecerse a. ▪ **2** *pr.* Parecerse. Loc. *Qui se ressemble s'assemble,* Dios los cría y ellos se juntan.

ressemeler [ʀ(ə)səmle] [19] *tr.* Echar medias suelas a.

ressentiment [ʀ(ə)sɑ̃timɑ̃] *m.* Resentimiento.

ressentir [ʀ(ə)sɑ̃tiʀ] [30] *tr.* **1** Sentir, experimentar. ▪ **2** *pr.* Resentirse.

resserrer [ʀ(ə)seʀe] [1] *tr.* **1** Apretar, volver a apretar (boulon, lien, etc.). **2** Cerrar (fermer). **3** Estrechar (un lien d'amitié, etc.). ■ **4** *pr.* Estrecharse.

ressort [ʀ(ə)sɔʀ] *m.* **1** TECHN. Resorte, muelle. **2** fig. Energía *f.,* fuerza *f.* **3** DR. Instancia *f.* **4** Incumbencia *f.,* competencia *f.*

ressortir [ʀ(ə)sɔʀtiʀ] [30] *intr.* **1** Salir de nuevo. **2** Resaltar. **3** Resultar, deducirse, desprenderse. ■ **4** *tr. ind.* ~ *à,* ser de la jurisdicción, depender de.

ressortissant, -ante [ʀ(ə)sɔʀtisɑ̃, -ɑ̃t] *s.* Natural, súbdito, ta (d'un pays étranger).

ressource [ʀ(ə)suʀs(ə)] *f.* **1** Recurso *m.* **2** *loc. adv. Sans* ~, sin remedio.

ressusciter [ʀesysite] [1] *tr.-intr.* Resucitar.

restant, -ante [ʀɛstɑ̃, -ɑ̃t] *adj.* **1** Restante. **2** *Poste restante,* lista de correos. ■ **3** *m.* Resto.

restaurateur, -trice [ʀɛstɔʀatœʀ, -tʀis] *adj.* **1** Restaurador, ra. ■ **2** *m.* Encargado o dueño de un restaurante.

restaurer [ʀɛstɔʀe] [1] *tr.* Restaurar.

reste [ʀɛst(ə)] *m.* **1** Resto. **2** MATH. Resta *f.,* diferencia *f.* **3** *loc. adv. De* ~, de sobra; *au* ~, por lo demás. ■ **4** *pl.* Restos. **5** Sobras *f.* de comida (d'un repas).

rester [ʀɛste] [1] *intr.* **1** Quedar, quedarse (demeurer): ~ *au lit,* quedarse en cama. Loc. *En* ~ *là,* no ir más allá. **2** Quedar, sobrar. ■ **3** *impers. Il reste,* queda, quedan.

restitution [ʀɛstitysjɔ̃] *f.* Restitución.

restreindre [ʀɛstʀɛ̃dʀ(ə)] [55] *tr.* **1** Restringir. ■ **2** *pr.* Limitarse.

restriction [ʀɛstʀiksjɔ̃] *f.* Restricción.

résultat [ʀezylta] *m.* Resultado.

résulter [ʀezylte] [1] *intr.* Resultar.

résumé [ʀezyme] *m.* Resumen.

résumer [ʀezyme] [1] *tr.* **1** Resumir. ■ **2** *pr.* Resumirse.

résurrection [ʀezyʀɛksjɔ̃] *f.* Resurrección.

retable [ʀətabl(ə)] *m.* Retablo.

rétablir [ʀetabliʀ] [3] *tr.* **1** Restablecer. ■ **2** *pr.* Restablecerse.

retaper [ʀ(ə)tape] [1] *tr.* **1** Arreglar, reparar. ■ **2** *pr.* fam. Reponerse, remontar la pendiente.

retard [ʀ(ə)taʀ] *m.* Retraso.

retardataire [ʀ(ə)taʀdatɛʀ] *adj.-s.* Retrasado, da.

retarder [ʀ(ə)taʀde] [1] *tr.* **1** Retardar, demorar (attarder). **2** Aplazar, demorar (ajourner). ■ **3** *tr.-intr.* Atrasar (horloge). ■ **4** *intr.* fam. No estar al tanto, no estar al corriente.

retenir [ʀətniʀ; ʀtəniʀ] [36] *tr.* **1** Retener (garder). **2** Retener, deducir (déduire). **3** Reservar (faire réserver). **4** Recordar (se souvenir). **5** MATH. Llevar: *je pose cinq et je retiens deux,* escribo cinco y llevo dos. **6** Sujetar (attacher). **7** Contener, reprimir: ~ *sa respiration,* contener la respiración. **8** Retener, detener (arrêter). ■ **9** *pr.* Agarrarse (s'accrocher). **10** Retenerse (se contenir).

rétention [ʀetɑ̃sjɔ̃] *f.* Retención.

retentissement [ʀ(ə)tɑ̃tismɑ̃] *m.* Resonancia *f.*

retenue [ʀətny; ʀtəny] *f.* **1** Moderación, comedimiento *m.* (mesure). **2** Castigo *m.* escolar (punition). **3** MATH. Cantidad que se lleva. **4** Descuento *m.,* deducción. **5** ~ *d'eau,* embalse *m.*

réticence [ʀetisɑ̃s] *f.* Reticencia.

rétif, -ive [ʀetif, -iv] *adj.* **1** Repropio, pia (cheval). **2** Reacio, cia, rebelde.

rétine [ʀ(e)tin] *f.* ANAT. Retina.

retirer [ʀ(ə)tiʀe] [1] *tr.* **1** Quitarse, sacarse (ôter). **2** Sacar (faire sortir). **3** Retirar. **4** Obtener, sacar (un bénéfice, etc.). ■ **5** *pr.* Retirarse, irse. **6** Recogerse (pour se reposer). **7** Volver a su cauce (cours d'eau).

retomber [ʀ(ə)tɔ̃be] [1] *intr.* **1** Recaer, volver a caer. **2** Caer (pendre).

retordre [ʀ(ə)tɔʀdʀ(ə)] [6] *tr.* Retorcer.

rétorquer [ʀetɔʀke] [1] *tr.* ~ *que,* contestar, replicar que.

retors, -orse [ʀətɔʀ, -ɔʀs(ə)] *adj.* Retorcido, da.

retoucher [ʀ(ə)tuʃe] [1] *tr.* Retocar.

retour [ʀ(ə)tuʀ] *m.* **1** Vuelta *f.,* regreso, retorno. Loc. *Par* ~ *du courrier,* a vuelta de correo; *aller et* ~, ida y vuelta. **2** ~ *d'âge,* menopausia *f.* **3** ~ *sur soi-même,* examen de conciencia. **4** Vuelta *f.,* devolución *f.* (d'un paquet, etc.).

retourner [ʀ(ə)tuʀne] [1] *tr.* **1** Volver: ~ *sur le dos,* volver boca arriba. **2** Revolver, remover (remuer). **3** Devolver (rendre). **4** Reexpedir (une lettre). **5** Conmover (émouvoir). ■ **6** *intr.* Volver (revenir). ■ **7** *impers. De quoi retourne-t-il?,* ¿de qué se trata? ■ **8** *pr.* Volverse. **9** *S'en* ~, regresar, irse.

retracer [ʀ(ə)tʀase] [12] *tr.* Referir, contar.

rétracter [ʀetʀakte] [1] *tr.* **1** Retraer. **2** fig. Retractar (ce qu'on avait dit). ■ **3** *pr.* Retractarse.

retraite [ʀ(ə)tʀɛt] *f.* **1** Retiro *m.* (asile, refuge). **2** MIL. Retirada. **3** Retiro *m.* jubilación.

retrancher [ʀ(ə)tʀɑ̃ʃe] [1] *tr.* **1** Suprimir

(enlever, ôter). **2** Restar, substraer (déduire). ▪ **3** *pr.* Parapetarse (*derrière*, tras).

rétrécir [ʀetʀesiʀ] [3] *tr.* **1** Estrechar. ▪ **2** *intr.* Estrecharse, encogerse. ▪ **3** *pr.* Estrecharse.

rétribuer [ʀetʀibɥe] [1] *tr.* Retribuir.

rétribution [ʀetʀibysjɔ̃] *f.* Retribución.

rétrograde [ʀetʀɔgʀad] *adj.* Retrógrado, da.

rétrospectif, -ive [ʀetʀɔspɛktif, -iv] *adj.* Retrospectivo, va.

retroussé, -ée [ʀ(ə)tʀuse] *adj.* **1** Arremangado, da (manches). **2** *Nez* ~, nariz respingona.

retrousser [ʀ(ə)tʀuse] [1] *tr.* **1** Remangar, arremangar, arremangarse (manches, etc.). **2** Levantar, alzar. ▪ **3** *pr.* Arremangarse, recogerse.

retrouver [ʀ(ə)tʀuve] [1] *tr.* **1** Encontrar. **2** Volver a encontrar. **3** Reunirse (rejoindre). **4** Reconocer (reconnaître). ▪ **5** *pr.* Encontrarse. **6** Reunirse. **7** Volver a encontrar el camino, orientarse. **8** fam. *S'y* ~, sacar provecho (tirer profit).

réunion [ʀeynjɔ̃] *f.* Reunión.

réunir [ʀeyniʀ] [3] *tr.* **1** Reunir. ▪ **2** *pr.* Reunirse.

réussir [ʀeysiʀ] [3] *intr.* **1** Conseguir, lograr. **2** Tener éxito. **3** Salir bien. ▪ **4** *tr.* Acertar, hacer bien.

réussite [ʀeysit] *f.* **1** Éxito *m.* **2** Solitario *m.* (jeu de cartes).

revanche [ʀ(ə)vɑ̃ʃ] *f.* **1** Desquite *m.* **2** loc. adv. *En* ~, en cambio.

rêvasser [ʀevase] [1] *intr.* Soñar despierto, ta.

rêve [ʀɛv] *m.* **1** Sueño. **2** Fantasía *f.*, quimera *f.*, ensueño.

revêche [ʀəvɛʃ] *adj.* Arisco, ca, áspero, ra.

réveil [ʀevɛj] *m.* **1** Despertar. **2** Despertador (pendule). **3** MIL. Diana *f.*

réveille-matin [ʀevɛjmatɛ̃] *m. invar.* Despertador (pendule).

réveiller [ʀeveje] [1] *tr.* **1** Despertar. ▪ **2** *pr.* Despertarse.

réveillon [ʀevɛjɔ̃] *m.* Cena *f.* de Nochebuena (Noël), de Nochevieja (Saint-Sylvestre).

révéler [ʀevele] [14] *tr.* **1** Revelar. ▪ **2** *pr.* Revelarse.

revenant, -ante [ʀəvnɑ̃, -ɑ̃t] *s.* Aparecido, espectro.

revendiquer [ʀ(ə)vɑ̃dike] [1] *tr.* Reivindicar.

revenir [ʀəvniʀ] [36] *intr.* **1** Volver, regresar (rentrer). **2** Volver: *je reviens tout de suite,* vuelvo en seguida. **3** Retractarse (se dédire). **4** Acordarse de, recordar (se souvenir): *ça me revient!,* ¡me acuerdo! **5** Recobrar. Loc. ~ *à soi,* recobrar el sentido. **6** Gustar, agradar (plaire). **7** Ser equivalente. **8** Salir, resultar (coûter au total): *à combien cela t'est-il revenu?,* ¿a cuánto te ha salido esto? **9** CUIS. *Faire* ~, dorar. **10** ~ *sur,* volver a hablar de. **11** Corresponder, pertenecer (échoir): *c'est à toi qu'il revient de...,* a ti te corresponde... **12** *Il est revenu de tout,* está de vuelta de todo. **13** *Je n'en reviens pas,* no salgo de mi asombro, aun no me lo creo.

revenu [ʀəvny; ʀ(ə)vəny] *m.* Renta *f.* (profit, rapport).

rêver [ʀeve] [1] *intr.-tr.* **1** Soñar. ▪ **2** *intr.* Fantasear. ▪ **3** *tr. ind.* ~ *de,* soñar con.

réverbère [ʀevɛʀbɛʀ] *m.* **1** Reverbero. **2** Farol (lampadaire).

révérence [ʀeveʀɑ̃s] *f.* Reverencia.

rêverie [ʀɛvʀi] *f.* Ensueño *m.*

revers [ʀ(ə)vɛʀ] *m.* **1** Revés (envers, au tennis). **2** Reverso (d'une médaille, d'une monnaie). **3** Dorso (main). **4** Solapa *f.* (d'une veste). **5** Revés, contratiempo.

revêtir [ʀ(ə)vetiʀ] [33] *tr.* **1** Revestir. **2** Ponerse, vestirse (un vêtement). **3** Cubrir (recouvrir). **4** Asumir (un caractère, un aspect).

rêveur, -euse [ʀɛvœʀ, -øz] *adj.-s.* Soñador, ra.

revient [ʀəvjɛ̃] *m.* *Prix de* ~, precio de coste.

réviser [ʀevize] [1] *tr.* Revisar.

révision [ʀevizjɔ̃] *f.* Revisión.

révocation [ʀevɔkasjɔ̃] *f.* **1** Revocación. **2** Destitución.

revoir [ʀ(ə)vwaʀ] *tr.* **1** Volver a ver. **2** Rever, revisar. Loc. *Un au revoir,* un adiós; *se dire au* ~, despedirse. *loc. interj. Au* ~!, ¡hasta la vista!, ¡adiós!

révoltant, -ante [ʀevɔltɑ̃, -ɑ̃t] *adj.* Indignante.

révolte [ʀevɔlt(ə)] *f.* Rebelión.

révolter [ʀevɔlte] [1] *tr.* **1** Sublevar. ▪ **2** *pr.* Sublevarse.

révolution [ʀevɔlysjɔ̃] *f.* Revolución.

révolutionnaire [ʀevɔlysjɔnɛʀ] *adj.-s.* Revolucionario, ria.

revolver [ʀevɔlvɛʀ] *m.* Revólver.

révoquer [ʀevɔke] [1] *tr.* **1** Revocar (annuler). **2** Destituir (destituer).

revue [ʀ(ə)vy] *f.* Revista.

révulsif, -ive [ʀevylsif, -iv] *adj.-m.* MÉD. Revulsivo.

rez-de-chaussée [Redʃose] *m. invar.* Planta *f.* baja: *au* ~, en la planta baja.

rhétorique [Retɔrik] *f.* Retórica.

rhinocéros [RinɔseRɔs] *m.* Rinoceronte.

rhubarbe [RybaRb(ə)] *f.* Ruibarbo *m.*

rhum [Rɔm] *m.* Ron.

rhumatisme [Rymatism(ə)] *m.* Reuma, reumatismo.

rhum-coca [Rɔmkɔka] *m.* Cuba-libre.

rhume [Rym] *m.* Resfriado, catarro.

riant, -ante [Rjã, -ãt; Rijã, -ãt] *adj.* Riente, risueño, ña.

ribambelle [Ribãbɛl] *f.* Sarta, retahíla.

ricaner [Rikane] [1] *intr.* Reír burlonamente, sarcásticamente.

richard, -arde [Riʃar, -aRd(ə)] *s.* fam. péj. Ricacho, cha, ricachón, ona.

riche [Riʃ] *adj.-s.* Rico, ca.

richesse [Riʃɛs] *f.* Riqueza.

ricochet [Rikɔʃɛ] *m.* 1 Rebote. 2 *loc. adv.* *Par* ~, de rechazo.

ride [Rid] *f.* 1 Arruga. 2 Onda, pliegue *m.*

rideau [Rido] *m.* 1 Cortina *f.* (en tissu épais, de fumée). 2 Visillo, cortinilla *f.* (transparent). 3 THÉÁT. Telón.

rider [Ride] [1] *tr.* 1 Arrugar. 2 MAR. Rizar (l'eau). 3 MAR. Acollar.

ridicule [Ridikyl] *adj.* 1 Ridículo, la. ■ 2 *m.* Ridículo.

ridiculiser [Ridikylize] [1] *tr.* Ridiculizar.

rien [Rjɛ̃] *pron. indéf.* 1 Nada. Loc. *Pour* ~, por nada; ~ *du tout,* absolutamente nada; *ça ne fait* ~, no importa; ~ *que d'y penser,* sólo con pensarlo. ■ 2 *m.* Pequeñez *f.,* nadería *f.* ■ 3 *adv.* pop. Un rato, muy (rudement). 4 *loc. adv. En moins de* ~, en un santiamén.

rigidité [Riʒidite] *f.* Rigidez.

rigole [Rigɔl] *f.* 1 Reguero *m.,* reguera. 2 Arroyuelo *m.* (ruisseau).

rigoler [Rigɔle] [1] *intr.* fam. Reírse (rire), bromear (plaisanter), pasarlo en grande (se divertir).

rigolo, -ote [Rigɔlo, -ɔt] *adj.* fam. Chusco, ca, gracioso, sa.

rigoureux, -euse [RiguRø, -øz] *adj.* Riguroso, sa.

rigueur [RigœR] *f.* Rigor *m.* Loc. *À la* ~, como máximo.

rime [Rim] *f.* Rima.

rimer [Rime] [1] *intr.* 1 Rimar. ■ 2 *tr.* Poner en verso.

rinçage [Rɛ̃saʒ] *m.* 1 Enjuague. 2 Aclarado (du linge).

rincer [Rɛ̃se] [12] *tr.* 1 Enjuagar. 2 Aclarar (le linge). 3 pop. *Se* ~ *l'œil,* regodearse.

ringard, -de [Rɛ̃gaR, -d] *adj.* fam. Hortera.

ripaille [Ripaj] *f.* fam. Cuchipanda, francachela.

riposter [Ripɔste] [1] *intr.* Replicar.

rire [RiR] *m.* Risa *f.*

rire [RiR] [68] *intr.* 1 Reír, reírse. Loc. ~ *aux éclats,* reír a carcajadas; ~ *à gorge déployée,* reírse a mandíbula batiente. 2 ~ *de,* burlarse de. ■ 3 *pr.* Reírse.

ris [Ri] *m.* ~ *de veau,* molleja *f.* de ternera.

risée [Rize] *f.* Burla, mofa (moquerie): *objet de* ~, objeto de burla.

risible [Rizibl(ə)] *adj.* Risible.

risque [Risk(ə)] *m.* Riesgo.

risquer [Riske] [1] *tr.* 1 Arriesgar. 2 ~ *de,* correr el riesgo de.

rissoler [Risɔle] [1] *tr.* CUIS. Dorar.

ristourne [RistuRn(ə)] *f.* 1 Comisión. 2 Rebaja, descuento *m.* (réduction).

rite [Rit] *m.* Rito.

rituel, -elle [Rityɛl] *adj.-m.* Ritual.

rivage [Rivaʒ] *m.* Ribera *f.,* orilla *f.*

rival, -ale [Rival] *adj.-s.* Rival.

rivaliser [Rivalize] [1] *intr.* Rivalizar.

rive [Riv] *f.* Orilla.

river [Rive] [1] *tr.* 1 Remachar, roblar. 2 Unir sólidamente.

riverain, -aine [RivRɛ̃, -ɛn] *adj.-s.* Ribereño, ña.

riveter [Rivte] [20] *tr.* Remachar, roblar.

rivière [RivjɛR] *f.* 1 Río *m.* 2 ~ *de diamants,* collar *m.* de diamantes.

rixe [Riks(ə)] *f.* Riña, pelea.

riz [Ri] *m.* Arroz.

robe [Rɔb] *f.* 1 Vestido *m.* (de femme). 2 Toga (gens de loi). 3 Pelo *m.,* pelaje *m.* (d'un animal). 4 Capa (du cheval). 5 ~ *de chambre,* bata.

robinet [Rɔbinɛ] *m.* Grifo.

robot [Rɔbo] *m.* Robot.

robuste [Rɔbyst(ə)] *adj.* Robusto, ta.

roc [Rɔk] *m.* Roca *f.,* peña *f.*

rocaille [Rɔkaj] *f.* Rocalla.

roche [Rɔʃ] *f.* Roca.

rocher [Rɔʃe] [1] *m.* 1 Peñasco, peña *f.,* peñón. 2 ANAT. Peñasco.

rôder [Rode] [1] *intr.* 1 Vagabundear. 2 Merodear.

rogne [Rɔɲ] *f.* Rabia, berrinche *m.*

rogner [Rɔɲe] [1] *tr.* 1 Recortar. 2 AGR. Cercenar. 3 IMPR. Refilar.

rognon [Rɔɲɔ̃] *m.* CUIS. Riñón.

rognure [RɔɲyR] *f.* Recortes *m. pl.*

roi [Rwa(a)] *m.* Rey: *jour des Rois,* día de Reyes.

roitelet [Rwatlɛ] *m.* 1 Reyezuelo. 2 Abadejo (oiseau).

rôle [Rol] *m.* **1** Papel (d'un acteur et conduite sociale de quelqu'un). **2** Función *f.,* cometido. **3** DR. Registro de pleitos y causas. **4** DR. Registro de contribuyentes (liste des contribuables). **5** MIL. Lista *f.* de reclutas. **6** *loc. adv. À tour de ~,* por turno.

ROM [Rɔm] *f.* (*abrév.* read-only memory) ROM.

romain, -aine [Rɔmɛ̃, -ɛn] *adj.-s.* **1** Romano, na. ■ **2** *m.* IMPR. Letra *f.* redonda. ■ **3** *f.* Lechuga romana (laitue).

roman, -ane [Rɔmɑ̃, -an] *adj.* **1** Romance (langue). **2** Románico, ca (art). ■ **3** *m.* Novela *f.:* ~ *policier,* novela policíaca; ~ *fleuve,* novelón.

romancier, ière [Rɔmɑ̃sje, jɛR] *s.* Novelista.

romantique [Rɔmɑ̃tik] *adj.-s.* Romántico, ca.

romantisme [Rɔmɑ̃tism(ə)] *m.* Romanticismo.

romarin [RɔmaRɛ̃] *m.* Romero.

rompre [Rɔ̃pR(ə)] [53] *tr.* **1** Romper, quebrar (casser). **2** Interrumpir, romper (interrompre). **3** MIL. *Rompez les rangs!, rompez!,* irompan filas! ■ **4** *intr.* Romperse. **5** Romper, reñir: *ces fiancés ont rompu,* estos novios han roto. ■ **6** *pr.* Romperse, quebrarse (se casser).

rompu, -ue [Rɔ̃py] *adj.* **1** Roto, ta (cassé). **2** Molido, da (fourbu). **3** ~ *à,* avezado, da a.

ronce [Rɔ̃s] *f.* Zarza, espino *m.*

rond, ronde [Rɔ̃, Rɔ̃d] *adj.* **1** Redondo, da. **2** Franco, ca, claro, ra. **3** Rechoncho, cha, regordete (gros). **4** pop. Trompa (ivre). ■ **5** *m.* Círculo, redondel. **6** Rodaja *f.* (rondelle). Loc. ~ *de serviette,* servilletero. **7** fam. Perra *f.,* blanca *f.* (argent). ■ **8** *adv. Tourner ~,* marchar bien.

ronde [Rɔ̃d] *f.* **1** MIL. Ronda. **2** Danza en corro. **3** Letra redondilla. **4** Loc. *À la ~,* a la redonda (alentour), por turno (tour à tour).

rondelet, -ette [Rɔ̃dlɛ, -ɛt] *adj.* Regordete, ta.

rondelle [Rɔ̃dɛl] *f.* **1** Arandela. **2** Rodaja (tranche).

rondement [Rɔ̃dmɑ̃] *adv.* **1** Sin rodeos (franchement). **2** Prontamente (vite).

rondeur [Rɔ̃dœR] *f.* **1** Redondez. **2** fig. Franqueza, lealtad.

rond-point [Rɔ̃pwɛ̃] *m.* Glorieta *f.*

ronflement [Rɔ̃fləmɑ̃] *m.* Ronquido.

ronfler [Rɔ̃fle] [1] *intr.* **1** Roncar. **2** Zumbar (un moteur, une toupie, etc.).

ronger [Rɔ̃ʒe] [13] *tr.* **1** Roer. **2** Carcomer (les vers, etc.). **3** Consumir, atormentar (torturer). ■ **4** *pr.* Atormentarse.

rongeur, -euse [Rɔ̃ʒœR, -øz] *adj.-m.* **1** Roedor, ra. ■ **2** *m. pl.* ZOOL. Roedores.

ronron [Rɔ̃Rɔ̃], **ronronnement** [Rɔ̃Rɔnmɑ̃] *m.* fam. Ronroneo.

roquette [Rɔkɛt] *f.* Cohete *m.*

rosace [Rozas] *f.* Rosetón *m.*

rosaire [RozɛR] *m.* Rosario de quince decenas.

rose [Roz] *f.* **1** Rosa. Loc. fam.: *Envoyer quelqu'un sur les roses,* enviar a alguien a paseo. **2** ~ *trémière,* malvarrosa. ■ **3** *adj.-m.* Color de rosa: *voir tout en ~,* verlo todo color de rosa. ■ **4** *n. pr. f.* Rosa.

roseau [Rozo] *m.* Caña *f.*

rosée [Roze] *f.* Rocío *m.*

roseraie [RozRɛ] *f.* Rosaleda.

rosier [Rozje] *m.* Rosal.

rosse [Rɔs] *f.* **1** Rocín *m.,* matalón *m.* (mauvais cheval). **2** Mala persona. ■ **3** *adj.* Malvado, da.

rosser [Rɔse] [1] *tr.* fam. Zurrar, apalear.

rossignol [Rɔsiɲɔl] *m.* **1** Ruiseñor. **2** Ganzúa *f.* (pour ouvrir les serrures). **3** Mercancía *f.* que queda invendible.

rôt [Ro] *m.* Asado.

rotatif, -ive [Rɔtatif, -iv] *adj.-f.* Rotativo, va.

rotin [Rɔtɛ̃] *m.* **1** Rota *f.* **2** Bastón de caña.

rôtir [Ro(ɔ)tiR] [3] *tr.* **1** Asar. ■ **2** *intr.* Asarse. ■ **3** *pr.* fam. Tostarse al sol (personne).

rôtisserie [Ro(ɔ)tisRi] *f.* Restaurante *m.* donde se sirven asados.

rôtissoire [Ro(ɔ)tiswaR] *f.* Asador *m.*

rotonde [Rɔtɔ̃d] *f.* Rotonda.

rotule [Rɔtyl] *f.* ANAT. Rótula.

rouage [Rwaʒ] *m.* **1** Rueda *f.* **2** fig. Mecanismo.

roublardise [RublaRdiz] *f.* Tunantería, astucia.

roucouler [Rukule] [1] *intr.* Arrullar.

roue [Ru] *f.* Rueda.

roué, -ée [Rwe] *s.* **1** Persona sin principios. ■ **2** *adj.* Astuto, ta, pillo, lla.

rouelle [Rwɛl] *f.* Rueda, tajada (de veau).

rouer [Rwe] [1] *tr.* ~ *quelqu'un de coups,* apalear a alguien.

rouet [Rwɛ] *m.* Torno.

rouge [Ruʒ] *adj.* **1** Rojo, ja, encarnado, da, colorado, da. **2** Candente (fer). **3** *Vin ~,* vino tinto. ■ **4** *m.* Rojo, encarnado, colorado (couleur). **5** Rubor (du visage). **6** Rojo de labios, carmín (à lèvres). **7** Colorete (fard). **8** Vino tinto (vin). ■ **9** adv. *Se fâcher tout* ~, sulfurarse.

rouge-gorge [ʀuʒɡɔʀʒ(ə)] m. Petirrojo.

rougeole [ʀuʒɔl] f. Sarampión m.

rouget [ʀuʒɛ] m. Salmonete.

rougeur [ʀuʒœʀ] f. **1** Rubor m. ■ **2** pl. Manchas rojas (sur la peau).

rougir [ʀuʒiʀ] [3] tr. **1** Enrojecer. ■ **2** intr. Enrojecer, ponerse rojo, ja. **3** Ruborizarse (de honte, etc.).

rouiller [ʀuje] [1] tr. **1** Enmohecer, oxidar. **2** fig. Embotar.

roulant, -ante [ʀulɑ̃, -ɑ̃t] adj. **1** Que rueda. **2** *Escalier* ~, escalera mecánica.

rouleau [ʀulo] m. **1** Rollo (de papier, etc.). **2** Cartucho (de pièces de monnaie). **3** AGR., CUIS. Rodillo. **4** Rulo (coiffure).

roulement [ʀulmɑ̃] m. **1** Rodadura f. **2** Circulación f. (d'argent). **3** Redoble (de tambour). **4** ~ *de tonnerre,* trueno. **5** Turno. **6** MÉC. ~ *à billes,* rodamiento de bolas.

rouler [ʀule] [1] tr. **1** Hacer rodar, rodar. **2** Enrollar (mettre en rouleau). **3** ~ *une cigarette,* liar un cigarrillo. **4** ~ *les r,* pronunciar fuerte las erres. **5** fig. Dar vueltas a (dans l'esprit). **6** fam. Pegársela a (duper). ■ **7** intr. Rodar (une boule, etc.). **8** Caerse rodando (tomber). **9** Rodar, ir, marchar (un véhicule). **10** Rodar, correr: ~ *par le monde,* rodar por el mundo, correr mundo. **11** Circular (argent). **12** ~ *sur,* tratar de (avoir pour sujet). ■ **13** pr. Revolverse.

rouspéter [ʀuspete] [14] intr. pop. Refunfuñar.

roussette [ʀusɛt] f. **1** Lija (poisson). **2** Bermejizo m. (chauve-souris).

rousseur [ʀusœʀ] f. **1** Color m. rojo, rubicundez. **2** *Tache de* ~, peca.

roussi [ʀusi] m. Olor a chamuscado.

roussir [ʀusiʀ] [3] tr. **1** Chamuscar, socarrar. ■ **2** intr. Chamuscarse, socarrarse.

route [ʀut] f. **1** Carretera: ~ *nationale, départamentale,* carretera nacional, comarcal. **2** Camino m., senda, ruta (itinéraire). **3** Marcha, camino m. Loc. *Se mettre en* ~, ponerse en marcha; *en* ~*!,* ien marcha! **4** MAR. Derrotero m., rumbo m.

routier, -ière [ʀutje, -jɛʀ] adj. **1** De carretera. ■ **2** m. Camionero.

routine [ʀutin] f. **1** Rutina. **2** f. INFORM. Rutina.

roux, -rousse [ʀu, ʀus] adj. **1** Rojizo, za. **2** *Lune rousse,* luna de abril. ■ **3** adj.-s. Pelirrojo, ja (cheveux). ■ **4** m. CUIS. Salsa f. de harina.

royal, -ale [ʀwajal] adj. Real.

royaume [ʀwajom] m. Reino.

ruade [ʀyad] f. Coz.

ruban [ʀybɑ̃] m. Cinta f.

rubis [ʀybi] m. Rubí.

rubrique [ʀybʀik] f. Rúbrica.

ruche [ʀyʃ] f. Colmena.

rude [ʀyd] adj. **1** Rudo, da. **2** Temible (redoutable). **3** Severo, ra. **4** Riguroso, sa (rigoureux). **5** Penoso, sa, fatigoso, sa, duro, ra.

rudesse [ʀydɛs] f. Rudeza, aspereza.

rudimentaire [ʀydimɑ̃tɛʀ] adj. Rudimentario, ria.

rudoyer [ʀydwaje] [23] tr. Maltratar.

rue [ʀy] f. Calle: *grand* ~, calle mayor.

ruée [ʀɥe] f. Avalancha, riada.

ruelle [ʀɥɛl] f. **1** Callejuela. **2** Espacio m. entre la cama y la pared.

ruer [ʀɥe] [1] intr. **1** Cocear (le cheval). ■ **2** pr. Abalanzarse, precipitarse.

rugir [ʀyʒiʀ] [3] intr. Rugir.

rugissement [ʀyʒismɑ̃] m. Rugido.

rugueux, -euse [ʀygø, -øz] adj. Rugoso, sa.

ruine [ʀɥin] f. Ruina.

ruiner [ʀɥine] [1] tr. **1** Arruinar. ■ **2** pr. Arruinarse.

ruisseau [ʀɥiso] m. Arroyo.

ruisseler [ʀɥisle] [19] intr. Chorrear.

rumeur [ʀymœʀ] f. Rumor m.

ruminer [ʀymine] [1] tr.-intr. Rumiar.

rupture [ʀyptyʀ] f. **1** Rotura. **2** fig. Ruptura.

rural, -ale [ʀyʀal] adj. **1** Rural. ■ **2** m. pl. *Les ruraux,* los campesinos.

ruse [ʀyz] f. Ardid m., artimaña.

ruser [ʀyze] [1] intr. Obrar con astucia.

rustique [ʀystik] adj. Rústico, ca.

rustre [ʀystʀ(ə)] adj.-m. Rústico, ca, patán.

rut [ʀyt] m. Celo (des animaux).

rythme [ʀitm(ə)] m. Ritmo.

S

s [ɛs] *m.* S *f.*

sa [sa] *adj. poss. f.* Su.

SA [ɛsa] *f. (abrév.* société anonyme) S.A.

sabbat [saba] *m.* 1 RELIG. Sábado (jour de repos pour les Juifs). 2 Aquelarre (des sorcières).

sable [sabl(ə)] *m.* 1 Arena *f.* 2 fig. *Avoir du ~ dans les yeux,* tener los ojos cargados de sueño. ■ 3 *adj. invar.* Beige muy claro.

saborder [sabɔʀde] [1] *tr.* Barrenar, dar barreno a (un navire).

sabot [sabo] *m.* 1 Zueco, almadreña *f.* 2 Casco (chevaux), pezuña *f.* (ruminants). 3 TECHN. Zapata *f.* (de frein). 4 Cacharro, trasto (mauvais instrument). 5 *Baignoire ~,* media bañera.

sabotage [sabɔtaʒ] *m.* Sabotaje.

saboter [sabɔte] [1] *tr.* 1 Frangollar, chapucear (bâcler). 2 Sabotear (train, avion, etc.).

sabre [sɑbʀ(ə)] *m.* 1 Sable. 2 ~ *d'abattis,* machete.

sac [sak] *m.* 1 Saco (pour marchandises), costal (à grains), talego (en toile). Loc. ~ *de voyage,* bolsa *f.* de viaje; ~ *de couchage,* saco de dormir; *prendre quelqu'un la main dans le ~,* coger a alguien con las manos en la masa. 2 Bolsa *f.* (en papier). 3 Bolso (sac à main). 4 ~ *à dos,* mochila *f.* 5 Saqueo, saco (pillage).

saccadé, -ée [sakade] *adj.* 1 Brusco, ca. 2 Entrecortado, da (voix, ton). 3 Cortado, da (style).

saccade [sakad] *f.* 1 Sacudida (secousse). 2 Tirón *m.* 3 Sofrenada (chevaux).

saccager [sakaʒe] *tr.* 1 Saquear (mettre à sac). 2 fam. Revolver, trastornar.

saccharine [sakaʀin] *f.* Sacarina.

sachet [saʃɛ] *m.* 1 Saquito, bolsita *f.* 2 Sobre (soupe).

sacré, -ée [sakʀe] *adj.* 1 Sagrado, da: *les livres sacrés,* los libros sagrados. 2 fam. Maldito, ta: ~ *menteur!,* imaldito embustero!

sacrement [sakʀəmɑ̃] *m.* Sacramento.

sacrer [sakʀe] [1] *tr.* 1 Consagrar (consacrer). 2 Coronar (un souverain).

sacrifier [sakʀifje] [2] *tr.* 1 Sacrificar. ■ 2 *intr.* Ofrecer un sacrificio. ■ 3 *pr.* Sacrificarse.

sacrilège [sakʀilɛʒ] *m.* 1 Sacrilegio. ■ 2 *adj.-s.* Sacrílego, ga.

sacristie [sakʀisti] *f.* Sacristía.

safran [safʀɑ̃] *m.* Azafrán.

sagacité [sagasite] *f.* Sagacidad.

sage [saʒ] *adj.* 1 Prudente, cuerdo, da, sensato, ta. 2 Moderado, da. 3 Tranquilo, la, bueno, na (enfant). ■ 4 *m.* Sabio.

sage-femme [saʒfam] *f.* Comadrona.

sagesse [saʒɛs] *f.* 1 Sabiduría, cordura. 2 Docilidad, obediencia, buena conducta (d'un enfant). 3 Sensatez (bon sens). 4 *Dent de ~,* muela del juicio.

saignant, -ante [sɛɲɑ̃, -ɑ̃t] *adj.* 1 Sangriento, ta, sangrante. 2 *Viande saignante,* carne poco hecha.

saignée [seɲe] *f.* 1 MÉD. Sangría. 2 fig. Sangría (grande perte).

saigner [seɲe] [1] *tr.* 1 Sangrar (un malade, etc.). 2 Desangrar: ~ *un agneau,* desangrar un cordero. 3 fig. Chupar la sangre a, sacar el dinero a (quelqu'un). ■ 4 *intr.* Sangrar, echar sangre; ~ *du nez,* echar sangre por la nariz. ■ 5 *pr. Se ~ aux quatre veines,* quitarse el pan de la boca.

saillie [saji] *f.* 1 ARCHIT. Vuelo *m.,* saliente *m.,* saledizo *m.* 2 ZOOL. Monta, cubrición (accouplement). 3 Agudeza, ocurrencia (trait d'esprit).

saillir [sajiʀ] [28] *intr.* 1 Saltar, manar (jaillir). 2 Sobresalir. ■ 3 *tr.* ZOOL. Cubrir, montar.

sain, saine [sɛ̃, sɛn] *adj.* Sano, na.

saindoux [sɛ̃du] *m.* Manteca *f.* de cerdo.

saint, sainte [sɛ̃, sɛ̃t] *adj.* 1 Santo, ta. 2 San (devant un nom de saint, sauf Domingo, Tomás, Tomé, Toribio): ~ *Jo-*

seph, San José. **3** Sagrado, da (sacré). Loc. *La Sainte Famille,* la Sagrada Familia. ∎ **4** *s.* Santo, ta. Loc. *Prêcher pour son ~,* alabar a su santo.

sainteté [sɛ̃tte] *f.* **1** Santidad. **2** *Sa ~,* su Santidad.

saisie [sezi] *f.* **1** DR. Embargo *m.,* incautación. **2** Recogida, secuestro *m.,* retirada de la circulación (d'un journal). **3** INFORM. Grabación, mecanografía.

saisir [seziʀ] [3] *tr.* **1** Asir, agarrar, coger. **2** Aprovechar. **3** Captar, comprender, entender (une idée, une pensée). **4** Sorprender, pasmar (surprendre). **5** Soasar (exposer à feu vif). **6** DR. Embargar. ∎ **7** *pr.* Apoderarse. **8** DR. Hacerse cargo de.

saisissant, -ante [sezisɑ̃, -ɑ̃t] *adj.* Sorprendente, conmovedor, ra, pasmoso, sa.

saison [sɛzɔ̃] *f.* **1** Estación. **2** Tiempo *m.,* época. **3** Temporada (de théâtre, sportive, dans une station thermale).

salade [salad] *f.* **1** Ensalada. **2** Ensaladilla. **3** Lechuga (laitue), escarola (scarole). **4** fig. fam. Follón *m.,* lío *m.* (mélange confus).

saladier [saladje] *m.* Ensaladera *f.*

salaire [salɛʀ] *m.* Salario, jornal, sueldo.

salaison [salɛzɔ̃] *f.* Salazón.

salant [salɑ̃] *adj.* **1** Salino, na. **2** *Marais ~,* salina *f.*

salarié, -ée [salaʀje] *adj.-s.* Asalariado, da.

salaud [salo] *m.* pop. Sinvergüenza, canalla.

sale [sal] *adj.* **1** Sucio, cia. **2** Malo, la: *un ~ type,* una mala persona. **3** Feo, ea, desagradable: *une ~ affaire,* un asunto feo.

salé, -ée [sale] *adj.* **1** Salado, da. **2** fig. Picante, libre. **3** fig. Excesivo, va: *prix ~,* precio excesivo. ∎ **4** *m.* Carne *f.* de cerdo salada. Loc. *Petit ~,* tocino saladillo.

saler [sale] [1] *tr.* **1** Salar. **2** fig. fam. Castigar severamente.

saleté [salte] *f.* **1** Suciedad. **2** fam. Porquería, cochinada.

salière [saljɛʀ] *f.* Salero *m.*

saligaud [saligo] *m.* pop. Sinvergüenza, canalla.

salir [saliʀ] [3] *tr.* **1** Ensuciar, manchar. **2** fig. Mancillar, manchar. ∎ **3** *pr.* Mancharse, ensuciarse.

salive [saliv] *f.* Saliva.

salle [sal] *f.* **1** Sala. Loc. *~ à manger,* comedor *m.: ~ de bains,* cuarto *m.* de baño; *~ d'eau,* aseo *m.; ~ de séjour,*

cuarto *m.* de estar; *~ de classe,* aula. **2** Público *m.,* sala.

salon [salɔ̃] *m.* **1** Salón *f.* **2** Exposición *f.*

saloperie [salɔpʀi] *f.* pop. Porquería.

salopette [salɔpɛt] *f.* **1** Mono *m.* **2** Pantalón *m.* con peto.

salpêtre [salpɛtʀ(ə)] *m.* Salitre.

saltimbanque [saltɛ̃bɑ̃k] *m.* Saltimbanqui.

saluer [salɥe] [1] *tr.* **1** Saludar. **2** fig. Aclamar, proclamar.

salut [saly] *m.* **1** Salvación *f.* **2** RELIG. Salvación *f.* del alma. **3** Saludo. **4** *interj.* fam. ¡Hola!, ¡Adiós!

salutation [salytɑsjɔ̃] *f.* Salutación, saludo *m.*

salve [salv(ə)] *f.* Salva.

samaritain, -aine [samaʀitɛ̃, -ɛn] *adj.-s.* Samaritano, na.

samedi [samdi] *m.* Sábado.

sanctifier [sɑ̃ktifje] [2] *tr.* Santificar.

sanction [sɑ̃ksjɔ̃] *f.* Sanción.

sanctuaire [sɑ̃ktɥɛʀ] *m.* Santuario.

sandale [sɑ̃dal] *f.* Sandalia.

sang [sɑ̃] *m.* Sangre *f.* Loc. *Mon ~ n'a fait qu'un tour,* se me heló la sangre en las venas; *coup de ~,* hemorragia *f.* cerebral; fam. *avoir du ~ de navet,* tener sangre de horchata; *se faire du mauvais ~,* preocuparse, inquietarse; *verser, faire couler le ~,* matar.

sanglant, -ante [sɑ̃glɑ̃, -ɑ̃t] *adj.* Sangriento, ta.

sangle [sɑ̃gl(ə)] *f.* **1** Faja, francalete *m.* Loc. *Lit de ~,* catre. **2** Cincha (harnais).

sangler [sɑ̃gle] [1] *tr.* **1** Cinchar. **2** Ceñir, apretar.

sanglier [sɑ̃glije] *m.* Jabalí.

sanglot [sɑ̃glo] *m.* Sollozo.

sangloter [sɑ̃glɔte] [1] *intr.* Sollozar.

sangsue [sɑ̃sy] *f.* Sanguijuela.

sanguin, -ine [sɑ̃gɛ̃, -in] *adj.* Sanguíneo, ea.

sanguinaire [sɑ̃ginɛʀ] *adj.* Sanguinario, ria.

sanitaire [sanitɛʀ] *adj.* Sanitario, ria.

sans [sɑ̃] *prép.* **1** Sin: *~ cesse,* sin cesar. **2** *loc. conj. ~ que,* sin que.

sanscrit, -ite [sɑ̃skʀi, -it] *adj.* **1** Sánscrito, ta. ∎ **2** *m.* Sánscrito.

sans-culotte [sɑ̃kylɔt] *m.* Revolucionario francés de 1792.

sans-façon [sɑ̃fasɔ̃] *m.* Llaneza *f.,* ausencia *f.* de cumplidos.

sans-gêne [sɑ̃ʒɛn] *adj.* **1** Fresco, ca, descarado, da. ∎ **2** *m.* Desparpajo, frescura *f.*

sansonnet [sɑ̃sɔnɛ] *m.* Estornino.
sans-souci [sɑ̃susi] *adj. invar.* Indiferente, despreocupado, da.
santal [sɑ̃tal] *m.* Sándalo (arbre).
santé [sɑ̃te] *f.* 1 Salud. 2 Sanidad.
santon [sɑ̃tɔ̃] *m.* Santón.
sape [sap] *f.* Zapa (tranchée). Loc. *Travail de* ~, labor de zapa.
saper [sape] [1] *tr.* 1 Zapar, minar. ▪ 2 *pr.* pop. Vestirse.
saphir [safiʀ] *m.* Zafiro.
sapin [sapɛ̃] *m.* Abeto.
sapristi! [sapʀisti] *interj.* ¡Caramba!
sarabande [saʀabɑ̃d] *f.* 1 Zarabanda. 2 fam. Jaleo *m.*, zarabanda.
sarbacane [saʀbakan] *f.* Cerbatana.
sarcasme [saʀkasm(ə)] *m.* Sarcasmo.
sarcastique [saʀkastik] *adj.* Sarcástico, ca.
sarcelle [saʀsɛl] *f.* Cerceta.
sarcler [saʀkle] [1] *tr.* Escardar, sachar.
sarcophage [saʀkɔfaz] *m.* Sarcófago.
sardine [saʀdin] *f.* Sardina.
sardonique [saʀdɔnik] *adj.* Sardónico, ca.
SARL, sarl [ɛsaʀɛl] *f.* (*abrév.* société à responsabilité limitée) S.L.
sarment [saʀmɑ̃] *m.* Sarmiento.
sarrasin, -ine [saʀazɛ̃, -in] *adj.-s.* 1 Sarraceno, na. ▪ 2 *m.* Alforfón, trigo sarraceno.
satanique [satanik] *adj.* Satánico, ca.
satellite [sate(ɛ)lit] *m.* 1 Satélite. ▪ 2 *adj.* Satélite.
satiété [sasjete] *f.* Saciedad.
satin [satɛ̃] *m.* Satén, raso.
satirique [satiʀik] *adj.* Satírico, ca.
satisfaction [satisfaksjɔ̃] *f.* Satisfacción.
satisfaire [satisfɛʀ] [10] *tr.* 1 Satisfacer. ▪ 2 *tr. ind.* ~ *à*, cumplir con, satisfacer: ~ *à ses devoirs*, cumplir con su deber.
satisfait, -aite [satisfɛ, -ɛt] *adj.* 1 Satisfecho, cha. 2 ~ *de*, contento de.
saturer [satyʀe] [1] *tr.* Saturar.
satyre [satiʀ] *m.* Sátiro.
sauce [sos] *f.* Salsa.
saucière [sosjɛʀ] *f.* Salsera.
saucisse [sosis] *f.* Salchicha, longaniza.
saucisson [sosisɔ̃] *m.* Salchichón.
saucissonner [sosisɔne] *tr.* fam. Trocear.
sauf [sof] *prép.* 1 Salvo, excepto. 2 ~ *à*, a reserva de. 3 ~ *le respect que je vous dois*, con perdón de usted.
sauf, sauve [sof, sov] *adj.* Salvo, va, ileso, sa.
sauf-conduit [sofkɔ̃dɥi] *m.* Salvoconducto.

sauge [soz] *f.* Salvia.
saule [sol] *m.* Sauce.
saumâtre [somɑtʀ(ə)] *adj.* 1 Salobre. 2 fig. Desagradable, molesto, ta.
saumon [somɔ̃] *m.* 1 Salmón. ▪ 2 *adj. invar.* Color salmón, asalmonado, da.
saumure [somyʀ] *f.* Salmuera.
saupoudrer [sopudʀe] [1] *tr.* Espolvorear.
saur [sɔʀ] *adj.-m.* Ahumado, da: *hareng* ~, arenque ahumado.
saut [so] *m.* 1 Salto, brinco. ~ *périlleux,* salto mortal. Loc. *Faire le* ~, pasar el Rubicón; *faire un* ~ *chez quelqu'un,* pasar un momento por casa de alguien. 2 fig. Salto, cambio brusco.
sauté, -ée [sote] *adj.* 1 CUIS. Salteado, da. ▪ 2 *m.* CUIS. Salteado.
sauter [sote] [1] *intr.* 1 Saltar. 2 Pasar, saltar: ~ *d'une idée à l'autre,* saltar de una idea a otra. 3 Loc. fam. *Et que ça saute!,* ¡y volando! 4 Estallar (exploser). Loc. fam. *Le directeur risque de* ~, el director arriesga su empleo. 5 CUIS. *Faire* ~, saltear. ▪ 6 *tr.* Saltar, salvar, franquear (franchir par un saut). Loc. ~ *le pas,* decidirse. 7 Saltarse, pasarse, omitir (ne pas lire, dire, faire).
sauterelle [sotʀɛl] *f.* Saltamontes *m.*
sauteur, -euse [sotœʀ, -øz] *s.* 1 Saltador, ra, saltarín, ina. 2 fig. Veleta.
sauvage [sovaz] *adj.* 1 Salvaje. 2 BOT. Silvestre.
sauvageon, -onne [sovazɔ̃, -ɔn] *s.* 1 Salvaje (enfant). ▪ 2 *m.* Arbolillo silvestre.
sauvagerie [sovazʀi] *f.* 1 Salvajismo *m.* 2 Crueldad.
sauvegarder [sovgaʀde] *tr.* 1 Salvaguardar. 2 INFORM. Salvar.
sauver [sove] [1] *tr.* 1 Salvar, librar. 2 RELIG. Salvar. ▪ 3 *pr.* Escarparse, largarse. 4 Salirse (liquide).
sauvetage [sovtaz] *m.* Salvamento.
sauveteur [sovtœʀ] *m.* Salvador.
sauveur [sovœʀ] *m.* Salvador.
savamment [savamɑ̃] *adv.* Sabiamente.
savane [savan] *f.* GÉOG. Sabana.
savant, -ante [savɑ̃, -ɑ̃t] *adj.* 1 Sabio, bia, docto, ta, hábil. ▪ 2 *s.* Sabio, bia.
savate [savat] *f.* 1 Chancla (soulier usagé). 2 Chancleta (pantoufle). 3 fam. Torpe *m.* 4 SPORTS. Boxeo *m.* francés.
saveur [savœʀ] *f.* Sabor *m.*
savoir [savwaʀ] *m.* Saber, sabiduría *f.*
savoir [savwaʀ] [47] *tr.* 1 Saber. Loc. *À* ~, a saber; ~ *gré,* agradecer; ~ *par cœur,* saber de memoria. 2 Poder (au conditionnel): *rien ne saurait m'en empê-*

cher, nada podría impedírmelo. ▪ **3** *pr.* Saberse.

savon [savɔ̃] *m.* Jabón.

savonner [savɔne] [1] *tr.* **1** Enjabonar, jabonar. **2** fam. ~ *la tête de quelqu'un,* echar una bronca a alguien.

savonnette [savɔnɛt] *f.* Pastilla de jabón.

savourer [savuʀe] [1] *tr.* Saborear.

savoureux, -euse [savuʀø, -øz] *adj.* Sabroso, sa.

saxophone [saksɔfɔn] *m.* MUS. Saxofón, saxófono.

sbire [sbiʀ] *m.* Esbirro.

scabreux, -euse [skabʀø, -øz] *adj.* Escabroso, sa.

scandale [skɑ̃dal] *m.* Escándalo.

scandaliser [skɑ̃dalize] [1] *tr.* **1** Escandalizar. ▪ **2** *pr.* Escandalizarse.

scaphandre [skafɑ̃dʀ(ə)] *m.* Escafandra *f.*

scarabée [skaʀabe] *m.* Escarabajo.

scarlatine [skaʀlatin] *f.* Escarlatina.

sceau [so] *m.* Sello (cachet officiel). Loc. *Sous le ~ du secret,* bajo secreto.

scélérat, -ate [selera, -at] *adj.-s.* Perverso, sa, desalmado, da.

scellé [sele] *m.* Sello, precinto sellado.

sceller [sele] [1] *tr.* **1** Sellar. **2** Empotrar (fixer). **3** fig. Sellar, consolidar.

scène [sɛn] *f.* **1** Escena: *entrer en ~,* salir a escena; *sortir de ~,* hacer mutis. **2** Escándalo *m.,* altercado *m.*

scepticisme [sɛptisism(ə)] *m.* Escepticismo.

sceptre [sɛptʀ(ə)] *m.* Cetro.

schématique [ʃematik] *adj.* Esquemático, ca.

schisme [ʃism(ə)] *m.* Cisma.

sciatique [sjatik] *adj.* **1** Ciático, ca. ▪ **2** *f.* Ciática.

scie [si] *f.* **1** Sierra. **2** Pez *m.* sierra (poisson). **3** Lata, tabarra (chose ennuyeuse). **4** Tostón *m.,* latoso *m.* (personne ennuyeuse).

sciemment [sjamã] *adv.* A sabiendas.

science [sjɑ̃s] *f.* Ciencia.

scientifique [sjɑ̃tifik] *adj.-s.* Científico, ca.

scier [sje] [2] *tr.* **1** Aserrar. **2** vieil. Dar la lata (ennuyer).

scierie [siʀi] *f.* Aserradero *m.*

scinder [sɛ̃de] [1] *tr.* **1** Dividir, fraccionar. ▪ **2** *pr.* Dividirse, fraccionarse.

scintiller [sɛ̃tije; sɛ̃tille] [1] *intr.* Destellar, centellear.

scission [sisjɔ̃] *f.* Escisión.

sciure [sjyʀ] *f.* Aserrín *m.,* serrín *m.*

sclérose [skleroz] *f.* MÉD. Esclerosis.

scolaire [skɔlɛʀ] *adj.* Escolar.

scolastique [skɔlastik] *adj.* **1** Escolástico, ca. ▪ **2** *f.* Escolástica (enseignement). ▪ **3** *m.* Escolástico (celui qui enseignait la scolastique).

scolopendre [skɔlɔpɑ̃dʀ(ə)] *f.* **1** Escolopendra, cientopiés *m.,* ciempiés *m.* **2** Lengua de ciervo (fougère).

scorbut [skɔʀbyt] *m.* Escorbuto.

scories [skɔʀi] *f. pl.* Escorias.

scorpion [skɔʀpjɔ̃] *m.* Escorpión, alacrán.

scribe [skʀib] *m.* Escriba.

scrupule [skʀypyl] *m.* Escrúpulo.

scruter [skʀyte] [1] *tr.* Escrutar, escudriñar.

scrutin [skʀytɛ̃] *m.* **1** Votación *f.* por medio de urna. **2** Escrutinio.

sculpteur [skyltœʀ] *m.* Escultor.

sculpture [skyltyʀ] *f.* Escultura.

se [s(ə)] *pron. pers.* Se: *il ~ lave,* se lava; ~ *laver,* lavarse.

séance [seɑ̃s] *f.* **1** Sesión: *ouvrir, lever la ~,* abrir, levantar la sesión. **2** Jornada (de travail). **3** *loc. adv.* ~ *tenante,* en el acto, acto seguido.

seau [so] *m.* Cubo. Loc. fam. *Il pleut à seaux,* llueve a cántaros.

sec, sèche [sɛk, sɛʃ] *adj.* **1** Seco, ca. **2** Enjuto, ta (maigre). **3** Seco, ca (qui manque de douceur): *vin ~,* vino seco. **4** Seco, paso, sa (fruit): *raisins secs,* pasas *f.* ▪ **5** *m.* Seco, lo seco: *tenir au ~,* guárdese en sitio seco. ▪ **6** *adv.* Secamente, ásperamente. **7** *À ~,* vacío, ía, sin agua (vide); en seco: *nettoyage à ~,* limpieza en seco; fam. pelado, da (sans argent).

sécateur [sekatœʀ] *m.* Podadera *f.*

sécession [sesesjɔ̃] *f.* Secesión.

séchage [seʃaʒ] *m.* Secamiento, secado.

sécher [seʃe] [14] *tr.* **1** Secar. **2** fam. Fumarse: ~ *la classe,* fumarse la clase. ▪ **3** *intr.* Secar. **4** fam. Estar pez (un candidat, un élève). **5** ~ *sur pied,* consumirse de tristeza. ▪ **6** *pr.* Secarse.

sécheresse [sɛ(e)ʃʀɛs] *f.* **1** Sequedad. **2** Sequía (du temps).

second, -onde [s(ə)gɔ̃, -ɔ̃d] *adj.* **1** Segundo, da: *billet de seconde classe,* billete de segunda clase. ▪ **2** *m.* Segundo (dans une hiérarchie). **3** Segundo piso (étage). **4** Colaborador, segundo.

secondaire [s(ə)gɔ̃dɛʀ] *adj.* Secundario, ria.

seconde [s(ə)gɔ̃d] *f.* **1** Segundo *m.* (temps et angle). **2** fig. Segundo *m.,* instante *m.*

seconder [s(ə)gɔ̃de] [1] *tr.* Secundar.

secouer [s(ə)kwe] [1] *tr.* **1** Sacudir. Loc. fig. ~ *le joug,* sacudir el yugo. **2** Zarandear (agiter rapidement). **3** Menear (remuer). **4** Trastornar (ébranler). ■ **5** *pr.* fam. Reaccionar.

secourir [s(ə)kuRiR] [26] *tr.* Socorrer.

secours [s(ə)kuR] *m.* **1** Socorro. **2** *interj.* *Au ~!,* ¡Socorro!

secousse [s(ə)kus] *f.* **1** Sacudida. **2** fig. Sacudida.

secret, -ète [səkRε, -εt] *adj.* **1** Secreto, ta. ■ **2** *m.* Secreto: *un ~ de Polichinelle,* un secreto a voces. **3** *Au ~,* en un lugar escondido. Loc. *Mettre au ~,* incomunicar. **4** *loc. adv. En ~,* en secreto.

sécretaire [s(ə)kRεtεR] *s.* **1** Secretario, ria. ■ **2** *m.* Escritorio (mueble).

secrétariat [s(ə)kRεtaRja] *m.* **1** Secretaría *f.* **2** Secretariado (emploi).

sécrétion [sekResjɔ̃] *f.* Secreción.

secte [sεkt(ə)] *f.* Secta.

secteur [sεktœR] *m.* Sector.

section [sεksjɔ̃] *f.* Sección.

séculaire [sekylεR] *adj.* Secular.

séculier, -ière [sekylje, -jεR] *adj.* Secular, laico, ca.

sécuriser [sekyRize] *tr.* Tranquilizar, dar seguridad.

sécurité [sekyRite] *f.* **1** Seguridad. **2** ~ *sociale,* Seguridad Social.

sédatif [sedatif] *m.* Sedante.

sédentaire [sedɑ̃tεR] *adj.* Sedentario, ria.

sédiment [sedimɑ̃] *m.* Sedimento.

sédition [sedisjɔ̃] *f.* Sedición.

séduction [sedyksjɔ̃] *f.* Seducción.

séduire [sedɥiR] [69] *tr.* **1** Seducir. **2** Sobornar (suborner).

séduisant, -ante [sedɥizɑ̃, -ɑ̃t] *adj.* Seductor, ra, atractivo, va.

segment [sεgmɑ̃] *m.* Segmento.

seiche [sεʃ] *f.* Sepia, jibia.

seigneur [sεɲœR] *m.* Señor.

seigneurie [sεɲœRi] *f.* **1** Señorío *m.* (pouvoir, terre). **2** Señoría: *sa ~,* su señoría.

sein [sɛ̃] *m.* **1** ANAT. Seno. **2** Pecho (poitrine). **3** Seno, centro. Loc. *Au ~ de,* dentro de, en el seno de.

seing [sɛ̃] DR. Firma *f.: blanc-seing,* firma en blanco; ~ *privé,* firma no legalizada.

séisme [seism(ə)] *m.* Seísmo, sismo, terremoto.

seize [sεz] *adj. num.* Diez y seis, dieciséis.

seizième [sεzjεm] *adj.-s.* **1** Decimosexto, ta. ■ **2** *m.* Dieciseisavo, va.

séjour [seʒuR] *m.* **1** Permanencia *f.,* estancia *f.* (dans un lieu). **2** Mansión *f.,* morada *f.* (demeure).

séjourner [seʒuRne] [1] *intr.* Vivir, permanecer.

sel [sεl] *m.* Sal *f.:* ~ *attique,* sal ática.

sélectif, -ive [selεktif, -iv] *adj.* Selectivo, va.

sélectionner [selεksjɔne] [1] *tr.* Seleccionar.

self-service [sεlfsεRvis] *m.* Autoservicio.

selle [sεl] *f.* **1** Sila, silla de montar. **2** Sillín *m.* (de bicyclette, moto). **3** Cuarto *m.* trasero (viande). **4** *Aller à la ~,* ir al retrete, hacer sus necesidades. ■ **5** *pl.* Heces.

seller [sele] [1] *tr.* Ensillar.

sellette [selεt] *f.* **1** Banquillo *m.* (des accusés). **2** Asiento *m.* suspendido (maçons).

selon [s(ə)lɔ̃] *prép.* **1** Según. **2** Loc. ~ *moi,* a mi modo de ver. **3** fam. *C'est ~,* según, depende.

semailles [s(ə)mɑj] *f. pl.* Siembra *sing.*

semaine [s(ə)mεn] *f.* **1** Semana. **2** Salario *m.* semanal.

semblable [sɑ̃blabl(ə)] *adj.* **1** Parecido, da. ■ **2** *s.* Semejante: *toi et tes semblables,* tú y tus semejantes.

semblant [sɑ̃blɑ̃] *m.* Apariencia *f.* Loc. *Un ~ de...,* algo de...; *faire ~ de,* fingir, simular.

sembler [sɑ̃ble] [1] *intr.* **1** Parecer. ■ **2** *impers. Il semble que...,* parece que... Loc. *Ce me semble, me semble-t-il,* a mi parecer; *quand bon vous semblera,* cuando le apetezca.

semelle [s(ə)mεl] *f.* **1** Suela (de la chaussure). **2** Plantilla (à l'intérieur d'une chaussure). **3** Soleta (d'un bas).

semer [s(ə)me] [16] *tr.* **1** Sembrar. **2** fam. Dejar muy atrás a (à la course).

semestre [s(ə)mεstR(ə)] *m.* Semestre.

semeur, -euse [s(ə)mœR, -øz] *s.* Sembrador, ra.

sémillant, -ante [semijɑ̃, -ɑ̃t] *adj.* Bullicioso, sa, vivaracho, cha.

séminariste [seminaRist(ə)] *m.* Seminarista.

semis [s(ə)mi] *m.* **1** Siembra *f.* **2** Sembrado (terrain).

sémite [semit] *s.* Semita.

semonce [səmɔ̃s] *f.* **1** Sermón *m.,* reprensión.

semoule [s(ə)mul] *f.* Sémola.

sénat [sena] *m.* Senado.

séné [sene] *m.* Sena *f.,* sen.

sénilité [senilite] *f.* Senilidad, decrepitud, vejez.

sens [sɑ̃s] *m.* **1** Sentido: *les cinq ~,* los

cinco sentidos; ~ *commun,* sentido común. **2** *Bon* ~, sensatez f., buen sentido. **3** Sentido, significado, significación f. (d'un mot, etc.). **4** Sentido, dirección f.: *à double* ~, de doble sentido (rue). **5** ~ *dessus dessous,* en desorden, patas arriba, de arriba abajo; trastornado, da (moralement).

sensation [sɑ̃sasjɔ̃] f. Sensación.

sensationnel, -elle [sɑ̃sasjɔnɛl] *adj.* Sensacional.

sensé, -ée [sɑ̃se] *adj.* Sensato, ta.

sensibilité [sɑ̃sibilite] f. Sensibilidad.

sensible [sɑ̃sibl(ə)] *adj.* **1** Sensible. **2** Apreciable, notable, sensible.

sensiblerie [sɑ̃sibləʀi] f. Sensiblería.

sensitif, -ive [sɑ̃sitif, -iv] *adj.* **1** Sensitivo, va. ■ **2** s. Persona f. excesivamente susceptible.

sensualité [sɑ̃sɥalite] f. Sensualidad.

sentence [sɑ̃tɑ̃s] f. Sentencia.

senteur [sɑ̃tœʀ] f. Olor m., perfume m.

sentier [sɑ̃tje] m. Sendero, senda f.

sentiment [sɑ̃timɑ̃] m. **1** Sentimiento. **2** Sentir, opinión f. Loc. *J'ai le* ~ *que,* me parece que.

sentimental, -ale [sɑ̃timɑ̃tal] *adj.* Sentimental.

sentinelle [sɑ̃tinɛl] f. Centinela m.

sentir [sɑ̃tiʀ] [30] *tr.* **1** Sentir (percevoir). **2** Presentir, sentir (pressentir, deviner). **3** Apreciar: ~ *la beauté de,* apreciar la belleza de. **4** *Faire* ~, hacer notar. **5** Oler (par l'odorat). **6** Oler a (exhaler une odeur): *ce savon sent le jasmin,* este jabón huele a jazmín. **7** Saber a (avoir le goût de). ■ **8** *pr.* Sentirse: *se* ~ *mal,* sentirse mal, indispuesto, ta.

seoir [swaʀ] [41] *intr.* **1** Sentar, ir bien (convenir, aller). **2** *impers.* Convenir.

sépale [sepal] m. BOT. Sépalo.

séparable [sepaʀabl(ə)] *adj.* Separable.

séparation [sepaʀasjɔ̃] f. Separación.

séparer [sepaʀe] [1] *tr.* **1** Separar. **2** Separar, diferenciar, distinguir. ■ **3** *pr.* Separarse.

sépia [sepja] f. **1** Sepia (couleur) m. **2** Dibujo m. hecho con sepia (dessin).

sept [sɛt] *adj. num.-s.* Siete.

septembre [sɛptɑ̃bʀ(ə)] m. Septiembre.

septentrional, -ale [sɛptɑ̃tʀijɔnal] *adj.* Septentrional.

septième [sɛtjɛm] *adj.* **1** Séptimo, ma. ■ **2** s. Séptimo, la séptima parte.

septuagénaire [sɛptɥaʒenɛʀ] *adj.* Septuagenario, ria.

sépulcre [sepylkʀ(ə)] m. Sepulcro.

sépulture [sepyltyʀ] f. Sepultura.

séquelle [sekɛl] f. MÉD. Secuela.

séquence [sekɑ̃s] f. **1** Escalera (jeux). **2** Secuencia, escena (cinéma).

séquestre [sekɛstʀ(ə)] m. Secuestro, embargo.

séquestrer [sekɛstʀe] [1] *tr.* **1** Secuestrar, embargar. **2** Secuestrar, recluir (isoler quelqu'un).

sérail [seʀaj] m. Serrallo.

séraphin [seʀafɛ̃] m. Serafín.

serein, -eine [səʀɛ̃, -ɛn] *adj.* **1** Sereno, na (ciel, temps). **2** Sereno, na, tranquilo, la, apacible. ■ **3** m. Sereno (humidité nocture).

sérénade [seʀenad] f. Serenata.

sérénité [seʀenite] f. Serenidad.

serf [sɛʀ(f)] m. Siervo.

serge [sɛʀʒ(ə)] f. Sarga (tissu).

sergent [sɛʀʒɑ̃] m. Sargento.

série [seʀi] f. Serie: *en* ~, en serie.

sérieux, -euse [seʀjø, -øz] *adj.* **1** Serio, ia. **2** Serio, ia, formal (sage). **3** Importante. **4** Grave: *une rechute sérieuse,* una recaída grave. ■ **5** m. Seriedad f.

serin [s(ə)ʀɛ̃] m. **1** Canario. **2** fam. Bobo, tonto.

seringa [s(ə)ʀɛ̃ga] m. Jeringuilla f.

seringue [s(ə)ʀɛ̃g] f. Jeringa.

serment [sɛʀmɑ̃] m. Juramento.

sermon [sɛʀmɔ̃] m. Sermón.

serpe [sɛʀp(ə)] f. Podadera.

serpent [sɛʀpɑ̃] m. Serpiente f.

serpenter [sɛʀpɑ̃te] [1] *intr.* Serpentear.

serpentin [sɛʀpɑ̃tɛ̃] m. **1** Serpentín (d'alambic). **2** Serpentina f. (rouleau de papier).

serpette [sɛʀpɛt] f. Podadera.

serpillière [sɛʀpijɛʀ] f. **1** Bayeta (nettoyage). **2** Harpillera (grosse toile).

serrage [sɛʀaʒ] m. Presión f., apretadura f.

serre [sɛʀ] f. **1** Estufa, invernáculo m., invernadero m. (pour plantes). ■ **2** pl. Garras (d'oiseau).

serré, -ée [se(ɛ)ʀe] *adj.* **1** Ceñido, da, ajustado, da (vêtement). **2** Apretado, da, compacto, ta, denso, sa (compact).

serrement [sɛʀmɑ̃] m. **1** Estrechamiento, apretón. **2** ~ *de cœur,* angustia f., congoja f.

serrer [se(ɛ)ʀe] [1] *tr.* **1** Apretar, estrechar, cerrar: ~ *les dents,* apretar los dientes. Loc. fig. ~ *quelqu'un de près,* acosar a uno; ~ *la vis à quelqu'un,* apretar las clavijas a alguien. **2** Dar (la main), estrechar (embrasser). **3** Oprimir: *cela me* *serre le cœur,* esto me oprime el corazón. **4** Cerrar, estrechar: ~ *les rangs,* apretar las filas. **5** Estar estrecho, cha, apretar (vêtement): *ces chaussures me serrent,* me aprietan estos zapatos. **6** Ceñirse, pegarse: *serrez à droite,* cíñase a la derecha. ■ **7** *pr.* Estrecharse, apretarse.

serrure [seʀyʀ] *f.* Cerradura.

serrurerie [seʀyʀʀi] *f.* Cerrajería.

serrurier [seʀyʀje] *m.* Cerrajero.

sertir [seʀtiʀ] [3] *tr.* Engastar.

sertissure [seʀtisyʀ] *f.* Engaste *m.* (d'une pierre).

sérum [seʀɔm] *m.* Suero.

servage [seʀvaʒ] *m.* Servidumbre *f.,* sujeción *f.*

servant [seʀvɑ̃] *m.* **1** MIL. Sirviente (d'une arme). **2** *Chevalier* ~, galán. **3** Persona *f.* que ayuda al sacerdote durante la misa.

servante [seʀvɑ̃t] *f.* **1** Sirvienta. **2** Sierva: ~ *de Dieu,* sierva de Dios.

serveur, -euse [seʀvœʀ, -øz] *s.* **1** Camarero, ra (restaurant). ■ **2** *m.* Saque, sacador (jeux).

serviable [seʀvjabl(ə)] *adj.* Servicial.

service [seʀvis] *m.* **1** Servicio (public, domestique). **2** ~ *militaire,* servicio militar. **3** RELIG. Oficio, ceremonia *f.* Loc. *funèbre,* funeral. **4** Turno, servicio: *médecin de* ~, médico de turno. **5** Propina *f.* (au restaurant, au café, etc.). **6** Favor, servicio. Loc. *Rendre* ~ *à quelqu'un,* prestar un servicio a alguien, hacer un favor; fam. *ça peut toujours rendre* ~, esto puede servir. **7** *Je suis à votre* ~, estoy a su disposición; fam. *qu'y a-t-il pour votre* ~?, ¿en qué puedo servirle? **8** SPORTS Saque. **9** *Être hors* ~, estar fuera de uso. **10** Juego, servicio: ~ *à café, à thé,* juego de café, de té. **11** Servicio, vajilla *f.* (vaisselle). **12** Mantelería *f.* (linge de table).

serviette [seʀvjɛt] *f.* **1** Servilleta (de table). **2** Toalla (de toilette). **3** Cartera (pour documents). **4** ~ *hygiénique,* compresa.

servile [seʀvil] *adj.* Servil.

servir [seʀviʀ] [30] *tr.* **1** Servir: ~ *le dessert,* servir el postre. **2** Atender (un client). **3** Ayudar: ~ *la messe,* ayudar a misa. ■ **4** *tr.-ind.* ~ *à,* servir para; *à quoi ça sert?,* ¿para qué sirve eso? Loc. *Pourquoi se lamenter?,* cela ne sert à rien, ¿a qué lamentarse?, no sirve de nada. **5** Servir, hacer de (tenir lieu de). ■ **6** *pr.* Servirse (prendre ce dont on a besoin).

7 *Se* ~ *de,* utilizar, usar, servirse (utiliser). Loc. *Se* ~ *de quelqu'un,* aprovecharse de alguien.

serviteur [seʀvitœʀ] *m.* Servidor.

servitude [seʀvityd] *f.* **1** Servidumbre, esclavitud. **2** DR. Servidumbre.

ses [se] *adj. poss.* Sus.

sésame [sezam] *m.* Sésamo, ajonjolí (plante).

session [sesjɔ̃] *f.* **1** Período *m.* de sesiones. **2** Exámenes *m. pl.* **3** Sesión (d'un concile).

seuil [sœj] *m.* **1** Umbral. **2** Puertas *f. pl.,* umbrales *pl.: au* ~ *de la mort,* a las puertas, en los umbrales de la muerte.

seul, seule [sœl] *adj.* **1** Solo, la. Loc. ~ *à* ~, *tout* ~, a solas; *cela va tout* ~, eso marcha solo. **2** Único, ca: *le* ~ *danger,* el único peligro. **3** Sólo (valeur adverbiale). ■ **4** *s. Le* ~, *la seule,* el único, la única. **5** *Un* ~, *une seule,* uno, una.

seulement [sœlmɑ̃] *adv.* **1** Solamente, sólo, únicamente: *non* ~, no sólo; *pas* ~, ni siquiera, ni tan solo. **2** Al menos: *si* ~*... si al menos... **3** Sólo, justo: *il vient* ~ *d'arriver,* acaba justo de llegar. **4** Pero, solo que (mais).

seulet, -ette [sœlɛ, -ɛt] *adj.* Solito, ta.

sève [sev] *f.* Savia.

sévère [seveʀ] *adj.* Severo, ra.

sévérité [severite] *f.* Severidad.

sévir [seviʀ] [3] *intr.* **1** Castigar con rigor. **2** fig. Reinar, hacer estragos (épidémie, etc.).

sevrer [səvʀe] [16] *tr.* **1** Destetar. **2** Privar de.

sexagénaire [sɛgz(ks)aʒenɛʀ] *adj.-s.* Sexagenario, ia.

sexe [sɛks(ə)] *m.* Sexo.

sextant [sɛkstɑ̃] *m.* Sextante.

sextuple [sɛkstypl(ə)] *adj.* Séxtuplo, pla.

sexuel, -elle [sɛksɥɛl] *adj.* Sexual.

shako [ʃako] *m.* Chacó.

si [si] *conj.* **1** Si: ~ *tu viens nous sortirons ensemble,* si vienes saldremos juntos. **2** ~ *ce n'est,* sino; ~ *ce n'est que...,* salvo que, excepto que. **3** ~ *seulement,* si por lo menos. **4** Loc. ~ *bien que,* de manera que, así que. ■ **5** *adv.* Sí (affirmation après une négation): *mais* ~, claro que sí. **6** Tan (tellement): *c'est une fille* ~ *charmante!,* ¡es una chica tan encantadora! **7** ~ *... que...,* por... que... ■ **8** *m. invar.* MUS. Si.

siamois, -oise [sjamwa, -waz] *adj.-s.* Siamés, esa: *frères* ~, hermanos siameses.

sibyllin, -ine [sibil(l)ɛ̃, -in] *adj.* Sibilino, na.

sida, SIDA [sida] *m.* (*abrév.* syndrome inmuno-déficitaire acquis) sida, SIDA.

sidérer [sideʀe] [14] *tr.* fam. Asombrar, dejar estupefacto, ta.

sidérurgie [sideʀyʀʒi] *f.* Siderurgia.

siècle [sjɛkl(ǝ)] *m.* Siglo.

siège [sjɛʒ] *m.* **1** Sede *f.,* oficina *f.* central (d'une administration). **2** Domicilio (d'une société). **3** Asiento (pour s'asseoir). **4** Escaño, puesto (dans une assemblée). **5** Centro, foco (d'une maladie, d'un phénomène). **6** MIL. Sitio, cerco: *état de ~,* estado de sitio.

siéger [sjeʒe] [15] *intr.* **1** Residir, tener su sede, radicar. **2** Ocupar una sede. **3** Celebrar sesión, reunirse.

sien, sienne [sjɛ̃, -sjɛn] *adj.-pron. poss.* **1** Suyo, ya. ■ **2** *s.* Lo suyo. ■ **3** *pl.* **Les siens,** los suyos (ses parents).

sieste [sjɛst(ǝ)] *f.* Siesta.

sieur [sjœʀ] *m.* **1** DR. Señor. **2** Tal: *le ~ X,* un tal X.

sifflement [sifləmɑ̃] *m.* Silbido, silbo.

siffler [sifle] [1] *intr.-tr.* **1** Silbar. **2** Pitar (avec un sifflet). ■ **3** *tr.* Silbar, pitar, abuchear.

sifflet [siflɛ] *m.* Silbato, pito.

sigle [sigl(ǝ)] *m.* Sigla *f.*

signal [siɲal] *m.* Señal *f.*

signalement [siɲalmɑ̃] *m.* Filiación *f.,* señas *f. pl.*

signaler [siɲale] [1] *tr.* **1** Señalar. **2** Indicar, hacer notar. Loc. *Rien à ~,* sin novedad. ■ **3** *pr.* Distinguirse, señalarse.

signalétique [siɲaletik] *f.* Señalización.

signataire [siɲatɛʀ] *s.* Signatario, ria, firmante.

signature [siɲatyʀ] *f.* Firma.

signe [siɲ] *m.* **1** Signo: *~ de ponctuation,* signo de puntuación. **2** Señal *f.,* seña *f.: c'est bon ~,* es una buena señal. **3** Signo (symbole, zodiaque).

signer [siɲe] [1] *tr.* **1** Firmar. ■ **2** *pr.* Santiguarse.

signet [siɲɛ] *m.* Registro.

significatif, -ive [siɲifikatif, -iv] *adj.* Significativo, va.

signifier [siɲifje] [2] *tr.* **1** Significar. **2** DR. Notificar.

silence [silɑ̃s] *m.* Silencio.

silencieux, -euse [silɑ̃sjø, -øz] *adj.* **1** Silencioso, sa. ■ **2** *m.* Silenciador (automobiles, armes à feu).

silex [silɛks] *m.* Sílex.

silhouette [silwɛt] *f.* Silueta.

silice [silis] *f.* Sílice.

sillage [sijaʒ] *m.* MAR. Estela *f.*

sillon [sijɔ̃] *m.* **1** Surco. ■ **2** *pl.* poét. Arrugas *f.* (rides).

sillonner [sijɔne] [1] *tr.* Surcar.

silo [silo] *m.* Silo.

similaire [similɛʀ] *adj.* Similar.

similitude [similityd] *f.* Similitud.

simple [sɛ̃pl(ǝ)] *adj.* **1** Simple (pur). **2** Sencillo, lla, llano, na (sans façon). **3** Simple, crédulo, la (crédule). Loc. *~ d'esprit,* inocente. **4** Simple (seul). **5** Sencillo, lla, fácil. **6** Sencillo, lla (qui a peu d'ornements). ■ **7** *f.* Simple *m.* (plante). ■ **8** *m.* Simple (tennis).

simplet, -ette [sɛ̃plɛ, -ɛt] *adj.* Simplón, ona.

simplicité [sɛ̃plisite] *f.* **1** Simplicidad, sencillez. **2** Simpleza (naïveté).

simplifier [sɛ̃plifje] [2] *tr.* Simplificar.

simulation [simylasjɔ̃] *f.* Simulación.

simuler [simyle] [1] *tr.* Simular.

simultané, -ée [simyltane] *adj.* Simultáneo, ea.

sincérité [sɛ̃seʀite] *f.* Sinceridad.

singe [sɛ̃ʒ] *m.* **1** Mono, mona *f.* **2** fig. Imitador, mono (imitateur). **3** pop. Patrón, patrono.

singerie [sɛ̃ʒʀi] *f.* Mueca, gesto *m.*

singulariser [sɛ̃gylaʀize] [1] *tr.* **1** Singularizar. ■ **2** *pr.* Distinguirse, singularizarse.

singularité [sɛ̃gylaʀite] *f.* Singularidad.

singulier, -ière [sɛ̃gylje, -jɛʀ] *adj.m.* Singular.

sinistré, -ée [sinistʀe] *adj.-s.* Siniestrado, da, damnificado, da.

sinistre [sinistʀ(ǝ)] *adj.* **1** Siniestro, tra. **2** Siniestro, tra, triste, aburrido, da (ennuyeux). ■ **3** *m.* Siniestro.

sinon [sinɔ̃] *conj.* **1** Si no (autrement): *dépêche-toi, ~ tu vas rater ton train,* date prisa, si no vas a perder el tren. **2** Sino (excepté).

sinuosité [sinɥozite] *f.* Sinuosidad.

sionisme [sjɔnism(ǝ)] *m.* Sionismo.

siphon [sifɔ̃] *m.* Sifón.

siphonné, ée [sifɔne] *adj.-fam.* Chiflado, da, guillado, da.

sire [siʀ] *m.* **1** Señor (titre). **2** Majestad *f.* (roi).

sirène [siʀɛn] *f.* **1** MYTH. Sirena. **2** Sirena (d'alarme, etc.).

sirop [siʀo] *m.* **1** Jarabe (médicamenteux). **2** Almíbar.

siroter [siʀɔte] [1] *tr.* fam. Beber a sorbos y paladeando.

sis, sise [si, siz] *adj.* Sito, ta, situado, da.

sismique [sismik] *adj.* Sísmico, ca.

site [sit] *m.* Sitio, paisaje.

sitôt [sito] *adv.* Tan pronto como. Loc. ~ *dit,* ~ *fait,* dicho y hecho; *pas de* ~, no tan pronto. *loc. conj.* ~ *que,* tan pronto como, luego que, al instante que.

situation [sitɥasjɔ̃] *f.* Situación.

situer [sitɥe] [1] *tr.* Situar.

six [sis-iz] *adj. num.-m.* **1** Seis. **2** Sexto, ta. ▲ Solo o en final de frase se pronuncia *sis.*

sixième [sizjɛm] *adj. num.-s.* **1** Sexto, ta. ■ **2** *m.* Sexto piso (étage). ■ **3** *f.* Primer curso *m.* de bachillerato francés.

ski [ski] *m.* Esquí.

skieur, -euse [skjœR, -øz] *s.* Esquiador, ra.

snobisme [snɔbism(ə)] *m.* Esnobismo.

sobre [sɔbR(ə)] *adj.* Sobrio, bria.

sobriété [sɔbRijete] *f.* Sobriedad.

sobriquet [sɔbRikε] *m.* Apodo, mote.

soc [sɔk] *m.* Reja *f.* (de la charrue).

sociable [sɔsjabl(ə)] *adj.* Sociable.

social, -ale [sɔsjal] *adj.* Social.

socialisme [sɔsjalism(ə)] *m.* Socialismo.

sociétaire [sɔsjetεR] *adj.-s.* Socio, cia.

société [sɔsjete] *f.* Sociedad.

sociologie [sɔsjɔlɔzi] *f.* Sociología.

socle [sɔkl(ə)] *m.* Zócalo.

soda [sɔda] *m.* Soda *f.*

sodium [sɔdjɔm] *m.* Sodio.

sœur [sœR] *f.* Hermana.

sofa [sɔfa] *m.* Sofá.

soi [swa] *pron. pers.* Sí, sí mismo, ma. Loc. *Avec* ~, consigo; *soi-même,* sí mismo, uno mismo; *chez* ~, en su propia casa, en su país; *en* ~, de sí, suyo; *à part* ~, para sí, en su fuero interno; *cela va de* ~, ni que decir tiene, esto cae de su propio peso; *revenir à* ~, volver en sí.

soi-disant [swadizɑ̃] *adj. invar.* **1** Sedicente, supuesto, ta. **2** *loc. adv.* Según dicen, aparentemente (semble-t-il).

soie [swa] *f.* **1** Seda. **2** Seta, cerda (poil).

soif [swaf] *f.* Sed.

soigner [swaɲe] [1] *tr.* **1** Cuidar: ~ *un travail,* cuidar un trabajo. **2** Atender a, asistir a: ~ *un malade,* asistir, cuidar a un enfermo. Loc. fam. *Il faut te faire* ~!, ¡estás chalado, da! **3** Tratar, curar: ~ *une maladie aux antibiotiques,* tratar una enfermedad con antibióticos. **4** Esperar, pulir (parfaire). ■ **5** *pr.* Cuidarse.

soigneux, -euse [swaɲø, -øz] *adj.* **1** Cuidadoso, sa. **2** Esmerado, da.

soin [swε̃] *m.* **1** Cuidado. Loc. *Avoir* ~ *de,* ocuparse de; *prendre* ~ *de,* ocuparse en, esforzarse en. **2** Esmero (grand soin). ■ **3** *pl.* Cuidados.

soir [swaR] *m.* **1** Tarde *f.* **2** Noche *f.* (après le coucher du soleil).

soit [swa] **1** v. **être.** ■ **2** *conj.* Sea, supongamos (supposition). **3** O sea, es decir (c'est-à-dire). **4** *Soit... soit,* ya... ya... o... o...; sea... sea... ■ **5** *adv.* [swat] Sea, de acuerdo, bueno.

soixantaine [swasɑ̃tεn] *f.* **1** Unos *m. pl.* sesenta. **2** *La* ~, los *m. pl.* sesenta (âge).

soixante [swasɑ̃t] *adj. num.-s. invar.* Sesenta.

soixantième [swasɑ̃tjεm] *adj.-s.* **1** Sexagésimo, ma. ■ **2** *m.* Sesentavo.

soja [sɔza] *m.* Soja *f.*

sol [sɔl] *m.* **1** Suelo. **2** Terreno. **3** MÚS. Sol (note).

solaire [sɔlεR] *adj.* Solar.

soldat [sɔlda] *m.* Soldado: *simple* ~, soldado raso.

solde [sɔld(ə)] *f.* **1** Sueldo *m.* Loc. *Être à la* ~ *de,* estar a sueldo de. ■ **2** *m.* Saldo (d'un compte). ■ **3** *m. pl.* Rebajas *f.,* liquidación *f. sing.*

solder [sɔlde] [1] *tr.* **1** COMM. Saldar. ■ **2** *pr. Se* ~ *par,* resultar.

sole [sɔl] *f.* Lenguado *m.* (poisson).

soleil [sɔlεj] *m.* **1** Sol: ~ *levant, couchant,* sol naciente, poniente. **2** Girasol (fleur). **3** fam. *Piquer un* ~, ruborizarse, ponerse colorado, da. **4** Girándula *f.,* rueda *f.* (feu d'artifice).

solennel, -elle [sɔlanεl] *adj.* Solemne.

solennité [sɔlanite] *f.* Solemnidad.

solfège [sɔlfεʒ] *m.* Solfeo.

solidaire [sɔlidεR] *adj.* Solidario, ria.

solidarité [sɔlidaRite] *f.* Solidaridad.

solide [sɔlid] *adj.* **1** Sólido, da. Loc. *Un* ~ *gaillard,* un motezón. **2** fam. Gran, buen: *un* ~ *appétit,* un buen apetito. **3** Resistente (matériel). ■ **4** *m.* Sólido.

solidifier [sɔlidifje] [2] *tr.* Solidificar.

solidité [sɔlidite] *f.* Solidez.

soliste [sɔlist(ə)] *s.* Solista.

solitaire [sɔlitεR] *adj.-s.* Solitario, ia.

solitude [sɔlityd] *f.* Soledad.

solive [sɔliv] *f.* Viga (poutre).

solliciter [sɔ(l)lisite] [1] *tr.* Solicitar, pedir.

sollicitude [sɔ(l)lisityd] *f.* Solicitud.

solo [sɔlo] *m.* MÚS. Solo.

solstice [sɔlstis] *m.* Solsticio.

soluble [sɔlybl(ə)] *adj.* Soluble.

solution [sɔlysjɔ̃] *f.* **1** Solución. **2** *Solutions de continuité,* soluciones de continuidad.

sombre [sɔ̃bR(ə)] *adj.* **1** Sombrío, ía, oscuro, ra (couleur): *il fait* ~, está oscuro. **2** Melancólico, ca, taciturno, na.

sombrer [sɔ̃bʀe] [1] *intr.* MAR. Zozobrar, hundirse, irse a pique.

sommaire [sɔ(m)mɛʀ] *adj.* **1** Sumario, ria, sucinto, ta. ▪ **2** *m.* Sumario, resumen.

somme [sɔm] *f.* **1** Suma (addition): *faire la ~,* sumar, hacer la suma. **2** Cantidad, suma (d'argent). **3** *Bête de ~,* bestia de carga. **4** *loc. adv.* *En ~,* ~ *toute,* en resumen, en resumidas cuentas. ▪ **5** *m.* Sueño.

sommeil [sɔmɛj] *m.* Sueño.

sommelier [sɔmǝlje] *m.* Bodeguero, botillero (dans un restaurant).

sommer [sɔme] [1] *tr.* Intimar, conminar, requerir.

sommet [sɔmɛ] *m.* **1** Cumbre *f.,* cima *f.,* cúspide *f.* **2** GÉOM. Vértice.

sommier [sɔmje] *m.* **1** Somier (de lit). **2** Fichero (gros registre ou dossier). **3** Yugo (d'une cloche). **4** Secreto (d'un orgue). **5** ARCHIT. Sotabanco.

sommité [sɔm(m)ite] *f.* Eminencia, notabilidad, lumbrera (personnage).

somnambulisme [sɔmnãbylism(ǝ)] *m.* Sonambulismo.

somnifère [sɔmnifɛʀ] *m.* Somnífero, soporífero.

somnolence [sɔmnɔlãs] *f.* Somnolencia.

somptueux, -euse [sɔ̃ptɥø, -øz] *adj.* Suntuoso, sa.

son [sɔ̃] *m.* **1** Sonido, son. **2** Salvado, afrecho (des céréales). **3** Loc. fam. *Tache de ~,* peca.

son [sɔ̃], **sa** [sa], **ses** [se] *adj. poss.* Su, sus: *son frère,* su hermano; *sa valise,* su maleta; *ses livres,* sus libros.

sonate [sɔnat] *f.* MUS. Sonata.

sondage [sɔ̃daʒ] *m.* Sondeo.

sonde [sɔ̃d] *f.* **1** MAR., MÉD. Sonda. **2** TECHN. Sonda, barrena.

songe [sɔ̃ʒ] *m.* Sueño, ensueño.

songer [sɔ̃ʒe] [13] *intr.* **1** Soñar (rêver). **2** Pensar. Loc. *Songez-y bien!,* ¡piénselo bien!; *n'y songez pas!,* ¡ni lo sueñe!, ¡ni lo piense! **3** ~ *que,* considerar que.

songeur, euse [sɔ̃ʒœʀ, øz] *adj.* **1** Pensativo, va. ▪ **2** *s.* Soñador, ra.

sonnaille [sɔnaj] *f.* Cencerro *m.*

sonnant, -ante [sɔnã, -ãt] *adj.* **1** En punto: *à six heures sonnantes,* a las seis en punto. **2** *Espèces sonnantes et trébuchantes,* moneda contante y sonante.

sonner [sɔne] [1] *intr.* **1** Sonar (rendre un son). **2** Tañer (les cloches). **3** Dar: *midi sonne,* dan las doce. **4** Tocar el timbre, llamar (à la porte). ▪ **5** *tr. ind.* ~ *de,*

tocar: ~ *de la trompette,* tocar la trompeta. ▪ **6** *tr.* Tocar, tañer (faire résonner): ~ *le glas,* tocar a difunto. **7** Llamar (par une sonnette). **8** Sonar, dar: *la pendule a sonné six heures,* el reloj ha dado las seis. **9** Dar un palizón, sacudir (frapper).

sonnerie [sɔnʀi] *f.* **1** Timbre *m.* (du téléphone, du réveil). **2** Campaneo *m.,* repique *m.* (cloches). **3** Toque *m.* (de clairon).

sonnet [sɔnɛ] *m.* Soneto.

sonnette [sɔnɛt] *f.* **1** Campanilla. **2** Timbre *m.*

sonore [sɔnɔʀ] *adj.* Sonoro, ra.

sonorité [sɔnɔʀite] *f.* Sonoridad.

sophisme [sɔfism(ǝ)] *m.* Sofisma.

sophistiquer [sɔfistike] [1] *tr.* Adulterar.

sorbet [sɔʀbɛ] *m.* Sorbete.

sorcier, -ière [sɔʀsje, -jɛʀ] *s.* Brujo, ja, hechicero, ra.

sordide [sɔʀdid] *adj.* Sórdido, da.

sort [sɔʀ] *m.* **1** Suerte *f.* Loc. *Tirage au ~,* sorteo; *tirer au ~,* sortear. **2** Sortilegio, aojo: *jeter un ~ à quelqu'un,* hechizar, aojar a alguien. **3** Destino, fortuna *f.*

sortant, -ante [sɔʀtã, -ãt] *adj.* Saliente, que sale.

sorte [sɔʀt(ǝ)] *f.* **1** Clase, tipo *m.,* especie (espèce): *une ~ de...,* una especie de... **2** Modo *m.,* manera: *de la ~,* de este modo, así: *en quelque ~,* en cierto modo, por decirlo así. **3** *Faire en ~ que,* procurar que. **4** *loc. conj. De (telle) ~ que...,* de tal modo que...

sortie [sɔʀti] *f.* Salida.

sortilège [sɔʀtilɛʒ] *m.* Sortilegio, hechizo, maleficio.

sortir [sɔʀtiʀ] [30] *intr.* **1** Salir (partir). **2** Salirse. **3** fam. Acabar de. **4** Salir (numéro de loterie). **5** Salir, proceder. ▪ **6** *tr.* Sacar (extraire, accompagner quelqu'un). **7** Publicar (un livre). ▪ **8** *pr.* *S'en ~,* arreglárselas, conseguir salir del apuro.

sosie [sozi] *m.* Sosia.

sot, sotte [so, sɔt] *adj.-s.* Tonto, ta, necio, cia, bobo, ba.

sottise [sɔtiz] *f.* Tontería, necedad.

sou [su] *m.* **1** Perra *f.* chica, cinco céntimos. ▪ **2** *pl.* fam. Cuartos, dineros.

soubresaut [subʀǝso] *m.* Sobresalto, estremecimiento.

soubrette [subʀɛt] *f.* Doncella, sirvienta.

souche [suʃ] *f.* **1** Cepa, tocón *m.* (d'un arbre). **2** Tronco *m.,* origen *m.* (d'une famille). **3** Matriz (d'un document).

souchet [suʃɛ] *m.* **1** Juncia *f.* **2** ~ *comestible*, chufa *f.*

souci [susi] *m.* **1** Preocupación *f.*, cuidado. Loc. *Se faire du* ~, preocuparse, inquietarse. **2** Deseo, ansia *f.* **3** Maravilla *f.* (plante).

soucier (se) [susje] *pr.* Inquietarse, preocuparse por, cuidar de.

soucieux, -euse [susjø, -øz] *adj.* Inquieto, ta, preocupado, da.

soucoupe [sukup] *f.* **1** Platillo *m.* **2** ~ *volante*, platillo volante.

soudain [sudɛ̃] *adv.* De repente, súbitamente.

soudain, -aine [sudɛ̃, -ɛn] *adj.* Súbito, ta.

soude [sud] *f.* Sosa: ~ *caustique*, sosa cáustica.

souder [sude] [1] *tr.* Soldar.

soudoyer [sudwaje] [23] *tr.* **1** Asoldar, pagar. **2** Sobornar.

soudure [sudyʀ] *f.* Soldadura.

soufflage [suflaʒ] *m.* Sopladura *f.*

souffle [sufl(ə)] *m.* **1** Soplo (de l'air). **2** Aliento (respiration). **3** Inspiración *f.* **4** MÉD. Soplo (cardiaque).

soufflé, -ée [sufle] *adj.* **1** Inflado, da, hinchado, da. ■ **2** *m.* CUIS. «Soufflé».

souffler [sufle] [1] *intr.* **1** Soplar: *le vent souffle*, el viento sopla. **2** Resoplar. ■ **3** *tr.* Soplar, aventar (le feu). **4** Apagar: ~ *une bougie*, apagar una vela. **5** Coger, soplar (jeu de dames). **6** Volar (par une explosion). **7** Soplar (le verre). **8** Susurrar, decir en voz baja. Loc. *Ne pas* ~ *mot*, no decir ni pío, no chistar. **9** fam. Dejar patitieso, sa (stupéfier). **10** Soplar, birlar: ~ *un emploi à*, birlar un empleo a.

soufflet [suflɛ] *m.* **1** Fuelle (pour souffler, entre deux wagons, etc.). **2** Bofetón, bofetada *f.* (gifle).

souffleur [suflœʀ] *m.* **1** Soplador (de verre). **2** THÉÂT. Apuntador.

souffrance [sufʀɑ̃s] *f.* **1** Sufrimiento *m.*, padecimiento *m.* **2** *En* ~, en suspenso, detenido, da.

souffrant, -ante [sufʀɑ̃, -ɑ̃t] *adj.* Indispuesto, ta, enfermo, ma.

souffrir [sufʀiʀ] [4] *intr.* **1** Padecer, sufrir. **2** ~ *de*, pasar, sentir: *nous avons souffert du froid*, hemos pasado frío. ■ **3** *tr.* Soportar, tolerar, aguantar. **4** Permitir: *souffrez que...* (avec subj.) permita que... **5** Admitir: *cela ne souffre aucun retard*, esto no admite retraso.

soufre [sufʀ(ə)] *m.* Azufre.

souhait [swɛ] *m.* **1** Deseo, anhelo. Loc. *À vos souhaits!* ¡Jesús! (à une personne

qui éternue). **2** *loc. adv. À* ~, a pedir de boca. ■ **3** *pl.* Felicitaciones *f.*

souhaiter [swete] [1] *tr.* Desear. Loc. ~ *le bonjour*, dar los buenos días.

souiller [suje] [1] *tr.* **1** Manchar, ensuciar (salir). **2** fig. Mancillar.

souillon [sujɔ̃] *f.* Criada sucia.

soûl, soûle [su, sul] *adj.* **1** fam. Borracho, cha (ivre). **2** Harto, ta. **3** *loc. adv. Tout mon* ~, hasta saciarme, tanto como quiera: *tout son* ~, hasta hartarse.

soulager [sulaʒe] [13] *tr.* **1** Aliviar, aligerar, descargar. **2** fig. Aliviar (peine, etc.). ■ **3** *pr.* fam. Satisfacer una necesidad corporal.

soûler [sule] [1] *tr.* **1** fam. Emborrachar, embriagar. **2** Saciar, llenar (de compliments). **3** fam. Cansar, aburrir (fatiguer). ■ **4** *pr.* Emborracharse, embriagarse.

soulèvement [sulɛvmɑ̃] *m.* **1** Levantamiento. **2** Levantamiento, sublevación *f.* (révolte).

soulever [sulve] [16] *tr.* **1** Levantar (un poids, un rideau, de la poussière, etc.). Loc. fig. ~ *le cœur*, revolver el estómago. **2** Levantar, alzar, sublevar (exciter à la révolte). **3** Provocar, ocasionar. **4** Plantear (une question, un problème). ■ **5** *pr.* Sublevarse, alzarse, rebelarse.

soulier [sulje] *m.* Zapato.

souligner [suliɲe] [1] *tr.* **1** Subrayar. **2** fig. Recalcar, hacer hincapié en.

soumettre [sumɛtʀ(ə)] [60] *tr.* **1** Someter. ■ **2** *pr.* Someterse, conformarse.

soumission [sumisjɔ̃] *f.* **1** Sumisión. **2** COMM. Licitación, oferta.

soupape [supap] *f.* TECHN. Válvula: ~ *de sûreté*, válvula de seguridad.

soupçon [supsɔ̃] *m.* **1** Sospecha *f.* **2** fig. Pizca *f.*, un poquito: *un* ~ *de sel*, una pizca de sal.

soupe [sup] *f.* **1** Sopa. Loc. *Il est* ~ *au lait*, es muy irascible. **2** MIL. Rancho *m.* **3** ~ *populaire*, comedor *m.* de beneficencia.

souper [supe] [1] *intr.* **1** Cenar. **2** fam. *J'en ai soupé*, estoy hasta la coronilla.

souper [supe] *m.* Cena *f.*

soupeser [supəze] [16] *tr.* Sopesar.

soupière [supjɛʀ] *f.* Sopera.

soupir [supiʀ] *m.* Suspiro: *pousser un* ~, dar un suspiro.

soupirail [supiʀaj] *m.* Respiradero, lumbrera *f.*, tragaluz.

soupirant [supiʀɑ̃] *m.* Pretendiente enamorado.

soupirer [supiʀe] [1] *intr.* Suspirar: ~ *pour, après,* suspirar por.

souple [supl(ə)] *adj.* **1** Flexible. **2** Ágil. **3** fig. Flexible, acomodadicio, ia, acomodaticio, ia (accommodant).

souplesse [suplɛs] *f.* **1** Flexibilidad, elasticidad. **2** Agilidad, soltura.

source [suʀs(ə)] *f.* **1** Fuente, manantial *m.* **2** fig. Fuente, origen *m.*

sourcil [suʀsi] *m.* Ceja *f.*

sourciller [suʀsije] [1] *intr. Sans* ~, sin pestañear, sin inmutarse. Ús. solamente en frase negativa.

sourd, sourde [suʀ, suʀd(ə)] *adj.* **1** Sordo, da. Loc. ~ *comme un pot,* sordo como una tapia. **2** fig. Sordo, da, insensible. ■ **3** *s.* Sordo, da. Loc. *Crier comme un* ~, gritar como un loco, muy fuerte; *frapper comme un* ~, golpear muy fuerte.

sourdine [suʀdin] *f.* MUS. Sordina. Loc. *En* ~, con sordina.

sourd-muet, sourde-muette [suʀmyɛ, suʀdmyɛt] *adj.-s.* Sordomudo, da.

sourdre [suʀdʀ(ə)] [6] *intr.* Brotar, surgir.

souriant, -ante [suʀjã, -ãt] *adj.* Risueño, ña, sonriente.

souricière [suʀisjɛʀ] *f.* Ratonera (piège).

sourire [suʀiʀ] [68] *intr.* Sonreír, sonreírse.

sourire [suʀiʀ] *m.* Sonrisa *f.*

souris [suʀi] *f.* **1** Ratón *m.* **2** fam. Muchacha (fille).

sournois, -oise [suʀnwa, waz] *adj.-s.* Disimulado, da, solapado, da, socarrón, ona, hipócrita.

sous [su] *prép.* **1** Debajo de, bajo: ~ *la table,* bajo la mesa. **2** Bajo: ~ *sa direction,* bajo su dirección. **3** Durante el reinado de. **4** Dentro de: *je vous répondrai* ~ *huitaine,* le responderé dentro de ocho días; ~ *peu,* dentro de poco. **5** A: ~ *les ordres de,* a las órdenes de. **6** ~ *les yeux de tout le monde,* ante los ojos de todos. **7** So: ~ *peine de,* so pena de; ~ *prétexte,* so pretexto.

sous-bois [subwa(ɑ)] *m.* Monte bajo, maleza *f.*

sous-chef [suʃɛf] *m.* Subjefe.

souscription [suskʀipsjɔ̃] *f.* Suscripción.

souscrire [suskʀiʀ] [67] *tr.* **1** Suscribir. ■ **2** *tr. ind.* ~ *à,* consentir en, convenir en. **3** Suscribirse: ~ *à une revue,* suscribirse a una revista.

sous-cutané, -ée [sukytane] *adj.* Subcutáneo, ea.

sous-développé, -ée [sudevlɔpe] *adj.* Subdesarrollado, da.

sous-directeur, -trice [sudiʀɛktœʀ, -tʀis] *s.* Subdirector, ra.

sous-entendre [suzãtãdʀ(ə)] [6] *tr.* Sobrentender.

sous-locataire [sulɔkatɛʀ] *s.* Subarrendatario, ria.

sous-louer [sulwe] [1] *tr.* Subarrendar, realquilar.

sous-main [sumɛ̃] *m. invar.* **1** Carpeta *f.* **2** *loc. adv. En* ~, en secreto.

sous-marin, -ine [sumaʀɛ̃, -in] *adj.* **1** Submarino, na. ■ **2** *m.* Submarino.

sous-officier [suzɔfisje] *m.* MIL. Suboficial.

sous-ordre [suzɔʀdʀ(ə)] *m.* Subalterno, subordinado.

sous-préfet [supʀefɛ] *m.* Subprefecto.

sous-secrétaire [sus(ə)kʀetɛʀ] *m.* Subsecretario.

soussigné, -ée [susiɲe] *adj.-s.* Infrascrito, ta, abajo firmante: *je* ~, el abajo firmante.

sous-sol [susɔl] *m.* Subsuelo.

sous-titre [sutitʀ(ə)] *m.* Subtítulo.

soustraction [sustʀaksjɔ̃] *f.* Sustracción.

soustraire [sustʀɛʀ] [58] *tr.* **1** Sustraer, robar. **2** MATH. Sustraer, restar. ■ **3** *pr.* Sustraerse.

soutane [sutan] *f.* Sotana.

soute [sut] *f.* **1** MAR. Pañol *m.* **2** Compartimiento *m.* de equipajes (dans un avion).

soutenable [sutnabl(ə)] *adj.* Defendible.

soutenance [sutnãs] *f.* Defensa de una tesis.

soutènement [sutɛnmã] *m.* Contención *f.: mur de* ~, muro de contención.

souteneur [sutnœʀ] *m.* Rufián, chulo.

soutenir [sutniʀ] [36] *tr.* **1** Sostener. **2** Sostener, ayudar, animar (aider). **3** Apoyar. **4** Defender (une thèse). **5** Afirmar: *je soutiens que...,* afirmo que... **6** Mantener, sustentar, sostener. **7** MIL. Aguantar, resistir.

soutenu, -ue [sutny] *adj.* **1** Elevado, da, noble (style). **2** Constante, persistente.

souterrain, -aine [sutɛʀɛ̃, -ɛn] *adj.* **1** Subterráneo, ea. ■ **2** *m.* Subterráneo.

soutien [sutjɛ̃] *m.* Sostén, apoyo.

soutien-gorge [sutjɛ̃gɔʀʒ] *m.* Sujetador, sostén.

soutirer [sutiʀe] [1] *tr.* **1** Trasegar (un liquide). **2** fig. Sonsacar, sacar con maña: ~ *de l'argent à quelqu'un,* sacar dinero a alguien.

souvenir [suvniʀ] *m.* Recuerdo.

souvenir (se) [suvniʀ] [36] *pr.* **1** Acordarse, recordar. ▪ **2** *impers. Il me souvient,* creo recordar, creo.

souvent [suvã] *adv.* A menudo, frecuentemente, muchas veces.

souverain, -aine [suvʀɛ̃, -ɛn] *adj.s.* **1** Soberano, na. **2** *Le ~ pontife,* el sumo pontífice. ▪ **3** *m.* Soberano (monnaie).

soviétique [sɔvjetik] *adj.-s.* Soviético, ca.

soyeux, -euse [swajø, -øz] *adj.* Sedoso, sa.

spacieux, -euse [spasjø, -øz] *adj.* Espacioso, sa.

sparadrap [spaʀadʀa] *m.* Esparadrapo.

spartiate [spaʀsjat] *adj.-s.* **1** Espartano, na. ▪ **2** *f. pl.* Sandalias.

spasmodique [spasmɔdik] *adj.* Espasmódico, ca.

spatule [spatyl] *f.* Espátula.

spécial, -ale [spesjal] *adj.* Especial.

spécialiste [spesjalist(ə)] *s.* Especialista.

spécialité [spesjalite] *f.* Especialidad.

spécieux, -euse [spesjø, -øz] *adj.* Especioso, sa.

spécifier [spesifje] [2] *tr.* Especificar.

spécifique [spesifik] *adj.-m.* Específico, ca.

spécimen [spesimɛn] *m.* Espécimen, muestra *f.: des spécimens,* unos especímenes.

spectacle [spɛktakl(ə)] *m.* Espectáculo.

spectaculaire [spɛktakylɛʀ] *adj.* Espectacular.

spectateur, -trice [spɛktatœʀ, -tʀis] *s.* Espectador, ra.

spéculateur, -trice [spekylatœʀ, -tʀis] *s.* Especulador, ra.

spéculation [spekylasjɔ̃] *f.* Especulación.

spéculer [spekyle] [1] *intr.* Especular.

spéléologie [speleɔlɔʒi] *f.* Espeleología.

sperme [spɛʀm(ə)] *m.* Esperma *f.* Semen.

sphère [sfɛʀ] *f.* **1** GÉOM., ASTRON. Esfera. **2** Esfera, campo *m.* (milieu).

sphinx [sfɛ̃ks] *m. invar.* Esfinge *f.*

spinal, -ale [spinal] *adj.* ANAT. Espinal.

spirale [spiʀal] *f.* Espiral.

spiritisme [spiʀitism(ə)] *m.* Espiritismo.

spiritualité [spiʀitɥalite] *f.* Espiritualidad.

spirituel, -elle [spiʀitɥɛl] *adj.* **1** Espiritual. **2** Discreto, ta, agudo, da, ingenioso, sa (drôle).

spiritueux, -euse [spiʀitɥø, -øz] *adj.* **1** Espirituoso, sa. ▪ **2** *m.* Bebida *f.* espirituosa.

spleen [splin] *m.* Esplín.

splendeur [splɑ̃dœʀ] *f.* Esplendor *m.*

splendide [splɑ̃did] *adj.* Espléndido, da.

spolier [spɔlje] [2] *tr.* Expoliar.

spongieux, -euse [spɔ̃ʒjø, -øz] *adj.* Esponjoso, sa.

spontanéité [spɔ̃taneite] *f.* Espontaneidad.

sporadique [spɔʀadik] *adj.* Esporádico, ca.

sport [spɔʀ] *m.* **1** Deporte: *faire du ~,* practicar los deportes. ▪ **2** *adj. De ~,* de deporte, deportivo, va, de sport: *voiture de ~,* coche deportivo.

sportif, -ive [spɔʀtif, -iv] *adj.-s.* Deportivo, va. ▪ *s.* Deportista.

sprinter, -euse [spʀintœʀ, -øz] *s.* Velocista.

square [skwaʀ] *m.* Plaza *f.* con jardín público.

squatter [skwatœʀ, -øz] *m.* pop. Okupa.

squelette [skəlɛt] *m.* **1** Esqueleto. **2** fig. Armazón *f.*

stabiliser [stabilize] [1] *tr.* Estabilizar.

stabilité [stabilite] *f.* Estabilidad.

stable [stabl(ə)] *adj.* Estable.

stade [stad] *m.* **1** Estadio. **2** Fase *f.,* estadio (phase).

stage [staʒ] *m.* **1** Pasantía *f.* (avocat). **2** Período de estudios prácticos, prácticas *f. pl.* **3** Cursillo.

stagiaire [staʒjɛʀ] *adj.-s.* Que está de prueba, de prácticas.

stagnant, -ante [stagnɑ̃, -ɑ̃t] *adj.* Estancado, da.

stalactite [stalaktit] *f.* Estalactita.

stalagmite [stalagmit] *f.* Estalagmita.

stalle [stal] *f.* **1** Silla de coro (église). **2** Compartimiento *m.* para un caballo (dans une écurie).

stance [stɑ̃s] *f.* Estancia.

stand [stɑ̃d] *m.* **1** Barraca *f.* de tiro al blanco (de tir). **2** Stand, caseta *f.* (dans une exposition). **3** Puesto de avituallamiento (d'un coureur sur piste).

standard [stɑ̃daʀ] *adj. invar.* **1** Estándar, standard. ▪ **2** *m.* Modelo, tipo, estándar. Loc. *~ de vie,* estándar de vida. **3** Centralita *f.* (téléphonique).

station [stɑ(a)sjɔ̃] *f.* **1** Pausa, parada (arrêt). **2** Posición, postura: *rester en ~ verticale,* quedar en posición vertical. **3** RELIG. Estación. **4** Estación (de métro). **5** Parada (d'autobus, taxis). **6** Estación (météorologique, émettrice). **7** *~ thermale,* balneario *m.*

stationnaire [stasjɔnɛʀ] *adj.* Estacionario, ria.

stationnement [stasjɔnmã] *m.* Estacionamiento.

stationner [stasjɔne] [1] *intr.* Estacionarse, aparcar (un **véhicule**), estacionarse (une personne).

statique [statik] *adj.* Estático, ca.

statistique [statistik] *adj.* **1** Estadístico, ca. ■ **2** *f.* Estadística.

statue [staty] *f.* Estatua.

statuer [statчe] [1] *intr.* Estatuir, resolver, decidir.

stature [statyʀ] *f.* Estatura.

statut [staty] *m.* Estatuto.

stèle [stɛl] *f.* Estela.

stellaire [ste(ɛ)lɛʀ] *adj.* Estelar, sidéreo, rea.

sténographier [stãtɔʀ] [2] *m.* **Voix de** ~, voz estentórea.

stentor [stãtɔʀ] *m.* **Voix de** ~, voz estentórea.

steppe [stɛp] *f.* Estepa.

stère [stɛʀ] *m.* Estéreo.

stéréophonie [steʀeɔfɔni] *f.* Estereofonía.

stérile [steʀil] *adj.* Estéril.

stériliser [steʀilize] [1] *tr.* Esterilizar.

stérilité [steʀilite] *f.* Esterilidad.

sterling [stɛʀliŋ] *adj. invar.* **Livre** ~, libra esterlina.

stigmatiser [stigmatize] [1] *tr.* Estigmatizar.

stimuler [stimyle] [1] *tr.* Estimular.

stipulation [stipylasjɔ̃] *f.* Estipulación.

stipuler [stipyle] [1] *tr.* Estipular.

stock [stɔk] *m.* **1** Existencias *f. pl.,* provisión *f.,* reservas *f. pl.* **2** fam. Depósito.

stoïque [stɔik] *adj.-s.* Estoico, ca.

stomacal, -ale [stɔmakal] *adj.* Estomacal.

stoppage [stɔpaʒ] *m.* Zurcido.

stopper [stɔpe] [1] *tr.* **1** Zurcir (un vêtement). **2** Parar, detener. ■ **3** *intr.* Pararse, detenerse (s'arrêter).

store [stɔʀ] *m.* **1** Persiana *f.:* ~ **vénitien,** persiana veneciana. **2** Toldo (de magasin).

strabisme [stʀabism(ə)] *m.* Estrabismo.

strangulation [stʀãgylasjɔ̃] *f.* Estrangulación.

stratagème [stʀataʒɛm] *m.* Estratagema *f.*

strate [stʀat] *f.* GÉOL. Estrato *m.*

stratégie [stʀateʒi] *f.* Estrategia.

stratifier [stʀatifje] [2] *tr.* Estratificar.

stratosphère [stʀatɔsfɛʀ] *f.* Estratosfera.

stratus [stʀatys] *m.* Estrato (nuage).

strict, stricte [stʀikt(ə)] *adj.* Estricto, ta.

strident, -ente [stʀidã, -ãt] *adj.* Estridente.

strie [stʀi] *f.* Estría.

strier [stʀije] [2] *tr.* Estriar.

strophe [stʀɔf] *f.* Estrofa.

structure [stʀyktyʀ] *f.* Estructura.

strychnine [stʀiknin] *f.* Estricnina.

stuc [styk] *m.* Estuco.

studieux, -euse [stydjø, -øz] *adj.* Estudioso, sa.

studio [stydjo] *m.* Estudio (d'artiste, cinématographique).

stupéfaction [stypefaksjɔ̃] *f.* Estupefacción.

stupéfiant, -ante [stypefjã, -ãt] *adj.* **1** Estupefactivo, va, estupefaciente. ■ **2** *m.* Estupefaciente (narcotique).

stupeur [stypœʀ] *f.* Estupor *m.*

stupidité [stypidite] *f.* Estupidez.

stupre [stypʀ(ə)] *m.* Estupro.

style [stil] *m.* **1** Estilo. **2** BOT. Estilo.

stylet [stilɛ] *m.* Estilete.

styliser [stilize] [1] *tr.* Estilizar.

stylo [stilo] *m.* **1** Estilográfica *f.* **2** ~ **à bille,** bolígrafo.

su (au su de) [osyd] *loc. prép.* Con conocimiento de.

suaire [sчɛʀ] *m.* Sudario.

suant, -ante [sчã, -ãt] *adj.* fam. Aburrido, da (ennuyeux).

suavité [sчavite] *f.* Suavidad.

subalterne [sybaltɛʀn(ə)] *adj.-s.* Subalterno, na.

subconscient, -ente [sypkɔ̃sjã, -ãt] *adj.-m.* Subconsciente.

subdiviser [sydivize] [1] *tr.* Subdividir.

subir [sybiʀ] [3] *tr.* Sufrir, experimentar: ~ **un changement,** experimentar un cambio.

subit, -ite [sybi, -it] *adj.* Súbito, ta.

subjectif, -ive [sybʒɛktif, -iv] *adj.* Subjetivo, va.

subjonctif [sybʒɔ̃ktif] *m.* GRAM. Subjuntivo.

subjuguer [sybʒyge] [1] *tr.* Subyugar, sojuzgar.

sublime [syblim] *adj.* Sublime.

submerger [sybmɛʀʒe] [13] *tr.* Sumergir.

submersible [sybmɛʀsibl(ə)] *adj.-m.* Sumergible.

subordonné, -ée [sybɔʀdɔne] *adj.-s.* Subordinado, da.

subordonner [sybɔʀdɔne] [1] *tr.* Subordinar.

subornation [sybɔʀnasjɔ̃] *f.* Soborno *m.,* sobornación.

subside [sypsid] *m.* Subsidio.
subsidiaire [sypsidjɛʀ; sybzidjɛʀ] *adj.* Subsidiario, ria.
subsistance [sybzistãs] *f.* 1 Subsistencia. ■ 2 *pl.* Sustento *m. sing.*
subsister [sybziste] [1] *intr.* Subsistir.
substance [sypstãs] *f.* 1 Sustancia, substancia. 2 *En* ~, en sustancia, en resumen.
substantiel, -elle [sypstãsjɛl] *adj.* Substancial.
substantif [sypstãtif] *m.* GRAM. Sustantivo, substantivo.
substituer [sypstitɥe] [1] *tr.* Substituir.
substitut [sypstity] *m.* Substituto.
subterfuge [syptɛʀfyz] *m.* Subterfugio.
subtil, -ile [syptil] *adj.* Sutil.
subtilité [syptilite] *f.* Sutileza.
suburbain, -aine [sybyʀbɛ̃, -ɛn] *adj.* Suburbano, na.
subvenir [sybvəniʀ] [36] *intr.* Subvenir, atender, satisfacer.
subvention [sybvãsjɔ̃] *f.* Subvención.
subversif, -ive [sybvɛʀsif, -iv] *adj.* Subversivo, va.
suc [syk] *m.* Jugo: ~ *gastrique,* jugo gástrico.
succédané [syksedane] *m.* Sucedáneo.
succéder [syksede] [14] *tr.-ind.* 1 ~ *à,* suceder a: *le fils a succédé à son père,* el hijo ha sucedido a su padre. 2 Suceder a, seguir, reemplazar. ■ 3 *pr.* Sucederse.
succès [syksɛ] *m.* Éxito: *un ~ fou,* un éxito clamoroso, un exitazo: *avoir du* ~, tener éxito.
successeur [syksesœʀ] *m.* Sucesor.
successif, -ive [syksesif, -iv] *adj.* Sucesivo, va.
succession [syksesjɔ̃] *f.* 1 Sucesión. 2 DR. Sucesión, herencia.
succinct, -incte [syksɛ̃, -ɛ̃t, syksɛ̃kt, -ɛ̃kt(ə)] *adj.* Sucinto, ta, breve, conciso, sa.
succión [syksjɔ̃] *f.* Succión.
succomber [sykɔ̃be] [1] *intr.* Sucumbir.
succulent, -ente [sykylã, -ãt] *adj.* Suculento, ta.
succursale [sykyʀsal] *f.* Sucursal.
sucer [syse] [12] *tr.* 1 Chupar (avec les lèvres). 2 Chuparse (un doigt).
suçoter [sysɔte] [1] *tr.* Chupetear.
sucre [sykʀ(ə)] *m.* 1 Azúcar: ~ *de canne,* azúcar de caña; ~ *roux,* azúcar moreno; ~ *raffiné,* azúcar blanco, refinado; *un morceau de* ~, *un* ~, un terrón de azúcar. 2 ~ *d'orge,* pirulí, caramelo largo en forma de palito.

sucrer [sykʀe] [1] *tr.* 1 Azucarar, echar azúcar en. ■ 2 *pr.* fam. Ponerse azúcar.
sucrier, -ière [sykʀije, -ijɛʀ] *adj.* 1 Azucarero, ra: *l'industrie sucrière,* la industria azucarera. ■ 2 *m.* Azucarero (récipient).
sud [syd] *m.* 1 Sur (point cardinal): *Afrique du* ~, África del Sur. ■ 2 *adj. invar.* Sur, meridional.
sudation [sydasjɔ̃] *f.* Sudación.
sud-est [sydɛst] *m.* Sudeste.
sud-ouest [sydwɛst] *m.* Sudoeste.
suédois, -oise [sɥedwa, -waz] *adj.-s.* Sueco, ca.
suer [sɥe] [1] *intr.* 1 Sudar (transpirer): ~ *à grosses gouttes,* sudar la gota gorda. 2 fam. *Faire* ~, fastidiar, jorobar. 3 Rezumar (suinter). ■ 4 *tr.* Sudar. Loc. ~ *sang et eau,* sudar tinta china. 5 fig. Rezumar: ~ *l'ennui,* rezumar aburrimiento.
sueur [sɥœʀ] *f.* Sudor *m.*
suffire [syfiʀ] [64] *intr.* 1 Bastar, ser suficiente. 2 *interj.* fam. *Ça suffit!, suffit!,* ¡basta! ■ 3 *impers. Il suffit de,* basta con. ■ 4 *pr.* Bastarse (à soi-même).
suffisant, -ante [syfizã, -ãt] *adj.* 1 Suficiente. 2 Presuntuoso, sa, engreído, da (vaniteux).
suffixe [syfiks(ə)] *m.* Sufijo.
suffocant, -ante [syfɔkã, -ãt] *adj.* Sofocante.
suffoquer [syfɔke] [1] *tr.* 1 Sofocar. 2 fig. Sofocar (stupéfier). ■ 3 *intr.* Ahogarse (étouffer).
suffrage [syfʀaz] *m.* Sufragio: ~ *universel,* sufragio universal.
suffragette [syfʀaʒɛt] *f.* Sufragista.
suggérer [sygʒeʀe] [14] *tr.* Sugerir: *je vous suggère d'aller le voir,* le sugiero que vaya a verle.
suggestion [sygʒɛstjɔ̃] *f.* Sugestión.
suicide [sɥisid] *m.* Suicidio.
suie [sɥi] *f.* Hollín *m.*
suif [sɥif] *m.* Sebo.
suinter [sɥɛ̃te] [1] *intr.* Rezumar, rezumarse, resudar.
suisse [sɥis] *adj.-s.* 1 Suizo, za. ■ 2 *m.* Pertiguero (d'église). 3 *Manger, boire en* ~, comer, beber solo, sin invitar a nadie.
suite [sɥit] *f.* 1 Séquito *m.,* cortejo *m.,* comitiva (escorte). 2 Continuación: *la* ~ *d'un roman,* la continuación de una novela. Loc. *Faire* ~ *à,* ser continuación de. 3 Consecuencia, resultado *m.* Loc. ~ *à votre lettre du...,* en respuesta

a su carta del...; *donner* ~ *à*, dar curso a, cursar. **4** Serie, sucesión (série). **5** Orden, ilación. Loc. *Des mots sans* ~, palabras incoherentes; *esprit de* ~, perseverancia. **6** MUS. Suite. **7** «Suite», apartamento *m.* (dans un hôtel). **8** *loc. adv. De* ~, sin interrupción, seguido, da; *et ainsi de* ~, y así sucesivamente; *par la* ~, más tarde, luego; *tout de* ~, en seguida. **9** *loc. prép.* À *la* ~ *de,* después de, a continuación de; *par* ~ *de,* en consecuencia de, a causa de.

suivant, -ante [sɥivã, -ãt] *adj.* **1** Siguiente. ▪ **2** *s. Au* ~*!,* ¡el siguiente!

suivi, -ie [sɥivi] *adj.* **1** Seguido, da. **2** Ordenado, da, coherente.

suivre [sɥivʀ(ə)] [62] *tr.* **1** Seguir. **2** Perseguir (poursuivre). **3** Acompañar. **4** Imitar, seguir. **5** Seguir, escuchar. **6** Comprender. **7** Seguir (un cours). ▪ **8** *intr.* Seguir. **9** *Faire* ~, remítase a las nuevas señas (sur l'enveloppe d'une lettre). **10** À ~, continuará (article de journal). ▪ **11** *impers. Il suit de là que,* de ello se desprende que, esto implica que. ▪ **12** *pr.* Seguirse. **13** Sucederse, seguirse (jours, heures).

sujet [syʒɛ] *m.* **1** Asunto, tema. Loc. *Au* ~ *de...,* a propósito de... con respecto a. **2** Motivo, causa *f.:* ~ *de joie,* motivo de alegría. **3** GRAM., PHILOS. Sujeto. **4** Sujeto, persona *f.,* tipo: *mauvais* ~, mala persona. **5** MÉD. Paciente, enfermo.

sujet, -ette [syʒɛ, -ɛt] *adj.* **1** Sujeto, ta, sometido, da, expuesto, ta. ▪ **2** *s.* Súbdito, ta (d'un souverain).

sujétion [syʒesjɔ̃] *f.* Sujeción.

sultan [syltã] *m.* Sultán.

superbe [sypɛʀb(ə)] *adj.* **1** Soberbio, ia, magnífico, ca. ▪ **2** *f.* Soberbia, orgullo *m.*

supercherie [sypɛʀʃəʀi] *f.* Superchería.

superficie [sypɛʀfisi] *f.* Superficie.

superficiel, -elle [sypɛʀfisjɛl] *adj.* Superficial.

superflu, -ue [sypɛʀfly] *adj.* **1** Superfluo, ua. ▪ **2** *m. Le* ~, lo superfluo.

supérieur, -eure [sypeʀjœʀ] *adj.* **1** Superior. ▪ **2** *s.* Superior, ra.

supériorité [sypeʀjɔʀite] *f.* Superioridad.

superlatif, -ive [sypɛʀlatif, -iv] *adj.* **1** Superlativo, va. ▪ **2** *m.* GRAM. Superlativo.

supermarché [sypɛʀmaʀʃe] *m.* Supermercado.

superposer [sypɛʀpoze] [1] *tr.* Superponer, sobreponer.

superstition [sypɛʀstisjɔ̃] *f.* Superstición.

supplanter [syplãte] [1] *tr.* Suplantar.

suppléant, -ante [sypleã, -ãt] *adj.-s.* Suplente, substituto, ta.

suppléer [syplee] [11] *tr.* **1** Suplir, reemplazar. **2** Suplir, substituir. ▪ **3** *tr. ind.* ~ *à,* suplir, compensar.

supplémentaire [syplemãtɛʀ] *adj.* **1** Suplementario, ria. **2** *Heures supplémentaires,* horas extraordinarias.

suppliant, -ante [syplijã, -ãt] *adj.-s.* Suplicante.

supplice [syplis] *m.* **1** Suplicio. **2** *Être au* ~, pasar las de Caín.

supplier [syplije] [2] *tr.* Suplicar.

supplique [syplik] *f.* Súplica, memorial *m.*

support [sypɔʀ] *m.* **1** Soporte. **2** fig. Sostén, apoyo.

supporter [sypɔʀte] [1] *tr.* **1** Soportar. **2** Sostener, apoyar.

supposé, -ée [sypoze] *adj.* **1** Supuesto, ta. **2** *loc. conj.* ~ *que,* suponiendo que, en el supuesto de que.

supposer [sypoze] [1] *tr.* Suponer: *supposons que...,* supongamos que...

supposition [sypozisjɔ̃] *f.* Suposición.

suppositoire [sypozitwaʀ] *m.* Supositorio.

suppôt [sypo] *m.* **1** Agente. **2** Secuaz. Loc. ~ *de Satan,* mala persona.

suppression [sypʀesjɔ̃] *f.* Supresión.

supprimer [sypʀime] [1] *tr.* Suprimir.

suprématie [sypʀemasi] *f.* Supremacía.

suprême [sypʀɛm] *adj.* **1** Supremo, ma: *l'autorité* ~, la autoridad suprema. **2** Gran, grande, superior: *une* ~ *habileté,* una gran habilidad. **3** Sumo, ma: *au* ~ *degré,* en sumo grado.

sur [syʀ] *prép.* **1** Sobre: ~ *la table,* sobre la mesa; *flotter* ~ *l'eau,* flotar sobre el agua. **2** En: *écrire* ~ *un papier,* escribir en un papel; *baiser* ~ *le front,* besar en la frente; ~ *le trottoir,* en la acera; *s'asseoir* ~ *un banc,* sentarse en un banco. **3** Sobre, encima de (au-dessus de): *le chat est* ~ *l'armoire,* el gato está encima del armario. **4** A, hacia (direction): ~ *votre gauche,* a su izquierda; *sortir* ~ *le balcon,* salir al balcón. **5** Por (dispersión, mouvement): *se répandre* ~ *le sol,* derramarse por el suelo. **6** Sobre: *essai* ~ *...,* ensayo sobre... **7** Hacia, sobre: ~ *les cinq heures,* sobre las cinco. **8** De cada: *un jour* ~ *deux,* un día de cada dos. **9** De, entre: *deux ou trois cas* ~ *cent,* dos o tres casos entre cien. **10** Por: *deux mètres* ~ *quatre,* dos metros por cuatro; ~ *mon honneur,* por mi honor. **11** Tras: *recevoir visite* ~ *visite,* recibir visita tras visita. **12** Bajo: ~ *parole,* bajo palabra. **13** ~ *soi,* encima: *je n'ai pas d'argent* ~ *moi,* no llevo dinero encima. **14** *loc. adv.* ~ *ce,* ~ *ces entrefaites,* en esto.

sur, sure [syʀ] *adj.* Ácido, da, acedo, da.

sûr, sûre [syʀ] *adj.* **1** Seguro, ra. Loc. *Le plus* ~ *est de...,* lo mejor es...; *à coup* ~, con toda seguridad, seguro. **2** *loc. adv. Bien* ~*!,* ¡claro!, ¡desde luego! **3** fam. *Pour* ~, seguro, de cierto, ciertamente.

suranné, -ée [syʀane] *adj.* Anticuado, da.

surcharger [syʀʃaʀʒe] [13] *tr.* **1** Sobrecargar. **2** Recargar, cargar excesivamente. **3** Agobiar, abrumar (travail).

surchauffer [syʀʃofe] [1] *tr.* Calentar demasiado.

surcroît [syʀkʀwa(a)] *m.* **1** Aumento, acrecentamiento. **2** *loc. adv. De* ~, *par* ~, además, por añadidura.

surdité [syʀdte] *f.* Sordera.

surdose [syʀdoz] *f.* Sobredosis.

sureau [syʀo] *m.* Saúco.

surélever [syʀɛlve] [16] *tr.* Sobrealzar, dar mayor altura a.

sûrement [syʀmɑ̃] *adv.* Seguramente.

surenchérir [syʀɑ̃ʃeʀiʀ] [3] *intr.* Sobrepujar.

sûreté [syʀte] *f.* **1** Seguridad: *de* ~, de seguridad. Loc. *En* ~, a salvo, en seguridad. **2** *La Sûreté,* la policía de seguridad. **3** DR. Garantía, seguridad.

surexciter [syʀɛksite] [1] *tr.* Sobreexcitar.

surface [syʀfas] *f.* **1** Superficie. **2** GÉOM. Superficie, área.

surfiler [syʀfile] [1] *tr.* Sobrehilar.

surgir [syʀʒiʀ] [3] *intr.* Surgir.

surhumain, -aine [syʀymɛ̃, -ɛn] *adj.* Sobrehumano, na.

surintendant [syʀɛ̃tɑ̃dɑ̃] *m.* Superintendente.

surlendemain [syʀlɑ̃dmɛ̃] *m. Le* ~, dos días *pl.* después.

surmenage [syʀmənaʒ] *m.* Agotamiento por exceso de trabajo, «surmenage» (gallic.).

surmener [syʀməne] [16] *tr.* Agotar de fatiga.

surmonter [syʀmɔ̃te] [1] *tr.* **1** Coronar, dominar (être situé au-dessus de). **2** Superar, vencer (une difficulté).

surnager [syʀnaʒe] [13] *intr.* **1** Sobrenadar, flotar. **2** fig. Sobrevivir, subsistir.

surnaturel, -elle [syʀnatyʀɛl] *adj.* Sobrenatural.

surnom [syʀnɔ̃] *m.* Sobrenombre, apodo.

surnommer [syʀnɔme] [1] *tr.* Apellidar, apodar.

surnuméraire [syʀnymeʀɛʀ] *adj.* Supernumerario, ria.

surpasser [syʀpase] [1] *tr.* **1** Superar, aventajar. ■ **2** *pr.* Superarse.

surplis [syʀpli] *m.* Sobrepelliz *f.*

surplomber [syʀplɔ̃be] [1] *intr.* **1** Estar desaplomado, da. ■ **2** *tr.* Estar suspendido, da sobre. **3** Dominar.

surplus [syʀply] *m.* **1** Exceso, excedente. **2** *Au* ~, por lo demás.

surprenant, -ante [syʀpʀənɑ̃, -ɑ̃t] *adj.* Sorprendente.

surprendre [syʀpʀɑ̃dʀ(ə)] [52] *tr.* **1** Sorprender. **2** Obtener por sorpresa o engaño. ■ **3** *pr.* Sorprenderse.

surprise [syʀpʀiz] *f.* Sorpresa.

surréalisme [syʀʀealism(ə)] *m.* Surrealismo.

sursaut [syʀso] *m.* **1** Sobresalto, repullo. Loc. *Se réveiller en* ~, despertarse sobresaltado, da. **2** Arranque (d'énergie).

surseoir [syʀswaʀ] [41] *intr.* Suspender, diferir, sobreseer.

sursis [syʀsi] *m.* **1** Plazo, prórroga *f.* **2** MIL. ~ *d'incorporation,* prórroga *f.*

surtout [syʀtu] *adv.* **1** Sobre todo. **2** Principalmente, especialmente. ■ **3** *m.* Centro de mesa (vaisselle). **4** Sobretodo (pardessus).

surveillant, -ante [syʀvɛjɑ̃, -ɑ̃t] *s.* **1** Vigilante, celador, ra. **2** ~ *d'études,* jefe de estudios.

surveiller [syʀveje] [1] *tr.* Vigilar.

survenir [syʀvəniʀ] [36] *intr.* Sobrevenir.

survêtement [syʀvɛtmɑ̃] *m.* Chándal.

survivant, -ante [syʀvivɑ̃, -ɑ̃t] *s.* Superviviente.

survivre [syʀvivʀ(ə)] [63] *intr.* Sobrevivir.

survoler [syʀvɔle] [1] *tr.* Volar por encima de.

sus [sy(s)] *adv.* **1** Sobre: *courir* ~ *à,* echarse sobre uno, atacar a alguien. **2** *loc. prép. En* ~ *de...,* además de... **3** *interj.* ¡Sas!, ¡a ellos!

susceptible [syseptibl(ə)] *adj.* Susceptible.

suscription [syskʀipsjɔ̃] *f.* Sobrescripto *m.,* sobrescrito *m.*

susdit, -dite [sysdi, -dit] *adj.-s.* Susodicho, cha.

suspect, -ecte [syspɛ(kt), -ɛkt(ə)] *adj.-s.* Sospechoso, sa.

suspendre [syspɑ̃dʀ(ə)] *tr.* **1** Suspender, colgar: ~ *à un clou,* colgar de un clavo.

2 Suspender, interrumpir. 3 Suspender (un journal).

suspendu, -ue [syspādy] *adj.* 1 Suspendido, da, colgado, da. 2 AUTO. Suspendido, da. 3 *Pont* ~, puente colgante.

suspens (en) [syspā] *loc. adv.* En suspenso.

suspension [syspāsjɔ̃] *f.* 1 Suspensión. 2 Lámpara colgante (lustre). 3 *Points de* ~, puntos suspensivos.

sustenter (se) [systāte] *pr.* Sustentarse, alimentarse.

susurrer [sysyʀe] [1] *intr.* Susurrar.

suture [sytyʀ] *f.* ANAT., CHIR. Sutura.

suzerain, -aine [syzʀɛ̃, -ɛn] *s.* 1 Soberano, na. ▪ 2 *m.* Señor feudal de quien otros eran vasallos.

sveltesse [svɛltɛs] *f.* Esbeltez.

sybarite [sibaʀit] *s.* Sibarita.

sycomore [sikɔmɔʀ] *m.* Sicómoro.

syllabe [si(l)lab] *f.* Sílaba.

syllogisme [si(l)lɔʒism(ə)] *m.* Silogismo.

sylphide [silfid] *f.* Sílfide.

sylviculture [silvikyltyʀ] *f.* Silvicultura.

symbole [sɛ̃bɔl] *m.* Símbolo.

symboliser [sɛ̃bɔlize] [1] *tr.* Simbolizar.

symbolisme [sɛ̃bɔlism(ə)] *m.* Simbolismo.

symétrie [simetʀi] *f.* Simetría.

sympa [sɛ̃pa] *adj.* fam. Majo, ja.

sympathie [sɛ̃pati] *f.* Simpatía.

sympathiser [sɛ̃patize] [1] *intr.* Simpatizar, congeniar.

symphonie [sɛ̃fɔni] *f.* Sinfonía.

symptomatique [sɛ̃ptɔmatik] *adj.* Sintomático, ca.

synagogue [sinagɔg] *f.* Sinagoga.

synchrone [sɛ̃kʀɔn] *adj.* Sincrónico, ca.

synchroniser [sɛ̃kʀɔnize] [1] *tr.* Sincronizar.

syncope [sɛ̃kɔp] *f.* 1 Síncope *m.: avoir une* ~, padecer un síncope. 2 MUS. Síncopa.

syndic [sɛ̃dik] *m.* Síndico.

syndical, -ale [sɛ̃dikal] *adj.* Sindical.

syndicat [sɛ̃dika] *m.* 1 Sindicato. 2 ~ *d'initiative,* oficina *f.* de turismo.

synonyme [sinɔnim] *adj.-m.* Sinónimo, ma.

synoptique [sinɔptik] *adj.* Sinóptico, ca.

syntaxe [sɛ̃taks(ə)] *f.* Sintaxis.

synthèse [sɛ̃tɛz] *f.* Síntesis.

synthétiser [sɛ̃tetize] [1] *tr.* Sintetizar.

syrien, -ienne [siʀjɛ̃, -jɛn] *adj.-s.* Sirio, ria.

systématiser [sistematize] [1] *tr.* Sistematizar.

système [sistɛm] *m.* 1 Sistema. Loc. *Par* ~, por sistema, de propósito. 2 fam. *Taper sur le* ~, excitar los nervios, poner nervioso, sa.

T

t [te] *m.* T *f.*

tabac [taba] *m.* **1** Tabaco: ~ *à priser,* tabaco en polvo; ~ *à chiquer,* tabaco de mascar. Loc. fam. *C'est toujours le même* ~, siempre es lo mismo; *passer quelqu'un à* ~, doblar a palos, zurrar la badana a alguien. **2** *Bureau de* ~, estanco, expendeduría *f.* de tabaco.

tabasser [tabase] [1] *tr.* pop. Zurrar.

tabatière [tabatjɛʀ] *f.* **1** Tabaquera. **2** Tragaluz *m.* (lucarne).

tabernacle [tabɛʀnakl(ə)] *m.* Tabernáculo.

table [tabl(ə)] *f.* **1** Mesa (meuble): *service de* ~, servicio de mesa. Loc. ~ *de nuit,* mesita de noche; ~ *roulante,* carrito *m.; se mettre à* ~, sentarse a la mesa; *à* ~*!,* ia comer!, ia la mesa! Loc. fam. *Se mettre à* ~, confesar, cantar de plano. Loc. fig. *Jouer cartes sur* ~, poner las cartas sobre la mesa. **2** ~ *ronde,* mesa redonda. **3** *La sainte* ~, el altar. **4** ~ *des matières,* índice *m.* **5** Tabla: ~ *à repasser,* tabla de planchar. **6** MATH. Tabla: ~ *de multiplication,* tabla de multiplicar.

tableau [tablo] *m.* **1** Cuadro (peinture). **2** Escena *f.* **3** fig. Cuadro, descripción *f.* **4** Tablón, tablero: ~ *d'affichage,* tablón de anuncios. **5** Lista *f.* (liste): ~ *d'avancement,* escalafón. **6** Cuadro, tabla *f.* (historique, chronologique). **7** THÉÂT. Cuadro. **8** ~ *noir,* pizarra *f.,* encerado. **9** ~ *de bord,* tablero de mandos. **10** ~ *vivant,* cuadro viviente, vivo. **11** ~ *de chasse,* piezas *f. pl.* cobradas.

tablée [table] *f.* Conjunto *m.* de comensales.

tabler [table] [1] *intr.* ~ *sur quelque chose,* basar sus cálculos sobre, contar con algo.

tablier [tablije] *m.* **1** Delantal, mandil. Loc. *Rendre son* ~, despedirse. **2** Piso (d'un pont). **3** Tablero (d'échecs, de dames).

tabou [tabu] *m.* **1** Tabú. ▪ **2** *adj.* Tabú, prohibido, da.

tabouret [tabuʀɛ] *m.* Taburete.

tac [tak] *m.* **1** Ruido seco, tac. **2** Loc. *Répondre, riposter du ~ au* ~, replicar vivamente, devolver la pelota.

tache [taʃ] *f.* **1** Mancha. Loc. *Faire* ~, desentonar, contrastar. **2** fig. Tacha, defecto *m.* **3** ~ *de rousseur,* peca.

tâche [taʃ] *f.* Tarea, labor, faena. Loc. *Travailler à la* ~, trabajar a destajo; *prendre à ~ de,* poner empeño en.

tacher [taʃe] [1] *tr.* **1** Manchar. ▪ **2** *pr.* Mancharse.

tâcher [taʃe] [1] *intr.* Procurar, tratar de, esforzarse en.

tâcheron [taʃʀɔ̃] *m.* Destajista.

tacheter [taʃte] [20] *tr.* Manchar, salpicar, motear.

tacite [tasit] *adj.* Tácito, ta.

taciturne [tasityʀn(ə)] *adj.* Taciturno, na.

tact [takt] *m.* **1** Tacto. **2** fig. Tacto, discreción *f.: manque de* ~, falta de tacto.

tactile [taktil] *adj.* Táctil.

tactique [taktik] *adj.* **1** Táctico, ca. ▪ **2** *f.* Táctica.

taffetas [tafta] *m.* Tafetán.

taie [tɛ] *f.* **1** Funda de almohada. **2** MÉD. Nube (sur l'œil).

taillader [ta(a)jade] [1] *tr.* **1** Tajar, cortar. **2** Acuchillar.

taille [taj] *f.* **1** Talla, estatura (stature): *par rang de* ~, por orden de estatura. Loc. *Être de ~ à,* ser capaz de. **2** Tamaño *m.* (grandeur). **3** Dimensión, extensión (étendue). Loc. fam. *De* ~, importante. **4** Talle *m.,* cintura: ~ *fine, svelte,* talle esbelto. Loc. ~ *de guêpe,* cintura de avispa. **5** *Sortir en* ~, salir a cuerpo. **6** Tallado *m.,* talla, labra (d'une pierre). Loc. *Pierre de* ~, sillar *m.* **7** Poda, tala (des arbres). **8** Filo *m.,* tajo *m.* (tranchant de l'épée). **9** ancienn. Pecho *m.* (impôt).

taille-crayon [tajkʀɛjɔ̃] *m.* Sacapuntas.

tailler [tɑje] [1] *tr.* **1** Cortar (en donnant une forme determinée). **2** Podar, talar (les arbres). **3** Tallar, labrar (pierre). **4** Afilar, sacar punta a (crayon). ▪ **5** *pr.* pop. Largarse, pirárselas. **6** *Se ~ un beau succès,* tener éxito.

tailleur [tajœʀ] *m.* **1** Sastre. **2** Vestido sastre (costume de femme). **3** *~ de pierres,* cantero.

taillis [taji] *m.* Monte bajo, raña *f.*

tain [tɛ̃] *m.* Azogue, amalgama *f.* para espejos.

taire [tɛʀ] [59] *tr.* **1** Callar. **2** *Faire ~,* mandar callar, acallar. ▪ **3** *pr.* Callarse: *tais-toi!,* ¡cállate!; *taisez-vous!,* ¡cállese!, ¡cállense!

talc [talk] *m.* Talco.

talent [talɑ̃] *m.* Talento (aptitude, monnaie, poids).

talisman [talismɑ̃] *m.* Talismán.

taloche [talɔʃ] *f.* Pescozón *m.*

talon [talɔ̃] *m.* **1** Talón (du pied, d'un bas). **2** Tacón (d'une chaussure). **3** Canto (d'un pain). **4** Matriz *f.* (d'un carnet).

talonner [talɔne] [1] *tr.* **1** Seguir de cerca, apremiar, acosar, pisar los talones a. **2** fig. Acosar, hostigar. **3** SPORTS. Talonar (frapper du talon).

talonnette [talɔnɛt] *f.* **1** Talonera. **2** Refuerzo *m.* en el bajo de un pantalón.

talus [taly] *m.* Talud, declive.

tamarin [tamaʀɛ̃] *m.* Tamarindo.

tamaris [tamaʀis] *m.* Tamarisco, taray.

tambour [tɑ̃buʀ] *m.* **1** Tambor. **2** *~ de basque,* pandero, pandereta *f.* **3** Tambor, bastidor (pour broder). **4** ARCHIT. Tambor. **5** TECHN. Tambor (de frein, machine a laver).

tambouriner [tɑ̃buʀine] [1] *intr.* **1** Repiquetear, golpear, tabalear. ▪ **2** *tr.* Tocar con el tambor.

tamis [tami] *m.* Tamiz, cedazo.

tamiser [tamize] [1] *tr.* Tamizar, cerner.

tampon [tɑ̃pɔ̃] *m.* **1** Tapón (bouchon). **2** Taco (cheville). **3** Tampón, almohadilla *f.* (pour encrer). **4** Muñeca *f.,* muñequilla *f.* (pour frotter ou imprégner). **5** Tampón, sello (cachet). **6** Matasellos (oblitération). **7** Tope (de wagon, locomotive). Loc. *Coup de ~,* topetazo, topetada *f.* ▪ **8** *adj. État ~,* Estado tapón.

tamponner [tɑ̃pɔne] [1] *tr.* **1** Taponar (boucher). **2** Sellar (timbrer). **3** Topar, chocar (trains). ▪ **4** *pr.* Chocar.

tam-tam [tamtam] *m.* **1** Batintín, gong. **2** Tam-tam, tantán (en Afrique). **3** fam. Publicidad *f.* ruidosa, bombo.

tancer [tɑ̃se] *tr.* Reprender.

tandem [tɑ̃dɛm] *m.* Tándem.

tandis que [tɑ̃dik(ə)] *loc. conj.* Mientras, mientras que.

tangent, -ente [tɑ̃ʒɑ̃, -ɑ̃t] *adj.* **1** Tangente. ▪ **2** *f.* Tangente. Loc. *Prendre la ~,* salirse por la tangente.

tango [tɑ̃go] *m.* **1** Tango (danse). ▪ **2** *adj. invar.* Color anaranjado.

tanière [tanjɛʀ] *f.* Guarida, cubil *m.,* madriguera.

tanin [tanɛ̃] *m.* Tanino.

tank [tɑ̃k] *m.* **1** Tanque, carro de asalto. **2** Depósito, cisterna *f.* (citerne).

tanné, -ée [tane] *adj.* **1** Curtido, da (cuirs). **2** Bronceado, da, tostado, da (visage, etc.).

tanner [tane] [1] *tr.* **1** Curtir (les cuirs). **2** fig. fam. Fastidiar, dar la lata (ennuyer).

tant [tɑ̃] *adv.* **1** Tanto (tellement): *il a ~ plu que...,* ha llovido tanto que... Loc. *~ bien que mal,* más o menos bien, mal que bien; *~ et plus,* mucho; *~ il est vrai,* tan cierto es; *~ mieux!,* ¡mejor que mejor!; *~ pis!,* ¡tanto peor!, ¡qué le vamos a hacer!; *~ pis pour lui!,* ¡peor para él!; *~ qu'à faire,* puesto que debemos hacerlo; *~ soit peu,* por poco que sea; *~ s'en faut,* ni mucho menos. **2** *~ de,* tanto, ta, tos, tas; *~ de livres,* tantos libros; *~ de monde,* tanta gente. **3** *~ que,* mientras, mientras que: *~ que je vivrai,* mientras viva. **4** *loc. conj. En ~ que,* en calidad de, como; *si ~ est que,* suponiendo que. ▪ **5** *s.* Tanto: *payer à ~ la page,* pagar a tanto la página. Loc. *~ pour cent,* tanto por ciento; *un ~ soit peu,* un poquito.

tante [tɑ̃t] *f.* **1** Tía. **2** fig. pop. *Ma ~,* la casa de empeños.

tantôt [tɑ̃to] *adv.* **1** Esta tarde, por la tarde (l'après-midi). **2** Luego, dentro de poco. **3** *Tantôt... tantôt,* unas veces... otras veces; ya... ya.

taon [tɑ̃] *m.* Tábano.

tapage [tapaʒ] *m.* Ruido, alboroto, escándalo. Loc. *Faire du ~,* alborotar.

tapageur, -euse [tapaʒœʀ, -øz] *adj.* **1** Alborotador, ra, escandaloso, sa. **2** Ostentoso, sa, llamativo, va (voyant).

tape [tap] *f.* Cachete *m.,* sopapo *m.,* palmada.

tapé, -ée [tape] *adj.* fam. Loco, ca, chiflado, da (fou).

taper [tape] [1] *tr.* **1** Pegar, dar un cachete a (frapper). Loc. *~ un tapis,* sacudir una alfombra. **2** Dar: *~ plusieurs coups à la porte,* dar varios golpes a la puerta. **3**

Mecanografiar, escribir a máquina (dactylographier). **4** fam. Dar un sablazo, pedir dinero prestado a (emprunter de l'argent). ▪ **5** intr. Pegar, dar golpes con. Loc. ~ *du pied,* dar patadas en el suelo. **6** Escribir a máquina. **7** Pegar: *le soleil tape dur,* el sol pega fuerte. **8** fam. ~ *dans,* servirse de, coger de (se servir de). ▪ **9** pr. pop. Tragarse, zamparse (manger, boire).

tapette [tapɛt] f. **1** Pala para sacudir alfombras. **2** Pala matamoscas. **3** fam. Lengua (langue).

tapeur, -euse [tapœʀ, -øz] s. Sablista m. (emprunteur).

tapinois (en) [ɑ̃tapinwa] loc. adv. Callandito, a la chita callando, a escondidas.

tapir (se) [tapiʀ] [3] pr. Agazaparse, esconderse.

tapis [tapi] m. **1** Alfombra f. (sur le sol, de fleurs, etc.). **2** Estera f., suelo: ~ *de sparterie,* estera de esparterìa. Loc. *Tapis-brosse,* felpudo, limpiabarros. **3** Tapete (de table). **4** *Tapis-roulant,* transportador de cinta.

tapisser [tapise] [1] tr. **1** Tapizar, entapizar. **2** Empapelar (mettre du papier sur les murs). **3** Cubrir, revestir (recouvrir).

tapisserie [tapisʀi] f. **1** Tapiz m. (pour parer les murs). **2** Tapicería (art).

tapoter [tapɔte] [1] tr. **1** Dar golpecitos. **2** Aporrear (le piano).

taquet [takɛ] m. **1** Taco, cuña f. **2** Pestillo, aldabilla f. (loquet).

taquiner [takine] [1] tr. **1** Hacer rabiar, incordiar, contrariar. **2** fig. Inquietar, preocupar. **3** Loc. fam. ~ *le goujon,* pescar con caña.

taquinerie [takinʀi] f. **1** Broma, guasa (action, parole). **2** Incordio m. (caractère).

tarabuster [taʀabyste] [1] tr. fam. Molestar, importunar.

tard [taʀ] adv. **1** Tarde: *se lever ~,* levantarse tarde; *tôt ou ~,* tarde o temprano. Loc. *Au plus ~,* lo más tarde, a más tardar. ▪ **2** m. *Sur le ~,* en el ocaso de la vida.

tarder [taʀde] [1] intr. **1** Tardar. ▪ **2** impers. *Il me tarde de,* estoy impaciente por, estoy deseando de.

tardif, -ive [taʀdif, -iv] adj. Tardío, -ía.

tare [taʀ] f. **1** COMM. Tara. **2** fig. Defecto m., vicio m.

tarentule [taʀɑ̃tyl] f. Tarántula.

tarer [taʀe] [1] tr. COMM. Destarar.

targette [taʀʒɛt] f. Pestillo m., pasador m.

targuer (se) [taʀge] [1] pr. Jactarse, pavonearse.

tarière [taʀjɛʀ] f. **1** Taladro m. **2** ZOOL. Oviscapto m.

tarif [taʀif] m. Tarifa f.

tarir [taʀiʀ] [23] tr. **1** Secar, agotar (assécher, épuiser). ▪ **2** intr. Secarse, agotarse. **3** *Ne pas ~,* no cesar de hablar. ▪ **3** pr. Agotarse.

tarots [taʀo] m. pl. Naipes de una baraja de setenta y ocho, con figuras distintas de las de los naipes ordinarios.

tarte [taʀt(ə)] f. **1** Tarta (pâtisserie). **2** pop. Tortazo m., torta (gifle). ▪ **3** adj. fam. Tonto, ta, memo, ma.

tartine [taʀtin] f. **1** Rebanada de pan con mantequilla, miel, etc. **2** fam. Rollo m., escrito m., discurso m. largo y pesado.

tartre [taʀtʀ(ə)] m. **1** Tártaro (dépôt que laisse le vin). **2** Sarro (des dents). **3** Sedimento, incrustación f. (des chaudières, bouilloires).

tartufe, tartuffe [taʀtyf] m. Hipócrita, falso, farsante.

tartuferie, tartufferie [taʀtyfʀi] f. Hipocresía, gazmoñería.

tas [tɑ] m. **1** Montón, pila f. **2** *Un ~ de,* la mar f., un montón de (grand nombre). **3** *Des ~ de...,* mucho, cha: *des ~ de gens,* mucha gente. **4** fam. Pandilla f., banda f. **5** Loc. *Sur le ~,* en el lugar de trabajo. **6** *Grève sur le ~,* huelga de brazos caídos.

tasse [tɑs] f. **1** Taza. **2** fam. *Boire une ~, la ~,* tragar agua (en se baignant).

tasser [tɑse] [1] tr. **1** Comprimir, apretar (bourrer). **2** Apretujar, apiñar (des personnes). **3** fam. *Bien tassé,* bien cargado, da, bien servido, da. ▪ **4** pr. Hundirse (s'affaisser). **5** Achapararse (personnes). **6** fam. Arreglarse, solucionarse (s'arranger).

tâter [tate] [1] tr. **1** Tentar, palpar, tocar. Loc. ~ *le pouls,* tomar el pulso. **2** Tantear, sondear (sonder). **3** ~ *de,* probar. **4** pop. *Y ~,* ser conocedor de. ▪ **5** pr. Reflexionar, pensarlo bien.

tâtonner [tatɔne] [1] intr. **1** Buscar, andar a tientas. **2** fig. Proceder con vacilación, titubear.

tâtons (à) [atatɔ̃] loc. adv. A tientas, a ciegas.

tatou [tatu] m. Armadillo, tatú.

tatouage [tatwaʒ] m. Tatuaje.

taudis [todi] m. Cuchitril, tugurio.

taupe [top] f. **1** Topo m.

taupinière [topinjɛʀ] f. **1** Topera, topinera. **2** Montículo m.

taureau [tɔʀo] m. **1** Toro: ~ *de combat,* toro de lidia. **2** Tauro (constellation).

taurillon [tɔʀijɔ̃] *m.* Novillo.

tauromachie [tɔʀɔmaʃi] *f.* Tauromaquia.

taux [to] *m.* **1** Nivel, precio (prix). Loc. ~ *de change,* cambio. **2** Porcentaje, proporción *f.* **3** Índice, coeficiente, tasa *f.* (de natalité, d'augmentation).

tavelure [tavlyʀ] *f.* Mancha.

taxe [taks(ə)] *f.* **1** Tasa, tarifa. **2** Impuesto *m.,* contribución.

taxer [takse] [1] *tr.* **1** Tasar (les prix). **2** Gravar, poner un impuesto a. **3** ~ *quelqu'un de,* tachar, acusar a alguien de.

taxi [taksi] *m.* **1** Taxi. **2** *Chauffeur de* ~, taxista.

taximètre [taksimɛtʀ(ə)] *m.* Taxímetro.

tchèque [tʃɛk] *m.* **1** Checo (langue). ■ **2** *adj.-s.* Checo, ca.

te [t(ə)] *pron. pers.* Te.

té [te] *m.* Regla *f.* en forma de escuadra.

technicien, -ienne [tɛknisjɛ̃, -jɛn] *s.* **1** Técnico *m.* **2** Especialista.

technique [tɛknik] *adj.-f.* Técnico, ca.

technocrate [tɛknɔkʀat] *m.* Tecnócrata.

teck, tek [tɛk] *m.* Teca *f.*

tégument [tegymã] *m.* Tegumento.

teigne [tɛɲ] *f.* **1** Polilla, mariposilla. **2** MÉD. Tiña.

teigneux, -euse [tɛɲœ, -øz] *adj.* Tiñoso, sa.

teindre [tɛ̃dʀ(ə)] [73] *tr.* **1** Teñir. ■ **2** *pr.* Teñirse: *elle se teint les cheveux en blond,* se tiñe el pelo de rubio.

teinte [tɛ̃t] *f.* **1** Tinte *m.,* color *m.* **2** fig. Matiz *m.,* tono *m.,* un poco *m.: une* ~ *d'ironie,* un poco de ironía.

teinture [tɛ̃tyʀ] *f.* Tintura, tinte *m.*

teinturerie [tɛ̃tyʀʀi] *f.* **1** Tintorería. **2** Tinte *m.*

tel, telle [tɛl] *adj. indéf.* **1** Tal, semejante: *une telle attitude est inadmissible,* tal actitud es inadmisible. Loc. ~ *père,* ~ *fils,* de tal palo, tal astilla. **2** Tal, tan grande: *je ne peux faire face à de telles dépenses,* no puedo asumir tales gastos. **3** ~ *que,* tal como, tal cual. **4** ~ *quel,* tal cual. **5** Tal: ~ *jour, à telle heure,* tal día, a tal hora. ■ **6** *pron.* Alguien, quien. **7** *Rien de* ~, nada como. **8** *Un* ~, *une telle,* fulano, fulana.

téléachat [teleaʃa] *m.* Telecompra *f.*

télécabine [telekabin] *f.* Telecabina.

télécarte [telekaʀt] *f.* Tarjeta telefónica.

télécopie [telekɔpi] *f.* Fax *m.*

télécopier [telekɔpje] *tr.* Enviar por fax.

téléfilm [telefilm] *m.* Telefilm.

télégramme [telegʀam] *m.* Telegrama.

télégraphe [telegʀaf] *m.* Telégrafo.

télégraphie [telegʀafi] *f.* Telegrafía.

télégraphiste [telegʀafist(ə)] *s.* Telegrafista.

télépathie [telepati] *f.* Telepatía.

téléphérique [telefeʀik] *m.* Teleférico.

téléphone [telefɔn] *m.* Teléfono: *appeler au* ~, llamar por teléfono. Loc. *Coup de* ~, llamada telefónica, telefonazo.

téléphoner [telefɔne] [1] *intr.-tr.* Telefonear.

télescope [telɛskɔp] *m.* Telescopio.

télescoper [telɛskɔpe] [1] *tr.* Chocar de frente.

télésiège [telesjɛʒ] *m.* Telesilla.

téléski [teleski] *m.* Telesquí.

téléspectateur, -trice [telespɛktatœʀ, tʀis] *s.* Telespectador, ra, televidente.

télévisé, -ée [televize] *adj.* Televisado, da.

téléviser [televize] *tr.* Televisar.

téléviseur [televizœʀ] *m.* Televisor (poste de télévision).

télévision [televizjɔ̃] *f.* Televisión.

tellement [tɛlmã] *adv.* **1** Tan (devant un adj.): *je suis* ~ *fatigué que je n'ai pas envie de sortir,* estoy tan cansado que no tengo ganas de salir. Loc. ~ *que,* de tal modo... que; *pas* ~, no mucho. **2** Tanto, ta (tant): *j'ai* ~ *de soucis,* tengo tantos problemas.

téméraire [temeʀɛʀ] *adj.* Temerario, ria.

témérité [temeʀite] *f.* Temeridad.

témoigner [temwaɲe] [1] *tr.* **1** Testimoniar, atestiguar. **2** Demostrar, manifestar. ■ **3** *intr.* Declarar como testigo: ~ *pour, contre,* declarar a favor, en contra.

témoin [temwɛ̃] *m.* **1** Testigo: *prendre à* ~, tomar por testigo; ~ *à charge,* testigo de cargo. **2** Padrino, madrina *f.* (dans un mariage). **3** Testigo (dans une course de relais). **4** Prueba *f.,* testimonio (preuve).

tempe [tãp] *f.* Sien: *les tempes,* las sienes.

tempérament [tãpeʀamã] *m.* **1** Temperamento. **2** MUS. Temperamento. **3** *Vente à* ~, venta a plazos.

tempérance [tãpeʀãs] *f.* Templanza.

tempérant, -ante [tãpeʀã, -ãt] *adj.* **1** Temperante. **2** Moderado, da, mesurado, da.

température [tãpeʀatyʀ] *f.* Temperatura.

tempérer [tãpeʀe] [14] *tr.* Templar, temperar, moderar.

tempête [tãpɛt] *f.* **1** Tempestad, temporal *m.* (en mer), tormenta (sur terre). **2**

fig. Torrente *m*. (d'injures). **3** fig. Tempestad (d'applaudissements).

tempétueux, -euse [tãpetɥø, -øz] *adj*. Tempestuoso, sa.

temple [tãpl(ə)] *m*. **1** Templo. **2** Temple (ordre du temple).

temporaire [tãpɔʀɛʀ] *adj*. Temporal, temporario, ria.

temporel, -elle [tãpɔʀɛl] *adj*. Temporal.

temporiser [tãpɔʀize] [1] *intr*. Diferir algo en espera de mejor ocasión.

temps [tã] *m*. **1** Tiempo (durée). Loc. *Avoir le ~ de,* tener tiempo para; *avoir fait son ~,* estar fuera de uso (une chose), haber cumplido el tiempo de su servicio (un soldat). **2** Tiempo (atmosphère); *beau ~,* buen tiempo. Loc. *Gros ~,* temporal. **3** Tiempo, época *f*. Loc. *Depuis ce ~-là,* desde entonces; *être de son ~,*ser de su época, de su tiempo. **4** GRAM., MUS., SPORTS Tiempo. **5** *loc. adv. À ~,* a tiempo, con tiempo; *à plein ~,* con plena dedicación; *a mi- ~,* media jornada; *au ~ jadis, dans le ~,* antiguamente, antaño; *de ~ en ~, de ~ à autres,* de cuando en cuando; *de tout ~,* de siempre, de toda la vida; *en même ~,* al mismo tiempo; *en tout ~,* siempre; *entre-temps,* entre tanto; *la plupart du ~,* la mayoría de las veces; fam. *en deux ~, trois mouvements,* en un dos por tres. **6** *loc. conj. Depuis le ~ que, voilà beau ~ que,* hace mucho tiempo que; *du ~ que,* cuando.

tenable [t(ə)nabl(ə)] *adj*. Sostenible, defendible.

ténacité [tenasite] *f*. **1** Tenacidad. **2** fig. Testarudez.

tenaille, tenailles [t(ə)naj] *f.-f. pl*. Tenazas *pl*.

tenailler [tənaje] [1] *tr*. Atormentar, hacer sufrir.

tenancier, -ière [tənãsje, -jɛʀ] *s*. Gerente, encargado, da (d'un hôtel, d'une maison de jeu).

tenant, -ante [tənã, -ãt] *adj*. *Séance tenante,* en el acto.

tendance [tãdãs] *f*. Tendencia.

tendancieux, -euse [tãdãsjø, -øz] *adj*. Tendencioso, sa.

tendeur [tãdœʀ] *m*. Tensor.

tendon [tãdɔ̃] *m*. Tendón.

tendre [tãdʀ(ə)] *adj*. **1** Tierno, na, blando, da. **2** Tierno, na, sensible: *cœur ~,* corazón sensible. **3** Suave, delicado, da (couleur).

tendre [tãdʀ(ə)] [6] *tr*. **1** Tender. **2** Estirar, atirantar, tensar. **3** Armar (arc, piège). **4**

Alargar: *~ le bras,* alargar el brazo. **5** Tapizar, empapelar (un mur). ▪ **6** *tr. ind. ~ à, vers,* tender a, encaminarse a. ▪ **7** *pr*. Tensarse (rapports, liens).

tendresse [tãdʀɛs] *f*. **1** Ternura, cariño *m*. ▪ **2** *pl*. Caricias, manifestaciones de afecto.

tendron [tãdʀɔ̃] *m*. **1** Ternecilla *f.*, cartílago. **2** fam. Jovencita *f.*, pollita *f*. (jeune fille).

tendu, -ue [tãdy] *adj*. **1** Tenso, sa, tirante: *corde tendue,* cuerda tensa. **2** Tenso, sa, tirante, difícil (qui menace de se rompre): *situation tendue,* situación tensa.

ténèbres [tenɛbʀ] *f. pl*. Tinieblas.

teneur [tənœʀ] *f*. **1** Contenido *m.*, texto *m*. (d'un écrit). **2** Proporción, cantidad.

ténia, taenia [tenja] *m*. Tenia *f.*, solitaria *f*.

tenir [t(ə)niʀ] [36] *tr*. **1** Tener, tener cogido, da (dans les bras, par la main). **2** Sujetar, aguantar (retenir). **3** Mantener: *il tint les yeux fermés,* mantuvo los ojos cerrados. **4** Coger (s'emparer de). **5** fam. Agarrar. **6** *~ le vin,* aguantar mucho bebiendo. **7** Ocupar, coger (de la place). **8** Contener: *cette bouteille tient un litre,* esta botella contiene un litro. **9** Llevar, estar encargado, da de (diriger, gérer). **10** *~ un rôle,* desempeñar un papel. **11** *~ des propos agréables,* decir cosas agradables. **12** Saber: *je le tiens de mon frère,* lo sé por mi hermano. **13** *~ pour,* considerar como, creer. **14** Cumplir: *~ sa parole,* cumplir (con) su palabra. **15** Tener, celebrar (une réunion). **16** *Tiens!, tenez!,* ¡hombre!, ¡vaya! ▪ **17** *intr*. Estar unido, da, sujeto, ta: *la branche tient encore à l'arbre,* la rama está todavía unida al árbol. **18** Resistir, aguantar (résister). **19** Caber (dans un espace): *on tient à dix à cette table,* caben diez personas en esta mesa. **20** *~ à,* querer (vouloir absolument): *j'ai tenu à les inviter,* he querido invitarlos. Loc. *Ne ~ à rien,* no importarle a uno nada. **21** *~ à,* provenir, deberse a (résulter). **22** *~ de,* tener algo de, parecerse: *il tenait de son père,* tenía algo de su padre. ▪ **23** *impers. Il ne tient qu'à moi,* sólo depende de mí. Loc. *Qu'à cela ne tienne,* que no quede por eso. ▪ **24** *pr*. Agarrarse, cogerse: *tenez-vous à la main courante,* agárrese al pasamanos. **25** Quedarse, permanecer: *se ~ debout,* quedarse de pie; *tiens-toi droit!,* ¡ponte derecho! **26** Estar (être quelque part). **27** Comportarse, portarse: *il sait se ~ en société,* sabe comportarse en sociedad. **28** Estarse (être et rester): *se ~ tranquille,* estarse tranquilo. **29** *Ne pouvoir se ~ de,* no poder aguantarse de. **30** *Savoir à quoi s'en ~,* saber a qué atenerse. **31** Estar íntimamente relacionado, da (choses): *dans cette affaire, tout se tient,* en este asunto todo está íntimamente relacionado.

tennis [tenis] *m.* **1** Tenis. **2** *~ de table,* ping-pong. **3** *Court de ~,* pista *f.* de tenis.

tenon [tanɔ̃] *m.* TECHN. Espiga *f.*

ténor [tenɔʀ] *adj.-s.* MUS. Tenor.

tension [tɑ̃sjɔ̃] *f.* **1** Tensión. **2** fig. Tensión, tirantez. **3** *~ d'esprit,* esfuerzo *m.* mental, concentración.

tentacule [tɑ̃takyl] *m.* Tentáculo.

tentant, -ante [tɑ̃tɑ̃, -ɑ̃t] *adj.* Tentador, ra.

tentateur, -trice [tɑ̃tatœʀ, -tʀis] *adj.-s.* Tentador, ra.

tentative [tɑ̃tativ] *f.* Tentativa.

tente [tɑ̃t] *f.* **1** Tienda de campaña (de camping). **2** Toldo *m.* (de cirque).

tenter [tɑ̃te] [1] *tr.* **1** Intentar (essayer). **2** Tentar (séduire). **3** *~ de,* tratar de, intentar, procurar.

tenture [tɑ̃tyʀ] *f.* **1** Colgadura (d'étoffe, de tapisserie). **2** Papel *m.* pintado.

tenu, -ue [t(ə)ny] *adj.* **1** *Être ~ à,* estar obligado, da a. **2** *Bien ~,* bien cuidado, da, bien atendido, da. **3** *Mal ~,* descuidado, da.

ténu, -ue [teny] *adj.* Tenue.

tenue [t(ə)ny] *f.* **1** Modales *m. pl.,* porte *m.,* compostura (comportement): *manquer de ~,* no tener buenos modales. **2** Aspecto *m.,* porte *m.,* manera de vestirse. **3** Traje *m.* (civil), uniforme *m.* (militaire). Loc. *En ~,* de uniforme; *grande ~,* uniforme de gala; *~ de soirée,* traje de etiqueta; fam. *être en petite ~,* ir en paños menores. **4** Cuidado *m.,* orden *m.,* mantenimiento *m.* (d'une maison, etc.). **5** *~ de route,* adherencia a la carretera.

tercet [tɛʀsɛ] *m.* Terceto (vers).

térébenthine [teʀebɑ̃tin] *f.* Trementina.

tergiverser [tɛʀʒivɛʀse] *intr.* Andar con rodeos, buscar subterfugios, vacilar.

terme [tɛʀm(ə)] *m.* **1** Término, plazo (délai): *à court ~,* a corto plazo. Loc. *Vente à ~,* venta a plazos; *accoucher à ~,* parir a los nueve meses. **2** Alquiler (loyer). **3** Término, fin. **4** Término, vocablo, palabra *f.* (mot). ■ **5** *pl.* Términos (d'un contrat).

terminaison [tɛʀminɛzɔ̃] *f.* Terminación.

terminal, -ale [tɛʀminal] *adj.* **1** Terminal. **2** *Les classes terminales,* el último curso del bachillerato. ■ **3** *m.* angl. Terminal *f.* (aérogare). **4** INFORM. Terminal.

terminer [tɛʀmine] [1] *tr.* **1** Terminar, acabar. ■ **2** *pr.* Terminarse, acabarse.

terminologie [tɛʀminɔlɔʒi] *f.* Terminología.

terminus [tɛʀminys] *m.* Término, final de línea.

termite [tɛʀmit] *f.* Termes, comején.

terne [tɛʀn(ə)] *adj.* **1** Apagado, da, sin brillo. **2** fig. Aburrido, da (fade).

ternir [tɛʀniʀ] [3] *tr.* **1** Empañar. **2** fig. Empañar (l'honneur, la réputation).

terrain [tɛʀɛ̃] *m.* **1** Terreno: *un ~ fertile,* un terreno fértil. Loc. *~ vague,* solar. **2** *Voiture tout ~,* coche todo terreno. **3** Terreno (zone): *sur le ~,* sobre el mismo terreno. Loc. *Gagner du ~,* avanzar; *être sur son ~,* estar en su elemento; *préparer, sonder, tâter le ~,* preparar, sondear, tantear el terreno. **4** Campo (de sport, d'aviation).

terrasse [tɛʀas] *f.* **1** Terraza, bancal (levée de terre). **2** Azotea (d'une maison). **3** Terraza (d'un café).

terrassement [tɛʀasmɑ̃] *m.* **1** Excavación y transporte de tierras. **2** Desmonte, nivelación *f.* (d'un terrain).

terrassier [tɛʀasje] *m.* Peón zapador.

terre [tɛʀ] *f.* **1** Tierra, suelo *m.: à ~, par ~,* en el suelo, al suelo, por tierra; *jeter par ~,* tirar al suelo. **2** Tierra, mundo *m.: la ~,* la tierra; *Terre sainte,* Tierra Santa. Loc. *Être sur ~,* vivir; *quitter la ~,* morir. **3** Barro *m.: ~ cuite,* barro cocido. Loc. *Une ~ cuite,* una terracota. **4** TECHN. Tierra: *~ de Sienne, ~ d'ombre,* tierra de Siena.

terreau [tɛʀo] *m.* Mantillo.

terre-neuve [tɛʀnœv] *m. invar.* Perro de Terranova.

terre-plein [tɛʀplɛ̃] *m.* Terraplén.

terrer (se) [tɛʀe] *pr.* **1** Meterse en una madriguera (un animal). **2** Esconderse (une personne).

terrestre [tɛʀɛstʀ(ə)] *adj.* **1** Terrestre. **2** Terrenal (opposé à céleste).

terreur [tɛʀœʀ] *f.* Terror *m.*

terreux, -euse [tɛʀø, -øz] *adj.* Terroso, sa.

terrible [tɛʀibl(ə)] *adj.* Terrible.

terrien, -ienne [tɛʀjɛ̃, -jɛn] *adj.* **1** Rural (qui possède des terres). Loc. *Propriétaire ~,* terrateniente. ■ **2** *s.* Terrícola.

terrier [tɛRje] *m.* **1** Madriguera *f.* **2** Variedad *f.* de perro: *fox-terrier,* foxterrier.

terrifier [tɛ(R)Rifje] [2] *tr.* Aterrar, aterrorizar.

terrine [tɛRin] *f.* **1** Lebrillo *m.,* cuenco *m.* **2** Cacerola de barro.

territoire [tɛRitwaR] *m.* Territorio.

territorial, -ale [tɛRitɔRjal] *adj.* Territorial.

terroir [tɛRwaR] *m.* Terruño, patria *f.* chica.

terroriser [tɛRɔRize] [1] *tr.* **1** Aterrorizar. **2** Someter a un régimen de terror.

terrorisme [tɛRɔRism(ə)] *m.* Terrorismo.

tertiaire [tɛRsjɛR] *adj.* Terciario, ia.

tertre [tɛRtR(ə)] *m.* Montículo, cerro.

tes [te] *adj. poss. pl.* Tus.

tesson [tesɔ̃] *m.* Tiesto, casco.

test [tɛst] *m.* Test, prueba *f.*

testament [tɛstamɑ̃] *m.* Testamento.

testateur, -trice [tɛstatœr, -tRis] *s.* Testador, ra.

tétanos [tetanos] *m.* Tétanos.

têtard [tɛtaR] *m.* Renacuajo.

tête [tɛt] *f.* **1** Cabeza: *animal sans ~,* animal sin cabeza; *mal de ~,* dolor de cabeza; *~ de linotte, ~ d'oiseau,* cabeza de chorlito. **2** Cara, faz, rostro *m.* (visage): *une ~ sympathique,* una cara simpática; *faire une ~ de six pieds de long,* poner cara larga. Loc. *Faire la ~,* poner mala cara, estar de morros; *tenir ~ à,* plantar cara a. **3** Cabeza (partie supérieure d'une chose, partie antérieure): *~ d'ail, d'épingle,* cabeza de ajo, de alfiler; *wagon de ~,* vagón de cabeza. Loc. *~ d'affiche,* cabecera del reparto; *~ de ligne,* origen *m.* de línea; *~ de chapitre,* encabezamiento *m.* de un capítulo. **4** *Être à la ~ de,* estar al frente de una clase. Loc. *La ~ d'une classe,* los mejores alumnos. **5** SPORTS *Faire une ~,* dar un cabezazo.

tête-à-tête [tɛtatɛt] *loc. adv.* **1** Solos. ■ **2** *m. invar.* Entrevista *f.,* conversación *f.* a solas.

tête-bêche [tɛtbɛʃ] *loc. adv.* Pies contra cabeza.

tête-de-loup [tɛtdəlu] *f.* Deshollinadera, deshollinador *m.*

téter [tete] [14] *tr.* Mamar.

tétine [tetin] *f.* **1** Teta, mama (mamelle). **2** Tetina (d'un biberon).

téton [tetɔ̃] *m. fam.* Teta *f.,* pecho.

têtu, -ue [tety] *adj.* Testarudo, da, terco, ca.

texte [tɛkst(ə)] *m.* Texto.

textile [tɛkstil] *adj.-m.* Textil.

textuel, -elle [tɛkstɥɛl] *adj.* Textual.

texture [tɛkstyR] *f.* Textura.

TGV (*abrév.* train à grande vitesse) [teʒeve] *m.* Tren francés de alta velocidad.

thé [te] *m.* Té (arbuste et boisson).

théâtre [teatR(ə)] *m.* **1** Teatro. Loc. *Pièce de ~,* obra teatral, de teatro; *faire du ~,* trabajar en el teatro. **2** *coup de ~,* sorpresa *f.,* hecho imprevisto.

théière [tejɛR] *f.* Tetera.

thème [tɛm] *m.* **1** Tema (sujet). **2** Traducción *f.* inversa. Loc. fam. *Un fort en ~,* un empollón (étudiant). **3** MUS. Tema.

théologie [teɔlɔʒi] *f.* Teología.

théorème [teɔRɛm] *m.* Teorema.

théoricien, -ienne [teɔRisjɛ̃, -jɛn] *s.* Teórico, ca.

théorie [teɔRi] *f.* Teoría.

théorique [teɔRik] *adj.* Teórico, ca.

thérapeutique [teRapøtik] *adj.* **1** Terapéutico, ca. ■ **2** *f.* Terapéutica.

thermes [tɛRm(ə)] *m. pl.* Termas *f.*

thermique [tɛRmik] *adj.* Térmico, ca.

thermomètre [tɛRmɔmetR(ə)] *m.* Termómetro.

thésauriser [tezɔRize] [1] *intr.* Atesorar dinero.

thèse [tɛz] *f.* Tesis.

thon [tɔ̃] *m.* Atún.

thoracique [tɔRasik] *adj.* Torácico, ca: *cage ~,* cavidad torácica.

thorax [tɔRaks] *m.* Tórax.

thuya [tyja] *m.* Tuya *f.*

thym [tɛ̃] *m.* Tomillo.

thyroïde [tiRɔid] *adj.* **1** Tiroideo, a. ■ **2** *f.* Tiroides *m.*

tiare [tjaR] *f.* Tiara.

tic [tik] *m.* **1** Tic (geste automatique). **2** fig. Tic, manía *f.*

ticket [tikɛ] *m.* Billete (d'autobus, chemin de fer).

ticket-restaurant [tikɛRɛstɔRɑ̃] *m.* Tíquet restaurante.

tiède [tjɛd] *adj.* Tibio, ia.

tiédeur [tjedœR] *f.* Tibieza.

tiédir [tjediR] [3] *intr.* **1** Entibiarse. ■ **2** *tr.* Entibiar.

tien, tienne [tjɛ̃, tjɛn] *adj.-pron. poss.* **1** Tuyo, ya: *un ami ~,* un amigo tuyo; *le ~, la tienne,* el tuyo, la tuya. ■ **2** *m. pl. Les tiens,* los tuyos (parents, amis, partisans).

tiers, tierce [tjɛR, tjɛRs(ə)] *adj.* **1** Tercer, ra. Loc. *Une tierce personne,* una tercera persona. **2** *~ monde,* tercer mundo. ■ **3** *m.* Tercero, tercera *f.* persona (personne étrangère). 4 Tercio, tercera *f.* parte: *les deux* ~, las dos terceras partes.

tige [tiʒ] *f.* 1 Tallo *m.* (d'une plante). 2 Caña (d'une botte, d'une colonne). 3 Caña: *une* ~ *de bambou,* una caña de bambú. 4 Barra, varilla. 5 MÉC. Vástago *m.*

tignasse [tiɲas] *f.* Greña, pelambrera.

tigre, tigresse [tigʀ(ə), tigʀɛs] *s.* 1 Tigre. ■ 2 *f.* fig. Mujer muy celosa, fiera.

tilleul [tijœl] *m.* 1 Tilo, tila *f.* (arbre). 2 Tila *f.* (fleur, infusion).

timbale [tɛ̃bal] *f.* 1 MÚS. Timbal *m.* 2 Molde *m.* de cocina (moule). 3 CUIS. Timbal *m.* 4 Cubilete *m.* vaso *m.* metálico (pour boire). Loc. fam. *Décrocher la* ~, ganar el premio, llevarse la palma.

timbre [tɛ̃bʀ(ə)] *m.* 1 Timbre, campanilla *f.* (sonnerie). 2 Timbre, sonido (sonorité). 3 Sello (timbre-poste). 4 Timbre (fiscal). 5 Sello (cachet). 6 Sello, tampón (instrument qui sert à apposer des marques).

timbrer [tɛ̃bʀe] [1] *tr.* Timbrar, sellar.

timidité [timidite] *f.* Timidez.

timon [timɔ̃] *m.* 1 Lanza *f.,* pértigo (d'une voiture). 2 MAR. Caña *f.* del timón. 3 fig. Timón, dirección *f.*

timonier [timɔnje] *m.* Timonel.

timoré, -ée [timɔʀe] *adj.* Timorato, ta, indeciso, sa.

tintamarre [tɛ̃tamaʀ] *m.* Estruendo, alboroto.

tintement [tɛ̃tmɑ̃] *m.* 1 Tañido, campaneo, tintineo. 2 Zumbido (d'oreilles).

tintouin [tɛ̃twɛ̃] *m.* 1 fam. Jaleo, estrépito (bruit). 2 fam. Preocupación *f.,* mareo, inquietud *f.* (souci).

tique [tik] *f.* Garrapata.

tir [tiʀ] *m.* 1 Tiro: ~ *à blanc,* tiro de fogueo; *à la cible,* tiro al blanco. 2 ~ *au but,* tiro a gol, remate (football). 3 ~ *au pigeon,* tiro de pichón.

tirade [tiʀad] *f.* 1 Tirada (de vers). 2 Parlamento *m.,* monólogo *m.* (théâtre).

tirage [tiʀaʒ] *m.* 1 Tiro (d'une cheminée). 2 Devanado (de la soie). 3 IMPR. Tirada *f.* Loc. *Second* ~, segunda edición. 4 PHOT. Prueba *f.,* tiraje. 5 Sorteo (loterie). Loc. ~ *au sort,* sorteo.

tiraillement [tiʀajmɑ̃] *m.* 1 Tirón, estirón. 2 Retortijón.

tirailler [tiʀaje] [1] *tr.* 1 Dar tirones. 2 fig. Importunar, molestar. ■ 3 *intr.* Tirotear.

tirailleur [tiʀajœʀ] *m.* MIL. Tirador, cazador.

tire-bouchon [tiʀbuʃɔ̃] *m.* 1 Sacacorchos. 2 Tirabuzón (cheveux).

tire-d'aile (à) [atiʀdɛl] *loc. adv.* Con vuelo rápido, a todo vuelo.

tire-ligne [tiʀliɲ] *m.* Tiralíneas.

tirelire [tiʀliʀ] *f.* Hucha, alcancía.

tirer [tiʀe] [1] *tr.* 1 Tirar, estirar (allonger, étirer). Loc. fig. ~ *les ficelles,* llevar la batuta, llevar las riendas. 2 Sacar: ~ *l'épée,* sacar la espada. 3 Tirar de (amener vers soi): ~ *une charrette, les cheveux,* tirar de un carro, del pelo. 4 Correr: ~ *les rideaux,* correr las cortinas. 5 Arrastrar, tirar (traîner). 6 Llamar (l'attention), atraer (le regard). 7 Trazar (une ligne, un plan), 8 Imprimir, tirar (un livre). Loc. *Bon à* ~, listo para imprimir. 9 Tirar, disparar: ~ *un coup de fusil,* tirar un escopetazo. 10 *Se faire* ~ *le portrait,* hacerse un retrato. 11 ~ *un chèque,* extender un cheque. 12 Sacar, extraer (faire sortir). Loc. ~ *les larmes à quelqu'un,* hacer llorar a alguien. ~ 13 *intr.* ~ *sur,* tirar de: ~ *sur une corde,* tirar de una cuerda. Loc. fig. ~ *sur la ficelle,* exagerar, ir demasiado lejos. 14 ~ *sur,* tirar a: ~ *sur le bleu,* tirar a azul. 15 Loc. fam. ~ *au flanc,* remolonear, hacerse el remolón, la remolona. 16 Tirar, disparar: ~ *à l'arc,* tirar con arco; ~ *en l'air,* disparar al aire (tir). 17 ~ *à sa fin,* tocar a su fin, acabarse. 18 *Cela ne tire pas à conséquence,* esto no tiene importancia. ■ 19 *pr.* pop. Largarse, pirarse (s'en aller). 20 *Se* ~ *de,* librarse, zafarse, salir de. 21 *S'en* ~, salirse, salir bien.

tiret [tiʀɛ] *m.* 1 Raya *f.* 2 Guión (trait d'union).

tireur, -euse [tiʀœʀ, -øz] *s.* 1 Tirador, ra. ■ 2 *m.* COMM. Girador, librador. ■ 3 *f.* *Tireuse de cartes,* echadora de cartas.

tiroir [tiʀwaʀ] *m.* 1 Cajón (d'un meuble). 2 *Fond de* ~, cosa *f.* sin valor que se olvida en un cajón.

tisane [tizan] *f.* Tisana.

tison [tizɔ̃] *m.* Tizón, ascua *f.*

tisonner [tizɔne] [1] *tr.* Atizar (le feu).

tissage [tisaʒ] *m.* 1 Tejido (action et ouvrage). 2 Fábrica *f.* de tejidos.

tisser [tise] [1] *tr.* Tejer.

tisserand, -ande [tisʀɑ̃, -ɑ̃d] *s.* Tejedor, ra.

tisseur, -euse [tisœʀ, -øz] *s.* Tejedor, ra.

tissu [tisy] *m.* 1 Tejido, tela *f.* 2 ANAT. Tejido. 3 fig. Sarta *f.*

titan [titɑ̃] *m.* Titán, gigante.

titiller [titi(l)e; titije] [1] *tr.* Cosquillear.

titre [titʀ(ə)] *m.* **1** Título (dignité, grade, fonction). Loc. *En ~,* titular; *professeur en ~,* profesor titular. **2** COMM., DR. Título (de propriété, etc.). Loc. *~ de transport,* billete. **3** Ley *f.* (d'un métal). **4** CHIM. Grado, graduación *f.* **5** IMPR. Título. Loc. *Page de ~,* portada; *faux titre,* anteportada *f.* **6** *loc. adv. À juste ~,* con toda la razón; *à ce ~,* por esta razón. **7** *loc. prép. À ~ de,* como, en concepto de, en calidad de. **8** *loc. conj. Au même ~ que,* de la misma manera que, lo mismo que.

tituber [titybe] [1] *intr.* Titubear.

titulaire [titylɛʀ] *adj.-s.* Titular.

toast [tost] *m.* **1** Brindis. Loc. *Porter un ~,* brindar. **2** Tostada *f.* (grillée).

toboggan [tɔbɔgã] *m.* Tobogán.

tocsin [tɔksɛ̃] *m.* Toque a rebato: *sonner le ~,* tocar a rebato.

toge [tɔʒ] *f.* Toga.

tohu-bohu [tɔybɔy] *m.* Barullo, confusión *f.*

toi [twa] *pron. pers. 1* Tú (sujet), te (complément direct), ti (complément indirect). **2** *Avec ~,* contigo.

toile [twal] *f.* **1** Tela. Loc. *~ cirée,* hule *m.* **2** Lienzo *m.* (peinture). **3** *~ de fond,* telón de foro (au théâtre).

toilette [twalɛt] *f.* **1** Aseo *m.,* limpieza personal. Loc. *Faire sa ~,* lavarse, arreglarse; *faire un brin de ~,* lavarse a lo gato; *trousse de ~,* estuche *m.* de aseo. **2** *Cabinet de ~,* cuarto de aseo. **3** Tocado *m.,* arreglo *m.* personal. Loc. *Avoir le goût de la ~,* ser coqueta. **4** Traje *m.,* vestido *m.* (vêtement). Loc. *Être en grande ~,* ir con traje de gala. **5** Tocador *m.* Loc. *Produits de ~,* productos de belleza o de tocador. ■ **6** *pl.* Retrete *m. sing.,* lavabo *m. sing.,* aseo *m. sing.*

toiser [twaze] [1] *tr.* **1** Medir, tallar. **2** Mirar de arriba abajo (regarder).

toison [twazɔ̃] *f.* **1** Vellón *m.* (d'un animal). **2** *fig.* Cabellera; melena (chevelure).

toit [twa] *m.* **1** Tejado, techo. **2** *fig.* Techo, hogar (maison).

toiture [twatyʀ] *f.* Techumbre, techado *m.*

tôle [tol] *f.* **1** Palastro *m.,* chapa: *~ ondulée,* chapa ondulada. **2** *pop.* Chirona, cárcel (prison).

tolérable [tɔleʀabl(ə)] *adj.* Tolerable.

tolérer [tɔleʀe] [14] *tr.* Tolerar, consentir.

tomate [tɔmat] *f.* **1** Tomate. *m.* **2** Tomatera (plante).

tombe [tɔ̃b] *f.* Tumba, sepultura.

tombeau [tɔ̃bo] *m.* **1** Tumba, sepulcro. **2** *À ~ ouvert,* a toda velocidad, a todo correr.

tombée [tɔ̃be] *f.* **1** Caída. **2** *À la ~ de la nuit, du jour,* al atardecer, a la caída de la tarde.

tomber [tɔ̃be] [1] *intr.* **1** Caer, caerse: *~ de fatigue, de sommeil,* caerse de cansancio, de sueño. Loc. *fig. ~ de son haut, des nues,* quedarse atónito, ta. **2** *fig.* Caer: *des milliers de soldats tombèrent glorieusement,* miles de soldados cayeron gloriosamente. **3** Caer (un gouvernement, etc.). **4** Caer (le jour, la nuit). **5** Decaer (décliner). **6** Bajar (prix, fièvre). **7** Caer: *une robe qui tombe bien,* un vestido que cae bien. **8** *~ en, dans,* caer en; *~ dans le ridicule,* caer en ridículo. **9** *fig. Laisse ~,* déjalo. **10** *~ sur,* caer, atacar. Loc. *~ sur quelqu'un,* encontrarse a, con alguien (rencontrer par hasard), emprenderla con alguien (critiquer). **11** *~ sous la main de,* llegar a las manos de. **12** Ponerse, caer: *~ malade,* caer enfermo. Loc. *~ amoureux,* enamorarse; *~ d'accord,* ponerse de acuerdo. **13** *~ bien, mal,* venir bien, mal, llegar en buen, mal momento. **14** Caer (une fête). ■ **15** IMPERS. *Il tombe de la pluie,* llueve. ■ **16** *tr.* Tumbar, derribar. **17** *~ une femme,* seducir a una mujer. **18** *fam. ~ la veste,* quitarse la chaqueta.

tombereau [tɔ̃bʀo] *m.* Volquete.

tombola [tɔ̃bɔla] *f.* Tómbola.

tome [tɔm] *m.* Tomo.

ton [tɔ̃] *m.* Tono (de la voix, d'un instrument, d'une couleur).

ton [tɔ̃], **ta** [ta], **tes** [te] *adj. poss.* Tu, tus.

tonalité [tɔnalite] *f.* Tonalidad.

tondre [tɔ̃dʀ(ə)] [6] *tr.* **1** Esquilar (les animaux). **2** Rapar, cortar (les cheveux). **3** Cortar, igualar (le gazon). **4** *fam.* Pelar, desplumar (dépouiller).

tonifier [tɔnifje] [2] *tr.* Tonificar.

tonique [tɔnik] *adj.* **1** Tónico, ca. **2** GRAM. Tónico, ca: *accent ~,* acento tónico. ■ **3** *m.* Tónico, reconstituyente. ■ **4** *f.* MUS. Tónica.

tonnage [tɔnaʒ] *m.* MAR. Tonelaje, arqueo.

tonnant, -ante [tɔnã, -ãt] *adj.* Estruendoso, sa. Loc. *Voix tonnante,* voz de trueno.

tonne [tɔn] *f.* **1** Tonel *m.* grande (tonneau). **2** Tonelada (unité de poids).

tonneau [tɔno] *m.* **1** Tonel. **2** MAR. Tonelada *f.* **3** Vuelta de campana: *faire un*

$\sim$, dar una vuelta de campana (voiture).

tonnelier [tɔnəlje] *m.* Tonelero.

tonnelle [tɔnɛl] *f.* Glorieta, cenador *m.*

tonner [tɔne] *impers.* **1** Tronar: *il tonne,* truena. ■ **2** *intr.* Retumbar, tronar. **3** fig. $\sim$ *contre,* echar pestes contra.

tonnerre [tɔnɛʀ] *m.* **1** Trueno. **2** *Coup de* $\sim$, trueno; fig. acontecimiento fatal, imprevisto. **3** Salva *f.* (d'applaudissements). **4** fam. *Du* $\sim$, bárbaro, ra, macanudo, da.

tonsurer [tɔ̃syʀe] [1] *tr.* ECCLÉS. Tonsurar.

tonte [tɔ̃t] *f.* **1** Esquileo *m.* **2** Corte *m.* (du gazon).

topaze [tɔpɑz] *f.* Topacio *m.*

toper [tɔpe] [1] *intr.* **1** Darse la mano, chocarla. **2** fam. *Tope là,* chócala, vengan esos cinco.

topique [tɔpik] *adj.-s.* Tópico, ca.

top-niveau [tɔpnivo] *m.* Primer rango, nivel más alto.

topographie [tɔpɔgʀafi] *f.* Topografía.

toquade [tɔkad] *f.* Manía, chifladura.

toque [tɔk] *f.* **1** Bonete *m.* (de magistrat). **2** Gorro *m.* (de cuisiner).

toquer (se) [tɔke] [1] *pr.* fam. *Se* $\sim$ *de,* chiflarse por, encapricharse de.

torche [tɔʀʃ(ə)] *f.* Tea, antorcha.

torcher [tɔʀʃe] [1] *tr.* **1** Limpiar, enjugar. **2** pop. Frangollar, hacer de prisa (bâcler).

torchère [tɔʀʃɛʀ] *f.* Tedero *m.,* hachero *m.*

torchis [tɔʀʃi] *m.* Adobe.

torchon [tɔʀʃɔ̃] *m.* **1** Trapo, paño de cocina. Loc. *Le* $\sim$ *brûle,* la cosa está que arde. **2** fam. Porquería *f.*

tordre [tɔʀdʀ(ə)] [6] *tr.* **1** Torcer. Loc. $\sim$ *le cou,* retorcer el pescuezo. **2** Doblar, torcer (plier). ■ **3** *pr.* Torcerse, retorcerse: *je me suis tordu un pied,* me torcí un pie. **4** fam. *Se* $\sim$ *de rire,* desternillarse de risa.

tore [tɔʀ] *m.* ARCHIT. Toro, bocel.

toréador [tɔʀeadɔʀ] *m.* Torero.

tornade [tɔʀnad] *f.* Tornado *m.*

torpédo [tɔʀpedo] *f.* Torpedo *m.*

torpeur [tɔʀpœʀ] *f.* Entorpecimiento *m.,* torpor *m.*

torpillage [tɔʀpijaʒ] *m.* Torpedeamiento.

torpille [tɔʀpij] *f.* Torpedo *m.*

torpilleur [tɔʀpijœʀ] *m.* Torpedero.

torréfier [tɔʀ(ʀ)efje] [2] *tr.* Tostar.

torrent [tɔʀɑ̃] *m.* Torrente. Loc. *À torrents,* a cántaros.

torrentiel, -elle [tɔʀɑ̃sjɛl] *adj.* Torrencial.

torride [tɔʀid] *adj.* Tórrido, da.

tors, torse [tɔʀ, tɔʀs(ə)] *adj.* **1** Torcido,

da. **2** *Colonne torse,* columna salomónica. **3** *Jambes torses,* piernas arqueadas.

torsade [tɔʀsad] *f.* **1** Franja o cordón *m.* torcido en forma de hélice. **2** TECHN. Empalme *m.*

torse [tɔʀs(ə)] *m.* Torso.

torsion [tɔʀsjɔ̃] *f.* Torsión.

tort [tɔʀ] *m.* **1** Daño, perjuicio. Loc. *Faire du* $\sim$ *à,* perjudicar a; *à* $\sim$, injustamente, sin ningún motivo; *à* $\sim$ *ou à raison,* con razón o sin ella; *à* $\sim$ *et à travers,* a tontas y a locas. **2** Error, culpa *f.: reconnaître son* $\sim$, confesar su culpa. Loc. *Avoir* $\sim$, no tener razón, estar equivocado, da (se tromper); *avoir* $\sim$ *de,* hacer mal en.

torticolis [tɔʀtikɔli] *m.* Tortícolis.

tortiller [tɔʀtije] [1] *tr.* **1** Retorcer, torcer. ■ **2** *intr.* $\sim$ *des hanches,* contonearse, andar moviendo las caderas. **3** Loc. fam. *Il n'y a pas à* $\sim$, no hay que darle vueltas. ■ **4** *pr.* Retorcerse, enroscarse.

tortionnaire [tɔʀsjɔnɛʀ] *m.* Verdugo.

tortue [tɔʀty] *f.* Tortuga.

tortueux, -euse [tɔʀtɥœ, -øz] *adj.* Tortuoso, sa.

torturer [tɔʀtyʀe] [1] *tr.* Torturar, atormentar.

tôt [to] *adv.* **1** Temprano, pronto: *se lever* $\sim$, levantarse temprano; *il est encore trop* $\sim$ *pour dire,* aún es pronto para decir. **2** *Plus* $\sim$, antes. **3** *Le, au plus* $\sim$, lo más pronto, cuanto antes; *le plus* $\sim$ *sera le mieux,* cuanto antes mejor. **4** *Avoir* $\sim$ *fait de,* no tardar nada en.

total, -ale [tɔtal] *adj.-m.* Total. Loc. *Au* $\sim$, en total (en tout), en resumen, total (en somme).

totalité [tɔtalite] *f.* Totalidad.

totem [tɔtɛm] *m.* Tótem.

toucan [tukɑ̃] *m.* Tucán.

touchant [tuʃɑ̃] *prép.* Tocante a, concerniente a.

touche [tuʃ] *f.* **1** Mordida, picada (pêche). Loc. fam. *Faire une* $\sim$, ligar. **2** Pincelada (peinture). **3** fam. Facha, pinta (aspect). **4** Nota: *mettre une* $\sim$ *de gaîté,* poner una nota de alegría. **5** Tecla (d'un piano, d'une machine à écrire). **6** Traste *m.* (d'une guitare). **7** SPORTS *Ligne de* $\sim$, línea de banda. **8** *Pierre de* $\sim$, piedra de toque.

toucher [tuʃe] *m.* **1** Tacto (sens). **2** MÉD. Palpación *f.* Ejecución *f.*

toucher [tuʃe] [1] *tr.* **1** Tocar: $\sim$ *un objet,* tocar un objeto. **2** Alcanzar (atteindre): $\sim$ *le but,* dar en el blanco. **3** Localizar, encontrar, tomar contacto con: *où peut-on vous ~?*, ¿dónde se le puede localizar? **4** Cobrar (recevoir): *~ de l'argent,* cobrar dinero. **5** Conmover, impresionar (émouvoir). **6** Tocar, estar a la vera de (être proche de). **7** Atañer, concernir (concerner). **8** MAR. Tocar, hacer escala en. **9** *~ un mot de...,* decir dos palabras sobre...; *je lui en toucherai un mot,* le hablaré de ello. ■ **10** *tr. ind. ~ à,* tocar: *ne touche pas à cette bouteille,* no toques esta botella. **11** Tocar, abordar (s'occuper de quelque chose). **12** Llegar (arriver à). Loc. *~à sa fin,* ir acabándose, tocar a su fin. **13** Lindar con, estar junto a (être contigu). ■ **14** *pr.* Tocarse.

touffe[tuf] *f.* **1** Mata (d'herbe). **2** Mechón *m.* (de cheveux). **3** Manojo *m.* (de fleurs).

touffu, ue[tufy] *adj.* **1** Espeso, sa, apretado, da. **2** Frondoso, sa (arbre).

toujours[tuʒuʀ] *adv.* **1** Siempre. **2** Todavía, aún: *travaillez-vous ~ là?,* ¿trabaja todavía allí? **3** fam. *Il peut ~ courir, se fouiller,* ya puede correr, haga lo que haga. **4** *~ est-il que...,* en todo caso..., lo cierto es que...

toupet[tupɛ] *m.* **1** Tupé. **2** fam. Cara *f.,* caradura *f.,* tupé.

toupie[tupi] *f.* Trompo *m.,* peonza.

tour[tuʀ] *f.* **1** Torre: *~ de contrôle,* torre de control. **2** Torre (aux échecs). **3** *~ d'ivoire,* torre de marfil.

tour[tuʀ] *m.* **1** Torno (machine-outil, de potier, dans un couvent, etc.). **2** Perímetro, circunferencia *f.* **3** Anchura *f.* (de hanches, etc.). **4** Vuelta *f.* Loc. *Faire le ~ du monde,* dar la vuelta al mundo; *le ~ de France,* la vuelta ciclista a Francia. Loc. *~ de cou,* cuello (pièce d'habillement). **5** Vuelta, paseo *m.* (promenade): *faire un ~,* dar una vuelta, un paseo. **6** Revolución *f.,* rotación *f.* **7** *~ de reins,* lumbago. **8** Número: *faire un ~ d'équilibre,* hacer un número de equilibrio. Loc. *~ de force,* proeza *f.,* hazaña *f.* **9** Faena *f.,* jugada *f.,* pasada *f.: jouer un mauvais ~,* hacer una mala pasada. **10** Carácter, aspecto, cariz (aspect). **11** *~ de phrase,* giro de una frase. **12** Vez *f.,* turno. Loc. *C'est mon ~,* me toca a mí, es mi turno. **13** *~ de chant,* actuación *f.* (d'un chanteur). Loc. **14** *loc. adv. À ~ de bras,* con todas las fuerzas; *à ~ de rôle,* por turno, en su orden; *en un ~ de main,* en un santiamén, en un abrir y cerrar de ojos; *~ à ~,* por turno, alternativamente.

tourbe[tuʀb(ə)] *f.* Turba.

tourbillon [tuʀbijɔ̃] *m.* **1** Torbellino (d'air), remolino (d'eau). **2** fig. Torbellino.

tourbillonnement [tuʀbijɔnmã] *m.* **1** Movimiento en remolino. **2** fig. Agitación *m.,* torbellino.

tourisme[tuʀism(ə)] *m.* Turismo.

touriste[tuʀist(ə)] *s.* Turista.

tourmente[tuʀmãt] *f.* Tormenta.

tourmenter[tuʀmãte] [1] *tr.* **1** Atormentar, hacer sufrir. ■ **2** *pr.* Atormentarse, inquietarse.

tournant[tuʀnã] *m.* **1** Vuelta *f.,* recodo. Loc. fam. *Je t'attends au ~!,* ite espero en la esquina! **2** fig. Momento crucial, viraje decisivo.

tournant, -ante[tuʀnã, -ãt] *adj.* **1** Giratorio, ria. **2** Sinuoso, sa, que da vueltas. Loc. *Un escalier ~,* una escalera de caracol.

tournebroche[tuʀnəbʀɔʃ] *m.* Mecanismo que da vueltas al asador.

tournée[tuʀne] *f.* **1** Gira, viaje *m.* (d'inspection, etc.). **2** *La ~ du facteur,* la ronda del cartero. **3** fam. Ronda, convidada (à boire). **4** pop. Paliza (raclée).

tournemain (en un) [ãnœtuʀnəmɛ̃] *loc. adv.* En un santiamén.

tourner[tuʀne] [1] *tr.* **1** Girar, dar vueltas. Loc. *Cette fille lui a tourné la tête,* esta muchacha lo ha vuelto loco, lo ha trastornado. **2** Pasar (les pages d'un livre). **3** Volver (la tête, le dos), girar (une rue, la tête). **4** Rodar (un film). **5** Tornear, labrar (façonner au tour). **6** *~ en dérision, en ridicule,* ridiculizar, burlarse de. ■ **7** *intr.* Girar, dar vueltas: *~ autour,* dar vueltas alrededor, girar alrededor. **8** Girar (changer de direction). Loc. *La chance a tourné,* la suerte ha cambiado. **9** *~ à ..., en ...,* ponerse, volverse, tornarse: *le temps tourne au froid,* el tiempo se pone frío. **10** *~ bien,* salir bien, tomar buen rumbo; *~ mal,* echarse a perder. **11** Estropearse, ponerse rancio, ia (s'abîmer), cortarse (le lait), agriarse (le vin). ■ **12** *pr.* Volverse, girarse: *se ~ contre quelqu'un,* volverse contra alguien.

tournesol[tuʀnəsɔl] *m.* **1** Tornasol (colorant). **2** Girasol (plante).

tourneur [tuʀnœʀ] *m.* Tornero, torneador.

tournevis [tuʀnəvis] *m.* Destornillador.

tourniquet [tuʀnikɛ] *m.* Torniquete.

tournoiement [tuʀnwamã] *m.* Remolino.

tournoyer [tuʀnwaje] [23] *intr.* **1** Remolinar, dar vueltas. **2** Revolotear.

tournure [tuʀnyʀ] *f.* **1** Giro *m.,* sesgo *m.,* cariz *m.* **2** Giro *m.* (d'une phrase). **3** ~ *d'esprit,* manera de ver las cosas.

tourte [tuʀt(ə)] *f.* **1** Torta, tortada. **2** pop. Mantecado *m.,* zoquete *m.*

tourterelle [tuʀtəʀɛl] *f.* Tórtola.

tousser [tuse] [1] *intr.* Toser.

tout [tu], **toute** [tut], **tous** [tu; tus], **toutes** [tut] *adj.* **1** Todo, da, dos, das: *toute la journée,* todo el día; ~ *le monde,* todo el mundo. Loc. ~ *le temps,* siempre; ~ *le reste,* lo demás, lo restante; ~ *seul,* solo; *tous les deux,* los dos, ambos; *toutes les fois que,* cada vez que; *tous les dix mois,* cada diez meses; fam. *tous les trente six du mois,* nunca; *le Tout-Paris,* el todo París, lo mejor de París. **2** Único, ca. **3** ~ *ce qu'il y a de...,* todo lo que hay de... Loc. fam. ~ *ce qu'il y a de plus,* de lo más. **4** *De toute beauté,* de gran belleza. **5** Todo, da, cualquiera. ▪ **6** *pron.* Todo, da, dos, das: *tous sont venus,* han venido todos; *tous ensemble,* todos juntos. Loc. *Après* ~, después de todo, al fin y al cabo; *à* ~ *prendre,* mirándolo bien, considerándolo todo; *c'est* ~, nada más, esto es todo; *en* ~ *et pour* ~, en total; fam. *ce n'est pas* ~ *de s'amuser,* no basta con divertirse. **7** fam. *Avoir* ~ *de,* parecerse mucho a, tener todas las características de. ▪ **8** *adv.* Todo, da, completamente, enteramente: *je suis* ~ *à vous,* estoy enteramente a su disposición. Loc. ~ *à coup,* de repente, de pronto; ~ *à l'heure,* hace un momento, hace un rato; *à* ~ *à l'heure,* hasta luego, hasta ahora; ~ *au plus,* a lo sumo, todo lo más. **9** Muy (avec un sens diminutif devant quelques adjectifs, participes et adv.): *il est* ~ *jeune,* es muy joven. Loc. ~ *bas,* bajito, en voz baja. **10** ~ *autre,* otro, otra; *c'est une* ~ *autre affaire,* es otro asunto. **11** ~ *... que...,* aunque...; ~ *...que...* (et subj.), por muy... que, por más que...: ~ *fort qu'il soit,* por muy fuerte que sea. **12** ~ *à fait,* del todo, completamente, exactamente. **13** ~ *en...* (suivi d'un participe présent), mientras: *il chante* ~ *en travaillant,* canta mientras trabaja. ▪ **14** *m.* Todo, el todo. Loc. *Risquer le* ~ *pour le* ~, jugarse el todo por el todo. **15** *Le* ~, lo importante. **16** *loc. adv. Pas du* ~, de ningún modo, de ninguna manera, en absoluto.

toutefois [tutfwa] *adv.* Sin embargo, no obstante.

tout-puissant, toute-puissante [tupɥisā, tutpɥisāt] *adj.* **1** Todopoderoso, sa, omnipotente. ▪ **2** *s. Le Tout-Puissant,* el Todopoderoso.

toux [tu] *f.* Tos.

toxicomaniaque [tɔksikɔmanjak] *adj.* Toxicomaníaco, ca.

toxique [tɔksik] *adj.-m.* Tóxico, ca.

trac [tʀak] *m.* fam. Nerviosismo, miedo, canguelo.

traçant, -ante [tʀasā, -āt] *adj.* **1** BOT. Horizontal, rastrero, ra (racine). **2** *Balle traçante,* bala trazadora.

tracas [tʀaka] *m.* Preocupación *f.,* inquietud *f.*

tracasser [tʀakase] [1] *tr.* **1** Molestar, inquietar. ▪ **2** *pr.* Inquietarse.

trace [tʀas] *f.* **1** Rastro *m.,* huella, señal: *suivre les traces,* seguir las huellas. **2** Indicio *m.*

trachée [tʀaʃe] *f.* Tráquea.

tractation [tʀaktɑsjɔ̃] *f.* Manejos *m. pl.* turbios.

tracteur [tʀaktœʀ] *m.* Tractor.

traction [tʀaksjɔ̃] *f.* Tracción.

tradition [tʀadisjɔ̃] *f.* Tradición.

traduction [tʀadyksjɔ̃] *f.* Traducción.

traduire [tʀadɥiʀ] [69] *tr.* **1** Traducir: ~ *du français en espagnol,* traducir del francés al español. **2** DR. Citar ante la justicia, hacer comparecer.

trafic [tʀafik] *m.* **1** Tráfico, comercio. **2** Tráfico, circulación *f.:* ~ *de drogue,* narcotráfico.

trafiquant, -ante [tʀafikā, -āt] *s.* Traficante.

tragédie [tʀaʒedi] *f.* Tragedia.

tragique [tʀaʒik] *adj.* **1** Trágico, ca. ▪ **2** *m.* Lo trágico: *prendre au* ~, tomar por lo trágico.

trahir [tʀaiʀ] [3] *tr.* **1** Traicionar. **2** Revelar, mostrar, descubrir: ~ *un secret,* descubrir un secreto. ▪ **3** *pr.* Descubrirse. **4** Manifestarse, revelarse.

train [tʀɛ̃] *m.* **1** Tren: ~ *de marchandises,* tren de mercancías. **2** MIL. ~ *des équipages,* tren de equipajes. **3** AUTO. ~ *avant, arrière,* tren delantero, trasero. **4** ~*d'atterrissage,* tren de aterrizaje. **5** ~ *d'avant, de derrière,* cuarto delantero, trasero (d'un cheval). **6** pop. Trasero. **7** ~ *de pneus,* juego de neumáticos. **8** ~ *de vie,* tren de vida, modo de vivir. **9** Paso, marcha *f.* (allure). Loc. *Aller à fond de* ~, ir a todo correr, a toda marcha; *aller bon* ~, ir de prisa. **10** *loc. adv. En* ~, en forma, animado, da: *je ne suis pas en* ~, no estoy en forma; *mettre en* ~, empezar (commencer). **11** *loc. prép. En* ~ *de...* se traduit en espagnol par le gérondif du verbe correspondant: *il est en* ~ *de manger*, está comiendo.

traînard, -arde [tʀɛnaʀ, -aʀd(ə)] *s.* **1** Rezagado, da. **2** fig. Persona *f.* lenta.

traîneau [tʀɛno] *m.* Trineo.

traînée [tʀɛne] *f.* **1** Reguero *m.* (trace). **2** pop. Prostituta.

traîner [tʀɛne] [1] *tr.* **1** Tirar de, arrastrar. Loc. ~ *les pieds,* arrastrar los pies. **2** fig. Arrastrar, llevar: ~ *une terrible maladie,* arrastrar una penosa enfermedad. **3** ~ *une affaire en longueur,* hacer durar, dar largas a un asunto. ■ **4** *intr.* Arrastrar, colgar. **5** Andar rodando, no estar en su sitio, andar (chose). **6** ~ *en longueur,* no acabar nunca, ir para largo. **7** Quedarse atrás, rezagarse (s'attarder). **8** Callejear, vagabundear, andar (errer). ■ **9** *pr.* Arrastrarse (à plat ventre), andar a gatas (à genoux). **10** Andar con dificultad (par maladie, fatigue). **11** Hacerse largo, no acabarse nunca (dans le temps).

traîneur, -euse [tʀɛnœʀ, -øz] *s.* Vagabundo, da.

train-train [tʀɛtʀɛ] *m.* Marcha *f.* habitual, rutinaria, rutina *f.*

traire [tʀɛʀ] [58] *tr.* Ordeñar.

trait [tʀɛ] *m.* **1** Rasgo, característica *f.* Loc. ~ *d'esprit,* agudeza *f.;* ~ *de génie,* rasgo de ingenio; *avoir* ~ *à,* referirse a, tener relación con. **2** Raya *f.,* trazo (ligne). Loc. ~ *d'union,* guión; fig. lazo, vínculo. **3** Flecha *f.,* saeta *f.* (flèche). Loc. *Partir comme un* ~, salir como una flecha, salir disparado. **4** fig. Pulla *f.* (parole malveillante). **5** *Boire d'un* ~, beber de un trago. **6** *Animal de* ~, animal de tiro. ■ **7** *pl.* Rasgos, facciones *f.* (du visage). **8** *loc. adv. À grands traits,* a grandes rasgos.

traitable [tʀɛtabl(ə)] *adj.* Tratable.

traite [tʀɛt] *f.* **1** Tirada, tirón *m.* **2** *D'une (seule)* ~, de una tirada, de un tirón. **3** Ordeño *m.* (des vaches). **4** COMM. Letra de cambio. **5** ~ *des nègres,* trata de negros; ~ *des blanches,* trata de blancas.

traité [tʀɛte] *m.* Tratado.

traitement [tʀɛtmã] *m.* Tratamiento: ~ *de textes* tratamiento de textos.

traiter [tʀɛte] [1] *tr.* **1** Tratar. **2** Asistir (un malade). **3** ~ *quelqu'un de,* tratar a alguien de..., calificar a alguien de... ■ **4** *intr.* ~ *de,* hablar de, tratar de. **5** Negociar.

traître, -esse [tʀɛtʀ(ə), ɛs] *adj.-s.* **1** Traidor, ra. **2** *En* ~, a traición, traidoramente. **3** *Pas un* ~ *mot,* ni una palabra.

trajectoire [tʀaʒɛktwaʀ] *f.* Trayectoria.

trajet [tʀaʒɛ] *m.* Trayecto.

tramer [tʀame] [1] *tr.* Tramar.

tramontane [tʀamõtan] *f.* Tramontana.

tramway [tʀamwɛ] *m.* Tranvía.

tranchant, -ante [tʀãʃã, -ãt] *adj.* **1** Cortante. **2** fig. Tajante, decisivo, va. ■ **3** *m.* Corte, filo: *épée à deux tranchants,* espada de dos filos.

tranche [tʀãʃ] *f.* **1** Tajada, lonja (de jambon), rodaja, raja (de saucisson), rebanada (de pain). **2** Canto *m.* (d'un livre). **3** Grupo *m.* (de chiffres). **4** Sorteo *m.* (de loterie). **5** ~ *de vie,* episodio *m.* de la vida real. **6** Loc. fam. *S'en payer une* ~, divertirse mucho, pasarlo en grande.

trancher [tʀãʃe] [1] *tr.* **1** Cortar. Loc. ~ *la gorge,* degollar. **2** fig. Zanjar, resolver: ~ *une difficulté,* zanjar una dificultad. ■ **3** *intr.* Decidir, resolver. Loc. ~ *dans le vif,* cortar por lo sano. **4** Resaltar, contrastar (les couleurs).

tranquille [tʀãkil] *adj.* Tranquilo, la.

tranquilliser [tʀãkilize] [1] *tr.* **1** Tranquilizar. ■ **2** *pr.* Tranquilizarse.

tranquillité [tʀãkilite] *f.* Tranquilidad.

transaction [tʀãzaksjõ] *f.* Transacción.

transatlantique [tʀãzatlãtik] *adj.* **1** Transatlántico, ca. ■ **2** *m.* Transatlántico (paquebot). **3** Tumbona *f.* (chaise longue).

transborder [tʀãsbɔʀde] [1] *tr.* Transbordar.

transcendance [tʀãsãdãs] *f.* Trascendencia.

transcription [tʀãskʀipsjõ] *f.* Transcripción.

transcrire [tʀãskʀiʀ] [67] *tr.* Transcribir.

transe [tʀãs] *f.* **1** Temor *m.,* inquietud, ansia. **2** *En* ~, en trance (état d'hypnose).

transept [tʀãsɛpt] *m.* ARCHIT. Crucero.

transférer [tʀãsfeʀe] [14] *tr.* Transferir, traspasar, trasladar.

transfert [tʀãsfɛʀ] *m.* **1** Transferencia *f.* (de fonds). **2** Traspaso. **3** Traslado (transport).

transfigurer [tʀãsfigyʀe] [1] *tr.* Transfigurar.

transformation [tʀãsfɔʀmasjõ] *f.* Transformación.

transformer [tʀãsfɔʀme] [1] *tr.* **1** Transformar. ■ **2** *pr.* Transformarse.

transfuge [tʀãsfyz] *m.* Tránsfuga.

transfusion [tʀɑ̃sfyzjɔ̃] *f.* Transfusión.

transgresser [tʀɑ̃sgʀese] [1] *tr.* Transgredir, quebrantar.

transi, -ie [tʀɑ̃si; tʀɑ̃zi] *adj.* Transido, da, aterido, da, pasmado, da.

transiger [tʀɑ̃ziʒe] [13] *intr.* Transigir.

transir [tʀɑ̃siʀ; tʀɑ̃ziʀ] [3] *tr.* Helar, pasmar (de froid, de peur).

transit [tʀɑ̃zit] *m.* Tránsito: *en* ~, en tránsito.

transitif, -ive [tʀɑ̃zitif, -iv] *adj.* GRAM. Transitivo, va.

transition [tʀɑ̃zisjɔ̃] *f.* Transición.

transitoire [tʀɑ̃zitwaʀ] *adj.* Transitorio, ria.

transmettre [tʀɑ̃smɛtʀ(ə)] [60] *tr.* Transmitir.

transmission [tʀɑ̃smisjɔ̃] *f.* Transmisión.

transparence [tʀɑ̃spaʀɑ̃s] *f.* Transparencia.

transparent, -ente [tʀɑ̃spaʀɑ̃s] *adj.* Transparente.

transpercer [tʀɑ̃spɛʀse] [12] *tr.* Traspasar, atravesar.

transpiration [tʀɑ̃spiʀɑsjɔ̃] *f.* Transpiración.

transpirer [tʀɑ̃spiʀe] [1] *intr.* Transpirar.

transplanter [tʀɑ̃splɑ̃te] [1] *tr.* Trasplantar.

transport [tʀɑ̃spɔʀ] *m.* 1 Transporte: *transports en commun,* transportes colectivos. 2 *fig.* Transporte, arrebato. 3 ~ *au cerveau,* congestión *f.* cerebral, delirio.

transporter [tʀɑ̃spɔʀte] [1] *tr.* 1 Transportar, trasladar. 2 Transmitir. 3 *fig.* Arrebatar, poner fuera de sí, sacar de quicio. ■ 4 *pr.* Trasladarse.

transvaser [tʀɑ̃svaze] [1] *tr.* Transvasar, trasegar.

transversal, -ale [tʀɑ̃svɛʀsal] *adj.* Transversal.

trapèze [tʀapɛz] *m.* Trapecio.

trappe [tʀap] *f.* 1 Trampa, trampilla (porte au niveau du sol). 2 Trampa (piège). 3 Trapa (ordre religieux).

trappiste [tʀapist(ə)] *m.* Trapense.

trapu, -ue [tʀapy] *adj.* Rechoncho, cha.

traquenard [tʀaknaʀ] *m.* Trampa *f.*

traquer [tʀake] [1] *tr.* 1 Acosar, acorralar (le gibier). 2 *fig.* Acosar.

traumatisme [tʀomatism(ə)] *m.* Traumatismo.

travail [tʀavaj] *m.* 1 Trabajo: ~ *manuel,* trabajo manual. Loc. ~ *à la chaîne,* producción en cadena; ~ *saisonnier,* trabajo estacional, de temporero; *un* ~ *de*

Romains, una obra de romanos. 2 *Une femme en* ~, una mujer que va de parto. ■ 3 *pl.* Faenas *f.: les travaux des champs,* las faenas del campo. 4 Obras *f.*

travailler [tʀavaje] [1] *tr.* 1 Trabajar, pulir, labrar (façonner). 2 Atormentar (faire souffrir). 3 Preocupar (inquiéter). ■ 4 *intr.* Trabajar: ~ *à la tâche,* trabajar a destajo. 5 Estudiar. 6 Fermentar (le vin). 7 Alabearse (le bois). 8 Loc. fam. *Il travaille du chapeau,* está chiflado, loco.

travailleur, -euse [tʀavajœʀ, -øz] *adj.* 1 Trabajador, ra. ■ 2 *s.* Trabajador, ra. 3 Obrero, ra.

travers [tʀavɛʀ] *m.* 1 Defecto (défaut). 2 *En* ~, de través. Loc. *Se mettre en* ~, ponerse atravesado. 3 *À* ~, a través; *à* ~ *les carreaux,* a través de los cristales. Loc. *Passer à* ~ *champs,* pasar a campo traviesa. 4 *Au* ~, por en medio. Loc. *fig. Passer au* ~, librarse. 5 *De* ~, de través. 6 *À tort et à* ~, a tontas y a locas.

traverse [tʀavɛʀs(ə)] *f.* 1 Travesaño *m.,* larguero *m.* (pièce de bois). 2 Traviesa (chemin de fer).

traverser [tʀavɛʀse] [1] *tr.* 1 Atravesar, cruzar (un pays, une rue). 2 Traspasar, calar (transpercer). 3 *fig.* Atravesar, pasar.

traversin [tʀavɛʀsɛ̃] *m.* Travesaño, almohada *f.* larga.

travesti, -ie [tʀavɛsti] *adj.* 1 Disfrazado, da. Loc. *Bal* ~, baile de disfraces. ■ 2 *m.* Disfraz. ■ 3 *s.* Persona que se disfraza para parecer del otro sexo. 4 *m.* Travestido.

travestir [tʀavɛstiʀ] [3] *tr.* 1 Disfrazar. ■ 2 *pr.* Disfrazarse.

traviole (de) [d(ə)tʀavjɔl] *adv.* De través.

trébucher [tʀebyʃe] [1] *intr.* Tropezar, dar un traspié.

trébuchet [tʀebyʃɛ] *m.* 1 Pesillo (petite balance). 2 Trampa *f.* para pajaritos.

trèfle [tʀɛfl(ə)] *m.* 1 Trébol. 2 Uno de los palos de la baraja francesa.

tréfonds [tʀefɔ̃] *m.* Lo más íntimo, lo más recóndito.

treillage [tʀɛjaʒ] *m.* Enrejado, reja *f.*

treille [tʀɛj] *f.* 1 Parra. 2 Emparrado *m.*

treize [tʀɛz] *adj. num.* Trece.

treizième [tʀɛzjɛm] *adj. num.* Decimotercio, cia.

tréma [tʀema] *m.* Crema *f.,* diéresis *f.* Ús sobre la *e,* la *i* o la *u,* para indicar que no forman diptongo con otra vocal: aiguë, naïf, Saül.

tremble [tʀɑ̃bl(ə)] *m.* Tiemblo, álamo temblón.

tremblement [tʀɑ̃bləmɑ̃] *m.* **1** Temblor. Loc. ~ *de terre,* temblor de tierra, terremoto. **2** Temblor, estremecimiento (frémissement). **3** fam. *Et tout le* ~, y toda la pesca.

trembler [tʀɑ̃ble] [1] *intr.* **1** Temblar. **2** Tiritar, temblar (de froid, de fièvre). Loc. ~ *comme une feuille,* temblar como un azogado. **3** Temblar, temer, estremecerse (avoir peur).

trembloter [tʀɑ̃blɔte] [1] *intr.* Temblar ligeramente, temblequear.

trémie [tʀemi] *f.* Tolva de molino.

trémière [tʀemjɛʀ] *adj. f. Rose* ~, malvarrosa.

trémoussement [tʀemusmɑ̃] *m.* Zarandeo.

tremper [tʀɑ̃pe] [1] *tr.* **1** Mojar, bañar, meter en un líquido. **2** Empapar, remojar (imbiber). Loc. *Être trempé,* estar hecho una sopa. **3** TECHN. Templar (l'acier). **4** fig. Templar, dar temple. ■ **5** *intr.* Estar en remojo, remojarse. **6** fig. ~ *dans,* participar en, estar pringado en. ■ **7** *pr.* Remojarse (prendre un bain rapide).

tremplin [tʀɑ̃plɛ̃] *m.* Trampolín.

trentaine [tʀɑ̃tɛn] *f.* Treintena, unos *m. pl.* treinta.

trente [tʀɑ̃t] *adj. num.-m.* **1** Treinta. **2** *Se mettre sur son* ~ *et un,* ponerse de punta en blanco.

trentième [tʀɑ̃tjɛm] *adj. num.* **1** Trigésimo, ma. ■ **2** *s.* Treintavo, va. ■ **3** *m. Le* ~, la trigésima *f.* parte.

trépas [tʀepa] *m.* Muerte *f.,* óbito. Loc. *Passer de vie à* ~, morir.

trépasser [tʀepase] [1] *intr.* Fallecer, morir.

trépidant, -ante [tʀepidɑ̃, -ɑ̃t] *adj.* Trepidante.

trépied [tʀepje] *m.* Trípode.

trépigner [tʀepiɲe] [1] *intr.* Patalear.

très [tʀɛ] *adv.* **1** Muy: ~ *aimable,* muy amable; ~ *petit,* muy pequeño, pequeñito. **2** Mucho, cha: *il fait* ~ *froid,* hace mucho frío; *j'ai* ~ *soif,* tengo mucha sed.

trésor [tʀezɔʀ] *m.* Tesoro.

trésorerie [tʀezɔʀʀi] *f.* Tesorería.

tressaillir [tʀesajiʀ] [28] *intr.* Estremecerse.

tressauter [tʀesote] [1] *intr.* Sobresaltarse, estremecerse.

tresser [tʀese] [1] *tr.* Trenzar.

tréteau [tʀeto] *m.* **1** Caballete, asnilla *f.* ■ **2** *pl.* Tablas *f.* Loc. *Monter sur les tréteaux,* hacerse cómico.

treuil [tʀœj] *m.* Torno de mano.

trève [tʀɛv] *f.* **1** Tregua. **2** *Sans* ~, sin tregua, sin interrupción.

tri [tʀi] *m.* Selección *f.,* clasificación *f.*

triage [tʀijaʒ] *m.* Tría *f.,* selección *f.*

triangle [tʀijɑ̃gl(ə)] *m.* Triángulo.

tribord [tʀibɔʀ] *m.* MAR. Estribor.

tribu [tʀiby] *f.* Tribu.

tribulation [tʀibylɑsjɔ̃] *f.* Tribulación.

tribunal [tʀibynal] *m.* Tribunal: *comparaître devant les tribunaux,* comparecer ante los tribunales.

tribune [tʀibyn] *f.* Tribuna.

tribut [tʀiby] *m.* Tributo.

tricher [tʀiʃe] [1] *intr.* Hacer trampas.

tricheur, -euse [tʀiʃœʀ, -øz] *s.* Fullero, ra, tramposo, sa.

tricolore [tʀikɔlɔʀ] *adj.* Tricolor.

tricorne [tʀikɔʀn(ə)] *m.* Tricornio.

tricot [tʀiko] *m.* **1** Labor *f.,* tejido de punto. **2** Jersey (chandail).

tricoter [tʀikɔte] [1] *tr.* **1** Hacer punto: *elle tricote un chandail,* hace un suéter de punto. ■ **2** *intr.* Hacer punto. **3** pop. ~ *des jambes,* correr mucho.

trictrac [tʀiktʀak] *m.* Chaqueta (jeu).

tricycle [tʀisikl(ə)] *m.* Triciclo.

trident [tʀidɑ̃] *m.* **1** Tridente. **2** Fisga *f.* (pour pêcher).

trier [tʀije] [2] *tr.* Triar, escoger.

trieur, -euse [tʀijœʀ, -øz] *s.* **1** Escogedor, ra. ■ **2** *f.* Clasificadora.

trigonométrie [tʀigɔnɔmetʀi] *f.* Trigonometría.

trille [tʀij] *m.* MUS. Trino.

trillion [tʀiljɔ̃] *m.* Trillón.

trilogie [tʀilɔʒi] *f.* Trilogía.

trimestriel, -elle [tʀimɛstʀijɛl] *adj.* Trimestral.

tringle [tʀɛ̃gl(ə)] *f.* Varilla, barra: ~ *à rideaux,* varilla de cortina.

trinité [tʀinite] *f.* Trinidad.

trinquer [tʀɛ̃ke] [1] *intr.* **1** Hacer chocar los vasos al brindar. **2** fam. Beber. **3** pop. Pagar el pato (subir un dommage).

trio [tʀijo] *m.* Trío, terceto.

triomphe [tʀijɔ̃f] *m.* Triunfo: *arc de* ~, arco de triunfo. Loc. *Porter quelqu'un en* ~, aclamar triunfalmente.

triompher [tʀijɔ̃fe] [1] *intr.* **1** Triunfar. **2** ~ *de...,* triunfar sobre. **3** Sobresalir, distinguirse.

tripe [tʀip] *f.* **1** Tripa (boyau). **2** fam.

Tripa (de l'homme). Loc. **Rendre tripes et boyaux,** echar las tripas, vomitar. ▪ 3 *pl.* CUIS. Callos *m.*

triple [tʀipl(ə)] *adj.* Triple.

triporteur [tʀipɔʀtœʀ] *m.* Triciclo para transporte.

tripot [tʀipo] *m.* Garito, timba *f.*

tripotage [tʀipɔtaʒ] *m.* Chanchullo, tejemaneje.

tripotée [tʀipɔte] *f.* **1** fam. Paliza, tunda (volée). **2** fam. Caterva, montón *f.* (tas).

triptyque [tʀiptik] *m.* Tríptico.

trique [tʀik] *f.* Garrote *m.*

trisaïeul, -eule [tʀizajœl] *s.* Tatarabuelo, la.

triste [tʀist(ə)] *adj.* Triste.

tristesse [tʀistɛs] *f.* Tristeza.

triton [tʀitɔ̃] *m.* ZOOL., MYTH. Tritón.

triturer [tʀityʀe] [1] *tr.* Triturar.

triumvirat [tʀijɔmviʀa] *m.* Triunvirato.

trivial, -ale [tʀivjal] *adj.* **1** Trivial. **2** Bajo, ja, grosero, ra.

trivialité [tʀivjalite] *f.* Trivialidad.

troc [tʀɔk] *m.* Trueque, cambalache.

troglodyte [tʀɔglɔdit] *adj.-s.* Troglodita.

trogne [tʀɔɲ] *f.* Cara gorda y colorada.

trois [tʀwa] *adj. num.-m.* Tres.

troisième [tʀwazjɛm] *adj. num.-s.* Tercero, ra.

trois-mâts [tʀwama] *m.* Barco de tres palos.

trolley [tʀɔlɛ] *m.* Trole.

trombe [tʀɔ̃b] *f.* **1** Tromba, manga (d'eau). **2** *En* ~, *comme une* ~, a toda velocidad.

tromblon [tʀɔ̃blɔ̃] *m.* **1** Trabuco naranjero. **2** pop. Chistera *f.* (chapeau).

trombone [tʀɔ̃bɔn] *m.* **1** Trombón. **2** Clip (agrafe).

trompe [tʀɔ̃p] *f.* Trompa.

trompe-l'œil [tʀɔ̃plœj] *m. invar.* Engañifa *f.,* apariencia *f.* engañosa. Loc. *En* ~, de candilejas.

tromper [tʀɔ̃pe] [1] *tr.* **1** Engañar. **2** Ser infiel a, engañar a (son mari, sa femme). **3** Burlar (échapper). **4** Matar: ~ *la soif,* matar la sed. ▪ **5** *pr.* Equivocarse. Loc. *Si je ne me trompe,* si no me equivoco.

trompette [tʀɔ̃pɛt] *f.* **1** Trompeta (instrument). **2** *Nez en* ~, nariz respingona. ▪ **3** *m.* Trompeta (musicien).

trompeur, -euse [tʀɔ̃pœʀ, -øz] *adj.* Engañador, ra, engañoso, sa.

tronc [tʀɔ̃] *m.* **1** Tronco. **2** Cepillo (dans une église).

tronçonner [tʀɔ̃sɔne] [1] *tr.* Cortar en trozos.

trône [tʀon] *m.* Trono.

tronquer [tʀɔ̃ke] [1] *tr.* Truncar.

trop [tʀo] *adv.* **1** Demasiado: ~ *cher,* demasiado caro; ~ *...pour,* demasiado... para. Loc. *De* ~ *en* ~, de más, de sobra: *c'en est* ~, es demasiado, esto pasa de la raya. **2** Muy: ~ *peu,* muy poco. **3** ~ *de,* demasiado, da, dos, das; ~ *de choses,* demasiadas cosas. ▪ **4** *m.* Exceso.

trophée [tʀɔfe] *m.* Trofeo.

tropical, -ale [tʀɔpikal] *adj.* Tropical: *pays tropicaux,* países tropicales.

tropique [tʀɔpik] *m.* **1** Trópico. **2** *Les tropiques,* los trópicos.

troquer [tʀɔke] [1] *tr.* Trocar, cambiar.

trot [tʀo] *m.* **1** Trote. **2** *Au* ~, al trote.

trotter [tʀɔte] [1] *intr.* **1** Trotar, ir al trote (cheval). **2** Corretear, callejear (marcher beaucoup). **3** ~ *par la tête,* dar vueltas en la cabeza. ▪ **4** *pr.* pop. Largarse (se sauver).

trottoir [tʀɔtwaʀ] *m.* **1** Acera *f.* (de rue). Loc. *Faire le* ~, dedicarse a la prostitución. **2** ~ *roulant,* plataforma *f.* móvil.

trou [tʀu] *m.* **1** Agujero, orificio. Loc. ~ *d'air,* bache (avion). **2** Ojo (de la serrure). **3** Madriguera *f.* (des animaux), ratonera *f.* (de souris). Loc. fig. *Faire son* ~, establecerse, colocarse bien. **4** ~ *du souffleur,* concha *f.* del apuntador. **5** Poblacho, villorrio, aldea (petit village). **6** Fallo (de mémoire). **7** pop. *Être au* ~, estar en chirona, en la cárcel. **8** SPORTS. Hoyo (golf).

troubadour [tʀubaduʀ] *m.* Trovador.

trouble [tʀubl(ə)] *adj.* **1** Turbio, bia. **2** Confuso, sa. ▪ **3** *m.* Disturbio, desorden, confusión *f.* **4** Turbación *f.,* emoción *f.* ▪ **5** *m. pl.* Disturbios, revueltas *f.* (rébellion). **6** Trastornos (de la santé): *troubles psychiques,* trastornos psíquicos.

trouble-fête [tʀubləfɛt] *m. invar.* Aguafiestas.

troubler [tʀuble] [1] *tr.* **1** Enturbiar (rendre trouble). **2** Turbar, agitar (agiter). **3** Perturbar, trastornar (dérégler). **4** Inquietar, impresionar. ▪ **5** *pr.* Turbarse, perder la serenidad.

trouer [tʀue] [1] *tr.* Horadar, agujerear.

troupe [tʀup] *f.* **1** Tropa, pandilla. **2** Bandada, vuelo *m.* (d'oiseaux). **3** MIL. Tropa. **4** Compañía (de comédiens, etc.).

troupeau [tʀupo] *m.* **1** Rebaño, manada *f.* (d'animaux). **2** Multitud *f.,* rebaño (de personnes).

trousse [tʀus] *f.* **1** Estuche *m.:* ~ *de toilette,* estuche de aseo.

trousseau [tʀuso] *m.* **1** Manojo (de clefs). **2** Ajuar, equipo, ropa *f.* (d'une fiancée, d'un collégien).

trousser [tʀuse] [1] *tr.* **1** Arremangar, levantar, recoger (les vêtements). **2** CUIS. ~ *une volaille,* atar un ave para asarla. **3** Hacer rápido y hábilmente, despachar de prisa (faire rapidement).

trouvaille [tʀuvaj] *f.* Hallazgo *m.*

trouver [tʀuve] [1] *tr.* **1** Encontrar, hallar, dar con: *je ne trouve pas mes lunettes,* no encuentro mis gafas. **2** Sentir, experimentar (éprouver). **3** Ver, encontrar: ~ *bon, mauvais,* encontrar bien, mal; *aller* ~ *quelqu'un,* ir a ver a alguien. Loc. *Vous trouvez?,* ¿usted cree? (croire). ■ **4** *pr.* Encontrarse, hallarse. **5** Sentirse, encontrarse: *je me trouve bien ici,* me siento a gusto aquí. ■ **6** *impers. Il se trouve que,* sucede que, ocurre que. **7** *Il se trouve toujours des personnes qui...,* hay siempre personas que...

trouvère [tʀuvɛʀ] *m.* Trovero.

truand, -ande [tʀyɑ̃, -ɑ̃d] *s.* Truhán, ana, pícaro, ra.

truc [tʀyk] *m.* **1** Truco. **2** fam. Chisme, cosa *f.,* cacharro (chose quelconque). **3** Sistema, mecanismo.

trucage [tʀykaʒ] *m.* **1** Falsificación *f.* **2** Trampa *f.* **3** Efectos especiales, trucaje (au cinéma).

truculent, -ente [tʀykylɑ̃, -ɑ̃t] *adj.* Truculento, ta.

truelle [tʀyɛl] *f.* **1** Palustre *m.,* llana (de maçon). **2** Paleta (pour servir).

truffe [tʀyf] *f.* Trufa.

truie [tʀɥi] *f.* Marrana, cerda.

truite [tʀɥit] *f.* Trucha.

truquer [tʀyke] [1] *tr.* Falsificar.

tu [ty] *pron. pers.* Tú.

tuant, -ante [tɥɑ̃, -ɑ̃t] *adj.* fam. Penoso, sa, fatigante, agobiante.

tube [tyb] *m.* **1** Tubo: ~ *à essai,* tubo de ensayo. **2** ANAT. Tubo. **3** fam. Canción *f.* de éxito.

tubercule [tybɛʀkyl] *m.* Tubérculo.

tuberculeux, -euse [tybɛʀkylœ, -œz] *adj.-s.* Tuberculoso, sa.

tuer [tɥe] [1] *tr.* **1** Matar. **2** ~ *le temps,* matar el tiempo. ■ **3** *pr.* Matarse: *se* ~ *au travail,* matarse trabajando. **4** Suicidarse.

tuerie [tyʀi] *f.* Matanza, carnicería.

tue-tête (à) [atytɛt] *loc. adv.* A grito pelado, a voz en grito.

tueur, -euse [tɥœʀ, -øz] *s.* **1** Matador, ra, asesino, na. ■ **2** *m.* Matarife (dans un abattoir).

tuile [tɥil] *f.* **1** Teja. **2** fam. Accidente *m.,* sorpresa desagradable.

tulipe [tylip] *f.* Tulipán *m.*

tulle [tyl] *m.* Tul.

tuméfier [tymefje] [2] *tr.* Causar tumefacción, hinchar.

tumeur [tymœʀ] *f.* Tumor *m.*

tumulte [tymylt(ə)] *m.* Tumulto.

tumultueux, -euse [tymyltɥœ, -øz] *adj.* Tumultuoso, sa.

tunique [tynik] *f.* **1** Túnica. **2** ANAT., BOT. Túnica.

tunnel [tynɛl] *m.* Túnel.

turban [tyʀbɑ̃] *m.* Turbante.

turbine [tyʀbin] *f.* Turbina.

turbulence [tyʀbylɑ̃s] *f.* Turbulencia.

turbulent, -ente [tyʀbylɑ̃, -ɑ̃t] *adj.* Turbulento, ta.

turc, turque [tyʀk, -k(ə)] *adj.-s.* Turco, ca.

turpitude [tyʀpityd] *f.* Torpeza, vileza.

turquoise [tyʀkwaz] *f.* **1** Turquesa (pierre). ■ **2** *adj. invar.* Color turquesa.

tutélaire [tytelɛʀ] *adj.* Tutelar.

tutelle [tytɛl] *f.* Tutela.

tuteur, -trice [tytœʀ, -tʀis] *s.* **1** Tutor, ra. ■ **2** *m.* AGR. Tutor, rodrigón.

tutoyer [tytwaje] [23] *tr.* Tutear, tratar de tú.

tutu [tyty] *m.* Tonelete (des danseuses).

tuyau [tɥijo] *m.* **1** Tubo. Loc. ~ *d'arrosage,* manga *f.,* manguera *f.* de riego; ~ *d'échappement,* tubo de escape. **2** Cañón (d'une plume d'oiseau, d'une cheminée, d'orgue). **3** Pliegue en forma de tubo. **4** fam. Informe, noticia *f.* confidencial (renseignement).

tuyauterie [tɥijotʀi] *f.* **1** Tubería (ensemble de tuyaux). **2** Cañería.

TVA [tevea] *f.* (*abrév.* taxe sur la valeur ajoutée) IVA *m.*

tympan [tɛ̃pɑ̃] *m.* ANAT., ARCHIT. Tímpano.

tympanon [tɛ̃panɔ̃] *m.* MUS. Tímpano.

type [tip] *m.* **1** Tipo (modèle). **2** fig. Tipo (personnage original). **3** fam. Tipo, tío (homme quelconque): *pauvre* ~, pobre tipo; *un chic* ~, un tío estupendo.

typhoïde [tifɔid] *adj.-f.* Tifoidea (fièvre).

typhon [tifɔ̃] *m.* Tifón.

typhus [tifys] *m.* Tifus.

typique [tipik] *adj.* Típico, ca.

typographie [tipɔgʀafi] *f.* Tipografía.

tyran [tiʀɑ̃] *m.* Tirano.

tyrannie [tiʀani] *f.* Tiranía.

U

u [y] *m.* U *f.*
ubiquité [ybikцite] *f.* Ubicuidad.
UE *f. (abrév.* Union Européenne) UE.
ulcérer [ylseʀe] [14] *tr.* **1** Ulcerar. **2** fig. Herir, lastimar moralmente.
ULM [yɛlɛm] *m.(abrév.* ultraléger motorisé) Ultraligero.
ultérieur, -eure [ylteʀjœʀ] *adj.* Ulterior.
ultimatum [yltimatɔm] *m.* Ultimátum.
ultra [yltʀa] *adj.-s.* Extremista, ultra.
ululer [ylyle] *intr.* Ulular.
un, une [œ̃, yn] *adj. num. indéf.* **1** Uno, una. Loc. *Pas* ~, ni uno, ninguno; *ne faire qu'*~, no ser más que uno, ser una misma persona; *c'est tout* ~, es lo mismo, es todo uno; ~ *à* ~, uno por uno. ◾ **2** *adj. ordin.* Primero, ra: *livre* ~, libro primero. Loc. fam. *Ne faire ni une ni deux,* no pararse en barras. ◾ **3** *adj.* Uno, una (indivisible). ◾ **4** *art. indéf.* Un, una: ~ *de mes amis,* un amigo mío. ◾ **5** *pron. indéf.* Un, una, unos, unas: *l'*~ *d'eux,* uno de ellos. Loc. *Ni l'*~ *ni l'autre,* ni uno ni otro, ninguno de los dos; *l'*~ *et l'autre,* uno y otro, ambos, los dos. ◾ **6** *m.* Uno (une unité). ◾ **7** *f.* Primera plana (d'un journal): *à la une,* en primera plana.
unanimité [ynanimite] *f.* Unanimidad: *à l'*~, por unanimidad.
Unesco [ynɛskɔ] *f. (abrév.* United Nations Educational, Scientific and Cultural Organization) Unesco.
uni, -ie [yni] *adj.* **1** Unido, da: *unis contre quelqu'un,* unidos contra alguien. **2** Llano, na, liso, sa (une surface). **3** Liso, sa: *couleurs unies,* colores lisos; *chemisier* ~, blusa lisa.
Unicef [ynisɛf] *f. (abrév.* United Nations International Children's Emergency Fund) Unicef.
unifier [ynifje] *tr.* Unificar.
uniforme [ynifɔʀm(ə)] *adj.-m.* Uniforme.
uniformiser [ynifɔʀmize] [1] *tr.* Uniformar, uniformizar (rendre uniforme).

unilatéral, -ale [ynilateʀal] *adj.* Unilateral: *contrats unilatéraux,* contratos unilaterales.
union [ynɔ̃] *f.* Unión.
unique [ynik] *adj.* Único, ca.
unir [yniʀ] [3] *tr.* **1** Unir (annexer, assembler). ◾ **2** *pr.* Unirse (s'associer). **3** Casarse (se marier).
unisson [ynisɔ̃] *m.* **1** Unisón, unísono. **2** *À l'*~, al unísono.
unitaire [ynitɛʀ] *adj.* Unitario, ria.
unité [ynite] *f.* Unidad.
univers [yniveʀ] *m.* Universo.
universalité [yniveʀsalite] *f.* Universalidad.
universel, -elle [yniveʀsɛl] *adj.* Universal.
universitaire [yniveʀsitɛʀ] *adj.* **1** Universitario, ia. ◾ **2** *s.* Profesor, ra de la Universidad.
université [yniveʀsite] *f.* Universidad.
uranium [yʀanjɔm] *m.* Uranio.
urbain, -aine [yʀbɛ̃, -ɛn] *adj.* Urbano, na.
urbaniser [yʀbanize] [1] *tr.* Urbanizar.
urbanité [yʀbanite] *f.* Urbanidad.
urée [yʀe] *f.* Urea.
urémie [yʀemi] *f.* Uremia.
urgence [yʀʒɑ̃s] *f.* **1** Urgencia. **2** *D'*~, con urgencia, urgentemente.
urgent, -ente [yʀʒɑ̃, -ɑ̃t] *adj.* **1** Urgente. **2** *Être* ~, ser urgente, urgir.
urinaire [yʀinɛʀ] *adj.* Urinario, ia.
urinal [yʀinal] *m.* Orinal (pour malades).
urine [yʀin] *f.* Orina.
urinoir [yʀinwaʀ] *m.* Urinario.
urne [yʀn(ə)] *f.* Urna. Loc. *Aller aux urnes,* ir a votar.
urticaire [yʀtikɛʀ] *f.* Urticaria.
us [ys] *m. pl.* Usos: *les* ~ *et coutumes,* los usos y costumbres.
USA [yesa] *m. pl. (abrév.* United States of America) EE UU.
usage [ysaʒ] *m.* **1** Uso, empleo (utilisation). Loc. *Faire* ~ *de,* emplear, hacer

uso de; *à l'~,* con el uso; *à l'~ de,* para uso de; *en ~,* en uso; *hors d'~,* fuera de uso, desusado, da; fam. *faire de l'~,* durar. **2** Uso, costumbre *f.* (coutume). Loc. *D'~,* usual, de costumbre. **3** Educación *f.,* buenas costumbres *f. pl.* **4** Usufructo.

usagé, -ée [yzaʒe] *adj.* Usado, da: *vêtements usagés,* vestidos usados.

usager [yzaʒe] *m.* Usuario.

usé, -ée [yze] *adj.* **1** Gastado, da, usado, da. **2** Desgastado, da, gastado, da (affaibli). **3** Trillado, da, común (banal).

user [yze] [1] *intr.* **1** Usar, emplear, hacer uso de, valerse de: *~ d'un privilège,* hacer uso de un privilegio. **2** *En ~ avec quelqu'un,* comportarse, obrar, portarse con alguien. ▪ **3** *tr.* Gastar, consumir. **4** Gastar, desgastar (détériorer). Loc. *~ ses fonds de culottes sur les bancs de l'école,* ir a la escuela. **5** Debilitar, minar, gastar (santé, forces). ▪ **6** *pr.* Gastarse.

usine [yzin] *f.* Fábrica.

usité, -ée [yzite] *adj.* Usado, da, en uso, empleado, da.

ustensile [ystɑ̃sil] *m.* Utensilio.

usuel, -elle [yzɥɛl] *adj.* Usual.

usufruit [yzyfʀɥi] *m.* Usufructo.

usure [yzyʀ] *f.* **1** Usura (intérêt). **2** Desgaste *m.* Deterioro *m.* (détérioration).

usurier, -ière [yzyʀje, -jɛʀ] *s.* Usurero, ra.

usurpateur, -trice [yzyʀpatœʀ, -tʀis] *s.* Usurpador, ra.

usurper [yzyʀpe] [1] *tr.* Usurpar.

ut [yt] *m.* MUS. Do.

utérin, -ine [yteʀɛ̃, -in] *adj.* Uterino, na.

utile [ytil] *adj.* **1** Útil. **2** *En temps ~,* en su debido tiempo. ▪ **3** *m.* Lo útil, lo que es útil.

utilisateur, -trice [ytilizatœʀ, -tʀis] *s.* INFORM. Usuario, a.

utiliser [ytilize] [1] *tr.* Utilizar.

utilitaire [ytilitɛʀ] *adj.* **1** Utilitario, ia. ▪ **2** *m.* Utilitario.

utilité [ytilite] *f.* **1** Utilidad. **2** THÉÂT. Empleo *m.* subalterno de actor.

utopie [ytɔpi] *f.* Utopía.

V

v [ve] *m*. V *f*.

va [va] **1** v. **aller:** *qui ~ là?*, ¿quién va?; *va-t-en*, vete. **2** ~ *pour*, sea, vaya por: ~ *pour dix francs*, vaya por diez francos. **3** *interj*. ¡anda!, ¡venga!, ¡vamos!

vacance [vakɑ̃s] *f*. **1** Vacante (poste, chaire). ■ **2** *pl*. Vacaciones: *être en vacances*, estar de vacaciones; *grandes vacances*, vacaciones de verano.

vacant, -ante [vakɑ̃, -ɑ̃t] *adj*. **1** Vacante. **2** Desocupado, da, libre (siège, logement, etc.).

vacarme [vakaʀm(ə)] *m*. Alboroto, estrépito.

vaccin [vaksɛ̃] *m*. Vacuna *f*.

vacciner [vaksine] [1] *tr*. Vacunar.

vache [vaʃ] *f*. **1** Vaca. Loc. fam. *Manger de la ~ enragée*, pasar las de Caín. **2** Vaqueta, vaca (cuir). **3** fig. fam. Mala bestia, mal bicho *m.*, hueso *m*. (personne). ■ **4** *adj*. fam. Mal intencionado, da.

vacherie [vaʃʀi] *f*. **1** Vaquería. **2** *pop*. Mala jugada, cochinada.

vacillation [vasijɑsjɔ̃, vasilɑsjɔ̃] *f*. Vacilación.

vaciller [vasije; vasile] [1] *intr*. Vacilar.

va-et-vient [vaevjɛ̃] *m. invar*. **1** Vaivén. **2** MAR. Andarivel, estacha *f*. (cordage).

vagabond, -onde [vagabɔ̃, -ɔ̃d] *adj.-m*. Vagabundo, da.

vagabonder [vagabɔ̃de] [1] *intr*. Vagabundear, vagar, errar.

vagin [vaʒɛ̃] *m*. Vagina *f*.

vagir [vaʒiʀ] [3] *intr*. **1** Llorar (nouveau-né). **2** Chillar (lièvre).

vagissement [vaʒismɑ̃] *m*. Vagido.

vague [vag] *adj*. **1** Vago, ga, indeciso, sa. **2** *Terrain ~*, baldío, solar. ■ **3** *m*. Vaguedad *f*. Loc. ~ *à l'âme*, morriña *f.*, melancolía *f.*: *rester dans le ~*, ser impreciso, sa. ■ **4** *f*. Ola (de la mer, etc.). **5** ~ *de chaleur*, ola de calor. **6** fig. Oleada, ola.

vaguement [vagmɑ̃] *adv*. Apenas, poco, más o menos.

vaguer [vage] [1] *intr*. Vagar, errar.

vaillance [vajɑ̃s] *f*. Valentía, valor *m*.

vaillant, -ante [vajɑ̃, -ɑ̃t] *adj*. Valiente, intrépido, da, animoso, sa. Loc. *Pas un sou ~*, ni un cuarto.

vain, vaine [vɛ̃, vɛn] *adj*. **1** Vano, na. ■ **2** *loc. adv. En ~*, en vano.

vaincre [vɛ̃kʀ(ə)] [57] *tr*. **1** Vencer. ■ **2** *pr*. Vencerse, dominarse.

vaincu, -ue [vɛ̃ky] *adj.-s*. Vencido, da: *s'avouer ~*, darse por vencido.

vainqueur [vɛ̃kœʀ] *m*. **1** Vencedor. ■ **2** *adj*. Victorioso, sa, vencedor, ra, triunfante.

vaisseau [veso] *m*. **1** MAR. Buque, nave *f*., navío: *capitaine de ~*, capitán de navío; ~ *école*, buque escuela; ~ *spatial*, nave espacial. Loc. fig. *Brûler ses vaisseaux*, quemar sus naves. **2** ARCHIT. Nave *f*. **3** ANAT., BOT. Vaso.

vaisselle [vesɛl] *f*. Vajilla. Loc. *Faire la ~*, lavar los platos, fregar.

val [val] *m*. Valle. Loc. *Par monts et par vaux*, por todas partes.

valable [valabl(ə)] *adj*. Válido, da, valedero, ra.

valériane [valeʀjan] *f*. Valeriana.

valet [valɛ] *m*. **1** Lacayo, criado, mozo. Loc. ~ *de pied*, lacayo; ~ *de chambre*, ayuda de cámara; ~ *de ferme*, gañán; ~ *d'écurie*, mozo de cuadra. **2** Sota (jeux de cartes). **3** TECHN. Barrilete, siete.

valeur [valœʀ] *f*. **1** Valor *m.*: *objet de ~*, objeto de valor. Loc. *Attacher de la ~ à*, dar importancia a; *mettre en ~*, dar valor a, beneficiar (une terre), destacar, hacer resaltar (mettre en évidence). **2** COMM. Valor *m.*: *valeurs à lots*, valores amortizables. **3** Valía: *un homme de ~*, un hombre de valía. **4** MÚS., PEINT. Valor *m*.

valeureux, -euse [valœʀø, -øz] *adj*. Valeroso, sa.

validation [validasjɔ̃] *f.* Validación.

valide [valid] *adj.* Válido, da.

valider [valide] *tr.* Validar.

validité [validite] *f.* Validez.

valise [valiz] *f.* **1** Maleta, valija. **2** ~ *diplomatique*, valija diplomática.

vallée [vale] *f.* Valle *m.*

vallon [valɔ̃] *m.* Vallecito, cañada *f.*

valoir [valwaʀ] [45] *intr.* **1** Valer (coûter). Loc. *Faire* ~, beneficiar (une terre), destacar, hacer resaltar (mettre quelque chose en évidence), hacer valer, acreditar, (quelqu'un); *se faire* ~, darse importancia, sostener sus derechos; *autant vaut*, tanto monta; *il vaut mieux*, vale más, es preferible; *rien qui vaille*, nada bueno *loc. adv. À* ~, a cuenta; *vaille que vaille*, mal que bien. **2** Valer, equivaler. **3** Valer, merecer: ~ *la peine de*, valer la pena de. ■ **4** *tr.* Valer, procurar. ■ **5** *pr.* Ser equivalentes.

valoriser [valɔʀize] [1] *tr.* Valorizar.

valse [vals(ə)] *f.* Vals *m.*

valve [valv(ə)] *f.* **1** Valva (mollusques). **2** ÉLECTR., TECHN. Válvula.

valvule [valvyl] *f.* ANAT. Válvula.

vampire [vɑ̃piʀ] *m.* Vampiro.

van [vɑ̃] *m.* Harnero de mimbre.

vandale [vɑ̃dal] *m.* Vándalo.

vandalisme [vɑ̃dalism(ə)] *m.* Vandalismo.

vanille [vanij] *f.* Vainilla: *glace à la* ~, helado de vainilla.

vanillier [vanije] *f.* Vainilla (plante).

vanité [vanite] *f.* Vanidad. Loc. *Tirer* ~ *de*, enorgullecerse de. *loc. adv. Sans* ~, sin jactancia.

vaniteux, -euse [vanitø, -øz] *adj.-s.* Vanidoso, sa.

vanne [van] *f.* Compuerta, alza (d'une écluse).

vanneau [vano] *m.* Avefría *f.*

vanner [vane] [1] *tr.* **1** Ahechar. **2** fam. Fatigar, agotar (fatiguer).

vantail [vɑ̃taj] *m.* Hoja *f.,* batiente *f.: les vantaux d'une fenêtre*, las hojas de una ventana.

vantard, -arde [vɑ̃taʀ, -aʀd(ə)] *adj.-s.* Jactancioso, sa, alabancioso, sa.

vanter [vɑ̃te] [1] *tr.* **1** Alabar, celebrar, ensalzar. ■ **2** *pr.* Alabarse, jactarse.

vapeur [vapœʀ] *f.* **1** Vapor *m.,* vaho *m. loc. adv. À la* ~, al vapor; *à toute* ~, a todo vapor. ■ **2** *pl.* Vapores: *les vapeurs de l'ivresse*, los vapores del vino. ■ **3** *m.* Vapor (bateau).

vaporeux, -euse [vapɔʀø, -øz] *adj.* **1** Vaporoso, sa (aérien). **2** Cargado, da de nubes o vapores. **3** fig. Nebuloso, sa, obscuro, ra.

vaporiser [vapɔʀize] [1] *tr.* **1** Vaporizar. ■ **2** *pr.* Vaporizarse.

varech [vaʀɛk] *m.* Fuco.

vareuse [vaʀøz] *f.* **1** Marinera, chaqueta. **2** MIL. Guerrera, chaquetón *m.*

variable [vaʀjabl(ə)] *adj.-f.* Variable.

variant, -ante [vaʀjɑ̃, -ɑ̃t] *adj.-f.* Variante.

variation [vaʀjasjɔ̃] *f.* Variación.

varice [vaʀis] *f.* Variz, varice.

varier [vaʀje] [2] *tr.* **1** Variar. ■ **2** *intr.* Variar. **3** Diferir.

variété [vaʀjete] *f.* **1** Variedad. ■ **2** *pl.* Variedades (spectacle).

variole [vaʀjɔl] *f.* Viruela.

varlope [vaʀlɔp] *f.* Garlopa.

vasculaire [vaskylɛʀ] *adj.* Vascular.

vase [vaz] *m.* **1** Vaso, vasija *f.* Loc. *Vases communiquants*, vasos comunicantes; ~ *de nuit*, orinal. **2** Jarrón, florero (à fleurs). ■ **3** *f.* Cieno *m.,* légamo *m.*

vaseline [vazlin] *f.* Vaselina.

vaseux, -euse [vazø, -øz] *adj.* **1** Cenagoso, sa, limoso, sa. **2** fam. Pachucho, cha, malucho, cha (fatigué). **3** fam. Obscuro, ra, poco inteligible (peu clair).

vasistas [vazistas] *m.* Cuarterón móvil, tragaluz.

vasque [vask(ə)] *f.* Pilón *m.*

vaste [vast(ə)] *adj.* Vasto, ta, extenso, sa, amplio, a.

va-tout [vatu] *m. invar.* Envite del resto. Loc. *Jouer son* ~, arriesgar el todo por el todo.

vaudeville [vodvil] *m.* Vodevil.

vaurien, -ienne [voʀjɛ̃, jɛn] *adj.-s.* Granuja, golfo, fa.

vautour [votuʀ] *m.* Buitre.

vautrer (se) [votʀe] [1] *pr.* Revolcarse, repanchigarse.

veau [vo] *m.* **1** Ternero, becerro. Loc. *Pleurer comme un* ~, berrear; *tuer le* ~ *gras*, echar la casa por la ventana. **2** Ternera *f.* (viande). **3** Becerro (cuir). **4** ~ *marin*, becerro marino.

vecteur [vɛktœʀ] *m.* Vector.

vedette [vədɛt] *f.* **1** Pequeño barco *m.* de guerra (bateau militaire). **2** Lancha motora rápida (canot rapide). **3** Estrella, primera figura (artiste). **4** Divo *m.,* diva (d'opéra). Loc. *Mettre en* ~, destacar, poner en primer plano. **5** anciern. Centinela *m.* (soldat).

végétal, -ale [veʒetal] *adj.-m.* Vegetal:

médicaments végétaux, medicamentos vegetales.

végétarien, -ienne [veʒetaʀjɛ̃, -jɛn] *adj.-s.* Vegetariano, na.

végétation [veʒetasjɔ̃] *f.* 1 Vegetación. ■ 2 *pl.* MÉD. Vegetaciones.

végéter [veʒete] [14] *intr.* Vegetar.

véhémence [veemɑ̃s] *f.* Vehemencia.

véhicule [veikyl] *m.* Vehículo.

veille [vɛj] *f.* 1 Vigilia, vela. 2 Víspera (jour précédent): *être à la ~ de,* estar en vísperas de. 3 Vigilia (d'une fête religieuse). ■ 4 *pl.* Desvelos *m.*

veillée [veje] *f.* 1 Velada. 2 *~ funèbre,* velatorio *m.,* velorio *m.*

veiller [veje] [1] *intr.* 1 Velar (rester sans dormir). 2 Velar, vigilar. Loc. *~ à, ~ sur,* velar por, tener cuidado de; *~ à ce que,* procurar de. ■ 3 *tr.* Velar (un malade, un mort).

veilleur, -euse [vejœʀ, øz] *s.* Velador, ra, vigilante. Loc. *~ de nuit, vigilante nocturno, sereno.*

veilleuse [vejøz] *f.* Mariposa, lamparilla de noche (lampe), llama piloto (d'un chauffe-eau). Loc. *Mettre en ~,* poner a media luz (une lumière), limitar (une activité).

veinard, -arde [vɛnaʀ, -aʀd(ə)] *adj.-s.* fam. Potroso, sa.

veine [vɛn] *f.* 1 Vena. 2 MIN. Vena, veta. 3 fig. Vena: *~ poétique,* vena poética. 4 fam. Potra, suerte. Loc. *Pas de ~!,* iqué mala pata!; *être en ~,* estar de suerte.

veineux, -euse [vɛnø, -øz] *adj.* 1 Venoso, sa. 2 Veteado, da (bois, etc.).

vêler [vele] [1] *intr.* Parir (vache).

vélin [velɛ̃] *m.* Vitela *f.: papier ~,* papel vitela.

velléité [ve(ɛl)leite] *f.* Veleidad.

vélo [velo] *m.* fam. Bici *f.*

vélocité [velɔsite] *f.* Velocidad, rapidez.

vélodrome [velɔdʀɔm] *m.* Velódromo.

velours [v(ə)luʀ] *m.* 1 Terciopelo. 2 *côtelé,* pana *f.* Loc. *Faire patte de ~,* esconder las uñas; *jouer sur le ~,* jugar sobre seguro.

velu, -ue [vəly] *adj.* Velludo, da, velloso, sa.

vélum [velɔm] *m.* Toldo.

venaison [vənɛzɔ̃] *f.* Carne de venado.

vénal, -ale [venal] *adj.* 1 Venal. 2 *Valeur vénale,* valor comercial.

venant, -ante [v(ə)nɑ̃, -ɑ̃t] *adj.-s.* Viniente, que llega. Loc. *À tout ~,* al primer llegado, a todo el mundo.

vendable [vɑ̃dabl(ə)] *adj.* Vendible.

vendange [vɑ̃dɑ̃ʒ] *f.* Vendimia.

vendangeur, -euse [vɑ̃dɑ̃ʒœʀ, -øz] *s.* Vendimiador, ra.

vendémiaire [vɑ̃demjɛʀ] *m.* Vendimiario (primer mes del año republicano francés).

vendeur, -euse [vɑ̃dœʀ, -øz] *s.* 1 COMM. Vendedor, ra. 2 Dependiente, ta (employé).

vendre [vɑ̃dʀ(ə)] [6] *tr.* 1 Vender: *~ à terme,* vender a plazos: *~ aux enchères,* vender en pública subasta; *à ~,* en venta. 2 *~ la mèche,* revelar un secreto. ■ 3 *pr.* Venderse.

vendredi [vɑ̃dʀədi] *m.* Viernes.

venelle [vənɛl] *f.* Callejón *m.,* callejuela.

vénéneux, -euse [venenø, -øz] *adj.* Venenoso, sa.

vénération [veneʀasjɔ̃] *f.* Veneración.

vénérer [veneʀe] [14] *tr.* Venerar.

vénerie [venʀi] *f.* Montería.

vengeance [vɑ̃ʒɑ̃s] *f.* Venganza. Loc. *Tirer ~ de,* vengarse de.

venger [vɑ̃ʒe] [13] *tr.* 1 Vengar. ■ 2 *pr.* Vengarse.

véniel, -elle [venjɛl] *adj.* Venial.

venimeux, -euse [vənimø, -øz] *adj.* Venenoso, sa, ponzoñoso, sa.

venin [vənɛ̃] *m.* 1 Veneno, ponzoña *f.* Loc. *Jeter tout son ~,* desahogar la cólera; *morte la bête, mort le ~,* muerto el perro se acabó la rabia.

venir [v(ə)niʀ] [36] *intr.* 1 Venir: *il est venu hier,* vino ayer; *dites-lui de ~,* dígale que venga; *ces oranges viennent de Valence,* estas naranjas vienen de Valencia. Loc. *à l'esprit,* venir al pensamiento, ocurrirse; *laisser ~, voir ~,* venir, esperar sin prisas; *le temps à ~,* el tiempo venidero. 2 Ir (aller). 3 Llegar, venir, ocurrir: *un malheur ne vient jamais seul,* una desgracia nunca llega sola. 4 Formarse, aparecer. 5 Crecer, desarrollarse: *cet arbre vient bien,* este árbol crece bien. 6 *~ de,* acabar de: *il vient d'arriver, de partir,* acaba de llegar, de salir. 7 *~ à bout d'une chose,* llevar a cabo una cosa; *~ à bout de quelqu'un,* vencer, hacer ceder a uno; *en ~ à, jusqu'à,* llegar a, verse reducido a; *en ~ aux mains,* venir a las manos, reñir; *faire ~ quelqu'un,* llamar a alguien; *vouloir en ~,* querer ir a parar.

vénitien, -ienne [venisjɛ̃, jɛn] *adj.s.* Veneciano, na.

vent [vɑ̃] *m.* 1 Viento. 2 Aire (air). 3 Viento (odeur du gibier). Loc. *Avoir ~ de,* barruntar, tener noticia de. 4 Viento, ventosidad *f.* (gaz intestinal).

vente [vãt] *f.* **1** Venta: ~ *au comptant, à tempérament,* venta al contado, a plazos. **2** ~ *aux enchères,* subasta, almoneda.

venter [vãte] [1] *impers.* Ventear: *il vente,* ventea.

venteux, -euse [vãtø, -øz] *adj.* Ventoso, sa.

ventilateur [vãtilatœʀ] *m.* Ventilador.

ventilation [vãtilasjɔ̃] *f.* Ventilación.

ventiler [vãtile] [1] *tr.* **1** Ventilar. **2** COMM. Desglosar, repartir.

ventosité [vãtozite] *f.* Ventosidad.

ventouse [vãtuz] *f.* Ventosa.

ventre [vãtʀ(ə)] *m.* **1** Vientre, prov. ~ *affamé n'a point d'oreilles,* el hambre no admite razones. **2** fam. Barriga *f.,* panza *f.* **3** *loc. adv.* À *plat* ~, *sur le* ~, de bruces, boca abajo; *à* ~ *déboutonné,* como un descosido; ~ *à terre,* a galope tendido.

ventricule [vãtʀikyl] *m.* ANAT. Ventrículo.

ventrière [vãtʀijɛʀ] *f.* Ventrera.

ventriloque [vãtʀilɔk] *adj.-s.* Ventrílocuo, ua.

ventru, -ue [vãtʀy] *adj.* Ventrudo, da, barrigudo, da.

venu, -ue [v(ə)ny] *adj.-s.* **1** Venido, da, llegado, da: *le premier* ~, el primero que llegue, cualquiera; *nouveau* ~, recién llegado; *soyez le bien* ~, sea usted bien venido. **2** Ejecutado, da, logrado, da: *dessin bien* ~, dibujo bien ejecutado.

vêpres [vepʀ(ə)] *f. pl.* LITURG. Vísperas.

ver [vɛʀ] *m.* Gusano de: ~ *à soie,* gusano de seda. Loc. ~ *luisant,* luciérnaga *f.;* ~ *solitaire,* solitaria *f.*

véracité [veʀasite] *f.* Veracidad.

véranda [veʀãda] *f.* **1** Veranda, galería cubierta. **2** Mirador *m.*

verbal, -ale [vɛʀbal] *adj.* Verbal: *adjectifs verbaux,* adjetivos verbales.

verbe [vɛʀb(ə)] *m.* **1** GRAM. Verbo. **2** Palabra *f.,* voz *f.* Loc. *Avoir le* ~ *haut,* tener la voz fuerte; fig. hablar con arrogancia. **3** RELIG. Verbo (de Dieu).

verbiage [vɛʀbjaz] *m.* Cháchara *f.,* palabrería *f.*

verbosité [vɛʀbozite] *f.* Verbosidad.

verdâtre [vɛʀdatʀ(ə)] *adj.* Verdoso, sa.

verdelet, -ette [vɛʀdəlɛ, -ɛt] *adj.* Agrete (vin).

verdeur [vɛʀdœʀ] *f.* **1** Estado *m.* de la leña o la fruta verde. **2** Aspereza (du vin). **3** Verdor *m.,* lozanía (d'une personne). **4** Licencia, libertad (du langage).

verdict [vɛʀdik(t)] *m.* Veredicto: ~ *d'acquittement,* veredicto de inculpabilidad.

verdier [vɛʀdje] *m.* Verderón.

verdir [vɛʀdiʀ] [3] *tr.* **1** Colorear, pintar de verde. ▪ **2** *intr.* Tomar color verde. **3** Verdecer, verdear (les champs, etc.).

verdoyer [vɛʀdwaje] [23] *intr.* Verdear.

verdure [vɛʀdyʀ] *f.* **1** Verde *m.,* verdor *m.,* verdura. **2** Vegetación. **3** Hierba, césped *m.: se coucher sur la* ~, tenderse en la hierba.

véreux, -euse [veʀø, -øz] *adj.* **1** Agusanado, da. **2** fig. Malhonesto, ta, sospechoso, sa.

verge [vɛʀʒ(ə)] *f.* **1** Vara, varilla. **2** Azote *m.* (pour frapper). **3** MAR. Caña. **4** ANAT. Miembro viril.

verger [vɛʀʒe] *m.* Vergel.

verglas [vɛʀgla] *m.* Hielo.

vergne [vɛʀɲ(ə)] *m.* Aliso.

vergogne (sans) [vɛʀgɔɲ] *loc. adv.* Sin vergüenza.

véridique [veʀidik] *adj.* Verídico, ca.

vérification [veʀifikasjɔ̃] *f.* Verificación, comprobación.

vérifier [veʀifje] [2] *tr.* Verificar, comprobar.

vérin [veʀɛ̃] *m.* MÉC. Gato, cric.

véritable [veʀitabl(ə)] *adj.* Verdadero, ra.

vérité [veʀite] *f.* Verdad: *la* ~ *vraie,* la pura verdad; *dire à quelqu'un ses vérités,* decir a uno cuatro verdades, loc. *adv.* À *la* ~, a la verdad; *en* ~, en verdad.

vermeil, -eille [vɛʀmɛj] *adj.* **1** Bermejo, ja, encarnado, da. ▪ **2** *m.* Plata *f.* sobredorada (métal).

vermicelle [vɛʀmisɛl] *m.* Fideo.

vermifuge [vɛʀmifyʒ] *adj.-m.* MÉD. Vermífugo, ga, vermicida.

vermillon [vɛʀmijɔ̃] *m.* **1** Bermellón. **2** fig. Carmín.

vermine [vɛʀmin] *f.* **1** Miseria. **2** fig. Canalla, gentuza.

vermoulu, -ue [vɛʀmuly] *adj.* Carcomido, da.

verni, -ie [vɛʀni] *adj.* fig. fam. Afortunado, da. Loc. *Être* ~, tener potra.

vernir [vɛʀniʀ] [3] *tr.* **1** Barnizar. **2** Charolar (le cuir).

vernissage [vɛʀnisaʒ] *m.* **1** Barnizado. **2** Inauguración *f.* (d'une exposition).

vernisser [vɛʀnise] [1] *tr.* Vidriar.

vérole [veʀɔl] *f.* **1** MÉD. Sífilis. **2** *Petite* ~, viruelas *pl.*

verrat [vɛʀa] *m.* Verraco.

verre [vɛʀ] *m.* **1** Vidrio: ~ *double,* vidrio grueso. Loc. ~ *de lampe,* tubo de lámpara; *cloche de* ~, fanal, campana *f.* de vidrio; *papier de* ~, papel de lija. **2** Cristal (de lunettes, montre). **3** Vaso, copa *f.* (à boire): *un* ~ *d'eau,* un vaso de agua; ~ *à pied,* copa *f.; petit* ~, copita *f.* Loc. *Prendre un* ~, tomar una copa. ▪ **4** *pl.* Lentes, gafas *f.* (lunettes).

verrerie [vɛʀʀi] *f.* **1** Vidriería. **2** Objetos *m. pl.* de vidrio.

verrière [vɛʀjɛʀ] *f.* Vidriera.

verroterie [vɛʀɔtʀi] *f.* Abalorios *m. pl.*

verrou [vɛʀu] *m.* Cerrojo. Loc. *Être sous les verrous,* estar preso, sa.

verrue [vɛʀy] *f.* Verruga.

verruqueux, -euse [vɛʀykø, -øz] *adj.* Verrugoso, sa.

vers [vɛʀ] *m.* **1** Verso. ▪ **2** *prép.* Hacia (direction). **3** Hacia, a eso de: ~ *six heures,* hacia las seis, a eso de las seis.

versant [vɛʀsɑ̃] *m.* Vertiente *f.* (d'une montagne).

versatile [vɛʀsatil] *adj.* Versátil.

versé, -ée [vɛʀse] *adj.* Versado, da.

verse (à) [vɛʀs(ə)] *loc. adv.* A cántaros: *il pleut à* ~, llueve a cántaros.

versement [vɛʀsəmɑ̃] *m.* **1** Entrega *f.,* ingreso (fonds). **2** Pago: *en plusieurs versements,* en varios pagos.

verser [vɛʀse] [1] *tr.* **1** Echar, verter, derramar: ~ *à boire,* echar de beber, llenar el vaso; ~ *du sang, des larmes,* derramar sangre, lágrimas. **2** Entregar, ingresar, abonar (fonds): ~ *au compte de,* abonar en cuenta de. ▪ **3** *intr.* Volcar (un véhicule). **4** Encamarse (céréales). **5** fig. ~ *dans,* caer en.

verset [vɛʀsɛ] *m.* Versículo.

verseuse [vɛʀsøz] *f.* Cafetera de mango recto.

versification [vɛʀsifikasjɔ̃] *f.* Versificación.

version [vɛʀsjɔ̃] *f.* **1** Versión. **2** Traducción directa.

verso [vɛʀso] *m.* Vuelta *f.,* verso, dorso (d'un feuillet).

vert, verte [vɛʀ, -vɛʀt(ə)] *adj.* **1** Verde. Loc. *Légumes verts,* verduras *f.: vin* ~, vino agraz; *haricot* ~, judía *f.* verde; fig. *verte réprimande,* reprensión agria. **2** Sin curtir (cuir). **3** Vigoroso, sa, lozano, na (en parlant des gens âgés). **4** Verde (licencieux). ▪ **5** *m.* Verde (couleur): ~ *de mer,* verdemar. **6** Forraje verde. Loc. fig. *Se mettre au* ~, irse al campo a descansar.

vert-de-gris [vɛʀdəgʀi] *m. invar.* Verdete, cardenillo.

vertébral, -ale [vɛʀtebʀal] *adj.* Vertebral.

vertébré, -ée [vɛʀtebʀe] *adj.* **1** Vertebrado, da. ▪ **2** *m.* Vertebrado.

vertement [vɛʀtəmɑ̃] *adv.* Ásperamente, vivamente.

vertigineux, -euse [vɛʀtiʒinø, -øz] *adj.* Vertiginoso, sa.

vertu [vɛʀty] *f.* Virtud. *loc. prép. En* ~ *de,* en virtud de.

vertueux, -euse [vɛʀtɥø, -øz] *adj.* Virtuoso, sa.

verve [vɛʀv(ə)] *f.* **1** Inspiración, vena. **2** Locuacidad. Loc. *Être en* ~, estar locuaz.

verveine [vɛʀvɛn] *f.* Verbena.

vesce [vɛs] *f.* Arveja.

vésicule [vezikyl] *f.* Vesícula.

vespéral, -ale [vɛspeʀal] *adj.* **1** Vespertino, na. ▪ **2** *m.* Vesperal.

vesse [vɛs] *f.* Follón *m.,* zullón *m.*

vessie [vesi] *f.* Vejiga.

vestale [vɛstal] *f.* Vestal.

veste [vɛst(ə)] *f.* Chaqueta, americana.

vestiaire [vɛstjɛʀ] *m.* Guardarropa.

vestibule [vɛstibyl] *m.* Vestíbulo.

vestige [vɛstiʒ] *m.* Vestigio, huella *f.*

veston [vɛstɔ̃] *m.* Chaqueta *f.,* americana *f.*

vêtement [vɛtmɑ̃] *m.* **1** Vestido, ropa *f.: vêtements usagés,* vestidos usados, ropa usada. **1** Traje: ~ *militaire,* traje militar.

vétéran [veteʀɑ̃] *m.* Veterano.

vétérinaire [veteʀinɛʀ] *adj.-s.* Veterinario, ria.

vêtir [vetiʀ] [33] *tr.* **1** Vestir. ▪ **2** *pr.* Vestirse.

veto [veto] *m.* Veto.

veuf, veuve [vœf, vœv] *adj.-s.* Viudo, da.

veule [vøl] *adj.* Flojo, ja, débil, sin voluntad.

veuvage [vœvaʒ] *m.* Viudez *f.*

vexation [vɛksasjɔ̃] *f.* Vejación.

vexer [vɛkse] [1] *tr.* **1** Vejar. **2** Molestar, fastidiar. ▪ **3** *pr.* Molestarse, picarse.

viabilité [vjabilite] *f.* **1** Viabilidad. **2** Calidad de transitable (chemin).

viaduc [vjadyk] *m.* Viaducto.

viager, -ère [vjaʒe, -ɛʀ] *adj.* **1** Vitalicio, cia. ▪ **2** *m.* Renta *f.* vitalicia.

viande [vjɑ̃d] *f.* Carne.

vibrant, -ante [vibʀɑ̃, -ɑ̃t] *adj.* Vibrante.

vibration [vibʀasjɔ̃] *f.* Vibración.

vibrer [vibʀe] [1] *intr.* Vibrar.

vicaire [vikɛʀ] *m.* Vicario.

vice [vis] *m.* Vicio.

vice [vis] *particule invar.* Vice: *vice-*

almiral, vicealmirante; *vice-consul,* vicecónsul.

vice-roi [visʀwa] *m.* Virrey.

vice versa [visevɛʀsa; visvɛʀsa] *loc. adv.* Viceversa.

vicier [visje] [2] *tr.* **1** Viciar. ■ **2** *pr.* Viciarse.

vicieux, -euse [visjø, -øz] *adj.* **1** Vicioso, sa. **2** Resabiado, da (chevaux).

vicinal, -ale [visinal] *adj.* Vecinal.

vicissitude [visisityd] *f.* Vicisitud.

vicomte [vikɔ̃t] *m.* Vizconde.

vicomtesse [vikɔ̃tɛs] *f.* Vizcondesa.

victime [viktim] *f.* Víctima.

victoire [viktwaʀ] *f.* Victoria, triunfo *m.*

victorieux, -euse [viktɔʀjø, -øz] *adj.* Victorioso, sa.

victuailles [viktɥaj] *f. pl.* Vituallas.

vidanger [vidɑ̃ʒe] [13] *tr.* **1** Vaciar (bouteilles). **2** Limpiar (fosse d'aisance). **3** Cambiar el aceite (d'une voiture).

vide [vid] *adj.* **1** Vacío, ía. **2** ~ *de,* desprovisto de. **3** *loc. adv.* À ~, de vacío (sans rien dedans). ■ **4** *m.* Vacío. **5** ARCHIT. Hueco. **4** fig. Vanidad *f.,* vacuidad *f.*

vidéaste [videast] *s.* Realizador de vídeo profesional.

vidéo [video] *f.* Vídeo *m.*

vidéo-clip [videoklip] *m.* Videoclip.

vidéoclub [videoklœb] *m.* Videoclub.

vidéodisque [videodisk] *m.* Videodisco.

vidéotex [videotɛks] *m.* Videotexto, videotex.

vider [vide] [1] *tr.* **1** Vaciar. Loc. ~ *les arçons,* caer del caballo; fig. ~ *son sac,* desembuchar; ~ *les lieux,* desocupar una vivienda. **2** Limpiar (un poisson, une volaille). **3** Resolver, dirimir (une question). **4** fam. Echar (expulser). **5** fam. Agotar (épuiser). ■ **6** *pr.* Vaciarse.

vie [vi] *f.* Vida: *aimer la* ~, tener apego a la vida; *plein de* ~, lleno de vida. Loc. *Avoir la* ~ *dure,* tener siete vidas como los gatos; *faire la* ~, entregarse a los placeres; *redonner, rendre la* ~, reanimar; *gens de mauvaise* ~, gente de mal vivir. *loc. adv.-adj.* À la ~, *pour la* ~, para siempre; *de la* ~, *de ma* ~, *de ta* ~, etc., en la vida, en mi vida, en tu vida, etc.; *jamais de la* ~, nunca, jamás; *la* ~ *durant,* durante toda la vida.

vieil [vjɛj] *adj.* Forma de *vieux* que se emplea delante de vocal o *h* muda: *un* ~ *homme,* un hombre viejo.

vieillard [vjɛjaʀ] *m.* Viejo, anciano.

vieillesse [vjɛjɛs] *f.* Vejez.

vieillir [vjejiʀ] [3] *intr.* **1** Envejecer. **2** Avejentarse. **3** fig. Anticuarse (se démoder). ■ **4** *tr.* Envejecer, hacer parecer viejo, ja. ■ **5** *pr.* Hacerse parecer viejo, ja, hacerse pasar por viejo.

vieillissement [vjejismɑ̃] *m.* Envejecimiento.

vieillot, -otte [vjejo, -ɔt] *adj.* Anticuado, da.

vielle [vjɛl] *f.* Zanfonía.

vierge [vjɛʀʒ(ə)] *adj.* **1** Virgen: *cire* ~, cera virgen; *terre* ~, tierra virgen. ■ **2** *f.* Virgen, doncella. **3** *La sainte Vierge,* la Virgen María. **4** ASTRON. Virgo *m.*

vieux [vjø] (antes de vocal o *h* muda *vieil*), **vieille** [vjɛl] *adj.* **1** Viejo, ja. Loc. ~ *garçon, vieille fille,* solterón, solterona; *faire de vieux os,* llegar a viejo; *goût de* ~, sabor rancio. **2** Antiguo, gua: *un vieil usage,* una costumbre antigua. ■ **3** *s.* Viejo, ja (personne): *petit* ~, *petite vieille,* viejecito, viejecita. ■ **4** *m.* Lo viejo.

vif, vive [vif, viv] *adj.* **1** Vivo, va: *eau vive,* agua viva; *chaux vive,* cal viva; *vive arête,* arista viva. *loc. adv. De vive force,* a viva fuerza; *de vive voix,* de viva voz. **2** Intenso, sa: *froid* ~, frío intenso. ■ **3** *m.* DR. Vivo: *entre vifs,* entre vivos. **4** Lo importante, meollo. Loc. *Piquer au* ~, herir en lo vivo; *prendre sur le* ~, reproducir del natural; *atrancher dans le* ~, cortar por lo sano. **5** À ~, en carne viva.

vif-argent [vifaʀʒɑ̃] *m.* Azogue, mercurio.

vigie [viʒi] *f.* Vigía *m.*

vigilance [viʒilɑ̃s] *f.* Vigilancia.

vigne [viɲ] *f.* **1** Vid (plante). **2** *Pied de* ~, cepa *f.* **3** ~ *vierge,* cepa virgen. **4** Viña (vignoble). Loc. *Être dans les vignes du Seigneur,* estar embriagado, da.

vigneron, -onne [viɲʀɔ̃, -ɔn] *s.* Viñador, ra, viticultor, ra.

vignette [viɲɛt] *f.* **1** Viñeta. **2** Sello *m.,* timbre *m.*

vignoble [viɲɔbl(ə)] *m.* **1** Viñedo, viña *f.* ■ **2** *adj.* Vinícola.

vigogne [vigɔɲ] *f.* Vicuña.

vigoureux, -euse [viguʀø, -øz] *adj.* Vigoroso, sa.

vigueur [vigœʀ] *f.* Vigor *m.*

vil, vile [vil] *adj.* Vil.

vilain, -aine [vilɛ̃, -ɛn] *adj.-s.* **1** Villano, na (non noble). ■ **2** *adj.* Feo, a (laid). **3** Malo, la, desagradable. **4** Ruin, deshonroso, sa (vil). ■ **5** *m.* *Il va y avoir du* ~, se va a armar la gorda.

vilebrequin [vilbʀəkɛ̃] *m.* **1** Berbiquí. **2** Cigüeñal (moteur).

vilenie [vilni] *f.* Villanía.

vilipender [vilipɑ̃de] [1] *tr.* Vilipendiar.

villa [villa] *f.* Villa, quinta.

village [vilaʒ] *m.* Pueblo, lugar, villorrio, aldea *f.: petit ~,* pueblecito.

villageois, -oise [vilaʒwa, -waz] *adj.-s.* Lugareño, ña, aldeano, na.

ville [vil] *f.* Ciudad. Loc. *~ forte,* plaza fuerte; *habit de ~,* traje de calle; *aller en ~,* ir de compras, de paseo, de visita; *diner en ~,* comer fuera de casa.

villégiature [vi(l)leʒjatyʀ] *f.* Veraneo *m.,* temporada en el campo.

villosité [vi(l)lozite] *f.* Vellosidad.

vin [vɛ̃] *m.* Vino. Loc. fig. *Cuver son ~,* dormir la mona; *être entre deux vins,* estar entre Pinto y Valdemoro; *mettre de l'eau dans son ~,* moderarse.

vinaigre [vinɛgʀ(ə)] *m.* **1** Vinagre. **2** Tocino (au saut à la corde).

vinaigrette [vinɛgʀɛt] *f.* **1** Vinagreta. **2** *ancienn.* Silla de manos con dos ruedas.

vinaigrier [vinɛgʀije] *m.* **1** Vinagrero (fabricant). **2** Vinagrera *f.* (récipient).

vinasse [vinas] *f.* Vinaza.

vineux, -euse [vinø, -øz] *adj.* Vinoso, sa.

vingt [vɛ̃] *adj.-m.* Veinte.

vingtaine [vɛ̃tɛn] *f.* Veintena, unos veinte.

vingtième [vɛ̃tjɛm] *adj.-s.* Veinteavo, va, vigésimo, ma.

vinicole [vinikɔl] *adj.* Vinícola, vitivinícola.

viol [vjɔl] *m.* Violación *f.*

violacé, -cée [vjɔlase] *adj.* Violáceo, ea.

violation [vjɔlasjɔ̃] *f.* Violación.

viole [vjɔl] *f.* MUS. Viola.

violence [vjɔlɑ̃s] *f.* Violencia.

violenter [vjɔlɑ̃te] [1] *tr.* Violentar.

violer [vjɔle] [1] *tr.* Violar.

violet, -ette [vjɔlɛ, -ɛt] *adj.-m.* **1** Violeta, violado, da, morado, da. ■ **2** *f.* Violeta (fleur).

violon [vjɔlɔ̃] *m.* **1** MUS. Violín. Loc. fig. *~ d'Ingres,* pasatiempo artístico favorito: *la peinture est son ~,* la pintura es su pasatiempo favorito. **2** *fam.* Calabozo (prison).

violoncelle [vjɔlɔ̃sɛl] *s.* Violoncelo.

vipère [vipɛʀ] *f.* **1** Víbora. **2** fig. *Langue de ~,* lengua viperina. **3** fig. Víbora, persona muy mala.

virage [viʀaʒ] *m.* **1** Viraje, virada *f.* (action). **2** Curva *f.: ~ dangereux,* curva peligrosa. **3** fig. Giro, sesgo. **4** PHOT. Viraje.

virement [viʀmɑ̃] *m.* **1** Virada *f.* (d'un bateau). **2** COMM. Traspaso, transferencia *f.,* giro: *~ postal,* giro postal.

virer [viʀe] [1] *intr.* **1** Virar, girar. **2** MAR. Virar: *~ de bord,* virar en redondo. **3** PHOT. Virar. **4** COMM. Hacer una transferencia.

virevolte [viʀvɔlt(ə)] *f.* **1** Caracol *m.* (d'un cheval). **2** Vuelta rápida.

virginité [viʀʒinite] *f.* Virginidad.

virgule [viʀgyl] *f.* Coma.

virilité [viʀilite] *f.* Virilidad.

virtuel, -elle [viʀtɥɛl] *adj.* Virtual.

virtuose [viʀtɥoz] *s.* Virtuoso, sa.

virulence [viʀylɑ̃s] *f.* Virulencia.

virus [viʀys] *m.* Virus.

vis [vis] *f.* **1** Tornillo *m.* Loc. *~ d'Archimède,* tornillo, rosca de Arquímedes; *escalier à ~,* escalera de caracol; *pas de ~,* paso de rosca. **2** *Serrer la ~ à quelqu'un,* sujetar, apretar las clavijas a alguien.

visa [viza] *m.* **1** Visado (sur passeport). **2** Visto bueno.

visage [vizaʒ] *m.* Rostro, cara *f.,* semblante. Loc. *Changer de ~,* demudarse. *loc. adv. À ~ découvert,* a cara descubierta.

vis-à-vis [vizavi] *adv.* **1** Uno frente a otro. **2** *loc. prép. ~ de,* en frente de, frente a (en face de), respecto de (à l'égard de). ■ **3** *m.* Persona que se halla frente a otra. **4** Confidente, canapé.

viscère [visɛʀ] *m.* Víscera *f.*

viscosité [viskozite] *f.* Viscosidad.

visée [vize] *f.* **1** Puntería. **2** fig. Mira, intención. Loc. *Avoir des hautes visées,* picar muy alto.

viser [vize] *tr.* **1** Apuntar a. **2** fig. Poner la mira en, ambicionar. **3** Atañer a, afectar (concerner). Loc. *Se sentir visé,* darse por aludido. **4** Visar, refrendar (un document). ■ **5** *intr.* Apuntar. ■ **6** *tr. ind. ~ à,* dirigir el golpe hacia; fig. tender a.

viseur [vizœʀ] *m.* Visor.

visibilité [vizibilite] *f.* Visibilidad.

visible [vizibl(ə)] *adj.* Visible.

visière [vizjɛʀ] *f.* Visera. Loc. *Rompre en ~,* reñir, atacar, desmentir con rudeza.

vision [vizjɔ̃] *f.* Visión.

visionnaire [visjɔnɛʀ] *adj.-s.* Visionario, ia.

visite [vizit] *f.* Visita: *~ de politesse, de condoléances,* visita de cumplido, de pésame; *~ pastorale,* visita pastoral; *~*

médicale, visita médica; *la ~ du château,* la visita al castillo; *carte de ~,* tarjeta de visita. Loc. *Rendre ~,* visitar; *rendre à quelqu'un sa ~,* devolver a alguien la visita.

visiteur, -euse [vizitœʀ, -øz] *s.* **1** Visitante, visita; *les visiteurs d'un musée,* los visitantes de un museo. **2** Visitador, ra.

vison [vizɔ̃] *m.* Visón.

visqueux, -euse [viskø, -øz] *adj.* Viscoso, sa.

visser [vise] [1] *tr.* Atornillar.

visuel, -elle [vizɥɛl] *adj.* Visual.

vital, -ale [vital] *adj.* Vital.

vitalité [vitalite] *f.* Vitalidad.

vitamine [vitamin] *f.* Vitamina.

vite [vit] *adj.* **1** Rápido, da, ligero, ra. ■ **2** *adv.* De prisa: *aller ~,* ir de prisa. Loc. *Au plus ~,* lo más pronto posible; *faire ~,* apresurarse. **3** Pronto: *c'est ~ dit,* pronto está dicho.

vitesse [vites] *f.* **1** Velocidad. Loc. *Gagner quelqu'un de ~,* adelantarse a uno, ganar por la mano a alguien; *être en perte de ~,* perder velocidad. *loc. adv.* fam. *En ~,* muy de prisa, rápido. **2** AUTO. Velocidad: *boîte de vitesses,* caja de velocidades.

viticulteur [vitikyltœʀ] *m.* Viticultor.

vitrage [vitʀaʒ] *m.* **1** Acción *f.* de poner vidrios. **2** Conjunto de cristales. **3** Vidriera *f.* (châssis). **4** Visillo (rideau).

vitrail [vitʀaj] *m.* Vidriera *f.*: *les vitraux d'une cathédrale,* las vidrieras de una catedral.

vitre [vitʀ(ə)] *f.* **1** Cristal *m.,* vidrio *m.,* Loc. fam. *Ça ne casse pas les vitres,* no vale gran cosa. **2** Ventanilla (train, automobile).

vitré, -ée [vitʀe] *adj.* **1** ANAT. Vítreo, a. **2** *Porte vitrée,* puerta de cristales, puerta vidriera.

vitreux, -euse [vitʀø, -øz] *adj.* **1** Vítreo, a. **2** Vidrioso, sa (œil).

vitrifier [vitʀifje] [2] *tr.* **1** Vitrificar. ■ **2** *pr.* Vitrificarse.

vitrine [vitʀin] *f.* **1** Vitrina. **2** Escaparate *m.* (d'un magasin).

vitriol [vitʀijɔl] *m.* Vitriolo.

vitupérer [vitypeʀe] [14] *tr.* Vituperar.

vivace [vivas] *adj.* Vivaz: *plantes vivaces,* plantas vivaces.

vivacité [vivasite] *f.* Vivacidad.

vivant, -ante [vivɑ̃, -ɑ̃t] *adj.* **1** Vivo, va, viviente: *langues vivantes,* lenguas vivientes; *êtres vivants,* seres vivientes.

Loc. *Moi ~,* mientras yo viva. **2** Lleno, na de vida, vivo, va (plein de vie): *le ~ portrait de,* el vivo retrato de. **3** Animado, da (lieu). ■ **4** *m.* Vivo, viviente: *les vivants,* los vivos. Loc. *Un bon ~,* un hombre regalón. **5** *De son ~,* en vida; *du ~ de,* en vida de.

vivat [viva] *interj.* **1** ¡Viva! ■ **2** *m.* Viva, vítor, aclamación *f.*

vive [viv] *f.* **1** Araña, peje *m.* araña (poisson). **2** *interj.* ¡Viva!

viveur [vivœʀ] *m.* Epicúreo.

vivier [vivje] *m.* Vivero.

vivifier [vivifje] [2] *tr.* Vivificar.

vivre [vivʀ(ə)] *m.* **1** Alimento: *avoir le ~ et le couvert,* tener casa y comida. ■ **2** *pl.* Víveres.

vivre [vivʀ(ə)] [63] *intr.* **1** Vivir. Loc. *~ au jour le jour,* vivir al día; *~ d'amour et d'eau fraîche,* mantenerse del aire; *âme qui vive,* alma viviente; *savoir ~,* saber conducirse en sociedad; *qui vive?,* ¿quién vive?; *être sur le qui-vive,* estar alerta. ■ **2** *tr. ~ sa vie,* hacer vida independiente.

vocable [vɔkabl(ə)] *m.* **1** Vocablo. **2** Advocación *f.* (d'une église).

vocabulaire [vɔkabylɛʀ] *m.* Vocabulario.

vocal, -ale [vɔkal] *adj.* Vocal.

vocaliser [vɔkalize] [1] *intr.* Vocalizar.

vocatif [vɔkatif] *m.* Vocativo.

vocation [vɔkasjɔ̃] *f.* Vocación.

vociférer [vɔsifeʀe] [14] *intr.-tr.* Vociferar.

vœu [vø] *m.* **1** Voto: *faire ~ de,* hacer voto de, prometer; *faire des vœux pour,* hacer votos por.

vogue [vɔg] *f.* Boga. Loc. *Être en ~,* estar de moda.

voguer [vɔge] [1] *intr.* Navegar. Loc. *~ à pleines voiles,* ir viento en popa; *vogue la galère!,* ¡ruede la bola!

voici [vwasi] *prép.* **1** He aquí: *le ~,* hele aquí. **2** *L'homme que ~,* este hombre; *~ l'hiver,* he aquí el invierno; *nous ~ arrivés,* ya hemos llegado. **3** Úsase para indicar lo que se va a decir: *~ les faits,* he aquí los hechos.

voie [vwa] *f.* **1** Vía: *~ ferrée,* vía férrea; *~ publique,* vía pública; *~ d'eau,* vía de agua; *~ de garage,* vía muerta; *voies de fait,* vías de hecho. Loc. *Mettre sur la ~,* encaminar, encauzar; *être en ~ de,* estar en vías de. **2** Rastro *m.* (du gibier). **3** Pista (d'autoroute). **4** *Donner de la ~ à une scie,* triscar una sierra.

voilà [vwala] *prép.* **1** He allí, ahí: *le ~,* hele allí, ahí. **2** *L'homme que ~,* aquel hombre; *le ~ qui vient,* ahí viene; *le ~*

qui court, míralo como corre; *en ~ assez,* basta, se acabó; *~ qui est bien,* está bien, basta; *ne ~-t-il pas que...!,* ¡querrá usted creer que...! 3 Úsase con referencia a lo que se acaba de decir: *~ tout,* eso es todo. 4 Hace (il y a): *~ un mois qu'il est parti,* hace un mes que se marchó.

voile [vwal] *m.* 1 Velo. Loc. *Prendre le ~,* tomar el velo, profesar; *les voiles de la nuit,* las tinieblas; *avoir un ~ devant les yeux,* tener una venda en los ojos. 2 ANAT. *~ du palais,* velo del paladar. 3 PHOT. Veladura *f.* ■ 4 *f.* MAR. Vela. Loc. *Faire ~ sur,* hacer rumbo a; *mettre à la ~,* hacerse a la vela.

voiler [vwale] [1] *tr.* 1 Velar, cubrir con un velo. 2 Ocultar (cacher). 3 PHOT. Velar. 4 Torcer, alabear (gauchir). ■ 5 *pr.* Cubrirse con un velo. 6 Empañarse (se ternir). 7 Volverse opaca (la voix).

voilier [vwalje] *m.* MAR. Velero.

voilure [vwalyR] *f.* 1 Velamen *m.* 2 Alas *pl.* (d'un avion). 3 TECHN. Alabeo *m.* (gauchissement).

voir [vwaR] [46] *tr.-intr.* 1 Ver: *je ne l'avais jamais vu,* nunca lo había visto. Loc. *Faire ~,* mostrar, enseñar; *se faire ~,* dejarse ver; *c'est à ~,* está por ver, es digno de verse; *nous allons ~,* vamos a ver, veamos; *on verra ça,* ya veremos; *y ~ clair,* ver claro; *~ d'un bon, d'un mauvais œil,* ver con buenos, con malos ojos; *voyez-vous?,* ¿ve usted?, ¿comprende usted?; *~ au microscope,* mirar al microscopio; *voyez, voir page 10,* véase pág. 10. ■ 2 *intr. ~ à ce que,* cuidar de que. 3 *Voyons!,* ¡vamos!, ¡venga!, ¡a ver!; *vois!, voyez!,* ¡mira!, ¡miren!

voire [vwar] *adv.* Hasta, aún: *il peut le faire en un jour, ~ en une heure,* puede hacerlo en un día, y hasta en una hora.

voirie [vwaRi] *f.* 1 Red de comunicaciones (ensemble des voies de communication). 2 Vialidad, servicios *m. pl.* municipales de limpieza (entretien). 3 Muladar *m.* (lieu).

voisin, -ine [vwazɛ̃, -in] *adj.-s.* Vecino, na.

voisinage [vwazinaʒ] *m.* 1 Vecindad *f.* (proximité). 2 Vecindario (les voisins).

voiture [vwatyR] *f.* 1 Carruaje *m.,* carro *m.* Loc. *~ à bras, ~ en une heure,* carrito de mano. 2 Coche *m.: ~ à cheval,* coche de caballo; *~ d'enfant,* cochecito de niño. 3 Coche *m.* (automobile): *~ de course, de sport,* coche de carreras, deportivo. Loc. *~ de tourisme,* turismo *m.,* coche de tu-

rismo. 4 Coche *m.* (de train). Loc. *En ~!,* ¡al tren!

voix [vwa(ɑ)] *f.* 1 Voz: *des voix aigües,* voces agudas; *parler d'une ~ caverneuse,* hablar con voz cavernosa. Loc. *Avoir ~ au chapitre,* tener voz y voto en un asunto. *loc. adv. À haute ~,* en voz alta; *à ~ basse,* en voz baja; *de vive ~,* de viva voz. 2 Voto *m.,* sufragio *m.* (vote): *~ délibérative,* voto, derecho de voto en una asamblea. Loc. *Mettre aux ~,* poner a votación.

vol [vɔl] *m.* 1 Vuelo (action de se déplacer dans l'air). Loc. *Prendre son ~,* alzar el vuelo. *loc. adv. À ~ d'oiseau,* en línea recta, a vuelo de pájaro; *au ~,* al vuelo. 2 Bandada *f.* (d'oiseaux ou d'insectes). 3 Robo, hurto: *~ qualifié,* robo con circunstancias agravantes. Loc. *~ à main armée,* atraco.

volage [vɔlaʒ] *adj.* Voluble, veleidoso, sa.

volaille [vɔlaj] *f.* 1 Aves *pl.* de corral (ensemble des oiseaux de basse-cour). 2 Ave (un seul oiseau): *blanc de ~,* pechuga de ave.

volailler [vɔlaje] *m.* Vendedor de aves, pollero.

volant, -ante [vɔlɑ̃, -ɑ̃t] *adj.* 1 Volador, ra, volante: *poisson ~,* pez volador. Loc. *Fusée volante,* cohete *m.; feuille volante,* hoja suelta. ■ 2 *m.* Volante (jeu, d'une robe). 3 Volante (d'une auto, machine): *être au ~,* estar al volante.

volatiliser [vɔlatilize] [1] *tr.* Volatilizar.

vol-au-vent [vɔlovɑ̃] *m. invar.* Pastel *m.* relleno de carne o pescado.

volcan [vɔlkɑ̃] *m.* Volcán.

volée [vɔle] *f.* 1 Vuelo *m.,* volada (d'un oiseau): *prendre sa ~,* alzar el vuelo. *loc. adv. À la ~,* al vuelo, en el aire. 2 Bandada (d'oiseaux). 3 Rango *m.,* calidad: *dame de haute ~,* dama de alto copete. 4 Paliza (de coups). 5 Descarga (de projectiles). 6 Repique *m.,* campanada: *sonner à toute ~,* echar la campanada. 7 AGR. Voleo: *semer à la ~,* sembrar a voleo. 8 ARCHIT. Tramo *m.* (d'escalier). 9 SPORTS Volea (tennis).

voler [vɔle] [1] *intr.* 1 Volar: *l'aigle vole très haut,* el águila vuela muy alto. ■ 2 *tr.* Robar, hurtar.

volet [vɔlɛ] *m.* 1 Contraventana *f.,* postigo. 2 Tabla *f.* (pour fermer un magasin). 3 Hoja *f.* (d'un triptyque). ■ 4 Loc. *Trier sur le ~,* escoger con cuidado.

voleter [vɔlte] [20] *intr.* Revolotear.

voleur, -euse [vɔlœR, -øz] *adj.-s.* 1 Ladrón, ona. 2 ~ *à la tire,* carterista. 3 *interj. Au ~!,* ¡ladrones!

volière [vɔljɛʀ] *f.* Pajarera.

volley-ball [vɔlebɔl] *m.* Balonvolea.

volontaire [vɔlɔ̃tɛʀ] *adj.* 1 Voluntario, ria. 2 Voluntarioso, sa (opiniâtre). ▪ 3 *m.* Voluntario (soldat).

volonté [vɔlɔ̃te] *f.* Voluntad: *dernières volontés,* últimas voluntades. Loc. *Faire ses quatre volontés,* hacer su santa voluntad. *loc. adv. À ~,* a voluntad, a discreción; *feu à ~,* fuego a discreción.

volontiers [vɔlɔ̃tje] *adv.* De buena gana, con mucho gusto.

volt [vɔlt] *m.* Voltio.

voltage [vɔltaʒ] *m.* Voltaje.

voltiger [vɔltiʒe] [13] *intr.* 1 Revolotear. 2 Mariposear (papillonner).

volubile [vɔlybil] *adj.* 1 BOT. Voluble. 2 Que habla mucho y de prisa, locuaz.

volubilité [vɔlybilite] *f.* Locuacidad, elocución fácil y rápida.

volume [vɔlym] *m.* 1 Volumen. 2 Caudal (débit d'eau). 3 Volumen (livre): *dictionnaire en deux volumes,* diccionario en dos volúmenes.

volumineux, -euse [vɔlyminø, -øz] *adj.* Voluminoso, sa.

volupté [vɔlypte] *f.* Voluptuosidad.

voluptueux, -euse [vɔlyptɥø, -øz] *adj.-s.* Voluptuoso, sa.

volute [vɔlyt] *f.* Voluta.

vomir [vɔmiʀ] [3] *tr.-intr.* 1 Vomitar. 2 *Faire ~,* dar náuseas.

vomissement [vɔmismɑ̃] *m.* Vómito.

vorace [vɔʀas] *adj.* Voraz: *des animaux voraces,* animales voraces.

voracité [vɔʀasite] *f.* Voracidad.

vos [vo] *adj. poss. pl.* 1 Vuestros, vuestras. 2 Sus, de usted, de ustedes (avec vouvoiement).

votant, -ante [vɔtɑ̃, -ɑ̃t] *adj.-s.* Votante.

vote [vɔt] *m.* 1 Voto, sufragio. 2 Votación *f.: ~ secret,* votación secreta.

voter [vɔte] [1] *intr.* Votar.

votif, -ive [vɔtif, -iv] *adj.* Votivo, va.

votre [vɔtʀ(ə)] *adj. poss.* 1 Vuestro, vuestra. 2 Su (avec vouvoiement): *~ Majesté,* Su Majestad.

vôtre [votʀ(ə)] *pron. poss.* 1 Vuestro, vuestra (avec tutoiement), suyo, suya (avec vouvoiement): *mon livre et le ~,* mi libro y el vuestro (tutoiement), el suyo (vouvoiement). ▪ 2 *m.* Lo vuestro, lo suyo: *vous y mettez du ~,* usted pondrá algo de su parte. ▪ 3 *pl. Les vôtres,*

los vuestros, las vuestras, los suyos, las suyas. Loc. *Vous en faites des vôtres,* usted hace de las suyas.

vouer [vwe] [1] *tr.* 1 Consagrar, dedicar: *~ à Dieu,* consagrar a Dios. 2 Destinar: *voué à l'échec,* destinado a fracasar. ▪ 3 *pr.* Consagrarse, dedicarse: *se ~ à l'étude,* consagrarse al estudio.

vouloir [vulwaʀ] *m.* Voluntad *f.: bon ~,* buena voluntad; *mauvais ~,* malquerencia *f.*

vouloir [vulwaʀ] [48] *tr.-intr.* 1 Querer: *veux-tu m'accompagner?,* ¿quieres acompañarme? ▪ 2 *tr.* Pedir, exigir, requerir (exiger): *cela veut de la patience,* esto requiere paciencia.

voulu, -ue [vuly] *adj.* Querido, da, deseado, da: *en temps ~,* en el momento deseado.

vous [vu] *pron. pers.* 1 Vosotros, tras (sujet, avec tutoiement), usted (sujet sing., avec vouvoiement): *avez- ~ votre passeport?,* ¿tiene usted su pasaporte?; ustedes (sujet pl., avec vouvoiement). 2 Vos (pour s'adresser à Dieu, à un saint, à un roi). 3 Os (complément, avec tutoiement), le, la (complément sing., avec vouvoiement): *monsieur, je ~ invite à dîner,* señor, le invito a cenar; les, las (complément pl., avec vouvoiement).

voûte [vut] *f.* 1 Bóveda: *~ d'arête,* bóveda por arista o de ajibe; *~ en berceau,* bóveda en cañón; *~ du palais* o *palatine,* bóveda palatina; *~ du ciel,* bóveda celeste. 2 MAR. Bovedilla.

voûté, -ée [vute] *adj.* 1 Abovedado, da. 2 fig. Encorvado, da (une personne).

voyage [vwajaʒ] *m.* Viaje: *partir en ~,* ir de viaje; *~ au long cours,* largoviaje; *~ de noces,* viaje de bodas; *bon ~!,* ¡buen viaje!

voyager [vwajaʒe] [13] *intr.* Viajar.

voyageur, -euse [vwajaʒœʀ, -øz] *s.* 1 Viajero, ra. ▪ 2 *adj.-m. Commis ~, ~ de commerce,* viajante de comercio. ▪ 3 *adj. Pigeon ~,* paloma mensajera.

voyant, -ante [vwajɑ̃, -ɑ̃t] *s.* 1 Vidente. ▪ 2 *adj.* Vistoso, sa, llamativo, va (qui attire la vue). ▪ 3 *m.* Señal *f.* de boya o baliza (d'une bouée, balise). 4 Piloto (signal électrique).

voyelle [vwajɛl] *f.* GRAM. Vocal.

voyou [vwaju] *m.* Golfo, bribón, granuja.

vrac (en) [ɑ̃vʀak] *loc. adv.* Sin embalar.

vrai, vraie [vʀɛ] *adj.* 1 Verdadero, ra. 2 Cierto, ta; *il n'est que trop ~,* es muy cierto. ▪ 3 *m.* Verdad *f.,* lo cierto; *être* *dans le* ~, estar en lo cierto. *loc. adv. À* ~ *dire*, a decir verdad; *pour de* ~, de veras; fam. *pas* ~?, ¿no es verdad?, ¿verdad?

vraiment [vʀɛmã] *adv.* **1** Verdaderamente. **2** *Vraiment?*, ¿de verdad?

vraisemblable [vʀɛsãblabl(ə)] *adj.* Verosímil.

vrille [vʀij] *f.* **1** Barrena (outil). **2** BOT. Zarcillo *m.* **3** *Descendre en* ~, entrar en barrena (avión).

vrombir [vʀɔ̃biʀ] [3] *intr.* Zumbar.

vu, vue [vy] **1** *p. p.* de *voir.* ■ **2** *adj.* Visto, ta. **3** Considerado, da. Loc. fig. *Être*

mal ~, ser mal visto. ■ **4** *prép.* En vista de, atendido, en consideración a: ~ *la difficulté*, en vista de la dificultad; ~ *que*, en vista de que. ■ **5** *m. Au* ~ *de tout le monde*, a la vista de todo el mundo.

vulgaire [vylgɛʀ] *adj.* **1** Vulgar. ■ **2** *m.* Vulgo. **3** Vulgaridad *f.: donner dans le* ~, caer en la vulgaridad, adocenarse.

vulgarité [vylgaʀite] *f.* Vulgaridad.

vulnérable [vylneʀabl(ə)] *adj.* Vulnerable.

vulnéraire [vylneʀɛʀ] *adj.-m.* **1** MÉD. Vulnerario, ria. ■ **2** *f.* Vulneraria (plante).

vulve [vylv(ə)] *f.* Vulva.

w [dubləve] *m.* W *f.*

wagnérien, -enne [vagneʀjɛ̃, -ɛn] *adj.-s.* Wagneriano, na.

wagon [vagɔ̃] *m.* Vagón, coche.

wagonnet [vagɔnɛ] *m.* Vagoneta *f.*

walkyrie [valkiʀi] *f.* Valquiria.

wallon, -onne [walɔ̃, -ɔn] *adj.-s.* Valón, ona.

watt [wat] *m.* Vatio.

WC *m. (abrév.* water closet) WC.

wolfram [vɔlfʀam] *m.* Wolframio.

X

x [iks] *m.* **1** X *f.* **2** Equis: *monsieur X,* el señor equis; *en un temps X,* en equis tiempo; *classé* ∼, pornográfico, ca.
xénophile [ksenɔfil] *adj.-s.* Xenófilo, la.

xénophobe [ksenɔfɔb] *adj.-s.* Xenófobo, ba.
xérès [kseRɛs] *m.* Jerez.
xylophone [ksilɔfɔn] *m.* Xilófono.

Y

y [igRɛk] *m.* Y *f.*
y [i] *adv.* **1** Ahí, allí, allá: *allez-* ∼ *à pied,* vaya usted allí andando; ∼ *est-il?,* ¿está él allí? Loc. *Ah! j'*∼ *suis,* iah!, iya caigo! ■ **2** *pron.* En él, ella, ellos, ellas, ello, eso, a él, ella, etc., de él, ella, etc.: *j'*∼ *pense,* pienso en ello; *il ne faut pas s'*∼ *fier,* no hay que fiarse de él, de ello. **3** Es expletivo en las formas impersonales de *avoir: il n'*∼ *a rien,* no hay nada; *il* ∼ *a deux mois,* hace dos meses.

yacht [jɔt; jak] *m.* Yate.
yankee [jãki] *adj.* Yanqui.
yard [jaRd] *m.* Yarda *f.*
yen [jɛn] *m.* Yen.
yeuse [jøz] *f.* Encina.
yeux [jø] *m. pl.* Ojos.
yogourt [jɔguR(t)] *m.* Yogur.
yole [jɔl] *f.* Yola.
yougoslave [jugɔslav] *adj.-s.* Yugoslavo, va.
youyou [juju] *m.* Canoa *f.,* bote pequeño.

Z

z [zɛd] *m.* Z *f.*

zapper [zape] *intr.* Hacer zapping.

zapping [zapiŋ] *m.* Zapping.

zèbre [zɛbʀ(ə)] *m.* **1** Cebra *f.* **2** fam. Individuo, elemento.

zébrer [zebʀe] [14] *tr.* Rayar.

zébu [zeby] *m.* Cebú.

zélateur, -trice [zelatœʀ, -tʀis] *s.* **1** Defensor, ra. **2** Celador, ra.

zèle [zɛl] *m.* **1** Celo, interés. **2** *Faire du* ~, ostentar gran celo.

zélé, -ée [zele] *adj.-s.* Celoso, sa, afanoso, sa (dévoué).

zénith [zenit] *m.* Cenit.

zéphyr, zéphyre [zefiʀ] *m.* Céfiro.

zéro [zeʀo] *m.* **1** Cero. ■ **2** *adj.* Ninguno, na: ~ *faute*, ninguna falta.

zeste [zɛst(ə)] *m.* Cáscara *f.* (d'orange, de citron).

zézayer [zezeje] [21] *intr.* Cecear.

zibeline [ziblin] *f.* Marta cibelina, marta cebellina.

zigzag [zigzag] *m.* Zigzag.

zigzaguer [zigzage] [1] *intr.* Zigzaguear.

zinc [zɛ̃g] *m.* **1** Cinc (métal). **2** fam. Mostrador de taberna, barra *f.*: *sur le* ~, en el mostrador.

zingueur [zɛ̃gœʀ] *adj.-m.* Cinquero.

zippé, -ée [zipe] *adj.* (pantalón, falda, etc.) Con cremallera.

zircon [ziʀkɔ̃] *m.* Circón.

zizanie [zizani] *f.* **1** Cizaña. **2** fig. Cizaña, discordia.

zodiaque [zɔdjak] *m.* Zodíaco.

zone [zon] *f.* **1** Zona: ~ *bleue*, zona azul; ~ *frontière*, zona fronteriza. **2** *La* ~, los suburbios (d'une grande ville).

zoo [zoo] *m.* Zoo, parque zoológico.

zoologie [zɔɔlɔʒi] *f.* Zoología.

zoologique [zɔɔlɔʒik] *adj.* Zoológico, ca.

zouave [zwav] *m.* **1** Zuavo. **2** fam. *Faire le* ~, hacer el bobo.

zut [zyt] *interj.* fam. ¡Cáscaras!, ¡caramba!

ESPAÑOL-FRANCÉS

Abréviations employées dans ce dictionnaire

abrev.	abreviatura	COM.	comercio
abs.	absoluto	*conj.*	conjunción
abus.	abusivamente	CONSTR.	construcción
adj.	adjetivo	contr.	contracción
adj. f.	adjetivo femenino	def.	defectivo
adj.-f.	adjetivo usado también	*dem.*	demostrativo
	como substantivo	DEP.	deporte
	femenino	DER.	derecho
adj. m.	adjetivo masculino	desp.	despectivo
adj.-m.	adjetivo usado también	dim.	diminutivo
	como substantivo	ECLES.	eclesiástico
	masculino	ELECT.	electricidad
adj.-s.	adjetivo usado también	emp.	empléase
	como substantivo	EQUIT.	equitación
adv.	adverbio	ESC.	escultura
AGR.	agricultura	ESGR.	esgrima
ALBAÑ.	albañilería	esp.	especialmente
amer.	americanismo	*exclamat.*	exclamativo
ANAT.	anatomía	*f.*	nombre femenino
angl.	anglicismo	*fam.*	familiar
ant.	antiguo, ua; antiguamente	FARM.	farmacia
ARQ.	arquitectura	fig.	figurado
art.	artículo	FIL.	filosofía
ARTILL.	artillería	FÍS.	física
ASTR.	astronomía	FISIOL.	fisiología
aum.	aumentativo	FORT.	fortificación
AUT.	automóvil, automovilismo	FOT.	fotografía
auxil.	auxiliar	gal.	galicismo
AVIAC.	aviación	GEOG.	geografía
B. ART.	bellas artes	GEOL.	geología
BIOL.	biología	GEOM.	geometría
BLAS.	blasón	GRAM.	gramática
BOT.	botánica	HIST.	historia
CARP.	carpintería	*impers.*	impersonal
CETR.	cetrería	IMPR.	imprenta
CIN.	cinematografía	*indef.*	indefinido
CIR.	cirugía	INFORM.	informática
COC.	cocina	interr.	interrogativo

interj.	interjección	*p. p.*	participio pasivo
intr.	intransitivo	*pers.*	personal
invar.	invariable	PINT.	pintura
irón.	irónico	*pl.*	plural
LIT.	literatura	poét.	poético
LITURG.	liturgia	pop.	popular
Loc.	locución	*pos.*	posesivo
loc. adj.	locución adjetiva	*pr.*	pronominal
loc. adv.	locución adverbial	*prep.*	preposición
loc. conj.	locución conjuntiva	pron.	pronombre
loc. prep.	locución prepositiva	prov.	proverbio
LÓG.	lógica	QUÍM.	química
m.	nombre masculino	RAD.	radio
m.-f.	género ambiguo	*rec.*	recíproco
MAR.	marina	*rel.*	relativo
MAT.	matemáticas	REL.	religión
MEC.	mecánica	RET.	retórica
MED.	medicina	*s.*	nombre masculino
METAL.	metalurgia		y femenino
METEOR.	meteorología	*sing.*	singular
MÉTR.	métrica	TAUROM.	tauromaquia
MIL.	militar	TEAT.	teatro
MIN.	minería	TÉCN.	técnica
MINER.	mineralogía	TEJ.	tejido
MIT.	mitología	TEOL.	teología
MONT.	montería	*tr.*	transitivo
MÚS.	música	*tr.-intr.*	verbo transitivo que se usa
n. pr.	nombre propio		también como intransitivo
num.	numeral	v.	véase
NUMISM.	numismática	*var.*	variable
onomat.	onomatopeya	VET.	veterinaria
ÓPT.	óptica	ZOOL.	zoología

OTROS SIGNOS

■ indica que la palabra considerada tiene un valor gramatical diferente del precedente.

▲ precede a algunas observaciones gramaticales.

~ sustituye, en los ejemplos y locuciones, a la palabra traducida o al infinitivo del verbo considerado.

Signes de l'API employés dans la transcription phonétique

VOYELLES

[i]	comme en français dans *pipe, habit.*
[e]	comme en français dans *porter, dé.*
[a]	comme en français dans *là, part.*
[o]	comme en français dans *peau, pot.*
[u]	comme en français dans *poule, loup.*

SEMI-CONSONNES

[j]	comme en français dans *bien, avion.*
[w]	comme en français dans *oui, toi.*

CONSONNES

[p]	comme en français dans *père, pomme.*
[b]	comme en français dans *ballon, bouger.*
[t]	comme en français dans *tenir, tante.*
[d]	comme en français dans *dire, donner.*
[k]	comme en français dans *café, complet.*
[g]	comme en français dans *gare, gâcher.*
[ß]	sans équivalence en français. Consonne fricative. On la prononce avec la seule intervention des lèvres sans jamais arriver à les fermer complètement, comme dans *débito* en portugais.
[ð]	sans équivalence en français. Sorte de *d*, mais fricative. On la prononce en appuyant légèrement la pointe de la langue entre les incisives supérieures et inférieures ou contre le dos des supérieures. Semblable à la prononciation anglaise de *father*.
[ɣ]	sans équivalence en français. À la différence de la prononciation du *g*, le dos de la langue n'arrive pas à toucher le voile du palais. Comme dans *Lage* en allemand.

VI

[f]	comme en français dans f*eu*, p*hoto*.
[θ]	sans équivalence en français. Quand on la prononce, la pointe de la langue s'introduit entre les incisives supérieures et inférieures. Semblable à la prononciation anglaise de th*in*, mais en appuyant fortement la langue contre les dents.
[s]	comme en français dans s*avoir*, s*ervir*.
[z]	comme en français dans *maison*, *ro*s*e*.
[j]	la langue touche le palais. Semblable à la prononciation anglaise de y*es*, mais légèrement plus fermée et tendue.
[x]	sans équivalence en français. Pour la prononcer, la partie postérieure du dos de la langue doit s'approcher du voile du palais. Semblable à la prononciation canadienne de *cher*ch*er* et à celle de l'allemand dans *ma*ch*en*.
[tʃ]	sans équivalence en français. Pour la prononcer, le dos de la langue touche la région prépalatale en faisant une occlusion et une frication. Semblable à la prononciation italienne de c*ielo*.
[dʒ]	sans équivalence en français. Même articulation que [tʃ], mais prononcée avec vibration des cordes vocales. Semblable à la prononciation italienne de g*elo*.
[m]	comme en français dans m*aison*, m*ordre*.
[ɱ]	prononciation du *n*, mais avec une articulation labio-dentale. Semblable à la prononciation italienne de i*nfame*.
[n]	comme en français dans n*ous*, *a*n*imal*.
[ŋ]	c'est la prononciation du *n*, mais avec une articulation vélaire. Semblable à la prononciation anglaise de *dopi*ng.
[ɲ]	comme en français dans *monta*gn*e*, *vi*gn*e*.
[ʎ]	sans équivalence en français. La pointe de la langue touche les alvéoles supérieures et les bords de la langue les gencives supérieures en même temps que la partie centrale de la langue touche le palais. Son semblable à la prononciation italienne de f*iglio*.
[l]	comme en français dans l*à*, *so*l.
[r]	c'est un r roulé. La pointe de la langue produit une légère occlusion contre les alvéoles. Semblable au *r* du français méridional.
[r̄]	c'est un r très roulé. Même articulation que le [r] mais avec plusieurs occlusions.
'	placé sur une voyelle marque l'accent tonique.
˘	placé sur [i] et [u] indique qu'il s'agit de voyelles asyllabiques.
[ʃ]	mots empruntés à l'anglais et à l'allemand. Comme en français dans ch*at*, *va*ch*e*.
[ʒ]	mots empruntés au français comme dans *bei*g*e*.

LA CONJUGAISON ESPAGNOLE

Modelo de las tres conjugaciones regulares
AMAR - TEMER - PARTIR

VOZ ACTIVA

Formas no personales

Simples

INFINITIVO: am-ar, tem-er, part-ir
GERUNDIO: am-ando, tem-iendo, part-iendo
PARTICIPIO: am-ado, tem-ido, part-ido

Compuestas

haber amado, temido, partido
habiendo amado, temido, partido
El participio no tiene compuesto

Formas personales

INDICATIVO

Tiempos simples

Presente
am-o, -as, -a; -amos, -áis, -an
tem-o, -es, -e; -emos, -éis, -en
part-o, -es, -e; -imos, -ís, -en

Tiempos compuestos

Pretérito perfecto
he, has, ha; hemos, habéis, han
    amado, temido, partido

Pretérito imperfecto
am-aba, -abas, -aba; -ábamos, -abais, -aban
tem
    } -ía, -ías, -ía; -íamos, -íais, -ían
part

Pretérito pluscuamperfecto
había, habías, había;
habíamos, habíais, habían
    amado, temido, partido

Pretérito indefinido
am-é, -aste, -ó; -amos, -asteis, -aron
tem
    } -í, -iste, -ió; -imos, -isteis, -ieron
part

Pretérito anterior
hube, hubiste, hubo;
hubimos, hubisteis, hubieron
    amado, temido, partido

Futuro imperfecto
amar
temer } -é, -ás, -á; -emos, -éis, -án
partir

Futuro perfecto
habré, habrás, habrá;
habremos, habréis, habrán
    amado, temido, partido

Condicional
amar
temer } -ía, -ías, -ía; -íamos, -íais, -ían
partir

Condicional perfecto
habría, habrías, habría;
habríamos, habríais, habrían
    amado, temido, partido

SUBJUNTIVO

Presente
am-e, -es, -e; -emos, -éis, -en
tem
    } -a, -as, -a; -amos, -áis, -an
part

Pretérito perfecto
haya, hayas, haya;
hayamos, hayáis, hayan
    amado, temido, partido

Pretérito imperfecto

am { -ara, -aras, -ara;
     -áramos, -arais, -aran *o*
     -ase, -ases, -ase;
     -ásemos, -aseis, -asen

Pretérito pluscuamperfecto
hubiera, hubieras, hubiera;
hubiéramos, hubierais, hubieran, *o*
hubiese, hubieses, hubiese;
hubiésemos, hubieseis, hubiesen
    amado, temido, partido

tem
-iera, -ieras, -iera;
-iéramos, -ierais, -ieran
o
part
-iese, -ieses, -iese;
-iésemos, -ieseis, -iesen

Futuro
am-are, -ares, -are; áremos, -areis, -aren
tem
-iere, -ieres, -iere; -iéremos, -iereis,
-ieren
part

Futuro perfecto
hubiere, hubieres, hubiere;
hubiéremos, hubiereis, hubieren
amado, temido, partido

IMPERATIVO*

Presente
am -a, -e; -emos, -ad, -en
tem -e, -a; -amos, -ed, -an
part -e, -a; -amos, -id, -an

(El imperativo no tiene compuesto)

* El imperativo en español no tiene más formas propias que las segundas personas: *ama* (tú), *amad* (vosotros).

VOZ PASIVA

La voz pasiva de un verbo se construye con el verbo *ser*, conjugado en cualquiera de sus formas y el participio del verbo en cuestión. Debe tenerse en cuenta que el participio concuerda en género y número con el sujeto.

Modelos para la conjugación de verbos irregulares

Se ofrecen solamente los tiempos que presentan irregularidades; los demás tiempos siguen los modelos regulares anteriores.

1. SACAR (*la* **c** *se convierte en* **qu** *delante de* **e**)
INDICATIVO
Indefinido: saqué, sacaste, sacó, sacamos, sacasteis, sacaron
SUBJUNTIVO
Presente: saque, saques, saque, saquemos, saquéis, saquen
IMPERATIVO: saca (tú), saque (él), saquemos (nosotros), sacad (vosotros), saquen (ellos)

2. MECER (*la* **c** *se convierte en* **z** *delante de* **a** *y* **o**)
INDICATIVO
Presente: mezo, meces, mece, mecemos, mecéis, mecen
SUBJUNTIVO
Presente: meza, mezas, meza, mezamos, mezáis, mezan
IMPERATIVO: mece (tú), meza (él), mezamos (nosotros), meced (vosotros), mezan (ellos)

3. ZURCIR (*la* **c** *se convierte en* **z** *delante de* **a** *y* **o**)
INDICATIVO
Presente: zurzo, zurces, zurce, zurcimos, zurcís, zurcen
SUBJUNTIVO
Presente: zurza, zurzas, zurza, zurzamos, zurzáis, zurzan
IMPERATIVO: zurce (tú), zurza (él), zurzamos (nosotros), zurcid (vosotros), zurzan (ellos)

4. REALIZAR (*la* **z** *se convierte en* **c** *delante de* **e**)
INDICATIVO
Indefinido: realicé, realizaste, realizó, realizamos, realizasteis, realizaron
SUBJUNTIVO
Presente: realice, realices, realice, realicemos, realicéis, realicen
IMPERATIVO: realiza (tú), realice (él), realicemos (nosotros), realizad (vosotros), realicen (ellos)

5. PROTEGER (*la* **g** *se convierte en* **j** *delante de* **a** *y* **o**)
INDICATIVO
Presente: protejo, proteges, protege, protegemos, protegéis, protegen
SUBJUNTIVO
Presente: proteja, protejas, proteja, protejamos, protejáis, protejan
IMPERATIVO: protege (tú), proteja (él), protejamos (nosotros), proteged (vosotros), protejan (ellos)

6. DIRIGIR (*la* **g** *se convierte en* **j** *delante de* **a** *y* **o**)
INDICATIVO
Presente: dirijo, diriges, dirige, dirigimos, dirigís, dirigen
SUBJUNTIVO
Presente: dirija, dirijas, dirija, dirijamos, dirijáis, dirijan
IMPERATIVO: dirige (tú), dirija (él), dirijamos (nosotros), dirigid (vosotros), dirijan (ellos)

7. LLEGAR (*la* **g** *se convierte en* **gu** *antes de* **e**)
INDICATIVO
Indefinido: llegué, llegaste, llegó, llegamos, llegasteis, llegaron
SUBJUNTIVO
Presente: llegue, llegues, llegue, lleguemos, lleguéis, lleguen
IMPERATIVO: llega (tú), llegue (él), lleguemos (nosotros), llegad (vosotros), lleguen (ellos)

8. DISTINGUIR (*la* **gu** *se convierte en* **g** *antes de* **a** *y* **o**)
INDICATIVO
Presente: distingo, distingues, distingue, distinguimos, distinguís, distinguen
SUBJUNTIVO
Presente: distinga, distingas, distinga, distingamos, distingáis, distingan
IMPERATIVO: distingue (tú), distinga (él), distingamos (nosotros), distinguid (vosotros), distingan (ellos)

9. DELINQUIR (*la* **qu** *se convierte en* **c** *antes de* **a** *y* **o**)
INDICATIVO
Presente: delinco, delinques, delinque, delinquimos, delinquís, delinquen
SUBJUNTIVO
Presente: delinca, delincas, delinca, delincamos, delincáis, delincan
IMPERATIVO: delinque (tú), delinca (él), delincamos (nosotros), delinquid (vosotros), delincan (ellos)

10. ADECUAR (**u** *átona*)
INDICATIVO
Presente: adecuo, adecuas, adecua, adecuamos, adecuáis, adecuan
SUBJUNTIVO
Presente: adecue, adecues, adecue, adecuemos, adecuéis, adecuen
IMPERATIVO: adecua (tú), adecue (él), adecuemos (nosotros), adecuad (vosotros), adecuen (ellos)

11. ACTUAR (**ú** *acentuada en determinados tiempos y personas*)
INDICATIVO
Presente: actúo, actúas, actúa, actuamos, actuáis, actúan
SUBJUNTIVO
Presente: actúe, actúes, actúe, actuemos, actuéis, actúen
IMPERATIVO: actúa (tú), actúe (él), actuemos (nosotros), actuad (vosotros), actúen (ellos)

12. CAMBIAR* (**i** *átona*)
INDICATIVO
Presente: cambio, cambias, cambia, cambiamos, cambiáis, cambian
SUBJUNTIVO
Presente: cambie, cambies, cambie, cambiemos, cambiéis, cambien
IMPERATIVO: cambia (tú), cambie (él), cambiemos (nosotros), cambiad (vosotros), cambien (ellos)

13. DESVIAR (**í** *acentuada en determinados tiempos y personas*)
INDICATIVO
Presente: desvío, desvías, desvía, desviamos, desviáis, desvían
SUBJUNTIVO
Presente: desvíe, desvíes, desvíe, desviemos, desviéis, desvíen
IMPERATIVO: desvía (tú), desvíe (él), desviemos (nosotros), desviad (vosotros), desvíen (ellos)

14. AUXILIAR (*la* **i** *puede ser átona o tónica*)
INDICATIVO
Presente: auxilío, auxilías, auxilía, auxiliamos, auxiliáis, auxilían; auxilio, auxilias, auxilia, auxiliamos, auxiliáis, auxilian
SUBJUNTIVO
Presente: auxilíe, auxilíes, auxilíe, auxiliemos, auxiliéis, auxilíen; auxilie, auxilies, auxilie, auxiliemos, auxiliéis, auxilien
IMPERATIVO: auxilía (tú), auxilíe (él), auxiliemos (nosotros), auxiliad (vosotros), auxilíen (ellos); auxilia (tú), auxilie (él), auxiliemos (nosotros), auxiliad (vosotros), auxilien (ellos)

15. AISLAR (**í** *acentuada en determinados tiempos y personas*)
INDICATIVO
Presente: aíslo, aíslas, aísla, aislamos, aisláis, aíslan
SUBJUNTIVO
Presente: aísle, aísles, aísle, aislemos, aisléis, aíslen
IMPERATIVO: aísla (tú), aísle (él), aislemos (nosotros), aislad (vosotros), aíslen (ellos)

16. AUNAR (**ú** *acentuada en determinados tiempos y personas*)
INDICATIVO
Presente: aúno, aúnas, aúna, aunamos, aunáis, aúnan
SUBJUNTIVO
Presente: aúne, aúnes, aúne, aunemos, aunéis, aúnen
IMPERATIVO: aúna (tú), aúne (él), aunemos (nosotros), aunad (vosotros), aúnen (ellos)

17. DESCAFEINAR (**í** *acentuada en determinados tiempos y personas*)
INDICATIVO
Presente: descafeíno, descafeínas, descafeína, descafeinamos, descafeináis, descafeínan
SUBJUNTIVO
Presente: descafeíne, descafeínes, descafeíne, descafeinemos, descafeinéis, descafeínen
IMPERATIVO: descafeína (tú), descafeíne (él), descafeinemos (nosotros), descafeinad (vosotros), descafeínen (ellos)

18. REHUSAR (**ú** *acentuada en determinados tiempos y personas*)
INDICATIVO
Presente: rehúso, rehúsas, rehúsa, rehusamos, rehusáis, rehúsan
SUBJUNTIVO
Presente: rehúse, rehúses, rehúse, rehusemos, rehuséis, rehúsen
IMPERATIVO: rehúsa (tú), rehúse (él), rehusemos (nosotros), rehusad (vosotros), rehúsen (ellos)

19. REUNIR (**ú** *acentuada en determinados tiempos y personas*)
INDICATIVO
Presente: reúno, reúnes, reúne, reunimos, reunís, reúnen
SUBJUNTIVO
Presente: reúna, reúnas, reúna, reunamos, reunáis, reúnan
IMPERATIVO: reúne (tú), reúna (él), reunamos (nosotros), reunid (vosotros), reúnan (ellos)

20. AMOHINAR (**í** *acentuada en determinados tiempos y personas*)
INDICATIVO
Presente: amohíno, amohínas, amohína, amohinamos, amohináis, amohínan
SUBJUNTIVO
Presente: amohíne, amohínes, amohíne, amohinemos, amohinéis, amohínen
IMPERATIVO: amohína (tú), amohíne (él), amohinemos (nosotros), amohinad (vosotros), amohínen (ellos)

21. PROHIBIR (**í** *acentuada en determinados tiempos y personas*)
INDICATIVO
Presente: prohíbo, prohíbes, prohíbe, prohibimos, prohibís, prohíben
SUBJUNTIVO
Presente: prohíba, prohíbas, prohíba, prohibamos, prohibáis, prohíban
IMPERATIVO: prohíbe (tú), prohíba (él), prohibamos (nosotros), prohibid (vosotros), prohíban (ellos)

22. AVERIGUAR (**u** *átona;* **gu** *pasa a* **gü** *delante de* **e**)
INDICATIVO
Indefinido: averigüé, averiguaste, averiguamos, averiguasteis, averiguaron
SUBJUNTIVO
Presente: averigüe, averigües, averigüe, averigüemos, averigüéis, averigüen
IMPERATIVO: averigua (tú), averigüe (él), averigüemos (nosotros), averiguad (vosotros), averigüen (ellos)

23. AHINCAR (**í** *acentuada en determinados tiempos y personas; la* **c** *se convierte en* **qu** *delante de* **e**)
INDICATIVO
Presente: ahínco, ahíncas, ahínca, ahincamos, ahincáis, ahíncan
Indefinido: ahinqué, ahincaste, ahincó, ahincamos, ahincasteis, ahincaron
SUBJUNTIVO
Presente: ahínque, ahínques, ahínque, ahinquemos, ahinquéis, ahínquen
IMPERATIVO: ahínca (tú), ahínque (él), ahinquemos (nosotros), ahincad (vosotros), ahínquen (ellos)

24. ENRAIZAR (**í** *acentuada en determinados tiempos y personas; la* **z** *se convierte en* **c** *delante de* **e**)
INDICATIVO
Presente: enraízo, enraízas, enraíza, enraizamos, enraizáis, enraízan
Indefinido: enraicé, enraizaste, enraizó, enraizamos, enraizasteis, enraizaron
SUBJUNTIVO
Presente: enraíce, enraíces, enraíce, enraicemos, enraicéis, enraícen

IMPERATIVO: enraíza (tú), enraíce (él), enraicemos (nosotros), enraizad (vosotros), enraícen (ellos)

25. CABRAHIGAR (í *acentuada en determinados tiempos y personas; la* **g** *cambia a* **gu** *delante de* **e**)
INDICATIVO
Presente: cabrahígo, cabrahígas, cabrahíga, cabrahigamos, cabrahigáis, cabrahígan
Indefinido: cabrahigué, cabrahigaste, cabrahigó, cabrahigamos, cabrahigasteis, cabrahigaron
SUBJUNTIVO
Presente: cabrahígue, cabrahígues, cabrahígue, cabrahiguemos, cabrahiguéis, cabrahíguen
IMPERATIVO: cabrahíga (tú), cabrahígue (él), cabrahiguemos (nosotros), cabrahigad (vosotros), cabrahíguen (ellos)

26. HOMOGENEIZAR (í *acentuada en determinados tiempos y personas; la* **z** *se convierte en* **c** *delante de* **e**)
INDICATIVO
Presente: homogeneízo, homogeneízas, homogeneíza, homogeneizamos, homogeneizáis, homogeneízan
Indefinido: homogeneicé, homogeneizaste, homogeneizó, homogeneizamos, homogeneizasteis, homogeneizaron
SUBJUNTIVO
Presente: homogeneíce, homogeneíces, homogeneíce, homogeneicemos, homogeneicéis, homogeneícen
IMPERATIVO: homogeneíza (tú), homogeneíce (él), homogeneicemos (nosotros), homogeneizad (vosotros), homogeneícen (ellos)

27. ACERTAR (*la* **e** *diptonga en* **ie** *en sílaba tónica*)
INDICATIVO
Presente: acierto, aciertas, acierta, acertamos, acertáis, aciertan
SUBJUNTIVO
Presente: acierte, aciertes, acierte, acertemos, acertéis, acierten
IMPERATIVO: acierta (tú), acierte (él), acertemos (nosotros), acertad (vosotros), acierten (ellos)

28. ENTENDER (*la* **e** *diptonga en* **ie** *en sílaba tónica*)
INDICATIVO
Presente: entiendo, entiendes, entiende, entendemos, entendéis, entienden
SUBJUNTIVO
Presente: entienda, entiendas, entienda, entendamos, entendáis, entiendan
IMPERATIVO: entiende (tú), entienda (él), entendamos (nosotros), entended (vosotros), entiendan (ellos)

29. DISCERNIR (*la* **e** *diptonga en* **ie** *en sílaba tónica*)
INDICATIVO
Presente: discierno, disciernes, discierne, discernimos, discernís, disciernen
SUBJUNTIVO
Presente: discierna, disciernas, discierna, discernamos, discernáis, disciernan
IMPERATIVO: discierne (tú), discierna (él), discernamos (nosotros), discernid (vosotros), disciernan (ellos)

30. ADQUIRIR (*la* **i** *diptonga en* **ie** *en sílaba tónica*)
INDICATIVO
Presente: adquiero, adquieres, adquiere, adquirimos, adquirís, adquieren
SUBJUNTIVO
Presente: adquiera, adquieras, adquiera, adquiramos, adquiráis, adquieran
IMPERATIVO: adquiere (tú), adquiera (él), adquiramos (nosotros), adquirid (vosotros), adquieran (ellos)

31. CONTAR (*la* **o** *diptonga en* **ue** *en sílaba tónica*)
INDICATIVO
Presente: cuento, cuentas, cuenta, contamos, contáis, cuentan

SUBJUNTIVO
Presente: cuente, cuentes, cuente, contemos, contéis, cuenten
IMPERATIVO: cuenta (tú), cuente (él), contemos (nosotros), contad (vosotros), cuenten (ellos)

32. MOVER (*la* o *diptonga en* ue *en sílaba tónica*)
INDICATIVO
Presente: muevo, mueves, mueve, movemos, movéis, mueven
SUBJUNTIVO
Presente: mueva, muevas, mueva, movamos, mováis, muevan
IMPERATIVO: mueve (tú), mueva (él), movamos (nosotros), moved (vosotros), muevan (ellos)

33. DORMIR (*la* o *diptonga en* ue *en sílaba tónica o se convierte en* u *en determinados tiempos y personas*)
INDICATIVO
Presente: duermo, duermes, duerme, dormimos, dormís, duermen
Indefinido: dormí, dormiste, durmió, dormimos, dormisteis, durmieron
SUBJUNTIVO
Presente: duerma, duermas, duerma, durmamos, durmáis, duerman
Imperfecto: durmiera, durmieras, durmiera, durmiéramos, durmierais, durmieran; durmiese, durmieses, durmiese, durmiésemos, durmieseis, durmiesen
Futuro: durmiere, durmieres, durmiere, durmiéremos, durmiereis, durmieren
IMPERATIVO: duerme (tú), duerma (él), durmamos (nosotros), dormid (vosotros), duerman (ellos)

34. SERVIR (*la* e *debilita en* i *en determinados tiempos y personas*)
INDICATIVO
Presente: sirvo, sirves, sirve, servimos, servís, sirven
Indefinido: serví, serviste, sirvió, servimos, servisteis, sirvieron
SUBJUNTIVO
Presente: sirva, sirvas, sirva, sirvamos, sirváis, sirvan
Imperfecto: sirviera, sirvieras, sirviera, sirviéramos, sirvierais, sirvieran; sirviese, sirvieses, sirviese, sirviésemos, sirvieseis, sirviesen
Futuro: sirviere, sirvieres, sirviere, sirviéremos, sirviereis, sirvieren
IMPERATIVO: sirve (tú), sirva (él), sirvamos (nosotros), servid (vosotros), sirvan (ellos)

35. HERVIR (*la* e *diptonga en* ie *en sílaba tónica o se convierte en* i *en determinados tiempos y personas*)
INDICATIVO
Presente: hiervo, hierves, hierve, hervimos, hervís, hierven
Indefinido: herví, herviste, hirvió, hervimos, hervisteis, hirvieron
SUBJUNTIVO
Presente: hierva, hiervas, hierva, hirvamos, hirváis, hiervan
Imperfecto: hirviera, hirvieras, hirviera, hirviéramos, hirvierais, hirvieran; hirviese, hirvieses, hirviese, hirviésemos, hirvieseis, hirviesen
Futuro: hirviere, hirvieres, hirviere, hirviéremos, hirviereis, hirvieren
IMPERATIVO: hierve (tú), hierva (él), hirvamos (nosotros), hervid (vosotros), hiervan (ellos)

36. CEÑIR (*la* i *de la desinencia se pierde absorbida por la* ñ *y la* e *se convierte en* i *en determinados tiempos y personas*)
INDICATIVO
Presente: ciño, ciñes, ciñe, ceñimos, ceñís, ciñen
Indefinido: ceñí, ceñiste, ciñó, ceñimos, ceñisteis, ciñeron
SUBJUNTIVO
Presente: ciña, ciñas, ciña, ciñamos, ciñáis, ciñan
Imperfecto: ciñera, ciñeras, ciñera, ciñéramos, ciñerais, ciñeran; ciñese, ciñeses, ciñese, ciñésemos, ciñeseis, ciñesen
Futuro: ciñere, ciñeres, ciñere, ciñéremos, ciñereis, ciñeren
IMPERATIVO: ciñe (tú), ciña (él), ciñamos (nosotros), ceñid (vosotros), ciñan (ellos)

37. REÍR (*sigue el modelo de* ceñir *con la diferencia de que la pérdida de la* i *no se debe a la influencia de ninguna consonante*)

INDICATIVO
Presente: río, ríes, ríe, reímos, reís, ríen
Indefinido: reí, reíste, rió, reímos, reísteis, rieron
SUBJUNTIVO
Presente: ría, rías, ría, riamos, riáis, rían
Imperfecto: riera, rieras, riera, riéramos, rierais, rieran; riese, rieses, riese, riésemos, rieseis, riesen
Futuro: riere, rieres, riere, riéremos, riereis, rieren
IMPERATIVO: ríe (tú), ría (él), riamos (nosotros), reíd (vosotros), rían (ellos)

38. TAÑER (*la* i *de la desinencia se pierde absorbida por la* ñ *en determinados tiempos y personas*)
INDICATIVO
Indefinido: tañí, tañiste, tañó, tañimos, tañisteis, tañeron
SUBJUNTIVO
Imperfecto: tañera, tañeras, tañera, tañéramos, tañerais, tañeran; tañese, tañeses, tañese, tañésemos, tañeseis, tañesen
Futuro: tañere, tañeres, tañere, tañéremos, tañereis, tañeren

39. EMPELLER (*la* i *de la desinencia se pierde absorbida por la* ll *en determinados tiempos y personas*)
INDICATIVO
Indefinido: empellí, empelliste, empelló, empellimos, empellisteis, empelleron
SUBJUNTIVO
Imperfecto: empellera, empelleras, empellera, empelléramos, empellerais, empelleran; empellese, empelleses, empellese, empellésemos, empelleseis, empellesen
Futuro: empellere, empelleres, empellere, empelléramos, empellereis, empelleren

40. MUÑIR (*la* i *de la desinencia se pierde absorbida por la* ñ *en determinados tiempos y personas*)
INDICATIVO
Indefinido: muñí, muñiste, muñó, muñimos, muñisteis, muñeron
Imperfecto: muñera, muñeras, muñera, muñéramos, muñerais, muñeran; muñese, muñeses, muñese, muñésemos, muñeseis, muñesen
Futuro: muñere, muñeres, muñere, muñéremos, muñereis, muñeren

41. MULLIR (*la* i *de la desinencia se pierde absorbida por la* ll *en determinados tiempos y personas*)
INDICATIVO
Indefinido: mullí, mulliste, mulló, mullimos, mullisteis, mulleron
SUBJUNTIVO
Imperfecto: mullera, mulleras, mullera, mulléramos, mullerais, mulleran; mullese, mulleses, mullese, mullésemos, mulleseis, mullesen
Futuro: mullere, mulleres, mullere, mulléremos, mullereis, mulleren

42. NACER (*la* c *se convierte en* zc *delante de* a *y* o)
INDICATIVO
Presente: nazco, naces, nace, nacemos, nacéis, nacen
SUBJUNTIVO
Presente: nazca, nacas, nazca, nazcamos, nazcáis, nazcan
IMPERATIVO: nace (tú), nazca (él), nazcamos (nosotros), naced (vosotros), nazcan (ellos)

43. AGRADECER (*la* c *se convierte en* zc *delante de* a *y* o)
INDICATIVO
Presente: agradezco, agradeces, agradece, agradecemos, agradecéis, agracen
SUBJUNTIVO
Presente: agradezca, agradezcas, agradezca, agradezcamos, agradezcáis, agradezcan
IMPERATIVO: agradece (tú), agradezca (él), agradezcamos (nosotros), agradeced (vosotros), agradezcan (ellos)

44. CONOCER (*la* c *se convierte en* zc *delante de* a *y* o)
INDICATIVO
Presente: conozco, conoces, conoce, conocemos, conocéis, conocen

SUBJUNTIVO
Presente: conozca, conozcas, conozca, conozcamos, conozcáis, conozcan
IMPERATIVO: conoce (tú), conozca (él), conozcamos (nosotros), conoced (vosotros), conozcan (ellos)

45. LUCIR (*la* c *se convierte en* zc *delante de* a *y* o)
INDICATIVO
Presente: luzco, luces, luce, lucimos, lucís, lucen
SUBJUNTIVO
Presente: luzca, luzcas, luzca, luzcamos, luzcáis, luzcan
IMPERATIVO: luce (tú), luzca (él), luzcamos (nosotros), lucid (vosotros), luzcan (ellos)

46. CONDUCIR (*la* c *se convierte en* zc *delante de* a *y* o *y el pretérito indefinido es irregular*)
INDICATIVO
Presente: conduzco, conduces, conduce, conducimos, conducís, conducen
Indefinido: conduje, condujiste, condujo, condujimos, condujisteis, condujeron
SUBJUNTIVO
Presente: conduzca, conduzcas, conduzca, conduzcamos, conduzcáis, conduzcan
Imperfecto: condujera, condujeras, condujera, condujéramos, condujerais, condujeran; condujese, condujeses, condujese, condujésemos, condujeseis, condujesen
Futuro: condujere, condujeres, condujere, condujéremos, condujereis, condujeren
IMPERATIVO: conduce (tú), conduzca (él), conduzcamos (nosotros), conducid (vosotros), conduzcan (ellos)

47. EMPEZAR (*la* e *diptonga en* ie *en sílaba tónica y la* z *se convierte en* c *delante de* e)
INDICATIVO
Presente: empiezo, empiezas, empieza, empezamos, empezáis, empiezan
Indefinido: empecé, empezaste, empezó, empezamos, empezasteis, empezaron
SUBJUNTIVO
Presente: empiece, empieces, empiece, empecemos, empecéis, empiecen
IMPERATIVO: empieza (tú), empiece (él), empecemos (nosotros), empezad (vosotros), empiecen (ellos)

48. REGAR (*la* e *diptonga en* ie *en sílaba tónica y la* g *se convierte en* gu *delante de* e)
INDICATIVO
Presente: riego, riegas, riega, regamos, regáis, riegan
Indefinido: regué, regaste, regó, regamos, regasteis, regaron
SUBJUNTIVO
Presente: riegue, riegues, riegue, reguemos, reguéis, rieguen
IMPERATIVO: riega (tú), riegue (él), reguemos (nosotros), regad (vosotros), rieguen (ellos)

49. TROCAR (*la* o *diptonga en* ue *en sílaba tónica y la* c *se convierte en* qu *delante de* e)
INDICATIVO
Presente: trueco, truecas, trueca, trocamos, trocáis, truecan
Indefinido: troqué, trocaste, trocó, trocamos, trocasteis, trocaron
SUBJUNTIVO
Presente: trueque, trueques, trueque, troquemos, troquéis, truequen
IMPERATIVO: trueca (tú), trueque (él), troquemos (nosotros), trocad (vosotros), truequen (ellos)

50. FORZAR (*la* o *diptonga en* ue *en sílaba tónica y la* z *se convierte en* c *delante de* e)
INDICATIVO
Presente: fuerzo, fuerzas, fuerza, forzamos, forzáis, fuerzan
Indefinido: forcé, forzaste, forzó, forzamos, forzasteis, forzaron
SUBJUNTIVO
Presente: fuerce, fuerces, fuerce, forcemos, forcéis, fuercen
IMPERATIVO: fuerza (tú), fuerce (él), forcemos (nosotros), forzad (vosotros), fuercen (ellos)

51. AVERGONZAR (*la* o *diptonga en* ue *en sílaba tónica; la* g *se convierte en* gü *y la* z *en* c *delante de* e)
INDICATIVO
Presente: avergüenzo, avergüenzas, avergüenzan, avergonzamos, avergonzáis, avergüenzan

Indefinido: avergoncé, avergonzaste, avergonzó, avergonzamos, avergonzasteis, avergonzaron
SUBJUNTIVO
Presente: avergüence, avergüences, avergüence, avergoncemos, avergoncéis, avergüencen
IMPERATIVO: avergüenza (tú), avergüence (él), avergoncemos (nosotros), avergonzad (vosotros), avergüencen (ellos)

52. COLGAR *(la o diptonga en* **ue** *en sílaba tónica y la* **g** *se convierte en* **gu** *delante de* **e**)
INDICATIVO
Presente: cuelgo, cuelgas, cuelga, colgamos, colgáis, cuelgan
Indefinido: colgué, colgaste, colgó, colgamos, colgasteis, colgaron
SUBJUNTIVO
Presente: cuelgue, cuelgues, cuelgue, colguemos, colguéis, cuelguen
IMPERATIVO: cuelga (tú), cuelgue (él), colguemos (nosotros), colgad (vosotros), cuelguen (ellos)

53. JUGAR *(la* **u** *diptonga en* **ue** *en sílaba tónica y la* **c** *se convierte en* **z** *delante de* **a** *y* **o**)
INDICATIVO
Presente: juego, juegas, juega, jugamos, jugáis, juegan
Indefinido: jugué, jugaste, jugó, jugamos, jugasteis, jugaron
SUBJUNTIVO
Presente: juegue, juegues, juegue, juguemos, juguéis, jueguen
IMPERATIVO: juega (tú), juegue (él), juguemos (nosotros), jugad (vosotros), jueguen (ellos)

54. COCER *(la o diptonga en* **ue** *en sílaba tónica y la* **c** *se convierte en* **z** *delante de* **a** *y* **o**)
INDICATIVO
Presente: cuezo, cueces, cuece, cocemos, cocéis, cuecen
SUBJUNTIVO
Presente: cueza, cuezas, cueza, cozamos, cozáis, cuezan
IMPERATIVO: cuece (tú), cueza (él), cozamos (nosotros), coced (vosotros), cuezan (ellos)

55. ELEGIR *(la* **e** *se convierte en* **i** *en determinados tiempos y personas y la* **g** *en* **j** *delante de* **a** *y* **o**)
INDICATIVO
Presente: elijo, eliges, elige, elegimos, elegís, eligen
Indefinido: elegí, elegiste, eligió, elegimos, elegisteis, eligieron
SUBJUNTIVO
Presente: elija, elijas, elija, elijamos, elijáis, elijan
Imperfecto: eligiera, eligieras, eligiera, eligiéramos, eligierais, eligieran; eligiese, eligieses, eligiese, eligiésemos, eligieseis, eligiesen
Futuro: eligiere, eligieres, eligiere, eligiéremos, eligiereis, eligieren
IMPERATIVO: elige (tú), elija (él), elijamos (nosotros), elegid (vosotros), elijan (ellos)

56. SEGUIR *(la* **e** *se convierte en* **i** *en determinados tiempos y personas y la* **gu** *en* **g** *delante de* **a** *y* **o**)
INDICATIVO
Presente: sigo, sigues, sigue, seguimos, seguís, siguen
Indefinido: seguí, seguiste, siguió, seguimos, seguisteis, siguieron
SUBJUNTIVO
Presente: siga, sigas, siga, sigamos, sigáis, sigan
Imperfecto: siguiera, siguieras, siguiera, siguiéramos, siguierais, siguieran; siguiese, siguieses, siguiese, siguiésemos, siguieseis, siguiesen
Futuro: siguiere, siguieres, siguiere, siguiéremos, siguiereis, siguieren
IMPERATIVO: sigue (tú), siga (él), sigamos (nosotros), seguid (vosotros), sigan (ellos)

57. ERRAR *(la* **e** *se convierte en* **ye** *en sílaba tónica*)
INDICATIVO
Presente: yerro, yerras, yerra, erramos, erráis, yerran
SUBJUNTIVO
Presente: yerre, yerres, yerre, erremos, erréis, yerren
IMPERATIVO: yerra (tú), yerre (él), erremos (nosotros), errad (vosotros), yerren (ellos)

58. AGORAR (*la* o *diptonga en* ue *en sílaba tónica y la* g *se convierte en* gü *delante de* e)
INDICATIVO
Presente: agüero, agüeras, agüera, agoramos, agoráis, agüeran
SUBJUNTIVO
Presente: agüere, agüeres, agüere, agoramos, agoréis, agüeren
IMPERATIVO: agüera (tú), agüere (él), agoremos (nosotros), agorad (vosotros), agüeren (ellos)

59. DESOSAR (*la* o *se convierte en* hue *en sílaba tónica*)
INDICATIVO
Presente: deshueso, deshuesas, deshuesa, desosamos, desosáis, deshuesan
SUBJUNTIVO
Presente: deshuese, deshueses, deshuese, desosemos, desoséis, deshuesen
IMPERATIVO: deshuesa (tú), deshuese (él), desosemos (nosotros), desosad (vosotros), deshuesen (ellos)

60. OLER (*la* o *se convierte en* hue *en sílaba tónica*)
INDICATIVO
Presente: huelo, hueles, huele, olemos, oléis, huelen
SUBJUNTIVO
Presente: huela, huelas, huela, olamos, oláis, huelan
IMPERATIVO: huele (tú), huela (él), olamos (nosotros), oled (vosotros), huelan (ellos)

61. LEER (*la* i *de la desinencia se convierte en* y *delante de* o *y* e)
INDICATIVO
Indefinido: leí, leíste, leyó, leímos, leísteis, leyeron
SUBJUNTIVO
Imperfecto: leyera, leyeras, leyera, leyéramos, leyerais, leyeran; leyese, leyeses, leyese, leyésemos, leyeseis, leyesen
Futuro: leyere, leyeres, leyere, leyéremos, leyereis, leyeren

62. HUIR (*la* i *se convierte en* y *delante de* a, e *y* o)
INDICATIVO
Presente: huyo, huyes, huye, huimos, huis, huyen
Indefinido: hui, huiste, huyó, humimos, huisteis, huyeron
SUBJUNTIVO
Presente: huya, huyas, huya, huyamos, huyáis, huyan
Imperfecto: huyera, huyeras, huyera, huyéramos, huyerais, huyeran; huyese, huyeses, huyese, huyésemos, huyeseis, huyesen
Futuro: huyere, huyeres, huyere, huyéremos, huyereis, huyeren
IMPERATIVO: huye (tú), huya (él), huyamos (nosotros), huid (vosotros), huyan (ellos)

63. ARGÜIR (*la* i *se convierte en* y *delante de* a, e *y* o, *y la* gü *en* gu *delante de* y)
INDICATIVO
Presente: arguyo, arguyes, arguye, argüimos, argüís, arguyen
Indefinido: argüí, argüiste, arguyó, argüimos, argüisteis, arguyeron
SUBJUNTIVO
Presente: arguya, arguyas, arguya, arguyamos, arguyáis, arguyan
Imperfecto: arguyera, arguyeras, arguyera, arguyéramos, arguyerais, arguyeran; arguyese, arguyeses, arguyese, arguyésemos, arguyeseis, arguyesen
Futuro: arguyere, arguyeres, arguyere, arguyéremos, arguyereis, arguyeren
IMPERATIVO: arguye (tú), arguya (él), arguyamos (nosotros), argüid (vosotros), arguyan (ellos)

64. ANDAR
INDICATIVO
Indefinido: anduve, anduviste, anduvo, anduvimos, aduvisteis, anduvieron
SUBJUNTIVO
Imperfecto: anduviera, anduvieras, anduviera, anduviéramos, anduvierais, anduvieran; anduviese, anduvieses, anduviese, anduviésemos, anduvieseis, anduviesen
Futuro: anduviere, anduvieres, anduviere, anduviéremos, anduviereis, anduvieren

65. ASIR
INDICATIVO
Presente: asgo, ases, ase, asimos, asís, asen
SUBJUNTIVO
Presente: asga, asgas, asga, asgamos, asgáis, asgan
IMPERATIVO: ase (tú), asga (él), asgamos (nosotros), asid (vosotros), asgan (ellos)

66. CABER
INDICATIVO
Presente: quepo, cabes, cabe, cabemos, cabéis, caben
Indefinido: cupe, cupiste, cupo, cupimos, cupisteis, cupieron
Futuro: cabré, cabrás, cabrá, cabremos, cabréis, cabrán
CONDICIONAL: cabría, cabrías, cabría, cabríamos, cabríais, cabrían
SUBJUNTIVO
Presente: quepa, quepas, quepa, quepamos, quepáis, quepan
Imperfecto: cupiera, cupieras, cupiera, cupiéramos, cupierais, cupieran; cupiese, cupieses, cupiese, cupiésemos, cupieseis, cupiesen
Futuro: cupiere, cupieres, cupiere, cupiéramos, cupiereis, cupieren
IMPERATIVO: cabe (tú), quepa (él), quepamos (nosotros), cabed (vosotros), quepan (ellos)

67. CAER
INDICATIVO
Presente: caigo, caes, cae, caemos, caéis, caen
Indefinido: caí, caíste, cayó, caímos, caísteis, cayeron
SUBJUNTIVO
Presente: caiga, caigas, caiga, caigamos, caigáis, caigan
Imperfecto: cayera, cayeras, cayera, cayéramos, cayerais, cayeran; cayese, cayeses, cayese, cayésemos, cayeseis, cayesen
Futuro: cayere, cayeres, cayere, cayéremos, cayereis, cayeren
IMPERATIVO: cae (tú), caiga (él), caigamos (nosotros), caed (vosotros), caigan (ellos)

68. DAR
INDICATIVO
Presente: doy, das, da, damos, dais, dan
Indefinido: di, diste, dio, dimos, disteis, dieron
SUBJUNTIVO
Presente: dé, des, dé, demos, deis, den
Imperfecto: diera, dieras, diera, diéramos, dierais, dieran; diese, dieses, diese, diésemos, dieseis, diesen
Futuro: diere, dieres, diere, diéremos, diereis, dieren
IMPERATIVO: da (tú), dé (él), demos (nosotros), dad (vosotros), den (ellos)

69. DECIR
INDICATIVO
Presente: digo, dices, dice, decimos, decís, dicen
Indefinido: dije, dijiste, dijo, dijimos, dijisteis, dijeron
Futuro: diré, dirás, dirá, diremos, diréis, dirán
CONDICIONAL: diría, dirías, diría, diríamos, diríais, dirían
SUBJUNTIVO
Presente: diga, digas, diga, digamos, digáis, digan
Imperfecto: dijera, dijeras, dijera, dijéramos, dijerais, dijeran; dijese, dijeses, dijese, dijésemos, dijeseis, dijesen
Futuro: dijere, dijeres, dijere, dijéremos, dijereis, dijeren
IMPERATIVO: di (tú), diga (él), digamos (nosotros), decid (vosotros), digan (ellos)
PARTICIPIO: dicho,-a

70. ERGUIR
INDICATIVO
Presente: irgo, irgues, irgue, erguimos, erguís, irgen; yergo, yergues, yergue, erguimos, erguís, yerguen
Indefinido: erguí, erguiste, irguió, erguimos, erguisteis, irguieron

SUBJUNTIVO
Presente: irga, irgas, irga, irgamos, irgáis, irgan; yerga, yergas, yerga, irgamos, irgáis, yergan
Imperfecto: irguiera, irguieras, irguiera, irguiéramos, irguierais, irguieran; irguiese, irguieses, irguiese, irguiésemos, irguieseis, irguiesen
Futuro: irguiere, irguieres, irguiere, irguiéremos, irguiereis, irguieren
IMPERATIVO: irgue, yergue (tú), irga, yerga (él), irgamos (nosotros), erguid (vosotros), irgan, yergan (ellos)

71. ESTAR
INDICATIVO
Presente: estoy, estás, está, estamos, estáis, están
Imperfecto: estaba, estabas, estaba, estábamos, estabais, estaban
INDICATIVO
Indefinido: estuve, estuviste, estuvo, estuvimos, estuvisteis, estuvieron
Futuro: estaré, estarás, estará, estaremos, estaréis, estarán
CONDICIONAL: estaría, estarías, estaría, estaríamos, estaríais, estarían
SUBJUNTIVO
Presente: esté, estés, esté, estemos, estéis, estén
Imperfecto: estuviera, estuvieras, estuviera, estuviéramos, estuvierais, estuvieran; estuviese, estuvieses, estuviese, estuviésemos, estuvieseis, estuviesen
Futuro: estuviere, estuvieres, estuviere, estuviéremos, estuviereis, estuvieren
IMPERATIVO: está (tú), esté (él), estemos (nosotros), estad (vosotros), estén (ellos)

72. HABER
INDICATIVO
Presente: he, has, ha, hemos, habéis, han
Imperfecto: había, habías, había, habíamos, habíais, habían
Indefinido: hube, hubiste, hubo, hubimos, hubisteis, hubieron
Futuro: habré, habrás, habrá, habremos, habréis, habrán
CONDICIONAL: habría, habrías, habría, habríamos, habríais, habrían
SUBJUNTIVO
Presente: haya, hayas, haya, hayamos, hayáis, hayan
Imperfecto: hubiera, hubieras, hubiera, hubiéramos, hubierais, hubieran; hubiese, hubieses, hubiese, hubiésemos, hubieseis, hubiesen
Futuro: hubiere, hubieres, hubiere, hubiéremos, hubiereis, hubieren
IMPERATIVO: he (tú), haya (él), hayamos (nosotros), habed (vosotros), hayan (ellos)

73. HACER
INDICATIVO
Presente: hago, haces, hace, hacemos, hacéis, hacen
Indefinido: hice, hiciste, hizo, hicimos, hicisteis, hicieron
Futuro: haré, harás, hará, haremos, haréis, harán
CONDICIONAL: haría, harías, haría, haríamos, haríais, harían
SUBJUNTIVO
Presente: haga, hagas, haga, hagamos, hagáis, hagan
Imperfecto: hiciera, hicieras, hiciera, hiciéramos, hicierais, hicieran; hiciese, hicieses, hiciese, hiciésemos, hicieseis, hiciesen
Futuro: hiciere, hicieres, hiciere, hiciéremos, hiciereis, hicieren
IMPERATIVO: haz (tú), haga (él), hagamos (nosotros), haced (vosotros), hagan (ellos)
PARTICIPIO: hecho,-a

74. IR
INDICATIVO
Presente: voy, vas, va, vamos, vais, van
Imperfecto: iba, ibas, iba, íbamos, ibais, bien
Indefinido: fui, fuiste, fue, fuimos, fuisteis, fueron
SUBJUNTIVO
Presente: vaya, vayas, vaya, vayamos, vayáis, vayan
Imperfecto: fuera, fueras, fuera, fuéramos, fuerais, fueran; fuese, fueses, fuese, fuésemos, fueseis, fuesen
Futuro: fuere, fueres, fuere, fuéremos, fuereis, fueren
IMPERATIVO: ve (tú), vaya (él), vayamos (nosotros), id (vosotros), vayan (ellos)

75. OÍR
INDICATIVO
Presente: oigo, oyes, oye, oímos, oís, oyen
Indefinido: oí, oíste, oyó, oímos, oísteis, oyeron
SUBJUNTIVO
Presente: oiga, oigas, oiga, oigamos, oigáis, oigan
Imperfecto: oyera, oyeras, oyera, oyéramos, oyerais, oyeran; oyese, oyeses, oyese, oyésemos, oyeseis, oyesen
Futuro: oyere, oyeres, oyere, oyéremos, oyereis, oyeren
IMPERATIVO: oye (tú), oiga (él), oigamos (nosotros), oíd (vosotros), oigan (ellos)

76. PLACER
INDICATIVO
Presente: plazco, places, place, placemos, placéis, placen
Indefinido: plací, placiste, plació *o* plugo, placimos, placisteis, placieron *o* pluguieron
SUBJUNTIVO
Presente: plazca, plazcas, plazca, plegue, plazcamos, plazcáis, plazcan
Imperfecto: placiera, placieras, placiera *o* pluguiera, placiéramos, placierais, placieran; placiese, placieses, placiese *o* pluguiese, placiésemos, placieseis, placiesen
Futuro: placiere, placieres, placiere *o* pluguiere, placiéremos, placiereis, placieren
IMPERATIVO: place (tú), plazca (él), plazcamos (nosotros), placed (vosotros), plazcan (ellos)

77. PODER
INDICATIVO
Presente: puedo, puedes, puede, podemos, podéis, pueden
Indefinido: pude, pudiste, pudo, pudimos, pudisteis, pudieron
Futuro: podré, podrás, podrá, podremos, podréis, podrán
CONDICIONAL: podría, podrías, podría, podríamos, podríais, podrían
SUBJUNTIVO
Presente: pueda, puedas, pueda, podamos, podáis, puedan
Imperfecto: pudiera, pudieras, pudiera, pudiéramos, pudierais, pudieran; pudiese, pudieses, pudiese, pudiésemos, pudieseis, pudiesen
Futuro: pudiere, pudieres, pudiere, pudiéremos, pudiereis, pudieren
IMPERATIVO: puede (tú), pueda (él), podamos (nosotros), poded (vosotros), puedan (ellos)

78. PONER
INDICATIVO
Presente: pongo, pones, pone, ponemos, ponéis, ponen
Indefinido: puse, pusiste, puso, pusimos, pusisteis, pusieron
Futuro: pondré, pondrás, pondrá, pondremos, pondréis, pondrán
CONDICIONAL: pondría, pondrías, pondría, pondríamos, pondríais, pondrían
SUBJUNTIVO
Presente: ponga, pongas, ponga, pongamos, pongáis, pongan
Imperfecto: pusiera, pusieras, pusiera, pusiéramos, pusierais, pusieran; pusiese, pusieses, pusiese, pusiésemos, pusieseis, pusiesen
Futuro: pusiere, pusieres, pusiere, pusiéremos, pusiereis, pusieren
IMPERATIVO: pon (tú), ponga (él), pongamos (nosotros), poned (vosotros), pongan (ellos)
PARTICIPIO: puesto,-a

79. PREDECIR
INDICATIVO
Presente: predigo, predices, predice, predecimos, predecís, predicen
Indefinido: predije, predijiste, predijo, predijimos, predijisteis, predijeron
SUBJUNTIVO
Presente: prediga, predigas, prediga, predigamos, predigáis, predigan
Imperfecto: predijera, predijeras, predijera, predijéramos, predijerais, predijeran; predijese, predijeses, predijese, predijésemos, predijeseis, predijesen
Futuro: predijere, predijeres, predijere, predijéremos, predijereis, predijeren
IMPERATIVO: predice (tú), prediga (él), predigamos (nosotros), predecid (vosotros), predigan (ellos)

80. QUERER
INDICATIVO
Presente: quiero, quieres, quiere, queremos, queréis, quieren
Indefinido: quise, quisiste, quiso, quisimos, quisisteis, quisieron
Futuro: querré, querrás, querrá, querremos, querréis, querrán
CONDICIONAL: querría, querrías, querría, querríamos, querríais, querrían
SUBJUNTIVO
Presente: quiera, quieras, quiera, queramos, queráis, quieran
Imperfecto: quisiera, quisieras, quisiera, quisiéramos, quisierais, quisieran; quisiese, qui-
sieses, quisiese, quisiésemos, quisieseis, quisiesen
Futuro: quisiere, quisieres, quisiere, quisiéremos, quisiereis, quisieren
IMPERATIVO: quiere (tú), quiera (él), queramos (nosotros), quered (vosotros), quieran
(ellos)

81. RAER
INDICATIVO
Presente: rao *o* raigo *o* rayo, raes, rae, raemos, raéis, raen
Indefinido: raí, raíste, rayó, raímos, raísteis, rayeron
SUBJUNTIVO
Presente: raiga, raigas, raiga, raigamos, raigáis, raigan; raya, rayas, raya, rayamos, rayáis,
rayan
Imperfecto: rayera, rayeras, rayera, rayéramos, rayerais, rayeran; rayese, rayeses, rayese,
rayésemos, rayeseis, rayesen
Futuro: rayere, rayeres, rayere, rayéremos, rayereis, rayeren
IMPERATIVO: rae (tú), raiga, raya (él), raigamos, rayamos (nosotros), raed (vosotros), rai-
gan, rayan (ellos)

82. ROER
INDICATIVO
Presente: roo *o* roigo *o* royo, roes, roe, roemos, roéis, roen
Indefinido: roí, roíste, royó, roímos, roísteis, royeron
SUBJUNTIVO
Presente: roa, roas, roa, roamos, roáis, roan; roiga, roigas, roiga, roigamos, roigáis, roi-
gan; roya, royas, roya, royamos, royáis, royan
Imperfecto: royera, royeras, royera, royéramos, royerais, royeran; royese, royeses, ro-
yese, royésemos, royeseis, royesen
Futuro: royere, royeres, royere, royéremos, royereis, royeren
IMPERATIVO: roe (tú), roa, roiga, roya (él), roamos, roigamos, royamos (nosotros), roed
(vosotros), roan, roigan, royan (ellos)

83. SABER
INDICATIVO
Presente: sé, sabes, sabe, sabemos, sabéis, saben
Indefinido: supe, supiste, supo, supimos, supisteis, supieron
Futuro: sabré, sabrás, sabrá, sabremos, sabréis, sabrán
CONDICIONAL: sabría, sabrías, sabría, sabríamos, sabríais, sabrían
SUBJUNTIVO
Presente: sepa, sepas, sepa, sepamos, sepáis, sepan
Imperfecto: supiera, supieras, supiera, supiéramos, supierais, supieran; supiese, supieses,
supiese, supiésemos, supieseis, supiesen
Futuro: supiere, supieres, supiere, supiéremos, supiereis, supieren
IMPERATIVO: sabe (tú), sepa (él), sepamos (nosotros), sabed (vosotros), sepan (ellos)

84. SALIR
INDICATIVO
Presente: salgo, sales, sale, salimos, salís, salen
Futuro: saldré, saldrás, saldrá, saldremos, saldréis, saldrán
CONDICIONAL: saldría, saldrías, saldría, saldríamos, saldríais, saldrían
SUBJUNTIVO
Presente: salga, salgas, salga, salgamos, salgáis, salgan
IMPERATIVO: sal (tú), salga (él), salgamos (nosotros), salid (vosotros), salgan (ellos)

85. SATISFACER
INDICATIVO
Presente: satisfago, satisfaces, satisface, satisfacemos, satisfacéis, satisfacen
Indefinido: satisfice, satisficiste, satisfizo, satisficimos, satisficisteis, satisficieron
Futuro: satisfaré, satisfarás, satisfará, satisfaremos, satisfaréis, satisfarán
CONDICIONAL: satisfaría, satisfarías, satisfaría, satisfaríamos, satisfaríais, satisfarían
SUBJUNTIVO
Presente: satisfaga, satisfagas, satisfaga, satisfagamos, satisfagáis, satisfagan
Imperfecto: satisficiera, satisficieras, satisficiera, satisficiéramos, satisficierais, satisficieran; satisficiese, satisficieses, satisficiese, satisficiésemos, satisficieseis, satisficiesen
Futuro: satisficiere, satisficieres, satisficiere, satisficiéremos, satisficiereis, satisficieren
IMPERATIVO: satisfaz, satisface (tú), satisfaga (él), satisfagamos (nosotros), satisfaced (vosotros), satisfagan (ellos)
PARTICIPIO: satisfecho,-a

86. SER
INDICATIVO
Presente: soy, eres, es, somos, sois, son
Imperfecto: era, eras, era, éramos, erais, eran
Indefinido: fui, fuiste, fue, fuimos, fuisteis, fueron
Futuro: seré, serás, será, seremos, seréis, serán
CONDICIONAL: sería, serías, sería, seríamos, seríais, serían
SUBJUNTIVO
Presente: sea, seas, sea, seamos, seáis, sean
Imperfecto: fuera, fueras, fuera, fuéramos, fuerais, fueran; fuese, fueses, fuese, fuésemos, fueseis, fuesen
IMPERATIVO: sé (tú), sea (él), seamos (nosotros), sed (vosotros), sean (ellos)
PARTICIPIO: sido

87. TENER
INDICATIVO
Presente: tengo, tienes, tiene, tenemos, tenéis, tienen
Indefinido: tuve, tuviste, tuvo, tuvimos, tuvisteis, tuvieron
Futuro: tendré, tendrás, tendrá, tendremos, tendréis, tendrán
CONDICIONAL: tendría, tendrías, tendría, tendríamos, tendríais, tendrían
SUBJUNTIVO
Presente: tenga, tengas, tenga, tengamos, tengáis, tengan
Imperfecto: tuviera, tuvieras, tuviera, tuviéramos, tuvierais, tuvieran; tuviese, tuvieses, tuviese, tuviésemos, tuvieseis, tuviesen
Futuro: tuviere, tuvieres, tuviere, tuviéremos, tuviereis, tuvieren
IMPERATIVO: ten (tú), tenga (él), tengamos (nosotros), tened (vosotros), tengan (ellos)

88. TRAER
INDICATIVO
Presente: traigo, traes, trae, traemos, traéis, traen
Indefinido: traje, trajiste, trajo, trajimos, trajisteis, trajeron
SUBJUNTIVO
Presente: traiga, traigas, traiga, traigamos, traigáis, traigan
Imperfecto: trajera, trajeras, trajera, trajéramos, trajerais, trajeran; trajese, trajeses, trajese, trajésemos, trajeseis, trajesen
Futuro: trajere, trajeres, trajere, trajéremos, trajereis, trajeren
IMPERATIVO: trae (tú), traiga (él), traigamos (nosotros), traed (vosotros), traigan (ellos)

89. VALER
INDICATIVO
Presente: valgo, vales, vale, valemos, valéis, valen
Futuro: valdré, valdrás, valdrá, valdremos, valdréis, valdrán
CONDICIONAL: valdría, valdrías, valdría, valdríamos, valdríais, valdrían
SUBJUNTIVO
Presente: valga, valgas, valga, valgamos, valgáis, valgan
IMPERATIVO: vale (tú), valga (él), valgamos (nosotros), valed (vosotros), valgan (ellos)

90. VENIR
INDICATIVO
Presente: vengo, vienes, viene, venimos, venís, vienen
Indefinido: vine, viniste, vino, vinimos, vinisteis, vinieron
Futuro: vendré, vendrás, vendrá, vendremos, vendréis, vendrán
CONDICIONAL: vendría, vendrías, vendría, vendríamos, vendríais, vendrían
SUBJUNTIVO
Presente: venga, vengas, venga, vengamos, vengáis, vengan
Imperfecto: viniera, vinieras, viniera, viniéramos, vinierais, vinieran; viniese, vinieses, viniese, viniésemos, vinieseis, viniesen
Futuro: viniere, vinieres, viniere, viniéremos, viniereis, vinieren
IMPERATIVO: ven (tú), venga (él), vengamos (nosotros), venid (vosotros), vengan (ellos)

91. VER
INDICATIVO
Presente: veo, ves, ve, vemos, veis, ven
Indefinido: vi, viste, vio, vimos, visteis, vieron
SUBJUNTIVO
Imperfecto: viera, vieras, viera, viéramos, vierais, vieran; viese, vieses, viese, viésemos, vieseis, viesen
Futuro: viere, vieres, viere, viéremos, viereis, vieren
IMPERATIVO: ve (tú), vea (él), veamos (nosotros), ved (vosotros), vean (ellos)
PARTICIPIO: visto,-a

92. YACER
INDICATIVO
Presente: yazco o yazgo o yago, yaces, yace, yacemos, yacéis, yacen
SUBJUNTIVO
Presente: yazca, yazcas, yazca, yazcamos, yazcáis, yazcan; yazga, yazgas, yazga, yazgamos, yazgáis, yazgan; yaga, yagas, yagamos, yagáis, yagan
IMPERATIVO: yace o yaz (tú), yazca o yazga o yaga (él), yazcamos o yazgamos o yagamos (nosotros), yaced (vosotros), yazcan o yazgan o yagan (ellos)

A

a [a] *f.* **1** A *m.* **2** *prép.* À, marquant: a) complément d'attribution: *doy un libro ~ mi hijo,* je donne un livre à mon fils; b) orientation, propension, tendance: *de cara al Norte,* face au Nord; *eso tiende ~ mejorar,* cela tend à s'améliorer. **3** À, en, dans, par, vers (avec un verbe de mouvement): *ir ~ París,* aller à Paris; *ir ~ España,* aller en Espagne; *caer al agua,* tomber dans l'eau; *caer al suelo,* tomber à terre, par terre; *dirigirse al Sur,* se diriger vers le Sud. **4** Pour, de (marquant l'affection, un sentiment): *el amor ~ sus hijos,* l'amour pour ses enfants; *el amor ~ la patria,* l'amour de la patrie. **5** À, en avec, par (marquant la manière, le moyen, etc.): *~ tientas,* à tâtons; *~ lo grande,* en grand seigneur; *al óleo,* à l'huile; *~ máquina,* à la machine; *reducir ~ polvo,* réduire en poudre; *quien ~ hierro mata, ~ hierro muere,* qui tue par le fer, périra par le fer. **6** Sur: *dar ~ la calle,* donner sur la rue. **7** Auprès, près, à (marquant la proximité): *~ la lumbre,* auprès du feu; *al rayar el alba,* à l'aube. **8** (Avec un infinitif, *a* prend parfois un sens impératif): *¡A callar!,* taisez-vous!; *¡a comer!,* à table!; *¡a trabajar!,* au travail! **9** Ne se traduit pas: a) quand il précède un complément d'objet direct se rapportant à une personne ou à une chose personnifiée: *Cesar venció ~ Pompeyo,* César vainquit Pompée; *no conozco ~ nadie aquí,* je ne connais personne ici; b) devant l'infinitif complément d'un verbe de mouvement: *ir ~ pasear,* aller se promener; c) dans certaines expressions: *~ fe de hombre honrado,* foi d'honnête homme; *aguardo ~ que venga,* j'attends qu'il vienne; *~ que se cae,* je parie qu'il va tomber; *¿~ qué?,* à quoi ça rime?, à quoi bon? ▲ Avec l'article masculin singulier, *a* se contracte en *al.*

ábaco [áβako] *m.* **1** Boulier (tablero contador). **2** ARQ. Abaque.

abad [aβáð] *m.* Abbé (de un monasterio): *~ mitrado,* abbé crossé et mitré.

abadesa [aβaðésa] *f.* Abbesse.

abadía [aβaðía] *f.* Abbaye.

abajo [aβáxo] *adv.* **1** En bas: *está ~,* il est en bas. Loc. *Echar ~,* jeter à bas, démolir. **2** Au-dessous de: *cien para ~,* au-dessous de cent. **3** Vers le bas, en descendant: *río ~,* en descendant le courant, en aval. **4** *loc. adv. De arriba ~,* de haut en bas; de fond en comble; *más ~,* plus bas, ci-dessous (en un escrito). **5** *interj.* À bas!, *¡~ el dictador!,* à bas le dictateur!

abanderado [aβanderáðo] *m.* Porte-drapeau *invar.*

abandonado, -da [aβandonáðo, -ða] *adj.* **1** Négligent, ente. **2** Négligé, ée, malpropre (persona). **3** À l'abandon (cosa).

abandonar [aβandonár] *tr.* **1** Abandonner. ■ **2** *pr.* S'abandonner, se laisser aller.

abanicar [aβanikár] [1] *tr.* **1** Éventer. ■ **2** *pr.* S'éventer.

abanico [aβaniko] *m.* **1** Éventail. **2** *loc. adv. En ~,* en éventail.

abaratar [aβaratár] *tr.* **1** Baisser le prix de. ■ **2** *intr.-pr.* Baisser, diminuer de prix.

abarcar [aβarkár] [1] *tr.* **1** Embrasser. Loc. *Quien mucho abarca, poco aprieta,* qui trop embrasse, mal étreint. **2** Comprendre (contener algo dentro de sí).

abarrancar [aβařaŋkár] [1] *tr.* **1** Raviner. ■ **2** *intr.-pr.* MAR. Échouer. ■ **3** *pr.* S'embourber.

abarrotar [aβařotár] *tr.* **1** Bourrer (atiborrar). **2** Bonder, remplir: *tren abarrotado,* train bondé.

abastecer [aβasteθér] [43] *tr.* Approvisionner, ravitailler *(de,* en).

abatir [aβatir] *tr.* **1** Abattre (tumbar, derribar). **2** Incliner, coucher (lo que estaba vertical). **3** fig. Abattre (desanimar). **4** fig. Humilier. ■ **5** intr. MAR. Abattre. ■ **6** pr. S'abattre. **7** fig. Se soumettre, céder. **8** S'humilier, s'abaisser.

abdicar [aβðikár] [1] tr. **1** Abdiquer: ~ *la corona en,* abdiquer la couronne en faveur de. ■ **2** intr. Abdiquer. **3** ~ *de,* renoncer à, abandonner.

abdomen [aβðómen] m. Abdomen.

abecé [aβeθé] m. A. b. c.

abecedario [aβeθeðárjo] m. **1** Abécédaire, a. b. c. **2** Alphabet.

abedul [aβeðúl] m. Bouleau.

abeja [aβéxa] f. Abeille: ~ *machiega, maestra, reina,* reine.

abejón [aβexón] m. **1** Faux-bourdon (zángano). **2** Bourdon (himenóptero).

abejorro [aβexóřo] m. **1** Bourdon (himenóptero). **2** Hanneton (coleóptero).

aberración [aβeřaθjón] f. Aberration.

aberrante [aβeřánte] adj. Aberrant, e.

abertura [aβertúra] f. **1** Ouverture.

abeto [aβéto] m. Sapin.

abierto, ta [aβjérto, -ta] adj. Ouvert, erte.

abismal [aβizmál] adj. Abyssal, ale.

abismo [aβízmo] m. Abîme.

abjurar [aβxurár] tr.-intr. Abjurer: ~ *de su religión,* abjurer sa religion.

ablandamiento [aβlandamjénto] m. Amollissement, ramollissement.

ablandar [aβlandár] tr. **1** Amollir, ramollir. **2** fig. Adoucir (moderar).

ablución [aβluθjón] f. Ablution.

abnegación [aβneɣaθjón] f. Abnégation, dévouement m.

abnegado, da [aβneɣáðo, ða] adj. Dévoué, ée.

abocar [aβokár] [1] tr. **1** Verser (verter). **2** Approcher (acercar). Loc. *Estar abocado a la ruina,* être proche de la ruine.

abocetar [aβoθetár] tr. PINT. Ébaucher, esquisser.

abochornado, da [aβotʃornáðo, -ða] adj. **1** Suffoqué, ée (por el calor). **2** fig. Honteux, euse (avergonzado).

abochornar [aβotʃornár] tr. **1** Échauffer, suffoquer (hablando del calor).

abofetear [aβofeteár] tr. Souffleter, gifler.

abogacía [aβoɣaθía] f. Barreau m., profession d'avocat.

abogada [aβoɣáða] f. Avocate.

abogado [aβoɣáðo] m. Avocat.

abogar [aβoɣár] [7] intr. **1** DER. Plaider. **2** fig. Intercéder.

abolengo [aβolénɡo] m. Ascendance f.

abolición [aβoliθjón] f. Abolition.

abolir [aβolír] tr. Abolir.

abollar [aβoʎár] tr. Bosseler, cabosser.

abominar [aβominár] tr. **1** Abominer, avoir en abomination. ■ **intr.** Maudire.

abonado, -da [aβonáðo, -ða] adj. **1** Payé, -ée: *cantidad abonada,* somme payée. **2** Abonné, -ée. **3** Sûr, -e qui mérite un crédit: *persona abonada,* personne sûre. **4** Credité, -ée: *cuenta abonada,* compte crédité. **5** Qui a reçu de l'engrais.

abonar [aβonár] tr. **1** AGR. Amender, fumer, engraisser. **2** COM. Créditer (asentar en una cuenta). **3** Payer, verser (una suma): ~ *al contado, en metálico,* payer comptant, en espèces; ~ *en cuenta de,* verser au compte de. **4** Cautionner, répondre de, garantir. **5** Accréditer: ~ *un rumor,* accréditer un bruit. **6** Abonner (inscribir). ■ **7** pr. S'abonner (suscribirse).

abono [aβóno] m. **1** COM. Inscription f. au crédit. **2** Paiement, versement (pago). **3** AGR. Engrais, fumier. **4** Abonnement (suscripción): *sacar un* ~ prendre un abonnement.

abordar [aβorðár] tr.-intr. Aborder.

aborrecer [aβoře̦θér] [43] tr. **1** Détester, abhorrer, haïr. **2** Ennuyer, agacer (fastidiar). **3** Abandonner (el nido, a sus crías).

abortar [aβortár] intr. **1** Avorter. **2** Faire une fausse couche (involuntariamente). **3** fig. Avorter.

aborto [aβórto] m. **1** Avortement. **2** Fausse couche f. (involuntario). **3** fig. Avorton, monstre.

abrasar [aβrasár] tr. **1** Embraser, brûler. **2** fig. Brûler, enflammer, consumer (una pasión). **3** AGR. Griller (las plantas). ■ **4** intr. Brûler, être brûlant, ante. ■ **5** pr. Brûler, avoir très chaud.

abrazar [aβraθár] [4] tr. **1** Serrer dans ses bras, serrer, étreindre, enlacer: *abrazó a su pareja,* il enlaça sa compagne. ■ **2** pr. Serrer dans ses bras, étreindre: *me abracé a ella,* je la serrai dans mes bras.

abrazo [aβráθo] m. **1** Embrassade f., accolade f. **2** Étreinte f. (muy cariñoso).

abrelatas [aβrelátas] m. invar. Ouvreboîtes.

abreviar [aβreβjár] [12] tr. Abréger.

abrigar [aβriɣár] [7] tr. **1** Abriter. **2** Couvrir chaudement (tapar). **3** Tenir chaud, garantir du froid. ■ **4** pr. S'abriter. **5** Se couvrir (con ropa).

abrigo [aβriɣo] m. **1** Manteau (para ambos sexos), pardessus (de hombre): ~ *de pieles,* manteau de fourrure. Loc.

De ~, chaud, chaude (prendas); fig. fieffé, ée.

abril [aβríl] *m.* Avril.

abrillantar [aβriʎantár] *tr.* **1** Brillanter, faceter. **2** Brunir, polir (pulir). **3** fig. Donner de l'éclat à.

abrir [aβrír] *tr.* **1** Ouvrir. **2** Couper: ~ *un libro,* couper les pages d'un livre. **3** Graver, sculpter (una lámina, etc.). ■ **4** *intr.* Ouvrir, s'ouvrir (una puerta, etc.). ■ **5** *pr.* S'ouvrir: *el paracaídas se ha abierto,* le parachute s'est ouvert. PART. PAS. irrég.: *abierto.*

abrochar [aβrotʃár] *tr.* Boutonner (con botones), agrafer (con broche), attacher: *abróchense los cinturones,* attachez vos ceintures.

abrumar [aβrumár] *tr.* **1** Accabler, écraser. ■ **2** *pr.* Devenir brumeux, euse (tiempo).

abrupto, -ta [aβrúβto, -ta] *adj.* Abrupt, te, escarpé, ée.

absceso [aβsθéso] *m.* Abcès.

absoluto, -ta [aβsolúto, -ta] *adj.* **1** Absolu, ue. **2** *loc. adv. En* ~, absolument (completamente), pas du tout, aucunement (de ninguna manera).

absolver [aβsolβér] [32] *tr.* **1** Absoudre (a un penitente). **2** Acquitter (a un reo).

absorber [aβsorβér] *tr.* Absorber.

absorto, -ta [aβsórto, -ta] **1** *p. p.* de *absorber.* ■ **2** *adj.* Étonné, ée, médusé, ée, ébahi, ie (extrañado).

abstemio, -ia [aβstémjo, -ja] *adj.-s.* Abstème.

abstención [aβstenθjón] *f.* Abstention.

abstenerse [aβstenérse] [87] *pr.* S'abstenir: *me abstuve de contestar,* je me suis abstenu de répondre.

abstinencia [aβstinénθja] *f.* Abstinence.

abstracto, -ta [aβstrákto, -ta] *adj.* Abstrait, aite.

abstraer [aβstraér] [88] *tr.* Abstraire. ▲ Ce verbe a deux p. p.: *abstracto,* irrég., y *abstraído.*

absurdo, -da [aβsúrðo, -ða] *adj.* **1** Absurde. ■ **2** *m.* Absurdité *f.*

abuchear [aβutʃeár] *tr.* Huer, conspuer, siffler: ~ *a un orador,* siffler un orateur.

abuela [aβwéla] *f.* Grand-mère, aïeule.

abuelo [aβwélo] *m.* Grand-père, aïeul.

abulia [aβúlja] *f.* Aboulie.

abultar [aβultár] *tr.* **1** Grossir. **2** fig. Exagérer, grossir. ■ **3** *intr.* Être gros, grosse, faire du volume. **4** Prendre de la place: *esta cama plegable casi no abulta,* ce lit pliant ne prend presque pas de place.

abundancia [aβundánθja] *f.* Abondance.

abundante [aβundánte] *adj.* Abondant, ante.

¡abur! [aβúr] *interj.* fam. Au revoir!, salut!

aburrido, -da [aβurríðo, -ða] *adj.* **1** Ennuyeux, euse (que aburre). **2** Qui s'ennuie. **3** *Estar* ~, s'ennuyer. **4** Las, lasse, dégoûté, ée: *un aire* ~, un air las.

aburrir [aβuřír] *tr.* **1** Ennuyer. ■ **2** *pr.* S'ennuyer: *me aburro,* je m'ennuie.

abusar [aβusár] *intr.* Abuser.

abuso [aβúso] *m.* Abus: ~ *de autoridad,* abus de pouvoir.

abyección [aβjeɣθjón] *f.* Abjection.

acá [aká] *adv.* **1** Ici, là, près: *ven* ~, viens ici; ~ *en la tierra,* ici-bas (*acá* est moins précis que *aquí* et admet des degrés de comparaison): *más* ~, plus près; *muy* ~, tout près; *no tan* ~, pas si près, moins près. **2** *loc. adv.* ~ *y allá,* ~ *y acullá,* çà et là; *de* ~ *para allá,* de ci de là; *más* ~ *de,* en deça de.

acabado, -da [akaβáðo, -ða] *adj.* **1** Fini, ie, accompli, ie, achevé, ée, parfait, aite. **2** Fini, ie, usé, ée (persona).

acabar [akaβár] *tr.* **1** Achever, finir, terminer. **2** Épuiser, consommer. ■ **3** *intr.* Finir, se terminer. Loc. *Es cosa de nunca* ~, c'est à n'en plus finir: *¡acabáramos!,* enfin! **4** Mourir. **5** ~ *con,* venir à bout de. **6** ~ *de* (con inf.) venir de: *acaba de llegar,* il vient d'arriver; ~ *por,* finir par. ■ **7** *pr.* Finir, prendre fin.

acacia [akáθja] *f.* Acacia *m.*

academia [akaðémja] *f.* **1** Académie. **2** École (establecimiento privado). **3** ESC., PINT. Académie.

académico, -ca [akaðémiko, -ka] *adj.* **1** Académique. ■ **2** *s.* Académicien, ienne.

acaecer [akaeθér] [43] *intr.* Arriver, avoir lieu.

acallar [akaʎár] *tr.* **1** Faire taire. **2** Apaiser, calmer.

acalorar [akalorár] *tr.* **1** Échauffer (dar calor, excitar). ■ **2** *pr.* fig. S'échauffer, s'enflammer, prendre feu (apasionarse).

acampada [akampáða] *f.* Camping *m.* campement *m.: ir de* ~, faire du camping, camper.

acampar [akampár] *intr.-tr.* **1** Camper. ■ **2** *pr.* Camper.

acantilado, -da [akantiláðo, -ða] *adj.* **1** À pic, escarpé, ée (costa). ■ **2** *m.* Falaise *f.*

acaparar [akaparár] *tr.* Accaparer.

acaramelado, -da [akaramelâðo, -ða] *adj.* **1** Caramélisé, ée. **2** fig. Doucereux, euse, mielleux, euse. Loc. *Estar* ~, être tout sucre tout miel.

acariciar [akariθjár] [12] *tr.* 1 Caresser. 2 fig. Caresser (un proyecto).

acarrear [akaɾeár] *tr.* 1 Transporter. 2 Charroyer (en carro). 3 fig. Amener, occasionner, entraîner.

acartonarse [akartonárse] *pr.* 1 Maigrir, se ratatiner, se dessécher. 2 Se durcir comme du carton.

acaso [akáso] *m.* 1 Hasard. ■ 2 *adv.* Par hasard (por casualidad). 3 Peut-être (dubitativo): ~ *lo sepas,* peut-être le sais-tu. 4 ¿Acaso...?, est-ce que par hasard...? 5 *loc. adv. Por si* ~, au cas où, en cas que, pour le cas où.

acatar [akatár] *tr.* 1 Respecter. 2 Obéir à, se soumettre à: ~ *una ley,* se soumettre à une loi.

acatarrarse [akataráɾse] *pr.* S'enrhumer.

acaudalado, -da [akauðaláðo, -ða] *adj.* Riche, fortuné, ée.

acaudillar [akauðiʎár] *tr.* Commander, diriger (tropas, un partido).

acceder [aɣθeðér] *intr.* 1 Accéder *(a,* à). 2 Acquiescer (asentir). 3 Accepter, consentir: *accedió a acompañarme,* il accepta de, consentit à m'accompagner.

accésit [aɣθésit] *m.* Accessit.

acceso [aɣθéso] *m.* 1 Accès. 2 MED. Accès, poussée *f.* (fiebre).

accesorio, -ia [aɣθesórjo, -ja] *adj.-m.* 1 Accessoire. 2 *Gastos accesorios,* faux frais.

accidentado, -da [aɣθiðentáðo, -ða] *adj.* 1 Accidenté, ée. 2 Mouvementé, ée, agité, ée (vida).

accidente [aɣθiðénte] *m.* Accident: ~ *de carretera,* accident de la route, ~ *laboral,* accident du travail.

acción [aɣθjón] *f.* 1 Action. Loc. *En* ~, en action.

accionista [aɣθjonísta] *s.* Actionnaire.

acecho [aθétʃo] *m.* 1 Guet. 2 *loc. adv. Al* ~, *en* ~, aux aguets, à l'affût.

acéfalo, -la [aθéfalo, -la] *adj.* Acéphale.

aceite [aθéi̯te] *m.* Huile *f.*

aceitera [aθei̯ téra] *f.* 1 Burette. ■ 2 *pl.* Huilier *m. sing.* (vinagreras).

aceituna [aθei̯ túna] *f.* Olive: ~ *rellena,* olive farcie.

acelerar [aθelerár] *tr.* 1 Accélérer. 2 ~ *el paso,* hâter le pas.

acelga [aθélɣa] *f.* Bette, blète, poirée.

acendrado, -da [aθendráðo, -ða] *adj.* Pur, pure, sans tache.

acento [aθénto] *m.* Accent.

acepción [aθeβθjón] *f.* Acception.

aceptación [aθeβtaθjón] *f.* 1 Acceptation. 2 Approbation. 3 Succès *m.* (éxito).

acequia [aθékja] *f.* Petit canal *m.* d'irrigation.

acera [aθéra] *f.* 1 Trottoir *m.*

acerca de [aθérka de] *loc. prep.* Au sujet de, sur.

acercar [aθerkár] [1] *tr.* 1 Approcher. 2 fig. Rapprocher. ■ 3 *pr.* S'approcher: *acercarse a,* s'approcher de. 4 Approcher: *se acercan las fiestas,* les fêtes approchent.

acero [aθéro] *m.* 1 Acier. 2 fig. Arme *f.* blanche, fer (espada, etc.).

acérrimo, -ma [aθérimo, -ma] *adj.* Très fort, forte, très tenace.

acertar [aθertár] [27] *tr.* 1 Atteindre, toucher (el blanco). ■ 2 *tr.-intr.* Trouver, deviner (adivinar). 3 Voir juste (atinar). ■ 4 *intr.* ~ *a,* arriver à: *no acierto a comprender,* je n'arrive pas à comprendre. 5 ~ *con,* trouver.

acertijo [aθertixo] *m.* Devinette *f.*

acervo [aθérβo] *m.* 1 Tas, amas (montón). 2 Biens *pl.* communs.

acetileno [aθetiléno] *m.* QUÍM. Acétylène.

acetona [aθetóna] *f.* QUÍM. Acétone.

acezar [aθeθár] *intr.* Haleter.

achacar [atʃakár] [1] *tr.* Imputer, attribuer.

achacoso, -sa [atʃakóso, -sa] *adj.* Malade, maladif, ive, souffrant, ante.

achaflanar [atʃaflanár] *tr.* Chanfreiner.

achaparrado, -da [atʃapaɾáðo, -ða] *adj.* AGR. Bas et touffu (árbol). 2 Trapu, ue.

achaque [atʃáke] *m.* 1 Infirmité *f.* 2 Indisposition *f.* (malestar). 3 fig. Vice, défaut. 4 fig. Excuse *f.,* prétexte.

achatar [atʃatár] *tr.* Aplatir.

achicar [atʃikár] [1] *tr.* 1 Diminuer, rapetisser. 2 fig. Intimider, humilier. 3 MIN., MAR. Écoper. ■ 4 *pr.* Céder, se dégonfler.

achicharrar [atʃitʃaɾár] *tr.* 1 Brûler, griller, rôtir. 2 fig. Agacer, embêter, crisper (fastidiar).

achicoria [atʃikórja] *f.* Chicorée.

achispado, -da [atʃispáðo, -ða] *adj.* Gris, grise, éméché, ée.

achuchar [atʃutʃár] *tr.* 1 Écraser, aplatir. 2 Bousculer, pousser (empujar).

aciago, -ga [aθjáɣo, -ɣa] *adj.* Funeste, de mauvais augure.

acíbar [aθíβar] *m.* 1 Aloès, chicotin. 2 fig. Amertume *f.,* fiel.

acicalar [aθikalár] *tr.* 1 Fourbir (armas). 2

Orner, parer (una persona). ■ 3 *pr.* Se pomponner.

acicate [aθikáte] *m.* 1 Éperon à broche. 2 fig. Aiguillon, stimulant.

acierto [aθiérto] *m.* 1 Succès, réussite *f.* 2 Adresse *f.*, habileté *f.*, talent. 3 Hasard (casualidad).

ácimo [áθimo] *adj.* Azyme: *pan ~,* pain azyme.

aclamar [aklamár] *tr.* 1 Acclamer. 2 Proclamer, nommer.

aclarar [aklarár] *tr.* 1 Éclaircir. 2 Rincer (la ropa). 3 Rendre moins obscur, ure. 4 fig. Élucider, tirer au clair. 5 fig. Dissiper (una duda). ■ 6 *intr.* S'éclaircir (el tiempo). ■ 7 *pr.* S'éclaircir.

aclimatar [aklimatár] *tr.* Acclimater.

acobardar [akoβarðár] *tr.* 1 Faire peur, effrayer, intimider. ■ 2 *pr.* Avoir peur, être intimidé, ée.

acodar [akoðár] *tr.* 1 Appuyer sur le coude. 2 AGR. Marcotter. 3 CONSTR. Étrésillonner. ■ 4 *pr.* S'accouder (*en,* à, sur).

acoger [akoxér] [5] *tr.* 1 Accueillir. 2 Recevoir. 3 Secourir, protéger. ■ 4 *pr.* Se réfugier.

acogida [akoxiða] *f.* 1 Accueil *m.*: *una ~ calurosa,* un accueil chaleureux.

acogotar [akoγotár] *tr.* Assommer (de un golpe en la nuca).

acolchado, -da [akoltʃáðo, -ða] *adj.* 1 Matelassé, -ée: *chaqueta acolchada,* veste matelassée. 2 *m.* amer. Dessus-de-lit.

acólito [akólito] *m.* Acolyte.

acometer [akometér] *tr.* 1 Assaillir. 2 Entreprendre, attaquer. 3 Saisir, prendre (el sueño, etc.). 4 MIN., CONSTR. Déboucher dans. 5 ~ *a,* entreprendre, se mettre à. 6 ~ *contra,* foncer sur.

acomodación [akomoðaθjón] *f.* Accommodation.

acomodado, -da [akomoðáðo, -ða] *adj.* 1 Approprié, ée, accommodé, ée. 2 Riche, aisé, ée, à l'aise (en buena posición económica). 3 Modéré, ée (precio).

acomodador, -ra [akomoðaðór, -ra] *adj.* 1 Qui place, qui adapte. 2 Conciliateur, trice. ■ 3 *m.* Placeur (de espectadores). ■ 4 *f.* Ouvreuse (cine, teatro).

acomodar [akomoðár] *tr.* 1 Accommoder, ajuster. 2 Placer, installer (poner en sitio conveniente). 3 Adapter. 4 Concilier. 5 Placer (proporcionar empleo).

acompañar [akompaɲár] *tr.* 1 Accompagner. 2 Raccompagner, reconduire (despedir). 3 Tenir compagnie (hacer

compañía). 4 Joindre, inclure. 5 Participer à, partager: *le acompaño en su sentimiento,* je partage votre chagrin.

acompasar [akompasár] *tr.* Rythmer, régler selon une cadence.

acondicionado, -da [akondiθjonáðo, -ða] *adj.* 1 Climatisé, -ée, conditionné, -ée. 2 Aménagé, -ée, installé, -ée, arrangé, -ée: *casa bien acondicionada,* maison bien aménagée.

acondicionar [akondiθjonár] *tr.* 1 Conditionner (mercancías). 2 Aménager (un local).

acongojar [akoŋgoxár] *tr.* Affliger, angoisser.

aconsejar [akonsexár] *tr.* 1 Conseiller. ■ 2 *pr.* Prendre conseil: *aconsejarse con,* prendre conseil de.

acontecer [akonteθér] [43] *intr.* Arriver, avoir lieu.

acoplar [akoplár] *tr.* 1 Accoupler (piezas, motores, etc.). 2 Ajuster (ajustar). 3 Accoupler (animales). ■ 4 *pr.* Se lier d'amitié.

acoquinar [akokinár] *tr.* 1 Intimider, faire peur. 2 Décourager (desanimar). ■ 3 *pr.* Prendre peur.

acorazar [akoraθár] [4] *tr.* Cuirasser, blinder.

acordar [akorðár] [31] *tr.* 1 Décider de, se mettre d'accord pour. 2 Rappeler (recordar). 3 MÚS. Accorder. 4 PINT. Harmoniser. 5 Accorder, concilier. ■ 6 *intr.* Concorder, convenir. ■ 7 *pr.* Se mettre d'accord. 8 Se souvenir, se rappeler.

acorde [akórðe] *adj.* 1 D'accord: *quedar acordes,* tomber d'accord. 2 *m.* MÚS. Accord.

acordeón [akorðeón] *m.* Accordéon.

acordonar [akorðonár] *tr.* 1 Attacher avec un cordon. 2 Lacer (zapatos).

acorralar [akorralár] *tr.* 1 Parquer, enfermer (el ganado). 2 Acculer (arrinconar).

acortar [akortár] *tr.-intr.* 1 Raccourcir, écourter. 2 Réduire, diminuer (una cantidad) ■ 3 *pr.* Raccourcir.

acosar [akosár] *tr.* 1 Traquer, serrer de près, harceler. 2 fig. Harceler, presser.

acostar [akostár] [31] *tr.* 1 Coucher. 2 MAR. Accoster. ■ 2 *intr.* MAR. Arriver à la côte.

acostumbrar [akostumbrár] *tr.* 1 Accoutumer, habituer. ■ 2 *intr.* Avoir l'habitude de, avoir coutume de. ■ 3 *pr.* S'habituer.

acotación [akotaθjón] *f.* 1 Note marginale. 2 TEAT. Note de mise en scène. Cote (topografía).

acotar [akotár] *tr.* **1** Borner, marquer, fixer. **2** Coter (topografía).

acracia [akráθja] *f.* Anarchie.

acre [ákre] *adj.* **1** Âcre. **2** fig. Aigre (tono).

acrecentar [akreθentár] [26] *tr.* Accroître.

acrecer [akreθér] [43] *tr.-intr.* Accroître.

acreditar [akreðitár] *tr.* **1** Accréditer. **2** COM. Créditer, porter au crédit. **3** Prouver, montrer. ■ **4** *pr.* S'accréditer.

acreedor [akreeðòr, -ra] *adj.-s.* **1** Créancier, ière, créditeur, trice. **2** ~ *a*, digne de.

acribillar [akriβiʎár] *tr.* **1** Cribler, percer: ~ *a balazos*, cribler de balles. **2** fig. Assaillir: ~ *a preguntas*, assaillir de questions.

acrílico, -ca [akriliko, -ka] *adj.* **1** Acrylique. ■ **2** *m.* Acrylique.

acrisolar [akrisolár] *tr.* Affiner, purifier, épurer.

acróbata [akróβata] *s.* Acrobate.

acrópolis [akrópolɪs] *f.* Acropole.

acta [áyta] *f.* **1** Compte rendu *m.,* procès-verbal *m.* (de una reunión, sesión, etc.): *levantar* ~, dresser procès-verbal, rédiger un compte-rendu.

actitud [aytitúð] *f.* Attitude.

activar [aytiβár] *tr.* Activer.

actividad [aytiβiðàð] *f.* Activité.

acto [áyto] *m.* **1** Acte (acción, hecho). **2** Action *f.* **3** FIL., REL., TEAT. Acte. **4** Cérémonie *f.,* séance *f.: el ~ de inauguración,* la cérémonie d'inauguration.

actor [aytòr] *m.* **1** Acteur. **2** DER. Demandeur.

actriz [aytriθ] *f.* Actrice.

actuación [aytwaθjon] *f.* **1** Conduite (acción de actuar). **2** Rôle *m.* (papel). **3** Jeu *m.* (de un actor, de un deportista).

actualidad [aytwaliðàð] *f.* **1** Actualité. **2** *loc. adv.* **En la** ~, actuellement, à l'heure actuelle.

actualizar [aktwaliθár] [4] *tr.* Actualiser, mettre à jour.

actuar [aytwár] [11] *intr.* **1** Exercer ses fonctions. **2** Agir (un medicamento, una fuerza, etc.). **3** Jouer (un actor).

actuario [aytwárjo] *m.* DER. Greffier.

acuarela [akwaréla] *f.* Aquarelle.

acuario [akwárjo] *m.* **1** Aquarium. ■ **2** *n. pr.* ASTR. Verseau.

acuartelar [akwartelár] *tr.* **1** Caserner (la tropa). **2** Consigner (la tropa en previsión de algún disturbio).

acuático, -ca [akwátiko, -ka] *adj.* Aquatique.

acuchillar [akutʃiʎár] *tr.* **1** Poignarder, donner des coups de couteau, d'épée.

acuciar [akuθjár] [12] *tr.* **1** Presser. **2** Désirer violemment (anhelar).

acudir [akuðír] *intr.* **1** Aller, se rendre: ~ *a la oficina,* se rendre au bureau. **2** Accourir (con prisa). **3** Venir en aide (auxiliar).

acueducto [akweðúyto] *m.* Aqueduc.

acuerdo [akwérðo] *m.* Accord: *ponerse de* ~, se mettre d'accord. **2** Accord, convention *f.* **3** Décision *f.* **4** Réflexion *f.* Loc. *Estar uno en su* ~, jouir de sa raison.

acumular [akumulár] *tr.* **1** Accumuler. **2** Cumuler (cargos, empleos).

acunar [akunár] *tr.* Bercer (a un niño).

acuñar [akuɲár] *tr.* **1** Frapper (monedas, medallas). **2** Serrer avec des coins.

acuoso, -sa [akwóso, -sa] *adj.* Aqueux, euse.

acurrucarse [akuɾukárse] [1] *pr.* Se pelotonner, se blottir, s'accroupir.

acusar [akusár] *tr.* **1** Accuser. **2** Dénoncer (delatar). **3** Annoncer (juegos).

acusativo [akusatiβo] *m.* Accusatif.

acuse [akúse] *m.* **1** Annonce *f.* (juegos). **2** ~ *de recibo,* accusé de réception.

acústico, -ca [akústiko, -ka] *adj.-f.* Acoustique.

adagio [aðáxjo] *m.* **1** Adage. **2** MÚS. Adagio.

adalid [aðalið] *m.* **1** Chef. **2** fig. Champion.

adaptador [aðaptaðòr] *m.* Adaptateur.

adarga [aðárɣa] *f.* Targe.

adecuar [aðekwár] [10] *tr.* Approprier, adapter.

adefesio [aðefésjo] *m.* **1** Sottise *f.,* extravagance. *f.* **2** Épouvantail (persona de aspecto ridículo).

adelantado, -da [aðelantàðo, -ða] *adj.* **1** Précoce, hâtif, ive.

adelantar [aðelantár] *tr.* **1** Avancer. **2** ~ *un coche,* dépasser, doubler une voiture; *prohibido* ~, défense de doubler. **3** ¿Qué adelantas con...?, à quoi cela t'avance de...? ■ **4** *intr.* Avancer, faire des progrès.

adelante [aðelánte] *adv.* **1** Avant, en avant. Loc. *Seguir* ~, continuer; *pasar* ~, passer outre; *sacar* ~, mener à bon terme.

adelanto [aðelánto] *m.* **1** Avancement, progrès. **2** Avance *f.* (del reloj, etc.). **3** Avance *f.* (de dinero).

adelgazar [aðelɣaθár] [4] *intr.* **1** Maigrir. ■ **2** *tr.* Faire maigrir (a una persona).

ademán [aðemán] *m.* **1** Geste, attitude *f.*

Loc. *Hacer ~ de,* faire mine de. 2 Manières *f.,* façons *f.* (modales).

además [aðemás] *adv.* 1 En outre, en plus. 2 D'ailleurs.

adentro [aðéntro] *adv.* 1 Dans l'intérieur, vers l'intérieur, au dedans. Loc. *Tierra ~,* vers l'intérieur, à l'intérieur du pays.

adepto, -ta [aðéβto, -ta] *adj.-s.* Adepte.

adeudar [aðeuðár] *tr.* 1 Devoir (dinero). 2 Être soumis, ise au paiement d'un impôt. 3 COM. *~ en una cuenta...,* débiter un compte de..., porter au débit d'un compte.

adherir [35] *intr.* 1 Adhérer. ■ 2 *pr.* Adhérer: *no se adhiere a ningún partido,* il n'adhère à aucun parti.

adición [aðiθjón] *f.* 1 Addition. 2 DER. Addition (de la herencia).

adicto, -ta [aðíyto, -ta] *adj.* 1 Attaché, ée, dévoué, ée, fidèle. ■ 2 *m.* Partisan.

adiestrar [aðjestrár] *tr.* 1 Dresser. 2 Exercer, instruire (a una persona).

adinerado, -da [aðineráðo, -ða] *adj.* Riche, fortuné, ée.

adiós [aðjós] *interj.* 1 Adieu. 2 Au revoir (hasta luego). Loc. fig. *¡Adiós mi dinero!,* c'en est fait!; *decir ~ a algo,* dire adieu à quelque chose.

adiposo, -sa [aðipóso, -sa] *adj.* Adipeux, euse.

aditamento [aðitaménto] *m.* 1 Addition *f.* 2 Complément.

adivinación [aðiβinaθjón] *f.* Divination.

adivinar [aðiβinár] *tr.* Deviner.

adivino, -na [aðíβino, -na] *s.* Devin, devineresse.

adjetivo, -va [aðxetiβo, -βa] *adj.* 1 Adjectif, ive. ■ 2 *m.* GRAM. Adjectif.

adjudicar [aðxuðikár] [1] *tr.* Adjuger.

adjunto, -ta [aðxúnto, -ta] *adj.* 1 Ci-joint, te, ci-inclus, se: *la copia adjunta,* la copie ci-jointe, ci-incluse; *adjunto le remito,* je vous envoie ci-joint. ■ 2 *adj.-s.* Adjoint, ointe.

administrador, -ra [aðministraðór, -ra] *adj.-s.* Administrateur, -trice.

administrar [aðministrár] *tr.* Administrer.

admiración [aðmiraθjón] *f.* 1 Admiration. 2 GRAM. Point *m.* d'exclamation.

admirador, -ra [aðmiraðór, -ra] *adj.-s.* Admirateur, trice.

admirar [aðmirár] *tr.* 1 Admirer (ver con admiración). 2 Étonner, émerveiller (asombrar): *me admira que,* je m'étonne que. ■ 3 *pr.* S'étonner (asombrarse): *me admiro de que,* je m'étonne que.

admitir [aðmitir] *tr.* Admettre: *no se admiten propinas,* les pourboires ne sont pas admis.

ADN [aðeéne] *m.* (*abrev.* ácido desoxirribonucleico) ADN.

adobar [aðoβár] *tr.* 1 Apprêter, accommoder. 2 COC. Mettre à mariner (las carnes). 3 Apprêter (pieles).

adobe [aðóβe] *m.* Brique *f.* crue.

adolecer [aðoleθér] [43] *intr.* 1 Tomber malade, être souffrant, ante. 2 Être sujet, ette à (un vicio, una pasión); avoir, souffrir de (un defecto).

adolescencia [aðolesθénθja] *f.* Adolescence.

adolescente [aðolesθénte] *adj.-s.* Adolescent, ente.

adonde [aðónde] *adv.* Où.

adoptar [aðoβtár] *tr.* Adopter.

adoptivo, -va [aðoβtíβo, -βa] *adj.* 1 Adoptif, ive: *hijo ~,* fils adoptif.

adoquín [aðokín] *m.* 1 Pavé (piedra). 2 fig. Sot, sotte, bûche *f.,* ballot.

adoquinar [aðokinár] *tr.* Paver.

adoración [aðoraθjón] *f.* 1 Adoration. 2 *~ de los Reyes,* adoration des Mages, Épiphanie.

adorar [aðorár] *tr.* Adorer.

adormecer [aðormeθér] [43] *tr.* 1 Endormir, assoupir. 2 Calmer, apaiser (un dolor, etc.) ■ 3 *pr.* S'endormir, s'assoupir. 4 S'engourdir (un miembro).

adormilarse [aðormilárse] *pr.* S'endormir à moitié, s'assoupir.

adornar [aðornár] *tr.* 1 Orner, décorer, enjoliver: *~ con flores,* orner de fleurs. 2 fig. Parer, orner (cualidades, virtud, etc.). 3 fig. Embellir, broder (una historia).

adosar [aðosár] *tr.* Adosser.

adquirir [aðkirir] [30] *tr.* Acquérir.

adquisición [aðkisiθjón] *f.* Acquisition.

adquisitivo, -va [aðkisitíβo, -βa] *adj.* Acquisitif, -ive: *poder ~,* pouvoir d'achat.

adrede [aðréðe] *adv.* Exprès, à dessein.

adscribir [aðskriβir] *tr.* 1 Attacher, attribuer. 2 Affecter, attacher (a un empleo). ▲ PART. PAS. irrég.: *adscrito, ta.*

aduana [aðwána] *f.* Douane.

aduanero, -ra [aðwanéro, -ra] *adj.-m.* Douanier, ière.

aducir [aðuθir] [46] *tr.* Alléguer.

adueñarse [aðweɲárse] *pr.* S'emparer, se rendre maître.

adular [aðulár] *tr.* Aduler, flatter.

adulón, -ona [aðulón, -óna] *adj.-s.* fam. Flagorneur, euse, lécheur, euse.

adulterar [aðulterár] *intr.* **1** Commettre un adultère. ∎ **2** *tr.* Falsifier, frelater, adultérer: ~ *un vino,* frelater un vin.

adulterio [aðultérjo] *m.* Adultère.

adúltero, -ra [aðúltero, -ra] *adj.* Adultère.

adulto, -ta [aðúlto, -ta] *adj.-s.* Adulte.

adusto, -ta [aðústo, -ta] *adj.* **1** Sévère, austère, bourru, ue. **2** Brûlé, ée (quemado), torride (muy cálido).

advenedizo, -za [aðβeneðiθo, -θa] *adj.-s.* **1** Étranger, ère (forastero). **2** Parvenu, ue.

advenir [aðβenir] *intr.* Advenir, arriver.

adverbio [aðβérβjo] *m.* Adverbe.

adversario, -ia [aðβersárjo, -ja] *s.* Adversaire.

adversativo, -va [aðβersatiβo, -βa] *adj.* GRAM. Adversatif, ive.

adverso, -sa [aðβérso, -sa] *adj.* Adverse.

advertir [aðβertir] [35] *tr.* **1** Avertir (avisar). **2** Signaler (indicar). **3** Conseiller (recomendar). **3** Remarquer, observer (notar).

adyacente [aðjaθénte] *adj.* Adjacent, ente.

aéreo, -ea [aéreo, -ea] *adj.* Aérien, ienne.

aerodinámico, -ca [aeroðinámiko, -ka] *adj.-f.* Aérodynamique.

aeródromo [aeróðromo] *m.* Aérodrome.

aerolito [aerolito] *m.* Aérolithe.

aeronauta [aeronáŭta] *m.* Aéronaute.

aeronáutico, -ca [aeronáŭtiko, -ka] *adj.-f.* Aéronautique.

aeropuerto [aeropwérto] *m.* Aéroport.

aerosol [aerosól] *m.* Aérosol.

aeróstato [aeróstato] *m.* Aérostat (globo).

afable [afáβle] *adj.* Affable.

afamado, -da [afamáðo, -ða] *adj.* Renommé, ée, fameux, euse.

afán [afán] *m.* **1** Ardeur *f.,* empressement. **2** Désir véhément, soif *f.* (anhelo): *tiene mucho ~ por aprender,* il a un grand désir d'apprendre; *un ~ de riquezas,* une soif de richesses. **3** Effort (esfuerzo). ∎ **4** *pl.* Tourments, souffrances *f.,* soucis (penalidades).

afear [afeár] *tr.* **1** Enlaidir. **2** fig. Reprocher, blâmer.

afectado, -da [afeɣtáðo, -ða] *adj.* **1** Affecté, ée, apprêté, ée (amanerado). **2** Feint, feinte (fingido).

afectar [afeɣtár] *tr.* **1** Affecter, feindre (fingir). **2** Affecter (emocionar). **3** Toucher, affecter (concernir). **4** MED. Affecter. ∎ **5** *pr.* S'affecter.

afecto, -ta [afeɣto, -ta] *adj.* **1** Attaché, ée, dévoué, ée (adicto). **2** Affecté, ée (desti-

nado). ∎ **3** *m.* Affection *f.,* attachement (cariño). **4** MED. Affection *f.*

afeitar [afeĭtár] *tr.* **1** Raser. Loc. *Maquinilla de ~,* rasoir *m.* **2** Farder (poner afeites). **3** Orner. **4** TAUROM. Épointer (les cornes). ∎ **5** *pr.* Se raser.

afeminado, -da [afeminaðo, -ða]*adj.* Efféminé, ée.

aféresis [aféresis] *f.* GRAM. Aphérèse.

aferrar [aferár] [27] *tr.* **1** Accrocher, saisir (agarrar). **2** MAR. Gaffer. **3** MAR. Ferler (velas). **4** MAR. Assujettir avec des ancres. ∎ **6** *intr.* MAR. Mordre (el ancla). ∎ **6** *pr.* S'accrocher, se cramponner.

afgano, -na [afγáno, -na] *adj.-s.* Afghan, ane.

afianzar [afianθár] [4] *tr.* **1** Cautionner, garantir (garantizar). **2** Étayer, soutenir, fixer (con puntales, etc.). **3** Affermir, consolider. ∎ **4** *pr.* Se soutenir, se cramponner.

afición [afiθjón] *f.* **1** Penchant *m.,* goût *m.* Loc. *Tener ~ a,* aimer, avoir le goût de, s'intéresser à. **2** *La ~,* les amateurs *m. pl.* (conjunto de aficionados).

aficionado, -da [afiθjonáðo, -ða] *adj.-s.* **1** Amateur de, passionné, ée de: ~ *a la foto,* amateur de photo.

afilador, -ra [afilaðór, -ra] *adj.* **1** Qui affile. ∎ **2** *m.* Affileur, rémouleur. **3** Cuir à rasoir (correa).

afilar [afilár] *tr.* **1** Aiguiser, affûter, affiler (una navaja, etc.), tailler (un lápiz). ∎ **2** *pr.* fig. S'effiler, amincir (cara, etc.).

afiliar [afiljár] [12] *tr.* Affilier.

afín [afin] *adj.* **1** Proche, contigu, uë. **2** Analogue (semejante). **3** Connexe. **4** *Ideas afines,* idées voisines, analogies.

afinador [afinaðór] *m.* **1** MÚS. Accordeur (persona). **2** MÚS. Accordoir (instrumento).

afinar [afinár] *tr.* **1** Perfectionner, mettre la dernière main à (una cosa). **2** fig. Affiner. **3** MÚS. Accorder, ajuster. ∎ **4** *tr.-intr.* MÚS. Chanter, jouer juste.

afinidad [afiniðáð] *f.* **1** Affinité. **2** Alliance (parentesco).

afirmación [afirmaθjón] *f.* **1** Affirmation (palabra). **2** Affermissement *m.,* consolidation.

afirmar [afirmár] *tr.* **1** Affermir. **2** Affirmer (aseverar). ∎ **3** *pr.* S'appuyer, se bien tenir sur. **4** Maintenir (lo dicho).

aflicción [afliɣθjón] *f.* Affliction.

afligir [aflixír] [6] *tr.* Affliger.

aflojar [afloxár] *tr.* **1** Relâcher, lâcher (soltar). **2** Détendre (un muelle). **3** Desserrer (un tornillo, un nudo). Loc. ~ *las* *riendas,* lâcher la bride; fam. ~ *la mosca,* lâcher du fric. **4** Relâcher, rendre moins rigoureux, euse.

aflorar [aflorár] *intr.* Affleurer.

afluir [aflwír] [62] *intr.* **1** Affluer. **2** Confluer: *río que afluye a,* rivière qui conflue avec. **3** Aboutir (calle).

afónico, -ca [afóniko, -ka] *adj.* Aphone.

afortunado, -da [afortunáðo, -ða] *adj.* **1** Heureux, euse (feliz). **2** Chanceux, euse (con suerte).

afrecho [afrétʃo] *m.* Son (du blé).

afrentar [afrentár] *tr.* **1** Faire affront à. ■ **2** *pr.* Avoir honte.

africano, -na [afrikáno, -na] *adj.-s.* Africain, aine.

afrontar [afrontár] *tr.* **1** Affronter. **2** Confronter (dos personas).

afta [áfta] *f.* MED. Aphte *m.*

afuera [afwéra] *adv.* **1** Dehors, au dehors. ■ **2** *f. pl.* Alentours *m., environs *m.* **3** *interj.* Hors d'ici!

agachar [aɣ'atʃár] *tr.* **1** Baisser, courber (la cabeza, el cuerpo). ■ **2** *pr.* Se baisser, s'accroupir.

agalla [aɣáʎa] *f.* **1** BOT. Galle, noix de galle. **2** Pomme (de ciprés). **3** ANAT. Amygdale. **4** Côté *m.* de la tête d'un oiseau.

ágape [áɣape] *m.* Agape *f.*

agarrada [aɣarráða] *f.* Empoignade.

agarradero [aɣarraðéro] *m.* Manche, poignée *f.* (mango), anse *f.* (asa).

agarrar [aɣarár] *tr.* **1** Empoigner, saisir, attraper: ~ *del brazo,* saisir par le bras. **2** fig. Attraper, ramasser (enfermedad, etc.). **3** fig. fam. Décrocher (obtener), saisir (oportunidad). ■ **4** *pr.* Tenir: *agárrese al pasamanos,* tenez la main courante.

agasajar [aɣasaxár] *tr.* Fêter, accueillir chaleureusement.

agazaparse [aɣaθapárse] *pr.* Se blottir, se tapir.

agencia [axénθja] *f.* **1** Agence: ~ *de viajes,* agence de voyages. **2** Bureau *m.* (despacho). **3** Démarche (trámite).

agenciar [axenθjár] [12] *tr.* **1** Faire des démarches pour obtenir (una cosa). ■ **2** *pr.* Se procurer, obtenir (procurarse).

agenda [axénda] *f.* Agenda *m.*

agente [axénte] *adj.* **1** Qui agit. **2** GRAM. *Complemento* ~, complément d'agent. ■ **3** *m.* Agent: ~ *de seguros,* agent d'assurances.

ágil [áxil] *adj.* **1** Agile. **2** Vif, vive, alerte: *estilo* ~, style alerte.

agio [áxjo] *m.* COM. Agio.

agitación [axitaθjón] *f.* Agitation.

agitar [axitár] *tr.* Agiter.

aglomeración [aɣlomeraθjón] *f.* **1** Agglomération. **2** Attroupement *m.* (de personas). **3** Encombrement *m.,* embouteillage *m.* (de vehículos).

aglutinante [aɣlutinánte] *adj.-m.* Agglutinant, ante.

aglutinar [aɣlutinár] *tr.* Agglutiner.

agobiar [aɣoβjár] [12] *tr.* **1** Courber (doblar). **2** Faire plier sous un poids. **3** fig. Accabler (los quehaceres, etc.). **3** Abattre (desanimar).

agolparse [aɣolpárse] *pr.* **1** Se rassembler, affluer (personas), s'entasser (cosas). **2** Venir tout d'un coup (ocurrir).

agonía [aɣonía] *f.* **1** Agonie. **2** Désir *m.* violent (deseo).

agonizar [aɣoniθár] [4] *intr.* **1** Agoniser. **2** fig. ~ *por,* mourir d'envie de.

agosto [aɣósto] *m.* **1** Août. **2** Moisson *f.* (cosecha). Loc. fig. fam. *Hacer uno su* ~, faire son beurre.

agotar [aɣotár] *tr.* **1** Épuiser: ~ *una cisterna, las existencias,* épuiser une citerne, les stocks. **2** fig. Épuiser (cansar).

agraciar [aɣraθjár] [12] *tr.* **1** Rendre gracieux, euse. **2** Favoriser. **3** Gratifier: ~ *con una merced,* gratifier d'une faveur.

agradable [aɣraðáβle] *adj.* Agréable.

agradecer [aɣraðeθér] [43] *tr.* **1** Être reconnaissant, ante (estar agradecido): *le agradecería me facilite su dirección,* je vous serais reconnaissant de me donner votre adresse. **2** Remercier de: *le agradezco su carta,* je vous remercie de votre lettre; ~ *con una sonrisa,* remercier d'un sourire.

agrado [aɣráðo] *m.* **1** Plaisir (gusto). **2** Plaisir, gré: *haga usted lo que sea de su* ~, faites à votre gré: *ser del* ~ *de uno,* être agréable à quelqu'un. **3** Complaisance *f.,* amabilité *f.*

agrandar [aɣrandár] *tr.* **1** Agrandir. **2** Grossir, amplifier. ■ **3** *pr.* Augmenter.

agrario, -ia [aɣrárjo, -ja] *adj.* **1** Agraire. **2** Agrarien, ienne.

agravar [aɣraβár] *tr.* Aggraver.

agraviar [aɣráβjár] [12] *tr.* **1** Offenser. **2** Léser, faire tort (perjudicar). ■ **3** *pr.* S'offenser.

agredir [aɣreðír] *tr.* Attaquer, assaillir.

agregar [aɣreɣár] [7] *tr.* **1** FIS. Agréger. **2** Ajouter, joindre, adjoindre.

agresión [aɣresjón] *f.* Agression.

agresor, -ra [aɣresòr, -ra] *adj.-s.* Agresseur.

agreste [aɣréste] *adj.* Agreste.

agriar [aɣrjár] [12] *tr.* 1 Aigrir. ▪ 2 *pr.* Aigrir. 3 fig. S'aigrir.

agricultor, -ra [aɣrikultòr, -ra] *s.* Agriculteur, trice.

agricultura [aɣrikultúra] *f.* Agriculture.

agridulce [aɣriðúlθe] *adj.* Aigre-doux, douce.

agrietar [aɣrjetár] *tr.* Crevasser, lézarder.

agrimensor [aɣrimensòr] *m.* Arpenteur.

agrio, -ia [aɣrjo, -ja] *adj.* 1 Aigre. 2 Accidenté, ée, raboteux, euse (terreno). ▪ 3 *m. pl.* Agrumes (naranjas, limones, etc.).

agronomía [aɣronomía] *f.* Agronomie.

agropecuario, -ria [aɣropekuário, -ria] *adj.* Agricole: *exportaciones agropecuarias,* exportations agricoles.

agrupar [aɣrupár] *tr.* Grouper.

agua [áɣwa] *f.* 1 Eau (líquido). Loc. ∼ *viva,* eau vive; ∼ *llovediza, de lluvia,* eau de pluie; fig. *ahogarse en un vaso de* ∼, se noyer dans un verre d'eau; *se me hace la boca* ∼, l'eau m'en vient à la bouche; *volverse en* ∼ *de cerrajas,* tourner en eau de boudin. 2 Eau (licor artificial); ∼ *de azahar,* eau de naffe, de fleurs d'oranger; ∼ *fuerte,* eau forte; ∼ *regia,* eau régale. 3 Pente (de un tejado). ▪ 5 *pl.* Moiré *m. sing.,* moirures (de un tejido). ▪ 6 Eau *sing.* (de una piedra preciosa). 7 *Hacer aguas menores,* uriner; *hacer aguas mayores,* aller à la selle.

aguacate [aɣwakáte] *m.* 1 Avocatier (árbol). 2 Avocat (fruto).

aguacero [aɣwaθéro] *m.* Averse *f.*

aguada [aɣwáða] *f.* 1 MIN. Inondation. 2 PINT. Gouache.

aguafiestas [aɣwafjéstas] *s. invar.* Trouble-fête, rabat-joie.

aguafuerte [aɣwafwérte] *f.* Eau-forte.

aguamarina [aɣwamarina] *f.* MINER. Aigue-marine.

aguanieve [aɣwanjéβe] *f.* Pluie mêlée de neige, neige fondue.

aguantar [aɣwantár] *tr.* 1 Supporter, endurer (sufrir). 2 Soutenir (sostener). 3 Tenir (sujetar). 4 Réprimer, contenir. 5 TAUROM. Attendre sans bouger (el toro). ▪ 6 *intr.* Tenir bon.

aguante [aɣwánte] *m.* 1 Endurance *f.,* résistance *f.* 2 Patience *f.*

aguar [aɣwár] [22] *tr.* 1 Couper, mouiller, étendre d'eau (vino, leche). 2 fig. Troubler, gâter: ∼ *una fiesta,* troubler une fête.

aguardar [aɣwarðár] *tr.-intr.* 1 Attendre: *aguardo a que venga,* j'attends qu'il vienne. ▪ 2 *pr.* Attendre.

aguardiente [aɣwarðjénte] *m.* Eau-de-vie *f.*

aguarrás [aɣwařás] *m.* Essence *f.* de térébenthine.

agudizar [aɣuðiθár] [4] *tr.* 1 Rendre plus aigu, uë. ▪ 2 *pr.* Devenir plus aigu, uë. 3 S'aggraver (una enfermedad).

agudo, -da [aɣúðo, -ða] *adj.* 1 Aigu, uë. 2 Pointu, ue (afilado). 3 fig. Fin, fine, subtil, ile, perspicace: ∼ *de ingenio,* d'esprit subtil. 4 Spirituel, elle (gracioso). Loc. *Dicho* ∼, bon mot.

aguerrir [aɣeřír] *tr.* Aguerrir.

aguijón [aɣixón] *m.* Aiguillon.

águila [áɣila] *f.* Aigle *m.*

aguileño, -ña [aɣiléɲo, -ɲa] *adj.: Nariz aguileña,* nez aquilin.

aguinaldo [aɣináldo] *m.* Étrennes *f. pl.*

aguja [aɣúxa] *f.* 1 Aiguille. Loc. ∼ *magnética,* aiguille aimantée; ∼ *de marear,* boussole; ∼ *de hacer media,* aiguille à tricoter; ∼ *mechera,* lardoire; fig. *buscar una* ∼ *en un pajar,* chercher une aiguille dans une botte de foin. ▪ 3 *pl.* Côtes antérieures d'un animal.

agujero [aɣuxéro] *m.* Trou.

agujeta [aɣuxéta] *f.* 1 Aiguillette (cinta). ▪ 2 *pl.* Courbatures (dolores).

aguzar [aɣuθár] [4] *tr.* 1 Aiguiser. 2 fig. Stimuler, rendre plus vif, vive, aiguiser.

¡ah! [a] *interj.* Ah!

ahí [ai] *adv.* 1 Là (en este lugar, en un lugar cercano): ∼ *está, he* ∼, voilà; ∼ *viene, hele* ∼, le voilà. Loc. ∼ *me las den todas,* ça m'est égal; *por* ∼ *se dice,* on dit, le bruit court.

ahínco [aiŋko] *m.* 1 Empressement, ardeur *f.,* acharnement. 2 Insistance *f.*

ahitar [aĭtár] *tr.-intr.* 1 Causer une indigestion. ▪ 2 *pr.* Se bourrer à en être malade, se gaver.

ahogar [aoɣár] [7] *tr.* 1 Noyer (en agua). 2 Étouffer: ∼ *sus sollozos,* étouffer ses sanglots. 3 fig. Accabler, oppresser. 4 Étrangler (estrangular). ▪ 5 *pr.* Se noyer (en agua). 6 Étouffer (respirar con dificultad).

ahogo [aóɣo] *m.* 1 Oppression *f.,* étouffement, suffocation.

ahondar [aondár] *tr.* 1 Approfondir. ▪ 2 *intr.* Creuser, pénétrer. 3 fig. Approfondir: ∼ *en una cuestión,* approfondir une question. ▪ 4 *pr.* S'enfoncer.

ahora [aòra] *adv.* **1** Maintenant, à présent. **2** *loc. adv.* ~ *bien,* or; ~ *mismo,* à l'instant même (poco antes); immédiatement, tout de suite; tout à l'heure, dans un instant (después); *de* ~ *en adelante,* dorénavant, désormais; *por* ~, pour le moment.

ahorcar [aorkár] [1] *tr.* Prendre. Loc. fig. ~ *los hábitos,* jeter le froc aux orties.

ahorrar [aoŕár] *tr.* **1** Épargner, économiser: *caja de ahorros,* caisse d'épargne. **2** Économie *f.* (lo que se ahorra).

ahorro [aòŕo] *m.* **1** Épargne *f.: caja de ahorros,* caisse d'épargne.

ahuecar [anɣɔewekár] [1] *tr.* **1** Rendre creux, euse. **2** Faire bouffer, faire gonfler. **3** Ameublir, rendre moins compact, acte (la tierra).

ahumar [aũmár] [16] *tr.* **1** Fumer, saurer. **2** Enfumer (llenar de humo).

ahuyentar [aũjentár] *tr.* Chasser, éloigner.

airar [aĭrár] [15] *tr.* Irriter, mettre en colère.

aire [áĭre] *m.* **1** Air (fluido, atmósfera, viento). Loc. ~ *colado,* vent coulis; *al* ~ *libre,* au grand air, en plein air; fig. *beber los aires por,* désirer ardemment; *mudar de aires,* changer d'air; *ofenderse del* ~, être très susceptible. **2** Air (aspecto, semejanza); *un* ~ *de familia,* un air de famille; *darse uno un* ~ *a otro,* avoir un air de ressemblance avec.

airear [aĭreár] *tr.* **1** Aérer, ventiler. ▪ **2** *pr.* Prendre l'air.

airoso, -sa [aĭróso, -sa] *adj.* **1** Gracieux, euse, dégagé, ée, élégant, ante. **2** Qui réussit. Loc. *Quedar, salir* ~, réussir, s'en tirer brillamment.

aislado, -da [aizláðo, -ða] *adj.* Isolé, ée.

aislar [aizlár] [15] *tr.* Isoler.

ajar [axár] *tr.* **1** Flétrir, faner (una planta, la tez). **2** Friper, froisser, chiffonner (arrugar). **3** fig. Flétrir, humilier.

ajedrez [axeðréθ] *m.* Échecs *pl.: jugar al* ~, jouer aux échecs.

ajenjo [axénxo] *m.* Absinthe *f.*

ajeno, -na [axéno, -na] *adj.* **1** D'autrui: *la opinión ajena,* l'opinion d'autrui. **2** Étranger, ère, contraire: ~ *a su carácter,* contraire à son caractère. **3** Ignorant, ante. **4** Libre, exempt, empte: ~ *de cuidados,* libre de soucis.

ajetreo [axetréo] *m.* **1** Agitation *f.* **2** Animation *f.* **3** Tracas, fatigue *f.* (cansancio).

ajo [áxo] *m.* **1** Ail. Loc. *Cabeza de* ~, *de ajos,* tête d'ail: *diente de* ~, gousse *f.*

d'ail; fig. *harto de ajos,* rustre, mal élevé. Loc. *Andar metido en el* ~, *estar en el* ~, être dans le coup.

ajuar [axwár] *m.* **1** Mobilier (muebles). **2** Trousseau (de novia).

ajustar [axustár] *tr.* **1** Ajuster, adapter. **2** MEC. Ajuster (dos piezas), régler (un mecanismo). **3** Régler, liquider (una cuenta). **4** Convenir: ~ *un precio,* convenir d'un prix. **5** Conclure (la paz, etc.). **6** IMPR. Mettre en pages. **7** Embaucher, engager (contratar). **8** Faire cadrer (adaptar). **9** Accommoder, conformer.

ajusticiar [axustiθjár] [12] *tr.* Supplicier, exécuter.

al [al] *contr.* **1** (Contraction de la prép. *a* et de l'article *el*). Au, à (devant un masculin); chez (en casa de). **2** Devant un infinitif, il donne à celui-ci la valeur d'un gérondif français: ~ *llegar,* en arrivant.

ala [ála] *f.* **1** Aile. Loc. fam. *Ahuecar el* ~, mettre les voiles; *caérsele a una las alas del corazón,* se décourager; *cortar las alas,* couper, rogner les ailes. **2** Bord *m.* (de un sombrero). **3** Auvent *m.* (alero).

alabanza [alaβánθa] *f.* **1** Louange, éloge *m.* **2** Vantardise (jactancia).

alabar [alaβár] *tr.* Louer, vanter.

alabastro [alaβástro] *m.* Albâtre.

alacena [alaθéna] *f.* Placard *m.*

alacrán [alakrán] *m.* **1** Scorpion (arácnido). **2** Crochet (gancho).

alado, -da [aláðo, -ða] *adj.* **1** Ailé, ée. **2** fig. Léger, ère, rapide.

alamar [alamár] *m.* **1** Brandebourg (adorno). **2** Frange *f.* (fleco).

alambique [alambíke] *m.* Alambic.

alambrar [alambrár] *tr.* Clôturer avec des fils de fer.

alambre [alámbre] *m.* Fil de fer: ~ *de púas,* fil de fer barbelé.

alameda [alaméða] *f.* **1** Peupleraie. **2** Allée (de árboles), promenade (paseo).

álamo [álamo] *m.* **1** Peuplier. **2** ~ *temblón,* tremble.

alarde [alárðe] *m.* **1** Parade *f.,* ostentation *f.,* étalage. Loc. *Hacer* ~ *de,* faire étalage de, faire montre de, se vanter de. **2** Démonstration *f.,* manifestation *f.: un* ~ *de buen humor,* une manifestation de bonne humeur.

alargar [alarɣár] [7] *tr.* **1** Allonger. **2** Étendre, étirer (un miembro). **3** Laisser filer (una cuerda). **4** Passer, tendre (dar). **5** Augmenter (el sueldo, una ración, etc.). **6** Prolonger: ~ *su estancia,* prolonger son séjour.

alarido [alariðo] *m.* Cri, hurlement.
alarma [alárma] *f.* **1** Alarme. **2** *Aparato de ~,* avertisseur. **3** Alerte: *estado de ~,* état d'alerte. **4** Tocsin *m.*
alarmista [alarmísta] *adj.-s.* Alarmiste.
alazán, -ana [alaθán, -ána], **alazano, -na** [alaθáno, -na] *adj.-s.* Alezan, ane.
alba [álβa] *f.* **1** Aube, point *m.* du jour. **2** LITURG. Aube.
albacea [alβaθéa] *m.* DER. Exécuteur testamentaire.
albahaca [alβaáka] *f.* Basilic *m.*
albañil [alβaɲil] *m.* Maçon.
albañilería [alβaɲileria] *m.* Maçonnerie.
albarán [alβarán] *m.* Bon de livraison.
albaricoque [alβarikóke] *m.* **1** Abricot. **2** Abricotier (árbol).
albatros [alβátros] *m.* Albatros.
albedrío [alβeðrío] *m.* **1** Arbitre: *libre ~,* libre arbitre. **2** Volonté *f.,* caprice: *obrar a su ~,* agir à sa volonté, à sa guise.
albergar [alβerɣàr] [7] *tr.* **1** Héberger, loger. **2** fig. Nourrir (un sentimiento). ■ **3** *pr.* Loger.
albergue [alβérɣe] *m.* **1** Auberge *f.,* logis. Loc. *Dar ~,* héberger. **2** Abri, asile (cobijo).
albino, -na [alβino, -na] *adj.-s.* Albinos.
albóndiga [alβóndɪɣa] *f.,* **albondiguilla** [alβondiɣiʎa] *f.* COC. Boulette.
albor [alβór] *m.* **1** Blancheur *f.* **2** Aube *f.* (alba). **3** fig. Aube *f.,* début, seuil. Loc. *Los albores de la vida,* l'enfance, la jeunesse, le printemps de la vie.
albornoz [alβornóθ] *m.* **1** Burnous *m.* Peignoir de bain: *~ de felpa,* peignoir en tissu éponge.
alborotar [alβorotàr] *tr.* **1** Troubler, agiter (perturbar). **2** Ameuter (amotinar). ■ **3** *intr.* Faire du tapage. ■ **4** *pr.* Se troubler, s'affoler. **5** S'emporter (encolerizarse).
alborozo [alβoróθo] *m.* Grande joie *f.*
albricias [alβriθjas] *f. pl.* **1** Cadeau *m. sing.* fait au porteur d'une bonne nouvelle. **2** *interj.* Victoire!, chic!
albufera [alβuféra] *f.* Étang *m.* salé, lagune.
álbum [álβum] *m.* Album.
albúmina [alβúmɪna] *f.* Albumine.
alcachofa [alkatʃófa] *f.* **1** Artichaut *m.* **2** Pomme (de ducha, regadera). **3** Crapaudine, crépine (de tubo).
alcahuete, -ta [alkaɲœwéte, -ta] *s.* **1** Entremetteur, euse. **2** Personne qui couvre les actions d'une autre. ■ **3** *m.* TEAT. Rideau d'entracte.

alcalde [alkálde] *m.* Maire.
alcaldesa [alkaldésa] *f.* Mairesse.
alcaldía [alkaldia] *f.* **1** Mairie (edificio). **2** Charge de maire.
alcance [alkánθe] *m.* **1** Poursuite *f.* (persecución). Loc. *Dar ~ a uno,* rattraper, rejoindre quelqu'un; *ir al ~, ir a, en los alcances de,* être sur le point d'atteindre, poursuivre. **2** Portée *f.* (de la mano, de un arma, etc.): *al ~ de la mano,* à portée de la main. **3** Portée *f.,* importance *f.* (importancia): *decisión de mucho ~,* décision d'une grande portée.
alcanfor [alkaɲfór] *m.* Camphre.
alcantarilla [alkantariʎa] *f.* **1** Égout *m.* (canal). **2** Bouche d'égout (hueco). **3** Ponceau *m.* (puentecillo).
alcanzar [alkanθàr] [4] *tr.* **1** Atteindre. **2** Rattraper (al que va delante). **3** Saisir (alargando el brazo). **4** Saisir, comprendre. **5** Obtenir. ■ **6** *intr.* Atteindre, arriver (llegar). **7** *No alcanzo a comprender,* je ne comprends pas.
alcaparra [alkapářa] *f.* **1** Câpre. **2** Câprier *m.* (arbusto).
alcázar [alkáθar] *m.* **1** Château fort. **2** Palais royal. **3** MAR. Gaillard d'arrière.
alcoba [alkóβa] *f.* **1** Chambre à coucher (dormitorio). **2** Alcôve (gabinete). **3** Châsse (de balanza).
alcohol [alkoól] *m.* **1** Alcool. **2** Khôl, kohol (afeite).
alcoholemia [alkoolèmja] *f.* Alcoolémie: *prueba de ~,* alcootest *m.*
alcohólico, -ca [alkoóliko, -ka] *adj.-s.* Alcoolique.
alcornoque [alkornóke] *m.* **1** Chêneliège. **2** fig. Buse *f.* (ignorante).
alcurnia [alkúrnja] *f.* Lignage *m.,* ascendance. Loc. *De ~,* noble.
alcuza [alkúθa] *f.* Huilier *m.*
aldaba [aldáβa] *f.* Heurtoir *m.,* marteau *m.* de porte. Loc. fig. *Tener buenas aldabas,* avoir de hautes protections, des relations.
aldea [aldèa] *f.* **1** Village *m.* **2** Hameau *m.* (caserío).
alderredor [aldeřeðòr] *adv.* Autour (alrededor).
aleatorio, -ria [aleatòrjo, -rja] *adj.* Aléatoire.
aledaño, -ña [aleðáɲo, -ɲa] *adj.* **1** Limitrophe, voisin, ine. ■ **2** *m. pl.* Limites *f.* **3** Alentours (alrededores).
alegar [aleár] [7] *tr.* Alléguer.
alegato [aleɣàto] *m.* Allégation.

alegoría [aleɣoría] f. Allégorie.

alegrar [aleɣrár] tr. 1 Réjouir, égayer. 2 Égayer, embellir (hermosear). 3 TAU-ROM. Exciter (al toro). ■ 4 pr. Se réjouir: *alegrarse de, con, por,* se réjouir de. 5 Être heureux, euse, ravi, ie: *me alegro de verle,* je suis heureux de vous voir. 6 fam. Se griser (bebiendo).

alegría [aleɣría] f. 1 Joie, allégresse: *loco de ~,* fou de joie; *~ de vivir,* joie de vivre. 2 Gaieté: *se le ha acabado la ~,* il a perdu sa gaieté. 3 Sésame m. (plante).

alegrón [aleɣrón] m. 1 Joie f. vive.

alejar [alexár] tr. 1 Éloigner. 2 Écarter. ■ 3 pr. S'éloigner.

alelar [alelár] tr. Hébéter.

alelí [aleli] m. Giroflée f.

aleluya [alelúja] m.-f. 1 Alléluia m. (canto religioso). ■ 2 m. Temps de Pâques.

alentar [alentár] [27] intr. 1 Respirer. 2 Encourager, animer. ■ 3 pr. Reprendre courage (reponerse).

alergia [alérxja] f. Allergie.

alero [aléro] m. Avant-toit.

alerta [alérta] adv. 1 En éveil, sur ses gardes, sur le qui-vive. Loc. *Estar ojo ~,* avoir l'œil aux aguets, être sur le quivive; *estar ~,* se tenir en éveil. ■ 2 m. Alerte f., alarme f. 3 interj. Alerte!

aleta [aléta] f. 1 Ailette (de torpedo). 2 Nageoire (de pez). 3 Aile (de nariz, de coche). 4 Palme (para nadar).

aletargar [aletarɣár] [7] tr. 1 Faire tomber en léthargie. ■ 2 pr. Tomber en léthargie.

aletear [aleteár] intr. 1 Battre des ailes (ave). 2 Agiter les nageoires (pez).

alevosía [aleβosía] f. 1 Perfidie, traîtrise. 2 loc. adv. *Con ~,* traîtreusement.

alfa [álfa] f. Alpha m. (letra griega).

alfabeto [alfaβéto] m. Alphabet.

alfalfa [alfálfa] f. Luzerne.

alfanumérico, -ca [alfanumériko, -ka] adj. Alphanumérique.

alfarería [alfarería] f. Poterie.

alférez [alférez] m. 1 MIL. Sous-lieutenant. 2 MAR. Enseigne (oficial).

alfil [alfil] m. Fou (ajedrez).

alfiler [alfilér] m. 1 Épingle f. Loc. *Ir de veinticinco alfileres,* être tiré, ée à quatre épingles. 2 *~ de París,* pointe f., long clou.

alfombra [alfómbra] f. 1 Tapis m. 2 fig. Tapis m. (de flores, etc.).

alga [álɣa] f. Algue.

álgebra [álxeβra] f. 1 Algèbre. 2 ant. Art m. de remboîter les os.

álgido, -da [álxiðo, -ða] adj. Algide.

algo [álɣo] pron. indef. 1 Quelque chose. 2 Un peu (un poco). 3 Loc. *~ así como,* quelque chose comme; *por ~ será,* il y a certainement une raison. ■ 4 adv. Un peu, quelque peu.

algodón [alɣoðón] m. 1 Coton: *~ hidrófilo,* coton hydrophile. Loc. fig. *Criado entre algodones,* élevé dans du coton. 2 Cotonnier (arbusto). 3 Barbe f. à papa (golosina).

algoritmo [alɣorítmo] m. Algorithme.

alguacil [alɣwaθíl] m. 1 Alguazil. 2 Huissier à verge.

alguien [álɣjen] pron. indef. Quelqu'un.

algún [alɣún] adj. 1 Forme apocopée de *alguno.* Ne s'emploie que devant un substantif m. sing. *~ día,* un jour; *~ tiempo,* quelque temps. ■ 2 loc. adv. *~ tanto,* un peu, quelque peu.

alguno, -na [alɣúno, -na] adj. 1 Quelque: *algunas personas,* quelques personnes; un peu de (un poco de). 2 loc. adj. *~ que otro,* quelques, un petit nombre. 3 Placé après le nom, il prend un sens négatif: *No... ~,* aucun (ninguno); *en parte alguna,* nulle part; *sin valor ~,* sans aucune valeur. ■ 4 pron. indef. Quelqu'un (alguien).

alhaja [aláxa] f. 1 Bijou m. (joya). 2 Meuble m., objet m. précieux. 3 fig. Joyau m. (objeto), perle (persona).

alhelí [aleli] m. Giroflée f.

alianza [aljánθa] f. Alliance.

aliar [aliár] [13] tr. Allier, liguer.

alias [áljas] adv. Alias, surnommé, ée, dit.

alicatado, -da [alicatáðo, -ða] adj. Carrelé, -ée: *cuarto de baño ~,* salle de bains carrelée.

alicates [alikátes] m. pl. Pince f. sing.

aliciente [aliθjénte] m. 1 Attrait, intérêt. 2 Stimulant.

alienación [alienaθjón] f. Aliénation.

aliento [aljénto] m. 1 Haleine f.: *mal ~,* mauvaise haleine. 2 Souffle, respiration f.: *el último ~,* le dernier souffle. 3 fig. Courage, énergie f., vigueur f.

aligerar [alixerár] tr. 1 Alléger (hacer más ligero). 2 Accélérer, hâter: *~ el paso,* accélérer le pas. ■ 3 intr.-pr. Se dépêcher (darse prisa). ■ 4 pr. *Aligerarse de ropa,* s'habiller plus légèrement.

alijo [alixo] m. 1 MAR. Déchargement. 2 Contrebande f., marchandises f. pl. de contrebande.

alimaña [alimáɲa] f. 1 Animal m., bête. 2 Bête nuisible.

alimentación [alimentaθjón] f. Alimentation.

alimentar [alimentár] *tr.* 1 Alimenter. ■ 2 *pr.* S'alimenter, se nourrir *(de, con,* de).

alimento [aliménto] *m.* Aliment, nourriture *f.*

alindar [alindár] *tr.* 1 Borner (un terreno). 2 Embellir. ■ 3 *intr. Alindar con,* être contigu, uë à.

alinear [alineár] *tr.* Aligner.

aliñar [aliɲár] *tr.* 1 Apprêter, orner (adornar), arranger (componer). 2 COC. Assaisonner.

alisar [alisár] *tr.* 1 Lisser (pulir). 2 Peigner légèrement (el pelo).

alisios [alísjos] *adj.-pl. Vientos* ~, vents alizés.

alistar [alistár] *tr.* 1 Recruter, enrôler (soldados, etc.). 2 Inscrire sur une liste. 3 Embrigader (para algún fin). 4 Préparer, disposer (disponer). ■ 5 *pr.* S'enrôler.

aliviar [aliβjár] [12] *tr.* 1 Alléger, soulager (de un peso). 2 fig. Soulager. 3 fig. Adoucir, calmer. ■ 4 *pr.* Se soulager. 5 Aller mieux (un enfermo).

aljibe [alxíβe] *m.* Citerne *f.*

allá [aʎá] *adv.* 1 Là, là-bas (lugar). Loc. ~ *se las haya,* qu'il s'arrange comme il pourra; ~ *tú,* c'est ton affaire, tant pis pour toi.

allanar [aʎanár] *tr.* 1 Aplanir (terreno, dificultad). 2 Pacifier, soumettre. 3 Violer (un domicilio). ■ 4 *pr.* Se soumettre, se plier.

allegado, -da [aʎeɣáðo, -ða] *adj.* 1 Voisin, ine. ■ 2 *adj.-s.* Parent, ente, proche. 3 Partisan (partidario).

allí [aʎí] *adv.* 1 Là (par opposition à ici); *aquí y* ~, ici et là; y: *voy* ~, j'y vais. 2 Alors (entonces). Loc. ~ *fue Troya,* alors les choses se sont gâtées.

alma [álma] *f.* 1 Âme. Loc. fig. ~ *de cántaro,* brute; ~ *de Dios,* brave homme; ~ *en pena,* âme en peine; ~ *viviente,* âme qui vive; *caérsele a uno el* ~ *a los pies,* se décourager; *llegar al* ~, aller droit au cœur; 2 Âme: *el* ~ *de la rebelión,* l'âme du soulèvement. 3 *loc. adv. Con toda el* ~, *con el* ~ *y la vida,* de tout cœur, de grand cœur.

almacén [almaθén] *m.* Magasin.

almacenar [almaθenár] *tr.* Emmagasiner.

almadraba [almaðráβa] *f.* 1 Pêche aux thons. 2 Madrague (red).

almanaque [almanáke] *m.* Almanach.

almazara [almaθára] *f.* Moulin *m.* à huile.

almeja [almɛ́xa] *f.* Clovisse.

almenar [almenár] *tr.* ARQ. Créneler.

almendra [almɛ́ndra] *f.* 1 Amande. 2 ~ *garrapiñada,* praline.

almendro [almɛ́ndro] *m.* Amandier.

almíbar [almíβar] *m.* Sirop: *melocotones en* ~, pêches au sirop.

almidón [almiðón] *m.* Amidon.

almidonar [almiðonár] *tr.* 1 Amidonner.

almirante [almiránte] *m.* Amiral.

almirez [almiréθ] *m.* Mortier.

almizcle [almíθkle] *m.* Musc.

almohada [alomáða] *f.* 1 Oreiller *m.* (de cama). Loc. *Consultar con la* ~, réfléchir longuement avant de prendre une décision. 2 Taie d'oreiller (funda). 3 Coussin *m.* (cojín).

almohadilla [almoaðíʎa] *f.* 1 Coussinet *m.* (de costura). 2 Panneau *m.* (de arreos). 3 Tampon *m.* encreur. 4 ARQ. Bossage *m.*

almoneda [almonéða] *f.* 1 Encan *m.,* vente aux enchères (subasta). 2 Soldes *m. pl.*

almorranas [almořánas] *f. pl.* Hémorroïdes.

almorzar [almorθár] [50] *intr.* 1 Déjeuner. ■ 2 *tr.* Manger au déjeuner, déjeuner de.

almuerzo [almwɛ́rθo] *m.* Déjeuner.

alocado, -da [alokáðo, -ða] *adj.* 1 Étourdi, ie. 2 Irréfléchi, ie (acción).

alocución [alokuθjón] *f.* Allocution.

alojar [aloxár] *tr.* 1 Loger, héberger. 2 Loger (meter). ■ 3 *intr.-pr.* Loger, se loger.

alondra [alóndra] *f.* Alouette.

alpaca [alpáka] *f.* 1 Alpaga *m.* (animal). 2 Maillechort *m.,* métal *m.* blanc.

alpargata [alparɣáta] *f.* Espadrille.

alpinismo [alpinizmo] *m.* Alpinisme.

alpino, -na [alpíno, -na] *adj.* Alpin, ine.

alpiste [alpíste] *m.* Alpiste (planta).

alquería [alkeria] *f.* Ferme, métairie.

alquilar [alkilár] *tr.* Louer: *piso por* ~, appartement à louer; *se alquila,* à louer.

alquiler [alkilér] 1 Location *f.* (piso, etc.): *coche de* ~, voiture en location. 2 Loyer (precio).

alrededor [alřeðeðór] *adv.* 1 Autour: *a nuestro* ~, autour de nous. 2 ~ *de,* autour de, environ, à peu près: ~ *de un millón,* autour d'un million. ■ 3 *m. pl.* Alentours, environs: *los alrededores de Bilbao,* les environs de Bilbao.

alta [álta] *f.* 1 ant. Danse. 2 Déclaration de guérison, bulletin *m.* de sortie (de un enfermo): *dar de* ~ *a,* donner son bulletin de sortie à. 3 Incorporation, réincorporation (de un militar).

altar [altár] *m.* Autel: ~ *mayor,* maître-autel.

altavoz [altaβóθ] *m.* Haut-parleur.

alterar [alterár] *tr.* **1** Altérer. **2** Troubler, émouvoir (emocionar). **3** Perturber (trastornar). **4** Mettre en colère, irriter (enojar).

altercar [alterkár] [1] *intr.* Se disputer.

alternar [alternár] *tr.* **1** Faire alterner. **2** AGR. Alterner (los cultivos). ■ **3** *intr.* Alterner. **4** Fréquenter, avoir des relations: ~ *con sus vecinos,* fréquenter ses voisins. ■ **5** *pr.* Se relayer.

alternativo, -va [alternatíβo, -βa] *adj.* **1** Alternatif, -ive. ■ **2** *f.* Alternative.

alteza [altéθa] *f.* **1** Élévation, hauteur, sublimité. **2** Altesse (título).

altillo [altíʎo] *m.* **1** Tertre, coteau. **2** Galetas, grenier (desván), entresol (entresuelo).

altitud [altitúð] *f.* Altitude.

altivo, -va [altíβo, -βa] *adj.* Altier, ière, hautain, aine.

alto, -ta [álto, -ta] *adj.* **1** Haut, haute, élevé, ée. Loc. *Pasar por* ~, passer sur, omettre, taire; *esto me había pasado por* ~, cela m'avait échappé. **2** Grand, grande (de gran estatura). **3** Avancé, ée; *a altas horas de la noche,* à une heure avancée de la nuit. ■ **4** *adv.* Haut: *hablar* ~, parler haut. ■ **5** *m.* Haut, hauteur *f.* (dimensión). **6** Étage élevé (piso). **7** *interj.* Halte!: *¡Alto ahí!,* Halte-là!

altruismo [altrwízmo] *m.* Altruisme.

altura [altúra] *f.* **1** Hauteur (dimensión, elevación moral).

alubia [alúβia] *f.* Haricot *m.*

alucinación [aluθinaθjòn] *f.* Hallucination.

alucinógeno, -na [aluθinóxeno, -na] *adj.* Hallucinogène.

alud [alúð] *m.* Avalanche *f.*

aludir [aluðir] *tr.* **1** Faire allusion. **2** Faire mention de (en un discurso).

alumbrar [alumbrár] *intr.* **1** Éclairer (dar luz). **2** Accoucher, enfanter (parir). **3** *tr.* Éclairer. ■ **4** *pr.* fam. Se griser, s'enivrer.

aluminio [aluminjo] *m.* Aluminium.

alumno, -na [alúmno, -na] *s.* Élève.

alusión [alusjòn] *f.* Allusion.

aluvión [aluβjòn] *m.* **1** Alluvion. **2** fig. Avalanche (de personas o cosas).

alza [álθa] *f.* **1** Hausse (de los precios, de un arma de fuego). **2** Vanne (de esclusa, etc.).

alzar [alθár] [4] *tr.* **1** Lever, élever. Loc. ~ *la mano a uno,* lever la main sur quelqu'un; ~ *el vuelo,* prendre son vol. **2** Soulever: *el viento alzaba remolinos de*

polvo, le vent soulevait des tourbillons de poussière. **3** Relever (poner de pie). **4** Hausser (la voz, los precios). **5** IMPR. Assembler. **6** Soulever, ameuter (sublevar). ■ **7** *tr.-intr.* LITURG. Élever (la hostia, el cáliz): *al* ~, à l'élévation.

ama [áma] *f.* **1** Maîtresse de maison. **2** Gouvernante (de un soltero). Loc. ~ *de llaves,* femme de charge. **3** Nourrice (nodriza).

amable [amáβle] *adj.* Aimable *(a, con, para,* avec).

amado, -da [amáðo, -ða] *adj.-s.* Bien-aimé, ée.

amadrinar [amaðrinár] *tr.* **1** Accoupler par le mors (dos caballos). **2** Être la marraine de.

amaestrar [amaestrár] *tr.* **1** Exercer, instruire. **2** Dresser (animales).

amagar [amayár] [7] *tr.* **1** Faire le geste, faire mine de (de ejecutar alguna cosa). **2** Esquisser (saludo, sonrisa). **3** Menacer (amenazar). ■ **4** *intr.* Être imminent.

amainar [amaĩnár] *tr.* **1** MAR. Amener (una vela). ■ **2** *intr.* Mollir, faiblir (el viento). **3** fig. Se calmer, se modérer.

amalgama [amalyáma] *f.* Amalgame *m.*

amamantar [amamantár] *tr.* Allaiter.

amanecer [amaneθér] [43] *impers.* **1** Commencer à faire jour. ■ **2** *intr.* Arriver au lever du jour, être à l'aube: *amanecimos en el Escorial,* nous arrivâmes à l'Escurial au lever du jour. **3** Se réveiller le matin (despertar). ■ *m.* Lever du jour.

amanerado, -da [amaneráðo, -ða] *adj.* Maniéré, ée.

amansar [amansár] *tr.* **1** Apprivoiser (animal). **2** fig. Calmer.

amante [amánte] *adj.* **1** Aimant, ante. **2** Ami, amie (de algo); ~ *de las artes,* ami des arts. ■ **3** *s.* Amant, ante. ■ **4** *f.* Maîtresse, amie.

amañar [amapár] *tr.* **1** Arranger adroitement, truquer. ■ **2** *pr.* S'arranger, se débrouiller.

amapola [amapóla] *f.* Coquelicot *m.*

amar [amár] *tr.* Aimer. S'emploie essentiellement dans le style relevé et dans un sens généralement abstrait: ~ *a Dios, a la patria,* aimer Dieu, sa patrie.

amargar [amaryár] [7] *intr.* **1** Avoir un goût amer. ■ **2** *tr.* Donner un goût amer. **3** fig. Rendre amer, ère, aigrir. **4** Attrister, peiner (afligir).

amargo, ga [amáryo, -ya] *adj.* **1** Amer, ère. ■ **2** *m.* Amer (licor).

amarillo, -lla [amariʎo, -ʎa] *adj.-m.* Jaune (color).

amarrar [amařár] *tr.* **1** Amarrer. **2** Attacher (atar).

amasar [amasár] *tr.* **1** Pétrir. **2** Gâcher (mortero, etc.). **3** Masser (dar masajes). **4** Amasser (dinero).

amasijo [amasíxo] *m.* **1** Pâte *f.* (de harina).

amatista [amatísta] *f.* MINER. Améthyste.

ámbar [ámbar] *m.* Ambre.

ambición [ambiθjón] *f.* Ambition.

ambicionar [ambiθjonár] *tr.* Ambitionner.

ambiente [ambjénte] *adj.* **1** Ambiant, ante. ■ **2** *m.* Ambiance *f.,* atmosphère *f.,* climat. **3** Air ambiant. **4** Milieu (medio); *en los ambientes intelectuales,* dans les milieux intellectuels.

ambiguo, -ua [ambíɣwo, -wa] *adj.* Ambigu, uë.

ámbito [ámbɪto] *m.* **1** Contour (de un espacio). **2** Étendue *f.* (extensión). **3** fig. Cadre (campo).

ambivalencia [ambiβalénθja] *f.* Ambivalence.

ambos, -as [ámbos, -as] *adj. pl.* **1** Les deux. ■ **2** *pron. pl.* Tous deux, toutes deux, tous les deux, toutes les deux.

ambulancia [ambulánθja] *f.* **1** Ambulance. **2** Bureau *m.* ambulant (correo).

ambulatorio [ambulatórjo] *m.* Dispensaire, centre de soin de la Sécurité sociale.

amedrentar [ameðrentár], **amedrentar** [ameðrentár] *tr.* Effrayer, intimider.

amén [amén] *adv.* **1** Amen. **2** *loc. adv. En un decir ~,* en un clin d'œil. **3** *loc. prep. ~ de,* excepté, en plus de, outre (además).

amenaza [amenáθa] *f.* Menace.

amenazar [amenaθár] [4] *tr.-intr.* Menacer *(con,* de).

ameno, -na [améno, -na] *adj.* **1** Amène, agréable (lugar). **2** Agréable.

americano, -na [amerikáno, -na] *adj.-s.* Américain, aine. ■ **2** *f.* Veston *m.*

ametralladora [ametraʎaðóra] *f.* Mitrailleuse.

ametrallar [ametraʎár] *tr.* Mitrailler.

amianto [amjánto] *m.* Amiante.

amiga [amíɣa] *f.* **1** Amie. **2** École de filles.

amigo, -ga [amíɣo, -ɣa] *adj.-s.* **1** Ami, ie. Loc. *~ del alma,* ami très cher; *cara de pocos amigos,* mine rébarbative. ■ **2** *adj.* Porté, ée à, qui aime à, amateur de.

aminorar [aminorár] *tr.* **1** Diminuer, amoindrir. **2** *~ la marcha,* ralentir.

amistad [amistáð] *f.* **1** Amitié (afecto). ■ **2** *pl.* Personnes amies, relations, amis *m.*

amistoso, -sa [amistóso, -sa] *adj.* Amical, ale.

amnistía [amnistía] *f.* Amnistie.

amo [ámo] *m.* **1** Maître: *el ~ de la casa,* le maître de maison. **2** Propriétaire (propietario). **3** Patron (de obreros, empleados).

amodorrarse [amoðořárse] *pr.* S'assoupir.

amojonar [amoxonár] *tr.* Borner.

amolar [amolár] [31] *tr.* **1** Aiguiser, émoudre. **2** fam. Embêter.

amoldar [amoldár] *tr.* **1** Ajuster à un moule, mouler. **2** Adapter, conformer.

amonedar [amoneðár] *tr.* Monnayer.

amonestar [amonestár] *tr.* **1** Admonester. **2** Publier les bans (de boda).

amoníaco, -ca [amoníako, -ka] *adj.* Ammoniac, que: *sal amoníaca,* sel ammoniac. ■ **2** *m.* Ammoniaque.

amontillado [amontiʎáðo] *adj.-m.* Sorte de xérès très sec (vino).

amontonar [amontonár] *tr.* **1** Entasser, amonceler. ■ **2** *pr.* S'entasser, se masser (muchedumbre). **3** fig. fam. Se mettre en colère.

amor [amór] *m.* **1** Amour: *el ~ a la patria, al prójimo,* l'amour de la patrie, du prochain. Loc. *~ propio,* amour-propre. **2** *Por ~ de,* pour l'amour de, à cause de, par égard à.

amoral [amorál] *adj.* Amoral, ale.

amordazar [amorðaθár] [4] *tr.* **1** Bâillonner. **2** fig. Museler (hacer callar).

amorfo, -fa [amórfo, -fa] *adj.* Amorphe.

amoroso, -sa [amoróso, -sa] *adj.* **1** Amoureux, euse. **2** Affectueux, euse, tendre (cariñoso). **3** fig. Facile à travailler (tierra).

amortajar [amortaxár] *tr.* Ensevelir, mettre dans un linceul.

amortiguador, -ra [amortiɣwaðór, -ra] *adj.* **1** Qui amortit. ■ **2** *m.* MEC. Amortisseur.

amortizar [amortiθár] [4] *tr.* Amortir: *~ una deuda,* amortir une dette.

amotinar [amotinár] *tr.* **1** Ameuter. ■ **2** *pr.* Se soulever, se mutiner.

amparar [amparár] *tr.* **1** Protéger, défendre. **2** *pr.* S'appuyer sur la faveur, la protection de. **3** Se réfugier, s'abriter: *ampararse en una ley,* s'abriter derrière une loi.

amperio [ampérjo] *m.* FIS. Ampère.

ampliar [ampliár] [13] *tr.* **1** Élargir (ensanchar), agrandir (un local, una foto). **2**

Augmenter (un número). **3** Développer (un negocio, una explicación).

amplificar [amplifikár] [1] *tr.* Amplifier (el sonido), agrandir (ampliar).

amplio, -ia [ámpljo, -ja] *adj.* **1** Ample (prenda de vestir). **2** Vaste, étendu, ue (extenso). **3** fig. Large (espíritu, etc.): *en el sentido más ~ de la palabra,* au sens le plus large du mot.

ampolla [ampóʎa] *f.* **1** Ampoule (en la piel). **2** Ampoule (vasija). **3** Bulle d'air (burbuja).

ampuloso, -sa [ampulóso, -sa] *adj.* **1** Ampoulé, ée. **2** Emphatique (orador, escritor).

amputar [amputár] *tr.* Amputer.

amueblar [amweβlár] *tr.* Meubler.

amuleto [amuléto] *m.* Amulette *f.*

amurallar [amuraʎár] *tr.* Entourer de murailles.

anacrónico, -ca [anakróniko, -ka] *adj.* Anachronique.

anagrama [anaɣráma] *m.* Anagramme *f.*

anal [anál] *adj.* Anal, ale.

anales [análes] *m. pl.* Annales *f.*

analfabetismo [analfaβetizmo] *m.* Analphabétisme.

analfabeto, -ta [analfaβéto, -ta] *adj.-s.* Analphabète, illettré, ée.

analgesia [analxésja] *f.* MED. Analgésie, analgie.

analgésico, -ca [analxésiko, -ka] *adj.* Analgésique.

análisis [análisis] *m.* Analyse *f.*

analista [analista] *m.* **1** Analyste. **2** Annaliste (autor de anales).

analizar [analiθár] [4] *tr.* Analyser.

analogía [analoxía] *f.* Analogie.

análogo, -ga [análoɣo, -ɣa] *adj.* Analogue.

anaquel [anakél] *m.* Rayon, étagère *f.*

anaranjado, -da [anaranxáðo, -ða] *adj.-m.* **1** Orangé, ée. ■ **2** *m.* Orange, orangé.

anarco, -ca [anarko, -ka] *adj.* pop. Anar.

anarquía [anarkía] *f.* Anarchie.

anarquismo [anarkizmo] *m.* Anarchisme.

anarquista [anarkista] *s.* Anarchiste.

anatema [anatèma] *m.-f.* Anathème *m.*

anca [áŋka] *f.* **1** Croupe (del caballo): *llevar a ancas,* porter en croupe. **2** Fesse (nalga).

ancho,´-cha [ántʃo, -tʃa] *adj.* **1** Large. Loc. fig. *Venirle ~ a uno un cargo, etc.,* ne pas être de taille à remplir les devoirs d'une charge, etc. **2** loc. adv. *A mis, a tus, a sus anchas,* à mon, à ton, à son aise ■ **3** *m.* Largeur *f.*

anchoa [antʃóa] *f.* Anchois *m.: filets de ~,* filets d'anchois.

anciano, -na [anθjáno, -na] *adj.* **1** Âgé, ée, vieux, vieille. ■ **2** *m.* Vieillard, vieil homme. ■ **3** *f.* Vieille femme (mujer).

ancla [áŋkla] *f.* MAR. Ancre.

anclaje [anklάxe] *m.* Ancrage, mouillage, droit de mouillage.

anclar [aŋklár] *intr.* MAR. Ancrer, mouiller l'ancre.

andaluz, -za [andaluθ, -θa] *adj.-s.* Andalou, ouse.

andamiaje [andamjάxe] *m.* Échafaudage.

andamio [andάmjo] *m.* **1** CONSTR. Échafaudage. **2** Estrade *f.* (tablado).

andanada [andanáða] *f.* **1** MAR. Bordée (descarga). **2** fig. Verte réprimande: *soltar a uno una ~,* réprimander quelqu'un sévèrement. **3** TAUROM. Série de gradins couverts.

andante [andánte] *adv.-m.* **1** MÚS. Andante. ■ **2** *adj.* Caballero *~,* chevalier errant.

andanza [andánθa] *f.* **1** Aventure. **2** *Buena, mala ~,* bonne, mauvaise fortune.

andar [andár] *m.* **1** Marche *f.* (acción). **2** Démarche *f.* (modo de andar).

andar [andár] [64] *intr.* **1** Marcher (moverse, funcionar). **2** S'écouler (el tiempo). **3** Être (estar); *~ bien vestido,* être bien habillé; *anda muy atareado,* il est très affairé; *los pareceres andaban muy divididos,* les avis étaient très partagés. **4** S'occuper de, avoir, être en: *~ en negocios,* s'occuper d'affaires; *~ en tratos,* être en pourparlers. **5** Se battre (a puñetazos, etc.). **6** Fouiller, manier: *~ en un cajón,* fouiller dans un tiroir. Loc. *~ con pólvora,* jouer avec la poudre. **7** Être en train de (con el gerundio): *anda escribiendo una novela,* il est en train d'écrire un roman, il écrit un roman (ne se traduit souvent pas: *~ buscando,* chercher). **8** Hanter, fréquenter: *dime con quién andas y te diré quién eres,* dis-moi qui tu hantes et je te dirai qui tu es. **9** Aller: *~ por los treinta años,* aller sur ses trente ans. **10** Aller, se porter: *¿qué tal anda el enfermo?,* comment va le malade? ■ **11** *tr.* Parcourir (recorrer). ■ **12** *pr.* Andarse *con,* user de, employer, faire: *andarse con ceremonias,* faire des cérémonies. Loc. *No andarse con rodeos,* ne pas y aller par quatre chemins. **13** *interj.* *¡Anda!,* va!, allons! (para animar), allons donc! (incredulidad). **14** *¡Andando!,* en avant!

andarín, -ina [andarin, -ina] *adj.-s.* Bon marcheur, bonne marcheuse.

andén [andén] *m.* **1** Quai (en una estación). **2** Trottoir (acera). **3** Parapet.

andino, -na [andino, -na] *adj.* Des Andes.

andrajoso, -sa [andraxóso, -sa] *adj.* Déguenillé, ée, loqueteux, euse.

anécdota [anéɣðota] *f.* Anecdote.

anegar [aneɣár] [7] *tr.* **1** Inonder (un terreno). **2** Noyer (ahogar). ▪ **3** *pr.* Se noyer. Loc. fig. *Anegarse en llanto,* fondre en larmes.

anejo, -ja [anèxo, -xa] *adj.* **1** Annexe. ▪ **2** *m.* Annexe *f.*

anemia [anémja] *f.* Anémie.

anestesia [anestésja] *f.* Anesthésie.

anestesiar [anestesjár] [12] *tr.* Anesthésier.

anexión [aneɣsjón] *f.* Annexion.

anexo, -xa [ané(ɣ)so, (ɣ)sa] *adj.* **1** Annexe. ▪ **2** *m.* Annexe *f.*

anfibio [amfiβjo] *adj.* **1** Amphibie. ▪ **2** *m. pl.* ZOOL. Amphibiens.

anfiteatro [aɣteátro] *m.* Amphithéâtre.

anfitrión [aɣtrjón] *m.* Amphitryon.

ánfora [áɱfora] *f.* Amphore.

ángel [áɳxel] *m.* Ange: ~ *caído,* ange déchu; ~ *custodio, de la guarda,* ange gardien. Loc. fam. *Tener* ~, avoir du charme, être sympathique.

angelical [aɳxelikál], **angélico, -ca** [aɳxé-liko, -ka] *adj.* Angélique.

angina [aɳxina] *f.* Angine.

anglicano, -na [aɳglikáno, -na] *adj.-s.* Anglican, ane.

anglicismo [aɳgliθizmo] *m.* Anglicisme.

anglosajón, -ona [aɳglosaxòn, -óna] *adj.-s.* Anglo-saxon, onne.

angosto, -ta [aɳgósto, -ta] *adj.* Étroit, oite.

anguila [aɳgila] *f.* **1** Anguille. **2** MAR. *Anguila de cabo,* fouet *m.*

angula [aɳgula] *f.* Civelle.

ángulo [áɳgulo] *m.* Angle.

angustiar [aɳgustjár] [12] *tr.* Angoisser, affliger.

anhelar [anelár] *intr.* **1** Haleter (jadear). **2** fig. Aspirer à, désirer avec ardeur.

anidar [aniðár] *intr.* **1** Nicher, faire son nid. ▪ **2** *pr.* Se nicher.

anilina [anilina] *f.* QUÍM. Aniline.

anilla [aniʎa] *f.* **1** Anneau *m.* ▪ **2** *pl.* Anneaux *m.* (de gimnasia).

anillo [aniʎo] *m.* **1** Anneau, bague *f.* (sortija). Loc. *Esto viene como* ~ *al dedo,* cela convient à merveille, tombe à pic. **2** ~ *de boda,* alliance *f.* **3** ~ *de Saturno,* anneau de Saturne.

ánima [ánıma] *f.* **1** Âme (humana). **2** Âme (del Purgatorio): *toque de ánimas,* glas des âmes du Purgatoire. **3** Âme (de un cañón).

animación [animaθjón] *f.* Animation.

animadversión [animaðβersjón] *f.* Animadversion.

animal [animál] *adj.-m.* **1** Animal, ale. ▪ **2** *m.* Animal, bête *f.: animales domésticos,* animaux domestiques. **3** fig. Bête *f.,* brute *f.*

animar [animár] *tr.* **1** Animer. **2** *pr.* Prendre courage. **4** Se décider: *animarse a salir,* se décider à sortir; *¡anímate!,* allez!, décide-toi!

aniquilar [anikilár] *tr.* Annihiler, anéantir.

anís [anis] *m.* **1** Anis. **2** Anisette *f.* (licor).

aniversario, -ia [anißersárjo, -ja] *adj.* Anniversaire.

ano [áno] *m.* Anus.

anoche [anótʃe] *adv.* Hier soir.

anochecer [anotʃeθér] [43] **1** *impers.* Commencer à faire nuit.

anochecer [anotʃeθér] *m.,* **anochecida** [anotʃeθiða] *f.* **1** Crépuscule *m.,* tombée *f.* de la nuit. **2** *loc. adv. Al anochecer,* à la nuit tombante.

anodino, -na [anoðino, -na] *adj.* Anodin, ine.

anomalía [anomalia] *f.* Anomalie.

anonadar [anonaðár] *tr.* Anéantir.

anónimo, -ma [anónımo, -ma] *adj.-m.* **1** Anonyme. ▪ **2** *m.* Lettre *f.* anonyme (carta). **3** Anonymat: *guardar el* ~, garder l'anonymat.

anormal [anormál] *adj.-s.* Anormal, ale: *niños anormales,* enfants anormaux.

anotación [anotaθjón] *f.* Annotation, note.

anotar [anotár] *tr.* **1** Annoter. **2** Noter, prendre note (apuntar). **3** Inscrire.

anquilosar [aɳkilosár] *tr.* **1** Ankyloser. ▪ **2** *pr.* S'ankyloser.

ansia [ánsja] *f.* **1** Angoisse, anxiété (angustia). **2** Affliction. **3** Désir *m.* ardent, soif (anhelo): ~ *de libertad,* soif de liberté.

ansiar [ansjár] [13] *tr.* Convoiter, désirer ardemment.

ansiedad [ansjeðáð] *f.* **1** Anxiété. **2** MED. Angoisse.

antagonismo [antaɣonizmo] *m.* Antagonisme.

antaño [antáno] *adv.* Autrefois, jadis, antan.

antártico, -ca [antártiko, -ka] *adj.* Antarctique.

ante [ánte] *prép.* **1** Devant: ~ *la casa,* devant la maison. Loc. ~ *todo,* avant tout. **2** Par-devant: ~ *notario,* par-devant notaire.

ante [ánte] *m.* **1** Élan. **2** Bubale. **3** Daim (piel).

anteanoche [anteanótʃe] *adv.* Avant-hier au soir.

anteayer [anteayér] *adv.* Avant-hier.

antebrazo [anteβráθo] *m.* Avant-bras.

antecedente [anteθeðénte] *adj.-m.* Antécédent, ente.

antecesor [anteθesór] *adj.-s.* Prédécesseur.

antedicho, -cha [anteðitʃo, -tʃa] *adj.* Qui a été dit auparavant.

antelación [antelaθjón] *f.* Anticipation: *con* ~, à l'avance, par anticipation.

antemano (de) [(de)antemáno] *loc. adv.* D'avance.

antena [anténa] *f.* Antenne.

anteojo [anteóxo] *m.* **1** ÓPT. Lunette *f.* **2** ~ *de larga vista,* longue-vue *f.* ■ **3** *pl.* Lunettes *f.* (lentes). **4** Jumelles *f.* (prismáticos).

antepasado [antepasáðo] *m.* **1** Ancêtre. ■ **2** *pl.* Aïeux, ancêtres.

antepenúltimo, -ma [antepenúltimo, -ma] *adj.* Antépénultième.

anteponer [anteponér] [78] *tr.* **1** Mettre devant. **2** fig. Préférer.

anteproyecto [anteprojéɣto] *m.* Avant-projet.

anterior [anterjór] *adj.* Antérieur, -e, précédent, -e.

anterioridad [anterjoriðáð] *f.* **1** Antériorité. **2** *loc. adv. Con* ~, précédemment, antérieurement.

antes [ántes] *adv.* **1** Avant (marquant priorité de temps, lieu, etc.): *el día* ~, le jour d'avant; ~ *de poco,* avant peu; ~ *que llegue,* avant qu'il n'arrive; *mucho* ~ *que él,* bien avant lui. **2** Auparavant, autrefois. **3** *loc. adv. Antes con* ~, *cuanto* ~, *lo* ~ *posible,* au plus tôt, le plus tôt possible; *de mucho* ~, depuis longtemps. ■ **4** *conj.* Plutôt: ~ *morir que pecar,* plutôt mourir que pécher.

antesala [antesála] *f.* Antichambre.

antibala [antiβála] *adj.* Pare-balles: *chaleco* ~, gilet pare-balles.

antibiótico [antiβjótiko] *m.* Antibiotique.

anticaspa [antikáspa] *adj.* Antipelliculaire.

anticiclón [antiθiklón] *m.* Anticyclone.

anticipación [antiθipaθjón] *f.* Anticipation: *con* ~, d'avance, par anticipation.

anticipar [antiθipár] *tr.* **1** Anticiper, avancer la date de (fecha, plazo). **2** Avancer (dinero). ■ **3** *pr.* Anticiper, devancer, prévenir.

anticipo [antiθipo] *m.* Avance *f.,* acompte: *dar un* ~, faire une avance.

anticlericalismo [antiklerikalizmo] *m.* Anticléricalisme.

anticomunismo [antikomunizmo] *m.* Anticommunisme.

anticonceptivo, -va [antikonθeßtiβo, -ßa] *adj.* **1** Contraceptif, -ive. ■ **2** *m.* Contraceptif.

anticonstitucional [antikonstituθjonál] *adj.* Anticonstitutionnel, -elle.

anticuado, -da [antikwáðo, -ða] *adj.* **1** Vieilli, ie. **2** Démodé, ée (pasado de moda).

anticuario [antikwárjo] *m.* Antiquaire.

anticuerpo [antikwérpo] *m.* Anticorps.

antidepresor [antiðepresór] *m.* Antidépresseur.

antideslizante [antideslizante] *adj.* Antidérapant, -e.

antídoto [antíðoto] *m.* Antidote.

antiestético, -ca [antiestétiko, -ka] *adj.* Inesthétique.

antifaz [antifáθ] *m.* **1** Masque (máscara). **2** Loup (sólo para la frente y los ojos).

antigás [antiɣás] *adj.* À gaz: *máscara* ~, masque à gaz.

antigualla [antiɣwáʎa] *f.* Antiquaille, objet démodé *m.,* vieillerie.

antigüedad [antiɣweðáð] *f.* **1** Ancienneté (en un empleo, un cuerpo). **2** Antiquité. ■ **3** *pl.* Antiquités.

antiguo, -ua [antíɣwo, -wa] *adj.* **1** Ancien, ienne, vieux, vieille. **2** Antique (de la Antigüedad). ■ **3** *m.* Ancien (alumno). **4** *loc. adv. A lo* ~, à l'antique; *de* ~, depuis longtemps. ■ **5** *m. pl.* Anciens.

antiinflamatorio, -ria [antimflamatório, -ria] *adj.* **1** Anti-inflammatoire. **2** *m.* Anti-inflammatoire.

antílope [antílope] *m.* Antilope *f.*

antiniebla [antinjéßla] *adj.* Antibrouillard: *luces* ~, phares antibrouillard.

antioxidante [antjoɣsiðánte] *adj.* Antirouille.

antipatía [antipatia] *f.* Antipathie. Loc. *Coger* ~ *a,* prendre en grippe.

antipático, -ca [antipátiko, -ka] *adj.* Antipathique.

antiquísimo, -ma [antikisimo, -ma] *adj.* Très ancien, ienne.

antirrobo [antiřobo] *m.* Antivol.

antisemitismo [antisemitizmo] *m.* Antisémitisme.

antiséptico, -ca [antiséβtiko, -ka] *adj.-m.* MED. Antiseptique.

antitanque [antitánque] *m.* Antichar.

antítesis [antitesis] *f.* Antithèse.

antojadizo, -za [antoxaðiθo, -θa] *adj.* Capricieux, -euse.

antojarse [antoxárse] *pr.* 1 Avoir envie: *se le antojó salir,* l'envie lui a pris, il a eu envie de sortir. 2 Paraître, sembler avoir dans l'idée: *se me antoja que va a llover,* il me semble qu'il va pleuvoir.

antojo [antóxo] *m.* 1 Désir passager, caprice. Loc. *A su ~,* à sa guise. 2 Envie (de mujer embarazada, mancha).

antología [antoloxía] *f.* Anthologie.

antorcha [antórtʃa] *f.* Torche, flambeau *m.*

antro [ántro] *m.* Antre.

antropofagia [antropofáxia] *f.* Anthropophagie.

antropología [antropoloxía] *f.* Anthropologie.

antropólogo, -ga [antropóloγo, -γa] *s.* Anthropologiste, anthropologue.

anual [anwál] *adj.* Annuel, elle.

anualidad [anwaliðáð] *f.* Annualité, annuité.

anuario [anwárjo] *m.* Annuaire.

anublar [anuβlár] *tr.* 1 Couvrir, obscurcir (el cielo). 2 fig. Obscurcir, ternir. ▪ 3 *pr.* Se couvrir (el cielo). 4 Se dessécher, se faner (plantas).

anudar [anuðár] *tr.* 1 Nouer. 2 fig. Renouer (una cosa interrumpida).

anulación [anulaθjón] *f.* Annulation.

anular [anulár] *tr.* Annuler.

anunciante [anunθjánte] *m.* Annonceur.

anunciar [anunθjár] [12] *tr.* 1 Annoncer. 2 Faire de la publicité pour.

anuncio [anúnθjo] *m.* 1 Annonce *f.* 2 Affiche *f.,* (cartel).

anverso [ambérso] *m.* 1 Avers (de una moneda, una medalla). 2 IMPR. Recto.

anzuelo [anθwélo] *m.* 1 Hameçon. 2 fig. Attrait, appât: *picar en el ~,* mordre à l'hameçon.

añadido [aɲaðiðo] *m.* 1 Cheveux *pl.* postiches, postiche. 2 Ajout (añadidura).

añadir [aɲaðir] *tr.* Ajouter.

añejo, -ja [aɲéxo, -xa] *adj.* Vieux, vieille.

añicos [aɲikos] *m. pl.* Petits morceaux, miettes *f.: hacer ~,* réduire en miettes.

año [aɲo] *m.* 1 Année *f.: ~ civil, escolar,* année civile, scolaire. 2 An: *tiene diez años,* il a dix ans. Loc. *~ nuevo,* nouvel an, nouvelle année, *día de Año Nuevo,* le jour de l'an; *feliz ~ nuevo,* bonne année; *cabo de ~,* anniversaire, bout de l'an. ▪ 2 *pl.* Années *f.: por los años 1600,* dans les années 1600, vers 1600. 3 Âge *sing.: a mis años,* à mon âge. Loc. *Entrado en años,* d'un âge avancé, très âgé.

añorar [aɲorár] *tr.* Regretter.

aorta [aórta] *f.* NAT. Aorte.

apabullar [apaβuʎár] *tr.* 1 fam. Aplatir, écraser. 2 fig. Sidérer, laisser baba.

apacentar [apaθentár] [27] *tr.* 1 Paître, faire paître. 2 fig. Repaître, nourrir (el espíritu, etc.). ▪ 3 *pr.* Paître (el ganado).

apadrinar [apaðrinár] *tr.* 1 Servir de parrain. 2 Servir de témoin (en una boda, un duelo).

apagado, -da [apaγàðo, -ða] *adj.* 1 Morne, faible, sans éclat, éteint, einte. 2 Étouffé, ée (ruido).

apagar [apaγár] [7] *tr.* 1 Éteindre (el fuego, la luz, la cal). 2 fig. Apaiser, calmer (pasiones). 3 Étancher (la sed). 4 PINT. Éteindre, amortir (los colores). ▪ 5 *pr.* S'éteindre: *se apagó la luz,* la lumière s'éteignit.

apaisado, -da [apaīsàðo, -ða] *adj.* Plus large que haut, à l'italienne.

apalear [apaleár] *tr.* 1 Bâtonner, battre. 2 AGR. Gauler (las ramas de los árboles). 3 Pelleter (el grano).

apañar [apaɲár] *tr.* 1 Saisir, prendre (coger). 2 Voler, barboter (hurtar). 3 Arranger (arreglar). 3 Raccommoder (remendar). ▪ 5 *pr.* S'arranger, se débrouiller.

aparador [aparaðór] *m.* 1 Buffet, dressoir. 2 Vitrine *f.* (escaparate).

aparato [aparáto] *m.* 1 Appareil (instrumento). 2 Apparat (ostentación). 3 Appareil (conjunto de órganos).

aparatoso, -sa [aparatóso, -sa] *adj.* 1 Pompeux, euse. 2 Spectaculaire, théâtral, ale.

aparcamiento [aparkamjénto] *m.* 1 Stationnement. 2 Parking, place de stationnement *f.*

aparcar [aparkár] [1] *tr.* 1 Garer: *~ la moto,* garer la moto. ▪ 2 *intr.* Se garer, stationner: *prohibido ~,* défense de stationner.

aparcero, -ra [aparθéro, -ra] *s.* Métayer, ère.

aparear [apareár] *tr.* 1 Appareiller, apparier, accoupler. ▪ 2 *pr.* S'accoupler.

aparecer [apareθér] [43] *intr.* 1 Apparaître, paraître, se montrer. ▪ 2 *pr.* Apparaître.

aparejador [aparexaðòr] *adj.* **1** Préparateur. ■ **2** *m.* Aide d'un architecte.

aparejo [aparéxo] *m.* **1** Préparation *f.,* apprêt. **2** MAR. Gréement, agrès. **3** MEC. Moufle *f.,* palan.

aparentar [aparentàr] *tr.* **1** Feindre, simuler, faire semblant de. **2** Faire: *aparenta unos cincuenta años,* il fait dans les cinquante ans.

apariencia [aparjénθja] *f.* Apparence.

apartado, -da [apartàðo, -ða] *adj.* **1** Écarté, ée, retiré, ée, éloigné, ée. ■ **2** *m.* Boîte *f.* postale (de correos). **3** Paragraphe, alinéa (párrafo).

apartamento [apartaménto] *m.* Petit appartement, appartement.

apartar [apartàr] *tr.* **1** Écarter, éloigner (alejar). **2** Détourner, dissuader. **3** Trier (la lana, etc.). ■ **4** *pr.* S'écarter, s'éloigner. **5** De détourner.

aparte [apàrte] *adv.* **1** À part, de côté, séparément, à l'écart: *dejar* ~, laisser de côté. ■ **2** Alinéa, paragraphe. **3** *Punto y* ~, point à la ligne.

apasionar [apasjonàr] *tr.* **1** Passionner. ■ **2** *pr.* Se passionner.

apatía [apatìa] *f.* Apathie.

apear [apeàr] *tr.* **1** Faire descendre, descendre (d'un cheval, d'une voiture). **2** Entraver (un caballo). ■ **3** *pr.* Descendre. Loc. fig. *Apearse del burro,* reconnaître son erreur.

apechugar [apetʃuɣàr] *intr.* fam. Assumer.

apego [apéɣo] *m.* Attachement, affection *f.* (cariño). Loc. *Tenía mucho* ~ *a su casa,* il était très attaché à sa maison.

apelación [apelaθjòn] *f.* DER. Appel *m.*

apellido [apeʎìðo] *m.* **1** Nom, nom de famille: *el nombre y el* ~, le prénom et le nom. **2** Surnom (apodo).

apelmazar [apelmaθàr] [4] *tr.* **1** Tasser, rendre dur, dure, compact, acte. **2** Feutrer (la lana).

apenas [apénas] *adv.* **1** À peine. **2** ~ *...cuando,* à peine... que. **3** ~ *si...,* c'est à peine si...

apéndice [apéndiθe] *m.* Appendice.

apercibir [aperθiβìr] *tr.* **1** Apprêter, préparer, disposer. **2** Admonester (advertir). **3** DER. Sommer, avertir. ■ **4** *pr.* Se préparer.

aperitivo, -va [aperitìβo, -βa] *adj.-m.* Apéritif, ive.

apero [apéro] *m.* **1** Bêtes *f. pl.* de labeur d'une ferme. ■ **2** *pl.* Outils, machines *f.* (para la agricultura).

apertura [apertùra] *f.* **1** Ouverture (ac-

ción). **2** Percement *m.* (de una calle). **3** ~ *de curso,* rentrée des classes.

apesadumbrar [apesaðumbràr], **apesarar** [apesaràr] *tr.* Chagriner, attrister.

apestar [apestàr] *tr.* **1** Empester. **2** Ennuyer, assommer (fastidiar). ■ **3** *intr.* Puer, empester.

apetecer [apeteθèr] [43] *tr.* **1** Désirer, convoiter. ■ **2** *intr.* Plaire, faire envie, avoir envie: *no me apetece salir esta noche,* ça ne me fait pas envie, je n'ai pas envie de sortir ce soir.

apetito [apetìto] *m.* Appétit.

apiadar [apjaðàr] *tr.* **1** Apitoyer. ■ **2** *pr.* Avoir pitié: *apiádate de nosotros,* aie pitié de nous.

ápice [àpiθe] *m.* **1** Extrémité *f.,* pointe *f.* **2** Partie *f.* très petite, rien: *no falta un* ~, il n'y manque rien.

apicultor, -ra [apikultòr, -ra] *s.* Apiculteur, trice.

apicultura [apikultùra] *f.* Apiculture.

apilar [apilàr], **apilonar** [apilonàr] *tr.* Empiler.

apiñado, -da [apiɲàðo, -ða] *adj.* Entassé, ée, serré, ée.

apio [àpjo] *m.* Céleri.

apisonar [apisonàr] *tr.* Tasser, damer (el suelo).

aplacar [aplakàr] [1] *tr.* Calmer, apaiser.

aplanar [aplanàr] *tr.* **1** Aplanir. **2** fig. fam. Abattre, accabler.

aplastar [aplastàr] *tr.* **1** Aplatir. **2** fig. Écraser (vencer). **3** fig. Confondre, anéantir (abatir).

aplauso [aplàuso] *m.* **1** Applaudissement. **2** Approbation *f.,* éloge.

aplazar [aplaθàr] [4] *tr.* Ajourner, différer.

aplicar [aplikàr] [1] *tr.* **1** Appliquer. **2** Destiner, affecter (a un uso). ■ **3** *pr.* S'appliquer. **4** Être destiné, ée.

aplique [aplíke] *f.* Applique.

aplomo [aplòmo] *m.* **1** Aplomb. **2** Gravité *f.,* circonspection *f.,* sérieux.

apocalipsis [apokalìβsis] *m.* Apocalypse *f.*

apocar [apokàr] [1] *tr.* **1** Diminuer, amoindrir. ■ **2** *pr.* S'humilier. **3** S'effrayer.

apócope [apókope] *f.* Apocope.

apodar [apodàr] *tr.* Donner un sobriquet à, surnommer.

apoderado, -da [apoðeràðo, -ða] *s.* Fondé, ée de pouvoirs.

apoderar [apoðeràr] *tr.* **1** Charger de pouvoirs. ■ **2** *pr.* S'emparer, se saisir, se rendre maître.

apogeo [apoxèo] *m.* **1** Apogée. **2** fig. Apogée. *loc. prep.* **En el ~ de,** à l'apogée de.

apolillar [apoliʎár] *tr.* **1** Manger, piquer (hablando de la polilla). ■ **2** *pr.* Être mangé, ée par les mites (la ropa).

apología [apoloxia] *f.* Apologie.

apoplejía [apoplexia] *f.* MED. Apoplexie.

aporrear [apořeár] *tr.* **1** Frapper, donner des coups à, cogner. **2** Assommer, ennuyer. ■ **3** *pr.* Se fatiguer, travailler beaucoup.

aportar [aportár] *intr.* **1** MAR. Aborder. ■ **2** *tr.* Apporter (bienes, fondos). **3** Fournir (proporcionar).

aposento [aposénto] *m.* **1** Logement, hébergement (hospedaje). **2** Chambre *f.,* pièce *f.* (habitación).

aposición [aposiθjón] *f.* GRAM. Apposition.

apósito [apósito] *m.* Pansement.

apostar [apostár] [31] *tr.* **1** Parier, gager: *apuesto a que,* je parie que. **2** Poster (colocar a una o más personas). ■ **3** *pr.* Parier: ¿qué te apuestas a que...?, qu'est-ce que tu paries que...?

apostilla [apostiʎa] *f.* Apostille.

apóstol [apóstol] *m.* Apôtre.

apostolado [apostoláðo] *m.* Apostolat.

apóstrofe [apóstrofe] *m.* Apostrophe *f.*

apóstrofo [apóstrofo] *m.* GRAM. Apostrophe *f.*

apoteosis [apoteósis] *f.* Apothéose.

apoyar [apoyár] *tr.* **1** Appuyer. ■ **2** *pr.* S'appuyer, reposer (en, sur).

apreciación [apreθjaθjón] *f.* Appréciation.

apreciar [apreθjár] [12] *tr.* Apprécier.

aprehender [apreendér] *tr.* **1** Appréhender, saisir. **2** Saisir par l'esprit.

apremiar [apremjár] [12] *tr.* **1** Presser, contraindre. ■ **2** *intr.* Presser (urgir).

aprender [aprendér] *tr.* Apprendre: *aprendió el inglés en Londres,* il a appris l'anglais à Londres.

aprendiz, -za [aprendiθ, -θa] *s.* Apprenti, ie.

aprendizaje [aprendiθáxe] *m.* Apprentissage.

aprensión [aprensjón] *f.* **1** Appréhension (miedo). **2** Scrupule *m.*

apresar [apresár] *tr.* Saisir, prendre, capturer.

apresurar [apresurár] *tr.* **1** Hâter, presser. ■ **2** *pr.* Se hâter, s'empresser: *apresurarse a,* se hâter de.

apretar [apretár] [27] *tr.* **1** Serrer: ~ *los*

dientes, serrer les dents. **2** Étreindre, serrer: ~ *contra el pecho,* serrer contre sa poitrine. **3** Presser (comprimir). Loc. fig. ~ *los tornillos a uno,* serrer la vis à quelqu'un. **4** fig. Presser, harceler (acosar). **5** Appuyer sur (un botón, el gatillo, etc.). ■ **6** *intr.* Redoubler (hablando de la lluvia, etc.). ■ **7** *pr.* Se serrer. **8** *interj.* ¡*Aprieta!,* allons donc!

apretón [apretón] *m.* **1** Étreinte *f.,* serrement. Loc. *Un ~ de manos,* une poignée *f.* de main. **2** Effort violent.

apretujar [apretuxár] *tr.* Presser, serrer fortement.

aprieto [aprjéto] *m.* Embarras, situation *f.* difficile, gêne *f.* Loc. *Salir de ~,* se tirer d'embarras, d'affaire.

aprisa [aprisa] *adv.* Vite.

aprisionar [aprisjonár] *tr.* **1** Emprisonner. **2** Mettre les fers (poner grillos). **3** fig. Enchaîner, retenir.

aprobar [aproβár] [31] *tr.* **1** Approuver. **2** Recevoir, admettre (en un examen). **3** Passer avec succès (un examen).

aprontar [aprontár] *tr.* **1** Disposer promptement. **2** Verser, payer aussitôt (dinero).

apropiar [apropjár] [12] *tr.* **1** Approprier, adapter. ■ **2** *pr.* S'approprier.

aprovechar [aproβetʃár] *tr.* **1** Utiliser, bien employer, profiter de: ~ *la ocasión,* profiter de l'occasion. ■ **2** *intr.* Profiter, être utile, servir. Loc. *¡Que aproveche!,* bon appétit! ■ **3** *intr.-pr.* En profiter. ■ **4** *pr.* Tirer parti, profiter.

aproximar [aproņɣœsimár] *tr.* **1** Approcher. ■ **2** *pr.* Approcher: *se aproximan las fiestas,* les fêtes approchent. **3** *Aproximarse a,* s'approcher de.

apto, -ta [áβto, -ta] *adj.* **1** Apte (*para,* à). **2** Propre à. **3** ~ *para el servicio militar,* bon pour le service militaire.

apuesta [apwésta] *f.* Pari *m.*

apuntalar [apuntalár] *tr.* Étayer, étançonner.

apuntar [apuntár] *tr.* **1** Pointer, braquer. **2** Viser: ~ *el blanco,* viser le but. **3** Montrer du doigt, indiquer (señalar). **4** Noter, prendre note (anotar). **5** Marquer d'un point. **6** PINT. Esquisser. **7** Indiquer en peu de mots, faire remarquer. **8** Souffler (a un actor, un alumno, etc.). ■ **9** *intr.* Poindre (el día). **10** Commencer à pousser (la barba). ■ **11** *pr.* S'inscrire (en una lista).

apunte [apúnte] *m.* **1** Note *f.: tomar apuntes,* prendre des notes.

apuñalar [apuɲalár] *tr.* Poignarder.

apurar [apurár] *tr.* **1** Épurer, purifier. **2** Épuiser. Loc. ~ *la paciencia,* faire perdre patience. **3** Pousser à bout. **4** Inquiéter, affliger. ▪ **5** *pr.* S'inquiéter, s'en faire: *no se apura por nada,* il ne s'en fait pas du tout. **8** amer. Se dépêcher (darse prisa).

aquel [akél], **aquella** [akéʎa], **aquellos** [akéʎos], **aquellas** [akéʎas] *adj. dem.* Ce, cet... là (delante de un substantivo masculino que empiece por vocal o *h* muda), cette... là, ces... là: *aquel libro,* ce livre là; *aquellas casas,* ces maisons là.

aquél [akél], **aquélla** [akéʎa], **aquéllos** [akéʎos], **aquéllas** [akéʎas] *pron. dem.* Celui-là, celle-là, ceux-là, celles-là.

aquello [akéʎo] *pron. dem.* Cela (en parlant d'une chose éloignée).

aquí [aki] *adv.* **1** Ici: ~ *cerca,* près d'ici. **2** Là: ~ *y allá,* ça et là. **3** Ci: ~ *yace,* ci-gît. **4** *He* ~, voici; ~ *estoy,* me voilà. **5** Maintenant, à présent. **6** *loc. adv. de* ~ *en adelante,* dorénavant, désormais.

aquietar [akjetár] *tr.* Apaiser, tranquilliser.

ara [ára] *f.* **1** Autel *m.* **2** Pierre d'autel. **3** *loc. prep.* **En aras de,** au nom de.

árabe [áraβe] *adj.-s.* Arabe.

arabesco, -ca [araβésko, -ka] *adj.* **1** Arabesque. ▪ **2** *m.* Arabesque *f.*

arábigo, -ga [aráβiɣo, -ɣa] *adj.* **1** Arabique (goma). **2** *Cifras arábigas,* chiffres arabes. ▪ **3** *m.* Arabe (idioma).

arado [aráðo] *m.* **1** Charrue *f.* **2** Labour à la charrue (labor).

aragonés, -esa [araɣonés, -ésa] *adj.-s.* Aragonais, aise.

arancel [aranθél] *m.* Tarif douanier.

arandela [arandéla] *f.* **1** Bobêche. **2** MEC. Rondelle.

araña [áraɲa] *f.* **1** Araignée. **2** Lustre *m.* (lámpara).

arañar [arapár] *tr.* Griffer (con las uñas).

arañazo [arapáθo] *m.* **1** Coup de griffe. **2** Égratignure *f.* (herida).

arar [arár] *tr.* AGR. Labourer.

arbitral [arβitrál] *adj.* Arbitral, ale.

arbitrar [arβitrár] *tr.* Arbitrer.

arbitrariedad [arβitrarjeðáð] *f.* Procédé *m.* arbitraire.

arbitrario, -ria [arβitrarjo, -rja] *adj.* Arbitraire.

árbitro, -tra [árβitro, -tra] *s.* Arbitre.

árbol [árβol] *m.* **1** Arbre: ~ *frutal, genealógico,* arbre fruitier, généalogique. **2** MAR. Mât. **3** MEC. Arbre.

arbolado, -da [arβoláðo, -ða] *adj.* **1** Boisé, ée (terreno). ▪ **2** *m.* Ensemble d'arbres.

arboleda [arβoléða] *f.* Bois *m.*

arboricultura [arβorikultúra] *f.* Arboriculture.

arbusto [arβústo] *m.* Arbuste.

arca [árka] *f.* **1** Coffre *m.* Loc. fig. ~ *del cuerpo,* tronc du corps humain. **2** Coffre-fort *m.* Loc. *Las arcas nacionales,* le trésor public, les coffres de l'État.

arcada [arkáða] *f.* **1** Arcade. **2** Arche (de puente). ▪ **3** *pl.* Nausées.

arcaico, -ca [arkáiko, -ka] *adj.* Archaïque.

arcángel [arkáŋxel] *m.* Archange.

arce [árθe] *m.* Érable.

archiduque [artʃiðúke] *m.* Archiduc.

archipiélago [artʃipjélaɣo] *m.* Archipel.

archivar [artʃiβár] *tr.* **1** Garder, classer aux archives. **2** fig. Classer.

archivo [artʃiβo] *m.* **1** Archives *f. pl.* **2** Archivage.

arcilla [arθiʎa] *f.* Argile, glaise.

arco [árko] *m.* **1** GEOM., ARQ. Arc: ~ *de medio punto,* arc en plein cintre; ~ *de triunfo,* arc de triomphe. **2** Arche *f.* (de un puente). **3** Arc (arma). **4** Arc (voltaico). **5** Archet (de violín, etc.). **6** Cercle (de tonel).

arder [arðér] *intr.* **1** Brûler: *la casa arde,* la maison brûle. **2** fig. ~ *en deseos,* brûler d'envie; fam. *La cosa está que arde,* ça barde, ça chauffe, le torchon brûle.

ardid [arðið] *m.* Ruse *f.,* stratagème.

ardiente [arðjénte] *adj.* Ardent, ente.

ardilla [arðiʎa] *f.* Écureuil *m.*

ardor [arðór] *m.* Ardeur *f.*

arduo, -ua [árðwo, -wa] *adj.* Ardue, ue, difficile.

área [área] *f.* **1** Are *m.* (medida). **2** GEOM. Aire. **3** Zone.

arena [aréna] *f.* **1** Sable *m.* **2** Arène (redondel). ▪ **3** *pl.* MED. Calculs *m.*

arengar [areŋgár] *tr.* Haranguer.

arenoso, -sa [arenóso, -sa] *adj.* Sablonneux, euse.

arete [aréte] *m.* **1** Petit anneau. **2** Boucle *f.* d'oreille (pendiente).

argamasa [arɣamása] *f.* CONSTR. Mortier *m.*

argelino, -na [arxelino, -na] *adj.-s.* Algérien, enne (de Argelia).

argentino, -na [arxentino, -na] *adj.* **1** Argentin, ine (voz, etc.). ▪ **2** *adj.-s.* Argentin, ine (de Argentina).

argolla [arɣóʎa] *f.* **1** Anneau *m.* (de metal). **2** Carcan *m.* (castigo).

argot [aryót] *m.* Argot.

argüir [arywir] [63] *tr.* **1** Arguer. **2** Démontrer, prouver. ■ **3** *intr.* Argumenter.

argumentar [aryumentár] *tr.* Argumenter.

argumento [aryuménto] *m.* **1** Argument. **2** Scénario (de película).

aria [árja] *f.* MÚS. Aria.

árido, -da [áriðo, -ða] *adj.* **1** Aride. ■ **2** *m. pl.* Matières *f.* sèches, grains.

arista [arista] *f.* **1** BOT. Barbe, arête. **2** GÉOM. Arête.

aristocracia [aristokráθja] *f.* Aristocratie.

aritmética [ariðmètika] *f.* Arithmétique.

arlequín [arlekin] *m.* **1** Arlequin. **2** Guignol (persona ridícula).

arma [árma] *f.* **1** Arme: ~ *arrojadiza, blanca, de fuego,* arme de jet, blanche, à feu. Loc. *Rendir las armas,* rendre les armes. ■ **2** *pl.* Armées (de un país). **3** BLAS. Armes, armoiries.

armada [armáða] *f.* Flotte, escadre.

armadura [armaðúra] *f.* **1** Armure. **2** Armature (armazón). **3** ARQ. Ferme.

armamentismo [armamentizmo] *m.* Course à l'armement *f.*

armamento [armaménto] *m.* Armement.

armar [armár] *tr.* **1** Armer (dar armas). **2** Monter (un mueble, una máquina, etc.). **3** Dresser (una tienda de campaña). **4** Bander (un arco). **5** fig. Préparer, tramer, susciter. Loc. ~ *una trampa,* tendre un piège; faire: ~ *jaleo, un escándalo,* faire du tapage, un scandale. ■ **6** *pr.* S'armer.

armario [armárjo] *m.* **1** Armoire *f.* **2** ~*empotrado,* placard.

armazón [armaθón] *f.* **1** CONSTR. Armature, charpente. **2** Montage *m.* (acción). **3** Châssis *m.* (bastidor).

armiño [armiɲo] *m.* Hermine *f.*

armisticio [armistiθjo] *m.* Armistice.

armonía [armonia] *f.* Harmonie.

armonizar [armoniθár] [4] *tr.* **1** Harmoniser. ■ **2** *intr.* S'harmoniser, être en harmonie.

aro [áro] *m.* **1** Cercle, cerceau. Loc. fig. *Entrar por el* ~, s'incliner, se soumettre. **2** Cerceau (juguete). **3** Bague *f.* (sortija). **4** Arum, gouet (planta).

aroma [aróma] *m.* Arôme, parfum.

aromatizar [aromatiθár] [4] *tr.* Aromatiser.

arpa [árpa] *f.* MÚS. Harpe.

arpegio [arpéxjo] *m.* MÚS. Arpège.

arpillera [arpiʎéra] *f.* Serpillière.

arpón [arpón] *m.* Harpon.

arquear [arkeár] *tr.* **1** Arquer, courber. **2** Jauger (un barco).

arqueología [arkeoloxia] *f.* Archéologie.

arqueólogo, -ga [arkeòloyo, -ya] *s.* Archéologue.

arquero [arkéro] *m.* Archer.

arquilla [arkiʎa] *f.* Coffret *m.*

arquitecto [arkitéyto] *m.* Architecte.

arquitectónico, -ca [arkiteytóniko, -ka] *adj.* Architectonique, architectural, ale.

arquitectura [arkiteytúra] *f.* Architecture.

arrabal [araβál] *m.* Faubourg.

arraigar [araiyár] [7] *intr.-pr.* **1** S'enraciner, prendre racine. ■ **2** *tr.* Enraciner. ■ **3** *pr.* Se fixer (establecerse).

arrancar [araŋkár] [1] *tr.* **1** Arracher. Loc. ~ *de raíz, de cuajo,* déraciner, extirper. ■ **2** *intr.* Démarrer, partir: *el coche arrancó,* la voiture démarra. **3** S'élancer. **4** Partir brusquement, se mettre à courir. ■ **5** *pr.* S'arracher. **6** *Arrancarse a,* se mettre à.

arranque [aráŋke] *m.* **1** Arrachement. **2** Démarrage (de un vehículo, motor). **3** Mouvement subit, accès (de ira, etc.). **4** Élan (de generosidad, etc.). **5** Saillie. *f* (ocurrencia).

arrasar [arásar] *tr.* **1** Aplanir, niveler (allanar). **2** Raser, détruire. **3** Dévaster, ravager. **4** Rader (una medida). **5** Remplir jusqu'au bord (llenar). ■ **6** *intr.-pr.* S'éclaircir (el cielo).

arrastrado, -da [arastráðo, -ða] *adj.* Pénible, misérable: *una vida* ~, une vie misérable.

arrastrar [arastrár] *tr.* **1** Traîner: ~ *los pies,* traîner les pieds. **2** Entraîner (llevar tras sí, acarrear): ~ *en su caída,* entraîner dans sa chute. ■ **3** *intr.* Traîner (pender hasta el suelo). **4** Jouer atout (naipes). ■ **5** *pr.* Se traîner: *arrastrarse por el suelo,* se traîner par terre, ramper (reptar).

arrebatar [areβatár] *tr.* **1** Enlever, arracher. **2** fig. Entraîner, enflammer. **3** fig. Transporter, ravir. ■ **4** *pr.* S'emporter. ■

arrebato [areβáto] *m.* **1** Emportement. **2** Accès (de cólera). **3** Extase *f.,* transport.

arreciar [areθjár] [12] *intr.-pr.* Redoubler (de force, de violence): *arrecia el temporal,* la tempête redouble.

arrecife [areθife] *m.* Récif.

arreglado, -da [areyláðo, -ða] *adj.* **1** Conforme à. **2** fig. Réglé, ée, ordonné, ée, modéré, ée.

arreglar [areylár] *tr.* **1** Arranger, ranger (ordenar). **2** Arranger (concertar). **3** Régler (cuentas, diferencias). **4** Arranger, réparer (componer). ■ **5** *pr.* Régler sa vie. **6** S'habiller (vestirse). **7** S'arranger (ataviarse). **8** S'arranger, se mettre d'accord. **9** *Arreglárselas,* s'arranger, s'y prendre.

arremangar[ar̄emaŋgár] [7] *tr.* **1** Trousser, retrousser. ■ **2** *pr.* Retrousser, se trousser: *se arremangó las faldas,* elle retroussa ses jupes.

arremeter [ar̄emetér] *intr.* Attaquer, se jeter sur, foncer sur: ~ *contra el enemigo,* foncer sur l'ennemi.

arrendamiento [ar̄endamjénto] *m.* **1** Affermage. **2** Bail (contrato). **3** Loyer, fermage (precio).

arreo[ar̄éo] *m.* **1** Parure. ■ **2** *pl.* Harnais (de las caballerías). **3** Accessoires, attirail *sing.*

arrepentido, -da [ar̄epentiðo, -ða] *adj.* Repenti, -ie: *terrorista* ~, terroriste repenti.

arrepentirse [ar̄epentirse] [35] *pr.* Se repentir.

arrestar [ar̄estár] *tr.* Arrêter, mettre aux arrêts, consigner.

arriar [ar̄jár] [13] *tr.* **1** Amener, baisser (una vela, una bandera, etc.). **2** Filer, lâcher (un cable).

arriba[ar̄íβa] *adv.* **1** En haut, vers le haut. **2** Au-dessus: *de mil pesetas* ~, au-dessus de mille pesetas. **3** Ci-dessus: *lo* ~ *dicho,* ce qui est dit ci-dessus. **4** *loc. adv. De* ~, d'en haut; *de* ~ *abajo,* de haut en bas; ~ *de todo,* tout en haut; *más* ~, plus haut; *por* ~, par en haut; *ir río* ~, remonter le fleuve. **5** *interj.* Debout!, courage! (ánimo); *¡manos* ~*!,* haut les mains!

arribo [ar̄íβo] *m.* **1** Arrivée *f.* (llegada). **2** Arrivage (de mercancías).

arriero[ar̄jéro] *m.* Muletier.

arriesgar [ar̄jezɣár] [7] *tr.* **1** Risquer, hasarder. ■ **2** *pr.* Se risquer.

arrimar [ar̄imár] *tr.* **1** Approcher (acercar): ~ *a,* approcher de. **2** Appuyer (apoyar). Loc. fig. ~ *el hombro,* donner un coup de main (ayuda), travailler dur. **3** *pr.* S'approcher: *arrimarse al fuego,* s'approcher du feu. **4** S'appuyer, s'adosser: *arrimarse a la pared,* s'adosser au mur. **5** fig. *Arrimarse a,* se mettre sous la protection de.

arrinconar [ar̄iŋkonár] *tr.* **1** Mettre dans un coin. **2** Laisser de côté, abandonner. ■ **3** *pr.* fig. Se renfermer.

arrocero, -ra[ar̄oθéro, -ra] *adj.* **1** Rizier, ière. ■ **2** *m.* Riziculteur.

arrodillarse[ar̄oðiʎárse] *pr.* S'agenouiller, se mettre à genoux.

arrogante [ar̄oɣánte] *adj.* **1** Arrogant, ante. **2** Fort, forte, vigoureux, euse.

arrojar[ar̄oxár] *tr.* **1** Jeter, lancer. Loc. fig. ~ *a la calle,* mettre à la porte, jeter dans la rue; ~ *de sí a uno,* repousser quelqu'un. **2** Rejeter (fuera de sí). **3** Vomir. **4** Donner comme résultat, totaliser, atteindre (una cifra), faire apparaître (un resultado): ■ **5** *pr.* Se lancer.

arrojo[ar̄óxo] *m.* Audace *f.,* intrépidité *f.*

arrollar [ar̄oʎár] *tr.* **1** Rouler, enrouler (enrollar). **2** Écraser, renverser: *el ciclista fue arrollado en el cruce,* le cycliste a été renversé au croisement. **3** fig. Culbuter, vaincre (al enemigo). **4** Confondre (dejar sin poder replicar).

arropar[ar̄opár] *tr.* Couvrir.

arroyo[ar̄ójo] *m.* Ruisseau.

arroz[ar̄óθ] *m.* Riz.

arrugar [ar̄uɣár] [7] *tr.* **1** Rider (la piel). Loc. ~ *el entrecejo,* froncer les sourcils. **2** Chiffonner, froisser, friper (ropa, papel).

arruinar[ar̄winár] *tr.* Ruiner.

arrullar[ar̄uʎár] *intr.* **1** Roucouler. ■ **2** *tr.* Roucouler auprès de (cortejar).

arrumaco[ar̄umáko] *m.* fam. Câlinerie *f.,* cajolerie *f.*

arrumbar[ar̄umbár] *tr.* Mettre au rebut.

arsenal[arsenál] *m.* Arsenal.

arsénico[arséniko] *m.* QUÍM. Arsenic.

arte[árte] *m.-f.* **1** Art *m.* Loc. fig. *No tener* ~ *ni parte en algo,* n'y être pour rien. **2** Habileté *f.,* ruse *f.,* artifice: *malas artes,* moyens malhonnêtes. **3** Engin (de pesca). ■ **4** *f. pl.* Arts *m.: las bellas artes,* les beaux-arts.

artefacto [artefáyto] *m.* **1** Machine *f.,* engin, dispositif. **2** Engin: ~ *explosivo,* engin explosif.

arteria[artérja] *f.* ANAT. Artère.

artesano, -na[artesáno, -na] *s.* Artisan, ane.

ártico, -ca[ártiko, -ka] *adj.* Arctique.

articulado, -da [artikuláðo, -ða] *adj.* **1** Articulé, ée. ■ **2** *m.* Ensemble des articles (de una ley, etc.). ■ **3** *m. pl.* ZOOL. Articulés.

articular[artikulár] *tr.* Articuler.

artículo[artikulo] *m.* **1** Article. **2** ~ *de fondo,* éditorial.

artifice[artifiθe] *m.* **1** Artiste, ouvrier d'art. **2** fig. Auteur, artisan.

artificial[artifiθjál] *adj.* Artificiel, elle.

artificio[artifiθjo] *m.* **1** Artifice. **2** Engin, appareil (aparato).

artificioso, -sa [artifiθjóso, -sa] *adj.* **1**

Fait, faite, avec art. 2 Artificieux, euse (cauteloso).

artillería [artiʎería] *f.* Artillerie.

artimaña [artimáɲa] *f.* **1** Piège *m.* (trampa). **2** fig. Ruse (ardid).

artista [artísta] *adj.-s.* Artiste.

artrosis [artrósis] *f.* Arthrose.

arzobispo [arθoβíspo] *m.* Archevêque.

as [as] *m.* As.

asa [ása] *f.* Anse (de una vasija, cesta, etc.), poignée (de maleta).

asado [asáðo] *m.* Rôti.

asalariado, -da [asalariaðo, -ða] *s.* Salarié, ée.

asalariar [asalarjár] [12] *tr.* Salarier.

asalto [asálto] *m.* **1** Assaut: *tomar por ~,* prendre d'assaut. **2** Attaque *f.,* agression *f.: ~ a mano armada,* attaque à main armée. **3** Round (boxeo).

asamblea [asambléa] *f.* **1** Assemblée. **2** MIL. Rassemblement *m.*

asar [asár] *tr.* **1** Rôtir (en un horno), griller (en una parrilla). ■ **2** *pr.* Rôtir.

ascender [asθendér] [28] *intr.* **1** Monter (subir). **2** S'élever, monter (a cierta cantidad): *los daños ascienden a un millón,* les dégats s'élèvent à un million. **3** *tr.* Faire monter en grade, promouvoir, donner de l'avancement. **4** ~ *al trono,* élever, placer sur le trône.

ascendiente [asθendjénte] *adj.* **1** Ascendant, ante. ■ **2** *m.* Ascendant (antepasado). **3** Ascendant (autoridad).

ascensor [asθensór] *m.* Ascenseur.

asceta [asθéta] *s.* Ascète.

asco [ásko] *m.* **1** Dégoût. Loc. *Dar ~,* inspirer du dégoût, dégoûter; *da ~,* c'est dégoûtant; *hacer ascos a,* faire le dégoûté devant; *¡qué ~!,* quelle horreur! **2** Chose *f.* dégoûtante. Loc. *Estar hecho un ~,* être très sale.

ascua [áskwa] *f.* Charbon *m.* ardent. Loc. fig. *Estar en ascuas,* être sur des charbons ardents.

asear [aseár] *tr.* Nettoyer (limpiar), arranger (componer).

asechar [asetʃár] *tr.* Tendre des pièges, des embûches.

asediar [aseðjár] [12] *tr.* Assiéger.

asegurado, -da [aseɣuráðo, -ða] *adj.-s.* COM. Assuré, ée: ~ *contra incendios, robo,* assuré contre l'incendie, le vol.

asegurar [aseɣurár] [1] *tr.* **1** Assurer. **2** Affermir. **3** COM. Assurer. ■ **[cf2]4** *pr.* S'assurer.

asentador [asentaðòr] *m.* Fournisseur (en un mercado).

asentar [asentár] [27] *tr.* **1** Asseoir. **2** Asséner (un golpe). **3** Aplatir (una costura). **4** Tasser (el suelo). **5** Conclure (un acuerdo). **6** Porter, inscrire (en un libro). ■ **7** *pr.* Se fixer. **8** Déposer (un líquido). **9** Être situé, ée (estar situado).

asentir [asentir] [35] *intr.* **1** Acquiescer, donner son assentiment. **2** Accepter.

aseo [aséo] *m.* **1** Propreté *f.* (limpieza). **2** Toilette *f.: cuarto de ~,* cabinet de toilette.

asepsia [aséβsja] *f.* Asepsie.

aséptico, -ca [aséβtiko, -ka] *adj.* Aseptisé, ée.

asequible [asekiβle] *adj.* Accessible.

aserradero [aseřaðéro] *m.* Scierie *f.*

aserrar [aseřár] [27] *tr.* Scier.

aserrín [aseřín] *m.* Sciure *f.*

asesinar [asesinár] *tr.* Assassiner.

asesino, -na [asesino, -na] *adj.* **1** Assassin, e. ■ **2** *s.* Assassin *m.*

asesor, -ra [asesór, -ra] *adj.-s.* Conseiller, ère.

aseveración [aseβeraθjón] *f.* Affirmation.

asfalto [asfálto] *m.* Asphalte.

asfixia [asfiɣwésja] *f.* Asphyxie.

asfixiar [asfi(ɣ)sjar] [12] *tr.* **1** Asphyxier, fig. étouffer. **2** *pr.* S'asphyxier, étouffer: *nos asfixiamos de calor,* nous étouffons de chaleur.

así [así] *adv.* **1** Ainsi, de cette manière, comme ça. Loc. ~ *es,* c'est comme ça: ~ *sea,* qu'il en soit ainsi. **2** Tant, de même: ~ *los unos como los otros,* tant les uns que les autres. Loc. ~ *como,* de même que. **3** Si, tellement: ~ *estaba desfigurado que...,* il était tellement défiguré que... **4** Alors (denota extrañeza): *¿~ me abandonas?,* alors tu me quittes? **5** Loc. *Así ~,* comme ci, comme ça; ~ *como* ~, de toutes façons; *¿cómo* ~?, pourquoi donc cela? ■ **6** *conj.* Même si, quand bien même. **7** ~ *pues,* ainsi donc. ■ **8** *adj.* Pareil, eille, de la sorte, comme celui-là, comme celle-là: *un caso* ~, un cas pareil.

asiático, -ca [asjátiko, -ka] *adj.-s.* Asiatique.

asiduo, -ua [asiðwo, -wa] *adj.* Assidu, ue.

asiento [asjénto] *m.* **1** Siège (para sentarse), place *f.* (sitio). Loc. *Tomar ~,* s'asseoir, prendre un siège; *baño de ~,* bain de siège. **2** Siège, base *f.,* fondement (base). **3** COM. Inscription *f.* (en un libro de contabilidad), note.

asignar [asiɣnár] *tr.* **1** Assigner. **2** Affecter (destinar).

asignatura [asiɣnatúra] f. Matière d'enseignement, matière.

asilo [asílo] m. Asile.

asimilar [asimilár] tr. **1** Assimiler. ■ **2** pr. Se ressembler.

asir [asír] [65] tr. **1** Saisir, prendre: ~ *de la mano,* prendre par la main. ■ **2** pr. S'accrocher, se cramponner (agarrarse): *asirse a, de,* s'accrocher à. **3** *Iban asidos del brazo,* ils allaient, bras dessus, bras dessous.

asistenta [asisténta] f. Femme de ménage.

asistir [asistír] tr. **1** Assister. Loc. fig. *Me asiste la razón,* j'ai la raison pour moi. **2** Soigner: ~ *a un herido,* soigner un blessé. ■ **3** intr. Assister (estar presente).

asma [ázma] f. Asthme m.

asno [ázno] m. Âne, baudet.

asociar [asoθjár] [12] tr. **1** Associer. ■ **2** pr. S'associer.

asolar [asolár] [31] tr. **1** Dévaster. ■ **2** pr. Déposer (un líquido).

asolear [asoleár] tr. **1** Exposer au soleil.

asomar [asomár] intr. **1** Apparaître, se montrer: *asomó el sol,* le soleil apparut. **2** pr. Se pencher: *asomarse a la ventana,* se pencher à la fenêtre. **3** Se montrer (mostrarse).

asombrar [asombrár] tr. **1** Effrayer (asustar). **2** Étonner, stupéfier (sorprender). **3** *Quedarse asombrado,* être stupéfait.

asomo [asómo] m. **1** Indice, signe, soupçon. **2** loc. adv. *Ni por* ~, en aucune manière, pas le moins du monde.

asonante [asonánte] adj. **1** Assonant, ante. ■ **2** m. Mot assonant.

aspa [áspa] f. **1** Croix en forme d'X: ~ *de San Andrés,* croix de Saint-André. **2** Dévidoir m. en forme d'X. **3** Aile (de un molino). **4** BLAS. Sautoir m.

aspaviento [aspaßjénto] m. Manifestation f. exagérée de crainte, d'étonnement, etc., simagrées f. pl.

aspecto [aspéyto] m. **1** Aspect. **2** Air. **3** Mine f. (semblante). **4** Allure f. (presencia). **5** loc. adv. *A, al primer* ~, à première vue.

áspero, -ra [áspero, -ra] adj. **1** Âpre (al gusto). **2** Rude, revêche (adusto). **3** Raboteux, euse (terreno). **4** Criard, arde (voz, sonido).

aspersión [aspersjón] f. Aspersion.

aspirar [aspirár] tr.-intr. Aspirer.

aspirina [aspirína] f. Aspirine.

asqueroso, -sa [askeróso, -sa] adj. Sale, dégoûtant, ante.

asta [ásta] f. **1** Bois m. (de lanza, etc.). **2** Hampe (de bandera). **3** Manche m. (de un pincel). **4** Corne (de un animal). **5** loc. adv. *A media* ~, en berne.

asterisco [asterísko] m. Astérisque.

asteroide [asteròiðe] m. ASTR. Astéroïde.

astilla [astíʎa] f. Éclat m. de bois, de pierre, etc. Loc. *Hacer astillas,* briser en éclats.

astillero [astiʎéro] m. Chantier naval.

astracán [astrakán] m. Astrakan, astracan.

astringir [astrinxír] [6] tr. **1** Resserrer, contracter (los tejidos orgánicos). **2** fig. Astreindre.

astro [ástro] m. Astre.

astrología [astroloxía] f. Astrologie.

astronauta [astronáwta] s. Astronaute.

astronomía [astronomía] f. Astronomie.

astucia [astúθja] f. **1** Astuce. **2** Ruse.

asueto [aswéto] m. Congé (de un día o unas horas).

asumir [asumír] tr. Assumer.

asunto [asúnto] m. **1** Sujet, matière f., thème. **2** Affaire f. (negocio, incumbencia).

asustar [asustár] tr. **1** Effrayer, épouvanter, faire peur.

atacar [atakár] [1] tr. Attaquer.

atajar [ataxár] intr. **1** Prendre un raccourci. ■ **2** tr. Barrer, couper le chemin à (uno). **3** Arrêter (el curso de): ~ *el fuego,* couper le feu. **4** Enrayer (una epidemia).

atajo [atáxo] m. **1** Raccourci (camino). Loc. fig. *Echar por el* ~, prendre le chemin le plus court, abréger.

atalaya [ataláʝa] f. **1** Tour de guet. **2** Hauteur, éminence (lugar elevado).

atañer [atanér] [38] intr. **1** Appartenir, toucher, regarder, concerner. **2** Incomber (incumbir).

ataque [atàke] m. **1** Attaque f. **2** Crise f. (de nervios, cardíaco). **3** ~ *de risa,* fou rire, crise de fou rire.

atar [atár] tr. **1** Attacher, lier (sujetar). Loc. fig. ~ *corto a,* tenir la bride à; ~ *de pies y manos a uno,* lier les mains de quelqu'un; ~ *la lengua,* lier la langue. ■ **2** pr. Attacher, nouer, lacer: *se ató los cordones de los zapatos,* il laça ses chaussures.

atardecer [atarðeθér] [43] impers. Être à la tombée du jour.

atareado, -da [atareàðo, -ða] adj. Occupé, ée, affairé, ée.

atascar [ataskár] [1] tr. **1** Étouper. **2** fig.

Arrêter, embarrasser (un asunto). **3** Engorger (una cañería). ▪ **4** *pr.* S'embourber. **5** fig. Être arrêté, ée (por un obstáculo).

atasco [atásko] *m.* **1** Bouchon, embouteillage: *los atascos del fin de semana,* les bouchons du week-end. **2** Engorgement: ~ *de una cañería,* engorgement d'une canalisation. **3** INFORM. Bourrage: ~ *de papel,* bourrage papier.

ataúd [ataúd] *m.* Cercueil, bière *f.*

ataviar [ataβjár] [13] *tr.* **1** Orner, parer. ▪ **2** *pr.* Se parer.

ateísmo [ateizmo] *m.* Athéisme.

atemorizar [atemoriθár] [4] *tr.* Effrayer, intimider.

atención [atenθjón] *f.* **1** Attention: *llamar la* ~, attirer l'attention; *prestar* ~, faire attention. **2** Courtoisie, politesse. **3** Considération, égard *m.* (demostración de respeto). **4** ~ *médica,* assistance médicale, soins *m. pl.*

atender [atendér] [28] *tr.* **1** Écouter, accueillir favorablement, satisfaire (petición, queja, etc.). **2** Prendre soin, s'occuper de. **3** S'occuper de, servir (a un cliente). **4** Soigner (a un enfermo). **6** Tenir compte de: *atendiendo a las circunstancias,* compte tenu des circonstances.

ateneo [ateneo] *m.* Athénée (sociedad literaria o científica).

atenerse [atenérse] [87] *pr.* S'en tenir: *me atengo a tus instrucciones,* je m'en tiens à tes instructions.

atentar [atentár] [27] *tr.* Attenter: ~ *contra la vida de,* attenter à la vie de.

atento, -ta [aténto, -ta] *adj.* **1** Attentif, ive. **2** Attentionné, ée, prévenant, ante (cortés). **3** *Su atenta,* votre honorée (carta).

atenuante [atenwánte] *adj.* Atténuant, -e: *circunstancias atenuantes,* circonstances atténuantes.

atenuar [atenwár] [11] *tr.* Atténuer.

ateo, -ea [atéo, -éa] *adj.-s.* Athée.

aterrar [aterár] [27] *tr.* **1** Renverser, jeter à terre. **2** Terrifier, effrayer (aterrorizar). **3** Atterrer. ▪ **4** *intr.* MAR. Aborder. **5** AVIAC. Atterrir.

aterrizar [ateřiθár] [4] *intr.* Atterrir.

atesorar [atesorár] *tr.* Thésauriser, amasser.

atestiguar [atestiɣwár] [22] *tr.* Attester, témoigner.

atiborrar [atiβořár] *tr.* **1** Bourrer, remplir. **2** Bourrer (hartar). ▪ **3** *pr.* Se bourrer, se gaver (de alimentos).

ático, -ca [átiko, -ka] *adj.* **1** Attique. ▪ **2** *m.* ARQ. Attique.

atinar [atinár] *intr.* **1** Trouver (encontrar): ~ *con algo,* trouver quelque chose. **2** Trouver, deviner (acertar). **3** Frapper au but, viser juste (dar en el blanco). **4** Arriver, réussir (lograr).

atirantar [atirantár] *tr.* **1** Tendre, raidir. **2** CONSTR. Entretoiser.

atisbo [atizβo] *m.* **1** Action *f.* de guetter, d'épier. **2** fig. Indice, soupçon.

atizador [atiθaðór] *m.* Tisonnier.

atizar [atiθár] [4] *tr.* **1** Attiser. **2** Moucher (una vela). **3** fig. Flanquer (un golpe), allonger (un puntapié).

atlántico, -ca [aðlántiko, -ka] *adj.-n. pr. m.* Atlantique.

atlas [áðlas] *m.* Atlas.

atleta [aðléta] *s.* Athlète.

atlético, -ca [aðlétiko, -ka] *adj.* Athlétique.

atletismo [aðletizmo] *m.* Athlétisme.

atmósfera [aðmósfera] *f.* Atmosphère.

atolondrado, -da [atolondráðo, -ða] *adj.* Étourdi, ie.

atómico, -ca [atómiko, -ka] *adj.* Atomique.

átomo [átomo] *m.* Atome.

atónito, -ta [atónito, -ta] *adj.* Étonné, ée, stupéfait, aite, abasourdi, ie.

átono, -na [átono, -na] *adj.* Atone.

atontar [atontár] *tr.* **1** Étourdir (aturdir). **2** Hébéter, abrutir (embrutecer).

atormentar [atormentár] *tr.* Tourmenter.

atornillar [atorniʎár] *tr.* Visser.

atosigar [atosiɣár] [7] *tr.* **1** Empoisonner (envenenar). **2** fig. Harceler, importuner. ▪ **3** *pr.* Se hâter, se donner de la peine.

atracar [atrakár] [1] *tr.-intr.* **1** MAR. Accoster. ▪ **2** *tr.* Attaquer (saltear para robar). **3** Dévaliser (robar). **4** Bourrer, rassasier. ▪ **5** *pr.* Se bourrer, se gaver.

atracción [atraɣθjón] *f.* Attraction.

atraco [atráko] *m.* Vol à main armée, hold-up.

atractivo, -va [atraɣtiβo, -βa] *adj.* **1** Attractif, ive, attirant, ante. ▪ **2** *m.* Attrait. ▪ **3** *pl.* Attraits, appas.

atrancar [atraŋkár] [1] *tr.* **1** Barrer (una puerta). **2** Boucher, obstruer (un conducto). ▪ **3** *intr.* Marcher à grands pas. ▪ **4** *pr.* Se boucher, s'obstruer.

atrapar [atrapár] *tr.* **1** Attraper (coger). **2** fam. Décrocher (un empleo, un premio, etc.).

atrás [atrás] *adv.* **1** Arrière, en arrière: *la parte de* ~, la partie arrière; Loc. fig.

Volcer ~, se dédire. 2 Derrière: *dejar* ~, laisser derrière, en arrière. 3 *Puede tener un sentido temporal: días* ~, il y a quelques jours, quelques jours plus tôt. 4 *interj.* Arrière!

atrasado, -da [atrasáðo, -ða] *adj.* 1 Arriéré, ée. 2 *Llegar* ~, arriver en retard. 3 Endetté, ée (con deudas).

atravesar [atraβesár] [27] *tr.* 1 Mettre en travers, de travers. 2 Traverser (cruzar). ■ 3 *pr.* Se mettre en travers. 4 S'interposer. 5 MAR. Mettre à la cape.

atreverse [atreβérse] *pr.* Oser: ~ *a decir,* oser dire; *no me atrevo,* je n'ose pas. Loc. ~ *con uno,* se montrer insolent, ente, oser se mesurer avec quelqu'un.

atrevido, -da [atreβiðo, -ða] *adj.* 1 Hardi, ie. 2 Hasardeux, euse. 3 Osé, ée (indecoroso). ■ 4 *adj.-s.* Audacieux, euse. 5 Insolent, ente.

atrevimiento [atreβimjénto] *m.* Audace *f.,* insolence *f.*

atribuir [atriβwir] [62] *tr.* Attribuer.

atributo [atriβúto] *m.* Attribut.

atril [atril] *m.* 1 Pupitre (para un libro). 2 Lutrin (facistol).

atrincherar [atrintʃerár] *tr.* MIL. Retrancher.

atrocidad [atroθiðáð] *f.* 1 Atrocité. 2 fam. Énormité.

atrofia [atrófja] *f.* Atrophie.

atronar [atronár] [31] *tr.* 1 Assourdir (con gritos, ruido). 2 Assommer (una res).

atropellado, -da [atropeʎáðo, -ða] *adj.* 1 Précipité, ée. 2 Qui parle ou agit avec précipitation.

atropello [atropeʎo] *m.* 1 Accident (debido a un vehículo). 2 Bousculade *f.* (empujón). 3 fig. Outrage, abus de pouvoir, de force. 4 Précipitation *f.*

atroz [atróθ] *adj.* 1 Atroce. 2 fig. Atroce, épouvantable.

ATS [ateése] *s.* (*abrev.* ayudante técnico sanitario) Infirmier, ère.

atuendo [atwéndo] *m.* 1 Ostentation *f.,* apparat. 2 Habillement, habits *pl.,* toilette *f.* (atavío).

atún [atún] *m.* Thon.

aturdir [aturðir] *tr.* Étourdir, abasourdir.

audaz [aŭðáθ] *adj.* Audacieux, euse.

audición [aŭðiθjón] *f.* Audition.

audiencia [aŭðjénθja] *f.* 1 Audience. 2 Cour, palais *m.* de justice: ~ *provincial,* cour d'assises; ~ *territorial,* cour d'appel.

audiovisual [aŭðjoviswál] *adj.* Audiovisuel, elle.

auditivo, -va [aŭðitiβo, -βa] *adj.* Auditif, ive.

auge [áŭxe] *m.* 1 Apogée: *en el* ~ *de su gloria,* à l'apogée de sa gloire. 2 Essor: *en pleno* ~, en plein essor.

augurio [aŭɣúrjo] *m.* Augure, présage.

aula [áŭla] *f.* 1 Salle, classe (de colegio o de universidad). 2 ~ *magna,* grand amphithéâtre. 3 Amphithéâtre, fam. amphi.

aullido [aŭʎiðo] *m.* Hurlement: *dar aullidos,* pousser des hurlements, hurler.

aumentar [aŭmentár] *tr.* 1 Augmenter. 2 Grossir (lente). ■ 3 *intr.* Augmenter.

aun [áún] *adv.* 1 Même: *te darán dos y* ~ *tres,* on t'en donnera deux et même troix; *ni* ~, pas même. 2 *loc. conj.* ~ *cuando,* même si, quand bien même.

aún [áún] *adv.* Encore: ~ *no ha llegado,* il n'est pas encore arrivé; ~ *no,* pas encore.

aunque [áŭnke] *conj.* Quoique, encore que, bien que, quand bien même (con el subjuntivo en francés): ~ *es rico, no tiene coche,* bien qu'il soit riche, il n'a pas de voiture.

aureola [aŭreóla], **auréola** [aŭréola] *f.* Auréole.

auricular [aŭrikulár] *adj.-m.* 1 Auriculaire. ■ 2 *m.* Écouteur (de teléfono).

aurora [aŭróra] *f.* 1 Aurore. 2 *loc. adv. Al despuntar la* ~, à la pointe du jour, au point du jour.

ausencia [aŭsénθja] *f.* 1 Absence. 2 *loc. prep. En* ~ *de,* en l'absence de.

auspicio [aŭspiθjo] *m.* Auspice.

austeridad [aŭsteriðáð] *f.* Austérité.

australiano, -na [aŭstraljáno, -na] *adj.-s.* Australien, ienne.

austríaco, -ca [aŭstriako, -ka] *adj.-s.* Autrichien, ienne.

autenticidad [aŭtentiθiðáð] *f.* Authenticité.

auténtico, -ca [aŭténtiko, -ka] *adj.* 1 Authentique. 2 Véritable, vrai, vraie: *perlas auténticas,* perles véritables.

auto [áŭto] *m.* 1 DER. Arrêt d'un juge (sentencia). 2 Auto *f.,* automobile *f.* 3 ~ *de fe,* autodafé. 4 TEAT. Mystère: ~ *sacramental,* auto.

autobiografía [aŭtoβiografía] *f.* Autobiographie.

autobús [aŭtoβús] *m.* Autobus.

autocar [aŭtokár] *m.* Autocar.

autóctono, -na [aŭtóɣtono, -na] *adj.-s.* Autochtone.

autodefensa [aŭtoðefénsa] *f.* Autodéfense.

autodeterminación [aŭtoðeterminaθjón] *f.* Autodétermination.

autodidacto, -a [aŭtoðiðáγto, -ta] *adj.-s* Autodidacte.

autoescuela [aŭtoescwéla] *f.* Auto-école.

autogestión [aŭtoxestjón] *f.* Autogestion.

autógrafo, -fa [aŭtóγrafo, -fa] *adj.-m.* Autographe.

automación [aŭtomacjón] *f.* Automation.

autómata [aŭtómata] *m.* Automate.

automático, -ca [aŭtomátiko, -ka] *adj.* 1 Automatique. ■ 2 *m.* Bouton-pression.

automatismo [aŭtomatizmo] *m.* Automatisme.

automatización [aŭtomatiθaθjón] *f.* Automatisation.

automóvil [aŭtomóβil] *adj.* 1 Automobile. ■ 2 *m.* Automobile *f.*

automovilismo [aŭtomoβilizmo] *m.* Automobilisme.

automovilista [aŭtomoβilista] *s.* Automobiliste.

autonomía [aŭtonomia] *f.* Autonomie.

autonómico, -ca [aŭtonómiko, -ka] *adj.* Autonome: *gobierno ~,* gouvernement autonome.

autónomo, -ma [aŭtónomo, -ma] *adj.* Autonome.

autopista [aŭtopista] *f.* Autoroute: ~ *de peaje,* autoroute à péage.

autopsia [aŭtóβsja] *f.* Autopsie.

autor, -ra [aŭtór, -ra] *s.* Auteur. ▲ Sin femenino en francés.

autoridad [aŭtoriðáð] *f.* Autorité.

autorizar [aŭtoriθár] [4] *tr.* 1 Autoriser. 2 DER. Authentifier, légaliser.

autoservicio [aŭtoserβiθjo] *m.* Libre-service, self-service.

auto-stop [aŭtostòp] *m.* Auto-stop.

autovía [aŭtoβia] *f.* 1 Route à quatre voies, voie rapide. 2 Autorail *m.*

auxiliar [aŭ(γ)siljár] [14] *adj.-s.* 1 Auxiliaire. ■ 2 *s.* Assistant, ante (en una facultad). ■ 3 *m.* Employé subalterne.

aval [aβál] *m.* Aval, garantie *f.*

avance [aβánθe] *m.* 1 Avancement (acción). 2 Progrès. 3 Avance *f.* (de dinero). 4 Sélection *f.* (de los programas de radio, televisión).

avanzada [aβanθáða] *f.* MIL. Avancée.

avanzar [aβanθár] [4] *tr.* 1 Avancer. ■ 2 *intr. pr.* Avancer: ~ *diez metros,* avancer de dix mètres.

avaricia [aβariθja] *f.* Avarice.

avaro, -ra [aβáro, -ra] *adj.-s.* Avare.

avasallar [aβasaʎár] *tr.* Asservir, subjuguer.

ave [áβe] *f.* 1 Oiseau *m.*: ~ *de paso, de rapiña,* oiseau de passage, de proie; ~ *del Paraíso,* oiseau de paradis; ~ *lira,* oiseau-lyre. 2 *Aves de corral,* oiseaux de basse-cour, volailles.

AVE [áβe] *m.* (*abrev.* alta velocidad española) Train espagnol à grande vitesse.

avecinarse [aβeθinárse] *pr.* Approcher, être imminent, ente (una fecha, etc.): *se avecina una subida del precio de la gasolina,* une augmentation du prix de l'essence est imminente.

avellana [aβeʎána] *f.* Noisette, aveline.

avellano [aβeʎáno] *m.* Noisetier, coudrier.

avena [aβéna] *f.* Avoine: ~ *loca,* folle avoine.

avenida [aβeniða] *f.* 1 Crue (de un río). 2 Avenue (calle).

avenir [aβenir] [90] *tr.* 1 Concilier, mettre d'accord. ■ 2 *pr.* S'accorder, s'entendre (personas). 3 Se résigner, consentir à.

aventajado, -da [aβentaxáðo, -ða] *adj.* Remarquable (notable).

aventura [aβentúra] *f.* Aventure.

aventurero, -ra [aβenturéro, -ra] *adj.-s.* Aventurier, ière.

avergonzar [aβerγonθár] [51] *tr.* 1 Faire honte. ■ 2 *pr.* Avoir honte.

avería [aβeria] *f.* 1 Avarie. 2 Panne (de un vehículo, motor, electricidad).

averiguar [aβeriγwár] [22] *tr.* 1 S'enquérir de, se renseigner sur, rechercher: ~ *las causas de un siniestro,* rechercher les causes d'un sinistre.

aversión [aβersjón] *f.* Aversion: *coger ~ a,* prendre en aversion.

avestruz [aβestrúθ] *m.* Autruche *f.*

aviación [aβjaθjón] *f.* Aviation.

aviador, -ra [aβjaðór, -ra] *adj.-s.* Aviateur, trice.

aviar [aβjár] [13] *tr.* 1 Arranger, préparer, disposer. Loc. *Estar uno aviado,* être dans de beaux draps. 2 Équiper, pourvoir. ■ 3 *intr.-pr.* fam. Se dépêcher, grouiller (apresurarse).

avicultura [aβikultúra] *f.* Aviculture.

avidez [aβiðéθ] *f.* Avidité.

avinagrado, -da [aβinaγráðo, -ða] *adj.* fam. Aigre, acariâtre.

avío [aβío] *m.* 1 Préparatifs *pl.,* apprêts *pl.* Loc. *¡Al avío!,* dépêchez-vous!, au travail!; *hacer ~,* rendre service. ■ 2 *pl.* Ustensiles, attirail *sing.*

avión [aβjón] *m.* **1** Avion: ~ *de reacción,* avion à réaction. **2** Oiseau voisin du martinet (ave).

avioneta [aβĭonéta] *f.* Avion de tourisme *m.*

aviso [aβíso] *m.* **1** Avis (noticia, escrito). **2** Avertissement (advertencia). Loc. *Estar sobre* ~, être sur ses gardes; *sin previo* ~, sans préavis. **3** MAR. Aviso.

avispa [aβíspa] *f.* Guêpe.

avispar [aβispàr] *tr.* **1** Dégourdir, déniaiser. ▪ **2** *pr.* Se dégourdir.

avispón [aβispón] *m.* Frelon.

avistar [aβistàr] *tr.* **1** Apercevoir. ▪ **2** *pr.* Avoir une entrevue.

avivar [aβiβàr] *tr.* **1** Aviver, raviver. Loc. fig. ~ *el paso,* presser le pas. **2** Exciter, animer. ▪ **3** *intr.-pr.* Reprendre des forces, reprendre vigueur.

axila [a(ɣ)síla] *f.* Aisselle.

axioma [a(ɣ)sjòma] *m.* Axiome.

¡ay! [aĭ] *interj.* **1** Aïe! (dolor). **2** Hélas (aflicción). Loc. ~ *de...,* malheur à...; *¡Ay de mí!,* malheureux que je suis. ▪ **3** *m.* Soupir, plainte *f.,* gémissement.

ayer [ajér] *adv.* **1** Hier: ~ *noche,* hier soir; *antes de* ~, avant-hier. **2** *loc. adv. De* ~ *acá, de* ~ *a hoy,* en peu de temps, depuis peu. ▪ **3** *m. El* ~, le passé.

ayuda [ajúða] *f.* **1** Aide, assistance. Loc. ~ *de costa,* gratification. **2** MED. Lavement *m.,* clystère *m.* **3** *loc. prep. Con* ~ *de,* à l'aide de.

ayudante [ajuðánte] *m.* Assistant, adjoint: ~ *de cámara,* opérateur adjoint, ~ *de dirección,* assistant metteur en scène.

ayudar [ajuðár] *tr.* **1** Aider. **2** ~ *a misa,* servir la messe. ▪ **3** *pr.* S'aider. **4** S'entraider (mutuamente)

ayunar [ajunàr] *intr.* Jeûner.

ayuno, -na [ajúno, -na] *adj.* **1** À jeun. **2** Qui est dans l'ignorance d'une chose. **3** Loc. *Estar en ayunas, en ayuno,* être à jeun; fig. ne rien comprendre, ne pas être au courant. ▪ **4** *m.* Jeûne.

ayuntamiento [ajuntamjénto] *m.* **1** Conseil municipal, municipalité. *f.* **2** Hôtel

de ville, mairie *f.* (edificio). **3** Accouplement (cópula).

azabache [aθaβàtʃe] *m.* **1** Jais. **2** Mésange *f.* noire, petite charbonnière *f.* (pájaro).

azada [aθàða] *f.* Houe.

azafata [aθafáta] *f.* **1** Hôtesse de l'air (en un avión). **2** ant. Dame d'atour.

azafrán [aθafrán] *m.* Safran.

azahar [aθaàr] *m.* Fleur *f.* d'oranger.

azalea [aθaléa] *f.* Azalée.

azar [aθár] *m.* **1** Hasard. **2** Malheur, accident (desgracia). **3** *loc. adv. Al* ~, au hasard.

azaroso, -sa [aθaróso, -sa] *adj.* **1** Malheureux, euse. **2** Agité, ée.

azogue [aθóɣe] *m.* Mercure, vif-argent (metal).

azorar [aθorár] *tr.* **1** Troubler, effarer. **2** Effrayer (asustar).

azotaina [aθotáĭna] *f.* Volée, raclée.

azotar [aθotár] *tr.* **1** Fouetter, cingler (con azote; dicho del viento). **2** Frapper, battre (golpear). Loc. fig. ~ *calles,* battre le pavé; ~ *el aire,* battre l'air. ▪ **4** *pr.* Se flageller.

azote [aθóte] *m.* **1** Fouet, coup de fouet. **2** fig. Fléau: *el* ~ *de la droga,* le fléau de la drogue.

azotea [aθotéa] *f.* Terrasse.

azteca [aθtéka] *adj.-s.* Aztèque.

azúcar [aθúkar] *m.-f.* Sucre *m.:* ~ *cande,* sucre candi; ~ *moreno, negro,* sucre roux; *pan, pilón de* ~, pain de sucre; *terrón de* ~, morceau de sucre.

azucarado, -da [aθukaráðo, -ða] *adj.* Sucré, ée.

azucarera [aθukaréra] *f.* **1** Sucrier *m.* (vasija). **2** Sucrerie (fábrica).

azucena [aθuθéna] *f.* Lis *m.*

azufre [aθúfre] *m.* Soufre.

azul [aθúl] *adj.* **1** Bleu, eue. **2** *Costa* ~, Côte d'Azur. ▪ **3** *m.* Bleu.

azulado, -da [aθuláðo, -ða] *adj.* Bleu, eue, bleuâtre.

azulejo, -ja [aθuléxo, -xa] *adj.* **1** Bleuâtre. ▪ **2** *m.* Carreau de faïence, azulejo.

azuzar [aθuθár] [4] *tr.* **1** Exciter (a los perros). **2** fig. Irriter, exciter.

B

b [be] *f.* B *m.*

baba [báβa] *f.* Bave. Loc. fig. *Caérsele a uno la ~,* être aux anges.

babear [baβeár] *intr.* Baver.

babero [baβéro] *m.* Bavette *f.,* bavoir.

babieca [baβjéka] *adj.-s.* Nigaud, aude.

babor [baβòr] *m.* MAR. Bâbord.

babosa [baβósa] *f.* Limace.

babucha [baβútʃa] *f.* Babouche.

bacalao [bakaláo] *m.* Morue *f.* Loc. fig. *Cortar el ~,* être le maître, faire la pluie et le beau temps.

bache [bàtʃe] *m.* 1 Trou, nid de poule (en una carretera, etc.). 2 Trou d'air (en avión).

bachiller, -ra [batʃiʎér, -ra] *s.* 1 Bachelier, ière. ▪ 2 *adj.-s.* Bavard, arde.

bachillerato [batʃiʎeráto] *m.* 1 Baccalauréat, bac (examen). 2 Études *f. pl.* secondaires.

bacilo [baθilo] *m.* Bacille.

bacteria [baɣtérja] *f.* Bactérie.

báculo [bákulo] *m.* 1 Bâton recourbé. Loc. ~ *pastoral,* crosse *f.* épiscopale. 2 fig. Appui, soutien.

badajo [baðáxo] *m.* Battant (de campana).

badén [baðén] *m.* 1 Caniveau, rigole *f.* (zanja). 2 Cassis (en una carretera).

bagaje [bayáxe] *m.* 1 MIL. Bagage. 2 fig. Bagage (intelectual, etc.).

bagatela [bayatéla] *f.* Bagatelle.

¡bah! [ba] *interj.* Bah!

bahía [baia] *f.* GEOG. Baie.

bailar [baiʎár] *intr.-tr.* 1 Danser. Loc. ~ *al son que tocan,* s'accommoder aux circonstances, hurler avec les loups.

bailarín, -ina [baiʎarin, -ina] *adj.* 1 Qui danse. ▪ 2 *m.* Danseur. ▪ 3 *f.* Danseuse, ballerine.

baile [báiʎe] *m.* 1 Danse. 2 Bal: ~ *de máscaras,* bal masqué. 3 TEAT. Ballet.

bailotear [bai lɔteár] *intr.* Dansotter.

baja [báxa] *f.* 1 Baisse (de los precios,

etc.). 2 MIL. Perte. 3 Arrêt *m.* de travail, congé *m.* (de un empleado). Loc. *Dar de ~,* donner congé (por enfermedad, etc.), congédier, licencier (despedir).

bajada [baxáða] *f.* 1 Descente (acción, camino). 2 Baisser *m.* (del telón).

bajamar [baxamár] *f.* Basse mer.

bajar [baxár] *tr.* 1 Baisser, abaisser (el brazo, el tono, los párpados, etc.). Loc. ~ *el orgullo a uno,* rabaisser, rabattre l'orgueil à quelqu'un. 2 Descendre (una escalera, etc.). 3 *intr.* Descendre (ir de arriba abajo).

bajel [βaxél] *m.* Bateau.

bajeza [baxéθa] *f.* Bassesse.

bajo, -ja [báxo, -xa] *adj.* 1 Bas, basse (de poca altura, etc.). 2 Baissé, ée: *con los ojos bajos,* les yeux baissés. 3 Loc. *A ~ precio,* à vil prix.

bajo [báxo] *adv.* 1 Bas: *hablar ~,* parler bas. *loc. adv. Por lo ~,* tout bas (en voz baja); ~ *cero,* au-dessous de zéro (temperatura). ▪ 2 *prep.* Sous. *loc. prep.* ~ *pena de,* sous peine de. ▪ 3 *m.* Terrain bas. 4 MAR. Bas-fond. 5 MÚS. Basse *f.:* ~ *cantante,* basse-taille. ▪ 6 *m. pl.* Bas *sing.* (de una falda, etc.).

bajón [baxón] *m.* 1 MÚS. Basson (instrumento). 2 Bassoniste. 3 fig. Baisse *f.* subite, chute *f.* Loc. *Dar un ~,* baisser.

bajorrelieve [baxořeljéβe] *m.* Bas-relief.

bala [bála] *f.* 1 Balle. Loc. ~ *perdida,* balle perdue. 2 Boulet *m.* (de cañón).

balada [baláða] *f.* Ballade.

baladí [balaði] *adj.* Futile, insignifiant, ante.

balance [balánθe] *m.* 1 Balancement. 2 MAR. Roulis. 3 COM. Balance *f.,* bilan.

balancear [balanθeár] *intr.* 1 Se balancer. 2 MAR. Rouler. 3 fig. Balancer, hésiter. ▪ 4 *tr.* Balancer, compenser.

balancín [balanθin] *m.* 1 Palonnier. 2 Balancier (de volatinero). 3 Rocking-chair (mecedora).

balanza [balánθa] *f.* 1 Balance (para

pesar). **2** fig. Balance (comparación). **3** COM. Balance.

balar [balár] intr. Bêler.

balazo [baláθo] m. **1** Blessure f. de balle (herida). **2** Coup de feu, balle f.: *recibió un ~ en el pecho,* il reçut une balle dans la poitrine.

balbucir [balβuθir] intr. Balbutier.

balcón [balkón] m. Balcon.

balde [bálde] m. **1** Baille f., seau en bois. **2** loc. adv. *De ~,* gratis; *en ~,* en vain.

baldío, -ía [baldío, -ía] adj. **1** Vague, inculte (terreno). **2** Vain, vaine (inútil). **3** Vagabond, onde. ■ **4** m. Terrain inculte.

baldosa [baldósa] f. **1** Carreau m. **2** Dalle (de tamaño mayor).

balido [balíδo] m. Bêlement.

balín [balin] m. Balle f. de petit calibre.

balística [balistika] f. Balistique.

baliza [balíθa] f. MAR., AVIAC. Balise.

ballena [baΛéna] f. **1** Baleine. **2** *Esperma de ~,* blanc de baleine.

ballesta [baΛésta] f. **1** Arbalète. **2** Ressort m. à lames (de coche).

ballet [baΛét] m. Ballet.

balneario, -ia [balneárjo, -ja] adj. **1** Balnéaire. ■ **2** m. Station f. balnéaire (en el mar).

balón [balón] m. **1** Ballon (para jugar). **2** Ballon (de oxígeno, etc.).

baloncesto [balonθésto] m. Basket-ball.

balonmano [balonmáno] m. Handball.

balonvolea [balomboléa] m. Volley-ball.

balsa [bálsa] f. **1** Mare (charca). Loc. fig. *Como una ~ de aceite,* très calme. **2** Radeau m. (embarcación). **3** Bac m. (para pasar un río).

bálsamo [bálsamo] m. Baume.

báltico, -ca [báltiko, -ka] adj. Balte.

baluarte [balwárte] m. **1** Bastion. **2** fig. Rempart, défense f.

bamba [bámba] f. Raccroc m. (billar).

bambalina [bambalina] f. TEAT. Frise.

banca [bàηka] f. **1** Banc m. sans dossier, banquette. **2** Banque (comercio, juego): *operaciones de ~,* opérations de banque.

bancario, -ia [baηkárjo, -ja] adj. Bancaire.

banco [báηko] m. **1** Banc. Loc. fig. *Razón de pie de ~,* raisonnement absurde. **2** Établi (de carpintero). **3** Banque f. (establecimiento): *billete de ~,* billet de banque.

banda [bánda] f. **1** Bande. **2** Écharpe, grand cordon m. (condecoración). **3** Côté m. (lado), rive (orilla). Loc. fig. *Cerrarse a la ~,* ne rien vouloir entendre.

4 Fanfare, musique (conjunto de músicos).

bandada [bandaδa] f. Bande (de pájaros).

bandeja [bandéxa] f. Plateau m. (para servir).

bandera [bandéra] f. **1** Drapeau m.: *la ~ francesa, blanca,* le drapeau français, blanc. **2** Bannière (de una asociación, etc.). **3** Pavillon m. (de un barco). Loc. *Arriar ~,* amener pavillon.

banderilla [banderíΛa] f. TAUROM. Banderille.

banderillero [banderiΛéro] m. TAUROM. Banderillero, torero qui plante des banderilles.

banderola [banderóla] f. Banderole, flamme.

bandido [bandíδo] m. Bandit.

bando [bándo] m. **1** Ban, ordonnance f., édit (de la autoridad). **2** Parti, faction f. **3** Bande f. (bandada).

bandolera [bandoléra] f. **1** Bandoulière, loc. adv. *En ~,* en bandoulière. **2** Femme d'un bandit.

bandurria [bandúrja] f. MÚS. Sorte de petite guitare à douze cordes, mandore.

banquero [baηkéro] m. Banquier.

banquete [baηkéte] m. Banquet (comida).

banquillo [baηkíΛo] m. **1** Petit banc. **2** Sellette f., banc des accusés (en el tribunal).

bañador, -ra [bapaδór, -ra] adj.-s. **1** Qui baigne. ■ **2** m. Maillot de bain.

bañar [bapár] tr. **1** Baigner. **2** fig. Baigner, tremper. **3** Enrober, glacer (con azúcar), couvrir. ■ **4** pr. Se baigner.

bañera [bapéra] f. Baignoire.

baño [bápo] m. **1** Baignade f., bain (acción): *~ de masas,* bain de foule. **2** *~ de María,* bain-marie. **3** Couche f., enduit (capa).

baobab [baoβáβ] m. Baobab.

bar [bar] m. **1** Bar. **2** FIS. Bar.

baraja [baráxa] f. Jeu m. de cartes. Loc. fig. *Jugar con dos barajas,* jouer double jeu.

barajar [baraxár] tr. **1** Battre (los naipes). **2** fig. Mêler, brouiller.

baranda [baránda] f. **1** v. *barandilla.* **2** Bande (de billar).

barandilla [barandíΛa] f. **1** Balustrade (de balcón). **2** Rampe d'escalier (de escalera). **3** Garde-fou m. (de puente).

baratija [baratixa] f. **1** Babiole, bagatelle, bricole. **2** Camelote (joya sin valor).

barato, -ta [baráto, -ta] adj.-adv. **1** Bon

marché *invar.: salir* ~, revenir bon marché; *más* ~, meilleur marché. ■ **2** *m.* Vente *f.* au rabais, liquidation.

barba [bárβa] *f.* **1** Barbe (pelo). Loc. ~ *cerrada,* barbe fournie; *tanto por* ~, tant par tête. **2** Menton *m.* (parte de la cara). **3** Caroncules *pl.* (del gallo). **4** *m.* TEAT. Père noble.

barbacana [barβakána] *f.* Barbacane.

barbacoa [barβakóa] *f.* Barbecue.

barbado, -da [barβáðo, -ða] *adj.* Barbu, ue.

barbaridad [barβariðáð] *f.* **1** Énormité, bêtise: *decir barbaridades,* sortir des énormités. **2** *interj. ¡Qué* ~!, c'est incroyable! (asombro).

barbarie [barβárje] *f.* Barbarie.

barbarismo [barβarizmo] *m.* Barbarisme.

bárbaro, -ra [bárβaro, -ra] *adj.-s.* **1** Barbare. ■ **2** *adj.* fam. Formidable. **3** fam. Terrible (tremendo). **4** fam. Énorme.

barbecho [barβéţſo] *m.* Jachère *f.*

barbería [barβeria] *f.* Boutique du barbier, du coiffeur.

barbilampiño, -ña [barβilampiɲo, -ɲa] *adj.* Imberbe, qui a peu de barbe.

barbilla [barβiɲa] *f.* **1** Menton *m.,* bout *m.* du menton. **2** Barbillon *m.* (de pez).

barbitúrico [barβitúriko] *m.* Barbiturique.

barbo [bárβo] *m.* Barbeau.

barbotar [barβotár], **barbotear** [barβoteár] *intr.* Marmotter.

barbudo, -da [barβúðo, -ða] *adj.* Barbu, ue.

barca [bárka] *f.* Barque.

barcaza [barkáθa] *f.* **1** MAR. Allège. **2** Péniche (de desembarco).

barcelonés, -esa [barθelonés, -ésa] *adj.-s.* Barcelonais, aise.

barco [bárko] *m.* MAR. Bateau: ~ *de vapor, de velas,* bateau à vapeur, à voiles.

baremo [barémo] *m.* Barème.

bargueño [barɣéɲo] *m.* Cabinet espagnol (mueble).

barítono [baritono] *m.* Baryton.

barlovento [barloβénto] *m.* **1** MAR. Dessus du vent. ■ **2** *n. pr. Islas de Barlovento,* Îles du Vent.

barnizar [barniθár] [4] *tr.* Vernir (madera, etc.), vernisser (loza).

barómetro [barómetro] *m.* Baromètre.

barón [barón] *m.* Baron.

barquillo [barkiʎo] *m.* **1** Petit bateau. **2** Oublie *f.,* plaisir, gaufre *f.* (golosina).

barquinazo [barkináθo] *m.* Cahot.

barra [bářa] *f.* **1** Barre (de madera, de metal, etc.). **2** Barre, lingot *m.* (de oro). **3** Bâton *m.* (de lacre, de carmín). **4** *No pararse en barras,* ne pas y aller par quatre chemins.

barraca [bařáka] *f.* **1** Baraque. **2** Chaumière (en Valencia).

barranca [bařáɲka] *f.* Ravin *m.,* fondrière.

barrenar [bařenár] *tr.* **1** Forer, percer. **2** MAR. Saborder.

barrendero, -ra [bařendéro, -ra] *s.* Balayeur, euse.

barrer [bařér] *tr.* Balayer.

barrera [bařéra] *f.* **1** Barrière (valla, obstáculo). Loc. ~ *del sonido,* mur *m.* du son. **2** Glasière (de donde se saca el barro).

barretina [bařetina] *f.* Bonnet *m.* catalan.

barriada [bařjáða] *f.* Quartier *m.,* faubourg *m.*

barricada [bařikáða] *f.* Barricade.

barriga [bařiɣa] *f.* Ventre *m.* (vientre), panse (panza).

barril [bařil] *m.* Baril.

barrio [bářjo] *m.* Quartier. Loc. *Barrios bajos,* bas quartiers; fig. *irse al otro* ~, mourir, passer l'arme à gauche, casser sa pipe.

barro [bářo] *m.* **1** Boue *f.* (lodo). **2** Terre *f.* glaise (que utilizan los alfareros). **3** Point noir (en la cara).

barroco, -ca [bařóko, -ka] *adj.-m.* B. ART. Baroque.

barrote [bařóte] *m.* Barreau.

bartola (a la) [(ala)bartóla] *loc. adv.* Sans souci. Loc. *Tumbarse a la* ~, se coucher sur le dos, s'étendre tout à son aise (echarse).

barullo [barúʎo] *m.* **1** Tohu-bohu (agitación), raffut (ruido). **2** Cohue *f.* (muchedumbre).

basar [basár] *tr.* **1** Baser. ■ **2** *pr. Basarse en,* se fonder sur, se baser sur.

báscula [báskula] *f.* Bascule.

base [báse] *f.* **1** Base. **2** Loc. *Partiendo de la* ~ *de que,* en admettant que. **3** INFORM. ~ *de datos,* base de données.

basílica [basilika] *f.* Basilique.

¡basta! [bàsta] *interj.* **1** Assez!, ça suffit!; *i*~ *ya!,* en voilà assez! **2** *loc. prep.* ~ *de,* trève de.

bastante [bastánte] *adj.* **1** Suffisant, ante, assez de: *esto no es* ~, cela n'est pas suffisant. ■ **2** *adv.* Assez: *¿habéis comido* ~?, avez-vous assez mangé?

bastar [bastár] *intr.* **1** Suffire: *basta la intención,* l'intention suffit. **2** ~ *de habladurías...,* assez de bavardages.

bastardilla [bastarðiʎa] *adj.-f.* IMPR. Italique.

bastardo, -da [bastárðo, -ða] *adj.-s.* **1** Bâtard, arde. **2** Vil, vile, indigne.

bastidor [bastiðór] *m.* **1** Châssis. **2** Métier (para bordar). ▪ **3** *pl.* TEAT. Coulisses *f.* Loc. fig. *Entre bastidores,* dans les coulisses.

basto, -ta [básto, -ta] *adj.* **1** Grossier, ière. ▪ **2** *m.* Bât (albarda). ▪ **3** *pl.* Une des couleurs des cartes espagnoles.

bastón [bastón] *m.* **1** Canne *f.* **2** Bâton (insignia, de esquí).

basura [basúra] *f.* **1** Ordures *pl.: prohibido arrojar ~,* défense de déposer des ordures.

basurero [basuréro] *m.* **1** Éboueur, boueur, boueux. **2** Dépôt d'ordures, décharge *f.* (sitio).

bata [báta] *f.* **1** Peignoir *m.* robe de chambre.

batalla [bataʎa] *f.* **1** Bataille: *~ campal,* bataille rangée.

batallón [bataʎón] *m.* Bataillon.

batata [batáta] *f.* Patate douce.

batea [batéa] *f.* **1** Plateau *m.* (bandeja). **2** Bateau *m.* plat, acon *m.* (barco). **3** Plateforme, plateau *m.* (vagón).

batería [batería] *f.* **1** ARTILL., ELECT., MÚS. Batterie. **2** Batterie (de aparatos, utensilios). **3** TEAT. Rampe.

batida [batíða] *f.* **1** Battue. **2** fig. Rafle (de la policía).

batido, -da [batíðo, -ða] *adj.* **1** Battu, ue (camino, tierra). ▪ **2** *m.* Oeufs *pl.* battus en neige. **3** Milk-shake (bebida). **4** Batte *f.* (del oro).

batín [batín] *m.* Veste *f.* d'intérieur.

batir [batír] *tr.* **1** Battre (golpear). **2** Battre (la lluvia, el viento, etc.). **3** Battre (vencer): *nuestro equipo fue batido en la final,* notre équipe a été battue en finale. **4** Battre (un récord). ▪ **5** *pr.* Se battre: *batirse en duelo,* se battre en duel.

batista [batísta] *f.* Batiste (tela).

batracios [batraθjos] *m. pl.* ZOOL. Batraciens.

baturrillo [baturíʎo] *m.* Méli-mélo, brouillamini, fatras.

baturro, -rra [batúro, -ra] *adj.-s.* Paysan aragonais, paysanne aragonaise.

batuta [batúta] *f.* Baguette de chef d'orchestre. Loc. *Llevar la ~,* diriger l'orchestre; fig. mener la danse.

baúl [baúl] *m.* Malle *f.: ~ mundo,* grande malle.

bautismo [baútizmo] *m.* Baptême. Loc. *~ del aire, de fuego,* baptême de l'air, du feu.

bautizo [baútiθo] *m.* **1** Flanelle. **2** Serpillière.

bayeta [bajnéta] *f.* Bayette.

bayo, ya [bájo, -ja] *adj.-s.* Bai, baie.

bayoneta [bajonéta] *f.* Baïonnette.

baza [báθa] *f.* Levée, pli *m.* (en el juego de naipes). Loc fig. *Meter ~,* dire son mot.

bazar [baθár] *m.* Bazar.

bazofia [baθófja] *f.* Graillons *m.,* restes *m. pl.* (desechos).

beatificar [beatifikár] [1] *tr.* Béatifier.

beato, -ta [beáto, -ta] *adj.* **1** Bienheureux, euse. ▪ **2** *adj.-s.* Dévot, ote (muy piadoso). **3** fam. Bigot, ote.

bebé [beβé] *m.* Bébé, poupon.

bebedero, -ra [beβeðéro, -ra] *adj.* **1** Buvable. ▪ **2** *m.* Abreuvoir.

bebedor, -ra [beβeðór, -ra] *adj.-s.* Buveur, euse.

beber [beβér] *intr.-tr.* **1** Boire. Loc. fig. *~ en buenas fuentes,* puiser à de bonnes sources. ▪ **2** *pr.* Boire: *se bebió tres cervezas una tras otra,* il but trois bières l'une après l'autre.

bebida [beβíða] *f.* Boisson: *darse a la ~,* s'adonner à la boisson.

beca [béka] *f.* Bourse (de estudio).

becario, -ia [bekárjo, -ja] *s.* Boursier, ière.

becerra [beθéra] *f.* Génisse.

becerro [beθéro] *m.* **1** Veau. **2** *~ marino,* veau marin. **3** Cartulaire (libro).

bedel [beðél] *m.* Appariteur.

beduino, -na [beðwino, -na] *adj.* **1** Bédouin, ine. **2** fig. Homme grossier.

begonia [beɣónja] *m.* Bégonia.

belga [bélɣa] *adj.-s.* Belge.

bélico, -ca [béliko, -ka] *adj.* Martial, ale, belliqueux, euse.

beligerante [belixeránte] *adj.-s.* Belligérant, ante.

bello, -lla [béʎo, -ʎa] *adj.* **1** Beau, bel (delante de un masc. sing. que empieza por vocal o *h* aspirada), belle: *el ~ sexo,* le beau sexe; *las bellas artes,* les beaux-arts. **2** *f.* Belle (mujer).

bellota [beʎóta] *f.* **1** BOT. Gland. *m.* **2** *~ de mar,* gland de mer.

bendecir [bendeθír] [79] *tr.* Bénir: *¡Dios le bendiga!,* Dieu vous bénisse!

bendición [bendiθjón] *f.* Bénédiction; *echar la ~,* donner sa bénédiction.

bendito, -ta [bendito, -ta] **1** *p. p.* de *bendecir.* ▪ **2** *adj.* Béni, ie, bénit, ite: *agua* *bendita,* eau bénite; *¡Bendito sea Dios!,* Dieu soit béni!

benedictino, -na [beneðiɣtino, -na] *adj.-s.* 1 Bénédictin, ine. ▪ 2 *m.* Bénédictine *f.* (licor).

beneficencia [benefiθénθja] *f.* 1 Bienfaisance. 2 ~ *pública,* assistance publique.

beneficiar [benefiθjár] [12] *tr.* 1 Faire du bien. 2 Améliorer, exploiter (un terreno), bénéficier (una mina), traiter (el mineral). ▪ 3 *intr.-pr.* Bénéficier de.

beneficio [benefiθjo] *m.* 1 Bénéfice. 2 Bienfait (bien). 3 AGR. Culture *f.* 4 Exploitation *f.* (de minas, etc.).

benéfico, -ca [benéfiko, -ka] *adj.* Bienfaisant, ante.

benemérito, -ta [benemérito, -ta] *adj.* Digne d'honneur, de récompense: ~ *de la patria,* qui a bien mérité de la patrie.

benévolo, -la [benéβolo, -la] *adj.* Bienveillant, ante (indulgente).

benigno, -na [beniɣno, -na] *adj.* 1 Bénin, igne. 2 Doux, douce (clima, etc.).

berenjena [berenxéna] *f.* Aubergine.

berlina [berlína] *f.* 1 Berline (coche). 2 Coupé *m.* (de diligencia). 3 *Poner en ~,* tourner en ridicule.

berlinés, -esa [berlinés, -ésa] *adj.-s.* Berlinois, oise.

bermellón [bermeʎón] *m.* Vermillon.

berrear [beřeàr] *intr.* 1 Beugler (hablando del becerro). 2 fig. Beugler, brailler.

berrinche [beříntʃe] *m.* fam. Accès de colère, rogne *f.* (enfado): *coger un ~,* piquer une rogne.

berro [béřo] *m.* Cresson.

berza [bérθa] *f.* Chou *m.* (col).

besar [besàr] *tr.* 1 Embrasser: ~ *en las mejillas, en la boca,* embrasser sur les joues, sur la bouche. 2 *Beso a usted la mano, los pies,* je vous baise les mains, les pieds.

beso [béso] *m.* Baiser. Loc. fig. fam. *Comerse a besos a uno,* couvrir, dévorer quelqu'un de baisers.

bestia [béstja] *f.* Bête. Loc. ~ *de albarda,* âne; ~ *de carga,* bête, brute.

bestialidad [bestjaliðàð] *f.* Bestialité.

besugo [besúɣo] *m.* Pagel, rousseau.

besuquear [besukeàr] *tr.* Bécoter, biser.

betún [betún] *m.* 1 Bitume. Loc. *Negro como el ~,* noir comme un pruneau. 2 Cirage (para el calzado). Loc. *Dar ~ a un zapato,* cirer une chaussure.

biberón [biβerón] *m.* Biberon.

biblia [biβlia] *f.* Bible.

bíblico, -ca [biβliko, -ka] *adj.* Biblique.

bibliografía [biβljoɣrafia] *f.* Bibliographie.

biblioteca [biβljotéka] *f.* Bibliothèque.

bibliotecario, -ia [biβljotekàrjo, -ja] *s.* Bibliothécaire.

bicarbonato [bikarβonàto] *m.* Bicarbonate.

bíceps [biθeβs] *m.* Biceps.

bicho [bitʃo] *m.* 1 Bête *f.,* bestiole *f.* Loc. fig. *Todo ~ viviente,* tout le monde; *mal ~,* sale individu. 2 TAUROM. Taureau.

bici [biθi] *f.* dim. Bicyclette, vélo *m.*

bicicleta [biθikléta] *f.* Bicyclette.

bicoca [bikóka] *f.* 1 FORT. Bicoque. 2 fig. fam. Bagatelle, babiole (fruslería). 3 Occasion (ganga).

bicolor [bikolór] *adj.* Bicolore.

bicóncavo, -va [bikóŋkaβo, -βa] *adj.* Biconcave.

biconvexo, -xa [bikombeɣso, -ɣsa]*adj.* Biconvexe.

bidé [biðé] *m.* Bidet.

biela [bièla] *f.* 1 Bielle. 2 Manivelle (de bicicleta).

bien [bjén] *m.* 1 Bien. Loc. *Bienes raíces,* biens-fonds. ▪ 2 *adv.* Bien. Loc. *Salir ~,* bien réussir; *tener a ~,* vouloir, vouloir bien. ▪ 3 *conj.* Soit: ~ *por la mañana,* ~ *por la tarde,* soit le matin, soit l'après-midi. 4 *loc. conj. Ahora ~,* or; *más ~,* plutôt; *no ~,* aussitôt que, à peine; ~ *que, si ~,* si bien que.

bienal [bjenàl] *adj.-f.* Biennal, ale.

bienaventurado, -da [bjenaβenturàðo, -ða] *adj.-s.* Bienheureux, euse. 2 fig. Candide.

bienestar [bjenestàr] *m.* Bien-être, aisance *f.,* confort.

bienhechor, -ra [bienetʃór, -ra] *adj.-s.* Bienfaiteur, trice.

bienintencionado, -da [bjeninten θjonàðo, -ða] *adj.* Bien intentionné, ée.

bienvenida [bjembeniða] *f.* Bienvenue: *dar la ~,* souhaiter la bienvenue.

bife [bife] *m.* amer. Bifteck.

biftec [biftéɣ] *m.* Bifteck.

bifurcación [bifurkaθjón] *f.* Bifurcation.

bigamia [biɣàmja] *f.* Bigamie.

bigarrado, -da [biɣařàðo, -ða] *adj.* Bigarré, ée.

bigote [biɣóte] *m.* Moustache *f.* Loc. fam. *De ~,* terrible, formidable.

bigotudo, -da [biɣotúðo, -ða] *adj.* Moustachu, ue.

bikini [bikíni] *m.* Bikini.

bilateral [bilaterál] *adj.* Bilatéral, ale.

biliar [biljár] *adj.* Biliaire.

bilingüe [bilíŋgwe] *adj.* Bilingue.

bilingüismo [bilíŋgwizmo] *m.* Bilinguisme.

bilis [bílis] *f.* Bile.

billar [biλár] *m.* Billard.

billete [biλéte] *m.* **1** Billet. **2** Billet (de banco, de tren, de lotería, etc.). Loc. *No hay billetes,* complet.

binario, -ia [binárjo, -ja] *adj.* Binaire.

binóculo [binókulo] *m.* Binocle.

binomio [binómjo] *m.* Binôme.

biodegradable [bjoðegraðáβle] *adj.* Biodégradable.

biografía [bjoɣrafía] *f.* Biographie.

biología [bjoloxía] *f.* Biologie.

biológico, -ca [bjolóxiko, -ka] *adj.* Biologique.

biombo [bjómbo] *m.* Paravent.

bioquímica [bjokímika] *f.* Biochimie.

bióxido [bjó(ɣ)siðo] *m.* QUÍM. Bioxyde.

biplano [biplano] *m.* Biplan.

birlar [birlár] *tr.* **1** Rebattre (en el juego de bolos). **2** fam. Souffler, barboter: *le han birlado la bici,* on lui a barboté son vélo.

birlibirloque (por arte de) [birliβirlóke] *loc. adv.* Comme par enchantement.

birrete [biřéte] *m.* **1** Toque *f.* (de magistrado, etc.). **2** Barrette *f.* (de eclesiásticos). **3** Bonnet (de catedrático).

birria [bířja] *f.* fam. Horreur.

bis [bis] *adv.* Bis.

bisabuelo, -la [bisaβwélo, -la] *s.* **1** Bisaïeul, eule, arrière-grand-père, arrière-grand-mère. ■ **2** *pl.* Arrière-grands-parents, bisaïeux.

bisagra [bisáɣra] *f.* Charnière (de puerta).

bisel [bisél] *m.* Biseau.

bisemanal [bisemanál] *adj.* Bihebdomadaire.

bisexual [bise(ɣ)swál] *adj.* Bisexuel, elle.

bisiesto [bisjésto] *adj.* Bissextile: *año ~,* année bissextile.

bisílabo, -ba [bisílaβo, -βa] *adj.* Dissyllabe.

bisonte [bisónte] *m.* Bison.

bisoño, -ña [bisóɲo, -ɲa] *adj.-s.* **1** Novice. ■ **2** *m.* MIL. Nouvelle recrue *f.,* bleu.

bisturí [bisturí] *m.* Bistouri.

bisutería [bisutería] *f.* Bijouterie d'imitation.

bizantino, -na [biθantíno, -na] *adj.-s.* Byzantin, ine.

bizarría [biθařía] *f.* **1** Courage *m.,* bravoure (valor). **2** Générosité.

bizco, -ca [bíθko, -ka] *adj.* **1** Bigle, louche. ■ **2** *s.* Loucheur, euse.

bizcocho [biθkótʃo] *m.* **1** Biscuit. **2** ~ *borracho,* baba.

blanca [bláŋka] *f.* **1** Monnaie *f.* Loc. fig. *No tener ~, estar sin ~,* être sans le sou, à sec. **2** MÚS. Blanche.

blanco, -ca [bláŋko, -ka] *adj.* **1** Blanc, blanche: *arma blanca,* arme blanche. ■ **2** *s.* Blanc, blanche (de raza blanca). ■ **3** *m.* Blanc (color): ~ *de cinc, de plata,* blanc de zinc, d'argent. **4** fig. But, cible *f.* (fin, objeto). Loc. *Dar en el ~,* frapper au but, viser juste, faire mouche.

blancor [blaŋkór] *m.,* **blancura** [blaŋkúra] *f.* Blancheur *f.*

blandengue [blandéŋge] *adj.* **1** Mou, molle, faible.

blandir [blandír] *tr.* Brandir.

blando, -da [blándo, -da] *adj.* **1** Mou, molle: *un colchón ~,* un matelas mou. **2** Mou, molle, faible (de carácter), lâche (cobarde).

blandura [blandúra] *f.* **1** Mollesse. **2** Douceur (en el trato).

blanquear [blaŋkeár] *tr.* **1** Blanchir (poner blanco). **2** Badigeonner (con cal). ■ **3** *intr.* Blanchoyer (mostrar su blancura). ■ **4** Blanchir (volverse blanco). **5** Tirer sur le blanc.

blasfemar [blasfemár] *intr.* Blasphémer.

blasfemia [blasfémja] *f.* Blasphème *m.*

blasón [blasón] *m.* **1** Blason. **2** fig. Honneur, titre de gloire.

bledo [bléðo] *m.* Blette *f.* Loc. fig. fam. *me importa un ~,* je m'en fiche, je m'en moque comme de l'an quarante.

blindar [blindár] *tr.* Blinder.

bloque [blóke] *m.* Bloc.

bloqueo [blokéo] *m.* **1** MAR., MIL. Blocus. **2** COM. Blocage (de créditos, etc.).

blusa [blúsa] *f.* Corsage *m.,* chemisier *m.,* blouse: *una ~ de seda,* un chemisier en soie.

boa [bóa] *f.* **1** Boa *m.* (reptil). ■ **2** *m.* Boa (prenda).

bobina [boβína] *f.* Bobine.

bobo, -ba [bóβo, -βa] *adj.-s.* **1** Sot, sotte, nigaud, aude, idiot, ote. Loc. *Hacer el ~,* faire l'idiot, le zouave.

boca [bóka] *f.* **1** Bouche. Loc. fig. *no decir esta ~ es mía,* ne pas ouvrir la bouche, ne pas desserrer les dents. **2** Gueule (de los carnívoros, de horno, cañón). Loc. *Está oscuro como ~ de lobo,* il fait noir comme dans un four. **3** Pince (de crustáceo). **4** *loc. adv.* **A** ~ *de jarro*, à bout portant (cerca), à brûle-pourpoint (bruscamente); ~ *abajo, arriba*, à plat ventre, sur le dos (una persona).

bocacalle [bokakáʎe] *f.* **1** Entrée d'une rue.

bocadillo [bokaðiʎo] *m.* **1** Sandwich. **2** *Tomar un* ~, casser la croûte.

bocado [bokáðo] *m.* **1** Bouchée *f.* (de comida). **2** Mors (del caballo). **3** Morsure *f.,* coup de dent (mordisco).

bocazas [bokáθas] *m.* fig. fam. Grande gueule *f.*

boceto [boθéto] *m.* Ébauche *f.,* esquisse *f.*

bochorno [botʃórno] *m.* **1** Vent chaud. **2** Chaleur *f.* lourde, temps lourd. **3** fig. Rougeur *f.,* honte *f.*

bocina [boθína] *f.* **1** MÚS. Corne, trompe. **2** Corne, avertisseur *m.,* klaxon *m.* (de coche).

bocio [bóθjo] *m.* Goitre.

boda [bóða] *f.* **1** Noce (fiesta), mariage *m.* (ceremonia).

bodega [boðéɣa] *f.* **1** Cave, chai *m.* cellier *m.* **2** Cale (de un barco).

bodeguero, -ra [boðeɣéro, -ra] *s.* Maître, maîtresse d'un chai.

bodrio [bóðrjo] *m.* Ratatouille *f.*

BOE [bóe] *m.* (*abrev.* Boletín Oficial del Estado) Journal officiel espagnol.

bofe [bófe] *m.* Poumon, mou. Loc. fig. fam. *Echar uno el* ~, *los bofes*, se tuer au travail.

bofetada [bofetáða] *f.* **1** Gifle. **2** Soufflet *m.* (desaire).

bogar [boɣár] [7] *intr.* MAR. Ramer.

bohemio, -ia [boémjo, -ja] *adj.-s.* **1** Bohémien, ienne. ■ **2** *s.* Tzigane. **3** fig. Bohème. ■ **4** *adj.* De bohème.

boicotear [boikoteár] *tr.* Boycotter.

boina [bóina] *f.* Béret *m.*

bol [ból] *m.* **1** Bol (taza grande). **2** ~ *arménico*, bol d'Arménie.

bola [bóla] *f.* **1** Boule (cuerpo esférico). Loc. fig. *¡Ruede la* ~*!*, laissez faire!, vogue la galère! **2** Bille: *rodamiento a, de bolas*, roulement à billes. **4** Vole (naipes). **5** fig. Mensonge *m.,* bobard *m.* (embuste). **6** Cirage *m.* (betún).

bolado [boláðo] *m.* Sucre spongieux (azucarillo).

bolchevique [boltʃeβike] *s.* Bolcheviste.

bolero, -ra [boléro, -ra] *adj.-s.* **1** Menteur, euse. ■ **2** *m.* Boléro (baile, chaquetilla).

boletín [boletin] *m.* **1** Bulletin (publicación). **2** ~ *oficial*, journal officiel. **3** Billet.

bólido [bóliðo] *m.* Bolide.

bolígrafo [boliɣrafo] *m.* Stylo à bille.

bolillo [boliʎo] *m.* Fuseau (para hacer encajes).

boliviano, -na [boliβjáno, -na] *adj.-s.* Bolivien, ienne.

bollo [bóʎo] *m.* **1** Brioche *f.* (redondo), petit pain au lait (alargado). Loc. *No está al horno para bollos*, ce n'est vraiment pas le moment. **2** Bouillon (pliegue). **3** Bosse *f.* (bulto).

boloñés, -esa [boloɲés, -ésa] *adj.-s.* Bolonais, aise.

bolsa [bólsa] *f.* **1** Bourse (para el dinero). **2** Sac *m.*: ~ *de papel, de plástico*, sac en papier, en plastique. **3** MIN., MIL. Poche. **4** Poche, faux pli *m.*

bolsillo [bolsiʎo] *m.* **1** Poche *f.* (de un vestido). Loc. *Libro de* ~, livre de poche. **2** Bourse *f.,* porte-monnaie.

bomba [bómba] *f.* **1** Pompe (máquina): ~ *aspirante, impelente*, pompe aspirante, foulante. **2** Bombe (proyectil, artefacto explosivo). Loc. ~ *de mano*, grenade.

bombardear [bombarðeár] *tr.* Bombarder.

bombear [bombeár] *tr.* **1** Pomper. **2** Bombarder. **3** fam. Vanter, couvrir d'éloges.

bombero [bombéro] *m.* Pompier, sapeur-pompier.

bombilla [bombiʎa] *f.* **1** ELECT. Ampoule. **2** amer. Pipette (para beber mate).

bombín [bombin] *m.* fam. Chapeau melon.

bombo, -ba [bómbo, -ba] *adj.* **1** fam. Étourdi, ie, abasourdi, ie. ■ **2** *m.* MÚS. Grosse caisse *f.* **3** Sphère *f.* pour le tirage de la loterie.

bombón [bombón] *m.* Bonbon au chocolat.

bonachón, -ona [bonatʃón, -óna] *adj.* **1** Bonasse, débonnaire.

bonaerense [bonaerénse] *adj.-s.* De Buenos Aires.

bonanza [bonánθa] *f.* Bonace (calma).

bondad [bondáð] *f.* Bonté.

bondadoso, -sa [bondaðóso, -sa] *adj.* Bon, bonne.

bonete [bonéte] *m.* Bonnet (de eclesiásticos, colegiales, graduados), barrette *f.* (de eclesiásticos).

bonificar [bonifikár] [1] *tr.* Bonifier, améliorer.

bonito, -ta [bonito, -ta] *adj.* **1** Joli, ie. ■ **2** *m.* Bonite *f.,* thon (pez).

bono [bóno] *m.* Bon: ~ *del Tesoro, de caja*, bon du Trésor, de caisse.

boom [bum] *m.* Boom.

boquear [bokeár] *intr.* **1** Ouvrir la bouche. **2** fig. Être mourant, ante. **3** Tirer à sa fin (cosa).

boquerón [bokerón] *m.* Anchois (pez).

boquete [bokéte] *m.* **1** Passage étroit. **2** Trou, brèche *f.*

boquilla [bokiʎa] *f.* **1** MÚS. Bec *m.*, embouchure (de un instrumento). **2** Fume-cigare *m. invar.*, fume-cigarette *m. invar.*

borboteo [borβotéo] *m.* Bouillonnement.

borceguí [borθeɣí] *m.* Brodequin.

borda [bórða] *f.* MAR. Extrémité supérieure du bord d'un bateau, plat-bord *m.*, bord *m.; lanzar por la ~,* jeter par-dessus bord.

bordado [borðáðo] *m.* Broderie *f.*

bordar [borðár] *tr.* **1** Broder.

borde [bórðe] *m.* **1** Bord. **2** loc. prep. Al ~ de, au bord de; *al ~ de llorar,* sur le point de pleurer, au bord des larmes.

bordear [borðeár] *tr.-intr.* **1** Côtoyer, border. ■ **2** *tr.* fig. Friser (acercarse mucho). **3** Frôler (un peligro, etc.).

bordillo [borðiʎo] *m.* Bordure *f.: el ~ de la acera,* la bordure du trottoir.

bordo [bórðo] *m.* MAR. Bord: *a ~,* à bord.

bordón [borðón] *m.* **1** Bourdon (bastón). **2** MÚS., IMPR. Bourdon.

boreal [boreál] *adj.* Boréal, ale.

borgoñón, -ona [borɣoɲón, -óna] *adj.-s.* Bourguignon, onne.

borla [bórla] *f.* **1** Houppe, gland *m.* (de pasamanería). **2** Pompon *m.* (de gorro, birrete).

borne [bórne] *m.* **1** Morne *f.* (de la lanza). **2** ELECT. Borne *f.*

borra [bóra] *f.* **1** Bourre (de lana, pelo). **2** fig. Remplissage *m.* (en un escrito).

borracho, -cha [boráʧo, -ʧa] *adj.* **1** Ivre. ■ **2** *s.* Ivrogne, ivrognesse.

borrador [boraðór] *m.* **1** Brouillon (escrito). **2** COM. Brouillard.

borraja [boráxa] *f.* Bourrache (planta). Loc. *Agua de borrajas,* eau de boudin.

borrar [borár] *tr.* **1** Effacer (hacer desaparecer). **2** Biffer, rayer (tachar).

borrasca [boráska] *f.* Bourrasque, tempête.

borrego, -ga [boréɣo, -ɣa] *s.* **1** Mouton, brebis d'un à deux ans. **2** fig. Benêt (necio). **3** fig. Mouton (dócil).

borrico [boríko] *m.* **1** Âne. **2** CARP. Baudet.

borrón [borón] *m.* **1** Pâté (de tinta). **2** Tache *f.* (imperfección, deshonra).

borroso, -sa [boróso, -sa] *adj.* Confus, use, illisible (escritura).

bosque [bóske] *m.* Bois, forêt *f.* ▲ En francés *bois* difiere de *forêt* en que el primero tiene menor extensión.

bosquejo [boskéxo] *m.* Ébauche *f.,* esquisse *f.*

bostezar [bosteθár] [4] *intr.* Bâiller.

bota [bóta] *f.* **1** Gourde en cuir. **2** Tonneau *m.*, barrique (cuba). **3** Botte: *botas de montar,* bottes à l'écuyère. **4** Chaussure montante: ~ de esquí, chaussure de ski.

botadura [botaðúra] *f.* Lancement *m.* (de un barco).

botánico, -ca [botániko, -ka] *adj.* **1** Botanique. ■ **2** *s.* Botaniste. ■ **3** *f.* Botanique.

botar [botár] *tr.* **1** Jeter, lancer, pousser dehors (una cosa), mettre à la porte, mettre dehors (a una persona). **2** Lancer (un barco). ■ **3** *intr.* Rebondir (hablando de una pelota). **4** Bondir, sauter.

botarate [botaráte] *m.* fam. Étourdi, écervelé.

bote [bóte] *m.* **1** Canot (barco). **2** Bocal, pot (vasija). **3** Coup (de lanza, de pica). **4** Bond (salto): *dar botes,* faire des bonds. **5** loc. adv. *De ~ en ~,* bondé, ée, plein, pleine à craquer.

botella [botéʎa] *f.* Bouteille.

botellín [boteʎín] *m.* Petite bouteille *f.,* canette *f.*

botica [botika] *f.* **1** Pharmacie (farmacia).

boticario, -ia [botikárjo, -ja] *s.* Pharmacien, ienne, apothicaire.

botijo [botixo] *m.* Cruche *f.,* gargoulette *f.*

botín [botin] *m.* **1** Guêtre *f.* (polaina). **2** MIL. Butin.

botiquín [botikín] *m.* **1** Boîte *f.* à pharmacie (armario), pharmacie *f.* portative.

botón [botón] *m.* **1** BOT. Bourgeon (yema). **2** BOT. Bouton (de flor). **3** Bouton (de vestido, de timbre, de florete, etc.).

botones [botónes] *m.* Chasseur, groom.

bóveda [bóβeða] *f.* **1** Voûte: ~ de aljibe. **2** ~ celeste, voûte céleste.

bovino, -na [boβino, -na] *adj.-s.* **1** Bovin, ine. ■ **2** *m. pl.* Bovidés, bovins.

boxeador [bo(γ)seaðór] *m.* Boxeur.

boxeo [bo(γ)séo] *m.* Boxe *f.*

boya [bója] *f.* Bouée.

boyante [bojánte] *adj.* **1** MAR. Qui flotte à nouveau. **2** fig. Prospère, florissant, ante. **3** MAR. Lège.

boyerizo [bojeriθo], **boyero** [bojéro] *m.* Bouvier.

bozal [boθál] *adj.-s.* **1** Se disait du nègre nouvellement arrivé de son pays. **2** fig. Novice. **3** Sot, sotte, idiot, ote. ■ **4** *m.* Muselière *f.*

bozo [bóθo] *m.* Duvet.

bracear [braθeár] *intr.* **1** Mouvoir les bras. **2** Nager la brasse (nadar). **3** MAR. Brasser.

bracero [braθéro] *m.* **1** Manœuvre, journalier. **2** *loc. adv. De* ~, bras dessus, bras dessous.

braga [bráɣa] *f.* **1** Lange *m.*, couche (de niño). ■ **2** *pl.* Culotte *sing.*, slip *m. sing.* (de mujer).

bragadura [braɣaðúra] *f.* **1** Entrecuisse *m.* (de un animal). **2** Enfourchure (de un pantalón).

bragueta [braɣéta] *f.* Braguette.

brahmán [bramán] *m.* Brahmane.

brahmín [bramín] *m.* Brahmane.

bramante [bramánte] *m.* Ficelle *f.*

bramar [bramár] *intr.* **1** Bramer (el ciervo), mugir (el toro). **2** fig. Rugir (de ira). **3** fig. Mugir (el viento, el mar).

branquia [bráŋkja] *f.* Branchie.

brasa [brása] *f.* Braise.

brasero [braséro] *m.* Brasero.

brasil [brasil] *m.* Bois du Brésil, Brésil.

brasileño, -ña [brasiléɲo, -ɲa] *adj.-s.* Brésilien, ienne.

bravata [braβáta] *f.* Bravade.

bravo, -va [bráβo, -βa] *adj.* **1** Brave, vaillant, ante. **2** Fanfaron, onne. **3** Grand, ande, magnifique. **4** Sauvage, indompté, ée (animal), de combat (toro). **5** Déchaîné, ée (mar). **6** *interj.* *¡Bravo!,* bravo!

bravura [braβúra] *f.* **1** Bravoure. **2** Férocité (de los animales). **3** Combativité (de un toro de lidia).

braza [bráθa] *f.* **1** MAR. Brasse. **2** Brasse (modo de nadar): *nadar a* ~, nager la brasse.

brazalete [braθaléte] *m.* **1** Bracelet (pulsera). **2** Brassard (brazal).

brazo [bráθo] *m.* **1** Bras: *iban cogidos del* ~, ils allaient bras dessus, bras dessous; *estar hecho un* ~ *de mar,* être très chic, très élégant. *loc. adv. A* ~ *partido,* à tour de bras (con empeño); *con los brazos abiertos,* à bras ouverts.

brea [bréa] *f.* Goudron *m.,* brai *m.*

brebaje [breβáxe] *m.* Breuvage.

brecha [brétʃa] *f.* Brèche (abertura). Loc. *Abrir* ~, faire une brèche.

bregar [breɣár] [7] *intr.* **1** Lutter, se battre. **2** fig. Se démener, se donner du mal (ajetrearse).

brete [bréte] *m.* **1** Fers *pl.* (de un reo). **2** fig. Difficulté *f.,* embarras: *poner en un* ~, mettre dans une situation difficile.

bretón, -ona [bretón, -óna] *adj.-s.* Breton, onne.

breva [bréβa] *f.* Figue-fleur. Loc. fig. *Más blando que una* ~, soumis, ise, doux comme un agneau.

breve [bréβe] *adj.* **1** Bref, brève. *loc. adv. En* ~, sous peu. ■ **2** *m.* Bref (pontificio). ■ **3** *f.* MÚS. Brève.

brevedad [breβeðáð] *f.* Brièveté.

breviario [breβjárjo] *m.* Bréviaire.

bribón, -ona [briβón, -óna] *adj.-s.* Fripon, onne, coquin, ine.

bricolage, bricolaje [bricoláxe] *m.* Bricolage: *sección* ~, rayon bricolage.

bricolar [brikolar] *tr.* Bricoler.

brida [bríða] *f.* **1** Bride. *loc. adv. A toda* ~, à bride abattue. **2** CIR. Bride.

brigada [briɣáða] *f.* **1** Brigade. ■ **2** *m.* MIL. Adjudant.

brillante [briʎánte] *adj.* **1** Brillant, ante.

brillar [briʎár] *intr.* Briller.

brincar [briŋkár] [1] *intr.* **1** Sauter, bondir, gambader. Loc. fig. ~ *de gozo,* bondir de joie. **2** fig. Bondir.

brindar [brindár] *intr.* **1** Boire à la santé de, porter un toast, boire: *brindo por los recién casados,* je bois à la santé des jeunes mariés. ■ **2** *intr.-tr.* Offrir: ~ *su ayuda,* offrir son aide. ■ **3** *pr.* S'offrir, offrir, proposer: *se brindó a acompañarme,* il proposa de m'accompagner.

brindis [brindis] *m.* Toast: *echar un* ~, porter un toast.

brioso, -sa [brjóso, -sa] *adj.* **1** Vigoureux, euse, énergique, vaillant, ante.

brisa [brisa] *f.* **1** Brise. **2** Marc *m.* de raisin.

brisca [briska] *f.* Brisque (juego).

británico, -ca [britániko, -ka] *adj.-s.* Britannique.

brocha [brótʃa] *f.* **1** Blaireau *m.* (de afeitar). **2** Brosse, gros pinceau *m.* (pincel).

broche [brótʃe] *m.* Broche *f.* (joya), agrafe *f.* (para sujetar).

broma [bróma] *f.* **1** Plaisanterie, farce, blague: ~ *pesada,* mauvaise plaisanterie.

bromista [bromista] *adj.-s.* Farceur, euse, blagueur, euse.

bromo [brómo] *m.* BOT., QUÍM. Brome.

bronce [brónθe] *m.* Bronze.

bronceado, -da [bronθeáðo, -ða] *adj.* **1** Bronzé, ée. ■ **2** *m.* Bronzage.

bronceador, -ra [bronθeaðór, -ra] **1** *adj.* Bronzant, e. ■ **2** *m.* Crème solaire *f.*

bronco, -ca [brónko, -ka] *adj.* **1** Rude, âpre. **2** Rauque (voz sonido). **3** Acariâtre, bourru, ue (de genio).

bronquio [brónkjo] *m.* ANAT. Bronche *f.*

brotar [brotár] *intr.* **1** Pousser, bourgeonner (hablando de las plantas). **2** Jaillir, sourdre (un líquido): *el agua brotaba del manantial,* l'eau jaillissait de la source. **3** fig. Apparaître, germer.

brote [bróte] *m.* **1** BOT. Bourgeon, pousse *f.*

bruces (de) [(de)βrúθes] *loc. adv.* À plat ventre (caerse).

bruja [brúxa] *f.* **1** Sorcière. Loc. fig. *Creer en brujas,* croire au Père Noël. **2** fig. Vieille sorcière (mujer fea).

brujería [bruxería] *f.* Sorcellerie.

brújula [brúxula] *f.* Boussole.

bruma [brúma] *f.* Brume.

bruñido [bruɲiðo] *m.* Bruni, brunissage.

brusco, -ca [brúsko, -ka] *adj.* **1** Brusque. ■ **2** *m.* Fragon, petit houx.

brutal [brutál] *adj.-s.* **1** Brutal, ale. **2** *fam.* Super (extraordinario).

bruto, -ta [brúto, -ta] *adj.-s.* **1** Sot, sotte, bête. ■ **2** *adj.* Brutal, ale: *la fuerza bruta,* la force brutale. **3** Brut, ute (sin labrar). *loc. adv.* **En** ~, brut, ute. **4** COM. Brut (peso, beneficio, etc.). ■ **5** *m.* Brute *f.*

bucal [bukál] *adj.* Buccal, ale.

bucear [buθeár] *intr.* **1** Plonger, travailler sous l'eau (el buzo). **2** Nager sous l'eau (nadar). **3** fig. Explorer.

buche [bútʃe] *m.* **1** Jabot (de las aves). **2** fam. Estomac, panse *f.* **3** Gorgée *f.* (de líquido).

bucle [búkle] *m.* Boucle *f.* (de cabello).

budismo [buðizmo] *m.* Bouddhisme.

buen [bwen] *adj.* Forme apocopée de *bueno.*

buenaventura [bwenaβentúra] *f.* Bonne aventure.

bueno, -na [bwéno, -na] *adj.* **1** Bon, bonne: *un hombre* ~, un homme bon. Loc. *Dar por* ~, approuver, juger bon. **3** *loc. adv.* **A buenas, por las buenas,** de bon gré; *de buenas a primeras,* de but en blanc; de prime abord. **4** *interj.* Bon!, bien!; *i~ está!,* bon!, ça va comme ça! *¡muy bueno!,* salut!

buey [bweï] *m.* Bœuf.

búfalo, -la [búfalo, -la] *s.* Buffle, buffonne.

bufanda [bufánda] *f.* Cache-nez *m. invar.*

bufar [bufár] *intr.* **1** Souffler (el toro). **2** S'ébrouer (resoplar el caballo). **3** fig. Frémir de colère.

bufete [bufète] *m.* **1** Bureau (mesa). **2** Cabinet, étude *f.* (de abogado).

bufón, -ona [bufón, -óna] *adj.-s.* Bouffon, onne.

buhardilla [bwarðíʎa] *f.* **1** Mansarde (desván). **2** Lucarne (ventana).

búho [búo] *m.* Hibou.

buitre [bwitre] *m.* Vautour.

bujía [buxía] *f.* Bougie.

bula [búla] *f.* **1** Bulle (del Papa). **2** fig. Exemption, privilège *m.*

bulbo [búlβo] *m.* BOT., ANAT. Bulbe.

búlgaro, -ra [búlɣaro, -ra] *adj.-s.* Bulgare.

bulla [búʎa] *f.* Tapage *m.,* bruit *m.*

bullicio [buʎíθjo] *m.* **1** Mouvement (de una muchedumbre). **2** Tumulte, agitation *f.* (de una ciudad, etc.).

bullir [buʎír] [41] *intr.* **1** Bouillir, bouillonner, s'agiter. **2** Grouiller (insectos). **3** Foisonner, abonder (cosas). **4** S'agiter, remuer. ■ **5** *tr.* Mouvoir, remuer.

bulto [búlto] *m.* **1** Volume, grosseur *f.* (de una cosa). **2** Forme *f.* vague, silhouette *f.* Loc. fig. *Escurrir el* ~, s'esquiver, se dérober. *loc. adv.* **A** ~, en gros, approximativement, au jugé. **3** Bosse *f.,* enflure *f.* (hinchazón). **4** Paquet, colis (paquete).

buñuelo [buɲwèlo] *m.* **1** Beignet. **2** fig. fam. Navet (cosa mal hecha).

BUP [bup] *m.* (*abrev.* Bachillerato Unificado Polivalente) Cycle d'enseignement entre la troisième et la première en Espagne.

buque [búke] *m.* **1** MAR. Navire, vaisseau, bateau (barco). **2** Coque *f.* (casco).

burbuja [burβúxa] *f.* Bulle (de aire).

burdo, -da [búrðo, -ða] *adj.* Grossier, ière.

burgalés, -esa [burɣalés, -ésa] *adj.-s.* De Burgos.

burgués, -esa [burɣés, -ésa] *adj.s.* Bourgeois, oise.

burguesía [burɣesía] *f.* Bourgeoisie.

buril [buríl] *m.* Burin.

burla [búrla] *f.* **1** Moquerie, raillerie. Loc. *Hacer* ~, se moquer. **2** Plaisanterie (chanza). *loc. adv.* **De burlas,** pour rire.

burlar [burlár] *intr.* **1** Plaisanter, badiner. **2** *loc. adv.* **Burla burlando,** sans s'en douter, sans en avoir l'air. ■ **3** *tr.* Tromper: ~ *a uno,* tromper quelqu'un. ■ **4** *pr.* Se moquer.

burlete [burlète] *m.* Bourrelet (de puerta o ventana).

burocracia [burokráθja] *f.* Bureaucratie.

burócrata [burókrata] *s.* Bureaucrate.

burra [búřa] *f.* 1 Ânesse. ■ 2 *adj.-f.* Sotte, ignorante.

burro [búřo] *m.* 1 Âne. Loc. fig. *Apearse, caerse del ~,* reconnaître son erreur.

bursátil [bursátıl] *adj.* Boursier, ière.

busca [búska] *f.* Recherche, quête: *a la ~, en ~ de,* à la recherche de, en quête de.

buscar [buskár] [1] *tr.* Chercher. Loc. fig. *Buscársela a uno,* provoquer quelqu'un.

búsqueda [búskeða] *f.* Recherche.

busto [bústo] *m.* Buste.

butaca [butáka] *f.* Fauteuil *m.; ~ de patio,* fauteuil d'orchestre.

butano [butáno] *m.* Butane (gas): *bombona de ~,* bouteille de butane.

butifarra [butifářa] *f.* Saucisse, sorte de boudin *m.*

buzo [búθo] *m.* 1 Plongeur, scaphandrier. 2 Bleu (mono, traje de faena).

buzón [buθón] *m.* Boîte *f.* aux lettres: *echar una carta al ~,* mettre une lettre à la boîte.

buzoneo [buθonéo] *m.* Publipostage.

C

c [θe] *f.* C *m.*

cabal [kaβál] *adj.* **1** Juste, exact, acte, complet, ète, entier, ière. **2** *fig.* Accompli, ie, parfait, aite, loyal, ale.

cábala [káβala] *f.* Cabale.

cabalgada [kaβalɣáða] *f.* Chevauchée.

cabalgar [kaβalɣár] [7] *intr.* **1** Chevaucher, aller à cheval. ◼ **2** *tr.* Monter.

cabalgata [kaβalɣáta] *f.* Cavalcade.

caballa [kaβáʎa] *f.* Maquereau *m.*

caballar [kaβaʎár] *adj.* **1** Chevalin, ine. **2** *Cría* ~, élevage *m.* de chevaux.

caballería [kaβaʎería] *f.* **1** Monture, bête de selle. **2** MIL. Cavalerie. **3** Chevalerie: ~ *andante,* chevalerie errante.

caballeriza [kaβaʎeríθa] *f.* Écurie.

caballero, -ra [kaβaʎéro, -ra] *adj.* **1** Monté, ée à cheval: ~ *en una mula,* à cheval sur une mule. **2** *m.* Chevalier (noble, el que pertenece a una orden): ~ *andante,* chevalier errant. **3** Homme bien élevé, loyal, galant homme: *portarse como un* ~, agir noblement, se conduire en gentleman. **4** Monsieur (n'accompagnant pas le nom): *señoras y caballeros,* mesdames et messieurs. **5** Cavalier (soldado a caballo).

caballete [kaβaʎéte] *m.* **1** Chevalet (de pintor, de tortura). **2** Tréteau (soporte). **3** Faîte (de un tejado). **4** Capuchon, abat-vent, mitre *f.* (de chimenea).

caballito [kaβaʎíto] *m.* **1** Petit cheval. **2** ~ *del diablo,* libellule *f.* ◼ **2** *pl.* Manège *sing.* de chevaux de bois.

caballo [kaβáʎo] *m.* **1** Cheval. Loc. ~ *padre,* étalon; ~ *de vapor,* cheval-vapeur. *loc. adv. A* ~, à cheval. **2** Cavalier (del ajedrez). **3** Dame *f.* du jeu de cartes espagnol (naipes).

cabalmente [kaβálmente] *adv.* Justement, précisément.

cabaña [kaβáɲa] *f.* **1** Cabane. **2** Grand troupeau *m.* (rebaño). **3** Bétail *m.* (ganado). **4** Cheptel *m.*

cabaret, cabaré [kaβarét, kaβaré] *m.* Cabaret.

cabecera [kaβeθéra] *f.* **1** Commencement *m.,* partie principale. **2** Haut bout *m.* (en la mesa). **3** Source (de un río). **4** Chevet *m.,* tête (de cama). **5** Tête (de un puente). **6** Chef-lieu *m.* (capital).

cabecilla [kaβeθíʎa] *m.* Chef de rebelles, meneur.

cabello [kaβéʎo] *m.* **1** Cheveu (pelo). Loc. *fig. Poner los cabellos de punta,* faire dresser les cheveux sur la tête. *loc. adv. En cabellos,* en cheveux, nu-tête. **2** Chevelure *f.,* cheveux *pl.: tiene el* ~ *negro,* elle a les cheveux noirs.

caber [kaβér] [66] *intr.* **1** Tenir: *estos libros no caben en el armario,* ces livres ne tiennent pas dans l'armoire. **2** Avoir, revenir, incomber: *me cabe el honor de,* j'ai l'honneur de. **3** Être possible, naturel, y avoir lieu de: *cabe pensar que,* il y a lieu de penser que; *no cabe duda,* il n'y a pas de doute.

cabeza [kaβéθa] *f.* **1** Tête. Loc. *Mala* ~, mauvaise tête; ~ *de ajos,* tête d'ail; ~ *de turco,* bouc émissaire, tête de turc; *conservar la* ~, avoir toute sa tête; *quebrarse, romperse la* ~, se casser, se creuser la tête. **2** ~ *de partido,* chef-lieu *m.* d'arrondissement. ◼ **3** *m.* Chef: ~ *de familia,* chef de famille.

cabezada [kaβeθáða] *f.* **1** Coup *m.* donné avec la tête. **2** Dodelinement *m.* de la tête (al dormir). **3** Salut *m.* de la tête (saludo). **4** Têtière (de la brida).

cabezota [kaβeθóta] *f.* **1** *fam.* Grosse tête. ◼ **2** *adj.-s.* Cabochard, arde, têtu, ue.

cabida [kaβíða] *f.* Capacité, contenance.

cabina [kaβína] *f.* Cabine (de avión, telefónica, etc.).

cabizbajo, -ja [kaβiθβáxo, -xa] *adj.* Tête basse.

cable [káβle] *m.* **1** Câble. **2** Câblogramme, câble. **3** MAR. Encablure *f.* (medida).

cabo [káβo] *m.* **1** Bout, extrémité *f.,* terme. Loc. fig.; *llevar a ~,* réaliser, mener à bien. *loc. adv. Al ~,* à la fin. **2** GEOG. Cap. **3** Bout (pedacito): *~ de vela,* bout de chandelle. **4** MAR. Cordage. **5** MIL. Caporal. ■ **6** *pl.* Loc. *Atar cabos,* réunir des renseignements, faire des recoupements.

cabotaje [kaβotáxe] *m.* Cabotage.

cabra [káβra] *f.* **1** Chèvre. Loc. fig. *La ~ siempre tira al monte,* la caque sent toujours le hareng. **2** *~ montés,* bouquetin *m.*

cabrear [kaβreár] *tr.* **1** fam. Taper sur le système. ■ **2** *pr.* pop. Se foutre en rogne.

cabreo [kaβréo] *m.* fam. Colère *f.,* crise *f.: tener un ~,* être en rogne, piquer sa crise.

cabrío, -ía [kaβrio, -ia] *adj.* **1** Caprin, ine. ■ **2** *m.* Troupeau de chèvres.

cabritilla [kaβritiʎa] *f.* Chevreau (piel).

cabrito [kaβrito] *m.* Chevreau, cabri.

cabrón [kaβrón] *m.* **1** Bouc. **2** fam. Cocu (cornudo).

caca [káka] *f.* Caca *m.*

cacao [kakáo] *m.* **1** Cacaoyer, cacaotier (árbol). **2** Cacao.

cacarear [kakareár] *intr.* **1** Caqueter. ■ **2** *tr.* fig. Vanter, claironner.

cacería [kaθería] *f.* Partie de chasse.

cacerola [kaθeróla] *f.* Casserole (con mango), faitout *m.* (con asas).

cachalote [katʃalóte] *m.* Cachalot.

cacharro [katʃářo] *m.* **1** Pot, vase (vasija). **2** Tesson (pedazo). **3** fam. Truc (chisme), clou (bicicleta, coche), guimbarde *f.* (coche), rafiot (barco).

cachear [katʃeár] *tr.* Fouiller (registrar).

cachete [katʃéte] *m.* **1** Joue *f.* (carrillo). **2** Claque *f.* (bofetada), coup de poing (golpe).

cachiporra [katʃipóřa] *f.* Massue, matraque.

cachivache [katʃiβátʃe] *m.* **1** Vase, ustensile. **2** Machin, truc (chisme).

cacho [kátʃo] *m.* **1** Petit morceau: *hacer cachos,* casser en morceaux. **2** Gardon (pez).

cachondearse [katʃondeárse] *pr.* **1** pop. Se payer la tête, se ficher de (burlarse). **2** Rigoler, se marrer (reírse).

cachorro, -rra [katʃóřo, -řa] *s.* Petit *m.* (de la chienne et de divers mammifères).

caciquismo [kaθikizmo] *m.* Influence *f.* d'un cacique, arbitraire.

caco [káko] *m.* fig. Filou, voleur.

cacto [káyto] *m.* Cactus.

cada [káða] *adj.* **1** Chaque. Loc. *~ cual, ~ uno,* chacun. **2** Tous les, toutes les; *cada cuatro días,* tous les quatre jours; *~ vez que,* toutes les fois que.

cadalso [kaðálso] *m.* Échafaud.

cadáver [kaðáβer] *m.* **1** Cadavre. **2** Corps.

cadena [kaðéna] *f.* **1** Chaîne. **2** *Trabajo en ~,* travail à la chaîne. **3** DER. Travaux *m. pl.* forcés: *~ perpetua,* détention perpétuelle.

cadencia [kaðénθja] *f.* Cadence.

cadera [kaðéra] *f.* Hanche.

cadete [kaðéte] *m.* **1** MIL. Cadet. **2** amer. Apprenti.

caducar [kaðukár] [1] *intr.* **1** Devenir gâteux, euse (por la edad). **2** Se périmer, être périmé, ée (un billete, etc.). **3** Expirer (un plazo). **4** S'éteindre (un derecho).

caducidad [kaðuθiðað] *f.* Caducité.

caduco, -ca [kaðúko, -ka] *adj.* Caduc, uque.

caer [kaér] [67] *intr.* **1** Tomber: *~ de espaldas,* tomber sur le dos, à la renverse. **2** Échoir, gagner: *le cayó el premio,* il a gagné le prix. **3** Se trouver, être situé, ée: *esto cae lejos de aquí,* cela se trouve loin d'ici. **4** Seoir, aller (sentar bien o mal): *este peinado te cae bien,* cette coiffure te va bien. **5** Loc. *¡Ya caigo!,* je comprends!, j'y suis!

café [kafé] *m.* **1** Café: *~ con leche,* café au lait. **2** Caféier (cafeto).

cafeína [kafeína] *f.* Caféine.

cafetera [kafetéra] *f.* Cafetière.

cafetería [kafetería] *f.* Café (lugar), snack-bar *m.*

cagada [kayaða] *f.* fam. **1** Excrément *m.* **2** Connerie (equivocación).

cagar [kayár] [7] *intr.* **1** pop. Chier. ■ **2** *pr.* Chier. Loc. fig. pop. *Cagarse de miedo,* avoir la trouille.

caída [kaiða] *f.* **1** Chute. **2** Partie tombante, rétombée (de una cortina, etc.). **3** fig. Bon mot *m.* (ocurrencia). **4** Tombée. *loc. adv. A la ~ de la tarde,* à la tombée de la nuit.

caído, -da [kaiðo, -ða] **1** *p. p.* de *caer.* ■ **2** *adj.* Déchu, ue: *ángel ~,* ange déchu. **3** fig. Défaillant, ante, affaibli, ie. ■ **4** *m. pl.* Morts: *monumento a los caídos,* monument aux morts.

caimán [kaimán] *m.* Caïman.

caja [káxa] *f.* **1** Boîte (pequeña), caisse (grande). Loc. *~ de cambios,* boîte de vitesses. **2** Caisse (dinero, establecimiento): ~ *de ahorros,* caisse d'é-pargne. 3 Boîtier *m.* (de reloj). 4 IMPR. Casse: ~ *alta,* haut de casse; ~ *baja,* bas de casse. 5 Cercueil *m.,* bière (ataúd). 6 Cage (de escalera). 7 Caisse (de un violín, etc.).

cajera [kaxèra] *f.* Caissière.

cajetilla [kaxetíʎa] *f.* Paquet *m.* de tabac, de cigarettes.

cajón [kaxòn] *m.* 1 Grande caisse *f.* 2 Tiroir (de mueble). 3 *Ser de* ~, être normal, de règle.

cal [kal] *f.* Chaux: ~ *viva,* chaux vive; ~ *muerta,* chaux éteinte.

cala [kála] *f.* 1 Cale (de un barco). 2 Crique (ensenada). 3 MED. Sorte de suppositoire *m.* 4 CIR. Sonde.

calabacín [kalaβaθin] *m.* Courgette *f.*

calabaza [kalaβáθa] *f.* 1 Citrouille, cour-ge, potiron *m.* 2 Calebasse (recipien-te). Loc. ~ *vinatera,* gourde. 3 *fig. Dar calabazas,* recaler (en un examen), éconduire (a un pretendiente).

calabozo [kalaβòθo] *m.* Cachot (cárcel).

calado, -da [kaláðo, -ða] *adj.* 1 Percé, ée, ajouré, ée. ■ 2 *m.* Ajour, broderie *f.,* découpage à jour. 3 MAR. Calaison *f.,* tirant d'eau. ■ 4 MAR. Profondeur *f.* (profundidad).

calamar [kalamár] *m.* Calmar, encornet.

calambre [kalámbre] *m.* MED. Crampe *f.*

calamidad [kalamiðáð] *f.* Calamité.

calandria [kalándrja] *f.* Calandre (máquina, pájaro).

calaña [kaláɲa] *f.* Caractère *m.,* espèce, acabit *m.: dos individuos de la misma* ~, deux individus du même acabit.

calar [kalár] *tr.* 1 Imbiber, pénétrer (tratándose de un líquido). 2 Percer, transpercer (atravesar). 3 Ajourer (telas, papel, etc.). 4 Mouiller (las redes). 5 Caler (las velas). 6 *fig.* Deviner, pénétrer (las intenciones, etc.). ■ 7 *intr.* Caler (un barco).

calavera [kalaβèra] *f.* 1 Tête de mort. ■ 2 *m. fig.* Écervelé. 3 Noceur (juerguista).

calcar [kalkár] [1] *tr.* 1 Calquer, décalquer. 2 Presser du pied.

calcáreo, -ea [kalkáreo, -ea] *adj.* Calcaire.

calce [kálθe] *m.* 1 Bandage (de una rueda). 2 Coin (cuña). 3 Cale *f.*

calceta [kalθéta] *f.* Bas *m.* Loc. *Hacer* ~, tricoter.

calcetín [kalθetín] *m.* Chaussette *f.*

calcinar [kalθinár] *tr.* Calciner.

calcio [kálθjo] *m.* Calcium.

calco [kálko] *m.* 1 Calque.

calcomanía [kalkomania] *f.* Décalcomanie.

calcular [kalkulár] *tr.* 1 Calculer. 2 *fig.* Calculer, estimer, penser.

cálculo [kálkulo] *m.* Calcul.

caldear [kaldeár] *tr.* 1 Chauffer.

caldera [kaldéra] *f.* Chaudière. Loc. ~ *de jabón,* fabrique de savon.

calderada [kalderáða] *f.* Chaudrée, chaudronnée.

calderilla [kalderiʎa] *f.* Menue monnaie, petite monnaie.

caldero [kaldéro] *m.* Chaudron.

calderón [kalderòn] *m.* 1 Grand chaudron. 2 MÚS. Point d'orgue. 3 IMPR. Pied de mouche.

caldo [káldo] *m.* 1 Bouillon. Loc. *fig. Hacer a uno el* ~ *gordo,* faire le jeu de quelqu'un. ■ 2 *pl.* Liquides alimentaires (vino, aceite, etc.).

caldoso, -sa [kaldóso, -sa] *adj.* Qui a beaucoup de jus.

calefacción [kalefaɣθjòn] *f.* Chauffage *m.; la* ~ *central,* le chauffage central.

calendario [kalendárjo] *m.* Calendrier.

calentador, -ra [kalentaðór, -ra] *adj.* 1 Chauffant, ante. ■ 2 *m.* Bassinoire *f.* (de la cama). 3 Chauffe-bain *invar.* (de baño).

calentar [kalentàr] [27] *tr.* 1 Chauffer, faire chauffer. 2 *fam.* Battre, rosser. ■ 3 *pr.* Se chauffer. 4 *fig.* S'échauffer (excitarse, animarse).

calentura [kalentúra] *f.* Fièvre: *tener* ~, avoir de la fièvre.

calesa [kalésa] *f.* Calèche.

calibre [kaliβre] *m.* 1 Calibre (diámetro). 2 *fig.* Importance *f.*

calidad [kaliðáð] *f.* 1 Qualité. 2 Nature, caractère *m.*

cálido, -da [káliðo, -ða] *adj.* 1 Chaud, chaude: *clima* ~, climat chaud. 2 *fig.* Chaleureux.

calidoscopio [kaliðoskòpjo] *m.* Kaléidoscope.

caliente [kaljènte] *adj.* 1 Chaud, chaude: *mantener* ~, tenir au chaud.

calificación [kalifikaθjòn] *f.* 1 Qualification. 2 Mention (en un examen).

calificado, -da [kalifikáðo, -ða] *adj.* Qualifié, ée.

calificar [kalifikár] [1] *tr.* 1 Qualifier. 2 Attribuer des mentions (en un examen), etc.).

calificativo, -va [kalifikatiβo, -βa] *adj.-m.* Qualificatif, ive.

caligrafía [kaligrafia] *f.* Calligraphie.

cáliz[kàliθ] *m.* Calice.

caliza[kaliθa] *f.* Calcaire *m.* (roca).

callado, -da[kaλáðo, -ða] *adj.* Silencieux, euse, réservé, ée, discret, ète.

callar[kaλár] *intr.-pr.* 1 Se taire: *Quien calla otorga,* qui ne dit mot consent; *hacer ~,* faire taire. 2 *interj. ¡Calla!,* vas donc!

calle[káλe] *f.* 1 Rue. Loc. fig. *echar, poner en la ~,* mettre à la porte.

callejero, -ra[kaλexéro, -ra] *adj.* 1 De la rue: *escena callejera,* scène de la rue.

callejuela[kaλexwéla] *f.* Ruelle.

callo[káλo] *m.* 1 Durillon (en las manos, en los pies), cor (en los pies). 2 CIR. Cal. ▪ 3 *pl.* COC. Tripes *f.* gras-double *sing.*

calma[kálma] *f.* 1 Calme *m.*: *~ chicha,* calme plat; *mar en ~,* mer calme. 2 Accalmie (en los dolores, negocios, etc.). 3 fig. Calme *m.,* sérénité.

calmar[kalmár] *tr.* 1 Calmer. ▪ 2 *intr.-pr.* Se calmer, s'apaiser.

calmoso, -sa[kalmóso, -sa], **calmudo, -da** [kalmùðo, -ða] *adj.* Flegmatique, indolent, ente.

caló[kalò] *m.* Argot des gitans.

calor[kalòr] *m.* 1 Chaleur *f.* Loc. fig. *Dar ~,* animer, encourager. 2 Chaud: *hacer ~,* faire chaud; *tener ~,* avoir chaud.

caloría[kaloria] *f.* Calorie.

calumnia[kalúmnja] *f.* Calomnie.

calumniar[kalumnjár] [12] *tr.* Calomnier.

caluroso, -sa [kaluróso, -sa] *adj.* 1 Chaud, chaude (tiempo). 2 fig. Chaleureux, euse.

calva [kálβa] *f.* 1 Partie dégarnie de cheveux (en la cabeza). 2 Partie d'un terrain dépourvue de végétation.

calvicie[kalβiθje] *f.* Calvitie.

calvo, -va[kálβo, -βa] *adj.* 1 Chauve (cabeza). 2 Rapé, ée (tejido).

calzada [kalθáða] *f.* 1 Route pavée. 2 Chaussée (de una calle).

calzado, -da [kalθáðo, -ða] *adj.* 1 Chaussé, ée. 2 Pattu, ue (pájaro). 3 Balzan (caballo). ▪ 4 *m.* Chaussure *f.*

calzador[kalθaðòr] *m.* Chausse-pied.

calzar[kalθár] [4] *tr.* 1 Chausser (zapatos). 2 Porter (llevar puesto). 3 Caler (poner calces).

calzón[kalθón] *m.* Culotte *f.* Loc. fig. *Ponerse, llevar los calzones,* porter la culotte.

calzoncillos[kalθonθiλos] *m. pl.* Caleçon *sing.*

cama [kàma] *f.* 1 Lit *m.* Loc. *Caer en ~,* tomber malade. 2 Gîte *m.,* repaire *m.*

(de animales). 3 Litière (en un establo). 4 COC. Couche.

camada [kamáða] *f.* 1 Portée (de una hembra). 2 fig. Bande (de ladrones).

camafeo[kamaféo] *m.* Camée.

camaleón[kamaleón] *m.* Caméléon.

cámara [kámara] *f.* 1 Salle (de una casa). 2 Chambre du roi. 3 Chambre (asamblea, cuerpo): *las cámaras,* les chambres, le corps législatif. 4 Chambre (cavidad): *~ obscura,* chambre noire, obscure; 5 Caméra (cinematográfica), appareil *m.* (fotográfica).

camarada[kamaráða] *s.* Camarade.

camarero [kamaréro] *m.* 1 Garçon (de café, de restaurante). 2 Valet de chambre (en un hotel). 3 Camérier (del Papa).

camarilla[kamariλa] *f.* Coterie influente.

camarín [kamarin] *m.* 1 Cabinet, boudoir. 2 TEAT. Loge *f.* (de actores). 3 Petite chapelle *f.* derrière un autel.

camarón [kamarón] *m.* Crevette *f.* grise, salicoque *f.*

camarote[kamaróte] *m.* MAR. Cabine *f.*

camastro [kamástro] *m.* 1 Grabat. 2 Lit de camp (en los campos de guardia).

cambalache [kambaláʧe] *m.* fam. Troc.

cambiar [kambjár] [12] *tr.-intr.* 1 Changer. ▪ 2 *tr.* Échanger (trocar): ¿me puede *~ esta camisa blanca por otra azul?,* pouvez-vous m'échanger cette chemise blanche contre une autre bleue?

cambio [kámbjo] *m.* 1 Change: *letra de ~,* lettre de change. 2 Échange: *~ de impresiones,* échange de vues. 3 Changement (modificación). 4 *loc. adv. A las primeras de ~,* de but en blanc; *en ~,* en revanche, par contre (al contrario), en échange (reciprocidad).

cambista[kambista] *m.* Changeur.

camelar [kamelár] *tr.* fam. Baratiner, embobiner, faire du baratin.

camello[kaméλo] *m.* Chameau.

camelo [kamélo] *m.* 1 fam. Baratin, histoires. 2 Fumisterie *f.* (engaño). 3 *Hablar en ~, soltar camelos,* raconter des blagues.

camilla [kamiλa] *f.* 1 Lit *m.* de repos. 2 Brancard *m.* (para enfermos). 3 Table sous laquelle on met un brasero, tandour *m.*

camillero [kamiλéro] *m.* Brancardier.

caminar [kaminàr] *intr.* 1 Marcher, cheminer (andar), voyager (viajar). Loc. fig. *~ derecho,* marcher droit. ▪ 2 *tr.* Parcourir en marchant (una distancia).

camino [kamino] *m.* Chemin: *~ de hierro,* chemin de fer.

camión [kamjón] *m.* Camion.

camisa [kamisa] *f.* **1** Chemise. Loc. fig. *Meterse en ~ de once varas,* se mêler des affaires d'autrui. **2** Manchon *m.* (de mechero de gas). **3** *~ de fuerza,* camisole de force.

camiseta [kamiséta] *f.* Gilet *m.* de corps, maillot *m.* de corps, tricot *m.* de corps (ropa interior).

camisón [kamisón] *m.* Chemise *f.* de nuit.

camomila [kamomila] *f.* Camomille.

campal [kampál] *adj. Batalla ~,* bataille rangée.

campamento [kampaménto] *m.* Campement.

campana [kampána] *f.* **1** Cloche. Loc. *~ de buzo,* cloche à plongeur; *echar las campanas al vuelo,* sonner à toute volée. **2** Hotte, manteau *m.* (de chimenea).

campanario [kampanárjo] *m.* Clocher.

campanilla [kampaniʎa] *f.* **1** Sonnette (para llamar a la puerta), clochette (campana pequeña). Loc. *De campanillas,* important, ante.

campante [kampánte] *adj.* Content, ente, satisfait, aite.

campaña [kampáɲa] *f.* **1** Campagne. **2** Campagne (militar, electoral, etc.).

campechano, -na [kampetʃáno, -na] *adj.* **1** Franc, franche, gai, gaie, ouvert, erte, bon enfant *invar.*

campeón, -na [kampeón, -na] *s.* Champion.

campeonato [kampeonáto] *m.* Championnat.

campesino, -na [kampesino, -na] *adj.* Paysan, anne, campagnard, arde.

camping [kámpiŋ] *m.* Camping.

campo [kámpo] *m.* **1** Champ. *loc. adv. A ~ raso,* à la belle étoile, à découvert; *a ~ traviesa,* à travers champs. **2** Campagne *f.* (extensión de terreno llano fuera de poblado). **3** MIL. Camp: *levantar el ~,* lever le camp.

Campsa [kámpsa] *f.* (*abrev.* Compañía Arrendataria del Monopolio de Petróleos, SA) Compagnie pétrolière espagnole semi-publique.

can [kan] *m.* **1** Chien. **2** ARQ. Corbeau, modillon.

cana [kána] *f.* **1** Cheveu *m.* blanc. Loc. fig. *Echar una ~ al aire,* s'amuser, se divertir.

canadiense [kanaðjénse] *adj.-s.* Canadien, ienne.

canal [kanál] *m.* **1** Canal. **2** Chenal (de un puerto). **3** ARQ. Gouttière *f.* (conducto), noue *f.* **4** *Abrir en ~,* ouvrir de haut en bas (un animal).

canalizar [kanaliθár] [4] *tr.* Canaliser.

canalla [kanáʎa] *f.* **1** Canaille (gente baja). ■ **2** *m.* Canaille *f.,* fripouille *f.* (hombre).

canapé [kanapé] *m.* Canapé.

canario, -ia [kanárjo, -ja] *adj.-s.* **1** Canarien, ienne. ■ **2** *m.* Canari, serin (pájaro).

canasta [kanásta] *f.* Panier *m.* (cesta), manne, corbeille (con dos asas).

canastilla [kanastiʎa] *f.* **1** Corbeille. **2** Layette, trousseau *m.* (ropa para recién nacido).

canasto [kanásto] *m.* **1** Panier haut et étroit. **2** *interj. ¡Canastos!,* sapristi!

cancelar [kanθelár] *tr.* Annuler (un contrato, etc.).

cáncer [kánθer] *m.* **1** Cancer: *ser ~,* être du Cancer. **2** Cancer: *~ de mama,* cancer du sein.

canceroso, -sa [kanθeróso, -sa] *adj.* Cancéreux, euse.

cancha [kántʃa] *f.* **1** Terrain *m.* destiné aux jeux de balle, aux combats de coqs, etc. **2** amer. Terrain *m.* (de fútbol, etc.).

canciller [kanθiʎér] *m.* Chancelier.

canción [kanθjón] *f.* Chanson.

candado [kandáðo] *m.* Cadenas.

candeal [kandeál] *adj. Trigo ~,* froment; *pan ~,* pain de froment.

candela [kandéla] *f.* **1** Chandelle. **2** Feu *m.* (fuego).

candelabro [kandeláβro] *m.* Candélabre.

candente [kandénte] *adj.* **1** Incandescent, ente.

candidatura [kandiðatúra] *f.* **1** Candidature. **2** Liste de candidats. **3** Bulletin *m.* de vote (papeleta).

cándido, -da [kándiðo, -ða] *adj.* Candide, naïf, naïve.

candil [kandil] *m.* **1** Petite lampe *f.* à huile. **2** Corne *f.* (de sombrero). **3** Andouiller (de una cuerna).

candileja [kandiléxa] *f.* **1** Petite lampe. ■ **2** *pl.* TEAT. Rampe *sing.*

candor [kandór] *m.* Candeur *f.*

canela [kanéla] *f.* **1** Cannelle. **2** fig. Chose exquise, délice *m.*

canelón [kanelón] *m.* **1** Gouttière *f.* (canalón). **2** Glaçon (carámbano). **3** Torsade *f.* (pasamanería).

canesú [kanesú] *m.* **1** Canezou. **2** Empiècement (de un vestido).

cangrejo [kaŋgrèxo] *m.* 1 Crabe, écrevisse *f.: ~ de mar,* crabe; *~ de río,* écrevisse. 2 MAR. Corne *f.*

canguelo [kaŋyélo] *m.* fam. Frousse *f.*

canguro [kaŋgúro] *m.* Kangourou.

canibalismo [kaniβalizmo] *m.* Canibalisme.

canica [kaníka] *f.* Bille.

canícula [kanikula] *f.* Canicule.

canilla [kaniʎa] *f.* 1 Cannelle, cannette (grifo). 2 Canette, cannette (en las máquinas de tejer). 3 Os *m.* long de la jambe ou du bras (hueso).

canino, -na [kanino, -na] *adj.* 1 Canin, ine. ■ 2 *m.* Canine *f.* (diente).

canje [kánxe] *m.* Échange (de prisioneros, notas diplomáticas, etc.).

cano, -na [káno, -na] *adj.* 1 Blanc, blanche (pelo, etc.). 2 Chenu, ue, qui a les cheveux blancs (persona).

canoa [kanóa] *f.* Canoë *m.* (piragua), canot *m.* (de remo o con motor).

canon [kánon] *m.* 1 REL., LIT., MÚS., B. ART. Canon. ■ 2 *pl.* Droit *sing.* canon.

canónico, -ca [kanóniko, -ka] *adj.* 1 Canonique. 2 Canon (derecho). 3 *Horas canónicas,* heures canoniales.

canonizar [kanoniθár] [4] *tr.* Canoniser.

canoso, -sa [kanóso, -sa] *adj.* Chenu, ue, grisonnant, ante.

cansado, -da [kansáðo, -ða] *adj.* 1 Fatigué, ée, las, lasse. 2 Fatigant, ante (que cansa), ennuyeux, euse (que fastidia).

cansancio [kansánθjo] *m.* Fatigue *f.*

cansar [kansár] *tr.* 1 Fatiguer, lasser.

cantábrico, -ca [kantáβriko, -ka] *adj.* Cantabrique.

cantante [kantánte] *s.* Chanteur, euse.

cantaor, -ra [kantaór, -ra] *s.* Chanteur, euse de flamenco.

cantar [kantár] *intr.-tr.* 1 Chanter. ■ 2 *intr.* fig. fam. Avouer, chanter (confesar). ■ 3 *m.* Poème populaire pouvant être chanté, chanson *f.: ~ de gesta,* chanson de geste; *El Cantar de los cantares,* le Cantique des cantiques.

cántaro [kántaro] *m.* Cruche *f.* Loc. fig. fam. *Alma de ~,* niais, cruche; *llueve a cántaros,* il pleut à verse.

cantata [kantáta] *f.* Cantate.

cante [kánte] *m.* Chant populaire andalou.

cantera [kantéra] *f.* 1 Carrière (de piedra). 2 fig. Pépinière.

cantidad [kantiðáð] *f.* 1 Quantité. 2 Somme (de dinero): *recibí la ~ de cien pesetas,* j'ai reçu la somme de cent pesetas.

cantimplora [kantimplóra] *f.* 1 Gourde, bidon *m.* (recipiente). 2 Siphon *m.*

cantina [kantína] *f.* 1 Cantine. 2 Buvette (en una estación).

canto [kánto] *m.* 1 MÚS., LIT. Chant: *~ gregoriano, llano,* chant grégorien, plain-chant. 2 Coin, angle. 3 Pierre *f.,* gros caillou: *~ rodado,* galet. 4 Tranche *f.* (de una moneda, de un libro). 5 Dos (de un cuchillo). 6 Épaisseur *f.* 7 *loc. adv. De ~,* de chant.

cantón [kantón] *m.* 1 Canton (división administrativa). 2 Coin (esquina). 3 MIL. Cantonnement.

cantor, -ra [kantór, -ra] *adj.-s.* Chanteur, euse.

canturrear [kantuřeár] *intr.* fam. Chantonner, fredonner.

cánula [kánula] *f.* Canule.

canutero [kanutèro] *m.* Aiguiller.

caña [káɲa] *f.* 1 Chaume *m.,* tige (tallo). 2 Roseau *m.,* canne. Loc. *~ de azúcar,* canne à sucre; *~ de Indias,* rotang, rotin; *~ de pescar,* canne à pêche. 3 Tige (de la bota). 4 Barre (del timón). 5 Verre *m.* (vaso). 6 Fût *m.* (de fusil, de columna). ■ 7 *pl.* ant. Sorte de joute *sing.*

cañada [kaɲáða] *f.* 1 Vallon *m.* 2 Chemin *m.* pour les troupeaux, draille.

cáñamo [káɲamo] *m.* Chanvre.

cañería [kaɲería] *f.* Conduite (de agua, de gas).

cañón [kaɲón] *m.* 1 Canon (de un arma de fuego). 2 ARTILL. Canon. 3 Tuyau: *~ de chimenea, del órgano,* tuyau de cheminée, d'orgue.

cañonazo [kaɲonáθo] *m.* Coup de canon.

caoba [kaóβa] *f.* Acajou *m.*

caos [káos] *m.* Chaos.

capa [kápa] *f.* 1 Cape (prenda). *loc. adv. So ~ de,* sous couleur de, sous prétexte de; *so ~,* sous cape. 2 *~ pluvial,* chape d'église. 3 Robe (de un animal). 4 Couche (de pintura, de aire, de rocas, etc.). 5 MAR. *Estar a la ~,* être à la cape.

capacidad [kapaθiðáð] *f.* Capacité.

capacitar [kapaθitár] *tr.* 1 Rendre apte, rendre capable. 2 Autoriser, habiliter (habilitar). 3 Former.

capar [kapár] *tr.* Castrer, châtrer.

caparazón [kaparaθón] *m.* 1 Caparaçon. 2 Carapace *f.* (de insecto, crustáceo). 3 Carcasse *f.* (de ave).

capataz [kapatáθ] *m.* Contremaître.

capaz [kapáθ] *adj.* 1 Capable (persona).

capazo [kapáθo] *m.* Grand cabas.

capcioso, -sa [kaβθjóso, -sa] *adj.* Captieux, euse.

capear [kapeár] *tr.* **1** TAUROM. Tromper (le taureau) avec la cape. **2** fig. Tromper par des subterfuges. ■ **3** *tr.-intr.* MAR. Se mettre à la cape, éviter la tempête.

capellán [kapeλán] *m.* Chapelain, aumônier.

caperucita [kaperuθita] *f.* **1** Petit chaperon *m.* **2** ~ *Roja,* le Petit Chaperon rouge.

capilar [kapilár] *adj.* Capillaire.

capilla [kapiλa] *f.* **1** Chapelle. Loc. *Estar en* ~, se dit d'un condamné à mort qui attend dans une chapelle le moment de son exécution. **2** Capuchon *m.,* capuce (capucha). **3** Chapelle (músicos).

capirote [kapiróte] *m.* **1** Hennin (de mujer). **2** Chaperon (capucho). **3** Chaperon (cetrería).

capital [kapitál] *adj.* **1** Capital, ale. ■ *m.* Capital: *invertir capitales,* investir des capitaux. ■ **3** *f.* Capitale (de un estado), chef-lieu *m.* (de provincia).

capitalismo [kapitalizmo] *m.* Capitalisme.

capitalizar [kapitaliθár] [4] *tr.* Capitaliser.

capitán [kapitán] *m.* Capitaine.

capitanear [kapitaneár] *tr.* Commander, conduire.

capitanía [kapitania] *f.* **1** Charge de capitaine. **2** ~ *general,* commandement d'une région militaire.

capitel [kapitél] *m.* ARQ. Chapiteau: *capiteles románicos,* chapiteaux romans.

capitulación [kapitulaθjón] *f.* **1** Capitulation. ■ **2** *pl.* Contrat *m. sing.* de mariage.

capitular [kapitulár] *intr.* **1** Capituler.

capítulo [kapitulo] *m.* Chapitre. Loc. ~ *de culpas,* accusation faite à un fonctionnaire; *llamar, traer a* ~, chapitrer.

capón [kapón] *m.* **1** Castrat. **2** Chapon (pollo).

capote [kapóte] *m.* **1** Capote *f.,* manteau. *loc. adv.* fam. *Para mi* ~, dans mon for intérieur, à mon avis. **2** TAUROM. Cape *f.* **3** Capot (en el juego): *dar* ~, faire capot.

capricho [kapritʃo] *m.* Caprice.

caprichoso, -sa [kapritʃóso, -sa] *adj.* **1** Capricieux, euse. **2** Qui est fait par caprice.

caprino, -na [kaprino, -na] *adj.* Caprin, ine.

cápsula [kápsula] *f.* Capsule.

captación [kaβtaθjón] *f.* **1** DER. Captation. **2** Captage *m.* (de aguas, ondas).

capturar [kaβturár] *tr.* Capturer.

capucha [kapútʃa] *f.* Capuche, capuchon *m.*

capuchino, -na [kaputʃino, -na] *adj.-s.* **1** Capucin, ine (religioso). ■ **2** *f.* Capucine (planta).

capullo [kapúλo] *m.* **1** Cocon (de gusano de seda). **2** Bouton (de flor).

caqui [káki] *m.* Kaki.

cara [kára] *f.* **1** Visage *m.,* figure, face. Loc. ~ *de Pascuas,* visage réjoui; *dar la* ~, agir ouvertement, se déclarer responsable. *loc. adv.* A ~ *descubierta,* à visage découvert; ~ *a* ~, face à face; *de* ~, en face; *mirar las cosas de* ~, regarder les choses en face. **2** Mine, air *m.:* *poner mala* ~, faire grise mine. **3** Façade (parte anterior). **4** GEOM., FORT. Face. **5** Face: ~ *o cruz,* pile ou face. **6** *adv.* Vers, face à: ~ *al sol,* face au soleil.

carabela [karaβéla] *f.* Caravelle.

carabinero [karaβinéro] *m.* **1** Douanier. **2** Carabinier.

caracol [karakól] *m.* **1** Escargot, limaçon, colimaçon. **2** Limaçon (del oído). **3** EQUIT. Caracole *f.* **4** *interj. ¡Caracoles!,* sapristi!

carácter [karáyter] *m.* Caractère: *buen, mal* ~ bon, mauvais caractère.

característico, -ca [karayteristiko, -ka] *adj.-f.* **1** Caractéristique. ■ **2** *f.* Actrice qui joue les rôles de femme âgée, duègne.

caracterizar [karayteriθár] [4] *tr.* Caractériser.

caradura [karaðúra] *m.-f.* fam. Personne culottée *f.: es un* ~, il est gonflé, culotté, impudent.

¡caramba! [karámba] *interj.* Sapristi!, diable! (extrañeza), zut!, flûte! (disgusto).

carambola [karambóla] *f.* **1** Carambolage *m.* **2** *loc. adv.* fig. *Por* ~, indirectement, par ricochet.

caramelo [karamélo] *m.* **1** Bonbon (golosina): ~ *relleno, ácido,* bonbon fourré, acidulé. **2** Caramel (azúcar fundido).

carátula [karátula] *f.* Masque *m.* (careta).

caravana [karaβána] *f.* **1** Caravane (de nómadas, etc.). **2** File: *una* ~ *de coches,* une file de voitures.

carbón [karβón] *m.* **1** Charbon: ~ *vegetal,* charbon végétal; ~ *de piedra,* charbon de terre. ■ **2** *adj. Papel* ~, papier carbone.

carbonato [karβonáto] *m.* QUÍM. Carbonate.

carboncillo [karβonθiλo] *m.* Fusain: *dibujo al* ~, dessin au fusain.

carbonero, -ra [karβonéro, -ra] *adj.-m.* Charbonnier, ière.

carbónico, -ca [karβóniko, -ka]. *adj.* Carbonique.

carbonilla [karβoniʎa] *f.* 1 Poussier *m.* (polvo). 2 Escarbille (de una locomotora, etc.).

carbonizar [karβoniθár] [4] *tr.* Carboniser.

carbono [karβóno] *m.* QUÍM. Carbone.

carburador [karβuraðór] *m.* Carburateur.

carburante [karβuránte] *adj.-m.* Carburant.

carcajada [karkaxáða] *f.* Éclat *m.* de rire: *reír a carcajadas,* rire aux éclats.

carcamal [karkamál] *m.* fam. Vieux gâteux, vieux croulant.

cárcel [kárθel] *f.* 1 Prison, geôle: *meter en la ~,* mettre en prison. 2 CARP. Sergent *m.,* serre-joint *m.*

carcelero, -ra [karθeléro, -ra] *s.* Geôlier, ière.

carcoma [karkóma] *f.* 1 Vrillette, artison *m.* (insecto). 2 Vermoulure (polvo). 3 fig. Ver *m.* rongeur.

cardenal [karðenál] *m.* 1 Cardinal. 2 Bleu (equimosis).

cardenalicio, -ia [karðenaliθjo, -ja] *adj.* Cardinalice.

cardíaco, -ca [karðiako, -ka] *adj.-s.* MED. Cardiaque.

cardinal [karðinál] *adj.* Cardinal, ale: *puntos cardinales,* points cardinaux.

cardiología [karðjoloxía] *f.* Cardiologie.

cardiólogo, -ga [karðjóloγo, -γa] *s.* Cardiologue.

carecer [kareθér] [43] *intr.* Manquer (*de,* de).

carencia [karénθja] *f.* 1 Manque *m.,* absence. 2 MED. Carence.

careo [karéo] *m.* Confrontation *f.*

carestía [karestía] *f.* 1 Disette (escasez). 2 Cherté (precio subido).

careta [karéta] *f.* Masque *m.* (de cartón, de colmenero, de esgrima): ~ *antigás,* masque à gaz.

carga [kárγa] *f.* 1 Chargement *m.* (acción). 2 Chargement *m.,* charge (cosa transportada). Loc. *Bestia de ~,* bête de somme. 3 fig. Charge (obligación, imposición, hipoteca, etc.). 4 Charge (eléctrica, de un arma de fuego, de una mina, etc.). 5 MIL. Charge (embestida). Loc. fig. *Volver a la ~,* revenir à la charge.

cargador [karγaðór] *m.* 1 Chargeur.

cargar [karγár] [7] *tr.* 1 Charger: ~ *un*

buque, charger un bateau. 2 fig. Aggraver, alourdir. 3 fig. Attribuer, imputer. 4 fam. Ennuyer, assommer, empoisonner (molestar). 5 COM. Débiter, porter au débit. 6 MAR. Carguer (velas). ■ 7 *intr.* Tomber, porter (hablando del acento). 8 ~ *con,* prendre sur soi, assumer.

cargo [kárγo] *m.* 1 Chargement (acción). 2 Charge *f.,* poids. 3 fig. Obligation *f.,* charge *f.* Loc. ~ *de conciencia,* cas de conscience. 4 loc. prép. *A ~ de,* à la charge de. 5 COM. Doit, débit (de una cuenta). 6 Reproche, accusation *f.: hacer cargos,* faire des reproches. 7 DER. Charge *f.,* accusation *f.: testigo de ~,* témoin à charge.

cariar [karjár] [12] *tr.* 1 Carier. ■ 2 *pr.* se carier.

caricatura [karikatúra] *f.* Caricature.

caricaturizar [karikaturiθár] [4] *tr.* Caricaturer.

caricia [kariθja] *f.* Caresse.

caridad [kariðáð] *f.* 1 Charité: *¡Por ~!,* de grâce!, par charité! 2 Aumône, charité (limosna).

caries [kárjes] *f. invar.* Carie.

cariño [kariɲo] *m.* 1 Affection *f.,* tendresse *f.: tener ~ a,* avoir de l'affection pour (una persona), être attaché, ée à (cosa).

cariñoso, -sa [kariɲóso, -sa] *adj.* Affectueux, euse, tendre.

carísimo, -ma [karisimo, -ma] *adj.* Très cher, chère.

caritativo, -va [karitatiβo, -βa] *adj.* Charitable.

cariz [kariθ] *m.* Aspect (de la atmósfera).

carlista [karlista] *adj.-s.* Carliste.

carmelita [karmelita] *adj.* 1 De l'ordre du Mont-Carmel. ■ 2 *m.* Carme. ■ 3 *f.* Carmélite.

carmesí [karmesi] *adj.-m.* Cramoisi, ie.

carmín [karmin] *m.* 1 Carmin. 2 ~ *de labios,* rouge à lèvres.

carnada [karnáða] *f.* 1 Appât *m.* de viande. 2 fig. Leurre *m.*

carnal [karnál] *adj.* 1 Charnel, elle. 2 *Primo ~,* cousin germain. 3 *Tío, sobrino ~,* oncle, neveu au premier degré.

carnaval [karnaβál] *m.* Carnaval.

carne [kárne] *f.* 1 Chair. Loc. ~ *viva,* chair vive; ~ *de gallina,* chair de poule; *en ~ viva,* à vif. 2 Viande (alimento): ~ *de vaca,* viande de bœuf. 3 ~ *de membrillo,* pâte de coings.

carné [karné] *m.* Carnet (librillo). 2 Carte *f.:* ~ *de identidad,* carte d'identité.

carnero [karnéro] 1. Mouton Loc. fig. *No hay tales carneros,* c'est faux. 2 Charnier, ossuaire.

carnicería [karniθería] f. 1 Boucherie. 2 Carnage m. (degollina).

carnicero, -ra [karniθéro, -ra] s. 1 Boucher, ère. ▪ 2 *adj.-m.* Carnassier, ière.

carnívoro, -ra [karníβoro, -ra] *adj.-s.* Carnivore.

carnoso, -sa [karnóso, -sa] *adj.* Charnu, ue.

caro, -ra [káro, -ra] *adj.* Cher, chère: *el caviar es ~,* le caviar est cher.

carpa [kárpa] f. 1 Carpe (pez). 2 amer. Tente.

carpeta [karpéta] f. 1 Tapis m. de table. 2 Sous-main m. invar. (para escribir). 3 Carton m. (cartera grande). 4 Chemise (para guardar papeles).

carpintería [karpintería] f. 1 Charpenterie (de carpintero de armar). 2 Menuiserie.

carpintero [karpintéro] m. Charpentier, menuisier.

carraspera [kařaspéra] f. Enrouement m.

carrera [kařéra] f. 1 Course (paso rápido, competición). *loc. adv. A ~ abierta, a ~ tendida,* à bride abattue. 3 Études *pl.: hace la ~ de arquitecto,* il fait ses études d'architecte. 4 fig. Voie, chemin m., vie. 5 Cours m., rue (calle). 6 Échelle (en las medias).

carreta [kařéta] f. Charrette.

carrete [kařéte] m. 1 Bobine f. 2. Moulinet (de una caña de pescar). 3 FOT. Rouleau.

carretear [kařeteár] tr. Charrier, charroyer.

carretera [kařetéra] f. 1 Route. 2 *Red de carreteras,* réseau routier.

carretero [kařetéro] adj. 1 Carrossable (camino). ▪ 2 m. Charretier (que conduce). 3 Charron (constructor).

carretilla [kařetíʎa] f. 1 Brouette. 2 Chariot m.: ~ *elevadora,* chariot élévateur; diable m.

carril [kaříl] m. 1 Ornière f. 2 Rail (de vía férrea). 3 Voie f. (de carretera).

carro [kářo] m. 1 Chariot, charrette f. Loc. ~ *fuerte,* binard, camion; fig. *untar el ~,* graisser la patte. 2 Char (de combate). 3 Charretée f. (contenido). 4 Chariot (de una máquina) f. ▪ 5 n. pr. ASTR. *Carro Mayor,* Grande Ourse.

carrocería [kařoθería] f. Carrosserie.

carroña [kařóɲa] f. Charogne.

carroza [kařóθa] f. 1 Carrosse. 2 Char m.

(de carnaval). 3 ~ *fúnebre,* corbillard m.

carta [kárta] f. 1 Lettre. Loc. *Cartas credenciales,* lettres de créance; ~ *de crédito.* 3 Charte (ley constitucional o fundamental). 4 Carte (naipe). Loc. fig. *Tomar cartas en un asunto,* intervenir dans une affaire. 5 Carte (mapa): ~ *de marear,* carte marine.

cartel [kartél] m. 1 Affiche f. (anuncio): *grandes carteles publicitarios,* de grandes affiches publicitaires.

cartelera [karteléra] f. 1 Porte-affiches m. invar.

cartera [kartéra] f. 1 Portefeuille m. (de bolsillo). 2 Cartable m. (de colegial), serviette (para llevar libros, documentos, etc.). 3 Carton m. (para dibujos). 4 Patte (de un bolsillo).

carterista [karterísta] m. Voleur à la tire, pickpocket.

cartero [kartéro] m. Facteur.

cartílago [kartílayo] m. Cartilage.

cartilla [kartíʎa] f. 1 Abécédaire m. (libro). Loc. fig. *Cantarle a uno la ~,* réprimander quelqu'un. 2 Livret m.: ~ *militar, de ahorros,* livret militaire; de caisse d'épargne.

cartografía [kartoɣrafía] f. Cartographie.

cartón [kartón] m. Carton.

cartuchera [kartutʃéra] f. Cartouchière, giberne.

cartucho [kartútʃo] m. 1 Cartouche f. (de arma). 2 Cornet (cucurucho). 3 Rouleau (de monedas).

cartuja [kartúxa] f. Chartreuse.

cartulina [kartulína] f. Bristol m.

casa [kása] f. 1 Maison. Loc. ~ *de campo,* maison de campagne; ~ *de comidas,* gargote; ~ *de empeños, de préstamos,* maison de prêts sur gages; ~ *de huéspedes,* pension de famille; *la ~ de Tócame Roque,* la cour du roi Pétaud. 2 Case (del tablero de damas o ajedrez). 3 Quartier m. (del billar).

casaca [kasáka] f. Casaque, justaucorps m. habit. Loc. fig. *Volver ~,* tourner casaque, retourner sa veste.

casación [kasaθjón] f. DER. Cassation.

casado, -da [kasáðo, -ða] adj.-s. Marié, ée.

casamentero, -ra [kasamentéro, -ra] adj.-s. Marieur, euse.

casamiento [kasamjénto] m. Mariage.

casar [kasár] intr.-pr. 1 Se marier. Loc. fig. *No casarse con nadie,* garder sa liberté d'action, d'opinion. ▪ 2 tr. Marier. 3 DER. Casser, annuler.

cascabel [kaskaβél] *m.* Grelot. Loc. fig. *poner el ~ al gato,* attacher le grelot.

cascada [kaskáða] *f.* Cascade.

cascado, -da [kaskáðo, -ða] *adj.* 1 Fêlé, ée (vaso). 2 Vieux, vieille, usé, ée (persona).

cascadura [kaskaðúra] *f.* Fêlure, cassure.

cascanueces [kaskanwéθes] *m. invar.* Casse-noix.

cascar [kaskár] [1] *tr.* 1 Fêler. 2 Casser, briser. 3 fig. Ébranler (la salud). 4 Battre, frapper (pegar). ▪ 5 *intr.* fam. Bavarder (charlar).

cáscara [káskara] *f.* 1 Coque, coquille (de fruto seco). 2 Écorce, zeste *m.* (de naranja, limón). 3 *interj.* *¡Cáscaras!,* diable!

cascarrabias [kaskařáβjas] *s.* Grincheux, euse.

casco [kásko] *m.* 1 Casque: ~ *integral,* casque intégral. 2 Forme *f.* (de sombrero). 3 Sabot (de las caballerías). 4 Coque *f.* (de un barco). 5 Fût (tonel). 6 Tesson (de una vasija rota). 7 Éclat (de obús, de vidrio, etc.). 8 Intérieur, centre (de una ciudad).

caserío [kaserío] *m.* 1 Ensemble de maisons. 2 Hameau (pueblo).

casero, -ra [kaséro, -ra] *adj.* 1 De ménage, maison: *pan ~,* pain de ménage. 2 Domestique. 3 Simple, familial, ale, sans solennité: *fiesta casera,* fête de famille. 4 *s.* Propriétaire, gérant, ante.

casete, cassette [kaséte, kasèt] *f.* Audiocassette (audio), vidéocassette (vídeo).

casi [kàsi] *adv.* 1 Presque: ~ *increíble,* presque incroyable.

casilla [kasiʎa] *f.* 1 Maisonnette (de un guardagujas, etc.). 2 Case (compartimiento, división). Loc. fig. *Salir de sus casillas,* sortir de ses gonds, s'emporter.

casillero [kasiʎéro] *m.* Casier (mueble).

casino [kasino] *m.* 1 Casino. 2 Cercle, club.

casita [kasita] *f.* Maisonnette.

caso [kàso] *m.* 1 Cas. Loc. ~ *apretado,* cas difficile; *hacer al ~, ser del ~, venir al ~,* venir à propos; *hacer ~ omiso,* laisser de côté, passer sous silence. 2 *loc. conj., adv.* ~ *que, en ~ de que,* au cas où, dans le cas où.

caspa [kàspa] *f.* Pellicules *pl.* (de la cabeza).

casquillo [kaskiʎo] *m.* 1 Frette *f.* (anillo). 2 Douille *f.* culot (de un cartucho, de una bombilla).

casta [kásta] *f.* 1 Race. 2 Caste (en la India). 3 fig. Nature, espèce (de las cosas).

castaña [kastáɲa] *f.* 1 Châtaigne, marron *m.:* ~ *confitada,* marron glacé. 2 Dame-jeanne (botella). 3 Chignon *m.* (moño).

castaño, -ña [kastáɲo, -ɲa] *adj.m.* 1 Chatain, aine, marron *invar.*

castañuela [kastaɲwéla] *f.* Castagnette.

castellano, -na [kasteʎáno, -na] *adj.-s.* 1 Castillan, ane. ▪ 2 *m.* Castillan, espagnol (lengua española).

castidad [kastiðáð] *f.* Chasteté.

castigar [kastiyár] [7] *tr.* 1 Punir, châtier. 2 fig. Châtier (el estilo). 3 Mortifier (el cuerpo).

castigo [kastiyo] *m.* Châtiment, punition *f.:* ~ *ejemplar,* châtiment exemplaire.

castillo [kastiʎo] *m.* Château, château fort.

castizo, -za [kastiθo, -θa] *adj.* 1 De bonne race. 2 Pur, pure, sans influence étrangère, châtié, ée (lenguaje). 3 Typique.

castrar [kastrár] *tr.* Châtrer, castrer.

castrense [kastrènse] *adj.* Militaire: *capellán ~,* aumônier militaire.

casualidad [kaswaliðáð] *f.* Hasard *m.*

casuístico, -ca [kaswistiko, -ka] *adj.-m.* Casuistique.

cata [kàta] *f.* Action de goûter, dégustation.

cataclismo [kataklizmo] *m.* Cataclysme.

catacumbas [katakúmbas] *f. pl.* Catacombes.

catador [kataðòr] *m.* Dégustateur.

catafalco [katafálko] *m.* Catafalque.

catalán, -ana [katalàn, -àna] *adj.-s.* Catalan, ane.

catalejo [kataléxo] *m.* Longue-vue *f.*

catalítico, -ca [katalitiko, -ka] *adj.* Catalytique.

catalogar [kataloyár] [7] *tr.* Cataloguer.

catálogo [katáloyo] *m.* Catalogue.

cataplasma [kataplázma] *f.* Cataplasme *m.*

¡cataplum! [kataplúm] *interj.* Patatras!

catapulta [katapúlta] *f.* Catapulte.

catar [katár] *tr.* 1 Goûter, déguster. 2 *Cátate ahí, cátate,* voici, voilà.

catarata [kataráta] *f.* 1 Cataracte, chute (de agua). 2 Cataracte (del ojo).

catarro [katářo] *m.* 1 Rhume. 2 MED. Catarrhe.

catastro [katástro] *m.* Cadastre.

catástrofe [katàstrofe] *f.* Catastrophe.

cate [kàte] *m.* fam. Coup, taloche *f.*

catear [kateár] *tr.* fam. Coller à un examen: *le han cateado,* il s'est fait coller.

catecismo [kateθizmo] *m.* Catéchisme.

cátedra [káteðra] *f.* Chaire: *la ~ de San Pedro,* la chaire de Saint-Pierre.

catedral [kateðrál] *adj. f.* Cathédrale.

catedrático [kateðrátiko] *m.* Professeur d'Université, de lycée, agrégé.

categoría [kateɣoría] *f.* 1 Catégorie. 2 Rang *m.*, classe (social): *gente de ~,* des gens d'un rang élevé, de haut rang. 3 Classe (calidad).

categórico, -ca [kateɣóriko, -ka] *adj.* Catégorique.

catequesis [katekésɪs] *f.* Catéchèse.

cateto [katéto] *m.* GEOM. Cathète *f.*

cátodo [kátoðo] *m.* Cathode *f.*

catolicismo [katoliθizmo] *m.* Catholicisme.

católico, -ca [katóliko, -ka] *adj.-s.* Catholique.

catorce [katórθe] *adj.-m.* 1 Quatorze. 2 *El siglo ~,* le quatorzième siècle.

catre [kátre] *m.* Lit léger et à une place: *~ de tijera,* lit de sangle.

cauce [káuθe] *m.* Lit (de un río o arroyo).

caucho [káutʃo] *m.* Caoutchouc.

caución [kauθjón] *f.* Précaution.

caudal [kauðál] *adj.* 1 Caudal, ale. ■ 2 *m.* Débit (de un río, etc.). 3 Fortune *f.,* biens *pl.,* capital (dinero).

caudillo [kauðíʎo] *m.* 1 Chef. 2 Caudillo.

causa [káusa] *f.* 1 Cause. *loc. prep. A ~ de,* à cause de.

causante [kausánte] *adj.-s.* Auteur, qui est la cause.

causar [kausár] *tr.* Causer, occasionner.

cáustico, -ca [káustiko, -ka] *adj.-m.* Caustique.

cautela [kautéla] *f.* Prudence, précaution, cautèle.

cauteloso, -sa [kautelóso, -sa] *adj.* 1 Prudent, ente, avisé, ée. 2 Rusé, ée (astuto).

cauterizar [kauteriθár] [4] *tr.* Cautériser.

cautiverio [kautiβérjo] *m.,* **cautividad** [kautiβiðáð] *f.* Captivité *f.*

cautivo, -va [kautíβo, -βa] *adj.-s.* Captif, ive.

cauto, -ta [káuto, -ta] *adj.* Avisé, ée, prudent, ente.

cava [káβa] *f.* 1 Cave. 2 AGR. Façon que l'on donne avec la houe, avec la bêche.

cavar [kaβár] *tr.* 1 Creuser, bêcher. Loc. fig. *~ su propia sepultura,* creuser sa tombe. ■ 2 *intr.* Approfondir, pénétrer.

caverna [kaβérna] *f.* Caverne.

cavilar [kaβilár] *tr.* Réfléchir, se creuser la tête.

caza [káθa] *f.* 1 Chasse: *dar ~ a,* donner la chasse à. 2 Gibier *m.: ~ mayor,* gros gibier; *~ menor,* petit gibier.

cazar [kaθár] [4] *tr.* Chasser (los animales).

cazo [káθo] *m.* 1 Louche *f.,* cuiller *f.* à pot (cuchara). 2 Casserole *f.* (recipiente).

cazuela [kaθwéla] *f.* 1 Sorte de terrine peu profonde. 2 COC. Ragoût *m.* (guiso). 3 TEAT. Paradis *m.,* poulailler *m.*

CD [θeðé] *m.* (*abrev.* compact disc) CD.

CD-I [θeðei] (*abrev.* compact disc interactive) CD-I.

CD-ROM [θeðeŕòm] *m.* (*abrev.* compact disc read-only memory) CD-ROM.

ce [θe] *f.* C *m.,* lettre *c.*

cebada [θeβáða] *f.* Orge *m.-f.: ~ perlada,* orge perlé.

cebar [θeβár] *tr.* 1 Engraisser, gaver (animales). 2 Alimenter (un horno, etc.). 3 Amorcer (un arma, una bomba, un anzuelo, etc.). 4 fig. Nourrir (un sentimiento). ■ 5 *pr.* S'acharner: *se cebó en su víctima,* il s'acharna sur sa victime.

cebo [θéβo] *m.* 1 Nourriture *f.,* pâture *f.* (que se da a los animales). 2 Appât (en el anzuelo). 3 Amorce *f.* (en un arma, una bomba, etc.). 4 fig. Aliment (de un sentimiento o pasión).

cebolla [θeβóʎa] *f.* Oignon *m.* 2 *~ albarana,* scille.

cebra [θéβra] *f.* Zèbre.

cecear [θeθeár] *intr.* Zézayer, prononcer le *s* comme le *z.*

cedazo [θeðáθo] *m.* Tamis, blutoir.

ceder [θeðér] *tr.-intr.* Céder.

cedro [θéðro] *m.* Cèdre.

cédula [θéðula] *f.* 1 Billet *m.* 2 Cédule (en que se reconoce una deuda). 3 ANT. *~ personal,* carte d'identité.

CEE *f.* (*abrev.* Comunidad Económica Europea) CEE.

céfiro [θéfiro] *m.* 1 Zéphyr (viento). 2 Zéphir, zéphire (toile).

cegar [θeɣár] [48] *intr.* 1 Perdre la vue. ■ 2 *intr.-pr.* fig. S'aveugler, perdre momentanément la raison. ■ 3 *tr.* Aveugler. 4 fig. Boucher, obstruer (una puerta, etc.).

ceja [θéxa] *f.* Sourcil *m.* Loc. fig. *Quemarse las cejas,* étudier beaucoup. 2 Crête (de una montaña). 3 Bord *m.* saillant, rebord *m.* 4 MÚS. Sillet *m.*

cejar [θexár] *intr.* 1 Reculer (marcher en arrière). 2 fig. Céder, démordre, faiblir.

celador, -ra [θeladòr, -ra] *s.* Surveillant, ante.

celar [θelàr] *tr.* **1** Veiller à (la observancia de una ley, etc.). **2** Observer, surveiller (vigilar). **3** Celer, cacher (ocultar).

celda [θélda] *f.* Cellule (de religioso, de detenido).

celebración [θeleβraθjón] *f.* **1** Célébration. **2** Réalisation.

celebrar [θeleβrár] *tr.* **1** Célébrer. **2** Tenir (una reunión, una sesión).

célebre [θéleβre] *adj.* Célèbre.

celeste [θeléste] *adj.* Céleste.

celestial [θelestjál] *adj.* Céleste. Loc. *Es música ~,* c'est du vent.

celibato [θeliβáto] *m.* Célibat.

celo [θélo] *m.* **1** Zèle. **2** Rut (de los animales). ■ **3** *pl.* Jalousie *f. sing.* (de amor). Loc. *Dar celos,* rendre jaloux.

celosía [θelosía] *f.* Jalousie (enrejado).

celta [θélta] *adj.-m.* **1** Celtique. ■ **2** *s.* Celte.

célula [θélula] *f.* **1** BIOL., FIS. Cellule. **2** fig. Cellule (grupo).

celulitis [θelulítis] *f.* Cellulite.

celuloide [θelulói ðe] *m.* Celluloïd.

celulosa [θelulósa] *f.* Cellulose.

cementerio [θementèrjo] *m.* Cimetière.

cemento [θemènto] *m.* **1** Ciment. **2** *~ armado,* ciment, béton armé. **3** METAL. Cément.

cena [θéna] *f.* **1** Dîner *m.,* souper *m.* **2** Cène (de Jesucristo).

cenáculo [θenákulo] *m.* Cénacle.

cenagoso, -sa [θenaγóso, -sa] *adj.* Bourbeux, euse.

cenar [θenár] *intr.* **1** Dîner, souper. ■ **2** *tr.* Manger au dîner, dîner de.

cencerro [θenθérro] *m.* Sonnaille *f.* Loc. fig. *Más loco que un ~,* fou à lier.

cenefa [θenéfa] *f.* **1** Liséré *m.,* bordure (lista). **2** Dessin d'ornementation en forme de bande.

cenicero [θeniθéro] *m.* Cendrier.

cenit [θénit] *m.* Zénith. Loc. fig. *En el ~ de,* au zénith de.

ceniza [θeniθa] *f.* Cendre: *miércoles de ~,* mercredi des Cendres.

censo [θénso] *m.* **1** Cens (de los censores romanos). **2** Charge *f.* (sobre una casa). **3** Recensement (de los habitantes, etc.).

censurar [θensurár] *tr.* **1** Censurer. **2** Critiquer, blâmer.

centauro [θentàωro] *m.* Centaure.

centavo, -va [θentàβo, -βa] *adj.-s.* **1** Centième. ■ **2** *m.* Centime. Loc. *Estar sin un ~,* ne pas avoir un sou.

centella [θentéʎa] *f.* Foudre, éclair *m.* Étincelle (chispa).

centelleo [θenteʎéo] *adj.* Scintillement.

centenar [θentenár] *m.* **1** Centaine *f.* **2** *loc. adv. A centenares,* par centaines. **3** Centenaire (centenario).

centenario, -ia [θentenárjo, -ja] *adj.-s.* Centenaire (que tiene cien años).

centeno, -na [θentèno, -na] *adj.* **1** Centième. ■ **2** *m.* Seigle (planta).

centígrado, -da [θentiγraðo, -ða] *adj.* Centigrade.

céntimo, -ma [θéntimo, -ma] *adj.* **1** Centième. ■ **2** *m.* Centime.

centinela [θentinéla] *m.-f.* Sentinelle *f.:* ~ *de vista,* garde à vue.

centolla [θentóʎa] *f.,* **centollo** [θentóʎo] *m.* Araignée *f.* de mer.

central [θentrál] *adj.* **1** Central, ale.

centralismo [θentralizmo] *m.* Centralisme.

centrar [θentrár] *tr.* Centrer.

céntrico, -ca [θéntriko, -ka] *adj.* Central, ale (calle, etc.).

centrífugo, -ga [θentrífuγo, -γa] *adj.* Centrifuge.

centro [θéntro] *m.* **1** Centre. Loc. fig. *Estar en su ~,* être dans son élément. **2** Cercle, société. *f.*

centuplicar [θentuplikár] *tr.* Centupler.

centuria [θentùrja] *f.* **1** Siècle *m.* (siglo). **2** Centurie (en la milicia romana).

centurión [θenturjón] *m.* Centurion.

ceñido, -da [θeɲíðo, -ða] *adj.* **1** Ceint, ceinte. **2** Qui serre le corps, ajusté, ée, moulant, ante (vestido, etc.). **3** fig. Économe.

ceño [θéɲo] *m.* **1** Froncement de sourcils. **2** Aspect menaçant.

cepa [θépa] *f.* **1** Cep *m.* (de la vid). **2** Souche (de árbol, de una familia). **3** *~ virgen,* vigne vierge.

cepillar [θepiʎár] *tr.* **1** Brosser (quitar el polvo). **2** CARP. Raboter.

cepillo [θepíʎo] *m.* **1** Brosse *f.* (para quitar el polvo). **2** CARP. Rabot. **3** Tronc (para las limosnas).

cepo [θépo] *m.* **1** Branche *f.* d'arbre coupée. **2** Billot (para el yunque). **3** Cep, fer (de tortura).

cera [θéra] *f.* Cire. Loc. *Amarillo como la ~,* jaune comme un citron.

cerámico, -ca [θeràmiko, -ka] *adj.* Céramique.

cerca [θérka] *adv.* **1** Près: *muy ~,* très près, tout près. **2** *loc. adv. De ~,* de près. **3** *loc. prep. ~ de,* près de (casi), environ (aproximadamente). ■ 4 *f.* Clôture (vallado, tapia, etc.).

cercado [θerkáðo] *m.* 1 Clos, enclos. 2 Clôture *f.* (cerca).

cercanía [θerkanía] *f.* 1 Voisinage *m.*, proximité. ■ 2 *pl.* Environs *m.*

cercano, -na [θerkáno, -na] *adj.* Proche, voisin, ine *(a,* de).

cercenar [θerθenár] *tr.* Rogner, retrancher.

cerco [θérko] *m.* 1 Cercle, cerceau (aro). 2 Halo. 3 MIL. Siège, investissement.

cerda [θérða] *f.* 1 Crin *m.* 2 Soie (de jabalí, de cerdo). Loc. *Ganado de ~,* porcs. 3 Truie (hembra del cerdo).

cerdo [θérðo] *m.* Porc, cochon: *carne de ~,* viande de porc.

cereal [θereál] *m.* Céréale *f.*

cerebral [θereβrál] *adj.* Cérébral, ale.

cerebro [θereβro] *m.* Cerveau.

ceremonia [θeremónja] *f.* 1 Cérémonie. 2 Façons *pl.*, manières *pl.*

ceremonial [θeremonjál] *adj.-m.* Cérémonial, ale.

cereza [θereθa] *f.* 1 Cerise. 2 ~ *gordal,* bigarreau *m.* 3 ~ *silvestre,* merise.

cerezo [θereθo] *m.* 1 Cerisier. 2 ~ *silvestre,* merisier.

cerilla [θeríʎa] *f.* 1 Allumette (fósforo). 2 Rat *m.* de cave (vela). 3 Cérumen.

cerner [θernèr] [28] *tr.* 1 Bluter, tamiser. ■ 2 *intr.* AGR. Avoir les fleurs en période de fécondation. 3 Bruiner (llover). ■ 4 *pr.* Se dandiner (al andar).

cero [θéro] *m.* Zéro. Loc. fig. *Ser un ~ a la izquierda,* être un zéro.

cerquita [θerkíta] *adv.* Tout près.

cerrado, -da [θerráðo, -ða] *adj.* 1 Fermé, ée, clos, close. Loc. *A ojos cerrados,* les yeux fermés. 2 Bouché, ée, couvert, erte (tiempo, cielo). 3 Incompréhensible, obscur, ure. 4 Épaisse, drue (barba).

cerradura [θerraðúra] *f.* Serrure.

cerrajero [θerraxéro] *m.* Serrurier.

cerrar [θerrár] [27] *tr.* 1 Fermer. 2 Boucher, obstruer (un conducto, etc.). 3 Déclarer clos, close (suscripción, etc.). 4 Serrer (las filas). ■ 5 *intr.* Fermer (una puerta, etc.). 6 ~ *contra uno,* tomber sur, attaquer quelqu'un. ■ 7 *pr.* Se fermer. Loc. ~ *en falso,* se fermer mal (tratándose de una herida).

cerrazón [θerraθón] *f.* Temps *m.* sombre.

cerro [θérro] *m.* 1 Colline *f.*, butte *f.* 2 Cou (cuello del animal). 3 Échine *f.*, dos (lomo).

cerrojo [θerróxo] *m.* Verrou: *echar, correr el ~,* mettre le verrou, verrouiller.

certamen [θertámen] *m.* 1 Discussion *f.* littéraire. 2 Concours (para un premio literario, científico, artístico).

certeza, [θertéθa], **certidumbre** [θertiðúmbre] *f.* Certitude.

certificado, -da [θertifikáðo, -ða] *adj.* 1 Recommandé, ée: *carta certificada,* lettre recommandée. ■ 2 *m.* Certificat.

cerumen [θerúmen] *m.* Cérumen.

cervato [θerβáto] *m.* Faon.

cervecería [θerβeθería] *f.* Brasserie.

cerveza [θerβéθa] *f.* Bière: ~ *de barril,* bière à la pression.

cervical [θerβikál] *adj.* Cervical, ale.

cerviz [θerβíθ] *f.* Nuque. Loc. fig. *Bajar, doblar la ~,* courber la tête.

cesante [θesánte] *adj.* 1 Qui quitte un emploi, une charge. ■ 2 *adj.-s.* Mis, mise à pied (funcionario).

cesar [θesár] *intr.* 1 Cesser. 2 loc. adv. *Sin ~,* sans cesse.

cese [θése] *m.* Cessation.

cesionista [θesjonísta] *s.* Cédant, ante.

césped [θéspeð] *m.* Gazon, pelouse *f.*

cesta [θésta] *f.* 1 Panier *m.* 2 Chistera *m.-f.*

cestería [θestería] *f.* Vannerie.

cesura [θesúra] *f.* Césure (poesía).

ceta [θéta] *f.* 1 Lettre z *m.* 2 Zêta *m.* (letra griega).

cetrería [θetrería] *f.* Fauconnerie.

cetro [θétro] *m.* Sceptre. Loc. *Empuñar el ~,* prendre le sceptre, monter sur le trône.

ch [tʃe] *f.* Ch. *m.*

chabacano, -na [tʃaβakáno, -na] *adj.* Vulgaire, grossier, ière.

chacal [tʃakál] *m.* Chacal.

chacha [tʃátʃa] *f.* fam. Bonne d'enfant.

cháchara [tʃátʃara] *f.* 1 Babillage *m.* 2 Verbiage *m.*, bavardage *m.*

chacó [tʃakó] *m.* Shako.

chacota [tʃakóta] *f.* 1 Joie bruyante. 2 Blague, plaisanterie.

chacotear [tʃakoteár] *intr.* Plaisanter.

chafallar [tʃafaʎár] *tr.* fam. Gâcher, saboter, cochonner.

chafar [tʃafár] *tr.* 1 Écraser, aplatir. 2 Froisser, chiffonner (la ropa).

chaflán [tʃaflán] *m.* 1 Chanfrein. 2 Pan coupé (esquina).

chal [tʃal] *m.* Châle.

chalado, -da [tʃaláðo, -ða] *adj.* 1 pop. Maboul, le. 2 pop. Amoureux, euse.

chalaneo [tʃalanéo] *m.* Maquignonnage.
chaleco [tʃaléko] *m.* Gilet.
chalet [tʃalét] *m.* Pavillon, villa *f.* (casa con jardín), chalet (de madera).
chalina [tʃalína] *f.* Lavallière.
chalupa [tʃalúpa] *f.* Chaloupe.
chamarilero, -ra [tʃamariléro, -ra] *s.* Brocanteur, euse.
chambelán [tʃambelán] *m.* Chambellan.
chambergo [tʃambérγo] *m.* ant. Chapeau à bord large et relevé.
champán [tʃampán] *m.* Champagne.
champiñón [tʃampiɲón] *m.* Champignon (de París).
champú [tʃampú] *m.* Shampooing.
chamuscar [tʃamuskár] *tr.* **1** Flamber, roussir. ■ **2** *pr.* Être roussi, ie, se roussir.
chanchullo [tʃantʃúʎo] *m.* Manigances *f. pl.,* tripotage.
chancleta [tʃaŋklèta] *f.* **1** Pantoufle (sans quartier), savate. **2** *loc. adv. En ~,* en savate.
chándal [tʃándal] *m.* Survêtement.
chantaje [tʃantáxe] *m.* Chantage.
chantajista [tʃantaxista] *s.* Maître *m.* chanteur.
chanza [tʃánθa] *f.* Plaisanterie, mot *m.* pour rire.
chapa [tʃápa] *f.* **1** Feuille, plaque (de madera, metal, etc.). **2** fig. Bon sens *m.,* sérieux. *m.: **hombre de ~,*** homme sérieux. **3** Plaque (insignia). ■ **4** *pl.* Sorte de jeu m. *sing.* de pile ou face.
chapado, -da [tʃapáðo, -ða] *adj.* **1** Plaqué, ée: *~ de oro,* plaqué or. **2** fig. *~ a la antigua,* vieux jeu.
chapalear [tʃapaleár] *intr.* Patauger, barboter.
chaparrón [tʃaparˈron] *m.* Averse *f.*
chapista [tʃapista] *m.* Tôlier.
chapitel [tʃapitél] *m.* **1** ARQ. Flèche *f.* (de una torre, etc.). **2** ARQ. Chapiteau (de columna).
chapotear [tʃapoteár] *intr.* Barboter.
chapucear [tʃapuθeár] *tr.* Bâcler, bousiller.
chapucero, -ra [tʃapuθéro, -ra] *adj.* **1** Grossier, ière (trabajo). ■ **2** *adj.-s.* Bâcleur, euse (persona).
chapuza [tʃapúθa] *f.* **1** Bricole (obra de poca importancia). **2** Ouvrage *m.* grossier (obra mal hecha).
chaqué [tʃaké] *m.* Jaquette *f.*
chaqueta [tʃakéta] *f.* Veste, veston *m.*
chaquetear [tʃaketeár] *intr.* fig. Retourner sa veste, tourner casaque.

chaquetón [tʃaketón] *m.* Grande veste *f.*
charca [tʃárka] *f.* Mare.
charco [tʃárko] *m.* Flaque.
charla [tʃárla] *f.* **1** Bavardage *m.* **2** Causerie (conferencia).
charlar [tʃarlàr] *intr.* Bavarder.
charlatán, -ana [tʃarlatán, -àna] *adj.-s.* **1** Bavard, arde. ■ **2** *m.* Charlatan (curandero).
charol [tʃaról] *m.* **1** Vernis (barniz). **2** Cuir verni (cuero).
charro, -rra [tʃáro, -řa] *adj.-s.* **1** Paysan, anne de Salamanque. ■ **2** *adj.* fig. Orné, ée avec mauvais goût.
chárter [tʃárter] *m.* Charter: *vuelo ~,* vol charter.
chascar [tʃaskár] [1] *tr.* **1** Faire claquer (la lengua, el látigo, etc.). ■ **2** *intr.* Craquer (la madera, etc.).
chasco [tʃásko] *m.* **1** Moquerie *f.,* tour, niche *f.* (burla). **2** Désillusion *f.,* déception *f.*
chasis [tʃásis] *m.* Châssis.
chasquido [tʃaskiðo] *m.* **1** Claquement (del látigo). **2** Craquement.
chatarra [tʃatářa] *f.* **1** Scorie du fer. **2** Ferraille (hierro viejo).
chato, -ta [tʃáto, -ta] *adj.* **1** Camus, use, camard, arde (nariz). **2** Plat, plate, aplati, ie: *barco ~,* bateau plat.
chauvinismo [tʃoβinizmo] *m.* Chauvinisme.
chaval [tʃaβál] *m.* fam. Gars, jeune homme.
chavala [tʃaβála] *f.* fam. Jeune fille, fille, gamine.
checo *adj.-s.* Tchèque.
checoslovaco, -ca [tʃekosloβáko, -ka], **checoeslovaco, ca** [tʃekoesloβáko, -ka] *adj.-s.* Tchécoslovaque.
chelín [tʃelin] *m.* Shilling (moneda).
cheque [tʃéque] *m.* Chèque: *~ cruzado,* chèque barré.
chequeo [tʃekèo] *m.* **1** Bilan de santé, check-up. **2** Contrôle, fouille *f.,* vérification *f.*
chicha [tʃitʃa] *f.* Chicha (boisson de maïs).
chicharra [tʃitʃářa] *f.* Cigale.
chicharrón [tʃitʃarón] *m.* **1** Rillons *pl.* **2** fig. Viande *f.* brûlée.
chichón [tʃitʃón] *m.* Bosse *f.*
chicle [tʃikle] *m.* Chewing-gum.
chico, -ca [tʃiko, -ka] *adj.* **1** Petit, ite. ■ **2** *m.* Garçon. ■ **3** *f.* Jeune fille, fille: *una chica bonita,* une jolie fille.
chicoria [tʃikórja] *f.* Chicorée.
chicuelo, -la [tʃikwélo, -la] *adj.* **1** Très petit, ite. ■ **2** *s.* Gamin, ine.

chifla [tʃifla] *f.* **1** Sifflement *m.* **2** Huée. **3** Espèce de sifflet *m.* (pito).

chiflar [tʃiflár] *tr.* **1** Huer, siffler (a un actor, etc.). **2** fam. Siffler (beber). ■ **3** *intr.* Siffler (silbar). ■ **4** *pr.* Devenir toqué, ée. **5** *Chiflarse por,* s'éprendre de, se toquer de (una persona), raffoler de (cosa).

chileno, -na [tʃiléno, -na] *adj.-s.* Chilien, ienne.

chillar [tʃiʎár] *intr.* **1** Crier, pousser des cris aigus. **2** Glapir.

chillido [tʃiʎíðo] *m.* **1** Cri aigu, perçant. **2** Glapissement (de animal).

chimenea [tʃimenéa] *f.* Cheminée.

chimpancé [tʃimpanθé] *m.* Chimpanzé.

china [tʃína] *f.* Petit caillou *m.* Loc. fig. *Poner chinas,* mettre des bâtons dans les roues, susciter des difficultés; *tocarle a uno la* ~, être désigné par le sort.

chinche [tʃíntʃe] *m.* Punaise *f.* (insecto, clavo).

chinchilla [tʃintʃíʎa] *f.* Chinchilla *m.*

chinchorrería [tʃintʃořería] *f.* Impertinence, importunité.

chinela [tʃinéla] *f.* Mule (zapatilla).

chinesco, -ca [tʃinésko, -ka] *adj.* **1** Chinois, oise. ■ **2** *m.* MÚS. Chapeau chinois.

chino, -na [tʃíno, -na] *adj.-s.* **1** Chinois, oise. **2** Indien, ienne, métis, isse (en América).

chip [tʃip] *m.* INFORM. Puce.

chipirón [tʃipirón] *m.* Calmar, encornet.

chipriota [tʃipriόta] *adj.-s.* Chypriote.

chiquero [tʃikéro] *m.* **1** TAUROM. Toril. **2** Porcherie *f.*

chiquillada [tʃikiʎáða] *f.* Enfantillage *m.*

chiquillo, -lla [tʃikiʎo, -ʎa] *adj.-s.* Gosse, gamin, ine.

chiquito, -ta [tʃikíto, -ta] *adj.-s.* **1** Petit, ite, très petit, ite. **2** Loc. *No andarse con chiquitas,* ne pas y aller de main morte.

chirigota [tʃiriɣόta] *f.* Plaisanterie, blague.

chirimbolo [tʃirimbόlo] *m.* fam. Machin, truc.

chirimía [tʃirimía] *f.* MÚS. Chalumeau *m.*

chirimoya [tʃirimόʃa] *f.* Anone.

chirlo [tʃírlo] *m.* Balafre *f.,* estafilade *f.*

chirriar [tʃiřjàr] [13] *intr.* **1** Grésiller (al freír). **2** Grincer (ruedas, etc.). **3** Piailler, crier (pájaros).

chirrido [tʃiříðo] *m.* **1** Grincement. **2** Stridulation *f.* (de los insectos). **3** Cri aigu (de los pájaros).

¡chis! [tʃis] *interj.* Chut!

chisme [tʃizme] *m.* **1** Cancan, potin. **2** Machin, chose *f.,* truc (cosa cuyo nombre no se recuerda).

chismorreo [tʃizmořéo] *m.* Bavardage, cancans *pl.*

chismoso, -sa [tʃizmóso, -sa] *adj.-s.* Cancanier, ière.

chispa [tʃispa] *f.* **1** Étincelle. Loc. fig. *Echar chispas,* être furieux, euse. **2** Gouttelette (de lluvia). **3** fig. Esprit *m.,* verve (ingenio). Loc. *Tener* ~, avoir de l'esprit (persona), être drôle (cosa).

chispazo [tʃispáθo] *m.* **1** Jaillissement d'une étincelle. **2** Brûlure *f.* (quemadura).

chispeante [tʃispeánte] *adj.* Étincelant, ante.

chisporrotear [tʃispořoteár] *intr.* Crépiter, jeter des étincelles, grésiller.

chistar [tʃistár] *intr.* **1** Parler, répliquer, ouvrir la bouche. **2** *loc. adv. Sin* ~, sans répliquer, sans mot dire.

chiste [tʃiste] *m.* **1** Bon mot, plaisanterie *f.* (dicho gracioso). **2** Histoire *f.* drôle, blague *f.* (cuento gracioso).

chistera [tʃistéra] *f.* **1** Petit panier *m.* de pêcheur. **2** fam. Tube *m.,* chapeau *m.* haut de forme (sombrero). **3** Chistera (para jugar a la pelota).

chivato, -ta [tʃiβáto, -ta] *s.* **1** Chevreau de six mois à un an. **2** fam. Mouchard, arde.

chivo [tʃiβo] *m.* Chevreau, cabri.

chocar [tʃokár] [1] *intr.* **1** Se heurter, se tamponner. **2** fig. Se battre (pelear), se disputer (reñir). **3** fig. Choquer, déplaire (extrañar).

chochear [tʃotʃeár] *intr.* **1** Radoter (hablando de un anciano). **2** fig. Être pincé, ée.

chocho, -cha [tʃótʃo, -tʃa] *adj.* **1** Gâteux, euse, gaga, radoteur, euse. **2** fig. *Estar* ~ *por,* raffoler de, être toqué de.

chocolate [tʃokoláte] *m.* Chocolat.

chocolatería [tʃokolatería] *f.* Chocolaterie.

chófer [tʃófer] *m.* Chauffeur.

chopo [tʃópo] *m.* **1** Peuplier noir. **2** fam. Flingot, flingue, pétoire *f.* (fusil).

choque [tʃóke] *m.* **1** Choc, heurt, collision *f.* **2** Tamponnement (de trenes).

chorizo [tʃoríθo] *m.* Saucisson au piment rouge, chorizo.

chorrear [tʃořeár] *intr.* **1** Couler (un líquido). **2** Dégoutter, couler goutte à goutte, dégouliner (goteando). **3** Ruisseler.

chorreo [tʃořéo] *m.* Écoulement, ruissellement.

chorro [tʃóřo] *m.* **1** Jet (de un líquido, de luz). Loc. fig. *Soltar el* ~, rire aux éclats. **2** loc. adv. *A* ~, à jet continu; *a chorros,* copieusement.

choteo [tʃotéo] *m.* fam. Moquerie *f.,* raillerie *f.* (zumba), rigolade *f.* (broma).

choza [tʃóθa] *f.* Cabane, hutte.

chubasco [tʃuβásko] *m.* **1** Averse *f.* **2** fig. Contretemps passager.

chubasquero [tʃuβaskéro] *m.* Imperméable.

chuchería [tʃutʃería] *f.* Babiole.

chucho, cha [tʃútʃo, tʃa] *m.* fam. Chien, nne.

chufa [tʃúfa] *f.* Souchet *m.* comestible.

chulada [tʃuláða] *f.* **1** Grossièreté (grosería). **2** Propos *m.* désinvolte. **3** Bravade, aplomb *m.* (bravuconada).

chuleta [tʃuléta] *f.* COC. Côtelette (pequeña), côte (mayor).

chulo, -la [tʃúlo, -la] *adj.* **1** Effronté, ée, culotté, ée, désinvolte (descarado). ■ **2** *s.* Homme, femme du bas peuple de Madrid qui affecte des airs hardis et désinvoltes, type *m.,* môme *f.* ■ **3** *m.* Souteneur (rufián).

chupa [tʃúpa] *f.* Sorte de justaucorps *m.*

chupada [tʃupáða] *f.* **1** Sucement *m.* **2** Bouffée (de tabaco): *dar una* ~, tirer une bouffée.

chupete [tʃupéte] *m.* **1** Tétine *f.* (del biberón). **2** Sucette *f.* (chupador).

churra [tʃúřa] *f.* Gélinotte des bois.

churrería [tʃuřería] *f.* Boutique où l'on vend des *churros.*

churrete [tʃuřéte] *m.* Tache *f.* de graisse.

churrigueresco, -ca [tʃuřiɣerésko, -ka] *adj.* ARQ. Churrigueresque.

churro [tʃúřo] *m.* Sorte de beignet allongé.

chuscada [tʃuskáða] *f.* Drôlerie, plaisanterie.

chusma [tʃúzma] *f.* **1** Chiourme. **2** Populace (muchedumbre).

chutar [tʃutár]. **1** *intr.* Shooter (fútbol). **2** *pr.* Se shooter (droga).

chuzo [tʃúθo] *m.* Épieu, pique *f.* courte. Loc. fig. *Llover chuzos,* pleuvoir à verse.

cianuro [θjanúro] *m.* QUÍM. Cyanure.

ciático, -ca [θjátiko, -ka] *adj.-f.* MED. Sciatique.

cicatear [θikateár] *tr.* fam. Lésiner.

cicatero, -ra [θikatéro, -ra] *adj.-s.* Lésineur, euse, chiche.

cicatriz [θikatriθ] *f.* Cicatrice.

cicatrizar [θikatriθár] [4] *tr.* Cicatriser.

cicerone [θiθeróne] *m.* Cicerone.

cíclico, -ca [θíkliko, -ka] *adj.* Cyclique.

ciclismo [θiklízmo] *m.* Cyclisme.

ciclista [θiklísta] *m.-f.* Cycliste.

ciclo [θíklo] *m.* Cycle.

ciclón [θiklón] *m.* Cyclone.

cíclope [θíklope] *m.* Cyclope.

cicuta [θikúta] *f.* Ciguë.

ciego, -ga [θjéɣo, -ɣa] *adj.-s.* **1** Aveugle: ~ *de nacimiento,* aveugle de naissance. **2** loc. adv. *A ciegas,* à l'aveuglette. ■ **3** *m.* ANAT. Cæcum.

cielo [θjélo] *m.* **1** Ciel (*pl.* ciels o cieux): *el reino de los cielos,* le royaume des cieux. **2** ~ *de la boca,* palais. **3** ~ *de la cama,* ciel de lit. **4** ~ *raso,* plafond.

ciempiés [θjempjés] *m. invar.* Millepattes, scolopendre *f.*

cien [θjen] *adj.* Cent. Forme apocopée de *ciento.*

ciénaga [θjénaɣa] *f.* Bourbier *m.,* marécage *m.*

ciencia [θjénθja] *f.* Science.

científico, -ca [θjentífiko, -ka] *adj.-s.* Scientifique.

ciento [θjénto] *adj.-m.* Cent.

cierre [θjéře] *m.* **1** Fermeture *f.* **2** ~ *metálico,* rideau métallique. **3** Clôture *f.* (de una sesión, congreso, bolsa, etc.).

cierto, -ta [θjérto, -ta] *adj.* **1** Certain, aine, sûr, sûre: *estoy* ~ *de lo que afirmo,* je suis certain de ce que j'affirme. **2** Vrai, vraie: *eso no es* ~, ce n'est pas vrai. ■ **3** *m.* Estar en lo ~, être dans le vrai; *lo* ~ *es que,* toujours est-il que.

ciervo [θjérβo] *m.* **1** Cerf. **2** ~ *volante,* cerf-volant (insecto).

CIF [θif] *m.* (abrev. código de identificación fiscal) Code d'identification fiscale.

cifra [θífra] *f.* **1** Chiffre *m.* **2** Abréviation. **3** Résumé *m.*

cifrar [θifrár] *tr.* **1** Chiffrer (escribir en cifra). **2** fig. Abréger, résumer.

cigala [θiɣála] *f.* Langoustine.

cigarrera [θiɣařéra] *f.* **1** Cigarière (que fabrica cigarros). **2** Porte-cigares *m. invar.* (estuche).

cigarrillo [θiɣaříʎo] *m.* Cigarette *f.*

cigarro [θiɣářo] *m.* **1** Cigare. **2** ~ *puro,* cigare.

cigüeña [θiɣwéɲa] *f.* **1** Cigogne (ave). **2** Manivelle.

cigüeñal [θiɣweɲál] *m.* **1** Manivelle *f.* **2** MEC. Vilebrequin.

cilicio [θiliθjo] *m.* Cilice.

cilindro [θilindro] *m.* Cylindre.

cima [θima] *f.* **1** Cime, sommet *m.* **2** Fin, terme *m.* (de una obra, etc.). **3** BOT. Cyme *m.* **4** *loc. adv. Por* ~, par-dessus (por encima), légèrement.

cimbreante [θimbreánte] *adj.* Flexible, souple.

cimentar [θimentár] *tr.* Jeter les fondations (de un edificio).

cimiento [θimjénto] *m.* **1** CONSTR. Fondations *f. pl.* **2** fig. Base *f.*, fondement.

cinc [θiŋk] *m.* Zinc (metal).

cincel [θinθél] *m.* Ciseau.

cincelado [θinθeláðo] *m.* Ciselure *f.*

cincha [θintʃa] *f.* Sangle.

cinchar [θintʃár] *tr.* Sangler (la cincha).

cinco [θiŋko] *adj.-m.* Cinq. Loc. fig. *Decir a uno cuántas son* ~, dire à quelqu'un ses quatre vérités.

cincuenta [θiŋkwénta] *adj.-m.* **1** Cinquante. **2** Cinquantième (quincuagésimo).

cincuentavo, -va [θiŋkwentáβo, -βa] *adj.-s.* Cinquantième (parte).

cincuentena [θiŋkwenténa] *f.* Cinquantaine.

cine [θine] *m.* Cinéma.

cinematógrafo [θinematóɣrafo] *m.* Cinématographe.

cinerario, -ia [θinerárjo, -ja] *adj.* **1** Cinéraire. ■ **2** *f.* Cinéraire (planta).

cíngaro, -ra [θiŋgaro, -ra] *adj.-s.* Tzigane.

cínico, -ca [θiniko, -ka] *adj.-s.* Cynique.

cinismo [θinizmo] *m.* Cynisme.

cinta [θinta] *f.* **1** Ruban *m.* (de tela, etc.): ~ *adhesiva,* ruban adhésif. **2** Film *m.* (cinematográfica).

cinto [θinto] *m.* Ceinture *f.*

cintura [θintúra] *f.* Ceinture (del cuerpo, de un vestido).

cinturón [θinturón] *m.* Ceinture *f.: de seguridad,* ceinture de sécurité.

ciprés [θiprés] *m.* Cyprès.

circense [θirθénse] *adj.* Du cirque.

circo [θirko] *m.* Cirque.

circuito [θirkwito] *m.* **1** Circuit. **2** ELECT. *Corto* ~, court-circuit.

circular [θirkulár] *adj.* **1** Circulaire. ■ **2** *f.* Circulaire (carta).

circular [θirkulár] *intr.* Circuler.

círculo [θirkulo] *m.* **1** GEOM., GEOG., ASTR. Cercle. **2** Cercle (de personas, sociedad). ■ **3** *pl.* Milieux (medios).

circuncisión [θirkunθisjón] *f.* Circoncision.

circundar [θirkundár] *tr.* Entourer.

circunferencia [θirkuɱferénθja] *f.* Circonférence.

circunflejo [θirkuɱfléxo] *adj.* Circonflexe.

circunscribir [θirkunskriβir] *tr.* Circonscrire.

circunspección [θirkunspeɣθjón] *f.* Circonspection.

circunspecto, -ta [θirkunspéɣto, -ta] *adj.* Circonspect, ecte.

circunstancia [θirkunstánθja] *f.* Circonstance.

circunstancial [θirkunstanθjál] *adj.* Circonstanciel, elle.

circunvolución [θirkumboluθjón] *f.* Circonvolution.

cirio [θirjo] *m.* Cierge.

cirrosis [θirósis] *f.* Cirrhose.

ciruela [θirwéla] *f.* **1** Prune. **2** ~ *claudia,* reine-claude; ~ *pasa,* pruneau *m.*

ciruelo [θirwélo] *m.* Prunier.

cirugía [θiruxía] *f.* Chirurgie.

cirujano [θiruxáno] *m.* Chirurgien.

cisco [θisko] *m.* **1** Charbon végétal très menu. Loc. fig. *Hacer* ~, casser, réduire en morceaux. **2** fig. Tapage, grabuge.

cisma [θizma] *m.* Schisme.

cisne [θizne] *m.* Cygne.

cisterna [θistérna] *f.* Citerne.

cita [θita] *f.* **1** Rendez-vous *m.: darse* ~, se donner rendez-vous. **2** Citation (nota).

citar [θitár] *tr.* **1** Fixer un rendez-vous. **2** DER. Citer, convoquer. **3** Citer (un autor, etc.). **4** TAUROM. Provoquer (el toro).

cítara [θitara] *f.* MÚS. Cithare.

cítrico, -ca [θitriko, -ka] *adj.* **1** QUÍM. Citrique. ■ **2** *m. pl.* Agrumes.

ciudad [θjuðáð] *f.* **1** Ville. **2** Cité: ~ *universitaria,* cité universitaire.

ciudadano, -na [θjuðaðáno, -na] *adj.-s.* Citoyen, enne, citadin, ine.

civil [θiβil] *adj.* **1** Civil, ile. ■ **2** *m.* fam. Gendarme.

civilización [θiβiliθaθjón] *f.* Civilisation.

civismo [θiβizmo] *m.* Civisme.

cizaña [θiθáɲa] *f.* **1** Ivraie. **2** fig. Zizanie: *meter* ~, semer la zizanie.

clamar [klamár] *intr.* Parler d'une voix grave et solennelle. **2** Implorer: ~ *al cielo,* implorer le ciel. **3** *tr.* Clamer, crier: ~ *venganza,* crier vengeance.

clamoroso, -sa [klamoróso, -sa] *adj.* **1** Plaintif, ive (quejoso). **2** Bruyant, ante, retentissant, ante.

clan [klan] *m.* Clan.

clandestino, -na [klandestino, -na] *adj.* Clandestin, ine.

clara [klára] *f.* 1 Blanc *m.* (de huevo). 2 Clairière (de un tejido). 3 Éclaircie, embellie (del tiempo).

claraboya [klaraβója] *f.* Lucarne, châssis *m.* vitré.

clarear [klareár] *tr.* 1 Éclairer (una cosa). ▪ 2 *intr.* Commencer à faire jour. 3 S'éclaircir (el tiempo).

claridad [klariðáð] *f.* 1 Clarté. 2 fig. Vérité.

clarinete [klarinéte] *m.* 1 Clarinette *f.* 2 Clarinettiste (músico).

clarividente [klariβiðénte] *adj.* Clairvoyant, ante.

claro, -ra [kláro, -ra] *adj.* 1 Clair, aire: *cielo ~,* ciel clair; *voz clara,* voix claire. 2 Clairsemé, ée (ralo). 3 Franc, franche. 4 Illustre, fameux, euse. 5 *loc. adv. A las claras,* clairement; *de ~ en ~,* d'un bout à l'autre. ▪ 6 *m.* Clair (de luna).

claroscuro [klaroskúro] *m.* Clair-obscur.

clase [kláse] *f.* 1 Classe: *lucha de clases,* lutte des classes. 2 Classe (aula). ▪ 3 *pl.* MIL. Sous-officiers *m.*

clásico, -ca [klásıko, -ka] *adj.-s.* Classique.

clasificar [klasifikár] [1] *tr.* 1 Classifier. 2 Classer.

claudicar [klauðikár] [1] *intr.* 1 Boiter, clocher. 2 fig. Manquer à ses devoirs, à ses principes, faillir.

claustro [kláustro] *m.* 1 Cloître. 2 Conseil des professeurs d'une université, d'un lycée.

claustrofobia [klaustrofóβia] *f.* Claustrophobie.

cláusula [kláusula] *f.* 1 Clause. 2 RET. Période.

clausura [klausúra] *f.* 1 REL. Clôture. 2 Clôture (última sesión).

clausurar [klausurár] *tr.* Fermer (un establecimiento).

clavado, -da [klaβáðo, -ða] *adj.* 1 Cloué, ée. 2 fam. *A las siete clavadas,* à sept heures tapantes, pile. 3 fam. *Es ~ a su padre,* c'est son père tout craché.

clavar [klaβár] *tr.* 1 Clouer. 2 Enfoncer (un clavo, etc.). 3 Fixer (la mirada).

clave [kláβe] *f.* 1 Clef, clé (en música; de un enigma, etc.). 2 ARQ. Clef, claveau *m.* ▪ 3 *m.* Clavecin (clavicordio).

clavel [klaβél] *m.* Œillet.

clavellina [klaβeʎína] *f.* Mignonnette, petit œillet. *m.*

clavícula [klaβíkula] *f.* Clavicule.

clavija [klaβixa] *f.* 1 Cheville (de madera o metal), goujon *m.*

clavo [kláβo] *m.* 1 Clou (de metal). 2 Clou (furúnculo). 3 Cor (en el pie). 4 Clou de girofle (especia).

clemencia [kleménθja] *f.* Clémence.

cleptomanía [kleβtomanía] *f.* Cleptomanie.

clerecía [klereθía] *f.* Clergé *m.*

clerical [klerikál] *adj.-s.* Clérical, ale.

clero [kléro] *m.* Clergé.

cliente [kljénte] *s.* Client, ente.

clima [klima] *m.* Climat.

climatizar [klimatizár] [4] *tr.* Climatiser.

climatología [klimatoloxía] *f.* Climatologie.

clínico, -ca [kliniko, -ka] *adj.-f.* 1 Clinique. ▪ 2 *m.* Clinicien.

clisé [klisé] *m.* IMPR., FOT. Cliché.

clítoris [klitoris] *m.* Clitoris.

cloaca [kloáka] *f.* 1 Cloaque *m.* 2 Égout *m.*

clon [klon] *m.* INFORM., BIOL. Clone.

cloquear [klokeár] *intr.* Glousser.

clorhídrico, -ca [kloriðriko, -ka] *adj.* Chlorhydrique.

cloro [klóro] *m.* QUÍM. Chlore.

clorofila [klorofila] *f.* Chlorophylle.

cloroformo [klorofórmo] *m.* QUÍM. Chloroforme.

cloruro [klorúro] *m.* Chlorure.

club [kluβ] *m.* Club.

clueca [klwéka] *adj.-f.* Couveuse.

coacción [koayθjón] *f.* Contrainte.

coaccionar [koayθjonár] *tr.* Contraindre.

coadyuvar [koaðʝuβár] *tr.* Aider, contribuer, coopérer.

coágulo [koáyulo] *m.* 1 Coagulum. 2 Caillot (de sangre).

coalición [koaliθjón] *f.* Coalition.

coartar [koartár] *tr.* Restreindre, limiter (la libertad, etc.).

cobarde [kobárðe] *adj.* 1 Lâche, poltron, onne, couard, arde. 2 Timide.

cobardía [koβarðía] *f.* Lâcheté, poltronnerie, couardise.

cobayo [koβáʝo] *m.* Cobaye, cochon d'Inde.

cobertizo [koβertiθo] *m.* 1 Auvent (saledizo). 2 Hangar (sitio cubierto).

cobertura [koβertúra] *f.* 1 Couverture. 2 Couverture (garantía).

cobijar [koβixár] *tr.* 1 Couvrir. 2 Héberger, loger (albergar).

cobra [kóβra] *f.* 1 Cobra m., naja *m.* 2

Courroie pour atteler les bœufs. **3** Ramassage *m.* (de la caza).

cobrador [koβraðòr] *m.* **1** Garçon de recette. **2** Receveur (en un autobús, etc.).

cobrar [koβrár] *tr.* **1** Toucher, percevoir, encaisser, recouvrer (dinero). **2** Prendre: ¿cuánto le ha cobrado el garagista?, combien vous a pris le garagiste? **3** fam. Acquérir, prendre: ~ *fama,* acquérir de la renommée; ~ *ánimo,* prendre courage. **4** Tirer à soi (cuerda). ■ **5** *pr.* Se remettre.

cobre [kóβre] *m.* Cuivre. Loc. fig. *Batir el* ~, travailler avec ardeur.

cobrizo, -za [koβriθo, -θa] *adj.* **1** Cuivré, ée. **2** Cuivreux, euse.

coca [kóka] *f.* **1** Coca *m.* (arbusto).

cocaína [kokaina] *f.* QUÍM. Cocaïne.

cocción [koγθjòn] *f.* **1** Cuisson. **2** Coction.

cocear [koθeár] *intr.* Ruer.

coche [kótʃe] *m.* **1** Voiture *f.* Loc. ~ *de punto,* voiture de place; ~ *fúnebre,* corbillard. **2** Coche (diligencia). **3** Wagon (para viajeros): ~ *cama,* wagon-lit.

cochera [kotʃéra] *adj. f.* **1** *Puerta* ~, porte cochère. ■ **2** *f.* Remise, garage *m.*

cochero [kotʃéro] *m.* Cocher.

cochinillo [kotʃiniλo] *m.* Cochon de lait.

cochino, -na [kotʃino, -na] *adj.* **1** Malpropre, sale. ■ **2** *m.* Cochon, porc. ■ **3** *s.* fig. fam. Cochon, onne.

cocido [koθiðo] *m.* Pot-au-feu *invar.*

cocina [koθina] *f.* **1** Cuisine. **2** Cuisinière (aparato).

cocinar [koθinár] *tr.* **1** Cuire, apprêter (los manjares). ■ **2** *intr.* Cuisiner.

coco [kóko] *m.* **1** Noix *f.* de coco (fruto). **2** Cocotier (árbol). **3** Coccus (bacteria). **4** Ver (en las frutas). **5** Croque-mitaine (bu). **6** Grimace *f.*

cocodrilo [kokoðrilo] *m.* Crocodile.

cóctel [kóktel] *m.* Cocktail.

coda [kóða] *f.* MÚS. Coda.

codazo [koðáθo] *m.* Coup de coude.

codear [koðeár] *intr.* **1** Donner des coups de coude. ■ **2** *pr.* Coudoyer, fréquenter.

códice [kóðiθe] *m.* Manuscrit ancien.

codicia [koðiθja] *f.* Cupidité (de dinero), convoitise.

codiciar [koðiθjár] [12] *tr.* Convoiter.

codificador [koðifikaðòr] *m.* Encodeur.

codificar [koðifikár] [1] *tr.* Codifier.

código [kóðiγo] *m.* Code: ~ *de la circulación,* code de la route.

codo [kóðo] *m.* **1** Coude (del hombre, del caballo). Loc. fig. *Empinar el* ~, lever le

coude. **2** Tuyau coudé. **3** Coudée *f.* (medida).

codorniz [koðorniθ] *f.* Caille.

coeficiente [koefiθjènte] *m.* Coefficient.

coercitivo, -va [koerθitiβo, -βa] *adj.* Coercitif, ive.

coetáneo, -ea [koetáneo, -ea] *adj.* Contemporain, aine.

coexistir [koeysistir] *intr.* Coexister.

cofia [kófja] *f.* **1** Coiffe (de mujer). **2** ant. Filet *m.,* résille (para el pelo). **3** BOT. Coiffe.

cofradía [kofraðia] *f.* **1** Confrérie. **2** Association.

cofre [kófre] *m.* Coffre.

cogedero [koxeðèro] *m.* Manche.

coger [koxèr] [5] *tr.* **1** Cueillir, ramasser (frutas). **2** Prendre, saisir, attraper: ~ *descuidado,* prendre au dépourvu; ~ *la palabra a uno,* prendre quelqu'un au mot. **2** Atteindre, attraper, rattraper (alcanzar). **3** Trouver (hallar): ~ *a uno de buen humor,* trouver quelqu'un de bonne humeur. **4** Tenir, contenir. **5** Occuper (un espacio).

cogida [koxiða] *f.* **1** Récolte, cueillette (de frutas). **2** TAUROM. Prise d'un torero par le taureau, coup de corne.

cogido [koxiðo] *m.* Pli, fronce *f.*

cognoscitivo, -va [koynosθitiβo, -βa] *adj.* Cognitif, ive.

cogollo [koγóʎo] *m.* **1** Cœur (de col, de lechuga, etc.). **2** Bourgeon, pousse *f.*

cogote [koγóte] *m.* Nuque *f.*

cohechar [koetʃár] *tr.* Suborner.

coheredero, -ra [koereðèro, -ra] *s.* Cohéritier, ière.

coherente [koerènte] *adj.* Cohérent, ente.

cohesión [koesjòn] *f.* Cohésion.

cohete [koéte] *m.* **1** Fusée *f.* (de fuegos artificiales, espacial). **2** MIL. Roquette *f.*

cohibir [koïβir] [21] *tr.* **1** Contraindre, gêner. **2** Intimider.

coincidencia [koïnθiðènθja] *f.* Coïncidence.

coincidir [koïnθiðir] *intr.* Coïncider.

coito [kóïto] *m.* Coït.

cojear [koxeár] *intr.* Boiter, clocher.

cojín [koxin] *m.* Coussin (almohadón).

cojinete [koxinète] *m.* Coussinet.

cojo, -ja [kóxo, -xa] *adj.-s.* Boiteux, euse.

cojón [koxòn] *m.* fam. Couille *f.,* testicule.

col [kol] *f.* Chou *m.*

cola [kóla] *f.* **1** Queue (de un animal, de un cometa; hilera de personas; parte final). Loc. *Hacer* ~, faire la queue. **2**

Traîne, queue (de un vestido). **3** BOT. Kola: *nuez de ~,* noix de kola. **4** Colle (pegamento).

colaboración [kolaβoraθjón] *f.* Collaboration.

colaborador, -ra [kolaβoraðòr, -ra] *s.* Collaborateur, trice.

colaborar [kolaβorár] *intr.* Collaborer.

colada [kolàða] *f.* Lessive, lessivage *m.: hacer la ~,* faire la lessive.

colado, -da [koláðo, -ða] *adj.* **1** Coulis (viento). **2** *Hierro ~,* fonte *f.*

colador [kolaðòr] *m.* Passoire *f.,* filtre.

colapso [kolápso] *m.* MED. Collapsus.

colar [kolár] [31] *tr.* **1** Conférer (un beneficio eclesiástico). **2** Passer, filtrer (un líquido). **3** Couler (la colada). **4** Passer, refiler (una moneda falsa). ■ **5** *pr.* Se faufiler, s'introduire, resquiller. **6** fam. Se tromper (equivocarse), faire une gaffe (meter la pata).

colcha [kóltʃa] *f.* Couvre-lit *m.,* courtepointe.

colchón [koltʃón] *m.* **1** Matelas. **2** *~ de muelles, de tela metálica,* sommier métallique.

colchoneta [koltʃonéta] *f.* Matelas pneumatique *m.*

colear [koleár] *intr.* Remuer la queue.

colección [koleɣθjón] *f.* Collection.

coleccionista [koleɣθjonìsta] *s.* Collectionneur, euse.

colecta [kolékta] *f.* Collecte.

colectividad [kolektiβiðàð] *f.* Collectivité.

colega [koléɣa] *m.* Collègue.

colegial [kolexjál] *adj.* **1** Collégien, enne. **2** Collégial, ale.

colegio [koléxjo] *m.* **1** Collège. **2** École *f.* privée.

cólera [kólera] *f.* **1** Bile (bilis). **2** Colère, courroux *m.: montar en ~,* se mettre en colère. ■ **3** *m.* MED. Choléra.

colesterol [kolesteról] *m.* Cholestérol.

coleta [koléta] *f.* **1** Queue (peinado antiguo). **2** Tresse, natte (de un torero, un chino).

coletazo [koletáθo] *m.* Coup de queue.

coletilla [koletíʎa] *f.* Ajouté *m.,* ajout *m.,* addition (a un escrito, un discurso).

colgado, -da [kolɣáðo, -ða] *adj.* **1** Pendu, ue, suspendu, ue, accroché, ée *(de,* à). **2** fig. Déçu, ue: *dejar ~ a uno,* décevoir quelqu'un.

colgador [kolɣaðòr] *m.* IMPR. Étendoir.

colgajo [kolɣáxo] *m.* **1** Lambeau. **2** Grappe *f.* de fruits suspendus.

colgar [kolɣár] [52] *tr.* **1** Pendre, suspendre, accrocher: *ha colgado el sombrero de un clavo,* il a suspendu son chapeau à un clou. **2** Pendre (ahorcar). **3** Imputer, attribuer (achacar). ■ **4** *intr.* Pendre: *una lámpara cuelga del techo,* une lampe pend au plafond.

cólico [kóliko] *m.* Colique *f.*

coliflor [koliflór] *f.* Chou-fleur *m.*

colilla [kolíʎa] *f.* Mégot *m.*

colina [kolina] *f.* Colline.

colindante [kolindánte] *adj.* Limitrophe, contigu, uë.

colisión [kolisjón] *f.* Collision, choc *m.*

collado [koʎáðo] *m.* **1** Coteau (monte). **2** Col (paso).

collar [koʎár] *m.* **1** Collier. **2** Carcan (castigo).

colmado, -da [kolmáðo, -ða] *adj.* **1** Plein, pleine, comble. ■ **2** *m.* Épicerie *f.* (tienda).

colmar [kolmár] *tr.* **1** Combler, remplir.

colmena [kolména] *f.* Ruche.

colmenar [kolmenár] *m.* Rucher.

colmillo [kolmíʎo] *m.* **1** Canine *f.* **2** Croc (del perro, del lobo). **3** Défense *f.* (del elefante, del jabalí).

colmo, -ma [kólmo, -ma] *adj.* **1** Comble. ■ **2** *m.* Comble. Loc. fig. *Es el ~,* c'est le comble; *para ~,* par-dessus le marché.

colocación [kolokaθjón] *f.* **1** Situation, position, emplacement *m.* (sitio). **2** Placement *m.* (de empleados). **3** Place, emploi *m.,* situation, poste *m.* (empleo).

colocar [kolokár] [1] *tr.* Placer (cosas o personas).

colombiano, -na [kolombjáno, -na] *adj.-s.* Colombien, ienne.

colon [kólon] *m.* ANAT. Côlon.

colonia [kolónja] *f.* **1** Colonie. **2** Eau de Cologne.

colonial [kolonjál] *adj.* Colonial, ale.

colonizar [koloniθár] [4] *tr.* Coloniser.

colono [kolóno] *m.* Colon.

coloquio [kolókjo] *m.* Colloque.

color [kolór] *m.* Couleur *f.* Loc. fig. *De ~ de rosa,* en rose; *distinguir de colores,* savoir juger.

colorado, -da [koloráðo, -ða] *adj.* **1** Coloré, ée. **2** Rouge (rojo).

colorear [koloreár] *tr.* **1** Colorer. ■ **2** *intr.* Se colorer, rougir (algunos frutos).

colorete [kolorète] *m.* Rouge, fard.

colorido [koloríðo] *m.* **1** Coloris. **2** fig. Couleur *f.,* prétexte.

colosal [kolosál] *adj.* Colossal, ale.

columna [kolúmna] *f.* Colonne.

columnata [kolumnáta] *f.* Colonnade.

columpiar [kolumpjár] [12] *tr.* **1** Balancer. ■ **2** *pr.* Se balancer.

columpio [kolúmpjo] *m.* Balançoire *f.,* escarpolette *f.*

colusión [kolusjón] *f.* DER. Collusion.

colza [kólθa] *f.* Colza *m.*

coma [kòma] *f.* **1** Virgule. **2** MÚS. Comma *m.* ■ **3** *m.* MED. Coma: *entrar en ~,* entrer dans le coma.

comadre [komáðre] *f.* **1** Commère. **2** Accoucheuse (partera).

comadreja [komaðréxa] *f.* Belette.

comadrona [komaðróna] *f.* fam. Sage-femme, accoucheuse.

comandante [komandánte] *m.* Commandant.

comarca [komárka] *f.* Contrée, région.

comarcal [komarkál] *adj.* De la contrée, régional, ale.

comba [kòmba] *f.* **1** Courbure, cambrure. **2** Corde: *saltar a la ~,* sauter à la corde.

combate [kombáte] *m.* Combat.

combatiente [kombatjénte] *adj.-m.* Combattant, ante.

combatir [kombatir] *intr.-tr.* Combattre.

combinación [kombinaθjón] *f.* **1** Combinaison. **2** Cocktail *m.* (bebida).

combinar [kombinár] *tr.* Combiner.

combustible [kombustiβle] *adj.-m.* Combustible.

comedero, -ra [komeðéro, -ra] *adj.* **1** Mangeable. ■ **2** *m.* Auge *f.,* mangeoire *f.*

comedia [komédja] *f.* Comédie.

comedido, -da [komeðiðo, -ða] *adj.* **1** Discret, ète, modéré, ée. **2** Courtois, oise.

comedor, -ra [komeðór, -ra] *adj.* **1** Mangeur, euse. ■ **2** *m.* Salle *f.* à manger. **3** Restaurant économique, cantine *f.*

comendador [komendaðór] *m.* Commandeur.

comensal [komensál] *s.* Commensal, ale, convive.

comentar [komentár] *tr.* Commenter.

comentario [komentárjo] *m.* Commentaire.

comenzar [komenθár] [47] *tr.-intr.* Commencer.

comer [komér] *tr.-intr.* **1** Manger. Loc. *~ de carne,* faire gras. ■ **2** *tr.* Prendre (en las damas, ajedrez). ■ **3** *intr.* Déjeuner (al mediodía), dîner (cenar). ■ *Comer* dans le sens transitif s'emploie souvent sous la forme réfléchie: *se lo ha comido todo,* il a tout mangé.

comercial [komerθjál] *adj.* Commercial, ale.

comercialización [komerθjaliθaθjón] *f.* Commercialisation.

comercio [komérθjo] *m.* Commerce.

comestible [komestiβle] *adj.-m.* Comestible.

cometa [kométa] *m.* **1** ASTR. Comète *f.* ■ **2** *f.* Cerf-volant *m.* (juguete).

cometer [kometér] *tr.* Commettre (hacer).

cometido [kometiðo] *m.* Mission *f.*

comicios [komiθjos] *m. pl.* Comices.

cómico, -ca [kómiko, -ka] *adj.* **1** Comique. ■ **2** *s.* Comédien, ienne (actor, actriz).

comida [komiða] *f.* **1** Nourriture (alimento). **2** Déjeuner *m.* (almuerzo), dîner *m.* (cena).

comienzo [komjénθo] *m.* Commencement, début: *en los comienzos de,* au début de. Loc. *Dar ~,* commencer.

comilla [komiʎa] *f.* Guillemet *m.*

comino [komino] *m.* Cumin. Loc. *Esto no vale un ~,* cela ne vaut rien.

comisaría [komisaría] *f.,* **comisariato** [komisarjáto] *m.* Commissariat *m.*

comisario [komisárjo] *m.* Commissaire.

comisión [komisjón] *f.* Commission.

comisionado, -da [komisjonáðo, -ða] *adj.-s.* **1** Commissionné, ée. **2** *~ de apremios,* porteur de contraintes.

comité [komité] *m.* Comité.

comitiva [komitiβa] *f.* Suite, cortège *m.*

como [kómo] *adv.* **1** Comme: Loc. *~quiera que,* étant donné que. **2** Comment (interrogación, de qué manera, por qué motivo). **3** *conj.* Comme (causal, temporal). **4** Que: *sabrás ~ hemos llegado bien,* je t'informe que nous sommes bien arrivés. **5** *m.* Comment: *el cómo y el porqué,* le pourquoi et le comment.

cómoda [kómoða] *f.* Commode (mueble).

comodidad [komoðiðáð] *f.* **1** Commodité. **2** Confort *m.,* aise.

cómodo, -da [kómoðo, -ða] *adj.* **1** Commode (conveniente, fácil). **2** Confortable. **3** *Estar ~,* être à l'aise (a gusto).

compact [kómpac] *m.* Compact, compact disque.

compacto, -ta [kompáɣto, -ta] *adj.* Compact, acte.

compadecer [kompaðeθér] [43] *tr.-pr.* **1** Compatir à, plaindre. ■ **2** *pr.* S'accorder, être compatible (hablando de cosas).

compadre [kompáðre] *m.* **1** Compère, parrain, par rapport au père. **2** Compère (amigo).

compaginar [kompaɣinár] *tr.* **1** IMPR. Mettre en pages. **2** Combiner, accorder, rendre compatible.

compañero, -ra [kompaɲéro, -ra] *s.* **1** Compagnon, compagne, camarade. **2** Partenaire (en el juego). **3** Pendant *m.,* chose *f.* qui va avec une autre (objeto).

compañía [kompaɲía] *f.* **1** Compagnie. Loc. *Hacer* ~, tenir compagnie. **2** Troupe (de actores).

comparar [komparár] *tr.* Comparer.

comparecer [kompareθér] [43] *intr.* Comparaître.

compartir [kompartir] *tr.* **1** Répartir, diviser. **2** Partager (poseer, utilizar con otros).

compás [kompás] *m.* **1** Compas. **2** MAR. Boussole *f.* **3** MÚS. Mesure *f.: marcar, llevar el* ~, battre la mesure.

compasión [kompasjón] *f.* Compassion.

compatible [kompatíßle] *adj.* Compatible.

compatriota [kompatrjóta] *s.* Compatriote.

compendio [kompéndjo] *m.* **1** Abrégé, compendium, résumé. **2** *loc. adv. En* ~, sommairement, en résumé.

compenetrarse [kompenetrárse] *pr.* **1** Se pénétrer. **2** S'identifier.

compensar [kompensár] *tr.* **1** Compenser. **2** Dédommager.

competencia [kompeténθja] *f.* **1** Compétence (aptitud). **2** Ressort *m.,* compétence (incumbencia). **3** Concurrence (rivalidad, en comercio).

competente [kompeténte] *adj.* **1** Compétent, ente. **2** Apte.

competición [kompetiθjón] *f.* Compétition.

competir [kompetir] [34] *intr.* **1** Concourir, être en concurrence. **2** Rivaliser. ■ **3** *pr.* Se faire concurrence.

compilar [kompilár] *tr.* Compiler.

complacer [komplaθér] [42] *tr.* **1** Complaire, être agréable. ■ **2** *pr.* Se complaire, se plaire (*en,* à). ■ CONJUG. comme *agradecer.*

complejo, -ja [kompléxo, -xa] *adj.* Complexe.

complementar [komplementár] *tr.* Compléter, donner un complément à.

complemento [kompleménto] *m.* Complément.

completar [kompletár] *tr.* Compléter.

complexión [komple(γ)sjón] *f.* Complexion.

complicado, -da [komplikáðo, -ða] *adj.* Compliqué, ée.

complicar [komplikár] [1] *tr.* **1** Compliquer. **2** Mêler, impliquer.

cómplice [kòmplıθe] *s.* Complice.

complot [komplót] *m.* Complot.

componente [komponénte] *adj.-m.* Composant, ante.

componer [komponér] [78] *tr.* **1** Composer. **2** Préparer (con ingredientes). **3** Réparer, raccommoder (arreglar, reparar). **4** Arranger (un asunto). **5** Orner, parer. ■ **6** *pr.* Composer (transigir). **7** Se parer, se vêtir, s'arranger (ataviarse). **8** *Componérselas,* s'arranger, s'ingénier, s'y prendre.

comportamiento [komportamjénto] *m.* Comportement, conduite *f.*

comportar [komportár]. **1** *tr.* Supporter, tolérer. **2** *pr.* Se comporter, se conduire.

composición [komposiθjón] *f.* Composition.

compositor, -ra [kompositòr, -ra] *s.* Compositeur, trice.

compost [kómpost] *m.* AGR. Compost.

compostura [kompostúra] *f.* Réparation, raccommodage *m.* (remiendo).

compota [kompóta] *f.* Compote.

compra [kómpra] *f.* **1** Achat *m.* **2** Emplette.

comprador, -ra [kompraðòr, -ra] *adj.-s.* Acheteur, euse.

comprender [komprendér] *tr.* Comprendre: *no comprendí lo que decía,* je n'ai pas compris ce qu'il disait.

comprensivo, -va [komprensíßo, -ßa] *adj.* Compréhensif, ive.

compresa [komprésa] *f.* **1** Compresse. **2** Serviette hygiénique.

compresión [kompresjón] *f.* Compression.

comprimido, -da [komprimiðo, -ða] *adj.-m.* Comprimé, ée.

comprobar [komproßár] [31] *tr.* **1** Constater (obtener la confirmación de algo). **2** Vérifier (averiguar). **3** Confirmer.

comprometer [komprometér] *tr.* **1** Compromettre (exponer a algún peligro o daño). **2** Engager (en una obligación).

compromiso [kompromiso] *m.* **1** Compromis (convenio). **2** Engagement, obligation *f.: sin* ~ *por su parte,* sans engagement de votre part. **3** Difficulté *f.,* embarras (apuro).

compuesto, -ta [kompwésto, -ta] *adj.* **1**

Composé, ée. **2** Orné, ée, paré, ée (ataviado). **3** Arrangé, ée, raccomodé, ée (arreglado). **4** ARQ. Composite. ■ **5** *m.* Composé. ■ **6** *f. pl.* BOT. Composacées.

compulsivo, -va [kompulsíβo, -βa] *adj.* Compulsif, ive.

cómputo [kómputo] *m.* **1** Comput (eclesiástico). **2** Supputation *f.*

comulgante [komulɣánte] *s.* Communiant, ante.

comulgar [komulɣár] [7] *intr.* Communier.

común [komún] *adj.* Commun, une: *nombre ~,* nom commun; *lugares comunes,* lieux communs.

comunal [komunál] *adj.* **1** Commun, une (no privativo). **2** Communal, ale (del municipio).

comunicación [komunikaθjón] *f.* Communication.

comunicar [komunikár] [1] *tr.* Communiquer (una cosa).

comunidad [komuniðáð] *f.* Communauté.

comunión [komunjón] *f.* Communion.

comunismo [komunizmo] *m.* Communisme.

comunista [komunista] *adj.-s.* Communiste.

con [kon] *prep.* **1** Avec: *viene ~ su amigo,* il vient avec son ami. **2** De: *saludó ~ la mano,* il salua de la main. **3** Avec l'infinitif se traduit par un gérondif ou par «quoique», «bien que», «malgré»: *~ discutir no lograremos nada,* en discutant, nous n'obtiendrons rien. **4** Exprime la réciprocité, la comparaison, certains rapports: *esto no es nada comparado ~ lo que puedo hacer yo,* cela n'est rien en comparaison de ce que je peux faire. **5** *Para ~,* envers, à l'égard de.

conato [konáto] *m.* **1** Effort, obstination *f.* (empeño). **2** Commencement: *~ de incendio,* commencement d'incendie.

cóncavo, -va [kóŋkaβo, -βa] *adj.* **1** Concave. ■ **2** *m.* Concavité *f.*

concebir [konθeβír] [34] *tr.* Concevoir.

conceder [konθeðér] *tr.* Concéder, accorder (otorgar).

concejal [konθexál] *m.* Conseiller municipal.

concejo [konθéxo] *m.* Conseil municipal.

concentración [konθentraθjón] *f.* Concentration.

concentrar [konθentrár] *tr.* Concentrer.

concéntrico, -ca [konθéntriko, -ka] *adj.* Concentrique.

concepto [konθéβto] *m.* **1** FIL. Concept. **2** Pensée *f.,* idée *f.* **3** Opinión *f.,* jugement. Loc. *Tener buen ~ de uno,* avoir une bonne opinion de quelqu'un.

concerniente [konθernjénte] *adj.* Concernant, relatif, ive.

concertar [konθertár] [27] *tr.* **1** Concerter. **2** Arranger, ajuster (una cosa). **3** Accorder (voces, instrumentos de música). **4** Faire concorder (una cosa con otra). ■ **5** *intr.-pr.* Concorder (hablando de cosas). ■ **6** *intr.* GRAM. S'accorder.

concertista [konθertista] *s.* Concertiste.

concesión [konθesjón] *f.* Concession.

concesionario [konθesjonárjo] *m.* Concessionnaire.

concha [kóntʃa] *f.* **1** Coquille, carapace (de tortuga, etc.). **2** Huître. **3** Écaille (carey). **4** TEAT. Trou *m.* du souffleur. **5** GEOG. Anse, petite baie.

conciencia [konθjénθja] *f.* **1** Conscience. **2** *loc. adv. A ~,* consciencieusement.

concierto [konθjérto] *m.* **1** Bon ordre, bonne disposition *f.* des choses. **2** Concert, accord, union *f.* **3** MÚS. Concert (función).

conciliador, -ra [konθiljaðór, -ra] *adj.-s.* Conciliateur, trice, conciliant, ante.

conciliar [konθiljár] [12] *tr.* **1** Concilier. ■ **2** *adj.* Conciliaire.

concilio [konθiljo] *m.* Concile.

conciudadano, -na [konθjuðaðáno, -na] *s.* Concitoyen, enne.

cónclave [kóŋklaβe] *m.* Conclave.

concluir [koŋklwír] [62] *tr.* **1** Conclure, achever, terminer. **2** *intr.* Finir, se terminer.

conclusión [koŋklusjón] *f.* Conclusion.

concomitancia [koŋkomitánθja] *f.* Concomitance.

concordante [koŋkorðánte] *adj.* Concordant, ante.

concordar [koŋkorðár] [31] *tr.* **1** Accorder (cosas, palabras). ■ **2** *intr.* Concorder. **3** GRAM. S'accorder.

concordato [koŋkorðáto] *m.* Concordat.

concordia [koŋkórðja] *f.* **1** Concorde. **2** Arrangement *m.,* accord *m.* (ajuste). **3** *loc. adv. De ~,* d'un commun accord.

concretar [koŋkretár] *tr.* **1** Préciser, résumer. **2** *pr.* Se borner (limitarse). **3** Se concrétiser, prendre corps.

concreto, -ta [koŋkrèto, -ta] *adj.* Concret, ète.

concubina [koŋkuβina] *f.* Concubine.

concubinato [koŋkuβinàto] *m.* Concubinage.

concurrencia [koŋkuɾénθja] *f.* **1** Assistance, affluence, concours *m.* (de personas). **2** Concours *m.,* coïncidence (coincidencia). **3** Concours *m.,* aide (ayuda).

concurrir [koŋkuɾír] *intr.* **1** Se rendre, aller (ir a un lugar), assister (asistir): ~ *a un baile,* fréquenter un bal. **2** Concourir, contribuer, coopérer (contribuir).

concursante [koŋkursánte] *m.-f.* Participant, e (en un concurso).

concurso [koŋkúrso] *m.* **1** Concours.

condado [kondáðo] *m.* **1** Comté (territorio). **2** Dignité *f.* de comte.

condal [kondál] *adj.* **1** Comtal, ale. **2** *La Ciudad* ~, Barcelone.

conde [kónde] *m.* Comte.

condecoración [kondekoraθjón] *f.* **1** Action de décorer (una persona). **2** Décoration (insignia).

condena [kondéna] *f.* **1** DER. Condamnation. **2** Peine.

condenado, -da [kondenáðo, -ða] *adj.-s.* **1** Condamné, ée. **2** Damné, ée (al infierno). **3** fig. Maudit, ite.

condenar [kondenár] *tr.* **1** Condamner. ▪ **2** *pr.* S'accuser. **3** Se damner (al infierno).

condensar [kondensár] *tr.* Condenser.

condesa [kondèsa] *f.* Comtesse.

condescender [kondesθendéɾ] [28] *intr.* Condescendre.

condición [kondiθjón] *f.* **1** Condition. **2** Caractère *m.* (de una persona).

condicionar [kondiθjonár] *tr.* **1** Conditionner. **2** Faire dépendre (supeditar): ~ *a,* faire dépendre de.

condimentar [kondimentár] *tr.* Assaisonner.

condolerse [kondolérse] [32] *pr.* ~ *de,* compatir à, s'apitoyer sur.

condón [kondón] *m.* fam. Capote *f.,* préservatif.

cóndor [kòndor] *m.* Condor.

conducción [konduɣθjón] *f.* **1** Conduite (acción). **2** Conduite (de agua, de gas, etc.). **3** FIS. Conduction.

conducir [konduθíɾ] [46] *tr.* **1** Conduire (guiar, dirigir, llevar). **2** Porter, transporter (una carga).

conducta [kondúɣta] *f.* Conduite.

conducto [kondúɣto] *m.* **1** Conduit. **2** fig. Canal, intermédiaire.

conductor, -ra [konduɣtòr, -ra] *adj.-s.* Conducteur, trice.

conectar [koneɣtár] *tr.* **1** Connecter.

conejo [konéxo] *m.* Lapin: ~ *casero,* lapin domestique; ~ *de campo,* lapin de garenne.

conexión [kone(ɣ)sjón] *f.* Connexion.

confabulación [konfaβulaθjón] *f.* Entente, ligue, complot *m.* (contra uno).

confeccionar [komfeɣθjonár] *tr.* Confectionner.

confederación [komfeðeraθjón] *f.* Confédération.

confederar [komfeðerár] *tr.* Confédérer.

conferencia [komferénθja] *f.* Conférence.

conferir [komferír] [35] *tr.* Conférer (conceder, atribuir).

confesar [komfesár] [27] *tr.* **1** Confesser. **2** Avouer.

confesión [komfesjón] *f.* **1** Confession (al confesor, creencia). **2** Aveu *m.* (de haber hecho o dicho algo).

confesor [komfesòr] *m.* Confesseur.

confianza [komfjánθa] *f.* Confiance.

confiar [komfjàr] [13] *tr.* **1** Confier. ▪ **2** *intr.* ~ *en,* avoir confiance en: *confío en él,* j'ai confiance en lui. ▪ **3** *pr.* Se confier.

confidencial [komfiðenθjál] *adj.* Confidentiel, elle.

confidente [komfiðénte] *adj.* **1** Fidèle, sûr, sûre. ▪ **2** *s.* Confident, ente. **3** Indicateur *m.,* mouchard *m.* (espía).

configurar [komfiɣurár] *tr.* Configurer.

confín [komfín] *adj.* **1** Limitrophe. ▪ **2** *m. pl.* Confins: *en los confines de,* aux confins de.

confirmar [komfirmár] *tr.* **1** Confirmer. ▪ **2** *pr.* Se confirmer.

confiscar [komfiskár] [1] *tr.* Confisquer.

confite [komfite] *m.* Dragée *f.* (bolita), sucrerie *f.* (golosina).

confitero, -ra [komfitéro, -ra] *s.* **1** Confiseur, euse. ▪ **2** *m.* Confiturier.

confitura [komfitúra] *f.* Confiture.

conflicto [komflíɣto] *m.* Conflit.

confluencia [komflwénθja] *f.* **1** Confluence. **2** Confluent *m.* (de dos ríos). **3** Embranchement *m.* (de caminos). **4** MED. Confluence.

confluir [komflwir] [62] *intr.* **1** Confluer. **2** Converger (dos o más caminos). **3** Affluer de différents endroits.

conformar [komformár] *tr.* **1** Conformer (ajustar). ▪ **2** *intr.-pr.* Être du même avis, être d'accord.

conforme [komfòrme] *adj.* **1** Conforme. **2** D'accord, du même avis.

conformidad [komformiðáð] *f.* **1** Conformité. **2** Accord *m.* (aprobación). **3** Résignation, patience.

confortable [komfortáβle] *adj.* Confortable.

confraternidad [komfraterniðáð] *f.* 1 Fraternité. 2 Amitié intime.

confrontación [komfrontaθjón] *f.* Confrontation.

confrontar [komfrontár] *tr.* Confronter.

confundir [komfundír] *tr.* Confondre.

confusión [komfusjón] *f.* Confusion.

confuso, -sa [komfúso, -sa] *adj.* Confus, use.

congelador [konxeladór] *m.* Congélateur.

congelar [konxelár] *tr.* 1 Congeler. 2 COM. Bloquer, immobiliser.

congeniar [konxenjár] [12] *intr.* Sympathiser, s'accorder.

congénito, -ta [konxénito, -ta] *adj.* Congénital, ale.

congestionar [konxestjonár] *tr.* Congestionner.

conglomerado, -da [konglomeráðo, -ða] *adj.* 1 Congloméré, ée. ■ 2 *m.* Conglomérat.

congoja [kongóxa] *f.* Angoisse.

congraciar [kongraθjár] [12] *tr.-pr.* Gagner les bonnes grâces.

congratular [kongratulár] *tr.* 1 Congratuler. ■ 2 *pr.* Se congratuler.

congregación [kongreɣaθjón] *f.* Congrégation.

congregar [kongreɣár] [7] *tr.* Assembler, réunir, rassembler.

congreso [kongrèso] *m.* 1 Congrès. 2 ~ *de los Diputados,* Chambre des députés.

congrio [kóngrjo] *m.* Congre.

cónico, -ca [kóniko, -ka] *adj.-f.* GEOM. Conique.

conjetura [konxetúra] *f.* Conjecture.

conjugación [konxuɣaθjón] *f.* Conjugaison.

conjugar [konxuɣár] [7] *tr.* Conjuguer.

conjuntivo, -va [konxuntiβo, -βa] *adj.* Conjonctif, ive.

conjunto, -ta [konxúnto, -ta] *adj.* 1 Conjoint, ointe. ■ 2 *m.* Ensemble. 3 *loc. adv. En ~,* dans l'ensemble.

conjura [konxúra] *f.* 1 Conjuration, conspiration. 2 Intrigue.

conjurar [konxurár] *tr.-intr.* Conjurer.

conmemoración [kommemoraθjón] *f.* Commémoration.

conmemorar [kommemorár] *tr.* Commémorer.

conmensurable [kommensuráβle] *adj.* Commensurable.

conmigo [kommiɣo] *pron. pers.* Avec moi.

conminar [komminár] *tr.* 1 Menacer. 2 DER. Ordonner en menaçant, intimer.

conmoción [kommoθjón] *f.* Commotion.

conmovedor, -ra [kommoβeðór, -ra] *adj.* Émouvant, ante, touchant, ante.

conmover [kommoβér] [32] *tr.* 1 Émouvoir, toucher. 2 Ébranler.

conmutar [kommutár] *tr.* Commuer.

connivencia [konniβénθja] *f.* Connivence.

cono [kòno] *m.* GEOM., BOT. Cône.

conocedor, -ra [konoθeðór, -ra] *adj.-s.* Connaisseur, euse.

conocer [konoθér] [44] *tr.* 1 Connaître. 2 Voir, deviner, conjecturer. ■ 3 *intr.* Connaître (en un asunto).

conocimiento [konoθimjénto] *m.* 1 Connaissance *f.* 2 COM. Connaissement.

conquista [konkísta] *f.* Conquête.

conquistador, -ra [konkistaðór, -ra] *adj.* Conquérant, ante.

conquistar [konkistàr] *tr.* Conquérir.

consabido, -da [konsaβiðo, -ða] *adj.* Dont on a déjà parlé, susdit, ite (nombrado antes).

consagración [konsaɣraθjón] *f.* 1 Consécration. 2 Sacre *m.* (ceremonia).

consagrar [konsaɣrár] *tr.* 1 Consacrer. 2 Sacrer (a un rey, un obispo).

consanguíneo, -ea [konsaŋɣineo, -ea] *adj.-s.* Consanguin, ine.

consciente [konsθjénte] *adj.* Conscient, ente.

consecuencia [konsekwénθja] *f.* Conséquence.

consecuente [konsekwènte] *adj.* Conséquent, ente.

conseguir [konseɣir] [56] *tr.* 1 Obtenir (obtener). 2 Atteindre (alcanzar).

consejero, -ra [konsexéro, -ra] *s.* Conseiller, ère.

consejo [konséxo] *m.* Conseil.

consenso [konsénso] *m.* Consentement, consensus.

consentido, -da [konsentiðo, -ða] *adj.* Gâté, ée (niño).

consentir [konsentir] [35] *intr.-tr.* 1 Consentir. ■ 2 *tr.* Permettre, tolérer. 3 *pr.* Commencer à se fêler, à se briser, à se fendre.

conserje [konsérxe] *m.* Portier, concierge.

conserjería [konserxería] *f.* Conciergerie.

conserva [konsérβa] *f.* Conserve.

conservación [konserβaθjón] *f.* Conservation.

conservador, -ra [konserβaðór, -ra] *adj.* Conservateur, trice.

conservar [konserβár] *tr.* 1 Conserver.

conservatorio, -ia [konserβatórjo, -ja] *adj.-m.* Conservatoire.

considerado, -da [konsiðeráðo, -ða] *adj.* 1 Considéré, ée. 2 Réfléchi, ie.

considerar [konsiðerár] *tr.* Considérer.

consigna [konsiɣna] *f.* Consigne (instrucción, orden).

consignar [konsiɣnár] *tr.* Consigner.

consigo [konsiɣo] *pron. pers.* Avec soi, avec lui: fig. *no tenerlas todas ~,* ne pas être tranquille, avoir peur.

consiguiente [konsiɣjénte] *adj.* Qui est la conséquence de, consécutif, ive.

consistente [konsisténte] *adj.* Consistant, ante.

consistir [konsistir] *intr.* Consister.

consola [konsóla] *f.* Console (mueble).

consolador, -ra [konsolaðór, -ra] *adj.-s.* 1 Consolateur, trice. ■ 2 *adj.* Consolant, ante.

consolar [konsolár] [31] *tr.* Consoler.

consolidar [konsoliðár] *tr.* Consolider.

consonancia [konsonánθja] *f.* 1 MÉTR., MÚS. Consonance. 2 fig. Accord *m.*

consonante [konsonánte] *adj.* 1 Consonant, ante. 2 Qui est en conformité avec. ■ 3 *m.* Mot consonant, rime. *f.* ■ 4 *f.* GRAM. Consonne.

consorcio [konsórθjo] *m.* 1 Consortium. 2 Union *f.*

consorte [konsórte] *s.* 1 Conjoint, ointe (marido, mujer). ■ 2 *pl.* DER. Consorts.

conspirar [konspirár] *intr.* Conspirer.

constancia [konstánθja] *f.* 1 Constance. 2 Preuve, certitude (certeza).

constar [konstár] *intr.* 1 Être composé, ée de (componerse). 2 Être certain, aine, sûr, sûre. Loc. *Me consta que,* je suis certain, aine que, j'ai la certitude que.

constelación [konstelaθjón] *f.* ASTR. Constellation.

consternar [konsternár] *tr.* 1 Consterner. ■ 2 *pr.* Être consterné, ée.

constipado, -da [konstipáðo, -ða] *adj.* 1 Enrhumé, ée. ■ 2 *m.* Rhume.

constitución [konstituθjón] *f.* Constitution.

constituir [konstitwir] [62] *tr.* 1 Constituer. ■ 2 *pr.* Se constituer.

constituyente [konstitujénte] *adj.-m.* Constituant, ante: *Cortes constituyentes,* Assemblée constituante.

constreñir [konstreɲir] [36] *tr.* 1 Contraindre, forcer. 2 MED. Resserrer.

construcción [konstruɣθjón] *f.* Construction.

construir [konstrwir] [62] *tr.* Construire.

consuelo [konswélo] *m.* 1 Consolation *f.* 2 Soulagement (alivio).

consuetudinario, -ia [konswetuðinárjo, -ja] *adj.* Habituel, elle, coutumier, ière.

cónsul [kónsul] *m.* Consul.

consultar [konsultár] *tr.* Consulter.

consultivo, -va [konsultiβo, -βa] *adj.* Consultatif, ive.

consultorio [konsultórjo] *m.* Cabinet de consultation.

consumado, -da [konsumáðo, -ða] *adj.* 1 Consommé, ée, parfait, aite.

consumar [konsumár] *tr.* Consommer.

consumición [konsumiθjón] *f.* Consommation (acción de consumir, bebida).

consumidor, -ra [konsumiðór, -ra] *adj.-s.* Consommateur, trice.

consumir [konsumir] *tr.* 1 Consumer (destruir, afligir). 2 Consommer (comestibles, electricidad, etc.).

contabilidad [kontaβiliðáð] *f.* Comptabilité.

contacto [kontáɣto] *m.* Contact.

contado, -da [kontáðo, -ða] *adj.* 1 Compté, ée. 2 Rare, peu nombreux, euse (escaso): *en contadas ocasiones,* en de rares occasions. 3 *loc. adv. Al ~,* au comptant, comptant; *de ~,* sur le champ; *por de ~,* pour sûr.

contaduría [kontaðuria] *f.* 1 Charge, emploi *m.* de comptable. 2 TEAT. Bureau *m.* de location.

contagiar [kontaxjár] [12] *tr.* 1 Contaminer. 2 fig. Communiquer, transmettre.

contagioso, -sa [kontaxjóso, -sa] *adj.* Contagieux, euse.

contaminación [kontaminaθjón] *f.* Pollution, contamination.

contaminar [kontaminár] *tr.* Contaminer.

contar [kontár] [31] *tr.* 1 Compter (numerar). 2 Raconter, conter (narrar). ■ 3 *intr.* Compter: *saber ~,* savoir compter; *~ con,* compter sur.

contemplar [kontemplár] *tr.* 1 Contempler. 2 Avoir des égards pour (complacer).

contemporáneo, -ea [kontemporáneo, -ea] *adj.-s.* Contemporain, aine.

contender [kontendér] [28] *intr.* 1 Se battre, lutter. 2 fig. Disputer.

contenedor [konteneðór] *m.* Container, conteneur.

contener [kontenér] [87] *tr.* 1 Contenir. ■ 2 *pr.* Se contenir, se retenir.

contenido, -da [konteniðo, -ða] *adj.* 1 Contenu, ue. 2 Modéré, ée, prudent, ente. ■ 3 *m.* Contenu.

contento, -ta [konténto, -ta] *adj.* **1** Content, ente. ■ **2** *m.* Contentement, joie *f.*
contestación [kontestaθjón] *f.* **1** Réponse. **2** Contestation (disputa).
contestador [kontestaðór] *m.: ~ automático,* répondeur.
contestar [kontestár] *tr.* Répondre.
contexto [konte(γ)sto] *m.* Contexte.
contigo [kontiγo] *pron. pers.* Avec toi.
contiguo, -ua [kontiγwo, -wa] *adj.* Contigu, uë.
continente [kontinénte] *adj.* **1** Continent, ente. ■ **2** *m.* GEOG. Continent.
contingente [kontinxénte] *adj.* **1** Contingent, ente. ■ **2** *m.* Contingent.
continuar [kontinwár] [11] *tr.-intr.* **1** Continuer: ~ *leyendo,* continuer à lire. ■ **2** *intr.* Rester (permanecer): ~ *sentado,* rester assis.
continuo, -ua [kontinwo, -wa] *adj.* **1** Continu, ue: *corriente continua,* courant continu. **2** Continuel, elle.
contorno [kontórno] *m.* **1** Contour. **2** *loc. adv.* En ~, autour. ■ **3** *pl.* Alentours.
contorsión [kontorsjón] *f.* Contorsion.
contra [kóntra] *prep.* **1** Contre (expresa oposición). ■ **2** *m.* Contre: *el pro y el ~,* le pour et le contre. ■ **3** *f.* Difficulté, inconvénient *m.,* opposition. Loc. *Hacer, llevar la ~ a uno,* contredire quelqu'un, s'opposer aux desseins de quelqu'un.
contraalmirante [kontraalmiránte] *m.* Contre-amiral.
contraataque [kontraatáke] *m.* MIL. Contre-attaque *f.*
contrabandista [kontraβandista] *s.* Contrebandier, ière.
contrabando [kontraβándo] *m.* Contrebande *f.*
contracción [kontrayθjón] *f.* Contraction.
contracepción [kontraθepθjón] *f.* Contraception.
contrachapado [kontratʃapáðo] *m.* Contre-plaqué.
contracto, -ta [kontrákto, -ta] *adj.* Contracté, ée.
contractual [kontraytwál] *adj.* Contractuel, elle.
contradecir [kontraðeθir] [69] *tr.* Contredire.
contradicción [kontraðiγθjón] *f.* Contradiction.
contradictor, -ra [kontraðiytór, -ra], **contradictorio, -ia** [kontraðiytórjo, -ja] *adj.* Contradictoire.

contraer [kontraér] [88] *tr.* Contracter (encoger).
contrafuerte [kontrafwérte] *m.* Contrefort.
contrahecho, -cha [kontraétʃo, -tʃa] *adj.* Contrefait, aite.
contralto [kontrálto] *m.* MÚS. Contralto.
contraluz [kontralúθ] *m.* **1** Contre-jour. **2** *loc. adv.* A ~, à contre-jour.
contraorden [kontraórðen] *f.* Contrordre *m.*
contrapelo (a) [(a)kontrapélo] *loc. adv.* **1** À rebrousse-poil, à contre-poil. **2** fig. À contre-cœur.
contrapesar [kontrapesár] *tr.* Contrebalancer.
contrapeso [kontrapéso] *m.* Contrepoids.
contraponer [kontraponér] [78] *tr.* **1** Opposer. **2** Comparer. ■ **3** *pr.* S'opposer.
contraproducente [kontraproðuθénte] *adj.* Qui a un effet contraire à celui que l'on veut obtenir.
contraproyecto [kontraproʝéyto] *m.* Contre-projet.
contrapunto [kontrapúnto] *m.* Contrepoint.
contrariedad [kontrarjeðáð] *f.* Contrariété (disgusto).
contrario, -ia [kontrárjo, -ja] *adj.-m.* **1** Contraire, opposé, ée. **2** *loc. adv.* Al ~, *por el ~, por lo ~,* au contraire; *de lo ~,* autrement. ■ **3** *f.* Opposition. Loc. *Llevar la contraria a uno,* contredire quelqu'un, s'opposer aux desseins de quelqu'un.
contrarrestar [kontrarːestár] *tr.* Contrecarrer, résister.
contraseña [kontraséɲa] *f.* **1** Contremarque. **2** MIL. Mot *m.* de passe.
contrastar [kontrastár] *tr.* **1** S'opposer, résister. **2** Contrôler, poinçonner (oro, plata). **3** Étalonner (pesos, medidas). ■ **4** *intr.* Contraster.
contraste [kontráste] *m.* **1** Résistance *f.* **2** Contraste (oposición, diferencia).
contratar [kontratár] *tr.* **1** Contracter. **2** Engager (actor, criado, etc.), embaucher (obreros). **3** Commercer.
contratiempo [kontratjémpo] *m.* Contretemps.
contrato [kontráto] *m.* Contrat.
contravenir [kontraβenir] [90] *tr.* Contrevenir.
contrayente [kontraʝénte] *adj.-s.* Contractant, ante (se dit spécialement de ceux qui se marient).

contribución [kontriβuθjòn] f. Contribution.

contribuir [kontriβwir] [62] intr. 1 Contribuer. ■ 2 tr. Payer.

contribuyente [kontriβujénte] adj. Contribuant, ante.

contrincante [kontriŋkánte] m. Concurrent, compétiteur.

control [kontról] m. Contrôle: torre de ~, tour de contrôle.

controversia [kontroβérsja] f. Controverse.

controvertir [kontroβertir] [35] tr.-intr. Controverser.

contundente [kontundénte] adj. 1 Contondant, ante. 2 Convaincant, ante, concluant, ante (argumento).

conturbar [konturβár] tr. Troubler, inquiéter.

contusión [kontusjòn] f. Contusion.

contuso, -sa [kontúso, -sa] adj. Contus, use.

convalecencia [kombaleθénθja] f. Convalescence.

convalecer [kombaleθér] [43] intr. Être, entrer en convalescence.

convalidar [kombaliðár] tr. Valider.

convencer [kombenθér] [2] tr. Convaincre: estoy convencido de que, je suis convaincu que.

convencional [kombenθjonál] adj.-m. Conventionnel, elle.

conveniencia [kombenjénθja] f. 1 Convenance. 2 Utilité, profit m., commodité, opportunité.

convenir [kombenir] [90] intr. 1 Être du même avis. 2 Convenir (decidir de acuerdo): hemos convenido en asociarnos, nous avons convenu de nous associer. ■ 3 pr. S'accorder, s'entendre.

convento [kombénto] m. Couvent.

convergente [komberxénte] adj. Convergent, ente.

conversación [kombersaθjòn] f. 1 Conversation (charla): trabar ~, engager la conversation. 2 Entretien m.

conversar [kombersár] intr. Converser, causer, s'entretenir.

conversión [kombersjòn] f. Conversion.

convertir [kombertir] [35] tr. Convertir.

convexo, -xa [kombe(γ)so, -sa] adj. Convexe.

convicción [kombiγθjòn] f. Conviction.

convicto, -ta [kombíyto, -ta] adj. DER. Convaincu, ue.

convidar [kombiðár] tr. Convier, inviter: me convidó a un vermut, il m'invita à prendre un vermouth.

convivencia [kombiβénθja] f. Cohabitation, vie en commun.

convocar [kombokár] [1] tr. Convoquer (a ciertas personas, una asamblea, etc.).

convocatoria [kombokatòrja] f. Convocation, lettre, avis m. de convocation.

convoy [komböï] m. 1 Convoi. 2 Suite f., cortège (séquito).

convulsión [kombulsjòn] f. Convulsion.

cónyuge [kòndzuxe] s. Conjoint, ointe.

coñac [koŋák] m. Cognac.

cooperar [kooperár] intr. Coopérer.

cooperativo, -va [kooperatíβo, -βa] adj. 1 Coopératif, ive. ■ 2 f. Coopérative.

coordenada [koorðenáða] f. GEOM. Coordonnée.

coordinación [koorðinaθjòn] f. Coordination.

copa [kòpa] f. 1 Coupe (para beber, trofeo). 2 Verre m. à pied (vaso). 3 Tête (de un árbol). 4 Forme (de un sombrero). ■ 5 pl. Une des couleurs des cartes espagnoles.

copete [kopéte] m. 1 Toupet, houppe f. (de cabellos). 2 Sommet (de una montaña).

copia [kòpja] f. 1 Copie (imitación, reproducción). 2 Abondance (gran cantidad).

copiar [kopjár] [12] tr. Copier.

copla [kòpla] f. 1 Stance, strophe. 2 Couplet m. (de canción popular). ■ 3 pl. Vers m., poésies.

copo [kòpo] m. 1 Quenouillée f. (de cáñamo, lana, etc.). 2 Flocon: ~ de nieve, de avena, flocon de neige, d'avoine. 3 Poche f. (de una red).

coprocesador [koproθesaðòr] m. INFORM. Coprocesseur.

copropiedad [kopropjeðáð] f. Copropriété.

copudo, -da [kopúðo, -ða] adj. Touffu, ue (árbol).

cópula [kòpula] f. 1 Copulation. 2 Lien m. (entre dos cosas). 3 GRAM., LÓG. Copule.

coquetear [koketeár] intr. 1 Faire la coquette. 2 Flirter.

coquetería [koketeria] f. Coquetterie.

coraje [koráxe] m. 1 Bravoure f., courage (valor). 2 Colère f., irritation f. (ira).

coral [korál] adj.-s. 1 MÚS. Choral, ale. ■ 2 m. Corail: arrecifes de corales, récifs de coraux. Loc. fig. Fino como un ~, fin comme l'ambre.

corán [korán] m. Coran.

corazón [koraθòn] m. Cœur.

corazonada [koraθonáða] f. 1 Impulsion,

mouvement *m.* intérieur. **2** Pressentiment *m.*

corbata [korβáta] *f.* Cravate.

corbeta [korβéta] *f.* Corvette (embarcación).

corchea [kortʃéa] *f.* MÚS. Croche.

corchete [kortʃéte] *m.* **1** Agrafe *f.* **2** Crochet (gancho). **3** IMPR. Crochet.

corcho [kórtʃo] *m.* **1** Liège. **2** Bouchon de liège (tapón). **3** Planche *f.,* flotteur, etc. de liège.

corcovado, -da [korkoβáðo, -ða] *adj.-s.* Bossu, ue.

cordel [korðél] *m.* **1** Corde *f.* mince, ficelle *f.* (cuerda delgada). **2** Cordeau (de albañil).

cordero [korðéro] *m.* Agneau.

cordial [korðjál] *adj.* **1** Cordial, ale. ▪ **2** *m.* Cordial (bebida reconfortante).

cordillera [korðiʎéra] *f.* Cordillère, chaîne.

cordobés, -esa [korðoβés, -ésa] *adj.-s.* Cordouan, ane.

cordón [korðón] *m.* **1** Cordon (cuerda pequeña). **2** Cordelière *f.* (de algunos religiosos, de un vestido).

cordura [korðúra] *f.* Sagesse, bon sens *m.*

corear [koreár] *tr.* **1** Accompagner en chœur. **2** Faire chorus (asentir).

corifeo [koriféo] *m.* Coryphée.

corista [korista] *s.* Choriste.

cornada [kornáða] *f.* Coup *m.* de corne.

cornamenta [kornaménta] *f.* Cornes *pl.,* encornure (de un animal).

córnea [kórnea] *f.* Cornée.

córneo, -ea [kórneo, -ea] *adj.* Corné, ée.

corneta [kornéta] *f.* **1** MÚS. Clairon *m.* (militar). **2** Cornet *m.: ~ de llaves,* cornet à pistons. Loc. *~ de monte,* cor de chasse. **3** Cornette (bandera). ▪ **4** *m.* Cornettiste. **5** Clairon (soldado).

cornisa [kornísa] *f.* ARQ., GEOG. Corniche.

cornudo, -da [kornúðo, -ða] *adj.* **1** Cornu, ue. ▪ **2** *adj.-m.* fam. Cocu.

coro [kóro] *m.* **1** MÚS., TEAT. Chœur. Loc. fig. *Hacer ~,* faire chorus. **2** ARQ. Chœur (en una iglesia).

corolario [korolárjo] *m.* Corollaire.

corona [koróna] *f.* **1** Couronne. **2** Tonsure (de los eclesiásticos).

coronación [koronaθjón] *f.* Couronnement *m.*

coronar [koronár] *tr.* **1** Couronner. **2** Damer (una ficha en el juego de damas). ▪ **3** *pr.* Se couronner.

coronel [koronél] *m.* Colonel.

coronilla [koroníʎa] *f.* **1** Petite couronne.

2 Sommet *m.* de la tête. Loc. fig.: *estar hasta la ~,* en avoir par-dessus la tête, en avoir ras le bol.

corpiño [korpiɲo] *m.* Corsage (sans manches).

corporación [korporaθjón] *f.* **1** Corporation. **2** Corps *m.* constitué.

corporal [korporál] *adj.* **1** Corporel, elle. ▪ **2** *m.* LITURG. Corporal.

corporativo, -va [korporatiβo, -βa] *adj.* Corporatif, ive.

corpulento, -ta [korpulénto, -ta] *adj.* Corpulent, ente.

corral [korál] *m.* **1** Cour *f.* (patio para aves). **2** Parc, enclos (para el ganado).

correa [korѐa] *f.* **1** Courroie (tira de cuero). **2** Élasticité (flexibilidad). **3** fam. Patience, endurance.

correccional [korékθjonál] *adj.* **1** Correctionnel, elle. ▪ **2** *m.* Établissement pénitentiaire.

correcto, -ta [korѐkto, -ta] *adj.* Correct, ecte.

corrector, -ra [korѐktòr, -ra] *adj.-s* Correcteur, trice: *~ ortográfico,* correcteur ortographique.

corredera [korѐðéra] *f.* **1** Coulisse (ranura). **2** Tiroir *m.* (de máquina de vapor). **3** MAR. Loch *m.* **4** Cancrelat *m.* (cucaracha).

corredor, -ra [korѐðòr, -ra] *adj.-s.* Coureur, euse.

corregir [korѐyir] [55] *tr.* Corriger.

correo [korѐo] *m.* **1** Courrier: *despachar el ~,* expédier le courrier. ▪ **2** *pl.* Poste *f. sing.* (servicio), bureau *sing.* de poste, poste *f. sing.* (oficina).

correr [korѐr] *intr.* **1** Courir. **2** Couler (hablando de un líquido, un río). **3** Souffler (el viento). **4** Être dû, due (sueldo, intereses). **5** Circuler, avoir cours (una moneda). **6** Courir: *corre la voz,* le bruit court. ▪ **7** *tr.* Courir, parcourir (recorrer). Loc. fig. *Correrla,* faire la noce. ▪ **8** Faire courir (un caballo). **9** Pousser, déplacer (una cosa), tirer (una cortina, un cerrojo), tourner (una llave). **10** Confondre, faire honte (avergonzar). ▪ **11** *pr.* Se déplacer vers un côté, se pousser (apretarse).

correspondencia [korѐspondénθja] *f.* Correspondance.

corresponder [korѐspondѐr] *intr.* **1** Répondre, payer de retour (pagar con igualdad sentimientos, agasajos, etc.). **2** Appartenir, incomber (incumbir), être à (tocar). **3** Revenir (en un reparto, etc.).

corresponsal [kořesponsál] *m.* Correspondant (comercial, de un periódico).

corretear [kořeteàr] *intr.* Courailler, courir de côté et d'autre.

corrida [koříða] *f.* 1 Course (acción). 2 ∼ *de toros,* course de taureaux, corrida. 3 *loc. adv. De* ∼, couramment.

corrido, -da [koříðo, -ða] *adj.* 1 Qui dépasse le poids, la mesure dont on parle, bon, bonne: *un kilo* ∼, un bon kilo. 2 Honteux, euse, confus, use (avergonzado). 3 Cursive (escritura). 4 Expérimenté, ée, roué, ée. 5 Continu, ue (referido a un edificio).

corriente [kořjénte] *adj.* 1 Courant, ante: *moneda* ∼, monnaie courante. 2 Actuel, elle (tiempo). ■ 3 *m.* Courant: *el 12 del* ∼, le 12 courant. ■ 4 *f.* Courant *m.* (de agua, aire, etc.). ■ 5 *adv.* D'accord, soit, bon.

corrillo [koříʎo] *m.* Groupe à part, petit cercle (de personas).

corro [kóřo] *m.* 1 Cercle (de personas).

corroborar [kořoβorár] *tr.* Corroborer.

corromper [kořompér] *tr.* Corrompre.

corrosión [kořosjón] *f.* Corrosion.

corrupción [kořuβθjón] *f.* Corruption.

corrupto, -ta [kořuβto, -ta] *adj.* Corrompu, ue.

corsario, -ia [korsàrjo, -ja] *adj.m.* Corsaire.

corsé [korsé] *m.* Corset.

corta [kórta] *f.* Coupe (de árboles).

cortado, -da [kortáðo, -ða] *adj.* 1 Coupé, ée. 2 Haché, ée (estilo).

cortante [kortánte] *adj.* 1 Coupant, ante, tranchant, ante. 2 Piquant, ante (aire, frío).

cortaplumas [kortaplúmas] *m. invar.* Canif.

cortar [kortár] *tr.* 1 Couper. Loc. fig. ∼ *por lo sano,* dans le vif. 2 Fig. Trancher, résoudre. ■ 3 *intr.* Couper (estar bien afilado). ■ 4 *pr.* Se couper. 5 Se gercer (hablando de la piel). 6 Tourner (la leche, etc.). 7 fig. Se troubler, demeurer court.

cortaúñas [kortaúɲas] *invar.* Coupeongles.

corte [kórte] *m.* 1 Tranchant (filo). 2 Coupure *f.,* incision *f.* 3 Coupe *f.* (acción, manera de cortar). 4 Tranche *f.* (de un libro). ■ 5 *f.* Cour (de un soberano). 6 *Hacer la* ∼, faire la cour. ■ 7 *f. pl.* ant. HIST. États *m.* généraux. 8 *Las Cortes,* les Cortès, les corps *m.* législatifs.

cortejar [kortexár] *tr.* Courtiser, faire la cour à.

cortejo [kortéxo] *m.* 1 Cortège. 2 Cour *f.* (acción de cortejar).

cortés [kortés] *adj.* Courtois, oise, poli, ie.

cortesía [kortesia] *f.* Courtoisie, politesse.

corteza [kortéθa] *f.* 1 Écorce. 2 Croûte (del pan, del queso). 3 Couenne (del tocino). 4 ∼ *terrestre,* écorce, croûte terrestre.

cortijo [kortixo] *m.* Domaine rural.

cortina [kortina] *f.* 1 Rideau *m.* 2 FORT. Courtine.

corto, -ta [kórto, -ta] *adj.* 1 Court, courte (de poca extensión o duración). 2 fig. Timide, embarrassé, ée. 3 *loc. adv. A la corta o a la larga,* tôt ou tard.

cortometraje [kortometráxe] *m.* Courtmétrage.

corveta [korβéta] *f.* EQUIT. Courbette.

corzo [kórθo] *m.* Chevreuil, brocard.

cosa [kòsa] *f.* 1 Chose: *no es* ∼ *del otro jueves,* cela n'a rien d'extraordinaire, de rare; *no hay tal* ∼, c'est faux, ce n'est pas vrai. 2 *loc. adv. A* ∼ *hecha,* exprès, à dessein; *como quien no quiere la* ∼, sans en avoir l'air; ∼ *de,* environ, à peu près. ■ 3 *pl.* Idées, extravagances (de una persona).

cosaco, -ca [kosáko, -ka] *adj.-s.* Cosaque.

coscorrón [koskořòn] *m.* Coup sur la tête.

cosecha [kosétʃa] *f.* Récolte. Loc. fig. *De su* ∼, de son cru, de son invention.

cosechadora [kosetʃaðòra] *f.* Moissonneuse-lieuse.

cosechar [kosetʃár] *intr.-tr.* Récolter.

cosechero, -ra [kosetʃéro, -ra] *s.* Propriétaire récoltant.

coseno [koséno] *m.* MAT. Cosinus.

coser [kosér] *tr.* Coudre. Loc. fig. ∼ *a puñaladas,* larder de coups de couteau.

cosmético, -ca [kozmétiko, -ka] *adj.-m.* 1 Cosmétique. ■ 2 *f.* Cosmétique.

cósmico, -ca [kózmiko, -ka] *adj.* Cosmique.

cosmopolita [kozmopolita] *adj.-s.* Cosmopolite.

cosmos [kózmos] *m.* Cosmos, univers.

coso [kòso] *m.* 1 Arènes *f. pl.* (plaza de toros). 2 Rue *f.* principale (dans quelques villes).

cosquillas [koskiʎas] *f. pl.* Chatouillement *m. sing.* Loc. *Hacer* ∼, chatouiller, faire des chatouilles.

costa [kòsta] *f.* 1 Côte (litoral). 2 Prix *m.* coût *m.,* frais *m.* 2 *loc. adv.: A toda* ∼, à tout prix. ■ **3** *pl.* DER. Dépens (de un proceso).

costado [kostáðo] *m.* Côté (del cuerpo humano, línea de parentesco).

costal [kostál] *adj.* **1** Costal, ale. ■ **2** *m.* Sac (para granos, etc.).

costar [kostár] [31] *intr.* **1** Coûter. **2** *loc. adv. Cueste lo que cueste,* coûte que coûte.

coste [kóste] *m.* Prix, coût.

costear [kosteár] *tr.* **1** Payer le coût de, financer. **2** MAR. Côtoyer.

costero, -ra [kostéro, -ra] *adj.* Côtier, ière.

costilla [kostiʎa] *f.* Côte.

costo [kósto] *m.* Coût.

costra [kóstra] *f.* Croûte.

costumbre [kostúmbre] *f.* **1** Coutume, habitude, usage. ■ **2** *pl.* Mœurs.

costura [kostúra] *f.* Couture.

costurero [kosturéro] *m.* Petite table *f.* à ouvrage (mesita), nécessaire de couture (neceser).

cotejo [kotéxo] *m.* Confrontation *f.,* comparaison *f.*

cotidiano, -na [kotiðjáno, -na] *adj.* Quotidien, ienne.

cotización [kotiθaθjón] *f.* **1** Cotisation (acción). **2** Cotation, cote, cours *m.* (de los valores).

cotizar [kotiθár] [4] *tr.* COM. Coter.

coto [kóto] *m.* **1** Terrain clos, réservé. **2** fig. Borne *f.,* limite *f.* **3** *Poner* ~ *a,* mettre un terme à, un frein à. **4** Chabot (pez).

cotorra [kotóra] *f.* **1** Perruche. **2** fig. Pie.

COU [ków] *m.* *(abrev.* Curso de Orientación Universitaria) Études de préparation universitaire.

coxis [kó(ɣ)sis] *m.* Coccyx.

coyote [kojóte] *m.* Coyote.

coyuntura [kojuntúra] *f.* **1** ANAT. Jointure. **2** Conjoncture, occasion (oportunidad). **3** Conjoncture (económica).

coz [koθ] *f.* **1** Ruade: *dar, tirar coces,* lancer des ruades. **2** Recul *m.* (de un arma de fuego).

craneal [kraneál], **craneano, -na** [kraneàno, -na] *adj.* Crânien, ienne.

cráneo [kráneo] *m.* Crâne.

craso, -sa [kráso, -sa] *adj.* Gras, grasse.

cráter [kráter] *m.* Cratère (de un volcán).

creación [kreaθjón] *f.* Création.

creador, -ra [kreaðór, -ra] *adj.-s.* Créateur, trice.

crear [kreàr] *tr.* Créer.

crecer [kreθér] [43] *intr.* **1** Croître, aug-

menter. **2** Grandir (aumentar de estatura). ■ **3** *pr.* Prendre plus d'autorité, d'audace, s'enhardir.

creces [kréθes] *f. pl.* Augmentation *sing.,* surplus *m. sing.*

crecido, -da [kreθiðo, -ða] *adj.* **1** Grand, ande, important, ante: *un* ~ *número de,* un grand nombre de. **2** Grand, ande (niño).

creciente [kreθjénte] *adj.* **1** Croissant, ante. **2** *Luna* ~, premier quartier. ■ **3** *m.* Croissant (de la luna). **4** Flux (del mar).

credencial [kreðenθjál] *adj.* Qui accrédite, de créance: *cartas credenciales,* lettres de créance.

crédito [kréðito] *m.* Crédit: *carta de* ~, lettre de crédit.

credo [kréðo] *m.* Credo.

crédulo, -la [kréðulo, -la] *adj.* Crédule.

creer [kreér] [61] *tr.-intr.* **1** Croire: ~ *en Dios,* croire en Dieu. ■ **2** *pr.* Se croire: *se creía rico,* il se croyait riche.

crema [kréma] *f.* **1** Crème. **2** Cirage *m.* (betún). ■ **3** *adj.* Crème (color).

cremallera [kremaʎéra] *f.* **1** MEC. Crémaillère. **2** Fermeture à glissière (cierre).

crematorio, -ria [krematórjo, -rja]. **1** *adj.* Crématoire. ■ **2** *m.* Crématorium.

crepitar [krepitár] *intr.* Crépiter.

crepúsculo [krepúskulo] *m.* Crépuscule.

crespo, -pa [kréspo, -pa] *adj.* Crépu, ue.

crespón [krespón] *m.* Crêpe, crépon.

cresta [krésta] *f.* **1** Crête (de gallo). **2** Huppe (copete).

cretino, -na [kretino, -na] *adj.-s.* Crétin, ine.

cretona [kretóna] *f.* Cretonne.

creyente [krejénte] *adj.-s.* Croyant, ante.

cría [kria] *f.* **1** Allaitement *m.* **2** Élevage *m.* (de animales). **3** Nourrisson *m.* (niño de pecho). **4** Petit *m.* (animal).

criada [krjáða] *f.* Domestique, servante, bonne: ~ *para todo,* bonne à tout faire.

criadero [krjaðéro] *m.* **1** Pépinière *f.* **2** Élevage (de animales). **3** MIN. Gisement.

criar [krjár] [13] *tr.* **1** Produire. **2** Nourrir, allaiter: ~ *con biberón,* nourrir au biberon. **3** Élever (un animal). **4** Élever, éduquer (un niño).

criatura [krjatúra] *f.* **1** Créature. **2** Nourrisson *m.* (niño de pecho).

crimen [krimen] *m.* Crime.

criminal [kriminál] *adj.-s.* Criminel, elle.

crin [krin] *f.* **1** Crin *m.* **2** ~ *vegetal,* crin végétal. ■ **3** *pl.* Crinière *sing.*

crío [krio] *m.* **1** Nourrisson, bébé. **2** Petit, gosse (niño).

cripta [kríβta] *f.* Crypte.

crisis [krisis] *f.* Crise.

crismas [krizmás] *m.* Carte de Noël *f.*, carte de voeux *f.*

crispar [krispár] *tr.* Crisper. Loc. fam. *Me crispa los nervios,* ça me tape sur les nerfs.

cristal [kristál] *m.* **1** Cristal: *unos cristales de cuarzo,* des cristaux de quartz. **2** Carreau, vitre *f.* (de ventana), glace *f.* (de escaparate, parabrisas, etc.).

cristalino, -na [kristalino, -na] *adj.-m.* Cristallin, ine.

cristalizar [kristaliθár] [4] *tr.-intr.* Cristalliser.

cristianismo [kristjanizmo] *m.* Christianisme.

cristiano, -na [kristjáno, -na] *adj.-s.* Chrétien, ienne.

criterio [kritérjo] *m.* **1** Critère, critérium. **2** Jugement, discernement (juicio). **3** Opinion *f.*

crítica [kritika] *f.* Critique.

crítico, -ca [kritiko, -ka] *adj.* **1** Critique. ▪ **2** *m.* Critique (persona).

croar [kroár] *intr.* Coasser.

croissant [krosán] *m.* Croissant.

croissantería [krosanteria] *f.* Croissanterie.

cromático, -ca [kromátiko, -ka] *adj.* FIS., MÚS. Chromatique.

cromo [krómo] *m.* **1** Chrome (metal). **2** Chromo (estampa).

crónica [krónika] *f.* Chronique.

cronista [kronista] *f.* Chroniqueur.

cronología [kronoloxia] *f.* Chronologie.

cronometrar [kronometrár] *tr.* Chronométrer.

cronómetro [kronómetro] *m.* Chronomètre.

croqueta [krokéta] *f.* COC. Croquette.

croquis [krókıs] *m.* Croquis.

cruce [krúθe] *m.* **1** Croisement (de vías, acción de cruzar). **2** Interférence *f.* (de ondas). **3** Croisement (de razas).

crucero [kruθéro] *adj.* **1** Qui croise une voûte d'arête (arco). ▪ **2** *m.* Portecroix. **3** ARQ. Croisée *f.* du transept.

crucial [kruθjál] *adj.* Crucial, ale.

crucificar [kruθifikár] [1] *tr.* Crucifier.

crucifijo [kruθifixo] *m.* Crucifix.

crucigrama [kruθiɣráma] *m.* Mots croisés *m. pl.*

crudeza [kruδéθa] *f.* **1** Crudité. **2** Rigueur (del tiempo).

crudo, -da [krúδo, -δa] *adj.* **1** Cru (no cocido). **2** Rigoureux, euse, rude (tiempo). **3** Écru, ue (seda).

cruel [krwél] *adj.* Cruel, elle.

crueldad [krwelδáδ] *f.* Cruauté.

crujía [kruxia] *f.* **1** Galerie, corridor *m.* **2** Salle d'hôpital à deux rangs de lits.

crujido [kruxiδo] *m.* **1** Craquement. **2** Crissement. **3** Frou-frou (de la seda).

crujir [kruxir] *intr.* Craquer, croquer.

cruz [kruθ] *f.* **1** Croix. Loc. *Señal de la ~,* signe de la croix; *hacerse cruces,* s'étonner. **2** Garrot *m.* (de un animal). **3** Pile (de una moneda).

cruzado, -da [kruθáδo, -δa] *adj.-m.* **1** Croisé, ée (alistado para una cruzada). ▪ **2** *adj.* Croisé, ée (animal).

cruzar [kruθár] [4] *tr.* **1** Croiser: *~ los brazos,* croiser les bras; *~ los dedos,* croiser les doigts. **2** Traverser (atravesar).

CTNE [θeteneé] *f.* (*abrev.* Compañía Telefónica Nacional de España) Compagnie espagnole des télécommunications.

cuadernillo [kwaδerníʎo] *m.* **1** Petit cahier. **2** Cahier de cinq feuilles de papier.

cuaderno [kwaδérno] *m.* **1** Cahier. **2** MAR. *~ de bitácora,* livre de bord.

cuadra [kwáδra] *f.* **1** Écurie. **2** Dortoir *m.* (de hospital, etc.), chambrée (de cuartel).

cuadrado, -da [kwaδráδo, -δa] *adj.* **1** Carré, ée. ▪ **2** *m.* GEOM., MAT. Carré. **3** Carrelet (regla). **4** IMPR. Cadrat.

cuadrante [kwaδránte] *m.* **1** Quadrant. **2** Cadran solaire (reloj de Sol). **3** ASTR. Quart de cercle.

cuadrar [kwaδrár] *tr.* **1** Carrer. **2** Équarrir (la madera, etc.). ▪ **3** *intr.* Cadrer, aller. **4** Plaire, convenir: *esto no me cuadra,* cela ne me plaît pas. ▪ **5** *pr.* Se mettre au garde-à-vous (un soldado).

cuadricular [kwaδrikulár] *tr.* Quadriller.

cuadrilátero, -ra [kwaδrilátero, -ra] *adj.-m.* **1** Quadrilatère. ▪ **2** *m.* Ring (de boxeo).

cuadrilla [kwaδríʎa] *f.* **1** Équipe, troupe. **2** Bande (de ladrones). **3** Quadrille *m.* (baile).

cuadro, -dra [kwáδro, -δra] *adj.* **1** Carré, ée. ▪ **2** *m.* Parterre (de jardín). **3** Tableau (pintura, descripción, espectáculo). **4** Tableau (cronológico, artístico, de distribución, etc.). **5** TEAT. Tableau. **6** Cadre (de una bicicleta).

cuadrúpedo [kwaδrúpeδo] *adj.-m.* ZOOL. Quadrupède.

cuadruplicar [kwaðruplikár] [1] *tr.* Quadrupler.

cuajado, -da [kwaxáðo, -ða] *adj.* **1** Caillé, ée (leche). **2** Plein, pleine, rempli, ie (lleno).

cuajar [kwaxár] *tr.* **1** Cailler (la leche), coaguler (la sangre). ■ **2** *intr.-pr.* Prendre (la nieve).

cuajo [kwáxo] *m.* **1** Présure *f.* (substancia). **2** Caillement. **3** Caillette *f.* (de los rumiantes). **4** *loc. adv.* **Arrancar de ~,** déraciner (árbol), fig. extirper.

cual [kwal] *pl.* **cuales** [kwáles] *adj.-pron.* **1** Comme, tel.: ~ *el padre, tal el hijo,* tel père, tel fils. **2** Quel, quelle, lequel, laquelle, etc.; ¿cuál de los dos?, lequel des deux? ■ **3** *pron. rel.* Qui, lequel, laquelle, etc. (con el artículo definido): *Juan, el ~ acaba de llegar,* Jean, qui vient d'arriver. **4** *Lo ~,* ce qui, ce que. Loc *Por lo ~,* c'est pourquoi. ■ **5** Loc. *Cada ~,* chacun. ■ **6** *adv.* Comme, ainsi que: *lo ha hecho ~ lo había prometido,* il l'a fait comme il l'avait promis. ■ **7** Comment (exclamativo).

cualesquiera [kwaleskjéra] *adj.-pron. indef. pl.* de **cualquiera.**

cualidad [kwaliðáð] *f.* Qualité.

cualquiera [kwalkjéra] *adj.-indef.* **1** N'importe quel, n'importe quelle, tout, toute (cualquier antepuesto a un substantivo): *a cualquier hora,* à n'importe quelle heure. **2** Quelconque (después de un substantivo): *un libro ~,* un livre quelconque. ■ **3** *pron. indef.* N'importe qui, qui que ce soit, quiconque: ~ *que haya viajado,* quiconque a voyagé. ■ **4** *s. Un ~,* un homme quelconque; *una ~,* une femme de rien.

cuan [kwan] *adv.* Combien, que (delante de un adj. o de un adv.): *imagínate cuán triste sería que,* imagine combien il serait triste que.

cuando [kwándo] *adv.* **1** Quand: *¿de cuándo acá?,* depuis quand? *loc. adv.* ~ *más,* tout au plus. ■ **2** *conj.* Quand, lorsque: ~ *niño, Carlos ...,* quand il était enfant, Charles... **3** *Aun ~,* même si, quand bien même. **4** Tantôt (sentido distributivo): *siempre discutía, cuándo con unos, cuándo con otros,* il discutait toujours, tantôt avec les uns, tantôt avec les autres.

cuantioso, -sa [kwantjóso, -sa] *adj.* Abondant, ante, considérable.

cuantitativo, -va [kwantitatíβo, -βa] *adj.* Quantitatif, ive.

cuanto [kwánto] *adv.* **1** Combien:

¿cuánto vale esto?, combien ça vaut? **2** Combien, comme, que (hasta qué punto): *tú sabes cuánto te quiero,* tu sais combien je t'aime; *¡cuánto me alegro de veros!,* que je suis content de vous voir! **3** Combien de temps, tout le temps que, tant que: ¿cuánto hace que se marchó?, depuis combien de temps est-il parti?, *esto durará ~ quiera él,* cela durera tout le temps qu'il voudra. **4** Con más, menos, etc., y en correlación con más, menos, etc.: ~ *más tiene, más quiere,* plus il en a, plus il en veut. **5** Loc. ~ *a, en ~ a,* quant à; ~ *antes,* au plus tôt, le plus tôt possible; ~ *más, ~ y más,* à plus forte raison; *en ~,* aussitôt que; *por ~,* parce que, puisque.

cuanto, cuanta [kwánto, kwánta] *adj.-pron.* **1** Autant de... que, les... que, ce que, ceux qui ou que (en correlación con tanto y todo): *haz tanto bien ~ puedas,* fais tout le bien que tu pourras: *todas cuantas veces,* toutes les fois que. ■ **2** *pron.* Tout ce qui ou que; autant que, tous ceux, toutes celles qui ou que: *pregúntelo a cuantos lo vieron,* demandez-le à tous ceux qui l'ont vu. ■ **3** *adj.-adv.* Combien (de), que de: *¡cuánta gente!,* que de monde. **4** *Unos cuantos, unas cuantas,* quelques.

cuarenta [kwarénta] *adj.* Quarante.

cuarentena [kwarenténa] *f.* Quarantaine.

cuaresma [kwarézma] *f.* Carême *m.*

cuartear [kwarteár] *tr.* **1** Diviser en quatre. **2** Dépecer (descuartizar). **3** Faire zigzaguer. ■ **4** *pr.* Se crevasser (un muro, un techo).

cuartel [kwartél] *m.* **1** MIL., BLAS. Quartier. **2** Caserne *f.* (alojamiento de la tropa). **3** Quartier (gracia): *dar ~,* faire quartier. **4** Quart (cuarta parte). **5** Quartier (barrio).

cuarteto [kwartéto] *m.* **1** Quatrain (vers de plus de dix syllabes). **2** MÚS. Quatuor.

cuartilla [kwartíʎa] *f.* **1** Feuille, feuillet *m.* (de papel). **2** Paturon *m.* (del caballo).

cuarto, -ta [kwárto, -ta] *adj.-s.* **1** Quatrième. ■ **2** *m.* Quart (cuarta parte): *dentro de un ~ de hora,* dans un quart d'heure. **3** Quartier (de luna). **4** Quartier (de un cuadrúpedo, de un vestido). **5** Train: ~ *delantero, trasero,* train de devant, de derrière (de un animal). **6** Quartier (de descendencia). **7** Pièce *f.,* chambre *f.* (habitación): ~ *de dormir,* chambre à coucher. **8** Appartement (piso). **9** ant. Monnaie *f.* de trois centimes. **10** *En ~,* in-quarto. ■ **11** *pl.* fam.

Argent *sing.,* sous, pognon *sing.* (dinero). **12** Membres d'un animal bien bâti.

cuatro [kwátro] *adj.-m.* Quatre.

cuatrocientos, -as [kwatroθjéntos, -as] *adj.* Quatre cents.

cuba [kúβa] *f.* **1** Tonneau *m.,* fût *m.* **2** Cuve (donde fermenta el mosto).

cuba-libre [kuβalíbre] *m.* Rhum-coca.

cubano, -na [kuβáno, -na] *adj.-s.* Cubain, aine.

cubeta [kuβéta] *f.* **1** Tonnelet *m.* (cuba pequeña). **2** Baquet *m.,* cuveau *m.* **3** Cuvette (del barómetro, de laboratorio).

cúbico, -ca [kúβiko, -ka] *adj.* **1** Cubique. **2** Cube: *metro* ~, mètre cube.

cubierta [kuβjérta] *f.* **1** Couverture. **2** Couverture (de un libro, tejado). **3** Pont *m.* (de un barco).

cubierto, -ta [kuβjérto, -ta] *adj.* **1** Couvert, erte. ■ **2** *m.* Couvert (tenedor, cuchara y cuchillo).

cubilete [kuβiléte] *m.* **1** Gobelet. **2** Cornet (para jugar a los dados).

cubismo [kuβizmo] *m.* Cubisme.

cubo [kúβo] *m.* **1** Seau (recipiente). **2** Douille *f.* (de bayoneta). **3** MAT., GEOM. Cube.

cubrecama [kuβrekáma] *m.* Couvre-lit.

cubrir [kuβrir] *tr.* Couvrir.

cucaracha [kukarátʃa] *f.* **1** Blatte, cafard. **2** *m.* Cancrelat *m.*

cuchara [kutʃára] *f.* Cuiller, cuillère.

cucharilla [kutʃariʎa] *f.* Petite cuiller, cuiller à café.

cucharón [kutʃarón] *m.* **1** Louche *f.* **2** ~ *de cocina,* cuiller *f.* à pot.

cuchichear [kutʃitʃeár] *intr.* Chuchoter.

cuchilla [kutʃiʎa] *f.* **1** Couperet *m.,* coutelas *m.* **2** Coutre *m.* (de arado). **3** Lame (de un arma blanca). **4** poét. Glaive *m.,* épée.

cuchillada [kutʃiʎáða] *f.* **1** Coup *m.* de couteau, d'épée. **2** Balafre, estafilade (herida).

cuchillo [kutʃiʎo] *m.* Couteau: Loc. fig. *Pasar a* ~, passer au fil de l'épée.

cuclillas (en) [kukliʎas] *loc. adv.* Accroupi, ie.

cuco, -ca [kúko, -ka] *adj.* **1** Mignon, onne, joli, ie. ■ **2** *adj.-s.* Malin, igne, rusé, ée (astuto). ■ **3** *m.* Coucou (pájaro).

cuello [kwéʎo] *m.* **1** Cou. **2** Col: ~ *postizo,* faux col.; ~ *cisne,* col roulé. **3** Goulot (de botella). **4** Col (parte estrecha).

cuenca [kwéŋka] *f.* Écuelle de bois.

cuenco [kwéŋko] *m.* **1** Terrine *f.,* jatte *f.* **2** Concavité *f.*

cuenta [kwénta] *f.* **1** Compte *m.* Loc. ~ *de la vieja,* compte fait sur les doigts; *cuentas del Gran Capitán,* comptes d'apothicaire; *ajustar cuentas,* régler les comptes. **2** Note, addition (en el restaurante, etc.). **3** COM. Compte *m.:* ~ *corriente,* compte. **4** Compte *m.: dar* ~ *de,* rendre compte. **5** Charge, obligation (incumbencia): *esto corre por* ~ *mía,* cela est à ma charge. **6** Otros sentidos: *a buena* ~, en acompte; *tener en* ~, tenir compte de, considérer. **7** Grain *m.* (de un rosario, un collar, etc.).

cuentagotas [kwentaɣótas] *m. invar.* Compte-gouttes.

cuentista [kwentista] *adj.-s.* **1** Cancanier, ière (chismoso). **2** Conteur, euse.

cuento [kwénto] *m.* **1** Conte, historiette *f.: eso no viene a* ~, cela ne rime à rien. **2** Cancan, potin, histoire *f.* (chisme). Loc. *Dejarse de cuentos,* aller droit au but. **3** *loc. adv. Sin* ~, innombrable, sans nombre.

cuerda [kwérða] *f.* **1** Corde (de cáñamo, lino, etc., de un arco). **2** GEOM. MÚS. Corde. **3** Ressort *m.* (de reloj). Loc. *Dar* ~ *al reloj,* remonter la montre. **4** *loc. adv. Por debajo de* ~, en cachette, sous main. ■ **5** *pl. Cuerdas vocales,* cordes vocales.

cuerdo, -da [kwérðo, -ða] *adj.-s.* Sage, sensé, ée, prudent, ente.

cuerno [kwérno] *m.* **1** Corne *f.* (asta). Loc. ~ *de la abundancia,* corne d'abondance. **2** MÚS. Cor. **3** Corne *f.* (materia).

cuero [kwéro] *m.* Cuir: ~ *cabelludo,* cuir chevelu.

cuerpo [kwérpo] *m.* **1** Corps. Loc. *Dar con el* ~ *en tierra,* tomber par terre. **2** Cadavre, corps. **3** *loc. adv.* A ~, *en* ~, sans pardessus, en taille; *a* ~ *de rey,* comme un prince; *en* ~ *y alma,* corps et âme.

cuervo [kwérβo] *m.* **1** Corbeau. **2** ~ *marino,* cormoran.

cuesta [kwésta] *f.* **1** Côte, pente: *en* ~, en pente. **2** A *cuestas,* sur le dos; fig. sur les épaules.

cuestión [kwestjón] *f.* **1** Question: ~ *batallona, candente,* question brûlante. **2** Affaire: *esta es la* ~, voilà l'affaire.

cuestionario [kwestjonárjo] *m.* Questionnaire.

cueva [kwéβa] *f.* **1** Caverne, grotte. **2** Cave (sótano).

cuidado [kwiðáðo] *m.* **1** Soin: *prodigar sus cuidados,* prodiguer ses soins. **2** Souci, inquiétude *f.* Loc. *Estar con ~,* s'inquiéter, s'alarmer. **3** *interj.* Attention!, gare!: *~con el perro!,* attention au chien!

cuidar [kwiðár] *tr.* **1** Soigner, avoir soin de. ■ **2** *tr.-intr.* Prendre soin, s'occuper de, veiller à. ■ **3** *pr.* Se soucier de (preocuparse).

culata [kuláta] *f.* **1** Croupe (de caballo). **2** Crosse (de fusil, de pistola). **3** Culasse (de cañón).

culebra [kuléβra] *f.* **1** Couleuvre. **2** Serpent *m.* **3** Serpentín *m.* (de alambique).

culebrón [kuleβrón] *m.* Série télévisée *f.*

culinario, -ia [kulinárjo, -ja] *adj.* Culinaire.

culminante [kulminánte] *adj.* Culminant, ante.

culminar [kulminár] *intr.* Culminer.

culo [kúlo] *m.* Cul.

culpa [kúlpa] *f.* Faute: *es ~ mía,* c'est ma faute.

culpable [kulpáβle] *adj.-s.* Coupable.

culpar [kulpár] *intr.* **1** Accuser, rendre responsable. **2** DER. Inculper.

culterano, -na [kulteráno, -na] *adj.* Partisan du cultisme.

cultivo [kultíβo] *m.* Culture *f.*

culto, -ta [kúlto, -ta] *adj.* **1** Cultivé, ée. ■ **2** *m.* Culte.

cultura [kultúra] *f.* Culture.

cumbre [kúmbre] *f.* Sommet *m.*

cumpleaños [kumpleáɲos] *m. invar.* Anniversaire (del nacimiento).

cumplido, -da [kumplíðo, -ða] *adj.* **1** Complet, ète, accompli, ie (perfecto). **2** Révolu, ue: *20 años cumplidos,* 20 ans révolus. **3** Large, ample (holgado). **4** Poli, ie, attentionné, ée (cortés). ■ **5** *m.* Compliment (alabanza).

cumplimiento [kumplimjénto] *m.* **1** Exécution *f.,* accomplissement. **2** Compliment, politesse *f.* (cortesía). **3** *loc. adv. De, por ~,* de, par politesse.

cumplir [kumplír] *tr.* **1** Accomplir, remplir (un deber, una misión, etc.). **2** Exécuter (una orden). **3** S'acquitter (de una obligación). **4** Satisfaire (los deseos de uno). **5** Tenir (una promesa). **6** Avoir (edad); *hoy cumple 10 años,* il a aujourd'hui 10 ans ■ **7** *intr.* ~ *con,* remplir ses devoirs envers; ~ *con sus compromisos,* remplir ses engagements.

cúmulo [kúmulo] *m.* **1** Tas, accumulation *f.* **2** Cumulus (nube).

cuna [kúna] *f.* Berceau *m.*

cundir [kundír] *intr.* **1** S'étendre, se répandre, s'étaler (líquido). **2** fig. Se répandre (noticia).

cuneta [kunéta] *f.* Fossé *m.*

cuña [kúɲa] *f.* Coin *m.* (para hender).

cuñada [kuɲáða] *f.* Belle-sœur.

cuñado [kuɲáðo] *m.* Beau-frère.

cuño [kúɲo] *m.* **1** Coin (para las monedas, etc.). **2** Frappe *f.* (impresión), empreinte *f.,* marque *f.* (señal).

cuota [kwóta] *f.* Quote-part.

cupo [kúpo] *m.* Quote-part *f.* (de un impuesto).

cupón [kupón] *m.* Coupon: ~ *de respuesta,* coupon-réponse.

cúpula [kúpula] *f.* **1** ARQ. Coupole. **2** BOT. Cupule.

cura [kúra] *m.* **1** Prêtre, abbé, curé. **2** ~ *párroco,* curé. ■ **3** *f.* Cure (tratamiento médico, curación). **4** Pansement *m.: hacer una ~ provisional,* faire un pansement provisoire.

curación [kuraθjón].*f.* **1** Cure, traitement *m.* **2** Guérison (efecto de curarse).

curandero, -ra [kurandéro, -ra] *s.* Rebouteur, euse, guérisseur, euse.

curar [kurár] *intr.* **1** Avoir soin de. ■ **2** *tr.* Guérir (remediar un mal). **3** Saurer, boucaner, saler (carne, pescado). **4** Apprêter (los cueros), sécher (la madera), blanchir (las telas). **5** Panser, appliquer des remèdes à (una herida). **6** Soigner (tratar). ■ **7** *intr.-pr.* Guérir (sanar).

curativo, -va [kuratíβo, -βa] *adj.* Curatif, ive.

curdo, -da [kúrðo, -ða] *adj.-s.* Kurde.

curia [kúrja] *f.* HIST. Curie. **2** Basoche, gens *m. pl.* de robe (justicia).

curiosidad [kurjosiðáð] *f.* **1** Curiosité. **2** Propreté (limpieza). **3** Soin *m.* (esmero).

curioso, -sa [kurjóso, -sa] *adj.-s.* **1** Curieux, euse: ~ *por saber,* curieux de savoir. ■ **2** *adj.* Propre, bien tenu, ue (limpio).

currículum vitae [kuříkulum βite] *m.* Curriculum vitae.

curro [kúřo] *m.* fam. Boulot.

cursar [kursár] *tr.* **1** Fréquenter (un lugar). **2** Étudier (estudiar). **3** Donner suite, faire suivre son cours à (a un asunto).

cursi [kúrsi] *adj.* **1** Ridicule, prétentieux, euse, de mauvais goût. ■ **2** *s.* Snob.

cursillo [kursíʎo] *m.* Stage.

cursivo, -va [kursíβo, -βa] *adj.-s.* **1** Cursif, ive. ■ **2** *f.* IMPR. Italique *m.*

curso [kúrso] *m.* Cours.

curtido [kurtiðo] *m.* **1** Cuir tanné, corroyé. **2** Tannage (acción).

curtidor [kurtiðór] *m.* Tanneur, corroyeur.

curtir [kurtir] *tr.* **1** Tanner, corroyer. **2** Hâler (la piel). **3** fig. Endurcir, aguerrir (a una persona).

curva [kúrβa] *f.* Courbe.

curvatura [kurβatúra] *f.* Courbure.

curvo, -va [kúrβo, -βa] *adj.* Courbe.

cúspide [kúspıðe] *f.* Sommet *m.*

custodia [kustóðja] *f.* **1** Garde, surveillance. **2** LITURG. Ostensoir *m.*

custodiar [kustoðjár] [12] *tr.* Garder, surveiller.

cutáneo, -ea [kutáneo, -ea] *adj.* Cutané, ée.

cutis [kútıs] *m.* Peau *f.* (du visage).

cuyo, -ya [kúʝo, ʝa] *pron. rel.* **1** Dont le, dont la, etc. (exprimant toujours une idée de possession): *mi hermano, cuya mujer está enferma,* mon frère, dont la femme est malade. **2** De qui, duquel, de laquelle, etc. (después de una prep.): *el amigo con ~ padre viajo,* l'ami avec le père duquel je voyage.

cuzcuz [kuθkúθ] *m.* Couscous.

D

d [de] *f.* D. *m.*

dádiva [dáðiβa] *f.* Don *m.*, cadeau *m.*

dado, -da [dáðo, -ða] **1** *p.p.* de *dar.* **2** *loc. conj.* ~ *que,* ~ *el caso que,* étant donné que, si. ▪ **3** *adj.* Supposé, ée. **4** Adonné, ée, enclin, ine. ▪ **5** *m.* Dé (pieza cúbica para jugar): ~ *falso,* dé pipé.

dalia [dálja] *f.* Dahlia *m.*

daltonismo [daltonizmo] *m.* Daltonisme.

dama [dáma] *f.* **1** Dame (mujer noble). **2** Première actrice: ~ *joven,* jeune première. ▪ **3** *pl.* Dames (juego).

damajuana [damaxwána] *f.* Damejeanne.

damisela [damiséla] *f.* Demoiselle.

damnificado, -da [damnifikaðo, -ða] *adj.* Sinistré, ée.

damnificar [damnifikàr] [1] *tr.* Endommager.

danés, -esa [danés, -ésa] *adj.-s.* Danois, oise.

danza [dànθa] *f.* Danse.

danzar [danθár] [4] *intr.-tr.* Danser.

dañar [daɲár] *tr.* Endommager, abîmer, détériorer (estropear).

daño [dáɲo] *m.* **1** Dommage, préjudice: *daños y perjuicios,* dommages et intérêts. **2** Mal: *hacer* ~, faire du mal; *hacerse* ~, se faire mal.

dar [dar] [68] *tr.* **1** Donner. Loc. ~ *de comer,* donner à manger. **2** Déclarer, tenir, considérer: ~ *por hecho,* considérer comme fait. **3** Faire (con algunos sustantivos): ~ *un paseo,* faire une promenade. **4** Sonner (las horas): *el reloj da las seis* o (impers.) *dan las seis,* six heures sonnent. **5** *intr.* Rencontrer, trouver: ~ *con lo que se busca,* trouver ce que l'on cherche. **6** Tomber, heurter: ~ *un error,* tomber dans une erreur. **7** Frapper (golpear). **8** Sentidos diversos: *me lo da el corazón,* le cœur me le dit. **9** Se livrer, s'adonner (entregarse): *darse a la bebida,* s'adonner à la boisson. **10** Se tenir pour, se considérer comme, s'estimer, s'avouer: *darse por satisfecho,* s'estimer satisfait. **11** Sentidos diversos: *darse a conocer,* se faire connaître.

dardo [dàrðo] *m.* Dard (arma).

dársena [dàrsena] *f.* Darse, bassin *f.*

data [dáta] *f.* **1** Date. **2** COM. Débit *m.*

dátil [dátil] *m.* Datte *f.*

dativo, -va [datiβo, -βa] *adj.-m.* Datif, ive.

dato [dáto] *m.* Donnée *f.,* renseignement.

de [de] *f.* D *m.,* lettre d. ▪ **2** *prep.* Sert à marquer des rapports de matière, d'instrument, de manière, d'état: *cesta* ~ *mimbre,* panier en osier, d'osier; *máquina* ~ *coser,* machine à coudre. **3** Sur: ~ *diez veces una,* une fois sur dix. **4** (ant.) *De* précède le nom d'épouse d'une femme mis après son nom de jeune fille: *Doña María Ruiz* ~ *Ponce,* Madame Marie Ponce, née Ruiz.

deambular [deambulár] *intr.* Déambuler.

debajo [deβáxo] *adv.* **1** Dessous. **2** *loc. prep.* ~ *de,* sous, au-dessous de.

debate [deβáte] *m.* Débat.

debe [dèbe] *m.* **1** COM. Doit. **2** Débit (de una cuenta).

deber [deβér] *m.* Devoir. ▪ **2** *tr.* Devoir. ▲ Dans le sens d'être probable, se construit avec la prép. *de: debe de haber llegado,* il doit être arrivé.

debido, -da [deβiðo, -ða] *adj.* **1** Dû, due, juste, raisonnable. **2** *loc. adv. Como es* ~, comme il faut.

débil [déβil] *adj.-s.* **1** Faible. **2** Débile.

debilidad [deβiliðàð] *f.* **1** Faiblesse. **2** Débilité (duradera).

debilitar [deβilitár] *tr.* **1** Affaiblir, débiliter. ▪ **2** *pr.* S'affaiblir, faiblir.

debut [deβút] *m.* Débuts *m. pl.* (de un artista).

década [dékaða] *f.* Décade.

decadencia [dekaðénθja] *f.* Décadence.

decadente [dekaðénte] *adj.* Décadent, ente.

decaer [dekaér] [67] *intr.* 1 Déchoir. 2 S'affaiblir, décliner.

decágono [dekáɣono] *m.* 1 Décagone. ∎ 2 *adj.* Décagonal.

decaído, -da [dekaiðo, -ða] *adj.* 1 Affaibli, ie (debilitado), abattu, ue (abatido). 2 Déchu, ue (en decadencia).

decálogo [dekáloɣo] *m.* Décalogue.

decano [dekáno] *m.* Doyen.

decantar [dekantár] *tr.* 1 Décanter (un líquido). 2 Louer, vanter (alabar).

decapitar [dekapitár] *tr.* Décapiter.

decena [deθéna] *f.* Dizaine.

decencia [deθénθja] *f.* Décence.

decente [deθénte] *adj.* 1 Décent, ente. 2 Convenable, satisfaisant, ante (satisfactorio).

decepcionar [deθeβθjonár] *tr.* Décevoir, désappointer.

decidido, -da [deθiðiðo, -ða] *adj.* Décidé, ée, résolu, ue.

decidir [deθiðir] *tr.* 1 Décider: *decidió marcharse,* il décida de s'en aller. ∎ 2 *pr.* Se décider.

décima [déθima] *f.* 1 Dixième (parte). 2 LIT. Dizain *m.*

decimal [deθimál] *adj.* Décimal, ale.

décimo, -ma [déθimo, -ma] *adj.-s.* 1 Dixième. ∎ 2 *m.* Dixième (de un billete de lotería).

decir [deθir] [69] *tr.* 1 Dire. Loc. ~ *misa,* dire la messe; ~ *entre sí, para sí,* dire à part soi; ~ *que no,* dire non; *dicho y hecho,* aussitôt dit, aussitôt fait; *¡diga!, ¡dígame!,* allô! (teléfono); *el qué dirán,* le qu'en-dira-t-on; *es* ~, c'est-à-dire. 2 Aller, convenir (con los adverbios bien o mal). ∎ 3 *pr.* Se dire.

decisión [deθisjón] *f.* Décision.

declamar [deklamár] *intr.-tr.* Déclamer.

declarar [deklarár] *tr.* 1 Déclarer. 2 Expliquer. ∎ 3 *intr.* DER. Déposer. ∎ 4 *pr.* Se déclarer.

declinar [deklinár] *intr.-tr.* Décliner.

declive [deklíβe] *m.,* **declividad** [deklíβiðáð] *f.* Déclivité *f.,* pente *f.*

decodificador [dekoðifikaðór] *m.* Décodeur.

decomisar [dekomisár] *tr.* Saisir, confisquer.

decoración [dekoraθjón] *f.* 1 Décoration, ornement *m.* 2 TEAT. Décor *m.*

decorar [dekorár] *tr.* Décorer (adornar).

decorativo, -va [dekoratíβo, -βa] *adj.* Décoratif, ive.

decoro [dekóro] *m.* Décorum.

decrecer [dekreθér] [43] *intr.* Décroître.

decrépito, -ta [dekrépito, -ta] *adj.* Décrépit, ite.

decretar [dekretár] *tr.* Décréter.

decreto [dekréto] *m.* 1 Décret. 2 Arrêt, ordre (de un juez, etc.).

dedal [deðál] *m.* Dé à coudre, dé.

dedicar [deðikár] [1] *tr.* 1 Consacrer, dédier (una iglesia, etc.). 2 Dédicacer (un libro, una foto).

dedicatoria [deðikatórja] *f.* Dédicace (de un libro, de una foto).

dedillo [deðiʎo] *m.* Petit doigt. Loc. *Saber una cosa al* ~, savoir une chose sur le bout du doigt.

dedo [déðo] *m.* 1 Doigt. Loc. ~ *anular,* annulaire; ~ *de en medio, del corazón,* doigt du milieu, majeur; ~ *gordo, pulgar,* pouce; ~ *índice,* index. 2 Loc. fig. *A dos dedos de,* à deux doigts de; *contar con los dedos,* compter sur les doigts.

deducción [deðuɣθjón] *f.* Déduction.

deducir [deðuθir] [46] *tr.* Déduire.

defecar [defekár] [1] *tr.-intr.* Déféquer.

defecto [defékto] *m.* Défaut.

defender [defendér] [28] *tr.* Défendre.

defensa [defénsa] *f.* Défense.

defensivo, -va [defensíβo, -βa] *adj.* Défensif, ive.

deficiencia [defiθjénθja] *f.* Déficience, défaut *m.*

deficiente [defiθjénte] *adj.* Déficient, e: ~ *mental,* débile mental.

déficit [défiθit] *m.* Déficit.

definición [definiθjón] *f.* Définition.

definir [definir] *tr.* Définir.

definitivo, -va [definitíβo, -βa] *adj.* Définitif, ive. *loc. adv. En definitiva,* en définitive.

deflagrar [deflaɣrár] *intr.* Déflagrer, s'enflammer en explosant.

deformación [deformaθjón] *f.* Déformation.

deformar [deformár] *tr.* Déformer.

defraudar [defraüðár] *tr.* 1 Frauder (cometer un fraude). 2 Tromper, décevoir (las esperanzas): *me ha defraudado la película,* le film m'a déçu.

defunción [defunθjón] *f.* Décès *m.*

degeneración [dexeneraθjón] *f.* Dégénérescence, dégénération.

degenerar [dexenerár] *intr.* Dégénérer.

deglutir [deɣlutir] *tr.-intr.* Déglutir.

degollar [deɣoʎár] [31] *tr.* 1 Égorger. 2 Décolleter, échancrer (escotar).

degradante [deɣraðánte] *adj.* Dégradant, ante.

degradar [deɣraðàr] *tr.* Dégrader.
degustación [deɣustaθjón] *f.* Dégustation.
deidad [deïðàð] *f.* **1** Divinité. **2** Déité.
dejado, -da [dexàðo, -ða] *adj.* **1** Négligent, ente, nonchalant, ante. **2** Abattu, ue (decaído).
dejar [dexàr] *tr.* **1** Laisser. Loc. ~ *caer,* laisser tomber (un objeto); fig. insinuer; ~ *plantado,* planter là; ~ *seco a uno,* tuer quelqu'un net; ~ *que* (con un subjuntivo), permettre, laisser; ¿me deja que le pregunte algo?, vous me permettez de vous demander quelque chose? **2** Prêter (prestar). **3** Quitter (abandonar). **4** Cesser: ~ *de hablar,* cesser de parler. ■ **5** *pr.* Se laisser. Loc. *Dejarse caer,* se laisser tomber. **6** S'abandonner, se négliger, se laisser aller (descuidarse).
dejo [dèxo] *m.* **1** Accent, intonation *f.* **2** Arrière-goût (sabor). **3** Mollesse *f.,* lassitude *f.* (flojedad).
del [del] contraction de *de* et *el.* Du, de l': ~ *lobo,* du loup; ~ *aire,* de l'air.
delantal [delantàl] *m.* Tablier.
delante [delànte] *adv.* Devant. *loc. prép.* ~ *de,* devant; *por* ~ *de,* devant.
delantera [delantéra] *f.* **1** Avant *m.* (de un coche, etc.), devant *m.* (de un vestido, etc.). **2** Premier rang *m.* (en un teatro, etc.).
delantero, -ra [delantero, -ra]. **1** *adj.* qui est situé, -ée devant. **2** *m.* avant: ~ *centro,* avant centre.
delatar [delatàr] *tr.* Dénoncer.
delator, -ra [delatór, -ra] *adj.-s.* Délateur, trice.
delegación [deleɣaθjón] *f.* Délégation. **2** Antenne (servicio secundario).
delegado, -da [deleɣàðo, -ða] *adj.-s.* Délégué, ée.
deleitar [deleïtàr] *tr.* Délecter, charmer.
deleite [delèïte] *m.* Plaisir, délice.
deletrear [deletreàr] *tr.* Épeler.
delfín [delfín] *m.* Dauphin (cetáceo, príncipe).
delgado, -da [delɣàðo, -ða] *adj.* **1** Mince, grèle (de poco grosor). **2** Maigre (persona, terreno).
deliberación [deliβeraθjón] *f.* Délibération.
deliberar [deliβeràr] *intr.* **1** Délibérer. ■ **2** *tr.* Décider.
delicadeza [delikaðéθa] *f.* Délicatesse.
delicado, -da [delikàðo, -ða] *adj.* Délicat, ate.

delicia [deliθja] *f.* Délice *m.*
delicioso, -sa [deliθjóso, -sa] *adj.* Délicieux, euse.
delimitar [delimitàr] *tr.* Délimiter.
delincuencia [delinkwénθja] *f.* Délinquance.
delincuente [delinkwènte] *adj.-s.* Délinquant, ante.
delineante [delineànte] *m.* Dessinateur industriel.
delinear [delineàr] *tr.* **1** Délinéer. **2** Dessiner (planos).
delirar [deliràr] *intr.* Délirer.
delirio [delirjo] *m.* Délire.
delito [delito] *m.* Délit: *flagrante* ~, flagrant délit.
delta [dèlta] *f.* **1** Delta *m.* (letra). ■ **2** *m.* GEOG. Delta.
demacrado, -da [demakràðo, -ða] *adj.* Émacié, ée, très maigre.
demagogia [demaɣóxja] *f.* Démagogie.
demanda [demànda] *f.* **1** Demande. **2** Quête (busca): *ir en* ~ *de,* aller en quête de.
demarcación [demarkaθjón] *f.* **1** Démarcation. **2** Terrain *m.* délimité.
demás [demàs] *adj.-pron. indef.* **1** L'autre, les autres, le reste. Ordinairement précédé de l'article: *la* ~ *gente,* les autres gens; *los* ~, les autres; *lo* ~, le reste; *y* ~, et le reste, et cætera. **2** *loc. adv. Por* ~, à l'excès (en demasía), inutile (inútil); *por lo* ~, au reste, du reste.
demasiado, -da [demasjàðo, -ða] *adj.* **1** Trop de: ~ *dinero,* trop d'argent. ■ **2** *adv.* Trop.
demente [demènte] *adj.-s.* Dément, ente.
democracia [demokràθja] *f.* Démocratie.
democrático, -ca [demokràtiko, -ka] *adj.* Démocratique.
demográfico, -ca [demoɣráfiko, -ka] *adj.* Démographique.
demoler [demolèr] [32] *tr.* Démolir.
demolición [demoliθjón] *f.* Démolition.
demoníaco, -ca [demoniako, -ka] *adj.-s.* Démoniaque.
demonio [demònjo] *m.* Démon, diable.
demora [demòra] *f.* Retard *m.,* délai *m.*
demorar [demoràr] *tr.* Retarder, différer.
demostración [demostraθjón] *f.* Démonstration.
demostrar [demostràr] [31] *tr.* **1** Démontrer. **2** Prouver (probar).
denegar [deneɣàr] [48] *tr.* **1** Refuser: ~ *un proyecto,* refuser un projet. **2** Nier.
denigrante [deniɣrànte] *adj.* Dénigrant, ante.

denigrar [deniɣrár] *tr.* Dénigrer.

denodado, -da [denoðáðo, -ða] *adj.* Intrépide, courageux, euse.

denominado [denomináðo] *adj.* MAT. *Número* ~, nombre complexe.

denominar [denominár] *tr.* Dénommer, nommer.

densidad [densiðáð] *f.* Densité.

denso, -sa [dénso, -sa] *adj.* Dense.

dentado, -da [dentáðo, -ða] *adj.* 1 Denté, ée (rueda, etc.). 2 Dentelé, ée.

dentadura [dentaðúra] *f.* Denture (de una persona, de un animal).

dental [dentál] *adj.* 1 Dentaire. ■ 2 *adj.-f.* GRAM. Dental, ale. ■ 3 *m.* Sep.

dentellada [denteʎáða] *f.* Coup *m.* de dents.

dentición [dentiθjón] *f.* Dentition.

dentífrico, -ca [dentífriko, -ka] *adj.-m.* Dentifrice.

dentista [dentista] *m.* Dentiste.

dentro [déntro] *adv.* 1 Dedans, à l'intérieur: *estar* ~, être dedans. 2 ~ *de,* dans: ~ *del cajón,* dans le tiroir.

denuncia [denúnθja], **denunciación** [denunθjaθjón] *f.* Dénonciation.

denunciar [denunθjár] [12] *tr.* 1 Dénoncer.

deontología [deontoloxía] *f.* Déontologie.

deparar [deparár] *tr.* Procurer, accorder (proporcionar), présenter, offrir (ofrecer).

departamento [departaménto] *m.* Département (de un territorio, una administración).

depender [dependér] *intr.* Dépendre.

dependiente [dependjénte] *adj.* 1 Dépendant, ante. ■ 2 *m.* COM. Employé, commis, vendeur.

depilar [depilár] *tr.* 1 Épiler, dépiler. ■ 2 *pr.* S'épiler.

deplorable [deploráβle] *adj.* Déplorable.

deponer [deponér] [78] *tr.* 1 Éloigner, écarter de soi (apartar de sí). 2 Poser (las armas). 3 Déposer (destituir). 4 Déposer (ante el juez). ■ 5 *intr.* Aller à la selle.

deportado, -da [deportáðo, -ða] *adj.-s.* Déporté, ée.

deporte [depórte] *m.* Sport.

deportista [deportista] *s.* Sportif, ive.

deposición [deposiθjón] *f.* 1 Déposition. 2 Selles *pl.* (excremento).

depositar [depositár] *tr.* 1 Déposer (confiar a uno, colocar en un sitio): ~ *valores en el Banco,* déposer ses valeurs à la

banque. 2 Placer (la confianza). 3 Déposer (un líquido).

depósito [depósito] *m.* 1 Dépôt (acción, cosa depositada, lugar). 2 Entrepôt (almacén). 3 Réservoir (para líquidos).

depravado, -da [depraβáðo, -ða] *adj.-s.* Dépravé, ée.

depravar [depraβár] *tr.* Dépraver.

depreciación [depreθjaθjón] *f.* Dépréciation.

depredador, -ra [depreðaðór, -ra] *adj.-s.* Déprédateur, trice.

depresión [depresjón] *f.* Dépression.

depresivo, -va [depresíβo, -βa] *adj.* Dépressif, ive.

deprimir [deprimír] 1 *tr.* Déprimer. ■ 2 *pr.* Se déprimer.

depurar [depurár] *tr.* Épurer, dépurer.

derecha [derétʃa] *f.* 1 Droite (mano, lado). 2 Droite (política). 3 *loc. adv. A la* ~, à droite.

derecho [derétʃo] *m.* 1 Endroit (de una tela, etc.). 2 Droit: ~ *de gentes,* droit des gens; ¿con qué ~?, de quel droit? ■ 3 *adv.* Droit: *andar* ~, marcher droit.

derecho, -cha [derétʃo, -tʃa] *adj.* 1 Droit, droite: *mano derecha,* main droite. 2 Juste, raisonnable.

deriva [deríβa] *f.* Dérive.

derivar [deriβár] *intr.-tr.* 1 Dériver. ■ 2 *pr.* Dériver, découler (resultar).

dermatología [dermatoloxía] *f.* Dermatologie.

dermatólogo, -ga [dermatóloɣo, -ɣa] *s.* Dermatologue.

dermis [dérmis] *f.* ANAT. Derme *m.*

derogar [deroɣár] [7] *tr.* 1 Abolir, abroger (a una ley, etc.). 2 Déroger.

derramar [deřamár] *tr.* 1 Verser, répandre (un líquido, etc.). 2 Éparpiller, disperser.

derrame [deřáme] *m.* 1 Perte *f.* (líquido perdido). 2 MED. Épanchement. 3 Épanchement, écoulement (derramamiento).

derrengar [deřeŋgár] [48] *tr.* 1 Éreinter, casser les reins. 2 Tordre.

derretimiento [deřetimjénto] *m.* 1 Fonte *f.,* fusion *f.* 2 fig. Grand amour.

derretir [deřetír] [34] *tr.* 1 Fondre (por medio del calor). ■ 2 *pr.* Fondre: *el hielo se derrite con el calor,* la glace fond à la chaleur. 3 fig. Brûler (d'amour).

derribar [deřiβár] *tr.* Démolir, abattre (un edificio), renverser, terrasser (a una persona o animal), abattre (un avión).

derribo [deříβo] *m.* Démolition *f.* (de un edificio).

derrocar [deřokár] [49] *tr.* **1** Précipiter (du haut d'un rocher). **2** Renverser (el poder).

derrochador, -ra [deřotʃaðór, -ra] *s.* Dissipateur, trice, gaspilleur, euse.

derroche [deřótʃe] *m.* **1** Dissipation *f.,* gaspillage. **2** Excès, dépense *f.* excessive.

derrota [deřóta] *f.* **1** MIL. Déroute, défaite. **2** Chemin *m.* (camino). **3** MAR. Route.

derrotado, -da [deřotáðo, -ða] *adj.* Misérablement vêtu, ue, dépenaillé, ée (andrajoso).

derrotar [deřotár] *tr.* MIL. **1** Mettre en déroute, vaincre. **2** Battre (en una competición).

derruir [deřwír] [62] *tr.* Démolir (un edificio).

derrumbamiento [deřumbamjénto] *m.* Écroulement, éboulement.

derrumbar [deřumbár] *tr.* **1** Précipiter. **2** Abattre (derribar). ■ **3** *pr.* S'écrouler.

desaborido, -da [desaβoríðo, -ða] *adj.* **1** Fade, insipide. **2** fig. Insignifiant, ante, terne, falot, te (persona).

desabotonar [desaβotonár] *tr.* Déboutonner.

desabrido, -da [desaβríðo, -ða] *adj.* **1** Fade, insipide. **2** Désagréable (tiempo). **3** fig. Revêche, acariâtre (persona).

desabrigado, -da [desaβriɣáðo, -ða] *adj.* **1** Mal abrité, ée. **2** Qui n'est pas assez couvert. **3** fig. Délaissé, ée (desamparado).

desabrochar [desaβrotʃár] *tr.* Dégrafer (broches, corchetes), déboutonner (botones).

desacato [desakáto] *m.* Manque de respect, d'obéissance.

desacertado, -da [desaθertáðo, -ða] *adj.* Erroné, ée.

desaconsejar [desakonsexár] *tr.* Déconseiller.

desacorde [desakórðe] *adj.* Discordant, ante.

desacostumbrado, -da [desakostumbráðo, -ða] *adj.* Inhabituel, elle, inusité, ée.

desacreditar [desakreðitár] *tr.* **1** Discréditer, déconsidérer, décrier. ■ **2** *pr.* Se discréditer.

desacuerdo [desakwérðo] *m.* **1** Désaccord: *estar en* ~, être en désaccord. **2** Erreur *f.*

desafecto, -ta [desaféɣto, -ta] *adj.* Opposé, ée, hostile.

desafiar [desafjár] [13] *tr.* **1** Défier, braver. ■ **2** *pr.* Se défier.

desafinar [desafinár] *intr.* **1** MÚS. Chanter faux, jouer faux. ■ **2** *pr.* MÚS. Se désaccorder.

desafío [desafío] *m.* **1** Défi. **2** Duel.

desafortunado, -da [desafortunáðo, -ða] *adj.* Infortuné, ée.

desagradable [desaɣraðáβle] *adj.* Désagréable.

desagradecer [desaɣraðeθér] [43] *tr.* Faire preuve d'ingratitude, manquer de reconnaissance.

desagradecido, -da [desaɣraðeθíðo, -ða] *adj.* Ingrat, ate.

desagrado [desaɣráðo] *m.* Déplaisir, mécontentement.

desagregar [desaɣreɣár] *tr.* Désagréger.

desaguar [desaɣwár] [22] *tr.* Vider (extraer el agua), dessécher (desecar).

desagüe [desáɣwe] *m.* **1** Écoulement (del agua). **2** Déversoir (desaguadero).

desaguisado, -da [desaɣisáðo, -ða] *adj.* **1** Illégal, ale. **2** Absurde.

desahogado, -da [desaoɣáðo, -ða] *adj.* Débarrassé, ée, dégagé, ée (sitio).

desahogar [desaoɣár] [7] *tr.* Soulager, réconforter (consolar).

desahogo [desaóɣo] *m.* **1** Soulagement, consolation *f.* **2** Délassement. **3** Épanchement, effusion *f.* (de sentimientos).

desahuciar [desaũθjár] [12] *tr.* **1** Enlever tout espoir. **2** Condamner (a un enfermo). **3** DER. Expulser (a un inquilino).

desairado, -da [desaĩráðo, -ða] *adj.* Disgracieux, euse, gauche.

desairar [desaĩrár] *tr.* Repousser, éconduire (a una persona).

desaire [desaĩre] *m.* Mépris, dédain.

desalar [desalár] *tr.* **1** Dessaler (quitar la sal). **2** Couper les ailes.

desalentar [desalentár] [27] *tr.* Décourager.

desaliento [desaljénto] *m.* Découragement, abattement.

desaliñar [desaliɲár] *tr.* Chiffonner, froisser (ajar).

desalmado, -da [desalmáðo, -ða] *adj.-s.* **1** Cruel, elle, inhumain, aine. ■ **2** *s.* Scélérat, ate.

desalojar [desaloxár] *tr.* **1** Déloger, chasser (expulsar). **2** Quitter, vider (un sitio).

desalquilado, -da [desalkiláðo, -ða] *adj.* Vide, à louer (local).

desamor [desamór] *m.* **1** Manque d'affection. **2** Inimitié *f.,* haine *f.*

desamortización [desamortiθaθjón] *f.* Désamortissement.

desamparado, -da [desamparáðo, -ða] *adj.* Abandonné, ée, délaissé, ée.

desandar [desandár] [64] *tr.* ~ *camino,* rebrousser chemin.

desangrar [desaŋgrár] *tr.* **1** Saigner. **2** Assécher (un estanque, etc.). **3** fig. Appauvrir, ruiner. ■ **4** *pr.* Saigner abondamment.

desanimar [desanimár] *tr.* Décourager.

desánimo [desánimo] *m.* Découragement, abattement.

desapacible [desapaθiβle] *adj.* **1** Désagréable, rude. **2** *Tiempo* ~, temps maussade.

desaparecer [desapareθér] [43] *intr.* Disparaître.

desaparición [desapariθjón] *f.* Disparition.

desapego [desapéɣo] *m.* Détachement, indifférence *f.*

desapercibido, -da [desaperθiβiðo, -ða] *adj.* Inaperçu, ue. Loc. *Coger* ~, prendre au dépourvu.

desaplicado, -da [desaplikáðo, -ða] *adj.* Inappliqué, ée.

desaprensión [desaprensjón] *f.* Sansgêne *m.,* manque m. de scrupules.

desaprobar [desaproβár] [31] *tr.* Désapprouver.

desaprovechado, -da [desaproβetʃáðo, -ða] *adj.-s.* **1** Inappliqué, ée. ■ **2** *adj.* Infructueux, euse, dont on n'a pas profité.

desaprovechar [desaproβetʃár] *tr.* Mal employer, ne pas profiter de.

desarmar [desarmár] *tr.* **1** Désarmer. **2** Démonter (un reloj, un motor, un mueble, etc.).

desarme [desárme] *m.* **1** Désarmement (de un país, etc.). **2** Démontage.

desarraigo [desaráiɣo] *m.* Déracinement.

desarreglar [desareɣlár] *tr.* **1** Dérégler. **2** Mettre en désordre (desordenar). **3** Déranger (frustrar).

desarrollar [desaroʎár] *tr.* **1** Dérouler (lo que está arrollado). **2** Développer (el cuerpo, una industria, una teoría, etc.).

desarropar [desaropár] *tr.* Dévêtir, découvrir (una persona).

desarrugar [desaruɣár] [7] *tr.* Déplisser, défroisser (un tejido, etc.).

desarticular [desartikulár] *tr.* Désarticuler.

desaseo [desaséo] *m.* Malpropreté *f.,* saleté *f.*

desasir [desasir] [65] *tr.* **1** Lâcher (soltar), détacher (desprender). ■ **2** *pr.* Se détacher, se dégager (soltarse).

desasnar [desasnár] *tr.* Déniaiser, dégrossir.

desasosiego [desasosjéɣo] *m.* Inquiétude *f.*

desastrado, -da [desastráðo, -ða] *adj.* Malheureux, euse, infortuné, ée.

desastre [desástre] *m.* Désastre.

desastroso, -sa [desastróso, -sa] *adj.* Désastreux, euse.

desatar [desatár] *tr.* **1** Détacher, défaire, dénouer (lo atado), délacer (zapatos). ■ **2** *pr.* fig. Perdre la timidité. **3** Parler sans retenue.

desatascar [desataskár] [1] *tr.* **1** Désembourber. **2** Désobstruer, dégorger (un conducto). **3** fig. Dépêtrer.

desatender [desatendér] [28] *tr.* **1** Ne pas prêter attention à. **2** Ne pas écouter (un consejo, una advertencia). **3** Manquer d'attentions à l'égard de (una persona).

desatento, -ta [desaténto, -ta] *adj.* **1** Inattentif, ive, distrait, aite. **2** Impoli, ie (descortés).

desatino [desatino] *m.* **1** Manque de bon sens. **2** Bêtise *f.,* sottise *f.* (despropósito). **3** Erreur *f.*

desatornillar [desatorniʎár] *tr.* Dévisser.

desatracar [desatrakár] [1] *tr.* **1** Éloigner d'un quai, d'un autre bateau. ■ **2** *intr.* MAR. Gagner le large.

desautorizar [desaŭtoriθár] [4] *tr.* Retirer, enlever, l'autorité, le pouvoir, l'estime.

desavenencia [desaβenénθja] *f.* Discorde, brouille, désaccord *m.*

desavenido, -da [desaβeniðo, -ða] *adj.* Brouillé, ée, désuni, ie.

desavenir [desaβenir] [90] *tr.* Brouiller, indisposer, désaccorder.

desayunar [desajunár] *intr.-tr.-pr.* Prendre le petit déjeuner, déjeuner.

desayuno [desajúno] *m.* Petit déjeuner.

desazón [desaθón] *f.* **1** Fadeur (falta de sabor). **2** Sécheresse (en las tierras). **3** fig. Contrariété (disgusto).

desazonar [desaθonár] *tr.* **1** Affadir (un manjar). **2** Contrarier, chagriner, inquiéter.

desbancar [dezβaŋkár] [1] *tr.* **1** Débanquer (en el juego). **2** fig. Supplanter (a alguien).

desbandada [dezβandáða] *f.* Débandade, déroute.

desbarajuste [dezβaraxúste] *m.* Désordre, confusion *f.*

desbaratar [dezβaratár] *tr.* **1** Détruire, défaire. **2** MIL. Mettre en déroute, défaire.

desbarrar [dezβařár] *intr.* fig. Déraisonner, divaguer.

desbastar [dezβastár] *tr.* **1** Dégrossir, ébaucher. **2** fig. Dégrossir, polir.

desbloqueo [dezβlokéo] *m.* Déblocage: ~ *de créditos,* déblocage de crédits.

desbocado, -da [dezβokáðo, -ða] *adj.* **1** Emballé, ée (caballo). **2** Egueulé, ée (vasija). **3** Emoussé, ée (instrumento). ▪ **4** *adj.-s.* fig. Insolent, ente.

desbocar [dezβokár] [1] *tr.* **1** Égueuler. ▪ **2** *pr.* S'emballer (un caballo).

desbordar [dezβorðár] *intr.-pr.* Déborder.

desbravar [dezβraβár] *tr.* Dompter, dresser (caballos).

desbrozo [dezβróθo] *m.* Débroussaillement, nettoyage.

descabalgar [deskaβalɣár] [7] *intr.* Descendre du cheval.

descabellado, -da [deskaβeʎáðo, -ða] *adj.* Absurde, saugrenu, ue.

descabellar [deskaβeʎár] *tr.* **1** Dépeigner. **2** TAUROM. Tuer (le taureau) d'un coup d'épée à la nuque.

descabezar [deskaβeθár] [4] *tr.* **1** Décapiter. **2** Étêter (árbol). **3** Loc. fig. ~ *el sueño,* faire un petit somme.

descafeinado [deskafejnáðo] *m.* Décaféiné.

descalabrar [deskalaβrár] *tr.* **1** Blesser à la tête. **2** Blesser, maltraiter.

descalabro [deskaláβro] *m.* Contretemps, échec.

descalificar [deskalifikár] [1] *tr.* Disqualifier.

descalzar [deskalθár] [4] *tr.* **1** Déchausser. **2** Décaler (quitar los calzos).

descalzo, -za [deskálθo, -θa] *adj.* **1** Nupieds. **2** Déchaussé, déchaux (religioso).

descamación [deskamaθjón] *f.* Desquamation.

descaminar [deskaminár] *tr.* Égarer, fourvoyer.

descampado, -da [deskampáðo, -ða] *adj.-m.* Découvert, erte (terreno).

descansado, -da [deskansáðo, -ða] *adj.* Reposé, ée.

descansar [deskansár] *intr.* **1** Reposer, se reposer. ▪ **2** *tr.* Reposer, appuyer (apoyar). **3** Aider, soulager du travail.

descansillo [deskansíʎo] *m.* Palier (de escalera).

descanso [deskánso] *m.* **1** Repos. **2** *Halte* f. (pausa). **3** Palier (de escalera).

descarado, -da [deskaráðo, -ða] *adj.* Effronté, ée, insolent, ente.

descarga [deskárɣa] *f.* Décharge, déchargement *m.* (acción de descargar).

descargador [deskarɣaðór] *m.* Déchargeur.

descargar [deskarɣár] [7] *tr.* **1** Décharger. **2** MAR. Débarder. ▪ **3** *pr.* Se décharger: *descargarse de una responsabilidad en alguien,* se décharger d'une responsabilité sur quelqu'un.

descargo [deskárɣo] *m.* **1** Déchargement. **2** Décharge f., acquit.

descarnado, -da [deskarnáðo, -ða] *adj.* Décharné, ée.

descarnar [deskarnár] *tr.* **1** Décharner (un hueso). **2** Déchausser (los dientes).

descaro [deskáro] *m.* Effronterie f., insolence f.

descarriar [deskaříjár] [13] *tr.* Égarer, dévoyer, fourvoyer.

descarrilar [deskařílár] *intr.* Dérailler.

descartar [deskartár] *tr.* **1** Éloigner, écarter, rejeter. ▪ **2** *pr.* Écarter, se défausser (en el juego).

descender [desθendér] [28] *intr.* Descendre.

descendiente [desθendjénte] *adj.* Descendant, ante.

descenso [desθénso] *m.* **1** Descente f. (acción). **2** Décadence f., déchéance f. **3** Décrue f., baisse f. (de las aguas).

descentralización [desθentraliθaθjón] *f.* Décentralisation.

descentralizar [desθentraliθár] [4] *tr.* Décentraliser.

descifrar [desθifrár] *tr.* Déchiffrer.

desclavar [desklaβár] *tr.* **1** Déclouer. **2** Désenchâsser (una piedra preciosa).

descocado, -da [deskokáðo, -ða] *adj.* Impudent, ente, effronté, ée.

descoco [deskóko] *m.* Impudence f.

descodificador [deskoðifikaðór] *m.* Décodeur.

descolgar [deskolɣár] [52] *tr.* **1** Décrocher (un cuadro, el teléfono). **2** Faire descendre un objet en le retenant au moyen d'une corde. ▪ **3** *pr.* Se laisser glisser (escurrirse), descendre (bajar). **4** Dire quelque chose d'inattendu.

descollar [deskoʎár] [31] *intr.* **1** Surpasser, dèpasser en hauteur, dominer. **2** fig. Surpasser, se distinguer (entre otros).

descolorar [deskolorár] *tr.* Décolorer.

descolorido, -da [deskoloríðo, -ða] *adj.* **1** Décoloré, ée. **2** Pâle.

descomedido, -da [deskomeðíðo, -ða] *adj.* **1** Excessif, ive. **2** Impoli, ie, insolent, ente.

descomponer [deskomponér] [78] *tr.* **1** Décomposer. **2** Déranger, désordonner (desordenar), détraquer, dérégler (estropear). ▪ **3** *pr.* fig. Perdre son calme, sa retenue, s'emporter (irritarse).

descomposición [deskomposiθjón] *f.* Décomposition.

descompostura [deskompostúra] *f.* **1** Dérangement *m.*, détraquement *m.* **2** Négligence (desaliño).

descomunal [deskomunál] *adj.* Énorme, démesuré, ée, phénoménal, ale.

desconcertante [deskonθertánte] *adj.* Déconcertant, ante.

desconcertar [deskonθertár] [27] *tr.* **1** Déconcerter, dérouter (sorprender). **2** Déranger, détraquer. **3** Démettre, disloquer (huesos).

desconcierto [deskonθjérto] *m.* **1** Dérangement, détraquement. **2** fig. Désordre, confusion *f.* **3** Diarrhée *f.*

desconectar [deskoneçtár] *tr.* **1** MEC. Débrayer. **2** ELECT. Débrancher, couper.

desconfiar [deskomfjár] [13] *intr.* Se méfier, n'avoir pas confiance, se défier: *desconfía de todos,* il se méfie de tout le monde, il n'a confiance en personne.

descongelar [deskoŋxelár] *tr.* **1** Décongeler. **2** Dégivrer.

descongestionar [deskoŋxestjonár] *tr.* Décongestionner.

desconocer [deskonoθér] [44] *tr.* **1** Méconnaître. **2** Ne pas connaître, ignorer. **3** fig. Ne pas reconnaître (una persona o cosa). **4** Ignorer, désavouer (negar uno ser suya alguna cosa).

desconocido, -da [deskonoθíðo, -ða] *adj.-s.* **1** Inconnu, ue. ▪ **2** *adj.* Méconnaissable (muy cambiado).

desconocimiento [deskonoθimjénto] *m.* **1** Ignorance *f.* **2** Ingratitude *f.*

desconsiderado, -da [deskonsiðeráðo, -ða] *adj.* **1** Qui manque d'égards, de respect. **2** Étourdi, ie.

desconsolado, -da [deskonsoláðo, -ða] *adj.* **1** Désolé, ée, affligé, ée, inconsolé, ée. **2** Inconsolable. **3** Triste.

descontar [deskontár] [31] *tr.* **1** Déduire, décompter. **2** COM. Escompter.

descontento, -ta [deskonténto, -ta] *adj.* Mécontent, ente.

descorazonamiento [deskoraθonamjénto] *m.* Découragement.

descorchar [deskortʃár] *tr.* Déboucher (una botella).

descorrer [deskořér] *tr.* Tirer (un cerrojo, una cortina).

descortés, -esa [deskortés, -ésa] *adj.* Impoli, ie, grossier, ière.

descoser [deskosér] *tr.* Découdre.

descosido, -da [deskosíðo, -ða] *adj.* **1** Décousu, ue. **2** Bavard, arde, indiscret, ète.

descoyuntar [deskojuntár] *tr.* Déboîter, démettre, disloquer.

descrédito [deskréðito] *m.* Discrédit.

descreído, -da [deskreíðo, -ða] *adj.-s.* Incrédule, incroyant, ante.

descremado, da [deskremáðo, ða] *adj.* Écrémé, ée.

describir [deskriβír] *tr.* Décrire.

descripción [deskriβθjón] *f.* Description.

descuartizar [deskwartiθár] [4] *tr.* **1** Écarteler (a una persona). **2** Dépecer, équarrir (animales).

descubierto, -ta [deskuβjérto, -ta] *adj.* **1** Découvert, erte. **2** loc. adv. **Al** ~, à découvert. ▪ **3** *m.* COM. Découvert.

descubridor, -ra [deskuβriðór, -ra] *adj.-s.* Découvreur, euse, inventeur, trice.

descubrir [deskuβrír] *tr.* Découvrir.

descuento [deskwénto] *m.* **1** COM. Escompte. **2** Décompte (deducción).

descuidar [deskwiðár] *tr.* **1** Décharger, libérer (de una obligación). Loc. **Descuide usted,** soyez tranquille, n'ayez crainte. ▪ **2** *pr.* Négliger, oublier: *descuidarse de sus deberes,* négliger ses devoirs.

descuido [deskwíðo] *m.* **1** Négligence *f.* **2** Oubli, inattention.

desde [dézðe] *prep.* **1** Depuis, de, dès: ~ *ahora,* dès maintenant. **2** loc. adv. ~ *luego,* bien entendu, évidemment.

desdecir [dezðeθír] [79] *intr.* Ne pas cadrer, ne pas être en accord.

desdén [dezðén] *m.* Dédain, mépris.

desdicha [dezðítʃa] *f.* **1** Malheur *m.* ▪ **2** loc. adv. **Por** ~, par malheur, malheureusement.

desdichado, -da [dezðitʃáðo, -ða] *adj.-s.* Malheureux, euse.

desdoblar [dezðoβlár] *tr.* **1** Déplier (extender). **2** Dédoubler (separar).

desear [deseár] *tr.* Désirer, souhaiter: *le deseo un feliz año nuevo,* je vous souhaite une bonne année.

desecación [desekaθjón] *f.* Dessiccation.

desechable [desetʃáβle] *adj.* Jetable.

desechar [desetʃár] *tr.* **1** Exclure, rejeter. **2** Mettre au rebut (dejar por inútil).

desecho [desétʃo] *m.* **1** Rebut, reste. **2** fig. Mépris.

desembalar [desembalár] *tr.* Déballer.

desembarazar [desembaraθár] [4] *tr.* Débarrasser, dégager.

desembarcadero [desembarkaðéro] *m.* Débarcadère.

desembarco [desembárko] *m.* Débarquement.

desembarque [desembárke] *m.* Débarquement.

desembocadura [desembokaðúra] *f.* 1 Sortie, débouché *m.* (de una calle). 2 Embouchure (de un río).

desembolso [desembólso] *m.* 1 Déboursement. 2 Dépenses *f. pl.* (gastos).

desembozar [desemboθár] *tr.* 1 Découvrir (la partie du visage cachée par le manteau, etc.). 2 *fig.* Découvrir.

desembragar [desembrayár] [7] *tr.* Débrayer.

desembriagar [desembrjayár] *tr.* Désenivrer, dégriser.

desembrollar [desembroʎár] *tr.* Débrouiller.

desempacho [desempátʃo] *m.* Désinvolture *f.,* hardiesse *f.*

desempañar [desempaɲár] *tr.* 1 Nettoyer (una cosa empañada). 2 Démailloter (a un niño).

desempaquetar [desempaketár] *tr.* Dépaqueter.

desempatar [desempatár] *tr.* Départager (votos, en deportes).

desempeñar [desempeɲár] *tr.* 1 Dégager (lo que estaba empeñado), libérer de dettes (desentrampar). 2 S'acquitter de (una obligación), remplir, exercer (un cargo, una función), jouer (un papel). ■ 3 *pr.* Se libérer de ses dettes, payer ses dettes.

desempleo [desempléo] *m.* Chômage, sous-emploi: *subsidio de* ~, allocation chômage, indemnité de chômage.

desempolvar [desempolβár] *tr.* Épousseter, dépoussiérer.

desencadenar [deseŋkaðenár] *tr.* 1 Déchaîner. ■ 2 *pr. fig.* Se déchaîner.

desencajar [deseŋkaxár] *tr.* 1 Déboîter. 2 Désassembler. ■ 3 *pr.* Se défaire, s'altérer (el semblante).

desencaminar [deseŋkaminár] *tr.* Égarer, fourvoyer.

desencanto [deseŋkánto] *m.* Désenchantement.

desenchufar [desentʃufár] *tr.* ELECT. Débrancher.

desencuadernar [deseŋkwaðernár] *tr.* Dérelier, débrocher (un libro).

desenfadado, -da [desemfaðáðo, -ða] *adj.* Hardi, ie, désinvolte.

desenfado [desemfáðo] *m.* 1 Désinvolture *f.,* sans-gêne. 2 Insouciance *f.* (despreocupación).

desenfrenado, -da [desemfrenáðo, -ða] *adj.* Effréné, ée.

desenfrenar [desemfrenár] *tr.* 1 Débrider. ■ 2 *pr.* S'abandonner sans frein aux passions, aux vices.

desenfreno [desemfréno] *m.* Dérèglement, débordement.

desenganchar [deseŋgantʃár] *tr.* 1 Décrocher, détacher. 2 Dételer (caballos).

desengañar [deseŋgaɲár] *tr.* 1 Détromper. 2 Désabuser.

desengaño [deseŋgáɲo] *m.* Déception *f.,* désillusion *f.,* déconvenue *f.*

desengrasar [deseŋgrasár] *tr.* Dégraisser.

desenhebrar [deseneβrár] *tr.* Désenfiler (una aguja).

desenlace [desenláθe] *m.* Dénouement.

desenlazar [desenlaθár] [4] *tr.* 1 Désenlacer. 2 *fig.* Dénouer (una dificultad, un enredo, etc.).

desenmascarar [desemmaskarár] *tr.* Démasquer.

desenredar [desenr̃eðár] *tr.* 1 Démêler, débrouiller. ■ 2 *pr.* Se tirer d'affaire, se débrouiller.

desenroscar [desenr̃oskár] [1] *tr.* 1 Détortiller (desenrollar). 2 Dévisser (un tornillo).

desentenderse [desentendérse] [28] *pr.* Feindre d'ignorer.

desentendido, -da [desentendiðo, -ða] *adj. Hacerse el* ~, feindre d'ignorer, de ne pas comprendre, faire l'ignorant.

desenterrar [desenter̃ár] [27] *tr.* 1 Déterrer. 2 *fig.* Tirer de l'oubli, exhumer.

desentonar [desentonár] *tr.* 1 Rabattre l'orgueil (de alguien). ■ 2 *intr.* Détonner. 3 Chanter faux. ■ 4 *pr. fig.* Élever la voix.

desentumecer [desentumeθér] [43] *tr.* Dégourdir (un miembro).

desenvoltura [desemboltúra] *f.* Désinvolture.

desenvolver [desembolβér] [32] *tr.* 1 Dérouler (desenrollar). 2 Développer (lo envuelto). ■ 3 *pr.* Se développer (desenrollarse).

desenvuelto, -ta [desembwélto, -ta] *adj.* 1 Déroulé, ée. 2 *fig.* Dégagé, ée, désinvolte.

deseo [deséo] *m.* Désir, envie *f.*

deseoso, -sa [deseóso, -sa] *adj.* Désireux, euse.

desequilibrado, -da [desekiliβráðo, -ða] *adj.-s.* Déséquilibré, ée.
desequilibrio [desekiliβrjo] *m.* Déséquilibre.
desertar [desertár] *intr.* Déserter.
desértico, -ca [desértiko, -ka] *adj.* Désertique.
desertor [desertòr] *m.* Déserteur.
desesperación [desesperaθjón] *f.* Désespoir.
desesperado, -da [desesperáðo, -ða] *adj.-s.* Désespéré, ée.
desesperar [desesperár] *tr.-intr.* 1 Désespérer. ■ 2 *pr.* Désespérer, être au désespoir, être désespéré, ée.
desestimar [desestimár] *tr.* 1 Mésestimer, sous-estimer. 2 Refuser, rejeter (rechazar).
desfachatez [desfatʃatéθ] *f.* Effronterie, insolence, sans-gêne *m.*
desfalco [desfálko] *m.* 1 Défalcation *f.* 2 Détournement (de fondos).
desfallecer [desfaʎeθér] [43] *tr.* 1 Affaiblir, abattre. ■ 2 *intr.* Défaillir.
desfasar [desfasár] *tr.* Déphaser.
desfavorecer [desfaβoreθér] [43] *tr.* Défavoriser, désavantager.
desfigurar [desfiγurár] *tr.* 1 Défigurer. ■ 2 *pr.* S'altérer, changer.
desfiladero [desfilaðéro] *m.* Défilé.
desfile [desfíle] *m.* Défilé (de tropas).
desflorar [desflorár] *tr.* 1 Faner, défleurir. 2 Effleurer (un asunto, etc.). 3 Déflorer (a una mujer).
desforestación [desforestaθjón] *f.* Déboisement *m.*
desformar [desformár] *tr.* Déformer.
desgajar [dezɣaxár] *tr.* 1 Arracher (arrancar). 2 Détacher (separar).
desgana [dezɣána] *f.* 1 Inappétence, dégoût *m.* 2 fig. Dégoût *m.,* répugnance.
desganar [dezɣanár] *tr.* 1 Dégoûter. ■ 2 *pr.* Perdre l'appétit.
desgarbado, -da [dezɣarβáðo, -ða] *adj.* Dégingandé, ée.
desgarrado, -da [dezɣaɾáðo, -ða] *adj.* 1 Déchiré, ée. ■ 2 *adj.-s.* Dévergondé, ée.
desgarrar [dezɣaɾár] *tr.* Déchirer.
desgarro [dezɣáɾe] *m.* 1 Déchirement. 2 fig. Impudence *f.,* effronterie *f.*
desgastar [dezɣastár] *tr.* User.
desgaste [dezɣáste] *m.* Usure *f.,* détérioration *f.*
desgobierno [dezɣoβjérno] *m.* 1 Désordre, manque d'ordre. 2 Déboîtement.
desgracia [dezɣráθja] *f.* 1 Malheur *m.,* infortune. 2 Accident *m.* funeste. 3

Disgrâce (pérdida de favor): *caer en* ∼, tomber en disgrâce.
desgraciado, -da [dezɣraθjáðo, -ða] *adj.-s.* 1 Malheureux, euse. ■ 2 *adj.* Disgracieux, euse (falto de atractivo).
desgraciar [dezɣraθjár] [12] *tr.* 1 Déplaire, fâcher (disgustar). 2 Estropier (lisiar). 3 Abîmer, gâter (estropear). ■ 4 *pr.* Rater, échouer (malograrse).
desgranar [dezɣranár] *tr.* Égrener, égrapper.
desgravación [dezɣraβaθjón] *f.* Détaxe, exonération, dégrèvement *m.*
desgreñar [dezɣreɲár] *tr.* Écheveler, ébouriffer.
desguazar [dezɣwaθár] [4] *tr.* 1 Dégrossir (un madero). 2 Dépecer (un barco).
deshabitado, -da [desaβitáðo, -ða] *adj.* Inhabité, ée.
deshacer [desaθér] [73] *tr.* 1 Défaire. 2 Détruire. 3 Faire fondre (disolver), délayer (desleír).
desharrapado, -da [desaɾapáðo,-ða] *adj.-s.* Déguenillé, ée.
deshecho, -cha [desétʃo, -tʃa] *adj.* 1 Défait, aite. 2 Violent, ente, impétueux, euse (tempestad, etc.).
desheredar [desereðár] *tr.* Déshériter.
deshidratar [desiðratár] *tr.* Déshydrater.
deshielo [desjélo] *m.* Dégel.
deshilachar [desilatʃár] *tr.* Effilocher.
deshinchar [desintʃár] *tr.* Dégonfler (globo, etc.), désenfler (miembro, tumor).
deshojar [desoxár] *tr.* Effeuiller.
deshollinador [desoʎinaðór] *m.* Ramoneur (hombre).
deshonestidad [desonestiðáð] *f.* Déshonnêteté, impudicité.
deshonor [desonòr] *m.* 1 Déshonneur. 2 Affront.
deshonra [desónɾa] *f.* Déshonneur *m.*
deshora [desòra] *f.* Heure indue, inopportune.
deshuesar [deswesár; dezɣwesár] *tr.* Désosser (un animal).
desidia [desíðja] *f.* Apathie, négligence.
desierto, -ta [desjérto, -ta] *adj.* 1 Désert, erte. 2 *m.* Désert.
designar [desiɣnár] *tr.* Désigner.
designio [desiɣnjo] *m.* Dessein.
desigual [desiɣwál] *adj.* Inégal, ale.
desilusión [desilusjón] *f.* Désillusion, déception.
desilusionar [desilusjonár] *tr.* Désillusionner, décevoir.
desinfectante [desimfeɣtánte] *adj.-m.* Désinfectant, ante.

desinfectar [desiɱfeɣtár] *tr.* Désinfecter.
desinflar [desiɱflár] *tr.* Dégonfler.
desinformación [desiɱformaθjón] *f.* Désinformation.
desintegrar [desinteɣrár] *tr.* Désintégrer.
desinterés [desinterés] *m.* Désintéressement.
desinteresado, -da [desinteresáðo, -ða] *adj.* Désintéressé, ée.
desistir [desistír] *intr.* **1** Renoncer: ∼ *de*, renoncer à. **2** DER. Se désister.
deslavar [dezlaβár] *tr.* **1** Laver à demi. **2** Délaver, affaiblir la couleur de.
desleal [dezleál] *adj.* Déloyal, ale.
desleír [dezleír] [37] *tr.* Délayer.
desligar [dezliɣár] [7] *tr.* Délier.
deslindar [dezlindár] *tr.* Délimiter.
desliz [desliθ] *m.* **1** Glissade *f.*, glissement. **2** fig. Faute *f.*, faux pas.
deslizante [dezliθánte] *adj.* Glissant, ante.
deslizar [dezliθár] [4] *intr.* **1** Glisser. ■ **2** *pr.* Glisser. **3** Se glisser (escurrirse). **4** fig. Faire un faux pas.
deslomar [dezlomár] *tr.* Éreinter.
deslucido, -da [dezluθiðo, -ða] *adj.* Terne, peu brillant, ante.
deslucir [dezluθir] [45] *tr.* Ôter la grâce, l'éclat, l'attrait de (una cosa).
deslumbrante [dezlumbránte] *adj.* Éblouissant, ante.
deslumbrar [dezlumbrár] *tr.* Éblouir.
deslustrar [dezlustrár] *tr.* **1** Ternir, dépolir (cristal). **2** Décatir, délustrer (tejidos).
desmadejar [dezmaðexár] *tr.* Amollir, alanguir (una persona).
desmadre [dezmáðre] *m.* Débordement, pagaille *f.*
desmán [dezmán] *m.* **1** Excès, désordre. **2** Abus. **3** Desman (mamífero).
desmantelado, -da [dezmantelàðo, -ða] *adj.* Dégarni, ie (local, casa).
desmantelar [dezmantelár] *tr.* **1** FORT. Démanteler. **2** MAR. Désarmer, démâter.
desmañado, -da [dezmaɲàðo, -ða] *adj.* Maladroit, oite, gauche.
desmayado, -da [dezmajàðo, -ða] *adj.* **1** Évanoui, ie, défaillant, ante. **2** Pâle, délavé, ée (color).
desmayar [dezmajár] *tr.* **1** Causer un évanouissement, faire défaillir. ■ **2** *intr.* Se décourager. ■ **3** *pr.* S'évanouir, perdre conaissance, défaillir.
desmedido, -da [dezmeðiðo, -ða] *adj.* Démesuré, ée.

desmedirse [dezmeðirse] [34] *pr.* **1** Dépasser la mesure. **2** Se montrer insolent, ente.
desmedrar [dezmeðrár] *tr.* **1** Détériorer. ■ **2** *intr.* Déchoir, dépérir. ■ **3** *pr.* S'affaiblir, dépérir.
desmejorar [dezmexorár] *tr.* **1** Détériorer (cosas), affaiblir (personas). ■ **2** *intr. pr.* Baisser, s'affaiblir, décliner (de salud). **3** Se détériorer.
desmelenar [dezmelenár] *tr.* Écheveler.
desmembrar [dezmembrár] [27] *tr.* Démembrer.
desmemoriado, -da [dezmemorjàðo, -ða] *adj.-s.* Oublieux, euse.
desmentir [dezmentír] [35] *tr.* Démentir.
desmenuzar [dezmenuθár] [4] *tr.* **1** Émietter (pan). **2** Déchiqueter (hacer trizas).
desmerecer [dezmereθér] [43] *tr.* **1** Démériter. ■ **2** *intr.* Perdre de sa valeur. **3** Être inférieur, eure à.
desmesurado, -da [dezmesuráðo, -ða] *adj.* Démesuré, ée.
desmigar [dezmiɣár] *tr.* Émietter (el pan).
desmilitarizar [dezmilitariθár] [4] *tr.* Démilitariser.
desmontar [dezmontár] *tr.* **1** Démonter. **2** Déboiser (cortar árboles), défricher (roturar). **3** Déblayer, niveler (un terreno). ■ **4** *intr.* Descendre de cheval, mettre pied à terre.
desmonte [dezmónte] *m.* **1** Déboisement. **2** Déblayement, terrassement.
desmoralizar [dezmoraliθár] [4] *tr.* Démoraliser.
desmoronar [dezmoronár] *tr.* **1** Ébouler. **2** fig. Miner, saper, ruiner lentement. ■ **3** *pr.* fig. S'écrouler (imperios, etc.).
desmovilizar [dezmoβiliθár] [4] *tr.* Démobiliser.
desnacionalizar [deznaθjonaliθár] [4] *tr.* Dénationaliser.
desnatar [deznatár] *tr.* Écrémer.
desnivel [dezniβél] *m.* **1** Dénivellation *f.*, dénivellement. **2** fig. Inégalité *f.*
desnucar [deznukár] [1] *tr.* Casser le cou.
desnudar [deznuðár] *tr.* **1** Déshabiller, dévêtir. **2** Dépouiller, dénuder (despojar).
desnudo, -da [deznúðo, -ða] *adj.* **1** Nu, nue. **2** Dépourvu, ue, dénué, ée (desprovisto). ■ **3** *m.* B. ART. Nu.
desnutrición [deznutriθjón] *f.* Dénutrition.
desobedecer [desoβeðeθér] [43] *tr.* Désobéir à.

desobediente [desoβeðjénte] *adj.* Désobéissant, ante.

desocupado, -da [desokupàðo,-ða] *adj.-s.* Désœuvré, ée, oisif, ive.

desocupar [desokupár] *tr.* 1 Débarrasser, laisser libre (un local, etc.). 2 Vider (vaciar).

desoír [desoír] [75] *tr.* Ne pas écouter.

desolación [desolaθjón] *f.* Désolation.

desolar [desolár] [31] *tr.* 1 Désoler, dévaster (asolar). ■ 2 *pr.* Se désoler.

desollar [desoʎár] [31] *tr.* Écorcher.

desordenado, -da [desorðenàðo, -ða] *adj.* Désordonné, ée.

desordenar [desorðenár] *tr.* Mettre en désordre, déranger, désordonner.

desorganización [desorɣaniθaθjón] *f.* Désorganisation.

desorganizar [desorɣaniθár] [4] *tr.* Désorganiser.

desorientar [desorjentár] *tr.* Désorienter.

desosar [desosár] [59] *tr.* 1 Désosser (deshuesar). 2 Dénoyauter (frutas).

desovar [desoβár] *intr.* Frayer (las hembras de los peces).

despabilado, -da [despaβilàðo, -ða] *adj.* Éveillé, ée (despierto).

despabilar [despaβilár] *tr.* 1 Moucher (una vela). 2 Éveiller, dégourdir (avivar el ingenio).

despachar [despatʃár] *tr.* 1 Expédier (paquetes), envoyer (cartas). 2 Dépêcher, envoyer (a un mensajero). 3 Débiter (mercancías), vendre (vender), servir (atender). 4 Congédier, renvoyer (despedir). ■ 5 *intr.-pr.* Se dépêcher (darse prisa).

despacho [despatʃo] *m.* 1 Expédition *f.* 2 Vente *f.*, débit. 3 Débit (tienda). 4 Bureau (oficina). 5 Cabinet de travail. 6 Dépêche *f.* (comunicación).

despacio [despàθjo] *adv.* 1 Lentement. 2 *interj.* Doucement!

desparramar [despaʀamár] *tr.* Éparpiller (esparcir), répandre (verter).

despavorido, -da [despaβoriðo, -ða] *adj.* Effrayé, ée.

despechar [despetʃár] *tr.* Dépiter.

despecho [despétʃo] *m.* 1 Dépit. 2 *loc. prep. A ~ de,* en dépit de, malgré.

despectivo, -va [despeɣtiβo, -βa] *adj.* 1 Méprisant, ante. 2 GRAM. Péjoratif, ive.

despedazar [despeðaθár] [4] *tr.* 1 Dépecer, mettre en morceaux. 2 fig. Déchirer (el corazón).

despedida [despeðiða] *f.* Adieux *m. pl.: visita de ~,* visite d'adieux.

despedir [despeðir] [34] *tr.* 1 Jeter, lancer: ~ *chispas,* jeter des étincelles. 2 Rejeter. 3 Congédier, renvoyer, éconduire (a un empleado): ~ *a un criado,* renvoyer un domestique. 4 Reconduire, accompagner. 5 Demander son congé, quitter son emploi (un empleado). 6 Se dire au revoir.

despegado, -da [despeɣàðo, -ða] *adj.* 1 Décollé, ée, détaché, ée. 2 fig. Revêche, insociable.

despegue [despéɣe] *m.* Décolage.

despeinar [despeinár] *tr.* Décoiffer, dépeigner, écheveler.

despejado, -da [despexàðo, -ða] *adj.* Qui a de l'aisance, désinvolte.

despejar [despexár] *tr.* 1 Débarrasser, dégager (un espacio). 2 MAT. Dégager (una incógnita). ■ 3 *pr.* S'éclaircir (el cielo).

despellejar [despeʎexár] *tr.* Écorcher, dépouiller.

despensa [despénsa] *f.* 1 Dépense, garde-manger *m.* (lugar). 2 MAR. Cambuse.

despeñadero [despeɲaðéro] *m.* 1 Précipice. 2 fig. Péril, danger.

despeñar [despeɲár] *tr.* Précipiter.

desperdiciar [desperðiθjár] [12] *tr.* 1 Gaspiller, mal employer. 2 Ne pas profiter de.

desperdicio [desperðiθjo] *m.* 1 Gaspillage. 2 Déchet, reste.

desperezarse [despereθárse] [4] *pr.* S'étirer.

desperfecto [desperféɣto] *m.* 1 Légère détérioration *f.,* dommage (daño). 2 Petit défaut.

despertador [despertaðór] *m.* Réveille-matin *invar.*

despertar [despertár] [27] *tr.* 1 Réveiller, éveiller. ■ 2 *intr.-pr.* Se réveiller, s'éveiller: *me desperté a las seis,* je me suis réveillé à six heures.

despiadado, -da [despjaðàðo, -ða] *adj.* Impitoyable, cruel, elle.

despido [despiðo] *m.* Renvoi, congé, licenciement.

despierto, -ta [despjérto, -ta] *adj.* 1 Éveillé, ée (que no duerme). 2 fig. Éveillé, ée, vif, vive, dégourdi, ie.

despilfarro [despilfáro] *m.* 1 Gaspillage (derroche). 2 Prodigalité *f.*

despistar [despistár] *tr.* 1 Dépister, faire perdre la piste. ■ 2 *pr.* fig. Perdre la tête.

desplante [desplánte] *m.* fig. 1 Insolence *f.* 2 Geste arrogant, effronté.

desplazar [desplaθár] [4] *tr.* Déplacer.

desplegar [despleyár] [48] *tr.* **1** Déployer (banderas, las tropas). **2** Déplier (un papel, etc.). **3** Déferler (las velas).

desplomar [desplomár] *tr.* **1** ARQ. Faire perdre l'aplomb. ■ **2** *pr.* S'écrouler, s'affaisser. **3** fig. S'écrouler (desaparecer).

despoblado [despoβláðo] *m.* Lieu désert, inhabité. Loc. *En* ~, en rase campagne.

despoblar [despoβlár] [31] *tr.* Dépeupler, vider de sa population.

despojo [despóxo] *m.* **1** Dépouillement, spoliation *f.* (acción). **2** Butin, dépouilles *f. pl.* ■ **3** *pl.* Abats (de aves). **4** Reliefs (de una comida). **5** Dépouille *f. sing.* mortelle (cadáver).

desportillar [desportiΛár] *tr.* Ébrécher.

desposar [desposár] *tr.* **1** Marier. ■ **2** *pr.* Se fiancer (contraer esponsales), se marier (casarse).

desposeer [desposeér] [61] *tr.* Déposséder.

despótico, -ca [despótiko, -ka] *adj.* Despotique.

despreciar [despreθjár] [12] *tr.* Mépriser.

desprecio [desprèθjo] *m.* **1** Mépris. **2** Refus offensant, affront (desaire).

desprender [desprendér] *tr.* **1** Détacher, décoller (separar). **2** Dégager (un olor, etc.). ■ **3** *pr.* Se dessaisir, se défaire (desapropiarse). **4** Se dégager, se déduire.

despreocupado, -da [despreokupàðo, -ða] *adj.* Libre de préjugés, de préoccupations, insouciant, ante.

desprestigio [desprestixjo] *m.* Perte *f.* de prestige, discrédit.

desprevenido, -da [despreβeníðo, -ða] *adj.* Dépourvu, ue, non préparé, ée. Loc. *Coger* ~, prendre au dépourvu.

desproporción [desproporθjón] *f.* Disproportion.

despropósito [despropósito] *m.* Absurdité *f.,* sottise *f.*

desproveer [desproβeér] [61] *tr.* Dépourvoir, démunir.

después [despwés] *adv.* Après. Loc. ~ *de,* après: ~ *de las 10,* après 10 heures; ~ *de mí,* après moi; ~ *de comer,* après avoir mangé.

despuntar [despuntár] *tr.* **1** Épointer. ■ **2** *intr.* Bourgeonner, commencer à pousser (las plantas). **3** fig. Briller, se distinguer. **4** Poindre (el día).

desquiciar [deskiθjár] [12] *tr.* **1** Dégonder. **2** fig. Bouleverser, détraquer, ébranler.

desquitar [deskitár] *tr.* **1** Dédommager,

compenser. ■ **2** *pr.* Se rattraper. **3** Prendre sa revanche (vengarse).

desrizar [dezriθár] *tr.* Défriser.

destacado, -da [destakàðo, -ða] *adj.* Remarquable.

destacamento [destakaménto] *m.* MIL. Détachement.

destacar [destakár] [1] *tr.* **1** MIL., PINT. Détacher. ■ **2** *pr.* Se détacher, se distinguer (sobresalir).

destajo [destàxo] *m.* **1** Forfait: *trabajar a* ~, travailler à forfait. **2** Loc. fig. fam. *Hablar a* ~, parler trop.

destapar [destapár] *tr.* **1** Déboucher (una botella, etc.). **2** Découvrir (lo tapado).

destartalado, -da [destartaláðo, -ða] *adj.* Délabré, ée (descompuesto), disproportionné, ée (desproporcionado).

destello [desteΛo] *m.* **1** Scintillement. **2** Étincelle *f.* (chispa). **3** Lueur *f.* (viso).

destemplar [destemplár] *tr.* **1** Déranger l'ordre, l'harmonie (de una cosa). **2** Désaccorder (un instrumento). **3** METAL. Détremper (el acero). ■ **4** *pr.* Avoir un malaise, être indisposé, ée.

desteñir [deste$\n$ír] [36] *tr.* **1** Déteindre. ■ **2** *intr.-pr.* Déteindre: *esa tela destiñe mucho,* cette étoffe déteint beaucoup.

desterrar [deste$r$ár] [27] *tr.* Exiler, bannir.

destetar [destetár] *tr.* Sevrer.

destiempo (a) [(a)ðestjémpo] *loc. adv.* À contretemps, inopportunément, hors de saison.

destierro [destjéro] *m.* **1** Exil, bannissement. **2** Lieu écarté (lugar).

destilar [destilár] *tr.* **1** Distiller. **2** Laisser tomber goutte à goutte, sécréter. ■ **3** *intr.* Dégoutter.

destilería [destileria] *f.* Distillerie.

destino [destino] *m.* **1** Destin. **2** Destinée *f.* (fatalidad). **3** Destination *f.* **4** Emploi, situation *f.,* place *f.* (empleo).

destituir [destitwír] [62] *tr.* Destituer.

destornillador [destorniΛaðór] *m.* Tournevis.

destornillar [destorniΛár] *tr.* Dévisser.

destreza [destrèθa] *f.* **1** Dextérité. **2** Adresse, habileté.

destripar [destripár] *tr.* **1** Étriper, éventrer. **2** Écrabouiller (despachurrar).

destronar [destronár] *tr.* Détrôner.

destrozar [destroθár] [4] *tr.* **1** Mettre en pièces, déchiqueter (hacer trozos). **2** Détruire, abîmer (estropear). **3** MIL. Défaire, tailler en pièces.

destrozo [destróθo] *m.* **1** Destruction *f.* **2** Dégât, dommage (daño).

destructor, -ra [destruytór, -ra] adj.-s. 1 Destructeur, trice. ■ 2 m. MAR. Destroyer.

destruir [destrwír] [62] tr. Détruire.

desunión [desunjón] f. Désunion.

desuso [desúso] m. 1 Manque d'usage. 2 Désuétude f.: caer en ~, tomber en désuétude.

desvalido, -da [dezβaliðo, -ða] adj.-s. Délaissé, ée.

desvalijar [dezβalixár] tr. Dévaliser.

desvalorizar [dezβaloriθár] [4] tr. 1 Dévaloriser. 2 Dévaluer (la moneda).

desván [dezβán] m. Grenier.

desvanecer [dezβaneθér] [43] tr. 1 Faire évanouir, dissiper. 2 Dégrader (un color). 3 fig. Dissiper (dudas, sospechas, etc.). ■ 4 pr. S'évaporer. 5 S'évanouir (desmayarse). 6 S'enorgueillir.

desvarío [dezβario] m. 1 Délire. 2 fig. Folie f., absurdité f. 3 Caprice (capricho).

desvelado, -da [dezβeláðo, -ða] adj. Éveillé, ée, qui ne peut pas dormir.

desvelar [dezβelár] tr. 1 Ôter le sommeil, empêcher de dormir. ■ 2 pr. Perdre le sommeil. 3 fig. Desvelarse por, se donner du mal pour, s'évertuer à.

desventurado, -da [dezβenturáðo, -ða] adj. Malheureux, euse, infortuné, ée.

desvergonzado, -da [dezβeryonθáðo, -ða] adj.-s. Effronté, ée (descarado).

desvestir [dezβestír] [34] tr. Dévêtir.

desviar [dezβjár] [13] tr. Dévier (apartar de la dirección normal).

desvío [dezβio] m. Déviation f. (acción de desviar).

desvivirse [dezβiβírse] pr. Rêver de (desear), raffoler de (tener afición), se mettre en quatre (afanarse).

detall (al) [(al)detáλ] loc. adv. COM. Au détail.

detallista [detaλísta] m. 1 Détaillant. 2 Personne f. minutieuse.

detective [deteytíβe] m. Détective.

detector [deteytór] m. Détecteur.

detener [detenér] [87] tr. 1 Arrêter (parar, arrestar). 2 Arrêter: ~ su pensamiento, arrêter sa pensée. 3 Retenir, garder, conserver. ■ 4 pr. S'arrêter. 5 S'attarder (entretenerse).

detenido, -da [detenião, -ða] adj. 1 Arrêté, ée. 2 Minutieux, euse, approfondi, ie. ■ 3 adj.-s. Détenu, ue (preso).

detergente [deterxénte] adj.-m. Détergent, ente.

deterioro [deterjóro] m. Détérioration f.

determinación [determinaθjón] f. Détermination.

determinado, -da [determináðo, -ða] adj. 1 Déterminé, ée. 2 GRAM. Artículo ~, article défini.

determinar [determinár] tr. 1 Déterminer. 2 Fixer, signaler. 3 Décider. ■ 4 pr. Se décider, se déterminer.

detestable [detestáβle] adj. Détestable.

detonación [detonaθjón] f. Détonation.

detrás [detrás] adj. 1 Derrière. 2 Por ~, par derrière. 3 ~ de, derrière.

deuda [déúða] f. 1 Dette. 2 REL. Offense.

deudo, -da [déúðo, -ða] s. Parent, ente.

deudor, -ra [deúðór, -ra] adj. Débiteur, trice.

devaluación [deβalwaθjón] f. Dévaluation.

devanar [deβanár] tr. Dévider.

devaneo [deβanéo] m. 1 Rêverie f., divagation. f. 2 Distraction f. frivole, incartade f. 3 Amourette f.

devastar [deβastár] tr. Dévaster.

devengado, -da [deβeŋgáðo, -ða] adj. 1 Échu, ue (intereses). 2 Dû, dûe, gagné, ée (salario).

devoción [deβoθjón] f. Dévotion.

devolución [deβoluθjón] f. Restitution, renvoi m.

devolver [deβolβér] [32] tr. 1 Rendre, restituer: ~ bien por mal, rendre le bien pour le mal. 2 Renvoyer, retourner (una carta). 3 fig. Vomir, rendre.

devorador, -ra [deβoraðór, -ra] adj. Dévorant, ante.

devorar [deβorár] tr. Dévorer.

devoto, -ta [deβóto, -ta] adj.-s. Dévot, ote.

deyección [deʝeɣθjón] f. Déjection.

día [día] m. 1 Jour. Loc. ~ de año nuevo, jour de l'an; ~ de Corpus, Fête-Dieu; buenos días, bonjour; es de ~, il fait jour. 2 Journée f.: un hermoso ~, une belle journée. ■ 3 pl. Jours (vida). Loc. En los días de, du temps de. 4 Anniversaire, fête f. sing. (de una persona): dar los días a uno, souhaiter sa fête à quelqu'un.

diabetes [djaβétes] f. Diabète m.

diablo [djáβlo] m. 1 Diable, démon. Loc. fig. Pobre ~, pauvre diable. 2 fig. Diable. 3 interj. ¡Diablo!, ¡qué diablos!, que diable!

diablura [djaβlúra] f. Diablerie, espièglerie.

diabólico, -ca [djaβóliko, -ka] adj. Diabolique.

diácono [djákono] *m.* Diacre.

diáfano, -na [djáfano, -na] *adj.* Diaphane.

diafragma [djafráyma] *m.* Diaphragme.

diagnóstico, -ca [djaγnóstiko, -ka] *adj.* **1** Diagnostique. ▪ **2** *m.* Diagnostic.

diagonal [djaγonál] *adj.-f.* Diagonal, ale.

diagrama [djaγráma] *m.* Diagramme.

dialecto [djaléyto] *m.* Dialecte.

dialogar [djaloγár] [7] *intr.-tr.* Dialoguer.

diálogo [djáloγo] *m.* Dialogue.

diamante [djamánte] *m.* Diamant.

diámetro [djámetro] *m.* Diamètre.

diana [djána] *f.* **1** MIL. Diane. **2** Mouche (blanco): *hacer ~,* faire mouche.

diapositiva [djapositiβa] *f.* Diapositive.

diario, -ia [djárjo, -ja] *adj.* **1** Quotidien, enne, journalier, ière. ▪ **2** *m.* Journal (relación histórica).

diarrea [djařéa] *f.* Diarrhée.

dibujante [diβuxánte] *adj.-s.* Dessinateur, trice.

dibujo [diβúxo] *tr.* Dessin: ~ *del natural,* dessin d'après nature; ~ *lineal,* dessin linéaire.

dicción [diγθjón] *f.* **1** Diction. **2** Mot *m.,* terme *m.* (palabra).

diccionario [diγθjonárjo] *m.* Dictionnaire.

dicha [ditʃa] *f.* **1** Bonheur *m.* **2** *loc. adv. A, por ~,* heureusement, par bonheur.

dicho, dicha [ditʃo, ditʃa] **1** *p. p. de decir.* ▪ **2** *adj.* Dit, dite. Loc. ~ *y hecho,* aussitôt dit, aussitôt fait; *lo ~, ~,* ce qui est dit, est dit. ▪ **3** *m.* Propos, mot. Loc. ~ *agudo,* bon mot. **4** Dicton (refrán).

diciembre [diθjémbre] *m.* Décembre.

dictado [diγtáðo] *m.* **1** Titre (título). **2** Dictée *f.: escribir al ~,* écrire sous la dictée. ▪ **3** *pl.* fig. Préceptes.

dictadura [diγtaðúra] *f.* Dictature.

dictáfono [diktáfono] *m.* Dictaphone.

dictamen [diγtámen] *m.* **1** Avis, opinion *f.* **2** Rapport (de una comisión, de peritos).

dictar [diγtár] *tr.* **1** Dicter. **2** Prononcer (un fallo, etc.).

didáctico, -ca [diðáytiko, -ka] *adj.-f.* Didactique.

diecinueve [djeθinwéβe] *adj.-m.* Dixneuf.

dieciocho [djeθjótʃo] *adj.-m.* Dix-huit.

dieciséis [djeθiséis] *adj.-m.* Seize.

diecisiete [djeθisjéte] *adj.-m.* Dix-sept.

diente [djénte] *m.* **1** Dent *f.:* ~ *de leche,* dent de lait. Loc. *Dar ~ con ~,* claquer des dents. **2** ~ *de ajo,* gousse *f.* d'ail. **3** ~ *de león,* pissenlit, dent-de-lion.

diéresis [djéresis] *f.* **1** GRAM. Tréma *m.* **2** Diérèse.

diesel [djésel] *m.* Diesel.

diestro, -tra [djéstro, -tra] *adj.* **1** Droit, droite. **2** Habile, adroit, oite. ▪ **3** *m.* TAUROM. Matador.

dieta [djéta] *f.* **1** MED. Diète, régime *m.:* ~ *láctea,* régime lacté. ▪ **2** *pl.* Indemnité *sing.* (de un diputado, de un funcionario en desplazamiento, etc.).

dietario [djetárjo] *m.* Cahier de dépenses, agenda.

dietético, -ca [dietétiko, -ka] *adj.* **1** Diététique. **2** *f.* Diététique.

diez [djeθ] *adj.-m.* Dix.

difamar [difamár] *tr.* Diffamer.

diferencia [diferénθja] *f.* **1** Différence. **2** Différend *m.* (controversia). **3** *loc. prep. A ~ de,* à la différence de.

diferenciar [diferenθjár] [12] *tr.* **1** Différencier. ▪ **2** *intr.* Différer. ▪ **3** *pr.* Différer, se différencier. **4** Se distinguer, se signaler.

diferir [diferir] [35] *tr.* **1** Différer, retarder. ▪ **2** *intr.* Différer (ser diferente): *nuestras opiniones difieren,* nos opinions diffèrent.

difícil [difíθil] *adj.* Difficile: ~ *de comprender,* difficile à comprendre.

dificultad [difikultáð] *f.* Difficulté.

difteria [diftérja] *f.* Diphtérie.

difuminar [difuminár] *tr.* Estomper.

difundir [difundir] *tr.* **1** Diffuser. **2** fig. Divulguer, propager, répandre (noticia, etc.).

difunto, -ta [difúnto, -ta] *adj.-s.* **1** Défunt, unte. ▪ **2** *adj.* Feu, feue; *su ~ padre,* feu son père.

difuso, -sa [difúso, -sa] *adj.* Diffus, use.

digerir [dixerir] [35] *tr.* Digérer.

digestión [dixestjón] *f.* Digestion.

digital [dixitál] *adj.* **1** Digital, ale. **2** INFORM. Numérique. ▪ **3** *f.* Digitale (planta).

digitalización [dixitaliθaθjón] *f.* Numérisation.

digitalizar [dixitaliθár] [4] *tr.* Numériser.

dígito [díxito] *adj.-s.* Se dit du nombre s'exprimant avec un seul chiffre.

dignarse [diγnárse] *pr.* **1** Daigner. **2** *Dígnese usted,* ayez l'obligeance de.

dignidad [diγniðáð] *f.* Dignité.

digresión [diγresjón] *f.* Digression.

dije [dixe] *m.* Breloque *f.,* bijou.

dilapidar [dilapiðár] *tr.* Dilapider.

dilatación [dilataθjón] *f.* Dilatation.

dilatado, -da [dilatáðo, -ða] *adj.* **1** Dilaté, ée. **2** Ample, vaste (extenso).

dilatar [dilatár] *tr.* **1** Dilater. **2** Différer, retarder (diferir).

dilema [dilèma] *m.* Dilemme.

diligencia [dilixènθja] *f.* **1** Diligence (cuidado, prisa). **2** Diligence (coche). **3** Démarche (gestión): *evacuar una* ~, faire une démarche.

dilucidar [diluθiðár] *tr.* Élucider.

diluir [dilwir] [62] *tr.* Diluer.

diluviar [diluβjàr] [12] *intr.* Pleuvoir à verse.

diluvio [dilúβjo] *m.* Déluge.

dimensión [dimensjón] *f.* Dimension.

dimes y diretes [dimesiðirètes] Loc. Palabres *m.-f.-pl.,* discussions *f. pl.,* disputes *f. pl.*

diminutivo, -va [diminutíβo, -βa] *adj.-m.* Diminutif, ive.

diminuto, -ta [diminúto, -ta] *adj.* Très petit, e, minuscule.

dimisión [dimisjón] *f.* Démission.

dimisionario, -ia [dimsjonàrjo, -ja] *adj.-s.* Démissionnaire.

dimitir [dimitir] *tr.-intr.* Démissionner, se démettre.

dinámico, -ca [dinámiko, -ka] *adj.-f.* Dynamique.

dinamismo [dinamizmo] *m.* Dynamisme.

dinamita [dinamita] *f.* Dynamite.

dínamo [dínamo] *f.* Dynamo.

dinastía [dinastía] *f.* Dynastie.

dinero [dinéro] *m.* **1** Argent (moneda, riqueza): ~ *contante,* argent comptant. **2** Denier (denario).

dintel [dintèl] *m.* Linteau.

diócesi, [djóθesı], **diócesis** [djóθesıs] *f.* Diocèse.

dioptría [djoβtría] *f.* ÓPT. Dioptrie.

dios [djos] *m.* Dieu: *¡Dios mío!,* mon Dieu!

diosa [djósa] *f.* Déesse.

diploma [diplóma] *m.* Diplôme.

diplomático, -ca [diplomátıko, -ka] *adj.* **1** Diplomatique. ■ **2** *m.* Diplomate.

diptongo [diβtóngo] *m.* Diphtongue *f.*

diputación [diputaθjón] *f.* Députation.

diputado, -da [diputáðo, -ða] *s.* **1** Député. **2** ~ *provincial,* conseiller général.

dique [dike] *m.* **1** Digue *f.* **2** Bassin de radoub, dock: ~ *flotante,* dock flottant.

dirección [direyθjón] *f.* **1** Direction: *en* ~ *a,* en direction de. **2** Directorat *m.,* direction (cargo de director). **3** Adresse (señas).

directo, -ta [diréyto, -ta] *adj.* Direct, ecte.

director, -ra [direytór, -ra] *adj.-s.* **1** Direc-

teur, trice. ■ **2** *m.* ~ *de orquesta,* chef d'orchestre.

directorio [direytórjo] *m.* Directoire.

dirigente [dirixènte] *adj.* Dirigeant, ante.

dirigible [dirixíβle] *adj.-m.* Dirigeable.

dirigir [dirixir] [6] *tr.* **1** Diriger. **2** Adresser (la palabra, una carta).

discernir [disθernir] *tr.* Discerner.

disciplina [disθiplína] *f.* Discipline.

disciplinar [disθiplinár] *tr.* Discipliner.

discípulo, -la [disθípulo, -la] *s.* **1** Disciple. **2** Élève (en una escuela).

disco [dísko] *m.* Disque.

disconformidad [diskoɲformiðàð] *f.* Dissentiment *m.,* désaccord *m.*

discontinuo, -ua [diskontinwo, -wa] *adj.* Discontinu, ue.

discordante [diskorðánte] *adj.* Discordant, ante.

discordar [diskorðár] [31] *intr.* Être en désaccord.

discordia [diskórðja] *f.* Discorde.

discoteca [diskotéka] *f.* Discothèque.

discreción [diskreθjón] *f.* Discrétion.

discrecional [diskreθjonál] *adj.* Discrétionnaire (poder).

discrepancia [diskrepànθja] *f.* **1** Différence, disconvenance. **2** Divergence, dissentiment *m.* (en opiniones).

discrepar [diskrepár] *intr.* Différer.

discreto, -ta [diskréto, -ta] *adj.* Discret, ète (reservado).

disculpa [diskúlpa] *f.* Excuse.

disculpar [diskulpár] *tr.* **1** Disculper. **2** Excuser (perdonar).

discurrir [diskuřir] *intr.* **1** Courir ça et là. **2** S'écouler (el tiempo). **3** *fig.* Discourir, penser, réfléchir (reflexionar). ■ **4** *tr.* Trouver, inventer (idear).

discurso [diskúrso] *m.* **1** Discours. **2** Raisonnement, faculté *f.* de penser. **3** Cours (del tiempo).

discusión [diskusjón] *f.* Discussion.

discutir [diskutir] *tr.-intr.* Discuter.

disecar [disekár] [1] *tr.* **1** Disséquer. **2** Empailler (un animal).

diseminar [diseminár] *tr.* Disséminer.

disentir [disentir] [35] *intr.* Différer.

diseñar [disepár] *tr.* Dessiner, esquisser.

diseño [disépo] *m.* Dessin, esquisse *f.*

disertación [disertaθjón] *f.* Dissertation.

disfraz [disfràθ] *m.* Déguisement.

disfrutar [disfrutár] *tr.* Jouir de, profiter de: ~ *el fresco del atardecer,* jouir de la fraîcheur du soir.

disfrute [disfrúte] *m.* Jouissance *f.*

disgregar [disɣreɣár] [7] *tr.* Désagréger.

disgusto [dizɣústo] *m.* **1** Déplaisir, ennui (fastidio), chagrin (pesadumbre), contrariété *f.* (contrariedad). **2** Brouille *f.*, différend (querella). **3** *loc. adv.* **A ~**, à contre-cœur.

disidencia [disiðénθja] *f.* Dissidence.

disidente [disiðénte] *adj.-s.* Dissident, ente.

disimulado, -da [disimuláðo, -ða] *adj.-s.* Dissimulé, ée.

disimular [disimulár] *tr.* **1** Dissimuler. **2** Excuser, pardonner.

disipado, -da [disipáðo, -ða] *adj.-s.* Dissipé, ée.

disipar [disipár] *tr.* Dissiper.

dislocar [dizlokár] [1] *tr.* Disloquer.

disminuir [dizminwír] [62] *tr.-intr.* Diminuer.

disociar [disoθjár] [12] *tr.* Dissocier.

disolución [disoluθjón] *f.* Dissolution.

disolver [disolβér] [32] *tr.* Dissoudre.

disonar [disonár] [31] *intr.* Dissoner.

dispar [dispár] *adj.* Dissemblable.

disparador [disparaðór] *m.* Celui qui fait partir le coup.

disparar [disparár] *tr.* **1** Décharger (un arma). **2** Tirer (tiro). **3** Décocher (una flecha). **▪ 4** *pr.* Partir (un arma de fuego). **5** S'emballer, s'emporter (un caballo).

disparatado, -da [disparatáðo, -ða] *adj.* Déraisonnable.

disparate [disparáte] *m.* Sotise *f.*, bêtise *f.* (dicho, hecho).

disparo [dispáro] *m.* Action *f.* de faire partir un coup de feu, un projectile.

dispensa [dispénsa] *f.* Dispense.

dispensar [dispensár] *tr.* **1** Dispenser. **2** Pardonner, excuser (una falta leve): *dispense usted,* excusez-moi.

dispersar [dispersár] *tr.* Disperser.

disperso, -sa [dispérso, -sa] *adj.* Dispersé, ée, épars, arse.

displicencia [displiθénθja] *f.* Froideur (en el trato).

disponer [disponér] [78] *tr.-intr.* **1** Disposer. **▪ 2** *tr.* Ordonner, prescrire.

disponible [disponíβle] *adj.* Disponible.

disposición [disposiθjón] *f.* Disposition.

dispositivo [dispositíβo] *m.* Dispositif.

dispuesto, -ta [dispwésto, -ta] *adj.* **1** Disposé, ée, prêt, te: ¿está todo ~?, tout est prêt? **2** Prêt, te: *estar ~ para,* être prêt à. **3** Habile.

disputa [dispúta] *f.* Dispute.

disputar [disputár] *intr.-tr.* Disputer.

disquete [diskéte] *m.* INFORM. Disquette *f.*

distancia [distánθja] *f.* Distance.

distante [distánte] *adj.* Distant, ante.

distensión [distensjón] *f.* Distension.

distinguido, -da [distiŋgíðo, -ða] *adj.* Distingué, ée.

distinguir [distiŋgír] [8] *tr.* Distinguer.

distintivo, -va [distintíβo, -βa] *adj.* Distinctif, ive.

distinto, -ta [distínto, -ta] *adj.* Distinct, incte.

distraer [distraér] [88] *tr.* **1** Distraire. **▪ 2** *pr.* Se distraire.

distraído, -da [distraíðo, -ða] *adj.-s.* Distrait, aite.

distribución [distriβuθjón] *f.* Distribution.

distribuir [distriβwír] [62] *tr.* Distribuer.

distrito [distríto] *m.* District, circonscription *f.*

disturbio [distúrβio] *m.* Trouble.

disuadir [diswaðír] *tr.* Dissuader.

disuelto, -ta [diswélto, -ta] *adj.* Dissous, dissoute.

diurno, -na [djúrno, -na] *adj.* Diurne.

diva [díβa] *f.* **1** POÉT. Déesse. **2** Diva (cantante).

diván [diβán] *m.* Divan.

diverso, -sa [diβérso, -sa] *adj.* **1** Divers, erse. **▪ 2** *pl.* Divers, erses, plusieurs.

divertido, -da [diβertíðo, -ða] *adj.* Drôle, amusant, ante, divertissant, ante.

divertir [diβertír] [35] *tr.* **1** Détourner, dévier (apartar). **2** Divertir, amuser (entretener). **▪ 3** *pr.* S'amuser, se divertir.

dividir [diβiðír] *tr.* Diviser.

divinidad [diβiniðáð] *f.* Divinité.

divino, -na [diβíno, -na] *adj.* Divin, ine.

divisa [diβísa] *f.* Devise: *control de divisas,* contrôle des changes.

divisar [diβisár] *tr.* Distinguer, apercevoir, voir à distance.

división [diβisjón] *f.* Division.

divisor [diβisór] *adj.-m.* Diviseur: *máximo común ~,* plus grand commun diviseur.

divisorio, -ia [diβisórjo, -ja] *adj.* Qui divise.

divorciar [diβorθjár] [12] *tr.* **1** Prononcer le divorce de. **2** *pr.* Divorcer.

divorcio [diβórθjo] *m.* Divorce.

divulgar [diβulɣár] [7] *tr.* Divulguer.

DNI [deneí] *m.* (*abrev.* documento nacional de identidad) Carte espagnole d'identité *f.*

do [do] *m.* **1** MÚS. Do, ut. **▪ 2** *adv.* poét. Où.

dobladillo [doβlaðíʎo] *m.* Ourlet.

doblar [doβlár] *tr.* **1** Doubler (aumentar). **2** Plier (plegar): ~ *el mantel,* plier la nappe. **3** Courber (torcer). **4** Tourner (una página, la esquina). ■ **5** *intr.* Sonner le glas (tocar a muerto). ■ **6** *pr.* Se courber (inclinarse). **7** fig. Plier, fléchir.

doble [dóβle] *adj.* **1** Double. Loc. ~ *de alto que,* deux fois plus haut que. **2** Fort, forte, robuste (fornido). ■ **3** *m.* Glas (toque de campanas). **4** Report (en la Bolsa). ■ **5** *adv.* Double, doublement.

doblegar [doβleɣár] [7] *tr.* **1** Plier, ployer, fléchir, courber. **2** fig. Faire plier, soumettre (a alguien).

doblez [doβléθ] *m.* **1** Pli. **2** Marque *f.* du pli. **3** fig. Duplicité *f.*

doce [dóθe] *adj.-m.* **1** Douze. **2** *Las* ~ *del día,* midi; *las* ~ *de la noche,* minuit.

docena [doθéna] *f.* Douzaine.

docente [doθénte] *adj.* Enseignant, e: *el cuerpo* ~, le corps enseignant.

dócil [dóθil] *adj.* **1** Docile. **2** Obéissant, ante.

docilidad [doθiliðáð] *f.* Docilité.

doctor [doɣtór] *m.* **1** Docteur. **2** Médecin.

doctora [doɣtóra] *f.* Docteur *m.*

doctorado [doɣtoráðo] *m.* Doctorat.

doctrina [doɣtrina] *f.* **1** Doctrine. **2** Catéchisme *m.*

doctrinario, -ia [doɣtrinárjo, -ja] *adj.-s.* Doctrinaire.

documentación [dokumentaθjón] *f.* Documentation.

documental [dokumentál] *adj.-m.* Documentaire.

documentar [dokumentár] *tr.* Documenter.

documento [dokuménto] *m.* Document.

dodecaedro [doðekaéðro] *m.* GEOM. Dodécaèdre.

dodecágono, -na [doðekáɣono, -na] *adj.* GEOM. Dodécagonal, ale.

dogma [dóɣma] *m.* Dogme.

dólar [dólar] *m.* Dollar.

dolencia [dolénθja] *f.* Maladie, indisposition, infirmité.

doler [dolér] [32] *intr.* **1** Faire mal, avoir mal: *me duele la cabeza,* j'ai mal à la tête. **2** Faire de la peine, regretter (moralmente): *duele verle así,* ça fait de la peine de le voir dans cet état. ■ **3** *pr.* Se plaindre (quejarse). **4** Regretter (arrepentirse): *dolerse de sus pecados,* regretter ses péchés. **5** Compatir à, déplorer: *dolerse del mal ajeno,* compatir au malheur d'autrui.

dolido, -da [doliðo, -ða] *adj.* Peiné, ée, chagriné, ée.

dolmen [dólmen] *m.* Dolmen.

dolor [dolór] *m.* **1** Douleur *f.,* mal (de una parte del cuerpo). Loc. ~ *de costado,* point de côté. **2** Regret, repentir (arrepentimiento).

dolorido, -da [doloriðo, -ða] *adj.* **1** Endolori, ie. **2** Peiné, ée, affligé, ée.

doloroso, -sa [doloróso, -sa] *adj.* Douloureux, euse.

domador, -ra [domaðór, -ra] *s.* Dompteur, euse.

domar [domár] *tr.* Dompter.

domesticar [domestikár] [1] *tr.* Apprivoiser, domestiquer.

doméstico, -ca [doméstiko, -ka] *adj.* **1** Domestique. ■ **2** *s.* Domestique (criado).

domiciliación [domiθiliaθjón] *f.* Domiciliation.

domiciliar [domiθiljár] [12] *tr.* Domicilier.

domicilio [domiθiljo] *m.* Domicile.

dominación [dominaθjón] *f.* Domination.

dominante [dominánte] *adj.-f.* Dominant, ante.

dominar [dominár] *tr.-intr.* **1** Dominer. ■ **2** *tr.* Maîtriser (un incendio, una pasión).

domingo [domiŋgo] *m.* Dimanche: ~ *de Resurrección,* dimanche de Pâques.

dominguero, -ra [domiŋɡéro, -ra] *adj.* Des dimanches.

dominio [dominjo] *m.* **1** DER. Propriété *f.* **2** Domaine. **3** Possession *f.* (de un estado, un soberano).

dominó [dominó], **dómino** [dómino] *m.* Domino.

don [don] *m.* **1** Don. **2** Monsieur, titre de courtoisie qui ne s'emploie que devant le prénom.

donación [donaθjón] *f.* Donation.

donante [donánte] *s.* Donateur, trice (bienes): donneur, euse (sangre).

donar [donár] *tr.* Donner, faire don de.

doncella [donθéʎa] *f.* **1** Jeune fille, demoiselle (joven), pucelle (virgen). **2** Femme de chambre (criada).

donde [dónde] *adv. y pron. rel.* **1** Où: *la casa* ~ *está,* la maison où il se trouve. **2** Que, où: *allí es* ~ *quiero ir,* c'est là que je veux aller. **3** *loc. adv.* ¿Por dónde?, pourquoi? (por qué), par où? (por dónde); ~ *no,* autrement, sinon; ~ *sea,* n'importe où.

dondequiera [dondekjéra] *adv.* **1** N'importe où. **2** *loc. conj.* ~ *que,* où que.

doña [dóɲa] *f.* Madame, titre de courtoisie qui ne s'emploie que devant le prénom.

doping [dópin] *m.* Doping, dopage.

dorado, -da [doráðo, -ða] *adj.* **1** Doré, ée. ▪ **2** *m.* Doré, dorure *f.*

dorar [dorár] *tr.* **1** Dorer. **2** COC. Rissoler.

dormir [dormír] [33] *intr.* **1** Dormir. Loc. ~ *a pierna suelta,* dormir à poings fermés. **2** Coucher, passer la nuit. ▪ **3** *tr.* Endormir, faire dormir. ▪ **4** *pr.* S'endormir.

dormitorio [dormitórjo] *m.* **1** Chambre *f.* à coucher. **2** Dortoir (común).

dorso [dórso] *m.* Dos.

dos [dos] *adj.-s.* **1** Deux. **2** *Son las* ~, il est deux heures.

doscientos, -as [dosθjéntos, -as] *adj. pl.-m.* Deux cents.

dosel [dosél] *m.* **1** Dais, baldaquin. **2** Ciel de lit (de cama).

dosificar [dosifikár] [1] *tr.* Doser.

dosis [dósis] *f.* Dose.

dotación [dotaθjón] *f.* **1** Action de doter. **2** Dotation. **3** Équipage *m.* (tripulación). **4** Personnel *m.* (de un taller, una oficina, etc.).

dotar [dotár] *tr.* **1** Doter (a una mujer, una fundación). **2** fig. Douer, doter (de cualidades).

dote [dóte] *m.-f.* **1** Dot *f.* ▪ **2** *f. pl.* Don *m. sing.* (aptitud).

Dr. (*abrev.* doctor) Dr.

Dra. (*abrev.* doctora) Dr.

dragar [drayár] [7] *tr.* Draguer.

dragón [drayón] *m.* **1** Dragon. **2** Gueule-de-loup *f.* (planta).

drama [dráma] *m.* Drame.

dramático, -ca [dramátıko, -ka] *adj.* **1** Dramatique. ▪ **2** *f.* Dramatique, genre *m.* dramatique.

dramaturgo [dramatúryo] *m.* Dramaturge.

drenar [drenár] *tr.* AGR., CIR. Drainer.

droga [dróya] *f.* Drogue.

drogadicto, -ta [droyaðiyto, -ta] *m.-f.* Drogué, ée, toxicomane.

droguería [droyería] *f.* Droguerie.

dubitativo, -va [duβitatíβo, -βa] *adj.* Dubitatif, ive.

ducha [dútʃa] *f.* Douche.

duchar [dutʃár] *tr.* Doucher.

ducho, -cha [dútʃo, -tʃa] *adj.* Expert, erte, expérimenté, ée.

dúctil [dúytil] *adj.* Ductile.

duda [dúða] *f.* Doute *m.*

dudar [duðár] *intr.* **1** Douter. ▪ **2** *tr.* Mettre en doute.

dudoso, -sa [duðóso, -sa] *adj.* **1** Douteux, euse. **2** Indécis, ise.

duelo [dwélo] *m.* **1** Duel. **2** Deuil (dolor, cortejo fúnebre). ▪ **3** *pl.* Peines *f.,* difficultés *f.*

duende [dwénde] *m.* **1** Lutin, esprit follet. **2** Charme (encanto).

dueño, -ña [dwéɲo, -ɲa] *s.* **1** Maître, maîtresse. **2** Propriétaire. ▪ **3** *f.* Duègne.

dulce [dúlθe] *adj.* **1** Doux, douce. ▪ **2** *m.* Confiture *f.* **3** ~ *de almíbar,* fruits au sirop.

dulcificar [dulθifikár] [1] *tr.* **1** Adoucir, dulcifier. **2** fig. Adoucir.

dulzor [dulθór] *m.,* **dulzura** [dulθúra] *f.* Douceur *f.*

duna [dúna] *f.* Dune.

duodécimo, -ma [dwoðéθimo, -ma] *adj.-s.* Douzième.

dúplex [dúpleks] *m.* Duplex.

duplicado [duplikáðo] *adj.* **1** Bis (número). ▪ **2** *m.* Double, duplicata *invar.*

duplicar [duplikár] [1] *tr.* Doubler (hacer doble).

duque [dúke] *m.* Duc.

duquesa [dukésa] *f.* Duchesse.

durable [duráβle] *f.* Durable.

duración [duraθjón] *f.* Durée.

durante [duránte] *prep.-adv.* Pendant, durant: ~ *el verano,* pendant l'été.

durar [durár] *intr.* Durer.

dureza [duréθa] *f.* **1** Dureté. **2** Durillon *m.* (callosidad).

durmiente [durmjénte] *s.* Dormant, ante (que duerme): *la Bella* ~ *del Bosque,* la Belle au Bois dormant.

duro, -ra [dúro, -ra] *adj.* **1** Dur, dure. **2** fig. Dur, dure (resistente, cruel, penoso). **3** *loc. adv.* A *duras penas,* à grand-peine, difficilement. ▪ **4** *m.* Douro (monnaie de cinq pesetas).

duro [dúro] *adv.* Dur, durement.

E

e [e] *f.* 1 E *m.* ■ 2 *conj.* Et. ▲ S'emploie au lieu de *y* devant *i* ou *hi*: *comercio e industria, madre e hija.*

¡ea! [éa] *interj.* 1 Allons! 2 Assez!

ebanista [eßanista] *m.* Ébéniste.

ébano [ébano] *m.* 1 Ébénier (árbol). 2 Ébène *f.* (madera).

ebrio, -ia [éßrjo, -ja] *adj.* Ivre.

ebulición [eßuliθjón], **ebullición** [eßuʎi-θjón] *f.* Ébullition.

echar [etʃár] *tr.* 1 Jeter. 2 Chasser (expulsar). 3 Congédier, renvoyer (despedir a uno), déposer, destituer (deponer a uno). 4 Exhaler (un olor). 5 Pousser (raíces, brotes, etc.), produire (flores, frutos, dicho de una planta). 6 Faire (dientes), pousser (pelo, plumas). 7 Mettre, tirer (el cerrojo), tourner (la llave para cerrar). 8 Jouer, donner (comedia, película). 9 Donner: ~ *de comer,* donner à manger, verser (un líquido). 10 Mettre (poner): ~ *un cerrojo a una puerta,* mettre un verrou à une porte. 11 Jouer, faire (una partida). 12 Faire (cálculos, cuentas, etc.). 13 Publier (un bando, etc.). 14 Prononcer (un discurso, un sermón). 15 Tirer (las cartas). 16 Otros sentidos: ~ *abajo, por tierra,* abattre, démolir; ~, *echarse a correr, a llorar, a reír,* se mettre à courir, à pleurer, à rire; ~ *a perder,* abîmer, gâter; ~ *carnes,* ~ *barriga,* prendre de l'embonpoint; *echarla, echárselas de,* faire le, se croire. 17 Prendre (un camino, una dirección): ~ *por la izquierda,* prendre à gauche. ■ 18 *pr.* Se jeter. 19 Se coucher, s'étendre (acostarse). 20 Couver (las aves).

eclesiástico, -ca [eklesjàstiko, -ka] *adj.-m.* Ecclésiastique.

eclipsar [eklißsár] *tr.* Éclipser.

eclipse [eklißse] *m.* Éclipse *f.*

eco [éko] *m.* Écho.

ecografía [ekoɣrafia] *f.* Échographie.

ecología [ekoloxia] *f.* Écologie.

ecológico, -ca [ekolóxiko] *adj.* Écologique.

ecologista [ekoloxista] *adj.-s.* Écologiste.

economato [ekonomáto] *m.* Économat.

economía [ekonomia] *f.* Économie.

económico, -ca [ekonómiko, -ka] *adj.* 1 Économique. 2 Économe (que gasta poco).

economista [ekonomista] *adj.-s.* Économiste.

ecu, ECU [éku] *m.* (*abrev.* European Currency Unit) ECU.

ecuación [ekwaθjón] *f.* Équation.

ecuador [ekwaðór] *m.* Équateur.

ecuatoriano, -na [ekwatorjáno, -na] *adj.-s.* Équatorien, enne.

ecuestre [ekwéstre] *adj.* Équestre.

edad [eðáð] *f.* Âge *m.* Loc. *Tierna* ~, bas âge; *mayor de* ~, majeur, eure; *menor de* ~, mineur, eure; ~ *media,* moyen âge.

edición [eðiθjón] *f.* Édition.

edicto [eðíyto] *m.* 1 Édit. 2 Avis au public.

edificación [eðifikaθjón] *f.* Édification.

edificar [eðifikár] [1] *tr.* 1 Édifier, bâtir. 2 *fig.* Édifier.

edificio [eðifiθjo] *m.* Édifice, bâtiment.

editor, -ra [eðitòr, -ra] *adj.-s.* Éditeur, trice.

editorial [eðitorjál] *adj.* De l'édition.

edredón [eðreðón] *m.* Couette, édredon.

educación [eðukaθjón] *f.* Éducation.

educador, -ra [eðukaðór, -ra] *adj.-s.* Éducateur, trice.

educar [eðukár] [1] *tr.* 1 Éduquer. 2 Élever, instruire. 3 Développer (el gusto).

EE UU *m. pl.* (*abrev.* Estados Unidos) USA.

efe [éfe] *f.* F *m.,* lettre f.

efectivo, -va [efeɣtißo, -ßa] *adj.-s.* 1 Effectif, ive. ■ 2 *adj.* En titre (empleo, cargo). ■ 3 *m.* Argent comptant.

efecto [eféɣto] *m.* Effet.

efectuar [efeɣtwár] [11] *tr.* Effectuer.
efervescente [eferβesθénte] *adj.* Effervescent, ente.
eficacia [efikáθja] *f.* Efficacité.
eficiente [efiθjénte] *adj.* Efficient, ente.
efímero, -ra [efímero, -ra] *adj.* Éphémère.
efusivo, -va [efusiβo, -βa] *adj.* Expansif, ive, communicatif, ive, cordial, ale.
EGB [exeβé] *f.* (*abrev.* Enseñanza General Básica) Cycle d'enseignement: école primaire et les trois premières années du secondaire.
egoísmo [eɣoizmo] *m.* Égoïsme.
egoísta [eɣoista] *adj.-s.* Égoïste.
egregio, -gia [eɣréxjo, -ja] *adj.* Illustre, éminent, ente.
¡eh! [e] *interj.* Hé!, eh!; ¿eh?, hein?
eje [éxe] *m.* **1** Axe. **2** Essieu (de una rueda). **3** MEC. Arbre.
ejecución [exekuθjón] *f.* Exécution.
ejecutante [exekutánte] *adj.-s.* Exécutant, ante.
ejecutar [exekutár] *tr.* Exécuter.
ejecutivo, -va [exekutiβo, -βa] *adj.* Exécutif, ive.
ejecutor, -ra [exekutór, -ra] *adj.s.* Exécuteur, trice.
ejemplar [exemplár] *adj.* Exemplaire.
ejemplo [exémplo] *m.* Exemple.
ejercer [exerθér] [2] *tr.* Exercer.
ejercicio [exerθiθjo] *m.* Exercice.
ejercitar [exerθitár] *tr.* **1** Exercer (una profesión, un arte, etc.). ■ **2** *pr.* S'exercer, s'entraîner (*en,* à).
ejército [exérθito] *m.* Armée *f.*
el [el] *art. def.* Le, l' (delante de vocal o h muda): ~ *gato,* le chat. ▲ El art. *el* debe traducirse a menudo por el adj. posesivo: *se quitó* ~ *sombrero,* il ôta son chapeau.
él [el] *pron. pers.* **1** Il. **2** Lui (enfáticamente o precedido de prep.): *iré con* ~, j'irai avec lui.
elaboración [elaβoraθjón] *f.* Élaboration.
elaborar [elaβorár] *tr.* Élaborer.
elástico, -ca [elástiko, -ka] *adj.* **1** Élastique. ■ **2** *m.* Élastique (tejido, cinta).
ele [éle] *f.* L *m.,* lettre l.
elección [eleɣθjón] *f.* **1** Élection (votación). **2** Choix *m.*
elector, -ra [eleɣtór, -ra] *s.* Électeur, trice.
electoral [eleɣtorál] *adj.* Électoral, ale.
electricidad [eleɣtriθiðáð] *f.* Électricité.
eléctrico, -ca [eléɣtriko, -ka] *adj.* Électrique.
electrizar [eleɣtriθár] [4] *tr.* Électriser.

electrocutar [eleɣtrokutár] *tr.* Électrocuter.
electrodomésticos [elektroðoméstikos] *m. pl.* Appareils électroménagers, électroménager *sing.*
electrón [eleɣtrón] *m.* FÍS. Électron.
electrónico, -ca [eleɣtróniko, -ka] *adj.-f.* Électronique.
elefante [elefánte] *m.* Éléphant.
elegancia [eleɣánθja] *f.* Élégance.
elegante [eleɣánte] *adj.-s.* Élégant, ante.
elegía [elexia] *f.* LIT. Élégie.
elegible [elexíβle] *adj.* Éligible.
elegido, -da [elexiðo, -ða] *adj.-s.* Élu, ue.
elegir [elexir] [55] *tr.* Élire (por votación).
elemental [elementál] *adj.* Élémentaire.
elemento [eleménto] *m.* Élément. Loc. *Estar en su* ~, être dans son élément.
elenco [elénko] *m.* **1** Catalogue, index. **2** Troupe *f.* (de artistas).
elevación [eleβaθjón] *f.* Élévation.
elevado, -da [eleβáðo, -ða] *adj.* Élevé, ée (alto, sublime).
elevar [eleβár] *tr.* **1** Élever (alzar). **2** fig. Élever. ■ **3** *pr.* S'élever.
eliminar [eliminár] *tr.* Éliminer.
elipse [elíβse] *f.* Ellipse.
elite [elite] *f.* Élite.
ella [éʎa], **ellas** [éʎas] *pron. pers.* **1** Elle, elles. **2** fam. *Allí fue, será* ~, ça a mal tourné, ça va mal tourner.
elle [éʎe] *f.* LL *m.,* lettre ll espagnole.
ello [éʎo] *pron. pers.* **1** Cela, ça. ▲ Ordinairement *ello* se rapporte à ce dont on a parlé: *no hay dificultad en* ~, il n'y a pas de difficulté à cela. **2** *De* ~, en: *le hablaré de* ~, je lui en parlerai. **3** *En* ~, y: *pienso en* ~, j'y pense.
ellos [éʎos] *pron. pers.* Ils, eux.
elocuencia [elokwènθja] *f.* Éloquence.
elocuente [elokwènte] *adj.* Éloquent, ente.
elogio [elóxjo] *m.* Éloge.
elucubración [elukuβraθjón] *f.* Élucubration.
eludir [eluðir] *tr.* Éluder.
emanación [emanaθjón] *f.* Émanation.
emancipación [emanθipaθjón] *f.* Émancipation.
embadurnar [embaðurnár] *tr.* Enduire (untar), barbouiller (pintarrajear).
embajada [embaxáða] *f.* Ambassade.
embajador, -ra [embaxáðor, -ra] *s.* Ambassadeur, drice.
embalaje [embaláxe] *m.* Emballage.
embalsamar [embalsamár] *tr.* Embaumer.

embalse [embálse] *m.* **1** Action *f.* de retenir les eaux. **2** Réservoir, barrage (balsa artificial), retenue *f.* d'eau (agua).

embarazar [embaraθár] [4] *tr.* **1** Embarrasser. ∎ **2** *pr.* S'embarrasser, s'empêtrer.

embarazo [embaráθo] *m.* **1** Embarras. **2** Grossesse *f.* (de la mujer).

embarcación [embarkaθjón] *f.* Embarcation.

embarcar [embarkár] [1] *tr.* Embarquer.

embargo [embáryo] *m.* **1** ant. Obstacle. Loc. *Sin* ~, cependant, néanmoins, non-obstant. **2** Indigestion *f.* (empacho). **3** DER. Saisie *f.,* mainmise *f.,* séquestre. **4** MAR. Embargo.

embarque [embárke] *m.* Embarquement (de cosas).

embarrar [embařár] *tr.* Crotter, salir de boue: *terreno embarrado,* terrain boueux.

embastar [embastár] *tr.* **1** Piquer (un colchón). **2** Faufiler, bâtir (hilvanar).

embaucador, -ra [embaŭkaðór, -ra] *adj.-s.* Enjôleur, euse, trompeur, euse.

embaucar [embaŭkár] [1] *tr.* Enjôler, séduire (seducir), embobiner, tromper (engañar).

embeber [embeβér] *tr.* **1** Absorber, boire (absorber). **2** Imbiber (empapar). **3** Faire rentrer (una cosa dentro de otra). ∎ **4** *pr.* fig. S'imprégner, se pénétrer de. **5** fig. S'absorber.

embelesar [embelesár] *tr.* **1** Ravir, charmer. ∎ **2** *pr.* Être ravi, ee, charmé, ée.

embellecer [embeʎeθer'r] [43] *tr.-intr.* **1** Embellir. ∎ **2** *pr.* Embellir.

embestida [embestiða] *f.* Attaque impétueuse, assaut *m.*

embestir [embestir] [34] *tr.* **1** Attaquer impétueusement. **2** fig. Se jeter sur. ∎ **3** *intr.* Attaquer.

emblema [embléma] *m.-f.* Emblème *m.*

embobar [emboβár] *tr.* Ébahir.

embodegar [emboðeyár] *tr.* Encaver, mettre en cave.

embolia [embólja] *f.* Embolie.

émbolo [émbolo] *m.* MEC. Piston.

embolsar [embolsár] *tr.* **1** Empocher. ∎ **2** *pr.* Empocher.

emborrachar [embořatʃár] *tr.* **1** Enivrer. ∎ **2** *pr.* S'enivrer, se soûler.

emboscada [emboskáða] *f.* Embuscade, guet-apens *m.*

embotado, -da [embotáðo, -ða] *adj.* Émoussé, ée.

embotellamiento [emboteʎamjénto] *m.*

Embouteillage (de líquido, del tráfico).

embotellar [emboteʎár] *tr.* Embouteiller.

embozar [emboθár] [4] *tr.* **1** Couvrir le bas du visage. **2** fig. Déguiser, cacher (sus intenciones, etc.). **3** Museler (poner un bozal).

embozo [emboθo] *m.* **1** Pan de la cape avec lequel on couvre son visage. **2** Rabat du drap de lit qui touche au visage (de la sábana). **3** fig. Déguisement, dissimulation *f.*

embrague [embráye] *m.* Embrayage.

embravecer [embraβeθér] [43] *tr.* **1** Irriter, mettre en fureur. ∎ **2** *pr.* S'irriter.

embriaguez [embrjayéθ] *f.* Ivresse, enivrement *m.*

embrión [embrjón] *m.* Embryon.

embrollo [embróʎo] *m.* **1** Embrouillement. **2** fig. Imbroglio. **3** Mensonge (embuste).

embromar [embromár] *tr.* **1** Railler, taquiner. **2** Mystifier, tromper (engañar).

embrujar [embruxár] *tr.* Ensorceler.

embrutecer [embruteθér] [43] *tr.* Abêtir, abrutir.

embuchado [embutʃáðo] *m.* Charcuterie *f.* faite de boyau rempli de viande, telle que saucisse *f.,* saucisson, andouille *f.,* boudin.

embudo [embúðo] *m.* **1** Entonnoir (utensilio). **2** fig. Tromperie *f.*

embuste [embúste] *m.* Mensonge.

embutido [embutiðo] *m.* **1** Marqueterie *f.* (taracea), incrustation *f.* **2** Charcuterie *f.* (embuchado).

eme [éme] *f.* M *m.,* lettre m.

emergencia [emerxénθja] *f.* Émergence.

emerger [emerxér] *intr.* Émerger.

emigración [emiyraθjón] *f.* Émigration.

emigrante [emiyránte] *adj.-s.* **1** Émigrant, ante. ∎ **2** *adj.* Migrateur.

emigrar [emiyrár] *intr.* Émigrer.

eminente [eminénte] *adj.* Éminent, ente.

emir [emir] *m.* Émir.

emisión [emisjón] *f.* Émission.

emisor, -ra [emisór, -ra] *adj.-s.* Émetteur, trice. ∎ *f.* Station de radio.

emitir [emitir] *tr.* Émettre.

emoción [emoθjón] *f.* Émotion.

emocionar [emoθjonár] *tr.* Émouvoir.

emotivo, -va [emotiβo, -βa] *adj.* Émotif, ive.

empachar [empatʃár] *tr.* **1** Empêcher, embarrasser. **2** Causer une indigestion (indigestar).

empadronar [empaðronár] *tr.* Recenser.

empalagar [empalayár] [7] *tr.* **1** Dégoûter, écœurer (un manjar dulce). **2** fig. Fatiguer, ennuyer.

empalizada [empaliθáða] *f.* Palissade.

empalmar [empalmár] *tr.* **1** Abouter, raccorder, relier (unir). **2** fig. Joindre, unir, lier. ▪ **3** *intr.* S'embrancher (carretera, etc.).

empalme [empálme] *m.* Aboutage, raccordement, branchement.

empanadilla [empanaðíʎa] *f.* Rissole.

empanar [empanár] *tr.* **1** Paner (con pan rallado). **2** AGR. Emblaver.

empantanar [empantanár] *tr.* **1** Inonder (un terreno). **2** Arrêter le cours de, paralyser (un asunto).

empapar [empapár] *tr.* **1** Imbiber, détremper. **2** *pr.* Se pénétrer: *empaparse en una idea,* se pénétrer d'une idée.

empapelar [empapelár] *tr.* **1** Envelopper dans du papier. **2** Tapisser (las paredes). **3** fig. fam. Faire un procès (a alguien).

empaquetar [empaketár] *tr.* **1** Empaqueter, emballer. **2** fig. Entasser (personas).

emparedado, -da [empareðáðo, -ða] *adj.* **1** Emmuré, ée. ▪ **2** *m.* Sandwich.

emparejar [emparexár] *tr.* **1** Apparier. **2** Affleurer (poner al mismo nivel).

emparentar [emparentár] [27] *intr.* S'apparenter.

empastar [empastár] *tr.* **1** Empâter (cubrir de pasta). **2** Cartonner (un libro). **3** Plomber (un diente). **4** PINT. Empâter.

empatar [empatár] *intr.-pr.* **1** Être à égalité de points, de voix. **2** DEP. Faire match nul (dos equipos).

empedernido, -da [empeðerniðo, -ða] *adj.* **1** fig. Endurci, ie, invétéré, ée (incorregible). **2** Insensible.

empedrado, -da [empeðráðo, -ða] *adj.* **1** Pavé, ée. ▪ **2** *m.* Pavage. **3** Pavé (parte empedrada).

empeine [empéine] *m.* **1** Bas-ventre. **2** Cou-de-pied. **3** Empeigne *f.* (del zapato). **4** MED. Espèce de dartre *f.*

empellón [empeʎón] *m.* Poussée *f.,* bousculade *f.*

empeñar [empeɲár] *tr.* **1** Engager, mettre en gage (dejar en prenda). **2** Engager, obliger à. ▪ **3** *pr.* S'endetter (endeudarse). **4** S'obstiner: *empeñarse en,* s'obstiner à.

empeño [empéɲo] *m.* **1** Engagement. **2** Désir ardent. **3** Ardeur *f.,* obstination *f.,* acharnement (tesón). ▪ **4** *pl.* Piston *sing.*

empeorar [empeorár] *tr.* Empirer, aggraver.

empequeñecer [empekeɲeθér] [43] *tr.* **1** Rapetisser. ▪ **2** *pr.* Se rapetisser.

emperador [emperaðór] *m.* Empereur.

emperatriz [emperatríθ] *f.* Impératrice.

emperrarse [empeʃárse] *pr.* fam. S'entêter (*en,* à).

empezar [empeθár] [47] *tr.* **1** Commencer. ▪ **2** *intr.* Commencer.

empinado, -da [empináðo, -ða] *adj.* **1** Raide, escarpé, ée. **2** Très haut, haute.

empinar [empinár] *tr.* **1** Lever, hausser. Loc. fig. ~ *el codo,* lever le coude. ▪ **2** *pr.* Se dresser sur la pointe des pieds.

empírico, -ca [empiriko, -ka] *adj.-m.* Empirique.

empirismo [empirizmo] *m.* Empirisme.

emplazar [emplaθár] [4] *tr.* **1** DER. Assigner (ante el juez). **2** Convoquer.

empleado, -da [empleáðo, -ða] *adj.-s.* Employé, ée.

emplear [empleár] *tr.* Employer: *emplea diez obreros,* il emploie dix ouvriers.

empleo [empléo] *m.* **1** Emploi. **2** Emploi, place *f.,* situation *f.* (colocación).

empobrecer [empoβreθér] [43] *tr.* **1** Appauvrir. ▪ **2** *intr.-pr.* S'appauvrir.

empollar [empoʎár] *tr.* **1** Couver (las aves). **2** fig. fam. Potasser, bûcher (estudiante).

empollón, -ona [empoʎón, -óna] *adj.* fam. Bûcheur, euse (estudiante).

empolvar [empolβár] *tr.* **1** Couvrir de poussière. **2** *pr.* Se poudrer (cara, etc.).

emporio [empórjo] *m.* **1** Grand centre commercial, artistique, etc. **2** Haut lieu (cultural).

empotrar [empotrár] *tr.* **1** Sceller (en una pared, etc.). **2** Encastrer (un armario, etc.).

emprender [emprendér] *tr.* Entreprendre.

empresa [emprésa] *f.* **1** Entreprise. **2** Devise (en un escudo).

empresariado [empresarjáðo] *m.* Patronat.

empresario, -ia [empresárjo, -ja] *s.* Entrepreneur, euse.

empujar [empuxár] *tr.* Pousser.

empuje [empúxe] *m.* Poussée *f.*

empuñar [empuɲár] *tr.* Empoigner.

emular [emulár] *tr.* Rivaliser avec, imiter.

en [en] *prep.* **1** En, à, dans (expresa el lugar sin movimiento): ~ *Francia,* en France. **2** Sur (sobre): ~ *la mesa,* sur la table. **3** Dans (dentro): ~ *el cajón,* dans le tiroir. **4** À (expresa la finalidad de ciertas acciones): *pienso* ~ *vosotros,* je pense à vous. **5** À (seguida de un infinitivo): *le conocí* ~ *el andar,* je l'ai reconnu à sa façon de marcher. **6** En, à, dans (expresa el tiempo, la época): ~ *la antigüedad,* dans l'antiquité. **7** A veces no se traduce: ~ *este año,* cette année. **8** Dès que, aussitôt que (precediendo a un gerundio). **9** Otros empleos: ~ *la librería,* chez le libraire; *no llegará* ~ *ocho días,* il n'arrivera pas avant huit jours. **10** Se traduce generalmente por *en* para expresar el modo: ~ *latín,* en latin.

enagua [enáɣwa] *f.,* **enaguas** [enáɣwas] *f. pl.* Jupon *m. sing.*

enajenación [enaxenaθjón] *f.,* **enajenamiento** [enaxenamjénto] *m.* Aliénation *f.*

enajenar [enaxenár] *tr.* **1** Aliéner. **2** Ravir, extasier (embelesar).

enaltecer [enalteθér] [43] *tr.* Exalter, louer.

enamorado, -da [enamoráðo, -ða] *adj.* **1** Épris, ise. ▪ **2** *s.* Amoureux, euse.

enamorar [enamorár] *tr.* Rendre amoureux, euse.

enano, -na [enáno, -na] *adj.-s.* Nain, naine.

enarbolar [enarβolár] *tr.* Arborer.

enardecer [enarðeθér] [43] *tr.* Exciter, animer, échauffer.

encabezar [eŋkaβeθár] [4] *tr.* **1** Recenser. **2** Être le premier (en una suscripción, una lista). **3** Mettre l'en-tête à (una carta, etc.), commencer (un escrito).

encabritarse [eŋkaβritárse] *pr.* Se cabrer.

encadenar [eŋkaðenár] *tr.* Enchaîner.

encajar [eŋkaxár] *tr.* **1** Introduire, emboîter, ajuster (una cosa dentro de otra). **2** Placer (una palabra, un discurso, etc.). ▪ **3** *intr.* Rentrer, s'emboîter (dentro de otra cosa). **4** fig. Venir à propos, aller, convenir (ser adecuado). ▪ **5** *pr.* Se fourrer (en un sitio).

encaje [eŋkáxe] *m.* **1** Emboîtage, emboîtement (de una pieza en otra). **2** Dentelle *f.* (tejido). **3** COM. amer. Encaisse *f.*

encajonado, -da [eŋkaxonáðo, -ða] *adj.* Encaissé, ée (río, camino, etc.).

encajonar [eŋkaxonár] *tr.* **1** Encaisser, mettre en caisse. ▪ **2** *pr.* S'encaisser (río, etc.).

encalar [eŋkalár] *tr.* Chauler.

encallar [eŋkaʎár] *intr.* MAR. Échouer.

encallecer [eŋkaʎeθér] [43] *intr.* **1** Devenir calleux, euse (las manos). ▪ **2** *pr.* fig. S'endurcir (en los vicios, etc.).

encalmarse [eŋkalmárse] *pr.* Se calmer.

encamar [eŋkamár] *tr.* **1** Étendre sur le sol. ▪ **2** *pr.* S'aliter. **3** Gîter (la caza). **4** Se coucher, verser (los trigos).

encaminar [eŋkaminár] *tr.* Acheminer.

encandilar [eŋkandilár] *tr.* **1** Éblouir. ▪ **2** *pr.* S'allumer (los ojos). **3** Être excité, ée (una persona).

encanecer [eŋkaneθér] [43] *intr.* Grisonner, blanchir (el cabello).

encantado, -da [eŋkantáðo, -ða] *adj.* Enchanté, ée.

encantador, -ra [eŋkantaðór, -ra] *adj.-s.* **1** Enchanteur, eresse. **2** Charmeur, euse.

encantar [eŋkantár] *tr.* **1** Enchanter. **2** fig. Charmer, ravir.

encanto [eŋkánto] *m.* **1** Enchantement. **2** Charme, attrait (atractivo).

encañonar [eŋkaɲonár] *tr.* **1** Canaliser. **2** Viser, ajuster (con un arma de fuego).

encapotar [eŋkapotár] *tr.* **1** Couvrir d'un manteau. ▪ **2** *pr.* fig. Se renfrogner.

encapricharse [eŋkaprit∫árse] *pr.* S'enticher, s'engouer, se toquer.

encarado, -da [eŋkaráðo, -ða] *adj.* *Bien* ~, qui a un beau visage, avenant, sympathique; *mal* ~, au visage antipathique.

encarar [eŋkarár] *intr.-pr.* **1** Regarder en face, dévisager (a alguien), affronter (una situación, etc.): *se encaró con su interlocutor,* il dévisagea son interlocuteur. ▪ **2** *tr.* Braquer (un arma).

encarcelar [eŋkarθelár] *tr.* Incarcérer, emprisonner, écrouer.

encarecer [eŋkareθér] [43] *tr.* Enchérir, rendre plus cher, chère (aumentar el precio).

encarecimiento [eŋkareθimjénto] *m.* Augmentation *f.,* hausse *f.* des prix.

encargado, -da [eŋkaryáðo, -ða] *adj.-s.* Chargé, ée (persona): ~ *de negocios,* chargé d'affaires.

encargar [eŋkaryár] [7] *tr.* Charger, commissionner.

encargo [eŋkáryo] *m.* **1** Commission *f.* **2** COM. Commande.

encariñar [eŋkariɲár] *tr.* Inspirer de l'affection.

encarnado, -da [eŋkarnáðo, -ða] *adj.-m.* **1** Incarnat. **2** Rouge.

encarnar [eŋkarnár] *intr.* **1** S'incarner (el Verbo Divino). ▪ **2** *tr.* Incarner (una idea, etc.). **3** Acharner (los perros), appâter (el anzuelo).

encarnizado, -da [eŋkarniθáðo, -ða] *adj.* Acharné, ée, sanglant, ante.

encarrilar [eŋkarilár] *tr.* **1** Acheminer. **2** Remettre sur les rails.

encasillar [eŋkasiʎár] *tr.* Classer, mettre dans des cases.

encasquetar [eŋkasketár] *tr.* Enfoncer sur la tête (el sombrero, la gorra).

encasquillarse [eŋkaskiʎárse] *pr.* S'enrayer (un arma de fuego).

encausar [eŋkaŭsár] *tr.* Poursuivre en justice.

encauzar [eŋkaŭθár] [4] *tr.* Diriger, canaliser (una corriente, una discusión, etc.).

encenagarse [enθenaɣárse] [7] *pr.* **1** S'embourber, se couvrir de boue. **2** S'enfoncer (en el vicio).

encendedor [enθendeðór] *m.* Briquet (mechero), allume-gaz (de cocina).

encender [enθendér] [28] *tr.* **1** Allumer. **2** Enflammer, irriter. **3** fig. Allumer (guerra). ■ **4** *pr.* Prendre feu. **5** Rougir (ruborizarse).

encendido, -da [enθendiðo, -ða] *adj.* **1** Rouge vif (color). **2** Rouge. **3** Ardent, ente. ■ **4** *m.* Allumage (de un motor).

encerado, -da [enθeráðo, -ða] *adj.* **1** Ciré, ée (untado de cera). ■ **2** *m.* Toile *f.* cirée (tela). **3** Cirage (de muebles, parquets).

encerar [enθerár] *tr.* Cirer.

encerrar [enθerár] [27] *tr.* **1** Enfermer. **2** fig. Renfermer.

encerrona [enθeróna] *f.* **1** Réclusion volontaire. **2** fig. Embûche, piège *m.*

enceste [enθéste] *m.* Panier (baloncesto).

encharcar [entʃarkár] [1] *tr.* **1** Inonder (un terreno). **2** Noyer (el estómago).

enchufe [entʃúfe] *m.* **1** Raccord (de dos tubos). **2** ELECT. Prise *f.* de courant. **3** fig. pop. Piston (influencia), planque *f.* (empleo).

encía [enθia] *f.* Gencive.

encíclica [enθiklika] *f.* Encyclique.

enciclopedia [enθiklopèðja] *f.* Encyclopédie.

encierro [enθjéřo] *m.* **1** Action *f.,* effet d'enfermer. **2** Retraite *f.,* réclusion *f.* (clausura). **5** TAUROM. Action d'enfermer les taureaux dans le toril.

encima [enθima] *adv.* **1** Dessus: *estar* ~, être dessus. **2** *loc. prep.* ~ *de,* sur: ~ *de la mesa,* sur la table; *por* ~ *de,* au-dessus de (sobre), malgré (a pesar de). **3** En outre, en plus, par-dessus le marché (además): ~ *de que,* en plus du fait que.

encina [enθina] *f.* Chêne *m.* vert, yeuse.

encinta [enθinta] *adj.* Enceinte.

enclavado, -da [eŋklaβáðo, -ða] *adj.* Enclavé, ée.

enclenque [eŋkléŋke] *adj.* Malingre, chétif, ive.

encoger [eŋkoxér] [5] *tr.* **1** Retirer, replier, contracter (un miembro, etc.). **2** fig. Décourager. ■ **3** *intr.* Rétrécir, se rétrécir (un tejido). ■ **4** *pr.* fig. Se démonter, se troubler (apocarse).

encogido, -da [eŋkoxiðo, -ða] *adj.* fig. Timide, pusillanime.

encolar [eŋkolár] *tr.* **1** Coller. **2** Coller (el vino). **3** PINT. Encoller.

encolerizar [eŋkoleriθár] [4] *tr.* Mettre en colère.

encomendar [eŋkomendár] *tr.* **1** Charger (encargar). **2** Confier (confiar). ■ **3** *pr.* Se mettre sous la protection de, se recommander à, s'en remettre à.

enconar [eŋkonár] *tr.* Enflammer, envenimer (una llaga).

encono [eŋkóno] *m.* Haine *f.,* animosité *f.*

encontrado, -da [eŋkontráðo, -ða] *adj.* Contraire, opposé, ée.

encontrar [eŋkontrár] [31] *tr.* **1** Trouver (hallar): ~ *la solución,* trouver la solution. **2** Trouver, rencontrer (sin buscar). ■ **3** *intr.* Se heurter. ■ **4** *pr.* Se trouver, se sentir (estar): *encontrarse a gusto,* se sentir à l'aise.

encopetado, -da [eŋkopetáðo, -ða] *adj.* **1** Présomptueux, euse. **2** De haute volée, huppé, ée.

encordar [eŋkorðár] [31] *tr.* **1** MÚS. Garnir de cordes. **2** Corder.

encorvar [eŋkorβár] *tr.* **1** Courber. ■ **2** *pr.* Se voûter (una persona).

encrespar [eŋkrespár] *tr.* **1** Friser (el cabello, el pelo). **2** fig. Irriter, mettre en fureur. **3** Hérisser (erizar).

encrucijada [eŋkruθixáða] *f.* **1** Carrefour *m.* **2** fig. Embûche, guet-apens *m.*

encuadernación [eŋkwaðernaθjón] *f.* Reliure.

encuadernar [eŋkwaðernár] *tr.* **1** Relier (libros). **2** ~ *en rústica,* brocher.

encuadrar [eŋkwaðrár] *tr.* **1** Encadrer. **2** fig. Incorporer (personas). ■ **3** *pr.* S'intégrer.

encubridor, -ra [eŋkuβriðór, -ra] *adj.* **1** Qui cache. ■ **2** *s.* DER. Receleur, euse.

encubrir [eŋkuβrir] *tr.* **1** Cacher, dissimuler. **2** Receler.

encuentro [eŋkwéntro] *m.* **1** Rencontre *f.* **2** Opposition *f.,* contradiction.

encuesta [eŋkwésta] *f.* Enquête.

encumbrado, -da [eŋkumbráðo, -ða] *adj.* **1** Élevé, ée, haut, haute. **2** Haut placé, ée.

encumbrar [eŋkumbrár] *tr.* **1** Élever. **2** fig. Exalter, glorifier.

ende (por) [(por)ènde] *loc. adv.* En conséquence.

endeble [endéβle] *adj.* Faible, chétif, ive (persona), faible (argumento, etc.).

endecasílabo, -ba [endekasilaβo, -βa] *adj.-m.* MÉTR. Hendécasyllabe.

endémico, -ca [endémiko, -ka] *adj.* Endémique.

endemoniado, -da [endemonjáðo, -ða] *adj.-s.* **1** Possédé, ée, démoniaque. ▪ **2** *adj.* fam. Méchant, ante (malo), satané, ée (maldito).

enderezar [endereθár] [4] *tr.* Redresser.

endeudarse [endeŭðárse] *pr.* S'endetter.

endiablado, -da [endjaβláðo, -ða] *adj.* **1** Horrible. **2** Endiablé, ée (travieso, etc.). **3** Diabolique.

endibia [endíβja] *f.* Endive.

endiosar [endjosár] *tr.* **1** Diviniser. ▪ **2** *pr.* Se gonfler d'orgueil.

endomingar [endomiŋgár] *tr.* **1** Endimancher. ▪ **2** *pr.* S'endimancher.

endosar [endosár] *tr.* **1** COM. Endosser. **2** Faire endosser. **3** pop. Refiler.

endulzar [endulθár] [4] *tr.* **1** Adoucir, sucrer. **2** fig. Adoucir, mitiger.

endurecer [endureθér] [43] *tr.* **1** Durcir, endurcir. ▪ **2** *pr.* fig. S'endurcir.

ene [éne] *f.* N *m.,* lettre n.

enebro [enéβro] *m.* Genévrier.

enema [enéma] *m.* MED. Lavement.

enemigo, -ga [enemiɣo, -ɣa] *adj.-s.* Ennemi, ie.

enemistad [enemistàð] *f.* Inimitié.

enemistar [enemistár] *tr.* Brouiller.

energía [enerxia] *f.* Énergie.

enérgico, -ca [enérxiko, -ka] *adj.* Énergique.

enero [enéro] *m.* Janvier.

enervar [enerβár] *tr.* Affaiblir, amollir.

enésimo, -ma [enésimo, -ma] *adj.* Énième: *por enésima vez,* pour la énième fois.

enfadar [emfaðár] *tr.* **1** Fâcher, mettre en colère (enojar). **2** Ennuyer (causar disgusto).

enfado [emfáðo] *m.* **1** Fâcherie *f.* **2** Ennui, contrariété *f.* **3** Colère *f.*

enfangar [emfaŋgár] [7] *tr.* **1** Crotter. ▪ **2** *pr.* S'embourber.

énfasis [émfasis] *m.* Emphase *f.*

enfermedad [emfermeðàð] *f.* Maladie.

enfermero, -ra [emferméro, -ra] *s.* Infirmier, ière.

enfermo, -ma [emférmo, -ma] *adj.-s.* Malade: *ponerse ~,* tomber malade.

enfilar [emfilár] *tr.* **1** Enfiler (perlas, una calle, etc.). **2** Ranger en file.

enflaquecer [emflakeθér] [43] *tr.* **1** Amaigrir, faire maigrir. ▪ **2** *intr.* fig. Faiblir (perder ánimo).

enfocar [emfokár] [1] *tr.* **1** ÓPT., FOT. Mettre au point. **2** fig. Envisager (un asunto).

enfrentar [emfrentár] *tr.* **1** Mettre vis-à-vis, face à face. **2** Opposer (oponer). ▪ **3** *pr.* Affronter, faire face.

enfrente [emfrènte] *adv.* En face.

enfriar [emfrjár] [13] *tr.* Refroidir (un líquido, el tiempo, una pasión).

enfundar [emfundár] *tr.* **1** Mettre dans une gaine. **2** Mettre dans une housse (muebles, etc.).

enfurecer [emfureθér] [43] *tr.* Mettre en fureur.

enfurruñarse [emfuɾuɲárse] *pr.* fam. Se fâcher, bougonner.

engalanar [eŋgalanár] *tr.* Parer, orner.

enganchar [eŋgantʃár] *tr.* **1** Accrocher (con un gancho). **2** MIL. Engager, enrôler (en el ejército). **3** TAUROM. Encorner.

enganche [eŋgántʃe] *m.* MIL. Enrôlement, recrutement.

engañador, -ra [eŋgaɲaðòr, -ra] *adj.* Trompeur, euse.

engañar [eŋgaɲár] *tr.* Tromper, duper, leurrer.

engaño [eŋgáɲo] *m.* **1** Tromperie *f.* **2** Erreur *f.* **3** TAUROM. Leurre.

engañoso, -sa [eŋgaɲóso, -sa] *adj.* Trompeur, euse, illusoire.

engarce [eŋgárθe] *m.* Enfilage, sertissage (piedras, etc.).

engarzar [eŋgarθár] [4] *tr.* Enfiler (perlas).

engatusar [eŋgatusár] *tr.* Cajoler, enjôler, embobiner.

engendro [enxèndro] *m.* Créature *f.* informe, avorton, monstre.

englobar [eŋgloβár] *tr.* Englober.

engolosinar [eŋgolosinár] *tr.* Affriander, affrioler, allécher.

engomar [eŋgomár] *tr.* Gommer, enduire de gomme (una tela, etc.).

engordar [eŋgorðár] *tr.* **1** Engraisser. ▪ **2** *intr.* Grossir, engraisser (ponerse gordo).

engorroso, -sa [eŋgoɾòso, -sa] *adj.* Embarrassant, ante, ennuyeux, euse.

engranaje [eŋgranáxe] *m.* MEC. Engrenage.

engranar [eŋgranár] *intr.* Engrener.

engrandecer [eŋgrandeθér] [43] *tr.* **1** Accroître, agrandir. **2** fig. Exalter, louer, grandir (ennoblecer).

engrasar [eŋgrasár] *tr.* Graisser.

engrase [eŋgráse] *m.* **1** Graissage. **2** Lubrifiant (materia).

engreír [eŋgreír] [37] *tr.* Enorgueillir.

engrosar [eŋgrosár] [31] *tr.* Grossir.

engrudo [eŋgrúðo] *m.* Empois, colle *f.* de pâte.

enguirnaldar [eŋgirnaldár] *tr.* Enguirlander.

engullir [eŋguʎír] [41] *tr.* Engloutir, avaler.

enharinar [enarinár] *tr.* Enfariner.

enhebrar [eneβrár] *tr.* Enfiler (una aguja, perlas).

enhorabuena [enoraβwéna] *f.* **1** Félicitations *pl.* Loc. *Dar la ~,* féliciter; *estar de ~,* être au comble de la joie. ▪ **2** *adv.* Heureusement. **3** Bon, à la bonne heure.

enigma [eníɣma] *m.* Énigme *f.*

enigmático, -ca [eníɣmátiko, -ka] *adj.* Énigmatique.

enjabonar [eŋxaβonár] *tr.* **1** Savonner. **2** fig. fam. Passer de la pommade à (adular).

enjambre [eŋxámbre] *m.* Essaim.

enjaular [eŋxaũlár] *tr.* **1** Encager. **2** fig. Coffrer (meter en la cárcel).

enjoyar [eŋxoJár] *tr.* **1** Parer, orner de bijoux. **2** fig. Orner, embellir.

enjuagar [eŋxwaɣár] [7] *tr.* **1** Rincer. ▪ **2** *pr.* Se rincer la bouche.

enjuague [eŋxwáɣe] *m.* **1** Rincage. **2** fam. Affaire *f.* louche, tripotage.

enjugar [eŋxuɣár] [7] *tr.* **1** Sécher (quitar la humedad). **2** Essuyer, sécher (el sudor, las lágrimas).

enjuiciar [eŋxwiθjár] [12] *tr.* **1** Juger, émettre un jugement sur (una cuestión). **2** Faire passer en jugement (a uno).

enjuto, -ta [eŋxúto, -ta] *adj.* **1** Sec, sèche. **2** Maigre, sec, sèche (flaco).

enlace [enláθe] *m.* **1** Liaison *f.,* enchaînement, connexion *f.* **2** Mariage, union *f.* (casamiento).

enlazar [enlaθár] [4] *tr.* **1** Enlacer, lier. **2** Enchaîner, lier (ideas, etc.).

enlodar [enloðár], **enlodazar** [enloðaθár] *tr.* Crotter, couvrir de boue.

enloquecedor, -ra [enlokeθeðór, -ra] *adj.* Affolant, ante.

enloquecer [enlokeθér] [43] *tr.* **1** Affoler (trastornar). **2** Rendre fou, folle.

enlosar [enlosár] *tr.* Daller.

enlucido, -da [enluθíðo, -ða] *adj.* **1** Blanchi, ie, crépi, ie (pared). ▪ **2** *m.* Crépi.

enlutar [enlutár] *tr.* **1** Endeuiller. **2** Mettre en deuil.

enmarañar [emmaraɲár] *tr.* **1** Embrouiller, emmêler. **2** fig. Embrouiller.

enmascarado, -da [emmaskaráðo, -ða] *s.* Masque *m.,* personne *f.* masquée.

enmascarar [emmaskarár] *tr.* Masquer.

enmendar [emmendár] [27] *tr.* **1** Corriger, amender. **2** Réparer (un daño).

enmienda [emmjénda] *f.* **1** Correction, rectification. **2** DER. Amendement.

enmohecer [emmoeθér] [43] *tr.* **1** Moisir (con moho orgánico). ▪ **2** *pr.* Moisir, rouiller.

enmudecer [emmuðeθér] [43] *tr.* **1** Faire taire. ▪ **2** *intr.* Rester muet, ette, se taire.

ennegrecer [enneɣreθér] [43] *tr.* **1** Noircir. ▪ **2** *pr.* fig. S'assombrir.

ennoblecer [ennoβleθér] [43] *tr.* **1** Anoblir (hacer noble). **2** fig. Ennoblir (dignificar).

enojar [enoxár] *tr.* **1** Fâcher, irriter. ▪ **2** *pr.* Se fâcher, se mettre en colère.

enojo [enóxo] *m.* **1** Colère *f.,* irritation *f.* (enfado). **2** Ennui, contrariété *f.* (molestia).

enorgullecer [enorɣuʎeθér] [43] *tr.* Enorgueillir.

enorme [enórme] *adj.* Énorme.

enormidad [enormiðáð] *f.* Énormité.

enramada [enr̄amáða] *f.* **1** Feuillage *m.,* ramée (conjunto de ramas). **2** Ornement *m.* de branchages.

enranciar [enr̄anθjár] [12] *tr.* **1** Faire rancir. ▪ **2** *pr.* Rancir.

enrarecer [enr̄areθér] [43] *tr.* Raréfier.

enredadera [enr̄eðaðéra] *adj.* **1** *Planta ~,* plante grimpante. ▪ **2** *f.* Liseron *m.*

enredar [enr̄eðár] *tr.* **1** Prendre dans un filet. **2** Emmêler, embrouiller (enmarañar). **3** fig. Brouiller (meter discordia). ▪ **4** *intr.* Faire des espiègleries.

enredo [enr̄éðo] *m.* **1** Emmêlement, embrouillement, enchevêtrement. **2** Mensonge (engaño). **3** Imbroglio, affaire *f.* compliquée (lío).

enrejado [enr̄exáðo] *m.* **1** Grille *f.* (verja). **2** Treillage, treillis.

enriquecer [enr̄ikeθér] [43] *tr.* **1** Enrichir. ▪ **2** *intr.-pr.* S'enrichir.

enrojecer [enr̄oxeθér] [43] *tr.* **1** Rougir. ▪ **2** *intr.-pr.* Rougir.

enrolar [enr̄olár] *tr.* MAR. Enrôler.

enrollar [enr̄oʎár] *tr.* Rouler, enrouler.

enronquecer [enr̄oŋkeθér] [43] *tr.* Enrouer.

enroscar [enr̄oskár] [1] *tr.* **1** Enrouler, entortiller. **2** Visser (atornillar).

ensaimada [ensaĩmáða] *f.* Sorte de gâteau *m.* en forme de spirale.

ensalada [ensaláða] *f.* Salade.

ensaladera [ensaláðera] *f.* Saladier *m.*

ensaladilla [ensalaðíʎa] *f.* Macédoine de légumes: ~ *rusa,* salade russe.

ensalmo [ensálmo] *m.* 1 Manière *f.* superstitieuse de guérir. 2 *loc. adv. Como por ~,* comme par enchantement.

ensalzar [ensalθár] [4] *m.* 1 Élever, honorer. 2 Exalter, louer (alabar).

ensamblar [ensamblár] *tr.* Assembler.

ensanchar [ensantʃár] *tr.* Élargir (hacer más ancha una cosa).

ensanche [ensántʃe] *m.* 1 Élargissement (de una cosa). 2 Agrandissement (de una población). 3 Quartier neuf (barrio nuevo).

ensangrentar [ensaŋgrentár] [27] *tr.* 1 Ensanglanter. ■ 2 *pr.* Se couvrir de sang.

ensartar [ensartár] *tr.* 1 Enfiler (perlas, etc.). 2 fig. Débiter (tonterías, etc.).

ensayar [ensaʝár] *tr.* 1 Essayer. 2 Répéter (una obra teatral, etc.).

ensayista [ensaʝísta] *s.* Auteur d'essais littéraires.

ensayo [ensáʝo] *m.* 1 Essai. 2 TEAT., MÚS. Répétition *f.*

ensenada [ensenáða] *f.* GEOG. Anse.

enseña [enséɲa] *f.* Enseigne.

enseñanza [enseɲánθa] *f.* Enseignement.

enseñar [enseɲár] *tr.* 1 Apprendre: *ella me enseñó a leer,* elle m'a appris à lire. 2 Montrer (mostrar).

enseres [enséres] *m. pl.* Affaires *f.* (objetos, utensilios, etc.), mobilier *sing.* (muebles).

ensimismarse [ensimizmárse] *pr.* S'abstraire, s'absorber.

ensombrecer [ensombreθér] [43] *tr.* Assombrir.

ensoñador, -ra [ensoɲaðór, -ra] *adj.-s.* Rêveur, euse.

ensordecedor, -ra [ensorðeθeðór, -ra] *adj.* Assourdissant, ante.

ensordecer [ensorðeθér] [43] *tr.* 1 Abassourdir, assourdir. ■ 2 *intr.* Devenir sourd, sourde.

ensortijar [ensortixár] *tr.* Boucler, friser (cabellos, etc.).

ensuciar [ensuθjár] [12] *tr.* 1 Salir, souiller. ■ 2 *pr.* Se salir. 3 fig. Se corrompre.

entablar [entaβlár] *tr.* 1 Planchéier. 2 Couvrir de planches. 3 Entamer, engager (una discusión, un pleito, etc.).

entallar [entaʎár] *tr.* 1 Sculpter, graver, ciseler. 2 Gemmer (pinos). 3 Ajuster à la taille (un vestido).

entarimado [entarimáðo] *m.* Plancher, parquet.

ente [énte] *m.* 1 Être. 2 fam. Individu.

entendedor, -ra [entendeðór, -ra] *adj.-s.* Entendeur.

entender [entendér] [28] *tr.* 1 Comprendre: *no entiendo lo que dices,* je ne comprends pas ce que tu dis. Loc. *Ya entiendo,* je comprends, je vois. 2 Entendre: ¿qué entiende usted por eso?, qu'entendez-vous par là? 3 Croire, penser (opinar). ■ 4 *intr.* S'y connaître, s'y entendre: *poco entiende de mecánica,* il ne s'y connaît pas beaucoup en mécanique.

entendido, -da [entendíðo, -ða] *adj.* 1 Compétent, ente, connaisseur, euse. 2 *No darse por ~,* faire la sourde oreille, feindre de ne pas comprendre.

enterar [enterár] *tr.* 1 Informer, apprendre, renseigner. ■ 2 *pr.* S'informer, se renseigner. 3 Apprendre (una noticia).

entereza [enteréθa] *f.* 1 Intégrité. 2 Énergie, force de caractère.

enterizo, -za [enteríθo, -θa] *adj.* 1 Entier, ière. 2 D'une seule pièce.

enternecer [enterneθér] [43] *tr.* Attendrir.

entero, -ra [entéro, -ra] *adj.* 1 Entier, ière. 2 fig. Ferme, résolu, ue, inébranlable (firme).

enterrar [enterár] [27] *tr.* 1 Enterrer. ■ 2 *pr.* S'enterrer.

entibiar [entiβjár] [12] *tr.* Attiédir, tiédir.

entidad [entiðáð] *f.* FIL. Entité. 2 Collectivité, organisme *m.,* société, entreprise. 3 Importance.

entierro [entjéro] *m.* Enterrement.

entoldar [entoldár] *tr.* 1 Tendre un vélum au-dessus de (calle, patio). 2 Tendre (tapicerías, colgaduras en una iglesia, en una habitación, etc.).

entonación [entonaθjón] *f.,* **entonamiento** [entonamjénto] *m.* Intonation *f.*

entonar [entonár] *intr.* Chanter juste.

entonces [entónθes] *adv.* Alors.

entornar [entornár] *tr.* Entrebâiller, entrouvrir (una puerta), fermer à demi (los ojos).

entorno [entórno] *m.* Environnement: *el ~ familiar,* l'environnement familial.

entorpecer [entorpeθér] [43] *tr.* 1 Engourdir, alourdir. 2 fig. Gêner, embarrasser.

entrada [entráða] *f.* 1 Entrée. 2 Billet *m.,* place (billete). 3 Recette (dinero que se recauda).

entrambos, -as [entrámbos, -as] *adj. pl.* Les deux, tous les deux, toutes les deux.

entrampar [entrampár] *tr.* **1** Prendre au piège (un animal). **2** Endetter.

entrante [entránte] *adj.* **1** Entrant, ante (que entra). **2** *Ángulo* ~, angle rentrant. **3** Prochain, aine (mes, semana).

entraña [entráŋa] *f.* **1** Viscère *m.* ▪ **2** *pl.* Entrailles.

entrañable [entraŋáβle] *adj.* Intime, profond, onde (sentimiento).

entrañar [entraŋár] *tr.* **1** Contenir, renfermer. ▪ **2** *pr.* S'unir intimement (con alguno).

entrar [entrár] *intr.* **1** Entrer. Loc. ~ *en años,* prendre de l'âge. **2** Déboucher, se jeter (un río). ▪ **3** *tr.* Entrer, rentrer (meter, introducir). **4** Aborder (a una persona): *no hay por donde entrarle,* il est inabordable. ▪ **5** *pr.* Entrer, pénétrer.

entre [éntre] *prep.* **1** Entre: ~ *Madrid y Burgos,* entre Madrid et Burgos. **2** Parmi: ~ *mis amigos,* parmi mes amis. **3** Chez (en la colectividad): ~ *los musulmanes,* chez les musulmans. **4** À (con varias personas): *llevar una cosa* ~ *dos,* porter une chose à deux. **5** Loc. *adv.* ~ *mí,* ~ *sí,* à part moi, à part lui; ~ *tanto,* cependant, en attendant.

entreabierto, -ta [entreaβjérto, -ta] *adj.* Entrouvert, erte.

entreacto [entreáyto] *m.* Entracte.

entrecejo [entreθéxo] *m.* Glabelle *f.* Loc. *Fruncir el* ~, froncer les sourcils.

entrecot, entrecote [entrekót] *m.* Entrecôte *f.*

entrecruzar [entrekruθár] [4] *tr.* Entrecroiser.

entredicho [entreðítʃo] *m.* Interdit.

entrega [entréɣa] *f.* Livraison (mercancía), remise (carta, premio, etc.).

entregar [entreɣár] [7] *tr.* **1** Remettre, livrer. ▪ **2** *pr.* Se livrer (al enemigo, a una pasión). **3** S'avouer vaincu, ue.

entrelazar [entrelaθár] [4] *tr.* Entrelacer.

entremés [entremés] *m.* **1** Hors-d'œuvre. **2** TEAT. Intermède (pieza).

entremeter [entremetér] *tr.* **1** Mélanger, mêler. ▪ **2** *pr.* S'immiscer dans, se mêler de (entrometerse).

entremezclar [entremeθklár] *tr.* Entremêler.

entrenar [entrenár]. **1** *tr.* Entraîner. **2** *pr.* S'entraîner.

entrepaño [entrepáŋo] *m.* Trumeau (espacio de pared).

entrepiernas [entrepjérnas] *f. pl.,* **entrepierna** [entrepjérna] *f.* Entrejambes *m.,* entrecuisse *m.*

entrepuente [entrepwénte] *m.* MAR. Entrepont.

entresacar [entresakár] [1] *tr.* **1** Trier, choisir (escoger). **2** Couper (árboles, cabellos).

entresijo [entresixo] *m.* **1** ANAT. Mésentère. **2** fig. Mystère, secret.

entresuelo [entreswélo] *m.* Entresol.

entretanto [entretánto] *adv.* Entretemps, pendant ce temps. *loc. adv. En el* ~, dans l'intervalle.

entretejer [entretexér] *tr.* Entrelacer, entremêler.

entretener [entretenér] [87] *tr.* **1** Faire perdre son temps. **2** Amuser, distraire (divertir). **3** Retarder, faire traîner en longueur (dar largas). ▪ **4** *pr.* S'attarder.

entretenido, -da [entretenido, -ða] *adj.* Amusant, ante, divertissant, ante.

entretenimiento [entretenimjénto] *m.* **1** Amusement, distraction *f.* **2** Entretien (conservación).

entretiempo [entretjémpo] *m.* Demi-saison *f.*

entrever [entreβér] [91] *tr.* Entrevoir

entreverar [entreβerár] *tr.* Entremêler.

entrevista [entreβísta] *f.* **1** Entrevue, entretien *m.* **2** Interview (de periodista).

entrevistador, -ra [entreβistaðór, -ra] *m.-f.* Interviewer, journaliste qui fait une interview.

entristecer [entristeθér] [43] *tr.* Attrister.

entuerto [entwérto] *m.* Tort, dommage.

entumecer [entumeθér] [43] *tr.* Engourdir.

enturbiar [enturβjár] [12] *tr.* Troubler.

entusiasmar [entusjazmár] *tr.* Enthousiasmer.

entusiasta [entusjásta] *adj.-s.* Enthousiaste.

enumeración [enumeraθjón] *f.* Énumération.

enumerar [enumerár] *tr.* Énumérer.

enunciado [enunθjáðo] *m.* Énoncé.

envasado [embasáðo] *m.* Mise *f.* en bouteille, en conserve, en sachet, en sac.

envasar [embasár] *tr.* Mettre en bouteille (un líquido).

envase [embáse] *m.* **1** Mise *f.* en bouteille (de un líquido). **2** Récipient (recipiente), bouteille *f.* (botella), pot (bote), boîte *f.* (caja).

envejecer [embexeθér] [43] *tr.* **1** Vieillir. ▪ **2** *intr.-pr.* Vieillir.

envenenamiento [embenenamjénto] *m.* Empoisonnement.

envenenar [embenenár] *tr.* **1** Empoisonner. **2** fig. Envenimer.

envergadura [emberɣaðúra] *f.* Envergure.

enviar [embjár] [13] *tr.* Envoyer: *le enviaré mañana un paquete por correo,* je vous enverrai demain un colis par la poste.

enviciar [embiθjár] [12] *tr.* 1 Vicier, corrompre. ■ 2 *pr.* S'adonner exagérément à.

envidia [embíðja] *f.* 1 Envie: *dar* ~, faire envie. 2 Jalousie (celos). 3 Émulation.

envidioso, -sa [embiðjóso, -sa] *adj.-s.* Envieux, euse.

envilecer [embileθér] [43] *tr.* Avilir.

envío [embío] *m.* Envoi.

envite [embíte] *m.* 1 Renvoi, pari (en el juego). 2 Offre *f.* (ofrecimiento).

enviudar [embjuðár] *intr.* Devenir veuf, veuve.

envoltorio [emboltórjo] *m.* Baluchon, paquet.

envolver [embolβér] [32] *tr.* 1 Envelopper. 2 Emmailloter (un bebé). ■ 3 *pr.* S'envelopper.

enyesar [endzesár] *tr.* Plâtrer.

enzarzar [enθarθár] [4] *tr.* 1 Couvrir de ronces. 2 fig. Brouiller (sembrar discordia). ■ 3 *pr.* S'empêtrer (en asuntos difíciles). 4 Se disputer (reñirse).

eñe [éɲe] *f.* Nom de la lettre ñ.

épica [épika] *f.* LIT. Poésie épique.

épico, -ca [épiko, -ka] *adj.* 1 LIT. Épique. ■ 2 *m.* Auteur épique.

epidemia [epiðémja] *f.* Épidémie.

epidermis [epiðérmis] *f.* Épiderme *m.*

epígrafe [epiɣrafe] *m.* Épigraphe *f.*

epigrama [epiɣráma] *m.* Épigramme *f.*

epilepsia [epiléβsja] *f.* Épilepsie.

epílogo [epíloɣo] *m.* Épilogue.

episcopado [episkopáðo] *m.* Épiscopat.

episcopal [episkopál] *adj.* Épiscopal, ale.

episódico, -ca [episóðiko, -ka] *adj.* Épisodique.

episodio [episóðjo] *m.* Épisode.

epístola [epistola] *f.* Épître.

epitafio [epitáfjo] *m.* Épitaphe *f.*

época [époka] *f.* Époque *f.*

epopeya [epopéja] *f.* Épopée.

equidad [ekiðáð] *f.* Équité.

equidistar [ekiðistár] *intr.* Être équidistant, ante.

equilátero, -ra [ekilátero, -ra] *adj.* GEOM. Équilatéral, ale.

equilibrio [ekiliβrjo] *m.* Équilibre.

equilibrista [ekiliβrísta] *s.* Équilibriste.

equino, -na [ekino, -na] *adj.* Équin, ne.

equinoccio [ekinóɣθjo] *m.* ASTR. Équinoxe.

equipaje [ekipáxe] *m.* Bagages *pl.*: *viaja con poco* ~, il voyage avec peu de bagages.

equipar [ekipár] *tr.* Équiper.

equipo [ekipo] *m.* 1 Équipement (de soldado, de esquiador, etc.). 2 Trousseau (de novia). 3 Équipe *f.* (de obreros, de jugadores, etc.).

equis [ékis] *f.* X *m.*, lettre x.

equitación [ekitaθjón] *f.* Équitation.

equitativo, -va [ekitatiβo, -βa] *adj.* Équitable.

equivalente [ekiβalénte] *adj.* Équivalent, ente.

equivaler [ekiβalér] [89] *intr.* Équivaloir.

equivocado, -da [ekiβokáðo, -ða] *adj.* Erroné, ée (erróneo), mal choisi, ie (desacertado).

equivocar [ekiβokár] [1] *tr.* 1 Confondre (tomar una cosa por otra). 2 Se tromper de. ■ 3 *pr.* Se tromper.

equívoco, -ca [ekiβoko, -ka]. 1 *adj.* Équivoque. 2 *m.* Équivoque *f.*

era [èra] *f.* 1 Ère: ~ *cristiana,* ère chrétienne. 2 Aire (para la trilla). 3 AGR. Carré *m.*

ere [ére] *f.* R *m.*, lettre r.

ergonómico [erɣonómiko] *adj.* Ergonomique.

erguir [erɣir] [70] *tr.* 1 Lever, dresser: ~ *la cabeza,* lever la tête. ■ 2 *pr.* fig. S'enorgueillir, se rengorger.

erigir [erixir] [6] *tr.* 1 Ériger. ■ 2 *pr.* S'ériger.

erizar [eriθár] [4] *tr.* Hérisser.

ermitaño, -ña [ermitáɲo, -ɲa] *s.* 1 Personne qui a la garde d'un ermitage. ■ 2 *m.* Ermite.

erosión [erosjón] *f.* Érosion.

erótico, -ca [erótiko, -ka] *adj.* Érotique.

erotismo [erotizmo] *m.* Érotisme.

erradicar [eraðikár] [1] *tr.* Déraciner.

errante [eránte] *adj.* Errant, ante.

errar [eRár] [57] *tr.* 1 Manquer, rater (el tiro, su vocación, etc.). ■ 2 *intr.* Errer. ■ 3 *intr.-pr.* Se tromper, faire erreur (equivocarse).

erre [éRe] *f.* Rr *m.*, nom du r double. Loc. ~ *que* ~, sans en démordre, obstinément.

error [eRór] *m.* Erreur *f.*

eructar [eruytár] *intr.* Éructer.

erudición [eruðiθjón] *f.* Érudition.

erudito, -ta [eruðito, -ta] *adj.-s.* Érudit, ite.

erupción [eruβθjón] *f.* Éruption.

esbelto, -ta [esβélto, -ta] *adj.* Svelte.

esbozar [esβoθár] [4] *tr.* Ébaucher, esquisser.

esbozo [esβóθo] *m.* Ébauche *f.,* esquisse *f.*

escabechar [eskaβetʃár] *tr.* **1** Mariner, conserver dans une marinade. **2** fig. Tuer (matar).

escabeche [eskaβétʃe] *m.* Marinade *f.*

escabel [eskaβél] *m.* Tabouret, escabeau.

escabroso, -sa [eskaβróso, -sa] *adj.* **1** Scabreux, euse, accidenté, ée, raboteux, euse (terreno). **2** fig. Rude, difficile (carácter).

escabullirse [eskaβuʎírse] [41] *pr.* Glisser, échapper des mains.

escafandra [eskafándra] *f.,* **escafandro** [eskafándro] *m.* Scaphandre *m.*

escala [eskála] *f.* **1** Échelle. **2** MAR. Escale. MÚS. Gamme.

escalafón [eskalafón] *m.* Tableau d'avancement.

escalar [eskalár] *tr.* Escalader.

escaldar [eskaldár] *tr.* **1** Échauder (con agua hirviendo). **2** Chauffer au rouge. ■ **3** *pr.* S'échauffer (la piel).

escalera [eskaléra] *f.* **1** Escalier *m.:* ~ *de caracol,* escalier en colimaçon. **2** Échelle: ~ *de mano,* échelle.

escalinata [eskalináta] *f.* Perron *m.*

escalofrío [eskalofrío] *m.* Frisson.

escalón [eskalón] *m.* **1** Échelon (de escala). **2** Marche *f.,* degré (de escalera).

escalonar [eskalonár] *tr.* **1** Échelonner, étaler (graduar). **2** Étager (a distintos niveles).

escama [eskáma] *f.* Écaille (de los peces, reptiles, etc.).

escamar [eskamár] *tr.* **1** Écailler (quitar las escamas). **2** fig. Rendre méfiant, ante, paraître suspect, ecte. ■ **3** *pr.* Devenir méfiant, ante.

escamoso, -sa [eskamóso, -sa] *adj.* **1** Écailleux, euse. **2** Squameux, euse.

escamotear [eskamoteàr] *tr.* Escamoter.

escampar [eskampár] *intr.* Cesser de pleuvoir.

escandalizar [eskandaliθár] [4] *tr.* **1** Scandaliser. ■ **2** *pr.* Se scandaliser, être scandalisé, ée.

escándalo [eskándalo] *m.* **1** Scandale: *armar un* ~, faire du scandale. **2** Tapage (ruido), esclandre (alboroto).

escandinavo, -va [eskandinábo, -βa] *adj.-s.* Scandinave.

escaño [eskáɲo] *m.* **1** Banc à dossier. **2** Siège de député.

escapada [eskapáða] *f.* Escapade.

escapar [eskapár] *intr.-pr.* Échapper, s'échapper, se sauver: ~ *de un peligro,* échapper à un danger.

escaparate [eskaparáte] *m.* **1** Vitrine *f.* **2** Devanture *f.,* vitrine *f.,* étalage (de tienda).

escapatoria [eskapatórja] *f.* Fuite, évasion, escapade.

escape [eskápe] *m.* **1** Échappement (de un motor, reloj). **2** Fuite *f.* (de un gas, un líquido). **3** *loc. adv.* A ~, en vitesse, dare-dare.

escarabajo [eskaraβáxo] *m.* **1** Scarabée, bousier (coleóptero). ■ **2** *pl.* fig. Gribouillages, gribouillis.

escaramuza [eskaramúθa] *f.* Escarmouche.

escarbar [eskarβár] *tr.* **1** Gratter, fouiller (la tierra). **2** Tisonner (la lumbre).

escarcha [eskártʃa] *f.* Gelée blanche, givre *m.*

escardar [eskarðár] *tr.* Sarcler, échardonner.

escarlata [eskarláta] *adj.-f.* Écarlate.

escarlatina [eskarlatina] *f.* MED. Scarlatine.

escarmentar [eskarmentár] [27] *tr.* **1** Corriger avec rigueur. ■ **2** *intr.-pr.* Apprendre à ses dépens, profiter de la leçon.

escarmiento [eskarmjénto] *m.* **1** Châtiment exemplaire. **2** Leçon *f.,* expérience *f.* salutaire.

escarnio [eskárnjo] *m.* Moquerie *f.,* dérision *f.*

escarola [eskaróla] *f.* Scarole.

escarpado, -da [eskarpáðo, -ða] *adj.* Escarpé, ée.

escasez [eskaséθ] *f.* **1** Mesquinerie, avarice (mezquindad). **2** Rareté, manque *m.,* disette, pénurie. **3** Gêne, pauvreté (apuros).

escaso, -sa [eskáso, -sa] *adj.* **1** Court, courte, limité, ée, insuffisant, ante. **2** À peine, juste: *dos kilos escasos,* à peine deux kilos. **3** Rare (poco frecuente, poco abundante). **4** Chiche, mesquin, ine (tacaño).

escatimar [eskatimár] *tr.* **1** Lésiner sur. **2** Marchander.

escayola [eskajóla] *f.* **1** Plâtre *m.* (yeso). **2** Stuc *m.*

escena [esθéna] *f.* Scène.

escenario [esθenárjo] *m.* TEAT. Scène *f.*

escenificación [esθenifikaθjón] *f.* Mise en scène.

escenografía [esθenoɣrafía] *f.* Scénographie.

escepticismo [esθeβtiθiizmo] *m.* Scepticisme.

escéptico, -ca [esθéβtiko, -ka] *adj.-s.* Sceptique.

escisión [esθisjón] *f.* Scission.

esclarecer [esklareθér] [43] *tr.* 1 Éclaircir (poner clara una cosa). 2 Éclairer, illuminer. 3 fig. Ennoblir, illustrer.

esclarecido, -da [esklareθíðo, -ða] *adj.* Noble, illustre.

esclavitud [esklaβitúð] *f.* Esclavage *m.*

esclavo, -va [eskláβo, -βa] *adj.-s.* 1 Esclave. ■ 2 *f.* Bracelet *m.* sans ornements.

escoba [eskóβa] *f.* 1 Balai *m.* 2 Genêt *m.* à balais (planta).

escobazo [eskoβáθo] *m.* Coup de balai.

escobilla [eskoβíʎa] *f.* 1 Brosse (cepillo). 2 Balayette. 3 Balai *m.* (de una dinamo).

escobillón [eskoβiʎón] *m.* ARTILL. Écouvillon.

escocedura [eskoθeðúra] *f.* 1 Cuisson (dolor). 2 Rougeur (de la piel).

escocer [eskoθér] [54] *intr.* 1 Cuire, brûler. ■ 2 *pr.* S'échauffer (la piel).

escocés, -esa [eskoθés, -ésa] *adj.-s.* Écossais, aise.

escoger [eskoxér] [5] *tr.* 1 Choisir (elegir). 2 Trier (seleccionar). 3 *A* ∼, au choix.

escolar [eskolár] *adj.* Scolaire.

escolástico, -ca [eskolástiko, -ka] *adj.-s.* 1 Scolastique. ■ 2 *f.* Scolastique.

escollera [eskoʎéra] *f.* Jetée, brise-lames *m. invar.*

escollo [eskóʎo] *m.* Écueil.

escolta [eskólta] *f.* Escorte.

escoltar [eskoltár] *tr.* Escorter.

escombros [eskómbros] *m. pl.* Décombres, déblais.

esconder [eskondér] *tr.* Cacher.

escondidas (a) [(a)eskondiðas] *loc. adv.* En cachette.

escondite [eskondite] *m.* 1 Cache *f.*, cachette *f.* 2 Cache-cache (juego).

escopeta [eskopéta] *f.* 1 Fusil *m.* de chasse: ∼ *de dos cañones*, fusil à deux coups. 2 Escopette (arma antigua).

escoria [eskórja] *f.* 1 Scorie. 2 fig. Lie, rebut *m.*

escorpión [eskorpjón] *m.* Scorpion.

escotar [eskotár] *tr.* 1 Échancrer. 2 Décolleter (cuello).

escote [eskóte] *m.* 1 Décolleté (de un vestido de mujer). 2 Écot (parte de un gasto).

escozor [eskoθór] *m.* 1 Cuisson *f.*, brûlure *f.* 2 fig. Peine *f.*, regret.

escribanía [eskriβania] *f.* 1 DER. Greffe *m.* 2 Écritoire.

escribano [eskriβáno] *m.* 1 ant. Notaire. 2 DER. Secrétaire, greffier.

escribir [eskriβir] *tr.* Écrire.

escrito [eskrito] *m.* Écrit.

escritor, -ra [eskritór, -ra] *s.* Écrivain. ▲ No tiene femenino.

escritura [eskritúra] *f.* 1 Écriture (acción, arte). 2 DER. Acte *m.*: ∼ *pública,* acte notarié; ∼ *privada,* acte sous seing privé.

escrúpulo [eskrúpulo] *m.* 1 Scrupule. 2 fig. Répugnance *f.*

escrutar [eskrutár] *tr.* 1 Scruter. 2 Dépouiller le scrutin (en una elección).

escrutinio [eskrutinjo] *m.* 1 Examen. 2 Dépouillement du scrutin.

escuadra [eskwáðra] *f.* 1 Équerre. Loc. *A* ∼, en équerre. 2 MIL. Escouade. 3 Équipe (de obreros, etc.). 4 MAR. Escadre.

escuadrar [eskwaðrár] *tr.* Équarrir, rendre carré, ée.

escuadrón [eskwaðrón] *m.* Escadron.

escucha [eskútʃa] *f.* Écoute (acción de escuchar).

escuchar [eskutʃár] *tr.* Écouter.

escudar [eskuðár] *tr.* 1 Couvrir d'un bouclier. 2 fig. Défendre, protéger.

escudero [eskuðéro] *m.* 1 Écuyer (paje). 2 Écuyer (hidalgo).

escudo [eskúðo] *m.* 1 Bouclier. 2 Écu (arma, moneda). 3 fig. Défense *f.*, protection *f.*

escudriñar [eskuðriɲár] *tr.* Fureter, fouiller du regard, scruter.

escuela [eskwéla] *f.* École.

escueto, -ta [eskwéto, -ta] *adj.* 1 Libre, dégagé, ée. 2 Dépouillé, ée, sobre.

esculpir [eskulpir] *tr.* 1 Sculpter. 2 Graver.

escultor, -ra [eskultór, -ra] *s.* Sculpteur.

escultura [eskultúra] *f.* Sculpture.

escupir [eskupir] *intr.-tr.* Cracher.

escurreplatos [eskur̄eplátos] *m.* Égouttoir à vaisselle.

escurridizo, -za [eskur̄iðiθo, -θa] *adj.* Glissant, ante.

escurrir [eskur̄ir] *tr.* 1 Épuiser les dernières gouttes de. ■ 2 *intr.-pr.* Dégoutter, s'égoutter. 3 Glisser (deslizar).

esdrújulo, -la [esðrúxulo, -la] *adj.* Qui a l'accent tonique sur l'antépénultième syllabe.

ese [èse] *f.* 1 S *m.,* lettre s. Loc. fig. *Andar haciendo eses,* marcher en zigzagant, zigzaguer. 2 MÚS. Ouïe (de un violín).

ese [ése], **esa** [ésa], **esos** [ésos], **esas** [ésas] *adj.* 1 Ce, cet, cette, ces. Cet delante de una vocal o h muda: *ese avión,* cet avion. 2 Ce, cet, cette, ces...-là: *ese libro,* ce livre-là. ■ 3 *pron. dem.* Celui-là, celle-là, ceux-là, celles-là. «Ésa», désigne la ville où se trouve le destinataire d'une lettre. 4 Loc. *Ni por esas,* en aucune manière. ▲ Ese, esa, etc., indiquent toujours la personne ou la chose qui est près de celui à qui l'on parle.

esencia [esénθja] *f.* 1 Essence. 2 *Quinta* ~, quintessence. 3 *En, por* ~, par essence.

esencial [esènθjál] *adj.* Essentiel, elle.

esfera [esféra] *f.* 1 Sphère. 2 Cadran *m.* (de un reloj).

esfinge [esfínxe] *f.* Sphinx *m.*

esforzar [esforθár] [50] *tr.* 1 Fortifier, encourager. ■ 2 *pr.* S'efforcer: *esforzarse en, por,* s'efforcer de.

esfuerzo [esfwérθo] *m.* 1 Effort. 2 Courage (valor).

esgrima [esɣríma] *f.* Escrime.

esgrimir [esɣrimír] *tr.* Manier (un arma).

esguince [esɣínθe] *m.* Écart, esquive *f.* (ademán).

eslogan [eslóɣan] *m.* Slogan: ~ *publicitario,* slogan publicitaire.

esmaltar [esmaltár] *tr.* 1 Émailler. 2 Orner, embellir.

esmalte [esmálte] *m.* 1 Émail. 2 Smalt (color). 3 Vernis (para las uñas).

esmerado, -da [esmeráto, -ða] *adj.* 1 Soigné, ée (trabajo). 2 Soigneux, euse (que se esmera).

esmeralda [esmerálda] *f.* Émeraude.

esmeril [esmeríl] *m.* Émeri.

esmero [esméro] *m.* Soin.

esmoquin [esmókin] *m.* Smoking.

esnob [eznóβ] *adj.-s.* Snob.

eso [éso] *pron.* Cela, ça, c' (delante de vocal): ~ *es,* ~ *mismo,* c'est cela, c'est ça.

ESO [éso] *f.* (abrev. Enseñanza Secundaria Obligatoria) Enseignement secondaire.

esoterismo [esoterízmo] *m.* Ésotérisme.

espacio [espáθjo] *m.* 1 Espace. 2 Place *f.: ocupar* ~, prendre de la place.

espacioso, -sa [espaθjóso, -sa] *adj.* 1 Spacieux, euse. 2 Lent, lente, flegmatique.

espada [espáða] *f.* 1 Épée. ■ 2 *m.* TAUROM. Matador. 3 *f. pl.* Une des couleurs des cartes espagnoles.

espalda [espálda] *f.* 1 Dos *m.* (del cuerpo humano, de un vestido). ■ 2 *pl.* Dos *m.*

sing. Loc. *Cargado de espaldas,* voûté; *dar de espaldas,* tomber sur le dos; *tirar de espaldas,* renverser. 3 Derrière *m. sing.,* partie *sing.* postérieure (de una cosa).

espantable [espantáβle] *adj.* Effrayant, ante.

espantadizo, -za [espantaðíθo, -θa] *adj.* Ombrageux, euse.

espantajo [espantáxo] *m.* Épouvantail.

espantapájaros [espantapáxaros] *m. invar.* Épouvantail.

espantar [espantár] *tr.* 1 Effrayer, épouvanter. 2 Chasser, éloigner.

espanto [espánto] *m.* Frayeur *f.,* épouvante *f.*

espantoso, -sa [espantóso, -sa] *adj.* Effrayant, ante, épouvantable.

español, -la [espaɲól, -la] *adj.-s.* Espagnol, ole.

esparadrapo [esparaðrápo] *m.* Sparadrap.

esparcimiento [esparθimjénto] *m.* 1 Éparpillement. 2 Divulgation *f.*

esparcir [esparθír] [3] *tr.* 1 Répandre, éparpiller. 2 fig. Divulguer, répandre (una noticia). 3 Distraire (el ánimo).

espárrago [espárayo] *m.* Asperge *f.* Loc. fam. *¡Vete a freír espárragos!,* va te faire fiche!, va te faire cuire un œuf!

espartano, -na [espartáno, -na] *adj.-s.* Spartiate.

esparto [espárto] *m.* Sparte, alfa.

espasmo [espázmo] *m.* Spasme.

espátula [espátula] *f.* Spatule.

especia [espéθja] *f.* Épice.

especial [espeθjál] *adj.* Spécial, ale.

especialidad [espeθjaliðáð] *f.* Spécialité.

especialista [espeθjalísta] *adj.-s.* Spécialiste.

especie [espéθje] *f.* 1 Espèce. 2 Sorte, espèce (clase): *una* ~ *de,* une espèce de. 3 Bruit *m.,* nouvelle (noticia).

especificar [espeθifikár] [1] *tr.* Spécifier.

específico, -ca [espeθifiko, -ka] *adj.-s.* Spécifique.

espécimen [espéθimen] *m.* Spécimen.

espectáculo [espeɣtákulo] *m.* Spectacle. Loc. *Dar un* ~, se donner en spectacle.

espectador, -ra [espeɣtaðór, -ra] *s.* Spectateur, trice.

espectro [espéɣtro] *m.* Spectre.

especulación [espekulaθjón] *f.* Spéculation.

especulador, -ra [espekulaðór, -ra] *adj.-s.* Spéculateur, trice.

especular [espekulár] *tr.-intr.* Spéculer.

espejismo [espexizmo] *m.* Mirage.

espejo [espéxo] *m.* **1** Miroir, glace *f.: ~ de cuerpo entero,* grande glace; *~ ustorio,* miroir ardent. **2** fig. Modèle, exemple (modelo), miroir (imagen).

espeleología [espeleoloxía] *f.* Spéléologie.

espeluznante [espeluθnánte] *adj.* À faire dresser les cheveux sur la tête, épouvantable.

espera [espèra] *f.* **1** Attente: *sala de ~,* salle d'attente. **2** Calme *m.,* patience: *tener ~,* avoir du calme.

esperanto [esperánto] *m.* Espéranto.

esperanza [esperánθa] *f.* **1** Espérance (confianza, virtud). **2** Espoir *m.*

esperar [esperár] *tr.* **1** Attendre (aguardar): *te esperamos a cenar,* nous t'attendons pour dîner. ■ **2** *tr.-intr.* Espérer: *espero que no lloverá mañana,* j'espère qu'il ne pleuvra pas demain.

esperma [espérma] *f.* **1** Sperme *m.* **2** *~ de ballena,* blanc *m.* de baleine.

esperpento [esperpénto] *m.* Personne, chose affreuse ou ridicule, horreur *f.*

espesar [espesár] *tr.* Épaissir (un líquido).

espeso, -sa [espéso, -sa] *adj.* Épais, aisse.

espetar [espetár] *tr.* **1** Embrocher. **2** fig. Débiter, placer (un discurso, etc.).

espía [espía] *s.* Espion, onne.

espiar [espiár] [13] *tr.* **1** Épier (acechar). **2** Espionner (dicho de un espía).

espiga [espíγa] *f.* **1** BOT. Épi *m.* **2** Soie (de la espada, de un cuchillo, etc.). **3** Cheville (clavo de madera).

espigado, -da [espiγáðo, -ða] *adj.* **1** Glané, ée. **2** Monté, ée en graine (plantas). **3** fig. Grand, ande, élancé, ée (persona).

espigar [espiγár] [7] *tr.* **1** Glaner. ■ **2** *pr.* Monter en graine.

espigón [espiγón] *m.* Jetée *f.,* épi (en un puerto, un río).

espina [espína] *f.* **1** Épine: *~ dorsal,* épine dorsale. **2** Arête (de pez). **3** Écharde (astilla). **4** fig. Épine (dificultad).

espinaca [espináka] *f.* Épinard *m.*

espinal [espinál] *adj.* **1** Spinal, ale. **2** *Médula ~,* moelle épinière.

espinazo [espináθo] *m.* Échine *f.,* épine *f.* dorsale.

espinilla [espiniʎa] *f.* **1** Petite épine. **2** Arête du tibia. **3** Point *m.* noir (en la piel).

espino [espíno] *m.* **1** Épine *f.,* aubépine *f.* **2** *~ albar, blanco,* aubépine. **3** *~ artificial,* fil de fer barbelé.

espinoso, -sa [espinóso, -sa] *adj.* Épineux, euse.

espionaje [espjonáxe] *m.* Espionnage.

espiración [espiraθjón] *f.* Expiration (del aire).

espiral [espirál] *adj.-f.* Spiral, ale.

espiritismo [espiritizmo] *m.* Spiritisme.

espiritista [espiritísta] *adj.-s.* Spirite.

espíritu [espíritu] *m.* **1** Esprit. Loc. *Exhalar el ~,* rendre l'esprit, l'âme, mourir. **2** Énergie *f.,* courage. Loc. *Pobre de ~,* timide, pusillanime.

espiritual [espiritwál] *adj.* Spirituel, elle.

espiritualidad [espiritwaliðáð] *f.* Spiritualité.

espirituoso, -sa [espiritwóso, -sa] *adj.* Spiritueux, euse (bebida).

espléndido, -da [esplénðiðo, -ða] *adj.* **1** Splendide. **2** Large, généreux, euse.

esplendor [esplendór] *m.* Splendeur *f.*

espolear [espoleár] *tr.* Éperonner.

espoleta [espolèta] *f.* **1** Fusée (de proyectil). **2** Fourchette (de las aves).

espolón [espolón] *m.* **1** Éperon (de un barco, de un puente). **2** Ergot, éperon (de gallo). **3** Digue *f.,* jetée *f.* (malecón).

espolvorear [espolβoreár] *tr.* Poudrer, saupoudrer.

esponja [espónxa] *f.* **1** Éponge. **2** *~ de platino,* mousse de platine.

esponjoso, -sa [esponxóso, -sa] *adj.* Spongieux, euse.

esponsales [esponsáles] *m. pl.* Fiançailles *f.*

espontáneo, -ea [espontáneo, -ea] *adj.* Spontané, ée.

esporádico, -ca [esporáðiko, -ka] *adj.* Sporadique.

esposar [esposár] *tr.* Mettre les menottes.

esposas [espósas] *f. pl.* Menottes (de los presos).

esposo, -sa [espóso, -sa] *s.* Époux, épouse.

esprint [esprin] *m.* Sprint.

espuela [espwéla] *f.* **1** Éperon *m.* (de jinete). **2** fig. Aiguillon *m.*

espulgar [espulγár] *tr.* Épucer, épouiller.

espuma [espúma] *f.* **1** Écume (del agua), mousse (del jabón, de la cerveza, etc.). **2** *~ de mar,* écume de mer.

espumadera [espumaðéra] *f.* Écumoire.

espumar [espumár] *tr.* **1** Écumer (quitar la espuma). ■ **2** *intr.* Écumer, mousser.

espumoso, -sa [espumóso, -sa] *adj.* **1** Écumeux, euse. **2** Mousseux, euse (vino, etc.).

esputo [espúto] *m.* Crachat.

esqueje [eskéxe] *m.* AGR. Bouture *f.*

esquela [eskéla] *f.* **1** Billet (carta breve). **2** Lettre de faire-part.

esqueleto [eskeléto] *m.* Squelette.

esquema [eskéma] *m.* **1** Schéma. **2** FIL. Schème.

esquemático, -ca [eskemátiko, -ka] *adj.* Schématique.

esquí [eski] *m.* **1** Ski. **2** ~ *acuático,* ski nautique.

esquiador, -ra [eskjaðór, -ra] *s.* Skieur, euse.

esquilar [eskilár] *tr.* Tondre (los animales).

esquilmar [eskilmár] *tr.* Récolter.

esquimal [eskimál] *adj.-s.* Esquimau, aude.

esquina [eskina] *f.* Coin *m.,* angle *m.* (de una calle): *doblar la* ~, tourner au coin.

esquirla [eskirla] *f.* Esquille.

esquivar [eskiβár] *tr.* **1** Esquiver. ■ **2** *pr.* S'esquiver.

esquivo, -va [eskiβo, -βa] *adj.* Farouche, dédaigneux, euse.

estabilidad [estaβiliðáð] *f.* Stabilité.

estabilizar [estaβiliθár] [4] *tr.* Stabiliser.

establecer [estaβleθér] [43] *tr.* Établir.

establecimiento [estaβleθimjénto] *m.* Établissement.

establo [estáβlo] *m.* Étable *f.*

estaca [estáka] *f.* **1** Pieu *m.* (palo). **2** Bouture (de árbol). **3** Bâton *m.,* trique (garrote). **4** Long clou *m.,* cheville.

estacada [estakáða] *f.* Palissade.

estación [estaθjón] *f.* **1** Saison (del año, época). **2** Gare (de ferrocarril), station (de metro). **3** Station (meteorológica, geodésica, etc.) **4** ~ *emisora,* station émettrice, poste émetteur.

estacionamiento [estaθjonamjénto] *m.* Stationnement.

estacionar [estaθjonár] *tr.* **1** Garer (un coche). ■ **2** *pr.* Stationner (coche, persona).

estadio [estáðjo] *m.* Stade.

estadista [estaðista] *m.* Homme d'état.

estadístico, -ca [estaðistiko, -ka] *adj.-f.* **1** Statistique. ■ **2** *m.* Statisticien.

estado [estáðo] *m.* **1** État. Loc. ~ *llano,* tiers état; *tomar* ~, se marier (casarse), se faire prêtre, entrer en religion (profesar). **2** ant. Mesure *f.* de longueur.

estafa [estáfa] *f.* Escroquerie.

estafeta [estaféta] *f.* **1** Estafette. **2** Bureau *m.* de poste secondaire.

estallar [estaʎár] *intr.* **1** Éclater (una bomba, un incendio, un motín, la ira, etc.). **2** Exploser (una bomba, la ira).

estamento [estaménto] *m.* Classe *f.,* groupe, couche *f.*

estampa [estámpa] *f.* **1** Estampe (imagen impresa). **2** Image (pequeña). **3** Figure, apparence (de una persona, de un animal). **4** Imprimerie, impression: *dar una obra a la* ~, faire imprimer un ouvrage. **5** Empreinte, marque (huella).

estampar [estampár] *tr.* Estamper.

estampido [estampíðo] *m.* Détonation *f.*

estancar [estaŋkár] [1] *tr.* **1** Arrêter, étancher (un líquido). **2** Mettre en régie, monopoliser. ■ **3** *pr.* Stagner.

estancia [estánθja] *f.* **1** Séjour *m.* (en un lugar). **2** Pièce, chambre (habitación). **3** Stance, strophe.

estanco, -ca [estáŋko, -ka] *adj.* **1** Étanche. ■ **2** *m.* Régie *f.,* monopole de l'État. **3** Bureau de tabac (tienda).

estándar [estándar] *adj.-m.* Standard.

estandarte [estandárte] *m.* **1** Étendard. **2** Bannière *f.* (de cofradía).

estanque [estáŋke] *m.* Étang.

estanquero, -ra [estaŋkéro, -ra] *s.* Buraliste (que vende tabaco, etc.).

estante [estánte] *m.* Étagère *f.*

estantería [estanteria] *f.* Étagères *f.pl.,* bibliothèque, rayonnage *m.*

estar [estár] [71] *intr.* **1** Être, se trouver (en un lugar, situación, estado, estado de ánimo, período de tiempo): ~ *de más, de sobra,* être de trop: ¿cómo está usted?, comment allez-vous?, *¿a cuántos estamos del mes?,* quel jour du mois sommes-nous? **2** Vivre (vivir con alguien). **3** Seoir, aller (bien, mal): *este sombrero le está bien,* ce chapeau lui va bien. **4** ~ *para,* être sur le point de (a punto de), être disposé, ée à, d'humeur à (dispuesto a). **5** ~ *por* (con un infinitivo), être à. **6** ~ *por,* (con un nombre), être pour, en faveur de, du côté de. **7** (con un gerundio), être en train de: *estábamos comiendo,* nous étions en train de manger. ■ **8** *pr.* Rester, demeurer, se tenir: *estarse quieto,* rester tranquille, se tenir coi.

estatua [estátwa] *f.* Statue.

estatura [estatúra] *f.* **1** Stature. **2** Taille: *por orden de* ~, par rang de taille.

estatuto [estatúto] *m.* Statut.

este [éste] *m.* **1** Est, orient. **2** Vent d'est.

este [éste], **esta** [ésta], **estos** [éstos], **estas** [éstas] *adj.* **1** Ce, cet, cette, ces. Cet delante de vocal o h muda: ~ *hombre,* cet homme. **2** Ce, cet, cette, ces...-ci: ~ *libro,* ce livre-ci. Placé après le nom prend un sens péjoratif. ■ **3** *pron.*

dem. Celui-ci, celle-ci, ceux-ci, celles-ci.

estela [estéla] *f.* **1** MAR. Sillage *m.* **2** Stèle (monumento).

estenografía [estenoɣrafía] *f.* Sténographie.

estepa [estépa] *f.* Steppe.

estera [estéra] *f.* Natte.

estercolero [esterkoléro] *m.* Fumier.

estéreo [estéreo] *m.* Stère.

estereofónico, -ca [estereofóniko, -ka] *adj.* Stéréophonique: *equipo* ∼, chaîne stéréo.

estereotipar [estereotipár] *tr.* IMPR. Stéréotyper.

estéril [estéɾil] *adj.* Stérile.

esterilidad [esteɾiliðáð] *f.* Stérilité.

esterilla [esteɾiʎa] *f.* Petite natte de sparte.

esteticista [esteti θista] *f.* Esthéticienne.

estético, -ca [estétiko, -kajecm *adj.* **1** Esthétique. ■ **2** *s.* Esthéticien, ienne.

estibar [estiβár] *tr.* **1** Comprimer, tasser (apretar). **2** MAR. Arrimer.

estiércol [estjérkol] *m.* Fumier.

estigma [estí'ma] *m.* Stigmate.

estilar [estilár] *tr.* **1** Dresser (un documento) selon les règles. ■ **2** *pr.* Être à la mode, se porter: *ya no se estilan los miriñaques,* les crinolines ne se portent plus.

estilizar [estiliθár] [4] *tr.* Styliser.

estilo [estílo] *m.* **1** Style. **2** Manière *f.,* façon *f.* (modo). **3** Loc. *Al* ∼ *de,* à la mode de; *por el* ∼, semblable, du même genre.

estilográfico, -ca [estiloɣráfiko, -ka] *adj.* **1** Stylographique. ■ **2** *f.* Stylographe *m.,* stylo *m.*

estimar [estimár] *tr.* **1** Estimer. **2** ∼ *en poco,* faire peu de cas de.

estímulo [estímulo] *m.* **1** Stimulant (incentivo). **2** FISIOL. Stimulus.

estío [estío] *m.* Été.

estipular [estipulár] *tr.* Stipuler.

estirado, -da [estiráðo, -ða] *adj.* **1** fig. Guindé, ée, compassé, ée. **2** Fier, fière, orgueilleux, euse.

estirar [estirár] *tr.* **1** Étirer, allonger. **2** Repasser légèrement (planchar). ■ **3** *pr.* S'étirer.

estirpe [estírpe] *f.* Souche, lignée.

estival [estiβál] *adj.* Estival, ale.

esto [ésto] *pron. dem.* **1** Ceci, cela, ça, c' (delante de vocal). **2** *loc. adv. En* ∼, sur ces entrefaites, à ce moment-là, sur ce.

estocada [estokáða] *f.* **1** Estocade. **2** ESGR. Botte.

estofado [estofáðo] *m.* Viande *f.* à l'étouffée.

estofar [estofár] *tr.* **1** Broder en relief. **2** COC. Faire cuire à l'étouffée.

estoico, -ca [estóiko, -ka] *adj.* **1** Stoïque. ■ **2** *adj.-s.* FIL. Stoïcien, ienne.

estomacal [estomakál] *adj.* Stomacal, ale (del estómago).

estómago [estómaɣo] *m.* Estomac: *tener dolor de* ∼, avoir mal à l'estomac.

estopa [estópa] *f.* Étoupe.

estoque [estóke] *m.* **1** Estoc (espada). **2** Canne-épée *f.* **3** Glaïeul (planta).

estorbar [estorβár] *tr.* Empêcher, gêner, entraver.

estorbo [estórβo] *m.* **1** Empêchement, gêne *f.* **2** Obstacle.

estornudar [estornuðár] *intr.* Éternuer.

estornudo [estornúðo] *m.* Éternuement.

estrabismo [estraβizmo] *m.* Strabisme.

estrado [estráðo] *m.* **1** Estrade *f.* (tarima). **2** ant. Salon. ■ **3** *pl.* Salle *f. sing.* de tribunal.

estrafalario, -ia [estrafalárjo, -ja] *adj.-s.* Bizarre, extravagant, ante, farfelu, ue.

estrago [estráɣo] *m.* Ravage.

estrangulación [estranɡulaθjón] *f.* Étranglement *m.,* strangulation.

estrangular [estranɡulár] *tr.* Étrangler.

estratega [estratéɣa] *m.* Stratège.

estrategia [estratéxia] *f.* Stratégie.

estratégico, -ca [estratéxiko, -ka] *adj.* Stratégique.

estratificar [estratifikár] [1] *tr.* Stratifier.

estrato [estráto] *m.* **1** Strate *f.* **2** Stratus (nube).

estratosfera [estratosféra] *f.* Stratosphère.

estraza [estráθa] *f.* **1** Chiffon *m.* de toile grossière. **2** *Papel de* ∼, papier gris.

estrechamiento [estret∫amjénto] *m.* Rétrécissement.

estrechar [estret∫ár] *tr.* **1** Rétrécir, étrécir. **2** Étreindre (entre los brazos, etc.). **3** fig. Resserrer (una amistad, un lazo). **4** Presser, harceler (el enemigo). **5** Astreindre, contraindre. ■ **6** *pr.* Se serrer, se presser (apretarse).

estrecho, -cha [estrét∫o, -t∫a] *adj.* **1** Étroit, oite. **2** Avare. ■ **3** *m.* GEOG. Détroit.

estrechura [estret∫úra] *f.* **1** Passage *m.* étroit. **2** fig. Gêne, pénurie.

estrella [estréʎa] *f.* Étoile. Loc. ∼ *fugaz,* étoile filante; *nacer con* ∼, naître sous une bonne étoile.

estrellar [estreʎár] *tr.* **1** Briser, écraser

(contra un objeto, un obstáculo). **2** Étoiler. **3** COC. Faire sur le plat (huevos).

estremecer [estremeθér] [43] *tr.* **1** Faire trembler, ébranler. ▪ **2** *pr.* Trembler, frémir, tressaillir.

estremecimiento [estremeθimjénto] *m.* Tremblement, ébranlement.

estrenar [estrenár] *tr.* Étrenner (hacer uso por primera vez).

estreno [estréno] *m.* **1** Étrenne *f.* (primer uso, primera venta). **2** TEAT. Première *f.*: *película de* ~, film en première exclusivité. **3** Début (en un empleo, etc.).

estreñido, -da [estreɲíðo, -ða] *adj.* **1** Constipé, ée. **2** fig. Avare, mesquin, ine.

estrépito [estrépito] *m.* **1** Fracas. **2** fig. Éclat.

estrés [estrés] *m.* Stress.

estría [estria] *f.* Strie, cannelure.

estribar [estriβár] *intr.* **1** Porter, poser, s'appuyer. **2** fig. Se fonder (*en,* sur).

estribillo [estriβíʎo] *m.* Refrain.

estribo [estriβo] *m.* **1** Étrier. Loc. *Perder los estribos,* vider les étriers; fig. perdre la tête. **2** Marchepied (de un coche). **3** ARQ., GEOG. Contrefort. **4** Butée *f.* (de un puente).

estribor [estriβór] *m.* MAR. Tribord.

estricto, -ta [estriγto, -ta] *adj.* Strict, icte.

estridencia [estriðénθja] *f.* Stridence.

estrofa [estrófa] *f.* Strophe.

estropajo [estropáxo] *m.* **1** Lavette *f.* (de esparto), éponge *f.* métallique (metálico).

estropear [estropeár] *tr.* **1** Abîmer. **2** Gâcher, gâter (un asunto), faire échouer (un proyecto). **3** Estropier (lisiar).

estructura [estruγtúra] *f.* Structure.

estruendo [estrwéndo] *m.* Fracas, grand bruit.

estrujar [estruxár] *tr.* **1** Presser (un limón, etc.). **2** Écraser (el pie). **3** Froisser, chiffonner (papel, etc.).

estuario [estwárjo] *m.* Estuaire.

estucar [estukár] [1] *tr.* Enduire de stuc.

estuche [estútʃe] *m.* **1** Étui (de las gafas, etc.). **2** Coffret, écrin (para joyas, etc.).

estudiante [estuðjánte] *s.* Étudiant, ante.

estudiar [estuðjár] [12] *tr.* **1** Étudier. **2** ~ *para médico,* faire sa médecine.

estudio [estúðjo] *m.* Étude *f.* Loc. *En* ~, à l'étude.

estufa [estúfa] *f.* **1** Étuve. **2** Poêle *m.* (para la calefacción). **3** Serre (invernadero para las plantas).

estupefaciente [estupefaθjénte] *adj.-s.* Stupéfiant, ante.

estupefacto, -ta [estupefáγto, -ta] *adj.* Stupéfait, aite.

estupendo, -da [estupéndo, -da] *adj.* Admirable, épatant, ante, formidable.

estúpido, -da [estúpiðo, -ða] *adj.-s.* Stupide.

estupor [estupór] *m.* Stupeur *f.*

etapa [etápa] *f.* Étape.

etc. (*abrev.* etcétera) etc.

etcétera [etθétera] *loc. adv.* Et cætera.

éter [éter] *m.* Éther.

etéreo, -ea [etéreo, -ea] *adj.* Éthéré, ée.

eternidad [eterniðáð] *f.* Éternité.

eterno, -na [etérno, -na] *adj.* Éternel, elle.

ético, -ca [étiko, -ka] *adj.-f.* **1** Éthique. ▪ **2** *m.* Moraliste.

etimología [etimoloxía] *f.* Étymologie.

etiqueta [etikéta] *f.* Étiquette.

etnia [étnja] *f.* Ethnie.

étnico, -ca [étniko, -ka] *adj.* Ethnique.

etnografía [etnoɣrafía] *f.* Ethnographie.

etnología [etnoloxía] *f.* Ethnologie.

eucalipto [eŭkalíβto] *m.* Eucalyptus.

eucaristía [eŭkaristía] *f.* Eucharistie.

eufemismo [eŭfemizmo] *m.* RET. Euphémisme.

euforia [eŭfórja] *f.* Euphorie.

eunuco [eŭnúko] *m.* Eunuque.

eurocheque [eurotʃéke] *m.* Eurochèque.

eurócrata [eurócrata] *s.* Eurocrate.

eurodiputado, -da [euroðiputáðo, -ða] *s.* Député *m.* européen.

europeísta [europeísta] *s.* Favorable à l'Europe, partisan de l'Europe.

europeo, -ea [eŭropéo, -éa] *adj.-s.* Européen, enne.

evacuar [eβakwár] [10] *tr.* **1** Évacuer. **2** Remplir (un requisito), régler (un asunto), faire (una visita).

evadir [eβaðir] *tr.* **1** Éviter, éluder, esquiver. ▪ **2** *pr.* S'évader.

evaluar [eβalwár] [11] *tr.* Évaluer.

evangelio [eβaŋxéljo] *m.* Évangile.

evaporar [eβaporár] *tr.* Évaporer.

evasión [eβasjón] *f.* Évasion.

evasivo, -va [eβasiβo, -βa] *adj.* Évasif, ive.

evento [eβénto] *m.* Événement incertain.

eventual [eβentwál] *adj.* Éventuel, elle.

evidencia [eβiðénθja] *f.* Évidence: *poner en* ~, mettre en évidence.

evidente [eβiðénte] *adj.* Évident, ente.

evitar [eβitár] *tr.* Éviter.

evocación [eβokaθjón] *f.* Évocation.
evocar [eβokár] [1] *tr.* Évoquer.
evolución [eβoluθjón] *f.* Évolution.
exacerbar [e(γ)saθerβár] *tr.* **1** Exacerber. **2** Exaspérer.
exactitud [e(γ)saγtitúð] *f.* Exactitude.
exacto, -ta [e(γ)sáγto, -ta] *adj.* Exact, acte.
exagerado, -da [e(γ)saxeráðo, -ða] *adj.* **1** Exagéré, ée. **2** Excessif, ive: *precio ~, prix excessif.*
exagerar [e(γ)saxerár] *tr.-intr.* Exagérer.
exaltación [e(γ)saltaθjón] *f.* **1** Exaltation. **2** Accession, élévation (al trono, etc.).
exaltar [e(γ)saltár] *tr.* **1** Élever (a mayor dignidad). **2** Exalter (realzar el mérito). ■ **3** *pr.* S'exalter.
examen [e(γ)sámen] *f.* Examen.
examinador, -ra [e(γ)saminaðór, -ra] *s.* Examinateur, trice.
examinar [e(γ)saminár] *tr.* Examiner.
exasperación [e(γ)sasperaθjón] *f.* Exaspération.
excavación [eskaβaθjón] *f.* Excavation.
excavadora [eskaβaðóra] *f.* Bulldozer *m.*, pelleteuse.
excavar [eskaβár] *tr.* Creuser.
excedente [esθeðénte] *adj.* **1** Excédentaire. **2** En disponibilité. **3** *m.* Excédent: *~ agrícola*, excédent agricole.
exceder [esθeðér] *tr.* **1** Excéder, dépasser. ■ **2** *pr.* Se surpasser (a sí mismo). **3** Dépasser les bornes (propasarse).
excelencia [esθelénθja] *f.* **1** Excellence. **2** *loc. adv. Por ~*, par excellence.
excelente [esθelénte] *adj.* Excellent, ente.
excelentísimo, -ma [esθelentisimo, -ma] *adj.* Excellentissime.
excepción [esθeβθjón] *f.* **1** Exception. **2** *loc. prep. A, con ~ de*, à l'exception de.
excepcional [esθeβθjonál] *adj.* Exceptionnel, elle.
excesivo, -va [esθesiβo, -βa] *adj.* Excessif, ive.
exceso [esθéso] *m.* Excès.
excitación [esθitaθjón] *f.* Excitation.
excitar [esθitár] *tr.* Exciter.
exclamación [esklamaθjón] *f.* **1** Exclamation. **2** Point *m.* d'exclamation (signo).
exclamar [esklamár] *intr.* S'exclamer, s'écrier.
excluir [esklwir] [62] *tr.* Exclure.
exclusivo, -va [eskusiβo, -βa] *adj.* Exclusif, ive.
excomunion [eskomunjón] *f.* Excommunication.

excoriar [eskorjár] [12] *tr.* Excorier.
excrecencia [eskreθénθja] *f.* Excroissance.
excremento [eskreménto] *m.* Excrément.
excretar [eskretár] *intr.-tr.* FISIOL. Excréter.
excursión [eskursjón] *f.* Excursion.
excursionista [eskursjonista] *s.* Excursionniste.
excusa [eskúsa] *f.* Excuse.
excusar [eskusár] *tr.* **1** Excuser. **2** Refuser (rehusar). **3** Éviter (evitar). **4** Pouvoir se dispenser, ne pas avoir besoin de. ■ **5** *pr.* S'excuser.
execración [e(γ)sekraθjón] *f.* Exécration.
exento, -ta [e(γ)sénto, -ta] *adj.* Exempt, empte, libre.
exequias [e(γ)sékjas] *f. pl.* Obsèques.
exhalar [e(γ)salár] *tr.* Exhaler.
exhausto, -ta [e(γ)sáŭsto, -ta] *adj.* Épuisé, ée.
exhibición [e(γ)siβiθjón] *f.* **1** Exhibition. **2** Présentation (de modelos). **3** Exposition. **4** Projection (de una película).
exhibir [e(γ)siβir] *tr.* **1** Exhiber. ■ **2** *pr.* Se montrer en public.
exhortar [e(γ)sortár] *tr.* Exhorter.
exhumar [e(γ)sumár] *tr.* Exhumer.
exigencia [e(γ)sixénθja] *f.* Exigence.
exigir [e(γ)sixir] [6] *tr.* Exiger.
exigüidad [e(γ)siγwiðáð] *f.* Exiguïté.
exiguo, -ua [e(γ)siγwo, -wa] *adj.* Exigu, uë.
exilio [e(γ)siljo] *m.* Exil.
eximir [e(γ)simir] *tr.* Exempter, dispenser.
existencia [e(γ)sisténθja] *f.* **1** Existence. ■ **2** *pl.* Stock *m. sing.*, stocks *m.*
existente [e(γ)sisténte] *adj.* Existant, ante.
existir [e(γ)sistir] *intr.* Exister.
éxito [é(γ)sito] *m.* Succès.
exitoso, -sa [eksitóso, -sa] *adj.* Qui a du succés.
éxodo [é(γ)soðo] *m.* Exode.
exorbitante [e(γ)sorβitánte] *adj.* Exorbitant, ante.
exótico, -ca [e(γ)sótiko, -ka] *adj.* Exotique.
expansión [espansjón] *f.* **1** Expansion. **2** fig. Expansion, épanchement *m.* **3** Distraction.
expatriarse [espatrjárse] *pr.* S'expatrier.
expectación [espeγtaθjón] *f.* Expectative, attente, expectation.
expectativa [espeγtatiβa] *f.* Expectative.
expectorar [espeγtorár] *tr.* Expectorer.
expedición [espeðiθjón] *f.* **1** Expédition. **2** Promptitude, diligence.

expedicionario, -ia [espeðiθjonárjo, -ja] *adj.-s.* Expéditionnaire.

expediente [espedjénte] *m.* **1** Dossier (conjunto de documentos). **2** Affaire *f.* (negocio). Loc. *Instruir un ~,* instruire une affaire. **3** Expédient (medio).

expedir [espeðír] [34] *tr.* **1** Faire suivre son cours à (un negocio, una causa). **2** Délivrer (un documento, etc.). **3** Expédier, envoyer (una carta, etc.).

expendedor, -ra [espendeðòr, -ra] *s.* **1** Débitant, ante. **2** Buraliste (de tabaco).

expendeduría [espendeðuria] *f.* Bureau *m.,* débit *m.:* ~ *de tabacos,* bureau de tabac.

expender [espendèr] *tr.* Dépenser (gastar).

experiencia [esperjénθja] *f.* Expérience.

experimentar [esperimentár] *tr.* **1** Éprouver, ressentir (notar). **2** Subir, souffrir (padecer). **3** Expérimenter (hacer experimentos científicos).

experimento [esperimènto] *m.* Expérience *f.*

experto, -ta [espérto, -ta] *adj.-m.* Expert, erte.

expiar [espjár] [13] *tr.* Expier.

expiración [espiraθjón] *f.* Expiration.

expirar [espirár] *intr.* Expirer.

explanada [esplanáða] *f.* Explanade.

explicación [esplikaθjón] *f.* Explication.

explicar [esplikár] [1] *tr.* **1** Expliquer. ■ **2** *pr.* S'expliquer.

explícito, -ta [espliθito, -ta] *adj.* Explicite.

explorador, -ra [esploraðòr, -ra] *adj.-s.* **1** Explorateur, trice. **2** Éclaireur, scout.

explosión [esplosjón] *f.* Explosion.

explotación [esplotaθjón] *f.* Exploitation.

explotar [esplotár] *tr.* **1** Exploiter. ■ **2** *intr.* Exploser (bomba, etc.).

exponente [esponénte] *adj.-s.* **1** Exposant, ante. ■ **2** *m.* MAT. Exposant.

exponer [esponér] [78] *tr.* **1** Exposer. ■ **2** *pr.* S'exposer.

exportación [esportaθjón] *f.* Exportation.

exposición [esposiθjón] *f.* **1** Exposition. **2** Exposé *m.* (narración). **3** FOT. *Tiempo de ~,* temps de pose.

expósito, -ta [espósito, -ta] *adj.* **1** Trouvé, ée (niño). ■ **2** *s.* Enfant *m.* trouvé.

expositor, -ra [espositòr, -ra] *s.* Exposant, e.

expresar [espresár] *tr.* Exprimer. ▲ Ce verbe a deux participes passés: *expresado,* rég., et *expreso,* irrég.

expresión [espresjón] *f.* **1** Expression. **2** *pl. Expresiones a,* mes amitiés à.

expresivo, -va [espresíβo, -βa] *adj.* Expressif, ive.

expreso, -sa [espréso, -sa] *adj.* **1** Exprimé, ée (no tácito). **2** Exprès, esse. ■ **3** *m.* Exprès (mensajero). **4** Express (tren).

expropiar [espropjár] [12] *tr.* Exproprier.

expuesto, -ta [espwésto, -ta] *adj.* **1** Exposé, ée. **2** Dangereux, euse (peligroso).

expulsar [espulsár] *tr.* Expulser.

exquisito, -ta [eskisíto, -ta] *adj.* Exquis, ise.

éxtasis [éstasıs] *m.* Extase *f.*

extender [estendér] [28] *tr.* **1** Étendre. **2** Dresser, rédiger (un documento, etc.), libeller (un cheque). ■ **3** *pr.* S'étendre: *la ciudad se extendía al pie del monte,* la ville s'étendait au pied de la montagne.

extensión [estensjón] *f.* **1** Étendue. **2** Extension (acción).

extenso, -sa [esténso, -sa] *adj.* **1** Étendu, ue, vaste (amplio). **2** *loc. adv. Por ~,* in extenso.

exterior [esterjòr] *adj.-m.* Extérieur, eure.

exteriorizar [esterjoriθár] [4] *tr.* Extérioriser.

exterminar [esterminár] *tr.* Exterminer.

externo, -na [estérno, -na] *adj.-s.* Externe.

extinción [estinθjón] *f.* Extinction.

extinguir [estingír] [8] *tr.* **1** Éteindre. ■ **2** *pr.* S'éteindre: *el fuego se extinguió,* le feu s'éteignit.

extinto, -ta [estinto, -ta] *adj.* **1** Éteint, einte. ■ **2** *s.* amer. Défunt, unte.

extirpación [estirpaθjón] *f.* Extirpation.

extorsión [estorsjón] *f.* **1** Extorsion. **2** Usurpation. **3** Dommage *m.* (daño), dérangement *m.* (molestia).

extra [éstra] *adj.* **1** Extra *invar.,* extraordinaire. **2** *loc. prep. ~ de,* outre, en sus de. ■ **3** *m.* Gratification *f.* (plus). **4** Figurant (comparsa).

extracción [estrayθjón] *f.* **1** Extraction. **2** Tirage *m.* (lotería).

extracto [estráyto] *m.* Extrait (sustancia, resumen).

extradición [estraðiθjón] *f.* Extradition.

extraer [estraér] [88] *tr.* Extraire.

extranjero, -ra [estranxéro, -ra] *adj.-s.* **1** Étranger, ère. ■ **2** *m.* Étranger: *viaje por el ~,* voyage à l'étranger.

extrañar [estrañár] *tr.* **1** Bannir, exiler (desterrar). **2** Surprendre, étonner, être étonné, ée. **3** Trouver étrange, n'être pas habitué, ée. ■ **4** *pr.* S'étonner (asombrarse). **5** S'exiler, s'expatrier.

extrañeza [estraɲéθa] *f.* Étrangeté.

extraño, -ña [estráɲo, -ɲa] *adj.* Étrange, bizarre, étonnant, ante.

extraordinario, -ia [estraorðinárjo, -ja] *adj.* Extraordinaire.

extrarradio [estrařáðjo] *m.* Proche banlieue *f.*

extravagante [extraβaɣánte] *adj.* Extravagant, ante.

extraviar [estraβjár] [13] *tr.* **1** Égarer, fourvoyer. **2** Égarer (una cosa). ■ **3** *pr.* S'égarer. **4** fig. Se fourvoyer, sortir du droit chemin (pervertirse).

extremar [estremár] *tr.* **1** Pousser à l'extrême. ■ **2** *pr.* Faire tout son possible, se surpasser.

extremidad [estremiðáð] *f.* **1** Extrémité. ■ **2** *pl.* Extrémités (manos y pies).

extremo, -ma [estrémo, -ma] *adj.* **1** Extrême. ■ **2** *m.* Extrême: *los extremos se tocan,* les extrêmes se touchent. **3** Extrémité *f.,* bout (parte extrema). **4** Point. ■ **5** *pl.* Manifestations *f.* exagérées d'un sentiment.

extrínseco, -ca [estrinseko, -ka] *adj.* Extrinsèque.

exuberancia [e(ɣ)suβeránθja] *f.* Exubérance.

exudar [e(ɣ)suðár] *intr.-tr.* Exsuder.

exultar [e(ɣ)sultár] *intr.* Exulter.

eyaculación [eʝakulaθjón] *f.* Éjaculation.

F

f [éfe] f. F m.

fa [fa] m. MÚS. Fa.

fábrica [fáβrika] f. 1 Fabrique. 2 Usine, manufacture: ~ *de gas,* usine à gaz.

fabricación [faβrikaθjón] f. Fabrication.

fabricar [faβrikár] [1] tr. Fabriquer.

fábula [fáβula] f. Fable.

fabuloso, -sa [faβulóso, -sa] adj. Fabuleux, euse.

facción [fayθjón] f. 1 Faction. ■ 2 pl. Traits m. (del rostro): *facciones enérgicas,* des traits énergiques.

faceta [faθéta] f. 1 Facette. 2 Aspect m. (de un asunto).

facha [fátʃa] f. 1 Mine, aspect m., allure. 2 fig. Personne laide ou ridicule.

fachada [fatʃáða] f. 1 Façade. 2 fig. Allure, prestance.

facial [faθjál] adj. Facial, ale.

fácil [fáθil] adj. Facile: ~ *de resolver,* facile à résoudre.

facilidad [faθiliðáð] f. Facilité.

facilitar [faθilitár] tr. 1 Faciliter. 2 Procurer, fournir, donner (proporcionar).

factible [faγtíβle] adj. Faisable.

factor [faγtòr] m. 1 Facteur (elemento). 2 MAT., BIOL., COM. Facteur.

factoría [faγtoria] f. 1 COM. Charge du facteur. 2 Factorerie, comptoir m. (establecimiento).

factura [faγtúra] f. Facture.

facturar [faγturár] tr. 1 COM. Facturer. 2 Enregistrer (equipajes, etc.).

facultad [fakultáð] f. Faculté.

facultar [fakultár] tr. Autoriser.

facultativo, -va [fakultatíβo, -βa] adj. 1 Facultatif, ive. 2 Scientifique, technique. ■ 3 m. Médecin, chirurgien.

faena [faéna] f. 1 Travail m., besogne: *las faenas del campo,* les travaux des champs. 2 TAUROM. Travail m. du torero.

fagot [faγóð] m. MÚS. Basson.

faisán [faïsán] m. Faisan.

faja [fáxa] f. 1 Bande (de terreno, de periódico). 2 Ceinture d'étoffe.

fajín [faxin] m. Écharpe f. (de general, etc.).

fajo [fáxo] m. Liasse f. (de billetes, etc.).

falacia [faláθja] f. Tromperie.

falange [falánxe] f. Phalange.

falaz [faláθ] adj. Fallacieux, euse.

falda [fálda] f. 1 Jupe: ~ *recta, plisada,* jupe droite, plissée. 2 Basque (parte de un vestido). 3 Giron m. (regazo). 4 Flanc m. (de una montaña). 5 Flanchet m. (de una res).

faldón [faldòn] m. 1 Basque f. (de casaca, levita), pan (de camisa). 2 Quartier (silla de montar).

falible [falíβle] adj. Faillible.

fálico, -ca [fáliko, -ka] adj. Phallique.

falla [fáʎa] f. 1 Défaut. 2 Feu m. de joie (à Valence). 3 GEOL. Faille.

fallar [faʎár] tr. 1 DER. Juger, décider (en un litigio, etc.). 2 Couper (con un triunfo). ■ 3 intr. Manquer, échouer, faillir, rater: *el negocio ha fallado,* l'affaire a échoué.

fallecer [faʎeθér] [43] intr. Mourir, décéder.

fallo, -lla [fáʎo, -ʎa] adj. 1 Qui manque d'une couleur (en los naipes). ■ 2 m. Sentence f., jugement (de un juez), décision f. (de un árbitro).

falsear [falseár] tr. 1 Fausser, dénaturer. ■ 2 intr. Perdre de sa solidité, de sa résistance. 3 MÚS. Sonner faux (una cuerda).

falsedad [falseðáð] f. 1 Fausseté. 2 DER. Faux m.

falsificar [falsifikár] [1] tr. Falsifier, contrefaire.

falso, -sa [fálso, -sa] adj. 1 Faux, fausse: *moneda falsa,* fausse monnaie. 2 Vicieux, euse (caballo). ■ 3 m. Renfort (en un vestido).

falta [fálta] f. 1 Manque m., absence, défaut m. (privación, ausencia). Loc. *Hacer* ~, falloir, être nécessaire. 2

Faute (de ortografía, etc.). **3** Défaut *m.* (defecto). **4** *loc. prep.* **Por** ~ **de,** faute de, par manque de; *a* ~ *de,* faute de, à défaut de. **5** *loc. adv. Sin* ~, sans faute.

faltar [faltár] *intr.* **1** Manquer (sentido impersonal): *faltan dos botones,* il manque deux boutons. **2** Rester (quedar): *sólo le faltaba convencer a sus padres,* il ne lui restait plus qu'à convaincre ses parents. **3** S'en falloir: *poco le faltó para caer,* peu s'en est fallu qu'il ne tombe. **4** Manquer, faillir (no cumplir): ~ *a un deber,* manquer à un devoir. **5** Manquer de respect, insulter (ofender).

fama [fáma] *f.* **1** Renommée, réputation. Loc. *De* ~, fameux, euse, renommé, ée; *es* ~ *que,* on dit que.

familia [familja] *f.* Famille.

familiar [familjár] *adj.* **1** Familial, ale, de famille (de la familia). **2** Familier, ière (sencillo). ■ **3** *m.* Membre de la famille.

familiarizar [familjariθár] [4] *tr.* Familiariser.

famoso, -sa [famóso, -sa] *adj.* Fameux, euse, célèbre.

fanal [fanál] *m.* **1** MAR. Fanal. **2** Globe (campana de cristal).

fanatismo [fanatizmo] *m.* Fanatisme.

fanatizar [fanatiθár] [4] *tr.* Fanatiser.

fandango [fandáŋgo] *m.* **1** Fandango (baile). **2** fig. Tapage, bruit.

fanega [fanéγa] *f.* **1** ant. Mesure pour grains. **2** ant. Mesure agraire.

fanfarronear [fanfařoneár] *intr.* Fanfaronner.

fango [fáŋgo] *m.* Boue *f.,* fange *f.*

fantasear [fantaseár] *intr.* Rêver, laisser courir son imagination.

fantasía [fantasia] *f.* **1** Fantaisie. **2** Imagination. **3** Présomption, vanité.

fantasma [fantázma] *m.* **1** Fantôme *m.* **2** Fantasme *m.* (alucinación).

fantasmal [fantazmál] *adj.* Fantomatique.

fantástico, -ca [fantástiko, -ka] *adj.* Fantastique.

fantoche [fantótʃe] *m.* **1** Pantin, fantoche. **2** Esbroufeur (presumido).

faquir [fakir] *m.* Fakir.

faralá [faralá] *m.* Falbala (volante).

faramalla [faramáʎa] *f.* **1** Verbiage *m.* trompeur, boniment *m.* **2** Clinquant *m.*

farándula [farándula] *f.* **1** Métier *m.* de comédien. **2** Troupe de cabotins. **3** Boniment *m.* (charla).

farandulear [faranduleár] *intr.* Poser, se pavaner, crâner.

faraón [faraón] *m.* Pharaon.

fardo [fárdo] *m.* Ballot, paquet.

farfulla [farfúʎa] *f.* Bredouillage *m.*

farfullar [farfuʎár] *tr.* **1** Bredouiller. **2** Bâcler (hacer de prisa y mal).

farináceo, -ea [farináθeo, -ea] *adj.* Farineux, euse.

faringe [fariŋxe] *f.* Pharynx *m.*

farmacéutico, -ca [farmaθéũtiko, -ka] *adj. f.* **1** Pharmaceutique. ■ **2** *s.* Pharmacien, enne.

farmacia [farmáθja] *f.* Pharmacie.

fármaco [fármako] *m.* Médicament.

faro [fáro] *m.* Phare.

farol [faról] *m.* **1** Lanterne *f.,* falot. **2** Réverbère (en las calles). Loc. ~ *de gas,* bec de gaz. **3** Fanal (de barco). **4** Bluf (en los naipes).

farolear [faroleár] *intr.* Se donner des airs faire de l'esbroufe, crâner.

farolero, -ra [faroléro, -ra] *adj.-s.* **1** Fanfaron, onne, esbroufeur, euse. ■ **2** *m.* Lanternier (el que hace y vende faroles). ₃ Allumeur de réverbères.

farra [fářa] *f.* amer. Bombance.

farruco, -ca [fařúko, -ka] *adj.-s.* Galicien ienne, Asturien, ienne, nouvellemen arrivé, ée de son pays.

farsa [fársa] *f.* **1** Farce. **2** fig. Comédie.

farsante, -ta [farsànte, -ta] *s.* **1** TEAT. ant Farceur. **2** fig. Comédien, ienne.

fascículo [fasθikulo] *m.* Fascicule.

fascinar [fasθinár] *tr.* Fasciner, charmer.

fascismo [fasθizmo] *m.* Fascisme.

fase [fáse] *f.* Phase.

fastidiar [fastiðjár] [12] *tr.* **1** Dégoûter. 2 Ennuyer (aburrir), importuner, lasse (molestar), embêter, assommer (dar la lata).

fasto, -ta [fásto, -ta] *adj.* Faste.

fastuoso, -sa [fastwòso, -sa] *adj.* Fastueux, euse.

fatal [fatál] *adj.* Fatal, ale.

fatalidad [fataliðáð] *f.* Fatalité.

fatiga [fatiγa] *f.* **1** Fatigue. **2** Gêne respiratoire, oppression; suffocation. ■ **3** *pl.* Peines, ennuis *m.*

fatigar [fatiγár] [7] *tr.* Fatiguer.

fatuo, -ua [fátwo, -wa] *adj.-s.* Fat, présomptueux, euse.

fauces [fáũθes] *f. pl.* Gosier *m. sing.*

fauna [fáũna] *f.* Faune.

favor [fáβór] *m.* **1** Faveur *f.,* protection *f.,* bienveillance *f.* **2** Aide *f.,* service. 3 Grâce *f.* Loc. *Hacer el* ~, faire le plaisir **4** *loc. prep. A* ~ *de,* en faveur de (en beneficio de), à la faveur de (merced a).

favorable [faβoráβle] *adj.* Favorable.

favorecer [faβoreθér] [43] *tr.* **1** Favoriser. **2** Aider, secourir.

favorito, -ta [faβorito, -ta] *adj.* **1** Favorite, ite. ■ **2** *s.* Favori, ite (persona).

fax [faks] *m.* Télécopie *f.*

faz [faθ] *f.* Face.

fe [fe] *f.* **1** Foi. Loc. *Buena, mala ~,* bonne, mauvaise foi; *dar ~,* certifier, témoigner. **2** Certificat *m.,* acte *m.,* extrait *m.* (documento).

fealdad [fealdáθ] *f.* Laideur.

febrero [feβréro] *m.* Février.

fecha [fétʃa] *f.* **1** Date: *poner la ~ en una carta,* mettre la date sur une lettre; *de ~ reciente,* de fraîche date. **2** Moment *m.* actuel: *hasta la ~,* jusqu'à présent.

fechar [fetʃár] *tr.* Dater.

fechoría [fetʃoría] *f.* Méfait *m.,* forfait *m.*

fecundar [fekundár] *tr.* Féconder.

fecundo, -da [fekúndo, -da] *adj.* Fécond, onde.

federación [feðeraθjón] *f.* Fédération.

federal [feðerál] *adj.* **1** Fédéral, ale. ■ **2** *adj.-s.* Fédéraliste.

federar [feðerár] *tr.* Fédérer.

federativo, -va [feðeratiβo, -βa] *adj.* Fédératif, ive.

fehaciente [feaθjénte] *adj.* DER. Qui fait foi.

felicidad [feliθiðáθ] *f.* **1** Bonheur *m.,* félicité. **2** *¡Felicidades!,* meilleurs vœux! (de año nuevo, cumpleaños).

felicitar [feliθitár] *tr.* Féliciter.

feligrés, -esa [feliɣrés, -ésa] *s.* Paroissien, ienne (persona).

felino, -na [felino, -na] *adj.-s.* Félin, ine.

feliz [feliθ] *adj.* Heureux, euse.

felpa [félpa] *f.* **1** Peluche. **2** fig. fam. Raclée, rossée (paliza). **3** fig. fam. Savon *m.* (reprensión).

felpudo, -da [felpúðo, -ða] *adj.* **1** Pelucheux, euse. ■ **2** *m.* Paillasson (esterilla).

femenino, -na [femenino, -na] *adj.* **1** Féminin, ine. ■ **2** *m.* GRAM. Féminin.

feminidad [feminiðáθ] *f.* Féminité.

feminismo [feminizmo] *m.* Féminisme.

fémur [fémur] *m.* ANAT. Fémur.

fenicio, -ia [feniθjo, -ja] *adj.-s.* Phénicien, ienne.

fenomenal [fenomenál] *adj.* Phénoménal, ale.

fenómeno [fenómeno] *m.* Phénomène.

feo, fea [féo, féa] *adj.* **1** Laid, laide, vilain, aine. ■ **2** *m.* Affront: *hacer un ~,* faire un affront.

feraz [feráθ] *adj.* Fertile, fécond, onde.

féretro [féretro] *m.* Bière *f.,* cercueil.

feria [férja] *f.* **1** Foire (mercado). **2** Fête foraine (festejo). **3** Repos *m.,* cessation du travail.

feriado, -da [ferjáðo, -ða] *adj.* Férié, ée.

feriante [ferjánte] *adj.-s.* Acheteur, euse dans une foire.

feriar [ferjár] [12] *tr.* **1** Acheter à la foire. ■ **2** *intr.* Chômer (suspender el trabajo).

fermento [ferménto] *m.* Ferment.

feroz [feróθ] *adj.* Féroce: *animales feroces,* bêtes féroces.

férreo, -ea [férreo, -ea] *adj.* **1** De fer: *voluntad férrea,* volonté de fer. **2** *Vía férrea,* voie ferrée.

ferretería [ferretería] *f.* Quincaillerie, ferronnerie.

ferretero, -ra [ferretéro, -ra] *s.* Quincailler, ferronnier, ière.

ferrocarril [ferrokaríl] *m.* Chemin de fer.

ferroviario, -ia [ferroβjárjo, -ja] *adj.* **1** Ferroviaire. ■ **2** *m.* Cheminot.

fértil [fértil] *adj.* Fertile.

fertilidad [fertiliðáθ] *f.* Fertilité.

fertilizante [fertiliθánte] **1** *adj.* Fertilisant, e. **2** *m.* Engrais.

fertilizar [fertiliθár] [4] *tr.* Fertiliser.

ferviente [ferβjénte] *adj.* Fervent, ente.

fervor [ferβór] *m.* Ferveur *f.: rezar con ~,* prier avec ferveur.

fervoroso, -sa [ferβoróso, -sa] *adj.* Fervent, ente.

festejar [festexár] *tr.* **1** Faire fête à, fêter (a alguien). **2** Courtiser (a una mujer).

festival [festiβál] *m.* Festival.

festividad [festiβiðáθ] *f.* Festivité.

festivo, -va [festiβo, -βa] *adj.* **1** De fête, férié, ée: *día ~,* jour férié. **2** Gai, gaie, joyeux, euse. **3** Amusant, ante, plaisant, ante.

festón [festón] *m.* Feston.

fetiche [fetitʃe] *m.* Fétiche.

fetichismo [fetitʃizmo] *m.* Fétichisme.

fétido, -da [fétiðo, -ða] *adj.* **1** Fétide. **2** *Bomba fétida,* bombe puante.

feto [féto] *m.* **1** Fœtus. **2** fam. Mocheté *f.*

feudal [feuðál] *adj.* Féodal, ale: *señores feudales,* seigneurs féodaux.

feudalismo [feuðalizmo] *m.* Féodalisme.

FF AA *fpl.* (*abrev.* Fuerzas Armadas) Forces armées.

fiado (al) [fjáðo] *adv.* À crédit: *comprar al ~,* acheter à crédit.

fiambre [fjámbre] *adj.* **1** Qui se mange froid (manjar). ■ **2** *m.* Plat froid.

fianza [fjánθa] *f.* Caution, cautionnement *m.: dar* ∼, verser une caution.

fiar [fjàr] [13] *tr.* 1 Cautionner, garantir. 2 Vendre à crédit. ∎ 3 *intr.* ∼ *en,* avoir confiance en.

fiasco [fjásko] *m.* Fiasco: *hacer* ∼, faire fiasco.

fibra [fíβra] *f.* Fibre.

fibroso, -sa [fiβróso, -sa] *adj.* Fibreux, euse.

ficción [fiɣθjón] *f.* Fiction.

ficha [fítʃa] *f.* 1 Jeton *m.* (de teléfono). 2 Domino *m.* (pieza de este juego). 3 Fiche (cartulina). 4 ∼ *técnica,* générique *m.* (cine).

fichar [fitʃár] 1 *tr.* Ficher, mettre sur fiche. 2 *intr.* Pointer.

fichero [fitʃéro] *m.* Fichier.

fidedigno, -na [fiðeðíɣno, -na] *adj.* Digne de foi.

fidelidad [fiðeliðáð] *f.* Fidélité: *alta* ∼, haute fidélité.

fideo [fiðéo] *m.* Vermicelle.

fiduciario, -ia [fiðuθjárjo, -ja] *adj.-s.* DER. Fiduciaire.

fiebre [fjéβre] *f.* Fièvre: *tener* ∼, avoir de la fièvre.

fiel [fjél] *adj.-m.* 1 Fidèle. ∎ 2 *m.* Contrôleur, vérificateur (de ciertos servicios públicos): ∼ *contraste,* contrôleur des poids et mesures.

fieltro [fjéltro] *m.* Feutre.

fiera [fjéra] *f.* 1 Fauve *m.,* bête féroce. 2 fig. Brute.

fiereza [fjeréθa] *f.* Cruauté, sauvagerie.

fiero, -ra [fjéro, -ra] *adj.* 1 Féroce (animal). 2 Cruel, elle, sauvage. 3 fig. Terrible, énorme. 4 Horrible. ∎ 5 *m. pl.* Bravades *f.*

fiesta [fjésta] *f.* 1 Fête. Loc. *hacer* ∼, chômer, se reposer; *aguar la* ∼, troubler la fête. ∎ 2 *pl.* Cajoleries.

figura [fiɣúra] *f.* 1 Figure. Loc. fig. *Hacer figuras,* faire des grimaces. 2 Allure, silhouette.

figurar [fiɣuràr] *tr.-intr.* 1 Figurer. ∎ 2 *tr.* Feindre (fingir). ∎ 3 *pr.* Se figurer, s'imaginer, croire: ¿qué se ha figurado usted?, qu'est-ce que vous croyiez?

figurativo, -va [fiɣuratíβo, -βa] *adj.* Figuratif, ive.

figurín [fiɣurín] *m.* 1 Gravure *f.* de mode. 2 Journal de modes. 3 fig. Gommeux, muguet (petimetre).

fijador, -ra [fixaðór, -ra] *adj.-s.* Qui fixe.

fijar [fixàr] *tr.* 1 Fixer. 2 ∼ *carteles,* poser des affiches, afficher. ∎ 3 *pr.* Remar-

quer, noter, observer (notar), faire attention: *fíjate en lo que digo,* fais attention à ce que je dis.

fila [fíla] *f.* 1 File, rangée. 2 Rang *m.* (línea de soldados). 3 loc. adv. *En* ∼, à la file.

filamento [filaménto] *m.* Filament.

filantropía [filantropía] *f.* Philanthropie.

filarmónico, -ca [filarmóniko, -ka] *adj.* Philharmonique.

filatelia [filatélja] *f.* Philatélie.

filete [filéte] *m.* 1 ARQ., MEC., IMPR. Filet. 2 Filet (de ternera, de pescado), escalope *f.*

filiación [filjaθjón] *f.* 1 Filiation. 2 Signalement *m.* (señas personales).

filial [filjál] *adj.-f.* Filial, ale.

filigrana [filiɣrána] *f.* Filigrane *m.*

filipino, -na [filipíno, -na] *adj.-s.* Philippin, ine.

film [film] *m.* Film (película).

filmar [filmàr] *tr.* Filmer.

filo [fílo] *m.* Fil, tranchant. Loc. *Dar* ∼, *dar un* ∼, aiguiser.

filología [filoloxía] *f.* Philologie.

filosofía [filosofía] *f.* Philosophie.

filósofo, -fa [filósofo, -fa] *s.* Philosophe.

filtrar [filtràr] *tr.-intr.* Filtrer.

filtro [fíltro] *m.* 1 Filtre. 2 Philtre (bebedizo).

fin [fin] *m.-f.* 1 Fin *f.* (término, límite). ∎ 2 *m.* Fin *f.,* but: ¿con qué ∼?, dans quel but? Loc. *Dar* ∼, finir, achever. 3 loc. adv. *Al* ∼, *en* ∼, *por* ∼, enfin. 4 loc. prep.-conj. *A* ∼ *de,* afin de; *a* ∼ *de que,* afin que.

final [finál] *adj.* 1 Final, ale. ∎ 2 *m.* Fin *f.,* terme, bout. ∎ 3 *f.* DEP. Finale.

finalidad [finaliðáð] *f.* 1 Finalité. 2 But *m.* (fin).

finalizar [finaliθàr] [4] *tr.* Finir, achever.

financiación [finanθjaθjón] *f.* Financement *m.*

financiero, -ra [finanθjéro, -ra] *adj.-m.* Financier, ière.

finca [fíŋka] *f.* 1 Propriété, terre. 2 ∼ *rústica,* propriété rurale.

fineza [finéθa] *f.* Finesse (calidad).

fingido, -da [fiŋxíðo, -ða] *adj.* 1 Feint, feinte. 2 Faux, fausse, hypocrite (persona).

fingir [fiŋxir] [6] *tr.* 1 Feindre. ∎ 2 *pr.* Se faire passer pour. 3 Imaginer.

finito, -ta [finíto, -ta] *adj.* Fini, ie.

fino, -na [fíno, -na] *adj.* 1 Fin, fine. 2 Distingué, ée, courtois, oise, poli, ie (cortés).

firma [fírma] *f.* 1 Signature. 2 Seing *m.:* ∼

en blanco, blanc-seing. **3** Firme (razón social).

firmamento [firmaménto] *m.* Firmament.

firme [fírme] *adj.* **1** Ferme. ▪ **2** *m.* Macadam, empierrement (de una carretera). ▪ **3** *adv.* Ferme, fermement. *loc. adv. A pie ~,* de pied ferme; *de ~,* ferme, avec énergie; *comprar en ~,* acheter ferme. **4** *interj.* MIL. *¡Firmes!,* garde-à-vous!, fixe!

fiscal [fiskál] *adj.* **1** Fiscal, ale. **2** Appartenant au ministère public. ▪ **3** *m.* Procureur (ministerio público). **4** Agent du fisc. **5** Contrôleur, inspecteur. **6** fig. fam. Curieux, indiscret, critiqueur.

fiscalizar [fiskaliθár] [4] *tr.* Vérifier, contrôler (asuntos públicos).

fisco [físko] *m.* Fisc.

fisgón, -ona [fisγón, -óna] *adj.-s.* **1** Moqueur, euse. **2** Fouinard, arde, fouineur, euse (curioso).

física [físika] *f.* Physique.

físico, -ca [físiko, -ka] *adj.* **1** Physique. ▪ **2** *s.* Physicien, ienne. ▪ **3** *m.* Physique (aspecto de una persona).

fisiológico, -ca [fisjolóxiko, -ka] *adj.* Physiologique.

fisonomía [fisonomía] *f.* Physionomie.

fístula [fístula] *f.* MED. Fistule.

fisura [fisúra] *f.* Fissure.

fláccido, -da [fláɣθiðo, -ða] *adj.* Flasque.

flaco, -ca [fláko, -ka] *adj.* **1** Maigre. **2** fig. Faible (débil). ▪ **3** *m.* Point faible (debilidad). **4** Faible (afición predominante).

flagelación [flaxelaθjón] *f.* Flagellation.

flagelo [flaxélo] *m.* **1** Fouet (azote). **2** Fléau (calamidad). **3** ZOOL. Flagellum.

flamante [flamánte] *adj.* Flambant, ante, resplendissant, ante.

flamear [flameár] *intr.* **1** Flamber, flamboyer. **2** Ondoyer (ondear).

flamenco, -ca [flaménko, -ka] *adj.-s.* **1** Flamand, ande. **2** fig. Crâne, désinvolte. **3** Flamenco: *cante ~,* chant flamenco. ▪ **4** *m.* Flamant (ave).

flan [flan] *m.* **1** Flan, crème f. renversée (dulce). **2** Flan (de una moneda).

flaquear [flakeár] *intr.* **1** Faiblir. **2** Chanceler, menacer ruine. **3** Céder.

flaqueza [flakéθa] *f.* **1** Maigreur. **2** Faiblesse (debilidad).

flatulencia [flatulénθja] *f.* MED. Flatulence.

flauta [fláuta] *f.* MÚS. Flûte.

flautista [flaútista] *s.* Flûtiste.

flecha [flétʃa] *f.* **1** Flèche. **2** GEOM. Flèche.

flechar [fletʃár] *tr.* **1** Blesser, tuer avec des flèches. **2** fig. Inspirer un amour soudain.

flechazo [fletʃáθo] *m.* fig. Coup de foudre, coup de flèche.

fleco [fléko] *m.* Frange f.

fleje [fléxe] *m.* **1** Bande f. de fer pour faire des cerceaux, cercle de métal. **2** Lame f. d'acier (de muelle).

flema [fléma] *f.* **1** Flegme *m.* **2** Lenteur.

flequillo [flekíʎo] *m.* **1** Petite frange f. (adorno). **2** Frange f. (de cabello).

fletar [fletár] *tr.* Fréter, affréter (alquilar).

flete [fléte] *m.* MAR. Fret.

flexible [fle(γ)síβle] *adj.* Flexible.

flexión [fle(γ)sjón] *f.* Flexion.

flirtear [flirteár] *intr.* Flirter.

flojedad [floxeðáð] *f.* **1** Faiblesse, mollesse. **2** Paresse, nonchalance.

flojo, -ja [flóxo, -xa] *adj.* **1** Lâche (poco apretado), mou, molle (no bien relleno). **2** Faible (sin fuerza). ▪ **3** *adj.-s.* fig. Paresseux, euse (perezoso), mou, molle, nonchalant, ante (lento).

flor [flor] *f.* **1** Fleur. Loc. *~ de azahar,* fleur d'oranger; fig. *la ~ y nata,* la fine fleur. **2** Pruine (polvillo que cubre ciertas frutas), fleur (del vino). **3** Compliment *m.,* propos *m.* galant: *echar flores,* adresser des propos galants. **4** Manie, habitude: *dar en la ~ de,* contracter la manie, l'habitude de.

floración [floraθjón] *f.* Floraison.

floral [florál] *adj.* **1** Floral, ale. **2** *Juegos florales,* jeux floraux.

florecer [floreθér] [43] *intr.* **1** Fleurir (las plantas). ▪ **2** *pr.* Moisir.

floreciente [floreθjénte] *adj.* **1** Fleurissant, ante. **2** fig. Florissant, ante (próspero).

florero, -ra [floréro, -ra] *adj.-s.* **1** Diseur de bons mots, de mots flatteurs. ▪ **2** *m.* Fleuriste. **3** Vase à fleurs.

florete [floréte] *m.* Fleuret (arma).

floricultura [florikultúra] *f.* Floriculture.

florido, -da [floríðo, -ða] *adj.* **1** Fleuri, ie. **2** Choisi, ie, sélect *invar.* Loc. *Lo más ~,* la fleur, la crème. **3** fig. Fleuri, ie (lenguaje).

floristería [floristería] *f.* Magasin de fleurs.

flota [flóta] *f.* MAR. Flotte.

flotador [flotaðór] *m.* **1** Flotteur. **2** Bouée f. (para nadar).

flotar [flotár] *intr.* Flotter.

fluctuar [fluytwár] [11] *intr.* **1** Fluctuer. **2** fig. Hésiter, balancer (vacilar).

fluidez [flwiðéθ] *f.* Fluidité.

fluido, -da [flwiðo, -ða] *adj.-m.* **1** Fluide. ▪ **2** *m.* Courant (eléctrico).

fluir [flwir] [62] *intr.* S'écouler, couler.

flujo [flúxo] *m.* Flux.

flúor [flúor] *m.* Fluor.

fluorescente [flworesθénte] *adj.* Fluorescent, ente: *tubo* ~, tube au néon, néon.

fluvial [fluβjál] *adj.* Fluvial, ale.

FM [efeéme] *f.* (*abrev.* frecuencia modulada) FM.

fobia [fóβja] *f.* Phobie.

foca [fóka] *f.* Phoque *m.*

foco [fóko] *m.* **1** FIS., GEOM. Foyer. **2** Projecteur. **3** fig. Foyer (de civilización, etc.).

fofo, -fa [fófo, -fa] *adj.* Mou, molle, spongieux, euse, sans consistance.

fogata [foɣáta] *f.* **1** Flambée. **2** MIN. Fougasse.

fogón [foɣón] *m.* **1** Fourneau (de cocina). **2** Foyer (de caldera). **3** Lumière *f.* (de un arma de fuego). **4** amer. Feu (fuego).

fogoso, -sa [foɣóso, -sa] *adj.* Fougueux, euse.

folio [fóljo] *m.* Folio: ~ *vuelto,* folio verso; *en* ~, in-folio. Loc. fig. fam. *De a* ~, énorme.

folklore [folɣlóre] *m.* Folklore.

follaje [foʎáxe] *m.* Feuillage.

folletín [foʎetín] *m.* Feuilleton.

folleto [foʎéto] *m.* Brochure *f.*

follón [foʎón] *m.* fam. Histoire *f.,* pagaille *f.*: *estoy metido en un* ~, je me suis fourré dans une salle histoire. Loc.: *armar* ~, chahuter, faire du chahut, organiser la pagaille.

fomentar [fomentár] *tr.* **1** Fomenter. **2** Encourager (las artes, el comercio, etc.).

fomento [foménto] *m.* **1** Aide *f.,* encouragement. **2** *Ministerio de* ~, Ministère des Travaux publics.

fonda [fónda] *f.* **1** Pension, hôtel *m.,* auberge. **2** Buffet *m.* (en una estación).

fondear [fondeár] *intr.* **1** Mouiller, jeter l'ancre. ▪ **2** *tr.* MAR. Sonder.

fondeo [fondéo] *m.* MAR. Mouillage.

fondo [fóndo] *m.* **1** Fond. Loc. *Irse a* ~, couler; *dar* ~, mouiller, jeter l'ancre; *artículo de* ~, article de fond, éditorial. **2** Profondeur *f.* (hondura). ▪ **3** *pl.* Fonds (caudal, dinero): *fondos públicos,* fonds publics.

fonético, -ca [fonétiko, -ka] *adj.-f.* Phonétique.

fontanela [fontanéla] *f.* Fontanelle.

fontanero [fontanéro] *m.* Plombier.

foráneo, -ea [foráneo, -ea] *adj.* Étranger, ère.

forastero, -ra [forastéro, -ra] *adj.-s.* Étranger, ère, qui n'est pas de la ville ou de la région.

forcejeo [forθexéo], **forcejo** [forθéxo] *m.* **1** Effort (esfuerzo). **2** Lutte *f.*

forense [forénse] *adj.* **1** Qui concerne le palais, les tribunaux; *lenguaje* ~, termes de palais. **2** *Médico* ~, médecin légiste.

forestal [forestál] *adj.* Forestier, ière.

forfait [forfé] *m.* Forfait.

forjar [forxár] *tr.* **1** Forger. **2** fig. Imaginer, concevoir. ▪ **3** *pr.* Se forger, se faire: *forjarse ilusiones,* se faire des illusions.

forma [fórma] *f.* **1** Forme. **2** Format *m.* (formato). **3** Petite hostie: *la Sagrada Forma,* la Sainte hostie. **4** Manière, moyen *m.,* façon: *no hay* ~ *de,* il n'y a pas moyen de. **5** *loc. conj. De* ~ *que,* de sorte que.

formación [formaθjón] *f.* Formation.

formal [formál] *adj.* **1** Formel, elle. **2** Sérieux, euse (serio).

formalidad [formaliðáð] *f.* **1** Formalité. **2** Sérieux *m.,* gravité (seriedad). **3** Exactitude, ponctualité.

formar [formár] *tr.* **1** Former. **2** MIL. Faire former, rassembler. ▪ **3** *intr.* MIL. Former les rangs. ▪ **4** *pr.* Se former.

formateado [formateáðo] *m.* INFORM. Formatage.

formidable [formiðáβle] *adj.* Formidable.

fórmula [fórmula] *f.* Formule.

formulario, -ia [formulárjo, -ja] *adj.* Qui ne se fait que pour la forme. ▪ **2** *m.* Formulaire.

foro [fóro] *m.* **1** Forum. **2** Tribunal. **3** DER. Palais, barreau. **4** TEAT. Fond de la scène.

forofo, -fa [forófo, -fa] *s.* fam. Supporter, fan.

forraje [foráxe] *m.* **1** Fourrage. **2** Action *f.* de fourrager.

forrajero, -ra [foraxéro, -ra] *adj.* **1** Qui sert de fourrage, fourragère (planta).

forrar [forár] *tr.* **1** Doubler (un traje). **2** Fourrer (con pieles). **3** Couvrir (un libro). **4** MAR. Border, doubler.

forro [fóro] *m.* **1** Doublure *f.* (de un traje). **2** Couverture *f.,* (de un libro). **3** MAR. Bordage, doublage.

fortalecer [fortaleθér] [43] *tr.* Fortifier.

fortaleza [fortaléθa] *f.* **1** Force, vigueur. **2** fig. Force d'âme, courage *m.* (entereza). **3** MIL. Forteresse.

fortificar [fortifikár] [1] *tr.* Fortifier.

fortuito, -ta [fortwito, -ta] *adj.* Fortuit, ite.

fortuna [fortúna] *f.* **1** Fortune, chance (suerte). **2** *loc. adv. Por* ~, par bonheur, heureusement.

forúnculo [forúŋkulo] *m.* Furoncle.

forzado, -da [forθáðo, -ða] *adj.* **1** Forcé, ée. ■ **2** *m.* Forçat, galérien.

forzar [forθár] [50] *tr.* Forcer (una puerta, etc.).

forzoso, -sa [forθóso, -sa] *adj.* Forcé, ée, inévitable.

forzudo, -da [forθúðo, -ða] *adj.* Très fort, forte.

fosa [fósa] *f.* **1** Fosse, sépulture. **2** GEOG., ANAT. Fosse.

fosforera [fosforéra] *f.* Porte-allumettes *m. invar.*

fósforo [fósforo] *m.* **1** Phosphore. **2** Allumette *f.* (cerilla).

fósil [fósil] *adj.-m.* Fossile.

foso [fóso] *m.* **1** Fosse. **2** TEAT. Dessous. **3** FORT. Fossé.

foto [fóto] *f.* Photo.

fotocomponer [fotokomponèr] [78] *tr.* Photocomposer.

fotocomposición [fotokomposiθjón] *f.* Photocomposition.

fotocopia [fotokópja] *f.* Photocopie.

fotocopiadora [fotokopjaðóra] *f.* Photocopieuse.

fotogénico, -ca [fotoxéniko, -ka] *adj.* Photogénique.

fotografía [fotoɣrafía] *f.* Photographie. Loc. *Hacerse una* ~, se faire photographier.

fotográfico, -ca [fotoɣráfiko, -ka] *adj.* Photographique.

frac [frak] *m.* Frac, habit.

fracasar [frakasár] *intr.* Échouer, rater.

fracaso [frakáso] *m.* Échec, insuccès.

fracción [fraɣθjón] *f.* Fraction.

fractura [fraɣtúra] *f.* **1** Fracture (de un hueso). **2** Cassure. **3** Effraction (para robar).

fragancia [fraɣánθja] *f.* Parfum *m.*, fragrance.

fragata [fraɣáta] *f.* MAR. Frégate.

frágil [fráxil] *adj.* **1** Fragile. **2** fig. Faible.

fragmentar [fraɣmentár] *tr.* Fragmenter.

fragmento [fraɣménto] *m.* Fragment.

fragor [fraɣór] *m.* Fracas.

fraguar [fraɣwàr] [10] *tr.* Forger.

fraile [fráile] *m.* Moine, religieux.

frambuesa [frambwésa] *f.* Framboise.

francés, -esa [franθés, -ésa] *adj.-s.* Français, aise.

franciscano, -na [franθiskáno, -na],

francisco, ca [franθisko, -ka] *adj.-s.* Franciscain, aine.

franco, -ca [fráŋko, -ka] *adj.-s.* **1** Franc, franque (pueblo). **2** Franc, franque: *lengua franca,* langue franque. ■ **3** *adj.* Franc, franche (sincero). **4** Généreux, euse, libéral, ale. **5** Franc, franche (exento de impuestos): *puerto* ~, port franc. Loc. ~ *de porte,* franc de port, franco.

franela [franéla] *f.* Flanelle.

franja [fráŋxa] *f.* **1** Bande, galon *m.* (guarnición). **2** Bande. **3** FIS. Frange.

franquear [fraŋkeár] *tr.* **1** Exempter (de una contribución). **2** Affranchir (a un esclavo, una carta). **3** Accorder généreusement. ■ **4** *pr.* S'ouvrir: *franquearse con uno,* s'ouvrir à quelqu'un.

franqueo [fraŋkéo] *m.* Affranchissement.

franqueza [fraŋkéθa] *f.* Franchise, sincérité.

franquicia [fraŋkiθja] *f.* Franchise: ~ *postal,* franchise postale.

frasco [frásko] *m.* **1** Flacon. **2** Poire *f.* à poudre (para la pólvora).

frase [fráse] *f.* Phrase. Loc. ~ *hecha,* expression toute faite.

fraterno, -na [fratérno, -na] *adj.* Fraternel, elle.

fraude [fráůðe] *m.* Fraude *f.*

fray [fraĭ] *m.* Frère (devant le nom d'un moine).

frecuencia [frekwènθja] *f.* Fréquence.

frecuentar [frekwentár] *tr.* Fréquenter.

frecuente [frekwènte] *adj.* Fréquent, e.

fregadero [freɣaðéro] *m.* Évier.

fregado [freɣàðo] *m.* **1** Lavage (del pavimento, de los platos), récurage (de las cacerolas, etc.). **2** fig. Imbroglio, histoire *f.*, affaire *f.* louche.

fregar [freɣár] [48] *tr.* **1** Frotter (con fuerza). **2** Laver (el pavimento, los platos), récurer (las cacerolas, etc.).

fregona [freɣona] *f.* **1** Serpillière. **2** Souillon, bonne à tout faire, plongeuse.

freidor, -ra [freĭðór, -ra] *adj.* Friturier, ière.

freír [freír] [37] *tr.* **1** Frire, faire frire. **2** fig. fam. Ennuyer, embêter, tanner (exasperar). ■ **3** *pr.* Frire.

frenar [frenár] *tr.-intr.* Freiner.

frenético, -ca [frenétiko, -ka] *adj.* Frénétique.

freno [fréno] *m.* **1** Mors, frein (bocado). **2** MEC. Frein: ~ *de mano,* frein à main.

frente [frènte] *f.* **1** Front *m.* Loc. *Hacer* ~, faire face, faire front. ■ **2** *adv.* En face. **3**

loc. adv. ~ *a* ~, face à face. **4** *loc. prep.* ~ *a* ~, en face de (enfrente de), face à (en presencia de). **5** *interj. ¡De* ~*!*, en avant!

fresa [frésa] *f.* **1** Fraise (fruta). **2** Fraisier *m.* (planta). **3** MEC. Fraise.

fresar [fresár] *tr.* MEC. Fraiser.

fresco, -ca [frésko, -ka] *adj.* **1** Frais, fraîche. **2** Récent, ente. **3** fig. Serein, eine, imperturbable. **4** fam. Culotté, ée, effronté, ée (descarado). ■ **5** *s. Ser un* ~, être culotté. ■ **6** *m.* Frais: *tomar el* ~, prendre le frais. **7** PINT. Fresque *f.: pintar al* ~, peindre à fresque.

frescura [freskúra] *f.* **1** Fraîcheur. **2** fig. Toupet *m.*, culot *m.*, sans-gêne *m.* (descaro). **3** Impertinence.

fresno [frésno] *m.* Frêne.

fresón [fresón] *m.* Grosse fraise *f.*

freudismo [freŭdízmo] *m.* Freudisme.

friable [frjáβle] *adj.* Friable.

frialdad [frjáldáð] *f.* Froideur.

fricandó [frikandó] *m.* COC. Fricandeau.

fricción [friɣθjón] *f.* Friction.

friccionar [friɣθjonár] *tr.* Frictionner.

friega [frjéɣa] *f.* MED. Friction.

frigidez [frixiðéθ] *f.* Frigidité.

frígido, -da [fríxiðo, -ða] *adj.* Froid, e, frigide.

frigorífico, -ca [frigorífiko, -ka] *adj.* **1** Frigorifique. ■ **2** *m.* Frigorifique.

frío, fría [frío, fría] *adj.-m.* **1** Froid, froide. **2** *loc. adv. En* ~, à froid.

friolento, -ta [frjolénto, -ta] *adj.* Frileux, euse.

friolera [frjoléra] *f.* Bagatelle, vétille.

frisar [frisár] *tr.* **1** Friser, ratiner (un tejido). ■ **2** *intr.* Friser (acercarse): ~ *en los cuarenta años*, friser la quarantaine.

friso [fríso] *m.* ARQ. Frise *f.*

frito, -ta [fríto, -ta] *adj.* **1** Frit, frite. **2** fig. Excédé, ée.

fritura [fritúra] *f.* Friture.

frivolidad [friβoliðáð] *f.* Frivolité.

frondosidad [frondosiðáð] *f.* Abondance de feuilles.

frondoso, -sa [frondóso, -sa] *adj.* Touffu, ue, feuillu, ue (árbol, bosque).

frontal [frontál] *adj.-m.* **1** ANAT. Frontal, ale. ■ **2** *m.* LITURG. Parement d'autel.

frontera [frontéra] *f.* Frontière.

fronterizo, -za [fronteríθo, -θa] *adj.* Frontière, frontalier, ière.

frontón [frontón] *m.* Fronton.

frotar [frotár] *tr.* Frotter.

frugal [fruɣál] *adj.* Frugal, ale.

fruncir [frunθír] [3] *tr.* Froncer: ~ *el entrecejo*, froncer les sourcils.

frustrado, -da [frustráðo, -ða] *adj.* Frustré, ée.

frustrar [frustrár] *tr.* **1** Frustrer: *quedar frustrado*, se sentir frustré. **2** Faire échouer, empêcher de se réaliser. ■ **3** *pr.* Échouer, ne pas se réaliser (un proyecto, etc.).

fruta [frúta] *f.* **1** Fruit *m.*, fruits *m. pl.*: ~ *del tiempo*, fruits de saison. ▲ Désigne les fruits comestibles. **2** fig. ~ *de sartén*, mets fait avec de la pâte à frire.

frutal [frutál] *adj.* Fruitier (árbol).

frutero, -ra [frutéro, -ra] *adj.-s.* **1** Fruitier, ière. ■ **2** *m.* Coupe *f.* à fruits.

fruto [frúto] *m.* Fruit.

fucsia [fúksja] *f.* Fuchsia *m.*

fuego [fwéɣo] *m.* **1** Feu. Loc. ~ *de San-telmo*, feu Saint-Elme; ~ *fatuo*, feu follet; ~ *griego*, feu grégeois: *fuegos artificiales*, feu d'artifice; ~ *graneado*, feu roulant. **2** *loc. adv. A* ~ *lento*, à petit feu. **3** *interj.* MIL. Feu! **4** Au feu! (incendio). **5** Loc.: *entre dos fuegos*, entre deux feux.

fuelle [fwéʎe] *m.* **1** Soufflet (para soplar). **2** Soufflet (de carruaje, máquina fotográfica, cartera, etc.). **3** Faux-pli, godet (de un vestido).

fuente [fwénte] *f.* **1** Fontaine. **2** Source (manantial). **3** Plat *m.* (plato grande).

fuera [fwéra] *adv.* **1** Hors, dehors. Loc. ~ *de casa*, au dehors, hors de la maison, absent, ente. **2** *loc. adv. Por* ~, du dehors, en apparence. **3** *loc. prep.* ~ *de*, en dehors de, hormis, hors, excepté, à part (excepto): ~ *de eso*, en dehors de cela, à part ça; ~ *de sí*, hors de soi.

fueraborda [fweraβórða] *m.* Hors-bord.

fuero [fwéro] *m.* **1** Coutume *f.*, privilège. **2** Juridiction *f.*

fuerte [fwérte] *adj.* **1** Fort, forte (persona, olor, etc.). ■ **2** *m.* Fort: *la generosidad no es su* ~, la générosité n'est pas son fort. ■ **3** *adv.* Fort, fortement (con fuerza), beaucoup (en abundancia).

fuerza [fwérθa] *f.* **1** Force: ~ *mayor*, force majeure. **2** *loc. adv. A la* ~, *por* ~, de force, par force.

fuga [fúɣa] *f.* **1** Fuite, évasion. **2** Fuite (de un fluido). **3** Fougue (ardor).

fugaz [fuɣáθ] *adj.* Fugace.

fugitivo, -va [fuxitíβo, -βa] *adj.-s.* Fugitif, ive, fuyard, arde.

fulano, -na [fuláno, -na] **1** *m.-f* Un tel, une telle: *don* ~ *de tal*, monsieur un tel. **2** Amant, maîtresse: *es su fulana*, c'est sa maîtresse. **3** *f.* Putain, prostituée.

fulgor [fulɣòr] *m.* Éclat, lueur *f.*

fulgurante [fulɣurànte] *adj.* Fulgurant, ante.

fulminante [fulminànte] *adj.* **1** Fulminant, ante. **2** Foudroyant, ante (enfermedad). ▪ **3** *m.* Amorce *f.*

fulminar [fulminàr] *tr.* **1** Lancer (rayos). **2** Foudroyer (a alguien). **3** fig. Lancer (bombas, balas). **4** Fulminer (excomuniones, etc.).

fumador, -ra [fumaðòr, -ra] *adj.-s.* Fumeur, euse.

fumar [fumàr] *intr.* Fumer (humear).

fumigar [fumiɣàr] [7] *tr.* Enfumer.

función [funθjòn] *f.* **1** Fonction. **2** Cérémonie religieuse, fête. **3** Représentation théâtrale, spectacle *m.*

funcional [funθjonàl] *adj.* Fonctionnel, elle.

funcionar [funθjonàr] *intr.* Fonctionner.

funcionario [funθjonàrjo] *m.* Fonctionnaire.

funda [fúnda] *f.* **1** Housse (de un sillón, etc.), étui *m.* (gafas), gaine (pistola). **2** Taie (de almohada). **3** Fourreau *m.* (de paraguas).

fundación [fundaθjòn] *f.* Fondation.

fundador, -ra [fundaðòr, -ra] *adj.-s.* Fondateur, trice.

fundamental [fundamentàl] *adj.* Fondamental, ale.

fundamento [fundamènto] *m.* **1** Fondation *f.* (de un edificio). **2** fig. Fondement. **3** Sérieux, jugement.

fundar [fundàr] *tr.* **1** Fonder. ▪ **2** *pr.* Se fonder, s'appuyer (*en,* sur).

fundir [fundir] *tr.* **1** Fondre (derretir). ▪ **2** *tr.* Fondre. **3** fig. Se fondre, s'unir (intereses, etc.).

fúnebre [fúneβre] *adj.* Funèbre.

funeral [funeràl] *adj.* **1** Funéraire. ▪ **2** *m. sing. pl.* Obsèques *f. pl.* **3** Funérailles *f. pl.*

funerario, -ia [funeràrjo, -ja] *adj.* Funéraire.

funesto, -ta [funèsto, -ta] *adj.* Funeste.

funicular [funikulàr] *adj.-m.* Funiculaire.

furgón [furɣòn] *m.* Fourgon.

furgoneta [furɣonèta] *f.* Camionnette, fourgonnette.

furia [fúrja] *f.* **1** Furie. **2** Hâte, ardeur. **3** *Hecho una* ~, furieux, fou de rage.

furioso, -sa [furjòso, -sa] *adj.* Furieux, euse.

furor [furòr] *m.* **1** Fureur *f.* **2** Loc. *adv.* fig. *Con* ~, à la folie, énormément.

furtivo, -va [furtiβo, -βa] *adj.* Furtif, ive.

fusible [fusijle] *adj.-m.* Fusible.

fusil [fusil] *m.* Fusil (de guerra): ~ *ametrallador,* fusil-mitrailleur.

fusilar [fusilàr] *tr.* **1** Fusiller. **2** fam. Plagier.

fusión [fusjòn] *f.* **1** Fusion. **2** Fonte (de la nieve). **3** fig. Fusion, fusionnement *m.*

fusionar [fusjonàr] *tr.-pr.* Fusionner.

fusta [fústa] *f.* Long fouet *m.,* cravache.

fuste [fúste] *m.* **1** Bois (madera). **2** Bois, hampe *f.* (de lanza). **3** Arçon (de la silla de montar).

fustigar [fustiɣàr] [7] *tr.* Fustiger.

fútbol [fúðβol] *m.* Football.

futbolín [futβolin] *m.* Baby-foot.

futbolista [futβolista] *m.* Joueur de foot, footballeur.

futurismo [futurizmo] *m.* Futurisme.

futuro, -ra [futùro, -ra] *adj.-m.* **1** Futur, ure. **2** GRAM. ~ *imperfecto,* futur simple; ~ *perfecto,* futur antérieur.

G

g [xe] *f.* G *m.*

gabán [gaβán] *m.* Pardessus.

gabardina [gaβarðina] *f.* Gabardine.

gabinete [gaβinéte] *m.* **1** Cabinet (habitación, colección científica, etc.). **2** Boudoir (de una señora).

gacela [gaθéla] *f.* Gazelle.

gaceta [gaθéta] *f.* **1** Gazette. **2** ant. Journal *m.* officiel (en España).

gacetilla [gaθetíʎa] *f.* Nouvelle brève (en un periódico).

gachí [gatʃi] *f.* pop. Fille, gonzesse, pépée.

gacho, -cha [gátʃo, -tʃa] *adj.* **1** Incliné, ée, penché, ée (hacia abajo): *orejas gachas,* oreilles basses. **2** Bas encorné (buey). **3** *A gachas,* à quatre pattes.

gaditano, -na [gaðitáno, -na] *adj.-s.* Gaditain, aine.

gafa [gáfa] *f.* **1** Crampon *m.* (grapa). ■ **2** *pl.* Lunettes.

gaita [gáita] *f.* **1** MÚS. Sorte de chalumeau. **2** → *gallega,* musette, biniou *m.*

gajes [gáxes] *m. pl.* Gages, émoluments, salaire *sing.*

gajo [gáxo] *m.* **1** Branche *f.* (de árbol). **2** Grappillon (de uvas). **3** Quartier (de naranja, etc.). **4** Dent *f.* (de horca, etc.).

gala [gála] *f.* **1** Habit *m.* de fête. Loc. *Vestir de* →, être en grande tenue. **2** Le meilleur, le plus exquis. Loc. fig. *Hacer* → *de, tener a* →, se faire gloire de.

galaico, -ca [galáiko, -ka] *adj.* Galicien, ienne, de Galice.

galán [galán] *adj.* **1** Beau, élégant. ■ **2** *m.* Homme de belle prestance. **3** Galant, amoureux. **4** TEAT. Premier acteur: → *joven,* jeune premier.

galante [galánte] *adj.* **1** Galant, ante (empressé auprès des dames). **2** *Mujer* →, femme galante.

galantear [galanteár] *tr.* Courtiser, faire la cour à.

galardón [galarðón] *m.* Récompense *f.,* prix.

galardonar [galarðonár] *tr.* Récompenser.

galaxia [galá(y)sja] *f.* Galaxie.

galera [galéra] *f.* **1** MAR. Galère. **2** Guimbarde (carro). **3** CARP. Riflard *m.* **4** IMPR. Galée. **5** Squille, mante de mer (crustáceo). ■ **6** *pl.* Galères (condena).

galería [galeria] *f.* Galerie.

galgo [gálɣo] *m.* Lévrier.

galicano, -na [galikáno, -na] *adj.* Gallican, ane.

galicismo [galiθizmo] *m.* Gallicisme.

gallardía [gaʎarðia] *f.* **1** Grâce, désinvolture. **2** Bravoure (valor).

gallardo, -da [gaʎárðo, -ða] *adj.* **1** Gracieux, euse, désinvolte. **2** Brave, courageux, euse (valeroso). **3** fig. Grand, grande, magnifique.

gallego, -ga [gaʎéɣo, -ɣa] *adj.-s.* Gallicien, ienne.

galleta [gaʎéta] *f.* **1** Biscuit *m.* **2** MAR. Biscuit *m.,* galette. **3** fam. Claque, gifle.

gallina [gaʎína] *f.* **1** Poule. Loc. *Acostarse con las gallinas,* se coucher avec les poules. **2** → *sorda,* bécasse; → *de Guinea,* pintade. **3** → *ciega,* colin-maillard (juego). ■ **4** *s.* Poltron, onne, lâche, poule mouillée.

gallináceo, -ea [gaʎináθeo, -ea] *adj.* **1** Gallinacé, ée. ■ **2** *f. pl.* Gallinacées.

gallinero [gaʎinéro] *m.* **1** Poulailler. **2** fig. Pétaudière *f.* **3** TEAT. Poulailler.

gallito [gaʎíto] *m.* **1** Cochet. **2** fig. Celui qui est le premier quelque part: *el* → *del lugar,* le coq du village.

gallo [gáʎo] *m.* **1** Coq: → *silvestre,* coq de bruyère. **2** *Levantar, alzar el* →, lever la crête, hausser le ton. **3** fig. Couac, canard (nota falsa): *soltar un* →, faire un couac.

galo, -la [gálo, -la] *adj.-s.* Gaulois, oise.

galón [galón] *m.* **1** Galon. **2** Gallon (medida).

galopar [galopár] *intr.* Galoper.

galope [galópe] *m.* **1** Galop. **2** *loc. adv.* fig.

$A \sim$, au galop, à toute allure; $a \sim$ **tendido,** au triple galop.

galvánico, -ca [galβániko, -ka] *adj.* Galvanique.

galvanizar [galβaniθár] [4] *tr.* Galvaniser.

gama [gáma] *f.* 1 Gamme. 2 Daine (hembra del gamo).

gamba [gámba] *f.* Crevette rose, gamba.

gamma [gámma] *f.* Gamma *m.* (letra griega).

gamo [gámo] *m.* Daim.

gamuza [gamúθa] *f.* 1 Chamois *m.,* isard *m.* 2 Peau de chamois (piel).

gana [gána] *f.* 1 Envie, désir *m.: tener $\sim$, ganas de dormir,* avoir envie de dormir. 2 Appétit *m.: abrir las ganas,* ouvrir l'appétit. 3 Loc. fam. *Darle a uno la $\sim$ de,* avoir envie de. 4 *loc. adv. De buena $\sim$,* de bon gré, volontiers; *de mala $\sim$,* de mauvais gré, à contre-cœur.

ganadería [ganaðería] *f.* 1 Bétail *m.* (ganado). 2 Bestiaux *m. pl.,* troupeau.

ganadero, -ra [ganaðéro, -ra] *adj.* Qui concerne le troupeau, l'élevage.

ganado [ganáðo] *m.* 1 Bétail, bestiaux *pl.,* bêtes *f., pl.: $\sim$ mayor,* gros bétail; $\sim$ *menor,* menu bétail. 2 $\sim$ *cabrío,* les chèvres.

ganador, -ra [ganaðór, -ra] *adj.* Gagnant, ante.

ganancia [ganánθja] *f.* Gain *m.* (acción de ganar, lo que se gana), profit *m.,* bénéfice *m.* (provecho).

ganar [ganár] *tr.* 1 Gagner. ▲ Dans certains sens, ce verbe peut être réfléchi: *ganarse la vida,* gagner sa vie. 2 Battre (en el juego). 3 Surpasser, l'emporter sur (aventajar).

ganchillo [gantʃíʎo] *m.* Crochet (aguja, labor).

gancho [gántʃo] *m.* 1 Crochet (garfio, puñetazo). 2 fig. Racoleur (persona). 3 Ergot, moignon (de rama).

gandul, -la [gandúl, -la] *adj.-s.* Fainéant, ante.

ganga [gánga] *f.* 1 Aubaine, occasion, bonne affaire. 2 MINER. Gangue.

ganglio [gángljo] *m.* Ganglion.

gangoso, -sa [gangóso, -sa] *adj.* 1 Nasillard, arde. ■ 2 *adj.-s.* Nasilleur, euse.

gangrena [gangréna] *f.* Gangrène.

gángster [gángster] *m.* Gangster.

gansada [gansáða] *f.* Bêtise, niaiserie.

ganso, -sa [gánso, -sa] *s.* 1 Jars *m.,* oie *f.* ■ 2 *adj.-s.* fig. Lourdaud, aude, bête, idiot, ote.

ganzúa [ganθúa] *f.* 1 Rossignol *m.,* cro-

chet *m.* (garfio). 2 fig. Filou *m.* (ladrón).

gañir [gaɲir] [40] *intr.* Glapir.

garabatear [garaβateàr] *intr.-tr.* Griffonner (garrapatear).

garabato [garaβáto] *m.* 1 Allonge *f.* (de carnicero), crochet (gancho). 2 Griffonnage (escritura mal hecha).

garaje [garáxe] *m.* Garage.

garante [garánte] *adj.* Garant, ante.

garantía [garantía] *f.* Garantie.

garantizar [garantiθár] [4] *tr.* Garantir, se porter garant de.

garapiñar [garapiɲár] *tr.* 1 Faire solidifier en grumeaux. 2 Praliner: *almendra garapiñada,* praline.

garbanzo [garβánθo] *m.* Pois-chiche.

garbo [gárβo] *m.* 1 Grâce *f.,* aisance *f.,* désinvolture *f.* 2 Élégance *f.* 3 Générosité *f.,* désintéressement.

garboso, -sa [garβóso, -sa] *adj.* Alluré, ée.

garfio [garfio] *m.* Crochet, croc.

gargajo [garγáxo] *m.* Crachat, graillon.

garganta [garγánta] *f.* 1 Gorge (parte anterior del cuello). 2 Cou-de-pied *m.* (del pie). 3 Gorge (de columna, etc.).

gargantilla [garγantíʎa] *f.* 1 Petit collier *m.* de femme. 2 Grain *m.* de collier.

gárgaras [gárγaras] *f. pl.* 1 Gargarismes *m.: hacer $\sim$,* se gargariser. 2 fam. *Enviar a hacer $\sim$,* envoyer promener.

garita [garita] *f.* 1 MIL. Guérite. 2 Loge (de portero).

garito [garito] *m.* Tripot.

garlito [garlito] *m.* Verveux, nasse *f.*

garnacha [garnátʃa] *f.* 1 Grenache *m.* (uva, vino). 2 Robe (de magistrado). 3 Gens *m. pl.* de robe.

garra [gára] *f.* 1 Griffe (de león, etc.), serre (de las aves de rapiña). 2 fig. Main (mano).

garrafa [garáfa] *f.* Carafe.

garrafal [garafál] *adj.* Gros, grosse, énorme, monumental, ale: *una mentira $\sim$,* un gros mensonge.

garrafón [garafón] *m.* 1 Grande carafe *f.* 2 Tourie *f.,* dame-jeanne *f.*

garrapata [garapáta] *f.* Tique.

garrido, -da [garíðo, -ða] *adj.* Beau, belle.

garroba [garóβa] *f.* Caroube.

garrocha [garótʃa] *f.* TAUROM. Pique.

garrote [garóte] *m.* 1 Bâton, trique *f.,* gourdin (palo). 2 Lien serré. 3 Garrot *m.* (suplicio).

garza [gárθa] *f.* Héron *m.*

gas [gas] *m.* Gaz: $\sim$ *ciudad,* gaz de ville; *gases raros,* gaz rares.

gasa [gàsa] *f.* **1** Gaze. **2** Crêpe *m.* (de luto).

gaseosa [gaseósa] *f.* Limonade.

gaseoso, -sa [gaseóso, -sa] *adj.* Gazeux, euse.

gasificar [gasifikàr] [1] *tr.* Gazéifier.

gasóleo [gasóleo] *m.* Gas-oil, gazole.

gasolina [gasolina] *f.* Essence.

gasolinera [gasolinéra] *f.* **1** Canot *m.* automobile (lancha). **2** Poste *m.* d'essence.

gastado, -da [gastàðo, -ða] *adj.* Usé, ée.

gastador, -ra [gastaðór, -ra] *adj.* **1** Gaspilleur, euse, dépensier, ière. ▪ **2** *m.* MIL. Sapeur.

gastar [gastàr] *tr.* **1** Dépenser (dinero, las fuerzas, etc.). **2** Consommer, user (consumir). **3** Porter, avoir (habitualmente): ~ *barba,* porter la barbe; ~ *coche,* avoir une voiture. Loc. ~ *poca saliva,* parler peu; *ya sé cómo las gasta,* je sais bien comment il agit. **4** Faire (broma, etc.).

gasto [gàsto] *m.* **1** Dépense *f.* **2** Frais *pl.: gastos de viaje,* frais de déplacement. **3** FIS. Débit (de agua, gas, etc.).

gástrico, -ca [gàstriko, -ka] *adj.* Gastrique.

gastronomía [gastronomia] *f.* Gastronomie.

gata [gàta] *f.* Chatte (hembra del gato).

gatas (a) [(a)gátas] *loc. adv.* À quatre pattes.

gatear [gateàr] *intr.* **1** Grimper (como un gato). **2** Marcher à quatre pattes (andar a gatas). ▪ **3** *tr.* fam. Voler (robar).

gatillo [gatiʎo] *m.* **1** Détente *f.* (de un arma de fuego). **2** Davier (de dentista).

gato [gàto] *m.* **1** Chat: ~ *montés,* chat sauvage. Loc. fig. *Cuatro gatos,* quatre pelés et un tondu; *hay ~ encerrado,* il y a anguille sous roche. **2** Cric, vérin (para levantar pesos).

gaucho, -cha [gàŭtʃo, -tʃa] *adj.-m.* Gaucho.

gaveta [gaβéta] *f.* Tiroir *m.*

gavilán [gaβilàn] *m.* **1** Épervier (ave). **2** Quillon (de una espada). **3** Fleur *f.* du chardon.

gavilla [gaβiʎa] *f.* **1** Gerbe (de cereales), fagot *m.* (de sarmientos). **2** fig. Bande (de gente despreciable).

gaviota [gaβjóta] *f.* Mouette.

gazapera [gaθapéra] *f.* **1** Garenne. **2** fig. Réunion de fripouilles. **3** Dispute, rixe.

gazapo [gaθàpo] *m.* Lapereau.

gazpacho [gaθpàtʃo] *m.* Soupe *f.* froide au pain, à la tomate, à l'huile, au vinagre et à l'ail.

ge [xe] *f.* G *m.,* lettre g.

geiser [xèĭser] *m.* Geyser.

gel [xel] *m.* QUÍM. Gel.

gelatina [xelatina] *f.* **1** Gélatine. **2** COC. Gelée.

gélido, -da [xéliðo, -ða] *adj.* poét. Glacé, ée, gelé, ée.

gema [xèma] *f.* **1** Gemme. **2** *Sal* ~, sel gemme.

gemelo, -la [xemélo, -la] *adj.-s.* **1** Jumeau, jumelle. ▪ **2** *m. pl.* ÓPT. Jumelles *f.* **3** Boutons de manchettes (de camisa).

gemido [xemiðo] *m.* Gémissement.

gemir [xemir] [34] *intr.* Gémir.

gendarme [xendàrme] *m.* Gendarme.

genealogía [xenealoxia] *f.* Généalogie.

generación [xeneraθjón] *f.* Génération.

generador, -ra [xeneraðór, -ra] *adj.-s.* Générateur, trice.

general [xenerál] *adj.* **1** Général, ale. ▪ **2** *m.* Général.

generalidad [xeneraliðàð] *f.* Généralité.

generalizar [xeneraliθàr] [4] *tr.* Généraliser.

género [xènero] *m.* **1** Genre. **2** Tissu (tela). Loc. ~ *de punto,* tricot. **3** COM. Marchandise *f.,* article (mercancía). **4** GRAM., LIT. Genre.

generosidad [xenerosiðàð] *f.* Générosité.

generoso, -sa [xeneróso, -sa] *adj.* Généreux, euse.

génesis [xènesis] *f.* Genèse (origen).

genial [xenjál] *adj.* Génial, ale.

genio [xènjo] *m.* **1** Génie. **2** Caractère: *mal* ~, mauvais caractère. **3** *Corto de* ~, timide.

genocidio [xenoθiðjo] *m.* Génocide.

genovés, -esa [xenoβés, -èsa] *adj.-s.* Génois, oise.

gente [xènte] *f.* **1** Gens *m. pl.: la ~ se atropella en el metro,* les gens se bousculent dans le métro. **2** Monde *m.* (personas): *había mucha* ~, il y avait beaucoup de monde. ▪ **3** *pl.* Gentils: *el Apóstol de las gentes,* l'Apôtre des gentils.

gentil [xentil] *adj.-s.* **1** Gentil, idolâtre. ▪ **2** *adj.* Gentil, ille, beau, belle, gracieux, euse. **3** Grand, grande, considérable.

gentilhombre [xentilómbre] *m.* Gentilhomme.

gentilidad [xentiliðàð] *f.* Gentilité.

gentío [xentio] *m.* Foule *f.,* affluence *f.*

gentuza [xentúθa] *f.* desp. Populace, canaille.

genuino, -na[xenwino, -na] *adj.* Naturel, elle, véritable, authentique.

geografía[xeoɣrafia] *f.* Géographie.

geógrafo, -fa [xeóɣrafo, -fa] *s.* Géographe.

geología[xeoloxia] *f.* Géologie.

geólogo, -ga[xeóloɣo, -ɣa] *adj.-s.* Géologue.

geometría[xeometria] *f.* Géométrie.

geopolítica[xeopolitika] *f.* Géopolitique.

geranio[xeránjo] *m.* Géranium.

gerencia[xerénθja] *f.* Gérance.

gerente[xerénte] *m.* Gérant.

germánico, -ca [xermániko, -ka] *adj.-s.* Germanique.

germen[xérmen] *m.* Germe.

germinación [xerminaθjón] *f.* Germination.

germinar[xerminàr] *intr.* Germer.

gerundense [xerundénse] *adj.-s.* De Gérone.

gerundio[xerúndjo] *m.* Gérondif.

gesta[xésta] *f.* Geste: *cantar de ~,* chanson de geste.

gestación[xestaθjón] *f.* Gestation.

gesticular [xestikulár] *intr.* Grimacer, s'exprimer par des grimaces.

gestión[xestjón] *f.* **1** Démarche (diligencia). **2** Gestion (administración).

gesto [xésto] *m.* **1** Expression *f.* du visage, mine *f.,* air. **2** Grimace *f.* (mueca).

gestor, -ra[xestór, -ra] *adj.-s.* Celui, celle qui participe à la direction ou à l'administration d'une enterprise, gérant, ante, gestionnaire.

gestoría[xestoria] *f.* Cabinet d'affaires *m.*

giboso, -sa[xiβóso, -sa] *adj.-s.* Bossu, ue.

gigante [xiɣánte] *adj.* **1** Géant, ante, gigantesque. ■ **2** *m.* Géant.

gigantesco, -ca [xiɣantésko, -ka] *adj.* Gigantesque.

gimnasia[xímnàsja] *f.* Gymnastique.

gimnasio[xímnasjo] *m.* Gymnase.

gimnasta[xímnàsta] *s.* Gymnaste.

gimotear[ximoteàr] *intr.* Gémir fréquemment, pleurnicher.

gincana[xinkàna] *m.* Gymkhana.

ginebra [xinéβra] *f.* Gin *m.,* genièvre *m.* (licor).

ginebrino, -na[xineβrino, -na] *adj.-s.* Genevois, oise.

ginecología [xinekoloxia] *f.* MED. Gynécologie.

ginecólogo, -ga [xinekóloɣo, -ɣa] *m.-f.* Gynécologue.

giralda [xirálda] *f.* Girouette à forme d'homme ou d'animal.

girar[xirár] *intr.* **1** Tourner. **2** fig. *~ alrededor de,* tourner autour de, porter sur (una conversación, etc.). ■ **3** *intr.-tr.* COM. Tirer: *~ a cargo de,* tirer sur.

girasol[xirasól] *m.* **1** Hélianthe, tournesol, soleil. **2** MINER. *Ópalo ~,* girasol.

giro[xiro] *m.* **1** Tour (movimiento circular). **2** Tournure *f.* (de la conversación, de un negocio, etc.). **3** Tournure *f.* (frase). **4** COM. Traite *f.,* mandat: *hacer un ~ contra,* tirer une traite sur; *~ postal,* mandat-poste.

gitanada [xitanàða] *f.* **1** Action propre aux gitans. **2** fig. Vilain tour *m.* **3** fig. Flatterie, flagornerie (zalamería).

gitanillo, -lla[xitaniʎo, -ʎa] *s.* Petit gitan, petite gitane.

gitano, -na[xitàno, -na] *adj.-s.* **1** Gitan, ane. **2** Bohémien, enne.

glacial [glaθjál] *adj.* Glacial, ale: *vientos glaciales,* des vents glacials.

glaciar[glaθjár] *m.* GEOG. Glacier.

gladiador[glaðjaðór] *m.* Gladiateur.

glándula[glàndula] *f.* Glande.

glasear[glaseàr] *tr.* Glacer.

glaucoma [glaŭkóma] *m.* MED. Glaucome.

gleba[gléβa] *f.* Glèbe.

glicerina[gliθerina] *f.* Glycérine.

glicina[gliθina] *f.* Glycine.

global[gloβál] *adj.* Global, ale.

globo [glóβo] *m.* **1** Globe (cuerpo esférico). **2** Globe (de lámpara). **3** Ballon (aerostato, juguete): *~ sonda,* ballonsonde.

globular[gloβulár] *adj.* Globuleux, euse.

glóbulo[glóβulo] *m.* Globule.

gloria [glórja] *f.* **1** Gloire. Loc. *Hacer ~ de,* se faire gloire de. **2** Ciel *m.,* paradis *m.* Loc. fig. *Estar en la ~,* être aux anges. **3** *m.* LITURG. Gloria.

gloriarse[glorjàrse] [12] *pr.* Se glorifier.

glorieta[glorjèta] *f.* **1** Gloriette, tonnelle. **2** Rond-point *m.* (encrucijada).

glorioso, -sa[glorjóso, -sa] *adj.* Glorieux, euse.

glosa [glósa] *f.* **1** Glose (de un texto). **2** Sorte de composition poétique.

glosar[glosàr] *tr.* Gloser sur.

glotis[glótis] *f.* ANAT. Glotte.

glotón, -ona [glotón, -óna] *adj.-s.* Glouton, onne.

glotonería[glotoneria] *f.* Gloutonnerie.

glucosa [glukósa] *f.* Glucose *m.*

gluten[glúten] *m.* Gluten.

glúteo, -ea [glúteo, -ea] *adj.* ANAT. Fessier, ière.

gnomo [nómo] *m.* Gnome.

gobernación [goβernaθjón] *f.* **1** Gouvernement *m.* **2** *Ministerio de la ~,* ministère de l'Intérieur.

gobernador, -ra [goβernaðór, -ra] *adj.-s.* **1** Qui gouverne. ■ **2** *m.* Gouverneur. **3** *~ civil,* préfet d'un département.

gobernar [goβernár] [27] *tr.* Gouverner (dirigir, regir).

gobierno [goβjérno] *m.* **1** Gouvernement. Loc. *~ civil,* préfecture *f.* d'un département. **2** Gouverne *f.*: *se lo digo para su ~,* je vous le dis pour votre gouverne.

goce [góθe] *m.* Jouissance *f.*

godo, -da [góðo, -ða] *adj.-s.* Goth.

gol [gol] *m.* DEP. Goal, but: *marcar goles,* marquer des buts.

goleta [goléta] *f.* MAR. Goélette.

golf [golf] *m.* Golf (deporte).

golfo [gólfo] *m.* **1** GEOG. Golfe. **2** Gamin, polisson (pilluelo), voyou (gamberro).

golletazo [goʎetáθo] *m.* TAUROM. Estocade *f.* au cou du taureau.

golondrina [golondrina] *f.* Hirondelle: *~ de mar,* hirondelle de mer.

golosina [golosina] *f.* Gourmandise, friandise.

goloso, -sa [golóso, -sa] *adj.-s.* Gourmand, ande.

golpe [gólpe] *m.* **1** Coup. Loc. *~ de gracia,* coup de grâce; *~ de Estado,* coup d'État. **2** Multitude *f.,* foule. **3** Trait d'esprit, saillie *f.* **4** Admiration *f.,* surprise *f.* Loc. *Dar el ~,* surprendre, épater.

golpear [golpeár] *tr.* Frapper, battre.

golpista [golpísta] *m.* Putschiste.

goma [góma] *f.* **1** BOT. Gomme. **2** Caoutchouc *m.* **3** Élastique *m.* (cinta). **4** *~ de borrar,* gomme. **5** *~ de pegar,* colle.

gomoso, -sa [gomóso, -sa] *adj.-m.* Gommeux, euse.

góndola [góndola] *f.* Gondole.

gong [goŋ] *m.* Gong.

gordo, -da [górðo, -ða] *adj.* **1** Gros, grosse (corpulento, voluminoso). Loc. *El premio ~,* le gros lot. **2** Gras, grasse (con grasa). **3** Épais, aisse. **4** fig. Important, ante, grave: *algo ~ ha ocurrido,* il est arrivé quelque chose de grave. ■ **5** *m.* Gros lot (en la lotería).

gordura [gorðúra] *f.* **1** Graisse (del cuerpo). **2** Embonpoint *m.* (en las personas).

gorgojo [goryóxo] *m.* **1** Charançon. **2** fig. fam. Nain.

gorgoteo [goryotéo] *m.* Gargouillement.

gorila [gorila] *m.* Gorille.

gorjear [gorxeár] *intr.* **1** Gazouiller (los pájaros, los niños). **2** MÚS. Faire des roulades.

gorra [góřa] *f.* **1** Casquette. **2** *loc. adv. De ~,* gratis, à l'œil.

gorrión [gořjón] *m.* Moineau.

gorrista [gořísta] *m.* Parasite.

gorro [góřo] *m.* **1** Bonnet: *~ frigio,* bonnet phrygien; *~ de dormir,* bonnet de nuit. **2** *~ de cuartel,* calot, bonnet de police.

gota [góta] *f.* Goutte (de líquido).

gotear [goteár] *intr.* Dégoutter, tomber goutte à goutte.

gotera [gotéra] *f.* Gouttes *pl.* qui tombent à travers le toit, fente par où elles passent.

gótico, -ca [gótiko, -ka] *adj.* **1** Gothique. **2** fig. *Niño ~,* freluquet, bêcheur. ■ **3** *m.* ARQ. Gothique.

gozar [goθár] [4] *tr.-intr.* Jouir de: *goza de buena salud,* il jouit d'une bonne santé.

gozne [góθne] *m.* Gond.

gozo [góθo] *m.* Joie *f.,* plaisir, allégresse *f.*

gozoso, -sa [goθóso, -sa] *adj.* Joyeux, euse.

grabación [graβaθjón] *f.* **1** Enregistrement *m.* **2** INFORM. Saisie.

grabado [graβáðo] *m.* Gravure *f.*: *~ en cobre,* gravure sur cuivre.

grabar [graβár] *tr.* **1** Graver. **2** Enregistrer (discos, cintas magnetofónicas).

gracia [gráθja] *f.* **1** Grâce. Loc. *Estar en ~ cerca de,* être en grâce auprès de; *caer en ~ a uno,* plaire à quelqu'un; *hacer ~ de,* faire grâce de. **2** Attrait *m.,* charme *m.* (de una persona). **3** Mot *m.* d'esprit, plaisanterie: *reírle las gracias a uno,* rire des plaisanteries de quelqu'un. **4** *Tener ~,* être drôle, amusant, ante. **5** *pl.* Mercis *m.* (agradecimiento). Loc. *Dar las gracias,* remercier.

gracioso, -sa [graθjóso, -sa] *adj.* **1** Gracieux, euse. **2** Amusant, ante, plaisant, ante, drôle (agudo, chistoso). ■ **3** *s.* Acteur, actrice qui joue les rôles comiques.

grada [gráða] *f.* **1** Degré *m.* marche (peldaño). **2** Gradin *m.* (en un estadio, anfiteatro). **3** Estrade (de un altar). **4** MAR. Cale, chantier *m.* **5** AGR. Herse.

grado [gráðo] *m.* **1** Degré. **2** Grade (título). **3** Année *f.* (de un curso escolar). **4** Gré: *de buen* ~, de bon gré; *mal de su* ~, contre son gré; *de* ~ *o por fuerza,* de gré ou de force.

graduado, -da [graðwáðo, -ða] *adj.* **1** Gradué, ée. **2** Diplômé, ée.

graduar [graðwár] [11] *tr.* **1** Graduer. **2** Estimer, juger, tenir pour: ~ *de, por bueno,* juger bon. ▪ **3** *pr.* Recevoir un titre universitaire, être reçu, ue.

gráfico, -ca [gráfiko, -ka] *adj.* **1** Graphique. **2** Photographique: *reportaje* ~, reportage photo. ▪ **3** *f.* Graphique *m.*

gragea [graxéa] *f.* Dragée.

gramática [gramátika] *f.* **1** Grammaire. **2** fig. ~ *parda,* astuce, savoir-faire *m.,* débrouillardise.

gramo [grámo] *m.* Gramme.

gran [gran] *adj.* Forme apocopée de *grande* qui ne s'emploie que devant un substantif au singulier: *un* ~ *pintor,* un grand peintre.

granada [granáða] *f.* Grenade (fruto, proyectil).

granadino, -na [granaðino, -na] *adj.-s.* **1** Grenadin, ine (de Granada). **2** Du grenadier (árbol), de la grenade (fruto).

granado, -da [granáðo, -ða] *adj.* Notable, remarquable.

granate [granáte] *adj.-m.* Grenat.

grande [gránde] *adj.* **1** Grand, grande: *habitación* ~, grande chambre. **2** Gros, grosse. ▪ **3** *m.* Grand: ~ *de España,* grand d'Espagne. **4** loc. adv. *En* ~ en grand; fig. avec luxe; *vivir en, a lo* ~ vivre sur un grand pied.

grandeza [grandéθa] *f.* **1** Grandeur. **2** Grandesse (dignidad).

grandote, -ta [grandóte, -ta] *adj.* fam. Trop grand, grande.

granel (a) [(a)granél] *loc. adv.* **1** En quantité, en abondance. **2** COM. En vrac, au détail.

granero [granéro] *m.* Grenier.

granito [granito] *m.* MINER. Granit.

granizada [graniθáða] *f.* **1** Chute de grêle. **2** fig. Grêle (gran cantidad).

granizado [graniθáðo] *m.* Boisson avec de la glasse pilée *f.*

granizo [graniθo] *m.* **1** Grêle *f.* **2** Grêlon (grano de hielo). **3** *Caer como* ~, tomber dru.

granja [gráŋxa] *f.* Ferme, exploitation agricole.

granjear [graŋxeár] *tr.* Acquérir (dinero) en trafiquant.

granjero, -ra [graŋxéro, -ra] *s.* Fermier, ière, exploitant agricole.

grano [gráno] *m.* **1** Grain (de los cereales, de uva, café), graine *f.* (semilla). **2** Grain (de la piedra, de la piel, etc.). Loc. fig. *Ir al* ~, aller au fait. **3** MED. Bouton.

granuja [granúxa] *f.* **1** Raisin *m.* égrappé. **2** Pépin *m.* ▪ **3** *m.* fam. Gamin (pilluelo).

granular [granulár] *tr.* Granuler.

granza [gránθa] *f.* Garance.

grapa [grápa] *f.* **1** Crampon *m.* **2** Agrafe (para el papel). **3** MED. Agrafe.

grapadora [grapaðóra] *f.* Agrafeuse.

grasa [grása] *f.* **1** Graisse. **2** Crasse (suciedad).

graso, -sa [gráso, -sa] *adj.* Gras, grasse.

gratificación [gratifikaθjón] *f.* **1** Gratification (retribución). **2** Récompense.

gratis [grátis] *adv.* Gratis.

gratitud [gratitúð] *f.* Gratitude.

grato, -ta [gráto, -ta] *adj.* **1** Agréable. ▪ **2** *adj.-f.* Honorée (carta): *su grata del 6,* votre honorée du 6 courant.

grava [gráβa] *f.* **1** Gravier *m.* (guijarros). **2** Cailloutis *m.*

grave [gráβe] *adj.* Grave.

gravedad [graβeðáð] *f.* Gravité.

grávido, -da [gráβiðo, -ða] *adj.* **1** Chargé, ée, plein, e. **2** Gravide (hembra).

gravitar [graβitár] *intr.* FIS. Graviter. **2** fig. Peser, reposer (*sobre,* sur).

graznar [graθnár] *intr.* **1** Croasser (el cuervo). **2** Cacarder (el ganso).

greca [gréka] *f.* Grecque (adorno).

greda [gréða] *f.* Terre à foulon, glaise.

gregario, -ia [greɣárjo, -ja] *adj.* Grégaire.

gregoriano, -na [greɣorjáno, -na] *adj.* Grégorien, ienne.

gremio [grémjo] *m.* Corporation *f.,* corps de métier.

gres [gres] *m.* Grès.

gresca [gréska] *f.* **1** Tapage *m.* **2** Querelle, dispute (riña).

grey [greĭ] *f.* **1** Troupeau *m.* (rebaño). **2** Congrégation des fidèles, ouailles *pl.* (fieles).

griego, -ga [grjéɣo, -ɣa] *adj.-s.* **1** Grec, grecque. ▪ **2** *adj. Fuego* ~, feu grégeois.

grieta [grjéta] *f.* **1** Crevasse (en el suelo, etc.), lézarde (en una pared). **2** Gerçure, crevasse (en la piel).

grifo, -fa [grífo, -fa] *adj.* **1** Crépu, ue, ébouriffé, ée. **2** Aldin, ine (letra). ▪ **3** *m.* Robinet (llave). **4** Griffon (animal fabuloso).

grillo [grífo] *m.* **1** Grillon, cricri. **2** ~ *cebollero,* courtilière. **3** Germe (brote). ▪ **4** *pl.* Fers (de un preso).

grima [grima] *f.* Dégoût *m.,* horreur, irritation.

gringo, -ga [gríŋgo, -ga] *adj.-s.* **1** desp. Étranger, ère. ▲ En Amérique, américain du Nord. ▪ **2** *m.* Hébreu (lenguaje).

gripe [grípe] *f.* MED. Grippe.

gris [gris] *adj.-m.* **1** Gris, grise (color): *tonos grises,* des tons gris. ▪ **2** *m.* Petit gris (animal). **3** Vent froid.

gritar [gritár] *intr.* **1** Crier. ▪ **2** *tr.-intr.* Huer, siffler, conspuer (a uno).

grito [gríto] *m.* Cri. Loc. *Dar gritos,* pousser des cris, crier.

grosella [grosé́ʎa] *f.* Groseille.

grosero, -ra [groséro, -ra] *adj.* Grossier, ière.

grosor [grosór] *m.* Épaisseur *f.*

grotesco, -ca [grotésko, -ka] *adj.* Grotesque.

grúa [grúa] *f.* Grue (máquina).

grueso, -sa [grwéso, -sa] *adj.* **1** Gros, grosse (abultado, gordo): *un árbol ~,* un gros arbre. **2** Épais, aisse (espeso). ▪ **3** *m.* Épaisseur *f.,* grosseur *f.* **4** Gros: *el ~ del ejército,* le gros de l'armée. **5** Plein (de una letra).

grumete [gruméte] *m.* MAR. Mousse.

grumo [grúmo] *m.* Grumeau (de leche).

gruñir [gruɲír] [40] *intr.* Grogner.

grupo [grúpo] *m.* Groupe.

gruta [grúta] *f.* Grotte.

guadaña [gwaðáɲa] *f.* AGR. Faux.

guadañar [gwaðaɲár] *tr.* Faucher.

guagua [gwáγwa] *f.* **1** Bagatelle (cosa baladí). **2** Autobus *m.* **3** Bébé *m.* **4** *loc. adv. De ~,* gratis.

gualdo, -da [gwáldo, -da] *adj.* Jaune.

guanche [gwántʃe] *s.* Indigène des îles Canaries.

guano [gwáno] *m.* Guano.

guantada [gwantáða] *f.,* **guantazo** [gwantáθo] *m.* Soufflet *m.,* giffle *f.,* claque *f.*

guante [gwánte] *m.* Gant. Loc. *Arrojar, recoger el ~,* jeter, relever le gant.

guaperas [gwapéras] *m.* fam. Beau gosse, joli cœur.

guapeza [gwapéθa] *f.* **1** Hardiesse (ánimo). **2** Fanfaronnade, vantardise.

guapo, -pa [gwápo, -pa] *adj.* fam. **1** Beau, belle. **2** fam. Bien mis, mise, élégant, ante. ▪ **3** *m.* Querelleur, bagarreur, dur (pendenciero).

guarda [gwárda] *s.* **1** Garde, gardien, enne, surveillant, ante (jardín, etc.). Loc. *~ rural,* garde champêtre. ▪ **2** *f.* Garde, surveillance. **3** Observance (de una ley). **4** Tutelle. **5** Garde (de un

libro, una cerradura, una espada). **6** Bouterolle (de una llave).

guardabarrera [gwarðaβaréra] *s.* Garde-barrière.

guardabarros [gwarðaβáros] *m. invar.* Garde-boue.

guardabosque [gwarðaβóske] *m.* Garde forestier.

guardacostas [gwarðakóstas] *m. invar.* Garde-côte.

guardaespaldas [gwarðaespálðas] *invar.* Garde du corps *m.*

guardamonte [gwarðamónte] *m.* Pontet, sous-garde *f.* (del fusil).

guardar [gwarðár] *tr.* Garder: *~ bajo llave,* garder sous clé.

guardarropa [gwarðarópa] *m.* **1** Vestiaire. **2** Garde-robe *f.* (armario). **3** TEAT. Costumier.

guardia [gwárðja] *f.* **1** Garde (defensa, custodia). **2** ESGR. Garde. **3** MIL. Garde (cuerpo de tropa): *~ civil,* gendarmerie espagnole. ▪ **4** *m.* Garde. **5** Agent de police, agent (del tráfico).

guardián, -ana [gwarðján, -ána] *s.* Gardien, ienne.

guarecer [gwareθér] [43] *tr.* Abriter, protéger, mettre à couvert.

guarismo [gwarízmo] *m.* **1** MAT. Chiffre. **2** Nombre (número).

guarnecer [gwarneθér] [43] *tr.* Garnir (proveer, adornar).

guarnición [gwarniθjón] *f.* **1** Garniture (adorno). **2** Chaton *m.,* sertissure (en una joya). **3** Garde (de la espada). **4** MIL. Garnison: *estar de ~,* être en garnison. ▪ **5** *pl.* Harnais *m.* (arreos).

guarro, -rra [gwáro, -ɼa] *s.* **1** Cochon *m.,* truie *f.* **2** fig. Cochon, onne.

guasa [gwása] *f.* fam. **1** Plaisanterie, raillerie, blague. **2** *Estar de ~,* plaisanter, blaguer; *en ~,* pour rire.

gubernamental [guβernamentál] *adj.* Gouvernemental, ale.

gubernativo, -va [goβernatíβo, -βa] *adj.* **1** Du gouvernement, gouvernemental, ale. **2** Administratif, ive.

guerra [géra] *f.* Guerre: *~ a muerte,* guerre à outrance, sans quartier.

guerrero, -ra [geréro, -ra] *adj.-s.* Guerrier, ière.

guerrilla [geríʎa] *f.* Guérilla.

guerrillero [geɼiʎéro] *m.* Guérillero, partisan, membre d'un commando.

gueto [géto] *m.* Ghetto.

guía [gía] *s.* **1** Guide (persona). ▪ **2** *m.* MIL. Guide. ▪ **3** *f.* Guide *m.* (libro). **4** Indicateur *m.* (de ferrocarriles), annuaire *m.* (de teléfonos). **5** MEC. Guide *m.,* glissière. **6** COM. Passavant *m.* (permiso). **7** MIN. Guidon *m.* **8** Pointe (del bigote) (riendas).

guiar [gjár] [13] *tr.* Guider.

guijarro [gixáro] *m.* Caillou, galet.

guijo [gixo] *m.* Cailloutis.

guillotina [giʎotina] *f.* **1** Guillotine. **2** IMPR. Massicot *m.*

guinda [ginda] *f.* Guigne (fruto).

guindilla [gindiʎa] *f.* **1** Piment *m.* picant. **2** pop. Flic *m.* (guardia).

guiñar [giɲár] *tr.* Cligner: ~ *el ojo,* cligner de l'œil.

guiño [giɲo] *m.* Clignement d'œil.

guión [gjón] *m.* **1** Croix *f.* qui précède une procession. **2** Plan (de un discurso, etc.). **3** Scénario (de una película). **4** GRAM. Tiret (raya horizontal), trait d'union (en las palabras compuestas).

guionista [gjonista] *s.* Scénariste.

guirnalda [girnálda] *f.* Guirlande.

guisado [gisáðo] *m.* Ragoût.

guisante [gisánte] *m.* **1** Pois: ~ *de olor,* pois de senteur. **2** Petit pois (legumbre).

guisar [gisár] *intr.* **1** Cuisiner, faire la cuisine. ■ **2** *tr.* Cuisiner, accommoder (los alimentos). **3** fig. Arranger, préparer (una cosa).

guiso [giso] *m.* Plat, mets.

guisote [gisóte] *m.* Ratatouille *f.*

guita [gita] *f.* **1** Ficelle. **2** fam. Fric *m.,* pognon *m.*

guitarra [gitára] *f.* MÚS. Guitare.

guitarrero [gitaréro] *m.* Luthier.

guitarrista [gitarista] *s.* Guitariste.

gula [gúla] *f.* Gourmandise.

gusanillo [gusaniʎo] *m.* Petit ver. Loc. fam. *Matar el* ~, tuer le ver.

gusano [gusáno] *m.* Ver: ~ *de luz,* ver luisant; ~ *de seda,* ver à soie.

gustar [gustár] *tr.* **1** Goûter, déguster, savourer. ■ **2** *intr.* Plaire, aimer: *esto me gusta,* cela me plaît, j'aime cela. **3** ~ *de,* aimer à, se plaire a.

gustativo, -va [gustatiβo, -βa] *adj.* Gustatif, ive.

gustillo [gustiʎo] *m.* Arrière-goût, petit goût.

gusto [gústo] *m.* **1** Goût: *un* ~ *amargo,* un goût amer. **2** Plaisir: *dar* ~, faire plaisir.

gustoso, -sa [gustóso, -sa] *adj.* **1** Savoureux, euse. **2** Agréable, plaisant, ante. **3** Content, ente. **4** *Lo haré muy* ~, je le ferai avec grand plaisir, très volontiers.

gutural [guturál] *adj.* Guttural, ale: *sonidos guturales,* des sons gutturaux.

H

h [àtʃe] *f.* H *m.*

haba [áβa] *f.* 1 Fève. Loc. *Son habas contadas,* c'est une chose certaine. 2 ~ *panosa,* féverole.

habanero, -ra [aβanéro, -ra] *adj.-s.* 1 Havannais, aise. ■ 2 *f.* Habanera (ritmo).

habano, -na [aβáno, -na] *adj.* 1 Havanais, aise. 2 Havane (color). ■ 3 *m.* Havane (cigarro puro).

haber [aβér] [72] *v. auxil.* 1 Avoir. 2 (con *de*). *Devoir (idée d'obligation): he de salir,* je dois sortir. ■ 3 *impers.* Y avoir (cierto tiempo): *cinco años ha,* il y a cinq ans. 4 (con *que*) *Falloir. Dans ce sens la 3.ª personne du présent de l'indicatif prend la forme hay: hay mucha gente aquí,* il y a beaucoup de monde ici. ■ 5 *tr.* Capturer, parvenir à avoir, arrêter (apresar): *los ladrones no han sido habidos,* les voleurs n'ont pas été capturés. ■ 6 *pr.* Otros sentidos: *habérselas con uno,* avoir affaire à quelqu'un; *allá se las haya,* qu'il s'arrange, qu'il se débrouille. ■ *m.* 7 Avoir (caudal). 8 COM. Avoir. ■ 9 *pl.* Appointements, émoluments.

hábil [áβil] *adj.* 1 Habile, adroit, oite. 2 DER. Habile, apte: ~ *para,* apte à. 3 *Días hábiles,* jours ouvrables.

habilidad [aβiliðáð] *f.* 1 Habileté, adresse (destreza). 2 DER. Habilité.

habilitar [aβilitár] *tr.* DER. Habiliter.

habitación [aβitaθjón] *f.* 1 Habitation. 2 Chambre (cuarto de dormir).

habitante [aβitànte] *m.* Habitant.

habitar [aβitár] *tr.* Habiter.

hábitat [áβitat] *m.* Habitat.

hábito [áβito] *m.* 1 Habitude *f.* (costumbre). 2 Habit (de religioso).

habitual [aβitwál] *adj.* Habituel, elle.

habla [áβla] *f.* 1 Parole (facultad, acción de hablar): *perder el* ~, perdre la parole. 2 Langue, parler *m.* (lenguaje). 3 *loc. adv. Al* ~, en communication, en pourparlers.

hablar [aβlár] *intr.* 1 Parler. Loc. fig. ~

alto, claro, fuerte, parler haut, ne pas mâcher ses mots. 2 Causer, converser. ■ 3 *tr.* Parler (un idioma). ■ 4 *pr.* Se parler (tratarse).

hacendado, -da [aθendáðo, -ða] *s.* Propriétaire foncier.

hacendoso, -sa [aθendóso, -sa] *adj.* Laborieux, euse; actif, ive.

hacer [aθér] [73] *tr.* 1 Faire: *haré este trabajo mañana,* je ferai ce travail demain. Loc. ~ *alguna,* en faire une bonne; ~ *burla de,* se moquer de; ~ *pedazos,* mettre en morceaux; ~ *presente,* faire remarquer, rappeler. 2 Supposer, croire: *yo te hacía en Madrid,* je te croyais à Madrid. ■ 3 *intr.* Faire: *has hecho bien en,* tu as bien fait de. 4 Importer, faire (importar): *no le hace,* cela importe peu, cela ne fait rien. ■ 5 *pr.* Se faire: *hacerse fraile,* se faire moine. 6 Faire le, la, jouer à: *hacerse el indiferente,* faire l'indifférent. 7 *Hacerse a un lado,* s'écarter, se ranger de côté. ■ 8 *impers.* Faire: *hace frío,* il fait froid. 9 Y avoir: *hace mucho tiempo,* il y a longtemps.

hacha [átʃa] *f.* 1 Hache. 2 Torche, flambeau *m.* (antorcha).

hache [átʃe] *f.* H *m.,* lettre h.

hachís [atʃís] *m.* Haschisch.

hacienda [aθjénda] *f.* 1 Propriété rurale, domaine *m.* rural. 2 Fortune, biens *m. pl.* 3 Finances.

hada [áða] *f.* Fée.

¡hala! [ála] *interj.* Allons!, allez!

halagador, -ra [alaɣaðór, -ra] *adj.* Flatteur, euse.

halago [aláɣo] *m.* Flatterie *f.*

halagüeño, -ña [alaɣwéɲo, -ɲa] *adj.* Flatteur, euse, séduisant, ante.

halcón [alkón] *m.* Faucon.

¡hale! [ále] *interj.* Allez!, vite!

hálito [álito] *m.* 1 Souffle, haleine *f.* (aliento). 2 Vapeur *f.* 3 poét. Brise *f.*

hallar [aʎár] *tr.* 1 Trouver. ■ 2 *pr.* Se trouver, être: *hallarse en París,* être à Paris.

3 Rencontrer: *hallarse con un obstáculo*, rencontrer un obstacle.

hallazgo [aʎáθɣo] *m.* Trouvaille *f.*

halógeno, -na [alóxeno, -na] *adj.-s.* Halogène.

halterofilia [alterofilja] *f.* Haltérophilie.

hambre [ámbre] *f.* **1** Faim: *tengo mucha ~*, j'ai très faim. **2** Famine, disette (escasez de alimentos).

hambriento, -ta [ambrjénto, -ta] *adj.* Affammé, ée.

hamburguesa [amburɣèsa] *f.* Hamburger *m.*

hampa [ámpa] *f.* Pègre, gueuserie.

hándicap [ányikap] *m.* Handicap.

hangar [aŋɡár] *m.* Hangar.

haragán, -ana [araɣàn, -ána] *adj.-s.* Fainéant, ante.

harapiento, -ta [arapjénto, -ta] *adj.* Déguenillé, ée.

hardware [hardware] *m.* INFORM. Hardware.

harén [arén], **harem** [arén] *m.* Harem.

harina [arina] *f.* Farine.

harpillera [arpiʎéra] *f.* Serpillière.

hartar [artár] *tr.* **1** Rassasier. **2** fig. Lasser, fatiguer (fastidiar). **3** Accabler, couvrir: *~ de injurias*, couvrir d'injures. ■ **4** *pr.* Se gaver. **5** fig. Se lasser.

harto, -ta [árto, -ta] *adj.* **1** Rassasié, ée. **2** Las, lasse, fatigué, ée. Loc. *Estar ~ de*, en avoir assez de. ■ **3** *adv.* Assez (bastante), trop (demasiado).

hasta [ásta] *prep.* **1** Jusqu'à, à: *~ el final*, jusqu'à la fin. Loc. *~ luego*, à tout à l'heure; *~ ahora*, à tout de suite. ■ **2** *conj.* Même (también, incluso): *~ él lo dice*, même lui le dit.

hastío [astío] *m.* **1** Dégoût. **2** Ennui.

hatajo [atáxo] *m.* Petit troupeau.

hato [áto] *m.* **1** Baluchon. Loc. *Liar el ~*, faire sa malle, plier bagage. **2** Troupeau (rebaño). **3** Tas (cúmulo).

haya [áʝa] *f.* Hêtre *m.*

haz [aθ] *m.* **1** Faisceau (de rayos luminosos), gerbe *f.*, botte *f.* (de hierba), fagot (de leña). **2** Endroit *m.* (de una tela, etc.)

haza [áθa] *f.* Pièce de terre.

hazaña [aθápa] *f.* Exploit *m.*, prouesse.

hazmerreír [aθmeřeír] *m.* Jouet, risée *f.*

he [e] Particule qui se combine avec *aquí*, *allí* et avec quelques pronoms personnels: *~ aquí*, voici; *~ allí*, voilà; *heme aquí*, me voici; *helo aquí*, le voici.

hebilla [eβíʎa] *f.* Boucle.

hebra [éβra] *f.* **1** Aiguillée, brin *m.* (de

hilo). **2** Fil *m.*, filament *m.*, fibre. **3** Filandre (de la carne). **4** poét. Cheveu *m.*

hebreo, -ea [eβrèo, -ea] *adj.-s.* **1** Hébreu. ■ **2** *adj.* Hébraïque.

hechicero, -ra [etʃiθéro, -ra] *adj.-s.* **1** Ensorceleur, euse, sorcier, ière. ■ **2** *adj.* Charmant, ante, séduisant, ante.

hechizo [etʃiθo] *m.* **1** Sortilège. **2** fig. Charme, attrait.

hecho, -cha [étʃo, -tʃa] **1** *p. p.* de *hacer*. ■ **2** *adj.* Fait, faite. **3** *Estar ~*, ..., être semblable à...; *estaba ~ una fiera*, on aurait dit une bête féroce. ■ **4** *m.* Fait: *~ de armas*, fait d'armes. **5** *loc. adv. De ~ y de derecho*, en fait et en droit.

hechura [etʃúra] *f.* **1** Action de faire, façon. **2** Œuvre (obra). **3** Créature, protégé *m.* (persona).

hectárea [eɣtàrea] *f.* Hectare *m.*

hectolitro [eɣtolítro] *m.* Hectolitre.

hediondo, -da [eðjóndo, -da] *adj.* **1** Puant, ante, fétide. **2** fig. Sale, répugnant, ante.

hedonismo [eðonizmo] *m.* Hédonisme.

hegemonía [exemonia] *f.* Hégémonie.

helada [elàða] *f.* **1** Gelée. **2** *~ blanca*, gelée blanche, givre *m.*

heladería [elaðería] *f.* Glacier *m.* (fábrica y establecimiento).

helado, -da [eláðo, -ða] *adj.* **1** Gelé, ée, glacé, ée. **2** fig. Saisi, ie d'étonnement, de frayeur. ■ **3** *m.* Glace *f.*: *un ~ de fresa*, une glace à la fraise.

helar [elár] [27] *tr.* **1** Geler, glacer (el agua), figer (aceite). ■ **2** *impers.* Geler.

helecho [elétʃo] *m.* Fougère *f.*

helénico, -ca [elèniko, -ka] *adj.* Hellénique.

heleno, -na [eléno, -na] *adj.-s.* Hellène.

hélice [éliθe] *f.* **1** Hélice. **2** ANAT. Hélix *m.*

helicóptero [elikóβtero] *m.* Hélicoptère.

helio [éljo] *m.* QUÍM. Hélium.

heliotropo [eljotrópo] *m.* Héliotrope.

helvético, -ca [elβètiko, -ka] *adj.* Helvétique.

hematíe [ematie] *m.* FISIOL. Hématie *f.*

hematoma [ematòma] *m.* Hématome.

hembra [émbra] *f.* **1** Femelle. **2** fam. Femme, fille. **3** Porte (de corchete).

hemiciclo [emiθiklo] *m.* Hémicycle.

hemisferio [emisférjo] *m.* Hémisphère.

hemofilia [emofilja] *f.* MED. Hémophilie.

hemorragia [emořáxja] *f.* Hémorragie.

hemorroides [emorròides] *f. pl.* Hémorroïdes.

henchidura [entʃiðúra] *f.*, **henchimien-**

to [entʃimjénto] *m*. Remplissage *m.,* bourrage *m*.

henchir [entʃir] [34] *tr*. 1 Remplir, bourrer. 2 Gonfler (inflar). 3 Gonfler (de orgullo). 4 *pr*. Se bourrer.

hender [endér] [28] *tr*. Fendre.

hendidura [endiðúra] *f*. Fente, crevasse.

henil [enil] *m*. Fenil.

heno [éno] *m*. Foin.

hepático, -ca [epátiko, -ka] *adj*. 1 Hépatique. ■ 2 *f. pl.* BOT. Hépatiques.

hepatitis [epatitis] *f*. MED. Hépatite.

heptaedro [eβtaeðro] *m*. Heptaèdre.

heptagonal [eβtaɣonál] *adj*. Heptagonal, ale.

heráldico, -ca [eráldiko, -ka] *adj.f.* Héraldique.

heraldo [eráldo] *m*. Héraut.

herbáceo, -ea [erβáθeo, -ea] *adj*. Herbacé, ée.

herbaje [erβáxe] *m*. Herbage (hierba).

herbario, -ia [erβárjo, -ja] *adj*. 1 Relatif, ive aux herbes. ■ 2 *m*. Herbier (colección). 3 ZOOL. Panse *f*. (de los rumiantes).

herbívoro, -ra [erβíβoro, -ra] *adj.-m.* Herbivore.

herbolario [erβolárjo] *m*. Herboriste.

heredar [ereðár] *tr*. Hériter.

heredero, -ra [ereðéro, -ra] *adj.-s.* Héritier, ière: ~ *forzoso,* héritier réservataire.

hereje [eréxe] *s*. Hérétique.

herencia [erénθja] *f*. 1 Hérédité (derecho). 2 Héritage *m*. (lo que se hereda).

herida [eriða] *f*. Blessure.

herido, -da [eriðo, -ða] *adj.-s.* Blessé, ée: *mal* ~, grièvement blessé.

herir [erir] [35] *tr*. 1 Blesser. 2 Frapper (golpear). 3 Frapper (el sol). 4 fig. Toucher (el corazón, etc.), blesser (el amor propio, etc.).

hermafrodita [ermafroðita] *adj.-m.* Hermaphrodite.

hermana [ermána] *f*. Sœur.

hermanastro, -tra [ermanástro, -tra] *s*. Demi-frère *m.,* demi-sœur *f*.

hermandad [ermandáð] *f*. Fraternité.

hermano, -na [ermáno, -na] *s*. Frère, sœur: ~ *carnal,* frère germain; *medio* ~, demi-frère; ~ *político,* beau-frère.

hermético, -ca [ermétiko, -ka] *adj*. Hermétique.

hermoso, -sa [ermóso, -sa] *adj*. Beau, bel, belle. ▲ *Bel* en lugar de *beau* delante de una vocal o h muda: *un* ~ *edificio,* un bel édifice.

hermosura [ermosúra] *f*. Beauté.

hernia [érnja] *f*. Hernie.

héroe [éroe] *m*. Héros.

heroico, -ca [eróiko, -ka] *adj*. Héroïque.

heroína [eroina] *f*. Héroïne.

herpe [érpe] *m*. MED. Herpès.

herrador [eřaðór] *m*. Maréchal-ferrant.

herradura [eřaðúra] *f*. Fer *m*. à cheval.

herramienta [eřamjénta] *f*. 1 Outil *m*. 2 fig. fam. Cornes *pl*. (de animales).

herrar [eřár] [27] *tr*. 1 Ferrer. 2 Marquer au fer rouge (ganado, etc.).

herrería [eřeria] *f*. 1 Forge (taller). 2 Métier *m*. du forgeron.

herrero [eřéro] *m*. Forgeron.

herrumbre [eřúmbre] *f*. 1 Rouille. 2 Goût *m*. de fer.

hervidero [erβiðéro] *m*. 1 Bouillonnement (de un líquido). 2 Source *f*. bouillonnante (manantial).

hervir [erβir] *intr*. 1 Bouillir: *el agua hierve,* l'eau bout. 2 fig. Bouillonner. 3 S'agiter (el mar).

hervor [erβór] *m*. 1 Bouillonnement, ébullition *f*. 2 fig. Fougue *f.,* vivacité *f*. (de la juventud).

heterogéneo, -ea [eteroxéneo, -ea] *adj*. Hétérogène.

hexaedro [e(ɣ)saéðro] *m*. Hexaèdre.

hexágono, -na [e(ɣ)sáɣono, -na] *adj.-m.* Hexagone.

hez [eθ] *f*. Lie.

hiato [j(dz)áto] *m*. Hiatus.

híbrido, -da [iβriðo, -ða] *adj.-m.* Hybride.

hidalgo, -ga [iðálɣo, -ɣa] *adj*. 1 Noble, généreux, euse. ■ 2 *m*. Gentilhomme, hidalgo. ■ 3 *f*. Femme noble.

hidalguía [iðalɣia] *f*. 1 Noblesse. 2 Générosité.

hidratante [iðratánte] *adj*. Hydratant, e.

hidratar [iðratár] *tr*. Hydrater.

hidráulico, -ca [iðráuliko, -ka] *adj.-f.* Hydraulique.

hidroavión [iðroaβjón] *m*. Hydravion.

hidrocarburo [iðrokarβúro] *m*. Hydrocarbure.

hidroeléctrico, -ca [iðroeléɣtriko, -ka] *adj*. Hydro-électrique.

hidrófilo, -la [iðrófilo, -la] *adj*. Hydrophile.

hidrógeno [iðróxeno] *m*. Hydrogène.

hidrografía [iðroyrafia] *f*. Hydrographie.

hiedra [j(dz)éðra] *f*. Lierre *m*.

hiel [j(dz)él] *f*. Fiel *m*.

hielo [j(dz)élo] *m*. Glace *f*. Loc. *Romper el* ~, rompre la glace.

hiena [j(dz)éna] *f.* Hyène.

hierático, -ca [j(dz)jerátıko, -ka] *adj.* Hiératique.

hierba [j(dz)érβa] *f.* 1 Herbe. 2 ~ *cana,* séneçon *m.* Loc. *Y otras hierbas,* et j'en passe.

hierbabuena [j(dz)erβaβwéna] *f.* Menthe.

hierro [j(dz)éřo] *m.* 1 Fer. Loc. ~ *colado,* fonte *f.* ▪ 2 *pl.* Fers (para aprisionar).

higa [íɣa] *f.* Signe *m.* de mépris.

hígado [íɣaðo] *m.* 1 Foie. ▪ 2 *pl.* fig. Courage *sing.,* hardiesse *f. sing.,* cran *sing.* (ánimo).

higiene [ixjéne] *f.* Hygiène.

higiénico, -ca [ixjénıko, -ka] *adj.* Hygiénique.

higo [íɣo] *m.* Figue *f.* (fruto): ~ *chumbo,* figue de Barbarie.

higuera [iɣéra] *f.* Figuier *m.:* ~ *chumba,* figuier de Barbarie.

hijastro, -tra [ixástro, -tra] *s.* Beau-fils, belle-fille, fils, fille du conjoint épousé en secondes noces.

hijo, hija [íxo, íxa] *s.* 1 Fils, fille, enfant: *el ~, la hija del rey,* le fils, la fille du roi; *matrimonio sin hijos,* ménage sans enfants. Loc. ~ *político, hija política,* beau-fils, belle-fille. 2 *El ~ de Dios,* le Fils de Dieu.

hilacha [ilátʃa] *f.,* **hilacho** [ilátʃo] *m.* Effilochure *f.,* effilure *f.*

hilado [iláðo] *m.* 1 Filage. 2 Filé (hilo).

hilador, -ra [ilaðór, -ra] *s.* Fileur, euse.

hilar [ilár] *tr.* Filer (reducir a hilo, hacer hilo).

hilera [iléra] *f.* 1 File, rangée. 2 Filière (para metales). 3 Filière (de araña).•

hilo [ílo] *m.* 1 Fil: ~ *de coser,* fil à coudre. Loc. *Estar pendiente de un* ~, ne tenir qu'à un fil. 2 Tissu de lin, de chanvre. 3 *loc. adv. A* ~, sans interruption; *al* ~, de droit fil, suivant la direction du fil.

hilván [ilβán] *m.* Faufilure *f.* (costura), faufil (hilo).

himno [ímno] *m.* Hymne.

hincapié [iŋkapjé] *m.* 1 Effort que l'on fait en appuyant le pied. 2 fig. *Hacer ~ en,* insister sur.

hincar [iŋkár] [1] *tr.* 1 Ficher, enfoncer, planter. 2 Loc. ~ *el diente,* mordre. ▪ 3 *pr. Hincarse de rodillas,* se mettre à genoux.

hincha [íntʃa] *f.* 1 fam. Haine, inimitié. ▪ 2 *s.* DEP. fam. Supporter, fana, fan.

hinchado, -da [intʃáðo, -ða] *adj.* 1 Boursouflé, ée, enflé, ée (estilo, etc.). 2 Gon-

flé, ée d'orgueil, fier, fière (presumido).

hinchar [intʃár] *tr.* Gonfler, enfler.

hinchazón [intʃaθón] *f.* Enflure, gonflement *m.,* boursouflure.

hiniesta [injésta] *f.* Genêt *m.*

hinojo [inóxo] *m.* 1 Fenouil. 2 Genou. *loc. adv. De hinojos,* à genoux.

hipérbola [ipérβola] *f.* GEOM. Hyperbole.

hipermercado [ipermerkáðo] *m.* Hypermarché, grande surface.

hipertensión [ipertensjón] *f.* Hypertension.

hipertexto [ipertékʃto] *m.* INFORM. Hypertexte.

hípico, -ca [ipiko, -ka] *adj.* Hippique.

hipnotismo [iβnotizmo] *m.* Hypnotisme.

hipnotizar [iβnotiθár] [4] *tr.* Hypnotiser.

hipo [ipo] *m.* 1 Hoquet: *tener ~,* avoir le hoquet. 2 fig. Désir ardent. 3 fig. Animosité *f.*

hipocondríaco, -ca [ipokondríako, -ka] *adj.-s.* Hypocondriaque.

hipocresía [ipokresia] *f.* Hypocrisie.

hipócrita [ipókrıta] *adj.-s.* Hypocrite.

hipódromo [ipóðromo] *m.* Hippodrome.

hipopótamo [ipopótamo] *m.* Hippopotame.

hipoteca [ipotéka] *f.* Hypothèque.

hipotecario, -ia [ipotekárjo, -ja] *adj.* Hypothécaire.

hipotenusa [ipotenúsa] *f.* Hypoténuse.

hipótesis [ipótesıs] *f.* Hypothèse.

hirsuto, -ta [irsúto, -taǰecm *adj.* Hirsute.

hirviente [irβjénte] *adj.* Bouillant, ante.

hisopo [isópo] *m.* 1 LITURG. Goupillon, aspersoir. 2 Hysope *f.* (planta).

hispánico, -ca [ispánıko, -ka] *adj.* Hispanique.

hispano, -na [ispáno, -na] *adj.-s.* Espagnol, ole.

hispanoamericano, -na [ispanoamerikáno, -na] *adj.-s.* Hispano-américain, aine.

histeria [istérja] *f.* Hystérie.

historia [istórja] *f.* Histoire. Loc. fig. *Dejarse de historias,* aller au fait; *picar en* ~, devenir grave.

historiador, -ra [istorjaðór, -ra] *s.* Historien, ienne.

historial [istorjál] *adj.* 1 Historique. ▪ 2 *m.* Historique (reseña). 3 Curriculum vitæ (profesional).

histórico, -ca [istórıko, -ka] *adj.* Historique.

historieta [istorjéta] *f.* Historiette.

hito, -ta [ito, -ta] *adj.* 1 Ferme, fixe. 2

Proche, contigu, uë. ∎ **3** *m.* Borne *f.* (mojón). **4** fig. But. Loc. *Dar en el* ~, deviner, mettre dans le mille.

hocico [oθíko] *m.* **1** Museau, mufle (de animal), groin (del cerdo). **2** pop. Gueule *f.,* figure *f.* Loc. fam. *Dar de hocicos,* se casser la gueule.

hockey [xókej] *m.* Hockey.

hogar [oɣár] *m.* **1** Foyer, âtre. **2** fig. Foyer (domicilio, familia).

hoguera [oɣéra] *f.* **1** Bûcher *m.* **2** Feu *m.* de joie.

hoja [óxa] *f.* **1** Feuille (de un vegetal, de papel, etc.): ~ *seca,* feuille morte. **2** Feuillet *m.,* page (de un libro, etc.). **3** Battant *m.* (de puerta), panneau *m.* (de biombo), volet *m.* (de tríptico). **4** Lame (de cuchillo, espada, etc.): ~ *de afeitar,* lame de rasoir. **5** Paille (de un metal).

hojalata [oxaláta] *f.* Fer-blanc *m.*

hojaldre [oxáldre] *m.* Feuilleté, pâte *f.* feuilletée.

hojear [oxeár] *tr.* Feuilleter (un libro).

¡hola! [óla] *interj.* **1** Hola! **2** Tiens! (denota extrañeza). **3** Bonjour!, bonsoir!, salut!

holandés, -sa [olandés, -sa] *adj.-s.* Hollandais, aise.

holding [xóldin] *m.* Holding.

holgar [olɣár] [52] *intr.* **1** Se reposer. **2** Être oisif, ive, inactif, ive. **3** Être inutile, superflu: *huelga decir eso,* il est inutile de dire cela. **4** Se divertir, s'amuser.

holgazán, -ana [olɣaθán, -ána] *adj.-s.* Fainéant, ante, paresseux, euse.

holgura [olɣúra] *f.* **1** Largeur, ampleur. **2** Aisance: *vivir con* ~, vivre dans l'aisance. **3** MEC. Jeu *m.*

hollín [oʎín] *m.* Suie *f.*

holocausto [olokáu̯sto] *m.* Holocauste.

hombre [ómbre] *m.* **1** Homme. Loc. ~ *de mundo,* homme du monde; *hacer* ~ *a uno,* pousser quelqu'un, aider quelqu'un à prospérer. **2** fam. Mari (marido). **3** *interj.* Voyons! (incredulidad, ironía), tiens! (sorpresa), mon vieux (cariño).

hombrera [ombréra] *f.* Épaulette (de un vestido).

hombría [ombría] *f.* ~ *de bien,* honnêteté, probité.

hombro [ómbro] *m.* **1** Épaule *f.* Loc. fig. *Arrimar el* ~, travailler dur (trabajar), donner un coup d'épaule, de main (ayudar). **2** *loc. adv. A hombros,* sur les épaules; *al* ~, sur l'épaule.

hombruno, -na [ombrúno, -na] *adj.* Hommasse.

homenaje [omenáxe] *m.* Hommage.

homeopatía [omeopatía] *f.* Homéopathie.

homicida [omiθíða] *adj.-s.* Homicide.

homicidio [omiθíðjo] *m.* Homicide (acción).

homilía [omilía] *f.* Homélie.

homogéneo, -ea [omoxéneo, -ea] *adj.* Homogène.

homologar [omoloɣár] [7] *tr.* Homologuer.

homólogo, -ga [omóloɣo, -ɣa] *adj.* Homologue.

homosexual [omosekʃwál] *adj.-s.* Homosexuel, elle.

homosexualidad [omosekʃwaliðáð] *f.* Homosexualité.

honda [ónda] *f.* Fronde.

hondo, -da [óndo, -da] *adj.* **1** Profond, onde. **2** Bas, basse (terreno). **3** *m.* Fond.

hondonada [ondonáða] *f.* Terrain *m.* bas et encaissé, dépression, cuvette.

hondura [ondúra] *f.* Profondeur.

honestidad [onestiðáð] *f.* Honnêteté, décence, modeste, pudeur.

honesto, -ta [onésto, -ta] *adj.* Honnête.

hongo [óŋgo] *m.* **1** Champignon. **2** *Sombrero* ~, chapeau melon.

honor [onór] *m.* Honneur.

honorable [onoráβle] *adj.* Honorable.

honorario, -a [onorárjo, -a] *adj.* **1** Honoraire: *profesor* ~, professeur honoraire. ∎ **2** *m.* Honoraire: *los honorarios de un médico,* les honoraires d'un médecin.

honorífico, -ca [onorífiko, -ka] *adj.* Honorifique.

honra [ónʃa] *f.* **1** Honneur *m.* Loc. *Tener a mucha* ~, s'honorer de, être très flatté, ée de. ∎ **2** *pl.* Honneurs *m.* funèbres.

honrado, -da [onʃáðo, -ða] *adj.* **1** Honnête. **2** Honoré, ée.

honrar [onʃár] *tr.* **1** Honorer. ∎ **2** *pr. Honrarse con,* s'honorer de.

hora [óra] *f.* **1** Heure: *dar la* ~, sonner l'heure; ~ *oficial,* heure légale; Loc. *Dar* ~, fixer un rendez-vous; *pedir* ~ demander un rendez-vous. **2** *loc. adv. A la* ~, sur l'heure, à l'instant.

horadar [oraðár] *tr.* Forer, perforer.

horario, -ia [orárjo, -ja] *adj.* **1** Horaire. ∎ **2** *m.* Petite aiguille *f.,* aiguille *f.* des heures (de reloj). **3** Horaire (ferrocarriles, etc.), emploi du temps.

horca [órka] *f.* **1** Potence, gibet *m.* Loc. fig. *Señor de* ~ *y cuchillo,* seigneur haut justicier. **2** AGR. Fourche. ∎ **3** *n. pr.*

Horcas Caudinas, Fourches Caudines.

horcadura [orkaðúra] *f.* Enfourchure (de un árbol).

horcajadas (a) [orkaxáðas] *loc. adv.* À califourchon.

horchata [ortʃáta] *f.* Orgeat *m.*

horda [órða] *f.* Horde.

horizontal [oriθontál] *adj.* Horizontal, ale.

horizonte [oriθónte] *m.* Horizon: *en el* ~, à l'horizon.

horma [órma] *f.* **1** Forme (para los zapatos, los sombreros). Loc. fig. *Hallar la* ~ *de su zapato,* trouver chaussure à son pied. **2** Embauchoir *m.* (para que los zapatos conserven su forma).

hormiga [ormiɣa] *f.* Fourmi. Loc. fig. *Ser una* ~, être économe et très laborieux.

hormigón [ormiɣón] *m.* Béton: ~ *armado,* béton armé.

hormiguero [ormiɣéro] *m.* **1** Fourmilière. ■ **2** *adj. Oso* ~, fourmilier.

hormona [ormóna] *f.* MED. Hormone.

hornillo [orniʎo] *m.* Fourneau: ~ *de gas,* fourneau à gaz.

horno [órno] *m.* **1** Four. **2** *Alto* ~, haut fourneau. **3** Four, fournaise. *f.* (lugar donde hace mucho calor).

horóscopo [oróskopo] *m.* Horoscope.

horquilla [orkiʎa] *f.* **1** Fourche. **2** Fourche (de bicicleta). **3** Épingle à cheveux.

horrible [oříβle] *adj.* Horrible.

horripilante [ořipilánte] *adj.* Horripilant, ante.

horror [ořór] *m.* Horreur *f.; dar* ~, faire horreur; *¡qué* ~!, quelle horreur!

horrorizar [ořoriθár] [4] *tr.* **1** Horrifier, faire horreur. ■ **2** *pr.* Frémir d'horreur.

horroroso, -sa [ořoróso, -sa] *adj.* **1** Horrible, affreux, euse.

hortaliza [ortaliθa] *f.* Légume *m.,* plante potagère.

hortelano, -na [ortelário, -na] *s.* **1** Jardinier, ière, maraîcher, ère. ■ **2** *m.* Ortolan (pájaro).

hortensia [orténsja] *f.* Hortensia *m.*

hortera [ortéra] *adj.-s.* Ringard, e.

horticultura [ortikultúra] *f.* Horticulture.

hosco, -ca [ósko, -ka] *adj.* **1** Brun, brune, basané, ée (color). **2** Renfrogné, ée, bourru, ue (ceñudo).

hospedaje [ospeðáxe], **hospedamiento** [ospeðamjénto] *m.* **1** Logement. **2** Prix de la pension.

hospedar [ospeðár] *tr.* **1** Loger, héberger. ■ **2** *pr.* Se loger, être hébergé, ée.

hospital [ospitál] *m.* Hôpital.

hospitalario, -ia [ospitalàrjo, -ja] *adj.* Hospitalier, ière.

hospitalizar [ospitaliθár] [4] *tr.* Hospitaliser.

hostia [óstja] *f.* Hostie.

hostil [ostil] *adj.* Hostile.

hostilidad [ostiliðáð] *f.* Hostilité.

hotel [otél] *m.* **1** Hôtel. **2** Villa *f.,* pavillon (casa aislada).

hotelero, -ra [oteléro, -ra] *adj.-s.* Hôtelier, ière: *industria hotelera,* industrie hôtelière.

hoy [oǐ] *adv.* Aujourd'hui. *loc. adv. De* ~ *a mañana,* d'un moment à l'autre; *por* ~, actuellement, pour le moment; ~ *día,* ~ *en día,* de nos jours, aujourd'hui.

hoyo [òǐo] *m.* **1** Trou. **2** Fosse *f.,* sépulture *f.*

hoyuelo [oǐwélo] *m.* **1** Petit trou. **2** Fossette *f.* (en la barbilla, la mejilla).

hoz [oθ] *f.* **1** AGR. Faucille. **2** GEOG. Gorge.

hucha [útʃa] *f.* **1** Tirelire. **2** fig. Bas *m.* de laine (ahorros). **3** Huche (arca).

hueco, -ca [(g)wéko, -ka] *adj.* **1** Creux, euse, vide. **2** Mœlleux, euse, spongieux, ieuse. **3** fig. Vaniteux, euse, présomptueux, euse.

huelga [(g)wélɣa] *f.* **1** Grève: *declararse en* ~, se mettre en grève. **2** Récréation, amusement *m.*

huella [(g)wèʎa] *f.* **1** Trace, empreinte: ~ *dactilar,* empreinte digitale. **2** Foulée (del pie de un animal).

huérfano, -na [(g)wérfano, -na] *adj.-s.* Orphelin, ine.

huerta [(g)wérta] *f.* **1** Verger *m.* (de árboles frutales). **2** Jardin *m.* potager (de hortalizas).

huerto [(g)wèrto] *m.* **1** Jardin potager. **2** Verger (de árboles frutales).

hueso [(g)wèso] *m.* **1** Os. Loc. fig. *No dejar* ~ *sano a uno,* flanquer une raclée. **2** Noyau (de una fruta).

huésped, -da [(g)wéspeð, -ða] *s.* Hôte, hôtesse.

huevo [(g)wèβo] *m.* **1** Œuf: ~ *huero,* œuf clair; ~ *al plato,* œuf sur le plat; ~ *estrellado,* œuf sur le plat, au miroir; ~ *pasado por agua,* œuf à la coque. **2** GEOM. Ove.

huida [wiða] *f.* **1** Fuite (acción). **2** Écart *m.,* dérobade (del caballo).

huir [wir] [62] *intr.* Fuir, s'enfuir, prendre la fuite.

hule [úle] *m.* Toile *f.* cirée.

hulla [úʎa] *f.* Houille.

humanidad [umaniðàð] *f.* **1** Humanité. **2** Embonpoint *m.* (corpulencia). ▪ **3** *pl.* Humanités.

humanitario, -a [umanitárjo, -a] *adj.* Humanitaire.

humano, -na [umáno, -na] *adj.* Humain, aine.

humear [umeár] *intr.* Fumer.

humedad [umeðàð] *f.* Humidité.

húmedo, -da [úmeðo, -ða] *adj.* Humide.

humildad [umildàð] *f.* Humilité.

humilde [umilde] *adj.-s.* Humble.

humillación [umiʎaθjón] *f.* Humiliation.

humillar [umiʎár] *tr.* **1** Humilier, abaisser. **2** Baisser: ~ *la cabeza,* baisser la tête.

humo [úmo] *m.* **1** Fumée *f. loc. adv. A* ~ *de pajas,* légèrement, sans réflexion. ▪ **2** *m. pl.* fig. Vanité *f. sing.,* orgueil *sing.: bajar los humos a uno,* rabattre l'orgueil de quelqu'un.

humor [umór] *m.* **1** FISIOL. Humeur. **2** Humeur *f.* (disposición del ánimo): *estar de buen, de mal* ~, être de bonne, de mauvaise humeur.

humorado, -da [umoráðo, -ða] *adj. Bien, mal* ~, de bonne, de mauvaise humeur.

humorismo [umorizmo] *m.* Humour.

humorista [umorista] *s.* Humoriste.

humorístico, -ca [umoristiko, -ka] *adj.* Humoristique.

hundido, -da [undiðo, -ða] *adj.* **1** Enfoncé, ée. **2** Clave (mejilla, ojo).

hundimiento [undimjénto] *m.* **1** Enfoncement. **2** Affaissement (suelo), écroulement (edificio).

hundir [undir] *tr.* **1** Enfoncer. **2** Couler (un barco). **3** fig. Détruire, ruiner. ▪ **4** *pr.* Couler, sombrer (un barco). **5** S'affaisser (suelo), s'écrouler (edificio).

húngaro, -ra [úŋgaro, -ra] *adj.-s.* Hongrois, oise.

huracán [urakán] *m.* Ouragan.

huraño, -ña [uráɲo, -ɲa] *adj.* **1** Hargneux, euse. **2** Sauvage, insociable.

hurón, -ona [urón, -óna] *adj.-s.* Huron, onne (indio).

¡hurra! [úřa] *interj.* Hourra!

hurtadillas (a) [(a)ůřtaðiʎas] *loc. adv.* À la dérobée, en cachette.

hurtar [uřtár] *tr.* **1** Voler, dérober. **2** ~ *el cuerpo,* se dérober, esquiver un coup. ▪ **3** *pr.* Se dérober, se cacher.

hurto [úřto] *m.* Vol, larcin.

husmear [uzmeár] *tr.* **1** Chercher en flairant. **2** Chercher à savoir, fouiner, fureter (indagar). ▪ **3** *intr.* Sentir mauvais (la carne).

huso [úso] *m.* **1** Fuseau. Loc. *Más derecho que un* ~, droit comme un i. **2** Arbre (de un torno).

¡huy! [wi] *interj.* Aïe! (dolor), oh! (asombro), brrr! (frío).

I

i [i] *f*. I *m*.

IAE [íae] *m*. *(abrev.* Impuesto sobre Actividades Económicas) Impôt des travailleurs autonomes en Espagne.

ibérico, -ca [iβériko, -ka] *adj*. Ibérique.

iceberg [iθeβéry] *m*. Iceberg.

iconoclasta [ikonoklásta] *adj.-s*. Iconoclaste.

ictericia [iɣteriθja] *f*. MED. Ictère *m*., jaunisse.

ida [íða] *f*. **1** Aller *m*. (acción de ir): ~ *y vuelta,* aller et retour. **2** *Idas y venidas,* allées et venues.

idea [iðéa] *f*. **1** Idée. **2** Intention, idée (propósito): *llevar* ~ *de,* avoir l'intention de.

ideal [iðeál] *adj*. **1** Idéal, ale. ■ **2** *m*. Idéal: *ideales políticos,* idéaux politiques.

idealismo [iðealizmo] *m*. Idéalisme.

idealista [iðealista] *adj.-s*. Idéaliste.

idear [iðeár] *tr*. Concevoir, inventer, imaginer.

ídem [iðen] *adv*. Idem.

idéntico, -ca [iðéntiko, -ka] *adj*. Identique.

identidad [iðentiðáð] *f*. Identité.

identificar [iðentifikár] [1] *tr*. Identifier.

ideología [iðeoloxía] *f*. **1** Idéologie. **2** Idées *pl*., doctrine (de un autor, etc.).

idilio [iðíljo] *m*. Idylle *f*.

idioma [iðjóma] *m*. Langue *f*., idiome.

idiomático, -ca [iðjomátiko, -ka] *adj*. Idiomatique.

idiosincrasia [iðjosiŋkrásia] *f*. Idiosyncrasie.

idiota [iðjóta] *adj.-s*. Idiot, ote.

idolatrar [iðolatrár] *tr.-intr*. Idolâtrer.

ídolo [iðolo] *m*. Idole *f*.

idóneo, -ea [iðóneo, -ea] *adj*. Approprié, ée, indiqué, ée, idoine.

idus [íðus] *m*. *pl*. Ides *f*.

iglesia [iɣlésja] *f*. Église.

ígneo, -ea [íɣneo, -ea] *adj*. Igné, ée.

ignición [iɣniθjón] *f*. Ignition.

ignominia [iɣnominja] *f*. Ignominie.

ignorancia [iɣnóranθja] *f*. Ignorance.

ignorante [iɣnoránte] *adj.-s*. Ignorant, ante.

ignorar [iɣnorár] *tr*. Ignorer.

igual [iɣwál] *adj.-s*. **1** Égal, ale: *dos números iguales,* deux nombres égaux. **2** Semblance (semejante). **3** *loc. conj. Al* ~ *que,* ~ *que,* comme.

iguala [iɣwála] *f*. **1** Égalisation. **2** Convention, arrangement *m*. (ajuste).

igualación [iɣwalaθjón] *f*. **1** Égalisation. **2** Convention, accord *m*. (convenio).

igualar [iɣwalár] *tr*. Égaliser.

igualdad [iɣwaldáð] *f*. Égalité.

igualitario, -ia [iɣwalitárjo, -ja] *adj*. Égalitaire.

iguana [iɣwána] *f*. Iguane *m*.

ijada [ixáða] *f*. ANAT. Flanc *m*.

ijar [ixár] *m*. ANAT. Flanc.

ilación [ilaθjón] *f*. Déduction, inférence.

ilegal [ileɣál] *adj*. Illégal, ale.

ilegítimo, -ma [ilexitimo, -ma] *adj*. Illégitime.

ileso, -sa [iléso, -sa] *adj*. Sain et sauf, saine et sauve, indemne.

ilícito, -ta [iliθito, -ta] *adj*. Illicite.

ilimitado, -da [ilimitáðo, -ða] *adj*. Illimité, ée.

ilógico, -ca [ilóxiko, -ka] *adj*. Illogique.

iluminación [iluminaθjón] *f*. **1** Illumination. **2** Éclairage *m*. (alumbrado). **3** Enluminure (pintura).

iluminar [iluminár] *tr*. **1** Illuminer, éclairer. **2** Enluminer (estampas, libros).

ilusión [ilusjón] *f*. Illusion.

ilusionar [ilusjonár] *tr*. **1** Illusionner. **2** Faire rêver. ■ **3** *pr*. S'illusionner, se faire des illusions. **4** Se réjouir d'avance.

iluso, -sa [ilúso, -sa] *adj.-s*. **1** Trompé, ée. **2** Rêveur, euse (soñador).

ilustración [ilustraθjón] *f*. **1** Illustration. **2** Savoir *m*., connaissances *pl*. **3** Magazine *m*. illustré (publicación).

ilustrado, -da [ilustráðo, -ða] *adj.* Instruit, ite, cultivé, ée.

ilustrar [ilustrár] *tr.* 1 Illustrer. 2 Éclairer, instruire.

ilustre [ilústre] *adj.* Illustre.

imagen [imáxen] *f.* 1 Image. 2 Statue (religiosa).

imaginación [imaxinaθjón] *f.* Imagination.

imaginar [imaxinár] *tr.* 1 Imaginer. ■ 2 *pr.* S'imaginer, croire.

imaginario, -ia [imaxinárjo, -ja] *adj.* Imaginaire.

imán [imán] *m.* 1 Aimant. 2 Iman (musulmán).

imbécil [imbéθil] *adj.-s.* Imbécile.

imbricado, -da [imbrikáðo, -ða] *adj.* Imbriqué, ée.

imbuir [imbwir] [62] *tr.* 1 Inculquer, inspirer. ■ 2 *pr.* S'imprégner.

imitación [imitaθjón] *f.* Imitation.

imitar [imitár] *tr.* Imiter, copier.

impaciencia [impaθjénθja] *f.* Impatience.

impaciente [impaθjénte] *adj.-s.* Impatient, ente.

impacto [impáyto] *m.* Impact.

impar [impár] *adj.* Impair, aire.

imparcial [imparθjál] *adj.* Impartial, ale.

impartir [impartir] *tr.* Distribuer, donner, accorder, communiquer: ∼ *su bendición,* donner sa bénédiction.

impecable [impekáβle] *adj.* Impeccable.

impedido, -da [impeðíðo, -ða] *adj.* 1 Perclus, use, infirme. ■ 2 *s.* Impotent, infirme.

impedimento [impeðiménto] *m.* Empêchement, obstacle.

impedir [impeðir] [34] *tr.* Empêcher.

impenetrable [impenetráβle] *adj.* Impénétrable.

impenitencia [impeniténθja] *f.* Impénitence.

impensado, -da [impensáðo, -ða] *adj.* Inopiné, ée, imprévu, ue.

imperar [imperár] *intr.* 1 Dominer, commander. 2 Régner (una moda, ideas, etc.).

imperdible [imperðíβle] *adj.* 1 Imperdable. ■ 2 *m.* Épingle *f.* de nourrice.

imperdonable [imperðonáβle] *adj.* Impardonnable.

imperfecto, -ta [imperféyto, -ta] *adj.* 1 Imparfait, aite. 2 GRAM. *Pretérito* ∼, imparfait; *futuro* ∼, futur simple.

imperial [imperjál] *adj.* 1 Impérial, ale. ■ 2 *f.* Impériale (de un carruaje).

imperialismo [imperjalizmo] *m.* Impérialisme.

impericia [imperiθja] *f.* Incompétence.

imperio [impérjo] *m.* Empire.

impermeable [impermeáβle] *adj.-m.* Imperméable.

impersonal [impersonál] *adj.* Impersonnel, elle.

impertinente [impertinénte] *adj.* Impertinent, ente.

impetrar [impetrár] *tr.* Solliciter avec insistance.

ímpetu [impetu] *m.* Élan, impétuosité *f.*

implacable [implakáβle] *adj.* Implacable.

implantar [implantár] *tr.* Implanter.

implicar [implikár] [1] *tr.* Impliquer.

implorar [implorár] *tr.* Implorer.

imponente [imponénte] *adj.-s.* 1 Imposant, ante. 2 Déposant, ante (que impone dinero).

imponer [imponèr] [78] *tr.* 1 Imposer (silencio, una obligación, una condición, el respeto, etc.). 2 IMPR., LITURG. Imposer. 3 Déposer (dinero). ■ 4 *pr.* S'imposer. 5 Se mettre au courant.

impopular [impopulár] *adj.* Impopulaire.

importación [importaθjón] *f.* Importation.

importancia [importánθja] *f.* Importance. Loc. *Darse uno* ∼, faire l'important; *de* ∼, important, ante.

importante [importánte] *adj.* Important, ante.

importar [importár] *tr.* 1 Importer (introducir en un país). 2 Valoir, coûter (valer), monter à, s'élever à (sumar): *la factura importa cien pesetas,* la facture s'élève à cent pesetas. ■ 3 *intr.* Importer, avoir de l'importance.

importe [impórte] *m.* Montant.

importuno, -na [importúno, -na] *adj.* 1 Importun, une (molesto). 2 Inopportun, une.

imposibilidad [imposiβiliðáð] *f.* Impossibilité.

imposibilitar [imposiβilitár] *tr.* Rendre impossible, empêcher.

imposible [imposíβle] *adj.-m.* 1 Impossible: *hacer lo* ∼, faire l'impossible. ■ 2 *adj.* Insupportable, impossible (inaguantable).

impostor, -ra [impostór, -ra] *adj.-s.* Imposteur.

impotencia [impoténθja] *f.* Impuissance.

impotente [impoténte] *adj.* Impuissant, e.

impreciso, -sa [impreθíso, -sa] *adj.* Imprécis, ise.

impregnar [impreɣnár] *tr.* Imprégner.

imprenta [imprénta] *f.* Imprimerie.

imprescindible [impresθinðíβle] *adj.* Indispensable.

impresión [impresjón] *f.* Impression.

impresionar [impresjonár] *tr.* **1** Impressionner. ■ **2** *pr.* Être impressionné, ée.

impresionismo [impresjonízmo] *m.* Impressionnisme.

impreso, -sa [impréso, -sa] *adj.* **1** Imprimé, ée. ■ **2** *m.* Imprimé.

impresor [impresór] *m.* Imprimeur.

impresora [impresóra] *f.* INFORM. Imprimante.

imprevisible [impreβisíβle] *adj.* Imprévisible.

imprevisto, -ta [impreβísto, -ta] *adj.* **1** Imprévu, ue. ■ **2** *m. pl.* Dépenses *f.* imprévues.

imprimir [imprimír] *tr.* Imprimer.

improbable [improβáβle] *adj.* Improbable.

improcedente [improθeðénte] *adj.* **1** Inadéquat, ate, inopportun, une. **2** Non conforme au droit.

improductivo, -va [improðuɣtíβo, -βa] *adj.* Improductif, ive.

impropiedad [impropjeðáð] *f.* Impropriété.

impropio, -ia [imprópjo, -ja] *adj.* Impropre.

improvisación [improβisaθjón] *f.* Improvisation, impromptu *m.*

improvisar [improβisár] *tr.* Improviser.

imprudente [impruðénte] *adj.-s.* Imprudent, ente.

impúdico, -ca [impúðiko, -ka] *adj.* Impudique.

impudor [impuðór] *m.* Impudeur *f.*

impuesto [impwésto] *m.* Impôt.

impugnar [impuɣnár] *tr.* **1** Attaquer (combatir). **2** Contester, réfuter (refutar).

impulsar [impulsár] *tr.* **1** Pousser. **2** fig. Pousser, inciter.

impulsión [impulsjón] *f.* Impulsion.

impulsivo, -va [impulsíβo, -βa] *adj.-s.* Impulsif, ive.

impune [impúne] *adj.* Impuni, ie.

impunidad [impuniðáð] *f.* Impunité.

impureza [impuréθa] *f.* Impureté.

impurificar [impurifikár] [1] *tr.* Rendre impur, ure.

impuro, -ra [impúro, -ra] *adj.* Impur, ure.

imputable [imputáβle] *adj.* Imputable.

imputar [imputár] *tr.* Imputer.

inaccesible [inaɣθesíβle] *adj.* Inaccessible.

inactivo, -va [inaɣtíβo, -βa] *adj.* Inactif, ive.

inadaptado, -da [inaðaβtáðo, -ða] *adj.-s.* Inadapté, ée.

inadvertencia [inaðβerténθja] *f.* Inadvertance: *por ~,* par inadvertance.

inadvertido, -da [inaðβertiðo, -ða] *adj.* **1** Distrait, aite, imprudent, ente. **2** Inaperçu, ue (no advertido): *pasar ~,* passer inaperçu.

inagotable [inaɣotáβle] *adj.* Inépuisable, intarissable.

inaguantable [inaɣwantáβle] *adj.* Insupportable, intolérable.

inalienable [inaljenáβle] *adj.* Inaliénable.

inalterable [inalteráβle] *adj.* Inaltérable.

inamovible [inamoβíβle] *adj.* Inamovible.

inanición [inaniθjón] *f.* Inanition.

inanimado, -da [inanimáðo, -ða] *adj.* Inanimé, ée.

inapelable [inapeláβle] *adj.* Sans appel.

inapetencia [inapeténθja] *f.* Inappétence.

inaudito, -ta [inaúðito, -ta] *adj.* Inouï, ie.

inauguración [inaúɣuraθjón] *f.* **1** Inauguration. **2** Vernissage *m.* (de una exposición de pintura).

inca [íŋka] *m.* Inca.

incaico, -ca [iŋkáíko, -ka] *adj.* Inca.

incalificable [iŋkalifikáβle] *adj.* Inqualifiable.

incandescencia [iŋkandesθénθja] *f.* Incandescence.

incansable [iŋkansáβle] *adj.* Infatigable, inlassable.

incapacitar [iŋkapaθitár] *tr.* **1** Rendre incapable. **2** Déclarer inapte, incapable (inhabilitar).

incapaz [iŋkapáθ] *adj.-s.* Incapable: *~ para,* incapable de.

incautación [iŋkaǔtaθjón] *f.* Saisie, réquisition.

incauto, -ta [iŋkáǔto, ta] *adj.* **1** Imprudent, ente. **2** Naïf, ive, crédule.

incendio [inθéndjo] *m.* Incendie.

incentivo [inθentíβo] *m.* **1** Aiguillon, stimulant, attrait. **2** Prime *f.*

incertidumbre [inθertiðúmbre] *f.* Incertitude.

incesante [inθesánte] *adj.* Incessant, ante.

incidencia [inθiðénθja] *f.* **1** GEOM. Incidence. **2** Incident *m.* (en el curso de un asunto).

incidente [inθiðénte] *adj.* **1** Incident, ente. ■ **2** *m.* Incident.

incidir [inθiðír] *intr.* **1** Tomber dans. **2** GEOM. Tomber. **3** CIR. Faire une incision.

incienso [inθjénso] *m.* Encens.

incinerar [inθinerár] *tr.* Incinérer.

incipiente [inθipjénte] *adj.* Qui commence.

incisión [inθisjón] *f.* Incision.

inciso, -sa [inθíso, -sa] *adj.* Coupé, ée, hâché, ée (estilo).

incitar [inθitár] *tr.* Inciter.

incivil [inθiβíl] *adj.* Incivil, ile, impoli, ie.

inclemencia [inkleménθja] *f.* **1** Inclémence. **2** *loc. adv. A la ~,* à découvert.

inclinación [inklinaθjón] *f.* **1** Inclinaison (estado de lo inclinado). **2** Inclination.

inclinar [inklinár] *tr.* **1** Incliner (bajar, doblar, predisponer). **2** Écarter d'une direction. ■ **3** *pr.* S'incliner. **4** Incliner, tendre (propender).

incluir [inklwír] [62] *tr.* **1** Inclure. **2** Comprendre (llevar en sí): *vino incluido,* vin compris.

incluso, -sa [inklúso, -sa] *adj.* **1** Inclus, use. ■ **2** *adv.* Y compris, même, inclusivement. ■ **3** *prep.* Même, y compris (hasta): *habla muchos idiomas, ~ el chino,* il parle de nombreuses langues, même le chinois.

incógnito, -ta [inkóγnito, -ta] *adj.* **1** Inconnue, ue. ■ **2** *m.* Incognito. **3** *loc. adv. De ~,* incognito.

incoherencia [inkoerénθja] *f.* Incohérence.

incoloro, -ra [inkolóro, -ra] *adj.* Incolore.

incombustible [inkombustíβle] *adj.* Incombustible.

incomodar [inkomoðár] *tr.* **1** Incommoder, gêner. **2** Fâcher (enfadar).

incomodidad [inkomoðiðáð] *f.* **1** Incommodité. **2** Gêne (molestia).

incomparable [inkomparáβle] *adj.* Incomparable.

incompatible [inkompatíβle] *adj.* Incompatible.

incompetencia [inkompeténθja] *f.* Incompétence.

incompetente [inkompeténte] *adj.* Incompétent, ente.

incompleto, -ta [inkompléto, -ta] *adj.* Incomplet, ète.

incomprensible [inkomprensíβle] *adj.* Incompréhensible.

incomunicación [inkomunikaθjón] *f.* Manque *m.* de communication.

incomunicar [inkomunikár] [1] *tr.* **1** Priver de communication. **2** Mettre au secret (a un preso). ■ **3** *pr.* S'isoler.

inconcebible [inkonθeβíβle] *adj.* Inconcevable.

inconcluso, -sa [inkoŋklúso, -sa] *adj.* Inachevé, ée.

inconexo, -xa [inkoné(γ)so, -sa] *adj.* Qui manque de connexion, de rapport.

inconfesable [inkoɱfesáβle] *adj.* Inavouable.

incongruencia [inkoŋgrwénθja] *f.* Incongruité.

inconmovible [inkommoβíβle] *adj.* **1** Inébranlable. **2** Inflexible (persona).

inconsciente [inkonsθjénte] *adj.-s.* Inconscient, ente.

inconsecuencia [inkonsekwénθja] *f.* Inconséquence.

inconsiderado, -da [inkonsiðeráðo, -ða] *adj.* Inconsidéré, ée.

inconsistente [inkonsisténte] *adj.* Inconsistant, ante.

inconsolable [inkonsoláβle] *adj.* Inconsolable.

inconstancia [inkonstánθja] *f.* Inconstance.

incontable [inkontáβle] *dj.* **1** Innombrable. **2** Irracontable (que no se puede referir).

incontinencia [inkontinénθja] *f.* Incontinence.

inconveniencia [inkombenjénθja] *f.* **1** Inconvénient *m.* **2** Inconvenance (grosería).

inconveniente [inkombenjénte] *adj.* **1** Qui ne convient pas. **2** Inconvenant, ante (incorrecto). ■ **3** *m.* Inconvénient (desventaja), empêchement (estorbo).

incorporar [inkorporár] *tr.* **1** Incorporer. **2** Asseoir, soulever (levantar). ■ **3** *pr.* redresser, s'asseoir (el que está echado).

incorrecto, -ta [inkořéγto, -ta] *adj.* Incorrect, ecte.

incorregible [inkořexíβle] *adj.* Incorrigible.

incredulidad [inkreðuliðáð] *f.* **1** Incrédulité. **2** Incroyance (falta de fe).

increíble [inkreíβle] *adj.* Incroyable.

incremento [inkreménto] *m.* **1** Accroissement, augmentation *f.* (aumento): *~ del desempleo,* augmentation du chômage. **2** Développement.

incruento, -ta [inkrwénto, -ta] *adj.* Non sanglant, ante.

incrustar [inkrustár] *tr.* Incruster.

inculcar [inkulkár] [1] *tr.* Inculquer.

inculpar [inkulpár] *tr.* Inculper.

inculto, -ta [inkúlto, -ta] *adj.* Inculte.

incumbencia [inkumbénθja] *f.* Charge,

obligation, ressort *m.: **eso no es de mi** ~*, cela n'est pas de mon ressort.

incumbir [iŋkumbir] *intr.* Incomber.

incumplir [iŋkumplir] *tr.* Manquer à, faillir à, enfreindre.

incurable [iŋkuráβle] *adj.-s.* Incurable.

incurrir [iŋkuřir] *intr.* 1 Encourir: ~ *en menosprecio*, encourir le mépris. 2 Tomber (en un error, etc.).

incursión [iŋkursjón] *f.* Incursion. -

indagar [indaγár] [7] *tr.* Rechercher, s'enquérir de, enquêter sur.

indebido, -da [indeβiðo, -ða] *adj.* Indu, ue, illicite.

indecente [indeθénte] *adj.* 1 Indécent, ente. 2 Très mauvais, aise, infect, ecte, infâme (asqueroso).

indeciso, -sa [indeθiso, -sa] *adj.* Indécis, ise.

indecoroso, -sa [indekoróso, -sa] *adj.* Indécent, ente, malséant, ante.

indefendible [indefendiβle] *adj.* Indéfendable.

indefenso, -sa [indefénso, -sa] *adj.* Sans défense.

indefinido, -da [indefiniðo, -ða] *adj.* Indéfini, ie.

indemnizar [indemniθár] [4] *tr.* Indemniser.

independencia [independénθja] *f.* Indépendance.

independiente [independjénte] *adj.* Indépendant, ante.

indescifrable [indesθifráβle] *adj.* Indéchiffrable.

indeseable [indeseáβle] *adj.-s.* Indésirable.

indestructible [indestruγtiβle] *adj.* Indestructible.

indiano, -na [indjáno, -na] *adj.-s.* Espagnol, ole qui revient riche d'Amérique.

indicación [indikaθjón] *f.* Indication.

indicar [indikár] [1] *tr.* Indiquer, signaler.

indicativo, -va [indikatiβo, -βa] *adj.* 1 Indicatif, ive. ▪ 2 *m.* Indicatif.

índice [indiθe] *adj.-m.* 1 Index (dedo). ▪ 2 *m.* Index (lista, aguja). 3 Gnomon. 4 MAT., FIS. Índice.

indicio [indiθjo] *m.* Indice, signe.

índico, -ca [indiko, -ka] *adj.* Indien, ienne: *Océano* ~, Océan Indien.

indiferencia [indiferénθja] *f.* Indifférence.

indígena [indixena] *adj.-s.* Indigène.

indigente [indixénte] *adj.-s.* Indigent, ente.

indigestión [indixestjón] *f.* Indigestion.

indignación [indiγnaθjón] *f.* Indignation.

indignar [indiγnár] *tr.* 1 Indigner. ▪ 2 *pr.* S'indigner.

indigno, -na [indiγno, -na] *adj.* Indigne.

indio, -ia [indjo, -ja] *adj.-s.* 1 Indien, ienne (de la India); hindou, e. 2 Indien, ienne (de América).

indirecto, -ta [indiréγto, -ta] *adj.* Indirect, ecte.

indisciplina [indisθiplina] *f.* Indiscipline.

indiscreto, -ta [indiskréto, -ta] *adj.-s.* Indiscret, ète.

indispensable [indispensáβle] *adj.* Indispensable.

indisponer [indisponér] [78] *tr.* 1 Indisposer. ▪ 2 *pr.* Se fâcher (malquistarse).

indistinto, -ta [indistinto, -ta] *adj.* Indistinct, incte.

individual [indiβiðwál] *adj.* Individuel, elle.

individuo, -ua [indiβiðwo, -wa] *adj.* 1 Individuel, elle. 2 Indivisible. ▪ 3 *m.* Individu.

indivisión [indiβisjón] *f.* Indivision.

indo, -da [indo, -da] *adj.-s.* Hindou, oue, indien, ienne (de América).

indocumentado, -da [indokumentáðo, -ða] *adj.* Dépourvu, ue de pièces d'identité.

indoeuropeo, -ea [indoeũropéo, -ea] *adj.-s.* Indo-européen, enne.

índole [indole] *f.* 1 Nature, caractère *m.*, naturel *m.* (de una persona). 2 Nature, caractère *m.* (de una cosa). 3 Genre *m.* (género).

indolente [indolénte] *adj.* Indolent, ente.

indoloro, -ra [indolóro, -ra] *adj.* Indolore.

indomable [indomáβle] *dj.* Indomptable.

indómito, -ta [indómito, -ta] *adj.* 1 Indompté, ée. 2 Indomptable.

inducción [induγθjón] *f.* Induction.

inducir [induθir] [46] *tr.* 1 Induire: ~ *en error*, induire en erreur. 2 Pousser, conduire.

indudable [induðáβle] *adj.* Indubitable.

indulgencia [indulxénθja] *f.* Indulgence.

indulto [indúlto] *m.* 1 Indult (del Papa). 2 Grâce *f.*, remise *f.* de peine (gracia).

indumentaria [indumentárja] *f.* 1 Histoire du costume. 2 Habillement *m.*, vêtement *m.*, costume *m.* (vestido).

industria [indústrja] *f.* 1 Industrie. 2 *loc. adv. De* ~, exprès, à dessein.

industrial [industrjál] *adj.* 1 Industriel, elle. ▪ 2 *m.* Industriel.

industrializar [industrjaliθár] [4] *tr.* Industrialiser.

industrioso, -sa [industrjóso, -sa] *adj.* Industrieux, euse.

inédito, -ta [inédɪto, -ta] *adj.* Inédit, ite.

inefable [inefáβle] *adj.* Ineffable.

ineficaz [inefikáθ] *adj.* Inefficace.

ineludible [ineluðíβle] *adj.* Inéluctable, inévitable.

INEM [inέm] *m.* (*abrev.* Instituto Nacional de Empleo) Institut espagnol pour l'emploi.

inenarrable [inenaɾáβle] *adj.* Inénarrable.

inepto, -ta [inέβto, -ta] *adj.* **1** Inepte, incapable. ▪ **2** *s.* Incapable.

inequívoco, -ca [inekíβoko, -ka] *adj.* Indubitable, non équivoque.

inercia [inέrθja] *f.* Inertie.

inerme [inέrme] *adj.* Désarmé, ée.

inerte [inέrte] *adj.* Inerte.

inervar [inerβár] *tr.* Innerver.

inestable [inestáβle] *adj.* Instable.

inevitable [ineβitáβle] *adj.* Inévitable.

inexacto, -ta [ine(ɣ)sáɣto, -ta] *adj.* Inexact, acte.

inexistente [ine(ɣ)sistέnte] *adj.* Inexistant, ante.

inexorable [ine(ɣ)soráβle] *adj.* Inexorable.

inexperto, -ta [inespέrto, -ta] *adj.* Inexpérimenté, ée.

inexplicable [inesplikáβle] *adj.* Inexplicable.

inexpresivo, -va [inespresíβo, -βa] *adj.* Inexpressif, ive.

inextenso, -sa [inestέnso, -sa] *adj.* Sans étendue.

inextinguible [inestiŋgíβle] *adj.* Inextinguible.

infalible [iɱfalíβle] *adj.* Infaillible.

infamante [iɱfamánte] *adj.* Infamant, ante.

infamar [iɱfamár] *tr.* Déshonorer, diffamer.

infame [iɱfáme] *adj.-s.* Infâme.

infamia [iɱfámja] *f.* Infamie.

infancia [iɱfánθja] *f.* Enfance: *amigo de la ~,* ami d'enfance.

infanta [iɱfánta] *f.* Infante.

infante [iɱfánte] *m.* **1** Garçon en bas âge. **2** Infant (hijo del rey). **3** MIL. Fantassin.

infantería [iɱfanteria] *f.* Infanterie.

infanticidio [iɱfantiθíðjo] *m.* Infanticide (crimen).

infantil [iɱfantíl] *adj.* **1** Infantile. **2** Enfantin, ine, puéril, ile, d'enfant (inocente).

infarto [iɱfárto] *m.* Infarctus, engorgement.

infausto, -ta [iɱfáŭsto, -ta] *adj.* Malheureux, euse.

infección [iɱfeɣθjón] *f.* Infection.

infectar [iɱfeɣtár] *tr.* Infecter.

infecundo, -da [iɱfekúndo, -da] *adj.* Infécond, onde.

infeliz [iɱfeliθ] *adj.-s.* **1** Malheureux, euse, infortuné, ée. **2** fam. Bonasse.

inferencia [iɱferénθja] *f.* Inférence.

inferior [iɱferjór] *adj.-s.* Inférieur, eure.

inferir [iɱferir] [35] *tr.* **1** Inférer, induire, conclure. **2** Faire, causer (una ofensa, una herida, etc.).

infernal [iɱfernál] *adj.* Infernal, ale.

infestar [iɱfestár] *tr.* Infester (causar daños, invadir): *los tiburones infestan la costa,* les requins infestent la côte.

infidelidad [iɱfiðeliðàð] *f.* Infidélité.

infiel [iɱfjέl] *adj.-s.* Infidèle.

infierno [iɱfjérno] *m.* **1** Enfer. ▪ **2** *pl.* MIT. Enfers.

infiltrar [iɱfiltrár] *tr.* **1** Faire s'infiltrer. **2** Insinuer, inspirer. ▪ **3** *pr.* S'infiltrer.

infinitivo [iɱfinitíβo] *adj.* **1** Infinitif, ive. ▪ **2** *m.* Infinitif.

infinito, -ta [iɱfiníto, -ta] *adj.* **1** Infini, ie. ▪ **2** *pl.* Un nombre infini de: *infinitas veces,* un nombre infini de fois. ▪ **3** *adv.* Infiniment, extrêmement.

inflación [iɱflaθjón] *f.* **1** Enflure, gonflement. **2** *m.* Inflation (economía política).

inflamación [iɱflamaθjón] *f.* **1** Inflammation. **2** Exaltation (de las pasiones).

inflamar [iɱflamár] *tr.* Enflammer.

inflar [iɱflár] *tr.* **1** Enfler, gonfler. **2** fig. Enfler, exagérer, grossir (exagerar). ▪ **3** *pr.* Se gonfler d'orgueil.

inflexible [iɱfle(ɣ)síβle] *adj.* Inflexible.

influencia [iɱflwénθja] *f.* Influence.

influir [iɱflwir] [62] *intr.* **1** Influer: ~ *en,* influer sur. **2** Influencer (ejercer una fuerza moral).

información [iɱformaθjón] *f.* **1** Information. **2** Enquête (de la policía).

informal [iɱformál] *adj.-s.* **1** Peu sérieux, euse, fantaisiste. ▪ **2** *adj.* Sans formalité.

informar [iɱformár] *tr.* **1** Informer, renseigner (dar noticia). ▪ **2** *intr.* Faire un rapport (dar un informe), se prononcer (dictaminar).

informático, -ca [informàtiko, -ka] *adj. -s.* **1** Informatique. **2** Informaticien, enne. **3** *f.* Informatique (ciencia).

informatizar [informatizar] [4] *tr.* Informatiser.

informe [iɱfòrme] *adj.* **1** Informe. ▪ **2** *m.* Information *f.,* renseignement. **3** Rapport (de una comisión, etc.). ▪ **4** *pl.* Références *f.* (sobre una persona).

infortunado, -da [iɱfortunáðo, -ða] *adj.* Infortuné, ée.

infracción [iɱfrayθjón] *f.* Infraction.

infraestructura [infraestruktúra] *f.* Infrastructure.

infranqueable [iɱfraŋkeáβle] *adj.* Infranchissable.

infringir [iɱfriŋxir] [6] *tr.* Enfreindre.

infundado, -da [iɱfundáðo, -ða] *adj.* Sans fondement, non fondé, ée.

infundio [iɱfúndjo] *m.* Bobard, mensonge.

infundir [iɱfundir] *tr.* Inspirer, communiquer, infuser: ~ *respeto,* inspirer le respect.

infusión [iɱfusjón] *f.* Infusion.

ingeniería [iŋxenjería] *f.* Génie *m.,* ingénierie.

ingeniero [iŋxenjéro] *m.* **1** Ingénieur: ~ *de caminos, canales y puertos,* ingénieur des ponts et chaussées.

ingenio [iŋxénjo] *m.* **1** Esprit (agudeza), ingéniosité *f.,* habileté *f.* (habilidad). **2** Homme de talent. **3** Engin (máquina). **4** Plantation *f.* de canne à sucre.

ingenioso, -sa [iŋxenjóso, -sa] *adj.* Ingénieux, euse.

ingenuo, -ua [iŋxénwo, -wa] *adj.-s.* Ingénu, ue.

ingle [iŋgle] *f.* ANAT. Aine.

inglés, -esa [iŋglés, -ésa] *adj.-s.* Anglais, aise.

ingrato, -ta [iŋgráto, -ta] *adj.-s.* Ingrat, ate.

ingrediente [iŋgreðjénte] *m.* Ingrédient.

ingresar [iŋgresár] *intr.* **1** Entrer (en una escuela, hospital, etc.). ▪ **2** *tr.* Verser, déposer (dinero en un banco, etc.).

ingreso [iŋgréso] *m.* **1** Entrée *f.* (entrada). ▪ **2** *pl.* Appointements, émoluments, revenus (de una persona), revenus (del Estado).

inhábil [ináβil] *adj.* Inhabile.

inhabilitar [inaβilitár] *tr.* Déclarer inhabile, incapable.

inhabitado, -da [inaβitáðo, -ða] *adj.* Inhabité, ée.

inhalar [inalár] *tr.* Inhaler.

inherente [inerénte] *adj.* Inhérent, ente.

inhibición [iniβiθjón] *f.* Inhibition.

inhibir [iniβir] *tr.* **1** Inhiber. **2** DER. Dessaisir (a un juez). ▪ **3** *pr.* Se dessaisir (de un asunto). **4** S'abstenir d'intervenir (en un asunto).

inhumación [inumaθjón] *s.* Inhumation.

iniciación [iniθjaθjón] *f.* Initiation.

inicial [iniθjál] *adj.* **1** Initial, ale. ▪ **2** *f.* Initiale.

inicialización [iniθjaliθaθjón] *f.* Initialisation.

inicializar [iniθjaliθár] *tr.* Initialiser.

iniciar [iniθjár] [12] *tr.* **1** Initier: *me inició en la pintura,* il m'a initié à la peinture. **2** Commencer, entamer (comenzar).

iniciativa [iniθjatíβa] *f.* Initiative.

inimaginable [inimaxináβle] *adj.* Inimaginable.

inimitable [inimitáβle] *adj.* Inimitable.

injerencia [iŋxerénθja] *f.* Ingérence.

injerir [iŋxerir] [35] *tr.* **1** Introduire (introducir). **2** Ingérer (tragar). **3** AGR. Greffer. ▪ **4** *pr.* S'ingérer, s'immiscer (*en,* dans).

injerto, -ta [iŋxèrto, -ta] *adj.* **1** Enté, ée, greffé, ée. ▪ **2** *m.* BOT. Greffe *f.,* greffon. **3** Plante *f.* greffée. **4** CIR. Greffe *f.*

injuria [iŋxúrja] *f.* Injure, outrage *m.*

injusticia [iŋxustiθja] *f.* Injustice.

injusto, -ta [iŋxústo, -ta] *adj.* Injuste.

inmaculado, -da [immakuláðo, -ða] *adj.* **1** Immaculé, ée. ▪ **2** *n. pr. f. La Inmaculada, la Inmaculada Concepción,* l'Immaculée Conception.

inmaterial [immaterjál] *adj.* Immatériel, elle.

inmediato, -ta [immeðjáto, -ta] *adj.* **1** Immédiat, ate. **2** Contigu, uë, voisin, ine.

inmejorable [immexoráβle] *adj.* Excellent, ente, parfait, aite.

inmenso, -sa [imménso, -sa] *adj.* Immense.

inmersión [immersjón] *f.* Immersion.

inmigración [immiɣraθjón] *f.* Immigration.

inmigrante [immiɣránte] *adj.-s.* Immigrant, ante.

inminente [imminénte] *adj.* Imminent, ente.

inmiscuir [immiskwir] *tr.* **1** Immiscer. ▪ **2** *pr.* S'immiscer.

inmobiliario, -ia [immoβiljàrjo, -ja] *adj.* **1** Immobilier, ière. ▪ **2** *f.* Société immobilière.

inmoralidad [immoraliðáð] *f.* Immoralité.

inmortal [immortál] *adj.* Immortel, elle.

inmortalizar [immortaliθár] [4] *tr.* Immortaliser.

inmóvil [immòβil] *adj.* Immobile.

inmovilizar [immoβiliθár] [4] *tr.* Immobiliser.

inmueble [immwéβle] *adj.-m.* Immeuble.
inmundicia [immundíθja] *f.* Immondice.
inmundo, -da [immúndo, -da] *adj.* Immonde.
inmunidad [immuniðàð] *f.* Immunité.
inmunizar [immuniθár] [4] *tr.* Immuniser.
inmutable [immutáβle] *adj.* Immuable.
inmutar [immutár] *tr.* **1** Altérer, changer. ■ **2** *pr.* Se troubler, s'émouvoir.
innato, -ta [innáto, -ta] *adj.* Inné, ée.
innecesario, -ia [inneθesárjo, -ja] *adj.* Inutile, non nécessaire, superflu, ue.
innegable [inneɣáβle] *adj.* Indéniable.
innovación [innoβaθjón] *f.* Innovation.
innovar [innòβar] *tr.* Innover.
innumerable [innumeráβle], **innúmero, ra** [innúmero, -ra] *adj.* Innombrable.
inocencia [inoθénθja] *f.* Innocence.
inocentada [inoθentáða] *f.* **1** fam. Niaiserie, naïveté (acción, palabra). **2** Attrape (engaño).
inocente [inoθènte] *adj.-s.* Innocent.
inocuidad [inokwiðàð] *f.* Innocuité.
inocuo, -ua [inókwo, -wa] *adj.* Inoffensif, ive.
inofensivo, -va [inofensíβo, -βa] *adj.* Inoffensif, ive.
inolvidable [inolβiðáβle] *adj.* Inoubliable.
inoportuno, -na [inoportúno, -na] *adj.* Inopportun, une.
inorgánico, -ca [inorɣániko, -ka] *adj.* Inorganique.
inquietar [iŋkjetár] *tr.* Inquiéter.
inquieto, -ta [iŋkjéto, -ta] *adj.* **1** Inquiet, ète. **2** Remuant, ante (agitado).
inquietud [iŋkjetùð] *f.* Inquiétude.
inquilino, -na [iŋkilíno, -na] *adj.-s.* Locataire.
inquirir [iŋkirír] [30] *tr.* S'enquérir de, se renseigner sur.
inquisición [iŋkisiθjón] *f.* **1** Recherche, enquête. **2** Inquisition (tribunal eclesiástico).
inquisidor, -ra [iŋkisiðòr, -ra] *adj.-s.* **1** Inquisiteur, trice.
insaciable [insaθjáβle] *adj.* Insatiable.
insalivar [insaliβár] *tr.* Imprégner de salive (alimentos).
insalubre [insalúβre] *adj.* Insalubre.
Insalud [insalúð] *m.* (abrev. Instituto Nacional de la Salud) Organisme officiel espagnol de la santé.
insano, -na [insáno, -na] *adj.* **1** Malsain, aine. **2** Fou, folle, dément, ente.

inscribir [inskriβír] *tr.* **1** Inscrire. ■ **2** *pr.* S'inscrire (en una lista).
inscrito, -ta [inskríto, -ta], **inscripto, -ta** [inskríβto, -ta] *adj.* Inscrit, ite.
insecticida [inseɣtiθíða] *adj.-m.* Insecticide.
insecto [inséɣto] *m.* Insecte.
inseguro, -ra [inseɣúro, -ra] *adj.* Qui n'est pas sûr, sûre.
insensato, -ta [insensáto, -ta] *adj.-s.* Insensé, ée.
insensible [insensíβle] *adj.* Insensible.
inseparable [inseparáβle] *adj.-s.* Inséparable.
insertar [insertár] *tr.* Insérer.
inservible [inserβíβle] *adj.* Hors d'état de servir, inutilisable.
insigne [insíɣne] *adj.* Insigne.
insignia [insíɣnia] *f.* **1** Insigne *m.* **2** Bannière (de una cofradía). **3** MAR. Pavillon *m.* (de almirante, etc.).
insignificante [insiɣnifikánte] *adj.* Insignifiant, ante.
insinuar [insinwár] [11] *tr.* **1** Insinuer. **2** Suggérer. ■ **3** *pr.* S'insinuer.
insípido, -da [insípido, -ða] *adj.* Insipide.
insistencia [insisténθja] *f.* Instance.
insistir [insistír] *intr.* Insister.
insociable [insoθjáβle] *adj.* Insociable.
insolentar [insolentár] *tr.* **1** Rendre insolent, ente. ■ **2** *pr.* Se montrer insolent.
insolente [insolénte] *adj.-s.* Insolent, ente.
insólito, -ta [insólito, -ta] *adj.* Insolite.
insoluble [insolúβle] *adj.* Insoluble.
insolvencia [insolβénθja] *f.* Insolvabilité.
insolvente [insolβénte] *adj.* Insolvable.
insomnio [insómnjo] *m.* Insomnie *f.*
insoportable [insoportáβle] *adj.* Insupportable.
inspección [inspeɣθjón] *f.* Inspection.
inspeccionar [inspeɣθjonár] *tr.* Inspecter.
inspector, -ra [inspeɣtòr, -ra] *adj.-s.* Inspecteur, trice.
inspiración [inspiraθjón] *f.* Inspiration.
inspirar [inspirár] *tr.* **1** Inspirer. ■ **2** *pr.* S'inspirer: *inspirarse en,* s'inspirer de.
instalación [instalaθjón] *f.* Installation.
instalar [instalàr] *tr.* Installer.
instancia [instánθja] *f.* **1** Instance. **2** Pétition, demande (escrito).
instantáneo, -a [instantáneo, -a] *adj.* Instantané, ée.
instante [instánte] *m.* Instant.
instar [instàr] *tr.* **1** Prier avec instance, instamment: ~ *a uno para que,* prier

instamment quelqu'un de. ■ **2** *intr.* Insister, presser (urgir).
instaurar [instaŭrár] *tr.* Instaurer.
instilar [instilár] *tr.* Instiller.
instintivo, -va [instintiβo, -βa] *adj.* Instinctif, ive.
instinto [instínto] *m.* Instinct.
institución [instituθjón] *f.* Institution.
instituir [institwír] [62] *tr.* Instituer.
instituto [institúto] *m.* **1** Institut. **2** Lycée: ~ *de enseñanza media,* lycée.
institutriz [institutríθ] *f.* Institutrice, préceptrice. ▲ N'a pas le sens de maîtresse d'école.
instructivo, -va [instruγtiβo, -βa] *adj.* Instructif, ive.
instruir [instrwír] [62] *tr.* Instruire.
instrumental [instrumentál] *adj.* **1** Instrumental, ale. **2** DER. Instrumentaire. ■ **3** *m.* CIR. MÚS. Ensemble des instruments, instruments *pl.*
instrumento [instruménto] *m.* Instrument.
insubordinación [insuβorðinaθjón] *f.* Insubordination.
insubordinado, -da [insuβorðinàðo, -ða] *adj.* **1** Insubordonné, ée. ■ **2** *s.* Insurgé, ée.
insuficiencia [insufiθjènθja] *f.* Insuffisance.
insuficiente [insufiθjénte] *adj.* Insuffisant, ante.
insular [insulár] *adj.-s.* Insulaire.
insulso, -sa [insúlso, -sa] *adj.* Insipide, fade.
insultante [insultánte] *adj.* Insultant, ante.
insultar [insultár] *tr.* Insulter.
insulto [insúlto] *m.* **1** Insulte *f.*
insuperable [insuperáβle] *adj.* **1** Insurmontable (dificultad, etc.). **2** Insurpassable, incomparable.
insurrección [insurreγθjón] *f.* Insurrection.
insurrecto, -ta [insurréγto, -ta] *adj.-s.* Insurgé, ée, rebelle.
insustituible [insustitwíβle] *adj.* Irremplaçable.
intachable [intatʃáβle] *adj.* Irréprochable.
intacto, -ta [intáγto, -ta] *adj.* Intact, acte.
intangible [intaŋxíβle] *adj.* Intangible.
integración [inteγraθjón] *f.* Intégration.
integrar [inteγrár] *tr.* **1** Compléter (dar integridad a una cosa). **2** Composer, constituer (un todo). **3** Réintégrer.
integridad [inteγriðáð] *f.* **1** Intégrité. **2** Intégralité.

íntegro, -gra [inteγro, -γra] *adj.* **1** Intégral, ale (completo). **2** Intègre (probo).
intelectual [inteleγtwál] *adj.-s.* Intellectuel, elle.
inteligencia [intelixènθja] *f.* **1** Intelligence.
inteligente [intelixénte] *adj.* Intelligent, ente.
intemperie [intempérje] *f.* **1** Intempérie.
intención [intenθjón] *f.* **1** Intention. Loc. *Primera* ~, premier mouvement. **2** fig. Malignité, mauvais instinct *m.* de certains animaux: *toro de* ~, taureau vicieux.
intencionado, -da [intenθjonàðo, -ða] *adj.* Intentionné, ée.
intendencia [intendénθja] *f.* Intendance.
intendente [intendénte] *m.* Intendant.
intensidad [intensiðáð] *f.* Intensité.
intensificar [intensifikár] [1] *tr.* Intensifier.
intensivo, -va [intensiβo, -βa] *adj.* Intensif, ive.
intenso, -sa [inténso, -sa] *adj.* Intense.
intentar [intentár] *tr.* Tenter, tâcher, essayer de.
intento [inténto] *m.* **1** Dessein, projet. **2** *loc. adv. De* ~, exprès, à dessein. **3** Tentative *f.*
intentona [intentóna] *f.* Tentative téméraire.
intercalar [interkalár] *tr.* Intercaler.
intercambio [interkámbjo] *m.* Échange (cambio mutuo).
interceder [interθeðér] *intr.* Intercéder.
interceptar [interθeβtár] *tr.* Intercepter.
intercesión [interθesjón] *f.* Intercession.
intercostal [interkostál] *adj.* Intercostal, ale.
interés [interès] *m.* **1** Intérêt. Loc. *Sentir* ~ *por,* s'intéresser à. ■ **2** *pl.* Biens, fortune *f. sing.*
interesado, -da [interesàðo, -ða] *adj.-s.* Intéressé, ée.
interesante [interesánte] *adj.* Intéressant, ante.
interesar [interesár] *tr.* **1** Intéresser. ■ **2** *pr.* S'intéresser: *interesarse por,* s'intéresser à.
interfaz, interface [interfáθ, interféis] *m.-f.* Interface *f.*
interferencia [interferénθja] *f.* Interférence.
interino, -na [interino, -na] *adj.-s.* **1** Intérimaire. ■ **2** *adj.* Par intérim (persona), provisoire (cosa).
interior [interjór] *adj.-m.* **1** Intérieur, eure.

interiorismo [interjorizmo] *m.* Décoration d'intérieur *f.*, architecture d'intérieur.

interjección [interxeɣθjón] *f.* Interjection.

interlocutor, -ra [interlokutór, -ra] *s.* Interlocuteur, trice.

intermediario, -ia [intermeðjàrjo, -ja] *adj.-s.* Intermédiaire.

intermedio, -ia [intermèðjo, -ja] *adj.* **1** Intermédiaire. ■ **2** *m.* Intervalle (de tiempo). **3** Entracte (entreacto).

interminable [interminàβle] *adj.* Interminable.

intermitente [intermitènte] *adj.* **1** Intermittent, ente. ■ **2** *m.* Clignotant (luz).

internacional [internaθjonál] *adj.-s.* International, ale.

internado, -da [internàðo, -ða] *adj.-s.* **1** Interné, ée. ■ **2** *m.* Internat.

internar [internár] *tr.* **1** Interner. **2** Hospitaliser (a un enfermo). ■ **3** *pr.* Pénétrer, s'enfoncer.

interno, -na [intérno, -na] *adj.* **1** Interne, intérieur, eure. **2** *Fuero* ~, for intérieur. **3** Interne (alumno médico).

interpelación [interpelaθjón] *f.* Interpellation.

interpelar [interpelár] *tr.* Interpeller.

interponer [interponér] [78] *tr.* **1** Interposer. **2** DER. Intenter, interjeter (un recurso).

interposición [interposiθjón] *f.* **1** Interposition.

interpretación [interpretaθjón] *f.* Interprétation.

interpretar [interpretár] *tr.* Interpréter.

intérprete [intèrprete] *s.* Interprète.

interrogación [interoɣaθjón] *f.* Interrogation.

interrogante [inteřoɣànte] *adj.-s.* **1** Interrogateur, trice. ■ **2** *m.* Point d'interrogation (signo, incógnita).

interrogar [inteřoɣár] [7] *tr.* Interroger.

interrumpir [inteřumpír] *tr.* Interrompre.

interrupción [inteřuβθjón] *f.* Interruption.

interruptor [inteřuptór] *m.* Interrupteur.

intervalo [interβálo] *m.* Intervalle. Loc. *A intervalos,* par intervalles.

intervención [interβenθjón] *f.* **1** Intervention. **2** Vérification, contrôle *m.* (cargo del interventor).

intervenir [interβenir] [90] *intr.* **1** Participer, prendre part (tomar parte): ~ *en un debate,* participer à un débat. ■ **2** *tr.* Contrôler (cuentas, una administración, etc.). **4** CIR. Opérer.

interventor, -ra [interβentór, -ra] *adj.-s.* **1** Qui intervient. **2** Contrôleur (de las cuentas, etc.).

interview, interviú [interβjú] *m.* Interview *f.*

intestino, -na [intestino, -na] *adj.* Intestin, ine.

intimar [intimár] *tr.* **1** Intimer (una orden), sommer, notifier (a alguien). ■ **2** *intr.-pr.* Devenir intime, faire amitié.

intimidad [intimiðàð] *f.* Intimité.

íntimo, -ma [íntimo, -ma] *adj.* Intime.

intolerancia [intoleránθja] *f.* Intolérance.

intoxicar [into(ɣ)sikár] [1] *tr.* Intoxiquer.

intranquilidad [intraŋkiliðàð] *f.* Inquiétude.

intranquilizar [intraŋkiliθár] [4] *tr.* Inquiéter.

intranquilo, -la [intraŋkilo, -la] *adj.* Inquiet, ète, anxieux, euse.

intransferible [intransferíβle] *adj.* Incessible.

intransitable [intransitáβle] *adj.* Impraticable (camino).

intratable [intratáβle] *adj.* Intraitable.

intrépido, -da [intrèpiðo, -ða] *adj.* Intrépide.

intriga [intriɣa] *f.* Intrigue.

intrigante [intriɣánte] *adj.-s.* Intrigant, ante.

intrigar [intriɣàr] [7] *intr.-tr.* Intriguer.

intrincado, -da [intriŋkàðo, -ða] *adj.* Embrouillé, ée, compliqué, ée.

introducción [introðuɣθjón] *f.* Introduction.

introducir [introðuθir] [46] *tr.* **1** Introduire.

introductor, -ra [introðuɣtór, -ra] *adj.-s.* Introducteur, trice.

intromisión [intromisjón] *f.* Immixtion, ingérence.

intrusión [intrusjón] *f.* Intrusion.

intruso, -sa [intrúso, -sa] *adj.-s.* Intrus, use.

intuición [intwiθjón] *f.* Intuition.

intuir [intwir] [62] *tr.* Percevoir, connaître par intuition, pressentir.

inundación [inundaθjón] *f.* Inondation.

inundar [inundár] *tr.* Inonder.

inusitado, -da [inusitàðo, -ða] *adj.* Inusité, ée.

inútil [inútil] *adj.-s.* Inutile.

inutilizar [inutiliθár] [4] *tr.* Mettre hors d'état, rendre inutilisable (una máquina, etc.).

invadir [imbaðir] *tr.* Envahir.

invalidar [imbaliðár] *tr.* Invalider.

inválido, -da [imbáliðo, -ða] *adj.-s.* Invalide.

invariable [imbarjáβle] *adj.* Invariable.

invasión [imbasjòn] *f.* Invasion.

invasor, -ra [imbasòr, -ra] *adj.-s.* Envahisseur, euse.

invencible [imbenθiβle] *adj.* Invincible.

invención [imbenθjòn] *f.* Invention.

inventar [imbentár] *tr.* Inventer.

inventario [imbentárjo] *m.* Inventaire.

invento [imbénto] *m.* Invention *f.*

inventor, -ra [imbentòr, -ra] *adj.-s.* Inventeur, trice.

invernadero [imbernaðèro] *m.* 1 Séjour d'hiver. 2 AGR. Pâturage d'hiver.

invernal [imbernál] *adj.* Hivernal, ale.

invernar [imbernár] [27] *intr.* Hiverner.

inversión [imbersjòn] *f.* 1 Inversion. 2 *m.* Investissement.

invertir [imbertír] [35] *tr.* 1 Invertir, inverser. 2 Renverser (volcar). 3 Intervertir (alterar el orden). 4 Investir, placer (dinero). 5 Employer, passer (tiempo).

investigación [imbestiɣaθjón] *f.* Investigation, enquête (policíaca, etc.).

invierno [imbjèrno] *m.* Hiver.

invisible [imbisiβle] *adj.* Invisible.

invitación [imbitaθjòn] *f.* Invitation.

invitado, -da [imbitàðo, -ða] *adj.-s.* Invité, ée.

invitar [imbitár] *tr.* Inviter.

invocar [imbokár] [1] *tr.* Invoquer.

inyección [indzeɣθjòn] *f.* 1 Injection. 2 MED. Piqûre.

ir [ir] [74] *intr.* 1 Aller (moverse, llevar): *voy a Madrid*, je vais à Madrid. Loc. ~ *tras de uno*, courir après quelqu'un, poursuivre quelqu'un; ¿quién va?, qui va là?: *¡vaya!, ¡vamos!*, allons! 2 Importer, intéresser, y aller de: *me va mucho en ello*, cela m'importe beaucoup; *le va la cabeza en ello*, il y va de sa tête. 3 Être, être en (vestido): *ir bien puesto*, être bien mis; *ir de levita*, être en redingote. 4 ~ *por*, aller chercher: ~ *por agua*, aller chercher de l'eau. 5 Con el gerundio (avec le gérondif, indique que l'action se réalise progressivement): ~ *corriendo*, courir; *vaya usted trabajando*, continuez à travailler. 6 Otros sentidos: ~ *a lo más urgente*, aller au plus pressé; *mucho va del uno al otro*, ils sont bien différents l'un de l'autre. 7 *pr.* S'en aller, partir: *no te vayas*, ne t'en va pas. 8 Fuir (un recipiente): *el tonel se va*, le tonneau fuit. 9 Glisser: *se le fue el pie*, son pied glissa. 10 Otros senti-

dos: *allá se va*, cela revient au même.

ira [ira] *f.* 1 Colère. 2 *interj. ¡~de Dios!*, tonnerre!

irascible [irasθiβle] *adj.* Irascible.

iris [iris] *m.* Iris. 2 Arc-en-ciel (arco iris).

irlandés, -sa [irlandés, -ésa] *adj.-s.* Irlandais, aise.

ironía [ironia] *f.* Ironie.

IRPF [jeřepéfe] *m.* (*abrev.* Impuesto sobre la Renta de las Personas Físicas) Impôt sur le revenu en Espagne.

irracional [iřaθjonál] *adj.* 1 Irraisonnable (que carece de razón). 2 Irrationnel, elle (opuesto a la razón). ■ 3 *m.* Animal.

irradiar [iraðjár] [12] *tr.* Irradier.

irreal [iřeál] *adj.* Irréel, elle.

irrealizable [iřaliθáβle] *adj.* Irréalisable.

irrebatible [iřeβatiβle] *adj.* Irréfutable.

irreducible [iřeðuθiβle], **irreductible** [iřeðuɣtiβle] *adj.* Irréductible.

irreflexión [iřefle(ɣ)sjòn] *f.* Irréflexion.

irreflexivo, -va [iřefle(ɣ)siβo, -βa] *adj.* Irréfléchi, ie.

irregular [iřeɣulár] *adj.* Irrégulier, ière.

irregularidad [iřeɣulariðàð] *f.* Irrégularité.

irremediable [iřemeðjáβle] *adj.* Irrémédiable.

irreparable [iřeparáβle] *adj.* Irréparable.

irreprochable [iřeprotʃáβle] *adj.* Irréprochable.

irresistible [iřesistiβle] *adj.* Irrésistible.

irresolución [iřesoluθjòn] *f.* Irrésolution.

irrespetuoso, -sa [iřespetwòso, -sa] *adj.* Irrespectueux, euse.

irrespirable [iřespiráβle] *adj.* Irrespirable.

irresponsable [iřesponsáβle] *adj.-s.* Irresponsable.

irreverencia [iřeβerénθja] *f.* Irrévérence.

irrevocable [iřeβokáβle] *adj.* Irrévocable.

irrigación [iřiɣaθjòn] *f.* Irrigation.

irritación [iřitaθjòn] *f.* Irritation.

irritar [iřitàr] *tr.* Irriter.

irrompible [iřompiβle] *adj.* Incassable.

irrumpir [iřumpir] *intr.* Faire irruption.

isla [izla] *f.* 1 Île. 2 Pâté *m.* de maisons, îlot *m.* (de casas).

islam [izlàm] *m.* Islam.

islamismo [izlamízmo] *m.* Islamisme.

isleño, -ña [izlèno, -ɲa] *adj.-s.* Insulaire.

islote [izlòte] *m.* GEOG. Îlot.

isobara [isoβára] *f.* METEOR. Isobare.

isócrono, -na [isókrono, -na] *adj.* FIS. Isochrone, isochronique.

isósceles [isòsθeles] *adj.* GEOM. Isocèle.

israelita [izřaelíta] *adj.-s.* Israélite.

istmo [ístmo] *m.* Isthme.

italiano, -na [italjáno, -na] *adj.-s.* Italien, ienne.

itálico, -ca [itálıko, -ka] *adj.-s.* Italique.

itinerario, -ia [itinerárjo, -ja] *adj.-m.* Itinéraire.

ITV [iteúße] *f.* (*abrev.* Inspección Técnica de Vehículos) Contrôle technique des véhicules en Espagne.

IVA [ißa] *m.* (*abrev.* Impuesto sobre el Valor Añadido) TVA *f.*

izar [iθár] [4] *tr.* Hisser.

izquierdo, -da [iθkjérðo, -ða] *adj.* **1** Gauche (lado). **2** Panard, arde (caballo). ■ **3** *s.* Gaucher, ère (zurdo).

J

j [xòta] *f.* J *m.*

jabalí [xaβalí] *m.* Sanglier.

jabalina [xaβalína] *f.* 1 Laie. 2 Javeline (arma). 3 Javelot *m.* (deportes).

jabón [xaβón] *m.* 1 Savon.

jabonado [xaβonáðo] *m.* Savonnage.

jabonar [xaβonár] *tr.* Savonner.

jaboncillo [xaβonθíλo] *m.* Savonnette *f.*

jabonería [xaβonería] *f.* Savonnerie.

jabonero, -ra [xaβonéro, -ra] *adj.* 1 Blanc jaunâtre (toro, etc.). ■ 2 *m.* Savonnier (fabricante). ■ 3 *f.* Boîte à savon.

jabonoso, -sa [xaβonóso, -sa] *adj.* Savonneux, euse.

jaca [xáka] *f.* Bidet *m.*, petit cheval *m.*

jácara [xákara] *f.* 1 Sorte de poème *m.* plaisant. 2 Chanson et danse populaires. 3 fam. Ennui *m.*, embêtement *m.* (molestia).

jácena [xáθena] *f.* CONSTR. Poutre maîtresse.

jacinto [xaθínto] *m.* Jacinthe *f.*, hyacinthe *f.*

jaco [xáko] *m.* Rosse *f.* (caballo).

jacobino, -na [xakoβíno, -na] *adj.-s.* Jacobin, ine.

jactancia [xaɣtánθja] *f.* Jactance, vantardise.

jactarse [xaɣtárse] *pr.* Se vanter.

jade [xáðe] *m.* Jade.

jadear [xaðeár] *intr.* Haleter.

jadeo [xaðéo] *m.* Halètement.

jaez [xaéθ] *m.* 1 Harnachement, harnais. 2 fig. Nature *f.*, acabit, espèce *f.*

jaguar [xaɣwár] *m.* Jaguar.

jalea [xaléa] *f.* Gelée (de frutas).

jaleo [xaléo] *m.* 1 Cris *pl.* (acción de jalear). 2 Danse *f.* et chant andalou. 3 fam. Chahut, chambard, boucan, tapage (ruido), histoire *f.* (enredo).

jalonar [xalonár] *tr.* Jalonner.

jamás [xamás] *adv.* 1 Jamais. 2 loc. adv. *Nunca ~, ~ por ~,* jamais de la vie; *siempre ~,* à jamais.

jamba [xámba] *f.* Jambage *m.* (de puerta, ventana).

jamelgo [xamélɣo] *m.* Rosse *f.* (caballo malo).

jamón [xamón] *m.* Jambon: *~ en dulce,* jambon cuit.

japonés, -esa [xaponés, -ésa] *adj.-s.* Japonais, aise.

jaque [xáke] *m.* 1 Échec (del ajedrez): *~ mate,* échec et mat. 2 Fier-à-bras, fanfaron (valentón).

jaqueca [xakéka] *f.* Migraine.

jarabe [xaráβe] *m.* Sirop.

jarana [xarána] *f.* fam. Tapage *m.* (ruido).

jaranear [xaraneár] *intr.* Faire la foire.

jarcia [xárθja] *f.* MAR. Cordages *m. pl.*, agrès *m. pl.*

jardín [xarðín] *m.* 1 Jardin d'agrément. 2 Jardinage (en una esmeralda).

jardinera [xarðinéra] *f.* 1 Jardinière fleuriste. 2 Jardinière (mueble, carruaje). 3 Tramway *m.* ouvert pour l'été.

jardinería [xarðinería] *f.* Jardinage *m.*

jardinero [xarðinéro] *m.* Jardinier.

jarra [xářa] *f.* 1 Jarre. 2 loc. adv. *De, en jarras,* les poings sur les hanches. 3 Pot *m.* (jarro).

jarro [xářo] *m.* 1 Pot (à une anse), broc (grande), pichet (pequeño para bebidas). 2 loc. adv. *A jarros,* à verse; *a boca de ~,* à brûle-pourpoint.

jarrón [xářón] *m.* Vase d'ornement.

jaspear [xaspeár] *tr.* Jasper, marbrer.

jaula [xáula] *f.* Cage (para animales).

jauría [xaúria] *f.* Meute.

jazmín [xaθmín] *m.* Jasmin.

jazz [jaθ] *m.* Jazz.

jefatura [xefatúra] *f.* 1 Dignité, charge de chef. 2 Direction.

jefe [xéfe] *m.* 1 Chef: *~ de negociado,* chef de bureau. 2 Patron.

jeque [xéke] *m.* Cheik.

jerarca [xerárka] *m.* Supérieur, dignitaire.

jerarquía [xerarkía] *f.* 1 Hiérarchie. 2 Dignitaire *m.* (persona).

jerezano, -na [xereθáno, -na] *adj.-s.* De Xérès.

jerga [xérɣa] *f.* **1** Étoffe grossière. **2** Jargon *m*, argot *m*. (lenguaje).

jeringa [xeriŋga] *f.* Seringue.

jeringuilla [xeriŋɡiʎa] *f.* **1** Petite seringue. **2** Seringa *m*. (arbusto).

jeroglífico, -ca [xeroɣlífiko, -ka] *adj.* **1** Hiéroglyphique. ▪ **2** *m.* Hiéroglyphe. **3** Rébus (acertijo).

jersey [xerséi̯] *m.* Pull-over, chandail.

jesuita [xeswita] *adj.-s.* Jésuite.

jeta [xéta] *f.* Bouche saillante.

jibia [xiβja] *f.* Seiche.

jibión [xiβjón] *m.* Os de seiche.

jícara [xikara] *f.* Tasse (de chocolate).

jilguero [xilɣéro] *m.* Chardonneret.

jineta [xinéta] *f.* **1** Genette (mamífero). **2** Lance courte. **3** *loc. adv. A la ~*, à la genette.

jinete [xinéte] *m.* Cavalier.

jipijapa [xipixápa] *f.* **1** Paille qui sert à fabriquer les panamas. ▪ **2** *m.* Panama (sombrero).

jirafa [xiráfa] *f.* Girafe.

jirón [xirón] *m.* **1** Lambeau. **2** BLAS. Giron.

jocoso, -sa [xokóso, -sa] *adj.* Drôle, amusant, ante, plaisant, ante.

jofaina [xofaína] *f.* Cuvette.

jolgorio [xolɣório] *m.* **1** Réjouissance *f.* liesse *f.* **2** fam. Bringue *f.*

jornada [xornáða] *f.* **1** Journée (de viaje, de trabajo). Loc. *Trabajar media ~*, travailler à mi-temps. **2** Voyage *m.* **3** TEAT. Journée, acte *m.*

jornal [xornál] *m.* **1** Journée *f.*, salaire journalier. *loc. adv. A ~*, à la journée.

jornalero, -ra [xornaléro, -ra] *s.* Journalier, ière (obrero).

joroba [xoróβa] *f.* **1** Bosse (corcova). **2** fig. fam. Corvée (fastidio).

jota [xóta] *f.* **1** J *m.*, lettre *j.* **2** Jota (baile). **3** Iota *m.*, rien *m.* (cosa mínima).

joven [xóβen] *adj.* **1** Jeune. ▪ **2** *m.* Jeune homme. ▪ **3** *f.* Jeune fille. ▪ **4** *pl. Los jóvenes*, les jeunes, les jeunes gens.

jovial [xoβjál] *adj.* Jovial, ale.

jovialidad [xoβjaliðáð] *f.* Jovialité.

joya [xója] *f.* Bijou *m.*, joyau *m.*

joyería [xojería] *f.* Bijouterie, joaillerie.

joyero, -ra [xojéro, -ra] *s.* **1** Bijoutier, ière, joaillier, ière. ▪ **2** *m.* Coffret à bijoux.

juanete [xwanéte] *m.* ANAT. Pommette *f.* très grosse.

jubilación [xuβilaθjón] *f.* **1** Mise à la retraite (de un funcionario). **2** Retraite (pensión).

jubilar [xuβilár] *adj.* Jubilaire.

jubilar [xuβilár] *tr.* **1** Mettre à la retraite (a un funcionario). ▪ **2** *intr.* Se réjouir, jubiler.

júbilo [xúβilo] *m.* Jubilation *f.*, grande joie *f.*

judicial [xuðiθjál] *adj.* Judiciaire.

judío, -ía [xuðío, -ia] *adj.-s.* Juif, juive.

juego [xwéɣo] *m.* **1** Jeu. Loc. *~ de ingenio*, jeu d'esprit. **2** Service: *un ~ de café*, un service à café. **3** Train (de un coche). **4** *Hacer ~*, faire pendant, aller ensemble.

juerga [xwérɣa] *f.* fam. Noce, bombe, ribouldingue, foire, bringue.

jueves [xwéβes] *m.* Jeudi.

juez [xwéθ] *m.* Juge.

jugador, -ra [xuɣaðór, -ra] *adj.-s.* Joueur, euse.

jugar [xuɣár] [53] *intr.* **1** Jouer: *~ fuerte*, jouer gros jeu. **2** *~ con*, badiner avec, se jouer de: *conmigo no se juega*, on ne se joue pas de moi. ▪ **3** *tr.* Jouer (una carta, partida, etc.): *~ el todo por el todo*, jouer le tout par le tout.

juglar [xuɣlár] *m.* Jongleur (de la edad media).

juglaría [xuɣlaria], **juglería** [xuɣleria] *f.* ant. Art *m.* des jongleurs.

jugo [xúɣo] *m.* **1** Jus (de frutas). **2** Suc (secreción). **3** fig. Substance *f.*, suc.

jugoso, -sa [xuɣóso, -sa] *adj.* Juteux, euse.

juguete [juɣéte] *m.* **1** Jouet. **2** Plaisanterie *f.*, moquerie *f.* **3** TEAT. Petite pièce *f.* **4** fig. Jouet.

juicio [xwiθjo] *m.* **1** Jugement. Loc. *~ final, universal*, jugement dernier; *a mi ~*, à mon avis. **2** Raison *f.*, sagesse *f.* Loc. *Falto de ~*, écervelé, fou, toqué.

juicioso, -sa [xwiθjóso, -sa] *adj.* Judicieux, euse, sage.

julio [xúljo] *m.* **1** Juillet: *el 14 de ~*, le 14 juillet. **2** ELECT. Joule.

juncal [xuŋkál] *adj.* **1** Relatif, ive au jonc. **2** fig. Élancé, ée, gracieux, euse. ▪ **3** *m.* Jonchaie *f.*

junco [xúŋko] *m.* **1** Jonc. **2** MAR. Jonque *f.*

jungla [xúŋgla] *f.* Jungle.

junio [xúnjo] *m.* Juin.

junquillo [xuŋkíʎo] *m.* **1** Jonquille *f.* (planta). **2** ARQ. Baguette (moldura). **3** Rotang, rotin (junco de Indias).

junta [xúnta] *f.* **1** Réunion, séance (sesión). **2** Assemblée. **3** Conseil *m.*, comité *m.*

juntar [xuntàr] *tr.* **1** Joindre, unir. **2** Amasser (acopiar). **3** Réunir, assembler.

junto, -ta [xúnto, -ta] *adj.* **1** Uni, ie, réuni, ie (unido). **2** *loc. adv.* **En** ~, en tout; *por* ~, en gros; *todo* ~, à la fois.

jura [xúra] *f.* Serment *m.* de fidélité.

jurado, -da [xuràðo, -ða] *adj.* **1** Juré, ée. ▪ **2** *m.* Jury. **3** Juré, membre d'un jury.

juramento [xuramènto] *m.* **1** Serment. **2** Juron (voto).

jurar [xuràr] *tr.* **1** Jurer: *ise lo juro!,* je vous le jure! **2** Prêter serment.

jurídico, -ca [xuriðiko, -ka] *adj.* Juridique.

jurisconsulto [xuriskonsúlto] *m.* Jurisconsulte.

jurisdicción [xurisðikθjón] *f.* Juridiction.

jurisprudencia [xurispruðénθja] *f.* Jurisprudence.

jurista [xurista] *m.* Juriste.

juro [xúro] *m.* Droit perpétuel de propriété.

justa [xústa] *f.* Joute.

justar [xustàr] *íntr.* Jouter.

justicia [xustiθja] *f.* Justice.

justiciero, -ra [xustiθjéro, -ra] *adj.-m.* Justicier, ière.

justificante [xustifikánte] *adj.* **1** Justifiant, ante. ▪ **2** *m.* Document qui prouve, qui justifie.

justificar [xustifikàr] [1] *tr.* Justifier.

justo, -ta [xústo, -ta] *adj.* **1** Juste. ▪ **2** *m.* Juste. ▪ **3** *adv.* Juste: *llegar* ~, arriver juste.

juvenil [xuβenil] *adj.* Juvénile.

juventud [xuβentúð] *f.* Jeunesse.

juzgado [xuθɣàðo] *m.* Tribunal: ~ *municipal,* tribunal du juge de paix.

juzgar [xuθɣàr] [7] *tr.* Juger. Loc. *A* ~ *por,* à en juger par.

K

k [ka] *f.* K *m.*
ka [ka] *f.* K *m.,* lettre k.
káiser [káïser] *m.* Kaiser.
kan [kan] *m.* Kan.
kantismo [kantizmo] *m.* Kantisme.
kermese [kermése] *f.* Kermesse.
kilo [kilo] *m.* Kilo.

kilogramo [kiloɣrámo] *m.* Kilogramme.
kilolitro [kilolitro] *m.* Kilolitre.
kilómetro [kilómetro] *m.* Kilomètre.
kilovatio [kiloβátjo] *m.* Kilowatt.
kimono [kimóno] *m.* Kimono.
kiosco [kjósko] *m.* Kiosque.
kurdo, -da [kúrðo, -ða] *adj.-s.* Kurde.

L

l [éle] *f.* L *m.*

la [la] *art. f.* **1** La. **2** Celle: ~ *que,* celle que, celle qui. ▲ El artículo *la* debe traducirse a menudo por el adjetivo posesivo. ■ **3** *pron. pers.* La: ~ *veo,* je la vois. ■ **4** *m.* MÚS. La.

laberinto [laβerinto] *m.* Labyrinthe.

labia [láβja] *f.* fam. Bagout *m.* Loc.: *tener mucha* ~, avoir beaucoup de bagout, être beau parleur.

labial [laβjál] *adj.* Labial, ale.

labio [láβjo] *m.* Lèvre *f.* Loc. ~ *leporino,* bec-de-lièvre; *no descoser los labios,* ne pas desserrer les dents.

labor [laβòr] *f.* **1** Travail *m.* (acción). **2** Œuvre, ouvrage *m.* (resultado). **3** Travail *m.: labores domésticas,* travaux domestiques. **4** Ornement *m.* (adorno). **5** AGR. Labour *m.,* façon.

laborable [laβoráβle] *adj.* **1** Labourable. **2** *Día* ~, jour ouvrable.

laboratorio [laβoratòrjo] *m.* Laboratoire.

laborioso, -sa [laβorjóso, -sa] *adj.* Laborieux, euse.

labrador, -ra [laβraðòr, -ra] *s.* **1** Paysan, anne, cultivateur, trice. **2** Propriétaire cultivateur (que labra).

labranza [laβránθa] *f.* **1** Labourage *m.* (de los campos). **2** Propriété rurale.

labrar [laβrár] *tr.* **1** Travailler, tailler (la madera, la piedra), ouvrager, ouvrer (minuciosamente). **2** AGR. Cultiver. **3** AGR. Labourer (arar). **4** Bâtir, édifier. **5** fig. Faire, causer, travailler à: ~ *la felicidad de,* faire le bonheur de.

labriego, -ga [laβrjéyo, -ya] *s.* Paysan, anne.

laca [láka] *f.* Laque.

lacayo [lakájo] *m.* Laquais.

lacerado, -da [laθeràðo, -ða] *adj.* **1** Lacéré, ée. **2** Malheureux, euse (infeliz).

lacerar [laθerár] *tr.* Lacérer (lesionar), blesser, meurtrir (herir).

lacero [laθéro] *m.* Homme adroit à manier le lasso.

lacio, -ia [láθjo, -ja] *adj.* **1** Flétri, ie, fané, ée (marchito). **2** Mou, molle (sin vigor). **3** Plat, plate (cabello).

lacónico, -ca [lakóniko, -ka] *adj.* Laconique.

lacrar [lakrár] *tr.* **1** Cacheter (avec de la cire). **2** Contaminer (contagiar). **3** fig. Nuire.

lacre [lákre] *m.* Cire *f.* à cacheter.

lacrimal [lakrimál] *adj.* Lacrymal, ale.

lacrimoso, -sa [lakrimóso, -sa] *adj.* Larmoyant, ante.

lactancia [laytánθja] *f.* Allaitement *m.*

lactar [laytár] *tr.* **1** Allaiter (amamantar). **2** Téter (niño).

lácteo, -ea [láyteo, -ea] *adj.* Lacté, ée.

lacustre [lakústre] *adj.* Lacustre.

ladear [laðéar] *tr.* **1** Pencher, incliner, faire pencher (inclinar), tordre (torcer). ■ **2** *intr.-pr.* Pencher, s'incliner. **3** S'écarter.

ladera [laðéra] *f.* Pente, versant *m.* (de una montaña).

lado [láðo] *m.* **1** Côté. Loc. fig. *dejar a un* ~, laisser de côté; *hacerse a un* ~, s'écarter, se mettre de côté; *ir* ~ *a* ~, marcher côte à côte. **2** fig. Faveur *f.,* protection *f.* **3** *loc. adv. Al* ~, à côté, tout près; *de uno y otro* ~, des deux côtés.

ladrar [laðrár] *intr.* **1** Aboyer, japper. **2** fig. fam. Crier, menacer.

ladrido [laðriðo] *m.* Aboi, aboiement.

ladrillo [laðriʎo] *m.* **1** Brique *f.* **2** Plaque *f.* (de chocolate).

ladrón, -ona [laðrón, -óna] *s.* **1** Voleur, euse. **2** *El buen* ~, le bon larron. **3** *interj. ¡Ladrones!,* au voleur!

ladronzuelo [laðronθwélo] *m.* Petit voleur.

lagar [layár] *m.* Pressoir (lugar).

lagartija [layartixa] *f.* Petit lézard *m.* gris.

lagarto [layárto] *m.* **1** Lézard. **2** fig. Fin renard.

lago [láyo] *m.* Lac.

lágrima [láɣrima] *f.* Larme. Loc. *Llorar a ~ viva,* pleurer à chaudes larmes.

lagrimal [laɣrimál] *adj.* **1** Lacrymal, ale. ▪ **2** *m.* ANAT. Larmier.

lagrimear [laɣrimeár] *intr.* Larmoyer.

laguna [laɣúna] *f.* **1** Petit lac *m.* **2** Lagon *m.* (de un atolón). **3** Lagune (marítima). **4** fig. Lacune (fallo).

laico, -ca [láĭko, -ka] *adj.-s.* Laïc, laïque.

lama [láma] *f.* **1** Vase, limon *m.* (cieno). **2** Ulve (alga). **3** Lamé *m.* (tejido). ▪ **4** *m.* Lama (sacerdote).

lamentable [lamentáβle] *adj.* Lamentable, regrettable.

lamentar [lamentár] *tr.* **1** Déplorer: *~ la muerte de alguien,* déplorer la mort de quelqu'un. **2** Regretter: *lamento molestarle,* je regrette de vous déranger. ▪ **3** *pr.* Se lamenter.

lamento [laménto] *m.* Lamentation *f.*

lamer [lamér] *tr.* Lécher.

lámina [lámina] *f.* **1** Lame (de metal). **2** Planche (plancha grabada). **3** Estampe, planche, gravure (grabado).

laminado, -da [lamináðo, -ða] *adj.* **1** Laminé, ée. ▪ **2** *m.* Laminage.

laminar [laminár] *tr.* Laminer.

lámpara [lámpara] *f.* **1** Lampe. **2** Tache d'huile (mancha).

lamparilla [lampariʎa] *f.* Petite lampe, veilleuse.

lampiño, -ña [lampiɲo, -ɲa] *adj.* **1** Glabre. **2** Imberbe (que no tiene barba).

lamprea [lampréa] *f.* Lamproie.

lana [lána] *f.* Laine.

lanar [lanár] *adj.* À laine: *ganado ~,* bêtes à laine.

lance [lánθe] *m.* **1** Jet, lancement (acción). **2** Coup (en el juego). **3** Situation *f.* critique, circonstance *f.,* incident, péripétie *f.* Loc. *~ de fortuna,* coup de hasard. **4** Affaire *f.: ~ de honor,* affaire d'honneur, duel. **5** TAUROM. Jeu de cape.

lancero [lanθéro] *m.* **1** MIL. Lancier. ▪ **2** *pl.* Lanciers, quadrille *sing.* des lanciers (baile).

lancha [lántʃa] *f.* **1** Canot *m.,* chaloupe. Loc. *~ cañonera,* canonnière; *~ motora, rápida,* vedette. **2** Pierre plate, lisse et mince.

lanchero [lantʃéro] *m.* Batelier, patron d'un canot, d'une chaloupe.

lanería [laneria] *f.* Lainerie (tienda).

lanero, -ra [lanéro, -ra] *adj.* **1** Lainier, ière. ▪ **2** *m.* Lainier.

langosta [laŋgósta] *f.* **1** Langouste (crustáceo). **2** Sauterelle, criquet *m.* (insecto).

langostino [laŋgostino] *m.* Gros bouquet, grosse crevette *f.*

languidecer [laŋgiðeθér] [43] *intr.* Languir.

languidez [laŋgiðéθ] *f.* Langueur.

lánguido, -da [láŋgiðo, -ða] *adj.* Langoureux, euse, languissant, ante: *voz lánguida,* voix langoureuse.

lanoso, -sa [lanóso, -sa] *adj.* **1** Laineux, euse. **2** Duveteux, euse.

lanza [lánθa] *f.* **1** Lance (arma). Loc. fig. *Quebrar lanzas,* se disputer, se quereller. **2** Lance, lancier *m.* (soldado). **3** Timon *m.,* flèche (de un coche).

lanzada [lanθáða] *f.* Coup *m.* de lance.

lanzadera [lanθaðéra] *f.* Navette.

lanzador, -ra [lanθaðór, -ra] *s.* Lanceur, euse.

lanzamiento [lanθamjénto] *m.* Lancement (flecha, cohete, etc.).

lanzar [lanθár] [4] *tr.* **1** Lancer (flecha, cohete, disco, etc.), jeter (arrojar). ▪ **2** *pr.* S'élancer, se jeter.

lanzatorpedos [lanθatorpéðos] *m. invar.* Lance-torpilles.

lapa [lápa] *f.* **1** Fleur (en la superficie del vino, etc.). **2** Patelle (molusco).

lapicero [lapiθéro] *m.* **1** Porte-crayon, porte-mine. **2** Crayon (lápiz).

lápida [lápiða] *f.* **1** Plaque commémorative. **2** Pierre qui porte une inscription. **3** *~ sepulcral,* pierre tombale.

lapidar [lapiðár] *tr.* Lapider.

lapidario, -ia [lapiðárjo, -ja] *adj.-m.* Lapidaire.

lápiz [lápiθ] *m.* **1** Crayon: *una caja de lápices,* une boîte de crayons.

lapón, -ona [lapón, -óna] *adj.-s.* Lapon, onne.

lapso [láβso] *m.* **1** Laps. **2** Lapsus (equivocación).

lar [lar] *m.* **1** Lare. **2** Foyer (hogar).

larga [lárɣa] *f.* **1** La plus longue queue du billard. **2** Délai *m.,* retard *m.*

largo, -ga [lárɣo, -ɣa] *adj.* **1** Long, longue: *~ y ancho,* long et large. **2** fig. Généreux, euse, libéral, ale, large. **3** Copieux, euse, abondant, ante. ▪ **4** *adv.* Longuement. **5** Loc. *A lo ~,* en long (longitudinalmente), le long: *a lo ~ del río,* le long du fleuve; *a la larga,* à la longue (al final); *~ y tendido,* longuement, abondamment; fam. *un rato ~,* beaucoup. ▪ **6** *m.* Long, longueur *f.: dos metros de ~,* deux mètres de long. Loc.

Pasar de ~, passer outre. **7** MÚS. Largo. **8** *interj. ¡Largo!, ¡*~ *de aquí!,* du vent!, ouste!, allez-vous-en!

largura [larɣúra] *f.* Longueur (dimensión).

laringe [larínxe] *f.* ANAT. Larynx *m.*

larva [lárβa] *f.* Larve.

las [las] *art. f. pl.* **1** Les. **2** Celles: ~ *que,* celles que, celles qui. ▪ **3** *pron. pers. f. pl.* Les: ~ *veo,* je les vois; en: ~ *hay muy malas,* il en est qui sont bien mauvaises.

lascivo, -va [lasθíβo, -βa] *adj.* Lascif, ive.

láser [láser] *m.* laser.

lasitud [lasitúð] *f.* Lassitude, fatigue.

lástima [lástima] *f.* **1** Pitié, compassion. Loc. *Dar* ~, faire pitié, de la peine: *tener* ~ *de,* plaindre. **2** Dommage *m.,* chose regrettable: *¡qué* ~*!,* quel dommage!; *es una* ~, c'est dommage.

lastimar [lastimár] *tr.* **1** Blesser, faire mal. **2** fig. Blesser, offenser.

lastrar [lastrár] *tr.* Lester.

lastre [lástre] *m.* Lest.

lata [láta] *f.* **1** Latte (de madera). **2** Ferblanc *m.* (hojalata). **3** Boîte en fer-blanc (envase): ~ *de sardinas,* boîte de sardines. **4** fig. Chose ennuyeuse, embêtement *m.* (fastidio). Loc. fam. *Dar la* ~, assommer, raser, faire suer.

latente [laténte] *adj.* Latent, ente.

lateral [laterál] *adj.* Latéral, ale.

latido [latíðo] *m.* **1** Battement (del corazón). Loc. *Corazón que da latidos,* cœur qui bat. **2** Glapissement (ladrido).

látigo [látiɣo] *m.* Fouet, cravache *f.*

latín [latín] *m.* **1** Latin (lengua). **2** Mot latin employé en espagnol.

latino, -na [latíno, -na] *adj.* **1** Latin, ine: *vela latina,* voile latine. ▪ **2** *s.* Latin, ine (persona).

latir [latír] *intr.* **1** Glapir (el perro). **2** Battre (el corazón).

latitud [latitúð] *f.* **1** Largeur (anchura). **2** Étendue (extensión). **3** fig. Latitude. **4** GEOG. Latitude.

latoso, -sa [latóso, -sa] *adj.* **1** Assommant, ante, rasoir. ▪ **2** *s.* Raseur, euse.

laúd [laúð] *m.* **1** Luth. **2** MAR. Sorte de felouque *f.*

láudano [láŭðano] *m.* Laudanum.

laurear [laŭreár] *tr.* **1** Couronner de lauriers. **2** fig. Récompenser d'un prix.

laurel [laŭrél] *m.* Laurier: ~ *común,* laurier, laurier-sauce.

lava [láβa] *f.* **1** Lave. **2** Lavage *m.* (de los metales).

lavabo [laβáβo] *m.* **1** Lavabo. **2** Toilettes *f. pl.* (retrete).

lavado [laβáðo] *m.* **1** Lavage. **2** PINT. Lavis.

lavadora [laβaðóra] *f.* Lave-linge.

lavandera [laβandéra] *f.* Lavandière, blanchisseuse.

lavandería [laβanderia] *f.* Blanchisserie, laverie automatique.

lavaplatos [laβaplátos] *m.* **1** Plongeur, laveur de vaisselle. **2** Machine à laver la vaisselle *f.,* lave-vaisselle.

lavar [laβár] *tr.* **1** Laver. **2** fig. ~ *una ofensa,* laver une injure. ▪ **3** *pr.* Se laver.

lavativa [laβatíβa] *f.* MED. **1** Lavement *m.* **2** Seringue à lavements.

lavavajillas [laβaβaxiʎas] *m. invar.* Machine à laver la vaisselle *f.,* lave-vaisselle.

laxante [la(ɣ)sánte] *adj.* Laxatif, ive.

laxitud [la(ɣ)situð] *f.* Laxité.

laxo, -xa [la(ɣ)so, -sa] *adj.* **1** Lâche, flasque. **2** fig. Relâché, ée (la moral).

lazada [laθáða] *f.* **1** Nœud *m.* (nudo). **2** Cravate (de adorno). **3** Rosette (de cinta).

lazarillo [laθariʎo] *m.* Guide d'un aveugle.

lazo [láθo] *m.* **1** Nœud (nudo). **2** Cravate *f.* (de adorno). **3** Lasso (para cazar o sujetar animales). **4** Lacs, lacet, collet (para cazar). **5** fig. Piège, embûche *f.* (trampa). **6** Lien (vínculo). **7** ARQ. Entrelacs.

le [le] *pron. pers.* **1** Le (en acusativo). ▲ Il peut être remplacé par *lo: le veo* ou *lo veo,* je le vois. Avec *usted,* vous: *como le guste,* comme il vous plaira. **2** Lui (en dativo): *le doy la carta,* je lui donne la lettre.

leal [leál] *adj.* Loyal, ale: *unos súbditos leales,* des sujets loyaux.

lealtad [lealtáð] *f.* Loyauté.

lección [leɣθjón] *f.* Leçon: *dar la* ~, réciter la leçon.

lechal [letʃál] *adj.* **1** Qui tète encore (animal). **2** BOT. Laiteux, euse.

leche [létʃe] *f.* Lait *m.:* ~ *cuajada,* lait caillé; ~ *de almendras,* lait d'amandes.

lechería [letʃeria] *f.* Laiterie, crèmerie.

lechero, -ra [letʃéro, -ra] *adj.* **1** Laitier, ière: *vaca lechera,* vache laitière. ▪ **2** *s.* Laitier, ière.

lecho [létʃo] *m.* **1** Lit. **2** GEOL. Couche *f.,* lit, strate *f.*

lechón [letʃón] *m.* **1** Cochon de lait. **2** Cochon, porc.

lechuga [letʃúɣa] *f.* **1** Laitue. Loc. fig. fam. *Ser más fresco que una ~,* avoir du culot. **2** Godron *m.* (pliegue).
lechuza [letʃúθa] *f.* Chouette.
lectivo, -va [leɣtíβo, -βa] *adj.* Scolaire, de classe.
lector, -ra [leɣtór, -ra] *s.* Lecteur, trice.
lectura [leɣtúra] *f.* Lecture.
leer [leér] [61] *tr.* Lire: *lei en su cara lo que pensaba,* j'ai lu sur son visage ce qu'il pensait.
legado [leɣáðo] *m.* **1** Legs (herencia). **2** Légat (enviado).
legajo [leɣáxo] *m.* Liasse *f.* de papiers, dossier.
legal [leɣál] *adj.* Légal, ale.
legaña [leɣáɲa] *f.* Chassie.
legar [leɣár] [7] *tr.* **1** Léguer. **2** Envoyer, déléguer comme légat (a alguien).
legendario, -ia [lexendárjo, -ɪa] *adj.* Légendaire.
legible [lexíβle] *adj.* Lisible.
legión [lexjón] *f.* Légion.
legislación [lexislaθjón] *f.* Législation.
legislar [lexislár] *intr.* Légiférer.
legislativo, -va [lexizlatíβo, -βa] *adj.* Législatif, ive.
legítima [lexítima] *f.* DER. Réserve, réserve légale.
legitimar [lexitimár] *tr.* Légitimer.
legítimo, -ma [lexitimo, -ma] *adj.* **1** Légitime. **2** Véritable, authentique: *oro ~,* or véritable.
lego, -ga [léɣo, -ɣa] *adj.-s.* **1** Laïque. ■ **2** *adj.* Lai, laie. **3** Ignorant, ante.
legua [léɣwa] *f.* Lieue (medida).
legumbre [leɣúmbre] *f.* Légume *m.*
leído, -da [leíðo, -ða] *adj.* **1** Instruit, uite, érudit, ite. ■ **2** *f.* Lecture.
lejanía [lexania] *f.* Lointain: *m.: en la ~,* dans le lointain.
lejano, -na [lexáno, -na] *adj.* Lointain, aine, éloigné, ée.
lejía [lexia] *f.* **1** Lessive (agua alcalina), eau de Javel (solución preparada industrialmente). **2** fig. fam. Savon *m.*
lejos [léxos] *adv.* **1** Loin. **2** *loc. adv. A lo ~,* au loin; *de ~,* de loin. **3** *loc. prep. ~ de,* loin de.
lema [léma] *m.* **1** Devise *f.* (en los emblemas). **2** Thème, sujet. **3** MAT. Lemme.
lencería [lenθeria] *f.* Lingerie.
lencero, -ra [lenθéro, -ra] *s.* Linger, ère.
lengua [léŋgwa] *f.* **1** ANAT. Langue. Loc. *Mala ~, ~ viperina,* langue de vipère; *tirar de la ~ a uno,* pousser quelqu'un à dire ce qu'il ne veut ou ne devrait pas

dire, tirer les vers du nez à quelqu'un. **2** Langue (idioma). **3** Battant *m.* de cloche (badajo). **4** ~ *de buey,* buglosse; ~ *de ciervo,* scolopendre.
lenguado [leŋgwáðo] *m.* Sole *f.* (pez).
lenguaje [leŋgwáxe] *m.* Langage.
lengüeta [leŋgwéta] *f.* Languette.
lente [lénte] *m.-f.* **1** ÓPT. Lentille *f.,* verre *m.* (de gafas). ■ **2** *pl.* Lorgnon *m. sing.* (quevedos), lunettes *f.* (gafas).
lenteja [lentéxa] *f.* Lentille.
lentejuela [lentexwéla] *f.* Paillette.
lentilla [lentiʎa] *f.* Lentille (de contacto).
lentitud [lentitúð] *f.* Lenteur.
lento, -ta [lénto, -ta] *adj.* **1** Lent, lente. **2** *loc. adv. A fuego ~,* à petit feu.
leña [léɲa] *f.* **1** Bois *m.* à brûler. Loc. fig. *Echar ~ al fuego,* jeter de l'huile sur le feu. **2** fig. Rossée, raclée (paliza).
león [león] *m.* **1** Lion. **2** fig. Lion (hombre valiente).
leonés, -esa [leonés, -ésa] *adj.* De Léon.
leonino, -na [leonino, -na] *adj.* Léonin, ine.
leopardo [leopárðo] *m.* Léopard.
leotardos [leotárðos] *m.* Collants (medias).
leporino, -na [leporino, -na] *adj.* **1** Du lièvre. **2** *Labio ~,* bec-de-lièvre.
lepra [lépra] *f.* **1** Lèpre. **2** VET. Ladrerie.
lerdo, -da [lérðo, -ða] *adj.* Lourd, lourde, maladroit, oite.
les [les] *pron. pers.* **1** Leur (dativo): ~ *doy un libro,* je leur donne un livre. **2** Avec *ustedes,* vous.
lesbiana [lesβjána] *adj.* Lesbienne.
lesión [lesjón] *f.* **1** MED., DER. Lésion. **2** Blessure (herida).
lesionar [lesjonàr] *tr.* **1** Léser. **2** Blesser (herir).
letanía [letania] *f.* **1** Litanie. **2** fig. Litanie.
letra [létra] *f.* **1** Lettre: ~ *mayúscula, minúscula,* lettre majuscule, minuscule. **2** COM. Lettre de change. **3** IMPR. Caractère *m.:* ~ *de molde,* caractère. **4** *A la ~, al pie de la ~,* au pied de la lettre. ■ **5** *pl.* Lettres (literatura, etc.): *las buenas letras,* les belles lettres.
letrado, -da [letráðo, -ða] *adj.-s.* **1** Lettré, ée. ■ **2** *m.* Avocat, jurisconsulte.
letrero [letréro] *m.* **1** Écriteau, panonceau. **2** Enseigne *f.* (de las tiendas, cines): ~ *de neón,* enseigne au néon.
leva [léβa] *f.* **1** Départ *m.* (de un barco). **2** Levée (de soldados). **3** MEC. Came.
levadura [leβaðúra] *f.* Levain *m.,* levure: ~ *de cerveza,* levure de bière.

levantar [leβantár] *tr.* **1** Lever, hausser (mover hacia arriba). **2** Élever, exalter. **3** Lever, relever (poner de pie, derecho). **4** Élever, hausser (la voz, el tono). **5** Plier (una tienda de campaña). **6** Défaire (la cama). **7** Ôter, enlever (quitar). **8** MIL. Lever (tropas). **9** Imputer faussement (una cosa). **10** Otros sentidos: ~ *polvo,* faire de la poussière. ■ **11** *pr.* Se lever (el viento). **12** Se lever (ponerse de pie, dejar la cama): *el enfermo se levanta,* le malade se lève. **13** Se soulever.

levante [leβánte] *m.* **1** Levant. ■ **2** *n. pr. m.* Région *f.* de Valence et de Murcie.

levar [leβár] *tr.* **1** MAR. Lever (el ancla). ■ **2** *pr.* Mettre à la voile.

léxico [lé(γ)siko] *m.* Lexique.

ley [leí] *f.* **1** Loi: ~ *de bases,* loi cadre; ~ *de Dios,* loi de Dieu. Loc. fig. *La ~ del embudo,* application arbitraire de la loi. **2** Titre *m.,* aloi *m.* (de un metal). Loc. *De ~,* véritable (oro, plata); *de buena ~,* de bon aloi. **3** *loc. adv.* **Con todas las de la ~,** dans les règles. ■ **4** *pl.* Droit *m. sing.*

leyenda [leʝénda] *f.* Légende.

lezna [léθna] *f.* Alène.

lía [lia] *f.* **1** Lie. **2** Tresse de sparte.

liar [ljár] [13] *tr.* **1** Lier (atar). **2** Enrouler (envolver). **3** Rouler (un cigarrillo). **4** fam. *Liarlas,* décamper (huir), casser sa pipe (morir).

libanés, -esa [liβanés, -ésa] *adj.-s.* Libanais, aise.

liberación [liβeraθjón] *f.* Libération, délivrance.

liberal [liβeràl] *adj.-s.* Libéral, ale.

liberalismo [liβeralizmo] *m.* Libéralisme.

liberar [liβerár] *tr.* Libérer, délivrer.

libertad [liβertáð] *f.* Liberté.

libertador, -ra [liβertaðór, -ra] *s.* Libérateur, trice.

libertinaje [liβertinàxe] *m.* Libertinage.

libidinoso, -sa [liβiðinóso, -sa] *adj.* Libidineux, euse.

libra [liβra] *f.* **1** Livre (peso, moneda). **2** ASTR. Balance.

librador, -ra [liβraðór, -ra] *adj.* **1** Libérateur, trice. **2** COM. Tireur (de una letra de cambio).

librar [liβrár] *tr.* **1** Délivrer (de un peligro, una preocupación, etc.): *líbranos del mal,* délivre-nous du mal. **2** Délivrer (un documento). **3** COM. Tirer (una letra de cambio).

libre [liβre] *adj.* Libre.

librecambio [liβrekámbjo] *m.* Libre-échange.

librería [liβreria] *f.* **1** Librairie. **2** ~ *de lance,* bouquinerie. **3** Bibliothèque (mueble).

librero, -ra [liβréro, -ra] *s.* Libraire.

libreta [liβréta] *f.* **1** Cahier *m.* (cuaderno). **2** Livret *m.,* carnet *m.* **3** Pain *m.* d'une livre (pan).

libreto [liβréto] *m.* Livret, libretto.

libro [liβro] *m.* **1** Livre. Loc. ~ *diario,* livre journal, journal; ~ *mayor,* grand-livre. **2** Feuillet (de los rumiantes).

licencia [liθénθja] *f.* **1** Licence, permission: *con su ~,* avec votre permission. **2** Congé *m.:* ~ *absoluta,* congé définitif, libération (de los soldados).

licenciado, -da [liθenθjàðo, -ða] *adj.* **1** Licencié, ée, liberé, ée. ■ **2** *s.* Licencié, ée (en una facultad). ■ **3** *m.* Soldat libéré.

licenciar [liθenθjár] [12] *tr.* **1** Donner une licence, une permission. **2** Licencier, congédier (despedir). **3** Libérer (a un soldado). ■ **4** *pr.* Passer sa licence.

liceo [liθéo] *m.* **1** Nom de certaines sociétés littéraires, etc. **2** Lycée (no se utiliza en España).

licitar [liθitár] *tr.* Offrir un prix dans une vente aux enchères, dans une adjudication, enchérir.

lícito, -ta [liθito, -ta] *adj.* Licite.

licor [likór] *m.* Liqueur *f.*

licuar [likwár] [11] *tr.* **1** Liquéfier. **2** METAL. Faire subir la liquation.

líder [liðer] *s.* Leader, chef.

lidia [liðja] *f.* Combat *m.*

lidiar [liðjár] [12] *intr.* **1** Batailler, lutter. ■ **2** *tr.* TAUROM. Combattre (le taureau).

liebre [ljéβre] *f.* **1** Lièvre *m.* Loc. fig. *Coger una ~,* ramasser une pelle. **2** fig. Poltron *m.*

lienzo [ljénθo] *m.* **1** Toile *f.* **2** PINT. Toile *f.* **3** Pan de mur (de pared).

liga [liʝa] *f.* Jarretière, jarretelle (para medias, etc.).

ligar [liʝár] [7] *tr.* **1** Lier, attacher (atar), unir, joindre (unir). **2** Allier (metales). ■ **3** *intr.* Réunir en main des cartes convenables (en el juego). **4** fam. Draguer, flirter, sympathiser. ■ **5** *pr.* S'allier, se liguer (para algún fin).

ligero, -ra [lixéro, -ra] *adj.* **1** Léger, ère. Loc. fig. ~ *de cascos,* écervelé, étourdi. **2** *loc. adv.* **A la ligera,** à la légère.

lija [lixa] *f.* **1** Roussette, chien de mer *m.* **2** Peau de roussette.

lijadora [lixaðóra] *f.* Ponceuse.

lila [lila] *f.* **1** Lilas *m.* (arbusto). **2** Lilas *m.* (color). **3** fig. Sot, sotte.

lima [lima] *f.* **1** Lime (herramienta). **2** Lime, limette (fruta). **3** Limettier *m.* (limero). **4** fig. Correction.

limar [limár] *tr.* Limer.

limbo [limbo] *m.* **1** Limbe. **2** Limbes *pl.* (de las almas).

limeño, -ña [limépo, -pa] *adj.-s.* De Lima.

limitación [limitaθjón] *f.* Limitation.

limitado, -da [limitáðo, -ða] *adj.* **1** Limité, ée. **2** Borné, ée (poco inteligente).

limitar [limitár] *tr.* **1** Limiter. ■ **2** *pr.* Se limiter, se borner.

límite [limite] *m.* Limite *f.*

limítrofe [limitrofe] *adj.* Limitrophe.

limón [limón] *m.* **1** Citron. **2** Citronnier (árbol). **3** Limon (de un carruaje).

limonada [limonáða] *f.* Citronnade.

limonero [limonéro] *m.* Citronnier.

limosna [limósna] *f.* Aumône: *pedir* ~, demander l'aumône.

limpia [limpja] *f.* **1** Nettoiement *m.*, nettoyage *m.* **2** Curage *m.* (de un pozo, letrina). ■ **3** *m.* fam. Cireur.

limpiador, -ra [limpjaðòr, -ra] *adj.-s.* Nettoyeur, euse.

limpiar [limpjár] [12] *tr.* **1** Nettoyer. **2** Curer (un pozo, etc.). **3** Émonder (un árbol). **4** fig. fam. Voler, faucher (robar).

limpio, -ia [limpjo, -ja] *adj.* **1** Propre, net, nette. **2** Pur, pure: *corazón* ~, cœur pur. **3** *Juego* ~, franc jeu. ■ **4** *adv.* Proprement, honnêtement. Loc. *Jugar* ~, jouer franc jeu. **5** *loc. adv. En* ~, net (deducidos los gastos o desperdicios), en substance, en définitive.

linaje [lináxe] *m.* **1** Lignage, lignée *f.* **2** *El* ~ *humano,* le genre humain.

lince [linθe] *m.* **1** Lynx. **2** fig. Malin. ■ **3** *adj.* *Ojos linces,* yeux de lynx.

linchar [lintʃár] *tr.* Lyncher.

lindante [lindánte] *adj.* Contigu, guë, attenant, ante, avoisinant, ante.

lindar [lindár] *intr.* Être contigu, guë, être attenant, ante, avoisiner: ~ *con,* être contigu à.

linde [linde] *f.* **1** Borne, limite. **2** Orée, lisière (de un bosque).

lindo, -da [lindo, -da] *adj.* **1** Joli, ie, gentil, ille. **2** Parfait, aite, exquis, ise. ■ **3** *m.* Petit-maître. **4** *loc. adv. De lo* ~, joliment beaucoup.

línea [linea] *f.* **1** Ligne. Loc. fig. *Leer entre líneas,* lire entre lignes. **2** *loc. adv. En*

toda la ~, sur toute la ligne, complètement.

linfa [limfa] *f.* **1** FISIOL. Lymphe. **2** poét. Eau.

lingote [liŋgòte] *m.* Lingot.

lino [lino] *m.* Lin.

linotipista [linotipista] *s.* Linotypiste.

lintel [lintèl] *m.* Linteau.

linterna [lintèrna] *f.* **1** Lanterne: ~ *sorda,* lanterne sourde. **2** Lampe de poche (con pila). **3** ARQ. Lanterne. **4** MAR. Phare *m.*

lío [lio] *m.* **1** Paquet, baluchon. **2** fig. Imbroglio, embrouillement (embrollo), histoire *f.: armar un* ~, faire toute une histoire.

lionés, -esa [ljonés, -ésa] *adj.-s.* Lyonnais, aise.

liquidación [likiðaθjón] *f.* **1** Liquéfaction. **2** COM. Liquidation. **3** COM. Soldes *m. pl.* (rebajas).

liquidar [likiðár] *tr.* **1** Liquéfier. **2** COM. Liquider. **3** fig. Liquider.

líquido, -da [likiðo, -ða] *adj.-m.* Liquide.

lira [lira] *f.* **1** MÚS., ASTR. Lyre. **2** Lire (moneda italiana).

lírico, -ca [liriko, -ka] *adj.* **1** Lyrique. ■ **2** *s.* Lyrique (poeta). ■ **3** *f.* Poésie lyrique.

lirio [lirjo] *m.* **1** Iris. **2** ~ *blanco,* lis; ~ *de los valles,* muguet. **3** ~ *de agua,* variété d'arum.

lis [lis] *f.* BLAS. Lis *m.*

lisiado, -da [lisjáðo, -ða] *adj.-s.* Estropié, ée.

liso, -sa [liso, -sa] *adj.* **1** Lisse, uni, ie (sin asperezas), plat, plate (llano). **2** Uni, ie: *tela lisa,* étoffe unie.

lista [lista] *f.* **1** Raie, rayure (línea). **2** Liste (enumeración).

listo, -ta [listo, -ta] *adj.* **1** Intelligent, ente, dégourdi, ie (sagaz). **2** Prêt, prête (dispuesto): *todo está* ~, tout est prêt.

litera [litéra] *f.* **1** Litière (vehículo). **2** Couchette (en un barco, un tren).

literal [literál] *adj.* Littéral, ale.

literario, -ia [literárjo, -ja] *adj.* Littéraire.

literatura [literatúra] *f.* Littérature.

litigar [litiyár] [7] *tr.* **1** Plaider. ■ **2** *intr.* fig. Disputer.

litigio [litixjo] *m.* Litige.

litografía [litoyrafía] *f.* Lithographie.

litoral [litorál] *adj.* **1** Littoral, ale. ■ **2** *m.* Littoral.

litro [litro] *m.* Litre.

liturgia [litúrxja] *f.* Liturgie.

liviano, -na [lißjáno, -na] *adj.* **1** Léger, ère (de poco peso, de poca importancia). **2**

fig. Inconstant, ante, léger, ère, volage.

lizo [líθo] *m.* Lice *f.* Lisse *f.* (de un telar).

ll [éλe] *f.* Double l *m.*

llaga [λáɣa] *f.* **1** Plaie. **2** CONSTR. Joint *m.* (entre dos ladrillos).

llama [λáma] *f.* **1** Flamme (del fuego, de la pasión). **2** Lama *m.* (mamífero).

llamada [λamáða] *f.* **1** Appel *m.:* ~ *telefónica,* appel téléphonique. **2** MIL. Rappel *m.: tocar* ~, battre le rappel. **3** Renvoi *m.* (en un libro). **4** Rappel *m.* (al orden).

llamar [λamàr] *tr.* **1** Appeler (con la voz, la mano, convocar): ~ *a filas,* appeler sous les drapeaux. **2** Appeler, nommer (nombrar). **3** Attirer: ~ *la atención,* attirer l'attention. ■ **4** *intr.* Frapper (a una puerta), sonner (con timbre). ■ **5** *pr.* Se nommer, s'appeler: ¿cómo te llamas?, comment t'appelles-tu?

llamativo, -va [λamatíβo, -βa] *adj.* Criard, arde, voyant, ante (que llama la atención).

llaneza [λanéθa] *f.* **1** Simplicité (sencillez). **2** Franchise. **3** Familiarité.

llano, -na [λáno] *adj.* **1** Plat, plate: *plato* ~, assiette plate. **2** fig. Simple, naturel, elle. **3** Facile. **4** GRAM. Qui a l'accent tonique sur la pénultième syllabe, paroxyton. **5** *loc. adv. A la llana,* sans façon, sans cérémonie.

llanto [λánto] *m.* Pleurs *pl.,* larmes *f. pl.: al borde del* ~, au bord des larmes.

llanura [λanúra] *f.* GEOG. Plaine.

llave [λáβe] *f.* **1** Clé, clef: *cerrar con* ~, fermer à clef. Loc. ~ *maestra,* passepartout *m.* **2** Robinet *m.* (grifo). **3** IMPR. Accolade (corchete).

llavero, -ra [λaβéro, -ra] *s.* **1** Personne qui garde les clés. ■ **2** *m.* Porte-clé.

llegada [λeɣáða] *f.* **1** Arrivée. **2** Approche, venue.

llegar [λeɣàr] [7] *intr.* **1** Arriver. **2** Atteindre, monter à (una cantidad). **3** Aller (hasta decir, hacer, etc.). **4** Atteindre: ~ *al techo con la mano,* atteindre le plafond avec la main. Loc. ~ *a las manos,* en venir aux mains. **5** Parvenir à (con esfuerzo o dificultad). ■ **6** *tr.* Approcher (una cosa a otra): ~ *una silla a la mesa,* approcher une chaise de la table. ■ **7** *pr.* Se rapprocher, s'approcher de. **8** Aller, se rendre (ir).

llenar [λenàr] *tr.* **1** Remplir. **2** fig. Remplir: ~ *un cargo,* remplir dignement une place. **3** Combler. **4** Plaire, satisfaire. ■ **5** *pr.* Se remplir.

lleno, -na [λéno, -na] *adj.* Plein, pleine.

llevar [λeβàr] *tr.* **1** Porter. **2** Emmener: *la*

llevó al cine, il l'emmena au cinéma. **3** Supporter, tolérer: ~ *con paciencia,* supporter avec patience. **4** Amener, conduire (inducir). **5** Avoir passé, être depuis (cierto tiempo): *lleva dos horas leyendo,* il lit depuis deux heures. **6** Tenir (cuidar): ~ *los libros,* tenir les livres. **7** MAT. Retenir (una cifra): *escribo seis y llevo dos,* je pose six et je retiens deux. ■ **8** *pr.* Remporter (un premio), obtenir (conseguir). **9** Emporter (quitar, apartar). **10** *Llevarse bien, llevarse mal,* bien, mal s'entendre.

llorar [λorár] *intr.-tr.* Pleurer.

lloroso, -sa [λoróso, -sa] *adj.* Éploré, ée, en larmes, larmoyant, ante.

llovedizo, -za [λoβeðíθo, -θa] *adj.* De pluie: *agua llovediza,* eau de pluie.

llover [λoβér] [32] *impers.* Pleuvoir: *llueve a cántaros,* il pleut à verse; *ha llovido mucho,* il a beaucoup plu.

lluvia [λúβja] *f.* Pluie.

lluvioso, -sa [λuβjóso, -sa] *adj.* Pluvieux, euse.

lo [lo] *art. neutro.* **1** Le, l', ce qui est: ~ *bueno,* le bon, ce qui est bon; ~ *mío,* ce qui est à moi; ce (delante d'un pronombre relativo): ~ *que yo quiero,* ce que je veux; ~ *que ocurrió,* ce qui est arrivé. ■ **2** *pron. pers. m. y neutro.* Le: ~ *veo,* je le vois; ~ *haré,* je le ferai; *hay que hacerlo,* il faut le faire.

loa [lóa] *f.* Louange.

loable [loáβle] *adj.* Louable.

loar [loàr] *tr.* Louer, vanter.

lobato [loβáto] *m.* Louveteau.

lobo [lóβo] *m.* **1** Loup. **2** ~ *cerval,* loup-cervier; ~ *marino,* loup de mer, phoque.

lóbrego, -ga [lóβreɣo, -ɣa] *adj.* **1** Sombre, ténébreux, euse. **2** fig. Triste, mélancolique.

lóbulo [lóβulo] *m.* Lobe.

local [lokál] *adj.* Local, ale.

localidad [lokaliðáð] *f.* **1** Localité. **2** Place (en un espectáculo).

localizar [lokaliθár] [4] *tr.* Localiser.

loción [loθjón] *f.* Lotion.

loco, -ca [lóko, -ka] *adj.* **1** Fou, fol (delante de un masculino que empieza por una vocal), folle: ~ *de atar,* ~ *de remate,* fou à lier. ■ **2** *s.* Fou, folle: *casa de locos,* asile de fous.

locomoción [lokomoθjón] *f.* Locomotion.

locomotora [lokomotora] *f.* Locomotive.

locomotriz [lokomotríθ] *adj.-f.* Locomotrice.

locución [lokuθjón] *f.* Locution.

locura [lokúra] *f.* Folie.

locutor, -ra [lokutór, -ra] *s.* Speaker, speakerine.

lodo [lóðo] *m.* Boue *f.*

logia [lóxja] *f.* 1 ARQ. Loge. 2 Loge (de francmasones).

lógico, -ca [lóxıko, -ka] *adj.* 1 Logique. ∎ 2 *s.* Logicien, ienne.

logística [loxistika] *f.* Logistique.

lograr [loɣrár] *tr.* 1 Obtenir. 2 Atteindre (su propósito). 3 Réussir à, parvenir à (con infinitivo): *he logrado encontrarle,* j'ai réussi, je suis parvenu à le rencontrer. 4 ~ *sus fines,* arriver à ses fins.

logro [lóɣro] *m.* Obtention *f.* (acción de lograr).

LOGSE [lókse] *f.* (*abrev.* Ley Orgánica de Ordenación General del Sistema Educativo) Réforme de l'enseignement secondaire en Espagne.

loma [lóma] *f.* Coteau *m.,* hauteur.

lombarda [lombárða] *f.* 1 Bombarde. 2 Chou *m.* rouge (col).

lombriz [lombriθ] *f.* 1 Ver *m.* de terre, lombric *m.* 2 Ver *m.* (intestinal).

lomo [lómo] *m.* 1 Lombes *f. pl.,* reins *pl.* (del hombre). 2 Dos (de un animal, un libro, un cuchillo). 3 Échine *f.* (de cerdo). 4 Aloyau (de vaca).

lona [lóna] *f.* Toile à voile, toile.

longevidad [loŋxeβiðáð] *f.* Longévité.

longitud [loŋxitúð] *f.* 1 Longueur. 2 ASTR., GEOG. Longitude.

lonja [lóŋxa] *f.* 1 Tranche (de carne). 2 Bourse de commerce. 3 Porche *m.,* parvis *m.* (atrio).

loquero, -ra [lokéro, -ra] *s.* Gardien, ienne d'un asile de fous.

lord [lorð] *m.* Lord.

loro [lóro] *m.* Perroquet.

los [los] *art. m. pl.-pron. pers.* 1 Les. 2 ~ *de,* ceux de; ~ *que,* ceux qui, ceux que. 3 ~ *hay,* il y en a.

losa [lósa] *f.* 1 Dalle. 2 fig. Sépulcre *m.* 3 ~ *sepulcral,* pierre tombale.

losar [losár] *tr.* Daller.

lote [lóte] *m.* Lot.

lotería [loteria] *f.* 1 Loterie. 2 Loto *m.* (juego casero).

loza [lóθa] *f.* Faïence (barro fino).

lozanía [loθania] *f.* 1 Vigueur, fraîcheur. 2 Exubérance (de la vegetación).

lubina [luβina] *f.* Bar *m.,* loup *m.* de mer (pez).

lubricación [luβrikaθjón] *f.* Lubrification.

lubricante [luβrikánte] *adj.* 1 Lubrifiant, ante. ∎ 2 *m.* Lubrifiant.

lubricar [luβrikár] [1] *tr.* Lubrifier.

lucerna [luθérna] *f.* 1 Lucarne (lumbrera). 2 Ver *m.* luisant (luciérnaga).

lucero [luθéro] *m.* 1 Étoile *f.* brillante. 2 Vénus *f.* (planeta).

lucha [lútʃa] *f.* Lutte.

luchar [lutʃár] *intr.* Lutter.

lúcido, -da [lúθiðo, -ða] *adj.* 1 Lucide (persona). 2 poét. Brillant, ante.

lucido, -da [luθiðo, -ða] *adj.* Brillant, ante, splendide.

luciérnaga [luθjérnaɣa] *f.* Ver *m.* luisant.

lucir [luθir] [45] *intr.* 1 Briller, resplendir. 2 fig. Se distinguer, briller. 3 Profiter (cundir), faire de l'effet. ∎ 4 *tr.* Montrer (cualidades), arborer (exhibir). ∎ 5 *pr.* Exceller, agir d'une manière brillante, briller: ~ *en un examen,* briller dans un examen.

lucro [lúkro] *m.* Lucre, profit.

luctuoso, -sa [luytwóso, -sa] *adj.* Triste.

luego [lwéɣo] *adv.* 1 Aussitôt, tout de suite. 2 Bientôt, tout à l'heure. Loc. *Hasta* ~, à bientôt, au revoir. 3 Après, ensuite (después). 4 *loc. adv. Desde* ~, bien entendu, évidemment. ∎ 5 *conj.* Donc: *pienso,* ~ *existo,* je pense, donc je suis.

lugar [luɣár] *m.* 1 Lieu, endroit (paraje), place *f.* (sitio): *personarse en el* ~ *del accidente,* se rendre sur les lieux, à l'endroit de l'accident. 2 *loc. adv. En primer* ~, en premier lieu, d'abord. 3 *loc. prep. En* ~ *de,* au lieu de. ∎ 4 *pl. Lugares comunes,* lieux communs.

lugareño, -ña [luɣaréɲo, -ɲa] *adj.-s.* Villageois, oise, campagnard, arde.

lugarteniente [luɣartenjénte] *m.* Lieutenant.

lúgubre [lúɣuβre] *adj.* Lugubre.

lujo [lúxo] *m.* Luxe.

lujuria [luxúrja] *f.* Luxure.

lumbago [lumbáɣo] *m.* MED. Lumbago.

lumbar [lumbár] *adj.* Lombaire.

lumbre [lúmbre] *f.* 1 Lumière (luz). 2 Feu *m.* (fuego): *al amor de la* ~, au coin du feu. 3 fig. Éclat *m.,* clarté. 4 Jour *m.* (de una puerta, ventana). 5 Pince (de la herradura).

lumbrera [lumbréra] *f.* 1 Lumière (cuerpo luminoso, persona muy sabia).

luminar [luminár] *m.* Luminaire (astro).

luminoso, -sa [luminóso, -sa] *adj.* Lumineux, euse.

luna [lúna] *f.* 1 Lune: ~ *llena,* pleine

lune; ~ *nueva,* nouvelle lune; *claro de* ~, clair de lune; ~ *de miel,* lune de miel. **2** Glace (de un espejo, un escaparate, etc.): *armario de* ~, armoire à glace. **3** *loc. adv.* fig. *A la* ~ *de Valencia,* déçu, ue.

lunes [lúnes] *m.* Lundi.

lupa [lúpa] *f.* Loupe.

lúpulo [lúpulo] *m.* Houblon.

lusitano, -na [lusitáno, -na], **luso, -sa** [lúso, -sa] *adj.-s.* Lusitanien, ienne, portugais, aise.

lustrado [lustráðo] *m.* Lustrage.

lustrar [lustrár] *tr.* **1** Purifier par des sacrifices. **2** Cirer (zapatos). **3** Lustrer, catir (las telas).

lustro [lústro] *m.* Lustre (cinco años).

lustroso, -sa [lustróso, -sa] *adj.* Lustré, ée, brillant, ante.

luterano, -na [luteráno, -na] *adj.* Luthérien, ienne.

luto [lúto] *m.* **1** Deuil. Loc. *Estar de* ~, être en deuil; *medio* ~, demi-deuil. ■ **2** *pl.* Tentures *f.* de deuil.

luxación [lu(y)saθjón] *f.* Luxation.

luxemburgués, -esa [lu(y)semburyés, -ésa] *adj.-s.* Luxembourgeois, oise.

luz [luθ] *f.* **1** Lumière. Loc. *Efecto de* ~, effet de lumière; *dar la* ~, allumer. **2** Jour *m.* (claridad). Loc. *dar a* ~, enfanter, mettre au monde, accoucher de (parir): *dio a* ~ *una niña,* elle a accouché d'une fille, elle a mis au monde une fille. **3** Lampe (lámpara). **4** *loc. adv.* *A primera* ~, à l'aube; *a todas luces,* de toute évidence; *entre dos luces,* entre chien et loup; fig. à moitié ivre (borracho).

M

m [éme] *f.* M *m.*

maca [máka] *f.* **1** Meurtrissure (en una fruta). **2** Tache, défaut *m.*

macabro, -bra [makáßro, -ßra] *adj.* Macabre.

macaco, -ca [makáko, -ka] *s.* Macaque.

macana [makána] *f.* **1** Matraque, massue (porra). **2** Blague, plaisanterie (broma).

macarrón [makařón] *m.* Macaron.

macarrones [makařónes] *m. pl.* Macaronis.

macarse [makárse] [1] *pr.* Se gâter (las frutas).

maceración [maθeraθjón] *f.* Macération.

macerar [maθerár] *tr.* **1** Macérer, faire macérer. ■ **2** *pr.* Se macérer, se mortifier.

macero [maθéro] *m.* Massier (ujier).

maceta [maθéta] *f.* **1** Marteau *m.* court (herramienta). **2** Pot *m.* à fleurs (tiesto), pot *m.* de fleurs (con una planta).

machaca [matʃáka] *f.* **1** Pilon *m.* (para machacar). ■ **2** *s.* fig. Raseur, euse (persona pesada).

machacar [matʃakár] [1] *tr.* **1** Piler, broyer. ■ **2** *intr.* fig. Rabâcher, insister, ressasser.

machacón, -ona [matʃakón, -óna] *adj.* **1** Insistant, ante, ennuyeux, euse. ■ **2** *s.* Rabâcheur, euse.

machete [matʃéte] *m.* **1** Machette *f.*, sabre d'abattis. **2** Coutelas.

machihembrar [matʃjembrár] *tr.* CARP. Assembler à tenon et mortaise ou à rainure et languette.

macho [mátʃo] *adj.-m.* **1** Mâle. Loc. ~ *cabrío*, bouc. ■ **2** *m.* Mulet. **3** Crochet (de corchete). **4** Marteau (de herrero). **5** Enclume *f.* carrée (yunque). **6** ARQ. Pilier, jambage. **7** MEC. ~ *de aterrajar*, taraud.

machucar [matʃukár] [1] *tr.* Meurtrir (frutas), froisser (arrugar), bosseler (abollar).

macillo [maθiʎo] *m.* **1** Petit maillet. **2** Marteau (de piano).

macizo, -za [maθíθo, -θa] *adj.* **1** Massif, ive. **2** Solide. ■ **3** *m.* Massif (de montañas, de plantas). **4** ARQ. Trumeau.

macular [makulár] *tr.* Maculer.

madeja [maðéxa] *f.* **1** Écheveau *m.* **2** ~ *de pelo*, touffe de cheveux.

madera [maðéra] *f.* **1** Bois *m.* (materia): ~ *de carpintería*, bois de charpente. **2** fig. fam. Nature, qualités *pl.*, dispositions *pl.*, étoffe: *tener* ~ *de*, avoir l'étoffe de.

maderero [maðeréro] *m.* **1** Marchand de bois. **2** Flotteur (conductor de armadía).

madero [maðéro] *m.* Madrier.

madrastra [maðrástra] *f.* Marâtre.

madre [máðre] *f.* **1** Mère. Loc. ~ *de leche*, nourrice; ~ *política*, belle-mère. **2** Mère (religiosa). **3** fig. Mère (origen, causa, etc.): *la* ~ *patria*, la mère patrie. **4** Lit *m.* (de un río): *salir de* ~, déborder, sortir de son lit.

madreperla [maðrepérla] *f.* Huître perlière.

madreselva [maðresélßa] *f.* Chèvrefeuille *m.*

madriguera [maðriɣéra] *f.* **1** Terrier *m.* (de un animal). **2** fig. Repaire *m.* (de malhechores).

madrileño, -ña [maðriléɲo, -ɲa] *adj.-s.* Madrilène.

madrina [maðrína] *f.* **1** Marraine. **2** Jument qui guide un train de bêtes (yegua).

madrugada [maðruɣáða] *f.* **1** Aube, point *m.* du jour. **2** Action de se lever de bon matin.

madrugar [maðruɣár] [7] *intr.* **1** Se lever de bon matin. **2** fig. Se dépêcher, gagner du temps, prendre les devants.

madurar [maðurár] *tr.-intr.* Mûrir.

madurez [maðuréθ] *f.* Maturité.

maduro, -ra [maðúro, -ra] *adj.* Mûr, mûre.

maestra [maèstra] *f.* **1** Maîtresse, institutrice (que enseña). **2** Femme d'un instituteur.

maestría [maestría] *f.* Maîtrise.

maestro, -tra [maéstro, -tra] *adj.* **1** Maître, maîtresse, principal, ale. Loc. *Obra maestra,* chef-d'œuvre *m.* **2** *m.* Maître, instituteur (que enseña). **3** Maître (en un oficio, arte, etc.). **4** Maître, maestro (compositor). **5** Maître: ~ *de ceremonias,* maître des cérémonies.

magia [máxja] *f.* Magie.

mágico, -ca [máxiko, -ka] *adj.* **1** Magique. ■ **2** *m.* Magicien. ■ **3** *f.* Magicienne.

magisterio [maxistèrjo] *m.* **1** Enseignement, magistère. **2** Profession *f.* d'instituteur. **3** Corps des instituteurs.

magistral [maxistrál] *adj.* Magistral, ale.

magistratura [maxistratúra] *f.* Magistrature.

magnesio [maɣnèsjo] *m.* Magnésium.

magnético, -ca [maɣnétiko, -ka] *adj.* Magnétique.

magnetizar [maɣnetiθár] [4] *tr.* Magnétiser.

magnetófono [maɣnetófono] *m.* Magnétophone.

magnitud [maɣnitúð] *f.* **1** Grandeur (de las cosas). **2** ASTR. Magnitude.

magno, -na [máɣno, -na] *adj.* Grand, grande: *Alejandro el ~,* Alexandre le Grand.

magnolia [maɣnólja] *f.* **1** Magnolia *m.,* magnolier *m.* (árbol). **2** Magnolia *m.* (flor).

mago, -ga [máɣo, -ɣa] *s.* **1** Magicien, ienne. ■ **2** *adj.-m.* Mage: *los Reyes Magos,* les Rois mages.

magro, -gra [máɣro, -ɣra] *adj.* **1** Maigre. ■ **2** *m.* Maigre (del cerdo).

magullar [maɣuʎár] *tr.* **1** Meurtrir. **2** Abîmer (frutas).

mahometano, -na [maometáno, -na] *adj.-s.* Mahométan, ane.

mahón [maòn] *m.* Nakin (tela).

mahonesa [maonésa] *f.* Mayonnaise (salsa).

maíz [maiθ] *m.* Maïs.

majadero, -ra [maxaðèro, -ra] *adj.-s.* **1** Sot, sotte, imbécile. ■ **2** *m.* Pilon (maza).

majestad [maxestáð] *f.* **1** Majesté. **2** *Su Divina ~,* Dieu, Notre-Seigneur.

majestuoso, -sa [maxestwóso, -sa] *adj.* Majestueux, euse.

majo, -ja [máxo, -xa] *adj.* **1** Pimpant, ante

(elegante), joli, ie (bonito), mignon, onne (mono). **2** fam. sympa.

mal [mal] *adj.* **1** Forme apocopée de *malo* qui ne s'emploie que devant le substantif masculin: ~ *día,* mauvais jour. ■ **2** *m.* Mal. Loc. *Llevar a ~ una cosa,* prendre mal une chose, s'offenser d'une chose. **3** Mal, maladie *f.* Loc. ~ *caduco,* mal caduc, épilepsie. ■ **4** *adv.* Mal. Loc. *Salir ~,* ne pas réussir. **5** *loc. adv. De ~ en peor.* **6** Mauvais: *oler ~,* sentir mauvais. **7** *interj. i~ haya!,* maudit soit!

mala [mála] *f.* Malle (correo).

malabarista [malaβarista] *s.* Jongleur, euse.

málaga [málaɣa] *m.* Malaga (vino).

malagueño, -ña [malaɣèɲo, -ɲa] *adj.-s.* **1** De Málaga. ■ **2** *f.* Air *m.* populaire andalou.

malaria [malárja] *f.* Malaria.

malaventurado, -da [malaβenturáðo, -ða] *adj.* Malheureux, euse.

malayo, -ya [malájo, -ja] *adj.-s.* Malais, aise.

malbaratar [malβaratár] *tr.* **1** Vendre à vil prix. **2** Dissiper, gaspiller.

malcriar [malkrjár] [13] *tr.* Mal élever (educar mal a los hijos), gâter (mimar).

maldad [maldáð] *f.* Méchanceté, malveillance.

maldecir [maldeθir] [79] *tr.* **1** Maudire: *Dios maldijo a Caín,* Dieu a maudit Caín. ■ **2** *intr.* Médire: *maldice de todos,* il médit de tout le monde.

maldición [maldiθjón] *f.* Malédiction.

maldito, -ta [maldíto, -ta] *adj.-s.* **1** Maudit, ite. ■ **2** *adj.* Maudit, ite, sacré, ée, satané, ée: *un ~ embustero,* un satané menteur. ■ **3** *f.* fam. *La maldita,* la langue.

maleable [maleáβle] *adj.* Malléable.

maleante [maleánte] *adj.* **1** Qui corrompt, qui gâte. **2** Méchant, ante, pervers, erse.

maléfico, -ca [maléfiko, -ka] *adj.* **1** Maléfique. **2** Malfaisant, ante (dañino).

malestar [malestár] *m.* Malaise.

maleta [maléta] *f.* **1** Valise. ■ **2** *m.* fam. Empoté (torpe).

maletero [maletèro] *m.* **1** Malletier. **2** Porteur (mozo de estación).

maleza [maléθa] *f.* Broussailles *pl.*

malgastar [malɣastár] *tr.* Gaspiller, dissiper.

malhablado, -da [malaβláðo, -ða] *adj.-s.* Mal embouché, ée, grossier, ière.

malhechor, -ra [maletʃór, -ra] *adj.-s.* Malfaiteur, trice.

malherir [malerír] [35] *tr.* Blesser grièvement.

malhumorado, -da [malumoráðo, -a] *adj.* Qui est de mauvaise humeur.

malicia [maliθja] *f.* **1** Malignité, malice, méchanceté (maldad). **2** Astuce, sagacité.

malicioso, -sa [maliθjòso, -sa] *adj.-s.* Malicieux, euse, soupçonneux, euse.

maligno, -na [maliɣno, -na] *adj.-s.* Malin, igne, méchant, ante.

malintencionado, -da [malintenθjonàðo, -ða] *adj.-s.* Malintentionné, ée.

malla [máʎa] *f.* **1** Maille (de una red, una cota, un tejido). **2** amer. Maillot *m.*

mallorquín, -ina [maʎorkin, -ina] *adj.-s.* Majorquin, ine.

malo, -la [málo, -la] *adj.* **1** Mauvais, aise (no bueno): *comida mala,* mauvaise nourriture. **2** Méchant, ante (propenso al mal). **3** Malade, indisposé, ée (enfermo). **4** Difficile: ∼ *de entender,* difficile à comprendre. ■ **5** *m. El* ∼, le diable, le malin. **6** loc. adv. *Por las malas,* de force, par la violence.

malograr [maloɣrár] *tr.* **1** Perdre, ne pas profiter de (el tiempo, la ocasión, etc.). ■ **2** *pr.* Échouer (fracasar). **3** Avorter, ne pas réussir, ne pas arriver à son plein développement.

maloliente [maloljénte] *adj.* Malodorant, ante.

malparar [malparár] *tr.* Mettre en mauvais état, mal en point, maltraiter.

malsano, -na [malsàno, -na] *adj.* Malsain, aine.

malta [málta] *m.* Malt.

maltés, -esa [maltés, -èsa] *adj.-s.* Maltais, aise.

maltratar [maltratár] *tr.* Maltraiter, rudoyer, malmener (a una persona).

maltrecho, -cha [maltrètʃo, -tʃa] *adj.* En mauvais état, maltraité, ée.

maluco, -ca [malúko, -ka], **malucho, -cha** [malútʃo, -tʃa] *adj.* fam. Un peu malade, mal fichu, ue, patraque.

malva [málβa] *f.* **1** Mauve. Loc. ∼ *loca,* ∼ *real,* ∼ *rósea,* rose trémière. ■ **2** *adj.-m.* Mauve (color).

malvado, -da [malβáðo, -ða] *adj.-s.* Méchant, ante, pervers, erse.

malvarrosa [malβarósa] *f.* Rose trémière.

malvender [malβendér] *tr.* Mévendre.

malversación [malβersaθjón] *f.* Malversation.

mama [màma] *f.* **1** Mamelle (teta). **2** Sein *m.* (pecho). **3** fam. Maman (madre).

mamá [mamá] *f.* Maman.

mamar [mamár] *tr.* Téter.

mamarracho [mamaráʃo] *m.* **1** fam. Croûte *f.,* navet (cuadro malo), navet (película mala, etc.). **2** Fantoche, polichinelle (persona).

mamífero, -ra [mamifero, -ra] *adj.-m.* Mammifère.

mamotreto [mamotréto] *m.* Calepin.

mampara [mampára] *f.* **1** Paravent *m.* (biombo). **2** Contre-porte.

mampostería [mamposteria] *f.* Maçonnerie.

mamut [mamút] *m.* Mammouth.

manada [manáða] *f.* Troupeau *m.* (de animales domésticos), bande (de lobos, etc., de personas).

manantial [manantjál] *m.* Source *f.*

manar [manár] *intr.* Jaillir, sourdre: *el agua manaba de las rocas,* l'eau jaillissait des rochers.

manaza [manáθa] *f.* **1** Grosse main. **2** *Ser un manazas,* être un brise-tout.

manceba [manθéβa] *f.* Concubine.

mancebo [manθéβo] *m.* Jeune homme.

mancha [mántʃa] *f.* **1** Tache. **2** fig. Souillure. **3** Tavelure (en una fruta).

manchego, -ga [mantʃéɣo, -ɣa] *adj.-s.* Manchègue.

mancillar [manθiʎár] *tr.* Tacher, souiller, déshonorer.

manco, -ca [màŋko, -ka] *adj.-s.* **1** Manchot, ote. **2** fig. Incomplet, ète.

mancomunar [maŋkomunár] *tr.* **1** Unir, associer, grouper. ■ **2** *pr.* S'unir, s'associer.

mancomunidad [maŋkomuniðáð] *f.* **1** Association, union. **2** Fédération. **3** Copropriété.

mandado [mandáðo] *m.* Commandement, précepte.

mandamiento [mandamjénto] *m.* **1** Ordre. **2** REL. Commandement (de Dios, de la Iglesia). **3** DER. Ordre, mandat.

mandar [mandár] *tr.* **1** Ordonner, enjoindre (ordenar): *te mando que te calles,* je t'ordonne de te taire. **2** Commander (ejercer autoridad). **3** Léguer (por estamento). **4** Envoyer (enviar). Loc. ∼ *por,* envoyer chercher.

mandarín [mandarin] *m.* Mandarin.

mandarina [mandarina] *f.* Mandarine.

mandatario [mandatàrjo] *m.* Mandataire.

mandato [mandáto] *m.* **1** Ordre. **2** Man-

dat, procuration *f.* **3** Mandat (de un diputado, soberanía ejercida por un país).
mandíbula [mandíβula] *f.* Mandibule.
mandil [mandíl] *m.* Tablier (delantal).
mando [mándo] *m.* Commandement: *el alto ~,* le haut commandement.
mandrágora [mandráɣora] *f.* Mandragore.
mandril [mandríl] *m.* **1** Mandril (mono). **2** MEC. Mandrin.
manecilla [maneθíʎa] *f.* **1** Petite main, menotte. **2** Aiguille (de reloj).
manejar [manexár] *tr.* **1** Manier. ■ **2** *pr.* Se conduire, se débrouiller (arreglárselas).
manejo [manéxo] *m.* **1** Maniement. **2** Manigance *f.,* agissement (intriga).
manera [manéra] *f.* **1** Manière, façon. **2** *loc. adv.* **Sobre ~, en gran ~,** beaucoup, extrêmement. ■ **3** *pl.* Manières (modales).
manes [mánes] *m. pl.* Mânes.
manga [máŋga] *f.* **1** Manche (de vestido). Loc. fig. *Hacer mangas y capirotes,* faire à son caprice. **2** Tuyau *m.* (de riego). **3** Fusée (de un eje de carruaje). **4** Filet *m.* (de caza). **5** Manche (de pesca). **6** Chausse (para filtrar). **7** Trombe (de agua).
manganeso [maŋganéso] *m.* QUÍM. Manganèse.
mango [máŋgo] *m.* **1** Manche (de un instrumento). **2** Queue *f.* (de una sartén, etc.). **3** Manguier (árbol).
manguera [maŋgéra] *f.* **1** Tuyau *m.* (de regar). **2** MAR. Manche.
manguito [maŋgíto] *m.* **1** Manchon (de piel). **2** Manchette *f.* (manga postiza). **3** MEC. Manchon.
manía [manía] *f.* Manie.
maniatar [manjatár] *tr.* Lier les mains.
maniático, -ca [manjátiko, -ka] *adj.-s.* Maniaque.
manicomio [manikómjo] *m.* Asile d'aliénés.
manicuro, -ra [manikúro, -ra] *s.* Manicure.
manido, -da [maníðo, -ða] *adj.* Faisandé, ée.
manifestación [manifestaθjón] *f.* Manifestation.
manifestar [manifestár] [27] *tr.* Manifester.
manifiesto, -ta [manifjésto, -ta] *adj.-m.* Manifeste.
maniobrar [manjoβrár] *intr.* Manœuvrer.
manipulación [manipulaθjón] *f.* Manipulation.

manipular [manipulár] *tr.* Manipuler: *~ frascos, con frascos,* manipuler des flacons.
maniqueo, -ea [manikéo, -ea] *adj.-s.* Manichéen, enne.
maniquí [manikí] *m.* Mannequin.
manjar [manxár] *m.* **1** Mets. **2** fig. Nourriture *f.* (espiritual).
mano [máno] *f.* **1** Main (del hombre, de un cuadrúmano). Loc. fig. *Alzar la ~ a uno,* lever la main sur quelqu'un; *dar de ~,* laisser de côté, suspendre (el trabajo); *dejar de la ~,* abandonner; *pedir la ~,* demander en mariage. **2** Autorité, ascendant *m.,* influence: *tener ~ con uno,* avoir de l'ascendant sur quelqu'un. **3** Patte de devant (de un cuadrúpedo). **4** Pilon *m.* (de mortero). **5** Couche (de pintura). **6** Partie (partida en el juego), manche (jugada parcial). **7** Main (juego de naipes): *ser ~,* avoir la main. **8** *loc. adv.* **A ~,** à la main (sin máquina), sous la main, à portée de la main (cerca); *de primera ~,* de première main; *de segunda ~,* de seconde main, d'occasion; *a ~ derecha,* à droite; *a ~ izquierda,* à gauche.
manojo [manóxo] *m.* Botte *f.* (hacecilla), poignée *f.* (puñado).
manolo [manólo, -la] *s.* Personne du bas peuple à Madrid.
manopla [manópla] *f.* **1** Gantelet *m.* (de armadura). **2** Moufle (guante).
manosear [manoseár] *tr.* Tripoter, manier.
manotear [manoteár] *tr.* **1** Frapper de la main, taper. ■ **2** *intr.* Gesticuler.
mansalva (a) [mansálβa] *loc. adv.* Sans danger, sans risque.
mansión [mansjón] *f.* Séjour *m.* Loc. *Hacer ~,* séjourner, demeurer.
manso, -sa [mánso, -sa] *adj.* **1** Calme, doux, douce (persona). **2** Doux, douce, docile, apprivoisé, ée (animal).
manta [mánta] *f.* **1** Couverture (de cama, de viaje, para las caballerías). **2** *loc. adv.* *A ~ de Dios,* à tire-larigot.
manteca [mantéka] *f.* **1** Graisse (de los animales, de algunos frutos). **2** *~ de cerdo,* saindoux *m.* **3** Beurre *m.* (mantequilla).
mantecada [mantekáða] *f.* Beurrée.
mantecado, -da [mantekáðo, -ða] *m.* Glace *f.* à la crème.
mantel [mantél] *m.* Nappe *f.* (de la mesa, del altar).
mantener [mantenér] [87] *tr.* **1** Maintenir (conservar, sostener). **2** fig. Maintenir,

soutenir (una opinión, etc.). **3** Nourrir (alimentar), entretenir (una familia). ■ **4** *pr.* Se maintenir: *se mantiene en equilibrio,* il se maintient en équilibre. **5** Se nourrir, s'alimenter.

mantenimiento [mantenimjénto] *m.* Maintenance *f.*

mantequilla [mantekíʎa] *f.* Beurre *m.*

mantilla [mantíʎa] *f.* **1** Mantille (de mujer). **2** Lange *m.* (de niño). **3** IMPR. Blanchet *m.*

manto [mánto] *m.* **1** Manteau (capa de ceremonia), mante *f.* (de mujer): ~ *real,* manteau royal. **2** Manteau (de chimenea, de un molusco).

mantón [mantón] *m.* Châle: ~ *de Manila,* grand châle de soie à dessins brodés.

manual [manwál] *adj.* **1** Manuel, elle. **2** Facile à manier. ■ **3** *m.* Manuel.

manuela [manwéla] *f.* Fiacre *m.* ouvert.

manufactura [manufaytúra] *f.* **1** Produit *m.* manufacturé. **2** Manufacture (fábrica).

manufacturar [manufayturár] *tr.* Manufacturer.

manuscrito, -ta [manuskríto, -ta] *adj.-m.* Manuscrit, ite.

manutención [manutenθjón] *f.* Entretien *m.,* conservation.

manzana [manθána] *f.* **1** Pomme (fruto, adorno). **2** Pâté *m.* de maisons (grupo de casas).

manzanilla [manθaníʎa] *f.* **1** Camomille (planta, infusión). **2** Manzanilla *m.* (vino).

manzano [manθáno] *m.* Pommier.

maña [máɲa] *f.* **1** Habileté, adresse. Loc. *Darse ~ para,* s'ingénier à. **2** Ruse, astuce. **3** Vice *m.,* mauvaise habitude.

mañana [maɲána] *f.* **1** Matin *m.: las nueve de la ~,* neuf heures du matin. **2** Matinée: *una hermosa ~,* une belle matinée. ■ **3** *adv.* Demain: *hasta ~,* à demain.

maño, -ña [máɲo, -ɲa] *s.* fam. Aragonais, aise.

mañoso, -sa [maɲóso, -sa] *adj.* Adroit, oite, habile.

mapamundi [mapamúndi] *m.* Mappemonde *f.*

maqueta [makéta] *f.* Maquette.

maquiavélico, -ca [makjaβéliko, -ka] *adj.* Machiavélique.

maquillar [makiʎár] *tr.* **1** Maquiller. ■ **2** *pr.* Se maquiller.

máquina [mákina] *f.* **1** Machine: ~ *de*

coser, machine à coudre. **2** Locomotive. **3** ~ *de afeitar,* rasoir *m.*

maquinal [makinál] *adj.* Machinal, ale.

maquinaria [makinárja] *f.* Machinerie (de un tren). **2** Machiniste.

maquinista [makinista] *m.* **1** Mécanicien (de un tren). **2** Machiniste.

mar [mar] *m.-f.* **1** Mer *f.* Loc. *Alta ~,* haute mer, pleine mer. **2** fig. *Un ~ de,* beaucoup de. Loc. fam. *La ~ de,* énormément de, des tas de: *la ~ de trabajo,* énormément de travail.

marabú [maraβú] *m.* Marabout.

maraña [maráɲa] *f.* **1** Broussaille. **2** fig. Embrouillement *m.,* enchevêtrement *m.,* affaire embrouillée.

marasmo [marázmo] *m.* Marasme.

maravilla [maraβíʎa] *f.* **1** Merveille. **2** *loc. adv. A las mil maravillas, de ~,* à merveille. **3** Étonnement *m.* (asombro).

maravilloso, -sa [maraβiʎóso, -sa] *adj.* Merveilleux, euse.

marca [márka] *f.* **1** Marque (señal, huella). Loc.: *de ~,* griffé, ée. ~ *registrada,* marque déposée. **2** Marquage *m.* (acción de marcar). **3** Marche (provincia). **4** Toise (para medir). **5** DEP. Record *m.: batir la ~,* battre le record.

marcador [markaðór] *m.* PHYS. Marqueur.

marcar [markár] [1] *tr.* Marquer (poner una marca).

marcha [mártʃa] *f.* **1** Marche (acción de marchar). **2** fig. Marche (de un asunto, negocio, etc.). **3** Vitesse, marche (de un vehículo): *cambio de marchas,* changement de vitesse. **4** Départ *m.* (acción de marcharse).

marchar [martʃár] *intr.* **1** MIL. Marcher. ■ **2** *intr.-pr.* S'en aller, partir: *me marcho,* je m'en vais.

marchitar [martʃitár] *intr.* **1** Faner, flétrir. ■ **2** *pr.* Se faner, se flétrir, s'étioler.

marcial [marθjál] *adj.* Martial, ale.

marciano, -na [marθjáno, -na] *adj.-s.* Martien, ienne.

marco [márko] *m.* **1** Cadre (de un cuadro), encadrement (de una puerta o ventana). **2** Mark (moneda alemana). **3** Étalon (patrón).

marea [maréa] *f.* Marée: ~ *creciente,* marée montante.

marear [mareár] *tr.* **1** Gouverner, conduire (un barco). ■ **2** *tr.-intr.* fig. Ennuyer, fatiguer, assommer, casser les pieds (molestar), faire tourner la tête (aturdir). ■ **3** *pr.* Avoir le mal de mer (en un barco).

marejada [marexáða] *f.* **1** Houle. **2** fig. Effervescence, agitation.

mareo [maréo] *m.* **1** Mal de mer (en un barco). **2** Mal au cœur (náusea).

marfil [marfil] *m.* Ivoire.

margarina [maryarina] *f.* Margarine.

margarita [maryarita] *f.* **1** Marguerite (planta). **2** Perle.

margen [márxen] *m.-f.* **1** Marge *f.* Loc. fig. *Al ~*, en marge; *dar ~*, donner l'occasion. **2** Apostille *f.* **3** Rive *f.*, bord *m.* (de un río), lisière *f.* (de un bosque).

marginado, -da [marxináðo, -ða] *s.* Marginal, e.

marginar [marxinàr] *tr.* **1** Marger. **2** Marginer (apostillar).

marica [marika] *m.* fig. fam. Tapette *f.,* pédale (homosexual).

marido [mariðo] *m.* Mari.

marimba [marimba] *f.* **1** Tambour *m.* d'Afrique. **2** Sorte de xylophone *m.*

marimorena [marimoréna] *f.* fam. Dispute, bagarre.

marina [marina] *f.* **1** Marine. **2** Région du bord de la mer.

marinera [marinéra] *f.* **1** Vareuse de marin. **2** Marinière (blusa).

marinero, -ra [marinéro, -ra] *adj.* **1** Marinier, ière. **2** Marin (barco). ▪ **3** *m.* Matelot, marin (hombre).

marino, -na [marino, -na] *adj.-m.* Marin, ine.

mariposa [maripósa] *f.* **1** Papillon *m.* (insecto). **2** Veilleuse (lamparilla, luz).

mariposear [mariposeàr] *intr.* Papillonner.

mariquita [marikita] *f.* **1** Coccinelle, bête à bon Dieu. ▪ **2** *m.* fam. Homme efféminé.

mariscal [mariskál] *m.* **1** MIL. Maréchal. **2** Vétérinaire.

marisco [marisko] *m.* **1** Coquillage. ▪ **2** *pl.* Fruits de mer.

marisma [marizma] *f.* Marais *m.* (au bord de la mer).

marista [marista] *adj.-s.* Mariste.

marital [maritál] *adj.* Marital, ale.

marítimo, -ma [maritimo, -ma] *adj.* Maritime.

marmita [marmita] *f.* Marmite.

mármol [mármol] *m.* Marbre.

marmota [marmóta] *f.* Marmotte.

marqués [markés] *m.* Marquis.

marquesa [markésa] *f.* Marquise.

marranada [mařanáða] *f.* **1** Cochonnerie. **2** Tour *m.* de cochon (acción vil).

marrano [mařáno] *m.* **1** Porc. **2** fig. Cochon, saligaud.

marrón [mařón] *adj.-m.* **1** Marron (color).

▪ **2** *m.* Palet (para jugar). **3** fam. Problème, fig. bébé.

marroquí [mařoki] *adj.-s.* **1** Marocain, aine. ▪ **2** *m.* Maroquin (cuero).

marroquinería [mařokineria] *f.* Maroquinerie.

marsellés, -esa [marseʎés, -ésa] *adj.-s.* Marseillais, aise.

marta [márta] *f.* Martre: *~ cebellina,* martre zibeline.

martes [mártes] *m.* Mardi: *~ de Carnaval,* mardi gras.

martillar [martiʎár] *tr.* Marteler.

martillo [martiʎo] *m.* **1** Marteau (herramienta): *~ pilón,* marteau-pilon. **2** ANAT. Marteau (del oído). **3** *Pez ~*, marteau.

mártir [mártir] *s.* Martyr, tyre.

martirio [martirjo] *m.* Martyre.

marzo [márθo] *m.* Mars.

mas [mas] *conj.* Mais.

más [mas] *adv.* **1** Plus: *~ de uno,* plus d'un. **2** Davantage: *vosotros tenéis ~,* vous en avez davantage. **3** Plus de (delante de un sustantivo): *~ trabajo,* plus de travail. **4** Le plus, la plus, les plus (con artículo): *el avión ~ rápido,* l'avion le plus rapide. **5** loc. adv. *A lo ~,* tout au plus: *a ~*, en plus, en outre; *a ~ y mejor,* beaucoup, tant et plus; *~ bien,* plutôt. **6** loc. adj. *De poco ~ o menos,* de peu de valeur, de peu d'importance. ▪ **7** *m.* Plus: *el ~ y el menos,* le plus et le moins.

masa [mása] *f.* **1** Masse (volumen, conjunto). **2** FIS. Masse. **3** loc. adv. *En ~*, en masse.

masaje [masáxe] *m.* Massage: *dar masajes,* faire des massages.

máscara [máskara] *f.* Masque *m.* (para taparse el rostro o protegerse): *~ antigás,* masque à gaz.

mascota [maskóta] *f.* Mascotte.

masculino, -na [maskulino, -na] *adj.* **1** Masculin, ine. **2** BOT. Mâle. ▪ **3** *m.* GRAM. Masculin.

masón, -ona [masón, -óna] *s.* Franc-maçon, onne.

masonería [masoneria] *f.* Franc-maçonnerie.

masoquismo [masokizmo] *m.* Masochisme.

masticar [mastikár] [1] *tr.* Mastiquer, mâcher.

mástil [mástil] *m.* **1** Mât. **2** Tuyau *m.* (de pluma). **3** MÚS. Manche (de la guitarra, etc.).

mastín [mastín] *m.* Mâtin.

mastoides [mastóiðes] *adj.-m.* Mastoide.

mata [máta] *f.* **1** Arbrisseau *m.* **2** Pied *m.* (de una planta), touffe (de hierba). **3** fig. ~ *de pelo,* chevelure épaisse. **4** METAL. Matte.

matadero [mataðéro] *m.* Abattoir. Loc. fig. *Llevar al* ~, conduire à l'abattoir.

matador, -ra [mataðór, -ra] *adj.-s.* **1** Tueur, euse. ■ **2** *m.* TAUROM. Matador.

matamoscas [matamóskas] *m. invar.* Tue-mouche.

matanza [matánθa] *f.* **1** Tuerie, massacre *m.* **2** Abattage *m.* (de los animales).

matar [matár] *tr.* **1** Tuer. Loc. fig. *Estar a* ~, se haïr, être à couteaux tirés; *mátalas callando,* faux jeton, sournois. **2** Éteindre (el fuego, la cal). **3** Adoucir (las aristas, los colores). **4** Ternir (el brillo de un metal). **5** Monter (naipes). ■ **6** *pr.* Se tuer.

matasellos [mataséʎos] *m.* Oblitérateur (instrumento), cachet, tampon (marca).

mate [máte] *adj.* Mat, mate.

matemáticas [matemátikas] *f. pl.* Mathématiques.

matemático, -ca [matemátiko, -ka] *adj.* **1** Mathématique. ■ **2** *s.* Mathématicien, ienne. ■ **3** *f.* Mathématique.

materia [matérja] *f.* **1** Matière: *primera* ~, matière première. Loc. *Entrar en* ~, entrer en matière. **2** MED. Pus *m.*

material [materjál] *adj.* Matériel, elle.

materialismo [materjalízmo] *m.* Matérialisme.

maternal [maternál] *adj.* Maternel, elle.

maternidad [materniðáð] *f.* Maternité.

materno, -na [matérno, -na] *adj.* Maternel, elle.

matinal [matinál] *adj.* Matinal, ale.

matiz [matíθ] *m.* Nuance *f.*

matizar [matiθár] [4] *tr.* Nuancer.

matorral [matoʀál] *m.* Buisson, hallier.

matraca [matráka] *f.* Crécelle. Loc. fig. fam. *Dar* ~, se payer la tête (burlar), importuner, assommer.

matrero, -ra [matréro, -ra] *adj.* Rusé, ée, futé, ée.

matricular [matrikulár] *tr.* **1** Immatriculer (un vehículo). **2** Inscrire (en la Universidad, etc.).

matrimonio [matrimónjo] *m.* **1** Mariage (unión, sacramento). **2** Ménage (marido y mujer).

matriz [matríθ] *f.* **1** ANAT. Matrice. **2** Matrice (molde). **3** Souche (de un libro ta-

lonario). ■ **4** *adj.* Mère: *casa* ~, maison mère.

matrona [matróna] *f.* **1** Matrone. **2** Sage-femme (partera).

matutino, -na [matutino, -na] *adj.* Matinal, ale: *nieblas matutinas,* brouillards matinaux.

maullar [mauʎár] [16] *intr.* Miauler.

mausoleo [mausoléo] *m.* Mausolée.

máxima [máγsima] *f.* Maxime.

máximo, -ma [máγsimo, -ma] *adj.* **1** Le plus grand, la plus grande. ■ **2** *adj.-m.* Maximum.

mayo [májo] *m.* Mai: *el 2 de* ~, le 2 mai.

mayólica [majólika] *f.* Maïolique, majolique.

mayonesa [majonésa] *f.* Mayonnaise.

mayor [majór] *adj.* **1** Plus grand, plus grande. **2** Majeur, eure. Loc. ~ *de edad,* majeur. **3** MIL. *Estado* ~, état major. ■ **4** *m.* MIL. Major, commandant. **5** Chef (en algunas oficinas). ■ **6** *f.* LÓG. Majeure. ■ **7** *m. pl.* Aïeux (antepasados).

mayordomo [majorðómo] *m.* Majordome, intendant.

mayoría [majoría] *f.* Majorité.

mayorista [majorísta] *m.* Grossiste.

mayúsculo, -la [majúskulo, -la] *adj.* **1** Très grand, grande. ■ **2** *adj.-f.* Majuscule (letra).

maza [máθa] *f.* **1** Masse (arma, insignia, del taco del billar). **2** Maillet (martillo).

mazapán [maθapán] *m.* Massepain.

mazmorra [maθmóʀa] *f.* Basse-fosse, oubliette.

mazo [máθo] *m.* **1** Maillet. **2** Paquet (manojo).

me [me] *pron. pers.* **1** Me, m' (delante de vocal): ~ *escribió ayer,* il m'a écrit hier. **2** Moi (con el imperativo): *dame,* donne-moi.

meandro [meándro] *m.* Méandre.

mear [meár] *intr.* pop. Pisser.

¡mecachis! [mekátʃis] *interj.* Sapristi!

mecánica [mekánika] *f.* **1** Mécanique. **2** Mécanisme *m.*

mecánico, -ca [mekániko, -ka] *adj.* **1** Mécanique. **2** *m.* Mécanicien.

mecanismo [mekanízmo] *m.* Mécanisme.

mecanografía [mekanoγrafía] *f.* Dactylographie.

mecenas [meθénas] *m.* Mécène.

mecer [meθér] [2] *tr.* **1** Remuer (un líquido). **2** Bercer (a un niño), balancer (la cuna, etc.). ■ **3** *pr.* Se balancer.

mecha [métʃa] *f.* Mèche (de lámpara,

para pegar fuego). Loc. fig. *Aguantar* ~, tenir bon.

mechar[metʃár] *tr.* Larder, entrelarder (la carne).

mechero[metʃéro] *m.* **1** Bec (de lámpara). **2** Briquet (encendedor).

medalla[meðáʎa] *f.* Médaille.

médano[méðano] *m.* **1** Dune *f.* **2** Banc de sable.

media[méðja] *f.* Bas *m.*

mediación[meðjaθjón] *f.* Médiation.

mediado, -da [meðjáðo, -ða] *adj.* **1** À moitié rempli, ie, plein, pleine: *una botella mediada,* une bouteille à moitié pleine. **2** *loc. adv.* *A mediados del mes, del año,* etc., vers le milieu du mois, de l'année, etc.

mediador, -ra[meðjaðór, -ra] *adj.-s.* Médiateur, trice.

mediano, -na[meðjáno, -na] *adj.* Moyen, enne, médiocre.

medianoche[meðjanótʃe] *f.* Minuit *m.*

mediante[meðjánte] **1** *ger.* de *mediar.* **2** *loc. adv.* *Dios* ~, Dieu aidant.

mediar[meðjár] [12] *intr.* **1** Arriver à la moitié, être à sa moitié. **2** Intervenir, intercéder (en favor de uno). **3** Être, se trouver au milieu de (una cosa en medio de otras). **4** Arriver, survenir (ocurrir).

medias (a) [(a)méðjas] *loc. adv.* **1** À moitié, à demi. **2** De moitié.

mediatizar [meðjatiθár] [4] *tr.* Médiatiser.

mediato, -ta [meðjáto, -ta] *adj.* Médiat, ate.

médica[méðika] *f.* Femme médecin.

medicamento[meðikaménto] *m.* Médicament.

medicina [meðiθina] *f.* **1** Médecine. **2** Médicament *m.*

médico, -ca[méðiko, -ka] *adj.* **1** Médical, ale. **2** Médique (de Media). ■ **3** *m.* Médecin: ~ *de cabecera,* médecin traitant.

medida[meðiða] *f.* **1** Mesure. **2** *loc. conj.* *A* ~ *que,* au fur et à mesure que, à mesure que.

medieval[meðjeβál] *adj.* Médiéval, ale.

medio, -ia [méðjo, -ja] *adj.* **1** Demi, ie: *media hora,* une demi-heure. ▲ Es invariable delante del substantivo, variable después de él. **2** Moyen, enne: *término* ~, moyen terme. **3** *A*~, *media,* à mi: *a* ~ *camino,* à mi-chemin. ■ **4** *m.* Milieu: *un justo* ~, un juste milieu. Loc. *En* ~ *de,* au milieu de, entre; *quitar a uno de en* ~, écarter quelqu'un, se débarrasser de quelqu'un. **5** DEP. Milieu

(de terrain). **6** Moyen (para conseguir algo). *loc. prep. Por* ~ *de,* au moyen, par le moyen de. **7** Milieu (ambiente): ~ *ambiente,* environnement. ■ **8** *pl.* Moyens, ressources *f.* ■ **9** *adv.* À moitié, à demi, en partie: ~ *podrido,* à moitié pourri.

mediocre[meðjókre] *adj.* Médiocre.

mediodía[meðjoðia] *m.* Midi.

medir[meðir] [34] *tr.* Mesurer.

meditación[meðitaθjón] *f.* Méditation.

meditar [meðitár] *tr.-intr.* Méditer, penser.

mediterráneo, -ea [meðiteráneo, -ea] *adj.* **1** Méditerranéen, enne. ■ **2** *adj.-m. El mar* ~, la mer Méditerranée.

medrar [meðrár] *intr.* **1** Croître, grandir (los animales, las plantas). **2** fig. Prospérer, améliorer sa fortune.

médula [méðula], **medula** [meðúla] *f.* Moelle: ~ *espinal,* moelle épinière.

megabyte [meɣaβájt] *m.* INFORM. Mégaoctet.

megáfono[meɣáfono] *m.* Mégaphone.

megalítico, -ca[meɣalitiko, -ka] *adj.* Mégalithique.

mejicano, -na [mexikáno, -na] *adj.-s.* Mexicain, aine.

mejilla[mexiʎa] *f.* Joue.

mejillón[mexiʎón] *m.* Moule *f.*

mejor [mexòr] *adj.* **1** Meilleur, eure. ■ **2** *adv.* Mieux. **3** *loc. adv. A lo* ~, peut-être; *a cual* ~, à qui mieux mieux.

mejora [mexòra] *f.* **1** Amélioration. **2** Progrès *m.* **3** Augmentation.

mejoramiento [mexoramjénto] *m.* **1** Amélioration *f.* **2** Avancement (ascenso).

mejorar [mexorár] *tr.* **1** Améliorer. **2** DER. Avantager (a un heredero). ■ **3** *intr.-pr.* Aller mieux (un enfermo): *el enfermo está muy mejorado,* le malade va beaucoup mieux. **4** Se mettre au beau, s'améliorer (el tiempo).

melancolía[melaŋkolia] *f.* Mélancolie.

melaza[meláθa] *f.* Mélasse.

melcocha[melkótʃa] *f.* **1** Miel *m.* cuit. **2** Pâte faite avec du miel cuit.

melena [meléna] *f.* **1** Crinière (del león). **2** Cheveux *m. pl.* longs (cabellos).

melenudo, -da [melenúðo, -ða] *adj.* Chevelu, ue.

melificar [melifikár] [1] *intr.* Faire le miel.

melindre [melindre] *m.* **1** Sorte de beignet au miel. **2** fig. Simagrée *f.,* minauderie *f.*

melisa [melisa] *f.* Mélisse.

mella [méʎa] *f.* 1 Brèche (en el filo de un arma, de una dentadura, etc.). 2 fig. Dommage *m.,* atteinte (menoscabo). Loc. *Hacer* ~, faire impression, porter atteinte.

mellizo, -za [meʎíθo, -θa] *adj.-s.* Jumeau, jumelle (persona).

melocotón [melokotón] *m.* 1 Pêche *f.* (fruta). 2 Pêcher (árbol).

melodía [melodia] *f.* Mélodie.

melodrama [meloðráma] *m.* Mélodrame.

melón [melón] *m.* Melon.

meloso, -sa [melóso, -sa] *adj.* 1 Mielleux, euse. 2 fig. Doucereux, euse.

membrana [membrána] *f.* Membrane.

membrete [membréte] *m.* En-tête (en un escrito, un papel).

membrillo [membríʎo] *m.* 1 Cognassier (árbol). 2 Coing (fruto). 3 Pâte *f.* de coings. 4 *Carne de* ~, pâte de coings.

memo, -ma [mémo, -ma] *adj.* Simple, niais, aise.

memorable [memoráβle], **memorando, da** [memorándo, -da] *adj.* Mémorable.

memorándum [memorándum] *m.* Mémorandum.

memoria [memórja] *f.* 1 Mémoire (facultad), mémoire, souvenir *m.* (recuerdo). Loc. *Hacer* ~ *de una cosa,* se rappeler; se souvenir d'une chose. ■ 2 *pl.* Mémoires *m.* (relación escrita). 3 Compliments *m., souvenirs m.: dé usted memorias a,* rappelez-moi au souvenir de.

memorial [memorjál] *m.* Exposé pour demander une grâce.

menaje [menáxe] *m.* 1 Mobilier (muebles). 2 Ménage (ajuar). 3 Matériel pédagogique.

mención [menθjón] *f.* Mention: ~ *honorífica,* mention honorable.

mendigar [mendiɣár] [7] *tr.* Mendier.

mendigo, -ga [mendiɣo, -ɣa] *s.* Mendiant, ante.

mendrugo [mendrúɣo] *m.* Morceau de pain dur, croûton.

menear [meneár] *tr.* Remuer, secouer.

menester [menestér] *m.* 1 Besoin, nécessité *f.* Loc. *Haber* ~ *una cosa,* avoir besoin d'une chose. 2 Exercice, occupation *f.* ■ 3 *pl.* Besoins naturels.

menestral [menestrál] *s.* Artisan, ouvrier, ière.

menguado, -da [meŋgwáðo, -ða] *adj.* 1 Lâche, poltron, onne. 2 Niais, aise, imbécile. 3 Mesquin, ine. ■ 4 *m.* Diminution *f.* (al hacer media).

menguante [meŋgwánte] *adj.* Décroissant, ante.

menor [menór] *adj.* 1 Plus petit, plus petite. 2 Moindre (en cantidad, importancia). 3 Plus jeune. 4 Mineur, eure. Loc. ~ *de edad,* mineur. ■ 5 *adj.-s.* Mineur, eure (persona). ■ 6 *m.* Frère mineur. ■ 7 *f.* LÓG. Mineure.

menorquín, -ina [menorkin, -ina] *adj.-s.* Minorquin, ine.

menos [ménos] *adv.* 1 Moins: ~ *frío,* moins froid; moins de (delante de un substantivo): ~ *ruido,* moins de bruit. Loc. *Echar de* ~, regretter (añorar), remarquer l'absence de. 2 Excepté, sauf (salvo). 3 *loc. adv. Al* ~, *a lo* ~, *por lo* ~, au moins, du moins. ■ 4 *m.* Moins: *el más y el* ~, le plus et le moins. ■ 5 MAT. Moins (signo de la sustracción).

menoscabo [menoskáβo] *m.* 1 Diminution *f.* (mengua), détérioration *f.* (daño). 2 *loc. prep. En* ~ *de,* au détriment de.

menospreciar [menospreθjár] [12] *tr.* 1 Mépriser (desdeñar). 2 Sous-estimer.

mensaje [mensáxe] *m.* Message.

mensajería [mensaxeria] *f.* Messagerie.

mensajero, -ra [mensaxéro, -ra] *s.* 1 Messager, ère. ■ 2 *adj. Paloma mensajera,* pigeon voyageur.

menstruar [menstrwár] *intr.* Avoir ses règles.

mensual [menswál] *adj.* Mensuel, elle.

mensualidad [menswaliðáð] *f.* Mensualité.

menta [ménta] *f.* Menthe.

mental [mentál] *adj.* Mental, ale.

mentalidad [mentaliðáð] *f.* Mentalité.

mente [ménte] *f.* 1 Esprit *m.* 2 Intention (propósito). Loc. *Tener en la* ~, avoir en vue de (proyectar).

mentir [mentir] [35] *intr.* Mentir.

mentira [mentira] *f.* Mensonge *m.* Loc. *Parece* ~, c'est incroyable.

mentiroso, -sa [mentiróso, -sa] *adj.-s.* Menteur, euse.

mentón [mentón] *m.* Menton.

menudear [menuðeár] *tr.* Faire fréquemment, répéter, multiplier.

menudencia [menuðénθja] *f.* 1 Petitesse (pequeñez). 2 Bagatelle, bricole (cosa de poca importancia).

menudo, -da [menúðo, -ða] *adj.* 1 Petit, ite, menu, ue (pequeño), menu, ue (delgado). ■ 2 *m. pl.* Menue monnaie *f. sing.* (monedas). 3 Abats (de una res). 4 Abattis (de un ave).

meñique [meɲike] *adj.* Très petit, ite: *dedo* ~, petit doigt.

mequetrefe [meketréfe] *m.* fam. Freluquet, demi-portion *f.*

mercader [merkaðer] *m.* Marchand.

mercadería [merkaðería] *f.* Marchandise.

mercado [merkáðo] *m.* Marché.

mercancía [merkanθia] *f.* Marchandise.

mercante [merkánte] *adj.* Marchand, ande: *marina* ~, marine marchande.

mercantil [merkantil] *adj.* Mercantile.

merced [merθéð] *f.* **1** Faveur, grâce. **2** Merci, volonté, arbitre *m.* Loc. *Estar a la* ~ *de,* être à la merci de. ■ **3** *n.-pr.* *Nuestra Señora de las Mercedes,* Notre-Dame de la Miséricorde.

mercería [merθería] *f.* Mercerie.

merecer [mereθér] [43] *tr.-intr.* Mériter.

merecido [mereθiðo] *m.* Dû. Loc. *Ha llevado su* ~, il a été puni comme il l'avait mérité, il a eu ce qu'il méritait.

merendar [merendár] [27] *intr.* **1** Goûter. ■ **2** *tr.* Manger (una cosa) au goûter.

merendero [merendéro] *m.* Guinguette *f.*

meridiano, -na [meriðjáno, -na] *adj.* **1** Méridien, ienne. **2** fig. Très clair, aire, très lumineux, euse. ■ **3** *m.* ASTR., GEOG. Méridien. **4** Méridienne *f.* (de un punto). **5** GEOM. Méridienne *f.*

meridional [meriðjonál] *adj.-m.* Méridional, ale.

merienda [merjénda] *f.* **1** Goûter *m.* **2** ~ *de negros,* charivari *m.,* confusion *f.*

mérito [mérito] *m.* **1** Mérite. Loc. *De* ~, remarquable, de valeur: *hacer méritos,* faire ce qu'il faut pour obtenir, pour mériter. **2** *Hacer* ~ *de,* faire mention de.

meritorio, -ia [meritórjo, -ja] *adj.* Méritoire.

merluza [merlúθa] *f.* **1** ZOOL. Merluche. **2** COC. Colin *m.* **3** fig. fam. Cuite (borrachera).

mermar [mermár] *intr.-pr.* **1** Diminuer, se réduire. ■ **2** *tr.* Diminuer, réduire.

mermelada [mermeláða] *f.* Marmelade, confiture.

mero, -ra [méro, -ra] *adj.* **1** Pur, pure, simple, seul, seule: *el* ~ *hecho,* le simple fait. ■ **2** *m.* Mérou (pez).

mes [mes] *m.* Mois: *doce meses,* douze mois.

mesa [mésa] *f.* **1** Table. Loc. ~ *redonda,* table ronde; *poner la* ~, mettre le couvert; *quitar la* ~, desservir. **2** Bureau *m.* (de una asamblea). **3** GEOG. Plateau *m.*

mesada [mesáða] *f.* Mensualité, mois *m.*

meseta [meséta] *f.* **1** Palier *m.* (de una escalera). **2** GEOG. Plateau *m.*

mesilla [mesíʎa] *f.* Petite table.

mesocarpio [mesokárpjo] *m.* BOT. Mésocarpe.

mesón [mesón] *m.* Auberge *f.,* hôtellerie *f.*

mesonero, -ra [mesonéro, -ra] *adj.* De l'auberge, de l'hôtellerie.

mestizar [mestiθár] *tr.* Métisser.

mestizo, -za [mestíθo, -θa] *adj.-s.* Métis, isse.

mesura [mesúra] *f.* **1** Mesure, modération. **2** Gravité. **3** Politesse (cortesía).

meta [méta] *f.* **1** Borne (en un circo romano). **2** DEP. Ligne d'arrivée (en una carrera); buts *m. pl.* (portería, en fútbol). **3** fig. But *m.,* fin, objectif *m.*

metafísico, -ca [metafísiko, -ka] *adj.* **1** Métaphysique. ■ **2** *s.* Métaphysicien, ienne.

metáfora [metáfora] *f.* RET. Métaphore.

metal [metál] *m.* **1** Métal. Loc. fig. *El vil* ~, le vil métal. **2** fig. Timbre (de la voz).

metálico, -ca [metáliko, -ka] *adj.* **1** Métallique. ■ **2** *m.* Espèces *f. pl.* (dinero): *pagar en* ~, payer en espèces.

metalurgia [metalúrgja] *f.* Métallurgie.

metamorfosis [metamorfósis] *f.* Métamorphose.

metatarso [metatárso] *m.* ANAT. Métatarse.

metedor, -ra [meteðór, -ra] *s.* **1** Metteur, euse. **2** Contrebandier, ière.

meteórico, -ca [meteóriko, -ka] *adj.* Météorique.

meteorito [meteorito] *m.* ASTR. Météorite *f.*

meteorología [meteoroloxia] *f.* Météorologie.

meteorológico, -ca [meteorolóxiko, -ka] *adj.* Météorologique.

meter [metér] *tr.* **1** Mettre (introducir): *metió su collar en el joyero,* elle mit son collier dans l'écrin. **2** Faire, causer (causar): ~ *chismes,* faire des cancans; ~ *miedo,* faire peur; ~ *ruido,* faire du bruit. **3** Resserrer (letras, renglones). ■ **4** *pr.* Entrer: *se metieron en un café,* ils entrèrent dans un café. **5** S'introduire, s'engager, se fourrer (introducirse): *se metió por una calle desierta,* il s'engagea dans une rue déserte. **6** Se faire (con nombres de oficio o estado): *meterse fraile,* se faire moine. **7** *Meterse a* (con el infinitivo), se mettre à; (con un substantivo), vouloir faire le. **8** *Meterse* *con uno,* attaquer (atacar), critiquer (censurar) quelqu'un.

metido, -da [metíðo, -ða] *adj.* 1 Abondant, ante. Loc. ~ *en carnes,* bien en chair. ▪ 2 *m.* Coup de poing dans la poitrine (puñetazo). 3 Semonce *f.,* réprimande *f.* (represión).

metódico, -ca [metóðiko, -ka] *adj.* Méthodique.

método [métoðo] *m.* Méthode *f.*

metralla [metráʎa] *f.* Mitraille.

métrico, -ca [métriko, -ka] *adj.-f.* Métrique.

metro [métro] *m.* 1 Mètre: ~ *lineal,* mètre courant. 2 Métro (ferrocarril).

metrópoli [metrópoli] *f.* Métropole.

mezcla [méθkla] *f.* Mélange *m.*

mezclar [meθklár] *tr.* Mélanger, mêler.

mezquino, -na [meθkino, -na] *adj.* 1 Mesquin, ine. 2 Pauvre, misérable.

mezquita [meθkita] *f.* Mosquée.

mi [mi] *m.* MÚS. Mi.

mi [mi] *pl.* **mis** [mis] *adj. pos.* Mon, ma, mes: ~ *padre y* ~ *madre,* mon père et ma mère; *mis padres,* mes parents.

mí [mi] *pron. pers.* Moi (précédé de prép.): *ia* ~*!,* à moi!; *para* ~, pour moi.

miasma [mjázma] *m.* Miasme.

miau [mjaú] *m.* Miaou.

mica [mika] *f.* Mica *m.*

micción [miɣθjón] *f.* Miction.

mico [miko] *m.* 1 Singe (à longue queue). 2 *fig. fam. Dar, hacer* ~, poser un lapin; manquer à un engagement.

microbicida [mikroβiθiða] *adj.-m.* Microbicide.

microbio [mikróβjo] *m.* Microbe.

microcasete [mikrokasète] *m.-f.* Microcassette *f.*

microcosmo [mikrokózmo] *m.* Microcosme.

microfilm [mikrofilm] *m.* Microfilm.

micrófono [mikrófono] *m.* Microphone.

micrómetro [mikrómetro] *m.* Micromètre.

microondas [mikroòndas] *m. invar.*: *horno* ~, four à micro-ondes.

microprocesador [mikroproθesaðòr] *m.* INFORM. Microprocesseur.

microscopio [mikroskòpjo] *m.* Microscope.

miedo [mjéðo] *m.* Peur *f.* Loc. ~ *cerval,* peur bleue: *dar* ~, faire peur; *tener* ~ *a,* avoir peur de.

miel [mjél] *f.* Miel *m.*

miembro [mjèmbro] *m.* Membre.

mientes [mjéntes] *f. pl. ant.* Pensée *sing.,* esprit *m. sing.* Loc. *Caer en las* ~, *en* ~, imaginer, venir à l'esprit.

mientras [mjèntras] *adv.* 1 Cependant, pendant ce temps, en attendant. 2 *loc. conj.:* ~ *que,* pendant que. 3 ~ *más..., menos...,* plus..., moins...: ~ *más mira, menos ve,* plus il regarde, moins il voit.

miércoles [mjérkoles] *m.* Mercredi: ~ *de ceniza,* mercredi des cendres.

mies [mjes] *f.* 1 Moisson. ▪ 2 *pl.* Semis *m.* (sembrados).

miga [miɣa] *f.* 1 Miette. 2 Mie (del pan). 3 *fig.* Substance, importance: *esto tiene mucha* ~, cela est plein de substance, est important.

migaja [miɣáxa] *f.* Miette.

migración [miɣraθjón] *f.* Migration.

mijo [mixo] *m.* Millet.

mil [mil] *adj.* 1 Mille, mil. ▪ 2 *m.* Mille. ▪ 3 *pl.* Milliers. 4 *loc. adv. A las* ~ *y quinientas,* très tard, à une heure impossible; *a miles,* par milliers.

milagro [miláɣro] *m.* Miracle.

milenario, -ia [milenárjo, -ja] *adj.-m.* Millénaire.

milicia [miliθja] *f.* 1 Milice. 2 Service *m.* militaire.

miliciano, -na [miliθjáno, -na] *adj.* 1 De la milice. ▪ 2 *s.* Milicien, ienne.

miligramo [miliɣrámo] *m.* Milligramme.

mililitro [mililitro] *m.* Millilitre.

milímetro [milimetro] *m.* Millimètre.

militante [militánte] *adj.-s.* Militant, ante.

militar [militár] *intr.* Militer.

militar [militár] *adj.-m.* Militaire.

militarizar [militariθár] [4] *tr.* Militariser.

milla [miʎa] *f.* Mille *m.* (medida).

millar [miʎár] *m.* Millier.

millón [miʎón] *m.* Million.

millonario, -ia [miʎonàrjo, -ja] *adj.-s.* Millionnaire.

milord [milórð] *m.* Milord.

mimar [mimár] *tr.* 1 Cajoler, choyer. 2 Gâter (a una persona). 3 TEAT. Mimer.

mimbre [mimbre] *s.* 1 Osier *m.* 2 Baguette *f.* d'osier.

mímico, -ca [mimiko, -ka] *adj.-f.* Mimique.

mimo [mimo] *m.* 1 TEAT. Mime. 2 Caresse *f.* (caricia). 3 Gâterie *f.* (con los niños), indulgence *f.*

mimosa [mimósa] *f.* Mimosa *m.*

mimoso, -sa [mimóso, -sa] *adj.* 1 Caressant, ante, câlin, ine. 2 Délicat, ate (delicado), minaudier, ière (melindroso).

mina [mina] *f.* **1** Mine. **2** fig. Mine, grande abondance. **3** FORT. Sape.

mineral [minerál] *adj.-m.* **1** Minéral, ale. ■ **2** *m.* Minerai.

mineralizar [minerali θár] [4] *tr.* Minéraliser.

minero, -ra [minéro, -ra] *adj.* **1** Minier, ière. ■ **2** *m.* Mineur (obrero).

miniatura [minjatúra] *f.* Miniature.

minimizar [minimi θár] [4] *tr.* Minimiser.

mínimo, -ma [minimo, -ma] *adj.* **1** Minime. **2** *El* ~ *esfuerzo*, le moindre effort. ■ **3** *adj.-s.* Minime (religioso). ■ **4** *m.* Minimum. **5** MÚS. Blanche (nota).

ministerio [ministérjo] *m.* Ministère: ~ *de Asuntos Exteriores*, ministère des Affaires étrangères.

ministro [ministro] *m.* Ministre.

minoría [minoria] *f.* **1** Minorité. **2** ~ *de edad*, minorité.

minucia [minú θja] *f.* Minutie.

minucioso, -sa [minu θjóso, -sa] *adj.* Minutieux, euse.

minúsculo, -la [minúskulo, -la] *adj.-f.* Minuscule.

minuta [minúta] *f.* **1** Minute (borrador). **2** Note (des honoraires d'un avocat, etc.). **3** Liste, catalogue *m.* **4** Menu *m.* (de una comida).

minuto [minúto] *m.* Minute *f.* (parte de una hora, de un círculo).

mío [mio], **mía** [mia] *pron. pos.* **1** Mien, mienne (con el artículo): *este libro es el* ~, ce livre est le mien. ■ **2** *adj. pos.* À moi: *este libro es* ~, ce livre est à moi. **3** Mon, ma (en los vocativos): *¡madre mía!,* ma mère!, mon Dieu!

miope [mjópe] *adj.-s.* Myope.

mira [mira] *f.* **1** Mire. **2** fig. Visée, dessein *m.,* intention (intención), but *m.* (objetivo). **3** *Estar a la* ~ *de,* guetter.

mirada [miráða] *f.* **1** Regard *m.* (acción, modo de mirar). **2** Coup *m.* d'œil (ojeada).

mirar [mirár] *tr.* **1** Regarder. Loc. ~ *con buenos ojos,* regarder d'un bon œil. **2** Observer, considérer, envisager. Loc. *Mirándolo bien,* en y regardant bien, tout bien considéré. **3** Veiller à (cuidar), viser (tener por objeto). **4** ~ *por,* prendre soin de, veiller sur, s'occuper de.

mirilla [miríʎa] *f.* Judas *m.* (en una puerta).

mirlo [mirlo] *m.* Merle: ~ *blanco,* merle blanc.

mirón, -ona [mirón, -óna] *adj.-s.* Curieux, euse, badaud, aude.

misa [misa] *f.* Messe: ~ *cantada, mayor,* grand-messe; ~ *rezada,* messe basse; *de difuntos,* messe des morts.

misal [misál] *m.* Missel.

misántropo [misántropo] *m.* Misanthrope.

miserable [miseráßle] *adj.-s.* **1** Misérable. **2** Avare, mesquin, ine (avariento).

miserere [miserére] *m.* **1** Miséréré. **2** MED. Colique *f.* de miséréré.

miseria [misérja] *f.* **1** Misère. **2** Mesquinerie, avarice (avaricia).

misericordia [miserikòrðja] *f.* Miséricorde.

misión [misjón] *f.* Mission.

misionero, -ra [misjonéro, -ra] *adj.-m.* Missionnaire.

misiva [misíßa] *f.* Missive.

mismo, -ma [mizmo, -ma] *adj.* **1** Même (se enlaza con el pronombre personal mediante un guión): *él* ~, lui-même. Loc. *Lo* ~, la même chose. **2** *loc. adv. Ahora* ~, tout de suite.

misterio [mistérjo] *m.* Mystère.

misterioso, -sa [misterjóso, -sa] *adj.* Mystérieux, euse.

místico, -ca [mistiko, -ka] *adj.-s.* Mystique.

mistral [mistrál] *m.* Mistral.

mitad [mitàð] *f.* **1** Moitié: *reducir a la* ~, réduire de moitié. **2** Milieu *m.* (centro).

mítico, -ca [mitiko, -ka] *adj.* Mythique.

mitigar [mitiyár] [7] *tr.* Mitiger.

mitin [mitin] *m.* Meeting.

mito [mito] *m.* Mythe.

mitología [mitoloxia] *f.* Mythologie.

mitra [mitra] *f.* Mitre.

mitrado, -da [mitràðo, -ða] *adj.* Mitrée, ée.

mixto, -ta [misto, -ta] *adj.* **1** Mixte. ■ **2** *m.* Allumette *f.* (fósforo).

mobiliario, -ia [moßiljàrjo, -ja] *adj.-m.* Mobilier, ière.

moblaje [moßláxe] *m.* Mobilier.

moca [móka] *m.* Moka (café).

mocedad [mo θeðàð] *f.* Jeunesse.

mochila [motʃila] *f.* Havresac *m.* (de soldado), sac *m.* à dos (de excursionista).

mocho, -cha [mótʃo, -tʃa] *adj.* Écorné, ée (toro), étêté, ée (árbol), épointé, ée.

moción [mo θjón] *f.* **1** Motion (proposición). **2** Mouvement *m.* (movimiento).

moco [móko] *m.* **1** Morve *f.* **2** Mucus, mucosité *f.* **3** Bout du lumignon (de una vela). **4** Caroncule *f.* (de pavo). **5** ~ *de pavo,* crête-de-coq *f.* (planta).

moda [móða] *f.* **1** Mode: *estar de* ~, ser

de ~, être à la mode. **2** *Pasado de* ~, démodé.

modal [moðál] *adj.* Modal, ale.

modalidad [moðaliðáð] *f.* Modalité.

modelar [moðelár] *tr.* Modeler.

modelo [moðélo] *adj.-m.* **1** Modèle. ▪ **2** *f.* Mannequin *m.* (maniquí).

moderado, -da [moðeráðo, -ða] *adj.-s.* Modéré, ée.

moderador, -ra [moðeraðór, -ra] *adj.-s.* Modérateur, trice.

moderar [moðerár] *tr.* **1** Modérer. ▪ **2** *pr.* Se modérer.

modernizar [moðerniθár] [4] *tr.* Moderniser.

moderno, -na [moðérno, -na] *adj.-m.* Moderne.

modestia [moðéstja] *f.* Modestie.

modesto, -ta [moðésto, -ta] *adj.* Modeste.

módico, -ca [móðiko, -ka] *adj.* Modique, modéré, ée.

modificación [moðifikaθjón] *f.* Modification.

modificar [moðifikár] [1] *tr.* Modifier.

modista [moðista] *m.* Couturier.

modo [mòðo] *m.* **1** Manière *f.,* façon *f.* (de obrar, de ver, etc.): ~ *de ser,* manière d'être. **2** MÚS., GRAM. Mode. **3** GRAM. ~ *adverbial, prepositivo,* locution *f.* adverbiale, prépositive. **4** *loc. prep. A* ~ *de,* en guise de, en manière de.

modorra [moðóřa] *f.* Torpeur, sommeil *m.* pesant.

modular [moðulár] *intr.-tr.* Moduler.

módulo [móðulo] *m.* Module.

mofa [mófa] *f.* Moquerie, raillerie outrageante.

mofar [mofár] *intr.* **1** Se moquer, bafouer. ▪ **2** *pr.* Se moquer de.

moflete [moflète] *m.* Grosse joue *f.*

mogol, -la [moɣól, -la] *adj.-s.* Mongol, ole.

mogollón (de) [moɣoʎón] *loc. adv.* Gratuitement, à l'œil, aux dépens d'autrui.

mohín [moín] *m.* Grimace *f.,* moue *f.*

moho [móo] *m.* **1** Moisi, moisissure *f.* **2** Rouille *f.* (de un metal).

mojar [moxár] *tr.* Mouiller, tremper.

mojigato, -ta [moxiɣáto, -ta] *adj.-s.* **1** Hypocrite. **2** Bigot, ote (beato).

mojón [moxòn] *m.* Borne *f.* (hito).

molar [molár] *adj.* **1** Meulier, ière. **2** ANAT. Molaire. ▪ **3** *m.* Molaire *f.* (diente).

molde [mòlde] *m.* **1** Moule. Loc. fig.

Venir de ~, *como de* ~, venir à propos, tomber à pic. **2** IMPR. Forme *f.*

moldear [moldeár] *tr.* Mouler.

moldura [moldúra] *f.* Moulure.

mole [móle] *f.* Masse.

molécula [molékula] *f.* Molécule.

moledor, -ra [moleðór, -ra] *adj.-s.* **1** Qui moud, broyeur, euse. **2** fam. Raseur, euse (persona).

moler [molér] [32] *tr.* **1** Moudre, broyer. **2** fig. Éreinter, fatiguer (cansar). **3** fig. Importuner. **4** fig. ~ *a palos,* rouer de coups.

molestar [molestár] *tr.* **1** Gêner, déranger. **2** Embêter, ennuyer (fastidiar): *me molesta tener que pedirle este favor,* cela m'ennuie de devoir lui demander cette faveur; offenser (ofender). ▪ **3** *pr.* Se déranger, se gêner, se donner de la peine: *no se moleste usted,* ne vous dérangez pas. **4** S'offenser, se vexer.

molesto, -ta [molésto, -ta] *adj.* **1** Gênant, ante (embarazoso), embêtant, ante, ennuyeux, euse (fastidioso). **2** Gêné, ée, mal à l'aise (incómodo), fâché, ée (resentido).

molido, -da [moliðo, -ða] *adj.* **1** Moulu, ue. **2** fig. Éreinté, ée, moulu, ue, vanné, ée (cansado): *estoy* ~, je suis moulu.

molinero, -ra [molinéro, -ra] *adj.* **1** Du moulin, de la meunerie. ▪ **2** *s.* Meunier, ière.

molinillo [moliniʎo] *m.* **1** Moulin: ~ *de café, de pimienta,* moulin à café, à poivre. **2** Moulinet.

molino [molino] *m.* Moulin: ~ *de agua,* moulin à l'eau; ~ *de viento,* moulin à vent.

mollera [moʎéra] *f.* **1** Sommet *m.* de la tête. **2** fig. Jugeote, cervelle. Loc. fam. *Cerrado de* ~, bouché.

molusco [molúsko] *m.* Mollusque.

momentáneo, -ea [momentáneo, -ea] *adj.* Momentané, ée.

momento [moménto] *m.* **1** Moment, instant. **2** MEC. Moment. **3** *loc. adv. A cada* ~, à tout moment.

momia [mòmja] *f.* Momie.

momificar [momifikár] [1] *tr.* Momifier.

momio, -ia [mòmjo, -ja] *adj.* Maigre (sin grasa).

mona [mòna] *f.* **1** Guenon (hembra del mono). **2** Magot (mono). **3** fig. fam. Cuite (borrachera). Loc. *Dormir la* ~, cuver son vin. **4** Jeu *m.* de cartes.

monacal [monakál] *adj.* Monacal, ale.

monaguillo [monaɣiʎo] *m.* Enfant de chœur.

monarca [monárka] *m.* Monarque.

monarquía [monarkia] *f.* Monarchie.

monárquico, -ca [monárkιko, -ka] *adj.* 1 Monarchique. ■ 2 *adj.-s.* Monarchiste.

monasterio [monastérjo] *m.* Monastère.

monda [mónda] *f.* 1 Émondage *m.* (de los árboles). 2 Épluchage *m.* (de frutas o verduras).

mondadientes [mondaðjéntes] *m. invar.* Cure-dent.

mondar [mondár] *tr.* 1 Nettoyer (limpiar). 2 Émonder (árboles). 3 Nettoyer, curer (un río, un canal). 4 Éplucher, peler (frutas, verduras), écosser (guisantes).

moneda [moneða] *f.* 1 Monnaie. Loc. ~ *imaginaria,* monnaie de compte. 2 Pièce de monnaie (pieza).

monedero [moneðéro] *m.* 1 Monnayeur: ~ *falso,* faux-monnayeur. 2 Porte-monnaie *invar.*

monería [moneria] *f.* Action, geste *m.* gracieux d'un enfant.

monetario, -ia [monetárjo, -ja] *adj.* 1 Monétaire. ■ 2 *m.* Collection *f.* de monnaies.

mongol, -la [moŋgól, -la] *adj.-s.* Mongol, ole.

monigote [moniγóte] *m.* Pantin (muñeco), bonhomme (dibujo).

monitor [monitór] *m.* 1 Moniteur. 2 MAR. Monitor.

monja [mónxa] *f.* Religieuse, bonne sœur, (fam.) nonne.

monje [mónxe] *m.* Moine.

mono, -na [móno, -na] *adj.* 1 Joli, ie, mignon, onne. ■ 2 *m.* Singe (animal). 3 Salopette *f.,* bleu, combinaison *f.* (traje). 4 *Estar de monos,* être fâché, ée, brouillé.

monocotiledóneas [monokotileðóneas] *f. pl.* BOT. Monocotylédones.

monóculo [monókulo] *m.* Monocle.

monofásico, -ca [monofásιko, -ka] *adj.* FIS. Monophasé, ée.

monogamia [monoγámja] *f.* Monogamie.

monografía [monoγrafia] *f.* Monographie.

monolito [monolito] *m.* Monolithe.

monólogo [monóloγo] *m.* Monologue.

monomanía [monomania] *f.* Monomanie.

monomio [monómjo] *m.* MAT. Monôme.

monopolio [monopóljo] *m.* Monopole.

monopolizar [monopoliθár] [4] *tr.* Monopoliser.

monosabio [monosáβjo] *m.* TAUROM. Valet, aide.

monosílabo, -ba [monosilaβo, -βa] *adj. m.* Monosyllabe.

monótono, -na [monótono, -na] *adj.* Monotone.

monseñor [monseɲór] *m.* Monseigneur.

monstruo [mónstrwo] *m.* Monstre.

monstruoso, -sa [monstrwóso, -sa] *adj.* Monstrueux, euse.

monta [mónta] *f.* Montant *m.,* total *m.* (suma).

montacargas [montakárγas] *m. invar.* Monte-charge.

montaje [montáxe] *m.* Montage (de una máquina, de un filme).

montaña [montáɲa] *f.* Montagne.

montañoso, -sa [montaɲóso, -sa] *adj.* Montagneux, euse.

montar [montár] *intr.* 1 Monter (encima de una cosa, sobre un vehículo, un animal): ~ *en bicicleta,* monter à bicyclette. 2 Monter (cabalgar). 3 fig. Avoir de l'importance, être important, ante. Loc. *Tanto monta,* c'est la même chose. 4 ~ *en cólera,* se mettre en colère. ■ 5 *tr.* Monter (un negocio, etc.).

monte [mónte] *m.* 1 Mont: *el Monte Blanco,* le Mont Blanc. 2 Montagne *f.* (montaña). 3 Bois (bosque): ~ *alto,* bois de haute futaie. 4 Jeu de cartes. 5 ~ *de piedad,* mont-de-piété.

montepío [montepio] *m.* Caisse *f.* de secours.

montés [montés] *adj.* Sauvage: *gato* ~, chat sauvage.

montículo [montikulo] *m.* Monticule.

montón [montón] *m.* Tas, monceau, amas.

montura [montúra] *f.* 1 Monture. 2 Harnachement *m.* du cheval de selle (arreos).

monumental [monumentál] *adj.* Monumental, ale.

monumento [monuménto] *m.* Monument.

monzón [monθón] *m.-f.* Mousson *f.*

moño [móɲo] *m.* 1 Chignon. 2 Nœud de rubans. 3 Houppe *f.,* huppe *f.* (de pájaro). ■ 4 *pl.* Colifichets.

moquear [mokeár] *intr.* Avoir le nez qui coule.

moqueta [mokéta] *f.* Moquette.

mora [móra] *f.* 1 Mauresque (mujer). 2 Mûre (fruto).

morada [moráða] *f.* 1 Demeure. 2 Séjour *m.* (estancia).

morado, -da [moráðo, -ða] *adj.* Violet, ette.

morador, -ra [moraðór, -ra] *s.* Habitant, ante.

moral [morál] *adj.* 1 Moral, ale. ■ 2 *f.* Morale. 3 Moral *m.: levantar la ~,* relever le moral. ■ 4 *m.* Mûrier noir (árbol).

moraleja [moraléxa] *f.* Morale, moralité (de una fábula, etc.).

moralidad [moraliðáð] *f.* Moralité.

moralizar [moraliθár] [4] *tr.-intr.* Moraliser.

moratorio, -ia [moratórjo, -ja] *adj.* 1 Moratoire. ■ 2 *f.* Moratoire *m.,* moratorium *m.*

mórbido, -da [mórβiðo, -ða] *adj.* Morbide.

morbosidad [morβosiðáð] *f.* Morbidité.

morboso, -sa [morβóso, -sa] *adj.* Morbide.

morcilla [morθíλa] *f.* 1 Boudin *m.* (embutido). 2 TEAT. Tradition (mots qu'un acteur ajoute à son rôle).

mordaza [morðáθa] *f.* Baîllon *m.*

mordedura [morðeðúra] *f.* Morsure.

morder [morðér] [32] *tr.* Mordre: *un perro le ha mordido la mano,* un chien lui a mordu la main.

mordisco [morðísko] *m.* Coup de dent, morsure *f.*

morena [moréna] *f.* 1 Murène (pez). 2 Pain *m.* bis (pan). 3 GEOL. Moraine.

moreno, -na [moréno, -na] *adj.* Brun, brune.

moretón [moretón] *m.* Bleu (equimosis).

morfina [morfína] *f.* Morphine.

morfología [morfoloxía] *f.* Morphologie.

moribundo, -da [moriβúndo, -da] *adj.-s.* Moribond, onde.

morir [morír] [33] *intr.* 1 Mourir: *murió en la guerra,* il est mort à la guerre. ■ 2 *pr.* Mourir. Loc. fig. *Morirse de risa,* mourir de rire. 3 *interj. ¡Muera!,* à mort!

morisco, -ca [morísko, -ka] *adj.* 1 Mauresque, moresque. ■ 2 *adj.-s.* Morisque, maure espagnol converti.

morisqueta [moriskéta] *f.* Tromperie (engaño), ruse (ardid).

mormón, -ona [mormón, -óna] *s.* REL. Mormon, one.

moro, -ra [móɾo, -ra] *adj -s.* Maure, more, mauresque, moresque. Loc. fig. *Hay moros en la costa,* il faut prendre garde.

moroso, -sa [moróso, -sa] *adj.* 1 Lent, lente, nonchalant, ante. 2 Retardataire, en retard (deudor).

morrillo [moříλo] *m.* 1 Gras du cou (de los bueyes, etc.). 2 fam. Grosse nuque *f.*

morriña [moříɲa] *f.* fig. Tristesse, cafard *m.* (tristeza), mal *m.* du pays (nostalgia).

morro [móřo] *m.* 1 Extrémité *f.* arrondie (de un objeto). 2 Mufle (hocico de un animal). 3 Grosses lèvres *f. pl.,* lippe *f.* (de persona). Loc. fig. *Estar de morros,* être fâché, ée, brouillé, ée, faire la tête. 4 Capot (de coche).

morrongo, -ga [moříongo, ga] *s.* fam. Chat, chatte.

morrudo, -da [moříðo, -ða] *adj.* 1 À gros museau, à gros mufle. 2 Lippu, ue.

mortaja [mortáxa] *f.* 1 Linceul *m.,* suaire *m.* 2 CARP. Mortaise.

mortal [mortál] *adj.-s.* 1 Mortel, elle. ■ 2 *adj.* fig. Certain, aine, concluant, ante: *signos mortales,* signes certains.

mortalidad [mortaliðáð] *f.* Mortalité.

mortero [mortéro] *m.* Mortier (almirez, pieza de artillería, bonete).

mortífero, -ra [mortífero, -ra] *adj.* Mortifère.

mortificación [mortifikaθjón] *f.* Mortification.

mortuorio, -ia [mortwórjo, -ja] *adj.* Mortuaire.

moruno, -na [morúno, -na] *adj.* Mauresque, moresque.

mosaico [mosáïko] *m.* Mosaïque *f.*

mosca [móska] *f.* 1 Mouche. Loc. fig. ~ *muerta,* sainte nitouche. 2 fam. Fric *m.,* galette (dinero): *aflojar, soltar la ~,* abouler le fric.

moscada [moskáða] *adj. Nuez ~,* noix muscade.

moscardón [moskarðón] *m.* 1 Œstre. 2 Frelon (abejón).

moscatel [moskatél] *adj.-m.* Muscat.

moscovita [moskoβíta] *adj.-s.* Moscovite.

mosqueado, -da [moskeáðo, -ða] *adj.* Moucheté, ée, tacheté, ée.

mosquear [moskeár] *tr.* Chasser les mouches.

mosquetero [mosketéro] *m.* Mousquetaire.

mosquita [moskíta] *f.* Petite mouche. Loc. fig. ~ *muerta,* sainte nitouche.

mosquitero [moskitéro] *m.,* **mosquitera** [moskitéra] *f.* Moustiquaire *f.*

mosquito [moskíto] *m.* Moustique.

mostacilla [mostaθíλa] *f.* Cendrée, menuise, plomb *m.* de chasse.

mostaza [mostáθa] *f.* Moutarde.

mosto [mósto] *m.* Moût de vin.

mostrador, -ra [mostraðór, -ra] *adj.-s.* **1** Qui montre. ▪ **2** *m.* Comptoir (en una tienda). **3** Cadran (de reloj).

mostrar [mostrár] [31] *tr.* **1** Montrer, faire voir. **2** Montrer (manifestar).

mota [móta] *f.* **1** Nœud *m.* (en el paño). **2** Brin *m.* de fil, duvet, etc., qui s'attache à un habit (de hilo, etc.), petite tache (mancha). **3** fig. Léger défaut *m.*

motín [motín] *m.* **1** Mutinerie *f.* (de tropas). **2** Émeute *f.*

motivo [motíßo] *m.* **1** Motif. **2** *loc. prep.* *Con* ~ *de,* à l'occasion de.

motocicleta [motoθikléta] *f.* Motocyclette.

motor, -ra [motór, -ra] *adj.* Moteur, trice.

movedizo, -za [moßeðíθo, -θa] *adj.* Mouvant, ante: *arenas movedizas,* sables mouvants.

mover [moßér] [32] *tr.* **1** Mouvoir (accionar), remuer (menear), déplacer (desplazar). **2** Susciter, faire: ~ *alboroto,* faire du tapage. **3** ~ *a,* pousser à (incitar), exciter, inspirer (un sentimiento, etc.): ~ *a compasión,* exciter la compassion.

móvil [móßil] *adj.-m.* Mobile.

movimiento [moßimjénto] *m.* Mouvement.

mozo, -za [móθo, -θa] *adj.* **1** Jeune (persona). ▪ **2** *s.* Jeune homme, jeune fille: *un buen* ~, un beau garçon. **3** Célibataire (soltero). ▪ **4** *m.* Garçon (camarero), domestique (criado). Loc. ~ *de café,* garçon de café; ~ *de cordel, de cuerda,* porteur, portefaix. **5** Bagagiste (en estaciones y aeropuertos).

muchacho, -cha [mutʃátʃo, -tʃa] *s.* **1** Garçon (niño), fillette, petite fille (niña); jeune homme, jeune fille (joven). ▪ **2** *f.* Bonne, domestique (criada).

muchedumbre [mutʃeðúmbre] *f.* Foule, multitude.

mucho [mútʃo] *adv.* **1** Beaucoup, bien: *come* ~, il mange beaucoup. **2** *loc. adv.* *Ni con* ~, tant s'en faut; *ni* ~ *menos,* pas le moins du monde, encore moins. **3** ~ *será que,* il serait étonnant que.

mucho, -cha [mútʃo, -tʃa] *adj.-pron.* Beaucoup de: ~ *viento,* beaucoup de vent. Loc. ~ *tiempo,* longtemps.

mucosidad [mukosiðáð] *f.* Mucosité.

muda [múða] *f.* **1** Changement *m.,* déménagement *m.* (mudanza). **2** Mue (de la pluma, de la voz, etc.). **3** Linge *m.* de rechange (ropa): *tráigame una* ~ *limpia,* apportez-moi du linge propre.

mudar [muðár] *tr.* Changer. ▲ Parfois on l'emploie au refléchi: ~ *casa, mudarse de casa,* changer de domicile.

mudéjar [muðéxar] *adj.-s.* Mudéjar.

mudo, -da [múðo, -ða] *adj.-s.* Muet, ette.

mueble [mwéßle] *adj.* **1** Meuble (bien). ▪ **2** *m.* Meuble.

mueca [mwéka] *f.* Grimace, moue.

muela [mwéla] *f.* **1** Meule (para moler). **2** Dent (diente): ~ *cordal, del juicio,* dent de sagesse. **3** Molaire (diente molar).

muelle [mwéʎe] *adj.* **1** Mou, molle, doux, douce (suave), mœlleux, euse (mullido). **2** fig. Voluptueux, euse. ▪ **3** *m.* Quai (de un puerto, una estación).

muerte [mwérte] *f.* **1** Mort. Loc. *Herido de* ~, blessé à mort. **2** *loc. adv. Hasta la* ~, pour toujours. **3** Meurtre *m.,* homicide *m.*

muerto, -ta [mwérto, -ta] *adj.-s.* Mort, morte. Loc. *Cal muerta,* chaux éteinte; *echar el* ~ *a uno,* mettre sur le dos de quelqu'un.

muesca [mwéska] *f.* Mortaise, entaille.

muestra [mwéstra] *f.* **1** Enseigne (de una tienda). **2** Échantillon *m.* (de una mercancía, etc.). **3** Modèle (modelo). **4** Marque, signe (señal), preuve, témoignage *m.* (prueba): ~ *de cariño,* témoignage d'affection. **5** Cadran *m.* (de reloj).

muestrario [mwestrárjo] *m.* Échantillonnage.

mugido [muxíðo] *m.* Mugissement, beuglement.

mugir [muxír] [6] *intr.* Mugir, beugler.

mugre [múɣre] *f.* Crasse, saleté.

mujer [muxér] *f.* Femme.

mujeriego, -ga [muxerjéɣo, -ɣa] *adj.* **1** De la femme. **2** *loc. adv. A mujeriegas,* en amazone. ▪ **3** *m.* Coureur de jupon.

mujerzuela [muxerθwéla] *f.* Femme de rien, bonne femme.

mula [múla] *f.* Mule.

muladar [mulaðár] *m.* Tas de fumier (estiércol), dépotoir (de basuras).

mulato, -ta [muláto, -ta] *adj.-m.* Mulâtre.

muleta [muléta] *f.* **1** Béquille (para andar). **2** fig. Soutien *m.,* appui *m.* **3** TAUROM. Morceau d'étoffe écarlate dont les toreros se servent pour exciter le taureau, «muleta».

muletilla [muletíʎa] *f.* Petite béquille.

muletón [muletón] *m.* Molleton.

mullir [muʎír] [41] *tr.* **1** Ameublir (la tierra). **2** Assouplir, battre (un colchón, la lana, etc.).

multar [multár] *tr.* Condamner à une amende.

multimillonario, -a [multimiʎonárjo, -a] *adj.-s.* Milliardaire.

múltiple [múltɪple] *adj.* Multiple.

multiplicar [multiplikár] [1] *tr.* 1 Multiplier. ▪ 2 *pr.* Se multiplier.

multitud [multituð] *f.* Multitude, foule.

mundano, -na [mundáno, -na] *adj.* Mondain, aine.

mundial [mundjál] *adj.* Mondial, ale.

mundo [múndo] *m.* 1 Monde. Loc. *El ~ antiguo,* l'Ancien monde; *tener ~,* avoir de l'expérience, connaître le monde. 2 Globe terrestre. 3 Malle *f.* (baúl).

munición [muniθjón] *f.* Munition.

municipal [muniθipál] *adj.* Municipal, ale.

municipio [muniθipjo] *m.* 1 Commune *f.* (conjunto de vecinos). 2 Municipalité *f.* (ayuntamiento).

munificencia [munifiθénθja] *f.* Munificence.

muñeca [muɲéka] *f.* 1 ANAT. Poignet *m.* 2 Poupée (juguete). 3 fig. Jeune fille frivole, poupée. 4 Tampon *m.* (de barnizador). 5 Nouet *m.* (para poner algo en infusión).

muñeco [muɲéko] *m.* Poupée *f.* (juguete).

muñeira [muɲéïra] *f.* Danse de Galice.

mural [murál] *adj.* Mural, ale.

muralla [muráʎa] *f.* Muraille, rempart *m.*

murciélago [murθjélaɣo] *m.* Chauve-souris *f.*

murga [múrɣa] *f.* Bande de musiciens ambulants.

murmullo [murmúʎo] *m.* Murmure.

murmuración [murmuraθjón] *f.* Médisance.

murmurar [murmurár] *intr.* 1 Murmurer. 2 fig. Médire: ~ *de alguien,* médire de quelqu'un.

muro [múro] *m.* Mur, muraille *f.*

mus [mus] *m.* Jeu de cartes.

musa [músa] *f.* Muse.

musaraña [musaráɲa] *f.* 1 Musaraigne. 2 Bestiole (sabandija). ▪ 3 *pl.* Sorte de mouches volantes. Loc. fig. *Mirar a las musarañas,* bayer aux corneilles.

muscular [muskulár] *adj.* Musculaire.

músculo [múskulo] *m.* Muscle.

muselina [muselina] *f.* Mousseline.

museo [muséo] *m.* Musée, muséum.

musgo [músɣo] *m.* Mousse *f.*

música [músɪka] *f.* 1 Musique. 2 fig. ~ *celestial,* vaines paroles. Loc. *Irse con la ~ a otra parte,* prendre ses cliques et ses claques.

musical [musikál] *adj.* Musical, ale.

músico, -ca [músɪko, -ka] *adj.* 1 Musical, ale. ▪ 2 *s.* Musicien, ienne.

musitar [musitár] *intr.* Marmonner.

muslo [múzlo] *m.* Cuisse *f.*

mustio, -ia [místjo, -ja] *adj.* 1 Fané, ée, flétri, ie (plantas). 2 Triste, mélancolique.

musulmán, -ana [musulmán, -ána] *adj.- s.* Musulman, ane.

mutilado, -da [mutiláðo, -ða] *adj.-s.* Mutilé, ée.

mutilar [mutilár] *tr.* Mutiler.

mutis [mútɪs] *m.* Sortie (acción). Loc. *Hacer ~,* sortir de scène, s'en aller; fig. se taire (callarse).

mutual [mutwál] *adj.-f.* Mutuel, elle.

mutuo, -ua [mútwo, -wa] *adj.* Mutuel, elle.

muy [mwi] *adv.* 1 Très bien: ~ *bonito,* très joli; ~ *a menudo,* très, bien souvent. 2 Fort (más culto). 3 *Muy señor mío,* Monsieur, cher monsieur (en las cartas).

muzárabe [muθáraβe] *adj.* Mozarabe.

N

n [éne] *f.* N *m.*

nabo [náβo] *m.* **1** Navet. **2** Noyau (de escalera).

nácar [nákar] *m.* Nacre *f.*

nacarado, -da [nakaráðo, -ða] *adj.* Nacré, ée, nacarat *invar.*

nacer [naθér] [42] *intr.* **1** Naître: *nació en Burgos,* il est né à Burgos. **2** Se lever (un astro, el día).

nacido, -da [naθíðo, -ða] *adj.* Né, ée. Loc. *Bien* ~, bien né.

nacimiento [naθimjénto] *m.* **1** Naissance *f.* **2** Source *f.* (de un río). **3** Crèche *f.* (Belén).

nación [naθjón] *f.* Nation.

nacional [naθjonál] *adj.* National, ale.

nacionalidad [naθjonaliðáð] *f.* Nationalité.

nacionalizar [naθjonaliθár] [4] *tr.* Nationaliser.

nada [náða] *pron. indef.* **1** Rien: *no quiero* ~, ~ *quiero,* je ne veux rien. **2** *loc. conj.* ~ *más que,* ~ *menos que,* rien moins que. ▪ **3** *adv.* Pas du tout. *loc. adv.* ~ *más,* pas plus, seulement, plus rien; ~ *menos,* pas moins. **4** Peu, peu de temps: *en* ~ *estuvo que,* peu s'en fallut que. ▪ **5** *f.* Rien *m.,* néant *m.* (el no ser): *sacar de la* ~, tirer du néant.

nadador, -ra [naðaðór, -ra] *s.* Nageur, euse.

nadar [naðár] *intr.* Nager.

nadie [náðje] *pron.* **1** Personne, nul: ~ *lo sabe,* personne ne le sait. ▪ **2** *m.* Personne *f.* insignifiante, nullité *f.* Loc. *Un don* ~, un rien du tout.

naftalina [naftalina] *f.* Naphtaline.

naipe [náĭpe] *m.* **1** Carte *f.* (à jouer). **2** Jeu de cartes (baraja).

nalga [nálγa] *f.* Fesse.

nana [nána] *f.* **1** Berceuse (canción). **2** *fam.* Grand-mère.

naranja [naráŋxa] *f.* **1** Orange: ~ *agria,* bigarade, orange amère. **2** *Media* ~,

coupole, dôme (cúpula); fig. moitié (esposa).

naranjada [naraŋxàða] *f.* Orangeade.

naranjero, -ra [naraŋxéro, -ra] *adj.* Qui a rapport à l'orange.

naranjo [naráŋxo] *m.* Oranger.

narcótico, -ca [narkótiko, -ka] *adj.-m.* Narcotique.

narcotráfico [narkotráfiko] *m.* Trafic de drogue.

narices [nariθes] *f. pl.* **1** v. *nariz.* **2** *interj.* Des clous! (para rehusar).

nariz [nariθ] *f.* **1** Nez *m.* Loc. ~ *aguileña,* nez aquilin. **2** Naseau *m.* (de los animales). **3** Nez *m.,* odorat *m.* (olfato). **4** Tuyau *m.* (del alambique). **5** Mentonnet *m.* (del picaporte). ▪ **6** *pl.* Nez *m. sing.* Loc. *Dejar a uno con un palmo de narices,* décevoir quelqu'un.

narración [naraθjón] *f.* Narration, récit *m.*

narrador, -ra [naraðór, -ra] *s.* Narrateur, trice.

narrativa [naratiβa] *f.* Narration, récit *m.*

nasal [nasál] *adj.* Nasal, ale.

nata [náta] *f.* **1** Crème (de la leche). ▪ **2** *pl.* Crème *sing.* (natillas).

natación [nataθjón] *f.* Natation.

natal [natál] *adj.* Natal, ale.

natalidad [nataliðáð] *f.* Natalité.

natillas [natiʎas] *f. pl.* Crème *sing.* (aux œufs).

nativo, -va [natiβo, -βa] *adj.-s.* Natif, ive.

natural [naturál] *adj.* **1** Naturel, elle. **2** Nature, naturel, elle (sencillo). **3** Natif, ive, originaire (de un país). ▪ **4** *m.* Nature *f.,* caractère. **5** *loc. adv. Del* ~, d'après nature (pintar, esculpir): *al* ~, au naturel. ▪ **6** *m. pl.* Naturels (de un país).

naturaleza [naturaléθa] *f.* **1** Nature. **2** Nationalité (nacionalidad).

naturalidad [naturaliðáð] *f.* **1** Naturel *m.* (sencillez). **2** Nationalité.

naufragar [naŭfrayár] [7] *intr.* Naufrager, faire naufrage.

naufragio [naŭfràxjo] *m.* Naufrage.

náusea [nǎŭsea] *f.* Nausée.

náutica [nǎŭtika] *f.* Art *m.* nautique.

náutico, -ca [nǎŭtiko, -ka] *adj.* Nautique.

navaja [naβáxa] *f.* 1 Couteau *m.* pliant. 2 ~ *de afeitar,* rasoir *m.* 3 Couteau (molusco). ·

naval [naβál] *adj.* Naval, ale: *combates navales,* combats navals.

navarro, -rra [naβářo, -řa] *adj.-s.* Navarrais, aise.

nave [nǎβe] *f.* 1 Navire *m.,* vaisseau *m.* nef (barco). 2 ARQ. Nef.

navegación [naβeɣaθjón] *f.* Navigation.

navegar [naβeɣár] [7] *intr.* Naviguer.

navideño, -ña [naβiðéɲo, -ɲa] *adj.* De Noël.

navío [naβío] *m.* Navire, vaisseau: *montar un ~,* commander un vaisseau.

nazareno, -na [naθaréno, -na] *adj.-s.* 1 Nazaréen, enne. 2 Pénitent en tunique violette.

neblina [neβlína] *f.* Brouillard *m.*

nebulosa [neβulósa] *f.* Nébuleuse.

necedad [neθeðáð] *f.* Sottise.

necesario, -ia [neθesàrjo, -ja] *adj.* Nécessaire: *hacer ~,* rendre nécessaire.

neceser [neθesér] *m.* Nécessaire (à ouvrage, etc.): ~ *de tocador,* nécessaire de toilette.

necesidad [neθesiðáð] *f.* 1 Nécessité: *hacer de la ~ virtud,* faire de la nécessité vertu. 2 Besoin *m.: tener ~ de,* avoir besoin de. ■ 3 *pl.* Nécessités, besoins *m.* naturels.

necesitado, -da [neθesitàðo, -ða] *adj.-s.* Nécessiteux, euse.

necesitar [neθesitàr] *tr.* 1 Nécessiter. 2 Avoir besoin de, falloir: *necesitamos una silla,* il nous faut une chaise.

necio, -ia [nèθjo, -θja] *adj.-s.* Sot, sotte, ignorant, ante.

necrología [nekroloxía] *f.* Nécrologie.

necrópolis [nekrópolɪs] *f.* Nécropole.

néctar [néytar] *m.* Nectar.

nefasto, -ta [nefàsto, -ta] *adj.* Néfaste.

negación [neɣaθjón] *f.* Négation.

negar [neɣár] [48] *tr.* 1 Nier (la existencia o la verdad de algo). 2 Renier (decir que no se conoce). 3 Désavouer (no reconocer como propio). 4 Refuser (rehusar), dénier (no otorgar). 5 Prohiber, interdire. ■ 6 *pr.* Se refuser, refuser: *se niega a ayudarme,* il se refuse à m'aider.

negativo, -va [neɣatiβo, -βa] *adj.* 1 Négatif, ive. ■ 2 *m.* FOT. Négatif.

negligencia [neɣlixénθja] *f.* Négligence.

negociante [neɣoθjánte] *m.* Négociant.

negociar [neɣoθjár] [12] *intr.-tr.* Négocier.

negocio [neɣóθjo] *m.* 1 Négoce (comercio). 2 Affaire *f.: buen, mal ~,* bonne, mauvaise affaire.

negrito, -ta [neɣrito, -ta] *s.* Négrillon, onne.

negro, -gra [néɣro, -ɣra] *adj.* 1 Noir, noire: *alma negra,* âme noire. 2 fig. Sombre, triste. Loc. *Verse ~ para salir de apuro,* être en grande difficulté pour se tirer d'affaire. ■ 3 *m.* Noir (color). ■ 4 *s.* Noir, noire, nègre, négresse (persona). ■ 5 MÚS. Noire.

negrura [neɣrúra] *f.* Noirceur.

nemoroso, -sa [nemoróso, -sa] *adj.* poét. Des bois, relatif, ive aux bois.

nene, -na [néne, -na] *s.* 1 fam. Bébé. 2 fam. Mon petit, ma petite (apelativo cariñoso).

neófito, -ta [neófito, -ta] *s.* Néophyte.

neolatino, -na [neolatino, -na] *adj.* Néolatin, ine.

neolítico, -ca [neolitiko, -ka] *adj.-m.* Néolithique.

neologismo [neoloxizmo] *m.* Néologisme.

neón [neón] *m.* Néon: *letrero de ~,* enseigne au néon.

neoyorquino, -na [neoʝorkino, -na] *adj.-s.* New-yorkais, aise.

nepotismo [nepotizmo] *m.* Népotisme.

nereida [nereǐða] *f.* MIT. Néréide.

nervadura [nerβaðúra] *f.* 1 ARQ. Nervure, nerf *m.* 2 BOT. Nervation.

nervio [nérβjo] *m.* 1 Nerf. Loc. ~ *de buey,* nerf de bœuf. 2 BOT., ARQ. Nervure *f.*

nerviosidad [nerβjosiðáð] *f.* 1 Nervosité. 2 Énervement *m.* (irritación, impaciencia).

nervioso, -sa [nerβjóso, -sa] *adj.* 1 Nerveux, euse. 2 Énervé, ée (irritado). Loc. *Poner ~,* énerver.

neto, -ta [néto, -ta] *adj.* 1 Net, nette (limpio, puro). 2 Net, nette (beneficio, peso, etc.). ■ 3 *m.* ARQ. Piédestal.

neumático, -ca [neŭmàtiko, -ka] *adj.* Pneumatique.

neuralgia [neŭrálxja] *f.* Névralgie.

neurastenia [neŭrasténja] *f.* Neurasthénie.

neurólogo [neŭróloɣo] *m.* Neurologue.

neurona [neŭróna] *f.* ANAT. Neurone *m.*

neurópteros [neŭróβteros] *m. pl.* Névroptères.

neurosis[neŭrósis] *f.* MED. Névrose.

neurótico, -ca [neŭrótiko, -ka] *adj.* 1 Névrotique. 2 *adj.-s.* Névrosé, ée (persona).

neutral[neŭtrál] *adj.* Neutre.

neutralidad[neŭtraliðáð] *f.* Neutralité.

neutralizar [neŭtraliθár] [4] *tr.* Neutraliser.

neutro, -tra[neŭtro, -tra] *adj.* Neutre.

nevada[neβáða] *f.* Chute de neige.

nevado, -da[neβáðo, -ða] *adj.* Neigeux, euse, couvert, erte de neige, enneigé, ée.

nevar[neβár] [27] *impers.* Neiger.

nevera [neβéra] *f.* 1 Glacière. 2 ~ *eléctrica,* réfrigérateur *m.*

nevisca [neβiska] *f.* Chute légère de neige.

nexo [né(y)so] *m.* Nœud, lien, trait d'union.

ni[ni] *conj.* Ni.

nicho [nitʃo] *m.* Niche *f.* (dans un mur).

nicotina [nikotina] *f.* Nicotine.

nidal [niðál] *m.* 1 Pondoir. 2 Nichet (huevo).

nido [niðo] *m.* 1 Nid. 2 fig. Repaire.

niebla [njéβla] *f.* 1 Brouillard *m.,* brume. 2 AGR. Nielle (enfermedad).

nieto, -ta[njéto, -ta] *s.* 1 Petit-fils, petitefille. ■ 2 *pl.* Petits-enfants.

nieve[njéβe] *f.* Neige.

NIF [nif] *m.* (*abrev.* número de identificación fiscal) Numéro d'identification fiscale.

nilón [nilón] *m.* Nylon.

nimbo [nimbo] *m.* Nimbe.

nimiedad [nimjeðáð] *f.* Minutie méticuleuse.

ninfa [nimfa] *f.* Nymphe.

ningún [ningún], **ninguno, -na** [ningúno, -na] *adj.* 1 Aucun, une,nul, nulle. ▲ Devant un nom masculin on emploie *ningún:* ~ *hombre,* aucun homme. ■ 2 Personne, nul, nulle (nadie): *no ha venido ninguno,* personne n'est venu.

niña [nina] *f.* 1 Petite fille, fillette. 2 Pupille, prunelle (del ojo).

niñera [ninéra] *f.* Bonne d'enfant.

niñez [ninéθ] *f.* Enfance.

niño, -ña [nino, -na] *adj.-s.* 1 Enfant (que se halla en la niñez, sin experiencia), jeune (que tiene pocos años): *los niños,* les enfants. Loc. ~ *de teta,* nourrison. 2 *loc. adv.* **De** ~, dès l'enfance. ■ 3 *m.* Garçon, garçonnet. Loc. *Niño Jesús,* Enfant Jésus. ■ 4 *f.* Petite fille, fillette.

níquel[nikel] *m.* Nickel.

níspero [nispero] *m.* 1 Néflier. 2 Nèfle *f.* (fruto).

nitidez[nitiðéθ] *f.* Netteté, limpidité.

nítido, -da[nitiðo, -ða] *adj.* Net, nette, limpide.

nitrato[nitráto] *m.* QUÍM. Nitrate.

nitrógeno [nitróxeno] *m.* Azote, nitrogène.

nivel [niβél] *m.* Niveau: *paso a* ~, passage à niveau.

nivelación[niβelaθjón] *f.* Nivellement *m.*

nivelar[niβelár] *tr.* Niveler.

nivoso, -sa[niβóso, -sa] *adj.* 1 Neigeux, euse, de neige. ■ 2 *m.* Nivôse.

no [no] *adv.* Non (en respuestas); ne... pas, ne... point, ne pas (delante de un verbo); ne (con otra negación); pas (en frases sin verbo): ~, *señor,* non, monsieur; ~ *duerme,* il ne dort pas. Loc. ~ *bien,* aussitôt que; ~ *menos,* pas moins; ~ *ya,* non seulement (solamente).

nobiliario, -ia[noβiljàrjo, -ja] *adj.-m.* Nobiliaire.

noble[nóβle] *adj.-s.* Noble.

nobleza[noβléza] *f.* Noblesse.

noche [nótʃe] *f.* 1 Nuit. Loc. ~ *toledana,* nuit blanche; *buenas noches,* bonne nuit (saludo al irse a acostar). 2 Soir *m.* (principio de la noche); *las diez de la* ~, dix heures du soir. Loc. *Buenas noches,* bonsoir (saludo). 3 *loc. adv.* **De** ~, de nuit, la nuit; *de la* ~ *a la mañana,* du jour au lendemain.

nochebuena [notʃeβwéna] *f.* Nuit de Noël.

noción [noθjón] *f.* Notion.

nocivo, -va [noθiβo, -βa] *adj.* Nocif, ive, nuisible (perjudicial).

noctámbulo, -la [noytámbulo, -la] *adj.-s.* Noctambule.

nocturno, -na [noytúrno, -na] *adj.* Nocturne.

nodriza [noðriθa] *f.* Nourrice.

nogal [noyál] *m.* Noyer (árbol).

nómada [nómaða] *adj.-s.* Nomade.

nombrado, -da [nombráðo, -ða] *adj.* Fameux, euse, renommé, ée (célèbre).

nombrar[nombrár] *tr.* Nommer.

nombre[nómbre] *m.* 1 Nom. Loc. *Llamar las cosas por su* ~, appeler les choses par leur nom. 2 Nom, renom, réputation *f.: hacerse un* ~, se faire un nom. 3 Surnom. Loc. *Mal* ~, sobriquet.

nomenclatura [nomeŋklatúra] *f.* Nomenclature.

nomeolvides [nomeolβiðes] *f.* Myosotis *m.,* ne-m'oubliez pas *m. invar.*

nómina [nómina] *f.* **1** Liste de noms. **2** État *m.* du personnel (en una oficina, etc.). **3** Feuille de paye.

nominar [nominár] *tr.* Nominer.

non [non] *adj.* **1** Impair, aire. ▪ **2** *m.* Nombre impair: *pares o nones,* pair ou impair.

nordeste [norðéste] *m.* Nord-est.

nórdico, -ca [nórðiko, -ka] *adj.-m.* Nordique.

noria [nórja] *f.* Noria.

norma [nòrma] *f.* **1** Norme, règle de conduite. **2** Règle, équerre.

normal [normál] *adj.* Normal, ale.

normalidad [normaliðàð] *f.* État *m.* normal.

noroeste [noroéste] *m.* Nord-ouest.

norte [nórte] *m.* Nord.

norteamericano, -na [norteamerikáno, -na] *adj.-s.* Nord-américain, aine, américain, caine du Nord.

norteño, -ña [nortéɲo, -ɲa] *adj.* Du Nord d'un pays.

nos [nos] *pron. pers.* Nous (complemento sin preposición): ~ *habla,* il nous parle.

nosotros, -tras [nosótros, -tras] *pron. pers.* Nous.

nostalgia [nostálxja] *f.* Nostalgie.

nota [nóta] *f.* **1** Note. **2** MÚS. Note. **3** Mention (en un examen). **4** Réputation. Loc. *De* ~, de marque (persona); *de mala* ~, mal famé, ée. **5** Remarque (observation).

notable [notáβle] *adj.* **1** Notable, remarquable. ▪ **2** *m.* Bien (en exámenes). ▪ **3** *pl.* Notables (persona).

notaría [notaria] *f.* **1** Notariat *m.*(empleo). **2** Étude de notaire (oficina).

notario [notárjo] *m.* Notaire.

noticia [notiθja] *f.* **1** Nouvelle (comunicación). Loc. ~ *bomba,* nouvelle sensationnelle. **2** Notice. **3** Connaissance.

noticiero [notiθjéro] *m.* Reporter, journaliste.

notificar [notifikár] [1] *tr.* Notifier, signifier, faire savoir.

notorio, -ia [notórjo, -ja] *adj.* Notoire.

novato, -ta [noβáto, -ta] *adj.-s.* Novice, nouveau, elle.

novecientos, -tas [noβeθjéntos, -tas] *adj.-m.* Neuf-cents.

novedad [noβeðáð] *f.* **1** Nouveauté. **2** Du nouveau *m.,* changement *m.* (cambio): *hay* ~, il y a du nouveau. Loc. *Sin* ~, rien de nouveau, sans changement, rien à signaler (no ha ocurrido nada). **3** Étonnement *m.,* surprise: *causar* ~, étonner. **4** Nouvelle récente (noticia).

novel [noβél] *adj.* Novice, débutant.

novela [noβéla] *f.* **1** Roman *m.* **2** ~ *corta,* nouvelle.

novelista [noβelista] *s.* Romancier, ière.

noveno, -na [noβéno, -na] *adj.-s.* Neuvième.

noventa [noβénta] *adj.-m.* Quatre vingtdix.

novia [nòβja] *f.* **1** Fiancée (prometida). **2** Jeune mariée (recién casada).

noviazgo [noβjáθɣo] *m.* Fiançailles *f. pl.*

novicio, -ia [noβiθio, -ia] *adj.-s.* Novice.

noviembre [noβjémbre] *m.* Novembre.

novillada [noβiʎáða] *f.* TAUROM. Course de taurillons.

novillo [noβiʎo] *m.* **1** Taurillon. ▪ **2** *pl. Hacer novillos,* faire l'école buissonnière.

novio [nòβjo] *m.* Fiancé (prometido).

nube [núβe] *f.* **1** Nuage *m.* Loc. fig. ~ *de verano,* brouille, chagrin passager; *estar en las nubes,* être dans les nuages. **2** Nuée (multitud). **3** Taie (en el ojo). **4** Sorte de châle *m.* en mailles.

nublado, -da [nuβláðo, -ða] *adj.* **1** Nuageux, euse, couvert, erte (cielo). ▪ **2** *m.* Nuée *f.,* nuage. **3** fig. Trouble, situation *f.* menaçante.

nuca [núka] *f.* Nuque.

nuclear [nukleár], **nucleario, -ia** [nukleárjo, -ja] *adj.* Nucléaire.

núcleo [núkleo] *m.* **1** Noyau. **2** BIOL. Nucléus.

nudo [nùðo] *m.* Nœud (lazo).

nuera [nwéra] *f.* Bru, belle-fille.

nuestro, -tra [nwèstro, -tra], **nuestros, -tras** [nwèstros, -tras] *adj. pos.* **1** Notre, nos; à nous: ~ *padre,* notre père. ▪ **2** *pron. pos.* Nôtre, nôtres.

nueva [nwéβa] *f.* Nouvelle. Loc. *Coger de nuevas,* surprendre, étonner.

nuevo, -va [nwéβo, -βa] *adj.* **1** Neuf, neuve (recién hecho o fabricado, no o poco gastado), nouveau, nouvel, nouvelle (reciente): *un vestido* ~, un habit neuf. **2** *loc. adv. De* ~, de nouveau, à nouveau.

nuez [nwéθ] *f.* **1** Noix: *nueces,* des noix. **2** ANAT. Pomme d'Adam.

nulo, -la [núlo, -la] *adj.* Nul, nulle.

numeración [numeraθjón] *f.* **1** Numération. **2** Numérotage *m.* (acción).

numerar [numerár] *tr.* **1** Dénombrer, nombrer. **2** Numéroter (poner un número).

numérico, -ca [numériko, -ka] *adj.* Numérique.

número [nùmero] *m.* **1** Nombre (cantidad). **2** Numéro (en una serie). **3** MAT. Chiffre: *números arábigos,* chiffres arabes.

numeroso, -sa [numeróso, -sa] *adj.* Nombreux, euse.

numismático, -ca [numizmátıko, -ka] *adj.* **1** Numismatique. ▪ **2** *m.* Numismate.

nunca [núŋka] *adv.* Jamais: *no la he visto* ~, je ne l'ai jamais vue.

nunciatura [nunθjatúra] *f.* Nonciature.

nuncio [núnθjo] *m.* **1** Nonce. **2** Envoyé, messager. **3** Signe, présage (señal).

nupcial [nuβθjál] *adj.* Nuptial, ale.

nupcias [núβθjas] *f. pl.* Noces. Loc. *Hijos de primeras, de segundas* ~, enfants du premier, du second lit.

nutria [nútrja] *f.* Loutre.

nutrición [nutriθjón] *f.* Nutrition.

nutrido, -da [nutriðo, -ða] *adj.* Nourri, ie.

nutrir [nutrir] *tr.* **1** Nourrir. **2** fig. Nourrir. ▪ **3** *pr.* Se nourrir.

nutritivo, -va [nutritiβo, -ßa] *adj.* Nutritif, ive, nourrissant, ante.

Ñ

ñ [éɲe] *f.* Ñ *m.* Dix-septième lettre de l'alphabet espagnol. Elle a le son du *gn* français dans *espagnol*.

ñandú [ɲandú] *m.* Nandou.

ñoñería [ɲoɲería], **ñoñez** [ɲoɲéθ] *f.* Niaiserie.

ñoño, -ña [ɲóɲo, -ɲa] *adj.* 1 Niais, niaise, geignard, arde, gnangnan (quejumbroso). 2 Insipide, fade, mièvre (soso), banal, ale.

ñoqui *m.* gnocchi.

ñu *m.* gnou.

O

o [o] *f.* O *m.*

oasis [oásis] *m.* Oasis *f.*

obcecar [oβθekàr] [1] *tr.* 1 Aveugler. ■ 2 *pr.* Être aveuglé, ée.

obedecer [oβeðeθèr] [43] *tr.* 1 Obéir à. ■ 2 *intr.* Obéir.

obediencia [oβeðjènθja] *f.* Obéissance.

obediente [oβeðjénte] *adj.* Qbéissant, ante.

obesidad [oβesiðàð] *f.* Obésité.

obeso, -sa [oβéso, -sa] *adj.* Obèse.

óbice [óβiθe] *m.* Obstacle, empêchement.

obispado [oβispàðo] *m.* Évêché.

obispillo [oβispiλo] *m.* 1 Sorte de boudin. 2 Croupion, sot-l'y-laisse (de las aves).

obispo [oβispo] *m.* Évêque.

objeción [oβxeθjón] *f.* Objection.

objetivo, -va [oβxetiβo, -βa] *adj.-m.* Objectif, ive.

objeto [oβxèto] *m.* 1 Objet. 2 *loc. adv. Con ~ de,* afin de, pour, en vue de.

oblea [oβléa] *f.* Pain *m.* à cacheter.

oblicuo, -ua [oβlikwo, -wa] *adj.* Oblique.

obligación [oβliɣaθjón] *f.* Obligation.

obligar [oβliɣàr] [7] *tr.* 1 Obliger, astreindre. ■ 2 *pr.* S'obliger, s'engager.

obligatorio, -ia [oβliɣatòrjo, -ja] *adj.* Obligatoire.

obra [óβra] *f.* 1 Œuvre (labor). 2 Œuvre (producción artística, etc.). 3 Ouvrage *m.* (libro), pièce (de teatro). 4 Œuvre (en sentido moral). 5 CONSTR. Chantier *m.* (edificio en construcción), construction (edificio). ■ 6 *loc. adv. Por ~ de,* par l'action de. 7 *pl.* Travaux *m.*: *obras públicas,* travaux publics.

obrar [oβràr] *intr.* 1 Agir. 2 Se trouver, être: *el expediente obra en poder del juez,* le dossier se trouve entre les mains du juge. 3 Aller à la selle (exonerar el vientre). 4 *tr.* Bâtir, construire.

obrero, -ra [oβréro, -ra] *adj.-s.* 1 Ouvrier, ière. ■ 2 *m.* Fabricien, fabricier (de una parroquia).

obscurecer [oskureθèr] [43] *tr.* 1 Obscurcir, assombrir. ■ 2 *intr.* Commencer à faire nuit. ■ 3 *pr.* S'obscurcir, s'assombrir.

obscuridad [oskuriðàð] *f.* Obscurité.

obscuro, -ra [oskùro, -ra] *adj.* 1 Obscur, ure. 2 Sombre, foncé, ée (color). 3 *loc. adv. A obscuras,* dans l'obscurité; fig. dans l'ignorance.

obsequiar [oβsejàr] [12] *tr.* 1 Combler de prévenances (agasajar). 2 Courtiser (a una mujer).

obsequio [oβsèkjo] *m.* 1 Cadeau (regalo). 2 Prévenance *f.,* attention *f.* (afabilidad).

observación [oβserβaθjón] *f.* Observation.

observar [oβserβàr] *tr.* Observer.

observatorio [oβserβatòrjo] *m.* Observatoire.

obsesión [oβsesjón] *f.* Obsession.

obstáculo [oβstàkulo] *m.* Obstacle.

obstante (no) [oβstànte] *adv.* Cependant, néanmoins, nonobstant (sin embargo).

obstinación [oβstinaθjón] *f.* Obstination.

obstruir [oβstrwir] [62] *tr.* 1 Obstruer. 2 fig. Entraver, contrarier.

obtener [oβtenèr] [87] *tr.* Obtenir: *ha obtenido un premio muy bueno,* il a obtenu un très bon prix.

obturación [oβturaθjón] *f.* Obturation.

obturar [oβturàr] *tr.* Obturer.

obtuso, -sa [oβtùso, -sa] *adj.* Obtus, use.

obvio, -ia [óββjo, -ja] *adj.* Évident, ente.

oc (lengua de) [ók] *f.* Langue d'oc.

oca [óka] *f.* 1 Oie (ave). 2 *Juego de la ~,* jeu de l'oie.

ocasión [okasjón] *f.* Occasion: *de ~,* d'occasion.

ocasionar [okasjonàr] *tr.* Occasionner, causer.

ocaso [okáso] *m.* 1 Coucher (de un

astro). **2** Ouest, couchant (punto cardinal). **3** fig. Décadence f., crépuscule.

occidental [oɣθiðentál] *adj.* Occidental, ale.

occidente [oɣθiðénte] *m.* Occident.

océano [oθéano] *m.* Océan.

ochenta [otʃénta] *adj.-m.* Quatrevingt(s).

ocho [ótʃo] *adj.-m.* Huit: **son las ~**, il est huit heures.

ochocientos -tas [otʃoθjéntos, -tas] *adj.* Huit cents.

ocio [óθjo] *m.* Désœuvrement, inaction f.

ocioso, -sa [oθjóso, -sa] *adj.-s.* **1** Oisif, ive. ■ **2** *adj.* Inutile, oiseux, euse (palabras, etc.).

oclusión [oklusjón] f. Occlusion.

ocre [ókre] *adj.* **1** Ocre. ■ **2** *m.* Ocre f.

octagonal [oɣtaɣonál] *adj.* GEOM. Octogonal, ale.

octava [oɣtáβa] f. **1** Octave. **2** LIT. Huitain *m.*

octavilla [oɣtaβiʎa] f. **1** Huitain *m.* de vers octosyllabes. **2** Huitième *m.* d'une feuille de papier.

octavo, -va [oɣtáβo, -βa] *adj.-s.* **1** Huitième. **2** *loc. adv.* **En ~**, in octavo.

octeto [oɣtéto] *m.* INFORM. **1** Octet. **2** MÚS. Octuor.

octubre [oɣtúβre] *m.* Octobre.

ocular [okulár] *adj.-m.* Oculaire.

oculista [okulísta] s. Oculiste.

ocultar [okultár] *tr.* **1** Cacher, dissimuler. ■ **2** *pr.* Se cacher.

ocultismo [okultízmo] *m.* Occultisme.

oculto, -ta [okúlto, -ta] *m.* **1** Caché, ée (escondido). **2** Occulte (secreto).

ocupación [okupaθjón] f. Occupation.

ocupar [okupár] *tr.* **1** Occuper. ■ **2** *pr.* S'occuper.

ocurrencia [okuřénθja] f. **1** Occasion, circonstance. **2** Saillie, trait *m.* d'esprit (dicho agudo). **3** Idée.

ocurrir [okuřír] *intr.* **1** Arriver, se passer, se produire: ¿qué ocurre?, que se passet-il? ■ **2** *pr.* Venir à l'idée, venir à l'esprit: **se le ocurrió escribir al propio director**, il lui est venu à l'idée d'écrire au directeur lui-même.

odiar [oðjár] [12] *tr.* Haïr, détester.

odio [óðjo] *m.* Haine f.

odisea [oðiséa] f. Odyssée.

oeste [oéste] *m.* Ouest.

ofender [ofendér] *tr.* **1** Offenser. ■ **2** *pr.* S'offenser.

ofensa [ofénsa] f. Offense.

ofensivo, -va [ofensiβo, -βa] *adj.* **1** Of-

fensif, ive (arma, etc.). **2** Offensant, ante (injurioso). ■ **3** f. Offensive.

ofensor, -ra [ofensór, -ra] *adj.-s.* Offenseur, euse.

oferta [oférta] f. **1** Offre. **2** Promesse.

oficial [ofiθjál] *adj.* **1** Officiel, elle. ■ **2** *m.* Compagnon, ouvrier: **~ de sastre**, ouvrier tailleur. **3** Employé de bureau (oficinista). **4** MIL. Officier.

oficialidad [ofiθjaliðáð] f. **1** MIL. Cadres *m. pl.*, officiers *m. pl.* **2** Caractère *m.* officiel (de una cosa).

oficiar [ofiθjár] [12] *intr.* **1** Officier. **2 ~ de**, agir en qualité de. ■ **3** *tr.* LITURG. Célébrer: **~ una misa**, célébrer une messe.

oficina [ofiθína] f. **1** Bureau *m.* (despacho). **2** Officine (de farmacia).

oficio [ofiθjo] *m.* **1** Métier, profession f.: **no hay ~ malo**, il n'est point de sot métier. **2** Office (función, papel). **3** Office: **buenos oficios**, bons offices. **4** El Santo Oficio, Le Saint-Office. **5** Office (antecocina).

oficioso, -sa [ofiθjóso, -sa] *adj.* Officieux, euse (no oficial).

ofimática [ofimátika] f. INFORM. Bureautique.

ofrecer [ofreθér] [43] *tr.* **1** Offrir. **2** fig. Offrir, présenter: **~ sus respetos**, présenter ses hommages. ■ **3** *pr.* Venir à l'esprit.

ofrecimiento [ofreθimjénto] *m.* Offre f.

oftalmólogo, -ga [oftalmóloɣo, -ɣa] s. Ophtalmologiste, ophtalmologue.

ofuscar [ofuskár] [1] *tr.* Offusquer, aveugler, éblouir (turbar la vista).

ogro [óɣro] *m.* Ogre.

¡oh! [o] *interj.* Oh!

oídas (de) [oíðas] *loc. adv.* Par ouï-dire.

oído [oíðo] *m.* **1** Ouïe f., oreille f. (sentido), oreille f. (órgano). Loc. **Duro de ~**, dur d'oreille. **2** Lumière f (de arma). **3** *loc. adv.* **Al ~**, à l'oreille; **de ~**, d'oreille.

oír [oir] [75] *tr.* Entendre (percibir los sonidos), écouter (escuchar, atender).

OIT [ojté] f. (*abrev.* Organización Internacional del Trabajo) OIT.

ojal [oxál] *m.* **1** Boutonnière f. **2** Trou (agujero).

¡ojalá! [oxalá] *interj.* Plaise à Dieu.

ojear [oxeár] *tr.* **1** Regarder, examiner. **2** Rabattre (la caza).

ojera [oxéra] f. Cerne *m.* (de los ojos).

ojival [oxiβál] *adj.* Ogival, ale.

ojo [óxo] *m.* **1** Œil. Loc. **Ojos saltones**, yeux à fleur de tête; **llenar el ~**, plaire:

imucho ~*!,* gare!, attention! ■ **2** Œil chas (de una aguja). **3** Trou (de la cerradura). **4** Anneau (de llave). **5** Arche *f.* (de un puente). **6** ~ *de gallo, de pollo,* œil-de-perdrix (callo).

okupa [okúpa] *m.* fam. Squatter.

ola [óla] *f.* **1** Vague, lame. **2** fig. Vague (de calor, etc.).

¡olé! [olé] *interj.* Bravo!

oleada [oleáða] *f.* **1** Grande vague. **2** Paquet *m.* de mer.

oleaginoso, -sa [oleaxinóso, -sa] *adj.* Oléagineux, euse.

oleaje [oleáxe] *m.* Houle *f.*

óleo [óleo] *m.* Huile *f.: pintura al* ~, peinture à l'huile; *los santos óleos,* les saintes huiles.

oleoducto [oleoðúkto] *m.* Oléoduc, pipeline.

oler [olèr] [60] *tr.* **1** Sentir. **2** fig. Flairer. ■ **3** *intr.* Sentir: ~ *a rosa,* sentir la rose. ■ **4** *pr.* Pressentir.

olfato [olfáto] *m.* Odorat, flair.

oliente [oljénte] *adj.* Qui sent: *bien* ~, qui sent bon; *mal* ~, qui sent mauvais.

oligarquía [oliyarkía] *f.* Oligarchie.

olimpíada [olimpiáða] *f.* Olympiade.

olímpico, -ca [olimpiko, -ka] *adj.* **1** Olympien, ienne (del Olimpo). **2** Olympique: *juegos olímpicos,* jeux olympiques.

oliva [olíβa] *f.* Olive.

olivar [oliβár] *m.* Olivaie *f.,* oliveraie *f.*

olivo [olíβo] *m.* Olivier.

olla [óʎa] *f.* **1** Marmite, pot *m.* (vasija). **2** ~ *a presión,* autocuiseur *m.* **3** Pot-au-feu *m. invar.* (guiso). **4** ~ *podrida,* potpourri *m.*

olmo [ólmo] *m.* Orme.

olor [olór] *m.* Odeur.

oloroso, -sa [oloróso, -sa] *adj.* Odorant, ante.

olvidadizo, -za [olβiðaðíθo, -θa] *adj.* Oublieux, euse.

olvidado, -da [olβiðáðo, -ða] *adj.* **1** Oublié, ée. **2** Oublieux, euse (olvidadizo).

olvidar [olβiðár] *tr.* Oublier.

olvido [olβiðo] *m.* Oubli.

ombligo [omblíyo] *m.* Nombril, ombilic.

omiso, -sa [omíso, -sa] *adj.* Omis, ise. Loc. *Hacer caso* ~ *de,* ne pas faire cas de, faire peu cas de.

omitir [omitir] *tr.* Omettre. ▲ PART. PAS. rég.: *omitido, da;* irrég.: *omiso, sa.*

omnipotencia [omnipoténθja] *f.* Omnipotence.

omóplato [omóplato], **omoplato** [omoplàto] *m.* Omoplate *f.*

OMS [oms] *f.* (*abrev.* Organización Mundial de la Salud) OMS.

once [ónθe] *adj.-m.* Onze.

onda [ónda] *f.* **1** Onde. Loc. ~ *corta, larga,* ondes courtes, grandes ondes. **2** Ondulation (del pelo).

ondeante [ondeánte] *adj.* Ondoyant, ante, ondulant, ante.

ondear [ondeàr] *intr.* Ondoyer, onduler.

ondulación [ondulaθjón] *f.* Ondulation.

ondulante [ondulánte] *adj.* Ondulant, ante.

oneroso, -sa [oneróso, -sa] *adj.* Onéreux, euse.

onomástico, -ca [nomàstiko, -ka] *adj.* **1** Onomastique. ■ **2** *f.* Fête (de una persona).

onomatopeya [onomatopéʝa] *f.* Onomatopée.

ONU [ónu] *f.* (*abrev.* Organización de las Naciones Unidas) ONU.

onza [ónθa] *f.* **1** Once (peso). **2** Once (mamífero). **3** ~ *de oro,* monnaie d'or espagnole.

opaco, -ca [opàko, -ka] *adj.* Opaque.

opalino, -na [opalino, -na] *adj.* Opalin, ine.

ópalo [ópalo] *m.* Opale *f.*

opción [oβθjón] *f.* Option, choix *m.*

ópera [ópera] *f.* **1** Opéra *m.* **2** ~ *cómica,* opéra-comique.

operación [operaθjón] *f.* Opération.

operar [operár] *tr.* **1** Opérer. ■ **2** *pr.* CIR. Se faire opérer.

operario, -ia [operàrjo, -ja] *s.* Ouvrier, ière.

opinar [opinàr] *intr.* Penser, être d'avis.

opinión [opinjón] *f.* Opinion.

opio [ópjo] *m.* Opium.

oponer [oponèr] [78] *tr.* **1** Opposer. ■ **2** *pr.* S'opposer.

oportunidad [oportuniðáð] *f.* Opportunité (calidad de oportuno).

oportunismo [oportunizmo] *m.* Opportunisme.

oportuno, -na [oportúno, -na] *adj.* Opportun, une.

oposición [oposiθjón] *f.* **1** Opposition. **2** Concours *m.: oposiciones a un cargo,* concours en vue d'obtenir un poste.

opresión [opresjón] *f.* Oppression.

oprimir [oprimir] *tr.* **1** Presser, appuyer sur: ~ *el botón,* presser le bouton. **2** Serrer (dicho de un vestido). **3** Oppresser (ahogar). **4** fig. Opprimer (tiranizar). ▲ PART. PAS. rég.: *oprimido;* irrég.: *opreso.*

optar [oβtár] *tr.* Opter, choisir: *optó por callarse,* il choisit de se taire.

óptico, -ca [óβtiko, -ka] *adj.-f.* 1 Optique. ■ 2 *m.* Opticien.

optimismo [oβtimízmo] *m.* Optimisme.

opulento, -ta [opulénto, -ta] *adj.* Opulent, ente.

ora [óra] *conj.* Tantôt: ~ *llora,* ~ *ríe,* tantôt il pleure, tantôt il rit.

oración [oraθjón] *f.* 1 Prière, oraison (rezo). 2 GRAM. Proposition. 3 *Las partes de la* ~, les parties du discours.

orador, -ra [oraðór, -ra] *s.* Orateur, trice.

oral [orál] *adj.* Oral, ale.

orar [orár] *intr.-tr.* Prier: ~ *a Dios,* prier Dieu.

oratoria [oratórja] *f.* Art *m.* oratoire.

orbe [órβe] *m.* 1 Orbe (círculo), sphère *f.* (esfera), globe. 2 Monde, univers.

órbita [órβita] *f.* ANAT., ASTR. Orbite. Loc. ASTR. *En* ~, sur orbite.

órdago (de) [órðayo] *loc. adv.* fam. Du tonnerre, épatant, ante (muy bueno), terrible.

orden [órðen] *m.-f.* Ordre *m.* ■ Dans le sens de commandement et d'ordre militaire ou religieux ce mot est toujours employé au féminin.

ordenada [orðenáða] *f.* GEOM. Ordonnée.

ordenador [orðenaðór] *m.* INFORM. Ordinateur.

ordenamiento [orðenamjénto] *m.* 1 Mise *f.* en ordre. 2 Ordonnance *f.* (ley).

ordenanza [orðenánθa] *f.* 1 Ordonnance, règlement *m.* ■ 2 *m.* MIL. Ordonnance (soldado). 3 Garçon de bureau (en las oficinas).

ordenar [orðenár] *tr.* 1 Ordonner. 2 Mettre en ordre (poner en orden).

ordeñar [orðeɲár] *tr.* Traire.

ordinario, -ia [orðinárjo, -ja] *adj.* 1 Ordinaire. 2 Vulgaire, grossier, ière (grosero). ■ 3 *m.* Ordinaire. 4 Commissionnaire (recadero).

orear [oreár] *intr.* 1 Aérer. ■ 2 *pr.* Prendre l'air.

orégano [oréyano] *m.* Origan.

oreja [oréxa] *f.* 1 Oreille. Loc. fig. *Apearse por las orejas,* vider les arçons; *calentar las orejas,* frotter les oreilles.

orfandad [orfandáð] *f.* 1 État d'orphelin *m.* 2 Pension accordée a un orphelin.

orfebre [orféβre] *m.* Orfèvre.

orgánico, -ca [oryániko, -ka] *adj.* Organique.

organigrama [oryaniyráma] *m.* Organigramme.

organillo [oryaniʎo] *m.* Orgue de Barbarie.

organismo [oryanízmo] *m.* Organisme.

organización [oryaniθaθjón] *f.* Organisation.

organizar [oryaniθár] [4] *tr.* Organiser.

órgano [óryano] *m.* 1 MÚS. Orgue. 2 Organe.

orgía [orxía] *f.* Orgie.

orgullo [oryúʎo] *m.* Orgueil.

orgulloso, -sa [oryuʎóso, -sa] *adj.* 1 Orgueilleux, euse. 2 Fier, fière.

orientación [orjentaθjón] *f.* Orientation.

oriental [orjentál] *adj.-s.* Oriental, ale.

orientar [orjentár] *tr.* 1 Orienter. ■ 2 *pr.* S'orienter.

oriente [orjénte] *m.* Orient.

orificio [orifíθjo] *m.* Orifice.

oriflama [oriflàma] *f.* Oriflamme.

origen [orixen] *m.* Origine *f.*

original [orixinál] *adj.* 1 Originel, elle (relativo al origen): *pecado* ~, péché originel. ■ 2 *adj.-s.* Original, ale (persona). ■ 3 IMPR. Copie *f.*

originar [orixinár] *tr.* Causer, donner naissance à.

orilla [oriʎa] *f.* 1 Bord *m.,* rivage *m.* (del mar). 2 Bord *m.* (de un tejido, una mesa, etc.).

orillo [oriʎo] *m.* Lisière *f.* d'une étoffe.

orina [orína] *f.* Urine.

orinal [orinál] *m.* Pot de chambre.

orinar [orinár] *intr.-pr.-tr.* Uriner.

oriundo, -da [orjúndo, -da] *adj.* Originaire.

ornamentación [ornamentaθjón] *f.* Ornementation.

ornamentar [ornamentár] *tr.* Ornementer, orner.

oro [óro] *m.* 1 Or. Loc. ~ *de ley,* or au titre, or véritable. ■ 2 *pl.* Une des couleurs du jeu de cartes espagnol.

orografía [oroyrafía] *f.* Orographie.

oropel [oropél] *m.* 1 Oripeau. 2 fig. Clinquant.

oropéndola [oropéndola] *f.* Loriot *m.*

orquesta [orkésta] *f.* Orchestre *m.*

orquídea [orkíðea] *f.* Orchidée.

ortiga [ortíya] *f.* Ortie.

ortodoxo, -xa [ortoðo(y)so, -sa] *adj.-s.* Orthodoxe.

ortografía [ortoyrafía] *f.* Orthographe.

ortográfico, -ca [ortoyráfiko, -ka] *adj.* Orthographique.

ortopedia [ortopéðja] *f.* Orthopédie.

ortopédico, -ca [ortopéðiko, -ka] *adj.* 1 Orthopédique. ■ 2 *s.* Orthopédiste.

oruga [orúɣa] *f.* **1** Chenille. **2** Roquette (hierba). **3** MEC. Chenille.

orujo [orúxo] *m.* Marc de raisin, d'olive.

orza [órθa] *f.* **1** Pot *m.* de terre vernie. **2** MAR. Dérive (pieza triangular).

orzuelo [orθwélo] *m.* Orgelet, compère-loriot (en un párpado).

os [os] *pron. pers.* Vous: ~ *veo,* je vous vois.

osa [ósa] *f.* Ourse.

osadía [osaðía] *f.* Audace, hardiesse.

osamenta [osaménta] *f.* Squelette *m.,* ossature.

osar [osár] *intr.* Oser.

oscilación [osθilaθjón] *f.* Oscillation.

oscilar [osθilár] *intr.* **1** Osciller. **2** Vaciller (una llama).

ósculo [óskulo] *m.* Baiser.

óseo, -ea [óseo, -ea] *adj.* Osseux, euse.

ósmosis [ózmosɪs], **osmosis** [ozmósɪs] *f.* Osmose.

oso [óso] *m.* **1** Ours. **2** ~ *hormiguero,* fourmilier, tamandua.

ostentación [ostentaθjón] *f.* Ostentation. Loc. *Hacer* ~ *de,* faire ostentation de, étalage de, étaler.

ostentoso, -sa [ostentóso, -sa] *adj.* Magnifique, somptueux, euse.

ostra [óstra] *f.* Huître. Loc. fam. *Aburrirse como una* ~, s'ennuyer mortellement.

ostracismo [ostraθízmo] *m.* Ostracisme.

ostricultura [ostrikultúra] *f.* Ostréiculture.

ostrogodo, -da [ostroɣóðo, -ða] *adj.-s.* Ostrogoth, othe.

otomano, -na [otománo, -na] *adj.-s.* **1** Ottoman, ane. ■ **2** *f.* Ottomane (sofá).

otoñal [otoɲál] *adj.* Automnal, ale.

otoño [otóɲo] *m.* Automne.

otorgamiento [otorɣamjénto] *m.* **1** Octroi, concession *f.* **2** DER. Passation *f.*

otorgar [otorɣár] [7] *tr.* **1** Accorder, octroyer. **2** DER. Passer (un acta) par devant notaire. **3** Conférer (poderes).

otro, -tra [ótro, -tra] *adj.-pron. indef.* Autre: ~ *libro,* un autre livre; *quiero* ~ *pastel,* je veux un autre gâteau.

ovación [oβaθjón] *f.* Ovation.

oval [oβál], **ovalado, -da** [oβaláðo, -ða] *adj.* Ovale.

ovalar [oβalár] *tr.* Ovaliser.

óvalo [óβalo] *m.* Ovale.

ovario [oβárjo] *m.* Ovaire.

oveja [oβéxa] *f.* Brebis (hembra del carnero), mouton *m.* (carnero).

ovejuno, -na [oβexúno, -na] *adj.* De brebis.

oviducto [oβiðúyto] *m.* Oviducte.

ovillar [oβiʎár] *intr.* Mettre en pelote.

ovillo [oβíʎo] *m.* Pelote *f.,* peloton. Loc. fig. *Hacerse un* ~, se pelotonner, se ramasser, se mettre en boule.

ovíparo, -ra [oβíparo, -ra] *adj.* Ovipare.

ovoide [oβóïðe], **ovoideo, ea** [oβoïðéo, -ea] *adj.* Ovoïdal, ale.

óvolo [óβolo] *m.* ARQ. Ove.

óvulo [óβulo] *m.* Ovule.

oxear [o(ɣ)seár] *tr.* Chasser (gallinas).

oxidación [o(ɣ)siðaθjón] *f.* Oxydation.

oxidar [o(ɣ)siðár] *tr.* **1** Oxyder. ■ **2** *pr.* S'oxyder.

óxido [ó(ɣ)siðo] *m.* Oxyde.

oxigenar [o(ɣ)sixenár] *tr.* Oxygéner.

oxígeno [o(ɣ)síxeno] *m.* Oxygène.

oyente [oʝénte] *s.* Auditeur, trice.

ozono [oθóno] *m.* Ozone.

P

p [pe] *f.* P *m.*

pabellón [paβeʎón] *m.* 1 Pavillon. 2 Faisceau (de fusiles).

paciencia [paθjénθja] *f.* Patience: *acabársele a uno la* ~, être à bout de patience; *perder la* ~, perdre patience.

paciente [paθjénte] *adj.-s.* Patient, ente.

pacificación [paθifikaθjón] *f.* Pacification.

pacificar [paθifikár] [1] *tr.* Pacifier.

pacífico, -ca [paθífiko, -ka] *adj.* 1 Pacifique. ■ 2 *n. pr. m. Océano* ~, Océan Pacifique.

pacifista [paθifísta] *adj.-s.* Pacifiste.

pacotilla [pakotíʎa] *f.* Pacotille: *de* ~, de pacotille.

pactar [paktár] *intr.* 1 Pactiser. ■ 2 *tr.* Convenir (de una cosa).

pacto [pákto] *m.* Pacte, accord; convention *f.*

padecer [paðeθér] [43] *tr.-intr.* Souffrir, souffrir de: ~ *una enfermedad grave, sed,* souffrir d'une maladie grave, de la soif.

padrastro [paðrástro] *m.* 1 Beau-père, nouveau mari d'une mère remariée. 2 Envie *f.* (en las uñas).

padre [páðre] *m.* 1 Père. 2 ~ *Santo,* Saint-Père. 3 ~ *nuestro,* Notre Père, Pater. ■ 4 *pl.* Parents (el padre y la madre).

padrenuestro [paðrenwéstro] *m.* Notre Père, Pater.

padrino [paðríno] *m.* 1 Parrain. 2 Témoin (en un desafío, una boda).

padrón [paðrón] *m.* 1 Liste *f.* des habitants (de una localidad). 2 Modèle (dechado).

paella [paéʎa] *f.* Paella, riz *m.* à la valencienne.

¡paf! [paf] *interj.* Paf!

paga [páɣa] *f.* Paye, paie (sueldo): ~ *extraordinaria,* double paye.

pagable [paɣáβle], **pagadero, -ra** [paɣaðéro, -ra] *adj.* Payable.

paganismo [paɣanizmo] *m.* Paganisme.

pagano, -na [paɣáno, -na] *adj.-s.* 1 Païen, ïenne. ■ 2 *m.* fam. Celui qui paie les frais, lampiste.

pagar [paɣár] [7] *tr.* 1 Payer. Loc. ~ *con su vida,* payer de sa vie. ■ 2 *pr.* S'infatuer, être fier, fière de: *estar pagado de sí mismo,* être infatué de soi-même.

pagaré [paɣaré] *m.* COM. Billet à ordre.

página [páxina] *f.* Page.

pago [páɣo] *m.* 1 Paiement: ~ *al contado, a plazos,* paiement comptant à tempérament. 2 Propriété *f.* rurale, domaine (heredad). 3 fig. Récompense *f.*

país [pais] *m.* Pays.

paisaje [paísáxe] *m.* Paysage.

paisano, -na [paísáno, -na] *adj.-s.* 1 Pays, payse, compatriote. ■ 2 *m.* Civil (persona): *vestido de* ~, habillé en civil.

paja [páxa] *f.* Paille (del trigo, etc.).

pajar [paxár] *m.* Pailler.

pájara [páxara] *f.* 1 Oiseau *m.* 2 Cocotte (de papel). 3 Cerf-volant *m.* (cometa).

pajarero, -ra [paxaréro, -ra] *adj.* 1 Gai, gaie, joyeux, euse, enjoué, ée (persona). 2 Criard, arde (color), bigarré, ée (tela, etc.).

pajarita [paxaríta] *f.* 1 Cocotte (de papel). 2 ~ *de las nieves,* bergeronnette.

pájaro [páxaro] *m.* 1 Oiseau. Loc. ~ *bobo,* guillemot. 2 fig. *Matar dos pájaros de un tiro,* faire d'une pierre deux coups. 3 ZOOL. Passereau.

pajarraco [paxaříáko] *m.* desp. Vilain oiseau.

paje [páxe] *m.* 1 Page (persona). 2 MAR. Mousse.

pala [pála] *f.* 1 Pelle. 2 Fer *m.* (de la azada, etc.). 3 Pale (de remo, de una hélice). 4 Empeigne (del calzado). 5 Battoir *m.* (de lavandera). 6 Raquette (para jugar).

palabra [paláβra] *f.* 1 Mot *m.,* terme *m.* (vocablo). Loc. *La última* ~, le dernier mot. 2 Parole (habla). Loc. ~ *de matrimonio,* promesse de mariage.

palabreo [palaβréo] *m.,* **palabrería** [pala-βreria] *f.* Papotage *m.,* bavardage *m.*

palabrota [palaβróta] *f.* Gros mot *m.*

palaciego, -ga [palaθjéγo, -γa] *adj.* Du palais.

palacio [paláθjo] *m.* 1 Palais (real, de justicia, etc.). 2 Château.

palada [paláða] *f.* 1 Pelletée. 2 Coup *m.* d'aviron sur l'eau.

paladar [palaðár] *m.* 1 ANAT. Palais. 2 fig. Goût (gusto). 3 Goût, saveur *f.* (sabor).

paladear [palaðeár] *tr.* Savourer.

paladín [palaðín] *m.* Paladin.

palanca [paláŋka] *f.* 1 Levier *m.* 2 FORT. Palanque.

palangana [palaŋgána] *f.* Cuvette.

palanqueta [palaŋkéta] *f.* Pince-monseigneur.

palco [pálko] *m.* 1 TEAT. Loge *f.* Loc. ~ *de platea,* baignoire *f.;* ~ *de proscenio,* avant-scène *f.* (tabladillo).

palenque [paléŋke] *m.* 1 Pallissade *f.* 2 Champ clos, arène *f.* (recinto).

paleolítico, -ca [paleolitiko, -ka] *adj.* Paléolithique.

paleontología [paleontoloxia] *f.* Paléontologie.

palestra [paléstra] *f.* 1 Palestre. 2 fig. Lutte. Loc. *Salir a la* ~, entrer en lice.

paleta [paléta] *f.* 1 Petite pelle. 2 Palette (de pintor). 3 Pale (de hélice, ventilador). 4 Truelle (de albañil).

paletada [paletáða] *f.* Truellée, pelletée.

paletilla [paletíλa] *f.* 1 ANAT. Omoplate. 2 Appendice *m.* xiphoïde (del esternón).

paleto, -ta [paléto, -ta] *adj.-s.* fig. Rustre, paysan, anne, péquenaud, aude. Loc. *Ser un* ~, être bien de son pays.

paliar [paljár] [12] *tr.* Pallier.

palidecer [paliðeθér] [43] *intr.* Pâlir.

pálido, -da [páliðo, -ða] *adj.* Pâle.

palillero [paliλéro] *m.* 1 Étui à cure-dents. 2 Porte-plume.

palillo [paliλo] *m.* 1 Affiquet (de hacer media). 2 Fuseau (de encajera). 3 Curedents *invar.* (mondadientes). 4 Baguette *f.* (de tambor). 5 Ébauchoir (de escultor). ■ 6 *pl.* Quilles *f.* (del billar). 7 Castagnettes *f.* (castañuelas).

paliza [paliθa] *f.* Raclée, rossée.

palma [pálma] *f.* 1 Palme. Loc. fig. *Llevarse la* ~, remporter la palme. 2 Palmier *m.* (árbol), dattier *m.* (datilera). 3 Paume (de la mano). 4 Sole (del casco de las caballerías). ■ 5 *pl.* Applaudissements *m.* Loc. *Batir palmas,* applaudir, battre des mains.

palmada [palmáða] *f.* Tape (golpe).

palmar [palmár] *adj.* 1 De palme. 2 Palmaire. ■ 3 *m.* Palmeraie *f.* (sitio poblado de palmas).

palmera [palméra] *f.* Palmier *m.,* dattier *m.* (datilera).

palmesano, -na [palmesáno, -na] *adj.-s.* De Palma de Majorque.

palmo [pálmo] *m.* 1 Empan. 2 loc. adv. ~ *a* ~, pied à pied.

palmoteo [palmotéo] *m.* Battement de mains, applaudissement.

palo [pálo] *m.* 1 Bâton. 2 Bois (madera): ~ *campeche,* bois de Campêche; ~ *brasil,* bois du Brésil. 3 BLAS. Pal. 4 Gibet (suplicio). 5 Queue *f.* (de una letra). 6 Couleur *f.* (de la baraja). 7 Quille *f.* (para jugar al billar).

paloma [palòma] *f.* Pigeon *m.,* colombe: ~ *mensajera,* pigeon voyageur.

palomar [palomár] *m.* 1 Pigeonnier, colombier. ■ 2 *adj. Hilo* ~, sorte de ficelle *f.*

palomo [palòmo] *m.* Pigeon mâle.

palote [palóte] *m.* Baguette *f.* courte.

palpable [palpáβle] *adj.* Palpable.

palpar [palpár] *tr.* 1 Palper. 2 Tâtonner (andar a tientas). 3 fig. Comprendre clairement.

palpitación [palpitaθjón] *f.* Palpitation.

palpitar [palpitár] *intr.* Palpiter.

paludismo [paluðizmo] *m.* MED. Paludisme.

palustre [palústre] *adj.* 1 Palustre. ■ 2 *m.* Truelle *f.* (de albañil).

pampa [pàmpa] *f.* Pampa.

pampero, -ra [pampéro, -ra] *adj.* 1 Pampéen, enne. ■ 2 *m.* Pampero, vent de la pampa.

pamplina [pamplina] *f.* 1 Mouron *m.* 2 fam. Niaiserie, baliverne, sornette.

pan [pan] *m.* 1 Pain. Loc. fig. *Al* ~, ~ *y al vino, vino,* il faut appeler un chat un chat. 2 Feuille *f.:* ~ *de oro, de plata,* feuille d'or, d'argent battu. 3 Blé (trigo): *tierra de* ~ *llevar,* terre à blé.

panacea [panaθéa] *f.* Panacée.

panadería [panaðeria] *f.* Boulangerie.

panadero, -ra [panaðéro, -ra] *s.* Boulanger, ère.

pancarta [paŋkárta] *f.* Pancarte.

pancista [panθista] *adj.-s.* Opportuniste.

páncreas [páŋkreas] *m.* ANAT. Pancréas.

pandear [pandeár] *intr.* Se bomber (pared, etc.), s'incurver.

pandeo [pandéo] *m.* Bombement (pared, etc.), gauchissement, courbure *f.*

pandereta [panderéta] *f.* Tambour *m.* de basque.

pandero [pandéro] *m.* **1** Tambour de basque. **2** Cerf-volant (juguete).

pandilla [pandíʎa] *f.* **1** Bande (grupo de personas). **2** Ligue, coterie (camarilla).

panecillo [paneθíʎo] *m.* Petit pain.

panel [panél] *m.* Panneau (de puerta, etc.).

panetela [panetéla] *f.* **1** Sorte de panade (sopa). **2** Panatela *m.* (cigarro).

pánfilo, -la [pàmfilo, -la] *adj.-s.* Flemmard, arde, mou, molle (flojo), endormi, ie (tardo en comprender).

pánico, -ca [pàniko, -ka] *adj.* **1** Panique. ■ **2** *m.* Panique *f.*

panificar [panifikár] [1] *tr.* Panifier.

panoplia [panóplja] *f.* Panoplie.

panorama [panoráma] *m.* Panorama.

pantalla [pantáʎa] *f.* **1** Abat-jour *m. invar.* (de lámpara). **2** Écran *m.* (de cine, televisión). **3** Écran *m.,* garde-feu *m. invar.* (de chimenea).

pantalón [pantalón] *m.* **1** Pantalon. Loc. ~ **corto,** culotte courte. **2** Culotte *f.* (de mujer).

pantano [pantáno] *m.* **1** Marais. **2** Réservoir (de una presa).

panteísmo [panteizmo] *m.* Panthéisme.

panteón [panteón] *m.* **1** Panthéon. **2** Caveau de famille (sepultura).

pantera [pantéra] *f.* Panthère.

pantomima [pantomima] *f.* Pantomime.

pantorrilla [pantoříʎa] *f.* Mollet *m.*

pantufla [pantúfla] *f.* Pantoufle.

panza [pànθa] *f.* Panse.

pañal [paɲál] *m.* **1** Lange. **2** Pan (de camisa). ■ **3** *pl.* Couches *f.,* maillot *sing.* (del niño).

paño [páɲo] *m.* **1** Drap (de lana). **2** Étoffe *f.,* tissu (tela). **3** Torchon (trapo). Loc. ~ **de manos,** essuie-mains. **4** Tenture *f.* (colgadura). **5** MAR. Voilure *f.* **6** Taie *f.* (en el ojo). **7** Tache *f.,* envie *f.* (en la piel). **8** Pan de mur (de pared). **9** TEAT. *Hablar al* ~, parler à la cantonnade. ■ **10** *pl.* Vêtements: *paños menores,* sous-vêtements.

pañoleta [paɲoléta] *f.* Fichu *m.*

pañuelo [paɲwélo] *m.* Mouchoir: ~ **de bolsillo,** mouchoir de poche.

papa [pàpa] *m.* **1** Pape (Sumo Pontífice). **2** fam. Papa.

papá [papá] *m.* Papa.

papada [papáða] *f.* **1** Double menton *m.* **2** Fanon *m.* (de los bueyes).

papagayo [papaɣàjo] *m.* Perroquet.

papal [papál] *adj.* Papal, ale.

papanatas [papanátas] *m. invar.* Niais, crédule, jobard.

papel [papél] *m.* **1** Papier: ~ **de fumar,** papier à cigarettes; ~ **secante,** papier buvard; ~ **sellado,** papier timbré. **2** TEAT. Rôle. **3** fig. Rôle: *desempeñar un* ~, jouer un rôle. Loc. *Hacer buen* ~, faire bonne figure. ■ **4** *pl.* Papiers (documentos, periódicos, etc.).

papelera [papeléra] *f.* Corbeille à papiers (cesto).

papelería [papeleria] *f.* **1** Paperasserie. **2** Papeterie (comercio).

papelero, -ra [papeléro, -ra] *adj.* **1** Poseur, euse (farolero). ■ **2** *m.* Papetier.

papeleta [papeléta] *f.* **1** Billet *m.* (de rifa, etc.), bulletin *m.* (para votar). **2** Reconnaissance (del monte de piedad).

papera [papéra] *f.* **1** Goitre *m.* (bocio). ■ **2** *pl.* Oreillons *m.* (enfermedad).

papila [papila] *f.* ANAT. Papille.

papilla [papíʎa] *f.* **1** Bouillie (para niños). **2** fig. *Hacer* ~ *a,* réduire en bouillie.

papiro [papiro] *m.* Papyrus.

papirote [papiróte] *m.* **1** Chiquenaude *f.* **2** Nigaud (tonto).

paquete [pakéte] *m.* **1** Paquet. **2** MAR. Paquebot.

par [par] *adj.* **1** Pair, paire: *número* ~, nombre pair. **2** Pareil, eille; *sin* ~, sans pareil. ■ **3** *m.* Paire *f.: un* ~ *de guantes,* une paire de gants. **4** Couple: ~ *de fuerzas,* couple de forces. **5** ARQ. Arbalétrier. **6** *loc. adv. A* ~, *al* ~, *a la* ~, même temps.

para [pára] *prep.* **1** Pour: *salir* ~ *París,* partir pour Paris; *una carta* ~ *tí,* une lettre pour toi. **2** Sur le point de: *estar* ~ *salir,* être sur le point de partir. **3** À (idea de finalidad, destino): *no servir* ~ *nada,* ne servir à rien. ■ **4** *loc. conj.* Pour, afin de, que. **5** *loc. conj.* ~ *que,* pour que.

parabrisas [paraβrisas] *m. invar.* Parebrise.

paracaídas [parakaiðas] *m. invar.* Parachute.

parachoques [paratʃókues] *m. invar.* Parechocs.

parada [paráða] *f.* **1** Arrêt *m.* (acción de parar, lugar donde se para). **2** Station (de taxis). **3** ESGR., MIL. Parade.

parado, -da [paráðo, -ða] **1** *p. p. de parar.* ■ **2** *adj.* Gauche, timide, lent, lente. **3** Désœuvré, ée, sans occupation (desocupado), au chômage (sin trabajo). ■ **4** *s.* Chômeur, euse.

paradójico, -ca [paraðóxiko, -ka] *adj.* Paradoxal, ale.

parador [paraðòr] *m.* Auberge *f.* (mesón), hostellerie *f.*, «parador», hôtel de luxe géré par l'État.

parafina [parafina] *f.* Paraffine.

parafrasear [parafraseár] *tr.* Paraphraser.

paraguas [paráɣwas] *m. invar.* Parapluie.

paraguayo, -ya [paraɣwàjo, -ja] *adj.-s.* Paraguayen, enne.

paraíso [paraíso] *m.* Paradis: ~ *terrenal,* paradis terrestre.

paraje [paráxe] *m.* Endroit, parage.

paralelo, -la [paralélo, -la] *adj.* 1 Parallèle. ■ 2 *m.* Parallèle (círculo geográfico, comparación).

parálisis [parálisis] *f.* Paralysie.

paralítico, -ca [paralitiko, -ka] *adj.-s.* Paralytique.

paralizar [paraliθár] [4] *tr.* Paralyser.

paramento [paramènto] *m.* Ornement.

páramo [páramo] *m.* Lande *f.*

paraninfo [paranimfo] *m.* Grand amphithéâtre (en las universidades).

parar [parár] *intr.* 1 S'arrêter (detenerse un vehículo, mecanismo, etc.). 2 Arrêter, cesser (cesar): *no para de llover,* il ne cesse pas de pleuvoir. Loc. *Sin* ~, sans arrêt. 3 Arriver à un terme, avoir une fin: *ir a* ~, aller échouer. 4 Venir, tomber (en poder de alguien). 5 Descendre (en un hotel, etc.), loger (alojarse). ■ 6 *tr.* Arrêter (el movimiento o acción de). 7 Parer (un golpe). ■ 8 *pr.* S'arrêter.

pararrayo [pararãʎo] *m.*, **pararrayos** [pararãʎos] *m. invar.* Paratonnerre.

parásito, -ta [parásito, -ta] *adj.-s.* Parasite.

parasol [parasòl] *m.* Parasol.

parcela [parθéla] *f.* Parcelle.

parcelar [parθelár] *tr.* Parcelliser.

parche [pàrtʃe] *m.* 1 Emplâtre. 2 Peau *f.* (del tambor). 3 Rustine *f.* (en un neumático).

parcial [parθjál] *adj.* 1 Partiel, elle (no completo). 2 Partial, ale (no justo): *juicios parciales,* jugements partiaux. ■ 3 *adj.-s.* Partisan (partidario).

parco, -ca [párko, -ka] *adj.* Sobre.

pardo, -da [pàrðo, -ða] *adj.* Brun, brune: *oso* ~, ours brun.

parecer [pareθèr] *m.* 1 Avis, opinion *f.*: *a mi* ~, à mon avis. 2 Apparence *f.*, air, aspect (aspecto).

parecer [pareθér] [43] *intr.* 1 Paraître, se montrer (dejarse ver). 2 Apparaître

(aparecer). 3 Paraître, sembler, avoir l'air de: *me parece,* il me semble. ■ 4 *impers. Parece (ser) que,* il semble que, on dirait que. ■ 5 *pr.* Ressembler: *se parece mucho a su padre,* il ressemble beaucoup à son père.

parecido, -da [pareθìðo, -ða] *adj.* Ressemblant, ante.

pared [parèð] *f.* Mur *m.*

pareja [paréxa] *f.* 1 Couple *m.* (de personas, de animales). 2 Couple *m.* (consortes). 3 Cavalier, cavalière, partenaire (en los bailes). 4 Pendant *m.* (objeto que completa el par). ■ 5 *pl. Correr parejas,* aller de pair.

parejo, -ja [paréxo, -xa] *adj.* Pareil, eille, semblable (semejante).

parentela [parentéla] *f.* Parenté, parentelle.

paréntesis [parèntesis] *m. invar.* Parenthèse *f.* Loc. *Entre* ~, entre parenthèses.

pariente, -ta [parjénte, -ta] *adj.-s.* 1 Parent, ente. ■ 2 *s.* pop. Mari *m.,* bourgeoise *f.*

parir [parir] *intr.* 1 Accoucher, enfanter. 2 Mettre bas (los animales).

parisiense [parisjénse], **parisino, -na** [parisino, -na] *adj.-s.* Parisien, ienne.

paritario, -ia [paritárjo, -ja] *adj.* Paritaire.

parlamentar [parlamentár] *intr.* Parlementer.

parlamentario, -ia [parlamentàrjo, -ja] *adj.-s.* Parlementaire.

parlamento [parlaménto] *m.* 1 Parlement. 2 Discours. 3 TEAT. Tirade *f.*

parlante [parlánte] *adj.* Parlant, ante.

parlería [parleria] *f.* Verbiage *m.*

parlero, -ra [parléro, -ra] *adj.* 1 Bavard, arde. 2 Cancanier, ière (chismoso).

paro [pàro] *m.* 1 Arrêt (del trabajo, del movimiento). 2 Mésange *f.* (pájaro): ~ *carbonero,* mésange, charbonnière.

parodia [paróðja] *f.* Parodie.

parpadear [parpaðeár] *intr.* Ciller, clignoter.

párpado [párpaðo] *m.* Paupière *f.*

parque [párke] *m.* 1 Parc. 2 MIL. Parc.

parquedad [parkeðàð] *f.* Parcimonie.

parquímetro [parkimetro] *m.* Parcmètre.

parra [pãra] *f.* Treille (vid).

párrafo [pãrafo] *m.* Paragraphe. Loc. fig. *Echar un* ~, tailler une bavette.

parral [parãl] *m.* Treille *f.*

parranda [parãnda] *f.* Fête, noce, bombance: *andar de* ~, faire la noce.

parricidio [pariθiðjo] *m.* Parricide (crimen).

parrilla [paříʎa] f. Gril m. (para asar).
párroco [pářoko] m. Curé.
parroquia [pařókja] f. 1 Paroisse. 2 Clientèle (de una tienda, etc.).
parsimonia [parsimónja] f. 1 Parcimonie. 2 Circonspection.
parte [párte] f. 1 Partie. 2 DER., MÚS. Partie. 3 Partie (beligerante). 4 Part: *tomar ~ en,* prendre part à; *echar a mala ~,* prendre en mauvaise part. 5 Côté m. (lado), endroit m. (sitio). 6 Côté m., parti m. (en una contienda). ▪ 7 *[smteat[nm.* Rôle m. (papel). 8 m. Dépêche f., télégramme. 9 Communiqué; rapport (informe), bulletin: ~ *meteorológico, facultativo, de nieve,* bulletin météorologique, de santé, d'enneigement.
participación [partiθipaθjón] f. 1 Participation: ~ *en,* participation à. 2 Lettre de faire-part, faire-part m.: ~ *de boda,* faire-part de mariage.
participar [partiθipár] intr. Participer: ~ *en,* participer à.
participio [partiθipjo] m. Participe: ~ *activo,* participe présent.
partícula [partikula] f. Particule.
particular [partikulár] adj. 1 Particulier, ière. 2 Personnel, elle, privé, ée. ▪ 3 m. Sujet, matière f. (asunto).
particularidad [partikulariðàð] f. Particularité.
partida [partiða] f. 1 Départ m. 2 Acte f. (de nacimiento, etc.), extrait m. (copia). 3 COM. Partie: ~*doble,* partie double. 4 Article m. (en una cuenta). 5 Partie (en el juego). 6 Partie (de caza, etc.). 7 Bande, faction, troupe (cuadrilla). 8 Lot m., quantité (de una mercancía). 9 Tour m.: *mala ~,* mauvais tour.
partidario, -ia [partiðàrjo, -ja] adj.-s. Partisan, ane.
partido, -da [partiðo, -ða] adj. 1 Divisé, ée. ▪ 2 m. Parti: *espíritu de ~,* esprit de parti; *sacar ~ de,* tirer parti de. 3 Partie f. (en deportes), match (de fútbol, etc.). 4 Avantage (en el juego). 5 Parti (hablando de un casamiento). 6 ~ *judicial,* arrondissement.
partir [partir] tr. 1 Diviser (dividir). 2 Fendre (hender), casser (romper), couper (cortar). 3 Partager (repartir).
parto, -ta [párto, -ta] adj.-s. Parthe.
parto [pàrto] m. Accouchement (de una mujer).
pasa [pàsa] f. Raisin m. sec.
pasada [pasàða] f. Passage m. (acción).
pasado, -da [pasàðo, -ða] adj. 1 Passé, ée. 2 Trop mûr, e. ▪ 3 m. Passé.

pasador, -ra [pasaðór, -ra] adj.-s. 1 Passeur, euse. ▪ 2 m. Broche f., agrafe f. 3 Brochette f. (para las condecoraciones).
pasaje [pasáxe] m. 1 Passage. 2 amer. Billet.
pasajero, -ra [pasáéro, -ra] adj. Passant, ante (concurrido).
pasaporte [pasapórte] m. Passeport.
pasar [pasár] intr. 1 Passer. Loc. ~ *por,* passer pour: *yo no paso por esto,* je ne tolère pas ça; *ir pasando,* vivoter. 2 Se passer, arriver, se produire (acontecer): ¿qué pasa?, que se passe-t-il? 3 ~ *de,* dépasser un límite, etc.). 4 Dépasser (aventajar). 5 Avaler (tragar). 6 fig. Endurer (sufrir), avoir: ~ *frío, hambre,* avoir froid, faim. ▪ 7 pr. Passer: *pasarse al enemigo,* passer à l'ennemi. 8 *Pasarse de,* être trop.
pasatiempo [pasatjèmpo] m. Passe-temps.
pascua [pakwa] f. 1 Pâque (fiesta judía). 2 Pâques. Loc. ~ *florida, de Resurrección,* Pâques. 3 ~ *de Pentecostés,* Pentecôte. 4 ~ *de Navidad,* Noël.
pase [páse] m. 1 Permis, laissez-passer. 2 Passe f. (de magnetizador, en fútbol, etc.). 3 ESGR. Feinte f. 4 TAUROM. Passe f.
pasear [paseár] tr. 1 Promener. ▪ 2 intr.-pr. Se promener.
paseo [paséo] m. Promenade f. Loc. fig. *Mandar a ~,* envoyer promener.
pasillo [pasiʎo] m. 1 Couloir, corridor. 2 TEAT. Petite saynète.
pasión [pasjón] f. Passion.
pasivo, -va [pasiβo, -ßa] adj. 1 Passif, ive. ▪ 2 m. COM. Passif.
pasmar [pazmár] tr. 1 Refroidir brusquement. 2 Geler (hablando de las plantas). ▪ 3 intr. fig. Étonner, stupéfier (asombrar).
pasmoso, -sa [pazmóso, -sa] adj. Étonnant, ante, stupéfiant, ante.
paso [páso] m. 1 Pas: ~ *ligero,* pas de gymnastique; ~ *de rosca,* pas de vis; ~ *de Calais,* Pas-de-Calais. Loc. *Dar un ~,* faire un pas. 2 Démarche f., allure f. (manera de andar). 3 Passage (acción, lugar por donde se pasa, derecho de pasar). Loc. ~ *a nivel,* passage à niveau. 4 Scène f. de la Passion; statues f. pl. figurant une scène de la Passion dans les processions de la Semaine Sainte. 5 TEAT. Petite pièce f. dramatique. 6 loc. adv. *A cada ~,* à chaque instant.
pasota [pasóta] adj.-s. fam. Je-m'en-foutiste.

pasotismo [pasotizmo] *m.* Je-m'en-fou-tisme.

pasta [pásta] *f.* 1 Pâte: *pastas para sopa,* pâtes alimentaires. 2 Reliure (de un libro): *media ~,* demi-reliure. ■ 3 *pl.* Petits gâteaux *m.,* petits fours *m.* (dulces).

pastar [pastár] *tr.* 1 Paître, mener au pâturage. ■ 2 *intr.* Pâturer.

pastel [pastél] *m.* 1 Gâteau. 2 Pâté (de carne). 3 fig. Arrangement secret. Loc. *Descubrir el ~,* découvrir le pot aux roses. 4 PINT. Pastel.

pastelería [pastelería] *f.* Pâtisserie.

pastelero, -ra [pasteléro, -ra] *s.* Pâtissier, ière.

pastizal [pastiθál] *m.* Pâturage pour les chevaux.

pasto [pásto] *m.* 1 Pâturage (acción, sitio). 2 Pâture *f.* (alimento). 3 *De ~,* ordinaire (vino, etc.).

pastor, -ra [pastór, -ra] *s.* 1 Berger, ère. ■ 2 *m.* Pâtre (de ganado). 3 Pasteur (sacerdote).

pastorear [pastoreár] *tr.* Paître, mener paître (el ganado).

pastoril [pastoríl] *adj.* Pastoral, ale.

pastoso, -sa [pastóso, -sa] *adj.* 1 Pâteux, euse. 2 Au timbre mœlleux (voz).

pata [páta] *f.* 1 Patte, pied *m.* (pierna, pie de un animal). Loc. fig. *~ de gallo,* patte d'oie (arrugas), sottise (despropósito); *meter la ~,* faire un impair, faire une gaffe. 2 Cane (hembra del pato). 3 Patte (de un vestido). 4 Pied *m.* (de un mueble). 5 *loc. adv. A la ~ coja,* à cloche-pied.

patada [patáða] *f.* Coup *m.* de pied.

patalear [pataleár] *intr.* Trépigner.

patata [patáta] *f.* Pomme de terre.

patatús [patatús] *m.* fam. Évanouissement.

patear [pateár] *tr.* 1 Fouler aux pieds (pisotear), maltraiter. 2 Siffler (en el teatro). ■ 3 *intr.* Piétiner, trépigner.

patentar [patentár] *tr.* Patenter, breveter.

patente [paténte] *adj.* 1 Patent, ente, évident, ente. ■ 2 *f.* Patente. 3 Brevet *m.* (de invención).

paternal [paternál] *adj.* Paternel, elle.

paternidad [paterniðáð] *f.* Paternité.

patético, -ca [patétiko, -ka] *adj.* Pathétique.

patíbulo [patíβulo] *m.* Échafaud, gibet.

paticojo, -ja [patikóxo, -xa] *adj.-s.* Boiteux, euse.

patilla [patíʎa] *f.* 1 Favori *m.* (barba). 2

Certaine position de la main sur la guitare. 3 Branche (de gafas).

patín [patín] *m.* 1 Patin (para patinar): *~ de cuchilla, de ruedas,* patin à glace, à roulettes. 2 MEC. Patin. 3 Sorte de pétrel (ave).

patinaje [patináxe] *m.* Patinage.

patinar [patinár] *intr.* 1 Patiner. 2 Déraper (un vehículo). ■ 3 *tr.* Patiner (dar pátina).

patio [pátjo] *m.* 1 Cour *f.* (espacio cerrado). 2 Patio (en las casas españolas, etc.). 3 TEAT. Parterre.

patitieso, -sa [patitjéso, -sa] *adj.* fam. Qui a les jambes engourdies, raides.

patizambo, -ba [patiθámbo, -ba] *adj.* Cagneux, euse.

pato [páto] *m.* Canard. Loc. fig. *Pagar el ~,* payer pour les autres.

patología [patoloxía] *f.* Pathologie.

patoso, -sa [patóso, -sa] *adj.* Pataud, aude, lourdaud, aude.

patraña [patrána] *f.* Bourde, mensonge *m.*

patria [pátrja] *f.* Patrie.

patriarca [patrjárka] *m.* Patriarche.

patrimonio [patrimónjo] *m.* 1 Patrimoine. 2 fig. Apanage, lot.

patrio, -ia [pátrjo, -ja] *adj.* De la patrie.

patriota [patrjóta] *s.* Patriote.

patriótico, -ca [patrjótiko, -ka] *adj.* Patriotique.

patriotismo [patrjotizmo] *m.* Patriotisme.

patrocinar [patroθinár] *tr.* Patronner, protéger, appuyer (a alguien).

patrón, -ona [patrón, -óna] *s.* 1 Patron, onne. 2 Hôte, hôtesse (en una casa de huéspedes). ■ 3 *m.* Patron (modelo).

patronal [patronál]. 1 *adj.* Patronal, ale. 2 *f.* Le patronat *m.* (empresariado).

patronato [patronáto] *m.* Patronage (asociación benéfica).

patrono, -na [patróno, -na] *s.* Patron, onne.

patrulla [patrúʎa] *f.* Patrouille.

paulatino, -na [paŭlatino, -na] *adj.* Lent, ente.

pausa [páŭsa] *f.* 1 Pause. 2 Lenteur (lentitud). 3 MÚS. Pause.

pausado, -da [paŭsáðo, -ða] *adj.* Lent, lente.

pauta [páŭta] *f.* 1 Règle (regla). 2 Lignes *pl.* d'un papier réglé (rayas). 3 fig. Règle, norme, modèle *m.*

pava [páβa] *f.* Dinde.

pavada [paβáða] *f.* 1 Troupeau *m.* de dindons. 2 fig. fam. Fadaise, niaiserie.

pavero, -ra [paβéro, -ra] *s.* fig. Poseur, euse, hâbleur, euse.

pavés [paβés] *m.* Pavois.

pavesa [paβésa] *f.* Flammèche, brandon *m.*

pavimentar [paβimentár] *tr.* Paver (con adoquines), carreler, daller (con losas).

pavimento [paβiménto] *m.* Pavage, pavement, pavé (de adoquines).

pavo [páβo] *m.* Dindon.

pavonearse [paβoneárse] *pr.* Se pavaner.

pavor [paβór] *m.* Frayeur *f.*

pavoroso, -sa [paβoróso, -sa] *adj.* Effrayant, ante.

payaso [pajáso] *m.* Clown, paillasse.

payés, -esa [pajés, -ésa] *s.* Paysan, anne de la Catalogne.

paz [paθ] *f.* Paix. Loc. *Dejar en ~,* laisser tranquille; *estar, quedar en ~,* être en paix, être quitte (descargado de deuda).

PC [peθé] *m.* INFORM. (*abrev.* personal computer) PC.

pe [pe] *f.* 1 P *m.,* lettre p. 2 *loc. adv. De ~ a pa,* de A jusqu'à Z.

peaje [peáxe] *m.* Péage: *autopista de ~,* autoroute à péage.

peatón [peatón] *m.* Piéton: *paso de peatones,* passage pour piétons.

peatonal [peatonál] *adj.* Piétonnier, ère.

peca [péka] *f.* Tache de rousseur.

pecado [pekáðo] *m.* Péché.

pecador, -ra [pekaðór, -ra] *adj.-s.* Pécheur, eresse.

pecaminoso, -sa [pekaminóso, -sa] *adj.* Qui tient du péché, coupable.

pecar [pekár] [1] *intr.* Pécher.

peccata minuta [pekáta mɪnúta] Loc. *f.* Faute *f.* légère.

pecera [peθéra] *f.* Aquarium *m.*

pechera [petʃéra] *f.* 1 Plastron *m.* (de camisa), devant *m.* (de una prenda de vestir). 2 Jabot *m.* (chorrera).

pechero, -ra [petʃéro, -ra] *adj.-s.* Roturier, ière.

pecho [pétʃo] *m.* 1 Poitrine *f.* 2 fig. Cœur (corazón), courage (valor). Loc. *Abrir su ~,* ouvrir son coeur; *tomar a ~,* prendre à cœur. 3 Gorge *f.,* poitrine *f.* (de una mujer). 4 Sein, mamelle *f.: dar el ~ a un niño,* donner le sein à un enfant. 5 *loc. adv. A ~ descubierto,* à découvert, loyalement, à cœur ouvert.

pechuga [petʃúya] *f.* Blanc *m.* de volaille.

pecoso, -sa [pekóso, -sa] *adj.* Qui a des taches de rousseur.

pectoral [peytorál] *adj.-m.* 1 Pectoral, ale. ■ 2 *m.* LITURG. Croix *f.* pectorale.

pecuario, -ia [pekwárjo, -ja] *adj.* Relatif, ive au bétail de l'élevage.

peculiar [pekuljár] *adj.* Particulier, ère, propre.

pedagogía [peðaɣoxía] *f.* Pédagogie.

pedal [peðál] *m.* Pédale *f.*

pedante [peðánte] *adj.-s.* Pédant, ante.

pedantería [peðanteria] *f.* Pédanterie.

pedazo [peðáθo] *m.* Morceau. Loc. *Hacer pedazos,* mettre en morceaux.

pedestal [peðestál] *m.* Piédestal, socle.

pedido [peðíðo] *m.* 1 COM. Commande *f.* 2 Demande *f.*

pedir [peðír] [34] *tr.* 1 Demander. 2 *loc. adv. A ~ de boca,* à souhait.

pedo [péðo] *m.* Pet.

pedrada [peðráða] *f.* Coup *m.* de pierre.

pedrea [peðréa] *f.* 1 Combat *m.* à coups de pierre. 2 fam. Série de petits lots, lots *m. pl.* de consolation (lotería).

pedregal [peðreɣál] *m.* Terrain pierreux.

pedrera [peðréra] *f.* Carrière.

pedrería [peðreria] *f.* Pierreries *pl.*

pedrisco [peðrisko] *m.* Grêle *f.*

pega [péɣa] *f.* 1 Collage *m.* (acción de pegar). 2 Enduit *m.* de poix. 3 Colle (pregunta difícil), difficulté. 4 Pie: *~ reborda,* pie-grièche.

pegadizo, -za [peɣaðíθo, -θa] *adj.* 1 Collant, ante. 2 Contagieux, euse.

pegar [peɣár] [7] *tr.* 1 Coller (con cola, etc.), appliquer (arrimar), fixer, coudre: *~ un botón,* coudre un bouton. 2 Communiquer, passer (contagiar). 3 *~ fuego,* mettre le feu. 4 Battre, frapper (golpear). 5 Donner (un golpe), faire (un salto), pousser (un grito). ■ 6 *intr.* Venir à propos (venir a propósito), aller (armonizar, corresponder o no). ■ 7 fig. fam. *Pegársela a uno,* rouler, tromper quelqu'un.

pego [péɣo] *m.* Tricherie *f.*

pegote [peɣóte] *m.* 1 Emplâtre. 2 fig. Pique-assiette (gorrón).

peinado [peɪnáðo] *m.* Coiffure *f.*

peinador, -ra [peɪnaðór, -ra] *adj.-s.* 1 Coiffeur, euse. ■ 2 *m.* Peignoir (prenda).

peinar [peɪnár] *tr.* Peigner, coiffer (el cabello).

peine [pëɪne] *m.* Peigne.

peladilla [pelaðíʎa] *f.* 1 Dragée (almendra). 2 Petit caillou *m.* (guijarro).

pelado, -da [peláðo, -ða] *adj.* 1 Pelé, ée (piel, terreno). 2 Tondu, ue (cabeza). 3 Plumé, ée (ave). 4 fig. fam. Sans le sou, fauché, ée (sin dinero).

pelaje [peláxe] *m.* Pelage, livrée *f.,* robe *f.* (de un animal).

pelar [pelár] *tr.* **1** Tondre (pelo), peler (fruta, etc.), plumer (aves). **2** fig. Dépouiller, plumer (a alguien).

peldaño [peldáno] *m.* Marche *f.*, degré (de escalera), échelon (de escalera de mano).

pelea [peléa] *f.* **1** Combat *m.*, lutte. **2** Dispute.

pelear [peleár] *intr.* **1** Se battre, combattre, lutter. ■ **2** *pr.* Se battre. **3** Se disputer (reñir), se brouiller (enemistarse).

pelele [peléle] *m.* **1** Bonhomme, mannequin. **2** Pantin (persona). **3** Barboteuse *f.* (traje para niños).

peletería [peleteria] *f.* Pelleterie.

peletero, -ra [peletéro, -ra] *adj.-s.* **1** Pelletier, ière. ■ **2** *m.* Fourreur.

pelicano, -na [pelikáno, -na] *adj.* Chenu, ue.

película [pelikula] *f.* **1** Pellicule. **2** CIN. Film *m.*

peligrar [peliɣrár] *intr.* Être en danger.

peligro [peliɣro] *m.* Danger, péril: **en ~ de muerte,** en danger de mort.

peligroso, -sa [peliɣróso, -sa] *adj.* Dangereux, euse, périlleux, euse (arriesgado).

pelirrojo, -ja [peliřóxo, -xa] *adj.* Roux, rousse.

pellejo [peʎéxo] *m.* **1** Peau. **2** Outre *f.* (odre).

pellizco [peʎíθko] *m.* **1** Pincement (acción): *dar un ~,* pincer. **2** Pinçon (huella). **3** Pincée *f.* (porción pequeña).

pelo [pélo] *m.* **1** Poil. Loc. fig. *De ~ en pecho,* brave, courageux, euse (persona). **2** Cheveu (cabello), cheveux *pl.*, chevelure *f.* (cabellos, cabellera): *tiene el ~ rizado,* il a les cheveux frisés. Loc. fig. *Tomarle el ~ a uno,* se payer la tête de quelqu'un. **3** *loc. adv. Al ~,* à propos; *en ~,* à poil.

pelota [pelóta] *f.* **1** Balle. **2** Ballon *m.* (de fútbol). **3** Pelote basque. **4** *loc. adv.* fam. *En ~,* tout nu, toute nue, à poil.

pelotón [pelotón] *m.* **1** Peloton (de personas, de soldados). **2** Grosse balle *f.*

peluca [pelúka] *f.* **1** Perruque. **2** fig. Réprimande, savon *m.*

peludo, -da [pelúðo, -ða] *adj.* Poilu, ue, velu, ue.

peluquería [pelukeria] *f.* Salon *m.* de coiffure.

peluquero, -ra [pelukéro, -ra] *s.* Coiffeur, euse.

pelusa [pelúsa] *f.* **1** BOT. Duvet *m.* **2** Peluche (de las telas).

pelvis [pélβis] *f.* **1** ANAT. Pelvis *m.*, bassin *m.* **2** Bassinet *m.* (del riñón).

pena [péna] *f.* **1** Peine. **2** *loc. adv.* **A duras penas,** à grand-peine; *a penas,* à peine.

penado, -da [penáðo, -ða] *s.* Condamné, ée.

penal [penál] *adj.* **1** Pénal, ale. ■ **2** *m.* Pénitencier (presidio).

penar [penár] *tr.* Punir.

penca [péŋka] *f.* **1** BOT. Feuille, côte charnue. **2** Fouet *m.* (del verdugo).

pendenciero, -ra [pendenθjéro, -ra] *adj.* Querelleur, euse.

pender [pendér] *intr.* **1** Pendre: *~ de,* pendre à. **2** Dépendre.

pendiente [pendjénte] *adj.* **1** Pendant, ante. ■ **2** *m.* Pendant d'oreille. ■ **3** *f.* Pente (declive).

péndulo, -la [péndulo, -la] *adj.* **1** Pendant, ante. ■ **2** *m.* MEC. Pendule.

pene [péne] *m.* ANAT. Penis.

penetrante [penetránte] *adj.* Pénétrant, ante.

penetrar [penetrár] *tr.-intr.* **1** Pénétrer. ■ **2** *pr.* Se pénétrer.

península [peninsula] *f.* Presqu'île, péninsule: *~ ibérica,* péninsule ibérique.

peninsular [peninsulár] *adj.* Péninsulaire.

penitencia [peniténθja] *f.* Pénitence.

penitenciaría [penitenθjaria] *f.* **1** Pénitencerie. **2** Pénitencier *m.* (cárcel).

penitente [peniténte] *adj.-s.* Pénitent, ente.

penoso, -sa [penóso, -sa] *adj.* Pénible.

pensado, -da [pensáðo, -ða] *adj.* **1** Pensé, ée. ■ **2** *adj.-s. Mal ~,* qui a mauvais esprit.

pensamiento [pensajm
énto] *m.* Pensée *f.*

pensar [pensár] [27] *tr.-intr.* Penser.

pensativo, -va [pensatiβo, -βa] *adj.* Pensif, ive, songeur, euse.

pensión [pensjón] *f.* **1** Pension. **2** Bourse (beca). **3** Pension de famille (casa de huéspedes).

pensionista [pensjonista] *s.* Pensionnaire.

pentagrama [pentaɣráma] *m.* MÚS. Portée *f.*

penúltimo, -ma [penúltimo, -ma] *adj.* Avant-dernier, ière, pénultième.

penumbra [penúmbra] *f.* Pénombre.

peña [péɲa] *f.* **1** Rocher *m.*, roc *m.* **2** Réunion d'amis, cercle *m.*

peñasco [peɲásko] *m.* Rocher.

peñón [peɲón] *m.* Rocher.

peón [peón] *m.* **1** Manœuvre (obrero). **2** Ouvrier agricole. **3** Pion (de damas, ajedrez). **4** TAUROM. Péon.

peonía [peonia] *f.* Pivoine.

peor [peòr] *adj.* **1** Pire. ▪ **2** *adv.* Pis: *tanto ~,* tant pis.

pepinillo [pepiniʎo] *m.* Cornichon.

pepino [pepino] *m.* Concombre.

pepita [pepita] *f.* **1** Pépie (enfermedad de las gallinas). **2** Pépin *m.* (de fruta). **3** Pépite (de oro).

pequeño, -ña [pekéɲo, -ɲa] *adj.-s.* Petit, ite.

pequeñuelo, -la [pekeɲwélo, -la] *adj.* **1** Tout petit, toute petite, petiot, ote. ▪ **2** *s.* Petit enfant.

pera [pèra] *f.* **1** Poire. Loc. fig. *Pedir peras al olmo,* demander l'impossible. **2** Impériale, barbiche (barba).

percance [perkánθe] *m.* Contretemps.

percatarse [perkatárse] *pr.* S'apercevoir, se rendre compte.

percepción [perθeβθjón] *f.* Perception.

percha [pértʃa] *f.* **1** Perche. **2** MAR. Espar *m.* **3** Portemanteau *m.: ha colgado el sombrero en la ~,* il a accroché son chapeau au portemanteau.

percibir [perθiβir] *tr.* Percevoir: *percibo tus intenciones,* je perçois tes intentions.

percibo [perθiβo] *m.* Perception *f.*

percusión [perkusjón] *f.* Percussion.

percutir [perkutir] *tr.* Percuter.

perdedor, -ra [perðeðòr, -ra] *adj.-s.* Perdant, ante.

perder [perðér] [28] *tr.* **1** Perdre. Loc. *Echar a ~,* abîmer, gâter, corrompre; *~ el tren, la ocasión,* manquer, rater le train, l'occasion. ▪ **2** *intr.* Déteindre (tratándose de una tela).

pérdida [pérðiða] *f.* Perte.

perdido, -da [perðiðo, -ða] *adj.* **1** Perdu, ue. Loc. fig. *~ por,* follement épris de, fou de. ▪ **2** *m.* Vaurien. **3** IMPR. Passe *f.*

perdigar [perðiɣàr] [7] *tr.* COC. Faire revenir (ave, carne).

perdiz [perðiθ] *f.* Perdrix.

perdón [perðón] *m.* Pardon. Loc. fam. *Con ~ de usted,* avec votre permission.

perdonar [perðonàr] *tr.* **1** Pardonner. **2** Faire grâce de: *no ~ ni un detalle,* ne pas faire grâce du moindre détail.

perdurable [perðuráβle] *adj.* Perpétuel, elle, éternel, elle.

perdurar [perðuràr] *intr.* Durer longtemps.

perecer [pereθèr] [43] *intr.* **1** Périr. ▪ **2** *pr. Perecerse por,* mourir d'envie de, désirer avec ardeur.

peregrinación [pereɣrinaθjón] *f., ***peregrinaje** [pereɣrináxe] *m.* **1** Pèlerinage *m.*

(a un santuario): *~ a Tierra Santa,* pèlerinage en Terre Sainte.

peregrinar [pereɣrinàr] *intr.* **1** Aller en pèlerinage. **2** Pérégriner, voyager.

peregrino, -na [pereɣrino, -na] *adj.-s.* Pèlerin, ine.

perejil [perexil] *m.* **1** Persil. **2** fam. Colifichet.

pereza [perèθa] *f.* Paresse.

perfección [perfeɣθjón] *f.* Perfection.

perfeccionar [perfeɣθjonàr] *tr.* Perfectionner.

perfecto, -ta [perfèɣto, -ta] *adj.* Parfait, aite.

perfil [perfil] *m.* **1** Profil. **2** Délié (de una letra).

perfilar [perfilàr] *tr.* **1** Profiler. **2** fig. Parfaire, parachever, fignoler (afinar).

perforación [perforaθjón] *f.* Perforation.

perforar [perforàr] *tr.* **1** Perforer (papel, etc.). **2** Forer (pozo).

perfumador [perfumaðòr] *m.* Brûle-parfum *invar.*

perfumar [perfumàr] *tr.* Parfumer.

perfume [perfúme] *m.* Parfum.

perfumería [perfumeria] *f.* Parfumerie.

pergamino [perɣamino] *m.* **1** Parchemin. ▪ **2** *pl.* Titres de noblesse, parchemins.

pericia [periθja] *f.* Habileté, compétence.

perico [periko] *m.* Perruche *f.*

periferia [perifèrja] *f.* Périphérie.

perilla [periʎa] *f.* **1** Impériale, barbiche. **2** Pommeau *m.* (de una silla de montar). **3** Ornement *m.* en forme de poire. **4** *loc. adv.* fam. *De ~,* à propos, à pic.

perímetro [perimetro] *m.* Périmètre.

perinola [perinóla] *f.* Toton *m.*

periódico, -ca [perjóðiko, -ka] *adj.* **1** Périodique. ▪ **2** *m.* Journal (publicación).

periodismo [perjoðizmo] *m.* Journalisme.

periodista [perjoðista] *s.* Journaliste.

período [periòðo] *m.* Période *f.*

peripecia [peripèθja] *f.* Péripétie.

periplo [periplo] *m.* Périple.

periquete (en un) [perikéte] *loc. adv.* En un clin d'œil, à l'instant.

periquito [perikito] *m.* Perruche *f.*

peritación [peritaθjón] *f.* Expertise.

perito, -ta [perito, -ta] *adj.* **1** Expert, erte, compétent, ente, habile. ▪ **2** *m.* Expert.

peritoneo [peritonéo] *m.* ANAT. Péritoine.

perjudicar [perxuðikár] [1] *tr.* Nuire à, porter préjudice à.

perjuicio [perxwiθjo] *m.* Préjudice, dommage.

perjurio [perxúrjo] *m.* Parjure (acción).

perjuro, -ra [perxúro, -ra] *adj.-s.* Parjure (persona).

perla [pérla] *f.* Perle.

perlado, -da [perláðo, -ða] *adj.* Perlé, ée.

permanecer [permaneθér] [43] *intr.* Rester, demeurer, séjourner (en un lugar).

permanencia [permanénθja] *f.* 1 Permanence (duración constante). 2 Séjour *m.* (estancia en algún lugar).

permanente [permanénte] *adj.* Permanent, ente.

permeable [permeáβle] *adj.* Perméable.

permiso [permíso] *m.* 1 Permission *f.*, autorisation *f.: pedir ~ para,* demander la permission de. 2 Permis (escrito). 3 MIL. Permission *f.*

permitir [permitír] *tr.* Permettre.

permutar [permutár] *tr.* 1 Permuter (empleos). 2 Troquer.

pernera [pernéra] *f.* Jambe (de un pantalón).

pernicioso, -sa [perniθjóso, -sa] *adj.* Pernicieux, euse.

pernil [perníl] *m.* 1 Cuisse *f.* (de un animal). 2 Jambon (de cerdo).

pernoctar [pernoytár] *intr.* Passer la nuit.

pero [péro] *m.* 1 Variété de pommier. 2 Variété de pomme *f.* allongée (fruto).

pero [péro] *conj.* 1 Mais. ■ 2 *m.* Défaut: *no tiene un ~,* cela est sans défauts.

perol [peról] *m.* Sorte de chaudron.

perorata [peroráta] *f.* Harangue, discours *m.* ennuyeux, long laïus *m.*

perpendicular [perpendikulár] *adj.-f.* Perpendiculaire.

perpetua [perpétwa] *f.* Immortelle.

perpetuidad [perpetwiðáð] *f.* Perpétuité.

perpetuo, -ua [perpétwo, -wa] *adj.* Perpétuel, elle.

perplejidad [perplexiðáð] *f.* Perplexité.

perra [péra] *f.* 1 Chienne. 2 ant. ~ *chica,* ~ *gorda,* pièce d'un sou, de deux sous.

perrada [peráða] *f.* Ensemble *m.* de chiens.

perrera [peréra] *f.* 1 Chenil *m.,* niche (casilla). 2 Fourgon *m.* à chiens.

perro [péro] *m.* 1 Chien. Loc. fig. *ser ~ viejo,* être un vieux renard. 2 ~ *chico,* ~ *grande,* pièce *f.* d'un sou, de deux sous. 3 ~ *caliente,* hot dog.

persa [pérsa] *adj.-s.* 1 Perse (de la Persia antigua). 2 Persan, ane.

persecución [persekuθjón] *f.* 1 Poursuite: *en ~ de,* à la poursuite de. 2 Persécution (tormentos).

perseguir [perseyír] [56] *tr.* 1 Poursuivre (seguir, importunar, pretender). 2 Persécuter (a las personas).

perseverancia [perseβeránθja] *f.* Persévérance.

perseverar [perseβerár] *intr.* Persévérer.

persiana [persjána] *f.* Persienne (rígida), jalousie, store *m.* (enrollable).

persignar [persiynár] *tr.* 1 Faire le signe de croix. ■ 2 *pr.* Se signer.

persistente [persisténte] *adj.* Persistant, ante.

persistir [persistír] *intr.* Persister (durar, mantenerse): ~ *en,* persister dans, à: *persiste en negar,* il persiste à nier.

persona [persóna] *f.* 1 Personne. 2 loc. *adv. En ~,* en personne.

personaje [personáxe] *m.* Personnage.

personal [personál] *adj.-m.* Personnel, elle.

personalidad [personaliðáð] *f.* Personnalité.

personarse [personárse] *pr.* 1 Se présenter en personne. 2 DER. Comparaître.

perspicaz [perspikáθ] *adj.* Perspicace.

persuadir [perswaðír] *tr.* 1 Persuader. ■ 2 *pr.* Se persuader.

persuasión [perswasjón] *f.* Persuasion.

pertenecer [perteneθér] [43] *intr.* Appartenir.

pertenencia [pertenénθja] *f.* 1 Appartenance (dependencia). 2 Propriété, possession.

pértiga [pértiya] *f.* Perche (vara larga): *salto de ~,* saut à la perche.

pertinente [pertinénte] *adj.* Pertinent, ente.

pertrechar [pertretʃár] *tr.* Munir, pourvoir.

perturbación [perturβaθjón] *f.* 1 Perturbation. 2 Trouble *m.* (mental).

perturbar [perturβár] *tr.* Perturber, troubler.

peruano, -na [perwáno, -na] *adj.-s.* Péruvien, ienne.

pervertir [perβertír] [35] *tr.* Pervertir.

pesa [pésa] *f.* 1 Poids *m.* (de balanza, de reloj). ■ 2 *pl.* Haltères *m.* (de gimnasia).

pesadez [pesaðéθ] *f.* 1 Pesanteur, poids *m.* 2 Lourdeur (de estómago).

pesadilla [pesaðíʎa] *f.* Cauchemar *m.*

pesado, -da [pesáðo, -ða] *adj.* 1 Lourd, lourde (peso), pesant, ante. 2 fig. Ennuyeux, euse, assommant, ante (molesto, aburrido), pénible (penoso).

pesadumbre [pesaðúmbre] *f.* Peine, chagrin *m.*

pésame [pésame] *m.* Condoléances *f. pl.*

pesar [pesár] *intr.-tr.* 1 Peser. ■ 2 *intr.* fig. Regretter: *me pesa haberlo hecho,* je regrette de l'avoir fait. **3** *loc. adv.* **Pese a,** malgré.

pesar [pesár] *m.* **1** Peine *f.,* chagrin. **2** Regret (sentimiento, arrepentimiento). **3** *loc. prep. A ~ de,* malgré; *a ~ de todo,* malgré tout; *a ~ suyo,* malgré lui. **4** *loc. conj. A ~ de que,* bien que.

pesca [péska] *f.* Pêche: ~ *con caña,* pêche à la ligne.

pescadería [peskaðería] *f.* Poissonnerie.

pescado [peskáðo] *m.* Poisson.

pescador, -ra [peskaðór, -ra] *adj.-s.* **1** Pêcheur, euse. ▪ **2** *f.* Sorte de vareuse.

pescar [peskár] [1] *tr.* **1** Pêcher. **2** *fig.* Attraper (coger): ~ *un catarro,* attraper un rhume.

pesebre [peséβre] *m.* **1** Mangeoire *f.,* râtelier. **2** Crèche *f.* (de Navidad).

peseta [peséta] *f.* Peseta.

pesimismo [pesimizmo] *m.* Pessimisme.

pésimo, -ma [pésimo, -ma] *adj.* Très mauvais, aise.

peso [péso] *m.* **1** Poids. **2** Balance (balanza). **3** *fig.* Poids. **4** Peso (moneda).

pespunte [pespúnte] *m.* Point arrière, point de piqûre.

pespuntear [pespunteár] *tr.* Piquer.

pesquisa [peskisa] *f.* Recherche, enquête.

pestaña [pestáɲa] *f.* **1** ANAT., ZOOL. Cil *m.* **2** *fig.* Bord *m.* (borde), lisière (de una tela).

pestañear [pestaɲeár] *intr.* Ciller, cligner des yeux.

peste [péste] *f.* **1** Peste. **2** Mauvaise odeur, puanteur (hedor). ▪ **3** *pl.* Imprécations.

pestilencia [pestilénθja] *f.* Pestilence.

pestillo [pestiʎo] *m.* **1** Targette *f.* **2** Pêne (de la cerradura).

petaca [petáka] *f.* Blague à tabac.

pétalo [pétalo] *m.* BOT. Pétale.

petardo [petárðo] *m.* **1** Pétard. **2** *fig. fam.* Escroquerie *f.* (estafa).

peteneras [petenéras] *f. pl.* Chant *m. sing.* andalou.

petición [petiθjón] *f.* Demande. Loc. *Previa ~ de hora,* sur rendez-vous.

petitorio, -ia [petitórjo, -ja] *adj.* **1** Pétitoire. ▪ **2** *m.* Réclamation *f.*

peto [péto] *m.* **1** Plastron (de armadura o vestido). **2** Bavette *f.* (de delantal, etc.).

petrificar [petrifikár] [1] *tr.* Pétrifier.

petróleo [petróleo] *m.* Pétrole.

petrolero, -ra [petroléro, -ra] *adj.* **1** Pétrolier, ière. ▪ **2** *m.* Pétrolier (barco).

petulante [petulánte] *adj.* Présomptueux, euse, outrecuidant, ante, fier, fière.

peyorativo, -va [peʝoratiβo, -βa] *adj.* Péjoratif, ive.

pez [peθ] *m.* **1** Poisson: *peces de colores,* poissons rouges. ▪ **2** *f.* Poix. **3** ~ *griega,* colophane.

pezón [peθón] *m.* **1** Queue *f.* (de hojas, frutos, etc.). **2** Mamelon (de la mama).

pezuña [peθúɲa] *f.* Sabot *m.,* pied *m.* fourchu des ruminants.

pi [pi] *f.* Pi *m.* (letra griega).

piadoso, -sa [pjaðóso, -sa] *adj.* Pieux, euse.

pianista [pjanista] *s.* Pianiste.

piano [pjáno], **pianoforte** [pjanofórte] *m.* **1** Piano. **2** ~ *de manubrio,* orgue de Barbarie.

piar [pjár] [13] *intr.* Piailler, pépier, piauler.

piara [pjára] *f.* Troupeau *m.* de cochons.

PIB [pib] *m.* (*abrev.* Producto Interior Bruto) PIB.

pica [pika] *f.* Pique.

picada [pikáða] *f.* **1** Coup *m.* de bec. **2** Piqûre (picadura).

picador [pikaðór] *m.* **1** TAUROM. Picador. **2** Dresseur de chevaux. **3** COC. Hachoir.

picadura [pikaðúra] *f.* **1** Piqûre. **2** Trou *m.* (en una tela, un diente).

picante [pikánte] *adj.* Piquant, ante.

picapleitos [pikapléĩtos] *m.* **1** Chicaneur, plaideur. **2** *desp.* Avocaillon (abogado).

picaporte [pikapórte] *m.* **1** Loquet. **2** Heurtoir, marteau (aldaba). **3** Bec-decane (manubrio).

picar [pikár] [1] *tr.* **1** Piquer. **2** Mordre (peces): ~ *el anzuelo,* mordre à l'hameçon. **3** COC. Hacher. ▪ **4** *intr.* Brûler, taper (el sol). **5** Sentidos diversos: ~ *en todo,* connaître un peu de tout; ~ *en historia,* devenir intéressant; ~ *alto,* viser haut. ▪ **6** *pr.* Se piquer (dicho del vino). **7** Se gâter (dientes, frutas). **8** Se miter (una tela). **9** S'agiter (el mar).

picardía [pikarðía] *f.* Friponnerie, coquinerie (bellaquería).

picaresco, -ca [pikarésko, -ka] *adj.* **1** Picaresque. **2** Rusé, ée, malin, igne.

picazón [pikaθón] *f.* Démangeaison, picotement *m.*

pichón [pitʃón] *m.* **1** Pigeonneau. **2** *Tiro de ~,* tir au pigeon.

pico [piko] *m.* **1** Bec (de un ave, una vasija, etc.). **2** *fig.* Bec (boca): *cerrar el ~,* fermer son bec (callarse): **3** Pointe *f.* (parte puntiaguda): *cuello en ~,* col en pointe. **4** Sommet, pic, piton (cima). **5** Pic (herramienta). **6** Pic (pájaro). Loc.

fam. *Andar a picos pardos, irse a, de picos pardos,* bambocher, faire la noce.

picotear [pikoteàr] *tr.* **1** Becqueter. **2** Picorer. ▪ **3** *intr.* Bavarder. ▪ **4** *pr.* Se chamailler.

pictórico, -ca [piɣtóriko, -ka] *adj.* Pictural, ale.

pie [pje] *m.* **1** Pied. Loc. *De ~, en ~,* debout; fig. *levantarse con el ~ izquierdo,* se lever du pied gauche. **2** Occasion *f.,* motif: *dar ~,* donner l'occasion. **3** Bas: *al ~ de la escalera,* au bas de l'escalier. **4** ~ *de altar,* casuel. **5** MÉTR. Pied: ~ *forzado,* rime forcée. **6** ~ *de león,* pied-de-lion (planta).

piedad [pjeðàð] *f.* **1** Pitié (compasión): *ten ~ de mí,* aie pitié de moi: *por ~,* par pitié. **2** Piété (devoción).

piedra [pjèðra] *f.* **1** Pierre: ~ *fina, preciosa,* pierre précieuse. **2** MED. Calcul *m.*

piel [pjèl] *f.* **1** Peau: ~ *de zapa,* peau de chagrin. **2** Fourrure: *abrigo de pieles,* manteau de fourrure.

pienso [pjènso] *m.* Aliment, nourriture *f.* sèche que l'on donne à un cheval, etc.

pienso (ni por) [pjènso] *loc. adv.* En aucune façon.

pierna [pjèrna] *f.* **1** Jambe. **2** Loc. fig. *Estirar las piernas,* se dégourdir les jambes. **3** Cuisse (de aves), gigot *m.* (de carnero). **4** Branche (de compás).

pieza [pjèθa] *f.* **1** Pièce. Loc. *Dejar de una ~,* laisser baba; *quedarse hecho una ~,* rester stupéfait, aite. **2** Pièce (moneda).

pigmento [piɣmènto] *m.* Pigment.

pijama [pixáma] *m.* Pyjama.

pila [pila] *f.* **1** Pile, tas *m.* (montón). **2** Bassin *m.* (de fuente), auge (de abrevadero). **3** ~ *de agua bendita,* bénitier *m.* **4** Fonts *m. pl.* baptismaux (para bautizar).

pilar [pilàr] *m.* **1** Pilier. **2** Vasque *f.* (de fuente).

píldora [pildora] *f.* Pilule.

pillada [piʎàða] *f.* Friponnerie.

pillaje [piʎáxe] *m.* Pillage.

pillar [piʎàr] *tr.* **1** Piller. **2** fig. Attraper, choper (coger).

pillo, -lla [piʎo, -ʎa] *adj.-m.* Fripon, onne, coquin, ine, canaille (tunante), garnement *m.*

pilluelo, -la [piʎwèlo, -la] *s.* Gamin, ine (niño), galopin *m.,* chenapan *m.*

pilón [pilòn] *m.* **1** Vasque *f.* (de fuente), auge *f.* (de abrevadero). **2** Poids (de la balance romaine).

pilongo, -ga [piloŋgo, -ga] *adj.* Maigre, sec, sèche.

pilotaje [pilotàxe] *m.* Pilotage.

pilotar [pilotàr] *tr.* Piloter.

piloto [pilòto] *m.* Pilote: ~ *de pruebas,* pilote d'essai.

piltrafa [piltràfa] *f.* **1** Déchet *m.* de viande. **2** fig. ~ *humana,* loque.

pimentón [pimentòn] *m.* **1** Piment rouge moulu. **2** Poivron (fruto).

pimienta [pimjènta] *f.* Poivre *m.*

pimiento [pimjènto] *m.* **1** Piment (planta). **2** Poivron, piment (fruto).

pimpollo [pimpóʎo] *m.* **1** Pousse *f.,* rejeton. **2** Jeune arbre. **3** Bouton de rose (de rosa). **4** fig. Bel enfant, beau garçon, belle fille.

pinacoteca [pinakotèka] *f.* Pinacothèque.

pinar [pinàr] *m.* Pinède *f.*

pincel [pinθèl] *m.* Pinceau.

pincelada [pinθelàða] *f.* Coup *m.* de pinceau, touche.

pinchar [pintʃàr] *tr.* **1** Piquer. ▪ **2** *pr.* Se piquer (con una punta). ▪ **3** *rec.* Se taquiner.

pinchazo [pintʃáθo] *m.* **1** Piqûre *f.* (hecha con una punta). **2** Crevaison *f.* (de un neumático).

pinche [pintʃe] *m.* Marmiton.

pincho [pintʃo] *m.* Pointe *f.*

pingüe [piŋgwe] *adj.* **1** Graisseux, euse, gras, grasse. **2** fig. Abondant, ante, productif, ive, gros, grosse: *pingües beneficios,* de gros bénéfices.

pingüino [piŋgwino] *m.* Pingouin.

pinito [pinito] *m.* Premier pas: *hacer pinitos,* faire ses premiers pas.

pino [pino] *m.* Pin.

pintada [pintàða] *f.* **1** Graffiti *mpl.* **2** Tag (inscripción en un muro). **3** Pintade (ave).

pintado, -da [pintàðo, -ða] *adj.* **1** Peint, peinte. Loc. fig. *Estar, venir como ~,* aller à merveille, tomber à pic. **2** Tacheté, ée (de diversos colores).

pintar [pintàr] *tr.* **1** Peindre: ~ *de azul,* peindre en bleu. **2** Dépeindre, décrire (describir). ▪ **3** *intr.* Avoir de l'importance, être important, ante. ▪ **4** *pr.* Se farder, se maquiller (el rostro). **5** *Pintarse solo para,* être sans pareil pour.

pintor, -ra [pintòr, -ra] *s.* **1** Peintre *m.* (hombre o mujer), femme peintre *f.* (mujer). **2** ~ *de brocha gorda,* peintre en bâtiment.

pintoresco, -ca [pintorésko, -ka] *adj.* Pittoresque.

pintura [pintúɾa] f. Peinture: ~ *al óleo, al temple,* peinture à l'huile, à la détrempe.

pinza [pinθa] f. 1 Pince (de crustáceo, etc.). ■ 2 pl. Pince *sing.* (instrumento).

pinzón [pinθón] m. Pinson.

piña [pipa] f. 1 Pomme de pin. 2 ~ *de América,* ananas m. 3 fig. Foule, masse.

piñón [pipón] m. 1 Pignon. 2 MEC. Pignon.

pío [pio] m. Pépiement, piaulement. Loc. fig. *No decir ni* ~, ne pas souffler mot, ne pas piper.

pío, -ía [pio, -ia] adj. 1 Pie: *obra pía,* œuvre pie. 2 Pieux, euse (piadoso).

piojo [pjóxo] m. Pou.

pipa [pipa] f. 1 Pipe: *fumar en* ~, fumer la pipe. 2 Fût m., tonneau m. (tonel). 3 Pépin m. (semilla), graine (de girasol).

pipí [pipí] m. Pipi.

pique [pike] m. Brouille f., brouillerie f.

piquete [pikéte] m. 1 Piquet (jalón). 2 MIL. Piquet. Loc. ~ *de ejecución,* peloton d'exécution. 3 Piqûre f. (herida).

piragua [piɾáɣwa] f. 1 Pirogue. 2 DEP. Canoë m., kayac m.

pirámide [piɾámiðe] f. Pyramide.

pirata [piɾáta] m. Pirate.

piratear [piɾateáɾ] tr. Pirater.

piratería [piɾateɾía] f. Piraterie, flibuste.

pirenaico, -ca [piɾenáiko, -ka] adj. Pyrénéen, enne.

piropo [piɾópo] m. Galanterie f., compliment.

pirueta [piɾwéta] f. Pirouette.

pisa [pisa] f. Foulage m. (de la uva, del paño, etc.).

pisada [pisáða] f. 1 Pas m.: *el ruido de sus pisadas,* le bruit de ses pas. 2 Trace (huella). 3 Foulée (de un animal).

pisapapeles [pisapapéles] m. invar. Presse-papiers.

pisar [pisáɾ] tr. 1 Marcher sur: ~ *una alfombra,* marcher sur un tapis. 2 Fouler (los paños, la uva, etc.). 3 Presser (las cuerdas de un instrumento). 4 Appuyer sur (un pedal).

piscicultura [pisθikultúɾa] f. Pisciculture.

piscina [pisθina] f. Piscine.

piso [piso] m. 1 Étage (de una casa). 2 Appartement (vivienda): ~ *piloto,* appartement témoin. 3 Sol (suelo), plancher (de madera).

pisotear [pisoteáɾ] tr. 1 Piétiner. 2 Fouler aux pieds.

pista [pista] f. Piste.

pistacho [pistátʃo] m. Pistache f.

pistola [pistóla] f. 1 Pistolet m. (arma). 2 Pistolet m. (para pintar), aérographe.

pistolero [pistoléɾo] m. Bandit.

pistón [pistón] m. 1 Piston. 2 Amorce f. (de la cápsula).

pitada [pitáða] f. 1 Coup m. de sifflet. 2 fam. Impair m., incongruité.

pitar [pitáɾ] intr. Siffler.

pitillera [pitiʎéɾa] f. Porte-cigarettes m. invar.

pitillo [pitiʎo] m. Cigarette f.

pito [pito] m. 1 Sifflet. 2 Loc. fam. *No se me da un* ~, je m'en moque; *esto no vale un* ~, cela ne vaut pas tripette.

pitón [pitón] m. Python (serpiente).

pitorreo [pitořéo] m. Moquerie f.

pitorro [pitóřo] m. Bec (de vasija).

pizarra [piθářa] f. 1 Ardoise. 2 Tableau m. noir (encerado).

pizca [piθka] f. Brin m., soupçon m., miette, bribe: *ni* ~ *de,* pas une miette de.

pizpireta [piθpiɾéta] adj. f. Vive, qui a l'esprit prompt (mujer).

placa [pláka] f. Plaque: ~ *giratoria,* plaque tournante.

pláceme [pláθeme] m. Félicitation f., compliment.

placentero, -ra [plaθentéɾo, -ra] adj. Agréable, plaisant, ante.

placer [plaθéɾ] m. Plaisir (goce, diversión).

placer [plaθéɾ] [76] tr. Plaire.

plácido, -da [pláθiðo, -ða] adj. Placide.

plaga [pláɣa] f. Plaie, fléau m.: *las siete plagas de Egipto,* les sept plaies d'Égypte.

plan [plan] m. 1 Plan (proyecto, programa, plano). 2 Projet (intención).

plana [plána] f. Page (página). Loc. *A toda* ~, sur toute la page.

plancha [plántʃa] f. 1 Plaque, feuille (de metal). 2 Fer m. à repasser (utensilio para planchar). 3 Planche (natación). 4 IMPR. Planche.

planchar [plantʃáɾ] tr. Repasser.

planeta [planéta] m. Planète f.

planicie [planiθje] f. Plaine.

planisferio [planisféɾjo] m. GEOG. Planisphère.

plano, -na [pláno, -na] adj. 1 Plat, plate. 2 GEOM. Plan, plane.

planta [plánta] f. 1 BOT. Plante. 2 Plan m. (plano). 3 Plante (del pie). 4 Étage m.: *en la* ~ *cuarta,* au quatrième étage.

plantar [plantáɾ] adj. Plantaire.

plantar [plantáɾ] tr. 1 Planter. 2 Flanquer

(un golpe, etc.). **3** Mettre (en un lugar): ~ *en la calle,* mettre à la porte. ■ **4** *pr.* Se planter (ponerse, pararse). **5** Se buter (resistirse en no hacer algo). **6** Se rendre (trasladarse), arriver, débarquer (llegar).

plantear [planteár] *tr.* **1** Former le plan de, projeter. **2** Poser (un problema).

plantilla [plantíʎa] *f.* **1** Semelle (del calzado). **2** Patron *m.* (para cortar, etc.).

plantón [plantón] *m.* **1** AGR. Plant. **2** Planton (persona). Loc. *Dar un ~,* poser un lapin.

plasmar [plasmár] *tr.* **1** Créer, former. ■ **2** *pr.* Prendre forme, se concrétiser.

plástico, -ca [plástiko, -ka] *adj.* **1** Plastique. ■ **2** *m.* Plastique, matière *f.* plastique. **3** Plastic (explosivo).

plata [pláta] *f.* **1** Argent *m.* **2** Argenterie (vajilla de plata, etc.).

plataforma [platafórma] *f.* Plate-forme.

plátano [plátano] *m.* **1** Platane. **2** Bananier (árbol frutal). **3** Banane *f.* (fruto).

platea [platéa] *f.* TEAT. Parterre *m.*

plateado, -da [plateáðo, -ða] *adj.* **1** Argenté, ée. ■ **2** *m.* Argenture *f.*

platería [platería] *f.* Orfèvrerie.

platero [platéro] *m.* Orfèvre.

plática [plátika] *f.* Conversation.

platillo [platíʎo] *m.* **1** Soucoupe *f.* Loc. ~ *volante,* soucoupe volante. **2** Plateau (de balanza). ■ **3** *pl.* MÚS. Cymbales *f.*

platina [platína] *f.* **1** Platine (de microscopio, etc.). **2** IMPR. Marbre *m.*

platino [platíno] *m.* Platine.

plato [pláto] *m.* **1** Assiette *f.* (vasija): ~ *sopero,* assiette creuse. **2** Plat (manjar). **3** Plateau (de tocadiscos).

plató [plató] *m.* Plateau de cinéma.

plausible [plaúsiβle] *adj.* Plausible.

playa [pláʝa] *f.* Plage.

playero, -ra [plaʝéro, -ra] *adj.* **1** De plage: *sandalias playeras,* sandales de plage. ■ **2** *f.* Air *m.* populaire andalou.

plaza [pláθa] *f.* **1** Place (lugar público): ~ *mayor,* grand-place. **2** ~ *de toros,* arènes *pl.* **3** Marché *m.* (mercado). **4** Place (sitio, empleo).

plazo [pláθo] *m.* **1** Délai. **2** Terme. **3** Echéance *f.* (vencimiento).

plebe [pléβe] *f.* Plèbe.

plebiscito [pleβisθíto] *m.* Plébiscite.

plegado [pleɣáðo] *m.* **1** Pliage. **2** Pliure (encuadernación). **3** Plissage (acción de hacer tablas).

plegar [pleɣár] [48] *tr.* **1** Plier (doblar). **2** Plisser (hacer tablas). ■ **3** *pr.* fig. Plier, se soumettre.

plegaria [pleɣárja] *f.* Prière.

pleitear [pleiteár] *tr.* DER. Plaider.

pleito [pléito] *m.* **1** DER. Procès, litige. **2** Dispute *f.* **3** ~ *homenaje,* hommage.

plenario, -ia [plenárjo, -ja] *adj.* **1** Plénier, ière. ■ **2** *m.* DER. Partie *f.* du procès qui suit l'instruction.

plenipotenciario, -ia [plenipotenθjárjo, -ja] *adj.-s.* Plénipotentiaire.

plenitud [plenitúð] *f.* Plénitude.

pleno, -na [pléno, -na] *adj.* **1** Plein, pleine: *con ~ derecho,* de plein droit. ■ **2** *m.* Séance *f.* plénière.

pléyade [pléʝaðe] *f.* LIT. Pléiade.

pliego [pljéɣo] *m.* **1** Feuille *f.* de papier (hoja). **2** Pli (carta). **3** ~ *de condiciones,* cahier des charges.

pliegue [pljéɣe] *m.* Pli.

plomada [plomáða] *f.* **1** Fil *m.* à plomb. **2** Plombée (de una red de pescar).

plomero [ploméro] *m.* Plombier.

plomizo, -za [plomíθo, -θa] *adj.* Plombé, ée.

plomo [plòmo] *m.* **1** Plomb. **2** *loc. adv. A ~,* à plomb.

pluma [plúma] *f.* **1** Plume. Loc. ~ *estilográfica,* stylographe *m.,* stylo *m.* **2** *loc. adv. Al correr de la ~, a vuela ~,* au courant de la plume.

plumaje [plumáxe] *m.* **1** Plumage. **2** Plumet (penacho).

plumero [pluméro] *m.* **1** Plumeau. **2** Plumet (adorno). **3** Plumier (cajita).

plumón [plumón] *m.* **1** Duvet (de las aves). **2** Édredon (de la cama).

plural [plurál] *adj.* **1** Pluriel, elle. ■ **2** *m.* Pluriel; *poner en ~,* mettre au pluriel.

pluriempleo [plurjempléo] *m.* Cumul d'emplois.

plus [plus] *m.* **1** MIL. Supplément de solde. **2** Gratification *f.,* prime *f.* **3** Supplément.

pluvial [pluβjál] *adj.* **1** Pluvial, ale. **2** ECLES. *Capa ~,* chape.

población [poβlaθjón] *f.* **1** Peuplement *m.* (acción de poblar). **2** Population (habitantes). **3** Localité (lugar), ville (ciudad).

poblado [poβláðo] *m.* Localité *f.,* agglomération *f.* (población).

poblador, -ra [poβlaðór, -ra] *adj.-s.* **1** Habitant, ante. **2** Colonisateur, trice.

poblar [poβlár] [31] *tr.* Peupler.

pobre [póβre] *adj.* **1** Pauvre. ■ **2** *s.* Pauvre, pauvresse.

pobreza [poβréθa] *f.* Pauvreté.

pocillo [poθíʎo] *m.* Tasse *f.* à chocolat.

poco, -ca [póko, -ka] *adj.* **1** Peu de: ~ *dinero,* peu d'argent. Loc. *De* ~ *más o menos,* de peu de valeur. ■ **2** *pron.* Peu (pequeña cantidad): *un* ~ *de,* un peu de. Loc. *Tener en* ~, ne pas estimer, mépriser. ■ **3** *adv.* Peu. Loc. ~ *a* ~, peu à peu, petit à petit; ~ *más o menos,* à peu près.

poda [póða] *f.* AGR. Émondage *m.,* élagage *m.,* taille.

podadera [poðaðéra] *f.* Serpe (hoz), sécateur *m.* (tijeras).

podar [poðár] *tr.* AGR. Élaguer, émonder, tailler.

poder [poðér] [77] *tr.* **1** Pouvoir: *no* ~ *más,* n'en pouvoir plus. ■ **2** *intr. No* ~ *con,* ne pouvoir supporter (aguantar), venir à bout de (someter). ■ **3** *impers.* Se pouvoir, être possible: *puede que venga,* il se peut qu'il vienne.

poder [poðér] *m.* **1** Pouvoir. **2** Puissance *f.* (fuerza, poderío, capacidad).

poderoso, -sa [poðeróso, -sa] *adj.-s.* Puissant, ante.

podio [pódjo] *m.* Podium.

podredumbre [poðreðúmbre] *f.* **1** Pourriture. **2** Pus *m.* (humor).

poema [poéma] *m.* Poème.

poesía [poesía] *f.* Poésie.

poeta [poéta] *m.* Poète.

póker [póker] *m.* Poker.

polaco, -ca [poláko, -ka] *adj.-s.* Polonais, aise.

polea [poléa] *f.* Poulie.

polémico, -ca [polémiko, -ka] *adj.-f.* Polémique.

polen [pólen] *m.* BOT. Pollen.

polichinela [politʃinéla] *m.* Polichinelle.

policía [poliθía] *f.* **1** Police. **2** Politesse (cortesía). **3** Propreté (aseo). ■ **4** *m.* Policier, agent de police.

policromo, -ma [polikròmo, -ma] *adj.* Polychrome.

polifonía [polifonía] *f.* Polyphonie.

poligamia [poliɣámja] *f.* Polygamie.

poligloto, -ta [poliɣlóto, -ta] *adj.-s.* Polyglotte.

polígono [políɣono] *m.* Polygone.

polilla [políʎa] *f.* Mite.

polinomio [polinómjo] *m.* MAT. Polynôme.

polípero [polípero] *m.* Polypier.

pólipo [pólipo] *m.* MED. Polype.

polisílabo, -ba [polisílaβo, -βa] *adj.-m.* Polysillabe.

politécnico, -ca [politéɣniko, -ka] *adj.* Polytechnique.

politeísmo [politeizmo] *m.* REL. Polythéis-me.

política [politika] *f.* Politique.

político, -ca [politiko, -ka] *adj.* **1** Politique. **2** Poli, ie, courtois, oise. **3** Marque la parenté par mariage: *padre* ~, *hijo* ~ beau-père, baeu-fils.

póliza [póliθa] *f.* **1** Police (de seguros). **2** Vignette, timbre *m.* (del impuesto).

polizón [poliθón] *m.* Passager clandestin.

pollera [poʎéra] *f.* Mue (para los pollos).

pollino [poʎino] *m.* **1** Ânon. **2** Âne, baudet. **3** fig. Âne, imbécile.

pollito, -ta [poʎito, -ta] *s.* **1** fam. Garçon, jeune fille. ■ **2** *m.* Poussin (polluelo).

pollo [póʎo] *m.* **1** Poulet (cría de gallina), petit (de cualquier ave). **2** fam. Jeune homme.

polo [pólo] *m.* **1** Pôle: ~ *norte, sur,* pôle nord, sud. **2** Polo (juego, camisa).

poltrón, -ona [poltrón, -óna] *adj.* **1** Paresseux, euse. ■ **2** *f.* Bergère (sillón).

polvareda [polβaréða] *f.* **1** Nuage *m.* de poussière. **2** fig. Agitation des esprits.

polvera [polβéra] *f.* Poudrier *m.*

polvo [pólβo] *m.* **1** Poussière *f.: levantar* ~, faire de la poussière. **2** Poudre *f.* (sustancia pulverizada): *oro en* ~, poudre d'or. **3** Prise *f.* (de tabaco). ■ **4** *pl.* Poudre *f. sing.* (afeite).

pólvora [pólβora] *f.* Poudre (explosivo). Loc. fig. ~ *en salvas,* tirer sa poudre aux moineaux.

polvoriento, -ta [polβorjénto, -ta] *adj.* **1** Poussiéreux, euse. **2** Poudreux, euse.

polvorín [polβorin] *m.* **1** Pulvérin. **2** Poire *f.* à poudre (frasquito).

pómez [pómeθ] *adj. Piedra* ~, pierre ponce.

pomo [pómo] *m.* **1** Petit flacon (frasco). **2** Pommeau (de espada).

pompa [pómpa] *f.* **1** Pompe, apparat *m.* **2** Bulle: ~ *de jabón,* bulle de savon.

ponderar [ponderár] *tr.* **1** Peser, examiner. **2** Pondérer (equilibrar).

ponencia [ponénθja] *f.* **1** Rapport *m.* (informe). **2** Charge de rapporteur.

ponente [ponénte] *adj.-s.* DER. Rapporteur.

poner [ponér] [78] *tr.* **1** Mettre, placer, poser (colocar): ~ *una coma,* mettre une virgule. **2** Rendre (con ciertos adjetivos): ~ *triste, furioso,* etc., rendre triste, furieux, euse, etc. **3** Ouvrir (una tienda, etc.). **4** ~ *como nuevo,* remettre à neuf; fig. maltraiter (a uno). ■ **5** *pr.* Se mettre, se placer: *se puso de rodillas, il* *se mit à genoux.* 6 Devenir: *ponerse furioso,* devenir furieux. 7 Mettre (vestido, zapatos, etc.): *se puso el sombrero,* il mit son chapeau. 8 Se coucher (un astro).

poniente [ponjénte] *m.* 1 Ponant, couchant. 2 Vent d'ouest.

pontificado [pontifikáðo] *m.* Pontificat.

pontífice [pontífiθe] *m.* Pontife: *sumo ~,* souverain Pontife.

ponzoña [ponθóɲa] *f.* Poison *m.,* venin *m.*

popular [populár] *adj.* Populaire.

popularizar [populariθár] [4] *tr.* Populariser.

por [por] *prep.* 1 Par (indica agente, causa, medio, modo, parte): *~ ignorancia,* par ignorance. 2 Pour (a causa de, en consideración a, a favor de): *castigado ~ su pereza,* puni pour sa paresse. 3 Pour, comme: *dejar ~ muerto,* laisser pour mort. 4 Pour, afin de (con infinitivo): *~ no cansarle,* pour ne pas le fatiguer; (seguido de infinitivo, con el sentido de sin): *estar ~ hacer,* être à faire. 5 Otros sentidos: *ir ~ pan,* aller chercher du pain; *~ esto,* c'est pourquoi. 6 *loc. adv. ~ ahora,* pour le moment; *~ la mañana, ~ la noche,* le matin, le soir ou la nuit; *~ Navidad,* à Noël; *~ abril,* en avril. 7 *loc. conj. ~ qué,* pourquoi.

porcelana [porθelána] *f.* Porcelaine.

porcentaje [porθentáxe] *m.* Pourcentage.

porcino, -na [porθino, -na] *adj.-s.* 1 Porcin, ine. ▪ 2 *m.* Porcelet.

porción [porθjón] *f.* 1 Portion. 2 Part (parte).

pordiosero, -ra [porðjoséro, -ra] *s.* Mendiant, ante.

porfiado, -da [porfjáðo, -ða] *adj.* Obstiné, ée.

porfiar [porfjár] [13] *intr.* 1 S'entêter, s'obstiner. 2 Se disputer.

pormenor [pormenór] *m.* 1 Détail. 2 Tenants et aboutissants *pl.* (de un proceso).

pornografía [pornoɣrafía] *f.* Pornographie.

poroso, -sa [poróso, -sa] *adj.* Poreux, euse.

porque [pórke] *conj.* Parce que.

porqué [porké] *m.* Pourquoi *invar.* (causa, motivo).

porquería [porkería] *f.* Cochonnerie, saleté.

porra [póřa] *f.* 1 Massue. 2 Matraque (de caucho). 3 *interj.* fam. Zut! Loc. fam. *Mandar a la ~,* envoyer balader.

porrazo [pořáθo] *m.* 1 Coup de massue, etc. 2 Coup.

porrillo (a) [poříʎo] *loc. adv.* À foison.

porro [pořo] *m.* Joint (cigarrillo de marihuana, etc.).

porrón, -ona [pořón, -óna] *adj.* 1 Lourdaud, aude. ▪ 2 *m.* Cruche *f.* à bec pour boire à la régalade.

porta [pórta] *f.* MAR. Sabord *m.*

portaaviones [portaaβjónes] *m. invar.* Porte-avions.

portada [portáða] *f.* 1 Frontispice *m.* 2 IMPR. Page de titre (de un libro), couverture (de una revista). 3 Portail *m.* (de un edificio).

portador, -ra [portaðór, -ra] *adj.-s.* Porteur, euse.

portaequipajes [portaekipáxes] *m. invar.* Porte-bagages.

portal [portál] *m.* 1 Entrée *f.,* vestibule. 2 Portique. 3 Porte *f.* (de una ciudad).

portarse [portárse] *pr.* 1 Se comporter, se conduire: *se ha portado bien conmigo,* il s'est bien conduit avec moi. 2 Agir honorablement.

portátil [portátil] *adj.* Portatif, ive.

portavoz [portaβóθ] *m.* 1 Porte-voix. 2 Porte-parole *invar.* (persona).

portazo [portáθo] *m.* 1 Claquement de porte: *dar un ~,* claquer la porte.

porte [pórte] *m.* Port, maintien, allure *f.* (de una persona).

portería [portería] *f.* 1 Loge de concierge, conciergerie (habitación). 2 DEP. But *m.* (fútbol).

portero, -ra [portéro, -ra] *s.* 1 Concierge, portier, ière. ▪ 2 *m.* Huissier. 3 DEP. Gardien de but (fútbol).

portezuela [porteθwéla] *f.* 1 Portillon *m.* 2 Portière (de coche).

pórtico [pórtiko] *m.* Portique.

portón [portón] *m.* Grande porte *f.*

portorriqueño, -ña [portořikéɲo, -ɲa] *adj.-s.* De Porto-Rico.

portuario, -ia [portwárjo, -ja] *adj.* Portuaire.

portugués, -esa [portuɣés, -ésa] *adj.-s.* Portugais, aise.

porvenir [porβenír] *m.* Avenir.

pos (en) [pos] *loc. adv.* Derrière, à la suite. Loc. *Ir en ~ de,* courir après.

posada [posáða] *f.* 1 Auberge (mesón). 2 Demeure, logis *m.* (casa). 3 Hébergement *m.*

posar [posár] *intr.* 1 Poser (ante un pintor, un fotógrafo). 2 Loger (alojarse). ▪ 3 *intr.-pr.* Se poser (los pájaros).

posdata [posðáta] *f.* Post-scriptum *m. invar.*

poseer [poseér] [61] *tr.* Posséder.

posesión [posesjón] *f.* 1 Possession. 2 Propriété (finca).

posibilidad [posiβiliðáð] *f.* 1 Possibilité. ▪ 2 *pl.* Moyens *m.*

posible [posíβle] *adj.* 1 Possible. Loc. *Hacer lo ~ por,* faire son possible pour. ▪ 2 *m. pl.* Moyens (medios).

posición [posiθjón] *f.* 1 Position. 2 Position, situation (social).

positivo, -va [positíβo, -βa] *adj.* 1 Positif, ive. ▪ 2 *f.* FOT. Positif *m.*

posponer [posponér] [78] *tr.* Placer, faire passer après (a una persona, una cosa).

posta [pósta] *f.* 1 Poste, relais *m.* (de caballos). 2 Chevrotine (bala). 3 *loc. adv. Por la ~,* rapidement; *a ~,* à dessein, exprès.

postal [postál] *adj.* 1 Postal, ale: *tarjeta ~,* carte postale. ▪ 2 *f.* Carte postale.

poste [póste] *m.* Poteau.

postergar [posteryár] [7] *tr.* 1 Ajourner (aplazar). 2 Laisser en arrière. 3 Ajourner l'avancement (de alguien).

posteridad [posteriðáð] *f.* Postérité.

posterior [posterjór] *adj.* Postérieur, eure.

postigo [postiyo] *m.* 1 Volet (de ventana). 2 Porte *f.* dérobée (puerta falsa).

postizo, -za [postiθo, -θa] *adj.* 1 Postiche. 2 Faux, fausse: *cuello ~,* faux col.

postración [postraθjón] *f.* 1 Prostration (abatimiento). 2 Prosternation.

postrar [postrár] *tr.* 1 Abattre (derribar, debilitar). ▪ 2 *pr.* Se prosterner (hincarse de rodillas).

postre [póstre] *m.* 1 Dessert. ▪ 2 *adj.* Dernier, ière. 3 *loc. adv. A la ~,* à la fin.

postulado [postuláðo] *m.* Postulat.

postular [postulár] *tr.* 1 Postuler. 2 Quêter (hacer una colecta).

postura [postúra] *f.* 1 Posture, position. 2 Enchère (en una subasta). 3 Mise, enjeu *m.* (en el juego). 4 Ponte (de los huevos). 5 fig. Attitude.

potable [potáβle] *adj.* Potable.

potaje [potáxe] *m.* 1 Potage. 2 Légumes *pl.* secs.

pote [póte] *m.* 1 Pot (vasija). 2 Marmite *f.* (para cocer viandas).

potencia [poténθja] *f.* 1 Puissance. 2 *loc. adv. En ~,* en puissance.

potencial [potenθjál] *adj.-m.* 1 Potentiel, elle. ▪ 2 *m.* GRAM. Conditionnel.

potentado [potentáðo] *m.* Potentat.

potente [poténte] *adj.* Puissant, ante.

poterna [potérna] *f.* FORT. Poterne.

potestad [potestáð] *f.* Puissance, pouvoir *m.: patria ~,* puissance paternelle.

potingue [potiŋge] *m.* fam. Potion *m.,* breuvage.

potranca [potráŋka] *f.* Jeune jument, pouliche.

potro [pótro] *m.* 1 Poulain (animal). 2 Chevalet (de tormento). 3 VET. Travail (aparato).

pozo [póθo] *m.* Puits.

práctica [práytika] *f.* 1 Pratique. 2 Méthode. ▪ 3 *pl.* Travaux *m.* pratiques (ejercicios). 4 Stage *m. sing.* (período).

practicante [praytikánte] *adj.* Pratiquant, ante (en religión).

practicar [praytikár] [1] *tr.* 1 Pratiquer. 2 Pratiquer, faire: *~ la natación,* faire de la natation. ▪ 3 *intr.* Faire un stage.

práctico, -ca [práytiko, -ka] *adj.* 1 Pratique. 2 Expérimenté, ée, exercé, ée.

pradera [praðéra] *f.* Prairie.

prado [práðo] *m.* Pré.

pragmático, -ca [praymátiko, -ka] *adj.-f.* Pragmatique.

preámbulo [preámbulo] *m.* Préambule.

precario, -ia [prekárjo, -ja] *adj.* Précaire.

precaución [prekaüθjón] *f.* Précaution.

precavido, -da [prekaβiðo, -ða] *adj.* Prévoyant, ante, précautionneux, euse.

precedente [preθeðénte] *adj.-m.* Précédent, ente.

precepto [preθéβto] *m.* Précepte.

preceptor, -ra [preθeβtór, -ra] *s.* Précepteur, trice.

preciar [preθjár] [12] *tr.* 1 Apprécier. ▪ 2 *pr.* Se vanter de, se piquer de.

precintar [preθintár] *tr.* 1 Mettre des renforts aux angles (de cajas, maletas). 2 Sceller, cacheter, plomber, mettre des bandes de sûreté à (un paquete, de coste).

precio [préθjo] *m.* 1 Prix: *~ de coste,* prix de revient. 2 *loc. prep. Al ~ de,* au prix de.

preciosidad [preθjosiðáð] *f.* Qualité de ce qui est précieux.

precioso, -sa [preθjóso, -sa] *adj.* 1 Précieux, euse (de mucho valor). 2 Très joli, ie, ravissant, ante (bonito).

precipicio [preθipiθjo] *m.* Précipice.

precipitación [preθipitaθjón] *f.* Précipitation.

precipitar [preθipitár] *tr.* Précipiter.

precisar [preθisár] *tr.* 1 Préciser (fijar). 2 Forcer, obliger (obligar). ▪ 3 *impers.* Falloir.

preciso, -sa [preθiso, -sa] *adj.* 1 Précis,

ise. **2** Nécessaire. Loc. *Ser* ~, être nécessaire, falloir; *es* ~ *que vengáis,* il faut que vous veniez.

precocidad [prekoθiðàð] *f.* Précocité.

preconcebir [prekonθeβìr] [34] *tr.* Préconcevoir: *idea preconcebida,* idée préconçue.

preconizar [prekoniθàr] [4] *tr.* Préconiser.

precoz [prekóθ] *adj.* Précoce.

precursor, -ra [prekursór, -ra] *adj.* **1** Précurseur, avant-coureur, annonciateur, trice. ▪ **2** *m.* Précurseur.

predecesor, -ra [preðeθesór, -ra] *s.* **1** Prédécesseur *m.* **2** Ancêtre.

predecir [preðeθir] [79] *tr.* Prédire.

predestinar [preðestinàr] *tr.* Prédestiner.

predicador, -ra [preðikaðòr, -ra] *adj.-s.* **1** Prêcheur, euse. ▪ **2** *m.* Prédicateur.

predicar [preðikàr] [1] *tr.* Prêcher.

predicción [preðikθjón] *f.* Prédiction.

predilecto, -ta [preðiléyto, -ta] *adj.* Préféré, ée, bien-aimé, ée.

predisponer [preðisponér] [78] *tr.* Prédisposer.

predominio [preðominjo] *m.* Prédominance *f.*

preestablecido, -da [preestaβleθiðo, -ða] *adj.* Préétabli, ie.

prefacio [prefàθjo] *m.* Préface *f.*

prefecto [preféyto] *m.* Préfet.

prefectura [prefèytúra] *f.* Préfecture.

preferencia [preferénθja] *f.* **1** Préférence. **2** Priorité. **3** ~ *de paso,* priorité.

preferible [preferìβle] *adj.* Préférable.

preferir [preferir] [35] *tr.* Préférer.

prefijo, -ja [prefíxxo, -xa] *adj.-m.* Préfixe.

pregón [preyón] *m.* **1** Proclamation *f.,* annonce *f.* (noticia). **2** Cri (de vendedor).

pregonar [preyonàr] *tr.* **1** Publier à haute voix, annoncer publiquement. **2** Crier (un vendedor).

pregunta [preyúnta] *f.* Demande, question: *hacer preguntas,* poser des questions.

preguntar [preyuntàr] *tr.* **1** Demander. **2** Questionner, interroger.

prehistoria [preìstòrja] *f.* Préhistoire.

prejuicio [prexwiθjo] *m.* Préjugé, parti pris.

prejuzgar [prexuθyàr] [7] *tr.* Préjuger.

prelado [prelàðo] *m.* Prélat.

preliminar [preliminàr] *adj.-m.* Préliminaire.

preludiar [preluðjàr] [12] *intr.* **1** Préluder. ▪ **2** *tr.* fig. Préluder à (anunciar).

prematuro, -ra [prematùro, -ra] *adj.* Prématuré, ée.

premeditación [premeðitaθjón] *f.* Préméditation.

premeditar [premeðitàr] *tr.* Préméditer.

premiar [premjár] [12] *tr.* Récompenser, accorder un prix à.

premio [prèmjo] *m.* **1** Prix, récompense *f.* **2** Lot (de lotería): ~ *gordo,* gros lot. **3** COM. Prime *f.*

premisa [premisa] *f.* LÓG. Prémisse.

premura [premùra] *f.* **1** Urgence. **2** ~ *de tiempo,* hâte.

prenda [prènda] *f.* **1** Gage *m.* (garantía). **2** Gage (de amistad). **3** Vêtement *m.* (ropa): ~ *interior,* sous-vêtement. **4** Personne, chose très aimée. ▪ **5** *pl.* Qualités (de una persona).

prendado, -da [prendàðo, -ða] *adj.* Épris, ise.

prender [prendèr] *tr.* **1** Prendre, arrêter (a una persona), faire prisonnier (aprisionar). **2** Accrocher, retenir (hablando de cosas). ▪ **3** *intr.* Prendre (el fuego, una vacuna, etc.): *el injerto ha prendido,* la greffe a pris.

prensa [prènsa] *f.* **1** Presse (máquina, publicaciones, diarios). Loc. *Dar a la* ~, faire imprimer. **2** *loc. adv. En* ~, sous presse: *meter en* ~, mettre sous presse.

prensar [prensàr] *tr.* **1** Presser (en una prensa). **2** Pressurer (uva, etc.).

preñado, -da [preɲàðo, -ða] *adj.* **1** Plein, pleine, chargé, ée (cargado). ▪ **2** *adj.-f.* Enceinte, grosse (mujer), pleine (animales).

preocupación [preokupaθjón] *f.* **1** Préoccupation. **2** Souci *m.* (inquietud).

preocupar [preokupàr] *tr.* Préoccuper.

preparación [preparaθjón] *f.* Préparation.

preparado [preparàðo] *m.* Préparation *f.*

preparar [preparár] *tr.* **1** Préparer. ▪ **2** *pr.* Se préparer.

preparativos [preparatìβos] *m. pl.* Préparatifs.

preponderar [preponderàr] *intr.* Être prépondérant, ante, prédominer.

preposición [preposiθjón] *f.* Préposition.

presa [prèsa] *f.* **1** Prise (acción, cosa apresada). **2** Proie (de un animal): *ave de* ~, oiseau de proie. **3** Barrage *m.* (a través de un río). **4** Bief *m.* (de un molino), canal *m.* **5** Croc *m.* (colmillo). **6** Serre (de ave).

presagiar [presaxjàr] [12] *tr.* Présager.

presbítero [presβítero] *m.* Prêtre.

prescindir [presθindìr] *intr.* **1** Se passer de. **2** Faire abstraction de: *prescindiendo de...,* abstraction faite de...

prescribir [preskriβir] *tr.* Prescrire (ordenar): *el médico ha prescrito un reposo absoluto,* le médecin a prescrit un repos absolu.

presencia [presénθja] *f.* 1 Présence. 2 ~ *de ánimo,* présence d'esprit. 3 Prestance, tournure, aspect *m.*

presenciar [presenθjár] [12] *tr.* Être présent, ente à, assister à (asistir): ~ *una corrida,* assister à une corrida.

presentación [presentaθjón] *f.* Présentation.

presentador, -ra [presentaðór, -ra] *s.* Présentateur, trice.

presentar [presentár] *tr.* 1 Présenter. 2 Déposer (una queja, etc.).

presente [presénte] *adj.-m.* Présent, ente.

presentir [presentir] [35] *tr.* Pressentir.

preservar [preserβár] *tr.* Préserver.

preservativo [preserβatiβo] *m.* Préservatif.

presidencia [presiðénθja] *f.* Présidence.

presidente [presiðénte] *m.* Président.

presidio [presiðjo] *m.* 1 Bagne. 2 MIL. Place *f.* forte (establecimiento penitenciario), garnison *f.* 3 Travaux *pl.* forcés.

presidir [presiðir] *tr.* Présider.

presilla [presiʎa] *f.* 1 Bride. 2 Ganse (cordoncillo).

presión [presjón] *f.* Pression.

preso, -sa [préso, -sa] 1 *p. p.* de *prender.* ■ 2 *adj.* Pris, prise. ■ 3 *adj.-s.* Prisonnier, ière, détenu, ue.

prestado, -da [prestáðo, -ða] *adj.* Prêté, ée. Loc. *Pedir* ~, *tomar* ~, emprunter.

prestamista [prestamista] *s.* Prêteur, euse.

préstamo [préstamo] *m.* 1 Prêt (acción, cosa prestada). 2 Emprunt.

prestancia [prestánθja] *f.* Excellence, qualité supérieure.

prestar [prestár] *tr.* Prêter.

prestidigitación [prestiðixitaθjón] *f.* Prestidigitation.

prestigio [prestixjo] *m.* Prestige.

presumido, -da [presumiðo, -ða] *adj.* 1 Prétentieux, euse, présomptueux, euse. 2 Coquet, ette.

presumir [presumir] *tr.* 1 Présumer. ■ 2 *intr.* Se pavaner, faire l'important, ante, se donner des grands airs, se rengorger. 3 Se vanter, se croire: *presume de guapa,* elle se croit belle.

presuponer [presuponér] [78] *tr.* 1 Présupposer. 2 Établir le budget de.

presupuesto, -ta [presupwèsto, -ta] *adj.* 1 Présupposé, ée. ■ 2 *m.* Budget. 3 Devis (de una obra). 4 Supposition *f.*

pretender [pretendér] *tr.* 1 Solliciter, briguer. 2 Prétendre, essayer de (esforzarse).

pretendiente [pretendjénte] *adj.-s.* Prétendant, ante.

pretensión [pretensjón] *f.* Prétention.

pretérito, -ta [pretérito, -ta] *adj.-m.* 1 Passé, ée. ■ 2 *m.* GRAM. Passé: ~ *imperfecto,* imparfait; ~ *indefinido,* passé simple, prétérit; ~ *perfecto,* passé composé; ~ *pluscuamperfecto,* plus-que-parfait.

pretexto [pretésto] *m.* Prétexte: *con el* ~ *de que,* sous prétexte que.

prevalecer [preβaleθér] [43] *intr.* Prévaloir.

prevaler [preβalér] *intr.* 1 Prévaloir. ■ 2 *pr.* Se prévaloir.

prevención [preβenθjón] *f.* 1 Prévention, préjugé *m.* (idea preconcebida). 2 Disposition, précaution. 3 Poste *m.* de police.

prevenir [preβenir] [90] *tr.* 1 Prévenir (avisar, precaver, predisponer). 2 Préparer, disposer. ■ 3 *pr.* Se préparer (prepararse).

prever [preβér] [91] *tr.* Prévoir.

previo, -ia [prèβjo, -ja] *adj.* 1 Préalable. 2 Après: *previa entrega de,* après remise de.

previsión [preβisjón] *f.* Prévision.

previsto, -ta [preβisto, -ta] *adj.* Prévu, ue.

prima [prima] *f.* 1 Cousine: ~ *hermana, carnal,* cousine germaine. 2 Prime (premio, etc.). 3 Prime (hora).

primacía [primaθia] *f.* Primauté.

primario, -ia [primárjo, -ja] *adj.-m.* Primaire.

primavera [primaβéra] *f.* 1 Printemps *m.* (estación). 2 Primevère (planta).

primer [primér] *adj.* Forme apocopée de *primero.* Elle ne s'emploie que devant le substantif: ~ *piso,* premier étage.

primero [priméro] *adv.* 1 Premièrement, d'abord. 2 Plutôt (más bien).

primero, -ra [priméro, -ra] *adj.-s.* 1 Premier, ière. ■ 2 *m.* Premier étage.

primicias [primíθjas] *f. pl.* 1 Prémices. 2 fig. Primeur *sing.*

primitivo, -va [primitiβo, -βa] *adj.-s.* Primitif, ive.

primo, -ma [primo, -ma] *adj.* 1 Premier, ière: *número* ~, nombre premier. ■ 2 *s.* Cousin, ine: ~ *hermano, carnal,* cousin germain. 3 fig. fam. Poire *f.,* naïf. ■ 4 *adv.* Primo.

primor [primór] *m.* Délicatesse *f.,* perfection.

primordial [primorðjál] *adj.* Primordial, ale.

princesa [prinθésa] *f.* Princesse.

principado [prinθipáðo] *m.* **1** Principat. **2** Principauté *f.* (territorio).

principal [prinθipál] *adj.* **1** Principal, ale. ▪ **2** *adj.-m.* Premier: *piso* ~, premier étage.

príncipe [prinθipe] *m.* **1** Prince. ▪ **2** *adj.* Príinceps (edición).

principiar [prinθipjàr] [12] *tr.-intr.* Commencer.

principio [prinθipjo] *m.* **1** Commencement, début. **2** Principe (fundamento, máxima).

priorato [prjoráto] *m.* **1** Prieuré. **2** Priorat (cargo).

priori (a) [prjóri] *loc. adv.* A priori.

prioridad [prjoriðáð] *f.* Priorité.

prisa [prísa] *f.* **1** Hâte. Loc. *Darse* ~, se hâter, se dépêcher; *tener* ~, être pressé, ée, avoir hâte: *tengo* ~ *por salir*, je suis pressé de, j'ai hâte de partir; *correr* ~, presser, être pressant. **2** *loc. adv. A* ~, *de* ~, vite.

prisión [prisjón] *f.* **1** Prison. **2** Arrestation (acción de prender), détention, emprisonnement *m.* (pena). ▪ **3** *pl.* Fers *m.* (grillos).

prisionero, -ra [prisjonéro, -ra] *s.* Prisonnier, ière.

prisma [prízma] *m.* Prisme.

prismático, -ca [prizmátiko, -ka] *adj.* **1** Prismatique. ▪ **2** *m. pl.* Jumelles *f.*

privación [priβaθjón] *f.* Privation.

privado, -da [priβáðo, -ða] *adj.* **1** Privé, ée. ▪ **2** *m.* Favori (de un príncipe).

privar [priβár] *tr.* **1** Priver. **2** Interdire (prohibir). ▪ **3** *intr.* Être en faveur (con uno). **4** Être en vogue, être à la mode, régner.

privativo, -va [priβatiβo, -βa] *adj.* **1** Privatif, ive. **2** ~ *a*, particulier à, propre à, l'apanage de.

privilegio [priβiléxjo] *m.* Privilège.

pro [pro] *m.* **1** Profit. Loc. *Hombre de* ~, homme de bien. **2** *loc. prep. En* ~ *de*, en faveur de.

proa [próa] *f.* MAR. Proue.

probabilidad [proβaβiliðáð] *f.* Probabilité.

probable [proβáβle] *adj.* **1** Probable (verosímil). **2** Prouvable (que se puede probar).

probador, -ra [proβaðór, -ra] *adj.* **1** Qui prouve. ▪ **2** *s.* Essayeur, euse. ▪ **3** *m.* Cabine *f.* d'essayage, salon d'essayage.

probar [proβár] [31] *tr.* **1** Prouver (justificar). **2** Éprouver, essayer, mettre à l'épreuve (experimentar). **3** Goûter (un manjar o un líquido). **4** Essayer (un vestido, un coche, etc.). **5** ~ *a*, essayer de.

problema [proβléma] *m.* Problème.

procedencia [proθeðénθja] *f.* Origine, provenance.

procedente [proθeðénte] *adj.* Provenant, en provenance (de un lugar): *barco* ~ *de Génova,* bateau en provenance de Gênes.

proceder [proθeðér] *m.* **1** Procédé, conduite *f.* ▪ **2** *intr.* Procéder (originarse), provenir, venir: *este vino procede de España,* ce vin provient d'Espagne. **3** Être convenable, opportun, convenir (ser conveniente).

procedimiento [proθeðimjénto] *m.* **1** Procédé, méthode *f.* **2** DER. Procédure *f.*

prócer [próθer] *adj.* **1** Grand, ande, éminent, ente. ▪ **2** *m.* Personnage illustre.

procesador [proθesaðár] *m.* Processeur.

procesar [proθesàr] *tr.* **1** DER. Instruire un procès. **2** Inculper (a una persona).

procesión [proθesjón] *f.* Procession.

proceso [proθéso] *m.* **1** DER. Procès. **2** Processus (desarrollo de una cosa).

proclama [prokláma] *f.* Proclamation.

proclamación [proklamaθjón] *f.* Proclamation.

proclamar [proklamár] *tr.* Proclamer.

procónsul [prokónsul] *m.* Proconsul.

procrear [prokreàr] *tr.* Procréer.

procurador [prokuraðór] *m.* **1** Procureur. **2** Procureur (de una comunidad). **3** Avoué (abogado).

procurar [prokurár] *tr.* **1** Tâcher de, s'efforcer de (tratar de). **2** ~ *que,* tâcher que, faire en sorte que: *procuraba que nadie le viera,* il faisait en sorte que personne ne le voit. **3** Procurer (proporcionar).

prodigioso, -sa [proðixjóso, -sa] *adj.* Prodigieux, euse.

producción [proðuɣθjón] *f.* Production.

producir [proðuθir] [46] *tr.* **1** Produire. **2** *pr.* Se produire.

producto [proðúyto] *m.* Produit.

productor, -ra [proðuytór, -ra] *adj.-s.* Producteur, trice.

proeza [proéθa] *f.* Prouesse, exploit *m.*

profanar [profanár] *tr.* Profaner.

profano, -na [profáno, -na] *adj.-s.* Profane.

profecía [profeθía] *f.* Prophétie.

profesar [profesár] *tr.* **1** Professer. ▪ **2** *intr.* Prononcer ses vœux.

profesión [profesjón] *f.* Profession.

profesional [profesjonál] *adj.-s.* Professionnel, elle.

profesor, -ra [profesòr, -ra] *s.* Professeur (sin femenino en francés): *es profesora de inglés,* elle est professeur d'anglais.

profeta [proféta] *m.* Prophète.

profetizar [profetiθár] [4] *tr.* Prophétiser.

profiláctico, -ca [profiláytiko, -ka] *adj.* 1 Prophylactique. ■ 2 *f.* Prophylaxie.

prófugo, -ga [prófuɣo, -ɣa] *adj.-s.* 1 Fugitif, ive. ■ 2 *m.* MIL. Réfractaire, insoumis.

profundidad [profundiðáð] *f.* Profondeur.

profundo, -da [profúndo, -da] *adj.* 1 Profond, onde. ■ 2 *m.* Profondeur *f.*

profusión [profusjón] *f.* Profusion.

programa [proɣráma] *m.* 1 Programme. 2 INFORM. Logiciel.

programación [proɣramaθjón] *f.* Programmation.

programador [proɣramaðór] *m.* INFORM. Programmeur.

progresar [proɣresár] *intr.* Progresser.

progresivo, -va [proɣresiβo, -βa] *adj.* Progressif, ive.

progreso [proɣréso] *m.* Progrès.

prohibir [proíβir] [21] *tr.* Défendre, interdire, prohiber: *se prohíbe el paso,* passage interdit.

prohombre [proómbre] *m.* Homme important, grand homme, notable.

prójimo [próximo] *m.* 1 Prochain, autrui. 2 DESP. Individu.

prole [próle] *f.* Enfants *m. pl.,* progéniture.

proletariado [proletarjáðo] *m.* Prolétariat.

proletario, -ia [proletárjo, -ja] *adj.* 1 Prolétarien, ienne. ■ 2 *adj.-m.* Prolétaire.

prolífico, -ca [prolifiko, -ka] *adj.* Prolifique.

prolijidad [prolixiðáð] *f.* Prolixité.

prolijo, -ja [prolixo, -xa] *adj.* 1 Prolixe. 2 Minutieux, euse.

prólogo [próloɣo] *m.* Préface *f.,* prologue.

prolongación [prolonɣaθjón] *f.,***prolongamiento** [prolonɣamjéntoj] *m.* 1 Prolongation *f.* 2 Prolongement *m.*

prolongar [prolonɣár] [7] *tr.* Prolonger.

promedio [promèðjo] *m.* 1 Milieu (punto medio). 2 Moyenne *f.* (término medio).

promesa [promèsa] *f.* Promesse.

prometer [prometér] *tr.-intr.* 1 Promettre. ■ 2 *pr.* Se fiancer (desposarse).

prominente [prominènte] *adj.* Proéminent, ente.

promiscuidad [promiskwiðáð] *f.* Promiscuité.

promoción [promoθjón] *f.* Promotion.

promotor, -ra [promotòr, -ra],**promovedor, -ra** [promoβeðór, -ra] *adj.-s.* Promoteur, trice.

promover [promoβér] [32] *tr.* 1 Promouvoir (elevar). 2 Occasionner, causer.

promulgar [promulɣár] [7] *tr.* Promulguer.

pronombre [pronómbre] *m.* Pronom.

pronosticar [pronostikár] [1] *tr.* Pronostiquer.

pronóstico [pronòtiko] *m.* Pronostic.

pronto, -ta [prónto, -ta] *adj.* 1 Prompt, prompte, rapide. 2 Prêt, prête (dispuesto, listo). ■ 3 *m.* Impulsion *f.,* mouvement d'humeur. ■ 4 *adv.* Vite (prestamente), tôt (temprano), bientôt (luego): ~ *está dicho,* c'est vite dit. 5 *loc. adv.* **Al** ~, à première vue, de prime abord; *de* ~, soudain; *por de* ~, *por el* ~, pour le moment.

pronunciar [pronunθjár] [12] *tr.* 1 Prononcer. ■ 2 *pr.* Se prononcer. 3 Se soulever (sublevarse).

propaganda [propaɣánda] *f.* Propagande.

propenso, -sa [propénso, -sa] *adj.* Enclin, ine, porté, ée (*a,* à).

propiciar [propiθjár] [12] *tr.* 1 Rendre propice. 2 Apaiser (aplacar).

propicio, -ia [propiθjo, -ja] *adj.* Propice, favorable.

propiedad [propjeðáð] 1 *f.* Propriété. 2 fig. Ressemblance (semejanza).

propietario, -ia [propjetárjo, -ja] *adj.-s.* Propriétaire.

propina [propina] *f.* Pourboire *m.*

propio, -ia [própjo, -ja] *adj.* 1 Propre: *nombre* ~, nom propre. 2 ~ *para,* propre à, approprié à. 3 Lui-même, elle-même, etc. (mismo): *el* ~ *alcalde,* le maire lui-même. 4 *Lo* ~, la même chose. 5 *loc. adv. Al* ~ *tiempo,* en même temps.

proponer [proponér] [78] *tr.* 1 Proposer. ■ 2 *pr.* Se proposer.

proporción [proporθjón] *f.* 1 Proportion. 2 Occasion (oportunidad).

proporcionar [proporθjonár] *tr.* 1 Proportionner. 2 Procurer, fournir (suministrar). ■ 3 *pr.* Se procurer (una cosa).

proposición [proposiθjón] *f.* Proposition.

propósito [propósito] *m.* 1 Dessein, intention *f.* (intención), but (objeto). 2 *loc. adv. A* ~, à propos. 3 *loc. prep. A* ~ *de,* à propos de.

propuesta [propwésta] *f.* Proposition: *a ~ de,* sur la proposition de.

propulsor [propulsór] *m.* Propulseur.

prórroga [prórroɣa] *f.* **1** Prorogation. **2** Prolongation (de un permiso, un partido, etc.).

prosa [prósa] *f.* Prose.

proscribir [proskriβír] *tr.* Proscrire. ▲ PART. PAS. IRRÉG.: *proscrito* ou *proscripto.*

proscripto, -ta [proskríβto, -ta], **proscrito, ta** [proskríto, -ta] *s.* Proscrit, ite.

prosecución [prosekuθjón] *f.,* **proseguimiento** [proseɣimiénto] *m.* Poursuite *f.,* continuation *f.*

proseguir [proseɣír] [56] *tr.* **1** Poursuivre, continuer. ■ **2** *intr.* Continuer.

proselitismo [proselitizmo] *m.* Prosélytisme.

prosista [prosísta] *s.* Prosateur: *un, una ~,* un prosateur.

prospecto [prospéyto] *m.* Prospectus.

prosperar [prosperár] *intr.* Prospérer.

prosperidad [prosperiðáð] *f.* Prospérité.

prostituir [prostitwír] [62] *tr.* Prostituer.

prostituta [prostitúta] *f.* Prostituée.

protagonista [protaɣonísta] *s.* **1** Protagoniste. **2** Héros, héroïne.

protección [proteɣθjón] *f.* Protection.

proteccionismo [proteɣθjonizmo] *m.* Protectionnisme.

protector, -ra [proteytór, -ra] *adj.-s.* Protecteur, trice.

protectorado [proteytoráðo] *m.* Protectorat.

proteger [protexér] [5] *tr.* Protéger.

proteína [proteína] *f.* QUÍM. Protéine.

prótesis [prótesis] *f.* CIR. Prothèse.

protesta [protésta], **protestación** [protestaθjón] *f.* Protestation.

protestante [protestánte] *adj.-s.* **1** REL. Protestant, ante. **2** Protestataire.

protestar [protestár] *tr.-intr.* Protester.

protesto [protésto] *m.* COM. Protêt.

protocolo [protokólo] *m.* **1** Protocole. **2** Minutier (de un notario).

prototipo [prototípo] *m.* Prototype.

provecho [proβétʃo] *m.* **1** Profit: *sacar ~,* tirer profit, profiter. **2** *De ~,* utile; *hombre de ~,* homme de bien.

provechoso, -sa [proβetʃóso, -sa] *adj.* Profitable.

proveedor, -ra [proβeeðór, -ra] *s.* Fournisseur, euse, pourvoyeur, euse.

proveer [proβeér] [61] *tr.* **1** Pourvoir, fournir, munir. **2** DER. Prononcer (una resolución). ▲ PART. PAS. IRRÉG.: *provisto, ta.*

provenir [proβenír] [90] *intr.* Provenir.

provenzal [proβenθál] *adj.-s.* Provençal, ale.

proverbio [proβérβjo] *m.* Proverbe.

providencia [proβiðénθja] *f.* **1** Providence. **2** Mesure, disposition: *tomar providencias,* prendre des mesures.

provincia [proβinθja] *f.* **1** Province. **2** Département *m.* (división territorial de la Francia actual).

provinciano, -na [proβinθjàno, -na] *adj.-s.* Provincial, ale.

provisión [proβisjón] *f.* Provision.

provisional [proβisjonál] *adj.* Provisoire.

provocar [proβokár] [1] *tr.* Provoquer.

provocativo, -va [proβokatiβo, -βa] *adj.* Provocant, ante.

proximidad [proɣsimiðáð] *f.* **1** Proximité. ■ **2** *pl.* Alentours (cercanías).

próximo, -ma [próɣsimo, -ma] *adj.* **1** Proche (cercano): *hotel ~ a la estación,* hôtel proche de la gare. **2** Prochain, aine: *la semana próxima,* la semaine prochaine.

proyectar [projeytár] *tr.* **1** Projeter. **2** fig. Projeter, envisager (pensar).

proyectil [projeytíl] *m.* Projectile.

proyecto [projéyto] *m.* Projet.

prudencia [pruðénθja] *f.* Prudence.

prudente [pruðénte] *adj.* Prudent, ente, sage.

prueba [prwéβa] *f.* **1** Épreuve. **2** Preuve (lo que prueba): *dar pruebas de,* faire preuve. **3** Essayage *m.* (de un vestido). **4** Essai *m.* (ensayo): *a ~,* à l'essai. **5** fig. Preuve, marque, témoignage *m.* (testimonio).

prurito [prurito] *m.* MED. Prurit.

psicología [sikoloxía] *f.* Psychologie.

psicólogo, -ga [sikóloɣo, -ɣa] *s.* Psychologue.

psicosis [sikósis] *f.* Psychose.

psiquiatría [sikjatría] *f.* Psychiatrie.

psíquico, -ca [síkiko, -ka] *adj.* Psychique.

púa [púa] *f.* **1** Pointe, piquant *m.* **2** Dent (de un peine). **3** Piquant *m.* (de erizo). **4** MÚS. Médiator *m.*

¡puaj! [pwáx] *interj.* Berk!

pubertad [puβertáð] *f.* Puberté.

pubis [púβis] *m.* ANAT. Pubis.

publicación [puβlikaθjón] *f.* Publication.

publicar [puβlikár] [1] *tr.* Publier.

publicidad [puβliθiðáð] *f.* Publicité.

público, -ca [púβliko, -ka] *adj.* **1** Public, ique. ■ **2** *m.* Public. Loc. *Dar al ~,* publier. **3** Monde (gente).

puchero [putʃéro] *m.* **1** Pot-au-feu, marmite *f.* (vasija). **2** Pot-au-feu (manjar). **3** fig. Croûte *f.* (alimento diario).

pudiente [puðjénte] *adj.-s.* Puissant, ante, riche.

pudor [puðór] *m.* Pudeur *f.*

pudrir [puðrír] *tr.* **1** Pourrir, putréfier. ■ **2** *pr.* Pourrir, se putréfier. ■ **3** *intr.* Être mort, morte, être enterré, ée.

pueblerino, -na [pweβlerino, -na] *adj.* Villageois, oise.

pueblo [pwéβlo] *m.* **1** Village (población pequeña). **2** Peuple (conjunto de personas).

puente [pwénte] *m.* Pont *m.* Loc. ~ *levadizo,* pont-levis.

puerco, -ca [pwérko, -ka] *adj.* **1** Sale, cochon, onne. ■ **2** *m.* Cochon, porc. **3** ~ *espín,* porc-épic. ■ **4** *f.* Truie.

puerro [pwéřo] *m.* Poireau.

puerta [pwérta] *f.* **1** Porte. **2** Loc. fig. *Dar con la ~ en las narices,* fermer la porte au nez.

puerto [pwérto] *m.* Port (de mar o río, refugio).

pues [pwes] *conj.* **1** Car (porque), puisque (puesto que). **2** Donc (sentido continuativo): *decíamos ~,* nous disions donc. **3** Or (ahora bien). **4** Eh bien!

puesta [pwésta] *f.* Coucher *m.* (de un astro): *la ~ de sol,* le coucher du soleil.

puesto, -ta [pwésto, -ta] **1** *p. p.* de *poner.* ■ **2** *adj.* Mis, mise: *bien ~,* bien mis, bien habillé. ■ **3** *m.* Endroit, lieu. **4** Poste, situation *f.* (empleo). **5** Étalage, étal (en un mercado, en la calle), kiosque.

¡**puf!** [puf] *interj.* Pouah!

pugna [púyna] *f.* **1** Lutte. **2** Opposition (entre personas o cosas).

pujante [puxánte] *adj.* **1** Puissant, ante, fort, forte. **2** Riche.

pujar [puxár] *tr.* **1** Enchérir, surenchérir (en una subasta). ■ **2** *intr.* Éprouver des difficultés pour s'exprimer.

pulcritud [pulkritúð] *f.* **1** Propreté. **2** Soin *m.* (esmero).

pulga [púlya] *f.* Puce.

pulgada [pulyáða] *f.* Pouce *m.* (medida).

pulgar [pulyár] *adj.-m.* Pouce (dedo).

pulido, -da [pulíðo, -ða] *adj.* **1** Poli, ie. **2** Beau, belle, élégant, ante, soigné, ée.

pulir [pulír] *tr.* **1** Polir. **2** fig. Dégrossir (a una persona). ■ **3** *pr.* Se polir.

pulmón [pulmón] *m.* Poumon.

pulmonía [pulmonia] *f.* Pneumonie.

pulpa [púlpa] *f.* Pulpe.

púlpito [púlpito] *m.* Chaire *f.* (en una iglesia): *en el ~,* en chaire.

pulpo [púlpo] *m.* Poulpe, pieuvre *f.*

pulsación [pulsaθjón] *f.* Pulsation.

pulsador [pulsaðór] *m.* Poussoir, bouton.

pulsar [pulsár] *tr.* **1** Tâter le pouls (tomar el pulso). **2** MÚS. Pincer, jouer de.

pulsera [pulséra] *f.* Bracelet *m.*

pulso [púlso] *m.* **1** Pouls: *tomar el ~,* tâter le pouls. **2** Force *f.,* sûreté *f.* du poignet. **3** Prudence *f.* **4** Bras de fer (competición).

pulverizador [pulβeriθaðór] *m.* Pulvérisateur.

pum [pun] *interj.* Boum!

puma [púma] *m.* Puma, couguar.

punta [púnta] *f.* Pointe (extremo agudo), bout *m.* (extremo): *la ~ del dedo,* le bout du doigt. Loc. *Estar de ~,* Être brouillé, fâché.

puntada [puntáða] *f.* Point *m.*

puntal [puntál] *m.* Étançon.

puntapié [puntapjé] *m.* Coup de pied.

puntear [punteár] *tr.* **1** Pointiller. **2** MÚS. Pincer (la guitarra, etc.).

puntera [puntéra] *f.* **1** Bout *m.* (de calzado, media). **2** fam. Coup *m.* de pied.

puntería [punteria] *f.* ARTILL. Pointage *m.,* visée, tir *m.: afinar la ~,* rectifier le tir.

puntiagudo, -da [puntjayúðo, -ða] *adj.* Pointu, ue.

puntilla [puntíʎa] *f.* **1** Dentelle étroite, entre-deux. **2** Poignard *m.* pour achever les animaux (puñal).

punto [púnto] *m.* **1** Point. Loc. ~ *y aparte,* point à la ligne; *géneros de ~,* tricot, bonneterie; *estar a ~ de,* être sur le point de. **2** Maille *f.* rompue (en una media): *coger los puntos a,* remmailler. **3** Guidon, mire *f.* (de un arma de fuego). **4** Petite quantité *f.* **5** Station *f.* de voitures: *coche de ~,* voiture de place. **6** Point d'honneur. **7** Ponte *f.* (en el juego). **8** ARQ. *Arco de medio ~,* arc de plein cintre; *arco de ~ entero,* arc en ogive. **9** loc. adv. *A ~,* à point; *al ~,* sur le champ, tout de suite.

puntual [puntwál] *adj.* Ponctuel, elle.

puntuar [puntwár] [11] *tr.* Ponctuer.

punzante [punθánte] *adj.* **1** Piquant, ante. **2** fig. Lancinant, ante (dolor). **3** Poignant, ante (aflictivo).

punzar [punθár] [4] *tr.* Piquer (herir).

puñado [puɲáðo] *m.* Poignée *f.* (porción).

puñalada [puɲaláða] *f.* Coup *m.* de poignard.

puño [púɲo] *m.* **1** Poing. Loc. *Apretar los puños,* travailler avec ardeur. **2** Poignet (de vestido). **3** Manchette *f.* (de camisa). **4** Poignée *f.* (de un arma, bastón, utensilio).

pupa [púpa] *f.* **1** Bouton *m.* (pústula). **2** fam. Bobo *m.* (dolor, herida).

pupila [pupila] *f.* **1** Pupille (huérfana). **2** Pupille, prunelle (del ojo).

pupilo, -la [pupilo, -la] *s.* Pensionnaire (de una casa de huéspedes).

pupitre [pupitre] *m.* Pupitre.

puré [puré] *m.* Purée *f.*

pureza [puréθa] *f.* Pureté.

purgar [puryár] [7] *tr.* **1** Purger. **2** Expier (un delito, etc.). ■ **3** *pr.* Se purger.

purgatorio [puryatórjo] *m.* Purgatoire.

purificación [purifikaθjón] *f.* Purification.

purificar [purifikár] [1] *tr.* Purifier, épurer.

puritano, -na [puritáno, -na] *adj.-s.* Puritain, aine.

puro, -ra [púro, -ra] *adj.* **1** Pur, pure. ■ **2** *m.* Cigare. **3** *loc. adv.* *A* ~, à force de; *de* ~, tant: *de* ~ *viejo,* tant il est vieux.

púrpura [púrpura] *f.* **1** Pourpre *m.* (molusco, color). **2** Pourpre (tinte, tela).

purpurado [purpuráðo] *m.* Cardinal.

purpurina [purpurina] *f.* Purpurine.

purulento, -ta [purulénto, -ta] *adj.* Purulent, ente.

pus [pus] *m.* Pus.

pusilánime [pusilánıme] *adj.* Pusillanime.

pústula [pústula] *f.* Pustule.

puta [púta] *f.* pop. Putain: *de* ~ *madre,* d'enfer.

putada [putáða] *f.* pop. Vacherie.

putrefacción [putrefayθjón] *f.* Putréfaction.

putrefacto, -ta [putrefáyto, -ta] *adj.* Pourri, ie, putréfié, ée.

pútrido, -da [pútrıðo, -ða] *adj.* Putride.

puya [púʝa] *f.* Fer *m.*, pointe (de aguijón, etc.).

puyazo [puʝáθo] *m.* Coup de pique.

PVP [pewβepé] *m.* (*abrev.* precio de venta al público) Prix T.T.C.

Q

q [ku] *f.* Q *m.*

que [ke] *pron.* **1** Qui (sujeto): *la mujer ~ canta,* la femme qui chante. **2** Que (compl. directo): *el libro ~ leo,* le livre que je lis. **3** Que, quel, quelle, quels, quelles (en la interrogación directa o indirecta): *¿qué quiere usted?,* que voulez-vous? **4** Quoi: *no sé qué hacer,* je ne sais pas quoi faire. **5** *A ~,* à quoi, auquel, à laquelle, auxquels, auxquelles. **6** *En ~,* où: *la casa en ~ vives,* la maison où tu demeures. **7** Que, quel, quelle (exclamativo): *¡qué pena!,* quel dommage! *Qué de,* que de, combien de.

que [ke] *conj.* **1** Que: *dile ~ venga,* dis-lui qu'il vienne, dis-lui de venir (con verbos de orden o de ruego). ▲ *Que* admet la prép. *de: me alegro de ~ hayas venido,* je suis content que tu sois venu. **2** Car: *date prisa ~ es tarde,* dépêche-toi, car il est tard.

quebrada [keβráða] *f.* GEOG. Gorge, ravin *m.*

quebradizo, -za [keβraðiθo, -θa] *adj.* **1** Cassant, ante, fragile. **2** fig. Fragile.

quebrado, -da [keβráðo, -ða] *adj.* **1** Brisé, ée (línea, voz), affaibli, ie. **2** Accidenté, ée (terreno). ■ **3** *adj.-s.* COM. Failli, ie. **4** MED. Hernieux, euse. ■ **5** *m.* MAT. Fraction *f.,* nombre fractionnaire.

quebradura [keβraðúra] *f.* **1** Brisure. **2** MED. Hernie.

quebrantamiento [keβrantamjénto] *m.* **1** Brisement. **2** Concassage. **3** fig. Transgression *f.,* infraction *f.,* violation *f.*

quebrantar [keβrantár] *tr.* **1** Briser, casser, rompre. **2** Concasser, broyer (machacar). **3** fig. Transgresser, enfreindre, violer (la ley, etc.), **4** Affaiblir, abattre (la salud), abattre (la moral, etc.), briser (la resistencia, etc.).

quebrar [keβrár] [27] *tr.* **1** Casser, briser, rompre. **2** Plier, courber (doblar). **3** Adoucir, tempérer (la fuerza, el rigor). ■

4 *intr.* COM. Faire faillite. ■ **5** *pr.* Se briser, se rompre, se casser.

quedar [keðár] *intr.* **1** Rester: *~ en casa,* rester chez soi: *queda mucho por hacer,* il reste beaucoup à faire. **2** Rester, devenir (resultar): *~ ciego,* devenir aveugle. **3** (con *en*) Convenir, décider: *¿en qué quedamos?,* que décidons-nous? ■ **4** *pr.* Rester: *quedarse en cama,* rester au lit. **5** Devenir: *se quedó sordo,* il devint sourd. **6** (con la prep. *con*) Prendre (tomar), garder (guardar). Loc. fig. *Quedarse con uno,* avoir quelqu'un (engañar).

quehacer [keaθér] *m.* Travail, affaire *f.,* occupation *f.:* *tener muchos quehaceres,* avoir beaucoup de travail, d'occupations.

queja [kéxa] *f.* Plainte.

quejido [kexiðo] *m.* Plainte *f.,* gémissement.

quemado, -da [kemáðo, -ða] *adj.* Brûlé, ée.

quemar [kemár] *tr.* **1** Brûler. **2** fig. Vendre au rabais (malbaratar). **3** fig. Irriter, exaspérer. ■ **4** *intr.* Brûler (estar muy caliente). ■ **5** *pr.* Brûler: *el asado se quema,* le rôti brûle.

querella [keréʎa] *f.* DER. Plainte.

querer [kerér] [80] *tr.* **1** Vouloir: *Dios lo quiera,* Dieu le veuille. **2** *loc. adv. Do quiera, donde quiera,* n'importe où: *cuando quiera,* n'importe quand; *sin ~,* sans le vouloir. **3** *loc. conj. como quiera que,* comme, puisque; *como quiera que sea,* quoi qu'il en soit. ■ **4** *m.* Amour, affection *f.*

querido, -da [keriðo, -ða] *adj.* **1** Voulu, ue. **2** Aimé, ée. **3** Cher, ère: *~ amigo,* cher ami.

quesera [keséra] *f.* Fromagerie (donde se fabrican los quesos).

quesería [keseria] *f.* Fromagerie.

queso [késo] *m.* Fromage: *~ de bola,* fromage de Hollande.

quicio [kiθjo] *m.* Penture *f.* Loc. fig. *Sacar de ~ a uno,* faire sortir quelqu'un de ses gonds.

quiebra [kjéβra] *f.* 1 Brisure. 2 Crevasse (grieta). 3 COM. Faillite.

quien [kjen], **quienes** [kjénes] *pron. rel.* 1 Qui (hablando de persona): *el hombre con ~ hablo,* l'homme à qui je parle. 2 (con prep.) Que, dont: *mi padre, a ~ respeto,* mon père, que je respecte. 4 *interr.* o *exclamat.* (con acento). Qui: ¿quién ha venido?, qui est venu?

quienquiera [kjenkjéra], **quienquier** [kjeŋkjèr] *pron. indef.* 1 Quiconque. 2 ~ *que sea,* qui que ce soit.

quieto, -ta [kjéto, -ta] *adj.* 1 Calme, tranquille: *no puede estarse ~,* il ne peut pas rester tranquille. 2 Immobile.

quijotada [kixotáða] *f.* Action propre d'un Don Quichotte.

quilo [kilo] *m.* 1 FISIOL. Chyle. 2 Kilo.

quilogramo [kiloγrámo] *m.* Kilogramme.

quilolitro [kilolítro] *m.* Kilolitre.

quilómetro [kilómetro] *m.* Kilomètre.

quimera [kiméra] *f.* 1 Chimère. 2 Dispute, querelle: *buscar ~,* chercher querelle.

química [kimika] *f.* Chimie.

químico, -ca [kimiko, -ka] *adj.* 1 Chimique. ■ 2 *s.* Chimiste.

quimono [kimòno] *m.* Kimono.

quince [kinθe] *adj.-m.* 1 Quinze. 2 Quinzième: *el siglo ~,* le quinzième siècle.

quincena [kinθéna] *f.* Quinzaine.

quincenal [kinθenál] *adj.* 1 Bimensuel, elle. 2 Qui dure quinze jours.

quiniela [kinjéla] *f.* Sorte de pari *m.* mutuel (pelota vasca y fútbol).

quinientos, -as [kinjéntos, -as] *adj.* 1 Cinq cents. 2 Cinq cent (seguido de otra cifra).

quinquenal [kiŋkenál] *adj.* Quinquennal, ale.

quinta [kinta] *f.* 1 Maison de campagne. 2 MIL. Classe. 3 MÚS. Quinte. ■ 4 *pl.* MIL. Tirage *m. sing.* au sort, conscription *sing.*

quintaesencia [kintaesénθja] *f.* Quintessence.

quintal [kintál] *m.* Quintal.

quintar [kintár] *tr.* 1 Tirer au sort un sur cinq. 2 MIL. Tirer au sort.

quinteto [kintèto] *m.* 1 MÚS. Quintette. 2 MÉTR. Quintette. 3 MÉTR. Strophe *f.* de cinq vers.

quinto, -ta [kinto, -ta] *adj.-s.* 1 Cinquième. ■ 2 *adj.* Cinq: *Felipe ~,* Philippe Cinq. ■ 3 *m.* Recrue, *f.,* conscrit, bleu.

quíntuplo, -pla [kintuplo, -pla] *adj.-m.* Quintuple.

quiñón [kiɲón] *m.* Lopin de terre.

quiosco [kjósko] *m.* Kiosque.

quiquiriquí [kikirikí] *m.* Cocorico.

quirófano [kirófano] *m.* CIR. Salle *f.* d'opérations.

quiromancia [kirománθja] *f.* Chiromancie.

quirúrgico, -ca [kirúrxiko, -ka] *adj.* Chirurgical, ale.

quisquilloso, -sa [kiskiʎóso, -sa] *adj.* Pointilleux, euse, susceptible.

quiste [kiste] *m.* MED. Kyste.

quitamanchas [kitamántʃas] *m.* Détachant.

quitanieves [kitanjéβes] *m.*: *máquina ~,* chasse-neige.

quitar [kitár] *tr.* 1 Enlever, ôter. 2 Prendre, dérober (hurtar). 3 Empêcher (impedir, obstar). 4 Libérer (librar de). 5 MAT. Ôter (restar). 6 ~ *la vida,* tuer. ■ 7 *pr.* Enlever, ôter (vestidos, etc.): *quitarse la gorra,* ôter sa casquette. 8 fig. Renoncer à, abandonner, se débarrasser de (apartarse).

quitasol [kitasól] *m.* Parasol.

quite [kite] *m.* 1 Action *f.* d'empêcher. 2 ESGR. Parade *f.* 3 TAUROM. Jeu d'un torero consistant à écarter le taureau qui menace un autre torero.

quizás [kiθás], **quizá** [kiθá] *adv.* Peutêtre: ~ *cenará con nosotros,* peut-être dinera-t-il avec nous.

quórum [kwòrum] *m.* Quorum.

R

r [ér̄e] *f.* R *m.*

rabadilla [r̄aβaðiʎa] *f.* Croupion *m.*

rabanera [r̄aβanèra] *f.* **1** Marchande de radis. **2** fig. Poissarde.

rábano [r̄áβano] *m.* Radis. Loc. fig. *Tomar el ~ por las hojas,* interpréter tout de travers.

rabia [r̄áβja] *f.* **1** MED., VET. Rage. **2** fig. Rage, colère. Loc. fig. *Dar ~,* faire rager.

rabiar [r̄aβjár] [12] *intr.* **1** Avoir la rage. **2** fig. Enrager, rager. **3** ~ *por,* avoir une envie folle de. **4** *loc. adv. A ~,* à tout rompre.

rabieta [r̄aβjéta] *f.* Accès *m.* de colère, rogne, rage d'enfant.

rabillo [r̄aβiʎo] *m.* **1** Queue *f.* (de hoja, flor, fruto). **2** Coin (del ojo).

rabino [r̄aβino] *m.* Rabbin.

rabioso, -sa [r̄aβjóso, -sa] *adj.* **1** Enragé, ée: *perro ~,* chien enragé. **2** fig. Violent, ente, furieux, euse.

rabo [r̄áβo] *m.* **1** Queue *f.* (de un cuadrúpedo). Loc. fig. *Salir con el ~ entre las piernas,* s'en retourner la queue entre les jambes. **2** Coin (del ojo).

rabón, -ona [r̄aβón, -óna] *adj.* À queue courte, sans queue (animal).

racha [r̄átʃa] *f.* **1** Rafale. **2** fig. Série. **3** fig. fam. Brève période de chance: *buena ~, mala ~,* veine, déveine.

racimo [r̄aθimo] *m.* Grappe *f.: ~ de uvas,* grappe de raisin.

raciocinio [r̄aθjoθinjo] *m.* Raisonnement.

ración [r̄aθjón] *f.* Ration. Loc. *A media ~,* insuffisamment.

racional [r̄aθjonál] *adj.* **1** Raisonnable (dotado de razón). **2** Rationnel, elle (lógico). ■ **3** *m.* Être doué de raison.

radar [r̄aðár] *m.* Radar.

radiación [r̄aðjaθjón] *f.* FIS. Radiation.

radiactivo, -va [r̄aðjaɣtiβo, -βa] *adj.* Radioactif, ive.

radiador [r̄aðjaðór] *m.* Radiateur.

radial [r̄aðjál] *adj.* Radial, ale.

radiante [r̄aðjánte] *adj.* **1** Radiant, ante. **2** Rayonnant, ante. **3** fig. Radieux, euse, rayonnant, ante: ~ *de alegría,* rayonnant de joie.

radiar [r̄aðjár] [12] *intr.-tr.* **1** Irradier. ■ **2** *tr.* RAD. Radiodiffuser, retransmettre.

radical [r̄aðikál] *adj.-m.* Radical, ale.

radicar [r̄aðikár] [1] *intr.* **1** Être situé, ée, se trouver. **2** fig. ~ *en,* résider dans.

radio [r̄áðjo] *m.* **1** GEOM. Rayon. **2** Rayon (extensión): ~ *de acción,* rayon d'action. **3** Rayon (de una rueda). **4** ANAT. Radius. **5** QUÍM. Radium. ■ **6** *f.* Radio.

radiodifusión [r̄aðjoðifusjón] *f.* Radiodiffusion.

radiofonía [r̄aðjofonia] *f.* Radiophonie.

radiografía [r̄aðjoɣrafia] *f.* Radiographie.

radiólogo, -ga [r̄aðjóloɣo] *s.* Radiologue, radiologiste.

radiomensajería [r̄adjomensaxeria] *f.* Radiomessagerie.

radioyente [r̄aðjoʝénte] *s.* Auditeur, trice.

raer [r̄aér] [81] *tr.* Racler, râper.

ráfaga [r̄áfaɣa] *f.* **1** Rafale. **2** Jet *m.* (de luz).

rafia [r̄áfja] *f.* Raphia *m.*

raído, -da [r̄aiðo, -ða] *adj.* Râpe, ée, usé, ée (vestido).

raigambre [r̄aiɣámbre] *f.* Racines *pl.* (de una planta, antecedentes).

raíz [r̄aiθ] *f.* **1** Racine. Loc. *Echar raíces,* s'enraciner; *cortar de ~,* extirper, couper dans sa racine. ■ **2** *loc. adv. A ~ de,* tout de suite après, immédiatement après.

raja [r̄áxa] *f.* **1** Fente (hendidura), crevasse, fissure. **2** Tranche (de melón, salchichón, etc.).

rajá [r̄axá] *m.* Rajah.

rajar [r̄axár] *tr.* Fendre (hender).

rajatabla (a) [r̄axatáβla] *loc. adv.* Rigoureusement, avec rigueur.

rallador [r̄aʎaðór] *m.* COC. Râpe *f.*

rallar [r̄aʎár] tr. COC. Râper.

ralo, -la [r̄álo, -la] adj. Clairsemé, ée (árboles, pelo), peu fourni, ie (barba).

RAM [r̄am] f. (abrev. random access memory) RAM.

rama [r̄áma] f. **1** Branche. **2** IMPR. Ramette. **3** loc. adv. **En** ~, brut.

ramaje [r̄amáxe] m. Branchage, ramure f., ramée f.

rambla [r̄ámbla] f. **1** Ravin m. **2** Avenue, cours m. (en algunas ciudades).

ramificación [r̄amifikaθjón] f. Ramification.

ramificarse [r̄amifikárse] [1] pr. Se ramifier.

ramillete [r̄amiʎéte] m. **1** Bouquet (de flores, etc.). **2** Pièce f. montée (pastel).

ramilletera [r̄amiʎetéra] f. Bouquetière.

ramo [r̄ámo] m. **1** BOT. Rameau. **2** Bouquet, gerbe f. (de flores), botte f. (manojo). **3** Branche f. (de una ciencia, actividad, etc.), section f.

rampa [r̄ámpa] f. **1** Crampe (calambre). **2** Rampe (plano inclinado).

rana [r̄ána] f. **1** Grenouille: ~ **de San Antonio**, rainette. **2** Tonneau m. (juego).

rancho [r̄ántʃo] m. **1** Ordinaire, gamelle, f., soupe f. (de los soldados, presos, etc.). **2** Campement. **3** Ranch (en Norteamérica).

rancio, -ia [r̄ánθjo, -ja] adj. **1** Rance. **2** Vieux (vino). **3** fig. Vieux, vieille, ancien, ienne (abolengo, estirpe).

ranúnculo [r̄anúŋkulo] m. Renoncule f.

ranura [r̄anúra] f. **1** Rainure. **2** Fente (hendidura).

rapacidad [r̄apaθiðáð] f. Rapacité.

rapadura [r̄apaðúra], **rapamiento** [r̄apamjénto] m. Rasage (de la barba), tonte f. (del pelo).

rapapolvo [r̄apapólβo] m. fam. Savon: **echar un** ~, passer un savon.

rapar [r̄apár] tr. Raser (afeitar), tondre (el pelo).

rapaz [r̄apáθ] adj. **1** Rapace. ■ **2** m. Gamin, mioche (muchacho).

rapaza [r̄apáθa] f. Gamine.

rapazuelo, -la [r̄apaθwélo, -la] s. Petit gamin, petite gamine.

rape [r̄ápe] m. **1** Baudroie f. (pez). **2** Rasage. **3** loc. adv. **Al** ~, ras: **cortar al** ~, couper ras.

rapé [r̄apé] m. Tabac à priser.

rapidez [r̄apiðéθ] f. Rapidité.

rápido, -da [r̄ápiðo, -ða] adj.-m. Rapide.

rapiña [r̄apíɲa] f. **1** Rapine, pillage m. **2** **Ave de** ~, oiseau de proie.

rapsodia [r̄aβsòðja] f. Rapsodie, rhapsodie.

raptar [r̄aβtár] tr. Enlever (una persona), kidnapper (para obtener rescate).

rapto [r̄áβto] m. Rapt, enlèvement.

raqueta [r̄akéta] f. Raquette.

raquídeo, -ea [r̄akíðeo, -ea] adj. ANAT. Rachidien, ienne.

raquitismo [r̄akitizmo] m. Rachitisme.

rareza [r̄aréθa] f. Rareté.

raro, -ra [r̄áro, -ra] adj. **1** Rare. **2** Bizarre, étrange (extraño). **3** loc. adv. **Raras veces**, rarement.

ras [r̄as] m. **1** Egalité f. de surface, de niveau. **2** **A** ~ **de**, au ras de, à ras de.

rasante [r̄asánte] adj. Rasant, ante (tiro), en rase-mottes (vuelo).

rasar [r̄asár] tr. Remplir à ras.

rascacielos [r̄askaθjélos] m. Gratte-ciel.

rascar [r̄askár] [1] tr. Gratter (la piel, etc.), racler (raspar), égratigner (arañar).

rasero [r̄aséro] m. Racloire f. Loc. fig. **Medir por el mismo** ~, traiter de la même façon, sans la moindre différence, mettre sur le même pied.

rasgado, -da [r̄azɣàðo, -ða] adj. **1** Déchiré, ée. **2** Fendu, ue (boca, ojo).

rasgar [r̄azɣár] [7] tr. Déchirer (papel, etc.).

rasgo [r̄ázɣo] m. Trait.

rasguñar [r̄azɣuɲár] tr. Égratigner.

rasguño [r̄azɣúɲo] m. **1** Égratignure f. **2** Esquisse f. (boceto).

raso, -sa [r̄áso, -sa] adj. **1** Ras, rase, plat, plate. Loc. **Campo** ~, rase campagne. **2** Simple: **soldado** ~, simple soldat. **3** Bas, basse (vuelo). **4** Serein, eine, dégagé, ée, limpide (cielo). ■ **5** m. Satin (tela).

raspado [r̄aspàðo] m. CIR. Curetage.

raspador [r̄aspaðór] m. **1** Grattoir (para raspar lo escrito). **2** CIR. Curette f.

raspadura [r̄aspaðúra] f. Grattage m. (de un objeto, un escrito), râpage m.

raspar [r̄aspár] tr. **1** Gratter, racler, râper. **2** Racler le gosier (un vino, etc.).

rastra [r̄ástra] f. **1** AGR. Herse. **2** Râteau m. (rastrillo). **3** Chose qui traîne. **4** Chapelet m. (de fruta seca). **5** Trace (huella). **6** loc. adv. **A la** ~, **a rastras**, à la traîne; fig. à contrecœur.

rastrear [r̄astreár] tr. **1** Suivre la trace. **2** fig. Chercher à s'informer sur, sonder. **3** Traîner sur le fond de l'eau.

rastrillar [r̄astriʎár] tr. AGR. Râteler, ratisser (las calles de un jardín).

rastrillo [r̄astriʎo] m. Râteau.

rastro [r̄ástro] *m.* **1** Trace *f.*, vestige. **2** Râteau (rastrillo). **3** Abattoir (matadero). ■ **4** *n. pr. m.* **El Rastro,** le marché aux puces à Madrid.

rastrojar [r̄astroxár] *tr.* AGR. Chaumer.

rastrojo [r̄astróxo] *m.* Chaume (parte del tallo, campo).

rasurar [r̄asurár] *tr.* Raser (la barba).

rata [r̄áta] *f.* **1** Rat *m.* Loc. ~ *de alcantarilla,* rat d'égout, surmulot. **2** Femelle du rat, rate (hembra). ■ **3** *m.* Filou, voleur.

ratero, -ra [r̄atéro, -ra] *s.* Filou, voleur, euse, pickpocket (carterista).

ratificación [r̄atifikaθjón] *f.* Ratification.

ratificar [r̄atifikár] [1] *tr.* Ratifier.

rato [r̄áto] *m.* **1** Moment, instant (espacio de tiempo). Loc. *Pasar el ~,* passer le temps, s'amuser. **2** *loc. adv.* *A ratos,* par moments.

ratón [r̄atón] *m.* **1** Souris *f.* **2** ~ *de campo, campesino,* mulot.

ratonera [r̄atonéra] *f.* Souricière, ratière.

raya [r̄ája] *f.* **1** Raie, ligne. **2** Rayure (en el cañón de un arma). **3** fig. Limite, frontière, borne. Loc. fig. *pasar de (la) ~,* dépasser les bornes. **4** Raie (pez). **5** *Tres en ~,* marelle (juego).

rayado [r̄ajáðo] *m.* Rayure *f.*

rayar [r̄ajár] *tr.* **1** Rayer. **2** Régler (un papel). **3** Souligner (subrayar). ■ **4** *intr.* Confiner, toucher (con, à). **5** fig. Friser: *esto raya en la locura,* cela frise la folie. **6** *loc. adv. Al ~ el alba,* à l'aube.

rayo [r̄ájo] *m.* **1** Rayon (de luz, etc.): *rayos X,* rayons X. **2** Rayon (de una rueda). **3** Foudre *f.* (meteoro).

rayuela [r̄ajwéla] *f.* **1** Petite raie. **2** Palet *m.,* marelle (juego).

raza [r̄áθa] *f.* Race. Loc. *De ~,* de race.

razón [r̄aθón] *f.* **1** Raison. Loc. *tener ~,* avoir raison; *no tener ~,* avoir tort. **2** *loc. adv. Sin ~,* à tort; *con ~ o sin ella,* à tort ou à raison. **3** *loc. prep. A ~ de,* à raison de.

razonable [r̄aθonáβle] *adj.* Raisonnable.

razonar [r̄aθonár] *intr.* **1** Raisonner. ■ **2** *tr.* Justifier.

re [r̄e] *m.* MÚS. Ré.

reacción [r̄eakθjón] *f.* Réaction.

reacio, -ia [r̄eaθjo, -ja] *adj.* Rétif, ive, indocile, réticent, ente.

real [r̄eál] *adj.* **1** Réel, elle. **2** Royal, ale (del rey). ■ **3** *m.* MIL. Quartier général, camp. **4** Champ de foire, foirail (de la feria). **5** Réal (moneda).

realce [r̄eálθe] *m.* **1** B. ART. Relief, rehaut:

bordado de ~, broderie en relief. **2** Éclat, lustre (brillo).

realeza [r̄ealéθa] *f.* Royauté.

realidad [r̄ealiðáð] *f.* Réalité. *loc. adv. En ~,* en réalité.

realismo [r̄ealizmo] *m.* Réalisme.

realista [r̄ealista] *adj.-s.* **1** Réaliste. **2** Royaliste (monárquico).

realización [r̄ealiθaθjón] *f.* Réalisation.

realizar [r̄ealiθár] [4] *tr.* Réaliser.

reanimar [r̄eanimár] *tr.* Ranimer.

reanudar [r̄eanuðár] *tr.* **1** Renouer (el trato). **2** Reprendre: *reanudó la faena,* il reprit son travail. ■ **3** *pr.* Reprendre.

reapertura [r̄eapertúra] *f.* **1** Réouverture. **2** Rentrée (de clases, tribunales, etc.).

rebaja [r̄eβáxa] *f.* Rabais *m.:* *vender con ~,* vendre au rabais.

rebajar [r̄eβaxár] *tr.* **1** Rabaisser, abaisser. **2** PINT. Affaiblir, dégrader. **3** COM. Rabattre (un precio), solder (un producto), faire une réduction de. **4** ARQ. Surbaisser. ■ **5** *pr.* S'abaisser, se rabaisser. **6** MIL. Être dispensé (de algún servicio).

rebalsar [r̄eβalsár] *tr.* Retenir (las aguas corrientes).

rebanada [r̄eβanáða] *f.* Tranche (de pan, etc.).

rebaño [r̄eβáɲo] *m.* Troupeau.

rebasar [r̄eβasár] *tr.* Dépasser.

rebatir [r̄eβatír] *tr.* **1** Repousser (un ataque, etc.). **2** Réfuter (un argumento).

rebelarse [r̄eβelárse] *pr.* Se rebeller.

rebelde [r̄eβélde] *adj.-s.* **1** Rebelle. **2** DER. Défaillant, contumace.

rebeldía [r̄eβeldía] *f.* **1** Rébellion, révolte. **2** DER. Défaut *m.,* contumace. **3** *loc. adv. En ~,* par défaut, par contumace.

rebelión [r̄eβeljón] *f.* Rébellion, révolte.

reblandecer [r̄eβlandeθér] [43] *tr.* Ramollir, attendrir.

reborde [r̄eβórðe] *m.* Rebord.

rebotar [r̄eβotár] *intr.* Rebondir (pelota, etc.), ricocher (bala, piedra).

rebote [r̄eβóte] *m.* **1** Rebond, rebondissement (de una pelota), ricochet (de una piedra). **2** *loc. adv. De ~,* par ricochet.

rebozar [r̄eβoθár] [4] *tr.* **1** Cacher son visage sous le manteau. **2** COC. Paner, enrober. ■ **3** *pr.* Se couvrir le visage.

rebrotar [r̄eβrotár] *intr.* BOT. Repousser.

rebullir [r̄eβuʎír] [41] *intr.-pr.* Bouger, s'agiter.

rebuscar [r̄eβuskár] [1] *tr.* **1** Rechercher. **2** Grappiller (uvas), glaner (cereales).

rebuznar [r̄eβuθnár] *intr.* Braire.

recado [r̄ekáðo] *m.* **1** Message: *tengo un*

~ *para usted,* j'ai un message pour
vous. **2** Commission *f.: hacer, dar un*
~, faire une commission. **3** Commission *f.,* course *f.: hacer recados,* faire
des courses.

recaer [r̃ekaér] [67] *intr.* **1** Retomber (en
vicios, errores, etc.). **2** Rechuter (un enfermo).

recaída [r̃ekaíða] *f.* Rechute.

recalcar [r̃ekalkár] [1] *tr.* Presser, tasser.

recalentar [r̃ekalentár] [27] *tr.* Réchauffer
(calentar de nuevo).

recámara [r̃ekámara] *f.* **1** Garde-robe. **2**
Chambre (de un arma de fuego). **3** fig.
Réserve. **4** amer. Chambre à coucher.

recambio [r̃ekámbjo] *m.* Rechange *f.: de*
~, de rechange.

recapacitar [r̃ekapaθitár] *tr.* Repasser
dans son esprit, réfléchir.

recapitular [r̃ekapitulár] *tr.* Récapituler.

recargar [r̃ekaryár] [7] *tr.* **1** Recharger
(cargar de nuevo). **2** Surcharger (cargar
demasiado, adornar con exceso).

recargo [r̃ekáryo] *m.* Surcharge *f.*

recato [r̃ekáto] *m.* **1** Pudeur *f.,* honnêteté
f. **2** Circonspection *f.,* réserve *f.*

recaudación [r̃ekaŭðaθjón] *f.* **1** Recou-
vrement *m.,* perception (impuestos,
tasas). **2** Recette (cantidad).

recaudar [r̃ekaŭðár] *tr.* Recouvrer, percevoir (impuestos, etc.).

recelar [r̃eθelár] *tr.-pr.* **1** Craindre (temer). **2** Soupçonner (sospechar).

recelo [r̃eθélo] *m.* Crainte *f.* (temor).

recepción [r̃eθeßθjón] *f.* Réception.

receptor, -ra [r̃eθeßtór, -ra] *adj.-s.* **1** Récepteur, trice. ■ **2** *m.* Récepteur (aparato).

receta [r̃eθéta] *f.* **1** MED. Ordonnance:
venta con ~ *médica,* vente sur ordonnance. **2** Recette (fórmula): ~ *de cocina,* recette de cuisine.

recetar [r̃eθetár] *tr.* MED. Ordonner, prescrire.

rechazar [r̃etʃaθár] [4] *tr.* **1** Repousser (repeler). **2** Rejeter (rehusar).

rechazo [r̃etʃáθo] *m.* **1** Contrecoup, ricochet. **2** Recul (de un arma de fuego). **3**
loc. adv. De ~, par ricochet; fig. par
contrecoup.

rechiflar [r̃etʃiflár] *tr.* **1** Huer. ■ **2** *pr.* Railler, persifler.

rechupete (de) [r̃etʃupéte] Loc. fam. Exquis, ise, délicieux, euse.

recibimiento [r̃eθißimjénto] *m.* **1** Récep-
tion *f.,* accueil (acogida). **2** Antichambre *f.* (antesala). **3** Vestibule.

recibir [r̃eθißir] *tr.-intr.* Recevoir: *recibí tu
carta,* j'ai reçu ta lettre.

recibo [r̃eθißo] *m.* **1** Réception *f.* Loc.
Acusar ~ *de,* accuser réception de. **2**
COM. Reçu, quittance *f.* (escrito).

reciclaje [r̃eθikláxe], **reciclado** [r̃eθiklá-
ðo] *m.* Recyclage.

reciclar [r̃eθiklár] *tr.* Recycler.

recién [r̃eθjén] *adv.* Récemment, nouvellement: ~ *pintado,* nouvellement
peint. Loc. ~ *nacido,* nouveau-né; ~
casados, nouveaux, jeunes mariés. ▲
S'emploie toujours avec des participes
passés.

reciente [r̃eθjénte] *adj.* Récent, ente.

recinto [r̃eθínto] *m.* Enceinte *f.*

recio, -ia [r̃éθjo, -ja] *adj.* **1** Fort, forte, robuste. **2** Gros, grosse, épais, aisse. **3**
Âpre, dur, dure. ■ **4** *adv.* Fortement, vigoureusement. **5** *Hablar* ~, parler
haut.

recipiente [r̃eθipjénte] *m.* Récipient.

recíproco, -ca [r̃eθíproko, -ka] *adj.* Réciproque.

recitar [r̃eθitár] *tr.* Réciter.

reclamación [r̃eklamaθjón] *f.* Réclamation.

reclamar [r̃eklamár] *tr.-intr.* **1** Réclamer. ■
2 *tr.* Appeler (las aves).

reclamo [r̃eklámo] *m.* **1** Appeau. **2** Appelant (ave amaestrada).

recluir [r̃eklwír] [62] *tr.* Reclure, enfermer.

recluta [r̃eklúta] *f.* **1** MIL. Recrutement *m.*
■ **2** *m.* Recrue *f.,* conscrit (soldado).

recobrar [r̃ekoßrár] *tr.* **1** Recouvrer (la
salud), récupérer. **2** Reprendre (fuerzas,
ánimo). ■ **3** *pr.* Se dédommager. **4** Revenir à soi (volver en sí).

recodo [r̃ekóðo] *m.* Coude, détour (de un
río, etc.), tournant (vuelta).

recoger [r̃ekoxér] [5] *tr.* **1** Reprendre
(coger de nuevo). **2** Recueillir (reunir,
juntar, dar asilo). **3** Ramasser (algo en
el suelo): *recogió del suelo su pañuelo,*
il ramassa son mouchoir. **4** Récolter
(cosechar). **5** Relever, noter (una noticia). ■ **6** *pr.* Se recueillir (abstraerse).

recogida [r̃ekoxíða] *f.* **1** Saisie (de una publicación). **2** Récolte (cosecha). **3** Ramassage *m.* (de basuras, etc.).

recogimiento [r̃ekoximjénto] *m.* Recueil-
lement.

recolección [r̃ekoleyθjón] *f.* **1** AGR. Récolte. **2** Recette, perception.

recolectar [r̃ekoleytár] *tr.* Récolter.

recomendación [r̃ekomendaθjón] *f.* Re-
commandation.

recomendar [r̄ekomendár] [27] *tr.* Recommander.

recompensa [r̄ekompénsa] *f.* Récompense.

recomponer [r̄ekomponér] [78] *tr.* Recomposer.

reconcentrar [r̄ekonθentrár] *tr.* **1** Concentrer. **2** fig. Concentrer (su ira, etc.). ■ **3** *pr.* Se concentrer.

reconciliar [r̄ekonθiljár] [12] *tr.* **1** Réconcilier. ■ **2** *pr.* Se réconcilier.

reconocer [r̄ekonoθér] [44] *tr.* **1** Reconnaître. **2** MED. Examiner (a un enfermo). **3** Fouiller (registrar).

reconocimiento [r̄ekonoθimjénto] *m.* **1** Reconnaissance *f.* **2** Vérification *f.*

reconquistar [r̄ekoŋkistár] *tr.* Reconquérir.

reconstituir [r̄ekonstitwír] [62] *tr.* Reconstituer.

reconstruir [r̄ekonstrwír] [62] *tr.* Reconstruire.

reconvenir [r̄ekombenír] [90] *tr.* Reprocher, faire des reproches.

recopilación [r̄ekopilaθjón] *f.* **1** Compilation. **2** Résumé *m.* (compendio).

récord [r̄ékord] *m.* Record.

recordar [r̄ekorðár] [31] *tr.* Se rappeler, se souvenir. Loc. *Si mal no recuerdo,* si je me souviens bien, si j'ai bonne mémoire.

recorrer [r̄ekor̄ér] *tr.* **1** Parcourir (un espacio, un escrito). **2** IMPR. Remanier.

recorrido [r̄ekor̄íðo] *m.* **1** Parcours, trajet. **2** Réprimande *f.*

recortar [r̄ekortár] *tr.* **1** Découper. **2** Rogner (quitar los bordes o puntas).

recorte [r̄ekórte] *m.* **1** Découpage (acción). **2** Découpure.

recostar [r̄ekostár] [31] *tr.* **1** Appuyer (la parte superior del cuerpo). **2** Incliner.

recrear [r̄ekreár] *tr.* **1** Récréer. **2** Récréer (crear de nuevo). ■ **3** *pr.* Se distraire, se récréer.

recreo [r̄ekréo] *m.* Récréation *f.*

recriminar [r̄ekriminár] *tr.* **1** Récriminer. ■ **2** *pr.* S'accuser (recíprocamente).

recrudecer [r̄ekruðeθér] [43] *intr.-pr.* Redoubler, s'intensifier: *se recrudecen las luchas,* les combats redoublent de violence.

rectángulo, -la [r̄eɣtáŋgulo, -la] *adj.-m.* Rectangle.

rectificar [r̄eɣtifikár] [1] *tr.* Rectifier.

rectitud [r̄eɣtitúð] *f.* **1** Rectitude. **2** fig. Droiture, rectitude.

recto, -ta [r̄éɣto, -ta] *adj.* **1** Droit, droite:

línea recta, ligne droite. **2** GEOM., ASTR. Droit, droite. **3** GRAM. Propre (sentido). **4** Folio recto, recto. ■ **5** *m.* ANAT. Rectum.

rector, -ra [r̄eɣtór, -ra] *adj.* Recteur, trice.

rectorado [r̄eɣtoráðo] *m.* Rectorat.

rectoría [r̄eɣtoria] *f.* Rectorat *m.*

recuento [r̄ekwénto] *m.* **1** Comptage, action *f.* de recompter. **2** Dénombrement (enumeración).

recuerdo [r̄ekwérðo] *m.* Souvenir.

recuperar [r̄ekuperár] *tr.* **1** Récupérer. ■ **2** *pr.* Se remettre.

recurso [r̄ekúrso] *m.* **1** DER. Recours, pourvoi: ~ *de casación,* pourvoi de cassation. **2** Recours. *loc. adv. En último* ~, en dernier recours. **3** Ressource *f.* (medio). ■ **4** *pl.* Ressources *f.* (bienes).

red [r̄éð] *f.* **1** Filet *m.* (para pescar, cazar). **2** Réseau *m.* (de vías de comunicación, teléfono, etc.). **3** ELECT. Secteur *m.*

redacción [r̄eðaɣθjón] *f.* Rédaction.

redactar [r̄eðaɣtár] *tr.* Rédiger.

redactor, -ra [r̄eðaɣtór, -ra] *s.* Rédacteur, trice.

redada [r̄eðáða] *f.* **1** Coup *m.* de filet. **2** Rafle (de la policía).

redecilla [r̄eðeθíʎa] *f.* **1** Petit filet *m.* **2** Résille (para el pelo).

rededor [r̄eðeðór] *m.* **1** Entour. **2** *loc. adv. Al, en* ~, autour.

redención [r̄eðenθjón] *f.* **1** Rédemption. **2** Rachat *m.* (rescate).

redentor, -ra [r̄eðentór, -ra] *adj.-s.* Rédempteur, trice.

rédito [r̄éðito] *m.* Intérêt (de un capital).

redoblar [r̄eðoβlár] *tr.* **1** Redoubler (reiterar, aumentar): ~ *su actividad,* redoubler d'activité. **2** River (un clavo).

redoble [r̄eðóβle] *m.* **1** Redoublement. **2** Roulement (de tambor).

redonda [r̄eðónda] *f.* **1** Contrée. **2** MÚS. Ronde. **3** *loc. adv. A la* ~, à la ronde.

redondear [r̄eðondeár] *tr.* Arrondir.

redondel [r̄eðondél] *m.* **1** Rond. **2** TAUROM. Arène *f.*

redondez [r̄eðondéθ] *f.* **1** Rondeur. **2** *La* ~ *de la Tierra,* la surface de la Terre.

redondo, -da [r̄eðóndo, -da] *adj.* **1** Rond, ronde (circular, esférico). **2** fig. Clair, claire, catégorique. **3** Ronde (letra). **4** Loc. *Caerse* ~, tomber raide, mort. ■ **5** *m.* Rond (cosa redonda).

reducido, -da [r̄eðuθíðo, -ða] *adj.* Réduit, ite, petit, ite (pequeño), étroit, oite (estrecho).

reducir [r̄eðuθír] [46] *tr.* Réduire.

reducto [r̄eðúyto] *m.* FORT. Redoute *f.,* réduit.

redundar [r̄eðundár] *intr.* 1 Déborder, surabonder. 2 Tourner: ~ *en beneficio, en perjuicio de,* tourner à l'avantage, au désavantage de.

reelegir [r̄eelexír] [55] *tr.* Réélire.

reembarcar [r̄eembarkár] *tr.* Rembarquer.

reembolso [r̄eembólso] *m.* Remboursement.

reemplazar [r̄eemplaθár] [4] *tr.* Remplacer.

reemplazo [r̄eemplάθo] *m.* 1 Remplacement. 2 MIL. Classe *f.* (quinta).

reenganchar [r̄eeŋgantʃár] *tr.* MIL. Rengager.

reestreno [r̄eestréno] *m.* Reprise *f.* (cine, teatro, etc.).

reexportar [r̄eesportár] *tr.* Réexporter.

refectorio [r̄efeɣtórjo] *m.* Réfectoire.

referencia [r̄eferénθja] *f.* 1 Récit *m.,* compte rendu *m.* 2 Référence. Loc. *Con* ~ *a,* en ce qui concerne. 3 Renvoi *m.* (remisión en un texto). ■ 4 *pl.* Références.

referéndum [r̄eferéndum] *m.* Référendum.

referente [r̄eferénte] *adj.* Relatif, ive, se rapportant à. Loc. ~ *a...,* en ce qui concerne...

referir [r̄eferír] [35] *tr.* 1 Rapporter, raconter. 2 Rapporter (una cosa a otra). ■ 3 *pr.* Parler de, faire allusion à (aludir). 4 S'en rapporter, se référer (remitirse). 5 Avoir rapport à (relacionarse).

refilón (de) [r̄efilòn] *loc. adv.* 1 De biais. 2 fig. En passant (de paso).

refinamiento [r̄efinamjénto] *m.* Raffinement.

refinar [r̄efinár] *tr.* Raffiner.

reflector, -ra [r̄efleytór, -ra] *adj.* 1 Réfléchissant, ante. ■ 2 *m.* Réflecteur.

reflejar [r̄efleàr] *tr.* 1 FIS. Réfléchir. 2 fig. Refléter.

reflejo, -ja [r̄efléxo, -xa] *adj.* 1 Réflexe. ■ 2 *m.* Reflet (luz reflejada, imagen). 3 FISIOL. Réflexe.

reflexión [r̄efle(ɣ)sjòn] *f.* Réflexion.

reflexionar [r̄efle(ɣ)sjonár] *intr.-tr.* Réfléchir.

reforma [r̄efórma] *f.* 1 Réforme. 2 Transformation.

reformatorio, -ia [r̄eformatórjo, -ja] *adj.* 1 Qui réforme. ■ 2 *m.* Maison *f.* de correction.

reforzar [r̄eforθár] [50] *tr.* 1 Renforcer. 2 Fortifier.

refractario, -ia [r̄efraytárjo, -ja] *adj.* Réfractaire.

refrán [r̄efrán] *m.* Proverbe, adage.

refregar [r̄efreɣár] [48] *tr.* 1 Frotter. 2 fig. Jeter au nez, à la figure.

refreír [r̄efreír] [37] *tr.* Frire de nouveau.

refrendar [r̄efrendár] *tr.* Contresigner.

refrescante [r̄efreskánte] *adj.* Rafraîchissant, ante.

refrescar [r̄efreskár] [1] *tr.* 1 Rafraîchir. ■ 2 *intr.-pr.* Se rafraîchir, fraîchir (el tiempo, etc.).

refresco [r̄efrésko] *m.* Rafraîchissement.

refriega [r̄efrjéɣa] *f.* Combat, *m.,* engagement, *m.,* rencontre.

refrigerador [r̄efrixeraðòr] *adj.-m.* Réfrigérateur, trice.

refrigerar [r̄efrixerár] *tr.* Réfrigérer.

refrito, -ta [r̄efrito, -ta] 1 *p. p.* de *refreír.* ■ 2 *m.* Réchauffé, nouvelle mouture *f.,* resucée *f.* (obra literaria, etc.).

refuerzo [r̄efwèrθo] *m.* Renfort.

refugiado, -da [r̄efuxjàðo, -ða] *s.* Réfugié, ée.

refugio [r̄efúxjo] *m.* Refuge, abri.

refundir [r̄efundír] *tr.* Refondre.

refunfuñar [r̄efumfuɲár] *intr.* Grommeler, ronchonner, bougonner, marmonner.

refutación [r̄efutaθjòn] *f.* Réfutation.

regadera [r̄eɣaðéra] *f.* Arrosoir *m.* Loc. fam. *Está como una* ~, il est cinglé.

regadío, -ía [r̄eɣaðío, -ía] *adj.* 1 Irrigable, arrosable. ■ 2 *m.* Terrain irrigable.

regalado, -da [r̄eɣalàðo, -ða] *adj.* Donné, ée en cadeau.

regalar [r̄eɣalár] *tr.* 1 Donner en cadeau, faire cadeau de, offrir: *le ha regalado una sortija,* il lui a offert une bague. 2 Flatter (halagar). 3 Régaler *(deleitar).* ■ 4 *pr.* Se régaler *(con,* de).

regaliz [r̄eɣaliθ] *m.* Réglisse *f.*

regalo [r̄eɣálo] *m.* Cadeau, présent: *ofrecer un* ~, offrir un cadeau.

regañadientes (a) [r̄eɣaɲaðjéntes] *loc. adv.* À contrecœur, en rechignant.

regañar [r̄eɣaɲár] *intr.* 1 Montrer les dents (un perro). 2 Se disputer (reñir).

regar [r̄eɣàr] [48] *tr.* Arroser.

regata [r̄eɣáta] *f.* Régate.

regate [r̄eɣàte] *m.* Écart, esquive *f.,* feinte *f.* (del cuerpo).

regatear [r̄eɣateàr] *tr.* 1 Marchander. ■ 2 *intr.* DEP. Dribbler (con el balón).

regazo [r̄eɣáθo] *m.* Giron.

regencia [r̄exénθja] *f.* Régence.

regeneración [r̄exeneraθjón] *f.* Régénération.

regentar [r̄exentár] *tr.* Diriger, gérer.
regente [r̄exénte] *s.* Régent, ente.
regidor [r̄eiðór] *m.* Conseiller municipal.
régimen [r̄éximen] *m.* Régime.
regimiento [r̄eximjénto] *m.* Régiment.
región [r̄exjón] *f.* Région.
regional [r̄exjonál] *adj.* Régional, ale.
regir [r̄exír] [55] *tr.* 1 Régir. ■ 2 *intr.* Être en vigueur: *la ley que rige,* la loi qui est en vigueur. 3 Bien fonctionner (un organismo, etc.). 4 MAR. Obéir au gouvernail.
registrar [r̄existrár] *tr.* 1 Fouiller (a un ladrón, un bosque, etc.), perquisitionner (en los domicilios). 2 Enregistrer (anotar, inscribir).
registro [r̄exístro] *m.* 1 Fouille *f.* (en la aduana), perquisition *f.* (de un domicilio). 2 Enregistrement (inscripción en registro, oficina). 3 Registre (libro). 4 Signet (señal en un libro). 5 ~ *civil,* registre de l'état civil.
regla [r̄éyla] *f.* Règle: *en* ~, en règle.
reglamento [r̄eylaménto] *m.* Règlement, ordonnance *f.*
regocijado, -da [r̄eyoθixáðo, -ða] *adj.* Réjoui, ie, amusé, ée, joyeux, euse.
regocijar [r̄eyoθixár] *tr.* Réjouir, amuser.
regocijo [r̄eyoθixo] *m.* Réjouissance *f.,* joie *f.*
regresar [r̄eyresár] *intr.* Revenir, rentrer, retourner.
regreso [r̄eyréso] *m.* Retour.
regular [r̄eyulár] *adj.* 1 Régulier, ière. 2 Moyen, enne, médiocre, ni bien ni mal (mediano).
regular [r̄eyulár] *tr.* 1 Régler (poner en orden). 2 MEC. Régler.
regularizar [r̄eyulariθár] *tr.* Régulariser.
rehabilitar [r̄eaβilitár] *tr.* Réhabiliter.
rehacer [r̄eaθér] [73] *tr.* 1 Refaire. ■ 2 *pr.* Se refaire. 3 fig. Se reprendre, se ressaisir (serenarse).
rehén [r̄eén] *m.* Otage.
rehogar [r̄eoyár] [7] *tr.* 1 COC. Cuire à l'étuvée (cocer). 2 Faire revenir (freír).
rehuir [r̄ewír] [62] *tr.* 1 Éviter, fuir: *rehúye mi compañía,* il fuit ma compagnie. 2 Esquiver. 3 Refuser.
reimprimir [r̄eímprimír] *tr.* Réimprimer.
reina [r̄eína] *f.* Reine.
reinado [r̄eináðo] *m.* Règne.
reinar [r̄einár] *intr.* Régner.
reincorporar [r̄eínkorporár] *tr.* 1 Réincorporer. ■ 2 *pr.* Rejoindre: *reincorporarse a su puesto,* rejoindre son poste. 3 MIL. Rejoindre son corps.

reino [r̄eíno] *m.* 1 Royaume. 2 Règne (animal, vegetal).
reintegrar [r̄eínteyrár] *tr.* 1 Réintégrer, rendre, restituer. ■ 2 *pr.* Recouvrer (lo que se había perdido).
reír [r̄eir] [37] *intr.* 1 Rire. ■ 2 *tr.* Rire de. ■ 3 *pr.* Rire: *reírse a carcajadas,* rire aux éclats.
reivindicación [r̄eíβindikaθjón] *f.* Revendication.
reivindicar [r̄eíβindikár] [1] *tr.* Revendiquer.
reja [r̄éxa] *f.* 1 Grille. 2 ~ *del arado,* soc *m.*
rejilla [r̄exíʎa] *f.* 1 Grillage *m.* (de ventana, etc.). 2 Guichet *m.* (abertura pequeña). 3 Cannage *m.* (de silla).
rejoneador [r̄exoneaðór] *m.* TAUROM. Cavalier qui combat les taureaux armé d'une pique courte.
rejuvenecer [r̄exuβeneθér] [43] *tr.-intr.-pr.* Rajeunir.
relación [r̄elaθjón] *f.* 1 Relation, rapport *m.* (entre personas o cosas). 2 Récit *m.,* relation (relato). 3 Liste (lista). 4 DER. Rapport.
relacionar [r̄elaθjonár] *tr.* 1 Rapporter, faire le récit de. 2 Mettre en rapport (a varias personas). ■ 3 *pr.* Avoir un rapport, se rattacher, se rapporter.
relajar [r̄elaxár] *tr.* Relâcher (hacer menos tenso, menos riguroso).
relámpago [r̄elámpayo] *m.* Éclair.
relatar [r̄elatár] *tr.* Raconter, relater.
relativo, -va [r̄elatiβo, -βa] *adj.* Relatif, ive.
relato [r̄eláto] *m.* Récit.
relevar [r̄eleβár] *tr.* 1 Dispenser, exempter (de una obligación, etc.). 2 Relever (revocar). 3 Relayer (sustituir a una persona).
relieve [r̄eljéβe] *m.* Relief: *alto* ~, haut-relief.
religión [r̄elixjón] *f.* Religion.
religioso, -sa [r̄elixjóso, -sa] *adj.-s.* Religieux, euse.
relinchar [r̄elintʃár] *intr.* Hennir.
reliquia [r̄elikja] *f.* 1 Relique. 2 fig. Vestige *m.* 3 Séquelle (de una enfermedad).
rellenar [r̄eʎenár] *tr.* Remplir.
relleno, -na [r̄eʎéno, -na] *adj.* 1 Très plein, pleine. 2 COC. Farci, ie: *aceitunas rellenas,* olives farcies.
reloj [r̄elóx] *m.* 1 Horloge *f.,* pendule *f.,* montre *f.:* ~ *de torre,* horloge. 2 ~ *de sol,* cadran solaire; ~ *de arena,* sablier. 3 Loc.: ~ *en mano,* montre en main.

relojero, -ra [ŕeloxéro, -ra] *s.* Horloger, ère.

reluciente [ŕeluθjénte] *adj.* Reluisant, ante, brillant, ante.

relucir [ŕeluθir] [45] *intr.* 1 Briller (despedir luz). 2 Reluire (reflejar luz).

remachar [ŕematʃár] *tr.* River (un clavo, roblón).

remanso [ŕemánso] *m.* 1 Eau *f.* dormante. 2 fig. Refuge.

remar [ŕemár] *intr.* Ramer.

remarcar [ŕemarkár] [1] *tr.* Marquer de nouveau.

rematar [ŕematár] *tr.* 1 Achever, terminer. 2 Adjuger (en una subasta).

remate [ŕemáte] *m.* 1 Fin *f.,* achèvement, bout, extrémité *f.* (extremidad). 2 ARQ. Couronnement (de un edificio). 3 Adjudication *f.* (en una subasta). 4 *loc. adv.* **De ~,** complètement, absolument: **loco de ~,** fou à lier.

remediar [ŕemeðjár] [12] *tr.* 1 Remédier à, porter remède à. 2 Réparer. 3 Éviter, empêcher.

remedio [ŕeméðjo] *m.* 1 Remède. 2 Recours, remède. Loc. **No hay ~,** on n'y peut rien, il n'y a pas moyen de faire autrement.

remendar [ŕemendár] [27] *tr.* Rapiécer, raccommoder.

remendón, -ona [ŕemendón, -òna] *adj.-s.* 1 Ravaudeur, euse. 2 **Zapatero ~,** savetier.

remero, -ra [ŕeméro, -ra] *s.* Rameur, euse.

remesa [ŕemésa] *f.* Envoi *m.,* expédition.

remiendo [ŕemjéndo] *m.* Pièce *f.* (trozo de tela, etc.).

remisión [ŕemisjón] *f.* 1 Renvoi *m.* (a un tribunal, etc., en un texto). 2 Ajournement *m.* 3 Envoi *m.* (acción).

remitente [ŕemiténte] *adj.-s.* 1 Expéditeur, trice. ■ 2 *adj.* MED. Rémittent, ente.

remitir [ŕemitir] *tr.* 1 Envoyer, expédier. 2 Renvoyer (en un texto). 3 Remettre (aplazar, perdonar). ■ 4 *intr.* Se calmer, perdre de son intensité, faiblir.

remo [ŕèmo] *m.* 1 Rame *f.,* aviron. 2 Canotage (deporte). 3 Galères.

remojar [ŕemoxár] *tr.* Tremper, mouiller.

remojo [ŕemóxo] *m.* Trempage *f.* Loc. **Poner en ~,** mettre à tremper.

remolacha [ŕemolátʃa] *f.* Betterave: **~ azucarera,** betterave à sucre.

remolcador, -ra [ŕemolkaðór, -ra] *adj.-m.* Remorqueur, euse.

remolino [ŕemolino] *m.* Remous (agua), tourbillon (agua, aire, etc.).

remolque [ŕemólke] *m.* 1 Remorquage (acción). 2 Remorque *f.* 3 *loc. adv.* **A ~,** à la remorque, à la traine.

remontar [ŕemontár] *tr.* 1 Élever (por el aire). 2 Ressemeler, remonter (calzado). 3 MIL. Remonter. ■ 4 *pr.* S'élever (subir). 5 Remonter: **remontarse al siglo diez,** remonter au dixième siècle.

remordimiento [ŕemorðimjénto] *m.* Remords.

remoto, -ta [ŕemóto, -ta] *adj.* 1 Éloigné, ée, lointain, aine. 2 Reculé, ée (tiempo).

remover [ŕemoβér] [32] *tr.* Déplacer (trasladar), remuer (revolver).

remunerar [ŕemunerár] *tr.* Rémunérer.

renacer [ŕenaθér] [42] *intr.* Renaître.

renacimiento [ŕenaθimjénto] *m.* Renaissance *f.*

renal [ŕenál] *adj.* Rénal, ale.

rencilla [ŕenθíʎa] *f.* Querelle, discorde.

rencor [ŕeŋkòr] *m.* Rancune *f.,* rancœur *f.*

rendido, -da [ŕendiðo, -ða] *adj.* 1 Soumis, ise. 2 Empressé, ée, galant, ante. 3 Épuisé, ée, fourbu, ue, à plat (cansado).

rendimiento [ŕendimjénto] *m.* 1 Fatigue *f.,* épuisement (cansancio). 2 Soumission *f.* 3 Déférence *f.* obséquieuse.

rendir [ŕendir] [34] *tr.* 1 Vaincre, forcer à se rendre. 2 Soumettre (al dominio de). 3 Rendre: **~ una plaza, homenaje, cuentas,** rendre une place, hommage, des comptes. 4 **~ gracias,** rendre grâces: **~ culto a,** rendre un culte à. ■ 5 *pr.* Se rendre, se soumettre: **la ciudad se rindió sin condiciones,** la ville s'est rendue sans conditions.

renegar [ŕenegár] [48] *tr.* 1 Nier avec insistance. ■ 2 *intr.* Renier, abjurer: **~ de su fe,** renier sa foi. 3 Blasphémer.

renglón [ŕeŋglòn] *m.* Ligne *f.* (de escritura, de un impreso).

reno [ŕèno] *m.* Renne.

renombre [ŕenómbre] *m.* 1 Renommée *f.,* renom. 2 **De ~,** de renom.

renovar [ŕenoβár] [31] *tr.* 1 Rénover (dar nueva forma). 2 Renouveler (reemplazar, reiterar).

renta [ŕènta] *f.* 1 Rente: **~ en bienes raíces,** rente foncière. 2 Revenu *m.:* **~ per cápita,** revenu per habitant. 3 Fermage *m.* (de un arrendatario).

renuncia [ŕenúnθja] *f.* 1 Renonciation, renoncement *m.* 2 Démission.

renunciar [ŕenunθjár] [12] *tr.* 1 Renoncer à: **~ a un derecho,** renoncer à un droit. 2 Abandonner, renoncer: **~ a un proyecto,** abandonner un projet.

reñir [r̃eɲir] [36] *intr.* **1** Se disputer, se quereller. **2** Se fâcher, se brouiller (dejar de ser amigos, etc.). ▪ **3** *tr.* Réprimander, gronder (reprender).

reo [r̃éo] *m.-f.* Accusé, ée.

reojo (de) [r̃eóxo] *loc. adv.* De travers (con enfado), du coin de l'œil.

reorganizar [r̃eorɣaniθár] [4] *tr.* Réorganiser.

reparable [r̃eparáβle] *adj.* **1** Réparable. **2** Remarquable.

reparación [r̃eparaθjón] *f.* Réparation.

reparar [r̃eparár] *tr.* **1** Reparer. ▪ **2** *tr.-intr.* Remarquer, observer (notar).

reparo [r̃epáro] *m.* **1** Réparation *f.* **2** Objection *f.: poner reparos,* faire des objections. **3** Observation *f.,* remarque *f.* (advertencia). **4** Difficulté *f.,* gêne *f.*

repartidor, -ra [r̃epartiðór, -ra] *s.* Livreur, euse, distributeur, trice.

repartir [r̃epartir] *tr.* **1** Répartir, partager. **2** Distribuer.

reparto [r̃epárto] *m.* **1** Répartition *f.* **2** Distribution *f.* (del correo, etc.).

repasar [r̃epasár] *tr.-intr.* **1** Repasser (volver a pasar). **2** *tr.* Repasser, réviser (la lección). **3** Revoir (volver a mirar, a examinar). **4** Jeter un coup d'œil sur (un escrito).

repaso [r̃epáso] *m.* Révision *f.* (de una lección, etc.).

repatriar [r̃epatrjár] [14] *tr.* **1** Rapatrier. ▪ **2** *pr.* Être rapatrié, ée.

repeler [r̃epelér] *tr.* **1** Repousser (rechazar). **2** *fig.* Dégoûter (repugnar).

repente [r̃epénte] *m.* **1** Mouvement brusque. ▪ **2** *loc. adv. De* ~, soudain, tout à coup.

repercusión [r̃eperkusjón] *f.* Répercussion.

repercutir [r̃eperkutir] *tr.* **1** Répercuter. ▪ **2** *intr.-pr.* Se répercuter, retentir.

repertorio [r̃epertórjo] *m.* Répertoire.

repetir [r̃epetir] [34] *tr.* Répéter (volver a hacer, a decir).

repicar [r̃epikár] [1] *tr.* **1** Hacher menu. **2** Faire carillonner, sonner (las campanas).

repique [r̃epike] *m.* Carillonnement (de las campanas).

repiqueteo [r̃epiketéo] *m.* Son vif et répété de cloches, de castagnettes, etc.

repisa [r̃episa] *f.* ARQ. Console.

replegar [r̃epleɣár] [48] *tr.* Replier.

repleto, -ta [r̃epléto, -ta] *adj.* **1** Plein, pleine, rempli, ie: *bar* ~ *de gente,* bar plein de monde. **2** Qui a trop mangé, repu, ue.

réplica [r̃éplika] *f.* Réplique.

replicar [r̃eplikár] [1] *tr.* Répliquer.

repliegue [r̃epljéve] *m.* Repli.

repoblar [r̃epoβlár] [31] *tr.* Repeupler.

repollo [r̃epóʎo] *m.* Chou pommé.

reponer [r̃eponér] [78] *tr.* **1** Replacer, remettre. **2** Réintégrer (en un empleo). **3** Rétablir, remettre (salud). **4** Répliquer, répondre (replicar). ▪ **5** *pr.* Se remettre, se rétablir (recobrar la salud).

reportaje [r̃eportáxe] *m.* Reportage: ~ *fotográfico,* photo-reportage.

reportero, -ra [r̃eportéro, -ra] *s.* Reporter.

reposacabezas [r̃eposacaβéθas] *m.* Appui-tête (coche).

reposado, -da [r̃eposáðo, -ða] *adj.* Calme, tranquille.

reposar [r̃eposár] *intr.-pr.* **1** Reposer, se reposer. **2** Déposer (los líquidos).

repostería [r̃eposteria] *f.* Pâtisserie.

repostero [r̃epostéro] *m.* Pâtissier.

represa [r̃eprésa] *f.* Barrage *m.*

represalia [r̃epresálja] *f.* Répresaille.

representación [r̃epresentaθjón] *f.* Représentation.

representante [r̃epresentánte] *s.* Représentant, ante.

representar [r̃epresentár] *tr.* **1** Représenter. **2** Paraître, faire (apparentar): *no representa la edad que tiene,* il ne fait pas son âge. **3** TEAT. Jouer, représenter. ▪ **4** *pr.* Se représenter.

representativo, -va [r̃epresentatiβo, -βa] *adj.* Représentatif, ive.

represión [r̃epresjón] *f.* **1** Répression. **2** Refoulement *m.* (de una pasión, etc.).

reprimir [r̃eprimir] *tr.* **1** Réprimer. **2** Refouler (una pasión, etc.).

reprobar [r̃eproβár] [31] *tr.* Réprouver.

reprocesar [r̃eproθesár] *tr.* Retraiter.

reproche [r̃eprótʃe] *m.* Reproche.

reproducir [r̃eproðuθir] [46] *tr.* Reproduire.

reptil [r̃eβtil] *m.* Reptile.

república [r̃epúβlika] *f.* République.

republicano, -na [r̃epuβlikáno, -na] *adj.-s.* Républicain, aine.

repudiar [r̃epuðjár] [12] *tr.* Répudier.

repuesto [r̃epwésto] *m.* **1** Provisions *f. pl.* de réserve. **2** *loc. adv. De* ~, en réserve, de rechange (de recambio).

repugnante [r̃epuɣnánte] *adj.* Répugnant, ante.

repugnar [r̃epuɣnàr] *intr.* Répugner.

repujar [r̃epuxár] *tr.* Repousser.

repulsa [r̃epúlsa] *f.* **1** Refus *m.,* rejet *m.* **2**

Répulsion. 3 Désapprobation, réprobation (condena), protestation.

repulsivo, -va [r̄epulsiβo, -ßa] *adj.* Répulsif, ive.

repuntar [r̄epuntár] *intr.* Commencer à monter, à descendre (la marea).

reputación [r̄eputaθjòn] *f.* Réputation.

requerimiento [r̄ekerimjénto] *m.* 1 DER. Sommation *f.* 2 Requête *f.*

requerir [r̄ekerír] [35] *tr.* Requérir, demander: *eso requiere mucho tacto,* cela demande beaucoup de doigté.

requesón [r̄ekesón] *m.* 1 Caillé. 2 Fromage blanc (queso).

requetebién [r̄eketeβjèn] *adv.* fam. Très bien.

réquiem [r̄èkjen] *m.* Requiem.

requisar [r̄ekisár] *tr.* Réquisitionner.

requisito [r̄ekisíto] *m.* Condition *f.* requise, formalité *f.* nécessaire.

res [r̄es] *m.* Tête *f.* de bétail, bête *f.: ~ vacuna,* bête à cornes.

resabio [r̄esàβjo] *m.* 1 Vice, mauvaise habitude *f.* 2 Arrière-goût (sabor).

resaca [r̄esáka] *f.* Ressac *m.*

resaltar [r̄esaltár] *intr.* 1 Saillir, être en saillie (balcón, etc.). 2 fig. Ressortir (sobresalir). 3 Rebondir (rebotar).

resbalar [r̄esβalár] *intr.-tr.* 1 Glisser. 2 fig. Faire un faux pas.

resbalón [r̄esβalòn] *m.* 1 Glissade *f.* 2 fig. Faux pas.

rescatar [r̄eskatár] *tr.* 1 Racheter (mediante dinero, etc.). 2 Délivrer (libertar). 3 Sauver (de peligro).

rescate [r̄eskáte] *m.* 1 Rachat. 2 Délivrance *f.* 3 Sauvetage (de personas en peligro). 4 Rançon *f.* (dinero).

rescindir [r̄esθindír] *tr.* Résilier, rescinder: *~ un contrato,* résilier un contrat.

reseco, -ca [r̄eséko, -ka] *adj.* Desséché, ée, trop sec, trop sèche.

resentimiento [r̄esentimjénto] *m.* Ressentiment.

resentirse [r̄esentirse] [35] *pr.* 1 Se ressentir. 2 Commencer à se détériorer (cosa). 3 Se fâcher (con alguien).

reseña [r̄eséɲa] *f.* 1 Description. 2 Compte rendu *m.* (de una obra).

reserva [r̄esèrβa] *f.* 1 Réserve. 2 MIL. Réserve. 3 Réservation (de un asiento, una habitación, etc.). 4 *loc. adv. Sin ~,* franchement; *de ~,* en réserve.

reservar [r̄eserβár] *tr.* 1 Réserver. 2 Retenir (billetes, localidades, habitación de hotel, etc.). 3 Taire, cacher (ocultar).

resfriado [r̄esfrjàðo] *m.* Rhume: *coger un ~,* attraper un rhume.

resfriar [r̄esfrjár] [13] *tr.-intr.* 1 Refroidir. ■ 2 *pr.* S'enrhumer (acatarrarse).

resguardo [r̄esɣwàrðo] *m.* 1 Abri, protection *f.,* défense *f.* 2 Garantie *f.* 3 Récépissé, reçu (recibo). 4 Poste de l'octroi.

residencia [r̄esiðènθja] *f.* Résidence.

residente [r̄esiðènte] *adj.-s.* 1 Résidant, ante. 2 *Ministro ~,* résident.

residuo [r̄esíðwo] *m.* Résidu.

resignación [r̄esiɣnaθjòn] *f.* Résignation.

resignar [r̄esiɣnár] *tr.* 1 Résigner. ■ 2 *pr.* Se résigner.

resistencia [r̄esistènθja] *f.* Résistance.

resistir [r̄esistír] *intr.* 1 Résister. ■ 2 *tr.* Résister à. 3 Endurer, supporter (aguantar). ■ 4 *pr.* Se débattre (forcejear).

resollar [r̄esoʎár] [31] *intr.* Respirer, souffler.

resolución [r̄esoluθjòn] *f.* 1 Résolution. 2 Décision (de una autoridad).

resolver [r̄esolßèr] [32] *tr.* 1 Résoudre. 2 Résoudre de, décider de: *resolví marcharme,* je résolus de m'en aller.

resonancia [r̄esonánθja] *f.* 1 Résonance. 2 fig. Retentissement *m.* (de un hecho).

resonante [r̄esonánte] *adj.* 1 Résonant, ante. 2 fig. Retentissant, ante.

resonar [r̄esonár] [31] *intr.* Résonner.

resorte [r̄esòrte] *m.* Ressort.

respaldar [r̄espaldár] *tr.* 1 Écrire au dos. 2 fig. Protéger. 3 fig. Garantir. ■ 4 *pr.* S'adosser.

respaldo [r̄espáldo] *m.* 1 Dossier (de un asiento). 2 Dos (de un escrito).

respectivo, -va [r̄espeɣtiβo, -ßa] *adj.* Respectif, ive.

respecto [r̄espèɣto] *m.* 1 Rapport (relación). 2 *loc. prep. ~ a, de, con ~ a, de,* par rapport à (con relación a), à l'égard de, au sujet de, quant à; *a este ~,* à cet égard.

respetable [r̄espetáßle] *adj.* Respectable.

respetar [r̄espetár] *tr.* Respecter.

respeto [r̄espéto] *m.* Respect.

respirar [r̄espirár] *intr.-tr.* Respirer: *~ alegría,* respirer la joie.

respiro [r̄espiro] *m.* 1 Respiration *f.* 2 fig. Relâche *f.*

resplandecer [r̄esplandeθér] [43] *intr.* Resplendir.

resplandor [r̄esplandòr] *m.* Éclat.

responder [r̄espondèr] *tr.-intr.* Répondre.

responsabilidad [r̄esponsaßiliðàð] *f.* Responsabilité.

responsable [responsáβle] *adj.* Responsable.

respuesta [Respwèsta] *f.* Réponse.

resquebrajar [Reskeβraxàr] *tr.* **1** Fendre, fêler, fendiller. **2** Craqueler (barniz, pintura).

resta [Résta] *f.* **1** MAT. Reste *m.* (residuo). **2** MAT. Soustraction.

restablecer [Restaβleθèr] [43] *tr.* **1** Rétablir. ▪ **2** *pr.* Se rétablir (recobrar la salud).

restante [Restànte] *adj.* **1** Restant, ante. ▪ **2** *m.* Reste.

restar [Restàr] *tr.* **1** MAT. Soustraire. **2** Enlever, ôter (quitar). ▪ **3** *intr.* Rester (quedar).

restauración [Restaŭraθjón] *f.* Restauration.

restaurador, -ra [Restaŭraðòr, -ra] *adj.-s.* Restaurateur, trice.

restaurante [Restaŭrànte] *m.* Restaurant.

restaurar [Restaŭràr] *tr.* Restaurer.

restituir [Restitwìr] [62] *tr.* Restituer.

resto [Résto] *m.* Reste.

restregar [Restreɣàr] [48] *tr.* Frotter vigoureusement.

restriñir [Restriɲìr] *tr.* Resserrer.

resucitar [Resuθitàr] *tr.-intr.* Ressusciter.

resuelto, -ta [Reswèlto, -ta] *adj.* Résolu, ue, décidé, ée.

resulta [Resúlta] *f.* **1** Suite, résultat *m.* **2** *loc. adv.* **De resultas,** par suite.

resultado [Resultàðo] *m.* Résultat.

resultar [Resultàr] *intr.* **1** Résulter. **2** Être (ser): *el día resultó caluroso,* la journée fut chaude. **3** Tourner à (en provecho, daño, etc.).

resumen [Resúmen] *m.* **1** Résumé, abrégé. **2** *loc. adv.* **En ~,** en résumé.

resumir [Resumìr] *tr.* **1** Résumer. ▪ **2** *pr.* Se résumer.

resurgir [Resurxìr] [6] *intr.* Réapparaître, resurgir.

resurrección [Resuřeɣθjón] *f.* Résurrection.

retablo [Retàβlo] *m.* Retable.

retador, -ra [Retaðòr, -ra] *adj.-m.* Provocateur, trice.

retal [Retàl] *m.* **1** Coupon (de tela). **2** Retaille *f.* (trozo sobrante).

retar [Retàr] *tr.* Provoquer, défier.

retardar [Retarðàr] *tr.* **1** Retarder. **2** Ralentir (hacer más lento).

retardo [Retàrðo] *m.* Retard.

retazo [Retàθo] *m.* **1** Morceau, coupon (de tela). **2** fig. Fragment (de un discurso, etc.).

retener [Retenèr] [87] *tr.* Retenir.

reticencia [Retiθénθja] *f.* Réticence.

reticente [Retiθénte] *adj.* Réticent, ente.

retina [Retina] *f.* ANAT. Rétine.

retirada [Retiràða] *f.* **1** Retraite (acción de retirarse). **2** Retrait *m.* (de un proyecto de ley, etc.). **3** MIL. Retraite.

retirar [Retiràr] *tr.* **1** Retirer. **2** Mettre à la retraite (jubilar). **3** IMPR. Mettre en retirage. ▪ **4** *pr.* Se retirer. Loc. *¡No se retire!,* ne quittez pas! (en el teléfono).

retiro [Retiro] *m.* Retraite *f.*

reto [Rèto] *m.* Défi, provocation *f.*

retocar [Retokàr] [1] *tr.* Retoucher.

retoño [Retòɲo] *m.* Pousse *f.,* rejeton.

retoque [Retòke] *m.* Retouche *f.*

retorcer [RetorθÈr] [54] *tr.* **1** Retordre. **2** *pr.* Se tordre (de dolor, etc.).

retórico, -ca [Retòriko, -ka] *adj.* **1** De la rhétorique. ▪ **2** *s.* Rhétoricien, ienne.

retornar [Retornàr] *tr.* **1** Retourner, rendre. ▪ **2** *intr.* Retourner, revenir.

retorno [Retòrno] *m.* **1** Retour (acción de retornar, recompensa). **2** Échange.

retozar [Retoθàr] [4] *intr.* Bondir, sauter, gambader (saltar, brincar).

retractar [Retraytàr] *tr.* **1** Rétracter. ▪ **2** *pr.* Se rétracter, se dédire.

retraer [Retraèr] [88] *tr.* **1** Détourner (de un intento). **2** Rétracter (las uñas, etc.). **3** DER. Retraire. ▪ **4** *pr.* Se retirer (del mundo, de la vida política).

retraído, -da [Retraìðo, -ða] *adj.* **1** Retiré, ée. **2** fig. Renfermé, ée, timide.

retranca [Retràŋka] *f.* Avaloire (del arnés).

retrasar [Retrasàr] *tr.* **1** Retarder. ▪ **2** *intr.-pr.* Retarder (un reloj). ▪ **3** *pr.* Être en retard.

retraso [Retràso] *m.* Retard.

retratar [Retratàr] *tr.* **1** Faire le portrait de, portraiturer. **2** Photographier.

retratista [Retratìsta] *s.* Portraitiste.

retrato [Retràto] *m.* Portrait.

retrete [Retrète] *m.* Cabinets *pl.,* toilettes *f. pl.*

retribuir [Retriβwìr] [62] *tr.* Rétribuer.

retroceder [Retroθeðèr] *intr.* **1** Reculer. **2** Rétrograder.

retroceso [Retroθèso] *m.* **1** Recul. **2** MED. Recrudescence *f.* (de una enfermedad). **3** Rétro (billar).

retrógrado, -da [Retróɣraðo, -ða] *adj.-s.* Rétrograde.

retrospectivo, -va [Retrospeɣtìβo, -βa] *adj.* Rétrospectif, ive.

retrovisor [Retroβisòr] *m.* Rétroviseur.

retumbante [r̄etumbánte] *adj.* Retentissant, ante.

retumbar [r̄etumbár] *intr.* Retentir, faire un grand bruit.

reuma [r̄éŭma] *m.-f.* Rhumatisme *m.*

reumático, -ca [r̄eŭmátiko, -ka] *adj.* 1 Rhumatismal, ale. ■ 2 *adj.-s.* Rhumatisant, ante.

reunión [r̄eŭnjón] *f.* Réunion.

reunir [r̄eŭnír] [19] *tr.* Réunir, rassembler.

revalida [r̄eβálıða] *f.* Examen *m.* de fin d'études.

revalidar [r̄eβalıðár] *tr.* 1 Confirmer. ■ 2 *pr.* Passer l'examen de fin d'études.

revelación [r̄eβelaθjón] *f.* Révélation.

revelador, -ra [r̄eβelaðor, -ra] *adj.-m.* Révélateur, trice.

revelar [r̄eβelár] *tr.* 1 Révéler. 2 FOT. Développer. ■ 3 *pr.* Se révéler.

reventar [r̄eβentár] [27] *intr.* 1 Crever, éclater. 2 Se briser (las olas). 3 fig. Éclater (la cólera, etc.). 4 fig. Mourir d'envie: ~ *por,* mourir d'envie de; ~ *de risa,* mourir de rire. ■ 5 *tr.* Crever, faire éclater (un globo, etc.). ■ 6 *pr.* Crever, éclater (globo, neumático, etc.).

rever [r̄eβér] [91] *tr.* 1 Revoir. 2 DER. Réviser.

reverberar [r̄eβerβerár] *intr.* Réverbérer.

reverdecer [r̄eβerðeθér] [43] *intr.-tr.* Reverdir.

reverencia [r̄eβerénθja] *f.* Révérence.

reverenciar [r̄eβerenθjár] [12] *tr.* Révérer.

reverendo, -da [r̄eβeréndo, -da] *adj.* 1 Respectable. ■ 2 *adj.-s.* Révérend, ende.

reversible [r̄eβersíβle] *adj.* Réversible.

reverso [r̄eβérso] *m.* Revers, envers.

revés [r̄eβés] *m.* 1 Envers, revers. 2 Mornifle *f.* (bofetada). 3 fig. Revers, disgrâce *f.,* infortune *f.* 4 *loc. adv. Al* ~, à l'envers, en sens contraire, de travers.

revestir [r̄eβestír] [34] *tr.* Revêtir.

revisar [r̄eβisár] *tr.* 1 Réviser (un trabajo, un motor, un coche, etc.). 2 Revoir (volver a ver). 3 Contrôler.

revisión [r̄eβisjón] *f.* Révision.

revista [r̄eβísta] *f.* Revue.

revistero, -ra [r̄eβistéro, -ra] *s.* 1 Chroniqueur *m.,* journaliste chargé des comptes rendus. ■ 2 *m.* Porte-revues (mueble).

revivir [r̄eβiβír] *intr.* Revivre.

revocar [r̄eβokár] [1] *tr.* 1 Révoquer, annuler. 2 CONSTR. Ravaler, recrépir.

revolcar [r̄eβolkár] [49] *tr.* 1 Renverser, terrasser. ■ 2 *pr.* Se vautrer, se rouler.

revoltijo [r̄eβoltíxo], **revoltillo** [r̄eβoltíʎo]

m. 1 Mélange, fatras, méli-mélo, brouillamini. 2 COC. Œufs *pl.* brouillés.

revolución [r̄eβoluθjón] *f.* Révolution.

revolucionario [r̄eβoluθjonárjo, -ja] *adj.-s.* Révolutionnaire.

revolver [r̄eβolβér] [32] *tr.* 1 Agiter, remuer. 2 Fouiller dans (buscando). 3 Mettre sens dessus dessous, bouleverser (poner en desorden). 4 fig. Brouiller, alarmer, exciter. ■ 5 *pr.* Bouger, remuer (moverse).

revólver [r̄eβólβer] *m.* Revolver.

revoque [r̄eβóke] *m.* 1 Recrépissage, ravalement (acción). 2 Crépi (cal y arena).

revuelta [r̄eβwélta] *f.* Révolte, sédition.

revuelto, -ta [r̄eβwélto, -ta] *adj.* 1 Docile à la bride (caballo). 2 Turbulent, ente. 3 Embrouillé, ée.

rey [r̄éĭ] *m.* Roi.

rezagado, -da [r̄eθaɣáðo, -ða] *adj.-s.* 1 Qui reste en arrière, retardataire. ■ 2 *m.* Traînard (soldado).

rezagar [r̄eθaɣár] [7] *tr.* 1 Laisser en arrière. 2 Retarder, différer.

rezar [r̄eθár] [4] *tr.* 1 Réciter (una oración). 2 Dire (una misa). ■ 3 *intr.* Prier: ~ *por los difuntos,* prier pour les défunts.

rezo [r̄éθo] *m.* 1 Prière *f.* (acción de rezar). 2 Prière *f.* ou office de chaque jour.

rezongar [r̄eθoŋgár] [7] *intr.* Rouspéter, ronchonner.

ría [r̄ía] *f.* Estuaire *m.,* ria.

riada [r̄jáða] *f.* Crue (crecida), inondation.

ribera [r̄iβéra] *f.* Rive, rivage *m.*

ribereño, -ña [r̄iβeréɲo, -ɲa] *adj.-s.* Riverain, aine.

ribete [r̄iβéte] *m.* Liséré, passepoil, bordure *f.*

rico, -ca [r̄íko, -ka] *adj.* 1 Riche. 2 Délicieux, euse: *unos caramelos muy ricos,* des bonbons délicieux. 3 Mignon, onne (expresión de cariño).

ridiculizar [r̄iðikuliθár] [4] *tr.* Ridiculiser.

ridículo, -la [r̄iðíkulo, -la] *adj.-m.* Ridicule. Loc. *Poner en* ~, tourner en ridicule.

riego [r̄jéɣo] *m.* 1 Arrosage. 2 Irrigation *f.*

riel [r̄jél] *m.* 1 Petit lingot. 2 Rail (de tren).

rienda [r̄jénda] *f.* Guide, rêne, bride. Loc. fig. *A* ~ *suelta,* à bride abattue: *dar* ~ *suelta,* lâcher la bride.

riesgo [r̄jésɣo] *m.* Risque.

rifa [r̄ífa] *f.* Tombola, loterie.

rifle [r̄ífle] *m.* Rifle.

rígido, -da [r̄íxiðo, -ða] *adj.* Rigide.

rigor [r̄iɣór] *m.* Rigueur *f.* Loc. *Ser el ~ de las desdichas,* jouer de malheur.

riguroso, -sa [r̄iɣuróso, -sa] *adj.* Rigoureux, euse.

rima [r̄íma] *f.* 1 Rime. 2 Pile, tas *m.* (rimero).

rincón [r̄iŋkón] *m.* 1 Coin, encoignure *f.* 2 Coin (sitio pequeño y apartado), recoin (lugar apartado).

ring [r̄iŋg] *m.* angl. Ring.

rinoceronte [r̄inoθerónte] *m.* Rhinocéros.

riña [r̄íɲa] *f.* 1 Querelle, rixe, bagarre (lucha). 2 Dispute.

riñón [r̄iɲón] *m.* 1 Rein. 2 COC. Rognon: *riñones de cerdo,* des rognons de porc.

río [r̄ío] *m.* Fleuve (que desemboca en el mar), rivière *f.* (que desemboca en otros). Loc. ~ *arriba,* en amont.

riqueza [r̄ikéθa] *f.* Richesse.

risa [r̄ísa] *f.* Rire *m.* Loc. ~ *de conejo,* rire jaune.

risco [r̄ísko] *m.* Rocher, roc pelé.

risotada [r̄isotáða] *f.* Éclat *m.* de rire.

ristra [r̄ístra] *f.* 1 Chapelet *m.: una ~ de ajos, de cebollas,* un chapelet d'ails, d'oignons. 2 fig. File, ribambelle.

risueño, -ña [r̄iswéɲo, -ɲa] *adj.* Souriant, ante, riant, ante.

rítmico, -ca [r̄íðmiko, -ka] *adj.* Rythmique.

ritmo [r̄íðmo] *m.* Rythme.

rito [r̄íto] *m.* Rite.

ritual [r̄itwál] *adj.-m.* Rituel, elle.

rival [r̄iβál] *adj.-s.* Rival, ale.

rizado, -da [r̄iθáðo, -ða] *adj.* Frisé, ée.

rizar [r̄iθár] [4] *tr.* 1 Friser (el pelo). 2 Plisser (papel, telas). ■ 3 *pr.* Se friser (el pelo).

rizo [r̄íθo] *m.* Boucle *f.* (de cabellos).

robar [r̄oβár] *tr.* 1 Voler, dérober. 2 fig. Gagner, conquérir (el afecto, etc.). 3 Enlever (raptar). 4 Prendre, piocher dans le talon (naipes, dominó).

robo [r̄óβo] *m.* 1 Vol. 2 Rapt, enlèvement (rapto). 3 Rentrée *f.* (en algunos juegos).

robot [r̄oβót] *m.* Robot.

robusto, -ta [r̄oβústo, -ta] *adj.* Robuste.

roca [r̄óka] *f.* 1 Roche. 2 Rocher *m.,* roc *m.* (peñasco).

roce [r̄óθe] *m.* 1 Frottement (de dos cuerpos). 2 Frôlement (ligero).

rociar [r̄oθiár] [13] *tr.* Asperger, arroser.

rocío [r̄oθío] *m.* Rosée *f.*

rococó [r̄okokó] *adj.-m.* Rococo.

rocoso, -sa [r̄okóso, -sa] *adj.* Rocheux, euse.

rodado, -da [r̄oðáðo, -ða] *adj.* 1 Tisonné, ée (caballo). 2 *Tránsito ~,* circulation routière, trafic routier.

rodaja [r̄oðáxa] *f.* Rondelle, tranche (de salchichón, limón, etc.).

rodaje [r̄oðáxe] *m.* 1 Rouage. 2 Tournage (de una película). 3 Rodage (de un automóvil, etc.).

rodar [r̄oðár] [31] *intr.* 1 Rouler (dando vueltas). 2 Rouler (sobre ruedas). 3 Rouler, dégringoler (caer). ■ 4 *tr.* ~ *una película,* tourner un film.

rodear [r̄oðeár] *intr.* 1 Faire le tour. 2 Faire un détour. 3 *tr.* Entourer (cercar). 4 Contourner. 5 Faire tourner.

rodeo [r̄oðéo] *m.* Détour, crochet: *dar un ~,* faire un détour.

rodilla [r̄oðíʎa] *f.* Genou *m.* loc. adv. *De rodillas,* à genoux.

rodillera [r̄oðiʎéra] *f.* Genouillère.

rodillo [r̄oðíʎo] *m.* Rouleau.

roedor, -ra [r̄oeðòr, -ra] *adj.* 1 Rongeur, euse. ■ 2 *m. pl.* ZOOL. Rongeurs.

roer [r̄oér] [82] *tr.* Ronger, grignoter.

rogar [r̄oɣár] [52] *tr.* Prier: *le ruego que se calle,* je vous prie de vous taire.

rojo, -ja [r̄óxo, -xa] *adj.* 1 Rouge. 2 Roux, rousse (pelo, etc.).

rol [r̄ól] *m.* 1 Rôle, liste *f.,* catalogue. 2 MAR. Rôle.

roldana [r̄oldána] *f.* MEC. Réa *m.,* rouet *m.*

rollizo, -za [r̄oʎíθo, -θa] *adj.* Rond, ronde, cylindrique.

rollo [r̄óʎo] *m.* Rouleau (de papel, tela, etc.).

ROM [r̄om] *f.* (abrev. read-only memory) ROM.

romance [r̄ománθe] *adj.-m.* 1 Roman, ane (lengua). ■ 2 *m.* Langue *f.* espagnole, espagnol. 3 Poème espagnol formé par une suite indéfinie de vers octosyllabes, qui a la même assonance dans tous les vers pairs.

románico, -ca [r̄omániko, -ka] *adj.* Roman, e.

romano, -na [r̄ománo, -na] *adj.-s.* Romain, aine.

romanticismo [r̄omantiθizmo] *m.* Romantisme.

rombo [r̄ómbo] *m.* GEOM. Losange, rhombe.

romería [r̄omeria] *f.* 1 Pèlerinage *m.* 2 Fête populaire autour d'un sanctuaire.

romero, -ra [r̄oméro, -ra] *s.* 1 Pèlerin, ine. ■ 2 *m.* Romarin (planta).

rompecabezas [r̃ompekaβéθas] *m. invar.* 1 Casse-tête (arma, acertijo). 2 Puzzle (juego).

rompeolas [r̃ompeólas] *m. invar.* Brise-lames.

romper [r̃ompér] *tr.* 1 Casser, briser, rompre: ~ *un cristal,* casser un carreau. 2 Déchirer (papel, tela). 3 Fendre (el aire, las aguas). 4 fig. Rompre: ~ *el silencio,* rompre le silence. ■ 5 *intr.* S'épanouir (las flores). 6 Rompre: *estos novios han roto,* ces fiancés ont rompu.

rompiente [r̃ompjénte] *m.* Brisant.

ron [r̃ón] *m.* Rhum.

roncar [r̃oŋkár] [1] *intr.* 1 Ronfler (cuando se duerme). 2 Mugir (el mar, el viento).

roncha [r̃óntʃa] *f.* 1 Grosseur, cloque. 2 Ecchymose.

ronco, -ca [r̃óŋko, -ka] *adj.* 1 Rauque. 2 Enroué, ée (que padece ronquera).

ronda [r̃ónda] *f.* 1 Ronde (inspección, patrulla). 2 Tournée (del cartero). 3 Groupe *m.* de jeunes gens donnant des sérénades. 4 Tournée (convidada).

rondar [r̃ondár] *intr.* 1 Faire une ronde (de vigilancia). 2 Courir les rues pendant la nuit. 3 Donner des sérénades.

rondeña [r̃ondéɲa] *f.* Air *m.* populaire andalou.

rondó [r̃ondó] *m.* MÚS. Rondeau.

rondón (de) [r̃ondón] *loc. adv.* Tout de go, sans crier gare.

ronquera [r̃oŋkéra] *f.* Enrouement *m.*

ronronear [r̃onr̃oneár] *intr.* Ronronner.

roñoso, -sa [r̃oɲóso, -sa] *adj.* 1 Galeux, euse (animal). 2 Crasseux, euse (sucio).

ropa [r̃ópa] *f.* 1 Vêtements *m. pl.* (prendas de vestir). 2 Linge *m.*: ~ *de casa,* linge de maison. Loc. ~ *blanca,* linge *m.* 3 *loc. adv. A quema* ~, à brûle-pourpoint.

ropaje [r̃opáxe] *m.* 1 Vêtements *pl.* 2 Habit de cérémonie. 3 B. ART. Draperie *f.*

ropero [r̃opéro] *m.* Armoire *f.* (armario).

roqueño, -ña [r̃okéɲo, -ɲa] *adj.* 1 Rocheux, euse. 2 Dur, dure, comme le roc.

rosa [r̃ósa] *f.* 1 Rose: ~ *de pitiminí,* rose pompon. 2 ~ *de los vientos, náutica,* rose des vents. ■ 3 *adj.-m.* Rose (color).

rosado, -da [r̃osáðo, -ða] *adj.* 1 Rose (color de rosa). 2 Rosat *invar.*: *miel rosada,* miel rosat.

rosal [r̃osál] *m.* Rosier.

rosaleda [r̃osaléða] *f.* Roseraie.

rosario [r̃osárjo] *m.* 1 Chapelet: *rezar el* dire son chapelet. 2 Rosaire (de

quince decenas). 3 fig. Chapelet, suite *f.*

rosca [r̃óska] *f.* 1 Vis: *paso de* ~, pas de vis. 2 Filet *m.* (de un tornillo, de una tuerca). Loc. *Pasarse de* ~, foirer (tornillo); fig. dépasser les bornes. 3 Couronne (pan).

rosco [r̃ósko], **roscón** [r̃oskón] *m.* 1 Couronne *f.* (pan). 2 Brioche *f.* en forme de couronne (bollo).

rosquilla [r̃oskíʎa] *f.* Gimblette.

rostro [r̃óstro] *m.* Visage, figure *f.*

rota [r̃óta] *f.* 1 Route (de un barco). 2 Déroute, défaite. 3 Rote (tribunal).

rotación [r̃otaθjón] *f.* Rotation.

rotatorio, -ia [r̃otatórjo, -ja] *adj.* Rotatoire.

roto, -ta [r̃óto, -ta] 1 *p. p.* de *romper.* ■ 2 *adj.* Rompu, ue, brisé, ée. 3 Débauché, ée. ■ 4 *adj.-s.* Déguenillé, ée (andrajoso).

rotulador [r̃otulaðór] *m.* Crayon feutre, feutre, marqueur (grueso).

rotular [r̃otulár] *tr.* Étiqueter.

rótulo [r̃ótulo] *m.* 1 Enseigne *f.* (de tienda), écriteau (letrero), panonceau (placa metálica). 2 Étiquette *f.* 3 Titre.

rotundo, -da [r̃otúndo, -da] *adj.* 1 Rond, ronde. 2 Complet, ète, catégorique: *un no* ~, un non catégorique. 3 Sonore (lenguaje).

rotura [r̃otúra] *f.* 1 Rupture (tubería, etc.). 2 Déchirure (desgarrón), cassure (fractura). 3 Bris *m.* (cristal, parabrisas).

rozadura [r̃oθaðúra] *f.* 1 Frottement *m.,* frôlement *m.* 2 Éraflure (raspadura).

rozar [r̃oθár] [4] *tr.* 1 AGR. Essarter. 2 Frôler, effleurer (tocar ligeramente). 3 Érafler (raspar ligeramente). ■ 4 *intr.* Frotter (una cosa con otra). ■ 5 *pr.* S'écorcher légèrement, s'érafler.

RTVE [er̃etewβeé] *f.* *(abrev.* Radiotelevisión Española) Organisme officiel de radiodiffusion et de télévision en Espagne.

rubí [r̃uβí] *m.* Rubis.

rubia [r̃úβja] *f.* 1 Garance (planta). 2 fam. Peseta.

rubio, -ia [r̃úβjo, -ja] *adj.-s.* 1 Blond, blonde. ■ 2 *m.* Grondin (pez). ■ 3 *pl.* Centre du garrot d'un taureau.

rublo [r̃úβlo] *m.* Rouble.

rubor [r̃uβór] *m.* Rougeur *f.*

rúbrica [r̃úβrika] *f.* 1 Marque rouge. 2 Parafe *m.,* paraphe *m.* (de una firma).

rubricar [r̃uβrikár] [1] *tr.* Parafer, parapher (un escrito).

rudeza [r̄uðéθa] *f.* **1** Rudesse. **2** Grossiè-reté. **3** Lourdeur d'esprit.

rudimentario, -ia [r̄uðimentárjo, -ja] *adj.* Rudimentaire.

rudo, -da [r̄úðo, -ða] *adj.* **1** Rude. **2** Grossier, ière. **3** Lourdaud, aude (torpe).

rueda [r̄wéða] *f.* **1** Roue: ~ *delantera, trasera,* roue avant, arrière. **2** Tranche ronde, rouelle (tajada), darne (de pescado). **3** Meule (de molino). **4** ~ *de prensa,* conférence de presse.

ruedo [r̄wéðo] *m.* **1** Bord, bordure *f.* **2** Cercle, circonférence *f.* **3** Paillasson, natte *f.* (esterilla). **4** TAUROM. Arène *f.*

ruego [r̄wéγo] *m.* Prière *f.*

rufián [r̄ufjàn] *m.* **1** Rufian, souteneur. **2** fig. Canaille *f.*

rugby [r̄úγbi] *m.* Rugby.

rugir [r̄uxir] [6] *intr.* Rugir: *el león rugía,* le lion rugissait.

rugoso, -sa [r̄uγóso, -sa] *adj.* Rugueux, euse.

ruido [r̄wiðo] *m.* Bruit.

ruin [r̄win] *adj.* **1** Vil, vile, bas, basse. **2** Mesquin, ine, avare, ladre.

ruina [r̄wina] *f.* Ruine.

ruinoso, -sa [r̄winóso, -sa] *adj.* **1** Délabré, ée, qui menace ruine (edificio). **2** Ruineux, euse (que arruina).

ruiseñor [r̄uwiseɲòr] *m.* Rossignol.

ruleta [r̄ulèta] *f.* Roulette (juego).

rumbo [r̄úmbo] *m.* **1** MAR. Route *f.,* cap. **2** MAR. Rhumb (de la rosa náutica). **3** fig. Voie *f.,* direction. **4** fig. Pompe *f.,* apparat.

rumiante [r̄umjànte] *adj.-m.* Ruminant, ante.

rumor [r̄umòr] *m.* Rumeur *f.,* bruit: *corre un* ~, un bruit court.

rupestre [r̄upèstre] *adj.* Rupestre.

rupia [r̄úpja] *f.* Roupie (moneda).

ruptura [r̄uβtùra] *f.* Rupture.

rural [r̄urál] *adj.* Rural, ale: *los medios rurales,* les milieux ruraux.

ruso, -sa [r̄úso, -sa] *adj.-s.* **1** Russe. ■ **2** *m.* Russe, langue *f.* russe.

rústico, -ca [r̄ústıko, -ka] *adj.* **1** Rustique. ■ **2** *adj.-m.* Rustre, rustaud, aude (tosco). **3** Campagnard, arde. **4** *loc. adv. En rústica,* broché, ée (libro).

ruta [r̄úta] *f.* **1** Route, chemin *m.* **2** Itinéraire *m.*

rutina [r̄utina] *f.* Routine.

S

s [ése] *f.* S *m.*

SA [eseà] *f.* (*abrev.* sociedad anónima) SA.

sábado [sáβaðo] *m.* Samedi.

sabana [saβána] *f.* Savane.

sábana [sáβana] *f.* **1** Drap *m.*, drap *m.* de lit. **2** Nappe d'autel (del altar).

sabañón [saβaɲón] *m.* Engelure *f.*

sabedor, -ra [saβeðór, -ra] Informé, ée.

saber [saβèr] [83] *tr.* **1** Savoir: *sé que ha llegado,* je sais qu'il est arrivé. Loc. *A ~,* à savoir. **2** *intr.* Savoir. **3** *~ a,* avoir le goût de: *esto sabe a café,* cela a un goût de café. ■ **4** *m.* Savoir, acquis.

sabido, -da [saβiðo, -ða] *adj.* **1** Su, ue, connu, ue: *es ~ que,* il est bien connu que. **2** Instruit, ite.

sabiduría [saβiðuria] *f.* **1** Savoir *m.* (ciencia). **2** Sagesse, prudence (prudencia).

sabio, -ia [sáβjo, -ja] *adj.*-s. Savant, ante.

sable [sáβle] *m.* **1** Sabre. **2** BLAS. Sable.

sabor [saβór] *m.* Saveur *f.,* goût.

saborear [saβoreár] *tr.* Savourer.

sabotaje [saβotáxe] *m.* Sabotage.

sabroso, -sa [saβróso, -sa] *adj.* Savoureux, euse.

saca [sáka] *f.* **1** Extraction (acción de sacar). **2** COM. Exportation (de mercancías). **3** Gros sac *m.* (costal).

sacacorchos [sakakòrtʃos] *m. invar.* Tire-bouchon.

sacamanchas [sakamántʃas] *m. invar.* Détachant.

sacamuelas [sakamwélas] *m. invar.* Arracheur de dents, charlatan.

sacar [sakár] [1] *tr.* **1** Tirer (de un lugar, de un estado): *~ la lengua,* tirer la langue. **2** Extraire, tirer: *~ el jugo,* extraire le jus. **3** Sortir (de dentro). **4** Arracher (una muela), enlever, ôter (una mancha). **5** Tirer, retirer (dinero). **6** Prendre (un billete, una foto). **7** Se faire délivrer (un pasaporte, etc.). **8** Gagner (un premio). **9** Avancer (parte del cuerpo). **10** Déduire, conclure (deducir), tirer (una

consecuencia). **11** Résoudre (un problema). **12** Lancer, créer (una moda), sortir (un nuevo modelo). **13** DEP. Servir (tenis), botter (fútbol).

sacarino, -na [sakarino, -na] *adj.* **1** Sacharin, ine. ■ **2** *f.* Saccharine.

sacerdocio [saθerðóθjo] *m.* Sacerdoce.

sacerdote [saθerðóte] *m.* Prêtre.

saciar [saθjár] [12] *tr.* Assouvir, rassasier.

saco [sáko] *m.* **1** Sac (receptáculo, su contenido): *~ de mano,* sac de voyage. **2** Grand manteau, grande veste *f.* **3** Sac, pillage.

sacramental [sakramentàl] *adj.* **1** Sacramentel, elle. ■ **2** *m. pl.* Sacramentaux.

sacramento [sakramènto] *m.* Sacrement.

sacrificar [sakrifikár] [1] *tr.* **1** Sacrifier. **2** Tuer, abattre (las reses).

sacrificio [sakrifiθjo] *m.* Sacrifice.

sacrilegio [sakrilèxjo] *m.* Sacrilège.

sacristán [sakristán] *m.* Sacristain.

sacristía [sakristia] *f.* Sacristie.

sacro, -cra [sákro, -kra] *adj.* **1** Sacré, ée. ■ **2** *m.* ANAT. Sacrum.

sacrosanto, -ta [sakrosánto, -ta] *adj.* Sacrosaint, ainte.

sacudida [sakuðiða] *f.* Secousse.

sacudir [sakuðir] *tr.* **1** Secouer. **2** Battre (dando golpes), épousseter (quitar el polvo). **3** Battre (pegar). ■ **4** *pr.* Se débarrasser de.

sádico, -ca [sáðiko, -ka] *adj.* Sadique.

saeta [saéta] *f.* **1** Flèche (arma). **2** Aiguille (de reloj, de brújula). **3** Air *m.* andalou que l'on chante au passage de la procession de la Semaine Sainte.

sáfico, -ca [sáfiko, -ka] *adj.* Saphique.

sagacidad [saɣaθiðàð] *f.* Sagacité.

sagaz [saɣáθ] *adj.* Sagace.

sagitario [sáxitàrjo] *m.* ASTR. Sagittaire.

sagrado, -da [saɣráðo, -ða] *adj.* **1** Sacré, ée: *~ Corazón,* Sacré-Cœur. ■ **2** *m.* Asile, refuge.

sagrario [saɣrárjo] *m.* Tabernacle (del altar).

sahumar [saŭmár] [16] *tr.* Parfumer (avec une fumée aromatique).

sahumerio [saŭmérjo] *m.* 1 Fumigation *f.* (acción). 2 Fumée *f.* que produit une substance aromatique. 3 Substance *f.* aromatique.

sainete [saĭnéte] *m.* TEAT. Saynète *f.*

saíno [saino] *m.* Pécari.

sajón, -ona [saxón, -óna] *adj.-s.* Saxon, onne.

sal [sal] *f.* 1 Sel 2 *m.* fig. Grâce (garbo). 3 Esprit *m.*, sel *m.*, piquant *m.* (al hablar).

sala [sála] *f.* 1 Salle: ~ *de espera,* salle d'attente. 2 DER. Chambre (de un tribunal).

saladar [salaðár] *m.* Marais salant.

salado, -da [salàðo, -ða] *adj.* 1 Salé, ée. 2 Fig. Spirituel, elle, piquant, ante, drôle, amusant, ante.

salar [salár] *tr.* Saler.

salario [salárjo] *m.* Salaire.

salchicha [saltʃítʃa] *f.* Saucisse.

salchichería [saltʃitʃería] *f.* Charcuterie.

salchichón [saltʃitʃón] *m.* Saucisson.

saldar [saldár] *tr.* Solder (una cuenta, una mercancía).

saldo [sáldo] *m.* COM. Solde.

salero [saléro] *m.* 1 Salière *f.* (en la mesa). 2 fig. Grâce *f.,* charme, esprit.

saleroso, -sa [saleróso, -sa] *adj.* Gracieux, euse, charmant, ante, spirituel, elle.

salesiano, -na [salesjáno, -na] *adj.-m.* Salésien, ienne.

salida [salíða] *f.* 1 Sortie (acción, parte por donde se sale). 2 Départ *m.* (de un tren, un barco, etc.): *tomar la* ~, prendre le départ. 3 Lever *m.* (de un astro).

saliente [saljénte] *adj.* 1 Saillant, ante. 2 MIL. *Guardia* ~, garde descendante.

salina [salina] *f.* Saline.

salir [salir] [84] *intr.* 1 Sortir. Loc. ~ *al encuentro,* aller à la rencontre. 2 Partir (marcharse). 3 Se lever (un astro). 4 Pousser (plantas, pelo, dientes), jaillir (brotar). 5 Se révéler, apparaître, se montrer (manifestarse), paraître (en un libro, una película). 6 Paraître (un periódico, un libro): *esta revista sale el lunes,* cette revue paraît le lundi. 7 ~ *bien, mal,* réussir, échouer. 8 Revenir, coûter: ~ *caro,* coûter, cher. 9 Aboutir (ir a parar). 10 Saillir (sobresalir).

salitre [salitre] *m.* Salpêtre, nitre.

saliva [salíβa] *f.* Salive.

salivar [saliβár] *intr.* 1 Saliver. 2 amer. Cracher (escupir).

salmón [salmón] *m.* Saumon.

salmuera [salmwéra] *f.* Saumure.

salón [salón] *m.* 1 Salon. 2 Salle *f.:* ~ *de actos,* salle des fêtes.

salpicadura [salpikaðúra] *f.* Éclaboussement *m.* (acción).

salpicar [salpikár] [1] *tr.* 1 Éclabousser. 2 Asperger (rociar).

salpicón [salpikón] *m.* Viande *f.* froide en salade (fiambre).

salpimentar [salpimentár] [27] *tr.* Assaisonner de sel et de poivre.

salpullido [salpuʎíðo] *m.* MED. Légère éruption *f.* cutanée.

salsa [sálsa] *f.* Sauce: ~ *de tomate,* sauce tomate.

saltador, -ra [saltaðór, -ra] *s.* 1 Sauteur, euse. ▪ 2 *m.* Corde *f.* à sauter (comba).

saltamontes [saltamóntes] *m.* Sauterelle *f.,* criquet.

saltar [saltár] *intr.* 1 Sauter. 2 Bondir (brincar). 3 Jaillir (un líquido). 4 Rebondir, bondir (una pelota). ▪ 5 *tr.* Sauter (un obstáculo). 6 Sauter (omitir). ▪ 7 *pr.* Sauter: *me salté dos páginas,* j'ai sauté deux pages.

saltarín, -ina [saltarin, -ina] *s.* Danseur, euse.

saltear [salteár] *tr.* Détrousser, voler à main armée.

saltimbanqui [saltimbáŋki] *m.* Saltimbanque.

salto [sálto] *m.* 1 Saut: ~ *mortal,* saut périlleux; ~ *de altura,* saut en hauteur. 2 Bond, saut: *dar un* ~, faire un bond. 3 Précipice. 4 Chute *f.* d'eau (de agua). 5 *loc. adv.* A *saltos,* en sautant, par bonds.

salubre [salúβre] *adj.* Salubre.

salud [salúð] *f.* Santé (del cuerpo, del espíritu): *beber a la* ~ *de,* boire à la santé de.

saludable [saluðáβle] *adj.* 1 Salutaire. 2 Sain, saine (sano).

saludar [saluðár] *tr.* Saluer.

saludo [salúðo] *m.* Salut, salutation *f.*

salva [sálβa] *f.* 1 Salut *m.,* salutation 2 MIL. Salve.

salvación [salβaθjón] *f.* Salut *m.*

salvador, -ra [salβaðór, -ra] *adj.-s.* Sauveur, salvatrice.

salvaguardar [salβaɣwarðár] *tr.* Sauvegarder.

salvaje [salβáxe] *adj.-s.* 1 Sauvage. 2 Brutal, ale.

salvamento [salβaménto],**salvamiento** [salβamjénto] *m.* Sauvetage.

salvar [salβár] *tr.* 1 Sauver. 2 Franchir (un

obstáculo, recorrer una distancia). **3** Éviter (una dificultad). **4** Exclure (exceptuar). **5** INFORM. Sauvegarder.

salvavidas [salβaβiðas] *m. invar.* **1** Bouée *f.* de sauvetage. ■ **2** *adj. Bote* ~, canot de sauvetage.

salvedad [salβeðáð] *f.* Réserve, restriction.

salvia [sálβja] *f.* Sauge.

salvo, -va [sálβo, -βa] *adj.* **1** Sauf, sauve: *sano y* ~, sain et sauf. ■ **2** *adv.* Sauf, hormis.

sambenito [sambenito] *m.* **1** San-benito, casaque *f.* dont on revêtait les condamnés de l'Inquisition. **2** fig. Note *f.* de discrédit.

san [san] *adj.-m.* Forme apocopée de *santo* que l'an met devant le nom: *san Juan,* saint Jean.

sanar [sanár] *tr.-intr.* Guérir.

sanatorio [sanatórjo] *m.* **1** Sanatorium. **2** Clinique *f.* **3** Hôpital.

sanción [sanθjón] *f.* Sanction.

sancionar [sanθjonár] *tr.* Sanctionner.

sandalia [sandálja] *f.* Sandale.

sandía [sandia] *f.* Pastèque, melon *m.* d'eau.

sandwich [sámbɪtʃ] *m.* Sandwich.

sanear [saneár] *tr.* **1** Assainir. **2** DER. Indemniser, garantir.

sangrar [saŋɡrár] *tr.* **1** Saigner. **2** Résiner, gemmer (un pino). ■ **3** *intr.* Saigner, perdre son sang. ■ **4** *pr.* Se faire saigner.

sangre [sáŋɡre] *f.* **1** Sang *m.:* ~ *fría,* sangfroid; *caballo de pura* ~, cheval pursang.

sangría [saŋɡria] *f.* **1** Saignée. **2** IMPR. Alinéa *m.* **3** Sangria, boisson rafraîchissante faite avec du vin, du sucre, des fruits macérés.

sangriento, -ta [saŋɡrjénto, -ta] *adj.* Sanglant, ante.

sanguinario, -ia [saŋɡinárjo, -ja] *adj.* Sanguinaire.

sanguíneo, -ea [saŋɡineo, -ea] *adj.* Sanguin, ine.

sanidad [saniðáð] *f.* **1** Santé (salud). **2** Salubrité, hygiène.

sanitario, -ia [sanitárjo, -ja] *adj.-m.* Sanitaire.

sano, -na [sáno, -na] *adj.* Sain, saine: ~ *y salvo,* sain et sauf.

santiaguista [santjaɣista] *adj.* De l'ordre de Saint-Jacques.

santiamén (en un) [santjamén] *loc. adv.* En un clin d'œil, en moins de rien.

santidad [santiðáð] *f.* Sainteté.

santificar [santifikár] [1] *tr.* Sanctifier.

santiguar [santiɣwár] [10] *tr.* **1** Faire le signe de la croix sur. ■ **2** *pr.* Se signer.

santísimo, -ma [santisimo, -ma] *adj.* **1** Très saint, très sainte. ■ **2** *n. pr. m.* Le Saint Sacrement.

santo, -ta [sánto, -ta] *adj.-s.* **1** Saint, sainte. Loc. *El Padre Santo,* le Saint-Père. ■ **2** *m.* Statue d'un saint. **3** Fête *f.* (de una persona): *hoy es mi* ~, c'est aujourd'hui ma fête. **4** MIL. ~ *y seña,* mot de passe.

santón [santón] *m.* Santon.

santoral [santorál] *m.* **1** Liste *f.* des saints. **2** Vie *f.* des saints.

santuario [santwárjo] *m.* Sanctuaire.

saña [sáɲa] *f.* Acharnement *m.* (empeño), fureur, rage (furia).

sapiencia [sapjénθja] *f.* Sagesse, savoir *m.*

sapo [sápo] *m.* Crapaud.

saque [sáke] *m.* **1** DEP. Service (juego de la pelota, tenis), dégagement (fútbol). **2** ~ *de esquina,* corner.

saquear [sakeár] *tr.* Saccager, piller.

saqueo [sakéo] *m.* Sac, pillage.

sarampión [sarampjón] *m.* Rougeole *f.*

sarcasmo [sarkázmo] *m.* Sarcasme.

sarcófago [sarkófaɣo] *m.* Sarcophage.

sardana [sarðána] *f.* Sardane, danse catalane.

sardina [sarðina] *f.* Sardine.

sardinero, -ra [sarðinéro, -ra] *adj.* **1** Relatif, ive aux sardines. ■ **2** *s.* Sardinier, ière.

sardónice [sarðóniθe] *f.* MINER. Sardoine.

sardónico, -ca [sarðóniko, -ka] *adj.* Sardonique.

sarga [sárɣa] *f.* Serge.

sargento [sarxénto] *m.* MIL. Sergent.

sarmiento [sarmjénto] *m.* Sarment.

sarna [sárna] *f.* Gale.

sarpullido [sarpuʎiðo] *m.* Légère éruption *f.* cutanée.

sarro [sáro] *m.* **1** Tartre (de los dientes, de una caldera). **2** Dépôt (en una vasija).

sarta [sárta] *f.* **1** Chapelet *m.,* collier *m.* (de objetos). **2** fig. Kyrielle, ribambelle.

sartén [sartén] *f.* Poêle (à frire).

sastre [sástre] *m.* Tailleur.

sastrería [sastreria] *f.* Métier *m.,* boutique du tailleur.

satánico, -ca [satániko, -ka] *adj.* Satanique.

satélite [satélite] *adj.-m.* **1** Satellite. ■ **2** *m.* ~ *artificial,* satellite artificiel.

satén [satén] *m.* Satin.

satinar [satinár] *tr.* Satiner.

sátira [sátıra] *f.* Satire.

satirizar [satiriθár] [4] *intr.-tr.* Satiriser.

satisfacer [satisfaθér] [85] *tr.* Satisfaire.

satisfecho, -cha [satisfétʃo, -tʃa] *adj.* **1** Satisfait, aite, content, ente: ~ *de sí,* content de soi, de sa personne.

saturar [saturár] *tr.* Saturer.

saturnino, -na [saturníno, -na] *adj.* **1** Triste, taciturne. **2** MED. Saturnin, ine.

sauce [sáŭθe] *m.* Saule: ~ *llorón,* saule pleureur.

savia [sáβja] *f.* Sève.

saxófono [sa(γ)sófono] *m.* Saxophone.

sazón [saθón] *m.* **1** Maturité *f.* loc. adv. *En* ~, mûr, mûre. **2** Occasion *f.,* moment loc. adv. *A la* ~, alors, à ce moment-là. **3** Saveur *f.,* assaisonement (de un manjar).

sazonar [saθonár] *tr.* **1** Assaisonner. **2** Mûrir, faire mûrir. **3** fig. Mettre au point. ▪ **4** *pr.* Mûrir, arriver à maturité.

se [se] *pron.* **1** Se: ~ *levanta,* il se lève; *se sienta,* il s'asseoit. **2** Lui, leur (delante de lo, la, los, las): ~ *lo diré,* je le lui, leur dirai. **3** On: ~ *dice,* on dit.

sebáceo, -ea [seβáθeo, -ea] *adj.* Sébacé, ée.

sebo [séβo] *m.* Suif, graisse *f.*

secador, -ra [sekaðór, -ra] *adj.-s.* Sécheur, euse.

secante [sekánte] *adj.-m.* **1** Siccatif, ive (pintura). **2** Buvard (papel). ▪ **3** *adj.-f.* GEOM. Sécant, ante.

secar [sekár] [1] *tr.* Sécher: ~ *la ropa,* sécher le linge. **2** Dessécher. **3** Assécher (terreno). **4** Tarir (fuente, pozo).

sección [seγθjón] *f.* Section.

secesión [seθesjón] *f.* Sécession.

seco, -ca [séko, -ka] *adj.* **1** Sec, sèche. **2** loc. adv. *En* ~, à sec; net: *pararse en* ~, s'arrêter net, pile; *a secas,* tout court.

secreción [sekreθjón] *f.* Sécrétion.

secretaría [sekretaría] *f.* **1** Secrétariat *m.* **2** Secrétairerie (en el Vaticano).

secretariado [sekretarjáðo] *m.* Secrétariat.

secretario, -ia [sekretárjo, -ja] *s.* Secrétaire (persona).

secreto, -ta [sekréto, -ta] *adj.-m.* Secret, ète: ~ *a voces,* secret de polichinelle.

secta [séγta] *f.* Secte.

sector [seγtór] *m.* Secteur.

secuela [sekwéla] *f.* **1** Suite, conséquence. **2** MED. Séquelle.

secuestrar [sekwestrár] *tr.* **1** Séquestrer. **2** Enlever, kidnapper (raptar).

secuestro [sekwéstro] *m.* **1** Séquestre. **2** Détournement (de un avión). ▪

secular [sekulár] *adj.* **1** Séculaire. ▪ **2** *adj.-s.* Séculier, ière.

secundar [sekundár] *tr.* Seconder.

secundario, -ia [sekundárjo, -ja] *adj.* Secondaire.

sed [seð] *f.* Soif.

seda [séða] *f.* Soie.

sedal [seðál] *m.* **1** Ligne *f.* (para la pesca). **2** CIR. Séton.

sedante [seðánte] *adj.-m.* Sédatif, ive.

sede [séðe] *f.* Siège *m.* (episcopal, de un organismo): *la Santa* ~, le Saint-Siège.

sediento, -ta [seðjénto, -ta] *adj.* Altéré, ée, assoiffé, ée.

sedimento [seðiménto] *m.* Sédiment.

sedoso, -sa [seðóso, -sa] *adj.* Soyeux, euse.

seducir [seðuθír] [46] *tr.* Séduire.

seductor, -ra [seðuγtór, -ra] *adj.* **1** Séduisant, ante. ▪ **2** *adj.-s.* Séducteur, trice.

sefardí [sefarðí], **sefardita** [sefarðíta] *adj.-s.* Séfarade, séfardi.

segar [seγár] [48] *tr.* Faucher, moissonner.

segmento [seγménto] *m.* Segment.

segregar [seγreγár] [7] *tr.* **1** Séparer. **2** FISIOL. Sécréter.

seguida [seγíða] *f.* **1** Suite, série. **2** loc. adv. *De* ~, de suite; *en* ~, tout de suite (pronto), aussitôt après, immédiatement (acto continuo).

seguidilla [seγiðíʎa] *f.* MÚS. Séguedille.

seguido, -da [seγíðo, -ða] *adj.* **1** Suivi, ie. **2** Continu, ue, ininterrompu, ue. **3** En ligne droite.

seguidor, -ra [seγiðór, -ra] *adj.* **1** Qui suit. ▪ **2** *m.* Disciple, adepte.

seguir [seγír] [56] *tr.* **1** Suivre. **2** Poursuivre, continuer (proseguir). ▪ **3** *intr.* Continuer à: ~ *leyendo,* continuer à lire. ▪ **4** *pr.* S'ensuivre (inferirse).

según [seγún] *prep.* **1** Selon, d'après, suivant: ~ *él,* d'après, selon lui. ▪ **2** *adv.* Comme, ainsi que (como).

segundero [seγundéro] *m.* Trotteuse *f.* (de reloj).

segundo, -da [seγúndo, -da] *adj.* **1** Second, onde, deuxième. ▪ **2** *m.* Second (en jerarquía). **3** Seconde *f.* (division del minuto).

seguridad [seγuriðáð] *f.* **1** Sûreté, sécurité. **2** Assurance (certidumbre). **3** Garantie.

seguro, -ra [seγúro, -ra] *adj.* **1** Sûr, sure. *loc. adv. A buen* ~, *de* ~, sûrement, certainement, pour sûr, à coup sûr. **2**

Ferme, solide, fixe. ■ **3** m. Sécurité f., abri. loc. adv. **En ~,** en sécurité. **4** Sauf-conduit. **5** COM. Assurance f.: **~ de incendios,** assurance contre l'incendie. **6** Cran de sûreté (de un arma de fuego).

seis [séis] adj.-m. Six: **son las ~,** il est six heures.

seiscientos [seisθjéntos] adj.-m. Six cents.

selección [seleyθjón] f. **1** Sélection. Loc. **~ natural,** sélection naturelle. **2** Choix m.

seleccionar [seleyθjonár] tr. Sélectionner.

sellar [seʎár] tr. **1** Sceller. **2** Cacheter (una carta), timbrer. **3** Poinçonner (el oro, etc.).

sello [séʎo] m. **1** Sceau (disco de cera o plomo), cachet (para estampar). **2** Timbre (de papel). **3** Cachet (marca). **4** Timbre-poste, timbre (de correos).

selva [sélβa] f. Forêt.

semáforo [semáforo] m. **1** Sémaphore. **2** Feux pl. de signalisation (en las calles): **un ~ en rojo,** un feu rouge.

semana [semána] f. Semaine: **la ~ pasada,** la semaine dernière.

semanal [semanál] adj. Hebdomadaire.

semanario, -ia [semanárjo, -ja] adj.-m. Hebdomadaire.

semblante [semblánte] m. **1** Figure f., visage, mine f.: **tener buen ~,** avoir bonne mine. **2** fig. Aspect.

sembrador, -ra [sembraðòr, -ra] s. **1** Semeur, euse. ■ **2** f. AGR. Semoir m.

sembrar [sembrár] [27] tr. **1** AGR. Semer, ensemencer. **2** fig. Semer. **3** Joncher (de cosas esparcidas).

semejante [semexánte] adj. **1** Semblable, pareil, eille. ■ **2** s. Semblable.

semejanza [semexánθa] f. Ressemblance.

semen [sèmen] m. **1** Sperme. **2** BOT. Semence f.

semental [semental] adj. Relatif, ive aux semailles.

semestre [semèstre] m. Semestre.

semicírculo [semiθírkulo] m. Demi-cercle.

semidiós [semiðjós] m. Demi-dieu.

semilla [semiʎa] f. **1** Graine, semence. **2** fig. Semence.

semillero [semiʎéro] m. Pepinière f.

seminario [seminárjo] m. Séminaire.

seminarista [seminarista] m. Séminariste.

semita [semita] adj.-s. Sémite.

sémola [sèmola] f. Semoule.

sen [sen] m. **1** Séné. **2** Sen (moneda).

senado [senáðo] m. Sénat.

senador [senaðòr] m. Sénateur.

sencillez [senθiʎéθ] f. Simplicité.

sencillo, -lla [senθíʎo, -ʎa] adj. Simple.

senda [sénda] f. **sendero** [sendéro] m. Sentier m. sente f.

senectud [seneytúd] f. Vieillesse.

senil [senil] adj. Sénile.

seno [séno] m. ANAT. Sein (pecho).

sensación [sensaθjón] f. Sensation: **causar, producir ~,** faire sensation.

sensacional [sensaθjonál] adj. Sensationnel, elle.

sensatez [sensatéθ] f. Bon sens m., sagesse.

sensato, -ta [sensáto, -ta] adj. Sensé, ée.

sensibilidad [sensiβiliðáð] f. Sensibilité.

sensible [sensíβle] adj. Sensible.

sensitivo, -va [sensitíβo, -βa] adj. **1** Sensitif, ive. ■ **2** f. Sensitive (planta).

sensorial [sensorjál] adj. Sensoriel, elle.

sensual [senswál] adj. Sensuel, elle.

sensualidad [senswaliðáð] f. Sensualité.

sentado, -da [sentáðo, -ða] adj. Assis.

sentar [sentár] [27] tr. **1** Asseoir. **2** fig. Établir. ■ **3** intr. **~ bien, mal,** faire du bien, du mal (a la salud), aller bien, mal, seoir, ne pas seoir (vestido, peinado, etc.): **este vestido le sienta bien,** cette robe lui va bien. ■ **4** pr. S'asseoir: **siéntese,** asseyez-vous.

sentencia [senténθja] f. **1** Sentence. **2** DER. Jugement m., arrêt m.

sentido [sentíðo] adj. **1** Senti, ie. **2** Sincère. **3** Susceptible. ■ **4** m. Sens Loc. **~ común,** sens commun.

sentimiento [sentimjénto] m. **1** Sentiment. **2** Regret (pesar).

sentir [sentir] [35] tr. **1** Sentir (experimentar una sensación). **2** Entendre (oír). **3** Éprouver, ressentir, avoir (experimentar): **~ miedo,** avoir peur. **4** Juger (opinar). **5** Regretter (lamentar): **lo siento mucho,** je le regrette beaucoup. **6** loc. adv. **Sin ~,** sans que l'on s'en rende compte.

sentir [sentir] m. Sentiment.

seña [séɲa] f. **1** Signe m. ■ **2** pl. Adresse sing. (dirección).

señal [seɲál] f. **1** Signe m. (marca, indicio). **2** Signe m. (prodigio). **3** Preuve, témoignage m. (prueba). **4** Trace, marque (huella, cicatriz). **5** **~ de la cruz,** signe de croix.

señalado, -da [seɲaláðo, -ða] adj. **1** Marqué, ée. **2** Remarquable (insigne). **3** Fixé, ée (día, etc.).

señalar [señalár] *tr.* **1** Montrer, indiquer: ~ *con el dedo,* montrer du doigt. **2** Signaler, annoncer.

señor, -ra [señór, -ra] *adj.-s.* **1** Maître, esse (dueño). ▪ **2** *adj.* Noble, distingué, ée. ▪ **3** *m.* Seigneur (feudal, Dios): *el Señor,* le Seigneur: *Nuestro ~,* Notre-Seigneur.

señora [señóra] *f.* **1** Dame (persona). **2** Madame: *buenos días ~,* bonjour, madame. **3** Maîtresse (ama).

señoría [señoría] *f.* **1** Seigneurie. **2** *Su ~,* votre Seigneurie.

señorío [señorío] *m.* **1** Seigneurie *f.* (dignidad, territorio). **2** Pouvoir, autorité *f.* **3** Majesté *f.,* gravité *f.*

señorita [señoríta] *f.* **1** Demoiselle, jeune fille. **2** Mademoiselle (tratamiento de cortesía).

señorito [señoríto] *m.* **1** Fils du maître de la maison. **2** Monsieur (amo, de los criados).

separación [separaθjón] *f.* Séparation.

separar [separár] *tr.* **1** Séparer. **2** Écarter (apartar). **3** Destituer. ▪ **4** *pr.* Se séparer. **5** S'écarter.

sepelio [sepéljo] *m.* Enterrement, inhumation *f.*

sepia [sépja] *f.* **1** Seiche (molusco). **2** Sépia (color).

septentrional [seβtentrjonál] *adj.* Septentrional, ale.

séptico, -ca [séβtiko, -ka] *adj.* Septique.

septiembre [seβtjémbre] *m.* Septembre.

séptimo, -ma [séβtimo, -ma] *adj.-m.* **1** Septième. ▪ **2** *f.* MÚS. Septième.

septuagésimo, -ma [seβtwaxésimo, -ma] *adj.* Soixante-dixième.

sepulcral [sepulkrál] *adj.* Sépulcral, ale.

sepulcro [sepúlkro] *m.* Sépulcre, tombeau.

sepultar [sepultár] *tr.* Enterrer, ensevelir.

sepultura [sepultúra] *f.* Sépulture.

sequía [sekía] *f.* Sécheresse.

séquito [sékito] *m.* **1** Suite *f.* **2** Cortège.

ser [ser] [86] *intr.* **1** Être: *esto es mío,* ceci est à moi. ▲ Comme copule il sert à attribuer des qualités considérées comme permanentes, à la différence de *estar* qui sert à attribuer des qualités considérées comme transitoires: *ser médico,* être médecin; *estar enfermo,* être malade. **2** Arriver, se produire (suceder), avoir lieu (tener lugar), venir: ¿cómo fue esto?, comment cela est-il arrivé? **3** ~ *para,* être fait pour (persona), servir a, être fait pour (cosa): *no soy para eso,* je ne suis pas fait pour cela. **4** Otros empleos: *a no ~,* si ce n'est; *a no ~ que,* à moins que; *¡cómo ha de ~!,* qu'y pouvons-nous!; *eso es,* c'est cela, c'est ça. ▪ **5** *m.* Être (ente).

sera [séra] *f.* Couffe, couffin *m.*

serenar [serenár] *tr.* **1** Calmer, apaiser, tranquilliser. **2** Rasséréner, calmer (a uno). ▪ **3** *pr.* Se calmer.

sereno, -na [seréno, -na] *adj.* **1** Serein, eine (cielo, tiempo). **2** fig. Serein, eine, paisible, calme. ▪ **3** *m.* Veilleur de nuit.

serie [sérje] *f.* Série.

seriedad [serjeðáð] *f.* Sérieux *m.,* gravité.

serio, -ia [sérjo, -ja] *adj.* Sérieux, euse. Loc. *Tomar en ~,* prendre au sérieux.

sermón [sermón] *m.* **1** Sermon. **2** Semonce *f.* (represión).

serpiente [serpjénte] *f.* Serpent *m.:* ~ *de cascabel,* serpent à sonnette.

serranía [serranía] *f.* Terrain *m.* montagneux.

serrar [serár] [27] *tr.* Scier.

serrucho [serútʃo] *m.* Scie *f.* à main, égoïne *f.*

servicio [serβíθjo] *m.* Service.

servidor, -ra [serβiðór, -ra] *s.* Serviteur, servante, domestique. Loc. *Servidor, servidora de usted,* à votre service.

servidumbre [serβiðúmbre] *f.* Servitude, servage *m.*

servilleta [serβiʎéta] *f.* Serviette (de table).

servir [serβír] [34] *tr.-intr.* **1** Servir: ~ *para,* servir à: ¿de qué sirve...?, à quoi sert...? ▪ **2** *tr.* Desservir (una parroquia). ▪ **3** *pr.* Se servir. **4** Vouloir, daigner: *sírvase entrar,* veuillez entrer.

sesenta [sesénta] *adj.-m.* Soixante.

seseo [seséo] *m.* Défaut qui consiste à prononcer le *c* et le *z* comme un *s.*

sesera [seséra] *f.* **1** fam. Boîte crânienne. **2** fig. fam. Cervelle.

sesión [sesjón] *f.* **1** Séance. **2** Session (de un concilio).

seso [séso] *m.* **1** Cerveau, cervelle *f.* Loc. fig. *Devanarse los sesos,* se creuser la tête. **2** fig. Jugement *m.,* bon sens *m.*

seta [séta] *f.* Champignon *m.*

setecientos, -as [seteθjéntos, -as] *adj.* Sept cents.

setenta [seténta] *adj.-m.* Soixante-dix.

setiembre [setjémbre] *m.* Septembre.

seto [séto] *m.* Haie *f.:* ~ *vivo,* haie vive.

seudónimo [seuðónimo] *adj.-m.* Pseudonyme.

severidad [seβeriðáð] *f.* Sévérité.

severo, -ra [seβéro, -ra] *adj.* Sévère.

sevillano, -na [seβiʎáno, -na] *adj.-s.* Sévillan, ane.

sexagenario, -ia [se(ɣ)saxenárjo, -ja] *adj.-s.* Sexagénaire.

sexagésimo, -ma [se(ɣ)saxésimo, -ma] *adj.-s.* Soixantième.

sexo [sé(ɣ)so] *m.* Sexe.

sexta [sé(ɣ)sta] *f.* **1** Sexte. **2** MÚS., ESGR. Sixte.

sexto, -ta [sé(ɣ)sto, -ta] *adj.-s.* Sixième.

sexual [se(ɣ)swál] *adj.* Sexuel, elle.

si [si] *m.* **1** MÚS. Si. ▪ **2** *conj.* Si (s' delante de *il, ils*): *si yo fuera mucho más joven,* si j'étais beaucoup plus jeune.

sí [si] *pron. pers.* *1* Soi: *volver en sí,* revenir à soi. *loc. adv. De por ~,* en soi; *de ~,* en soi; *para ~,* à part soi; *sobre ~,* sur ses gardes. ▪ **2** *adv.* Oui: *ni ~ ni no,* ni oui ni non.

siamés, -esa [sjamés, -ésa] *adj.-s.* Siamois, oise.

sibarita [siβarita] *adj.-s.* Sybarite.

sicario [sikárjo] *m.* Sicaire.

siciliano, -na [siθiljáno, -na] *adj.-s.* Sicilien, ienne.

sicómoro [sikómoro] *m.* Sycomore.

sida, SIDA [siða] *m.* (*abrev.* de Inmunodeficiencia Adquirida) Sida, SIDA.

sideral [siðerál], **sidéreo, -ea** [siðéreo, -ea] *adj.* Sidéral, ale.

siderurgia [siðerúrgia] *f.* Sidérurgie.

sidra [siðra] *f.* Cidre *m.*

siembra [sjémbra] *f.* Semailles *pl.*

siempre [sjémpre] *adv.* Toujours.

sien [sjén] *f.* Tempe.

sierra [sjéra] *f.* **1** Scie (herramienta, pez). **2** Chaîne de montagnes.

siervo, -va [sjérβo, -βa] *s.* **1** Serf, serve. **2** Serviteur, servante (de Dios).

siesta [sjésta] *f.* Sieste: *dormir, echar la ~,* faire la sieste.

siete [sjéte] *adj.-m.* **1** Sept. ▪ **2** *m.* Déchirure *f.,* accroc (en una tela).

sifón [sifón] *m.* Siphon.

sigilo [sixílo] *m.* **1** Sceau. **2** Secret: *~ sacramental,* secret de la confession.

sigiloso, -sa [sixilóso, -sa] *adj.* Réservé, ée, discret, ète.

siglo [siɣlo] *m.* Siècle: *en el ~ veinte,* au vingtième siècle.

significación [siɣnifikaθjón] *f.* **1** Signification. **2** Importance.

significado, -da [siɣnifikáðo, -ða] *adj.* **1** Important, ante. ▪ **2** *m.* Signification *f.,* sens.

significar [siɣnifikár] [1] *tr.* Signifier.

signo [siɣno] *m.* Signe.

siguiente [siɣjénte] *adj.-s.* Suivant, ante.

sílaba [silaβa] *f.* Syllabe.

silábico, -ca [siláβiko, -ka] *adj.* Syllabique.

silba [silβa] *f.* Sifflets *m. pl.*

silbar [silβár] *intr.-tr.* Siffler.

silbato [silβáto] *m.* Sifflet.

silbido [silβíðo] *m.* Sifflement, coup de sifflet.

silencio [silénθjo] *m.* Silence. Loc. *Pasar en ~,* passer sous silence.

silencioso, -sa [silenθjóso, -sa] *adj.* Silencieux, euse.

sílex [siles] *m.* Silex.

silicato [silikáto] *m.* Silicate.

silla [siʎa] *f.* **1** *f.* Chaise: *~ de manos,* chaise à porteurs. **2** Siège *m.* (sede, dignidad). **3** Selle (de jinete). Loc. *~ de montar,* selle.

sillería [siʎería] *f.* Construction en pierre de taille.

sillón [siʎón] *m.* Fauteuil.

silogismo [siloxizmo] *m.* LÓG. Syllogisme.

silueta [silwéta] *f.* Silhouette.

silva [silβa] *f.* **1** Silves *pl.* **2** Sorte de composition poétique.

silvestre [silβéstre] *adj.* Silvestre.

simbólico, -ca [simbóliko, -ka] *adj.* Symbolique.

símbolo [simbolo] *m.* Symbole.

simetría [simetria] *f.* Symétrie.

simiente [simjénte] *f.* Semence, graine.

similar [similár] *adj.* Similaire.

similitud [similitúð] *f.* Similitude, similarité.

simio [simjo] *m.* Singe.

simpatía [simpatia] *f.* Sympathie.

simpático, -ca [simpátiko, -ka] *adj.-m.* Sympathique.

simpatizar [simpatiθár] [4] *intr.* Sympathiser.

simple [simple] *adj.* **1** Simple. ▪ **2** *adj.-s.* fig. Naïf, ive, crédule, niais, aise.

simplicidad [simpliθiðáð] *f.* Simplicité.

simplificar [simplifikár] [1] *tr.* Simplifier.

simulación [simulaθjón] *f.* Simulation.

simulacro [simulákro] *m.* Simulacre.

simular [simulár] *tr.* Simuler.

simultaneidad [simultaneiðáð] *f.* Simultanéité.

simultáneo, -ea [simultáneo, -ea] *adj.* Simultané, ée.

sin [sin] *prep.* Sans.

sinagoga [sinaɣóɣa] f. Synagogue.

sincerar [sinθerár] tr. 1 Disculper, justifier. ■ 2 pr. Se justifier.

sinceridad [sinθeriðáð] f. Sincérité.

sincero, -ra [sinθéro, -ra] adj. Sincère.

síncopa [síŋkopa] f. GRAM., MÚS. Syncope.

sincronizar [siŋkroniθár] [4] tr. Synchroniser.

sindical [sindikál] adj. Syndical, ale.

sindicalismo [sindikalizmo] m. Syndicalisme.

sindicar [sindikár] [1] tr. Syndiquer.

sindicato [sindikáto] m. Syndicat.

síndico [síndiko] m. Syndic.

sinfín [simfín] m. Infinité f., grand nombre.

sinfonía [simfonía] f. Symphonie.

sinfónico, -ca [simfóniko, -ka] adj. Symphonique.

singular [siŋgulár] adj.-m. Singulier, ière.

singularizar [siŋgulariθár] [4] tr. Singulariser.

siniestra [sinjéstra] f. Main gauche.

siniestro, -tra [sinjéstro, -tra] adj. 1 Gauche. 2 Sinistre (funesto).

sino [síno] conj. 1 Mais: *no lo he dicho yo ~ él,* ce n'est pas moi qui l'ai dit mais lui. 2 Sinon. 3 Precedido de una negación, se traduce por seul, seulement, sauf, ne... que: *nadie lo sabe ~ él,* personne ne le sait sauf lui, lui seul le sait.

sinónimo, -ma [sinónimo, -ma]. adj.-m. Synonyme.

sinopsis [sinóβsis] f. Synopsis.

sinovial [sinoβjál] adj. Synovial, ale.

sinrazón [sinřaθón] f. Tort m., injustice.

sinsabor [sinsaβór] m. 1 Insipidité f. 2 Chagrin (pesar), désagrément (disgusto).

sintaxis [sintá(ɣ)sis] f. Syntaxe.

síntesis [síntesis] f. Synthèse.

sintético, -ca [sintétiko, -ka] adj. Synthétique.

sintetizar [sintetiθár] tr. Synthétiser.

síntoma [síntoma] m. Symptôme.

sintonía [sintonía] f. 1 FIS. Syntonie. 2 RAD. Indicatif m.

sintonizar [sintoniθár] [4] tr. Syntoniser.

sinuoso, -sa [sinwóso, -sa] adj. 1 Sinueux, euse. 2 fig. Tortueux, euse.

sinusitis [sinusítis] f. MED. Sinusite.

sinvergüenza [simberɣwénθa] adj.-s. 1 Dévergondé, ée, fripon, onne. ■ 2 s. Crapule f., personne sans scrupule.

siquiera [sikjéra] adv. 1 Au moins, ne serait-ce que. 2 loc. adv. Ni ~, pas même. ■ 3 conj. Même si, encore que: *hazme este favor, ~ sea el último,* rends-moi ce service même si c'est le dernier.

sirena [siréna] f. Sirène.

sirviente, -ta [sirβjénte, -ta] adj. 1 Serviteur, servante, domestique. ■ 2 m. MIL. Servant.

sisa [sisa] f. 1 Menus profits m. pl. 2 Emmanchure (de la manga).

sisar [sisár] tr. 1 Soutirer, carotter, rabioter. 2 Échancrer (un vestido).

sísmico, -ca [sismiko, -ka] adj. Sismique.

sistema [sistéma] m. Système.

sitiado, -da [sitjáðo, -ða] adj.-s. Assiégé, ée.

sitiar [sitjár] [12] tr. Assiéger.

sitio [sitjo] m. 1 Endroit, place f. Loc. *Dejar en el ~,* tuer net. 2 loc. adv. *En algún ~,* quelque part; *en cualquier ~,* n'importe où. 3 MIL. Siège: *estado de ~,* état de siège.

situación [sitwaθjón] f. Situation.

situar [sitwár] [11] tr. Situer, placer.

SL [eseèle] f. (abrev. sociedad limitada) SARL.

smoking [smókin] m. Smoking.

so [so] prep. Sous: ~ *color,* sous couleur.

sobaco [soβáko] m. Aiselle f.

sobar [soβár] tr. 1 Masser, pétrir. 2 Tripoter, peloter (manosear).

soberanía [soβerania] f. Souveraineté.

soberano, -na [soβeráno, -na] adj.-s. Souverain, aine.

soberbia [soβérβja] f. 1 Superbe, orgueil m. 2 Emportement m., colère (ira).

sobornar [soβornár] tr. Suborner.

soborno [soβórno] m. Subornation f.

sobra [sóβra] f. 1 Excès m., abondance. 2 loc. adv. *De ~,* largement, plus qu'il n'en faut, de trop. ■ 3 pl. Reliefs m. (de una comida), restes m. (de una cosa), déchets m. (deshechos).

sobrado, -da [soβráðo, -ða] adj. De trop, en trop.

sobrante [soβránte] adj. 1 Restant, en trop. ■ 2 m. Reste, restant.

sobrasada [soβrasáða] f. Saucisse de Majorque.

sobre [sóβre] prep. 1 Sur (encima): ~ *la mesa,* sur la table. 2 Au-dessus de (3 Sur, au sujet de (acerca de). 4 Sur (en prenda de). 5 Sur (repetición): *desgracia ~ desgracia,* malheur sur malheur. 6 En plus de, outre: ~ *esto,* en plus de ceci. ■ 7 m. Enveloppe f. (de una carta).

sobrecama [soβrekáma] f. Courtepointe.

sobrecarga [soβrekárγa] *f.* Surcharge.
sobrecargo [soβrekárγo] *m.* MAR. Subrécargue.
sobrecoger [soβrekoxér] [5] *tr.* 1 Surprendre, saisir. ▪ 2 *pr.* Être surpris, ise, saisi, ie.
sobredosis [soβreðósis] *f.* Surdose, angl. overdose.
sobrehumano, -na [soβreúmáno, -na] *adj.* Surhumain, aine.
sobrellevar [soβreʎeβár] *tr.* Endurer, supporter.
sobremanera [soβremanèra] *adv.* Beaucoup, extrêmement, excessivement.
sobremesa [soβremésa] *f.* 1 Tapis *m.* de table. 2 Temps *m.* que l'on passe à table après le repas. Loc. *De ~*, après le repas.
sobrenatural [soβrenaturál] *adj.* Surnaturel, elle.
sobrenombre [soβrenómbre] *m.* Surnom.
sobrepasar [soβrepasár] *tr.* Surpasser, excéder.
sobreponer [soβreponér] [78] *tr.* 1 Superposer. ▪ 2 *pr.* Se dominer. 3 Surmonter (adversidades, etc.): *se sobrepuso al asco...*, il surmonta le dégoût...
sobreprecio [soβrepréθjo] *m.* Augmentation *f.* de prix.
sobrepuesto, -ta [soβrepwèsto, -ta] *adj.* Superposé, ée.
sobrepujar [soβrepuxár] *tr.* Surpasser, dépasser.
sobresaliente [soβresaljènte] *adj.* 1 Qui dépasse. 2 Remarquable (notable). ▪ 3 *m.* Mention *f.* très bien (en los exámenes). 4 TAUROM. Matador de réserve. ▪ 5 *s.* TEAT. Doublure *f.*
sobresalir [soβresalír] [84] *intr.* 1 Surpasser, dépasser. 2 Faire saillie (resaltar). 3 fig. Se distinguer, exceller.
sobresaltar [soβresaltár] *tr.* 1 Attaquer soudain. 2 Effrayer, faire sursauter (asustar).
sobresalto [soβresálto] *m.* Émotion *f.,* frayeur *f.* soudaine, soubresaut.
sobrescrito [soβreskrito] *m.* Suscription *f.,* adresse *f.*
sobreseimiento [soβreseïmjénto] *m.* DER. Sursis, non-lieu.
sobretodo [soβretóðo] *m.* Pardessus, surtout.
sobrevivir [soβreβiβír] *intr.* Survivre.
sobrino, -na [soβrino, -na] *s.* Neveu, nièce.
sobrio, -ia [sóβrjo, -ja] *adj.* Sobre.

socarrón, -ona [sokařón, -óna] *adj.-s.* 1 Sournois, oise (disimulado). 2 Narquois, oise (burlón).
socavar [sokaβár] *tr.* 1 Creuser dessous. 2 fig. Miner, saper.
sociable [soθjáβle] *adj.* Sociable.
social [soθjál] *adj.* Social, ale.
socialismo [soθjalizmo] *m.* Socialisme.
sociedad [soθjeðáð] *f.* Société.
socio, -ia [sóθjo, -ja] *s.* 1 COM. Associé, ée. Loc. *~ capitalista*, associé. 2 Sociétaire, membre (de una asociación, club).
sociología [soθjoloxía] *f.* Sociologie.
socorrido, -da [sokořiðo, -ða] *adj.* 1 Secourable. 2 Usé, ée, banal, ale, passepartout (trillado).
socorro [sokóřo] *m.* 1 Secours, aide *f.* 2 *interj.* Au secours!
soda [sóða] *f.* 1 Soda *m.* (bebida). 2 QUÍM. Soude.
sódico, -ca [sóðiko, -ka] *adj.* Sodique.
sodio [sóðjo] *m.* QUÍM. Sodium.
sofá [sofá] *m.* Sofá, canapé.
sofisma [sofízma] *m.* Sophisme.
sofisticar [sofistikár] [1] *tr.* Sophistiquer.
soflamar [soflamár] *tr.* 1 Enjôler. 2 fig. Faire rougir (avergonzar). ▪ 3 *pr.* Brûler.
sofocación [sofokaθjón] *f.* 1 Suffocation. 2 Étouffement *m.*
sofocar [sofokár] [1] *tr.* 1 Suffoquer, étouffer. 2 Importuner. 3 Faire rougir (avergonzar). ▪ 4 *pr.* Rougir (ruborizarse).
sofoco [sofóko] *m.* 1 Suffocation *f.,* étouffement. 2 Rougeur *f.* (rubor). 3 Gros ennui, contrariété *f.* (disgusto).
sofreír [sofreír] [37] *tr.* COC. Faire revenir, frire légèrement.
soga [sóγa] *f.* Corde.
soja [sóxa] *f.* Soja *m.*
sojuzgar [soxuθγár] [7] *tr.* Subjuguer, asservir.
sol [sol] *m.* MÚS. Sol.
sol [sol] *m.* 1 Soleil. Loc. *No dejar ni a ~ ni a sombra*, harceler, être toujours sur le dos de. 2 Monnaie *f.* du Pérou. 3 fam. Amour.
solador [solaðór] *m.* Paveur, carreleur, dalleur.
solana [solána] *f.* 1 Endroit *m.,* exposé au soleil. 2 Véranda, galerie.
solapa [solápa] *f.* 1 Revers *m.* (de vestido). 2 Revers *m.* (de la sobrecubierta de un libro). 3 fig. Prétexte *m.*
solar [solár] [31] *tr.* 1 Paver, carreler, daller. 2 Ressemeler (calzado). ▪ 3 *adj.* So-

laire. ■ **4** *adj.-m.* **Casa** ~, manoir *m.* ■ **5** *m.* Terrain vague, terrain à bâtir (por edificar).

solaz [solàθ] *m.* Distraction *f.,* délassement.

soldada [soldàða] *f.* **1** Salaire *m.* **2** Solde (de un soldado).

soldado [soldàðo] *m.* Soldat.

soldador [soldaðór] *m.* **1** Soudeur. **2** Fer à souder (instrumento).

soldadura [soldaðúra] *f.* Soudure.

soldar [soldàr] [31] *tr.* Souder.

solear [soleàr] *tr.* Exposer au soleil.

soledad [soleðàð] *f.* Solitude.

solemne [solèmne] *adj.* Solennel, elle.

solemnidad [solemniðàð] *f.* Solennité.

soler [solér] [32] *intr.* **1** Avoir coutume de: *suele venir temprano,* il a l'habitude de venir de bonne heure. **2** Être fréquent.

solera [soléra] *f.* **1** Poutre, solive (viga). **2** Meule gisante (del molino). **3** Lie (del vino).

soleta [soléta] *f.* Semelle (de una media).

solfa [sólfa] *f.* **1** Solfège *m.* **2** fam. Raclée (paliza).

solfear [solfeàr] *tr.* Solfier.

solfeo [solféo] *m.* Solfège.

solicitar [soliθitàr] *tr.* Solliciter, demander.

solicitud [soliθitúð] *f.* **1** Sollicitude. **2** Demande, requête, pétition (documento).

solidaridad [soliðariðàð] *f.* Solidarité.

solidario, -ia [soliðàrjo, -ja] *adj.* Solidaire.

solidez [soliðéθ] *f.* Solidité.

solidificar [soliðifikàr] [1] *tr.* Solidifier.

sólido, -da [sóliðo, -ða] *adj.-m.* Solide.

solista [solista] *s.* Soliste.

solitario, -ia [solitàrjo, -ja] *adj.* **1** Solitaire. ■ **2** *m.* Solitaire.

sollozar [soλoθàr] [4] *intr.* Sangloter.

sollozo [soλóθo] *m.* Sanglot.

solo, -la [sólo, -la] *adj.* **1** Seul, seule. ■ **2** *m.* Jeu de cartes. **3** MÚS. Solo.

sólo [sólo] *adv.* Seulement: *No ~... sino también,* non seulement... mais encore.

solomillo [solomiλo], **solomo** [solómo] *m.* Entrecôte *f.*

soltar [soltàr] [31] *tr.* **1** Détacher, défaire (lo que estaba atado). **2** Lâcher (lo que se tiene cogido). ■ **3** fig. Se dégourdir, se débrouiller, devenir plus habile (adquirir desenvoltura). **4** Commencer: *soltarse a hablar,* commencer à parler.

soltero, -ra [soltéro, -ra] *adj.-s.* **1** Célibataire. **2** *Apellido de soltera,* nom de jeune fille.

soltura [soltúra] *f.* Aisance, facilité.

soluble [solúβle] *adj.* Soluble.

solución [soluθjón] *f.* Solution. Loc. ~ *de continuidad,* solution de continuité.

solvencia [solβénθja] *f.* Solvabilité.

solventar [solβentàr] *tr.* **1** Régler, résoudre (un asunto). **2** Payer (una deuda).

solvente [solβénte] *adj.* Solvable.

somanta [somànta] *f.* Raclée, rossée.

sombra [sómbra] *f.* **1** Ombre: *dar* ~, donner de l'ombre. **2** fig. Ombre: *ni* ~ *de,* pas l'ombre de. **3** Chance (suerte). **4** *Tener buena* ~, avoir de la chance (suerte).

sombrear [sombreàr] *tr.* **1** Ombrager. **2** PINT. Ombrer.

sombrerazo [sombreràθo] *m.* Coup de chapeau.

sombrerera [sombreréra] *f.* **1** Chapelière (mujer). **2** Modiste (la que hace sombreros). **3** Carton *m.* à chapeaux (caja).

sombrerería [sombrereria] *f.* Chapellerie.

sombrero [sombréro] *m.* Chapeau: ~ *cordobés,* chapeau à larges bords; ~ *de copa alta,* chapeau haut de forme; ~ *de tres picos,* tricorne.

sombrilla [sombriλa] *f.* Ombrelle.

sombrío, -ía [sombrio, -ia] *adj.* **1** Sombre, ombragé, ée. **2** fig. Sombre (melancólico).

someter [sometér] *tr.* Soumettre.

somnífero, -ra [somnifero, -ra] *adj.-m.* Somnifère.

somnolencia [somnolénθja] *f.* Somnolence.

son [son] *m.* **1** Son (agréable à l'oreille). **2** Manière *f.,* façon *f.* (modo). Loc. *En* ~ *de burla,* en manière de moquerie, sur un ton de moquerie.

sonado, -da [sonàðo, -ða] *adj.* **1** Fameux, euse. **2** Qui fait du bruit, qui fait sensation (divulgado).

sonámbulo, -la [sonàmbulo, -la] *adj.-s.* Somnambule.

sonante [sonànte] *adj.* Sonnant, ante.

sonar [sonàr] [31] *intr.* **1** Sonner (producir un sonido): ~ *a hueco,* sonner creux. **2** Sonner (reloj). **3** Être cité, ée, être mentionné, ée. ■ **4** *pr.* Se moucher. **5** *Se suena que,* le bruit court que.

sonata [sonàta] *f.* MÚS. Sonate.

sondar [sondàr], **sondear** [sondeàr] *tr.* Sonder.

sondeo [sondéo] *m.* Sondage.

soneto [sonéto] *m.* Sonnet.

sonido [soniðo] *m.* Son.

sonoro, -ra [sonòro, -ra] *adj.* Sonore.

sonreír [sonr̄eir] [37] *intr.-pr.* Sourire.

sonrisa [sonr̄isa] *f.* Sourire *m.*

sonrojar [sonr̄oxár] *tr.* **1** Faire rougir (de vergüenza). ▪ **2** *pr.* Rougir.

sonsacar [sonsakár] [1] *tr.* **1** Soutirer. **2** Tirer les vers du nez à (procurar que uno hable).

soñador, -ra [soɲaðòr, -ra] *s.* Rêveur, euse.

soñar [soɲàr] [31] *tr.-intr.* Rêver, songer: *soñé con ella esta noche,* j'ai rêvé à elle cette nuit.

soñolencia [soɲolénθja] *f.* Somnolence.

soñoliento, -ta [soɲoljénto, -ta] *adj.* Somnolent, ente.

sopa [sópa] *f.* Soupe: ~ *de leche,* soupe au lait. Loc. fig. *Hecho una* ~, trempé comme une soupe.

sopapo [sopápo] *m.* **1** Tape *f.* sous le menton. **2** fam. Gifle *f.* (bofetada).

sopera [sopéra] *f.* Soupière.

sopetón [sopetón] *m.* **1** Forte tape *f.* **2** *loc. adv. De* ~, à l'improviste.

soplar [soplár] *intr.* **1** Souffler: *el viento sopla,* le vent souffle. ▪ **2** *tr.* Rapporter, moucharder (delatar).

soplete [soplète] *m.* Chalumeau.

soplido [soplìðo] *m.* Souffle, soufflement.

soplo [sóplo] *m.* Souffle.

sopor [sopór] *m.* Assoupissement.

soportable [soportáβle] *adj.* Supportable.

soportar [soportár] *tr.* Supporter.

soporte [sopórte] *m.* Support.

soprano [soprano] *s.* MÚS. Soprano.

sor [sor] *f.* Sœur (devant un nom de religieuse).

sorber [sorβér] *tr.* **1** Avaler en aspirant, boire, humer. **2** fig. Absorber.

sorbete [sorβète] *m.* Sorbet.

sorbo [sòrβo] *m.* **1** Gorgée *f.* **2** fig. Petite quantité *f.* **3** *loc. adv. A sorbos,* à petites gorgées.

sordera [sorðéra] *f.* Surdité.

sórdido, -da [sòrðiðo, -ða] *adj.* Sordide.

sordo, -da [sórðo, -ða] *adj.-s.* Sourd, sourde.

sordomudo, -da [sorðomúðo, -ða] *adj.-s.* Sourd-muet, sourde-muette.

sorprender [sorprendér] *tr.* **1** Surprendre: *sorprendimos al ladrón,* nous avons surpris le voleur. ▪ **2** *pr.* S'étonner.

sorpresa [sorprésa] *f.* Surprise.

sortear [sorteàr] *tr.* **1** Tirer au sort. **2** Éviter, éluder (dificultades, etc.).

sorteo [sortèo] *m.* Tirage au sort.

sortija [sortixa] *f.* **1** Bague, anneau *m.* **2** Boucle (de pelo). **3** Furet *m.* (juego).

sosegar [soseγàr] [48] *tr.* **1** Calmer, apaiser. ▪ **2** *intr.* Reposer. ▪ **3** *pr.* S'apaiser, se calmer.

sosiego [sosjéγo] *m.* Calme, tranquillité *f.*

soslayar [soslaɟàr] *intr.* Mettre de biais.

soso, -sa [sóso, -sa] *adj.* Fade, insipide.

sospecha [sospétʃa] *f.* Soupçon *m.*

sospechar [sospetʃár] *tr.-intr.* **1** Soupçonner (conjeturar). **2** Se douter de: *lo sospechaba,* je m'en doutais. ▪ **3** *intr.* Soupçonner, suspecter: ~ *de uno,* soupçonner quelqu'un.

sospechoso, -sa [sospetʃóso, -sa] *adj.-s.* Suspect, ecte (que inspira sospechas).

sostén [sostén] *m.* **1** Soutien. **2** Soutien-gorge (prenda).

sostener [sostenèr] [87] *tr.* Soutenir.

sostenido, -da [sosteniðo, -ða] *adj.-m.* MÚS. Dièse.

sota [sóta] *f.* Valet *m.* (au jeu de cartes).

sotana [sotána] *f.* Soutane.

sótano [sótano] *m.* Sous-sol, cave *f.*

soviético, -ca [soβjétiko, -ka] *adj.-s.* Soviétique.

Sr. (*abrev.* señor) M.

Sra. (*abrev.* señora) Mme.

Sres. (*abrev.* señores) MM.

Srta. (*abrev.* señorita) Melle.

stock [estòk] *m.* angl. Stock (existencias).

su [su] *pl.* **sus** [sus] *adj. pos.* **1** Son, sa, ses (un solo poseedor). **2** Leur, leurs (varios poseedores). **3** Votre, vos (de usted, de ustedes): ~ *sobrino de usted,* votre neveu.

suave [swàβe] *adj.* Doux, douce, suave.

suavidad [swaβiðàð] *f.* Douceur, suavité *f.*

suavizante [swaβiθànte] *m.* Assouplissant.

suavizar [swaβiθàr] [4] *tr.* Adoucir.

subalterno, -na [suβaltèrno, -na] *adj.-s.* Subalterne.

subarriendo [suβar̄jèndo] *m.* Sous-location *f.*

subasta [suβàsta] *f.* Vente aux enchères.

subconsciente [suβkonsθjénte] *adj.-m.* Subconscient, ente.

subdesarrollo [suβðesar̄óλo] *m.* Sous-développement.

subdirector, -ra [suβðireɣtòr, -ra] *s.* Sous-directeur, trice.

súbdito, -ta [súβðito, -ta] *s.* **1** Sujet, ette. **2** Ressortissant, ante (natural de un país).

subdividir [suβðiβiðir] *tr.* Subdiviser.

subgobernador [suβɣoβernaðòr] *m.* Sous-gouverneur.

subida [suβiða] *f.* **1** Montée (en globo,

etc.), ascension (de un monte). 2 Montée, côte (cuesta). 3 Hausse (de los precios). 4 Crue (de las aguas). 5 TEAT. Lever *m.* (del telón).

subido, -da [suβíðo, -ða] *adj.* 1 Fort, forte (olor). 2 Vif, vive (color). 3 Élevé, ée (precio).

subir [suβír] *intr.* 1 Monter: ~ *a caballo,* monter à cheval. ■ 2 *tr.* Monter, gravir: ~ *una cuesta,* monter une côte. 3 Monter (llevar a un sitio más elevado). 4 Augmenter (precio). 5 Hausser (el tono).

súbito [súβito] *adj.* 1 Subit, ite, soudain, aine. ■ 2 *adv.* Subitement, soudain.

subjetivo, -va [suβxetiβo, -βa] *adj.* Subjectif, ive.

sublevación [suβleβaθjón] *f.* Soulèvement *m.,* révolte.

sublevar [suβleβár] *tr.* 1 Soulever, révolter. ■ 2 *pr.* Se soulever.

sublime [suβlíme] *adj.* Sublime.

submarino, -na [suβmaríno, -na] *adj.-m.* Sous-marin, ine.

submúltiplo, -pla [suβmúltiplo, -pla] *adj.-m.* MAT. Sous-multiple.

subnormal [suβnoɾmál] *adj.-s.* desp. Débile.

suboficial [suβofiθjál] *m.* Sous-officier.

subordinación [suβoɾðinaθjón] *f.* Subordination.

subordinado, -da [suβoɾðináðo, -ða] *adj.-s.* Subordonné, ée.

subrayar [suβrajár] *tr.* Souligner.

subsanar [suβsanár] *tr.* Réparer (un daño, un olvido), corriger (una falta).

subscribir [suskɾiβír] *tr.* 1 Souscrire. ■ 2 *pr.* Souscrire à. 3 S'abonner (a un periódico). ▲ PART. PAS.: *subscrito.*

subscriptor, -ra [suskɾiβtóɾ, -ra], **subscritor, -ra** [suskɾitóɾ, -ra] *s.* 1 Souscripteur, trice. 2 Abonné, ée (de un periódico).

subsidio [suβsiðjo] *m.* 1 Subside. 2 Allocation *f.* (de paro, etc.).

subsiguiente [suβsiɣjénte] *adj.* Subséquent, ente.

subsistencia [suβsisténθja] *f.* Subsistance.

subsistir [suβsistír] *intr.* Subsister.

substancia [sustánθja] *f.* Substance.

substanciar [sustanθjár] [12] *tr.* Abréger.

substancioso, -sa [sustanθjóso, -sa] *adj.* Substantiel, elle.

substantivo, -va [sustantiβo, -βa] *adj.-m.* Substantif, ive.

substitución [sustituθjón] *f.* 1 Substitution. 2 Remplacement *m.*

substituir [sustitwír] [62] *tr.* 1 Substituer. 2 Remplacer.

substracción [sustraɣθjón] *f.* 1 Soustraction. 2 Vol *m.* (robo).

substraer [sustraéɾ] [88] *tr.* 1 Soustraire. 2 Voler, dérober, soustraire (robar). ■ 3 *pr.* Se soustraire.

subsuelo [suβswélo] *m.* Sous-sol.

subteniente [suβtenjénte] *m.* Sous-lieutenant.

subterráneo, -ea [suβteɾáneo, -ea] *adj.-m.* Souterrain, aine.

subtítulo [suβtítulo] *m.* Sous-titre.

suburbano, -na [suβuɾβáno, -na] *adj.-s.* Suburbain, aine.

suburbio [suβúɾβjo] *m.* Faubourg.

subvención [su(β)βenθjón] *f.* Subvention.

subversión [sue(β)βeɾsjón] *f.* Subversion.

subyugar [suβjuɣàr] [7] *tr.* Subjuguer.

succión [su(ɣ)θjón] *f.* Succion.

sucedáneo, -ea [suθeðáneo, -ea] *adj.-m.* Succédané, ée.

suceder [suθeðéɾ] *intr.* 1 Succéder. 2 Arriver, se produire (ocurrir): *lo que sucedió ayer,* ce qui est arrivé hier.

sucesión [suθesjón] *f.* Succession.

sucesivo, -va [suθesiβo, -βa] *adj.* 1 Successif, ive. 2 *loc. adv.* En lo ~, à l'avenir.

suceso [suθéso] *m.* Événement, fait.

sucesor, -ra [suθesóɾ, -ra] *s.* Successeur.

sucio, -ia [súθjo, -ja] *adj.* Sale.

sucursal [sukuɾsál] *f.* Succursale.

sudadera [suðaðéra] *f.* Sweat shirt (prenda).

sudafricano, -na [suðafrikáno, -na] *adj.-s.* Sud-africain, aine.

sudamericano, -na [suðamerikáno, -na] *adj.-s.* Américain, aine du Sud, sud-américain, aine.

sudar [suðár] *intr.-tr.* 1 Suer, transpirer. ■ 2 *tr.* Mouiller de sueur.

sudeste [suðéste] *m.* Sud-est.

sudoeste [suðoéste] *m.* Sud-ouest.

sudor [suðóɾ] *m.* Sueur *f.:* con el ~ *de su frente,* à la sueur de son front.

sueco, -ca [swéko, -ka] *adj.-s.* Suédois, oise.

suegra [swéɣra] *f.* Belle-mère (mère du conjoint).

suegro [swéɣro] *m.* Beau-père (père du conjoint).

suela [swéla] *f.* Semelle (del calzado).

sueldo [swéldo] *m.* 1 Salaire (paga mensual), appointements *pl.* (de un empleado), traitement (de un funcionario), gages *pl.* (de un criado). 2 Sou (ant. moneda).

suelo [swélo] *m.* **1** Sol (tierra, terreno). **2** Fond (de una vasija).

suelto, -ta [swélto, -ta] *adj.* **1** Léger, ère, rapide. **2** Libre. **3** Dépareillé, ée (que no hace juego). ◼ **4** *adj.-m.* **Suelto, dinero** ~, (petite) monnaie *f.* ◼ **5** *m.* Entrefilet (de periódico).

sueño [swéɲo] *m.* **1** Sommeil: *caerse de* ~, tomber de sommeil. **2** Rêve, songe.

suero [swéro] *m.* **1** Petit-lait. **2** MED. Sérum.

suerte [swérte] *f.* **1** Sort *m.* Loc. *Echar a suertes,* tirer au sort. **2** Sorte: *toda* ~ *de,* toutes sortes de. **3** Chance: *tener* ~, avoir de la chance. **4** TAUROM. Chacune des phases d'une course de taureaux.

suficiencia [sufiθjénθja] *f.* Capacité, aptitude.

suficiente [sufiθjénte] *adj.* Suffisant, ante (bastante).

sufijo, -ja [sufixo, -xa] *adj.-m.* Suffixe.

sufragar [sufraɣár] [7] *tr.* **1** Aider (ayudar). **2** Payer (costear). ◼ **3** *intr.* amer. Voter.

sufragio [sufráxjo] *m.* **1** Suffrage. **2** Prière *f.,* œuvre *f.* pour les âmes du Purgatoire. **3** *pl.* LITURG. Suffrages.

sufrido, -da [sufríðo, -ða] *adj.* **1** Endurant, ante, patient, ente. **2** Résistant, ante, peu salissant, ante (color).

sufrir [sufrir] *tr.* **1** Souffrir (padecer). **2** Subir (experimentar), supporter (aguantar), éprouver (un desengaño, etc.). **3** Souffrir, tolérer (consentir). **4** Passer, subir: ~ *un examen,* passer un examen.

sugerir [suxerir] [35] *tr.* Suggérer.

sugestión [suxestjón] *f.* Suggestion.

suicida [swiθiða] *s.* Suicidé, ée.

suicidio [swiθiðjo] *m.* Suicide.

suizo, -za [swiθo, -θa] *adj.-s.* Suisse.

sujetador [suxetaðór] *m.* Soutien-gorge (prenda).

sujetar [suxetár] *tr.* **1** Assujettir (someter). **2** Tenir (mantener asido), retenir (contener).

sujeto, -ta [suxéto, -ta] *adj.* **1** Assujetti, ie. **2** Sujet, ette (propenso), exposé, ée (expuesto). ◼ **3** *m.* Sujet, individu (persona). **4** FIL., LÓG., GRAM. Sujet.

sultán [sultán] *m.* Sultan.

sultana [sultána] *f.* Sultane.

suma [súma] *f.* **1** Somme (cantidad de dinero, agregado de cosas, recopilación). **2** MAT. Somme. **3** *loc. adv. En* ~, en somme.

sumando [sumándo] *m.* MAT. Terme d'une addition.

sumar [sumár] *tr.* **1** MAT. Additionner. **2** Se monter à, totaliser. ◼ **3** *pr.* Se joindre.

sumariar [sumarjár] *tr.* DER. Instruire un procès.

sumario, -ia [sumárjo, -ja] *adj.* **1** Sommaire. ◼ **2** *m.* Sommaire, résumé. **3** DER. Instruction *f.* (de una causa).

sumergible [sumerxiβle] *adj.-m.* Submersible.

sumergir [sumerxir] [6] *tr.* **1** Submerger. ◼ **2** *pr.* Plonger. **3** fig. Se plonger (en, dans).

suministrador, -ra [suministraðór, -ra] *s.* Prestataire.

suministrar [suministrár] *tr.* Fournir, pourvoir.

suministro [suministro] *m.* Fourniture *f.*

sumisión [sumisjón] *f.* Soumission.

sumo, -ma [súmo, -ma] *adj.* **1** Suprême, souverain: *el Sumo Pontífice,* le Souverain Pontife. **2** Très grand, très grande, extrême: *actuar con suma prudencia,* agir avec une extrême prudence. **3** *loc. adv. A lo* ~, tout au plus.

suntuario, -ia [suntwárjo, -ja] *adj.* Somptuaire.

suntuoso, -sa [suntwóso, -sa] *adj.* Somptueux, euse.

supeditar [supeðitár] *tr.* **1** Assujettir (sujetar). **2** fig. Soumettre, subordonner. ◼ **3** *pr.* Se soumettre.

superable [superáβle] *adj.* Surmontable.

superar [superár] *tr.* **1** Surpasser. **2** Surmonter (un obstáculo, una dificultad, etc.). ◼ **3** *pr.* Se surpasser.

superávit [superáβit] *m.* COM. Excédent.

superficial [superfiθjál] *adj.* Superficiel, elle.

superficie [superfiθje] *f.* **1** Surface, superficie. **2** GEOM. Surface.

superfino, -na [superfino, -na] *adj.* Surfin, ine.

superfluo, -ua [supérflwo, -wa] *adj.* Superflu, ue.

superior [superjór] *adj.* Supérieur, eure.

superioridad [superjoriðáð] *f.* **1** Supériorité. **2** *La* ~, les autorités.

superlativo, -va [superlatiβo, -βa] *adj.-m.* Superlatif, ive.

supermercado [supermerkaðo] *m.* Supermarché.

superponer [superponér] [78] *tr.* Superposer.

superstición [supersti θjón] *f.* Superstition.

supersticioso, -sa [supersti θjóso, -sa] *adj.* Superstitieux, euse.

superviviente [superβiβjénte] *adj.-s.* Survivant, ante.

supino, -na [supino, -na] *adj.* Couché, ée sur le dos.

suplantar [suplantàr] *tr.* Supplanter.

suplemento [supleménto] *m.* Supplément.

suplente [suplénte] *adj.-s.* Suppléant, ante, remplaçant, ante.

súplica [sùplıka] *f.* Supplique.

suplicar [suplikàr] [1] *tr.* 1 Supplier. 2 Prier (rogar). 3 Solliciter, demander (pedir).

suplicio [supliθjo] *m.* Supplice.

suponer [suponèr] [78] *tr.* Supposer.

suposición [suposiθjón] *f.* Supposition.

supositorio [supositòrjo] *m.* Suppositoire.

supremacía [supremaθia] *f.* Suprématie.

supremo, -ma [suprémo, -ma] *adj.* Suprême.

suprimir [suprimir] *tr.* Supprimer.

supuesto, -ta [supwésto, -ta] 1 *p. p. de* **suponer** ■ 2 *adj.* Supposé, ée. 3 Prétendu, ue, soi-disant *invar.* ■ 4 *m.* Supposition *f.,* hypothèse.

surco [sùrko] *m.* 1 Sillon (en la tierra, de disco). 2 Ride *f.* (arruga).

surgir [surxir] [6] *intr.* 1 Surgir. 2 Sourdre, jaillir (agua). 3 MAR. Ancrer, mouiller.

surtido, -da [surtiðo, -ða] *adj.* 1 COM. Assorti, ie (variado). 2 COM. Approvisionné, ée, achalandé, ée, fourni, ie (*de*, en).

surtidor, -ra [surtiðòr, -ra] *adj.-s.* Fournisseur, euse.

surtir [surtir] *tr.* 1 Pourvoir, fournir. 2 COM. Assortir.

suscitar [susθitàr] *tr.* Susciter.

susodicho, -cha [susoðitʃo, -tʃa] *adj.* Susdit, ite.

suspender [suspendèr] *tr.* 1 Suspendre. 2 Refuser, recaler (en un examen).

suspensión [suspensjón] *f.* 1 Suspension. 2 ECLES. Suspense.

suspensivo, -va [suspensiβo, -βa] *adj.* Suspensif, ive.

suspenso, -sa [suspénso, -sa] *adj.* 1 Suspendu, ue. 2 Étonné, ée, perplexe. ■ 3 *m.* Note *f.* éliminatoire (nota): ajournement (en exámenes).

suspirar [suspiràr] *intr.* Soupirer: ~ *por,* soupirer après.

suspiro [suspiro] *m.* Soupir: *dar un* ~, pousser un soupir.

sustentar [sustentàr] *tr.* 1 Soutenir (sostener). 2 Sustenter, nourrir (mantener). 3 Soutenir (una tesis, opinión, etc.).

sustento [susténto] *m.* 1 Sustentation *f.,* nourriture *f.* 2 Soutien (apoyo).

susto [sùsto] *m.* Peur *f.: dar un* ~, faire peur.

susurrar [susuřàr] *intr.* Parler bas, chuchoter.

susurro [susùřo] *m.* Murmure, chuchotement.

sutileza [sutileθa] *f.* Subtilité.

sutura [sutùra] *f.* Suture.

suyo [sùjo], **suya** [sùja], **suyos** [sùjos], **suyas** [sùjas] *pron. pos.* 1 *El* ~, *la* ~, le sien, la sienne; le leur, la leur; le vôtre, la vôtre (de usted, de ustedes). ■ 2 *adj. pos.* À lui, à elle; à eux, à elles; à vous (de usted, de ustedes), un de ses; un de leurs; un de vos. 3 À lui, à elle, etc.: *estas muñecas son suyas,* ces poupées sont à lui. ■ 4 *m. pl. Los suyos,* les siens (parientes).

T

t [te] *f.* T *m.*

taba [táβa] *f.* **1** Astragale *m.* (hueso). ▪ **2** *pl.* Osselets (juego).

tabacalero, -ra [taβakaléro, -ra] *adj.* Du tabac.

tabaco [taβáko] *m.* **1** Tabac. **2** Cigare (puro).

tábano [táβano] *m.* Taon.

tabaquera [taβakéra] *f.* **1** Tabatière. **2** Fourneau *m.* (de pipa).

tabaquismo [taβakízmo] *m.* Tabagisme.

taberna [taβérna] *f.* Cabaret *m.* (antiguamente), bistrot *m.*, café *m.*

tabernario, -ia [taβernárjo, -ja] *adj.* **1** De cabaret. **2** Grossier, ière.

tabernero, -ra [taβernéro, -ra] *s.* Cabaretier, ière, patron, onne d'un café.

tabique [taβíke] *m.* Cloison *f.*

tabla [táβla] *f.* **1** Planche (de madera), plaque (de mármol, etc.): ~ *de planchar,* planche à repasser. Loc. fig. *Hacer* ~ *rasa,* faire table rase. **2** MAT. Table: ~ *pitagórica,* table de Pythagore. **3** Étal *m.* (de carnicero). **4** PINT. Panneau *m.* ▪ **5** *pl.* Partie *sing.* nulle. **6** TEAT. Planches.

tablado [taβláðo] *m.* **1** Plancher, parquet. **2** TEAT. Tréteaux *pl.* (de saltimbanquis), planches *f. pl.* (escenario). **3** Estrade *f.* (tarima). **4** Échafaud (patíbulo).

tablero [taβléro] *m.* **1** Échiquier (de ajedrez). **2** Damier (de damas). **3** Tableau noir (encerado). **4** ~ *contador,* abaque, boulier.

tableta [taβléta] *f.* **1** FARM. Tablette, comprimé *m.* **2** Tablette (de chocolate). ▪ **3** *pl.* Tablettes (para escribir).

tablón [taβlón] *m.* **1** Grosse planche *f.* **2** Tableau, panneau (de anuncios).

tabú [taβú] *m.* Tabou.

taburete [taβuréte] *m.* Tabouret.

tacaño, -ña [takáɲo, -ɲa] *adj.* **1** Pingre, chiche, avare. ▪ **2** *s.* Pingre, avare.

tacha [tátʃa] *f.* Défaut *m.*, tache.

tachar [tatʃár] *tr.* **1** Accuser (culpar). **2** Biffer, raturer (borrar).

tachuela [tatʃwéla] *f.* Broquette (clavo).

tacita [taθíta] *f.* Petite tasse.

taco [táko] *m.* **1** CARP. Taquet (trozo de madera). **2** Bourre *f.* (de arma de fuego). **3** Queue *f.* (de billar). **4** Bloc (de calendario). **5** Canonnière *f.* (juguete). **6** fam. Juron, gros mot (palabrota). **7** Imbroglio. **8** pop. Balai (año).

tacón [takón] *m.* Talon (de chaussure).

taconear [takoneár] *intr.* Frapper du talon en marchant, en dansant.

táctica [táγtika] *f.* Tactique.

táctico, -ca [táγtiko, -ka] *adj.* Tactique.

tacto [táγto] *m.* **1** Tact. **2** Toucher (acción). **3** fig. Tact, doigté.

tafetán [tafetán] *m.* Taffetas.

tajada [taxáða] *f.* **1** Tranche (de jamón, queso, etc.). Loc. fig. *Sacar* ~, faire son affaire. **2** fam. Cuite (borrachera).

tajado, -da [taxáðo, -ða] *adj.* Taillé, ée à pic.

tajante [taxánte] *adj.* Tranchant, ante, cassant, ante: *tono* ~, ton cassant.

tajar [taxár] *tr.* Couper, trancher.

tajo [táxo] *m.* **1** Coupure *f.* **2** ESGR. Fendant. **3** Escarpement taillé à pic. **4** Billot (de cocina, del verdugo).

tal [tal] *adj.* **1** Tel, telle: ~ *actitud es inadmisible,* une telle attitude est inadmissible. **2** Pareil, eille (semejante); cet, cette (este, esta). Loc. *No hay* ~ *cosa,* cela n'est pas vrai. ▪ **3** *pron. indef.* Tel, telle. ▪ **4** *pron. dem.* Ceci, cela, cette chose-là, une pareille chose: *no haría yo* ~, je ne ferais pas une pareille chose. ▪ **5** *adv.* Ainsi, de telle sorte, en tel état; ~ *como,* tel que; ~ *cual,* tel quel. **6** *loc. conj. Con* ~ *que,* à condition que, pourvu que.

tala [tála] *f.* **1** Abattage *m.* (de árboles). **2** Bâtonnet *m.* (juego).

talabartero [talaβartéro] *m.* Bourrelier, sellier.

taladro [talaðro] *m.* Perceuse *f.* (máquina), foret, tarière *f.* (instrumento).

tálamo [tálamo] *m.* Lit nuptial.

talante [talánte] *m.* 1 Humeur *f.*: *de buen, mal* ~, de bonne, mauvaise humeur. 2 Volonté *f.*, gré (gusto): *de buen* ~, de bon gré. 3 Air (semblante).

talar [talár] *tr.* 1 Couper, abattre (árboles). 2 MIL. Détruire, ravager.

talco [tálko] *m.* Talc.

talento [talénto] *m.* Talent.

talión [taljón] *m.* Talion.

talismán [talizmán] *m.* Talisman.

talla [táʎa] *f.* 1 Sculpture (escultura). 2 Taille (estatura). 3 Toise (instrumento para medir).

tallar [taʎár] *tr.* 1 Tailler (piedras preciosas), sculpter (madera). 2 Toiser (medir la estatura). 3 Tailler (en el juego).

tallarines [taʎarines] *m. pl.* Nouilles *f.*

talle [táʎe] *m.* 1 Taille *f.* (cintura de una persona): ~ *esbelto,* taille fine. 2 Ceinture *f.* (de un vestido).

taller [taʎér] *m.* Atelier.

tallo [táʎo] *m.* Tige *f.*

talón [talón] *m.* 1 Talon (del pie, de una media). 2 COM. Chèque. 3 Volant (de un talonario). 4 Étalon (monetario).

talonario, -ia [talonárjo, -ja] *adj.* 1 À souche: *libro* ~, registre à souche. ■ 2 *m.* Carnet, registre à souche.

tamaño, -ña [tamáɲo, -ɲa] *adj.* 1 Aussi grand, grande, aussi petit, ite. ■ 2 *m.* Grandeur *f.*, taille *f.*, volume.

tambalear [tambaleár] *intr.-pr.* Chanceler, vaciller, tituber (al andar).

también [tambjén] *adv.* Aussi.

tambor [tambór] *m.* 1 MÚS. Tambour. 2 *loc. adv. A* ~ *batiente,* tambour battant.

tamboril [tamboríl] *m.* Tambourin.

tamborilear [tamborileár] *intr.* Tamboriner.

tamiz [tamíθ] *m.* Tamis.

tamizar [tamiθár] [4] *tr.* Tamiser.

tampoco [tampóko] *adv.* Non plus.

tan [tan] *adv.* Forme apocopée de *tanto.* Aussi, si (delante de un adj. o un adv.): *soy* ~ *fuerte como usted,* je suis aussi fort que vous.

tanda [tánda] *f.* 1 Tour *m.* (turno). 2 Groupe *m.,* équipe (de personas).

tangente [tanxénte] *adj.-f.* Tangent, ente.

tango [táŋgo] *m.* Tango.

tanque [táŋke] *m.* 1 Tank. 2 Citerne *f.* 3 Réservoir (depósito).

tantear [tanteár] *tr.* 1 Mesurer (medir). 2

fig. Examiner (una cosa), tâter, sonder (a una persona).

tanteo [tantéo] *m.* 1 Examen, sondage, essai, tâtonnement. 2 DEP. Score, nombre de points. 3 DER. Retrait.

tanto, -ta [tánto, -ta] *adj.* 1 Tant de: ~ *dinero,* tant d'argent. ■ 2 *adv.* Tant, autant: *no grite usted* ~, ne criez pas tant. 3 Si longtemps: *hace ya* ~, il y a si longtemps. 4 *loc. adv.* ~ *mejor,* tant mieux. ■ 5 *m.* Tant (tal cantidad): *un* ~ *por ciento,* un tant pour cent. 6 Jeton, fiche *f.* (ficha). 7 Point (en el juego), but (en fútbol). ■ 8 *pl.* Quantité que l'on ignore ou que l'on ne précise pas: *a tantos de julio,* à telle date du mois de juillet.

tañer [taɲér] [38] *tr.* 1 Jouer de (un instrumento). 2 Sonner (las campanas).

tapa [tápa] *f.* 1 Couvercle *m.* 2 Couverture (de un libro). 3 Amuse-gueule *m.* (que se sirve en los bares con vino o aperitivo).

tapadera [tapaðéra] *f.* Couvercle *m.*

tapar [tapár] *tr.* 1 Boucher, fermer (un agujero, cavidad, botella, etc.). 2 Couvrir (para abrigar, proteger). 3 fig. Cacher (una falta, etc.). ■ 4 *pr.* Se couvrir.

tapete [tapéte] *m.* Tapis de table.

tapia [tápja] *f.* Mur *m.* en pisé.

tapiar [tapjár] [12] *tr.* Murer (una puerta, etc.).

tapicería [tapiθería] *f.* 1 Tapisserie (arte, obra). 2 Magasin *m.* du tapissier.

tapir [tapír] *m.* Tapir.

tapiz [tapíθ] *m.* Tapisserie *f.*

tapizar [tapiθár] [4] *tr.* Tapisser.

tapón [tapón] *m.* 1 Bouchon (de botellas). 2 Bonde *f.* (de toneles).

taponar [taponár] *tr.* Boucher.

tapujo [tapúxo] *m.* fam. Dissimulation *f.,* cachotterie *f.*

taquigrafía [takiɣrafía] *f.* Sténographie.

taquígrafo, -fa [takíɣrafo, -fa] *s.* Sténographe.

taquilla [takíʎa] *f.* Guichet *m.* (de una estación, un teatro, etc.).

taquillero, -ra [takiʎéro, -ra] *s.* Employé, ée d'un guichet.

tara [tára] *f.* COM. Tare.

tarambana [tarambána] *adj.-s.* Écervelé, ée, étourdi, ie.

tarántula [tarántula] *f.* Tarantule.

tararear [tarareár] *tr.* Fredonner.

tardanza [tarðánθa] *f.* Retard *m.*

tardar [tarðár] *intr.* 1 Tarder: *sin* ~, sans tarder. 2 Mettre du temps à, être long, tarder à: *tarda en contestar,* il met du temps à répondre.

tarde [tàrðe] *f.* **1** Après-midi (después de mediodía), soir *m.* (atardecer): *buenas tardes,* bonjour, bonsoir. ▪ **2** *adv.* Tard. **3** *loc. adv. De ~ en ~,* de loin en loin.

tardío, -ía [tarðío, -ia] *adj.* Tardif, ive.

tarea [taréa] *f.* Tâche, travail *m.*

tarifa [tarifa] *f.* Tarif *m.*

tarima [tarima] *f.* Estrade.

tarjeta [tarxéta] *f.* **1** Carte: *~ de visita,* carte de visite; *~ postal,* carte postale. **2** INFORM. *~ inteligente,* carte à puce.

tarro [tàřo] *m.* Pot.

tarta [tàrta] *f.* Tarte, tourte.

tartamudear [tartamuðeàr] *intr.* Bégayer.

tartamudeo [tartamuðéo] *m.* Bégaiement (acción).

tartamudo, -da [tartamúðo, -ða] *adj.-s.* Bègue.

tártaro, -ra [tártaro, -ra] *adj.-s.* **1** Tartare (de Tartaria). ▪ **2** *m.* Tartre.

tartera [tartéra] *f.* Tourtière.

tarugo [tarúyo] *m.* **1** Taquet, tasseau, cale *f.* (de madera). **2** Pavé de bois (para pavimentar).

tasa [tàsa] *f.* **1** Taxe (precio). **2** Taux *m.: ~ de mortalidad,* taux de mortalité. **3** Mesure, limite, règle.

tasación [tasaθjón] *f.* Taxation.

tasador, -ra [tasaðór, -ra] *adj.-m.* **1** Taxateur, priseur. ▪ **2** *m.* Commissaire-priseur.

tasar [tasàr] *tr.* **1** Taxer (fijar el precio). **2** Évaluer (valorar). **3** Mesurer, doser, limiter.

tasca [tàska] *f.* Bistrot *m.* (taberna).

tatarabuelo, -la [tataraβwélo, -la] *s.* Trisaïeul, eule.

tatuaje [tatwàxe] *m.* Tatouage.

taurino, -na [taŭrino, -na] *adj.* Taurin, ine.

tauromaquia [taŭromàkja] *f.* Tauromachie.

taxi [tá(ɣ)si] *m.* Taxi.

taxímetro [ta(ɣ)simetro] *m.* Taximètre.

taxista [taxista] *s.* Chauffeur de taxi *m.*

taza [tàθa] *f.* **1** Tasse. **2** Vasque (de fuente). **3** Cuvette (del retrete).

tazón [taθón] *m.* Bol.

te [te] *pron. pers.* Te, t': *~ digo,* je te dis; *~ llamo,* je t'appelle.

te [te] *f.* **1** Té *m.,* lettre *t.* **2** Té (regla).

té [te] *m.* Thé.

teatral [teatrál] *adj.* Théâtral, ale.

teatro [teàtro] *m.* Théâtre.

techado, -da [tetʃáðo, -ða] *adj.* **1** Couvert, erte, qui a un toit. ▪ **2** *m.* Toit.

techar [tetʃàr] *tr.* Couvrir (una casa).

techo [tétʃo] *m.* **1** Plafond (interior). **2** Toit (tejado). **3** fig. Toit.

tecla [tékla] *f.* Touche (de piano, etc.).

teclado [tekláðo] *m.* Clavier.

teclear [tekleàr] *intr.* **1** Frapper les touches d'un clavier. **2** Tambouriner (con los dedos). **3** Taper à la machine (escribir a máquina), fam. pianoter (ordenador).

técnica [tèɣnika] *f.* Technique.

técnico, -ca [tèɣniko, -ka] *adj.* **1** Technique. ▪ **2** *s.* Technicien, ienne.

tecnología [teɣnoloxia] *f.* Technologie.

tedéum [teðèŭm] *m.* Te Deum.

tedio [tèðjo] *m.* Ennui, dégoût.

teja [téxa] *f.* **1** Tuile. **2** *loc. adv. A ~ vana,* sans rien que la toiture dessus.

tejado [texàðo] *m.* Toiture *f.,* toit.

tejedor, -ra [texeðór, -ra] *adj.* **1** Qui tisse. ▪ **2** *s.* Tisseur, euse, tisserand, ande.

tejemaneje [texemanèxe] *m.* **1** fam. Activité *f.,* agitation *f.* **2** Adresse *f.* (destreza). **3** Manigances *f. pl.* (manejos).

tejer [texèr] *tr.* **1** Tisser. **2** Tresser, entrelacer.

tejido, -da [texiðo, -ða] *adj.* **1** Tissé, ée. ▪ **2** *m.* Tissu. **3** Texture *f.* **4** Tissu (biología).

tejo [tèxo] *m.* **1** Palet (para jugar). **2** Bouchon (juego). **3** If (árbol).

tela [téla] *f.* **1** Tissu *m.,* étoffe (tejido), toile. Loc. *~ de araña,* toile d'araignée. **2** Membrane: *las telas del corazón,* les membranes du cœur. **3** Pellicule, peau (en la superficie de un líquido). **4** Taie (en el ojo). **5** PINT. Toile. **6** *~ de cebolla,* pelure d'oignon.

telar [telàr] *m.* **1** Métier à tisser. **2** TEAT. Cintre.

telaraña [telaràɲa] *f.* Toile d'araignée.

telecabina [telekaβina] *f.* Télécabine.

telecompra [telekómpra] *f.* Téléachat *m.*

teleférico, -ca [telefèriko, -ka] *adj.-m.* Téléphérique.

telefilm [telefilm] *m.* Téléfilm.

telefonear [telefoneàr] *intr.-tr.* Téléphoner.

telefonista [telefonista] *s.* Téléphoniste.

teléfono [teléfono] *m.* Téléphone: *llamar por ~,* téléphoner, appeler au téléphone.

telegrafía [teleɣrafia] *f.* Télégraphie.

telegrafiar [teleɣrafiàr] [13] *tr.* Télégraphier.

telégrafo [teléɣrafo] *m*. Télégraphe.
telegrama [teleɣráma] *m*. Télégramme.
telenovela [telenoβéla] *f*. Téléfilm *m*.
telepatía [telepatía] *f*. Télépathie.
telescópico, -ca [teleskópiko, -ka] *adj*. Télescopique.
telescopio [teleskópjo] *m*. Télescope.
telesilla [telesíʎa] *m*. Télésiège.
telesquí [teleski] *m*. Téléski.
televidente [teleβiðénte] *s*. Téléspectateur, trice.
televisado, -da [teleβisáðo, -ða] *adj*. Télévisé, ée.
televisar [teleβisár] *tr*. Téléviser.
televisión [teleβisjón] *f*. Télévision.
televisor [teleβisór] *m*. Poste de télévision, téléviseur.
telilla [teliʎa] *f*. 1 Petite toile. 2 Pellicule.
telón [telón] *m*. TEAT. Rideau.
telúrico, -ca [telúriko, -ka] *adj*. Tellurien, ienne, tellurique.
tema [téma] *m*. 1 Thème, sujet. 2 Thème (traducción). 3 Manie *f.,* marotte *f.,* idée *f.* fixe: *cada loco con su ~,* chacun a sa marotte.
temblar [temblár] [27] *intr*. 1 Trembler. 2 Trembloter (ligeramente).
tembleque [temblèke] *adj*. Tremblant, ante.
temblor [temblór] *m*. Tremblement.
tembloroso, -sa [tembloróso, -sa] *adj*. Tremblant, ante.
temer [temér] *tr*. Craindre, redouter, avoir peur de.
temeroso, -sa [temeróso, -sa] *adj*. Effrayant, ante (que causa temor).
temor [temór] *m*. Crainte *f.,* peur *f.*
témpano [témpano] *m*. 1 Glaçon (de hielo). 2 MÚS. Cymbale *f.*
temperamento [temperaménto] *m*. Tempérament.
temperatura [temperatúra] *f*. Température.
tempestad [tempestáð] *f*. Tempête (en tierra o en mar), orage *m*. (tormenta).
templado, -da [templáðo, -ða] *adj*. 1 Modéré, ée, tempérant, ante (en sus apetitos). 2 Tempéré, ée (clima). 3 Tiède (agua). 4 fam. Calme, courageux, euse.
templanza [templánθa] *f*. Tempérance.
templar [templár] *tr*. 1 Tempérer. 2 Tiédir (un líquido). 3 Tremper (un metal, etc.). 4 fig. Calmer, apaiser. 5 MÚS. Accorder (un instrumento).
temple [témple] *m*. 1 Température *f*. 2 Trempe *f*. (de un metal). 3 Humeur *f*.

(estado de ánimo). 4 Vaillance *f.,* trempe *f.* (valentía).
templo [témplo] *m*. 1 Temple. 2 Église *f.*
temporada [temporàða] *f*. 1 Saison (de baño, teatral, etc.). 2 Époque, période.
temporal [temporál] *adj*. 1 Temporel, elle. 2 Temporaire (no permanente). ▪ 3 *adj.-m*. Temporal (hueso). ▪ 4 *m*. Tempête *f*. 5 Mauvais temps.
temprano, -na [tempráno, -na] *adj*. 1 Hâtif, ive, précoce, prématuré, ée. 2 *Frutas, hortalizas tempranas,* primeurs *f*. ▪ 3 *adv*. De bonne heure, tôt.
tenacidad [tenaθiðáð] *f*. Ténacité.
tenaz [tenáθ] *adj*. Tenace.
tenaza [tenáθa] *f*. 1 Tenaille. 2 Pincettes *pl*. (para la lumbre). 3 Pince (de crustáceo).
tendel [tendél] *m*. Cordeau (de albañil).
tendencia [tendénθja] *f*. Tendance.
tender [tendér] [28] *tr*. 1 Étendre, tendre (la ropa). ▪ 2 *intr*. Tendre: *la situación tiende a mejorar,* la situation tend à s'améliorer. ▪ 3 *pr*. S'étendre, se coucher. 4 Étaler son jeu.
tenderete [tenderéte] *m*. Étalage, éventaire.
tendido, -da [tendiðo, -ða] *adj*. 1 Étendu, ue, tendu, ue. 2 TAUROM. Gradin d'une arène.
tendón [tendón] *m*. Tendon.
tenedor [teneðór] *m*. 1 Fourchette *f*. (utensilio de mesa). 2 Possesseur. 3 Porteur (de una letra de cambio). 4 ~ *de libros,* teneur de livres, comptable.
tener [tenér] [87] *tr*. 1 Avoir (poseer, experimentar, etc.): *tengo frío,* j'ai froid. 2 Tenir (asir, mantener asido). 3 Tenir (en un sitio o estado). 4 ~ *que,* ~ *de* (seguido de un infinitivo), avoir à, être obligé de, falloir: *tengo que irme,* je dois m'en aller, il faut que je m'en aille. Loc. ~ *interés en una cosa,* tenir à quelque chose; ~ *a bien,* daigner, vouloir bien; ~ *en menos a uno,* mépriser quelqu'un. ▪ 5 *pr*. Se tenir: *tenerse de pie,* se tenir debout.
teniente [tenjénte] *m*. 1 Lieutenant: ~ *coronel,* lieutenant colonel. 2 Adjoint: ~ *de alcalde,* adjoint au maire, maire adjoint.
tenis [ténis] *m*. Tennis.
tensión [tensjón] *f*. Tension.
tenso, -sa [ténso, -sa] *adj*. Tendu, ue.
tentación [tentaθjón] *f*. Tentation.
tentar [tentár] [27] *tr*. 1 Tâter. 2 Tenter (insistir, inducir). 3 Tenter (intentar).
tentativa [tentatíβa] *f*. Tentative.

tenue [tènwe] *adj.* **1** Ténu, ue, fin, fine. **2** Faible (luz).

teñido, -da [teɲiðo, -ða] *adj.* **1** Teint, teinte: ~ *de azul*, teint en bleu. ▪ **2** *m.* Teinture *f.* (acción), teinte *f.* (tinte).

teñir [teɲir] [36] *tr.* Teindre: ~ *de negro*, teindre en noir.

teología [teoloxia] *f.* Théologie.

teólogo [teóloʝo] *m.* Théologien.

teorema [teorèma] *m.* Théorème.

teoría [teoria] *f.* Théorie: *en* ~, en théorie.

teórico, -ca [teóriko, -ka] *adj.* **1** Théorique. ▪ **2** *s.* Théoricien, ienne.

terapéutico, -ca [terapèŭtiko, -ka] *adj.-f.* Thérapeutique.

tercer [terθèr] *adj.* Forme apocopée de *tercero* qui ne s'emploie que devant un substantif m. sing.: ~ *piso*, troisième étage.

tercera [terθèra] *f.* **1** Tierce (en el juego). **2** MÚS. Tierce.

tercermundista [terθermundista] *adj.-s.* Tiersmondiste.

tercero, -ra [terθèro, -ra] *adj.* **1** Troisième. **2** *Tercera persona*, tierce personne. **3** *m.* Tiers, tierce personne *f.*

terceto [terθèto] *m.* **1** Tercet. **2** MÚS. Trío.

tercia [tèrθja] *f.* **1** Ancienne mesure de longueur. **2** Tiers *m.* (tercera parte).

terciar [terθjàr] [12] *tr.* **1** Mettre en travers (una cosa), porter en bandoulière. **2** MIL. Porter (el fusil). ▪ **3** *intr.* Intervenir, s'entremettre (en un debate, etc.).

tercio, -ia [tèrθjo, -ja] *adj.* **1** Troisième. ▪ **2** *m.* Tiers (tercera parte). **3** Ancien régiment d'infanterie. **4** Légion *f.* étrangère.

terciopelo [terθjopèlo] *m.* Velours.

terco, -ca [tèrko, -ka] *adj.* Têtu, ue, obstiné, ée.

termas [tèrmas] *f. pl.* Thermes *m.*

térmico, -ca [tèrmiko, -ka] *adj.* Thermique.

terminación [terminaθjòn] *f.* Terminaison.

terminal [terminàl] *adj.* **1** Terminal, ale. ▪ **2** *f.* Terminal *m.*, aérogare. ▪ **3** *m.* INFORM. Terminal.

terminar [terminàr] *tr.* **1** Terminer, finir, achever. ▪ **2** *intr.-pr.* Se terminer, finir.

término [tèrmino] *m.* **1** Terme: ~ *medio,* moyen terme. **2** Limite *f.* (de un territorio). **3** Terminus (de una línea de transportes). **4** Plan (plano). *loc. adv. En primer* ~, au premier plan; fig. d'abord. **5** *En último* ~, en fin de compte, finalement.

termita [termita] *f.* Termite.

termómetro [termómetro] *m.* Thermomètre.

termostato [termostàto] *m.* Thermostat.

terna [tèrna] *f.* **1** Liste de trois candidats à une charge. **2** Terme *m.* (de dados).

ternario, -ia [ternàrjo, -ja] *adj.* Ternaire.

ternera [ternèra] *f.* **1** Génisse (animal). **2** Veau *m.* (carne).

ternero [ternèro] *m.* Veau (animal).

terneza [ternèθa] *f.* Tendresse.

terno [tèrno] *m.* **1** Ensemble de trois choses. **2** Complet (traje de hombre). **3** Terne (lotería). **4** Juron (reniego).

ternura [ternùra] *f.* **1** Tendresse. **2** Tendreté (del pan, de la carne).

terquedad [terkeðàð] *f.* Obstination, entêtement *m.*

terrado [teřàðo] *m.* Terrasse *f.*

terraplén [teřaplèn] *m.* Terre-plein, remblai.

terráqueo, -ea [teřàkeo, -ea] *adj.* Terrestre: *globo* ~, globe terrestre.

terraza [teřàθa] *f.* Terrasse.

terremoto [teřemòto] *m.* Tremblement de terre.

terreno, -na [teřèno, -na] *adj.* **1** Terrestre. ▪ **2** *m.* Terrain.

terrestre [teřèstre] *adj.* Terrestre.

terrible [teříβle] *adj.* Terrible.

territorio [teřitòrjo] *m.* Territoire.

terrón [teřòn] *m.* **1** Motte *f.* (de tierra). **2** Morceau: ~ *de azúcar,* morceau de sucre.

terror [teřòr] *m.* Terreur *f.*

terrorismo [teřorizmo] *m.* Terrorisme.

terruño [teřùɲo] *m.* **1** Terroir (comarca). **2** Pays natal (país natal).

terso, -sa [tèrso, -sa] *adj.* **1** Poli, ie, lisse, luisant, ante. **2** Lisse (piel, cara).

tersura [tersùra] *f.* Poli *m.,* lustre *m.*

tertulia [tertùlja] *f.* Réunion (pour s'amuser, pour converser).

tesar [tesàr] *tr.* MAR. Raidir, tendre.

tesis [tèsis] *f.* Thèse.

tesitura [tesitùra] *f.* MÚS. Tessiture.

tesón [tesòn] *m.* Fermeté *f.,* inflexibilité *f.*

tesorería [tesoreria] *f.* Trésorerie.

tesorero, -ra [tesoréro, -ra] *s.* Trésorier, ière.

tesoro [tesòro] *m.* Trésor.

test [test] *m.* Test (prueba): *someter a un* ~, tester.

testaferro [testafèřo] *m.* Homme de paille, prête-nom.

testamentario, -ia [testamentàrjo, -ja]

adj. **1** Testamentaire. ■ **2** *s.* Exécuteur, trice testamentaire.

testamento [testaménto] *m.* Testament.

testar [testár] *intr.* Tester.

testarudez [testaruðéθ] *f.* Entêtement *m.,* obstination.

testarudo, -da [testarúðo, -ða] *adj.-s.* Têtu, ue, obstiné, ée.

testifical [testifikál] *adj.* Testimonial, ale.

testificar [testifikár] [1] *tr.* **1** Attester, témoigner. ■ **2** *intr.* Témoigner.

testigo [testíyo] *m.* Témoin: ~ *de cargo,* témoin à charge.

testimonial [testimonjál] *adj.* Testimonial, ale.

testimoniar [testimonjár] [12] *tr.* Témoigner.

testimonio [testimónjo] *m.* Témoignage.

teta [téta] *f.* **1** Mamelle: *niño de ~,* enfant à la mamelle. **2** Tétin *m.,* mamelon *m.* (pezón).

tétano [tétano], **tétanos** [tétanos] *m.* MED. Tétanos.

tetera [tetéra] *f.* Théière.

tetilla [tetíʎa] *f.* **1** Mamelle (de los mamíferos machos). **2** Tétine (de biberón).

tétrico, -ca [tétriko, -ka] *adj.* Sombre, triste.

textil [testíl] *adj.-m.* Textile.

texto [tésto] *m.* Texte.

textual [testwál] *adj.* Textuel, elle.

tez [teθ] *f.* Teint *m.* (del rostro).

ti [ti] *pron. pers.* Toi (précédé d'une préposition).

tía [tía] *f.* **1** Tante. Loc. fig. *No hay tu ~,* il n'y a rien à faire, ce n'est pas possible. **2** Mère (mujer del pueblo): *la ~ Juana,* la mère Jeanne. **3** fam. Bonne femme (mujer cualquiera).

tiara [tjára] *f.* Tiare.

tibio, -ia [tíβjo, -ja] *adj.* Tiède.

tiburón [tiβurón] *m.* Requin.

tiemblo [tjémblo] *m.* Tremble.

tiempo [tjémpo] *m.* **1** Temps: *tener ~ para,* avoir le temps de. **2** loc. adv. *A ~,* à temps; *a un ~, al mismo ~,* en même temps.

tienda [tjénda] *f.* **1** Tente: ~ *de campaña,* tente. **2** Boutique, magasin *m.:* ~ *de modas,* boutique de modes.

tienta [tjénta] *f.* Essai *m.* par lequel on évalue la bravoure des taurillons.

tiento [tjénto] *m.* **1** Toucher. **2** Bâton d'aveugle (de ciego). **3** Sûreté *f.* de la main. **4** fig. Tact, prudence *f.*

tierno, -na [tjérno, -na] *adj.* Tendre.

tierra [tjéřa] *f.* **1** Terre: ~ *de pan llevar,*

terre à blé; ~ *Santa,* Terre Sainte. **2** Patrie, pays *m.*

tieso, -sa [tjéso, -sa] *adj.* Raide, rigide.

tiesto [tjésto] *m.* **1** Tesson (pedazo de vasija). **2** Pot à fleurs (maceta).

tigre [tíyre] *m.* Tigre.

tijera [tixéra] *f.,* **tijeras** [tixéras] *f. pl.* **1** Ciseaux *m.* **2** *Cama de ~,* lit de sangle.

tijereta [tixeréta] *f.* **1** Vrille (de la viña). **2** Forticule *m.* (insecto).

tila [tíla] *f.* Tilleul *m.*

tildar [tildár] *tr.* **1** Mettre un tilde. **2** Biffer (borrar). **3** fig. Taxer (acusar).

tilo [tílo] *m.* Tilleul (árbol).

timador, -ra [timaðor, -ra] *s.* Escroc.

timar [timár] *tr.* **1** Escroquer. **2** fam. Rouler (engañar). ■ **3** *pr.* Se faire de l'œil.

timbal [timbál] *m.* MÚS., COC. Timbale *f.*

timbrado, -da [timbráðo, -ða] *adj.* *Papel ~,* papier timbré.

timbrar [timbrár] *tr.* Timbrer.

timbre [timbre] *m.* **1** Timbre (sello). **2** Sonnette *f.: tocar el ~,* sonner. **3** Timbre (sonido).

timidez [timiðéθ] *f.* Timidité.

tímido, -da [timiðo, -ða] *adj.* Timide.

timo [timo] *m.* **1** ANAT. Thymus. **2** Escroquerie *f.* (acción de timar).

timón [timón] *m.* **1** Timon. **2** Gouvernail (de barco, avión).

tímpano [timpano] *m.* ANAT., ARQ., IMPR. Tympan. **2** MÚS. Tympanon.

tinaja [tináxa] *f.* Jarre.

tinglado [tiŋgláðo] *m.* Hangar.

tinieblas [tinjéblas] *f. pl.* Ténèbres.

tino [tino] *m.* Adresse.

tinta [tinta] *f.* Encre: ~ *china,* encre de Chine.

tinte [tinte] *m.* Teinture *f.* (acción, color).

tintero [tintéro] *m.* Encrier.

tinto, -ta [tinto, -ta] *adj.* **1** Teint, teinte: ~ *en sangre,* teint de sang. **2** Rouge: *vino ~,* vin rouge. **3** Noir (uva).

tintorería [tintoreria] *f.* Teinturerie.

tintura [tintúra] *f.* Teinture.

tío [tio] *m.* **1** Oncle: ~ *abuelo,* grandoncle. **2** fam. Père (hombre de cierta edad): *el ~ Lucas,* le père Lucas.

tiovivo [tjoβíβo] *m.* Manège, chevaux *pl.* de bois.

típico, -ca [tipiko, -ka] *adj.* Typique.

tipo [tipo] *m.* **1** Type. **2** Allure *f.,* air, aspect (de una persona). **3** Genre. **4** Taux (de descuento, etc.). **5** fam. Type (persona): *un ~ raro,* un drôle de type.

tíquet [tiket] *m.* **1** Ticket: ~ *restaurante,*

ticket-restaurant. 2 Billet (en espectácu-
los).

tira [tira] *f.* Bande (de tela, papel, etc.).

tirada [tiráða] *f.* 1 Tir *m.*, jet *m.* (acción de
tirar). 2 Tirade (de versos, etc.). 3 IMPR.
Tirage *m.* 4 Trotte (distancia).

tirado, -da [tiráðo, -ða] *adj.* Qui abonde,
qui se vend très bon marché (barato).

tirador, -ra [tiraðòr, -ra] *s.* Tireur, euse
(persona).

tiranía [tirania] *f.* Tyrannie.

tirano, -na [tiráno, -na] *s.* Tyran.

tirante [tiránte] *adj.* 1 Raide, tendu, ue. ■
2 *m.* ARQ. Chaîne *f.*, entretoise *f.*, tirant,
entrait. 3 Trait (de arreos). ■ 4 *pl.* Bretel-
les *f.* (del pantalón).

tirantez [tirántéθ] *f.* Raideur, tension.

tirar [tirár] *tr.* 1 Jeter (echar): ~ *al suelo,*
jeter par terre; lancer (arrojar). 2 Tirer
(un tiro, una flecha, etc.). 3 Renverser,
abattre (derribar). 4 Dissiper, gaspiller
(malgastar), vendre pour rien. 5 Tirer
(estirar), tréfiler (estirar un metal). ■ 6
intr. Tirer (hacia sí o tras de sí, ejercer
una tracción): ~ *de una cuerda,* tirer
sur une corde. 7 Avoir une tendance,
chercher à devenir, à être (propender).
8 ~ *a,* tirer sur: ~ *a azul,* tirer sur le
bleu. 9 Vivre, se maintenir pénible-
ment; tant bien que mal, tenir le coup;
el enfermo va tirando, le malade va
comme ci, comme ça. 10 *pr.* Se jeter,
s'élancer.

tirilla [tiríʎa] *f.* Bandelette.

tirita [tirita] *f.* Pansement adhésif *m.*

tiritar [tiritár] *intr.* Grelotter.

tiro [tiro] *m.* 1 Tir (acción de tirar con arma
de fuego): ~ *al blanco,* tir à la cible. 2
Coup de feu (disparo). 3 Portée *f.* (alcance de un arma). *loc. adv.* A ~ *de,* à
portée de. 4 Attelage (de caballería). 5
Trait (de arreos): *caballo de* ~, cheval de
trait. 6 Tirage (de una chimenea). 7 Longueur *f.* (longitud de una pieza de tejido).

tirón [tirón] *m.* 1 Tiraillement. 2 *loc. adv.*
De un ~, d'un seul coup, tout d'une
traite, d'affilée.

tiroteo [tirotéo] *m.* Fusillade *f.*

tisana [tisána] *f.* Tisane.

tísico, -ca [tisiko, -ka] *adj.-s.* Phtisique.

tisis [tisis] *f.* MED. Phtisie.

titán [titán] *m.* Titan.

títere [títere] *m.* Marionnette *f.*, pantin.

titiritero, -ra [titiritèro, -ra] *s.* Montreur,
euse de marionnettes, bateleur, euse.

titubear [tituβeár] *intr.* Tituber.

titular [titulár] *adj.-s.* 1 Titulaire. ■ 2 *f.*
IMPR. Lettre capitale.

título [titulo] *m.* 1 Titre (de un libro, nobiliario). 2 Diplôme: ~ *de bachiller,*
diplôme de bachelier.

tiza [tiθa] *f.* Craie.

tiznar [tiθnár] *tr.* Tacher de noir.

toalla [toáʎa] *f.* Serviette de toilette.

toallero [toaʎéro] *m.* Porte-serviettes
invar.

tobillo [toβiʎo] *m.* Cheville *f.*

toca [tóka] *f.* 1 Coiffe. 2 Béguin *m.* (de religiosa). 3 Toque (de mujer).

tocado, -da [tokáðo, -ða] *adj.* 1 Coiffé, ée
(*con,* de). 2 fam. Toqué, ée, maboul,
oule. ■ 3 *m.* Coiffure *f.* (de mujer).

tocador, -ra [tokaðòr, -ra] *adj.-s.* 1 MÚS.
Joueur, euse. ■ 2 *m.* Toilette *f.*, coiffeuse
f. (mueble).

tocar [tokár] [1] *tr.* 1 Toucher (palpar, tropezar, etc.). 2 Jouer (un instru-
mento): ~ *el piano,* jouer du piano. ■ 3
intr. Toucher (estar contiguo): ~ *a su*
fin, toucher à sa fin. 4 Incomber, appartenir. Loc. *Por lo que toca a,* en ce qui
concerne. 5 Revenir, échoir (por suerte,
etc.); gagner: *le tocó el gordo,* il a gagné
le gros lot. ■ 6 *impers.* Être le tour de: *a*
usted le toca, c'est votre tour.

tocayo, -ya [tokáʝo, -ʝa] *s.* Homonyme.

tocinería [toθineria] *f.* Charcuterie.

tocino [toθino] *m.* Lard (del cerdo).

todavía [toðaβia] *adv.* Encore: ~ *no ha*
llegado, il n'est pas encore arrivé.

todo, da [tòðo, -ða], **todos, -as** [tòðos, -
as] *adj.-pron.* 1 Tout, toute, tous, toutes:
todos nosotros, nous tous. 2 *loc. adv.* A
~ *esto,* cependant, sur ces entrefaites.

todo [tòðo] *pron.* 1 Tout. 2 *loc. adv.* **Ante**
~, d'abord, avant tout. ■ 3 *m.* Tout: *ju-*
garse el ~ *por el* ~, jouer le tout pour
le tout.

todopoderoso, -sa [toðopoðeróso, -sa]
adj. Tout-puissant, toute-puissante.

toga [tòʝa] *f.* Toge, robe.

toldo [tòlðo] *m.* 1 Vélum (en una calle). 2
Bâche *f.* (de un camión). 3 Banne *f.* (de
un café, una tienda).

toledano, -na [toleðáno, -na] *adj.-s.* De
Tolède, tolédan, ane.

tolerante [toleránte] *adj.* Tolérant, ante.

tolerar [tolerár] *tr.* Tolérer.

toma [tòma] *f.* Prise (acción): ~ *de pose-*
sión, prise de possession.

tomadura [tomaðúra] *f.* Prise (acción).

tomar [tomár] *tr.* 1 Prendre. Loc. ~ *a*

bien, prendre du bon côté: ~ *a pecho,* prendre à cœur. ■ **2** *intr.* Prendre: *al llegar a la vuelta hay que* ~ *a la izquierda,* en arrivant au tournant il faut prendre à gauche. **3** *interj. ¡Toma!,* tiens!

tomate [tomáte] *m.* Tomate *f.*

tómbola [tòmbola] *f.* Tombola.

tomillo [tomiλo] *m.* Thym.

tomo [tòmo] *m.* Tome.

ton [ton] *m. Sin* ~ *ni son,* sans rime ni raison.

tonada [tonáða] *f.* Air *m.,* chanson.

tonadilla [tonaðiλa] *f.* Chansonnette.

tonalidad [tonaliðáð] *f.* Tonalité.

tonel [tonél] *m.* Tonneau, fût.

tonelada [toneláða] *f.* Tonne (peso).

tónico, -ca [tòniko, -ka] *adj.* **1** Tonique. ■ **2** *m.* MED. Tonique, fortifiant.

tono [tòno] *m.* Ton.

tontear [tonteár] *intr.* **1** Faire, dire des sottises. **2** *fam.* Flirter.

tontería [tontería] *f.* Sottise, bêtise.

tonto, -ta [tònto, -ta] *adj.-s.* Sot, sotte, idiot, ote.

topacio [topáθjo] *m.* Topaze. *f.*

topar [topár] *tr.* **1** Heurter. ■ **2** *tr.-intr.* Trouver (una cosa), rencontrer (a alguien): ~ *a, con un amigo,* rencontrer un ami. ■ **3** *intr.* Se heurter, heurter: ~ *con un poste,* se heurter contre un poteau, heurter un poteau.

tope [tópe] *m.* **1** MEC. Butoir. **2** Tampon (de vagón, locomotora).

topetón [topetón] *m.* Choc, heurt.

tópico, -ca [tòpiko, -ka] *adj.-m.* **1** MED. Topique. ■ **2** *m.* Lieu commun.

topo [tòpo] *m.* Taupe *f.*

toque [tòke] *m.* **1** Touche *f.,* attouchement (acción de tocar). **2** Sonnerie *f.* (de trompeta, corneta, campañas), batterie *f.* (de tambor).

tórax [tòras] *m.* Thorax.

torcaz [torkáθ] *adj.* Ramier: *paloma* ~, pigeon ramier.

torcedura [torθeðúra] *f.* **1** Torsion, tordage *m.* **2** MED. Entorse.

torcer [torθér] [54] *tr.* **1** Tordre. **2** Courber, incliner, mettre de travers. **3** Détourner, dévier (dar dirección distinta). **4** *fig.* Détourner, fausser (el sentido de las palabras, etc.). **5** Faire plier, faire céder (a uno). ■ **6** *intr.* Tourner (cambiar de dirección): ~ *a la izquierda,* tourner à gauche. ■ **7** *pr.* Se tordre: *me torcí un pie,* je me suis tordu un pied.

torcida [torθiða] *f.* Mèche (d'une bougie, etc.).

torcido, -da [torθiðo, -ða] *adj.* **1** Tordu, ue. **2** *fig.* Qui n'agit pas avec droiture, retors, orse. ■ **3** *m.* Gros fil de soie torse.

tordo, -da [tòrðo, -ða] *adj.-s.* **1** Tourdille (caballo). ■ **2** *m.* Grive *f.* (ave).

torear [toreár] *intr.-tr.* TAUROM. Combattre les taureaux, toréer.

toreo [toréo] *m.* Tauromachie *f.*

torero [toréro] *m.* Torero, toréador.

torete [toréte] *m.* Taurillon.

tormenta [torménta] *f.* Orage *m.,* tourmente (en la tierra), tempête (en el mar).

tormento [torménto] *m.* **1** Tourment. **2** Question *f.,* torture *f.* (suplicio).

torna [tòrna] *f.* **1** Restitution, renvoi *m.* **2** Retour *m.* (vuelta).

tornado [tornáðo] *m.* Tornade *f.*

tornar [tornár] *tr.* **1** Retourner, rendre, restituer. **2** Rendre (mudar). ■ **3** *intr.* Revenir (regresar). **4** ~ *a* (con infinitivo), recommencer à. ■ **5** *pr.* Devenir.

tornasol [tornasól] *m.* **1** Tournesol. **2** Reflets *pl.* (visos).

torneo [tornéo] *m.* **1** Tournoi. **2** VET. Tournis.

tornero [tornéro] *m.* Tourneur.

tornillo [torniλo] *m.* Vis *f.*

torno [tòrno] *m.* **1** Tour (máquina). **2** Treuil (para elevar pesos). **3** Tour (en los conventos). **4** Rouet (para hilar). **5** Étau (de carpintero o cerrajero). **6** Roulette *f.* (de dentista). ■ **7** *loc. adv. En* ~, autour.

toro [tòro] *m.* **1** Taureau. **2** ARQ., GEOM. Tore. ■ **3** *pl.* Course *f. sing.* de taureaux.

torpe [tòrpe] *adj.* Lourd, lourde, lent, lente.

torpedero [torpeðéro] *adj.-m.* Torpilleur (barco).

torpedo [torpèðo] *m.* **1** Torpille *f.* (pez, proyectil). **2** Torpédo *f.* (coche).

torpeza [torpéθa] *f.* **1** Lourdeur, lenteur. **2** Maladresse, gaucherie.

torre [tòře] *f.* **1** Tour (construcción, pieza del juego de ajedrez). **2** Maison de campagne (casa de campo).

torrefacto, -ta [tořefáyto, -ta] *adj.* Torréfié, ée.

torrencial [tořenθjál] *adj.* Torrentiel, elle.

torreón [tořeón] *m.* Grande tour *f.*

tórrido, -da [tòřiðo, -ða] *adj.* Torride.

torsión [torsjón] *f.* Torsion.

torso [tòrso] *m.* Torse.

tortícolis [tortikolis] *f.* MED. Torticolis.

tortilla [tortiλa] *f.* Omelette: ~ *francesa,* omelette nature.

tortuga [tortúɣa] *f.* Tortue.

tortuoso, -sa [tortwòso, -sa] *adj.* Tortueux, euse.

torturar [torturár] *tr.* Torturer.

torzal [torθál] *m.* Cordonnet de soie.

tos [tos] *f.* 1 Toux. 2 MED. ~ *ferina,* coqueluche.

tosco, -ca [tósko, -ka] *adj.* 1 Grossier, ière. 2 Rustre, inculte, grossier, ière (persona).

toser [tosér] *intr.* Tousser.

tostada [tostàða] *f.* Toast *m.* (pan).

tostado, -da [tostáðo, -ða] *adj.* 1 Grillé, ée. 2 Hâlé, ée, bruni, ie (la tez).

tostadura [tostaðúra] *f.* Grillage *m.,* torréfaction (del café).

tostar [tostár] [31] *tr.* 1 Griller, torréfier. 2 Hâler, bronzer (la piel).

tostón [tostón] *m.* 1 Chose *f.* trop grillée. 2 Rôtie *f.* trempée d'huile. 3 fam. Chose *f.* ennuyeuse, rasante, truc rasoir.

total [totál] *adj.-m.* 1 Total, ale. ▪ 2 *adv.* En résumé, bref.

totalidad [totaliðáð] *f.* Totalité.

tóxico, -ca [tó(γ)siko, -ka] *adj.-m.* Toxique.

toximaníaco, -ca [tokʃimaniako, -ka] *adj.* Toxicomane.

tozudo, -da [toθúðo, -ða] *adj.* Têtu, ue, entêté, ée.

traba [tráβa] *f.* Lien *m.,* attache.

trabajador, ra [traβaxaðór, -ra] *adj.-s.* Travailleur, euse.

trabajar [traβaxár] *intr.-tr.* Travailler.

trabajo [traβáxo] *m.* 1 Travail. Loc. *Tomarse el ~ de,* se donner la peine de. ▪ 2 *m. pl.* Misères *f.,* peines *f.,* difficultés *f.* (penalidades).

trabalenguas [traβalénɡwas] *m.* Mot, phrase *f.* difficile à prononcer.

trabar [traβár] *tr.* 1 Entraver (un animal). 2 Joindre, lier (cosas). 3 Lier (una salsa), épaissir (líquido, masa). 4 fig. Engager, entamer (una batalla, una conversación), lier, nouer (amistad, etc.). ▪ 5 *pr.* *Trabarse de palabras,* se disputer.

tractor [traγtór] *m.* Tracteur.

tradición [traðiθjón] *f.* Tradition.

tradicional [traðiθjonál] *adj.* Traditionnel, elle.

traducir [traðuθír] [46] *tr.* Traduire.

traductor, -ra [traðuγtór, -ra] *adj.-s.* Traducteur, trice.

traer [traér] [88] *tr.* 1 Apporter, amener (al lugar en donde se habla). 2 Porter (llevar puesto). 3 Amener, entraîner, causer (acarrear). 4 Attirer (atraer hacia sí). 5 Sentidos diversos: ~ *a la memoria,* rappeler; ~ *consigo,* entraîner; ~ *inquieto,* causer de l'inquiétude, inquiéter.

traficante [trafikánte] *m.* Trafiquant.

traficar [trafikàr] [1] *intr.* Trafiquer.

tráfico [tráfiko] *m.* 1 Trafic. 2 Circulation *f.,* trafic (de vehículos).

tragabolas [traɣaβólas] *m.* Passe-boules *invar.*

tragaluz [traɣalúθ] *m.* 1 Lucarne *f.,* œil-de-bœuf. 2 Soupirail (de un sótano).

tragaperras [traɣapéřas] *m.* Distributeur automatique, machine *f.* à sous.

tragar [traɣár] [7] *tr.* 1 Avaler (los alimentos). ▪ 2 *tr.-pr.* fig. Avaler (creer). 3 Engloutir (engullir), absorber. 4 fig. *No ~ a uno,* ne pouvoir souffrir quelqu'un.

tragedia [traxéðja] *f.* Tragédie.

trágico, -ca [tráxiko, -ka] *adj.-m.* 1 Tragique. ▪ 2 *s.* Tragédien, ienne (actor, actriz). 3 Tragique (autor).

tragicomedia [traxikoméðja] *f.* Tragicomédie.

trago [tráɣo] *m.* Gorgée *f.,* coup: *echar un ~,* boire un coup.

traición [traĭθjón] *f.* 1 Trahison (delito). 2 Traîtrise (alevosía).

traicionar [traĭθjonár] *tr.* Trahir.

traidor, -ra [traĭðór, -ra] *adj.-m.* Traître, esse.

traje [tráxe] *m.* Costume, vêtement, habit.

trajín [traxin] *m.* 1 Transport (de mercancías). 2 Remue-ménage, agitation *f.* (ajetreo).

trajinar [traxinár] *tr.* 1 Transporter, voiturer. 2 S'agiter, aller et venir, s'activer.

trama [tráma] *f.* Trame.

tramar [tramár] *tr.* Tramer.

tramitar [tramitár] *tr.* 1 Faire suivre son cours à (un asunto). 2 S'occuper de.

trámite [trámite] *m.* 1 Formalité *f.* (requisito). 2 Démarche *f.* (diligencia).

tramo [trámo] *m.* 1 ARQ. Travée *f.* 2 Volée *f.* (de escalera). 3 Tronçon (de canal, de camino). 4 Section *f.* (de terreno).

tramontana [tramontána] *f.* 1 Tramontane. 2 fig. Vanité.

trampa [trámpa] *f.* 1 Trappe, piège *m.,* traquenard *m.* (artificio de caza). 2 Trappe (puerta). 3 Dette (deuda). 4 Tricherie (en el juego). 5 Expédient *m.:* *vivir de la ~,* vivre d'expédients.

trampear [trampeár] *intr.* Vivre d'expédients.

trampolín [trampolín] *m.* Tremplin.

tramposo, -sa [trampóso, -sa] *adj.-s.* Menteur, euse.

trance [tránθe] *m.* **1** Moment critique. **2** Transe *f.* (fenómeno psíquico).

tranco [tráŋko] *m.* Grand pas, enjambée *f.*

tranquilidad [traŋkiliðáð] *f.* Tranquillité.

tranquilizar [traŋkiliθár] [4] *tr.* Tranquilliser, rassurer.

tranquilo, -la [traŋkilo, -la] *adj.* **1** Tranquille. ▪ **2** *m.* Père tranquille.

transatlántico, -ca [tra(n)saðlántiko, -ka] *adj.-m.* Transatlantique.

transbordar [tra(n)zβorðár] *tr.* **1** Transborder. ▪ **2** *intr.-pr.* Passer d'un train dans un autre, changer.

transbordo [tra(n)zβórðo] *m.* Transbordement, changement.

transcender [tra(n)sθendér] *intr.* **1** FIL. Être transcendant, ante. **2** Transpirer (empezar a ser conocido).

transcribir [tra(n)skriβír] *tr.* Transcrire. ▲ PART. PAS.: *transcripto, transcrito.*

transcripción [tra(n)skriβθjón] *f.* Transcription.

transcurrir [tra(n)skuřír] *intr.* S'écouler.

transcurso [tra(n)skúrso] *m.* Cours (del tiempo): *en el ~ del almuerzo,* au cours du déjeuner.

transeúnte [transeúnte] *adj.-s.* Passant, ante (persona).

transferir [tra(n)sferír] [35] *tr.* Transférer.

transformación [tra(n)sformaθjón] *f.* Transformation.

transformar [tra(n)sformár] *tr.* Transformer (*en,* en).

transfusión [tra(n)sfusjón] *f.* Transfusion.

transgredir [tra(n)zɣreðír] *tr.* Transgresser.

transición [transiθjón] *f.* Transition.

transigir [transixír] [6] *intr.* Transiger.

transitable [transitáβle] *adj.* Practicable (camino).

transitivo, -va [transitiβo, -βa] *adj.-m.* Transitif, ive.

tránsito [tránsito] *m.* **1** Passage, circulation *f.* **2** COM. Transit. **3** Passage: *de ~,* de passage.

transitorio, -ia [transitórjo, -ja] *adj.* Transitoire.

transmisión [tra(n)smisjón] *f.* Transmission.

transmisor, -ra [tra(n)zmisór, -ra] *adj.-m.* Transmetteur.

transmitir [tra(n)zmitir] *tr.* Transmettre: *insecto que transmite una enfermedad,* insecte qui transmet une maladie.

transparencia [tra(n)sparénθja] *f.* Transparence.

transparente [tra(n)sparénte] *adj.* **1** Transparent, ente. ▪ **2** *m.* Transparent.

transpiración [tra(n)spiraθjón] *f.* Transpiration.

transpirar [tra(n)spirár] *intr.* Transpirer.

transplantado, -da, trasplantado, -da [trasplantáðo, -ða] *s.* Greffé, -ée.

transplante, trasplante [trasplánte] *m.* Greffe *f.*

transponer [tra(n)sponér] [78] *tr.* **1** Transposer (una cosa). **2** Disparaître au-delà de. ▪ **3** *pr.* S'assoupir.

transportar [tra(n)sportár] *tr.* **1** Transporter. **2** MÚS. Transposer.

transporte [tra(n)spórte] *m.* **1** Transport: *transportes colectivos,* transports en commun. **2** MÚS. Transposition *f.*

transposición [tra(n)sposiθjón] *f.* Transposition.

transvasar [tra(n)zβasár] *tr.* Transvaser.

transversal [trazβersál] *adj.* Transversal, ale.

transverso, -sa [tranzβérso, -sa] *adj.* Transverse.

tranvía [trambia] *m.* Tramway.

trapacear [trapaθeár] *intr.* **1** Finasser, ruser. **2** Frauder.

trápala [trápala] *f.* **1** Vacarme *m.,* tapage *m.* (de gente). **2** Bruit *m.* du trot ou du galop d'un cheval.

trapatiesta [trapatjésta] *f.* Dispute, bagarre (riña), tapage *m.,* raffut *m.* (ruido).

trapecio [trapéθjo] *m.* Trapèze.

trapero, -ra [trapéro, -ra] *s.* Chiffonnier, ière.

trapezoide [trapeθóiðe] *m.* Trapézoide.

trapiche [trapitʃe] *m.* Moulin à huile, à canne à sucre.

trapillo [trapiʎo] *m.* Chiffon.

trapo [trápo] *m.* **1** Chiffon. Loc. *Poner a alguien como un ~,* traiter quelqu'un de tous les noms. **2** MAR. Toile *f.,* voilure *f.* Loc. *A todo ~,* à pleines voiles.

tráquea [trákea] *f.* ANAT. Trachée.

traqueal [trakeál] *adj.* Trachéal, ale.

traquetear [traketeár] *intr.* **1** Faire du bruit. ▪ **2** *tr.* Secouer, agiter (sacudir), cahoter (un vehículo).

traqueteo [traketéo] *m.* **1** Pétarade *f.* (de cohetes). **2** Cahotement, secousse *f.*

tras [tras] *prep.* **1** Après (aplicado al espacio y al tiempo): *uno ~ otro,* l'un après l'autre. **2** Derrière (detrás). **3** Outre que, non seulement, non content de (además): *~ ser caro, es de inferior ca-*

lidad, non seulement c'est cher mais c'est de mauvaise qualité.

trascolar [traskolár] [31] *tr.* Filtrer.

trasegar [traseγár] [48] *tr.* **1** Remuer, changer de place. **2** Transvaser (líquidos).

trasero, -ra [traséro, -ra] *adj.* **1** Arrière, postérieur, eure. ▪ **2** *m.* Derrière (de un animal, de una persona). ▪ **3** *f.* Arrière *m.* (de un vehículo), derrière *m.* (de una casa, etc.).

trasgo [trázγo] *m.* **1** Lutin (duende). **2** Enfant espiègle.

trashumante [trasumánte] *adj.* Transhumant, ante.

trashumar [trasumár] *intr.* Transhumer.

trasiego [trasjéγo] *m.* **1** Remue-ménage. **2** Transvasement (de líquidos), soutirage (para eliminar las heces).

trasladar [trazlaðár] *tr.* **1** Changer de place, déplacer. **2** Transférer, transporter. **3** Ajourner (una reunión, función, etc.). **4** Transcrire, copier. **5** Reporter (a otra página, columna).

traslado [trazláðo] *m.* **1** Transport transfert. **2** Copie *f.,* double (copia).

traslucirse [trazluθírse] *pr.* **1** Être translucide. **2** fig. Percer, se laisser deviner, se déduire.

trasluz [trazlúθ] *m.* Lumière *f.* qui traverse un corps translucide. *loc. adv.* **Al ~,** par transparence.

trasnochado, -da [traznotʃáðo, -ða] *adj.* **1** Gâté, ée, de la veille. **2** Pâle, blême (persona). **3** fig. Usé, ée, périmé, ée.

trasnochar [traznotʃár] *intr.* Passer la nuit sans dormir, se coucher tard.

traspapelar [traspapelár] *tr.* Égarer.

traspasar [traspasár] *tr.* **1** Traverser, passer (de una parte a otra). **2** Transpercer, percer (con una cosa punzante). **3** Transférer, céder (un negocio, etc.).

traspaso [traspáso] *m.* **1** Traversée *f.,* passage. **2** Cession *f.* (de un local comercial), reprise *f.,* pas-de-porte (precio).

traspié [traspjé] *m.* Faux-pas: *dar un ~,* faire un faux-pas.

traspuntín [traspuntín] *m.* Strapontin.

trasquilar [traskilár] *tr.* **1** Mal couper les cheveux. **2** Tondre (un animal).

trastada [trastáða] *f.* Mauvais tour *m.*

traste [tráste] *m.* **1** MÚS. Touchette *f.* (de guitarra, etc.). **2** Loc. *Dar al ~ con una cosa,* détruire, anéantir, mettre à mal une chose.

trastear [trasteár] *tr.* **1** Poser les touchettes (a una guitarra, etc.). **2** Pincer (una

guitarra, etc.). **3** TAUROM. Faire des passes (à un taureau).

trastera [trastéra] *f.,* **trastero** [trastéro] *m.* Pièce *f.* de débarras, débarras *m.*

trastienda [trastjénda] *f.* **1** Arrière-boutique. **2** fig. Prudence, ruse, savoir-faire *m.*

trasto [trásto] *m.* **1** desp. Meuble. **2** Cochonnerie *f.,* saleté *f.* (cosa inútil). **3** Propre à rien (persona).

trastornar [trastornár] *tr.* Bouleverser.

trastorno [trastórno] *m.* **1** Bouleversement. **2** Trouble, désordre.

trasudar [trasuðár] *intr.* Suer légèrement.

trata [tráta] *f.* Traite: *~ de negros, de blancas,* traite des noirs, des blanches.

tratable [tratáβle] *adj.* Traitable.

tratado [tratáðo] *m.* Traité.

tratamiento [tratamjénto] *m.* **1** Traitement: INFORM. *~ de textos,* traitement de textes. **2** Titre.

tratar [tratár] *tr.-intr.* **1** Fréquenter (tener trato): *a, con uno,* fréquenter quelqu'un. **2** Traiter (bien o mal). **3** Traiter (un asunto, una enfermedad). ▪ **4** *intr.* *~ de,* essayer de, tâcher de (intentar): *trataré de convencerle,* j'essaierai de le convaincre. ▪ **5** *impers.* *Se trata de,* il s'agit de.

trato [tráto] *m.* **1** Fréquentation *f.,* relations *f. pl.,* rapports *pl.* **2** Traitement (manera de tratar a alguien). **3** Marché (convenio): *~ hecho,* marché conclus. **4** *~ de cuerda,* estrapade *f.*

traumatismo [traŭmatízmo] *m.* Traumatisme.

través [traβés] *m.* **1** Travers (inclinación). **2** *loc. adv.* **Al ~, de ~,** en travers.

travesía [traβesia] *f.* **1** Chemin *m.* de traverse (camino). **2** Rue traversière (calle). **3** Traversée (viaje).

travestido, -da [traβestiðo, -ða]. **1** *adj.* Travesti, -ie. **2** *m.* Travesti.

travesura [traβesúra] *f.* **1** Espièglerie, polissonnerie. **2** Vivacité d'esprit.

traviesa [traβjésa] *f.* **1** Traverse (ferrocarril). **2** *loc. adv.* **A campo ~,** à travers champs.

travieso, -sa [traβjéso, -sa] *adj.* **1** Mis, mise en travers. **2** Espiègle, polisson, onne (que hace travesuras).

trayecto [trajéyto] *m.* Trajet, parcours.

trazado [traθáðo] *m.* **1** Tracé (de un camino, etc.). **2** Plan (traza). **3** Traçage (acción).

trazo [tráθo] *m.* **1** Tracé, dessin. **2** Ligne *f.,* trait.

trébol [tréβol] *m.* Trèfle.
trece [tréθe] *adj.-m.* Treize. Loc. fam. *Mantenerse en sus* ~, ne pas céder.
trecho [trétʃo] *m.* 1 Espace, distance *f.* 2 *loc. adv. A trechos,* par intervalles.
tregua [tréɣwa] *f.* Trève.
treinta [tréĩnta] *adj.-m.* 1 Trente: ~ *y una,* trente et un (juego). 2 Trentième.
treintena [treĩnténa] *f.* 1 Trentaine. 2 Trentième (parte).
tremendo, -da [treméndo, -da] *adj.* Terrible, formidable.
tren [tren] *m.* 1 Train: ~ *correo,* train-poste. 2 Train: ~ *de laminación,* train de laminoir. 3 ~ *de vida,* train de vie.
trencilla [trenθíʎa] *f.* Galon *m.* étroit.
trenza [trénθa] *f.* 1 Tresse. 2 Natte, tresse (de pelo).
trenzar [trenθár] [4] *tr.* 1 Tresser, natter. ■ 2 *intr.* Faire des entrechats (en la danza).
trepado, -da [trepáðo, -ða] *adj.* Vigoureux, euse (animal).
trepador, -ra [trepaðòr, -ra] *adj.* BOT. Grimpant, ante.
trepar [trepár] *intr.* Grimper.
tres [tres] *adj.-s.* 1 Trois: *son las* ~, il est trois heures. 2 ~ *en raya,* marelle *f.*
trescientos, -as [tresθjéntos, -as] *adj.-m.* Trois cents.
tresillo [tresíʎo] *m.* 1 Hombre (juego). 2 Ensemble d'un canapé et deux fauteuils.
treta [tréta] *f.* Ruse, artifice *m.*
tría [tria] *f.* Triage *m.,* tri *m.*
tríada [triaða] *f.* Triade.
triangular [trjaŋgulár] *adj.* Triangulaire.
triangular [trjaŋgulár] *tr.* Trianguler.
triángulo, -la [trjáŋgulo, -la] *adj.* 1 Triangulaire. ■ 2 *m.* Triangle.
tribu [tríβu] *f.* Tribu.
tribuna [tríβúna] *f.* Tribune.
tribunal [tríβunál] *m.* 1 Tribunal. 2 Jury (en un examen).
tribuno [tríβúno] *m.* Tribun.
tributar [tríβutár] *tr.* 1 Payer un tribut, un impôt. 2 fig. Rendre (homenaje), témoigner (respeto, etc.).
tributo [tríβúto] *m.* 1 Tribut. 2 Impôt.
tricolor [trikolór] *adj.* Tricolore.
triedro [trjéðro] *m.* GEOM. Trièdre.
trienal [trjenál] *adj.* Triennal, ale.
trienio [trjénjo] *m.* Triennat.
trifulca [trifúlka] *f.* Dispute, querelle.
trigal [triɣál] *m.* Champ de blé.
trigésimo, -ma [trixésımo, -ma] *adj.-s.* Trentième.

trigo [triɣo] *m.* 1 Blé. 2 ~ *candeal,* froment. 3 ~ *sarraceno,* blé noir, sarrasin.
trigonometría [triɣonometria] *f.* Trigonométrie.
trilla [tríʎa] *f.* 1 AGR. Battage *m.,* dépiquage *m.* 2 Rouget *m.* (pez).
trillado, -da [triʎáðo, -ða] *adj.* Rebattu, e, fam. bateau: *camino* ~, chemin battu.
trillar [triʎár] *tr.* AGR. Battre, dépiquer.
trilogía [triloxía] *f.* Trilogie.
trimestre [triméstre] *m.* Trimestre.
trinar [trinár] *intr.* 1 MÚS. Triller, faire des trilles. 2 fig. Enrager.
trinca [triŋka] *f.* Trío *m.* (de cosas).
trincar [triŋkár] [1] *tr.* 1 Casser, déchiqueter. 2 Assujettir fortement (atar).
trinchar [trintʃár] *tr.* COC. Découper.
trinchera [trintʃéra] *f.* 1 Tranchée. 2 Trench-coat *m.* (impermeable).
trineo [trinéo] *m.* Traîneau.
trinidad [triniðáð] *f.* Trinité.
trinquete [triŋkéte] *m.* 1 MAR. Misaine *f.* (vela), mât de misaine (palo). 2 MEC. Cliquet, encliquetage.
trío [trio] *m.* MÚS. Trio.
tripa [trípa] *f.* 1 Tripe, boyau *m.* Loc. fig. *Hacer de tripas corazón,* faire contre mauvaise fortune bon cœur. 2 fam. Ventre *m.: dolor de tripas,* mal au ventre.
triple [tríple] *adj.-m.* Triple.
triplicar [triplikár] [1] *tr.* Tripler.
trípode [trípoðe] *m.* Trépied.
triptongo [triβtóŋgo] *m.* GRAM. Triphtongue *f.*
tripulación [tripulaθjón] *f.* MAR., AVIAC. Équipage *m.*
tripulante [tripulánte] *m.* MAR., AVIAC. Membre d'un équipage. ■
tripular [tripulár] *tr.* 1 MAR., AVIAC. Équiper (d'hommes). 2 Faire partie de l'équipage. 3 Piloter (conducir).
triquinosis [trikinósıs] *f.* MED. Trichinose.
tris [tris] *m.* fig. Un rien: *estuvo en un* ~, peu s'en est fallu, il s'en est fallu d'un rien.
triscar [triskár] [1] *intr.* 1 Faire du bruit avec les pieds. 2 S'ébattre (retozar).
triste [triste] *adj.* 1 Triste. 2 Misérable (insignificante).
tristeza [tristéθa] *f.* Tristesse.
triturar [triturár] *tr.* Triturer, broyer, concasser.
triunfador, -ra [triumfaðòr, -ra] *adj.-s.* Triomphant, trice.
triunfar [triumfár] *intr.* 1 Triompher. 2 Couper avec un atout (en naipes).

triunvirato [trjumbiráto] *m.* Triumvirat.

trivial [trißjál] *adj.* Banal, ale, insignifiant, ante.

triza [triθa] *f.* Petit morceau *m.,* miette: *hacer trizas,* mettre en morceaux, réduire en miettes.

trocear [troθeár] *tr.* Couper en morceaux.

trocha [trótʃa] *f.* Sentier *m.*

trofeo [troféo] *m.* Trophée.

troglodita [troɣloðita] *adj.-s.* Troglodyte.

trolebús [troleßús] *m.* Trolleybus.

tromba [trómba] *f.* Trombe.

trompa [trómpe] *f.* Trompe. **2** MÚS. Cor *m.:* ~ *de caza,* cor de chasse.

trompada [trompáða] *f.,* **trompazo** [trompáθo] *m.* **1** Coup *m.* de poing (puñetazo).

trompeta [trompéta] *f.* **1** MÚS. Trompette. ■ **2** *m.* Trompettiste (músico).

trompetazo [trompetáθo] *m.* Coup de trompette.

trompo [trómpo] *m.* **1** Toupie *f.* **2** Troque (molusco).

tronar [tronár] [31] *impers.-intr.* **1** Tonner. ■ **2** *pr.* Se ruiner (arruinarse). ■ **3** *intr.* ~ *con uno,* se brouiller avec quelqu'un.

tronchar [trontʃár] *tr.* **1** Casser, briser. ■ **2** *pr.* fam. *Troncharse de risa,* se tordre de rire, se marrer.

tronco [tróŋko] *m.* **1** Tronc. Loc. fig. *Estar hecho un* ~, dormir comme une souche; être paralysé. **2** Souche *f.* (de una familia). **3** Paire *f.* (de caballos).

tronera [tronéra] *f.* **1** FORT. Meurtrière. **2** Blouse (de billard).

trono [tróno] *m.* Trône.

tropa [trópa] *f.* **1** MIL. Troupe. **2** Troupe (de gente).

tropel [tropél] *m.* **1** Cohue *f.* *(de gente).* **2** Hâte *f.* (prisa), confusion *f.,* pêle-mêle (de cosas). **3** *loc. adv. En* ~, en foule, à la hâte.

tropezar [tropeθár] [47] *intr.* **1** Buter, trébucher, achopper: ~ *con, en una piedra,* buter contre une pierre; broncher (el caballo). **2** Se heurter: ~ *con una dificultad,* se heurter à une difficulté. **3** Se brouiller avec, s'opposer à (reñir).

tropical [tropikál] *adj.* Tropical, ale.

trópico [trópiko] *m.* **1** Tropique. ■ **2** *adj. Año* ~, année tropique.

tropiezo [tropjéθo] *m* **1** Faux pas: *dar un* ~, faire un faux pas. **2** *fig.* Faux pas (falta).

trotar [trotár] *intr.* Trotter.

trote [tróte] *m.* **1** Trot. *loc. adv. A* ~, *al* ~, au trot. **2** fig. Occupation *f.* fatigante (faena), histoire *f.* (enredo).

trovador, -ra [troßaðór, -ra] *s.* **1** Poète, poétesse. ■ **2** *m.* Troubadour.

trozo [tróθo] *m.* Morceau.

trucaje [trukaxe] *m.* CIN. Trucage, truquage.

trucha [trútʃa] *f.* Truite.

truco [trúko] *m.* **1** Truc (artificio). **2** Trucage (cinematográfico). ■ **3** *pl.* Truc *sing.* (juego de billar).

truculencia [trukulénθja] *f.* Truculence.

trueno [trwéno] *m.* **1** Tonnerre, coup de tonnerre (ruido). **2** Détonation *f.* (de un arma o cohete). **3** *fig.* Hurluberlu.

trueque [trwéke] *m.* Troc, échange.

trufa [trúfa] *f.* **1** Truffe. **2** *fig.* Mensonge *m.*

truhán, ana [trwán, -ánajecm *adj.-s.* **1** Truand, ande, fripon, onne. **2** ant. Bouffon, onne.

truncar [truŋkár] [1] *tr.* **1** Tronquer. **2** fig. Briser (esperanzas, etc.).

tu [tu], **tus** [tus] *adj. pos.* Ton, ta, tes.

tú [tu] *pron. pers.* **1** Tu (forma átona): ~ *eres,* tu es. **2** Toi (forma tónica y con *prep.*): *i*~ *te callas!,* toi, tu te tais! **3** *Tratar de* ~, tutoyer.

tubérculo [tußérkulo] *m.* Tubercule.

tuberculosis [tußerkulósis] *f.* Tuberculose.

tubería [tußeria] *f.* **1** Tuyauterie (conjunto de tubos). **2** Conduite (tubo).

tubo [tußo] *m.* **1** Tube, tuyau. **2** Verre (de lámpara). **3** ANAT. Tube.

tubular [tußulár] *adj.* Tubulaire.

tucán [tukán] *m.* Toucan.

tuerca [twérka] *f.* Écrou *m.*

tuerto, -ta [twérto, -ta] *adj.-s.* **1** Borgne. ■ **2** *m.* Tort, outrage (agravio). ■ **3** *adj.* Tordu, ue (torcido).

tueste [twéste] *m.* Grillage, torréfaction *f.*

tuétano [twétano] *m.* Moelle *f.*

tufo [túfo] *m.* **1** Émanation *f.* **2** Odeur *f.* forte et désagréable. **3** Mèche *f.* de cheveux pendant devant l'oreille.

tul [tul] *m.* Tulle.

tulipán [tulipán] *m.* Tulipe *f.*

tullido, -da [tuʎiðo, ða] *adj.-s.* Perclus, use, impotent, ente (persona).

tumba [túmba] *f.* Tombe, tombeau *m.*

tumbar [tumbár] *tr.* Renverser, faire tomber, jeter à terre.

tumbo [túmbo] *m.* Cahot: *dar tumbos,* cahoter.

tumor [tumór] *m.* Tumeur *f.*

tumulto [tumúlto] *m.* Tumulte.

tuna [túna] *f.* **1** Vagabondage *m.:* *correr la* ~, vagabonder. **2** Figuier *m.* de Barbarie (árbol).

tunante [tunánte] *adj.-s.* **1** Vagabond, onde. **2** Coquin, ine, fripon, onne.

tunda [túnda] *f.* Raclée, volée (zurra).

tunecino, -na [tuneθino, -na] *adj.-s.* Tunisien, ienne.

túnel [túnel] *m.* Tunnel.

túnica [túnika] *f.* Tunique.

tuntún (al, al buen) [tuntún] *loc. adv.* Au petit bonheur.

tupido, -da [tupiðo, ða] *adj.* Épais, aisse, serré, ée, dru, drue.

tupir [tupir] *tr.* Comprimer, serrer, resserrer.

turbación [turβaθjón] *f.* Trouble *m.*

turbante [turβánte] *m.* Turban.

turbar [turβár] *tr.* **1** Troubler. **2** Décontenancer (desconcertar).

turbina [turβina] *f.* Turbine.

turbio, -ia [túrβjo, -ja] *adj.* **1** Trouble. **2** Louche, suspect, ecte (sospechoso).

turbión [turβjón] *m.* Averse *f.* avec vent, grosse ondée *f.*

turbulencia [turβulénθja] *f.* Turbulence.

turbulento, -ta [turβulénto, -ta] *adj.* Turbulent, ente.

turco, -ca [túrko, -ka] *adj.-s.* **1** Turc, turque. ■ **2** *f.* fig. Cuite (borrachera).

turismo [turizmo] *m.* **1** Tourisme. **2** Voiture *f.* particulière (coche).

turista [turista] *s.* Touriste.

turnar [turnár] *intr.* **1** Alterner, se succéder à tour de rôle. ■ **2** *pr.* Se relayer.

turno [túrno] *m.* Tour (momento): *me va a llegar el* ~, ça va être mon tour.

turquesa [turkésa] *f.* Turquoise.

turrón [turón] *m.* Touron.

tute [túte] *m.* Sorte de mariage (juego de cartas).

tutear [tuteár] *tr.* Tutoyer.

tutela [tutéla] *f.* Tutelle.

tuteo [tutéo] *m.* Tutoiement.

tutor, -ra [tutór, -ra] *s.* DER. Tuteur, trice.

tuyo [tújo], **tuya** *pron. pos.* **1** Tien, tienne: *este libro es el* ~, ce livre est le tien. ■ **2** *adj. pos.* À toi: *este libro es* ~, ce livre est à toi: *un amigo* ~, un ami à toi, un de tes amis.

U

u [u] *f.* U *m.* ▪ *conj.* Ou (devant un mot qui commence par *o* ou *ho*).

ubicación [uβikaθjón] *f.* Situation, position.

ubicar [uβikár] [1] *intr.-pr.* Être situé, ée, se trouver.

ubre [úβre] *f.* **1** Mamelle. **2** Pis *m.* (de vaca).

Ud., vd. (*abrev.* usted) Vous (*sing.*).

Uds., vds. (*abrev.* ustedes) Vous (*pl.*).

UE [we] *f.* (*abrev.* Unión Europea) UE.

¡uf! [uf] *interj.* Ouf!

ufanarse [ufanárse] *pr.* Se vanter, s'enorgueillir.

ufano, -na [ufáno, -na] *adj.* **1** Fier, ière. **2** Orgueilleux, euse.

ujier [uxjér] *m.* Huissier.

úlcera [úlθera] *f.* Ulcère *m.*

ulcerar [ulθerár] *tr.* MED. Ulcérer.

ultimar [ultimár] *tr.* Achever, terminer, parachever.

ultimátum [ultimátun] *m.* Ultimatum.

último, -ma [último, -ma] *adj.-s.* Dernier, ière. **2** *loc. adv. Por ~*, enfin, en dernier lieu, finalement.

ultra [últra] *s.* Ultra (extremista).

ultraderecha [ultraðerètʃa] *f.* Extrême droite.

ultraizquierda [ultrajθkjérða] *f.* Extrême gauche.

ultrajar [ultraxár] *tr.* Outrager.

ultraligero [ultralixéro] *m.* ULM.

ultramar [ultramár] *m.* Outre-mer.

ultramarino, -na [ultramarino, -na] *adj.* **1** D'outre-mer. ▪ **2** *m. pl. Tienda de ultramarinos*, épicerie.

ultranza (a) [ultránθa] *loc. adv.* À outrance.

ultratumba [ultratúmba] *f.* Outretombe.

ultraviolado, -da [ultraβjoláðo, -ða], **ultravioleta** [ultraβjoléta] *adj.* Ultra-violet, ette.

umbilical [umbilikál] *adj.* Ombilical, ale.

umbral [umbrál] *m.* **1** Seuil. **2** *fig.* Seuil; *en los umbrales de*, au seuil de.

un [un], **una** [úna] *art. indef.* Un, une. ▲ *Un* est la forme apocopée de *uno* devant un nom masculin, de *una* devant un nom féminin commençant par *a* ou *ha* accentué: *~ alma*, une âme.

unánime [unánime] *adj.* Unanime.

undécimo, -ma [undéθimo, -ma] *adj.-s.* Onzième.

UNED [unéð] *f.* (*abrev.* Universidad Nacional de Educación a Distancia) Université nationale espagnole d'enseignement à distance.

Unesco [unésko] *f.* (*abrev.* United Nations Educational, Scientific and Cultural Organization) Unesco.

ungüento [uŋgwénto] *m.* Onguent.

Unicef [uniθéf] *f.* (*abrev.* United Nations Children's Emergency Fund) Unicef.

único, -ca [úniko, -ka] *adj.* **1** Unique. **2** Seul, seule. ▪ **3** *m. Lo ~*, la seule chose.

unicornio [unikórnj] *m.* Unicorne.

unidad [uniðáð] *f.* Unité.

unido, -da [unido, -ða] *adj.* Uni, ie.

unificar [1] *tr.* Unifier.

uniformar [uniformár] *tr.* **1** Uniformiser. **2** Pourvoir d'un uniforme.

uniforme [unifórme] *adj.* **1** Uniforme. ▪ **2** *m.* Uniforme. **3** Tenue *f.*: *~ de gala*, grande tenue.

unión [unjón] *f.* Union.

unir [unir] *tr.* **1** Unir. **2** Joindre (juntar). **3** Lier, relier (enlazar). ▪ **4** *pr.* S'unir.

unitario, -ia [unitárjo, -ja] *adj.-s.* Unitaire.

universal [uniβersál] *adj.* Universel, elle.

universidad [uniβersiðáð] *f.* Université.

universitario, -ia [uniβersitárjo, -ja] *adj.-m.* Universitaire.

universo [uniβérso] *m.* Univers.

uno [úno], **una** [úna] *adj. num.-indef.* **1** Un, une. ▲ Devant un nom masculin on emploie *un*. ▪ **2** *adj.* Un, une (único, que no está dividido, idéntico): *Dios es ~*, Dieu est un. ▪ **3** *adj. indef. pl.* Des, quelques (algunos), environ (aproximadamente): *unos zapatos,* des souliers. ■ 4 *pron. indef.* Quelqu'un: ~ *lo ha dicho,* quelqu'un l'a dit; l'un, l'une: ~ *de ellos,* l'un d'eux. 5 On (significa el que habla): ~, *una pensaría,* on penserait. 6 *loc. adv.* ~ *a* ~, *de* ~ *en* ~, ~ *por* ~, un à un; ~ *a otro,* l'un l'autre; ~ *con otro,* l'un dans l'autre. ■ 7 *f. La una,* une heure.

untar [untár] *tr.* Graisser (con una materia grasa).

untura [untúra] *f.* MED. Friction, badigeonnage *m.*

uña [úɲa] *f.* 1 Ongle *m.* Loc. fig. *Ser* ~ *y carne,* être comme les deux doigts de la main. 2 Griffe (del gato, etc.). 3 Bec *m.* (de una ancla).

uñero [uɲéro] *m.* MED. Panaris.

¡upa! [úpa] *interj.* Hop!

uranio [uránjo] *m.* QUÍM. Uranium.

urbanidad [urβaniðáð] *f.* Politesse, courtoisie, urbanité.

urbanización [urbaniθaθjón] *f.* Lotissement *m.*

urbanizar [urβaniθár] [4] *tr.* 1 Urbaniser. 2 Civiliser, rendre sociable (a uno).

urbano, -na [urβáno, -na] *adj.* 1 Urbain, aine. 2 Courtois, oise, poli, ie (cortés). ■ 3 *m.* Agent de police.

urbe [úrβe] *f.* Ville, métropole.

urdir [urðir] *tr.* Ourdir.

uretra [urétra] *f.* ANAT. Urètre.

urgencia [urxénθja] *f.* Urgence: *con* ~, d'urgence.

urgente [urxénte] *adj.* Urgent, ente.

urgir [urxir] [6] *intr.* Être urgent, presser: *urge que vengas,* il est urgent que tu viennes.

urinario, -ia [urinárjo, -ja] *adj.* 1 Urinaire. ■ 2 *m.* Urinoir.

urna [úrna] *f.* Urne.

urología [uroloxía] *f.* Urologie.

urraca [urǎka] *f.* Pie.

urticaria [urtikárja] *f.* Urticaire.

usado, -da [usáðo, -ða] *adj.* 1 Usagé, ée (que ha servido), usé, ée, vieux, vieille (gastado). 2 Usité, ée (en uso).

usanza [usánθa] *f.* Usage *m.,* mode.

usar [usár] *tr.* 1 Utiliser, faire usage de, employer (utilizar), porter (llevar). ■ 2 *intr.* ~ *de,* user de, faire usage de.

uso [úso] *m.* 1 Usage, us, coutume *f.* (costumbre). 2 Usage.

usted [ustéð], **ustedes** [ustéðes] *pron. pers.* Vous (de tratamiento): ~ *es, ustedes son,* vous êtes.

usual [uswál] *adj.* Usuel, elle.

usuario, -ria [uswárjo, -rja] *m.-f.* 1 Usager *m.* 2 INFORM. Utilisateur, -trice.

usufructo [usufrúyto] *m.* DER. Usufruit.

usurero, -ra [usuréro, -ra] *s.* Usurier, ière.

usurpar [usurpár] *tr.* Usurper.

utensilio [utensiljo] *m.* Ustensile.

útil [útil] *adj.* 1 Utile. ■ 2 *m.* Outil (herramienta), ustensile (utensilio).

utilidad [utiliðáð] *f.* Utilité.

utilitario, -ia [utilitárjo, -ja] *adj.* 1 Utilitaire. ■ 2 *m.* Utilitaire.

utilización [utiliθaθjón] *f.* Utilisation.

utilizar [utiliθár] [4] *tr.* Utiliser.

utopía [utopía] *f.* Utopie.

uva [úβa] *f.* 1 Raisin *m.* 2 Grain *m.* de raisin (grano). 3 Grappe de raisins (racimo).

uvate [uβáte] *m.* Raisiné.

úvea [úβea] *f.* ANAT. Uvée.

UVI [úβi] *f.* (*abrev.* unidad de vigilancia intensiva) Unité de soins intensifs.

úvula [úβula] *f.* Uvule.

uvular [uβulár] *adj.* Uvulaire.

V

v [úβe] *f.* V *m.*

vaca [báka] *f.* **1** Vache. **2** Bœuf *m.* (carne). **3** ~ *de San Antón,* coccinelle.

vacaciones [bakaθjónes] *f. pl.* **1** Vacances. **2** Vacations (de un tribunal).

vacante [bakánte] *adj.* **1** Vacant, ante. ■ **2** *f.* Vacance, emploi *m.* vacant.

vaciador [baθjaðór] *m.* **1** Videur (instrumento). **2** Mouleur (operario).

vaciar [baθjár] [13] *tr.* **1** Vider. **2** Évider (dejar hueco). **3** Mouler (una estatua, etc.), couler (metales). **4** Affûter, aiguiser (un instrumento cortante).

vacilación [baθilaθjón] *f.* Vacillation.

vacilante [baθilánte] *adj.* Vacillant, ante.

vacilar [baθilár] *intr.* **1** Vaciller. **2** fig. Hésiter: ~ *en aceptar,* hésiter à accepter.

vacío, -ía [baθío, -ía] *adj.* **1** Vide. **2** fig. Vain, vaine, présomptueux, euse (vanidoso), creux, creuse (insubstancial). ■ **3** *m.* Vide (espacio vacío, falta de una persona o cosa). **4** Creux (cavidad). **5** ANAT. Flanc.

vacuna [bakúna] *f.* Vaccin *m.*

vacunar [bakunár] *tr.* Vacciner.

vacuno, -na [bakúno, -na] *adj.* Bovin, ine.

vado [báðo] *m.* **1** Bateau: ~ *permanente,* sortie de garage. **2** Gué (de un río).

vagabundear [baɣaβundeár] *intr.* Vagabonder.

vagabundo, -da [baɣaβúndo, -da], **vagamundo, -da** [baɣamúndo, -da] *adj.-s.* Vagabond, onde.

vagancia [baɣánθja] *f.* Oisiveté, fainéantise.

vagar [baɣár] *m.* Loisir.

vagar [baɣár] [7] *intr.* **1** Errer, vaguer, traîner, flâner. **2** Être oisif, ive, inoccupé, ée.

vagina [baxína] *f.* Vagin *m.*

vago, -ga [báɣo, -ɣa] *adj.* **1** Vague. ■ **2** *adj.-s.* Oisif, ive, fainéant, ante, vagabond, onde.

vagón [baɣón] *m.* Wagon.

vaho [báo] *m.* Vapeur *f.,* buée *f.*

vaina [báïna] *f.* **1** Fourreau *m.,* gaine. **2** BOT. Gousse, cosse (de los guisantes), gaine (del tallo).

vainilla [baïníʎa] *f.* **1** Vanille. **2** Vanillier *m.* (planta).

vaivén [baïβén] *m.* Va-et-vient *invar.*

vajilla [baxíʎa] *f.* Vaisselle.

vale [bále] *m.* Bon.

valenciano, -na [balenθjáno, -na] *adj.-s.* Valencien, ienne.

valentía [balentía] *f.* **1** Vaillance, bravoure. **2** Action héroïque.

valer [balér] [89] *intr.* **1** Valoir (tener cierto valor, precio, equivaler). Loc. *Hacer* ~, faire valoir; *vale más,* il vaut mieux. **2** Avoir de la valeur, du mérite, valoir. **3** Servir, être utile: *no* ~ *para nada,* ne servir à rien. **4** Être valable (ser valedero). ■ **5** *tr.* Protéger. **6** Valoir (redituar, proporcionar): *su franqueza le ha valido muchos disgustos,* sa franchise lui a valu bien des ennuis. ■ **7** *pr.* *Valerse de,* se servir de, s'aider de, utiliser (usar), avoir recours à (recurrir a).

validación [baliðaθjón] *f.* Validation.

validar [baliðár] *tr.* Valider.

validez [baliðéθ] *f.* Validité.

válido, -da [báliðo, -da] *adj.* Valide, valable (documento, firma, etc.).

valiente [baljénte] *adj.-s.* **1** Vaillant, ante, courageux, euse, brave. **2** Bravache (valentón). ■ **3** *adj.* Vigoureux, euse, robuste.

valioso, -sa [baljóso, -sa] *adj.* Précieux, euse, d'une grande valeur.

valla [báʎa] *f.* **1** Clôture, palissade. **2** fig. Obstacle *m.* **2** DEP. Haie.

valle [báʎe] *m.* Vallée *f.*

vallisoletano, -na [baʎisoletáno, -na] *adj.-s.* De Valladolid.

valor [balór] *m.* **1** Valeur *f.* **2** Courage (arrojo). **3** Audace *f.* (descaro).

valorar [balorár] *tr.* Estimer, évaluer: ~ *en*

un millón de pesetas, évaluer à un million de pesetas.

valorizar [baloriθár] [4] *tr.* Valoriser.

vals [bals] *m.* Valse *f.*

válvula [bálβula] *f.* **1** MEC. Valve, clapet *m.* (de bomba), soupape (de máquina de vapor, de motor): ~ *de seguridad,* soupape de sûreté. **2** ANAT. Valvule.

vampiro [bampíro] *m.* Vampire.

vanguardia [bangwàrðja] *f.* Avant-garde.

vanidad [baniðáð] *f.* Vanité.

vanidoso, -sa [baniðóso, -sa] *adj.-s.* Vaniteux, euse.

vano, -na [báno, -na] *adj.* **1** Vain, vaine. **2** Vide (vacío), creux, creuse (hueco).

vapor [bapór] *m.* FIS. Vapeur *f.: máquina de ~,* machine à vapeur.

vaporizador [baporiθaðór] *m.* Vaporisateur.

vaporizar [baporiθár] [4] *tr.* Vaporiser.

vaporoso, -sa [baporóso, -sa] *adj.* Vaporeux, euse.

vaquería [bakería] *f.* Vacherie, étable à vaches.

vaquero, -ra [bakéro, -ra] *adj.* **1** Des vachers. ▪ **2** *s.* Vacher, ère.

vara [bára] *f.* **1** Baguette, verge (ramo delgado), gaule (palo largo). **2** Limon *m.,* brancard *m.* (de carro). **3** Bâton *m.* (de mando). **4** TAUROM. Pique (pica), coup *m.* de pique. **5** Mesure de longueur. **6** ~ *de José,* tubéreuse.

varadero [baraðéro] *m.* MAR. Échouage.

varar [barár] *tr.* **1** Mettre à sec (un barco). ▪ **2** *intr.* MAR. Échouer.

varear [bareár] *tr.* **1** Gauler (frutos). **2** Battre avec une verge (golpear).

vareta [baréta] *f.* Baguette.

variable [barjáβle] *adj.-f.* **1** Variable. ▪ **2** *adj.* Changeant, ante.

variación [barjaθjón] *f.* Variation.

variante [barjánte] *f.* Variante.

variar [barjár] [13] *tr.* Varier.

várice [bárιθe], **varice** [barίθe] *f.* MED. Varice.

varicela [bariθéla] *f.* MED. Varicelle.

variedad [barjeðáð] *f.* Variété.

varilla [baríΛa] *f.* **1** Baguette. **2** Tringle (para una cortina).

vario, -ia [bárjo, -ja] *adj.* Divers, erse, différent, ente.

varita [baríta] *f.* Baguette: ~ *de virtudes,* baguette magique.

varón [barón] *m.* **1** Homme. **2** Garçon (chico).

vasco, -ca [básko, -ka], **vascongado, -da** [baskongáðo, -ða] *adj.-s.* Basque.

vascuence [baskwénθe] *adj.-m.* Basque (lengua).

vaselina [baselína] *f.* Vaseline.

vasija [basíxa] *f.* Pot *m.* (recipiente).

vaso [báso] *m.* **1** Verre (para beber). **2** Vase (recipiente). **3** ANAT., BOT. Vaisseau.

vaticano, -na [batikáno, -na] *adj.* **1** Du Vatican, vaticane. ▪ **2** *n. pr. m.* Vatican.

vaticinar [batiθinár] *tr.* Vaticiner.

vaya [bája] *f.* Raillerie, taquinerie: *dar ~,* railler, taquiner.

ve [be] *f.* V *m.,* lettre *v.*

vecindad [beθindáð] *f.* Voisinage *m.*

vecindario [beθindàrjo] *m.* Ensemble des habitants d'une ville, population *f.* (de una ciudad).

vecino, -na [beθíno, -na] *adj.-s.* **1** Voisin, ine. ▪ **2** *s.* Habitant, ante (de una ciudad, un barrio).

veda [béða] *f.* Défense, prohibition.

vedado [beðáðo] *m.* **1** Chasse *f.* gardée. **2** ~ *de caza,* réserve *f.* de chasse.

vegetación [bexetaθjón] *f.* Végétation.

vegetal [bexetál] *adj.-m.* Végétal, ale.

vegetar [bexetár] *intr.* Végéter.

vegetariano, -na [bexetarjáno, -na] *adj.-s.* Végétarien, ienne.

vehemente [beemènte] *adj.* Véhément, ente.

vehículo [beíkulo] *m.* Véhicule.

veinte [véinte] *adj.-m.* **1** Vingt. **2** *El siglo ~,* le vingtième siècle.

veintena [beintèna] *f.* Vingtaine.

veintidós [beintiðós], **veintitrés** [beintitrés], **veinticuatro** [beintikwátro], etc. *adj.-m.* Vingt-deux, vingt-trois, vingt-quatre, etc.

veintiuno, -na [beintjúno, -na] *adj.-m.* Vingt et un.

vejar [bexár] *tr.* Vexer.

vejatorio, -ia [bexatórjo, -ja] *adj.* Vexatoire.

vejez [bexéθ] *f.* Vieillesse.

vejiga [bexíya] *f.* **1** ANAT. Vessie. **2** Ampoule (en la piel).

vela [béla] *f.* **1** Veille (acción de velar). *loc. adv. En ~,* sans dormir. **2** Bougie, chandelle (para alumbrar). **3** MAR. Voile: *barco de ~,* bateau à voile.

velada [veláða] *f.* Veillée, soirée.

velador, -ra [belaðór, -ra] *adj.-s.* **1** Veilleur, euse, surveillant, ante. ▪ **2** *m.* Guéridon (mesita).

velar [belár] *intr.* **1** Veiller (estar sin dormir). **2** Veiller (cuidar): ~ *por,* veiller à, sur. ▪ **3** *tr.* Veiller: ~ *a un enfermo, a un* *muerto,* veiller un malade, un mort. 4 Voiler (cubrir con un velo). ▪ 5 *adj.-f.* Vélaire.

velatorio [belatórjo] *m.* Veillée *f.* funèbre.

veleidad [beleĭðáð] *f.* Velléité.

velero, -ra [beléro, -ra] *adj.* 1 MAR. À voiles (barco). ▪ 2 *m.* MAR. Voilier. 3 Chandelier (persona que hace velas).

veleta [beléta] *f.* Girouette.

vello [béʎo] *m.* 1 Duvet. 2 BOT. Duvet.

velloso, -sa [beʎóso, -sa] *adj.* Duveteux, euse.

velludo, -da [beʎúðo, -ða] *adj.* 1 Velu, ue. ▪ 2 *m.* Velours. 3 Peluche *f.* (felpa).

velo [bélo] *m.* 1 Voile. Loc. *Correr un tupido ~ sobre,* jeter un voile sur: *tomar el ~,* prendre le voile. 2 Voilette *f.* (de sombrero, que cubre el rostro). 3 *~ del paladar,* voile du palais.

velocidad [beloθiðáð] *f.* Vitesse.

velocista [beloθísta] *s.* Sprinter, sprinteuse.

veloz [belóθ] *adj.* Rapide, véloce.

vena [béna] *f.* 1 Veine. Loc. fig. *~ de loco,* grain de folie. 2 Nervure, côte (de una hoja). 3 fig. Disposition favorable.

venado [benáðo] *m.* Cerf.

venal [benál] *adj.* Vénal, ale.

vencer [benθér] [2] *tr.* 1 Vaincre. ▪ 2 *intr.* Échoir, expirer (un plazo, deuda, etc.).

vencimiento [benθimjénto] *m.* 1 Victoire *f.* (victoria). 2 Défaite *f.* (derrota). 3 Échéance *f.,* expiration *f.* (de un plazo, una deuda, etc.).

venda [bénda] *f.* Bande.

vendaje [bendáxe] *m.* Bandage.

vendedor, -ra [bendeðór, -ra] *adj.-s.* Vendeur, euse.

vender [bendér] *tr.* Vendre: *ha vendido su coche a, en tal precio,* il a vendu sa voiture tel prix, à tel prix.

vendimia [bendimja] *f.* Vendange.

vendimiar [bendimjár] [12] *tr.* Vendanger.

veneciano, -na [beneθjáno, -na] *adj.-s.* Vénitien, ienne.

veneno [benéno] *m.* Poison (vegetal, químico), venin (de los animales).

venenoso, -sa [benenóso, -sa] *adj.* 1 Vénéneux, euse (planta), venimeux, euse (animal). 2 fig. Venimeux, euse.

venerar [benerár] *tr.* Vénérer.

venganza [benɡánθa] *f.* Vengeance.

vengar [benɡár] [7] *tr.* Venger.

venidero, -ra [beniðéro, -ra] *adj.* Futur, ure, à venir.

venir [benír] [90] *intr.* 1 Venir. Loc. *~ a menos,* déchoir; *~ bien,* aller bien (ves-

tido, etc.)., convenir, arranger (convenir): *~ de perillas, de perlas, de primera,* tomber à pic; *~ en conocimiento de,* apprendre, être informé de. 2 *loc. adv. En lo por ~,* à l'avenir. ▪ 3 *pr.* Venir. 4 *Venirse abajo,* s'écrouler.

venoso, -sa [benóso, -sa] *adj.* ANAT. Veineux, euse.

venta [bénta] *f.* 1 Vente (acción de vender): *estar a la ~, en ~,* être en vente. 2 Auberge (en la carretera).

ventaja [bentáxa] *f.* Avantage *m.*

ventajoso, -sa [bentaxóso, -sa] *adj.* Avantageux, euse.

ventana [bentána] *f.* Fenêtre.

ventanal [bentanál] *m.* Grande fenêtre *f.*

ventanilla [bentaniʎa] *f.* Fenêtre (de tren), glace (de coche), hublot *m.* (de barco, avión).

ventarrón [bentařón] *m.* Vent fort.

ventilación [bentilaθjón] *f.* Ventilation, aération.

ventilador [bentilaðór] *m.* Ventilateur.

ventilar [bentilár] *tr.* Ventiler.

ventisca [bentíska] *f.* Tempête de vent et de neige.

ventosa [bentósa] *f.* Ventouse.

ventoso, -sa [bentóso, -sa] *adj.* 1 Venteux, euse, venté, ée. ▪ 2 *m.* Ventôse.

ventura [bentúra] *f.* 1 Bonheur *m.* 2 Hasard *m.* (casualidad), chance (suerte). 3 Risque *m.* 4 *Buena ~,* bonne aventure.

venturado, -da [benturáðo, -ða] *adj.* Heureux, euse.

ver [ber] [91] *tr.* 1 Voir. Loc. *~ claro,* y voir clair; *a más ~, hasta más ~,* au revoir; *ia ~!,* voyons! ▪ 2 *intr. ~ de,* tâcher de, essayer de. ▪ 3 *pr.* Se voir. Loc. *Verse negro,* ne savoir comment faire. ▪ 4 *m.* Vue *f.* (sentido). 5 Avis, opinion *f. loc. adv. A mi modo de ~,* à mon avis.

veracidad [beraθiðáð] *f.* Véracité.

veranear [beraneár] *intr.* Passer ses vacances d'été.

veraneo [beranéo] *m.* Villégiature *f.*

veranillo [beraniʎo] *m. ~ de San Martín,* été de la Saint-Martin.

verano [beráno] *m.* Été.

veras [bèras] *loc. adv. De ~,* vraiment, pour de bon (realmente), sérieusement (en serio), sincèrement (sinceramente).

veraz [beráθ] *adj.* Véridique.

verbal [berβál] *adj.* Verbal, ale.

verbena [berβéna] *f.* 1 Verveine (planta). 2 Fête populaire de nuit qui a lieu la veille de certains jours.

verbo [bèrβo] *m.* Verbe.

verdad [berðáð] *f.* **1** Vérité. Loc. *La pura* ~, la pure vérité. **2** *loc. adv. A decir* ~, à vrai dire.

verdadero, -ra [berðaðéro, -ra] *adj.* **1** Véritable. **2** Vrai, vraie, réel, réelle. **3** Sincère.

verde [bérðe] *adj.* **1** Vert, verte. **2** fig. Libre, grivois, oise, leste. ■ **3** *m.* Vert (color verde). **4** Feuillage.

verdecer [berðeθér] [43] *intr.* Verdir, reverdir.

verdor [berðór] *m.* **1** Vert (color verde). **2** Verdeur *f.*, verdure *f.* (de las plantas).

verdoso, -sa [berðóso, -sa] *adj.* Verdâtre.

verdugo [berðúγo] *m.* **1** Bourreau, tortionnaire. **2** Fouet, verge *f.* (azote). **3** Trace *f.* d'un coup de fouet. **4** BOT. Rejeton.

verdulera [berðuléra] *f.* **1** Marchande de légumes. **2** fig. Poissarde (mujer grosera).

verdulería [berðuleria] *f.* Boutique de légumes.

verdura [berðúra] *f.* **1** Verdure. **2** Légumes *m. pl.* verts (hortaliza).

veredicto [bereðíyto] *m.* Verdict.

vergel [berxél] *m.* Verger.

vergonzoso, -sa [berγonθóso, -sa] *adj.* **1** Honteux, euse. ■ **2** *s.* Timide (persona).

vergüenza [berγwènθa] *f.* **1** Honte: *dar* ~, faire honte. **2** Dignité, sentiment *m.* de l'honneur, vergogne: *perder la* ~, perdre toute retenue. **3** Exposition publique d'un condamné.

verídico, -ca [beríðiko, -ka] *adj.* Véridique.

verificar [berifikár] [1] *tr.* **1** Vérifier. **2** Effectuer. ■ **3** *pr.* Avoir lieu (efectuarse). **4** Se vérifier (salir cierto).

verja [bérxa] *f.* Grille.

vermut [bermút] *m.* Vermout, vermouth (licor).

verosímil [berosimil] *adj.* Vraisemblable.

verruga [beřúγa] *f.* Verrue.

verrugoso, -sa [beřuγóso, -sa] *adj.* Verruqueux, euse.

versal [bersál] *adj.-f.* IMPR. Capitale (letra).

versalita [bersalita] *adj.-f.* IMPR. Petite capitale.

versar [bersár] *intr.* **1** Tourner autour. **2** ~ *sobre,* traiter de, rouler sur (un tema, etc.).

versificación [bersifikaθjón] *f.* Versification.

versificar [bersifikár] [1] *intr.-tr.* Versifier.

versión [bersjón] *f.* Version.

verso [bérso] *m.* **1** Vers: ~ *suelto,* vers blanc. ■ **2** *adj. Folio* ~, verso.

vértebra [bérteβra] *f.* Vertèbre.

vertebral [berteβrál] *adj.* Vertébral, ale.

vertedero [berteðéro] *m.* **1** Décharge *f.* **2** fam. Dépotoir: ~ *de basuras,* vide-ordures.

verter [bertér] [28] *tr.* **1** Verser (de un recipiente). **2** Répandre, renverser (derramar). **3** fig. Émettre (conceptos, etc.). **4** Traduire (traducir): ~ *al español,* traduire en espagnol.

vertical [bertikál] *adj.-f.* **1** Vertical, ale. ■ **2** *m.* ASTR. Vertical.

vértice [bértiθe] *m.* Sommet.

vertiente [bertjènte] *m.-f.* **1** GEOG. Versant *m.* **2** Pente *f.* (de un tejado).

vértigo [bértiγo] *m.* Vertige: *producir, tener* ~, donner, avoir le vertige.

vesícula [besikula] *f.* Vésicule.

vespertino, -na [bespertino, -na] *adj.* Vespéral, ale.

vestíbulo [bestíβulo] *m.* Vestibule.

vestido, -da [bestíðo, -ða] *adj.* **1** Vêtu, ue, habillé, ée. ■ **2** *m.* Vêtement (prenda de vestir). **3** Costume.

vestir [bestir] [34] *tr.* **1** Habiller, vêtir. **2** Couvrir, recouvrir (cubrir). **3** fig. Orner, parer. ■ **4** *intr.* S'habiller (bien, mal). **5** Être habillé, ée, être: ~ *de negro,* être habillé de noir, être en noir.

vestuario [bestwárjo] *m.* **1** Garde-robe *f.* (de una persona). **2** Vestiaire (lugar). **3** TEAT. Costumes *pl.* (conjunto de trajes).

veta [béta] *f.* Veine, filon *m.*

veterano, -na [beteráno, -na] *adj.-s.* **1** Vieux, vieille. ■ **2** *s.* Vétéran.

veterinaria [beterinárja] *f.* Médecine vétérinaire.

veterinario, -a [beterinárjo, -a] *adj.-s.* Vétérinaire.

veto [béto] *m.* Veto.

vez [beθ] *f.* **1** Fois: *una* ~ *al año,* une fois par an. **2** Tour *m.* (turno): *a tu* ~, à ton tour. **3** loc. adv. *A la* ~, à la fois; *de una* ~ *para siempre,* une fois pour toutes; *tal* ~, peut-être. **4** loc. prep. *En* ~ *de,* au lieu de, à la place de.

vía [bia] *f.* Voie. Loc. ~ *férrea,* voie ferrée; ~ *muerta,* voie de garage.

viable [bjáβle] *adj.* Viable.

vía crucis [biakrúθis] *m.* Chemin de croix.

viajante [bjaxánte] *adj.-s.* **1** Qui voyage, voyageur, euse. ■ **2** *m.* Voyageur de commerce, commis voyageur.

viajar [bjaxár] *intr.* Voyager.

viaje [bjáxe] *m.* Voyage: *ir de ~,* partir en voyage.

vialidad [bjaliðáð] *f.* Voirie.

vianda [bjánda] *f.* Aliment *m.,* nourriture (del hombre).

víbora [bíßora] *f.* Vipère.

vibración [bißraθjón] *f.* Vibration.

vibrar [bißrár] *intr.* Vibrer.

vicaría [bikaria] *f.* Vicarie, vicariat *m.*

vicario [bikárjo] *m.* Vicaire.

vice [biθe] *prefijo. Vice-almirante,* vice-amiral; *vicecónsul,* vice-consul.

viceversa [biθeßérsa] *adv.* Vice versa.

vicio [bíθjo] *m.* **1** Vice. **2** Mauvaise habitude *f.* Loc. *De ~,* sans raison. **3** Gâterie *f.* (mimo). **4** Gauchissement (torcedura).

vicioso, -sa [biθjóso, -sa] *adj.* Vicieux, euse.

víctima [bíytima] *f.* Victime.

victorioso, -sa [biytorjóso, -sa] *adj.* Victorieux, euse.

vicuña [bikúɲa] *f.* Vigogne.

vid [bið] *f.* Vigne.

vida [bíða] *f.* **1** Vie. Loc. *Darse buena ~, la gran ~,* mener joyeuse vie; *~ y milagros,* faits et gestes. **2** *loc. adv. De por ~, para toda la ~,* pour la vie, à vie; *en la ~, en mi ~, en tu ~,* etc., de la vie, de ma vie, de ta vie, etc.; *en ~,* de son vivant.

vidente [biðénte] *adj.-s.* Voyant, ante.

vídeo [bíðeo] *m.* Vidéo *f.*

videocámara [biðeokámara] *f.* Caméscope.

videocasete [biðeokasete] *s.* **1** Magnétoscope *m.* (aparato). ■ **2** *m.* Cassette vidéo *f.*

videoclip [biðeoklip] *m.* Vidéo-clip.

videoclub [biðeoklúb] *m.* Vidéoclub.

videodisco [biðeoðisko] *m.* Vidéodisque.

videojuego [biðeoxwéyo] *m.* Jeu vidéo.

videotexto [biðeotékſto], **videotex** [biðeotékſ] *m.* INFORM. Vidéotex.

vidriería [biðrjeria] *f.* Vitrerie, verrerie.

vidrio [biðrjo] *m.* Verre (substancia, objeto).

vidrioso, -sa [biðrjóso, -sa] *adj.* Vitreux, euse.

viejo, -ja [bjéxo, -xa] *adj.* Vieux, vieil (delante de vocal o h muda), vieille: *un hombre ~,* un vieil homme.

viento [bjénto] *m.* **1** Vent. Loc. *~ de proa,* vent debout. **2** Hauban (cuerda).

vientre [bjéntre] *m.* Ventre.

viernes [bjérnes] *m.* Vendredi.

viga [bíya] *f.* Poutre: *~ maestra,* maîtresse poutre, solive.

vigencia [bixénθja] *f.* Vigueur.

vigente [bixénte] *adj.* En vigueur: *la ley ~,* la loi en vigueur.

vigía [bixia] *f.* **1** Tour de guet. **2** Guet *m.* (acción de vigilar). **3** MAR. Écueil *m.,* vigie. ■ **4** *m.* Vigie *f.* (marino).

vigilante [bixilánte] *adj.* **1** Vigilant, ante. ■ **2** *m.* Surveillant, veilleur: *~ nocturno,* veilleur de nuit.

vigilar [bixilár] *intr.* **1** Veiller: *~ por,* veiller à. ■ **2** *tr.* Surveiller.

vigilia [bixilja] *f.* **1** Veille. **2** REL. Vigile. **3** Abstinence.

vigor [bǐyór] *m.* Vigueur *f.*

vigorizar [biyoriðár] [4] *tr.* Fortifier.

vigoroso, -sa [biyoróso, -sa] *adj.* Vigoureux, euse.

vil [bil] *adj.* Vil, vile.

vileza [biléθa] *f.* **1** Bassesse. **2** Vilenie.

villa [bíʎa] *f.* **1** Bourg *m.,* petite ville, ville (ciudad). **2** Municipalité, mairie. **3** Villa (casa).

villancejo [biʎanθéxo], **villancete** [biʎan-θéte], **villancico** [biʎanθiko] *m.* Noël, chant de Noël.

villanía [biʎania] *f.* **1** Roture. **2** Vilenie, bassesse (acción ruin).

villano, -na [biʎáno, -na] *adj.-s.* Vilain, aine, roturier, ière.

vilo (en) [bilo] *loc. adv.* **1** En l'air, au-dessus du sol. **2** fig. Dans l'incertitude, en haleine, en suspens.

vinagre [bináyre] *m.* Vinaigre.

vinagrera [binayréra] *f.* **1** Vinaigrier *m.* (vasija). ■ **2** *pl.* Huilier *m. sing.*

vinagreta [binayréta] *f.* Vinaigrette (salsa).

vinatería [binateria] *f.* Commerce *m.* de vins.

vincular [biŋkulár] *tr.* **1** Unir, lier, attacher. **2** DER. Rendre inaliénable. **3** Perpétuer.

vínculo [bíŋkulo] *m.* **1** Lien: *~ de parentesco,* lien de parenté. **2** DER. Inaliénabilité *f.*

vinícola [binikola] *adj.* Vinicole.

vino [bíno] *m.* Vin: *~ aloque, clarete,* vin rosé; *~ añejo,* vin vieux.

viña [bíɲa] *f.* Vigne. Loc. fig. *Ser una ~,* être une mine de (beneficios).

viñedo [biɲéðo] *m.* Vignoble.

viola [bjóla] *f.* **1** MÚS. Viole. **2** Violette.

violáceo, -ea [bjoláθeo, -ea] *adj.-f.* Violacé, ée.

violación [bjolaθjón] *f.* Violation (de las leyes), viol *m.* (de una mujer).

violar [bjolár] *tr.* Violer.

violencia [bjolénθja] f. Violence.

violentar [bjolentár] tr. 1 Violenter. ■ 2 pr. Se forcer, se faire violence: *no te violentes,* ne te force pas.

violento, -ta [bjolénto, -ta] adj. Violent, ente.

violeta [bjoléta] f. Violette.

violetera [bjoletéra] f. Marchande de violettes.

violín [bjolin] m. MÚS. Violon.

violinista [bjolinísta] s. Violoniste.

violoncelo [bjolonθélo], **violonchelo** [bjolontʃélo] m. MÚS. Violoncelle.

viraje [biráxe] m. Virage.

virar [birár] intr. 1 Virer (un barco, un coche, etc.). ■ 2 tr. MAR. Virer (cabrestante). 3 FOT. Virer.

virgen [birxen] adj.-s. 1 Vierge. ■ 2 n. pr. f. *La ~,* la Sainte Vierge.

virginidad [birxiniðáð] f. Virginité.

viril [biril] adj. 1 Viril, ile. ■ 2 m. LITURG. Custode f.

virilidad [biriliðáð] f. Virilité.

virreinato [bireináto], **virreino** [bireíno] m. Vice-royauté f.

virrey [birei] m. Vice-roi.

virtual [birtwál] adj. Virtuel, elle.

virtud [birtúð] f. Vertu. loc. prep. *En ~ de,* en vertu de.

virtuoso, -sa [birtwóso, -sa] adj. 1 Vertueux, euse. ■ 2 m. MÚS. Virtuose.

viruela [birwéla] f. Variole, petite vérole.

virus [birus] m. Virus.

viruta [birúta] f. Copeau m.

visado [bisáðo] m. Visa (de pasaporte).

viscoso, -sa [biskóso, -sa] adj. Visqueux, euse.

visible [bisíβle] adj. Visible.

visillo [bisíʎo] m. Rideau, brise-bise.

visión [bisjón] f. Vision.

visita [bisíta] f. Visite: *~ de cumplido, de pésame,* visite de politesse, de condoléances.

visitante [bisitánte] adj.-s. Visiteur, euse.

visitar [bisitár] tr. Visiter (un país, museo, etc.).

vislumbrar [bislumbrár] tr. 1 Entrevoir. 2 fig. Entrevoir, deviner.

viso [biso] m. Reflet, moirure f., moire f., chatoiement.

visón [bisón] m. Vison.

víspera [bispera] f. 1 Veille (día precedente): *estar en vísperas de,* être à la veille de. ■ 2 pl. REL. Vêpres.

vista [bista] f. 1 Vue (sentido, acción de ver, órgano de la visión). Loc. *Ser corto*

de ~, avoir la vue courte, basse; *hasta la ~,* au revoir. 2 Vue (panorama, cuadro, foto de un lugar). 3 Coup m. d'œil (vistazo), regard m. (mirada). 4 Perspicacité. 5 Intention, dessein m., vue. 6 Aspect m., apparence. 7 loc. adv. *A primera ~,* à première vue, de prime abord; *a simple ~,* à vue d'œil. 8 loc. prep. *En ~ de,* étant donné, en raison de, vu, en regard à.

visto, -ta [bisto, -ta] 1 p. p. de ver. ■ 2 adj. Vu, vue. Loc. *Ni ~ ni oído,* ni vu ni connu; *por lo ~,* apparemment. 3 ~ *bueno,* lu et approuvé, visa.

vistoso, -sa [bistóso, -sa] adj. Voyant, ante.

visual [biswál] adj. Visuel, elle.

vital [bitál] adj. Vital, ale.

vitalicio, -ia [bitaliθjo, -ja] adj. 1 Viager, ère. 2 À vie (cargo): *senador ~,* sénateur à vie.

vitalidad [bitaliðáð] f. Vitalité.

vitícola [bitikola] adj. 1 Viticole. ■ 2 m. Viticulteur.

viticultor, -ra [bitikultór, -ra] s. Viticulteur.

viticultura [bitikultúra] f. Viticulture.

vitorear [bitoreár] tr. Acclamer.

vítreo, -ea [bitreo, -ea] adj. Vitreux, euse (parecido al vidrio), vitré, ée.

vitrina [bitrina] f. Vitrine (armario).

viuda [biúða] f. Veuve.

viudez [bjuðéθ] f. Viduité, veuvage m.

viudo, -da [biúðo, -ða] adj.-s. Veuf, veuve.

¡viva! [bíβa] interj. Vive!, vivat!

vivaz [biβáθ] adj. 1 Vivace (que dura). 2 Vigoureux, euse. 3 Perspicace.

vivero [biβéro] m. 1 AGR. Pépinière f. 2 Vivier (para peces).

viveza [biβéθa] f. Vivacité.

vivido, -da [biβiðo, -ða] adj. Vécu, ue (relato, etc.).

vividor, -ra [biβiðór, -ra] adj.-s. 1 Vivant, ante. 2 Laborieux, euse.

vivienda [biβjénda] f. 1 Logement m.: *el problema de la ~,* le problème du logement. 2 Habitation, logement m., logis m., demeure (morada): *una ~ espaciosa,* un logement spacieux.

viviente [biβjénte] adj.-s. Vivant, ante.

vivir [biβir] intr. Vivre: *aún vive,* il vit encore. 2 interj. ¿Quién vive?, qui vive?

vivir [biβir] m. Vie f. (manera de vivir): *persona de mal ~,* personne de mauvaise vie.

vivo, -va [biβo, -βa] adj.-s. 1 Vivant,

ante. ▪ **2** *adj.* Vif, vive: *agua viva,* eau vive. ▪ **3** *m.* DER. Vif: *entre vivos,* entre vifs. **4** Vif (lo más sensible): *dar, herir en lo* ~, toucher, piquer au vif. **5** Arête *f.* (borde). **6** Liséré (cordoncillo).

vizcaíno, -na [biθkaíno, -na] *adj.-s.* Biscaïen, enne.

vizconde [biθkònde] *m.* Vicomte.

vocablo [bokáβlo] *m.* Mot, vocable.

vocabulario [bokaβulárjo] *m.* Vocabulaire.

vocación [bokaθjón] *f.* Vocation.

vocal [bokál] *adj.* **1** Vocal, ale. ▪ **2** *f.* GRAM. Voyelle. ▪ **3** *s.* Membre d'un bureau, d'un conseil.

vocalizar [bokaliθár] [4] *intr.* MÚS. Vocaliser.

vocear [boθeár] *intr.* **1** Crier. ▪ **2** *tr.* Crier (pregonar): ~ *diarios,* crier des journaux.

vocería [boθería] *f.,* **vocerío** [boθerío] *m.* Cris *m. pl.,* tapage *m.*

vociferar [boθiferár] *tr.-intr.* Vociférer.

vodka [bóðka] *f.* Vodka.

volada [boláða] *f.* Volée, vol *m.* court.

volador, -ra [bolaðòr, -ra] *adj.* Volant, ante (que vuela): *pez* ~, poisson volant.

voladura [bolaðúra] *f.* Action de sauter, de faire sauter (por un explosivo), destruction provoquée par un explosif.

volante [bolánte] *adj.* **1** Volant, ante. ▪ **2** *m.* Volant (juego, guarnición de un vestido). **3** MEC. Volante. **4** Feuille *f.* écrite, volet (hoja de papel).

volar [bolár] [31] *intr.* **1** Voler (por el aire). **2** S'envoler (elevarse en el aire).

volátil [bolátil] *adj.* **1** Qui vole, qui peut voler. **2** fig. Inconstant, ante, changeant, ante. **3** QUÍM. Volatil, ile.

volatilizar [bolatiliθár] [4] *tr.* Volatiliser.

volcán [bolkán] *m.* Volcan.

volcánico, -ca [bolkániko, -ka] *adj.* Volcanique.

volcar [bolkár] [49] *tr.* **1** Renverser (un recipiente). **2** fig. Faire changer d'avis. **3** fig. Agacer, irriter. ▪ **4** *intr.* Verser, capoter (un vehículo).

voleo [boléo] *m.* DEP. Volée *f.*

voltaje [boltáxe] *m.* Voltage.

voltear [bolteár] *tr.* **1** Faire tourner, faire voltiger (dar vueltas). **2** Renverser, culbuter (derribar). ▪ **3** *intr.* Faire des tours en l'air, des culbutes.

voltereta [bolteréta] *f.* Culbute, cabriole, pirouette.

voltio [bóltjo] *m.* Volt.

voluble [bolúβle] *adj.* **1** Versatile. **2** BOT. Volubile.

volumen [bolúmen] *m.* Volume.

voluminoso, -sa [boluminóso, -sa] *adj.* Volumineux, euse.

voluntad [boluntáð] *f.* **1** Volonté: *última* ~, dernières volontés. **2** Amour *m.,* affection.

voluntario, -ia [boluntárjo, -ja] *adj.-s.* Volontaire.

voluntarioso, -sa [boluntarjóso, -sa] *adj.* Volontaire, obstiné, ée.

voluptuoso, -sa [bolüβtwóso, -sa] *adj.-s.* Voluptueux, euse.

volver [bolβér] [32] *tr.* **1** Tourner (dar vuelta): ~ *la espalda, la página,* tourner le dos, la page. **2** Rendre (devolver, restituir): ~ *el cambio,* rendre la monnaie. **3** Rendre (hacer): ~ *loco,* rendre fou. ▪ **4** *intr.* Revenir, rentrer (regresar), retourner, revenir (ir de nuevo): *volveré mañana,* je reviendrai demain. **5** Tourner (torcer): ~ *a la derecha,* tourner à droite. **6** Revenir: *volvamos a nuestra historia,* revenons à notre histoire. **7** Otros sentidos: ~ *a ser,* redevenir; ~ *en sí,* revenir à soi. ▪ **8** *pr.* Devenir (cambiar de estado): *volverse loco,* devenir fou.

vomitar [bomitár] *tr.* Vomir.

vómito [bómito] *m.* Vomissement.

voracidad [boraθiðáð] *f.* Voracité.

vos [bos] *pron. pers.* Vous.

vosotros, -as [bosótros, -as] *pron. pers.* Vous.

votación [botaθjón] *f.* Vote *m.,* votation (acción de votar), scrutin *m.:* ~ *secreta,* vote, scrutin secret.

votante [botánte] *adj.-s.* Votant, ante.

votar [botár] *intr.-tr.* Voter: ~ *a un candidato,* voter pour un candidat.

voto [bóto] *m.* **1** Vote. Loc. *Tener* ~, avoir le droit de vote. **2** Voix *f.* (sufragio). **3** Vœu (promesa).

voz [boθ] *f.* **1** Voix. Loc. *Llevar la* ~ *cantante,* être celui qui dirige, commander; *corre la* ~, le bruit court. **2** Cri *m.* (grito). Loc. *Dar voces,* pousser des cris, crier. **3** Mot *m.* (vocablo).

vuelco [bwélko] *m.* Renversement, retournement, culbute *f.* (caída), capotage (de un coche): *dar un* ~, se retourner, capoter, chavirer.

vuelo [bwélo] *m.* **1** Vol. Loc. *Alzar el* ~, prendre son vol. *loc. adv. A* ~, *al* ~, au vol. **2** fig. Envolée *f.* (del espíritu, etc.). **3** Ampleur *f.* (de una falda, etc.). **4** ARQ. Saillie *f.*

vuelta [bwélta] *f.* **1** Tour *m.* (movimiento circular, paseo): *media* ~, demi-tour. **2** Tournant *m.,* détour *m.* (recodo). **3** Tour *m.* (de una cosa alrededor de otra). **4** Retour *m.* (regreso): *de* ~, de retour; *ida y* ~, aller et retour. **5** Retour *m.,* renvoi *m.* Loc. *A* ~ *de correo,* par retour du courrier. **6** Monnaie (dinero que se devuelve). **7** Envers *m.* (de una tela). **8** fig. Changement *m.* (cambio), vicissitude. **9** Retourne (naipes). **10** Otros sentidos: *dar vueltas a una cosa,* retourner une chose dans son esprit.

vuestro, tra, tros, tras [bwéstro, tra, tros, tras] **1** *adj. pos.* Votre, vos. ▪ **2** *pron. pos.* Vôtre, vôtres.

vulcanizar [bulkaniθár] [4] *tr.* Vulcaniser.

vulgar [bulyár] *adj.* **1** Vulgaire. **2** Banal, ale (común).

vulgarizar [bulyariθár] [4] *tr.* Vulgariser.

vulgo [búlyo] *m.* Le peuple, le commun des hommes, le vulgaire.

vulnerable [bulneráβle] *adj.* Vulnérable.

vulnerar [bulnerár] *tr.* **1** Nuire, porter atteinte à. **2** Enfreindre, violer (ley, etc.).

w [úße dóßle] *f.* W *m.* Lettre qui ne s'emploie que dans certains mots étrangers et leurs dérivés espagnols.
wat [bat] *m.* Watt (vatio).
water [báter] *m.* Water-closet.

water-polo [báter-pólo] *m.* Water-polo.
WC [ußeθė] *m.* (*abrev.* water closet) WC.
whisky [(g)wiski] *m.* Whisky.
whist [wist] *m.* Whist.

x [ėkis] *f.* X *m.*
xenofobia [senofóßja] *f.* Xénophobie.
xenófobo, -ba [senófoßo, -ßa] *adj.-s.* Xénophobe.

xifoideo, -ea [sifoĭðéo, -ea] *adj.* Xiphoïdien, ienne.
xifoides [sifòĭðes] *adj.-m.* ANAT. Xiphoïde.

Y

y [iɡrjéɣa] *f.* Y *m.* L'y espagnol, semi-consonne, est voyelle quand il termine une syllabe et dans la conjonction *y*.

y [i] *conj.* Et.

ya [ʃ(dz)a] *adv.* **1** Déjà: ~ *ha llegado,* il est déjà arrivé. **2** Maintenant (ahora). **3** Enfin (por fin), voici, voilà: ~ *hemos llegado,* nous voici arrivés. ▲ S'emploie souvent pour confirmer, pour renforcer l'idée exprimée par le verbe: *ya* peut alors se traduire par bien ou ne se traduit pas: ~ *lo ves,* tu le vois bien; ~ *vengo,* j'arrive. ■ **4** *conj.* Tantôt... tantôt, soit... soit: ~ *llora,* ~ *ríe,* tantôt il pleure, tantôt il rit. **5** *loc. conj.* ~ *que,* puisque.

yacente [ʃ(dz)aθénte] *adj.* Gisant, ante.

yacer [ʃ(dz)aθér] [92] *intr.* Gésir: *aquí yace,* ci-gît.

yacimiento [ʃ(dz)aθimjénto] *m.* Gisement.

yanki [ʃ(dz)àŋki] *adj.-s.* Yankee.

yate [ʃ(dz)àte] *m.* Yacht.

yegua [ʃ(dz)èɣwa] *f.* Jument.

yema [ʃ(dz)éma] *f.* **1** BOT. Bourgeon *m.* **2** Jaune *m.* d'œuf (del huevo). **3** Confiserie au jaune d'œuf (dulce). **4** Bout *m.* (del dedo). **5** Le meilleur *m.*

yen [ʃ(dz)en] *m.* Yen.

yerno [ʃ(dz)érno] *m.* Gendre.

yesca [ʃ(dz)éska] *f.* Amadou *m.*

yesería [ʃ(dz)eseria] *f.* Plâtrière, plâtrerie (fábrica de yeso).

yesero [ʃ(dz)eséro] *m.* Plâtrier.

yeso [ʃ(dz)éso] *m.* **1** MINER. Gypse, pierre *f.* à plâtre. **2** Plâtre (polvo, escultura).

yeyuno [ʃ(dz)eʃúno] *m.* ANAT. Jéjunum.

yo [ʃ(dz)o] *pron. pers.* **1** Je (forma átona): ~ *soy,* je suis. **2** Moi (forma tónica): *tú y* ~, toi et moi.

yodo [ʃ(dz)óðo] *m.* Iode.

yoduro [ʃ(dz)oðúro] *m.* Iodure.

yoga [ʃ(dz)óɣa] *m.* Yoga.

yogurt [ʃ(dz)óɣurt] *m.* Yoghourt, yaourt.

yuca [ʃ(dz)úka] *f.* Yucca *m.*

yugo [ʃ(dz)úɣo] *m.* **1** Joug. **2** Sommier (de una campana). **3** Poêle (velo).

yugular [ʃ(dz)uɣulár] *tr.* Juguler.

yunque [ʃ(dz)úŋke] *m.* Enclume *f.*

yunta [ʃ(dz)únta] *f.* Paire de bœufs, de mules, etc.

yute [ʃ(dz)úte] *m.* Jute.

yuxtaponer [ʃ(dz)ustaponér] [78] *tr.* Juxtaposer.

yuxtaposición [ʃ(dz)ustaposiθjón] *f.* Juxtaposition.

Z

z [θéta] *f.* Z *m.*

zafar [θafár] *tr.* **1** Orner, garnir. **2** MAR. Dégager. ■ **3** *pr.* Se sauver (escaparse). **4** S'esquiver, se dérober (eludir).

zafarrancho [θafaṝántʃo] *m.* **1** MAR. Branle-bas: ~ *de combate,* branle-bas de combat. **2** Dispute *f.* bagarre *f.* (riña).

zafiro [θafiro] *m.* Saphir.

zafra [θáfra] *f.* **1** Récolte de la canne à sucre (cosecha). **2** Bidon *m.* à huile.

zaga [θáɣa] *f.* **1** Arrière *m.,* derrière *m.* (parte posterior). **2** Charge sur l'arrière d'une voiture.

zagal [θaɣál] *m.* **1** Garçon, gars. **2** Jeune berger (pastor).

zaguán [θaɣwán] *m.* Entrée *f.,* vestibule.

zahorí [θaorí] *m.* **1** Sourcier (de agua subterránea). **2** Devin.

zaíno, -na [θaino, -na] *adj.* **1** Traître. **2** Châtain foncé (caballo).

zalamería [θalameria] *f.* Cajolerie.

zalamero, -ra [θalaméro, -ra] *adj.-s.* Cajoleur, euse.

zamarra [θamáṝa] *f.* Peau de mouton.

zamarrear [θamaṝeár] *tr.* **1** Secouer (sacudir). **2** fig. Malmener, houspiller.

zambo, -ba [θámbo, -ba] *adj.-s.* **1** Cagneux, euse. ■ **2** *m.* Papion (mono).

zambomba [θambómba] *f.* **1** MÚS. Instrument *m.* rustique à membrane frottée, de forme cylindrique. **2** *interj.* Sapristi!

zambra [θámbra] *f.* Fête mauresque ou gitane.

zambullida [θambuʎíða], **zambullidura** [θambuʎiðúra] *f.,* **zambullimiento** [θambuʎimjénto] *m.* Plongeon *m.*

zambullir [θambuʎir] [41] *tr.* Plonger.

zampar [θampár] *tr.* **1** Fourrer. **2** Avaler, engloutir (comer). ■ **3** *pr.* Se fourrer, entrer soudainement.

zampatortas [θampatórtas] *s.* Glouton, onne, goinfre.

zampoña [θampóɲa] *f.* **1** MÚS. Chalumeau *m.* **2** Flûte de Pan.

zanahoria [θanaórja] *f.* Carotte.

zancada [θaŋkáða] *f.* Enjambée, grand pas *m.*

zancadilla [θaŋkaðíʎa] *f.* Croc-en-jambe *m.,* croche-pied *m.: echar, poner la* ~, faire un croc-en-jambe.

zanco [θáŋko] *m.* Échasse *f.*

zancudo, -da [θaŋkúðo, -ða] *adj.* **1** À longues jambes. ■ **2** *f. pl.* Échassiers *m.* (aves).

zángano [θáŋgano] *m.* **1** Faux bourdon (insecto). **2** fig. Fainéant.

zanguango, -ga [θaŋgwáŋgo, -ga] *adj.-s.* Fainéant, ante, flemmard, arde.

zanja [θáŋxa] *f.* Tranchée, fossé *m.*

zanjar [θaŋxár] *tr.* **1** Creuser des fossés dans. **2** fig. Trancher (una dificultad), régler (un problema), aplanir (un obstáculo).

zapateado [θapateáðo] *m.* Zapateado, danse espagnole au rythme vif marqué par de rapides coups de talon sur le sol.

zapatear [θapateár] *tr.* **1** Frapper du pied. **2** fig. Malmener. ■ **3** *intr.* Accompagner un air musical en frappant le sol du pied et en battant des mains. **4** MAR. Claquer (las velas).

zapatería [θapateria] *f.* **1** Cordonnerie. **2** Boutique de chaussures.

zapatero, -ra [θapatéro, -ra] *s.* Cordonnier, ière.

zapatilla [θapatíʎa] *f.* **1** Pantoufle, chausson *m.* **2** Chausson *m.* (de baile).

zapato [θapáto] *m.* Chaussure *f.,* soulier *f.*

izape! [θápe] *interj.* Ouste!, mot pour chasser les chats.

zapping [θápiŋ] *m.* Zapping: *hacer* ~, zapper.

zar [θar] *m.* Tsar.

zarabanda [θarabánda] *f.* **1** Sarabande. **2** fig. Tintamarre *m.*

zaranda [θaránda] *f.* Crible.

zarandear [θarandeár] **1** Se démener (ajetrearse). **2** Se dandiner, se trémousser (contonearse).

zarco, -ca [θárko, -ka] *adj.* Bleu clair: *ojos zarcos,* yeux bleu clair.

zarina [θarína] *f.* Tsarine.

zarpa [θárpa] *f.* **1** MAR. Action de lever l'ancre. **2** Patte armée de griffes (del león, etc.).

zarpada [θarpáða] *f.* Coup *m.* de griffe.

zarpar [θarpár] *intr.* MAR. Lever l'ancre, partir.

zarpazo [θarpáθo] *m.* Coup de griffe.

zarrapastroso, -sa [θarapastróso, -sa] *adj.-s.* Malpropre, déguenillé, ée.

zarzal [θarθál] *m.* Roncier, roncière *f.*

zarzamora [θarθamóra] *f.* **1** Mûre sauvage. **2** Ronce (zarza).

zarzo [θárθo] *m.* Claie *f.* de roseaux.

zarzuela [θarθwéla] *f.* Zarzuela, pièce du théâtre lyrique espagnol où la déclamation alterne avec le chant.

¡zas! [θas] *interj.* Vlan!

zenit [θénɪt] *m.* Zénith.

zepelín [θepelín] *m.* Zeppelin.

zigzag [θiɣðáɣ] *m.* **1** Zigzag. **2** Lacet (de una carretera).

zigzaguear [θiɣθaɣeár] *intr.* Zigzaguer.

zinc [θíŋk] *m.* Zinc (metal).

¡zis!, ¡zas! [θis, θas] *onomat.* Pif!, paf!

zócalo [θókalo] *m.* **1** ARQ. Soubassement (de un edificio). **2** Socle (del pedestal). **3** Plinthe *f.* (friso).

zodiacal [θoðjakál] *adj.* Zodiacal, ale.

zodíaco [θoðíako] *m.* Zodiaque.

zona [θóna] *f.* **1** Zone. Loc. ~ *verde,* espace vert. **2** MED. Zona *m.*

zonzo, -za [θónθo, -θa] *adj.* amer. Bête (tonto).

zoo [θó] *m.* Zoo.

zoología [θooloxía] *f.* Zoologie.

zoológico, -ca [θoolóxiko, -ka] *adj.* Zoologique.

zopo, -pa [θópo, -pa] *adj.* **1** Contrefait, aite. **2** Qui a les mains ou les pieds contrefaits. **3** ~ *de un pie,* pied-bot.

zorra [θóra] *f.* **1** Renard *m.* (macho), renarde (hembra). **2** fig. Personne rusée, fin renard *m.* (persona astuta). **3** fig. fam. Prostituée, grue. **4** Cuite (borrachera).

zorrero, -ra [θoréro, -ra] *adj.-s.* **1** *Perro* ~, fox. ■ **2** *adj.* Rusé, ée, astucieux, euse.

zorro [θóro] *m.* **1** Renard mâle. **2** fig. Fin renard (hombre). ■ **3** *pl.* Époussette *f. sing.* (para sacudir el polvo).

zorzal [θorθál] *m.* Litorne *f.*

zozobra [θoθóβra] *f.* MAR. Action de sombrer, naufrage *m.*

zozobrar [θoθoβrár] *intr.* **1** MAR. Être en danger, chavirer (volcarse). **2** MAR. Couler, sombrer (irse a pique).

zueco [θwéko] *m.* **1** Sabot (de madera). **2** Galoche *f.* (cuero y madera).

zulú [θulú] *adj.-s.* **1** Zoulou. **2** fig. Sauvage.

zumba [θúmba] *f.* **1** Grande sonnaille. **2** fig. Raillerie, taquinerie.

zumbar [θumbár] *intr.* **1** Bourdonner (un insecto, etc.), ronfler, vrombir (un motor). Loc. fam. *Ir zumbando,* filer, aller à toute vitesse. **2** Bourdonner, corner, tinter: *me zumban los oídos,* mes oreilles bourdonnent. ■ **3** *pr.* Se moquer de.

zumbido [θumbíðo] *m.* Bourdonnement (insectos, etc.), ronflement, vrombissement (motor).

zumo [θúmo] *m.* **1** Jus: ~ *de naranja,* jus d'orange. **2** Suc (de ciertas plantas).

zuncho [θúntʃo] *m.* Frette *f.*

zurcido [θurθíðo] *m.* **1** Reprisage, raccommodage (acción de zurcir). **2** Reprise *f.* (costura).

zurcir [θurθir] [3] *tr.* **1** Repriser, raccommoder, ravauder. **2** fig. Unir.

zurdo, -da [ʃúrðo, -ða] *adj.* **1** Gauche: *mano zurda,* main gauche. ■ **2** *adj.-s.* Gaucher, ère.

zurra [θúra] *f.* **1** Corroyage *m.* (de las pieles). **2** fam. Raclée (paliza).

zurrador [θuraðór] *m.* Corroyeur.

zurrar [θurár] *tr.* **1** Corroyer (las pieles). **2** fig. Battre, rosser (dar golpes).

zurrón [θurón] *m.* **1** Gibecière *f.,* panetière *f.* (de pastor), sac de cuir. **2** Écorce *f.* de certains fruits.

Diccionarios de lengua francesa

- **Avanzado** Français-Espagnol / Español-Francés
- **Manual** Français-Espagnol / Español-Francés
- **Débutant** Français-Espagnol / Español-Francés
- **Esencial** Français-Espagnol / Español-Francés
- **Essencial** Français-Catalan / Català-Francès
- **Abreviado** Français-Espagnol / Español-Francés
- **Mini** Français-Espagnol / Español-Francés
- **Micro** Français-Espagnol / Español-Francés

Además, Vox dispone de una completa gama de diccionarios en lengua española, catalana, gallega, vasca, inglesa, alemana, italiana, portuguesa y en lenguas clásicas; así como diccionarios enciclopédicos, temáticos y una gran variedad de títulos especializados en filología española.

Si desea obtener más información sobre la gama de diccionarios Vox o hacer alguna consulta o sugerencia, no dude en ponerse en contacto con nosotros:

VOX

Dpto. de Marketing
Aribau, 197-199, 3ª planta
08021 Barcelona

Tel. 93 241 35 05

o bien en Internet: **http://www.vox.es**
e-mail: vox@vox.es

Guía de uso de este diccionario

Entrada en color	**coleta** [koléta] *f.* **1** Queue (peinado antiguo). **2** Tresse, natte (de un torero, un chino).	Entrée en couleur
Categoría gramatical	**colgado, -da** [kolyàðo, -ða] *adj.* **1** Pendu, ue, suspendu, ue, accroché, ée *(de,* à). **2** fig. Déçu, ue: *dejar ~ a uno,* décevoir quelqu'un.	Catégorie grammaticale
Frase hecha	**campana** [kampána] *f.* **1** Cloche. Loc. *~ de buzo,* cloche à plonger; *echar las campanas al vuelo,* sonner à toute volée. **2** Hotte, manteau *m.* (de chimenea).	Expressions figées
Cambio categoría gramatical	**contra** [kòntra] *prep.* **1** Contre (expresa oposición). ■ **2** *m.* Contre: *el pro y el ~,* le pour et le contre. ■ **3** *f.* Difficulté, inconvénient *m.,* opposition. Loc. *Hacer, llevar la ~ a uno,* contredire quelqu'un, s'opposer aux desseins de quelqu'un.	Changement de catégorie grammaticale
Acepciones diferentes	**confluencia** [komflwénθja] *f.* **1** Confluence. **2** Confluent *m.* (de dos ríos). **3** Embranchement *m.* (de caminos). **4** MED. Confluence.	Acceptions différentes
Ejemplos de uso	**ascender** [asθendèr] [28] *intr.* **1** Monter (subir). **2** S'élever, monter (a cierta cantidad): *los daños ascienden a un millón,* les dégats s'élèvent à un million. **3** *tr.* Faire monter en grade, promouvoir, donner de l'avancement. **4** *~ al trono,* élever, placer sur le trône.	Exemples d'usage
Comentarios gramaticales	**e** [e] *f.* **1** E *m.* ■ **2** *conj.* Et. ▲ S'emploie au lieu de *y* devant *i* ou *hi: comercio e industria, madre e hija.*	Commentaires grammaticaux
Entradas dobles	**dulzor** [dulθòr] *m.,* **dulzura** [dulθúra] *f.* Douceur *f.*	Entrées doubles
Sustitución de la entrada	**cosquillas** [koskíʎas] *f. pl.* Chatouillement *m. sing.* Loc. *Hacer ~,* chatouiller, faire des chatouilles.	Substitution de l'entrée